NOMOSHANDKOMMENTAR

Dr. Jürgen Klowait
Prof. Dr. Ulla Gläßer, LL.M. [Hrsg.]

Mediations-
gesetz

3. Auflage

RA **Dr. Christof Berlin**, Schlichter und Mediator | RA **Dr. Detlev Berning**, Mediator | RAin **Antje Burmester**, LL.M., Fachanwältin für Arbeitsrecht und Mediatorin | RAin **Prof. Dr. Renate Dendorfer-Ditges**, LL.M., MBA, Schiedsrichterin und Mediatorin | **Prof. Dr. Dr. h.c. Ulla Gläßer**, LL.M. | SyndikusRA **Nils Goltermann**, M.M., Mediator | RA **Dr. Michael Groß**, Mediator | RA **Dr. Andreas Hacke**, Mediator und Schiedsrichter | SyndikusRA **Dr. Ulrich Hagel**, Mediator | RA **Prof. Dr. Martin Jung**, Mediator und Schiedsrichter | **Dr. Sebastian J. Kasper**, LL.M., Mediator (MuCDR) | **Prof. Dr. Lars Kirchhoff** | RA **Dr. Jürgen Klowait**, Mediator | ViPrVG **Dr. Hans-Jörg Korte** | **Prof. Dr. Kai von Lewinski** | **Dr. Anna-Julka Lilja**, LL.M., Mediatorin | VRiLG **Dr. Lambert Löer** | RA **Dr. Julian von Lucius**, LL.M., Mediator | Not **Andreas Schmitz-Vornmoor**, Mediator | RA **Dr. Holger Thomas**, M.M. | RiAG **Andreas Tietz**, M.A. | RA **Christoph Weber**, Mediator | **Prof. Dr. Domenik Henning Wendt**, LL.M.

Zitiervorschlag: HK-MediationsG/Bearbeiter MediationsG § ... Rn. ...
HK-MediationsG/Bearbeiter Teil ... Rn. ....

Die **Deutsche Nationalbibliothek** verzeichnet diese Publikation in der Deutschen Nationalbibliografie; detaillierte bibliografische Daten sind im Internet über http://dnb.d-nb.de abrufbar.

ISBN 978-3-7560-0288-7

3. Auflage 2025
© Nomos Verlagsgesellschaft, Baden-Baden 2025. Gesamtverantwortung für Druck und Herstellung bei der Nomos Verlagsgesellschaft mbH & Co. KG. Alle Rechte, auch die des Nachdrucks von Auszügen, der fotomechanischen Wiedergabe und der Übersetzung, vorbehalten.

Vorwort

Liebe Leser:innen,

wir freuen uns sehr, Ihnen unseren **Handkommentar zum Mediationsgesetz** in der dritten Auflage präsentieren zu können.

Diese dritte Auflage wurde durchgängig aktualisiert und auch inhaltlich erweitert, um zwischenzeitlichen gesellschaftlichen Entwicklungen sowie Neuerungen in Gesetzgebung, Rechtsprechung und Literatur Rechnung zu tragen. Aufgrund der sprachlichen Vorgaben des Verlags ist dabei, jenseits dieses Vorworts, keine gender-sensible Schreibweise erfolgt.

Der durch die COVID-19-Pandemie ausgelöste Digitalisierungsschub wird insbesondere in dem neuen umfangreichen Beitrag zu *Online Dispute Resolution* wie auch in Kommentierungen einzelner Vorschriften aufgegriffen. Zudem haben wir in den handbuchartigen Abschnitt C. einen neuen Beitrag zur Mediation bei Gesellschafterkonflikten aufgenommen.

Neben anderen Aspekten hat die verstärkte Nutzung von Online-Mediation zu einer am 1.3.2024 in Kraft getretenen Neufassung der Ausbildungsverordnung für zertifizierte Mediatoren geführt. Auch diese Neuerungen sind im Kommentierungsteil dieser Neuauflage berücksichtigt.

Ferner wurden die zwischenzeitlichen Änderungen des Verbraucherstreitbeilegungsgesetzes eingearbeitet.

Die bewährte Grundkonzeption unseres Werkes bleibt dabei bestehen: In diesem Kommentar werden sowohl die Vorschriften des Mediationsgesetzes als auch sämtliche weitere Normen, die durch das *„Gesetz zur Förderung der Mediation und anderer Verfahren der außergerichtlichen Konfliktbeilegung"* in den Prozess- und Kostenordnungen der betroffenen Gerichtsbarkeiten eingeführt wurden, erläutert. Darüber hinaus werden auch die für Mediator:innen relevanten Vorschriften des Rechtsdienstleistungsgesetzes kommentiert und die – durch das Mediationsgesetz nicht geregelten – Fragen zur Verjährungshemmung und zum Lauf von Ausschlussfristen in einem gesonderten Beitrag erörtert.

Wir danken Ellen Birkhahn und Laura Noethe für ihre umsichtige und sorgfältige Unterstützung bei den umfänglichen Aktualisierungen dieser Auflage. Unser Dank gilt auch dem Nomos Verlag – namentlich Stefan Simonis und Andrea Schneider – für die andauernde Unterstützung dieses kontinuierlich wachsenden Werkes.

Das Buch, das Sie in den Händen halten, ist auch in seiner dritten Auflage mehr als ein Kommentar. Im Anschluss an die einleitende Darstellung der Hintergründe des Mediationsgesetzes (Teil 1) und die Kommentierung aller relevanten Einzelvorschriften in Teil 2 finden Sie in Teil 3 eine Reihe von thematisch fokussierten Beiträgen zu besonders wichtigen Anwendungsfeldern der Mediation. Durch diese Beiträge können Sie sich bei Bedarf einen

Vorwort

Überblick über ein spezifisches Einsatzfeld der Mediation und die Auswirkungen des Mediationsgesetzes speziell in diesem Bereich verschaffen. Die Kommentierung in Teil 2 ermöglicht daneben – sei es als Einstieg oder im zweiten Schritt nach Lektüre eines Schwerpunktbeitrages in Teil 3 – die Vertiefung von Einzelaspekten.

Bei all dem steht unverändert eine Perspektive im Mittelpunkt: nämlich Ihre, liebe Leser:innen! Es bleibt uns ein großes Anliegen, Ihnen ein gleichermaßen wissenschaftlich fundiertes wie praxistaugliches Nachschlagewerk an die Hand zu geben, das Ihren Bedürfnissen entspricht und Ihnen – in welchem Bereich auch immer Sie sich mit rechtlichen und praktischen Fragen der Mediation befassen – als kompetenter und verlässlicher Ratgeber zur Seite steht. Dieser Anspruch war auch für die Auswahl unserer angestammten wie neu hinzugekommenen Autor:innen bestimmend, die durchgängig auf ihrem jeweiligen Spezialgebiet fachliche Expertise mit praktischer Erfahrung vereinen.

So wie die Mediation ein dialogbasiertes Verfahren ist, soll sich auch dieser Kommentar in einem andauernden Kommunikationsprozess mit seinen Nutzer:innen weiterentwickeln: Dieses Buch ist für Sie geschrieben worden und Sie können es durch Ihr Feedback mit gestalten. Wir freuen uns sehr, dass viele von Ihnen dieses Angebot bereits genutzt und uns Ihre Rückmeldungen zu den beiden Vorauflagen haben zukommen lassen. Bitte teilen Sie uns auch weiterhin Ihre Erfahrungen mit dem Gebrauch dieses Buches mit – sei es als Lob, als Kritik oder sehr gerne auch als konkrete Anregungen für künftige Auflagen. Wir freuen uns auf Ihre Rückmeldungen. Senden Sie diese bitte per E-Mail an mediation@europa-uni.de. Herzlichen Dank!

Neuss/Berlin im Oktober 2024 *Jürgen Klowait und Ulla Gläßer*

Inhaltsübersicht

Vorwort 5
Bearbeiterverzeichnis 11
Verzeichnis der Einzelbearbeitungen 13
Abkürzungsverzeichnis 15
Übersicht zum Gesetzgebungsverfahren – Dokumente und Fundstellen 23
EU-Quellen zum Thema Mediation und außergerichtliche Konfliktbeilegung 25
Mediationsgesetz – Gesetzestext 27
Zertifizierte-Mediatoren-Ausbildungsverordnung – Verordnungstext 31

Teil 1
Einleitung

1. Einführung 37
2. Blick auf die Rechtsprechung zum Thema Mediation 74
3. Vertragsgestaltung im Kontext Mediation/ADR 100

Teil 2
Kommentierung

Gesetz zur Förderung der Mediation und anderer Verfahren der außergerichtlichen Konfliktbeilegung

Artikel 1
Mediationsgesetz (MediationsG) 147
§ 1 MediationsG Begriffsbestimmungen 147
§ 2 MediationsG Verfahren; Aufgaben des Mediators 168
§ 3 MediationsG Offenbarungspflichten; Tätigkeitsbeschränkungen 259
§ 4 MediationsG Verschwiegenheitspflicht 275
§ 5 MediationsG Aus- und Fortbildung des Mediators; zertifizierter Mediator 294
§ 6 MediationsG Verordnungsermächtigung 312
§ 7 MediationsG Wissenschaftliche Forschungsvorhaben; finanzielle Förderung der Mediation 341
§ 8 MediationsG Evaluierung 351
§ 9 MediationsG Übergangsbestimmung 377

Artikel 2
Änderung der Zivilprozessordnung 381
§ 41 ZPO Ausschluss von der Ausübung des Richteramtes 383
§ 159 ZPO Protokollaufnahme 386
§ 253 ZPO Klageschrift 387
§ 278 ZPO Gütliche Streitbeilegung, Güteverhandlung, Vergleich 392
§ 278a ZPO Mediation, außergerichtliche Konfliktbeilegung 411

Artikel 3
Änderung des Gesetzes über das Verfahren in Familiensachen und in den Angelegenheiten der freiwilligen Gerichtsbarkeit 421
Vorbemerkung 422
§ 23 FamFG Verfahrenseinleitender Antrag 423
§ 28 FamFG Verfahrensleitung 427
§ 36 FamFG Vergleich 429
§ 36a FamFG Mediation, außergerichtliche Konfliktbeilegung 431
§ 81 FamFG Grundsatz der Kostenpflicht 437
§ 135 FamFG Außergerichtliche Konfliktbeilegung über Folgesachen 440
§ 150 FamFG Kosten in Scheidungssachen und Folgesachen 446
§ 155 FamFG Vorrang- und Beschleunigungsgebot 449
§ 156 FamFG Hinwirken auf Einvernehmen 450

Artikel 4
Änderung des Arbeitsgerichtsgesetzes 456
§ 54 ArbGG Güteverfahren 456
§ 54a ArbGG Mediation, außergerichtliche Konfliktbeilegung 457

Artikel 5
Änderung des Sozialgerichtsgesetzes 474
§ 202 SGG [Entsprechende Anwendung des GVG und der ZPO] .. 474

Artikel 6
Änderung der Verwaltungsgerichtsordnung 482
§ 173 VwGO [Entsprechende Anwendung des GVG und der ZPO] 482

Artikel 7 und 7a
Änderung des Gesetzes über Gerichtskosten (GKG) sowie Änderung des Gesetzes über Gerichtskosten in Familiensachen (FamGKG) 490
§ 69b GKG Verordnungsermächtigung 490
§ 61a FamGKG Verordnungsermächtigung 490

Artikel 8
Änderung der Finanzgerichtsordnung 499
§ 155 FGO [Anwendung von GVG und von ZPO] 499

Artikel 9
Inkrafttreten 506

Sonderthemen

I. Verordnung über die Aus- und Fortbildung von zertifizierten Mediatoren (Zertifizierte-Mediatoren-Ausbildungsverordnung – ZMediatAusbV) 507

§ 1 ZMediatAusbV	Anwendungsbereich	507
§ 2 ZMediatAusbV	Ausbildung zum zertifizierten Mediator	508
§ 3 ZMediatAusbV	Fortbildungsveranstaltung	542
§ 4 ZMediatAusbV	Fortbildung durch Einzelsupervision – aufgehoben	549
§ 5 ZMediatAusbV	Anforderungen an Aus- und Fortbildungseinrichtungen	549
§ 6 ZMediatAusbV	Gleichwertige im Ausland erworbene Qualifikation	551
§ 7 ZMediatAusbV	Übergangsbestimmungen	555
§ 8 ZMediatAusbV	Hemmung von Fristen	564

II. Gesetz über außergerichtliche Rechtsdienstleistungen (Rechtsdienstleistungsgesetz – RDG) 569

§ 1 RDG	Anwendungsbereich	576
§ 2 RDG	Begriff der Rechtsdienstleistung	583
§ 3 RDG	Befugnis zur Erbringung außergerichtlicher Rechtsdienstleistungen	599
§ 4 RDG	Unvereinbarkeit mit einer anderen Leistungspflicht	605
§ 5 RDG	Rechtsdienstleistungen im Zusammenhang mit einer anderen Tätigkeit	607
§ 6 RDG	Unentgeltliche Rechtsdienstleistungen	611
§ 7 RDG	Berufs- und Interessenvereinigungen, Genossenschaften	614
§ 8 RDG	Öffentliche und öffentlich anerkannte Stellen	615
§ 9 RDG	Untersagung von Rechtsdienstleistungen	617
§ 10 RDG	Rechtsdienstleistungen aufgrund besonderer Sachkunde	621
§§ 11–15b RDG		623
§§ 16, 17 RDG		623
§§ 18–20 RDG		623

III. Verjährungshemmung und Lauf von Ausschlussfristen 624
§ 203 BGB Hemmung der Verjährung bei Verhandlungen 624

Teil 3
Anwendungsfelder und Schnittstellen

A. Mediation und Konfliktmanagement in Wirtschaft und Gesellschaft 637
B. Mediationen zwischen Unternehmen 648
C. Mediationen im Gesellschaftsrecht 674
D. Innerbetriebliche Mediation 698
E. Mediation in individual- und kollektivarbeitsrechtlichen Konflikten 724
F. Mediation in privaten Bausachen 740
G. Intellectual Property und Mediation 781
H. Familien- und Scheidungsmediation (inkl. grenzüberschreitender Aspekte) 792
I. Mediation und Konfliktvorsorge in Erbangelegenheiten 819
J. Konfliktmanagement und Mediation in der Versicherungswirtschaft 842
K. Mediation in der steuerberatenden Praxis 868
L. Gerichtliche Mediation, Güterichter-Modell und Güterichter ... 882
M. Mediation aus notarieller Sicht 923
N. Mediationsbegleitung durch Rechtsanwälte 950
O. Online Dispute Resolution (ODR) 982
P. Mediation und Schiedsgerichtsbarkeit 1019
Q. Verbraucherschlichtung und Verbraucherstreitbeilegungsgesetz (VSBG) 1039

Anhang
Europäischer Verhaltenskodex für Mediatoren 1075

Stichwortverzeichnis 1079

Bearbeiterverzeichnis

Dr. Christof Berlin
Rechtsanwalt, Schlichter und Mediator, Berlin

Dr. Detlev Berning
Rechtsanwalt und Mediator, Hannover

Antje Burmester, LL.M.
Rechtsanwältin, Fachanwältin für Arbeitsrecht und Mediatorin, Köln

Prof. Dr. Renate Dendorfer-Ditges, LL.M., MBA
Rechtsanwältin, Schiedsrichterin und Mediatorin, München/Bonn

Prof. Dr. Dr. h.c. Ulla Gläßer, LL.M.
Europa-Universität Viadrina, Frankfurt (Oder)

Nils Goltermann, M.M.
Syndikusrechtsanwalt und Mediator, Frankfurt am Main

Dr. Michael Groß
Rechtsanwalt und Mediator, München

Dr. Andreas Hacke
Rechtsanwalt, Mediator und Schiedsrichter, Düsseldorf

Dr. Ulrich Hagel
Syndikusrechtsanwalt und Mediator, Berlin

Prof. Dr. Martin Jung
Rechtsanwalt, Mediator und Schiedsrichter, Berlin

Dr. Sebastian J. Kasper, LL.M.
Mediator (MuCDR), Universität Passau

Prof. Dr. Lars Kirchhoff
Europa-Universität Viadrina, Frankfurt (Oder)

Dr. Jürgen Klowait
Rechtsanwalt und Mediator, Neuss

Dr. Hans-Jörg Korte
Vizepräsident des Verwaltungsgerichts Minden

Prof. Dr. Kai von Lewinski
Universität Passau

Dr. Anna-Julka Lilja, LL.M.
Referatsleiterin im Bundesministerium der Justiz, Berlin

Dr. Lambert Löer
Vorsitzender Richter am Landgericht Paderborn

Dr. Julian von Lucius, LL.M.
Rechtsanwalt und Mediator, Berlin

Roland Lukas
roland lukas KONFLIKTLÖSUNGEN, Frankfurt am Main

Bearbeiterverzeichnis

Andreas Schmitz-Vornmoor
Notar und Mediator, Remscheid

Dr. Holger Thomas, MM
Rechtsanwalt, Frankfurt am Main

Andreas Tietz, M.A.
Richter, Amtsgericht Erding

Dr. Christoph Weber
Rechtsanwalt und Mediator, Berlin

Prof. Dr. Domenik Henning Wendt, LL.M.
Frankfurt University of Applied Sciences, Frankfurt am Main

Verzeichnis der Einzelbearbeitungen

Teil 1:
Einleitung

1. Einführung	*Klowait/Gläßer*
2. Blick auf die bisherige Rechtsprechung zum Thema Mediation	*Lilja/v. Lucius/Tietz*
3. Aspekte der Vertragsgestaltung im Kontext Mediation/ADR	*Schmitz-Vornmoor*

Teil 2:
Kommentierung
Artikel 1: MediationsG

§ 1 MediationsG: Begriffsbestimmungen	*Hagel*
§ 2 MediationsG: Verfahren, Aufgaben des Mediators	*Gläßer*
§ 3 MediationsG: Offenbarungspflichten; Tätigkeitsbeschränkungen	*Goltermann*
§ 4 MediationsG: Verschwiegenheitspflicht	*Goltermann*
§ 5 MediationsG: Aus- und Fortbildung des Mediators	*Klowait*
§ 6 MediationsG: Verordnungsermächtigung mit ZMediatAusbV	*Klowait*
§ 7 MediationsG: Wissenschaftliche Forschungsvorhaben; finanzielle Förderung der Mediation	*Weber*
§ 8 MediationsG: Evaluierung	*Gläßer*
§ 9 MediationsG: Übergangsbestimmung	*Löer*
Artikel 2: Änderung der Zivilprozessordnung	*Löer*
Artikel 3: Änderung des Gesetzes über Verfahren in Familiensachen und in den Angelegenheiten der freiwilligen Gerichtsbarkeit	*Weber*
Artikel 4: Änderung des Arbeitsgerichtsgesetzes	*Thomas*
Artikel 5: Änderung des Sozialgerichtsgesetzes	*Korte*
Artikel 6: Änderung der Verwaltungsgerichtsordnung	*Korte*
Artikel 7 und 7a: Änderung des Gesetzes über Gerichtskosten sowie Änderungen des Gesetzes über Gerichtskosten in Familiensachen	*Weber*
Artikel 8: Änderung der Finanzgerichtsordnung	*Korte*
Artikel 9: Inkrafttreten	*Klowait/Gläßer*

Sonderthemen

I. Verordnung über die Aus- und Fortbildung von zertifizierten Mediatoren	*Klowait*
II. Gesetz über außergerichtliche Rechtsdienstleistungen	*v. Lewinski/Kasper*
III. Verjährungshemmung und Lauf von Ausschlussfristen	*Hagel*

Teil 3:
Anwendungsfelder

A. Mediation und Konfliktmanagement in Wirtschaft und Gesellschaft	*Kirchhoff*
B. Mediationen zwischen Unternehmen	*Hagel*

C. Mediation in gesellschaftsrechtlichen Streitigkeiten — *Hagel*
D. Innerbetriebliche Mediation — *Klowait*
E. Mediation in individual- und kollektivarbeitsrechtlichen Konflikten — *Burmester/Lukas*
F. Mediation in privaten Bausachen — *Jung*
G. Intellectual Property & Mediation — *Groß*
H. Familien- und Scheidungsmediation — *Weber*
I. Mediation und Konfliktvorsorge in Erbangelegenheiten — *Schmitz-Vornmoor*
J. Konfliktmanagement und Mediation in der Versicherungswirtschaft — *Wendt*
K. Mediation in der steuerberatenden Praxis — *Berning*
L. Gerichtliche Mediation, Güterichter-Modell und Güterichter — *Löer*
M. Mediation aus notarieller Sicht — *Schmitz-Vornmoor*
N. Mediationsbegleitung durch Rechtsanwälte — *Hacke*
O. Online Dispute Resolution (ODR) — *Gläßer*
P. Mediation und Schiedsgerichtsbarkeit — *Dendorfer-Ditges*
Q. Verbraucherschlichtung und Verbraucherstreitbeilegungsgesetz (VSBG) — *Berlin*

Abkürzungsverzeichnis

aA	anderer Ansicht
aaO	am angegebenen Ort
ABl.	Amtsblatt
abl.	ablehnend
Abs.	Absatz
Abschn.	Abschnitt
abw.	abweichend
ADAC	Allgemeiner Deutscher Automobil-Club
ADR	Alternative Dispute Resolution
ADR-RiLi	Richtlinie 2013/11/EU des Europäischen Parlaments und Rates vom 21. Mai 2013 über die alternative Beilegung verbraucherrechtlicher Streitigkeiten und zur Änderung der Verordnung (EG) Nr. 2006/2004 und der Richtlinie 2009/22/EG
aE	am Ende
aF	alte Fassung
AG	Amtsgericht/Aktiengesellschaft
AGB	Allgemeine Geschäftsbedingung(en)
AGG	Allgemeines Gleichstellungsgesetz
AGGVG	Ausführungsgesetz zum Gerichtsverfassungsgesetz
AiB	Arbeitsrecht im Betrieb (Zeitschrift)
AktG	Aktiengesetz
allg.	allgemein
allgA	allgemeine Ansicht
allgM	allgemeine Meinung
aM	anderer Meinung
Anh.	Anhang
Anm.	Anmerkung
AnwBl	Anwaltsblatt (Zeitschrift)
AO	Abgabenordnung
ArbGG	Arbeitsgerichtsgesetz
Arb. Int.	Arbitration International (Zeitschrift Oxford University Press)
ArbMed	Arbitration-Mediation
ArbRB	Arbeitsrechtsberater (Zeitschrift)
Art.	Artikel
AuA	Arbeit und Arbeitsrecht (Zeitschrift)
Aufl.	Auflage
ausdr.	ausdrücklich
ausf.	ausführlich
Az	Aktenzeichen
B2B	Business-to-Business
BAFM	Bundes-Arbeitsgemeinschaft für Familien-Mediation e.V.
BATNA	Best Alternative to a negotiated Agreement
BayVBL.	Bayerische Verwaltungsblätter (Zeitschrift)
BB	Betriebs-Berater (Zeitschrift)
Bd.	Band
BDSG	Bundesdatenschutzgesetz
BeckRS	Beck online Rechtsprechung
Begr.	Begründung

Abkürzungsverzeichnis

Beil.	Beilage
Bek.	Bekanntmachung
ber.	berichtigt
bes.	besonders
Beschl.	Beschluss
bespr.	besprochen
bestr.	bestritten
BetrVG	Betriebsverfassungsgesetz
BeurkG	Beurkundungsgesetz
bez.	bezüglich
BGB	Bürgerliches Gesetzbuch
BGBl.	Bundesgesetzblatt
Bl.	Blatt
BIM	Building Information Modeling
BM	Bundesverband Mediation e.V.
BMJ	Bundesministerium der Justiz
BMWA	Bundesverband Mediation in Wirtschaft und Arbeitswelt e.V.
BNotK	Bundesnotarkammer
BNotO	Bundesnotarordnung
BORA	Berufsordnung der Rechtsanwälte
BOPA	Berufsordnung der Patentanwälte
BOStB	Berufsordnung der Steuerberater
BPersVG	Bundespersonalvertretungsgesetz
BRAK	Bundesrechtsanwaltskammer
BRAO	Bundesrechtsanwaltsordnung
BR-Drs.	Bundesrats-Drucksache
bspw	beispielsweise
BT-Drs.	Bundestags-Drucksache
BVerfGE	Entscheidungen des Bundesverfassungsgerichts
BVerfGG	Bundesverfassungsgerichtsgesetz
bzgl	bezüglich
bzw	beziehungsweise
ca.	circa
CEDR	Centre for Effective Dispute Resolution (London/UK)
CfM	Centrale für Mediation
CIETAC	China International Economic and Trade Arbitration Commission
CoC	European Code of Conduct for Mediators (Europäischer Verhaltenskodex für Mediatoren)
CPR	International Institute for Conflict Prevention & Resolution (New York/USA)
CSR	Corporate Social Responsibility
CVM	Centrum für Verhandlungen und Mediation
DAA	Deutsche Anwaltakademie
DAI	Deutsches Anwaltsinstitut e.V.
DAV	Deutscher Anwaltverein
DB	Der Betrieb (Zeitschrift)
ders.	derselbe
DFfM	Deutsches Forum für Mediation e.V.

DGM	Deutsche Gesellschaft für Mediation
dh	das heißt
dies.	dieselbe(n)
DIS	Deutsche Institution für Schiedsgerichtsbarkeit e.V.
DIS-SchO	DIS-Schiedsgerichtsordnung
DJT	Deutscher Juristentag
DLR	Europäische Dienstleistungsrichtlinie
DNotV	Deutscher Notarverein
DNotZ	Deutsche Notar-Zeitschrift (Zeitschrift)
Dok.	Dokument
DRiB	Deutscher Richterbund
DRiG	Deutsches Richtergesetz
Drs.	Drucksache
DStR	Deutsches Steuerrecht (Zeitschrift)
DStV	Deutscher Steuerberaterverband
DVBl.	Deutsches Verwaltungsblatt (Zeitschrift)
e.V.	eingetragener Verein
ebd	ebenda
Ed.	Edition
EFTA	European Free Trade Association
EGZPO	Einführungsgesetz zur Zivilprozessordnung
Einf.	Einführung
eingetr.	eingetragen
Einl.	Einleitung
einschl.	einschließlich
einschr.	einschränkend
Entsch.	Entscheidung
entspr.	entsprechend
Entw.	Entwurf
ErfK	Erfurter Kommentar zum Arbeitsrecht, 24. Aufl. 2024
Erkl.	Erklärung
Erl.	Erlass; Erläuterung
et al.	et alii
etc.	et cetera
EuRAG	Gesetz über die Tätigkeit europäischer Rechtsanwälte in Deutschland
evtl	eventuell
EWE	Erwägen – Wissen – Ethik (Zeitschrift)
f., ff.	folgende, fortfolgende
FamFG	Familienverfahrensgesetz
FGO	Finanzgerichtsordnung
FGPrax	Praxis der Freiwilligen Gerichtsbarkeit (Zeitschrift)
Fn.	Fußnote
FNA	Fundstellen Nachweis A (Sortierungsnummern deutscher Bundesgesetze)
FPR	Familie, Partnerschaft, Recht (Zeitschrift)
FS	Festschrift
FuR	Familie und Recht (Zeitschrift)
G	Gesetz

GBO	Grundbuchordnung
GbR	Gesellschaft bürgerlichen Rechts
GDV	Gesamtverband der Deutschen Versicherungswirtschaft
geänd.	geändert
gem.	gemäß
GewO	Gewerbeordnung
GG	Grundgesetz
ggf.	gegebenenfalls
GJLE/ZPR	German Journal of Legal Education/Zeitschrift für praktische Rechtswissenschaft (Zeitschrift)
GmbH	Gesellschaft mit beschränkter Haftung
GmbHG	Gesetz betreffend die Gesellschaften mit beschränkter Haftung
GNotKG	Gerichts- und Notarkostengesetz
grds.	grundsätzlich
GRUR	Gewerblicher Rechtsschutz und Urheberrecht (Zeitschrift)
hA	herrschende Auffassung
HdB	Handbuch
HFR	Humboldt Forum Recht (Online-Zeitschrift)
HGB	Handelsgesetzbuch
hL	herrschende Lehre
hM	herrschende Meinung
Hrsg.	Herausgeber
hrsg.	herausgegeben
Hs	Halbsatz
iA	im Auftrag
IBA	International Bar Association
ICC	International Chamber of Commerce (Internationale Handelskammer)
idF	in der Fassung
IDR	International Journal of Dispute Resolution (Zeitschrift)
idR	in der Regel
idS	in diesem Sinne
iE	im Ergebnis
ieS	im engeren Sinne
iHv	in Höhe von
inkl.	inklusive
insbes.	insbesondere
insg.	insgesamt
InsO	Insolvenzordnung
IPRax	Praxis des Internationalen Privat- und Verfahrensrechts (Zeitschrift)
iS	im Sinne
iSd	im Sinne des/der
iSv	im Sinne von
iÜ	im Übrigen
iVm	in Verbindung mit
IWRZ	Zeitschrift für Internationales Wirtschaftsrecht
iwS	im weiteren Sinne
JuS	Juristische Schulung

JV	Joint Venture
Kap.	Kapitel
KG	Kammergericht/Kommanditgesellschaft
KostO	Kostenordnung
krit.	kritisch
KritV	Die Kritische Vierteljahresschrift für Gesetzgebung und Rechtswissenschaft (Zeitschrift)
LAG	Landesarbeitsgericht
LG	Landgericht
lit.	littera
Lit.	Literatur
LS	Leitsatz
LSG	Landessozialgericht
LTO	Legal Tribune Online (Online-Magazin)
M.A.	Master of Arts
M&A	Mergers & Acquisitions
mAnm	mit Anmerkung
M.M.	Master of Mediation
MarkenG	Markengesetz
MDR	Monatsschrift für Deutsches Recht (Zeitschrift)
mE	meines Erachtens
MedArb	Mediation-Arbitration
MediationsG	Mediationsgesetz
Med-RiLi	Richtlinie 2008/52/EG des Europäischen Parlaments und des Rates vom 21.5.2008 über bestimmte Aspekte der Mediation in Zivil- und Handelssachen
mind.	mindestens
Mitt.	Mitteilung(en)
MittBayNot	Mitteilungen der Bayerischen Notarvereins, der Notarkasse und der Landesnotarkammer Bayern (Zeitschrift)
mN	mit Nachweisen
MoPeG	Gesetz zur Modernisierung des Personengesellschaftsrechts
MüKo	Münchner Kommentar
mwN	mit weiteren Nachweisen
mWv	mit Wirkung von
mzN	mit zahlreichen Nachweisen
nrkr	nicht rechtskräftig
nv	nicht veröffentlicht
Nachw.	Nachweise
nF	neue Fassung
NJW	Neue Juristische Wochenschrift (Zeitschrift)
NJW-RR	NJW Rechtsprechungs-Report Zivilrecht
No.	Nummer
NotBZ	Zeitschrift für die notarielle Beratungs- und Beurkundungspraxis (Zeitschrift)
Nov.	Novelle
Nr.	Nummer
NVwZ	Neue Zeitschrift für Verwaltungsrecht (Zeitschrift)
NZA	Neue Zeitschrift für Arbeitsrecht (Zeitschrift)

o.a.	oben angegeben, angeführt
oÄ	oder Ähnliches
o.g.	oben genannt
OHG	Offene Handelsgesellschaft
ODR	Online Dispute Resolution
ODR-VO	Verordnung (EU) Nr. 524/2013 des Europäischen Parlaments und des Rates vom 21. Mai 2013 über die Online-Beilegung verbraucherrechtlicher Streitigkeiten und zur Änderung der Verordnung (EG) Nr. 2006/2004 und der Richtlinie 2009/22/EG (Verordnung über Online-Streitbeilegung in Verbraucherangelegenheiten)
OLG	Oberlandesgericht
OVG	Oberverwaltungsgericht
PAO	Patentanwaltsordnung
PatG	Patentgesetz
r+s	Recht und Schaden (Zeitschrift)
RabelsZ	Rabels Zeitschrift für ausländisches und internationales Privatrecht (Zeitschrift)
RBerG	Rechtsberatungsgesetz
RDG	Rechtsdienstleistungsgesetz
RefE	Referentenentwurf
RegE	Regierungsentwurf
resp.	respektive
RIW	Recht der Internationalen Wirtschaft
RL	Richtlinie
Rn.	Randnummer
RNotZ	Rheinische Notar-Zeitschrift (Zeitschrift)
RRa	Reiserecht aktuell (Zeitschrift)
Rspr	Rechtsprechung
RTMKM	Round Table Mediation & Konfliktmanagement der Deutschen Wirtschaft
RVG	Rechtsanwaltsvergütungsgesetz
S.	Satz/Seite
s.	siehe
s.a.	siehe auch
s. o.	siehe oben
s. u.	siehe unten
SchAZtg	Schiedsamtszeitung (Zeitschrift)
SchiedsVZ	Zeitschrift für Schiedsverfahren (Zeitschrift)
SGB	Sozialgesetzbuch
SGG	Sozialgerichtsgesetz
SIAC	Singapore International Arbitration Centre
SIMC	Singapore International Mediation Centre
Slg	Sammlung
sog.	sogenannt/sogenannt
StaRUG	Gesetz über den Stabilisierungs- und Restrukturierungsrahmen für Unternehmen
StBerG	Steuerberatungsgesetz
StBp	Die steuerliche Betriebsprüfung (Zeitschrift)

StBW	Steuerberater Woche (Zeitschrift)
SteuK	Steuerrecht kurzgefasst (Zeitschrift)
StPO	Strafprozessordnung
TDM	Transnational Dispute Management
ThürVBl.	Thüringische Verwaltungsblätter (Zeitschrift)
Tz	Textziffer
ua	unter anderem
uam	und anderes mehr
uä	und ähnlich
uÄ	und Ähnliches
uE	unseres Erachtens
umstr.	umstritten
UmwG	Umwandlungsgesetz
UNCITRAL	The United Nations Commission on International Trade Law
unstr.	unstreitig
UPR	Umwelt- und Planungsrecht (Zeitschrift)
USt.	Umsatzsteuer
usw	und so weiter
uU	unter Umständen
uVm	und Vieles mehr
UWG	Gesetz gegen den unlauteren Wettbewerb
v.	von/vom
v. a.	vor allem
vgl.	vergleiche
vorl.	vorläufig
VSBG	Verbraucherstreitbeilegungsgesetz
VVG	Versicherungsvertragsgesetz
VwGO	Verwaltungsgerichtsordnung
WIPO	World Intellectual Property Organization
wN	weitere Nachweise
WPO	Wirtschaftsprüferordnung
WzS	Wege zur Sozialversicherung (Zeitschrift)
zB	zum Beispiel
ZEV	Zeitschrift für Erbrecht und Vermögensnachfolge (Zeitschrift)
ZFSH	Zeitschrift für die sozialrechtliche Praxis (Zeitschrift)
Ziff.	Ziffer
zit.	zitiert
ZivMediatG	Bundesgesetz über Mediation in Zivilrechtssachen (Österreich)
ZJS	Zeitschrift für das juristische Studium (Zeitschrift)
ZKM	Zeitschrift für Konfliktmanagement (Zeitschrift)
ZMediatAusbV	Zertifizierte-Mediatoren-Ausbildungs-Verordnung
ZNotP	Zeitschrift für die Notarpraxis (Zeitschrift)
ZPO	Zivilprozessordnung
zT	zum Teil
zust.	zustimmend
zutr.	zutreffend
zw.	zweifelhaft
zzgl	zuzüglich

Übersicht zum Gesetzgebungsverfahren – Dokumente und Fundstellen

Dokument	Abkürzung	Erscheinungsdatum	Offizielle Bezeichnung	Fundstelle (zuletzt jeweils abgerufen am 15.9.2024)
Referentenentwurf des Bundesministeriums der Justiz	RefE	4.8.2010		https://rsw.beck.de/docs/librariesprovider5/rsw-dokumente/refe_mediationsgesetz_20100803.pdf?sfvrsn=4f25e75c_2
BR: Gesetzentwurf, Urheber: Bundesregierung		4.2.2011	BR-Drs. 60/11	https://dserver.bundestag.de/brd/2011/0060-11.pdf
BR: Empfehlungen der Ausschüsse		8.3.2011	BR-Drs. 60/1/11	https://dserver.bundestag.de/brd/2011/0060-1-11.pdf
BR: Antrag des Landes Niedersachsen		15.3.2011	BR-Drs. 60/2/11	https://dserver.bundestag.de/brd/2011/0060-2-11.pdf
BR: Antrag des Freistaats Thüringen		15.3.2011	BR-Drs. 60/3/11	https://dserver.bundestag.de/brd/2011/0060-3-11.pdf
BR: Antrag des Landes Schleswig-Holstein		15.3.2011	BR-Drs. 60/4/11	https://dserver.bundestag.de/brd/2011/0060-4-11.pdf
BR: 1. Durchgang im Bundesrat		18.3.2011	BR-PlPr 881	https://dserver.bundestag.de/brp/881.pdf S. 131 f., 157 ff.
BR: Stellungnahme des Bundesrates		18.3.2011	BR-Drs. 60/11 (Beschluss)	https://dserver.bundestag.de/brd/2011/0060-11B.pdf
BT: Gesetzentwurf der Bundesregierung	RegE	1.4.2011	BT-Drs. 17/5335	https://dserver.bundestag.de/btd/17/053/1705335.pdf
BT: 1. Beratung des von der Bundesregierung eingebrachten Gesetzes-entwurfs im Bundestag		14.4.2011	BT-PlPr 17/105	https://dserver.bundestag.de/btp/17/17105.pdf S. 12053 ff.
BT: Öffentlichen Anhörung des Rechtsausschusses		25.5.2011	Rechtsausschuss Protokoll Nr. 51	https://www.bundesgerichtshof.de/SharedDocs/Downloads/DE/Bibliothek/Gesetzesmaterialien/17_wp/mediationsg/wortproto.pdf?__blob=publicationFile
BT: Beschlussempfehlung und Bericht des Rechtsausschusses		1.12.2011	BT-Drs. 17/8058	https://dserver.bundestag.de/btd/17/080/1708058.pdf

Übersicht zum Gesetzgebungsverfahren – Dokumente und Fundstellen

Dokument	Abkürzung	Erscheinungsdatum	Offizielle Bezeichnung	Fundstelle (zuletzt jeweils abgerufen am 15.9.2024)
BT: 2. und 3. Beratung des Bundestages und Annahme des Gesetzes in der Fassung der Beschlussempfehlung des Rechtsausschusses		15.12.2011	BT-PlPr 17/149	https://dserver.bundestag.de/btp/17/17149.pdf S. 17837 ff.
BR: Unterrichtung über Gesetzesbeschluss des BT		20.1.2012	BR-Drs. 10/12	https://dserver.bundestag.de/brd/2012/0010-12.pdf
BR: Empfehlungen der Ausschüsse		30.1.2012	BR-Drs. 10/1/12	https://dserver.bundestag.de/brd/2012/0010-1-12.pdf
BR: 2. Durchgang im Bundesrat		10.2.2012	BR-PlPr 892	https://dserver.bundestag.de/brp/892.pdf S. 30 ff.
BR: Anrufung des Vermittlungsausschusses durch den Bundesrat		10.2.2012	BR-Drs. 10/12 (Beschluss)	https://dserver.bundestag.de/brp/892.pdf
BT: Unterrichtung über die Anrufung des Vermittlungsausschusses		14.2.2012	BT-Drs. 17/8680	https://dserver.bundestag.de/btd/17/086/1708680.pdf
BT: Beschlussempfehlung des Vermittlungsausschusses		27.6.2012	BT-Drs. 17/10102	https://dserver.bundestag.de/btd/17/101/1710102.pdf
BT: Annahme der Beschlussempfehlung des Vermittlungsausschusses		28.6.2012	BT-PlPr 17/187	https://dserver.bundestag.de/btp/17/17187.pdf S. 22359
BR: BR-Sitzung		29.6.2012	BR-PlPr 898	https://dserver.bundestag.de/brp/898.pdf S. 295 f.
BR: Beschluss des Bundesrates		29.6.2012	BR-Drs. 377/12 (Beschluss)	https://dserver.bundestag.de/brd/2012/0377-12B.pdf
Verkündung des Gesetzes vom 21.7.2012 im Bundesgesetzblatt		25.7.2012	BGBl. 2012, Teil 1 Nr. 35, S. 1577	https://www.bgbl.de/xaver/bgbl/start.xav?startbk=Bundesanzeiger_BGBl&jumpTo=bgbl112s1577.pdf#__bgbl__%2F%2F*%5B%40attr_id%3D%27bgbl112s1577.pdf%27%5D__1725622766179
Inkrafttreten des Mediationsgesetzes		26.7.2012		

EU-Quellen zum Thema Mediation und außergerichtliche Konfliktbeilegung

Dokument	Abkürzung	Erscheinungsdatum	Offizielle Bezeichnung	Fundstelle (zuletzt jeweils abgerufen am 15.9.2024)
Grünbuch über Alternative Verfahren zur Streitbeilegung im Zivil- und Handelsrecht	Grünbuch	19.4.2002	KOM(2002) 196 endgültig	https://eur-lex.europa.eu/legal-content/DE/TXT/?uri=CELEX:52002DC0196
European Code of Conduct for Mediators (Europäischer Verhaltenskodex für Mediatoren)	CoC	2.7.2004		Im Anhang dieses Kommentars abgedruckt
Richtlinie über bestimmte Aspekte der Mediation in Zivil- und Handelssachen	EU-RiLi	21.5.2008	Richtlinie 2008/52/EG	http://eur-lex.europa.eu/LexUriServ/LexUriServ.do?uri=OJ:L:2008:136:0003:0008:De:PDF
Richtlinie über alternative Streitbeilegung in Verbraucherangelegenheiten	ADR-RiLi	21.5.2013	Richtlinie 2013/11/EU	http://eur-lex.europa.eu/LexUriServ/LexUriServ.do?uri=OJ:L:2013:165:0063:0079:DE:PDF
Verordnung über Online-Streitbeilegung in Verbraucherangelegenheiten	ODR-VO	21.5.2013	Verordnung (EU) Nr. 524/2013 D	https://eur-lex.europa.eu/legal-content/DE/TXT/PDF/?uri=CELEX:32013R0524

Mediationsgesetz – Gesetzestext

Mediationsgesetz (MediationsG)[1]

Vom 21. Juli 2012 (BGBl. I S. 1577)
(FNA 302-7)
geändert durch Art. 135 Zehnte ZuständigkeitsanpassungsVO vom
31. August 2015 (BGBl. I S. 1474)

§ 1 Begriffsbestimmungen

(1) Mediation ist ein vertrauliches und strukturiertes Verfahren, bei dem Parteien mithilfe eines oder mehrerer Mediatoren freiwillig und eigenverantwortlich eine einvernehmliche Beilegung ihres Konflikts anstreben.

(2) Ein Mediator ist eine unabhängige und neutrale Person ohne Entscheidungsbefugnis, die die Parteien durch die Mediation führt.

§ 2 Verfahren; Aufgaben des Mediators

(1) Die Parteien wählen den Mediator aus.

(2) Der Mediator vergewissert sich, dass die Parteien die Grundsätze und den Ablauf des Mediationsverfahrens verstanden haben und freiwillig an der Mediation teilnehmen.

(3) [1]Der Mediator ist allen Parteien gleichermaßen verpflichtet. [2]Er fördert die Kommunikation der Parteien und gewährleistet, dass die Parteien in angemessener und fairer Weise in die Mediation eingebunden sind. [3]Er kann im allseitigen Einverständnis getrennte Gespräche mit den Parteien führen.

(4) Dritte können nur mit Zustimmung aller Parteien in die Mediation einbezogen werden.

(5) [1]Die Parteien können die Mediation jederzeit beenden. [2]Der Mediator kann die Mediation beenden, insbesondere wenn er der Auffassung ist, dass eine eigenverantwortliche Kommunikation oder eine Einigung der Parteien nicht zu erwarten ist.

(6) [1]Der Mediator wirkt im Falle einer Einigung darauf hin, dass die Parteien die Vereinbarung in Kenntnis der Sachlage treffen und ihren Inhalt verstehen. [2]Er hat die Parteien, die ohne fachliche Beratung an der Mediation teilnehmen, auf die Möglichkeit hinzuweisen, die Vereinbarung bei Bedarf durch externe Berater überprüfen zu lassen. [3]Mit Zustimmung der Parteien kann die erzielte Einigung in einer Abschlussvereinbarung dokumentiert werden.

---

1 Verkündet als Art. 1 G v. 21.7.2012 (BGBl. S. 1577); Inkrafttreten gem. Art. 9 dieses G am 26.7.2012.

§ 3 Offenbarungspflichten; Tätigkeitsbeschränkungen

(1) ¹Der Mediator hat den Parteien alle Umstände offenzulegen, die seine Unabhängigkeit und Neutralität beeinträchtigen können. ²Er darf bei Vorliegen solcher Umstände nur als Mediator tätig werden, wenn die Parteien dem ausdrücklich zustimmen.

(2) ¹Als Mediator darf nicht tätig werden, wer vor der Mediation in derselben Sache für eine Partei tätig gewesen ist. ²Der Mediator darf auch nicht während oder nach der Mediation für eine Partei in derselben Sache tätig werden.

(3) ¹Eine Person darf nicht als Mediator tätig werden, wenn eine mit ihr in derselben Berufsausübungs- oder Bürogemeinschaft verbundene andere Person vor der Mediation in derselben Sache für eine Partei tätig gewesen ist. ²Eine solche andere Person darf auch nicht während oder nach der Mediation für eine Partei in derselben Sache tätig werden.

(4) Die Beschränkungen des Absatzes 3 gelten nicht, wenn sich die betroffenen Parteien im Einzelfall nach umfassender Information damit einverstanden erklärt haben und Belange der Rechtspflege dem nicht entgegenstehen.

(5) Der Mediator ist verpflichtet, die Parteien auf deren Verlangen über seinen fachlichen Hintergrund, seine Ausbildung und seine Erfahrung auf dem Gebiet der Mediation zu informieren.

§ 4 Verschwiegenheitspflicht

¹Der Mediator und die in die Durchführung des Mediationsverfahrens eingebundenen Personen sind zur Verschwiegenheit verpflichtet, soweit gesetzlich nichts anderes geregelt ist. ²Diese Pflicht bezieht sich auf alles, was ihnen in Ausübung ihrer Tätigkeit bekannt geworden ist. ³Ungeachtet anderer gesetzlicher Regelungen über die Verschwiegenheitspflicht gilt sie nicht, soweit

1. die Offenlegung des Inhalts der im Mediationsverfahren erzielten Vereinbarung zur Umsetzung oder Vollstreckung dieser Vereinbarung erforderlich ist,
2. die Offenlegung aus vorrangigen Gründen der öffentlichen Ordnung (ordre public) geboten ist, insbesondere um eine Gefährdung des Wohles eines Kindes oder eine schwerwiegende Beeinträchtigung der physischen oder psychischen Integrität einer Person abzuwenden, oder
3. es sich um Tatsachen handelt, die offenkundig sind oder ihrer Bedeutung nach keiner Geheimhaltung bedürfen.

⁴Der Mediator hat die Parteien über den Umfang seiner Verschwiegenheitspflicht zu informieren.

§ 5 Aus- und Fortbildung des Mediators; zertifizierter Mediator

(1) ¹Der Mediator stellt in eigener Verantwortung durch eine geeignete Ausbildung und eine regelmäßige Fortbildung sicher, dass er über theoreti-

sche Kenntnisse sowie praktische Erfahrungen verfügt, um die Parteien in sachkundiger Weise durch die Mediation führen zu können. ²Eine geeignete Ausbildung soll insbesondere vermitteln:
1. Kenntnisse über Grundlagen der Mediation sowie deren Ablauf und Rahmenbedingungen,
2. Verhandlungs- und Kommunikationstechniken,
3. Konfliktkompetenz,
4. Kenntnisse über das Recht der Mediation sowie über die Rolle des Rechts in der Mediation sowie
5. praktische Übungen, Rollenspiele und Supervision.

(2) Als zertifizierter Mediator darf sich bezeichnen, wer eine Ausbildung zum Mediator abgeschlossen hat, die den Anforderungen der Rechtsverordnung nach § 6 entspricht.

(3) Der zertifizierte Mediator hat sich entsprechend den Anforderungen der Rechtsverordnung nach § 6 fortzubilden.

§ 6 Verordnungsermächtigung

¹Das Bundesministerium der Justiz und für Verbraucherschutz wird ermächtigt, durch Rechtsverordnung ohne Zustimmung des Bundesrates nähere Bestimmungen über die Ausbildung zum zertifizierten Mediator und über die Fortbildung des zertifizierten Mediators sowie Anforderungen an Aus- und Fortbildungseinrichtungen zu erlassen. ²In der Rechtsverordnung nach Satz 1 können insbesondere festgelegt werden:
1. nähere Bestimmungen über die Inhalte der Ausbildung, wobei eine Ausbildung zum zertifizierten Mediator die in § 5 Absatz 1 Satz 2 aufgeführten Ausbildungsinhalte zu vermitteln hat, und über die erforderliche Praxiserfahrung;
2. nähere Bestimmungen über die Inhalte der Fortbildung;
3. Mindeststundenzahlen für die Aus- und Fortbildung;
4. zeitliche Abstände, in denen eine Fortbildung zu erfolgen hat;
5. Anforderungen an die in den Aus- und Fortbildungseinrichtungen eingesetzten Lehrkräfte;
6. Bestimmungen darüber, dass und in welcher Weise eine Aus- und Fortbildungseinrichtung die Teilnahme an einer Aus- und Fortbildungsveranstaltung zu zertifizieren hat;
7. Regelungen über den Abschluss der Ausbildung;
8. Übergangsbestimmungen für Personen, die bereits vor Inkrafttreten dieses Gesetzes als Mediatoren tätig sind.

§ 7 Wissenschaftliche Forschungsvorhaben; finanzielle Förderung der Mediation

(1) Bund und Länder können wissenschaftliche Forschungsvorhaben vereinbaren, um die Folgen einer finanziellen Förderung der Mediation für die Länder zu ermitteln.

(2) ¹Die Förderung kann im Rahmen der Forschungsvorhaben auf Antrag einer rechtsuchenden Person bewilligt werden, wenn diese nach ihren persönlichen und wirtschaftlichen Verhältnissen die Kosten einer Mediation nicht, nur zum Teil oder nur in Raten aufbringen kann und die beabsichtigte Rechtsverfolgung oder Rechtsverteidigung nicht mutwillig erscheint. ²Über den Antrag entscheidet das für das Verfahren zuständige Gericht, sofern an diesem Gericht ein Forschungsvorhaben durchgeführt wird. ³Die Entscheidung ist unanfechtbar. ⁴Die Einzelheiten regeln die nach Absatz 1 zustande gekommenen Vereinbarungen zwischen Bund und Ländern.

(3) Die Bundesregierung unterrichtet den Deutschen Bundestag nach Abschluss der wissenschaftlichen Forschungsvorhaben über die gesammelten Erfahrungen und die gewonnenen Erkenntnisse.

§ 8 Evaluierung

(1) ¹Die Bundesregierung berichtet dem Deutschen Bundestag bis zum 26. Juli 2017, auch unter Berücksichtigung der kostenrechtlichen Länderöffnungsklauseln, über die Auswirkungen dieses Gesetzes auf die Entwicklung der Mediation in Deutschland und über die Situation der Aus- und Fortbildung der Mediatoren. ²In dem Bericht ist insbesondere zu untersuchen und zu bewerten, ob aus Gründen der Qualitätssicherung und des Verbraucherschutzes weitere gesetzgeberische Maßnahmen auf dem Gebiet der Aus- und Fortbildung von Mediatoren notwendig sind.

(2) Sofern sich aus dem Bericht die Notwendigkeit gesetzgeberischer Maßnahmen ergibt, soll die Bundesregierung diese vorschlagen.

§ 9 Übergangsbestimmung

(1) Die Mediation in Zivilsachen durch einen nicht entscheidungsbefugten Richter während eines Gerichtsverfahrens, die vor dem 26. Juli 2012 an einem Gericht angeboten wird, kann unter Fortführung der bisher verwendeten Bezeichnung (gerichtlicher Mediator) bis zum 1. August 2013 weiterhin durchgeführt werden.

(2) Absatz 1 gilt entsprechend für die Mediation in der Verwaltungsgerichtsbarkeit, der Sozialgerichtsbarkeit, der Finanzgerichtsbarkeit und der Arbeitsgerichtsbarkeit.

Zertifizierte-Mediatoren-Ausbildungsverordnung – Verordnungstext

Verordnung über die Aus- und Fortbildung von zertifizierten Mediatoren (Zertifizierte-Mediatoren-Ausbildungsverordnung – ZMediatAusbV)

Vom 21. August 2016 (BGBl. I S. 1994)
(FNA 302-7-1)

Zuletzt geändert durch Art. 1 Zweite ÄndVo v. 11.7.2023 I Nr. 185.

Auf Grund des § 6 des Mediationsgesetzes, der durch Artikel 135 der Verordnung vom 31. August 2015 (BGBl. I S. 1474) geändert worden ist, verordnet das Bundesministerium der Justiz und für Verbraucherschutz:

§ 1 Anwendungsbereich

Diese Verordnung regelt
1. die Ausbildung zum zertifizierten Mediator,
2. die Fortbildung des zertifizierten Mediators sowie
3. Anforderungen an die Einrichtungen zur Aus- und Fortbildung nach den Nummern 1 und 2.

§ 2 Ausbildung zum zertifizierten Mediator

(1) Als zertifizierter Mediator darf sich nur bezeichnen, wer eine Ausbildung zum zertifizierten Mediator abgeschlossen hat und über die nach Absatz 6 ausgestellte Bescheinigung verfügt.

(2) Die Ausbildung zum zertifizierten Mediator setzt sich zusammen aus einem Ausbildungslehrgang und fünf supervidierten Mediationen, die der Ausbildungsteilnehmende jeweils als Mediator oder Co-Mediator durchgeführt hat.

(3) Der Ausbildungslehrgang muss die in der Anlage aufgeführten Inhalte vermitteln und auch praktische Übungen und Rollenspiele umfassen.

(4) [1]Der Umfang des Ausbildungslehrgangs beträgt mindestens 130 Präsenzzeitstunden. [2]Die jeweiligen Inhalte des Ausbildungslehrgangs müssen mindestens die in Spalte III der Anlage aufgeführten Zeitstunden umfassen. [3]Bis zu vierzig Prozent der Präsenzzeitstunden können in virtueller Form durchgeführt werden, sofern neben der Anwesenheitsprüfung auch die Möglichkeit der persönlichen Interaktion der Lehrkräfte mit den Ausbildungsteilnehmenden sowie der Ausbildungsteilnehmenden untereinander sichergestellt ist.

(5) [1]Ausbildungsteilnehmende müssen die fünf supervidierten Mediationen spätestens drei Jahre nach Beendigung des Ausbildungslehrgangs durchge-

führt haben. ²Die Supervisionen sind vom jeweiligen Supervisor zu bestätigen.

(6) ¹Über den Abschluss der Ausbildung ist von der Ausbildungseinrichtung eine Bescheinigung auszustellen. ²Die Bescheinigung darf erst ausgestellt werden, wenn der Ausbildungslehrgang beendet ist und die fünf supervidierten Mediationen bestätigt sind. ³Die Bescheinigung muss enthalten:
1. Name, Vornamen und Geburtsdatum der Absolventin oder des Absolventen,
2. Name und Anschrift der Ausbildungseinrichtung,
3. Datum und Ort der Ausbildung,
4. gemäß Anlage vermittelte Inhalte des Ausbildungslehrgangs und die jeweils darauf verwendeten Zeitstunden,
5. Datum und Ort der durchgeführten Supervisionen,
6. Name und Anschrift des Supervisors sowie
7. anonymisierte Angaben zu in den Supervisionen besprochenen Mediationen.

§ 3 Fortbildung des zertifizierten Mediators

(1) ¹Der zertifizierte Mediator hat nach Abschluss der Ausbildung regelmäßig an Fortbildungsveranstaltungen teilzunehmen. ²Der Umfang der Fortbildungsveranstaltungen beträgt alle vier Jahre mindestens 40 Zeitstunden. ³Erfüllt der zertifizierte Mediator seine Verpflichtungen nicht, so entfällt seine Berechtigung zur Führung der Bezeichnung „zertifizierter Mediator". ⁴Die Vierjahresfrist beginnt erstmals mit Ausstellung der Bescheinigung nach § 2 Absatz 6 zu laufen.

(2) Ziel der Fortbildungsveranstaltungen ist
1. eine Vertiefung und Aktualisierung einzelner in der Anlage aufgeführter Inhalte oder
2. eine Vertiefung von Kenntnissen und Fähigkeiten in besonderen Bereichen der Mediation.

(3) ¹Über die Teilnahme an einer Fortbildungsveranstaltung ist von der Fortbildungseinrichtung eine Bescheinigung auszustellen. ²Die Bescheinigung muss enthalten:
1. Name, Vornamen und Geburtsdatum der oder des Teilnehmenden,
2. Name und Anschrift der Fortbildungseinrichtung,
3. Datum und Ort der Fortbildungsveranstaltung sowie
4. vermittelte Fortbildungsinhalte und Dauer der Fortbildungsveranstaltung in Zeitstunden.

(4) ¹Der zertifizierte Mediator hat sich spätestens zum Ablauf der Frist des Absatzes 1 Satz 4 die Teilnahme an den Fortbildungsveranstaltungen von seiner Ausbildungseinrichtung bescheinigen zu lassen. ²Die Bescheinigung muss neben den Angaben nach Absatz 3 Satz 2 auch die Bestätigung enthalten, dass die Frist des Absatzes 1 Satz 4 gewahrt wurde.

§ 4 [aufgehoben]

§ 5 Anforderungen an Aus- und Fortbildungseinrichtungen

(1) Eine Ausbildung nach § 2 oder eine Fortbildung nach § 3 darf nur durchführen, wer sicherstellt, dass die dafür eingesetzten Lehrkräfte
1. über einen berufsqualifizierenden Abschluss einer Berufsausbildung oder eines Hochschulstudiums verfügen und
2. über die jeweils erforderlichen fachlichen Kenntnisse verfügen, um die in der Anlage aufgeführten oder sonstige Inhalte der Aus- oder Fortbildung zu vermitteln.

(2) Sofern eine Lehrkraft nur eingesetzt wird, um bestimmte Aus- oder Fortbildungsinhalte zu vermitteln, müssen sich ihre fachlichen Kenntnisse nur darauf beziehen.

§ 6 Gleichwertige im Ausland erworbene Qualifikation[1]

Als zertifizierter Mediator darf sich auch bezeichnen, wer
1. im Ausland eine Ausbildung zum Mediator im Umfang von mindestens 90 Zeitstunden abgeschlossen hat und
2. anschließend als Mediator oder Co-Mediator mindestens vier Mediationen durchgeführt hat.

§ 7 Übergangsbestimmungen

(1) Als zertifizierter Mediator darf sich bezeichnen, wer vor dem 26. Juli 2012 eine Ausbildung zum Mediator im Umfang von mindestens 90 Zeitstunden abgeschlossen und anschließend als Mediator oder Co-Mediator mindestens vier Mediationen durchgeführt hat.

(2) [1]Als zertifizierter Mediator darf sich auch bezeichnen, wer vor dem 1. September 2017 einen den Anforderungen des § 2 Absatz 3 und 4 in der am 1. September 2017 geltenden Fassung genügenden Ausbildungslehrgang erfolgreich beendet hat und bis zum 1. Oktober 2018 an einer Einzelsupervision im Anschluss an eine als Mediator oder Co-Mediator durchgeführte Mediation teilgenommen hat. [2]Wird die Einzelsupervision erst nach dem 1. September 2017 durchgeführt, ist entsprechend § 4 Absatz 2 in der am 1. September 2017 geltenden Fassung eine Bescheinigung auszustellen.

---

1 Amtl. Anm.: § 6 dieser Verordnung dient der Umsetzung der Richtlinie 2005/36/EG des Europäischen Parlaments und des Rates vom 7.9.2005 über die Anerkennung von Berufsqualifikationen (ABl. L 255 vom 30.9.2005 und S. 22, L 271 vom 16.10.2007, S. 18, L 93 vom 4.4.2008, S. 28, L 33 vom 3.2.2009, S. 49, L 305 vom 24.10.2014, S. 115), die zuletzt durch die Richtlinie 2013/55/EU (ABl. L 354 vom 28.12.2013, S. 132, L 268 vom 15.10.2015, S. 35, L 95 vom 9.4.2016, S. 20) geändert worden ist, sowie der Richtlinie 2013/55/EU des Europäischen Parlaments und des Rates vom 20.11.2013 zur Änderung der Richtlinie 2005/36/EG über die Anerkennung von Berufsqualifikationen und der Verordnung (EU) Nr. 1024/2012 über die Verwaltungszusammenarbeit mithilfe des Binnenmarkt-Informationssystems („IMI-Verordnung") (ABl. L 354 vom 28.12.2013, S. 132, L 268 vom 15.10.2015, S. 35, L 95 vom 9.4.2016, S. 20).

(3) ¹In den Fällen der Absätze 1 und 2 beginnen die Fristen des § 3 Absatz 1 Satz 3 und des § 4 Absatz 1 in der am 1. September 2017 geltenden Fassung am 1. September 2017 zu laufen. ²Im Fall des Absatzes 2 Satz 2 beginnen die Fristen abweichend von Satz 1 mit Ausstellen der Bescheinigung zu laufen.

(4) ¹Als zertifizierter Mediator darf sich ferner bezeichnen, wer nach den §§ 2 und 4 dieser Verordnung in der bis einschließlich 29. Februar 2024 geltenden Fassung

1. die Ausbildung abgeschlossen und die Fortbildung absolviert hat oder
2. die Ausbildung begonnen hat und diese sowie die Fortbildung bis einschließlich 29. Februar 2028 abschließt.

²Satz 1 gilt jedoch nur, wenn der Mediator zusätzlich die Vorgaben zur regelmäßigen Fortbildungspflicht nach § 3 Absatz 1 bis 3 in der ab 1. März 2024 geltenden Fassung erfüllt.

§ 8 Hemmung von Fristen

War jemand ohne sein Verschulden gehindert, eine in dieser Verordnung genannte Frist einzuhalten, so ist der Lauf dieser Frist für die Dauer des Hindernisses, höchstens jedoch für die Hälfte der jeweils einzuhaltenden Frist, gehemmt.

Anlage

(zu § 2 Absatz 3)

Inhalte des Ausbildungslehrgangs

Nummer	Inhalt des Ausbildungslehrgangs	Stundenzahl (Zeitstunden)
I	II	III

1.	Einführung und Grundlagen der Mediation
	a) Grundlagen der Mediation
	    aa) Überblick über Prinzipien, Verfahrensablauf und Phasen der Mediation
	    bb) Überblick über Kommunikations- und Arbeitstechniken in der Mediation
	b) Abgrenzung der Mediation zum streitigen Verfahren und zu anderen alternativen Konfliktbeilegungsverfahren
	c) Überblick über die Anwendungsfelder der Mediation
		18 Stunden

2.	Ablauf und Rahmenbedingungen der Mediation
	a) Einzelheiten zu den Phasen der Mediation
	    aa) Mediationsvertrag
	    bb) Stoffsammlung
	    cc) Interessenerforschung
		40 Stunden

Nummer	Inhalt des Ausbildungslehrgangs	Stundenzahl (Zeitstunden)
I	II	III

	dd) Sammlung und Bewertung von Optionen
	ee) Abschlussvereinbarung
	b) Besonderheiten unterschiedlicher Settings in der Mediation
	   aa) Einzelgespräche
	   bb) Co-/Teammediation, Mehrparteienmediation, Shuttle-Mediation
	   cc) Einbeziehung Dritter
	   dd) Online-Mediation, Digitalkompetenz
	c) Weitere Rahmenbedingungen
	   aa) Vor- und Nachbereitung von Mediationsverfahren
	   bb) Dokumentation/Protokollführung	

3.	Verhandlungstechniken und -kompetenz a) Grundlagen der Verhandlungsanalyse b) Verhandlungsführung und Verhandlungsmanagement: intuitives Verhandeln, Verhandlung nach dem Harvard-Konzept/integrative Verhandlungstechniken, distributive Verhandlungstechniken	12 Stunden
4.	Gesprächsführung, Kommunikationstechniken a) Grundlagen der Kommunikation b) Kommunikationstechniken (z. B. aktives Zuhören, Paraphrasieren, Fragetechniken, Verbalisieren, Reframing, verbale und nonverbale Kommunikation) c) Techniken zur Entwicklung und Bewertung von Lösungen (z. B. Brainstorming, Mindmapping, sonstige Kreativitätstechniken, Risikoanalyse) d) Visualisierungs- und Moderationstechniken e) Umgang mit schwierigen Situationen (z. B. Blockaden, Widerstände, Eskalationen, Machtungleichgewichte)	18 Stunden
5.	Konfliktkompetenz a) Konflikttheorie (Konfliktfaktoren, Konfliktdynamik und Konfliktanalyse; Eskalationsstufen; Konflikttypen) b) Erkennen von Konfliktdynamiken c) Interventionstechniken	12 Stunden
6.	Recht der Mediation a) Rechtliche Rahmenbedingungen: Mediatorvertrag, Berufsrecht, Verschwiegenheit, Vergütungsfragen, Haftung und Versicherung b) Einbettung in das Recht des jeweiligen Grundberufs c) Grundzüge des Rechtsdienstleistungsgesetzes	6 Stunden

Nummer	Inhalt des Ausbildungslehrgangs	Stundenzahl (Zeitstunden)
I	II	III
7.	Recht in der Mediation a) Rolle des Rechts in der Mediation b) Abgrenzung von zulässiger rechtlicher Information und unzulässiger Rechtsberatung in der Mediation durch den Mediator c) Rolle des Mediators in Abgrenzung zu den Aufgaben des Parteianwalts d) Sensibilisierung für das Erkennen von rechtlich relevanten Sachverhalten bzw. von Situationen, in denen den Medianden die Inanspruchnahme externer rechtlicher Beratung zu empfehlen ist, um eine informierte Entscheidung zu treffen e) Mitwirkung externer Berater in der Mediation f) Rechtliche Besonderheiten der Mitwirkung des Mediators bei der Abschlussvereinbarung g) Rechtliche Bedeutung und Durchsetzbarkeit der Abschlussvereinbarung unter Berücksichtigung der Vollstreckbarkeit	12 Stunden
8.	Persönliche Kompetenz, Haltung und Rollenverständnis a) Rollendefinition, Rollenkonflikte b) Aufgabe und Selbstverständnis des Mediators (insbesondere Wertschätzung, Respekt und innere Haltung) c) Allparteilichkeit, Neutralität und professionelle Distanz zu den Medianden und zum Konflikt d) Macht und Fairness in der Mediation e) Umgang mit eigenen Gefühlen f) Selbstreflexion (z. B. Bewusstheit über die eigenen Grenzen aufgrund der beruflichen Prägung und Sozialisation)	12 Stunden
Gesamt:		130 Stunden

Teil 1
Einleitung
1. Einführung

Literatur:

Ahrens, Dispute Boards – ADR-Verfahren im Vergleich – Teil 7, ZKM 2013, 72; *Alexander*, UN-Übereinkommen zur internationalen Durchsetzung von Mediationsvergleichen, ZKM 2019, 160; *Althammer/Meller-Hannich* (Hrsg.), VSBG – Verbraucherstreitbeilegungsgesetz, 2. Aufl. 2021; *Ballreich/Glasl*, Konfliktmanagement und Mediation in Organisationen; *Berlin*, Alternative Streitbeilegung in Verbraucherkonflikten, 2014; *Berlin/Isermann*, Konfliktmanagement im Business-to-Consumer-Kontext am Beispiel der Schlichtungsstelle für den öffentlichen Personenverkehr (söp), in: Gläßer/Kirchhoff/Wendenburg (Hrsg.), Konfliktmanagement in der Wirtschaft – Ansätze, Modelle, Systeme, 2014, S. 251 ff.; *ders.*, Verbraucher-ADR: Freiwilligkeit der Teilnahme und Verbindlichkeit des Ergebnisses im Lichte der AS-Richtlinie, ZKM 2013, 108; *Breidenbach./Gläßer*, Befähigung zum Schlichteramt? – Zum Erfordernis einer qualitätssichernden Ausbildung auch im Rahmen des neuen § 15a EGZPO tätig werdenden Streitmittler, ZKM 2001, 11; *ders.*, Mediation – Thesen zur Notwendigkeit eines komplementären Konfliktbehandlungsansatzes, FPR 1996, 3; *Brönneke*, Kommissionsvorschläge zur Reform der Verbraucherstreitbeilegung – Eine kritische Betrachtung, ZKM 2024, 13; *Bundesministerium der Justiz*, Leitlinien zur Umsetzung der europäischen Mediations-Richtlinie, ZKM 2008, 132; *Bundesregierung*, Bericht der Bundesregierung über die Auswirkungen des Mediationsgesetzes auf die Entwicklung der Mediation in Deutschland und über die Situation der Aus- und Fortbildung der Mediatoren – BT-Drs. 18/13178, 14.6.2017; *Busemann*, Das Mediationsgesetz in der Warteschleife – ein Zwischenruf, ZKM 2012, 55; *Chong/Steffek*, Enforcement of international settlement agreements resulting from mediation under the Singapore convention, Singapore Academy of Law Journal (SAcLJ) 2019 (31), 1; *Conrad*, Schiedsgerichtsbarkeit und Wirtschaftsmediation bei energierechtlichen Konflikten, ZKM 2013, 82; *EBS Business School/Europa-Universität Viadrina*, Verhandlungsmanagement in Unternehmen in Deutschland: Von der Intuition zum System, 2016; *Eidenmüller/Bühring-Uhle/Nelle*, Verhandlungsmanagement – Analyse, Werkzeuge, Strategien, 2. Aufl. 2017; *Europa-Universität Viadrina/PricewaterhouseCoopers* (Hrsg.), Konfliktmanagement in der deutschen Wirtschaft – Entwicklungen eines Jahrzehnts, 2016; *Europa-Universität Viadrina/PricewaterhouseCoopers* (Hrsg.), Konfliktmanagement als Instrument werteorientierter Unternehmensführung, 2013; *Europa-Universität Viadrina/PricewaterhouseCoopers* (Hrsg.), Konfliktmanagement – Von den Elementen zum System, 2011; *Europa-Universität Viadrina/PricewaterhouseCoopers* (Hrsg.), Commercial Dispute Resolution. Konfliktbearbeitungsverfahren im Vergleich, 2005; *Ewig*, Das Grünbuch der EU über alternative Verfahren zur Streitbeilegung, ZKM 2002, 149; *Faller*, Systemdesign – Die Entwicklung von Konfliktmanagementsystemen, in: Trenczek/Berning/Lenz/Will (Hrsg.), Mediation und Konfliktmanagement, 2. Aufl. 2017, S. 222 ff.; *Fischer/Schneuwly*, Alternative Dispute Resolution. Verhandlung, Mediation, Schlichtung, Schiedsgerichtsbarkeit, Schiedsgutachten, Hybride ADR-Verfahren, 2021; *Fisher/Ury/Patton*, Das Harvard-Konzept. Die unschlagbare Methode für beste Verhandlungsergebnisse – Erweitert und neu übersetzt, 2018 (1. Aufl. 1984); *Fritz/Pielsticker*, Mediationsgesetz – Kommentar, Handbuch, Mustertexte, 2. Aufl. 2018; *Fuchs/Winterling*, Zulässigkeit und Notwendigkeit von Adjudikationsverfahren in Bausachen, BauR 2021, 1353 ff.; *Glasl*, Konfliktmanagement: Ein Handbuch für Führungskräfte, Beraterinnen und Berater, 12. Aufl. 2020; *Gläßer*, Mediation und Digitalisierung, in: Riehm/Dörr (Hrsg.), Digitalisierung und Zivilverfahren, 2023, § 23; *dies.*, Das Integrative Grievance System – ein Modell für die effektive Gestaltung und Implementierung außergerichtlicher Beschwerdemechanismen entlang globaler Lieferketten, Rethinking Law 2/2022, 68; *dies.*, Mediation in der Midlife-Crisis? – eine Zwischenbilanz, ZKM 2022, 174; *dies.*, Die Diskussion um die alternative Streitbeilegung in Verbrauchersachen, Konfliktdynamik 2017, 26; *dies.*, Corporate Mediation in Germany, European Company Law Journal 14, no. 2 (2017), 76; *dies.*, Mediative Interventionen, in: Haft/v. Schlieffen (Hrsg.), Handbuch Mediation – Verhandlungstechnik, Strategien, Einsatzgebiete, 3. Aufl. 2016, § 15; *dies.*, Verbraucher-ADR und Mediation, in: Althammer (Hrsg.),

Verbraucherstreitbeilegung: Aktuelle Perspektiven für die Umsetzung der ADR-Richtlinie, 2015, S. 85 ff.; *dies.*, Auf dem Weg zu einem europäischen Verfahrensverständnis? Ein vergleichender Blick auf die Umsetzung der EU-Mediationsrichtlinie in Deutschland und Italien, in: Witzleb/Ellger/Mankowski/Merkt/Remien (Hrsg.), Festschrift für Dieter Martiny zum 70. Geburtstag, 2014, S. 735 ff; *dies./Seubert*, Die Schlichtungsstellen der Ärzte- und Rechtsanwaltskammern im Vergleich, ZKM 2024, 18; *dies./Schmitz*, Effektive Beschwerdemechanismen entlang von Lieferketten, NJW 2023, 1465; *dies./Wenkel*, Digitale Tools zur Unterstützung der Verfahrenswahl, ZKM 2023, 157; *dies./Pfeiffer/Schmitz/Bond*, Außergerichtliche Beschwerdemechanismen entlang globaler Lieferketten. Bericht über ein Forschungsprojekt, ZKM 2021, 228; *dies./Sinemillioglu/Wendenburg*, Online-Mediation Teil 1, ZKM 2020, 81; *dies./Sinemillioglu/Wendenburg*, Online-Mediation Teil 2, ZKM 2020, 133; *dies./Troja*, „Gespräche suchen – Lösungen finden. Mediation im Spannungsfeld Naturschutz und Energiewende", in: Kompetenzzentrum Naturschutz und Energiewende (Hrsg.), Konflikte in der Energiewende (Jahrbuch für naturverträgliche Energiewende 2018), Berlin 2018, S. 22 ff.; *dies./Birkhahn*, Directive 2008/52/EC on certain aspects of mediation in civil and commercial matters in: Ales/Bell u.a. (Hrsg.), International and European Labour Law – Article-by-article commentary, 2018; *dies./Kirchhoff*, Konfliktmanagement deutscher Unternehmen 2005–2015, ZKM 2017, 44; *dies.*, Lehrmodul 20: Mediation – Entwicklungslinien und Zukunftsperspektiven, ZKM 2015, 119; *dies./Kirchhoff/Wendenburg*, Konfliktmanagement in der Wirtschaft – Bestandsaufnahme und Entwicklungen, in: Gläßer/Kirchhoff/Wendenburg (Hrsg.), Konfliktmanagement in der Wirtschaft – Ansätze, Modelle, Systeme, 2014, S. 13 ff.; *dies*, Konfliktmanagement – Von den Elementen zum System: Studie von PricewaterhouseCoopers und der Europa-Universität Viadrina, ZKM 2011, 100; *dies.*, Plädoyer für ein interessenbasiertes Mediationsmodell, EWE 2009, 532; *dies.*, Mediative Begleitung einer Strategieentwicklung, ZKM 2007, 116; *dies./Kirchhoff*, Interessenermittlung – Spannungsfeld zwischen Präzision und Emotion, ZKM 2005, 130; *Goltermann/Hagel/Klowait/Levien*, „Das neue Mediationsgesetz" aus Unternehmenssicht – Teil 2, SchiedsVZ 2013, 41; *dies.*, „Das neue Mediationsgesetz" aus Unternehmenssicht – Teil 1, SchiedsVZ 2012, 299; *Graf-Schlicker*, Die EU-Richtlinie zur Mediation – zum Stand der Umsetzung, ZKM 2009, 86; *Greger*, Evaluative Konfliktregelungsverfahren, in: Trenczek/Berning/Lenz/Will (Hrsg.), Mediation und Konfliktmanagement, 2. Aufl. 2017, S. 269; *ders.*, Unter falscher Flagge – Zum Fehlgebrauch des Mediationsbegriffs und seinen Folgen, ZKM 2015, 172; *ders.*, Für jeden Konflikt das passende Verfahren, ZKM 2014, 140; *ders./Unberath/Steffek*, Recht der alternativen Konfliktlösung, 2. Aufl. 2016; *ders./Stubbe*, Schiedsgutachten, 2007; *Haft*, Verhandlung und Mediation, in: Haft/v. Schlieffen (Hrsg.), Handbuch Mediation – Verhandlungstechnik, Strategien, Einsatzgebiete, 3. Aufl. 2016, § 3; *Hammacher/Erzigkeit/Sage*, Mediation im öffentlichen Bereich, in: So funktioniert Mediation im Planen + Bauen, 2018; *Hayungs*, ADR-Richtlinie und ODR-Verordnung, ZKM 2013, 86; *Heetkamp*, Update zum Singapur-Übereinkommen Aktueller Stand der internationalen Anerkennung und Vollstreckung von Mediationsergebnissen, ZKM 2023, 49; *ders.*, Singapur-Übereinkommen in Kraft getreten, ZKM 2020, 168; *Hirsch*, Schlichtung, ZKM 2013, 15; *Hopt/Steffek*, Mediation: Rechtstatsachen, Rechtsvergleich, Regelungen, 2008; *Janssen*, Willkommen – Widerstand gegen innerbetriebliche Mediation, ZKM 2019, 49; *Kirchhoff*, Konfliktmanagement(-systeme) 2.0 – das Komponentenmodell in der Praxis, Konfliktdynamik 2012, 4; *Kirchhoff/Bühring-Uhle/Scherer*, Arbitration and Mediation in International Business, 2006; *Kirchhoff/Klowait*, Business Mediation, ADR and Conflict Management in the German Corporate Sector – Status, Development & Outlook, TDM, Vol. 11, issue 6, December 2014; *Klowait*, MediationsG und ZMediatAusbV – Wege und Irrwege im Labyrinth der Qualitätssicherung, ZKM 2017, 94; *ders.*, Corporate Pledge – Unternehmensinitiative für ein differenziertes Konfliktmanagement, ZKM 2016, 154; *ders.*, Corporate Pledges – Normierung des Konfliktverhaltens bei Business-to-Business Streitigkeiten, Konfliktdynamik 2016, 102; *ders.*, The Paradigm Shifts: A Guide to the Development of Dispute Resolution in Germany's Corporate Sector, in: Alternatives to the high costs of litigation, Vol. 33 No. 10 November 2015, 147; *ders.*, „Zertifizierter Mediator" – Empfehlenswertes Selbstmarketing oder unzulässige Irreführung?, ZKM 2015, 194; *ders.*, Die EU-Studie „Rebooting the Mediation Directive" – Vorbote eines neuen europäischen Mediationsrahmens?, ZKM 2014, 195; *ders.*, Innen- und Außendarstellung von Konfliktmanagement, in: Gläßer/Kirchhoff/Wendenburg (Hrsg.), Konfliktmanagement in der

Wirtschaft – Ansätze, Modelle, Systeme, 2014, S. 147 ff.; *ders.*, Die Wegbereiter: Der Round Table Mediation & Konfliktmanagement der deutschen Wirtschaft, in: Dispute Resolution, Das Online Magazin, Ausgabe 4/2014, 35; *ders.*, Mediationsgesetz und europarechtliche Vorgaben, ZKM 2011, 149; *Knapp* (Hrsg.), Konfliktlösungs-Tools, 8. Aufl. 2023; *Kracht* „Angeordnete" Mediationen: Probleme und Lösungen am Beispiel innerbetrieblicher und innerbehördlicher Mediation, ZKM 2022, 89; *Lembcke*, Aktuelle Entwicklungen bei der Alternativen Streitbeilegung im Baurecht, NJW 2013, 1704; *Leutheusser-Schnarrenberger*, Die Mediations-Richtlinie und deren Implementierung, ZKM 2012, 72; *May/May/Goltermann*, Schlichtung in der wirtschaftsrechtlichen Praxis, 2018; *Maus*, Das Schiedsgutachten im Allgemeinen bürgerlichen Recht, 2021; *Niedostadek* (Hrsg.), Praxishandbuch Mediation – Ansatzpunkte und Impulse für den öffentlichen Bereich, 2010; *Oelsner*, Dispute Boards – Verfahren zum projektbegleitenden Streitmanagement, 2014; *Paul*, Das erfreuliche Ende eines langen Gesetzgebungsverfahrens ..., Interview mit Eberhard Carl, ZKM 2012, 132; *Paul*, Mediationsgesetz – Anhörung im Rechtsausschuss des Deutschen Bundestages, ZKM 2011, 119; *Ponschab/Dendorfer*, Konfliktmanagement im Unternehmen, in: Haft/v. Schlieffen (Hrsg.), Handbuch Mediation – Verhandlungstechnik, Strategien, Einsatzgebiete, 3. Aufl. 2016, § 36; *Reutter*, Die Achtsamkeit des Mediators, 2017; *Roder/Röthemeyer/Braun*, Verbraucherstreitbeilegungsgesetz (VSBG), 2017; *Rickert*, Online-Mediation, 2023; *Riehm/Dörr* (Hrsg.), Digitalisierung und Zivilverfahren, 2023; *Röthemeyer*, Die Mediation im „Kampf ums Recht"?, ZKM 2016, 151; *ders.*, Mediation. Grundlagen – Recht – Markt, 2015; *ders*, Die Schlichtung – ein Stiefkind der Gesetzgebung, ZKM 2013, 47; *Round Table Mediation & Konfliktmanagement der Deutschen Wirtschaft*, Positionspapier der deutschen Wirtschaft zur Umsetzung der EU-Mediationsrichtlinie, ZKM 2009, 147; *Sänger* (Hrsg.), Handkommentar ZPO, 10. Aufl. 2023; *Schäfer*, Mediation im öffentlichen Bereich, 2011; *Schmid*, Systemisches Coaching – Konzepte und Vorgehensweisen in der Persönlichkeitsberatung, 2004; *Schmidt*, Die Praxis der Mediation im öffentlichen Bereich, in: Kracht/Niedostadek/Sensburg (Hrsg.), Praxishandbuch Professionelle Mediation, 2023; *Schmidt*, Mediation im öffentlichen Bereich – Besonderheiten und Herausforderungen, ZKM 2016, 215; *Schreyögg*, Coaching – Eine Einführung für Praxis und Ausbildung, 7. Aufl. 2012; *Schroeter*, Innerbetriebliche Mediation: Erfolgsmodell mit Entwicklungsaufgaben, ZKM 2022, 183; *Schütze/Thümmel*, Schiedsgericht und Schiedsverfahren, 7. Aufl. 2021; *Schwartz/Wendenburg*, Verhandeln als Konfliktmanagement-Instrument, in: Gläßer/Kirchhoff/Wendenburg (Hrsg.), Konfliktmanagement in der Wirtschaft – Ansätze, Modelle, Systeme, 2014, S. 373 ff.; *Schweizer*, Kooperatives Verhandeln – die Alternative zum (Rechts-)Streit, in: Haft/v. Schlieffen (Hrsg.), Handbuch Mediation – Verhandlungstechnik, Strategien, Einsatzgebiete, 3. Aufl. 2016, § 5; *Steinbrecher*, Systemdesign: Grundlagen, Konzeption und Implementierung von Integrierten Konfliktmanagementsystemen in Unternehmen, 2008; *Thevis*, Die ODR-Plattform und ihre offene Zukunft, ZKM 2023, 19; *Trenczek*, Außergerichtliche Konfliktregelung (ADR) – Verfahren, Prinzipien und Modelle, in: ders./Berning/Lenz/Will (Hrsg.), Mediation und Konfliktmanagement, 2. Aufl. 2017, S. 33 ff.; *Tymowski*, The Mediation Directive: European Implementation Assessment – In-depth Analysis, Generaldirektion Wissenschaftlicher Dienst, 2016; *Wagner*, Die Richtlinie über Alternative Streitbeilegung – Law Enforcement statt mediative Konfliktlösung, ZKM 2013, 104.

I. Entstehungsgeschichte 2	3. Schiedsgutachten 32
1. Europarechtliche Einflüsse 3	4. Schlichtung 37
2. Das bundesdeutsche Gesetzgebungsverfahren 9	5. Dispute Boards 40
	6. Adjudikation 41
3. Internationale und europarechtliche Entwicklungen .. 20c	7. Hybride ADR-Verfahren ... 42
II. Reichweite und Regelungsansatz des Gesetzes im Überblick 21	8. Typische Verfahrensformen im innerbetrieblichen Bereich 46
III. Mediation im Spektrum der Verfahren der außergerichtlichen Konfliktbeilegung 28	9. Charakteristika und hier vertretenes Verständnis von Mediation 49
1. Verhandlung 29	IV. Konfliktmanagement und Konfliktmanagement-Systeme 51
2. Schiedsgerichtsbarkeit 30	

V. Fazit und Ausblick 55	2. Aufbau des Kommentars ... 60
VI. Konzept, Aufbau und Nutzbarkeit des Kommentars 58	3. Auswahl der Autorinnen und Autoren 65
1. Zielsetzungen und Adressatenkreis des Kommentars .. 59	4. Interaktiver Ansatz 66

Mit dem am 26.7.2012 als Art. 1 des „Gesetzes zur Förderung der Mediation und anderer Verfahren der außergerichtlichen Konfliktbeilegung"[1] in Kraft getretenen Mediationsgesetz (kurz: MediationsG) wurde die Mediation in Deutschland erstmals auf eine gesetzliche Grundlage gestellt. Der deutsche Gesetzgeber schloss damit die Lücke, die zwischen der faktisch zunehmenden Bedeutung des Verfahrens der Mediation[2], den bereits bestehenden Regelungs- und Umsetzungsvorgaben auf europäischer Ebene und dem bis dato zu attestierenden Fehlen eines nationalen Rechtsrahmens entstanden war.

I. Entstehungsgeschichte

Die Entstehungsgeschichte des MediationsG ist im Kontext europarechtlicher Vorgaben zur Förderung konsensualer Konfliktbeilegungsverfahren zu sehen. Diese werden nachfolgend kurz skizziert, gefolgt von einem Überblick über die wesentlichen Stationen und Kontroversen des bundesdeutschen Gesetzgebungsprozesses.

1. Europarechtliche Einflüsse. Das Grünbuch über alternative Verfahren zur Streitbeilegung im Zivil- und Handelsrecht,[3] welches von der Europäischen Kommission am 19.4.2002 vorgelegt wurde, bildet den Auftakt einer Reihe von legislativen Maßnahmen, mit denen auf europarechtlicher Ebene die Mediation in den EU-Mitgliedstaaten gefördert und gestärkt werden soll. Nachdem die Kommission aufgrund einer Reihe von vorlaufenden Untersuchungen zu der Einschätzung gelangt war, dass die grenzüberschreitende Rechtsdurchsetzung durch langwierige und teure Gerichtsverfahren erheblich erschwert wird,[4] verfolgte das Grünbuch den Zweck, den EU-Bürgern durch die Förderung der alternativen Streitbeilegung – insbesondere auch bei grenzüberschreitenden Sachverhalten – einen besseren Zugang zum Recht zu ermöglichen.[5] Hervorgehoben wurde daneben auch, dass die alternative Streitbeilegung sich wegen ihres konsensualen Charakters in besonderer Weise als Instrument zur Erhaltung des sozialen Friedens eigne.[6]

Mit den Grünbüchern der EU werden keine verbindlichen Rechtsnormen wie Richtlinien oder Verordnungen statuiert. Es handelt sich vielmehr um unverbindliche politische Handlungsinstrumente, deren Zielsetzung darin

---

1 BGBl. 2012 I 35, 1577 ff.
2 Gläßer ZKM 2022, 174; Gläßer/Kirchhoff ZKM 2015, 119.
3 Grünbuch der Kommission vom 19.4.2002 über Alternative Verfahren zur Streitbeilegung im Zivil- und Handelsrecht, KOM (2002) 196 endg.
4 Siehe hierzu Ewig ZKM 2002, 149 mwN.
5 Grünbuch der Kommission vom 19.4.2002 über Alternative Verfahren zur Streitbeilegung im Zivil- und Handelsrecht, KOM (2002) 196 endg., Rn. 5–9.
6 Grünbuch der Kommission vom 19.4.2002 über Alternative Verfahren zur Streitbeilegung im Zivil- und Handelsrecht, KOM (2002) 196 endg., Rn. 10.

besteht, den aktuellen Stand zu bestimmten politischen Themen auf EU-Ebene aufzunehmen, Denkanstöße zu geben und die Mitgliedstaaten zur Stellungnahme aufzufordern. Anders als die sog. Weißbücher unterbreiten die Grünbücher der EU auch keine konkreten Handlungsvorschläge für die Mitgliedstaaten und die Organe der EU. Gleichwohl bilden sie oft – so auch im Fall der Mediation – den Auftakt für spätere Gesetzgebungsinitiativen. Das Grünbuch über alternative Verfahren zur Streitbeilegung bezieht sich auf Zivil- und Handelssachen einschließlich des Arbeits- und Verbraucherrechts. Begrifflich versteht die Kommission unter „ADR-Verfahren" außergerichtliche Verfahren der Streitschlichtung unter Einschaltung eines neutralen Dritten mit Ausnahme der Schiedsgerichtsbarkeit. Die Mediation ist damit – neben anderen Verfahren wie beispielsweise der Schlichtung – eindeutig mit erfasst. Als Hauptgründe für das wachsende Interesse an ADR-Verfahren – insbesondere bei grenzüberschreitenden Streitigkeiten – sah die Kommission die Überlastung der Gerichte, die überlange Verfahrensdauer und die Komplexität und Intransparenz der Rechtsvorschriften.[7] Bereits im Rahmen des Grünbuches wurden bestimmte Grundsätze wie Freiwilligkeit, Vertraulichkeit, Unparteilichkeit und Prozessverantwortung des Dritten, Transparenz und Fairness als kennzeichnend für ADR-Verfahren beschrieben. Auch einige weitere Überlegungen erscheinen aus heutiger Sicht überraschend detailliert und vorausschauend, so etwa die Anregung von Verhaltenskodizes, die Diskussion der Aussetzung gerichtlicher Verfahren und der Unterbrechung von zivilprozessualen Fristen während der Durchführung von ADR-Verfahren, die Empfehlung, Qualitätsmindestnormen für Mediatoren festzuschreiben und diese über Gütesiegel- oder Zertifizierungsverfahren abzusichern[8] bis hin zur Reflektion über Fragen der Haftung des Mediators und der Vollstreckbarkeit von Mediationsvereinbarungen.

Im Jahre 2004 veröffentlichte die Europäische Kommission auf Grundlage der zahlreichen Stellungnahmen zum Grünbuch über alternative Verfahren zur Streitbeilegung im Zivil- und Handelsrecht und nach öffentlicher Anhörung der Regierungsvertreter der Mitgliedstaaten und Vertretern von Mediationsorganisationen den **European Code of Conduct for Mediators (Europäischer Verhaltenskodex für Mediatoren)**.[9] In den Vorbemerkungen der EU-Kommission zu diesem Verhaltenskodex heißt es: „Der Verhaltenskodex für Mediatoren stellt eine Reihe von Prinzipien auf, denen sich die einzelnen Mediatoren freiwillig und in eigener Verantwortung unterwerfen können. Er soll auf alle Arten von Mediation in zivil- und handelsrechtlichen Angelegenheiten anwendbar sein. Auch Institutionen, die Mediationsdienste anbieten, können sich an den Kodex binden, indem sie von den Mediatoren, die unter der Schirmherrschaft ihrer Organisation handeln, verlangen, den Kodex zu achten. Die Befolgung des Kodexes lässt die berufsrechtlichen Regelungen der Mitgliedstaaten unberührt. Der Verhaltenskodex stellt nicht den offiziellen Standpunkt der Kommission

---

[7] Grünbuch der Kommission vom 19.4.2002 über Alternative Verfahren zur Streitbeilegung im Zivil- und Handelsrecht, KOM (2002) 196 endg., Rn. 5.
[8] Grünbuch der Kommission vom 19.4.2002 über Alternative Verfahren zur Streitbeilegung im Zivil- und Handelsrecht, KOM (2002) 196 endg., Rn. 54 ff.
[9] Abrufbar unter http://ec.europa.eu/civiljustice/adr/adr_ec_code_conduct_de.pdf.

dar. Die Kommission führt keinerlei Nachprüfungen durch, ob der Kodex tatsächlich eingehalten wird und übernimmt keinerlei Verantwortung in dieser Hinsicht, ebenso wenig wie für die Dienste, die diese Mediatoren oder Institutionen anbieten."[10]

Bei dem Verhaltenskodex handelt es sich also um ein unverbindliches Regelwerk, welches in eigenverantwortlicher Selbstverpflichtung von einzelnen Mediatoren oder Institutionen adaptiert werden kann. Etliche der Prinzipien des Verhaltenskodex wurden auch im MediationsG aufgegriffen – insbes. in den §§ 2–4 (dazu → MediationsG § 2 Rn. 5 ff.).

5 Ebenfalls in Reaktion auf die Stellungnahmen und Anhörungen zum Grünbuch legte die Europäische Kommission den Vorschlag einer Richtlinie über bestimmte Aspekte der Mediation in Zivil- und Handelssachen vor. 2008 erfolgte die Verabschiedung der **Richtlinie 2008/52/EG des Europäischen Parlaments und des Rates vom 21.5.2008 über bestimmte Aspekte der Mediation in Zivil- und Handelssachen**[11] (im Folgenden „Med-RiLi"), welche am 13.6.2008 in Kraft trat (der Volltext dieser Richtlinie findet sich im Anhang). Die Med-RiLi gab den Gesetzgebern der EU-Mitgliedstaaten durch ihren Art. 12 auf, bis zum 20.5.2011 die Umsetzung der europarechtlichen Vorgaben zur Mediation in nationales Recht vorzunehmen. Mit der Med-RiLi wurde allerdings **keine umfassende Regelung der Mediation** angestrebt. So ist der Anwendungsbereich der Med-RiLi nach Art. 1 Abs. 2 S. 1 ausdrücklich auf *„grenzüberschreitende Streitigkeiten für Zivil- und Handelssachen"* beschränkt. Dieser zurückhaltende Ansatz der Kommission beruht im Wesentlichen auf dem **Subsidiaritätsprinzip** des Art. 5 Abs. 3 EUV (Ex-Art. 5 EGV), welches die Organe der Europäischen Union verpflichtet, nur dann tätig zu werden, wenn die Ziele der in Betracht kommenden Maßnahmen auf der Ebene der Mitgliedstaaten nicht zufriedenstellend verwirklicht werden können. Supranationalen Handlungsbedarf sah die Kommission vor diesem Hintergrund letztlich vor allem für grenzüberschreitende Streitigkeiten, und hier wiederum vorrangig bei Zivil- und Handelssachen.

6 Entsprechend dieser Selbstbeschränkung des europäischen Gesetzgebers hätte eine richtlinienkonforme Umsetzung lediglich des Erlasses entsprechender nationaler Regelungen zur Ausgestaltung grenzüberschreitender Mediationen auf dem Gebiet der Zivil- und Handelssachen bedurft. Der bundesdeutsche Gesetzgeber hat sich hierauf allerdings nicht beschränkt, sondern ist – wozu er europarechtlich befugt war[12] – in mehrfacher Hinsicht über den Katalog der verpflichtend umzusetzenden (Mindest-)Inhalte der Med-RiLi hinausgegangen. Insbesondere wurde mit dem MediationsG eine Regelung geschaffen, die nicht nur für **grenzüberschreitende Mediationen** Geltung beansprucht, sondern in gleicher Weise auch für **rein innerstaatliche Sachverhalte** gilt. Den Ansatz einer weitergehenden Regelung verfolgt der deutsche Gesetzgeber auch hinsichtlich des **sachlichen**

---

10 Abrufbar unter http://ec.europa.eu/civiljustice/adr/adr_ec_code_conduct_de.pdf, S. 1.
11 ABl. L 136, 3 ff. v. 24.5.2008.
12 Hierzu Round Table Mediation & Konfliktmanagement der Deutschen Wirtschaft ZKM 2009, 147 (150).

Anwendungsbereiches des MediationsG. Über das Zivil- und Handelsrecht hinausgehend gilt das MediationsG auch für weitere Einsatzfelder der Mediation wie zB verwaltungs-, arbeits- oder sozialrechtliche Streitigkeiten sowie für Patent- und Markenangelegenheiten.

Auch materiellrechtlich verfolgt die Med-RiLi nicht den Ansatz einer umfassenden Gestaltungsvorgabe für nationale Rechtsakte, sondern beschränkt sich auf Aspekte, denen vor dem Hintergrund ihres Regelungsanliegens – der Förderung der Mediation in Zivil- und Handelssachen im grenzüberschreitenden Bereich – besondere Bedeutung beigemessen wurde. Hierzu zählen neben einer Begriffsbestimmung der Mediation und des Mediators (Art. 3) sowie Vorgaben zur Qualitätssicherung (Art. 4) insbesondere die sogenannten „3 großen Vs", nämlich die Vorgaben zur Vollstreckbarkeit (Art. 6), Vertraulichkeit (Art. 7) und Verjährung (Art. 8).[13]

Der deutsche Gesetzgeber hatte die am 20.5.2011 ablaufende Umsetzungsfrist mit dem erst am 26.7.2012 in Kraft getretenen MediationsG um mehr als ein Jahr überschritten. Einem Vertragsverletzungsverfahren wegen nicht rechtzeitiger Umsetzung einer Europäischen Richtlinie – wie im September 2012 von der Europäischen Kommission gegen Zypern und die Niederlande eingeleitet[14] – wurde damit gerade noch rechtzeitig entgegengewirkt. Die Ursachen für den eingetretenen Verzug in einer ablehnenden Haltung des deutschen Gesetzgebers der Mediation gegenüber zu suchen, wäre allerdings verfehlt – das Gegenteil ist der Fall: Alle am Gesetzgebungsprozess beteiligten Organe, Verbände, Kammern und Interessengruppen begrüßten die Einführung gesetzlicher Regelungen zur Mediation als solche ausdrücklich. Die Dauer des Gesetzgebungsverfahrens war eher dem Umstand geschuldet, dass das Bundesministerium für Justiz (BMJ) wie auch die im Nachgang beteiligten Gesetzgebungsorgane von Anfang an großen Wert auf eine Einbeziehung der maßgeblichen Interessengruppen, Verbände und berufsständischen Kammern legte. Diesen moderierenden Ansatz gerade bei einem Gesetz zu kritisieren, das im Kern auf die Herstellung eines Konsenses unter Berücksichtigung der individuellen Interessenlagen abzielt, wäre paradox. Der Preis, der hierfür zu zahlen war, bestand angesichts einiger zwischenzeitlich zu lösender Streitfragen (Näheres dazu sogleich unter → Rn. 12 ff.) dann allerdings in dem deutlich verspäteten Inkrafttreten des MediationsG.

Inzwischen ist die Richtlinie in allen Mitgliedsstaaten mit Ausnahme von Dänemark umgesetzt worden.[15] Zum Stand der Etablierung von Mediation in den verschiedenen Mitgliedsstaaten im Zuge der Richtlinien-Umset-

---

13 Eine Kommentierung der Richtlinie findet sich bei Gläßer/Birkhahn, Directive 2008/52/EC on certain aspects of mediation in civil and commercial matters, in: Ales/Bell u.a. (Hrsg.), International and European Labour Law, 2018.
14 Pressemitteilung der Europäischen Kommission vom 27.9.2012, abrufbar unter https://ec.europa.eu/commission/presscorner/detail/de/IP_12_1016.
15 Tymowski, The Mediation Directive: European Implementation Assessment – Indepth Analysis, Generaldirektion Wissenschaftlicher Dienst, 2016, S. 5, abrufbar unter https://op.europa.eu/de/publication-detail/-/publication/6be9cb68-c74a-41e6-a6db-01aa75ed71a1/language-en. Infolge des Brexit gilt für UK, dass das umgesetzte nationale Recht zur Mediationsrichtlinie mit Wirkung zum 1.1.2021 aufgehoben wurde und nicht mehr für grenzüberschreitende Streitigkeiten anwendbar ist.

zung wurden auf EU-Ebene seit 2014 eine Reihe von Studien veröffentlicht (→ MediationsG § 8 Rn. 10 ff.) und am 26.10.2016 der in Art. 11 der Med-RiLi geforderte Evaluationsbericht vorgelegt (zu dessen Inhalten → MediationsG § 8 Rn. 13 f., 48 ff.).

9 **2. Das bundesdeutsche Gesetzgebungsverfahren.** Die Verzögerungen im nationalen Gesetzgebungsprozess waren maßgeblich auf lang anhaltende Kontroversen über im Wesentlichen **zwei Hauptstreitpunkte** zurückzuführen: einerseits den weiteren **Umgang mit Mediationsangeboten der Gerichte** und andererseits die **Ausgestaltung der Anforderungen an die Aus- und Fortbildung von Mediatoren** (dazu → MediationsG § 5 Rn. 7 ff.). Im Folgenden sollen nun die Meilensteine des deutschen Gesetzgebungsverfahrens im Überblick dargestellt werden.

10 Bereits vor Beginn des Gesetzgebungsverfahrens fanden grundlegende **Vorarbeiten** statt, von denen an erster Stelle ein im Auftrag des Bundesjustizministeriums erstelltes **rechtsvergleichendes Gutachten**[16] des **Max-Planck-Institutes für ausländisches und internationales Privatrecht** zu nennen ist, in welchem die Autoren die Regelungsansätze und Praxis der Mediation in einer Vielzahl europäischer und außereuropäischer Länder untersuchten. Das Gutachten untersucht dabei länderspezifisch jeweils die Themenkomplexe Definition und Regelungstypen, institutionelle Einbindung der Mediation in das Recht und Verfahren der Streitschlichtung, Struktur und Ablauf des Mediationsverfahrens, Mediation in besonderen Rechtsgebieten, Mediatoren, empirische Befunde und Regelungsprobleme.

Die kontrovers diskutierte Frage, ob der Erfolg der Mediation sich eher in einem Umfeld einstellt, das von umfassenden obligatorischen Regelungen gekennzeichnet ist, wird in rechtstatsächlicher Hinsicht unter Hinweis auf die ebenfalls nachhaltige Etablierung der Mediation in Ländern mit geringer hoheitlicher Regelungsintensität verneint.[17] Für die Akzeptanz der Mediation seien vielmehr attraktive Regelungen in Bezug auf ihre Kosten und Wirkungen, die Sicherung der Ergebnisse der Mediation und ihrer Vertraulichkeit sowie institutionell verankerte Anreize für die Mediationseinleitung entscheidend.

Der 67. **Deutsche Juristentag (DJT)** hatte sich 2008 ebenfalls mit der Mediation und weiteren Verfahren konsensualer Streitbeilegung beschäftigt und zum Regelungsbedarf im Verfahrens- und Berufsrecht zahlreiche Beschlüsse[18] gefasst. Erste Einblicke in den Regelungsansatz des BMJ lieferten sodann die noch vor der Vorlage eines ersten Gesetzentwurfes im Jahre 2008 veröffentlichten „**Leitlinien des BMJ zur Umsetzung der europäischen Mediations-Richtlinie**".[19] Weiterhin berief das Bundesministerium der Justiz frühzeitig eine beratende, interdisziplinäre **Expertenkommission** ein, welche sich neben den in der Med-RiLi vorgegebenen Regelungspunk-

---

16 Hopt/Steffek, Mediation: Rechtstatsachen Rechtsvergleich, Regelungen, 2008.
17 Hopt/Steffek, S. 82.
18 Abrufbar unter https://www.jura.uni-frankfurt.de/55029715.pdf, S. 22 ff.
19 BMJ ZKM 2008, 132; vgl. ferner Graf-Schlicker ZKM 2009, 86. Zu den dort erörterten Regelungsoptionen für die Aus- und Fortbildung der Mediatoren → MediationsG § 5 Rn. 15.

ten insbesondere auch der Frage der Etablierung von allgemein verbindlichen Ausbildungsstandards widmete.[20]

Den formalen Auftakt des Gesetzgebungsprozesses zum MediationsG bildete dann der am 5.8.2010 vom BMJ vorgelegte **Referentenentwurf für ein Mediationsgesetz** (im Folgenden „Referentenentwurf").[21] Dieser Entwurf wurde nach einer Phase, in der zahlreiche Stellungnahmen dazu abgegeben wurden, mit wenigen Änderungen am 12.1.2011 von der Bundesregierung als Gesetzentwurf beschlossen.[22] 11

Trotz der grundsätzlich positiven Resonanz, auf welche sowohl der Referentenentwurf als auch der Gesetzentwurf der Bundesregierung stießen, zeichnete sich in den Stellungnahmen von Verbänden, berufsständischen Organisationen und vielen weiteren Interessengruppen schon bald ab, dass sowohl die in diesen Entwürfen noch vorgesehene Beibehaltung der gerichtsinternen Mediation als auch die – vielfach als zu unverbindlich und nicht weit genug gehend kritisierten – Vorgaben zur Aus- und Fortbildung des Mediators auf Widerstand stoßen würden. 12

Bezüglich der **Anforderungen an die Aus- und Fortbildung der Mediatoren** forderten die meisten Mediationsverbände wie auch einzelne Rechtsschutzversicherer möglichst weitgehende gesetzliche Vorgaben mit festgeschriebenen Inhalten und Mindeststundenzahlen der Ausbildung, da nur so eine wirksame Qualitätssicherung der Mediation erfolgen könne.[23] Die Gegenmeinung betonte, ein noch in der Entwicklung befindliches Verfahren wie die Mediation dürfe nicht überreguliert werden; man solle sich hier auf die Mechanismen des Marktes verlassen.[24] Die Aus- und Fortbildung könne – wie im Gesetzentwurf der Bundesregierung vorgesehen – auch deshalb weitgehend der Eigenverantwortlichkeit der Mediatoren überlassen bleiben, weil weitergehende Restriktionen zum einen angesichts eines funktionierenden Ausbildungsmarktes mit starken Wettbewerbselementen nicht gerechtfertigt seien. Zum anderen würden die Verbraucher durch ihr Nachfrageverhalten mittelfristig gut ausgebildete Mediatoren präferieren und dadurch mittelbar Qualitätssicherung betreiben. Nicht zuletzt könnten mit Blick auf die angestrebte Förderung der grenzüberschreitenden Mediation restriktive Ausbildungsvorgaben sogar kontraproduktiv wirken, wenn sie im Ergebnis ein „Zwei-Klassen-System" von privilegierten und nicht privilegierten Mediatoren statuierten, welches in- und ausländische Media- 13

---

20 Vgl. die Stellungnahmen der Sachverständigen im Rahmen der Anhörung im Rechtsausschuss des Deutschen Bundestages vom 25.5.2011, abrufbar unter http://webarchiv.bundestag.de/cgi/show.php?fileToLoad=2180&id=1174. Ergänzend hierzu auch Paul ZKM 2011, 119.
21 Referentenentwurf des Bundesministeriums der Justiz für ein Gesetz zur Förderung der Mediation und anderer Verfahren der außergerichtlichen Konfliktbeilegung v. 4.8.2010, 12, abrufbar unter https://rsw.beck.de/docs/librariesprovider5/rsw-dokumente/RefE_Mediationsgesetz_20100803.
22 BT-Drs. 17/5335 (Begr. RegE).
23 Beispielhaft: Stellungnahme der BAFM zu dem Referentenentwurf des Bundesministeriums der Justiz bezüglich des Gesetzes zur Förderung der Mediation und anderer Verfahren der außergerichtlichen Konfliktbeilegung vom 1.10.2010, S. 3 f.
24 Round Table Mediation & Konfliktmanagement der Deutschen Wirtschaft ZKM 2009, 147.

toren verschiedenen Rechtsfolgen unterwirft und damit der Einbeziehung nicht bundesdeutscher Mediatoren faktisch entgegenstünde.[25]

14 Die zweite Kontroverse entzündete sich an der Frage, ob bzw. in welcher Weise die von vielen Ländergerichtsbarkeiten bereits weit vor Inkrafttreten des MediationsG mit großem Ressourceneinsatz und hohem individuellen Engagement der beteiligten Richtermediatoren etablierte **gerichtsinterne Mediation** fortgeführt werden soll (dazu auch → L Rn. 11 ff.). Hier plädierte die Richterschaft mit Unterstützung der meisten Bundesländer für eine Beibehaltung der – im Gesetzentwurf der Bundesregierung zunächst auch noch vorgesehenen – gerichtsinternen Mediation, was überwiegend damit begründet wurde, diese habe sich bewährt und leiste einen wichtigen Beitrag zur Förderung der Mediation.[26] Dem widersprach die Forderung der Mediationsverbände und der Anwaltschaft, die gerichtsinterne Mediation möglichst abzuschaffen, da nur so die gesetzlich intendierte Stärkung der *außergerichtlichen* Konfliktbeilegung erreicht werden könne.[27] Als weiteres Argument gegen die gerichtsinterne Mediation wurde ins Feld geführt, dass die Vorhaltung eines für den Bürger kostenlosen gerichtlichen Mediationsverfahrens unzulässige Wettbewerbsnachteile für die freien Mediatoren mit sich bringe.

15 Der Stellungnahme des **Bundesrates** vom 18.3.2011 zu der ihm in Gestalt der BR-Drs. 60/11 übermittelten Fassung des Gesetzentwurfs der Bundesregierung[28] war zu entnehmen, dass der Bundesrat die im Referenten- und im Gesetzentwurf vorgesehene Stärkung sowohl der inner- als auch der außergerichtlichen Mediation begrüßte. In Bezug auf die Aus- und Fortbildungsvorgaben für Mediatorinnen und Mediatoren[29] regte er an, diese im weiteren Gesetzgebungsverlauf näher zu konkretisieren. Zudem plädierte der Bundesrat für eine Reihe von Detailänderungen wie etwa die Aufnahme eines dispositiven Beweiserhebungs- bzw. Vortragsverbotes[30] zur Stärkung der Vertraulichkeit des Mediationsverfahrens.

16 Nachdem der Bundestag den Gesetzentwurf der Bundesregierung auf Basis der am 13.4.2011 erfolgten Gegenäußerung der Bundesregierung zu der Stellungnahme des Bundesrates[31] am 14.4.2011 in erster Lesung behandelt hatte, wurde er zur weiteren Beratung an den **Rechtsausschuss** überwiesen.

---

25 So ua der Round Table Mediation & Konfliktmanagement der Deutschen Wirtschaft ZKM 2009, 147 (148 f.). Ausführlich zum damaligen Streitstand → MediationsG § 5 Rn. 7 ff.
26 Stellungnahme des Deutschen Richterbundes zum Referentenentwurf, abrufbar unter https://www.drb.de/positionen/stellungnahmen/stellungnahme/news/3510/.
27 Stellungnahme der BRAK zum Referentenentwurf (im Folgenden „BRAK-Stellungnahme"), abrufbar unter https://www.brak.de/fileadmin/05_zur_rechtspolitik/stellungnahmen-pdf/stellungnahmen-deutschland/2010/stellungnahme-der-brak-2010-27.pdf.
28 BR-Drs. 60/11(B).
29 Wie bereits in den Eingangsbemerkungen der Herausgeber erwähnt, wird in diesem Kommentar aus Gründen der sprachlichen Vereinfachung in der Regel allein die männliche Form gebraucht, wobei die weiblichen (Berufs-)Gruppenangehörigen immer mitgemeint sind. Um Letzteres zu verdeutlichen, greifen wir allerdings bisweilen auch – wie hier – auf die Doppelnennung zurück.
30 Hierauf ebenfalls hinweisend: Round Table Mediation & Konfliktmanagement der Deutschen Wirtschaft ZKM 2009, 147 (151).
31 BT-Drs. 17/5496.

Auch im Rahmen der Sitzung des Rechtsausschusses des Deutschen Bundestages vom 25.5.2011 bildete die Frage der Beibehaltung der gerichtsinternen Mediation einen der wesentlichen Streitpunkte. Nach wie vor standen sich hier einerseits die Positionen der Richterschaft und des Bundesrates in seiner Funktion als Repräsentant der Länder und andererseits derjenigen gegenüber, die aus den oben genannten Gründen für eine Abschaffung der gerichtsinternen Mediation plädierten. Ein Konsens hierzu konnte nicht hergestellt werden.

Letzteres gelang allerdings in Bezug auf die vorgesehene Erweiterung der Aus- und Fortbildungsregelungen für Mediatoren: Der bisherige § 5 Abs. 1 des Gesetzentwurfs wurde mit Aufnahme eines neuen S. 2 um einen Kriterienkatalog ergänzt, der auf eine Konkretisierung der Ausbildungserfordernisse abzielt; mit § 5 Abs. 2 und 3 iVm § 6 hielt das Konzept des zertifizierten Mediators Einzug in den Gesetzgebungsprozess.

Als Ergebnis der Anhörung legte der **Rechtsausschuss** am 1.12.2011 seine **Beschlussempfehlung**[32] vor, welche die bis dato im Rahmen von § 1 MediationsG-E definierte gerichtsinterne Mediation erstmals nicht mehr gesetzlich vorsah und stattdessen durch § 278 Abs. 5 ZPO und hierauf verweisende Bestimmungen in weiteren Prozessordnungen das sog. Güterichtermodell (zur gerichtlichen Mediation und zum Güterichtermodell → L Rn. 1 ff.) einführte. Auf dieser Basis wurde das MediationsG am 15.12.2011 in zweiter und dritter Lesung beraten und vom Deutschen Bundestag am gleichen Tag in der Fassung der Beschlussempfehlung des Rechtsausschusses mit Zustimmung aller Fraktionen angenommen.

Der Deutsche Richterbund und die Justizministerkonferenz der Länder hatten sich bereits im Vorfeld klar für eine Beibehaltung und Festschreibung der gerichtsinternen Mediation ausgesprochen.[33] Es überraschte daher nicht, dass der Bundesrat am 10.2.2012 beschloss, zu dem vom Bundestag am 15.12.2011 verabschiedeten Gesetz zur Förderung der Mediation und anderer Verfahren der außergerichtlichen Konfliktbeilegung[34] den Vermittlungsausschuss anzurufen[35] – mit dem Hauptziel, die gerichtsinterne Mediation gesetzlich festzuschreiben und in den vom Mediationsgesetz berührten Prozessordnungen zu verankern. Erst nach weiteren gut vier Monaten, nämlich am 25.6.2012, gelang es dann, im Vermittlungsausschuss einen Kompromiss zu finden, der auch aus Sicht der Länderkammer akzeptabel erschien. Dieser mündete in die am 27.6.2012 vorgelegte **Beschlussempfehlung des Vermittlungsausschusses**,[36] die den Disput über die gerichtsinterne Mediation dahin gehend auflöste, dass die Streichung der einschlägigen Definition in § 1 MediationsG zwar beibehalten wurde, mit Bezug auf den Güterichter durch entsprechende Ergänzungen in § 278 Abs. 5 ZPO und weiteren Prozessordnungen aber zugleich explizit klargestellt wurde, dass der Güterichter alle Methoden der Konfliktbeilegung *einschließlich der Mediation* einsetzen kann (→ L Rn. 19, 27). Nach Ab-

---

32 BT-Drs. 17/8058.
33 Vgl. hierzu auch Busemann ZKM 2012, 55 f.
34 BR-Drs. 10/12 v. 20.1.2012.
35 Siehe hierzu BR-Drs. 10/12(B).
36 BR-Drs. 17/10102.

lauf der durch § 9 MediationsG zugleich verfügten Übergangsfrist sind die Mediation einsetzenden Güterichter inzwischen allerdings nicht mehr befugt, sich als gerichtliche „Mediatoren" zu bezeichnen. Diese Begriffsführung ist seit dem 1.8.2013 exklusiv den außergerichtlichen Mediatoren vorbehalten.

19 Im Kontext der letztendlichen Einigung im Vermittlungsausschuss wurden mit Einfügung der §§ 69b GKG und 61a FamGKG zudem erstmals Ermächtigungsgrundlagen geschaffen, auf deren Basis die Länder im Bereich der Gerichtskosten durch landesrechtliche Rechtsverordnungen Anreize zur Nutzung der Mediation setzen können.

20 So langwierig das Gesetzgebungsprocedere bis zu diesem Zeitpunkt war, so schnell folgten dann die weiteren Schritte bis zum Inkrafttreten des Gesetzes. Der Bundestag nahm die Beschlussempfehlung des Vermittlungsausschusses am 28.6.2012 an. Der Bundesrat beschloss schon am 29.6.2012,[37] auf einen Einspruch gegen das vom Bundestag beschlossene Gesetz[38] zu verzichten.[39] Damit trat das Gesetz zur Förderung der Mediation und anderer Verfahren der außergerichtlichen Konfliktbeilegung nach Maßgabe seines Art. 9 (Inkrafttreten) am Tag nach seiner Verkündung im Bundesgesetzblatt am 25.7.2012,[40] also am 26.7.2012, in Kraft.

20a Der Erlass einer auf § 6 gestützten Rechtsverordnung zur Aus- und Fortbildung zertifizierter Mediatoren ließ anschließend allerdings noch lange auf sich warten. Nachdem das Bundesministerium für Justiz und Verbraucherschutz (BMJV) – nach vorheriger Anhörung der beteiligten Fachkreise und Verbände – bereits 2014 seinen Referentenentwurf einer Verordnung über die Aus- und Fortbildung von zertifizierten Mediatoren veröffentlicht hatte,[41] hat das BMJV erst am 21.8.2016 mit Erlass der **Verordnung über die Aus- und Fortbildung von zertifizierten Mediatoren (ZMediatAusbV)**[42] von seiner Ermächtigung aus § 6 in verbindlicher Weise Gebrauch gemacht. Die ZMediatAusbV ist ausweislich ihres § 8 aF am 1.9.2017 in Kraft getreten (→ ZMediatAusbV § 8 Rn. 1 mwN). Dass der Verordnungsgeber, nachdem er zunächst über zwei Jahre nach Vorlage des Referentenentwurfs der ZMediatAusbV untätig geblieben war, dann vergleichsweise überraschend – ohne Vorankündigung, ohne Beteiligung der Fachkreise und Verbände sowie noch in Unkenntnis über Resultate der bereits angelaufenen Evaluierung der Aus- und Fortbildungsvorgaben des MediationsG – die ZMediatAusbV verabschiedet hat, dürfte seine Ursache in einem anderen Gesetz finden, nämlich in dem am 1.4.2016 in Kraft getretenen Verbraucherstreitbeilegungsgesetz (VSBG).[43] In letzter Minute dieses Gesetzgebungsverfahrens wurde § 6 Abs. 2 S. 2 VSBG nämlich noch dahin gehend geändert, dass neben Volljuristen nunmehr auch „zertifizier-

---

37 BR-Drs. 377/12(B).
38 BR-Drs. 377/12.
39 BR-Drs. 377/12(B).
40 BGBl. 2012 I 35, 1577.
41 Der Entwurf ist auf der Homepage des BMJV nicht mehr eingestellt; eine eingehende Kommentierung des Referentenentwurfs findet sich in der Vorauflage dieses Kommentars.
42 BGBl. 2016 I 42, 1994 ff.
43 BGBl. 2016 I 253.

ten Mediatoren" die Berechtigung zugesprochen wurde, als Streitmittler im Sinne des VSBG tätig zu sein. Damit war der Begriff des zertifizierten Mediators gesetzlich einerseits zur Voraussetzung für die Tätigkeit als Streitmittler iSd VSBG erhoben worden, andererseits war seine Führung bis zum Inkrafttreten der seinerzeit noch nicht erlassenen ZMediatAusbV durch das MediationsG gesetzlich gesperrt.[44] Dem Druck, nach Inkrafttreten des VSBG nunmehr schnellstmöglich die ZMediatAusbV zu erlassen, hat sich das BMJV letztlich gebeugt (→ MediationsG § 6 Rn. 16 mwN). Inhaltlich erfuhr die ZMediatAusbV in der Folge zwei Änderungen, von denen die erste nur partiell wirkte, wohingegen die am 1.3.2024 in Kraft getretene Novelle umfangreichere Änderungen nach sich gezogen hat: Durch die erste Verordnung zur Änderung der Zertifizierte-Mediatoren-Ausbildungsverordnung vom 30.7.2020 wurde die bis dato geltende Fassung des § 8 – Inkrafttreten – rückwirkend zum 1.3.2020 durch die jetzige Fassung von § 8 ZMediatAusbV (Hemmung von Fristen) ersetzt. Die Änderung war maßgeblich durch Erschwernisse während der COVID-19-Pandemie motiviert, ist auf solche allerdings nicht begrenzt. Sie zielte darauf ab, eine Fristhemmung für den Fall des unverschuldeten Überschreitens vorgegebener Fristen für Aus- und Fortbildungsmaßnahmen einzuführen (→ ZMediatAusbV § 8 Rn. 1 ff.). Umfangreichere Änderungen erfuhren die Ausbildungsvorgaben für zertifizierte Mediatoren sodann mit der Zweiten Verordnung zur Änderung der Zertifizierte-Mediatoren-Ausbildungsverordnung vom 11.7.2023, die nach deren Art. 2 am 1.3.2024 in Kraft getreten sind. Die Novelle bewirkt keine grundlegende Abkehr vom vormaligen Aus- und Fortbildungskonzept; sie zog aber zahlreiche punktuelle Änderungen nach sich wie die Erhöhung des Mindeststundenumfanges der Ausbildung von vormals 120 auf nunmehr 130 Stunden, die Aufnahme neuer Lehrinhalte im Bereich der Digitalkompetenz und der Kompetenz zur Durchführung von Online-Mediationen, die Regelung, welcher Teil des Ausbildungslehrgangs ausschließlich in physischer Präsenz und welcher auch in Online-Formaten durchgeführt werden darf, die Integration der bislang dem theoretischen Ausbildungslehrgang nachgelagerten nunmehr fünf Praxisfälle sowie der zugehörigen Supervisionen in die Ausbildung selbst, die Öffnung der durchzuführenden Supervisionen auch für Gruppensupervisionen und die Pflicht der Ausbildungsinstitute, die Teilnahme an einer den Anforderungen entsprechenden Ausbildung zu bescheinigen (zur Einzelkommentierung der vorgenannten Punkte → ZMediatAusbV §§ 1 ff.).

Die in § 8 MediationsG vorgesehene **Evaluierung** wurde fristgerecht am 19.7.2017 vom Bundeskabinett beschlossen und veröffentlicht (→ MediationsG § 8 Rn. 16 ff.).[45] Der Evaluationsbericht besteht im Wesentlichen aus einer Auswertung von einschlägiger Rechtsprechung und Literatur,

20b

---

44 Zu dieser Sperrwirkung Klowait ZKM 2015, 194 ff.; zu den auch nach Inkrafttreten der ZMediatAusbV bestehen bleibenden rechtlichen Bedenken zu § 6 VSBG vgl. Greger/Unberath/Steffek/Greger C. § 6 Rn. 7 f. sowie Greger, Zugang zur Tätigkeit des Streitmittlers (§ 6 VSBG), abrufbar unter http://www.schlichtungs-forum.de/grundlagen/einzelne-rechtsfragen/.
45 S. https://www.bmj.de/SharedDocs/Downloads/DE/Themen/Nav_Themen/Evaluationsbericht_Mediationsgesetz.pdf.

einer Reihe von empirischen Befunden zum Etablierungsstand von Mediation und zur Situation der Mediationsausbildung in Deutschland sowie einer Diskussion möglicher rechtliche Regulierungsoptionen für die weitere Förderung der Mediation (dazu im Einzelnen → MediationsG § 8 Rn. 27 ff.).

Die Ergebnisse der Evaluationsforschung werden von der Bundesregierung wie folgt zusammengefasst: *„[Der Bericht] zeigt, dass Mediation als alternatives Instrument der Konfliktbeilegung in Deutschland einen festen Platz in der Streitbeilegungslandschaft einnimmt, allerdings noch nicht in einem Maße genutzt wird, wie es wünschenswert wäre. Das Potential der Mediation ist noch nicht voll entfaltet.*"[46]

Ein unmittelbarer gesetzgeberischer Handlungsbedarf, insbesondere auf dem Gebiet der Aus- und Fortbildung von Mediatoren, ergibt sich allerdings aus Sicht der Bundesregierung aus dem Bericht nicht. Sowohl von einer allgemeinen Regelung der Mediationskostenhilfe als auch von Sonderregelungen zur Vollstreckbarkeit von Mediationsvereinbarungen rät der Bericht ab.[47]

20c **3. Internationale und europarechtliche Entwicklungen.** Auf der Grundlage des seit 1958 geltenden New-York-Übereinkommens[48] ist für ausländische Schiedssprüche eine Vollstreckung in nunmehr 172 Staaten[49] möglich. Für die Abschlussvereinbarungen aus internationalen Mediationen war diese Möglichkeit bislang nicht gegeben, so dass für die Erlangung eines Vollstreckungstitels aus einem internationalen Mediationsvergleich im Vollstreckungsstaat bislang ein Schieds- oder Gerichtsverfahren eingeleitet werden musste.[50] Um Vollstreckungserleichterungen zu schaffen, wurde am 20.12.2018 die United Nations Convention on International Settlement Agreements Resulting from Mediation[51] durch die UN-Generalversammlung verabschiedet und am 7.8.2019 in Singapur zur Unterzeichnung ausgelegt. Dieses Übereinkommen ist als sogenanntes Singapur-Übereinkommen (Singapore Convention) bekannt und ermöglicht innerhalb seines Anwendungsbereiches die Anerkennung und Vollstreckung von Mediationsergebnissen in internationalen Handelssachen.[52] Deutschland ist dem Übereinkommen bislang nicht beigetreten.[53]

---

46 Bundesregierung, Evaluationsbericht 2017, Vorspann S. 3.
47 Bundesregierung, Evaluationsbericht 2017, Vorspann S. 3.
48 New York Convention on the Recognition and Enforcement of Foreign Arbitral Awards (1958).
49 Vgl. https://uncitral.un.org/en/texts/arbitration/conventions/foreign_arbitral_awards/status2.
50 Alexander ZKM 2019, 160.
51 United Nations Convention on International Settlement Agreements Resulting from Mediation. Der Text des Singapur-Übereinkommen findet sich im Englischen original hier: https://uncitral.un.org/sites/uncitral.un.org/files/singapore_convention_eng.pdf und in der Arbeitsübersetzung der Bundesrechtsanwaltskammer hier: https://www.brak.de/fileadmin/newsletter_archiv/berlin/2019/2019_040anlage2.pdf.
52 Zum Singapur-Übereinkommen: Heetkamp ZKM 2020, 168; Alexander ZKM 2019, 160; Chong/Steffek SAcLJ 2019 (31), 1.
53 Ein ernüchtertes Fazit zum Singapur-Übereinkommen – und dem deutschen Beitritt – ziehend: Heetkamp ZKM 2023, 49.

Auf europäischer Ebene zeichnet sich durch eine geplante Überarbeitung der ADR-Richtlinie eine neue Entwicklung ab.[54] Der sachliche wie örtliche Anwendungsbereich der ADR-Richtlinie soll erweitert werden. Dabei sollen u.a. eine umfassendere Berücksichtigung von digitalen Sachverhalten und sowohl nicht- als auch vorvertraglichen Konstellationen sichergestellt werden.[55] Da verstärkte Kritik an der Nutzerfreundlichkeit, den Kosten und der geringen Nutzung der ODR-Plattform geäußert wurde, wurde im Oktober 2023 seitens der EU-Kommission unter anderem vorgeschlagen, die ODR-Plattform abzuschaffen;[56] sie soll jedoch durch eine neue Plattform ersetzt werden (→ O Rn. 73 f.; zur ADR-Richtlinie → Q Rn. 38 ff.).

II. Reichweite und Regelungsansatz des Gesetzes im Überblick

In seinem Ansatz geht das MediationsG weit über die nach der Med-RiLi umzusetzenden Pflichtinhalte hinaus (→ Rn. 22). Andererseits enthält sich das Mediationsgesetz auch bestimmter Regelungen, die zur Erreichung des intendierten Gesetzeszwecks – der Förderung der Mediation – sinnvoll gewesen wären.[57] Geschuldet ist dies der offensichtlichen Haltung des Gesetzgebers, zwar mehr zu tun als europarechtlich gefordert, zugleich aber auch keine „Überregulierung" eines noch jungen und in der Entwicklung befindlichen Verfahrens wie der Mediation mit möglicherweise kontraproduktiven Wirkungen zu riskieren.[58] Wie der Gesetzgeber diesen Balanceakt vollzogen hat, soll nun überblicksartig skizziert werden.

Der **Anwendungsbereich des MediationsG** ist in zweifacher Hinsicht weiter gefasst, als er zur bloßen Umsetzung der Vorgaben der Med-RiLi gefasst sein müsste: Das MediationsG gilt durchweg auch für bundesdeutsche Mediationen ohne jeden Bezug zu grenzüberschreitenden Streitigkeiten und in anderen Feldern als nur in Zivil- und Handelssachen. Es umfasst darüber hinaus auch verwaltungs-, arbeits-, finanz-, sozial-, patent- und markenrechtliche Streitigkeiten. Im Vergleich zu einer isolierten Regelung grenzüberschreitender Sachverhalte in Zivil- und Handelssachen ist dieser weite Ansatz sicher besser geeignet, der Mediation zu möglichst umfassender gesellschaftlicher Akzeptanz zu verhelfen und ihre Verbreitung effektiv zu fördern.[59] Auch dürfte es der Rechtssicherheit dienen, der Mediation

---

54 Vgl. den am 17.10.2023 von der Europäischen Kommission vorgelegten Vorschlag zur Änderung der ADR-Richtlinie (Richtlinie (EU) Nr. 11/2013) und zur Aufhebung der ODR-Verordnung (Verordnung (EU) Nr. 524/2013), einsehbar hier: https://commission.europa.eu/live-work-travel-eu/consumer-rights-and-compl aints/resolve-your-consumer-complaint/alternative-dispute-resolution-consumers _de.
55 Umfassend und kritisch dazu Brönneke ZKM 2024, 13 und Thevis ZKM 2023, 19.
56 Thevis ZKM 2023, 19 ff.
57 Hier wäre zB an ergänzende Vorgaben zur Stärkung des Vertraulichkeitsschutzes durch Statuierung eines Vortrags- und Beweisverwertungsgebotes sowie an klarer akzentuierte Regelungen zur Verjährungshemmung oder zur Vollstreckbarkeit zu denken, vgl. hierzu Goltermann/Hagel/Klowait/Levien SchiedsVZ 2013, 48.
58 Greger ZKM 2015, 172 (175); Röthemeyer ZKM 2016, 151 (152).
59 So eines der expliziten Regelungsziele des MediationsG, vgl. hierzu schon den Referentenentwurf des Bundesministeriums der Justiz v. 4.8.2010, 12, abrufbar unter https://rsw.beck.de/docs/librariesprovider5/rsw-dokumente/RefE_Mediations gesetz_20100803.

im nationalen Rechtsraum einen nahezu[60] ubiquitär geltenden gesetzlichen Rahmen zu geben. Die Alternative hierzu hätte darin bestehen können, entweder ausschließlich den „Pflichtkatalog" der Med-RiLi umzusetzen und sich im Übrigen einer gesetzlichen Regelung weiterer Bereiche ganz zu enthalten oder aber spezifische gesetzliche Regelungen für einzelne Einsatzfelder der Mediation zu erlassen und damit letztlich aber die Gefahr einer Rechtszersplitterung in Kauf zu nehmen.

23 Gesetzgebungstechnisch erfolgt die Umsetzung der Mediations-Richtlinie in Gestalt eines **Artikelgesetzes**. Dessen Art. 1 hat das MediationsG selbst zum Inhalt, gefolgt von Bestimmungen zur Änderung der Zivilprozessordnung (Art. 2), des Gesetzes über das Verfahren in Familiensachen und in Angelegenheiten der freiwilligen Gerichtsbarkeit (Art. 3), des Arbeitsgerichtsgesetzes (Art. 4), des Sozialgerichtsgesetzes (Art. 5), der Verwaltungsgerichtsordnung (Art. 6), des Gerichtskostengesetzes (Art. 7), des Gesetzes über Gerichtskosten in Familiensachen (Art. 7a), der Finanzgerichtsordnung (Art. 8) sowie schließlich der Bestimmung des Zeitpunktes seines Inkrafttretens in Art. 9.

24 Der Ansatz, ein für alle Einsatzfelder der Mediation geltendes Gesetz zu schaffen, hat **regelungsmethodische Konsequenzen**: Zum einen ist ein **relativ hoher Abstraktionsgrad** der Regelungen erforderlich, damit diese ihre Qualität als geeignete Rechtsgrundlage für eine Vielzahl von Fallkonstellationen gleichermaßen entfalten können. Zum anderen ergibt sich daraus eine Selbstrestriktion dahin gehend, dass von einer jeweils individuell zugeschnittenen Regelung unterschiedlicher Einsatzfelder der Mediation abgesehen wird und stattdessen eine Konzentration auf einen „Kernbestand" an ubiquitär geltenden Vorgaben erfolgt.

Dies birgt notwendigerweise die Gefahr in sich, dass sich der Bedeutungsgehalt allgemein formulierter Vorgaben mit Blick auf deren konkrete Auswirkungen in spezifischen Einsatzfeldern und -situationen der Mediation als interpretationsbedürftig erweist. Auch und gerade in derartigen Zweifelsfragen möchte der vorliegende Handkommentar ein hilfreicher Wegbegleiter sein und dem Leser mit wissenschaftlich fundierten und zugleich praxistauglichen Hinweisen zur Seite stehen (zum diesbezüglich interaktiven Ansatz des Kommentars → Rn. 66).

25 Beispielhaft sei hierzu auf bestimmte **Spezifika der innerbetrieblichen bzw. innerorganisatorischen Mediation** verwiesen (zur innerbetrieblichen Mediation → D Rn. 1 ff.). Dieses Einsatzfeld, welchem im Bereich der Wirtschaftsmediation in Bezug auf die Nachfrage derzeit noch deutlich größere Bedeutung beizumessen ist als der Mediation zwischen Unternehmen[61], gehörte sicher nicht zu den Erscheinungsformen der Mediation, die der

---

60 Einschränkungen gelten mangels Statuierung von mediationsbezogenen strafprozessualen Zeugnisverweigerungsrechten zB im Strafverfahrensrecht.
61 Die Studienserie zum Konfliktmanagement in der deutschen Wirtschaft von PricewaterhouseCoopers und Europa-Universität Viadrina belegt, dass bei innerbetrieblichen Konflikten – insbesondere bei Großunternehmen – häufig Mediatoren hinzugezogen werden. PricewaterhouseCoopers/Europa-Universität Viadrina, Konfliktmanagement in der deutschen Wirtschaft – Entwicklungen eines Jahrzehnts, 2016, S. 57.

Einführung

Gesetzgeber bei Schaffung des MediationsG vorrangig vor Augen hatte.[62] Denn die in diesem Kontext typische Konstellation, dass die vertragliche Beauftragung und Finanzierung des Mediators nicht durch die mediationsbeteiligten Konfliktparteien, sondern durch das arbeitgebende Unternehmen bzw. die arbeitgebende Organisation(seinheit) erfolgt[63] und dass hierarchisch bedingte Abhängigkeiten sowohl zwischen den Konfliktparteien (→ D Rn. 7) als auch zwischen Konfliktparteien und Auftraggeber bestehen können, wirft eine Reihe von Fragen auf, für die das Mediationsgesetz keine (unmittelbaren) Antworten bereithält (→ MediationsG § 2 Rn. 18, 60 und 75). Dies führt zu der Herausforderung, die gesetzlichen Vorgaben situationsadäquat unter Berücksichtigung der zahlreichen Besonderheiten der innerbetrieblichen Mediation zu interpretieren und ggf. auch aus der Praxiserfahrung heraus ergänzende methodische Empfehlungen auszusprechen (so exemplarisch → MediationsG § 2 Rn. 221 ff.).[64]

Auch die besonderen **Komplexitäten von Mediationsverfahren im öffentlichen Bereich**[65], in denen zumeist eine Vielzahl von Akteuren bzw. Interessengruppen beteiligt sind, die wiederum interne Entscheidungsfindungs- bzw. Delegationsstrukturen aufweisen und die zT auch öffentlich-rechtlichen Bindungen unterliegen fanden im Mediationsgesetz keine Berücksichtigung. Auf die Spezifika der Mediation in öffentlichen Planungs-, Verwaltungs- und Großverfahren kann wegen der stark ausgeprägten Besonderheiten des Verfahrensdesigns[66], (oft gibt es hier lange Vorverfahren zur Auswahl der Mediatoren, zur Identifikation und Einbindung aller zu Beteiligenden und zur Gestaltung des passenden Verfahrens) und der Verfahrensführung, in der häufig Anleihen bei Moderationstechniken notwendig sind, in diesem Kommentar nur punktuell eingegangen werden (dazu zB → MediationsG § 2 Rn. 120 sowie den Überblicksbeitrag von Korte zu Mediation im Kontext der Verwaltungsgerichtsbarkeit → VwGO § 173 Rn. 3).

26

Überraschenderweise spielte das mit der Med-RiLi verfolgte und zwingend umzusetzende Hauptziel, nämlich die **Förderung der *grenzüberschreitenden* Mediation** (in Zivil- und Handelssachen) im Gesetzgebungsverfahren ebenso eine zentrale Rolle wie die Auseinandersetzung mit der Frage, ob und welche **europarechtlichen Determinanten** bei der Statuierung des deutschen MediationsG zu berücksichtigen sind.[67] Die vertiefte Be-

27

---

62 Offenkundig ging der Gesetzgeber von der idealtypischen Mediationskonstellation aus, in der zwei autonome Akteure mit Unterstützung eines von ihnen beauftragten Mediators in eine gleichberechtigte Verhandlung eintreten.
63 Kracht ZKM 2022, 89 (89); Janssen ZKM 2019, 49 (50 f.).
64 Schroeter ZKM 2022, 183.
65 Dazu grundlegend zB Schmidt, Die Praxis der Mediation im öffentlichen Bereich, in Kracht/Niedostadek/Sensburg (Hrsg.), Praxishandbuch Professionelle Mediation, 2023; Hammacher/Erzigkeit/Sage, Mediation im öffentlichen Bereich, in: So funktioniert Mediation in Planen + Bauen, 2018; Schmidt ZKM 2016, 215; Schäfer, Mediation im öffentlichen Bereich, 2011; Niedostadek (Hrsg.), Praxishandbuch Mediation – Ansatzpunkte und Impulse für den öffentlichen Bereich, 2010.
66 Siehe dazu exemplarisch Gläßer/Troja, Gespräche suchen – Lösungen finden. Mediation im Spannungsfeld Naturschutz und Energiewende, in KNE (Hrsg.), Konflikte in der Energiewende 2018, 22 ff.
67 Hierzu Klowait ZKM 2011, 149.

schäftigung mit diesen Themenkreisen hätte dabei durchaus nahe gelegen, geht es letztlich doch um die Umsetzung europarechtlich geforderter Standards in nationales Recht. Dass eine solche Analyse durchaus lohnenswert ist, um den Spielraum der Legislative wie auch die Grenzen zu definieren, denen der deutsche Gesetzgeber unterliegt, wird beispielhaft an der Diskussion über die Qualitätssicherung der Mediation deutlich (dazu → MediationsG § 6 Rn. 9 ff.).

III. Mediation im Spektrum der Verfahren der außergerichtlichen Konfliktbeilegung

28 Das „Gesetz zur Förderung der Mediation und anderer Verfahren der außergerichtlichen Konfliktbeilegung" statuiert einen rechtlichen Rahmen für die *Mediation*; „andere Verfahren der außergerichtlichen Konfliktbeilegung" regelt es entgegen seines insoweit verfehlten Titels jedoch – bis auf die punktuellen Ausführungen zum Güterichtermodell (→ L Rn. 1 ff.) – nicht. Angesichts der jeweils spezifischen Vorzüge der unterschiedlichen Verfahren der außergerichtlichen Konfliktbeilegung und des zunehmenden Bewusstseins für die Bedeutung der „richtigen" – dh die Verfahrensinteressen der Beteiligten bestmöglich abbildenden – Verfahrenswahl[68] ist es bedauerlich, dass der Gesetzgeber sich hierzu bislang jeglicher Aktivität enthält.

Im Folgenden werden die in der Praxis bedeutsamsten „anderen Verfahren der außergerichtlichen Konfliktbeilegung" mit ihren jeweiligen Charakteristika kurz skizziert.[69] In diesem Verfahrensspektrum wird die Mediation verortet und das Mediationsverständnis der Herausgeber dargestellt.

29 **1. Verhandlung.** Die mit Abstand am häufigsten genutzte Verfahrensweise zur Beilegung von Konflikten ist die – mit oder ohne Rechtsbeistand – zwischen den Parteien geführte **Verhandlung**.[70] Verhandlungen stellen zumeist den ersten Schritt auf dem Weg zu einer versuchten Konfliktlösung dar und bieten infolgedessen die Möglichkeit, frühzeitig und ohne Einbindung eines Dritten zu einer einvernehmlichen Lösung zu gelangen.[71] Das Potenzial, welches insbesondere im kooperativen Verhandeln nach dem **Harvard-Konzept**[72] begründet liegt,[73] wird in der Praxis zumeist allerdings nicht

---

68 Greger ZKM 2014, 140; Zu Kriterien der systematischen Verfahrenswahl und zu auf diesen Kriterien basierenden digitalen Tools, siehe Gläßer/Wenkel ZKM 2023, 157.
69 Siehe dazu auch Fischer/Schneuwly, ADR – Alternative Dispute Resolution. Verhandlung, Mediation, Schlichtung, Schiedsgerichtsbarkeit, Schiedsgutachten, Hybride ADR-Verfahren, Baden-Baden 2021, sowie die Übersichten bei Trenczek/Berning/Lenz/Will Konfliktmanagement-HdB/Trenczek, S. 36 ff. sowie Trenczek/Berning/Lenz/Will Konfliktmanagement-HdB/Greger, S. 269 ff.
70 So die Befunde der mit Blick auf den Umgang mit Konflikten zwischen Unternehmen von der Europa-Universität Viadrina gemeinsam mit PricewaterhouseCoopers durchgeführten Studie „Commercial Dispute Resolution. Konfliktbearbeitungsverfahren im Vergleich", abrufbar unter https://www.ikm.europa-uni.de/de/publikationen/Studie_Commcercial_Dispute_Resolution_2005.pdf.
71 Zum Verhältnis von Verhandlung und Mediation Haft/Schlieffen Mediation-HdB/Haft § 3.
72 Fisher/Ury/Patton, Das Harvard-Konzept.
73 Siehe dazu Eidenmüller/Bühring-Uhle/Nelle, Verhandlungsmanagement – Analyse, Werkzeuge, Strategien sowie Haft/Schlieffen Mediation-HdB/Schweizer § 5.

annähernd ausgeschöpft.[74] Verhandlungen und deren Vor- und Nachbereitung werden weitgehend unsystematisch betrachtet.[75] Entgegen den Empfehlungen des Harvard-Konzeptes wird in vielen Verhandlungen weder interessenorientiert (sondern rein positionsbezogen) verhandelt, noch wird die Sachebene von der Beziehungsebene klar getrennt. Anstatt im Rahmen der Verhandlung primär solche Optionen zu suchen und/oder gemeinsam zu entwickeln, die den Interessen beider Seiten bestmöglich im Sinne einer Win-win-Lösung entsprechen, wird zumeist distributiv, dh wechselseitig mit dem Ziel der möglichst weitgehenden Durchsetzung der eigenen Position zulasten der Realisierung der Position des Verhandlungspartners, verhandelt. Dies birgt die Gefahr des Scheiterns der Verhandlung in sich, wenn es nicht gelingt, einen Kompromiss zu erzielen, der für beide Seiten innerhalb ihres zuvor definierten „Einigungskorridors" liegt. Zudem kann sich auch ein vermeintlicher Verhandlungserfolg als Pyrrhus-Sieg herausstellen, wenn er entweder dem Gegenüber so viel abverlangt, dass die Geschäftsbeziehung Schaden nimmt, oder wenn die Fixierung auf die eigene Position bewirkt, dass das Potenzial einer weitergehenden Interessenverwirklichung und Wertschöpfung schlicht nicht gesehen bzw. nicht realisiert wird. Abhilfe kann die Professionalisierung des Verhandlungsmanagements schaffen, wodurch sich das Verständnis von Verhandlung weg vom punktuellen Ereignis hin zu einem komplexen, prozesshaften Geschehen wandelt.[76]

2. Schiedsgerichtsbarkeit. Bezieht man den Terminus gerichtlich in „außer*gerichtlich*" auf die staatliche Gerichtsbarkeit, so ist – trotz ihrer strukturell und verfahrensmäßig engen Anlehnung an selbige – die **private Schiedsgerichtsbarkeit** als in der Wirtschaftspraxis bedeutsamste Form der außergerichtlichen Konfliktbeilegung mit Drittbeteiligung an erster Stelle zu nennen.[77] Anstelle eines staatlichen Gerichtes entscheiden hier Privatpersonen auf Grundlage einer von den Parteien ausgesprochenen Ermächtigung durch bindenden Schiedsspruch (§ 1055 ZPO) über den zugrundeliegenden Konflikt. Wie im Rahmen der staatlichen Gerichtsbarkeit handelt es sich strukturell also um eine verbindliche Drittentscheidung, die auf Basis rechtlicher Kriterien erfolgt und die grundsätzlich – ebenso wie ein Urteil eines staatlichen Gerichtes – gegenüber der unterlegenen Partei vollstreckbar ist.[78] Unterschiede bestehen insbesondere darin, dass die Parteien die Person des Schiedsrichters in der Regel selbst bestimmen, dass sie grundsätzlich frei sind, das Verfahren zu gestalten (§ 1042 Abs. 3 ZPO) und dass sie selbst über das zugrundeliegende Recht bestimmen können.

---

74 Siehe dazu ausführlicher Schwartz/Wendenburg in Gläßer/Kirchhoff/Wendenburg, Konfliktmanagement in der Wirtschaft, S. 357 ff.
75 EBS Business School/Europa-Universität Viadrina, Verhandlungsmanagement, 2016, S. 16 f.
76 Knapp, Konfliktlösungs-Tools, 2023; EBS Business School/Europa-Universität Viadrina, Verhandlungsmanagement, 2016.
77 Zum Disput über die Einordnung der Schiedsgerichtsbarkeit in den Bereich der Alternative Dispute Resolution (ADR) → P Rn. 1 ff.
78 Umfassend zum Schiedsgerichtsverfahren Schütze, Schiedsgericht und Schiedsverfahren, 2016 sowie Kirchhoff/Bühring-Uhle/Scherer, Arbitration and Mediation in International Business, 2006.

31 Die vorgenannten Unterschiede erklären den enormen Zulauf, den private Schiedsgerichte bei – gerade auch grenzüberschreitenden – Wirtschaftsstreitigkeiten seit jeher zu verzeichnen haben, jedoch nur unvollständig. Der Erfolg privater Schiedsverfahren und der maßgeblichen Schiedsgerichtsinstitutionen wie etwa der Deutschen Institution für Schiedsgerichtsbarkeit (DIS) oder der International Chamber of Commerce (ICC)[79] beruht in erster Linie auf verschiedenen, als nachteilig empfundenen Aspekten der staatlichen Gerichtsbarkeit und der Suche der Wirtschaft nach Alternativen hierzu. Hier sind vor allem die meist kürzere Verfahrensdauer von Schiedsverfahren (welche in erster Linie darauf zurückzuführen ist, dass es gegen Schiedsgerichtsurteile keinen weiteren Instanzenzug gibt), die zumindest in Relation zu mehrzügigen Verfahren der ordentlichen Gerichtsbarkeit geringeren Verfahrenskosten sowie der Umstand, dass Schiedsgerichtsverfahren nicht öffentlich durchgeführt werden, zu nennen. Gerade in Wirtschaftsstreitigkeiten, bei denen es oftmals um sensible oder gar geheimhaltungsbedürftige Themen geht, ist der Vorteil der Nichtöffentlichkeit des Verfahrens nicht zu unterschätzen. Zudem haben die Parteien in der Regel die Möglichkeit, Schiedsrichter zu benennen, welche die aus ihrer Sicht notwendigen vertieften Rechts- und/oder Sachkenntnisse zum Streitfall mitbringen. Bei internationalen Vertragsbeziehungen kann ein weiteres Motiv für die Vereinbarung eines Schiedsverfahrens schließlich auch im mangelnden Vertrauen in die staatliche Gerichtsbarkeit desjenigen Staates begründet liegen, nach welcher entstehende Konflikte in Abwesenheit einer abweichenden Parteivereinbarung zu entscheiden wären.

32 **3. Schiedsgutachten.** Ebenso wie in der privaten Schiedsgerichtsbarkeit überantworten die Parteien einem Dritten die Entscheidung über ihren Konflikt, wenn dieser für sie ein **Schiedsgutachten**[80] erstellt. Die Ausgestaltung des Auftrages an den Schiedsgutachter, der zumeist einen für die Konfliktlösung wichtigen (insbesondere technischen, wirtschaftlichen oder juristischen) Teilaspekt begutachtet, können die Parteien grundsätzlich autonom vereinbaren.[81] Entsprechend vielfältig sind die Gestaltungsformen, in denen Schiedsgutachten eingeholt werden. Unterschieden werden kann dabei zunächst grob in Schiedsgutachten mit für die Parteien **verbindlicher Wirkung** und solche mit **unverbindlichem Empfehlungscharakter**. Ersteres befinden sich sachlich in der Nähe zum Schiedsgerichtsverfahren, letztere weisen Ähnlichkeiten mit der Schlichtung auf (→ Rn. 37 ff.).

33 Im Rahmen von **Schiedsgutachten mit verbindlicher Wirkung,** die auch als „echte" oder „feststellende" Schiedsgutachten bezeichnet werden,[82] substituiert der Schiedsgutachter im Umfang seiner Beauftragung ebenso den staatlichen Richter, wie es der private Schiedsrichter im Rahmen der

---

79 Hinzu treten zahlreiche weitere Institutionen, zum Teil auch mit branchenspezifischer Ausrichtung, wie etwa das mit einem klaren Fokus auf die Energiewirtschaft etablierte Energy Arbitration Center Switzerland (EACS), vgl. hierzu Conrad ZKM 2013, 82.
80 Umfassend hierzu Greger/Stubbe, Schiedsgutachten, 2007, ferner Maus, Das Schiedsgutachten im Allgemeinen Bürgerlichen Recht, 2021.
81 Zu den Möglichkeiten des Einsatzes von (Schieds-)Gutachtern im Rahmen eines Mediationsverfahrens → MediationsG § 2 Rn. 182.
82 Greger/Unberath/Steffek/Greger D. Rn. 31, 32 mwN.

Schiedsgerichtsbarkeit tut. Möglich ist es ebenso, dem Schiedsgutachter die Bestimmung einer im Vertrag selbst nicht festgelegten oder nicht klar definierten Leistung zu übertragen – wie etwa die aufgrund veränderter Parameter vorzunehmende Preisanpassung bei Lieferverträgen mit langer Laufzeit. Die Rolle des Schiedsgutachters ist hier zugleich von gestaltenden Elementen gekennzeichnet.[83]

Nicht selten werden aber auch **Schiedsgutachten mit unverbindlichem Charakter** beauftragt, so etwa, wenn der Auftrag an den Schiedsgutachter lautet, den Parteien zu einer bestimmten Streitfrage einen „Vorschlag zum fairen Ausgleich" zu unterbreiten. Dies mag auf den ersten Blick paradox erscheinen und die Frage provozieren, warum die Parteien Zeit und Geld investieren, um letzten Endes doch „nur" eine unverbindliche Empfehlung zu erhalten. Die Praxis zeigt indessen, dass die Erstellung derartiger Schiedsgutachten trotz ihrer Unverbindlichkeit zu hohen Einigungsquoten führt. Dies steht und fällt naturgemäß mit der Neutralität und Kompetenz des Schiedsgutachters sowie mit der Überzeugungskraft des von ihm erstellten Gutachtens. Die Parteien erhalten auf diesem Wege – oftmals erstmalig nach langem, kontroversem Austausch jeweils subjektiv gefärbter und zumeist wechselseitig von Überoptimismus geprägter Sichtweise ihrer Positionen – eine objektive Beurteilung eines fachkundigen, kompetenten und neutralen Dritten.[84] Mit Blick auf die Alternative – nämlich die Führung eines langen und teuren Rechtsstreits mit Prozessrisiken für beide Parteien – erscheint es dann oftmals vorzugswürdig, der Empfehlung des Schiedsgutachtens Folge zu leisten und den Konflikt auf dieser Basis beizulegen. 34

In beiden Varianten, also bei Gutachten mit und ohne verbindliche Wirkung, ist es möglich und nicht selten auch sinnvoll, auch mehrere Gutachter unterschiedlicher Herkunftsberufe gemeinsam mit der Erstellung eines Schiedsgutachtens zu beauftragen. Hängt die Entscheidung eines Konfliktes zB – wie häufig in Baurechtsstreitigkeiten – sowohl von technischen Feststellungen als auch von deren rechtlicher Einordnung ab, so liegt es nahe, ein „Gutachtergespann" mit entsprechenden professionellen Kenntnissen und Hintergründen einzusetzen. 35

Auch im Übrigen sind die Parteien frei, die Möglichkeiten, welche in der Erstellung von Schiedsgutachten liegen, kreativ im Sinne der beidseits angestrebten außergerichtlichen Lösung ihres Konfliktes zu nutzen. Ist beispielsweise die Verursachung und Zurechnung eines Schadens durch eine Partei unstreitig und geht es ausschließlich noch um die Höhe des daraus resultierenden Schadensersatzanspruches der anderen Vertragspartei, kann eine gute Alternative zu einer unter Umständen langjährigen und mit hohen Verfahrenskosten verbundenen Gerichtsstreitigkeit über die Höhe 36

---

83 Greger/Unberath/Steffek/Greger D. Rn. 36.
84 Insoweit bestehen Parallelen zu dem – in Deutschland allerdings noch wenig verbreiteten – Verfahren der „early neutral evaluation". Hier holen die Parteien bewusst schon in einem frühen Stadium des Konfliktes die vorläufige und unverbindliche Expertise eines neutralen Dritten ein, um ihre Erfolgsaussichten in einem möglichen streitigen Verfahren besser einschätzen und ihr weiteres Handeln danach ausrichten zu können, vgl. hierzu Fritz/Pielsticker/Fritz Andere Verfahren der außergerichtlichen Konfliktbeilegung I. Rn. 23 f.

des geschuldeten Schadensersatzes darin liegen, dass die Parteien sich auf folgendes Procedere einigen: Jede Partei beauftragt eigenständig einen neutralen Schiedsgutachter, Feststellungen zur Höhe des Schadens zu treffen – und zwar mit der zwischen den Parteien vorab vereinbarten Maßgabe, dass eine Einigung „in der Mitte" zwischen den beiden ermittelten Schadenssummen erfolgt (Bsp.: Schadenshöhe gem. Gutachten 1 = 80.000 EUR versus Schadenshöhe gem. Gutachten 2 = 100.000 EUR => Einigung auf 90.000 EUR). Vergegenwärtigt man sich den hohen Anteil streitiger Gerichtsverfahren, die ohnehin durch einen gerichtlichen Vergleichsvorschlag beendet werden, so bietet das beschriebene Vorgehen unter Umständen einen Ansatz, der aus Sicht beider Parteien vorteilhaft sein kann.[85]

37 **4. Schlichtung.** Ähnlich wie bei einem unverbindlichen Schiedsgutachten wird auch im Rahmen der **Schlichtung** ein neutraler Dritter von den Parteien damit betraut, einen nicht bindenden Lösungsvorschlag zu unterbreiten.[86] Die Rolle des Schlichters unterscheidet sich aber zumeist dahin gehend von der des Schiedsrichters und Schiedsgutachters, dass ein Schlichter vor seinem Schlichtungsspruch in der Regel zunächst als Vermittler agiert und darauf abzielt, die Parteien im Wege kooperativen Verhandelns bei ihrer Lösungsfindung zu unterstützen. Ein Schlichtungsspruch kann bei Erfolg seiner Bemühungen dann unter Umständen sogar entbehrlich sein. In dieser Ausprägung der Schlichtungstätigkeit bestehen gewisse Ähnlichkeiten zu der Tätigkeit des Mediators, von welcher der Schlichter sich aber neben einer in der Regel abweichenden Verfahrensgestaltung unter anderem auch dadurch unterscheidet, dass er konkrete Lösungsempfehlungen ausspricht und damit (Mit-)Verantwortung für die Inhalte der Konfliktlösung übernimmt.[87]

38 Wie bei den zuvor genannten ADR-Verfahren kann auch die **individuell vereinbarte Schlichtung** nach dem übereinstimmenden Parteiwillen unterschiedlich ausgestaltet werden. Es obliegt grundsätzlich den Parteien, den Auftrag an den Schlichter zu spezifizieren und die zugrunde zu legenden Verfahrensbestimmungen – wie etwa die Vertraulichkeit – vorzugeben bzw. zu gestalten. Dies gilt uneingeschränkt für individuell vereinbarte Schlichtungen, während **obligatorische Schlichtungen** in gewissen Aspekten ihres Ablaufs gesetzlich vorgegeben sind. Solche gesetzlich geforderten Schlichtungen sehen eine Reihe von Bundesländern gestützt auf die Ermächtigungsgrundlage des § 15a EGZPO für Nachbarrechtsstreitigkeiten, Ansprüche wegen Verletzung der persönlichen Ehre und vermögensrechtliche Ansprüche bis zu einem bestimmten, geringen Streitwert vor.[88] Wird

---

[85] Ein ähnliches Procedere liegt der sog. „Final-Offer-Arbitration" zugrunde, hierzu → G Rn. 19 Fn. 14.
[86] Grundlegende Literatur zur Schlichtung zB May/May/Goltermann, Schlichtung in der wirtschaftsrechtlichen Praxis, 2018; Röthemeyer ZKM 2013, 47; Hirsch ZKM 2013, 15; Fritz/Pielsticker/Lembcke Andere Verfahren der außergerichtlichen Konfliktbeilegung IV. Rn. 1.
[87] Siehe zum Ablauf und den Gestaltungsmöglichkeiten von Schlichtungsverhandlungen May/May/Goltermann, S. 95 ff.
[88] Siehe zum gegenwärtigen Stand der Umsetzung des § 15a EGZPO in Landesrecht HK-ZPO/Saenger EGZPO § 15a Rn. 11. Zu mangelnden Ausbildungs- und Qualitätssicherungsvorgaben dieses Schlichtungsmodells des § 15a EGZPO siehe Breidenbach/Gläßer ZKM 2001, 11.

Einführung

hier das (Schlichtungs-)Verfahren vor den Gütestellen[89] nicht durchgeführt, wird eine gleichwohl erhobene Klage als unzulässig abgewiesen.[90]

Die Parteiautonomie wird schließlich auch bei **institutionellen Schlichtungen** von vorgegebenen Verfahrensregeln überlagert. Die Bedeutung solcher institutionellen Schlichtungsstellen – wie sie jeweils branchenspezifisch zB bei Ärzte-, Architekten- und Rechtsanwaltskammern, aber auch in der Energie-, Telekommunikations-, Banken- und Versicherungswirtschaft sowie für den öffentlichen Personenverkehr[91] vorgehalten werden – nimmt stetig zu.[92] Wie die Rechtsakte der Europäischen Union im Bereich der alternativen Beilegung von Verbraucherangelegenheiten[93] zeigen, rückt dabei der **Aspekt des Schutzes des Verbrauchers** inklusive dessen leichterem Zugang zu ADR-Verfahren zunehmend in den Fokus.[94] Eine Reform der ADR-Richtlinie ist in Arbeit[95] (→ Q Rn. 37).

Das am 1.4.2016 in Kraft getretene Verbraucherstreitbeilegungsgesetz (VSBG) regelt die Rahmenbedingungen der Tätigkeit der Verbraucherschlichtungsstellen in Deutschland[96] und setzt dabei explizite Bezüge zur Mediation (→ Q Rn. 1 ff.). So müssen die Streitmittler gem. § 6 Abs. 2 S. 2 VSBG die Befähigung zum Richteramt besitzen oder zertifizierter Mediator sein (→ Rn. 20); gem. § 18 VSBG sind die Vorschriften des MediationsG ergänzend anzuwenden, wenn der Streitmittler eine Mediation durchführt. Letzteres wird in der Verfahrensrealität der Verbraucherschlichtungen in Deutschland aber gegenwärtig kaum praktiziert, da andere, insbes. schrift-

---

89 Zur Möglichkeit von Mediatoren, als Gütestellen zu agieren, → MediationsG § 2 Rn. 315.
90 Auf Grundlage des § 15a EGZPO bestehen Schlichtungsgesetze in Bayern (BaySchlG); Brandenburg (BbgSchGG); Hessen (SchlichtG); Mecklenburg-Vorpommern (SchStG); Niedersachsen (NSchlG); NRW (JustG); Rheinland-Pfalz (LSchlG); Sachsen-Anhalt (SchStG); Schleswig-Holstein (LSchlG), vgl. Zöller/Heßler ZPOEG § 15a Rn. 27.
91 Siehe dazu Berlin/Isermann, in: Gläßer/Kirchhoff/Wendenburg, S. 243 ff. und Berlin ZKM 2013, 108 (letzteres auch allgemein zu Verbraucher-ADR).
92 Zur Schlichtung bei Ärzte- und Rechtsanwaltskammern siehe Gläßer/Seubert ZKM 2024, 18.
93 Richtlinie über alternative Streitbeilegung in Verbraucherangelegenheiten (CDR-RL), Richtlinie 2013/11EU vom 21.5.2013, ABl. L 165, 63 sowie Verordnung über Online-Streitbeilegung in Verbraucherangelegenheiten (OS-VO), Verordnung 524/2013 vom 21.5.2013, ABl. L 165, 1. Zur CDR-RL → Q Rn. 1 ff.; Berlin ZKM 2013, 108; Wagner ZKM 2013, 104.
94 Zu unterschiedlichen Institutionalisierungsformen und Qualitätskriterien der Verbraucherschlichtung siehe umfassend Berlin, Alternative Streitbeilegung in Verbraucherkonflikten, 2014. Eine Analyse und Bewertung der an dem Ansatz der Verbraucherschlichtung geübten Grundsatzkritik findet sich in Gläßer Konfliktdynamik 2017, 26 sowie Gläßer, Verbraucher-ADR und Mediation, in: Althammer, Verbraucherstreitbeilegung 2015, S. 85.
95 Vgl. den am 17.10.2023 von der Europäischen Kommission vorgelegten Vorschlag zur Änderung der ADR-Richtlinie (Richtlinie (EU) Nr. 11/2012) und zur Aufhebung der ODR-Verordnung (Verordnung (EU) Nr. 524/2013), einsehbar hier: https://commission.europa.eu/live-work-travel-eu/consumer-rights-and-compl aints/resolve-your-consumer-complaint/alternative-dispute-resolution-consumers _de.
96 Siehe dazu die Kommentierungen von Althammer/Meller-Hannich, VSBG – Verbraucherstreitbeilegungsgesetz, 2017 sowie Roder/Röthemeyer/Braun, Verbraucherstreitbeilegungsgesetz (VSBG), 2017.

lich durchführbare, Verfahrensformen für die Beilegung von Verbraucherstreitigkeiten als zeiteffizienter erachtet werden.

40 **5. Dispute Boards.** Eine speziell im Projekt- und Anlagenbaugeschäft überaus sinnvolle Variante eines ADR-Verfahrens besteht in der Einrichtung von sog. **Dispute Boards.** Unter Dispute-Board-Verfahren versteht man vertraglich vereinbarte Verfahren zur Entscheidung, Schlichtung oder Prävention von Konflikten durch ein (in der Praxis meist dreiköpfiges) Gremium unabhängiger Dritter, welches entweder projektbegleitend (ständig) oder jeweils im konkreten Konfliktfall (ad hoc) tätig wird.[97] Dispute Boards finden in der Praxis zumeist in zwei Ausprägungen wieder, nämlich entweder als **Dispute Review Board** (DRB) oder als **Dispute Adjudication Board** (DAB). Kennzeichnend für ersteres ist, dass die DRB-Mitglieder *Empfehlungen* abgeben, welche bei Ausbleiben eines Widerspruches der Parteien innerhalb einer kurzen Frist verbindlich werden. Charakteristisch für ein Dispute Adjudication Board ist demgegenüber, dass dessen Mitglieder eine *Entscheidung* treffen, die vorläufig bindend ist, auf Widerspruch (mindestens) einer Partei aber in einem dann einzuleitenden Gerichts- oder Schiedsgerichtsverfahren überprüft werden kann. DRB-Verfahren stehen damit eher dem (zunächst) unverbindlichen Schiedsgutachten nahe, während DAB-Verfahren aufgrund ihres Entscheidungscharakters – der allerdings durch die nur vorläufige Bindungswirkung eingeschränkt ist – eine Verwandtschaft zum Schiedsgerichtsverfahren aufweisen. Speziell ständig eingerichtete Dispute Boards können durch die dauerhafte Projektbegleitung auch latent angelegte Konfliktkonstellationen so frühzeitig erkennen und lösen, dass ihnen darüber hinaus eine eigene Qualität im Bereich der **Konfliktprävention** zukommt.

41 **6. Adjudikation.** Abgesehen von ihrer Nutzung im Bereich von Dispute Adjudication Boards kommt der **Adjudikation** auch als eigenständige Verfahrensform Bedeutung zu.[98] Die Funktion des Adjudikators besteht darin, kurzfristig ein neutrales Expertenvotum abzugeben, dem eine vorläufige Bindungswirkung zukommt. Je nach Ausgestaltung der Adjudikationsabrede ist das Votum des Adjudikators entweder so lange verbindlich, bis es mit einer Klage (sei es vor der ordentlichen Gerichtsbarkeit oder vor einem privaten Schiedsgericht) angegriffen wird oder bis zu der streitgegenständlichen Frage eine (schieds-)gerichtliche Entscheidung ergangen ist. Wie letztlich alle ADR-Verfahren ist auch die Adjudikation einem Bedürfnis der Praxis entsprungen. Ihre vorwiegende Nutzung gerade bei großen Bauvorhaben verwundert nicht, kommt es doch gerade hier in besonderem Maße darauf an, bei oft komplexen und ineinander verwobenen Vertragsverhältnissen einer Vielzahl von Baubeteiligten schnelle Lösungen zu finden und eine Blockade des weiteren Baufortschrittes zu vermeiden. Die Praxis zeigt dabei, dass die zunächst nur vorläufige Bindungswirkung des Votums des Adjudikators oftmals in eine endgültige erwächst, da die Parteien sich auf der Basis des Adjudikationsspruchs einvernehmlich einigen und auf die Einleitung eines nachfolgenden (Schieds-)Gerichtsverfahrens verzichten.

---

97 Allgemein zu Dispute Boards Ahrens ZKM 2013, 72, ferner Oelsner, Dispute Boards – Verfahren zum projektbegleitenden Streitmanagement, 2014.
98 Lembcke NJW 2013, 1704, ferner Fuchs/Winterling BauR 2021, 1353 ff.

7. Hybride ADR-Verfahren. Dem Grundsatz der freien, privatautonomen Gestaltbarkeit folgend existieren selbstverständlich auch sog. **hybride ADR-Verfahren**, also gemischte Verfahrensformen, die aus einzelnen Komponenten anderer Verfahren passgenau auf die Verfahrensinteressen der Parteien zugeschnitten werden.[99] Letztlich sind hier alle denkbaren Verfahrenskombinationen möglich; es besteht also ein großer Gestaltungsspielraum auf der Ebene des Verfahrensdesigns. Entscheidend ist, dass die Verbindung der Verfahren und die gewählte Abfolge im Interesse der Parteien liegen.

42

Unter **Med-Arb-Verfahren**[100] wird die Kombination eines Mediationsverfahrens mit einem Schiedsgerichtsverfahren verstanden, wobei – zumeist aufgrund einer schon zu Verfahrensbeginn erfolgten Festlegung – von der Mediation, wenn diese nicht zu einer konsensualen Einigung führt, in ein Schiedsgerichtsverfahren übergegangen wird (→ P Rn. 35 ff.) Auf eine Personenidentität des neutralen Dritten in dem Sinne, dass der frühere Mediator anschließend auch die Rolle des Schiedsrichters übernimmt, sollte dabei jedoch möglichst verzichtet werden. Zum einen werden die Parteien sich im Rahmen des Mediationsverfahrens vermutlich nicht in der in einer Mediation gewünschten Art und Weise öffnen, wenn sie damit rechnen müssen, dass ihr Mediator später zum Schiedsrichter „mutiert" und als solcher nunmehr eine für sie verbindliche, autoritative Entscheidung trifft. Zum anderen leidet notwendigerweise auch die Rollenklarheit und Glaubwürdigkeit des neutralen Dritten, wenn und soweit die Parteien nicht sicher wissen, in welcher Funktion er letztlich zur Konfliktbeilegung final beitragen wird. Richtigerweise sehen bestimmte Verfahrensordnungen deshalb grundsätzlich eine strikte Rollentrennung und im Falle des Übergangs von einer Mediation zu einem Schiedsgerichtsverfahren auch einen personellen Wechsel vor.[101]

43

Verbleiben nach einem durchgeführten Schiedsgerichtsverfahren rechtlich nicht entscheidungsreife Teilaspekte des Streitstoffes oder beschränken die Parteien von vornherein den Umfang des Schiedsverfahrens auf bestimmte Ansprüche, kann auch vereinbart werden, im Wege eines **Arb-Med-Verfahrens**[102] vorzugehen, den nicht zuvor schon schiedsgerichtlich verbindlich entschiedenen Teil des Konfliktes also im Wege der Mediation anzugehen (→ P Rn. 48). Die Empfehlung, die Person des Schiedsrichters von der des Mediators zu trennen, gilt auch hier. Zwar läge kein Verstoß gegen das Vorbefassungsverbot des § 3 Abs. 2 S. 1 MediationsG vor, da der Schiedsrichter in seiner Funktion nicht als Vertreter *einer* Partei in widerstreitenden Interessen, sondern im gemeinsamen Auftrag *beider* Parteien als unparteiischer Dritter tätig wird (→ MediationsG § 3 Rn. 27). Notwen-

44

---

99 Dazu Kück, Hybride ADR-Verfahren, in Kracht/Niedostadek/Sensburg, Praxishandbuch Professionelle Mediation, 2023.
100 Kurzform für Mediation-Arbitration-Verfahren.
101 So lautet Art. 7 Abs. 3 der ICC-ADR-Rules: „Unless all of the parties agree otherwise in writing, a Neutral shall not act nor shall have acted in any judicial, arbitration or similar proceedings relating to the dispute which is or was the subject of the ADR proceedings, whether as a judge, as an arbitrator, as an expert or as a representative or advisor of a party."
102 Kurzform für Arbitration-Mediation-Verfahren.

45 digerweise muss im Rahmen der Entscheidung des vorgelagerten Schiedsgerichtsverfahrens aber eine rechtliche Positionierung des Schiedsrichters erfolgen, welche sich schwerlich mit der von ihm als Mediator geforderten Allparteilichkeit vereinbaren ließe (dazu ausführlich → MediationsG § 2 Rn. 267 ff., 285 ff.).

45 Schließlich kann sich im Verlauf einer Mediation auch ergeben, dass hinsichtlich eines Teilaspektes des Konfliktstoffes eine verbindliche juristische Entscheidung erforderlich bzw. für den weiteren Mediationsverlauf zumindest hilfreich ist. In diesen Fällen ist es denkbar, im Wege des **Med-Arb-Med-Verfahrens**[103] vorzugehen, also nach der „eingeschobenen" verbindlichen (Schiedsgerichts-)Entscheidung über den fraglichen Teilaspekt das anfängliche Mediationsverfahren fortzusetzen. Umgekehrt ist auch die – zumindest formale – Einkleidung einer Mediation in ein Schiedsverfahren iS eines **Arb-Med-Arb-Verfahrens** denkbar. Diese Verfahrensform wird insbesondere dann diskutiert, wenn das Ergebnis einer grenzüberschreitenden Mediation als „Schiedsspruch mit vereinbartem Wortlaut" gefasst und damit die internationale Vollstreckbarkeit nach der New York Convention erreicht werden soll (→ P Rn. 55 ff.). Diese Verfahrensvariante wird bei zunehmender Ratifizierung des Singapur Übereinkommens an Wichtigkeit verlieren (→ Rn. 20c).

45a Ein neues Einsatzfeld für hybride Verfahren ist die Gestaltung von Verfahren im Rahmen von außergerichtlichen Beschwerdesystemen, wie sie in Feldern wie der transnationalen Lieferkettenregulierung, der multilateralen Entwicklungsfinanzierung oder der Etablierung internationaler Klimaschutzinitiativen normativ vorgesehen sind und praktisch etabliert werden. So verlangt das Lieferkettensorgfaltspflichtengesetz (LkSG), dass alle dem Gesetz unterfallenden Unternehmen eigene Beschwerdemechanismen für Fälle von Menschenrechtsverletzungen oder bestimmte Umweltschädigungen bereitstellen oder sich an unternehmensübergreifenden Mechanismen beteiligen (§ 8 Abs. 1 LkSG).[104] Im Rahmen dieser Mechanismen können Unternehmen auch sog. Verfahren der einvernehmlichen Beilegung anbieten (§ 8 Abs. 1 Satz 5). Um den Beschwerdeführenden ein im Sinne der Effektivitätskriterien von UNGP 31[105] sowohl dialogorientiertes als auch rechtebasiertes Verfahren zu eröffnen, wurden differenzierte Verfahrensmodelle entwickelt, die verschiedene klassische ADR-Verfahren stufenförmig verbinden – und insbesondere den Einsatz eines Kombinationsmodells von Mediation und Schlichtung empfehlen.[106]

46 **8. Typische Verfahrensformen im innerbetrieblichen Bereich.** Während die vorgenannten Verfahren – bis auf die Verhandlung, die in zeitlicher Hinsicht wohl überall die erste Wahl der Konfliktbearbeitung darstellt – typi-

---

103 Kurzform für Mediation-Arbitration-Mediation-Verfahren.
104 Siehe insges. zu den Anforderungen an derartige Beschwerdemechanismen die Kommentierung zu § 8 von Gläßer/Kühn im BeckOK LkSG sowie – mit kritischem Blick auf die Regelungslücken der Vorschrift – Gläßer/Schmitz NJW 2023, 1465.
105 Die United Nations Guiding Principles on Business and Human Rights (UNGP) enthalten im Prinzip 31 acht Effektivitätskriterien für Beschwerdemechanismen.
106 So insbesondere das sog. Integrative Grievance System (IGS); siehe dazu Gläßer/Pfeiffer/Schmitz/Bond ZKM 2021, 228, und dies. Rethinking Law 2/2022, 68.

scherweise vorwiegend im b2b-Bereich zum Einsatz kommen, ihre Domäne also bei Konfliktlagen zwischen Unternehmen bzw. Organisationen haben, sind auch im **innerbetrieblichen Bereich** Alternativen zur Mediation vorhanden.[107] Innerbetrieblichen Konflikten wird oftmals mit **hierarchischen Entscheidungen** begegnet, beispielsweise durch eine arbeitsrechtliche Weisung des Vorgesetzten an den oder die ihm nachgeordneten Mitarbeiter. Dies ist ohne Zweifel eine schnelle, kostengünstige und effektive Form, Konflikte zu regeln (genauer: ein bestimmtes Verhalten in einem Konflikt einseitig anzuordnen) und ein als solches für Unternehmen und Organisationen unverzichtbares Führungsinstrument. Es stößt allerdings in bestimmten Fällen an Grenzen, was an folgendem Beispiel – zugleich zur Illustration weiterer denkbarer Konfliktbearbeitungsansätze – verdeutlicht werden soll: So mag etwa der Vorgesetzte eines Teams, dem es nicht entgangen ist, dass es seit geraumer Zeit innerhalb seines Teams Differenzen und Spannungen gibt, „anordnen" wollen, dass diese jetzt beendet seien – dass eine derartige Weisung ohne Analyse der Konfliktursachen und weitergehende Maßnahmen nur mäßig erfolgversprechend sein kann, liegt indessen auf der Hand.

Neben einer **Teammediation** käme in einem solchen Fall als „niedrigschwelligere" Eingriffsmöglichkeit beispielsweise auch die **Moderation** eines auf Klärung bedachten Teammeetings in Betracht. In diesem Fall würde ein neutraler Dritter mit der Organisation, Leitung und vor allem der zielorientierten und sachgerechten **Strukturierung des Diskussionsprozesses** auf der Verfahrensebene betraut.

Stellt sich im Verlauf eines solchen Prozesses heraus, dass ein einzelner Akteur Unterstützung in seinem individuellen Kommunikations-, Konflikt- oder Führungsverhalten bedarf, so könnte diese in Form eines **Coachings** erfolgen. Coaching wird nach der PAS 1029[108] als ein personenzentrierter Beratungs- und Betreuungsprozess definiert, der unterschiedliche Bedarfslagen des Coachingnehmers (auch: Coachee) umfassen kann, zeitlich begrenzt ist und als „Hilfe zur Selbsthilfe" zu verstehen ist.[109] Bereits aus vorstehender Definition folgt, dass Coaching in der Regel ein bilateraler Prozess zwischen Coach und Coachee ist und infolgedessen weniger als Verfahren für Konflikte zwischen mehreren Mitarbeitern eines Unternehmens in Betracht kommt.

9. Charakteristika und hier vertretenes Verständnis von Mediation. Verortet man Mediation in dieser Verfahrenslandschaft, so sind folgende Charakteristika spezifisch für das Mediationsverfahren: **Mediation** kann als **eine durch Dritte (die Mediatoren) methodisch unterstützte Verhand-**

---

107 Empirische Befunde zur Nutzungshäufigkeit und Wahrnehmung der unterschiedlichen Verfahrensarten, die bei Konflikten am Arbeitsplatz zur Verfügung stehen, finden sich in Europa-Universität Viadrina/PricewaterhouseCoopers, Konfliktmanagement in der deutschen Wirtschaft, 2016, S. 49 ff. Hilfestellung bei der Auswahl des bestpassenden Verfahrens gibt das kostenfreie digitale Tool KOMPASS, siehe www.rtmkm.de/home/kompass.
108 Publicly Available Specification – eine Art Vorläufer einer DIN-Norm.
109 Allgemein zum Coaching: Schmid, Systemisches Coaching – Konzepte und Vorgehensweisen in der Persönlichkeitsberatung, 2004 sowie Schreyögg, Coaching – Eine Einführung für Praxis und Ausbildung, 2012.

lung bezeichnet werden, da die verhandelnden Konfliktparteien volle inhaltliche Entscheidungshoheit behalten. Im Unterschied zu Schiedsrichtern und Schiedsgutachtern haben Mediatoren also keine Entscheidungsbefugnis über die Inhalte des Konfliktes. Anders als Schlichter bewerten sie auch den Sachverhalt und die Rechtslage nicht, sondern beschränken sich auf moderierende und kommunikationsfördernde Interventionen. Anders als ein reiner Moderations- oder Coachingprozess ist eine Mediation allerdings bereits strukturell auf eine Entscheidungsfindung der Beteiligten hin angelegt.

Im Unterschied zu „normalen" Verhandlungen folgen Mediationsverfahren einer bestimmten **Phasenstruktur** (dazu → MediationsG § 1 Rn. 10 und → MediationsG § 2 Rn. 81 ff.). Diese Struktur beinhaltet – zumindest nach dem in Deutschland vorherrschenden Mediationsmodell – als einen zentralen Arbeitsschritt die **Herausarbeitung der Interessen der Parteien**, welche dann wiederum als Maßstäbe für eine gute – iSv allseitig interessengerechte – Lösung fungieren.[110] Auch wenn die strikte **Interessenorientierung** der mediativen Konfliktlösung nicht explizit im Mediationsgesetz verankert wurde, legen wir als Herausgeber dieses Kommentars auf dieses (Alleinstellungs-)Merkmal der Mediation größten Wert, da darin unserer Ansicht nach das wertvollste Potenzial des Mediationsprozesses für die Generierung konsensualer, wertschöpfender, nachhaltiger Konfliktlösungen liegt.[111]

50 Das hier vertretene Mediationsverständnis geht auch noch in einem zweiten Aspekt über die gesetzliche Begriffsbestimmung in § 1 Abs. 1 MediationsG hinaus. Aus unserer Praxiserfahrung heraus betrachten wir auch Fallkonstellationen, in denen (noch) kein manifester Konflikt, sondern „lediglich" ein gemeinsamer Entscheidungsbedarf der Beteiligten besteht,[112] als taugliche Gegenstände eines Mediationsverfahrens. Denn auch **Entscheidungsprozesse im Allgemeinen** können von der Unterstützung durch einen moderierenden Dritten, von der Phasenstruktur und Interessenorientierung des Mediationsverfahrens enorm profitieren. Dieses Potenzial des Mediationsverfahrens wird im Wirtschaftskontext zunehmend erkannt, so dass verstärkt Mediatoren auch zur Unterstützung von Vertragsgestaltung sowie von unternehmerischen Strategie- und Gestaltungsprozessen herangezogen werden.[113]

Insofern begreifen wir **Mediation als ein Verfahren strukturierter, interessenorientierter Entscheidungsfindung** – wobei „Entscheidungsfindung" als Oberbegriff betrachtet wird, unter den auch Konfliktbearbeitung subsumierbar ist. Denn letztlich kann jeder Konflikt als Entscheidungsbedarf

---

110 Dazu → MediationsG § 2 Rn. 82 sowie umfassender zur Rolle der Interessen in der Mediation Gläßer/Kirchhoff ZKM 2005, 130.
111 Siehe dazu Gläßer EWE 2009, 532; ähnlich Trenczek/Berning/Lenz/Will Konfliktmanagement-HdB/Trenczek Rn. 49 f.
112 Die Grenzziehung zwischen bloßem Entscheidungsbedarf und Konflikt hängt natürlich maßgeblich von der zugrunde gelegten Konfliktdefinition ab.
113 Siehe dazu exemplarisch die Fallbeschreibung von Gläßer ZKM 2007, 116. Zur Frage der präventiven Mediation sowie der sogenannten Deal-Mediation siehe → MediationsG § 1 Rn. 18.

Einführung

– in der spezifischen Ausprägung durch (teilweise) widersprüchliche Positionen – gesehen werden.

In Abgrenzung zur Durchführung einer Mediation im Sinne des MediationsG – also eines Verfahrens, in dem allparteiliche Dritte (dazu im Einzelnen → MediationsG § 2 Rn. 105 ff.) mandatiert werden, um eine grds. freiwillige, interessenorientierte Konfliktbearbeitung bzw. Entscheidungsfindung zu strukturieren und zu moderieren (zu den Definitionsmerkmalen der Mediation → MediationsG § 1 Rn. 1 ff., zu den einzelnen Aspekten der Durchführung einer Mediation → MediationsG § 2 Rn. 45 ff.) – spricht man von „mediativer Verfahrensgestaltung" oder „mediativem Handeln", wenn unabhängig von der konkreten Verfahrensart und der Rolle der Handelnden gemäß zentraler Merkmale der Mediation vorgegangen wird:[114] Entscheidend sind hier auf struktureller Ebene die konsequente Ausrichtung auf die Interessen der Beteiligten als maßgebliches Entscheidungskriterium (dazu im Einzelnen → Rn. 49 mwN) und eine entsprechende phasenmäßige Strukturierung des Gesprächs bzw. Verfahrens (dazu im Einzelnen → MediationsG § 2 Rn. 81 f.). Auf methodischer Ebene steht eine verständnissichernde Kommunikation (dazu im Einzelnen → MediationsG § 2 Rn. 126) im Mittelpunkt, die von einer offenen, respektvollen und grds. wertschätzenden Haltung gegenüber den anderen Verfahrensbeteiligten getragen ist (dazu im Einzelnen → MediationsG § 2 Rn. 122).

50a

Als **mediative Interventionen** werden methodische Vorgehensweisen bezeichnet, die typischerweise in Mediationen, aber auch in anderen Verfahrens- und Gesprächskontexten, die die soeben genannten Charakteristika erfüllen, angewandt werden können.[115]

IV. Konfliktmanagement und Konfliktmanagement-Systeme

Die vorstehend aufgezeigte Vielfalt der möglichen Konfliktbearbeitungsverfahren erklärt das zunehmende Interesse der Verfahrensnutzer (im Wirtschaftskontext insbes. der Unternehmen)[116] wie auch der Wissenschaft[117], die Möglichkeiten des Konfliktmanagements tiefer zu durchdringen.

51

Als **Konfliktmanagement** wird dabei **der systematische und institutionalisierte Umgang mit Konflikten** verstanden, durch den der Verlauf eines Konflikts gezielt beeinflusst wird; Auswahl und Gestaltung eines geeigne-

---

114 Mediativ handeln können Beteiligte und Dritte; so kann zB eine Verhandlung oder auch eine Schlichtung „mediativ" gestaltet werden.
115 Haft/Schlieffen Mediation-HdB/Gläßer § 15.
116 Siehe dazu insbes. die Aktivitäten des Round Table für Mediation & Konfliktmanagement der deutschen Wirtschaft unter www.rtmkm.de sowie die Darstellung bei → A Rn. 1 ff.
117 Siehe dazu insbes. die über ein Jahrzehnt (2005–2015) hinweg geführte, fünfteilige Studienserie der Europa-Universität Viadrina mit PricewaterhouseCoopers zu Entwicklungen im Konfliktmanagement der deutschen Wirtschaft; Zusammenfassungen des Ansatzes und der zentralen Ergebnisse dieser Studienserie finden sich in der Abschlussstudie Europa-Universität Viadrina/Pricewaterhouse-Coopers, Konfliktmanagement in der deutschen Wirtschaft, 2016, S. 12 ff. sowie bei Gläßer, Corporate Mediation in Germany, European Company Law Journal 14, no. 2 (2017), 76 und Gläßer/Kirchhoff ZKM 2017, 44.

Klowait/Gläßer

ten Verfahrens sollen **Transparenz, Steuerbarkeit und Effizienz** der Konfliktbearbeitung sicherstellen.[118]

Der Aspekt der **passgenauen Verfahrenswahl** gewinnt dabei in der Praxis immer mehr an Bedeutung, wobei die einzelnen Verfahren nicht als in Konkurrenz zueinanderstehend, sondern als sich gegenseitig komplementär ergänzend[119] zu sehen sind. Welches Verfahren am besten für einen konkreten Konfliktfall geeignet ist, bestimmt sich im Wesentlichen nach den Verfahrensinteressen der Beteiligten.[120] In diesem Sinne ist auch der Wandel in der Belegung des Akronyms ADR von „Alternative Dispute Resolution" zu „Appropriate Dispute Resolution" zu verstehen. Zunehmend werden digitale Tools entwickelt, die Konfliktbeteiligten und ihren Beratern eine systematische Verfahrenswahl erleichtern sollen.[121] (→ O Rn. 72)

52 Die unterschiedlichen Ansatzpunkte und Instrumente des Konfliktmanagements lassen sich dabei sechs funktionalen Kategorien, sog. **Komponenten**, zuordnen:[122]

▶ **Konfliktanlaufstellen**

Konfliktanlaufstellen wie zB innerbetriebliche Konfliktlotsen, Ombudspersonen oder auch die Rechts- oder Personalabteilung sollen auftretende Konflikte möglichst frühzeitig erfassen und dazu beitragen, dass ein Konflikt dem jeweils bestgeeigneten der verfügbaren Verfahren zugeleitet wird.

▶ **Systematische Maßnahmen- und Verfahrenswahl**

Die Auswahl der passenden Maßnahme bzw. des passenden Verfahrens zur Konfliktbearbeitung sollte nicht rein intuitiv oder gewohnheitsbasiert, sondern kriteriengeleitet erfolgen.

---

118 So die Definition der Studie „Konfliktmanagement – Von den Elementen zum System", abrufbar unter https://www.ikm.europa-uni.de/de/publikationen/EUV_PwC_Studie_Konfliktmanagement-Systeme_2011_DRUCK-V15.pdf. Zur Konzeption der gesamten, über zehn Jahre laufenden Studienserie → A Rn. 7 ff. Der Begriff des Konfliktmanagements wird in der Literatur allerdings nicht einheitlich verwandt; siehe dazu exemplarisch Ballreich/Glasl, Konfliktmanagement und Mediation in Organisationen, 2011; Haft/Schlieffen Mediation-HdB/Ponschab/Dendorfer § 36; Glasl, Konfliktmanagement: Ein Handbuch für Führungskräfte, Beraterinnen und Berater, 10. Aufl. 2011; Trenczek/Berning/Lenz/Will Konfliktmanagement-HdB/Faller, S. 222 ff.
119 Siehe zum Ansatz der Komplementarität mit Blick auf die Mediation Breidenbach FPR 1996, 3 ff.
120 Dazu näher Gläßer/Kirchhoff ZKM 2005, 130 (133).
121 Dazu ausführlich und vergleichend Gläßer/Wenkel ZKM 2023, 157.
122 Dieses sog. Viadrina-Komponentenmodell des Konfliktmanagements wurde erstmals in der 2011 von der Europa-Universität Viadrina und PricewaterhouseCoopers herausgegebenen Studie „Konfliktmanagement – Von den Elementen zum System" (abrufbar auf der Homepage des Instituts für Konfliktmanagement unter https://www.ikm.europa-uni.de/de/publikationen/EUV_PwC_Studie_Konfliktmanagement-Systeme_2011_DRUCK-V15.pdf) veröffentlicht, siehe dazu auch Gläßer ZKM 2011, 100, und in der 2013 publizierten Folgestudie „Konfliktmanagement als Instrument werteorientierter Unternehmensführung" (Herausgeber: Europa-Universität Viadrina / PricewaterhouseCoopers) weiterentwickelt (abrufbar auf der Homepage des Instituts für Konfliktmanagement unter https://www.ikm.europa-uni.de/de/publikationen/PwC_EUV_KMS-Studie-IV_131010_final.pdf.

▶ **Konfliktbearbeiter**

Für die Durchführung des ausgewählten Konfliktbearbeitungsverfahrens müssen qualifizierte Verfahrensexperten zur Verfügung stehen. Dies können – je nach Verfahrensart und Konfliktkategorie – zB geschulte Inhouse-Mediatoren, externe gelistete Schiedsrichter bzw. Mediatoren oder auch die Mitarbeiter der Personal- oder Rechtsabteilung sein.

▶ **Verfahrensstandards**

Die Art und Weise der Durchführung eines Verfahrens sollte nicht vollständig ins Belieben des jeweiligen konkreten Konfliktbearbeiters gestellt sein. Vielmehr sollte der zu erwartende Ablauf eines Verfahrens und die Rolle, die der Konfliktbearbeiter dabei einnimmt, durch Verfahrensstandards definiert und transparent gemacht werden. Als Verfahrensstandards im Sinne dieser Komponenten kommen sowohl selbst gestaltete unternehmensinterne Richtlinien als auch in Bezug genommene Ethik-Kodizes nationaler Verbände oder Verfahrensordnungen internationaler Organisationen wie zB der ICC oder der WIPO in Betracht.

▶ **Qualitätssicherung**

Über die Verfahrensstandards hinausgehend müssen – entsprechend allgemeiner Managementregeln – auch für den Bereich Konfliktmanagement weitere Instrumente der Qualitätssicherung eingeführt werden, um eine systematische Weiterentwicklung dieses Bereichs zu ermöglichen. Grundlage dafür ist eine die grundsätzliche Vertraulichkeit von Konfliktbearbeitungsverfahren berücksichtigende konsequente Dokumentation der gewählten Konfliktbearbeitungsformen und ihrer Effekte.

▶ **Innen- und Außendarstellung/Kommunikation**

Voraussetzung dafür, dass verfügbare Konfliktmanagement-Strukturen auch tatsächlich genutzt werden, ist ihre interne und externe Bekanntheit bei Mitarbeitern bzw. bei Kunden und Kooperationspartnern. Dafür bedarf es einer gezielten Innen- und Außendarstellung bestehender Angebote.[123]

Die vorgestellten Komponenten können – je nach Konfliktart, Kontext und Struktur der beteiligten Akteure – durch verschiedene, unterschiedlich aufwändige Elemente konkret ausgefüllt bzw. ausgestaltet werden.[124]

Je nach Bedarfs- und Ressourcenlage in einem Unternehmen können Konfliktmanagement-Strukturen selbstverständlich dadurch aufgebaut werden, dass (zunächst) – entsprechend der am dringendsten benötigten Funktion – nur ein einzelnes Element einer Komponente planvoll etabliert wird (**Konfliktmanagement-Programm**).

---

123 Klowait in Gläßer/Kirchhoff/Wendenburg, S. 145 ff.
124 Siehe dazu die Fallbeispiele in Europa-Universität Viadrina/PricewaterhouseCoopers (Hrsg.), Konfliktmanagement – Von den Elementen zum System, S. 25 ff. (abrufbar auf der Homepage des Instituts für Konfliktmanagement unter https://www.ikm.europa-uni.de/de/publikationen/EUV_PwC_Studie_Konfliktmanagement-Systeme_2011_DRUCK-V15.pdf sowie Kirchhoff Konfliktdynamik 2012, 4.

53 Von einem **Konfliktmanagement-System** kann nach dem Viadrina-Komponentenmodell[125] allerdings erst dann gesprochen werden, wenn **alle sechs** der oben aufgeführten **Komponenten durch entsprechende Elemente realisiert** worden sind und eine **Koordinations- und Controllinginstanz als siebte Komponente** hinzutritt, die die einzelnen Elemente systematisch vernetzt und ihr funktionales Zusammenspiel regelt und fördert.[126]

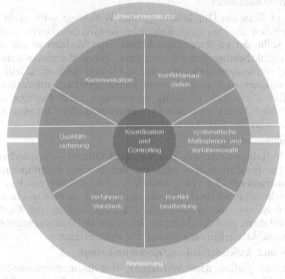

Abb. 1 – Viadrina-Komponentenmodell eines Konfliktmanagement-Systems (2013)[127]

Die koordinierende Instanz selbst benötigt ein **Regelgefüge**, das das Zusammenspiel der Akteure, Instrumente und Prozesse der Konfliktprävention und -behandlung be- und vorschreibt. Das gesamte Gefüge des Konfliktmanagements sollte strukturell und explizit in dem unternehmerischen Leitbild bzw. der offiziellen **Unternehmenskultur** eingebettet sein.

---

125 Europa-Universität Viadrina/PricewaterhouseCoopers (Hrsg.), Konfliktmanagement – Von den Elementen zum System, S. 21 ff.; zur zwischenzeitlichen Weiterentwicklung des Viadrina-Komponentenmodells siehe Europa-Universität Viadrina/PricewaterhouseCoopers (Hrsg.), Konfliktmanagement als Instrument werteorientierter Unternehmensführung, S. 16 ff. sowie Gläßer/Kirchhoff/Wendenburg in Gläßer/Kirchhoff/Wendenburg, S. 13 ff.
126 Der Begriff des Konfliktmanagement-Systems wird in Literatur und Praxis allerdings bei weitem nicht ausschließlich in diesem Sinne verwendet; siehe hierzu exemplarisch Trenczek/Berning/Lenz/Will Konfliktmanagement-HdB/Faller, S. 222 ff. oder Steinbrecher, Systemdesign: Grundlagen, Konzeption und Implementierung von Integrierten Konfliktmanagementsystemen in Unternehmen, 2008.
127 Siehe Europa-Universität Viadrina/PricewaterhouseCoopers (Hrsg.), Konfliktmanagement als Instrument wertorientierter Unternehmensführung, S. 18.

Das sich aus diesen Komponenten ergebende Modell liefert eine Art „Blaupause" für die Konzeption von ganz unterschiedlich ausformbaren Konfliktmanagement-Programmen und -Systemen.[128] Indem es gewissermaßen den Idealzustand eines vollständigen Systems abbildet und zugleich die individuellen Funktionen der einzelnen Komponenten verdeutlicht, ermöglicht es Unternehmen und Organisationen eine ressourcen- und bedarfsbezogene Entscheidung darüber, in welchem Umfang Konfliktmanagement-Aktivitäten mittel- und langfristig geplant werden und an welcher Stelle mit der Etablierung eines Konfliktmanagement-Programms begonnen werden sollte.

Das Modell erlaubt es zudem, die **Mediation präzise innerhalb des Konfliktmanagements zu verorten**, nämlich als eine derjenigen Methoden, die auf Basis einer vorgelagerten, systematischen Verfahrenswahl von professionellen Konfliktbearbeitern mit Mediationskompetenz im konkreten Fall eingesetzt wird, wobei diese auf der Basis expliziter, sich zT aus dem MediationsG ergebender Verfahrensstandards arbeiten. Zugleich wird deutlich, dass ausgebildete Mediatoren in Unternehmen und Organisationen eine sehr wertvolle Funktion als Konfliktanlaufstelle einnehmen, auch wenn sie in einem konkreten Konfliktfall aus strukturellen oder rollenspezifischen Gründen nicht selbst als interner Mediator tätig werden (können).

V. Fazit und Ausblick

Die außergerichtliche Konfliktbeilegung – mit ihr insbesondere das Verfahren der Mediation – ist in vielen gesellschaftlichen Bereichen zunehmend in den Blickpunkt gerückt. Diese Entwicklung wird sich fortsetzen und intensivieren. Sie erfährt, wie die vielfachen Initiativen und Rechtsakte zu ihrer Förderung belegen,[129] volle Unterstützung auf europäischer Ebene und wird auch von den Mitgliedstaaten begrüßt.

Angesichts der sehr unterschiedlichen Regelungsansätze und des durchaus auch divergierenden Mediationsverständnisses der der Umsetzung der Mediations-Richtlinie dienenden nationalen Rechtsakte der Mitgliedstaaten sollte allerdings sorgfältig beobachtet werden, wo sich bei grenzüberschreitenden Mediationen, deren Regulierung die Richtlinie ja eigentlich gewidmet war, Friktionen und ggf. sogar Kollisionen ergeben.[130]

Die Dynamik der Entwicklung der außergerichtlichen Konfliktbeilegung hat sich weiter verstärkt; dies belegen auch empirische Studien, insbes. zur Etablierung von Konfliktmanagement-Strukturen in der deutschen

---

128 Siehe dazu die verschiedenen Beiträge im Heft 1/2012 der Zeitschrift konfliktDynamik.
129 Richtlinie 2013/11/EU des Europäischen Parlaments und des Rates vom 21.5.2013 über die alternative Beilegung verbraucherrechtlicher Streitigkeiten und zur Änderung der Verordnung (EG) Nr. 2006/2004 und der Richtlinie 2009/22/EG sowie Verordnung (EU) Nr. 524/2013 des Europäischen Parlaments und des Rates vom 21.5.2013 über die Online-Beilegung verbraucherrechtlicher Streitigkeiten und zur Änderung der Verordnung (EG) Nr. 2006/2004 und der Richtlinie 2009/22/EG (siehe auch Anhang).
130 Siehe dazu Gläßer FS Martiny, 735 ff.

Wirtschaft.[131] Bei Konflikten zwischen Unternehmen können differenzierte Streitbeilegungsklauseln[132] dazu beitragen, dass vor dem Gang zu Gericht verstärkt ADR-Verfahren gewählt werden.[133] Das gleiche Potenzial haben sog. Corporate Pledges, die sich in der bundesdeutschen Unternehmenswirklichkeit bislang aber noch nicht durchgesetzt haben.[134] Die Auslobung eines Preises für „Exzellenz in Mediation und Konfliktmanagement" durch den Round Table der Deutschen Wirtschaft für Mediation und Konfliktmanagement (RTMKM) soll Rechtsanwaltskanzleien dazu animieren, differenzierte und ausgereifte Dienstleistungen im Bereich Mediation und Konfliktmanagement anzubieten.[135]

Die Konfliktsensibilität von Führungskräften und ihre Bereitschaft, die Unterstützung von allparteilichen Dritten bei inner- und außerbetrieblichen Konflikten in Anspruch zu nehmen, ist gestiegen.[136] Konfliktkompetenz als wesentliche Führungsqualität wird immer wichtiger. Neben den aktuellen rechtlichen Änderungen ebnen auch diese Veränderungen der Konfliktkultur in Unternehmen den Weg für den Einsatz von Mediation als alternativer Verfahrensform zur Lösung von Konflikten – und letztlich auch als Instrument der Konfliktprävention und des organisationellen Lernens.[137]

57 Seit der COVID-19-Pandemie hat zudem die Online-Durchführung von Konfliktbearbeitung, die mit Blick auf sämtliche hier geschilderte Verfahrensarten möglich ist, stark an Bedeutung gewonnen (dazu ausführlich → O Rn. 45 ff.). Denn eine Umstellung auf digitale oder hybride Formate erwies sich im außergerichtlichen Bereich als deutlich einfacher, als dies (zunächst) bei Gerichtsverfahren möglich war.[138] Nach anfänglich noch überwiegender Skepsis zeigten sich Mediatoren zunehmend aufgeschlossen dafür, online zu arbeiten; so entwickelte sich ein differenzierter Diskurs dazu, ob und wie die mediative Methodik adäquat in den digitalen Raum überführt werden kann.[139] Mittlerweile gehört die rein digitale wie auch die hybride Durchführung von Mediationen zur Erwartungshaltung von Konfliktparteien wie auch zum Standardrepertoire der meisten Mediatoren. Entsprechend wurden einschlägige Kenntnisse und Kompetenzen der digitalen Verfahrensführung auch in die aktuellste Fassung der Ausbildungsverordnung aufgenommen (→ ZMediatAusbV § 2 Rn. 5).

---

131 Europa-Universität Viadrina/PricewaterhouseCoopers, Konfliktmanagement in der deutschen Wirtschaft – Entwicklungen eines Jahrzehnts, 2016.
132 Siehe dazu Europa-Universität Viadrina/PricewaterhouseCoopers 2016, 45 f. und 84 f.
133 Siehe dazu Europa-Universität Viadrina/PricewaterhouseCoopers 2016, 45 f. und 84 f.
134 Siehe hierzu Klowait ZKM 2016, 154.
135 Siehe dazu Europa-Universität Viadrina/PricewaterhouseCoopers 2016, 85 und https://www.rtmkm.de/wp-content/uploads/2021/04/RTMKM-Award-2021-2.pdf.
136 Europa-Universität Viadrina/PricewaterhouseCoopers 2016, 72 ff.
137 Europa-Universität Viadrina/PricewaterhouseCoopers 2016, 86 f.
138 Siehe dazu die verschiedenen Beiträge in Riehm/Dörr (Hrsg.), Digitalisierung und Zivilverfahren, 2023.
139 Dazu ausführlich Riehm/Dörr Digitalisierung und Zivilverfahren/Gläßer § 23 mwN; siehe auch Gläßer/Sinemillioglu/Wendenburg ZKM 2020, 81; Gläßer/Sinemillioglu/Wendenburg ZKM 2020, 133, sowie umfassend zu Online Mediation Rickert, Online-Mediation, 2023.

VI. Konzept, Aufbau und Nutzbarkeit des Kommentars

Der vorliegende Kommentar soll mediationspraktische Fragen wissenschaftlich fundiert und vor dem Hintergrund des konkreten Erfahrungswissens seiner Autorinnen und Autoren beantworten. Dieses Konzept spiegelt sich auf mehreren Ebenen wider, angefangen mit dem Adressatenkreis, der mit dem vorliegenden Werk in erster Linie angesprochen werden soll, über die Konzeption und den Aufbau des Kommentars bis hin zur Auswahl der Autoren. 58

1. Zielsetzungen und Adressatenkreis des Kommentars. Dem **Praktiker** soll der Kommentar Orientierung geben, ob und wie sich die Regelungen des MediationsG konkret auf seine Tätigkeit auswirken und worauf er in besonderer Weise sein Augenmerk legen sollte. Der Praxisbegriff wird dabei – entsprechend der Vielfalt der Tätigkeitsbereiche mit mediativen Bezügen – weit verstanden: Neben Mediatoren müssen insbesondere auch Rechtsanwälte, Unternehmens-, Verbands- und Behördenjuristen sowie Notare, (Güte-)Richter und auch Steuerberater mit den Inhalten und Auswirkungen des MediationsG vertraut sein, wenn sie sich im Kontext der Mediation in ihrer jeweiligen Rolle und Funktion rechtssicher bewegen wollen. 59

Mit dem MediationsG ist das immer noch junge Rechtsgebiet des Mediationsrechts mit einem gesetzlichen Rahmen versehen worden. Es liegt in der Natur der Sache, dass neue gesetzliche Rahmenbedingungen sowohl die **Rechtsprechung** als auch die **Wissenschaft** in besonderem Maße beschäftigen und interessieren werden. Auch insoweit soll der vorliegende Kommentar einen Beitrag zu einem differenzierten Diskurs und zu einer fundierten Meinungsbildung leisten und Anregungen für die Lösung von Zweifelsfragen geben, welche sich aus interpretationsfähigen Rechtsbegriffen, systematischen Lücken oder sonstigen Friktionen ergeben.

Nicht zuletzt soll das vorliegende Werk auch demjenigen, der sich als „Mediationsneuling" über einzelne Einsatzfelder der Mediation informieren möchte, einen raschen Überblick und eine Vertiefung seiner Kenntnisse ermöglichen. Dies mag sowohl für Konfliktparteien, die erstmals an einer Mediation teilnehmen, als auch für den noch mediationsunerfahrenen Rechtsanwalt, der seinen Mandanten qualifiziert im Rahmen der Verfahrenswahl beraten oder sich auf dessen anwaltliche Begleitung in einer Mediation vorbereiten möchte, relevant sein.

2. Aufbau des Kommentars. Den vorgenannten Anliegen trägt auch der **dreigeteilte Aufbau des Kommentars** Rechnung. Dieser gliedert sich nach dem einführenden Teil, in dem sogleich noch eine Darstellung der bisher zu Rechtsfragen der Mediation ergangenen Rechtsprechung erfolgt und Aspekte der Vertragsgestaltung im Kontext Mediation/ADR erläutert werden (Teil 1), in einen klassischen Kommentierungsteil (Teil 2) sowie in einen Abschnitt mit Darstellungen besonders praxisrelevanter Einsatzfelder der Mediation (Teil 3). Teil 2 des Kommentars enthält dabei zum einen die Kommentierung des Gesetzes zur Förderung der Mediation und anderer Verfahren der außergerichtlichen Konfliktbeilegung (1.) mit dem in Art. 1 enthaltenen MediationsG und den Änderungen der diversen Prozessordnungen (Art. 2–8). Zum anderen finden Sie hier unter 2. („Weitere Kommentierungen") eine vollständige Kommentierung der ZMediatAusbV 60

61 unter Berücksichtigung ihrer zum 1.3.2024 in Kraft tretenden Änderungen sowie die mediationsrelevanten Kommentierungen des RDG und der im Kontext des § 203 BGB erläuterten Fragen der Verjährungshemmung und des Laufs von Ausschlussfristen. Teil 3 bietet Ihnen den Blick auf das MediationsG aus der Perspektive verschiedener Praxisfelder und beruflicher Rollen. Ergänzend finden sich relevante Gesetze und Dokumente im Anhang.

61 Im Rahmen der klassischen **Kommentierung** beschränkt sich das Werk also nicht auf die Vorschriften des Mediationsgesetzes selbst, sondern bezieht auch alle weiteren Artikel des „Gesetzes zur Förderung der Mediation und anderer Verfahren der außergerichtlichen Konfliktbeilegung"[140] mitsamt den durch sie bewirkten Änderungen zahlreicher Prozessordnungen ein.

Zusätzlich wurden hier auch Rechtsbereiche bzw. -fragen bearbeitet, die aufgrund ihrer praktischen Relevanz und mit dem Ziel einer ganzheitlichen Betrachtung und Durchdringung des Rechts der Mediation unverzichtbar erschienen: Dies gilt für die ZMediatAusbV (dazu → ZMediatAusbV § 1 Rn. 1 ff.), für die Bedeutung des Rechtsdienstleistungsgesetzes (RDG) für Mediatoren (dazu → RDG Vor § 1 Rn. 1 ff.) ebenso wie für die Fragen der Verjährungshemmung und des Laufs von Ausschlussfristen (dazu → § BGB § 203 Rn. 1 ff.).

62 Ein schneller Einstieg in ein bestimmtes Mediations- bzw. mediationsrelevantes Praxisgebiet wird durch Teil 3 des Kommentars erleichtert. Die **übersichtsartigen Beiträge zu einzelnen Mediationsfeldern und beruflichen Rollen mit Mediationsrelevanz**, die allesamt von erfahrenen Experten des jeweiligen Mediationsbereichs verfasst wurden, haben Eingang in den Kommentar gefunden, um dem Leser einen raschen, praxisorientierten Überblick zu verschaffen, welche Auswirkungen das MediationsG gerade in diesem spezifischen Tätigkeitsfeld hat.

Den Auftakt dieses Teils des Kommentars bildet ein einführender Beitrag zu Mediation und Konfliktmanagement in der Wirtschaft, gefolgt von Abhandlungen zu unterschiedlichen Praxisfeldern. Diesen Abschnitt haben wir gegenüber der Vorauflage dieses Kommentars um folgende Tätigkeitsfelder ergänzt: Mediation bei Gesellschafterkonflikten (→ C Rn 1 ff.) und Online Dispute Resolution (→ O Rn. 1 ff.).

63 Damit ergibt sich für den so erweiterten Teil 3 folgendes Beitragsspektrum im Überblick:

- Mediation und Konfliktmanagement in Wirtschaft und Gesellschaft,
- Mediationen zwischen Unternehmen,
- Mediationen im Gesellschaftsrecht,
- Innerbetriebliche Mediation,
- Mediation in individual- und kollektivarbeitsrechtlichen Konflikten,
- Mediation in privaten Bausachen,
- Intellectual Property und Mediation,
- Familien- und Scheidungsmediation (inkl. grenzüberschreitender Aspekte),
- Mediation und Konfliktvorsorge in Erbangelegenheiten,

---

140 BGBl. 2012 I 35, 1577 ff.

- Konfliktmanagement und Mediation in der Versicherungswirtschaft,
- Mediation in der steuerberatenden Praxis,
- Gerichtliche Mediation und Güterichter-Modell,
- Mediation aus notarieller Sicht,
- Mediationsbegleitung durch Rechtsanwälte,
- Online Dispute Resolution (ODR),
- Mediation und Schiedsgerichtsbarkeit sowie
- Verbraucherschlichtung und Verbraucherstreitbeilegungsgesetz (VSBG) mit seinen Schnittstellen zur Mediation.

Insoweit kann der Kommentar von zwei Richtungen aus gelesen und genutzt werden. Erfolgt der Einstieg über eine spezielle Frage im Kommentierungsteil, öffnet Teil 3 des Kommentars die Perspektive vom Speziellen zum Allgemeinen und ermöglicht eine Einordnung in den jeweiligen Gesamtkontext des dort behandelten Mediations- bzw. Praxisfeldes. Beginnt der Leser mit einem Überblick über ein Einsatzgebiet von Mediation in Teil 3, kann er Detailfragen, die sich hieraus ableiten, im Kommentierungsteil nachschlagen und vertiefen – und nicht zuletzt auch in den Kontext der zugrundeliegenden Regelwerke einordnen, die im **Anhang** nachzuschlagen sind.

3. Auswahl der Autorinnen und Autoren. Der Anspruch, fachliche Fundiertheit mit Praxiswissen zu vereinen, war auch entscheidend für die Auswahl der Autorinnen und Autoren des Kommentars. Die Verfasser der Einzelkommentierungen und Abhandlungen dieses Werkes verfügen gleichermaßen über hohe fachliche Expertise und einschlägige Praxiserfahrung in den von ihnen bearbeiteten Bereichen. Die Einbeziehung von Autoren, die das Gesetzgebungsverfahren in unterschiedlichen Funktionen eng begleitet haben, stellt zudem sicher, dass die Kommentierung auf Basis des nötigen Hintergrund- und Detailwissens erfolgt.

4. Interaktiver Ansatz. Bei all dem steht die Orientierung am **Nutzen für den Leser** im Vordergrund. Um diesen Nutzen bestmöglich und nachhaltig gewährleisten zu können, wäre es auch für die Folgeauflagen dieses Kommentars ein großer Gewinn, mit Ihnen, liebe Leserinnen und Leser, weiterhin in einem **konstruktiven Dialog** zu bleiben. Jegliche Form des – **kritischen oder positiven – Feedbacks**, des **Einbringens von einschlägiger Rechtsprechung** und von Ihren **persönlichen Erfahrungen, Fragen** oder **Anregungen** sind dem **Verlag**, den **Herausgebern** und den **Autoren** überaus willkommen!

2. Blick auf die Rechtsprechung zum Thema Mediation

Literatur:
Ade/Gläßer, Das Recht in der Mediation, ZKM 2013, 57; *v. Bargen*, Gerichtsinterne Mediation – Eine Kernaufgabe der rechtsprechenden Gewalt, 2008; *Beck*, Mediation und Vertraulichkeit, 2008; *Cremer*, Die Vertraulichkeit der Mediation, 2007; *Breidenbach/Coester-Waltjen/Heß/Nelle/Wolf* (Hrsg.), Konsensuale Streitbeilegung, 2001; *Eckardt/Dendorfer*, Der Mediator zwischen Vertraulichkeit und Zeugnispflicht – Schutz durch Prozessvertrag, MDR 2001, 786; *Effer-Uhe*, Prozess- oder Verfahrenskostenhilfe für die gerichtsnahe Mediation, NJW 2013, 3333; *Eidenmüller*, Vertrags- und Verfahrensrecht der Wirtschaftsmediation: Mediationsvereinbarungen, Mediatorverträge, Mediationsvergleiche, internationale Mediationsfälle, 2001; *Gläßer/Kirchhoff/Wendenburg* (Hrsg.), Konfliktmanagement in der Wirtschaft, 2014; *Greger*, Die Reglementierung der Selbstregulierung – Zum Referentenentwurf eines Mediationsgesetzes, ZRP 2010, 209; *Hacke*, Der ADR-Vertrag – Vertragsrecht und vertragliche Gestaltung der Mediation und anderer alternativer Konfliktlösungsverfahren, 2001; *Haft/v. Schlieffen* (Hrsg.), Handbuch Mediation, 3. Aufl. 2016; *Hartung/Wendenburg*, Die interprofessionelle Mediationskanzlei. Zusammenarbeit von Anwaltmediatoren und nichtanwaltlichen Mediatoren, NJW 2009, 1551; *Henssler*, Mediation und Rechtsdienstleistungsrecht, ZKM 2006, 132; *Henssler/Kilian*, Anwaltliches Berufsrecht und Mediation, FuR 2001, 104; *Henssler/Prütting* (Hrsg.), Bundesrechtsanwaltsordnung, 5. Aufl. 2019; *Henssler/Schwackenberg*, Der Rechtsanwalt als Mediator, MDR 1997, 409; *Hess*, Perspektiven der gerichtsinternen Mediation in Deutschland, ZZP 2011, 137; *Hofmann*, Vertraulichkeit in der Mediation – Möglichkeiten und Grenzen vertraglicher Beweisverwertungsverbote, SchiedsVZ 2011, 148; *Horn*, Anwaltliche Werbung mit dem Titel „Mediator", NJW 2007, 1413; *Keydel*, Zum Prinzip der Freiwilligkeit der Mediation – Ein Diskussionsbeitrag zum Artikel von Ansgar Marx, ZKM 2011, 61; *Kleine-Cosack*, Bundesrechtsanwaltsordnung, 9. Aufl. 2022; *Klose*, Urteilsanmerkung zu LG Leipzig v. 19.6.2004 – 5 O 1899/04, ZKM 2005, 71; *Knöfel*, Gilt das Verbot der Vertretung widerstreitender Interessen auch für Tätigkeiten außerhalb des Anwaltsberufs?, NJW 2005, 6; *Kurzweil*, Akteneinsicht in „Mediationsakten"? – Eine kritische Auseinandersetzung mit der Entscheidung des Oberlandesgerichts München vom 15.5.2009, ZZP 2010, 77; *Löer*, Möglichkeiten der Einbindung von Mediation in das Gerichtsverfahren am Beispiel des Zivilprozesses, ZZP 2006, 199; *Mankowski*, Urteilsanmerkung zu OLG Rostock v. 20.6.2001 – 2 U 58/00 (LG Rostock), ZKM 2001, 293; *Mankowski*, Die Ablehnung eines Mediationsangebots und Prozesskostenhilfe, ZKM 2003, 197; *Marx*, Das Prinzip der Freiwilligkeit der Mediation – Empirische Daten und notwendige Kurskorrekturen, ZKM 2010, 132; *Moll*, Münchener Anwaltshandbuch Arbeitsrecht, 5. Aufl. 2021; *Oldenbruch*, Die Vertraulichkeit im Mediationsverfahren – Das Spannungsfeld zwischen Privatautonomie und Verfahrensrecht, 2006; *Prütting*, Mediation – Privileg für rechtsberatenden Berufe?, ZAP 2009, 919; *Prütting*, Ein Plädoyer gegen Gerichtsmediation, ZZP 2011, 163; *Risse*, Offenlegung eines vertraulichen Vergleichsangebots – Kavaliersdelikt oder strafbarer Geheimnisverrat?, NJW 2008, 3680; *Römermann*, Weite Öffnung für interprofessionelle Sozietäten von Rechtsanwälten, NJW 2016, 682; *Schmiedel/Wendenburg*, Rechtliche Grundlagen der zivilgerichtlichen Mediation in Deutschland, Österreich und der Schweiz, Perspektive Mediation 2010, 113; *Spindler*, Gerichtsnahe Mediation in Niedersachsen – Bilanz eines Forschungsprojekts, AnwBl. 2007, 655; *Tochtermann*, Zur Zulässigkeit der nicht-anwaltlichen Mediation nach dem Rechtsdienstleistungsgesetz, ZKM 2007, 4; *Volkmann*, Mediation im Zivilprozess, 2006; *Wagner*, Sicherung der Vertraulichkeit von Mediationsverfahren durch Vertrag, NJW 2001, 1398; *Wagner/Braem*, Anm. zu Anwaltsgericht Rostock v. 1.8.2007, I AG 6/07, ZKM 2007, 194; *Weyland* (Hrsg.), Bundesrechtsanwaltsordnung, 10. Aufl. 2020; *Zöller* (Hrsg.), Zivilprozessordnung, 34. Aufl. 2022.

I. Grundzüge der Rechtsprechung zur Mediation	67	3. Wachsende Beschäftigung mit Mediation	72
1. Mediation als Fremdkörper	70	II. Zentrale Aspekte der Rechtsprechung zur Mediation im Einzelnen	74
2. Mediation als Fortentwicklung	71		

1. Arten der Mediation und
   Verfahrensgrundsätze 75
2. „Berufsrecht" des Mediators 80
   a) Mediation und Rechts-
      beratung 81
   b) Qualitätssicherung 82
   c) Sozietätsbildung 85
   d) Haftung 86
3. Die Tätigkeitsbeschränkungen des Mediators 91
4. Die Vertraulichkeit in der
   Mediation 101
   a) Externe Vertraulichkeit 102
   aa) Verschwiegenheits-
       pflicht des beteiligten
       Rechtsanwalts 103
   bb) Auslegung eines
       schriftlichen Mediati-
       onsvergleichs 105
   cc) Verschwiegenheits-
       pflicht von „Richter-
       mediatoren" 107
   dd) Unvereinbarkeit mit
       dem Richteramt in der-
       selben Sache 109
   b) Interne Vertraulichkeit .. 110
   c) Ausblick 112
5. Mediation und Fristen 113
   a) Ruhendstellung des Ver-
      fahrens 114
   b) Berufungsbegründungs-
      frist 116
   c) Ausblick 120
6. Mediation und Kosten 121
   a) Gerichtskosten 121
   b) Anwaltsvergütung 122
   c) Prozesskostenhilferecht
      und Mediation 125

I. Grundzüge der Rechtsprechung zur Mediation

Zu behaupten, es gäbe allgemeine Grundzüge oder Strukturmerkmale der Rechtsprechung vor und seit Inkrafttreten des MediationsG, wäre wohl vermessen. Die Analyse der Rechtsprechung zu Themen der Mediation stellt sich nicht als Beschäftigung mit einem organischen, gewachsenen Rechtsgebiet dar, sondern hat durchweg den Charakter einer (an einigen Stellen durchaus fruchtbaren und vielleicht auch langsam etwas deutlich werdenden) Spurenlese. So finden sich in der Fülle der mediationsrechtlichen Themen vereinzelt Rechtsprechungsstränge, teils aber auch lediglich verstreute Judikate oder bloße Solitäre. An anderen Stellen zeigt sich wiederum eine vollständige Abwesenheit richterlicher Erkenntnisse. Dieser erstmals mit dem Inkrafttreten des MediationsG gemachte (in den Vorauflagen veröffentlichte) Befund hat sich auch 10 Jahre nach dem Inkrafttreten des Gesetzes nicht geändert. Mit diesem kurzen Überblick wird deshalb von vorneherein nicht der Versuch unternommen, einen inneren Zusammenhang der Rechtsprechung zur Mediation zu behaupten, da er in der Sache (noch immer) nicht existiert. Die Rechtsprechungsanalyse bringt vielmehr **punktuelle Ergebnisse** hervor. Dennoch ist eine Auseinandersetzung gerade auch mit der Rechtsprechung vor Erlass des MediationsG erforderlich, da sich nur so der Hintergrund vollständig erfassen lässt, vor dem die neuen Regelungen des MediationsG verabschiedet wurden.

Die Rechtsprechung zur Mediation umfasst eine **überschaubare Anzahl von rund 50 Gerichtsentscheidungen**, die die unterschiedlichsten Fragen aus den Bereichen Zivilprozessrecht, Gebührenrecht, dem anwaltlichen Berufs- und Haftungsrecht und auch vermehrt dem Arbeitsrecht zum Gegenstand hatten. Große Aufmerksamkeit erregten insbesondere die Fragen, ob Mediation eine unzulässige Rechtsberatung darstellt, ob die Wahrnehmung der Mediationstätigkeit mit dem Verständnis des anwaltlichen Berufsrechts vereinbar ist, sowie die Frage nach dem Einfluss der Mediation auf prozessuale Fristen. Im arbeitsrechtsrechtlichen Kontext spielt die Mediation häufig im Rahmen der Verhältnismäßigkeitsprüfung eine Rolle. Aber auch Prinzipien der Mediation, wie zum Beispiel der Grundsatz der Vertraulichkeit des Verfahrens, waren Gegenstand der Rechtsprechung.

69 Aus der Vogelperspektive lassen sich trotz der Verstreutheit oder gar Zusammenhanglosigkeit der Rechtsprechung zur Mediation doch drei grundsätzliche Beobachtungen machen, die zusammen genommen ein ganz zutreffendes Bild des Standes der Mediation im Rechtssystem der Bundesrepublik Deutschland zeichnen:

70 **1. Mediation als Fremdkörper.** In vielen der Rechtsprechungsgebiete – im Zivilprozessrecht, im Gebührenrecht, im anwaltlichen Berufs- und Haftungsrecht, im Rahmen der Frage nach der Befangenheit des Richters und im Rechtsdienstleistungsrecht – erscheint die Mediation (bis heute) häufig als eine Art „ungeladener Gast": Die deutsche Rechts- und Justizordnung war auf die Integration des (vergleichsweise) neuartigen Phänomens der Mediation nur bedingt vorbereitet und sie verlief nicht ohne Brüche. Besonders deutlich zeigt sich dies etwa dort, wo es um Rollenverständnisse geht: In Fragen der anwaltlichen Pflichtenstellung,[1] Fragestellungen der richterlichen Unabhängigkeit[2] und im Spannungsfeld zwischen zulässiger Mediatorentätigkeit und unzulässiger Rechtsdienstleistung.[3] Teilweise wird in diesen Entscheidungen sichtbar, dass es die Rechtsprechung versäumt hat, sich differenziert mit den Aufgaben und der Funktion des Mediators im Mediationsverfahren auseinanderzusetzen. Vielmehr ist die Rechtsprechung zu Themen der Mediation sehr unterschiedlich ausgestaltet, was einem fehlenden einheitlichen Begriffs- und Verfahrensverständnis sowie bestehenden Missverständnissen bzw. Vorurteilen in Bezug auf die Mediation geschuldet ist. Weder das Anwalts- noch das Richterrecht waren auf die neuartige Aufgabe der Anwälte und Richter als Mediatoren eingestellt. *Heribert Prantl* hat das MediationsG insofern auch als die wichtigste Neuerung des deutschen Rechts- und Gerichtswesen seit der Einführung der Zivilprozessordnung im Jahre 1879 bezeichnet.[4] In der Rechtsprechung war dieser Paradigmenwechsel noch nicht gewagt worden. Man hatte sich noch nicht an den Umbau des Hauses gewagt, sondern – um im anfänglichen Bild zu bleiben – nur hier und da einen zusätzlichen Stuhl an den Tisch gestellt und das Sofa zum Schlafen ausgezogen. Innerhalb des überkommenen Paradigmas des „Rechts als Kampf", wie es *Prantl* im Anschluss an *Ihering* pointiert formuliert, in dem also – holzschnittartig dargestellt – der Anwalt als Kämpfer für die eine Seite und der Richter als Entscheider zwischen beiden Seiten auftritt, führt es zu Irritationen, wenn Richter und Rechtsanwälte auf einmal (an unterschiedlichen Stellen) als Mediatoren eine eigenverantwortliche Entscheidung der Konfliktparteien fördern. In diesem Sinne erscheinen die **Mediationssachverhalte in der**

---

1 OLG Karlsruhe ZKM 2003, 133; OLG Karlsruhe NJW 2001, 3197.
2 LAG Hessen ZKM 2009, 191; LSG Niedersachsen-Bremen ZKM 2005, 139.
3 LG Leipzig ZKM 2005, 71; OLG Rostock ZKM 2001, 192; LG Rostock ZKM 2000, 235.
4 Prantl, Das Recht war ein Kampf, Süddeutsche Zeitung v. 12.1.2011, abrufbar unter http://www.sueddeutsche.de/politik/mediation-an-deutschen-gerichten-geissler-fuer-alle-1.1045301 (zuletzt abgerufen am 26.6.2024).

Rechtsprechung oftmals als **Fremdkörper im System**, der Umgang der Gerichte mit ihnen als Stückwerk – und dies bleibt auch noch nach dem ersten Jahrzehnt der Geltung des MediationsG der Fall.

2. Mediation als Fortentwicklung. Andererseits treten in der Rechtsprechung zur Mediation auch diejenigen Schnittstellen zu Tage, an denen sich die Mediation als immer stärker genutzte Form der Konfliktbearbeitung geschmeidig in das Rechts- und Justizsystem einfügt. Dies gilt insbesondere für diejenigen Bereiche, in denen das Recht bereits auf **Verhandlungslösungen** zwischen den Parteien ausgerichtet ist; beispielsweise für die Hemmung von Verjährungs- und prozessrechtlichen Fristen durch schwebende Verhandlungen zwischen den Parteien, die (selbstverständlich) auch eintritt, wenn die Parteien ein Mediationsverfahren über den Gegenstand ihres Rechtsstreits führen.[5] Ein anderes praktisches Beispiel ist die Wirksamkeit vertraglicher Mediationsklauseln: So hat das LG München II bereits vor Erlass des MediationsG entschieden, dass die Vereinbarung einer Mediationsklausel in einem Ehevertrag die Erhebung einer Klage (bzw. einer Beschwerde) unzulässig machen kann.[6] In diesem Sinne entschied auch das OLG Saarbrücken nach Erlass des MediationsG: Grundsätzlich steht eine Mediationsklausel der unmittelbaren gerichtlichen Geltendmachung von Ansprüchen entgegen, sofern sich die andere Partei vor der Einlassung zur Sache im Prozess auf die Mediationsklausel beruft (Einrede).[7] Das OLG Bamberg bestätigt in einer jüngeren Entscheidung diesen Grundsatz mit der Begründung, dass ohne die Rechtsfolge der (vorübergehenden) Unzulässigkeit der Klageerhebung der Zweck der Mediationsklausel, einen Gerichtsprozess zu vermeiden, vereitelt werde.[8] Hier zeigt sich, dass das alte zivilprozessuale Gebäude möglicherweise adaptionsfähiger ist als von *Prantl* intoniert – wobei die Analyse der Rechtsprechung vor Erlass des MediationsG deutlich macht, dass sich ohne eine klare gesetzliche Regelung keine vollständige Rechtssicherheit schaffen ließ, auch wenn sich bestimmte Regelungen des Zivil- und Zivilprozessrechts auf die Mediation haben übertragen lassen.

3. Wachsende Beschäftigung mit Mediation. In jedem Fall lässt sich schließlich beobachten, dass diejenigen Mediationssachverhalte, die die deutsche Gerichtsbarkeit erreichen – ganz gleich, ob sie sich in den rechtlichen Rahmen eher mit Mühe oder passgenauer einfügen – dazu führen, dass sich die Gerichte vermehrt, intensiver und teils auch (wie es scheint) mit Interesse mit dem Thema „Mediation" beschäftigen. So setzten sich die Gerichte etwa mit der Frage der Befähigung zum Mediator auseinander,[9]

---

5 OLG Oldenburg ZKM 2008, 92; BGH NJW 2009, 1149; OLG Dresden VersR 2011, 894.
6 LG München II 9.10.2012 – 2 T 1738/12; in diese Richtung auch VG Gießen 10.5.2012 – 8 L 504/12.GI.
7 OLG Saarbrücken 29.4.2015 – 2 U 31/14. Im konkreten Fall hielt das Gerichte dann aber die Klage für zulässig, da der Treuwidrigkeitseinwand (§ 242 BGB) der Berufung auf die Mediationsklausel entgegenstand.
8 OLG Bamberg 8.2.2022 – 6 U98/21.
9 AnwGH Koblenz ZKM 2002, 84; AnwGH Stuttgart ZKM 2001, 196; AnwGH Hamm ZKM 2000, 141; AnwG Berlin ZKM 2002, 139.

mit der Rolle und der Aufgabe des Mediators im Mediationsverfahren,[10] mit unterschiedlichen Stilen der Mediation,[11] mit Strukturmerkmalen der Mediation (wie etwa demjenigen der Selbstverantwortung der Parteien)[12] und mit der Vertraulichkeit in der Mediation, die sogar als eine Säule der Mediation anerkannt wurde.[13]

73 Die Analyse der Rechtsprechung zeigte bereits vor Inkrafttreten des Mediationsgesetzes eine zunehmende (wenn auch noch geringe) **Sichtbarkeit von Mediation im deutschen Rechtssystem**. Und sie zeigt – abgesehen davon, wie die Judikate im Einzelnen aus Sicht der Mediation zu beurteilen sind – ein zunehmendes Verständnis von Mediation, ihren Prinzipien, Charakteristika und ihrer Bedeutung im System der Konfliktlösungsmodelle. Die durch das Mediationsgesetz in Gang gesetzte Rechtsentwicklung kann darauf aufbauen.

II. Zentrale Aspekte der Rechtsprechung zur Mediation im Einzelnen

74 Die Rechtsprechung hatte sich mit folgenden Aspekten der Mediation zu befassen:

75 **1. Arten der Mediation und Verfahrensgrundsätze.** Als sich die Gerichtslandschaft in Deutschland zum ersten Mal mit dem Phänomen der Mediation beschäftigen musste, waren **unterschiedlichste Ausprägungen von drittunterstützten Konfliktvermittlungsverfahren** zu beobachten. Als Weichenstellung wurde danach differenziert, ob sich die Parteien noch im Stadium der außergerichtlichen Konfliktbeilegung befanden oder ob der Konflikt bereits durch die Anrufung des Gerichts eskaliert worden war. Insbesondere in dem Bereich, in dem ein Rechtsstreit bereits bei Gericht anhängig war, sahen sich die Beteiligten mit einer Vielzahl von – bundesweit uneinheitlich ausgestalteten – Schattierungen der Mediation konfrontiert.[14] Dabei wurde in der Vergangenheit die Möglichkeit des angerufenen Richters, ein Mediationsverfahren vorzuschlagen bzw. durchführen zu lassen, auf eine (analoge) Anwendung des § 278 Abs. 5 S. 2 ZPO aF gestützt.[15] Das nunmehr eingeführte erweiterte Güterichtermodell knüpft an diese Anfänge an.

76 Das VG Würzburg, OLG Düsseldorf und OLG Brandenburg ergriffen in diesem Rahmen recht beiläufig die Gelegenheit, ihr Begriffsverständnis zum **Grundsatz der Freiwilligkeit** darzulegen:[16] Neben dem Recht, das Mediationsverfahren jederzeit beenden zu können, umfasse der Grundsatz der Freiwilligkeit nach einhelliger Meinung insbesondere auch den privatautonomen Entschluss der Parteien, überhaupt ein Mediationsverfahren

---

10 OLG Karlsruhe ZKM 2003, 133; OLG Karlsruhe NJW 2001, 3197; OLG Hamm 20.10.1998 – 28 U 79/97; AG Lübeck NJW 2007, 3789.
11 AG Lübeck NJW 2007, 3789.
12 OLG Hamm 20.10.1998 – 28 U 79/97.
13 OLG Schleswig 18.6.2009 – 2045E-118.
14 Zu den unterschiedlichen Pilotprojekten vgl. Greger ZRP 2010, 211.
15 Die gerichtsnahe Mediation – bei einem außergerichtlichen Mediator – wurde auf § 278 Abs. 5 S. 2 ZPO aF gestützt, während die analoge Anwendung der Vorschrift auf die gerichtsinterne Mediation – bei einem Richtermediator – umstritten war. S. dazu Schmiedel/Wendenburg, S. 113.
16 VG Würzburg BeckRS 2020, 15514, Rn. 32; OLG Düsseldorf BeckRS 2019, 30818 Rn. 33; OLG Brandenburg ZKM 2010, 96.

durchführen zu wollen. Eine Mediation dürfe daher auch nicht durch den Richter als notwendiges Erfordernis für eine weitere Rechtsdurchsetzung angeordnet werden.[17] Aus dem Recht, die Parteien auf die Möglichkeit der Durchführung einer Mediation hinzuweisen, könne kein Recht zur Anordnung einer Mediation abgeleitet werden. Eine gerichtliche Zwangsschlichtung gibt es nicht.[18]

Der Freiwilligkeitsgrundsatz spielt auch im Rahmen von arbeitsgerichtlichen Streitigkeiten eine zunehmend bedeutende Rolle. Beispielsweise kann ein Arbeitgeber seine Arbeitnehmer durch die Ausübung des Weisungsrechts gem. § 106 S. 1 und 2 GewO nicht verpflichten, an einer Mediation teilzunehmen, da einer Mediation das Element der Freiwilligkeit immanent sei.[19] Diese Wertung wurde auch in dem auf die Rechtsbeschwerde des Betriebsrats ergangenen Beschluss des BAG nicht in Frage gestellt.[20] Diese Entscheidungen stehen damit im Einklang zur gesetzgeberischen Vorstellung von Freiwilligkeit, die in § 2 Abs. 2 MediationsG zum Ausdruck kommt (→ MediationsG § 2 Rn. 94 ff.).

Häufig besteht in arbeitsrechtlichen Streitigkeiten ein Spannungsverhältnis zwischen dem Freiwilligkeitsgrundsatz und der Verhältnismäßigkeit von Maßnahmen, zB der Wirksamkeit von Druckkündigungen oder Mobbingklagen (→ ArbGG § 54a Rn. 21 ff.).[21]

Das VG Würzburg hat den Freiwilligkeitsgrundsatz zwischenzeitlich aus verwaltungsrechtlicher Sicht eingeordnet. In dem Fall begehrte ein Bürger Einblick in die Ermessenserwägungen, die der Ablehnung einer Mediation durch die Behörde zugrunde lagen. Das Verwaltungsgericht kommt dabei zu dem Ergebnis, dass in Folge des Grundsatzes der Freiwilligkeit eine Verweigerung der Teilnahme an einem Mediationsverfahren mangels Regelungswirkung keinen Verwaltungsakt (iSd Art. 35 BayVwVfG) darstellt. Da wegen der Freiwilligkeit der Mediation auch der Grundsatz der Gesetzesmäßigkeit der Verwaltung nicht greife, bestehe kein subjektives öffentliches Recht zu erfahren, aus welchen Gründen sich der Hoheitsträger der Mediation verschlossen hat.[22]

Mehr und mehr müssen sich die Gerichte mit der **Wirksamkeit und den prozessualen Folgen von Mediationsvereinbarungen** auseinandersetzen. Eine unabhängig vom konkreten Streitfall getroffene vertragliche Verpflichtung, ein Mediationsverfahren durchzuführen, verstößt nach dem BGH nicht gegen das in § 1 Abs. 1 MediationsG verankerte Prinzip der Freiwilligkeit.[23] Das OLG Bamberg begründet dies damit, dass das Leitbild

---

17 Vereinzelt wird eine differenzierende Betrachtungsweise der Freiwilligkeit befürwortet, vgl. Keydel ZKM 2011, 61; Marx ZKM 2010, 132.
18 Thomas/Dahl in: Gläßer/Kirchhoff/Wendenburg, Konfliktmanagement in der Wirtschaft, S. 319 (321); BAG NZA 2010, 1250; → ArbGG § 54 Rn. 21.
19 LAG Nürnberg BeckRS 2013, 73254; vgl. Dendorfer-Ditges/Ponschab in: Moll, § 82 Rn. 37, 105.
20 BAG BeckRS 2015, 72430.
21 Vgl. zB LAG Schleswig-Holstein 20.3.2012 – 18 Sa 65/10; LAG Hessen 8.12.2009 – 1 Sa 394/09; LAG Hamm 11.2.2008 – 8 Sa 188/08; LAG Baden-Württemberg 23.3.2001 – 18 Sa 65/00; ArbG Hamburg 7.12.1998 – 21 Ca 377/98. Ausführlich zu den Entscheidungen → ArbGG § 54 Rn. 21 ff.
22 VG Würzburg BeckRS 2020, 15514 Rn. 32.
23 BGH NJOZ 2016, 731 Rn. 18, vorgehend OLG Frankfurt ZKM 2015, 95 Rn. 43.

des Grundsatzes der Freiwilligkeit des Mediationsgesetzes sich lediglich auf die Ausgestaltung (das „wie"), nicht aber auf die Einleitung (das „ob") der Mediation beziehe.[24] Dies ist richtig, denn andernfalls bestünde keine Möglichkeit für die Vereinbarung von Mediationsklauseln.

Die Bedeutung einer Mediationsklausel für die Zulässigkeit eines Prozesses hat schon früh das OLG Saarbrücken unterstrichen und damit die Vereinbarung entsprechender Klauseln gestärkt: Grundsätzlich steht eine vertraglich vereinbarte Mediationsklausel der unmittelbaren gerichtlichen Geltendmachung von Ansprüchen entgegensteht sofern sich die andere Partei vor der Einlassung zur Sache im Prozess auf die Mediationsklausel (Einrede) beruft.[25]

In diese Richtung geht auch die Entscheidung des LG Dortmund. Es urteilte, dass die Vereinbarung der Durchführung einer Mediation nicht bloß eine Förmelei darstelle, sondern zu einem vorläufigen Ausschluss der Klagbarkeit führe. Es stehe daher auch nicht im Ermessen des Gerichts bei Vorliegen einer Mediationsklausel über die Geeignetheit einer Mediation zu entscheiden. Vielmehr müsse es den in der Mediationsklausel verkörperten Willen der Parteien, den Konflikt erst nachrangig durch ein Gericht klären zu lassen, respektieren.[26] Nach einem Urteil des OLG Bamberg entfällt dieses Prozesshindernis erst dann, wenn der Kläger den ernsthaften Versuch einer Mediation unternommen hat.[27]

Aus dem Urteil des LG Dortmund geht zudem hervor, dass sich auch die Parteien an ihrem einst erklärten Willen eine Mediation durchzuführen, festhalten lassen müssen. Sie könnten sich nicht darauf berufen, dem Anspruch im Prozess entgegengetreten zu sein, da dies allein den Erfolg einer Mediation nicht von vorherein ausschließen lasse.[28]

Das OLG Saarbrücken hatte sich zudem mit der Frage zu beschäftigen, wann die **Berufung auf eine Mediationsklausel treuwidrig** iSv § 242 BGB ist. Es kam dabei zu dem Ergebnis, dass vor dem Hintergrund der gescheiterten Vergleichsverhandlungen nicht die Voraussetzungen für ein erfolgsversprechendes Mediationsverfahren gegeben waren, das eine „von gegenseitigem Vertrauen getragene Zusammenarbeit sowie den beiderseitigen Willen für eine einvernehmliche Streitbeilegung bedingt".[29] Ziel der Mediation sei die Einigung der Parteien, was eine vertrauensvolle Zusammenarbeit und den beiderseitigen Willen zu einer außergerichtlichen Einigung voraussetzt.[30] Vorliegend war der Versuch einer außergerichtlichen Einigung trotz „intensive[r] und über Wochen andauernde[r]" Vergleichsverhandlungen ergebnislos geblieben.[31] Zudem war den Parteien jegliche Grundlage für zukünftige Kooperation abhanden gekommen. Eine Einigung durch ein vorprozessuales Mediationsverfahren war unter Berück-

---

24 OLG Bamberg BeckRS 2022, 32644 Rn. 28.
25 OLG Saarbrücken BeckRS 2015, 20819, Rn. 16; so auch LG Hamburg BeckRS 2018, 28113 Rn. 27.
26 LG Dortmund BeckRS 2017, 158936 Rn. 35.
27 OLG Bamberg BeckRS 2022, 32644 Rn. 29.
28 LG Dortmund BeckRS 2017, 158936 Rn. 36.
29 OLG Saarbrücken BeckRS 2015, 20819, Rn. 19.
30 OLG Saarbrücken BeckRS 2015, 20819, Rn. 19.
31 OLG Saarbrücken BeckRS 2015, 20819, Rn. 19.

sichtigung dieser Umstände mehr als unwahrscheinlich. So urteilte auch das LG Hamburg, dass die Einrede der Mediationsklausel nach § 242 BGB ausgeschlossen ist, wenn die Partei keinerlei Bereitschaft zu der Durchführung eines Mediationsverfahrens gezeigt hat.[32] Vor diesem Hintergrund dürften die Entscheidungen richtig sein. Sie dürfen jedoch nicht dazu führen, dass jedes Scheitern von Verhandlungen zu einer Umgehung einer zuvor eingegangenen Mediationsverpflichtung führt, da sie ja für sich beansprucht, gerade in schwierigen (oder gar aussichtslos scheinenden) Situationen den Parteien zu einer einvernehmlichen Konfliktlösung zu verhelfen. Der vorschnelle Rückgriff auf den Grundsatz von Treu und Glauben würde sonst letztlich zu einer Wirkungslosigkeit von Mediationsklauseln führen, was offensichtlich von der Rechtsprechung nicht gewollt ist.

Interessant ist in diesem Zusammenhang eine Entscheidung des LAG Hamm, in der es die Zulässigkeit einer Druckkündigung verneint hat, weil der Arbeitgeber nicht zuvor ein Mediationsverfahren angeboten hat.[33] Das LAG Hamm stellt dabei hohe Anforderungen an das Scheitern bzw. Aussichtslosein von alternativen Konfliktlösungsmöglichkeiten.[34] Diese Argumentation hat das BAG[35] im Revisionsverfahren bestätigt und hinzugefügt, dass das Unterlassen eines Angebots zur Mediation jedenfalls dann nicht zur Unwirksamkeit einer Druckkündigung führt, wenn der Arbeitgeber aufgrund der Umstände im Einzelfall annehmen durfte, eine der Konfliktparteien würde sich der freiwilligen Teilnahme an einem Mediationsverfahren ohnehin verschließen.[36]

2. „Berufsrecht" des Mediators. Ein wirkliches Berufsrecht des Mediators hat die bisherige Rechtsprechung nicht hervorgebracht. Zu den umstrittenen Fragen im Zusammenhang mit dem Berufsbild Mediator gehörten insbesondere das Verhältnis zur Rechtsberatung, sowie der Zugang zum Beruf des Mediators und seine Aus- und Fortbildung.

a) Mediation und Rechtsberatung. Bei der Beantwortung der Frage nach der Vereinbarkeit der Mediation mit dem Rechtsberatungsgesetz legte die Rechtsprechung einen strengen Maßstab an (→ RDG → Einl. Rn. 1).[37] Danach erfüllte insbesondere die Unterstützung des nicht-anwaltlichen Mediators beim Abschluss einer Mediationsvereinbarung den Tatbestand der Besorgung einer fremden Rechtsangelegenheit nach § 1 Abs. 1 S. 1 RBerG aF Dies wurde damit begründet, dass jegliche Hilfestellung bei der Abfassung von Verträgen unter die Gestaltung konkreter fremder Rechtsverhältnisse falle. Die Entscheidungen wurden in der Literatur – insbesondere wegen des undifferenzierten Verständnisses der Rolle und Tätigkeit eines Me-

---

32 LG Hamburg BeckRS 2018, 28113 Rn. 27.
33 LAG Hamm 16.10.2015 – 17 Sa 696/15.
34 LAG Hamm 16.10.2015 – 17 Sa 696/15 Rn. 84 ff. Ausdrücklich offen lässt das Gericht dabei die Frage, ob der Arbeitgeber die Konfliktparteien durch Weisung zur Teilnahme an einem Mediationsverfahren hätte verpflichten können, da in jedem Fall eine Verpflichtung zur Teilnahme an einem Aufklärungsgespräch über die Möglichkeit der Mediation bestanden hätte, auch dieser sei die Beklagte aber nicht nachgekommen, ebenda Rn. 86.
35 BAG NZA 2017, 116 Rn. 30 ff.
36 BAG 19.7.2016 – 2 AZR 637/15 Rn. 36; → ArbGG § 54 Rn. 21 ff.
37 LG Leipzig ZKM 2005, 71; OLG Rostock ZKM 2001, 192; LG Rostock ZKM 2000, 235.

diators – stark kritisiert.[38] Die Gerichte trugen damit zu einer starken Verunsicherung unter nichtanwaltlichen Mediatoren bei und erzeugten eine wahre „Schockwelle" in der Mediationsszene.[39] Mit Inkrafttreten des Gesetzes über außergerichtliche Rechtsdienstleistungen (RDG) am 30.6.2008 wurde die Thematik jedoch entschärft, da in § 2 Abs. 3 Nr. 4 RDG zur negativen Begriffsbestimmung der Rechtsdienstleistung die Mediation und jede vergleichbare Form der alternativen Streitbeilegung ausdrücklich erwähnt wurden.[40]

82 **b) Qualitätssicherung.** In der bisherigen Rechtsprechung fanden sich keine generellen – also für alle Mediatoren, gleich welchen Quellberufs – geltenden Mindeststandards, die erfüllt sein müssen, um zum Führen des Titels eines Mediators berechtigt zu sein. Eine solche Rechtsprechung wäre indes auch unter der vor Inkrafttreten des Mediationsgesetzes geltenden Gesetzeslage schon denkbar gewesen, denn nach § 5 Abs. 1 S. 2 Nr. 3 UWG ist es jedem Unternehmer verboten, unwahre Aussagen zu seiner Befähigung zu machen, die geeignet sind, den Verkehr irrezuführen. Die Rechtsprechung hatte indes bisher keine Gelegenheit zu formulieren, wann die Selbstbezeichnung als Mediator unwahr und irreführend im Sinne des Lauterkeitsrechts ist.

Beim Führen eines Mediatorentitels ist indes zwischenzeitlich bei Notaren Vorsicht geboten. Der BGH hatte sich nämlich mit der Zulässigkeit der Führung der Berufsbezeichnung „Notar und Mediator" beschäftigt. Er kam zu dem Ergebnis, dass der gleichwertige Gebrauch der Bezeichnung „Mediator" neben der Amtsbezeichnung „Notar" in der Öffentlichkeit als irreführende Selbstdarstellung des Notars gegen das Verbot berufswidriger Werbung gem. § 29 Abs. 1 BnotO verstoße. Zur Begründung führt der BGH an, dass das rechtssuchende Publikum diese Bezeichnung regelmäßig nicht als bloßen Hinweis auf die jedem Notar mögliche Mediationstätigkeit verstehe, sondern vielmehr der Eindruck erweckt werde, der Notar übe einen weiteren Beruf aus, der außerhalb des notariellen Tätigkeitsspektrums liege.[41] Wichtig ist jedoch festzuhalten, dass dies ausdrücklich nur für den gleichwertigen Gebrauch der Bezeichnungen gelte, so dass ein allgemeiner Hinweis eines Notars auf seine Mediatorentätigkeit auf der Homepage oder Visitenkarten zulässig sei.[42]

83 Ein **Mindestausbildungsstandard** als Voraussetzung für das Führen des Titels eines Mediators galt indes bereits vor dem MediationsG für Rechtsanwälte. Gegenstand einer Reihe von Judikaten der Anwaltsgerichtsbarkeit wurden insbesondere die in den 1990er Jahren geführten Auseinandersetzungen von Rechtsanwälten mit ihren Kammern zur Frage, ob das Führen des Titels eines Mediators gegen die berufsrechtliche Pflicht verstoße, nur in sachlicher Art und Weise zu werben (§§ 43b BRAO, 6 ff. BORA), weil der Mediatorentitel keine Fachanwaltsbezeichnung ist. Durch die zwi-

---

38 Klose ZKM 2005, 72.
39 Mankowski ZKM 2001, 293.
40 Henssler ZKM 2006, 134; Tochtermann ZKM 2007, 4 f.
41 BGH NJW 2022, 3159 Rn. 14.
42 BGH NJW 2022, 3159 Rn. 19.

schenzeitliche Einführung des § 7a BORA[43] ist diese Rechtsprechung bereits überholt.[44] Eine gesicherte Rechtsprechung dazu, welche Ausbildung ein Rechtsanwalt absolviert haben muss, um sich nach dieser Vorschrift im Rechtsverkehr Mediator nennen zu dürfen, hat sich noch nicht herausgebildet. Allerdings hat das LG Berlin[45] die von den Rechtsanwaltskammern in ihrer Rechtsanwendungspraxis geforderte Mindestausbildungsdauer von 90 Stunden indirekt anerkannt.

Durch die Einführung genereller und detaillierter Vorgaben zur Qualifikation des Mediators nach §§ 5, 6 wurde die Rechtslage gegenüber der bestehenden Rechtsprechung fundamental umgestaltet (→ MediationsG § 5 Rn. 1 ff., → MediationsG § 6 Rn. 1 ff.).

c) **Sozietätsbildung.** Nach dem anwaltlichen Berufsrecht besteht zudem eine aus Sicht der Mediationsanbieter abzulehnende **Beschränkung der Möglichkeiten beruflicher Kooperation** fort: Nach § 59a Abs. 1 S. 1 BRAO ist eine Sozietät zwischen Rechtsanwaltsmediatoren und solchen, die keinen der in der Vorschrift genannten Quellberuf (Steuerberater, Steuerbevollmächtigte, Wirtschaftsprüfer und vereidigte Buchprüfer) haben, nach dem Wortlaut des Gesetzes nach wie vor nicht gestattet.[46] Inzwischen hat indes das BVerfG entschieden, dass diese Vorschrift jedenfalls teilweise verfassungswidrig ist und damit die bereits zuvor in der Literatur häufig angeführten verfassungsrechtlichen Bedenken bestätigt: In seiner Entscheidung vom 12.1.2016 hat das BVerfG auf eine Vorlage des BGH hin entschieden, dass ein Verbot einer gemeinschaftlichen Berufsausübung von Rechtsanwälten mit Ärzten oder Apothekern im Rahmen einer Partnerschaftsgesellschaft die Berufsfreiheit aus Art. 12 GG verletzt.[47] Der abschließende Katalog des § 59a Abs. 1 S. 1 BRAO ist damit gesprengt und die Möglichkeiten der interprofessionellen Sozietätsbildung sind weit geöffnet.[48] Die bisherige Rechtsprechung, die die Vorschrift ihrem Wortlaut gemäß anwandte,[49] wird somit nicht fortgeführt werden können. Nicht abschließend geklärt ist allerdings bis auf Weiteres, welche Berufe im Einzelnen für eine interprofessionelle Sozietät in Betracht kommen. Der Beschluss des BVerfG gibt hierzu aber jedenfalls Anhaltspunkte. Das BVerfG führt als legitimes gesetzgeberisches Ziel, die Sozietätsbildung von Rechtsanwälten zu beschränken, in allererster Linie die Wahrung der Verschwiegenheit an; ergänzend wird das Verbot, widerstreitende Interessen zu vertreten (§ 43a Abs. 4 BRAO), und das Erfordernis beruflicher Unabhängigkeit angeführt.[50] Hinsichtlich der im Zentrum stehenden Frage der Verschwie-

---

43 Satzungsänderung v. 25./26.4.2002, BRAK-Mitteilung 2002, 219 f.
44 „Als Mediator darf sich bezeichnen, wer durch geeignete Ausbildung nachweisen kann, dass er die Grundsätze des Mediationsverfahrens beherrscht." § 7a BORA wurde mit Wirkung zum 1.5.2013 inzwischen wie folgt an § 5 Abs. 1 MediationsG angeglichen: „Der Rechtsanwalt, der sich als Mediator bezeichnet, hat die Voraussetzungen nach § 5 Abs. 1 Mediationsgesetz im Hinblick auf Aus- und Fortbildung, theoretische Kenntnisse und praktische Erfahrungen zu erfüllen."
45 LG Berlin ZKM 2010, 156.
46 Hierzu Hartung/Wendenburg NJW 2009, 1551 ff.
47 BVerfG 12.1.2016 – 1 BvL 6/13.
48 Hierzu Römermann NJW 2016, 682.
49 AnwGH Celle ZKM 2003, 85.
50 BVerfG 12.1.2016 – 1 BvL 6/13 Rn. 49 ff.

genheit der Rechtsanwälte stellt das BVerfG im Kern darauf ab, ob die für die Sozietätsbildung in Frage kommende Berufsgruppe vergleichbaren Vertraulichkeitspflichten unterliegt wie Rechtsanwälte, und erwähnt insoweit insbesondere, dass nach § 203 Abs. 1 Nr. 1 StGB auch der Vertraulichkeitsbruch von Ärzten und Apothekern – gleich demjenigen von Rechtsanwälten – strafbar ist.[51] Aus dieser Begründung ist bereits der Schluss gezogen worden, dass eine Sozietätsbildung von Rechtsanwälten jedenfalls mit allen in § 203 Abs. 1 StGB genannten Berufsgruppen zulässig ist.[52] Folgt man dieser Ansicht, ergeben sich für interprofessionelle Mediationskanzleien zahlreiche neue Möglichkeiten, da zu diesen Berufen insbesondere auch Berufspsychologen (Nr. 2) und Sozialpädagogen (Nr. 5) zählen. Angesichts der verbleibenden Unsicherheiten ist aber dennoch der Gesetzgeber aufgefordert, die gesetzliche Einschränkung der Sozietätsbildung insgesamt verfassungskonform auszugestalten.

86 d) **Haftung.** Die Haftung des Mediators für Pflichtverletzungen ergibt sich aus dem Mediatorenvertrag[53] sowie nach den allgemeinen zivilrechtlichen Vorschriften über den Schadensersatz.[54] Haftungsgrundlage sind danach regelmäßig die §§ 280–283, 286 BGB, jeweils in Verbindung mit dem Mediatorenvertrag, der ganz allgemein als Dienstvertrag mit Geschäftsbesorgungscharakter im Sinne der §§ 611, 675 Abs. 1 BGB eingestuft wird.[55]

87 Die Mediatorenhaftung ist allerdings nach wie vor ein beinahe ausschließlich wissenschaftlich bearbeitetes Rechtsgebiet, das in der Rechtsprechung bisher keine Rolle gespielt hat. Über die Gründe hierfür kann man nur Vermutungen anstellen: Ein Grund dürfte darin liegen, dass die Tätigkeit des Mediators – im Gegensatz zu derjenigen von Berufsgruppen, deren Haftungsrecht als eigene Rechtsgebiete einzustufen sind (Ärzte, Rechtsanwälte, Architekten usw) – schlicht **nicht besonders schadensgeneigt** ist. Hinzukommen dürfte, dass der Nachweis eines Kausalzusammenhangs zwischen einer Mediationsschlechtleistung und einem Schaden oft sehr schwerfallen dürfte. Im anwaltlichen Haftungsrecht helfen dem klagenden Mandanten bspw. Regeln des Anscheinsbeweises vielfach über solche Beweisnöte hinweg.[56]

88 Die existierenden Rechtsprechungsfälle zur Haftung von Mediatoren betreffen ausschließlich Rechtsanwaltsmediatoren und präsentieren letztlich **Varianten der Anwaltshaftung** im Falle des Tätigwerdens als Mediator.[57] In diesen Fällen zeigt sich die Spannung, die auch im Rahmen des anwaltlichen Berufsrechts zu Tage tritt: Beide Rechtsgebiete, das anwaltliche Berufsrecht wie das Haftungsrecht, sind auf einem Bild des Rechtsanwaltes als einseitigem Interessenvertreter aufgebaut. Dieses Leitbild des geradlinigen, loyalen Kämpfers für eine Seite prägt die Konturen anwaltlicher

---

51 BVerfG 12.1.2016 – 1 BvL 6/13, Rn. 60.
52 Römermann NJW 2016, 682 (683).
53 Damit wird allgemein der Vertrag zwischen dem Mediator und dem Medianden im Unterschied zur Mediationsvereinbarung zwischen den Konfliktparteien verstanden, vgl. Haft/v. Schlieffen/Jost § 29 Rn. 4.
54 Haft/v. Schlieffen/Jost § 29 Rn. 2; Eidenmüller, S. 40 f.
55 Eidenmüller, S. 32.
56 Hierzu Borgmann/Jungk/Grams/Jungk, S. 332 ff.
57 Beispielsweise BGH NZFam 2018, 18.

Berufspflichten und Haftungstatbestände. Die demgegenüber strukturell andersartige Tätigkeit des Rechtsanwalts als Mediator kann sich deshalb nicht bruchlos in das Recht der Anwaltshaftung einfügen.

So entschied das OLG Hamm, dass einen Rechtsanwaltsmediator eine deutlich herabgesetzte Pflicht treffe, den ihm von seinen Mandanten (den beiden Konfliktparteien) präsentierten Sachverhalt zu hinterfragen und weiter zu erforschen, da er für zwei Parteien neutral tätig werde.[58] Das AG Lübeck hatte darüber zu entscheiden, ob ein Rechtsanwalt, der im Rahmen seiner Beauftragung als Mediator auch Rechtsauffassungen äußert, für deren Richtigkeit in gleicher Weise haftet wie ein Rechtsanwalt sonst auch.[59] In fragwürdiger Weise schließt das Gericht hier vom Rollenbild des Mediators auf eine Herabsetzung des Haftungsmaßstabes des Anwaltsmediators. Nach Ansicht der Verfasser überzeugt dies insbesondere deshalb nicht, weil die strenge Anwaltshaftung auch als Reflex des Anwaltsprivilegs nach dem RDG zu verstehen ist, das ausdrücklich nicht-anwaltlichen Mediatoren einen Rechtsrat mit umfassender, „aktiver" Rollenausübung verbietet.

89

An der zivilrechtlichen Konstruktion der Haftung des Mediators hat sich durch das MediationsG im Grundsatz nichts verändert. Denkbar ist aber, dass das MediationsG den Anstoß für das Entstehen eines Mediatorenhaftungsrechts gibt, das mehr ist als nur eine punktuelle Korrektur bestehender Grundsätze der Anwaltshaftung. Grund für diese Annahme ist, dass das MediationsG in seinen §§ 2–4 konkrete berufliche Pflichten aufstellt (→ MediationsG → § 2 Rn. 22 ff., → MediationsG → § 3 Rn. 6 ff., → MediationsG → § 4 Rn. 14 ff.). Das könnte zu einer bisher nicht erfolgten **Konkretisierung von Haftungstatbeständen** führen. Insbesondere die Pflicht nach § 2 Abs. 6 S. 1 zur Durchführung einer Verständniskontrolle nach Beendigung der Mediation könnte als Einfallstor für zukünftige Haftungsfälle dienen. Die hier getroffene Einschätzung, die Tätigkeit des Mediators sei im Vergleich zu anderen beruflichen Tätigkeiten wenig schadensgeneigt, bedarf möglicherweise einer Einschränkung im Hinblick auf die nunmehr geltende gesetzliche Verschwiegenheitspflicht nach § 4. Gerade in unternehmerischen Zusammenhängen kann ein Vertraulichkeitsbruch erhebliche negative wirtschaftliche Folgen haben und somit zu einer Haftung des Mediators führen.

90

3. Die Tätigkeitsbeschränkungen des Mediators. Auch hinsichtlich der Verhinderung von Interessenkonflikten durch Offenbarungspflichten und Tätigkeitsbeschränkungen stellt sich das bisher durch die Rechtsprechung geformte Mediationsrecht lediglich als „Annex" zum anwaltlichen Berufsrecht dar. Konkret hatte sich die Rechtsprechung dabei mit dem sog. **Prävarikationsverbot** auseinander zu setzen, das dem Anwalt nach § 43a Abs. 4 BRAO und § 356 Abs. 1 StGB verbietet, widerstreitende Interessen zu vertreten bzw. „in derselben Rechtssache beiden Parteien durch Rat oder Beistand pflichtwidrig" zu dienen.

91

Diese Vorschrift birgt auf augenfällige Art und Weise Konfliktpotenzial im Hinblick auf anwaltliches Tätigwerden als Mediator; sie wirft auch

92

---

58 OLG Hamm 20.10.1998 – 28 U 79/97.
59 AG Lübeck NJW 2007, 3789.

ein Schlaglicht auf die grundlegende Unterschiedlichkeit der Anwalts- und Mediatorentätigkeit: Der Rechtsanwalt soll in emphatischer Art und Weise einseitiger Vertreter des Mandanteninteresses sein. Als „Diener zweier Herren" kann er das nicht leisten, denn er würde dann das Vertrauen, das sein Mandant in ihn setzt, seine Unabhängigkeit und das Vertrauen der Allgemeinheit in die Integrität der Anwaltschaft untergraben. Der Mediator dagegen soll ganz unbedingt „Diener zweier Herren" sein. Kern seiner Tätigkeit ist es gerade, beiden Parteien gemeinsam beim Umgang mit ihren widerstreitenden Interessen zu helfen. Der (Anwalts-)Mediator „vertritt" damit durchaus die Interessen beider Konfliktparteien im Sinne des § 43a Abs. 4 BRAO, denn der Begriff der „Vertretung" von Interessen ist dort „im weitesten Sinne" als „Dienen durch Rat oder Beistand" zu verstehen, was „jede rechtliche oder tatsächliche Tätigkeit bezüglich derselben Rechtssache"[60] einschließt.[61]

93 Dieser strukturelle Widerspruch zwischen der Mediatorentätigkeit als allparteilicher Arbeit auf beiden Seiten eines Interessenwiderspruchs und der anwaltlichen Tätigkeit als parteilicher Vertretung einer Seite lässt sich indessen im Hinblick auf das Prävarikationsverbot des § 43a Abs. 4 BRAO dogmatisch auflösen:

94 Zum einen ist auch das klassische Berufsbild des Rechtsanwalts nicht auf die „kämpferische" Interessenvertretung beschränkt, sondern umfasst auch Tätigkeiten der „Schlichtung, Vermittlung, Beratung und Gestaltung".[62] Die gemeinsame Beauftragung eines Rechtsanwaltes durch zwei Parteien ist also grundsätzlich möglich.[63] Hinzukommt, dass nach ständiger Rechtsprechung des Bundesgerichtshofes

„das Wort ,Interesse' nicht [...] im objektiven, sondern im subjektiven Sinne zu verstehen ist. Es kommt somit nicht darauf an, welches Verhalten etwa im objektiven Interesse der Partei liegt, sondern welches Ziel diese selbst verfolgt wissen will."[64]

95 Eine generelle Bestimmung nach rein objektiven Kriterien – also eine Bestimmung des wohlverstandenen Interesses des Mandanten –, wie sie zum Teil im Schrifttum gefordert wird,[65] kann demgegenüber auch nicht überzeugen: Sie ist mit der Privatautonomie im Mandatsverhältnis nicht zu vereinbaren.[66]

96 Auf der Grundlage dieser subjektiven Interessenbestimmung lässt sich die Mediation dann schlüssig aus dem Tatbestand der Prävarikation ausschlie-

---

60 Weyland/Träger BRAO § 43a Rn. 66.
61 AA ist Knöfel NJW 2005, 6 (9), der die mediative Tätigkeit generell aus dem Tatbestand der Vertretung herausnehmen möchte.
62 Henssler/Schwackenberg MDR 1997, 409 (410).
63 Henssler/Prütting/Henssler BRAO § 43a Rn. 186.
64 BGH NJW 1954, 726 (727), unter Verweis unter anderem auf die noch ältere Rechtsprechung des Reichsgerichts und des Ehrengerichtshofs der Rechtsanwaltschaft.
65 Lackner/Kühl StGB § 356 Rn. 7.
66 Zu notwendigen Einschränkungen dieses subjektiven Kriteriums dort, wo ein Allgemeininteresse in das Mandatsverhältnis mit hineinspielt (insbesondere bspw. im Strafprozess), s. Henssler/Prütting/Henssler BRAO § 43a Rn. 172 ff.; Schönke/Schröder/Heine StGB § 356 Rn. 18 f.

ßen. Beide Parteien, die gemeinsam einen Anwalt als Mediator bestellen, haben insoweit ein gemeinsames Interesse: Sie wollen trotz der bestehenden Differenzen in der Sache beide eine gütliche Verhandlung *über* diese Interessengegensätze, nicht ihre Austragung auf dem Rechtsweg.[67] Die Wahrnehmung – *Vertretung* – dieses gemeinsamen Parteiinteresses an der Erarbeitung einer einvernehmlichen Konfliktlösung kann daher nicht als Vertretung widerstreitender Interessen aufgefasst werden.[68]

Anders stellt sich die Rechtslage freilich dar, wenn der Anwaltsmediator nicht lediglich als Mediator auftritt:

Das OLG Karlsruhe hatte in zwei Fällen – einem zivilrechtlichen[69] und einem strafrechtlichen[70] – darüber zu entscheiden, ob ein Anwaltsmediator das Verbot, widerstreitende Interessen zu vertreten, verletzt hatte. Beiden Urteilen lagen erstaunlich ähnliche Sachverhalte zugrunde: Beide Male handelte es sich um Scheidungsfälle, in denen die beiden Eheleute im Bemühen um Einverständnis zunächst einen Rechtsanwalt gemeinsam beauftragten, um eine Scheidungsvereinbarung zu erarbeiten. In beiden Fällen vertrat der Rechtsanwalt nach Beendigung der gemeinsamen Beratung einen der beiden Ehepartner alleine in derselben Scheidungssache.[71]

Hier zeigte sich erneut deutlich, wie das anwaltliche Berufsrecht, das auf einem Rollenverständnis des Anwalts als eines Kämpfers für eine Seite basiert, angesichts der Tätigkeit eines Anwalts für beide Seiten herausgefordert ist. Das OLG Karlsruhe hat der mediativen Tätigkeit von Rechtsanwälten dabei in beiden Fällen – im Einklang mit der soeben geschilderten Rechtsauffassung – keinen Riegel vorgeschoben: Wegen der Allparteilichkeit der Mediatorentätigkeit und deren Zweck, die Einigung der Parteien zu unterstützen, sei diese nicht als ein (verbotenes) Tätigwerden für beide Seiten zu werten.[72]

Die beiden Karlsruher Entscheidungen kommen indes zu unterschiedlichen Ergebnissen in der Frage, ob ein nachträgliches Tätigwerden für nur eine Seite nach dem gemeinsamen Tätigwerden als Mediator für beide Seiten den Tatbestand der Prävarikation erfüllt.[73] Die Strafkammer, die eine Prävarikation ablehnt, stützte sich dabei im Kern auf die Überlegung, dass der Rechtsanwalt durch die vorangegangene gemeinsame Beauftragung „nicht Diener bzw. Vertreter einseitiger Parteiinteressen, sondern unparteiischer Mittler" geworden sei. Die Entscheidung muss als Fehlurteil gelten: Denn es ist gerade der Übergang vom unparteiischen Mittler zum parteiischen Vertreter, der den Vorwurf der Prävarikation begründet.[74] Dieser also

---

67 Ade/Gläßer ZKM 2013, 57 (61 f.).
68 Henssler/Kilian FuR 2001, 104 (105); Henssler/Schwackenberg MDR 1997, 409 (410); Kleine-Cosack BRAO § 43a Rn. 151?; Henssler/Prütting/Henssler BRAO § 43a Rn. 186a; Weyland/Träger BRAO § 43a Rn. 65a.
69 OLG Karlsruhe NJW 2001, 3197.
70 OLG Karlsruhe ZKM 2003, 133.
71 OLG Karlsruhe NJW 2001, 3197 (3198); OLG Karlsruhe ZKM 2003, 133.
72 OLG Karlsruhe NJW 2001, 3197 (3198); OLG Karlsruhe ZKM 2003, 133 (135).
73 Bejahend: OLG Karlsruhe NJW 2001, 3197, dem folgend LG Köln 21.11.2012 – 9 S 69/12; Verneinend: OLG Karlsruhe ZKM 2003, 133.
74 So im Ergebnis auch Knöfel NJW 2006, 6 (9 f.): „Das einmal als Mediator mit anderen Interessen zum Ausgleich gebrachte oder auch nur in die mehrseitige Betreuung eingestellte Interesse darf nicht mehr anwaltlich mit einer Stoßrichtung

schon unter damaligem Recht nicht haltbaren Auffassung des Strafgerichts, der Anwalt verrate durch ein solches nachträgliches einseitiges Tätigwerden keine Parteiinteressen, wurde durch das Inkrafttreten des insoweit eindeutigen § 3 Abs. 2 S. 2 der Boden entzogen, denn dort ist nunmehr die Pflichtwidrigkeit eines solchen Verhaltens eines Mediators explizit normiert worden (→ MediationsG § 3 Rn. 6 ff.).

101 **4. Die Vertraulichkeit in der Mediation.** Vertraulichkeit ist ein wesentlicher Grundsatz der Mediation. Eine interessenorientierte Lösung setzt voraus, dass die regelungsbedürftigen Interessen (offen) bekannt sind. Nur wenn gewährleistet ist, dass die offenbarten Informationen nach (erfolgloser) Beendigung der Mediation nicht gegen einen Medianden verwandt werden (sei es außergerichtlich oder gerichtlich), entsteht der für eine erfolgreiche Mediation erforderliche Vertrauensrahmen. Gleichzeitig darf dieser Vertrauensrahmen nicht zu einer „Flucht in die Mediation" führen, dh dazu, dass Informationen gezielt in der Mediation offenbart werden, um sie für einen Folgeprozess zu sperren. Die Rechtsprechung befasste sich in vier Entscheidungen[75] mit dem Aspekt der (internen und externen) Vertraulichkeit in der Mediation.[76] **Externe Vertraulichkeit** bedeutet, dass in der Mediation bekannt gewordene Informationen diesen Rahmen nicht verlassen sollen, zB indem der Mediator in einem späteren Prozess als Zeuge auftritt oder Informationen als Beweismittel vorgetragen werden.[77] **Interne Vertraulichkeit** bedeutet die Vertraulichkeit in der Mediation selbst, nach der zB im Einzelgespräch offenbarte Informationen nicht ohne Einwilligung weitergegeben werden sollen.[78] Die Analyse dieser Entscheidungen zeigt, dass nach alter Rechtslage erhebliche Rechtsunsicherheiten im Zusammenhang mit der Reichweite der Vertraulichkeit in der Mediation bestanden.[79] Ein umfassender Schutz der Vertraulichkeit war nur über eine ausdrückliche vertragliche Vereinbarung zu erreichen.

102 **a) Externe Vertraulichkeit.** Bis zum Inkrafttreten des MediationsG gab es im deutschen Recht keine allgemeine Rechtsgrundlage zur Sicherung der externen Vertraulichkeit in der Mediation. Lediglich aus dem Berufsrecht des Grundberufs eines Mediators konnte sich dessen gesetzliche Verschwiegenheitspflicht ergeben.[80] Es existierten jedoch keine weitergehenden gesetzlichen Regelungen, aus denen sich eine Geheimhaltungspflicht für alle an der Mediation beteiligten Personen oder ein Beweiserhebungs- oder

---

gefördert werden, die sich gegen den anderen Teil des Mediationsverfahrens richtet."
75 Zur externen Vertraulichkeit: AnwG Rostock 1.8.2007 – I AG 6/07; VG Düsseldorf 13.11.2008 – 4 K 6309/07; OLG Schleswig 18.6.2009 – 2045E-118. Zur internen Vertraulichkeit: OLG München 20.5.2009 – 9 VA 5/09.
76 Allg. zur Begriffsbestimmung Haft/v. Schlieffen/Hartmann § 28 Rn. 4 ff.; Cremer § 4 II; Oldenbruch, S. 14 ff.
77 Zur Bedeutung der externen Vertraulichkeit in der Mediation vgl. nur Beck, S. 65 ff.
78 Zur Bedeutung der internen Vertraulichkeit in der Mediation vgl. nur Beck, S. 81 ff.
79 Hierzu exemplarisch Oldenbruch, Die Vertraulichkeit im Mediationsverfahren, 2006.
80 Umfassend zur Vertraulichkeit in der Person des Mediators, Oldenbruch, S. 29 ff.

Beweisverwertungsverbot ergab. Die Parteien mussten deshalb die Vertraulichkeit durch eine vertragliche[81] Vereinbarung in der Mediation sichern.[82]

aa) Verschwiegenheitspflicht des beteiligten Rechtsanwalts. 2007 hatte sich das AnwG Rostock[83] mit den Verschwiegenheitspflichten eines an der Mediation als Parteivertreter beteiligten Rechtsanwalts zu beschäftigen – konkret mit der Frage, ob ein Rechtsanwalt, der als Parteivertreter an einer Mediation teilnimmt, auch gegenüber der anderen Partei aufgrund seines Berufsrechtes zur Verschwiegenheit verpflichtet ist, wenn zu Beginn der Mediation zwischen den Beteiligten Vertraulichkeit über den Inhalt der Mediation vereinbart wurde.[84] Das AnwG Rostock entschied, dass der Rechtsanwalt nicht gegen seine gesetzliche Pflicht zur Verschwiegenheit verstoßen habe (die Verletzung vertraglicher Pflichten war nicht Gegenstand der Entscheidung), da es keine gesetzliche Pflicht eines Rechtsanwalts gebe, die Geheimnisse der Gegenseite zu bewahren. Seine Verschwiegenheitspflicht gelte nur in Bezug auf den eigenen Mandanten.[85] Nach dem AnwG Rostock würde eine Ausweitung der Geheimhaltungspflicht eines Rechtsanwalts auf Geheimnisse Dritter dazu führen, „dass dem Rechtsanwalt die Wahrnehmung seiner vornehmlichen Aufgabe, nämlich die Vertretung der Interessen seines Mandanten, verwehrt" würde.[86]

103

Im Ergebnis ist dieser Entscheidung zuzustimmen. Nach der Rspr. des BVerfG[87] kommt es darauf an, ob das Geheimnis dem Rechtsanwalt in seiner Funktion „als Rechtsanwalt anvertraut worden oder sonst bekannt geworden" ist. Grds. gibt es zwei Konstellationen, in denen dem Rechtsanwalt ein Geheimnis „als Rechtsanwalt" anvertraut wird: Zum einen in der Mandatsbeziehung, zum anderen, wenn er als Organ der Rechtspflege auftritt. Übertragen auf den vom AnwG Rostock entschiedenen Fall bedeutet dies, dass eine Verschwiegenheitspflicht in Bezug auf Drittgeheimnisse abzulehnen ist. Nimmt der Rechtsanwalt als Parteivertreter an einer Mediation teil, tritt er weder als Organ der Rechtspflege auf, noch besteht ein Mandatsverhältnis mit der anderen Partei. Vielmehr erlangt er allein durch die Teilnahme an der Mediation Kenntnis von den relevanten Informatio-

104

---

81 Formulierungsbeispiele bei Hacke, S. 254 ff.; Beck, S. 159 ff.; Cremer, § 5 I.3.b); Oldenbruch, S. 164 ff.
82 Im Zivilprozess ist die Zulässigkeit von sog. Prozessverträgen allg. anerkannt. Der dort geltende Dispositionsgrundsatz sowie der Grundsatz der Verhandlungsmaxime erlauben Vereinbarungen darüber, welcher Vortrag bzw. welche Beweise im Rahmen eines Rechtsstreits zulässig sind, vgl. Eckardt/Dendorfer MDR 2001, 786 (790 f.); Wagner NJW 2001, 1398 ff.; Hofmann SchiedsVZ 2011, 148 ff.; Eidenmüller in: Breidenbach/Coester-Waltjen/Heß/Nelle/Wolf, S. 67, mwN in Fn. 81; Hacke, S. 266 ff. Umfassend zur Vortrags- und Beweismittelbeschränkung durch Prozessvertrag, Oldenbruch, S. 118 ff. Anders ist es iRd verwaltungs- und sozialgerichtlichen Verfahren. Dort gilt der Amtsermittlungsgrundsatz, dh Gerichte sind an privatrechtliche Beweismittelverträge nicht gebunden. Zu den Grenzen von Prozessverträgen im Verwaltungsverfahren nur Wagner NJW 2001, 1398 (1400).
83 AnwG Rostock 1.8.2007 – I AG 6/07. Vgl. auch ZKM 2007, 194 ff.
84 AnwG Rostock 1.8.2007 – I AG 6/07, Rn. 1.
85 AnwG Rostock 1.8.2007 – I AG 6/07, Rn. 2.
86 Vgl. AnwG Rostock 1.8.2007 – I AG 6/07, ZKM 2007, 194 (195 ff.) mit Anm. v. Wagner/Braem. Zur allgemeinen Frage, ob Drittgeheimnisse vom Tatbestand des § 203 StGB erfasst sind, vgl. Kleine-Cosack BRAO § 43a Rn. 24 f. Zum Meinungsstand siehe auch Risse NJW 2008, 3680 (3682); vgl. Beck, S. 101 ff.
87 BVerfG 21.3.2002 – 1 BvR 2119/01.

nen, nicht weil ihm diese aufgrund einer besonderen Vertrauensstellung „anvertraut" werden.[88] Es gibt demnach keine umfassende (dh gegenüber allen Teilnehmern an der Mediation) strafbewährte anwaltliche Verschwiegenheitspflicht, wenn der Rechtsanwalt als Parteivertreter an einer Mediation teilnimmt.[89] Seine Verschwiegenheitspflicht beschränkt sich auf die Interessen seines Mandanten.[90] Dies gilt auch nach dem Inkrafttreten des MediationsG, da sich die Verschwiegenheitspflicht des § 4 nur auf den Mediator, nicht jedoch auf die Parteien und ihre anwaltlichen Beistände bezieht (→ MediationsG § 4 Rn. 14 ff.).

105 **bb) Auslegung eines schriftlichen Mediationsvergleichs.** Das VG Düsseldorf[91] hatte sich mit der Frage zu befassen, ob bei der Auslegung eines schriftlichen Mediationsvergleichs das in der Mediation gesprochene Wort zu berücksichtigen ist.[92] Die Parteien hatten in einer in der Berufungsinstanz durchgeführten Mediation einen privatrechtlichen Vergleich geschlossen.[93] Im Anschluss entstand Streit über die Frage, ob ein erlassener Bauvorbescheid mit den Erörterungen in der Mediationssitzung übereinstimme.[94] Das Verwaltungsgericht wies die Klage als unzulässig ab. Zur Begründung führte es an, dass die Kläger in der Mediationsvereinbarung wirksam auf ihr Klagerecht verzichtet hätten.[95] Der Inhalt des Vergleichs ergebe sich aus dem Wortlaut des Vergleichs, etwaige mündliche Erörterungen während der Mediationssitzung seien nicht Gegenstand der Mediationsvereinbarung geworden. Zudem könne über mündliche Erörterungen während der Mediation kein Beweis erhoben werden, weil damit die Vertraulichkeit der Mediation als einer ihrer wesentlichen Grundsätze unterlaufen würde.[96]

106 Zur Stärkung der externen Vertraulichkeit in der Mediation ist diese Entscheidung zu begrüßen. Dogmatisch ist sie allerdings fragwürdig. Bei der Vorlage des Mediationsvergleichs handelt es sich um einen **Urkundsbeweis**, dessen Beweiskraft sich nach § 416 ZPO richtet.[97] Der schriftliche Vergleich bietet formell vollen Beweis dafür, dass die in der Urkunde enthaltenen Erklärungen abgegeben wurden.[98] Die Beweiskraft der Urkunde geht aber nur soweit, wie ihre *formelle* Beweiskraft reicht, dh grundsätzlich

---

88 Dass die Informationen aufgrund und nicht bloß bei Gelegenheit der Vertrauenssituation in der Mediation ausgetauscht werden, ist unerheblich. § 203 StGB nimmt nur auf die ausdrücklich genannten Vertrauenssituationen Bezug.
89 Wagner/Braem ZKM 2007, 194 (196), Anm. zu AnwG Rostock 1.8.2007 – I AG 6/07.
90 Etwas anderes gilt, wenn der Rechtsanwalt als Mediator tätig wird. In diesem Fall wird eine umfassende (dh die Interessen beider Parteien berücksichtigende) Verschwiegenheitspflicht des Rechtsanwalts begründet.
91 VG Düsseldorf 13.11.2008 – 4 K 6309/07.
92 VG Düsseldorf 13.11.2008 – 4 K 6309/07.
93 Für den Wortlaut des Vergleichs siehe VG Düsseldorf 13.11.2008 – 4 K 6309/07, Rn. 7.
94 Zudem erklärte die Klägerin (ohne Erfolg) die Anfechtung der Mediationsvereinbarung wegen arglistiger Täuschung, VG Düsseldorf 13.11.2008 – 4 K 6309/07 Rn. 17 f., 30 ff.
95 VG Düsseldorf 13.11.2008 – 4 K 6309/07 Rn. 29.
96 VG Düsseldorf 13.11.2008 – 4 K 6309/07, Rn. 58.
97 § 416 ZPO gilt nach § 98 VwGO auch im Rahmen des Verwaltungsprozesses.
98 Vgl. nur MüKoZPO/Schreiber § 416 Rn. 9.

ist der Gegenbeweis zB darüber zulässig, dass Nebenabreden getroffen wurden oder Mängel bei der Willensbildung vorliegen.[99] Vor diesem Hintergrund ist es fraglich, ob die Entscheidung des Verwaltungsgerichts dahin gehend zu verstehen ist, dass die Vertraulichkeit der Mediation jeden Gegenbeweis unzulässig macht.[100] Letztendlich soll die Vertraulichkeit dem Zweck der Mediation dienen und nicht umgekehrt.

cc) Verschwiegenheitspflicht von „Richtermediatoren". Vor Einführung von § 4 war die Verschwiegenheitspflicht von Richtermediatoren umstritten.[101] Das OLG Schleswig[102] befasste sich schließlich im Jahr 2009 mit der Verschwiegenheitspflicht von Richtermediatoren.[103] Es führte aus, dass die Richter über die ihnen bei oder bei Gelegenheit ihrer amtlichen Tätigkeit bekannt gewordenen Angelegenheiten Verschwiegenheit gemäß § 71 DRiG iVm § 37 Abs. 1 BeamtStG zu bewahren haben.[104] Die Tätigkeit des Richters als Mediator sei eine dienstliche Angelegenheit im Sinne des § 37 Abs. 1 BeamtStG.[105] Eine Aussagegenehmigung sei deshalb zu Recht versagt worden, weil eine Entbindung des Richters von der Verschwiegenheitspflicht eine „Säule der Mediation" aushöhlen würde.[106]

Das OLG Schleswig stärkte mit dieser Entscheidung im besonderen Maße die Vertraulichkeit in der gerichtsinternen Mediation. Vollkommene Rechtssicherheit wurde durch diese Entscheidung jedoch nicht geschaffen, denn trotz des Vorliegens eines Versagungsgrundes ist jeweils eine Ermessensentscheidung durch den entscheidungsbefugten Dienstherren zu treffen. Diese könnte zugunsten einer Aussagegenehmigung ausfallen, wenn es um die Gewährleistung eines effektiven und effizienten Mediationsverfahrens geht, wie zB bei der Durchsetzung der Abschlussvereinbarung[107] (→ ZPO § 278 Rn. 28 f.).

dd) Unvereinbarkeit mit dem Richteramt in derselben Sache. Das OLG München hatte sich mit der Selbstablehnung einer Richterin am OLG zu befassen, die zuvor in derselben Sache als Mediatorin tätig gewesen war. Es teilte dabei die Ansicht der betroffenen Richterin, dass ein Ausschluss-

---

99 MüKoZPO/Schreiber § 416 Rn. 11.
100 Dies wirft auch die Folgefrage nach dem Verhältnis zwischen Anfechtungsrecht und dem Grundsatz der Vertraulichkeit in der Mediation auf.
101 Damals schon für eine Verschwiegenheitspflicht Spindler, S. 51 ff.; ders. AnwBl. 2007, 655 (657 f.); Volkmann, S. 128 f.; v. Bargen, S. 344 ff.; Oldenbruch, S. 39 ff. Zum damaligen Streitstand Hartmann in: Haft/v. Schlieffen, § 28 Rn. 57. Mit dem Inkrafttreten des MediationsG und den entsprechenden Änderungen in den verschiedenen Verfahrensordnungen wurde der „Richtermediator" durch den Güterichter ersetzt, vgl. § 278 Abs. 5 ZPO nF (→ ZPO § 278 Rn. 5 ff.). Auch nach der Überführung ins Güterichtermodell stellt sich die Frage, ob die Verschwiegenheitspflicht für Mediatoren nach § 4 auch auf den Güterichter Anwendung findet, → MediationsG § 4 Rn. 19.
102 OLG Schleswig 18.6.2009 – 2045E-118.
103 OLG Schleswig 18.6.2009 – 2045E-118.
104 Danach bestehe für alle Angelegenheiten, die dem Richter in Ausübung der amtlichen Tätigkeit bekannt werden eine Verschwiegenheitspflicht, OLG Schleswig 18.6.2009 – 2045E-118, Rn. 9; Beck, S. 120 ff.; v. Bargen, S. 344 ff.
105 OLG Schleswig 18.6.2009 – 2045E-118, Rn. 10.
106 OLG Schleswig 18.6.2009 – 2045E-118, Rn. 11; zur Erteilung der Aussagegenehmigung s. v. Bargen, S. 350 ff.
107 Dazu ausführlich v. Bargen, S. 353.

grund von der Ausübung des Richteramts gem. § 41 Nr. 8 ZPO vorliegt. Es stellte sich dabei die Frage, ob im Zuge der Güteverhandlung bekannt gewordene Informationen im Entschädigungsverfahren nach § 198 GVG relevant sein könnten und dadurch zu einem Ausschluss der Richterin führen könnten. Das OLG urteilte, dass es sich bei dem Sachverhalt um einen zusammenhängenden Lebenssachverhalt handele und daher eine Unvereinbarkeit der auf Vertraulichkeit und Freiwilligkeit beruhenden Mediation mit dem Richteramt als verbindliche Streitentscheidung in *derselben* Sache bestehe.[108]

110 **b) Interne Vertraulichkeit.** Lediglich in einem Fall urteilten die Gerichte über die Reichweite der internen Vertraulichkeit. Das OLG München befasste sich im Jahr 2009 in seiner Entscheidung mit der Vertraulichkeit in der gerichtsinternen Mediation.[109] Nachdem das LG den **Akteneinsichtsantrag** der einen Partei in eine **Mediationsakte** wegen des für Mediationsverfahren geltenden strengen Vertraulichkeitsprinzips abgelehnt hatte,[110] sprach sich das Oberlandesgericht für ein Einsichtsrecht aus.[111] Es begründete seine Entscheidung damit, dass der Grundsatz der Vertraulichkeit der Mediation nur gegenüber Dritten, nicht jedoch gegenüber der Partei selbst gelte.[112] Art. 7 Mediations-RL wolle nur gewährleisten, dass weder die Mediatoren noch die in der Mediation eingebundenen Personen gezwungen seien, Informationen aus der Mediation freizugeben.[113] Der Grundsatz der Vertraulichkeit stünde dem rechtlichen Interesse der Partei im Sinne des § 299 Abs. 2 ZPO an der Einsichtnahme in die Akten daher nicht entgegen. Nach dem OLG München beschränkt sich die Vertraulichkeit in der Mediation also, Art. 7 Mediations-RL folgend, auf das Zeugnisverweigerungsrecht des Mediators. Einen „Grundsatz der absoluten Vertraulichkeit des Mediationsverfahrens"[114] gebe es nicht.[115]

111 Diese Entscheidung ist im Lichte des Vertraulichkeitsgrundsatzes in der Mediation fragwürdig. Zum einen bestehen Zweifel daran, ob § 299 ZPO für die Einsichtnahme in die Mediationsakte überhaupt herangezogen werden kann. § 299 ZPO ist Ausdruck des Rechts auf rechtliches Gehör, Art. 103 Abs. 1 GG.[116] Dieses Recht gebietet, dass eine richterliche Entscheidung nur auf Tatsachen gestützt wird, die allen am Rechtsstreit Beteiligten bekannt waren und zu denen die Beteiligten Gelegenheit hatten sich zu äußern.[117] Da die Mediationsakte bei den Gerichten als getrennte Akte geführt wird,[118] dh nicht Teil der Gerichtsakte ist – sie mithin nicht Grundlage für die richterliche Entscheidung wird – sprechen gute

---

108 OLG München BeckRS 2019, 40089 Rn. 14 f.
109 OLG München 20.5.2009 – 9 VA 5/09. Vorgehend LG München 10.2.2009 – 3 AR 166/05. Vgl. auch Kurzweil ZZP 2010, 77.
110 OLG München 20.5.2009 – 9 VA 5/09, Rn. 1 f.
111 OLG München 20.5.2009 – 9 VA 5/09, Rn. 18 ff.
112 OLG München 20.5.2009 – 9 VA 5/09, Rn. 21.
113 OLG München 20.5.2009 – 9 VA 5/09, Rn. 21.
114 OLG München 20.5.2009 – 9 VA 5/09, Rn. 22.
115 Dazu ausführlich OLG München ZKM 2009, 158 f. mit Anm. v. Wagner.
116 Vgl. nur MüKoZPO/Prütting § 299 Rn. 1.
117 Zöller/Greger ZPO Vor § 128 Rn. 3.
118 Zur Praxis der Führung von Mediationsakten, s. Kurzweil ZZP 2010, 77 (79); Löer ZZP 2006, 199 (206).

Argumente dafür, dass das Recht auf rechtliches Gehör in diesem Fall nicht berührt ist.[119] Zum anderen überzeugen die Ausführungen des OLG iRd Interessenabwägung nicht. Das OLG übersieht bei seiner Argumentation den Aspekt der internen Vertraulichkeit, wenn es ein Überwiegen der Vertraulichkeit des Mediationsverfahrens damit ablehnt, dass der Grundsatz der Vertraulichkeit nur gegenüber dritten Personen, nicht jedoch gegenüber der Partei selbst gelte. Die interne Vertraulichkeit ist fester und wesentlicher Bestandteil der Vertraulichkeit und hätte deshalb auch vom OLG in die Entscheidung einbezogen werden müssen, ganz gleich, ob sie in Art. 7 Mediations-RL genannt wird oder nicht. Ob im Ergebnis das Vertraulichkeits- oder das Informationsinteresse des Antragsstellers am Prozessverlauf überwiegt, hängt von den Umständen des Einzelfalls ab. Haben sich der Richtermediator und die Klagepartei iRd Mediations-Anfrage bzw. -Ablehnung auf die vertrauliche Behandlung dieses Kontaktes verständigt,[120] würde eine Einsicht durch den Beklagten die interne Vertraulichkeitsabrede verletzen. Liegt eine solche Vereinbarung jedoch nicht vor, kommt eine Vertraulichkeitsverletzung nicht in Betracht.[121] Die Entscheidung zeigt deutlich, dass nach der alten Rechtslage erhebliche Rechtsunsicherheiten in Bezug auf die Reichweite der internen Vertraulichkeit bestanden. Mit der Einführung des § 159 Abs. 2 ZPO nF (die Protokollierung der Verhandlung vor dem Güterichter erfolgt nur noch auf Antrag der Parteien) und der Möglichkeit die Öffentlichkeit von dem Gütegespräch auszuschließen, ist der Gesetzgeber einen ersten Schritt hin zur Stärkung der (internen) Vertraulichkeit) gegangen[122] (→ ZPO § 278 Rn. 26).

c) **Ausblick.** Die aufgezeigten Unsicherheiten und Lücken in Bezug auf die Vertraulichkeit in der Mediation werden durch § 4 nicht behoben. Dieser führt zwar ein Zeugnisverweigerungsrecht für den Mediator und seine Hilfspersonen ein.[123] Weitergehende Regelungen trifft das Gesetz jedoch nicht. Mithin wird auch in Zukunft eine vertragliche Vereinbarung für einen umfassenden Vertraulichkeitsschutz erforderlich sein (→ MediationsG § 4 Rn. 22 ff.).[124] Eine Stärkung hat die Vertraulichkeit bei der Verhandlung vor dem Güterichter erfahren (→ ZPO § 278 Rn. 28).

112

---

119 So im Ergebnis Kurzweil ZZP 2010, 77 (84).
120 Ob ein Mediator eine entsprechende Vereinbarung treffen würde, steht auf einem anderen Blatt.
121 AA Kurzweil, für die das Vertraulichkeitsinteresse überwiegt, dies. ZZP 2010, 77 (83 f.).
122 Zur gesetzgeberischen Intention, s. BT-Drs. 17/8058, 21.
123 BT-Drs. 17/5335, 11. Eingeschränkt wird die Verschwiegenheitspflicht soweit (1) die Offenlegung des Inhalts der im Mediationsverfahren erzielten Vereinbarung zur Umsetzung oder Vollstreckung dieser Vereinbarung erforderlich ist, (2) die Offenlegung aus vorrangigen Gründen der öffentlichen Ordnung (ordre public) geboten ist, (3) es sich um Tatsachen handelt, die offenkundig sind oder ihrer Bedeutung nach keiner Geheimhaltung bedürfen, § 4 S. 3. Die Ausnahmen beruhen auf Art. 7 Abs. 1 Mediations-RL, vgl. BT-Drs. 17/5335, 17.
124 Über § 4 hinausgehende vertragliche Vereinbarungen bleiben zwischen den Parteien zulässig. In der Gesetzesbegründung heißt es insoweit (BT-Drs. 17/5335, 17): „Sofern die Parteien die Vertraulichkeit auf weitere, in die Mediation eingebundene Personen ausdehnen wollen, können sie hierüber im Rahmen ihrer Dispositionsbefugnis eine Parteivereinbarung schließen; keine Parteivereinbarungen kommen somit beispielsweise für den Bereich des Strafprozesses in Betracht. Daneben kann es sich empfehlen, den Umgang mit geheim zu haltenden Informa-

113 **5. Mediation und Fristen.** Eine Mediation kommt nur dann als Alternative zu einem Gerichtsverfahren in Betracht, wenn der Gläubiger dabei keinen Rechtsverlust befürchten muss.[125] Zur Wahrung einer Rechtsposition ist die Einhaltung von Fristen wesentlich. Das gilt für materiell- und prozessrechtliche Fristen. Die Rechtsprechung hatte sich in drei Fällen mit dem Verhältnis **von Mediation und prozessualen Fristen** zu befassen. Die Analyse dieser Entscheidungen zeigt, dass zwar Einigkeit in der gerichtlichen Praxis darüber besteht, dass während der Durchführung einer Mediation das gerichtliche Verfahren ruhend gestellt wird. In Bezug auf den konkreten Beginn und das Ende der Unterbrechung besteht in der Praxis jedoch erhebliche Rechtsunsicherheit (→ BGB § 203 Rn. 4 ff.).

114 **a) Ruhendstellung des Verfahrens.** Das OLG Oldenburg[126] hatte sich beispielsweise mit der Frage zu befassen, ab welchem konkreten Zeitpunkt bei einer Anordnung des Ruhens des Verfahrens für „die Dauer des Mediationsverfahrens" die Unterbrechung endet und welchen Einfluss dies auf vor der Mediation begonnene Fristen hat (hier: Klageerwiderungsfrist). Genügt insoweit, dass die Mediation vom Richtermediator mit einem entsprechenden Aktenvermerk für gescheitert erklärt wird? Ist eine Terminverfügung des entscheidenden Richters erforderlich oder eine erneute Fristsetzung? Das OLG entschied, dass die **Ruhendstellung des Verfahrens die Klageerwiderungsfrist unterbricht**. Mit der Ruhendstellung höre der Lauf der Klageerwiderungsfrist für die Dauer der Mediation auf und **beginne nach Beendigung der Unterbrechung von neuem**, §§ 251, 249 ZPO.[127] Ferner entschied das OLG, dass allein das Scheitern der Mediation noch nicht ausreiche, um eine Beendigung der Unterbrechung iSd § 249 S. 1 ZPO anzunehmen. Es sei vielmehr unter den besonderen Umständen des Falls eine förmliche Wiederaufnahme des Verfahrens entweder durch Zustellung des Fortsetzungsantrags der Klägerin nach § 250 ZPO oder eines vom Gericht zu treffenden Beschlusses über die Wiederaufnahme des Verfahrens notwendig.[128]

115 Die Entscheidung des OLG überzeugt. Wird nach § 251 ZPO wirksam das Ruhen des Verfahrens angeordnet, richten sich die Wirkungen der Unterbrechung nach § 249 ZPO. Nach § 249 Abs. 1 ZPO hört mit der Unterbrechung der Lauf einer jeden Frist auf; nach Beendigung der Unterbrechung oder Aussetzung beginnt die volle Frist von Neuem zu laufen, mit Ausnahme der in § 251 S. 2 ZPO in Bezug genommenen Fristen. Wird also in einer (gerichtsinternen) Mediation das Ruhen des Verfahrens nach § 251 ZPO angeordnet, führt das dazu, dass die eigentlichen prozessualen Fristen, wie zB die Klageerwiderungsfrist, unterbrochen werden und nach Beendigung der Unterbrechung von Neuem zu laufen beginnen.

---

tionen für die Zeit während des Mediationsverfahrens und danach zu regeln. Bei einem Verstoß gegen eine Parteivereinbarung zur Verschwiegenheit können haftungsrechtliche Ansprüche in Betracht kommen."
125 Vgl. Mediations-RL, Erwägungsgrund Nr. 24. Aus Sicht der Praxis ist dieser Aspekt wesentlich, vgl. Positionspapier der deutschen Wirtschaft ZKM 2009, 147. S. a. Hopt/Steffek, S. 30 f.; Risse, § 3 Rn. 28 ff.
126 OLG Oldenburg 21.2.2008 – 8 U 186/07.
127 OLG Oldenburg 21.2.2008 – 8 U 186/07 Rn. 27.
128 OLG Oldenburg 21.2.2008 – 8 U 186/07 Rn. 29.

Voraussetzung ist jedoch, dass die entsprechende Frist im Zeitpunkt der Anordnung des Ruhens des Verfahrens noch nicht abgelaufen war. Ferner ist erforderlich, dass es sich bei der betroffenen Frist nicht um eine Datumsfrist handelt, denn in diesem Fall ist für den Fristbeginn eine erneute Fristsetzung durch das Gericht erforderlich. In allen anderen Fällen ist die Beendigung der Unterbrechung ausschlaggebend für den (Neu-)Beginn der Frist. Auch hinsichtlich des Zeitpunktes der Beendigung des Ruhens des Verfahrens überzeugen die Feststellungen des OLG. Die Ruhendstellung des Verfahrens für die „Dauer des Mediationsverfahrens" lässt nicht den konkreten Unterbrechungsendpunkt erkennen, so dass im Interesse der Rechtssicherheit eine förmliche Wiederaufnahme notwendig ist. Voraussetzung für den Verzicht auf eine förmliche Wiederaufnahme des Verfahrens ist, dass für die Parteien Klarheit (Rechtssicherheit) darüber besteht, wann die Unterbrechung oder Aussetzung tatsächlich endet. Grundsätzlich endet die Unterbrechung ohne weiteres Zutun des Gerichts zum einen durch Zeitablauf, wenn die Anordnung für eine bestimmte Zeit (zB für sechs Monate) angeordnet wurde, zum anderen mit Eintritt eines bestimmten Ereignisses (zB dem Abschluss der Mediation). Die von der Vorinstanz gewählte Formulierung erfüllte diese Anforderungen nicht. Der Wortlaut „Dauer des Mediationsverfahrens" ist insoweit nicht klar. Zwar kann argumentiert werden, dass mit der Rückgabe der Akten an den erkennenden Richter und dessen Vermerk, dass die Mediation gescheitert war, das Mediationsverfahren beendet war. Dies war aber den Beklagten nicht mitgeteilt worden, so dass für sie die Beendigung nicht zu erkennen war. Das änderte sich erst mit der Zustellung der Terminsladung.

b) Berufungsbegründungsfrist. Der BGH[129] und das OLG Dresden[130] hatten sich in zwei Fällen mit der Frage auseinanderzusetzen, ob **die gerichtsinterne Mediation die Berufungsbegründungsfrist hemmt.** Die Ergebnisse könnten unterschiedlicher nicht sein.

Der BGH entschied, dass die Berufungsbegründungsfrist auch während einer am Oberlandesgericht durchgeführten Mediation weiterlaufe. Dies begründete er ua damit, dass das Mediationsverfahren als besonders ausgestaltetes Güteverfahren gem. § 278 Abs. 2 ZPO durchgeführt worden sei und § 251 ZPO gemäß § 278 Abs. 5 S. 3 ZPO daher entsprechend gelte. Nach § 251 S. 2 ZPO habe die Güteverhandlung jedoch keine Auswirkung auf den Lauf der in § 233 ZPO bezeichneten Berufungsbegründungsfrist. Soweit ist die Entscheidung dogmatisch nachvollziehbar. Interessant ist die Entscheidung aus Sicht der Mediation aber hauptsächlich wegen ihrer weiteren Begründungsebene. In dem zu entscheidenden Fall hatte nämlich das OLG dem Kläger nach fristgerechter Einlegung der Berufung ein „Informationsblatt zur Mediation" übermittelt, das ua den Hinweis enthielt, dass die Berufung während des Mediationsverfahrens nicht begründet werden soll und dass die Frist zur Begründung der Berufung auf Antrag entsprechend verlängert wird.[131] Der Beklagte hatte daraufhin innerhalb

---
129 BGH 12.2.2009 – VII ZB 76/07. Vorgehend OLG Dresden 5.9.2007 – 9 U 584/07. Vorgehend LG Dresden 21.3.2007 – 4 O 3105/06.
130 OLG Dresden 23.2.2009 – 9 U 2043/08.
131 BGH 12.2.2009 – VII ZB 76/07, Rn. 3.

der Zweimonatsfrist des § 520 Abs. 2 S. 1 ZPO weder seine Berufung begründet noch einen Fristverlängerungsantrag gestellt. Erst in der nach Ablauf der Berufungsbegründungsfrist gehaltenen Mediationssitzung stellte der Beklagte einen entsprechenden Fristverlängerungsantrag, der durch den Richtermediator mit Zustimmung der Klägerin bewilligt wurde.[132] Der BGH sah darin jedoch keine wirksame Fristverlängerung, weil die Berufungsbegründungsfrist im Zeitpunkt der Verlängerung bereits abgelaufen war und auch der Fristverlängerungsantrag erst nach Fristablauf gestellt wurde. Durch die (unwirksame) Verlängerung sei auch kein Vertrauenstatbestand begründet worden, denn die Mediation begründe kein Vertrauen darauf, dass entgegen der gesetzlichen Regelungen die Berufungsbegründungsfrist während einer Mediation nicht ablaufe. Der BGH hielt somit weder das Informationsschreiben des OLG noch die vermeintliche Verlängerung der abgelaufenen Frist durch den Richtermediator als hinreichend für die Begründung eines Vertrauenstatbestands.

118 Im Interesse der Förderung der Mediation und der Rechtssicherheit ist die Entscheidung fragwürdig.[133] In diesem Sinne wäre es vielmehr sinnvoll, wenn mit dem Beginn der gerichtsinternen Mediation alle Fristen ausgesetzt würden, da durch die gleichzeitige Fortführung des streitigen Verfahrens zB Rechtspositionen verhärtet werden könnten, die einer gütlichen Einigung entgegenstehen. Soweit eine Fristverlängerung unter dem Gesichtspunkt des Vertrauensschutzes abgelehnt wird, ist sie zwar dogmatisch richtig, lässt aber Raum für Diskussionen.[134] Angesichts des ungenau formulierten Informationsschreibens des OLG gab es durchaus Argumentationsspielraum für ein anderes Ergebnis. Da aber eine einmal abgelaufene Frist nicht – soweit nicht ein Fall der Wiedereinsetzung vorliegt – verlängert werden kann, ist der Entscheidung zuzustimmen. Zudem ist es richtig, dass durch die Ruhendstellung des Verfahrens die Berufungsbegründungsfrist nicht erfasst wird. § 251 S. 2 ZPO bestimmt, dass die Ruhendstellung auf die in § 233 ZPO genannten Fristen keinen Einfluss hat. An dieser Rechtslage ändert sich auch nichts durch die Einführung des MediationsG. Nach § 278a ZPO nF ordnet das Gericht zwar Ruhen des Verfahrens an, sobald die Parteien sich für die Durchführung einer Mediation entschieden haben, die Rechtsmittelbegründungsfristen bleiben hiervon jedoch unberührt. §§ 251 S. 2 iVm 233 ZPO gilt entsprechend fort.

119 Interessant ist in diesem Zusammenhang die weitere Entscheidung des OLG Dresden. Darin wurde in einem Nebensatz entschieden, dass ein mündlich gestellter **Antrag auf Verlängerung der Berufungsbegründungsfrist** wirksam sei.[135] Zur Begründung verwies das OLG unter ausdrücklicher Berücksichtigung der og BGH-Entscheidung darauf, dass eine entsprechende Annahme unter dem Gesichtspunkt des Vertrauensschutzes geboten sei. Dies ist insoweit bemerkenswert, als der Antrag auf Verlängerung der

---

132 BGH 12.2.2009 – VII ZB 76/07, Rn. 4.
133 So auch Hess ZZP 124 (2011), 137 (155).
134 Kritisch zur BGH-Entscheidung Prütting ZAP 2009, 919 (922); Prütting ZZP 2011, 163 (170 f.).
135 OLG Dresden 23.2.2010 – U 2043/08 Rn. 12.

Berufungsbegründungsfrist nach der Rechtsprechung des BGH schriftlich gestellt werden muss.[136]

c) **Ausblick.** Zusammenfassend ist festzuhalten, dass es der bisherigen gängigen Praxis der Gerichte entspricht, im Fall der Durchführung einer gerichtsinternen Mediation das Ruhen des streitigen Verfahrens anzuordnen. Durch das Mediationsgesetz ändert sich an dieser Rechtslage nichts, vielmehr wird nur die bisherige gerichtliche Praxis gesetzlich normiert. Der durch Art. 2 MediationsG eingeführte § 278a Abs. 2 ZPO sieht iVm § 251 ZPO nunmehr ausdrücklich vor, dass bei der Durchführung einer Mediation oder eines anderen Verfahrens der außergerichtlichen Konfliktbeilegung das Ruhen des Verfahrens angeordnet wird.

6. Mediation und Kosten. a) Gerichtskosten. Zusätzlich zu den mit der Klageerhebung angefallenen außergerichtlichen Kosten wurden nach der alten Rechtslage bei Wahrnehmung einer gerichtlichen Mediation keine weiteren gesetzlichen Gebührentatbestände verwirklicht. Das OLG Braunschweig entschied, dass auch durch die Teilnahme von Prozessbevollmächtigten an der gerichtsinternen Mediation kein weiterer Kostentatbestand erfüllt werde.[137]

b) **Anwaltsvergütung.** Die Vergütung des Anwaltsmediators nach Gebührenrecht gehört zu den konsolidierten Bereichen des Mediationsrechts. Seit Einführung des RVG erfolgt insbesondere die Vergütung für eigene **Mediationsleistungen in der außergerichtlichen Mediation** (also das Tätigwerden als Mediator), wie im Falle von Mediatoren anderer Quellberufe auch, nur noch nach bürgerlichem Recht, also nach den Vorschriften des Dienstvertragsrechts gem. §§ 612 ff. BGB. Das ordnet § 34 Abs. 1 S. 2 RVG auch für die Fälle des Fehlens einer individuellen Honorarvereinbarung ausdrücklich an. In einem solchen Fall kann der Mediator dann gem. §§ 612 Abs. 2, 632 Abs. 2 Var. 2 BGB die übliche Vergütung fordern. Die ältere Rechtsprechung zu § 20 BRAGO ist damit hinfällig.

Im Hinblick auf die Vergütung des Rechtsanwaltes für die **Teilnahme an gerichtsinterner Mediation** gibt es eine einhellige, gesicherte obergerichtliche Rechtsprechung: Der Anwalt kann hierfür eine Termingebühr nach Nr. 3104 iVm Vorbemerkung 3 Abs. 3 VV zum RVG verlangen.[138] Nach einer Entscheidung des OLG Saarbrücken ist die Einigungsgebühr nach Nr. 1000, 1003 RVG-VV bereits verdient, wenn im Umgangsverfahren eine Vereinbarung über die Durchführung eines Mediationsverfahrens getroffen wird.[139] Im Hinblick auf die Kostenerstattung kann aber der Inhalt einer in der Mediation getroffenen Vereinbarung entscheidend sein: so hat der VGH Mannheim – zu Recht – entschieden, dass die Aufwendungen im Zusammenhang mit einer gerichtsinternen Mediation zwar grundsätzlich erstattungsfähig sind, eine solche Erstattung jedoch ausscheidet, wenn die

---

136 BGH 23.9.2004 – VII ZB 43/03 Rn. 5.
137 OLG Braunschweig MDR 2007, 684.
138 OLG Hamm NJW 2006, 2499 (2499); OVG Greifswald 6.6.2006 – 1 O 51/06, Rn. 7; OLG Braunschweig 7.11.2006 – 2 W 155/06 Rn. 13; OLG Celle NJW 2009, 1219; KG 25.11.2009 – 14 W 56/09, Rn. 7; OLG München 16.3.2011 – 15 U 4263/10 Rn. 55; VGH Kassel 22.11.2007 – 1 TJ 2287/07 Rn. 3; VGH Kassel 24.8.2012 – 3 F 1152/12; OVG Lüneburg NVwZ-RR 2012, 87.
139 OLG Saarbrücken 29.12.2011 – 9 WF 139/11.

Auslegung der Mediationsvereinbarung zu einem Verzicht auf den Kostenersatz führt.[140]

124 Die Vergütung einer Rechtsanwältin, die durch das Gericht mit der Durchführung einer **gerichtsnahen Mediation** beauftragt worden war, war Gegenstand einer Entscheidung des OLG Koblenz.[141] Das Gericht entschied, dass es für die entsprechende Vergütung an einer speziellen gesetzlichen Grundlage fehle; insbesondere sei der Mediator nicht von § 1 JVEG erfasst.[142] Durch die Beauftragung durch das Gericht habe die beauftragte Mediatorin aber jedenfalls einen Vergütungsanspruch aus §§ 675, 670 BGB.[143]

125 c) **Prozesskostenhilferecht und Mediation.** Vergleichsweise viel beachtet wurde die Rechtsprechung im Bereich „Prozesskostenhilferecht und Mediation". Dabei gilt zunächst, dass eine Prozesskostenhilfe für eine außergerichtliche Mediation nicht gewährt werden kann, da solche Kosten erkennbar nicht unter die abschließende Aufzählung erstattbarer Kosten des § 122 ZPO fallen.[144] Von diesem Grundsatz ist das AG Eilenburg allerdings in einem umgangsrechtlichen Verfahren abgewichen, weil das Gericht dort nach § 52 FGG aF die Mediation angeordnet hatte.[145] Dem hat sich auch das OLG Köln angeschlossen: jedenfalls in Fällen laufender Sorge- oder Umgangsverfahren, in denen auf Initiative des Gerichts hin eine Mediation stattfindet, könne Verfahrenskostenhilfe auch für eine gerichtsnahe oder gerichtsinterne Mediation gewährt werden.[146] Interessanterweise bezieht sich das Urteil dabei in seiner Begründung ausdrücklich auf das MediationsG und die darin zum Ausdruck kommende Intention des Gesetzgebers, die einvernehmliche Streitbeilegung zu stärken.

126 Ebenfalls in einer umgangsrechtlichen Streitigkeit hatte das AG Bochum[147] ein in der mediationsrechtlichen Literatur zum Teil euphorisch gefeiertes Urteil gefällt, indem es Prozesskostenhilfe mit der Begründung versagte, die Prozessführung sei mutwillig im Sinne des § 114 ZPO, weil eine vom Gericht angeregte Mediation gar nicht erst versucht worden sei. Das OLG Hamm hatte diese Entscheidung in der Beschwerdeinstanz zwar aufgehoben, weil es eine Mediation im konkreten Fall als aussichtslos einstufte, dem AG Bochum aber im Grundsatz Recht gegeben.[148]

127 Nach Ansicht der Verfasser ist diese Rechtsprechung jedoch in ihrem spezifischen Kontext für das **Umgangsrechtsverfahren** zu lesen: Hier gilt schon länger ein Vorrang außergerichtlicher Einigung, in der Regel unter beratender Hilfeleistung des zuständigen Jugendamtes. Den Anfang einer

---

140 VGH Mannheim 9.10.2012 – 3 S 2964/11.
141 OLG Koblenz 21.1.2014 – 13 WF 43/14.
142 Einen Anspruch aus dem JVEG verneint auch LSG München 13.8.2013 – L 15 SF 163/12 B.
143 OLG Koblenz 21.1.2014 – 13 WF 43/14 Rn. 10.
144 OLG Dresden 9.10.2006 – 20 WF 0739/06; vgl. auch AG Osnabrück 18.11.2015 – 13 C 2442/15.
145 AG Eilenburg 20.4.2007 – 2 F 168/07.
146 OLG Köln 3.6.2011 – 25 UF 24/10; in diese Richtung nun auch OLG Koblenz 21.1.2014 – 13 WF 43/14; vgl. zu dieser Frage auch Effer-Uhe NJW 2013, 3333.
147 AG Bochum 20.12.2002 – 59 F 335/02.
148 OLG Hamm 20.3.2003 – 3 WF 44/03.

generellen Instrumentalisierung des Prozesskostenhilferechts zur Mediationsförderung stellen die Urteile entgegen anders lautender Stellungnahmen im Schrifttum nicht dar.[149]

Der Gesetzgeber hat mit § 7 nun die rechtliche Grundlage geschaffen, im Rahmen von wissenschaftlichen Forschungsvorhaben eine finanzielle Förderung rechtssuchender Personen zu ermöglichen, und mit der Verordnungsermächtigung gemäß § 69b GKG den Ländern die Möglichkeit verschafft, Kostenanreize für die Verfahrensbeendigung durch Mediation zu schaffen (→ GKG § 69b Rn. 1 ff.).

128

---

149 Mankowski ZKM 2003, 197 (198).

3. Vertragsgestaltung im Kontext Mediation/ADR

Literatur:

Bertolino, Der Mediationsvertrag, 2020; Duve/Eidenmüller/Hacke/Fries, Mediation in der Wirtschaft, 3. Aufl. 2019; *Eidenmüller*, Vertrags- und Verfahrensrecht der Wirtschaftsmediation, 2001; *Eidenmüller/Wagner* (Hrsg.), Mediationsrecht, 2015; *Czernich/Geimer*, Streitbeilegungsklauseln in internationalen Vertragsrecht, 2017; *Ehrnsperger*, Vertraulichkeit und Datenschutz bei der Online-Mediation über Videokonferenzen; *Fischer/Unberath*, Das neue Mediationsgesetz, 2013; *Frieser* (Hrsg.), Formularbuch des Fachanwalts Erbrecht, 4. Aufl. 2021; *Frieser/Sarres/Stückemann/Tschichoflos* (Hrsg.), Handbuch des Fachanwalts Erbrecht, 7. Aufl. 2019; *Fritz/Pielsticker* (Hrsg.), Handbuch zum Mediationsgesetz, 2. Aufl. 2018; *Gläßer/Sinemillioglu/Wendenburg*, Online-Mediation, ZKM 2020, 133; *Greger/Unberath/Steffek*, Recht der alternativen Konfliktlösung, 2. Aufl. 2016; *Hacke*, Der ADR-Vertrag, 2001; *Haft/Schlieffen* (Hrsg.), Handbuch Mediation, 3. Aufl. 2016; *Harms/Schmitz-Vornmoor*, Lehrmodul 19: Abschluss der Mediation, ZKM 2013, 154; *Meller-Hannich/Weigel* (Hrsg.), Mediation – Grundlagen, rechtlicher Rahmen und Anwendungsfelder, 2020; *Nelle/Hacke*, Die Mediationsvereinbarung, ZKM 2002, 257; *Nölting*, Mediatorenverträge, 2003; *Rabe/Wode*, Mediation, 2. Aufl. 2020; *Risse*, Wirtschaftsmediation, 2. Aufl. 2022; *Rickert*, Online-Mediation, 2022; *Röthemeyer*, Mediation. Grundlagen/Recht/Markt, 2015; *Schroth der Zweite*, Der Vertraulichkeitsschutz von Mediationsinhalten, 2020; *Töben*, Mediationsklauseln, RNotZ 2013, 321; *Töben/Schmitz-Vornmoor*, Möglichkeiten der Konfliktvorsorge in der erbrechtlichen Beratungs- und Gestaltungspraxis – insbesondere durch Mediationsklauseln, RNotZ 2014, 527; *Töben/Schmitz-Vornmoor*, Konfliktvorsorge bei der Nachlassplanung, ZKM 2014, 15; *Trenczek/Berning/Lenz/Will*, Mediation und Konfliktmanagement, 2. Aufl. 2017; *Vicente/Dias Oiveira/Gomes de Almeida* (Hrsg.), Online Dispute Resolution, 2022; *Walz* (Hrsg.), Das ADR-Formular-Buch, 2. Aufl. 2017, *Wermke/Winheller/Kittl*, Praxishandbuch Mediation, 3. Aufl. 2016; *Wolfer*, Schieds- und Mediationsklauseln in Verfügungen von Todes wegen, 2021.

I. Einführung 129
II. Vorsorgende ADR- und Mediationsklauseln 131
  1. Bedeutung und Verbreitung vorsorgender Klauseln 131
  2. Rechtlich unverbindliche Verfahrenshinweise und Absichtserklärungen 135
    a) Vor- und Nachteile 135
    b) Musterklauseln 138
    c) Einseitige Selbstverpflichtungserklärungen (Corporate Pledges) 147
  3. Mediationsklauseln 148
    a) Rechtliche Vorfragen ... 149
      aa) Keine pauschale Übertragbarkeit der gesetzlichen Vorschriften und der Rechtsprechung zu Schiedsabreden 149
      bb) Verpflichtung zur Durchführung einer Mediation, Klageverzicht 150
      cc) Formfragen, Anwendbares Recht 154
      dd) Unwirksamkeit des Hauptvertrages 155
      ee) AGB-Kontrolle (Verbraucherverträge) 156
      ff) AGB-Kontrolle (keine Verbraucherverträge) .. 157
      gg) Dispositionsbefugnis ... 158
      hh) Vertraulichkeit 159
      ii) Verjährung, Ausschlussfristen 160
    b) Musterformulierungen .. 161
      aa) Mediationsklausel (Gesamtklausel) 161
      bb) Bestimmung des Mediators 164
      cc) Regelungen zum Mediationsverfahren .. 167
      dd) Beginn/Ende des Mediationsverfahrens 169
      ee) Einstweiliger Rechtsschutz, gesetzliche Ausschlussfristen 171
      ff) Kosten des Mediationsverfahrens 173
      gg) Internationale Fälle 175
  4. Weitere ADR-Klauseln 176
    a) Verhandlungsklausel ... 177
    b) Konfliktklärungsklausel 179
    c) Eskalationsklausel 183
    d) Schlichtung 185
    e) Adjudikation 187

f) Schiedsgutachten 189	ff) Verfahrensabsprachen für juristische Personen/Gesellschaften oder größerer Gruppen 236
g) Leistungsbestimmungsrecht (§ 317 BGB) 191	
5. Besonderheiten im Hinblick auf einzelne Anwendungsfelder 193	gg) Der Auftraggeber ist selbst keine Konfliktpartei 242
III. Mediations-Rahmenvereinbarung 198	hh) Absprachen zur rechtlichen Prüfung des Mediationsergebnisses 243
1. Vorüberlegungen 199	
a) Unterscheidung der Regelungen nach den beteiligten Personen 199	ii) Verweis auf das eigene Berufsrecht des Mediators 248
b) Vertragsgestaltung und dispositives Recht 201	IV. Abschlussvereinbarung 250
c) Verweis auf Verfahrensordnungen institutioneller Anbieter 205	1. Standort im Mediationsverfahren 250
	2. Unterscheidung nach dem Grad der Verrechtlichung .. 251
d) Regelungstiefe und -intensität 206	3. Allgemeine Prüfungskriterien für die Abschlussvereinbarung 252
e) Form 207	
f) Aufbau und typische Inhalte der Mediations-Rahmenvereinbarung ... 208	4. Juristische Formulierung und Prüfung der Abschlussvereinbarung 258
aa) Rubrum 208	a) Ziel und Inhalt der juristischen Formulierung/Prüfung 259
bb) Beschreibung des Verfahrensgegenstandes ... 209	
cc) Pflichten der Medianden untereinander 210	b) Beteiligte der juristischen Formulierung/Prüfung 260
dd) Pflichten zwischen Mediator und Medianden 212	
	c) Gestaltung der Schnittstelle zu rechtlichen Beratern, die nicht an den Mediationssitzungen beteiligt waren 264
ee) Vereinbarungen zum Verfahren 216	
ff) Schlussbestimmungen 217	
2. Mustertexte 218	5. Sprachstil der Abschlussvereinbarung 266
a) Mediations-Rahmenvereinbarung (Gesamtmuster) 218	
	6. Aufbau und typischer Inhalt der Abschlussvereinbarung 268
b) Alternative und ergänzende Formulierungen für einzelne Regelungsgegenstände 220	
	a) Rubrum 268
	b) Vorbemerkung/Präambel 269
aa) Vereinbarungen mit beteiligten Anwälten oder anderen Dritten .. 220	c) Regelungsteil 270
	d) Schlussbestimmungen, Anlagen 276
bb) Verweise auf Verfahrensordnungen 224	7. Abschlussvereinbarung (Gesamtmuster) 277
cc) Protokollierung 226	
dd) Kostentragung 228	
ee) Regelungen zu Einzelgesprächen 234	

I. Einführung

Die außergerichtliche Streitbeilegung setzt in der Regel auf Verhandlungslösungen der am Konflikt Beteiligten und ist damit Ausdruck der grundgesetzlich geschützten Privatautonomie und Vertragsfreiheit.[1] Selbstbestimmte und -verantworte Lösungen werden der Streitentscheidung durch Gerichte[2] vorgezogen. Es liegt daher auf der Hand, dass vertragsgestaltende Aspekte bei der außergerichtlichen Konfliktbearbeitung eine prominente Rolle spielen. Nachfolgend wird diese Bedeutung der Kautelarjurisprudenz genauer herausgearbeitet. Dabei werden **drei verschiedene Zeitpunkte** unterschieden, in denen vertragsgestaltende Expertise gefragt ist, wobei die Unterscheidung nach Zeitpunkten der Herangehensweise und den Bedürfnissen des Vertragsgestalters entspricht.[3]

130 Zunächst können Klauseln zur außergerichtlichen Streitbearbeitung vorsorgend in Verträgen[4] vereinbart werden (nachfolgend allgemein „**ADR-Klauseln**" oder – wenn es um Mediation geht – „**Mediationsklauseln**"[5] genannt). Die Vertragsparteien verständigen sich im Zeitpunkt des Vertragsschlusses auf bestimmte Verfahren der außergerichtlichen Konfliktbearbeitung für den Fall, dass später einmal ein Konflikt auftreten sollte (II). Weiter sind Vertragsgestalter gefragt, wenn in einem Konflikt zwischen den Vertragsparteien und beauftragten Dritten ad hoc oder aufgrund einer ADR-Klausel die Details der außergerichtlichen Konfliktbearbeitung vereinbart werden müssen (III). Die Ausführungen konzentrieren sich hier auf die Durchführung einer Mediation und die dazu abzuschließenden Vereinbarungen (nachfolgend „**Mediations-Rahmenvereinbarung**"[6] genannt, → MediationsG § 2 Rn. 16 ff.). Im Falle einer Einigung besteht in einer Mediation weiter das Bedürfnis, das Verhandlungsergebnis vertraglich und rechtssicher zu fixieren. Auch hier bedarf es vertragsgestaltender Expertise zur Formulierung der **Abschlussvereinbarung** (IV).[7] Die folgenden Ausführungen werden durchgehend verknüpft mit Formulierungsvorschlägen.

---

1 Vgl. auch Haft/Schlieffen Mediation-HdB/Fischer § 25 Rn. 1 ff.
2 Die als „ultima ratio" und als mögliche bessere Alternative zu einer verhandelten Lösung (BATNA) stets auch eine Rolle spielt.
3 Von einem eher wissenschaftlich-analytischen Standpunkt aus sind auch andere Unterscheidungen/Gruppierungen möglich, vgl. dazu die ausgezeichnete Darstellung zu den Vertragsbeziehungen in der Mediation Haft/Schlieffen Mediation-HdB/Fischer § 25.
4 Oder im Erbrecht auch in einseitigen letztwilligen Verfügungen, die keinen Vertragscharakter haben, vgl. J. Zu Mediationsklauseln in Satzungen und Gemeinschaftsordnungen vgl. Greger/Unberath/Steffek/Greger B. § 2 Rn. 231 ff.
5 Diese werden in der Literatur auch als „Mediationsabrede" (so zB Haft/Schlieffen Mediation-HdB/Fischer § 25) oder „Mediationsvereinbarung" (so zB Eidenmüller/Wagner/Wagner Kap. 2, wobei Eidenmüller/Wagner/Hacke Kap. 3 Rn. 10, bei vorsorglichen Vereinbarungen auch den Begriff „Mediationsklausel" verwendet, sofern diese Bestandteil eines sonstigen Vertrages ist) bezeichnet, wobei die Mediationsabrede/-vereinbarung bei ad hoc durchgeführten Mediationen wiederum mit in den Mediations-Rahmenvertrag einfließt; zur Terminologie vgl. auch Haft/Schlieffen Mediation-HdB/Fischer § 25 Rn. 9.
6 Auch hier finden sich unterschiedliche Begrifflichkeiten. Teilweise wird von „Mediationsvereinbarung" gesprochen, teilweise wird zwischen „Verfahrensvereinbarungen zum Mediationsverfahren", die zwischen den Konfliktparteien verabredet werden, und dem „Mediatorvertrag" zwischen den Konfliktparteien und dem Mediator unterschieden. Die oben gewählte Bezeichnung „Mediations-Rahmenvereinbarung" umfasst alle diese Aspekte und stellt lediglich auf den Zeitpunkt der Errichtung des Vertrages zu Beginn einer Mediation ab.
7 Hier folgt die Terminologie dem Gesetz, da § 2 Abs. 6 MediationsG ausdrücklich die „Abschlussvereinbarung" erwähnt.

II. Vorsorgende ADR- und Mediationsklauseln

1. Bedeutung und Verbreitung vorsorgender Klauseln. Wer in vertraglichen Beziehungen zueinander steht, kann vorsorgend vereinbaren, wie mit später auftretenden Konflikten umgegangen werden soll. Die Entscheidung für eine (zunächst)[8] außergerichtliche Konfliktbearbeitung wird dabei einvernehmlich zu einem Zeitpunkt getroffen, in dem die Beziehungen zwischen den Vertragsparteien noch nicht gestört sind. Diese **vorsorgende Weichenstellung** zugunsten eines ADR-Verfahrens kann in vielen Fällen problemlos in den Vertrag integriert werden, während im bereits bestehenden Konfliktfall Ad-Hoc-Vereinbarungen einen hohen Verhandlungsaufwand und die Bereitschaft zur Mitwirkung aller Beteiligten[9] erfordert.

131

Die Bedeutung solcher Klauseln – vor allem als **Generator von praktischen Fällen** außergerichtlicher Streitbearbeitung kann gar nicht überschätzt werden. Wenn zB nur jeder zehnte Gesellschaftsvertrag (Muster → Rn. 196) eine Mediationsklausel enthielte, würde dies zwangsläufig mittel- und langfristig zu einer Vielzahl an Mediationsfällen führen. Ähnliche Überlegungen lassen sich anstellen für Eheverträge, Bauverträge (zum kooperativen Bauvertrag → F. Rn. 59 ff.), Verträge zwischen Unternehmen (→ B. Rn. 26) oder auch erbrechtliche Gestaltungen (siehe dazu die Vorschläge unter → I. Rn. 22 ff.).

132

Weit verbreitet in der vertragsgestaltenden Praxis waren in der Vergangenheit vor allem Gerichtsstandsvereinbarungen oder Schiedsgerichtsklauseln[10] (zum Thema Mediation und Schiedsgerichtsbarkeit → P. Rn. 1 ff.). Andere ADR-Klauseln befinden sich im Vordringen, haben sich aber in vielen Bereichen noch **keinen festen Platz im Repertoire der Vertragsgestalter** erobert. Was sind die Gründe?

133

- Zunächst sind in der Vergangenheit die wenigsten der als Vertragsgestalter tätigen Juristen zugleich mit den neuesten Entwicklungen auf dem Gebiet der ADR-Verfahren vertraut gewesen. Es fehlte deshalb schlicht an der Kenntnis entsprechender Klauseln und Verfahren.
- Weiter arbeiten Vertragsgestalter häufig mit Formularbüchern oder selbst entwickelten oder vorgehaltenen Mustern und Textbausteinen. Die Fortentwicklung dieser kautelarjuristischen Literatur sowie der eigenen (bewährten) Muster erfolgt erst allmählich. Es bedarf daher einer gewissen Zeit, bis sich neue Formen der Konfliktbearbeitung hier niederschlagen.
- Der öffentliche Bekanntheitsgrad von ADR-Verfahren und damit verbunden auch die Nachfrage nach ADR-Verfahren hat sich nur langsam entwickelt. Auch von dieser Seite aus fehlte daher in der Vergangenheit ein Anreiz, sich als Vertragsgestalter intensiver mit ADR-Klauseln zu beschäftigen.

---

[8] Der Weg zu Gericht wird bei Scheitern der außergerichtlichen Einigung in vielen Fällen noch offen stehen.

[9] Insbesondere der dann häufig bereits eingeschalteten Anwälte, deren Offenheit für ADR-Verfahren ganz unterschiedlich ausgeprägt ist.

[10] Noch das 2017 erschienene und 500 Seiten starke Handbuch zu Streitbeilegungsklauseln im internationalen Vertragsrecht von Czernich/Geimer beschäftigt sich vor allem mit Rechtswahlklauseln, Gerichtsstandsvereinbarungen und Schiedsklauseln und räumt der Mediation gerade einmal 30 Seiten ein.

134 Doch es ist ein **Wandel feststellbar**. Mit der zunehmenden Ausbildung von Juristen zu Mediatoren wächst das Bewusstsein, dass es Alternativen zur gerichtlichen Auseinandersetzung gibt. Auch in Formularbücher und Mustersammlungen findet der Gesichtspunkt der alternativen Streitbeilegung zunehmend Beachtung[11] und Unternehmensjuristen erkennen ebenfalls die Vorteile von ADR-Klauseln für ihre Verträge (→ B. Rn. 26). Zudem ist der Bekanntheitsgrad von Mediation und anderen ADR-Verfahren gestiegen und die Übernahme der Kosten von ADR-Verfahren durch Rechtsschutzversicherer (→ J. Rn. 8 ff.) setzt einen weiteren positiven Anreiz.

135 **2. Rechtlich unverbindliche Verfahrenshinweise und Absichtserklärungen. a) Vor- und Nachteile.** Bereits unterhalb der Schwelle rechtlich verbindlicher Klauseln kann bei der Vertragsgestaltung überlegt werden, ob der Vertrag nicht gleichsam „Wegweiser" oder „Hinweisschilder" für den Konfliktfall enthalten sollte.[12] Auch ohne eine rechtlich verbindliche Ausgestaltung werden die Parteien bzw. deren rechtliche Berater durch solche Klauseln im Konfliktfall an mögliche Alternativen zu einer gerichtlichen Auseinandersetzung erinnert. Diese „**Erinnerungs- und Appellfunktion**" von Verfahrenshinweisen und Absichtserklärungen sollte nicht unterschätzt werden. Sie erhöht auf jeden Fall die Chance, dass die Parteien und ihre rechtlichen Berater im Konfliktfall verschiedene Konfliktlösungsverfahren gegeneinander abwägen werden.

136 Derartige Absichtserklärungen/Verfahrenshinweise weisen folgende **Vorteile** auf:
- sie können regelmäßig sehr kurz gehalten werden und belasten damit nicht den sonstigen Vertragsverhandlungsprozess;
- sie sind wegen ihrer rechtlichen Unverbindlichkeit auch für nicht mit ADR-Verfahren vertraute Juristen leicht zu akzeptieren;
- sie werden im Zeitpunkt des Vertragsschlusses kaum umstritten sein;
- sie können sehr allgemein formuliert werden und weisen damit eine hohe Flexibilität im Hinblick auf konkret auszuwählende ADR-Verfahren auf;
- sie bedürfen keiner besonderen rechtlichen Wirksamkeitskontrolle.[13]

137 Der Haupt**nachteil** der Verfahrenshinweise ist deren fehlende rechtliche Verbindlichkeit. Insbesondere kann sich keine Partei darauf verlassen, dass die außergerichtlichen Anstrengungen der einen Seite nicht mit einer Klage der anderen Seite erwidert werden.[14] Wird eine solche Verbindlichkeit angestrebt, gelten die Ausführungen zu 3. und 4. (→ Rn. 148 ff.). Die

---

11 Im notariellen Bereich, den der Verfasser gut überblicken kann, finden sich mittlerweile in vielen Formularbüchern entsprechende Klauselvorschläge.
12 Vgl. auch Greger/Unberath/Steffek/Greger B. § 1 Rn. 144.
13 Gerade bei letztwilligen Verfügungen ist umstritten, ob verbindliche Mediationsklauseln überhaupt zulässig angeordnet werden können, vergl. etwa Wolfer, S. 315 ff.; bei rechtlich unverbindlichen Verfahrenshinweisen stellt sich diese Rechtsfrage nicht.
14 Lassen sich alle Beteiligten auf ein ADR-Verfahren und insbesondere eine Mediation ein, so kann im Rahmen des Arbeitsbündnisses (Phase 1 der Mediation) ein dilatorischer Klageverzicht vereinbart und somit Rechtssicherheit geschaffen werden.

fehlende Verbindlichkeit ist vielfach[15] zu verschmerzen, da ohnehin Verhandlungslösungen angestrebt werden, bei denen eine freiwillige Mitarbeit der Vertragsparteien erforderlich ist.

b) Musterklauseln. Es folgen einige Beispiele für derartige Klauseln, vor denen als **Überschrift** jeweils „Umgang mit Konflikten" stehen könnte. Die Klauseln sind sämtlich bewusst aus der Perspektive der Vertragsparteien („wir möchten", „uns ist bewusst, dass" anstatt zB „die Vertragsparteien möchten") formuliert, um die Appellfunktion zu verstärken. Außerdem wird betont, dass besonderen Konfliktlösungsverfahren zunächst Verhandlungen vorausgehen sollten (zum häufig nicht ausgeschöpften Verhandlungspotential → Einl. Rn. 29). Sprachlich sollte der Verfahrenshinweis jedoch klar von einer rechtsverbindlichen Mediationsklausel abgegrenzt werden.[16] Dazu kann zB von einer „Absicht" gesprochen werden. Die Klausel kann auch ausdrücklich als „nicht rechtsverbindlich" bezeichnet werden. Weiter kann klargestellt werden, dass die Klausel die Erhebung von Klagen nicht hindert.

Formulierungsvorschlag:
Uns ist bewusst, dass es bei der Durchführung des Vertrages zu Konflikten kommen kann. Wir möchten auftretende Unstimmigkeiten vorrangig auf dem Verhandlungswege, ggf. unter Einschaltung eines unparteilichen Mediators, lösen. Im Konfliktfall sollen uns unsere rechtlichen Berater vor der Anrufung eines Gerichts auch alternative Konfliktlösungsverfahren vorschlagen und diese mit uns [auch im Hinblick auf entstehende Kosten und die Verfahrensdauer] erörtern. Wir stellen klar, dass die vorstehenden Absichtserklärungen die Einleitung eines Gerichtsverfahrens nicht hindern.

Die vorstehende Klausel adressiert bereits die rechtlichen Berater und appelliert an diese, über alternative Konfliktlösungsverfahren nachzudenken.[17] Es folgt eine Klausel aus einem notariell zu beurkundenden Ehevertrag, die das „gemeinsame Interesse an den Kindern" herausstellt. Der Hinweis auf eine mögliche Mediation stammt von dem beurkundenden Notar:

Formulierungsvorschlag:
Sollte es im Falle einer Trennung und Scheidung trotz des vorstehenden Ehevertrages zu Konflikten zwischen uns kommen, so möchten wir diese vorrangig einvernehmlich auf dem Verhandlungswege lösen, auch im Interesse unserer gemeinsamen Kinder. Wir stellen jedoch klar, dass die vorstehende Absichtserklärung die Einleitung eines Gerichtsverfahrens nicht hindert. Der beurkundende Notar hat uns auf die Möglichkeit hingewiesen, die Verhandlungen durch einen neutralen Dritten (Mediator/Mediatorin) unterstützen zu lassen.

---

15 Zumindest bei denjenigen ADR-Klauseln, die auf „Verhandlungen" setzen, wie zB Mediationsklauseln. Bei anderen ADR-Klauseln, wie zB Schiedsgutachtenklauseln, dürfte der Verbindlichkeit ein höherer Stellenwert zukommen.
16 Zu Auslegungsfragen im Hinblick auf die Rechtsverbindlichkeit vgl. Haft/Schlieffen Mediation-HdB/Fischer § 25 Rn. 13.
17 Der Round Table Mediation und Konfliktmanagement der deutschen Wirtschaft (RTMKM) bietet auf seiner Homepage mit dem Tool „DiReCT" (= Dispute Resolution Comparison Tool) eine Anwendung zur Bestimmung des passgenauen Konfliktlösungsverfahrens an (www.rtmkm.de; zuletzt abgerufen am 12.5.2023).

142 Gerade in **Gesellschaftsverträgen** können Verfahrenshinweise sehr wertvoll sein. Die folgende Klausel thematisiert ausdrücklich die rechtliche Pattsituation bei einer 50:50-Beteiligung. Außerdem benennt sie eine Stelle, die im Konfliktfall über alternative Konfliktbearbeitungsmethoden informieren kann:

143 Formulierungsvorschlag:
Wir sind an der Gesellschaft gleichberechtigt mit je 50 % des Stammkapitals beteiligt. Uns ist bewusst, dass wir uns im Konfliktfall gegenseitig blockieren können. Wir möchten daher etwaige Konflikte vorrangig auf dem Verhandlungswege lösen. Sollten direkte Verhandlungen scheitern, werden wir uns über alternative Konfliktbearbeitungsverfahren, wie etwa eine Mediation, bei ... [ggf. konkrete Person/Institution nennen] beraten lassen. Wir stellen klar, dass die vorstehenden Absichtserklärungen die Einleitung eines Gerichtsverfahrens nicht hindern.

144 Die nachfolgende Klausel legt den Schwerpunkt auf die Selbstverantwortung und Selbstbestimmung der Vertragsparteien und benennt die **Vorteile einer Verhandlungslösung** gegenüber einer Delegation der Streitentscheidung an ein Gericht:

145 Formulierungsvorschlag:
Etwaige Konflikte möchten wir vorrangig auf dem Verhandlungswege lösen und damit über den Inhalt, den Zeitrahmen, die Kosten und das Ergebnis der Verhandlungen selbstbestimmt entscheiden. Zur Unterstützung der Verhandlung werden wir – falls erforderlich – auf neutrale Dritte (zB einen Mediator) zurückgreifen. Die Delegation der Streitentscheidung an ein Gericht sehen wir vor diesem Hintergrund lediglich als „ultima ratio" an. Wir stellen jedoch klar, dass die vorstehenden Absichtserklärungen die Einleitung eines Gerichtsverfahrens nicht hindern.

146 Gerade auch in **Testamenten und Erbverträgen** können entsprechende Hinweise für die Hinterbliebenen als „Wünsche der Verstorbenen" (Formulierungsvorschläge → I. Rn. 27 ff.) sehr hilfreich und entlastend sein und den Weg in deeskalierende Konfliktbearbeitungsverfahren weisen.

147 **c) Einseitige Selbstverpflichtungserklärungen (Corporate Pledges).** Auch außerhalb von konkreten Vertragswerken können Unternehmen Absichtserklärungen zum Umgang mit Konflikten veröffentlichen.[18] Dabei handelt es sich ebenfalls um rechtlich nicht verpflichtende Erklärungen, die dennoch einen spürbaren Impuls zur Etablierung eines differenzierten Konfliktmanagementsystems leisten können, sowohl nach innen gegenüber den eigenen Mitarbeitern einschließlich der Rechtsabteilung als auch nach außen gegenüber dem Konfliktpartner und den auf beiden Seiten mandatierten Anwälten. Wer sich auf diese Weise zu alternativen Konfliktbearbeitungsmodellen bekennt, vermeidet auch, dass die Erörterung solcher Modelle im konkreten Streitfall vom Konfliktpartner als Schwäche der eigenen rechtlichen Position missdeutet wird.[19]

---

18 Dazu Klowait, Corporate Pledges – Normierung des Konfliktverhaltens bei Business-to-Business-Streitigkeiten, Konfliktdynamik 2016,102 ff.; Klowait, Das Eis brechen – ADR Corporate Pledge – Optimierung des unternehmerischen Konfliktmanagements durch freiwillige Selbstverpflichtungen, Dispute Resolution Magazine 2016, 22 ff.; Klowait, Corporate Pledge – Unternehmensinitiative für ein differenziertes Konfliktmanagement ZKM 2016, 154.
19 So ausdrücklich Klowait Dispute Resolution Magazine 2016, 25 f.

Der Round Table Mediation & Konfliktmanagement stellt unter der Bezeichnung Conflict Management Codex eine solche **Selbstverpflichtungserklärung** zur Verfügung.[20] Interessierte Unternehmen können diesen Conflict Management Codex unterzeichnen. Darin heißt es:

„Wir streben an, dass Konflikte mit dem zur individuellen Streitbeilegung bestmöglich geeigneten Verfahren beigelegt werden. Aus diesem Grunde erklären wir uns grundsätzlich bereit, im Konfliktfall alle in Betracht kommenden Streitbeilegungsverfahren ergebnisoffen zu prüfen. Soweit sich ein außergerichtliches Verfahren unter Berücksichtigung unserer Unternehmens- und Verfahrensinteressen gegenüber einem Gerichts- oder Schiedsgerichtsverfahren als vorteilhaft darstellt, sind wir bereit, mit unseren Geschäftspartnern die Möglichkeit der Vereinbarung und Durchführung dieses Verfahrens zu erörtern."

3. Mediationsklauseln. Sind sich die Parteien eines Vertrages darüber einig, dass im Konfliktfall zunächst eine Mediation durchgeführt werden soll, um eine Verhandlungslösung zu erzielen, so werden sie in ihren Vertrag eine entsprechende vorsorgende Mediationsklausel[21] aufnehmen. Die sich bei der Formulierung einer Mediationsklausel stellenden **Rechts- und Wirksamkeitsfragen** werden vorab dargestellt (a), anschließend folgen verschiedene **Musterklauseln** (b).

a) Rechtliche Vorfragen. aa) Keine pauschale Übertragbarkeit der gesetzlichen Vorschriften und der Rechtsprechung zu Schiedsabreden. Zur Zulässigkeit, zum Inhalt und zur Form von Schiedsabreden gibt es gesetzliche Regelungen sowie umfangreiche Rechtsprechung und Literatur (→ P. Rn. 1 ff.). Eine pauschale analoge Anwendung dieser Grundsätze auf Mediationsklauseln ist abzulehnen. Zunächst einmal besteht nach Erlass des MediationsG keine planwidrige Regelungslücke. Weiter hat eine die staatlichen Gerichte derogierende Schiedsabrede viel weitergehende Rechtsfolgen als eine Mediationsklausel, die die Parteien lediglich zum Versuch einer einvernehmlichen Regelung verpflichtet, ohne den normalen Rechtsweg auszuschließen.[22]

bb) Verpflichtung zur Durchführung einer Mediation, Klageverzicht. Kernbestandteil einer Mediationsklausel ist die Verpflichtung[23] der Vertragsparteien, aus dem Vertrag[24] resultierende Streitigkeiten in einem Mediations-

---

20 Abrufbar auf Deutsch und Englisch auf der Homepage des Round Table unter www.rtmkm.de, wenn in der Suche „Corporate ADR-Pledge" eingegeben wird (zuletzt abgerufen am 12.5.2023).
21 Auch „Mediationsabrede" genannt in Anlehnung an die „Schiedsabrede", mit der die Entscheidung durch ein Schiedsgericht verabredet wird. Zum möglichen Inhalt vgl. Eidenmüller/Wagner/Wagner Kap. 2 Rn. 3.
22 Auch Haft/Schlieffen Mediation-HdB/Fischer § 25 Rn. 35 stellt klar, dass es sich um keine Vereinbarung nach § 1029 Abs. 1 ZPO handelt; Eidenmüller/Wagner/Wagner Kap. 2 Rn. 77 ff., untersucht für jede Rechtswirkung der Mediationsklausel gesondert, inwieweit Grundsätze aus dem Schiedsrecht entsprechend angewendet werden können.
23 Czernich/Geimer Teil 4 Rn. 45 ff.; vgl. auch Haft/Schlieffen Mediation-HdB/Fischer § 25 Rn. 13 ff. zur Frage des entsprechenden Rechtsbindungswillens.
24 Die Verpflichtung kann auch über die eigentlichen Regelungen des Vertrages hinausgehen. Typisches Beispiel ist hier der Ehevertrag, der lediglich Vereinbarungen zum Güterstand enthält. Die Parteien können sich in der Mediationsklausel da-

verfahren beizulegen.[25] Damit diese Pflicht nicht mit dem Grundsatz der Freiwilligkeit gemäß § 1 MediationsG kollidiert, ist in der Mediationsklausel der Umfang der Verpflichtung zu regeln.[26] Weiter sind etwaige Sanktionen bei Nichtbeachtung dieser Verpflichtung aufzunehmen. Beides wird in der Regel über einen sogenannten **dilatorischen Klageverzicht**[27] umgesetzt. Danach ist der Rechtsweg versperrt, solange nicht gewisse Mindestanstrengungen zur Durchführung einer Mediation unternommen worden sind.[28]

151 Bei dem dilatorischen Klageverzicht handelt es sich um eine zivilverfahrensbezogene Vereinbarung zwischen den Parteien, die im Prozess als Einrede vorgetragen werden kann.[29] Wird die Einrede erhoben, ist die abredewidrig erhobene Klage als zurzeit unzulässig abzuweisen (für die Schiedsklage → P. Rn. 23 ff.).[30]

152 Ob die bloße Verpflichtung zur Durchführung einer Mediation in sehr knapp gefassten Mediationsklauseln konkludent einen dilatorischen Klageverzicht enthält, ist Auslegungsfrage.[31] Die damit verbundene Unsicherheit ist im Konfliktfall jedoch kontraproduktiv. Vertragsgestalter sollten daher entweder den **dilatorischen Klageverzicht ausdrücklich regeln** oder aber auf rechtlich nicht verbindliche Verfahrenshinweise ausweichen (→ Rn. 135 ff.).

153 Alternativ oder zusätzlich zu einem dilatorischen Klageverzicht kann die Nichtbeachtung der Mediationsverpflichtung außerdem mit einer **Vertragsstrafe** oder pauschaliertem Schadensersatz sanktioniert werden.[32]

---

rüber hinaus verpflichten, alle im Zusammenhang mit einer Trennung und Scheidung stehenden Konflikte zunächst im Rahmen eines Mediationsverfahrens zu bearbeiten.
25 Haft/Schlieffen Mediation-HdB/Fischer § 25 Rn. 35 charakterisiert diese Vereinbarung als atypischen gegenseitigen Vertrag und Dauerschuldverhältnis, der keinem der typischen im BGB geregelten verkehrstypischen Verträge entspricht.
26 Die privatautonom vereinbarte Mediationspflicht als solche verstößt nicht gegen den Grundsatz der Freiwilligkeit, so zu Recht auch Haft/Schlieffen-HdB/Fischer § 25 Rn. 15: „Ein aus freiem Willen geschlossener Vertrag macht (diesen) nicht zu einem Zwangsakt."
27 Zur Frage, ob es dabei um einen Prozessvertrag oder einen Vertrag des materiellen Rechts oder um eine Mischform geht, vgl. Haft/Schlieffen Mediation-HdB/Fischer § 25 Rn. 16 ff. Gegen eine prozessuale Qualifikation der gesamten Mediationsklausel zu Recht Eidenmüller/Wagner/Wagner Kap. 2 Rn. 35. Ausführlich zum Klageverzicht Bertolino, S. 175 ff.
28 Vgl. aber das entsprechende Klauselverbot nach § 309 Nr. 14 BGB für Verbraucherverträge; vgl. auch → Rn. 156 und 157.
29 Nicht nachvollziehbar sind hier die Entscheidungen des OLG Frankfurt NJW-RR 2010, 788 und des LG Heilbronn ZKM 2011, 29, die den privatautonom wirksam vereinbarten zweitweisen Klageverzicht mit dem Hinweis auf „bloße Förmelei" als unbeachtlich behandeln; deutliche und zutreffende Worte findet hier Haft/Schlieffen Mediation-HdB/Fischer § 25 Rn. 50 f. mwN; leider nicht so eindeutig Trenczek/Berning/Lenz/Will Konfliktmanagement-HdB Abschnitt 4.4 Rn. 4 ff.
30 Zu den Wirkungen im Einzelnen Haft/Schlieffen Mediation-HdB/Fischer § 25 Rn. 25 mwN sowie Eidenmüller/Wagner/Wagner Kap. 2 Rn. 5 ff. und 83 ff.
31 Haft/Schlieffen Mediation-HdB/Fischer § 25 Rn. 25; Töben RNotZ 2013, 321 (330) zu Schlichtungsklauseln.
32 Töben RNotZ 2013, 321 (331) und Czernich/Geimer Teil 4 Rn. 93, jeweils mit Musterformulierungen.

cc) **Formfragen, Anwendbares Recht.** Besondere Formvorschriften für Mediationsklauseln gibt es nicht.[33] Eine analoge Anwendung der auf Schiedsabreden anwendbaren Vorschrift des § 1031 ZPO scheidet mangels Vergleichbarkeit von Mediations- und Schiedsabrede und mangels Regelungslücke aus.[34] Wenn jedoch der Hauptvertrag einer besonderen Form unterliegt (zB der notariellen Beurkundungspflicht nach § 311b BGB oder nach § 15 Abs. 4 GmbHG), stellt sich die Frage eines abgeleiteten Formzwangs.[35] Hier wird von der Rechtsprechung bereits bei Schiedsabreden ein solcher abgeleiteter Formzwang verneint.[36] Dies muss dann erst recht für die weniger regelungs- und eingriffsintensive Mediationsklausel gelten.[37] In der Regel wird die Mediationsklausel ohnehin im Hauptvertrag enthalten sein und daher die Formerfordernisse des Hauptvertrages gleichfalls erfüllen.

In Fällen mit internationalen Bezügen stellt sich die Frage des anwendbaren Rechts. Hier empfiehlt sich in der Regel eine entsprechende klarstellende Rechtswahl.[38]

dd) **Unwirksamkeit des Hauptvertrages.** Die Unwirksamkeit des Hauptvertrages beeinträchtigt – außer bei Fehleridentität[39] – nicht die Wirksamkeit der Mediationsklausel.[40] Hier ist **entgegen § 139 BGB** anzunehmen, dass auch der Streit über die Wirksamkeit des Hauptvertrages und daraus sich ergebende Rechtsfolgen der Mediationsklausel unterliegen sollen.[41]

ee) **AGB-Kontrolle (Verbraucherverträge).** In **Verbraucherverträgen** sind per AGB oder Formularvertrag vereinbarte ADR-Klauseln, soweit diese einen dilatorischen Klageverzicht des Verbrauchers enthalten, gemäß § 309 Nr. 14 BGB[42] verboten. Damit sind Mediationsklauseln aber nicht vollständig verboten.[43] Vielmehr sind weiterhin solche Klauseln denkbar, die lediglich einen dilatorischen Klageverzicht des Unternehmers enthalten, wenn sich der Verbraucher auf ein Mediationsverfahren einlässt bzw. ein solches einleitet. Hier hat es dann allein der Verbraucher in der Hand, ob er im Streitfall ein Mediationsverfahren oder ein anderes ADR-Verfahren einleiten möchte oder nicht. Seine Möglichkeiten, gerichtlich vorzugehen, werden nicht beschränkt. Auch Selbstverpflichtungen des Unternehmers, im Streitfall zunächst eine Lösung auf dem Verhandlungsweg bzw. durch eine Mediation zu suchen,[44] unterliegen nicht dem vorgenannten Klausel-

---

33 Haft/Schlieffen Mediation-HdB/Fischer § 25 Rn. 37.
34 Töben RNotZ 2013, 321 (324); Haft/Schlieffen Mediation-HdB/Fischer § 25 Rn. 37.
35 Vgl. dazu auch Eidenmüller/Wagner/Wagner Kap. 2 Rn. 64.
36 BGH NJW 1978, 212 (213); für Schlichtungsklauseln: BGH NJW-RR 2009, 637 f.
37 Töben RNotZ 2013, 321 (324); aA Eidenmüller/Wagner/Wagner Kap. 2 Rn. 64: „Den Funktionen des Formzwangs würde besser entsprochen, wenn (...) die für den Hauptvertrag geltende Form auch auf die zugehörige Mediationsvereinbarung erstreckt würde."
38 Czernich/Geimer Teil 4 Rn. 33 ff.
39 ZB bei fehlender Geschäftsfähigkeit einer Vertragspartei.
40 Eidenmüller/Wagner/Wagner Kap. 2 Rn. 55 mwN.
41 Greger/Steffek/Unberath/Greger § 1 Rn. 177 und Haft/Schlieffen Mediation-HdB/Fischer § 25 Rn. 41.
42 Eingefügt durch Gesetz vom 19.2.2016.
43 So aber wohl Greger/Unberath/Steffek/Greger B. § 1 Rn. 182.
44 Greger/Unberath/Steffek/Greger B. § 1 Rn. 145.

verbot. Die übrigen Anforderungen der AGB-Kontrolle (vgl. nachstehend unter → Rn. 157). sollten jedoch beachtet werden.

157 **ff) AGB-Kontrolle (keine Verbraucherverträge).** Außerhalb von Verbraucherverträgen sind Mediationsklauseln in AGB wirksam. Es handelt sich nicht um überraschende Klauseln gemäß § 305c BGB[45] und eine in AGB enthaltene Mediationsklausel stellt auch keine unangemessene Abweichung von Grundgedanken der Rechtsordnung gemäß § 307 BGB dar.[46] Lediglich die Ausgestaltung der Klausel im Einzelfall[47] kann zu einer Unangemessenheit und damit Unwirksamkeit der Klausel führen. Unangemessen können etwa einseitige Regelungen zur Bestimmung des Mediators, ein ungewöhnlich lang dauernder dilatorischer Klageverzicht, einzelne Verfahrensbestimmungen oder Kostenregelungen sein. Die Klausel sollte zudem keine Zweifel daran lassen, dass die Mediationsabrede die Beschreitung des Rechtswegs nicht vollständig hindert. Wird auf Verfahrensordnungen von Institutionen Bezug genommen, sollte es dem Vertragspartner des Verwenders ermöglicht werden, sich ohne größeren Aufwand Kenntnis von diesen zu verschaffen, etwa durch Verweis auf eine allgemein zugängliche (Internet-)Fundstelle.

158 **gg) Dispositionsbefugnis.** Problematisch im Hinblick auf eine Mediationsklausel können solche Rechtsverhältnisse sein, die der Dispositionsbefugnis der Parteien entzogen sind. Über die Wirksamkeit einer Adoption kann zum Beispiel keine Verhandlungslösung erzielt werden. Und im Rahmen eines Trennungs- und Scheidungskonflikts ist auch die Ehescheidung selbst keine Vereinbarungssache, sondern vom Gericht auszusprechen. Gleichwohl ist hier zu unterscheiden: Die Verpflichtung zur Streitbeilegung im Wege der Mediation ist immer möglich; die Mediation ist ja gerade darauf angelegt, den Kuchen zu vergrößern, und über den konkreten Streitanlass hinauszudenken. Zivilverfahrensbezogene Vereinbarungen[48] dagegen sind nur zulässig, sofern eine entsprechende **Dispositionsbefugnis** besteht.[49] Umfasst eine weitgefasste Mediationsklausel nebst dilatorischem Klageverzicht solche der Dispositionsbefugnis der Parteien entzogene Gegenstände, so führt dies nicht zur Gesamtunwirksamkeit der Klausel. Vielmehr hat die Klausel lediglich im Hinblick auf die nicht disponiblen Gegenstände keine Wirkung.[50]

159 **hh) Vertraulichkeit.** Mediationsklauseln enthalten üblicherweise keine **Regeln zur Vertraulichkeit**. Solche können jedoch mittelbar über den Verweis auf eine institutionelle Verfahrensordnung adressiert werden. Konkrete Abreden zur Vertraulichkeit, die über § 4 MediationsG hinausgehen oder diese Vorschrift ergänzen, werden jedoch in der Regel zum Bestandteil

---

45 So auch Haft/Schlieffen Mediation-HdB/Fischer § 25 Rn. 44 mwN und Eidenmüller/Wagner/Wagner Kap. 2 Rn. 46.
46 Kontrollmaßstab ist insoweit das Mediationsgesetz, vgl. auch Haft/Schlieffen Mediation-HdB/Fischer § 25 Rn. 44.
47 So auch Eidenmüller/Wagner/Wagner Kap. 2 Rn. 52 ff.
48 ZB Klageverzicht und Verabredungen über die Verwendung von Beweismitteln und Sachvortragsverbote.
49 Genauso Haft/Schlieffen Mediation-HdB/Fischer § 25 Rn. 38 ff.
50 Töben RNotZ 321 (331).

des Mediations-Rahmenvertrages zwischen Mediator und Vertragsparteien gemacht (→ Rn. 198 ff.)[51]

ii) **Verjährung, Ausschlussfristen.** Verjährungsfragen sollten möglichst in der Mediationsklausel angesprochen und ausdrücklich geregelt werden.[52] Verlässt man sich lediglich auf die Vorschrift des § 203 BGB (→ BGB § 203 Rn. 1 ff.), stellt sich im Einzelfall die Frage, wann genau anspruchsbezogene Verhandlungen beginnen und wann die dadurch ausgelöste Verjährungshemmung wieder endet.[53] Auf welche Ansprüche sich die Mediationsklausel erstreckt, ist durch Auslegung zu ermitteln. Im Regelfall dürfte es sich empfehlen, den Gegenstand der Klausel eher weit zu fassen („alle mit diesem Vertrag und dessen Durchführung zusammenhängenden Streitigkeiten"). Nicht gehemmt werden gesetzliche Ausschlussfristen.[54] Zu vertraglich vereinbarten Ausschlussfristen kann angeordnet werden, dass die Regelungen zur Verjährungshemmung entsprechend gelten sollen.[55]

160

b) **Musterformulierungen. aa) Mediationsklausel (Gesamtklausel).** Eine ausgehandelte Mustermediationsklausel in einem Vertrag zwischen zwei Unternehmern könnte wie folgt aussehen:[56]

161

Formulierungsvorschlag:

1. Wir möchten alle aus oder im Zusammenhang mit diesem Vertrag entstehenden Streitigkeiten möglichst durch direkte Verhandlungen beilegen. Gelingt dies nicht, verpflichten wir uns, ein Mediationsverfahren durchzuführen.
2. Das Mediationsverfahren beginnt mit dem schriftlichen Verlangen einer Partei, eine Mediation durchzuführen. Sollten wir uns auf einen Mediator nicht einigen können, so wird dieser auf Antrag einer Partei von ... [Institution, dritte Person] benannt.
3. Das Mediationsverfahren endet auch ohne eine abschließende Einigung, wenn
   – eine Vertragspartei oder der Mediator das Mediationsverfahren nach Durchführung einer ersten Mediationssitzung für gescheitert erklärt, oder
   – seit dem Mediationsverlangen sechs Wochen verstrichen sind, ohne dass wir uns auf einen Mediator geeinigt haben oder dieser benannt worden ist, oder

---

51 Ausführlich zur Vertraulichkeit Eidenmüller/Wagner/Wagner Kap. 7.
52 Eidenmüller/Wagner/Wagner Kap. 2 Rn. 20 ff.; dort wird auf die „Auffangnorm" des § 203 BGB hingewiesen, die gilt, wenn ausdrückliche Verjährungsabreden nicht getroffen werden; vgl. auch Eidenmüller/Wagner/Hacke Kap. 3 Rn. 83 ff. und Czernich/Geimner Teil 4 Rn. 58 ff.
53 Dazu im Detail Greger/Unberath/Steffek/Greger B. § 1 Rn. 191 ff. und Bertolino, S. 164 ff.
54 Greger/Unberath/Steffek/Greger B. § 1 Rn. 192; Eidenmüller/Wagner/Hacke Kap. 3 Rn. 98 ff.
55 Töben RNotZ 2013, 321 (332) mit Formulierungsvorschlag; das BAG hat sich in seinem Urt. v. 20.6.2018 – 5 AZR 262/17 erstmals mit der Frage befasst, ob außergerichtliche Vergleichsverhandlungen den Lauf einer arbeitsvertraglich vereinbarten Ausschlussfrist hemmen und die entsprechende Anwendbarkeit von § 203 S. 1 BGB bejaht.
56 Ebenfalls zwei Muster finden sich bei Fritz/Pielsticker/Fritz § 1 Rn. 52 f.; ein weiteres Muster findet sich bei Wermke/Winheller/Kittl Praxishandbuch Mediation, 3. Aufl. 2016, 99.

– sechs Wochen seit der Einigung auf einen Mediator oder dessen Benennung verstrichen sind, ohne dass eine erste Mediationssitzung durchgeführt worden ist.
4. Die Erhebung einer Klage ist erst nach der Beendigung des Mediationsverfahrens zulässig. Während des laufenden Mediationsverfahrens ist die Verjährung der im Mediationsverlangen genannten Ansprüche gehemmt.

162 Es folgt eine **Kurzklausel**, die sich lediglich auf die Verpflichtung zur Mediation konzentriert. Sie hat den Vorteil der Kürze und umgekehrt den Nachteil der Unschärfe im Hinblick auf den Ausschluss der Klagbarkeit (→ Rn. 150 ff.) und die Dauer der Verjährungshemmung (→ Rn. 160). Als Alternative zur Kurzklausel bieten sich daher auch bloße Verfahrenshinweise und Absichtserklärungen an (→ Rn. 135 ff.).

163 **Formulierungsvorschlag:**

Wir verpflichten uns, bei allen Streitigkeiten aus oder im Zusammenhang mit diesem Vertrag und seiner Durchführung vor Einleitung eines gerichtlichen Verfahrens eine Verhandlungslösung im Wege einer Mediation anzustreben.

164 **bb) Bestimmung des Mediators.** Als Mediator kann zunächst eine bestimmte Person benannt werden, ggf. mit Ersatzregelungen (zur Mediatorenauswahl in Mediationsklauseln → MediationsG § 2 Rn. 57 ff.). Eine solche Abrede wird aber in vielen Fällen – auch angesichts der langen Laufzeiten der zugrunde liegenden Verträge – nicht möglich sein. Sodann kann die Benennung – wie im Muster – einer bestimmten Person oder Institution überlassen werden. Hier sollte im Einzelfall abgeklärt werden, ob und wie eine derartige Benennungsleistung überhaupt erbracht wird. Den Parteien selbst die **Benennung von Mediatoren** zu überlassen oder ein Benennungsverfahren zwischen den Parteien zu regeln,[57] kann im Zusammenspiel mit der Mediatorenliste einer Institution sinnvoll sein, wenn zum Beispiel eine Seite drei Mediatoren von einer Liste benennen muss und die andere Seite dann aus diesen drei Mediatoren einen auswählen kann.[58] Jedes Parteibenennungsverfahren birgt jedoch das Risiko, dass von einer Seite benannte Mediatoren von vornherein in ihrer Unparteilichkeit gefährden sind.[59]

165 Denkbar ist jedoch, der benennenden Institution Vorgaben zur **Qualifikation des Mediators** oder dessen spezifischem Angebot zu machen oder bereits die Möglichkeit der Co-Mediation vorzusehen:

166 **Formulierungsvorschlag:**

Der Mediator muss [Alt. 1] über eine Mediationsausbildung verfügen [Alt. 2] zertifizierter Mediator im Sinne von § 6 MediationsG sein. [Alt. 3] auch Online-Mediationen anbieten. [Alt. 4] Werden mehrere Mediatoren tätig, soll ein Mediator zusätzlich die Befähigung zum Richteramt besitzen.

---

57 Zu den Möglichkeiten der Auswahl und Benennung des Mediators vgl. auch Eidenmüller/Wagner/Hacke Kap. 3 Rn. 35 ff.
58 Formulierungsvorschlag bei Greger/Unberath/Steffek/Greger B. § 1 Rn. 158; ein eher unpraktischer und überkomplexer Formulierungsvorschlag findet sich bei Töben RNotZ 2013, 321 (325).
59 Weitere Benennungsmechanismen zählt auf: Greger/Unberath/Steffek/Greger B. § 1 Rn. 157.

cc) Regelungen zum Mediationsverfahren. Angesichts der Flexibilität des Mediationsverfahrens und der ohnehin bestehenden Freiwilligkeit, enthalten die meisten Mediationsklauseln keine genaueren Vorgaben zum **Mediationsverfahren**. Zur Entlastung der späteren Verhandlungen könnten jedoch die nachfolgenden Klauseln mit aufgenommen werden:

Formulierungsvorschlag:

Einzelheiten zum Mediationsverfahren werden auf Vorschlag des Mediators in einem Mediations-Rahmenvertrag geregelt.

[oder]

Der Mediator bestimmt die Ausgestaltung des Mediationsverfahrens nach billigem Ermessen.[60]

[oder]

Das Mediationsverfahren richtet sich nach der Mediationsordnung der ... [Institution] in der jeweils aktuellen Fassung.[61]

Wenn die potenziellen Konfliktparteien sich (voraussichtlich) nicht an dem gleichen Ort befinden werden, könnte auch bereits auf die **Möglichkeit einer Online-Mediation** (→ 0. Rn. 45 ff. hingewiesen werden:

Formulierungsvorschlag:

Der Mediator bestimmt die Ausgestaltung des Mediationsverfahrens nach billigem Ermessen. Neben Präsenzterminen soll er auch Online-Termine per Videokonferenz anbieten, wenn dies zur Förderung des Verfahrens zweckmäßig erscheint.

dd) Beginn/Ende des Mediationsverfahrens. Die Festlegung von Beginn und Ende des Mediationsverfahrens stehen im engen Zusammenhang mit der Verjährungshemmung und dem dilatorischen Klageverzicht. Eine alternative Regelung dazu könnte lauten:

Formulierungsvorschlag:

Das Mediationsverfahren beginnt mit dem Antrag auf Durchführung einer Mediation bei der ... [Institution]. Es endet auch ohne abschließende Einigung, wenn die Mediation von einer Partei oder vom Mediator schriftlich gegenüber den übrigen Parteien für gescheitert erklärt wird. Die Erklärung des Scheiterns ist erst zulässig, wenn mindestens eine Mediationssitzung [unter Beteiligung aller Parteien] durchgeführt worden ist oder seit dem Antrag auf Durchführung der Mediation zwei Monate verstrichen sind, ohne dass eine solche Mediationssitzung stattgefunden hat.

ee) Einstweiliger Rechtsschutz, gesetzliche Ausschlussfristen. Der dilatorische Klageverzicht umfasst nicht den Verzicht auf einstweiligen Rechtsschutz oder das selbstständige Beweisverfahren nach § 485 ZPO.[62] Auch bei gesetzlichen Ausschlussfristen wirkt der Klageverzicht nicht. Ergänzend

---

60 Vgl. § 317 BGB; dazu auch Töben RNotZ 2013, 321 (324).
61 Zu Mediationsverfahrensordnungen auch Trenczek/Berning/Lenz/Will Konfliktmanagement-HdB Abschnitt 4.4 Rn. 10 ff.; die Vorteile (Vereinfachung des „Weges in die Mediation", Entlastung der Verhandlungen zu Beginn der Mediation) und Nachteile (Starre des vorab ausgewählten Verfahrens) des Verweises auf bestehende Verfahrensordnungen erörtert Eidenmüller/Wagner/Hacke Kap. 3 Rn. 50 ff.
62 Töben RNotZ 2013, 321 (332), Greger/Unberath/Steffek/Greger B. § 1 Rn. 209.

könnte dies in der Mediationsklausel erwähnt werden. Außerdem könnte eine Regelung zu etwa schon vorhandenen Titeln ergänzt werden:

172 **Formulierungsvorschlag:**
Verfahren des einstweiligen Rechtsschutzes sowie selbstständige Beweisverfahren bleiben auch während des Mediationsverfahrens zulässig. Gleiches gilt für Verfahren zur Wahrung einer gesetzlichen Ausschlussfrist; hier verpflichten wir uns jedoch wechselseitig, während des laufenden Mediationsverfahrens das Ruhen des gerichtlichen Verfahrens zu beantragen bzw. anzuregen. [Optional: Bereits vorhandene Titel werden vorübergehend nicht vollstreckt.[63]]

173 **ff) Kosten des Mediationsverfahrens.** Bereits die Mediationsklausel kann eine Regelung zu den Kosten des Mediationsverfahrens enthalten. Dies ist jedoch nicht zwingend, vielmehr kann eine solche Regelung auch dem später abzuschließenden Mediations-Rahmenvertrag vorbehalten bleiben. Über die Kostenregelung können umgekehrt bereits in der Mediationsklausel Anreize zugunsten der Durchführung einer Mediation gesetzt werden. Weiter kann die Kostenregelung auf die erste Mediationssitzung beschränkt werden. Oder die Kosten werden zu einem größeren Anteil von der wirtschaftlich stärkeren Seite übernommen. Hier einige Beispiele für Kostenregelungen:

174 **Formulierungsvorschlag:**
Die Kosten des Mediationsverfahrens trägt die Gesellschaft/der Nachlass. Im Übrigen trägt jeder Beteiligte am Mediationsverfahren seine Beratungskosten und Auslagen selbst.

[oder]

Die Kosten des Mediationsverfahrens tragen die Vertragsbeteiligten zu gleichen Teilen. Im Übrigen trägt jeder Beteiligte seine Beratungskosten und Auslagen selbst.

[oder]

Die Kosten der Benennung des Mediators sowie der ersten Mediationssitzung trägt ... [Unternehmer]. Über die weitere Kostentragung wird in der ersten Mediationssitzung verhandelt.

175 **gg) Internationale Fälle.** In Fällen mit Auslandsberührung kann es sich anbieten, diesbezügliche Fragen zu dem auf das Mediationsverfahren anwendbaren Recht sowie zur Sprache und dem Ort der Mediation zu treffen.[64]

176 **4. Weitere ADR-Klauseln.** Im Konfliktfall muss aber nicht immer eine Mediation **das geeignete ADR-Verfahren** darstellen (→ Einl. Rn. 28 ff.)[65] Daher werden im Folgenden weitere mögliche ADR-Klauseln dargestellt. Dabei sind auch Kombinationen zwischen verschiedenen Verfahren sowie Mischformen denkbar.[66] Gleichwohl dürfte in vielen Fällen eine Mediati-

---

63 Übernommen aus Bertolino, S. 179.
64 Trenczek/Berning/Lenz/Will Konfliktmanagement-HdB Abschnitt 4.4 Rn. 9, mit Formulierungsvorschlag.
65 Einen sehr guten Überblick über mögliche ADR-Verfahren nebst dem zugehörigen Verfahrensrecht gibt Greger/Steffen/Unberath/Greger D.
66 Greger/Steffen/Unberath/Greger D. Rn. 37 ff.

onsklausel das vorzugswürdige Instrument des Vertragsgestalters darstellen,[67] denn

- im Rahmen der Mediation bleiben die Konfliktparteien im Verhandlungsmodus und haben den größtmöglichen Einfluss auf das weitere Vorgehen sowie etwaige Ergebnisse;
- ein vereinbarter Wechsel aus der Mediation in andere ADR-Verfahren – ggf. auch nur für Teilfragen – und zurück ist unproblematisch möglich.

a) Verhandlungsklausel. Vorrangig vor der Einleitung besonderer ADR-Verfahren oder vor der Einleitung gerichtlicher Verfahren sollten in der Regel **Verhandlungen zwischen den Konfliktparteien** geführt werden. Die nachfolgende Klausel setzt auf direkte Verhandlungen ohne Einschaltung eines neutralen Dritten (→ Einl. Rn. 29).[68] Um ein kooperatives Verhandeln zu fördern, werden aber Vorgaben für die Auswahl von geeigneten Anwälten gemacht. Da heute bereits viele Anwälte über Zusatzqualifikationen als Mediatoren verfügen, erscheint die damit verbundene Einschränkung bei der Auswahl geeigneter Anwälte nicht unzumutbar. Die Klausel wird jedoch vermutlich auf Widerstände stoßen, wenn die Konfliktparteien bereits feste Mandats- und Vertrauensbeziehungen zu Anwälten ohne entsprechende Qualifikation haben.[69]

Formulierungsvorschlag:

Wir möchten alle aus oder im Zusammenhang mit diesem Vertrag entstehenden Streitigkeiten möglichst durch direkte interessenbasierte und kooperative Verhandlungen beilegen. Sofern wir uns anwaltlich beraten oder vertreten lassen, müssen die von uns ausgewählten Rechtanwälte jeweils mit den Grundzügen eines interessenbasierten und kooperativen Verhandlungsstils vertraut sein und über eine Zusatzqualifikation als [zertifizierter] Mediator verfügen. Werden Anwaltskanzleien mit mehreren Anwälten beauftragt, muss der verhandlungsführende Anwalt über eine entsprechende Qualifikation verfügen.

b) Konfliktklärungsklausel. Vertragsparteien können vereinbaren, sich im Konfliktfall zum geeigneten Konfliktlösungsverfahren **beraten** zu lassen.[70] Solche Klauseln bieten den Vorteil, im Konfliktfall aus dem gesamten Angebot der alternativen Konfliktlösungsverfahren auswählen zu können:[71]

---

67 So auch Greger/Steffen/Unberath/Greger D. Rn. 47.
68 Greger/Steffen/Unberath/Greger D. Rn. 6 ff.
69 Typische Anwendungsfelder könnten sich aber zum Beispiel in der notariellen Vertragsgestaltung ergeben. Hier sitzt der Notar häufig auch nicht anwaltlich beratenen Personen gegenüber und könnte entsprechende Klauseln vorschlagen etwa in Gesellschafts- oder Eheverträgen. Gerade im Familienrecht dürfte es sich im häufig auch emotional schwierigen Trennungs- und Scheidungsfall als sehr hilfreich erweisen, auf kooperativ und nicht kompetitiv denkende Rechtsanwälte zu treffen, zumal es gerade im Bereich des Familienrechts besonders viele ausgebildete Anwaltsmediatoren gibt.
70 Der Round Table Mediation und Konfliktmanagement der deutschen Wirtschaft bietet mit „DiReCT" eine vor allem für größere Unternehmen geeignete Legal-Tech-Anwendung zur Bestimmung des geeigneten Konfliktbearbeitungsverfahrens an (www.rtmkm.de, zuletzt abgerufen am 12.5.2023). Eine Klausel zur Verfahrensberatung findet sich bei Duve/Eidenmüller/Hacke/Fries, S. 372.
71 Eidenmüller/Wagner/Hacke Kap. 3 Rn. 29, spricht von „Stellwerkklausel".

180 **Formulierungsvorschlag:**

Wir möchten alle aus oder im Zusammenhang mit diesem Vertrag entstehenden Streitigkeiten möglichst durch direkte Verhandlungen beilegen. Gelingt dies nicht [und können wir uns auch nicht über ein außergerichtliches Konfliktlösungsverfahren verständigen], werden wir uns von ... [konkrete Person, Organisation/Institution] in einem gemeinsamen Termin über mögliche alternative Streitbeilegungsverfahren beraten lassen. Der Beratungstermin ist auf einseitigen Antrag eines Vertragsbeteiligten von ... [Person/Organisation/Institution] mit einer Ladungsfrist von zwei Wochen [einem Monat] anzuberaumen. Die Erhebung einer Klage ist erst nach Durchführung des Beratungstermins zulässig; kommt ein solcher nicht zu Stande, frühestens nach Ablauf von einem Monat seit der Stellung des Antrags. Während des Zeitraums des laufenden Beratungsverfahrens, dh ab der Antragstellung bis zu dem Zeitpunkt, in dem eine Klage erhoben werden kann, ist die Verjährung der im Antrag genannten Ansprüche gehemmt.

181 Organisationen, die derartige Konfliktklärungs- bzw. Konfliktmanagementverfahren anbieten, haben üblicherweise auch eine **Verfahrensordnung,** auf die verwiesen werden kann.[72] In solchen Verfahrensordnungen finden sich dann auch Regelungen zur Verjährung oder zum zeitweisen Klageverzicht, so dass die Klausel insoweit entlastet werden kann, zB wie folgt:[73]

Formulierungsvorschlag:

Wir möchten alle aus oder im Zusammenhang mit diesem Vertrag entstehenden Streitigkeiten möglichst durch direkte Verhandlungen beilegen. Gelingt dies nicht [und können wir uns auch nicht über ein außergerichtliches Konfliktlösungsverfahren verständigen], gilt die Konfliktmanagementordnung der Deutschen Institution für Schiedsgerichtsbarkeit (www.dis-arb.de).

182 Bei Konfliktklärungsklauseln ist zu bedenken, dass diese das Verfahren im Konfliktfall zunächst verlängern und auch verteuern, da ein zusätzlicher Klärungsschritt mit einer weiteren externen Person/Organisation zwischengeschaltet wird. Es ist daher im Einzelfall zu überlegen, ob diese **methodische Offenheit** tatsächlich sinnvoll ist **oder** ob den Parteien nicht besser mit einer **konkreten Konfliktlösungsmethode** geholfen werden kann (zu Konflikten zwischen Unternehmen → B. Rn. 26). Eine weitere Option könnte eine Konfliktklärungsklausel mit Rückfalloption darstellen (→ B. Rn. 26 und → N. Rn. 13):

Formulierungsvorschlag:

Wir möchten alle aus oder im Zusammenhang mit diesem Vertrag entstehenden Streitigkeiten möglichst durch direkte Verhandlungen beilegen. Gelingt dies nicht, wird ein Konfliktmanagementverfahren nach der Konfliktmanagementordnung

---

72 Eine entsprechende Konfliktmanagementordnung der DIS findet sich auf deren Homepage unter www.dis-arb.de (zuletzt abgerufen am 12.5.2023). Systematisch dazu Gülck, Konfliktmanagementordnung (KMO) – Paradigmenwechsel zur Förderung adäquater außergerichtlicher Konfliktlösung, 2020.
73 So zum Beispiel die Konfliktklärungsklausel der Deutschen Institution für Schiedsgerichtsbarkeit e.V. (DIS), abgedruckt in Greger § 1 Rn. 156. Die Verfahrensordnung der DIS findet sich auf deren Homepage unter www.dis-arb.de (zuletzt abgerufen am 12.5.2023).

der Deutschen Institution für Schiedsgerichtsbarkeit (DIS, www.dis-arb.de) mit dem Ziel der Festlegung eines Streitbeilegungsverfahrens durchgeführt. Können wir uns nicht innerhalb von zwei Monaten nach Eingang des Antrags auf Durchführung eines Konfliktmanagementverfahrens bei der DIS auf ein bestimmtes Streitbeilegungsverfahren einigen, vereinbaren wir die Durchführung einer Mediation [es folgen Details zum Mediationsverfahren].

In einem Vertragswerk können schließlich auch von vornherein für bestimmte Konflikte unterschiedliche ADR-Klauseln vorgesehen werden. So kann zum Beispiel ein Ehevertrag eine Schiedsgutachterklausel enthalten, um im Konflikt bestimmte Bewertungsfragen zu lösen, und daneben für sonstige Streitigkeiten (Umgang mit Kindern, Unterhaltsfragen etc) ein Mediationsverfahren vorsehen.

c) Eskalationsklausel. Eskalationsklauseln schreiben den Vertragsparteien im Konfliktfall vor, **welche Schritte in welcher Reihenfolge** zu unternehmen sind. Typisch sind zB Klauseln, die zunächst Verhandlungen, sodann ein Mediationsverfahren und zuletzt ein Schiedsgerichtsverfahren vorsehen.[74] Andere Kombinationen sind jedoch denkbar. Viele der vorstehend unterbreiteten Klauselvorschläge, die den Verhandlungsaspekt jeweils erwähnen, stellen daher bereits Eskalationsklauseln im vorstehenden Sinne dar. Um eine Schiedsabrede zu ergänzen, könnte in der allgemeinen Mediationsklausel (→ Rn. 161) der letzte Absatz wie folgt neu gefasst werden:

Formulierungsvorschlag:

Die Erhebung einer Klage ist erst nach der Beendigung des Mediationsverfahrens zulässig. Wir vereinbaren für alle aus oder im Zusammenhang mit diesem Vertrag entstehenden Streitigkeiten unter Ausschluss des Rechtsweges zu den staatlichen Gerichten die Entscheidung durch den ... [Institutionelles Schiedsgericht] nach Maßgabe der jeweils aktuellen Verfahrensordnung. Während des laufenden Mediationsverfahrens ist die Verjährung der im Mediationsverlangen genannten Ansprüche gehemmt.

d) Schlichtung. Im Unterschied zu den auf eine Moderation durch einen Dritten abzielenden Mediation- und Konfliktklärungsklauseln geht es bei Schlichtungsklauseln um eine Bewertung durch einen Dritten (→ Einl. Rn. 37 ff.).[75] Bei der Schlichtung wird allerdings keine verbindliche Entscheidung getroffen, sondern der Schlichter unterbreitet einen **nicht bindenden Lösungsvorschlag**. Dem eigentlichen Schlichterspruch können jedoch durch den Schlichter moderierte Verhandlungen vorausgehen, so dass Ähnlichkeiten zwischen Schlichtung und Mediation bestehen können.[76]

---

[74] Greger/Unberath/Steffek/Greger B. § 1 Rn. 153 f. mit Musterformulierung.
[75] IdS auch Odrig, Schlichtung als geeignetes Konfliktlösungsverfahren, ZKM 2020, 13.
[76] Als „nichts Halbes und nichts Ganzes" bezeichnet Fritz/Pielsticker/Lembcke Andere Verfahren IV. Rn. 24 die Schlichtung; dort auch Minimalanforderungen an eine Schlichtungsklausel (Rn. 25), ein Mustertext (Rn. 26) sowie eine umfangreiche nach Branchen gegliederte Übersicht über Schieds- und Schlichtungsstellen (Rn. 27 ff.). Der Schlichtungs- und Schiedsgerichtshof deutscher Notare (SGH) bietet neben dem Schiedsgerichtsverfahren auch ein eigenes Schlichtungsverfahren an. Die Verfahrensordnung ist dabei so variabel, dass sich der Schlichter mit den Konfliktparteien auch auf eine Mediation einigen kann (www.sgh.dnotv.de) → M. Rn. 17 ff.

Um das Verfahren der Schlichtung nicht umfangreich im Vertrag festlegen zu müssen, verweisen viele Schlichtungsklauseln auf die Schlichtungsordnung einer Institution.[77]

186 Formulierungsvorschlag:

Wir vereinbaren, dass bei allen nicht im direkten Verhandlungswege lösbaren Streitigkeiten, die sich aus oder im Zusammenhang mit diesem Vertrag oder über dessen Gültigkeit ergeben, ein Schlichtungsverfahren bei … [Institution] nach den Regeln der … [Institution] durchzuführen ist, bevor der ordentliche Rechtsweg beschritten werden darf.

187 **e) Adjudikation.** Bei der Adjudikation kommt es den Vertragsbeteiligten darauf an, kurzfristig ein **neutrales Expertenvotum** zu erhalten, dem eine vorläufige Bindungswirkung zukommt (→ Einl. Rn. 41).[78] Typisches Anwendungsfeld sind komplexere Bauprojektverträge (→ E. Rn. 29 f.).[79] Die nachfolgende Klausel verweist wiederum auf eine institutionelle Verfahrensordnung.[80]

188 Formulierungsvorschlag:

Zur Beilegung aller Meinungsverschiedenheiten und Streitigkeiten zwischen den Parteien im Zusammenhang mit diesem Vertrag wird eine projektbegleitende Adjudikation nach der Verfahrensordnung für Adjudikation der Deutschen Institution für Schiedsgerichtsbarkeit e.V. (DIS-AVO) durchgeführt.

189 **f) Schiedsgutachten.** Über eine Schiedsgutachtenklausel[81] wird die **Entscheidung** über einen Konflikt oder bestimmte Fragen eines Konfliktes **einem Dritten überantwortet**. Dabei kann der Dritte mit verbindlicher Wirkung entscheiden oder aber lediglich eine unverbindliche Empfehlung abgeben (→ Einl. Rn. 32 ff.). Auch eine von neutraler Seite stammende Empfehlung kann durchaus positive Wirkungen auf den weiteren Verhandlungsprozess haben und diesen fördern. Es folgt eine Schiedsgutachtenklausel aus einem Gesellschaftsvertrag.[82] Es geht um die Ermittlung der Abfindung beim Ausscheiden eines Gesellschafters aus einer GmbH:

---

77 So haben zum Beispiel viele Industrie- und Handelskammern sowie Handwerkskammern eigene Schlichtungsstellen mit entsprechenden Verfahrensordnungen. Auch im Baurecht gibt es entsprechende Schlichtungsinstitutionen. Vgl. dazu auch die Angaben bei Greger/Unberath/Steffek/Greger D. Rn. 101 ff. mit weiteren Formulierungsvorschlägen.
78 Greger/Unberath/Steffek/Greger D. Rn. 90; zur Frage der Rechtswirksamkeitsvoraussetzungen vgl. Voit, Sind Adjudikationsvereinbarungen verfassungswidrig und nichtig?, ZKM 2022, 4 ff.
79 Vgl. Fritz/Pielsticker/Lembcke Andere Verfahren V. (Adjudikation).
80 Die Klausel stammt von der Deutschen Institution für Schiedsgerichtsbarkeit e.V. Die Verfahrensordnung findet sich unter www.disarb.org (zuletzt abgerufen am 12.5.2023).
81 Ausführlich zum Schiedsgutachten Fritz/Pielsticker/Lembcke Andere Verfahren VI. (Schiedsgutachten), dort auch Hinweise zu den Minimalanforderungen an eine Schiedsgutachterklausel (Rn. 79) und eine Musterklausel (Rn. 80).
82 Derartige Bewertungsfragen sind der typische Anwendungsbereich des Schiedsgutachtens, da auch vom Gericht im Zweifel Sachverständigengutachten eingeholt werden und keine eigene Bewertung erfolgen kann. Dies gilt auch für Immobilienbewertungen, wenn diese zB im Rahmen einer Erbregelung maßgeblich ist.

Formulierungsvorschlag:

Die Abfindung entspricht dem Verkehrswert des betroffenen Geschäftsanteils. Können sich die Gesellschafter über den Verkehrswert nicht einigen, so wird dieser durch einen von den Gesellschaftern gemeinsam bestimmten Wirtschaftsprüfer als Schiedsgutachter für die Beteiligten verbindlich festgestellt. Der Wirtschaftsprüfer soll sich dabei an die jeweils aktuellen Grundsätze zur Durchführung von Unternehmensbewertungen halten, die das Institut für Wirtschaftsprüfer herausgibt. Können sich die Gesellschafter innerhalb von vier Wochen nach Aufforderung durch einen Gesellschafter auf einen Wirtschaftsprüfer nicht einigen, so wird ein solcher durch den Präsidenten der für die Gesellschaft örtlich zuständigen Industrie- und Handelskammer bestimmt. Die Kosten des Schiedsgutachters trägt die Gesellschaft.

g) **Leistungsbestimmungsrecht (§ 317 BGB).** Nach § 317 BGB kann die nähere Ausgestaltung einer vertraglichen Verpflichtung einem Dritten überlassen werden, der sodann seine Entscheidung im Zweifel „nach billigem Ermessen" zu treffen hat. Bestimmte – möglicherweise (später) umstrittene – Fragen können daher der **sachverständigen Würdigung durch einen Dritten** überlassen werden. Die Klausel kann sodann das vom Dritten auszuübende Ermessen einschränken und die an die Bestimmung anzulegenden Kriterien näher definieren. Es folgt ein Beispiel aus einem gewerblichen Mietvertrag:

Formulierungsvorschlag:

Die vereinbarte Miete soll im regelmäßigen Abstand von drei Jahren mit Wirkung Jahresanfang angepasst werden, erstmalig am 1. Januar ... . Sollten sich die Vertragsparteien auf eine Anpassung nicht einigen können, soll die Anpassung auf Antrag einer Vertragspartei nach § 317 BGB durch den Sachverständigen Herrn/Frau ... erfolgen. Der Antrag ist frühestens vier und spätestens zwei Monate vor dem nächsten Anpassungszeitpunkt zu stellen. Der Sachverständige hat die Anpassung nach billigen Ermessen unter Berücksichtigung des lokalen Marktes für gewerbliche Mietobjekte [ggf. zusätzlich: und der Ertragslage des Mieters in den letzten drei Jahren] vorzunehmen.

5. Besonderheiten im Hinblick auf einzelne Anwendungsfelder. Da die Anwendungsfelder von Mediation und außergerichtlicher Konfliktbearbeitung sehr heterogen sind, ist aus vertragsgestaltender Perspektive nach **rechtlichen und sonstigen Besonderheiten** der jeweils betroffenen Rechtsgebiete zu fragen (zum privaten Baurecht → F. Rn. 55 ff.).[83] Diese können sich erheblich auf die Auswahl und Ausgestaltung der geeigneten ADR-Klausel auswirken.

Zunächst einmal ist festzuhalten, dass Mediationsklauseln dogmatisch im Regelfall vertragliche Vereinbarungen darstellen. Nur in Ausnahmefällen kann eine Mediationsklausel auch aufgrund einseitiger Anordnung zunächst nicht eingebundene Dritte binden. Das gilt etwa für das Erbrecht[84]

---

[83] Eine sehr ausführliche und hilfreiche Übersicht über insgesamt 21 Rechtsgebiete findet sich bei Greger/Unberath/Steffek/Greger D. Rn. 292–452.
[84] Greger/Unberath/Steffek/Greger B. § 1 Rn. 226 ff.

(→ I. Rn. 33 ff.), das Vereins- und Gesellschaftsrecht (→ C. Rn. 16 ff.[85] und das Wohnungseigentumsrecht.[86]

195 Weiter spielen etwa im Arbeitsrecht (KSchG), im Gesellschaftsrecht (§§ 14, 195 UmwG) oder auch im Wohnungseigentumsgesetz (§ 46 WEG) **Ausschlussfristen** für die Erhebung einer Klage eine Rolle. In der Mediationsklausel sollte daher klargestellt werden, dass diese Klagen trotz des in der Klausel enthaltenen Klageverzichts erhoben werden dürfen. Soweit das AGB-Recht einschlägig ist, sind die sich daraus ergebenden Beschränkungen zu beachten (→ Rn. 154 f.). Im Verwaltungsrecht wäre bei der Vereinbarung von Mediationsklauseln zu klären, inwieweit der Konflikt überhaupt der Dispositionsbefugnis der Beteiligten unterliegt und welche Bindungswirkung etwaige Ergebnisse entfalten können.[87] In vielen Rechtsgebieten gibt es auch institutionelle Schlichtungsstellen,[88] die in einer Mediationsklausel adressiert werden können. Es folgt noch eine mögliche Mediationsklausel für eine GmbH-Satzung,[89] die auch auf Klagefristen für Beschlussmängelstreitigkeiten Rücksicht nimmt:[90]

196 **Formulierungsvorschlag:**
1. Alle aus oder im Zusammenhang mit diesem Gesellschaftsvertrag entstehenden Streitigkeiten sollen zwischen den Gesellschaftern möglichst durch direkte Verhandlungen beigelegt werden. Gelingt dies nicht, sind die Gesellschafter verpflichtet, zunächst ein Mediationsverfahren durchzuführen.
2. Das Mediationsverfahren beginnt mit dem schriftlichen Verlangen eines Gesellschafters, eine Mediation durchzuführen. Sollten wir uns auf einen Mediator nicht einigen können, so wird dieser auf Antrag eines Gesellschafters von der Industrie- und Handelskammer in ... [Sitz der Gesellschaft] benannt.
3. Das Mediationsverfahren endet auch ohne eine abschließende Einigung, wenn
   – eine Vertragspartei oder der Mediator das Mediationsverfahren nach Durchführung einer ersten Mediationssitzung für gescheitert erklärt oder
   – seit dem Mediationsverlangen ein Monat verstrichen ist, ohne dass sich die Gesellschafter auf einen Mediator geeinigt haben oder dieser benannt worden ist, oder
   – ein Monat seit der Einigung auf einen Mediator oder dessen Benennung verstrichen ist, ohne dass eine erste Mediationssitzung durchgeführt worden ist.

---

85 Greger/Unberath/Steffek/Greger B. § 1 Rn. 231.
86 Greger/Unberath/Steffek/Greger B. § 1 Rn. 232 nennt darüber hinaus noch die Auslobung nach §§ 657 ff. BGB (Rn. 232).
87 Eigentliche Relevanz entfaltet die Frage der Dispositionsbefugnis erst im Rahmen der Abschlussvereinbarung bzw. der Umsetzung der Ergebnisse, vgl. Eidenmüller/Wagner/Wagner Kap. 2 Rn. 42; es macht aber gerade im öffentlich-rechtlichen Bereich Sinn, diese Fragen bereits zu Beginn zu klären oder zumindest zu thematisieren.
88 ZB das Vermittlungsverfahren nach § 73 Abs. 2 Nr. 3 BRAO bei Rechtsanwälten, weitere Verfahren vgl. die Fundstelle Fn. 69.
89 Zur Bindungswirkung derartiger Klauseln für alle Gesellschafter Eidenmüller/Wagner/Wagner Kap. 2 Rn. 73.
90 Zu Mediationsklauseln in Gesellschaftsverträgen vgl. Töben RNotZ 2013, 321 (336). Bei der formstrengen Aktiengesellschaft ist eine Verlängerung der Anfechtungsfrist bei Beschlussmängeln in der Satzung nicht möglich, § 23 Abs. 5 AktG.

4. Mit Ausnahme der jederzeit zulässigen Klagen nach §§ 14 und 195 UmwG ist die Erhebung einer Klage erst nach der Beendigung des Mediationsverfahrens zulässig. Während des laufenden Mediationsverfahrens ist die Verjährung der im Mediationsverlangen genannten Ansprüche gehemmt. Für die Dauer des Mediationsverfahrens ist die Frist zur Erhebung einer Anfechtungsklage wegen Beschlussmängeln nach § ... dieser Satzung gehemmt.
5. Die Kosten des Mediationsverfahrens trägt die Gesellschaft. Anwaltskosten und Auslagen trägt jeder Gesellschafter selbst.

Im Übrigen wird auf die Ausführungen in Teil 3 des Kommentars zu den einzelnen Anwendungsfeldern und die dort vorgeschlagenen Musterformulierungen verwiesen.[91]

III. Mediations-Rahmenvereinbarung

Soll eine Mediation durchgeführt werden, so ist zwischen den Konfliktparteien bzw. Medianden und dem Mediator in Phase 1 der Mediation das sogenannte Arbeitsbündnis zu schließen. Das Ergebnis wird in der Mediations-Rahmenvereinbarung (→ MediationsG § 2 Rn. 16 ff.) zusammengefasst,[92] der sowohl von den Konfliktparteien als auch vom Mediator zu unterzeichnen ist.

1. Vorüberlegungen. a) Unterscheidung der Regelungen nach den beteiligten Personen. Die Mediations-Rahmenvereinbarung wird typischerweise Verabredungen zwischen den Konfliktparteien enthalten. Für diese Verabredungen (Klageverzicht, Absprachen zur Verjährung, Vertraulichkeitsabreden etc) gelten im Wesentlichen die Ausführungen zu den Mediationsklauseln entsprechend (→ Rn. 148 ff.).[93] Vorsorgende Mediationsklauseln sind jedoch in der Regel deutlich knapper gefasst, beschränken sich auf das Wesentliche und sollen im Konfliktfall lediglich den Einstieg in die Mediation ermöglichen. Die Mediations-Rahmenvereinbarung, die vor dem Hintergrund eines konkreten Konfliktes geschlossen wird, wird demgegenüber ausführlichere und detailliertere Regelungen treffen können; sie stellt daher andere Anforderungen an den Vertragsgestalter. Auch wenn die Mediation aufgrund einer vorsorgenden Mediationsklausel eingeleitet wird, besteht regelmäßig noch das Bedürfnis, die wechselseitigen Pflichten der Konfliktparteien in der Mediations-Rahmenvereinbarung zu konkretisieren.

Außerdem finden sich in der Mediations-Rahmenvereinbarung[94] Regelungen im Verhältnis zwischen den Konfliktparteien einerseits und dem Me-

---

91 Zu den einzelnen Anwendungsfeldern vgl. auch Greger/Unberath/Steffek/Greger Teil D.
92 Zu den möglichen Inhalten dieser Vereinbarung vgl. die umfangreiche Auflistung bei Fritz/Pielsticker/Pielsticker § 2 Rn. 79 und die Ausführungen von Bertolino, S. 20 ff. Hilfreiche Musterschreiben für die Vertragsanbahnung vor Mediationsbeginn finden sich bei Frieser/Sättler Kap. 7 Rn. 63 ff.; als Verfahrensalternative zur Mediation gibt es bei Frieser/Sättler Kap. 7 Rn. 258 auch das Muster einer Moderationsvereinbarung.
93 Haft/Schlieffen Mediation-HdB/Fischer § 25 Rn. 22 ff. bezeichnet sowohl die vorsorgende Mediationsklausel als auch die entsprechenden Abreden im Mediations-Rahmenvertrag im Hinblick auf die jeweils an dieser Abrede beteiligten Konfliktparteien als „Mediationsabrede".
94 Zu den (möglichen) Inhalten der Mediations-Rahmenvereinbarung vgl. auch Röthemeyer Rn. 327 ff. und Meller-Hannich/Weigel/Henschel, S. 41 ff.

diator[95] andererseits.[96] Weiter gibt es Regelungen[97] und insbesondere Verfahrensabsprachen, die für alle Beteiligten gelten.[98] Außerdem können Absprachen mit weiteren Personen, zB den beteiligten Anwälten, Dritten, Co-Mediatoren[99] oder Mediationsorganisationen,[100] zu treffen sein. Bei der Vertragsgestaltung sollten diese Regelungsebenen bzw. die jeweils verpflichteten Personen klar unterschieden werden.[101]

201 b) **Vertragsgestaltung und dispositives Recht.** Verträge müssen nicht zwingend umfassende und abschließende Regelungen treffen. So kann zB von zwingenden gesetzlichen Regelungen ohnehin nicht abgewichen werden. Zitiert man diese in der Mediations-Rahmenvereinbarung, so hat dies allenfalls klarstellende Funktion.[102] Weiter hält das Gesetz[103] einen Satz dispositiver Regelungen bereit, die dann gelten, wenn nicht im Einzelfall abweichende Bestimmungen getroffen worden sind.[104] Dieses „**default set**" sollte man als Vertragsgestalter für den jeweiligen Regelungsbereich kennen. Der Vertrag selbst kann und sollte sich dann auf diejenigen Vereinbarungen beschränken, die die wechselseitigen (Haupt-)Leistungspflichten regeln und ausformen, für die Vertragsparteien besonders wichtig sind und daher ausdrücklich im Vertrag stehen sollten und vom dispositiven Recht abweichen.

202 Welche **dispositiven Regeln** für die Mediations-Rahmenvereinbarung gelten, hängt davon ab, welchem Vertragstyp dieser zugeordnet wird. Die Vereinbarungen zwischen den Konfliktparteien und zum Mediationsverfahren werden dabei in der Literatur als Dauerschuldverhältnis sui generis eingeordnet (→ MediationsG § 2 Rn. 19), für welches das BGB keinen alleine passenden Vertragstyp[105] bereithält. Hier ist daher eine besonders sorgfältige Vertragsgestaltung gefragt, da die Konfliktparteien den für sie geltenden Rechtsrahmen weitgehend selbst festlegen.[106]

203 Die rechtliche Einordnung der Beauftragung des Mediators durch die Konfliktparteien ist umstritten (→ MediationsG § 2 Rn. 20) und changiert zwi-

---

95 Zu den Besonderheiten bei der Co-Mediation vgl. Bertolino, S. 68 ff.
96 Diese Regelungen werden üblicherweise auch „Mediatorvertrag" genannt, vgl. etwa Haft/Schlieffen Mediation-HdB/Fischer § 25 Rn. 9 zur Terminologie; allgemein zur Rechtsstellung des Mediators und zum Mediatorvertrag Eidenmüller/Wagner/Eidenmüller Kap. 4; Bertolino, S. 20, plädiert für einen Verzicht auf das generische Maskulinum und spricht vom „Mediationsvertrag".
97 ZB die Beschreibung des Verfahrensgegenstandes.
98 ZB zu Beginn und Ende der Mediation, zu Ort und Zeit der Mediation etc.
99 Dazu etwa Eidenmüller/Wagner/Eidenmüller Kap. 4 Rn. 16.
100 Zu den Vertragsbeziehungen in diesem Fall Haft/Schlieffen Mediation-HdB/Fischer § 25 Rn. 107 ff.
101 Zu den Beteiligten im Kontext der Vertragsverhältnisse in der Mediation vgl. auch Haft/Schlieffen Mediation-HdB/Fischer § 25 Rn. 4 ff.
102 Zur Frage, welche zwingenden Regelungen es im MediationsG gibt, vgl. Eidenmüller/Wagner/Eidenmüller Kap. 4 Rn. 7 ff.
103 Meist ausgeformt durch die Rechtsprechung.
104 Zur Bedeutung des dispositiven Rechts vgl. auch Haft/Schlieffen Mediation-HdB/Fischer § 25 Rn. 2 f.
105 Zu den Vertragstypen des BGB im Kontext Mediation auch Haft/Schlieffen Mediation-HdB/Fischer § 25 Rn. 2.
106 So auch Haft/Schlieffen Mediation-HdB/Fischer § 25 Rn. 111.

schen Auftrags-,[107] (freiem) Dienstleistungs- und Geschäftsbesorgungsvertrag.[108] *Fischer* weist in diesem Zusammenhang zu Recht darauf hin, dass die vor allem begrifflich geführte Debatte kaum praktische Konsequenzen hat[109] und die in Frage kommenden Vertragstypen in wesentlichen Teilen durch das Mediationsgesetz, berufsrechtliche Regelungen und die privatautonom im Mediations-Rahmenvertrag getroffenen Vereinbarungen überformt werden.

Im Rahmen des Mediations-Rahmenvertrages kann vor allem das folgende dispositive Gesetzesrecht eine Rolle spielen:

- die Regelungen im Mediationsgesetz (→ MediationsG § 2 Rn. 21)[110]
- das jeweilige Berufsrecht des Mediators
- die Regelungen des allgemeinen Teils des BGB und Schuldrechts (§§ 241–432 BGB)
- das Dienstvertragsrecht, § 611 ff. BGB (bei Notaren handelt es sich um einen öffentlich-rechtlichen Vertrag → M. Rn. 24)
- Rechtsnormen des jeweils betroffenen Anwendungsfeldes, zB des Gesellschaftsrechts, Erbrechts, Familienrechts etc

c) Verweis auf Verfahrensordnungen institutioneller Anbieter. Die Mediations-Rahmenvereinbarung und auch die Phase 1 des Mediationsverfahrens können sodann inhaltlich entlastet werden, indem auf eine bereits bestehende **Verfahrensordnung eines institutionellen Anbieters**[111] Bezug genommen wird (→ Rn. 168). Die Verfahrensordnungen enthalten häufig auch Regelungen zu der zwischen den Parteien zu vereinbarenden Vertraulichkeit des Verfahrens.[112] Die Mediations-Rahmenvereinbarung kann sich dann auf Ergänzungen oder Abweichungen zu dieser Verfahrensordnung konzentrieren.

d) Regelungstiefe und -intensität. Wie ausführlich die Mediations-Rahmenvereinbarung gefasst wird, hängt wesentlich vom konkreten Anwendungsfeld und auch der Bedeutung und Komplexität des Verfahrensgegenstandes ab. Im Regelfall sollten die **Anforderungen** an den Mediations-Rahmenvertrag aber **nicht überspannt werden**. Dies vor allem auch, um

---

107 Das Auftragsrecht wird vor allem im Zusammenhang mit unentgeltlicher Mediation als Vertragstypus genannt, vgl. etwa Eidenmüller/Wagner/Eidenmüller Kap. 4 Rn. 12.
108 Vgl., die Übersicht über den Meinungsstand bei Haft/Schlieffen Mediation-HdB/Fischer § 25 Rn. 2, ausführlich dazu auch Nölting, 17 ff., und Eidenmüller/Wagner/Eidenmüller Kap. 4 Rn. 12 ff.
109 Insbesondere im Hinblick auf die mediationsspezifischen Primär- und Sekundärleistungspflichten, Haft/Schlieffen Mediation-HdB/Fischer § 25 Rn. 70; auch Bertolino, S. 43, hält die praktische Relevanz der Einordnung für gering.
110 Zur Frage, welche Regelungen des MediationsG dispositiven und welche zwingenden Charakter haben, vgl. Eidenmüller/Wagner/Eidenmüller Kap. 4 Rn. 7 ff. und Bertolino, S. 45 f.
111 Vgl. dazu etwa Trenczek/Berning/Lenz/Will Konfliktmanagement-HdB Abschnitt 4.4 Rn. 10 ff. Auch der einzelne Mediator kann etwa auf seiner Homepage eine Musterverfahrensordnung bzw. einen Muster-Mediations-Rahmenvertrag bereitstellen. Darüber können sich Mediationsinteressenten bereits im Vorfeld eine grobe Orientierung verschaffen bzw. der Mediator kann im Rahmen eines Vorgespräches oder in Phase 1 einer Mediation auf diese Muster verweisen.
112 Vgl. die Hinweise bei Eidenmüller/Wagner/Wagner Kap. 7 Rn. 54 und Bertolino, S. 21.

Phase 1 des Mediationsverfahrens nicht über Gebühr mit der Ausgestaltung und Erläuterung rechtlicher Rahmenbedingungen zu belasten.

207 e) **Form.** Der Mediations-Rahmenvertrag bedarf keiner bestimmten Form.[113] Dies gilt sowohl für die Vereinbarungen der Parteien untereinander (→ Rn. 154) als auch die Regelungen zwischen Parteien und Mediator.[114]

208 f) **Aufbau und typische Inhalte der Mediations-Rahmenvereinbarung. aa) Rubrum.** Im Vertragseingang – auch Rubrum genannt – geht es vor allem darum, die Vertragsparteien zu bestimmen. Das sind auf jeden Fall die Konfliktparteien und der oder die Mediatoren.[115] Ist zum Zeitpunkt des Abschlusses der Mediations-Rahmenvereinbarung bereits klar, dass auch **Dritte im Sinne von § 2 Abs. 4 MediationsG** am Mediationsverfahren teilnehmen sollen,[116] können diese bereits in die Mediations-Rahmenvereinbarung mit eingebunden werden (→ MediationsG § 2 Rn. 158 ff.). Alternativ können gesonderte Vereinbarungen mit diesen Dritten getroffen werden.

209 bb) **Beschreibung des Verfahrensgegenstandes.** In einer Vorbemerkung oder **Präambel** oder unter der Überschrift „**Verfahrensgegenstand**" kann die Historie und der Gegenstand des Konfliktes, mithin der Anlass des Mediationsverfahrens, beschrieben werden. Dabei sollte der Vertragsgestalter im Hinterkopf haben, dass die präzise Beschreibung des Verfahrensgegenstandes wichtig ist für die angestrebte Verjährungshemmung und einen etwaigen Klageverzicht während des laufenden Mediationsverfahrens. Sind zwischen den Konfliktparteien bereits Gerichtsverfahren anhängig, sollten diese und der weitere Umgang mit diesen konkret benannt werden. Schließlich kann die Vorbemerkung den Wunsch der Beteiligten formulieren, den Konflikt im Verhandlungswege konstruktiv beizulegen.

210 cc) **Pflichten der Medianden untereinander.** Typische Vereinbarungen betreffen hier:

- gewisse Mitwirkungspflichten einschließlich eines respektvollen Umgangs miteinander, allerdings unter Beachtung der Freiwilligkeit der Teilnahme (insbesondere keine Pflicht, zu einer Einigung zu kommen);[117]

---

113 Trenczek/Berning/Lenz/Will Konfliktmanagement-HdB Abschnitt 4.4 Rn. 20.
114 Haft/Schlieffen Mediation-HdB/Fischer § 25 Rn. 72, dort auch zu weiteren Wirksamkeitsanforderungen des Vertragsverhältnisses zwischen den Parteien und dem Mediator.
115 Im Falle einer Co-Mediation ist der Co-Mediator am Mediations-Rahmenvertrag in der Regel zu beteiligen; weiter ist das Binnenverhältnis zwischen den Mediatoren zu klären/regeln, vgl. dazu Eidenmüller/Wagner/Eidenmüller Kap. 4 Rn. 16 f., und Fritz/Pielsticker/Fritz Methodik und Anwendungsbereiche der Mediation IV Rn. 19 ff., mit einer Checkliste und Mustertexten (Rn. 44 ff.).
116 Auch im späteren Verfahrensverlauf kann sich die Notwendigkeit ergeben, Dritte in die Mediation einzubeziehen. Hier ist jeweils nach § 2 Abs. 4 MediationsG die Zustimmung aller Konfliktparteien erforderlich; auch vertraglich sollten die Dritten eingebunden werden, zumindest über Verschwiegenheitserklärungen.
117 Vgl. § 2 Abs. 2 MediationsG, wonach sich der Mediator über die Freiwilligkeit der Teilnahme vergewissern muss. Ein ausformulierter kurzer Verhaltenskodex findet sich bei Frieser/Sättler Kap. 7 Rn. 84.

- die Hemmung der Verjährung streitgegenständlicher Ansprüche;[118]
- den Verzicht auf gerichtliche/schiedsgerichtliche Verfahren während des laufenden Mediationsverfahrens oder die Beantragung des Ruhens laufender Verfahren;
- die Offenlegung von Informationen/Unterlagen;
- die Verschwiegenheits-/Vertraulichkeitsvereinbarung;[119]
- Regelungen zur Kostentragung.[120]

Besonders wichtig dürfte die **Vertraulichkeitsvereinbarung zwischen den Medianden** sein. Das MediationsG enthält hier nämlich keine Regelungen (→ B. Rn. 8 ff. und → MediationsG § 4 Rn. 22 ff.), so dass vertragliche Abreden getroffen werden sollten.[121] Anwaltliche Berater müssen sich neben ihren Mandanten nicht zwingend zusätzlich zur Verschwiegenheit verpflichten. Sie sind vielmehr als Berater und Vertreter an den von ihren Mandanten vereinbarten Pflichtenkanon gebunden.[122] Die Medianden müssen sich das Verhalten ihrer Anwälte wie eigenes Verhalten zurechnen lassen. Die auch zur Rollenklärung empfehlenswerte ausdrückliche Einbeziehung der begleitenden Anwälte in den Mediations-Rahmenvertrag und die darin enthaltenen Verschwiegenheitserklärungen haben daher vor allem deklaratorischen und appellativen Charakter (Muster → Rn. 221). Eine aus dem anwaltlichen Berufsrecht ableitbare Verschwiegenheitspflicht gegenüber der Gegenpartei existiert nicht (→ Einl. Rn. 103).

dd) Pflichten zwischen Mediator und Medianden. Hauptleistungspflicht des Mediators ist die **Durchführung des Mediationsverfahrens** (→ MediationsG § 2 Rn. 22 f.).[123] Flankiert wird die Hauptleistungspflicht durch diverse Nebenpflichten, insbesondere Aufklärungs- und Informationspflichten, die sich zB aus den § 2, 3 und 4 MediationsG oder auch aus der Europäischen Datenschutzgrundverordnung (DS-GVO)[124] ergeben. Die Erfüllung der Aufklärungs- und Informationspflichten kann durch den Mediations-Rahmenvertrag dokumentiert werden.[125] Typische Regelungsgegenstände sind:

---

118 Muster bei Frieser/Sättler Kap. 7 Rn. 79.
119 Vgl. dazu ausführlich Eidenmüller Kap. 7, Formulierungsvorschläge bei Fritz/Pielsticker/Pielsticker § 4 Rn. 49 und 51 f., bei Frieser/Sättler Kap. 7 Rn. 80 f. und auch bei Rabe/Wode, S. 151 und 153.
120 Im Verhältnis zum Mediator werden die Konfliktparteien regelmäßig gesamtschuldnerisch für dessen Vergütung haften. Im Innenverhältnis können jedoch abweichende Regelungen getroffen werden. Daher bietet es sich an, das Innenverhältnis an dieser Stelle zu regeln. Ausführlich zu möglichen Vergütungsregelungen: Bertolino, S. 19.
121 Zu dieser Lücke im MediationsG ausführlich Schroth der Zweite, Der Vertraulichkeitsschutz von Mediationsinhalten 2020 mit einem Formulierungsvorschlag auf S. 193 f.
122 Haft/Schlieffen Mediation-HdB/Hartmann § 28 Rn. 34, der eine Verschwiegenheitspflicht aus dem Standesrecht gegenüber der Gegenpartei ablehnt.
123 Greger/Unberath/Steffek/Greger B. § 2 Rn. 44.
124 Vgl. zum Datenschutz in der Mediation Bertolino, S. 214 ff. und Komnios, Auswirkungen der Datenschutzgrundverordnung auf das Mediationsverfahren, ZKM 2022, 120 ff. Die Erfüllung der sich aus der DS-GVO ergebenden Pflichten könnte zB über eine Anlage zum Mediations-Rahmenvertrag dokumentiert werden.
125 Zu diesen Pflichten im Rahmen der Vertragsanbahnung bzw. des Vertragsschlusses vgl. Eidenmüller/Wagner/Eidenmüller Kap. 4 Rn. 18 ff.; bei Fritz/Pielsti-

- die Ausgestaltung und Beschreibung der Hauptleistungspflicht inkl. der Bereitstellung von Räumlichkeiten;
- die Klarstellung, dass kein Erfolg im Sinne einer Einigung der Konfliktparteien geschuldet wird;
- die Verschwiegenheitsverpflichtung des Mediators;
- die Erfüllung etwaiger Offenbarungspflichten oder Klarstellungen bzw. Regelungen zu etwaigen Tätigkeitsbeschränkungen nach § 3 MediationsG;[126]
- die Information zum fachlichen Hintergrund/Ausbildung/Erfahrung gemäß § Abs. 5 MediationsG.[127]

213 Mediatoren, die keine Rechtsanwälte oder Notare sind, können zudem darüber nachdenken, im Mediations-Rahmenvertrag klarzustellen, keine Rechtsdienstleistung zu erbringen (zum Thema Mediation und Rechtsdienstleistung → RDG § 1 Rn. 1 ff. und → MediationsG § 2 Rn. 256 ff.).[128]

214 Hauptleistungspflicht der Medianden dagegen ist die **Zahlung der vereinbarten Vergütung** an den Mediator.[129] Diese sollte ausreichend klar beschrieben werden. Regelungsbestandteile der Vergütungsabrede können sein:
- Höhe des Stundensatzes
- Berechnung von etwaigen Vor- und Nachbereitungszeiten
- Fälligkeit der Vergütung
- gesamtschuldnerische Haftung für die Vergütung
- Anforderungen von Vorschüssen
- Erstattung von Auslagen
- Klarstellung, ob Umsatzsteuer erhoben wird oder nicht

215 Darüber hinaus könnte die Mediations-Rahmenvereinbarung auch noch weitere Regelungen[130] enthalten, etwa zu Fällen der Schlecht- oder Nichtleistung. Insbesondere auf Haftungsregelungen[131] wird aber üblicherweise verzichtet, so dass im Haftungsfall das Dienstvertragsrecht bzw. das allgemeine Schuldrecht gilt (→ MediationsG § 2 Rn. 26 ff., zur Haftung des Notarmediators → M. Rn. 24). Dies dürfte auch sachgerecht sein. Da bis-

---

cker/Pielsticker § 2 Rn. 164 findet sich ein gesonderter Formulierungsvorschlag, in dem die Parteien die Erfüllung der Informationspflichten bestätigen.
126 Formulierungsvorschläge bei Fritz/Pielsticker/Pielsticker § 3 Rn. 102 f.
127 Fritz/Pielsticker/Pielsticker § 3 Rn. 103 empfiehlt, diese Informationen auf der Homepage zur Verfügung zu stellen. Dann könne im Mediations-Rahmenvertrag darauf verwiesen werden (Formulierungsvorschlag aaO Rn. 104).
128 Eidenmüller/Wagner/Eidenmüller Kap. 4 Rn. 39 ff.
129 Zur Vergütung in der Mediation vgl. Eidenmüller/Wagner/Eidenmüller Kap. 4 Rn. 53 ff., und ausführlich Eidenmüller/Wagner/Engel Kap. 10; Bertolino, S. 193 ff., beschäftigt sich ausführlich mit Vergütungsmodellen mit Musterklauseln auf S. 213. In der innerbetrieblichen Mediation wird die Vergütung dagegen meist nicht von den Teilnehmern der Mediation, sondern vom Unternehmen gezahlt.
130 Beispiele zu weiteren möglichen Regelungsinhalten bei Haft/Schlieffen Mediation-HdB/Fischer § 25 Rn. 65.
131 Durchaus häufiger vorgeschlagen werden jedoch Haftungsbegrenzungen, vgl. etwa die Muster bei Nölting, 243; Bertolino, S. 164 oder bezogen auf Anwälte bei Frieser/Sarres/Stückemann/Tschichoflos/Stückemann Kap. 1 G Rn. 1006. Notare können ihre Amtshaftung als Mediatoren gemäß § 19 BNotO nicht begrenzen.

lang durch Rechtsprechung und Literatur ein objektiver Leistungsstandard nicht etabliert wurde, müsste dieser vertraglich ausgeformt werden. Dies würde den Mediations-Rahmenvertrag und damit Phase 1 des Mediationsverfahrens jedoch überfrachten.

ee) Vereinbarungen zum Verfahren. Sodann enthält die Mediations-Rahmenvereinbarung in der Regel Regelungen aller Vertragsparteien zum Ablauf des Mediationsverfahrens. Das können zB sein: 216

- der Ort des Mediationsverfahrens;
- Zeiten der Mediationssitzungen bzw. Regelungen zur Terminabsprache;
- die Vereinbarung von Präsenz- und/oder Onlinesitzungen;[132]
- Terminabsagen (Fristen, Rechtsfolgen bei nicht fristgerechter Absage);
- die Erlaubnis/das Verbot, Einzelgespräche zu führen;
- bei einer Vielzahl von Beteiligten Regelungen zur Vertretung von Beteiligtengruppen;
- Absprachen zur rechtlichen Prüfung des Mediationsergebnisses;
- Vereinbarungen zur Rolle/Einbeziehung von Anwälten;
- Regelungen zur Dauer und zur Beendigung des Mediationsverfahrens.[133]

ff) Schlussbestimmungen. Der Mediations-Rahmenvertrag kann sodann mit typischen Schlussbestimmungen enden, wie zB: 217

- einer Schriftformklausel für Vertragsänderungen;
- einem Hinweis auf das ergänzend zum Vertrag geltende dispositive Recht; (Mediationsgesetz, Dienstvertrag, berufsrechtliche Regelungen);
- einer Mediationsklausel für den Konfliktfall;
- einer salvatorischen Klausel.

2. Mustertexte. a) Mediations-Rahmenvereinbarung (Gesamtmuster). Es folgt das Muster einer Mediations-Rahmenvereinbarung[134] betreffend einen Erbstreit unter zwei Geschwistern. Die Vereinbarung ist bewusst knapp gehalten und beschränkt sich auf die wesentlichen Bestimmungen. 218

---

132 Bietet ein Mediator Online-Mediationen an, sollte er sich vorab Gedanken über die Themen Datensicherheit, Datenschutz und Vertraulichkeit machen. Dies betrifft vor allem die Auswahl eines geeigneten Videokonferenzsystems (dazu ausführlich Ehrensperger, Vertraulichkeit und Datenschutz bei der Online-Mediation über Videokonferenzen, sowie Ehrensperger, Online-Mediation, Datenschutz und die Wahl eines geeigneten Videokonferenzsystems, ZKM 2021, 175). Ebenfalls zur Online-Mediation vgl. Schmidt/Lapp/May/Lapp § 11 und Trenczek/Berning/Lenz/Will Konfliktmanagement-HdB/Lenz/Schluttenhofer Kap. 3.18. Im Mediationsrahmenvertrag bieten sich vor allem ergänzende Regelungen zur Vertraulichkeit an, entsprechende Kommunikations- und Umgangsregeln finden sich etwa bei Rickert, S. 73. Vgl. weiter Gläßer/Sinemillioglu/Wendenburg, Online-Mediation – Teil 1 und Teil 2, ZKM 2022, 80 ff. und 133 ff.
133 Haft/Schlieffen Mediation-HdB/Fischer § 25 Rn. 52–61.
134 Weitere Gesamtmuster zB bei Trenczek/Berning/Lenz/Will Konfliktmanagement-HdB/Berning/Lenz/Trenczek Abschnitt 7.2, und Frieser/Sarres/Stückemann/Tschichoflos/Stückemann Kap. 1 G Rn. 1005 ff.; Frieser/Sättler Kap. 7 Rn. 12; Fritz/Pielsticker/Pielsticker § 2 Rn. 165; Wermke/Winheller/Kittl Praxishandbuch Mediation, 3. Aufl. 2016, 77 ff.; Rabe/Wode, S. 140 ff.; lediglich zum Verhältnis zwischen Mediator/en und Konfliktparteien finden sich Muster bei Nölting, 233 ff.

Im Einzelfall kann das Muster ergänzt und erweitert werden. Entsprechende Formulierungsvorschläge finden sich nachfolgend unter Buchstabe b).

219 **Formulierungsvorschlag:**

Mediations-Rahmenvereinbarung

zwischen

Herrn Franz Müller, wohnhaft in ... und

Frau Gabriele Peters geborene Müller, wohnhaft in ...

– nachstehend gemeinsam „Medianden" genannt –

und

Frau Rechtsanwältin Dr. Ute Zander, geschäftsansässig ...

– nachstehend „Mediatorin" genannt –

§ 1 Verfahrensgegenstand

1. Die Medianden sind Geschwister und zu je ½ Anteil Erben ihres am ... verstorbenen Vaters Johann Müller. Zum Nachlass gehören vor allem zwei Immobilien, darunter eine Eigentumswohnung und ein von Frau Peters zuletzt gemeinsam mit ihrem verstorbenen Vater genutztes Einfamilienhaus nebst Einliegerwohnung. Die Medianden sind uneinig über die Auseinandersetzung des Nachlasses, insbesondere über den weiteren Umgang mit den Immobilien.
2. Die Medianden möchten versuchen, alle im Zusammenhang mit dem Konflikt stehenden Themen im Wege einer Mediation außergerichtlich, selbstverantwortlich und einvernehmlich zu regeln.

§ 2 Vereinbarungen der Medianden untereinander

1. Während der Dauer des Mediationsverfahrens dürfen den Verfahrensgegenstand betreffende gerichtliche Verfahren nicht eingeleitet werden.
2. Während der Dauer des Mediationsverfahrens ist die Verjährung etwaiger den Verfahrensgegenstand betreffender Ansprüche gehemmt. [Alt. Während des Mediationsverfahrens ist die Verjährung etwaiger den Verfahrensgegenstand betreffender Ansprüche gehemmt. Die Hemmung endet drei Monate nach Beendigung des Mediationsverfahrens (§ 4 Abs. 4)]
3. Die Medianden sind für die Inhalte des Mediationsverfahrens verantwortlich. Sie werden das Mediationsverfahren fördern und dazu insbesondere alle den Verfahrensgegenstand betreffenden Informationen offen legen und entsprechende Unterlagen zur Verfügung stellen.
4. Eine Pflicht zur Einigung besteht nicht.
5. Kein Mediand darf Äußerungen und Dokumente, die von dem anderen Medianden [einem in das Mediationsverfahren einbezogenen Dritten][135] oder der Mediatorin in das Mediationsverfahren eingebracht wurden, in einem späteren Gerichtsverfahren vortragen, es sei denn, die jeweilige Tatsache hätte auch ohne das Mediationsverfahren vorgetragen werden können. Die Vertraulichkeitsabrede gilt nicht für Tatsachen, die ein Mediand zur Geltendmachung von Ansprüchen oder zur Verteidigung gegen Ansprüche aus oder

---

135 Dritte können etwa Sachverständige oder sonstige nicht als Mediand beteiligte Personen sein.

im Zusammenhang mit diesem Mediations-Rahmenvertrag oder einer das Mediationsverfahren abschließenden Vereinbarung vortragen muss.[136]
6. Die Kosten des Mediationsverfahrens tragen die Medianden zu je ½ Anteil.[137]

§ 3 Vereinbarungen zwischen den Medianden und dem Mediator[138]

1. Die Mediatorin ist unabhängig und allparteilich. Sie ist für keine Seite einseitig als Anwältin tätig.[139] Sie erfüllt ihre Verpflichtungen aus diesem Vertrag höchstpersönlich.
2. Die Mediatorin vermittelt zwischen den Medianden und leitet und strukturiert das Mediationsverfahren. Eine Einigung zwischen den Medianden schuldet sie nicht.
3. Die Mediatorin ist für den organisatorischen Ablauf verantwortlich. Sie stellt die Räumlichkeiten und etwa erforderliche Hilfsmittel.
4. Die Mediatorin ist nach § 4 MediationsG [und dem anwaltlichen Berufsrecht] zur Verschwiegenheit verpflichtet.[140] Die Medianden dürfen die Mediatorin in einem Gerichtsverfahren nicht als Zeugin für Tatsachen benennen, die ihr in Ausübung ihrer Tätigkeit bekannt geworden sind.
5. Die Medianden verpflichten sich gegenüber der Mediatorin als Gesamtschuldner zur Zahlung einer Vergütung in Höhe von EUR …/Stunde zuzüglich der gesetzlichen Umsatzsteuer. Auslagen der Mediatorin werden gesondert abgerechnet. Mit dem vereinbarten Stundensatz wird die in Mediationssitzungen gemeinsam mit den Konfliktparteien verbrachte Zeit abgerechnet. Vor- und Nachbereitungszeiten sind mit abgegolten. Die Mediatorin ist berechtigt, nach jeder Sitzung eine Zwischenrechnung zu stellen.

§ 4 Weitere Vereinbarungen zum Mediationsverfahren

1. Die Mediation findet in den Geschäftsräumen der Mediatorin statt.
2. Die Termine für die Sitzungen werden einvernehmlich festgelegt. Festgelegte Termine sind spätestens 24 Stunden vor der Sitzung abzusagen, ansonsten trägt der absagende Mediand die Vergütung dieser Sitzung allein.
3. Die Sitzungen finden mit allen Medianden statt. Einzelgespräche sind nur im Einverständnis mit allen Medianden zulässig.[141]
4. Die Mediation endet mit

---

136 Vgl. auch Eidenmüller/Wagner/Wagner Kap. 7 Rn. 65. Viele Klauseln nehmen von der Vertraulichkeit auch noch den Fall aus, dass später alle Vertragsparteien in die Offenlegung einwilligen. Dies muss mE aber nicht gesondert festgehalten werden, da es den Parteien später selbstverständlich freisteht, auf den Vertraulichkeitsschutz zu verzichten; Musterklauseln finden sich auch bei Bertolino, S. 140 und Schroth der Zweite, S. 193 f.
137 Bei der üblichen internen Kostenverteilung nach Köpfen könnte diese Regelung auch entfallen, da die dispositive Regelung zum Gesamtschuldnerinnenausgleich nach § 426 Abs. 1 S. 1 BGB zum identischen Ergebnis führt.
138 Eine Musterklausel zur Rolle des Mediators findet sich bei Bertolino, S. 111 f.
139 Bei einer Anwaltsmediatorin kann eine solche Klarstellung das anwaltsuntypische Rollenbild als Mediatorin schärfen.
140 Ggf. kann man § 4 MediationsG auch ausführlicher wiedergeben; etwa um die Erfüllung der Informationspflicht nach § 4 S. 4 MediationsG zu dokumentieren. Oder man verlässt sich ohne vertragliche Erwähnung auf § 4 MediationsG und beschränkt sich im Vertrag auf die nicht im MediationsG geregelte Vertraulichkeitsabrede zwischen den Konfliktparteien.
141 Ziffer 3 könnte im Hinblick auf § 2 Abs. 3 S. 3 MediationsG auch entfallen.

a) der einvernehmlichen Beendigung;
b) der jederzeit zulässigen Kündigung dieses Vertrages durch einen Medianden oder
c) der Kündigung dieses Vertrages durch die Mediatorin, wobei die Mediatorin zur Kündigung nur berechtigt ist, wenn aus ihrer Sicht ein sinnvoller Fortgang der Mediation nicht mehr zu erwarten ist.[142]

§ 5 Schlussbestimmungen
1. Für diesen Vertrag und die Durchführung des Mediationsverfahrens gelten ergänzend das Mediationsgesetz und das Dienstvertragsrecht.
2. Etwaige Änderungen dieses Vertrages bedürfen der Schriftform (§ 126 BGB). Dies gilt auch für eine Änderung dieser Klausel selbst.
3. Soweit eine Bestimmung dieses Vertrags unwirksam sein oder werden sollte, bleiben die übrigen Bestimmungen wirksam. Die unwirksame Bestimmung gilt als durch die ihr am nächsten kommende wirksame Bestimmung ersetzt. Das gleiche gilt für Lücken.

[Ort, Datum, Unterschriften der Medianden und der Mediatorin]

220 **b) Alternative und ergänzende Formulierungen für einzelne Regelungsgegenstände. aa) Vereinbarungen mit beteiligten Anwälten oder anderen Dritten.** Sind die Medianden anwaltlich vertreten, so sollten diese in Phase 1 des Mediationsverfahrens einbezogen werden. Die Phase 1 kann und sollte vom Mediator aktiv genutzt werden, die Rolle der begleitenden Anwälte zu besprechen und zu klären (zur Rollenklärung aus Anwaltssicht → N. Rn. 34 ff.), insbesondere wenn es sich um Anwälte handelt, die mit Mediationsverfahren bislang noch nicht in Berührung gekommen sind. Das verschriftlichte Ergebnis einer solchen **Rollenklärung** (zur Verschwiegenheitspflicht der Anwälte → Rn. 211) könnte wie folgt aussehen, wobei der Text auch als eigener Abschnitt in den Mediations-Rahmenvertrag integriert werden kann:[143]

221 Formulierungsvorschlag:
Als rechtlicher Berater von ... im Mediationsverfahren zwischen ... und ... erkläre ich:
1. Ich werde den mir bekannten Mediations-Rahmenvertrag vom ... im Rahmen meiner anwaltlichen Tätigkeit beachten.
2. Ich bestätige, dass mich mein Mandant zu keinem Zeitpunkt von meinem Zeugnisverweigerungsrecht befreien kann, soweit er sich selbst zur Verschwiegenheit verpflichtet hat.
3. Mir ist das Mediationsverfahren erläutert worden. Mir sind insbesondere die Phasen des Mediationsverfahrens und das Ziel einer interessenbasierten Verhandlungslösung bekannt.

---

142 Vgl. zu dieser Formulierung auch die Kommentierung zu → MediationsG § 2 Rn. 206.
143 Ein ähnliches Muster findet sich bei Trenczek/Berning/Lenz/Will Konfliktmanagement-HdB/Berning/Lenz/Trenczek als Anlage zum Gesamtmuster eines Mediationsvertrages in Abschnitt 7.2; eine Verschwiegenheitsvereinbarung mit Dritten gibt es als Muster bei Frieser/Sättler Kap. 7 Rn. 183, ein Beauftragungsschreiben für einen Sachverständigen im gleichen Werk in Kap. 7 Rn. 189.

4. Meine Aufgaben im Mediationsverfahren bestehen vor allem darin,[144]
   - meinen Mandanten in Phase 2 und 3 bei der Klärung des Sachverhaltes zu unterstützen;
   - in Phase 4 bei der Entwicklung von Lösungsoptionen mitzuwirken [und dazu auch meine vertragsgestaltende Expertise einzubringen];[145]
   - in Phase 5 die Mediationsabschlussvereinbarung [zu formulieren und] rechtlich zu prüfen;
   - meinen Mandanten über Erfolgsaussichten, Dauer und Kosten einer gerichtlichen Konfliktbearbeitung als Alternative zum Mediationsverfahren zu informieren.
5. Ich werde die in Ziffer 4 genannten Aufgaben sowohl innerhalb als auch außerhalb von Mediationssitzungen im Gespräch mit meinem Mandanten wahrnehmen.
6. Die Konfliktparteien werden besprechen und vereinbaren, ob und an welchen Mediationssitzungen die rechtlichen Berater teilnehmen.
7. Die verfahrensleitende Rolle des Mediators wurde mir erläutert. Mir ist bekannt, dass sich der Mediator im Mediationsverfahren vor allem auf die Konfliktparteien und deren Interessen konzentrieren wird. [Sollte ich im Mediationsverfahren stark positionsorientiert und anspruchsbegründend argumentieren, werde ich entsprechende Hinweise des Mediators beachten.]

Werden Dritte gemäß § 2 Abs. 4 MediationsG zum Mediationsverfahren hinzugezogen[146], sollten sich diese gegenüber den Medianden zur Vertraulichkeit verpflichten:[147]

Formulierungsvorschlag:

Frau ... wird als ... am Mediationsverfahren zwischen ... und ... teilnehmen. Sie verpflichtet sich gegenüber den Beteiligten des Mediationsverfahrens zur Verschwiegenheit hinsichtlich aller Umstände, die ihr durch die Teilnahme am Mediationsverfahren bekannt werden. Ausgenommen sind offenkundige Umstände.

..., den ...

[Unterschriften des Dritten und der Medianden]

bb) Verweise auf Verfahrensordnungen. Vor allem die Regelungen in § 4 des Gesamtmusters können vereinfacht und verkürzt werden, wenn auf die bestehende **Verfahrensordnung einer Institution** verwiesen werden kann:

---

144 Der folgende Katalog muss im Einzelfall angepasst werden. Die genaue Rolle hängt auch davon ab, ob der rechtliche Berater an den Mediationssitzungen teilnimmt oder nicht.
145 Insbesondere vertragsgestaltend arbeitende Anwälte können in Phase 4 hilfreiche Ideen entwickeln, die den Vertragsparteien mangels Kenntnis der Regelungsmöglichkeiten nicht zugänglich sind. Das Recht wird hier dann nicht zur Begründung von Positionen/Ansprüchen genutzt, sondern als Werkzeugkasten des Vertragsgestalters und insofern zur Erweiterung der Optionen bzw. des Lösungsraums.
146 Allgemein zur Einbeziehung Dritter, Bertolino, S. 77 ff.
147 Ergibt sich eine solche Verpflichtung bereits aus dem Berufsrecht des eingeschalteten Dritten, ist eine gesonderte Verpflichtung nicht erforderlich. Wird zB ein Notar von den Beteiligten mit dem Entwurf und der Beurkundung der Abschlussvereinbarung betraut, so ist er nach § 18 BNotO umfassend zur Verschwiegenheit verpflichtet.

225 **Formulierungsvorschlag:**

Für das Mediationsverfahren gelten im Übrigen die Bestimmungen der Mediationsverfahrensordnung der .... Die Verfahrensordnung wird dem Mediations-Rahmenvertrag in der Anlage beigefügt.

226 **cc) Protokollierung.** Ob und wie der **Verlauf oder die Ergebnisse** der einzelnen Mediationssitzungen **protokolliert** werden (dürfen), kann im Mediations-Rahmenvertrag geregelt werden.[148] Hier einige mögliche Musterformulierungen:

227 **Formulierungsvorschlag:**

Die Mediatorin fertigt nach jeder Sitzung ein Protokoll, das sie den Medianden [innerhalb von ... Tagen] zur Verfügung stellt. Dem Protokoll werden als Anlage jeweils Fotos der gemeinsam erarbeiteten Zwischenergebnisse der Mediation beigefügt.

[oder]

Die Mediatorin wird den Medianden nach jeder Sitzung ein Fotoprotokoll der gemeinsam erarbeiteten Zwischenergebnisse der Mediation übersenden.

[oder]

Die Mediatorin wird zum Eigengebrauch Protokolle von jeder Sitzung anfertigen. Die Medianden haben kein Einsichtsrecht. [Die Mediatorin ist berechtigt, die Protokolle zur Dokumentation des Mediationsfalles etwa im Rahmen einer Zertifizierung oder einer Supervision zu verwenden. Dazu hat sie alle vertraulichen Daten zu anonymisieren.]

228 **dd) Kostentragung.** Zur Vergütungsabrede in § 3 Ziffer 5 des Gesamtmusters sind verschiedene Abwandlungen denkbar.[149] So kann etwa vereinbart werden, dass zunächst ein **Kostenvorschuss** zu zahlen ist:

229 **Formulierungsvorschlag:**

Vor der ersten Mediationssitzung haben die Medianden einen Kostenvorschuss in Höhe von 4 Stundensätzen, also insgesamt in Höhe von ... EUR zu zahlen.

230 Sofern **Vor- und Nachbereitungszeiten** anders als im Gesamtmuster vorgeschlagen gesondert abgerechnet werden, könnte dies wie folgt formuliert werden:

231 **Formulierungsvorschlag:**

Mit dem vereinbarten Stundensatz wird die in Mediationssitzungen gemeinsam mit den Konfliktparteien verbrachte Zeit abgerechnet. Vor- und Nachbereitungs-

---

148 Insbesondere bei Mediationen, die weniger auf einem konkreten Konflikt beruhen, sondern eher auf Entscheidungsfindung gerichtet sind (zB Unternehmensnachfolge, Neuausrichtung eines Unternehmens etc) bietet sich eine weitgehende Protokollierung an, um Zwischenergebnisse festzuhalten, insbesondere wenn längere Zeiträume zwischen den Sitzungen liegen. Ein Muster für ein Protokoll in Form eines Berichtsschreibens sowie andere hilfreiche Schreiben für die Zeit zwischen einzelnen Mediationsterminen finden sich bei Frieser/Sättler Kap. 7, etwa in Rn. 98, 100 und 121.

149 Muster für die Honorarvereinbarung finden sich auch zB bei Fritz/Pielsticker/Fritz § 1 Rn. 56, bei Frieser/Sarres/Stückemann/Tschichoflos/Stückemann Kap. 1 G Rn. 1005, 1011 oder sehr ausführlich bei Frieser/Sättler Kap. 7 Rn. 240 ff.

zeiten werden zusätzlich abgerechnet und sind von der Mediatorin zu dokumentieren.

Ob Vor- und Nachbereitungszeiten zusätzlich abgerechnet werden sollten, ist einzelfallabhängig zu entscheiden. Wird lediglich die Präsenzzeit in den Mediationssitzungen abgerechnet, hat dies den Vorteil größtmöglicher Transparenz für die Beteiligten. Umgekehrt wird man den Stundensatz höher ansetzen müssen, damit der Vor- und Nachbereitungsaufwand nicht ohne Vergütung bleibt. 232

Besonderheiten gelten im Übrigen dann, wenn die **Kosten** der Mediation nicht von den Medianden, sondern **von einer dritten Person** als Auftraggeber übernommen werden.[150] Zusätzlich können Regelungen zu Reise- und Übernachtungskosten oder zu etwaigen Gutachterkosten mit aufgenommen werden. Klargestellt werden könnte weiter, dass jeder Mediand die Kosten seiner anwaltlichen Beratung selbst übernimmt. 233

ee) Regelungen zu Einzelgesprächen. Sollen Einzelgespräche (→ MediationsG § 2 Rn. 139 ff.)[151] geführt werden, ist das Thema Vertraulichkeit für die Einzelgespräche gesondert zu regeln, entweder bereits vorab in der Mediations-Rahmenvereinbarung oder ad hoc, wenn sich die Notwendigkeit von Einzelgesprächen ergibt. Das Gesamtmuster könnte in § 4 Ziffer 3 um folgenden Satz ergänzt werden: 234

Formulierungsvorschlag: 235

In Einzelgesprächen offenbarte Informationen sind von der Mediatorin vertraulich zu behandeln, solange der betroffene Mediand nicht der Offenlegung gegenüber dem [den] anderen Medianden ausdrücklich zustimmt.

ff) Verfahrensabsprachen für juristische Personen/Gesellschaften oder größere Gruppen. Sind an einem Mediationsverfahren nicht nur natürliche Personen beteiligt, stellt sich die Frage, wer als Vertreter in der Mediationssitzung mitwirken soll und welche Befugnisse ein solcher Vertreter mitbringen muss. § 4 Ziffer 3 wäre dann entsprechend anzupassen: 236

Formulierungsvorschlag: 237

Herr ... nimmt persönlich an den Sitzungen teil. Die ... GmbH wird durch ihre einzelvertretungsberechtigte Geschäftsführerin Frau ... vertreten.

Sollen insbesondere bei größeren Organisationen Bevollmächtigte auftreten[152], ist zu gewährleisten, dass diese erstens mit dem Konflikt vertraut sind und zweitens über ausreichende Entscheidungsbefugnisse verfügen: 238

Formulierungsvorschlag: 239

Die ... AG darf sich durch ihre Vorstandsmitglieder oder durch Bevollmächtigte vertreten lassen. Die ... AG hat zu gewährleisten, dass die an den Sitzungen teil-

---

150 Übernimmt zB in Gesellschafterstreitigkeiten die Gesellschaft die Kosten der Mediation, ist dies klarzustellen. Die Gesellschaft sollte dann auch im Rubrum erwähnt werden und den Vertrag durch ihre vertretungsberechtigten Organe mit unterschreiben.
151 Zu Einzelgesprächen auch Eidenmüller/Wagner/Eidenmüller Kap. 5 Rn. 19 ff.; ein Muster zur Vereinbarung von Einzelgesprächen während eines laufenden Verfahrens findet sich bei Frieser/Sättler Kap. 7 Rn. 135.
152 Zum vertraglichen Umgang mit Mehrparteienmediationen vgl. Bertolino, S. 75 ff.

nehmenden Personen mit dem Konflikt vertraut sind und von ihrer Vertretungsmacht her den Konflikt beilegen können.

240 Insbesondere bei **Mediationen im öffentlich-rechtlichen Bereich** stellt sich das Sonderproblem, dass für eine geeignete Repräsentation größerer – teilweise nicht rechtlich organisierter Gruppen – gesorgt werden muss. Hier bestehen besondere Herausforderungen noch vor dem eigentlichen Beginn des Mediationsverfahrens, die sich auf die Analyse der Konfliktlandschaft und die Gestaltung eines geeigneten Verfahrensdesigns beziehen (→ Einl. Rn. 26).[153] Die zu treffenden Regelungen sind jedoch stark einzelfallbezogen, so dass hier auf eine Musterformulierung verzichtet wird.

241 Auch bei **Mediationen in Wohnungseigentümergemeinschaften** kann sich das Problem stellen, den Teilnehmerkreis zu definieren. Je nach Art des Konflikts ist in der Mediations-Rahmenvereinbarung zu regeln, wer für wen auftritt. Die Gesamtheit der Eigentümergemeinschaft kann hierbei regelmäßig durch den bestellten Verwalter repräsentiert werden, insbesondere wenn Konflikte zwischen der Gemeinschaft und einzelnen Eigentümern bestehen. Geht es um das Verhalten und die Person des Verwalters selbst, so kann für die Repräsentation der Eigentümergemeinschaft im Mediationsverfahren auf den Beirat zurückgegriffen werden, falls ein solcher vorhanden ist. Bei Konflikten zwischen einzelnen Wohnungseigentümern kann das Mediationsverfahren auch nur zwischen diesen durchgeführt werden, ggf. unter Beteiligung des mit dem Gesamtobjekt vertrauten Verwalters. Hier ein Formulierungsvorschlag für einen rechtlich unverbindlichen Verfahrenshinweis, der die Komplexität anerkennt und gleichzeitig Tipps für die mögliche Konfliktbearbeitung gibt:

Formulierungsvorschlag:
1. Konflikte innerhalb der Wohnungseigentümergemeinschaft können auftreten. Die Eigentümergemeinschaft besteht über viele Jahre. Unterschiedliche Menschen mit verschiedenen Interessen treffen aufeinander und bewirtschaften und bewohnen gemeinsam eine Immobilie. Der Verwalter moderiert und strukturiert die Entscheidungsprozesse und sorgt für die Umsetzung.
2. Auftretende Meinungsverschiedenheiten und Konflikte sollen möglichst konstruktiv gelöst werden, vorrangig durch Verhandlungen. Im Rahmen von Verhandlungen kann über den Inhalt der Verhandlungen, den Zeitrahmen, die Kosten und das Ergebnis der Verhandlungen selbstbestimmt entschieden werden.

Die Verhandlungen können unterstützt werden, indem

a) der Verwalter konkrete Vorschläge zum Umgang mit Konflikten unterbreitet;

b) neutrale Dritte (zum Beispiel ein Mediator) hinzugezogen werden, die die Verhandlungen moderieren;

c) Klärungsprozesse an Sachverständige delegiert werden;

d) einzelne Miteigentümer oder der/ein Verwaltungsbeirat stellvertretend Verhandlungen führen mit dem Ziel die Verhandlungsgruppe klein zu halten;

e) ein Verwaltungsbeirat bestellt wird, wenn es vorher keinen gab.

---

153 Vgl. Haft/Schlieffen Mediation-HdB/Holznagel/Ramsauer § 40 Rn. 39.

Auch beauftragte Rechtsanwälte sollen vorrangig Verhandlungslösungen anstreben und ihre Parteien über alternative Konfliktlösungsmöglichkeiten beraten und diese in ihre Überlegungen mit einbeziehen.

3. Die Delegation der Streitentscheidung an ein Gericht sollte vor diesem Hintergrund das letzte Mittel sein, auch um die Funktionsfähigkeit der Eigentümergemeinschaft für die Zukunft zu erhalten. Die vorstehenden Bestimmungen stehen der Einleitung eines Gerichtsverfahrens jedoch ausdrücklich nicht entgegen.

gg) Der Auftraggeber ist selbst keine Konfliktpartei. Insbesondere bei der innerbetrieblichen Mediation (→ Einl. Rn. 25) gibt es häufiger die Konstellation, dass der Auftraggeber und Veranlasser der Mediation selbst keine Konfliktpartei ist, etwa wenn es um Konflikte zwischen einzelnen Mitarbeitern oder einzelnen Teams/Abteilungen innerhalb eines Unternehmens geht (→ D. Rn. 43). Bei der Abfassung des Mediations-Rahmenvertrages sind hier vor allem folgende Besonderheiten zu beachten (Muster → D. Rn. 44):[154]

- der Auftraggeber und die Medianden sind unterschiedliche Personen;
- Schuldner des Honorars ist der Auftraggeber; ggf. Abklärung eines Gesamtkostenrahmens;
- es ist zu regeln, ob und wann der Auftraggeber die Mediation beenden kann;
- die Unabhängigkeit des Mediators ist festzuschreiben; er unterliegt keinen Weisungen des Auftraggebers;
- der Auftraggeber steht dem Mediationsverfahren ergebnisoffen gegenüber;
- es ist klarzustellen, dass die Verschwiegenheitsverpflichtung auch gegenüber dem Auftraggeber gilt; Ausnahmen dazu (die Konfliktlösung bedarf der Mitwirkung des Auftraggebers) sind zu regeln; vielfach wird auch vereinbart, dass der Auftraggeber über das – von den Medianden vereinbarte[155] – Ergebnis des Verfahrens informiert wird (→ D. Rn. 34);
- der Auftraggeber erklärt, dass er die gefundene Konfliktlösung akzeptieren und an der Umsetzung mitwirken wird, wobei etwaige Gestaltungsgrenzen angegeben werden können;
- die Freiwilligkeit der Teilnahme (zur Freiwilligkeit bei innerbetrieblichen Mediationen → D. Rn. 36 f.) seitens der Medianden und die Beendigungsmöglichkeiten durch die Medianden sind festzulegen.

hh) Absprachen zur rechtlichen Prüfung des Mediationsergebnisses. Bereits in Phase 1 kann besprochen und geregelt werden, auf welche Weise die Ergebnisse des Mediationsverfahrens rechtlich geprüft werden sollen. Insbesondere bei Mediatorinnen und Mediatoren ohne eigene juristische Expertise kann es sinnvoll sein, die spätere Rechtskontrolle bereits zu Be-

---

154 Qualitätsstandards für innerbetriebliche Konfliktbearbeitung nach den Prinzipien der Mediation werden vom BMWA e.V. bereitgestellt, abrufbar unter www.bmwa-deutschland.de, zuletzt abgerufen am 26.8.2023, abgedruckt auch bei Trenczek/Berning/Lenz/Will Konfliktmanagement-HdB/Lenz Abschnitt 7.3.
155 Den Inhalt des Ergebnisses bestimmen allein die Medianden, so dass diese Offenlegung gegenüber dem Auftraggeber unproblematisch ist, Greger/Unberath/Steffek/Greger D. Rn. 316.

ginn zu thematisieren. Der folgende Hinweis könnte etwa im Gesamtmuster in § 4 ergänzt werden:

244 **Formulierungsvorschlag:**

Nach der Verständigung auf eine einvernehmliche Lösung und deren Skizzierung in Stichpunkten wird zwischen der Mediatorin und den Medianden besprochen, wie die Lösung rechtlich geprüft und in eine verbindliche Abschlussvereinbarung überführt werden soll.[156]

[Oder, wenn alle Seiten anwaltlich vertreten sind:]

Nach der Verständigung auf eine einvernehmliche Lösung wird diese in Stichpunkten skizziert und in einer gemeinsamen Sitzung mit den anwaltlichen Beratern der Medianden besprochen. In der Sitzung wird sodann entschieden, wer den Entwurf der Abschlussvereinbarung erstellen soll.

[Oder, wenn das Ergebnis typischerweise notariell beurkundet werden muss:]

Nach der Verständigung auf eine einvernehmliche Lösung wird diese in Stichpunkten skizziert und in einer gemeinsamen Sitzung mit Frau Notarin ... besprochen. Die Notarin soll sodann den Entwurf der Abschlussvereinbarung erstellen.

245 In allen Fällen kann es zusätzlich sinnvoll sein, klarzustellen, dass der **nichtjuristische Mediator** keine Rechtsdienstleistung nach dem RDG erbringt (allgemein zum RDG → RDG § 1 Rn. 1 ff.).[157]

Formulierungsvorschlag:

Die Mediatorin stellt klar, dass sie keine rechtlichen Regelungsvorschläge unterbreiten und keine Rechtsdienstleistung im Sinne des Rechtsdienstleistungsgesetzes erbringen wird.

246 Immer wenn die rechtlichen Berater nicht ohnehin am gesamten Mediationsverfahren beteiligt sind, macht es Sinn, diese in einem **gemeinsamen Termin** über die Ergebnisse des Mediationsverfahrens zu informieren, bevor der Entwurf der Abschlussvereinbarung erstellt wird. Nur in einem solchen Gespräch können die für das Ergebnis maßgeblichen Interessen der Beteiligten erläutert und etwaige Rückfragen der Rechtsberater im Dialog geklärt werden. Wenn der Mediator selbst juristische Expertise besitzt, kann er das Ergebnis auch selbst in einen rechtlich verbindlichen Text überführen:

247 **Formulierungsvorschlag:**

Nach der Verständigung auf eine einvernehmliche Lösung wird die Mediatorin eine Abschlussvereinbarung entwerfen. Sodann erhalten die Medianden Gelegenheit, den Entwurf der Abschlussvereinbarung rechtlich prüfen zu lassen.

248 **ii) Verweis auf das eigene Berufsrecht des Mediators.** In den Schlussbestimmungen kann weiter zusätzlich auf das für den konkreten Mediator geltende **Berufsrecht** verwiesen werden, etwa wie folgt:

249 **Formulierungsvorschlag:**

Für diesen Vertrag und die Durchführung des Mediationsverfahrens gelten ergänzend das Mediationsgesetz, das Dienstvertragsrecht sowie das für Anwälte [al-

---

156 Mit einer solchen Klausel dokumentiert der Mediator zudem einen Hinweis gemäß § 2 Abs. 6 S. 2 MediationsG.
157 Vgl. Eidenmüller/Wagner/Eidenmüller Kap. 4 Rn. 39 ff.

ternativ: Notare/Psychologen/Steuerberater/Wirtschaftsprüfer/etc] geltende Berufsrecht.

IV. Abschlussvereinbarung

1. Standort im Mediationsverfahren. Die Abschlussvereinbarung (→ MediationsG § 2 Rn. 243 ff.)[158] steht am Ende des Mediationsverfahrens und gehört zu dessen Phase 5 (zur Phasenstruktur → MediationsG § 2 Rn. 82 ff.),[159] wobei es einen fließenden Übergang zwischen den Phasen 4 (Lösungsfindung) und 5 (Abschluss) gibt. Während am Ende von Phase 4 regelmäßig eine in Stichpunkten formulierte Gesamtlösungsskizze vorliegt, gehören zur Phase 5 vor allem das Ausformulieren und die abschließende Prüfung der gefundenen Lösung. 250

2. Unterscheidung nach dem Grad der Verrechtlichung. Nach dem Grad der Verrechtlichung können zwei verschiedene Arten von Abschlussdokumenten unterschieden werden.[160] So gibt es Mediationsverfahren, deren Ergebnis in der Wiederherstellung einer funktionierenden Beziehung zwischen den Verfahrensbeteiligten besteht oder in der Aufklärung eines Missverständnisses. Hier wird es regelmäßig nicht darum gehen, das Ergebnis in einer rechtlich verbindlichen Form zu dokumentieren. In anderen Fällen hingegen, zB der Einigung über nacheheliche Unterhaltszahlungen oder der Verteilung des Nachlassvermögens, soll die gefundene Lösung in eine justiziable Form gebracht werden. Zur Abgrenzung kann folgende **Testfrage** gestellt werden: Soll das, was die Medianden vereinbaren, im späteren Streitfall auch vor einem Gericht durchsetzbar sein?[161] Im Falle einer positiven Antwort ist bei der Formulierung und Prüfung der Abschlussvereinbarung rechtliche, insbesondere vertragsgestaltende Expertise gefragt. Die auf den Rechtsbindungswillen zielende Testfrage ist auch für die Einordnung der Prüfung und Formulierung der Abschlussvereinbarung als Rechtsdienstleistung zentral (→ MediationsG § 2 Rn. 256 ff. und → RDG § 2 Rn. 22). 251

3. Allgemeine Prüfungskriterien für die Abschlussvereinbarung. Die Abschlussvereinbarung basiert auf dem vorangegangenen Mediationsverfahren. Ihre Inhalte fassen die Ergebnisse des Verfahrens zusammen. Die allgemeinen Prüfungskriterien für die Abschlussvereinbarung ergeben sich in erster Linie vor allem aus dem Mediationsverfahren selbst.[162] 252

---

158 Vgl. zu den rechtlichen Gesichtspunkten der Abschlussvereinbarung allgemein Haft/Schlieffen Mediation-HdB/Fischer § 25 Rn. 88 ff.; Trenczek/Berning/Lenz Konfliktmanagement-HdB Abschnitt 4.4 Rn. 20 ff., und Eidenmüller/Wagner/Hacke Kap. 6.
159 Es gibt auch andere Unterteilungen der Phasen. Die Bezugnahme auf das Fünfphasenmodell soll dieses nicht absolut setzen, sondern lediglich die Verortung der Abschlussvereinbarung verdeutlichen.
160 Vgl. Harms/Schmitz-Vornmoor ZKM 2013, 154 (156).
161 Zu dieser Testfrage vgl. Harms/Schmitz-Vornmoor ZKM 2013, 154 (156); letztlich geht es um den Rechtsbindungswillen, so Eidenmüller/Wagner/Hacke Kap. 6 Rn. 20.
162 Eidenmüller/Wagner/Hacke Kap. 6 Rn. 7 ff., legt dagegen den Fokus auf die aus der US-amerikanischen Praxis stammende Maxime „Do it SMART", aus der sich hilfreiche Hinweise für den Vertragsgestalter ableiten lassen. Das konkrete Mediationsverfahren gerät dabei aber in Gefahr, aus dem Blick zu geraten.

253 So ist zunächst eine **Vollständigkeitskontrolle** vorzunehmen. Geprüft wird, ob die von den Medianden zu Beginn der Mediation entwickelte Themenliste vollständig abgearbeitet worden ist. Sollten sich bei der Formulierung und Prüfung der Abschlussvereinbarung weitere Themen ergeben, an die zuvor nicht gedacht worden ist, können für diese Themen – soweit erforderlich – die Verfahrensschritte der Mediation erneut durchlaufen werden. Auch die Interessenprofile (Werden alle wesentlichen Interessen ausreichend befriedigt?) und Lösungsvorschläge können für die Vollständigkeitskontrolle herangezogen werden.

254 Sodann findet eine **Fairnesskontrolle** statt. „Fair" im Sinne dieses Prüfungsschrittes ist die Abschlussvereinbarung nur, wenn die im Mediationsverfahren herausgearbeiteten Interessen der Beteiligten ausreichend berücksichtigt und umgesetzt werden. Wichtig ist, dass es um keine objektive Fairnesskontrolle geht, sondern um eine subjektive anhand der (unterschiedlichen) Interessen der Beteiligten.

255 **Maßstab für die Prüfung** der Abschlussvereinbarung sind daher vor allem die **Themensammlung** (Phase 2) und die jeweiligen **Interessenprofile** der Beteiligten (Phase 3). Wurden die Arbeitsergebnisse der Phasen 2 und 3 auf Flipcharts oder auf andere Weise festgehalten, sollten diese für die Prüfung der Abschlussvereinbarung erneut zugänglich gemacht werden.

256 Weiter sollte die Abschlussvereinbarung auf ihre **Praktikabilität und Umsetzbarkeit**[163] geprüft werden. Ggf. sind ergänzende Vereinbarungen zu treffen, wie nicht erfüllte Verpflichtungen sanktioniert werden können. Auch die Vollstreckbarkeit von Verpflichtungen kann hier ein Thema sein.

257 Jeder einzelne Mediand kann und sollte die Abschlussvereinbarung zudem unter dem Gesichtspunkt seiner **Alternativen zu der verhandelten Lösung** prüfen. Hier wäre die Abschlussvereinbarung der sogenannten best alternative to a negotiated agreement (**BATNA**) gegenüberzustellen.[164]

258 **4. Juristische Formulierung und Prüfung der Abschlussvereinbarung.** Soll eine rechtsverbindliche Abschlussvereinbarung formuliert und gestaltet werden, sind über Ziffer 3 hinaus die folgenden Gesichtspunkte zu beachten.

259 **a) Ziel und Inhalt der juristischen Formulierung/Prüfung.** Die juristische Formulierung und Prüfung der Abschlussvereinbarung hat folgende Ziele:

- Verstößt das ausgehandelte Ergebnis gegen **Grenzen der Vertragsgestaltung?** Über zwingendes Gesetzesrecht und gesetzliche Verbote (§ 134 BGB) dürfen sich die Medianden nicht hinwegsetzen (→ MediationsG § 2 Rn. 307). Eine weitere Grenze ist eine etwaige Sittenwidrigkeit nach § 138 BGB.[165]

---

163 Hier kann vor allem kann die Maxime „Do it SMART" (s=specific, m=measurable, a=achievable, r=realistic, t=timed), die Eidenmüller/Wagner/Hacke Kap. 6 Rn. 7 ff., erläutert, hilfreiche Dienste leisten.
164 Dieser Vergleich kann bei rechtlich relevanten Konflikten auch unter spezifisch juristischer Perspektive angestellt werden, vgl. nachfolgend → Rn 259.
165 Eidenmüller/Wagner/Hacke Kap. 6 Rn. 32 ff.

- Sind im Hinblick auf die Abschlussvereinbarung bestimmte **Formvorschriften** zu beachten (→ MediationsG § 2 Rn. 302 ff.),[166] insbesondere eine etwaige notarielle Beurkundungsform?[167]
- Ist das ausgehandelte Ergebnis besser als einseitig umsetzbare Optionen (insbesondere Vergleich mit den **Erfolgsaussichten** einer **streitigen gerichtlichen Auseinandersetzung**)?[168]
- Welche **Ideen** für eine **Erweiterung** oder **Verbesserung der gefundenen Lösung** können aus vertragsgestaltender Perspektive beigesteuert werden? Bisher von den Medianden in Phase 4 übersehene Gestaltungsmöglichkeiten können so auch im Rahmen der rechtlichen Prüfung in den Verhandlungsprozess eingeführt werden.
- Wie lässt sich die Verhandlungslösung klar, verbindlich, rechtssicher und im Einzelfall auch vollstreckbar (→ MediationsG § 2 Rn. 310 ff.) **formulieren?**

b) Beteiligte der juristischen Formulierung/Prüfung. Wer die Abschlussvereinbarung formuliert und prüft, kann nicht allgemein beantwortet werden, sondern hängt von verschiedenen Umständen ab. Die Formulierung einer rechtsverbindlichen Abschlussvereinbarung ist zunächst eine **Rechtsdienstleistung** im Sinne des Rechtsdienstleistungsgesetzes (→ RDG § 2 Rn. 20 ff.). Mediatoren können und dürfen die Abschlussvereinbarung daher nur dann selbst abschließend gestalten, wenn sie zur Rechtsberatung nach dem Rechtsdienstleistungsgesetz befugt sind.[169] Das gilt vor allem für Rechtsanwälte und Notare (zu weiteren zur Erbringung von Rechtsdienstleistungen befugten Berufsträgern → RDG § 3 Rn. 5 ff.).

Ist der **Mediator** selbst zur **Rechtsberatung** befugt und formuliert er die Abschlussvereinbarung, so hat er die Beteiligten nach § 2 Abs. 6 S. 2 MediationsG auf die Möglichkeit hinzuweisen, die Vereinbarung durch externe (Rechts-)Berater prüfen zu lassen. Sind die Medianden bereits im Mediationsverfahren anwaltlich vertreten (zur Mediationsbegleitung durch Rechtsanwälte → N. Rn. 1 ff.), erfolgt die Überprüfung durch diese Rechtsanwälte.

Die Formulierung der Abschlussvereinbarung kann auch an **externe Rechtsberater delegiert** werden. Der nicht zur Rechtsberatung befugte Mediator ist sogar dazu verpflichtet. Ist die Abschlussvereinbarung notariell zu beurkunden,[170] bietet sich hierfür die Beauftragung eines Notars an; dieser ist – wie der Mediator – als unabhängiger und unparteilicher Dritter für alle Medianden tätig und von vornherein zu einer ausgewogenen Vertragsgestaltung verpflichtet (→ M. Rn. 48 ff.).

---

166 Entgegen Fritz/Pielsticker/Pielsticker § 2 Rn. 155 ist keine Schriftform erforderlich, vgl. auch Eidenmüller/Wagner/Hacke Kap. 6 Rn. 32, der aber dazu rät, im Mediations-Rahmenvertrag bereits die Schriftform für die Abschlussvereinbarung vertraglich zu vereinbaren.
167 Vgl. dazu Eidenmüller/Wagner/Hacke Kap. 6 Rn. 32 ff.
168 Vgl. → Rn. 157 bzw. bereits vorstehend Ziffer 3 a.E.
169 Einzelheiten dazu bei Eidenmüller/Wagner/Hacke Kap. 6 Rn. 123 ff.
170 Beurkundungspflichten bestehen vor allem im Immobilienrecht, dem Familienrecht, dem Erbrecht und dem Gesellschaftsrecht, sämtlich mediationsgeeignete Rechtsgebiete.

263 Soll ein Rechtsanwalt die Abschlussvereinbarung formulieren, so wird es sich dabei in der Regel um den Anwalt eines Konfliktbeteiligten handeln, der rechtlich allein dessen Interessen verpflichtet ist. Hier ist der Überprüfung durch die andere Seite ausreichend Raum und Zeit einzuräumen. Außerdem ist zu klären, welcher Anwalt hier tätig werden soll.

264 **c) Gestaltung der Schnittstelle zu rechtlichen Beratern, die nicht an den Mediationssitzungen beteiligt waren.** Damit es bei der Formulierung und Prüfung der Abschlussvereinbarung aus Sicht des Mediators und der Medianden nicht zu unliebsamen Überraschungen kommt, ist es von entscheidender Bedeutung, dem beauftragten Anwalt oder Notar einen fundierten Einblick in das Mediationsverfahren und die erzielte Verhandlungslösung zu verschaffen.[171] Dabei ist es suboptimal und mit den Kommunikationsstandards eines Mediationsverfahrens nur schwer zu vereinbaren, hier dem beauftragen Anwalt oder Notar lediglich im Schriftwege einen Entwurf der Abschlussvereinbarung oder die stichpunktartig zusammengefasste Verhandlungslösung zu überlassen.[172]

265 Die Übergabe an Anwälte oder Notare sollte vielmehr in einem **gemeinsamen Gespräch** zwischen dem Mediator, den Medianden und den rechtlichen Beratern erfolgen. In einem solchen vom Mediator moderierten Gespräch

- können die Inhalte des Verfahrens (einschließlich Themensammlung und Interessenprofilen) erläutert werden;
- können Verständnisfragen geklärt werden;
- kann der Rechtsberater seine vertragsgestaltende Expertise und etwaige zusätzliche Gestaltungsideen einbringen;
- kann der Auftrag an den rechtlichen Berater eindeutig formuliert werden.

266 **5. Sprachstil der Abschlussvereinbarung.** In welchem Sprachstil eine Abschlussvereinbarung verfasst wird, richtet sich zunächst einmal danach, ob diese mit Rechtswirkungen ausgestattet werden soll oder nicht. Soll die Abschlussvereinbarung rechtsverbindlich und gerichtlich durchsetzbar sein, wird man bei der Formulierung der Vereinbarung die **juristische Fachsprache** verwenden, um möglichst eindeutige, präzise und wenig streitanfällige und auslegungsbedürftige Regelungen zu treffen.

267 Auch bei Verwendung der Fachsprache ist es jedoch wichtig, dass sich die prozesshafte Entwicklung des Mediationsergebnisses in der Abschlussvereinbarung widerspiegelt. Um eine größtmögliche Akzeptanz der Abschluss-

---

[171] Ausführlich zur Zusammenarbeit zwischen Mediator und Notar aus notarieller Perspektive mit Musteranschreiben und Kommunikationsvorschlägen Grüner/Schmitz-Vornmoor notar 2012, 147. Auch bei Frieser/Sättler Kap. 7 Rn. 138 f. finden sich Musteranschreiben im Zusammenhang mit der rechtlichen Prüfung, die aber den Wert einer gemeinsamen Vorbesprechung mit dem beurkundenden Notar vernachlässigen.

[172] Auch die Verfahrensvorschläge von Eidenmüller/Wagner/Hacke Kap. 6 Rn. 38 (Notar im „Stand-By-Modus") muten seltsam an und werden der Rolle des Notars und der Funktion des Beurkundungsverfahrens nicht gerecht. Nunmehr selbst gegen den „Event-Charakter" von Wirtschaftsmediationen in einem einzigen Termin und die dadurch gesetzten Fehlanreize: Hacke, Ein neues Modell der Wirtschaftsmediation, ZKM 2016, 168.

vereinbarung zu erreichen, müssen sich die Medianden in dieser wiederfinden. Daher folgende Hinweise:

- die Konfliktgeschichte einschließlich des Mediationsverfahrens ist in allgemeinverständlichen Worten darzustellen;
- die im Mediationsverfahren herausgearbeiteten wesentlichen Interessen gehören ebenfalls in die Abschlussvereinbarung; hier kommt es weniger auf Fachsprache als auf eine möglichst hilfreiche und konstruktive Formulierung der Interessen an;
- trotz Verwendung der juristischen Fachsprache ist einfach und verständlich zu formulieren; drei Hauptsätze sind einfacher zu verstehen als ein Hauptsatz mit zwei verschachtelten Nebensätzen.
- die Medianden sollten in der Abschlussvereinbarung möglichst durchgehend mit ihrem Namen bezeichnet werden. Auf die bei Vertragsgestaltern beliebte Methode, neutrale Bezeichnungen zu wählen („Erwerber", „Käufer", „Eigentümer", „Erbe", „Ehefrau" etc) sollte verzichtet werden. Noch weitergehend kann überlegt werden, grammatikalisch in der ersten Person („ich/wir verpflichte mich/uns") und nicht in der dritten Person („Herr .../die Konfliktparteien verpflichten sich) zu formulieren;[173]
- aktivische Formulierungen sind vorrangig vor passivischen Konstruktionen zu verwenden.

6. Aufbau und typischer Inhalt der Abschlussvereinbarung. a) Rubrum. Im Vertragseingang – Rubrum – werden die Vertragsbeteiligten genannt. Das sind die Medianden. Der Mediator wird hier nur im Ausnahmefall dazugehören, wenn er im Rahmen der verhandelten Lösung selbst Pflichten übernimmt (→ MediationsG § 2 Rn. 252).[174]

b) Vorbemerkung/Präambel. In die Vorbemerkung der Abschlussvereinbarung gehören alle zum Verständnis der Regelung wichtigen Informationen. Die Vorbemerkung dient auch dazu, die hinter den nüchtern-sachlich und juristisch-verbindlich formulierten Absprachen stehenden Wertungen zu verdeutlichen und so in der Abschlussvereinbarung den von den Beteiligten durchlaufenen Mediationsprozess wiederzugeben. Gegenstand der Vorbemerkungen sollte daher sein:

- die Darstellung des Konfliktes,[175] einschließlich etwa anhängiger Gerichts-/Schiedsgerichtsverfahren;
- die Darstellung des Mediationsverfahrens (Beginn, Zeitraum, Zahl der Sitzungen, Person des Mediators/der Mediatoren);

---

[173] Das stellt jedoch für viele Vertragsgestalter einen erhöhten Aufwand dar, da die meisten Muster in der dritten Person formuliert sind. Bei der Ich-Formulierung kann zudem bei mehreren Vertragsbeteiligten unklar sein, wer sich gerade verpflichtet. Das führt dann zu unschönen Formulierungen wie: „Ich, Herr Müller, verpflichte mich ...". Ein Kompromiss kann daher darin bestehen, die Präambel der Abschlussvereinbarung in der ersten Person zu formulieren und sodann in die dritte Person zu wechseln.
[174] Eidenmüller/Wagner/Hacke Kap. 6 Rn. 18.
[175] Hierbei kann auf den Verfahrensgegenstand der Mediationsvereinbarung zurückgegriffen werden. Evtl. sind während der Mediation weitere Themen (Themensammlung in Phase 2) hinzugekommen.

- die Darstellung der im Mediationsverfahren herausgearbeiteten wesentlichen Interessen der Medianden;[176]
- die Wiedergabe zusätzlicher für die Abschlussvereinbarung wichtiger Grunddaten und Sachverhaltsinformationen.[177]

270 c) **Regelungsteil.** Im eigentlichen Regelungsteil folgen die zwischen den Beteiligten getroffenen Vereinbarungen, die mit Rechtswirkungen versehen werden sollen. Der Inhalt, die Struktur und der Aufbau dieses Teils der Abschlussvereinbarung hängen stark vom konkreten Konfliktstoff ab und kann nicht allgemeinverbindlich vorgezeichnet werden. Es lassen sich jedoch folgende Hinweise geben:

271 Sind **mehrere Themen** zu behandeln, so bietet es sich an, den Regelungsteil nach diesen Themen zu **gliedern**. Sodann sollte – auch gliederungstechnisch und/oder durch Überschriften – stets unterschieden werden, **wer welche Verpflichtungen übernimmt**. Werden gemeinsame Erklärungen abgegeben (zB eine Gesellschafterversammlung durchgeführt), ist auch das zu kennzeichnen.

272 Bei der Formulierung von Zahlungs- und/oder sonstigen Verpflichtungen ist auf **präzise Formulierungen** zu achten. Es ist stets auch klarzustellen, gegenüber wem eine Verpflichtung besteht, insbesondere bei einer Vielzahl von Medianden. Soll eine Abschlussvereinbarung **vollstreckbar ausgestaltet** werden (zum notariellen Vollstreckungstitel → M. Rn. 52 ff.), so ist dies ebenfalls bei der Formulierung der Verpflichtung zu beachten.[178] Vollstreckungsfähig sind in der Regel nur solche Formulierungen, die von den Vollstreckungsorganen ohne weitere inhaltliche Prüfungsschritte umgesetzt werden können.[179] Die im Rahmen der gerichtlichen Tituliierung von Ansprüchen zu beachtenden Grundsätze geltend entsprechend.

273 Stets ist zu überlegen, ob und inwieweit die **Rechtsfolgen von etwaigen Pflichtverletzungen** geregelt werden müssen. In manchen Fällen kann es genügen, sich diesbezüglich auf die Regelungen des dispositiven Rechts zu verlassen. In vielen Fällen sind individuelle Absprachen zum Umgang mit Vertragsstörungen erwünscht und sinnvoll. Der Regelungs- und Absicherungsbedarf ist hier umso höher, je länger der Zeitraum zwischen Unterzeichnung und vollständiger Umsetzung der Abschlussvereinbarung dauert. Bestandteile der Abschlussvereinbarung können zum Beispiel sein:[180]

- Rücktrittsrechte der Beteiligten für den Fall der Nichterfüllung besonders wichtiger Verpflichtungen;

---

176 Hier ist auf die im Mediationsverfahren entwickelten Interessenprofile zurückzugreifen.
177 Diese hängen vom konkreten Einzelfall ab. Zu ergänzen wären in einem Gesellschafterstreit zB Angaben zur Gesellschaft, zu den Beteiligungsverhältnissen, zum aktuellen Gesellschaftsvertrag etc In einer Familienmediation werden hier Daten zur Eheschließung, Ehedauer, Trennungszeit, gemeinsamen Kindern etc ergänzt.
178 Zu den Möglichkeiten, einen Vollstreckungstitel zu schaffen, vgl. Meller-Hannich/Weigel/Henschel, S. 56 ff.
179 So prüfen Vollstreckungsorgane zB nicht eigenständig den Eintritt der Fälligkeit einer Zahlungsverpflichtung, sofern diese von weiteren Voraussetzungen als dem Eintritt eines Datums abhängt.
180 Zu vertraglichen Sicherungsmaßnahmen auch Eidenmüller/Wagner/Hacke Kap. 6 Rn. 139 ff.

- die Vereinbarung von Bedingungen/Voraussetzungen, von denen der weitere Vertragsvollzug abhängen soll;
- die Einräumung von akzessorischen oder nichtakzessorischen Sicherheiten;
- Schadensersatzansprüche;
- Vertragsstrafen;
- Sonstige Mängelhaftungsansprüche (Minderung, Nacherfüllung);
- Regelungen zur Verjährung von Ansprüchen.

Bei langen Vertragslaufzeiten, zB bei Unterhaltsvereinbarungen, können auch Vereinbarungen zum **Umgang mit tatsächlichen Veränderungen** getroffen werden. Ggf. kann auch das Mediationsverfahren über die Unterzeichnung der Abschlussvereinbarung hinaus verlängert und bereits ein **Folgetermin** zur Kontrolle der Umsetzung der Abschlussvereinbarung festgelegt werden.

Sind **Gerichtsverfahren** anhängig, werden sich die Beteiligten in der Abschlussvereinbarung typischerweise auch über die **Art und Weise der Beilegung dieser Verfahren** einigen und entsprechende Verpflichtungen zur Klagerücknahme eingehen.

d) **Schlussbestimmungen, Anlagen.** Die Abschlussvereinbarung schließt mit Schlussbestimmungen, die sich auf den gesamten Vertrag beziehen. Darin enthalten sind vor allem

- eine Abgeltungsregelung; in dieser wird klargestellt, ob und inwieweit der Konflikt durch die Abschlussvereinbarung geregelt worden ist; bestehen noch offene Punkte oder sind Themen bewusst ausgeklammert worden, so ist dies ausdrücklich zu benennen;
- eine Regelung, inwieweit des Mediationsverfahren mit der Abschlussvereinbarung beendet worden ist oder nicht;[181]
- Kostenregelungen; dabei werden in vielen Fällen die Regelungen aus der Mediationsvereinbarung wiederholt, teilweise aber auch abweichende Bestimmungen getroffen;
- Klauseln zur Vertraulichkeit oder zur Kommunikation des Mediationsergebnisses gegenüber Dritten oder der Öffentlichkeit;
- Klauseln zur Wirksamkeit von Vertragsänderungen (zB Schriftformklausel);
- Regelungen zum Umgang mit Konflikten im Hinblick auf die Abschlussvereinbarung, zB eine Mediationsklausel/Schiedsgerichtsklausel[182] etc;
- Regelungen zum anwendbaren Recht (bei internationalen Sachverhalten), und zum Gerichtsstand;
- Salvatorische Klausel.

Sofern in der Abschlussvereinbarung auf Anlagen Bezug genommen wird, werden diese der Abschlussvereinbarung beigefügt.

---

181 Vgl. Eidenmüller/Wagner/Hacke Kap. 6 Rn. 25.
182 Ein Muster für eine entsprechende Mediationsklausel findet sich bei Frieser/Sättler Kap. 7 Rn. 144.

277 **7. Abschlussvereinbarung (Gesamtmuster).** Es folgt das Muster einer Mediationsabschlussvereinbarung (Unterhaltsvereinbarung) zwischen zwei bereits geschiedenen[183] Ehegatten.

278 Formulierungsvorschlag:

Abschlussvereinbarung zu einem Mediationsverfahren

zwischen

Herrn Karl Groß, wohnhaft in ..., und

Frau Sybille Groß, wohnhaft in ...

I. Vorbemerkungen
1. Wir haben am ... in ... geheiratet. Seit dem ... sind wir durch rechtskräftigen Beschluss des Amtsgerichts ... – Familiengericht – rechtskräftig geschieden.
Wir haben eine gemeinsame Tochter, nämlich die am 14. Januar ... geborene und derzeit acht Jahre alte Tochter Liliane Groß. Unsere Tochter lebt bei ihrem Vater Herrn Groß.
Ich, Herr Groß, bin in Vollzeit als Versicherungsangestellter bei der ...-Versicherung angestellt und habe derzeit ein monatliches Nettoeinkommen von ca. EUR 2.200 (Steuerklasse II). Ich, Frau Groß, bin als Vertriebsmitarbeiterin im Außendienst bei der Firma ... angestellt und habe ein durchschnittliches monatliches Nettoeinkommen von ca. EUR 2.500,00 (Steuerklasse II).
2. Regelungen zum nachehelichen Unterhalt haben wir vor Abschluss des Scheidungsverfahrens nicht getroffen. Wir sind zunächst beide davon ausgegangen, dass solche Ansprüche angesichts des ungefähr gleichen Einkommens nicht bestehen.
Im Laufe des vergangenen Jahres kam es dann zu Auffälligkeiten bei unserer Tochter Liliane, die unsere Trennung- und Scheidung nicht gut verwunden hat. Sie möchte nicht mehr in die Schule gehen und ist häufig krank. Wir waren uns einig, dass wir etwas unternehmen müssen.
Wir haben uns dann über die Frage, wer beruflich zurückstecken und sich um unsere Tochter kümmern soll und was das finanziell für uns bedeutet, zerstritten und waren zunächst nicht in der Lage, eine einvernehmliche Lösung zu finden.
3. Auf Anraten eines Bekannten haben wir dann im März und April ... ein Mediationsverfahren durchgeführt. Das Verfahren leitete Dipl-Psychologin Susanne Brecker als Mediatorin. Es fanden insgesamt drei Sitzungen statt.
4. Im Rahmen des Mediationsverfahrens haben wir uns umfassend Auskunft über unsere Einnahmen und Ausgaben erteilt und jeweils unsere Interessen herausgearbeitet. Uns beiden ist wichtig, dass unsere Tochter in ihrer aktuell schwierigen Phase durch zumindest einen Elternteil begleitet werden kann. Wir wollen zusammenarbeiten, damit es unserer Tochter möglichst bald wieder besser geht.
Ich, Herr Groß, verfüge über geregelte Arbeitszeiten. Meine Arbeitsstelle befindet sich zudem an meinem Wohnort, so dass ich kaum Fahrzeiten habe. Ich

---

[183] Eine solche Vereinbarung nach Ehescheidung ist privatschriftlich möglich und bedarf keiner notariellen Beurkundung, anders als Unterhaltsvereinbarungen vor Ehescheidung (§ 1585c BGB). Eine notarielle Beurkundung könnte sich gleichwohl als sinnvoll erweisen, wenn die über einen längeren Zeitraum laufende Unterhaltsvereinbarung vollstreckbar ausgestaltet werden soll. Der Notar kann die Vereinbarung in einem solchen Fall auch formulieren und rechtlich prüfen.

bin bereit, meine Arbeitszeiten zu reduzieren; mir ist jedoch wichtig, dass die damit verbundene Gehaltseinbuße von Frau Groß mitgetragen wird.
Ich, Frau Groß, habe sehr unregelmäßige Arbeitszeiten und viele Außentermine wahrzunehmen. Ich finde es daher gut, wenn sich Herr Groß als Vater mehr um Liliane kümmern möchte. Bei mir im Betrieb wird außerdem demnächst eine Beförderungsstelle ausgeschrieben. Falls ich meine Arbeitszeiten reduziere, befürchte ich, bei der Beförderung nicht berücksichtigt zu werden. Ich bin bereit, die finanziellen Einbußen von Herrn Groß teilweise zu kompensieren.
5. Diese Mediationsabschlussvereinbarung wurde durch Herrn Rechtsanwalt Maiwald formuliert und rechtlich geprüft. Herr Rechtsanwalt Maiwald, der von Frau Groß beauftragt wurde, hat uns bereits in unserem Scheidungsverfahren begleitet. Herr Groß verzichtet seinerseits auf eine eigene rechtliche Beratung und Prüfung.
6. Dies vorausgeschickt treffen wir die nachfolgenden Vereinbarungen:

II. Vereinbarung zur Arbeitszeit und zum Unterhalt

1. Herr Groß wird ab dem 1. Juni ... für einen Zeitraum von einem Jahr seine Wochenarbeitszeit auf 25 Stunden reduzieren. Entsprechende Vorabsprachen mit dem Arbeitgeber sind bereits getroffen worden.
2. Frau Groß verpflichtet sich, an Herrn Groß ab Juni ... bis zum Mai des Folgejahres eine monatliche Zahlung in Höhe von EUR 350,00 zu leisten. Die Zahlung ist jeweils bis zum dritten Werktag des Monats fällig. Sollte Frau Groß tatsächlich befördert werden, ist Frau Groß zu einer weiteren Einmalzahlung in Höhe von EUR 1.500,00 an Herrn Groß verpflichtet, die sechs Monate nach der Beförderung fällig wird. Die Zahlungspflichten stehen unter der aufschiebenden Bedingung, dass Herr Groß seine Arbeitszeit tatsächlich gemäß Ziffer 1 reduziert.
3. Sollte Frau Groß mit ihrer Zahlungsverpflichtung mehr als zwei Wochen in Verzug geraten, so wird der bis Mai ... noch ausstehende Restbetrag in einer Summe zur Zahlung fällig.

III. Schlussbestimmungen

1. Wir stellen klar, dass die Unterhaltsvereinbarung nach Abschnitt II an die Stelle von etwaigen gesetzlichen Unterhaltsansprüchen tritt. Wir verzichten im Übrigen wechselseitig auf jeden nachehelichen Unterhalt, auch für den Fall der Not und jede Änderung der Rechtslage, auch für den Zeitraum nach Ablauf der Vereinbarung nach Abschnitt II.
Der gesetzliche Anspruch auf Kindesunterhalt wird durch die vorstehende Vereinbarung nicht berührt.
2. Die Kosten des Mediationsverfahrens und der anwaltlichen Beratung durch Rechtsanwalt Maiwald werden zwischen uns geteilt.
3. Etwaige Änderungen dieses Vertrages bedürfen der Schriftform (§ 126 BGB). Dies gilt auch für eine Änderung dieser Klausel selbst.
4. Wir haben vereinbart, dass wir uns am 15. Dezember ... erneut mit der Mediatorin treffen werden, um zu besprechen, wie es uns und unserer Tochter mit dieser Vereinbarung ergangen ist und ob noch ergänzende Vereinbarungen notwendig sind.
5. Soweit eine Bestimmung dieses Vertrags unwirksam sein oder werden sollte, bleiben die übrigen Bestimmungen wirksam. Die unwirksame Bestimmung gilt als durch die ihr am nächsten kommende wirksame Bestimmung ersetzt. Das gleiche gilt für Lücken.

Teil 2
Kommentierung

Gesetz zur Förderung der Mediation und anderer Verfahren der außergerichtlichen Konfliktbeilegung
Artikel 1 Mediationsgesetz (MediationsG)[1]

Vom 21.7.2012 (BGBl. I S. 1577)
(FNA 302-7)
geändert durch Art. 135 Zehnte ZuständigkeitsanpassungsVO vom 31.8.2015 (BGBl. I S. 1474)

§ 1 MediationsG Begriffsbestimmungen

(1) Mediation ist ein vertrauliches und strukturiertes Verfahren, bei dem Parteien mithilfe eines oder mehrerer Mediatoren freiwillig und eigenverantwortlich eine einvernehmliche Beilegung ihres Konflikts anstreben.

(2) Ein Mediator ist eine unabhängige und neutrale Person ohne Entscheidungsbefugnis, die die Parteien durch die Mediation führt.

Literatur:

Ahrens, Mediationsgesetz und Güterichter – Neue gesetzliche Regelungen der gerichtlichen und außergerichtlichen Mediation, NJW 2012, 2465; *Alexander*, Mediation ein Metamodell, Perspektive Mediation 2004, 72; *Balz*, Vertraulichkeit in der Mediation, MittBayNot 2001, 53; *Anders/Gehle*, Zivilprozessordnung, 81. Aufl. 2023; *Becker/Horn*, Notwendige Regelungen eines deutschen Mediationsgesetzes, SchiedsVZ 2005, 270; *Berkel*, Deal Mediation, ZKM 2015, 4; *Bredow*, Schiedsspruch mit vereinbartem Wortlaut, SchiedsVZ 2010, 295; *Böckstiegel/Kröll/Nacimiento* (Hrsg.), Arbitration in Germany, 2. Aufl. 2015; *Breidenbach/Peres*, Die DIS-Mediationsordnung, SchiedsVZ 2010, 125; *Dendorfer-Ditges*, Mediationsgesetz – Orchidee oder doch Stachelblume im Paragrafenwald?, Konfliktdynamik 2013, 86; *dies.*, in: Düwell/Stückemann/Wagner, Bewegtes Arbeitsrecht – FS für Wolfgang Lehmann zum 70. Geburtstag, 2006, Mediation in der Arbeitswelt – WinWin oder WinLoose?, S. 567; *Diez*, Werkstatthandbuch Mediation 2005; *Diop*, Was lange währt, wird endlich gut? Zum Referentenentwurf "Gesetz zur Förderung der Mediation und anderer Verfahren der außergerichtlichen Konfliktbeilegung" des BMJ, RuP 2010, 236; *ders./Steinbrecher*, Cui bono? – Das Mediationsgesetz aus Unternehmenssicht, BB 2012, 3023; *Düwell*, Mediation endlich gesetzlich geregelt, BB 2012, 1921; *Duve*, Das Gesetz zur Rettung der gerichtlichen Mediation, ZKM 2012, 108; *ders./Eidenmüller/Hacke*, Mediation in der Wirtschaft, 3. Aufl. 2019; *Eidenmüller*, Caucus-Mediation und Mediationsgesetz, Beilage zu ZIP 22/2016, 18; *ders./Prause*, Die europäische Mediationsrichtlinie – Perspektiven für eine gesetzliche Regelung der Mediation in Deutschland, NJW 2008, 2737; *Francken*, Das Gesetz zur Förderung der Mediation und das arbeitsgerichtliche Verfahren, NZA 2012, 836; *ders.*, Erforderliche Nachbesserungen im Mediationsgesetz und im Arbeitsgerichtsgesetz, NZA 2012, 249; *Fritz/Pielsticker*, Mediationsgesetz, 2. Auflage, 2020; *Fritz/Krabbe*, Plädoyer für Qualität und Nachhaltigkeit der Güterichterausbildung, NVwZ 2013, 29; *Gläßer/Kublik*, Lehrmodul 17: Einzelgespräche in der Mediation. ZKM 2011, 89; *Goltermann/Hagel/Klowait/Levien*, Das neue Mediationsgesetz aus Unternehmenssicht, SchiedsVZ 2012, 299 (Teil 1) und SchiedsVZ 2013, 41 (Teil 2); *Greger*, Unter falscher Flagge – Zum Fehlgebrauch des Mediationsbegriffs

---

[1] Verkündet als Art. 1 G v. 21.7.2012 (BGBl. 1577); Inkrafttreten gem. Art. 9 dieses G am 26.7.2012.

und seinen Folgen, ZKM 2015, 172; *ders./Unberath/Steffek,* Recht der alternativen Konfliktlösung, Kommentar, 2. Aufl. 2016; *ders./von Münchhausen,* Verhandlungs- und Konfliktmanagement für Anwälte, 2010; *Groß* IP-/IT-Mediation, 2. Aufl. 2013; *ders,* Der Mediatorvertrag, 2012; *Gullo,* Das neue Mediationsgesetz: Anwendung in der wirtschaftsrechtlichen Praxis, GWR 2012, 385; *Haft/v.Schlieffen,* Handbuch Mediation, 3. Aufl. 2016; *Hagel,* Mediation bei gesellschaftsrechtlichen Streitigkeiten, in: Born/Ghassemi-Tabar/Gehle (Hrsg.), Münchener Handbuch des Gesellschaftsrechts, Band 7: Gesellschaftsrechtliche Streitigkeiten (Corporate Litigation), 6. Aufl. 2020; *Hagen/Lenz,* Wirtschaftsmediation, 2008; *Henninger/Mandl,* Medien- und Bildungsmanagement, 2009; *Henssler/Koch,* Mediation in der Anwaltspraxis 2. Aufl. 2018; *Hopt/Steffek,* Mediation, 2008; *Horstmeier,* Das neue Mediationsgesetz, 2013; *Jost,* Mediation per Gesetz?, Konfliktdynamik 2012, 204; *Klowait,* Mediation im Konzern ZKM 2006, 172; *ders./Hill,* Corporate Pledge – Königsweg zur Implementierung von Mediation in der Wirtschaft? SchiedsVZ 2007, 83; *Koschany-Rohbeck,* Praxishandbuch Wirtschaftsmediation, 2015; *Lachmann,* Handbuch für die Schiedsgerichtsbarkeit, 3. Aufl. 2008; *Lenz/Müller,* Wirtschaftsmediation, 2008; *Lörcher,* Mediation: Rechtskraft über Schiedsspruch mit vereinbartem Wortlaut?, DB 1999, 789; *Loos/Brewitz,* Hindert eine Mediationsvereinbarung an der Klage? – Wie lange?, SchiedsVZ 2012, 305; *Mähler/Mähler,* Beck'sches Rechtsanwaltshandbuch, 12. Aufl. 2022; *Meyer/Schmitz-Vornmoor,* Das neue Mediationsgesetz in der notariellen Praxis, DNotZ 2012, 895; *Moll,* Münchener Anwaltshandbuch Arbeitsrecht, 3. Aufl. 2012; *Münchener Kommentar zur Zivilprozessordnung,* 6. Aufl. 2020; *Ortloff,* Vom Güterichtermediator zum Güterichter im Verwaltungsprozess, NVwZ 2012, 1057; *Pilartz,* Grundzüge der Mediation im Arbeitsrecht, ArbRAktuell 2013, 177 (Teil 1) und 201 (Teil 2); *Rafi,* Das Mediationsgesetz – Vor- und Nachteile einer rechtlichen Regulierung, Konfliktdynamik 2012, 196; *Riskin,* Understanding Mediators' Orientations, Strategies, and Techniques: A Grid for the Perplexed, Harvard Negotiation Law Review 1996, 7; *Risse,* Wirtschaftsmediation, 2. Aufl. 2022; *ders.,* Das Mediationsgesetz – eine Kommentierung, SchiedsVZ 2012, 244; *Rombach,* Besondere Satzungsklauseln, in: Lorz/Pfisterer/Gerber (Hrsg.), Beck'sches Formularbuch GmbH-Recht, 2010, C. II.; *Röthemeyer,* Gerichtsmediation im Güterichterkonzept – Die Lösung des Vermittlungsausschusses, ZKM 2012, 116; *Rüssel,* Schlichtungs-, Schieds- und andere Verfahren außergerichtlicher Streitbeilegung – Versuch einer begrifflichen Klarstellung, JuS 2003, 380; *Saenger,* Zivilprozessordnung, 9. Aufl. 2021; *Schroeter,* Der Schiedsspruch mit vereinbartem Wortlaut als Formäquivalent zur notariellen Beurkundung, SchiedsVZ 2006, 298; *Schwarz,* Verhandlung und Mediation mit vielen Beteiligten, MittBayNot 2001, 294; *Steffek,* Rechtsvergleichende Erfahrungen für die Regelung der Mediation, RabelsZ 2010, 841; *Trenczek/Berning/Lenz/Will,* Mediation und Konfliktmanagement, 2. Aufl. 2017; *Unberath,* Eckpunkte der rechtlichen Gestaltung des Mediationsverfahrens, ZKM 2012, 12; *ders.,* Mediationsklauseln in der Vertragsgestaltung – Prozessuale Wirkungen und Wirksamkeit, NJW 2011, 1320; *Wagner,* Das Mediationsgesetz – Ende gut, alles gut?, ZKM 2012, 110;

I. Vorbemerkung	1	a) Mediationsverfahren bei innerbetrieblichen Konflikten	14
II. Mediation (§ 1 Abs. 1)	5		
1. Vertraulich	6		
a) Vertraulichkeit in der Mediation	7	aa) Vereinbarung im Konfliktfall	14
b) Die Verschwiegenheitspflicht nach § 4 ist nicht umfasst	8	bb) Mediationsklausel im Arbeitsvertrag	14
c) Sogar die Öffentlichkeit kann durch die Parteien einvernehmlich hergestellt werden	9	cc) Vom Unternehmen/ Vorgesetzten angeordnetes Mediationsverfahren (Direktionsrecht § 103 GewO)	14
2. Strukturiert	10	dd) Kollektivrechtliche Mediationsregelungen	14
3. Parteien	12		
4. Mithilfe eines oder mehrerer Mediatoren	13	ee) Vorschlag des Gerichts nach § 54a Abs. 1 ArbGG	14
5. Freiwilligkeit	14		

b) Sonstige Mediationsverfahren	14	6. Eigenverantwortlich	15
aa) Ad hoc Mediation	14	7. Unter Anstreben einer Lösung	16
bb) Mediationsverfahren aufgrund einer vertraglichen Mediationsklausel	14	8. Einvernehmlichkeit der (angestrebten) Lösung	17
		9. Zur Beilegung eines Konfliktes	18
cc) Mediationsverfahren aufgrund einer Unternehmensvorgabe (Richtlinie oder Corporate Pledge)	14	III. Mediator (§ 1 Abs. 2)	20
		1. Unabhängigkeit und Neutralität	21
		a) Unabhängigkeit	22
		b) Neutralität/Allparteilichkeit	23
dd) Mediationsverfahren aufgrund einseitiger Anordnung.............	14	2. Eine Person	24
		3. Keine Entscheidungsbefugnis...........................	25
ee) Mediationsverfahren aufgrund eines gerichtlichen Vorschlags nach § 278a Abs. 1 ZPO, § 36a Abs. 1 FamFG ...	14	4. Verfahrensleitung...........	26
		IV. Schlussbemerkung	27

I. Vorbemerkung

In § 1 werden die beiden zentralen Begriffe definiert, nämlich **Mediation** in § 1 Abs. 1 und **Mediator** in § 1 Abs. 2. Über die Bestimmung des Begriffes der Mediation wurde im Gesetzgebungsverfahren bis zuletzt diskutiert und hierzu letztlich gar der Vermittlungsausschuss angerufen. Im Gesetzentwurf war der Begriff noch dreigliedrig. Vorgesehen waren folgende Möglichkeiten:

a) die **außergerichtliche Mediation,** die unabhängig von einem Gerichtsverfahren durchgeführt wird (§ 1 Abs. 1 S. 2 Ziff. 1 MediationsG-E)[1]

b) die **gerichtsnahe Mediation,** die während eines Gerichtsverfahrens, jedoch außerhalb des Gerichts stattfindet (§ 1 Abs. 1 S. 2 Ziff. 2 MediationsG-E)

c) die **gerichtsinterne Mediation,**[2] die während eines Gerichtsverfahrens bei Gericht von einem nicht entscheidungsbefugten Richter durchgeführt wird (§ 1 Abs. 1 S. 2 Ziff. 3 MediationsG-E).

Im verabschiedeten Gesetz findet sich eine derartige begriffliche Unterscheidung nicht mehr. Dies ist insbesondere dem Umstand geschuldet, dass die gerichtsinterne Mediation vom Gesetzgeber zunächst gar nicht mehr und nach der von Bundestag und Bundesrat angenommenen Beschlussempfehlung des Vermittlungsausschusses nur noch im Rahmen des erweiterten Güterichterkonzepts weiterverfolgt wird (→ K Rn. 11 ff.). Hiernach ist der **Güterichter** als nicht entscheidungsbefugter Richter nach § 278 Abs. 5 ZPO, § 36 Abs. 5 FamFG und § 54 Abs. 6 ArbGG ermächtigt, die Mediation als Konfliktbeilegungsmethode einzusetzen.

Faktisch hat sich damit zum Gesetzentwurf nichts geändert, denn es gibt nach wie vor Mediationen, die unabhängig von einem Gerichtsverfahren durchgeführt werden, solche, die während eines Gerichtsverfahrens, jedoch

---

1 MediationsG-E, BT-Drs. 17/5335, BT-Drs. 17/5496.
2 Im Referentenentwurf noch „richterliche Mediation" genannt.

außerhalb des Gerichtes stattfinden und solche, die während eines Gerichtsverfahrens bei Gericht vom nicht entscheidungsbefugten Güterichter nach § 278 Abs. 5 ZPO, § 36 Abs. 5 FamFG oder § 54 Abs. 6 ArbGG durchgeführt werden.

2 Die begriffliche Unterscheidung ist zwar nicht mehr gesetzlich verankert, doch weiterhin sinnvoll. Sie bedarf lediglich einer sprachlichen Präzisierung. Im Hinblick auf das Verhältnis der Mediation zum Gericht als Institution und zu einem, den Konfliktgegenstand betreffenden anhängigen Gerichtsverfahrens kann hinsichtlich zweier Kriterien unterschieden werden. Einerseits, ob die Mediation bei Gericht („**gerichtsinterne Mediation**") oder außerhalb des Gerichts („**außergerichtliche Mediation**") durchgeführt wird. Bei den außergerichtlichen Mediationen ist zu unterscheiden, ob hinsichtlich des Konfliktgegenstandes ein (Schieds-) Gerichtsverfahren anhängig ist („**gerichtsparallele Mediation**") oder nicht („**eigenständige Mediation**").

	Mediationsverfahren wird außerhalb des Gerichtes durchgeführt („**außergerichtliche Mediation**")	Mediationsverfahren wird bei Gericht durchgeführt („**gerichtsinterne Mediation**")
Hinsichtlich des Konfliktes ist kein Gerichtsverfahren anhängig	„**eigenständige Mediation**" aufgrund: Mediationsvereinbarung Mediationsabrede	nicht möglich
Hinsichtlich des Konfliktes ist ein Gerichtsverfahren anhängig	„**gerichtsparallele Mediation**" aufgrund: richterlichen Vorschlags nach § 278a ZPO Mediationsabrede	„**Güterichter-Mediation**" aufgrund: Verweis nach § 278 Abs. 5 ZPO (§ 202 S. 1 SGG; § 173 S. 1 VwGO; § 155 FGO; § 54 Abs. 6 ArbGG; § 36 Abs. 5 FamFG), sofern der Güterichter die Mediation als Konfliktbeilegungsmethode einsetzt

Im Unterschied zur eigenständigen Mediation und Güterichter-Mediation wird bei gerichtsparallelen Mediationen das gerichtliche Verfahren ausgesetzt beziehungsweise dessen Ruhen angeordnet.[3] Die Aussetzung erfolgt in Familiensachen nach § 36a Abs. 2 FamFG in Verbindung mit § 21 FamFG. Das Ruhen des Verfahrens wird hingegen bei Zivilprozessen nach § 278a Abs. 2 ZPO in Verbindung mit § 251 ZPO und bei Arbeitsgerichtsprozessen nach § 54a Abs. 2 ArbGG angeordnet, wobei nicht erforderlich ist,

---

3 Hinsichtlich des Güterichterverfahrens nach § 278 Abs. 5 ZPO wird das gerichtliche Verfahren von einem anderen, nicht entscheidungsbefugten Richter weitergeführt. So auch Greger/Unberath/Steffek/Greger E. Rn. 110; Ahrens NJW 2012, 2465 (2470).

dass die Mediation durch den Entscheidungsrichter nach § 278a Abs. 1 ZPO vorgeschlagen wurde.[4] Für die Anordnung des Ruhens des Verfahrens ist nach § 278a Abs. 2 ZPO ebenso wie nach § 54a Abs. 2 ArbGG lediglich die Mitteilung der Entscheidung der Parteien erforderlich, eine Mediation oder ein anderes Verfahren der außergerichtlichen Konfliktbeilegung durchführen zu wollen. Eines Antrags der Parteien auf Anordnung des Ruhens des Verfahrens nach § 251 ZPO bedarf es nicht.[5]

Der Widerspruch von Gesetzesüberschrift und Gesetzesinhalt wurde mit 3 der begrifflichen Reduzierung auf einen Mediationsbegriff nicht behoben, er ist nur nicht mehr so augenfällig: Der Name des Gesetzes suggeriert, die Mediation wäre zwingend ein Verfahren der **außergerichtlichen Konfliktbeilegung**. Aus Art. 2 Nr. 5, Art. 3 Nr. 4 und Art. 4 Nr. 1 des Gesetzes zur Förderung der Mediation und anderer Verfahren der außergerichtlichen Konfliktbeilegung ergibt sich jedoch, dass auch Mediationen bei Gericht, nämlich von Güterichtern durchgeführt werden können, mit der Folge, dass es sich dann nicht mehr um außergerichtliche Mediationen handelt. Erfreulich ist allerdings, dass die Mediation nun nicht mehr gesetzlich über den Bezug zu einem Gerichtsverfahren definiert wird,[6] denn Mediation ist grundsätzlich ein außergerichtliches, parteiautonomes Konfliktbeilegungsverfahren, das ausnahmsweise auch von einem Güterichter innerhalb des Gerichtes eingesetzt werden kann.

Da in der Definition des Begriffes Mediation bereits der Begriff Mediator 4 verwendet wird, besteht insoweit eine zwingende Verbindung – also keine Mediation ohne Mediator und kein Mediator ohne Mediation. Dies ist nicht unstreitig (→ K Rn. 19), insbesondere dahin gehend, ob das MediationsG alle Mediationen des Gesetzes zur Förderung der Mediation und anderer Verfahren der außergerichtlichen Konfliktbeilegung erfasst. Dabei geht es vor allem um die Frage, ob Mediationen des Güterichters nach Art. 2 Nr. 5 Mediationen nach Art. 1 § 1 Abs. 1 sind und ob der Güterichter, wenn er eine Mediation durchführt, auch Mediator gemäß Art. 1 § 1 Abs. 2 ist. In der Begründung zu den Änderungen des Gesetzentwurfes wurde zwar darauf hingewiesen, dass der Güterichter kein Mediator sei, aber zahlreiche Methoden und Techniken der Mediation einsetzen könne.[7] Art. 2 Nr. 5 des Gesetzes zur Förderung der Mediation und anderer Verfahren der außergerichtlichen Konfliktbeilegung stellt nun aber über § 278 Abs. 5 ZPO, § 36 Abs. 5 FamFG und § 54 Abs. 6 ArbGG klar, dass der Güterichter nicht nur die Methoden und Techniken der Mediation nutzen kann, sondern die Mediation als solche einsetzen kann.[8] Das Gesetz zur Förderung der Mediation und anderer Verfahren der außergerichtlichen Konfliktbeilegung verwendet den Begriff der Mediation durchgängig

---

4 MüKoZPO/Ulrici § 278a Rn. 12.
5 Anders/Gehle/Anders ZPO § 278a Rn. 19; Stein/Jonas/Thole ZPO § 278a Rn. 10; aA MüKoZPO/Ulrici § 278a Rn. 14.
6 Rafi Konfliktdynamik 2012, 196 (202).
7 BT-Drs. 17/5335, 20.
8 Diese Änderung zwischen letztem Gesetzesentwurf („Methoden und Techniken der Mediation") und Gesetz („alle Methoden der Konfliktbeilegung, auch die Mediation") wird regelmäßig außer Acht gelassen. Ausführlich zum Gesetzgebungsverfahren, wenn auch mit abweichender Schlussfolgerung Löer (→ K Rn. 11 ff.).

und einheitlich. Daher unterliegen auch alle im Gesetz zur Förderung der Mediation und anderer Verfahren der außergerichtlichen Konfliktbeilegung genannten Mediationen der Begriffsbestimmung des Art. 1 § 1,[9] also dem MediationsG.[10] Mediation ist nach § 1 Abs. 1 definiert als Verfahren, das durch den Mediator geführt wird. Der Güterichter ist daher Mediator, sofern er als Konfliktbeilegungsverfahren die Mediation einsetzt. Nach § 9 Abs. 1 entfiel für den Güterichter nach Ablauf der Übergangsfrist jedoch die Bezeichnung „gerichtlicher Mediator". Dies ändert jedoch nichts daran, dass er weiterhin Mediator iSv § 1 ist, wenn er eine Mediation in Übereinstimmung mit § 278 Abs. 5 ZPO, § 36 Abs. 5 FamFG oder § 54 Abs. 6 ArbGG durchführt.[11]

II. Mediation (§ 1 Abs. 1)

5 In § 1 wird die Mediation definiert als „vertrauliches und strukturiertes Verfahren, bei dem Parteien mithilfe eines oder mehrerer Mediatoren freiwillig und eigenverantwortlich eine einvernehmliche Beilegung Ihres Konfliktes anstreben". Die Begriffsbestimmung der Mediation orientiert sich damit an der Vorgabe in Art. 3 der Mediations-Richtlinie[12] (nachfolgend: „Med-RiLi"). Über die Richtlinienanforderung hinaus erfordert die Begriffsbestimmung des § 1 Abs. 1, dass das Mediationsverfahren vertraulich und eigenverantwortlich durchgeführt wird. Zudem stellt das MediationsG klar, dass auch Mediationsverfahren mit mehr als einem Mediator möglich sind.

Fraglich ist, ob die einzelnen Voraussetzungen zwingend oder dispositiv sind, insbesondere im Hinblick auf das zentrale Merkmal der Eigenverantwortlichkeit der Parteien. Dies wird nachfolgend bei den einzelnen Begriffsmerkmalen beantwortet.

6 **1. Vertraulich.** Zunächst überrascht, dass der Gesetzgeber den Begriff der Mediation über das Merkmal „vertraulich" definiert. Dies war weder auf der Grundlage der Med-RiLi erforderlich,[13] noch ist es zur Abgrenzung von anderen Konfliktbeilegungsverfahren notwendig.

---

9 Ortloff NVwZ 2012, 1057 (1058); Dürschke NZS 2013, 41 (42); im Ergebnis ebenso Fritz/Krabbe NVwZ 2013, 29 (30) (Fn. 12).
10 Horstmeier Rn. 438 u. 568; Düschke NZS 2013, 41 (42) hält das MediationsG nur teilweise auf Mediationen des Güterichters für anwendbar; eine Anwendung des MediationsG auf Mediationen des Güterichters ablehnend: Wagner ZKM 2012, 110 (114); Greger/Unberath/Steffek/Greger B. § 1 Rn. 14.
11 AA Francken NZA 2012, 836 (840); Ahrens NJW 2012, 2465 (2470); Greger/Unberath/Steffek/Greger B. § 1 Rn. 14; Saenger ZPO § 278 Rn. 20; → ZPO § 278 Rn. 11; differenzierend dahin gehend, dass der Güterichter Mediator ist, nicht jedoch iSd MediationsG: Greger ZKM 2015, 172 (174).
12 Art. 3 der Med-RiLi (ABl. L 136, 6 v. 24.5.2008) definiert die Mediation wie folgt: „Im Sinne dieser Richtlinie bezeichnet der Ausdruck „Mediation" ein strukturiertes Verfahren unabhängig von seiner Bezeichnung, in dem zwei oder mehr Streitparteien mithilfe eines Mediators auf freiwilliger Basis selbst versuchen, eine Vereinbarung über die Beilegung ihrer Streitigkeit zu erzielen.
13 Die Definition der Mediation in Art. 3 lit. a Med-RiLi enthält das Merkmal „vertraulich" nicht.

a) **Vertraulichkeit in der Mediation.** Vertraulichkeit ist unbestritten ein 7
wesentliches Merkmal der Mediation,[14] unverzichtbar ist sie im Einzelfall
hingegen nicht. Allgemein werden unter Vertraulichkeit der Mediation
zwei Bereiche gefasst, nämlich einerseits die Abgrenzung zum öffentlichen
Verfahren[15] und anderseits die Sicherstellung, dass das in der Mediation
Gesagte oder Erarbeitete später nicht in einem Folgeprozess genutzt werden kann.[16]
Da die Vertraulichkeit dem Schutz der Parteien dient, muss es diesen letztlich auch vorbehalten bleiben, auf diesen Schutz ganz oder teilweise zu verzichten. Die Dispositionsfreiheit als Ausdruck der Eigenverantwortlichkeit
der Parteien für das Verfahren muss daher die Grenzen der Verschwiegenheitspflicht der am Verfahren Beteiligten ebenso umfassen wie die Einräumung der Möglichkeit eines öffentlichen Mediationsverfahrens.[17] Andererseits sind aber Mediationen des Güterichters nicht per se öffentlich, da die
Öffentlichkeit der Verhandlung nach § 169 GVG bereits nach dessen Wortlaut nur auf Verhandlungen des erkennenden, also entscheidungsbefugten
Richters anwendbar ist und damit nicht auf den nicht entscheidungsbefugten Güterichter.[18]

b) **Die Verschwiegenheitspflicht nach § 4 ist nicht umfassend.** Was der Ge- 8
setzgeber im Einzelnen unter Vertraulichkeit versteht, hat er in § 4 festgehalten, nämlich ausschließlich die Verschwiegenheitspflicht des Mediators
und der in die Durchführung der Mediation eingebundenen Personen, wozu der Gesetzgeber nur Hilfspersonen des Mediators wie etwa Bürokräfte
oder sonstige berufliche Gehilfen[19] zählt. Die Verschwiegenheitspflicht erstreckt sich nicht auf weitere Beteiligte an der Mediation – weder auf
die Parteien[20] noch die Parteivertreter noch von den Parteien nach § 2
Abs. 4 hinzugezogene Dritte wie beispielsweise Gutachter, Sachverständige
oder Familienmitglieder.[21] Unbenommen bleibt den Parteien, zum umfänglichen Vertraulichkeitsschutz miteinander und/oder mit den nicht von der
Verschwiegenheitspflicht erfassten weiteren Beteiligten eine entsprechende
Vertraulichkeitsvereinbarung zu schließen.[22] Das MediationsG kann demnach die in der Begriffsbestimmung erwähnte Vertraulichkeit selbst gar
nicht gewährleisten. Bereits dies spricht dafür, dass das Bestimmungsmerkmal der Vertraulichkeit nicht zwingend ist.[23]

---

14 Steffek RabelsZ 74 (2010), 841 (854); Erwgr. 23 der Med-RiLi; Duve/Eidenmüller/Hacke, S. 286.
15 Vgl. hierzu Diop/Steinbrecher BB 2011, 131 (133).
16 Steffek RabelsZ 74 (2010), S. 841 (854).
17 Für die Dispositionsfreiheit der Parteien ebenso: Steffek RabelsZ 74 (2010), 841 (856).
18 Ahrens NJW 2012, 2465 (2470); Gullo GWR 2012, 385.
19 BT-Drs. 17/5335, 17 (Begründung zu § 4).
20 Jost Konfliktdynamik 2012, 204 (208).
21 Dendorfer-Ditges Konfliktdynamik 2013, 86 (89).
22 Vgl. hierzu Wagner NJW 2001, 1398; Balz MittBayNot 2001, 53 (55).
23 Ebenso Risse SchiedsVZ 2012, 244 (246); Greger/Unberath/Steffek/Greger B. § 1 Rn. 52.

Leider nur in der Gesetzesbegründung[24] und nicht bereits im Wortlaut des § 4[25] hat der Gesetzgeber klargestellt, dass die Parteien die nach § 4 zur Verschwiegenheit verpflichteten Personen im allseitigen Einvernehmen von dieser Pflicht entbinden können. Allseitig bezieht sich in diesem Zusammenhang nur auf alle beteiligten Parteien.[26] Ein Einvernehmen auch des Mediators und seiner Gehilfen zu ihrer Entbindung von der Verschwiegenheitspflicht nach § 4 durch die Parteien ist hingegen nicht erforderlich, denn andernfalls wäre hierüber die Eigenverantwortlichkeit der Parteien eingeschränkt. Auch Art. 7 Med-RiLi räumt lediglich den Parteien ein, etwas Abweichendes zu vereinbaren.

9 **c) Sogar die Öffentlichkeit kann durch die Parteien einvernehmlich hergestellt werden.** Insbesondere bei öffentlichen Bauprojekten werden Mediationen gerne auch bewusst öffentlich durchgeführt. Dies deswegen, weil einerseits häufig nur Vertreter von Betroffenen als Parteivertreter am eigentlichen Mediationsverfahren beteiligt sind, die Beteiligten selbst aber zumindest die Möglichkeit haben sollen, das Verfahren verfolgen zu können, und andererseits, um das Verfahren transparent zu gestalten. Die Parteien verzichten dann einvernehmlich auf die Vertraulichkeit.[27] Die Notwendigkeit öffentlicher Mediationen ist unstreitig.[28]

Im Ergebnis bleibt festzuhalten, dass das Definitionsmerkmal „vertraulich" von den Parteien einvernehmlich aufgehoben werden kann, es ist den Parteien somit zur Disposition gestellt.[29] Dies ist dogmatisch zwar fragwürdig, für die Parteien im Ergebnis aber ausreichend. Gesetzessystematisch sauber wäre gewesen, das Wort „vertraulich" aus dem Katalog der konstituierenden Merkmale des Begriffs Mediation zu streichen.[30]

10 **2. Strukturiert.** Das Begriffsmerkmal des strukturierten Verfahrens war zunächst entgegen Art. 3 lit. a Med-RiLi im Referentenentwurf nicht enthalten, wurde dann aber vom Gesetzgeber in § 1 Abs. 1 aufgenommen.

In der Gesetzesbegründung wird klargestellt, dass Struktur in diesem Zusammenhang bedeutet, **dass das Mediationsverfahren bestimmten Regeln**

---

24 BT-Drs. 17/5335, 17 (Begründung zu § 4).
25 Wie zB vom RTMKM in seiner Stellungnahme zum Referentenentwurf auf S. 5 vorgeschlagen.
26 BT-Drs. 17/5335, 17; ebenso Fritz/Pielsticker MediationsG-HdB/Fritz § 4 Rn. 26.
27 Vgl. Stellungnahme des RTMKM zum Referentenentwurf, S. 2 (veröffentlicht unter http://www.rtmkm.de/home/willkommen/downloads/, zuletzt abgerufen am 23.2.2023), ebenso Groß BB 2011, 1; Greger/Unberath/Steffek/Greger B. § 1 Rn. 52 und § 4 Rn. 3.
28 Die Streichung des Merkmals „vertraulich" wurde angeregt vom RTMKM in der Stellungnahme zum Referentenentwurf, S. 2 (veröffentlicht unter http://www.rtmkm.de/home/willkommen/downloads/, zuletzt aufgerufen am 23.2.2023); eine dispositive Regelung wurde zudem gefordert von Steffek RabelsZ 2010, 841 (856); Eidenmüller/Prause NJW 2008, 2737 (2741); zudem ist sie in Art. 7 I Med-RiLi enthalten: „[...], sofern die Parteien nichts anderes vereinbaren, [...]".
29 So auch Greger in der Expertenanhörung zum Gesetzentwurf, S. 6; Greger/Unberath/Steffek/Greger B. § 1 Rn. 4 und Rn. 52; Risse SchiedsVZ 2012, 244 (246); Goltermann/Hagel/Klowait/Levien SchiedsVZ 2012, 299 (300).
30 Ebenso Groß BB 2011, 1; RTMKM in der Stellungnahme zum Referentenentwurf, S. 2 (veröffentlicht unter http://rtmkm.de/home/willkommen/downloads/ (zuletzt abgerufen am 23.2.2023)).

folgt.[31] Die zu beachtenden Regeln untergliedern sich dann in solche, die im MediationsG festgeschrieben sind[32] und solche, die je nach Art der Mediation[33] oder dem vom Mediator verwendeten Mediationsstil variieren können.[34]

Damit gibt es ein für alle Mediationsverfahren fest vorgeschriebenes Regelwerk und ein zusätzliches variables Regelwerk, die zusammen die Struktur eines konkreten Verfahrens ausmachen.

Grundsätzlich durchlaufen aber alle Mediationen gewisse **Phasen** (→ MediationsG § 2 Rn. 82), die im Einzelfall nicht alle absolviert oder auch verbunden werden können:[35]

Phase 1: Eröffnungsphase (einschließlich Vorgespräch und Mediationsvereinbarung)
Phase 2: Themensammlung
Phase 3: Interessenklärung
Phase 4: Lösungsoptionen
Phase 5: Bewertung und Verhandlung der Lösungsoptionen
Phase 6: Abschlussvereinbarung

Die vom Gesetzgeber fest vorgeschriebenen Strukturelemente in Form von Pflichten des Mediators fügen sich dabei wie folgt in das Phasenmodell ein:

In der Eröffnungsphase hat der Mediator den Parteien alle Umstände offen zu legen, die seine Unabhängigkeit und Neutralität beeinträchtigen können und sich gegebenenfalls die ausdrückliche Zustimmung der Parteien einzuholen (§ 3 Abs. 1).[36] Der Mediator wird auf Verlangen der Parteien über seinen fachlichen Hintergrund, seine Ausbildung und seine Erfahrung auf dem Gebiet der Mediation informieren (§ 3 Abs. 5).[37] Weiterhin informiert der Mediator die Parteien über den Umfang seiner Verschwiegen-

---

31 BT-Drs. 17/5335, 13.
32 In der Gesetzesbegründung (BT-Drs. 17/5335, 13) sind genannt Verfahrensregeln nach § 2, insbesondere die Informations- und Hinweispflicht nach § 2 Abs. 2 und Abs. 6 S. 1, die Offenbarungs- und Informationspflichten des Mediators nach § 3 Abs. 1 S. 1 und Abs. 5 und nach § 4 S. 4.
33 In der Gesetzesbegründung (BT-Drs. 17/5335, 13) werden exemplarisch die Familien-, Wirtschafts-, Schul- oder Umweltmediation genannt.
34 BT-Drs. 17/5335, 13.
35 In der Literatur finden sich unterschiedliche Phasenmodelle, die jedoch alle derselben Abfolgelogik – unabhängig von der Anzahl der Phasen – folgen: Lenz/Mueller unterteilen in drei Phasen (Pre-Mediation, Main-Mediation und Post-Mediation), wobei die erste und letzte Phase (mit Ausnahme der Abschlussvereinbarung) außerhalb des Mediationsverfahrens iSd MediationsG liegen; Trenczek/Berning/Lenz/Will Konfliktmanagement-HdB/Trenczek Kap. 3.2 Rn. 3 unterscheidet fünf Phasen; ebenso Horstmeier Rn. 16 f.; Greger/von Münchhausen Rn. 436 ff. sprechen von sechs Phasen; ebenso Fritz/Pielsticker MediationsG-HdB/Etscheit Teil 5 B 2 Rn. 35, Koschany-Rohbeck, S. 15 ff. und Groß, S. 60 ff.; Diez, S. 95 listet sieben Phasen (wobei die erste eine Vorlaufphase ist, die nicht zum Verfahren nach dem MediationsG gehört); vgl. zu den Phasen auch Greger/Unberath/Steffek/Greger B. § 2 Rn. 57.
36 Diese Pflicht besteht bereits zum Zeitpunkt des Abschlusses des Mediatorvertrages, wirkt aber während des gesamten Verfahrens fort, da zu jeder Zeit derartige Umstände bekannt werden können; vgl. Fritz/Pielsticker MediationsG-HdB/Pielsticker § 3 Rn. 1.
37 Da dieser Informationspflicht nur auf Verlangen zumindest einer Partei nachgekommen werden muss, hängt der Zeitpunkt von der entsprechenden Parteiäuße-

heitspflicht (§ 4 S. 4). Zudem vergewissert er sich, dass die Parteien freiwillig an der Mediation teilnehmen (§ 2 Abs. 2 Hs. 2) (→ MediationsG § 2 Rn. 94 ff.) und die Grundsätze und den Ablauf der Mediation verstanden haben (§ 2 Abs. 2 Hs. 1) (→ MediationsG § 2 Rn. 78 ff.).
In der Phase der Abschlussvereinbarung wirkt der Mediator darauf hin, dass die Parteien die Vereinbarung in Kenntnis der Sachlage treffen und ihren Inhalt verstehen (§ 2 Abs. 6 S. 1). Zudem hat er die Parteien, die ohne fachliche Beratung an der Mediation teilnehmen, spätestens in dieser Phase[38] auf die Möglichkeit hinzuweisen, die Vereinbarung bei Bedarf durch externe Berater überprüfen zu lassen (§ 2 Abs. 6 S. 2) (→ MediationsG § 2 Rn. 288).

11 Die Struktur wird weiterhin vom **Mediationsstil** des Mediators und den unterschiedlichen zur Anwendung kommenden Mediationstechniken geprägt (vgl. zu Mediationsansätzen und Mediationsstilen auch → MediationsG § 2 Rn. 81 ff.). Jeder Mediator hat seinen eigenen Mediationsstil[39] und nicht selten werden mehrere Stilelemente verwendet.[40] Diese unterscheiden sich zum einen hinsichtlich der Art und des Grades der Intervention des Mediators:

- **moderierender Mediationsstil**, der die Verhandlung durch Förderung des Kommunikationsprozesses unterstützt und erleichtert („facilitative Style")
- **transformativer Mediationsstil**, der nicht nur lösungsorientiert ist, sondern auf (Verhaltens-)Änderungen hinwirkt („transformative Style")
- **evaluierender Mediationsstil**, bei dem der Mediator Bewertungen abgibt („evaluative Style")
- **strategischer Mediationsstil**, bei dem der Mediator nach latenten Konfliktursachen sucht („strategic Style").

Andererseits unterscheiden sich die Mediationsstile in Bezug auf die Konfliktdefinition („eng-weit")[41] und den Verhandlungsansatz („distributiv-integrativ").[42] Abhängig vom gewählten Mediationsstil bzw. dem Einsatz mehrerer Stile in einer Mediation sieht die Struktur des Verfahrens unterschiedlich aus.

Die Art der Teilnahme der Parteien an der Mediation als Strukturelement ist nicht geregelt, so dass sowohl **Präsenz-Mediationen** unter Anwesenheit der Parteien, **Shuttle-Mediationen**,[43] bei denen die Parteien (zumeist) in

---

rung ab und kann grundsätzlich im Laufe des gesamten Verfahrens erfolgen; Greger/Unberath/Steffek/Greger B. § 3 Rn. 64.
38 Häufig wird der Mediator schon wesentlich früher, gelegentlich gar in der Eröffnungsphase, darauf hinweisen.
39 Henssler/Koch Mediation Anwaltspraxis/Duve, S. 130: „Es gibt vermutlich so viele Mediationsstile, wie es Mediatoren gibt."
40 Barth/Henninger in: Henninger/Mandl, S. 179.
41 Basierend darauf hat Riskin die Mediations-Matrix der vier idealtypischen Mediationsstile entwickelt: Riskin Harvard Negotiation Law Review 1996, 7 (25). Vgl. hierzu auch die Darstellung mit Beispielen bei Duve/Eidenmüller/Hacke, S. 88 ff.
42 Siehe das darauf basierende Meta-Modell von Alexander Perspektive Mediation 2004, 72 (76).
43 Vgl. hierzu auch Gläßer/Kublik ZKM 2011, 89 ff.; aA Greger ZKM 2015, 172, der die reine Shuttle-Mediation wegen fehlender direkter Kommunikation nicht als Mediation im Sinne des MediationsG ansieht; hiergegen zutreffend Eidenmüller

getrennten Räumen sind und der Mediator (überwiegend) Einzelgespräche nach § 2 Abs. 3 S. 3 mit den Parteien führt, **Online-Mediationen**[44] sowie andere Formen unter dem Begriff der Mediation nach § 1 möglich sind.

3. Parteien. Für die Definition der Mediation verwendet das MediationsG den Begriff „Partei" ausschließlich im Plural, woraus folgt, dass zumindest zwei Parteien an einer Mediation beteiligt sein müssen. Nach oben ist die Anzahl möglicher Parteien nicht beschränkt; daher sind auch Massenverfahren erfasst.[45]

Der Begriff „Partei" ist untechnisch zu verstehen[46] und kann auf alle Verfahrensordnungen, nicht nur die ZPO, angewandt werden. Er bezeichnet die an der Mediation teilnehmenden Personen (**Medianden**).[47] Der Parteibegriff erfasst natürliche Personen, juristische Personen des Privatrechts und des öffentlichen Rechts sowie Vereinigungen.[48] Sofern es sich bei einer Konfliktpartei um eine **juristische Person** handelt, bezieht sich der Parteibegriff auf diese und nicht etwa die für sie an der Mediation teilnehmenden natürlichen Personen. Dies wird aus § 1 Abs. 1 deutlich, wenn darin angegeben ist, dass die Parteien anstreben, *ihren Konflikt* beizulegen, nämlich denjenigen zwischen den juristischen Personen oder der juristischen Person auf der einen und der natürlichen Person auf der anderen Seite. Dies bedeutet für Unternehmen, dass sie die für sie an der Mediation teilnehmende(n) natürliche(n) Person(en) bevollmächtigen müssen. Die Teilnehmer haben während des Verfahrens vielerlei Parteihandlungen vorzunehmen.[49] Auch für den Mediator und die andere(n) Konfliktpartei(en) empfiehlt es sich, zu Beginn der Mediation den Nachweis einer entsprechenden Bevollmächtigung zur Vornahme aller während einer Mediation erforderlich werdenden Parteihandlungen einzuholen.

4. Mithilfe eines oder mehrerer Mediatoren. Erforderlich für ein Mediationsverfahren ist die Beteiligung eines Dritten, des **Mediators**. Nach § 1 Abs. 2 ist ein Mediator eine unabhängige und neutrale Person ohne Entscheidungsbefugnis, die die Parteien durch die Mediation führt. Der Gesetzgeber hat klarstellend aufgenommen, dass Mediationen auch als Co-

---

Beilage zu ZIP 22/2016, 18 (20), wonach die Kommunikationsförderung nach § 2 Abs. 2 S. 2 nicht auf die Plenumssitzungen beschränkt ist.

44 Vgl. hierzu Greger/von Münchhausen Rn. 503 mit Hinweis darauf, dass diese vermehrt bei grenzüberschreitenden Konflikten oder Internetgeschäften zum Einsatz kommt, Mähler/Mähler § 48 Rn. 134 mit Ausführungen zur Anwendung bei öffentlichen Konfliktlagen bei vielen Beteiligten; Hopt/Steffek, S. 51; ausführlich auch Trenczek/Berning/Lenz/Will Konfliktmanagement-HdB/Lenz/Schluttenhofer Kap. 3.18, Haft/Schlieffen Mediation-HdB/Lapp § 23 und Fritz/Pielsticker MediationsG-HdB/Sturm Teil 5 F.
45 Die, historisch gesehen, schon aus der Frühzeit der Mediation berichtet wurden wie zB die Mediation von Aloysius Contareno und Fabio Chigi (später Papst Alexander VII.) zur Beendigung des 30-jährigen Krieges mit insgesamt 148 Gesandten; vgl. Schwartz in Mayer, S. 78.
46 BT-Drs. 17/5335, 13.
47 BT-Drs. 17/5335, 13.
48 Fritz/Pielsticker MediationsG-HdB/Fritz § 1 Rn. 9.
49 Nur beispielhaft seien als Parteihandlungen die Zustimmung zur Teilnahme Dritter an der Mediation (§ 2 Abs. 4), die Zustimmung zur Durchführung von Einzelgesprächen (§ 2 Abs. 3 S. 3), die Zustimmung zur Dokumentation der Einigung (§ 2 Abs. 6) oder die Beendigung der Mediation (§ 2 Abs. 5) genannt.

Mediationen durchgeführt werden können, indem er schon bei der Definition des Begriffes Mediation ausdrücklich von einem oder mehreren Mediatoren spricht.[50] In vielerlei Konflikten sind Mediatorengespanne nicht nur hilfreich, sondern auch häufig von den Parteien gewählt, beispielsweise bei

- **Familien- und Erbmediationen**, bei denen gerne Kombinationen aus Rechtsanwälten und Psychologen gewählt werden, um sowohl die rechtlichen als auch die emotionalen Seiten des Konflikts abzudecken;
- **grenzüberschreitenden Mediationen**, bei denen es hilfreich sein kann, Mediatoren aus den jeweiligen Kulturkreisen zu haben, um auch die interkulturelle Komponente des Konfliktes lösen zu können;
- **Wirtschaftsmediationen**, bei denen es bei externen B2B-Konflikten hilfreich sein, ein Duo aus Jurist und Techniker[51] als Mediatoren zu haben;
- Mediationen mit einer **Vielzahl von Beteiligten**;
- **innerbetrieblichen Konflikten** und **arbeitsrechtlichen Konflikten** kommt der Einsatz zB geschlechtsunterschiedlicher Mediatoren,[52] solcher verschiedener Hierarchiestufen oder Abteilungen in Betracht.

Sofern mehrere Mediatoren an einem Mediationsverfahren beteiligt sind, kann sich ihre Zusammenarbeit in unterschiedlicher Weise gestalten.[53] Im Regelfall führen Co-Mediatoren als Mediatorengespann durch das gesamte Mediationsverfahren (**„permanente Co-Mediation"**), gelegentlich arbeiten sie nur phasenweise zusammen (**„temporäre Co-Mediation"**) und ausnahmsweise gar im Wechsel (**„alternierende Co-Mediation"**).[54]

14 **5. Freiwilligkeit.** § 1 erfordert zudem, dass die Parteien **freiwillig** die Beilegung ihres Konfliktes anstreben. Freiwilligkeit bedeutet zunächst, dass die Konfliktparteien selbst und ohne äußeren Zwang darüber entscheiden, ob überhaupt ein Mediationsverfahren eingeleitet wird[55] und wann es durchgeführt werden soll.[56] Dies unterscheidet die Mediation insbesondere vom staatlichen Gerichtsverfahren, bei dem zumindest der Beklagte keinerlei Entscheidungsbefugnis hinsichtlich der Einleitung eines Verfahrens hat. Besonders deutlich wird die Freiwilligkeit der Teilnahme der Konfliktparteien an der Mediation dadurch, dass jede Partei die Teilnahme an der Mediation nach § 2 Abs. 5 S. 1 jederzeit beenden kann.[57] Derartig konse-

---

50 Dies war so auch vom RTMKM im Positionspapier angeregt worden: ZKM 2008, 147 (148).
51 Selbstverständlich sind auch andere Mediatorengespanne denkbar, insbesondere unter Einschaltung von Kaufleuten oder – besonders bei Bausachen – auch Architekten.
52 MAH ArbR/Dendorfer/Ponschab § 28 Rn. 217.
53 Umfassend zur Co-Mediation: Trenczek/Berning/Lenz/Will Konfliktmanagement-HdB/Troja Kap. 3.11.
54 Vgl. zu den verschiedenen Formen der Co-Mediation: Henssler/Koch Mediation Anwaltspraxis/Paul/Schwartz § 8 Rn. 4 ff. und Haft/Schlieffen Mediation-HdB/Bernhardt/Winograd § 19 Rn. 3.
55 Begründung des Gesetzentwurfs BT-Drs. 17/5335, 14; MAH ArbR/Dendorfer/Ponschab § 82 Rn. 34 u. Rn. 101 ff.; Fritz/Pielsticker MediationsG-HdB/Fritz § 1 Rn. 19.
56 MAH ArbR/Dendorfer § 82 Rn. 34 u. Rn. 101 ff.
57 Horstmeier Rn. 136; Loos/Brewitz SchiedsVZ 2012, 305 (306); MAH ArbR/Dendorfer § 82 Rn. 34.

quenzlose Beendigungsmöglichkeiten stehen den Parteien in Gerichts- oder Schiedsgerichtsverfahren nicht zu. Die große Bedeutung der Freiwilligkeit der Teilnahme der Parteien am Mediationsverfahren wird dadurch unterstrichen, dass sich der Mediator nach § 2 Abs. 2 vergewissern muss, dass die Parteien freiwillig an der Mediation teilnehmen.

Hinsichtlich der Freiwilligkeit sind folgende Fallkonstellationen zu unterscheiden:

a) **Mediationsverfahren bei innerbetrieblichen Konflikten**[58] **aa) Vereinbarung im Konfliktfall.** Die Vereinbarung zur Durchführung eines Mediationsverfahrens nach Auftreten eines innerbetrieblichen Konfliktes ist Ausdruck der Freiwilligkeit, da keinerlei Vorgabe zur Durchführung eines Mediationsverfahrens, sei es vertraglich, kollektivrechtlich oder aufgrund einer Weisung, besteht. Derartige Vereinbarungen sind auch nicht etwa nach §§ 4, 101 Abs. 3 ArbGG unzulässig, denn danach sind lediglich Schiedsvereinbarungen im Individualarbeitsrecht unzulässig, nicht jedoch die Vereinbarung zur Durchführung eines Mediationsverfahrens.[59]

bb) Mediationsklausel im Arbeitsvertrag. Bei Mediationsklauseln im Arbeitsvertrag ist die Freiwilligkeit jedenfalls dann unproblematisch, wenn es sich um eine Individualabrede handelt. Der Zeitpunkt der Freiwilligkeit ist dabei lediglich auf den Zeitpunkt des Vertragsschlusses vorverlegt.[60] Aber auch bei Mediationsklauseln, die vom Arbeitgeber in Standardarbeitsverträgen vorformuliert wurden[61] entfällt die Freiwilligkeit auf Seiten des Arbeitnehmers nicht, da insofern zumindest kein rechtlicher Kontrahierungszwang besteht.

cc) Vom Unternehmen/Vorgesetzten angeordnetes Mediationsverfahren (Direktionsrecht § 103 GewO). Der Arbeitgeber kann den Arbeitnehmer zur Teilnahme an Gesprächen im Rahmen des Direktions- oder **Weisungsrechts** nach § 106 GewO, und damit auch zur Teilnahme an Mediationsverfahren, verpflichten,[62] es sei denn, Gegenstand des Mediationsverfahrens wären Inhalte, die nicht dem Weisungsrecht des Arbeitgebers unterliegen.[63] Die Freiwilligkeit des Arbeitnehmers hinsichtlich der Teilnahme am Mediationsverfahren beschränkt sich insoweit auf das Recht zur jederzeitigen Beendigung nach § 2 Abs. 5 S. 2, was auch bei innerbetrieblichen Mediationen unabdingbar ist.[64]

dd) Kollektivrechtliche Mediationsregelungen. Sofern mitbestimmungspflichtige Unternehmen die Mediation als (ein) Konfliktbeilegungsverfahren für alle Arbeitnehmer gleichermaßen einführen, unterliegt dies nach § 87 Abs. 1 Nr. 1 BetrVG der Mitbestimmung des Betriebsrates, da in-

---

58 S. dazu auch den Beitrag von Klowait (→ C Rn. 1 ff., 41 f.).
59 Dendorfer/Krebs Konfliktdynamik 2012, 212 (214).
60 Dendorfer/Krebs Konfliktdynamik 2012, 212 (214).
61 Vgl. hierzu und zur Zulässigkeit nach §§ 305 ff. BGB: Dendorfer/Krebs Konfliktdynamik 2012, 212 (215); zu beachten ist aber das Klauselverbot für einen Klageverzicht nach § 309 Nr. 14 BGB.
62 Ausführlich hierzu: Dendorfer/Krebs Konfliktdynamik 2012, 212 (213), Dendorfer FS Lehmann, 567 (578 f.); einschränkend: Dendorfer/Ponschab § 82 Rn. 103.
63 Wie bspw die Höhe des Arbeitsentgelts oder der Umfang der Arbeitsleistung. Vgl. hierzu: Dendorfer/Krebs, Konfliktdynamik 2012, S. 212 (213) (Fn. 2).
64 Klowait ZKM 2006, 172 (175); MAH ArbR/Dendorfer § 82 Rn. 36.

soweit das Ordnungsverhalten der Arbeitnehmer im Betrieb betroffen ist.[65] Zudem unterliegt die Beteiligung des Betriebsrates sowie einzelner Betriebsratsmitglieder an Mediationsverfahren nicht dem Weisungsrecht des Arbeitgebers.[66] In beiden Fällen sind nach § 77 BetrVG **Betriebsvereinbarungen** erforderlich. Mediationsverfahren können in Betriebsvereinbarungen aufgrund ihrer individualarbeitsrechtlichen Zulässigkeit auch in Betriebsvereinbarungen festgelegt werden.[67] Bei bestehender Betriebsvereinbarung kann der einzelne Arbeitnehmer nicht mehr selbst bestimmen, ob in einem Konfliktfall ein Mediationsverfahren durchgeführt wird, die Freiwilligkeit der Arbeitnehmer an der Teilnahme am Mediationsverfahren beschränkt sich insoweit auf das Recht zur jederzeitigen Beendigung nach § 2 Abs. 5 S. 2.

ee) Vorschlag des Gerichts nach § 54a Abs. 1 ArbGG. Der **Vorschlag eines Gerichts zur Durchführung einer Mediation** nach § 54a Abs. 1 ArbGG steht der Freiwilligkeit nicht entgegen.[68] Den Parteien bleibt es unbenommen, dem Vorschlag des Gerichts nicht zu folgen und kein Mediationsverfahren durchzuführen. Eine gerichtliche Anordnung zur Durchführung eines Mediationsverfahrens gibt es als Ausfluss des Prinzips der Freiwilligkeit nicht.[69]

b) Sonstige Mediationsverfahren. aa) Ad hoc Mediation. Da grundsätzlich keine vertragliche oder gesetzliche Vorgabe zur Durchführung eines Mediationsverfahrens im Konfliktfall besteht, können die Parteien nach Auftreten eines Konfliktes freiwillig die Durchführung eines Mediationsverfahrens vereinbaren.

bb) Mediationsverfahren aufgrund einer vertraglichen Mediationsklausel. Auch Mediationsverfahren, die aufgrund einer vorab eingegangenen vertraglichen Verpflichtung hierzu[70] begonnen werden, fallen unter die Freiwilligkeit des § 1. Die – freiwillige – Entscheidung, eine Mediation durchführen zu wollen, treffen die Parteien bei Vereinbarung von **Streitbeilegungsklauseln** (Muster → Einl. Rn. 146 ff.) bereits bei Vertragsschluss, auch wenn dann das Mediationsverfahren im Streitfall aufgrund der vertraglichen Verpflichtung zwingend durchgeführt werden muss.[71]

cc) Mediationsverfahren aufgrund einer Unternehmensvorgabe (Richtlinie oder Corporate Pledge). Gleiches gilt für **Unternehmensvorgaben**, sei es im Wege einer internen Unternehmensrichtlinie oder einer nach außen abgegebenen Selbstverpflichtung im Wege eines Corporate Pledges,[72] die ebenfalls

---

65 Dendorfer/Krebs Konfliktdynamik 2012, 212 (216).
66 Dendorfer/Krebs Konfliktdynamik 2012, 212 (216).
67 Dendorfer/Krebs Konfliktdynamik 2012, 212 (216).
68 Vgl. Gesetzesbegründung, BT-Drs. 17/5335, 14 mit Verweis auf Art. 3a Med-RiLi.
69 Pilartz ArbRAktuell 2013, 201.
70 Vgl. zur Mediationsvereinbarung in einem Vertrag: Beck FormB BHW/Risse Formular 9; BeckFormB GmbHR/Rombach C. II. 4.; Unberath NJW 2011, 1320 (1321); MHdB GesR VII/Hagel § 135 Rn. 94 ff.
71 Fritz/Pielsticker MediationsG-HdB/Fritz § 1 Rn. 21; Goltermann/Hagel/Klowait/Levien SchiedsVZ 2012, 299 (301).
72 Ausführlich zum Corporate Pledge: Klowait/Hill SchiedsVZ 2007, 83 und → Einl. Rn. 145.

freiwillig für die Konfliktpartei, nämlich das Unternehmen, erlassen werden.[73]

dd) Mediationsverfahren aufgrund einseitiger Anordnung. Die Parteien können unter Umständen auch an eine Anordnung zur Durchführung eines Mediationsverfahrens gebunden sein (→ Einl. Rn. 192), beispielsweise durch letztwillige Verfügung (Muster → H Rn. 33 ff.), Vereinssatzung, Gemeinschaftsordnung oder Auslobung.[74] Die Freiwilligkeit an der Teilnahme am Mediationsverfahren beschränkt sich insoweit auf das Recht zur jederzeitigen Beendigung nach § 2 Abs. 5 S. 1.[75]

ee) Mediationsverfahren aufgrund eines gerichtlichen Vorschlags nach § 278a Abs. 1 ZPO, § 36a Abs. 1 FamFG. Ebenso wie bei Arbeitsgerichtsprozessen, steht auch bei anderen Verfahren der **Vorschlag eines Gerichts zur Durchführung einer Mediation**, etwa nach § 278a Abs. 1 ZPO oder § 36a Abs. 1 FamFG der Freiwilligkeit nicht entgegen.[76]

6. Eigenverantwortlich. Die Begriffsbestimmung der Mediation nach § 1 erfordert, dass die Parteien **eigenverantwortlich** die Beilegung ihres Konfliktes anstreben. Der Parteiautonomie unterliegen nicht nur die Aufnahme und Beendigung der Mediation,[77] sondern auch die Auswahl des Mediators[78] und des Verfahrensablaufs.[79] Auch wenn der Mediator das Verfahren nach § 1 Abs. 2 führt, so können die Parteien den Verfahrensablauf frei bestimmen. Der Mediator trägt dann die Verantwortung dafür, dass die Mediation diesem vereinbarten Ablauf folgt. In Ermangelung einer Parteivereinbarung zum Verfahrensablauf obliegt dem Mediator die umfassende Verfahrensverantwortung. Zur Eigenverantwortung der Parteien zählt auch die Entscheidung über die Einbeziehung Dritter. Dass die Teilnahme Dritter weder vom Mediator noch von einer Partei erzwungen werden kann, ist über § 2 Abs. 4 sichergestellt, wonach die Teilnahme Dritter nur im allseitigen Einvernehmen möglich ist. Dies umfasst die Zustimmung aller Konfliktparteien zur Teilnahme von Prozessbevollmächtigten (Rechtsanwälten) am Mediationsverfahren. Gleiches gilt nach § 2 Abs. 3 S. 3 für getrennte Gespräche (**Einzelgespräche**), die der Mediator nur im allseitigen Einverständnis der Konfliktparteien führen kann.[80]

Wesentlicher Bestandteil der Eigenverantwortlichkeit ist jedoch die Verantwortung der Konfliktparteien für den Inhalt des Verfahrens, wenn die Parteien selbst die Themen der Mediation vorgeben, ihre Interessen her-

---

73 Kritisch hierzu: Klowait/Hill SchiedsVZ 2007, 83 (84).
74 Ausführlich hierzu Greger/Unberath/Steffek/Greger B. § 1 Rn. 226 ff.
75 Greger/Unberath/Steffek/Greger B. § 1 Rn. 225.
76 Vgl. Gesetzesbegründung, BT-Drs. 17/5335, 14 mit Verweis auf Art. 3 a Med-RiLi; vgl. zur Freiwilligkeit bei Mediationen im Rahmen des Täter-Opfer-Ausgleichs nach § 46a StPO, § 10 Abs. 1 Nr. 7 JGG: Horstmeier Rn. 135.
77 Siehe → MediationsG § 2 Rn. 193.
78 So auch § 2 Abs. 1; vgl. hierzu die Begründung zum Gesetzentwurf BT-Drs. 17/5335, 14.
79 Vgl. hierzu Horstmeier Rn. 141.
80 Zur vorherigen Fassung von § 2 Abs. III MediationsG, welche die Führung von Einzelgesprächen von einer Zweckmäßigkeitserwägung des Mediators abhängig machte, vgl. Diop/Steinbrecher BB 2011, 131 (132).

ausarbeiten und Lösungsoptionen entwickeln[81] um dann zu entscheiden, ob und worüber sie sich in einer **Abschlussvereinbarung** einigen.[82] Die Eigenverantwortung der Parteien für die Einigung wird noch unterstützt durch die Klarstellung, dass die Parteien die einvernehmliche Beilegung des Konfliktes zunächst nur anstreben, also nicht unter einem Kontrahierungszwang stehen,[83] sondern das Verfahren auch ohne Einigung beenden können.

16 **7. Unter Anstreben einer Lösung.** Die Mediation ist ein lösungsorientiertes Verfahren. Mediationen mit nicht einigungswilligen Parteien sind selten erfolgreich. Fraglich ist aber, wie das Vorliegen der Voraussetzung festgestellt werden kann. Der Mediator wird in aller Regel die Parteien zu Beginn der Mediation um entsprechende Bestätigung bitten, falls dies nicht ohnehin schon in der **Mediationsvereinbarung** und/oder dem **Mediatorvertrag**[84] enthalten ist. Insbesondere bei mehrstufigen **Streitbeilegungsklauseln** (zB Verhandlung/Mediation/Schiedsgericht) besteht die Gefahr, dass eine Konfliktpartei die Mediation nur als Durchgangsstation zum Entscheidungsverfahren (miss)braucht,[85] die Mediation aber dennoch nicht sofort beendet, weil sie sich erhofft, eventuell nützliche Informationen zu erlangen. Sollte der Konfliktpartei nachgewiesen werden können, dass sie das Mediationsverfahren lediglich nutzen wollte, um der Streitbeilegungsvereinbarung Genüge zu tun, nicht jedoch eine einvernehmliche Lösung anzustreben, so ist das von den Parteien betriebene Verfahren keine Mediation, da es an dem Begriffsmerkmal des Anstrebens einer einvernehmlichen Lösung fehlt. Dies führt dann letztlich für die „Durchlaufpartei" zu einem geschlossenen Kreis: Eine (Schieds-)Klage ist (noch) nicht möglich, da noch keine Mediation absolviert wurde (→ N Rn. 26). Eine Mediation kann aber begrifflich nicht durchgeführt werden, weil in ihr keine Konfliktbeilegung beabsichtigt ist, sondern eigentlich die nächste Stufe der Eskalation, das Entscheidungsverfahren angestrebt wird. In diesem Fall greift der dilatorische Klageverzicht nach Durchlaufen des mediationsähnlichen Verfahrens nicht mehr. Die klagende Partei hat – vereinbarungsgemäß – an einem außergerichtlichen, mediativen Verfahren teilgenommen, auch wenn es aufgrund der gesetzlichen Definition kein Mediationsverfahren war.

17 **8. Einvernehmlichkeit der (angestrebten) Lösung.** Die Einvernehmlichkeit der Parteien über die Lösung des Konfliktes ist zentrales Merkmal der Mediation.[86] Die Parteien bestimmen einvernehmlich, ob es überhaupt zu

---

81 Vgl. hierzu auch Gesetzesbegründung, BT-Drs. 17/5335, 14; Greger/Unbearth/Greger B. § 1 Rn. 33.
82 Vgl. hierzu Fritz/Pielsticker MediationsG-HdB/Fritz § 1 Rn. 22; die Begründung des Gesetzentwurfs spricht insoweit von der Kehrseite der fehlenden Entscheidungskompetenz des Mediators: BT-Drs. 17/5335, 14.
83 Vgl. zur Entscheidungsfreiheit und zum fehlenden Kontrahierungszwang: Trenczek Trenczek/Berning/Lenz/Will Konfliktmanagement-HdB/ Kap. 1.1 Rn. 26.
84 Ausführlich zur Unterscheidung zwischen Mediationsvereinbarung und Mediatorvertrag: MHdB GesR VII/Hagel § 135 Rn. 93ff.; ausführlich zum Mediatorvertrag: Groß, Der Mediatorvertrag, 2012; Mes/Reinelt/Strahl Kap. 15 Ziff. 4.
85 Die direkte Klage würde hier an dem dilatorischen Klageverzicht scheitern; vgl. hierzu auch Diop/Steinbrecher BB 2011, 131 (136); Unberath ZKM 2012, 12 (14); Unberath FS Hoffmann, 500 (506).
86 Fritz/Pielsticker MediationsG-HdB/Fritz § 1 Rn. 15.

einer Lösung des Konfliktes in der Mediation kommt. Sie unterliegen insoweit keinerlei Kontrahierungszwang.[87] Zudem legen die Konfliktparteien einvernehmlich fest, worüber sie sich einigen wollen. Kein Dritter ist befugt, den Konflikt zu entscheiden. Dies wird unterstützt durch die Begriffsdefinition des Mediators in § 1 Abs., 2, wonach auch dieser ausdrücklich nicht entscheidungsbefugt ist. Die Mediation ist ein **Konsensualverfahren**. Damit unterscheidet sie sich insbesondere von **Streitentscheidungsverfahren**,[88] bei denen eine einseitige Verfahrensbeendigung grundsätzlich ebenso wenig möglich ist[89] wie eine eigenverantwortliche Entscheidung.[90]

9. Zur Beilegung eines Konfliktes. Das Mediationsgesetz gibt, in Übereinstimmung mit Art. 3 lit. a Med-RiLi,[91] einen engen Mediationsbegriff vor, beschränkt auf **kurative Verfahren**.[92] Ausgenommen sind daher **präventive Mediationsverfahren**.[93] Dies ist bedauerlich,[94] fallen so doch alle Mediationen zur Konfliktvermeidung aus dem Anwendungsbereich des MediationsG. Sofern nicht (auch) Konflikte beizulegen sind, gilt dies beispielsweise für:

- drittunterstützte Verhandlungen bei Vertragsschluss („**Deal Mediation**[95]"),
- mediative Begleitung von Projekten, Restrukturierungen oder Change-Prozessen,[96]
- Mediationen im Zusammenhang mit Gestaltungen des Nachlasses oder der Unternehmensnachfolge.

---

87 Trenczek/Berning/Lenz/Will Konfliktmanagement-HdB/Trenczek Kap. 1.1 Rn. 26.
88 In der Gesetzesbegründung, BT-Drs. 17/5335, 14, wird ausdrücklich auf die Abgrenzung zum Schiedsgerichtsverfahren verwiesen.
89 Der Kläger kann eine einseitige Klagerücknahme nach § 269 Abs. 1 ZPO ohne Zustimmung des Beklagten nur bis zur mündlichen Verhandlung erklären und selbst dann nur mit der Folge der Kostentragung nach § 269 Abs. 3 S. 2 ZPO.
90 Es ist den Parteien zwar auch bei Gerichts- und Schiedsgerichtsverfahren unbenommen, jederzeit eine Streitbeilegung durch Vergleich herbeizuführen, widrigenfalls haben die Parteien die Entscheidung über die Konfliktlösung jedoch aus den Händen gegeben und dem Gericht oder Schiedsgericht übertragen.
91 Die relevante Passage in dessen S. 1 lautet: „[...] selbst versuchen, eine Vereinbarung über die Beilegung ihrer Streitigkeit zu erzielen."
92 Vgl. hierzu Diop/Steinbrecher BB 2011, 131 (138); Meyer/Schmitz-Vornmoor DNotZ 2012, 895 (899); Goltermann/Hagel/Klowait/Levien SchiedsVZ 2012, 299 (301).
93 → C Rn. 22; aA Horstmeier Rn. 250; vgl. zur steigenden Anzahl strategisch-präventiver Mediationen: Gläßer ZKM 2007, 116.
94 Ebenso aus Sicht der Unternehmen: RTMKM ZKM 2009, 147 (148); Diop/Steinbrecher BB 2011, 131 (138); Diop RuP 2010, 236 (240).
95 Deal Mediation ist die drittunterstützte Verhandlung von Transaktionen, bei denen (noch) keine Konflikte beigelegt werden müssen; vgl. hierzu auch Greger/Unberath/Steffek/Greger B. § 1 Rn. 28; Diop/Steinbrecher BB 2012, 3023 (3027); Berkel ZKM 2015, 4; aA Henssler/Koch Mediation Anwaltspraxis/Eidenmüller, S. 49 (50) (Fn. 1), der bei nicht vollständig übereinstimmenden Interessen in Verhandlungen bereits von (zumindest partiellen) Interessenkonflikten ausgeht; hiergegen zutreffend Greger/Unberath/Steffek/Greger B. § 1 Rn. 28, wenn er feststellt, dass nicht jeder Interessengegensatz ein Konflikt ist. Unterschiedliche Interessen können auch ohne Verhärtungen oder Spannungen vorliegen, so dass nach dem neunstufigen Konfliktmodell von Glasl noch nicht einmal die Eskalationsstufe 1 erreicht wäre.
96 Vgl. RTMKM ZKM 2009, 147 (148); → C Rn. 23; MHdB GesR VII/Hagel § 135 Rn. 14.

Als Beispiel für eine Deal-Mediation sei eine Vereinbarung über eine vorweggenommene Erbfolge genannt. Potenzieller Erblasser und potenzielle Erben haben keinen Konflikt, wollen aber den Erbfall einvernehmlich regeln und Gestaltungsmöglichkeiten ausschöpfen. Ein Mediationsverfahren hilft den Parteien, zunächst die zu regelnden Punkte (Erbmasse oder Regelungsgegenstand) zu ermitteln, die einzelnen Bedürfnisse herauszuarbeiten (zB Altersabsicherung, Ausbildung der Enkel, Wohnrecht, Steueroptimierung, Geschäftsfortführung) und interessengerechte Lösungen zu finden (beispielsweise Schenkung unter Einräumung eines Nießbrauchs), auf die die Parteien ohne die strukturierte Verfahrensführung des Dritten und die Ermittlung ihrer Interessen nicht gekommen wären (zur Mediation und Konfliktvorsorge in Erbangelegenheiten → H Rn. 1 ff.).

19 Letztlich ist der Nachteil, dass derartige Verfahren keine Mediationen nach § 1 sind, zu verschmerzen, sind die negativen Folgen doch überschaubar und, mehr noch, heilbar. Die Vertraulichkeit – so gewünscht – lässt sich auch vertraglich regeln.[97] Verjährungsunterbrechungen dürften regelmäßig ebenso wenig eine Rolle spielen wie die Vollstreckbarkeit des Ergebnisses.[98]

III. Mediator (§ 1 Abs. 2)

20 Nach § 1 Abs. 2 ist ein Mediator „eine unabhängige und neutrale Person ohne Entscheidungsbefugnis, die die Parteien durch die Mediation führt".

21 **1. Unabhängigkeit und Neutralität.** Der Mediator muss neutral und unabhängig sein. Die **Unabhängigkeit ist dabei personenbezogen** zu verstehen, die **Neutralität hingegen verfahrensbezogen.**[99]

Unabhängigkeit und Neutralität haben den Zweck der Sicherstellung eines fairen Mediationsverfahrens. Der Mediator soll frei von einer **Interessenkollision** und unvoreingenommen sein, zu den Parteien den gleichen Abstand haben („**Äquidistanz**")[100] und sie gleich behandeln. Dabei gelten für den Mediator hinsichtlich der Begrifflichkeiten die gleichen Grundsätze wie für Richter und Schiedsrichter. Im Unterschied dazu kann der Mediator das Verfahren aber nach § 3 Abs. 1 S. 2 als Mediator auch bei fehlender Unabhängigkeit führen, wenn er den Parteien die Umstände offengelegt hat, die seine Unabhängigkeit und Neutralität – zumindest in der Wahrnehmung der Parteien – beeinträchtigen können und die Parteien ausdrücklich zugestimmt haben. Entgegen dem Wortlaut von § 3 Abs. 1

---

97 Vgl. Diop/Steinbrecher BB 2011, 131 (133).
98 Bei der Deal Mediation geht es ja zunächst um den Vertragsschluss und bestenfalls war die Mediation erfolgreich, wenn noch offene Verhandlungspunkte geschlossen werden konnten, oder der Vertrag als solcher – und nicht „nur" die Abschlussvereinbarung der Mediation – unterzeichnet werden könnte.
99 Begründung des Gesetzentwurfs, S. 21.
100 Ulrich/Vogt DS 2009, 217 (221) haben die Äquidistanz des Mediators unzutreffend mit der Allparteilichkeit gleichgesetzt. Die Äquidistanz muss bei der Allparteilichkeit zwar gewahrt werden, sie kann aber ebenso bei neutraler Unparteilichkeit vorliegen. Vgl. zur Äquidistanz des Mediators: Pitkowitz SchiedsVZ 2005, 81 (89); Vgl. allgemein zur Äquidistanz: BGH NJW 2004, 164; OLG Stuttgart NJOZ 2006, 4232 (4233); Haußleiter/Gomille § 6 Rn. 21; Rossen-Stadtfeld NVwZ 2001, 361 (368).

S. 2 können die Medianden den Mediator nicht von dessen Neutralität entbinden, da die Neutralität verfahrensbezogen ist.[101]

a) **Unabhängigkeit.** Die persönliche Unabhängigkeit des Mediators bezieht sich darauf, dass die Person des Mediators sowohl unabhängig von den Parteien als auch unabhängig bezogen auf den Verfahrensgegenstand sein muss.

Unabhängig von den Parteien ist der Mediator, wenn er weder in einer

- personellen Abhängigkeit,[102]
- finanziellen bzw. wirtschaftlichen Abhängigkeit[103] oder
- Weisungsgebundenheit[104]

bezüglich einer oder mehrerer Konfliktparteien ist.

Eine **personelle Abhängigkeit** liegt als subjektive Abhängigkeit bei engen persönlichen Verbindungen des Mediators zu einer Partei vor,[105] so beispielsweise wenn der Mediator mit einer Partei verwandt, verheiratet, verlobt, verschwägert oder persönlich befreundet[106] oder verfeindet ist.[107]

Eine **finanzielle oder wirtschaftliche Abhängigkeit** im Rahmen der personellen Abhängigkeit kann beispielsweise vorliegen bei vertraglichen Beziehungen des Mediators zu einer Partei[108] oder der Beteiligung des Mediators an der Gesellschaft einer Partei (Aktionär, Teilhaber oder Gesellschafter).[109] Eine finanzielle oder wirtschaftliche Abhängigkeit des Mediators von einer Partei ist hingegen nicht schon per se dann gegeben, wenn der Mediator schon mehrfach in Mediationen einer Partei tätig geworden ist.[110] Da dies aber den Anschein der Beeinträchtigung der Unabhängigkeit begründen kann, ist der Mediator zur Offenlegung nach § 3 Abs. 1 verpflichtet.

Abhängigkeit kann aber auch bei **Weisungsgebundenheit** des Mediators bestehen. Weisungsrecht haben beispielsweise

- der Arbeitgeber gegenüber dem Arbeitnehmer (Direktionsrecht des Arbeitgebers nach § 106 GewO),

---

101 Unberath ZKM 2012, 12 (13), hierzu auch → MediationsG § 3 Rn. 13.
102 Vgl. zu Schiedsrichtern: Böckstiegel/Kröll/Nacimiento Arbitration/Nacimiento/Abt/Stein ZPO § 1036 Rn. 34.
103 Vgl. zu Schiedsrichtern: Böckstiegel/Kröll/Nacimiento Arbitration/Nacimiento/Abt/Stein ZPO § 1036 Rn. 35.
104 Begründung des Gesetzentwurfs, BT-Drs. 17/5335, 14; Meyer/Schweitzer NZA 2013, 545.
105 Gesetzesbegründung BT-Drs. 17/5335, 14.
106 Vgl. zu Schiedsrichtern: Mankowski SchiedsVZ 2004, 304 (308); zu verwandtschaftlichen Verbindungen als Begründung fehlender Unabhängigkeit eines Schiedsrichters auch: OLG Frankfurt a.M. SchiedsVZ 2006, 330.
107 Greger/Unberath/Greger B. § 3 Rn. 14.
108 Besonders deutlich wäre die Abhängigkeit, wenn der Mediator Darlehensnehmer bei einem Medianden wäre oder in einem abhängigen Beschäftigungsverhältnis stünde.
109 Vgl. zu Schiedsrichtern: Böckstiegel/Kröll/Nacimiento Arbitration/Nacimiento/Abt/Stein ZPO § 1036 Rn. 35; Mankowski SchiedsVZ 2004, 304 (308).
110 Vgl. zu Schiedsrichtern: Böckstiegel/Kröll/Nacimiento Arbitration/Nacimiento/Abt/Stein ZPO § 1036 Rn. 42; kritisch: Kröll SchiedsVZ 2004, 113 (117).

- der Vorgesetzte gegenüber dem Beamten (§ 35 BeamtStG und bei Staatsanwälten § 146 GVG), mit Ausnahme beispielsweise der Richter (Art. 97 GG),
- die Gesellschafterversammlung gegenüber dem Geschäftsführer einer GmbH (§ 37 GmbHG).

Unabhängigkeit vom Verfahrensgegenstand liegt dann vor, wenn der Mediator kein eigenes Interesse am inhaltlichen Ausgang des Verfahrens hat,[111] insbesondere durch Bindungen in Bezug auf den Verfahrensgegenstand.[112] Das in der Gesetzesbegründung gewählte Beispiel für fehlende Unabhängigkeit verdeutlicht dies: „Der Mediator möchte das Grundstück, über dessen Verwertung die Parteien streiten, selbst erwerben".[113]

23 b) **Neutralität/Allparteilichkeit. Neutralität** im Sinne von § 1 Abs. 2 ist verfahrensbezogen zu verstehen.[114] Während des gesamten Verfahrens ist der Mediator zur Gleichbehandlung der Parteien verpflichtet. Dies betrifft beispielsweise den Informationsaustausch und die Durchführung von Einzelgesprächen,[115] zu denen der Mediator im allseitigen Einverständnis nach § 2 Abs. 2 S. 3 berechtigt ist. In der Gesetzesbegründung wird zudem angegeben, der Mediator sei zu einer unparteilichen Verhandlungsführung verpflichtet. § 2 Abs. 2 S. 1 geht hier weiter, indem er vorgibt, dass der Mediator den Parteien gleichermaßen verpflichtet ist. Dies umfasst nicht nur die passive **Unparteilichkeit**, sondern die aktive **Allparteilichkeit** des Mediators.[116] Allparteilichkeit[117] bedeutet, dass der Mediator die Verfahrensinteressen aller Parteien gleichermaßen zu vertreten und sie entsprechend zu unterstützen hat. Allparteilichkeit ist nicht zu verwechseln mit der Vertretung widerstreitender Interessen, die dem Anwaltsmediator nach § 43a Abs. 4 BRAO über § 18 BORA untersagt[118] und als Parteiverrat nach § 356 StGB sogar strafbewehrt ist. Der Mediator ist von allen Parteien beauftragt, sie bei der Beilegung ihres Konfliktes zu unterstützen. Das vom Mediator für alle Parteien gleichermaßen zu vertretende Interesse ist das der Konfliktbeilegung.[119] Dabei wird auch nicht die Neutralität verletzt, wenn der Mediator versucht, die Sichtweise jeder einzelnen Partei zu verstehen und gegenüber jeder Partei Empathie zu äußern. Sowohl die Allparteilichkeit als auch die Neutralität sind hingegen verletzt, wenn der Mediator nicht zeitpunktbezogen, sondern verfahrensablaufbezogen die Gleichbehandlung und Äquidistanz verletzt.

---

111 Gesetzesbegründung BT-Drs. 17/5335, 14, Montada/Kals, S. 38.
112 Begründung des Gesetzentwurfs BT-Drs. 17/5335, 14.
113 Begründung des Gesetzentwurfs BT-Drs. 17/5335, 14.
114 Begründung des Gesetzentwurfs BT-Drs. 17/5335, 14.
115 Dazu dezidiert: Gläßer/Kublik ZKM 2011, 89 ff.
116 Begründung des Gesetzentwurfs BT-Drs. 17/5335, 15.
117 Vgl. zur Allparteilichkeit: Montada/Kals, S. 46; Hagen/Lenz, S. 110 und 178; MAH ArbR/Dendorfer § 78 Rn. 38; Mähler/Mähler § 47 Rn. 64; MAH MietR/Gößl § 40 Rn. 54.
118 Die Mediatorentätigkeit des Rechtsanwalts ist anwaltliche Tätigkeit und unterliegt dem anwaltlichen Berufsrecht.
119 OLG Karlsruhe NJW 2001, 3197 (3198); OLG Karlsruhe NJW 2002, 3561 (3562); Dendorfer, S. 8 (12); Henssler/Koch Mediation Anwaltspraxis/Koch § 1 Rn. 26; Henssler/Koch Mediation Anwaltspraxis/Henssler § 3 Rn. 20.

2. Eine Person. Nach § 1 Abs. 2 ist der Mediator „eine Person". Dies bedeutet einerseits, dass der Mediator *eine* Person im Sinne von ein und derselben Person ist. Die Mediatorentätigkeit ist damit eine **personenbezogene Tätigkeit**, die eine Austauschbarkeit des Mediators ohne Zustimmung der Parteien nicht zulässt.[120] Dies bedeutet nicht, dass die Parteien den Mediator nicht während des laufenden Verfahrens wechseln könnten; es bedeutet vielmehr, dass ein von den Parteien beauftragter Mediator die Mediation grundsätzlich höchstpersönlich durchführen muss, sich nicht ohne Zustimmung der Parteien vertreten lassen kann und auch nicht von Dritten, zB der administrierenden Institution, im laufenden Verfahren eigenmächtig ausgetauscht werden kann.

24

Der Mediator ist zugleich eine *Person*. Gemeint ist damit eine **natürliche Person**, keine juristische Person oder Institution.[121]

3. Keine Entscheidungsbefugnis. Der Mediator ist nach § 1 Abs. 2 nicht befugt, den Konflikt zwischen den Parteien zu entscheiden. Für den Güterichter als Mediator ist auch in § 278 Abs. 5 ZPO, § 36 Abs. 5 S. 1 FamFG und § 54 Abs. 6 ArbGG ausdrücklich klargestellt, dass er kein entscheidungsbefugter Richter ist.

25

Auch wenn der Mediator ausdrücklich nicht entscheidungsbefugt ist, so bleibt es den Parteien als Ausdruck ihrer Eigenverantwortlichkeit unbenommen, den Mediator zu ermächtigen, **Lösungsvorschläge** zu unterbreiten.[122] Inwieweit sie dem Vorschlag des Mediators folgen, steht in der Disposition der Parteien. Bisher war das Recht des Mediators zur Unterbreitung von Lösungsvorschlägen in der Literatur umstritten,[123] dürfte nun durch die gesetzliche Regelung aber zumindest möglich sein.[124]

4. Verfahrensleitung. Dem Mediator obliegt die Aufgabe, **die Parteien durch das Verfahren zu führen**. Die Verfahrensführung ist in § 2 näher spezifiziert, jedoch nicht abschließend geregelt.

26

Dem Mediator obliegt durch die Verfahrensleitung die **Prozessverantwortung**.[125] So hat er zunächst die Erwartungen der Parteien zu klären und seine Rolle mit den Parteien abzustimmen. Nachfolgend stellt er sicher, dass die vereinbarten Verfahrensregeln ebenso eingehalten werden wie die gesetzlichen Vorschriften. Zudem schafft er eine Verhandlungsatmosphäre, die den Parteien einen Kommunikationsrahmen bereitet, der ein konstruktives Austragen des Konfliktes ermöglicht. Die Verfahrensleitung umfasst

---

120 Risse ZKM 2011, 36 (38).
121 Risse ZKM 2011, 36 (38); Goltermann/Hagel/Klowait/Levien SchiedsVZ 2012, 299 (301); zustimmend für die Notarmediation: Meyer/Schmitz-Vornmoor DNotZ 2012, 895 (899).
122 Horstmeier Rn. 243. Ausdrücklich möglich sind Lösungsvorschläge auch in den Niederlanden, Kanada und Norwegen, vgl. Hopt/Steffek, S. 13; während die Unterbreitung von Lösungsvorschlägen dem Mediator beispielsweise in Österreich untersagt ist.
123 Gegen ein Lösungsvorschlagsrecht: Becker/Horn SchiedsVZ 2006, 270; für ein Lösungsvorschlagsrecht auf ausdrücklichen Wunsch der Parteien (der Mediator als Leader): Breidenbach/Peres SchiedsVZ 2010, 125 (127).
124 Vgl. Gesetzesbegründung, S. 24.
125 Duve/Eidenmüller/Hacke, S. 87; Schwarz MittBayNot 2001, 294 (296).

auch die Einhaltung der Verfahrensstruktur, um die Parteien in der Konfliktbeilegung zu unterstützen und nachhaltige Lösungen zu erarbeiten.[126]

IV. Schlussbemerkung

27 All dies berücksichtigend sind die Begriffsbestimmungen für die Mediation und den Mediator in § 1 daher wie folgt ergänzend zu lesen:

(1) Mediation ist ein strukturiertes und, *soweit die Parteien nichts anders vereinbaren*, vertrauliches Verfahren, bei dem Parteien mithilfe eines oder mehrerer Mediatoren freiwillig und eigenverantwortlich eine einvernehmliche Beilegung ihres Konflikts anstreben.

(2) Ein Mediator ist eine *natürliche* Person, die die Parteien durch die Mediation führt. Der Mediator ist
 – unabhängig, *es sei denn, er hat den Parteien die Umstände offengelegt, die seine Unabhängigkeit oder Neutralität beeinträchtigen können und die Parteien haben sich damit einverstanden erklärt*,
 – *allparteilich* und
 – ohne Entscheidungsbefugnis.

§ 2 MediationsG Verfahren; Aufgaben des Mediators

(1) Die Parteien wählen den Mediator aus.

(2) Der Mediator vergewissert sich, dass die Parteien die Grundsätze und den Ablauf des Mediationsverfahrens verstanden haben und freiwillig an der Mediation teilnehmen.

(3) [1]Der Mediator ist allen Parteien gleichermaßen verpflichtet. [2]Er fördert die Kommunikation der Parteien und gewährleistet, dass die Parteien in angemessener und fairer Weise in die Mediation eingebunden sind. [3]Er kann im allseitigen Einverständnis getrennte Gespräche mit den Parteien führen.

(4) Dritte können nur mit Zustimmung aller Parteien in die Mediation einbezogen werden.

(5) [1]Die Parteien können die Mediation jederzeit beenden. [2]Der Mediator kann die Mediation beenden, insbesondere wenn er der Auffassung ist, dass eine eigenverantwortliche Kommunikation oder eine Einigung der Parteien nicht zu erwarten ist.

(6) [1]Der Mediator wirkt im Falle einer Einigung darauf hin, dass die Parteien die Vereinbarung in Kenntnis der Sachlage treffen und ihren Inhalt verstehen. [2]Er hat die Parteien, die ohne fachliche Beratung an der Mediation teilnehmen, auf die Möglichkeit hinzuweisen, die Vereinbarung bei Bedarf durch externe Berater überprüfen zu lassen. [3]Mit Zustimmung der Parteien kann die erzielte Einigung in einer Abschlussvereinbarung dokumentiert werden.

---

126 Hagen/Lenz, S. 104.

Verfahren; Aufgaben des Mediators § 2 MediationsG

Literatur:[1]
Ade/Alexander, Mediation und Recht,1. Aufl. 2017; *dies./Gläßer*, Lehrmodul 12: Feedback in der Mediation, ZKM 2009, 60; *dies./Gläßer*, Lehrmodul 18: Das Recht in der Mediation, ZKM 2013, 57; *dies./Schroeter*, Kollegiale Beratung in der Gerichtlichen Mediation, in: Gläßer/Schroeter (Hrsg.), Gerichtliche Mediation, 2011, 323; *dies./Schroeter*, Ethik als Suche nach dem „guten Mediationshandeln" – Lernfelder in der Supervision, Spektrum der Mediation 32/2008, 22; *Alexander*, UN-Übereinkommen zur internationalen Durchsetzung von Mediationsvergleichen, ZKM 2019, 160; *dies.*, Das Mediations-Metamodell: Ein konzeptueller Rahmen für die internationale Mediationspraxis, Spektrum der Mediation 65/2016, 12; *Andreasson*, Der Begriff der Allparteilichkeit, ZKM 2017, 99; *Aschenbrenner/Gläßer*, Lehrmodul 6: Gruppendynamik und Mediation, ZKM 2006, 185; *Auerbach*, Mediation bei Mobbingfällen in Unternehmen, ZKM 2015, 104; *Bagshaw/Adams/Zannettino/Wendt*, Elder Mediation and the Financial Abuse of Older People by a Family Member, CRQ Vol. 32 no. 4, S. 443; *Azad/Oschmann*, Was verstehst Du, was ich nicht verstehe?, Spektrum der Mediation 62/2016, 26; *Balloff*, Kinderrechte bei Mediation, Beratung des Kindes, Erziehungsberatung und Familientherapie, FPR 2012, 216; *Bastine*, Qualitätssicherung und Qualitätsmanagement in der Mediation, ZKM 2000, 37; *ders./Weinmann*, Qualitätssicherung und Evaluation der Trennungs- und Scheidungsmediation: Das Heidelberger Dokumentationssystem DOSYS, in: Strempel (Hrsg.), Mediation für die Praxis, 1998, S. 57; *Beckmann*, Neutralität und Allparteilichkeit in der Mediation – Eine Diskussion um Begrifflichkeiten?, ZKM 2013, 51; *Belardi*, Supervision. Grundlagen, Techniken, Perspektiven,5. Aufl. 2018; *Berndt/Korkor/Lustig*, Prävention, Deeskalation, Begleitung, Spektrum der Mediation 62/2016, 46; *Bernhardt*, Die Stimme des Kindes in der Trennungs- und Scheidungsberatung und in der Familien-Mediation, FPR 2005, 95; *ders.*, Die Stimme des Kindes in der Trennungs- und Scheidungsmediation, ZKM 2015, 68; *Breidenbach*, Mediation: Struktur, Chancen und Risiken von Vermittlung im Konflikt, 1995; *ders./Gläßer*, Selbstbestimmung und Selbstverantwortung im Spektrum der Mediationsziele, KON:SENS – Zeitschrift für Mediation 1999, 207; *ders./Henssler* (Hrsg.), Mediation für Juristen, 1997; *Brox/Walker*, Allgemeines Schuldrecht,47. Aufl. 2013; *Burgess*, Transformative Mediation, 1997; *Bush/Folger*, The Promise of Mediation, 1994; *Bushart*, § 278a ZPO als Schnittstelle zwischen Gerichtsverfahren und außergerichtlicher Mediation, 2019; *Buzan*, The Mind Map Book, 1993; *Carroll*, Mediation mit Fremdsprachen – Hürde und Chance, Spektrum der Mediation 44/2011, 35; *dies.*, Dolmetschen und Mediation – Hürde und Chance, MDÜ Fachzeitschrift für Dolmetscher und Übersetzer 3/12, 24; *dies./Scherer*, Dolmetscher trifft Mediator, MDÜ Fachzeitschrift für Dolmetscher und Übersetzer, 3/13, 36; *Chong/Steffek*, Enforcement of international settlement agreements resulting from mediation under the Singapore convention, Singapore Academy of Law Journal (SAcLJ) 2019 (31), 1; *Ciesielski*, Das Farbengespräch, in: Knapp (Hrsg.), Konfliktlösungs-Tools, 8. Aufl. 2023, S. 231; *Cohen*, Adversaries? Partners? How About Counterparts? On Metaphors in the Practice and Teaching of Negotiation and Dispute Resolution, Conflict Resolution Quarterly 2003, 433; *Dendorfer-Ditges*, Online-Mediation in Zeiten von Lock Down und »New Normal«, Konfliktdynamik 2020, 139; *Diez*, Werkstattbuch Mediation, 2. Aufl. 2019; *dies.*, Mediationsanaloge Supervision in den verschiedenen Feldern von Mediation, ZKM 2000, 227; *Dingwall/Miller*, Lessons from Brief Therapy? Some Interactional Suggestions for Family Mediators, Conflict Resolution Quarterly 2002, 269; *Dörrenbächer*, Kommunikation in der Mediation, in: Haft/v. Schlieffen (Hrsg.), Handbuch Mediation – Verhandlungstechnik, Strategien, Einsatzgebiete, 3. Aufl. 2016, § 16; *Driehaus*, Gemeinsame Gespräche und Einzelgespräche in der Wirtschaftsmediation, GewArch 2005, 94; *Dulabaum*, Mediation: Das ABC. Die Kunst, in Konflikten erfolgreich zu vermitteln, 5. Aufl. 2009; *Duve/Zürn*, Gemeinsame Gespräche oder Einzelgespräche? – Vom Nutzen des Beichtstuhlverfahrens in der Mediation, ZKM 2001, 108; *Eberhard/Ivanits*, Beteiligung von Kindern in der Mediation Teil 1, ZKM 2020, 124; *dies.*, Beteiligung von Kindern in der Mediation Teil 2, ZKM 2020, 181; *ders.*, Rechtsschutzversicherung und außergerichtliche Konfliktbeilegung 4.0, ZKM 2019, 107; *Eidenmüller*, Vertrags- und Verfahrensrecht der Wirtschaftsmediation, 2000; *ders.* Prozessrisikoanalyse in der Praxis, ZKM 2007, 115; *ders./Prause*, Die europäische Mediationsrichtlinie – Perspektiven für eine gesetzliche Regelung der Mediation in

---

[1] Alle Online-Quellen dieses Beitrages wurden zuletzt überprüft am 21.5.2024.

Deutschland, NJW 2008, 2737; *Esser/Troja*, Lehrmodul 10: „Ein Bild sagt mehr als tausend Worte", ZKM 2008, 117; *Falk/Heintel/Krainer*, Das Mediationsverfahren am Flughafen Wien-Schwechat, 2006; *Fieldstone/Bronson*, Association for Conflict Resolution Guidelines for Eldercaring Coordination: From Conflict to Collaboration toward the Care and Safety of Elders, CRQ Vol. 32 no. 4, S. 413; Fischer, Vertragsbeziehungen in der Mediation, in: Haft/v. Schlieffen (Hrsg.), Handbuch Mediation – Verhandlungstechnik, Strategien, Einsatzgebiete, 3. Aufl. 2016, § 25; *Fischer/Unberath*, Das neue Mediationsgesetz, 2013; *Freitag/Richter* (Hrsg), Mediation – das Praxisbuch, 2015; *Friedman*, A Guide to Divorce Mediation, 1993; *Friedman/Himmelstein*, Challenging Conflict: Mediation Through Understanding, 2008; Fries, Lehren aus der Praxis verschiedener Konfliktlösungsverfahren, ZKM 2017, 137; *Fritz/Krabbe*, Die Kurz-Zeit-Mediation – und ihre Verwendung in der gerichtsinternen Praxis – Teil 1, ZKM 2009, 136; *dies.*, Die Kurz-Zeit-Mediation – und ihre Verwendung in der gerichtsinternen Praxis – Teil 2, ZKM 2009, 176; *Fritz/Pielsticker*, Mediationsgesetz – Kommentar, Handbuch, Mustertexte, 2013; *Fürst/König*, Mediationsverfahren Flughafen Wien – Zwischenbilanz, ZKM 2002, 164; *Gamm*, Abschluss und Abschied in der Mediation, ZKM 2001, 114; *Gerber*, Schweigen – unterschätztes Pendant zum Sprechen, Perspektive Mediation 2015, 149; *Gläßer*, Mediation und Digitalisierung, in: Riehm/Dörr (Hrsg.), Digitalisierung und Zivilverfahren, 2023, § 23; *dies:*, Mediation in der Midlife-Crisis? – Eine Zwischenbilanz, ZKM 2022, 174 ff.; *dies:*, Intervision als kollegiale Beratung – sinnvoll auch für die Anwaltschaft, AnwBl 2022, 88; *dies:*, Mediation in Familienunternehmen, In: Bochmann/Cziupka/Prütting (Hrsg.), Münchener Handbuch des Gesellschaftsrechts Bd. 9: Recht der Familienunternehmen, 2021, S. 1902 ff.; *dies./Sinemilioglu/Wendenburg*, Online-Mediation Teil 1, ZKM 2020, 81; *dies./Sinemilioglu/Wendenburg*, Online-Mediation Teil 2, ZKM 2020, 133; *dies.*, Die Haftung des Mediators – Damoklesschwert oder Chimäre?, ZKM 2018, 81; *dies:*, Die Phase der Lösungsfindung im Mediationsverfahren – von der Optionensammlung zum Einigungsentwurf, In: Trenczek,/ Berning/ Lenz (Hrsg.), Mediation und Konfliktmanagement, 2. Aufl., 2017, S. 394 ff.; *dies:*, Entwicklung von Einigungsoptionen durch systematische Variation, In: Knapp (Hrsg.), Verhandlungs-Tools, 2017, S. 209 ff.; *dies.*, Mediative Interventionen, in: Haft/v. Schlieffen (Hrsg.), Handbuch Mediation – Verhandlungstechnik, Strategien, Einsatzgebiete, 3. Aufl. 2016, § 15; *dies.*, Die Rolle(n) von Rechtsanwälten in der Mediation, in: Jost (Hrsg.), Die anwaltliche Vertretung in der Mediation, 2013, S. 15; *dies.*, Von der Anfrage zum Auftrag, in: Rapp (Hrsg.), Mediation – Kompetent. Kommunikativ. Konkret Band 1, 2012, S. 164; *dies.*, Mediation und Beziehungsgewalt. Möglichkeiten, Bedingungen und Grenzen des Einsatzes von Familienmediation bei Gewalt in Paarbeziehungen, 2008; *dies./Ben Larbi*, Warum nichts manchmal mehr ist. Schweigen in der Mediation, in: Knapp (Hrsg.), Konflikte lösen in Teams und großen Gruppen, 2013, S. 265; *dies./Kirchhoff*, Lehrmodul 14: Bestandsaufnahme, ZKM 2009, 186; *dies./Kirchhoff*, Lehrmodul 2: Interessenermittlung, ZKM 2005, 130; *dies./Kirchhoff*, Lehrmodul 7: Lösungsfindung – Teil 1, ZKM 2007, 88; *dies./Kirchhoff*, Lehrmodul 8: Lösungsfindung – Teil 2, ZKM 2007, 157; *dies./Kublik*, Lehrmodul 17: Einzelgespräche in der Mediation, ZKM 2011, 89; *dies./Negele/Schroeter*, Lehrmodul 11: Qualitätssicherung von Mediation, ZKM 2008, 181; *dies./Schroeter* (Hrsg.), Gerichtliche Mediation – Grundsatzfragen, Etablierungserfahrungen und Zukunftsperspektiven, 2011; *Greger*, Zertifizierung als vertrauensbildende Maßnahme für die Mediation, ZKM 2023, 23; *ders.*, Gesetzgeberische Optionen zur Integration der autonomen Konfliktlösung in das deutsche Rechtssystem, ZKM 2017, 213; *ders./Unberath/Steffek*, Recht der alternativen Konfliktlösung, 2. Aufl. 2016; *ders.*, Unter falscher Flagge – Zum Fehlgebrauch des Mediationsbegriffs und seinen Folgen, ZKM 2015, 172; *Grüner/Schmitz-Vornmoor*, Die Schnittstelle zwischen Mediation und Beurkundung, notar 2012, 147; *Haft/v. Schlieffen* (Hrsg.), Handbuch Mediation – Verhandlungstechnik, Strategien, Einsatzgebiete, 3. Aufl. 2016; Händel, Weichenstellende Aspekte bei der Etablierung konzerninterner Mediation, in: Gläßer/Kirchhoff/Wendenburg (Hrsg.), Konfliktmanagement in der Wirtschaft, S. 215 ff; *Harms/Schmitz-Vornmoor*, Abschluss der Mediation, ZKM 2013, 154; *dies./Schroeter*, Scheitern in der Mediation. Eine Herausforderung für die Mediationspraxis in: Gans/Hornung/Köstler (Hrsg.), Wie managen MediatorInnen sich selbst?, 2010, S. 37; *Hauschild*, Konsensuale Verfahren bei Arzthaftungsfällen, ZKM 2015, 148; *Heetkamp*, Update zum Singapur-Übereinkommen Aktueller Stand der internationalen Anerkennung und Vollstreckung von Mediationsergebnissen, ZKM 2023, 49–52; *ders.*, Singapur-Übereinkommen in

Kraft getreten, ZKM 2020, 168; *Henssler/Koch* (Hrsg.), Mediation in der Anwaltspraxis, 2004; *Hofstetter Rogger*, Neutralität und Unparteilichkeit versus Parteilichkeit, in: Keydel, Die Big Five der Konfliktarbeit, 2021, S. 95 ff. ; *Irving/Benjamin*, Therapeutic Family Mediation, 2002; *Ivanits*, Die Stellung des Kindes in auf Einvernehmen zielenden gerichtlichen und außergerichtlichen Verfahren in Kindschaftssachen, 2012; *Jost*, Zur Beratungspflicht des Anwaltmediators, ZKM 2017, 71; *ders.*, Haftung, in: Haft/v. Schlieffen (Hrsg.), Handbuch Mediation – Verhandlungstechnik, Strategien, Einsatzgebiete, 3. Aufl. 2016, § 29; *ders.* (Hrsg.), Die anwaltliche Vertretung in der Mediation, 2013; *ders.*, Das Mediationsgesetz und die Haftungsfrage, ZKM 2011, 168; *Kessen/Troja*, Ablauf und Phasen einer Mediation, in: Haft/v. Schlieffen (Hrsg.), Handbuch Mediation – Verhandlungstechnik, Strategien, Einsatzgebiete, 3. Aufl. 2016, § 14; *Keydel* (Hrsg): Die Big Five der Konfliktarbeit. Prinzipien – Mythos oder Wirklichkeit?, 2021; *Kieser/Walgenbach*, Organisation, Stuttgart 2007; *Kindl-Beilfuß*, Fragen können wie Küsse schmecken, 6. Aufl. 2015; *Knapp* (Hrsg.), Konfliktlösungs-Tools, 8. Aufl. 2023; *ders.*, Pause als Intervention, in: Knapp (Hrsg.), Konfliktlösungs-Tools, 8. Aufl. 2023, S. 271; *ders.* (Hrsg.), Konflikte lösen in Teams und großen Gruppen, 8. Aufl. 2023; *Kolodej*, Strukturaufstellungen für Konflikte, Mobbing und Mediation, 2016; *dies.*, Mobbing vermeiden und bekämpfen, ZKM 2003, 159; *Kosman*, Kampf der Farben. Malen in der Mediation, in: Knapp (Hrsg.), Konfliktlösungs-Tools, 8. Aufl. 2023, S. 246; *Krabbe*, Elder Mediation. Konflikte und deren Lösung rund um die Lebensgestaltung im Alter, ZKM 2012, 185; *ders.* Die Beteiligung von Kindern und Jugendlichen in Familien-Mediationen, ZKM 2005, 14; *ders.*, Kurz-Mediation – Die Kunst der Gesamt-Mediation in einer Sitzung, ZKM 2004, 72; *Krabbe/Thomson*, Familienmediation mit Kindern und Jugendlichen, 4. Aufl. 2017; *Kracht*, Grundlagen Entwicklungen Methoden: „Angeordnete" Mediationen, ZKM 2022, 89; *ders.*, Rolle und Aufgabe des Mediators – Prinzipien der Mediation, in: Haft/v. Schlieffen (Hrsg.), Handbuch Mediation – Verhandlungstechnik, Strategien, Einsatzgebiete, 3. Aufl. 2016, § 13; *Kreissl*, Mediation – Von der Alternative zum Recht zur Integration in das staatliche Konfliktlösungssystem, SchiedsVZ 2012, 230; *Lachmann*, Handbuch für die Schiedsgerichtspraxis, 4. Aufl. 2016; *Lack-Strecker*, Familienrekonstruktion für MediatorInnen, ZKM 2003, 69; *dies.*, Rituale und Zeremonien in der Mediation, ZKM 2005, 4; *Lägler*, Mediation und Kindeswohl – Kleine Familienkonferenz gefällig? ZKM 2016, 137; *Lange/Kaeding/Lehmkuhl/Pfingsten-Wismer* (Hrsg.), Frischer Wind für Mediation. Konzepte, Methoden, Praxisfelder und Perspektiven der Konfliktberatung, 2007; *Leiss*, Einzelgespräche – ein probates Mittel in der Mediation, ZKM 2006, 74; *Lippmann*, Intervision. Kollegiales Coaching professionell gestalten, 2009; *Lohmann/Sauthoff*, Mobbing und Mediation, ZKM 2007, 149; *Lübbe*, Ethnopolitische Konflikte: Das Potenzial der Systemaufstellungsmethode, ZKM 2007, 12; *Lütkehaus/Pach*, Basiswissen Mediation, 2020; *Mahlstedt/Berlin/Bond*, Kollegiale Beratung – Ein Erfahrungsbericht, ZKM 2016, 67; *Martin*, A Strengths Approach to Elder Mediation, CRQ Vol. 32 no. 4, S. 481; *Max*, Das Prinzip der Freiwilligkeit der Mediation, ZKM 2010, 132; *Meyer/Schmitz-Vornmoor*, Das neue Mediationsgesetz in der notariellen Praxis, DNotZ 2012, 895; *Milling*, Storytelling – Konflikte lösen mit Herz und Verstand, 2016; *Mnookin/Kornhauser*, Bargaining in the Shadow of the Law, Yale Law Journal 1979, 950; *Moll*, Münchener Anwaltshandbuch Arbeitsrecht, 5. Aufl. 2020; *Montada/Kals*, Mediation, 3. Aufl. 2013; *Möller*, Was ist gute Supervision? Grundlagen, Merkmale, Methoden, 2012; Münchener Kommentar zum Bürgerlichen Gesetzbuch, Band 1, 9. Aufl. 2021, Band 2, 9. Aufl. 2022; Münchener Kommentar zur Zivilprozessordnung, 6. Aufl. 2022; *Nelle/Hacke*, Die Mediationsvereinbarung, ZKM 2002, 257; *Neuenhahn*, Erarbeitung der Prozessrisikoanalyse und deren Einsatz in der Mediation, ZKM 2002, 245; *Niedostadek*, Mediation bei Arbeitsplatzkonflikten und der Grundsatz der Freiwilligkeit, ZKM 2014, 55; *Nölting*, Die Haftung von Mediatoren, ZKM 2004, 231; *Patera*, Reflexionskompetenz – Qualitätskriterium für (künftige) MediatorInnen, ZKM 2001, 226; *Paul/Kiesewetter*, Cross-Border Family Mediation, 2. Aufl. 2014; *Paul/Schwartz*, Interdisziplinäre Co-Mediation, in: Henssler/Koch (Hrsg.), Mediation in der Anwaltspraxis, 2004, S. 253; *Pinto*, Das neue italienische Mediationsgesetz – Ein erstes Stimmungsbild –, ZKM 2010, 183; *PricewaterhouseCoopers/Europa-Universität Viadrina Frankfurt (Oder)* (Hrsg.), Konfliktmanagement – Von den Elementen zum System, 2011; *Prior*, Klärungshilfe trifft Mediationsgesetz, ZKM 2016, 105 ff.; *Proksch*, Mediation – Die Kunst der professionellen Konfliktlösung, 2018; *ders.*, Risiken eines Fluges ohne Co-Pilot, ZKM 2016, 100 (102) *ders.*,

Spezifische Fragen in der Mediation: Funktionen, Formen, Wert und Einsatz von Fragen, ZKM 2001, 32; *Probst*, Kollegiale Fallsupervision – Beitrag zur Qualitätssicherung, DRiZ 2019, 388; *Prütting*, Die rechtliche Stellung des Schiedsrichters, SchiedsVZ 2011, 233; *Rapp* (Hrsg.), Mediation – Kompetent. Kommunikativ. Konkret, Band 1, 2012; *Riehm*, Die Haftung von Mediatoren – Damoklesschwert über dem Flipchart?, ZKM 2019, 120; *Riemer*, Telefonmediation als trojanisches Pferd der Rechtsschutzversicherungen, ZKM 2019, 145; *Rinnert*, Der Verfahrenspfad in der Gerichtlichen Mediation, in: Gläßer/Schroeter (Hrsg.), Gerichtliche Mediation, 2011, S. 57; *Ripke*, Recht und Gerechtigkeit in der Mediation in: Haft/v. Schlieffen (Hrsg.), Handbuch Mediation – Verhandlungstechnik, Strategien, Einsatzgebiete, 2. Aufl. 2009, § 7; *Riskin*, Understanding Mediators' Orientations, Strategies, and Techniques: A Grid for the Perplexed, Harvard Negotiation Law Review 1, 1996, 23; *ders.*, Who Decides What? Rethinking the Grid of Mediator Orientations, Dispute Resolution Magazine 10, 2003, 22; *ders.*, The New Old Grid and the New New Grid System, Notre Dame Law Review 79, 2003, 1; *Risse*, Mediation von Erbstreitigkeiten, in: Scherer (Hrsg.), Münchener Anwaltshandbuch Erbrecht, 5. Auf. 2018, § 69, S. 2196 ff.; *ders.*, Das Mediationsgesetz – eine Kommentierung, SchiedsVZ 2012, 244; *ders.*, Prozessrisikoanalyse, ZKM 2010, 107; *ders.*, Wirtschaftsmediation, 2003; *ders.*, Wirtschaftsmediation, NJW 2000, 1614; *Röthemeyer*, Mediation – Grundlagen/Recht/Markt, 2015; *Schadow*, Elder Mediation. Ein Konzept zur Erhöhung der Lebensqualität und Selbstbestimmung im Alter, 2016; *Schlippe/Schweitzer*, Systemische Interventionen, 4. Aufl. 2019; *dies.*, Lehrbuch der systemischen Therapie und Beratung, 2016; *Schonewille*, Toolkit for Generating Outcomes, 2009; *Schreyögg*, Supervision. Ein Integratives Modell. Lehrbuch zu Theorie und Praxis, 5. Aufl. 2010; *Schroeter*, Erfolg und Scheitern der Mediation oder: Darf das Glas nicht leer sein?, in: Lange/Kaeding/Lehmkuhl/Pfingsten-Wismer (Hrsg.), Frischer Wind für Mediation. Konzepte, Methoden, Praxisfelder und Perspektiven der Konfliktberatung, 2007; *Schüler*, Menschen mit geistiger Behinderung lernen Mediation, Perspektive Mediation 2006, 26; *Schwartz/Geier*, Externe Experten im Mediationsverfahren, ZKM 2000, 196; *Schwarz*, Mediationsvereinbarung – Muster mit Kommentierungen, ZKM 2008, 111; *Senge*, The Fifth Discipline: The Art and Practice of The Learning Organization, 2006; *Spangenberg/Spangenberg*, Mediation mit älteren Menschen, ZKM 2014, 132, *dies.*, Mit Metaphern mediieren, ZKM 2013, 79; *Sparrer/von Kibed*, Ganz im Gegenteil – Tetralemmaarbeit und andere Grundformen Systemischer Strukturaufstellungen, 2000; *Staats*, Deutsches Richtergesetz, 1. Aufl. 2012; *Steffek*, Rechtsvergleichende Erfahrungen für die Regulierung der Mediation, RabelsZ 74 (2010), 841; *Strempel* (Hrsg.), Mediation für die Praxis, 1998; *Thomann/Schulz von Thun*, Klärungshilfe 1, 10. Aufl. 2003, *ders.*, Klärungshilfe 2 Klärungshilfe 2: Konflikte im Beruf – Methoden und Modelle klärender Gespräche, 9. Aufl. 2004; *ders./Prior*, Klärungshilfe 3 – Das Praxisbuch, 7. Aufl. 2020; *Tietze*, Kollegiale Beratung. Problemlösungen gemeinsam entwickeln, 11. Aufl. 2021; *Tochtermann*, Mediationsklauseln – Teil I, ZKM 2008, 57; *ders.*, Mediationsklauseln – Teil II, ZKM 2008, 89; *Trenczek*, Flucht in Begrifflichkeiten – Zum funktionalen Mediatorenbegriff und einer teilweise rechtswidrigen Beratungspraxis, ZKM 2022, 26; *ders.*, Allparteilichkeit – Anspruch und Wirklichkeit, ZKM 2016, 230; *ders./Berning/Lenz* (Hrsg.), Mediation und Konfliktmanagement, 2. Aufl. 2017; *ders.*, Streitregelung in der Zivilgesellschaft, Zeitschrift für Rechtssoziologie 2005, 3;*Troja*, Lehrmodul 3: Co-Mediation, ZKM 2005, 161; *ders.*, Lehrmodul 13: Vorbereitung und Mediationsvertrag – Die erste Phase eines Mediationsverfahrens, ZKM 2009, 152; *Tümpel*, Verfahrensstandards in der (internationalen) Wirtschaftsmediation, in: Gläßer/Kirchhoff/Wendenburg (Hrsg.), Konfliktmanagement in der Wirtschaft, S. 93 ff; *Unberath*, Mediationsverfahren – Struktur, Gefahren, Pflichten, ZKM 2011, 4; *ders.*, Eckpunkte der rechtlichen Gestaltung des Mediationsverfahrens, ZKM 2012, 12; *von Ballestrem/Schmid/Loebel*, Mediation und grenzüberschreitende Mediation, NZFam 2015, 811; *Wagner*, Heuristiken und Mediation, ZKM 2007, 172; *ders.*, Der Referentenentwurf eines Mediationsgesetzes, ZKM 2010, 172; *ders.*, Das Mediationsgesetz – Ende gut, alles gut?, ZKM 2012, 110; *v. Ballestrem/Schmid/Loebel*, Mediation und grenzüberschreitende Mediation, NZFam 2015, 811; *Weinberger*, Klientenzentrierte Gesprächsführung, 2013; *Wendenburg*, Der Schutz der schwächeren Partei in der Mediation, 2013; *Windisch*, Fair und/oder gerecht? Fairnesskriterien in der Mediation, ZKM 2015, 52; *Winslade/Monk*, Narrative Mediation, 2001; *Wüstehube/Hunder*, Selbststärkung und Integration im Dialog, Spektrum der Mediation 62/2016, 22.

I. Vorbemerkungen 1	b) Vorschlag Dritter 59
1. Regelungshintergrund, -inhalt und -systematik im Überblick 1	c) Beauftragung durch höhere Hierarchieebene 60
2. Zugrundeliegende Prinzipien und Normzweck 6	d) Auswahl durch Koordinationspersonen bzw. institutionelle Instanzen 61
3. Verhältnis zu vertraglichen Gestaltungen 14	e) Vorab-Bindung durch Mediationsklauseln 62
a) Vertragsbestandteile und -charakter der Mediations-Rahmenvereinbarung 16	4. Umgang mit eingeschränkter Wahlfreiheit 63
	5. Wahl von Co-Mediatoren .. 67
b) Verhältnis zwischen § 2 und den Regelungen der Rahmenvereinbarung ... 21	6. Beauftragung des Mediators; Rahmenvereinbarung 72
	7. Verjährungshemmung 76
4. Pflichten und Haftung des Mediators im Überblick 22	**III. Verfahrensverständnis der Parteien; Freiwilligkeit der Teilnahme (Abs. 2)** 77
a) Grundsätzliches zu Hauptleistungs- und Nebenpflichten des Mediators 22	1. Regelungsziel und -kontext 77
	2. Verfahrensverständnis der Parteien (1. Hs.) 78
b) Haftung von Mediatoren 26	a) Hintergrund 78
aa) Grundsätzliches zu den Haftungsvoraussetzungen 26	b) Gegenstand der Informiertheit 79
	aa) Grundsätze eines Mediationsverfahrens 80
bb) Differenzierender Ansatz zur Bestimmung des Pflichtenkreises 27	bb) Ablauf eines Mediationsverfahrens 81
	cc) Weitere Informationsinhalte 84
cc) Kategorien möglicher Pflichtverletzungen 28	c) Art und Weise des Vergewisserns 89
(1) Vertragliche Haftung .. 29	aa) Informationserlangung 90
(a) Nichtleistung 29	bb) Verständnisüberprüfung 92
(b) Schlechtleistung 33	3. Freiwilligkeit der Teilnahme (2. Hs.) 94
(2) Deliktische Haftung ... 36	a) Stellenwert und Begriff der Freiwilligkeit 94
dd) Kausalität und Schaden 37	b) Art und Weise des Vergewisserns 95
ee) Hinweise für Mediatoren zum Umgang mit Haftungsrisiken 38	c) Umgang mit eingeschränkter Freiwilligkeit 99
5. Individuelle Qualitätssicherung 39	d) Konsequenz fehlender Freiwilligkeit 101
a) Aus- und Fortbildung ... 40	4. Aufnahme in die Rahmenvereinbarung 103
b) Feedback 41	5. Haftung 104
c) Systematische Selbstreflexion und Falldokumentation 42	**IV. Verfahrensführung durch den Mediator (Abs. 3)** 105
	1. Allparteilichkeit (S. 1) 105
d) Supervision 43	a) Begriffsfeld 105
e) Intervision/kollegiale Beratung 44	b) Adressaten 109
II. Wahl des Mediators (Abs. 1) ... 45	c) Komponenten der Allparteilichkeit 111
1. Regelungsinhalt, -kontext und -zweck 45	d) Umgang mit Allparteilichkeitsgefährdungen ... 115
2. Geeignetheit eines Mediators 47	e) Haftungsfragen 118
3. Modi der Mediatorwahl ... 57	
a) Autonome Auswahl 58	

2. Kommunikationsförderung und Einbindung der Parteien (S. 2) 120
   a) Gestaltungsebenen und -vielfalt; Grundhaltung 120
   b) Ziele und Methodik der Kommunikationsförderung (1. Hs.) 123
   c) Angemessene und faire Einbindung der Parteien (2. Hs.) 131
      aa) Angemessen 132
      bb) Fair 133
      cc) Gewährleisten 136
      dd) Haftungsfragen 137
3. Verhältnis von Allparteilichkeit und „Empowerment" 138
4. Getrennte Gespräche (S. 3) 139
   a) Regelungsgegenstand ... 139
   b) Regelungshintergrund ... 142
   c) Allseitiges Einverständnis 144
   d) Einsatzzeitpunkte für Einzelgespräche 148
   e) Nutzen und Risiken von Einzelgesprächen 149
   f) Interventionsgestaltung 154

V. Einbeziehung von Dritten (Abs. 4) 158
1. Definition des Dritten 158
2. Möglichkeiten der Einbeziehung von Dritten im Überblick 160
3. Zustimmung zur Einbeziehung in die Mediation 161
   a) Zustimmungsbedürftigkeit 161
   b) Anforderungen an die Zustimmung 162
4. Vertragliche Einbindung der Dritten 164
5. Besonderheiten der Einbeziehung spezieller Dritter ... 165
   a) Einbeziehung von Rechtsanwälten 165
      aa) Konfliktkonstellationen 165
      bb) Nutzen und Risiken anwaltlicher Beteiligung 171
      cc) Optionen und Kriterien für die Einbindung von Rechtsanwälten 176
   b) Einbeziehung von anderen Beratern 179

   c) Einbeziehung von Unterstützungs- und Begleitpersonen 180
   d) Einbeziehung von Dolmetschern 181
   e) Einbeziehung von Sachverständigen und Gutachtern 182
   f) Einbeziehung von Konfliktbetroffenen 183

VI. Beendigung des Mediationsverfahrens (Abs. 5) 187
1. Gegenstand, Reichweite und Relevanz der Vorschrift 187
2. Beendigung der Mediation durch die Parteien (Satz 1) 193
   a) Hintergrund der Regelung 193
   b) Beendigungsrecht jeder Partei 195
   c) Jederzeit 196
   d) Ohne Angabe von Gründen 197
   e) Modalitäten der Beendigung 201
   f) Haftungsfragen 204
3. Beendigung der Mediation durch den Mediator (S. 2) .. 206
   a) Ratio der Vorschrift 206
   b) Beendigungsgründe 208
      aa) Gründe auf Seiten der Parteien 209
         (1) Keine eigenverantwortliche Kommunikation . 210
         (2) Einigung nicht zu erwarten 214
         (3) Mediationsziel nicht erreichbar 217
         (4) Prinzipienverletzung oder Verfahrensmissbrauch 218
      bb) Gründe auf Seiten des Auftraggebers 221
      cc) Gründe auf Seiten des Mediators 225
         (1) Stilinkompatibilität 225
         (2) Überschreitung persönlicher Grenzen 226
         (3) Verlust der Allparteilichkeit 230
         (4) Mangelnde Akzeptanz oder Verfahrensherrschaft 234
   c) Art und Weise der Beendigung 235
   d) Haftungsfragen 238

4. Erfolg und Scheitern einer Mediation 239	bb) Rechtsberatung durch den Mediator 285
VII. Abschluss (Abs. 6) 243	5. Überprüfung der Vereinbarung durch externe Berater (Satz 2) 288
1. Regelungsgehalt und Begrifflichkeiten im Überblick 243	a) Hinweispflicht 288
2. Vereinbarung 245	b) Voraussetzung: Partei ohne fachliche Beratung 290
a) Zweck und Charakter der Vereinbarung 246	c) Überprüfungsmöglichkeiten durch externe Berater 293
b) Mögliche Vereinbarungsinhalte 247	d) Bedarf 294
c) Beteiligte 251	6. Abschlussvereinbarung (S. 3) 295
3. Äußerungen des Mediators zur Rechtslage 254	a) Möglichkeit der Dokumentation des Mediationsergebnisses in der Abschlussvereinbarung 295
a) Regelungsrahmen und -systematik des Rechtsdienstleistungsgesetzes .. 256	
aa) Vorliegen einer Rechtsdienstleistung 256	aa) Charakter der Abschlussvereinbarung 295
bb) Zulässigkeit einer Rechtsdienstleistung ... 259	bb) „Kann"-Vorschrift 297
cc) Absicherungsmöglichkeiten 261	cc) Formen der Dokumentation 298
b) Rolle des Rechts im Konfliktbearbeitungsprozess 263	b) Voraussetzung: Zustimmung der Parteien 301
	c) Formerfordernisse 302
c) Rechtsanwendung und Allparteilichkeitsprinzip 267	d) Materielle Wirksamkeitsvoraussetzungen 306
d) Methodische Hinweise für Rechtsgespräche in der Mediation 268	e) Vollstreckbarkeit der Abschlussvereinbarung 310
4. Prinzip der informierten Einigung (Satz 1) 273	aa) Normativer Hintergrund 310
a) Kenntnis der Sachlage ... 273	bb) Möglichkeiten der Vollstreckbarmachung 312
b) Verständnis des Einigungsinhalts 280	cc) Vollstreckungsfähige Formulierung 318
c) Hinwirken 282	dd) Grenzüberschreitende Mediationen 319
aa) Anforderungen an das Hinwirken 282	f) Haftungsfragen 320

I. Vorbemerkungen

1. Regelungshintergrund, -inhalt und -systematik im Überblick. Laut der amtlichen Überschrift behandelt § 2 das „**Verfahren**" sowie die „**Aufgaben des Mediators**". Darüber hinaus enthält die Norm aber auch explizite und implizite Aussagen zu den **Rechten** und **Verantwortlichkeiten der Parteien** und zur **Rolle von Dritten** in Mediationsverfahren.

Der **Aufbau** von § 2 folgt in etwa dem chronologischen Ablauf eines Mediationsverfahrens von der Mediatorwahl (Abs. 1) und der Aufklärung der Parteien zum Verfahren (Abs. 2) über die Aufgaben sowie die Rollen- bzw. Verantwortungsverteilung der Mediationsbeteiligten (Abs. 3 und 4) bis hin zu Aspekten der Beendigung eines Mediationsverfahrens (Abs. 5 und 6).

Der Wortlaut der Norm unterscheidet dabei zwischen drei **Kategorien von Verfahrensbeteiligten: Mediator, Parteien** und **Dritte**.

Auch wenn der **Mediator** in § 2 nur im Singular genannt ist, sind die Vorschriften entsprechend auch auf zwei oder mehr **Co-Mediatoren** anwendbar (siehe dazu auch § 1 Abs. 1 sowie → Rn. 67 ff.).

Der **Parteibegriff** iSd MediationsG ist in Abgrenzung zum zivilprozessualen Parteibegriff zu verstehen und meint alle Mediationsbeteiligten, die an der zu treffenden Entscheidung oder Regelung mitwirken (→ MediationsG § 1 Rn. 12).

Dritte sind alle Mediationsbeteiligten, die nicht Mediator oder Partei sind (Näheres dazu → Rn. 158 ff.).

4 Sprachlich ist die Mehrheit der Normsätze im Indikativ gefasst; dies kann so interpretiert werden, dass dadurch zentrale Bestandteile eines klassischen Mediationsverfahrens sowohl **deskriptiv dargestellt** als auch **normativ festgeschrieben** werden sollen (zum Verbindlichkeitsgrad der gesetzlichen Regelungen des § 2 im Verhältnis zu etwaigen Individualvereinbarungen zwischen Mediator und Parteien → Rn. 21). In anderen Passagen verdeutlicht das Verb „können" **optionale Aspekte** der Verfahrensgestaltung – zB die Möglichkeiten, Einzelgespräche zu führen (Abs. 3 S. 3), Dritte in das Verfahren einzubeziehen (Abs. 4) oder das Verfahren auf unterschiedliche Weise zu beenden (Abs. 5 und Abs. 6 S. 3).

5 Die Vorschriften des § 2 sind nicht als direkte Umsetzung der Mediationsrichtlinie zu betrachten, da diese keine entsprechenden Vorgaben enthält.[2] Vielmehr sind die Regelungen des § 2 stark an Kernelementen des **European Code of Conduct for Mediators** (Europäischer Verhaltenskodex für Mediatoren)[3] orientiert, der im Jahre 2004 von der Europäischen Kommission als rechtlich unverbindliche Orientierung für ethisches Verhalten von Mediatoren lanciert wurde (Näheres dazu → Einl. Rn. 4).

Folgende Elemente des Code of Conduct finden sich – wenn auch teilweise in anderer Reihenfolge und mit etwas abweichendem Regelungsgehalt – in § 2 wieder:[4]

- die Überprüfung des Verfahrensverständnisses der Parteien durch den Mediator,
- die Möglichkeit, Einzelgespräche zu führen,

---

2 Der vollständige Text der Richtlinie findet sich im Anhang.
3 Der vollständige Text des Code of Conduct findet sich im Anhang.
4 Die diesbezüglichen Formulierungen des Code of Conduct lauten im Original: „Der Mediator vergewissert sich, dass die Parteien des Mediationsverfahrens das Verfahren und die Aufgaben des Mediators und der beteiligten Parteien verstanden haben.
Der Mediator kann die Parteien getrennt anhören, wenn er dies für nützlich erachtet.
Der Mediator stellt sicher, dass alle Parteien in angemessener Weise in das Verfahren eingebunden sind.
Der Mediator kann das Mediationsverfahren gegebenenfalls beenden.
Der Mediator ergreift alle erforderlichen Maßnahmen, um sicherzustellen, dass eine einvernehmliche Einigung der Parteien in voller Kenntnis der Sachlage erzielt wird und dass alle Parteien die Bedingungen der Regelungen verstehen.
Die Parteien können sich jederzeit aus dem Mediationsverfahren zurückziehen, ohne dies begründen zu müssen.
Der Mediator kann auf Antrag der Parteien im Rahmen seiner Kompetenz die Parteien darüber informieren, wie sie die Vereinbarung formulieren können und welche Voraussetzungen erfüllt sein müssen, damit sie vollstreckbar ist."

- die Sicherstellung der Einbindung der Parteien in das Verfahren durch den Mediator,
- das Beendigungsrecht des Mediators und der Parteien,
- die Sicherstellung, dass eine Einigung auf Basis umfassender Aufklärung erfolgt, sowie
- die Möglichkeit des Mediators, die Parteien bezüglich der Formulierung der Abschlussvereinbarung zu beraten[5] (der im Code of Conduct enthaltene Hinweis auf Beratung bezüglich der Vollstreckbarkeit fehlt im MediationsG allerdings vollständig).

Allerdings wurden nicht alle Passagen des Code of Conduct, die sich auf die Verfahrensgestaltung und die Rolle des Mediators beziehen, im MediationsG aufgegriffen. So fehlen im MediationsG differenziertere Ausführungen zu unterschiedlichen Kriterien der Verfahrensgestaltung[6] sowie zur Vergütung des Mediators.[7]

2. Zugrundeliegende Prinzipien und Normzweck. § 2 ist durchzogen von dem **Prinzip der Eigenverantwortlichkeit** der Konfliktparteien – dem Leitmotiv des in Deutschland vorherrschenden Mediationsmodells, das auch im Zentrum des MediationsG steht und bereits in der Legaldefinition von Mediation in § 1 Abs. 1 explizit angesprochen wird (→ MediationsG § 1 Rn. 15).

Die Eigenverantwortlichkeit der Konfliktparteien in der Mediation ist Ausfluss des **Grundsatzes der Privatautonomie**[8] und untrennbar verwoben mit dem Prinzip der **Selbstbestimmung**: Wer die volle Verantwortung für Entscheidungsinhalte tragen soll, muss auch autonom entscheiden können. Selbstbestimmung und Selbstverantwortung sind also als die beiden komplementären Seiten der „Medaille der Privatautonomie" zu sehen.[9]

Die Selbstbestimmung der Konfliktbeteiligten bezieht sich dabei primär auf die *inhaltliche* **Ebene der Konfliktbearbeitung** – insbesondere auf die in der Mediation preisgegebenen Informationen, die zu behandelnden Themen und auf das Ob und Wie einer Einigung.

Die *Verfahrens*ebene liegt demgegenüber primär in der Zuständigkeit des Mediators. Dies bedeutet, dass es dem Mediator obliegt, zu allen Verfahrensfragen Vorschläge zu machen – die Letztentscheidungsbefugnis verbleibt aber auch auf der Verfahrensebene bei den Parteien. Daher umfasst die Selbstbestimmung bzw. Eigenverantwortlichkeit der Parteien letztlich auch alle relevanten Verfahrensfragen von der Entscheidung über die Mitwirkenden an einer Mediation (zur Mediatorwahl → Rn. 45 ff. sowie zur

---

5 Hier sind die stärksten Formulierungsabweichungen zu verzeichnen.
6 Code of Conduct: „Der Mediator leitet das Verfahren in angemessener Weise und berücksichtigt die jeweiligen Umstände des Falls, einschließlich einer ungleichen Machtverteilung und des Rechtsstaatsprinzips, eventueller Wünsche der Parteien und der Notwendigkeit einer raschen Streitbeilegung.
7 Code of Conduct: „Soweit nicht bereits bekannt, gibt der Mediator den Parteien stets vollständige Auskünfte über die Kostenregelung, die er anzuwenden gedenkt. Er nimmt kein Mediationsverfahren an, bevor nicht die Grundsätze seiner Vergütung durch alle Beteiligten akzeptiert wurden."
8 Breidenbach, S. 204.
9 Breidenbach/Gläßer KON:SENS 2009, 207 (208 f.).

Einbeziehung von Dritten → Rn. 158 ff.) bis zu der Bestimmung des Zeitrahmens und der Aufteilung der Kosten für ein Mediationsverfahren.

8 Dass es der Hauptzweck von § 2 sein soll, die Eigenverantwortlichkeit und Selbstbestimmung der Parteien zu unterstreichen und zu stärken, wird auch in der **Normentwicklung** deutlich. Denn die Textänderungen, die insbesondere vom Referenten- zum Regierungsentwurf vorgenommen wurden, dienen allesamt dazu, die zentrale Rolle der Parteien zu betonen bzw. noch stärker zu gewichten als in der jeweiligen Vorfassung: So wurde zB in den Regierungsentwurf als neuer Absatz 1 aufgenommen, dass die Parteien den Mediator auswählen. § 2 Abs. 3 S. 3 wurde dahin-gehend verändert, dass Einzelgespräche nur mit dem Einverständnis der Parteien durchgeführt werden dürfen (→ Rn. 45). Und in dem neuen § 2 Abs. 5 S. 1 wird betont, dass die Parteien die Mediation jederzeit beenden können (→ Rn. 193 ff.).

9 Aus dem Grundsatz der Eigenverantwortlichkeit und Selbstbestimmung der Konfliktparteien folgt unmittelbar das **Prinzip der Freiwilligkeit**, das ebenfalls bereits in § 1 Abs. 1 festgeschrieben ist (→ MediationsG § 1 Rn. 14) und nun in § 2 in seinen verschiedenen Facetten ausgeformt wird: So ist die Teilnahme an einer Mediation mit Blick auf deren Beginn und Beendigung freiwillig (§ 2 Abs. 2 aE und Abs. 5) ebenso wie die Art und Weise der Mitwirkung im Mediationsgespräch (dazu Abs. 3) und die Einigung (Abs. 6).[10]

10 Voraussetzung für eine selbstbestimmte Verfahrensteilnahme und Entscheidungsfindung der Parteien ist deren ausreichende **Informiertheit** bezüglich des Wesens der Mediation (dazu § 2 Abs. 2 Hs. 1, → Rn. 78 ff.) und aller wesentlichen inhaltlichen Aspekte der Einigung (dazu Abs. 6 S. 1 und 2, → Rn. 273 ff., 288 ff.). Ersteres ist notwendig, um überhaupt eine fundierte Entscheidung für oder gegen die Teilnahme an einem Mediationsverfahren fällen zu können – und um im laufenden Verfahren die Interventionsvorschläge bzw. -ansätze des Mediators einschätzen zu können. Die Informiertheit über die sachlich-faktischen Grundlagen und Regelungsinhalte einer etwaigen Vereinbarung ist notwendige Basis einer eigenverantwortlichen Einigung.

Das Prinzip der informierten Entscheidungsfindung soll auch durch § 3 Abs. 5 gestützt werden. Die hier etablierte Informationspflicht des Mediators hinsichtlich seines fachlichen Hintergrundes, seiner Ausbildung und seiner Praxiserfahrung auf dem Gebiet der Mediation soll die Entscheidungsgrundlage für die Mediatorwahl absichern (→ MediationsG § 3 Rn. 41 ff.). Ähnlich sollen die Offenbarungspflichten in § 3 Abs. 1 und 4 den Parteien eine autonome Einschätzung ermöglichen, ob sie einen vorbefassten oder anderweitig möglicherweise in seiner Allparteilichkeit beeinträchtigen Mediator beauftragen wollen oder nicht (→ MediationsG § 3 Rn. 8 ff., 30 ff.).

---

10 Zu dem Umstand, dass Freiwilligkeit in etlichen Mediationskonstellationen nur eingeschränkt gegeben ist, → Rn. 96 ff.

Im Zweifel sind die Vorschriften des § 2 so auszulegen, dass das Prinzip 11
der Eigenverantwortlichkeit mit den daraus ableitbaren Prinzipien der Freiwilligkeit und Informiertheit größtmögliche Wirksamkeit entfalten kann.
Mit Blick auf den Mediator etabliert § 2 Abs. 2 S. 1 und 2 das **Prinzip** 12
der Allparteilichkeit in operationalisierender Konkretisierung der Definition des Mediators als „unabhängige und neutrale Person" in § 1 Abs. 2
(→ MediationsG § 1 Rn. 21 ff.) und § 3 Abs. 1 bis 4 (→ MediationsG § 3
Rn. 6 ff.).

Andere den Mediator und sein Verhalten betreffende Prinzipien sind in 13
anderen Paragrafen des MediationsG ausgeführt:
Das **Prinzip der Vertraulichkeit** wird in § 1 Abs. 1 angesprochen (→ MediationsG § 1 Rn. 6 ff.) und in § 4 näher ausgeführt.
Das **Prinzip der Entscheidungsabstinenz** des Mediators ist in § 1 Abs. 2
festgeschrieben (→ MediationsG § 1 Rn. 25). Das **Prinzip der Transparenz
bezüglich aller relevanten Auswahlkriterien für den Mediator** durchzieht in
Form von diversen Informations- und Aufklärungspflichten die §§ 3 und 4.
Auch diese Prinzipien sind im Zweifel bei der Auslegung von Vorschriften
des § 2 ergänzend heranzuziehen.

3. Verhältnis zu vertraglichen Gestaltungen. Im Folgenden wird das Verhältnis der Vorschriften des § 2 zu den im Rahmen eines Mediationsverfahrens zu treffenden **individual-vertraglichen Regelungen** der auf den 14
Verfahrensrahmen bezogenen sog. **Mediations-Rahmenvereinbarung** inklusive des **Mediatorvertrags** dargestellt (dazu sogleich ausführlich unter
→ Rn. 16 ff.).

Im Gegensatz zu dieser Rahmenvereinbarung betrifft die sog. **Abschluss-** 15
vereinbarung hauptsächlich den Konfliktgegenstand selbst.[11] Deswegen
enthält der der Abschlussvereinbarung gewidmete Abs. 6 auch keine inhaltlichen Vorgaben, sondern nur die verfahrensmäßige Absicherung einer
informierten Entscheidung (dazu → Rn. 243). Aufgrund der auf den konkreten Konfliktinhalt bezogenen Natur der Abschlussvereinbarung bestehen keine inhaltlichen Berührungspunkte oder gar Kollisionsrisiken mit
den verfahrensbezogenen Regelungen des § 2.

a) Vertragsbestandteile und -charakter der Mediations-Rahmenvereinba- 16
rung. Die eigentliche Arbeitsgrundlage in einer konkreten Mediationskonstellation ist die sog. **Mediations-Rahmenvereinbarung** (→ Einl.
Rn. 196 ff.), mit der mehrere Regelungsziele verfolgt und Verpflichtungen
sowohl zwischen Mediator und Parteien als auch zwischen den Parteien
und ggf. weiteren Mediationsbeteiligten untereinander etabliert werden.
Entsprechend ist zu unterscheiden zwischen

- der **Beauftragung des Mediators/der Mediatoren (Mediatorvertrag)**
und
- der wechselseitigen **Verpflichtung der Beteiligten auf bestimmte Arbeitsprinzipien** sowie **Gesprächs- und Verfahrensregeln (Partei-Rahmenvereinbarung)**

---

[11] Eine klassische Ausnahme ist die Vereinbarung sog. Nachsorge- oder Implementierungsmaßnahmen auf der Verfahrensebene (dazu → Rn. 248 f.).

Gläßer

17 Häufig wird die **Rahmenvereinbarung als ein einheitliches Vertragswerk** ausgestaltet, das beide Regelungsebenen beinhaltet[12] und von allen zentralen Mediationsbeteiligten (jedenfalls den Parteien und dem Mediator/den Mediatoren) unterschrieben wird. Sind Rechtsanwälte an der Mediation beteiligt (dazu insbes. → Rn. 165 ff.), sollten auch sie unter Berücksichtigung ihrer Sonderrolle als Parteivertreter in die Rahmenvereinbarung eingebunden werden und letztere mitunterzeichnen.

18 Alternativ kann die Partei-Rahmenvereinbarung als gegenseitige **(Selbst-)Verpflichtung der Parteien** (und ggf. auch ihrer Rechtsanwälte) auf die Arbeitsprinzipien und Regeln der Mediation **vertraglich von der Beauftragung des Mediators durch den Mediatorvertrag getrennt** werden. Dies wird insbesondere in Fallkonstellationen vorgenommen, in denen der – zumeist organisationelle – Auftraggeber und die eigentlichen Parteien einer Mediation auseinanderfallen (so insbes. bei der Bearbeitung innerbetrieblicher Konflikte, die durch den Arbeitgeber beauftragt und bezahlt wird (Näheres dazu (→ D Rn. 43 f.).

19 Die **(Selbst-)Verpflichtung der Parteien und etwaiger Dritter** auf die Arbeitsprinzipien der Mediation iR der Mediationsvereinbarung ist als „Dauerschuldverhältnis sui generis, gerichtet auf die Einleitung und Förderung eines Mediationsverfahrens" zu betrachten.[13]

20 Der **Mediatorvertrag** dagegen ist, anders als der Schiedsrichtervertrag,[14] nicht als Vertrag sui generis zu werten.[15] Die Rechtsnatur des Mediatorvertrages ist allerdings im Einzelnen strittig. Teilweise wird er als entgeltliche Geschäftsbesorgung in Form eines Dienstvertrages gemäß §§ 675 Abs. 1, 611 BGB gewertet,[16] bei dem der Mediator keinen Erfolg seiner Einigungsbemühungen schuldet.[17] Andere betrachten den Mediatorvertrag als freien **Dienstvertrag iSd § 611 BGB**.[18] Der zweitgenannten Ansicht ist zuzustimmen, da der Mediator durch seine Tätigkeit kein fremdes Geschäft besorgt und auch nicht im engeren Sinne weisungsabhängig agiert.

21 b) **Verhältnis zwischen § 2 und den Regelungen der Rahmenvereinbarung.** Die Passagen des § 2 bieten in Anlehnung an den European Code of Conduct (dazu → Rn. 5) einen gewissen **Orientierungsrahmen** zu guter mediatorischer Praxis, der in der Mediations-Rahmenvereinbarung aufgegriffen werden kann (→ Einl. Rn. 214 ff.).

Allerdings kann die Rahmenvereinbarung auch wesentlich ausführlicher und detaillierter sein als die Regelungsinhalte des § 2, letztere modifizieren oder auch von ihnen abweichen (zu üblichen und möglichen Regelungsinhalten einer Mediations-Rahmenvereinbarung → Rn. 74). Denn bei den Inhalten des § 2 handelt es sich durchgehend um **dispositives Gesetzesrecht,** von dem die Parteien einer Mediation – je nach Regelungsgegenstand ggf.

---

12 S. dazu die Formulierungsvorschläge in → Einl. Rn. 216 ff.
13 So zB Greger/Unberath/Steffek/Greger B. § 1 Rn. 143.
14 Prütting SchiedsVZ 2011, 233 (235).
15 Greger/Unberath/Steffek/Unberath B. § 2 Rn. 34 ff.
16 So ua Risse § 4 Rn. 14.
17 Jost ZKM 2011, 168.
18 Greger/Unberath/Steffek/Unberath B. § 2 Rn. 36.

im Einvernehmen mit dem Mediator – durch Individualvereinbarungen abweichen können.[19]

Im Zweifel gehen die vertraglichen Vereinbarungen vor. Wenn diese allerdings nicht mit den definitorischen Merkmalen einer Mediation nach § 1 vereinbar sind, dann handelt es sich bei dem abweichend konturierten Verfahren – trotz solcher Benennung – nicht um eine Mediation (→ MediationsG § 1 Rn. 5 ff.).[20]

Dort, wo in einer Rahmenvereinbarung detaillierte Regelungen fehlen, gelten für das konkrete Verfahren die subsidiären gesetzlichen Bestimmungen des § 2. Wenn die Rahmenvereinbarung unklar formuliert ist, kann für ihre Auslegung neben dem konkreten Parteiwillen auch § 2 herangezogen werden.

4. Pflichten und Haftung des Mediators im Überblick. a) Grundsätzliches zu Hauptleistungs- und Nebenpflichten des Mediators. Hauptleistungspflicht des Mediators ist die „Durchführung des Mediationsverfahrens lege artis".[21] Der Mediator muss den Konfliktbearbeitungsprozess also so steuern und führen, dass er die Parteien in ihrer Suche nach einer Klärung und einvernehmlichen Lösung ihres Konfliktes unterstützt. Allerdings schuldet der Mediator keinen Erfolg seiner Unterstützungsbemühungen – insbesondere nicht den Abschluss einer Mediation mit einer Einigung.[22] Zweck des mediatorischen Handelns ist es nicht, eine Einigung in jedem Fall und um jeden Preis herbeizuführen, sondern vielmehr, ergebnisoffen eine **selbstbestimmte, selbstverantwortete und interessengerechte Entscheidung der Parteien** über den gewünschten Umgang mit der Konfliktlage zu **fördern**.[23]

Diese Aufgabe muss der Mediator grundsätzlich gem. § 613 BGB in eigener Person erbringen, da die Auswahl und Beauftragung eines Mediators in der Regel auf persönlichem Vertrauen basiert (→ Rn. 45).[24]

Im Unterschied zu der direkt auf die Verfahrensführung bezogenen Hauptleistungspflicht (dazu → Rn. 22) mit ihren diversen insbes. durch § 2 vorgenommenen Ausformungen stellen die in den §§ 3 und 4 statuierten **Aufklärungs- und Informationspflichten Nebenpflichten** iSd § 241 Abs. 2 BGB dar, da sie nicht die Verfahrensführung als solche betreffen, sondern diese vorbereiten bzw. flankieren.

Den Mediator treffen auch **vor- und nachvertragliche Pflichten**:[25] Bereits vor Abschluss eines Mediatorvertrags ist der Mediator durch die Aufnahme von Erst- und Vorgesprächen mit potenziellen Mediationsparteien oder Auftraggebern gem. § 311 Abs. 2 und 3 BGB zur Wahrung von deren Interessen, insbesondere mit Blick auf die zumeist erwünschte vertrauliche Behandlung der Mediationsanfrage, verpflichtet. Auch nach Abschluss oder Abbruch einer Mediation bleibt die Verpflichtung zur Wahrung der Vertraulichkeit bestehen.

---

19 So auch Risse SchiedsVZ 2012, 244 (247).
20 Vgl. zur Diskussion: Greger ZKM 2015, 172; Trenczek ZKM 2022, 26.
21 Greger/Unberath/Steffek/Unberath B. § 2 Rn. 56.
22 S. dazu auch Jost ZKM 2011, 168 (171).
23 Ähnlich auch Greger/Unberath/Steffek/Unberath B. § 2 Rn. 59.
24 So auch Greger/Unberath/Steffek/Unberath B. § 2 Rn. 61.
25 S. dazu auch Jost ZKM 2011, 168 mwN.

25 Wie ein Mediator ein Mediationsverfahren im Einzelnen leitet, unterliegt – im Rahmen der Vorschriften des MediationsG, insbes. des § 2, und der individuellen Verfahrensvereinbarungen mit den Parteien – in weiten Teilen seinem **Ermessen**.[26] Das MediationsG soll hier die bestehende Vielfalt an Mediationsansätzen und -stilen (dazu → Rn. 50 ff.), unterschiedlichen Optionen für Verfahrensdesign und einzelnen Interventionsmöglichkeiten (dazu → Rn. 120 ff.) nicht einschränken, sondern Mediatoren grundsätzlich weiterhin eine **individuelle und flexible Verfahrensführung** ermöglichen.[27]

Insgesamt ist bei der Auslegung und Spezifizierung der einzelnen Haupt- und Nebenpflichten des Mediators[28] zu berücksichtigen, dass der Mediator nicht nur den gesetzlichen Rahmenbedingungen sowie dem explizit geäußerten Parteiwillen und den Parteiinteressen, sondern auch der **Wahrung der zentralen Mediationsprinzipien** verpflichtet ist. Dies ergibt sich aus seiner Beauftragung als Mediator, beruht also mittelbar auch auf dem Willen der Parteien.[29]

26 **b) Haftung von Mediatoren. aa) Grundsätzliches zu den Haftungsvoraussetzungen.** Zur Frage der Haftung von Mediatoren finden sich zunehmend Analysen und Diskussionen in der Literatur;[30] in der Praxis gibt es allerdings bislang kaum Haftungsfälle[31] (dazu auch → Einl. Rn. 17 ff., → Rn. 171). Dies verwundert nicht, denn gerade wegen der typischen Aufgaben- und Verantwortungsverteilung zwischen Mediator und Parteien in der Mediation (dazu → Rn. 7) und wegen der großen Flexibilität der mediatorischen Arbeitsweise ist es alles andere als einfach, die Erfüllung der Tatbestandsvoraussetzungen eines haftungsrechtlich begründeten Schadensersatzanspruchs (Pflichtverletzung, Verschulden, Schaden, haftungsbegründende und -ausfüllende Kausalität)[32] gegen einen Mediator nachzuweisen.[33]

Die Gegebenheit und Realisierbarkeit etwaiger Schadensersatzansprüche richtet sich nach den allgemeinen schuldrechtlichen sowie zivilprozessualen Regelungen; das MediationsG etabliert hierfür keine Sonderregelungen. Daher sind in den verschiedenen **Schritten der Tatbestandsprüfung sowie der prozessual zugehörigen Beweisführung** insbesondere folgende Fragen zu stellen, aus denen sich eine gewisse „Filterwirkung" ergibt:[34]

---

26 So auch Unberath ZKM 2011, 4 (6).
27 BT-Drs. 17/5335 (Begr. RegE), 13 unten.
28 S. dazu jeweils die spezifischen Ausführungen in der Kommentierung der einzelnen Vorschriften des MediationsG.
29 Wenn sich Kollisionen zwischen dem expliziten Parteiwillen und Mediationsprinzipien ergeben, kann die Situation entstehen, dass der Mediator die Mediation beenden muss; dazu → Rn. 218.
30 S. dazu exemplarisch Riehm ZKM 2019, 120; Gläßer ZKM 2018, 81; Hartung ZKM 2018, 29; Jost ZKM 2011, 168; Unberath ZKM 2011, 4 (7); Prütting in Haft/v. Schlieffen, § 33; Nölting ZKM 2004, 231.
31 S. dazu exemplarisch AG Lübeck 29.9.2006 – 24 C 1853/06, OLG Stuttgart 26.1.2017 – 11 U 4/16; BGH 21.09.2017 – IX ZR 34/17 = NJW 2017, 3442.
32 Exemplarisch zu den Tatbestandsvoraussetzungen eines Schadensersatzanspruchs Brox/Walker §§ 28–31; konkretisiert für das Handeln von Mediatoren Gläßer ZKM 2018, 81.
33 So auch Jost ZKM 2011, 168 (171 f.) und Gläßer ZKM 2018, 81 (85).
34 S. dazu detailliert Gläßer ZKM 2018, 81.

- Wofür ist ein Mediator wirklich verantwortlich (**Definition von konkreten Pflichten**)?
- Wann liegt ein **Pflichtverstoß** vor und wie kann ein solcher nachgewiesen werden?
- Muss der Mediator die Pflichtverletzung vertreten (Vorliegen von **Verschulden**)?
- Welche Art von **Schaden** ergibt sich aus dem Pflichtverstoß und wie kann die **Kausalität zwischen Pflichtverletzung und Schaden** nachgewiesen werden?

bb) Differenzierender Ansatz zur Bestimmung des Pflichtenkreises. Insgesamt gilt, dass die Standards für ein lege artis zu erbringendes mediatorisches Handeln nicht vollständig ausgeformt sind; die Definition eines abschließenden Pflichtenkatalogs für Mediatoren wäre mit Blick auf die grundsätzliche Flexibilität des Mediationsverfahrens und die zu erhaltende Stilvielfalt (dazu → Rn. 50 ff.) auch weder machbar noch wünschenswert.[35] Typischerweise haftungsrelevante Fallkonstellationen werden sich erst nach und nach durch Rechtsprechung zu einschlägigen Problemen herausbilden.

Bei der Formulierung von Kriterien und Hinweisen für mediatorisches Handeln wird hier deswegen differenzierend vorgegangen:

Auf der einen Seite stehen **Minimalanforderungen**, deren Nichterfüllung tatsächlich als haftungsbegründender Pflichtenverstoß zu werten ist.[36] Ein wesentliches Kriterium ist hier, ob das Verhalten des Mediators die im Zentrum des MediationsG stehende **selbstverantwortliche Entscheidungsfindung der Parteien** gefährdet oder gar verhindert.

Auf der anderen Seite werden in dieser Kommentierung – oft durch die Wortwahl „könnte", „sollte" etc gekennzeichnet – über diese Minimalstandards hinausgehende **Empfehlungen für gute mediatorische Praxis** ausgesprochen, die zu einem konstruktiven Mediationsverlauf und höherer Parteizufriedenheit führen sollen, deren Nichtumsetzung aber nicht unbedingt haftungsbegründend wirkt.

cc) Kategorien möglicher Pflichtverletzungen. Angesichts der bestehenden erheblichen Unklarheiten hinsichtlich Umfang und Maß mediatorischer Pflichten ist ein vollständiger Überblick über haftungsrelevante Konstellationen derzeit weder leistbar noch sinnvoll. Deshalb soll hier nur eine **überblicksartige Orientierung zu unterschiedlichen Kategorien von Pflichtverletzungen und den zugehörigen Anspruchsgrundlagen** gegeben werden; detailliertere Ausführungen zu den Pflichten eines Mediators finden sich auch in den entsprechenden Absätzen der Kommentierung dieses und der anderen Paragrafen des Mediationsgesetzes.

Die hier vor die Klammer gezogenen Ausführungen sollen insbesondere dazu dienen, spezifische Fragen und Überlegungen zu einzelnen Pflichten

---

35 So auch Greger/Unberath/Steffek/Unberath B. § 2 Rn. 93 f. und Jost ZKM 2011, 168 (171).
36 S. dazu auch den Pflichtenkatalog bei Greger/Unberath/Steffek/Unberath B. § 2 Rn. 105–227.

eines Mediators passgenau im dogmatischen System der Tatbestandsvoraussetzungen etwaiger Haftungsansprüche zu verorten.
Eine Pflichtverletzung eines Mediators kann – je nach ihrem Charakter – **vertragliche** (dazu → Rn. 29 ff.) **oder deliktische** (dazu → Rn. 36) **Haftung** begründen; die vertragliche Haftung kann in dogmatischer Hinsicht auf **Nichtleistung bzw. Verzug** (dazu → Rn. 29 ff.) oder auf **Schlechtleistung** (dazu → Rn. 33 f.) beruhen.[37]
Die **Beweislast** für eine Pflichtverletzung des Mediators liegt bei den Parteien.[38]

29 **(1) Vertragliche Haftung. (a) Nichtleistung.** Bei Nichtleistung eines Mediators ist danach zu differenzieren, ob die **Leistung unmöglich oder möglich ist**.

30 Wird die – grundsätzlich höchstpersönlich zu erbringende (dazu → Rn. 22) – Leistung eines Mediators zB wegen dessen dauerhafter Erkrankung unmöglich, richten sich die Rechtsfolgen nach den Regeln des allgemeinen Schuldrechts: Wird der Mediator gem. § 275 BGB wegen Unmöglichkeit von seiner Leistungspflicht befreit, entfällt im Gegenzug sein Anspruch auf Honorar gem. § 326 Abs. 1 S. 1 BGB. Etwaige Schadensersatzansprüche der Parteien richten sich bei **anfänglicher Unmöglichkeit** grundsätzlich nach § 311a Abs. 2 BGB. Bei **nachträglicher Unmöglichkeit** ergibt sich die Anspruchsgrundlage aus §§ 280, 283 BGB; hier wird verlangt, dass der Mediator die Umstände der Unmöglichkeit iSd § 276 BGB zu vertreten hat. Gemäß § 311a Abs. 2 S. 1 BGB bzw. § 283 BGB iVm § 284 BGB können die Parteien anstelle von **Schadensersatz statt der Leistung** auch den **Ersatz für vergebliche Aufwendungen** verlangen, die im Vertrauen auf die ordnungsgemäße Leistungserbringung des Mediators vorgenommen wurden. Hier ist insbesondere an Mietkosten für Mediationsräume, Reise- oder Anwaltskosten zu denken.[39]

31 Leistet ein Mediator trotz **Möglichkeit der Leistung** nicht, bleibt der primäre Erfüllungsanspruch aus § 611 Abs. 1 BGB gegen ihn grundsätzlich bestehen. Da dieser Erfüllungsanspruch aber bei einer Verpflichtung zur höchstpersönlichen Leistungserbringung (dazu → Rn. 22) wegen § 888 Abs. 3 ZPO nicht zwangsweise durchsetzbar ist, sind die Parteien letztlich doch auf die Sekundärebene – insbesondere auf ihr dienstvertragliches Kündigungsrecht und damit einhergehende etwaige Schadensersatzansprüche (dazu insbes. → Rn. 35) – zurückgeworfen.

32 Ein Anspruch wegen **Leistungs- bzw. Schuldnerverzug** gegen den Mediator gemäß § 286 Abs. 2 Nr. 1, Abs. 4 BGB tritt beispielsweise dann ein, wenn der Mediator einen bereits vereinbarten Mediationstermin nicht wahrnimmt. Leistungsverzug tritt auch ein, wenn ein Zeithorizont festgelegt wurde, innerhalb dessen die Mediation stattfinden sollte und der Mediator in diesem Zeitrahmen trotz Bereitschaft der Parteien zur Mediation keine Sitzungstermine ermöglicht.[40]

---

37 S. dazu auch Greger/Unberath/Steffek/Unberath B. § 2 Rn. 68 ff.
38 Greger/Unberath/Steffek/Unberath B. § 2 Rn. 95.
39 So auch Greger/Unberath/Steffek/Unberath B. § 2 Rn. 75.
40 Greger/Unberath/Steffek/Unberath B. § 2 Rn. 83.

Die Parteien können für die dadurch entstandenen Schäden Schadensersatz nach §§ 280 Abs. 1, 2, 286, 249 ff. BGB verlangen. Als Schaden sind dabei allerdings nicht die Kosten des ursprünglichen Termins anzusehen, da diese auch bei ordnungsgemäßer Leistung durch den Mediator angefallen wären, sondern lediglich die Kosten, die durch die Anberaumung eines neuen Termins entstehen (Reisekosten, Mietaufwendungen für Räume, eventueller Verdienstausfall der Parteien etc) – abzüglich der Kosten, die durch den Ausfall des ursprünglichen Termins erspart wurden.[41]

(b) **Schlechtleistung.** Eine Schlechtleistung liegt vor, wenn die Leistung des Mediators zwar grundsätzlich als Erfüllungshandlung geeignet ist, aber nicht in jeder Hinsicht den Anforderungen gerecht wird, also eine **qualitative Pflichtverletzung** beinhaltet.[42] Bei tätigkeitsbezogenen Leistungspflichten wie einer Mediation wird von einer Pflichtverletzung grundsätzlich ausgegangen, wenn die Tätigkeit **nicht einem objektiven Leistungsstandard entspricht**.[43] Ein solcher objektiver Standard für eine Mediation ist bislang allerdings (noch) nicht sehr differenziert ausgeformt. Zwar hat das MediationsG den Pflichtenkatalog eines Mediators in einigen Bereichen deutlich expliziert; in anderen Bereichen – insbesondere mit Blick auf die flexible Methodik der Verfahrensführung – bestehen aber nach wie vor sehr weite Handlungsspielräume mit den daraus resultierenden Unklarheiten in etwaigen Haftungsfragen.[44]

Auf Basis des hier vertretenen differenzierenden Ansatzes (dazu → Rn. 27) lassen sich jedoch durchaus **haftungsrelevante Mindeststandards** für das Verhalten von Mediatoren formulieren, von denen hier nur einige beispielhaft genannt werden sollen; detaillierte Ausführungen zu den einzelnen Pflichten eines Mediators finden sich in den Kommentierungen der einschlägigen Vorschriften des MediationsG.

Von einer Schlechtleistung kann zB ausgegangen werden, wenn ein Mediator die Parteien zu Beginn einer Mediation mangel- oder fehlerhaft über das Wesen und die Risiken eines Mediationsverfahrens aufklärt oder wenn er angezeigte Warnungen – zB vor Fristabläufen oder drohenden Rechtsverlusten – unterlässt.[45] Insbesondere bei komplexen Regelungsinhalten und Mediationsparteien ohne fachliche Beratung hat der Mediator gem. § 2 Abs. 6 S. 2 (→ Rn. 288 ff.) eine Beratung durch externe Fachleute zu empfehlen; gegen Ende einer Mediation läge ein Pflichtverstoß vor, wenn ein Mediator nicht gem. § 2 Abs. 6 S. 1 (→ Rn. 273 ff.) darauf hinwirkte, dass die Parteien die Vereinbarung in Kenntnis der Sachlage treffen und ihren Inhalt verstehen.

Unabhängig vom Stadium einer Mediation würden Mindeststandards verletzt, wenn ein Mediator durch bewusste Bevorzugung einer Seite oder auch durch unbeabsichtigte, auf Unachtsamkeit beruhende Ungleichbehandlungen gegen seine Neutralitätspflicht verstößt,[46] seine Verschwie-

---

41 Greger/Unberath/Steffek/Unberath B. § 2 Rn. 85.
42 Greger/Unberath/Steffek/Unberath B. § 2 Rn. 93.
43 Greger/Unberath/Steffek/Unberath B. § 2 Rn. 94.
44 So auch Jost ZKM 2011, 168, oder Gläßer ZKM 2018, 81.
45 S. dazu auch Jost ZKM 2011, 168 (169) mwN.
46 S. dazu auch Jost ZKM 2011, 168 (169).

genheitsverpflichtung aus § 4 verletzt oder unzulässige bzw. fehlerhafte Rechtsberatung (dazu → Rn. 254 ff. und 285) vornimmt.

33a Als exemplarisch für die bislang bestehenden Unklarheiten in der Pflichten- und damit auch Haftungsbegründung für Mediatoren ist der vom Bundesgerichtshof entschiedene Fall zur Frage der **Haftung einer Anwaltsmediatorin für die unzureichende Beratung** zum Versorgungsausgleich im Rahmen einer von den Parteien gewünschten einvernehmlichen Regelung von Scheidungsfolgen zu sehen:[47] Während der Leitsatz des OLG Stuttgart wie eine weitreichende Erweiterung der Pflichten von Anwaltsmediatoren in den Bereich der (Rechts-)Beratungspflichten hinein wirkt,[48] trennt der BGH in seinen Leitsätzen zu Recht konzeptionell zwischen der Entwicklung von rechtlichen Lösungsvorschlägen als (anwaltlicher) Rechtsdienstleistung und der von der beklagten Mediatorin zugesagten Ermittlung von tatsächlichen Entscheidungsgrundlagen.

Auch wenn der BGH recht weitreichend formuliert, dass die Beklagte *„[a]ls Anwaltsmediatorin […] die Belehrungen und Hinweise zu erteilen [hatte], die in der konkreten Situation einem Anwalt obliegen"*, stellt er letztlich darauf ab, welches konkrete Pflichtenprogramm sich aus dem Inhalt der zwischen der beklagten Anwaltsmediatorin und den Mediationsparteien geschlossenen Mediationsrahmenvereinbarung ergibt. Danach war entscheidend für die Begründung der Pflichtverletzung, dass die Beklagte explizit übernommen hatte, zur Klärung der Voraussetzungen eines etwaigen Versorgungsausgleichs Auskünfte bei den Rentenversicherungsträgern einzuholen, also sachverhaltsaufklärend tätig zu werden – diese Informationseinholung dann aber unterlassen und die Mediationsparteien darüber vor dem Scheidungstermin nicht aufgeklärt hatte.

Damit hatte die Anwaltsmediatorin zusätzlich zum Mediatorvertrag eine spezifische vertragliche Pflicht zur Informationseinholung übernommen und verletzt, was unabhängig von ihrer Stellung als Anwältin haftungsbegründend wirkt.

Die Annahme, dass Anwaltsmediatoren grundsätzlich die gleichen Belehrungs- und Hinweispflichten wie (einseitig mandatierten) Anwälten obliegen, ginge wesentlich zu weit.[49] Denn aus der Mediatorenperspektive läge darin eine erhebliche Gefahr für die Allparteilichkeit und aus der Anwaltsperspektive droht ein Verstoß gegen das Verbot widerstreitender Interessen (§ 43a Abs. 4 BRAO).

Im Ergebnis sollte strikt zwischen den grundlegenden mediatorischen Pflichten und zusätzlichen, ggf. anwaltlichen oder anderweitig vertraglich vereinbarten Dienstleistungen unterschieden – und Pflichtenmehrheiten auf etwaige Rollenkonflikte hin überprüft werden. Die vertragliche Ausgestaltung der durch einen (Anwalts-)Mediator zulässigerweise zusätzlich zur

---

47 BGH 21.9.2017 – IX ZR 34/17; vorgehend OLG Stuttgart 26.1.2017 – 11 U 4/16 mit Kommentierung von Jost ZKM 2017, 71; LG Tübingen 25.7.2016 – 2 O 342/15.
48 OLG Stuttgart 26.1.2017 – 11 U 4/16, 1. Ls.: „Die Beratungspflicht des Anwaltsmediators erstreckt sich bei gewünschter einvernehmlicher Regelung der Scheidungsfolgen auch auf die Folgesache Versorgungsausgleich."
49 So auch Jost ZKM 2017, 71 (72).

regulären Mediationstätigkeit zu übernehmenden Pflichten sollte explizit und differenziert formuliert werden.
Dies gilt insbesondere für hybride Geschäftsmodelle, in denen Rechtsanwälte gemischte Dienstleistungspakete aus Aufklärung, Beratung, Vermittlung und Schlichtung anbieten.[50]

Bei Schlechtleistung ist der Mediator den Parteien grundsätzlich gem. § 280 Abs. 1 BGB zum **Schadensersatz** verpflichtet, wenn er seine Schlechtleistung gem. § 276 BGB zu **vertreten** hat. Mediatoren haben gem. § 276 Abs. 1 BGB grundsätzlich **Vorsatz oder Fahrlässigkeit** zu vertreten (zu Möglichkeiten der Haftungsbeschränkung → Rn. 38), wobei gem. § 276 Abs. 2 BGB fahrlässig handelt, wer die im Verkehr erforderliche Sorgfalt außer Acht lässt. Gemäß § 280 Abs. 1 S. 2 BGB wird das Vertretenmüssen des Mediators vermutet.[51]   34

Bei **Schlechtleistung** eines Mediators haben die Parteien wegen der diesbezüglichen Besonderheiten des Dienstvertragsrechts grundsätzlich **kein Recht auf Minderung des Honorars**.[52] Insofern ist das durch § 2 Abs. 5 S. 1 statuierte jederzeitige **Kündigungsrecht** der Parteien, welches als **lex specialis** den Regelungen des § 627 Abs. 1 BGB und § 323 BGB vorgeht, besonders relevant. Kündigen die Parteien den Mediatorvertrag wegen vertragswidrigem Verhalten des Mediators, erlischt ein etwaiger Anspruch auf bis dato angefallenes Honorar gem. § 628 Abs. 1 S. 2 BGB, wenn die bis zur Kündigung erbrachten Leistungen des Mediators infolge der Kündigung ohne Interesse sind.[53] Ob letzteres der Fall ist, kann nur mit Blick auf den konkreten Verlauf einer Mediation beurteilt werden. Hier sind zB Konstellationen denkbar, in denen eine Mediation zum Zeitpunkt der Pflichtverletzung schon so weit fortgeschritten ist, dass sich die Parteien auch ohne weitere Mitwirkung des Mediators auf Basis des bis dato in der Mediation Erarbeiteten selbstständig einigen können; in diesen Fällen wären die bisherigen Leistungen des Mediators nicht ohne Interesse für die Parteien. Auch wenn phasenspezifische Zwischenergebnisse im Sinne der Aufbereitung von Sachverhalt, der Ermittlung der Interessenprofile der Parteien oder der Klärung einzelner Themenkomplexe bzw. Fragen erzielt wurden, ist in der Regel von einer Mediatorleistung im Parteiinteresse auszugehen.   35

Erfolgt die Kündigung seitens der Parteien wegen eines pflichtwidrigen Verhaltens des Mediators, so ist der Mediator den Parteien gem. § 628 Abs. 2 BGB zum **Ersatz des durch die Aufhebung des Dienstverhältnisses entstehenden Schadens** verpflichtet (dazu auch → Rn. 205).[54]

Kündigt ein Mediator selbst zur Unzeit ohne rechtfertigenden Grund, kann er gemäß § 627 Abs. 2 S. 2 BGB schadensersatzpflichtig werden (dazu auch → Rn. 238).

---

50 S. dazu auch Jost ZKM 2017, 71 (73).
51 Greger/Unberath/Steffek/Unberath B. § 2 Rn. 95.
52 S. dazu ausführlicher und mit dogmatischer Begründung Greger/Unberath/Steffek/Unberath B. § 2 Rn. 88.
53 S. dazu Greger/Unberath/Steffek/Unberath B. § 2 Rn. 88.
54 S. dazu auch Jost ZKM 2011, 168 (170) sowie ausführlich zur Konkurrenz von § 628 Abs. 2 und § 280 BGB Greger/Unberath/Steffek/Unberath B. § 2 Rn. 79 ff.

Gläßer

36 **(2) Deliktische Haftung.** Grundsätzlich ist auch eine deliktische Haftung von Mediatoren denkbar.[55]

Anwendungsfälle des **§ 823 Abs. 1 BGB** können insbesondere in Verletzungen des allgemeinen Persönlichkeitsrechts der Mediationsparteien[56] oder des Rechts am eingerichteten und ausgeübten Gewerbebetrieb durch Verstöße gegen die Verschwiegenheitspflicht bestehen.

Zudem ist zu diskutieren, ob bzw. inwieweit die Vorschriften des Mediationsgesetzes den Charakter eines Schutzgesetzes iSd **§ 823 Abs. 2 BGB** haben können; hierfür kommen allerdings nur ausreichend bestimmt formulierte Normen in Betracht.[57]

37 **dd) Kausalität und Schaden.** Für die Begründung eines Schadensersatzanspruchs gegen einen Mediator reicht das Vorliegen einer schuldhaften Pflichtverletzung allein nicht aus; es muss **durch die Pflichtverletzung** auch ein **Schaden verursacht** worden sein. Art und Umfang eines Schadensersatzanspruchs richten sich grundsätzlich nach den **§§ 249 ff. BGB**. Insbesondere ist im Sinne der sog. **Differenzhypothese** zu prüfen, wie die Schadensersatz fordernde Mediationspartei stünde, wenn sich der Mediator pflichtgemäß verhalten hätte.[58]

Am Einfachsten dürfte der Nachweis von Schäden in diesem Sinne sein, wenn der Mediator seine Verschwiegenheitsverpflichtung verletzt hat und die Parteien dadurch geschädigt wurden.

Ebenfalls ist es gut vorstell- und nachweisbar, dass Schäden kausal aus Aufklärungsfehlern, unterlassenen Warnungen oder einer Verletzung der gebotenen Hinweispflicht und Sorgfalt bei der Erstellung der Abschlussvereinbarung resultieren.[59] So kann es zu einem (Folge-)Schaden kommen, wenn der Anwaltsmediator die von ihm vertretene Partei nicht über das Tätigkeitsverbot unterrichtet, welches aus seiner früheren Mediatorentätigkeit erwächst. Die Partei – wenn und soweit sie den Anwalt bei Wissen um das Tätigkeitsverbot nicht beauftragt hätte – ist sodann um die Höhe des entrichteten anwaltlichen Honorars geschädigt.[60]

Mit Blick auf die Verfahrens- und Gesprächsführung des Mediators im engeren Sinne dürfte es dagegen wegen der Methoden- und Stilvielfalt sowie der Situationsabhängigkeit von Interventionen sehr schwer sein, eine ausreichend greifbare Pflichtverletzung mit klar daraus resultierendem Schaden zu identifizieren.[61]

In keinem Fall kann die nicht erfolgte Einigung zur Begründung einer Schadensersatzpflicht herangezogen werden, da der Mediator nicht den erfolgreichen Abschluss einer Mediation schuldet (dazu → Rn. 22).

Auch die Bestimmung des Schadens einer unterbliebenen Mediation ist zumeist schwierig.[62] Auf der Ebene der Verfahrenskosten ist hier insbeson-

---

55 S. dazu ausführlicher Jost ZKM 2011, 168 (171).
56 Dazu Hornung, S. 294, 299.
57 S. dazu ausführlicher Jost ZKM 2011, 168 (171).
58 S. dazu exemplarisch MüKoBGB/Oetker § 249 Rn. 16 f.
59 S. dazu auch Jost ZKM 2011, 168 (171).
60 S. dazu LG München I – 4 O 19085/16 ZKM 2018, 236.
61 So auch Jost ZKM 2011, 168 (171) und Gläßer ZKM 2018, 81 (83).
62 S. dazu auch Greger/Unberath/Steffek/Unberath B. § 2 Rn. 81 f.

dere an etwaige Raummietkosten für die ausgefallene Mediation sowie an Mehrkosten eines neu aufzusetzenden Mediationsverfahrens zu denken.[63] Auf der inhaltlichen Ebene der Konfliktentwicklung kann die Nichtdurchführung oder der Abbruch einer Mediation zu Schäden führen, die sich aus der Nichtbearbeitung oder auch der weiteren Eskalation des Konfliktes ergeben (so ist bspw. bei Konflikten im Baubereich an die Kosten des Baustillstandes und an etwaige Schadensersatzansprüche und/oder Vertragsstrafen bei Überschreitung von Fertigstellungsfristen zu denken). Allerdings sind Ansprüche auf Ersatz derartiger Schäden nur schwer zu realisieren, da zum einen mit Blick auf Verzögerungs- und Eskalationsschäden ein etwaiges **Mitverschulden** bzw. die **Obliegenheit der Parteien zur Schadensminderung** gem. § 254 Abs. 2 S. 1 Alt. 2 BGB zu beachten ist. Zum anderen ist die **haftungsausfüllende Kausalität** iSd § 287 ZPO zumeist nur schwer beweisbar.

ee) **Hinweise für Mediatoren zum Umgang mit Haftungsrisiken.** Um die derzeit unwägbaren Haftungsrisiken eines Mediationsfalls präventiv zu minimieren, empfiehlt sich die Berücksichtigung folgender **Hinweise:** 38

- Um Schlechtleistung vorzubeugen, sollten Mediatoren in ihrer professionellen Praxis möglichst systematisch **Maßnahmen der individuellen Qualitätssicherung** etablieren (dazu sogleich unter → Rn. 39 ff.). Die beste Haftungsprävention ist letztlich professionelles Agieren auf Basis einer soliden Ausbildung in gutem Kontakt mit den Mediationsparteien – sowie eine ggf. durch Inter- und Supervision unterstützte Reflexion des eigenen Handelns (siehe dazu → Rn. 42 f. mwN).
- Die **wesentlichen Pflichten** des Mediators sollten mit den Parteien erörtert und entsprechend **im Mediatorvertrag ausgewiesen** werden. Ebenso sollte explizit in den Mediatorvertrag aufgenommen werden, was der Mediator *nicht* schuldet – letzteres ist insbesondere dann empfehlenswert, wenn der Mediator keine Lösungsvorschläge machen und keinen Rechtsrat geben will.
- Die Aufklärung der Parteien bezüglich der Rollen- und Verantwortungsverteilung, soweit sie nicht schon Bestandteil des Mediatorvertrags ist, sowie etwaige Absprachen bezüglich konkreter Verfahrensweisen sollten dokumentiert werden;[64] im Zweifel kann sich der Mediator die **Dokumentation** zum besseren Nachweis auch von den Parteien abzeichnen lassen.
- Grundsätzlich können auch **Haftungsbeschränkungen** vereinbart werden.[65] Gem. § 276 Abs. 3 BGB darf allerdings die Haftung für Vorsatz nicht beschränkt werden. Soweit regelmäßig tätige Mediatoren Standardverträge verwenden, handelt es sich dabei um für eine Vielzahl von Verträgen formulierte **allgemeine Vertragsbedingungen**, die für ihre Wirksamkeit den Anforderungen der §§ 305 ff. BGB genügen müssen. Anwaltsmediatoren haben darüber hinaus § 52 BRAO zu beachten.[66]

---

63 So auch Greger/Unberath/Steffek/Unberath B. § 2 Rn. 82.
64 S. dazu auch Fritz/Pielsticker/Pielsticker § 2 Rn. 21.
65 S. dazu auch Jost ZKM 2011, 168 (172).
66 S. dazu Greger/Unberath/Steffek/Unberath B. § 2 Rn. 67.

Insgesamt ist fraglich, ob sich derartige Haftungsbeschränkungen vertrauensfördernd auf die Beziehung zu den Parteien auswirken.

- Nicht zuletzt können (und sollten) auch Mediatoren spezifische **Haftpflichtversicherungen** abschließen, die von einer zunehmenden Zahl von Versicherungsgesellschaften angeboten werden. In Österreich ist der Nachweis einer derartigen Haftpflichtversicherung Voraussetzung für die Eintragung als Mediator auf die vom österreichischen Bundesjustizministerium geführte Liste.[67] Die Mediationstätigkeit von Rechtsanwälten ist von der regulären anwaltlichen Berufshaftpflichtversicherung umfasst, da es sich gem. § 18 BORA um anwaltliche Tätigkeit handelt.[68]

39 **5. Individuelle Qualitätssicherung.** Während normative Maßnahmen zur Qualitätssicherung von Mediation auf die Schaffung von Gesetzen oder anderen möglichst allgemeinverbindlichen Standards abzielen, liegen Maßnahmen der individuellen Qualitätssicherung in der Hand der einzelnen Mediatoren und können von diesen selbstverantwortlich gewählt, gestaltet und realisiert werden.[69]

40 **a) Aus- und Fortbildung.** Die Basis für eine professionelle Tätigkeit als Mediator ist eine solide, praxisorientierte Ausbildung. Gesetzliche Regelungsansätze für den Umfang und die inhaltliche Ausgestaltung von Mediationsausbildungen finden sich in § 5 Abs. 1. sowie § 5 Abs. 2, § 6 iVm mit der Zertifizierte-Mediatoren-Ausbildungsverordnung (ZMediatAusbV). Daneben und darüber hinaus haben auch die Mediationsverbände eigene Ausbildungsanforderungen etabliert.

Es gibt unterschiedliche Vorstellungen und Ansätze, ob eine Mediationsausbildung eher berufsgruppenspezifisch oder für einen interdisziplinären Teilnehmerkreis angeboten werden sollte und wie die konzeptionelle Ausgestaltung idealerweise auszusehen habe (zu den Kontroversen um die Anforderungen um Ausbildungsumfang und -inhalte → MediationsG § 5 Rn. 1 ff. mwN).

Auch die Ausbilderpersönlichkeiten mit ihren jeweiligen Praxisschwerpunkten, ihren unterschiedlichen persönlichen Mediationsstilen und Haltungen prägen den jeweiligen Ausbildungsansatz stark. Insofern sollte die Wahl des passenden Ausbildungsangebots sehr überlegt erfolgen.

Gemäß § 3 Abs. 1 ZMediatAusbV haben zertifizierte Mediatoren nach Abschluss ihrer Ausbildung regelmäßig an Fortbildungsveranstaltungen in einem Umfang von 40 Zeitstunden innerhalb eines Zeitraums von vier Jahren teilzunehmen (→ ZMediatAusbV § 3 Rn. 1 ff.).

---

67 Dazu ausführlich: http://www.mediatoren.justiz.gv.at/mediatoren/mediatorenliste.nsf/docs/home (unter 5.Versicherungspflicht).
68 Mähler/Mähler § 47 Rn. 87.
69 Natürlich sind die normative und die individuelle Ebene insofern interdependent, als normative Ansätze auch auf die Steuerung individuellen Verhaltens abzielen. So etablieren der Entwurf der Ausbildungsverordnung (→ MediationsG § 6 Rn. 52 ff.) oder auch die Standards vieler Mediationsverbände zB Vorgaben zu Fortbildungs- oder Supervisionspflichten. S. zu normativen wie individuellen Maßnahmen der Qualitätssicherung von Mediation den Überblick bei Gläßer/Negele/Schroeter ZKM 2008, 181 sowie Bastine ZKM 2000, 37.

Ähnlich verlangen auch die Anerkennungsrichtlinien vieler Verbände über die Absolvierung einer Grundausbildung hinaus regelmäßige Fortbildungen.[70]

b) Feedback. Die Einholung von Feedback durch den Mediator spielt eine zentrale qualitätssichernde Rolle, da Feedback ermöglicht, in anhaltendem guten **Kontakt zu den Mediationsparteien** zu bleiben.[71] Die systematische Erhebung von Feedback ist zugleich die **Schnittstelle zur (Selbst-)Evaluation** von Mediationstätigkeit.[72]   41

Während eines laufenden Mediationsverfahrens kann Feedback **routinemäßig zu Beginn und am Ende jeder Sitzung** eingeholt werden. Daneben empfiehlt sich die **Einholung von situativem Feedback** in als schwierig empfundenen Situationen.

Zum Abschluss eines Mediationsverfahrens kann und sollte Feedback **am Ende der letzten Mediationssitzung** in Form eines Rückblicks auf das erlebte Verfahren erhoben werden.

Darüber hinaus kann mit etwas Abstand zur Beendigung der Mediation, zB nach 3–6 Monaten, eine **Nachbefragung der Parteien** erfolgen, die ggf. auch mit einer **Implementierungssicherung** des Mediationsergebnisses verbunden werden kann. Die Kontaktaufnahme zu einer solchen Nachbefragung sollte idealerweise bereits zu Beginn der Mediation angekündigt und in den Mediatorvertrag aufgenommen, spätestens aber in letzter Sitzung angesprochen und mit den Parteien vereinbart werden.

Die Einholung von Feedback kann mündlich oder auch schriftlich in Form von Feedback- oder Fragebögen erfolgen.

c) Systematische Selbstreflexion und Falldokumentation. Mediatoren sollten ihre Tätigkeit – also ihr Interventionsverhalten, ihre mediatorische Haltung, ihr professionelles Selbstverständnis und ggf. auch ihr Zusammenwirken mit Co-Mediatoren – **kontinuierlich und selbstkritisch reflektieren**.[73] Dies sichert Qualität und professionelle Weiterentwicklung. Grundsätzlich können Supervision (dazu → Rn. 43) und Intervision (dazu → Rn. 44) eine solche Reflexion gewinnbringend unterstützen und durch Außenperspektiven bereichern.   42

Eine fallspezifische Reflexion wird durch die **schriftliche Dokumentation der eigenen Fallpraxis** erleichtert, die systematisch anhand von Fragenkatalogen ausgeführt werden kann, wie sie insbes. von Mediationsverbänden zur Verfügung gestellt werden.[74] Die meisten Mediationsverbände verlangen derartige Falldokumentationen als Teil der für eine verbandliche Anerkennung als Mediator notwendigen Unterlagen. Auch für die im Rahmen der Vorgaben der Zertifizierte-Mediatoren-Ausbildungs-Verordnung erfor-

---

70 Vgl. dazu zB die Standards und Richtlinien des BM unter http://www.bmev.de/index.php?id=standards oder die Satzung der BAFM unter https://www.bafm-mediation.de/verband/organisation/satzung-der-bafm/#Mediationsklausel.
71 Dazu ausführlich Ade/Gläßer ZKM 2009, 60.
72 S. dazu exemplarisch Bastine/Weinmann in Strempel, S. 57 ff.
73 Patera ZKM 2001, 226.
74 S. http://www.bmev.de/fileadmin/downloads/anerkennung/mediator-bm_leitfaden-mediation.pdf.

derlichen Fall-Supervisionen (→ Rn. 43) erscheint die Anfertigung von Falldokumentationen als eine höchst sinnvolle Grundlage.

43 **d) Supervision.** Viele Mediationsverbände verlangen schon seit langem von ihren Mitgliedern, dass sie in gewissem Umfang Supervision in Anspruch nehmen – oder regen dies zumindest nachdrücklich an.[75]

Dieser Ansatz wurde in der Novelle der ZMediatAusbV aufgegriffen: Voraussetzung für das Führen der Bezeichnung „zertifizierter Mediator" ist gem. § 2 Abs. 2 ZMediatAusbV die erfolgreiche Beendigung eines Ausbildungslehrganges sowie der Nachweis von fünf supervidierten Mediationen, die vom Ausbildungsteilnehmenden als Mediator oder Co-Mediator durchgeführt wurden. Die Supervisionen müssen gem. § 2 Abs. 5 S. 1 ZMediatAusbV bis zum Ablauf von drei Jahren nach Beendigung des Ausbildungslehrganges dokumentiert sein. Die Bestätigung ist gem. § 2 Abs. 5 S. 2 ZMediatAusbV vom Supervisor zu erteilen (→ ZMediatAusbV § 2 Rn. 12 ff.).

Supervision bedeutet die Unterstützung in der Reflexion des eigenen professionellen Handelns und der eigenen professionellen Rolle durch einen dahin gehend beauftragten, zumeist auch speziell dafür ausgebildeten[76] Dritten, den Supervisor.[77] Je nach Setting wird zwischen Einzel- und Gruppensupervision unterschieden; es gibt unterschiedliche Supervisionsansätze und -stile.[78] Spezifisch für den Mediationskontext wurde die sog. mediationsanaloge Supervision entwickelt, die sich in ihrem Ablauf am Phasenmodell der Mediation (dazu → Rn. 81 f.) orientiert.[79]

44 **e) Intervision/kollegiale Beratung.** Im Unterschied zur Supervision wird die Intervision bzw. kollegiale Beratung[80] nicht von externen Experten, sondern **im Kollegenkreis** durchgeführt.[81] Dies bietet nicht nur Kostenvorteile, sondern fördert auch Selbstvertrauen und autonome Kompetenzentwicklung; nicht zuletzt kann in Arbeitszusammenhängen dadurch die Zielsetzung eines „lernenden Systems"[82] verfolgt und gestärkt werden. Insbesondere die Arbeit von Mediatoren institutioneller Mediationsanbieter, die im Bereich von Familienkonflikten tätig sind, sowie von innerbetrieblichen

---

75 Vgl. dazu zB die Verbandsstandards des BMWA unter https://www.bmwa-deutschl and.de/wp-content/uploads/2023/12/BMWA-Standards.pdf. (unter 2.4.1) oder die Richtlinien der BAFM unter https://www.bafm-mediation.de/verband/richtlinien-d er-bafm-fur-die-mediation-in-familienkonflikten (unter VII. Qualifikationen).
76 Zur Kritik an dem in der Zertifizierte Mediatoren Ausbildungs-Verordnung nicht näher spezifizierten Supervisionsbegriff und den ebenfalls fehlenden Vorgaben bezüglich der Qualifikation von Supervisoren im Mediationssetting → ZMediatAusbV § 2 Rn. 14 ff.
77 Siller, Supervision. Eine grundlegende Einführung, 2022; Belardi, Supervision. Grundlagen, Techniken, Perspektiven, 5. Aufl. 2018; Schreyögg, Supervision. Ein Integratives Modell. Lehrbuch zu Theorie und Praxis, 5. Aufl. 2010.
78 Möller, Was ist gute Supervision? Grundlagen, Merkmale, Methoden, 2012.
79 S. dazu Diez ZKM 2000, 227.
80 S. dazu grundlegend Tietze, Kollegiale Beratung, 2021, sowie, für den anwaltlichen Kontext, Gläßer AnwBl 2022, 88.
81 S. dazu für den Mediationskontext Mahlstedt/Berlin/Bond ZKM 2016, 67.
82 S. zu diesem Ansatz der Organisationsentwicklung Senge, The Fifth Discipline: The Art and Practice of The Learning Organization, 2006.

oder gerichtsinternen Mediatoren[83] wird häufig durch derartige kollegiale Beratungsgruppen unterstützt.

Potenzielle Risiken der kollegialen Beratung liegen darin, dass system- bzw. organisationsimmanente einseitige Perspektiven und blinde Flecken weiter tradiert werden können. Deshalb wird teilweise auch empfohlen, kollegiale Beratungsgruppen durch Teilnehmer aus unterschiedlichen Arbeitszusammenhängen zu besetzen.[84]

Für die Arbeitsweise kollegialer Beratungsgruppen gibt es spezielle Modelle, die durch Ablaufschemata und rotierende Moderation systematisches Arbeiten und Erkenntnisgewinn sicherstellen sollen.[85]

II. Wahl des Mediators (Abs. 1)

1. Regelungsinhalt, -kontext und -zweck. Abs. 1 bestimmt, dass die Parteien den Mediator auswählen. Diese Vorschrift war im ursprünglichen Referentenentwurf noch nicht enthalten und hat erst in den Regierungsentwurf Aufnahme gefunden. Das Recht der Parteien, den Mediator selbst zu bestimmen, ist „**Ausdruck des Selbstbestimmungsrechts der Parteien** im Mediationsverfahren".[86] 45

Inhaltlich ist diese Wahlfreiheit höchst sinnvoll, da sich die Parteien in der Mediation in aller Regel auch persönlich öffnen wollen, wodurch sie in ihrer Konfliktlage und ggf. auch Emotionalität sichtbar werden. Dafür ist eine **vertrauensvolle Beziehung zum Mediator** notwendige Voraussetzung.

Semantisch beinhaltet die „Wahl" des Mediators zwei getrennt voneinander zu betrachtende Aspekte – zum einen die **Auswahl** eines für den konkreten Konfliktfall geeignet erscheinenden Mediators, die laut MediationsG durch die Parteien vorgenommen oder zumindest bestätigt werden muss (→ Rn. 47 ff.), zum anderen die vertragliche **Beauftragung** desselben (→ Rn. 72 ff.), die nicht zwingend durch die Parteien selbst erfolgen muss (dazu → Rn. 60 und 72 ff.). 46

2. Geeignetheit eines Mediators. Ob ein Mediator „der Richtige" für die Bearbeitung eines bestimmten Konfliktfalles ist, hängt von einer **Vielzahl an Faktoren** ab. 47

In jedem Fall sollte ein Mediator bezüglich der Grundlagen der mediativen Verfahrensführung **adäquat ausgebildet** sein (dazu oben unter → Rn. 40 sowie → MediationsG § 5 Rn. 17 ff.); dies bedeutet allerdings nicht automatisch, dass er zertifizierter Mediator sein muss. Mit Blick auf Besonderheiten des jeweiligen Konfliktfalles – zB bezüglich der Personenzahl oder des Eskalationsgrades – sollte der Mediator über ausreichende **Methodenkompetenz** und **Erfahrung** verfügen, um das Mediationssetting entsprechend gestalten und souverän durch das Verfahren führen zu können. Wenn ein Mediationsverfahren (auch) online durchgeführt werden soll, 48

---

83 Vgl. Probst DRiZ 2019, 388.
84 Tietze, Kollegiale Beratung, 2021, S. 215 ff.
85 Tietze, Kollegiale Beratung, 2021; Lippmann, Intervision. Kollegiales Coaching professionell gestalten, 2009; Ade/Schroeter in Gläßer/Schroeter, S. 323 ff.; Ade/Schroeter Spektrum der Mediation 22/2008, 21 (22).
86 So die BT-Drs. 17/5335 (Begr. RegE), 14.

sind Kompetenzen für den Umgang mit rein digitalen oder hybriden Settings erforderlich (Näheres dazu (→ O Rn. 36).
Ob darüber hinaus mit Blick auf den konkreten Konfliktstoff **einschlägige Fachkenntnisse und/oder Felderfahrung** notwendig sind, wird unter Mediatoren strittig diskutiert.[87]
Zu all diesen Fragen besteht gem. § 3 Abs. 5 bei Nachfrage der Parteien eine Auskunftspflicht (dazu auch → MediationsG § 3 Rn. 41 ff.).

49 Unabhängig von seiner Qualifikation hat der Mediator ebenfalls in jedem Fall im Rahmen der Mediatorwahl den **in § 3 statuierten** selbstständigen **Offenbarungspflichten** Rechnung zu tragen und etwaige **Tätigkeitsbeschränkungen** zu **berücksichtigen** (dazu → MediationsG § 3 Rn. 8 ff.).

50 Aufgrund der im Rahmen der gesetzlichen Definitionsmerkmale bestehen bleibenden Flexibilität des Mediationsverfahrens[88] existiert eine große **Vielfalt von Mediationsmodellen und -stilen.**[89] Deshalb ist darauf zu achten, dass auch das Mediationsverständnis und der daraus resultierende Mediationsstil des Mediators zum Erwartungshorizont der Parteien passen.

51 Wesentlich für das Mediationsverständnis eines Mediators sind die übergeordneten Ziele, die er mit seinem Mediationsangebot verfolgt. Hier kann zB nach den folgenden idealtypischen[90] **(Meta-)Zielen** bzw. Motivationslagen unterschieden werden:[91]

- Der **Dienstleistungsansatz** (*„service delivery approach"*) lanciert Mediation als Methode effizienter und ökonomischer Konfliktbeilegung; primäres Ziel ist die Herbeiführung einer schnellen Einigung.
- Der **verfahrensrechtliche Ansatz** (*„access to justice approach"*) versteht Mediation als alternatives Forum zum staatlichen Gerichtsverfahren, in dem Verfahrensnachteile unerfahrener oder finanzschwacher Parteien ausgeglichen und individuelle Gerechtigkeitsvorstellungen verwirklicht werden können.[92]
- Der **Selbstbestimmungsansatz** (*„individual autonomy approach"*) ist primär darauf fokussiert, in der Konfliktbearbeitung die individuelle Autonomie der Parteien zu stärken.
- Der **Versöhnungsansatz** (*„reconciliation approach"*) strebt vor allem eine Aussöhnung der Parteien durch die (Wieder-)Herstellung von Verständnis und Harmonie auf der Beziehungsebene an.

---

87 Proksch ZKM 2016, 100 (102).
88 Dazu auch Greger/Unberath/Steffek/Unberath B. § 2 Rn. 58.
89 S. dazu: Alexander Spektrum der Mediation 65/2016, 12; Lang-Sasse ZKM 2013, 54.
90 In der Realität finden sich die fünf dargestellten Ansätze selten in Reinform; häufiger liegen gemischte Motivationslagen vor.
91 Das Kategoriensystem beruht auf den sog. „Mediations-Projekten", die Breidenbach zunächst in den USA identifiziert hatte, statt; Breidenbach, S. 119 ff.; s. dazu auch Breidenbach/Gläßer KON:SENS 1999, 207.
92 Dieser Ansatz ist va vor dem Hintergrund des US-amerikanischen staatlichen Gerichtssystems zu sehen, aus dessen Verfahrens- und Kostenstruktur sich für unerfahrene, finanzschwache und/oder anwaltlich schlecht vertretene Parteien deutlich erheblichere Nachteile ergeben können, als dies in Deutschland der Fall ist.

■ Der **soziale Transformationsansatz** („*social transformation approach*") sieht Mediation aus der politischen Metaperspektive als möglichen Motor konstruktiver gesellschaftlicher Veränderung, da in diesem Verfahren die gesellschaftlichen Rahmenbedingungen von Konflikt- und Problemkonstellationen reflektiert werden können, aber zugleich die Verantwortung für die Lösung von Konflikten von den Betroffenen nicht an externe Autoritäten delegiert, sondern selbstverantwortlich wahrgenommen wird.

Es liegt auf der Hand, dass diese unterschiedlichen Zielsetzungen in bestimmten Situationen auch zu unterschiedlichem Interventionsverhalten von Mediatoren führen können.[93]

Entsprechend ihrer jeweiligen Ausrichtung bzw. methodischen Schwerpunktsetzung werden **Mediationsansätze** auch als „lösungsfokussiert"[94], „interessenbasiert"[95], „narrativ"[96], „transformativ"[97] oder „therapeutisch"[98] bezeichnet. Darüber hinaus existieren spezifische Mediationsmodelle wie zB die sog. Kurzzeitmediation[99] oder die Klärungshilfe[100].

Ein sehr bekanntes **Modell zur interventionsorientierten Beschreibung von Mediationsstilen** ist das – im Laufe der Jahre vom Autor mehrfach verfeinerte und abgewandelte – sog. „Mediator Style Grid" von *L. Riskin*.[101] Darin bildet Riskin durch die Dimension „Konfliktverständnis" mit den Polen „eng" und „weit" sowie die Dimension „Interventionsverhalten" mit den Polen „moderierend/facilitativ" und „wertend/evaluativ" eine Matrix, in deren vier Felder die typische Arbeitsweise eines Mediators eingeordnet werden kann.

Je nachdem, welche Vorkenntnisse und bereits definierten Erwartungen vor Beginn einer Mediation auf Seiten der Parteien bestehen, muss der Mediator sein **Angebot mit den Erwartungen der Parteien abgleichen** bzw. die Parteien zunächst **über die bestehende Stilvielfalt aufklären**, um ihnen eine informierte Mediatorwahl zu ermöglichen.

Jenseits aller beschreibbaren Stilausprägungen ist in der Praxis für die Mediatorwahl häufig der Eindruck von der **persönlichen Passung des Mediators** entscheidend. Um sich auf den Mediator und den Prozess der mediativen Konfliktbearbeitung einlassen zu können, ist für viele Parteien

---

93 S. dazu Breidenbach/Gläßer KON:SENS 1999, 207.
94 S. dazu exemplarisch Dingwall/Miller Conflict Resolution Quarterly 2002, 269.
95 Gläßer/Kirchhoff ZKM 2005, 130.
96 S. dazu exemplarisch Winslade/Monk, Narrative Mediation, 2001, sowie zum Storytelling-Ansatz: Milling, Storytelling – Konflikte lösen mit Herz und Verstand, 2016.
97 S. dazu exemplarisch Burgess, Transformative Mediation, 1997.
98 Irving/Benjamin, Therapeutic Family Mediation, 2002.
99 Krabbe ZKM 2004, 72 sowie Fritz/Krabbe ZKM 2009, 136; Fritz/Krabbe ZKM 2009, 176.
100 Thomann/Schulz von Thun, Klärungshilfe 1, 2003, Thomann, Klärungshilfe 2, 2004; Thomann/Prior, Klärungshilfe 3 – Das Praxisbuch, 2007. Zur Abgrenzung von Klärungshilfe und Mediation s. Prior ZKM 2016, 105 ff.
101 Die folgenden Publikationen bilden die Entwicklung von Riskins „Mediator Style Grid" in etwa nach: Riskin Harvard Negotiation Law Review 1, 1996, 23; Riskin Dispute Resolution Magazine 10, 2003, 22; Riskin Notre Dame Law Review 79, 2003, 1.

letztlich ausschlaggebend, dass der Mediator Allparteilichkeit, Vertrauenswürdigkeit, professionelle Souveränität und Zuversicht ausstrahlt und sich auf die Sprachebene(n) sowie das Konflikterleben und die Gedankengänge der Parteien einstellen kann. Da sich diese Faktoren kaum über schriftliche (Werbe-)Medien wie Flyer oder Internetseiten transportieren lassen, spielen persönliche Empfehlungen bei der Mediatorwahl eine große Rolle. Zudem werden von prospektiven Mediationsparteien neben klassischen Ausschreibungs- bzw. Vergabeverfahren immer häufiger auch Vorstellungsgespräche, teilweise im Bewerbervergleich, anberaumt, um den passenden Mediator zu finden.[102]

56 Nicht zuletzt spielen in der Mediatorwahl natürlich auch pragmatische Faktoren wie die **Honorarhöhe**[103] oder die **zeitliche Verfügbarkeit** des Mediators eine Rolle.

57 **3. Modi der Mediatorwahl.** Die **Auswahl des Mediators** kann – je nach Fallkonstellation – sehr unterschiedlich vonstatten gehen:

58 a) **Autonome Auswahl.** In dem idealtypischen Szenario, das offenkundig auch dem MediationsG zugrunde gelegt wurde, suchen sich autonome Akteure auf dem freien Markt einen allen Parteien geeignet erscheinenden Mediator und beauftragen diesen gemeinschaftlich. Auf der Suche nach dem Mediator können **Mediatorenlisten** zu Rate gezogen werden, wie sie ua von den Mediationsverbänden, regionalen IHKs, Anwaltskammern oder Ausbildungsanbietern vorgehalten werden.

59 b) **Vorschlag Dritter.** Häufig erfolgt der Vorschlag eines konkreten Mediators aber von dritter Seite. Dies kann sich insbesondere bei der Mediationsempfehlung durch (Rechts-)Berater, der Anregung eines Mediationsverfahrens durch den gesetzlichen Richter gem. § 278a ZPO[104] (dazu → ZPO § 278a Rn. 4 ff.), der Anordnung einer Mediation durch Vorgesetzte (dazu → D Rn. 5 und 36 ff.) oder der Initiierung einer Mediation durch eine Rechtsschutzversicherung (dazu → J Rn. 1 ff.) ergeben. Laut Gesetzesbegründung ist es nicht notwendig, dass die Initiative zur Mediatorenfindung von den Parteien selbst ausgeht; unerlässlich ist allerdings, dass die Parteien einen konkreten Mediatorenvorschlag von fremder Seite (zumindest konkludent) annehmen.[105]

60 c) **Beauftragung durch höhere Hierarchieebene.** Im innerorganisatorischen Bereich findet sich nicht selten die Sonderkonstellation, dass das Unternehmen bzw. eine höhere Führungsebene ohne Beteiligung der Konfliktparteien einen geeignet erscheinenden Mediator auswählt und mit der Bearbeitung eines Konfliktes am Arbeitsplatz beauftragt (dazu auch unter → Rn. 75) bzw. die Teilnahme an der Mediation anordnet[106]. Wenn eine Mitsprache der eigentlichen Parteien bei der Auswahl des Mediators nicht möglich oder gewünscht ist, ist die nachträgliche Zustimmung der Parteien

---

102 Zu verschiedenen Etappen und Faktoren der Mediatorwahl Gläßer in Rapp, S. 164 ff.
103 Zu Bemessungskriterien für Mediatorenhonorare Gläßer in Rapp, S. 164, 169 f.
104 Bushart, § 278a ZPO als Schnittstelle zwischen Gerichtsverfahren und außergerichtlicher Mediation, 2019.
105 So auch BT-Drs. 17/5335 (Begr. RegE), 14.
106 Kracht ZKM 2022, 89.

zur vorausgewählten Person des Mediators umso wichtiger, um die Vorgabe des Abs. 1 und damit letztlich das Selbstbestimmungsprinzip zu wahren.

d) Auswahl durch Koordinationspersonen bzw. institutionelle Instanzen. Werden Mediatoren innerhalb von organisationalen oder institutionellen Kontexten in Form einer Listung von externen (Vertrags-)Mediatoren oder eines sog. innerbetrieblichen „Mediatorenpools" vorgehalten, wird der Mediator häufig durch die (Vor-)Auswahl seitens der Koordinationsperson des internen Mediationsprogramms bestimmt.[107] Dabei spielen Aspekte wie persönliche oder fachliche Passung ebenso eine Rolle wie eine ausreichende Distanz zum konkreten Konflikt. 61

In der gerichtsinternen Mediation wurden die Richtermediatoren in der Regel durch die Programmkoordinatoren vorgeschlagen. Soweit Mediationsfälle nun unter dem Güterichtermodell durchgeführt werden, gibt es üblicherweise weder starre Geschäftsverteilungspläne noch eine freie Mediatorenwahl durch die Parteien (dazu → ZPO § 278 Rn. 7).

Auch im Rahmen der Mediationsangebote von Rechtsschutzversicherern[108] werden die Mediatoren häufig von den Versicherungsunternehmen bzw. ihren nachgeschalteten Dienstleistern ausgewählt. Dies stellt keinen Widerspruch zu § 2 Abs. 1 dar.[109]

In all diesen Konstellationen ist es wichtig, dass sowohl die Mediatoren als auch die Parteien den Vorschlag ablehnen können.

e) Vorab-Bindung durch Mediationsklauseln. Eine Sonderkonstellation ist die Vorab-Bindung bezüglich der Mediatorenwahl durch Mediationsklauseln[110] (→ MediationsG § 1 Rn. 14). Durch derartige Klauseln können sich Parteien weit im Vorfeld etwaiger Streitigkeiten nicht nur darauf einigen, im konkreten Konfliktfall vor Beschreitung des Rechtsweges ein Mediationsverfahren einzuleiten, sondern auch die Auswahl des etwaigen Mediators bestimmen. 62

Dies kann auf verschiedenen Wegen geschehen:
- persönliche Benennung eines konkreten Mediators
- Festschreibung eines bestimmten Mediationsanbieters
- Bezug auf die Mediatorenliste eines Verbandes oder einer Institution

Im zweiten oder dritten Fall können dann entweder die Parteien ihren präferierten Mediator autonom aus den gelisteten Personen wählen oder die jeweilige Institution schlägt eine oder mehrere Personen vor, wobei dieser Vorschlag – je nach der Parteivereinbarung und/oder der institutionellen

---

107 Dazu Gramm in PricewaterhouseCoopers/Europa-Universität Viadrina Frankfurt (Oder), S. 34 ff.; Händel in Gläßer/Kirchhoff/Wendenburg, S. 215 ff.
108 Diese Angebote der Rechtsschutzversicherungsbranche positiv bewertend Eberhardt ZKM 2019, 107, sehr kritisch insbesondere gegenüber der sogenannten „Telefonmediation", Riemer ZKM 2019, 145.
109 So OLG Frankfurt a. M. Urt. v. 9.4.2015 – 6 U 110/14, Rn. 43; bestätigt durch BGH Beschl. v. 14.1.2016 – I ZR 98/15.
110 Zu Mediationsklauseln s.: Haft/Schlieffen Handbuch Mediation/Fischer § 25 Rn. 44 ff.; Haft/Schlieffen Mediation-HdB/Risse § 35 Rn. 61 ff.; Tochtermann ZKM 2008, 57; Tochtermann ZKM 2008, 89.

Mediationsordnung – wiederum optionalen oder bindenden Charakter haben kann.[111]

Selbst im Modell einer bindenden Auswahl des Mediators durch eine Anbieterinstitution liegt kein Verstoß gegen das Selbstbestimmungsprinzip des § 2 Abs. 1, da dadurch lediglich eine vorgezogene Selbstbindung der Parteien aktualisiert wird.

63 **4. Umgang mit eingeschränkter Wahlfreiheit.** Da Abs. 1 nicht ein Recht auf *freie* Wahl des Mediators garantiert, verstoßen auch die Konstellationen, in denen Dritte die (Vor-)Auswahl des Mediators treffen, nicht gegen die Norm – solange die Parteien die **Möglichkeit** haben, einen **drittseitig benannten Mediator** auch **abzulehnen**. Mit Blick auf Abs. 5, der das Recht der Parteien festschreibt, eine Mediation *jederzeit* zu beenden, können Parteien letzteres spätestens in der ersten „logischen Sekunde" eines Mediationsverfahrens tun und einen für sie ausgewählten, unliebsamen Mediator dadurch faktisch ablehnen. Das Recht zu einer solchen Vorgehensweise kann Mediationsparteien auch nicht durch organisationsinterne Vorgaben genommen werden.

64 Soweit die Parteien in ihrer Wahl des Mediators durch Vorschläge Dritter beeinflusst oder durch Vorgaben eingeschränkt sind, sollten die auf diese Art eingeführten Mediatoren besonders darauf achten, sich den Parteien in Vorgesprächen entsprechend ausführlicher vorzustellen und zu betonen, dass ohne eine **Zustimmung der Parteien zur Auswahl des konkreten Mediators** letztlich keine Mediation durchgeführt werden kann. Letzteres sollte auch gegenüber institutionellen Auftraggebern betont werden, die eine Vorauswahl des Mediators treffen; die Mediatorverträge sind entsprechend zu gestalten.

65 Auf jegliche **Zweifel der Parteien**, die die Person des Mediators betreffen, ist seitens des auswählenden Akteurs und/oder des Mediators selbst ernsthaft einzugehen. Lassen sich die Bedenken der Parteien nicht ausräumen, sollte der vorausgewählte Mediator gegenüber dem Auftraggeber anregen, eher einen anderen Mediator in Betracht zu ziehen, als ein Scheitern der Mediation als solcher zu riskieren.

66 Soweit sich die Parteien auf eine Mediation einlassen, empfiehlt es sich, in der ersten Phase der Mediation besonders deutlich darauf hinzuweisen, dass auch im laufenden Verfahren jederzeit die Möglichkeit besteht, die Mediation auch aus Gründen einer als unzureichend empfundenen Mediatorpassung zu beenden bzw. einen Mediatorwechsel vorzunehmen.

67 **5. Wahl von Co-Mediatoren.** Auch wenn sich die Normformulierung nur im Singular auf einen Mediator bezieht („wählen den Mediator"), können natürlich auch Co-Mediatoren von den Parteien bestimmt werden (→ Rn. 3). Die oben gemachten Ausführungen gelten dann entsprechend.

68 Für die **Zusammenstellung von Co-Mediatoren-Paaren** gibt es – je nach der Bedarfslage der konkreten Fallkonstellation – unterschiedliche Möglichkeiten bzw. Kriterien:

---

111 Zu den vielen Spielarten eines solchen Procederes s. Tümpel in Gläßer/Kirchhoff/Wendenburg, S. 93 ff.

So wird zB in der Familienmediation empfohlen, **Co-Mediatoren mit komplementärem fachlichen Hintergrund** – namentlich mit psychosozialen und juristischen Stammberufen – zu kombinieren.[112]

Der Gedanke der Kompetenzergänzung spielt auch bei der Kopplung von Co-Mediatoren mit besonderen **Verfahrensexpertisen**[113] oder **unterschiedlichen Erfahrungshorizonten** eine Rolle.

Nicht zuletzt kann sich eine **Spiegelung der Parteikonstellation**[114] durch die Co-Konstellation der Mediatoren als hilfreich und vertrauensfördernd erweisen.

Ab einer gewissen Personenzahl[115] ist es auf jeden Fall schon aus Kapazitätsgründen empfehlenswert, die mediatorische Arbeit in Co-Konstellationen durchzuführen. Denn ab einer gewissen **Gruppengröße** ist es als Einzelperson nicht mehr leistbar, mediatorseitig die einzelnen Beteiligten mit ihren Kommunikationsbeziehungen und -dynamiken[116] ausreichend im Auge zu behalten und Verständnissicherung zu betreiben.[117] Dies gilt umso mehr für mediatorische Arbeit in Online- und Hybrid-Settings.[118]

Die oben genannten Beispiele für die Zusammenstellungsmöglichkeiten von Co-Mediatorenpaaren zeigen aber auch den Nutzen eines Engagements von Co-Mediatoren in kleinen Mediationskonstellationen mit nur wenigen Parteien. Denn auch hier wird die Verfahrensführung auf eine **breitere Kompetenzbasis** gestellt und die **kollegiale Reflexion schwieriger Situationen** ermöglicht, was einen erheblichen Mehrwert für die Parteien darstellen kann.[119]

In Fällen, in denen eine Mediation deswegen nicht zustande zu kommen droht, weil die Parteien gegenseitig den jeweils von der anderen Seite vorgeschlagenen Mediator ablehnen,[120] kann folgende Vorgehensweise eine Schlüsselfunktion haben: Jede Partei schlägt einen (Co-)Mediator ihres Vertrauens vor; beide Mediatoren sollen dann die Mediation gemeinsam

---

112 Vgl. Richtlinien der BAFM unter https://www.bafm-mediation.de/verband/richtlinien-der-bafm-fur-die-mediation-in-familienkonflikten (unter V. Das Zusammenwirken der Disziplinen im Mediationsprozess) und Paul/Schwartz in Henssler/Koch, S. 253 ff.
113 Hier ist zB an besondere Erfahrung im Umgang mit Großgruppen, an Visualisierungsfähigkeiten, die Arbeitsteilung in Online-bzw. Hybrid-Settings oder an Deeskalationsmethodik zu denken.
114 Hier ist zB an unterschiedliche Nationalitäten bzw. Ethnizitäten, Geschlechter, Berufe und/oder Altersgruppen zu denken.
115 Die Schwellen, über denen Mediatoren nur noch in Co-Konstellationen arbeiten, sind allerdings subjektiv-individuell.
116 Zu mediationsrelevanten Phänomenen der Gruppendynamik s. Aschenbrenner/Gläßer ZKM 2006, 185.
117 Aus n = Anzahl der Beteiligten ergibt sich die Anzahl der (vom Mediator zu steuernden) Kommunikationsbeziehungen K nach folgender Formel: K = (n x (n-1)):2.
118 Riehm/Dörr Digitalisierung und Zivilverfahren/Gläßer, § 23 Rn. 32; 82 ff.; Gläßer/Sinemillioglu/Wendenburg ZKM 2020, 80 (82).
119 S. hierzu: Troja ZKM 2005, 161.
120 Dies ist gerade in Konstellationen keine Seltenheit, in denen eine Mediation maßgeblich aufgrund einer ex ante abgeschlossenen Mediationsklausel eingeleitet werden muss, die Parteien aber im akuten Konfliktfall nicht ausreichend intrinsisch zu einer Mediation motiviert sind.

durchführen. Letzteres ist allerdings nur dann realisierbar, wenn die beiden Mediatoren mit Blick auf ihren Mediationsansatz und -stil zusammenarbeiten können (→ Rn. 50 ff.), was einer guten Abstimmung bedarf. Kommt es zu einer solchen Koppelung von zwei jeweils einseitig vorgeschlagenen Co-Mediatoren, ist natürlich jeder dieser Mediatoren auch der jeweils anderen Partei bzw. den anderen Parteien iSd Abs. 3 verpflichtet.

72 **6. Beauftragung des Mediators; Rahmenvereinbarung.** In der Praxis erstrecken sich die möglichen **Zeitpunkte der vertraglichen Beauftragung eines Mediators** auf der Zeitleiste vom Erstkontakt mit einem schnell entschlossenen Auftraggeber bis zu fortgeschrittenen Stadien der Verfahrensanbahnung, in denen seitens des Mediators bereits eine ausführlichere Kontaktaufnahme zu den Parteien und ggf. auch ihren Anwälten mit Konfliktanalyse und Verfahrensdesign[121] stattgefunden hat.

73 Häufig werden die **Inhalte der Rahmenvereinbarung** – ggf. auf der Basis von Standardentwürfen – individuell ausgehandelt, ausgeformt oder zumindest ergänzt.[122] Bisweilen verwenden Mediatoren für ihre Beauftragung und die Rahmenvereinbarung auch feststehende **Vertragsmuster** (zu deren Charakter als AGB → RDG § 2 Rn. 16 und 23).

Nach Möglichkeit sollten die Entwürfe der Rahmenvereinbarung den Parteien und – so involviert – auch ihren Rechtsanwälten **vorab zur Durchsicht übersandt** und in einem Vorgespräch oder spätestens in der ersten Mediationssitzung sorgfältig durchgesprochen, erörtert und bei Bedarf nachgebessert werden.

74 Inhaltlich können Rahmenvereinbarungen die Regelungen des MediationsG aufgreifen, aber auch weit darüber hinausgehen (→ Einl. Rn. 196 ff.) **Konkretisierungen** bzw. **Modifikationen** können zB dahin gehend aufgenommen werden, dass Einzelgespräche bereits a priori qua Mediationsvereinbarung vorgesehen oder auch ausgeschlossen werden oder dass die Einbeziehung bestimmter Dritter, insbes. beteiligter Rechtsanwälte, festgelegt wird.

Differenzierungen werden oft bezüglich der Setzung eines falladäquaten Vertraulichkeitsrahmens vorgenommen, indem bestimmte Personenkreise Informationen über die Mediation erhalten bzw. Rücksprachemöglichkeiten eröffnet werden sollen (→ MediationsG § 4 Rn. 22 und 30).

Fast immer enthalten die Rahmenvereinbarungen **Ergänzungen** zu den gesetzlichen Inhalten iS weiterer **Regelungsgegenstände**,[123] insbes. zu organisatorischen Fragen wie Zeitrahmen und Ort der Mediation, Nutzung bestimmter Videokonferenzsoftware in Online-Settings, Honorarbemessungs- und Honorartragungsregeln[124] etc in die Rahmenvereinbarung aufgenom-

---

121 In größeren Mediationsverfahren, die per Ausschreibungsprozess vergeben werden, wird von den Bewerbern um die Mediatorenposition oft zumindest ein Entwurf des Verfahrensdesigns als – zumeist unbezahlte – Vorleistung des Mediators verlangt.
122 S. dazu grds. Eidenmüller, Vertrags- und Verfahrensrecht der Wirtschaftsmediation, 2001, S. 8 ff., Nelle/Hacke ZKM 2002, 257; Schwarz ZKM 2008, 111; Troja ZKM 2009, 152.
123 S. dazu auch BT-Drs. 17/5335 (Begr. RegE), 15 oben.
124 Dazu Gläßer in Rapp, S. 164, 169 f.

men werden können, aber auch zusätzliche Verfahrens-, Kommunikations- und Verhaltensregeln sowie Vereinbarungen zur Dokumentation der Mediationsinhalte[125] oder zum „Umfang des Einsichtsrechts in die Mediationsakten".[126]

Nicht immer erfolgt die vertragliche Beauftragung (und entsprechende Bezahlung) der Mediatoren direkt durch die Konfliktparteien. Gerade bei Konflikten innerhalb von Organisationen[127] bzw. Konflikten am Arbeitsplatz ist Auftraggeber und damit Vertragspartner des Mediators häufig die Organisation selbst bzw. die arbeitgebende oder eine anderweitig zuständige Einheit. Insbesondere in sehr arbeitsteilig organisierten Organisationen wird der Mediatorvertrag zumeist von einem Akteur bzw. einer Organisationseinheit (zB der Personalabteilung, dem Einkauf oder auch dem Vorstand selbst) ausgehandelt, der/die dann aber nicht selbst mit am Mediationstisch sitzt (dazu ausführlicher → D Rn. 4 ff.).

In diesen Konstellationen ist es besonders wichtig, dass das Mandat des Mediators nochmals von den eigentlichen Mediationsbeteiligten aktualisiert wird. Insofern sollte die drittseitige Beauftragung des Mediators unter den Vorbehalt der Zustimmung der Parteien gestellt werden. Zudem sollte mit den Parteien eine gesonderte Partei-Rahmenvereinbarung zu den Arbeitsprinzipien der Mediation geschlossen werden (dazu → Rn. 16 ff.).

7. Verjährungshemmung. Für die Frage der **Verjährungshemmung** (dazu ausführlich → BGB § 203 Rn. 4 ff.) ist der exakte Zeitpunkt des Vertragsschlusses letztlich nicht relevant, da die Verjährung gem. § 203 Abs. 1 BGB immer dann gehemmt ist, wenn zwischen den Parteien „Verhandlungen über den Anspruch oder die den Anspruch begründenden Umstände schweben".[128] Als Verhandlung iSd § 203 Abs. 1 BGB gilt nicht nur die Mediation als solche,[129] sondern auch bereits ein Gespräch über den Vorschlag, eine Mediation einzuleiten.[130] Auch wenn eine Partei auf den Mediationsvorschlag der Gegenpartei hin zunächst nur mitteilt, dass sie sich mit diesem Vorschlag auseinandersetzen wird, ist die Verjährung nach § 203 BGB gehemmt.[131] Besteht eine Mediationsklausel, beginnt die „Verhandlung" iSv § 203 Abs. 1 BGB bereits mit der Aufforderung zur Einleitung des Verfahrens.[132]

---

125 Hier besteht eine wichtige Schnittstelle zur Vertraulichkeit (dazu → MediationsG § 4 Rn. 22 ff.).
126 So BT-Drs. 17/5335 (Begr. RegE), 15 oben.
127 Organisation wird hier verstanden als Oberbegriff für „soziale Gebilde, die dauerhaft ein Ziel verfolgen und eine formale Struktur aufweisen, mit deren Hilfe die Aktivitäten der Mitglieder auf das verfolgte Ziel ausgerichtet werden sollen" (Kieser/Walgenbach, S. 6). Demensprechend fallen unter den Organisationsbegriff Unternehmen ebenso wie Behörden, andere Institutionen und non-for-profit-Organisationen.
128 Anderer Ansicht sind Stimmen in der wissenschaftlichen Literatur, die einen speziellen Verjährungstatbestand für die Mediation fordern (zB Wagner ZKM 2010, 172 (173)).
129 Vgl. BT-Drs. 17/5335 (Begr. RegE), 11 (A.II.).
130 Fritz/Pielsticker/Fritz s. Fn. 69, ZPO Einführung Rn. 5 mwN.
131 Vgl. BT-Drs. 17/5335 (Begr. RegE), 11 (A.II.).
132 Greger/Unberath/Steffek/Unberath B. § 1 Rn. 193.

III. Verfahrensverständnis der Parteien; Freiwilligkeit der Teilnahme (Abs. 2)

77 **1. Regelungsziel und -kontext.** Die Verpflichtung des Mediators, sich zu vergewissern, dass die Parteien die wesentlichen Charakteristika eines Mediationsverfahrens verstanden haben und dass sie freiwillig an der Mediation teilnehmen, soll die **Selbstbestimmung** der Parteien **absichern.**
Da sich die Selbstbestimmung auch auf die Frage der Verfahrensteilnahme bezieht, sind die genannten Aspekte des Verfahrensverständnisses und der Freiwilligkeit zum frühestmöglichen Zeitpunkt, jedenfalls vor Unterzeichnung der Mediations-Rahmenvereinbarung durch die Parteien zu thematisieren. Soweit dies mit dem Charakter der konkreten Mediationsanbahnung vereinbar ist, sollte der Mediator die Punkte bereits in den vorgelagerten Informationsgesprächen mit den Parteien abklären.[133] Spätestens in der initialen gemeinsamen Sitzung müssen die Punkte im Rahmen der ersten Mediationsphase (→ Rn. 81 f.) besprochen werden – vorausgesetzt, dass die Vertragsunterzeichnung erst danach erfolgt.
Auf welche Art der Mediator sich dieser Aspekte vergewissern kann, ist für die beiden Halbsätze jeweils gesondert zu betrachten.

78 **2. Verfahrensverständnis der Parteien (1. Hs.). a) Hintergrund.** Das Mediationsverfahren ist weiten Teilen der Bevölkerung immer noch wenig bekannt. Häufig bestehen auch Missverständnisse bzw. Vorurteile bezüglich einzelner Wesenszüge des Verfahrens[134] oder Verwechslungsgefahr mit anderen Verfahrensarten; insbesondere die Abgrenzung zur Schlichtung ist – selbst innerhalb der Anwaltschaft – vielen unklar.[135] Eine **selbstbestimmte und selbstverantwortete Entscheidung für eine bestimmte Verfahrensart** ist aber nur auf der Basis ausreichender Informationen möglich. Insofern ist es das Ziel der Vorschrift, den Parteien die Informationsgrundlage für eine eigenverantwortliche Entscheidung für oder gegen Mediation zu ermöglichen.[136]

79 **b) Gegenstand der Informiertheit.** Als Minimalinhalte einer solchen Informiertheit benennt der Gesetzgeber die **Grundsätze und den Ablauf eines Mediationsverfahrens.**

80 **aa) Grundsätze eines Mediationsverfahrens.** Zu den **Grundsätzen** eines Mediationsverfahrens zählen insbes. die in § 1 Abs. 1 genannten **Definitionsmerkmale der Vertraulichkeit, Strukturiertheit, Freiwilligkeit, Eigenverantwortlichkeit und Konsensorientierung.**[137] Auch die in § 1 Abs. 2 enthaltene **Rollenbeschreibung des Mediators** als **unabhängig, neutral und ohne Entscheidungsbefugnis** mit den sich daraus ergebenden **Konsequenzen für die Aufgabenverteilung der Mediationsbeteiligten** – der Mediator ist *ver-*

---

133 Fritz/Pielsticker/Pielsticker, s. Fn. 66, § 2 Rn. 13 ff.
134 So meinen viele, Mediatoren würden „doch nur reden" und verkennen damit, dass hinter mediatorischer Tätigkeit eine komplexe Methodik steht, s. dazu Haft/Schlieffen Handbuch Mediation/Gläßer, § 15. Auch die Fehlvorstellung, in der Mediation würden Konflikte (zwangs)harmonisiert oder unter den Teppich gekehrt, ist verbreitet.
135 So wurde die Tätigkeit von Richtermediatoren häufig (fälschlich) unter das Motto „Schlichten statt Richten" gestellt; zur Abgrenzung der Verfahrensarten → Einl. Rn. 28 ff.
136 Fritz/Pielsticker/Pielsticker § 2 Rn. 18, 20.
137 Siehe dazu differenzierend Keydel (Hg.), Die Big Five der Konfliktarbeit, 2021.

fahrensverantwortlich und führt primär moderierend durch den Mediationsprozess, die Parteien sind *inhaltsverantwortlich* und entscheiden somit sowohl über Informationseinspeisung als auch potenzielle Konfliktlösungen (dazu → Rn. 7) – haben Grundsatzcharakter.

bb) Ablauf eines Mediationsverfahrens. Der Ablauf einer Mediation folgt dem vom jeweiligen Mediator angewandten **Phasenmodell**, das bei allen möglichen Varianten bezüglich der Anzahl und Benennung der einzelnen Phasen (dazu auch → MediationsG § 1 Rn. 10 mwN) im Wesentlichen – entsprechend der Logik einer systematischen und interessenbasierten[138] Entscheidungsfindungs-Struktur – zumeist die inhaltlichen **Arbeitsschritte Bestandsaufnahme** (Informationsaustausch und Sammlung der klärungs- und regelungsbedürftigen Themen)[139], **Bearbeitung der Konfliktfelder/Themen** unter Erarbeitung der individuellen Interessenprofile[140] sowie die daran anschließende **Lösungsfindung** (Suche und anschließende Bewertung von Optionen)[141] enthält. Diese Schritte der inhaltlichen Konfliktbearbeitung werden eingeleitet durch **Informationen und Absprachen zum Verfahren** und abgeschlossen durch die **Ausformulierung und ggf. Formalisierung der (idealerweise) getroffenen Vereinbarung.** 81

In jeder Mediationsphase werden als notwendige Zwischenergebnisse des Konfliktbearbeitungsprozesses bestimmte „Produkte" erarbeitet, die auch schriftlich dokumentiert werden sollten. 82

Ein **fünfphasiges Aufbauschema** einer interessenbasierten Mediation[142] sieht entsprechend folgendermaßen aus:

	Phasenbezeichnung	*Phasenprodukt*
Phase 1	Verfahrenseröffnung	Rahmenvereinbarung
Phase 2	Bestandsaufnahme	Informationsaustausch Themensammlung/Agenda
Phase 3	Bearbeitung der Themen und Konfliktfelder	Interessenprofile der Parteien
Phase 4 a	Optionensuche	Optionensammlung
Phase 4 b	Optionenbewertung	Lösungsszenarien
Phase 5	Verfahrensabschluss	Einigung/Abschlussvereinbarung[143]

Das Ablaufmodell einer Mediation ist **flexibel und durchlässig,** so dass bei Bedarf jederzeit in vorangegangene Phasen zurückgekehrt und Phasen-

---

138 Dieses Mediationsmodell, das auch von den Herausgebern dieses Kommentars favorisiert und praktiziert wird, ist nicht das einzig mögliche, aber das derzeit in Deutschland wohl verbreitetste.
139 Dazu ausführlich Gläßer/Kirchhoff ZKM 2009, 186.
140 Dazu ausführlich Gläßer/Kirchhoff ZKM 2005, 130.
141 Dazu ausführlich Gläßer/Kirchhoff ZKM 2007, 88 und ZKM 2007, 157, sowie Gläßer, Die Phase der Lösungsfindung im Mediationsverfahren – von der Optionensammlung zum Einigungsentwurf, in Trenczek/Berning/Lenz, S. 394 ff.
142 S. zum Vergleich das inhaltlich sehr ähnliche 6-Phasen-Modell bei Haft/v. Schlieffen Mediation-HdB/Kessen/Troja § 14 Rn. 4 ff.
143 Zur diesbezüglichen terminologischen Abgrenzung iSd § 2 Abs. 6 MediationsG → Rn. 244.

produkte um zusätzliche Punkte ergänzt werden können. So können nachträglich insbesondere weitere Gesprächsregeln vereinbart, Informationen ausgetauscht, Themen und Interessen ergänzt oder Lösungsoptionen hinzugefügt werden.

83 Über das Phasenmodell hinaus gehören zur (Er-)Klärung des Ablaufs einer Mediation auch Aspekte wie die **zeitliche Strukturierung** des Verfahrens (Gesamt-Zeithorizont und Länge der einzelnen Sitzungen) und **ablaufprägende methodische Elemente** wie die Art und Weise der Durchführung von Einzelgesprächen (→ Rn. 139 ff.).

84 **cc) Weitere Informationsinhalte.** Mit Blick auf die Zielsetzung der Vorschrift, die eigenverantwortliche Entscheidung der Parteien für oder gegen ein Mediationsverfahren zu ermöglichen, sollte der Mediator neben den beiden explizit im Normtext genannten Punkten auch noch einige weitere Aspekte ansprechen.

85 Eine fundierte Verfahrensentscheidung ist nur auf der Basis einer ausreichenden **Orientierung über Verfahrensalternativen** zur Mediation mit ihren jeweiligen Vor- und Nachteilen, Chancen und Risiken möglich (dazu → Einl. Rn. 28 ff.).[144] Soweit die Parteien anwaltlich begleitet werden, ist es primär Aufgabe der Rechtsanwälte, diese Verfahrensoptionen mit ihren Mandanten durchzusprechen (dazu → N Rn. 8 f.). Der Mediator sollte sich dann in den Vorgesprächen bzw. der ersten Sitzung danach erkundigen, inwieweit eine solche Verfahrensabwägung stattgefunden hat. Sind die Parteien nicht anwaltlich vertreten, sollte der Mediator zumindest die Frage nach der Existenz und Einschätzung möglicher Verfahrensalternativen zu einer Mediation in die erste Sitzung einspeisen, um eine diesbezügliche reflektierte Entscheidung anzuregen.

86 Auch der praktizierte **Mediationsstil** sollte vom Mediator vorgestellt werden (dazu → Rn. 50 ff.), bevor sich die Parteien final für eine Mediation mit diesem konkreten Mediator entscheiden. Denn zu den Voraussetzungen einer selbstbestimmten Wahl von Verfahren und Mediator gehören auch entsprechende Informationen über die Eigenheiten der individuellen Arbeitsweise eines Mediators.

87 Soweit bezüglich der bestehenden Verfahrensalternativen oder des konkreten Mediationsansatzes für den Mediator Fehlvorstellungen oder unrealistische Erwartungen ersichtlich werden, hat er eine diesbezügliche **Aufklärungspflicht**.

88 In der Begründung des Regierungsentwurfs wird über den Wortlaut des § 2 Abs. 2 hinaus auch verlangt, dass der Mediator sicherstellen solle, dass die Parteien „*über die Sachlage [...] voll informiert sind*".[145] Eine derartige Informationsüberprüfung erscheint in diesem frühen Stadium einer Mediation allerdings weder sinnvoll noch praktikabel; vielmehr soll ein Informationsabgleich und -austausch ja erst in der Phase der Bestandsaufnahme mit den Parteien erarbeitet und bei Bedarf auch noch in späteren

---

144 Zur Orientierung und Unterstützung bei der Verfahrenswahl können auch digitale Tools genutzt werden, siehe dazu → O Rn. 72 sowie Gläßer/Wenkel ZKM 2023, 157 mwN.
145 BT-Drs. 17/5335 (Begr. RegE), 15.

Phasen ergänzt werden (→ Rn. 82). Eine systematische Überprüfung der Kenntnis der Sachlage auf Seiten der Parteien ist spätestens, wie in Abs. 6 S. 1 vorgesehen, mit Blick auf die Abschlussvereinbarung vorzunehmen (→ Rn. 273 ff.).

c) **Art und Weise des Vergewisserns.** Mit der Wahl des Verbs „vergewissern"[146] macht der Gesetzgeber deutlich, dass sich der Mediator nicht mit einer bloßen Vermutung zur Informiertheit der Parteien und auch nicht mit einer pauschalen Bejahung der Frage „Wissen Sie, was Mediation ist?", zufrieden geben darf. Vielmehr soll der Mediator differenziert überprüfen, ob alle Parteien die für eine fundierte Verfahrensentscheidung notwendigen **Informationen erhalten und verstanden** haben.[147]   89

aa) **Informationserlangung.** Der Mediator kann die Parteien diesbezüglich vollständig **selbst aufklären.** Ausführlichkeit und Tiefe der Informationen sind dabei auch am Kenntnisstand und an den Aufklärungsinteressen der konkreten Parteien auszurichten.   90

Der Mediator muss aber den Parteien die erforderlichen Informationen nicht notwendig selbst vermitteln. Eine **Aufklärung** kann auch im Vorfeld **über Dritte** erfolgen. Hier ist insbesondere an bereits im Vorlauf einer Mediation eingeschaltete Rechtsanwälte (dazu → N Rn. 15), aber auch an Fallmanager,[148] verweisende Richter (dazu → ZPO § 278a Rn. 10), mediationsanregende Vorgesetzte, mediationsempfehlende Kollegen/Freunde oder abstrakte Informationsquellen wie Mediationsliteratur, Flyer oder Webseiten etc zu denken.   91

Ist bereits Information von dritter Seite erfolgt und bringen die Parteien entsprechend vorgeprägte Vorstellungen von Mediation mit, müssen sich Mediatoren ein differenziertes Bild von dieser Vorinformation verschaffen, die Vorstellungen der Parteien mit ihrer eigenen Arbeitsweise abgleichen und etwaige relevante Unterschiede mit den Parteien besprechen.

bb) **Verständnisüberprüfung.** Das Verb „**vergewissern**" suggeriert die Möglichkeit, dass der Mediator sicherstellen kann, dass die Parteien die ihnen gegebenen Informationen auch tatsächlich und vollständig verstanden haben. Dies liegt natürlich nicht abschließend in der Macht des Mediators. Der Mediator kann nur unter Einsatz seines kommunikativen Handwerkszeuges – insbesondere des „Dreischritts der Verständnissicherung" (→ Rn. 126) und diverser Fragetechniken (→ Rn. 127) – nach bestem Wissen und Gewissen überprüfen, wie die gegebenen Informationen von den Parteien verarbeitet wurden.   92

Dabei ist hinsichtlich des Grades und der Detailliertheit des Verständnisses des Wesens der Mediation zu beachten, dass die Parteien nicht zu Verfahrensexperten werden, sondern lediglich in die Lage versetzt werden sollen, eine ausreichend fundierte Verfahrensentscheidung zu treffen.

---

146 In der BT-Drs. 17/5335 (Begr. RegE) wird hierfür auch das Synonym „gewährleisten" verwandt.
147 So auch Fritz/Pielsticker/Pielsticker § 2 Rn. 13 ff.
148 Fallmanager bereiten einen Mediationsfall organisatorisch und logistisch vor, ohne dann selbst die Mediation durchzuführen; s. dazu auch Troja ZKM 2009, 152 (153).

93 Da eine vollständige Einschätzung des Verständnisses der Parteien zu Beginn eines Mediationsverfahrens in den seltensten Fällen möglich sein dürfte, muss der Mediator bei Bedarf auch im laufenden Mediationsverfahren auf Fragen oder erkennbare Fehlvorstellungen der Parteien eingehen und Aspekte des Verfahrens (genauer) erläutern.

94 **3. Freiwilligkeit der Teilnahme (2. Hs.). a) Stellenwert und Begriff der Freiwilligkeit.** Das Prinzip der Freiwilligkeit hat nach dem in Deutschland vorherrschenden Mediationsverständnis[149] einen hohen Stellenwert und ist dementsprechend auch als zentrales Definitionsmerkmal in § 1 Abs. 1 aufgenommen worden (→ MediationsG § 1 Rn. 14).

95 **b) Art und Weise des Vergewisserns.** Im idealtypischen Szenario einer Mediation, in dem sich autonome Akteure auf informierter Basis für das Verfahren entscheiden, ist die Freiwilligkeit in der Regel unproblematisch gegeben.

96 Allerdings kann – teils für den Mediator schwer erkennbar – aus einem zwischen den Konfliktparteien bestehenden Machtgefälle oder aus der Einflussnahme Dritter Druck resultieren, der Konfliktparteien dazu veranlasst, sich auf ein eigentlich nicht gewünschtes Verfahren einzulassen. Gerade mit Blick auf die unterschiedlichen Konstellationen, in denen die Anbahnung einer Mediation und die (Vor-)Auswahl des Mediators maßgeblich durch Dritte betrieben werden (→ Rn. 59 ff.), erscheint deshalb eine sorgfältige und kritische Überprüfung der freiwilligen Verfahrensteilnahme der Parteien durch den Mediator besonders relevant.

97 Die im akuten Konfliktfall subjektiv empfundene Freiwilligkeit der Teilnahme an einer Mediation kann durch vorab geschlossene Mediationsklauseln eingeschränkt oder auch durch Allgemeine Geschäftsbedingungen von Rechtsschutzversicherern beeinträchtigt sein, welche die Übernahme anwaltlicher Beratungskosten von der vorherigen Durchführung eines Mediationsversuchs abhängig machen. Ein Verstoß gegen das durch das MediationsG verbriefte Freiwilligkeitsprinzip ist darin allerdings nicht zu sehen, denn die freiwillige Zustimmung der Versicherungsnehmer zur Mediation wird hier im Sinne einer privatautonom eingegangenen Selbstbindung auf den Zeitpunkt des Abschlusses des Versicherungsvertrags vorverlagert.[150]

Bisweilen unterliegen Parteien auch **Missverständnissen** und glauben, sie müssten sich auf eine Mediation einlassen, selbst wenn dies realiter nicht der Fall ist. Letzteres entsteht bspw. bisweilen im Kontext von Gerichtsverfahren, wenn die Parteien die unverbindliche Mediations*empfehlung* eines Richters als zwingende An- bzw. Verweisung auffassen.

98 Wenn die Rahmenbedingungen der Mediation oder Äußerungen der Parteien Anlass für Zweifel an der Freiwilligkeit der Parteien bieten, muss der Mediator die Motivationslage der Parteien sorgfältig – ggf. im Rahmen von Einzelgesprächen (dazu → Rn. 139 ff.) – überprüfen.

---

149 Zur Mediationspflicht in Italien: Pinto ZKM 2010, 183; zur „mandatory mediation" in den USA: Marx ZKM 2010, 132 (133 ff.).
150 So OLG Frankfurt a. M. Urt. v. 9.4.2015 – 6 U 110/14 Rn. 43; bestätigt durch BGH Beschl. v. 14.1.2016 – I ZR 98/15 Rn. 18.

c) **Umgang mit eingeschränkter Freiwilligkeit.** Wenn sich in den Sondierungsgesprächen herausstellt, dass die Freiwilligkeit einzelner oder aller Parteien durch Machtausübung oder bestimmte Rahmenbedingungen der Einleitung einer Mediation – insbes. durch Druck seitens eines Mediation wünschenden Vorgesetzten[151], durch das Empfinden der Mediationsempfehlung eines entscheidungszuständigen Richters als Anordnung oder durch das Drängen einer (über)mächtigen Konfliktpartners auf Mediation – eingeschränkt ist, müssen Mediatoren zu Beginn des Verfahrens deutlich auf die Bedeutung des Freiwilligkeitsprinzips und insbesondere auch auf die Möglichkeit hinweisen, dass die Parteien gem. § 2 Abs. 5 S. 1 zu jedem Zeitpunkt die Mediation beenden können (→ Rn. 195 ff.).

99

Hierbei kann es hilfreich sein, zwischen äußerer und innerer Freiwilligkeit zu unterscheiden – wobei mit **äußerer Freiwilligkeit** eine von externem Druck oder Zwang unbeeinträchtigte Willensbildung der Parteien, mit **innerer Freiwilligkeit** die intrinsische Motivation zur Verfahrensteilnahme gemeint ist. Letztere kann unabhängig von eingeschränkter äußerer Freiwilligkeit gegeben sein oder hergestellt werden.[152]

100

Bei unvollständiger äußerer Freiwilligkeit hat der Mediator mit den Parteien besonders ausführlich deren Motivationslage, Verfahrensalternativen etc zu erörtern, um so eine bewusste Verfahrensentscheidung nachzuholen. Nicht selten stellt sich die innere Freiwilligkeit auf diesem Wege nachträglich ein, wenn die Parteien die Vorteile des Mediationsverfahrens erkennen und Vertrauen zum Mediator fassen.

d) **Konsequenz fehlender Freiwilligkeit.** Stellt sich heraus, dass eine Partei tatsächlich nicht freiwillig zur Mediation angetreten ist, und lässt sich eine freiwillige Motivation zur weiteren Verfahrensteilnahme auch nicht nachträglich herstellen, sollte der Mediator die Partei ermuntern, einem Mediationsverfahren nicht zuzustimmen bzw. die bereits begonnene Mediation zu beenden. Letzteres ist gem. Abs. 5 S. 1 jederzeit möglich.

101

Will eine Partei die Nichteinleitung oder Beendigung einer Mediation nicht selbst herbeiführen, da sie Sanktionen von Seiten der anderen Konfliktpartei oder Dritten fürchtet,[153] ergibt sich aus Sinn und Zweck von Abs. 2 iVm Abs. 5 S. 2, dass der Mediator zur Wahrung des Freiwilligkeitsprinzips die Mediation dann in eigener Verantwortung abzulehnen bzw. zu beenden hat. Die Begründung dieses Vorgehens gegenüber den anderen Mediationsbeteiligten ist mit der betroffenen Partei abzusprechen.

102

4. Aufnahme in die Rahmenvereinbarung. Sowohl bei dem Verständnis der wesentlichen Verfahrenscharakteristika als auch bei der Freiwilligkeit handelt es sich um zentrale Verfahrensaspekte, die zum Gegenstand der Mediations-Rahmenvereinbarung gemacht werden sollten.

103

---

151 Vgl. Kracht ZKM 2022, 89 (89).
152 Kracht ZKM 2022, 89 (90); vgl. auch den Hinweisbeschluss des OLG Bamberg, OLG Bamberg v. 17.1.2022 – 6 U 98/21 Rn 28; Greger/Unberath/Steffek/Greger § 1 Rn 34; Niedostadek ZKM 2014, 55; für eine vollständige Aufgabe der Freiwilligkeit plädierend hingegen Marx ZKM 2010, 132.
153 Dies kann zB in Szenarien häuslicher Gewalt (dazu Gläßer, Mediation und Beziehungsgewalt, 2008) oder im Rahmen der Initiierung von Mediation durch einen Vorgesetzten oder den gesetzlich zuständigen Richter der Fall sein.

Die Aufnahme in diese vertragliche Arbeitsgrundlage unterstreicht zum einen die Bedeutung der genannten Aspekte. Zum anderen bietet sie Anlass, die Punkte bei der Besprechung der Rahmenvereinbarung vor deren Unterzeichnung gründlich zu erörtern.

104 **5. Haftung.** Versäumt es ein Mediator, sich des ausreichenden Verfahrensverständnisses und der Freiwilligkeit der Parteien zu vergewissern, so haftet er nach den allgemeinen Grundsätzen des Zivilrechts (dazu → Rn. 25 ff.), wenn einer Partei bzw. den Parteien durch die fehlerhafte Verfahrensteilnahme ein nachweisbarer Schaden entsteht. Hier ist zum einen an die Kosten des Mediationsverfahrens, zum anderen aber zB auch an Verzögerungsschäden zu denken.

IV. Verfahrensführung durch den Mediator (Abs. 3)

105 **1. Allparteilichkeit (S. 1). a) Begriffsfeld.** Die zentralen Anforderungen an die Rolle des Mediators werden vor allem durch die Begriffe Neutralität, Unparteilichkeit oder Unabhängigkeit umschrieben.[154] Eine genaue Abgrenzung dieser Begrifflichkeiten fällt schwer, da insbesondere die Termini Neutralität und Unparteilichkeit nicht trennscharf, häufig sogar synonym gebraucht werden. Im Folgenden werden letztere daher gemeinsam abgehandelt. Nach der Gesetzesbegründung hat die Unabhängigkeit personenbezogene, die Neutralität hingegen verfahrensbezogene Bedeutung.[155]

106 **Unabhängigkeit** meint grundsätzlich die Möglichkeit zur Selbstbestimmung ohne Weisungen, Abhängigkeiten oder Zwänge.

Der Begriff der Unabhängigkeit wird primär mit der richterlichen Rolle in Verbindung gebracht. Für den Richter folgt aus Art. 97 Abs. 1 GG und § 25 DRiG, dass er unabhängig und nur dem Gesetz unterworfen ist. Die richterliche Unabhängigkeit wird dabei zweigeteilt in die sachliche Unabhängigkeit (Art. 97 Abs. 1 GG) und die persönliche Unabhängigkeit (Art. 97 Abs. 2 GG).[156] Die sachliche Unabhängigkeit gliedert sich wiederum auf in Weisungsfreiheit, Entziehungsfreiheit und Verantwortungsfreiheit.[157] Die persönliche Unabhängigkeit garantiert Schutz vor Entlassung, Versetzung und Amtsenthebung, um etwaigem Druck vorzubeugen, eine Entscheidung im Sinne des Dienstherrn zu treffen.[158]

Anders als der Richter in seiner Funktion als staatlich eingesetzter Rechtsanwender und Entscheider ist der Mediator als Dienstleister primär den Parteien, daneben auch den Grundprinzipien des Mediationsverfahrens (dazu → Rn. 24 und 218) verpflichtet. Die Anforderungen an die Unabhängigkeit des Mediators können wegen der Unterschiedlichkeit der mediatorischen und der richterlichen Rolle somit nicht ohne Weiteres aus den Grundsätzen der richterlichen Unabhängigkeit abgeleitet werden. Als **sachliche Unabhängigkeit** ist bei Mediatoren jedenfalls zu fordern, dass sie in keiner Weise selbst in den Konflikt involviert sind, also weder persönlich betroffen sind noch eigene Interessen an einem bestimmten Ausgang

---

154 S. dazu Keydel Die Big Five der Konfliktarbeit/Hofstetter Rogger, S. 95 (100).
155 Greger/Unberath/Steffek/Greger B. § 1 Rn. 55.
156 MüKoZPO/Zimmermann GVG § 1 Rn. 23.
157 Dazu ausführlich Staats DRiG § 25 Rn. 3 ff.
158 MüKoZPO/Zimmermann GVG § 1 Rn. 28.

des Konfliktes haben.[159] Auch wenn Mediatoren nicht weisungsgebunden im engeren Sinne arbeiten, besteht im Mediationsverfahren doch keine vollständige Weisungsfreiheit. Denn zum einen bleiben die Parteien jedenfalls in allen inhaltlichen Fragen die letztverantwortlichen Entscheider. Und auch auf der Verfahrensebene ist der Mediator dem Willen der Parteien jedenfalls insofern unterworfen, als diese ihm das Mediationsmandat jederzeit entziehen können. Insofern gibt es auch keine **persönliche Unabhängigkeit** iS eines „Entlassungsschutzes". Umso wichtiger ist es, dass Mediatoren trotz dieser äußeren Abhängigkeiten ihres Mandats von den Parteien bzw. vom Auftraggeber ihre **innere Unabhängigkeit** bewahren und kultivieren, indem sie alles vermeiden, was sie innerlich auf ein bestimmtes Ergebnis festlegen oder den Anschein einer solchen Festlegung verursachen könnte.[160] Die damit verbundenen Haltungs- und Wahrnehmungsfragen sind für Mediatoren von besonderer Bedeutung[161] und bedürfen systematischer und selbstkritischer Reflexion (→ Rn. 42).

Nach den Erläuterungen zum Regierungsentwurf verpflichtet Abs. 3 S. 1 Mediatoren zur **Neutralität**, die ebenso wie die Unabhängigkeit des Mediators als „unerlässliche Voraussetzung für das Gelingen einer Mediation" gesehen wird.[162] Die Neutralität wird häufig mit **Unparteilichkeit** gleichgesetzt und meint grundsätzlich, dass Mediatoren im Verfahren nicht für die eine oder andere Seite des Konfliktes Partei ergreifen sollen.[163] Nach den Ausführungen der Gesetzesbegründung zur verfahrensbezogenen Neutralität sind Mediatoren insbesondere zu einer unparteilichen Verhandlungsführung und zur Gleichbehandlung der Parteien verpflichtet. Dazu zählen laut Gesetzesbegründung auch die gleichmäßige Weitergabe von Informationen an alle Parteien sowie die gleiche Teilhabe an etwaigem Fachwissen des Mediators.[164]

Die Gesetzesformulierung, dass der Mediator „allen Parteien gleichermaßen verpflichtet" ist, geht allerdings über die dargestellten Begriffskonnotationen hinaus. Denn während mit „*Un*parteilichkeit" und „Neutralität" primär inhaltliche Enthaltsamkeit und persönliche Distanz assoziiert werden, sollen Mediatoren „allen Parteien gleichermaßen zur Verfügung stehen und ihnen also gleichermaßen dienen."[165] Wegen der Andersartigkeit dieser durchaus aktiv unterstützenden Rolle wird für die **gleichmäßige Empathie- und Aktivitätsentfaltung zugunsten jeder einzelnen Partei** immer häufiger der Begriff der „*All*parteilichkeit" verwandt.[166]

b) Adressaten. Diese gleichmäßige Verpflichtung der Mediatoren gilt nach dem Wortlaut der Vorschrift gegenüber allen Parteien – unabhängig davon,

---

159 Dazu, wenn auch unter dem Begriff der Unparteilichkeit, Montada/Kals, S. 38.
160 Zur analogen inneren Unabhängigkeit von Richtern s. Staats DRiG § 25 Rn. 8.
161 Keydel Die Big Five der Konfliktarbeit/Hofstetter Rogger, S. 95 (128 ff.).
162 BT-Drs. 17/5335 (Begr. RegE), 15 oben.
163 Ade/Alexander Rn. 42.; kritisch zum Begriff der Neutralität Keydel Die Big Five der Konfliktarbeit/Hofstetter Rogger, S. 95 (140 f.).
164 BT-Drs. 17/5335 (Begr. RegE), 14.
165 BT-Drs. 17/5335 (Begr. RegE), 15 oben.
166 So auch Ade/Alexander Rn. 43; Andreasson ZKM 2017, 99; Trenczek ZKM 2016, 230; Beckmann ZKM 2013, 51; vgl. dazu auch Haft/v. Schlieffen Mediation-HdB/Kracht § 13 Rn. 24; BT-Drs. 17/5335 (Begr. RegE), 15 oben unter Verweis auf Montada/Kals, S. 46 ff.

wer den Mediator initial angefragt oder formal beauftragt hat bzw. bezahlt. Da allerdings ungleiche Anteile an der Bezahlung des Mediators – im Sinne des Mottos „wer zahlt, schafft an" – Zweifel an der Allparteilichkeit hervorrufen können, gilt die Daumenregel, dass alle Mediationsparteien gleichmäßig an der Bezahlung des Mediators beteiligt sein sollten.[167] Lässt sich dies nicht realisieren,[168] hat der Mediator besonders auf etwaige diesbezügliche Sensibilitäten bzw. Anspruchshaltungen der Parteien zu achten.

110 Vom Wortlaut der Vorschrift nicht erfasst sind an der Mediation beteiligte **Dritte** iSv § 2 Abs. 4, denen der Mediator ja auch im vertraglichen Sinne in der Regel nicht verpflichtet ist. Nichtsdestotrotz sollten sich Mediatoren aber bemühen, insbesondere die Rechtsanwälte und etwaige andere Vertreter oder -unterstützer der Parteien ebenso gleichmäßig zu behandeln wie die Parteien selbst. Denn zum einen können Ungleichbehandlungen der Vertreter auch auf das (All-)Parteilichkeitsempfinden der Parteien durchschlagen. Zum anderen entwickeln Vertreter, die sich nicht fair behandelt fühlen, in Reaktion auf dieses Erleben häufig auch Widerstände gegen das Verfahren oder den Mediator, die wiederum zu mediationshinderlichem Verhalten führen und so zu eigenständigen Blockadefaktoren werden können.

111 c) **Komponenten der Allparteilichkeit.** Allparteilichkeit hat eine **Haltungs-**, eine **Verhaltens-** und eine **Wahrnehmungskomponente.**

112 Auf der **Haltungsebene** müssen Mediatoren während der gesamten Mediation selbstkritisch beobachten, wie sie den einzelnen Parteien innerlich gegenüberstehen. Dies darf nicht dahingehend missverstanden werden, dass ein Mediator allen Parteien gegenüber das exakt gleiche Maß an Sympathie oder Antipathie empfinden muss; dies wäre schlicht unrealistisch. Zu fordern ist vielmehr, dass der Mediator allen Parteien mit **Respekt** und **Empathie** begegnet und eine ausreichende **Unterstützungsbereitschaft** aufbringt (dazu auch → Rn. 122).[169]

113 Diese Grundhaltung sollte sich auf der **Verhaltensebene** so auswirken, dass der Mediator mit seinen Interventionen **alle Parteien gleichmäßig unterstützt** (dazu ausführlich unter → Rn. 131 ff.).

114 Auch wenn sich ein Mediator „allparteilich fühlt"[170] und nach seiner Selbsteinschätzung allparteilich agiert, kann es sein, dass die Parteien ihn dennoch nicht als allparteilich wahrnehmen. Diese **subjektive Wahrnehmung seitens der Parteien** ist letztlich das entscheidende Kriterium dafür, ob der Mediator seine Rolle im Sinne der Mediation ausfüllen kann.

115 d) **Umgang mit Allparteilichkeitsgefährdungen.** Empfindet ein Mediator seine allparteiliche Haltung als gefährdet, sollte er das Mediationsverfah-

---

167 Gegebenenfalls kann eine solche initial gleichmäßige Kostentragungsregelung im Einigungsfall im Rahmen der Abschlussvereinbarung auch revidiert und asymmetrisch gestaltet werden.
168 Insbesondere bei Konflikten zwischen Arbeitnehmer und Arbeitgeber wird ein Mediationsverfahren häufig vollständig arbeitgeberseitig finanziert.
169 S. dazu Spektrum der Mediation 18/2005 zum Thema „Haltung in der Mediation", abrufbar unter http://www.bmev.de/fileadmin/downloads/spektrum/sdm_18.pdf.
170 Zu Fehlannahmen bezüglich der eigenen Allparteilichkeit s. auch Trenczek ZKM 2016, 230 (231).

ren unterbrechen und für sich bzw. gemeinsam mit seinem Co-Mediator reflektieren, was genau zu dieser Haltungsgefährdung führt und ob/wie die Allparteilichkeit wieder hergestellt werden kann. Bisweilen reicht eine kurze Reflexionspause bereits für letzteres aus, in anderen Fällen ist eine genauere Analyse im Rahmen einer Super- oder Intervision (→ Rn. 43 f.) notwendig. Letztlich entscheidend ist, ob sich die innere allparteiliche Haltung insoweit wiederherstellen lässt, dass der Mediator in der Lage ist, die Parteien offen und respektvoll wahrzunehmen und gleichmäßig zu behandeln. Gelingt dies nicht, muss sich der Mediator aus der Mediation verabschieden und das Verfahren ggf. an einen Kollegen weiterleiten.

Signalisiert eine Partei, dass sie den Mediator nicht mehr als allparteilich empfindet, ist dies unbedingt ernst zu nehmen – auch wenn der Mediator selbst sich und seine Verfahrensführung als allparteilich wahrnimmt (dazu auch unter → Rn. 114). Als Reaktion auf Zweifel an der Allparteilichkeit macht es wenig Sinn, wenn der Mediator sich rechtfertigt oder argumentiert. Er sollte vielmehr den genauen Anlass für die Zweifel erfragen und dann versuchen, in Abstimmung mit den Parteien die wankende Vertrauensbasis wieder zu festigen; ggf. sind dafür auch Veränderungen in der Verfahrensführung nötig. 116

Vor Interventionen, die mit Blick auf seine innere oder wahrgenommene Allparteilichkeit heikel sein können – hier ist insbesondere an Einzelgespräche (→ Rn. 139 ff.) oder Rechtsrat durch Anwaltsmediatoren (→ Rn. 259 ff.) zu denken – sollte der Mediator die geplante oder seitens der Parteien gewünschte Vorgehensweise mit ihren Allparteilichkeitsrisiken erläutern und auf dieser Basis explizite Zustimmung der Parteien einholen.[171] 117

e) **Haftungsfragen.** Mit Blick auf eine etwaige Haftung des Mediators wegen Allparteilichkeitsverletzungen muss zunächst zwischen der reinen Wahrnehmungs- und der Verhaltensebene unterschieden werden (dazu → Rn. 111 ff.): Das rein subjektive Empfinden einer Mediationspartei, dass der Mediator parteilich sei, ist zwar für die Mediationsdynamik äußerst relevant (dazu → Rn. 114), kann aber für sich betrachtet noch nicht haftungsauslösend wirken.[172] Dafür bedarf es vielmehr einer Pflichtverletzung des Mediators; der Allparteilichkeitsmangel muss sich also in konkretem Verhalten des Mediators manifestieren. Dieses Verhalten muss seitens des Mediators auch schuldhaft iSd § 276 BGB sein und nachweisbar zu einem Schaden geführt haben (dazu auch → Rn. 25 ff.). Letzteres dürfte zumeist nicht leicht nachzuweisen sein, da in einer Mediation die Parteien ja grundsätzlich selbst für die Einigungsinhalte verantwortlich sind. 118

Eine Sonderkonstellation ist die, dass ein Mediator eine Konfliktpartei absichtsvoll bevorzugt oder benachteiligt – zB indem er nur einer Seite Rechtsrat zukommen lässt oder in Einzelgesprächen parteilich-strategisch bzw. bewusst falsch berät. Schließt die benachteiligte Partei im Vertrauen auf die Gleichmäßigkeit und Transparenz der Verfahrensführung durch 119

---

171 So auch Fritz/Pielsticker/Pielsticker § 2 Rn. 85.
172 Fritz/Pielsticker/Pielsticker § 2 Rn. 84.

den Mediator eine für sie nachteilige Abschlussvereinbarung, muss der Mediator für den Schaden einstehen.

120 **2. Kommunikationsförderung und Einbindung der Parteien (S. 2). a) Gestaltungsebenen und -vielfalt; Grundhaltung.** Mediatoren sorgen auf mehreren Ebenen für förderliche Kommunikation und eine adäquate Einbindung der Parteien:

Auf der **Makroebene** gestalten sie ein zur jeweiligen Fallkonstellation passendes **Verfahrensdesign**, das alle Konfliktbeteiligten angemessen berücksichtigt. Dies ist insbesondere in Fallkonstellationen mit vielen Beteiligten oder mit internen Delegations- und Vertretungsstrukturen, wie sie insbs. bei innerorganisatorischen Mediationen oder Mediationsverfahren im Bereich der öffentlichen Planung auftreten können, eine komplexe Aufgabe.[173]

Auf der **Mikroebene** setzen Mediatoren eine **Vielzahl unterschiedlicher Einzelinterventionen und Kommunikationsmethoden** bzw. -techniken ein (dazu auch unten unter → Rn. 126 ff. mwN).[174]

121 Für eine bestimmte Fallkonstellation oder Kommunikationssituation gibt es nicht *die eine* richtige Verfahrensweise, sondern in aller Regel mehrere zielführende Varianten. Insofern ist die Wahl von übergreifendem Verfahrensdesign und konkreter Intervention bzw. Kommunikationsmethode immer auch abhängig von der Ausbildung, der Prägung und dem jeweiligen Arbeitsstil eines Mediators. Deshalb ist es im Zweifel wichtig, bereits bei der Mediatorwahl diese Fragen anzusprechen, um die **Passung von parteiseitigen Vorstellungen und der Arbeitsweise des Mediators** überprüfen zu können (dazu → Rn. 50 ff.).

122 Unabhängig von seinen konkreten Design- und Interventionspräferenzen und -entscheidungen sollte das Agieren eines Mediators von einer **Grundhaltung** getragen sein und geprägt werden, die den Konfliktparteien **Respekt**, eine grundsätzliche zwischenmenschliche **Wertschätzung** sowie authentisches **Verständnisinteresse** entgegenbringt. Ist eine solche Haltung für die Parteien spürbar, werden dem Mediator methodische Fehlgriffe in der Regel leicht verziehen. Umgekehrt können die kunstfertigsten Interventionen leer laufen bzw. als Manipulation empfunden werden, wenn dahinter nicht die entsprechende Haltung durchscheint.

123 **b) Ziele und Methodik der Kommunikationsförderung (1. Hs.).** Die Kommunikationsförderung in der Mediation verfolgt eine **dreifache Zielsetzung**:

- Vor allem anderen unterstützen Mediatoren die Parteien dabei, sich **klar auszudrücken**. Dafür ist bisweilen zunächst ein Selbstklärungsprozess auf Seiten der Parteien notwendig.

---

173 Exemplarische Literatur zur Flughafen Wien-Mediation: Fürst/König ZKM 2002, 164; Zillessen Perspektive Mediation 2004, 4; Falk/Heintel/Krainer, Das Mediationsverfahren am Flughafen Wien-Schwechat, 2006.
174 Eine Übersicht über Kategorien von mediativen Techniken bietet Haft/v. Schlieffen Mediation-HdB/Gläßer § 15; die Vielfalt möglicher Interventionsformen wird deutlich in den Interventionssammlungen von Knapp (Hrsg.), Konfliktlösungs-Tools, 2023; Knapp (Hrsg.), Konflikte lösen in Teams und großen Gruppen, 2023, oder Schonewille, Toolkit Generating Outcomes, 2009.

- Mediatoren wirken darauf hin, dass die Äußerungen der Parteien auch **wahr** sind; das heißt, sie achten im Rahmen des Möglichen auf Authentizität.
- Gemeinsam mit den Parteien arbeiten Mediatoren daran, dass die Ausführungen der einen Seite für die andere Seite **annehmbar** werden. Hierbei geht es um die Ermöglichung von Perspektivwechsel, Empathie und gegenseitigem Verständnis, nicht um ein pauschales *Ein*verständnis mit den Forderungen bzw. Positionen der anderen Seite.

Anders ausgedrückt geht es in der Mediation häufig um „Empowerment" und „Recognition".[175] „Empowerment" meint iSv Ermächtigung, die Konfliktparteien durch entsprechenden Methodeneinsatz in ihrer Selbsterkenntnis, ihrem Selbstbewusstsein und ihrer Ausdrucksfähigkeit zu fördern bzw. zu stärken und sie dadurch dazu zu befähigen, ihre Konflikte selbst und eigenverantwortlich zu lösen.[176] „Recognition" im Sinne einer grundsätzlichen empathischen Nachvollziehung und Anerkenntnis der subjektiven Perspektive einer Konfliktpartei[177] findet zunächst durch den Mediator statt – in der Hoffnung, dass die Konfliktparteien letztlich auch einander wechselseitig „Recognition" gewähren können, selbst wenn sie nicht mit der Sichtweise und den Forderungen der anderen Seite einverstanden sind.

124

Für die Erreichung dieser Ziele und eines generellen Kommunikationsfortschrittes in einer Mediation steht eine Vielzahl unterschiedlicher Kommunikationstechniken zur Verfügung, deren sich der Mediator nach eigener Situationseinschätzung bedienen kann.[178] All die nachgenannten Methoden können auch in Online- oder hybriden Mediationssettings genutzt werden (→ O Rn. 36 ff.).

125

Die zentrale und grundlegende Kommunikationstechnik ist der sog. **Dreischritt der Verständnissicherung** („Loop of Understanding").[179]

126

Schritt 1: Der Mediator hört aufmerksam zu, was die Partei ausführt – und achtet dabei auch auf nonverbale Signale.

Schritt 2: Der Mediator gibt mit eigenen Worten wieder, was er wahrgenommen und verstanden hat (Rückformulieren).

---

175 Diese beiden wichtigen Begriffe wurden von Bush und Folger in ihrem Grundlagenwerk „The Promise of Mediation" geprägt; s. Bush/Folger, The Promise of Mediation, 1994.
176 S. dazu auch Haft/v. Schlieffen Mediation-HdB/Kessen/Troja § 14 Rn. 26 f.
177 Haft/v. Schlieffen Mediation-HdB/ Kessen/Troja § 14 Rn. 26, 28.
178 So auch BT-Drs. 17/5335 (Begr. RegE), 15. Grundlegend zur Rolle der Kommunikation in der Mediation Haft/v. Schlieffen Mediation-HdB/ Kessen/Troja § 14; Haft/v. Schlieffen Mediation-HdB/Dörrenbächer § 16.
179 Der Dreischritt der Verständnissicherung geht zurück auf den Ansatz der sog. klientenzentrierten Gesprächsführung nach Carl Rogers; s. dazu Weinberger, Klientenzentrierte Gesprächsführung, 2013. Teilweise werden für bestimmte Aspekte oder den gesamten Ablauf dieser Methode auch andere Begriffe verwendet, insbesondere aktives Zuhören, Paraphrasieren (so zB auch Haft/v. Schlieffen Mediation-HdB/Kessen/Troja § 14 Rn. 30 f.) oder Spiegeln (so zB Dulabaum, S. 154 ff.). Da diese Begriffe aber jeweils auch andere Bedeutungsvarianten oder -nuancen haben, erscheint der hier gewählte Terminus „Dreischritt der Verständnissicherung" bzw. das nicht selten verwendete Kunstwort „Loopen" aus Gründen der Eindeutigkeit vorzugswürdig.

Schritt 3: Der Mediator holt eine Rückmeldung von der Partei ein, ob er deren Ausführungen auch aus deren Sicht korrekt und vollständig wiedergegeben hat.

Soweit letzteres nicht der Fall ist, bittet der Mediator um erneute Darstellung und geht damit zurück zu Schritt 1, bis er die Rückmeldung erhält, dass er die Botschaft komplett erfasst hat.

Mit diesem Dreischritt demonstriert der Mediator Aufmerksamkeit und Zuwendung und sichert zunächst sein eigenes Verständnis. Durch die Aktivität des Rückformulierens lenkt er die Aufmerksamkeit aller Parteien auf sich, so dass die jeweils nicht unmittelbar adressierten Beteiligten unbefangener zuhören und ihre Wahrnehmung (selbst-)kritisch überprüfen können, da sie nicht gleich auf das Gesagte reagieren und dazu Position beziehen müssen.

Dieses Vorgehen führt typischerweise zur Entschleunigung der Kommunikation. Außerdem kann der Mediator in Schritt 2 durch sein Umformulieren auch entsprechend der Ziele der jeweiligen Mediationsphase bestimmte Aspekte des Gesagten – insbesondere Interessen und Bedürfnisse – hervorheben und Vorwürfe neutralisieren, was deeskalierend wirkt und die Konfliktbearbeitung in eine konstruktive Richtung lenkt.[180]

127 Der zweite große Bereich der Kommunikationsmittel eines Mediators sind die Fragen; hier steht eine Vielzahl von **Fragetechniken** zur Verfügung.[181] Grundlegend ist dabei insbesondere die Unterscheidung zwischen offenen und geschlossenen sowie zwischen vertiefenden und weiterführenden Fragen.

128 Viele Mediatoren fördern die Kommunikation auch durch die **Visualisierung** wesentlicher Gesprächsaspekte.[182] So werden typischerweise Themen, Interessen und Lösungsoptionen auf dem Flipchart oder auf Metaplankarten erfasst. Manche Mediatoren arbeiten auch mit Entscheidungsbäumen,[183] Mindmaps[184] oder dokumentieren Gesprächsinhalte – insbesondere in Online-Settings – direkt am Computer.

129 Neben all diesen Ansätzen der aktivitätsorientierten Kommunikation können auch **Pausen**[185] und bewusstes **Schweigen**[186] als Mittel der Kommunikationssteuerung eingesetzt werden.

130 Letztlich sind der **Kreativität** des Mediators bei der Wahl der Kommunikationsformen keine Grenzen gesetzt, so lange die Intervention dem Verfah-

---

180 S. dazu auch Haft/v. Schlieffen Mediation-HdB/Kessen/Troja § 14 Rn. 30 f.
181 S. dazu exemplarisch Haft/v. Schlieffen Mediation-HdB/Kessen/Troja § 14 Rn. 39 ff.; v. Schlippe/Schweizer, Lehrbuch der systemischen Therapie und Beratung, 249 ff.; Kindl-Beilfuß, Fragen können wie Küsse schmecken, 2015; Proksch ZKM 2001, 32.
182 Allgemein zur Visualisierung in der Mediation Esser/Troja ZKM 2008, 117; Diez, Werkstattbuch Mediation, 2019; Thomann, Klärungshilfe 2: Konflikte im Beruf – Methoden und Modelle klärender Gespräche, 2004.
183 Risse ZKM 2010, 107; Eidenmüller ZKM 2007, 115; Neuenhahn ZKM 2002, 245.
184 S. dazu Buzan, The Mind Map Book, 1993.
185 Knapp in Knapp, Konfliktlösungs-Tools, S. 271 ff.
186 Gläßer/Ben Larbi in Knapp, Konflikte lösen in Teams und großen Gruppen, S. 265 ff.; Gerber Perspektive Mediation 2015, 149 ff.

rensfortschritt sowie den Parteien nutzt und mit den Mediationsprinzipien vereinbar ist. Häufig bedienen sich Mediatoren aus dem Fundus **systemischer Interventionen**[187] (hier ist insbesondere an Konfliktskulpturen oder -aufstellungen zu denken)[188] bzw. verwenden kreative Kommunikationsformen wie Metaphernarbeit,[189] Bilder[190] oder Rituale.[191]

c) Angemessene und faire Einbindung der Parteien (2. Hs.). Die Art und Weise, wie die Mediatoren die Kommunikation der Parteien strukturieren und fördern, soll dazu führen, dass die Parteien in angemessener und fairer Weise in die Mediation eingebunden sind. 131

aa) Angemessen. Die Einbeziehung einer Partei ist dann angemessen, wenn sie einerseits den **objektiven Maßstäben** der Mediationsprinzipien entspricht und den Fortgang der Mediation fördert, andererseits das **subjektive Kriterium** der „empfundenen Stimmigkeit" auf Seiten der betroffenen Partei erfüllt. Unangemessen in zweitgenannter Hinsicht wäre es zB, wenn ein Mediator eine Partei, die generell wortkarg ist oder situativ Bedarf hat zu schweigen und zu reflektieren, zum Reden nötigen würde. 132

bb) Fair. „Fair" iSv Abs. 3 S. 2 bezieht sich nicht auf Ergebnisse der Konfliktlösung, sondern auf den *verfahrensmäßigen* Umgang des Mediators mit den Parteien.[192] 133

Das Fairnesskriterium[193] ist zum einen an das **unmittelbare Verhalten des Mediators gegenüber den Parteien** anzulegen. Hier stellt die Fairnessanforderung ein Korrektiv dar für die dem Unterstützungsauftrag des Mediators innewohnende Gefahr der „Überzuwendung" zu einer Seite. Allerdings ist Fairness nicht abstrakt-objektiv – etwa im Sinne einer formal gleichen Behandlung mit exakt gleichen Redeanteilen, gleicher Zahl visualisierter Punkte etc –, sondern primär **situativ-qualitativ** zu verstehen. Grundsätzlich gelten für die Verfahrensführung eines Mediators folgende Kriterien, aus deren Zusammenspiel sich die Fairnessanforderung ableiten lässt: 134

- Der Mediator hat **transparent** zu kommunizieren und insbesondere seine Interventionen anzukündigen, bei Bedarf auch zu erläutern und ggf. zu diskutieren, damit die Parteien sich nicht manipuliert fühlen.
- Der Mediator interveniert nicht schematisch, sondern situativ **bedarfsgerecht**, um jede Partei in ihrer Willensbildung, Ausdrucksfähigkeit und selbstbestimmten Entscheidungsfindung bestmöglich zu unterstützen.

---

[187] S. dazu v. Schlippe/Schweitzer, Systemische Interventionen, 2019.
[188] S. dazu grundlegend Sparrer/von Kibed, Ganz im Gegenteil – Tetralemmaarbeit und andere Grundformen Systemischer Strukturaufstellungen, 2000, sowie spezifisch für den Mediationskontext Lack-Strecker ZKM 2003, 69; Lübbe ZKM 2007, 12.
[189] Dazu Cohen Conflict Resolution Quarterly 2003, 433, Spangenberg/Spangenberg ZKM 2013, 79.
[190] S. dazu exemplarisch Ciesielski in Knapp, Konfliktlösungs-Tools, S. 231 ff. und Kosman in Knapp, Konfliktlösungs-Tools, S. 246 ff.
[191] S. dazu exemplarisch Lack-Strecker ZKM 2005, 4, Gamm ZKM 2001, 114.
[192] Greger/Unberath/Steffek/Greger § 2 Rn. 150.
[193] Zu Fairnesskriterien in der Mediation s. auch Windisch ZKM 2015, 52.

- Das Interventionsverhalten des Mediators ist insgesamt **ausgewogen**, so dass im Gesamtbild des Verfahrens keine Partei überproportional mehr Aufmerksamkeit, Sprechzeit und Unterstützung erhält als die andere/n.

Fairness kann also verstanden werden als die **Balance zwischen der notwendigen Unterstützung der einzelnen Parteien und ihrer Gleichbehandlung**.

135 Die Fairnessanforderung bezieht sich zum anderen auch auf die **Steuerung der Kommunikation der Parteien untereinander** durch den Mediator.

Hier hat der Mediator insbesondere auf die **Einhaltung der vereinbarten Verfahrens- und Gesprächsregeln** zu achten.[194]

Auch unabhängig von den eingangs vereinbarten Verfahrensregeln muss der Mediator **unfaires Verhalten einer Partei gegenüber der anderen** innerhalb der Mediationssitzungen unterbinden. Sollte dies nicht möglich sein, ist der Abbruch der Mediation zu erwägen. Ein potenzieller Abbruchgrund kann auch darin liegen, dass sich eine Partei außerhalb der Mediationssitzungen, aber mit Bezug auf das Mediationsverfahren bzw. den Konfliktgegenstand unfair verhält (zB einseitig vollendete Tatsachen bezüglich Themen schafft, die eigentlich in der Mediation verhandelt werden sollen) und dadurch die Kommunikations- und Entscheidungssituation in der Mediation beeinträchtigt.

136 **cc) Gewährleisten.** Die Steuerung sowohl des Verhaltens als auch der subjektiven Wahrnehmung der Parteien steht letztlich nicht in der Macht des Mediators. Die vom Gesetzgeber gewählte Formulierung „gewährleisten" kann deshalb auch nicht iSv „Erfolg garantieren" verstanden werden; der Mediator kann lediglich möglichst **zielführend auf die Parteien einwirken**[195] und nach bestem Wissen und Gewissen alles in seiner eigenen Macht Stehende tun, um die gesetzten Ziele der Angemessenheit und Fairness zu erreichen. Entscheidend ist hierfür, dass der Mediator durch entsprechend geschärfte Wahrnehmung und ggf. auch explizite Feedback-Schleifen in engem Kontakt zu der Wahrnehmung, dem Empfinden und den Wünschen der Parteien bleibt (zur Rolle von Feedback in der Mediation auch → Rn. 41). Verhalten sich die Parteien unfair oder anderweitig nicht konstruktiv im Sinne der Mediation, sollte der Mediator **Meta-Kommunikation** betreiben, indem er zum einen die Wirkungen des jeweiligen Partei(kommunikations)verhaltens thematisiert und zum anderen versucht herauszufinden, was hinter dem Verhalten steht. Lassen sich dadurch keine positiven Veränderungen herbeiführen, kann der Mediator als ultima ratio mit dem Abbruch der Mediation drohen (dazu → Rn. 209 ff.). Gelingt es trotz aller Bemühungen nicht, die Parteien in angemessener und fairer Weise in die Mediation einzubinden, muss der Mediator die Mediation abbrechen.[196]

137 **dd) Haftungsfragen.** Wenn sich der Mediator selbst unfair verhält, wenn er unfaires Verhalten der Parteien untereinander nicht nach seinen Möglichkeiten unterbindet oder wenn er die Mediation trotz entsprechender

---

194 So auch Fritz/Pielsticker/Pielsticker § 2 Rn. 88.
195 So auch Fritz/Pielsticker/Pielsticker § 2 Rn. 90.
196 So auch Fritz/Pielsticker/Pielsticker § 2 Rn. 93.

Hinweise der Parteien auf eine Art und Weise weiterführt, die die Parteien als unangemessen empfinden, liegt darin eine **haftungsrelevante Pflichtverletzung**.

3. Verhältnis von Allparteilichkeit und „Empowerment". Die Zielsetzung der angemessenen Stärkung und Unterstützung einer jeden Partei kann durchaus dazu führen, dass sich Mediatoren streckenweise einer Partei intensiver oder länger zuwenden als der/den anderen. Dies geschieht in aller Regel, um bestimmte Arbeitsvoraussetzungen des Mediationssystems zu gewährleisten – zB um eine wenig sprachgewandte oder eingeschüchterte[197] Partei dabei zu unterstützen, die eigene Perspektive verständlich und selbstbehauptend zu formulieren, oder um einer emotional verstrickten Partei einen klareren Blick auf die eigenen Interessen zu ermöglichen. Dies kommt aber dem Fortschritt des Mediationsprozesses und damit letztlich allen Mediationsbeteiligten zugute.

Nichtsdestotrotz kann eine solche Phase der asymmetrisch verteilten Aufmerksamkeit und Zuwendung bei den anderen Mediationsbeteiligten (vorübergehend) den Eindruck der Parteilichkeit erwecken. Deshalb ist anzuraten, seitens der Mediatoren die eigene diesbezügliche Vorgehensweise kurz zu erläutern, genau auf Unzufriedenheitssignale der Beteiligten zu achten und ggf. zeitnah darauf zu reagieren – und über längere Zeitspannen hinweg für eine ausgewogene und gleichmäßige Verteilung von Zuwendung und Sprechzeiten zu sorgen.

4. Getrennte Gespräche (S. 3). a) Regelungsgegenstand. Mit der in § 2 Abs. 3 S. 3 verwendeten Formulierung „getrennte Gespräche" sind alle Verfahrenssituationen gemeint, in denen **nicht alle Parteien präsent** sind. Der in der Mediationsliteratur und -praxis zumeist verwendete Begriff der **Einzelgespräche** bzw. des **„Caucus"** wird v. a. für Konstellationen gebraucht, in denen der Mediator sich mit jeweils nur einer Partei, ggf. zusammen mit ihrem Rechtsanwalt oder anderen parteilichen Dritten, trifft. Dies ist die weitaus am häufigsten vorkommende Konstellation getrennter Gespräche; allerdings können gerade in Mediationskonstellationen, an denen viele Personen und/oder mehrere Gruppierungen beteiligt sind, auch getrennte Gespräche mit Teilmengen und Untergruppen der Gesamtkonstellation stattfinden. Da auch diese Gespräche als Einzelgespräche im weiteren Sinne bezeichnet werden, werden im Folgenden die Termini „getrennte Gespräche" und „Einzelgespräche" als Synonyme gebraucht. Dies scheint auch der Gesetzgeber so gesehen zu haben, da in der Gesetzesbegründung zu § 2 Abs. 3 S. 3 auch von Einzelgesprächen die Rede ist.[198]

Unter den **Begriff der Einzelgespräche** fallen unterschiedliche Verfahrensvarianten[199]:

Mediatoren können getrennte Gespräche in einem Mediationsverfahren nur einmal oder häufiger führen; sie können überwiegend oder sogar ausschließlich zwischen den in getrennten Räumen platzierten Parteien hin- und herpendeln (sog. **Shuttle-Verfahren** oder **Pendeldiplomatie**);[200]

---
197 S. dazu Gläßer, Mediation und Beziehungsgewalt, 2008, S. 420 ff.
198 BT-Drs. 17/5335 (Begr. RegE), 15.
199 Umfassend zu Einzelgesprächen Gläßer/Kublik ZKM 2011, 89.
200 S. dazu Risse NJW 2000, 1614 (1616).

sie können für die getrennten Gespräche sogar **getrennte Termine** ansetzen. Soweit die Mediation von mehr als einem Mediator geführt wird, können Einzelgespräche **parallel oder synchron** stattfinden.[201] In einem Online-Setting besteht die Möglichkeit der Eröffnung separater digitaler sog. „Breakout-Räume".[202] Ebenfalls können Einzelgespräche über separat zu versendende Links oder Telefongespräche arrangiert werden.[203]

Wenn eine Konfliktpartei gemeinsam mit ihrer anwaltlichen Vertretung an einer Mediation teilnimmt, können Einzelgespräche **nur mit den Parteien** oder auch **nur mit den Rechtsanwälten** geführt werden, wobei letzteres der Ausnahmefall sein dürfte (zu den Nutzen und Risiken dieser beiden Varianten → Rn. 152 f.).

141 Fraglich ist, ob der Gesetzgeber auch die **Vorgespräche** zur Verfahrensberatung und Auftragsklärung, die häufig zunächst nur zwischen dem Mediator und einer der Parteien erfolgen, als getrennte Gespräche iSd § 2 Abs. 3 S. 3 wertet. Dann müsste eine Konfliktpartei stets erst das Einverständnis der anderen Partei(en) einholen, bevor sie überhaupt erstmalig einen Mediator kontaktieren kann. Da dies in der Fallpraxis allerdings wegen der vor Mediationsbeginn oft sehr verhärteten Kommunikationsstrukturen zwischen den Parteien sehr schwierig sein kann, bestünde die Gefahr, dass ein solches Erfordernis ein Mediationsverfahren im Keim ersticken kann. Deshalb ist davon auszugehen, dass das allseitige Einverständnis zum Führen von getrennten Gesprächen erst ab dem Zeitpunkt eingeholt werden muss, wenn eine Mediation schon grundsätzlich zustande kommen ist.

Aus Gründen der Transparenz und zur Absicherung der Wahrnehmung des Mediators als allparteilich empfiehlt es sich allerdings, dass der Mediator die im Vorfeld einer Mediation mit einzelnen Beteiligten geführten Gespräche dokumentiert, um in der ersten gemeinsamen Mediationssitzung kurz darstellen zu können, wann er mit wem gesprochen hat.

142 **b) Regelungshintergrund.** Die Frage, ob Mediatoren mit den Konfliktparteien auch Einzelgespräche führen sollten, wird kontrovers diskutiert (zu den möglichen Nutzen und Risiken getrennter Gespräche → Rn. 149 ff.).[204] § 2 Abs. 3 S. 3 stellt nun eindeutig klar, dass der Mediator mit den Parteien grundsätzlich auch getrennte Gespräche führen *kann*.

143 Die Vorgängerversion dieses Normabschnitts war noch so formuliert, dass der Mediator mit den Parteien getrennte Gespräche führen kann, *„wenn er dies für zweckmäßig hält."*[205] Die aktuelle Fassung des Gesetzestextes stellt klar, dass der Mediator Einzelgespräche jedenfalls nicht *gegen* und – da das Einverständnis aktiv geäußert werden muss – auch nicht *ohne*

---

201 Mehr zu Einzelgesprächen: Fritz/Klenk ZKM 2016, 164 ff. und 210 ff.
202 Riehm/Dörr Digitalisierung und Zivilverfahren/Gläßer § 23, Rn. 57 und 70.
203 Dendorfer-Ditges, Konfliktdynamik 2020, 139 (143).
204 Das Meinungsspektrum reicht von der Ablehnung von Einzelgesprächen (vgl. zB das „No caucus model of mediation" bei Friedman/Himmelstein, Challenging Conflict: Mediation Through Understanding, 2008 oder Friedman, S. 36 f.) über die Empfehlung, in jeder Mediation mindestens einmal Einzelgespräche zu führen (Leiss ZKM 2006, 74 (77)) bis hin zur Verfahrensdurchführung ausschließlich in Einzelgesprächen (vgl. dazu Duve/Zürn ZKM 2001, 108).
205 S. § 2 Abs. 2 S. 3 des RefE des BMJ abrufbar unter http://rsw.beck.de/docs/librari esprovider5/rsw-dokumente/RefE_Mediationsgesetz_20100803.

Willen und Wissen aller relevanten Beteiligten (dazu → Rn. 145 f.) führen darf. Die diesbezügliche Formulierungskorrektur ist zu begrüßen. Dass der Mediator nur Interventionen vorschlägt, die er für zweckmäßig hält, sollte generell vorausgesetzt werden können, so dass diese Formulierung der Vorgängerversion im Grunde genommen ohnehin überflüssig war.

Vor allem aber können die Parteien im Rahmen der Einholung des Einverständnisses zu Einzelgesprächen Fragen und Bedenken bezüglich dieses Interventionsinstruments offen thematisieren. Fällt die Entscheidung dann für getrennte Sequenzen, wird diese auch von den Parteien getragen, was wiederum dem Grundsatz der Selbstverantwortung der Parteien auch auf Verfahrensebene (dazu → Rn. 7 aE) Rechnung trägt.

c) **Allseitiges Einverständnis.** Voraussetzung für Einzelgespräche ist nach dem Gesetzestext das „allseitige Einverständnis" mit dieser Vorgehensweise. Fraglich ist, was mit „*all*seitig" gemeint ist. Die Gesetzesbegründung geht auf diese Frage nicht weiter ein. 144

Ein vergleichender Blick auf die anderen Absätze des § 2 macht deutlich, dass sich diese Formulierung von der ansonsten verwendeten Formulierung „Zustimmung der *Parteien*" deutlich abhebt. Das könnte so gelesen werden, dass S. 3 des Abs. 3 das Zustimmungserfordernis auf alle Mediationsbeteiligten ausweitet, so dass auch Dritte – Rechtsanwälte, Begleitpersonen, Gutachter etc – grundsätzlich ihr Einverständnis zu Einzelgesprächen erteilen müssen. Ob dies der Mediationslogik entspricht, erscheint zweifelhaft. Denn danach sind letztlich nur die Parteien Herren des Verfahrens; die anderen Beteiligten spielen als Dritte iSd Abs. 4 eine untergeordnete Rolle. Dass jeglicher Dritter mit einem verweigerten Einverständnis zur Durchführung von Einzelgesprächen den weiteren Verlauf des Verfahrens gegen den erklärten Parteiwillen beeinflussen oder gar blockieren könnte, kann nicht Sinn und Zweck des Regelungsinhalts sein. Vielmehr sollte die Normformulierung die Rolle der Parteien stärken (→ Rn. 143), so dass das Einverständniserfordernis grundsätzlich lediglich die **zentralen Mediationsbeteiligten** – also die **Parteien und** den **Mediator** – betreffen kann.[206] 145

Eine Ausnahme von dieser engen Auslegung sollte gemacht werden, wenn in das Verfahren eingebundene **Parteianwälte** Bedenken gegen vorgeschlagene Einzelgespräche anmelden. Auch wenn die Rechtsanwälte formal Dritte iSd Abs. 4 sind (→ Rn. 158), sollten Mediatoren Einzelgespräche nicht gegen den Willen von Rechtsanwälten durchführen. Denn letztere können ihre Rolle als Schutzinstanz für ihre Mandantschaft nur dann erfüllen, wenn auf ihre Bedenken und Wünsche bezüglich der Verfahrensgestaltung eingegangen wird. Soweit die Ansichten einer Partei und ihres Rechtsanwaltes zur Durchführung von Einzelgesprächen auseinanderlaufen, hat aber letztlich der Wunsch der Partei Vorrang. 146

Denkbar ist auch die Konstellation, dass getrennte Gespräche von den Parteien und/oder Rechtsanwälten gewünscht werden, der **Mediator** aber **kein Einverständnis** zu deren Durchführung erteilt. Dabei gilt es zu differenzieren, ob es sich um eine *grundsätzlich* ablehnende Haltung des Mediators gegenüber Einzelgesprächen handelt (dies sollte ein Mediator unbedingt 147

---

206 So auch Fritz/Pielsticker/Pielsticker § 2 Rn. 101.

schon vor Beginn der Mediation oder in Phase 1 signalisieren, damit die Parteien diesen Aspekt im Rahmen ihrer Mediatorwahl berücksichtigen können) oder ob er *fallspezifische bzw. situative Bedenken* bezüglich der Geeignetheit dieser Intervention zum konkreten Zeitpunkt hat (hier ist zB an die Sorge vor Manipulation durch eine Partei, an Gefährdung der Allparteilichkeit etc zu denken). Letztere sollten transparent kommuniziert werden, so dass alle Beteiligten gemeinsam eine Entscheidung über den weiteren Verlauf der Mediation treffen können.[207] Dass Einzelgespräche iSd MediationsG letztlich ohne die Mitwirkungsbereitschaft des Mediators nicht geführt werden können, ist dabei selbstverständlich.

148 **d) Einsatzzeitpunkte für Einzelgespräche.** Der Einsatz von Einzelgesprächen ist **in jeder Phase einer Mediation** denkbar:
Auch wenn es in der **Eröffnungsphase (Phase 1)** grundsätzlich wichtig ist, das gemeinsame Arbeitsbündnis auch gemeinsam zu erarbeiten,[208] haben Parteien manchmal Bedenken oder Erwartungen, die sie im Plenum nicht äußern wollen. In problematischen Konstellationen können kurze Einzelgespräche zur Klärung beitragen, ob eine Mediation von den Parteien überhaupt gewollt bzw. für den gegebenen Konflikt geeignet ist.

Für eine umfassende **Bestandsaufnahme (Phase 2)** kann die Preisgabe von besonders sensiblen Informationen notwendig sein, für deren Offenbarung aber gerade zu Beginn des Verfahrens oft noch keine ausreichende Vertrauensbasis besteht. Da diese Informationen aber oftmals für den weiteren Verlauf des Verfahrens von grundlegender Bedeutung sind, können sie im Rahmen von Einzelgesprächen (zunächst nur) gegenüber dem Mediator offenbart werden.[209]

Dies gilt erst recht für eine erste, umfassende **Darlegung der Interessen und Bedürfnisse in Phase 3**[210] – auch wenn es hier für den Aufbau von gegenseitigem Verständnis und Empathie besonders wichtig ist, dass letztlich die Interessen und Bedürfnisse jeder Partei von allen wahrgenommen und nachvollzogen werden.

Wenn in der **Phase der Lösungsfindung (Phase 4)** die Lösungserarbeitung ins Stocken gerät oder die Parteien immer noch zurückhaltend oder befangen sind, geben Einzelgespräche den Raum, noch unausgereifte Lösungsoptionen oder Verhandlungsblockaden zu nennen, ohne Angst vor Kritik der anderen Seite oder vor einer zu frühen Selbstverpflichtung haben zu müssen.

Bisweilen treten auch bei der Formulierung von Details der **Abschlussvereinbarung (Phase 5)** letzte Blockaden auf, die in Einzelgesprächen leichter erörtert und gelöst werden können als im Plenum.

149 **e) Nutzen und Risiken von Einzelgesprächen.** Grundsätzlich sollten Einzelgespräche nur auf Basis einer **sorgfältigen Risiko-Nutzen-Abwägung**[211] vorgeschlagen werden.

---

207 Zur Transparenz s. auch: Fries ZKM 2017, 137.
208 Troja ZKM 2009, 152.
209 Gläßer/Kublik ZKM 2011, 89 (90).
210 Vgl. Gläßer/Kirchhoff ZKM 2005, 130.
211 Dazu Gläßer/Kublik ZKM 2011, 89 (90 f.).

Auf der **Nutzenseite** ist der im Rahmen von Einzelgesprächen gegebene erhöhte **Vertraulichkeitsschutz** besonders relevant: Informationen, aber auch Emotionen, die nur dem Mediator gegenüber geäußert werden, können von der anderen Seite nicht missbraucht werden.[212] Dadurch, dass die im Einzelgespräch getätigten Äußerungen vom Mediator paraphrasiert und ggf. auch hinterfragt werden, erhält die Partei die Möglichkeit einer **Wahrnehmungskontrolle** und kritischen **Selbstüberprüfung**. Zugleich sind Einzelgespräche ein Mittel, um zwischen den Parteien etablierte unkonstruktive Kommunikationsmuster und Eskalationsdynamiken zu unterbrechen. Bei wenig kooperationsbereiten Parteien können im Einzelgespräch innere Vorbehalte thematisiert oder kognitive Phänomene wie zB die sog. „**Überzuversichtlichkeit**" hinsichtlich der eigenen Erfolgsaussichten im Falle eines Rechtsstreits[213] hinterfragt werden.

150

Einzelgespräche ermöglichen zudem in einem geschützten Rahmen eine **unbefangene (Vor-)Klärung der eigenen Interessenlage** mithilfe des Mediators. In der Phase der Lösungsfindung kann neben einer ungefilterten Optionenentwicklung in Einzelgesprächen auch das sog. „**Reality Testing**" stattfinden.[214] Auch das gerade in der Phase 4 auftretende Phänomen der „reaktiven Abwertung" von Angeboten der Gegenseite[215] kann im Einzelgespräch aufgefangen werden, indem Ideen und Vorschläge indirekt über den Mediator, also gleichsam „über Bande", transportiert werden.

Neben all diesen Vorteilen besteht über alle Mediationsphasen hinweg aber auch eine Reihe von erheblichen **Risiken**. So verstärkt die räumliche (und ggf. auch zeitliche) Trennung der Parteien die **Distanz** zwischen denselben und bedeutet damit einen Verzicht auf direkte Kommunikation und unmittelbare Wahrnehmung, die für die Entwicklung von Empathie und gegenseitigem Verständnis wesentlich sind. Zugleich wird der Mediator zur bestinformierten Person im Verfahren, der aufgrund seiner Rolle als Transporteur von Informationen in einer Art **Filtermodus** bewusst oder unbewusst eigene Prioritäts- und Strategieentscheidungen treffen muss.[216] Dadurch verlieren die Parteien einen Teil der Kontrolle über den Informationsfluss und es kommt zu einer **Verschiebung der (gefühlten) Verantwortung bezüglich der Mediationsinhalte**.[217] Die Kommunikationsstruktur der Einzelgespräche kann **Unsicherheit** bei allen Beteiligten (auch beim Mediator selbst) auslösen, welche Informationen letzterer weitergeben darf oder soll, wenn er von einem Einzelgespräch in das andere geht.[218] Die erhöhte Inhaltsverantwortung mit der damit verbundenen **(Manipulations-)Macht auf der Seite des Mediators** und die **Einbußen an Informiertheit mit der Verringerung der Prozesskontrolle auf Seiten der Parteien** können auch –

151

---

212 Gläßer/Kublik ZKM 2011, 89 (90).
213 Dazu ausführlich Leiss ZKM 2006, 74; Wagner ZKM 2007, 172 ff.
214 Hierzu gehört insbes. die Ermittlung von Einigungszonen (sog. ZOPA – Zone Of Possible Agreement) und (Nichteinigungs-)Alternativen bei einem Scheitern der Mediation (sog. BATNA – Best Alternative To A Negotiated Agreement); dazu Gläßer, Mediation und Beziehungsgewalt, S. 105.
215 Dazu ausführlich Leiss ZKM 2006, 74 (76).
216 Zu den Gefahren dieser Rolle s. auch Trenczek ZKM 2016, 230 (231).
217 Gläßer, Mediation und Beziehungsgewalt, S. 105.
218 Moll/Dendorfer-Ditges/Ponschab § 82 Rn. 58.

berechtigte oder unberechtigte – **Zweifel an der Allparteilichkeit des Mediators** wecken oder bestärken.[219] In Fällen, in denen in Einzelgesprächen – sei es im Sinne einer Anschuldigung oder einer „Beichte" – unter dem Siegel der Verschwiegenheit strafrechtlich relevante Aspekte zutage kommen oder Schädigungsabsichten offengelegt werden,[220] können Mediatoren zudem in ein **moralisches Dilemma** geraten.

152 **Einzelgespräche nur mit den Parteien** ohne Rechtsanwälte können den Vorteil bringen, dass manche Parteien so leichter über die nichtjustiziablen, höchstpersönlichen und emotionalen Seiten ihres Konfliktes sprechen können. Allerdings kann diese Vorgehensweise dazu führen, dass die Rechtsanwälte die Befürchtung hegen, die Kontrolle über das Verfahren zu verlieren – und deshalb Widerstände gegen die Mediation und/oder den Mediator entwickeln.

153 **Einzelgespräche nur mit den beteiligten Rechtsanwälten** sind in der Praxis eher die Ausnahme, da die Parteien ja im Zentrum des Mediationsverfahrens stehen (sollen). In bestimmten Fällen kann es aber nutzbringend sein, wenn der Mediator mit den Rechtsanwälten ohne Beisein der Parteien spricht. Dies gilt insbesondere dann, wenn Rechtsanwälte sich mediationswidrig verhalten, weil sie offenkundig das Mediationsverfahren und die anwaltliche Rolle darin nicht ausreichend kennen oder verstanden haben. Hier kann der Mediator in Einzelgesprächen den Rechtsanwälten bessere Orientierung zum Verfahren und Hinweise zu mediationsförderlichem Verhalten geben[221], ohne die Anwälte vor ihrer Mandantschaft bloßzustellen.

154 **f) Interventionsgestaltung.** Die Entscheidungsfindung über den Einsatz von Einzelgesprächen sollte in methodischer Hinsicht sehr bewusst und sorgfältig gestaltet werden. Der Mediator muss bereits bei der Darstellung seines Mediationsmodells und seiner Vorgehensweise vor und in Phase 1 über die Möglichkeit und seine grundsätzliche Bereitschaft, in Einzelgespräche überzugehen, sprechen, um so Transparenz und einen einheitlichen Erwartungshorizont zu schaffen. Vor dem konkreten Einsatz von Einzelgesprächen sind die Nutzen und Risiken dieser Interventionsform, die Motivation, sie an dieser Stelle vorzuschlagen, sowie der mögliche Ablauf vorzustellen und ggf. zu erörtern.[222]

155 Fällt die Entscheidung der Beteiligten für einen Einsatz von Einzelgesprächen, hat der Mediator in der **konkreten Durchführung der Einzelgespräche** vielfältige Möglichkeiten: Er kann die Gespräche kurz halten und mehrfach zwischen den Parteien hin und her wechseln oder die jeweils wartende Partei im Falle von längeren getrennten Sequenzen mit konkreten, phasenspezifischen Aufgaben versorgen. Diese Aufgaben sind insbesondere im Online-Setting wichtig, um die Konfliktdynamik der gerade nicht im Einzelgespräch befindlichen Partei nicht negativ zu beeinträchtigen.[223] Noch mehr Spielraum zur Ausgestaltung von Einzelgesprächen

---

219 Driehaus GewArch 2005, 94.
220 Duve/Zürn ZKM 2001, 108 (111).
221 Siehe dazu Gläßer, Die Rolle(n) von Rechtsanwälten in der Mediation, in Jost (Hrsg.), Die anwaltliche Vertretung in der Mediation, 2013, S. 15 ff.
222 Gläßer/Kublik ZKM 2011, 89 (92).
223 Riehm/Dörr Digitalisierung und Zivilverfahren/Gläßer § 23 Rn. 70.

eröffnet die Co-Mediation. Denn Co-Mediatoren können Einzelgespräche nicht nur gemeinsam mit einer Mediationspartei nach der anderen, sondern auch parallel und zeitgleich führen, indem sie sich jeweils einer Mediationspartei zuordnen.

Unabhängig von der Art und Weise der Durchführung von Einzelgesprächen muss stets gemeinsam entschieden werden, ob der Mediator oder die Parteien selbst für den **Informationstransfer zurück ins Plenum** verantwortlich sind und welche Informationen überhaupt „freigegeben" werden bzw. welche „gesperrt" bleiben.[224]

156

Nur in Kenntnis der wesentlichen Vor- und Nachteile getrennter Gespräche und auf Basis einer ausführlichen Information über die Ausgestaltung und die zu entscheidenden Aspekte sollten die Beteiligten unmittelbar vor dem konkreten Einsatzzeitpunkt von Einzelgesprächen das vom Gesetzgeber geforderte Einverständnis mit dieser Vorgehensweise erteilen.

157

V. Einbeziehung von Dritten (Abs. 4)

1. Definition des Dritten. Dritte im Sinne des Mediationsgesetzes sind **alle Personen, die nicht unter den Parteibegriff fallen** (→ Rn. 3) – also alle potenziellen Mediationsbeteiligten, die nicht selbst unmittelbar beteiligt am zu bearbeitenden Konflikt und der etwaigen Abschlussvereinbarung sind. Demnach sind insbesondere Rechtsanwälte, sonstige Berater, Unterstützungs- oder Begleitpersonen (dazu → Rn. 180) der Mediationsparteien als Dritte zu betrachten (zu den Spezifika der Einbeziehung dieser Beteiligtengruppen unten unter → Rn. 165 ff.).

158

Die **Vertreter von juristischen Personen oder Gruppierungen ohne eigene Rechtspersönlichkeit** sind dagegen nicht Dritte, sondern Repräsentanten einer Partei. Nichtsdestotrotz sollten derartige Repräsentanten während eines laufenden Mediationsverfahrens nicht ohne die Zustimmung der anderen Seite/n ausgewechselt werden, da sich Vertrauensverhältnisse immer (auch) auf konkrete Personen beziehen.

159

Da diese Konstellation vom Gesetz nicht erfasst ist, sollte sie in entsprechenden Fällen – zu denken ist hier insbesondere an Konflikte im innerorganisatorischen und im öffentlichen Bereich – auf vertraglicher Ebene geregelt werden.

2. Möglichkeiten der Einbeziehung von Dritten im Überblick. Dritte können auf unterschiedliche Art und Weise in ein Mediationsverfahren involviert werden. Die Einbeziehungsmöglichkeiten reichen von sporadischen flankierenden Besprechungen außerhalb der eigentlichen Mediationssitzungen über die punktuelle Hinzuziehung zu einzelnen Sitzungen oder Sitzungsabschnitten bis hin zur steten Präsenz am Mediationstisch.

160

3. Zustimmung zur Einbeziehung in die Mediation. a) Zustimmungsbedürftigkeit. Fraglich ist, auf welche Formen der Einbeziehung sich das in Abs. 4 statuierte Zustimmungserfordernis bezieht. Hier ist vom Sinn und Zweck der Vorschrift her zu argumentieren, die primär die Selbstbestimmung der Parteien bezüglich der Mediationsbeteiligten sowie den dadurch

161

---

[224] Dazu ausführlich Gläßer/Kublik ZKM 2011, 89 (92).

konfigurierten Vertraulichkeitsrahmen wahren soll.[225] In jedem Fall zustimmungsbedürftig ist danach die Einbeziehung von Dritten in Form von **persönlicher Anwesenheit in der Mediation**.[226] Darüber hinaus bedarf aber auch die **flankierende Involvierung** von Beratern, mit denen sich Parteien zwischen Mediationssitzungen besprechen wollen, der Zustimmung aller Parteien, soweit bei dieser Vorgehensweise vertrauliche Mediationsinhalte transportiert werden sollen. Nicht zustimmungsbedürftig sind lediglich flankierende Gespräche mit Dritten, in denen ausschließlich über Dinge gesprochen werden, die nicht in den konkret vereinbarten Vertraulichkeitsrahmen fallen.

162 **b) Anforderungen an die Zustimmung.** Für die so verstandene Einbeziehung jedweder Dritter in die Mediation ist die **Zustimmung aller Parteien** notwendig. Die Zustimmung zur Einbeziehung von Dritten kann grundsätzlich formlos und mündlich gegeben werden, sollte aber explizit erfolgen.[227]

163 Sind an einer Mediationskonstellation bereits Dritte, insbes. Rechtsanwälte, beteiligt und soll der **Kreis der Dritten** noch **erweitert werden**, bedarf dies nach dem Wortlaut des Gesetzes nur der Zustimmung der Parteien, nicht aber der bereits beteiligten Dritten. Nichtsdestotrotz ist es zur Wahrung eines konstruktiven Gesprächsklimas sehr empfehlenswert, auf das Einverständnis *aller* Mediationsbeteiligten zur Hinzuziehung weiterer Personen hinzuwirken.

164 **4. Vertragliche Einbindung der Dritten.** Wenn Dritte, insbesondere Rechtsanwälte, mit eigenen Aufgaben in die Mediation eingebunden werden sollen und dadurch auch mit vertraulichen Mediationsinhalten in Berührung kommen (können), sollten diese Dritten in die Rahmenvereinbarung einbezogen werden (dazu → Rn. 16 ff.). Soweit die Dritten in den Mediationssitzungen selbst präsent sind, empfiehlt es sich, sie dabei auch auf die mediativen Arbeitsprinzipien zu verpflichten (dazu → Rn. 18 f.). In jedem Fall sollte mit den involvierten Dritten vorsorglich eine Verschwiegenheitsvereinbarung getroffen werden.

165 **5. Besonderheiten der Einbeziehung spezieller Dritter. a) Einbeziehung von Rechtsanwälten. aa) Konfliktkonstellationen.** Ob die Einbeziehung von Rechtsanwälten in ein Mediationsverfahren sinnvoll ist, hängt von der **Vorgeschichte**, dem **Kontext** und dem **Ausmaß der rechtlichen Prägung einer konkreten Konfliktkonstellation** ab.

166 In der klassischen Wirtschaftsmediation, in der sich autonome Unternehmen gegenüberstehen (sog. business-to-business-Mediation, kurz: b2b-Mediation, → B Rn. 1 ff.), ist in aller Regel pro Partei mindestens ein Rechtsanwalt als Syndikus oder externer Berater beteiligt.

In Trennungs- und Scheidungsmediationen, in denen anschließend mit Rechtskraft zu versehende Entscheidungen zB über Vermögensauseinandersetzung, Unterhaltszahlungen oder den Umgang mit Kindern erarbeitet werden, wird aufgrund der persönlichen Tragweite der Regelungsgegen-

---

225 S. dazu auch BT-Drs. 17/5335 (Begr. RegE), 15.
226 So auch BT-Drs. 17/5335 (Begr. RegE), 15 oben.
227 MüKoZPO/Ulrici Anhang zu § 278a Mediationsgesetz Rn. 38.

stände stark empfohlen, Rechtsanwälte zumindest flankierend-beratend zu involvieren.[228] Dadurch soll auch ein eventuell bestehendes Informations- und/oder Machtgefälle zwischen den Parteien ausgeglichen werden, ohne damit die allparteiliche Rolle des Mediators zu belasten.[229] Selbiges gilt bei Mediationen, die die (Um-)Verteilung hoher Vermögenswerte betreffen. Dies kann insbesondere bei gesellschafts- oder erbrechtlichen Auseinandersetzungen der Fall sein.

Demgegenüber gibt es Konfliktfelder und -konstellationen, in denen die Beteiligung von Rechtsanwälten fern liegt oder gar kontraproduktiv wäre. Dies ist insbesondere in informellen Kontexten wie zB der Schulmediation und bei per se nicht justiziablen Konfliktgegenständen der Fall, also bei Mediationen mit einem Schwerpunkt auf der Ebene der Beziehungsklärung. Ohne Einbeziehung von Rechtsanwälten verlaufen zumeist auch Mediationen im organisations- bzw. unternehmensinternen Bereich, soweit der Konflikt noch nicht verrechtlicht wurden (dazu generell → D Rn. 1 ff.). 167

Unabhängig vom Konfliktgegenstand bzw. -feld ist eine Einbeziehung von Rechtsanwälten immer dann nahe liegend, wenn ein Konflikt bereits stark verrechtlicht wurde oder gar rechtshängig geworden ist. Auch wenn eine rechtliche Beratung oder die rechtliche Ausgestaltung der Abschlussvereinbarung nötig ist, sollten jedenfalls in Fällen, in denen der Mediator selbst nicht zur Rechtsdienstleistung berechtigt ist (→ Rn. 256 ff.), Rechtsanwälte als externe Berater iSd § 2 Abs. 6 S. 2 eingeschaltet werden (dazu → Rn. 262).[230] 168

In jedem Fall sollten Rechtsanwälte immer dann proaktiv in das Mediationsgeschehen eingebunden werden, wenn sie bereits vor Beginn des Mediationsverfahrens von den Parteien mandatiert wurden. Denn dann müssen sich Rechtsanwälte einbringen (können), um entsprechend ihrer beruflichen Rolle die Interessen ihres Mandanten wahren und vertreten zu können (dazu → N Rn. 23 ff.). 169

Im Rahmen der ursprünglichen gerichtsinternen Mediation galt zwar grundsätzlich kein formaler **Anwaltszwang** iSd § 78 ZPO. Allerdings wurde in der Praxis der Pilot- und Modellprojekte – oft in Absprache mit den Rechtsanwaltskammern – häufig kategorisch die anwaltliche Vertretung aller Parteien als Voraussetzung für die Durchführung einer gerichtsinternen Mediation gefordert, selbst in Verfahren, in denen kein zivilprozessualer Anwaltszwang bestand.[231] Dadurch sollte– zur rollenkonformen Entlastung der Richtermediatoren – eine adäquate Rechtsberatung der Parteien gewährleistet werden. Zudem spielte sicherlich auch die Wahrung berufsständischer Interessen der Anwaltschaft eine Rolle. 170

Soweit heute im Rahmen des Güterichtermodells Mediationen durchgeführt werden, gelten diese jedenfalls als Rechtsprechung (→ ZPO § 278 Rn. 7 und → L Rn. 25), so dass bezüglich des Anwaltszwangs die allge-

---

228 Vgl. zB Richtlinien der BAFM unter https://www.bafm-mediation.de/verband/richtlinien-der-bafm-fur-die-mediation-in-familienkonflikten.
229 S. dazu auch Wendenburg, S. 294 ff.
230 So auch Greger/Unberath/Steffek/Greger B. § 1 Rn. 89 ff.
231 S. dazu Rinnert in Gläßer/Schroeter, S. 57, 75 ff.

Gläßer

meinen (zivil-)prozessualen Regeln (insbes. § 78 ZPO, § 1 Abs. 1 ArbGG) einschlägig sind (dazu → ZPO § 278 Rn. 23 mwN).

171 **bb) Nutzen und Risiken anwaltlicher Beteiligung.** Die zentrale Aufgabe von Rechtsanwälten in einer Mediation ist die Übernahme der **Rechtsberatung.** Denn auch wenn im Zentrum einer Mediation letztlich nicht das Recht, sondern die Interessen der Beteiligten stehen sollen, besteht – gerade in bereits eskalierten und stark verrechtlichten Konflikten – auch während einer laufenden Mediation legitimer Bedarf der Beteiligten, ihre Rechtspositionen und Gewinnchancen eines möglichen Gerichtsverfahrens im Sinne einer Nichteinigungsalternative (BATNA) zu (re-)evaluieren.[232]

Während Anwälte rollenkonform parteilichen Rechtsrat geben können, ist dies Mediatoren mit Blick auf ihre allparteiliche Rolle verwehrt (dazu auch → Rn. 267). So können und sollen Rechtsanwälte auch weiterhin für die – auch nach dem Mediationsgesetz gewünschte[233] – rechtliche Aufklärung der Parteien sorgen.

Allerdings dürfen auch Anwaltsmediatoren grds. eine allgemeine, allparteilich angelegte rechtliche Beratung der Medianden vornehmen; hierbei sind strikt die Grenzen des § 43a Abs. 4 BRAO einzuhalten (→ Rn. 275, 284).

172 Über die rechtliche Aufklärung und Beratung der Parteien hinaus kann die Beteiligung von Rechtsanwälten an einer Mediation weitere **Vorteile und Nutzen** mit sich bringen. So können Rechtsanwälte

- ein **Mediationsverfahren systematisch vorbereiten**, indem sie ihre Mandanten über die Eigenheiten und die Funktionsweise einer Mediation aufklären,[234] komplexe Sachverhalte aufbereiten sowie bereits im Vorfeld mit dem Mandanten über deren Interessenlage, Handlungsoptionen und insbesondere im Sinne einer Risikoabwägung auch über die etwaigen Nichteinigungsszenarien[235] sprechen;
- innerhalb und zwischen einzelnen Mediationssitzungen den **Konfliktbeteiligten als Reflexionspartner dienen** und in dieser Funktion beruhigen, deeskalieren, aktuelle Befindlichkeiten ihrer Partei auffangen sowie gemeinsam mit den Parteien Interessenlagen klären, Handlungsalternativen explorieren und evaluieren;
- ihre **Mandantschaft parteilich unterstützen und stärken** – was insbesondere dann wichtig ist oder gar zu einer Voraussetzung für die Durchführbarkeit einer Mediation werden kann, wenn ein deutliches (Macht-)Gefälle[236] – zum Beispiel hinsichtlich der intellektuellen Kapazitäten, der Ausdrucksfähigkeit, des Selbstvertrauens oder auch der

---

232 Ausführlich zur Rolle des Rechts in der Mediation Ade/Gläßer ZKM 2013, 57.
233 S. dazu insbes. § 2 Abs. 6 S. 1 und 2 sowie → Rn. 264 ff. und 279 ff.
234 Dies setzt natürlich voraus, dass die Rechtsanwälte selbst ausreichende Kenntnisse über Mediation besitzen.
235 In der englischsprachigen Verhandlungsliteratur wird diese für eine systematische Verhandlungsvorbereitung zentrale Größe „BATNA" (Best Alternative To a Negotiated Agreement) genannt.
236 S. generell zum Thema Machtgefälle in der Mediation Wendenburg, Der Schutz der schwächeren Partei in der Mediation, 2013.

Verfahrens-Erfahrung[237] – oder gar ein Bedrohungs- bzw. Gewalthintergrund[238] zwischen den Konfliktparteien besteht und
- aus dem Fundus ihres Expertenwissens und ihrer Berufserfahrung in der Phase der Lösungsfindung auch **Lösungsoptionen und Gestaltungsvorschläge beisteuern.**

Diesen (potenziellen) Nutzen stehen allerdings auch einige **Risiken** gegenüber, wenn Rechtsanwälte in einer Mediation präsent sind. So können Rechtsanwälte 173
- das **Mediationsgespräch dominieren** und damit die Selbstverantwortung der Konfliktparteien reduzieren;
- durch konfrontatives oder gar aggressives Kommunikationsverhalten **zu (weiterer) Eskalation des Konfliktes beitragen;**
- durch die (berufsbedingte) Konzentration auf rechtsbasierte Argumente, Forderungen und justiziable Aspekte der Sachverhaltes das gesamte **Mediationsgespräch** weg von den eigentlich entscheidungsrelevanten Interessen und Bedürfnissen[239] **auf rechtliche Aspekte fokussieren**[240] und/oder
- auf unproduktive Weise **mit dem Mediator konkurrieren** und diesem insbesondere die Verfahrensherrschaft streitig machen.

Nicht zuletzt steigt durch die Einbeziehung von Rechtsanwälten schon alleine durch die erhöhte Anzahl der beteiligten Personen unweigerlich die **Komplexität des Kommunikationsgeschehens** und damit einhergehend die **Wahrscheinlichkeit von Missverständnissen oder Binnenkonflikten** zwischen einzelnen Beteiligten.[241] 174

Die genannten Nutzen und Risiken sollten gemeinsam mit den Parteien sorgfältig abgewogen werden, wenn es um die Fragen des „ob" und „wie" einer Beteiligung von Rechtsanwälten an einer Mediation geht. 175

cc) Optionen und Kriterien für die Einbindung von Rechtsanwälten. Es gibt **verschiedene Verfahrensoptionen**, Rechtsanwälte an einer Mediation zu beteiligen: Neben der durchgehenden Präsenz in allen Mediationssitzungen können Rechtsanwälte auch punktuell in einzelnen Sitzungen hinzugezogen werden oder ihre Mandanten rein flankierend vor, zwischen und nach Mediationssitzungen beraten.[242] Besonders wichtig ist die Hinzuziehung von Rechtsanwälten für die Prüfung bzw. Gestaltung der Abschlussvereinbarung iSd § 2 Abs. 6 S. 3 (→ Rn. 288 ff.). 176

---

237 Die Überlegenheit einer Seite durch das sog. „repeat player"-Phänomen wird in den USA breit diskutiert und auch in Deutschland mit zunehmendem Mediationsgebrauch eine größere Rolle spielen; s. dazu Wendenburg, 145 ff.
238 Hier kann das Aufgabenspektrum der Unterstützungsperson auch physische Schutzfunktionen beinhalten; s. dazu ausführlich Gläßer, Mediation und Beziehungsgewalt, 2008; zur Rolle von Rechtsanwälten insbes. S. 450 f.
239 S. dazu Gläßer/Kirchhoff ZKM 2005, 130 ff.
240 Die angedeuteten Gefahren einer Dominanz des Rechts in der Mediation sollen nicht dahin gehend missverstanden werden, dass das Recht(sgespräch) in einem Mediationsverfahren keine sinnvolle Rolle einnehmen kann; s. dazu Ade/Gläßer ZKM 2013, 57, und unter → Rn. 264.
241 S. dazu Gläßer in Jost, S. 15, 22 f., insbes. Fn. 9.
242 S. dazu ausführlicher Ade/Gläßer ZKM 2013, 57.

177 Soweit Rechtsanwälte an den Mediationssitzungen selbst beteiligt werden, können sie **mediationsphasenspezifische Aufgaben** übernehmen, die von der Erarbeitung einer differenzierten Verschwiegenheitsvereinbarung in Phase 1 über die Vorbereitung einer Agenda für Phase 2 oder die Unterstützung ihrer Mandanten bei der präzisen und vollständigen Formulierung ihrer Interessen in Phase 3 bis hin zum Einbringen von Lösungsoptionen in Phase 4 oder dem Ausformulieren der Abschlussvereinbarung in Phase 5 reichen.

178 Das positive Potential der Einbindung von Rechtsanwälten in ein Mediationsverfahren entfaltet sich in aller Regel dann am besten, wenn auf Seiten der Rechtsanwälte zwei grundlegende Gegebenheiten vorliegen – **Orientierung** und **Legitimation**.[243] Für eine ausreichende Orientierung ist es wichtig, dass die Begleitanwälte Wesen und Zielsetzung des Mediationsverfahrens in Grundzügen verstanden haben und dass ihnen die eigene Rolle in diesem Verfahren klar ist. Legitimation bezieht sich dagegen auf das Verhältnis zwischen (Begleit-)Anwalt und Mandant/Mediationspartei; hier muss auch der Mandant verstanden haben, dass in einer Mediation andere Regeln für professionelles anwaltliches Verhalten gelten als in einem klassisch-konfrontativen Gerichtsverfahren.

Gerade bei noch mediationsunerfahrenen Rechtsanwälten können und sollten Mediatoren wesentlich dazu beitragen, diese Orientierung und Legitimation herzustellen, indem sie den Rechtsanwälten die Charakteristika der Mediation und die anwaltliche Rolle darin nahe bringen, die konkrete Ausformung des Mediationsverfahrens von Anfang an gemeinsam mit den Begleitanwälten kooperativ gestalten und die daraus resultierende Arbeitsteilung auch den Parteien gegenüber klar und wertschätzend kommunizieren.

179 b) **Einbeziehung von anderen Beratern.** Neben Rechtsanwälten können auch andere Berater wie zB Steuer- oder Unternehmensberater als Dritte durchgehend oder punktuell in ein Mediationsverfahren einbezogen werden (siehe dazu auch → K Rn. 1 ff.). Dies empfiehlt sich insbesondere dann, wenn in der Mediation steuerlich relevante Fragestellungen (zB bei erbrechtlichen Gestaltungen) oder größere Umstrukturierungsprozesse verhandelt werden.

180 c) **Einbeziehung von Unterstützungs- und Begleitpersonen.** Unterstützungs- und Begleitpersonen werden an einer Mediation beteiligt, um einer Partei Hilfe zu leisten, ohne direkt in das Mediationsgeschehen einzugreifen. Sie sind in den Sitzungen präsent, nehmen aber zumeist nicht am Mediationsgespräch teil.

Die Einbeziehung von Unterstützungs- bzw. Begleitpersonen kann **aus körperlichen oder psychischen Gründen** angezeigt sein. Ersteres ist dann notwendig, wenn es zB um die Begleitung einer blinden oder gebrechlichen Mediationspartei geht. Letzteres ist eine Option, um ein von einer Seite als überfordernd empfundenes Machtgefälle zwischen den Parteien zumindest insoweit abzufedern, dass für die sich als schwächer wahrnehmende Partei eine Teilnahme an der Mediation überhaupt vorstellbar wird. Insbesondere

---

[243] S. dazu ausführlicher Gläßer in Jost, S. 26 f.

in Fällen, in denen es zwischen den Mediationsparteien zu Gewaltvorfällen gekommen war, empfiehlt sich häufig die Begleitung durch Unterstützungspersonen, um der gewaltbetroffenen Person mehr Sicherheitsgefühl zu bieten.[244]

Wenn eine Seite aus den genannten Gründen eine Unterstützungs- bzw. Begleitperson in die Mediation mitbringen möchte, sollte dies aus Gründen der Gleichbehandlung auch der/den anderen Partei/en angeboten werden.

d) Einbeziehung von Dolmetschern. Ein Sonderfall der Unterstützung durch Dritte ist die Hinzuziehung von Dolmetschern, wenn es keine ausreichende gemeinsame sprachliche Grundlage für die Verständigung der Parteien miteinander und/oder mit dem Mediator gibt. Die Relevanz dieser Problematik ist durch den Zuzug von geflüchteten Personen stark gestiegen.[245]

Hierbei ist zu beachten, dass Dolmetscher immer auch interpretieren (müssen) und dadurch das Gesagte unbeabsichtigt verfremden oder gar verfälschen können. Insofern ist die Konstellation, dass der Mediator die Sprache einer Partei nicht selbst spricht oder zumindest versteht, mit besonderen Risiken behaftet.

In jedem Fall verändert die Einschaltung von Dolmetschern die Gesprächsdynamik erheblich und nimmt dem Mediator eine Reihe von Möglichkeiten der direkten sprachlichen Intervention. Deshalb sollten Dolmetscher, die in Mediationsverfahren eingeschaltet werden, ein Grundverständnis von Mediation und mediativer Kommunikation haben.[246]

Sofern leistbar, erscheint der Einsatz von bilingualen Co-Mediatoren-Teams, die die Verhandlungssprachen der Parteien abbilden, vorzugswürdig. Denn diese Konstellation ermöglicht es, auch ohne die möglicherweise verfremdende Einschaltung von Dolmetschern eine bilinguale Mediation durchzuführen. Dies erleichtert insbesondere in grenzüberschreitenden Kindschaftskonflikten die Verfahrensgestaltung.[247]

e) Einbeziehung von Sachverständigen und Gutachtern. Auch in der Mediation kann seitens der Parteien der Bedarf bestehen, Sachverständige oder Gutachter als externe Experten hinzuzuziehen, um Sachfragen wie zB wertmäßige Einschätzungen, Kausalzusammenhänge oder prognostische Schadensverläufe beurteilen zu lassen.[248]

Es ist Aufgabe des Mediators, gemeinsam mit den Parteien sorgfältig zu klären, ob und wie derartige Experten in die Mediation integriert werden sollen. Um durch die Einschaltung des Experten das Mediationsziel

---

244 S. dazu ausführlicher Gläßer, Mediation und Beziehungsgewalt, S. 411 f.
245 S. zur Problematik Mediation und Migration: Azad/Oschmann Spektrum der Mediation 62/2016, 26 f.; Berndt/Korkor/Lustig Spektrum der Mediation 62/2016, 46 ff.; Wüstehube/Hunder Spektrum der Mediation 62/2016, 22 ff.
246 S. dazu Carroll Spektrum der Mediation 44/2011, 35; Carroll MDÜ Fachzeitschrift für Dolmetscher und Übersetzer 3/2012, 24; Carroll/Scherer MDÜ Fachzeitschrift für Dolmetscher und Übersetzer 3/2013, 36, von Ballestrem/Schmid/Loebel NZFam 2015, 811 ff.
247 S. hierzu den Ansatz von MIKK e.V. – International Mediation Centre for Family Conflict and Child Abduction, online unter: www.mikk-ev.de sowie von Ballestrem/Schmid/Loebel NZFam 2015, 811.
248 S. dazu den Überblick mit Fallbeispiel bei Schwartz/Geier ZKM 2000, 196.

einer selbst verantworteten, konsensualen Einigung nicht zu gefährden, ist es sinnvoll, zunächst Thema und Funktion der ein- oder mehrseitig gewünschten Einschaltung eines Sachverständigen oder Gutachters in einem mediativen Prozess präzise zu erarbeiten.[249] Auf dieser Basis sind organisatorische Fragen wie die – in der Regel konsensuale – Bestimmung des Experten, seine Bezahlung und die bindende bzw. nicht bindende Wirkung der Ergebnisse der Expertise zu entscheiden.

183 **f) Einbeziehung von Konfliktbetroffenen.** Als Dritte können auch Personen, die von einer Konfliktlage bzw. den Ergebnissen einer Konfliktbearbeitung betroffen sind, ohne selbst Mitentscheidungsbefugnis zu haben, in die Mediation einbezogen werden. Zweck einer solchen Einbeziehung ist in der Regel die **Konsultation der betroffenen Dritten**, um deren Perspektiven, Anliegen und Bedürfnisse in der Entscheidungsfindung berücksichtigen zu können.

184 Schwerpunktmäßig wird diese Art der Drittinvolvierung mit Blick auf die **Einbeziehung von Kindern und Jugendlichen** in Szenarien der Familienmediation diskutiert, in denen es um Aufenthalts-, Umgangs- und Sorgeregelungen geht.[250] Eine direkte Beteiligung von Kindern an Mediationsprozessen ist umstritten, da Minderjährige dadurch in verstärkte Loyalitätskonflikte gebracht werden und den Eindruck gewinnen könnten, dass sie selbst die Verantwortung für die zu fällenden Entscheidungen tragen.[251] In welchem Ausmaß, auf welche Weise und mit welchem Ziel Kinder und Jugendliche sinnvoll in derartige Entscheidungsprozesse zu involvieren sind,[252] hängt maßgeblich von deren Reife und Fähigkeit ab, eigene Interessen und Bedürfnisse autonom zu formulieren.[253] Soweit Mediationen von Trägern der Kinder- und Jugendhilfe angeboten werden, sind die Vorgaben zur „Beteiligung von Kindern und Jugendlichen" nach § 8 SGB VIII zu beachten.[254] Die – im Lichte der UN Kinderrechtskonvention auszulegenden – Partizipationsrechte von Kindern und Jugendlichen statuieren, dass diese grundsätzlich in alle Entscheidungsprozessen des Kinder- und Jugendhilferechts mit einzubeziehen sind. Sie sind in geeigneter Weise auf ihre Rechte im Verwaltungsverfahren und in Verfahren vor den Familien- und Verwaltungsgerichten hinzuweisen (§ 8 Abs. 1 SGB VIII), was auch die

---

249 So Schwartz/Geier ZKM 2000, 196 (197).
250 Eberhard/Ivanits ZKM 2020, 124; Eberhard/Ivanits ZKM 2020, 181; Lägler ZKM 2016, 137, Bernhardt ZKM 2015, 68 ff., Ivanits, Die Stellung des Kindes, 2012; Krabbe ZKM 2005, 14 ff.
251 S. dazu Bernhardt FPR 2005, 95 (96).
252 Ausführlich zu den diesbezüglichen Entscheidungskriterien und Verfahrensmöglichkeiten Diez/Krabbe/Thomson, S. 41.
253 Dazu mit Verweisen auf einschlägige empirische Forschung Bernhardt FPR 2005, 95.
254 Im Zuge des Inkrafttretens des Bundeskinderschutzgesetzes am 1.1.2012 wurde hier ua § 8 Abs. 3 SGB VIII geändert; er lautet nunmehr „Kinder und Jugendliche haben Anspruch auf Beratung ohne Kenntnis der Personensorgeberechtigten, wenn die Beratung aufgrund einer Not- und Konfliktlage erforderlich ist und solange durch die Mitteilung an den Personensorgeberechtigten der Beratungszweck vereitelt würde." Grundsätzlich zu (Beteiligungs-)Rechten von Kindern in familiengerichtlichen Umgangsverfahren s. Ritter, Das Kind im Umgangsverfahren, 2023, sowie in der Familienmediation Balloff FPR 2012, 216.

Anhörung des Kindes (§ 159 FamFG) oder die Bekanntgabe der Entscheidung an das Kind (§ 164 FamFG) beinhaltet.[255]

Eine in gewisser Hinsicht parallele Konstellation am Ende des Lebens kann sich in Familienmediationen ergeben, in denen Angehörige über die **Pflegesituation betagter Familienmitglieder** entscheiden, welche selbst aufgrund eingeschränkter Geschäftsfähigkeit keine autonome Entscheidungsbefugnis über ihre Lebenssituation mehr innehaben.[256]

Im Feld der Wirtschaftsmediation ist es denkbar, in Mediationen, in denen es zB um die Umstrukturierung bzw. Auflösung einer Gesellschaft oder Abteilung oder um den Zusammenschluss von Einheiten geht, auch die **betroffenen Mitarbeiter** konsultativ zu involvieren. Auch wenn die Praxis der Mitarbeitereinbeziehung gegenwärtig oft noch in eine andere Richtung weist, sollte dies insbesondere dann erwogen werden, wenn die Umsetzung der Mediationsergebnisse auf die aktive Mitwirkung und den guten Willen der Belegschaft angewiesen ist.

VI. Beendigung des Mediationsverfahrens (Abs. 5)

1. Gegenstand, Reichweite und Relevanz der Vorschrift. Abs. 5 des § 2 regelt, wer unter welchen Umständen eine Mediation beenden kann: Nur Parteien iSv § 1 und Mediatoren können ein Mediationsverfahren wirksam beenden. Andere Mediationsbeteiligte können als Dritte iSd Abs. 4 lediglich ihre Mitwirkung an einer Mediation einstellen.

Aus den Regelbeispielen in § 2 Abs. 5 S. 2 und der Zusammenschau mit dem nachfolgenden Absatz kann dabei geschlossen werden, dass sich Abs. 5 offensichtlich primär auf die *vorzeitige* Beendigung eines Verfahrens ohne (vollständige) Abschlussvereinbarung bezieht, während Abs. 6 die Modalitäten des idealtypischen Abschlusses eines Mediationsverfahrens mit Einigung und ggf. auch entsprechender Abschlussvereinbarung zwischen den Parteien regelt.

Häufig stellt die vorzeitige Beendigung eines Mediationsverfahrens ohne Einigung einen **Verfahrensabbruch** aus dem Grund dar, dass mindestens einer der zentral beteiligten Akteure – Partei oder Mediator – den Eindruck hat, dass die Mediation nicht mehr zu einem sinnvollen Abschluss gebracht werden kann. Es gibt jedoch auch Fälle, in denen ein Mediationsverfahren zur Zufriedenheit aller Beteiligten ohne Einigung beendet wird – zum Beispiel, wenn das Primärziel in der Klärung bestimmter Sachverhalte oder Sichtweisen lag und erreicht wurde oder wenn die Parteien davon ausgehen, den verbleibenden Weg zu einer Einigung ohne Unterstützung durch einen Mediator zurücklegen zu können (hierzu auch die Überlegungen zu Erfolg und Scheitern einer Mediation unter → Rn. 239 ff.).

Im Sinne einer a maiore ad minus-Argumentation ist die Vorschrift des Abs. 5 auch auf Fallkonstellationen anzuwenden, in denen ein **Mediationsverfahren** nicht abgebrochen, aber **für längere Zeit unterbrochen** werden

---

255 So Balloff FPR 2012, 216.
256 Zum Feld der sog. Elder Mediation s. Schadow, 2013; Krabbe ZKM 2012, 185; Spangenberg/Spangenberg ZKM 2014, 132 ff.; Bagshaw/Adams/Zannettino/Wendt CRQ Vol. 32 no. 4, 443 ff.; Martin CRQ Vol. 32 no. 4, 481 f.; Fieldstone/Bronson CRQ Vol. 32 no. 4, 413 ff.

soll. Dies kann insbesondere dann sinnvoll sein bzw. gewünscht werden, wenn zunächst bestimmte persönliche oder sachliche Voraussetzungen für einen konstruktiven Fortgang des Mediationsverfahrens (wieder-)hergestellt werden müssen.

Auf der **Sachebene** kann es zB notwendig sein, dass bestimmte Informationen über Einkommens- oder Ausgabenverhältnisse zusammengestellt und/ oder verifiziert werden müssen, bevor Vereinbarungen über Unterhaltszahlungen oder Abfindungssummen getroffen werden können. In Mediationen, in denen es um Schadensersatz geht, ist nicht selten – uU mithilfe entsprechender Gutachten (dazu unter → Rn. 182) – zunächst die haftungsbegründende oder haftungsausfüllende Kausalität zu klären.

Auf der **persönlichen Ebene** kann der Fortgang einer Mediation beispielsweise von der Inspruchnahme von Coaching oder Therapie zur Klärung von beruflichen oder persönlichen Vorfragen, die primär einzelne Beteiligte betreffen und in deren Autonomiebereich fallen, oder von Maßnahmen wie Alkoholentzug oder Antiaggressionstraining[257] abhängen. Die erfolgreiche Absolvierung derartiger Maßnahmen kann auch von anderen Parteien, von Mediatoren oder institutionellen Mediationsanbietern zur Bedingung für die Fortsetzung eines Mediationsverfahrens gemacht werden.

191 Nicht zuletzt ist die Vorschrift auch dann anwendbar, wenn – auf Betreiben der Parteien oder des bislang agierenden Mediators selbst – ein **Mediatorwechsel** vollzogen werden soll. Im weiteren Sinne soll eine Mediation dann zwar mit einem anderen Mediator fortgesetzt werden.[258] Das konkrete Mediationsverfahren im engeren Sinne, welches durch die tragenden Beteiligten, also die Parteien und den initialen Mediator, konfiguriert wird, wird allerdings beendet. Dies spiegelt sich auch darin wider, dass bei einem Mediatorwechsel die ursprüngliche Rahmenvereinbarung jedenfalls hinsichtlich des Mediatorvertrags beendet und ein neuer Mediatorvertrag geschlossen werden muss. Für den Lauf von Verjährungsfristen ist ein solcher Wechsel aber ohne Bedeutung, soweit an die Beendigung der initialen Mediation unmittelbar die Planung einer Folgemediation anschließt (dazu auch → Rn. 76).

192 Die Frage, ob bzw. wann eine Mediation beendet ist, ist insbesondere dann von rechtlicher Relevanz, wenn davon Rechtswirkungen wie **Fristläufe** oder – im Falle von Mediations- bzw. ADR-Klauseln – die **Eröffnung des Klageweges** abhängen. In derartigen Konstellationen ist eine eindeutige **Feststellung und Dokumentation des Zeitpunkts der Beendigung einer Mediation** durch den Mediator vorzunehmen.

193 **2. Beendigung der Mediation durch die Parteien (Satz 1). a) Hintergrund der Regelung.** Im Referentenentwurf war die Möglichkeit der Beendigung einer Mediation durch die Parteien nicht ausdrücklich enthalten.[259] Nichtsdestotrotz muss es den Parteien auch ohne gesetzliche Regelung in jedem Fall möglich sein, ein Mediationsverfahren jederzeit zu beenden. Denn dies

---

257 S. dazu für Mediationen in Fälle von Beziehungsgewalt Gläßer, Mediation und Beziehungsgewalt, S. 492 f.
258 So auch die Formulierung in der BT-Drs. 17/5335 (Begr. RegE), 15.
259 S. RefE des BMJ abrufbar unter http://rsw.beck.de/docs/librariesprovider5/rsw-d okumente/RefE_Mediationsgesetz_20100803.

ist ein wesentlicher Aspekt der Parteiautonomie und folgt zwingend aus dem zentralen Prinzip der Freiwilligkeit.²⁶⁰ Insofern hatte die Aufnahme von S. 1 in den Regierungsentwurf eine rein klarstellende Funktion.

Das Recht der Parteien, eine Mediation jederzeit zu beenden, wird umso wichtiger, je eingeschränkter die (faktische, äußere) Freiwilligkeit der Teilnahme zu Beginn eines Mediationsverfahrens ist (dazu → Rn. 100). Denn die Möglichkeit der autonomen Beendigung einer Mediation dient als Korrektiv für mangelnde oder unvollständige Freiwilligkeit zu Beginn einer Mediation. Je mehr expliziter oder impliziter Druck auf Konfliktbeteiligte ausgeübt wurde, sich auf ein Mediationsverfahren einzulassen, desto klarer muss ihnen also spätestens zu Beginn der Mediation durch den Mediator gemacht werden, dass sie das Verfahren jederzeit beenden können. 194

b) **Beendigungsrecht jeder Partei.** Trotz der im Plural gefassten Gesetzesformulierung („*Die Parteien können [...]*") ist für die parteiseitige Beendigung eines Mediationsverfahrens – anders als für den Verfahrensbeginn – kein Konsens der Parteien notwendig. Der **einseitige Beschluss einer Partei reicht aus**, um das Verfahren zu beenden. 195

c) **Jederzeit.** Die Aufnahme des Wortes „jederzeit" in die Vorschrift unterstreicht, dass die Beendigung eines Mediationsverfahrens **zu jedem Zeitpunkt und in jeder Mediationsphase**²⁶¹ – also von den ersten Minuten der Eröffnungssequenz bis unmittelbar vor die Unterzeichnung der Abschlussvereinbarung – möglich ist. Dies soll die Freiwilligkeit der Parteien unterstreichen und die Parteien darin unterstützen, sich möglichst ergebnisoffen auf den Mediationsprozess einzulassen. 196

d) **Ohne Angabe von Gründen.** Die Formulierung „jederzeit" ohne Einschränkungen oder Qualifikationen bedeutet auch, dass eine Angabe von Gründen für die Beendigung einer Mediation seitens der Parteien nicht notwendig ist. Durch den **Verzicht auf ein generelles Begründungserfordernis** soll vermieden werden, dass Parteien einen (zu) starken Rechtfertigungsdruck verspüren und es deswegen nicht wagen, die eigentlich gewünschte Beendigung einer Mediation einzufordern. 197

Allerdings kann es für die anderen Parteien wie auch für den Mediator sehr unbefriedigend sein, wenn ein Mediationsverfahren einseitig ohne Angabe von Gründen abgebrochen wird – insbesondere, wenn schon beträchtliche Zeit und Ressourcen in das Verfahren investiert wurden. Mit Blick hierauf ist zu überlegen, eine entsprechende Begründungspflicht für abbruchwillige Parteien in die Mediationsvereinbarung aufzunehmen. 198

Bisweilen steht hinter der Aussage, ein Mediationsverfahren beenden zu wollen, weniger ein reflektierter Abbruchwille als die Unzufriedenheit mit der konkreten Entwicklung der Mediation. Um auszuschließen, dass eine Mediation vorzeitig abgebrochen und dadurch noch bestehendes Einigungspotential verschenkt wird, sollten Mediatoren sorgfältig klären, was genau hinter einem parteiseitigen Wunsch, das Verfahren abzubrechen, steht. Wenn eine solche Klärung authentisch ergebnisoffen und mit dem erforderlichen kommunikativen Fingerspitzengefühl durchgeführt wird, so 199

---

260 BT-Drs. 17/5335 (Begr. RegE), 15.
261 S. dazu die Darstellung der Mediationsphasen in → Rn. 81 f.

dass sich die Parteien nicht zur Fortführung der Mediation gedrängt fühlen, lassen sich hier häufig wichtige Hinweise für eine Anpassung der Verfahrensführung gewinnen, welche eine Fortsetzung der Mediation ermöglicht.

200 In jedem Fall sollten Mediatoren mit einer abbruchwilligen Partei – gegebenenfalls im Einzelgespräch (dazu → Rn. 139 ff.) – besprechen, welche alternativen Verfahrensoptionen nach der Beendigung einer Mediation zur Verfügung stehen. Nicht selten haben Parteien diese Nichteinigungsalternativen auf der Verfahrensebene nicht vollständig durchdacht und entscheiden sich in Anbetracht der verbleibenden Alternativszenarien im Sinne einer Kosten-Nutzen-Analyse letztlich doch für die Fortführung der Mediation.

201 **e) Modalitäten der Beendigung.** Die Beendigung einer Mediation durch eine Partei ist rechtlich als fristlose Kündigung des Mediatorvertrags (→ Rn. 20) iSd § 627 Abs. 1 BGB einzuordnen. Eine solche Kündigung ist als Gestaltungserklärung eine empfangsbedürftige Willenserklärung, die formlos mündlich, fernmündlich oder schriftlich abgegeben werden kann[262] und dem Mediator zugehen muss. Bei Abgabe der Erklärung in Abwesenheit des Adressaten gelten die Wirksamkeitserfordernisse des § 130 Abs. 1 BGB.

202 Je nach Gestaltung der Mediationsvereinbarung muss eine Partei ihren Beendigungswillen auch gegenüber der/den anderen Mediationspartei/en erklären, um auch die zwischen den Parteien geschlossene Mediationsabrede, die Partei-Rahmenvereinbarung (dazu → Rn. 16 ff.), zu kündigen. Alternativ kann die kündigungswillige Partei den Mediator, ihren Rechtsanwalt oder einen anderen Vertreter iSd §§ 164 ff. BGB beauftragen, die Kündigungserklärung für sie abzugeben.

203 Ist eine Erklärung gegenüber der anderen Partei nicht ohnehin erforderlich, muss der Mediator die andere Seite umgehend von der einseitig durch die Kündigung des Mediatorvertrags vorgenommenen Beendigung des Verfahrens in Kenntnis setzen.

204 **f) Haftungsfragen.** Die durch die Formulierung „jederzeit" normierte Erlaubnis zum Abbruch einer Mediation ohne Angabe von Gründen impliziert auch, dass etwaige Schadensersatzansprüche gegen eine abbrechende Mediationspartei allein wegen des Faktums des Abbruchs ausgeschlossen sind.[263]

205 In besonderen Fällen kann jedoch die Art und Weise des Abbruchs eines Mediationsverfahrens nach den allgemeinen zivilrechtlichen Grundsätzen **Schadensersatzansprüche der einen Partei gegen die andere begründen.**[264] Dies muss insbesondere für **Fälle des Vertrauensmissbrauchs** gelten, wenn eine Seite sich zB nur in Verzögerungsabsicht oder aus Gründen der strategischen Informationsgewinnung in eine Mediation begeben hat, ohne eine Einigung zumindest in Erwägung zu ziehen. Allerdings dürfte in solchen Fällen eine adäquate Beweisführung nicht einfach sein.

---

262 So auch Fritz/Pielsticker/Pielsticker § 2 Rn. 113.
263 Fritz/Pielsticker/Pielsticker § 2 Rn. 112.
264 Fritz/Pielsticker/Pielsticker § 2 Rn. 112.

Brechen die Parteien die Mediation ab, weil der Mediator unzulänglich leistet, seine Allparteilichkeit verloren hat oder anderweitige Pflichtverstöße vorliegen, kann dies Ansprüche der Parteien auf Rückzahlung bzw. Einbehaltung von Honorar und ggf. auch auf Schadensersatz begründen (dazu ausführlicher unter → Rn. 35).

3. Beendigung der Mediation durch den Mediator (S. 2). a) Ratio der Vorschrift. Auch wenn nach der Formulierung der Vorschrift der Mediator die Mediation beenden „kann", ist dies nicht in sein freies Belieben gestellt. Denn der Umstand, dass in S. 2 die Formulierung „jederzeit" fehlt und Regelbeispiele für rechtlich valide Abbruchgründe aufgezählt sind, ist dahingehend auszulegen, dass an die Beendigung einer Mediation durch den Mediator sowohl hinsichtlich des Zeitpunktes als auch hinsichtlich der Gründe strengere Anforderungen gestellt werden als an die Mediationsbeendigung durch Parteien. 206

Die Voraussetzungen für die Beendigung einer Mediation durch den Mediator ergeben sich letztlich aus der gesetzes- und vertragsbasierten Rolle des Mediators im Verfahren: Während die Parteien versuchen, mit Unterstützung des Mediators privatautonom gemeinsame Entscheidungen auszuhandeln, was eine jederzeitige, auch „willkürliche" Abbruchmöglichkeit der Verhandlungen impliziert, hat der Mediator als Dienstleister den Parteien gegenüber bestimmte **vertragliche Pflichten** (dazu der Überblick unter → Rn. 22 ff.). Diese Pflichten beinhalten neben der **Wahrung legitimer Parteiinteressen** auch die **Wahrung der zentralen Mediationsprinzipien**, für deren Einhaltung der Mediator qua seiner Beauftragung sorgen muss (→ Rn. 25; zu den sich daraus ergebenden Beendigungsgründen sogleich unter → Rn. 218 ff.). 207

b) Beendigungsgründe. Der Abbruch einer Mediation durch den Mediator ist dann in Betracht zu ziehen, wenn auf der **Basis einer sorgfältigen Einschätzung** und **soliden Prognose** seitens des Mediators ein **sinnvoller Fortgang der Mediation nicht mehr zu erwarten** ist. Dafür kann es – über die im Gesetzestext genannten Regelbeispiele hinaus – eine Vielzahl von **Gründen auf Seiten der Parteien, des Auftraggebers oder des Mediators selbst** geben. 208

aa) Gründe auf Seiten der Parteien. Die beiden vom Gesetzgeber gewählten Regelbeispiele für Abbruchgründe liegen in der Sphäre der Parteien. 209

(1) Keine eigenverantwortliche Kommunikation. Zum einen kann der Mediator die Mediation beenden, wenn eine **eigenverantwortliche Kommunikation** der Parteien nicht zu erwarten ist. 210

Dies kann auf sehr unterschiedlichen Gründen beruhen, die von **nicht ausreichenden intellektuellen Kapazitäten**[265] oder **sprachlichen Verständigungsmöglichkeiten**[266] der Parteien über Einschränkungen durch **Alkohol-**

---

[265] Zur Mediation mit geistig behinderten Menschen: Schüler Perspektive Mediation 2006, 26.
[266] Bei physiologisch eingeschränkter Ausdrucksfähigkeit der Medianden und/oder Mediatoren könnte eine Mediation auch in Gebärdensprache durchgeführt werden; bei mangelnden Sprachkenntnissen sollte vor einer Beendigung der Mediation jedenfalls über die Möglichkeit der Hinzuziehung eines Dolmetschers (dazu → Rn. 181) nachgedacht werden.

Gläßer

oder **Drogenmissbrauch**[267] bis hin zu manifesten **psychischen Störungen** reichen können.

211 Eine sehr praxisrelevante, aber gleichzeitig oft schwer einzuschätzende Grauzone liegt in interpersonellen Konstellationen, die **aufgrund von starkem Machtgefälle, psychischem Druck oder Gewalthintergrund** die Fähigkeit einer Seite, sich vor der anderen offen zu äußern und für die eigenen Belange einzustehen, einschränken.

212 In all diesen Fällen stellt sich die – selbst für Mediatoren mit psychologischer Ausbildung – schwierige Frage der **Diagnostik**. Da insbesondere die letztgenannten Einschränkungen nicht leicht zu erkennen sind, sollten Mediatoren diesbezüglich eine generell erhöhte Aufmerksamkeit walten lassen: In Mediationsfeldern, in denen derartige Konstellationen häufig vorkommen (insbes. bei Beziehungsgewalt-Hintergrund in der Familienmediation[268] oder Mobbing im Arbeitskontext[269]), sollten zur Sensibilisierung für entsprechende Signale und Dynamiken einschlägige Fortbildungen besucht werden. Im Familienmediations-Kontext wird zur Identifikation von psychischer oder physischer Gewalt zwischen den Beziehungspartnern auch der routinemäßige Einsatz sog. **Screening-Protokolle** empfohlen.[270] Insgesamt gilt, dass ein Mediator bei ernsthaften Bedenken bezüglich der Fähigkeit einer Partei, selbstverantwortlich zu kommunizieren, den Anlass für diese Bedenken im Zweifel auf anonymisierte Weise mit fachkundigen Experten besprechen sollte; für derartige Beratungsgespräche, die als **Fallsupervision** einzuordnen sind (→ Rn. 43), gilt ein erweiterter Vertraulichkeitsrahmen.

213 Wenn sich der Eindruck manifestiert, dass auf Seiten mindestens einer Partei die selbstverantwortliche Kommunikation als grundlegende Voraussetzung für die Teilnahme an einer Mediation nicht (mehr) gegeben ist, *muss* der Mediator die Mediation – ggf. sogar gegen den erklärten Parteiwillen – abbrechen, um die betreffende Person zu schützen und die Integrität des Mediationsverfahrens zu wahren.[271]

214 **(2) Einigung nicht zu erwarten.** Der Abbruchgrund, dass eine Einigung der Parteien nicht zu erwarten ist, ist natürlich nur dann valide, wenn von den Parteien eine **Einigung als Mediationsziel** überhaupt **angestrebt** wurde (zu unterschiedlichen möglichen Mediationszielen → Rn. 239 ff.).

215 Die Gründe, die eine Einigung in einer Mediation aussichtslos erscheinen lassen, reichen von **kategorisch fehlender Einigungsbereitschaft** über **Eskalationsdynamiken** im Mediationsverlauf bis hin zu **kognitiven Verzer-**

---

267 Hier wäre zu prüfen, ob die Einschränkungen punktuell oder dauerhaft sind; gegebenenfalls kann eine Mediation auch für einen längeren Zeitraum unterbrochen werden, um zunächst Entzugsmaßnahmen zu ermöglichen (→ Rn. 190).
268 Dazu ausführlich Gläßer, Mediation und Beziehungsgewalt, 2008.
269 Dazu Kolodej, 2016, S. 13; Auerbach ZKM 2015, 104., Niedostadek ZKM 2014, 55, Lohmann/Sauthoff ZKM 2007, 149, Kolodej ZKM 2003, 159.
270 S. dazu ausführlich Gläßer, S. 358 ff.
271 Dass eine derartige Entscheidung, wenn sie gegen den Willen der betroffenen Partei gefällt wird, ein schwieriges Dilemma für den Mediator bedeutet und erhebliche Paternalismusgefahr in sich birgt, liegt auf der Hand; s. dazu für den Kontext von Beziehungsgewalt Gläßer, Mediation und Beziehungsgewalt, S. 355.

rungen.[272] Es gehört zur zentralen Aufgabe eines Mediators, unter Einsatz des verfügbaren methodischen Handwerkszeugs unterschiedliche Einigungshürden bestmöglich auszuräumen. Insofern sollte die Beendigung der Mediation mit der Begründung der Aussichtslosigkeit einer Einigung nur als **ultima ratio** eingesetzt werden.

Anders als bei mangelnder Selbstverantwortungsfähigkeit (→ Rn. 210) steht es einem Mediator frei, eine Mediation, die er selbst mit Blick auf die Einigungschance für aussichtslos hält, in Absprache mit diesbezüglich aufgeklärten Parteien auf deren Wunsch hin noch weiterzuführen, da für den Verlauf einer Mediation grundsätzlich der übereinstimmende Parteiwille entscheidend ist und hier durch die Fortführung der Mediation keine übergeordneten Prinzipien oder Rechtsgüter gefährdet werden. 216

(3) Mediationsziel nicht erreichbar. Da eine Mediation auch zu anderen Zwecken als dem einer Einigung durchgeführt werden kann – zB zur reinen Klärung einer Situation – gilt abstrahiert von der Einigung der allgemeinere Beendigungsgrund, dass die Erreichung des Mediationsziels nicht (mehr) zu erwarten ist. 217

(4) Prinzipienverletzung oder Verfahrensmissbrauch. Wenn die Parteien Wünsche an den Mediator richten, deren Erfüllung **nicht mit den allgemeinen Mediationsprinzipien vereinbar ist**, insbesondere, wenn sie vom Mediator eine Entscheidung ihres Streites einfordern, liegt die Primärloyalität des Mediators bei der Wahrung der Mediationsprinzipien, so dass er die Mediation abbrechen muss, wenn sich die Wünsche nicht rollenkonform modifizieren lassen. Gegebenenfalls kann der Mediator im Anschluss daran allerdings die Rolle wechseln und als Schlichter oder Schiedsrichter weiter mit den Parteien zusammenarbeiten. 218

Eine **Verletzung konkreter Arbeitsprinzipien** ist dann gegeben, wenn Parteien wiederholt gegen vereinbarte **Gesprächsregeln** (→ Rn. 74) verstoßen und dies auch nicht durch bedarfsgerechte Anpassung der Regeln behebbar ist. Auch der **Bruch der Verschwiegenheitsvereinbarung** seitens einer Partei kann Grund für einen Verfahrensabbruch sein. 219

Wenn der Mediator bemerkt, dass die Parteien die **Mediation missbrauchen**, um rechtswidrige Gestaltungen auszuhandeln oder Dritte kollusiv zu schädigen, muss er das Verfahren abbrechen, um dessen Integrität zu wahren. Dies gilt insbesondere für Anwaltsmediatoren, die aufgrund ihres Anwaltsstatus gem. § 1 BRAO auch in der – gem. § 18 BORA als anwaltliche Tätigkeit eingeordneten – Mediation als „Organ der Rechtspflege" fungieren und insofern einer grundsätzlichen Legalität der Mediationsergebnisse verpflichtet sind. 220

bb) Gründe auf Seiten des Auftraggebers. Wenn der **Auftraggeber** einer Mediation **nicht identisch ist mit den Parteien** (dazu → Rn. 18 und 75), können sich Beendigungsgründe auch von dieser Seite ergeben. 221

So versuchen Auftraggeber bisweilen, die **Mediation inhaltlich zu beeinflussen** und die Selbstbestimmung der Parteien einzuschränken, um ihre eigenen Interessen durchzusetzen, ohne aber selbst „offiziell" an der Mediation teilzunehmen. 222

---

272 Hierzu ausführlicher Wagner ZKM 2007, 172 ff.

223 Nicht selten stellen auch Auftraggeber **Anforderungen** an den Mediator, die **mit den Mediationsprinzipien nicht vereinbar** sind. Hier wird insbesondere der Wunsch nach Berichterstattung über den Verlauf oder die Ergebnisse einer Mediation geäußert, der – je nach diesbezüglicher Vertraulichkeitsabsprache in der Rahmenvereinbarung (dazu → Rn. 74) – im Widerspruch zu der Verschwiegenheitspflicht des Mediators stehen kann. Eine andere Variante ist die, dass sich der Auftraggeber selbst nicht an die vereinbarte Vertraulichkeit hält, die sich bisweilen schon auf das bloße Faktum des Stattfindens einer Mediation bezieht.

224 Lassen sich diesbezügliche Forderungen bzw. das Verhalten des Auftraggebers nicht durch Gespräche verändern, sollte der Mediator im Einvernehmen mit den Parteien die Mediation abbrechen.

225 **cc) Gründe auf Seiten des Mediators. (1) Stilinkompatibilität.** Für den Mediator kann sich ein Dilemma ergeben, wenn die Wünsche der Parteien bezüglich seiner Verfahrensführung nicht mit seinem persönlichen Mediationsstil (→ Rn. 50 ff.) vereinbar sind. Derartige Unvereinbarkeiten können insbesondere dann auftreten, wenn Parteien Einzelgespräche (→ Rn. 139 ff.) oder wertende Stellungnahmen des Mediators fordern, letzterer aber derartige Interventionen prinzipiell ablehnt. Solche Inkompatibilitäten von Partei-Nachfrage und Mediator-Angebot sollten durch eine transparente Offenlegung der eigenen Stilmerkmale und deren systematischen Abgleich mit den Wünschen der Parteien möglichst schon im Vorgespräch aufgedeckt werden (→ Rn. 54); nur so haben die Parteien die Möglichkeit, von Anfang an einen Mediator zu wählen, der bereit ist, ihre Verfahrenspräferenzen auch umzusetzen. Ist der Abgleich vor Verfahrensbeginn aus welchen Gründen auch immer nicht gelungen und treten später die genannten Inkompatibilitäten auf, muss der Mediator das Verfahren von sich aus beenden, wenn er seine Verfahrensführung nicht den Parteiwünschen anpassen will.

226 **(2) Überschreitung persönlicher Grenzen.** Ein weiterer Beendigungsgrund auf Seiten des Mediators kann darin liegen, dass der Gegenstand oder Hintergrund des Konfliktes oder das Konfliktverhalten der Parteien seine persönlichen – psychologischen oder ethisch-moralischen – Grenzen überschreiten.[273]

227 **Psychologische Grenzen** werden zB dann relevant, wenn ein Konfliktszenario oder konkrete Kommunikationsmuster der Konfliktparteien den Mediator an eigenes – ggf. traumatisches – Konflikterleben erinnert und er dadurch nicht mehr eine ausreichende professionelle Distanz zum Fall halten kann. Derartiges kann geschehen, wenn ein Scheidungsfall an die eigene Scheidung erinnert oder wenn der Mediator selbst Mobbing- oder Burnout-Erfahrung hat und letzteres Thema in der Mediation ist.

228 **Ethisch-moralische Grenzen** können dadurch berührt werden, dass es in der Konfliktbearbeitung um Verhaltensweisen oder Einstellungen der Parteien geht, die der Mediator kategorisch ablehnt. Hier ist insbesondere an

---

273 Überschreitet die in der Mediation von den Parteien geplante Gestaltung dagegen eindeutige rechtliche Grenzen, liegt der Beendigungsgrund auf Seiten der Parteien (→ Rn. 220).

Gewalt oder sexuelle Präferenzen bzw. Praktiken zu denken, aber auch an Geschlechterrollenbilder, Stereotype und Vorurteile sowie an Arbeitsweisen oder Führungsverhalten, die nicht den Wertvorstellungen des Mediators entsprechen. Da jeder Mediator eigene Wertvorstellungen hat und folglich auf der Werteebene nicht völlig „neutral" sein kann (zum Neutralitätsbegriff in der Mediation → Rn. 105 ff. und → MediationsG § 1 Rn. 20 ff.), obliegt dem Mediator ein selbstkritisches Monitoring der eigenen ethisch-moralischen Grenzen. Wenn Kollisionen mit den eigenen Werten bzw. inneren Wertungen dazu führen, dass Mediatoren ihre professionelle Rolle – ggf. trotz einer intensiven Reflexion zB im Rahmen einer Supervision – nicht mehr adäquat wahrnehmen können, müssen sie die Mediation abbrechen.

Damit Mediatoren möglichst selten in laufenden Mediationsverfahren von inneren Konflikten überrascht werden, sollte eine **gründliche Selbstreflexion** bezüglich der eigenen Wertvorstellungen und „roten Tücher" sowohl als Bestandteil jeder Mediationsausbildung (→ MediationsG § 5 Rn. 20 und 22) als auch in der praxisbegleitenden Super- bzw. Intervision (→ Rn. 43 f.) stattfinden. 229

(3) Verlust der Allparteilichkeit. Auch wenn der Mediator seine Allparteilichkeit irreparabel verliert, muss er die Mediation beenden. Der Verlust der Allparteilichkeit kann auf zwei unterschiedliche Weisen eintreten. 230

Entweder gerät die **innere Haltung des Mediators** gegenüber den Konfliktparteien so aus der Balance, dass dies tatsächlich auf sein Verhalten durchschlägt und eine gleichmäßige Verfahrensführung verhindert. Gründe dafür können insbes. eine stark asymmetrische Sympathie- bzw. Antipathieverteilung, die ethisch-moralische Ablehnung des Verhaltens oder der Einstellung einer Partei oder auch ein starker Schutzreflex zugunsten einer Partei sein. 231

Die Allparteilichkeit des Mediators kann aber auch allein in der **Wahrnehmung einer oder mehrerer Parteien** verloren gehen. Dies ist – unabhängig von der tatsächlichen inneren Haltung des Mediators – relevant, da eine solche Wahrnehmung jedenfalls das Vertrauen der betroffenen Parteien auf die Integrität des Mediators und damit letztlich auch der Mediation unterminiert. Insofern macht es wenig Sinn, wenn der Mediator versucht, die Parteien von der eigenen Allparteilichkeit argumentativ zu überzeugen. Vielmehr sollte im Sinne einer allseitig offenen Feedbackkultur (→ Rn. 41) nach den Anlässen für die Wahrnehmung der Partei(en) gefragt und mögliche Verhaltensänderungen erwogen werden. 232

Steht die Allparteilichkeit auf dem Spiel, empfiehlt sich vor einem Verfahrensabbruch zunächst die Inanspruchnahme von **Supervision oder kollegialer Beratung** (→ Rn. 43 f.) als milderes Mittel. Gegebenenfalls kann das Mediationssystem auch durch die Hinzuziehung eines ausgleichend wirkenden **Co-Mediators** (→ Rn. 67 ff.) wieder arbeitsfähig werden.[274] 233

(4) Mangelnde Akzeptanz oder Verfahrensherrschaft. Nicht zuletzt ist ein Abbruchgrund seitens des Mediators auch dann gegeben, wenn der Mediator als Person oder in seiner professionellen Rolle die Akzeptanz seitens 234

---

274 Troja ZKM 2005, 161.

235 **c) Art und Weise der Beendigung.** Zwar verlangt der Normtext des § 2 Abs. 5 S. 2 auch vom Mediator keine Begründung für die Beendigung einer Mediation, aber die **Pflicht zur Angabe von Abbruchgründen** ist wohl als vertragliche Nebenpflicht gemäß § 241 Abs. 2 BGB anzunehmen, soweit sie nicht ohnehin Bestandteil des Mediatorvertrags ist.

236 Eine weitere implizite Pflicht des Mediators besteht darin, den **Verfahrensabbruch** nur als **ultima ratio** einzusetzen und vorher die Möglichkeiten einer veränderten Verfahrensführung auszuschöpfen. Insofern muss der Mediator die Parteien vor der Beendigung einer Mediation jedenfalls zunächst darauf hinweisen, dass und warum er den Eindruck hat, dass ein sinnvoller Fortgang der Mediation aus seiner Sicht nicht mehr zu erwarten ist. Liegen die Gründe dafür in den persönlichen Kapazitäten oder der psychischen Disposition einer Partei, ist hier mit dem erforderlichen Fingerspitzengefühl und ggf. zunächst im Einzelgespräch vorzugehen.[275]

Die Prinzipien der Transparenz und Selbstbestimmung der Parteien auch auf der Verfahrensebene gebieten, vor einem Verfahrensabbruch mit den Parteien **mögliche Verfahrensanpassungen** zu erörtern; nicht selten kommen hier von den Parteien wertvolle Hinweise, die eine Fortführung der Mediation ermöglichen.

237 Ist ein Abbruch der Mediation unumgänglich, sind die **Modalitäten der Beendigung** mit den Parteien zu klären. Insbesondere sollte besprochen werden, ob ein Mediatorwechsel gewünscht wird und, wenn ja, wer dafür ggf. in Betracht kommt. Auch andere **Weiterverweisungen** (an Rechtsanwälte, Notare oder andere beratende oder therapeutische Dienstleister) können ausgesprochen werden. Bisweilen wird von den Parteien auch ein „**Nachsorgegespräch**" mit dem Mediator gewünscht, um den Mediationsverlauf ex post auszuwerten und daraus jenseits der nicht stattgefundenen Einigung zumindest weiterführende Erkenntnisse zu ziehen.

238 **d) Haftungsfragen.** Bricht ein Mediator selbst eine Mediation aus Gründen ab, die in seiner Sphäre liegen (hier ist insbesondere an den Verlust der Allparteilichkeit zu denken), so konstituiert der Abbruch per se in aller Regel keinen Haftungsfall. Denn es ist ein der Mediatorentätigkeit inhärentes Risiko, die Allparteilichkeit zu verlieren – wenn die Allparteilichkeit nicht wiedergewonnen werden kann, ist es seitens des Mediators das (einzig) pflichtgemäße Verhalten, die Mediation abzubrechen bzw. abzugeben. Sorgfaltswidrig könnten allerdings die spezifischen Umstände des Abbruchs sein, wenn der Mediator zB die Parteien nicht bei einer Überleitung des Konfliktfalles zu einem anderen Mediator oder in ein anderes Verfahren unterstützt und den Parteien dadurch Nachteile entstehen.

239 **4. Erfolg und Scheitern einer Mediation.** Nicht jede Mediation, die ohne Vereinbarung beendet bzw. abgebrochen wird, ist gescheitert. Das Empfinden von Erfolg und Scheitern ist **abhängig von** den – expliziten oder

---

[275] Auch hier stellt sich die dilemmatische Frage, wer in einem auf Selbstbestimmung der Parteien basierenden Verfahren letztlich darüber entscheiden darf/soll, ob auf Seiten einer Partei ausreichende Selbstbestimmungsfähigkeit vorliegt.

impliziten – **Mediationszielen** (→ Rn. 51) sowie von den – bewussten oder unbewussten – **Erwartungen** aller Beteiligten an die Mediation.[276] Insofern kann die Beurteilung des Mediationserfolgs auch zwischen den Parteien oder zwischen Parteien und Mediator auseinanderfallen.

Nicht selten sind Parteien auch schon zufrieden, wenn in der Mediation eine Teilklärung erreicht wurde oder wenn die Arbeitsfähigkeit des Systems durch die Mediation so weit wiederhergestellt wurde, dass die Parteien auf dem Gesprächs- oder Verhandlungswege alleine bzw. mit ihren Anwälten weiterarbeiten können. 240

Umgekehrt wird auch nicht jede Mediation, die mit einer Vereinbarung endet, als (voller) Erfolg empfunden. Dies gilt insbesondere, wenn die Einigung als unzulänglicher Kompromiss empfunden wird, wenn Wertschöpfungspotential nicht realisiert wurde oder wenn die von einer oder mehreren Partei(en) zusätzlich zu einer Vereinbarung auf der Sachebene gewünschte Versöhnung oder Transformation auf der Beziehungsebene ausbleibt. 241

Damit Mediatoren im Sinne der eigenen **Qualitätssicherung und -entwicklung** eine realistische Einschätzung von den Wirkungen ihres Tuns erhalten, ist es in jedem Fall wichtig, am – wie auch immer gearteten – Ende eines Mediationsverfahrens **systematisches Feedback** einzuholen (ausführlicher dazu unter → Rn. 41). 242

VII. Abschluss (Abs. 6)

1. Regelungsgehalt und Begrifflichkeiten im Überblick. Absatz 6 regelt die **Modalitäten des Abschlusses** einer mit der Einigung der Parteien endenden Mediation. Da die Parteien nur auf der Basis eines ausreichenden Informationsstandes selbstbestimmt und selbstverantwortlich Entscheidungen fällen können, etabliert die Vorschrift die Pflicht des Mediators, auf eine entsprechende **Informiertheit der Parteien** – gegebenenfalls unter Zuhilfenahme externer Berater – hinzuwirken (S. 1 und 2). S. 3 bezieht sich dagegen auf die Möglichkeit, die erzielte Einigung in einer **Abschlussvereinbarung** festzuhalten. 243

Der Gesetzgeber verwendet in Abs. 6 für das idealtypische Ergebnis einer Mediation – die konsensuale Regelung der gemeinsamen Themen – drei verschiedene Begriffe: Einigung (S. 1 und 3), Vereinbarung (S. 1 und 2) und Abschlussvereinbarung (S. 3). Vorausgesetzt, dass dies nicht absichtslos geschehen ist, können darin verschiedene Ebenen bzw. Formalisierungsstufen des Mediationsabschlusses gesehen werden: Mit **Einigung** ist offensichtlich der Zustand der Einigkeit der Parteien darüber gemeint, *dass* sie eine gemeinsame Lösung für die zu Beginn (in Phase 2) der Mediation als regelungsbedürftig benannten Themen (→ Rn. 82) gefunden haben. Als **Vereinbarung** wird dagegen die operationalisierte Einigung bezeichnet, also die bindende inhaltliche Regelung der einzelnen Punkte.[277] Vereinbarungen 244

---

[276] Grundsätzliche Ausführungen zu Erfolg und Scheitern in der Mediation finden sich bei Schroeter in Lange/Kaeding/Lehmkuhl/Pfingsten-Wismer (Hrsg.), Frischer Wind für Mediation, 2007, sowie Harms/Schroeter in Gans/Hornung/Köstler, S. 37.
[277] So auch Fritz/Pielsticker/Pielsticker § 2 Rn. 126.

können mündlich und informell oder – in stichpunktartiger oder ausführlicher Form – schriftlich geschlossen werden. Inwieweit die Vereinbarung auch Vertragscharakter hat, hängt vom Gegenstand der Mediation ab (dazu → Rn. 246 ff.). Die schriftlich dokumentierte Vereinbarung am Ende einer Mediation wird im Gesetzestext als **Abschlussvereinbarung** bezeichnet.

245 **2. Vereinbarung.** Da die Vereinbarung ein zentraler Begriff ist, der sich durch alle drei Sätze des Abs. 6 zieht, werden wesentliche Aspekte der Vereinbarung bereits hier dargestellt.

246 **a) Zweck und Charakter der Vereinbarung.** Welchen rechtlichen Charakter Parteivereinbarungen am Ende einer Mediation haben, hängt von Thema, Ziel und Kontext der Mediation, primär aber vom Willen der Parteien ab.

Soweit in der Mediation **Regelungen** erarbeitet wurden, hat die diesbezügliche Vereinbarung grundsätzlich vertraglichen Charakter.[278] Ist noch keine vertragliche Bindung intendiert, sollten die Parteien dies dadurch deutlich machen, dass sie ein nicht-bindendes (Abschluss-)Dokument mit Termini wie „Absichtserklärung", „Memorandum of Understanding" oder „Einigungsentwurf" überschreiben.[279]

Soweit die Mediation dagegen der **Klärung** bestimmter Fragen gewidmet war, können die Ergebnisse dieser Klärung auch rein deklaratorisch in die (Abschluss-)Vereinbarung aufgenommen werden, ohne dass dadurch (unmittelbar) vertragliche Ansprüche bzw. Pflichten entstehen.[280] Gleiches gilt für informelle Absprachen, die klar ohne Rechtsbindungswillen getätigt werden.[281]

247 **b) Mögliche Vereinbarungsinhalte.** Neben den soeben genannten **Absprachen zu regelungs- oder klärungsbedürftigen Themen**, die sich unmittelbar auf den Konfliktinhalt beziehen, kann die Vereinbarung am Ende einer Mediation auch noch andere Ebenen betreffen.

248 **Implementierungsvereinbarungen** regeln die Modalitäten der Implementierung der in der Mediation erarbeiteten Regelungen, zB die Frage, wer es übernimmt, die notwendige notarielle Beurkundung einer beschlossenen Umstrukturierung einer GmbH nebst Registereintragung in die Wege zu leiten, und bis wann dies geschehen soll.

249 **Verfahrensvereinbarungen** beziehen sich auf die zukünftige Verfahrensweise im Umgang der Parteien miteinander oder mit dem Konfliktgegenstand. Hier ist insbesondere an **Mediationsabreden** zu denken, in denen sich die Parteien verpflichten, für den Fall des Wiederauflebens des Konfliktes oder

---

278 So auch Fritz/Pielsticker/Pielsticker § 2 Rn. 153 sowie Haft/v. Schlieffen Mediation-HdB/Kessen/Troja § 14 Rn. 75.
279 Vgl. Harms/Schmitz-Vornmoor ZKM 2013, 154.
280 Beispiel aus dem Kontext Wirtschaftsmediation: „Die Parteien stellen übereinstimmend fest, dass mit den von A auf der Messe M am xx.yy.zzzz getätigten Äußerung keine Rufschädigung von B intendiert war."
281 Beispiel aus dem Kontext Nachbarschaftsmediation: „Die Parteien vereinbaren, sich in Zukunft immer zu grüßen."

auch in anderen Streitigkeiten vor Beschreiten des Rechtsweges zunächst ein Mediationsverfahren einzuleiten.[282]

Nicht zuletzt kann die Abschlussvereinbarung einer Mediation eine **Regelung der Kostentragung der Verfahrenskosten** enthalten – und sollte dies jedenfalls dann tun, wenn im Laufe der Mediation ein Kostentragungsmodell erarbeitet wurde, das von der ursprünglichen Rahmenvereinbarung abweicht (dazu → Rn. 109) oder darüber hinausgeht, weil beispielsweise nun neben dem Honorar des Mediators auch etwaige Rechtsanwalts-, Gerichts- oder Gutachterkosten eingeschlossen werden sollen. 250

c) Beteiligte. Im Sinne der in einer Mediation allein den Parteien obliegenden Inhaltsverantwortung (→ Rn. 7) wird die Vereinbarung in jedem Fall zentral, primär und zumeist auch exklusiv durch die **Mediationsparteien** geschlossen. 251

Ob darüber hinaus auch **Dritte** oder gar der **Mediator** beteiligt werden, hängt vom Inhalt der Vereinbarung ab. 252

Wenn die Vereinbarung auch Pflichten Dritter beinhalten soll,[283] müssen diese der Vereinbarung ohnehin zumindest zustimmen oder beitreten; insofern empfiehlt es sich, dass diese Dritten die Vereinbarung, soweit sie in Schriftform niedergelegt wird, auch mit unterzeichnen.

Letzteres gilt insbesondere, wenn die an einer Mediation beteiligten Rechtsanwälte (Implementierungs-)Aufgaben in der Weiterbearbeitung oder Umsetzung der Mediationsergebnisse übernehmen, die von der Ausformulierung der Abschlussvereinbarung bis zur Veranlassung von Registereintragungen reichen können.

Eine Einbeziehung des Mediators in die Vereinbarung ist dann angezeigt, wenn dieser Implementierungsunterstützung leisten soll. Dies kann im Sinne einer „Nachsorgemaßnahme" zum Beispiel durch einen Anruf oder auch einen Präsenztermin in bestimmtem zeitlichen Abstand nach Mediationsende geschehen, in dem der Mediator nachfragt, ob die Vereinbarung realisiert wurde und tragfähig ist oder ob es der Nachsteuerung bedarf.

Bisweilen unterzeichnen Dritte oder der Mediator eine Mediationsvereinbarung aber auch nur deswegen, um zu dokumentieren, dass sie unterstützend daran mitgewirkt haben, ohne dass sie inhaltlich von der Vereinbarung betroffen sind. In solchen Fällen empfiehlt es sich aus Gründen der Klarheit, die Unterschriften der Nicht-Parteien deutlich von den sich inhaltlich verpflichtenden Parteien abzusetzen und ggf. auch mit einer diesbezüglich erläuternden Passage zu versehen. 253

3. Äußerungen des Mediators zur Rechtslage. An verschiedenen Stationen einer Mediation auf dem Weg zu einer (Abschluss-)Vereinbarung kann sich für einen Mediator die Frage stellen, ob er sich in irgendeiner Form zur Rechtslage äußern soll. Anlass dafür können entweder entsprechende Nachfragen oder Bitten der Parteien oder auch die Eigenmotivation des 254

---

282 Zu Mediationsklauseln → MediationsG § 1 Rn. 14.
283 Beispiel aus dem Kontext Erbmediation: „Herr X, bei dem sich die Nachlassgegenstände A-D in Verwahrung befinden, wird eine exakte Auflistung der in seiner Obhut befindlichen Gegenstände anfertigen und diese Auflistung nebst illustrierenden Fotografien der Erbengemeinschaft zukommen lassen."

Mediators sein, wenn ihm die eigene Einschätzung der Rechtslage zB zu Fragen von Fristläufen, zu Legalitätsgrenzen von Optionen oder zu rechtlichen Ausgestaltungsmöglichkeiten für die Bearbeitung und Lösung des Konfliktes relevant erscheint.

255 Das Gesetz schließt Einlassungen des Mediators zur Rechtslage nicht grundsätzlich aus.[284]

Ob und auf welche Weise sich ein Mediator in einer konkreten Fallkonstellation allerdings zur Rechtslage äußern darf und äußern sollte, ist mit Blick auf **drei getrennt voneinander zu betrachtende Fragen** zu prüfen:

- Läge eine Kollision mit dem Rechtsdienstleistungsgesetz (RDG) vor?
- Würde die Einlassung zur Rechtslage den Konfliktbearbeitungsprozess fördern?
- Wäre durch eine Äußerung zur Rechtslage die allparteiliche Rolle des Mediators gefährdet?

Da sich die diesbezüglichen Ausführungen auf alle drei Sätze des Abs. 6 beziehen können, werden auch sie hier vorangestellt.

256 a) **Regelungsrahmen und -systematik des Rechtsdienstleistungsgesetzes**[285] **aa) Vorliegen einer Rechtsdienstleistung.** Hier ist zunächst im konkreten Fall zu prüfen, ob sich die rechtlichen Einlassungen des Mediators überhaupt **als Rechtsdienstleistung qualifizieren** lassen und damit dem RDG unterfallen.

Dazu trifft das RDG folgende **zentrale Unterscheidung**: Die allgemeine, abstrakt-generelle **Darstellung** rechtlicher Regelungen, Rahmenbedingungen und Handlungsoptionen wird nicht als Rechtsdienstleistung betrachtet und ist damit a priori erlaubnisfrei. Die **Anwendung** von Rechtsnormen durch rechtliche Subsumtion, Wertung oder Regelungsvorschläge dagegen stellt eine grds. erlaubnispflichtige Rechtsdienstleistung dar, da sie iSd § 2 Abs. 1 RDG „*eine rechtliche Prüfung des Einzelfalls erfordert*".

257 Spezifisch für die Mediation stellt § 2 Abs. 3 Nr. 4 RDG klar: „*Rechtsdienstleistung ist nicht [...] die Mediation und jede vergleichbare Form der alternativen Streitbeilegung, sofern die Tätigkeit nicht durch rechtliche Regelungsvorschläge in die Gespräche der Beteiligten eingreift.*"

Die Mediationstätigkeit ist also nicht per se als Rechtsdienstleistung einzustufen.

Auch wenn sich der Mediator im Verfahren zur Rechtslage äußert, erbringt er keine Rechtsdienstleistung iSd RDG, solange er sich auf **allgemeine Aufklärung zur Rechtslage**, auf die **reine Moderation eines Rechtsgesprächs** zwischen den Parteien bzw. ihren Rechtsanwälten oder auf die **bloße Protokollierung von rechtlichen Gestaltungsmodellen** beschränkt.

258 Die **rechtsgestaltende Mitwirkung an der Formulierung einer Abschlussvereinbarung** ist dagegen stets als Rechtsdienstleistung anzusehen.[286]

---

[284] BT-Drs. 17/5335 (Begr. RegE), 15.
[285] S. hierzu die umfassende Kommentierung von v. Lewinski/Kasper (→ RDG Einl. Rn. 1 ff.).
[286] S. dazu BT-Drs. 16/6634 (Beschlussempfehlung und Bericht des Rechtsausschusses zum Entwurf eines Gesetzes zur Neuregelung des Rechtsberatungsrechts, 51); auch Greger/Unberath/Steffek/Greger B. § 1 Rn. 87.

bb) Zulässigkeit einer Rechtsdienstleistung. Wenn ein Mediator rechts- 259
dienstleistend tätig werden will, muss er vorab überprüfen, ob dies **nach
dem RDG zulässig** ist. Soweit der Mediator nicht zu einer **Berufsgruppe**
gehört, die ohnehin per se Rechtsdienstleistungen erbringen darf (hierzu
gehören neben den Rechtsanwälten insbes. die Notare), kann er im Zusammenhang
mit einer Mediation allenfalls nach § 5 Abs. 1 RDG als
Nebenleistung erlaubte Rechtsdienstleistungen erbringen, wenn diese „*als
Nebenleistung zu seinem Berufs- oder Tätigkeitsbild gehören. Ob eine
Nebenleistung vorliegt, ist nach ihrem Inhalt, Umfang und sachlichen
Zusammenhang mit der Haupttätigkeit unter Berücksichtigung der Rechtskenntnisse
zu beurteilen, die für die Haupttätigkeit erforderlich sind.*"

Die Rechtsdienstleistung eines nicht schon per se zur Rechtsdienstleistung 260
befugten Mediators wäre also dann zulässig, wenn sie mit Blick auf die
Haupttätigkeit von deutlich untergeordneter Bedeutung ist und wenn sie
auf der Basis von spezifischen Rechtskenntnissen erbracht wird, die für die
Haupttätigkeit notwendig sind. Als die Haupttätigkeit definierendes Berufs-
oder Tätigkeitsbild kommt sowohl der sog. Herkunfts- oder Stammberuf
eines Mediators als auch die Spezialisierung auf eine etablierte Mediationstätigkeit
in Betracht (→ RDG § 5 Rn. 3 ff.). Insofern können sich
zB Jugendamtsmitarbeiter, die durch ihren beruflichen Alltag mit den Spezifika
des Umgangsrechts vertraut sind, oder Architekten, die die Grundlagen
des Baurechts beherrschen müssen, auch in Mediationen zu dieser
Thematik rechtsdienstleistend äußern. Ebenso können Mediatoren, die sich
iSd Tätigkeitsbildes „Erbmediator" auf Erbstreitigkeiten spezialisiert und
dafür erbrechtliche Kenntnisse erworben haben, im Rahmen einer Mediation
zu erbrechtlichen Fragen rechtsdienstleistend Stellung nehmen.[287]

cc) Absicherungsmöglichkeiten. Sowohl als Schutz gegen nicht erfüllbare 261
Erwartungen als auch gegen etwaige Schadensersatzansprüche einer Partei
wegen unzureichender, falscher oder unzulässiger Rechtsberatung sollten
Mediatoren, die keine Rechtsdienstleistungen erbringen dürfen oder wollen,
die Parteien vor Abschluss des Mediatorvertrags diesbezüglich aufklären
und dazu auch klare Regelungen im Mediatorvertrag treffen.

Gerade in diesen Konstellationen ist der Hinweis auf die Möglichkeit ex- 262
terner Rechtsberatung iSv § 2 Abs. 6 S. 2 von besonderer Wichtigkeit.[288]
Wenn Mediatoren externe Beratung aufgrund der Konfliktmaterie für angezeigt
halten, aber die Parteien diese Möglichkeit nicht in Anspruch nehmen
wollen, sollten Mediatoren sich zu ihrer eigenen Absicherung bestätigen
lassen, dass sie eine diesbezügliche Empfehlung zugunsten externer
Beratung ausgesprochen haben.[289]

b) Rolle des Rechts im Konfliktbearbeitungsprozess. Viele Mediatoren und 263
auch viele Parteien betrachten das Recht in der Mediation als Fremdkörper
oder sogar als Störfaktor. Sie nehmen rechtliche Positionen bzw. Argumente
als Bedrohung für die gewünschte konsensuale Konfliktbeilegung wahr
und versuchen – entsprechend der bekannten Metapher „*Das Recht ist
ein Elefant: Sobald es den Raum betritt, droht es die Mediation zu domi-*

---

[287] S. hierzu Scherer MAH ErbR/Risse § 69, 2196 ff.
[288] Greger/Unberath/Steffek/Greger B. § 1 Rn. 89 f.
[289] Fritz/Pielsticker/Pielsticker § 2 Rn. 148.

*nieren."*²⁹⁰ – Rechtsfragen in der Mediation generell zu vermeiden. Rechtsanwälte dagegen befürchten nicht selten, dass in der Mediation Rechte ihrer Mandanten, gesetzliche Vorgaben und anwaltliches Know-How keine ausreichende Berücksichtigung finden.

Angesichts dieser Ambivalenz stellt sich die Frage nach der **Rolle des Rechts in der Mediation**.²⁹¹

264 **Für eine Einbeziehung des Rechts** auch in die Mediation spricht eine Reihe von Faktoren:

Vor allem anderen ist Recht schlicht Teil der Lebenswirklichkeit, welche die (Konflikt-)Situation, in der sich die Mediationsparteien befinden, ausmacht. Es wirkt auf die Wahrnehmung der Bedingungen und Grenzen des Verhandlungsspielraums; insbesondere bestimmt die Einschätzung der Durchsetzbarkeit von Rechtspositionen in vielen Fällen die sogenannte Nichteinigungsalternative (BATNA). Um selbstverantwortlich handeln zu können, müssen die Parteien in der Lage sein, eine auch **hinsichtlich ihrer Rechte informierte Entscheidung** zu treffen. Gerade der (teilweise) Verzicht auf (wahrscheinlich) durchsetzbare rechtliche Ansprüche in der Mediation sollte bewusst erfolgen. Dies entspricht auch dem Prinzip der informierten Einigung gem. § 2 Abs. 6 S. 1 (dazu sogleich unter → Rn. 273 ff.).

Das Recht ist Ergebnis einer abstrakt-generellen Interessen- und Schutzwürdigkeitsabwägung und damit Ausdruck eines gesellschaftlichen Gerechtigkeitsempfindens. Es kann den Parteien in dieser Hinsicht wichtig sein zu erfahren, wie ihr Konfliktfall rechtlich zu bewerten ist, um allgemeingültige Beurteilungskriterien in die Lösungsfindung einzubeziehen. Handelt es sich bei den Konfliktparteien um Organisationen, die kollektive Interessen vertreten, so ist für diese die gesellschaftliche Wahrnehmung und Akzeptanz des Mediationsergebnisses oft von noch weitreichenderer Bedeutung als für Privatpersonen. Das Recht bietet also Anhaltspunkte für die **individuelle und gesellschaftliche Fairnesskontrolle von Einigungsszenarien.**

Auf lösungspragmatischer Ebene sind rechtliche Modelle zudem ein **Fundus von Regelungsmöglichkeiten für typisierte Konfliktlagen,** der auch in der Mediation genutzt werden kann.

Das zwingende Recht regelt die materielle und formelle Zulässigkeit von Einigungsentwürfen. Damit ist es unverzichtbar für die **Wirksamkeit und die Nachhaltigkeit von Mediationsvereinbarungen.**

265 Zugleich sind mit der Thematisierung von Recht in einer Mediation auch **Risiken** verbunden: Denn Rechtsansprüche der Parteien stellen in der Strukturlogik der Mediation Positionen dar, die – vor allem, wenn sie vehement oder gar kategorisch vertreten werden – die Gefahr in sich bergen, zu einer **Konzentration auf justiziable Aspekte** und argumentativen Schlagabtausch sowie zu **Polarisierung und Eskalation** zu führen. Auch sind rechtliche Erörterungen oft eher **vergangenheits- und schuldorientiert** und stehen dadurch im Kontrast zu der zukunfts- und lösungsorientierten

---

290 Himmelstein, zitiert in Haft/v. Schlieffen Mediation-HdB/Ripke, 2009, § 7 Rn. 18.
291 Dazu ausführlich Ade/Gläßer ZKM 2013, 57.

Grundausrichtung der Mediation. All dies kann die für eine wertschöpfende Lösungsfindung notwendige Interessenorientierung des Verfahrens konterkarieren.

Unter Berücksichtigung dieser Vor- und Nachteile ist die Thematisierung von rechtlichen Aspekten dem Konfliktbearbeitungsprozess im Rahmen einer Mediation dann förderlich, wenn sie der **Aufklärung der Parteien über rechtliche Möglichkeiten, Risiken und Grenzen** und damit der bewussten **Verantwortungsübernahme für das Mediationsergebnis** dient – ohne das Mediationsverfahren zu dominieren. Eine Mediation sollte insofern nicht im Schatten,[292] sondern „im Lichte des Rechts" stattfinden.[293]

In der interessenorientierten Mediation hat das Recht deshalb primär die Rolle, die Selbstverantwortung im Willensbildungsprozess und in der Ergebnisfindung zu unterstützen – es ist aber nicht die (alleinige) Basis, auf der entschieden wird: **Zentrale Kriterien für eine gute Regelung bleiben die Interessen und Bedürfnisse der Parteien.** Zwingendes Recht *muss* dabei berücksichtigt werden; das dispositive Recht und seine Gerechtigkeitsmaßstäbe *können* als Anregung und Beurteilungsmaßstab für Einigungsoptionen[294] herangezogen werden.

c) Rechtsanwendung und Allparteilichkeitsprinzip. Rechtsnormen sind selten vollständig eindeutig; häufig enthalten sie unbestimmte Rechtsbegriffe oder anderweitige Auslegungsspielräume. Zu vielen Rechtsfragen existieren zudem unterschiedliche juristische Meinungen. Wenn Mediatoren Rechtsnormen auf konkrete Sachverhalte „anwenden" wollen, müssen sie folglich interpretieren, auslegen und sich dabei positionieren. Diese Positionierung kann für die eine oder die andere Mediationspartei günstiger ausfallen – und damit die wahrgenommene oder reale Allparteilichkeit des Mediators gefährden.

d) Methodische Hinweise für Rechtsgespräche in der Mediation. Es gilt, methodische Wege für parteiseitig gewünschte Rechtsgespräche zu finden, die dem Fortgang der mediativen Konfliktbearbeitung förderlich sind und die Allparteilichkeit des Mediators wahren.

Anlass zu rechtlichen Erörterungen kann es in allen Phasen der Mediation geben.[295] Damit offene Rechtsfragen oder unterschiedliche Einschätzungen der rechtlichen Erfolgsaussichten weder die eigentliche Konfliktklärung und Interessenermittlung verdrängen, noch die Lösungsfindung blockieren, ist es ratsam, diese rechtlichen Aspekte möglichst zum Ende der Phase der Konfliktklärung hin zu erörtern – nachdem ein besseres Verständnis des Konflikterlebens und der dahinterstehenden Interessen und Bedürfnisse der jeweils anderen Seite entstanden ist und bevor in die kreative Optionensammlung übergegangen wird.

Rechtliche Argumentationen entfalten leicht eine Eigendynamik, die es den Parteien schwer machen kann, ihre Interessen sowie vorhandene Autonomie- und Gestaltungsspielräume im Blick zu behalten. Eine zentrale

---

292 So der bekannte Aufsatz von Mnookin/Kornhauser Yale Law Journal 1979, 950.
293 S. hierzu auch Trenczek Zeitschrift für Rechtssoziologie 2005, 3 ff.
294 S. hierzu: Gläßer, Entwicklung von Einigungsoptionen durch systematische Variation, in Knapp (Hrsg.), Verhandlungs-Tools, 2017, S. 209 ff.
295 S. dazu im einzelnen Ade/Gläßer ZKM 2013, 57 (59 f.).

Aufgabe des Mediators ist es deshalb zum einen, immer wieder eine **bewusste Entscheidungsfindung bezüglich des von den Parteien gewünschten Stellenwertes des Rechts und des Umgangs damit** zu unterstützen. Soweit rechtliche Erörterungen Teil der Mediation sein sollen, muss der Mediator sicherstellen, dass die Parteien diese rechtlichen Ausführungen auch – zumindest in ihren wesentlichen Grundzügen – verstehen.

271 Zur Vermeidung von Allparteilichkeitsproblemen empfiehlt es sich sehr, dass sich der Mediator nicht selbst inhaltlich in Rechtsgesprächen mit den Parteien oder ihren Beratern positioniert. Der Mediator kann stattdessen das **Rechtsgespräch der Parteien oder ihrer Anwälte moderieren**, indem er durch aktives Zuhören und Paraphrasieren die wesentlichen rechtlichen Gesichtspunkte aufgreift, allgemein verständlich wiedergibt und gegebenenfalls auch visualisiert.[296]

272 In dieser Moderation von Rechtsdarstellungen sind die Subjektivitäten und Unsicherheiten rechtlicher Urteile und Prognosen möglichst transparent zu machen. Idealerweise tarieren sich die Ausführungen der Parteianwälte gegenseitig aus, so dass für die Parteien ein in der Gesamtschau ausgewogenes Bild der Rechtslage und der sich hieraus ergebenden Möglichkeiten entsteht.

273 **4. Prinzip der informierten Einigung (Satz 1). a) Kenntnis der Sachlage.** Während der Referentenentwurf noch verlangte, dass die Parteien die Vereinbarung in *„voller* Kenntnis der Sachlage" treffen sollen, belässt es die aktuelle Gesetzesfassung bei der bloßen „Kenntnis". Die Formulierung erinnert dabei an den Wortlaut von § 779 Abs. 1 BGB, nach dem *„ein Vertrag, durch den der Streit oder die Ungewissheit der Parteien über ein Rechtsverhältnis im Wege gegenseitigen Nachgebens beseitigt wird (Vergleich)"*, dann unwirksam ist, *„wenn der nach dem Inhalt des Vertrags als feststehend zugrunde gelegte Sachverhalt der Wirklichkeit nicht entspricht und der Streit oder die Ungewissheit bei Kenntnis der Sachlage nicht entstanden sein würde."* Insofern steht zu vermuten, dass der Gesetzgeber mit der Formulierung von § 2 Abs. 6 S. 1 nicht nur das **Prinzip der informierten Parteientscheidung**, sondern auch die **Wirksamkeit der Mediationsvereinbarung absichern** wollte.

274 Fraglich ist, was im Einzelnen von dem Begriff der „Sachlage" erfasst werden soll.

275 Jedenfalls ist damit die **Faktenbasis** der in der Mediation zu treffenden Entscheidungen, also der für die Vereinbarung relevante Sachverhalt gemeint. Hierzu zählen bspw. der Überblick über vorhandene und zu verteilende Vermögenswerte in einer Erbmediation oder die Kenntnis von relevanten Mitarbeiter- oder Umsatzzahlen in einer Wirtschaftsmediation (zur Mitwirkung von Mediatoren an Informationsbeschaffung und Sachverhaltsaufklärung und daraus resultierenden Haftungsrisiken → Rn. 33a und 284).

276 Auch die entscheidungsrelevante **Bewertung bestimmter Fakten** wie zB die Einschätzung des Wertes eines Gegenstandes oder Unternehmens sind zur

---

296 S. generell zur Technik der Verständnissicherung Haft/v. Schlieffen Mediation-HdB/Gläßer, 2016, § 15 Rn. 27 ff.

"Sachlage" iSd Vorschrift zu zählen. Hier kann bei Bedarf eine Objektivierung der Bewertung durch Einholung von Gutachten herbeigeführt werden (dazu → Rn. 182).

Unter Sachlage sind auch die sog. **Nichteinigungsalternativen**[297] zu fassen, denn eine fundierte Entscheidung sollte als Kosten-Nutzen-Abwägung einer Einigung im Vergleich zu einer Nichteinigung gefällt werden.

Grundsätzlich sind zur Sachlage auch die **Kausalzusammenhänge** bei Schadensverläufen zu zählen. Allerdings kann hier eine solide Kenntniserlangung sehr aufwändig und kostspielig sein und damit letztlich nicht im Interesse der Parteien liegen. Da in einer Mediation, anders als für eine richterliche Entscheidung, nicht der „objektive Sachverhalt" ermittelt werden muss, sondern die Parteien selbst entscheiden können, auf welcher Basis und nach welchen Kriterien sie ihre Vereinbarung treffen wollen, sollte der Mediator die Parteien zu einer sorgfältigen Abwägung anhalten, ob bestimmte Kausalitäten gutachterlich geklärt werden sollen oder ob eine Vereinbarung ohne Aufklärung dieser faktischen Ebene getroffen werden kann.

Sehr praxisrelevant ist die Frage, ob das Gesetz vom Mediator verlangt, darauf hinzuwirken, dass die Parteien ihre Vereinbarung auch in **Kenntnis der Rechtslage** treffen.

Aus dem Wortlaut der Norm, der gerade nicht die Formulierung „Kenntnis der Sach- *und Rechts*lage" enthält, könnte geschlossen werden, dass der Gesetzgeber die Kenntnis der Rechtslage als nicht relevant angesehen hat. Andererseits verlangt das übergeordnete Normziel – die **Unterstützung einer informierten Entscheidung** – gerade auch eine Einschätzung der Rechtslage durch die Parteien (dazu ausführlich oben unter → Rn. 263 ff.), außer die Parteien erachten diese grundsätzlich als nicht entscheidungsrelevant. Insofern sollten Mediatoren in jedem Fall transparent und möglichst frühzeitig mit den Parteien erörtern, welche Rolle das Recht in der konkreten Mediation haben und wie es ggf. eingeführt werden soll.[298]

Wenn eine Befassung mit der Rechtslage gewünscht wird, kann problematisch werden, dass die Rechtslage häufig nicht eindeutig festzustellen ist, sondern von Auslegungen, Interpretationen etc abhängt. Hier stellt sich die Folgefrage, durch wen und auf welche Weise die Einschätzung der Rechtslage vorgenommen werden soll (dazu unter → Rn. 254 ff. und unter → Rn. 285 ff. und → Rn. 293).

b) Verständnis des Einigungsinhalts. Grundsätzlich geht es hier darum, dass die Parteien die rechtliche und faktische Bedeutung und Tragweite ihrer Vereinbarung ausreichend erfassen.

Dies ist besonders relevant,

- wenn die **Vereinbarung nicht von den Parteien selbst formuliert** wurde,
- wenn die **Vereinbarung besonders komplex** ist und/oder **Fachtermini** enthält und damit den Verständnishorizont von Laien überschreiten könnte oder

---

297 Englisch: Best Alternative to a Negotiated Agreement (BATNA).
298 S. dazu Ade/Gläßer ZKM 2013, 57.

- wenn die **Parteien** mit Blick auf die Sprache, in der die Vereinbarung abgefasst ist, **keine Muttersprachler** sind.[299]

281 Hat eine Partei eine Vereinbarung tatsächlich abgeschlossen, ohne ihren Inhalt richtig verstanden zu haben, gelten die allgemeinen zivilrechtlichen **Anfechtungsregeln** gem. §§ 119 ff. BGB.

282 **c) Hinwirken. aa) Anforderungen an das Hinwirken.** Der Referentenentwurf verlangte noch, dass sich der Mediator *vergewissern* sollte, dass die Parteien die Vereinbarung in voller Kenntnis der Sachlage treffen und ihren Inhalt verstehen.[300] Der aktuelle Gesetzeswortlaut, nach dem der Mediator lediglich auf Kenntnis und Verständnis der Parteien *hinwirken* soll, scheint auf den ersten Blick eine geringere Anforderung an den Grad der Gewissheit zu stellen. Dies überrascht, da es mit Blick auf das zentrale Prinzip der Selbstverantwortung der Parteien fundamental erscheint, dass die Parteien die Faktenbasis und den Inhalt ihrer Einigung auch verstehen. Insofern halten einige auch an dem Maßstab des „Vergewisserns" fest.[301]

283 Alternativ dazu kann das Verb „hinwirken" aber auch so verstanden werden, dass es – im Vergleich zum „Vergewissern", womit ja eher ein (reaktives) Überprüfen dessen, was da ist (oder nicht), gemeint ist – per se höhere Anforderungen an den Mediator stellt, indem es letzteren dazu verpflichtet, **Kenntnis und Verständnis der Parteien** im Zweifel **proaktiv herzustellen.**

Dafür kann der Mediator die zentralen Grundlagen und Inhalte der Vereinbarung – ähnlich wie ein Notar im Beurkundungsverfahren – **laienverständlich erläutern.** Dabei sollte der Mediator unbedingt beachten, dass die individuellen Verständnishorizonte der Parteien eines Mediationsfalles sehr unterschiedlich sein können. Insofern empfiehlt es sich, dass der Mediator zur Überprüfung der Kenntnisse und des Verständnisses der Parteien auch seinerseits Fragen stellt und die Methodik der Verständnissicherung anwendet.

Nachhaltigkeitssicherung sowie die Erwägung möglicher Nichteinigungsszenarien kann der Mediator auch durch sog. **Szenariotests**, insbesondere die Frage nach denkbaren worst-case-Entwicklungen, befördern.

Mediatoren haben nicht per se die Pflicht, an der **Beschaffung der einigungsrelevanten Informationen** mitzuwirken. Sie können derartige Pflichten aber durch vertragliche Zusatzvereinbarung übernehmen. Dann tragen sie auch ein entsprechendes Haftungsrisiko für eine Nicht- oder Schlechterfüllung (dazu insb.→ L Rn. 33a mwN).

284 „Hinwirken" impliziert zugleich den Respekt vor der Parteiautonomie – denn bei allen Bemühungen des Mediators entscheiden letztlich die Parteien selbst, welche Faktenkenntnis und welche Verständnistiefe als Grundlagen für ihre Vereinbarung für sie ausreichend sind.

285 **bb) Rechtsberatung durch den Mediator.** Der Auftrag, darauf hinzuwirken, dass die Parteien ihre Vereinbarung in voller Kenntnis der Sachlage

---

299 Zum Einsatz von Dolmetschern bzw. Übersetzern in der Mediation → Rn. 181.
300 S. RefE des BMJ abrufbar unter http://rsw.beck.de/docs/librariesprovider5/rsw-dokumente/RefE_Mediationsgesetz_20100803.
301 Fritz/Pielsticker/Pielsticker § 2 Rn. 131.

treffen, verpflichtet den Mediator auch dazu zu überprüfen, ob die Parteien – orientiert an deren eigenen Informationsansprüchen – ausreichende Kenntnis der relevanten *Rechts*lage haben. Bei Bedarf muss der Mediator iSd § 2 Abs. 6 S. 2 darauf hinwirken, dass die Parteien entsprechenden Rechtsrat einholen.

Die Frage, ob der Mediator einen solchen **Rechtsrat auch selbst geben** 286 kann, ist auf drei Ebenen zu diskutieren: Zum einen ist zu prüfen, ob rechtliche Einlassungen des Mediators zu einer **Kollision mit dem Rechtsdienstleistungsgesetz** führen würden. Zum anderen ist darauf zu achten, ob rechtliche Einlassungen des Mediators den **Konfliktbearbeitungsprozess** eher fördern oder stören und inwieweit sie **mit seiner allparteilichen Rolle vereinbar** sind (dazu im Einzelnen oben unter → Rn. 255 ff.).

Angesichts dieser Fragen und damit verbundenen Herausforderungen ent- 287 hält die Vorschrift jedenfalls **keine Verpflichtung** des Mediators, selbst die rechtliche Aufklärung der Parteien zu leisten. Vielmehr erscheint die externe Rechtsberatung gem. § 2 Abs. 6 S. 2 als das in mehrfacher Hinsicht vorzugswürdige Modell.[302]

Allerdings dürfen Anwaltsmediatoren grds. eine allgemeine, allparteilich angelegte rechtliche Beratung der Medianden vornehmen; hierbei sind strikt die Grenzen des § 43a Abs. 4 BRAO einzuhalten. Zugleich ist auch ein Anwaltsmediator nicht automatisch zur vollumfänglichen rechtlichen Beratung im allparteilichen Sinne verpflichtet. Wird eine solche Beratung aber durch das Auftreten und Handeln des Anwaltsmediators angeboten oder zumindest impliziert und von den Medianden kausal daraus folgend auch erwartet, so ist eine umfassende rechtliche Beratung auch geschuldet, woraus sich ein entsprechendes Haftungsrisiko ergibt (→ Rn. 33a).[303] Schließt ein Anwaltsmediator einen Mediationsrahmenvertrag, sollte deshalb im Sinne der Pflichten- und Rollenklarheit sorgfältig auf eine klare Definition der durch den Mediator übernommenen Aufgaben geachtet werden (→ Rn. 33a).[304]

5. Überprüfung der Vereinbarung durch externe Berater (Satz 2). a) Hin- 288 **weispflicht.** Während der Mediator nach dem Regierungsentwurf lediglich hinweisen *sollte*,[305] *hat* der Mediator nach dem aktuellen Gesetzestext Parteien ohne fachliche Beratung auf die Möglichkeit einer externen Überprüfung der Vereinbarung hinzuweisen. Das Gesetz lässt also keinen Spielraum für eigenes Ermessen des Mediators, sondern statuiert eine **kategorische Hinweispflicht**. Ob Bedarf nach einer solchen Überprüfung besteht, entscheiden dann nach dem Wortlaut der Norm die Parteien, nicht der Mediator.[306]

Die Hinweispflicht soll eine informierte Entscheidung der Parteien beför- 289 dern. Deshalb muss der Hinweis jedenfalls **vor der Finalisierung der Ver-**

---

302 Ade/Gläßer ZKM 2013, 57 (62).
303 BGH 21.9.2017 – IX ZR 34/17; vorgehend OLG Stuttgart 26.1.2017 – 11 U 4/16 mit Kommentierung von Jost ZKM 2017, 71.
304 BGH 21.9.2017 – IX ZR 34/17; vorgehend OLG Stuttgart 26.1.2017 – 11 U 4/16; Jost ZKM 2017, 71 (72).
305 So BT-Drs. 17/5335 (Begr. RegE), 15.
306 S. hierzu auch Harms/Schmitz-Vornmoor ZKM 2013, 154.

einbarung gegeben werden.[307] Werden externe Berater erst hinzugezogen, wenn bereits ein Vereinbarungsentwurf vorliegt, können in der Praxis bisweilen dadurch Probleme entstehen, dass die Berater den Weg zu dieser Vereinbarung nicht miterlebt haben und deswegen in Unkenntnis der Hintergründe und Motive der Parteien die Vereinbarung in Frage stellen. Deshalb sollten Mediatoren die Parteien bereits vor oder zu Beginn der Mediation auf die Möglichkeit und potenziellen Nutzen einer externen Beratung hinweisen und – bei Beratungsbedarf – gemeinsam mit den Parteien differenziert erörtern, zu welchem Zeitpunkt und auf welche Weise die Berater in den Verfahrensablauf integriert werden können (zu den bestehenden Möglichkeiten → Rn. 165 ff.).

290 **b) Voraussetzung: Partei ohne fachliche Beratung.** Voraussetzung für das Entstehen der Hinweispflicht ist, dass eine Partei ohne fachliche Beratung an der Mediation teilnimmt. Mit dem Begriff der fachlichen Beratung hatte der Gesetzgeber primär Rechtsberatung durch Rechtsanwälte im Blick.[308] Je nach Mediationsgegenstand kommen aber auch andere Berater wie zB Unternehmens- oder Steuerberater, Architekten oder andere Sachverständige in Betracht. Welche Art der fachlichen Beratung grundsätzlich angezeigt wäre und bei Fehlen damit die Hinweispflicht auslöst, hängt vom Konfliktgegenstand ab. Im Zweifel sollte der Mediator die Parteien routinemäßig auf externe Beratungsmöglichkeiten hinweisen; dies gilt insbesondere bei fehlender Rechtsberatung.

291 In Fallkonstellationen, in denen der Mediator grundsätzlich auch selbst Rechtsrat geben kann (dazu unter → Rn. 254 ff.), sind die Parteien zwar streng genommen nicht *ohne* diesbezügliche Beratung. Wegen der mit einer Beratung durch den Mediator verbundenen Gefahren für die Allparteilichkeit (dazu unter → Rn. 267) und auch wegen des Haftungsrisikos (dazu oben unter → Rn. 171) sollte der Mediator in diesen Fällen aber besonders sorgfältig die Nutzen und Risiken eines solchen Beratungsmodells gegenüber externer Rechtsberatung abwägen.[309]

292 Ein heikler Grenzfall liegt vor, wenn die Parteien zwar fachlich bzw. rechtlich beraten sind, diese **Beratung** dem Mediator aber deutlich **unzulänglich oder** gar klar **fehlerhaft** erscheint.[310]

Um eine informierte Entscheidungsfindung der Parteien zu unterstützen, sollten Mediatoren der betroffenen Partei in einem solchen Fall vorsichtig – idealerweise im Einzelgespräch in Abwesenheit des Beraters – ihren Eindruck schildern, so dass die betroffene Partei sensibilisiert ist und selbstverantwortlich entscheiden kann, wie sie weiter vorgehen will.

293 **c) Überprüfungsmöglichkeiten durch externe Berater.** Externe Berater können auf unterschiedliche Art und Weise in ein Mediationsverfahren eingebunden werden (dazu auch → Rn. 160). Sie können von Anfang an und durchgehend an dem gesamten Mediationsverfahren teilnehmen, nur punktuell zu einzelnen Sitzungen oder Sitzungsabschnitten hinzugezogen

---

307 Fritz/Pielsticker/Pielsticker § 2 Rn. 139.
308 S. BT-Drs. 17/8058 (Beschlussempfehlung und Bericht des Rechtsausschusses), 18.
309 S. dazu im Einzelnen Ade/Gläßer ZKM 2013, 57 (62).
310 S. dazu auch Fritz/Pielsticker/Pielsticker § 2 Rn. 143.

werden oder nach bzw. zwischen Mediationsterminen beratend hinzugeschaltet werden.[311] Soweit eine Mediationsvereinbarung notariell beurkundet werden muss oder soll, sind auch die Notare in gewissem Rahmen zu einer rechtlichen Überprüfung der Vereinbarung verpflichtet (→ M Rn. 6); diese Überprüfung stellt allerdings keine parteiliche Beratung dar.

Mediatoren müssen als Teil der Hinweispflicht die Vor- und Nachteile dieser Beratungsmodelle mit Blick auf die konkreten Umstände des Falles, den spezifischen Beratungsbedarf und die sich ergebenden Kostenfolgen gemeinsam mit den Parteien differenziert erörtern.

d) Bedarf. Ob ein Bedarf nach externer Beratung besteht, durch wen und auf welche Art und Weise diese vorgenommen werden soll, entscheiden letztlich die Parteien selbst. Aufgabe des Mediators ist es, die Parteien in diesem Entscheidungsprozess bestmöglich zu unterstützen.

6. Abschlussvereinbarung (S. 3). a) Möglichkeit der Dokumentation des Mediationsergebnisses in der Abschlussvereinbarung. aa) Charakter der Abschlussvereinbarung. Der letzte Satz von § 2 behandelt das Szenario, dass eine Einigung substanziell bereits vorliegt („erzielt" wurde), aber noch nicht abschließend schriftlich dokumentiert ist. Abgesehen von Vertragsschlüssen mit Formzwang ist die schriftliche Abschlussvereinbarung also nicht konstitutiv für die Verbindlichkeit der Einigung; ein bindender Vertrag kann zwischen den Parteien bereits mündlich geschlossen worden sein (§§ 133, 157 BGB).

Die wesentliche Aufgabe der Abschlussvereinbarung ist es, die erreichte Einigung zu **dokumentieren**. Dies bedeutet, dass ganz unterschiedliche – rechtlich bindende und nicht bindende – Mediationsergebnisse (dazu unter → Rn. 247 ff.) in die Abschlussvereinbarung einfließen können. In der Formulierung der Abschlussvereinbarung sollte deutlich gemacht werden, was rechtsverbindliche und was unverbindliche Passagen sind.

bb) „Kann"-Vorschrift. § 2 Abs. 6 S. 3 statuiert keine Dokumentations*pflicht*.[312] Allerdings ist die Dokumentation der Ergebnisse einer Mediation in der Praxis der Regelfall.

cc) Formen der Dokumentation. Die **Möglichkeiten der Dokumentation** der erzielten Einigung reichen von einer stichwortartigen Niederschrift der Einigungsinhalte auf dem Flipchart oder Metaplanwand über ein kursorisches Ergebnisprotokoll bis hin zur vollständigen Ausformulierung eines Vertrags.

Der Wortlaut der Vorschrift legt nicht fest, durch wen die Dokumentation vorgenommen werden soll. Die Dokumentation kann also **durch den Mediator**, etwaige **begleitende Rechtsanwälte bzw. andere Berater** oder auch **durch die Parteien** selbst erfolgen. Eine über die inhaltliche Dokumentation hinausgehende detaillierte Vertragsgestaltung kann auch im Vorfeld einer Beurkundung durch Notare vorgenommen werden (→ Rn. 318 und → M Rn. 57 f.).[313]

---

311 Zu den diesbezüglichen Möglichkeiten des Einsatzes von begleitenden Rechtsanwälten, s. Ade/Gläßer ZKM 2013, 57 (60 ff.).
312 So auch BT-Drs. 17/5335 (Begr. RegE), 16.
313 Harms/Schmitz-Vornmoor ZKM 2013, 154 (157).

300 Welche Art der Dokumentation zu wählen ist und wer diese am besten übernehmen sollte, bestimmt sich in der Sache nach den Umständen des Einzelfalls und insbesondere danach, welchen Zweck die Abschlussvereinbarung für die Parteien erfüllen soll.

Wird eine vollstreckbare Vereinbarung angestrebt, sind die zur Herstellung der Vollstreckbarkeit vorgesehenen rechtlichen Instrumente zu nutzen (dazu → Rn. 312 ff.); zugleich sind an die inhaltliche Klarheit und Präzision der Formulierung besondere Anforderungen zu stellen (dazu → Rn. 318).

Ist der Mediator nicht zur Rechtsdienstleistung befugt, darf er nicht gestaltend an der Abschlussvereinbarung mitarbeiten, sondern diese lediglich dokumentieren (dazu → Rn. 258).

301 **b) Voraussetzung: Zustimmung der Parteien.** Vom Procedere her können alle Mediationsbeteiligten Vorschläge bezüglich der Dokumentation machen. Die Entscheidung darüber, ob, von wem, auf welche Weise und in welcher Ausführlichkeit die Dokumentation der Mediationsergebnisse vorgenommen werden soll, müssen die Parteien konsensual treffen.

302 **c) Formerfordernisse.** Soll das Mediationsergebnis durch die oder auf Basis der Abschlussvereinbarung vertraglich ausgestaltet und abgesichert werden, sind etwaig einschlägige Formerfordernisse zu beachten.

Zwar sind Verträge und so auch ein Vergleichsvertrag gem. § 779 BGB grundsätzlich formfrei. Ein **Formzwang** kann sich aber für bestimmte Vertragsgegenstände – sei es eine eingegangene Verpflichtung oder eine vorgenommene unmittelbare Gestaltung[314] – **aus Spezialvorschriften** ergeben.

303 So gilt die **gesetzliche Schriftform** (§ 126 BGB)[315] zB für den Mietvertrag (§ 550 BGB), das Leibrentenversprechen (§ 761 BGB), die Bürgschaft (§ 766 BGB) oder das Schuldanerkenntnis (§ 781 BGB). Dieses Formerfordernis ist nicht durch Parteivereinbarung abdingbar und seine Nichtbeachtung führt gemäß § 125 S. 1 BGB regelmäßig zur Nichtigkeit des Rechtsgeschäfts.

Davon zu unterscheiden ist die **gewillkürte Schriftform** (§ 127 BGB). Das gewillkürte Formerfordernis entsteht durch eine diesbezügliche Vereinbarung der an dem Rechtsgeschäft beteiligten Parteien.[316] Dabei müssen sich die Parteien auch darüber im Klaren sein, „ob die Wirksamkeit des Rechtsgeschäfts von der Beachtung der Form abhängig sein soll (konstitutive Bedeutung des Formerfordernisses) oder ob die Einhaltung der Form nur Beweis- oder Dokumentationszwecken dienen soll (deklaratorische Bedeutung des Formerfordernisses)".[317]

Im Rahmen der Mediation kann es in Abhängigkeit von den Parteibedürfnissen und dem Regelungsgegenstand sinnvoll sein, dass die Parteien schon in der Partei-Rahmenvereinbarung festhalten, dass sämtliche rechtlich relevanten Ergebnisse der Mediation, aber auch Abänderungen, Ergänzungen

---

314 Vgl. Greger/Unberath/Steffek/Unberath B. § 2 Rn. 311.
315 § 126 BGB gilt für alle Schriftformerfordernisse des Privatrechts unabhängig von der gesetzlichen, teilweise uneinheitlichen Terminologie. Vgl. dazu MüKoBGB/Einsele § 126 Rn. 3.
316 MüKoBGB/Einsele § 127 Rn. 3.
317 Dazu ausführlich MüKoBGB/Einsele § 127 Rn. 4.

und Aufhebungen von unabhängig von der Mediation getroffenen vertraglichen Vereinbarungen, der Schriftform unterliegen müssen, um Rechtswirksamkeit zu erlangen.

Der **notariellen Beurkundung** (§ 128 BGB) bedürfen insbesondere Verträge aus dem Bereich des Immobiliarsachenrechts, des Familien- und Erbrechts sowie des Gesellschaftsrechts, zB Grundstückskaufverträge (§ 311b Abs. 1 S. 1 BGB), Eheverträge (§ 1410 BGB), Erbverträge (§ 2276 BGB), der Erbverzicht (§ 2348 BGB) oder die Übertragung von Geschäftsanteilen an einer GmbH (§ 15 Abs. 3 und 4 S. 1 GmbHG).[318]

Im Dienste der Absicherung eines nachhaltigen Mediationsergebnisses haben Mediatoren die Parteien auf derartige Formerfordernisse hinzuweisen und sie ggf. zu beraten, wie die Formwirksamkeit im konkreten Fall hergestellt werden kann. Bei diesbezüglichen Unsicherheiten ist Rechtsrat einzuholen. In Mediationsgebieten, in denen Verfahren häufig mit notariell zu beurkundenden Abschlussvereinbarungen enden, empfiehlt sich die systematische Vernetzung der Mediationspraxis mit dem Notariat (dazu → M Rn. 49 ff.).[319]

d) Materielle Wirksamkeitsvoraussetzungen. Soweit die Abschlussvereinbarung auf eine rechtlich verbindliche Regelung abzielt, gelten die allgemeinen und themenspezifischen materiellen Wirksamkeitsbedingungen für Verträge.

Hier ist vor allem an die Unwirksamkeitsvorschriften der **§ 134 BGB (Verstoß gegen ein gesetzliches Verbot)** und **§ 138 BGB (Sittenwidrigkeit)** zu denken.

Ein **Vergleichsvertrag** ist gem. **§ 779 Abs. 1 BGB** darüber hinaus dann unwirksam, wenn die Parteien sich in einem gemeinsamen Irrtum über den nach dem Inhalt des Vergleichs als feststehend zugrunde gelegten Sachverhalt befinden und der Vergleichsbedarf bei Kenntnis der Sachlage nicht entstanden wäre.[320] Einem solchen Irrtum bzw. einer solchen gemeinsamen Fehlvorstellung soll die Hinwirkungspflicht des Mediators gem. § 2 Abs. 6 S. 1 vorbeugen (dazu → Rn. 273 ff.).

Je nach Regelungsgegenstand sind **weitere rechtsgebietsspezifische Wirksamkeitsbedingungen** zu beachten.[321]

e) Vollstreckbarkeit der Abschlussvereinbarung. aa) Normativer Hintergrund. Die Abschlussvereinbarung ist ein privatrechtlicher Vertrag und damit zwar rechtlich verbindlich, aber nicht automatisch vollstreckbar. Bei einem Streit über die Erfüllung der Abschlussvereinbarung müsste die betroffene Vertragspartei daher grundsätzlich klagen, um einen Vollstreckungstitel (Urteil) zu erlangen.[322]

Die Mediationsrichtlinie fordert die Mitgliedstaaten in Art. 6 Abs. 1 daher auf sicherzustellen, „dass von den Parteien oder von einer Partei mit aus-

---

318 Weitere Beispiele finden sich bei Greger/Unberath/Steffek/Unberath B. § 2 Rn. 311 f.
319 Harms/Schmitz-Vornmoor ZKM 2013, 154 (157).
320 S. dazu im Einzelnen Greger/Unberath/Steffek/Unberath B. § 2 Rn. 318 ff.
321 S. dazu Greger/Unberath/Steffek/Unberath B. § 2 Rn. 306.
322 Kreissl SchiedsVZ 2012, 230 (243).

drücklicher Zustimmung der anderen beantragt werden kann, dass der Inhalt einer im Mediationsverfahren erzielten schriftlichen Vereinbarung vollstreckbar gemacht wird." Trotz dieser Forderung enthält das deutsche Mediationsgesetz keine explizite Regelung zur Vollstreckbarkeit der Abschlussvereinbarung.

Der Regierungsentwurf zum Mediationsgesetz (vgl. BT-Drs. 17/5335) sah noch die Einführung eines § 796d ZPO vor, der die Vollstreckbarkeit der Abschlussvereinbarung erleichtern sollte. Dieser Vorschlag wurde allerdings vom Rechtsausschuss abgewiesen. Es kann folglich davon ausgegangen werden, dass die bereits bestehenden Möglichkeiten der deutschen Rechtsordnung zur Vollstreckbarerklärung vom Gesetzgeber als ausreichend zur Erfüllung der Anforderungen der Richtlinie betrachtet werden.[323]

312 **bb) Möglichkeiten der Vollstreckbarmachung.** Da es sich bei der Abschlussvereinbarung um einen schuldrechtlichen Vertrag handelt, gibt es für die Durchsetzung der darin vorgesehenen Rechte – sofern der Streitgegenstand der ZPO unterliegt – grundsätzlich folgende Möglichkeiten bezüglich der Herstellung der Vollstreckbarkeit:

- Anwaltsvergleich nach §§ 796a, 796b ZPO
- vollstreckbare notarielle Urkunde nach § 794 Abs. 1 Nr. 5 ZPO
- Vergleich vor einer anerkannten Gütestelle nach § 794 Abs. 1 Nr. 1 ZPO
- bei bereits begonnenem Gerichtsverfahren auch Prozessvergleich nach § 794 Abs. 1 Nr. 1 ZPO

Diese Möglichkeiten bestehen nicht, soweit die Einigung auf die Abgabe einer Willenserklärung gerichtet ist oder den Bestand eines Mietverhältnisses über Wohnraum betrifft (vgl. §§ 794 Abs. 1 Nr. 5, 796a Abs. 2).[324]

Bisweilen wird auch das Überführen der Abschlussvereinbarung in einen „Schiedsspruch mit vereinbartem Wortlaut" nach § 1053 ZPO erwogen (→ Rn. 317).

313 Für den **Anwaltsvergleich** nach §§ 796a, 796b ZPO müssen zwei Rechtsanwälte eingeschaltet werden, die im Namen und mit Vollmacht der von ihnen vertretenen Parteien einen Vergleich abschließen, der auf Antrag einer Partei gemäß § 796a Abs. 1 ZPO für vollstreckbar erklärt werden kann, wenn sich der Schuldner darin der sofortigen Vollstreckung unterworfen hat und der Vergleich bei einem festgelegten Amtsgericht niedergelegt wird.[325] Gemäß § 796c Abs. 1 ZPO kann der Vergleich mit Zustimmung der Parteien auch von einem Notar in Verwahrung genommen und für vollstreckbar erklärt werden.

Aufgrund der hohen Kosten, die durch die Beschäftigung zweier Anwälte und die zusätzlichen Gebühren des Verfahrens vor dem zuständigen Prozessgericht (§ 796b ZPO) oder durch Einschaltung eines Notars (§ 796c

---

323 So auch Greger/Unberath/Steffek/Greger B. § 2 Rn. 331; Meyer/Schmitz-Vornmoor DNotZ 2012, 895 (899). Eidenmüller/Prause NJW 2008, 2737 (2742). Andere Ansicht: Steffek RabelsZ 2010 (74), 841 (865).
324 MüKoZPO/Ulrici Anhang 1 zu § 278a ZPO (Mediationsgesetz Rn. 9).
325 Greger/Unberath/Steffek/Unberath B. § 2 Rn. 344.

ZPO) entstehen, ist die Bedeutung des Anwaltsvergleichs in der Praxis eher gering.[326]

Die **vollstreckbare notarielle Urkunde** nach § 794 Abs. 1 Nr. 5 ZPO ermöglicht die Schaffung eines sofort vollstreckbaren Titels durch einen Notar, so dass sich diese Form der Vollstreckbarerklärung insbesondere dann anbietet, wenn aus Gründen von Formzwang ohnehin ein Notar eingeschaltet werden muss (dazu oben unter → Rn. 304) oder wenn der Mediator selbst Notar ist (→ M Rn. 10 ff.).

Problematisch dabei ist lediglich, dass sich in einer notariellen Urkunde nur einzelne Ansprüche vollstreckbar machen lassen, nicht aber wechselseitige Verpflichtungen als solche.[327]

Auch Vergleiche, die vor einer durch die Landesjustizverwaltung eingerichteten oder anerkannten **Gütestelle** (§ 794 Abs. 1 Nr. 1 ZPO) abgeschlossen wurden, sind Vollstreckungstitel. Die nähere Ausgestaltung der Gütestellen obliegt den Ländern; es finden sich dazu sehr unterschiedliche Modelle.[328] Hier ist auch die Konstellation denkbar, dass sich der **Mediator selbst als Gütestelle** eintragen lässt.[329]

So sind beispielsweise in Bayern und Baden-Württemberg in den jeweiligen § 22 AGGVG die Voraussetzungen für die Anerkennung als Gütestelle niedergelegt.[330] Dass die Gütestelle von einem Juristen besetzt sein muss, ist dem jeweiligen Gesetzeswortlaut dabei nicht zu entnehmen. Der Nachweis einer Mediationsausbildung und die berufliche Tätigkeit und Erfahrung als Mediator oder Mediatorin dürfte in diesen Bundesländern die gesetzlichen Vorgaben erfüllen. Als problematisch könnte sich lediglich erweisen, dass § 22 AGGVG nicht von Mediation, sondern von Schlichtung spricht. Es ist aber wohl davon auszugehen, dass hier Schlichtung nicht in Abgrenzung zur Mediation, sondern im Sinne eines Oberbegriffs für verschiedene außergerichtliche Verfahrensarten ohne Entscheidungsbefugnis des eingeschalteten Dritten gemeint ist (zu den Charakteristika der verschiedenen Verfahrensarten → Einl. Rn. 28 ff.).

Der **Prozessvergleich** gem. § 794 Abs. 1 Nr. 1 ZPO ist grundsätzlich ein Vertragsschluss bei gleichzeitiger Anwesenheit der Vertragsparteien vor einem deutschen Gericht.[331] Gemäß § 278 Abs. 6 ZPO ist es dabei auch denkbar, dass die Parteien sich bereits auf einen (außergerichtlichen) Vergleich geeinigt haben (Abschlussvereinbarung als „schriftlicher Vergleichs-

---

326 Wagner ZKM 2012, 110 (111).
327 Einzelheiten bei MüKoZPO/Wolsteiner ZPO § 794 Rn. 155 ff.
328 Dazu ausführlich Greger/Unberath/Steffek/Unberath B. § 2 Rn. 337. Zu den Ausgestaltungen in den einzelnen Bundesländern vgl. Greger NJW 2011, 1478 (1479).
329 S. hierzu: Greger ZKM 2017, 213; Hauschild ZKM 2015, 148.
330 § 22 AGGVG Abs. 1:
Als Gütestelle im Sinne von § 794 Abs. 1 Nr. 1 ZPO können auf Antrag Personen oder Vereinigungen anerkannt werden, die
die Gewähr für eine von den Parteien unabhängige objektive und qualifizierte Schlichtung bieten,
Schlichtung als dauerhafte Aufgabe betreiben,
nach einer Verfahrensordnung vorgehen, die in ihren wesentlichen Teilen dem Verfahrensgang nach dem Schlichtungsgesetz entspricht.
331 MüKoZPO/Prütting § 278 Rn. 55.

vorschlag") und das Gericht nur noch die tatsächlich erfolgte Einigung feststellt und durch die Protokollierung zu einem echten Prozessvergleich macht.[332]

317 Die Umwandlung der Abschlussvereinbarung in einen **Schiedsspruch mit vereinbartem Wortlaut** könnte als rechtsmissbräuchlich angesehen werden, wenn der alleinige Zweck der Einleitung des Schiedsverfahrens darin bestünde, die Abschlussvereinbarung einer Mediation in einen „Schiedsspruch" zu überführen.[333] Denn eine Einigung im Schiedsverfahren setzt voraus, dass ein solches überhaupt stattgefunden hat; da es bei einer Mediation daran fehlt, sind die Vorschriften des Schiedsrechts nicht anwendbar. Ein gleichwohl gestellter Antrag auf Vollstreckbarerklärung gem. § 1062 Abs. 1 Nr. 4 ZPO wäre unzulässig[334] (dazu → P Rn. 39 ff.). *Internationale* Mediationsvergleiche können jedoch grundsätzlich nach dem Singapur-Übereinkommen (Singapore Convention)[335] vollstreckbar sein (→ Rn. 319).[336]

318 cc) **Vollstreckungsfähige Formulierung.** Schwierigkeiten können sich bezüglich der Anforderungen an die Formulierung von vollstreckungsfähigen Abschlussvereinbarungen ergeben. Besonders nichtjuristische Mediatoren werden hier vor Herausforderungen gestellt, die leicht zu einem Verstoß gegen das RDG führen können. Umso wichtiger ist in diesen Konstellationen die in § 2 Abs. 6 S. 2 enthaltene Pflicht des Mediators, „die Parteien, die ohne fachliche Beratung an der Mediation teilnehmen, auf die Möglichkeit hinzuweisen, die Vereinbarung bei Bedarf durch externe Berater überprüfen zu lassen." Gerade in Fällen, in denen nicht schon ohnehin Rechtsanwälte mandatiert sind, kann eine solche externe Beratung auch durch einen zum Ende einer Mediation hin eingeschalteten Notar erfolgen, der dann auch die Abschlussvereinbarung in eine vollstreckbare notarielle Urkunde umwandeln kann. Da der Notar in diesem Fall für die korrekte vollstreckungsfähige Formulierung ohnehin haftet, kann und sollte ihm auch die Formulierung überlassen werden – zumal dadurch keine Mehrkosten entstehen, da die Erstellung des Entwurfs in den Beurkundungsgebühren jeweils mit abgegolten ist (dazu → M Rn. 51 f.).[337]

319 dd) **Grenzüberschreitende Mediationen.** Bezüglich der Vollstreckbarkeit von Abschlussvereinbarungen bei grenzüberschreitenden Mediationen kann sich eine Reihe von Besonderheiten ergeben.[338] Vollstreckungserleich-

---

332 MüKoZPO/Prütting § 278 Rn. 44.
333 Zum Haftungsrisiko: Lachmann Rn. 1697 ff.
334 Unberath ZKM 2012, 12 (15).
335 United Nations Convention on International Settlement Agreements Resulting from Mediation. Der Text des Singapur-Übereinkommen findet sich im Englischen original hier: https://uncitral.un.org/sites/uncitral.un.org/files/singapore_convention_eng.pdf und in der Arbeitsübersetzung der Bundesrechtsanwaltskammer hier: https://www.brak.de/fileadmin/newsletter_archiv/berlin/2019/2019_040 anlage2.pdf.
336 Zum Singapur Übereinkommen s.: Heetkamp ZKM 2020, 168; Alexander ZKM 2019, 160.
337 Dazu Grüner/Schmitz-Vornmoor notar 2012, 147 (151) Fn. 25.
338 Dazu ausführlich Greger/Unberath/Steffek/Steffek F Rn. 55 ff.; zu den Besonderheiten grenzüberschreitender Familienmediationen s. Paul/Kiesewetter, Cross-Border Family Mediation, 2011.

terungen schaffen soll das sog. Singapur-Übereinkommen, welches innerhalb seines Anwendungsbereiches die Anerkennung und Vollstreckung von Mediationsergebnissen in internationalen Handelssachen ermöglicht.[339] Deutschland ist dem Übereinkommen allerdings bislang nicht beigetreten.[340]

f) **Haftungsfragen.** Eine in materieller oder formeller Hinsicht mangelhafte Abschlussvereinbarung bedeutet Rechtsunsicherheit für die Parteien und gefährdet die Nachhaltigkeit des Mediationsergebnisses erheblich. Mediatoren, die an der Abfassung der Abschlussvereinbarung rechtsdienstleistend mitwirken, haften für deren materielle und formelle Wirksamkeit.[341]

§ 3 MediationsG Offenbarungspflichten; Tätigkeitsbeschränkungen

(1) ¹Der Mediator hat den Parteien alle Umstände offenzulegen, die seine Unabhängigkeit und Neutralität beeinträchtigen können. ²Er darf bei Vorliegen solcher Umstände nur als Mediator tätig werden, wenn die Parteien dem ausdrücklich zustimmen.

(2) ¹Als Mediator darf nicht tätig werden, wer vor der Mediation in derselben Sache für eine Partei tätig gewesen ist. ²Der Mediator darf auch nicht während oder nach der Mediation für eine Partei in derselben Sache tätig werden.

(3) ¹Eine Person darf nicht als Mediator tätig werden, wenn eine mit ihr in derselben Berufsausübungs- oder Bürogemeinschaft verbundene andere Person vor der Mediation in derselben Sache für eine Partei tätig gewesen ist. ²Eine solche andere Person darf auch nicht während oder nach der Mediation für eine Partei in derselben Sache tätig werden.

(4) Die Beschränkungen des Absatzes 3 gelten nicht, wenn sich die betroffenen Parteien im Einzelfall nach umfassender Information damit einverstanden erklärt haben und Belange der Rechtspflege dem nicht entgegenstehen.

(5) Der Mediator ist verpflichtet, die Parteien auf deren Verlangen über seinen fachlichen Hintergrund, seine Ausbildung und seine Erfahrung auf dem Gebiet der Mediation zu informieren.

Literatur:
Ahrens, Mediationsgesetz und Güterichter – Neue gesetzliche Regelungen der gerichtlichen und außergerichtlichen Mediation, NJW 2012, 2465; *Beckmann*, Neutralität und Allparteilichkeit in der Mediation – Eine Diskussion um Begrifflichkeiten?, ZKM 2013, 51; *Breidenbach*, Mediation – Struktur, Chancen und Risiken von Vermittlung im Konflikt, 1995; *ders./Henssler* (Hrsg.), Mediation für Juristen, 1997; *Eidenmüller/Prause*, Die Europäische Mediationsrichtlinie – Perspektiven für eine gesetzliche Regelung in Deutschland, NJW 2008, 2737; *Eidenmüller/Wagner* (Hrsg.), Mediationsrecht, 2015; *Eisenbarth/Spiecker*, Der Verwaltungsprozess und das erste deutsche Mediationsgesetz – Streit über den Weg der Streitschlichtung, DVBl 2012, 993; *Fischer/Unberath* (Hrsg.), Das neue Mediationsgesetz, 2013; *Francken*, Das Gesetz zur Förderung der Mediation

---

339 Zum Singapur-Übereinkommen: Heetkamp ZKM 2020, 168; Alexander ZKM 2019, 160; Chong/Steffek SAcLJ 2019 (31), 1.
340 Ein ernüchtertes Fazit zum Singapur-Übereinkommen – und dem deutschen Beitritt – ziehend: Heetkamp ZKM 2023, 49.
341 S. dazu Jost ZKM 2011, 168 (170).

und das arbeitsgerichtliche Verfahren, NZA 2012, 836; *Fritz/Pielsticker*, Handbuch zum Mediationsgesetz, 2. Aufl. 2020; *Goltermann/Hagel/Klowait/Levien*, „Das neue Mediationsgesetz" aus Unternehmenssicht, SchiedsVZ 2012, 299 und SchiedsVZ 2013, 41; *Greger/Unberath/Steffek*, Recht der alternativen Konfliktlösung, 2. Aufl. 2016; *Greger/Weber*, Das neue Güterichterverfahren, MDR Sonderheft 2012; *Haft/v. Schlieffen* (Hrsg.), Handbuch Mediation, 3. Aufl. 2016 (2. Aufl. 2009); *Hager*, Mediation und Recht, ZKM 2003, 52; *Hartmann*, Mediationsnovelle und Gericht, MDR 2012, 941; *Hartung/Scharmer*, Berufs- und Fachanwaltsordnung, 8. Aufl. 2022; *Henssler/Deckenbrock*, Das neue Mediationsgesetz: Mediation ist und bleibt Anwaltssache!, DB 2012, 159; *Henssler/Kilian*, Anwaltliches Berufsrecht und Mediation, FuR 2001, 104; *Henssler/Koch* (Hrsg.), Mediation in der Anwaltspraxis, 2. Aufl. 2004; *Henssler/Prütting*, Bundesrechtsanwaltsordnung, 5. Aufl. 2019; *Horstmeier*, Das neue Mediationsgesetz, 2013; *Kleine-Cosack*, BRAO, 9. Aufl. 2022; *Knöfel*, Gilt das Verbot der Vertretung widerstreitender Interessen auch für Tätigkeiten außerhalb des Anwaltsberufs?, NJW 2005, 6; *Montada/Kals*, Mediation, 3. Aufl. 2013; *Ortloff*, Vom Gerichtsmediator zum Güterichter im Verwaltungsprozess, NVwZ 2012, 1057; *Plassmann*, Das Mediationsgesetz – Eine Steilvorlage für die gesamte Anwaltschaft, BRAK-Mitt. 2012, 194; *Primus*, Ist Neutralität in der Mediation möglich?, ZKM 2009, 104; *Risse*, Das Mediationsgesetz – eine Kommentierung, SchiedsVZ 2012, 244; *ders.*, Wirtschaftsmediation, 2. Aufl. 2022; *Röthemeyer*, Gerichtsmediation und Güterichterkonzept – Die Lösung des Vermittlungsausschusses, ZKM 2012, 116; *Säcker/Rixecker/Oetker/Limperg* (Hrsg.), Münchener Kommentar zum Bürgerlichen Gesetzbuch, 8. Aufl. 2020; *Soergel/Siebert* (Hrsg.), Bürgerliches Gesetzbuch, 13. Aufl. 2011; *Sorge*, Die Neutralität des Verhandlungsleiters, MittBayNot 2001, 50; *Stumpp*, Die Sicherung der Unabhängigkeit des Mediators, ZKM 2000, 34; *Sujecki*, Die Europäische Mediationsrichtlinie, EuZW 2010, 7; *Tochtermann*, Die Unabhängigkeit und Unparteilichkeit des Mediators, 2008; *Unberath*, Eckpunkte der rechtlichen Gestaltung des Mediationsverfahrens, ZKM 2012, 12; *ders.*, Qualität und Flexibilität der Mediation, ZKM 2010, 164; *Wagner*, Der Referentenentwurf eines Mediationsgesetzes, ZKM 2010, 172; *ders.*, Das Mediationsgesetz – Ende gut, alles gut?, ZKM 2012, 110.

I. Zweck und Struktur der Vorschrift 1	bb) Gleichzeitige oder spätere Tätigkeit des Mediators als Parteivertreter (Abs. 2 S. 2) .. 28
II. Sicherung der Neutralität und Unabhängigkeit 6	b) Dispositive Tätigkeitsverbote (Abs. 3 und 4) .. 30
1. Bedeutung 6	
2. Offenbarungspflicht (Abs. 1) 8	aa) Vorbefassung Dritter als Parteivertreter 31
a) Unabhängigkeit und Neutralität 9	bb) Gleichzeitige oder spätere Tätigkeit Dritter als Parteivertreter 36
b) Umfang der Offenbarungspflicht 14	
c) Bedingtes Tätigkeitsverbot 18	cc) Bedingtes Tätigkeitsverbot 37
3. Besondere Tätigkeitsverbote (Abs. 2–4) 22	III. Offenlegung der Qualifikation (Abs. 5) 41
a) Absolute Tätigkeitsverbote (Abs. 2) 23	
aa) Vorbefassung des Mediators als Parteivertreter (Abs. 2 S. 1) .. 24	

I. Zweck und Struktur der Vorschrift

1 Die in § 3 enthaltenen Offenbarungspflichten und Tätigkeitsbeschränkungen beruhen nicht auf den Vorgaben der Richtlinie 2008/52/EG des Europäischen Parlaments und des Rates vom 21.5.2008 über bestimmte

Aspekte der Mediation in Zivil- und Handelssachen.[1] Der Gesetzgeber hat mit dieser Vorschrift von seiner Möglichkeit Gebrauch gemacht, zur Förderung der Mediation über die Vorgaben der Richtlinie hinaus weitergehende Regelungen zu treffen.[2]

Innerhalb des § 3 lassen sich **zwei Regelungsanliegen des Gesetzgebers** unterscheiden: Während durch die in § 3 Abs. 1 bis 4 enthaltenen Offenbarungspflichten und Tätigkeitsbeschränkungen die Neutralität und die Unabhängigkeit des Mediators gesichert werden sollen,[3] will der Gesetzgeber durch die in § 3 Abs. 5 enthaltene Offenbarungspflicht des Mediators zur Qualitätssicherung der Mediation beitragen.[4]

Mit der **Sicherung der Neutralität und Unabhängigkeit** des Mediators knüpft der Gesetzgeber an die Anforderungen der in der Legaldefinition des „Mediators" in § 1 Abs. 2 sowie an § 2 Abs. 3 S. 1 an, wonach der Mediator zur Neutralität im Sinne einer „Allparteilichkeit" als eines „über die bloße Neutralität hinausgehenden aktiven Elements"[5] verpflichtet ist. Die Regelungen des **§ 3 Abs. 1–4** normieren zur Sicherung dieser Anforderungen ein Zusammenspiel von Offenbarungspflichten und unterschiedlich stark ausgeprägten Tätigkeitsbeschränkungen: Ausgangspunkt ist eine in § 3 Abs. 1 S. 1 enthaltene Offenbarungspflicht des Mediators in Bezug auf alle Umstände, welche seine Unabhängigkeit und Neutralität zu beeinträchtigen geeignet sind. In § 3 Abs. 2 und 3 sind Fallgestaltungen aufgegriffen, die eine solche Beeinträchtigung in besonderem Maße nahelegen. Hierbei handelt es sich um bereits nach § 3 Abs. 1 offenbarungspflichtige Umstände, die jedoch wegen ihrer Bedeutung für eine unabhängige und neutrale Verfahrensführung besonders geregelt werden. Liegen offenbarungspflichtige Umstände vor, sind diese nach Maßgabe des § 3 Abs. 1 bis 4 mit Tätigkeitsverboten belegt. Diese können sich sowohl an den Mediator als auch an mit ihm beruflich verbundene Dritte richten und sowohl die Übernahme einer Mediatorentätigkeit wie auch eine Interessenswahrnehmung für eine der beteiligten Parteien erfassen. Unter überwiegender Wahrung der den Parteien nach § 2 Abs. 1 bei der Auswahl des Mediators eingeräumten Autonomie, sind diese Tätigkeitsverbote jedoch weitgehend dispositiv; lediglich im Falle des Zusammentreffens von Mediatorentätigkeit und Interessenswahrnehmung für eine der Parteien in derselben Sache besteht ein absolutes und damit der Parteiautonomie entzogenes Tätigkeitsverbot. Parteivertretung und Mediation in einer Person schließen einander immer aus.

Die Vorschrift des **§ 3 Abs. 5** dient der **Qualitätssicherung** der Mediation. Nach der Vorstellung des Gesetzgebers soll durch die darin enthaltene

---

1 ABl. L 136/3, 3 v. 24.5.2008.
2 Die Richtlinie strebte lediglich eine Mindestharmonisierung an, vgl. die Begründung zum Richtlinienvorschlag, KOM(2004) 718 endg., Nr. 1.1.1; siehe hierzu auch Eidenmüller/Prause NJW 2008, 2737 (2738); Sujecki EuZW 2010, 7.
3 RegE, BT-Drs. 17/5335, 16.
4 RegE, BT-Drs. 17/5335, 16 f.
5 So der RegE, BT-Drs. 17/5335, 15; zur Bedeutung des Begriffs der „Allparteilichkeit" → MediationsG § 1 Rn. 23, Montada/Kals, S. 64 ff.; Haft/Schlieffen Mediation-HdB/Greger § 27 Rn. 48 f.; kritisch zum Begriff der Allparteilichkeit Haft/Schlieffen Mediation-HdB/Kracht § 13 Rn. 24.

Informationspflicht die notwendige Transparenz geschaffen werden, damit der Markt seine qualitätssichernde Aufgabe erfüllen kann.[6] Sachlich steht die Regelung daher im Zusammenhang mit § 5. Ihr Standort innerhalb des § 3 ist augenscheinlich dem bloßen Umstand geschuldet, dass dem Mediator eine weitere Offenlegungspflicht auferlegt wird.

5 Die Vorschrift des § 3 richtet sich an den **Mediator**. Es ist die Frage aufgeworfen worden, ob auch mediierende Güterichter Mediatoren iSd Mediationsgesetzes sind und damit dessen Vorschriften unterliegen.[7] Anknüpfungspunkt hierfür ist die auf die Beschlussempfehlung des Vermittlungsausschusses[8] hin eingefügte Regelung der §§ 278 Abs. 5 ZPO, 36 Abs. 5 FamFG, 54 Abs. 6 ArbGG,[9] wonach der Güterichter „alle Methoden der Konfliktbeilegung einschließlich der Mediation einsetzen" kann. Im Laufe des Gesetzgebungsverfahrens ist allerdings der richterliche Mediator vollständig aufgegeben und durch das Güterichtermodell ersetzt worden.[10] Dies hat auch terminologisch seinen Niederschlag gefunden. Der Güterichter darf sich somit der Methoden der Mediation bedienen, ist jedoch nach überwiegender Meinung nicht Mediator im Sinne des Mediationsgesetzes; das Mediationsgesetz ist folglich auf ihn nicht anwendbar.[11]

II. Sicherung der Neutralität und Unabhängigkeit

6 **1. Bedeutung.** Mit der Bereitschaft zur Hinzuziehung eines nicht konfliktbeteiligten Dritten und damit der Überleitung von der zu zweit aufeinander bezogenen („dyadischen") Konfliktbehandlung in eine („triadische"[12]) Konfliktbehandlung durch Hinzutreten eines Dritten in Form der Mediation geht die Erwartung der Parteien an eine faire und neutrale Verfahrensführung durch den Dritten einher. Dies ist in mehrfacher Hinsicht von Bedeutung: Haben die Parteien Zweifel an der Neutralität des Mediators, werden sie im Verhältnis zu ihm vergleichbare Kommunikationsbarrieren aufbauen, wie sie bereits bisher eine Einigung in den bilateralen Verhandlungen verhindert haben.[13] Die Parteien werden dann dem Mediator das Vertrauen und die notwendige Offenheit nicht entgegenbringen und die ihm durch das Verfahren gegebenen Einflussmöglichkeiten gar nicht erst

---

6 RegE, BT-Drs. 17/5335, 16 f.
7 IdS → MediationsG § 1 Rn. 4; Horstmeier Rn. 429, 438; wohl auch Röthemeyer ZKM 2012, 116.
8 Vgl. die Beschlussempfehlung des Vermittlungsausschusses, BT-Drs. 17/10102, 2 f.
9 Änderung durch Art. 2 bis 4 des Gesetzes zur Förderung der Mediation und anderer Verfahren der außergerichtlichen Konfliktbeilegung vom 21.7.2012, BGBl. I 1577.
10 Zur Unterscheidung siehe den RegE, BT-Drs. 17/5335, 20 sowie die Beschlussempfehlung des Rechtsausschusses, BT-Drs. 17/8058, 17 f.
11 Ebenso Ahrens NJW 2012, 2465 (2469 f.); Eisenbarth/Spiecker DVBl 2012, 993 (998); Francken NZA 2012, 836 (840); Greger/Weber MDR Sonderheft 2012, 5 (14); Greger/Unberath/Steffek/Greger B. MediationsG § 1 Rn. 14, E. Alternative Konfliktlösung und Gerichtsverfahren Rn. 104, 127 mwN; Hartmann MDR 2012, 941 (942); Plassmann BRAK-Mitt. 2012, 194 (198); Wagner ZKM 2012, 110 (113 f.); differenzierend Ortloff NVwZ 2012, 1057 (1058 f.).
12 Zu diesen aus dem Konzept des „Systems" stammenden Begriffen und der damit für die Mediation verbundenen Bedeutung Duss-von Haft/Schlieffen Mediation-HdB/Werdt, 2. Aufl., § 11 Rn. 37; Breidenbach, S. 145.
13 Tochtermann, S. 93; Sorge MittBayNot 2001, 50 (52).

zulassen oder ihre Mitarbeit verweigern.[14] Die Stellung des Mediators als neutraler, keiner Seite verpflichteter Dritter stellt somit eine wesentliche Quelle seiner Autorität dar.[15] Da dem Mediator keine Anordnungs- oder Entscheidungsgewalt gegeben ist, kann er ohne dieses Vertrauen und die hieraus resultierenden Einflussmöglichkeiten auf den Verfahrensablauf seine Funktion nicht mehr erfüllen. Zweifel einer Partei an der Neutralität des Mediators erschüttern damit das Fundament der Mediation selbst. Selbst wenn es trotz bestehender Zweifel einer Partei an der Neutralität zu einer Weiterführung der Mediation kommen sollte, stehen die Dauerhaftigkeit und Befriedungswirkung des Ergebnisses infrage. Je weniger eine Partei das Gefühl einer neutralen und fairen Verhandlungsführung hat, desto weniger wird sie sich an das Ergebnis gebunden fühlen.[16]

Die besondere Bedeutung und das Erfordernis der Neutralität des Mediators sind daher im Grundsatz allgemein anerkannt, auch wenn deren Begriffsschärfe und hieraus resultierende Anforderungen durchaus Gegenstand von Diskussionen sind.[17] Weitergehende Übereinstimmung besteht ebenfalls dahin gehend, dass Mediatoren eine persönliche Unabhängigkeit von den beteiligten Parteien aufweisen und keinen inhaltlichen Interessen in Bezug auf den Verfahrensgegenstand unterliegen sollten.[18] Die Anforderungen der Neutralität bzw. Unparteilichkeit und Unabhängigkeit des Mediators haben daher Eingang sowohl in die Bestimmungen von Verhaltenskodizes für Mediatoren[19] als auch in Verfahrensordnungen für Mediation[20] gefunden. Auch der Gesetzgeber hat in seiner Begründung zum Mediationsgesetz der Neutralität und Unabhängigkeit des Mediators als „unerlässliche Voraussetzung für das Gelingen einer Mediation"[21] eine grundlegende Bedeutung beigemessen. 7

---

14 Zum Verfahrenseinfluss des Mediators und dessen Spannungsverhältnis zur Neutralität Breidenbach, S. 143 ff., 169 ff.; Montada/Kals, S. 63 f.
15 Breidenbach, S. 145; Haft/Schlieffen Mediation-HdB/Kracht § 13 Rn. 10.
16 Siehe hierzu Haft/Schlieffen Mediation-HdB/Kracht § 13 Rn. 10 ff.
17 Siehe zB Breidenbach, S. 145, 169 ff.; Haft/Schlieffen Mediation-HdB/Hess, 2. Aufl., § 43 Rn. 51 f.; Haft/Schlieffen Mediation-HdB/Kracht § 13 Rn. 9 f., 14 ff.; Montada/Kals, S. 63 f.; Haft/Schlieffen Mediation-HdB/Nierhauve, 2. Aufl., § 48 Rn. 17 ff.; Tochtermann, S. 3, 93; kritisch zu der Frage, ob Neutralität ein brauchbares Konzept für die Mediation darstellen kann: Primus ZKM 2009, 104.
18 Breidenbach, S. 170; Greger/Unberath/Steffek/Greger B. MediationsG § 3 Rn. 9; Haft/Schlieffen Mediation-HdB/Greger § 27 Rn. 12 ff.; Haft/Schlieffen Mediation-HdB/Kracht § 13 Rn. 25 ff.; Montada/Kals, S. 63; differenzierend Tochtermann, S. 23 ff.
19 Siehe zB den Europäischer Verhaltenskodex für Mediatoren (European Code of Conduct for Mediators), Nr. 2.2, ZKM 2004, 148, die Richtlinien der Bundes-Arbeitsgemeinschaft für Familien-Mediation e.V. (BAFM) für die Mediation in Familienkonflikten (Stand 16.11.2008), Nr. 2.3.5 und 3.1, die Qualitätsstandards für innerbetriebliche Konfliktbearbeitung nach den Prinzipien der Mediation des Bundesverbandes Mediation in Wirtschaft und Arbeitswelt e.V. (BMWA), § 3 (Stand 26.9.2016).
20 Siehe zB die Mediationsordnung der Deutschen Institution für Schiedsgerichtsbarkeit e.V. (DIS-Mediationsordnung – DIS-MedO), § 3 Abs. 2 und 3 (Stand 1.5.2010); die ICC Mediation Rules (Mediations-Regeln der Internationalen Handelskammer), dort Article 7 (3) (Stand 1.1.2014); und die Mediationsordnung des Europäischen Instituts für Conflict-Management e.V. (EUCON), dort § 6 (Stand 23.7.2020).
21 RegE, BT-Drs. 17/5335, 15.

2. Offenbarungspflicht (Abs. 1). Nach § 3 Abs. 1 muss der Mediator 8
(→ Rn. 5) gegenüber den Parteien alle Umstände offenlegen, die seine
Unabhängigkeit und Neutralität beeinträchtigen können.

a) Unabhängigkeit und Neutralität. Die Vorschrift knüpft an die Legal- 9
definition des „Mediators" in § 1 Abs. 2 an, wonach der Mediator ua
„eine unabhängige und neutrale Person" ist. Die Offenbarungspflicht dient
der Sicherung dieser Neutralität und Unabhängigkeit.[22] Damit ergibt sich
streng genommen ein Widerspruch, denn den „nicht unabhängigen" oder
„nicht neutralen" Mediator könnte es somit gar nicht geben und damit
auch keine zu offenbarenden Umstände. Anders ausgedrückt: Wenn „Unabhängigkeit" und „Neutralität" zu den begriffswesentlichen Merkmalen
des „Mediators" iSd § 1 Abs. 2 gehören sollen,[23] wäre § 3 Abs. 1 überflüssig, da bei deren Fehlen schon kein „Mediator" tätig wäre, so dass es
bereits am Regelungsadressaten des § 3 Abs. 1 fehlte. Dieser Widerspruch
wird umso deutlicher, als nach § 3 Abs. 1 S. 2 die Parteien einer Tätigkeit
des Mediators trotz Vorliegens solcher Umstände zustimmen können. Die
Offenbarungspflichten und Tätigkeitsbeschränkungen des § 3 Abs. 1 bis 4
erhalten ihre Berechtigung mithin nur dann, wenn die Unabhängigkeit und
Neutralität des Mediators in § 1 Abs. 2 nicht als dessen (konstitutive) Be-
griffsmerkmale, sondern als Anforderungen an seine Tätigkeit verstanden
werden.[24]

Das Nebeneinander der Begriffe „Unabhängigkeit" und „Neutralität" un- 10
terstellt deren Gleichwertigkeit und Abgrenzbarkeit. Nach anderer Auffassung handelt es sich bei der Unabhängigkeit lediglich um eine Komponente
der Neutralität: Demnach umfasst die Neutralitätspflicht des Mediators
sowohl dessen Neutralität als Person, die sich durch Unabhängigkeit von
den Parteien und in Bezug auf den Verfahrensgegenstand auszeichnet, als
auch dessen Neutralität in seinen Verfahrensentscheidungen, die sich durch
Unvoreingenommenheit gegenüber den Parteiinteressen auszeichnet.[25]

Unabhängigkeit ist nach der Gesetzesbegründung vor allem **personenbezo-** 11
gen zu verstehen. Sie betrifft in erster Linie die persönliche Unabhängigkeit
des Mediators von den Parteien, aber auch dessen Bindungen in Bezug
auf den Verfahrensgegenstand oder den Verfahrensausgang.[26] Umstände,
die seine **persönliche Unabhängigkeit** beeinträchtigen können, stellen insbesondere persönliche oder geschäftliche oder finanzielle Verbindungen

---

22 RegE, BT-Drs. 17/5335, 15.
23 RegE, BT-Drs. 17/5335, 13 f.
24 In diesem Sinne auch die Begriffsbestimmung des „Mediators" in Art. 3 lit. b der Richtlinie 2008/52/EG über bestimmte Aspekte der Mediation in Zivil- und Handelssachen (Mediations-RL), ABl. L 136, 3 v. 24.5.2008, die insoweit lediglich darauf abstellt, dass die betroffene Person ersucht wird, eine Mediation auf unparteiische Weise durchzuführen; ebenso Greger/Unberath/Steffek/Greger B. MediationsG § 1 Rn. 54, § 3 Rn. 9, 37; Greger in Fischer/Unberath, S. 79, 81, 85.
25 Haft/Schlieffen Mediation-HdB/Kracht § 13 Rn. 17 ff.
26 RegE, BT-Drs. 17/5335, 14, 16; Anhaltspunkte bieten die Offenbarungspflichten nach Nr. 2.1 des Europäischen Verhaltenskodex für Mediatoren (European Code of Conduct for Mediators) und die Ausschlussgründe vom Richteramt nach § 41 ZPO sowie vom Schiedsrichteramt nach § 1036 Abs. 1 ZPO; zur Übertragung der Mitwirkungsverbote der §§ 3 und 6 BeurkG auf den Mediator siehe Stumpp ZKM 2000, 34 (35 f.).

zu einer der Parteien dar.[27] Erst recht gilt dies bei einer Weisungsgebundenheit des Mediators gegenüber einer Mediationspartei (zB aufgrund des Direktionsrechts des Arbeitgebers).[28] Unter die Offenbarungspflicht fallen dürften auch vergleichbare Verbindungen des Mediators zu einem Dritten, falls dieser zu einer der Parteien in einem besonderen Näheverhältnis steht oder in besonderer Weise am Verfahrensausgang interessiert ist. Offenbarungspflichtige Bindungen in Bezug auf den **Verfahrensgegenstand** oder das **Ergebnis** der Mediation können sich aus einem finanziellen oder einem sonstigen unmittelbaren oder mittelbaren Interesse des Mediators ergeben.[29] Zweifelhaft ist die Vereinbarung einer Erfolgsprämie für den Fall einer Einigung. Zwar würde hierdurch noch kein Interesse an einem bestimmten Ergebnis begründet; eine solche Prämie könnte aber dazu führen, den Gebrauch der Gestaltungsmöglichkeiten auf das Verfahren situationsabhängig in einer Weise zu beeinflussen, dass sich deren Bezugspunkt nicht mehr an der Eigenverantwortlichkeit oder der gleichmäßigen Verpflichtung auf die Parteien (§ 2 Abs. 2 S. 1) orientiert, sondern in Richtung auf ein hinzutretendes Interesse des Mediators an der Herbeiführung einer Abschlussvereinbarung verschiebt. Letztlich ist die Beantwortung dieser Frage davon abhängig, welche Ziele mit der Mediation und dem damit verbundenen Rollenverständnis des Mediators verfolgt werden,[30] so dass es der Entscheidung der Parteien obliegen muss, ob eine Erfolgsprämie mit ihren Erwartungen an die Mediation vereinbar ist.

Der **Neutralität** kommt nach der Gesetzesbegründung eine **verfahrensbezogene** Bedeutung zu.[31] Sie verpflichtet zu einer unparteilichen Verhandlungsführung und Gleichbehandlung der Parteien und verlangt beispielsweise eine Weitergabe von Informationen gleichermaßen an alle Parteien und deren gleiche Teilhabe am Fachwissen des Mediators.[32] Die Verpflichtung zur Neutralität wird zudem durch § 2 Abs. 3 S. 1 in ihrem aktiven Element im Sinne einer „Allparteilichkeit" ausgeformt.[33] 12

Der Begriff der „Neutralität" neben dem der „Unabhängigkeit" in § 3 Abs. 1 S. 1 ist **missverständlich**. Die Neutralität des Mediators im Sinne ihrer verfahrensbezogenen, zu einer unvoreingenommenen und fairen Verfahrensführung verpflichtenden Bedeutung kann nämlich außer durch persönliche Abhängigkeit oder inhaltliche, auf den Verfahrensgegenstand oder Verfahrensausgang bezogene Bindungen auch durch persönliche Empfindungen oder Einstellungen des Mediators gefährdet werden. Verhält sich 13

---

27 RegE, BT-Drs. 17/5335, 16.
28 RegE, BT-Drs. 17/5335, 16; bei innerbetrieblichen Mediatoren kann dem dadurch begegnet werden, dass der Arbeitgeber in Bezug auf die Mediatorentätigkeit auf sein Direktionsrecht verzichtet. Bei innerhalb eines Konzernverbundes tätigen Mediatoren darf der Mediator gegenüber keiner der Parteien weisungsgebunden sein. Differenzierend Greger/Unberath/Steffek/Greger B. MediationsG § 3 Rn. 16.
29 RegE, BT-Drs. 17/5335, 14.
30 Gegen einen generellen Ausschluss von Erfolgshonoraren auch Risse, § 11, Rn. 61 ff.; strenger hingegen Greger/Unberath/Steffek/Greger B. MediationsG § 3 Rn. 20; zu den Zielen von Mediation und dem hiermit verbundenen Rollenverständnis des Mediators s. Breidenbach, S. 119 ff., 212 ff.
31 RegE, BT-Drs. 17/5335, 14.
32 RegE, BT-Drs. 17/5335, 14.
33 RegE, BT-Drs. 17/5335, 15; zur Allparteilichkeit siehe Montada/Kals, S. 64 ff.

der Mediator aufgrund solcher Umstände nicht neutral, scheint das Gesetz diesen Umstand denselben Rechtsfolgen wie im Falle einer Gefährdung der Unabhängigkeit unterwerfen zu wollen. Die nach § 3 Abs. 1 S. 2 vorgesehene Möglichkeit einer Heilung durch Zustimmung der Parteien passt jedoch im Falle einer nicht neutralen Verfahrensführung des Mediators nicht. Vielmehr kann der Mediator in diesem Fall den Anforderungen der §§ 1 Abs. 2, 2 Abs. 3 S. 1 nicht entsprechen, so dass er die Tätigkeit ablehnen bzw. beenden muss, will er sich nicht wegen Verletzung des Mediatorvertrages dem Risiko einer Schadensersatzpflicht aussetzen. Das Aufklärungs- und Zustimmungsmodell des § 3 Abs. 1 passt somit nur in Bezug auf die Umstände, welche die (personenbezogene) Unabhängigkeit beeinträchtigen. Die Verwendung des Begriffs „Neutralität" neben dem Begriff der „Unabhängigkeit" in § 3 Abs. 1 S. 1 ist folglich überflüssig.[34]

14 **b) Umfang der Offenbarungspflicht.** Die Offenbarungspflicht des § 3 Abs. 1 S. 1 bezieht sich auf **„alle Umstände"**. Sie ist daher auch nicht durch etwaige berufsrechtliche Verschwiegenheitspflichten (zB nach § 43a Abs. 2 BRAO und § 2 BORA) beschränkt.[35] Wird der zu offenbarende Umstand hiervon erfasst, muss sich der Mediator bemühen, sich von seiner anderweitigen Verschwiegenheitspflicht entbinden zu lassen. Gelingt ihm das nicht oder ist er hierzu nicht bereit, bleibt ihm nichts anderes übrig, als den Mediationsauftrag ohne Angabe von Gründen abzulehnen.[36]

15 Ausreichend für die Offenbarungspflicht ist es, dass die persönlichen oder inhaltlichen Bindungen des Mediators seine Unabhängigkeit und Neutralität[37] **„beeinträchtigen können"**. Die Offenbarungspflicht des Mediators besteht daher schon dann, wenn die betreffenden Umstände **objektiv vorliegen**.[38] Auf die subjektive Einschätzung des Mediators kommt es somit bei Vorliegen solcher Umstände nicht an. Glaubt sich der Mediator beispielsweise trotz einer persönlichen Nähebeziehung oder geschäftlichen Verbindung zu einer der Parteien zu einer neutralen Verfahrensleitung in der Lage, hat er diesen Umstand dennoch offenzulegen und den Parteien die Entscheidung darüber zu überlassen, ob sie seiner Tätigkeit gleichwohl zustimmen wollen. Sähe sich der Mediator hingegen trotz objektiv fehlender Umstände aufgrund seiner **subjektiven Einschätzung** nicht in der Lage zu einer neutralen Verhandlungsführung, könnte ihn hiervon selbst eine – ohnehin kaum zu erwartende – Zustimmung der Parteien nicht entbinden. In diesem Fall könnte er den Anforderungen nach den §§ 1 Abs. 2, 2 Abs. 3 S. 1 nicht entsprechen, so dass er die Mediation ablehnen bzw. beenden müsste (→ Rn. 13).

---

34 Auch der Regierungsentwurf benennt in seiner Begründung zu § 3 Abs. 1 als „Umstände, die die Unabhängigkeit und Neutralität [...] beeinträchtigen können" ausschließlich solche personenbezogener und daher die Unabhängigkeit betreffender Art, BT-Drs. 17/5335, 16; idS wohl auch Unberath ZKM 2012, 12 (13); Greger/Unberath/Steffek/Greger B. MediationsG § 3 Rn. 45; aA Fritz/Pielsticker MediationsG-HdB/Pielsticker Teil 1 § 3 MediationsG Rn. 2.
35 Vgl. den RegE, BT-Drs. 17/5335, 16.
36 In Bezug auf den Anwaltsmediator Henssler/Koch Mediation Anwaltspraxis/Brieske § 12 Rn. 16; Tochtermann, S. 101.
37 Zum Begriff der „Neutralität" neben dem den „Unabhängigkeit" → Rn. 13.
38 Ebenso Greger/Unberath/Steffek/Greger B. MediationsG § 3 Rn. 12, 22; wohl auch Fritz/Pielsticker MediationsG-HdB/Pielsticker Teil 1 § 3 MediationsG Rn. 11.

Persönliche, geschäftliche oder finanzielle Verbindungen zu einer der Parteien können die Unabhängigkeit des Mediators beeinträchtigen. Unerheblich ist, ob sie zum Zeitpunkt der Mediation noch bestehen oder nur in der Vergangenheit bestanden haben. Im Einzelfall können hierunter auch für die Zukunft konkret zu erwartende Verbindungen zu einer der Parteien fallen. Die Formulierung des § 3 Abs. 1 S. 1 („alle Umstände..., die... beeinträchtigen können") spricht für eine weite Auslegung, so dass im Zweifel jegliche Beziehungen zu den Parteien oder Interessen am Verfahrensgegenstand oder am Verfahrensergebnis offenzulegen sind. 16

Auf welche Weise der Mediator seiner Offenbarungspflicht nachkommen will, ist ihm überlassen.[39] Es kann sich jedoch aus Haftungsgründen empfehlen, deren Erfüllung schriftlich zu dokumentieren, es also nicht bei einer rein mündlichen Offenbarung zu belassen. 17

c) Bedingtes Tätigkeitsverbot. Liegt ein nach § 3 Abs. 1 S. 1 offenbarungspflichtiger Umstand vor, trifft den Mediator grundsätzlich ein **Tätigkeitsverbot**. Dieses Verbot unterliegt jedoch der Disposition der Parteien, dh, der Mediator darf trotz Vorliegens solcher Umstände dann tätig werden, wenn die Parteien dem zustimmen. Das ist nur folgerichtig, denn nach § 2 Abs. 1 liegt die Auswahl des Mediators in der Hand der Parteien. Abweichendes kann gelten im Falle einer Vorbefassung des Mediators oder eines mit ihm beruflich verbundenen Dritten als Interessenvertreter einer der Parteien. Insoweit finden die Sonderregelungen des § 3 Abs. 2–4 Anwendung. Liegen offenbarungspflichtige Umstände vor, besteht das Tätigkeitsverbot nach § 3 Abs. 1 unabhängig davon, ob eine Offenlegung erfolgt ist; diese stellt nur die Voraussetzung dafür dar, dass die Parteien eine Entscheidung über ihre Zustimmung treffen können. 18

Erforderlich ist nach § 3 Abs. 1 S. 2, dass die Parteien der Tätigkeit des Mediators trotz Vorliegens der offenbarungspflichtigen Umstände **ausdrücklich zustimmen**. Eine konkludente oder mutmaßliche Zustimmung scheidet somit aus.[40] Die Zustimmung muss sich auf die konkreten zu offenbarenden Umstände beziehen. Eine bloße allgemeine Zustimmung wäre daher nicht geeignet, das Tätigkeitsverbot des Mediators aufzuheben, da die Parteien nicht in der Lage wären, die Tragweite der tatsächlich vorliegenden Umstände und damit die Bedeutung ihrer Zustimmung abzuschätzen. 19

Die Zustimmung muss nach dem Wortlaut **durch die Parteien** erfolgen. Erforderlich ist somit eine Zustimmung durch sämtliche Parteien. Eine Zustimmung etwa nur durch die nicht in Verbindung zu dem Mediator stehende Partei wäre demnach nicht ausreichend. Die Zustimmung der Parteien selbst ist formfrei. Jedoch empfiehlt es sich aus Haftungsgründen auch hier, die Zustimmung zu dokumentieren. 20

Die Zustimmung der Parteien enthebt den Mediator nicht von seiner eigenen eingehenden Prüfung, ob er den Anforderungen an seine Rolle und 21

---

39 RegE, BT-Drs. 17/5335, 16.
40 Ahrens, 2466; zur vergleichbaren Regelung des § 3 Abs. 2 S. 2 BORA aF (geändert durch die BORA in der Fassung vom 1.8.2022) ebenso: Henssler/Prütting/Henssler BORA § 3 Rn. 19; weniger streng Greger/Unberath/Steffek/Greger B. MediationsG § 3 Rn. 29.

Aufgaben unter dem Gesichtspunkt von Unabhängigkeit und Neutralität, wie sie in § 1 Abs. 2 und § 2 Abs. 3 S. 1 normiert sind, gerecht werden kann.[41]

22 **3. Besondere Tätigkeitsverbote (Abs. 2–4).** Die in § 3 Abs. 2–4 enthaltenen Tätigkeitsverbote beziehen sich auf Fallgestaltungen, die besonders geeignet erscheinen, die Unabhängigkeit und Neutralität des Mediators zu beeinträchtigen. Der Gesetzgeber hat hierbei ausdrücklich den Zweck verfolgt, das für die Anwaltschaft geltende Verbot der Vertretung widerstreitender Interessen auf andere Grundberufe auszudehnen.[42] Dementsprechend hat der Gesetzgeber die Tätigkeitsverbote den zum Zeitpunkt des Gesetzgebungsverfahrens geltenden Vorschriften (§ 43a Abs. 4 BRAO aF iVm § 3 Abs. 2 BORA aF) nachgebildet, mit denen im anwaltlichen Berufsrecht Interessenkonflikte verhindert werden sollen. Die Tätigkeitsverbote sind in Anlehnung an die anwaltlichen berufsrechtlichen Vorschriften (jetzt §§ 43a Abs. 4 und 45 Abs. 2 BRAO) auch auf mit dem Mediator in gemeinschaftlicher Berufsausübung verbundene Personen und darüber hinaus auch auf solche in Bürogemeinschaften erstreckt. Letztlich handelt es sich bei § 3 Abs. 2–4 um besonders geregelte Ausprägungen von Umständen, die nach § 3 Abs. 1 S. 1 offenbarungspflichtig sind.

23 **a) Absolute Tätigkeitsverbote (Abs. 2).** Der Gesetzgeber geht davon aus, dass die Unabhängigkeit und Neutralität in besonderem Maße gefährdet sind, wenn der Mediator vor, während oder nach einer Mediation in derselben Sache für eine Partei tätig wird.[43] Hieraus ergibt sich ein **absolutes Tätigkeitsverbot** des Mediators, von dem er auch nicht durch eine Zustimmung der Parteien entbunden werden kann.[44] Dieses Tätigkeitsverbot bezieht sich sowohl auf seine Tätigkeit als Mediator als auch auf eine Tätigkeit in seinem Grundberuf als Interessenvertreter. Parteivertretung und Mediation in einer Person in derselben Sache schließen einander somit zwingend aus.

24 **aa) Vorbefassung des Mediators als Parteivertreter (Abs. 2 S. 1).** Eine Tätigkeit als Mediator ist nach § 3 Abs. 2 S. 1 dann ausgeschlossen, wenn der Mediator **vor der Mediation** in derselben Sache für eine der Parteien tätig gewesen ist. Das Verbot besteht unabhängig von einer Zustimmung der Parteien. Die hiermit verbundene Einschränkung der Parteiautonomie nach § 2 Abs. 1 bei der Auswahl des Mediators ist zum Schutz der Parteien sachgerecht.[45] Für als Mediatoren tätige Rechtsanwälte war noch bis zum Inkrafttreten des Mediationsgesetzes umstritten, ob eine vorherige anwaltliche Tätigkeit als Interessenvertreter eine spätere Mediatorentätigkeit in derselben Sache hindert. Die überwiegende Meinung hatte schon die Auffassung vertreten, dass eine anwaltliche Vertretung eines der Beteiligten

---

41 So ausdrücklich Nr. 2.1 des Europäischen Verhaltenskodex für Mediatoren (European Code of Conduct für Mediators).
42 RegE, BT-Drs. 17/5335, 16.
43 RegE, BT-Drs. 17/5335, 16.
44 RegE, BT-Drs. 17/5335, 16.
45 So auch Wagner ZKM 2012, 110 (112); kritisch hierzu noch Wagner ZKM 2010, 172 (174).

eine anschließende Tätigkeit als Mediator in derselben Sache verbietet.[46] Diese Frage ist durch § 3 Abs. 2 S. 1 im Sinne eines absoluten Tätigkeitsverbots entschieden.

Das Tätigkeitsverbot des Mediators bezieht sich auf eine Vorbefassung „in derselben Sache". Hiervon ist dann auszugehen, wenn der Mediation und der parteilichen Beratung zumindest teilweise der gleiche Lebenssachverhalt zugrunde liegt.[47] Insoweit bezieht sich die Gesetzesbegründung ausdrücklich auf die zum Verbot der anwaltlichen Interessenvertretung „in derselben Rechtssache" entwickelten Maßstäbe.[48] Eine Mediatorentätigkeit scheidet somit beispielsweise aus, wenn sich der Sachverhalt einer anwaltlichen Vertretung mit dem Konfliktstoff, der Gegenstand der Verhandlungen in der Mediation sein soll, überschneidet oder sich auch nur teilweise als identisch darstellt.[49] Ein zumindest teilweise identischer Lebenssachverhalt ergibt sich etwa in Bezug auf die Ehe (zB als Eheberater eines der Partner[50] oder als Parteivertreter) in der familienrechtlichen Mediation oder bei einem Mietverhältnis (zB als Interessenvertreter in den Mietvertragsverhandlungen) in der mietrechtlichen Mediation[51] oder bei der Erbengemeinschaft und ihrer Auseinandersetzung in der erbrechtlichen Mediation.[52]

Fehlt es an einer zumindest teilweisen Identität des der Mediation und der parteilichen Beratung zugrunde liegenden Lebenssachverhalts, handelt es sich somit nicht um dieselbe Sache, dann entfällt lediglich das absolute Tätigkeitsverbot nach § 3 Abs. 2. In diesem Fall dürfte jedoch regelmäßig eine Offenbarungspflicht nach § 3 Abs. 1 gelten (→ Rn. 3, 22).[53]

Das Tätigkeitsverbot nach § 3 Abs. 2 S. 1 besteht nach dem Gesetzeswortlaut nur dann, wenn der Mediator „für eine Partei" tätig war. Erforderlich ist daher, dass der Mediator zuvor als Interessenvertreter für eine der Parteien tätig gewesen sein muss[54] (zum Notarmediator → M → Rn. 30). Nach der Gesetzesbegründung soll das Tätigkeitsverbot des § 3 Abs. 2 S. 1 bereits dann zur Anwendung kommen, wenn sich die vorherige Tätig-

---

46 Hager ZKM 2003, 52 (55); Henssler/Prütting/Henssler BRAO § 43a Rn. 179; Henssler/Koch Mediation Anwaltspraxis/Henssler § 3 Rn. 29 f.; Henssler in Breidenbach/Henssler, S. 75 ff., 80; Henssler/Kilian FuR 2001, 104 (105 f.); Haft/Schlieffen Mediation-HdB/Kracht, 2. Aufl., § 12 Rn. 43; aA bei Einverständnis der Parteien; Haft/Schlieffen Mediation-HdB/Hess, 2. Aufl., § 43 Rn. 39; Tochtermann, S. 106 ff.
47 RegE, BT-Drs. 17/5335, 16; Henssler/Prütting/Henssler BRAO § 43a Rn. 200.
48 RegE, BT-Drs. 17/5335, 16.
49 RegE, BT-Drs. 17/5335, 16; Henssler/Prütting/Henssler BRAO § 43a Rn. 200; Henssler/Koch Mediation Anwaltspraxis/Henssler § 3 Rn. 30; Greger/Unberath/Steffek/Greger B. MediationsG § 3 Rn. 51; Fritz/Pielsticker MediationsG-HdB/Pielsticker Teil 1 MediationsG § 3 Rn. 45 ff.
50 Fritz/Pielsticker MediationsG-HdB/Fritz, Teil 1 MediationsG § 3 Rn. 46 mit weiteren Beispielen.
51 Henssler/Koch Mediation Anwaltspraxis/Henssler § 3 Rn. 30.
52 Henssler/Prütting/Henssler BRAO § 43a Rn. 200a.
53 Vgl. hierzu auch die Offenlegungspflicht nach Nr. 2.1 des Europäischen Verhaltenskodex für Mediatoren (European Code of Conduct for Mediators).
54 Auch der RegE, BT-Drs. 17/5335, 16, geht in Bezug auf das Tatbestandsmerkmal „derselben Sache" davon aus, dass eine solche nur im Falle einer Mediation und „parteilichen Beratung" bei gleichem Lebenssachverhalts vorliegt.

keit darauf beschränkt hat, im Auftrag einer Partei Möglichkeiten einer gütlichen Einigung auszuloten, da auch eine solche Tätigkeit regelmäßig voraussetze, dass eine einseitige Information durch eine der Parteien stattgefunden habe.[55] Eine Entgegennahme von Sachverhaltsinformationen zur Prüfung der Eignung für eine Mediation für sich genommen dürfte jedoch vor dem Hintergrund der grundgesetzlich geschützten Berufsausübungsfreiheit ein solches Tätigkeitsverbot kaum rechtfertigen.[56] Auch in praktischer Hinsicht können sich hier Probleme ergeben, da eine Initiative einer Partei zur Durchführung einer Mediation durch Kontaktaufnahme mit dem Mediator nicht unüblich ist, wobei zumindest – zwangsläufig einseitig gefärbte – Grundinformationen offenbart werden können. Entscheidend für eine Anwendung des § 3 Abs. 2 S. 1 muss daher sein, ob eine parteiliche Beratung stattgefunden hat.[57] In allen übrigen Fällen sind die Parteien durch den Zustimmungsvorbehalt nach § 3 Abs. 1 und Abs. 4 hinreichend geschützt. Dem als Mediator in Betracht kommenden Berater ist allerdings zu empfehlen, schon zu Beginn der ersten Kontaktaufnahme klarzustellen, ob er in seiner Tätigkeit als Interessenvertreter oder als Mediator angesprochen wird.[58]

27 Nicht als Interessenvertreter für eine Partei tätig ist der Mediator.[59] Die Durchführung einer Mediation zwischen zwei Parteien ist dementsprechend nicht geeignet, ein Tätigkeitsverbot des Mediators aufgrund Vorbefassung nach § 3 Abs. 2 S. 1 etwa in Bezug auf eine später hinzutretende dritte Partei oder in Bezug auf eine neue Mediation unter Beteiligung einer oder beider bisherigen Parteien auszulösen. Entsprechendes gilt für eine vorhergehende Tätigkeit des Mediators als Schiedsrichter (ArbMed), da dieser nicht als Vertreter *einer* Partei in widerstreitenden Interessen, sondern im gemeinsamen Auftrag *beider Parteien* als unparteiischer Dritter tätig wurde. Etwas anderes mag in Fällen gelten, in denen der Mediator in derselben Sache zuvor als Konfliktcoach für eine Partei tätig gewesen ist, da hiermit zwangsläufig eine einseitige Orientierung auf die Parteiinteressen verbunden ist.

Ist der Mediator in derselben Sache nicht als Parteivertreter, sondern in anderer Funktion tätig gewesen, kommt gleichwohl eine Offenbarungspflicht nach § 3 Abs. 1 in Betracht.[60]

28 **bb) Gleichzeitige oder spätere Tätigkeit des Mediators als Parteivertreter (Abs. 2 S. 2).** Der Mediator unterliegt nach § 3 Abs. 2 S. 2 auch dann

---

55 RegE, BT-Drs. 17/5335, 16: Der Mediator werde dann von den Parteien nicht mehr als „unbeschriebenes Blatt" wahrgenommen.
56 So auch Henssler/Deckenbrock DB 2012, 159 (164).
57 Henssler/Deckenbrock DB 2012, 159 (164); kritisch daher hierzu auch die Stellungnahme der Bundesrechtsanwaltskammer zum Referentenentwurf vom Oktober 2010 (BRAK-Stellungnahme-Nr. 27/2010), S. 10 f.; kein Parteivertreter ist der in seiner amtlichen Eigenschaft tätige Notar, → M Rn. 30.
58 So in Bezug auf den anwaltlichen Mediator auch Henssler/Koch Mediation Anwaltspraxis/Henssler § 3 Rn. 30.
59 Siehe hierzu in Bezug auf den anwaltlichen Mediator zB Henssler/Koch Mediation Anwaltspraxis/Henssler § 3 Rn. 23; Henssler/Kilian FUR 2001, 104 (105); OLG Karlsruhe 26.4.2001 – 2 U 1/00, NJW 2001, 3197, 3198; Fritz/Pielsticker MediationsG-HdB/Pielsticker Teil 1 MediationsG § 3 Rn. 44.
60 Henssler/Deckenbrock DB 2012, 159 (164).

einem Tätigkeitsverbot, wenn er in derselben Sache **während oder nach der Mediation** für eine der Parteien tätig werden will. In diesem Fall bezieht sich das Verbot auf die Tätigkeit des Mediators für eine der Parteien in seinem Grundberuf: Entfaltet demnach eine vorherige parteiliche Beratung gemäß § 3 Abs. 2 S. 1 eine Sperrwirkung für eine anschließende Mediatorentätigkeit durch dieselbe Person in derselben Sache, verhält es sich nach § 3 Abs. 2 S. 2 spiegelbildlich, indem hier die Mediatorentätigkeit eine absolute Sperrwirkung für eine gleichzeitige oder anschließende parteiliche Beratung durch dieselbe Person in derselben Sache auslöst. Der Gesetzgeber geht insoweit davon aus, dass eine Partei einem Mediator die für die Lösung des Konflikts notwendige Offenheit nicht entgegenbringen wird, wenn sie etwa befürchten muss, dass der Mediator nach einem Scheitern der Mediation die Interessen der Gegenpartei vertritt und dabei das in der Mediation erlangte Wissen zu ihrem Nachteil nutzt.[61] Auch wird hierdurch eine Gefährdung der Neutralität vermieden, indem der Mediator beispielsweise Aussicht auf ein lukratives Mandat durch eine der Parteien haben könnte. Einem anwaltlichen Mediator ist es somit beispielsweise verwehrt, nach dem Scheitern der Mediation in einer Ehesache anschließend eine der Parteien anwaltlich zu vertreten.[62] Unabhängig von § 3 Abs. 2 S. 2 ergibt sich dies für eine anschließende Tätigkeit als Rechtsanwalt nun auch aus § 45 Abs. 1 Nr. 1 lit. b BRAO.

Wie im Fall der Vorbefassung (§ 3 Abs. 2 S. 1) bezieht sich das Verbot nach § 3 Abs. 2 S. 2 ausschließlich auf eine gleichzeitige oder spätere Tätigkeit als Interessenvertreter (→ Rn. 26) für eine Partei in **derselben Sache** (→ Rn. 25). 29

b) Dispositive Tätigkeitsverbote (Abs. 3 und 4). Durch § 3 Abs. 3 werden die Tätigkeitsverbote des § 3 Abs. 2 in Anlehnung an die anwaltlichen berufsrechtlichen Vorschriften (§§ 43a Abs. 4, 45 Abs. 2 BRAO) auf **berufliche Kooperationen** in Form von Berufsausübungsgemeinschaften und darüber hinaus auf Bürogemeinschaften erstreckt. Im Unterschied zu § 3 Abs. 2 sind diese Tätigkeitsverbote jedoch nach § 3 Abs. 4 **dispositiv** ausgestaltet. 30

aa) Vorbefassung Dritter als Parteivertreter. Eine Tätigkeit als Mediator scheidet gemäß § 3 Abs. 3 S. 1 grundsätzlich aus, wenn eine mit dem Mediator in derselben Berufsausübungs- oder Bürogemeinschaft verbundene andere Person **vor der Mediation** in derselben Sache für eine der Parteien tätig gewesen ist. Hierunter fällt es beispielsweise, wenn ein in derselben Sozietät wie der potenzielle Mediator tätiger Rechtsanwalt eine der Parteien in derselben Sache vertreten hat.[63] 31

---

61 RegE, BT-Drs. 17/5335, 16.
62 RegE, BT-Drs. 17/5335, 16; für den anwaltlichen Mediator war dies schon vor Inkrafttreten des MediationsG anerkannt: OLG Karlsruhe 26.4.2001 – 2 U 1/00, NJW 2001, 3197, 3198; Hager ZKM 2003, 52 (55); Hennsler/Kilian FUR 2001, 104 (106); Hennsler/Koch Mediation Anwaltspraxis/Hennsler § 3 Rn. 29, 32; Hennsler/Prütting/Hennsler BRAO § 43a Rn. 179; Kleine-Cosack BRAO § 43a Rn. 165 f.; Knöfel NJW 2006, 6 (9).
63 RegE, BT-Drs. 17/5335, 16; dies war für anwaltliche Mediatoren schon bisher anerkannt: Hennsler in: Hennsler/Koch § 3 Rn. 33; Hennsler/Kilian FUR 2001, 104 (106); Tochtermann, S. 111.

32 Erforderlich für das Tätigkeitsverbot ist, dass der in Aussicht genommene Mediator mit der für die eine Partei zuvor tätigen Person in derselben **Berufsausübungs- oder Bürogemeinschaft verbunden** ist. Der Wortlaut der Regelung legt nahe, dass das Tätigkeitsverbot nur so lange besteht, wie die Verbindung des Mediators zu der für die Partei zuvor tätigen Person andauert. Scheidet die Person aus der Berufsausübungs- oder Bürogemeinschaft aus, kann deren vorherige Tätigkeit jedoch einen offenbarungspflichtigen Umstand nach § 3 Abs. 1 darstellen.[64]

33 Der Begriff der **Berufsausübungsgemeinschaft** sowie der Umstand, dass die Regelung dem anwaltlichen Berufsrecht nachempfunden ist,[65] verweist auf die Zusammenschlüsse der freien Berufe. Obwohl in § 3 Abs. 3 S. 1 nicht ausdrücklich erwähnt, ist es daher wie bei den §§ 43a Abs. 4, 45 Abs. 2 BRAO bedeutungslos, ob es sich bei der **Berufsausübungsgemeinschaft** um eine Sozietät oder einen sonstigen Zusammenschluss zum Zwecke der gemeinschaftlichen Berufsausübung handelt. Die Rechts- oder Organisationsform spielt somit keine Rolle, sofern sie der gemeinsamen Berufsausübung dient.[66] Innerhalb dieses Zusammenschlusses ist es in Übereinstimmung mit den zu den anwaltlichen Berufsausübungsgemeinschaften entwickelten Grundsätzen zur Sicherung einer unabhängigen und neutralen Verhandlungsführung ferner unerheblich, ob ein Partner, Angestellter oder freier Mitarbeiter der Berufsausübungsgemeinschaft tätig war, denn auch diese sind in der Berufsausübungsgemeinschaft „verbunden".[67]

34 Darüber hinaus erstreckt § 3 Abs. 3 S. 1 das Tätigkeitsverbot des Mediators auch auf Fälle, in denen die zuvor mit der Parteivertretung befasste Person mit dem Mediator in einer bloßen **Bürogemeinschaft** verbunden ist. Im Gegensatz zur Berufsausübungsgemeinschaft fehlt es bei dem Begriff der Bürogemeinschaft an einer gemeinschaftlichen Berufsausübung.[68] Hierbei haben sich die Beteiligten lediglich zur Kostenersparnis bzw. zur Verteilung von Büroaufwendungen zur Nutzung gemeinsamer Einrichtungen (zB Anmietung eines Büros, Abschluss von Anstellungsverträgen mit Personal etc) verbunden, üben jedoch ihren Beruf getrennt aus.[69]

35 Wie bereits in § 3 Abs. 2 erstreckt sich das Tätigkeitsverbot nach § 3 Abs. 3 nur auf eine vorherige Tätigkeit des mit dem Mediator verbundenen Dritten als **Interessenvertreter** (→ Rn. 26) für eine der Parteien in **derselben Sache** (→ Rn. 25).

36 **bb) Gleichzeitige oder spätere Tätigkeit Dritter als Parteivertreter.** Einer mit dem Mediator in derselben Berufsausübungs- oder Bürogemeinschaft

---

64 So auch Henssler/Deckenbrock DB 2012, 159 (164).
65 RegE, BT-Drs. 17/5335, 16.
66 Henssler/Prütting/Kilian BRAO § 45 Rn. 45; ; Hartung/Scharmer/Peitscher, BRAO § 45 Rn. 62 ff.; Greger/Unberath/Steffek/Greger B. MediationsG § 3 Rn. 55; Fritz/ Pielsticker MediationsG-HdB/Pielsticker Teil 1 MediationsG § 3 Rn. 63 f.
67 Henssler/Kilian FuR 2001, 104 (106); Henssler/Prütting/Kilian BRAO § 45 Rn. 45; Fritz/Pielsticker MediationsG-HdB/Pielsticker Teil 1 § 3 MediationsG Rn. 66.
68 Henssler/Prütting/Henssler BORA § 3 Rn. 15; Hartung/Scharmer//Peitscher BRAO § 45 Rn. 64.
69 MüKoBGB/Schäfer Vor § 705 Rn. 40; Soergel/Siebert/Hadding/Kießling Vor § 705 Rn. 42; vgl. auch für den Bereich der Anwaltschaft die Legaldefinition in § 59q Abs. 1 BRAO.

verbunden Person ist es nach § 3 Abs. 3 S. 2 verwehrt, **während oder nach der Mediation** für eine der Parteien tätig zu werden, sofern sich diese Tätigkeit zumindest teilweise auf denselben Lebenssachverhalt bezieht. Wie bei den Tätigkeitsverboten des Mediators nach § 3 Abs. 2 (→ Rn. 25) entfaltet die Tätigkeit als Mediator somit eine Sperrwirkung für eine gleichzeitige oder spätere parteiliche Vertretung einer der an der Mediation beteiligten Parteien in derselben Sache, hier allerdings für die mit dem Mediator in Berufsausübungs- oder Bürogemeinschaft (→ Rn. 32 ff.) verbundenen Personen. Die Mediatorentätigkeit „infiziert" gewissermaßen die mit dem Mediator derart beruflich verbundenen Personen in deren Tätigkeit als Interessenvertreter (→ Rn. 26) in derselben Sache (→ Rn. 25).

cc) **Bedingtes Tätigkeitsverbot.** Die Tätigkeitsverbote des § 3 Abs. 3 sind **dispositiv.**[70] Sie hindern eine Tätigkeit als Mediator (§ 3 Abs. 3 S. 1) bzw. als Parteivertreter (§ 3 Abs. 3 S. 2) dann nicht, wenn sich die betroffenen Parteien im Einzelfall nach umfassender Information damit einverstanden erklärt haben und Belange der Rechtspflege dem nicht entgegenstehen (**§ 3 Abs. 4**). Hintergrund ist der Beschluss des Bundesverfassungsgerichts vom 3.7.2003 – 1 BvR 238/01 –[71] zur Unvereinbarkeit des § 3 Abs. 2 BORA aF mit Art. 12 Abs. 1 GG. Der Gesetzgeber hatte daher die Ausnahmen des § 3 Abs. 4 an die zur Zeit des Inkrafttretens des MediationsG geltende Fassung des § 3 Abs. 2 BORA aF angelehnt.[72] 37

Erforderlich ist eine **umfassende Information** der Parteien. Trotz des abweichenden Wortlauts besteht in den Anforderungen an die nach § 3 Abs. 4 geforderte Information im Ergebnis kein Unterschied zum Umfang der Offenbarungspflicht nach § 3 Abs. 1 S. 1.[73] Auch bei dem in § 3 Abs. 3 geregelten Fall der Vorbefassung eines mit dem Mediator verbundenen Dritten handelt es sich um einen nach § 3 Abs. 1 S. 1 offenbarungspflichtigen Umstand. Erforderlich ist demnach eine wahrheitsgemäße und vollständige Aufklärung über die vorherige bzw. beabsichtigte Interessenvertretung für eine der Parteien durch den mit dem Mediator verbundenen Dritten und den der parteilichen Beratung zugrunde liegenden Lebenssachverhalt. Die Parteien müssen durch die Information in die Lage versetzt werden, die Frage einer Beeinträchtigung der Neutralität und Unabhängigkeit des Mediators einschätzen und auf ausreichender Tatsachengrundlage eine informierte Entscheidung über ihr Einverständnis treffen zu können. Erforderlichenfalls muss sich die mit dem Mediator zur gemeinsamen Berufsausübungs- oder Bürogemeinschaft verbundene Person von einer beruflichen Verschwiegenheitspflicht entbinden lassen.[74] Aus Haftungsgründen empfiehlt es sich, die nach § 3 Abs. 4 erfolgende Information der Parteien zu dokumentieren. 38

Gegen die in psychologischen Beratungsstellen anzutreffende Praxis, zunächst eine Kontakt suchende Partei zu beraten und anschließend eine Mediation anzubieten, bestehen nach der Gesetzesbegründung keine Be-

---

70 Kritisch dazu Risse SchiedsVZ 2012, 244 (249).
71 BVerfG 3.7.2003 – 1 BvR 238/01, NJW 2003, 2520 2522.
72 RegE, BT-Drs. 17/5335, 16.
73 Ahrens NJW 2012, 2465 (2467); so wohl auch Wagner ZKM 2012, 110 (112).
74 RegE, BT-Drs. 17/5335, 16; → Rn. 14.

39 denken, sofern die nach § 3 Abs. 4 vorgesehene Information erfolgt, so dass die Parteien auf deren Basis einer Mediation zustimmen können.[75]

39 Das **Einverständnis** kann nach § 3 Abs. 4 durch die Parteien nur im Einzelfall erklärt werden. Eine generelle Freizeichnung des Mediators oder der mit ihm zur gemeinsamen Berufsausübungs- oder Bürogemeinschaft verbundenen Personen durch die Parteien ist daher nicht zulässig. Da eine Vorbefassung innerhalb der Berufsausübungs- oder Bürogemeinschaft zugleich einen offenbarungspflichtigen Umstand nach § 3 Abs. 1 S. 1 darstellt, ist in Übereinstimmung mit § 3 Abs. 1 S. 2 trotz des abweichenden Wortlauts auch für die Zustimmung nach § 3 Abs. 4 ein konkludentes Einverständnis der Parteien nicht ausreichend.[76]

40 Ein Einverständnis der Parteien soll nach § 3 Abs. 4 gleichwohl unbeachtlich sein, wenn „**Belange der Rechtspflege**" entgegenstehen. Diese Ausnahme von der Dispositionsbefugnis der Parteien ist offenbar dem Umstand der Nachbildung dieser Regelung anhand des § 3 Abs. 2 BORA aF geschuldet. Schon zu § 3 Abs. 2 BORA aF war die Schwierigkeit kritisiert worden, aus diesem als objektives Korrektiv zur Berücksichtigung des Vertrauens der Allgemeinheit in die Rechtsanwaltschaft als Organ der Rechtspflege formulierten Vorbehalt verwertbare Anforderungen abzuleiten.[77] Die Bedeutung dieses Vorbehalts bleibt dementsprechend auch hier im Dunkeln.[78] Sofern das Einverständnis auf einer umfassenden Information der Parteien beruht, dürften Belange der Rechtspflege nicht entgegenstehen.[79]

III. Offenlegung der Qualifikation (Abs. 5)

41 Nach § 3 Abs. 5 hat der Mediator die Parteien auf deren Verlangen über seinen fachlichen Hintergrund sowie über seine Ausbildung und seine praktischen Erfahrungen auf dem Gebiet der Mediation zu informieren. Die Gesetzesbegründung schreibt dem Markt eine qualitätssichernde Funktion zu.[80] Durch die **Informationspflicht** soll die Qualifikation des Mediators transparent gemacht werden, damit die Parteien eine informierte Auswahlentscheidung treffen können und der Markt diese Aufgabe erfüllen kann.[81] Trotz der durch den Rechtsausschuss eingebrachten Ergänzungen zur Ausbildung des Mediators und Verankerung des „zertifizierten Mediators" in den §§ 5 und 6[82] ist die Vorschrift des § 3 Abs. 5 nicht bedeutungslos.[83] Dies gilt zum einen in Bezug auf den – nicht zertifizierten – Me-

---

75 RegE, BT-Drs. 17/5335, 16.
76 Ahrens NJW 2012, 2465 (2466); → Rn. 19.
77 Zum Begriff der „Belange der Rechtspflege" in § 3 Abs. 2 BORA aF (geändert durch die BORA in der Fassung vom 1.8.2022) siehe Henssler/Prütting/Henssler BORA § 3 Rn. 21 ff.; Feuerich/Weyland/Träger BORA § 3 Rn. 21 ff.
78 Henssler/Deckenbrock DB 2012, 159 (164); Wagner ZKM 2012, 110 (112).
79 Henssler/Deckenbrock DB 2012, 159 (164); aA wohl Greger/Unberath/Steffek/Greger B. MediationsG § 3 Rn. 59, in Abweichung zur Vorauf.; zur Notarmediation → M Rn. 31.
80 RegE, BT-Drs. 17/5335, 16 f.
81 RegE, BT-Drs. 17/5335, 17; kritisch dazu auf der Grundlage des Referentenentwurfs: Unberath ZKM 2010, 164 (166).
82 Vgl. die Beschlussempfehlung des Rechtsausschusses, BT-Drs. 17/8058, 18 ff.; → MediationsG § 5 Rn. 37 ff.
83 AA Henssler/Deckenbrock DB 2012, 159 (163 f.).

diator, dessen Ausbildung nicht den Anforderungen der auf der Grundlage des § 6 zu erlassenden Rechtsverordnung entsprechen muss. Aber auch bei zertifizierten Mediatoren kann es für die Parteien von Bedeutung sein zu erfahren, welcher Art die Mediationsausbildung war, welche Fachkenntnisse sie voraussetzen können und über welche praktischen Erfahrungen der Mediator verfügt.

Die Informationspflicht des Mediators zum **fachlichen Hintergrund** bezieht sich insbesondere auf Studium und ausgeübten Beruf.[84] Sie ist dem Umstand geschuldet, dass es sich bei der Mediationstätigkeit um eine von Angehörigen unterschiedlicher Quell- oder Grundberufe ausgeübte Disziplin handelt. 42

Die Informationen über die **Ausbildung** beziehen sich auf die Ausbildung in Mediation. Sie umfassen beispielsweise die Art und Dauer der Mediationsausbildung, aber auch das Ausbildungsinstitut und ggf. besondere Schwerpunkte. 43

Zu den Informationen über die praktischen **Erfahrungen** auf dem Gebiet der Mediation können beispielsweise Angaben zur ungefähren Anzahl der bereits durchgeführten Mediationen, zur Komplexität der Mediationen oder zu deren Gebieten (zB Familienmediation, Wirtschaftsmediation, Mediation im öffentlichen Bereich) zählen. 44

Der Auskunftsanspruch der Parteien besteht gegenüber jedem Mediator, unabhängig von dessen Quell- oder Grundberuf.[85] In welcher Form der Mediator die Parteien informiert, hat der Gesetzgeber bewusst ihm überlassen. Der Mediator kann somit **jede geeignete Form der Aufklärung** wählen, wie beispielsweise auch auf einem Informationsblatt oder durch entsprechende Erläuterungen auf der Internetseite.[86] 45

Zu berücksichtigen ist allerdings, dass der Mediator als Erbringer von Dienstleistungen zugleich Informationspflichten nach der Verordnung über Informationspflichten für Dienstleistungserbringer (Dienstleistungen-Informationspflichten-Verordnung – DL-InfoV) vom 12.3.2010[87] unterliegt. 46

§ 4 MediationsG Verschwiegenheitspflicht

[1]Der Mediator und die in die Durchführung des Mediationsverfahrens eingebundenen Personen sind zur Verschwiegenheit verpflichtet, soweit gesetzlich nichts anderes geregelt ist. [2]Diese Pflicht bezieht sich auf alles, was ihnen in Ausübung ihrer Tätigkeit bekannt geworden ist. [3]Ungeachtet anderer gesetzlicher Regelungen über die Verschwiegenheitspflicht gilt sie nicht, soweit

1. die Offenlegung des Inhalts der im Mediationsverfahren erzielten Vereinbarung zur Umsetzung oder Vollstreckung dieser Vereinbarung erforderlich ist,

---

84 RegE, BT-Drs. 17/5335, 16.
85 RegE, BT-Drs. 17/5335, 16.
86 RegE, BT-Drs. 17/5335, 17.
87 BGBl. I 267.

2. die Offenlegung aus vorrangigen Gründen der öffentlichen Ordnung (ordre public) geboten ist, insbesondere um eine Gefährdung des Wohles eines Kindes oder eine schwerwiegende Beeinträchtigung der physischen oder psychischen Integrität einer Person abzuwenden, oder
3. es sich um Tatsachen handelt, die offenkundig sind oder ihrer Bedeutung nach keiner Geheimhaltung bedürfen.

⁴Der Mediator hat die Parteien über den Umfang seiner Verschwiegenheitspflicht zu informieren.

Literatur:
Ahrens, Mediationsgesetz und Güterichter – Neue gesetzliche Regelungen der gerichtlichen und außergerichtlichen Mediation, NJW 2012, 2465; *Baetge/v.Hein/v.Hinden* (Hrsg.), Festschrift für Jan Kropholler, 2008; *Beck*, Mediation und Vertraulichkeit, 2009; *Becker/Horn*, Notwendige Regelungen eines deutschen Mediationsgesetzes, SchiedsVZ 2006, 270; *Bercher*, Vertraulichkeitsschutz im Vorschlag der EU-Kommission für eine Richtlinie über bestimmte Aspekte der Mediation in Zivil- und Handelssachen, IDR 2005, 169; *Breidenbach/Henssler* (Hrsg.), Mediation für Juristen, 1997; *Carl*, Qualitätssicherung im Referentenentwurf zum Mediationsgesetz, ZKM 2010, 177; *Cremer*, Die Vertraulichkeit der Mediation, 2007; *Duve/Prause*, Mediation und Vertraulichkeit, IDR 2004, 126; *Eckardt/Dendorfer*, Der Mediator zwischen Vertraulichkeit und Zeugnispflicht – Schutz durch Prozessvertrag, MDR 2001, 786; *Eidenmüller*, Vertrags- und Verfahrensrecht der Wirtschaftsmediation, 2001; *ders./Prause*, Die europäische Mediationsrichtlinie – Perspektiven für eine gesetzliche Regelung der Mediation in Deutschland, NJW 2008, 2737; *ders./Wagner* (Hrsg.), Mediationsrecht, 2015; *Eisenbarth/Spiecker*, Der Verwaltungsprozess und das erste deutsche Mediationsgesetz – Streit über den Weg der Streitschlichtung, DVBl 2012, 993; *Fischer/Unberath* (Hrsg.), Das neue Mediationsgesetz, 2013; *Francken*, Das Gesetz zur Förderung der Mediation und das arbeitsgerichtliche Verfahren, NZA 2012, 836; *Friedrich*, Regelungsgegenstände der Mediationsvereinbarung, MDR 2004, 481; *Fritz/Pielsticker*, Handbuch zum Mediationsgesetz, 2. Aufl. 2020; *Goltermann/Hagel/Klowait/Levien*, „Das neue Mediationsgesetz" aus Unternehmenssicht, SchiedsVZ 2012, 299 und SchiedsVZ 2013, 41; *Graf-Schlicker*, Die EU-Richtlinie zur Mediation – zum Stand der Umsetzung, ZKM 2009, 83; *Greger*, Die Reglementierung der Selbstregulierung – Zum Referentenentwurf eines Mediationsgesetzes, ZRP 2010, 209; *Greger/Unberath/Steffek*, Recht der alternativen Konfliktlösung, 2. Aufl. 2016; *Greger/Weber*, Das neue Güterichterverfahren, MDR Sonderheft 2012; *Groth/v.Bubnoff*, Gibt es „gerichtsfeste" Vertraulichkeit bei der Mediation?, NJW 2001, 338; *Haft/v. Schlieffen* (Hrsg.), Handbuch Mediation, 3. Aufl. 2016 (2. Aufl. 2009); *Hartmann*, Mediationsnovelle und Gericht, MDR 2012, 941; *Henssler/Prütting*, Bundesrechtsanwaltsordnung, 5. Aufl. 2019; *Henssler/Deckenbrock*, Das neue Mediationsgesetz: Mediation ist und bleibt Anwaltssache!, DB 2012, 159; *Henssler/Koch* (Hrsg.), Mediation in der Anwaltspraxis, 2. Aufl. 2004; *Hilber*, Die Sicherung der Vertraulichkeit des Mediationsverfahrens, 2006; *Hofmann*, Vertraulichkeit in der Mediation – Möglichkeiten und Grenzen vertraglicher Beweisverwertungsverbote, SchiedsVZ 2011, 148; *Hopt/Steffek*, Mediation, 2008; *Horstmeier*, Das neue Mediationsgesetz, 2013; *Hutner*, Die Mediationsvereinbarung – Regelungsgegenstände und vertragsrechtliche Qualifizierung, SchiedsVZ 2003, 226; *Löer*, Referentenentwurf eines Mediationsgesetzes, ZKM 2010, 179; *Mähler/Mähler*, Missbrauch von in der Mediation erlangten Informationen, ZKM 2001, 4; *Nelle/Hacke*, Die Mediationsvereinbarung, ZKM 2002, 257; *Oldenbruch*, Die Vertraulichkeit im Mediationsverfahren, 2006; *Ortloff*, Vom Gerichtsmediator zum Güterichter im Verwaltungsprozess, NVwZ 2012, 1057; *Plassmann*, Das Mediationsgesetz – Eine Steilvorlage für die gesamte Anwaltschaft, BRAK-Mitt. 2012, 194; *Probst*, Mediation und Recht – zur Umsetzung der EU-Mediationsrichtlinie, JR 2009, 265; *Prütting*, Mediation und weitere Verfahren konsensualer Streitbeilegung – Regelungsbedarf im Verfahrens- und Berufsrecht?, JZ 2008, 847; *Richter*, Die Mediation aus Sicht des Justizministeriums unter Berücksichtigung der EU-Richtlinie, SchAZtg. 2010, 10; *Round Table Mediation & Konfliktmanagement der Deutschen Wirtschaft*, Positionspapier der deutschen Wirtschaft zur Umsetzung der EU-Mediationsrichtlinie, ZKM 2009, 147; *Risse*, Offenlegung eines vertraulichen Vergleichsangebots – Kavaliersdelikt oder strafbarer Geheimnisverrat?, NJW 2008, 3680; *ders.*, Das Mediationsgesetz – eine Kommentierung,

SchiedsVZ 2012, 244; *ders./Bach*, Wie frei muss Mediation sein? – Von Politik, Ideologie, Gesetzgebern und Gerichten, SchiedsVZ 2011, 14; *Röthemeyer*, Gerichtsmediation und Güterichterkonzept – Die Lösung des Vermittlungsausschusses, ZKM 2012, 116; *Schekahn*, Außergerichtliche Mediation und die drei großen „V" – Vollstreckung, Verjährung, Vertraulichkeit, JR 2013, 53; *Schwenzer/Hager* (Hrsg.), Festschrift für Peter Schlechtriem, 2003; *Steffek*, Rechtsvergleichende Erfahrungen für die Regelung der Mediation, RabelsZ 2010, 841; *Stein/Jonas*, Kommentar zur Zivilprozessordnung, Band 2, §§ 78–147, 23. Aufl. 2016; *Sujecki*, Die Europäische Mediationsrichtlinie, EuZW 2010, 7; *Unberath*, Mediationsklauseln in der Vertragsgestaltung, NJW 2011, 1320; *Wagner*, Prozessverträge: Privatautonomie im Verfahrensrecht, 1998; *ders.*, Sicherung der Vertraulichkeit von Mediationsverfahren durch Vertrag, NJW 2001, 1398; *ders.*, Der Referentenentwurf eines Mediationsgesetzes, ZKM 2010, 172; *ders.*, Grundstrukturen eines deutschen Mediationsgesetzes, RabelsZ 2010, 794; *ders.*, Vertraulichkeit der Mediation, ZKM 2011, 164; *ders.*, Das Mediationsgesetz – Ende gut, alles gut?, ZKM 2012, 110; *ders./Braem*, Anm. zu AnwG Rostock v. 1.8.2007, I AG 6/07, ZKM 2007, 194; *ders./Thole*, Die neue EU-Richtlinie zur Mediation, ZKM 2008, 36; *Walz*, Vertraulichkeit in der Mediation, MittBayNot 2001, 53; *Zöller*, Zivilprozessordnung, 34. Aufl. 2022.

I. Bedeutung der Vorschrift	1	2. Umfang der Verschwiegenheitspflicht (S. 2)	35
1. Vertraulichkeit	2	3. Ausnahmen von der Verschwiegenheitspflicht (S. 3)	37
2. Umsetzung der Richtlinie 2008/52/EG	5	a) Umsetzung und Vollstreckung (S. 3 Nr. 1)	37
II. Verschwiegenheitspflicht	14	b) Ordre public (S. 3 Nr. 2)	38
1. Verpflichteter Personenkreis (S. 1)	15	c) Offenkundiges und Bedeutungsloses (S. 3 Nr. 3)	41
a) Mediator	16	4. Informationspflicht (S. 4)	45
b) Eingebundene Personen	20		
c) Abweichende gesetzliche Regelung	33		

I. Bedeutung der Vorschrift

Die Regelung des § 4 dient der Umsetzung der Richtlinie 2008/52/EG des Europäischen Parlaments und des Rates vom 21.5.2008 über bestimmte Aspekte der Mediation in Zivil- und Handelssachen[1] (Europäische Mediationsrichtlinie – Med-RiLi).[2] Diese hatte den Mitgliedstaaten zwingende Mindestvorgaben zur Wahrung der Vertraulichkeit gemacht. Die Richtlinie[3] wie auch der deutsche Gesetzgeber[4] haben die Bedeutung der Vertraulichkeit für das Mediationsverfahren ausdrücklich hervorgehoben. Gleichwohl haben sich sowohl die Vorgaben der Richtlinie als auch nachfolgend der Gesetzgeber auf eine Teilregelung des Vertraulichkeitsschutzes beschränkt.

1. Vertraulichkeit. Unbestritten kommt der Vertraulichkeit für die Mediation eine **zentrale Bedeutung** zu.[5] Im engsten Sinne bedeutet Vertraulichkeit

---

1 ABl. L 136, 3 v. 24.5.2008.
2 RegE BT-Drs. 17/5335, 17.
3 Siehe Erwgr. 23 der Richtlinie, ABl. L 136, 5 v. 24.5.2008.
4 Siehe die Begründung zum RegE, BT-Drs. 17/5335, 13; vgl. auch Graf-Schlicker ZKM 2009, 83 (85).
5 Ausführlich dazu Beck, S. 55, 65 ff.; des Weiteren Becker/Horn SchiedsVZ 2006, 270 (272); Cremer, S. 27 f.; Eidenmüller, S. 24; Eidenmüller/Prause NJW 2008, 2737 (2740); Friedrich MDR 2004, 481 (485); Groth/v. Bubnoff NJW 2001, 338; Hager in Schwenzer/Hager, S. 53 (54); Haft/Schlieffen Mediation-HdB/Hartmann § 28 Rn. 2 f.; Hopt/Steffek, S. 39; Haft/Schlieffen Mediation-HdB/Kracht § 13 Rn. 120; Mähler/Mähler ZKM 2001, 4 f.; Oldenbruch, S. 1 (14); Steffek RabelsZ 2010, 841 (854); Wagner ZKM 2011, 164.

zunächst, dass das Mediationsverfahren im Grundsatz[6] unter Ausschluss der Öffentlichkeit stattfindet.[7] In einem weiteren Sinne wird hierunter die Erwartung der an der Mediation Beteiligten verstanden, dass alle Beteiligten außerhalb des Mediationsverfahrens Stillschweigen über die Inhalte der Mediation bewahren und bei deren Scheitern in einem nachfolgenden Gerichts- oder Schiedsgerichtsverfahren auf die Einführung von Informationen aus der Mediation verzichten.[8]

Nur wenn gewährleistet ist, dass offen gelegte Informationen im Falle eines Scheiterns der Mediation nicht gerichtlich oder außergerichtlich gegen sie verwandt werden, werden die Parteien ihre regelungsbedürftigen Interessen und hierfür wesentlichen Informationen offen mitteilen. Dies ist für das Mediationsverfahren in mehrfacher Hinsicht bedeutsam: Oft entsteht durch die Offenlegung eine Wechselwirkung in dem Sinne, dass mit zunehmender Offenlegung eigener Interessen auch die Offenheit in der Beziehung zwischen den Parteien und damit das wechselseitige Vertrauen zunimmt.[9] Durch den hergestellten Vertrauensrahmen kann zum einen Verständnis für die wechselseitigen Positionen und Interessen und damit eine Grundlage für gemeinsame Überzeugungen und Lösungen geschaffen werden. Zum anderen kann nur durch diesen Vertrauensrahmen dem sog. Verhandlungsdilemma begegnet werden: Dieses besteht darin, dass das Zurückhalten von Informationen für Parteien zwar zunächst individuell ratsam sein mag, jedoch eine Offenlegung dieser Informationen erst eine Einigung möglich macht oder erst hierdurch Kooperationsgewinne erzielt werden können. Unterbleibt deren Offenlegung, sind für alle Beteiligten nur suboptimale Ergebnisse, wenn überhaupt, erreichbar.[10] Die Entfaltung des Potentials der Mediation durch Einbeziehung der Interessen bliebe ungenutzt, da hierfür deren Offenlegung über die jeweils vertretenen Rechtspositionen hinaus erforderlich ist. Für den Erfolg der Mediation im Einzelfall entscheidendes Lösungspotential bliebe somit unentdeckt. Vertraulichkeit ist insoweit gewissermaßen ein **Substitut für Vertrauen**.[11] Müssen die Parteien für den Fall des Scheiterns der Mediation mit einem anschließenden Rechtsstreit rechnen, werden sie sich in ihrem Verhalten auf diesen „worst case" einstellen und mit der Offenlegung von Informationen oder auch nur der Relativierung eigener Positionen zurückhaltend sein. Die Vertraulichkeit ist somit eine der wichtigsten Voraussetzungen

---

6 Die Parteien können dies auch abweichend vereinbaren, was in der Praxis jedoch selten geschieht, siehe zB zu öffentlichen Planungsvorhaben Haft/Schlieffen Mediation-HdB/Hartmann § 28 Rn. 7.
7 Beck, S. 38 und (zu den hierfür bedeutsamen Gründen) S. 77 ff.; Cremer, S. 28 f.; Hager in Schwenzer/Hager, S. 54; Hopt/Steffek, S. 40; Wagner ZKM 2011, 164.
8 Siehe hierzu Beck, S. 38; Cremer, S. 28 f.; Eidenmüller, S. 24; Hager in Schwenzer/Hager, S. 53; Haft/Schlieffen Mediation-HdB/Hartmann § 28 Rn. 4 ff.; Hopt/Steffek, S. 39 ff.; Oldenbruch, S. 14 ff.; Wagner ZKM 2011, 164.
9 Mähler/Mähler, S. 5; Beck, S. 71 ff.; Haft/Schlieffen Mediation-HdB/Hartmann § 28 Rn. 3.
10 Zum Verhandlungsdilemma s. Eidenmüller in Breidenbach/Henssler, S. 31 (49 ff.); Hensler/Koch Mediation Anwaltspraxis/Eidenmüller § 2 Rn. 7; Beck, S. 57 ff., 69 f.; siehe auch Walz MittBayNot 2001, 53 f.
11 So Beck, S. 71 ff.

sowohl für das Gelingen der Mediation im Einzelfall als auch für den Erfolg der Mediation als Streitbeilegungsverfahren insgesamt.[12]

Gleichzeitig kann der Vertraulichkeitsschutz in der Mediation in einem Spannungsverhältnis zu berechtigten Ansprüchen Dritter oder der Allgemeinheit, beispielsweise bei in der Mediation offenbarten Straftaten, stehen. Zudem kann sich der Vertraulichkeitsschutz im Einzelfall dann als problematisch erweisen, wenn er von einer Partei taktisch genutzt wird, um bisher unbekannte und ihr nachteilige Informationen in die Mediation einzubringen, um sich im anschließenden Rechtsstreit auf deren Vertraulichkeit berufen zu können („Flucht in die Mediation").[13]

2. Umsetzung der Richtlinie 2008/52/EG. Nach den in **Art. 7 Abs. 1 der Richtlinie**[14] enthaltenen Vorgaben dürfen Mediatoren und in die Durchführung des Mediationsverfahrens eingebundene Personen – vorbehaltlich gewisser Ausnahmen – nicht gezwungen werden, in Gerichts- oder Schiedsgerichtsverfahren in Zivil- und Handelssachen Aussagen über im oder im Zusammenhang mit einem Mediationsverfahren erlangte Informationen zu machen. Den Mitgliedstaaten stand es jedoch nach Art. 7 Abs. 2 der Richtlinie frei, strengere Regelungen zum Schutz der Vertraulichkeit einzuführen.[15]

Bereits der zum Schutz der Vertraulichkeit allein auf die Person des Mediators und seine Hilfspersonen beschränkte Ansatz der Richtlinie hatte zu intensiver Kritik herausgefordert, da hierdurch insbesondere die Parteien und deren Beistände nicht gehindert sind, in einem anschließenden Gerichts- oder Schiedsgerichtsverfahren Prozessvortrag oder Beweismittel aus den in der Mediation durch die andere Partei erstmals offengelegten Informationen einzuführen.[16] Dem zulasten der anderen Partei in den Rechtsstreit eingeführten Vortrag könnte diese dann aktiv nur durch Bestreiten und damit unter Verstoß gegen die prozessuale Wahrheitspflicht (§ 138 Abs. 1 ZPO) entgegentreten,[17] will sie die Geständnisfiktion des § 138 Abs. 3 ZPO vermeiden. Als Beweismittel aus dem Mediationsverfahren kommen in erster Linie dort angefertigte oder vorgelegte Urkunden[18] sowie nach

---

12 Hopt/Steffek, S. 39; Steffek, 854; Oldenbruch, S. 8, 28.
13 Zu dieser Diskussion siehe zB Wagner ZKM 2011, 164 (166); Hofmann SchiedsVZ 2011, 148 (151); Oldenbruch, S. 83; Eidenmüller, S. 26; Graf-Schlicker, 85; Nelle/Hacke ZKM 2002, 257 (260 f.).
14 ABl. L 136, 3 v. 24.5.2008.
15 Art. 7 Abs. 2 Mediations-RL kommt lediglich klarstellender Charakter zu, da die Richtlinie nur eine Mindest- und keine Höchstharmonisierung bezweckt, vgl. die Begründung zum Richtlinienvorschlag, KOM(2004) 718 endg., Nr. 1.1.1; siehe hierzu auch Eidenmüller/Prause NJW 2008, 2738 (2740); Sujecki EuZW 2010, 7.
16 Siehe zB Eidenmüller/Prause NJW 2008, 2737 (2740 f.); Probst JR 2009, 265 (267); Sujecki EuZW 2010, 7 (10 f.); Wagner/Thole ZKM 2008, 36 (38 f.); Wagner/Thole in Baetge/v. Hein/v. Hinden, S. 915 (937 ff.); bereits zum Richtlinienentwurf Becker/Horn SchiedsVZ 2006, 270 (273); Bercher IDR 2005, 169 (172); Duve/Prause IDR 2004, 126 (130); ausführlich auf der Grundlage des Regierungsentwurfs zu der Problematik im Allgemeinen und möglichen Gegenmaßnahmen Hofmann SchiedsVZ 2011, 148 ff.
17 Eckardt/Dendorfer MDR 2001, 786 (787); Hofmann SchiedsVZ 2011, 148 (150); Wagner ZKM 2011, 164 (165).
18 Hierzu Hofmann SchiedsVZ 2011, 148 (150); Eckardt/Dendorfer MDR 2001, 786 (788, 791 f.).

§ 2 Abs. 4 einbezogene Dritte in Betracht.[19] Besonders in Wirtschaftsmediationen sind häufig auf beiden Seiten mehrere Personen beteiligt. In der rechtspolitischen Diskussion ist daher mehrfach eine Erweiterung des Vertraulichkeitsschutzes gefordert worden, insbesondere durch einen gegenstandsbezogenen Ansatz in Form von dispositiven Vortrags- und Beweiserhebungsverboten.[20]

7 Der deutsche Gesetzgeber hat die Vorgaben von Art. 7 Abs. 1 Med-RiLi durch die Vorschrift des § 4 umgesetzt.[21] Dabei ist er an einem Punkt über die Richtlinie hinausgegangen: Während Art. 7 Abs. 1 Med-RiLi lediglich ein Zeugnisverweigerungs*recht* gefordert hatte,[22] enthält § 4 S. 1 nunmehr eine **Verschwiegenheits*pflicht*** des Mediators und seiner Hilfspersonen. Bis zum Inkrafttreten des Mediationsgesetzes konnte sich eine gesetzliche Verschwiegenheitspflicht im Zusammenhang mit der Mediationstätigkeit lediglich aus dem Grundberuf des Mediators ergeben.[23] Im Übrigen hat sich der Gesetzgeber bei der Regelung des Vertraulichkeitsschutzes im Wesentlichen auf die Mindestanforderungen der Richtlinie in Form eines Zeugnisverweigerungsrechts für den Mediator und dessen Hilfspersonen beschränkt und damit den Forderungen der Praxis[24] und der Literatur[25] nach einem über den Richtlinienansatz hinausgehenden Vertraulichkeitsschutz nicht entsprochen.[26] Insoweit hat der Gesetzgeber die Parteien zur

---

19 Hierzu Oldenbruch, S. 90 f.; Eckardt/Dendorfer MDR 2001, 786 (787 f.); Hofmann SchiedsVZ 2011, 148 (150); eine denkbare Konstellation lässt sich der Entscheidung des AnwG Mecklenburg-Vorpommern 1.8.2007 – I AG 6/07, ZKM 2007, 194, 194 f. mit Anm. Wagner/Braem, entnehmen; auch eine Parteivernehmung nach §§ 445 ff. ZPO käme als weiteres Beweismittel in Betracht.
20 Siehe zB Eidenmüller/Prause NJW 2008, 2737 (2741); Hofmann SchiedsVZ 2011, 148 (150 f.); Steffek RabelsZ 2010, 841 (856 ff.); Wagner/Thole ZKM 2008, 36 (39); aA Greger ZRP 2010, 209 (211); Graf-Schlicker ZKM 2009, 83 (85); Risse/Bach SchiedsVZ 2011, 14 (18).
21 RegE BT-Drs. 17/5335, 17; Graf-Schlicker ZKM 2009, 83 (85).
22 Kritisch zu diesem Mindestansatz der Richtlinie Eidenmüller/Prause NJW 2008, 2737 (2741); Hofmann SchiedsVZ 2011, 148 (149); Wagner/Thole in Baetge/v. Hein/v. Hinden, S. 915 (936); aA Risse/Bach SchiedsVZ 2011, 14 (18).
23 Berufsgesetzliche Verschwiegenheitspflichten ergaben sich im Wesentlichen nur für Anwaltsmediatoren und den Notarmediator aus § 43a Abs. 2 BRAO iVm § 18 BORA bzw. §§ 18 Abs. 1, 24 Abs. 1 S. 1 BNotO, für andere Berufsgruppen konnte sich bisher ein gesetzlicher Schutz der Verschwiegenheit in Abhängigkeit vom Grundberuf und Tätigkeitsbereich allenfalls aus § 203 Abs. 1 StGB ergeben; ausführlich hierzu Beck, S. 96 ff., 123 ff.; Haft/v. Schlieffen Mediation-HdB/Hartmann, 2. Aufl., § 44 Rn. 10 ff.; Oldenbruch, S. 29 ff.
24 Round Table Mediation & Konfliktmanagement der Deutschen Wirtschaft ZKM 2009, 147 (151); Stellungnahme Nr. 58/2010 des Deutschen Anwaltvereins zum Referentenentwurf des MediationsG (Sep. 2010), S. 5 f., Text abrufbar unter www.anwaltverein.de, zuletzt abgerufen am 5.4.2024; Stellungnahme Nr. 27/2010 der Bundesrechtsanwaltskammer zum Referentenentwurf des MediationsG (Okt. 2010), S. 11 ff., Text abrufbar unter www.brak.de (zuletzt abgerufen am 5.4.2024).
25 Siehe zB Eidenmüller/Prause NJW 2008, 2737 (2741); Hager in Schwenzer/Hager, S. 53 (65); Löer ZKM 2010, 179 (181); Probst JR 2009, 265 (267); Wagner ZKM 2010, 172 (173 f.); Wagner ZKM 2011, 164 (165 f.); Wagner/Thole ZKM 2008, 36 (39); wohl auch Sujecki EuZW 2010, 7 (11); Steffek RabelsZ 2010, 841 (854 ff.); unentschieden Richter SchAZtg. 2010, 10 (13 f.); aA Greger ZRP 2010, 209 (211) mit Hinweis auf flexibel handhabbare Verschwiegenheitsabreden.
26 Auch die Forderung des Bundesrates in seiner Stellungnahme zum RegE, BR-Drs. 60/11, 10 f. und BR-Drs. 60/1/11, 12 f., den Schutz der Vertraulichkeit des Media-

Ausweitung des Vertraulichkeitsschutzes auf im Rahmen ihrer Dispositionsbefugnis zu schließende Parteivereinbarungen verwiesen.[27]

Die Vorschriften des MediationsG verdrängen als **Spezialgesetz** die für den jeweiligen Grundberuf geltenden Regelungen nur, soweit zwischen beiden ein Widerspruch auftritt. Im Übrigen bleiben berufsrechtliche Regelungen aus dem Grundberuf anwendbar, soweit sie sich auch auf die mediatorische Tätigkeit erstrecken.[28] Nach der Gesetzesbegründung verdrängt § 4 spezialgesetzlich allerdings andere Regelungen aus den Berufsrechten der Grundberufe der Mediatoren.[29] Hierdurch soll insbesondere im Hinblick auf Co-Mediationen ein einheitlicher Schutz der Vertraulichkeit bei allen Mediatoren sichergestellt werden.[30]

Aufgrund der durch § 4 S. 1 geschaffenen gesetzlichen Verschwiegenheitspflicht besteht nach § 383 Abs. 1 Nr. 6 ZPO für Mediatoren sämtlicher Grundberufe und deren Hilfspersonen ein **Zeugnisverweigerungsrecht** in Zivilverfahren und allen auf § 383 ZPO verweisenden Verfahrensordnungen (zB nach § 46 Abs. 2 ArbGG iVm § 495 ZPO, § 29 Abs. 2 FamFG, § 98 VwGO).[31] Soweit nicht bereits eine gesetzliche Verschwiegenheitspflicht als Anknüpfung für ein Zeugnisverweigerungsrecht bereit stand,[32] ging zwar schon vor dem Inkrafttreten des Mediationsgesetzes die überwiegende Meinung[33] davon aus, dass zumindest dem nachhaltig tätigen Mediator unabhängig von seinem Ursprungsberuf mit Rücksicht auf die Natur der in der Mediation offenbarten Tatsachen ein Zeugnisverweigerungsrecht nach § 383 Abs. 1 Nr. 6 ZPO zuzugestehen sei. Die verbleibende Unsicherheit hat das Mediationsgesetz durch § 4 S. 1 beseitigt. Allerdings hat der Gesetzgeber durch diese Vorschrift lediglich den sachlichen Anwendungsbereich des § 383 Abs. 1 Nr. 6 ZPO eröffnet. Obwohl die

---

tionsgesprächs als solches durch ein dispositives Beweiserhebungs- und Vortragsverbot zu prüfen, führte im weiteren Gesetzgebungsverfahren zu keiner Änderung; zum insoweit ausgeprägten Vertraulichkeitsschutz in den USA instruktiv Hager in Schwenzer/Hager, S. 53 (54 ff.).

27 RegE, BT-Drs. 17/5335, 17; dieser eingeschränkte Ansatz des Gesetzgebers ist auch nach Verabschiedung des MediationsG mehrfach kritisiert worden, zB von Eidenmüller/Wagner/Wagner Kap. 7 Rn. 44 ff., 48; Goltermann/Hagel/Klowait/Levien SchiedsVZ 2013, 41 (44, 48); Horstmeier, S. 37 Rn. 110; Schekahn JR 2013, 53 (57 f.); Wagner ZKM 2012, 110 (111) („auf halbem Wege stehen geblieben"); Wagner in Fischer/Unberath, S. 89 (96 ff.).
28 RegE BT-Drs. 17/5335, 14.
29 RegE BT-Drs. 17/5335, 17; vgl. auch Greger/Unberath/Steffek/Greger B. § 4 Rn. 6.
30 RegE BT-Drs. 17/5335, 17; vgl. auch Greger/Unberath/Steffek/Greger B. § 4 Rn. 6.
31 RegE BT-Drs. 17/5335, 11, 17; BGH 29.1.2018 – AnwZ (Brfg) 32/17, NJW 2018, 1095 Rn. 23.
32 Für Rechtsanwälte und Notare aus § 43a Abs. 2 BRAO iVm § 18 BORA bzw. §§ 18 Abs. 1, 24 Abs. 1 S. 1 BNotO; aus § 203 Abs. 1 StGB für die dort genannten Berufsgruppen in Abhängigkeit von Ursprungsberuf und Tätigkeitsgebiet, ebenso Beck, S. 169 f.; Haft/v. Schlieffen Mediation-HdB/Hartmann, 2. Aufl., § 44 Rn. 44 f.; Oldenbruch, S. 97 ff.; Wagner ZKM 2011, 164 (165); aA Eidenmüller, S. 25; Zöller/Greger, 30. Aufl., ZPO § 383 Rn. 16.
33 S. zB Beck, S. 170 f.; Eckardt/Dendorfer MDR 2001, 786 (789 f.); Eidenmüller, S. 25; Eidenmüller/Prause NJW 2008, 2737 (2741); Haft/v. Schlieffen Mediation-HdB/Hartmann, 2. Aufl., § 44 Rn. 46; Oldenbruch, S. 96 ff., 102; Wagner RabelsZ 2010, 794 (807); Wagner/Thole in Baetge/v. Hein/v. Hinden, S. 915, 937; aA Cremer, S. 38 ff.; Groth/v. Bubnoff NJW 2001, 338 (340); Henssler/Koch Mediation Anwaltspraxis/Henssler § 3 Rn. 49 Fn. 104.

Gesetzesbegründung[34] davon auszugehen scheint, dass aufgrund der gesetzlichen Regelung alle Mediatoren zeugnisverweigerungsberechtigt sind, erfordert der persönliche Anwendungsbereich des § 383 Abs. 1 Nr. 6 ZPO, dass die betreffende Person „kraft ihres Amtes, Standes oder Gewerbes" tätig geworden ist. Da für den Gewerbebegriff zumindest eine mit Gewinnerzielungsabsicht betriebene nebenberufliche Tätigkeit ausreichend, aber auch erforderlich ist, sind daher ehrenamtlich tätige Mediatoren (zB Schülermediatoren) vom persönlichen Anwendungsbereich nicht erfasst.[35] Auf eine tätigkeits- oder berufsbildbezogene Regelung innerhalb des Katalogs des § 383 Abs. 1 ZPO hatte der Gesetzgeber aufgrund der hiermit verbundenen Abgrenzungsschwierigkeiten verzichtet.[36] Sofern ein Zeugnisverweigerungsrecht besteht, ist nach den §§ 142 Abs. 2, 144 Abs. 2 ZPO auch die Beweiserhebung von Amts wegen eingeschränkt.

10 Nach § 385 Abs. 2 ZPO können die Parteien gemeinsam den Mediator und seine Hilfspersonen vom Zeugnisverweigerungsrecht nach § 383 Abs. 1 Nr. 6 ZPO **entbinden.** Auch darüber hinaus können die Parteien einvernehmlich die nach § 4 zur Verschwiegenheit verpflichteten Personen von ihrer Pflicht entbinden.[37]

11 Da § 98 VwGO auf die Regelungen der Zivilprozessordnung zur Beweisaufnahme und damit auch auf die §§ 383 ff. ZPO verweist, ergibt sich auch im **Verwaltungsprozess** ein Zeugnisverweigerungsrecht der durch § 4 S. 1 verpflichteten Personen.[38]

12 Kein Zeugnisverweigerungsrecht ergibt sich aus § 4 für den **Strafprozess.** Im Gegensatz zu § 383 ZPO knüpft das Zeugnisverweigerungsrecht aus beruflichen Gründen nach § 53 StPO an klar definierte Berufsbilder an.[39] Weder ist der Mediator dort genannt[40] noch ist eine Ausweitung des § 53 StPO auf nicht genannte Berufsgruppen möglich; die Aufzählung in § 53 Abs. 1 StPO ist daher abschließend.[41] Da der Gesetzgeber trotz entsprechender Forderungen[42] auf eine Ausweitung des Zeugnisverweigerungsrechts auf die Strafprozessordnung verzichtet hat, verbleibt es dabei, dass ein strafprozessuales Zeugnisverweigerungsrecht nur besteht, wenn sich ein solches auch in Bezug auf die Mediationstätigkeit aus dem Grundberuf

---

34 RegE BT-Drs. 17/5335, 11, 17.
35 Siehe Beck, S. 169; Eckardt/Dendorfer MDR 2001, 786 (789); Eidenmüller, S. 24; Haft/Schlieffen Mediation-HdB/Hartmann § 28 Rn. 48; Oldenbruch, S. 97.
36 Siehe Graf-Schlicker ZKM 2009, 83 (85).
37 RegE BT-Drs. 17/5335, 17.
38 Haft/Schlieffen Mediation-HdB/Hartmann § 28 Rn. 49 mwN.
39 BVerfG 19.7.1972 – 2 BvL 7/71, NJW 1972, 2014, 2214 f. = BVerfGE 33, 367, 374 f.; Beck, S. 178 f.; Eckardt/Dendorfer MDR 2001, 786 (788); Oldenbruch, S. 142; Wagner RabelsZ 2010, 794 (807).
40 Der Gesetzgeber hatte auf die „abschließende Regelung eines klar umgrenzten Berufsbildes" bewusst verzichtet, RegE BT-Drs. 17/5335, 14.
41 BVerfG 19.7.1972 – 2 BvL 7/71 = NJW 1972, 2214, 2214 = BVerfGE 33, 367, 374 f.; Beck, S. 178 f.; Eckardt/Dendorfer MDR 2001, 786 (788); Groth/v. Bubnoff NJW 2001, 338 (339); Haft/Schlieffen Mediation-HdB/Hartmann § 28 Rn. 53; Oldenbruch, S. 140 (142).
42 Löer ZKM 2010, 179 (181); Round Table Mediation & Konfliktmanagement der Deutschen Wirtschaft ZKM 2009, 147 (151); BRAK-Stellungnahme-Nr. 27/2010 v. Oktober 2010, S. 12.

des Mediators ergibt.[43] Im Strafprozess besteht daher ein Zeugnisverweigerungsrecht im Zusammenhang mit einer Mediation im Wesentlichen nur für Rechtsanwälte und Notare, da zu deren Berufsbild gemäß § 18 BORA bzw. § 24 Abs. 1 S. 1 BNotO auch die Mediationstätigkeit gehört.[44] Für alle anderen in § 53 StPO genannten Berufe besteht **kein Zeugnisverweigerungsrecht**, da die Mediation nicht von deren Berufsbild umfasst ist.[45] Dies gilt mangels Zugehörigkeit der Mediation zur Therapeutentätigkeit im Sinne des § 1 Abs. 3 PsychThG auch für die in § 53 Abs. 1 Nr. 3 StPO genannten Psychologischen Psychotherapeuten sowie Kinder- und Jugendpsychotherapeuten.[46] Eine Ausnahme kann sich für die in § 53 Abs. 1 Nr. 3a und 3b StPO genannten Berufsträger in den wohl eher seltenen Fällen ergeben, in denen in Schwangerschafts- oder Drogenberatungsgesprächen Mediation eingesetzt wird; deren Inhalt unterfällt ebenfalls dem strafprozessualen Zeugnisverweigerungsrecht.[47] Sofern nach § 53 StPO ein Zeugnisverweigerungsrecht besteht, können sich nach § 53a Abs. 1 StPO auch Gehilfen des Berufsträgers auf ein Zeugnisverweigerungsrecht berufen.

Nach § 53 Abs. 2 StPO besteht kein Zeugnisverweigerungsrecht, wenn der Berufsträger von der Verpflichtung zur Verschwiegenheit entbunden ist. Die wirksame Entbindung erfordert jedoch die Zustimmung sämtlicher Träger des Geheimhaltungsinteresses, so dass die Parteien den Mediator nur gemeinsam entbinden können.

II. Verschwiegenheitspflicht

Nach § 4 sind der Mediator und in die Mediation eingebundene Personen zur Verschwiegenheit verpflichtet. Diese Verschwiegenheitspflicht findet im Wesentlichen an den Vorgaben der Richtlinie orientierte Ausnahmen. Darüber hinaus trifft den Mediator eine Informationspflicht über den Umfang seiner Verschwiegenheitspflicht.

1. Verpflichteter Personenkreis (S. 1). Nach § 4 S. 1 trifft die Verschwiegenheitspflicht den Mediator und die in die Durchführung des Mediationsverfahrens eingebundenen Personen.

a) Mediator. Die Verpflichtung zur Verschwiegenheit richtet sich nach § 4 S. 1 zunächst an den **Mediator**. Die Regelung knüpft damit an dessen Legaldefinition in § 1 Abs. 2 an. Mediator ist demnach „eine unabhängige

---

43 BGH 29.1.2018 – AnwZ (Brfg) 32/17, NJW 2018, 1095 Rn. 27; AGH Niedersachsen 22.5.2017 – AGH 16/16 (I 9), BeckRS 2017, 116560 Rn. 33; Beck, S. 179; Haft/Schlieffen Mediation-HdB/Hartmann § 28 Rn. 50 ff.; Oldenbruch, S. 140 ff.
44 Eckardt/Dendorfer MDR 2001, 786 (788); Greger/Unberath/Steffek/Greger B. § 4 Rn. 28; Haft/Schlieffen Mediation-HdB/Hartmann § 28 Rn. 51, 56; Henssler/Koch Mediation Anwaltspraxis/Henssler § 3 Rn. 49; Mähler/Mähler ZKM 2001, 4 (8 f.); Oldenbruch, S. 140 ff.
45 Eckardt/Dendorfer MDR 2001, 786 (788); Haft/Schlieffen Mediation-HdB/Hartmann § 28 Rn. 52 ff.; Mähler/Mähler ZKM 2001, 4 (8 f.); Oldenbruch, S. 141; teilweise aA Greger/Unberath/Steffek/Greger B. § 4 Rn. 28 (auch Steuerberater, Wirtschaftsprüfer); Beck, S. 179 f. (auch Steuerberater, Wirtschaftsprüfer und vereidigte Buchprüfer).
46 Beck, S. 170; Haft/Schlieffen Mediation-HdB/Hartmann § 28 Rn. 52; Oldenbruch, S. 141; aA Groth/v. Bubnoff NJW 2001, 338 (339).
47 Haft/Schlieffen Mediation-HdB/Hartmann § 28 Rn. 54; Oldenbruch, S. 141 f.

und neutrale Person ohne Entscheidungsbefugnis, die die Parteien durch die Mediation führt" (→ MediationsG § 1 Rn. 20 ff.).

17 Der Gesetzgeber hatte mit dieser Definition eine klare rechtliche Eingrenzung des betroffenen Personenkreises gerade im Hinblick auf die Verschwiegenheitspflicht und das sich hieraus ergebende Zeugnisverweigerungsrecht bezweckt.[48] Die Begriffsbestimmung des Mediators verweist allerdings mit dem Merkmal der „Mediation" wiederum auf deren Legaldefinition in § 1 Abs. 1, welche das Merkmal „vertraulich" bereits beinhaltet. Streng genommen wäre damit eine Verpflichtung des Mediators zur Verschwiegenheit überflüssig, da der Mediator bei fehlender Vertraulichkeit keine „Mediation" iSd § 1 Abs. 1 durchführte. In Konsequenz wäre kein „Mediator" iSd § 1 Abs. 2 tätig, womit es wiederum am Regelungsadressat des § 4 fehlte. Darüber hinaus erfährt die Vertraulichkeit sowohl nach § 4 als auch darüber hinaus (→ MediationsG § 1 Rn. 8 f.) diverse Ausnahmen. Zur Abgrenzung zu anderen außergerichtlichen Konfliktlösungsverfahren ist das Merkmal der Vertraulichkeit ebenfalls ungeeignet. Der Gesetzgeber war hier wenig stringent. Da sich die Verpflichtung des Mediators zur Vertraulichkeit nach § 4 bestimmt und sich aus § 1 Abs. 1 auch keine Vertraulichkeitspflichten der Parteien oder in Bezug auf von diesen hinzugezogene Dritte ableiten lassen,[49] wäre das Merkmal „vertraulich" in § 1 Abs. 1 besser entfallen[50] und kann nicht als konstitutiv für das Vorliegen einer Mediation verstanden werden.[51]

18 Manche Berufsgruppen unterlagen bei einer Tätigkeit als Mediator schon vor dem Inkrafttreten des Mediationsgesetzes einer Verschwiegenheitspflicht aus den für ihren Grundberuf geltenden berufsrechtlichen Regelungen.[52] Für Anwaltsmediatoren ergab sich schon zuvor eine Verschwiegenheitspflicht aus den §§ 43a Abs. 2 BRAO, 2 BORA iVm § 18 BORA, für Notarmediatoren folgt dies aus § 18 iVm § 24 Abs. 1 S. 1 BNotO, da der Notar insoweit grundsätzlich im Rahmen vorsorgender Rechtspflege tätig wird.[53] Eine Verletzung der Schweigepflicht ist zudem für beide Berufsgruppen nach § 203 Abs. 1 Nr. 3 StGB strafbewehrt. Für die meisten weiteren Berufsgruppen, wie insbesondere Diplompsychologen, Diplompädagogen sowie Sozialarbeiter und Sozialpädagogen, fehlte es hingegen, jedenfalls in Bezug auf eine Mediatorentätigkeit, an einer berufsgesetzlichen Regelung.[54] Insoweit ergaben sich Verschwiegenheitspflichten lediglich auf vereinsrechtlicher Ebene für die in den jeweiligen Berufsverbänden freiwil-

---

48 RegE BT-Drs. 17/5335, 13.
49 Die Begründung zum RegE BT-Drs. 17/5335, 17, verweist die Parteien zu diesem Zweck auf im Rahmen ihrer Dispositionsbefugnis zu schließende Parteivereinbarungen.
50 So noch die Begriffsbestimmung der „Mediation" in Art. 3 lit. a der Mediations-RL, ABl. L 136, 3 v. 24.5.2008, die das Merkmal „vertraulich" nicht enthält.
51 Greger/Unberath/Steffek/Greger B. § 1 Rn. 52, § 4 Rn. 1; Risse SchiedsVZ 2012, 244 (246).
52 Ausführlich Beck, S. 96 ff.; Haft/v. Schlieffen Mediation-HdB/Hartmann, 2. Aufl., § 44 Rn. 10 ff.; Oldenbruch, S. 29 ff.
53 Siehe hierzu Beck, S. 106 ff.
54 Ausführlich Haft/v. Schlieffen Mediation-HdB/Hartmann, 2. Aufl., § 44 Rn. 11 ff.; Oldenbruch, S. 48 ff.; Henssler/Koch Mediation Anwaltspraxis/Henssler § 3 Rn. 86 ff.; teilweise aA Beck, S. 112 ff.

lig organisierten Mitglieder und hatten damit keinen allgemein rechtsverbindlichen Charakter.⁵⁵ Allerdings konnte sich, mit Ausnahme der Diplompädagogen, bei sämtlichen der genannten Berufsgruppen und teilweise in Abhängigkeit vom Tätigkeitsbereich eine Strafbarkeit nach § 203 Abs. 1 StGB ergeben.⁵⁶

Fraglich ist, ob die Vorschriften des MediationsG – und damit auch die Verschwiegenheitspflicht nach § 4 S. 1 ebenfalls auf den nach §§ 278 Abs. 5 S. 1 ZPO, 36 Abs. 5 S. 1 FamFG, 54 Abs. 6 S. 1 ArbGG tätigen Güterichter Anwendung finden.⁵⁷ Im ursprünglichen Gesetzentwurf der Bundesregierung war noch zwischen dem Richtermediator und dem Güterichter unterschieden worden. Dies war ua in Bezug auf die Vertraulichkeit bedeutsam, da der richterliche Mediator weitgehend der Verschwiegenheitspflicht nach § 4 unterlegen hätte.⁵⁸ Im Laufe des Gesetzgebungsverfahrens ist der richterliche Mediator vollständig aufgegeben und durch das Güterichtermodell ersetzt worden.⁵⁹ Dies hat zum einen terminologisch seinen Niederschlag gefunden: Seit Ablauf der in § 9 geregelten Übergangszeit ist eine Bezeichnung als „gerichtlicher Mediator" nicht mehr möglich. Auch inhaltlich unterscheidet sich der Güterichter vom Mediator: Er darf eine rechtliche Bewertung vornehmen, den Parteien einen Vergleichsvorschlag unterbreiten und einen Prozessvergleich protokollieren.⁶⁰ Bei seiner Tätigkeit kann er nach §§ 278 Abs. 5 S. 2 ZPO, 36 Abs. 5 S. 2 FamFG, 54 Abs. 6 S. 2 ArbGG „alle Methoden der Konfliktbeilegung einschließlich der Mediation" einsetzen. Nach dem im Vermittlungsausschuss gefundenen Kompromiss darf er sich somit der Methode bedienen, ist jedoch nicht Mediator im Sinne des Mediationsgesetzes, so dass auch § 4 auf ihn keine Anwendung findet. Der Güterichter unterliegt allerdings nach § 46 DRiG iVm mit den beamtenrechtlichen Vorschriften (§ 67 BBG, § 37 Abs. 1 BeamtStG bzw. entsprechende landesrechtliche Vorschriften) der

---

55 Dies sind für Diplompsychologen die Ethischen Richtlinien der Deutschen Gesellschaft für Psychologie e.V. und des Berufsverbandes Deutscher Psychologinnen und Psychologen e.V., für Diplompädagogen die „Berufsordnung für Pädagogen" (BOPäd) des Berufsverbandes Deutscher Diplom-Pädagogen und Diplom-Pädagoginnen e.V. (BDDP) und für Sozialarbeiter und Sozialpädagogen die „Berufsethischen Prinzipien" des Deutschen Berufsverbandes für Sozialarbeit, Sozialpädagogen und Heilpädagogik e.V. (DBSH).
56 Ausführlich Beck, S. 123 ff., 132 ff.; Haft/v. Schlieffen Mediation-HdB/Hartmann, 2. Aufl., § 44 Rn. 11 ff.; Henssler/Koch § Mediation Anwaltspraxis/Henssler 3 Rn. 86 ff.; Oldenbruch, S. 48 ff.
57 Gegen die Anwendbarkeit des MediationsG auf den Güterichter Ahrens NJW 2012, 2465 (2469 f.); Eisenbarth/Spiecker DVBl. 2012, 933 (998); Francken NZA 2012, 836 (840); Greger/Weber MDR Sonderheft 2012, 5 (14); Greger/Unberath/Steffek/Greger B. § 1 Rn. 14, Rn. 126; Hartmann MDR 2012, 941 (942); Henssler/Deckenbrock DB 2012, 159 (165); Plassmann BRAK-Mitt. 2012, 194 (198); Wagner ZKM 2012, 110 (113 f.); differenzierend Ortloff NVwZ 2012, 1057 (1059); für eine Anwendbarkeit hingegen die Kommentierung von Hagel (→ MediationsG § 1 Rn. 4); Röthemeyer ZKM 2012, 116 (118).
58 RegE BT-Drs. 17/5335, 17, 21.
59 Zur Unterscheidung zwischen dem RegE BT-Drs. 17/5335, 20 sowie die Beschlussempfehlung des Rechtsausschusses BT-Drs. 17/8058, 17 f.
60 Vgl. Beschlussempfehlung und Bericht des Rechtsausschusses BT-Drs. 17/8058, 17, der daher feststellt: „Ein Güterichter ist [...] kein Mediator [...]".

Verschwiegenheitspflicht.[61] Zudem findet die Güteverhandlung nicht vor dem erkennenden Gericht statt und ist somit nicht gemäß § 161 S. 1 GVG öffentlich.[62] Auch darf ein Protokoll über die Verhandlung nach § 159 Abs. 2 ZPO nur mit Zustimmung aller Parteien aufgenommen werden. Ferner steht dem Güterichter ein Zeugnisverweigerungsrecht nach § 383 Abs. 1 Nr. 6 ZPO über den Inhalt der Güteverhandlung zu.[63] Dies gilt auch im Verwaltungsprozess (§ 98 VwGO), nicht hingegen im Strafprozess.[64] Zu berücksichtigen ist schließlich, dass den Güterichter besondere Anzeigepflichten treffen können, beispielsweise bei Anhaltspunkten für eine Steuerstraftat nach § 116 AO oder einen Subventionsbetrug nach § 6 SubvG.

20 **b) Eingebundene Personen.** Zur Verschwiegenheit verpflichtet sind nach § 4 S. 1 auch in die Durchführung des Mediationsverfahrens **eingebundene Personen**. Dieser Personenkreis ist nach der Gesetzesbegründung eng zu verstehen.[65] Hierunter fallen nur die **Hilfspersonen des Mediators**[66] wie beispielsweise Bürokräfte oder sonstige berufliche Gehilfen. Nicht in diesen Kreis und damit nicht unter die Verschwiegenheitspflicht fallen die von den Parteien nach § 2 Abs. 4 einbezogenen Dritten[67] wie beispielsweise Sachverständige oder Familienangehörige. Auch die Parteien selbst und ihre Beistände fallen nicht unter die Verschwiegenheitspflicht des § 4.[68]

21 Eine gesetzliche Verschwiegenheitspflicht der **von den Parteien hinzugezogenen Dritten** und insbesondere der **Parteivertreter** kann sich zwar möglicherweise aus deren jeweiligen Berufsrecht ergeben,[69] wie etwa bei Rechtsanwälten aus § 43a Abs. 2 BRAO iVm § 2 BORA. Allerdings begeht nach einer Entscheidung des Anwaltsgerichts Mecklenburg-Vorpommern ein als Parteivertreter an der Mediation beteiligter Rechtsanwalt, der entgegen einer zu Beginn des Mediationsverfahrens getroffenen Vertraulichkeitsabrede im anschließenden streitigen Verfahren entsprechende Tatsachen offenbart, weder einen Verstoß gegen § 43a Abs. 2 BRAO und § 2 BORA noch macht er sich nach § 203 Abs. 1 Nr. 3 StGB strafbar.[70] Nach den §§ 43a Abs. 2 BRAO, 2 BORA ist der Rechtsanwalt nämlich berufsrechtlich nur gegenüber seinem Mandanten zur Verschwiegenheit verpflichtet,

---

61 Greger/Weber MDR Sonderheft 2012, 12 (28); Horstmeier Rn. 430.
62 Beschlussempfehlung und Bericht des Rechtsausschusses BT-Drs. 17/8058, 21; Greger/Weber MDR Sonderheft 2012, 5; Henssler/Deckenbrock DB 2012, 159 (165); Horstmeier Rn. 430.
63 Beschlussempfehlung und Bericht des Rechtsausschusses BT-Drs. 17/8058, 21; näher Greger/Weber MDR Sonderheft 2012, 20 (29).
64 Greger/Weber MDR Sonderheft 2012, 20 (29).
65 RegE, BT-Drs. 17/5335, 17.
66 VG Minden 17.2.2017 – 2 K 608/15, BeckRS 2017, 102924 Rn. 20; vgl. auch aus dem Gesetzgebungsverfahren RegE, BT-Drs. 17/5335, 17. Der Bundesrat hatte in seiner Stellungnahme vorgeschlagen, § 4 S. 1 klarstellend um den Zusatz „von ihm" (dh dem Mediator) zu ergänzen, BR-Drs. 60/11, 4 und BT-Drs. 17/5335, 29. Dem hat die Bundesregierung mit Hinweis auf den Wortlaut der Richtlinie nicht entsprochen, BT-Drs. 17/5496, 1.
67 RegE, BT-Drs. 17/5335, 17.
68 VG Minden 17.2.2017 – 2 K 608/15, BeckRS 2017, 102924 Rn. 20; im Gesetzgebungsverfahren war die Bundesregierung einer vom Bundesrat angeregten Klarstellung mit Hinweis auf den Wortlaut der Richtlinie nicht gefolgt, siehe Fn. 62.
69 Henssler/Deckenbrock DB 2012, 159 (165).
70 AnwG Mecklenburg-Vorpommern 1.8.2007 – I AG 6/07, ZKM 2007, 194 mAnm Wagner/Braem.

nicht jedoch gegenüber dessen Gegner.[71] Auch nach § 203 Abs. 1 Nr. 3 StGB werden Drittgeheimnisse allenfalls im Falle gleichlaufender Interessen geschützt, nicht jedoch, wenn deren Wahrung den Interessen des eigenen Mandanten zuwiderläuft.[72] Die Entscheidung betrifft jedoch lediglich die berufsrechtlichen Folgen. Haben die Parteien hingegen eine Vertraulichkeitsvereinbarung getroffen, müssen sie sich das Verhalten ihrer anwaltlichen Berater wie eigenes Verhalten zurechnen lassen[73] (→ Einl. Rn. 211) und es kommen bei einem Verstoß Schadensersatzansprüche der anderen Partei,[74] Vortrags- und Beweiserhebungsverbote sowie gegebenenfalls Vertragsstrafenansprüche in Betracht.

Exkurs: Vertragliche Vertraulichkeitsvereinbarungen

Eine **Ausdehnung des Vertraulichkeitsschutzes** über den Mediator und dessen Hilfspersonen hinaus auf die Parteien und weitere an der Mediation beteiligte Personen ist nur durch deren Bindung im Wege einer vertraglichen Vertraulichkeitsvereinbarung möglich.[75]

Der Inhalt einer solchen vor Beginn des Mediationsverfahrens zu schließenden **Vertraulichkeitsvereinbarung** hängt von den Bedürfnissen der Parteien im Einzelfall ab. Regelmäßig vereinbaren die Parteien eine wechselseitige Vertraulichkeitspflicht in Bezug auf den Inhalt des Mediationsverfahrens durch Verschwiegenheit gegenüber Dritten und unter Einbeziehung in die Mediation eingebrachter oder gemeinsam erstellter Unterlagen (→ Einl. Rn. 159, 210 f.). Eine solche Vereinbarung kann auch stillschweigend getroffen werden.[76] Aus Beweisgründen und zur Bestimmung von Inhalt und Umfang der vereinbarten Vertraulichkeitspflicht empfiehlt sich jedoch Schriftform.

In der konkreten Ausgestaltung können ferner vertragliche **Vortrags- und Beweismittelbeschränkungen** für den Fall eines nachfolgenden Gerichts- oder Schiedsgerichtsverfahrens vereinbart werden.[77] Aufgrund des im Zivilprozess geltenden Dispositionsgrundsatzes und der Verhandlungsmaxime ist die Wirksamkeit entsprechender Prozessverträge im Grundsatz zwar allgemein anerkannt, in ihrer Reichweite jedoch nicht unumstritten.[78] Ein

---

71 AnwG Mecklenburg-Vorpommern 1.8.2007 – I AG 6/07, ZKM 2007, 194 mAnm Wagner/Braem; Haft/Schlieffen Mediation-HdB/Hartmann § 28 Rn. 34.
72 AnwG Mecklenburg-Vorpommern 1.8.2007 – I AG 6/07, ZKM 2007, 194 mAnm Wagner/Braem; Haft/Schlieffen Mediation-HdB/Hartmann § 28 Rn. 34.
73 Haft/Schlieffen Mediation-HdB/Hartmann § 28 Rn. 34.
74 Hierzu Beck, S. 208 f.; Oldenbruch, S. 157.
75 Die Begründung zum Regierungsentwurf verweist ausdrücklich auf diese Möglichkeit, BT-Drs. 17/5335, 17; siehe auch Carl ZKM, 177 (178); Haft/Schlieffen Mediation-HdB/Hartmann § 28 Rn. 32 ff.
76 Beck, S. 206 f.; Haft/Schlieffen Mediation-HdB/Hartmann § 28 Rn. 29.
77 Ausführlich dazu Beck, S. 212 ff.; Haft/Schlieffen Mediation-HdB/Hartmann § 28 Rn. 33; Wagner ZKM 2011, 164 (166); Wagner/Thole in Baetge/v. Hein/v. Hinden, S. 915 (938 f.).
78 Beck, S. 210 ff., Eckardt/Dendorfer MDR 2001, 786 (790 f.); Eidenmüller, S. 27 f.; Hager in Schwenzer/Hager, S. 53 (63); Haft/Schlieffen Mediation-HdB/Hartmann § 28 Rn. 39 ff.; Hofmann SchiedsVZ 2011, 148 ff.; Horstmeier Rn. 114; Oldenbruch, S. 118 ff., 123 ff.; Schekahn JR 2013, 53 (56); ausführlich Wagner, S. 608 ff., insbes. 620 ff., 640 ff., 683 ff.; Wagner NJW 2001, 1398 (1399); Wagner ZKM 2011, 164 (166); Wagner in Fischer/Unberath, S. 89 (100 ff.); Walz MittBayNot 2011, 53 (54 f.); Stein/Jonas/Kern ZPO Vor § 128 Rn. 336 ff.,

abredewidriger Sachvortrag ist dann unbeachtlich, entsprechende Beweisanträge unzulässig.[79] Entsprechende Abreden sollten allerdings berücksichtigen, dass es nicht im Interesse der Parteien sein kann, sämtliche in die Mediation eingeführte Tatsachen für ein anschließendes streitiges Verfahren zu sperren. Sie sollten sich daher nur auf solche von einer Partei zu ihren Ungunsten erstmals eingeführte Tatsachen beziehen, die der Gegenseite ohne das Mediationsverfahren nicht zur Verfügung gestanden hätten.[80]

25 Die Parteien können die gebotene vertragliche Erweiterung des Vertraulichkeitsschutzes auch durch eine Bezugnahme auf Verfahrensordnungen einschlägiger Institutionen[81] erreichen[82] (→ Einl. Rn. 159). Inhaltlich besonders geeignet im Hinblick auf die Vertraulichkeitssicherung erscheint die Regelung in Art. 9 Abs. 2 mit den seit 1.1.2014 geltenden Mediation Rules der Internationalen Handelskammer (ICC).[83] In Betracht kommen aber auch die Regelungen anderer Institutionen, wie zB § 10 DIS-MedO,[84] Art. 9, 10 UNCITRAL Model Law on International Commercial Mediation and International Settlement Agreements Resulting from Mediation (2018)[85] oder Art. 15 ff. WIPO Mediation Rules (Stand 1.7.2021).[86]

Eine Vertraulichkeitsvereinbarung könnte daher lauten:

Die Parteien verpflichten sich, über den Inhalt und Ablauf des Mediationsverfahrens Verschwiegenheit zu wahren und in einem nachfolgenden Gerichts- oder Schiedsgerichtsverfahren auf den Vortrag oder die Vorlage von Erklärungen, Äußerungen oder Dokumenten zu verzichten, die von der anderen Partei oder dem Mediator oder von einem in die Mediation einbezogenen Dritten in das Mediationsverfahren eingebracht werden.

Dies gilt nicht, wenn die an der Offenlegung interessierte Partei auch ohne das Mediationsverfahren hierzu in der Lage gewesen wäre.

---

§ 138 Rn. 46; zu Vortragsbeschränkungen BGHZ 34, 254 (258); zu Beweismittelbeschränkungen BGHZ 38, 254 (258 f.); BGHZ 109, 19 (29); aA zu Vortragsbeschränkungen (prozessualer Geständnisvertrag) Zöller/Greger ZPO § 138 Rn. 5; Greger/Unberath/Steffek/Greger B. § 4 Rn. 65 f. (nur für Ablauf der Mediation, insbes. dort abgegebene Äußerungen, nicht für dort offenbarte Tatsachen); Cremer, S. 111 ff.

79 Beck, S. 199, 214; Eidenmüller, S. 27; Hofmann SchiedsVZ 2011, 148 (149).
80 Siehe Friedrich MDR 2004, 481 (485), Haft/Schliffen Mediation-HdB/Hartmann § 28 Rn. 6, 30, 33; Hofmann SchiedsVZ 2011, 148 (151); Oldenbruch, S. 83; Schekahn JR 2013, 53 (57 f.); Wagner ZKM 2011, 164 (166).
81 ZB der Deutschen Institution für Schiedsgerichtsbarkeit (DIS), der Internationalen Handelskammer (ICC), der United Nations Commission on International Trade Law (UNCITRAL) oder der World Intellectual Property Organisation (WIPO).
82 Siehe hierzu Hofmann SchiedsVZ 2011, 148 (151); Wagner ZKM 2011, 164 (167); Wagner NJW 2001, 1398 (1399); Wagner in: Fischer/Unberath, S. 89 (103 f.).
83 Die ICC Mediation Rules sind abrufbar unter www.iccwbo.org (zuletzt abgerufen am 5.4.2024).
84 Abrufbar unter www.dis-arb.de (zuletzt abgerufen am 5.4.2024). Die DIS-MedO verzichtet allerdings auf einen ausdrücklichen Ausschluss in der Mediation offenbarter Informationen in einem Gerichts- oder Schiedsgerichtsverfahren, und statuiert eine Verschwiegenheitspflicht „gegenüber jedermann"; kritisch in Bezug auf die Weite dieser Klausel Horstmeier Rn. 111.
85 Abrufbar unter www.uncitral.un.org (zuletzt abgerufen am 5.4.2024).
86 Abrufbar unter www.wipo.int (zuletzt abgerufen am 5.4.2024).

Im Einzelfall kann zudem die Vereinbarung einer **Vertragsstrafe** für den Fall einer Verletzung der vertraglichen Vertraulichkeitspflicht in Betracht kommen.[87] Dies ist dann der Fall, wenn abzusehen ist, dass sich Berechnung oder Nachweis eines durch Verstoß gegen die Vertraulichkeitsvereinbarung verursachten Schadens schwierig gestalten können oder möglicherweise nur unter Offenlegung von als vertraulich gewünschten Informationen erfolgen könnte.

26

Ein lückenloser Vertraulichkeitsschutz lässt sich jedoch vertraglich insbesondere aus den nachfolgend genannten Gründen[88] nicht gewährleisten. Den Parteien ist daher auch bei entsprechenden Vertraulichkeitsabreden unter Abwägung der persönlichen Interessen immer auch ein gesundes Maß an Vorsicht bei der Offenlegung von als sensibel eingeschätzten Informationen zu empfehlen.[89] Ein Lösungsweg kann sich in diesen Fällen innerhalb des Mediationsverfahrens durch vertrauliche Einzelgespräche (Caucus) nach § 2 Abs. 3 S. 3 ergeben.

27

Zum einen wirken entsprechende Vereinbarungen nur **inter partes**, gelten also nicht gegenüber Dritten (zB Sachverständige; → MediationsG § 2 Rn. 158).[90] Diese müssen daher gesondert vertraglich zur Vertraulichkeit verpflichtet werden.

28

Zudem besteht das Problem des **Spurenansatzes:** Die Parteien wollen in ihrer Vereinbarung im Regelfall Informationen nicht allein deshalb der Vertraulichkeit unterwerfen, weil die Informationen in der Mediation angesprochen wurden. Erfasst werden sollen nur diejenigen Informationen, die die andere Partei durch die Offenlegung erstmals und ausschließlich durch das Mediationsverfahren zu ihren Gunsten erlangt hat, die ihr also ohne die Mediation nicht zur Verfügung gestanden hätten.[91] Unterliegen jedoch unabhängig von der Mediation erlangte oder erlangbare Informationen nicht der Vertraulichkeitspflicht, so kann die an der Verwertung vertraglich gesperrter Information interessierte Partei deren Offenlegung in der Mediation zum Anlass für weitere eigene Ermittlungen nehmen, um eine vertraglich nicht gesperrte Alternativquelle zu finden. Im Erfolgsfalle wären die so gewonnenen Informationen dann verwertbar.[92]

29

Ebenfalls von der Vertraulichkeitsabrede unberührt bleiben gesetzliche oder vertragliche **Auskunftsansprüche** zwischen den Parteien oder eines Dritten gegenüber einer Partei.[93] Gesetzliche Auskunftsansprüche können sich beispielsweise aus dem Familienrecht (zB §§ 1379, 1580, 1605 BGB), aus den gesellschaftsrechtlichen Auskunfts- und Kontrollrechten (zB

30

---

87 Beck, S. 209; Eckardt/Dendorfer MDR 2001, 791 (792); Eidenmüller, S. 29; Friedrich MDR 2004, 481 (485); Haft/Schlieffen Mediation-HdB/Hartmann § 28 Rn. 37; Oldenbruch, S. 153 f.
88 Zu den Grenzen der Vertraulichkeitssicherung durch Prozessverträge zB Hofmann SchiedsVZ 2011, 148 ff.; Greger/Unberath/Steffek/Greger B. § 4 Rn. 62 ff., 69.
89 Hofmann SchiedsVZ 2011, 148 (152).
90 Hierzu Beck, S. 214; Haft/Schlieffen Mediation-HdB/Hartmann § 28 Rn. 34.
91 Hofmann SchiedsVZ 2011, 148 (151); Haft/Schlieffen Mediation-HdB/Hartmann § 28 Rn. 6, 30 33; Walz MittBayNot 2001, 53 (55).
92 Hoffmann SchiedsVZ 2011, 148 (151); aA Nelle/Hacke ZKM 2002, 257 (261).
93 VG Minden 17.2.2017 – 2 K 608/15, BeckRS 2017, 102924 Rn. 22; Haft/Schlieffen Mediation-HdB/Hartmann § 28 Rn. 36; Hofmann SchiedsVZ 2011, 148 (151); Mähler/Mähler ZKM 2001, 4 (6 f.); ausführlich Oldenbruch, S. 84 ff.

§§ 118, 166 HBG, 131 AktG, 51a GmbHG) oder aus dem Erbrecht (zB §§ 2012, 2027, 2057, 2314 BGB) ergeben.

31 Ferner ist noch nicht abschließend geklärt, ob trotz einer prozessvertraglichen Beweismittelbeschränkung eine **Beweiserhebung von Amts wegen** durch das Gericht nach §§ 142 ff., 273 Abs. 2 Nr. 1, 4 ZPO möglich bleibt.[94]

32 Schließlich finden vertragliche Vertraulichkeitsvereinbarungen ihre **Grenzen in der Dispositionsbefugnis der Parteien**, so dass entsprechende Vereinbarungen im Verwaltungs- und Strafprozess aufgrund des dort geltenden Untersuchungsgrundsatzes (§ 86 Abs. 1 VwGO) bzw. Amtsermittlungsgrundsatzes (§ 244 Abs. 2 StPO) unbeachtlich sind.[95]

33 c) **Abweichende gesetzliche Regelung.** Die Verschwiegenheitspflicht steht nach § 4 S. 1 unter dem **Vorbehalt abweichender gesetzlicher Regelungen.** Die Begründung zum Gesetzentwurf der Bundesregierung hatte sich hierbei insbesondere auf die gerichtsinterne Mediation und die den Richtermediator als Amtsträger treffenden besonderen Anzeigepflichten bezogen.[96] Obwohl im weiteren Gesetzgebungsverfahren die gerichtsinterne Mediation in ein Güterichtermodell überführt wurde, behält diese Einschränkung gleichwohl ihre Bedeutung, da das Gesetz darüber hinaus weitere Anzeigepflichten kennt. In Betracht kommt hier beispielsweise die jedermann treffende Pflicht zur Anzeige der in § 138 StGB enthaltenen Katalogstraftaten (mit der Möglichkeit der Straffreiheit nach § 139 Abs. 3 S. 2 StGB), ferner etwa im Rahmen der Zwangsvollstreckung bestehende Auskunftspflichten, zB nach § 836 Abs. 2 ZPO oder nach § 840 ZPO oder im Falle der Verpflichtung des Mediators zur Abgabe der eidesstattlichen Versicherung gem. § 807 ZPO.

34 Hierzu wird man auch die Fälle zählen müssen, in denen eine Verschwiegenheitspflicht aus dem Grundgedanken des rechtfertigenden Notstandes (§ 34 StGB, § 128 BGB) und nach dem Grundsatz der Wahrnehmung berechtigter Interessen (§ 193 StGB) ihre Grenze findet,[97] insbesondere dort, wo die Verteidigung in eigener Sache die Offenbarung beruflich erlangten Wissens rechtfertigt.[98] Dies gilt beispielsweise bei der Verfolgung eigener Vergütungsforderungen oder zur eigenen Verteidigung in Schadensersatzklagen oder im Strafprozess, freilich nur im jeweils gebotenen Umfang.

35 **2. Umfang der Verschwiegenheitspflicht (S. 2).** Die Verschwiegenheitspflicht bezieht sich **auf alles**, was dem Mediator oder seinen Hilfspersonen in Ausübung ihrer Tätigkeit bekannt geworden ist. Die Gesetzesfassung entspricht beinahe wörtlich dem Gegenstand der anwaltlichen Verschwiegenheitspflicht in § 43a Abs. 2 S. 2 BRAO mit dem Unterschied, dass sich

---

[94] Bejahend zB Stein/Jonas/Kern ZPO vor § 128 Rn. 338; verneinend zB Haft/Schlieffen Mediation-HdB/Hartmann § 28 Rn. 41; Friedrich MDR 2004, 481 (485); differenzierend Oldenbruch, S. 131 ff.
[95] VG Minden 17.2.2017 – 2 K 608/15, BeckRS 2017, 102924 Rn. 22 f.; siehe auch Haft/Schlieffen Mediation-HdB/Hartmann § 28 Rn. 43 ff.; Hofmann SchiedsVZ 2011, 148 (152); zum Verwaltungsprozess ebenfalls Wagner NJW 2001, 1398 (1400).
[96] RegE BT-Drs. 17/5335, 17.
[97] Ausführlich Beck, S. 144 ff.
[98] Zu Rechtsanwälten siehe Henssler/Prütting/Henssler BRAO § 43a Rn. 101 ff.

die Kenntniserlangung in § 4 S. 2 auf die „Tätigkeit" und nicht, wie in § 43a BRAO, auf den „Beruf" bezieht. Dies ist angesichts des Verzichts des Gesetzgebers zur Regelung eines Berufsbilds[99] folgerichtig. Umgekehrt ist jedoch die Bezugnahme auf die „Tätigkeit" insoweit enger, als hierunter nur die eigentliche Mediatorentätigkeit bzw. die Durchführung des Mediationsverfahrens verstanden werden kann mit der Folge, dass im Vorfeld der Mediation erlangte Informationen, wie beispielsweise die bloße Mediationsanfrage oder der Inhalt eines informatorischen Vorgesprächs von der Verschwiegenheitspflicht nicht erfasst wären. Nach Sinn und Zweck wird man hier jedoch auch im Vorfeld im Zusammenhang mit der Mediation erlangte Informationen einbeziehen müssen.[100]

Die Vorschrift verlangt, dass die betreffenden Informationen **in Ausübung der Tätigkeit erlangt** wurden. Es bedarf also einer tätigkeitsbedingten Kenntniserlangung, dh eines Zusammenhangs zwischen der Kenntniserlangung und der Tätigkeit als Mediator oder dessen Hilfspersonen. Hierzu zählen auch der Umstand der Durchführung des Mediationsverfahrens selbst[101] sowie die Namen der Parteien und der nach § 2 Abs. 4 einbezogenen Dritten, so dass auch diese Informationen unter die Verschwiegenheitspflicht fallen. Im Zusammenhang mit dem Mediationsverfahren erworben ist auch Zufallswissen, sofern dessen Erlangung gerade durch die Tätigkeit als Mediator oder dessen Hilfsperson ermöglicht wurde, etwa bei einem zufällig im Rahmen einer kurzen Unterbrechung des Verfahrens mitgehörten Gesprächs der Parteien. Hiervon zu unterscheiden sind Informationen, die dem Mediator oder dessen Hilfspersonen nicht in Bezug auf die Mediation, sondern nur anlässlich ihrer Tätigkeit zur Kenntnis gelangen, wie etwa Verhältnisse nicht beteiligter Dritter.[102]

3. Ausnahmen von der Verschwiegenheitspflicht (S. 3). a) Umsetzung und Vollstreckung (S. 3 Nr. 1). Die Ausnahmeregelung des § 4 S. 3 Nr. 1 ist dem Wortlaut des Art. 7 Abs. 1 lit. b der Med-RiLi entnommen. Die Verschwiegenheitspflicht findet demnach ihre Grenze dann, wenn die Offenlegung des Inhalts der im Mediationsverfahren erzielten Vereinbarung zur Umsetzung oder Vollstreckung dieser Vereinbarung erforderlich ist. Hiermit soll Bedürfnissen der Vollstreckung der Mediationsvereinbarung Rechnung getragen werden.[103] Nach dem Wortlaut bezieht sich die Ausnahme von der Verschwiegenheitspflicht nur auf den „Inhalt der im Mediationsverfahren erzielten Vereinbarung", mithin auf die das Mediationsverfahren abschließende Vereinbarung als solche. Die Regelung ist als Ausnahme von der Verschwiegenheitspflicht **eng auszulegen.** Nicht erfasst sind somit beispielsweise im Rahmen einer Auslegung der Abschlussvereinbarung mög-

---

99 RegE BT-Drs. 17/5335, 14.
100 Klarer noch Art. 7 Abs. 1 der Mediations-RL, der Informationen einbezieht, „die sich aus einem Mediationsverfahren oder im Zusammenhang mit einem solchen ergeben", ABl. L 136, 7 v. 24.5.2008; ebenso im Übrigen der Europäische Verhaltenskodex für Mediatoren (European Code of Conduct for Mediators) in Nr. 4, ZKM 2004, 148.
101 So ausdrücklich Nr. 4 des Europäischen Verhaltenskodex für Mediatoren, z.B. in ZKM 2004, 148, oder unter in englischer Fassung unter https://e-justice.europa.eu/63/EN/eu_rules_on_mediation (zuletzt abgerufen am 5.4.2024).
102 Greger/Unberath/Steffek/Greger B. MediationsG § 4 Rn. 10.
103 RegE BT-Drs. 17/5335, 17.

licherweise bedeutsame und innerhalb der Mediation offengelegte Beweggründe der Parteien. Wollen die Parteien hier Klarheit schaffen, besteht nur die Möglichkeit zu einer gemeinsamen Entbindung des Mediators von der Verschwiegenheitspflicht.

38 **b) Ordre public (S. 3 Nr. 2).** Die Ausnahmeregelung des § 4 S. 3 Nr. 2 ist enger gefasst als die Vorgabe in Art. 7 Abs. 1 lit. a der Med-RiLi. Die Verschwiegenheitspflicht findet demnach ihre Grenze dort, wo vorrangige Gründe der öffentlichen Ordnung (ordre public) eine Offenlegung gebieten. Der Gesichtspunkt des ordre public ist dann berührt, wenn eine Unterlassung der Offenlegung zu Ergebnissen führen würde, die mit den Grundwerten der deutschen Rechtsordnung nicht zu vereinbaren wären.[104]

39 Die in § 4 S. 3 Nr. 2 genannten Fallgruppen sind **lediglich beispielhaft** („insbesondere") aufgeführt.[105] Die Verpflichtung zur Verschwiegenheit entfällt demnach beispielsweise dann, wenn in der Mediation eine Kindeswohlgefährdung zutage tritt, die sich nur durch Offenlegung, beispielsweise gegenüber dem Jugendamt oder der Polizei, abwenden lässt. Da der Mediator, anders als die Familiengerichte, nicht in erster Linie dem Kindeswohl, sondern den Parteien verpflichtet ist, ist die Eingriffsschwelle hier enger als nach § 1666 BGB.[106] Eine weitere Ausnahme von der Verschwiegenheitspflicht besteht im Falle einer schwerwiegenden Beeinträchtigung der physischen oder psychischen Integrität einer Person. Gemeint sind hier zum Beispiel Fälle der Misshandlung der anderen Mediationspartei.[107] Eine Ausnahme von der Verschwiegenheitspflicht kann darüber hinaus beispielsweise auch dann in Betracht kommen, wenn Berufsgeheimnisträger im Sinne des § 203 StGB bei gewichtigen Anhaltspunkten für die Gefährdung eines Kindes oder eines Jugendlichen gesetzlich zur Offenlegung befugt sind.[108]

40 Zusätzliche Voraussetzung für eine Offenlegung aus Gründen der öffentlichen Ordnung (ordre public) und damit für eine Ausnahme von der Verschwiegenheitspflicht nach § 4 S. 3 Nr. 2 ist, dass die Offenlegung der im Zusammenhang mit der Mediation zutage getretenen Tatsachen **geboten** ist. Dies ist nur dann der Fall, wenn sich die jeweilige Beeinträchtigung auf andere Weise als durch die Offenbarung nicht abwenden lässt. Hierbei ist nach der Gesetzesbegründung auch einzubeziehen, ob die Mediation zu einer effektiven und endgültigen Beendigung des Zustands führt bzw. bei Kindeswohlgefährdung die Eltern nach Hinweis auf die Gefährdungslage bereit oder in der Lage sind, diese zu beseitigen.[109]

41 **c) Offenkundiges und Bedeutungsloses (S. 3 Nr. 3).** Nach § 4 S. 3 Nr. 3 unterliegen offenkundige Tatsachen und solche, die ihrer Bedeutung nach keiner Geheimhaltung bedürfen, nicht der Verschwiegenheitspflicht. Die Gesetzesfassung ist beinahe wörtlich der für Rechtsanwälte geltenden Aus-

---

104 RegE BT-Drs. 17/5335, 17.
105 RegE BT-Drs. 17/5335, 17.
106 RegE BT-Drs. 17/5335, 17.
107 RegE BT-Drs. 17/5335, 17.
108 RegE BT-Drs. 17/5335, 17.
109 RegE BT-Drs. 17/5335, 17.

nahmeregelung des § 43a Abs. 2 S. 3 BRAO und der für Beamte geltenden Regelung des § 61 Abs. 1 S. 2 BBG nachgebildet.

Offenkundiges lässt sich nicht mehr offenbaren. Die Offenkundigkeit beseitigt den Geheimnischarakter einer Tatsache.[110] Offenkundig sind Tatsachen dann, wenn sie entweder regelmäßig jedem verständigen und erfahrenen Menschen bekannt sind oder über die er sich aus allgemein zugänglichen und zuverlässigen Quellen ohne besondere Fachkunde/Fachkenntnisse unterrichten kann.[111] Die Frage der Offenkundigkeit ist daher – im Gegensatz zur Frage der Bedeutungslosigkeit – nur objektiv zu beurteilen. Die Tatsache muss nicht jedem, sondern einem größeren, nicht durch individuelle Beziehungen verbundenen Personenkreis bekannt sein.[112] Der Mediator und dessen Hilfspersonen sollten jedoch mit der Annahme der Offenkundigkeit einer Tatsache zurückhaltend sein; im Zweifel ist Vertraulichkeit zu empfehlen. 42

Auch **Bedeutungsloses** ist nicht geschützt. Ausgenommen von der Verschwiegenheitspflicht sind demnach solche Informationen, die ihrer Bedeutung nach keiner Geheimhaltung bedürfen. Nicht-Geheimhaltungsbedürftiges bedarf keines Schutzes.[113] Hierbei handelt es sich um Bagatelltatsachen.[114] Die Abgrenzung stellt sich allerdings als schwierig dar. Nach dem Sinn und Zweck der Verschwiegenheitspflicht ist hier nicht auf die objektive Geheimhaltungsbedürftigkeit, sondern auf die subjektive Beurteilung der Parteien abzustellen.[115] Im Zweifel sollten sich der Mediator und dessen Hilfspersonen auch hier für die Geheimhaltung/Verschwiegenheit entscheiden.[116] Keinen Bedenken begegnet es, wenn beispielsweise im Rahmen einer Supervision in anonymisierter Form berichtet wird, sofern auch aus sonstigen Umständen keine Rückschlüsse auf die Personen der Parteien gezogen werden können. 43

Eine **Ausnahme von der Verschwiegenheitspflicht** besteht schließlich dann, wie in Art. 7 Med-RiLi noch ausdrücklich enthalten, wenn die am Mediationsverfahren beteiligten Parteien etwas anderes vereinbart haben oder die zur Verschwiegenheit verpflichteten Personen von der Verschwiegenheit entbinden.[117] 44

4. Informationspflicht (S. 4). Nach § 4 S. 4 hat der Mediator die Parteien über den Umfang seiner Verschwiegenheitspflicht zu informieren. Die Gesetzesbegründung[118] geht davon aus, dass dies nur einen geringen Zeitaufwand erfordert. Ausreichend ist demnach eine Information in mündlicher oder in standardisierter Form, wie beispielsweise durch ein Informationsblatt. 45

---

110 Henssler/Prütting/Henssler BRAO § 43a Rn. 45, 53.
111 Henssler/Prütting/Henssler BRAO § 43a Rn. 54.
112 Henssler/Prütting/Henssler BRAO § 43a Rn. 54.
113 Henssler/Prütting/Henssler BRAO § 43a Rn. 56.
114 Henssler/Prütting/Henssler BRAO § 43a Rn. 56.
115 Henssler/Prütting/Henssler BRAO § 43a Rn. 56.
116 Henssler/Prütting/Henssler BRAO § 43a Rn. 56.
117 Henssler/Prütting/Henssler BRAO § 43a Rn. 56.
118 RegE BT-Drs. 17/5335, 13.

§ 5 MediationsG Aus- und Fortbildung des Mediators; zertifizierter Mediator

(1) ¹Der Mediator stellt in eigener Verantwortung durch eine geeignete Ausbildung und eine regelmäßige Fortbildung sicher, dass er über theoretische Kenntnisse sowie praktische Erfahrungen verfügt, um die Parteien in sachkundiger Weise durch die Mediation führen zu können. ²Eine geeignete Ausbildung soll insbesondere vermitteln:
1. Kenntnisse über Grundlagen der Mediation sowie deren Ablauf und Rahmenbedingungen,
2. Verhandlungs- und Kommunikationstechniken,
3. Konfliktkompetenz,
4. Kenntnisse über das Recht der Mediation sowie über die Rolle des Rechts in der Mediation sowie
5. praktische Übungen, Rollenspiele und Supervision.

(2) Als zertifizierter Mediator darf sich bezeichnen, wer eine Ausbildung zum Mediator abgeschlossen hat, die den Anforderungen der Rechtsverordnung nach § 6 entspricht.

(3) Der zertifizierte Mediator hat sich entsprechend den Anforderungen der Rechtsverordnung nach § 6 fortzubilden.

Literatur:

Arnold/Schön, Ausbildungsprozesse digital gestalten und begleiten, ZKM 2021, 48; *Bähner/Schwertfeger*, Was bringt der „zertifizierte Mediator"?, Wirtschaft + Weiterbildung 2017, 36; *Bastine*, Zu kurz gesprungen, ZKM 2011, 59; *Bauckmann/Kück*, Stärkung der Mediation durch eine Mediatorenkammer, ZKM 2021, 193; *Bauer/Lägler*, Der Schlüssel zur erfolgreichen Fallakquise, Spektrum der Mediation 66/2017, 34; *Belardi*, Supervision. Grundlagen, Formationen, Perspektiven, 2. Aufl. 2005; *Berlin*, Verbraucher-ADR: Freiwilligkeit der Teilnahme und Verbindlichkeit des Ergebnisses im Lichte der AS-Richtlinie, ZKM 2013, 108; *Briem*, Professionelles Konfliktmanagement für innerbetriebliche Konflikte, ZKM 2011, 146; *ders./Klowait*, Der Round Table Mediation & Konfliktmanagement der deutschen Wirtschaft – Wegweiser für einen Paradigmenwechsel im unternehmerischen Konfliktmanagement?, Konfliktdynamik 1/2012, 66; *Bundesministerium der Justiz*, Leitlinien zur Umsetzung der europäischen Mediations-Richtlinie, ZKM 2008, 132; *Bürger*, Möglichkeiten für den Einsatz der Mediation im Arbeitsrecht unter Einbeziehung des Mediationsgesetzes, 2014; *Carl*, Qualitätssicherung im Referentenentwurf zum Mediationsgesetz, ZKM 2010, 177; *ders./Erb-Klünemann*, Bi-nationale Mediation bei grenzüberschreitenden Kindschaftskonflikten – Ein Bericht aus Deutschland, ZKM 2011, 116; *Dauner*, Qualität durch Recht – ein Mythos in der Mediation, Mediator, Ausgabe 3/2016, 4; *ders.*, Qualitässicherung der Mediation im Spannungsfeld von Markt und Regulierung, 2015; *Diop/Steinbrecher*, Ein Mediationsgesetz für Deutschland: Impulse für die Wirtschaftsmediation?, BB 2011, 131; *Duve*, Das Gesetz zur Rettung der gerichtlichen Mediation, ZKM 2012, 108; *Eicher*, Die neue Zertifizierungs-Verordnung, ZKM 2016, 160; *Eidenmüller*, Zertifizierte Mediatoren, NJW-aktuell 46/2016, 15; *ders.*, Editorial ZKM 2013, 71; *ders./Fries*, Entwicklung und Regulierung des deutschen Mediationsmarktes, AnwBl 1/2017, 23; *Ferz/Salicities* (Hrsg.), Mediation in Betrieben, 2016; *Fest*, (Warum) Will ich MediatorIn werden? Eine Orientierungshilfe, Spektrum der Mediation 66/2017, 14; *Fries*, Regulierung der Mediation: Cui bono?, ZKM 2021, 44; *Fritz*, Zertifizierung für langjährig praktizierende Mediatoren – Rechtsnebel statt Rechtsklarheit, Die Mediation 2017, Quartal I, 60; *ders./Krabbe*, (Einzel-)Supervision für zertifizierte Mediatoren, ZKM 2017, 89; *ders.*, Das Gütesiegel „Zertifizierter Mediator", ZKM 2014, 62; *ders./Pielsticker*, Handbuch zum Mediationsgesetz, 2. Aufl. 2020; *ders./Pielsticker*, Verordnung über die Aus- und Fortbildung von zertifizierten Mediatoren – ZmediatAusbV –, Kommentar mit Hinweisen für die Praxis, 2018; *Gantz-Rathmann*, Ombudsstelle und Mediation bei der Deutschen Bahn AG, Konfliktdynamik 2/2012, 160; *Geldner*, Neue

VO zu Aus- und Fortbildung von zertifizierten Mediatoren, Mediator, Ausgabe 3/2016, 9; *Gläßer*, Viel Lärm um nichts? Überlegungen zur Evaluation des Mediationsgesetzes, ZKM 2018, 4; *dies./Negele/Schroeter*, Lehrmodul 11: Qualitätssicherung von Mediation, ZKM 2008, 181; *dies./Schroeter/Adrian*, Was wird durch Mediationsausbildungen bewirkt?, ZKM 2020, 44; *Goltermann/Hagel/Klowait/Levien*, „Das neue Mediationsgesetz" aus Unternehmenssicht – Teil 1, SchiedsVZ 2012, 299, Teil 2, SchiedsVZ 2013, 41; *Gök*, Mediation alla Turca, ZKM 2016, 24; *Graf-Schlicker*, Die EU-Richtlinie zur Mediation, ZKM 2009, 83; *Greger*, Der „zertifizierte Mediator" – Heilsbringer oder Schreckgespenst?; ZKM 2012, 36; *ders.*, Qualitätssicherung der Mediation im internationalen Vergleich, JZ 2011, 229; *ders.*, Auf dem Weg zu einem deutschen Mediationsgesetz, ZKM 2010, 120; *ders.*, Reglementierung der Selbstregulierung, ZRP 2010, 209; *ders*, Die neue Zertifizierungsverordnung für MediatorInnen, Spektrum der Mediation 66/2017, 49; *ders.*, Zertifizierung als vertrauensbildende Maßnahme für die Mediation, ZKM 2023, 23; *ders./Unberath/Steffek*, Recht der alternativen Konfliktlösung, Kommentar, 2. Aufl. 2016; *Hayungs*, ADR-Richtlinie und ODR-Verordnung, ZKM 2013, 86; *Händel*, Qualitätssicherung und -förderung im unternehmensinternen Mediatorenpool, ZKM 2017, 64; *Henkel/Göhler*, Mediation im Betrieb, AuA 2014, 703; *Hoelzer*, Aus für „alte Hasen" als zertifizierte Mediatoren am 31.08.2019?, ZKM-Blog 2019, https://blog.otto-schmidt.de/mediation/2019/06/04/aus-fuer-alte-hasen-als-zertifizierte-mediatoren-am-31-08-2019/ (letzter Abruf 4.4.2024) *Hopt/Steffek* (Hrsg.), Mediation: Rechtstatsachen, Rechtsvergleich, Regelungen, 2008; *Hornung*, Eignung und Auswahl von TeilnehmerInnen für Mediationsausbildungen. Eine Annäherung, Spektrum der Mediation 66/2017, 19; *Horstmeier*, Das neue Mediationsgesetz, 2013; *Hunold*, Konfliktlösung im Betrieb, AuA 2015, 216; *Jost*, Verkammerung der Mediation?, ZKM 2021, 132; *Kaiser*, Anmerkungen zum Mediationsbericht der Bundesregierung, ZKM 2018, 25; *Kessen/Voskamp*, Online-Präsenz in Mediationsausbildungen, ZKM 2023, 102; *Kirchhoff/Klowait*, Business Mediation, ADR and Conflict Management in the German Corporate Sector – Status, Development & Outlook", TDM, Vol. 11, issue 6, December 2014; *Klowait*, MediationsG und ZMediatAusbV – Wege und Irrwege im Labyrinth der Qualitätssicherung, ZKM 2017, 94; *ders.*, The Paradigm Shifts: A Guide to the Development of Dispute Resolution in Germany's Corporate Sector, in: Alternatives to the high costs of litigation, Vol. 33 No. 10 November 2015, 147; *ders.*, „Zertifizierter Mediator" – Empfehlenswertes Selbstmarketing oder unzulässige Irreführung?, ZKM 2015, 194; *ders.*, Die Wegbereiter: Der Round Table Mediation & Konfliktmanagement der deutschen Wirtschaft, in: Dispute Resolution, Das Online Magazin, Ausgabe 4/2014, 35; *ders*, Die EU-Studie „Rebooting the Mediation Directive" – Vorbote eines neuen europarechtlichen Mediationsrahmens?, ZKM 2014, 195; *ders.*, „Dispute-Wise Management" – Erfolgsfaktor (auch) für die Energiewirtschaft, Die Wirtschaftsmediation 2/2012, 38; *ders.*, Betriebsinterne Mediation – Erfahrungswerte, in: Best Practice Konflikt(kosten-)Management 2012 – Der wahre Wert der Mediation, Unternehmerschaft Düsseldorf / KPMG (Hrsg.) 2012, S. 36 ff.; *ders.*, Mediationsgesetz und europarechtliche Vorgaben, ZKM 2011, 149; *ders.* Zukünftige Ausbildungsvorgaben für zertifizierte Mediatoren, ZKM 2022, 19; *Korte*, Der Mediationsmarkt – selbst zertifiziert und behördlich unkontrolliert?, ZKM 2017, 8; *Krabbe/Fritz*, (Einzel-)Supervision für zertifizierte Mediatoren – Teil 1, ZKM 2017, 89; *dies.*, (Einzel-)Supervision für zertifizierte Mediatoren – Teil 2, ZKM 2017, 149; *Kraft/Schwerdtfeger*, Das Mediationsgesetz, ZKM 2011, 55; *Lehmann*, Mediation zur Konfliktbeilegung: Instrument für die Betriebs- und Tarifvertragsparteien?, BB 2013, 1014; *Lenz*, Braucht es für die Qualität der Mediation (weiterer) Regulierung?, ZKM 2021, 151; *Leutheusser-Schnarrenberger*, Die Mediations-Richtlinie und deren Implementierung, ZKM 2012, 72; *Markowski*, Streitigkeiten im Betriebsratsgremium, AiB 3/2015, 22; *Matheis/Hippeli*, Außergerichtliche Mediation und Betriebliches Eingliederungsmanagement, DB 2016, 1134; *Metzger*, Das duale Modell der Mediationsausbildung, Spektrum der Mediation 66/2017, 30; *Motz*, „Ein leitendes Gefühl" – auf dem Weg zu professioneller Mediation?, ZKM 2016, 21; *Pasetti*, Wirtschaftsmediation als Dienstleistung von Wirtschaftskanzleien, SchiedsVZ 2015, 134; *Paul*, Das erfreuliche Ende eines langen Gesetzgebungsverfahrens ..., Interview mit Eberhard Carl, ZKM 2012, 132; *ders.*, Mediationsgesetz – Anhörung im Rechtsausschuss des Deutschen Bundestages, ZKM 2011, 119; *Plassmann*, „Zertifizierung light" – Verbraucher und Mediatoren in der Zertifizierungsfalle?, AnwBl 1/2017, 26; *ders.*, Die Verordnung zum „zertifizierten Mediator" – „Light" statt „Right", BRAK Magazin 1/2017, 13; *ders.*,

Weitblick statt Rückblick – Zu den Vorschlägen von QVM und BRAK, ZKM 2021, 136; *Ponschab*, Die Erde ist eine Scheibe und andere Wahrheiten, ZKM 2014, 125; *ders.*, Stolpersteine aus dem Weg räumen – Im Praxistest: der Entwurf der Zertifizierte-Mediatoren-Ausbildungsverordnung (ZMediatAusbV), Dispute Resolution Magazine 1/2014, 29; *Proksch*, Konfliktmanagement im Unternehmen, 2. Aufl. 2013; *Prütting*, Mediation und weitere Verfahren konsensualer Streitbeilegung – Regelungsbedarf im Verfahrens- und Berufsrecht?, JZ 2008, 647; *Rafi*, Die neue Rechtsverordnung über Aus- und Fortbildung von zertifizierten Mediatoren (ZMediatAusbV), Spektrum der Mediation 65/2016, 41; *Risse*, Änderung der Zertifizierte-Mediatoren-Ausbildungsverordnung – eine kritische Kommentierung, ZKM 2023, 176; *Ropeter*, in: Hinrichs, Praxishandbuch Mediationsgesetz, 2014, H. Aus- und Fortbildungsverpflichtung Mediator (§§ 5,6 MediationsG); *Reutter*, Die Achtsamkeit des Mediators, 2017; *ders.*, Der achtsame Mediator, ZKM 2017, 102; *Round Table Mediation & Konfliktmanagement der Deutschen Wirtschaft*, Positionspapier der deutschen Wirtschaft zur Umsetzung der EU-Mediationsrichtlinie, ZKM 2009, 147; *Röthemeyer*, Der zertifizierte Mediator – ein schwieriges Konstrukt von hoher praktischer Bedeutung, Die Mediation 2017, Quartal I, 58; *ders.*, Die Zertifizierung nach der ZMediatAusbV, ZKM 2016, 195; *ders.*, Die Zertifizierungsfiktion, ZKM 2014, 65; *ders.*, Unter'm Strich: Früchte der Mediationskonferenz, ZKM 2021, 155; *ders.*, ZMediatAusbV ist jetzt pandemiefest – der Webfehler des Zertifizierungskonzepts bleibt, ZKM 2020, 193; *ders.*, Neues vom BMJV: Supervision und Mediationskongress 2020, ZKM 2019, 228; *ders.*, Die neue ZMediatAusbV – Erörterung von Zweifelsfragen, ZKM 2024, 8; *Steffek*, Rechtsvergleichende Erfahrungen für die Regelung der Mediation, RabelsZ 74 (2010), 841; *Steurer*, Die aus- und fortbildungsspezifischen Regelungen des Mediationsgesetzes sowie des Entwurfs der ZMediatAusbV und deren Beitrag zur Förderung der außergerichtlichen Mediation in Deutschland, ZJS 2013, 336; *Sujecki*, Die Europäische Mediationsrichtlinie, EuZW 2010, 7; *Thiesen*, db fairness@work – von der Mobbingberatung zum Konfliktmanagement in der Deutschen Bank, Konfliktdynamik 1/2012, 16; *Thole*, Neue Vorgaben für die Ausbildung zertifizierter Mediatoren. ZKM 2023, 142; *dies./Arnold*, Nachgefragt: Zur Nachhaltigkeit einer (auch) virtuellen Mediatorenausbildung, ZKM 2021, 100; *dies.*, Neue Regelung zur Fristenhemmung für zertifizierte Mediatoren, ZKM 2020, 139; *Thomsen/Krabbe*, Überlegungen zur Supervision für Mediatoren, ZKM 2013, 115; *Tögel/Rohlff*, Mediation: Sicherstellung der Qualität durch eine private Stiftung, ZKM 2011, 108; *dies.*, Die Umsetzung der EU-Mediationsrichtlinie, ZKM 2010, 86; *Trenczek/Berning/Lenz* (Hrsg.), Mediation und Konfliktmanagement, 2013; *Unberath*, Qualität und Flexibilität der Mediation, ZKM 2010, 164; *ders.*, Auf dem Weg zu einer differenzierten Streitkultur – Neue gesetzliche Rahmenbedingungen für die alternative Konfliktlösung, JZ 2010, 975; *van Kaldenkerken*, Supervision – ein Qualitätsfaktor der Aus- und Weiterbildung, Spektrum der Mediation 66/2017, 25; *dies.*, Supervision und Intervision in der Mediation, 2014; *von Rosenstiel*, Mindfulness als Selbstmanagement-Tool für Mediatoren, ZKM 2014, 117; *von Schlieffen*, Der „Zertifizierte Mediator" und denkbare Alternativen, ZKM 2021, 128; *Wacker*, Zertifizierungskuchen, Verbände, Autonomie, ZKM 2009, 176; *Wagner*, Das Mediationsgesetz – Ende gut, alles gut?, ZKM 2012, 110; *ders.*, Referentenentwurf eines Mediationsgesetzes, ZKM 2010, 172; *ders.*, Grundstrukturen eines neuen Mediationsgesetzes, RabelsZ 74 (2010), 794; *ders.*, Die Richtlinie über Alternative Streitbeilegung – Law Enforcement statt mediative Konfliktlösung, ZKM 2013, 104; *Wendenburg*, Zum Umgang mit Machtungleichgewichten in der Mediation, KritV 2015, 33; *Wenzel*, Die Verordnung über die Aus- und Fortbildung von zertifizierten Mediatoren, Spektrum der Mediation 66/2017, 46.

I. Entstehungsgeschichte 1	II. Der nicht zertifizierte Mediator nach Abs. 1 17
1. Gestaltungsmöglichkeiten der Qualitätssicherung – Überblick 2	1. Geeignete Ausbildung 18
	2. Fortbildung 31
2. Positionierung von Verbänden und Institutionen 7	III. Der zertifizierte Mediator nach Abs. 2 iVm § 6 36
3. Umsetzung der Qualitätssicherung im Gesetzgebungsverfahren 15	1. Das Recht zur Bezeichnung als zertifizierter Mediator .. 37
	2. Rechtsverordnung nach § 6 43

3. Fortbildungsverpflichtung
des zertifizierten Mediators
(Abs. 3) 45

I. Entstehungsgeschichte

Die Frage der **Qualitätssicherung der Mediation** gehörte zu den mit Abstand umstrittensten Themenkreisen des Gesetzgebungsverfahrens. Während die Befürworter eines gänzlichen oder zumindest weitgehenden Absehens von regulativen Aus- und Fortbildungsvorgaben für ihre Position ins Feld führten, letztlich werde der Markt regeln, welche Anforderungen aus Sicht der Medianten erforderlich seien, wurde auf der anderen Seite der Skala gefordert, der Gesetzgeber müsse unbedingt mit zwingenden Vorgaben und möglichst umfänglich angeordnetem Aus- und Fortbildungskatalog eingreifen.

1. Gestaltungsmöglichkeiten der Qualitätssicherung – Überblick. Sieht man sich die vorgenannten – wie auch vermittelnde – Positionen systematisierend mit Blick auf die jeweils zugrunde liegende Konzeption der Qualitätssicherung an, so ergibt sich das folgende **Spektrum denkbarer Gestaltungsvarianten:**

Das **Zulassungsmodell** beruht auf einer hoheitlichen Zulassung bzw. Genehmigung der Ausübung der Mediatorentätigkeit.[1] Da es denjenigen Mediatoren, die bestimmte Aus- und Fortbildungsstandards nicht erfüllen, den Zutritt zum Mediationsmarkt generell verwehrt, ist dieser Ansatz der restriktivste.

Das **Anerkennungsmodell** macht die Ausübung der Mediatorentätigkeit zwar nicht von einem staatlichen Zulassungsakt abhängig, stellt aber einen rechtlichen Zusammenhang zwischen der Erfüllung vorgegebener Ausbildungsstandards und der Gewährung bestimmter gesetzlicher Vergünstigungen, Rechte oder Privilegien her – was vielfach mit der Eintragung der auf diese Art „privilegierten Mediatoren" in öffentliche Listen und Verzeichnisse verbunden wird.[2]

Das **„Gütesiegelmodell"** stellt weder ein Junktim zwischen dem Nachweis von Ausbildungsanforderungen und der „Erlaubnis" zur Ausübung der Mediatorentätigkeit her noch beruht es auf der Koppelung von gesetzlichen Privilegien mit spezifischen Ausbildungsnachweisen. Es eröffnet Mediatoren stattdessen schlicht die Option, nach definierten Voraussetzungen ein Ausbildungszertifikat erlangen und dies in Art eines Gütesiegels werbend für sich einsetzen zu können.[3]

---

1 Das Zulassungsmodell wird zB in Australien und Ungarn praktiziert. Einen hohen Grad an Regulierung weist auch das türkische Mediationsgesetz auf. Die Mediatorentätigkeit steht dort nur Juristen offen, die eine Zusatzausbildung mit bestandener schriftlicher und mündlicher Prüfung nachweisen können. Das Zertifikat der Ausbildungsträger berechtigt zum Tätigwerden als Mediator, wobei zusätzlich ein Eintrag in die Fachabteilung für Mediation im Justizministerium vorausgesetzt wird, vgl. Gök ZKM 2016, 24 ff.
2 Siehe zB §§ 8 ff. des ZivMediatG Österreich, Bundesgesetz über Mediation in Zivilrechtssachen, StF: BGBl. I 29/2003 (NR: GP XXII RV 24 AB 47 S. 12. BR: AB 6780 S. 696).
3 Zu den Regelungsmodellen der Mediation in rechtsvergleichender Hinsicht grundlegend Hopt/Steffek in dies., S. 66 ff.

6 Das Marktmodell ist schließlich die liberalste Konzeption einer Qualitätssicherung. Es setzt – unter gänzlichem Verzicht auf gesetzlich definierte Ausbildungsanforderungen – einerseits auf die Eigenverantwortlichkeit der Mediatoren, vor allem aber darauf, dass durch die Anforderungen der Nachfrageseite – letztlich also durch den Markt – vorgegeben wird, welche Erfordernisse im Bereich der Aus- und Fortbildung zu erfüllen sind.

7 **2. Positionierung von Verbänden und Institutionen.** Ohne an dieser Stelle sämtliche Stellungnahmen von Verbänden, Institutionen und Kammern erschöpfend und mit ihren jeweiligen Entwicklungstendenzen nachzeichnen zu können, lassen sich die während des Gesetzgebungsverfahrens zum MediationsG vertretenen Positionen im Wesentlichen wie folgt zusammenfassen:

8 Für den Bereich der Wirtschaftsmediation plädierte der **Round Table Mediation & Konfliktmanagement der Deutschen Wirtschaft** („**RTMKM**") für eine marktgestützte Konzeption der Qualitätssicherung der Mediation. Neben dem Hinweis, dass für die konkrete Auswahl von Wirtschaftsmediatoren aus Unternehmenssicht andere Kriterien – wie Reputation, Erfahrung und Empfehlungsmanagement – ausschlaggebender seien als der bloße Nachweis einer Mindestzahl abgeleisteter Ausbildungsstunden oder erworbener Zertifikate wird diese Haltung vorrangig damit begründet, dass die Einführung eines Zulassungs-, Anerkennungs- oder auch eines Gütesiegelmodells angesichts des hohen Qualitätsstandards der bundesdeutschen Aus- und Fortbildung weder europarechtlich gerechtfertigt noch sachlich erforderlich sei.[4] Mit Blick auf die Europäische Mediationsrichtlinie („**Med-RiLi**"), deren Umsetzung das MediationsG dient, wurde zudem darauf verwiesen, dass deren Hauptzweck – die Förderung der **grenzüberschreitenden** Mediation in Zivil- und Handelssachen – eher behindert als gefördert würde, wenn durch ein Nebeneinander von „privilegierten" und „sonstigen" Mediatoren ein „Zwei-Klassen-System" entstehe, das gerade bei grenzüberschreitenden Mediationen zu Rechtsunsicherheiten führen könne.

9 Auch der **Deutsche Anwaltverein** begrüßte in seiner Stellungnahme zum Referentenentwurf ausdrücklich, dass „dem Versuch widerstanden wurde, den Zugang zur Dienstleistung der Mediation durch ein Anerkennungs- oder Zulassungssystem abzuschotten".[5] Es sei vollkommen ausreichend, die Aus- und Fortbildung eigenverantwortlich den Mediatoren zu überlassen, zumal in Verbindung mit der Informationspflicht der Mediatoren gegenüber den Parteien sichergestellt sei, dass eine ausreichende Qualitätskontrolle über den Markt erfolge. Inhaltsgleich nahm auch der **Deutsche Steuerberaterverband** („**DStV**") Stellung.[6]

---

4 Round Table Mediation & Konfliktmanagement der Deutschen Wirtschaft, Positionspapier der deutschen Wirtschaft zur Umsetzung der EU-Mediationsrichtlinie ZKM 2009, 147 (148 f.).
5 Deutscher Anwaltverein, Stellungnahme zum Referentenentwurf des MediationsG, Nr. 58/2010, S. 8.
6 Deutscher Steuerberaterverband, Stellungnahme zum Referentenentwurf des MediationsG, 1.10.2010, Punkt 1.

Der **Deutsche Notarverein** äußerte sich in seiner Stellungnahme insoweit 10
neutral, plädierte dafür, die weitere Marktentwicklung im Hinblick auf
etwaigen, späteren Regelungsbedarf zunächst abzuwarten und erklärte –
wie auch der Deutsche Anwaltverein –, man werde sich gemeinsam mit
anderen interessierten Verbänden an der privaten Etablierung von Ausbildungs- und Zertifizierungsstandards beteiligen, um im „Mediationsmarkt"
aus Verbrauchersicht möglichst nachvollziehbare Qualitätskriterien zu etablieren.[7] Ebenfalls erklärte der **Deutsche Richterbund** („DRiB") eine klare
Präferenz für ein privates Zertifizierungsmodell.[8] Bei der Festlegung der
Zertifizierungsstandards sei jedoch darauf zu achten, dass sich „auf einzelnen Gebieten der Mediation bereits Ausbildungsstrukturen entwickelt
haben, die in der Praxis erfolgreich umgesetzt werden – zB die Ausbildung gerichtsinterner Mediatoren in den einzelnen Bundesländern."[9] Es
sei deshalb nicht angemessen, davon abweichende Ausbildungsstrukturen,
die sich auf einem anderen Gebiet entwickelt haben, kritiklos auf diese
Bereiche zu übertragen.

Die **Bundesrechtsanwaltskammer** („BRAK") stellte in ihrer Stellungnahme 11
zum Referentenentwurf des MediationsG ebenfalls auf privat zu etablierende Zertifizierungsstandards ab, regt hierzu aber an, die vom Bundesarbeitskreis Zertifizierung von Mediatorinnen und Mediatoren („BZM")
erarbeiteten Kriterien als Mindeststandards festzuschreiben.[10] Damit wurden die Ergebnisse eines vom Bundesministerium der Justiz („BMJ") im
Verlauf des Gesetzgebungsverfahrens initiierten Arbeitskreises in Bezug genommen, dem Vertreter von Verbänden der Mediatoren, der Anwälte und
Notare sowie der Hochschulen angehörten, überraschender Weise jedoch
keine Nutzer der Mediation wie beispielsweise Unternehmensvertreter. In
einer späteren Stellungnahme, die einen konkreten Formulierungsvorschlag
für eine Mediationsausbildungsverordnung beinhaltete, sprach sich die
BRAK sodann für eine Mindestausbildungsdauer von 90 Zeitstunden im
Rahmen einer Zertifizierung aus.[11]

Seine vehemente Kritik am Regierungsentwurf des MediationsG begründete der **Gesamtverband der Deutschen Versicherungswirtschaft e.V.** 12
(„GDV") in seiner Stellungnahme vom 22.2.2011[12] damit, dass nur durch
ein einheitliches Gütesiegel mit hohen und verpflichtenden Anforderungen
an die Aus- und Fortbildung der Mediatoren die Transparenz für den Verbraucher geschaffen werden könne, die zu einer nachhaltigen Steigerung
der Akzeptanz der Mediation erforderlich sei. Ohne derartige Regelungen

---

7 Deutschen Notarverein, Stellungnahme zum Referentenentwurf des MediationsG
vom 30.9.2010, S. 4.
8 Deutscher Richterbund, Stellungnahme zur Anhörung im Rechtsausschuss des
Deutschen Bundestages zum Entwurf eines Gesetzes zur Förderung der Mediation
und anderer Verfahren der außergerichtlichen Konfliktbeilegung, Nr. 11/14 vom
23.5.2011, Ziffer III. 2.
9 Ebenda, Ziffer III. 2.
10 Bundesrechtsanwaltskammer, Stellungnahme zum Referentenentwurf des MediationsG, Oktober 2010, Nr. 27/2010, S. 13 f.
11 Bundesrechtsanwaltskammer, Formulierungsvorschlag für eine Zertifizierung von
Mediatoren im Rahmen des MediationsG, Mai 2011, Nr. 33/2011, S. 3.
12 Gesamtverband der Deutschen Versicherungswirtschaft e.V., Stellungnahme zum
Regierungsentwurf des MediationsG, 22.2.2011, S. 4 ff.

bestünden „seitens der Versicherungswirtschaft ernsthafte Bedenken an der Weiterentwicklung der Mediation".[13]

13 Von wenigen Ausnahmen[14] abgesehen setzten sich schließlich die meisten **Mediationsverbände** für verpflichtende Aus- und Fortbildungsvorgaben für zertifizierte Mediatoren ein,[15] zumeist verbunden mit der Forderung nach einer hohen Mindestausbildungsdauer.

14 Die – vorstehend nur auszugsweise wiedergegebene – gesetzgebungsbegleitende Diskussion vieler Interessengruppen, Verbände und berufsständischer Institutionen ist über weite Strecken sehr emotional geführt worden. Dabei wurden die zu vermutenden Interessen der Diskutanten nicht durchgängig transparent gemacht. Zwar ist es für sich gesehen durchaus legitim, wenn die Rechtsschutzversicherungswirtschaft Mediation fördern will, um hohe Kosteneinsparungen im Vergleich zur Finanzierung streitiger Gerichtsverfahren zu erzielen, wenn Mediationsverbände und die von ihnen vertretenen Mitgliedsunternehmen daran interessiert sind, dass der lukrative Aus- und Fortbildungsmarkt durch festgeschriebene, möglichst hohe Mindeststundenzahlen der (von ihnen selbst angebotenen) Ausbildung auch zukünftig mindestens ebenso lukrativ bleibt, wenn berufsständische Kammern sich dafür einsetzen, die bis zum Inkrafttreten des MediationsG von ihnen als ausreichend erachteten Ausbildungsumfänge zukünftig nicht (signifikant) überschritten werden oder wenn die Justiz Mediation auch deshalb fördern möchte, um sich angesichts hoher Verfahrenszahlen und begrenzter Ressourcen entlasten zu können. All dies sind keinesfalls verwerfliche Beweggründe – deren Offenlegung aber gerade von Befürwortern der auf transparente Interessenserkundung abzielenden Mediation in stärkerem Maße wünschenswert gewesen wäre.

15 **3. Umsetzung der Qualitätssicherung im Gesetzgebungsverfahren.** Die ersten Verlautbarungen aus dem BMJ[16] – noch vor dem Vorliegen eines ersten Gesetzentwurfes – ließen erkennen, dass neben der möglichen Einführung des Anerkennungs- oder des Gütesiegelmodells auch die Konzeption eines Zulassungsmodells erwogen wurde. All dies spiegelte sich in dem aus dem BMJ stammenden Referentenentwurf eines MediationsG dann allerdings nicht wider. In der Erwartung, dass die maßgeblichen Verbände, Berufsorganisationen und Kammern sich autonom auf ein privates Zertifi-

---

13 Gesamtverband der Deutschen Versicherungswirtschaft e.V., Stellungnahme zum Regierungsentwurf des MediationsG, 22.2.2011, S. 6.
14 Centrale für Mediation (CfM), Stellungnahme zum Referentenentwurf des MediationsG, Oktober 2010, S. 6.
15 Exemplarisch sei hier auf die Forderung des Deutschen Forums für Mediation nach einer Mindestausbildungsdauer von 200 Zeitstunden verwiesen, Deutsches Forum für Mediation („DFfM"), Stellungnahme zur Schaffung eines Gütesiegels für Mediatoren vom 22.11.2010, zuletzt abgerufen am 29.6.2013 unter http://www.deutscher-mediationsrat.de/downloads/Zertifizierung-Guetesiegel-Mediatoren-22-11-2010.pdf (inzwischen nicht mehr veröffentlicht). Siehe auch die Stellungnahme der Bundes-Arbeitsgemeinschaft für Familien-Mediation (BAFM) zum Referentenentwurf des MediationsG vom 1.10.2010, S. 3 und 4, abrufbar unter https://www.bafm-mediation.de/site/assets/files/1272/stellungnahme_2010_1 0_01_zum_referentenentwurf_des_gesetzes_zur_foerderung_der_mediation_und_an derer_verfahren_der_aussoerger.pdf (zuletzt abgerufen am 4.4.2024).
16 Leitlinien des BMJ zur Umsetzung der europäischen Mediations-Richtlinie ZKM 2008, 132 ff.; Graf-Schlicker ZKM 2009, 86.

zierungssystem einigen würden und es infolgedessen keiner weitergehenden gesetzlichen Regelung bedarf,[17] legte das BMJ seinerzeit den nachfolgend wiedergegebenen, deutlich am Marktmodell und an der damaligen berufsrechtlichen Regelung für Rechtsanwälte in § 7a BORA orientierten Entwurf des § 5 vor:

§ 5 Aus- und Fortbildung des Mediators
Der Mediator stellt in eigener Verantwortung durch eine angemessene Aus- und Fortbildung sicher, dass er die Mediation in sachkundiger Weise durchführen kann.

Erst aufgrund des Widerstandes des Bundesrates und des Rechtsausschusses des Bundestages folgte im weiteren Gesetzgebungsverfahren die Hinwendung zum **Gütesiegelmodell**, dem die heutigen §§ 5 und 6 entsprechen. Diese Vorschriften konstituieren ein Nebeneinander des nicht-zertifizierten und des zertifizierten Mediators mit der Maßgabe, dass für beide Gruppen von Mediatoren sämtliche gesetzlichen Privilegien (und Pflichten) des MediationsG gelten. Der Erwerb des Zertifikates wird – durch den Anreiz erhoffter Wettbewerbsvorteile – zwar gefördert, aber nicht gesetzlich gefordert.

II. Der nicht zertifizierte Mediator nach Abs. 1

§ 5 des MediationsG erhielt durch den Regierungsentwurf[18] zunächst folgende Fassung, die dem heutigen § 5 Abs. 1 entspricht:

„Der Mediator stellt in eigener Verantwortung durch eine geeignete Ausbildung und eine regelmäßige Fortbildung sicher, dass er über theoretische Kenntnisse sowie praktische Erfahrungen verfügt, um die Parteien in sachkundiger Weise durch die Mediation führen zu können."

Um dem Wunsch des Bundesrates nach einer weiteren Konkretisierung von § 5 zu entsprechen und zugleich die entsprechende Beschlussempfehlung des Rechtsausschusses des Bundestages[19] umzusetzen, wurde das Merkmal der „Geeignetheit der Ausbildung" durch die Einfügung des heutigen § 5 Abs. 1 S. 2, Nr. 1–5 dahin gehend konkretisiert, dass die Ausbildung insbesondere

- Kenntnisse über Grundlagen der Mediation sowie deren Ablauf und Rahmenbedingungen,
- Verhandlungs- und Kommunikationstechniken,
- Konfliktkompetenz,
- Kenntnisse über das Recht der Mediation sowie über die Rolle des Rechts in der Mediation sowie
- praktische Übungen, Rollenspiele und Supervision vermitteln soll.

1. Geeignete Ausbildung. Wenngleich sich § 5 Abs. 1 einer weiteren Konkretisierung der Ausbildungsanforderungen enthält – und insbesondere auch keinen Mindeststundenumfang einer „geeigneten" Ausbildung festschreibt – folgt sowohl aus dessen S. 1 („theoretische Kenntnisse und praktische Erfahrungen") als auch aus der Hervorhebung der in § 5 Abs. 1

---

17 Carl ZKM 2010, 177 (178 f.).
18 BT-Drs. 17/5337, 6.
19 BT-Drs. 17/8058, 18.

S. 2, Nr. 1–5 genannten Kriterien, dass eine Ausbildung dann nicht als „geeignet" angesehen werden kann, wenn sie nicht sowohl theoretische Kenntnisse als auch den über praktische Übungen und Rollenspiele hergestellten Praxisbezug vermittelt. Weder eine reine Fernausbildung ohne zu praktischen Übungen genutzte (Präsenz-)Module noch eine Ausbildung, die unter gänzlichem Verzicht auf die Vermittlung theoretischer, wissenschaftlicher und konzeptioneller Hintergründe *ausschließlich* nach dem Prinzip „learning by doing" (in Form von Rollenspielen und Übungen) arbeitet, kann daher eine nach § 5 Abs. 1 geeignete Ausbildung vermitteln.[20] Hinsichtlich der Art und Weise der Vermittlung der theoretischen Kenntnisse und praktischen Erfahrungen ist allerdings auch im Rahmen von § 5 zu berücksichtigen, dass die zum 1.3.2024 in Kraft getretene Novelle der ZMediatAusbV in der Neufassung von § 2 Abs. 4 S. 3 (→ § 2 ZMediatAusbV Rn. 3 ff.) von dem bisherigen Verständnis einer ausnahmslos in Präsenzzeitstunden durchgeführten Ausbildung abrückt und nunmehr vorsieht, dass bis zu 40 % der Präsenzzeitstunden in virtueller Form durchgeführt werden können. Zwar bezieht sich dies ausschließlich auf die Ausbildung zertifizierter Mediatoren; da diese aber strengeren Kriterien unterliegt als die Ausbildung des „einfachen Mediators", wird sich der dahinterstehende Rechtsgedanke, dass im Bewusstsein des technischen Wandels und Fortschritts insbesondere Wissenselemente der Ausbildung zunehmend online vermittelt werden können[21], auch im Rahmen der Ausbildung des einfachen Mediators nach § 5 Abs. 1 niederschlagen müssen. Ohne daraus eine starre Grenze des zulässigen Anteils online vermittelter Lehrinhalte ableiten zu können, lässt sich jedenfalls festhalten, dass die Anerkennung virtuell vermittelter Lehrinhalte im Wege eines Erst-Recht-Schlusses auch im Rahmen der Ausbildung nach § 5 Abs. 1 zulässig ist. Allerdings sollte auch bei virtuell abgehaltenen Unterrichtseinheiten die persönliche Interaktion zwischen Lehrkräften und Ausbildungsteilnehmern sowie zwischen den Ausbildungsteilnehmern im Mittelpunkt stehen und ggf. durch geeignete technische Maßnahmen kontrolliert werden (→ § 2 ZMediatAusbV Rn. 3 ff.), da ein bloß passives „Abspulen" von Unterrichtseinheiten ohne aktive Einbindung der Teilnehmer nicht dazu befähigen kann, eine Mediation in sachkundiger Weise durchzuführen.

19 Der **Kriterienkatalog der Sollinhalte einer geeigneten Ausbildung** nach § 5 Abs. 1 S. 2, Nr. 1–5 lehnt sich an die vom Rechtsausschuss des Deutschen Bundestages in seiner Beschlussempfehlung vom 1.12.2011[22] unter den Punkten I.–VII. und IX. genannten Inhalte an, also an die vom **Arbeitskreis „Zertifizierung für Mediatorinnen und Mediatoren"** empfohlenen Inhalte für eine Ausbildung zum zertifizierten Mediator. Ein vollständiger Rückgriff auf diese Empfehlungen scheidet zur Bestimmung der Sollinhalte einer nach § 5 Abs. 1 geeigneten Ausbildung jedoch aus, da dies den gesetzgeberisch intendierten qualitativen Wertungsunterschied zwischen „einfachem" und zertifiziertem Mediator ad absurdum führen würde. In Relation zu den Anforderungen, die ein nach § 5 Abs. 2 iVm § 6 zertifizierter Mediator

---

20 Greger/Unberath/Steffek/Greger B. § 5 Rn. 4 ff.
21 Thole ZKM 2023, 131 (132).
22 BT-Drs. 17/8058, 18 ff. zu § 6, vollständig abgedruckt unter Rn. 25 zu § 6.

zu erfüllen hat, ist daher im Rahmen von § 5 Abs. 1 hinsichtlich der Intensität der Behandlung der dort genannten Kriterien wie auch in Bezug auf die Ausbildungsdauer deutlich weniger zu fordern.[23] Obwohl ausdrücklich nur für den zertifizierten Mediator verlangt (→ ZMediatausbV § 2 Rn. 5) wird eine zeitgemäße und auf Qualität bedachte Ausbildung nach § 5 Abs. 1 – insoweit über die genannten Sollkriterien hinausgehend – andererseits ebenfalls die gestiegene Bedeutung zu berücksichtigen haben, die der Vermittlung hinreichender Digitalkompetenzen und spezifischer Fähigkeiten und Kenntnisse für online oder hybrid durchgeführte Mediationen beizumessen ist (zu Besonderheiten der Online Dispute Resolution (ODR) → O. Rn. 1 ff.).

Aus welchen Gründen lediglich die unter Punkt VIII. der Beschlussempfehlung des Rechtsausschusses aufgeführten Kriterien „Persönliche Kompetenz, Haltung und Rollenverständnis" keine explizite Erwähnung im – allerdings auch nicht abschließenden – Katalog der Sollinhalte einer nach § 5 Abs. 1 geeigneten Ausbildung gefunden haben, bleibt im Dunkeln. Eine solide Mediationsausbildung sollte – auch unterhalb der Schwelle zum zertifizierten Mediator – grundsätzlich auf den drei Säulen **„Wissen, Methodik und Haltung"** basieren, wobei eine von Empathie und Verfahrenskompetenz geprägte mediative Grundhaltung ebenso zum Rüstzeug des „guten Mediators" gehört wie seine persönlich-sozialen Kompetenzen und die Fähigkeit zur kritischen und professionellen Selbstreflexion.[24]

Hinsichtlich der von § 5 Abs. 1 geforderten **praktischen Erfahrungen** dürfen schon deshalb keine überzogenen Anforderungen gestellt werden, weil Berufsanfänger sonst einem kaum aufzulösenden legislativen Zirkelschluss ausgesetzt wären. Erforderlich – im Rahmen von § 5 Abs. 1 aber auch ausreichend – ist es daher, wenn die Ausbildung selbst die „Praxiserfahrung" vermittelt, nämlich in Gestalt der durch § 5 Abs. 1 S. 2, Nr. 5 zu Recht als ausbildungsessentiell in Bezug genommenen praktischen Übungen und Rollenspiele.[25]

Die **Supervision** im Kontext der *Ausbildung* als Kriterium zu benennen, scheint gesetzgebungstechnisch missglückt.[26] Klassischerweise wird unter Supervision im Mediationskontext die fachkundige, berufsbegleitende Unterstützung eines praktizierenden Mediators durch einen – zumeist eigens hierfür qualifizierten – Supervisor verstanden, um zB hinsichtlich konkreter Fallerfahrungen, zur Selbstreflexion über die eigene Rolle und Haltung oder zur Weiterentwicklung des methodischen Vorgehens eine professionelle Aufarbeitung vorzunehmen. Das Kriterium der „Supervision" dürfte im Kontext der Ausbildung des einfachen, nicht zertifizierten Mediators – anders als im Rahmen der Fortbildung und einer Zertifizierung – daher eher untechnisch dahin gehend zu verstehen sein, dass die im Rahmen der Ausbildung praktizierten Übungen und Rollenspiele einer fachkundigen

---

23 Fritz/Pielsticker/Fritz § 5 Rn. 26.
24 Gleichermaßen grundlegend wie instruktiv befasst sich Reutter in seiner Arbeit zur Achtsamkeit des Mediators mit Aspekten der Persönlichkeit und der inneren Haltung des Mediators, vgl. Reutter 2017 sowie Reutter ZKM 2017, 102 ff.
25 So auch Greger/Unberath/Steffek/Greger B. § 5 Rn. 6.
26 Greger/Unberath/Steffek/Greger B. § 5 Rn. 8.

Aufsicht und Anleitung bedürfen und zur Gewährleistung gewünschter Lernerfolge von einem umfassenden, professionellen Feedback begleitet werden. In dieser Konnotation, nämlich im Verständnis als Ausbildungssupervision,[27] trägt das Merkmal der „Supervision" durchaus zur Schärfung der Bestimmung einer „geeigneten Ausbildung" bei, nämlich im Sinne einer Klarstellung, welche Elemente erforderlich sind, um den Erfordernissen der Vermittlung „praktischer Erfahrungen" gerecht zu werden. Spiegelbildlich dazu lässt sich als Ausschlusskriterium definieren, dass praktische Übungen und Rollenspiele ohne die zuvor genannte fachkundige Anleitung und Aufsicht nicht den Kriterien des § 5 Abs. 1 S. 2 genügen.

23 Verbindliche Vorgaben zum **Mindeststundenumfang** statuiert § 5 Abs. 1 ebenso wenig wie eine anteilige **Gewichtung der Soll-Ausbildungsinhalte** nach § 5 Abs. 1 S. 2. Zur Konkretisierung wird daher ein Rückgriff auf bereits vor Inkrafttreten des MediationsG vorliegende Erfahrungswerte insoweit zulässig sein, als dass jedenfalls solche Ausbildungskonzeptionen, Inhalte und Umfänge als „geeignet" und ausreichend angesehen werden können, die qualitativ und quantitativ schon seinerzeit anerkannten und bewährten Ausbildungen entsprechen. Ein starkes Indiz für eine solche Adäquanz bietet zumindest bei kammergebundenen Berufen die Anerkennung bestimmter Ausbildungsgänge durch die jeweilige berufsständische Vertretung. Am Beispiel der Rechtsanwaltschaft bedeutet dies, dass Anwälte, die eine vor Inkrafttreten des MediationsG von ihrer Rechtsanwaltskammer anerkannte Mediationsausbildung (mit zumeist 90 Zeitstunden Ausbildungsdauer) absolviert haben ebenso die Anforderungen an eine geeignete Ausbildung im Sinne von § 5 Abs. 1 erfüllen wie Anwälte, die eine solche Ausbildung nach Inkrafttreten des MediationsG absolvieren.[28]

24 Der Umkehrschluss dahin gehend, dass Ausbildungen mit weniger als 90 Zeitstunden Ausbildungsdauer per se nicht im Sinne von § 5 Abs. 1 geeignet sind, ist allerdings nicht zulässig. Allerdings gilt es, **offenkundig unzureichenden Ausbildungen** die Anerkennung im Sinne einer Eignung im Sinne von § 5 Abs. 1 zu versagen. Dies ist immer dann der Fall, wenn das in § 5 Abs. 1 S. 1 definierte **Ziel der Ausbildung** – nämlich die Parteien in sachkundiger Weise durch die Mediation führen zu können – ersichtlich nicht erreicht werden kann. Nicht geeignet sind damit Ausbildungen, die bei verständiger Würdigung quantitativ (zB reine, einmalige Wochenendkurse) oder qualitativ den gesetzlichen Anforderungen nicht entsprechen können. Unter qualitativen Aspekten wäre eine Ausbildung

---

27 Zur Begrifflichkeit der Aus- und Fortbildungssupervision → ZMediatAusbV § 2 Rn. 21 ff. mwN; speziell zur Einzelsupervision für zertifizierte Mediatoren siehe auch Fritz/Krabbe ZKM 2017, 89 ff.
28 § 7a BORA wurde mit Wirkung zum 1.6.2023 wie folgt neu gefasst: „Rechtsanwältinnen und Rechtsanwälte, die sich als Mediatorin oder Mediator bezeichnen, haben die Voraussetzungen nach § 5 Abs. 1 Mediationsgesetz im Hinblick auf Aus- und Fortbildung, theoretische Kenntnisse und praktische Erfahrungen zu erfüllen." Dabei wird davon auszugehen sein, dass die bis zum Inkrafttreten des MediationsG verbreitete, 90-stündige Mediationsausbildung sowohl bei Alt- als auch bei Neufällen die Anforderungen des neu gefassten § 7a BORA erfüllt. Allerdings sind viele Ausbildungsträger inzwischen dazu übergegangen, ihre Ausbildungsangebote inhaltlich wie auch vom Stundenumfang her direkt auf die weitergehenden Erfordernisse der ZMediatAusbV anzupassen.

insbesondere ungeeignet, wenn sie ausschließlich theoretische Kenntnisse ohne Vermittlung praktischer Erfahrungen vermittelt, wenn sie umgekehrt ausschließlich praktische Erfahrungen in Form von Übungen und Rollenspielen ohne Berücksichtigung theoretischer Hintergründe vermittelt oder zwar beides abdeckt, dies aber in ersichtlich unangemessenem Verhältnis und in dem vorrangigen Bestreben, lediglich den Anschein der Erfüllung rein formaler Anforderungen zu erwecken (Bsp.: 90-stündige Ausbildung, in deren Rahmen für die „Abarbeitung" der in § 5 Abs. 1 S. 2 Nr. 1–4 genannten Kriterien jeweils nur 1–2 Stunden vorgesehen sind).

Soweit die Kriterien einer geeigneten Ausbildung erfüllt sind, obliegt die *Wahl* der Ausbildung grundsätzlich der Eigenverantwortung des Mediators. Mit dem **Prinzip der Eigenverantwortung** wird zugleich der europarechtlich zentrale Gedanke einer auf Freiwilligkeit, Eigenverantwortlichkeit und an Verhaltenskodizes ausgerichteten Qualitätssicherung erbrachter Dienstleistungen[29] umgesetzt. Gesetzliche Vorgaben, welche die Sicherstellung der Sachkunde und Kompetenz zur sachgemäßen Durchführung der Mediation sowie die Geeignetheit der Ausbildung dem Verantwortungsbereich des Mediators zuweisen, finden damit auch eine Stütze in den europarechtlichen Regelungen der Mediationsrichtlinie, der Dienstleistungsrichtlinie wie auch im Europäischen Verhaltenskodex für Mediatoren.[30]

Die Eigenverantwortung des Mediators bezieht sich auf der Grundlage des MediationsG dabei allerdings ausschließlich auf das *„Wie"* der Ausbildung und nicht auf das *„Ob"*. Dies folgt aus § 5 Abs. 1 S. 1, wonach der Mediator eine geeignete Ausbildung sicherzustellen *hat*. Im Falle der Ausübung der Mediatorentätigkeit ohne jegliche oder auch ohne hinreichende Ausbildung sind nicht nur haftungsrechtliche Konsequenzen, sondern auch wettbewerbsrechtliche Folgen denkbar,[31] beispielsweise also der von einem Medianden erhobene Vorwurf der Schlechterfüllung des Mediationsvertrages[32] oder die von einem Konkurrenten ausgehende Anschuldigung des unlauteren Wettbewerbs.

Ein Tätigkeitsverbot droht dem Mediator, der die gesetzten Ausbildungsanforderungen missachtet, dagegen nicht, da § 5 Abs. 1 nicht als Verbotsnorm konzipiert ist. Infolgedessen ist „Mediator" auch auf Basis des MediationsG **keine geschützte Berufsbezeichnung**. Soweit keine spezifischen berufsrechtlichen Restriktionen existieren – wie insbesondere für Rechtsanwälte[33] – kann mit Blick auf den „einfachen" Mediator nach § 5 Abs. 1

---

29 So auch das Dokument der Kommission „Dienstleistungsqualität – Die Rolle Europäischer Verhaltenskodizes", 2007, dort insbes. S. 6, nicht mehr veröffentlicht.
30 Hierzu ausführlich Klowait ZKM 2011, 149 (153 ff.) sowie Klowait ZKM 2017, 94 ff., jeweils mwN.
31 Siehe hierzu auch Greger ZKM 2012, 36.
32 Es bleibt abzuwarten, ob die Rechtsprechung es in diesem Fall als anzurechnendes Mitverschulden des geschädigten Medianten ansehen wird, wenn dieser sein Informationsrecht aus § 3 Abs. 5 (Informationsrecht über den fachlichen Hintergrund, die Ausbildung und Mediationserfahrung des Mediators) nicht wahrgenommen hat.
33 So für Rechtsanwälte durch § 7a BORA aF statuiert: „Als Mediator darf sich bezeichnen, wer durch geeignete Ausbildung nachweisen kann, dass er die Grundsätze des Mediationsverfahrens beherrscht." § 7a BORA wurde mit Wirkung zum 1.6.2023 an § 5 Abs. 1 angepasst und wie folgt neu gefasst: „Rechtsanwältinnen

festgehalten werden, dass sich auch nach Inkrafttreten des MediationsG grundsätzlich jeder als Mediator bezeichnen darf.[34] Dass dies – ohne eine geeignete Ausbildung absolviert zu haben – weder sinnvoll noch verantwortlich ist, versteht sich von selbst, ändert aber nichts am Befund des fehlenden gesetzlichen Schutzes der Berufsbezeichnung Mediator.

28 Da auch der nicht zertifizierte Mediator nach Maßgabe von § 3 Abs. 5 verpflichtet ist, die Parteien auf deren Verlangen über seinen fachlichen Hintergrund, seine Ausbildung und seine Erfahrungen auf dem Gebiet der Mediation zu informieren (→ MediationsG § 3 Rn. 41 ff.), sieht das MediationsG durchaus ein „Korrektiv" vor, mittels dessen der hier vorherrschende liberale Ansatz, die Qualitätssicherung zunächst der Eigenverantwortlichkeit des Mediators und letztlich dem Markt zu überlassen, mit der notwendigen Transparenz für den Verbraucher in Einklang gebracht wird.

29 Die gesetzgeberische Zurückhaltung gegenüber restriktiveren Ausbildungsvorgaben für den „einfachen Mediator" nach § 5 Abs. 1 ist zu begrüßen. Sie erhält die notwendige Flexibilität, Aus- und Fortbildungserfordernisse individuell dem jeweiligen Bedarf entsprechend zu gestalten, stellt dabei aber zugleich sicher, dass eine Ausbildung zu absolvieren ist, die den Mediator dazu befähigt, die Parteien in sachkundiger Weise durch die Mediation zu führen.

30 Dabei zeigt auch die Unternehmenspraxis, dass es keiner darüber hinausgehenden gesetzlichen Vorgaben bedarf, um qualitativ hochwertige Konfliktmanagementverfahren zu organisieren und durchzuführen. Unternehmen, die zur Lösung unternehmens- oder konzerninterner Konflikte einen sog. internen Mediatorenpool eingerichtet haben, arbeiten mit – zumeist hausintern – eigens hierfür ausgebildeten Mediatoren.[35] Wie die Aus- und Fortbildung solcher „Inhouse-Mediatoren" konkret ausgestaltet sein muss, um den spezifischen Anforderungen im jeweiligen Unternehmenskontext gerecht zu werden, weiß niemand besser als die Unternehmen selbst. Zur Qualitätssicherung der innerbetrieblichen Mediation – deren Sicherstellung im unmittelbaren Eigeninteresse der Unternehmen liegt – gehört es deshalb nicht nur, für eine solide Mediations-„Grundausbildung" Sorge zu tragen; darüber hinaus ist sicherzustellen, dass die spezifischen Anforderungen der Wirtschaftsmediation im Allgemeinen wie auch der innerbetrieblichen Mediation im Besonderen abgedeckt werden, dass durchgeführte Mediationen sorgfältig evaluiert und mit Blick auf die Nachhaltigkeit erzielter Konfliktlösungen hinterfragt werden. Im Sinne eines „lernenden Unternehmens"

---

und Rechtsanwälte, die sich als Mediatorin oder Mediator bezeichnen, haben die Voraussetzungen nach § 5 Abs. 1 Mediationsgesetz im Hinblick auf Aus- und Fortbildung, theoretische Kenntnisse und praktische Erfahrungen zu erfüllen."

34 Eine zeitliche Einschränkung gilt insoweit allerdings für „gerichtliche Mediatoren", die sich – als Folge der gesetzlichen Überführung der gerichtsinternen Mediation in das Güterichterkonzept – nach Maßgabe der in § 9 normierten Übergangsbestimmung lediglich noch bis zum 1.8.2013 als solche bezeichnen durften.

35 Vgl. Klowait ZKM 2008, 171 ff.; Klowait Die Wirtschaftsmediation 2012, 38 ff. (jeweils E.ON betreffend); ferner Briem ZKM 2011, 146 ff. (SAP betreffend); Gantz-Rathmann Konfliktdynamik 2012, 160 ff. sowie Händel ZKM 2017, 64 ff. (jeweils die Deutsche Bahn betreffend); Thiesen Konfliktdynamik 2012, 16 ff. (die Deutsche Bank betreffend).

fließen die aus der Mediationspraxis abgeleiteten Erkenntnisse sodann idealerweise in die Fortentwicklung bestehender Konfliktmanagementsysteme ein[36] (zur innerbetrieblichen Mediation → D. Rn. 1 ff.). Die innerbetriebliche Mediation steht dabei letztendlich nur als Beispiel für Mediations- und Konfliktlösungsbereiche, die durch eine zu starre Reglementierung von Ausbildungsvorgaben nicht gefördert, sondern eher gehemmt würden.[37]

2. Fortbildung. Neben einer geeigneten Ausbildung verpflichtet § 5 Abs. 1 S. 1 den Mediator dazu, sich regelmäßig fortzubilden. Eine Konkretisierung der **Fortbildung** und ihrer **Regelmäßigkeit** nimmt § 5 Abs. 1 indessen nicht vor. 31

Auch die Ausfüllung der Pflicht zur regelmäßigen Fortbildung ist damit der **Eigenverantwortlichkeit des Mediators** zugewiesen; sie steht allerdings nicht in dessen freiem Ermessen. Das Ziel der Fortbildung – wie auch der Ausbildung – ist in § 5 Abs. 1 S. 1 dahin gehend beschrieben, dass der Mediator über theoretische Kenntnisse und praktische Erfahrungen verfügen muss, um die Parteien in sachkundiger Weise durch die Mediation führen zu können. Bezugspunkt der Fortbildungsverpflichtung ist damit ebenfalls der in § 5 Abs. 1 S. 2 Nr. 1–5 beschriebene Katalog der Ausbildungssollinhalte.[38] 32

Wie im Rahmen der Ausbildung lässt sich der Spielraum der Eigenverantwortlichkeit auch für die Fortbildungsverpflichtung nach zwei Seiten hin abgrenzen. Einerseits wird zur Vermeidung von Wertungswidersprüchen zu § 5 Abs. 3 iVm § 6 grundsätzlich weniger an Intensität und Tiefe zu fordern sein, als es die Aus- und Fortbildungsverordnung dem zertifizierten Mediator abverlangt. Der in § 3 Abs. 1 der ZMediatAusbV für den zertifizierten Mediator geforderte Fortbildungsumfang von mindestens 40 Zeitstunden innerhalb von vier Jahren kann daher nicht ohne Abstriche auf den „einfachen" Mediator nach § 5 Abs. 1 übertragen werden. Auf der anderen Seite verletzt der Mediator seine Fortbildungspflicht, wenn er sich entweder gar nicht fortbildet oder wenn seine Fortbildung bei verständiger Würdigung quantitativ oder qualitativ hinter dem zurückbleibt, was erforderlich ist, um die Parteien in sachkundiger Weise durch die Mediation führen zu können. 33

---

36 Angesichts der hohen Erfolgsquoten derartiger Modelle der innerbetrieblichen Mediation ist es zu begrüßen, dass der Gesetzgeber davon Abstand genommen, Einschränkungen der innerbetrieblichen Mediatorentätigkeit vorzusehen, wie sie der Entwurf des – nie in Kraft getretenen – Niedersächsischen Mediations- und Gütestellengesetzes (Nds. MedG) in § 6 Abs. 2 Nr. 6 jedenfalls tendenziell vorsah, siehe Nds. Landtag, Drs. 15/3708 v. 17.4.2007.
37 Im Bereich der privaten Schiedsgerichtsbarkeit fehlen derartige Vorgaben sogar gänzlich, obwohl ihr wirtschaftlich immer noch eine ungleich größere Bedeutung beizumessen ist als der (Wirtschafts-)Mediation.
38 Dieser Katalog ist allerdings nicht als starre oder gar abschließende Vorgabe zu verstehen. Er konkretisiert lediglich beispielhaft vorausgesetzte Mindestinhalte, zu denen im Wandel der Zeit durchaus neue und damit auch im Rahmen der Fortbildung relevante Erfordernisse hinzutreten können wie z.B. der Erwerb oder die Vertiefung von Digitalkompetenzen für online oder hybrid durchgeführte Mediatonen (→ Rn. 19).

34 Die fehlende Bestimmtheit der Vorgaben zur Fortbildung mag in der Praxis zu Schwierigkeiten der Beurteilung im Einzelfall führen; gesetzgebungstechnisch ist sie jedoch insoweit nachvollziehbar und plausibel, als es zur Bestimmung einer ausreichenden Fortbildung auf interindividuell unterschiedliche Gegebenheiten und Umstände ankommt, die sich einer starren Fixierung in der Tat entziehen. So wird es für den erfahrenen Mediator, der jährlich mehrere Dutzend Praxisfälle erfolgreich als Mediator leitet, durchaus ausreichend sein, ausgewählte Fälle einer Supervision oder Intervision, also einer Beratung und Diskussion im kollegialen Fachkreis, zu unterziehen und sich über die Fortentwicklung theoretischer Befunde durch regelmäßige Lektüre von Fachliteratur a jour zu halten. Auf der anderen Seite bedarf der Mediator, der nach seiner Ausbildung – aus welchen Gründen auch immer – mehrere Jahre lang überhaupt nicht praktiziert hat, einer Auffrischung seiner theoretischen und praktischen Kenntnisse, die auch deutlich über den Umfang der für den zertifizierten Mediator maßgeblichen Vorgaben hinausgehen kann. Maßstab ist hier wie dort die anspruchs- und verantwortungsvolle Aufgabe, Parteien in sachkundiger Weise durch die Mediation führen zu können. Vor diesem Hintergrund ist es bedenklich, dass der Verordnungsgeber zertifizierten Mediatoren diese Flexibilität nicht ermöglicht und stattdessen eine starre Mindestfortbildungsdauer von 40 Stunden innerhalb von vier Jahren vorsieht (→ MediationsG § 6 Rn. 31 ff.).

35 Auch im Rahmen der Fortbildungsverpflichtung droht dem Mediator, der seine Verpflichtung verletzt, zwar kein Tätigkeitsverbot; die in → Rn. 26 für einen trotz unzureichender Ausbildung praktizierenden Mediator geschilderten Konsequenzen haftungs- oder wettbewerbsrechtlicher Art gelten allerdings auch bei Verstößen gegen die regelmäßige Fortbildungspflicht.

III. Der zertifizierte Mediator nach Abs. 2 iVm § 6

36 Anders als beim „einfachen Mediator" nach § 5 Abs. 1 genießt die Bezeichnung „zertifizierter Mediator" – genauer wohl: „nach § 5 Abs. 2 iVm § 6 zertifizierter Mediator" – sehr wohl **gesetzlichen Schutz**.

37 **1. Das Recht zur Bezeichnung als zertifizierter Mediator.** Solange die Rechtsverordnung nach § 6 noch nicht in Kraft getreten war,[39] entfaltete § 5 Abs. 2 eine Sperrwirkung für die Verwendung der Bezeichnung „zertifizierter Mediator".[40] Als solcher darf sich ausschließlich derjenige bezeichnen, der eine Ausbildung abgeschlossen hat, die den Anforderungen der Rechtsverordnung nach § 6 entspricht. Neben denkbaren zivil- und haftungsrechtlichen Folgen[41] setzte sich der Mediator, der sich unbefugt

---

39 Ausweislich ihres § 8 in der bis zum 30.7.2020 geltenden Fassung trat die ZMediatAusbV am 1.9.2017 in Kraft. Durch die Erste Verordnung zur Änderung der Zertifizierte-Mediatoren-Ausbildungsverordnung vom 30.7.2020 wurde die bis dato geltende Fassung des § 8 rückwirkend zum 1.3.2020 durch die jetzige Fassung von § 8 ZMediatAusbV (Hemmung von Fristen) ersetzt, BGBl. 2020 I 37 v. 13.8.2020.
40 Fritz/Pielsticker/Fritz § 5 Rn. 34; Greger/Unberath/Steffek/Greger B. § 5 Rn. 20.
41 So wird vertreten, dass ein Vortäuschen der Zertifizierung sowohl die Anfechtbarkeit des Mediatorvertrages gem. §§ 123, 119 Abs. 2 BGB als auch Haftungsan-

als „zertifizierter Mediator" bezeichnet hat, wegen irreführender Werbung in erster Linie wettbewerbsrechtlichen Unterlassungsansprüchen nach § 5 UWG aus.[42]

Dies gilt im Übrigen nicht nur für Mediatoren, sondern auch für **Verbände, Institute und weitere Ausbildungsträger**, die eine von Ihnen angebotene Mediationsausbildung vor Inkrafttreten der ZMediatAusbV damit beworben haben, dass diese den Abschluss des „zertifizierten Mediators" vermittelt oder die Voraussetzungen einer Zertifizierung nach dem MediationsG erfüllt. Dies gilt selbst dann, wenn die konkreten Ausbildungscurricula solcher Institute eine umfangreichere oder intensivere Ausbildung vermitteln, als es die ZMediatAusbV vorsieht. Angesichts des eindeutigen Wortlautes von § 5 Abs. 2 ist hier eine rein formale Betrachtungsweise angezeigt, die bis zum Inkrafttreten der Ausbildungsverordnung, also bis zum 1.9.2017, ausnahmslos die Bezeichnung „zertifizierter Mediator" gesperrt hat. Selbst universitären Mediationsausbildungen war es damit – wie anderen Ausbildungsträgern auch – verwehrt, ihre Ausbildungsgänge vor diesem Zeitpunkt damit zu bewerben, dass diese die Qualifikation zum „zertifizierten Mediator" erfüllen.[43]

Angesichts der auch vor Inkrafttreten des MediationsG bereits gängigen Praxis vieler Ausbildungsträger, ihren Ausbildungsabsolventen – gelegentlich auch als Zertifikate bezeichnete – Bescheinigungen zum Nachweis der Mediationsausbildung auszuhändigen und den Teilnehmern das Recht zu verleihen, mit einem bestimmten Zusatz speziell diesen Ausbildungsabschluss werbend für sich einsetzen zu dürfen, ist wettbewerbsrechtlich danach zu unterscheiden, ob sich aus dem jeweiligen „Marktauftritt" des Mediators die Gefahr einer irreführenden Werbung konkret ableitet oder nicht.

Unproblematisch **zulässig** sind dabei Bezeichnungen wie zB Mediator BAFM,[44] Mediator (DAA)[45] oder Wirtschaftsmediator (CfM),[46] da hier durch den jeweiligen Zusatz lediglich auf die Institution verwiesen wird, in deren Trägerschaft die Mediationsausbildung erfolgte. Ebenso dürfen von Hochschulen und Universitäten für den Abschluss eines dortigen Mediationsstudiums verliehene Diplome und Titel wie beispielsweise der Zusatz M.A. (Master of Arts) oder M.M. (Master of Mediation) geführt werden. Der Vorbehalt des Verbotes irreführender Werbung gilt allerdings auch hier, so dass die Führung einer Abschlussbezeichnung „zertifizierter Mediator" Ausbildungsabsolventen auch dann einstweilen – nämlich bis zum Inkrafttreten der Verordnung nach § 6 am 1.9.2017 – verwehrt blieb,

---

sprüche wegen Verschuldens bei Vertragsschluss nach sich ziehen könnte, so in Greger/Unberath/Steffek/Greger B. § 5 Rn. 22. Letzteres dürfte indessen nur eingeschränkt der Fall sein, wenn der (nicht zertifizierte) Mediator die Mediation im Übrigen pflicht- und ordnungsgemäß durchführt.
42 Greger/Unberath/Steffek/Greger B. § 5 Rn. 23.
43 Ausnahmen sind dann denkbar, wenn die Ausbildung allen Kriterien der ZMediatAusbV entspricht und der Ausbildungsabschluss nach dem 1.9.2017 erfolgt.
44 Bundes-Arbeitsgemeinschaft für Familien-Mediation e.V.
45 Deutsche Anwaltakademie.
46 Centrale für Mediation.

wenn sie auf einen von der Universität oder Hochschule verliehenen Titel zurückging.[47]

41 Eindeutig **unzulässig** war es demgegenüber, vor Inkrafttreten der ZMediat-AusbV die pauschalen Bezeichnungen „zertifizierter Mediator", „nach MediationsG zertifizierter Mediator" oder „zertifiziert nach § 5 Abs. 2 MediationsG" etc zu führen. Ebenso dürfte eine irreführende Werbung dann vorliegen, wenn die vorgenannten Bezeichnungen vor Inkrafttreten der Rechtsverordnung nach § 6 zwar nicht generell geführt wurden, aber zB auf Visitenkarten, Flyern, Prospekten oder im Rahmen eines Internetauftrittes Zusätze wie „Zertifizierte Ausbildung entsprechend § 5 Abs. 2 MediationsG" werbend eingesetzt worden sind.

42 **Zweifelhaft** kann demgegenüber die Einordnung bestimmter Mischformen sein, also beispielsweise die Bezeichnung „Zertifizierter Mediator (DAA)" oder auch „Mediator (Zertifizierung CfM)[48]". Abgesehen davon, dass derartige „freie Wortschöpfungen" zumeist nicht den expliziten Vorgaben des jeweiligen Ausbildungsträgers entsprechen werden, wird im Übrigen danach zu differenzieren sein, welcher Eindruck sich aus der Verwendung einer derartigen Bezeichnung für den durchschnittlichen Mediationsnachfrager ergibt. Es kommt also nicht darauf an, ob der mit der Mediationsszene vertraute Mediator erkennt, dass trotz der Verwendung des Begriffes „zertifiziert" keine Zertifizierung im Sinne von § 5 Abs. 2 angesprochen ist (was in beiden genannten Beispielsfällen wohl zu bejahen wäre); entscheidend ist vielmehr, ob aus **Verbrauchersicht** die Gefahr einer Irreführung besteht. Dies zugrunde legend beggnen Bezeichnungen, die – wie die beiden eingangs genannten Beispiele – sowohl den Zusatz „zertifiziert" als auch den in Klammern hinzugefügten Ausbildungsträger beinhalten, wettbewerbsrechtlich durchaus Bedenken.

43 **2. Rechtsverordnung nach § 6.** Zu den Eckpunkten der ZMediatAusbV gehört neben der Mindeststundenzahl der Ausbildung von 130 Stunden und dem seit dem 1.3.2024 neu hinzugetretenen Erfordernis, spätestens drei Jahre nach Beendigung des Ausbildungslehrganges fünf supervidierte Mediationen als Mediator oder Co-Mediator durchgeführt zu haben (§ 2 Abs. 2 iVm Abs. 5 ZMediatAusbV) nach der Anlage zur ZMediatAusbV auch der nachfolgend zusammenfassend dargestellte Katalog von Ausbildungsinhalten und ihrer jeweiligen Gewichtung (im Volltext abgedruckt unter → ZMediatAusbV § 2 Rn. 8):

- Einführung und Grundlagen der Mediation (18 Stunden)
- Ablauf und Rahmenbedingungen der Mediation (40 Stunden)
- Verhandlungstechniken und -kompetenz (12 Stunden)
- Gesprächsführung, Kommunikationstechniken (18 Stunden)
- Konfliktkompetenz (12 Stunden)

---

47 AA Fritz/Pielsticker/Fritz § 5 Rn. 34, der die Verwendung universitärer Diplome und Titel offenbar immer für zulässig hält. Dem ist nur insoweit zuzustimmen, als es um die Verleihung aufgrund eines Mediationsstudiums verliehener Titel (z.B. Master of Arts/M.A.) geht, die nicht in Verbindung mit dem Zertifizierungszusatz geführt wurden.
48 Diese Variante hielte Fritz für zulässig, siehe Fritz/Pielsticker/Fritz § 5 Rn. 35 iVm Fn. 45.

- Recht der Mediation (6 Stunden)
- Recht in der Mediation (12 Stunden)
- Persönliche Kompetenz, Haltung und Rollenverständnis (12 Stunden).

Damit wurden die bereits in der Gesetzesbegründung der ZMediatAusbV genannten Inhalte des Ausbildungslehrganges weitgehend unverändert fortgeschrieben[49], in der seit dem 1.3.2024 geltenden Fassung allerdings ergänzt um die zwingend mit abzudeckenden Kompetenzen im Bereich der Online-Mediation und der Digitalkompetenz (Ziffer 2 b) dd) der Anlage zur ZMediatAusbV).

Wenngleich der vorstehende Katalog auf den vom BMJ initiierten Arbeitskreis „Zertifizierung für Mediatorinnen und Mediatoren" zurückgeht (→ MediationsG § 6 Rn. 24 f.), wäre das BMJV hieran in der weiteren Umsetzung nicht gebunden gewesen. Gegen eine (unveränderte) Umsetzung wurde ins Feld geführt, dass die dortigen Vorgaben zu detailliert seien und den Ausbildungsinstituten nicht genügend Spielraum ließen, wenn insbesondere die einzelnen Abschnitte hinsichtlich der Stundenzahl und prozentualen Gewichtung verbindlich vorgegeben würden.[50] In der Tat ist es in Ansehung der gerade für den Mediationsbereich charakteristischen Vielfalt der Herkunftsberufe der Mediatoren wenig überzeugend, unisono und ohne jegliche Differenzierung nach individuellem Bedarf und berufsspezifischem Vorkenntnisstand exakt die gleichen Stundenzahlen und prozentualen Gewichtungen für alle vorgesehenen Ausbildungsinhalte starr vorzugeben. So werden zB Angehörige psychosozialer Herkunftsberufe aufgrund ihres Vorkenntnisstandes einen geringeren Ausbildungsbedarf in psychologisch besetzten Themenfeldern und stattdessen größeren Bedarf in der Vermittlung rechtlicher Aspekte haben, während sich dies bei Mediatoren mit juristischen Herkunftsberufen umgekehrt darstellt. Der Vorschlag, eine solche starre Fixierung entweder ganz aufzugeben oder durch eine flexible Generalklausel zu ersetzen, nach welcher die einzelnen Abschnitte der Ausbildung „angemessen zueinander zu gewichten sind",[51] hätte daher in der Tat Unterstützung verdient.

3. Fortbildungsverpflichtung des zertifizierten Mediators (Abs. 3). Die Pflicht zur Fortbildung trifft sowohl den einfachen Mediator nach § 5 Abs. 1 als auch den zertifizierten Mediator gem. § 5 Abs. 3. Anders als im Rahmen von § 5 Abs. 1 wird die Fortbildung des zertifizierten Mediators jedoch nicht dem Bereich seiner Eigenverantwortlichkeit zugewiesen, sondern durch die Anforderungen der nach § 6 erlassenen ZMediatAusbV bestimmt (→ ZMediatAusbV § 3 Rn. 1 ff.).

Da die Pflicht zur Fortbildung unter dem Gesichtspunkt des mit der Zertifizierung angestrebten Gütesiegels unter Qualitätsaspekten einerseits eine

---

49 Zur Gesetzesbegründung vgl. BT-Drs. 17/8058, 18 ff.; zum Referentenentwurf der Aus- und Fortbildungsverordnung für zertifizierte Mediatoren vgl. Klowait § 6 Rn. 60 ff. in der Erstauflage dieses Handkommentars.
50 Eidenmüller ZKM 2013, 71 sowie § 6 – Rechtsverordnung zu näheren Bestimmungen über die Aus- und Fortbildung zum Zertifizierten Mediator, Offener Brief des Centrums für Verhandlungen und Mediation (CVM), München, vom 10.5.2013 an das BMJ, inzwischen nicht mehr veröffentlicht.
51 Offener Brief des Centrums für Verhandlungen und Mediation (CVM), München, vom 10.5.2013 an das BMJ, S. 3, inzwischen nicht mehr veröffentlicht.

gesteigerte Bedeutung hat, § 5 Abs. 2 aber lediglich die Aus- und nicht die Fortbildung des Mediators zu den Voraussetzungen erhebt, von denen die Befugnis, die Bezeichnung zertifizierter Mediator zu führen, abhängig gemacht wird, stellte sich nach alter Rechtslage die Frage, welche Konsequenzen ein zertifizierter Mediator zu befürchten hatte, der seiner Fortbildungspflicht nach § 5 Abs. 3 iVm § 6 nicht nachgekommen ist.[52] § 3 Abs. 1 S. 3 ZMediatAusbV stellt in seiner seit dem 1.3.2024 geltenden Fassung nunmehr klar, dass der Mediator, der seine Fortbildungsverpflichtungen nicht erfüllt, seine Berechtigung zur Führung der Bezeichnung „zertifizierter Mediator" verliert (→ ZMediatAusbV § 3 Rn. 1).

§ 6 MediationsG Verordnungsermächtigung

¹Das Bundesministerium der Justiz und für Verbraucherschutz[1] wird ermächtigt, durch Rechtsverordnung ohne Zustimmung des Bundesrates nähere Bestimmungen über die Ausbildung zum zertifizierten Mediator und über die Fortbildung des zertifizierten Mediators sowie Anforderungen an Aus- und Fortbildungseinrichtungen zu erlassen. ²In der Rechtsverordnung nach Satz 1 können insbesondere festgelegt werden:
1. nähere Bestimmungen über die Inhalte der Ausbildung, wobei eine Ausbildung zum zertifizierten Mediator die in § 5 Abs. 1 Satz 2 aufgeführten Ausbildungsinhalte zu vermitteln hat, und über die erforderliche Praxiserfahrung;
2. nähere Bestimmungen über die Inhalte der Fortbildung;
3. Mindeststundenzahlen für die Aus- und Fortbildung;
4. zeitliche Abstände, in denen eine Fortbildung zu erfolgen hat;
5. Anforderungen an die in den Aus- und Fortbildungseinrichtungen eingesetzten Lehrkräfte;
6. Bestimmungen darüber, dass und in welcher Weise eine Aus- und Fortbildungseinrichtung die Teilnahme an einer Aus- und Fortbildungsveranstaltung zu zertifizieren hat;
7. Regelungen über den Abschluss der Ausbildung;
8. Übergangsbestimmungen für Personen, die bereits vor Inkrafttreten dieses Gesetzes als Mediatoren tätig sind.

---

52 Siehe hierzu die Vorauflage dieses Kommentars § 5 MediationsG Rn. 46 mwN.
1 § 6 S. 1 MediationsG wurde durch Art. 135 – Änderung des Mediationsgesetzes – der zehnten Zuständigkeitsanpassungsverordnung vom 31.8.2015 dahin gehend geändert, dass das Wort „Justiz" durch „Justiz und für Verbraucherschutz" ersetzt worden ist BGBl. 2015 I 1474. Durch den Organisationserlass des Bundeskanzlers vom 8.12.2021 wurden dem Bundesministerium für Umwelt, Naturschutz, nukleare Sicherheit und Verbraucherschutz aus dem Geschäftsbereich des Bundesministeriums der Justiz dann wiederum die Zuständigkeiten für den Verbraucherschutz, die Verbraucherpolitik, sowie die Verbraucherrechtsdurchsetzung (rück-)übertragen, siehe Organisationserlass des Bundeskanzlers vom 8.12.2021 (BGBl. I 5176). Obwohl eine förmliche Zuständigkeitsanpassungsverordnung zur Streichung der Worte „und für Verbraucherschutz" aus der Ministeriumsbezeichnung fehlt, wird für Handlungen und Rechtsakte des Bundesministeriums, die nach dem 8.12.2021 erfolgten, im Folgenden i.d.R. die – auch vom Ministerium selbst geführte – Abkürzung „BMJ" verwendet.

Literatur:
Siehe Literaturnachweise zu § 5 MediationsG.

I. Rechtliche Einordnung der Zertifizierung 1	2. Fortbildung (S. 2 Nr. 2, 3 und 4) 30
1. Qualitätssicherung per Gütesiegel 2	3. Anforderungen an Lehrkräfte (S. 2 Nr. 5) 33
2. Regelungskonzept 3	4. Ausbildungsabschluss und -bescheinigung
3. Europarechtliche Rahmenbedingungen 9	(S. 2 Nr. 6 und 7) 35
4. Inkrafttreten der Verordnung 14	5. Übergangsbestimmungen (S. 2 Nr. 8) 39
II. Inhaltliche Grundzüge der Verordnungsermächtigung 17	6. Weitere denkbare Inhalte ... 40
	III. Organisationsfragen 41
1. Ausbildung (S. 2 Nr. 1 und 3) 19	IV. Die ZMediatAusbV 45

I. Rechtliche Einordnung der Zertifizierung

Der Ansatz, die Ausbildungsvorgaben für Mediatoren in ein Nebeneinander des einfachen, nicht zertifizierten Mediators nach § 5 Abs. 1 und des – höher qualifizierten – zertifizierten Mediators nach § 5 Abs. 2 iVm § 6 aufzusplitten, hat erst in einem späten Stadium Eingang in das Gesetzgebungsverfahren gefunden (→ MediationsG § 5 Rn. 16 und 17). Dies merkt man der Verordnungsermächtigung des § 6 an. Neben einer unscharfen Verwendung des Begriffes der Zertifizierung lässt sie viele Fragen offen – und wirft andere auf. 1

Nachdem das Bundesministerium für Justiz und Verbraucherschutz („BMJV") - nach vorheriger Anhörung der beteiligten Fachkreise und Verbände – bereits 2014 seinen Referentenentwurf einer Verordnung über die Aus- und Fortbildung von zertifizierten Mediatoren veröffentlicht hatte,[2] hat das BMJV am 21.8.2016 mit Erlass der Verordnung über die Aus- und Fortbildung von zertifizierten Mediatoren („ZMediatAusbV")[3] von seiner Ermächtigung aus § 6 in verbindlicher Weise Gebrauch gemacht. Die ZMediatAusbV ist ausweislich ihres § 8 aF[4] am 1.9.2017 in Kraft getreten.

Durch die Erste Verordnung zur Änderung der Zertifizierte-Mediatoren-Ausbildungsverordnung vom 30.7.2020 wurde die bis dato geltende Fassung des § 8 – Inkrafttreten – rückwirkend zum 1.3.2020 durch die jetzige Fassung von § 8 ZMediatAusbV (Hemmung von Fristen) ersetzt.[5] Die Änderung, die maßgeblich durch Erschwernisse während der COVID-19-Pandemie motiviert war – auf solche allerdings nicht begrenzt ist –, zielte darauf ab, eine Fristhemmung für den Fall des unverschuldeten Überschrei-

---

[2] Der Entwurf ist auf der Homepage des BMJ nicht mehr eingestellt. Eine eingehende Kommentierung des Referentenentwurfs findet sich in der Erstauflage dieses Kommentars.
[3] BGBl. 2016 I 42, 1994 ff.
[4] Ausweislich ihres § 8 in der bis zum 30.7.2020 geltenden Fassung trat die ZMediatAusbV am 1.9.2017 in Kraft.
[5] BGBl. 2020 I 37 v. 13.8.2020.

Klowait

tens vorgegebener Fristen für Aus- und Fortbildungsmaßnahmen einzuführen[6] (→ ZMediatAusbV § 8 Rn. 1 ff.).

Erste umfangreichere Änderungen erfuhren die Ausbildungsvorgaben für zertifizierte Mediatoren sodann mit der Zweiten Verordnung zur Änderung der Zertifizierte-Mediatoren-Ausbildungsverordnung vom 11.7.2023[7], die nach deren Art. 2 am 1.3.2024 in Kraft getreten sind. Die Novelle zielte allerdings nicht auf eine grundlegende Abkehr vom vormaligen Aus- und Fortbildungskonzeptes ab; sie bewirkt eher punktuelle Änderungen wie die Erhöhung des Mindeststundenumfanges des Ausbildung von vormals 120 auf nunmehr 130 Stunden, die Aufnahme neuer Lehrinhalte im Bereich der Digitalkompetenz und der Kompetenz zur Durchführung von Online-Mediationen, die Regelung, welcher Teil des Ausbildungslehrgangs ausschließlich in physischer Präsenz und welcher auch in Online-Formaten durchgeführt werden darf, die Integration der bislang dem theoretischen Ausbildungslehrgang nachgelagerten nunmehr fünf Praxisfälle sowie der zugehörigen Supervisionen in die Ausbildung selbst, die Öffnung der durchzuführenden Supervisionen auch für Gruppensupervisionen und die Pflicht der Ausbildungsinstitute, die Teilnahme an einer den Anforderungen entsprechenden Ausbildung zu bescheinigen.

1. Qualitätssicherung per Gütesiegel. Auch wenn mit der Statuierung des zertifizierten Mediators das – bis zum Inkrafttreten des MediationsG faktisch geltende – reine Marktmodell (→ MediationsG § 5 Rn. 6) modifiziert wird, ist der legislative Ansatz der Einführung eines zertifizierten Mediators immer noch liberal geprägt. Das MediationsG *fordert* nicht den Erwerb der Zertifizierung, es *fördert* ihn aber. Die Förderung erfolgt durch **Schaffung marktbezogener Anreize**, nämlich durch das Inaussichtstellen von Wettbewerbsvorteilen für zertifizierte Mediatoren im Verhältnis zu nicht zertifizierten Mediatoren, genauer: durch die exklusiv den zertifizierten Mediatoren eingeräumte Möglichkeit, ihre Zertifizierung werbend in Art eines Gütesiegels als Bezeichnung führen zu dürfen. Im Übrigen gelten alle weiteren Vorschriften des MediationsG ohne Differenzierung für zertifizierte wie für nicht zertifizierte Mediatoren. Durch die Schaffung des Marktanreizes, eine zertifizierte Ausbildung zu absolvieren, soll zugleich die Qualität der Mediation gesichert und der Markttransparenz Rechnung getragen werden.[8] Am treffendsten lässt sich dieser Ansatz wohl mit der Einordnung als „**Anreizmodell mit starkem Marktcharakter**" beschreiben.[9]

2. Regelungskonzept. Die Bezeichnung „zertifizierter Mediator" suggeriert, dass dem Mediator eine Auszeichnung (in Form des Zertifikates) „verliehen" wird, dass ihm diese auch wieder entzogen oder gar komplett versagt werden kann. Dem ist nicht so. Jeder Mediator, der nachweisen kann, dass er eine den Anforderungen des § 6 genügende Aus- und Fortbildung absolviert hat, ist zur Führung der Bezeichnung zertifizierter Mediator berechtigt. Weiterer Rechts- und/oder „Verleihungsakte" bedarf es

---

6 Thole ZKM 2020, 139.
7 BGBl. 2023 I 185 v. 18.7.2023.
8 BT-Drs. 17/8058, 18.
9 Zu den Regelungsmodellen der Mediation in rechtsvergleichender Hinsicht grundlegend Hopt/Steffek in dies., S. 66 ff.

hierzu nicht. Zwar bedarf der Nachweis einer anforderungsgerechten Ausbildung nach § 2 Abs. 1 ZMediatAusbV nunmehr explizit der Existenz einer von der Ausbildungseinrichtung nach § 2 Abs. 6 ZMediatAusbV ausgestellten Bescheinigung; entgegen anderslautenden Einschätzungen[10] dürfte diese Bescheinigung jedoch keinen konstitutiven Charakter haben (→ ZMediatAusbV § 2 Rn. 30). In jedem Fall fehlt ihr die Qualifikation als Zertifizierung im Rechtssinne, da es weiterhin keines Verleihungsaktes einer neutralen Zertifizierungsinstitution bedarf und den Ausbildungseinrichtungen in diesem Zusammenhang auch keine Akkreditierung abverlangt wird. Der **Begriff der Zertifizierung** ist bezogen auf den Mediator damit untechnisch zu verstehen, da er nicht – wie bei Verwendung der gleichen Terminologie sonst üblich – ein Verfahren beschreibt, in welchem eine unabhängige Stelle bestätigt, dass eine Dienstleistung bestimmten Normen oder Standards entspricht.[11] Allerdings entfällt die Berechtigung, sich als zertifizierter Mediator bezeichnen zu dürfen, wenn der zertifizierte Mediator seinen Fortbildungspflichten nach § 3 ZMediatAusbV nicht nachkommt, vgl. § 3 Abs. 1 S. 3 ZMediatAusbV.

Nach dem reinen Wortlaut des § 6 bedarf es nicht einmal zwingend einer „Zertifizierung" der die Teilnahmebescheinigung ausstellenden Aus- und Fortbildungseinrichtung. Derartige Regelungen sind zwar in § 6 S. 2 Nr. 6 angedeutet; wie alle anderen der dort genannten Punkte gehört aber auch dieser Regelungskomplex zu den Aspekten, die in einer Rechtsverordnung lediglich fakultativ festgelegt werden **können** – also nicht müssen.[12] Auch im Zuge der mit Wirkung vom 1.3.2024 novellierten Ausbildungsvorgaben hat der Verordnungsgeber davon abgesehen, solche weitergehenden Anforderungen an Aus- und Fortbildungseinrichtungen zu statuieren.

Gleichwohl lässt die **historische Auslegung** des MediationsG erkennen, dass der Gesetzgeber es im Ergebnis nicht dem Mediator selbst überlassen wollte, die Subsumtion der von ihm absolvierten Ausbildung unter die in der Rechtsverordnung nach § 6 genannten Voraussetzungen eigenverantwortlich vorzunehmen.[13] Dabei ist nicht nur aus der in § 6 S. 2 Nr. 6 bereits grundsätzlich angelegten Möglichkeit der Zertifizierung von Aus- und Fortbildungseinrichtungen auf den Willen des Gesetzgebers schließen, im Ergebnis eine „vorgelagerte Zertifizierung" zu statuieren; aus der Gesetzesbegründung folgt erkennbar der Wille und die Erwartung des Gesetzgebers, dass bzgl. der Zertifizierung auf Basis zuvor erzielten Einvernehmens aller relevanten Interessengruppen ein privatrechtlich verfasstes **Drei-Stufen-Modell** folgenden Inhaltes angestrebt wird: Es wird **erstens** eine privatrechtlich organisierte Stelle geschaffen, die **zweitens** die Aus- und

---

10 Thole ZKM 2023, 131, 132.
11 Siehe hierzu auch Greger/Unberath/Steffek/Greger B. § 5 Rn. 12 ff.
12 Dies gilt auch in Ansehung von § 6 S. 1, der lediglich pauschal die Festlegung von „Anforderungen an Aus- und Fortbildungseinrichtungen" erlaubt.
13 Missverständlich – und ohne Hinweis auf weitere Voraussetzungen – ist insoweit allerdings die Gesetzesbegründung zur angestrebten Übergangsregelung für Altfälle, siehe BT-Drs. 17/8058, 20 zu § 6: „Ein Mediator, der bereits vor dem Inkrafttreten der Rechtsverordnung eine Ausbildung im Inland oder im Ausland absolviert hat, die den Anforderungen und der Mindeststundenzahl von 120 Stunden nach der Rechtsverordnung entspricht, darf sich mit Inkrafttreten der Rechtsverordnung als zertifizierter Mediator bezeichnen."

Klowait

Fortbildungsinstitute nach festgelegten Kriterien zertifiziert, wobei diese ihrerseits **drittens** den Absolventen der bei Ihnen durchgeführten Ausbildung die notwendige Teilnahmebescheinigung ausstellen.[14]

6 Dass es angesichts terminologischer Unschärfen und Ungenauigkeiten bei einer für die Qualitätssicherung der Mediation derart zentralen Regelung bereits des Rückgriffes auf Auslegungskriterien bedarf, um den Willen des Gesetzgebers zu erkunden, mag dem in der Endphase des Gesetzgebungsverfahrens erhöhten Zeit- und politischem Einigungsdruck geschuldet sein; sowohl der angestrebten Rechtsklarheit als auch der gewünschten Rechtssicherheit ist dies jedoch abträglich.[15]

7 Die seitens des Gesetzgebers erwartete privatrechtliche Lösung ist daran gescheitert, dass das erhoffte Einvernehmen der maßgeblichen Mediatoren- und Berufsverbände, der berufsständischen Kammern, der Industrie- und Handelskammern sowie anderer gesellschaftlicher Gruppen nicht zustande gekommen ist. Zwar gab es nach Verabschiedung der ZMediatAusbV den Versuch, unter Beteiligung der Bundesrechtsanwaltskammer (BRAK), des Deutschen Industrie- und Handelskammertages (DIHK), des Deutschen Anwaltsvereins (DAV) und der Bundesnotarkammer (BNotK) eine „Gemeinsame Anerkennungsstelle für Mediationsausbildungen" (GA-MA) zu gründen; ein solcher Zusammenschluss – der in der Rechtsform einer Stiftung hätte umgesetzt werden sollen – kam auch vor dem Hintergrund rechtlicher Bedenken[16] letztendlich jedoch nicht zustande. Das Ziel der Schaffung einer zentralen Zertifizierungsstelle wurde sodann von dem sog. Qualitätsverbund Mediation (QVM) weiterverfolgt. Ursprünglich als Zusammenschluss von fünf Mediationsverbänden gegründet (BAFM, BM[17], BMWA, DGM und DFfM) bietet die vom QVM eingerichtete Zertifizierungsstelle Mediatorinnen und Mediatoren, die bestimmte Qualitätsanforderungen erfüllen, mit dem „QVM-Mediator/QVM-Mediatorin" und der Bescheinigung „Zertifizierter Mediator" (nach Mediations-Gesetz und ZMediatAusbV) zwei abgestufte Qualitätssiegel an. Entgegen der Selbstwahrnehmung des QVM, der sich als „verbandsübergreifende Stelle im Sinne der Begründung des Mediationsgesetzes durch die Bundesregierung" sieht[18], ist dessen Initiative jedoch weit von der gesetzgeberisch verfolgten Intention der Schaffung einer alle Interessen der Stakeholder vereinenden, privatrechtlichen Lösung entfernt. Zum einen fehlt die Beteiligung maßgeblicher Kreise wie etwa der Bundesrechtsanwaltskammer (BRAK), des Deutschen Industrie- und Handelskammertages (DIHK), des Deutschen Anwaltsvereins (DAV) und der Bundesnotarkammer (BNotK). Zum anderen bestand und besteht das vorrangige Interesse der QVM-Verbände

---

14 BT-Drs. 17/8058, 18 zu § 5.
15 So fehlt beispielsweise jedwede Regelung zu der aus Sicht des Gesetzgebers offenbar zentralen Frage, wer die „Zertifizierer zertifiziert", nach welchen Kriterien also die hierfür angedachte „privatrechtliche Stelle" organisiert sein soll, mit welchen Befugnissen sie auszustatten ist, ob und welcher Aufsicht sie unterliegt etc.
16 Eine derartige Stiftung hätte den Markt für Mediationsausbildungen insgesamt beeinflusst, was offenbar seitens BRAK und DAV als ihrer anwaltlichen Klientel verpflichtete Institutionen für rechtlich problematisch erachtet worden ist.
17 Der Bundesverband Mediation (BM) erklärte im September 2021 jedoch seinen Austritt aus dem QVM.
18 https://qv-mediation.de/zertifizierung/ (letzter Abruf 3.3.2024).

nicht in der bloßen Bestätigung der als unzureichend empfundenen gesetzlichen Voraussetzungen, die Mediatoren nach dem MediationsG und der ZMediatAusbV zu erfüllen haben; das erkennbare Ziel der QVM-Verbände besteht vielmehr darin, deutlich darüberhinausgehende Anforderungen, insbesondere eine Steigerung der geforderten Anzahl der Ausbildungsstunden, zu etablieren.[19] Dabei war selbst unter den noch verbliebenen Mediationsverbänden lange umstritten, welche Qualitätsstandards der Zertifizierung als „QVM-Mediator/QVM-Mediatorin" zugrunde zu legen sind. Erst nach nahezu zehnjährigem, zähem Ringen konnten die vier verbliebenen Verbände sich auf eine gemeinsame Linie einigen, die in der Verabschiedung der sog. QVM-Standards mündeten. Dazu zählen unter anderem eine 220 Stunden umfassenden Ausbildung, fünf supervidierte Fälle sowie ein zu führendes Fachgespräch mit zwei QVM-Gutachter(innen). Festzuhalten bleibt damit, dass – was vielfach zu Recht als gerade für die Mediationsszene anders zu erhoffen kritisiert wurde[20] – verschiedenste Partikularinteressen und nicht immer transparent offen gelegte, unterschiedliche wirtschaftliche Interessen im Ergebnis der Statuierung einer von allen Beteiligten getragenen, privat initiierten Zertifizierungsstelle mit einheitlichen Ausbildungs- und Qualitätsanforderungen unverändert entgegenstehen. Dieser Erkenntnis folgend hat der Verordnungsgeber davon abgesehen, im Zuge der Novellierung der Aus- und Fortbildungsvorgaben für zertifizierte Mediatoren eine zentrale Zertifizierungsstelle zu errichten.[21] Andererseits fehlt in § 6 auch eine Regelung, die es erlauben würde, einer staatlichen Stelle entsprechende Befugnisse zur Zertifizierung von Aus- und Fortbildungseinrichtungen zu übertragen. Eine solche Ermächtigung ist in § 6 S. 1 nicht enthalten.[22] Ausdrücklich bezieht sich diese nämlich lediglich darauf, „nähere Bestimmungen über die Ausbildung zum zertifizierten Mediator und über die Fortbildung des zertifizierten Mediators sowie Anforderungen an Aus- und Fortbildungseinrichtungen zu erlassen". Nach Maßgabe von **Art. 80 Abs. 1 GG**, der die Voraussetzungen und Grenzen für die Übertragung rechtsetzender Gewalt von der Legislative auf die Exekutive definiert, müssen **Inhalt, Zweck und Ausmaß** der – hier dem BMJ erteilten – Ermächtigung im Gesetz selbst hinreichend bestimmt sein, wobei die notwendige Konkretisierung des gesetzgeberischen Willens mindestens voraussetzt, dass dieser sich im Wege der Auslegung, insbesondere unter Rückgriff auf die Entstehungsgeschichte und Gesetzesbegründung, eindeutig ermitteln lässt.[23] Spiegelt man die Gesetzesbegründung an diesen Erfordernissen, ergibt sich der Befund, dass zwar einzelne Regelungsbereiche der Verordnung, wie etwa die vorgesehenen Ausbildungsinhalte, die prozentuale Gewichtung einzelner Ausbildungsabschnitte und die Mindest-

---

19 Dieser, über die gesetzlichen Anforderungen hinausgehende Standard wird von Verbandsvertretern selbst gelegentlich als „Goldstandard" propagiert, siehe z.B. https://consensus-campus.de/entscheidender-durchbruch-fuer-die-qualitaetssicherung-in-der-mediation-zweistufige-zertifizierung-durch-unabhaengige-pruefstelle%EF%BF%BC/ (letzter Abruf 3.3.2024).
20 Thole ZKM 2023, 131,133.
21 Thole ZKM 2023, 131,133.
22 AA Greger, der dies bereits durch § 6 S. 1 abgedeckt sieht, Greger/Unberath/Steffek/Greger B. § 5 Rn. 17.
23 BVerfGE 19, 354 (362); 38, 348 (358).

stundendauer, sehr ausführlich und bereits auffallend detailliert skizziert worden sind, dass der Gesetzgeber sich zu zentralen Fragen der – im Wortlaut der Verordnungsermächtigung gar nicht erwähnten – „privaten Stelle" aber nur sehr vage verhält und die Einrichtung einer staatlichen Stelle schon nach eigenem Bekunden als nicht von § 6 in seiner jetzigen Form abgedeckt sieht.[24] Dass die Verordnungsermächtigung nach § 6 die Einrichtung einer staatlichen Zertifizierungsbehörde nicht abdeckt, folgt schließlich auch aus dem Fehlen einer Ermächtigung zum Erlass behördlicher Vollzugsregelungen.[25]

8 Auch im Wege einer – theoretisch denkbaren – weiten Auslegung des **Begriffes der Aus- und Fortbildungseinrichtungen** kommt man vorliegend nicht zu dem Ergebnis, dass die gesetzliche Ermächtigung zum Erlass bestimmter Anforderungen an diese Einrichtungen zugleich auch die Statuierung einer staatlichen Zertifizierungsstelle abdeckt. Aus § 6 S. 2, Nr. 5 und 6 folgt, dass der Gesetzgeber den Begriff der „Aus- und Fortbildungseinrichtungen" ausschließlich auf die Institute und Ausbildungsträger bezogen hat, welche die Aus- und Fortbildung unmittelbar durchführen[26] – und ihn gerade nicht in dem eingangs beschriebenen weiten Sinne verstanden wissen wollte. Anderenfalls wäre auch die Selbstbekundung des Gesetzgebers, wonach die Einrichtung einer staatlichen (Zertifizierungs-)Stelle einer Ergänzung von § 6 bedürfte, nicht erklärbar.

9 **3. Europarechtliche Rahmenbedingungen.** Angesichts schwerwiegender **Aspekte verfassungs- und europarechtlicher Art**, die sowohl ein Zulassungs- als auch ein Anerkennungsmodell angreifbar machen würden,[27] ist es im Sinne der Rechtssicherheit des MediationsG allerdings zu begrüßen, dass der Gesetzgeber davon Abstand genommen hat, die Tätigkeit des Mediators als solche von einem staatlichen Zulassungsakt abhängig zu machen oder aber bestimmte gesetzliche Privilegien – wie zB die Existenz von Zeugnisverweigerungsrechten – nur zertifizierten Mediatoren zuzubilligen. Obwohl das MediationsG der Umsetzung einer europarechtlichen Vorgabe – nämlich der Europäischen Mediationsrichtlinie[28] („Med-RiLi") – dient, ist es erstaunlich, dass im Verlauf des Gesetzgebungsverfahrens

---

24 BT-Drs. 17/8058, 20 zu § 5, wonach „... eine entsprechende Ergänzung der Verordnungsermächtigung nach § 6 zu prüfen ist, wenn eine Einigung auf freiwilliger Basis auf eine Stelle für die Zertifizierung der Ausbildungsträger nicht erfolgt".
25 So Grundmann für das BMJ, Rede der Staatssekretärin des Bundesministeriums der Justiz Dr. Birgit Grundmann zur Eröffnung des ersten gemeinsamen Mediationskongresses am 16.11.2012 in Ludwigsburg, ehemals abrufbar unter http://www.mediation-erleben.de/data/_uploaded/image/Rede_Grundmann_Ludwigsburg.pdf (nicht mehr abrufbar).
26 Nr. 5 bezieht sich auf Anforderungen, die an die in den Aus- und Fortbildungseinrichtungen eingesetzten Lehrkräfte zu stellen sind und Nr. 6 hat die von der Aus- und Fortbildungseinrichtung auszustellende Teilnahmebestätigung zum Gegenstand.
27 Zu verfassungsrechtlichen Aspekten siehe Greger ZKM 2010, 120 (121) sowie Unberath JZ 2010, 975 (980); zur europarechtlichen Einordnung Klowait ZKM 2011, 149 ff., ferner Klowait ZKM 2017, 94 ff.
28 Richtlinie 2008/52/EG des Europäischen Parlaments und des Rates über bestimmte Aspekte der Mediation in Zivil- und Handelssachen v. 21.5.2008; ABl. EU L 136, 3 ff.

kaum über den Spielraum und die Grenzen reflektiert wurde, die sich aus übergeordnetem Europäischen Recht ableiten.[29]

Zu den **Grenzen europarechtlicher Art** gehört es, dass die Statuierung einer Genehmigungspflicht für die Aufnahme bzw. Ausübung der Mediationstätigkeit sich an den Vorgaben von Art. 9 (1) der Europäischen Dienstleistungsrichtlinie[30] („DLR") messen lassen muss. Zum **Schutz der Niederlassungsfreiheit** statuieren die Art. 9 ff. DLR in Form eines Verbotes mit Erlaubnisvorbehalt strenge Anforderungen hinsichtlich der Frage, ob und unter welchen Voraussetzungen die Aufnahme und Ausübung einer Dienstleistungstätigkeit im Kontext der Niederlassungsfreiheit Genehmigungsregelungen unterworfen werden darf. Die Aufnahme oder Ausübung einer Dienstleistung darf – neben anderen Voraussetzungen – insbesondere nur dann mit einem Genehmigungserfordernis gekoppelt werden, wenn

- die Genehmigungsregelungen durch zwingende Gründe des Allgemeininteresses gerechtfertigt sind, Art. 9 (1)b) DLR und
- das angestrebte Ziel nicht durch ein milderes Mittel erreicht werden kann, insbesondere weil eine nachträgliche Kontrolle zu spät erfolgen würde, um wirksam zu sein, Art. 9 (1) c) DLR.

Im Mediationskontext wäre ein derart massiver Eingriff also nur dann zulässig, wenn „**zwingende Gründe des Allgemeininteresses**" vorliegen, die eine Genehmigungspflicht in Form einer staatlichen Zulassung zur Mediation rechtfertigen und wenn ein solcher Eingriff sich als **verhältnismäßig** darstellen würde. Die These einer mangelnden, die schutzwürdigen Interessen der Dienstleistungsempfänger verletzenden Qualität der Mediation in Deutschland, denen nur durch eine staatliche Genehmigungspflicht beizukommen wäre, ginge an der Realität jedoch vorbei.[31] Sie wurde bezeichnenderweise selbst von den Interessengruppen, die sich im Verlauf des Gesetzgebungsverfahrens zum MediationsG für die restriktivsten Ausbildungs- und Zertifizierungsvorgaben eingesetzt haben, nicht vertreten.[32] Angesichts einer Mediationsausbildungslandschaft, in welcher das vor Inkrafttreten des MediationsG geltende, rein marktorientierte Modell gerade wegen des Fehlens einer staatlich verordneten Nivellierung einen lebhaften Wettbewerb zwischen Ausbildungsträgern ermöglicht und dadurch bereits

---

29 Ohne erkennbare Würdigung des europarechtlichen Hintergrundes ging selbst noch die Stellungnahme des Bundesrates zum Entwurf des Mediationsgesetzes vom 18.3.2011 davon aus, dass zum Schutz der Verbraucher unter anderem auch ein Zulassungs- oder Anerkennungsverfahren in Betracht komme, siehe BR-Drs. 60/11 (Beschluss) vom 18.3.2011, S. 4 zu § 5.
30 Richtlinie 2006/123/EG des Europäischen Parlaments und des Rates über Dienstleistungen im Binnenmarkt v. 12.12.2006, ABl. EU L 376, 36.
31 Solche zu behebenden Missstände sehen auch Eidenmüller/Fries nicht, siehe Eidenmüller/Fries AnwBl 2017, 23 (24).
32 So führte beispielsweise eine 2011 durchgeführte Umfrage des Versicherungsunternehmens des Gesamtverbandes der Deutschen Versicherungswirtschaft (GDV) zu dem Befund, dass die Erfolgsquote durchgeführter Mediationen bei 80 % liege und die Erfahrungen der Rechtsschutzversicherer mit Mediationsverfahren durchweg positiv seien, vgl. Pressemitteilung des GDV vom 18.4.2011 (nicht mehr abrufbar); eine Erfolgsquote in gleicher Höhe wird 2022 auch von der ARAG Rechtsschutzversicherung bestätigt, vgl. https://www.centrale-fuer-mediation.de/76557.html (zuletzt abgerufen am 3.3.2024).

Klowait

einen insgesamt hohen Qualitätsstandard hat entstehen lassen, wäre die gegenteilige Position auch kaum begründbar.[33]

12 Auch unterhalb der Eingriffsschwelle eines Zulassungsmodells sind die gesetzgeberischen Spielräume der EU-Mitgliedstaaten umso mehr europarechtlich determiniert, je mehr sie sich vom Marktmodell entfernen. Dies gilt auch für die Einführung eines **Anerkennungsmodells**, welches der Bundesgesetzgeber zu Recht verworfen hat, indem er bzgl. der Rechte und Pflichten des Mediators – wie zB seinem Zeugnisverweigerungsrecht – gerade nicht danach differenziert, ob eine Zertifizierung vorliegt oder nicht. Im Sinne der europarechtlichen Rechtssicherheit ist dies zu begrüßen, da in der Kopplung gesetzlicher Privilegien mit der Erfüllung eines anderweitigen Anreiztatbestandes – wie etwa einer Zertifizierung oder auch der Eintragung in einem Register – eine mittelbare Diskriminierung von Mediatoren aus anderen EU-Mitgliedstaaten und damit ein Verstoß gegen Art. 14 Nr. 1 DLR begründet liegen kann. Nach Art. 14 Nr. 1 DLR darf die Aufnahme oder Ausübung einer Dienstleistungstätigkeit im Kontext des Schutzes der Niederlassungsfreiheit nicht von diskriminierenden Anforderungen abhängig gemacht werden, die direkt oder indirekt auf der Staatsangehörigkeit oder – für Unternehmen – dem satzungsmäßigen Sitz beruhen. Eine solche diskriminierende Wirkung wäre aber nicht auszuschließen, wenn sich Dienstleistungsempfänger (Medianden) in Deutschland nicht ohne Ansehung der Nationalität des ausgewählten Mediators darauf verlassen könnten, dass sich auch die von einem EU-Ausländer durchgeführte Mediation in gleicher Weise wie bei einem bundesdeutschen Mediator als rechtssicher darstellt – insbesondere also die gesetzlichen Privilegien im Bereich der Vertraulichkeit, der Verjährung und Vollstreckung genießt. Soweit Mediationsanbieter aus anderen Mitgliedstaaten wegen der dann signifikant erhöhten Rechtsunsicherheit ihrer Tätigkeit in Deutschland mit Wettbewerbsnachteilen belastet würden, denen sich bundesdeutsche (zertifizierte) Mediatoren nicht ausgesetzt sähen, läge hierin – vorbehaltlich der Anerkennung ausländischer Abschlüsse als gleichwertig (dazu → ZMediatAusbV § 6 Rn. 1 ff.) – eine zumindest mittelbare **Diskriminierung**. Da gerade bei grenzüberschreitenden Mediationen eine Co-Mediation mit je einem Mediator aus dem jeweiligen Herkunftsland der Konfliktparteien sachgerecht sein kann,[34] wäre es für die Konfliktparteien eine überaus missliche Konsequenz, wenn der bundesdeutsche Mediator nach deutscher Gesetzeslage „privilegiert" wäre, sein ausländischer Kollege jedoch nicht. Im Falle eines sich einer (erfolglosen) Mediation anschließenden Gerichtsverfahrens wäre dann (nur) der deutsche Mediator befugt, sich beispielsweise auf ein

---

33 Da der Genehmigungsbegriff aus Art. 9 DLR extensiv auszulegen ist, umfasst er auch die Verpflichtung zur Eintragung in ein Register, in eine Berufsrolle, in eine Datenbank, die Pflicht zur Mitgliedschaft in einer Berufskammer oder weitere Tatbestände wie beispielsweise Lizenzen, Zulassungen und Konzessionen, vgl. Klowait ZKM 2011, 149 (151). Soweit die genannten Voraussetzungen für einen staatlichen Eingriff nicht gegeben sind, begegnet daher zB auch der Ansatz einer verpflichtenden Eintragung in eine „Mediatorenliste", wie vom Österreichischen Zivilmediationsgesetz umgesetzt, den gleichen Bedenken.

34 Round Table Mediation & Konfliktmanagement der Deutschen Wirtschaft ZKM 2009, 147 (148 f.), analog für den Bereich der grenzüberschreitenden Kindschaftskonflikte Carl/Erb-Klünemann ZKM 2011, 116 ff.

Zeugnisverweigerungsrecht zu berufen, sein ausländischer Kollege hingegen nicht. Dies liefe zugleich dem Hauptzweck der Europäischen Mediationsrichtlinie – deren rechtskonformer Umsetzung das MediationsG gerade dienen soll – zuwider, da grenzüberschreitende Mediationen in Zivil- und Handelssachen insoweit nicht gefördert, sondern unter Umständen massiv behindert würden.[35]

Diesen Bedenken begegnet das MediationsG nicht. Mit der Statuierung des Nebeneinanders einer marktorientierten Ausbildung für den Mediator nach § 5 Abs. 1, der konkreten Ausgestaltung des Gütesiegelmodells des zertifizierten Mediators nach § 5 Abs. 2 und § 6 und dem Verzicht auf die Einführung eines Anerkennungs- oder gar Zulassungsmodells hat sich der Bundesgesetzgeber jedenfalls den aufgezeigten Angriffspunkten europarechtlicher Art entzogen. Gleichwohl ist die rechtstechnische Ausgestaltung von § 6 insoweit missglückt, als dass die Verordnungsermächtigung weder die Eckpunkte einer privatrechtlich organisierten Zertifizierungsstelle skizziert noch die Einrichtung einer staatlich organisierten Stelle erlaubt (hierzu → Rn. 7). 13

4. Inkrafttreten der Verordnung. Die am 21.8.2016 erlassene ZMediatAusbV ist gem. ihres § 8 aF[36] am 1.9.2017 in Kraft getreten. Um „den maßgeblichen Mediatoren- und Berufsverbänden, den berufsständischen Kammern und den Industrie- und Handelskammern sowie anderen gesellschaftlichen Gruppen im Interesse einer Vergleichbarkeit der Ausbildungen und einer Qualitätssicherung die Möglichkeit (*ergänze: zu geben*), sich auf freiwilliger Basis auf eine einheitliche Vorgehensweise zu verständigen ...",[37] war schon in der Gesetzesbegründung vorgesehen, dass die auf § 6 gestützte Rechtsverordnung **nicht vor Ablauf eines Jahres** seit ihrem Erlass in Kraft treten sollte. Angesichts der immer noch sehr heterogenen Interessenlage dieser angesprochenen „gesellschaftlichen Gruppen" und des nach wie vor fehlenden Grundkonsenses der Mediatoren und ihrer Verbände verwundert es nicht, dass sich das gewünschte Einvernehmen der gesellschaftlichen Gruppen auch bislang nicht eingestellt hat (→ Rn. 7). Dabei hatte das BMJV im Vorfeld des Inkrafttretens der ZMediatAusbV zunächst nicht die Chance genutzt, durch eine frühzeitige Veröffentlichung des Planungsstandes zur aktuellen ZMediatAusbV die Sichtweise und Bewertung der maßgeblichen Interessengruppen einzuholen und auf dieser Basis federführend einen moderierten Prozess zu initiieren und zu lenken.[38] Anders als bei der 2014 erfolgten Vorlage des Referentenentwurfs der (damaligen) ZMediatAusbV wurde den beteiligten Fachkreisen und Verbänden im Vorfeld des Erlasses der Verordnung keine Gelegenheit zur 14

---

35 Klowait ZKM 2011, 149 (151 f.).
36 Ausweislich ihres § 8 in der bis zum 30.7.2020 geltenden Fassung trat die ZMediatAusbV am 1.9.2017 in Kraft. Durch die Erste Verordnung zur Änderung der Zertifizierte-Mediatoren-Ausbildungsverordnung vom 30.7.2020 wurde die bis dato geltende Fassung des § 8 rückwirkend zum 1.3.2020 durch die jetzige Fassung von § 8 ZMediatAusbV (Hemmung von Fristen) ersetzt, BGBl. 2020 I 37 v. 13.8.2020.
37 BT-Drs. 17/8058, 20.
38 Zu dem Vorschlag, insoweit einen neutral moderierten „Runden Tisch" unter Einbeziehung aller relevanten Interessengruppen und Institutionen zu etablieren, siehe Klowait in MediationsG § 6 Rn. 14 in der Erstauflage dieses Kommentars.

Stellungnahme gegeben. Die Erwartungshaltung des Gesetzgebers, einen Konsens der Mediatoren- und Berufsverbände, der berufsständischen Kammern, der Industrie- und Handelskammern sowie anderer gesellschaftlicher Gruppen herzustellen, hat das BMJV als Verordnungsgeber damit seinerzeit nicht aktiv gefördert.

Einen gänzlich anderen, hinsichtlich der Partizipation und Beteiligungsmöglichkeiten der beteiligten Kreise als vorbildlich zu bezeichnenden Weg hat das BMJ dann allerdings im Vorfeld der am 1.3.2024 in Kraft getretenen Novelle der Ausbildungsanforderungen für zertifizierte Mediatoren eingeschlagen. Im Rahmen eines vom BMJ initiierten, organisierten und moderierten, intensiven Online-Dialoges hatten Vertreter aller beteiligten Kreise im Zeitraum von Juni 2020 bis November 2021 hinreichende Gelegenheit, sich im Rahmen mehrerer, unter dem Motto „Stärkung der Mediation: Qualitäts- und Reputationssteigerung durch mehr staatliche Regulierung?" stehender Mediationskonferenzen über rechtliche und tatsächliche Aspekte der Mediation und insbesondere über denkbare Ansätze für eine Reform der ZMediatAusbV auszutauschen.[39] Anlässlich der Abschlussveranstaltung dieser Konferenzenreihe stellte die zuständige Referatsleiterin im BMJ, *Dr. Larissa Thole*, am 16.11.2021 sodann den Planungsstand des BMJ zur Änderung der ZMediatAusbV in Gestalt eines Diskussionspapieres[40] vor. Diese Planung mündete, nachdem ursprünglich eine deutlich raschere Umsetzung geplant worden war,[41] in den Referentenentwurf der Zweiten Verordnung zur Änderung der Zertifizierte-Mediatoren-Ausbildungsverordnung vom 14.3.2023.[42] Nachdem den beteiligten Kreisen die Gelegenheit zur Stellungnahme zum Referentenentwurf eingeräumt worden war,[43] wurde die am 11.7.2023 ausgefertigte Zweite Verordnung zur Änderung der Zertifizierte-Mediatoren-Ausbildungsverordnung am 18.7.2023 mit der Maßgabe ihres Inkrafttretens zum 1.3.2024 im Bundesgesetzblatt verkündet.[44] Mit gewisser Ernüchterung musste allerdings festgestellt werden, dass auch der vorbezeichnete, nach allen Regeln der Kunst partizipativ gestaltete Gesetz- bzw. Verordnungsgebungsprozess nicht dazu geführt hat, dass die beteiligten Kreise sich auf einheitliche Qualitätsstandards in der Ausbildung zertifizierter Mediatoren haben eini-

---

39 Hierzu Thole ZKM 2023, 131 ff. sowie – mit einem Überblick über die im Rahmen der Konferenzen diskutierten Vorschläge – Röthemeyer ZKM 2021, 155 ff.
40 Diskussionspapier des BMJ v. 15.11.2021, abrufbar unter https://www.centrale-fue r-mediation.de/media/2021-11-15_Diskussionsentwurf_BMJV_Mediation%20202 1.pdf (letzter Abruf 3.3.2024), siehe dazu auch Klowait ZKM 2022, 19 ff.
41 Zur Umsetzung und weiteren Konkretisierung des Diskussionspapiers wurde seitens des BMJ ursprünglich schon für das Frühjahr 2022 ein Referentenentwurf angekündigt, der – nachdem den eingebundenen Mediationskreisen die Möglichkeit zur Stellungnahme eingeräumt wurde – in die bereits zum 1.1.2023 in Kraft tretende, novellierte ZMediatAusbV münden sollte.
42 https://www.bmj.de/SharedDocs/Downloads/DE/Gesetzgebung/Dokumente/Re fE_Mediatorenausbildung.pdf?__blob=publicationFile&v=4 (letzter Abruf am 3.3.2024).
43 Die eingegangenen Stellungnahmen sind abrufbar unter https://www.bmj.de/Sha redDocs/Gesetzgebungsverfahren/DE/2023_ZMediatAusbV.html?nn=110490 (letzter Abruf 3.3.2024).
44 BGBl. 2023 I 185 v. 18.7.2023.

gen können.⁴⁵ Aus diesem Grunde wurde letztlich auch im Rahmen der vorbezeichneten Novelle davon Abstand genommen, eine zentrale Zertifizierungsstelle zu errichten.⁴⁶

Unabhängig on von dem fortdauernden Unvermögen der „Mediationsszene" sich auf mit einer Stimme vorgetragene, einheitliche Ausbildungsanforderungen zu einigen, ist vor Erlass der ZMediatAusbV diskutiert worden, ob es sinnvoll sei, diese bis zum Vorliegen der Ergebnisse einer Evaluierung nach § 8 zurückzustellen. Dieser Vorschlag wurde bereits im Rahmen der Anhörung des Rechtsausschusses des Bundestages unterbreitet, um die weitere Entwicklung der bundesdeutschen Mediationslandschaft zunächst durch eine **rechtstatsächliche Untersuchung** zu beobachten und nach drei bis fünf Jahren wissenschaftlich zu evaluieren.⁴⁷ Hierfür hätten in der Tat beachtliche praktische wie auch rechtliche Erwägungen gesprochen.⁴⁸ So hat die Bundesregierung im Zuge der durch § 8 vorgesehenen **Evaluierung** nach 5-jähriger Geltungsdauer des Mediationsgesetzes dem Bundestag über die Auswirkungen des Mediationsgesetzes auf die Entwicklung der Mediation in Deutschland wie auch über die Situation der Aus- und Fortbildung zu berichten und dies ggf. mit dem Vorschlag gesetzgeberischer Maßnahmen zu verbinden (hierzu → MediationsG § 8 Rn. 16 ff.). Mit dem – zu diesem Zeitpunkt von vielen Beobachtern als überraschend empfundenen – Erlass der ZMediatAusbV am 21.8.2016 wurde die Chance vertan, die Ergebnisse dieser Evaluierung zu berücksichtigen und die ZMediatAusbV an wissenschaftlich fundierten Erkenntnissen über die reale – bislang vielfach nur vermutete oder behauptete – Situation der Mediation in Deutschland auszurichten. Auch wenn die Ergebnisse und die zugrundeliegende Methodik der durchgeführten Evaluierung nicht durchgängig zu überzeugen vermögen,⁴⁹ scheint es – zumindest für zukünftige Gesetzes- oder Verordnungsnovellierungen – ratsam, Änderungen faktenbasiert und auf der Grundlage rechtstatsächlich erhobener Befunde vorzunehmen. Dies mag naheliegend und selbstverständlich erscheinen; allerdings zeigt sich gerade an der seit Jahren mit unterschiedlichsten Interessenlagen geführten Diskussion über die angemessene Mindeststundenzahl der Ausbildung, dass die vorgebrachten Argumente für die Einführung solcher Mindestausbildungsstandards einer kritischen Würdigung unterzogen werden müssen, da diese bislang – eben mangels rechtstatsächlicher Befunde – auf bloßen Behauptungen und Annahmen basieren. So wurden entsprechende Forderungen im Verlauf des Gesetzgebungsverfahrens zum MediationsG mit gänzlich unterschiedlichen Thesen begründet, sei es mit der Annahme, die Einführung von Gütesiegeln und vereinheitlichten Standards sei zur Akzeptanzsteigerung der Mediation bei den Nachfragern erforderlich,⁵⁰ die Unübersichtlichkeit und Heterogenität der jetzigen Ausbildungslandschaft

---

45 Thole ZKM 2023, 131 (133).
46 Thole ZKM 2023, 131 (133).
47 Hierüber berichtet Paul, vgl. Paul ZKM 2011, 119 ff.; ähnlich Carl ZKM 2012, 132 (133 f.).
48 Wagner ZKM 2012, 115; Carl ZKM 2012, 133.
49 Ausführlich Gläßer ZKM 2018, 4 ff.
50 Stellungnahme des Gesamtverbandes der Deutschen Versicherungswirtschaft e.V. zum MedG-E, S. 5, nicht mehr veröffentlicht.

müsse beseitigt werden,[51] es fehle an der Transparenz für den Verbraucher[52] oder auch unter Hinweis auf nicht näher spezifizierte „wettbewerbsrechtliche Überlegungen".[53]

16 Fragt man sich, warum der Verordnungsgeber zunächst über zwei Jahre nach Vorlage des Erstentwurfs der ZMediatAusbV untätig geblieben ist, um dann vergleichsweise überraschend, ohne Vorankündigung, ohne Beteiligung der Fachkreise und Verbände sowie – vor allem – noch in Unkenntnis über Resultate der bereits angelaufenen Evaluierung der Aus- und Fortbildungsvorgaben des MediationsG die ZMediatAusbV in ihrer am 21.8.2016 erlassenen Form vorzulegen, so wird man die Antwort in einem anderen Gesetz finden. Zur Umsetzung der Richtlinie 2013/11/EU des EU-Parlaments und des Rates vom 21.5.2013 über die alternative Beilegung verbraucherrechtlicher Streitigkeiten[54] („**ADR-Richtlinie**") wurde am 19.2.2016[55] das am 1.4.2016 in Kraft getretene Verbraucherstreitbeilegungsgesetz[56] beschlossen. In letzter Minute dieses Gesetzgebungsverfahrens wurde § 6 Abs. 2 S. 2 VSBG dahin gehend geändert, dass neben Volljuristen nunmehr auch zertifizierten Mediatoren die Berechtigung zugesprochen wurde, als Streitmittler im Sinne des VSBG tätig zu sein (vgl. § 6 Abs. 2 S. 2 VSBG: *„Der Streitmittler muss die Befähigung zum Richteramt besitzen oder zertifizierter Mediator sein."*). Damit war in Bezug auf den zertifizierten Mediator allerdings ein legislatives Dilemma geschaffen worden: Einerseits zur Voraussetzung für die Tätigkeit als Streitmittler erhoben, war die Führung der Bezeichnung als zertifizierter Mediator andererseits gesetzlich gesperrt – nämlich bis zum Inkrafttreten der seinerzeit noch nicht erlassenen ZMediatAusbV.[57] Dem Druck, nach Inkrafttreten des VSBG nunmehr schnellstmöglich die ZMediatAusbV zu erlassen, hat sich das BMJV letztlich gebeugt – nach hier vertretener Ansicht allerdings unter Inkaufnahme der eingangs geschilderten Schwachpunkte und Defizite.

---

51 Tögel/Rohlff ZKM 2011, 108 (109).
52 Stellungnahme der BRAK zum MedG-E, BRAK-Stellungnahme-Nr. 27/2010, S. 14, abrufbar unter https://www.brak.de/fileadmin/05_zur_rechtspolitik/stellungnahmen-pdf/stellungnahmen-deutschland/2010/stellungnahme-der-brak-2010-27.pdf (zuletzt abgerufen am 3.3.2024).
53 BAFM-Stellungnahme vom 1.10.2010, S. 4, abrufbar unter: https://www.bafm-mediation.de/site/assets/files/1272/stellungnahme_2010_10_01_zum_referentenentwurf_des_gesetzes_zur_forderung_der_mediation_und_anderer_verfahren_der_ausserger.pdf (zuletzt abgerufen am 3.3.2024).
54 ABl. L 165, 63 ff. v. 18.6.2013, zu Regelungsgehalt und Auswirkungen → O. Rn. 1 ff.
55 Die Umsetzung in bundesdeutsches Recht erfolgte damit verspätet; die Umsetzungsfrist der ADR- Richtlinie war bereits am 9.7.2015 verstrichen.
56 BGBl. 2016 I 253.
57 Zu dieser Sperrwirkung Klowait ZKM 2015, 194 ff.; zu den auch nach Inkrafttreten der ZMediatAusbV bestehenbleibenden rechtlichen Bedenken zu § 6 VSBG vgl. Greger/Unberath/Steffek/Greger C. § 6 Rn. 7 f. sowie Greger, Zugang zur Tätigkeit des Streitmittlers (§ 6 VSBG), abrufbar unter http://www.schlichtungs-forum.de/grundlagen/einzelne-rechtsfragen/ (letzter Abruf 3.3.204).

II. Inhaltliche Grundzüge der Verordnungsermächtigung

Ergänzend zu der Kommentierung der Einzelvorschriften der ZMediat-AusbV (→ ZMediatAusbV § 1 Rn. 1 ff.) wird im Folgenden zunächst ein Blick auf den Rahmen geworfen, den der Gesetzgeber dem Verordnungsgeber in § 6 insoweit eröffnet hat. Dabei konkretisiert § 6 S. 2 in den nachfolgenden Nr. 1–8 die in § 6 S. 1 allgemein formulierte **Ermächtigung des BMJ zum Erlass der Verordnung**. Der in den Nr. 1–8 genannte Katalog möglicher Verordnungsinhalte ist weder abschließend formuliert noch muss er überhaupt verbindlich umgesetzt werden. Dem BMJV als Verordnungsgeber hätte es somit auch freigestanden, von der Verordnungsermächtigung in § 6 gar keinen Gebrauch zu machen (was sich aus dem bloßen **Ermächtigungs**charakter des § 6 ergibt und im Rahmen von § 6 S. 2 zusätzlich durch das Wort „können" unterstrichen wird) oder auch zusätzlich zu den in § 6 S. 2 Nr. 1–8 genannten Punkten weitere Inhalte zu regeln („können **insbesondere** festgelegt werden: ...").

Durch § 6 ist der Verordnungsgeber zwar nicht verpflichtet, wohl aber gehalten, im Falle des Erlasses einer Ausbildungsverordnung die in S. 2 Nr. 1–8 genannten Punkte möglichst vollständig zu berücksichtigen. Eine echte Rechtspflicht hierzu besteht zwar nicht, weil der Verordnungsgeber, wenn er sogar dazu berechtigt ist, überhaupt keine Verordnung zu erlassen, nicht zugleich dazu verpflichtet sein kann, eine Regelung nur unter gänzlicher Berücksichtigung ausnahmslos aller in S. 2 genannten Punkte zu treffen;[58] rein tatsächlich stünde eine nur partielle Regelung allerdings im Widerspruch zum ausführlich bekundeten Willen des Gesetzgebers[59] – und letztlich auch zu dem politischen Kompromiss, der eine Einigung in der Endphase des Gesetzgebungsverfahrens nur auf Basis des Modells der zertifizierten Mediators ermöglicht hat.

1. Ausbildung (S. 2 Nr. 1 und 3). Nach § 6 S. 2 Nr. 1 kann der Verordnungsgeber – neben der Konkretisierung der für einen zertifizierten Mediator erforderlichen Praxiserfahrung – nähere Bestimmungen über die **Inhalte der Ausbildung** erlassen, wobei eine Ausbildung zum zertifizierten Mediator die in § 5 Abs. 1 S. 2 aufgeführten Ausbildungsinhalte zu vermitteln hat. § 6 S. Nr. 3 ermächtigt das BMJ ergänzend dazu, **Mindeststundenzahlen** für die Ausbildung zum zertifizierten Mediator vorzusehen.

Zu den durch die Bezugnahme auf § 5 Abs. 1 S. 2 zu vermittelnden Pflichtinhalten der Ausbildung zum zertifizierten Mediator zählen damit:

- Kenntnisse über Grundlagen der Mediation sowie deren Ablauf und Rahmenbedingungen,
- Verhandlungs- und Kommunikationstechniken,
- Konfliktkompetenz,
- Kenntnisse über das Recht der Mediation sowie über die Rolle des Rechts in der Mediation sowie
- praktische Übungen, Rollenspiele und Supervision.

Die gesetzgeberische Intention, die Bezeichnung „zertifizierter Mediator" in Art eines Gütesiegels als echtes Qualitätsmerkmal auszugestalten, kann

---

58 AA Fritz/Pielsticker/Fritz § 6 Rn. 16.
59 BT-Drs. 17/8058, 18 ff.

nur umgesetzt werden, wenn die Ausbildung zum zertifizierten Mediator sich qualitativ von der des „einfachen Mediators" nach § 5 Abs. 1 abhebt. Dass § 6 S. 2 Nr. 1 lediglich eine Verweisung auf die auch für den nicht zertifizierten Mediator zu beachtenden Ausbildungsinhalte vorsieht, ist – entgegen dem insoweit missverständlichen Wortlaut – nicht etwa dahin gehend zu verstehen, dass hier wie dort die gleichen Anforderungen gelten sollen. Hinsichtlich Intensität und Tiefe der Behandlung der genannten Pflichtinhalte sind im Rahmen der Ausbildung zum zertifizierten Mediator vielmehr höhere Anforderungen zu stellen (hierzu auch → MediationsG § 5 Rn. 19).

22 Obwohl nicht explizit in § 6 erwähnt, folgt aus dem Verhältnis der §§ 5 und 6 zueinander, dass das in § 5 Abs. 1 S. 1, letzter Halbsatz genannte vorrangige **Ausbildungsziel** auch (und erst recht) für den zertifizierten Mediator Geltung beansprucht, dass selbstverständlich also auch dessen Ausbildung dazu befähigen muss, dass er die Parteien in sachkundiger Weise durch die Mediation führen kann.

23 Unklar und unverständlich bleibt, warum auch im Rahmen von § 6 S. 2 Nr. 1 iVm § 5 Abs. 1 S. 2 die unter Punkt VIII. der Beschlussempfehlung des Rechtsausschusses aufgeführten Kriterien **„Persönliche Kompetenz, Haltung und Rollenverständnis"**[60] keine explizite Erwähnung im Gesetzeswortlaut finden (hierzu auch → MediationsG § 5 Rn. 20). Zwar lässt die Gesetzesbegründung erkennen, dass die hierzu vom Arbeitskreis „Zertifizierung für Mediatorinnen und Mediatoren" erarbeiteten Empfehlungen grundsätzlich ebenfalls unterstützt werden; angesichts der Bedeutung, die den dort genannten Kriterien (siehe hierzu den unter → Rn. 25, abgedruckten Entwurf eines Ausbildungscurriculums, dort unter Punkt VIII.) für eine verantwortungsvolle, selbst reflektierte und von einer mediativen Grundhaltung geprägte Ausübung der Mediationstätigkeit beizumessen ist,[61] ist jedoch kein Grund ersichtlich, gerade dies – anders als alle anderen Punkte des Empfehlungskataloges – nicht auch auf *gesetzlicher* Ebene zu adressieren. Insoweit ist zu begrüßen, dass die Berücksichtigung der Themen der persönlichen Kompetenz, der Haltung und des Rollenverständnisses des Mediators dennoch Eingang in die Pflichtinhalte der Ausbildung des zertifizierten Mediators gefunden haben, seitens des BMJV als Verordnungsgeber also berücksichtigt worden sind (dazu → ZMediatAusbV § 2 Rn. 8, dort Ziffer 8).

24 Welchen Inhalt das **Curriculum für die Ausbildung zum zertifizierten Mediator** haben könnte, hatte der Rechtsausschuss des Deutschen Bundestages in Anlehnung an die vom Arbeitskreis „Zertifizierung für Mediatorinnen und Mediatoren" erarbeiteten Empfehlungen bereits im Verlauf des Gesetzgebungsverfahrens zum MediationsG sehr detailliert beschrieben[62] (im Detail → Rn. 25). Obwohl diesem vorgeschlagenen Ausbildungsplan rechtlich **keine Bindungswirkung** für eine Umsetzung durch das BMJV

---

60 BT-Drs. 17/8058, 19.
61 Zu einem wichtigen Teilaspekt – der Achtsamkeit des Mediators – vgl. Reutter 2017.
62 BT-Drs. 17/8058, 19/20.

beizumessen ist,[63] ist er letztlich nahezu unverändert in die ZMediatAusbV übernommen und auch im Rahmen der zum 1.3.2024 greifenden Novellierung weitgehend beibehalten worden (dazu → ZMediatAusbV § 2 Rn. 8).

Das in der Gesetzesbegründung vorläufig vorgeschlagene **Curriculum für eine Ausbildung zum zertifizierten Mediator** hatte folgenden Inhalt:

I. Einführung und Grundlagen der Mediation – Gewichtung: 18 Stunden (15 %)
   1. Definitionen
   2. Grundlagen der Mediation
      a) Überblick zu Prinzipien, Verfahrensablauf und Phasen
      b) Überblick zu Kommunikations- und Arbeitstechniken in der Mediation.
   3. Abgrenzung der Mediation zum streitigen Verfahren und anderen alternativen Konfliktbeilegungsverfahren.
   4. Überblick über die Anwendungsfelder der Mediation.
II. Ablauf und Rahmenbedingungen der Mediation – Gewichtung: 30 Stunden (25 %)
   1. Einzelheiten zu den Phasen der Mediation
      a) Mediationsvertrag,
      b) Stoffsammlung,
      c) Interessenerforschung,
      d) Sammlung und Bewertung von Optionen,
      e) Abschlussvereinbarung.
   2. Besonderheiten unterschiedlicher Settings in der Mediation
      a) Einzelgespräche,
      b) Co-/Teammediation, Mehrparteienmediation, Shuttle-Mediation,
      c) Einbeziehung Dritter (zB Kinder, Steuerberater, Gutachter).
   3. Weitere Rahmenbedingungen
      a) Vor- und Nachbereitung von Mediationsverfahren,
      b) Dokumentation/Protokollführung.
III. Verhandlungstechniken und -kompetenz – Gewichtung: 12 Stunden (10 %)
   1. Grundlagen der Verhandlungsanalyse.
   2. Verhandlungsführung und Verhandlungsmanagement:
      Intuitives Verhandeln, Verhandlung nach dem Harvard-Konzept/integrative Verhandlungstechniken, distributive Verhandlungstechniken.
IV. Gesprächsführung, Kommunikationstechniken – Gewichtung: 18 Stunden (15 %)
   1. Grundlagen der Kommunikation.
   2. Kommunikationstechniken: aktives Zuhören, Paraphrasieren, Fragetechniken, Verbalisieren, Reframing, verbale und nonverbale Kommunikation.

---

63 So auch Greger/Unberath/Steffek/Greger B. § 6 Rn. 9.

Klowait

3. Techniken zur Entwicklung und Bewertung von Lösungen (Brainstorming, Mindmapping, sonstige Kreativitätstechniken, Risikoanalyse).
4. Visualisierungs- und Moderationstechniken.
5. Umgang mit schwierigen Situationen (zB Blockaden, Widerstände, Eskalationen, Machtungleichgewichte).

V. Konfliktkompetenz – Gewichtung: 12 Stunden (10 %)
1. Konflikttheorie (Konfliktfaktoren, Konfliktdynamik und Konfliktanalyse; Eskalationsstufen; Konflikttypen).
2. Erkennen von Konfliktdynamiken.
3. Interventionstechniken.

VI. Recht der Mediation – Gewichtung: 6 Stunden (5 %)
1. Rechtliche Rahmenbedingungen: Mediationsvertrag, Berufsrecht, Verschwiegenheit, Vergütungsfragen, Haftung und Versicherung.
2. Einbettung in das Recht des jeweiligen Grundberufs.
3. Grundzüge des Rechtsdienstleistungsgesetzes.

VII. Recht in der Mediation, Ermöglichung einer rechtlich informierten Entscheidung bei rechtlich relevanten Sachverhalten – Gewichtung: 12 Stunden (10 %)
1. Rolle des Rechts in der Mediation.
2. Abgrenzung von zulässiger rechtlicher Information und unzulässiger Rechtsberatung in der Mediation durch den Mediator.
3. Abgrenzung zu den Aufgaben des Parteianwalts.
4. Sensibilisierung für die rechtliche Relevanz bestimmter Sachverhalte bzw. rechtzeitige Empfehlung an die Medianden, in rechtlich relevanten Fällen externe rechtliche Beratung in Anspruch zu nehmen.
5. Mitwirkung von Rechtsanwälten in der Mediation selbst.
6. Rechtliche Besonderheiten der Mitwirkung des Mediators bei der Abschlussvereinbarung.
7. Rechtliche Bedeutung und Durchsetzbarkeit der Abschlussvereinbarung unter Berücksichtigung der Vollstreckbarkeit.

VIII. Persönliche Kompetenz, Haltung und Rollenverständnis – Gewichtung: 12 Stunden (10 %)
1. Rollendefinition, Rollenkonflikte.
2. Aufgabe und Selbstverständnis des Mediators.
3. Mediation als Haltung, insbesondere Wertschätzung, Respekt und innere Haltung.
4. Allparteilichkeit, Neutralität und professionelle Distanz zu den Medianden und zum Konflikt.
5. Macht und Fairness in der Mediation.
6. Umgang mit eigenen Gefühlen.
7. Selbstreflexion.
8. Vernetzung.
9. Bewusstheit über die eigenen Grenzen aufgrund der beruflichen Prägung und Sozialisation.

IX. Praxis und Supervision und Intervision in der Ausbildung

1. Rollenspiele mit Feedback und Analyse.
2. Information über die Bedeutung von Supervision.
X. Praktische Erfahrung und Nachweis von Fällen
   1. praktische Erfahrungen in eigenen Mediationsfällen, auch als Co-Mediator.
   2. praktische Erfahrungen im Rahmen von Supervision, Inter- oder Covision.

Zur **Kritik an der starren Festschreibung der Ausbildungsinhalte** dieses Empfehlungskataloges und ihrer jeweiligen Gewichtung → MediationsG § 5 Rn. 44.

Soweit § 6 S. 2 Nr. 1 – wie auch Ziffer X. des Empfehlungskataloges für die Ausbildungsinhalte – dazu ermächtigt, neben den inhaltlichen Ausbildungsvorgaben auch die **erforderliche Praxiserfahrung** zu konkretisieren, ergibt die Zusammenschau der §§ 5 und 6, dass an den zertifizierten Mediator auch hier in Abgrenzung zu den Vorgaben für den nicht zertifizierten Mediator nach § 5 Abs. 1 deutlich höhere – zum Teil auch inhaltlich andere – Anforderungen zu stellen sind (zur – insoweit zunächst nur unzureichenden – Umsetzung durch die ZMediatAusbV → Rn. 28 sowie → ZMediatAusbV § 2 Rn. 13 ff.).

Während die auch beim nicht zertifizierten Mediator durch § 5 Abs. 1 geforderte praktische Erfahrung bereits dadurch vermittelt werden kann, dass er im Rahmen seiner Ausbildung unter fachkundiger Anleitung an praktischen Übungen und Rollenspielen teilnimmt (→ MediationsG § 5 Rn. 21 und 22), reicht dies für den zertifizierten Mediator allein nicht aus.[64] Praktizierende Mediatoren werden bestätigen, dass sie ihre Befähigung, die Parteien in sachkundiger Weise durch eine Mediation führen zu können, neben einer soliden Mediationsausbildung in erster Linie aus den Erfahrungen beziehen, die sie aus den von ihnen mediierten Fällen gewinnen. Die Praxiserfahrung des Mediators ist ein unmittelbar qualitätsprägendes Merkmal. Das qualitative „Plus" des zertifizierten Mediators im Vergleich zu seinem nicht zertifizierten Kollegen muss sich demzufolge gerade auch in seiner nachgewiesenen Praxiserfahrung niederschlagen. Würde hierauf verzichtet, schlüge das vermeintliche Gütesiegel der Bezeichnung „zertifizierter Mediator" in sein Gegenteil um: dem Verbraucher würde dann nur suggeriert, dass der zertifizierte Mediator höher qualifiziert sei, ohne dass er die hierzu maßgeblich erforderliche konkrete Mediationserfahrung vorweisen könnte. Aus diesem Grund ist es zu begrüßen, dass Ausbildungsteilnehmende nach der seit dem 1.3.2024 geltenden Neufassung von § 2 Abs. 5 (iVm § 2 Abs. 2) ZMediatAusbV als Bestandteil ihrer Ausbildung nunmehr fünf supervidierte Mediationen innerhalb von drei Jahren nach Beendigung des Ausbildungslehrgangs durchgeführt haben müssen, um sich als zertifizierter Mediator bezeichnen zu dürfen. Wegen der hohen individuellen Lernerfahrung, die eine Reflektion eigener Fälle

---

64 Selbstverständlich muss auch die Mediationsausbildung des zertifizierten Mediators daneben ebenfalls praktische Erfahrung in Form von Rollenspielen, Feedback, Analyse und (Ausbildungs-)Supervision vermitteln, da hier keine geringeren Anforderungen gestellt werden dürfen als an den nicht zertifizierten Mediator (zu Letzterem → MediationsG § 5 Rn. 21 f.).

im Rahmen von **Super-, Inter- und Covisionen** ermöglicht, sieht Ziffer X.2. des Empfehlungskataloges dabei zu Recht deren Durchführung als praxisbegleitend sinnvolle Maßnahmen an. Unter Außerachtlassung von Intervisionen und Covisionen stellt die ZMediatAusbV demgegenüber als verpflichtende Vorgabe ausschließlich auf die Supervision ab (→ ZMediatAusbV § 2 Rn. 13 ff.).

28 Da die Möglichkeit, eigene Praxiserfahrungen als Mediator zu sammeln, sich erst nach der „eigentlichen" Mediationsausbildung eröffnet, fragt sich, wie der in § 5 Abs. 2 genannte Terminus **„Abschluss der Ausbildung"** zu interpretieren ist. Würde man ihn auf den Zeitpunkt verorten, zu dem der Mediator seine Ausbildung (im engeren Sinne) soeben absolviert hat, aber mangels Gelegenheit noch keine Praxiserfahrung in Form der Durchführung eigener Mediationen hat sammeln können,[65] entstünde ein kaum auflösbares und mit Sinn und Zweck der gesetzlichen Regelung unvereinbares Paradoxon: Der Mediator dürfte sich dann bereits als absoluter Berufsanfänger ohne jegliche Praxiserfahrung „zertifizierter Mediator" nennen. Mit Ausnahme von einigen Stunden mehr Ausbildung würde er sich in nichts vom „einfachen Mediator" nach § 5 Abs. 1 unterscheiden. Die mit der Statuierung des zertifizierten Mediators auch angestrebte Transparenz für den Verbraucher würde sich in diesem Fall in dessen Irreführung und Täuschung umwandeln – ein Ergebnis, das kaum im Sinne des Gesetzgebers liegen dürfte. Es kann nur vermieden werden, wenn der in § 5 Abs. 2 verwandte Begriff des Ausbildungsabschlusses dahin gehend ausgelegt wird, dass die nötige Praxiserfahrung noch als Teil der Ausbildung angesehen wird.[66] Als zertifizierter Mediator sollte sich daher nur derjenige Mediator bezeichnen dürfen, der – nachdem er die übrigen Bestandteile des Ausbildungscurriculums zum zertifizierten Mediator absolviert hat – auch den Nachweis ausreichender eigener praktischer Mediationserfahrung erbracht hat. Dieser Erkenntnis hat sich der Verordnungsgeber nur schrittweise angeschlossen, Der Referentenentwurf einer Ausbildungsverordnung für zertifizierte Mediatoren hatte dies zunächst nur unzureichend umgesetzt, weil er die Praxiserfahrung als Mediator im Rahmen der alle zwei Jahre vorgesehenen „Rezertifizierung" zwar zeitnah *nach* der Ausbildung forderte, was indessen nicht verhindert hätte, dass Mediatoren, die (zunächst) über keinerlei nachgewiesene Praxiserfahrung verfügen, sich bereits als zertifizierte Mediatoren hätten bezeichnen dürfen. § 2 Abs. 2 ZMediatAusbV in der bis zum 28.2.2024 geltenden Fassung stellte demgegenüber zwar klar, dass sich die Ausbildung zum Mediator aus einem Ausbildungslehrgang *und* einer Einzelsupervision im Anschluss an eine als Mediator oder Co-Mediator durchgeführte Mediation zusammensetzt, die praktische Mediationserfahrung also als Bestandteil der Ausbildung anzusehen ist. Allerdings ist auch dieser Ansatz zu Recht kritisiert worden, da hierbei (vorbehaltlich weiterer Vorgaben im Rahmen der *Fortbildungs*verpflichtungen des zertifizierten Mediators, → ZMediatAusbV § 3 Rn. 1 ff.) bereits eine

---

65 Hospitationen während der Ausbildung reichen insoweit nicht aus, da die hier eher beobachtend-lernende Rolle des Hospitanten qualitativ weit hinter dem eigenen Erfahrungslernen zurück bleibt.
66 So auch Greger/Unberath/Steffek/Greger B. § 6 Rn. 12.

einzige durchgeführte (supervidierte) Mediation als ausreichend angesehen wurde, obwohl diese gegenüber dem nicht zertifizierten Mediator nur einen höchst graduellen „Erfahrungsvorsprung" beinhaltet (→ ZMediatAusbV § 2 Rn. 13 ff.). Erst mit der seit dem 1.3.2024 geltenden Novelle der Ausbildungsvorgaben des zertifizierten Mediators und dem nach § 2 Abs. 2 iVm Abs. 5 ZMediatAusbV greifenden Erfordernis des Nachweises von fünf supervidierten Mediationen sind nunmehr Voraussetzungen statuiert worden, die einen relevanten Mindestumfang nachzuweisender praktischer Mediationserfahrung verlangen und damit die Führung des Gütesiegels „zertifizierter Mediator" auch unter dem Aspekt der von der Öffentlichkeit damit zu Recht verbundenen Erwartungshaltung gesteigerter Praxiserfahrung erlauben.

Die Frage, welche **Mindeststundenzahl der Ausbildung** ein Mediator absolviert haben sollte, bzw. ob es überhaupt der Festschreibung einer solchen bedarf, ist bereits im Gesetzgebungsverfahren kontrovers diskutiert worden (→ MediationsG § 5 Rn. 7 ff.). Die Qualität einer Mediationsausbildung steht nicht in direktem Verhältnis zu ihrer Quantität. Entscheidend ist, dass die wesentlichen Inhalte berücksichtigt sind und – vor allem – dass diese in einer kompetenten, methodische und didaktische Aspekte gleichermaßen berücksichtigenden Art und Weise von Lehrkräften vermittelt werden, die aus eigener Mediationserfahrung wissen, wovon sie sprechen. Eine 90-stündige Ausbildung, die diesen Kriterien entspricht, kann qualitativ ungleich höher zu bewerten sein als eine 200-stündige oder noch längere Ausbildung, die dem nicht genügt. Dass sich das BMJV gemäß § 2 Abs. 4 ZMediatAusbV (aF) bei Erlass der ZMediatAusbV im Ergebnis zunächst der 120-Stunden-Marke angeschlossen hat, die sich aufgrund der Empfehlung des Rechtsausschusses des Deutschen Bundestages bereits im Gesetzgebungsverfahren zum MediationsG herausgebildet hatte,[67] ist als Kompromiss zwischen den Befürwortern einer 90-stündigen und einer 200-stündigen Ausbildungsdauer zu sehen. Fritz schreibt die Festlegung der ursprünglich verlangten **120-stündigen Mindestausbildungsdauer** der erfolgreichen Lobbyarbeit der Mediationsverbände und Ausbildungsinstitute zu und verweist rechtsvergleichend auf die ohne starre Mindeststundenvorgaben auskommende, überaus erfolgreiche Entwicklung der Mediation in den USA.[68] In der Tat wäre es naiv, wirtschaftliche Interessen bzgl. des lukrativen Mediationsausbildungsmarktes als Ursache für die seinerzeit zum Teil hoch emotional geführte Diskussion um die Festsetzung einer Mindeststundenzahl nicht sehen zu wollen. Andererseits bedarf das Gesetz gewordene Modell des Nebeneinanders von nicht zertifiziertem und zertifiziertem Mediator transparenter Unterscheidungskriterien im Sinne von quantitativ wie qualitativ höheren Anforderungen an den zertifizierten Mediator. Vor diesem Hintergrund ist sowohl die ursprünglich erfolgte Festschreibung von 120 Stunden Mindestausbildungsdauer als auch deren nur maßvolle Erhöhung auf nunmehr 130 Stunden nach § 2 Abs. 4 ZMediatAusbV nachvollziehbar.

---

67 Auch der Referentenentwurf der Verordnung ging gemäß seines § 3 Abs. 2 bereits von 120 Stunden aus.
68 Fritz/Pielsticker/Fritz § 6 Rn. 23 ff.

30 **2. Fortbildung (S. 2 Nr. 2, 3 und 4).** Die in § 6 S. 2 Nr. 2, 3 und 4 vorgesehenen Regelungspunkte ermächtigen den Verordnungsgeber dazu, nähere Bestimmungen über **Fortbildungsinhalte** festzulegen sowie etwaige **Mindeststundenzahlen** und **Intervalle** der Fortbildung vorzugeben.

31 Ausweislich der Gesetzesbegründung zum MediationsG schwebte dem Gesetzgeber dabei vor, dass alle zwei Jahre eine Fortbildung von mindestens 10 Stunden erfolgen sollte.[69] Der Referentenentwurf einer Ausbildungsverordnung setzte einen innerhalb von zwei Jahren abzuleistenden Mindestumfang von 20 Zeitstunden voraus, vgl. § 4 Abs. 1 des Referentenentwurfs. Mit § 3 Abs. 1 ZMediatAusbV ist der Umfang der Fortbildungsveranstaltungen sodann auf mindestens 40 Zeitstunden innerhalb von vier Jahren festgesetzt worden. Aus den gleichen Gründen, die auch beim nicht zertifizierten Mediator Geltung beanspruchen (hierzu → MediationsG § 5 Rn. 34), hätte eine Option auch darin bestehen können, die Fortbildungspflicht des zertifizierten Mediators nicht zu starr zu fixieren, um die Berücksichtigung des individuellen Fortbildungsbedarfs flexibel zu ermöglichen. Da die konkrete Praxiserfahrung des Mediators anhand eigener Fälle letztlich die wertvollste „Fortbildung" des Mediators ist, wäre eine Regelung, welche die Anforderungen an die periodische Fortbildung in Abhängigkeit von der zwischenzeitlich nachgewiesenen Praxiserfahrung staffelt, zu begrüßen. Ein solcher Ansatz hat in die ZMediatAusbV keinen Eingang gefunden, sollte bei zukünftigen Novellen der Verordnung aber erwogen werden. Neben Fällen, die der Mediator alleine oder in Co-Mediation durchgeführt hat, könnten dabei auch durchgeführte Supervisionen, Intervisionen etc Berücksichtigung finden, da auch diese intensive Lernerfahrungen und Selbstreflexionen ermöglichen, die im Rahmen der Fortbildungsverpflichtung anrechenbar sein sollten.

32 **Verstöße gegen die Fortbildungspflicht** des zertifizierten Mediators führen nach § 3 Abs. 1 S. 3 ZMediatAusbV nunmehr explizit zum Verlust seiner Befugnis, sich als „zertifizierter Mediator" bezeichnen zu dürfen. Da rechtstechnisch weiterhin keine echte „Zertifizierung" vorliegt, die aberkannt werden könnte (hierzu → Rn. 3), ist das vorgenannte Verbot eher als restriktive Regelung der reinen Berufsbezeichnung zu verstehen. Die Konsequenzen, denen sich ein zertifizierter Mediator ausgesetzt sieht, der sich trotz des Verbotes von § 3 Abs. 1 ZMediatAusbV weiterhin als zertifizierter Mediator bezeichnet, dürften damit – wie auch bei seinem nicht zertifizierten Kollegen (hierzu → MediationsG § 5 Rn. 35 und 26) – weiterhin rein zivil- und wettbewerbsrechtlicher Art sein.

33 **3. Anforderungen an Lehrkräfte (S. 2 Nr. 5).** Guten Lehrkräften, die fachlich kompetent, in ihrer Berufspraxis als Mediator erfahren und erfolgreich sind und auch die zur Wissensvermittlung notwendigen methodisch-didaktischen Fähigkeiten haben, kommt für die Qualität einer Mediationsausbildung höchste Bedeutung zu. Es ist deshalb richtig, dass § 6 S. 2 Nr. 5 auch eine Regelung der Anforderungen zulässt, welche die in den Mediationsaus- und Fortbildungseinrichtungen eingesetzten Lehrkräfte erfüllen sollen. Der Mediator, der nach seiner Ausbildung mangels Nachfrage nach Me-

---

[69] BT-Drs. 17/8058, 18 zu § 5; gegen eine solche Regelung wurden zum Teil verfassungsrechtliche Bedenken geäußert, Fritz/Pielsticker/Fritz § 6 Rn. 26 ff.

diationen völlig praxisunerfahren sein Glück als Ausbilder im lukrativen Mediationsausbildungsgeschäft versucht, sollte generell der Vergangenheit angehören; im Bereich der Ausbildung zertifizierter Mediatoren gilt dies erst recht.

Fraglich ist aber, wie die **Anforderungen an eine „gute Lehrkraft"** sinnvoll definiert und operationalisierbar gemacht werden können – und ob die in § 5 Abs. 1 ZMediatAusbV definierten Kriterien (nämlich das Vorhandensein einer Berufsausbildung bzw. eines Hochschulstudiums sowie der „erforderlichen fachlichen Kenntnisse", → ZMediatAusbV § 5 Rn. 1 ff.) dem gerecht werden. Von einem Rückgriff auf entsprechende Vorgaben von Mediationsverbänden[70] hat der Verordnungsgeber in § 5 Abs. 1 ZMediatAusbV Abstand genommen. Sieht man zur Ausbildung zertifizierter Mediatoren zumindest eine mehrjährige **Praxiserfahrung als Mediator und als Lehrkraft** als notwendig und angemessen an, was weder überzogen erscheint noch verfassungsrechtlichen Bedenken begegnen dürfte,[71] so verfehlt § 5 Abs. 1 ZMediatAusbV bei wörtlicher Auslegung gleich beide Ziele, da weder Vorerfahrungen als Lehrkraft noch Praxiserfahrungen als Mediator gefordert werden. Ist schon allgemein zu fordern, dass Lehrkräfte einen spürbaren Wissens- und *Erfahrungs*vorsprung vor ihren Ausbildungsteilnehmern haben, so gilt dies für die Ausbildung zu zertifizierten Mediatoren erst recht. Da letztere nach § 2 Abs. 2 iVm Abs. 5 ZMediatAusbV gehalten sind, innerhalb von drei Jahren nach Beendigung des Ausbildungslehrganges fünf supervidierte Mediationen nachzuweisen, wäre es sinnvoll, von ihren Ausbildern entsprechend mehr zu verlangen, beispielsweise eine mehrjährige Lehr- und Berufspraxis auf dem Gebiet der alternativen Streitbeilegung mit einer festzulegenden Mindestanzahl von mediierten Fällen, durchgeführten Supervisionen etc. Bedauerlicherweise spielte dieser Aspekt auch in den Überlegungen zur Reform der Ausbildung zertifizierter Mediatoren jedoch keine Rolle.

4. Ausbildungsabschluss und -bescheinigung (S. 2 Nr. 6 und 7). § 6 S. 2 Nr. 6 erlaubt den Erlass von Bestimmungen darüber, dass und in welcher Weise eine Aus- und Fortbildungseinrichtung die Teilnahme an einer Aus- und Fortbildungsveranstaltung zu zertifizieren hat. Dies wird durch § 6 S. 2 Nr. 7 um die Befugnis ergänzt, Regelungen über den Abschluss der Ausbildung zu erlassen. Die ZMediatAusbV setzt dies für die Bescheinigung der Ausbildung in § 2 Abs. 1 und Abs. 6 und für die Fortbildung in den § 3 Abs. 3 und Abs. 4 um.

Im Kern handelt es sich bei der Bescheinigung über den Ausbildungsabschluss nicht um einen Zertifizierungsvorgang (vgl. hierzu → Rn. 3), sondern um die Erstellung und Aushändigung einer bloßen **Teilnahmebescheinigung**. Daraus folgt, dass die Bescheinigung die Ausbildungsinhalte und ihre Gewichtung zueinander im Einzelnen so detailliert beschreiben muss, dass deren Übereinstimmung mit den Vorgaben der ZMediatAusbV auch für Dritte ohne weiteres erkennbar ist. Anderenfalls würde es dem ausge-

---

70 Hierzu Greger/Unberath/Steffek/Greger B. § 6 Rn. 15.
71 Fritz weist zu Recht darauf hin, dass die entsprechenden Regelungen der Verordnung sich auch in Bezug auf die Lehrkräfte am Maßstab der durch Art. 12 GG geschützten Berufsfreiheit messen lassen müssen, Fritz/Pielsticker/Fritz § 6 Rn. 30.

bildeten Mediator ohne triftigen Grund erschwert, im Geschäftsverkehr den Nachweis seiner Ausbildung und seiner Berechtigung zur Führung der Bezeichnung „zertifizierter Mediator" zu erbringen. Dies ginge zugleich zulasten der mit der Einführung von § 6 ebenfalls angestrebten Transparenz für den Verbraucher.[72] Das gleiche Maß an Klarheit und Transparenz ist infolgedessen auch für Bescheinigungen über absolvierte Fortbildungen zu fordern.

37 § 6 erlaubt nicht nur die Vorgabe, in welcher Weise eine Teilnahmebestätigung auszustellen ist, sondern generell auch, *dass* sie ausgestellt werden muss. Angesichts der Bedeutung, welche der Bescheinigung als Voraussetzung für die Berechtigung zur Bezeichnung als zertifizierter Mediator beizumessen ist, ist es zu begrüßen, dass von dieser Befugnis nach Maßgabe von § 2 Abs. 6 ZMediatAusbV bereits im Rahmen des Erlasses der ZMediatAusbV Gebrauch gemacht wurde. § 2 Abs. 1 ZMediatAusbV platziert die Bedeutung der Bescheinigung nunmehr noch prominenter, indem vorgegeben wird, dass sich als zertifizierter Mediator nur bezeichnen darf, wer eine Ausbildung zum zertifizierten Mediator abgeschlossen hat und über die nach Absatz 6 ausgestellte Bescheinigung verfügt. Wenngleich die Rechtsschutzmöglichkeiten des Ausbildungsteilnehmers im Verhältnis zu der ihn ausbildenden Einrichtung in erster Linie zivilrechtlich – nämlich aus seinem Ausbildungsvertrag – determiniert sind,[73] ist es sachgerecht, dass eine solche **Pflicht zur Ausstellung** entsprechender Aus- und Fortbildungsbescheinigungen flankierend auch in die ZMediatAusbV aufgenommen worden ist.

38 Ob die Befugnis, **Regelungen zum Abschluss der Ausbildung** zu treffen, die Berechtigung umfasst, eine **Abschlussprüfung** vorzusehen, wird unterschiedlich beurteilt.[74] § 6 Abs. 1 Nr. 7 hat nach hier vertretener Auffassung weniger eine eventuelle Abschlussprüfung im Blick, sondern dürfte als rein klarstellende Regelung dahin gehend konzipiert sein, dass es dem Verordnungsgeber frei steht, detaillierte Vorgaben darüber zu erlassen, auf welche Art und Weise die in der Verordnung geforderten Voraussetzungen nachzuweisen und zu dokumentieren sind. Dass die Bescheinigung über den Abschluss der Ausbildung zum zertifizierten Mediator als reine Teilnahmebestätigung zu verstehen ist und keine Leistungs- oder Lernkontrolle beinhaltet, entspricht auch der Auffassung des Verordnungsgebers, was im Rahmen der zum 1.3.2024 greifenden Novelle der Ausbildungsanforderungen dadurch zum Ausdruck kommt, dass das bisherige Erfordernis eines „erfolgreichen" Abschlusses der Ausbildung in § 2 Abs. 6 S. 1 ZMediatAusbV gestrichen wurde. Hiermit sollte klargestellt werden, dass der Ausbildungslehrgang mit der vollständigen Teilnahme an den vorgeschriebenen Lehreinheiten abgeschlossen ist.[75] Ausbildungsinstitute, die die Ausstellung der Bescheinigung vom erfolgreichen Bestehen einer dennoch

---

72 Zu einem einheitlichen Zertifizierungsnachweis mit vorgegebenen Inhalten der Bescheinigung siehe Fritz/Pielsticker/Fritz § 6 Rn. 31.
73 Greger/Unberath/Steffek/Greger B. § 6 Rn. 21.
74 Verneinend mit Blick auf Art. 80 GG Fritz/Pielsticker/Fritz § 6 Rn. 32. Bejahend wohl Greger ZKM 2012, 36 (38).
75 Referentenentwurf der Zweiten Verordnung zur Änderung der Zertifizierte-Mediatoren-Ausbildungsverordnung, abrufbar unter https://www.bmj.de/SharedDocs/Do

durchgeführten Abschlussprüfung abhängig machen, bewegen sich daher außerhalb der Vorgaben der ZMediatAusbV.

5. Übergangsbestimmungen (S. 2 Nr. 8). § 6 S. 2 Nr. 8 eröffnet die Möglichkeit, Übergangsbestimmungen für Personen zu erlassen, die bereits vor Inkrafttreten des MediationsG als Mediatoren tätig sind. Ein Blick auf die Entstehungsgeschichte dieser Vorschrift zeigt, dass der Gesetzgeber hierbei nicht nur diejenigen im Blick hatte, die bereits vor dem Inkrafttreten des MediationsG als Mediatoren **tätig waren**; die Übergangsbestimmungen sollen sich darüber hinaus auch auf Mediatoren erstrecken, die zu diesem Zeitpunkt zwar noch nicht tätig waren, wohl aber ihre Mediationsausbildung bereits absolviert hatten.[76] Bezüglich seiner Anwendung wirft § 6 S. 2 Nr. 8 eine Reihe von Detailfragen auf, die auch durch seine Umsetzungsnorm – § 7 ZMediatAusbV – nicht durchgängig klar beantwortet werden (→ ZMediatAusbV § 7 Rn. 1 ff.).

6. Weitere denkbare Inhalte. Über den – nicht abschließenden – Katalog der in § 6 S. 2 Nr. 1–8 genannten Aspekte hinausgehend kann der Verordnungsgeber weitere sinnvolle Punkte regeln, soweit diese sich im Rahmen der durch § 6 S. 1 genannten Befugnis halten. Angesichts der Hauptintention der Med-RiLi, deren Umsetzung das MediationsG in erster Linie bezweckt – der Förderung der grenzüberschreitenden Mediation in Zivil- und Handelssachen – lag es nahe, ergänzende **Regelungen für Mediatoren aus dem europäischen Ausland** bzw. für im europäischen Ausland erworbene Ausbildungsabschlüsse bundesdeutscher Mediatoren vorzusehen. Dies ist mit § 6 ZMediatAusbV auch geschehen (→ ZMediatAusbV § 6 Rn. 1 ff.).

Mit den durch die Zweite Verordnung zur Änderung der Zertifizierte-Mediatoren-Ausbildungsverordnung vorgenommenen Änderungen hat der Verordnungsgeber über den durch § 6 S. 2 Nr. 1 in Bezug genommenen Pflichtinhalt nach § 5 Abs. 1 S. 2 hinausgehend nunmehr auch die Vermittlung von Kenntnissen im Bereich der Online-Mediation und der Digitalkompetenzen als zwingend zu berücksichtigende Ausbildungsinhalte vorgegeben.[77] Angesichts der auch im Bereich der Mediation zunehmend genutzten Möglichkeiten von Online-Formaten unterliegt es keinem Zweifel, dass die vorgenannte Regelung eine sinnvolle und zulässigerweise auf § 6 gestützte Anpassung der Ausbildungsanforderungen an den technischen Wandel darstellt.

III. Organisationsfragen

Der Gesetzgeber hat sich im Rahmen des intendierten **Drei-Stufen-Modells** (siehe zu diesem Modell → Rn. 5) in Bezug auf die Stelle, die eine Zertifizierung der Ausbildungsträger vornehmen soll, weitergehender Eingriffe – insbesondere der Einrichtung einer solchen Stelle in staatlicher Trägerschaft – einstweilen im Vertrauen darauf enthalten, dass die relevanten gesellschaftlichen Gruppen auf freiwilliger Basis eine Einigung über die

---

wnloads/DE/Gesetzgebung/Dokumente/RefE_Mediatorenausbildung.pdf?__blob=publicationFile&v=4 (letzter Abruf 3.3.2024), S. 19 und 22.
76 BT-Drs. 17/8058, 20 zu § 6.
77 Siehe die Anlage zur ZMediatAusbV „Inhalte des Ausbildungslehrganges", dort unter Nr. 2 b) dd).

Einrichtung einer privatrechtlich organisierten Zertifizierungsstelle erzielen. Für den Fall einer Nichteinigung wurde allerdings bereits im Verlauf des Gesetzgebungsverfahrens zum MediationsG eine Übertragung dieser Funktion auf eine staatliche Stelle und eine entsprechende Ergänzung der Verordnungsermächtigung nach § 6 angekündigt.[78] Eine solche Ergänzung und Neufassung von § 6 wäre auch erforderlich, da dieser in seiner jetzigen Form die Einrichtung einer staatlichen Zertifizierungsbehörde nicht abdeckt (hierzu → Rn. 7).

42 Als mögliche Rechtsformen kämen für eine privatrechtlich organisierte Zertifizierungsstelle insbesondere die Stiftung,[79] ein Verein, eine Genossenschaft oder eine (gemeinnützige) GmbH in Betracht. Entscheidender als die Rechtsform ist es für die Akzeptanz und Rechtmäßigkeit einer solchen Stelle jedoch, dass **Interessenkollisionen** jedweder Art wirksam ausgeschlossen werden. Private und berufsständische Institutionen und Verbände, die selbst Anbieter von Mediationsausbildungen oder aus sonstigen Gründen befangen sind, sollten daher weder unmittelbar noch mittelbar bestimmenden Einfluss auf eine privatrechtlich organisierte Zertifizierungsstelle haben noch sich an dieser beteiligen.[80]

43 Da auch bislang weder das erhoffte Einvernehmen der maßgeblichen Mediatoren- und Berufsverbände, der berufsständischen Kammern, der Industrie- und Handelskammern sowie anderer gesellschaftlicher Gruppen erzielbar war, noch es gelungen ist, Einvernehmen in Bezug auf eine privatrechtliche Organisationsform zu erzielen, muss bezweifelt werden, ob es zukünftig gelingt, eine einvernehmliche, von allen Beteiligten getragene Lösung zu erreichen (zu jüngsten, im Ergebnis aber erneut gescheiterten Einigungsversuchen → Rn. 7). Da eine privatrechtlich organisierte Stelle zur Folge hätte, dass der durch Art. 12 GG geschützte Ausbildungsmarkt von einer nicht an öffentlich-rechtliche Normen gebundenen Organisationseinheit reguliert würde,[81] wären an die rechtskonforme Ausgestaltung einer zentralen privaten Zertifizierungsstelle – sollte eine solche noch gebildet werden[82] – hohe Ansprüche zu stellen.

44 Soweit es sich als erforderlich erweisen sollte, nach einer entsprechenden Ergänzung von § 6 eine Zertifizierungsstelle in staatlicher Trägerschaft zu organisieren,[83] eröffnen sich weitere organisatorische Optionen wie beispielsweise die **Einrichtung der Zertifizierungsstelle bei einer öffentlich-rechtlichen Körperschaft** oder auch die Beleihung einer privaten Stelle mit entsprechenden Befugnissen. Die Umsetzung einer solchen Option wird mittel- bis langfristig umso wahrscheinlicher, je länger es den maßgeblichen

---

78 BT-Drs. 17/8058, 18 zu § 5.
79 Hierzu Tögel/Rohlff ZKM 2011, 108 ff.
80 So auch Greger/Unberath/Steffek/Greger B. § 5 Rn. 17, auf mögliche Interessenkollisionen bei Beteiligung von Mediationsverbänden, die zugleich Ausbildungsanbieter sind, weist auch Steffek hin, vgl. Steffek RabelsZ 2010, 841 (877).
81 Greger/Unberath/Steffek/Greger B. § 5 Rn. 17.
82 Der sog. Qualitätsverbund Mediation (QVM) kann – schon, weil letztlich nur von einzelnen Mediationsverbänden initiiert und getragen – nicht als eine solche zentrale Stelle angesehen werden → Rn. 7).
83 Eine Übertragung an eine staatliche Stelle befürworten Greger (Greger/Unberath/Steffek/Greger B. § 5 Rn. 17) sowie Fritz (Fritz/Pielsticker/Fritz § 6 Rn. 40).

Mediatoren- und Berufsverbänden, den berufsständischen Kammern, den Industrie- und Handelskammern sowie anderen gesellschaftlichen Gruppen nicht gelingt, die zur Umsetzung des Drei-Stufen-Modells notwendige Einigung über eine privatrechtlich organisierte Zertifizierungsstelle herzustellen.

IV. Die ZMediatAusbV

Kurz vor Drucklegung der Erstauflage dieses Kommentars legte das Bundesministerium der Justiz und für Verbraucherschutz den Referentenentwurf einer Verordnung über die Aus- und Fortbildung von zertifizierten Mediatoren vor. Dieser Entwurf (im Folgenden abgekürzt als RefE ZMediatAusbV) wurde am 31.1.2014 den beteiligten Fachkreisen und Verbänden mit der Möglichkeit der Stellungnahme bis zum 30.4.2014 übersandt. Kurz darauf wurde er auf der Internetseite des BMJ veröffentlicht.[84] Wer im Nachgang dazu einen zügigen Erlass der Verordnung erwartete, wurde enttäuscht. Mehr als zwei Jahre nach Vorlage des Entwurfes passierte nichts – was vielfach schon die Vermutung nährte, der Verordnungsgeber würde zunächst die Evaluierung des MediationsG im Jahr 2017 abwarten wollen. Überraschte das BJMV zunächst mit dieser Phase des Stillstandes, folgte im August 2016 die nächste Überraschung: Die zum Teil schon nicht mehr erwartete Verordnung über die Aus- und Fortbildung von zertifizierten Mediatoren[85] (ZMediatAusbV) wurde am 21.8.2016 erlassen. Die Gründe für den plötzlich dann doch schnellen und weitgehend ohne Vorankündigung erfolgten Erlass der ZMediatAusbV dürften maßgeblich darin zu sehen zu sein, dass der Terminus „zertifizierter Mediator" kurz zuvor auch in das VSBG Eingang gefunden hatte und infolgedessen dringend der Konkretisierung bedurfte (→ Rn. 16).

Nach Inkrafttreten der ZMediatAusbV kam es zunächst zu einer rein formellen Änderung von § 6 MediationsG – die Bezeichnung des BMJ betreffend[86] –, im Jahr 2020 zu der Änderung von § 8 ZMediatAusbV durch die Erste Verordnung zur Änderung der Zertifizierte-Mediatoren-Ausbildungsverordnung[87] sowie schließlich mit der am 1.3.2024 in Kraft getretenen[88] Novelle zu einer ersten größeren Reform der Ausbildungsvorgaben für zertifizierte Mediatoren.

Die ZMediatAusbV enthält Bestimmungen zum Anwendungsbereich der Verordnung (§ 1), zu den Aus- und Fortbildungspflichten, denen zertifizier-

---

84 Der Entwurf ist auf der Homepage des BMJV nicht mehr eingestellt. Eine eingehende Kommentierung des Referentenentwurfs findet sich in der Erstauflage dieses Kommentars.
85 BGBl. 2016 I 1994 ff.
86 Durch Art. 135 – Änderung des Mediationsgesetzes – der zehnten Zuständigkeitsanpassungsverordnung vom 31.8.2015 wurde § 6 S. 1 MediationsG dahingehend geändert, dass das Wort „Justiz" durch „Justiz und für Verbraucherschutz" ersetzt wurde, BGBl. 2015 I 1474, wobei das Ressort Verbraucherschutz im Zuge des späteren Regierungswechsels sodann dem Bundesministerium für Umwelt, Naturschutz, nukleare Sicherheit und Verbraucherschutz wieder (rück-)übertragen wurde, siehe Organisationserlass des Bundeskanzlers vom 8.12.2021 (BGBl. I 5176) sowie Fn. 1.
87 BGBl. 2020 I 37 v. 13.8.2020.
88 BGBl. 2023 I 185 v. 18.7.2023.

te Mediatoren genügen müssen (§§ 2 und 3 iVm der Anlage „Ausbildungsinhalte"), zu den Anforderungen an Aus- und Fortbildungseinrichtungen (§ 5) sowie zur Gleichwertigkeit im Ausland erworbener Qualifikationen (§ 6). Darüber hinaus sieht § 7 Übergangsbestimmungen für Mediatoren vor, die ihre Ausbildung zum Mediator entweder bereits vor Inkrafttreten des MediationsG oder – ganz oder teilweise – vor Inkrafttreten der ZMediatAusbV abgeschlossen haben. § 8 ZMediatAusbV enthält schließlich Regelungen zur Hemmung von Fristen, wenn jemand ohne sein Verschulden gehindert war, durch die ZMediatAusbV vorgegebene Fristen einzuhalten. Die Vorschriften des ZMediatAusbV werden unter → ZMediatAusbV § 1 Rn. 1 ff. kommentiert.

47 Mit der Verabschiedung der ZMediatAusbV ist das BMJV dem im Verlauf des Gesetzgebungsverfahrens zum MediationsG unterbreiteten Vorschlag nicht gefolgt, den Erlass einer auf § 6 MediationsG gestützten Ausbildungsverordnung bewusst zurückzustellen, um die weitere Entwicklung der bundesdeutschen Mediationslandschaft zunächst durch eine rechtstatsächliche Untersuchung zu beobachten und nach 3–5 Jahren wissenschaftlich zu evaluieren. Obwohl dafür gute Gründe sprachen (→ Rn. 15, 16), ist davon auszugehen, dass hierfür letztendlich die bestehenden Querverbindungen verantwortlich zeichnen, welche durch die Verabschiedung des VSBG – und insbesondere der dortigen Inbezugnahme des Terminus „zertifizierter Mediator" – geschaffen worden waren, → Rn. 16.

48 Hinsichtlich ihres **Anwendungsbereiches** und ihrer **Regelungsgegenstände** hält sich die ZMediatAusbV innerhalb des Rahmens der Verordnungsermächtigung des § 6 MediationsG. Dass mit der Regelung der Gleichwertigkeit ausländischer Mediationsausbildungen in § 6 ZMediatAusbV ein Themenbereich geregelt wurde, der nicht explizit in § 6 MediationsG genannt ist, stellt **keine Kompetenzüberschreitung des Verordnungsgebers** dar, da der sachliche Zusammenhang mit dem durch die zugrundeliegende Ermächtigungsnorm eröffneten – und nach Inhalt, Zweck und Ausmaß auch hinreichend bestimmten – Regelungsspielraum gegeben ist. Die Aufnahme der Gleichwertigkeitsklausel des § 6 ZMediatAusbV ist – auch in Ansehung aller geäußerten Kritik an ihren Regelungen im Detail – grundsätzlich zu begrüßen, da sie die europarechtlich notwendige Anerkennung im Ausland absolvierter Mediationsausbildungen bewirkt und damit zugleich das Potential hat, die von der Med-RiLi bezweckte Förderung der grenzüberschreitenden Mediation zu unterstützen (hierzu → ZMediatAusbV § 6 Rn. 5). Auch die Aufnahme der seit dem 1.3.2024 im Rahmen der Ausbildungsinhalte zwingend zu vermittelnden Kenntnisse im Bereich der Online-Mediation und der Digitalkompetenzen hält sich im Rahmen des Gestaltungsspielraumes, der dem Verordnungsgeber durch § 6 eröffnet ist (→ Rn. 40).

49 Auch unter Berücksichtigung zwischenzeitlich vorgenommener Änderungen hält sich die ZMediatAusbV in ihrem „Kernbereich" – der **Regelung der Aus- und Fortbildung des zertifizierten Mediators** – eng an die bereits im Rahmen des Gesetzgebungsverfahrens erarbeiteten Empfehlungen des „Arbeitskreises Zertifizierung für Mediatorinnen und Mediatoren". Obwohl diese keine rechtliche Bindungswirkung für das BMJ entfalteten,

bildet dieser Entwurf eines Ausbildungscurriculums nahezu unverändert[89] weiterhin die Basis für die Anlage zu § 2 ZMediatAusbV. Angesichts dessen, dass dieser Arbeitskreis seinerzeit vom BMJ selbst initiiert wurde und im Rahmen der Entstehungsgeschichte des Mediationsgesetzes politisch auf breite Akzeptanz gestoßen ist, verwundert dies zwar nicht; gleichwohl wird mit der weitgehend unveränderten Übernahme dieses Entwurfs eine – jedenfalls de lege ferenda – durchaus überdenkenswerte **starre Fixierung von Detailinhalten** der Ausbildung und deren Gewichtung zueinander vorgenommen, die es erschwert, die Gewichtung einzelner Ausbildungsinhalte unter stärkerer Berücksichtigung des individuellen Vorkenntnisstandes der Ausbildungsteilnehmer zielgruppenindividuell an deren spezifischen Bedarf anzupassen (hierzu → MediationsG § 5 Rn. 44 mwN) Einen gewissen Ausgleich erfährt diese starre Bindung an gleichförmige Ausbildungsinhalte für Angehörige aller Grundberufe allerdings im Rahmen der Fortbildung, deren Inhalte im Rahmen von § 3 Abs. 2 ZMediatAusbV flexibel gewählt werden können.

Verfehlt – weil inhaltlich unzureichend – sind unverändert die Anforderungen, die § 5 ZMediatAusbV an die in den Aus- oder Fortbildungseinrichtungen eingesetzten **Lehrkräfte** stellt (hierzu → ZMediatAusbV § 5 Rn. 3 f.). In dieser für die Qualität der Ausbildung zertifizierter Mediatoren zentralen Frage sollte de lege ferenda sichergestellt werden, dass die eingesetzten Lehrkräfte einen deutlichen Kenntnis- und Erfahrungsvorsprung im Vergleich zu den Teilnehmern der Ausbildung haben und nachweisen müssen. Reagiert hat der Verordnungsgeber allerdings auf die vielfach zu Recht geäußerte Kritik[90] daran, dass sich nach alter Rechtslage bereits derjenige als zertifizierter Mediator bezeichnen durfte, der (noch) über keinerlei nennenswerte eigene Praxiserfahrung als Mediator verfügte (→ ZMediatAusbV § 2 Rn. 13). Gefordert war (zunächst) lediglich eine einzige (supervidierte) Mediation, wobei selbst eine solche als ausreichend erachtet wurde, die noch innerhalb des „geschützten Rahmens" des Ausbildungslehrganges stattfand. Das Vertrauen der Verbraucher in die erhöhte Qualität des zertifizierten Mediators – inklusive seines angenommenen praktischen Erfahrungsvorsprunges im Vergleich zu den nicht zertifizierten Mediatoren – wurde damit enttäuscht, da es nicht ausreicht, dem zertifizierten Mediator zuerst auf einer derart dünnen Erfahrungsbasis die Befugnis zu verleihen, sich als solcher bezeichnen zu dürfen und ihm erst im Nachhinein, nämlich im Rahmen seiner Fortbildungspflichten, den Nachweis gesteigerter praktischer Erfahrungen abzuverlangen.[91] Es ist deshalb zu begrüßen, dass sich Mediatoren nach § 2 Abs. 2 ZMediatAusbV auf Basis der seit dem 1.3.2024 geltenden Rechtslage nunmehr erst dann als zertifizierte Mediatoren bezeichnen dürfen, wenn sie den Ausbildungslehrgang absolviert

---

89 In der seit dem 1.3.2024 geltenden Fassung erfolgte eine Ergänzung durch die Aufnahme der Vermittlung von Kenntnissen im Bereich der Online-Mediation und der Digitalkompetenzen sowie durch die Erhöhung der Mindeststundenzahl der Ausbildung von 120 auf 130 Stunden.
90 So auch die Vorauflage dieses Kommentars, an eben dieser Stelle. Zur aktuellen Regelung → ZMediatAusbV § 2 Rn. 13.
91 Vgl. hierzu auch Plassmann BRAK-Magazin 01/2017, 13.

haben und fünf supervidierte Mediationen nachweisen können, die sie jeweils als Mediator oder Co-Mediator durchgeführt haben.

51 Mit Ausnahme der Regelung der auszustellenden Bescheinigungen über die Teilnahme an Aus- und Fortbildungsveranstaltungen enthält sich die ZMediatAusbV nach wie vor jedweder weiteren **Vorgaben zur Organisation oder zum Procedere eines „Zertifizierungsverfahrens"**. Dies ist insoweit nicht dem Verordnungsgeber anzulasten, als dass die zugrundeliegende Ermächtigungsnorm des § 6 MediationsG ihm klare Schranken für weitergehende staatliche Eingriffe setzt (→ Rn. 7). Legislativ war stets ein privatrechtlich verfasstes **Drei-Stufen-Modell** angestrebt, in dessen Rahmen erstens eine privatrechtlich organisierte Stelle geschaffen wird, die zweitens die Aus- und Fortbildungseinrichtungen zertifiziert, wobei diese ihrerseits drittens den Absolventen der bei Ihnen durchgeführten Ausbildung die notwendige Teilnahmebescheinigung ausstellen (→ Rn. 5). Der Verordnungsgeber hat lange Zeit darauf vertraut, dass die maßgeblichen Mediatoren- und Berufsverbände, die berufsständischen Kammern, die Industrie- und Handelskammern sowie andere gesellschaftliche Gruppen einen solchen Zertifizierungsrahmen privatautonom ausfüllen, organisieren und sich im Interesse einer Vergleichbarkeit der Ausbildungen auf eine einheitliche Vorgehensweise verständigen.[92] Nachdem sowohl der Versuch verschiedener Institutionen und Verbände, sich auf eine **„Gemeinsame Anerkennungsstelle für Mediationsausbildungen"** (GAMA) zu einigen, im Februar 2017 gescheitert ist als auch nachfolgende Bemühungen, sich auf von allen beteiligten Kreisen getragene, einheitliche Kriterien zu verständigen, erfolglos waren (→ Rn. 7), dürfte der Erwartungshaltung des Verordnungsgebers inzwischen jedoch weitgehend die Grundlage entzogen worden sein.[93] Stattdessen haben sich einzelne Mediationsverbände inzwischen zum sog. Qualitätsverbund Mediation (QVM) zusammengeschlossen, allerdings mit dem vorrangigen Ziel, eigene Standards und Anerkennungsverfahren zu etablieren. Ob es für Verbraucherinnen und Verbraucher allerdings einen Gewinn an Transparenz und Orientierung darstellt, sich künftig – neben der Zertifizierung nach der ZMediatAusbV – möglicherweise mit einer Reihe anderer, losgelöst davon geschaffener „Verbands-Gütesiegel" auseinandersetzen zu müssen, darf bezweifelt werden.[94] Abhilfe kann dabei letztlich nicht der Verordnungsgeber, sondern nur der Gesetzgeber selbst schaffen. Bleibt es bei dem Befund des Scheiterns der Etablierung eines privat

---

92 Wenzel Spektrum der Mediation 66/2017, 46 (47).
93 Thole ZKM 2023, 131,133 bestätigt, dass der Verordnungsgeber auch im Rahmen der jüngsten Novellierung der ZMediatAusbV bewusst davon Abstand genommen hat, eine zentrale Zertifizierungsstelle zu etablieren, weil die Ausbildungsinstitute und beteiligten Stakeholder unverändert nicht in der Lage waren, sich auf einheitliche Qualitätsstandards zu einigen.
94 Unter Transparenzgesichtspunkten ist allerdings auch zu kritisieren, dass die ZMediatAusbV es dem Verbraucher mit ihrem gestuften System von Bescheinigungen bzgl. der Teilnahme an einem Ausbildungslehrgang sowie der Teilnahme an Fortbildungsveranstaltungen deutlich erschwert, sich „auf einen Blick" verlässlich darüber zu informieren, ob die Voraussetzungen einer „Zertifizierung" vorliegen. Wird die Zertifizierungsbezeichnungsbefugnis gar aus einer im Ausland erworbenen Qualifikation oder aus der Übergangsbestimmung des § 7 Abs. 1 ZMediatAusbV abgeleitet, führt dies dazu, dass dem Verbraucher noch weniger überprüfbare Kriterien zur Verfügung stehen.

organisierten Zertifizierungssystems, so wird möglicherweise – jedenfalls mittel- bis langfristig – die bereits im Gesetzgebungsverfahren zum MediationsG zur Sprache gekommene Option in den Mittelpunkt rücken, nach welcher der Gesetzgeber sich für diesen Fall vorbehält, § 6 MediationsG dahin gehend zu ändern, dass künftig die Zertifizierung durch eine staatliche Stelle erfolgen kann.[95]

§ 7 MediationsG Wissenschaftliche Forschungsvorhaben; finanzielle Förderung der Mediation

(1) Bund und Länder können wissenschaftliche Forschungsvorhaben vereinbaren, um die Folgen einer finanziellen Förderung der Mediation für die Länder zu ermitteln.

(2) [1]Die Förderung kann im Rahmen der Forschungsvorhaben auf Antrag einer rechtsuchenden Person bewilligt werden, wenn diese nach ihren persönlichen und wirtschaftlichen Verhältnissen die Kosten einer Mediation nicht, nur zum Teil oder nur in Raten aufbringen kann und die beabsichtigte Rechtsverfolgung oder Rechtsverteidigung nicht mutwillig erscheint. [2]Über den Antrag entscheidet das für das Verfahren zuständige Gericht, sofern an diesem Gericht ein Forschungsvorhaben durchgeführt wird. [3]Die Entscheidung ist unanfechtbar. [4]Die Einzelheiten regeln die nach Absatz 1 zustande gekommenen Vereinbarungen zwischen Bund und Ländern.

(3) Die Bundesregierung unterrichtet den Deutschen Bundestag nach Abschluss der wissenschaftlichen Forschungsvorhaben über die gesammelten Erfahrungen und die gewonnenen Erkenntnisse.

Literatur:
Becker/Horn, Notwendige Regelungen eines deutschen Mediationsgesetzes, SchiedsVZ 2006, 270; *Bercher/Engel*, Kostenanreize für eine Streitbeilegung durch Mediation, ZRP 2010, 126; *Carl*, Das erfreuliche Ende eines langen Gesetzgebungsverfahrens ..., ZKM 2012, 132; *Effer-Uhe*, Prozess- oder Verfahrenskostenhilfe für die gerichtsnahe Mediation, NJW 2013, 3333; *Feix*, Die Verankerung einvernehmlicher Streitbeilegung im deutschen Zivilprozessrecht, 2003; *Fritz/Pielsticker*, Handbuch zum Mediationsgesetz, 2. Aufl. 2020; *Gottwald*, Alternative Streitbeilegung (Alternative Dispute Resolution, ADR) in Deutschland, FPR 2004, 163; *Greger*, Mediation und Gerichtsverfahren in Sorge- und Umgangsrechtskonflikten – Pilotstudie zum Vergleich von Kosten und Folgekosten, 2010; *Greger*, Die Reglementierung der Selbstregulierung, ZRP 2010, 209; *Greger/Unberath/Steffek*, Recht der alternativen Konfliktlösung, Mediationsgesetz, Verbraucherstreitbeilegungsgesetz – Kommentar, 2. Aufl. 2016; *Greger*, Justiz und Mediation – eine immer noch schwierige Beziehung, ZKM 2017, 4; *Greger*, Geförderte Familienmediation in Berlin – Lehren aus einem Modellversuch, ZKM 2020, 90; *Greger*, Abschlussbericht zur Evaluierung des Projekts Geförderte Familienmediation in Berlin, 2020; *Hamkens*, Geförderte Familienmediation in Berlin, ZKM 2016, 145; *Hopt/Steffek*, Mediation – Rechtstatsachen, Rechtsvergleich, Regelungen, 2008; *Koch*, Kostenhilfe für außergerichtliche Streitbeilegung, ZKM 2007, 71; *Lenz*, Braucht es für die Qualität der Mediation (weiterer) Regulierung?, ZKM 2021, 151; *Leutheusser-Schnarrenberger*, Die Mediations-Richtlinie und deren Implementierung, ZKM 2012, 72; *Mähler*, Zur gesetzlichen Absicherung der Familienmediation, ZKM 2003, 73; *Nickel*, Aktuelle Entwicklungen in der Rechtsprechung zur Prozesskostenhilfe, MDR 2010, 1227; *Paul*, Ausbildung und Kosten der Mediation – Konzepte und Kosten, auch im internationalen Vergleich, FPR 2004, 176; *Paul*, Pre-Court Consideration of Me-

---

95 BT-Drs. 17/8058, 18.

diation – Der englische Weg zur Implementierung von Mediation und einige rechtsvergleichende Überlegungen, ZKM 2011, 122; *Proksch*, Reform des familienrechtlichen Verfahrens durch das FamFG – Möglichkeiten für Mediation, ZKM 2010, 39; *Proksch*, Förderung der Familienmediation durch das Mediationsgesetz, ZKM 2011, 173; *Spangenberg*, Anmerkung zu OLG Köln, Beschl. v. 3.6.2011 – 25 UF 24/10, ZKM 2012, 31; *Steffek*, Rechtsvergleichende Erfahrungen bei der Regelung der Mediation, RabelsZ 2010, 840; *Wagner*, Der Referentenentwurf eines Mediationsgesetzes, ZKM 2010, 172; *Weber*, Regelungen zur Förderung der Mediation, 2025; *Will*, Zugang zur Mediation, ZKM 2016, 148; *Will*, 5 Jahre MediationsG – Mediation für einkommensschwache Bürger, ZKM 2017, 84.

I. Vorbemerkung 1	III. Voraussetzungen für die Gewährung von Mediationskostenhilfe (Abs. 2) 10
II. Vereinbarung wissenschaftlicher Forschungsvorhaben zur Ermittlung der Folgen einer finanziellen Förderung der Mediation für die Länder (Abs. 1) 3	IV. Unterrichtung des Deutschen Bundestages nach Abschluss der wissenschaftlichen Forschungsvorhaben (Abs. 3) 17
1. Normzweck; Anwendungsbereich 3	V. Andere Wege zur finanziellen Förderung der Mediation 18
2. Umfang der Forschungsvorhaben 8	

I. Vorbemerkung

1 Von der Förderung der Mediation verspricht sich der Gesetzgeber die Verwirklichung derjenigen Ziele, die schon mit dem Gesetz zur Förderung der außergerichtlichen Streitbeilegung verfolgt wurden,[1] namentlich die Entlastung der staatlichen Gerichte, die beschleunigte Konfliktlösung und die nachhaltige Förderung von Rechtsfrieden durch interessengerechte Lösungen.[2] Als weiteres Ziel verfolgt das Gesetz im Einklang mit dem Leitgedanken der Entwicklung einer nationalen Nachhaltigkeitsstrategie[3] die „nachhaltige Verbesserung der Streitkultur in Deutschland".[4]

Ob und in welchem Umfang Mediation oder andere Verfahren der außergerichtlichen Konfliktbeilegung genutzt werden, hängt maßgeblich davon ab, wie diese Dienstleistung finanziert wird.[5] In den Stellungnahmen zum Gesetzentwurf war mehrfach kritisiert worden, dass sich das Mediationsgesetz im Hinblick auf die finanzielle Förderung der Mediation weitgehend zurückhält. In Anlehnung an die Prozess- oder Verfahrenskostenhilfe, die bedürftigen Parteien Kostenfreiheit im gerichtlichen Verfahren ermöglicht, wird die Schaffung einer „**Mediationskostenhilfe**" angemahnt.[6] Für eine

---

1 BT-Drs. 14/980, 5.
2 BT-Drs. 17/5335, 11.
3 Vgl. BT-Drs. 17/5335, 12.
4 BT-Drs. 17/5335, 11.
5 Greger ZKM 2020, 91; Ausnahme sind Mediationen zwischen Unternehmen, bei denen die Frage der (Dritt-)Finanzierung praktisch keine Rolle spielt. Allgemein entscheidend dafür, dass Mediation ihr Potential ausschöpfen kann, ist ihre institutionelle Verankerung im System der Konfliktbeendigung, mit der adäquate Anreize hin zur Mediation gesetzt werden, vgl. Steffek RabelsZ 2010, 840.
6 BAFM, Stellungnahme zur 51. Sitzung des Rechtsausschusses des Deutschen Bundestages vom 25.5.2011, S. 5; Carl ZKM 2012, 132; Greger ZRP 2010, 209 (212 f.); Greger, Protokoll der 51. Sitzung des Rechtsausschusses des Deutschen Bundestages vom 25.5.2011, S. 4; Paul, Protokoll der 51. Sitzung des Rechtsausschusses des Deutschen Bundestages vom 25.5.2011, S. 17; Plassmann, Stellungnah-

Förderung außergerichtlicher Mediation wird, neben dem Aspekt des gesamtgesellschaftlichen Interesses an der Verbesserung der Streitkultur, vor allem ins Feld geführt, dass sich dadurch letztlich staatliche Ressourcen schonen ließen, weil die Entlastung für die öffentliche Hand höher ausfalle, als die zu erwartenden zusätzlichen Mittel für die Mediation.[7] Zu den einsparbaren Kosten der öffentlichen Hand zählen zB diejenigen für Prozess- und Verfahrenskostenhilfe (→ Rn. 3 ff.). Außerdem dürfe die Mediation nicht Privileg der Besserverdienenden bleiben.[8] Entsprechende Forderungen gab es in der wissenschaftlichen Literatur bereits früher.[9]

Die in § 7 getroffene Regelung zur Möglichkeit der Vereinbarung wissenschaftlicher Forschungsvorhaben zur Schaffung einer Grundlage für die Einführung finanzieller Hilfen für die Mediation, wird diesen vielfach erhobenen Forderungen nicht gerecht.[10] Sie bleibt hinter dem zurück, was sinnvoll ist und was gewollt war: Die Einführung einer tatsächlichen Mediationskostenhilfe.[11] Ein Vorhaben im Sinne von § 7 wurde bisher nicht initiiert.[12]

II. Vereinbarung wissenschaftlicher Forschungsvorhaben zur Ermittlung der Folgen einer finanziellen Förderung der Mediation für die Länder (Abs. 1)

1. Normzweck; Anwendungsbereich. Andere europäische Länder haben mit der finanziellen Förderung der außergerichtlichen Mediation positive Erfahrungen gemacht, wobei die Art der Förderung stark variiert.[13] Nicht

---

me zur 51. Sitzung des Rechtsausschusses vom 25.5.2011, S. 9; Proksch ZKM 2010, 39 (42); vgl. BAFM ZKM 2021, 249; praktisch einhellig die Expertinnen und Experten der Konferenz des Bundesministeriums der Justiz zur Stärkung der Mediation 2021, vgl. Röthemeyer ZKM 2021, 155.

7 Greger ZRP 2010, 209 (212 f.); Greger/Unberath/Steffek/Greger B. § 7 Rn. 1; Proksch ZKM 2011, 173 (176); Koch ZKM 2007, 71 (75); Fritz/Pielsticker/Pielsticker § 7 Rn. 32; Wagner ZKM 2010, 174 (176); zusammenfassend: Weber, Regelungen zur Förderung der Mediation, Teil 1 § 4 B. IV.
8 Carl ZKM 2012, 132; Plassmann, Stellungnahme zur 51. Sitzung des Rechtsausschusses des Deutschen Bundestages vom 25.5.2011, S. 9; die Evaluation des Projekts „Berliner Initiative geförderte Familienmediation" (BIGFAM) ergab, dass die finanzielle Förderung der Mediation wesentlich dafür ist, dass Bedürftige die Zugangsbarriere der Kosten der Mediation überwinden können, vgl. Greger ZKM 2020, 91 ff. sowie Abschlussbericht zur Evaluierung des Projekts Geförderte Familienmediation in Berlin, abrufbar unter https://www.reinhard-greger.de/zur-person/forschungen/ (zuletzt abgerufen am 8.9.2024).
9 Gottwald FPR 2004, 163 (167); Mähler ZKM 2003, 73 (77); Paul FPR 2004, 176 (180).
10 Carl ZKM 2012, 132.
11 Greger/Unberath/Steffek/Greger B. § 7 Rn. 1 spricht von einer „äußerst zaghaften Regelung".
12 Will ZKM 2016, 148; Ein wissenschaftlich begleitetes Pilotprojekt zur finanziellen Förderung der gerichtsnahen Mediation in Kindschaftssachen, ohne auf einer Bund-Länder-Vereinbarung nach § 7 Abs. 1 zu basieren, stellte die „Berliner Initiative geförderte Familienmediation" (BIGFAM) dar, Rn. 18; Abschlussbericht zur Evaluierung des Projekts Geförderte Familienmediation in Berlin, abrufbar unter https://www.reinhard-greger.de/zur-person/forschungen/ (zuletzt abgerufen am 8.9.2024).
13 Vgl. hierzu beispielhaft die Länderberichte zu Frankreich, Niederlande, Österreich, in Hopt/Steffek, Mediation, 2008.

selten wird eine Förderung in der Form gewährt, dass für eine bestimmte Anzahl von Mediationsstunden ein der Höhe nach begrenztes Mediationshonorar erstattet wird.[14] Die rechtlichen und tatsächlichen Verhältnisse anderer Länder sind allerdings nur zum Teil auf unser deutsches Rechtssystem übertragbar. So ist es zB wenig verwunderlich, dass die Einführung eines obligatorischen vorgerichtlichen Mediationsversuchs in solchen Ländern besser akzeptiert wird und größere Erfolgsaussichten hat, in denen den Parteien teilweise extrem hohe Prozessführungskosten abverlangt werden, zB in England und Wales.[15] Das Modell einer Mediationsfinanzierung im Rahmen einer sogenannten Pre-Court Consideration of Mediation[16] hat dort eine völlig andere Relevanz.[17]

4   Im Gesetzentwurf[18] zu der – damals noch als § 6 vorgesehenen – Regelung zur Schaffung von Grundlagen für die finanzielle Förderung der Mediation wurde festgestellt, dass die **Ausgaben der Länder für die Prozess- und Verfahrenskostenhilfe steigen**. Weiter heißt es, dass sich zahlreiche im Wege der Prozess- und Verfahrenskostenhilfe finanzierte **Gerichtsverfahren vermeiden** ließen, wenn die außergerichtliche Konfliktbeilegung, insbesondere die außergerichtliche Mediation, verstärkt genutzt würde.[19] Eine finanzielle Förderung der Mediation würde zwar einerseits staatlichen Ressourcenaufwand bedingen; zugleich wären aber eine Entlastung der Justiz und Einsparungen bei Prozesskostenhilfe zu erwarten.[20] Unter anderem eine Pilotstudie zu Mediation und Gerichtsverfahren in Sorge- und Umgangsrechtskonflikten spricht dafür, dass diese Erwartung berechtigt ist und die Einsparungen die Aufwendungen für eine finanzielle Förderung der Mediation überkompensieren könnten.[21]

5   Die nach § 7 vorgesehenen Forschungsvorhaben sollen Auskunft darüber geben, inwieweit die finanziellen Belastungen der Länder reduziert werden können.

6   Mit § 7 sollen Bund und Länder die Möglichkeit erhalten, aufgrund wissenschaftlich ermittelter Erkenntnisse zu entscheiden, ob und gegebenenfalls wie eine finanzielle Förderung der Mediation in Deutschland eingeführt werden sollte.[22] Dazu greift § 7 Abs. 1 die Regelung des Art. 91b Abs. 1 S. 1 Nr. 1 GG auf und schafft eine Rechtsgrundlage für wissenschaftliche Forschungsvorhaben außerhalb von Hochschulen, um die Auswirkungen der finanziellen Förderung der Mediation zu untersuchen.

---

14 So zB in Österreich, vgl. Hopt/Steffek/Roth, S. 129 ff.
15 Carl ZKM 2012, 132.
16 Paul ZKM 2011, 122 ff.
17 Zur Kostenersparnis durch Mediation im englischen Familienrecht: National Audit Office, Legal Aid and mediation for people involved in family breakdown, 2007, 8 (10).
18 BT-Drs. 17/5335.
19 BT-Drs. 17/5335, 18.
20 Greger/Unberath/Steffek/Greger B. § 7 Rn. 1; Greger ZRP 2010, 209 (213); Proksch ZKM 2011, 173 (176); Feix, S. 45; Koch ZKM 2007, 71 (75); Greger ZKM 2020, 90, Weber, Regelungen zur Förderung der Mediation, Teil 1 § 4 B. III. 2.
21 Greger, Mediation und Gerichtsverfahren in Sorge- und Umgangsrechtskonflikten; Leutheuser-Schnarrenberger ZKM 2012, 72 (74).
22 BT-Drs. 17/5335, 18.

Soweit solche Forschungen einen tatsächlichen Einspareffekt durch Mediationskostenhilfe belegen sollten, dürften die rechtspolitischen Diskussionen über eine finanzielle Förderung der Mediation wieder an Dynamik gewinnen.[23] Es wäre in diesem Zusammenhang günstig, wenn Forschungsvorhaben in den Bundesländern initiiert werden würden, die aufgrund der seit Jahren praktizierten Modelle gerichtsinterner Mediation bereits über Erfahrungen mit der Mediation verfügen, insbesondere Niedersachsen, Berlin und Bayern. Denn bei den Gerichten dieser Länder wird von einer größeren Akzeptanz und Kooperationswilligkeit bei derartigen Forschungsvorhaben als in anderen Bundesländern auszugehen sein, da sie selbst schon jahrelange Mediationspraxis vorweisen können und dieses Verfahren für sie nicht unbekannt ist.[24] Der Gesetzgeber hatte zunächst bewusst darauf verzichtet, eine dauerhafte, flächendeckende finanzielle Unterstützung in das Gesetz aufzunehmen, sicherlich auch im Hinblick auf Art. 104a GG: bei konkreten Kostenregelungen hätte das Gesetz der Zustimmung des Bundesrates bedurft, was aus verschiedenen Gründen vermieden werden sollte.[25]

2. Umfang der Forschungsvorhaben. Die **Forschungsvorhaben** sollten gemäß dem Gesetzentwurf der Bundesregierung ursprünglich auf Familiensachen beschränkt sein, da in diesem Bereich besonders viele mediationsgeeignete Streitigkeiten auftreten und zugleich die Ausgaben für die Verfahrenskostenhilfe besonders hoch sind.[26] Diese Begrenzung wurde gestrichen und die Rechtsgrundlage für die Vereinbarung wissenschaftlicher Forschungsvorhaben ausgeweitet. Dadurch soll eine breitere Erkenntnisgrundlage ermöglicht werden, die für weitere Rechtsgebiete genutzt werden kann.[27] Neben dem Familienrecht eignen sich zB das Erbrecht sowie das WEG- und Nachbarschaftsrecht wegen der engen Verflechtungen der Konfliktbeteiligten besonders gut für Mediationsverfahren.

Die nach § 7 vorgesehenen Forschungsvorhaben sollten auch dazu genutzt werden, zu ermitteln, welche Gründe die Entscheider (Eltern, Erben, Wohnungseigentümer, Nachbarn und andere Einzelpersonen, Firmen-, Dienststellen-, und Personalleitungen usw) dazu motivieren (können), eine Mediation durchzuführen. Damit könnten wertvolle Erkenntnisse zur Förderung der Mediation gewonnen werden.[28]

---

23 Greger/Unberath/Steffek/Greger B. § 7 Rn. 1; Leutheuser-Schnarrenberger ZKM 2012, 72 (74); in diesem Sinne zu BAFM nach Abschluss des Pilotprojekts „Berliner Initiative geförderte Familienmediation" (BIGFAM) ZKM 2021, 249.
24 Zu bestätigenden Hinweisen dafür vgl. Hamkens ZKM 2016, 146; zum inhomogenen Bild der Nutzung des Güterichterverfahrens in der Justiz, Greger ZKM 2017, 4.
25 Die überwältigende Mehrheit der Bundesländer (nämlich 13 von 16 Ländern) lehnt die Etablierung einer Kostenhilfe für Mediation auch weiterhin ab, wie eine Länderbefragung des Bundesministeriums der Justiz und für Verbraucherschutz im Jahr 2021 ergab, vgl. ZKM 2022, 35.
26 BT-Drs. 17/5335, 28.
27 BT-Drs. 17/8058, 20.
28 Carl ZKM 2012, 132 (133).

III. Voraussetzungen für die Gewährung von Mediationskostenhilfe (Abs. 2)

10 Eine direkte finanzielle Förderung der Mediation wäre ihrer Rechtsnatur nach Leistungsverwaltung, als Ergänzung zu den bestehenden Einrichtungen der Sozialhilfe,[29] die eine gesetzliche Grundlage erfordert. Ob § 7 selbst als Rechtsgrundlage für eine Leistungsgewährung ausreichen würde, ist zweifelhaft.[30]

11 In sachlicher Hinsicht verlangt § 7 für die Förderungsfähigkeit einer Mediation, dass der Konflikt auch Gegenstand eines gerichtlichen Verfahrens sein könnte. Dies verdeutlichen § 7 Abs. 2 S. 1, wonach die Förderung einer rechtsuchenden Person bewilligt werden kann, sowie § 7 Abs. 2 S. 2, wonach über den Antrag das für das Verfahren zuständige Gericht entscheidet.

12 In persönlicher Hinsicht knüpft § 7 Abs. 2 S. 1 an § 114 S. 1 ZPO an, der die Voraussetzungen für die Gewährung von Prozesskostenhilfe regelt.[31] Zunächst ist der Antrag einer rechtsuchenden Person notwendig. Anders als in § 114 S. 1 ZPO ist bei der Förderung der Mediation allerdings nicht die **hinreichende Erfolgsaussicht** der beabsichtigten Rechtsverfolgung oder Rechtsverteidigung zu prüfen, weil rechtliche Aspekte in der Mediation nur eine untergeordnete Rolle spielen. Entscheidend ist, ob Rechtsuchende nach ihren persönlichen und wirtschaftlichen Verhältnissen die Kosten einer Mediation nicht, nur zum Teil oder nur in Raten aufbringen können.[32] Ausgeschlossen ist die Bewilligung der Förderung nur dann, wenn die beabsichtigte Rechtsverfolgung oder Rechtsverteidigung mutwillig erscheint. Für die Definition der Mutwilligkeit kann § 114 Abs. 2 ZPO herangezogen werden. Sie ist dann zu bejahen, wenn eine Partei, die keine Kostenhilfe beansprucht, bei verständiger Würdigung aller Umstände davon absehen würde, auf eigene Kosten an einer Mediation teilzunehmen.[33] Eine Prüfung der **Mediationseignung** des Konflikts soll gemäß dem Grundgedanken der Eigenverantwortlichkeit ausdrücklich nicht vorgenommen werden. Das entspricht den von der Wissenschaft geäußerten Vorstellungen.[34] Der Gesetzgeber unterstellt die Effizienz der Mediation, wenn die Parteien einen Mediationsversuch unternehmen wollen und eine Mediatorin oder ein Mediator dazu bereit ist, die Mediation zu übernehmen. Dann muss davon ausgegangen werden, dass das Verfahren effizient und geeignet ist.

---

29 Zur Rechtsnatur der Prozesskostenhilfe als spezialgesetzlich geregelte Art der Sozialhilfe vgl. Prütting/Gehrlein/Zempel ZPO § 114 Rn. 1; Weber, Regelungen zur Förderung der Mediation, Teil 1 § 3 A. II.
30 Verneinend Greger/Unberath/Steffek/Greger B. § 7 Rn. 5.
31 BT-Drs. 17/5335, 18; Greger/Unberath/Steffek/Greger B. § 7 Rn. 6.
32 Problematisch ist dabei die Referenz der zu erwartenden Kosten der Mediation, da deren Bestimmung – anders als die Bestimmung der im Rahmen von § 114 S. 1 ZPO in Bezug genommenen Kosten der Prozessführung – nicht ohne Weiteres möglich ist.
33 Dies ist indes schwer vorstellbar, vgl. idS Greger/Unberath/Steffek/Greger B. § 7 Rn. 7.
34 Becker/Horn SchiedsVZ 2006, 270 (275); Bercher/Engel ZRP 2010, 126 (128).

§ 7 Abs. 2 S. 2 regelt, welches Gericht über den Antrag auf Förderung entscheidet, nämlich „das für das Verfahren zuständige Gericht". Darunter ist das Gericht zu verstehen, das im Falle einer gerichtlichen Auseinandersetzung über den Konflikt örtlich und sachlich zuständig wäre.[35] Die Entscheidung über Gewährung von Mediationskostenhilfe ist nach § 7 Abs. 2 S. 3 unanfechtbar. Dies begegnet im Hinblick auf versagende Entscheidungen verfassungsrechtlichen Bedenken.[36] Sachgerechterweise wäre ein Rechtsbehelf zu eröffnen.

Alle übrigen Einzelheiten bezüglich der Gewährung von Mediationskostenhilfe bleiben den zwischen Bund und Ländern zu treffenden Vereinbarungen überlassen.

Zu etablieren wäre ein Bewilligungsverfahren, dessen Ausgestaltung sich an den §§ 117 ff. ZPO orientieren könnte.[37]

Im Hinblick auf die Zielrichtung von § 7, insbesondere direkte Mediation zu fördern, wäre ein Mechanismus zur Prüfung der Bedürftigkeit des Antragstellers notwendig, der unabhängig von der Rechtshängigkeit des Konfliktes operabel ist.

Für die Festsetzung von Zahlungen sollte eine § 120 ZPO entsprechende Regelung geschaffen, die Änderung der Bewilligung in Entsprechung zu § 120a ZPO ermöglicht und eine Aufhebbarkeit der Bewilligung analog § 124 ZPO geregelt werden.[38] Auch gegen diese Entscheidungen wären Rechtsbehelfe vorzusehen.

Ein Forschungsvorhaben müsste in erster Linie die Kostenübernahme für die Dienstleistung der Mediatorin gewährleisten.[39] Da es keine gesetzlichen Gebührentatbestände für die Tätigkeit des Mediators gibt, wäre es im Rahmen eines Forschungsvorhabens erforderlich, Kriterien für die Bestimmung des Honorars festzulegen. Sinnvoll wäre eine Vergütung nach Zeitaufwand unter Ansatz eines Stundenhonorars, wie in der Praxis üblich.[40] Um unverhältnismäßige Kosten zu vermeiden, bedürfte es eines Begrenzungsmechanismus. Hier kommen verschiedene Gestaltungen in Betracht, zB ein maximales Zeitbudget für die Mediation[41] oder eine Begrenzung des Honorars auf die Höhe der Gerichtskosten oder der gesetzlichen Rechtsanwaltsvergütung in erster Instanz.[42]

---

35 Wie hier: Greger/Unberath/Steffek/Greger B. § 7 Rn. 8: „Potentielle Zuständigkeit".
36 Greger/Unberath/Steffek/Greger B. § 7 Rn. 13.
37 Greger/Unberath/Steffek/Greger B. § 7 Rn. 10.
38 Wie hier: Greger/Unberath/Steffek/Greger B. § 7 Rn. 11, 13.
39 Neben diesen unmittelbaren Kosten der Mediation wären die Kosten der Entwicklung und Verwaltung des Projekts sowie die Kosten der wissenschaftlichen Begleitforschung und Auswertung bereit zu stellen, vgl. Greger/Unberath/Steffek/Greger B. § 7 Rn. 4.
40 Vgl. Greger/Unberath/Steffek/Greger B. § 2 Rn. 239.
41 So die Regelung zur geförderten Familienmediation in Österreich, vgl. Roth in Hopt/Steffek, S. 129 ff.
42 Der Rechtsschutzversicherungsmarkt tendiert, wenn keine festen Honorargrenzen vereinbart sind, zu einer Begrenzung des Honorars auf die Höhe der Gerichtskosten erster Instanz.

16 Im Sinne der Qualitätssicherung[43] sollten Anforderungen an die Aus- und Fortbildung der Mediatorinnen und Mediatoren für eine staatlich geförderte Mediation festgelegt werden.[44] Als Mindeststandard im Sinne einer Grundqualifikation ist dabei die Zertifizierung nach §§ 5 Abs. 2, 6 MediationsG iVm ZMediatAusbV heranzuziehen.[45] Bei einer Förderung von Mediation in bestimmten Konfliktbereichen sollte zusätzlich ein besonderes Anforderungsprofil feldspezifischer Kenntnisse, Fähigkeiten und Erfahrungen geschaffen werden (zu diesen als Kriterium der Qualitätssicherung → Rn. 11 und → G. Rn. 30).[46]

IV. Unterrichtung des Deutschen Bundestages nach Abschluss der wissenschaftlichen Forschungsvorhaben (Abs. 3)

17 § 7 Abs. 3 regelt, dass die Bundesregierung den Deutschen Bundestag nach Abschluss des oder der wissenschaftlichen Forschungsvorhaben über die gesammelten Erfahrungen und erzielten Erkenntnisse unterrichtet. Den wissenschaftlichen Forschungsvorhaben kommt eine überregionale Bedeutung zu. Denn der Deutsche Bundestag soll mit den gewonnenen Forschungsergebnissen in die Lage versetzt werden, über eine bundesweite Förderung der Mediation und deren Modalitäten zu entscheiden.[47] Bewusst wurde auf einen Zeitrahmen zur Durchführung dieser Forschungsvorhaben sowie bezüglich der anschließenden Unterrichtung des Bundestages verzichtet, um auch längerfristigen Entwicklungen ihren Raum zu lassen. Allerdings besteht mit Blick auf den Zeitablauf Anlass zur Befürchtung, dass ohne eine Fristsetzung auch weiterhin schlichtweg nichts passiert.

V. Andere Wege zur finanziellen Förderung der Mediation

18 Ohne auf einer Bund-Länder-Vereinbarung nach § 7 zu basieren, wurde in Berlin auf Landesebene ein wissenschaftlich begleitetes Pilotprojekt zur finanziellen Förderung der Mediation in Kindschaftssachen initiiert.[48] Das ursprünglich für zwei Jahre angedachte und letztlich vier Jahre durchge-

---

43 Vgl. dazu Lenz ZKM 2021, 151.
44 Zu den Anforderungen im Rahmen der geförderten Familienmediation in Österreich, vgl. Roth in Hopt/Steffek, S. 129 ff.
45 Die Anforderungen der ZMediatAusbV für sich sind nicht ausreichend, ein adäquates Aus- und Fortbildungsniveau für Mediatorinnen und Mediatoren zu gewährleisten, weil Inhalt und Umfang des Ausbildungslehrganges nach § 2 Abs. 4 S. 1 ZMediatAusbV deutlich hinter dem zurück bleiben, was aus professioneller Sicht geboten ist. So fehlen beispielsweise die Vermittlung verschiedener Mediationsstile oder die Lehre über die Arbeit in unterschiedlichen Settings wie Shuttle-Mediation, Co-Mediation, Team-Mediation, Mehrparteien-Mediation oder Kurzzeit-Mediation, die die Mediationspraxis prägen, vgl. Lenz ZKM 2021, 151 ff. ISd Qualitätssicherung wahren die Mediationsverbände daher ihre über die Anforderungen der ZMediatAusbV hinausgehenden Ausbildungsstandards (BM) bzw. haben solche Standards gemeinsam etabliert, vgl. https://qv-mediation.de/, zuletzt abgerufen am 8.9.2024.
46 Schon die Gesetzesbegründung hatte ausdrücklich vorgesehen, dass die Ausbildung durch eine weitere Vertiefung in Spezialgebieten sinnvoller Weise zu ergänzen ist, vgl. BT-Drs. 17/8058, 18.
47 BT-Drs. 17/5335, 28.
48 „Berliner Initiative geförderte Familienmediation" (BIGFAM) vgl. Hamkens ZKM 2016, 145 f.; Abschlussbericht zur Evaluierung des Projekts Geförderte Familien-

führte Projekt verfolgte das Ziel, Beteiligten einer rechtshängigen Kindschaftssache iSd § 151 Nr. 1–3 FamFG (Sorgerecht, Umgangsrecht, Kindesherausgabe), denen jeweils Verfahrenskostenhilfe bewilligt wurde, die Möglichkeit einer Mediation außerhalb des gerichtlichen Kontextes zu eröffnen. Im Rahmen der Mediation konnten neben der rechtshängigen Kindschaftssache auch andere Themen[49] bearbeitet werden. Gefördert wurden grundsätzlich bis zu zehn Zeitstunden Mediation, mit der Möglichkeit der Verlängerung im Einzelfall. Das Projekt knüpfte an § 156 Abs. 1 S. 3 FamFG an, wonach das Gericht anordnen kann, dass die Eltern an einem kostenfreien Informationsgespräch über Mediation teilnehmen (→ FamFG § 156 Rn. 2). Von dieser Anordnungsmöglichkeit macht die Praxis kaum Gebrauch,[50] unter anderem deshalb, weil sich Parteien, die auf (Verfahrens-)Kostenhilfe angewiesen sind, eine Mediation wirtschaftlich nicht leisten können.[51] Die finanzielle Förderung sollte über die Zugangsbarriere hinweg helfen, die die Kosten einer Mediation für bedürftige Beteiligte bedeuten. Die Mediationen wurden von interdisziplinären und grundsätzlich gemischtgeschlechtlichen Co-Mediatorenteams durchgeführt (zur Co-Mediation → G. Rn. 26 ff.). Die Mediatorinnen und Mediatoren hatten eine Mediationsausbildung von mindestens 200 Stunden und verfügten über besondere Fachkenntnisse in Trennungs- und Scheidungskonflikten (zu feldspezifischen Kenntnissen, Fähigkeiten und Erfahrungen als Kriterium der Qualitätssicherung → Rn. 11 und → G. Rn. 30).[52] Das Pilotprojekt wurde wissenschaftlich begleitet und evaluiert, um Erkenntnisse über die Folgen der finanziellen Förderung der Mediation zu gewinnen.[53] Projekt und Begleitforschung orientierten sich an den Fragen, auf deren Beantwortung auch wissenschaftliche Forschungsvorhaben im Sinne des § 7 zielen.

Verschiedene Gerichte haben in Fällen, in denen die Mediation von ihnen vorgeschlagen und das Verfahren daraufhin ausgesetzt wurde, die bereits bewilligte Prozess- bzw. Verfahrenskostenhilfe auf die Mediation ausgeweitet. Begründet werden die Entscheidungen damit, dass das Mediationsver-

---

mediation in Berlin (BIGFAM), abrufbar unter https://www.reinhard-greger.de/zur-person/forschungen/ (zuletzt abgerufen am 8.9.2024).
49 Bspw. Kindesunterhalt, Ehegattenunterhalt, Unterhalt nach § 1615l BGB, Haushalts- oder Ehewohnungssachen.
50 Die Evaluierung der FGG-Reform hat ergeben, dass das Informationsgespräch in der klaren Mehrheit der Fälle nicht angeordnet wird (ca. 74 % der Richterinnen und Richter beim Amtsgericht und 90 % derjenigen beim OLG ordnen ein Informationsgespräch nie an), vgl. S. 277 des Abschlussberichts, abrufbar unter https://www.bmj.de/SharedDocs/Publikationen/DE/Fachpublikationen/2018_Evaluierung_FGG-Reform.html (zuletzt abgerufen am 15.6.2024).
51 Vgl. zur entsprechenden Situation bei § 135 FamFG Greger/Unberath/Steffek/Greger B. § 7 Rn. 22.
52 Hamkens ZKM 2016, 145.
53 Es zeigte sich unter anderem, dass die Förderung die Akzeptanz von Mediation steigert, und dass Mediation, die für die Beteiligten kostenfrei ist, mit der gleichen Motivation, Ausdauer und Ernsthaftigkeit verfolgt wird, wie Mediation, die auf eigene Kosten der Beteiligten durchgeführt wird, vgl. Greger ZKM 2020, 90; Abschlussbericht zur Evaluierung des Projekts Geförderte Familienmediation in Berlin (BIGFAM), abrufbar unter https://www.reinhard-greger.de/zur-person/forschungen/ (zuletzt abgerufen am 8.9.2024).

fahren in diesen Fällen Bestandteil des gerichtlichen Verfahrens sei.[54] Die Gerichte greifen dabei auf den allgemeinen **Gleichheitsgrundsatz** (Art. 3 Abs. 1 GG) in Verbindung mit dem **Sozialstaats- und dem Rechtsstaatsprinzip** (Art. 20 Abs. 1, 3 GG) zurück und verlangen die Gewährung von Rechtsschutzgleichheit nicht nur im gerichtlichen, sondern auch im außergerichtlichen Bereich.

20 Zur Unterstützung dieser Auffassung wird die Rechtsprechung des Bundesverfassungsgerichts herangezogen, wonach Bemittelten und Unbemittelten derselbe Rechtsschutz gewährt werden müsse, ihre Lage anzugleichen sei[55] und die Rechtsverfolgung oder Rechtsverteidigung von Mittellosen im Vergleich zu Bemittelten nicht unnötig erschwert werden dürfe.[56] Ausgehend davon wird vertreten, dass der Bedürftige jedenfalls dann Anspruch auf Mediationskostenhilfe habe, wenn eine Mediation aufgrund gerichtlicher Empfehlung zustande kommt,[57] auch wenn es sich bei Mediation nicht um Rechtsverfolgung, sondern um einen konsensualen Weg handelt. Andererseits kann Kostenhilfe nur für Verfahren bei Gerichten und Notaren[58] bewilligt werden.[59] Nach dem Wortlaut der Vorschriften über die Prozesskostenhilfe ist weder die Beiordnung einer Mediatorin vorgesehen, noch sind das Honorar und die Auslagen des Mediators umfasst.[60] Art. 3 Abs. 1 GG verlangt zwar, dass der Bedürftige nicht von vornherein aufgrund seiner wirtschaftlichen Verhältnisse an der Rechtswahrnehmung gehindert wird,[61] weswegen die Rechtswahrnehmungsgleichheit im außergerichtlichen Bereich die rechtliche Beratung umfasst.[62] Dass aber die Rechtswahrnehmungsgleichheit verletzt ist, wenn eine Mediation angeregt wurde ohne obligatorisch zu sein, ist zweifelhaft. Der Partei steht es schließlich frei, der Anregung zu folgen oder auch nicht. Eine unterbleibende Differenzierung zwischen obligatorischer und angeregter Mediation dürfte zu einer Überspannung des Schutzumfangs von Art. 3 Abs. 1 iVm Art. 20 Abs. 1, 3 GG führen.[63] Ob das Bundesverfassungsgericht im Rahmen einer Vorlage

---

54 OLG Köln ZKM 2012, 29; KG NJW 2009, 2754; OLG Celle NJW 2009, 1219; AG Eilenburg FamRZ 2007, 1670.
55 BVerfG 26.11.2008 – 1 BvR 1813/08, FamRZ 2009, 191 f. mwN.
56 BVerfGE 9, 124 (130 f.).
57 Spangenberg ZKM 2012, 31.
58 § 17 Abs. 2 BNotO.
59 Bspw. für Schlichtungsausschüsse iSd § 111 Abs. 2 ArbGG oder für Schiedsgerichtsverfahren gibt es keine Prozesskostenhilfe, LAG Düsseldorf JurBüro 1990, 748 f.; OLG Stuttgart BauR 1983, 486 f.
60 Prozesskostenhilfe bewirkt, dass die Staatskasse gemäß § 122 Abs. 1 Nr. 1 ZPO insbesondere Gerichtskosten und Ansprüche der beigeordneten Rechtsanwälte auf Vergütung gegen die Partei nur eingeschränkt und die beigeordneten Rechtsanwälte gemäß § 122 Abs. 1 Nr. 3 ZPO Ansprüche auf Vergütung gegen die Partei gar nicht geltend machen können.
61 BVerfG 14.10.2008 – 1 BvR 2310/06, BVerfGE 122, 39–63 = NJW 2009, 209–214, Rn. 33.
62 BVerfG 14.10.2008 – 1 BvR 2310/06, BVerfGE 122, 39–63 = NJW 2009, 209–214, Rn. 34.
63 IdS OLG Dresden NJW-RR 2007, 80 f.; Thomas/Putzo/Reichold/Hüßtege FamFG § 135 Rn. 7; Prütting/Helms/Helms FamFG § 36a Rn. 17; Effer-Uhe NJW 2013, 3333 f. Greger/Unberath/Steffek/Greger bejaht allerdings eine aus der Verfassung abzuleitende Pflicht des Gesetzgebers, eine Rechtsgrundlage für Mediationskostenhilfe zu schaffen, § 7 Rn. 17. Zur fehlenden gesetzlichen Grundlage für die Beauf-

durch die Gerichte mit dieser Frage befasst werden wird, bleibt abzuwarten.

§ 8 MediationsG Evaluierung

(1) ¹Die Bundesregierung berichtet dem Deutschen Bundestag bis zum 26. Juli 2017, auch unter Berücksichtigung der kostenrechtlichen Länderöffnungsklauseln, über die Auswirkungen dieses Gesetzes auf die Entwicklung der Mediation in Deutschland und über die Situation der Aus- und Fortbildung der Mediatoren. ²In dem Bericht ist insbesondere zu untersuchen und zu bewerten, ob aus Gründen der Qualitätssicherung und des Verbraucherschutzes weitere gesetzgeberische Maßnahmen auf dem Gebiet der Aus- und Fortbildung von Mediatoren notwendig sind.

(2) Sofern sich aus dem Bericht die Notwendigkeit gesetzgeberischer Maßnahmen ergibt, soll die Bundesregierung diese vorschlagen.

Literatur:
Alexander (Hrsg.), Global Trends in Mediation, 2. Aufl. 2006; *Alexander/Walsh/Svatos* (Hrsg.), The EU Mediation Law Handbook: Regulatory Robustness Ratings for Mediation Regimes, 2017; *Alexander/Steffek*, Mediation Series – Making Mediation Law, 2016; *Becker*, Qualitätssicherung von und in Konfliktmanagement-Systemen, in: Gläßer/Kirchhoff/Wendenburg (Hrsg.), Konfliktmanagement in der Wirtschaft, 2014, S. 457 ff.; *Böhret/Konzendorf*, Handbuch Gesetzesfolgenabschätzung, 2001; *Bond*, Mediation and Culture: The Example of the ICC International Mediation Competition, Negotiation Journal 2013, 315; *Breidenbach/Gläßer*, Selbstbestimmung und Selbstverantwortung im Spektrum der Mediationsziele, KON:SENS – Zeitschrift für Mediation 1999, 207; *Bundesregierung*, Bericht der Bundesregierung über die Auswirkungen des Mediationsgesetzes auf die Entwicklung der Mediation in Deutschland und über die Situation der Aus- und Fortbildung der Mediatoren – BT-Drs. 18/13178, 14.6.2017; *Bussmann*, Die Methodik der prospektiven Gesetzesevaluation, Gesetzgebung heute 1997, 109; *Dauner*, Qualitätssicherung der Mediation im Spannungsfeld von Markt und Regulierung, 2. Aufl. 2018; *Deutsche Gesellschaft für Evaluation*, Standards für Evaluation, 2016; *Directorate General for Internal Policies (Policy Department C: Citizen's Rights and Constitutional Affairs)*, The Implementation of the Mediation Directive – Compilation of In-depth Analyses, 29. November 2016; *Esplugues/Iglesias/Palao*, Civil and Commercial Mediation in Europe – Cross-Border Mediation (Vol. II), 2014; *Europäische Kommission*, Bericht der Kommission an das Europäische Parlament, den Rat und den Europäischen Wirtschafts- und Sozialausschuss über die Anwendung der Richtlinie 2008/52/EG des Europäischen Parlaments und des Rates über bestimmte Aspekte der Mediation in Zivil- und Handelssachen, 26.8.2016; *dies.*, Study for an evaluation and implementation of Directive 2008/52/EC – the ‚Mediation Directive' – Final Report, 16.3.2016; *Europäisches Parlament*, „Rebooting" the Mediation Directive – Assessing the Limited Impact of its Implementation and Proposing Measures to Increase the Number of Mediations in the EU, 2014; *Gläßer*, Mediation in der Midlife Crisis? – eine Zwischenbilanz, ZKM 2022, 174; *dies.*, Viel Lärm um nichts? Überlegungen zur Evaluation des Mediationsgesetzes, ZKM 2018, 4; *dies.*, Auf dem Weg zu einem europäischen Verfahrensverständnis? Ein vergleichender Blick auf die Umsetzung der EU-Mediationsrichtlinie in Deutschland und Italien, in: Witzleb/Ellger/Mankowski/Merkt/Remien (Hrsg.), Festschrift für Dieter Martiny zum 70. Geburtstag, 2014, S. 735 ff.; *dies./Negele/Schroeter*, Qualitätssicherung von Mediation, ZKM 2008, 181; *Greger/Unberath/Steffek*, Recht der alternativen Konfliktlösung, Kommentar, 2. Aufl. 2016; *Grimm*, Gesetzesfolgenabschätzung – Möglichkeiten und Grenzen aus der Sicht

---

tragung eines Mediators durch das Gericht und dessen Vergütungsanspruch bei dennoch erfolgter Beauftragung vgl. OLG Koblenz 21.1.2014 – 13 WF 43/14, ZKM 2014, 71 f.

des Parlaments, ZRP 2000, 87; *Höland*, Zum Stand der Gesetzesevaluation in der Bundesrepublik Deutschland – Praktische und methodische Anmerkungen, Zeitschrift für Gesetzgebung 1994, 372; *Hopt/Steffek*, Mediation – Rechtstatsachen, Rechtsvergleich, Regelungen, 2008; *dies.* (Hrsg.), Mediation – Principles and Regulation in Comparative Perspective, 2013; *Institut für Demoskopie Allensbach*, Einstellung der Bevölkerung zum deutschen Justizsystem und zur außergerichtlichen Konfliktlösung, ROLAND Rechtsreport 2024; *Jantz/Veit*, Bessere Rechtsetzung durch Befristungs- und Evaluationsklauseln, Gutachten der Bertelsmann Stiftung, Mai 2010; *Karpen*, Gesetzesfolgenabschätzung – Ein Mittel zur Entlastung von Bürgern, Wirtschaft und Verwaltung? ZRP 2002, 443; *ders.*, Gesetzescheck (2005–2007): Empfehlungen zur Qualitätsverbesserung von Gesetzen, ZRP 2008, 97; *Kilian/Hoffmann*, Das Gesetz zur Förderung der Mediation – nomen est omen?, ZKM 2015, 176; *Lang-Sasse*, Mediationsstile und deren Merkmale – Ergebnis einer wissenschaftlichen Untersuchung im Rahmen der VI. ICC International Commercial Mediation Competition in Paris 2011, ZKM 2013, 54; *Nickel*, Grundlagen von Beratungs- und Prozesskostenhilfe in Kindschaftssachen, NJW 2011, 1117; *Paul*, Das erfreuliche Ende eines langen Gesetzgebungsverfahrens, ZKM 2012, 132; *Rottmann*, Institutionelle Möglichkeiten einer systematischen Wirkungskontrolle von Normen, ZRP 2003, 61; *Schonewille/Schonewille*, The Variegated Landscape of Mediation – A Comparative Study of Mediation Regulation and Practices in Europe and the World, 2014; *Seckelmann*, Neue Aufgaben für den Nationalen Normenkontrollrat – Perspektiven für die Folgenabschätzung von Gesetzen?, ZRP 2010, 213; *Steffek*, Rechtsvergleichende Erfahrungen für die Regelung der Mediation, RabelsZ 74 (2010), 841; *ders.*, Rechtsfragen der Mediation und des Güterichterverfahrens – Rechtsanwendung und Regulierung im Spiegel von Rechtsvergleich und Rechtstatsachen, ZEuP 2013, 529; *ders./Unberath* (Hrsg.), Regulating Dispute Resolution – ADR and Access to Justice at the Crossroads, 2014; *Stockmann*, Einführung in die Evaluation, in: Stockmann (Hrsg.), Handbuch zur Evaluation, 2022, S. 25 ff.; *Ziekow/Debus/Piesker*, Leitfaden zur Durchführung von ex-post-Gesetzesevaluationen unter besonderer Berücksichtigung der datenschutzrechtlichen Folgen, Institut für Gesetzesfolgenabschätzung und Evaluation, 2012.

I. Regelungshintergrund und -kontext 1	
1. Erwägungen des Gesetzgebers 1	
2. Grundsätzliches zum Ansatz der Gesetzesevaluation 4	
II. Die Evaluierung der europäischen Mediationsrichtlinie 8	
III. Die Evaluierung des deutschen Mediationsgesetzes 16	
1. Form und Themenfelder der Evaluierung 16	
2. Evaluierungsfrist und Vorlage des Evaluationsberichtes 17	
3. Vorgehen im Rahmen der Evaluierung 18	
a) Evaluationsverantwortliche und -beteiligte 19	
b) Evaluationskriterien 21	
c) Evaluationsmethodik ... 25	
4. Ergebnisse der Evaluierung – Befunde und Empfehlungen 27	
a) Auswertung von Rechtsprechung und Literatur ... 28	
b) Empirische Befunde 29	
aa) Entwicklung der Mediation in Deutschland 30	
(1) Auswirkungen des MediationsG auf die Nutzung von Mediation und die Tätigkeit von Mediatoren 31	
(2) Bekanntheit und Akzeptanz der Mediation 32	
(3) Auswirkungen der Mediation auf die Vermeidung oder einvernehmliche Beendigung justizieller Verfahren ... 33	
bb) Auswirkungen der kostenrechtlichen Länderöffnungsklauseln 34	
cc) Aus- und Fortbildung der Mediatoren 35	
c) Schlussfolgerungen und Empfehlungen bezüglich der weiteren rechtlichen Regulierung 43

aa) Keine Erforderlichkeit einer finanziellen Förderung der Mediation durch „Mediationskostenhilfe" 44	cc) Keine Erforderlichkeit einer Veränderung der ZMediatAusbV 46
	dd) Stellungnahme 47
bb) Keine Erforderlichkeit von Sonderregelungen der Vollstreckbarkeit von Mediationsvereinbarungen 45	IV. Abgleich der Evaluationsergebnisse auf deutscher und europäischer Ebene 48
	V. Ausblick 51

I. Regelungshintergrund und -kontext

1. Erwägungen des Gesetzgebers. Gesetzesfolgenabschätzungen und Gesetzesevaluationen dienen der **Verwirklichung des Konzeptes eines „rationalen Staates"**, indem sie dem Gesetzgeber als Mittel der Selbstvergewisserung über die prospektiven oder eingetretenen Wirkungen seines Tuns dienen.[1]

Der gesetzgeberische Ansatz, in einem neuen Gesetz direkt und explizit eine Pflicht zur (selbstkritischen) Evaluierung und darauf aufbauend ggf. zur normativen Nachbesserung zu verankern, die teilweise auch mit einer grundsätzlichen Befristung der Gültigkeit der Rechtsvorschrift verbunden wird (sog. „Sunset Legislation"[2]), wird verstärkt seit Mitte der 1990er Jahre praktiziert[3] und ist als wichtiges Instrument international zu beobachtender Reformbestrebungen mit dem **Ziel einer besseren Rechtssetzung** („better regulation") zu sehen.[4]

Das MediationsG ist insofern nicht das erste bundesdeutsche Gesetz mit einer Evaluierungsklausel.[5] Evaluationsnormen finden sich zB auch in § 17 Visa-Warndateigesetz (VWDG), in Art. 4 Bundeskinderschutzgesetz (BKiSchG) sowie in Art. 3 Sport Doping-Bekämpfungsgesetz (SportDpBG)[6].

Das Verbraucherstreitbeilegungsgesetz (VSBG) enthält dagegen keine mit § 8 vergleichbare allgemeine Evaluationsklausel, sondern sieht gem. § 43 Abs. 2 VSBG lediglich ein Forschungsvorhaben zur Funktionsweise der gem. § 4 Abs. 2 S. 2 VSBG einzurichtenden Allgemeinen Verbraucherschlichtungsstelle (→ Q. Rn. 34 f.) vor.[7]

---

1 Seckelmann ZRP 2010, 213 (216).
2 Spezifisch dazu mit internationalem Vergleichsmaterial und zahlreichen weiteren Nachweisen Jantz/Veit, Bessere Rechtsetzung durch Befristungs- und Evaluationsklauseln, Mai 2010.
3 S. dazu Grimm ZRP 2000, 87 sowie Rottmann ZRP 2003, 61.
4 S. dazu Jantz/Veit, S. 9 f. Grundsätzlich wird bei der Betrachtung der Qualität von Gesetzgebung zwischen Regulierungsqualität („better regulation"), Vollzugsqualität („good administration") und der Qualität des Regierens sowie der Umsetzung von Normen („good governance") unterschieden; s. dazu Karpen ZRP 2008, 97.
5 S. dazu auch Seckelmann ZRP 2010, 213 (216).
6 S. dazu exemplarisch den fristgerecht vorgelegten Evaluationsbericht: Bundesministerium des Inneren/Bundesministerium für Gesundheit, Bericht der Bundesregierung zur Evaluation des Gesetzes zur Verbesserung der Bekämpfung des Dopings im Sport, September 2012.
7 S. dazu Borowski/Röthemeyer/Steike/Steike § 43.

2 Die Evaluierungsvorschrift des § 8 wurde erst relativ spät im Gesetzgebungsprozess aufgrund der Beschlussempfehlung des Rechtsausschusses[8] in das Mediationsgesetz eingefügt.

Hinter dem Evaluierungsansatz steht das Bewusstsein, dass sich die **Mediation als Instrument zur Konfliktlösung und die Anforderungen an Mediatoren noch in der Entwicklung befinden**,[9] deren zukünftige Dynamik einer besonderen Beobachtung und ggf. auch nachsteuernden Reaktion seitens des Gesetzgebers bedarf.[10] Zudem bringt die Evaluierungsvorschrift zum Ausdruck, dass der Gesetzgeber das Mediationsgesetz, welches in Deutschland ja erstmalig die Rahmenbedingungen für Konfliktlösungen durch Mediation – in einer noch eher kursorischen Weise – gesetzlich regelt, als noch in einem **Versuchsstadium** stehend und eventuell nachbesserungs- bzw. ausdifferenzierungsbedürftig sieht.[11]

Insofern kann die auf den ersten Blick „unscheinbare Evaluierungsklausel" als „eine der wichtigsten Vorschriften des ganzen Gesetzes" bezeichnet werden.[12]

3 Auch die Europäische Mediationsrichtlinie enthält eine ähnlich gestaltete Evaluierungsvorschrift, die auf einen umfassenden Bericht über die europaweite Entwicklung von Mediation und die Auswirkungen der Mediationsrichtlinie in den Mitgliedstaaten abzielt: Gemäß **Art. 11 der EU-Med-RiLi** hatte die Kommission dem Europäischen Parlament, dem Rat und dem Europäischen Wirtschafts- und Sozialausschuss bis zum 21.5.2016 einen **Bericht über die Anwendung dieser Richtlinie** vorzulegen (zum Kontext und Inhalt dieses Evaluationsberichts → Rn. 8 ff.).

4 **2. Grundsätzliches zum Ansatz der Gesetzesevaluation.** Die grundsätzliche Pflicht des Gesetzgebers, die Wirkungen neuer Gesetzgebung in Form einer **Gesetzesfolgenabschätzung** zu prüfen, ergibt sich nach ständiger Rechtsprechung des Bundesverfassungsgerichts[13] aus den grundrechtlichen Schutzpflichten.[14] Unter Gesetzesfolgen werden dabei sowohl die beabsich-

---

8 BT-Drs. 17/8058 (Beschlussempfehlung und Bericht des Rechtsausschusses).
9 So BT-Drs. 17/8058, 20 (Beschlussempfehlung und Bericht des Rechtsausschusses).
10 Auf diese grundlegende Rahmenbedingung der Regulierung der noch in starker Entwicklung befindlichen Materie Mediation weisen viele Werke hin, die sich mit der Normierung von Mediation befassen, so zB Alexander/Walsh/Svatos, The EU Mediation Law Handbook, 2017; Alexander/Steffek, Making Mediation Law, 2016, Schonewille/Schonewille, The Variegated Landscape of Mediation – A Comparative Study of Mediation Regulation and Practices in Europe and the World, 2014, oder Steffek/Unberath (Hrsg.), Regulating Dispute Resolution – ADR and Access to Justice at the Crossroads, 2014.
11 S. dazu exemplarisch die Begründung von Ahrendt im Plenarprotokoll 17/149 der 149. Sitzung des Deutschen Bundestages vom 15.12.2011, 17839: „Der letzte Punkt, auf den wir schauen müssen, ist, dass wir das Gesetz einer Evaluierung unterwerfen. Denn: Wir bringen ein neues Gesetz auf den Weg und schaffen endlich einen strukturierten Rahmen für eine außergerichtliche Streitbeilegung. Wir stärken die außergerichtliche Mediation. Aber wir wissen auch, dass wir damit noch nicht am Ende sind. Weil wir wissen, dass dieser Weg noch weitergegangen werden muss und dass wir an der einen oder anderen Stelle noch feilen müssen, damit die außergerichtliche Mediation wirklich erfolgreich wird, haben wir gesagt: Wir wollen das Gesetz einer Evaluierung unterwerfen."
12 So Greger/Unberath/Steffek/Greger B. § 8 Rn. 1.
13 Vgl. BVerfGE 50, 290 (333), BVerfGE 56, 54 (78), BVerfGE 88, 203 (263).
14 S. dazu auch Fritz/Pielsticker MediationsG-HdB/Fritz § 8 Rn. 6 f.

tigten **Wirkungen** als auch **mögliche (unbeabsichtigte) Nebenwirkungen von Gesetzen** sowie deren Auswirkungen auf die öffentlichen Haushalte (sog. „**Bürokratiekosten**") verstanden.[15]

Mit Blick auf die Differenzierung dieser Prüfpflicht des Gesetzgebers in **Prognose-, Beobachtungs- und Nachbesserungspflichten** wird in der Gesetzesfolgenabschätzung entsprechend zwischen der **Konzeptions-,** der **Durchführungs-** und der **Auswertungsphase von Gesetzgebungsprozessen** unterschieden. Die **prospektive Gesetzesfolgenabschätzung** setzt bereits bei der Ausarbeitung des Gesetzentwurfs an, die in der Regel dem zuständigen Ministerium obliegt. Die **begleitende Gesetzesfolgenabschätzung** basiert auf einem bereits ausgearbeiteten rechtsförmigen Entwurf und findet in der Regel im parlamentarischen Verfahren statt. Die **retrospektive Gesetzesfolgenabschätzung**, die auch **ex-post-Gesetzesevaluation** genannt wird,[16] ist ein rückschauendes Verfahren, das die Wirkungen und Kostenfolgen eines bereits erlassenen Gesetzes zum Gegenstand hat.[17]

§ 8 statuiert die Pflicht zu einer – einmaligen (dazu → Rn. 52 f.) – **ex-post-Evaluierung des MediationsG.**

Evaluation im Allgemeinen wird definiert als „*eine systematische Untersuchung des Nutzens oder Wertes eines Gegenstands.*"[18] Gegenstand einer Evaluation können Programme, Projekte, Produkte, Maßnahmen, Leistungen, Organisationen, Politik, Technologie, Forschung und eben auch Gesetze sein.[19]

Bezogen auf Gesetze bezeichnet der Begriff der Evaluation die Kontrolle der Zielerreichung und die Ermittlung der (intendierten und nicht-intendierten) Nebenfolgen, also eine **umfassende Wirkungsüberprüfung**.[20] Diese Zielsetzung kommt auch im Wortlaut des § 8 zum Ausdruck.

In methodischer Hinsicht basieren Evaluationen im Wesentlichen auf der **Sammlung und anschließenden Bewertung von Informationen**, die dann für einen Entscheidungsprozess genutzt werden.[21] Die durch eine Evaluation erzielten Ergebnisse, Schlussfolgerungen oder Empfehlungen müssen nachvollziehbar auf empirisch gewonnenen qualitativen und/oder quantitativen Daten beruhen.[22] Die einer Evaluation zugrunde gelegten **Bewertungskriterien** können allerdings sehr unterschiedlich sein, so dass die Kriterienwahl sehr großen Einfluss auf das Bewertungsergebnis hat.[23]

§ 8 Abs. 1 macht hierzu von gesetzgeberischer Seite **keine qualitativen Vorgaben**, sondern bestimmt letztlich nur Themenfelder, mit denen sich

---

15 Seckelmann ZRP 2010, 213 (214).
16 Ziekow/Debus/Piesker, S. 17 Fn. 4. Nach der Terminologie der Europäischen Kommission wird nur zwischen zwei Evaluationsmodi – der „ex-ante-" und der „ex-post-Evaluation" – unterschieden, Seckelmann ZRP 2010, 213 (216 mwN).
17 S. zu diesen Kategorien der Gesetzesfolgenabschätzung Karpen ZRP 2002, 443 (444).
18 Deutsche Gesellschaft für Evaluation, S. 13.
19 Vgl. Stockmann/Stockmann, S. 25, 27.
20 Seckelmann ZRP 2010, 213 (216).
21 Ziekow/Debus/Piesker, S. 16. Grundlegend zur Methodik der Gesetzesevaluation Böhret/Konzendorf Handbuch Gesetzesfolgenabschätzung, 2001.
22 Deutsche Gesellschaft für Evaluation, S. 13.
23 Ziekow/Debus/Piesker, S. 16.

die Evaluation befassen soll. Insofern bleibt die nähere Bestimmung der Evaluationskriterien der berichtenden Bundesregierung überlassen (Näheres dazu unter → Rn. 21 ff.).

II. Die Evaluierung der europäischen Mediationsrichtlinie

8 Art. 11 der europäischen Mediationsrichtlinie fordert einen Evaluationsbericht, der auf die Entwicklung der Mediation in der gesamten Europäischen Union sowie auf die Auswirkungen dieser Richtlinie in den Mitgliedstaaten eingeht; dem Bericht sind, soweit erforderlich, Vorschläge zur Anpassung der Richtlinie beizufügen.

9 Die in Art. 11 der EU-Med-RiLi statuierte Evaluationsfrist, die acht Jahre nach Inkrafttreten der Richtlinie, also bereits am 21.5.2016, ablief, erscheint mit Blick auf den vorgesehenen Umfang der EU-weiten Evaluierung ungünstig früh gesetzt. Denn Evaluierungen zu Umsetzungsgesetzen der Mitgliedstaaten, die eine wesentliche Grundlage der europaweiten Evaluation darstellen sollten, waren – soweit vorgesehen – erst nach Ablauf der Evaluationsfrist der Richtlinie zu erwarten. Angesichts der zahlreichen Verzögerungen (dazu → Einl. Rn. 8) und Nachbesserungen[24] der Mediations-Normierungen der Mitgliedstaaten hätte mit Blick auf eine bessere **Synchronisierung der europäischen und nationalen Evaluationsfristen** eine großzügigere Bemessung der europäischen Evaluierungsfrist nahegelegen.

10 Nichtsdestotrotz wurde der geforderte Bericht von der Europäischen Kommission mit nur leichter Verspätung am 26.8.2016 vorgelegt (ein Inhaltsüberblick findet sich unter → Rn. 13 f.). Im Vorlauf und im Kontext dieses Evaluationsberichts wurden auf EU-Ebene verschiedene Studien und weitere wissenschaftliche Veröffentlichungen mit Evaluationscharakter erarbeitet, die Vorarbeiten für den Evaluationsbericht der Europäischen Kommission leisteten bzw. diesen weiterführen. Ihre Inhalte werden deshalb im Folgenden in chronologischer Reihenfolge überblicksartig dargestellt, um die Ergebnisse und Schlussfolgerungen des europäischen und des deutschen Evaluationsberichts in einen breiteren Kontext zu setzen.

11 Das Europäische Parlament gab im Jahr 2014 eine Studie[25] in Auftrag, für die Länderberichte eingeholt und ua 816 Mediationsexperten aus ganz Europa konsultiert wurden.[26] Diese Studie legt dar, dass die Mediationsrichtlinie zwar einen positiven Effekt auf den wissenschaftlichen Diskurs über das Thema Mediation ausgeübt und sogar eine Art „ADR Movement" in Europa erzeugt hat,[27] jedoch nicht für eine merkliche Zunahme der geschätzten Anzahl der durchgeführten Mediationsverfahren sorgte.[28] Um die Nutzung von Mediation (signifikant) zu steigern, favorisierte die Mehrheit der befragten Experten die Einführung der verpflichtenden Mediation für bestimmte Fallgruppen.[29] Für einen „Neustart" („Reboot") der

---

24 S. dazu exemplarisch die im Zuge der Richtlinienumsetzung bereits mehrfach erfolgten Ergänzungen und Überarbeitungen der italienischen Mediationsgesetzgebung.
25 Europäisches Parlament, 2014.
26 Vgl. Europäisches Parlament, S. 120 Figure 1.
27 Europäisches Parlament, S. 6.
28 Vgl. Europäisches Parlament, S. 120 Figure 2.
29 Europäisches Parlament, S. 151 Figure 26.

Mediationsrichtlinie schlägt die Studie deshalb vor, die Richtlinie dahin gehend zu modifizieren, dass eine Verpflichtung zur Mediation nicht nur erlaubt, sondern für bestimmte Konfliktbereiche in allen Mitgliedstaaten ausdrücklich festgeschrieben wird (dazu kritisch → Rn. 50).[30] Darüber hinaus wird – unter Hinweis auf den Wortlaut von Art. 1 Mediationsrichtlinie – erwogen, dass die Mitgliedstaaten jeweils Richtwerte für die Anzahl von jährlich mindestens durchzuführenden Mediationsverfahren festlegen und ihre Mediations-Förderpolitiken an der Erfüllung dieser Richtwerte überprüfen müssen, um effektiver für „ein ausgewogenes Verhältnis zwischen Mediation und Gerichtsverfahren" zu sorgen.[31]

Auch die Europäische Kommission ließ eine Studie[32] durchführen (im Folgenden: Kommissions-Studie), die zunächst auf Sekundäranalysen und einer zwischen Juni 2012 und Juli 2013 stattfindenden Konsultation entsprechender Interessengruppen basierte und im Februar 2016 durch die Recherche von 28 nationalen Berichterstattern aktualisiert wurde, die beauftragt worden waren, über zwischenzeitliche legislative Änderungen zu berichten. Die gesammelten Informationen ergaben, dass die Mediationsrichtlinie ua dadurch positive Veränderungen herbeigeführt hat, dass die nationalen Gesetzgeber für die Vorteile der Mediation sensibilisiert wurden und bereits bestehende Regelungen für Mediation auf neue Anwendungsgebiete erweitert wurden.[33] Um den Einsatz der Mediation weiter zu steigern, wird in der Studie ua ein umfassender Informationsaustausch zwischen den Mitgliedstaaten über die Erkenntnisse zur Umsetzung der Mediationsrichtlinie (dazu → Rn. 55) und der Ausbau des Informationsangebots über die Mediation und ihre Vorteile für Bürger, Unternehmen und Rechtspraktiker vorgeschlagen.[34] Außerdem sollen die Mitgliedstaaten die Einführung einer Verpflichtung, potenzielle Streitpartner über die Mediation und ihre Vorteile zu informieren, sowie die Etablierung obligatorischer Vorverfahren durch sog. „Screening Agenturen" erwägen, welche prüfen sollen, ob ein potenzieller Rechtsstreit besser im Rahmen einer Mediation anstelle eines Gerichtsverfahrens behandelt werden könnte.[35] Auf der Ebene der Qualitätssicherung mediatorischen Handelns weist die Studie auf die Vorbildfunktion des Europäischen Verhaltenskodex für Mediatoren (dazu → Einl. Rn. 4 und → Rn. 49) hin und schlägt vor, dass die Europäische Kommission nationale Ausbildungseinrichtungen zB durch die Ausarbeitung eines Handbuchs zum Thema Mediation für den europaweiten Gebrauch unterstützen könnte.[36]

Das Gegenstück zum deutschen Evaluationsbericht auf europäischer Ebene bildet der am 26.8.2016 veröffentlichte Bericht der Kommission an das Europäische Parlament, den Rat und den Europäischen Wirtschafts- und Sozialausschuss über die Anwendung der Richtlinie 2008/52/EG (im

---

30 Europäisches Parlament, S. 163.
31 Europäisches Parlament, S. 164.
32 Europäische Kommission, Study for an evaluation and implementation of Directive 2008/52/EC, 2016.
33 Europäische Kommission, Study of the „Mediation Directive', S. 65 f., 78.
34 Europäische Kommission, Study of the „Mediation Directive', S. 80.
35 Europäische Kommission, Study of the „Mediation Directive', S. 80.
36 Europäische Kommission, Study of the „Mediation Directive', S. 80.

Folgenden: Kommissionsbericht). Die Ausführungen des Berichts basieren auf viererlei Quellen: der zuvor beschriebenen Kommissions-Studie, einem Bericht einer Arbeitsgruppe im sog. „Europäischen Justiziellen Netz für Zivil- und Handelssachen" zur Förderung von internationaler Mediation im Familienrecht im Falle von internationaler Kindesentführung aus dem Jahr 2014,[37] einer im Juli 2015 im Rahmen einer Sitzung des Europäischen Justiziellen Netzes für Zivil- und Handelssachen geführten Diskussion über die Kommissions-Studie und die Erfahrungen der Mitgliedstaaten mit der Anwendung der Richtlinie sowie einer im letzten Quartal 2015 durchgeführten öffentlichen Online-Konsultation[38], bei der 562 Antworten von Interessenvertretern verschiedenster Art gesammelt werden konnten.

14 In einer allgemeinen Bewertung der Mediationsrichtlinie kommt der Kommissionsbericht zu dem Ergebnis, dass das Ausmaß der Auswirkungen auf die Rechtssysteme in den Mitgliedstaaten zwar unterschiedlich sei, aber übergreifend ein positiver Effekt in Form einer größeren Akzeptanz und Verbreitung der Mediation nicht nur in grenzüberschreitenden Rechtsstreitigkeiten in Zivil- und Handelssachen, sondern auch in einem rein nationalen Kontext spürbar sei.[39] So würde dank der neuen gesetzlichen Regelungen insbesondere auch in den Mitgliedstaaten, die vor Erlass der Richtlinie nur wenige bis gar keine Rahmenbedingungen zur Regulierung von Mediation geschaffen hatten, die Mediation zunehmend als echte Alternative zum staatlichen Gerichtsverfahren wahrgenommen.[40]

Daraus zieht der Kommissionsbericht den Schluss, dass die Richtlinie nicht revidiert werden müsse. Es bestünde jedoch noch Verbesserungspotential, was den Umfang der Anwendung der Richtlinie betrifft. Zu einer Förderung der Mediation könne es beitragen, einen stärker verpflichtenden Ansatz im Hinblick auf die Nutzung dieses Verfahrens zu verfolgen – etwa durch die Einführung obligatorischer Informationssitzungen zur Mediation im Rahmen eines Gerichtsverfahrens;[41] auch finanzielle Anreize in Form von Mediationskostenhilfe dürften hilfreich sein, um die Mediation im Verhältnis zum Gerichtsverfahren wirtschaftlich attraktiver zu gestalten[42] (dazu → Rn. 50).

Schließlich enthält der Kommissionsbericht das Versprechen, dass die Kommission die Entwicklung der Mediation in der EU weiterhin mitverfolgen und entsprechende Forschungsprojekte mitfinanzieren wird und in diesem Zusammenhang v. a. die Schaffung einer soliden statistischen Datenbasis zur Anwendung der Mediation unterstützen möchte (dazu → Rn. 55).[43]

---

37 Dieser Bericht ist unveröffentlicht.
38 S. die Überblicksseite: https://ec.europa.eu/yourvoice/consultations/2015/index_en.htm.
39 Europäische Kommission, Bericht der Kommission an das Europäische Parlament, den Rat und den Europäischen Wirtschafts- und Sozialausschuss über die Anwendung der Richtlinie 2008/52/EG des Europäischen Parlaments und des Rates über bestimmte Aspekte der Mediation in Zivil- und Handelssachen (im Folgenden zitiert als Kommissionsbericht), S. 4, 13.
40 Kommissionsbericht, S. 4.
41 Kommissionsbericht, S. 9 f., 13.
42 Kommissionsbericht, S. 10, 13.
43 Kommissionsbericht, S. 5, 13.

Im November 2016 wurde schließlich noch ein vom Europäischen Parlament angefordertes Sammelwerk[44] veröffentlicht, in dem verschiedene Autoren grundlegende Analysen der Umsetzung der Mediationsrichtlinie in den Mitgliedstaaten vornehmen. Dabei wird insgesamt ein besonderer Fokus auf das Verhältnis zwischen dem Gerichtsverfahren und den Formen der Alternativen und Online-Streitbeilegung in den Mitgliedstaaten gelegt. Die Beiträge enthalten zudem eine Vielzahl an Vorschlägen zur Ausweitung und Verbesserung der Anwendung von Mediation und anderen alternativen Streitbeilegungsformen. Neben der auch hier empfohlenen Verpflichtung, zumindest in bestimmten Rechtsgebieten zwingend eine anfängliche Mediationssitzung mit einem ausgebildeten Mediator/einer ausgebildeten Mediatorin durchführen müssen,[45] wird ua für eine starke Vereinfachung der Regelungen zur Vollstreckbarmachung grenzüberschreitender Mediationsergebnisvereinbarungen innerhalb der Europäischen Union plädiert.[46]

III. Die Evaluierung des deutschen Mediationsgesetzes

1. Form und Themenfelder der Evaluierung. Die Evaluierung des Mediationsgesetzes war in der Form durchzuführen, dass die Bundesregierung dem Deutschen Bundestag einen **Bericht** vorlegt, der umfassend auf die in § 8 genannten Themenfelder und Fragestellungen eingeht: Zusätzlich zu einer **Darstellung und Bewertung des Status quo der Entwicklung der Mediation und die Situation der Mediationsausbildung in Deutschland** (Abs. 1 S. 1) soll die Evaluation gem. § 8 Abs. 1 S. 2 auch eine Einschätzung zur **Notwendigkeit weiterer gesetzlicher Maßnahmen auf dem Gebiet der Aus- und Fortbildung von Mediatoren** liefern. Sofern Bedarf nach weiterer Regulierung besteht, soll der Bericht gem. § 8 Abs. 2 **konkrete Vorschläge für weitere gesetzgeberische Maßnahmen** insbesondere im Bereich der Aus- und Fortbildung, aber auch der Mediationstätigkeit generell enthalten.

2. Evaluierungsfrist und Vorlage des Evaluationsberichtes. Der Evaluationsbericht war dem Deutschen Bundestag **bis zum 26.7.2017** vorzulegen. Damit wurde ein **fünfjähriger Beobachtungszeitraum** ab Inkrafttreten des Gesetzes gewählt, der vom Gesetzgeber als „hinreichend langer Zeitraum für eine aussagekräftige Evaluierung" betrachtet wurde.[47]

Das Bundeskabinett beschloss am 19.7.2017 den vom Bundesminister der Justiz und für Verbraucherschutz innerhalb der vorgegebenen Frist vorge-

---

44 Europäisches Parlament, The Implementation of the Mediation Directive – Compilation of In-depth Analyses, 2016.
45 De Palo/D'Urso, Achieving a Balanced Relationship between Mediation and Judicial Proceedings, in: Europäisches Parlament, The Implementation of the Mediation Directive – Compilation of In-depth Analyses, 2016, S. 4 ff.
46 Esplugues/Iglesias, Mediation and private international law: improving free circulation of mediation agreements across the EU, in: Europäisches Parlament, The Implementation of the Mediation Directive – Compilation of In-depth Analyses, 2016, S. 70 ff.
47 So BT-Drs. 17/8058 (Beschlussempfehlung und Bericht des Rechtsausschusses), 20.

legten Evaluationsbericht (im Folgenden: Evaluationsbericht) zum Mediationsgesetz.[48] Der Bericht wurde noch am selben Tag online veröffentlicht.[49] Ob die gesetzte Frist auch für eine – gem. § 8 Abs. 1 ja im Fokus der Vorschrift stehende – Evaluation der Aus- und Fortbildung von Mediatoren ausreichte, erscheint sehr fraglich, da die in § 6 vorgesehene Rechtsverordnung zu den Anforderungen an die Aus- und Fortbildung zertifizierter Mediatoren und der diesbezüglich tätigen Aus- und Fortbildungseinrichtungen (dazu → MediationsG § 6 Rn. 52 ff., 91) erst zum 1.9.2017, also nach Abgabe des Evaluationsberichtes, in Kraft trat.

18 **3. Vorgehen im Rahmen der Evaluierung.** Die Ergebnisse der durch § 8 normativ nur sehr kursorisch programmierten Gesetzesevaluation hängen maßgeblich von der von den Evaluations-Verantwortlichen und -Durchführenden gewählten Vorgehensweise ab.

19 **a) Evaluationsverantwortliche und -beteiligte.** Die in § 8 statuierte Berichtspflicht obliegt der Bundesregierung; konkret verantwortlich für die Beauftragung der Evaluation war das thematisch zuständige Bundesministerium für Justiz und Verbraucherschutz (BMJV). Das BMJV entschied sich dafür, die Evaluation nicht selbst durchzuführen, sondern schrieb im Oktober 2015 über das Bundesamt für Justiz ein Forschungsvorhaben zum Thema „Evaluierung des Mediationsgesetzes" aus.[50] Die Vergabe des Forschungsauftrags erfolgte an das Institut für Gesetzesfolgenabschätzung und Evaluation (InGFA) am Deutschen Forschungsinstitut für Öffentliche Verwaltung (FÖV) Speyer.

Bei der **Auswahl der Person(en) oder Institution(en)**, die mit der Durchführung einer Evaluation betraut werden, gilt grundsätzlich, dass sich die Evaluatoren „durch persönliche Glaubwürdigkeit sowie methodische und fachliche Kompetenz auszeichnen" sollen.[51] Um von den verschiedenen evaluationsbetroffenen Akteuren als glaubwürdig beurteilt zu werden, sind Unabhängigkeit sowie soziale und kommunikative Kompetenzen erforderlich.[52] Die in § 8 vorgesehene thematische Breite der Evaluation des MediationsG schien zudem nach einem interdisziplinären Evaluationsteam zu verlangen, in dem nicht nur die juristische, sondern auch die sozialwissenschaftliche Perspektive auf den Untersuchungsgegenstand Mediation repräsentiert ist. Mit Blick auf den Gegenstand der gem. § 8 erforderlichen

---

48 S. https://www.bmj.de/SharedDocs/Gesetzgebungsverfahren/DE/Mediationsgesetz_Evaluationsbericht.html.
49 Die Bundesregierung, Bericht der Bundesregierung über die Auswirkungen des Mediationsgesetzes auf die Entwicklung der Mediation in Deutschland und über die Situation der Aus- und Fortbildung der Mediatoren, 2017 (im Folgenden zitiert als Bundesregierung, Evaluationsbericht 2017). Der Bericht findet sich im Volltext unter https://www.bmj.de/SharedDocs/Downloads/DE/Service/StudienUntersuchungenFachbuecher/Evaluationsbericht_Mediationsgesetz.html (im Folgenden zitiert als Bundesamt für Justiz, Ausschreibung).
50 Die Ausschreibung stand auf der Homepage des Bundesamts für Justiz unter www.bundesjustizamt.de/ausschreibungen bereit; ein entsprechender Hinweis auf die Ausschreibung wurde im Oktober 2016 auch auf der Plattform www.bund.de sowie im elektronischen Bundesanzeiger unter www.bundesanzeiger.de veröffentlicht.
51 Ziekow/Debus/Piesker, S. 34 f.
52 Ziekow/Debus/Piesker, S. 35.

Evaluation schien es zur Wahrung der Unabhängigkeit wesentlich, dass die evaluationsdurchführende Institution sowie die einzelnen Mitwirkenden nicht gleichzeitig selbst Akteure auf dem Mediationsausbildungsmarkt sind.

Bei retrospektiven Gesetzesfolgenabschätzungen zur Erfüllung einer Berichtspflicht der Regierung gegenüber dem Parlament werden in der Regel ein **breites Spektrum an Experten und Akteuren** von Verwaltungsbehörden, Gerichten und Rechtsanwälten über Kammern und Hochschullehrer bis hin zu den Gesetzesadressaten in das Analyseverfahren einbezogen.[53] Für die Evaluierung des MediationsG erschien es sinnvoll, neben dem Justizsektor auch Vertreter der Mediationsverbände, der Mediationsausbildungsinstitute, der Mediationswissenschaft sowie geeignete Repräsentanten der Mediationsnutzer (zB IHKs, der Round Table für Mediation und Konfliktmanagement der deutschen Wirtschaft,[54] Verbraucherschutzverbände) sowie – nach Möglichkeit – auch Mediationsparteien als Verfahrensnutzer einzubinden. 20

Der vorgelegte Evaluationsbericht basiert allerdings wesentlich auf der Perspektive von Mediatoren[55] – wohl weil diese Akteursgruppe für empirische Erhebungen gut greifbar ist. Als kaum zu realisieren erwies sich dagegen die Einbeziehung von Medianden[56] (zum methodischen Ansatz des Berichts → Rn. 25 f.).

b) **Evaluationskriterien.** Die **große konzeptionelle Herausforderung** der Evaluation nach § 8 bestand darin, einen Evaluationsansatz zu finden, der die normativ vorgegebenen umfassenden Evaluationsaufgaben (dazu → Rn. 16) erfüllen kann und zugleich im vorgegebenen Zeitraum (dazu → Rn. 17) praktisch durchführbar ist.[57] Das BMJV musste in der Ausschreibung des Evaluationsforschungsprojektes einen diesbezüglich geeigneten konzeptionellen Rahmen abstecken. 21

Dafür galt es, ein **geeignetes Set an Evaluationskriterien** zu entwickeln. Grundsätzlich ist ein (gutes) Gesetz an drei Kategorien von Kriterien zu messen: Normdurchsetzung, Wirksamkeit und Wirtschaftlichkeit.[58] Bei der Evaluation des MediationsG stehen weniger Fragen der Normbefolgung oder der Kostenfolgen als Fragen der **Wirksamkeit des Gesetzes** im Vordergrund. Wirksamkeit ist dann gegeben, wenn ein Gesetz den vom Gesetzgeber avisierten Zweck (weitgehend) erreicht.[59] 22

Mit Blick auf den übergeordneten, expliziten Gesetzeszweck der Förderung der Mediation und anderer Verfahren der außergerichtlichen Konfliktbeilegung lag eine Betrachtung quantitativer Faktoren zur **Häufigkeit der Verfahrensnutzung** nahe. Zugleich sollte die Evaluation auch dazu genutzt

---

53 So Karpen ZRP 2002, 443 (445).
54 S. dazu www.rtmkm.de sowie den Beitrag von Kirchhoff (→ A. Rn. 1 ff.).
55 S. dazu Bundesregierung, Evaluationsbericht 2017, S. 24 ff.
56 S. dazu Bundesregierung, Evaluationsbericht 2017, S. 25 f.
57 Grundlegend zur Methodik der Gesetzesevaluation Höland Zeitschrift für Gesetzgebung 1994, 372; Bussmann Gesetzgebung heute 1997, 109; Böhret/Konzendorf Handbuch Gesetzesfolgenabschätzung, 2001.
58 S. zu diesen Kategorien Karpen ZRP 2002, 443 (444).
59 Karpen ZRP 2002, 443 (444).

werden zu erforschen, welche **Motivationslagen** Konfliktparteien bzw. nicht unmittelbar konfliktbeteiligte Entscheider über Verfahrenseinsatz dazu bewegen (können), eine Mediation bzw. ein anderes außergerichtliches Verfahren durchzuführen.[60]

Der Ausschreibungstext blieb hierzu recht abstrakt, da er lediglich verlangte, dass die Untersuchung „die Verbreitung und Akzeptanz von Mediation als Mittel zur Konfliktlösung" sowie „Lebensbereiche, in denen Mediation praktiziert wird, und Erfolgsquote der Mediationen (soweit messbar)" erfassen solle, ohne nähere Angaben zu Erfassungskriterien zu machen.[61]

23 Die Überprüfung der Erreichung des in der Gesetzesbegründung ebenfalls genannten Ziels einer **nachhaltigen Verbesserung der Streitkultur** in Deutschland ist dagegen wesentlich voraussetzungsreicher. Denn hierzu gilt es zunächst zu bestimmen, was im Einzelnen unter einer verbesserten Streitkultur verstanden werden soll – und Ansatzpunkte für eine Messbarkeit einer solchen zu finden.

Dieses Ziel wurde in der Ausschreibung nur andeutungsweise berücksichtigt – zum einen über die zu erhebende „Erfolgsquote" von Mediationen, zum anderen über zu erfassende „Auswirkungen der Mediation auf die Vermeidung oder die einvernehmliche Beendigung gerichtlicher Verfahren".[62] Abgesehen davon, dass Letzteres schwer im Sinne einer eindeutigen Kausalität zu erfassen ist, sind beide genannten Messgrößen quantitativ ausgerichtet; qualitative Veränderungen der Streitkultur – wie zB eine verstärkte Interessenorientierung in verschiedenen Streitbearbeitungsformen (dazu → Einl. Rn. 50) – können so nicht erhoben werden.

Der deutsche Evaluationsbericht geht über diese Vorgaben der Ausschreibung nicht hinaus. Er enthält keine qualitativen Befunde zu einer Optimierung der Streitkultur in Deutschland. Vereinzelt finden sich jedoch nähere Angaben, was den „Erfolg" einer Mediation betrifft. Zum einen stellt der Bericht fest, dass die „Erledigungsquote", dh die (vollständige) Beilegung eines Konflikts, bei der Mediation in Deutschland durchschnittlich 50 % beträgt.[63] Allerdings weist er auch darauf hin, dass nicht immer, wenn eine Mediationsergebnisvereinbarung geschlossen wird, dies auch bedeutet, dass der Streit erfolgreich und nachhaltig beigelegt werden konnte.[64]

24 Mit Blick auf die in § 8 Abs. 1 S. 2 benannte Zielsetzung der **Qualitätssicherung** hätte im Zuge der Festlegung der Evaluationskriterien eine über die bisherigen Normierungen des MediationsG hinausgehende **Qualitätsdefinition für Mediationsverfahren** vorgenommen werden müssen.

Denn der Qualitätsbegriff beschreibt die Summe aller Eigenschaften eines Systems, Prozesses oder Objekts und ist für sich betrachtet neutral.[65] Nach dem Standard DIN EN ISO 9000 des Deutschen Instituts für Normung

---

60 So auch Paul ZKM 2012, 132 (133).
61 Bundesamt für Justiz, Ausschreibung: Vergabe eines Forschungsvorhabens zum Thema „Evaluierung des Mediationsgesetzes" (Dokument nicht mehr verfügbar).
62 Bundesamt für Justiz, Ausschreibung.
63 Bundesregierung, Evaluationsbericht 2017, S. 140, Abb. 6–12 (entspricht mithin der Erledigungsquote der Güterichter-Verfahren).
64 Bundesregierung, Evaluationsbericht 2017, S. 139.
65 GKW Konfliktmanagement-HdB/Becker.

ist Qualität das „*Vermögen einer Gesamtheit inhärenter Merkmale eines Produktes, Systems oder Prozesses zur Erfüllung von Forderungen von Kunden und anderen interessierten Parteien. [...] Die Benennung „Qualität" darf zusammen mit Adjektiven wie schlecht, gut oder ausgezeichnet verwendet werden.*"

Sowohl angesichts der unterschiedlichen Perspektiven der Mediationsbeteiligten als auch angesichts der unterschiedlichen Mediationsstile und -ziele (dazu → MediationsG § 2 Rn. 50 ff.) reichen die Vorgaben des MediationsG zur Qualitätsbestimmung von Mediation nicht aus.

Relevante Kriterien für die Beurteilung der Qualität einer Mediation[66] können mit **Blick auf das Mediationsergebnis** zB sein, ob es überhaupt eine Einigung gibt, wie schnell diese Einigung erzielt wurde, wie vollständig in der Einigung die Interessen der Parteien verwirklicht sind und wie nachhaltig die Einigung ist.

Mit **Blick auf den Mediationsverlauf** sind für Parteien – häufig sogar ganz unabhängig vom Mediationsergebnis – Aspekte wie der Eindruck, Gehör gefunden zu haben, verstanden und fair behandelt worden zu sein, ausschlaggebend. Über die Lösung des unmittelbaren Konflikts hinaus kann auch relevant sein, ob die Konfliktbeteiligten ihr Gesicht wahren konnten und/oder ob die Mediation dazu förderlich war, die Beziehung zum Konfliktgegner zu erhalten bzw. zu verbessern.

Aus der Mediatoren-Perspektive stellen zusätzlich methodische Aspekte wie das konsequente Umsetzen mediativer Prinzipien und das adäquate Eingehen auf die konkrete Entwicklung des Konfliktgeschehens – also das Arbeiten nach den „Regeln der (Mediations-)Kunst" – wichtige Qualitätsdimensionen dar. Auch übergeordnete Ziele, zB die nachhaltige Versöhnung der Parteien oder das Erreichen eines Machtausgleichs, können eine Rolle spielen.[67]

Angesichts dieser Vielzahl an denkbaren objektiven und subjektiven, quantitativen und qualitativen Qualitätskriterien für Mediation wäre es angezeigt gewesen, im Zuge des Evaluationsdesigns und des Evaluationsprozesses einen **expliziten und differenzierten Diskurs über die Qualitätsdefinition von Mediation** zu führen.

Die Ausschreibung ging auf den Qualitätsbegriff nicht näher ein. Auch im Evaluationsbericht wird der Aspekt der Qualität einer Mediation nur implizit im Rahmen der Ausführungen zu den Zertifizierungsanforderungen (bzw. im Rahmen der Überlegungen zu einer möglichen Reform derselben) berücksichtigt. Eine differenzierte Aufschlüsselung von Qualitätskriterien bleibt jedoch aus.

c) **Evaluationsmethodik.** Unabhängig von den Komplexitäten der Festlegung geeigneter inhaltlicher Evaluationskriterien (dazu → Rn. 22 ff.) ist auch die Frage, wie die Evaluationsforschung methodisch konzipiert und

---

[66] Dazu ausführlich Gläßer/Negele/Schroeter ZKM 2008, 181 ff.; Dauner, 2018.
[67] Breidenbach/Gläßer KON:SENS – Zeitschrift für Mediation 1999, 207 sowie → MediationsG § 2 Rn. 51.

wie eine empirische **Datenerhebung**[68] vorgenommen werden soll, alles andere als trivial.

Denn es ist bislang unrealistisch, zu einem weitestgehend vertraulich durchgeführten Verfahren, zu dem es – anders als zu staatlichen Gerichtsverfahren – auch (noch) keinerlei systematische oder gar offizielle Datenerfassung bzw. Statistiken gibt, einen **flächendeckenden Datenzugang** zu erhalten. Bei der Verwertung heterogen generierter Datensätze aus verschiedenen Mediationsbereichen stellt sich wiederum die Frage der Kompatibilität und Vergleichbarkeit.

26 Die Ausschreibung verlangte, bei der Entwicklung der methodischen Konzeption für die Evaluationsforschung darauf zu achten, „dass **Forschungsergebnisse repräsentativ** sind oder zumindest **bundesweite Aussagekraft** besitzen". Neben einer **umfassenden Literatur- und Rechtsprechungsanalyse** wurden insbesondere auch **Datenerhebungen und qualitative Interviews** als methodisch relevant und Befragungen der einschlägigen Berufsgruppen als erforderlich erachtet.

Der Evaluationsbericht beruht zum einen auf einer Auswertung der einschlägigen Rechtsprechung und Literatur (zu den Ergebnissen dieser Analyse → Rn. 28).[69]

Für den empirischen Teil der Evaluationsforschung wurden zum anderen bereits bestehende Datensätze analysiert und eigene Daten erhoben.[70] So wurden zur inhaltlichen und organisatorischen Vorbereitung der Evaluation explorative Interviews mit Mediatoren und ein Workshop mit den (großen) Mediationsverbänden zur inhaltlichen Vorbereitung der Befragung durchgeführt. Zentral war eine bundesweite Befragung von mehr als 1.000 Mediatoren zur Erlangung belastbarer Informationen über die Entwicklung der Mediation in Deutschland. Die Befragungsergebnisse wurden in einem Workshop mit Mediatorinnen und Mediatoren reflektiert und durch Eindrücke von Tagungs- und Kongressbesuchen ergänzt.[71]

Während diese empirischen Erhebungen eine Reihe von Erkenntnissen erbrachten (→ Rn. 29 ff.), war dagegen der Versuch der Einbeziehung der Mediandenperspektive trotz verschiedener Initiativen wenig erfolgreich.[72] So konnte der Ansatz, eine Befragung von Mediationsteilnehmern über die Rechtsschutzversicherungen zu organisieren, die ihren Kunden Mediation anbieten, aus einer Reihe von Gründen nicht realisiert werden;[73] eine eigenständige Mediandenbefragung scheiterte ua an der geringen Zahl der Rückläufe.[74] Deshalb wurde letztlich darauf verzichtet, die Mediandenperspektive in den Evaluationsbericht aufzunehmen.[75]

---

68 Zum Erfordernis quantitativer und/oder qualitativer empirischer Untersuchungen → Rn. 7 mwN.
69 Bundesregierung, Evaluationsbericht 2017, S. 27 ff.
70 Bundesregierung, Evaluationsbericht 2017, S. 40 ff.
71 Eine zusammenfassende Übersicht zu den verwendeten Quellen findet sich in Bundesregierung, Evaluationsbericht 2017, S. 24 ff.
72 Bundesregierung, Evaluationsbericht 2017, S. 24 ff.
73 Bundesregierung, Evaluationsbericht 2017, S. 25.
74 Bundesregierung, Evaluationsbericht 2017, S. 25 f.
75 Bundesregierung, Evaluationsbericht 2017, S. 26.

4. Ergebnisse der Evaluierung – Befunde und Empfehlungen. Der Evaluationsbericht besteht im Wesentlichen aus dem Bericht über die Forschungsergebnisse des InGFA.[76] Er ist – nach einem Vorspann der Bundesregierung, einer Executive Summary und Präliminarien – in **drei inhaltliche Hauptkapitel** untergliedert: In Teil A werden die Ergebnisse der Analyse juristischer Dokumente präsentiert.[77] Teil B enthält die empirischen Befunde.[78] Teil C diskutiert mögliche rechtliche Regulierungsoptionen für die weitere Förderung der Mediation.[79] Der Bericht schließt mit einer Zusammenfassung der wesentlichen Ergebnisse.[80]

Seitens der Bundesregierung wird der Bericht wie folgt zusammengefasst:

„[Der Bericht] zeigt, dass Mediation als alternatives Instrument der Konfliktbeilegung in Deutschland einen festen Platz in der Streitbeilegungslandschaft einnimmt, allerdings noch nicht in einem Maße genutzt wird, wie es wünschenswert wäre. Das Potential der Mediation ist noch nicht voll entfaltet."[81]

Zentrale Befunde zu den einzelnen Themenbereichen der Evaluation werden im Folgenden überblicksartig vorgestellt.

a) Auswertung von Rechtsprechung und Literatur. Die Auswertung einschlägiger Rechtsprechung und Literatur erfolgte in Form einer **Dokumentenanalyse**, nicht als eigenständige juristische Analyse und Bewertung durch das Evaluationsteam.[82] Sie war an folgenden Leitfragen orientiert:[83]

- Welche Inhalte des Mediationsgesetzes erscheinen aus Sicht von Literatur und Rechtsprechung klärungs- und verbesserungsbedürftig?
- Welche rechtlichen Bedenken und praktischen Probleme birgt die geltende Regelung?
- Welche offenen Fragen sind auch nach Inkrafttreten des Mediationsgesetzes nicht geklärt? Welche Fragen stellen sich erstmals?

Die Analyse ging auf folgende Aspekte ein:[84] Begriffe der Mediation und des Mediators, Anforderungen des § 2 Abs. 1 MediationsG an die Auswahl des Mediators, vertragliche Vereinbarungen eines Mediationsverfahrens, Vertraulichkeit der Mediation und ihrer Fortwirkung in einem nachfolgenden Gerichtsverfahren, Verjährung mediationsgegenständlicher Ansprüche, finanzielle Fördermöglichkeiten für Mediationsverfahren und die Regelung zur Aus- und Fortbildung der Mediatoren insbes. durch die ZmediatAusbV.

Im Ergebnis werden einige Änderungen für den Fall einer Novellierung des MediationsG erwogen:[85] Neben einer Ausweitung der Schweigepflicht

---

76 Masser/Engewald/Scharpf/Ziekow, Evaluierung des Mediationsgesetzes. Rechtstatsächliche Untersuchung im Auftrag des Bundesministeriums für Justiz und Verbraucherschutz, 2017.
77 Bundesregierung, Evaluationsbericht 2017, S. 27 ff.
78 Bundesregierung, Evaluationsbericht 2017, S. 40 ff.
79 Bundesregierung, Evaluationsbericht 2017, S. 161 ff.
80 Bundesregierung, Evaluationsbericht 2017, S. 202 ff.
81 Bundesregierung, Evaluationsbericht 2017, Vorspann S. 3.
82 Bundesregierung, Evaluationsbericht 2017, S. 27.
83 Bundesregierung, Evaluationsbericht 2017, S. 27.
84 Bundesregierung, Evaluationsbericht 2017, S. 28 ff.
85 Bundesregierung, Evaluationsbericht 2017, S. 38.

Gläßer

des § 4 auch auf Parteien und ihre Anwälte könnten insbesondere auch die Möglichkeiten der Auswahl des Mediators durch Dritte klarer gefasst werden (dazu → MediationsG § 2 Rn. 59 ff.).

29 **b) Empirische Befunde.** Der vorgelegte Evaluationsbericht enthält die **erste flächendeckende empirische Untersuchung über die Nutzung von Mediation in Deutschland.** Allerdings ist bei der Interpretation der Daten zu beachten, dass sie neben der Verwendung der seit 2014 durch das Statistische Bundesamt erfassten Angaben zu Güterichterverfahren maßgeblich im Wege der Befragung von Mediatoren gewonnen wurden und somit im Wesentlichen die Selbstwahrnehmung der Mediatoren von sich und ihrer Tätigkeit wiedergeben (dazu § → Rn. 26).

30 **aa) Entwicklung der Mediation in Deutschland.** Ein zentraler Gegenstand der Evaluierung gemäß § 8 sollen die **Auswirkungen des Mediationsgesetzes auf die Entwicklung der Mediation in Deutschland** sein. Nach dem Willen des Gesetzgebers sollte sich die Bundesregierung hierzu insbesondere mit der Verbreitung und Akzeptanz von Mediation als Mittel zur Konfliktlösung, den Lebensbereichen, in denen Mediation erfolgreich oder erfolglos praktiziert wird, der Erforderlichkeit einer finanziellen Förderung der Mediation und den Auswirkungen der Mediation auf die Vermeidung oder einvernehmliche Beendigung justizieller Verfahren befassen.[86]

31 **(1) Auswirkungen des MediationsG auf die Nutzung von Mediation und die Tätigkeit von Mediatoren.** Die Zahl der in Deutschland (durch organisierte Mediatorinnen und Mediatoren) durchgeführten Mediationen schwankt nach der Schätzung des Evaluationsteams zwischen 7.000 und 8.500 pro Jahr.[87] Diese Zahl hat sich nach Einführung des MediationsG nicht deutlich erhöht.[88]

Insgesamt beruht die Mehrheit der Fälle auf unmittelbaren Anfragen durch die Medianden oder kommt über Empfehlungen durch frühere Medianden zustande.[89] Am weitesten hinter den Erwartungen des Gesetzgebers zurück blieb mit ca. 5 % aller durchgeführten Mediationen die Zahl der Fälle, die gem. § 278a ZPO in die gerichtsnahe Mediation an externe/außergerichtliche Mediatoren verwiesen wurden.[90]

Befragt nach ihren **Haupteinsatzbereichen,** benannten die Mediatoren mit 49 % am häufigsten organisationsinterne Konflikte, 36 % gaben Partnerschafts-, Familien- und Nachbarschaftskonflikte und nur 15 % business to business-Wirtschaftskonflikte an.[91] Die befragten Mediatoren sind zumeist in mehreren Einsatzbereichen von Mediation tätig.[92]

Von den befragten Mediatoren haben nur 17 % **Mediation als ihre Haupttätigkeit** bezeichnet, aber auch hier generiert die Mehrheit weniger als die Hälfte ihres jeweiligen Einkommens mit Mediation. Daher überrascht es

---

86 So BT-Drs. 17/8058, 20 (Beschlussempfehlung und Bericht des Rechtsausschusses).
87 Bundesregierung, Evaluationsbericht 2017, S. 85.
88 Bundesregierung, Evaluationsbericht 2017, S. 85, Tabelle 4–10.
89 Bundesregierung, Evaluationsbericht 2017, S. 205.
90 Bundesregierung, Evaluationsbericht 2017, S. 205.
91 Bundesregierung, Evaluationsbericht 2017, S. 64 ff.
92 Bundesregierung, Evaluationsbericht 2017, S. 64 ff.

nicht, dass gerade in dieser Gruppe Mediationsausbildung sehr häufig ein sehr großer Bestandteil der Tätigkeit ist.[93]

Dem Evaluationsbericht zufolge hat das MediationsG die Beschäftigungs- und Verdienstmöglichkeiten von Mediatorinnen und Mediatoren nicht spürbar beeinflussen können.[94] Denn nach der Mehrheit der Antwortenden (69 %) hatte das **MediationsG keine spürbaren Auswirkungen** auf die Entwicklung der Nutzung von Mediation in Deutschland; allerdings sehen auch nur 4 % der Befragten negative Auswirkungen.[95] Je mehr die Antwortenden im Bereich der Mediation verankert sind (Anteil an beruflicher Tätigkeit und Einkommen), desto größer wird der Anteil derjenigen, die eine positive Bewertung des MediationsG abgegeben haben.[96]

(2) Bekanntheit und Akzeptanz der Mediation. Über die reinen Nutzungszahlen hinausgehende Daten zur Akzeptanz von Mediation enthält der Evaluationsbericht nicht. Allerdings betreffen einige Befunde den Bekanntheitsgrad der Mediation in der deutschen Bevölkerung.[97] Hier scheinen die Befunde von Untersuchungen wie dem „Roland Rechtsreport", nach denen Mediation sehr hohe Bekanntheitswerte erhält,[98] im Widerspruch zu stehen[99] mit den Antworten im Rahmen der Evaluationserhebung, wo viele der Befragten mit der Bekanntheit der Mediation in der Bevölkerung unzufrieden sind.[100]

(3) Auswirkungen der Mediation auf die Vermeidung oder einvernehmliche Beendigung justizieller Verfahren. Zur Vermeidung von Gerichtsverfahren enthält der Evaluationsbericht keine näheren Informationen. Hinweise für den Bereich der bereits rechtshängigen Konflikte finden sich aber im Zusammenhang mit den Verweisquoten in das Güterichterverfahren,[101] die mit Blick auf die einzelnen Bundesländer erheblich zwischen 0,1 % und 9,1 % schwanken,[102] und in die gerichtsnahe Mediation (nur ca. 5 % aller Mediationen).[103]

bb) Auswirkungen der kostenrechtlichen Länderöffnungsklauseln. Gem. § 8 Abs. 1 S. 1 sollte die Evaluation explizit auch die **Auswirkungen der kostenrechtlichen Länderöffnungsklauseln** berücksichtigen. Hier wurden durch Art. 7 und Art. 7a des Gesetzes zur Förderung der Mediation und anderer Verfahren der außergerichtlichen Konfliktbeilegung in § 69b Gerichtskostengesetz (GKG) und in § 61a des Gesetzes über Gerichtskosten in Familiensachen (FamGKG) Verordnungsermächtigungen aufgenommen, welche die Landesregierungen ermächtigen, durch Rechtsverordnung zu bestimmen, dass die Gerichtsgebühren im Falle einer außergerichtlichen

---

93 Bundesregierung, Evaluationsbericht 2017, S. 203 f.
94 Bundesregierung, Evaluationsbericht 2017, S. 153.
95 Bundesregierung, Evaluationsbericht 2017, S. 144 Abb. 7–1.
96 Bundesregierung, Evaluationsbericht 2017, S. 149 Abb. 7–6 und S. 151 Abb. 7–8.
97 S. dazu Bundesregierung, Evaluationsbericht 2017, S. 42 ff.
98 S. Roland Rechtsreport 2024, S. 23.
99 Zur Interpretation dieses Widerspruchs s. Bundesregierung, Evaluationsbericht 2017, S. 148 unten.
100 Vgl. Bundesregierung, Evaluationsbericht 2017, S. 148 Abb. 7–5.
101 Bundesregierung, Evaluationsbericht 2017, S. 47 ff.
102 S. die Übersicht in Bundesregierung, Evaluationsbericht 2017, S. 211.
103 Bundesregierung, Evaluationsbericht 2017, S. 93.

Mediation oder eines anderen Verfahrens der außergerichtlichen Streitbeilegung und anschließender Rücknahme der Klage ermäßigt werden oder ganz entfallen (dazu → MediationsG § 7 Rn. 1 ff.). Damit sollte die Schaffung von finanziellen Anreizen als ein weiterer Beitrag zur Förderung der außergerichtlichen Mediation ermöglicht werden.[104]

Bis zum Zeitpunkt der Abgabe des Evaluationsberichtes hatte jedoch kein Bundesland von der Verordnungsermächtigung Gebrauch gemacht, so dass der Evaluationsbericht hierzu auch keine näheren Ausführungen enthält.[105]

35 **cc) Aus- und Fortbildung der Mediatoren.** Der zweite Schwerpunkt der Evaluation sollte auf der **Situation der Aus- und Fortbildung der Mediatoren** liegen. Mit dieser allgemeinen Formulierung des § 8 Abs. 1 S. 1 ist wohl zunächst eine generelle, **faktische Berichterstattung** über den Ausbildungsstand und -markt gemeint.

36 80 % der befragten Mediatoren haben eine durch die Verbände anerkannte (78 %) oder damit vergleichbare Ausbildung absolviert; 13 % haben sogar ein Mediationsstudium abgeschlossen.[106] Die Anzahl der absolvierten Ausbildungsstunden überstieg dabei zumeist die nunmehr von der ZMediatAusbV geforderten 120 Stunden: 24 % der Befragten gaben an, mindestens 120 Stunden Ausbildung absolviert zu haben, 71 % sogar mindestens 200 Stunden oder mehr.[107]

37 Befragt zur **Wahrnehmung der Gleichwertigkeit unterschiedlicher Mediationsausbildungen**, wollten sich interessanterweise 40 % der Befragten nicht äußern.[108] Nur insgesamt 7 % hielten eine Gleichwertigkeit der Ausbildungsmodelle für gegeben.[109] Mediatoren, die ein Mediationsstudium absolviert hatten, die starke Praxiserfahrung haben oder die selbst eine Ausbildungstätigkeit ausüben, waren in deutlich höherem Maße als die Gesamtstichprobe der Ansicht, die Ausbildungen seien nicht vergleichbar.[110]

Mit deutlichem Abstand werden die Qualität der Lehrkräfte (72 %) und deren Praxiserfahrung (57 %) als die wichtigsten Faktoren dafür genannt, dass es Unterschiede in den Mediationsausbildungen gibt; die Dauer der Ausbildung hat dagegen nur eine nachrangige Bedeutung.[111]

38 Mit Blick auf unterschiedliche Ausbildungsziele und -konzeptionen ist es bemerkenswert, dass von der weit überwiegenden Mehrheit der Befragten die „Haltung" (83 %) und „Persönlichkeit" (75 %) der Mediatoren/Mediatorinnen als wichtig oder besonders wichtig für die Eignung als Mediator angesehen werden.[112] Nur 54 % erachteten die Qualität der Ausbildung als wichtig; Praxiserfahrung sowie die Zahl der Aus- und Fort-

---

104 S. dazu Plenarprotokoll 898 der 898. Sitzung des Bundesrates vom 29.6.2012, 296.
105 Bundesregierung, Evaluationsbericht 2017, S. 37 und S. 176.
106 Bundesregierung, Evaluationsbericht 2017, S. 103 Tabelle 5–1.
107 Bundesregierung, Evaluationsbericht 2017, S. 103 f.
108 Bundesregierung, Evaluationsbericht 2017, S. 109 f.
109 Bundesregierung, Evaluationsbericht 2017, S. 109 f.
110 Bundesregierung, Evaluationsbericht 2017, S. 110 ff.
111 Bundesregierung, Evaluationsbericht 2017, S. 114.
112 Bundesregierung, Evaluationsbericht 2017, S. 116 ff.

bildungsstunden werden als noch deutlich weniger wichtig eingestuft.[113] Diejenigen, die Mediation als Haupt- oder zumindest Nebentätigkeit ausüben, sind allerdings deutlich häufiger der Meinung, dass Praxiserfahrung wichtig sei; diejenigen, die „nur noch gelegentlich" in der Mediation tätig sind, sehen dagegen die Zahl der Ausbildungsstunden als wichtiger an.[114]

Gemäß § 8 Abs. 1 S. 2 sollte allerdings auch ermittelt werden, ob **aus Gründen der Qualitätssicherung und des Verbraucherschutzes weitere gesetzgeberische Maßnahmen auf dem Gebiet der Aus- und Fortbildung von Mediatoren notwendig sind.** Hier sollte die Bundesregierung insbesondere den Fragen nachgehen, ob eine intensivere staatliche Überprüfung der Qualifikation von Mediatoren erforderlich ist und ob die Qualifikationsanforderungen an Mediatoren an möglicherweise veränderte Anforderungen angepasst werden sollten. Gleiches gilt für die Ausbildungsträger, die die Aus- und Fortbildung von Mediatoren und die Zertifizierung durchführen.[115] 39

Zum einen kommt in § 8 Abs. 1 S. 2 zum Ausdruck, dass sich der Gesetzgeber auf eine Regelung von Qualitätssicherung und Verbraucherschutz allein durch Marktmechanismen nicht verlassen will.[116] Dies ist zustimmungswürdig, da Verbraucher bei der erstmaligen Inanspruchnahme von Mediation zumeist weder eine systematische Orientierung über den Angebotsmarkt noch ausreichende Vergleichsmöglichkeiten zwischen verschiedenen Mediatoren haben, sondern in der Regel bei der Auswahl von Mediatoren auf (oft zufällige) Empfehlungen und/oder auf die Selbstaussagen von Mediatoren angewiesen sind. Damit bleibt die Qualität des ersten Mediationserlebens vieler Verbraucher weitgehend dem Zufall überlassen. Dass die Mediationsnutzer als Verbraucher qualitativ hochwertige Mediation erleben und gute Erfahrungen mit dem Mediationsverfahren machen, ist aber entscheidend für die weitere Etablierung von Mediation. Denn eine schlechte Ersterfahrung mit einem einzelnen konkreten Mediator wird erfahrungsgemäß schnell generalisiert und dem Mediationsverfahren als solchem negativ zugeschrieben. 40

Zum anderen wird in § 8 Abs. 1 S. 2 deutlich, dass der Gesetzgeber die Aus- und Fortbildung von Mediatoren als wesentliches Instrument der Qualitätssicherung des Mediationsangebotes in Deutschland[117] sieht. Dieser Sichtweise ist zuzustimmen, denn aufgrund der Individualität von 41

---

113 Bundesregierung, Evaluationsbericht 2017, S. 117.
114 Bundesregierung, Evaluationsbericht 2017, S. 117 f.
115 So BT-Drs. 17/8058, 20 (Beschlussempfehlung und Bericht des Rechtsausschusses).
116 Hierzu führte der Bundesrat im Zuge des Gesetzgebungsverfahrens aus: „Die Bürgerinnen und Bürger müssen vor Personen geschützt werden, die auf dem Markt unqualifiziert die Durchführung von Mediationsverfahren anbieten. Es muss daher sichergestellt sein, dass Mediatoren mindestens über eine fachliche Grundqualifikation als Mediator und gegebenenfalls erforderliche Zusatzqualifikationen in Spezialgebieten (wie zB Familienmediation) verfügen. Der Verbraucherschutz wäre nicht ausreichend gewährleistet, wenn die Frage der Mindeststandards allein den Mediatoren überlassen bliebe, so wie es der derzeitige Gesetzentwurf vorsieht.", BR-Drs. 60/1/11, 3 (Empfehlungen der Ausschüsse).
117 Zu den unterschiedlichen Ansätzen normativer und individueller Qualitätssicherung von Mediation s. Gläßer/Negele/Schroeter ZKM 2008, 181.

Fallgestaltungen und Konfliktverläufen auf der einen Seite und wegen der großen Flexibilität des Mediationsverfahrens (dazu → MediationsG § 2 Rn. 50 ff.) auf der anderen Seite ist es weder sinnvoll noch möglich, das Verhalten von Mediatoren im Detail durch abstrakte „Wenn-dann-Regelungsmuster" ex ante normativ zu steuern. Vielmehr besteht die professionelle Qualität mediatorischen Handelns maßgeblich in der Fähigkeit, situationsadäquat auf eine konkrete Konfliktdynamik zu reagieren. Diese Fähigkeit kann nur durch entsprechende praktische Übungen in der Ausbildung sowie durch die kritische Reflexion des eigenen (Interventions-)Verhaltens und dessen Wirkungen entwickelt werden.

42 Im Hinblick auf die **ZMediatAusbV** wurde zunächst deutlich, dass die Bekanntheit der ZMediatAusbV deutlich mit zunehmendem Anteil der Mediationstätigkeit ansteigt: In der Befragtengruppe mit Mediation als Haupttätigkeit gaben 75 % der Antwortenden an, die Verordnung zu kennen; in der Gruppe mit Mediation als Zusatzqualifikation waren es lediglich 25 %.[118]

79 % der Befragten begrüßten die ZMediatAusbV als Sicherstellung der Grundqualifikation, 40 % sahen darin eine Verbesserung der Berufsperspektive.[119] Signifikante Auswirkungen auf die Auslastung und Tätigkeitsprofile zwischen zertifizierten und nicht-zertifizierten Mediatoren wurden in Interviews und Workshops allerdings nicht angenommen.[120]

43 **c) Schlussfolgerungen und Empfehlungen bezüglich der weiteren rechtlichen Regulierung.** Die im Evaluationsbericht formulierten Schlussfolgerungen und Empfehlungen konzentrieren sich vor allem auf die Fragestellungen einer **Steigerung der Nutzung von Mediation durch finanzielle Förderung und erleichterte Vollstreckbarkeit** sowie auf **Fragen der weiteren Regulierung der Aus- und Fortbildung von Mediatoren.**

Im Ergebnis kommt die Bundesregierung zu dem Schluss, dass sich für den Bereich der Aus- und Fortbildung aus den Befunden des Evaluationsberichts kein unmittelbarer gesetzgeberischer Handlungsbedarf ergebe.[121] Von einer allgemeinen Regelung von Mediationskostenhilfe sowie von Sonderregelungen zur Vollstreckbarkeit von Mediationsvereinbarungen rät der Bericht ab.[122]

44 **aa) Keine Erforderlichkeit einer finanziellen Förderung der Mediation durch „Mediationskostenhilfe".** Zwar wurde die **Etablierung einer allgemeinen „Mediationskostenhilfe"** von den Befragten als das vielversprechendste Fördermittel zur Steigerung der Nutzung von Mediation bewertet (86 % Bewertung mit „gut" oder „sehr gut").[123] Diese Bewertung ist konsistent damit, dass viele der Antwortenden angegeben haben, dass die hohen Kosten viele Interessenten an einer Mediation abschrecken würden.[124]

---

118 Bundesregierung, Evaluationsbericht 2017, S. 156.
119 Bundesregierung, Evaluationsbericht 2017, S. 157.
120 Bundesregierung, Evaluationsbericht 2017, S. 185.
121 Bundesregierung, Evaluationsbericht 2017, Vorspann S. 3.
122 Bundesregierung, Evaluationsbericht 2017, Vorspann S. 3.
123 Bundesregierung, Evaluationsbericht 2017, S. 162.
124 Bundesregierung, Evaluationsbericht 2017, S. 97.

Nach Einschätzung der Verfasser des Evaluationsberichts ist allerdings fraglich, ob die Mediationskostenhilfe in der Praxis tatsächlich die erhofften positiven Effekte haben würde, denn das Problem der (freiwilligen) Zustimmung bzw. Bereitschaft zur Mediation könne auch das Instrument der Mediationskostenhilfe nur schwer lösen.[125] Auch die juristische Analyse spreche gegen die Eignung einer Mediationskostenhilfe als Fördermittel. De lege lata bestehe keine geeignete Anspruchsgrundlage[126] und auch de lege ferenda werden mit Blick auf eine allgemeine, bereichsunabhängige Regelung einer Mediationskostenhilfe analog der Prozesskostenhilferegelung wesentliche tatsächliche und rechtliche Schwierigkeiten gesehen. So wird zurecht konstatiert, dass eine rechtssichere Anknüpfung an den Gesichtspunkt des (möglichen) „Erfolgs", wie er im Prozesskostenhilferecht bestehe, bei der Mediation nicht möglich sei.[127] Alternativ auf das Kriterium einer „Mediationseignung" abzustellen, werfe andere praktische Probleme auf.[128]

Abgesehen davon sei die Mediationskostenhilfe als Instrument zur Steigerung der Zahl der Mediationen innerhalb von Organisationen und bei Wirtschaftsstreitigkeiten nach Einschätzung der Verfasser des Evaluationsberichts zu vernachlässigen.[129] Auch im Bereich der Paar-, Familien- und Nachbarschaftsstreitigkeiten steigere die Entlastung von den Kosten die Bereitschaft zur persönlichen Auseinandersetzung mit der Gegenseite nach Einschätzung der Berichtsverfasser nicht, da es sich um emotional (hoch) eskalierte Konflikt handele, also eine Bereitschaft zu einer Konfliktklärung im persönlichen Gespräch (zB im Rahmen einer Mediation) eher nicht bestehe.[130]

Nicht zuletzt wird die Frage formuliert, ob alle Mediatorengruppen gleichermaßen von der Mediationskostenhilfe profitieren würden oder ob die Fälle, in denen Mediationskostenhilfe gewährt würde, in erster Linie für diejenigen Mediatorinnen und Mediatoren interessant sein, die bislang (besonders) geringe Honorarsätze verlangen/erzielen können.[131]

bb) Keine Erforderlichkeit von Sonderregelungen der Vollstreckbarkeit von Mediationsvereinbarungen. Die Vollstreckbarkeit von Mediationsvereinbarungen wurde von den Befragten im geringsten Maße als weiterführendes Instrument zur Förderung der Mediation erachtet.[132] Wie insbesondere die juristische Analyse gezeigt habe, bedürfe es keiner Sonderregelungen zur Vollstreckbarmachung von Mediations(ergebnis)vereinbarungen. Denn an die Vollstreckbarmachung einer Mediationsergebnisvereinbarung seien „dieselben Voraussetzungen zu stellen wie an die Vollstreckbarmachung jeder anderen Vereinbarung, jedes Vergleichs und jedes Urteils".[133]

---

125 Bundesregierung, Evaluationsbericht 2017, S. 184.
126 S. dazu im Einzelnen Bundesregierung, Evaluationsbericht 2017, S. 172 ff.
127 Bundesregierung, Evaluationsbericht 2017, S. 177 f.
128 Bundesregierung, Evaluationsbericht 2017, S. 178.
129 Bundesregierung, Evaluationsbericht 2017, S. 184.
130 Bundesregierung, Evaluationsbericht 2017, S. 184.
131 Bundesregierung, Evaluationsbericht 2017, S. 164.
132 Bundesregierung, Evaluationsbericht 2017, S. 214 f.
133 Bundesregierung, Evaluationsbericht 2017, S. 215.

46 **cc) Keine Erforderlichkeit einer Veränderung der ZMediatAusbV.** Eine Veränderung der Anforderungen an den „Zertifizierten Mediator" wird nicht empfohlen, da dies im Wesentlichen nur Auswirkungen auf den Ausbildungsmarkt habe; denn die „Mediationskunden" könnten angeblich nicht zwischen einem zertifizierten und einem nicht-zertifizierten Mediator unterscheiden.[134] Ob ein einheitliches öffentlich-rechtlich strukturiertes Zertifizierungssystem dies zu ändern vermöge, sei empirisch nicht belegbar.[135]

47 **dd) Stellungnahme.** Die referierten Schlussfolgerungen aus der Evaluationsforschung sind lediglich mit Blick auf die Vollstreckbarkeitsregelungen in vollem Umfang zustimmungswürdig.

Bei den Überlegungen zur Schaffung neuer finanzieller Anreize kann die – bloße – Vermutung, dass im Bereich der Paar-, Familien- und Nachbarschaftsstreitigkeiten die Entlastung von den Kosten die Mediationsbereitschaft nicht steigern würde, nicht überzeugen. Gerade im Bereich der Scheidungs- und Kindschaftssachen, wo ein großer Teil der Verfahren unter Inanspruchnahme von Prozess- bzw. Verfahrenskostenhilfe geführt wird,[136] wirkt die Kostenpflichtigkeit der Mediation insbesondere für wenig Begüterte sicherlich als negativer Anreiz für einen Verfahrenswechsel. Auch die Frage, welche Mediatoren von einer Kostenhilfe profitieren würden, erscheint sachfremd. Insgesamt wäre hier deutlich mehr Kreativität bei der Erarbeitung praktikabler finanzieller Anreizsysteme wünschenswert gewesen.

Die ZMediatAusbV war bereits bei ihrem Inkrafttreten dringend nachbesserungsbedürftig.[137] Im März 2023 wurde der Referentenentwurf des Bundesministeriums für Justiz vorgelegt, in welchem die nachfolgenden Änderungen vorgeschlagen wurden:

- fünf supervidierte Praxisfälle als Ausbildungsbestandteil und Grundvoraussetzung für die Zertifizierung (§ 2 Abs. 2 ZMediatAusbV-E)
- Integration der Ausbildungseinrichtungen in den Zertifizierungsprozess und Übernahme der Kontrollfunktion (§ 2 Abs. 6 S. 2 und § 3 Abs. 4 ZMediatAusbV-E)
- Erhöhung des zeitlichen Ausbildungsumfanges von 120 auf 130 Stunden (§ 2 Abs. 4 ZMediatAusbV-E)
- Erweiterung des Ausbildungskataloges um die Ausbildungsinhalte Online-Mediation und Digitalkompetenz Anlage zu § 2 Abs. 3 ZMediatAusbV-E)
- Verlagerung der Supervision in die Ausbildung, Entscheidungsmöglichkeit zwischen Einzel- und Gruppensupervision (§ 2 Abs. 2 ZMediatAusbV-E iVm Aufhebung von § 4 ZMediatAusbV)
- Auch wenn die vorgeschlagenen Änderungen von stellungnehmenden Institutionen und Einzelpersonen weitestgehend begrüßt wurden[138],

---

134 Bundesregierung, Evaluationsbericht 2017, S. 185 u. 215.
135 Bundesregierung, Evaluationsbericht 2017, S. 185 u. 215.
136 Nickel NJW 2011, 1117.
137 Zur Kritik vgl. HK-MediationsG/Klowait/Gläßer/Gläßer, 2. Aufl., MediationsG § 8 Rn. 47.
138 Thole ZKM 2023, 131.

blieben noch gewisse Zweifel[139] und Kritiklinien[140] an der novellierten Verordnung bestehen. Die Zweite Verordnung zur Änderung der ZMediatAusbV vom 11.7.2023[141] trat am 1.3.2024 in Kraft (siehe dazu ausführlich→ MediationsG § 6).

Auch wenn der geforderte Ausbildungsumfang von 120 auf 130 Zeitstunden erhöht wurde, erscheint er für einen soliden und nachhaltigen Kompetenzerwerb weiterhin als zu niedrig bemessen. Die oft diskutierte Frage, ob die „Einzelsupervision" auch im Gruppensetting stattfinden kann, wurde zugunsten einer Auswahlmöglichkeit zwischen Einzel- und Gruppensupervision beantwortet. Den Betroffenen *„soll es [nunmehr] ermöglicht werden, Methodik und Setting dieses Ausbildungsteils frei zu wählen und beispielsweise auch an Gruppensupervisionen teilzunehmen."*[142]

Der mit Blick auf die Nutzung des Terminus „Zertifizierung" im System der kontrollfreien Selbstzertifizierung liegende Widerspruch wurde erkannt:

„Vielmehr suggeriert der Begriff ‚zertifiziert' den Anschein einer zuverlässigen Kontrolle, die sicherstellt, dass es sich bei einer ‚zertifizierten Mediatorin' bzw. einem ‚zertifizierten Mediator' tatsächlich um eine Dienstleisterin bzw. einen Dienstleister handelt, deren bzw. dessen besondere Qualifikation und Praxiserfahrung überprüft und bescheinigt ist. Dem ist aber nicht so. In der Folge kann die Titelnutzung ‚zertifiziert' im Einzelfall irreführend sein."[143]

Die Rolle des zertifikatsausstellenden Dritten, der im Rahmen eines geregelten und transparenten Verfahrens die Übereinstimmung mit näher bestimmten Qualitätsstandards unabhängig bestätigen soll[144], fällt nunmehr den Ausbildenden bzw. Ausbildungsinstituten zu.[145]

Insbesondere im Hinblick auf den nicht nur im Zuge der COVID-19-Pandemie gestiegenen Bedarf an Online- bzw. hybriden Settings ist die Aufnahme der Kompetenzvermittlung im Bereich Online-Mediation und digitalen Settings begrüßenswert.

IV. Abgleich der Evaluationsergebnisse auf deutscher und europäischer Ebene

In dem Bericht der Europäischen Kommission wurde eingangs betont, wie schwierig es war, EU-weit an umfangreiche **statistische Daten über Mediation** wie insbes. die Zahl der mediierten Fälle, die durchschnittliche Dauer oder auch die Erfolgsquoten von Mediationsverfahren zu gelangen.[146]

48

---

139 Röthemeyer ZKM 2024, 8.
140 Risse ZKM 2023, 176.
141 BGBl. 2023 I 185 v. 18.7.2023.
142 RefE: Zweite Verordnung zur Änderung der Zertifizierte-Mediatoren-Ausbildungsverordnung vom 14.3.2023, S. 12.
143 RefE: Zweite Verordnung zur Änderung der Zertifizierte-Mediatoren-Ausbildungsverordnung, S. 10.
144 So Greger/Unberath/Steffek/Greger B. § 5 Rn. 12 f.
145 RefE: Zweite Verordnung zur Änderung der Zertifizierte-Mediatoren-Ausbildungsverordnung, S. 11.
146 Kommissionsbericht, S. 5.

Insofern verwundert es auch nicht, dass der Kommissionsbericht – anders als der deutsche Evaluationsbericht – keine Auskünfte darüber gibt, ob Mediation als Haupt- oder Nebentätigkeit bzw. nur ausnahmsweise als Beruf ausgeübt wird und welche Einkünfte durch Mediation erzielt werden. Hierzu findet sich nur die pauschale Aussage, dass es Unterschiede zwischen den Mitgliedstaaten in Bezug auf Entwicklung, Anerkennung und Wachstum des Berufsbildes des Mediators gibt.[147]

Auch zur Frage, wie Konfliktfälle in die Mediation gelangen, die vom deutschen Evaluationsbericht relativ detailliert beantwortet wird, finden sich im Kommissionsbericht keine Ausführungen.

Als Gründe, warum Mediationen nicht zustande kommen, werden im deutschen Evaluationsbericht vor allem das Anstreben eines Gerichtsverfahrens und die zu hohen Kosten der Mediation genannt.[148] Der Kommissionsbericht benennt hier vorrangig einen Mangel an Mediationskultur in den Mitgliedstaaten und ein entsprechend geringes Bewusstsein für die Funktionsweise von Mediation und von Qualitätskontrollmechanismen für Mediatoren.[149]

49 **Möglichkeiten der Gewährleistung der Qualität von Mediation** werden sowohl im deutschen als auch im EU-Evaluationsbericht relativ ausführlich behandelt.

So verfügen 18 Mitgliedstaaten über Qualitätskontrollmechanismen im Zusammenhang mit der Bereitstellung von Mediationsleistungen; insbes. werden hier obligatorische, gesetzlich vorgegebene Akkreditierungsverfahren bzw. Verzeichnisse für Mediatoren oder Akkreditierungsverfahren, die von Mediationsorganisationen administriert werden, genannt.[150]

Während jedoch im Kommissionsbericht die wesentliche Rolle des Europäischen Verhaltenskodex für Mediatoren[151] betont wird, der in 19 Mitgliedstaaten entweder direkt angewendet wird oder als Inspiration für inländische oder sektorspezifische Verhaltenskodizes diente,[152] nimmt der deutsche Evaluationsbericht weder Bezug auf den Europäischen noch auf einen anderen Verhaltenskodex für Mediatoren.

50 Die gravierendsten Unterschiede zwischen deutscher und EU-Evaluation zeigen sich im Bereich der **Anreizsysteme für eine verstärkte Nutzung von Mediation.**

So enthält der deutsche Evaluationsbericht keine Erwähnung der Möglichkeit, negative Anreize durch eine **Sanktionierung fehlender Mediationsbereitschaft** zu setzen. EU-weit verhängten im Berichtszeitraum jedoch einige Mitgliedstaaten derartige Sanktionen zB für eine „ungerechtfertigte Ablehnung" eines Mediationsvorschlags (Irland, Slowenien), die ungerechtfertigte Verweigerung der Teilnahme an einer Mediation bei zunächst erfolgter Zustimmung (Polen), die Ausschlagung eines Vergleichsangebots in der

---

147 Kommissionsbericht, S. 7.
148 Bundesregierung, Evaluationsbericht 2017, S. 97 f.
149 Kommissionsbericht, S. 4.
150 Kommissionsbericht, S. 6.
151 S. https://e-justice.europa.eu/fileDownload.do?id=c0ec51ee-bf0f-4b6b-8cc9-01b305b90d68.
152 Kommissionsbericht, S. 6.

Mediation, dessen Konditionen sich später in einer gerichtlichen Entscheidung wiederfinden (Italien) oder für Klageerhebung nach Schließung einer Mediationsergebnisvereinbarung bzw. für die Nichteinhaltung einer solchen (Ungarn).[153] Die Sanktionen bestehen zumeist in der Auferlegung der vollen Gerichtskosten – selbst bei Obsiegen.[154] Allerdings befürworteten nur wenige der im Zuge der EU-Evaluation Befragten derartige Sanktionen, um die Nutzung von Mediation zu steigern.

Wohl am stärksten umstritten ist die Förderung der Mediation durch eine **Verpflichtung zur Mediation**. Während der deutsche Evaluationsbericht diese Möglichkeit nicht erörtert und sich strikt an dem im MediationsG normierten Freiwilligkeitsprinzip orientiert, erhält die Zwangsmediation („mandatory mediation") im Kommissionsbericht viel Aufmerksamkeit. Denn hier äußerte sich die Mehrheit der in die EU-Evaluation involvierten Akteure zugunsten eines stärker verpflichtenden Ansatzes als effizientes Mittel für die Förderung der Mediation – in bestimmten Konfliktbereichen oder generell.[155] Wenn die Fallzahlen der Mediationen in den Mitgliedstaaten trotz verstärkter Informationskampagnen und Durchlässigkeit der Verfahrenspfade weiterhin stagnieren, steht zu vermuten, dass diese Anreiz-Ebene noch mehr Aufmerksamkeit erhalten wird. Als Grundlage für fundierte gesetzgeberische Entscheidungen wäre empirische Forschung dazu hilfreich, wie sich der Umstand der Freiwilligkeit bzw. der Anordnung der Mediationsteilnahme kurz- und langfristig auf die Motivation und Verfahrensakzeptanz der Konfliktparteien auswirkt.

V. Ausblick

Zwar werden im Evaluationsbericht keine Gesetzesänderungen als unmittelbar notwendig erachtet, doch kündigte die Bundesregierung an, den Evaluationsbericht zum Anlass zu nehmen, um im **Austausch mit den betroffenen Kreisen auf der Grundlage der Erkenntnisse des Berichts** zu überlegen, wie das mit dem Mediationsgesetz verfolgte Ziel der Förderung von Mediation langfristig noch besser verwirklicht werden kann.[156] Dieser Austausch wurde von dem zuständigen Referat des BMJ während der Pandemie aufgenommen und im Zuge der Novellierung der ZMediatAusbV intensiviert. Es bleibt zu hoffen, dass das BMJ auch in Zukunft immer wieder den Austausch mit der Fachöffentlichkeit suchen wird, um aktuelle Impulse aufzunehmen und die gesetzlichen Rahmenbedingungen für die Mediation in Deutschland weiter zu optimieren.

Auch wenn das MediationsG nur eine einmalige Evaluation explizit vorsieht, sollten angesichts dessen, dass die Mediation in Deutschland eindeutig noch in der Entwicklung befindlich ist,[157] **weitere Evaluationszyklen** folgen. So könnten zum einen auf Basis der in der 2017 vorgelegten Evaluation erstmalig erhobenen Daten Vergleichsdaten generiert und Entwick-

---

153 Kommissionsbericht, S. 9.
154 Kommissionsbericht, S. 9.
155 Kommissionsbericht, S. 10.
156 Bundesregierung, Evaluationsbericht 2017, Vorspann S. 3.
157 So auch BT-Drs. 17/8058, 18 und BT-Drs. 17/5335, 11; vgl. die kritische Zwischenbilanz bei Gläßer ZKM 2022, 174.

lungsverläufe belegt werden; Letzteres war mangels einer vorexistierenden einschlägigen Erhebung im Rahmen des Evaluationsberichtes von 2017 noch nicht möglich. Zum anderen könnten so die im Evaluationsbericht von 2017 aufgeworfenen Fragen und Forschungsimpulse systematisch weiterverfolgt und damit die Etablierung der Mediation in Deutschland vorangetrieben werden.

Da eine weitere umfassende Evaluation des Mediationsgesetzes von staatlicher Seite jedoch gegenwärtig nicht vorgesehen ist, hat es sich die deutsche Stiftung Mediation zur Aufgabe gemacht, als nichtstaatliche Akteurin die Entwicklung der Mediation in Deutschland weiterhin durch empirische Studien zu begleiten.[158]

53 Eine regelmäßig wiederholte, formative Gesetzesevaluation auch von Seiten des Staates bleibt weiterhin sehr wünschenswert – nicht zuletzt, weil dies dem Ansatz der „lernenden Gesetzgebung" entspräche, die mit ihrem Fokus auf „robuste", also adaptive und damit nachhaltige Regulierung gerade im Bereich der (außergerichtlichen) Konfliktbearbeitung als zukunftsweisend gilt.[159]

54 Um Evaluationen auf nationaler Ebene möglichst effizient zu gestalten, wäre es sinnvoll, ein für verschiedene Mediationsfelder jeweils passendes, aber zugleich insgesamt **abgestimmtes Erhebungsformat** zu entwickeln, so dass die Daten aus den einzelnen Mediationsbereichen miteinander kompatibel sind und konsolidiert werden können. Kompatibilität sollte auch mit etwaigen gem. § 7 durchgeführten Forschungsvorhaben (dazu → MediationsG § 7 Rn. 9 f.) bestehen, um eine möglichst breite Datenbasis zu schaffen.

55 Idealerweise sollten zukünftig nationale Evaluationen im Bereich der Mediationsgesetzgebung mit derartigen Evaluationsvorhaben auf EU-Ebene so abgestimmt werden, dass **auf Ebene der Mitgliedstaaten in inhaltlicher wie methodischer Hinsicht kompatible Datensätze** produziert werden, die sowohl einen Vergleich bestimmter Entwicklungsaspekte als auch eine Aggregation der Daten unkompliziert zulassen.

Hierbei ist verschiedenen **Herausforderungen** ins Auge zu sehen:

Die schiere **Quantität der** aus den einzelnen Mitgliedstaaten **zu verarbeitenden Daten** verlangt nach einer sinnvollen Begrenzung und Auswahl der Fragen bzw. Themen, die Gegenstand der abgestimmten Erhebungen sein sollen.

Auf europäischer Ebene divergieren die **Mediationsansätze und -stile** noch stärker als schon im nationalen Raum.[160] Hier ist kritisch zu prüfen, inwie-

---

158 Siehe https://stiftung-mediation.de.
159 Alexander/Walsh/Svatos, The EU Mediation Law Handbook: Regulatory Robustness Ratings for Mediation Regimes, 2017.
160 Exemplarisch wird diese Unterschiedlichkeit untersucht in Gläßer FS Martiny, 735 ff. Umfassend zum Stand der Entwicklung der Mediation und ihrer rechtlichen Rahmenbedingungen in unterschiedlichen Ländern vor Umsetzung der EU-Med-RiLi Alexander, Global Trends in Mediation, 2. Aufl., Hopt/Steffek, Mediation – Rechtstatsachen Rechtsvergleich, Regelungen, 2008, Haft/v. Schlieffen Mediation-HdB/Rüssel § 54, sowie Steffek RabelsZ 74 (2010), 841. Übersichten zum Stand nach Umsetzung der EU-Mediationsrichtlinie finden sich bei Hopt/

weit Evaluationsansätze zB mit Blick auf den Qualitätsbegriff von Mediation implizite Weichenstellungen zugunsten oder zulasten eines bestimmten Mediationsverständnisses enthalten.[161]

Ähnliches gilt für **divergierende mediations- und justizpolitische Zielsetzungen und Prioritäten**, die insbesondere für die Beantwortung der Fragen, warum Mediation grundsätzlich als förderungswürdig betrachtet wird, ob eine Mediation freiwillig sein muss und wann eine Mediation erfolgreich ist, relevant sind – und die deshalb unbedingt transparent reflektiert werden sollten.

Möglichen Unterschieden und etwaigen Kollisionen von Mediationszielen und -stilen, unterschiedlichen Verfahrensansätzen und entsprechenden Erwartungshaltungen der Mediationsbeteiligten sollte besondere Aufmerksamkeit gewidmet werden, wenn die – ursprünglich ja im Fokus der Richtlinie stehenden – Mediationsaktivitäten bei **grenzüberschreitenden Streitigkeiten** evaluiert werden.

§ 9 MediationsG Übergangsbestimmung

(1) Die Mediation in Zivilsachen durch einen nicht entscheidungsbefugten Richter während eines Gerichtsverfahrens, die vor dem 26. Juli 2012 an einem Gericht angeboten wird, kann unter Fortführung der bisher verwendeten Bezeichnung (gerichtlicher Mediator) bis zum 1. August 2013 weiterhin durchgeführt werden.

(2) Absatz 1 gilt entsprechend für die Mediation in der Verwaltungsgerichtsbarkeit, der Sozialgerichtsbarkeit, der Finanzgerichtsbarkeit und der Arbeitsgerichtsbarkeit.

Literatur:
Ahrens, Mediationsgesetz und Güterichter – Neue gesetzliche Regelungen der gerichtlichen und außergerichtlichen Mediation, NJW 2012, 2465; *Fritz/Pielsticker*, Handbuch zum Mediationsgesetz, 2. Aufl. 2020; *Greger*, Das Güterichtermodell – ein Lehrstück für alternative Konfliktlösungen, AnwBl 2013, 504; *Greger/Weber*, Das neue Güterichterverfahren – Arbeitshilfen für Richter, Rechtsanwälte und Gerichtsverwaltung, MDR 18/2012, Sonderheft; *Greger/Unberath/Steffek*, Recht der alternativen Konfliktlösung – Mediationsgesetz, VSBG – Kommentar, 2. Aufl. 2016; *Prütting*, Das Mediationsgesetz ist in Kraft getreten – Mediation bleibt außergerichtliche Konfliktbeilegung und es kommt das Güterichtermodell, AnwBl 2012, 796; *Röthemeyer*, Gerichtsmediation im Güterichterkonzept – Die Lösung des Vermittlungsausschusses, ZKM 2012, 116; *Schobel*, Bald bayernweit: Güterichter und Mediationsbeauftragte an den Zivilgerichten, ZKM 2012, 191; *Schreiber*, Das „erweiterte Güterichtermodell" – Die Neufassung des § 278 Abs. 5 ZPO – eine erste Einschätzung, Betrifft Justiz 2012, 337; *Wagner*, Das Mediationsgesetz – Ende gut, alles gut?, ZKM 2012, 110.

I. Regelungsgehalt

§ 9 gewährleistete, dass seinerzeit bestehende Angebote für die Durchführung gerichtlicher Mediation noch für einen **Übergangszeitraum von rund**

Steffek, Mediation – Principles and Regulation in Comparative Perspective, 2013 sowie Steffek ZEuP 2013, 529.
161 S. dazu instruktiv am Beispiel eines internationalen Mediation Moot Courts Bond Negotiation Journal 2013, 315 ff. sowie Lang-Sasse ZKM 2013, 54.

einem Jahr nach dem Inkrafttreten des Mediationsgesetzes fortgeführt werden konnten.[1] Dies galt gem. § 9 Abs. 1 für „*Zivilsachen*" – gemeint ist die gesamte Zivilgerichtsbarkeit, also Verfahren der streitigen (ZPO) und der freiwilligen Gerichtsbarkeit sowie in Familiensachen (FamFG) – und aufgrund entsprechender Anwendung auch für die in § 9 Abs. 2 genannten Fachgerichtsbarkeiten. Nach Ablauf der Übergangsfrist waren die bislang praktizierte Richtermediation und die bisher für diese verwendeten Bezeichnungen nicht mehr zulässig.[2] Mediation konnte sodann innerhalb des Gerichts nur noch durch den Güterichter praktiziert werden, § 278 Abs. 5 ZPO (→ L. Rn. 19).

II. Normzweck

2 Die Einräumung einer Übergangsfrist folgte praktischen Erwägungen. Selbst wenn nach der Aufgabe der gerichtsinternen Mediation und dem damit verbundenen Entfallen der noch im Regierungsentwurf vorgesehenen Länderöffnungsklausel eine Umsetzungsfrist für den Erlass entsprechender Rechtsverordnungen durch die Länder[3] nicht mehr erforderlich war, bedurfte auch die nunmehr angestrebte Überführung der gerichtlichen Mediation in das Güterichtermodell (→ L. Rn. 14 f.) **organisatorischer Vorbereitung** (zB Änderung von Formularen und Informationsschriften, Bestimmung der Güterichter durch den gerichtlichen Geschäftsverteilungsplan, Ausbildung weiterer Güterichter)[4] und damit Zeit. Hingegen wäre – ohne Einräumung einer expliziten Übergangsfrist – mit Inkrafttreten des Mediationsgesetzes die Rechtsgrundlage für die bisherigen Modellprojekte und Angebote von Richtermediation, die sich überwiegend auf eine Analogie zu § 278 Abs. 5 S. 1 ZPO aF stützten,[5] von einem Tag auf den anderen entfallen. Denn eine solche kam nach der bewussten Entscheidung des Gesetzgebers gegen gerichtliche Mediation[6] in Ermangelung einer planwidrigen Regelungslücke nicht mehr in Betracht. Die Einräumung eines Übergangszeitraums verhinderte damit die sofortige Einstellung gerichtsinterner Mediationsangebote und sollte einen reibungslosen Übergang gewährleisten.

III. Tatbestandsvoraussetzungen, Rechtsfolge

3 Die Übergangsfrist wurde den Gerichten gewährt, die seinerzeit „*Mediation [...] durch einen nicht entscheidungsbefugten Richter während eines Gerichtsverfahrens*" anboten. Der Wortlaut knüpft an die Legaldefinition in § 1 Abs. 1 S. 2 Nr. 3 MediationsG-RegE an und meint die – nunmehr aufgegebene – gerichtsinterne Mediation im Sinne des Regierungsentwurfs. Voraussetzung ist, dass diese vor dem Tag des Inkrafttretens des Mediationsgesetzes, also **vor dem 26.7.2012**, an einem Gericht **tatsächlich angebo-**

---

1 Vgl. Empfehlung Rechtsausschuss, BT-Drs. 17/8058, 17 u. 20.
2 Ahrens NJW 2012, 2465 (2467); Wagner ZKM 2012, 110 (113); Röthemeyer ZKM 2012, 116 (117); Fritz/Pielsticker MediationsG-HdB/Fritz § 9 Rn. 8.
3 So noch vorgesehen in § 15 GVG-RegE.
4 Ahrens NJW 2012, 2465 (2467).
5 von Bargen, Gerichtsinterne Mediation – Eine Kernaufgabe der rechtsprechenden Gewalt, 2008, S. 242 ff. mwN (S. 250, Fn. 89).
6 Vgl. Empfehlung Rechtsausschuss, BT-Drs. 17/8058, 1 u. 17.

ten wurde. Demnach musste für die Parteien in der Praxis ein konkretes Mediationsangebot, zumindest im Rahmen eines Modellprojektes, bestehen und von diesen wahrgenommen werden können. Allein die Entschließung zu einem Projekt oder dessen Vorbereitungsphase reichten nicht aus.

Der **Übergangszeitraum** – und damit jegliche Mediation nach dem Richtermediatorenmodell (→ L. Rn. 8)[7] – **endete am 1.8.2013**. Bis dahin konnten bestehende Angebote für die Durchführung gerichtsinterner Mediation noch fortgeführt, dh auch neue gerichtsinterne Mediationsverfahren eingeleitet und durchgeführt werden,[8] und zwar – wie durch den Vermittlungsausschuss ausdrücklich festgestellt[9] – unter Beibehaltung der bisherigen Bezeichnung. Auch galten für gerichtliche Mediatoren während der Übergangszeit weder das Mediationsgesetz noch güterichterspezifische Vorschriften. Eine Protokollierung von Vergleichen durch Richtermediatoren, wie bisher zT in Analogie zu § 278 Abs. 5 S. 1 ZPO aF praktiziert, war nach Sinn und Zweck der Übergangsbestimmung und dem Willen des Gesetzgebers[10] noch bis zum 1.8.2013 möglich.[11] Neue Modellversuche durften indes während der Übergangszeit nicht mehr in Gang gesetzt werden.[12]

Der Stichtagslösung war freilich immanent, dass es auch am 1.8.2013 zwar schon begonnene, aber noch nicht abgeschlossene gerichtsinterne Mediationsverfahren gegeben hat. Diese bedurften einer Überführung in das Güterichtersystem. Dafür war ein erneuter Verweisungsbeschluss des erkennenden Gerichts erforderlich und eine Zuweisung an den geschäftsplanmäßig bestimmten Güterichter. Diesem potenziellen Aufwand, zumal er die personelle Identität des Richtermediators und des nachfolgenden Güterichters letztlich nicht garantieren konnte, war am besten durch eine **frühzeitigere Umstellung** auf das Güterichtersystem für neu abgegebene Verfahren zu begegnen, so dass bereits begonnene und noch andauernde gerichtsinterne Mediationsverfahren parallel weitergeführt und bis zum 1.8.2013 abgeschlossen werden konnten.[13]

Sollte ein nach diesem Zeitpunkt nicht mehr zuständiger, ehemaliger Richtermediator gleichwohl einen Vergleich protokolliert haben, ist dieser dennoch wirksam, da nach ständiger Rechtsprechung und allgemeiner Meinung die unrichtige Besetzung der Richterbank die Wirksamkeit eines gerichtlichen Vergleichs nicht beeinträchtigt.[14]

---

7 Prütting AnwBl 2012, 796 (797).
8 Empfehlung Rechtsausschuss, BT-Drs. 17/8058, 20.
9 Empfehlung Vermittlungsausschuss, BT-Drs. 17/10102, Nr. 1 b).
10 Empfehlung Rechtsausschuss, BT-Drs. 17/8058, 20.
11 Vgl. Greger/Unberath/Steffek/Greger B. § 9 Rn. 1. Fritz sieht in § 9 MediationsG selbst eine prozessrechtliche Grundlage für den Übergangszeitraum (Fritz/Pielsticker MediationsG-HdB/Fritz § 9 Rn. 9).
12 Prütting AnwBl 2012, 796 (797); Fritz/Pielsticker MediationsG-HdB/Fritz § 9 Rn. 6.
13 Zu den Unterschieden zwischen Richtermediatoren und Güterichtern, insbes. hinsichtlich der Befugnis zu Akteneinsicht, rechtlicher Bewertung und Unterbreitung eigener Lösungsvorschläge → K. Rn. 25 (Tabelle).
14 BGH 28.6.1961 – V ZR 29/60, Z 35, 309 (311 ff.); 5.2.1986 – VIII ZR 72/85, NJW 1986, 1348 (1349); Stein/Jonas/Münzberg ZPO, 22. Aufl., § 794 Rn. 26 mwN.

5 Teilweise wird § 9 zur Begründung einer Pflicht zur Einrichtung flächendeckender Güterichterangebote nebst diesbezüglicher Umsetzungsfrist herangezogen.[15] Dem steht indes bereits der Wortlaut des § 9 Abs. 1 entgegen. Dieser bezieht sich auf bereits vor Inkrafttreten des Mediationsgesetzes bestehende Angebote gerichtlicher Mediation (→ Rn. 3) und nicht auf Gerichte, an denen bisher keine Mediationsangebote bestanden haben,[16] also – im Sinne eines Neuaufbaus – erstmals ein Güterichter installiert wird.[17]

---

15 Greger/Weber MDR 18/2012, Sonderheft S. 3 u. 6; Schobel ZKM 2012, 191 (192); Greger AnwBl 2013, 504.
16 Zum Streitstand hinsichtlich einer Pflicht der Gerichtspräsidien zur Bestellung von Güterichtern → ZPO § 278 Rn. 10.
17 IE ebenso: Schreiber Betrifft Justiz 2012, 337.

Artikel 2 Änderung der Zivilprozessordnung

Literatur *zu den nachfolgend kommentierten §§ 41 Nr. 8, 159 Abs. 2 S. 2, 253 Abs. 3 Nr. 1, 278 Abs. 5 und 278a ZPO:*

I. Vor Beginn des Gesetzgebungsverfahrens

von Bargen, Gerichtsinterne Mediation – Eine Kernaufgabe der rechtsprechenden Gewalt, 2008; *Bercher/Engel,* Richtungsentscheidungen für die Mediation in Deutschland, JZ 2010, 226; *Engel/Hornuf,* Vexierbild Richtermediation – Eine Studie zur Wahrnehmung verschiedener Mediationsformen in Deutschland, ZZP 124 (2011), 505; *Fischer,* Der Kölner Weg, ZKM 2011, 103; *Greger,* Die Verzahnung von Mediation und Gerichtsverfahren in Deutschland, ZKM 2003, 240; *Greger,* Erste Erfahrungen mit dem bayerischen Güterichterprojekt, ZKM 2006, 68; *Greger,* Güterichter – ein Erfolgsmodell, ZRP 2006, 229; *Greger,* Abschlussbericht zum Modellprojekt Güterichter, ZKM 2007, 180; *Greger,* Justiz und Mediation – Entwicklungslinien nach Abschluss der Modellprojekte, NJW 2007, 3258; *Haft/v. Schlieffen (Hrsg.),* Handbuch Mediation, 2. Aufl. 2009; *Koch,* Gerichtliche Mediation – gerichtsverfassungs- und verfahrensrechtliche Rahmenbedingungen, NJ 2005, 97; *Kotzian-Marggraf,* Güterichter in der Thüringer Arbeitsgerichtsbarkeit, ZKM 2012, 123; *Kurzweil,* Akteneinsichtsrecht in „Mediationsakten"? – Eine kritische Auseinandersetzung mit der Entscheidung des Oberlandesgerichts München vom 15.5.2009, ZZP 123 (2010), 77; *Prütting,* Ein Plädoyer gegen Gerichtsmediation, ZZP 124 (2011), 163; *Unberath,* Auf dem Weg zu einer differenzierten Streitkultur – Neue gesetzliche Rahmenbedingungen für die alternative Konfliktlösung, JZ 2010, 975; *Wagner,* Vertraulichkeit der Mediation, ZKM 2011, 164.

II. Zum Referentenentwurf

Greger, Die Reglementierung der Selbstreglementierung – Zum Referentenentwurf eines Mediationsgesetzes, ZRP 2010, 209; *Hess,* Perspektiven der gerichtsinternen Mediation in Deutschland, ZZP 124 (2011), 137; *Löer,* Referentenentwurf eines Mediationsgesetzes – Eine Stellungnahme aus Sicht der zivilgerichtlichen Richtermediatoren, ZKM 2010, 179; *Monßen,* Fördert das Mediationsgesetz die gerichtsnahe Mediation?, ZKM 2011, 10; *Wagner,* Der Referentenentwurf eines Mediationsgesetzes, ZKM 2010, 172.

III. Zum Regierungsentwurf

Bastine, Zu kurz gesprungen – Das geplante Mediationsgesetz der Bundesregierung, ZKM 2011, 59; *Baumbach/Lauterbach/Albers/Hartmann* (Hrsg.), Zivilprozessordnung, Rechtspolitischer Ausblick II A, 70. Aufl. 2012; *Fischer/Unberath,* Das neue Mediationsgesetz – Rechtliche Rahmenbedingungen der Mediation, 2013[1]; *Gläßer/Schroeter,* Gerichtliche Mediation – Grundsatzfragen, Etablierungserfahrungen und Zukunftsperspektiven, 2011; *Kraft/Schwerdtfeger,* Das Mediationsgesetz – Neues aus dem Gesetzgebungsverfahren, ZKM 2011, 55; *Paul,* Mediationsgesetz – Anhörung im Rechtsausschuss des Deutschen Bundestages, ZKM 2011, 119; *Sporré,* Ist die gerichtsinterne Mediation zu erfolgreich?, DRiZ 2011, 222; *Thomas/Putzo* (Hrsg.), Zivilprozessordnung, 32. Aufl. 2011; *Zöller,* Zivilprozessordnung, 29. Aufl. 2012.

IV. Zum Mediationsgesetz in der ersten Fassung des Bundestags

Busemann, Das Mediationsgesetz in der Warteschleife – ein Zwischenruf, ZKM 2012, 55; *Carl,* Vom richterlichen Mediator zum Güterichter, ZKM 2012, 16; *Henssler/Deckenbrock,* Das neue Mediationsgesetz: Mediation ist und bleibt Anwaltssache!, DB 2012, 159; *Plassmann,* Bekenntnis zur Justiz: Abschied von der Gerichtsmediation, AnwBl 2012, 151; *Prütting,* Das neue Mediationsgesetz: Konsensuale Streitbeilegung mit Überraschungen – Zwei Ziele: Berufsgesetz für Mediatoren und Güterichtermodell für alle Gerichtsbarkeiten, AnwBl 2012, 204; *Schmidbauer,* Mediation am Gericht in der Schusslinie des Mediationsgesetzes, ZKM 2012, 88; *Schmidt/Lapp/Monßen,* Mediation in der Praxis des Anwalts, 2012; *Sensburg,* Mediationsgesetz – Rechtsausschuss schafft Interessenausgleich, NJW-aktuell 52/2011, S. 14; *Thomas/Putzo* (Hrsg.), Zivilprozessordnung, 33. Aufl. 2012.

---

1 Teilweise mit Einarbeitung der endgültigen Fassung des Mediationsgesetzes.

V. Zum Mediationsgesetz in der endgültigen Fassung

Ahrens, Mediationsgesetz und Güterichter – Neue gesetzliche Regelungen der gerichtlichen und außergerichtlichen Mediation, NJW 2012, 2465; *Anders/Gehle* (Hrsg.), Zivilprozessordnung, 82. Aufl. 2024; *Assmann*, Der Güterichter als Mediator?, MDR 2016, 1303; *Bushart*, § 278a ZPO als Schnittstelle zwischen Gerichtsverfahren und außergerichtlicher Mediation, 2019; *Bushart*, Multi-Door Courthouse? Die Praxis gerichtlicher Verweisungsvorschläge, ZKM 2021, 180; *Duve*, Das Gesetz zur Rettung der gerichtlichen Mediation, ZKM 2012, 108; *Eidenmüller*, Obligatorische außergerichtliche Streitbeilegung: Eine contradictio in adiecto?, JZ 2015, 539; *Eidenmüller/Wagner* (Hrsg.), Mediationsrecht, 2015; *Duve/Schoch*, Wege zu effizienten Verfahrensgestaltungen im Zivilprozess, AnwBl 2017, 240; *Effer-Uhe*, Prozess- oder Verfahrenskostenhilfe für die gerichtsnahe Mediation, NJW 2013, 3333; *Fritz/Krabbe*, Plädoyer für Qualität und Nachhaltigkeit der Güterichterausbildung, NVwZ 2013, 29; *Fritz/Schroeder*, Der Güterichter als Konfliktmanager im staatlichen Gerichtssystem – Aufgabenbereich und Methoden des Güterichters nach § 278 ZPO – Eine erste Bilanz, NJW 2014, 1910; *Fritz*, Rechtliche Einschätzung und Lösungsvorschläge des Güterichters – gesetzliches Gebot oder Regelverstoß?, ZKM 2015, 10; *Fritz/Pielsticker* (Hrsg.), Handbuch zum Mediationsgesetz, 2. Aufl. 2020; *Gössl*, Das Gesetz über die alternative Streitbeilegung in Verbrauchersachen – Chancen und Risiken, NJW 2016, 838; *Greger*, Das Güterichtermodell – ein Lehrstück für alternative Konfliktlösungen, AnwBl 2013, 504; *Greger*, Gerichtsinterne Mediation auf dem Prüfstand, ZKM 2013, 9; *Greger/Weber*, Das neue Güterichterverfahren – Arbeitshilfen für Richter, Rechtsanwälte und Gerichtsverwaltung, MDR 18/2012, Sonderheft; *Greger*, Verweisung vor den Güterichter und andere Formen konsensorientierter Prozessleitung, MDR 2014, 993; *Greger*, Zur Vereinbarkeit von Mediation und Richteramt, in: Arnold/Lorenz, Gedächtnisschrift für Hannes Unberath, 2015, S. 111; *Greger/Unberath/Steffek*, Recht der alternativen Konfliktlösung – Mediationsgesetz, VSBG – Kommentar, 2. Aufl. 2016; *Greger*, Das neue Verbraucherstreitbeilegungsgesetz – Die Neuregelungen und ihre Bedeutung für Verbraucher, Unternehmer, Rechtsanwälte, Schlichter und Richter, MDR 2016, 365; *Greger*, 5 Jahre MediationsG: Justiz und Mediation – eine immer noch schwierige Beziehung, ZKM 2017, 4; *Greger*, Gesetzgeberische Optionen zur Integration der autonomen Konfliktlösung in das deutsche Rechtssystem, ZKM 2017, 213; *Greger*, Das Güterichterverfahren – Große Chancen zu wenig genutzt – Empfehlungen für Geschäftsverteilung und Zuweisungspraxis, MDR 2017, 1107; *Greger/Weber*, Das Güterichterverfahren – Ein Leitfaden für Richter, Rechtsanwälte und Gerichtsverwaltung, MDR 21/2019, Sonderheft; *Greger*, Der Zivilprozess in Zeiten der Corona-Pandemie – und danach, MDR 2020, 509; *Götz v. Olenhusen*, Mediation beim Güterichter – Gedanken zur Erweiterung des richterlichen Methodenspektrums, in: Habersack/Huber/Spindler, Festschrift für Eberhard Stilz, 2014 S. 171; *Haft/v. Schlieffen* (Hrsg.), Handbuch Mediation, 3. Aufl. 2016; *Hartmann*, Mediationsnovelle und Gericht, MDR 2012, 941; *Horstmeier*, Das neue Mediationsgesetz, 2013; *Jordans*, Das neue Mediationsgesetz – Chancen und Anforderungen für Rechtsanwälte, MDR 2013, 65; *Klamt/Moltmann-Willisch*, Umsetzung des Güterichtermodells an den Berliner Zivilgerichten, ZKM 2013, 112; *Klamt/Moltmann-Willisch*, Der Güterichter als Konfliktmanager – Projektion und Wirklichkeit, ZKM 2015, 7; *Krüger/Rauscher* (Hrsg.), Münchener Kommentar zur Zivilprozessordnung, Band 1 §§ 1–354, 6. Aufl. 2020; *Lentz*, Rückläufige Statistik – wie kommt frischer Wind in das Güterichterverfahren?, jM 2023, 97; *Löer*, Umsetzung des Güterichtermodells in der Praxis – Erste Erkenntnisse aus einer Umfrage, ZKM 2014, 41; *Löer*, Erklärungsgebot zur außergerichtlichen Konfliktbeilegung in der Klageschrift, ZKM 2015, 111; *Löer*, Die Verweisung an den Güterichter eines anderen Gerichts, MDR 2018, 838; *Moltmann-Willisch/Hammerstein*, Die Grenzen der Vertraulichkeit im Güterichterverfahren; ZKM 2022, 146; *Musielak/Voit* (Hrsg.), Kommentar zur Zivilprozessordnung mit Gerichtsverfassungsgesetz, 21. Aufl. 2024; *Ortloff*, Vom Gerichtsmediator zum Güterichter im Verwaltungsprozess, NVwZ 2012, 1057; *Plassmann*, 5 Jahre Mediationsgesetz, Die Mediation – des Anwalts ungeliebte Braut?, ZKM 2017, 208; *Prütting*, Das Mediationsgesetz ist in Kraft getreten – Mediation bleibt außergerichtliche Konfliktbeilegung und es kommt das Güterichtermodell, AnwBl 2012, 796; *Prütting*, Güterichter, Mediator und Streitmittler, MDR 2016, 965; *Prütting/Gehrlein* (Hrsg.), ZPO-Kommentar, 15. Aufl. 2023; *Röthemeyer*, Gerichtsmediation im Güterichterkonzept – Die Lösung des Vermittlungsausschusses, ZKM 2012, 116; *Röthemeyer*, Mediation – Grundlagen, Recht, Markt, 2015; *Saam*, Mediation im

Güterichterverfahren – Mediationsgeeignetheit als Voraussetzung für eine Verweisung nach § 278 Abs. 5 ZPO, JR 2015, 163; *Saenger* (Hrsg.), Zivilprozessordnung – Familienverfahren/Gerichtsverfassung/Europäisches Verfahrensrecht – Handkommentar, 10. Aufl. 2023; *Schlehe*, 5 Jahre MediationsG: Nutzung gerichtsnaher Mediation – Ein Erfahrungsbericht zu § 278a ZPO, ZKM 2017, 61; *Schmidt/Lapp/May*, Mediation in der Praxis des Anwalts, 2. Aufl. 2022; *Schmidt*, Zur Einbeziehung der Mediation in die anwaltliche Beratungspraxis – Überlegungen zur Verfahrenswahl und Fallgruppen mit besonderer Mediationseignung, MDR 2023, 1017; *Schmitt*, Stufen einer Güteverhandlung – Lehre einer imperfekten Gerechtigkeit, 2014; *Schobel*, Bald bayernweit: Güterichter und Mediationsbeauftragte an den Zivilgerichten, ZKM 2012, 191; *Schreiber*, Das „erweiterte Güterichtermodell" – Die Neufassung des § 278 Abs. 5 ZPO – eine erste Einschätzung, Betrifft Justiz 2012, 337; *Spangenberg*, Aufgaben und Funktionen eines Güterichters, ZKM 2013, 162; *Stein/Jonas* (Hrsg.), Kommentar zur Zivilprozessordnung, Band 3 §§ 148–270, 23. Aufl. 2016; *Tautphäus/Fritz/Krabbe*, Fristlose Kündigung wegen Vertrauensbruchs – neue Methoden der Konfliktbeilegung, NJW 2012, 364; *Thole*, Das neue Mediationsgesetz – Mediation im und an der Schnittstelle zum Zivilprozess, ZZP 127 (2014), 339; *Thomas/Putzo* (Hrsg.), Zivilprozessordnung, 45. Aufl. 2024; *Vorwerk/Wolf* (Hrsg.), Beck'scher Online-Kommentar ZPO, 52. Edition 1.3.2024; *Wagner*, Das Mediationsgesetz – Ende gut, alles gut?, ZKM 2012, 110; *Wegener*, 10 Jahre Güterichterverfahren: Weiter so!, NZFam 2022, 621; *Wendenburg*, Differenzierte Verfahrensentscheidungen in zivilrechtlichen Konflikten; *Wesche*, Rechtsfrieden durch das Güterichterverfahren, jM 2022, 227; *Wieczorek/Schütze* (Hrsg.), Zivilprozessordnung und Nebengesetze, Band 4 §§ 253–299a, 5. Aufl. 2022; *Windau*, Das Güterichterverfahren im prozessualen Kontext – sinnvolle Ergänzung oder Fremdkörper?, jM 2019, 52; *Zöller*, Das Güterichterverfahren im Zivilprozess als paradoxe Intervention, ZKM 2023, 64; *Zöller*, Zivilprozessordnung, 35. Aufl. 2024; *Zorn*, Gesetz zur Förderung der Mediation und anderer Verfahren der außergerichtlichen Konfliktbeilegung – Änderungen der Familiensachen betreffenden FamFG-Vorschriften, FamRZ 2012, 1265; Zwickel, Einvernehmliche Streitbeilegung im digitalen Zivilprozess der Zukunft, ZKM 2022, 44.

VI. Allgemein

Hommerich/Prütting/Ebers/Lang/Traut, Rechtstatsächliche Untersuchung zu den Auswirkungen der Reform des Zivilprozessrechts auf die gerichtliche Praxis – Evaluation ZPO-Reform, 2006; *Grüneberg*, BGB, 82. Aufl. 2023; *Schellhammer*, Zivilprozess, 16. Aufl. 2020.

§ 41 ZPO Ausschluss von der Ausübung des Richteramtes

Ein Richter ist von der Ausübung des Richteramtes kraft Gesetzes ausgeschlossen:

1. in Sachen, in denen er selbst Partei ist oder bei denen er zu einer Partei in dem Verhältnis eines Mitberechtigten, Mitverpflichteten oder Regresspflichtigen steht;
2. in Sachen seines Ehegatten, auch wenn die Ehe nicht mehr besteht;
2a. in Sachen seines Lebenspartners, auch wenn die Lebenspartnerschaft nicht mehr besteht;
3. in Sachen einer Person, mit der er in gerader Linie verwandt oder verschwägert, in der Seitenlinie bis zum dritten Grad verwandt oder bis zum zweiten Grad verschwägert ist oder war;
4. in Sachen, in denen er als Prozessbevollmächtigter oder Beistand einer Partei bestellt oder als gesetzlicher Vertreter einer Partei aufzutreten berechtigt ist oder gewesen ist;
5. in Sachen, in denen er als Zeuge oder Sachverständiger vernommen ist;

6. in Sachen, in denen er in einem früheren Rechtszug oder im schiedsrichterlichen Verfahren bei dem Erlass der angefochtenen Entscheidung mitgewirkt hat, sofern es sich nicht um die Tätigkeit eines beauftragten oder ersuchten Richters handelt;
7. in Sachen wegen überlanger Gerichtsverfahren, wenn er in dem beanstandeten Verfahren in einem Rechtszug mitgewirkt hat, auf dessen Dauer der Entschädigungsanspruch gestützt wird;
8. in Sachen, in denen er an einem Mediationsverfahren oder einem anderen Verfahren der außergerichtlichen Konfliktbeilegung mitgewirkt hat.

§ 41 Nr. 8 ZPO

I. Regelungsgehalt

1 Das Mediationsgesetz erweitert den – erschöpfenden[1] – Katalog der Ausschlussgründe des § 41 ZPO für den Fall der Mitwirkung eines Richters an einem vorangegangenen Mediationsverfahren oder einem anderen Verfahren der außergerichtlichen Konfliktbeilegung.

II. Normzweck

2 Ausschluss iSv § 41 ZPO bedeutet die kraft Gesetzes eintretende Unfähigkeit des Richters zur Ausübung des Richteramts in einem bestimmten Rechtsstreit.[2] Dadurch soll die **Unparteilichkeit** des streitentscheidenden Richters gewährleistet werden. Die Parteien des Rechtsstreits sollen darauf vertrauen können, dass der Richter die Streitentscheidung neutral, distanziert, unvoreingenommen, unparteiisch, objektiv und damit unbefangen fällen kann.[3]

3 Bei der erstmals im Regierungsentwurf,[4, 5] also ursprünglich insbesondere für die gerichtsinterne Mediation vorgesehenen – und für diese in praktischer Hinsicht noch viel bedeutenderen[6] – Regelung der Nr. 8 folgt der Ausschluss aus der strikten **Trennung zwischen Vermittler und Entscheider** (→ L. Rn. 26), dh der Unvereinbarkeit der Mitwirkung an einer einvernehmlichen Konfliktlösung für die Konfliktbeteiligten einerseits mit der dem Richter obliegenden, verbindlichen Streitentscheidung in derselben Sache andererseits.[7] Hinzu kommt die Gefährdung der durch § 4 besonders

---

1 BGH 20.10.2003 – II ZB 31/02, NJW 2004, 163 (163) mwN.
2 Zöller/Vollkommer ZPO § 41 Rn. 1.
3 MüKoZPO/Stackmann § 41 Rn. 1; Prütting/Gehrlein/Graßnack ZPO § 41 Rn. 1.
4 Gesetzentwurf der Bundesregierung vom 12.1.2011, BT-Drs. 17/5335, dort noch Nr. 7.
5 In ähnlicher Form bereits vorgeschlagen von der ZPO-Kommission des Deutschen Richterbundes im Eckpunktepapier zur gerichtsinternen und gerichtsnahen Mediation im Zivilprozess und im Verfahren vor den Arbeitsgerichten aus November 2009, Ziff. 14.
6 So haben in zwei Fällen Richter in einem nach Beendigung einer richterlichen Mediation fortgesetzten Klageverfahren ihre vorausgegangene Tätigkeit als Richtermediatoren als Grund für eine Selbstablehnung gem. § 60 Abs. 1 SGG bzw. § 48 iVm § 42 Abs. 1, 2 ZPO angesehen (vgl. Landessozialgericht Niedersachsen-Bremen 16.4.2004 – L 9 B 12/04 U, ZKM 2005, 139; Hessisches Landesarbeitsgericht 7.7.2009 – 12 Ta 304/09, ZKM 2009, 191).
7 Begründung Regierungsentwurf, BT-Drs. 17/5335, 20.

geschützten **Vertraulichkeit der Mediation**, falls der Richter als Mediator erlangtes Wissen bei der Entscheidung verwerten könnte.[8] Dies stände der Anwendung einer interessenorientierten und damit auf der Offenheit der Parteien basierenden Konfliktlösungsmethode entgegen (→ L. Rn. 26).[9]

III. Tatbestandsvoraussetzungen

Unter den Ausschlussgrund Nr. 8 fällt sowohl das Mediationsverfahren als auch jedes andere Verfahren der außergerichtlichen Konfliktbeilegung (→ ZPO § 278a Rn. 7), und zwar unabhängig von der Art und Weise seiner Veranlassung. Somit werden auch vom Gericht vorgeschlagene, außergerichtliche Konfliktbeilegungsverfahren nach § 278a ZPO (§ 278 Abs. 5 S. 2, 3 ZPO aF) oder nach dem früheren Richtermediatorenmodell (→ L. Rn. 8) – auch noch während des Übergangszeitraums nach § 9 MediationsG – durchgeführte gerichtliche Mediationen erfasst.[10] Entscheidend ist, dass die Vorbefassung des Mediators, Konfliktmanagers oÄ dieselbe Streitsache und damit denselben Lebenssachverhalt betrifft.[11]

Ebenso ausgeschlossen ist ein Richter, wenn er im Rahmen einer Nebentätigkeit als außergerichtlicher Mediator oÄ. tätig geworden ist und eine später aus der Mediation erwachsende gerichtliche Streitsache ihm im Rahmen seiner hauptamtlichen Tätigkeit zur Entscheidung zugewiesen wird.

Erfasst wird jede Form der Mitwirkung, auch eine nur vorübergehende oder teilweise Beteiligung, die insbesondere eine Teilnahme am Gespräch der Konfliktparteien und damit die Kenntnisnahme des Gesprächsinhalts ermöglicht, bspw. auch als Co-Mediator, als Partei oder deren (gesetzlicher) Vertreter oder als Begleiter eines Konfliktbeteiligten, oder auf andere Weise Gelegenheit zu inhaltlicher Einflussnahme bietet, zB als Berater vor oder während des Gesprächs.[12] Nicht ausreichend sind bloße organisatorische oder technische Hilfsdienste im Vorfeld des Gesprächs.

Die Tätigkeit des **Güterichters** gem. § 278 Abs. 5 S. 1 ZPO fällt nicht unter Nr. 8.[13] Dieser ist bereits per definitionem nicht entscheidungsbefugt,

---

8 Zöller/Vollkommer ZPO § 41 Rn. 13; Fritz/Pielsticker MediationsG-HdB/Fritz ZPO § 41 Rn. 2.
9 Begründung Regierungsentwurf, BT-Drs. 17/5335, 20; Kraft/Schwerdtfeger ZKM 2011, 55 (58).
10 Fritz/Pielsticker MediationsG-HdB/Fritz ZPO § 41 Rn. 3, 9; Zöller/Vollkommer ZPO § 41 Rn. 13.
11 Begründung Regierungsentwurf, BT-Drs. 17/5335, 20; Zöller/Vollkommer ZPO § 41 Rn. 13; Fritz/Pielsticker MediationsG-HdB/Fritz ZPO § 41 Rn. 23.
12 Vgl. Anders/Gehle/Göertz ZPO § 41 Rn. 27.
13 VG Göttingen 27.10.2014 – 2 B 986/13, 2 A 717/13, 2 A 851/13, 2 A 1002/13, MDR 2015, 55; Greger/Weber MDR 21/2019, Sonderheft Rn. 385; Greger/Unberath/Steffek/Greger E. Rn. 135; Eidenmüller/Wagner Mediationsrecht/Steiner Kap. 8 Rn. 46; Prütting/Gehrlein/Geisler ZPO § 278 Rn. 7; aA Ahrens NJW 2012, 2465 (2469); Röthemeyer ZKM 2012, 116 (118), Röthemeyer Mediation Rn. 473, MüKoZPO/Stackmann § 41 Rn. 28, je unter Verweis auf die Begründung des Regierungsentwurfs (BT-Drs. 17/5335, 20), die freilich nur auf die Tätigkeit von Richtermediatoren im Rahmen der gerichtsinternen Mediation (§ 1 Abs. 1 Nr. 3 MediationsG-RegE), nicht aber von Güterichtern (§ 278 Abs. 5 ZPO-RegE) abstellte; ebenso: Saenger/Bendtsen ZPO § 41 Rn. 18.2; Zöller/Vollkommer ZPO § 41 Rn. 13; Fritz/Pielsticker MediationsG-HdB/Fritz ZPO § 41 Rn. 12; BeckOK ZPO/Vossler Rn. 13b; Anders/Gehle/Göertz ZPO § 41 Rn. 27 (im Gegensatz

§ 278 Abs. 5 S. 1 ZPO, so dass ein Konflikt zwischen der Mitwirkung an einer einvernehmlichen Konfliktlösung und einer verbindlichen Streitentscheidung in derselben Sache idR nicht zu besorgen ist. Im Übrigen nimmt der Güterichter lediglich eine abgegrenzte Aufgabe des erkennenden Gerichts, nämlich die Durchführung der Güteverhandlung gem. § 278 Abs. 2 ZPO, wahr, so dass er mit einem – nicht ausgeschlossenen – beauftragten oder ersuchten Richter iSv § 41 Nr. 6 letzter Hs. ZPO gleichzusetzen ist. Dass der Güterichter gem. § 278 Abs. 5 S. 2 ZPO auch Mediation und andere interessenorientierte Methoden der Konfliktbeilegung anwenden darf, reicht für einen Ausschluss nicht aus. Der Wortlaut der Nr. 8 stellt vielmehr explizit auf ein Mediations-*„verfahren"* oder ein anderes Verfahren der *„außergerichtlichen"* Konfliktbeilegung ab.[14] Zu diesen zählen die vom Güterichter während des andauernden Gerichtsverfahrens gem. § 278 Abs. 5 S. 2 ZPO anzuwendenden Methoden gerade nicht (→ L. Rn. 19).[15]

IV. Rechtsfolge

7 Die Mitwirkung an einer vorangegangenen Mediation oder einem anderen Verfahren der außergerichtlichen Konfliktbeilegung hat kraft Gesetzes den Ausschluss des Richters von der Ausübung seines Amtes im jeweiligen Gerichtsverfahren zur Folge. Er muss sich also von diesem, ohne dass es eines entsprechenden Antrages einer Partei bedarf, fernhalten.[16] Insbesondere unterliegt er einem dauerhaften künftigen Entscheidungsverbot. Ein Verstoß führt zur Anfechtbarkeit der Entscheidung nach §§ 547 Nr. 2, 576 Abs. 3 oder 579 Abs. 1 Nr. 2 ZPO.[17]

§ 159 ZPO Protokollaufnahme

(1) ¹Über die Verhandlung und jede Beweisaufnahme ist ein Protokoll aufzunehmen. ²Für die Protokollführung kann ein Urkundsbeamter der Geschäftsstelle zugezogen werden, wenn dies auf Grund des zu erwartenden Umfangs des Protokolls, in Anbetracht der besonderen Schwierigkeit der Sache oder aus einem sonstigen wichtigen Grund erforderlich ist.

(2) ¹Absatz 1 gilt entsprechend für Verhandlungen, die außerhalb der Sitzung vor Richtern beim Amtsgericht oder vor beauftragten oder ersuchten Richtern stattfinden. ²Ein Protokoll über eine Güteverhandlung oder weite-

---

zu Rn. 28, Stichwort „Güterichter"); Anders/Gehle/Anders ZPO § 278 Rn. 56; OLG München 19.11.2019 – 22 EK 3/19, MDR 2020, 366; für eine analoge Anwendung: Thomas/Putzo/Hüßtege ZPO § 41 Rn. 10; Prütting/Gehrlein/Graßnack ZPO § 41 Rn. 36; Wegener NZFam 2022, 621 (631); LAG Baden-Württemberg 15.3.2017 – 9a Sa 16/17, ZKM 2017, 157.
14 Greger/Unberath/Steffek/Greger E. Rn. 135.
15 In Betracht kommen kann aber eine (Selbst-)Ablehnung des Streitrichters wegen Vorbefassung gem. §§ 42 Abs. 2, 48 ZPO (→ ZPO § 278 Rn. 30).
16 Zöller/Vollkommer ZPO § 41 Rn. 16.
17 MüKoZPO/Stackmann § 41 Rn. 31; Zöller/Vollkommer ZPO § 41 Rn. 17.

re Güteversuche vor einem Güterichter nach § 278 Absatz 5 wird nur auf übereinstimmenden Antrag der Parteien aufgenommen.

Vgl. die Kommentierung des § 159 Abs. 2 S. 2 ZPO unter → ZPO § 278 Rn. 26.

§ 253 ZPO Klageschrift

(1) Die Erhebung der Klage erfolgt durch Zustellung eines Schriftsatzes (Klageschrift).
(2) Die Klageschrift muss enthalten:
1. die Bezeichnung der Parteien und des Gerichts;
2. die bestimmte Angabe des Gegenstandes und des Grundes des erhobenen Anspruchs, sowie einen bestimmten Antrag.

(3) Die Klageschrift soll ferner enthalten:
1. die Angabe, ob der Klageerhebung der Versuch einer Mediation oder eines anderen Verfahrens der außergerichtlichen Konfliktbeilegung vorausgegangen ist, sowie eine Äußerung dazu, ob einem solchen Verfahren Gründe entgegenstehen;
2. die Angabe des Wertes des Streitgegenstandes, wenn hiervon die Zuständigkeit des Gerichts abhängt und der Streitgegenstand nicht in einer bestimmten Geldsumme besteht;
3. eine Äußerung dazu, ob einer Entscheidung der Sache durch den Einzelrichter Gründe entgegenstehen.

(4) Außerdem sind die allgemeinen Vorschriften über die vorbereitenden Schriftsätze auch auf die Klageschrift anzuwenden.
(5) [1]Die Klageschrift sowie sonstige Anträge und Erklärungen einer Partei, die zugestellt werden sollen, sind bei dem Gericht schriftlich unter Beifügung der für ihre Zustellung oder Mitteilung erforderlichen Zahl von Abschriften einzureichen. [2]Einer Beifügung von Abschriften bedarf es nicht, soweit die Klageschrift elektronisch eingereicht wird.

§ 253 Abs. 3 Nr. 1 ZPO

I. Regelungsgehalt

§ 253 Abs. 3 ZPO regelt den – im Gegensatz zu Abs. 2 – nicht zwingend notwendigen Inhalt einer Klageschrift im Zivilprozess. Neben dem Wert des Streitgegenstandes eines zuständigkeitsrelevanten, nicht bezifferten Klageantrags, nunmehr Nr. 2, und einer Äußerung zur Entscheidung des Rechtsstreits durch den Einzelrichter, nunmehr Nr. 3, – beide Vorschriften wurden inhaltlich unverändert[1] in die neue Aufzählungsstruktur des § 253 Abs. 3 ZPO übernommen – soll in der Klageschrift gem. Nr. 1 auch angegeben werden, ob bereits vorprozessual eine außergerichtliche Konfliktbeilegung versucht wurde und ob Hinderungsgründe für eine solche bestehen. Der Kläger soll also Auskunft geben zum einen – vergangenheitsorientiert – über die bisherigen Konfliktlösungsversuche der Parteien im konkreten

---

[1] Begründung RegE, BT-Drs. 17/5335, 20.

Streitfall, zum anderen – zukunftsorientiert – über seine Bereitschaft zu konsensualer Konfliktbeilegung.[2]

II. Normzweck

2 § 253 Abs. 3 ZPO beabsichtigt nicht etwa eine negative Stigmatisierung der eine konsensuale Konfliktlösung ablehnenden Partei. Er dient nach der Gesetzesbegründung vielmehr *„dem Ziel, die Mediation und die außergerichtliche Konfliktbeilegung stärker im Bewusstsein der Bevölkerung und in der Beratungspraxis der Rechtsanwaltschaft zu verankern. Dementsprechend hat der 67. DJT[3] 2008 beschlossen, dass die in der Rechtspflege tätigen Berufsangehörigen über das gesamte Spektrum der verfügbaren Konfliktlösungsverfahren im konkreten Einzelfall informieren sollen [...]. Spätestens beim Abfassen der Klageschrift sollen sich die Parteien und deren Rechtsanwältinnen und Rechtsanwälte daher mit der Frage auseinandersetzen, ob und wie sie den der beabsichtigten Klageerhebung zugrundeliegenden Konflikt außergerichtlich beilegen können. Dies soll dem Gericht in der Klageschrift mitgeteilt werden. § 253 Absatz 3 Nummer 1 ZPO betont damit die ohnehin nach § 1 Absatz 3 BORA bestehende Verpflichtung der Rechtsanwältinnen und Rechtsanwälte, ihre Mandantschaft konfliktvermeidend und streitschlichtend zu begleiten."*[4] Als Verfahrensberater muss der Rechtsanwalt daher seinen Mandanten auch über Alternativen zum streitigen Gerichtsverfahren beraten (→ P. Rn. 7 ff.).[5]

3 Sinn und Zweck des § 253 Abs. 3 Nr. 1 ZPO können sich aber nicht allein in der Errichtung eines „Merkpostens 'konsensuale Konfliktbeilegung?'" im Sinne eines **Appells zur Selbstüberprüfung** hinsichtlich außergerichtlicher Alternativen zur Klageerhebung erschöpfen. Anderenfalls reichte es aus, die beiden indirekt formulierten Entscheidungsfragen wortgetreu mit „ja" oder „nein" zu beantworten.[6] Vielmehr ist aus der teilweise zukunftsorientierten Blickrichtung (→ Rn. 1) und daraus, dass die Angaben in der Klageschrift enthalten sein sollen, sich also auch an den künftigen Streitrichter richten, zu schließen, dass dieser zugleich Informationen erhalten soll, um den Rechtsstreit im Sinne einer möglichst differenzierten Konflikt-

---

2 Der Referentenentwurf (abrufbar unter http://rsw.beck.de/docs/librariesprovide r5/rsw-dokumente/RefE_Mediationsgesetz_20100803), den der RegE (BT-Drs. 17/5335) im zweiten Hs. der Nr. 1 modifiziert hat (zu den Gründen dafür: Kraft/Schwerdtfeger ZKM 2010, 55 (58)), forderte an dieser Stelle – ebenfalls vergangenheitsorientiert – eine Begründung, warum der Versuch einer außergerichtlichen Konfliktbeilegung unterlassen wurde.
3 Deutscher Juristentag.
4 Begründung RegE, BT-Drs. 17/5335, 20.
5 Ahrens NJW 2012, 2465 (2469); Zöller/Greger ZPO § 253 Rn. 20a; Schmidt MDR 2023, 1017, 1018 (mit Praxisbeispielen).
6 Würde das Bestehen von Hinderungsgründen für Mediation oder ein anderes Verfahren der außergerichtlichen Konfliktbeilegung ohne Angabe näherer Gründe verneint, stellte sich zudem die Frage nach den Konsequenzen für die zumindest öffentlich unter konfliktbeilegungstechnischen Aspekten gerade (noch) nicht erforderliche Klageerhebung. Eine zusätzliche echte Zulässigkeitsvoraussetzung für die Klageerhebung wollte der Gesetzgeber indes nicht begründen (→ Rn. 5).

behandlung (→ L. Rn. 36) auf den geeigneten Lösungsweg zu führen.[7] So wird für den Streitrichter bspw. die Ermessensausübung bezüglich einer Verweisung in die außergerichtliche Mediation gem. § 278a ZPO und natürlich auch hinsichtlich einer Einbeziehung eines Güterichters gem. § 278 Abs. 5 ZPO erleichtert, wenn die Parteien ihre Bereitschaft zu derartigen Verfahren im konkreten Fall mitteilen, während solche Erwägungen des Streitrichters nur wenig erfolgversprechend sein dürften, wenn die Parteien vorprozessual bereits ein umfängliches Mediationsverfahren durchgeführt haben oder wenn eine Partei die Klärung einer grundsätzlichen Rechtsfrage, zB der Wirksamkeit einer von ihr verwandten AGB-Klausel, erreichen will. Es geht mithin auch um die **Effizienz der Konfliktbehandlung** und die **Prozessförderung** durch den Streitrichter.[8]

III. Tatbestandsvoraussetzungen, Rechtsfolge

§ 253 Abs. 3 ZPO gilt grundsätzlich für jedes durch Klageschrift bzw. Anspruchsbegründung nach vorausgegangenem Mahnverfahren eingeleitete Zivilverfahren,[9] unabhängig von der Eingangsinstanz und einer anwaltlichen Vertretung.[10]

Aus der zweiten Zielrichtung des § 253 Abs. 3 Nr. 1 ZPO, der Effizienz der Konfliktbehandlung und der Prozessförderung durch den Streitrichter (→ Rn. 3), folgt, dass lediglich klausel- oder formularmäßige Angaben wie ein bloßer Hinweis auf vorausgegangene, erfolglose Vergleichsbemühungen unzureichend sind. Hs. 1 ist dahin gehend auszulegen, dass nicht nur ein vorausgegangener Versuch zu bestätigen bzw. zu verneinen ist („**ob**"), sondern dass zumindest auch das unternommene Konfliktbeilegungsverfahren zu benennen ist („**welches**").[11] Hilfreich sind zudem Angaben zur Intensität seiner Durchführung, ob bspw. nur ein allgemeiner Informationstermin besucht oder mehrere Sitzungen absolviert wurden.[12] Nähere Details zu Ablauf und Inhalt, erst recht zum Grund des Scheiterns, insbesondere wenn für dieses Verfahren Vertraulichkeit vereinbart war, müssen freilich nicht genannt werden.[13] Hs. 2 ist dahin gehend zu verstehen, dass über die Darlegung des Bestehens von Hinderungsgründen („ob") hinaus diese ggf. auch benannt werden sollen („**welche**").[14] Der Umfang einer näheren Begründung und der Darlegung von Hintergrundinformationen („warum")

---

7 Vgl. Greger/Unberath/Steffek/Greger E. Rn. 23, 41; Fritz/Pielsticker MediationsG-HdB/Fritz ZPO § 253 Rn. 11 f., 19 f.; Zöller/Greger ZPO § 253 Rn. 20a; Fritz/Schroeder NJW 2014, 1910 (1913).
8 Löer ZKM 2015, 111 (112).
9 Zur Anwendbarkeit des § 253 Abs. 3 Nr. 1 ZPO über die allgemeinen Verweisungsnormen in den Prozessordnungen der Fachgerichtsbarkeiten → ArbGG § 54 Rn. 29; → SGG § 202 Rn. 10; → VwGO § 173 Rn. 12; → FGO § 155 Rn. 7; ferner → FamFG § 23 Rn. 1 f.
10 Fritz/Pielsticker MediationsG-HdB/Fritz ZPO § 253 Rn. 6 ff., 17; Greger/Unberath/Steffek/Greger E. Rn. 24; Stein/Jonas/Roth ZPO § 253 Rn. 56.
11 Greger/Unberath/Steffek/Greger E. Rn. 31; Zöller/Greger ZPO § 253 Rn. 20a.
12 Löer ZKM 2015, 111 (112).
13 Greger/Unberath/Steffek alternative Konfliktlösung/Greger E. Rn. 31; Stein/Jonas/Roth ZPO § 253 Rn. 56; Zöller/Greger ZPO § 253 Rn. 20a.
14 Greger/Unberath/Steffek/Greger E. Rn. 32 f. (mit beispielhafter Aufzählung zu akzeptierender Gründe); Horstmeier Mediationsgesetz Rn. 520; Zöller/Greger ZPO § 253 Rn. 20a; Stein/Jonas/Roth ZPO § 253 Rn. 56.

bleibt allerdings letztlich der klagenden Partei ebenso überlassen wie die Bewertung, was überhaupt einen Hinderungsgrund darstellt.[15] Das ergibt sich daraus, dass § 253 Abs. 3 ZPO nur den Soll-Inhalt der Klageschrift regelt und damit keine zwingenden Angaben enthält.

5 Verstöße berühren die Zulässigkeit der Klage nicht.[16] Sie können allenfalls, wie es auch bei § 253 Abs. 3 Nr. 2 und 3 ZPO der Fall sein kann,[17] zu Mehraufwand bspw. durch eine Fehlleitung des Verfahrens und damit zu Verzögerungen sowie zu prozessualen Risiken im Hinblick auf § 167 ZPO[18] führen. Auch können sie eine Reduzierung der Verfahrensgebühr gem. § 69b GKG, sofern landesrechtlich umgesetzt, verhindern.[19]

Der Streitrichter kann fehlenden oder zu pauschalen Begründungen durch richterliche Aufklärungsverfügung begegnen[20] und auf diese Weise die der Norm zugedachte „Aufklärungsrolle" unterstützen.

Formulierungsvorschlag:[21]
Die Klageschrift enthält keine Angaben gem. § 253 Abs. 3 Nr. 1 ZPO, ob also (und ggf. in welchem Umfang) der Klageerhebung der Versuch einer Mediation oder eines anderen Verfahrens der außergerichtlichen Konfliktbeilegung vorausgegangen ist und ob (und ggf. welche) Gründe einem solchen Verfahren entgegenstehen. Es wird gebeten, diese Angaben nachzuholen.

Ein zwischenzeitliches Absehen von der Klagezustellung[22] mag dogmatisch nicht zu beanstanden sein, ist aber aus der Sicht des Streitrichters schon aufgrund des damit verbundenen zusätzlichen Schriftverkehrs und der Verfahrensverzögerung wenig praxisnah.

IV. Rechtspolitische Bewertung

6 Durch das Erklärungsgebot hinsichtlich der bisherigen Durchführung von und künftigen Bereitschaft zu konsensualen Konfliktbeilegungsverfahren in der Klageschrift wird sicherlich die Bekanntheit von Mediation als eigenständiger Konfliktbeilegungsmethode und Alternative zum Rechtsstreit bei den Parteien und damit, wie nach der Gesetzesbegründung beabsichtigt, letztlich auch in der Bevölkerung insgesamt erhöht.[23] Ob ein ähnlicher

---

15 Vgl. Fritz/Pielsticker MediationsG-HdB/Fritz ZPO § 253 Rn. 15.
16 Zöller/Greger ZPO § 253 Rn. 24; MüKoZPO/Becker-Eberhard § 253 Rn. 186.
17 ZB kann das Fehlen einer Streitwertangabe iSv § 253 Abs. 3 Nr. 2 ZPO die Klagezustellung verzögern, weil das Gericht zur Bemessung des Kostenvorschusses gem. § 12 GKG wegen des vorläufig festzusetzenden Streitwertes (vgl. § 63 Abs. 1 GKG) zunächst bei der klagenden Partei nachfragen muss (Zöller/Greger ZPO § 253 Rn. 24).
18 Greger/Unberath/Steffek/Greger E. Rn. 39; vgl. auch: → FamFG § 23 Rn. 3.
19 Fritz/Pielsticker MediationsG-HdB/Fritz ZPO § 253 Rn. 16.
20 Fritz/Schroeder NJW 2014, 1910 (1913); Fritz/Pielsticker MediationsG-HdB/Fritz ZPO § 253 Rn. 13.
21 Vgl. auch das sehr ausführliche Beispiel bei Greger/Unberath/Steffek/Greger (→ E Rn. 37), der zumindest bei nicht anwaltlich vertretenen Parteien ferner die Beifügung eines Merkblatts vorschlägt.
22 So: Greger/Weber MDR 18/2012, Sonderheft S. 4; Zöller/Greger ZPO § 253 Rn. 24; Thomas/Putzo/Seiler ZPO § 253 Rn. 18; Greger/Unberath/Steffek/Greger E. Rn. 36; Stein/Jonas/Roth ZPO § 253 Rn. 56; aA MüKoZPO/Becker-Eberhard § 253 Rn. 187; Fritz/Schroeder NJW 2014, 1910 (1913, Fn. 30).
23 Vgl. Monßen ZKM 2011, 10 (12).

Fördereffekt auch für die anderen, nicht namentlich genannten Verfahren der außergerichtlichen Konfliktbeilegung (hierzu → ZPO § 278a Rn. 7) eintreten wird, erscheint allerdings fraglich und hängt maßgeblich vom Umfang der anwaltlichen Beratung über grundsätzliche und auch konkrete Alternativen zum gerichtlichen Verfahren ab. Eine umfassende Darstellung außergerichtlicher Streitbeilegungsmethoden durch den Anwalt zu einem Zeitpunkt, zu dem eine Klageerhebung ansteht, setzt – jedenfalls zum gegenwärtigen Zeitpunkt und in der Breite der anwaltlichen Beratungspraxis – eine Umstellung der derzeitigen, primär auf Gerichtsverfahren orientierten anwaltlichen Konfliktbehandlung voraus (→ P. Rn. 8 ff., 41). Ob dies die sanktionslose Sollvorschrift des § 253 Abs. 3 Nr. 1 ZPO zu erreichen vermag oder ob die Anwaltschaft bei der bisherigen, eingefahrenen Praxis verbleibt, muss die Zukunft erweisen.[24] Die aktuell nach wie vor zurückhaltende Handhabung der Norm in der Praxis spricht eher für Letzteres.[25]

Fraglich ist ferner, ob im Rahmen einer ergänzenden Angabe in der Klageschrift und ohne systematische Abfrage oder ausdrückliche Forderung von Hintergrundangaben die für eine auf die Anwendung konsensualer Konfliktbeilegungsmethoden bedachte Verfahrensleitung des Streitrichters erforderlichen Informationen in hinreichendem Umfang übermittelt werden.[26]

Aus den genannten Gründen wurde bereits während der Entstehung des Mediationsgesetzes dem Erklärungsgebot des § 253 Abs. 3 Nr. 1 ZPO nur eine geringe und unzureichende Wirkung zugebilligt.[27] Diese Prognose findet Bestätigung in der gegenwärtigen Praxis: Es stellt nach wie vor einen Ausnahmefall dar, wenn eine Klageschrift mehr als klauselartige Angaben zur außergerichtlichen Konfliktbeilegung enthält oder auf deren Ausbleiben seitens des Streitrichters reagiert wird. § 253 Abs. 3 Nr. 1 ZPO ist offensichtlich sowohl unter Rechtsanwälten als auch unter Richtern unzureichend bekannt und wird dementsprechend selten angewandt.[28] Mittlerweile wird auch deutlich Kritik an der als unzureichend empfundenen Norm geübt.[29]

Als Alternative zum Erklärungsgebot in der Klageschrift wären eine ausführliche Beratungs- und Dokumentationspflicht für den Anwalt sowie eine tiefergehende Mitteilungspflicht in Betracht gekommen. Auch wenn der Gesetzgeber hiervon ebenso wie von anderen Steuerungsinstrumenten

---

24 Optimistisch: Duve ZKM 2012, 108 (109); Henssler/Deckenbrock DB 2012, 159 (162); Fischer/Unberath Mediation/Steffek, S. 29, 36; Fritz/Schroeder NJW 2014, 1910 (1914); aA Horstmeier Mediationsgesetz Rn. 518.
25 Vgl. auch: Greger ZKM 2017, 213 (216); Plassmann ZKM 2017, 208 (209).
26 Henssler/Deckenbrock (DB 2012, 159 (162)) befürchten, dass jedenfalls ein Teil der Anwaltschaft die Neuregelung zum Anlass nehmen wird, lediglich einen neuen Textbaustein für Klageschriften bereitzuhalten, in dem der Verzicht auf ein Mediationsverfahren formelhaft begründet wird (ähnlich → L Rn. 14).
27 Greger, Stellungnahme im Rechtsausschuss des Bundestages (abrufbar unter http://webarchiv.bundestag.de/cgi/show.php?fileToLoad=3515&id=1223), S. 3; Paul ZKM 2011, 119 (121).
28 Fritz/Schroeder NJW 2014, 1910 (1912); Löer ZKM 2015, 111 (113).
29 Plassmann ZKM 2017, 208 (209); Greger ZKM 2017, 213 (215).

für den Streitrichter abgesehen hat,[30] können gezielte Angaben in der Klageschrift – ebenso wie in der Klageerwiderung – gleichwohl für das Verfahrensmanagement des Streitrichters (→ ZPO § 278 Rn. 19) durchaus zweckmäßig sein.[31]

§ 278 ZPO Gütliche Streitbeilegung, Güteverhandlung, Vergleich

(1) Das Gericht soll in jeder Lage des Verfahrens auf eine gütliche Beilegung des Rechtsstreits oder einzelner Streitpunkte bedacht sein.

(2) ¹Der mündlichen Verhandlung geht zum Zwecke der gütlichen Beilegung des Rechtsstreits eine Güteverhandlung voraus, es sei denn, es hat bereits ein Einigungsversuch vor einer außergerichtlichen Gütestelle stattgefunden oder die Güteverhandlung erscheint erkennbar aussichtslos. ²Das Gericht hat in der Güteverhandlung den Sach- und Streitstand mit den Parteien unter freier Würdigung aller Umstände zu erörtern und, soweit erforderlich, Fragen zu stellen. ³Die erschienenen Parteien sollen hierzu persönlich gehört werden. ⁴§ 128a Absatz 1 und 3 gilt entsprechend.

(3) ¹Für die Güteverhandlung sowie für weitere Güteversuche soll das persönliche Erscheinen der Parteien angeordnet werden. ²§ 141 Abs. 1 Satz 2, Abs. 2 und 3 gilt entsprechend.

(4) Erscheinen beide Parteien in der Güteverhandlung nicht, ist das Ruhen des Verfahrens anzuordnen.

(5) ¹Das Gericht kann die Parteien für die Güteverhandlung sowie für weitere Güteversuche vor einen hierfür bestimmten und nicht entscheidungsbefugten Richter (Güterichter) verweisen. ²Der Güterichter kann alle Methoden der Konfliktbeilegung einschließlich der Mediation einsetzen.

(6) ¹Ein gerichtlicher Vergleich kann auch dadurch geschlossen werden, dass die Parteien dem Gericht einen schriftlichen Vergleichsvorschlag unterbreiten oder einen schriftlichen oder zu Protokoll der mündlichen Verhandlung erklärten Vergleichsvorschlag des Gerichts durch Schriftsatz oder durch Erklärung zu Protokoll der mündlichen Verhandlung gegenüber dem Gericht annehmen. ²Das Gericht stellt das Zustandekommen und den Inhalt eines nach Satz 1 geschlossenen Vergleichs durch Beschluss fest. ³§ 164 gilt entsprechend.

§ 278 Abs. 5 ZPO

I. Regelungsgehalt 1	b) Gestaltung der Güteverhandlung 12
II. Normzweck 2	c) Weitere Kompetenzen ... 16
III. Tatbestandsvoraussetzungen ... 3	IV. Rechtsfolge 19
1. Anwendungsbereich 3	1. Zuweisungsentscheidung ... 19
2. Rechtsträger 5	2. Formeller Verfahrensablauf 21
3. Der Güterichter............ 7	
a) Begriff, Abgrenzung 7	

---

30 ZB eine Befugnis zur verbindlichen Anordnung außergerichtlicher Konfliktbeilegungsverfahren oder Kostensanktionen (vgl. bereits Greger, Stellungnahme im Rechtsausschuss des Bundestages (Fn. 27), S. 3; so auch: Eidenmüller JZ 2015, 539 (547); Thole ZZP 127 (2014), 339 (365)).
31 Vgl. Unberath JZ 2010, 975 (979).

3. Inhaltlicher Ablauf der Güteverhandlung, Protokoll, Videoverhandlung 24
4. Absicherung der Vertraulichkeit 28
5. Beendigung des Güteverfahrens 30
V. Rechtspolitische Bewertung 32

I. Regelungsgehalt

Im Ausgangspunkt wird die Güteverhandlung gem. § 278 Abs. 2 ZPO unmittelbar vor dem Prozessgericht durchgeführt. § 278 Abs. 5 ZPO[1] behält die bereits in § 278 Abs. 5 S. 1 ZPO aF vorgesehene Alternative, nämlich die Verweisung vor einen kommissarischen Richter, bei, tauscht aber deren Adressaten, den beauftragten oder ersuchten Richter, aus gegen einen neu geschaffenen Richtertypus: den **Güterichter**.[2] Dieser ist nach der Legaldefinition des § 278 Abs. 5 S. 1 ZPO ein für die Güteverhandlung sowie für weitere Güteversuche bestimmter und nicht entscheidungsbefugter Richter. Während die Prozessleitung und die Entscheidung des Rechtsstreits dem erkennenden Richter iSv § 309 ZPO obliegen, hat der Güterichter die Aufgabe, einen separaten, ihm übertragenen Abschnitt des Prozesses, nämlich die Güteverhandlung oder einen weiteren Güteversuch, durchzuführen, und zwar mit dem Ziel einer gütlichen Einigung der Parteien.

II. Normzweck

Mit der Einfügung des Güterichters beabsichtigte der Gesetzgeber, das in einzelnen Ländern (→ L. Fn. 39) anstelle der Richtermediation eingeführte sog. Güterichtermodell auf eine ausdrückliche gesetzliche Grundlage zu stellen und die Fortführung der bestehenden Güterichterangebote zu ermöglichen.[3] Zugleich sollte eine umfassende, einheitliche Rechtsgrundlage für die gütliche Konfliktbeilegung durch Richter im gerichtlichen Verfahren für alle Bundesländer und alle Gerichtszweige geschaffen werden.[4] Zudem wurde ein Hauptstreitpunkt des Gesetzgebungsverfahrens, die Anwendung von Mediation innerhalb des Gerichtsverfahrens (→ L. Rn. 11 ff.), entschieden, indem § 278 Abs. 5 S. 2 ZPO nunmehr klarstellt, dass der Güterichter sämtliche Methoden der Konfliktbeilegung einschließlich der Mediation anwenden darf. Ziel dieser gerichtsinternen Form von Mediation und anderen Streitbeilegungsmethoden ist es nicht, außergerichtliche Verfahren in die Justiz zu verlagern, sondern deren Methoden und Techniken für das Gerichtsverfahren nutzbar zu machen.[5]

III. Tatbestandsvoraussetzungen

1. Anwendungsbereich. § 278 Abs. 5 ZPO gilt für die Zivilgerichtsbarkeit unmittelbar,[6] für die Sozial-, Verwaltungs- und Finanzgerichtsbarkeit auf-

---

1 Zu den verschiedenen Ausgestaltungen der §§ 278 Abs. 5, 278a ZPO im Laufe des Gesetzgebungsverfahrens und zur Entwicklung vom richterlichen Mediator zum Güterichter → L. Rn. 13 ff.
2 Zur Kritik an der Bezeichnung „Güte"-richter → L. Rn. 7.
3 Empfehlung Rechtsausschuss, BT-Drs. 17/8058, 21; Begründung Regierungsentwurf, BT-Drs. 17/5335, 20.
4 Vgl. Sensburg NJW-aktuell 52/2011, 14.
5 Greger/Unberath/Steffek/Greger E. Rn. 103.
6 Ausnahme: § 11 Abs. 1 S. 2 KapMuG, § 610 Abs. 5 S. 2 ZPO.

grund ausdrücklicher Verweisung gem. § 202 S. 1 SGG, § 173 S. 1 VwGO bzw. § 155 S. 1 FGO (dazu: → SGG § 202 Rn. 12; → VwGO § 173 Rn. 14 ff.; → FGO § 155 Rn. 9 f.).[7] Für arbeitsgerichtliche und familiengerichtliche Verfahren sowie in den Angelegenheiten der freiwilligen Gerichtsbarkeit bestehen mit den § 54 Abs. 6 ArbGG und § 36 Abs. 5 FamFG geringfügig modifizierte Vorschriften (→ ArbGG § 54 Rn. 3 ff.; → FamFG § 36 Rn. 1 ff.).

Eine Verweisung vor den Güterichter gem. § 278 Abs. 5 ZPO ist auch bei vollstreckungsrechtlichen Klageverfahren und, wenn das Eilbedürfnis es zulässt, im einstweiligen Rechtsschutz und im selbstständigen Beweisverfahren möglich, ebenso gem. § 321a Abs. 5 ZPO im Gehörsrüge- und gem. § 585 ZPO im Wiederaufnahmeverfahren, mangels Rechtshängigkeit aber nicht in Prozess-/Verfahrenskostenhilfe-Prüfungsverfahren.[8]

4 Auch wenn das Gesetz in § 525 S. 2 ZPO ausdrücklich regelt, dass es im **Berufungsverfahren** einer Güteverhandlung nicht bedarf, ist das Berufungsgericht dadurch nicht gehindert, entsprechend seiner allgemeinen Verpflichtung zur gütlichen Streitbeilegung aus § 525 S. 1 iVm § 278 Abs. 1 ZPO einen (weiteren) Güteversuch mit den Parteien zu unternehmen[9] und dafür auch gem. § 525 S. 1 iVm § 278 Abs. 5 S. 1 ZPO einen Güterichter einzusetzen.[10] Ob ein derartiges Vorgehen zweckmäßig ist, insbesondere wenn die Parteien bereits in der ersten Instanz – im Ergebnis erfolglos – für die Güteverhandlung vor einen Güterichter verwiesen worden sind, ist im konkreten Fall zu beurteilen. Es ist jedenfalls vorstellbar, dass auch noch in diesem Verfahrensstadium Veranlassung und vielleicht sogar eine erhöhte Bereitschaft der Parteien zu einer alternativen Konfliktbeilegung bestehen können, bspw. aufgrund der in der ersten Instanz gesammelten Erfahrungen oder angesichts des sich nunmehr abzeichnenden Prozessverlaufs.[11, 12]

5 **2. Rechtsträger.** Die Befugnis zur Verweisung steht gem. § 278 Abs. 5 S. 1 ZPO dem erkennenden Gericht, also dem Einzelrichter oder dem Kollegialorgan,[13] zu. Anregungen der Parteien in der Klageschrift, wie von § 253 Abs. 3 Nr. 1 ZPO hinsichtlich außergerichtlicher Konfliktbeilegungsverfahren gefordert (→ ZPO § 253 Rn. 4), sind zweckmäßig.

---

7 Für Verfahren vor dem Patentgericht gelten die allgemeinen Verweisungen in die ZPO, § 99 Abs. 1 PatG, § 82 Abs. 1 S. 1 MarkenG.
8 Greger/Unberath/Steffek/Greger E. Rn. 108 f.; Greger/Weber MDR 21/2019, Sonderheft Rn. 6, 8.
9 Prütting/Gehrlein/Oberheim ZPO § 525 Rn. 10; Thole ZZP 127 (2014), 339 (355); BeckOK ZPO/Bacher § 278 Rn. 21.1; Röthemeyer Meditation Rn. 443.
10 Dasselbe gilt für das Revisionsverfahren, § 555 Abs. 1 ZPO (vgl. auch: Zöller/Greger ZPO § 278 Rn. 26). Auch im Beschwerdeverfahren kann auf die Vorschriften des ersten und zweiten Buches der ZPO zurückgegriffen werden (vgl. MüKoZPO/Hamdorf § 572 Rn. 2) und damit § 278 Abs. 5 ZPO Anwendung finden (Greger/Weber MDR 21/2019, Sonderheft Rn. 6; → L. Fn. 199 mit denkbaren Anwendungsfällen).
11 ZB im Falle einer beabsichtigten Aufhebung des erstinstanzlichen Urteils und Zurückverweisung des Rechtsstreits, nach Erteilung eines rechtlichen Hinweises durch das Berufungsgericht oder wegen einer erforderlichen (weiteren) Beweisaufnahme.
12 Zu den Erfahrungen mit gerichtlicher Mediation in der Berufungsinstanz s. Gläßer/Schroeter Gerichtliche Mediation/Probst, S. 227; Zöller ZKM 2023, 64.
13 Zöller/Lückemann ZPO Einl. GVG Rn. 7.

Die Verweisung kann in jedem Stadium des Rechtsstreits erfolgen,[14] zum einen für die Güteverhandlung iSv § 278 Abs. 2 ZPO, also zu einem recht frühen Zeitpunkt des Verfahrens noch vor der mündlichen Verhandlung gem. § 279 ZPO, zum anderen *„für weitere Güteversuche"*, dh zu einem späteren Zeitpunkt im weiteren Verlauf des Rechtsstreits, auch wiederholt und auch nach bereits zuvor durchgeführter Güteverhandlung.[15]

3. Der Güterichter. a) Begriff, Abgrenzung. Geleitet wird die Güteverhandlung bzw. der Güteversuch von dem **Güterichter**. Dieser hat, wie bereits seine Bezeichnung zum Ausdruck bringt und sich aus der Abgrenzung zum streitentscheidenden Richter ergibt, die **Aufgabe**, auf eine „gütliche" Einigung der Parteien hinzuwirken und diese dabei zu unterstützen, anstelle einer autoritativen Entscheidung des Rechtsstreits eine einvernehmliche Beilegung desselben zu erreichen. Deshalb ist er – mangels Entscheidungskompetenz – auch nicht gesetzlicher Richter iSv § 16 S. 2 GVG.[16] Der Güterichter wird, wie in der Legaldefinition des § 278 Abs. 5 S. 1 ZPO zum Ausdruck kommt (*„vor einen hierfür bestimmten [...] Richter"*), **durch den gerichtlichen Geschäftsverteilungsplan bestimmt**,[17] also durch das Präsidium des Gerichts, vgl. § 21e Abs. 1 S. 1 GVG.

Es reicht aus, wenn konkrete Richter im Geschäftsverteilungsplan namentlich als Güterichter benannt werden, ggf. unter Angabe eines konkreten Arbeitskraftanteils.[18, 19] Die Angabe eines generellen Verteilungsschlüssels ist sinnvoll, kann aber auch – wie bei kollegial besetzten Spruchkörpern, § 21g Abs. 1 S. 1 GVG – der Selbstorganisation der Güterichter überlassen

---

14 Ortloff NVwZ 2012, 1057 (1060); Greger/Weber MDR 21/2019, Sonderheft Rn. 92; Zöller/Greger ZPO § 278 Rn. 27; Haft/v. Schlieffen Mediation-HdB/Moltmann-Willisch § 51 Rn. 16; Windau jM 2019, 52 (54); Lentz jM 2023, 97 (100).
15 Vgl. Empfehlung Rechtsausschuss, BT-Drs. 17/8058, 21.
16 Ortloff NVwZ 2012, 1057 (1059); Zöller/Greger ZPO § 278 Rn. 26; Greger/Weber MDR 21/2019, Sonderheft Rn. 38; Musielak/Voit/Foerste ZPO § 278 Rn. 14; Röthemeyer Mediation Rn. 438; Haft/v. Schlieffen Mediation-HdB/Moltmann-Willisch § 51 Rn. 9; Götz v. Olenhusen FS Stilz, 2014, 171 (173); aA Spangenberg ZKM 2013, 162 (163); Fritz/Pielsticker MediationsG-HdB/Fritz ZPO § 278 Rn. 59 (offenbar im Gegensatz zu § 9 Rn. 10); Hartmann MDR 2012, 941; Windau jM 2019, 52 (52); Anders/Gehle/Anders ZPO § 278 Rn. 42, 57; BeckOK ZPO/Bacher § 278 Rn. 22.1; MüKoZPO/Prütting § 278 Rn. 35; Prütting/Gehrlein/Geisler ZPO § 278 Rn. 7; OLG Bamberg 13.9.2018 – 2 WF 202/18, FamRZ 2019, 47 (48). Die dem Regierungsentwurf zugrunde liegende, gegenteilige Auffassung (Begründung, BT-Drs. 17/5335, 20; Thomas/Putzo/Seiler ZPO, 33. Aufl. 2012, § 278 Rn. 14a) wurde vom Gesetzgeber, wenn auch nicht ausdrücklich, aufgegeben (vgl. Empfehlung Rechtsausschuss, BT-Drs. 17/8058, 21; Röthemeyer ZKM 2012, 116 (117); Röthemeyer Mediation Rn. 437 f.; Haft/v. Schlieffen Mediation-HdB/Moltmann-Willisch § 51 Rn. 9; kritisch hierzu: Prütting AnwBl 2012, 204 (207)).
17 Ahrens NJW 2012, 2465 (2469); Hartmann MDR 2012, 941 (941); Ortloff NVwZ 2012, 1057 (1059); Greger/Weber MDR 21/2019, Sonderheft Rn. 39; Schobel ZKM 2012, 191 (192); Windau jM 2019, 52 (52).
18 Für den auszuweisenden Arbeitskraftanteil können die Basiszahlen der PEPPSY-Erhebung – für das Zivilprozess am Amtsgericht 324 Min., am Landgericht 503 Min., am Oberlandesgericht 563 Min. – einen Anhaltspunkt geben (Greger/Weber MDR 21/2019, Sonderheft Rn. 41).
19 Ausführlich hierzu: Greger MDR 2017, 1107 (1107/1108).

werden.[20] Zugleich verbleibt damit und durch eine möglichst große und divers zusammengestellte Gruppe von Güterichtern Raum etwa für die Berücksichtigung eines übereinstimmenden Wunsches der Parteien, besonderer fachlicher Kenntnisse und Voraussetzungen oder aktueller Belastungssituationen.[21] Da der Güterichter den Prozess weiterführt, das Verfahren nicht, wie im Umkehrschluss aus § 278a Abs. 2 ZPO (→ ZPO § 278a Rn. 14) folgt,[22] zum Ruhen gebracht wird, besitzt auch der Güterichter den **Status eines Rechtsprechungsorgans** und übt – für das Prozessgericht – eine originär richterliche und damit der Rechtsprechung iSv Art. 92 GG, § 1 DRiG zuzuordnende Tätigkeit aus.[23, 24] Eines Rückgriffs auf § 4 Abs. 2 Nr. 2 DRiG[25] bedarf es insoweit nicht.

8 Der Güterichter gem. § 278 Abs. 5 S. 1 ZPO unterscheidet sich von dem beauftragten Richter, der dem Prozessgericht angehört, also Mitglied des erkennenden Kollegialspruchkörpers ist,[26] dadurch, dass er gerade nicht entscheidungsbefugt ist. Eine Verweisung innerhalb eines Kollegialspruchkörpers scheidet demnach aus;[27] dies gilt im Hinblick auf mögliche Kollegialentscheidungen auch bei grundsätzlicher Einzelrichterzuständigkeit.

9 Vom ersuchten Richter, also einem Richter eines anderen Amtsgerichts, § 157 Abs. 1 GVG, der im Wege der Rechtshilfe gem. § 156 ff. GVG tätig wird,[28] grenzt sich der Güterichter zum einen dadurch ab, dass er

---

20 Haft/v. Schlieffen Mediation-HdB/Moltmann-Willisch, § 51 Rn. 8; Röthemeyer Mediation Rn. 452.
21 Röthemeyer Mediation Rn. 452; Röthemeyer, ZKM 2012, 116 (117 f.), der ein Wahlrecht ua hinsichtlich des Geschlechtes des Güterichters zubilligt; Greger/Weber MDR 21/2019, Sonderheft Rn. 55; Schobel ZKM 2012, 191 (192); Haft/v. Schlieffen Mediation-HdB/Moltmann-Willisch § 51 Rn. 10 ua im Hinblick auf Mediationsverhandlungen in englischer Sprache; aA Assmann MDR 2016, 1303 (1305).
22 Ahrens NJW 2012, 2465 (2470); Anders/Gehle/Anders ZPO § 278 Rn. 43, 57; Fritz/Pielsticker MediationsG-HdB/Fritz ZPO § 278 Rn. 58; Haft/v. Schlieffen Mediation-HdB/Moltmann-Willisch § 51 Rn. 17; Röthemeyer Mediation Rn. 442; Eidenmüller/Wagner Mediationsrecht/Steiner Kap. 8 Rn. 106; Windau jM 2019, 52 (54); aA Haft/v. Schlieffen Mediation-HdB/Bamberger § 9 Rn. 75.
23 Greger/Weber MDR 21/2019, Sonderheft Rn. 27; Greger/Unberath/Steffek/Greger E. Rn. 101, 126; Fischer/Unberath Mediationsgesetz/Steffek, S. 29, 41; Zöller/Greger ZPO § 278 Rn. 26a; Fritz/Pielsticker MediationsG-HdB/Fritz ZPO § 278 Rn. 46, 59; Haft/v. Schlieffen Mediation-HdB/Moltmann-Willisch § 51 Rn. 6; Prütting MDR 2016, 965 (965); MüKoZPO/Prütting § 278 Rn. 33; Wegener NZ-Fam 2022, 621 (628); kritisch: Schmidbauer ZKM 2012, 88 (90 f.).
24 Damit unterliegt der Güterichter auch nicht dem RDG (→ RDG Einl. Rn. 4, § 3 Rn. 9).
25 So aber: Ahrens NJW 2012, 2465 (2469); Hartmann MDR 2012, 941 (942); Duve ZKM 2012, 108 (108); Horstmeier Mediationsgesetz Rn. 422 ff.; Eidenmüller/Wagner Mediationsrecht/Steiner Kap. 8 Rn. 39; Haft/v. Schlieffen Mediation-HdB/Moltmann-Willisch § 51 Rn. 2; Haft/v. Schlieffen Mediation-HdB/Bamberger § 9 Rn. 72.
26 Vgl. § 361 ZPO; Zöller/Greger ZPO § 361 Rn. 1. Damit entfällt auch die nach § 278 Abs. 5 S. 1 ZPO aF noch mögliche Durchführung der Güteverhandlung durch einen beauftragten Richter (Röthemeyer ZKM 2012, 116, Fn. 7; irreführend: Duve/Schoch AnwBl 2017, 240 (244)).
27 Ahrens NJW 2012, 2465 (2469); Hartmann MDR 2012, 941 (942); Greger/Weber MDR 21/2019, Sonderheft Rn. 30.
28 Vgl. § 362 ZPO; Zöller/Greger ZPO § 362 Rn. 1; Schellhammer Zivilprozess Rn. 1506.

außerhalb des Instituts der Rechtshilfe tätig wird. Zum anderen ist Anknüpfungspunkt nicht seine Zugehörigkeit zu einem bestimmten Gericht, sondern seine Eigenschaft als geschäftsplanmäßig berufener Güterichter. Demnach kann der Güterichter nach dem Gesetzeswortlaut sowohl demselben als auch einem anderen Gericht als der Streitrichter, auch einer anderen Instanz oder Gerichtsbarkeit, angehören.[29] Das folgt auch aus der Entstehungsgeschichte der Norm. Die Ausweitung der Verweisung an Güterichter anderer Gerichte und Gerichtsbarkeiten wurde nämlich vom Rechtsausschuss des Bundestages als ein Element des sog. erweiterten Güterichtersystems, das der Kompensation der Abschaffung der gerichtsinternen Mediation iSd Regierungsentwurfs diente, eingeführt.[30] Zudem entspricht die auf diese Weise eröffnete Möglichkeit einer räumlichen Konzentration der Güterichtertätigkeit der in § 278 Abs. 5 ZPO überführten Praxis der gerichtlichen Mediation, die insbesondere an kleineren Gerichten und in den Fachgerichtsbarkeiten derartige Pool-Lösungen bisweilen vorsah. Dem war zwischenzeitlich auch von § 15 S. 2 GVG-RegE Rechnung getragen worden, der eine Zuweisung von gerichtsinterner Mediation an ein Gericht für die Bezirke mehrerer Gerichte ermögliche. Letztendlich wird durch solche Zentralisierungs- und Kooperationsmöglichkeiten ein flächendeckendes Güterichterangebot erheblich erleichtert. Demnach enthält § 278 Abs. 5 S. 1 ZPO auch eine Aufgabenzuweisung an die Gerichtspräsidien, wenn sie Güterichter bestellen, auch eingehende Ersuchen der Streitrichter anderer Gerichte den eigenen Güterichtern zuzuweisen.[31]

Es stellt sich die Frage, ob das Präsidium eines Gerichtes verpflichtet ist, (zumindest einen) Güterichter zu bestellen. Dies wurde sogleich und unverzüglich mit Inkrafttreten des Mediationsgesetzes und teilweise sogar unabhängig von dem Vorhandensein geeigneter Richterkollegen gefordert,[32] quasi als Kehrseite der Verweisungskompetenz des Gerichts.[33] Zwar würde

---

29 Löer MDR 2018, 839 (840); Röthemeyer Mediation Rn. 440; Röthemeyer ZKM 2012, 116 (117); Ortloff NVwZ 2012, 1057 (1060); Greger/Weber MDR 21/2019, Sonderheft Rn. 46; Greger/Unberath/Steffek/Greger E. Rn. 116; Zöller/Greger ZPO § 278 Rn. 26; Fritz/Pielsticker MediationsG-HdB/Fritz ZPO § 278 Rn. 46; Horstmeier Mediationsgesetz Rn. 433; Thole ZZP 127 (2014), 339 (353); BeckOK ZPO/Bacher Rn. 23; Prütting/Gehrlein/Geisler ZPO § 278 Rn. 7; Wieczorek/Schütze/Assmann ZPO § 278 Rn. 75 f.; Assmann MDR 2016, 1303 (1303); Musielak/Voit/Foerste ZPO § 278 Rn. 14; aA Hartmann MDR 2012, 941 (941); Ahrens NJW 2012, 2465 (2469); Saenger/Saenger ZPO § 278 Rn. 19; Windau jM 2019, 52 (52/54).
30 Vgl. Empfehlung Rechtsausschuss, BT-Drs. 17/8058, 17, 21; Fritz/Pielsticker MediationsG-HdB/Fritz ZPO § 278 Rn. 24 ff., 46; BeckOK ZPO/Bacher § 278 Rn. 23.
31 Löer MDR 2018, 839 (841 f.).
32 Hartmann MDR 2012, 941 (941); Anders/Gehle/Anders ZPO § 278 Rn. 39 (bis Aufl. 81); Zöller/Greger ZPO § 278 Rn. 26; Fritz/Pielsticker MediationsG-HdB/Fritz ZPO § 278 Rn. 48 (Fn. 56), 83; Saam JR 2015, 163 (164); Haft/v. Schlieffen Mediation-HdB/Moltmann-Willisch § 51 Rn. 42; Eidenmüller/Wagner Mediationsrecht/Steiner Kap. 8 Rn. 134. Greger/Weber (MDR 18/2012 Sonderheft S. 3, 6), Greger/Unberath/Steffek/Greger (E. Rn. 116) und Schobel (ZKM 2012, 191 (192)) verlangen eine Güterichterbestellung bis spätestens zum 1.8.2013 (→ MediationsG § 9 Rn. 5).
33 Ahrens NJW 2012, 2465 (2469); Schreiber Betrifft Justiz 2012, 337; Greger/Unberath/Steffek/Greger E. Rn. 116; Greger ZKM 2017, 4 (4); Greger MDR 2017, 1107 (1108).

eine solche Verpflichtung ein flächendeckendes Güterichterangebot garantieren. Allerdings hat der Gesetzgeber von einer die Präsidien verpflichtenden Regelung, bspw. im GVG,[34] Abstand genommen. Dies spricht dafür, das Güterichtermodell als ein erweitertes Angebot des Gerichts anzusehen, auf das der zuständige Streitrichter keinen Anspruch hat.[35]

11 Problematisch erscheint das **Verhältnis von Güterichter und Mediationsgesetz**. Es könnte daran gedacht werden, dass der Güterichter, wenn er die Konfliktbeilegungsmethode Mediation anwendet, in materieller Hinsicht Mediator iSv § 1 Abs. 2 MediationsG und damit den Vorschriften des Mediationsgesetzes unterworfen ist.[36] Nach gegenteiliger Ansicht bleibt er aber auch in diesem Falle und trotz der Gleichsetzung in § 278 Abs. 5 S. 2 ZPO Richter, mit allen zugehörigen Rechten und Pflichten mit Ausnahme einer Entscheidungsbefugnis in der Sache, so dass die Vorschriften des Mediationsgesetzes auf ihn nicht anzuwenden sein sollen.[37] Diese Auffassung ist im Ausgangspunkt zutreffend: Der Güterichter ist eben kein Mediator.[38] Das bedeutet aber nicht, dass die verfahrensregelnden Vorschriften des Mediationsgesetzes wie § 1 Abs. 1, § 2 Abs. 2–6 MediationsG nicht sinngemäß auch für den Güterichter herangezogen werden können, wenn er die Methode Mediation einsetzt.[39]

12 **b) Gestaltung der Güteverhandlung.** Der Güterichter kann eine „klassische" **Güteverhandlung** durchführen, also gem. § 278 Abs. 2 S. 2, 3 ZPO den Sach- und Streitstand mit den Parteien – insbesondere in rechtlicher Hinsicht – erörtern sowie den Sachverhalt durch Nachfragen und persönliche Anhörung der Parteien aufklären.[40] Dabei darf er eigene Bewertungen abgeben, rechtliche Hinweise erteilen[41] und eigene Lösungsvorschläge unterbreiten.[42, 43] Dies kann bspw. Sinn machen, wenn ein Güterichter eines anderen Gerichts eingesetzt wird. Hintergrund einer derartigen Ver-

---

34 So für den Bereitschaftsdienst, § 22c GVG.
35 So auch: Ortloff NVwZ 2012, 1057 (1059); BeckOK ZPO/Bacher Rn. 22; Röthemeyer Mediation Rn. 436; Schmidt/Lapp/May Mediation/Schmidt § 14 Rn. 3.
36 Horstmeier Mediationsgesetz Rn. 155 ff., 438, 568; Röthemeyer Mediation Rn. 374 ff.; differenzierend zwischen unmittelbarer und sinngemäßer Anwendung des Mediationsgesetzes: Ortloff NVwZ 2012, 1057 (1059).
37 Hartmann MDR 2012, 941 (942); Ahrens NJW 2012, 2465 (2469 f.); MüKoZPO/Prütting § 278 Rn. 35; Prütting MDR 2016, 965 (966); Saenger/Saenger ZPO § 278 Rn. 20; Zöller/Greger ZPO § 278 Rn. 26a; Greger/Unberath/Steffek/Greger E. Rn. 127; Greger ZKM 2017, 4 (4); Eidenmüller/Wagner Mediationsrecht/Steiner Kap. 8 Rn. 40; Wieczorek/Schütze/Assmann ZPO § 278 Rn. 74.
38 So explizit: Hartmann MDR 2012, 941 (942).
39 Ähnlich: BeckOK ZPO/Bacher § 278 Rn. 25; Assmann MDR 2016, 1303 (1304).
40 So auch: Röthemeyer Mediation Rn. 385 ff., insbes. 387.
41 An diese ist der Streitrichter freilich nicht gebunden.
42 MüKoZPO/Prütting § 278 Rn. 35; Jordans MDR 2013, 65 (66); Saenger/Saenger ZPO § 278 Rn. 20; Fritz ZKM 2015, 10 (11 f.); Eidenmüller/Wagner Mediationsrecht/Steiner Kap. 8 Rn. 43; Röthemeyer Mediation Rn. 422; Prütting/Gehrlein/Geisler ZPO § 278 Rn. 10; aA Klamt/Moltmann-Willisch ZKM 2015, 7 (8 f.) und Haft/v. Schlieffen Mediation-HdB/Moltmann-Willisch § 51 Rn. 29, die in ihrer Argumentation freilich nicht zwischen rechtlicher Zulässigkeit und Fragen der Praktikabilität differenzieren.
43 Natürlich kann er dabei auch mediative Elemente oder Techniken einsetzen (Fritz/Pielsticker MediationsG-HdB/Fritz ZPO § 278 Rn. 9). Weiterführend: Schmitt Güteverhandlung S. 74 ff.

weisung kann sein, wie es ehemals beim ersuchten Richter der Fall war, die Güteverhandlung durch einen für die Parteien ortsnäheren[44] oder im Falle der Verweisung in eine andere Gerichtsbarkeit durch einen für den eigentlichen Konflikt sachkundigeren Güterichter durchführen zu lassen. Für eine solche Verweisung ist entgegen der (zwischenzeitlichen) Gesetzesbegründung[45] das Einverständnis der Parteien nicht erforderlich.

Der Güterichter kann sich zur Erreichung einer gütlichen Einigung der Parteien aber auch **alternativer Konfliktbeilegungsmethoden** bedienen. Das entspricht der Zielrichtung des dem prozessualen Ansatz folgenden Güterichtermodells, das eine im Einzelfall angemessene, in der Methodik freie Konsenslösung fördern will (→ L. Rn. 8, 19). Konsequenterweise sieht § 278 Abs. 5 S. 2 ZPO nunmehr ausdrücklich vor, dass der Güterichter „*alle Methoden der Konfliktbeilegung einschließlich der Mediation*" einsetzen kann. Er darf daher sowohl die Verhandlungsmethode Mediation oder einzelne ihrer Techniken anwenden als auch andere ADR-Methoden (→ Rn. 24, → L. Rn. 42 ff.). Bezüglich der Auswahl der Konfliktbeilegungsmethode bestehen für den Güterichter damit keine generellen Einschränkungen.[46]

13

Solche könnten sich aber aus der anzuwendenden Konfliktbeilegungsmethode selbst ergeben. Legt diese, wie insbesondere die interessenorientierten Konfliktbeilegungsmethoden, zugrunde, dass der Vermittler keine Entscheidungsmacht besitzt, trägt dem das Güterichtersystem vollständig Rechnung, da der Güterichter bereits per definitionem nicht entscheidungsbefugt ist, so dass eine Personenidentität von Vermittler und Entscheider ausgeschlossen ist. Auch bedarf es, wenn für die jeweilige Konfliktbeilegungsmethode der Grundsatz der Freiwilligkeit gilt, einer **freiwilligen Teilnahme** der Parteien. Diese müssen sich also mit der vom Güterichter vorgeschlagenen Konfliktbeilegungsmethode – nicht hingegen mit der Verweisung an einen Güterichter als solcher[47] – einverstanden erklären.[48]

14

---

44 Der Sache nach handelt es sich insoweit um Rechtshilfe (Prütting/Gehrlein/Geiser ZPO § 278 Rn. 8).
45 Empfehlung Rechtsausschuss, BT-Drs. 17/8058, 21.
46 Fritz/Schroeder NJW 2014, 1910 (1911 u. 1913); Zöller/Greger ZPO § 278 Rn. 28a; Greger GS Unberath, 2015, S. 111 (116). Spangenberg (ZKM 2013, 161 (163)) sieht darin für den Güterichter die Möglichkeit, seine Verhandlungstechnik zu verfeinern, zB Verhandlungen mit Kommunikationstechniken des NLP (Neurolinguistisches Programmieren) zu führen oder den Schwerpunkt auf nonverbale Kommunikation oder auf den Umgang mit Blockaden zu legen. Schmitt (Güteverhandlung S. 105 ff.) zeigt dezidiert auf, welche Techniken und Methoden in den einzelnen Phasen einer Güteverhandlung eingesetzt werden können.
47 Fischer/Unberath Mediationsgesetz/Steffek, S. 29, 41; Carl ZKM 2012, 16 (19); Greger ZKM 2013, 9 (11); Greger MDR 2014, 993 (995); Greger/Unberath/Steffek/Greger E. Rn. 113; Löer ZKM 2014, 41 (43); Musielak/Voit/Foerste ZPO § 278 Rn. 14; Prütting/Gehrlein/Geisler ZPO § 278 Rn. 6; Thole ZZP 127 (2014), 339 (355 f.); Eidenmüller JZ 2015, 539 (546); Windau jM 2019, 52 (54); so auch: ArbG Hannover 1.2.2013 – 2 Ca 10/13 Ö, ZKM 2013, 130 (130); LSG Hessen 30.5.2014 – L 6 AS 132/14, ZKM 2014, 134 (134); OVG Bautzen 28.1.2014 – 1 A 257/10, ZKM 2014, 135 und OVG Bautzen 6.8.2014 – 1 A 257/10, juris Rn. 1; LSG Bayern 5.9.2016 – L 2 P 30/16 B, juris Rn. 9; offen gelassen von OVG Lüneburg 9.1.2015 – 10 OB 109/14, NVwZ-RR 2015, 517 (518).
48 Die Gesetzesbegründung (Empfehlung Rechtsausschuss, BT-Drs. 17/8058, 21) nimmt diese Differenzierung – fehlerhaft – nicht vor und verlangt stets das Ein-

15 Ferner können sich auch aus anderen Umständen Einschränkungen hinsichtlich der anzuwendenden Konfliktbeilegungsmethode ergeben. Zunächst muss der Güterichter, unabhängig davon, ob die Anforderungen des § 5 Abs. 1 für ihn (sinngemäß) gelten oder nicht (→ Rn. 11), für die von ihm eingesetzte Methode hinreichend qualifiziert sein.[49] Dies ist gegenwärtig innerhalb der Richterschaft für Mediation immerhin teilweise festzustellen.[50] Andere ADR-Verfahren (zum Begriff nebst Beispielen → ZPO § 278a Rn. 7) sind aber weder in der Breite der Richterschaft hinreichend bekannt noch besteht entsprechende Leitungskompetenz.

16 **c) Weitere Kompetenzen.** Für die weiteren Kompetenzen des Güterichters ist maßgeblich, dass dieser bereits nach der gesetzlichen Begriffsbestimmung (→ Rn. 1) nicht entscheidungsbefugt ist. Dem trägt auch der Wortlaut des § 278 Abs. 5 S. 1 ZPO Rechnung, indem lediglich „die Parteien" vor den Güterichter verwiesen werden; das Verfahren verbleibt also beim Streitrichter. Dieser behält die Entscheidungskompetenz in den einzelnen Abschnitten des gesamten Gerichtsverfahrens.[51] Dementsprechend stehen dem Güterichter folgende **Befugnisse** zu: Er darf Einsicht in die Prozessakten nehmen.[52] Die interne Weitergabe einer personenbezogene Daten enthaltenden Gerichtsakte innerhalb einer öffentlichen Stelle, hier des Gerichts, stellt keine „Übermittlung" personenbezogener Daten iSd Datenschutzgesetze dar.[53] Der Güterichter kann, soweit die zur Anwendung kommende Konfliktbeilegungsmethode dies gestattet und die Parteien sich damit einverstanden erklären, Einzelgespräche führen[54] und weitere konfliktbeteiligte Personen in den Gütetermin und die Konfliktlösung einbezie-

---

verständnis der Parteien mit der Verweisung (ebenso: Ortloff NVwZ 2012, 1057 (1060); Röthemeyer ZKM 2012, 116 (117); Röthemeyer Mediation Rn. 430, 434; Fritz/Pielsticker MediationsG-HdB/Fritz ZPO § 278 Rn. 46, 50; Fritz/Krabbe NVwZ 2013, 29 (30); Schreiber Betrifft Justiz 2012, 337 (338); Saam JR 2015, 163 (164); Saenger/Saenger ZPO § 278 Rn. 19 f.; Haft/v. Schlieffen Mediation-HdB/Moltmann-Willisch § 51 Rn. 14). Nach Schmidbauer (ZKM 2012, 88 (91)) und Duve (ZKM 2012, 108 (109); ebenso Duve/Schoch AnwBl 2017, 240 (244)) soll ein solches zwar entbehrlich sein, allerdings auch für die anzuwendende Methode, so dass sie – zu Unrecht – die Möglichkeit einer Pflichtmediation sehen.

49 Fritz/Pielsticker MediationsG-HdB/Fritz ZPO § 278 Rn. 48 (Fn. 57); Fritz/Krabbe NVwZ 2013, 29 (30); Greger/Unberath/Steffek/Greger E. Rn. 119; Schobel ZKM 2012, 191 (194); Wesche jM 2022, 227 (231); vgl. das „Ausbildungskonzept für Güterichter" von Greger/Weber (MDR 21/2019, Sonderheft Rn. 404).

50 Insoweit wirken sich die Qualifizierungen im Rahmen der Modellprojekte und die in der Praxis der gerichtlichen Mediation gewonnen Erfahrungen nunmehr positiv aus.

51 Eidenmüller/Wagner Mediationsrecht/Steiner Kap. 8 Rn. 41.

52 Begründung Regierungsentwurf, BT-Drs. 17/5335, 20; Ahrens NJW 2012, 2465 (2470); Prütting AnwBl 2012, 796 (797); Fritz/Pielsticker MediationsG-HdB/Fritz ZPO § 278 Rn. 46, 60; Saenger/Saenger ZPO § 278 Rn. 20; Haft/v. Schlieffen Mediation-HdB/Moltmann-Willisch § 51 Rn. 15; Röthemeyer Mediation Rn. 478; Prütting/Gehrlein/Geisler ZPO § 278 Rn. 10; MüKoZPO/Prütting § 278 Rn. 35.

53 Haft/v. Schlieffen Mediation-HdB/Moltmann-Willisch § 51 Rn. 15.

54 Vgl. § 2 Abs. 3 S. 3 (→ MediationsG § 2 Rn. 139 ff.); Fritz/Pielsticker MediationsG-HdB/Fritz ZPO § 278 Rn. 46, 67; Zöller/Greger ZPO § 278 Rn. 28a; ausführlich hierzu: Greger/Weber MDR 21/2019, Sonderheft Rn. 23, 210 ff.; Wegener NZFam 2022, 621 (632); aA Prütting MDR 2016, 965 (967); MüKoZPO/Prütting § 278 Rn. 37.

hen.[55] Erforderliche Auslagen sind dem Güterichter aus der Staatskasse zu erstatten.[56]

Der Güterichter darf eine von den Parteien erzielte Einigung kraft seiner Richtereigenschaft in Form eines **Prozessvergleichs** gem. § 794 Abs. 1 Nr. 1 ZPO beurkunden (zur Protokollierung → Rn. 26).[57, 58] Auch darf er dessen Zustandekommen gem. § 278 Abs. 6 S. 2 ZPO durch Beschluss feststellen.[59] Andere Prozesserklärungen der Parteien wie ein Anerkenntnis gem. § 307 ZPO, eine Klagerücknahme sowie die diesbezügliche Einwilligungserklärung des Prozessgegners, § 269 Abs. 1, 2 S. 1 ZPO,[60] oder auch einen Antrag auf Bewilligung von Prozesskostenhilfe gem. § 117 ZPO kann der Güterichter entgegennehmen,[61] nicht aber eine Entscheidung über deren Gewährung treffen[62] oder einen Kostenbeschluss nach § 269 Abs. 4 ZPO oder § 91a Abs. 1 ZPO erlassen, auch nicht im Falle einer negativen Kostenregelung in einem protokollierten Prozessvergleich.[63] Ferner ist er nicht zur Verlängerung von prozessualen Fristen[64] und mangels streitiger Verhandlung nicht zum Erlass eines Versäumnisurteils[65] befugt.

---

55 Vgl. § 2 Abs. 4 (→ MediationsG § 2 Rn. 158 ff.); Greger/Weber MDR 21/2019, Sonderheft, Rn. 216 ff.; Fritz/Pielsticker MediationsG-HdB/Fritz ZPO § 278 Rn. 87. Dies wurde bereits in den Modellversuchen zum Güterichter so praktiziert (vgl. Greger ZKM 2006, 68 (70); Greger ZRP 2006, 229 (230); Greger ZKM 2007, 180 (181); Kotzian-Marggraf ZKM 2012, 123 (125 f.).
56 Hartmann MDR 2012, 941 (942).
57 Begründung Regierungsentwurf, BT-Drs. 17/5335, 20; Thomas/Putzo/Seiler ZPO § 278 Rn. 14a; Greger/Weber MDR 21/2019, Sonderheft Rn. 308 ff.; Prütting AnwBl 2012, 796 (797); Fritz/Pielsticker MediationsG-HdB/Fritz ZPO § 278 Rn. 46, 69; Thole ZZP 127 (2014), 339 (350); Eidenmüller/Wagner Mediationsrecht/Steiner Kap. 8 Rn. 93 f.; Röthemeyer Mediation Rn. 471; Prütting/Gehrlein/Geisler ZPO § 278 Rn. 10; MüKoZPO/Prütting § 278 Rn. 35; Windau jM 2019, 52 (55); Anders/Gehle/Anders ZPO § 278 Rn. 49.
58 Dies hat eine Reduzierung der Gerichtsgebühren in Höhe von 3,0 auf 1,0 Gebühren zur Folge, § 3 Abs. 2 GKG iVm Nr. 1210, 1211 Ziff. 3 Kostenverzeichnis bzw. im Berufungsverfahren von 4,0 auf 2,0 Gebühren, Nr. 1220, 1222 Nr. 3 Kostenverzeichnis. Eines Rückgriffs auf § 69b GKG iVm einer etwaigen Rechtsverordnung bedarf es dafür nicht.
59 Greger/Weber MDR 21/2019, Sonderheft Rn. 309; Greger/Unberath/Steffek/Greger E. Rn. 131, 179; Fritz/Pielsticker MediationsG-HdB/Fritz ZPO § 278 Rn. 74; Zöller/Greger ZPO § 278 Rn. 32; Haft/v. Schlieffen Mediation-HdB/Moltmann-Willisch § 51 Rn. 30; Haft/v. Schlieffen Mediation-HdB/Bamberger § 9 Rn. 77; BeckOK ZPO/Bacher § 278 Rn. 29.
60 Fritz/Pielsticker MediationsG-HdB/Fritz ZPO § 278 Rn. 73; Eidenmüller/Wagner Mediationsrecht/Steiner Kap. 8 Rn. 41 f., 93; Röthemeyer Mediation Rn. 481 f., 485; Windau jM 2019, 52 (56). Insoweit tritt der Güterichter funktional an die Stelle des Gerichts, da dies zur Konfliktbewältigung gehört (Ahrens NJW 2012, 2465 (2470)).
61 AA Haft/v. Schlieffen Mediation-HdB/Moltmann-Willisch § 51 Rn. 5 (Fn. 14), 31.
62 OLG Rostock 15.1.2008 – 2 W 37/06, nv, zitiert bei Greger/Weber MDR 21/2019, Sonderheft Rn. 367 Fn. 181; OLG Bamberg 13.9.2018 – 2 WF 202/18, FamRZ 2019, 47 (48); Zöller/Greger ZPO § 278 Rn. 26a; Fritz/Pielsticker MediationsG-HdB/Fritz ZPO § 278 Rn. 69; Röthemeyer Mediation Rn. 484.
63 Greger/Weber MDR 21/2019, Sonderheft Rn. 362; Musielak/Voit/Foerste ZPO § 278 Rn. 15a.
64 Greger/Unberath/Steffek/Greger E. Rn. 134; Zöller/Greger ZPO § 278 Rn. 26a; Anders/Gehle/Anders ZPO § 278 Rn. 49; vgl. auch BGH 12.2.2009 – VII ZB 76/07, NJW 2009, 1149.
65 Greger/Weber MDR 21/2019 Sonderheft Rn. 34; Ahrens NJW 2012, 2465 (2470); Musielak/Voit/Foerste ZPO § 278 Rn. 15; BeckOK ZPO/Bacher § 278 Rn. 31.

18 Ferner wird dem Güterichter teilweise die Befugnis zugestanden, den Streitwert festzusetzen,[66] und zwar als Annexkompetenz.[67] Richtig ist insoweit, dass der Güterichter Kenntnis vom Umfang des Vergleichs und damit eines eventuellen Mehrwerts hat. Gleichwohl ist er regelmäßig nur mit der Durchführung der Güteverhandlung oder eines Güteversuchs betraut und würde mit der Festsetzung des Streit- bzw. Gegenstandswerts eine Entscheidung treffen, was dem Güterichter nicht zusteht. Insbesondere ist kein Raum mehr für eine Annexkompetenz, nachdem zwischenzeitlich in § 278a Abs. 2 S. 5 ZPO-RefE für Richtermediatoren ausdrücklich die Kompetenz zur Streitwertfestsetzung vorgesehen war, eine solche dem Güterichter aber nunmehr nicht explizit zugestanden wurde.[68] Daher muss es – trotz der vielleicht als unpraktikabel empfundenen Konsequenzen – dabei verbleiben, dass der Streitwert des Rechtsstreits und der Gegenstandswert des Vergleichs gem. § 63 Abs. 2 S. 1 GKG durch das Prozessgericht festgesetzt werden. Der Güterichter kann allerdings die Parteien bereits zum Gegenstandswert des Vergleichs anhören und deren Angaben gewünschtenfalls protokollieren, so dass der für eine korrekte Festsetzung erforderliche Informationsfluss zum Prozessgericht erleichtert wird.[69]

IV. Rechtsfolge

19 **1. Zuweisungsentscheidung.** Die Verweisung der Parteien – nicht, wie bei § 281 Abs. 1 S. 1 ZPO, die Verweisung des Verfahrens[70] – vor einen Güterichter steht **im pflichtgemäßen Ermessen** des erkennenden Gerichts („*kann*"). Damit ist das Gericht, ohne dass es dazu eines förmlichen Antrags einer Partei bedarf,[71] verpflichtet, in jedem Rechtsstreit, in dem es nicht wegen erkennbarer Aussichtslosigkeit gem. § 278 Abs. 2 S. 1 Hs. 2 Alt. 2 ZPO von einer Güteverhandlung absieht, und in jedem Stadium des Verfahrens (→ Rn. 6) auch zu erwägen, ob es eine solche oder einen späteren bzw. – nach einer fehlgeschlagenen Güteverhandlung oder einem gescheiterten Gütestellenverfahren – erneuten Güteversuch nicht selbst, sondern durch einen Güterichter desselben oder eines anderen Gerichts durchführen lässt. Kriterien der Ermessensausübung können bspw. die Art und Komplexität des Rechtsstreits, der Umfang des Konfliktpotentials,

---

66 Begründung Regierungsentwurf, BT-Drs. 17/5335, 20; Thomas/Putzo/Seiler ZPO § 278 Rn. 14a. Greger/Weber MDR 21/2019, Sonderheft Rn. 353 ff. und Zöller/Greger ZPO § 278 Rn. 33 nur für einen gegenüber dem Rechtsstreit erhöhten Gegenstandswert eines vom Güterichter protokollierten Vergleichs; ähnlich: Windau jM 2019, 52 (57/58).
67 Gläßer/Schroeter Gerichtliche Mediation/Rinnert, S. 57, 67; Fritz/Pielsticker MediationsG-HdB/Fritz ZPO § 278 Rn. 70; Assmann MDR 2016, 1303 (1305); Wiezorek/Schütze/Assmann ZPO § 278 Rn. 81.
68 Ahrens NJW 2012, 2465 (2470); Eidenmüller/Wagner Mediationsrecht/Steiner Kap. 8 Rn. 41; Wegener NZFam 2022, 621 (635); iE ebenso: Saenger/Saenger ZPO § 278 Rn. 20; Musielak/Voit/Foerste ZPO § 278 Rn. 15a; BeckOK ZPO/Bacher § 278 Rn. 31; Röthemeyer Mediation Rn. 479.
69 Wegener NZFam 2022, 621 (635). Nach Anders (Anders/Gehle § 278 Rn. 61) soll der Güterichter dem Prozessgericht einen Vorschlag zum Streitwert des Vergleichs unterbreiten.
70 Greger/Weber MDR 21/2019 Sonderheft Rn. 31; Saenger/Saenger ZPO § 278 Rn. 19; Anders/Gehle/Anders ZPO § 278 Rn. 43.
71 Anders/Gehle/Anders ZPO § 278 Rn. 40.

eine über den Rechtsstreit hinausgehende Beziehung zwischen den Parteien, die Möglichkeit der Verhinderung künftiger Streitfälle, das erforderliche Zeitbudget – gerade im Vergleich zu § 278a Abs. 1 ZPO – oder die Angaben in der Klageschrift nach § 253 Abs. 3 Nr. 1 ZPO sein.[72] Nach der Gesetzesbegründung können „an den Gerichten gegebenenfalls besonders geschulte Koordinatoren behilflich sein".[73] Dieser an Erfahrungen aus Modellprojekten anknüpfende Vorschlag kann insbesondere in der Einführungsphase des Güterichtersystems sinnvoll sein.[74]

Die im konkreten Fall anzuwendende Konfliktbeilegungsmethode kann das Prozessgericht dem Güterichter aber nicht verbindlich vorgeben. Auch die Parteien haben keinen Anspruch auf Anwendung einer bestimmten Konfliktbeilegungsmethode durch den Güterichter. § 278 Abs. 5 S. 2 ZPO erstreckt die richterliche Unabhängigkeit vielmehr ausdrücklich auch auf die Methodenwahl.[75] Das Prozessgericht kann allenfalls eine nicht bindende Anregung unterbreiten.[76] Auch auf die Person des Güterichters hat das erkennende Gericht keinen Einfluss.[77]

Die Parteien haben ebenfalls keinen Anspruch auf einen speziellen Güterichter.[78] Die Vorschriften über Ausschluss und Ablehnung, §§ 41 ff. ZPO, gelten freilich auch für den Güterichter.[79] Denn sowohl ein Ausschluss als auch eine Ablehnung – sei es durch die Parteien, sei es in Form einer Selbstablehnung – des konkreten Güterichters muss geltend gemacht werden können, ohne den Parteien die Möglichkeit zur Durchführung eines Güterichtertermins, nur eben bei einem anderen Güterichter, zu nehmen.[80] Die Entscheidung über das Ablehnungsgesuch obliegt dem geschäftsverteilungsgemäßen Vertreter.

---

72 Ahrens NJW 2012, 2465 (2469); Ortloff NVwZ 2012, 1057 (1060); vgl. auch: Greger/Weber MDR 21/2019, Sonderheft Rn. 82 ff.; Greger MDR 2015, 993 (995); Zöller/Greger ZPO § 278 Rn. 25a; Fischer/Unberath Mediationsgesetz/Steffek, S. 29, 37; Wegener NZFam 2022, 621 (622 f.).
73 Empfehlung Rechtsausschuss, BT-Drs. 17/8058, 17.
74 Näher hierzu: Greger/Unberath/Steffek/Greger E. Rn. 122 f.; Schobel ZKM 2012, 191 (193); Haft/v. Schlieffen Mediation-HdB/Bamberger § 9 Rn. 72.
75 Ahrens NJW 2012, 2465 (2469); Greger/Weber MDR 21/2019, Sonderheft Rn. 25; Haft/v. Schlieffen Mediation-HdB/Bamberger § 9 Rn. 72; Wieczorek/Schütze/Assmann ZPO § 278 Rn. 79.
76 Das bedeutet freilich nicht, dass der Streitrichter nicht bereits vorab das Einverständnis der Parteien mit der Durchführung einer Mediation oder einer anderen interessenorientierten Konfliktbeilegungsmethode abklären darf (→ L. Rn. 46), sofern die in Betracht kommenden Güterichter für diese hinreichend qualifiziert sind (→ Rn. 15).
77 AA BeckOK ZPO/Bacher § 278 Rn. 22.1; Wieczorek/Schütze/Assmann ZPO § 278 Rn. 71.
78 Fritz/Pielsticker MediationsG-HdB/Fritz ZPO § 278 Rn. 48; Greger/Unberath/Steffek/Greger E. Rn. 162; Zöller/Greger ZPO § 278 Rn. 26; Wegener NZFam 2022, 621 (624).
79 Saenger/Saenger ZPO § 278 Rn. 20; Anders/Gehle/Anders ZPO § 278 Rn. 55 f.; für eine analoge Anwendung: Musielak/Voit/Foerste ZPO § 278 Rn. 15; aA Eidenmüller/Wagner Mediationsrecht/Steiner Kap. 8 Rn. 44; Greger/Weber MDR 21/2019, Sonderheft Rn. 19.
80 So aber: Greger GS Unberath, 2015, 111 (118), der das förmliche Verfahren der §§ 44 ff. ZPO ablehnt zugunsten einer einseitigen Beendigung des Güterichterverfahrens durch die Partei.

21 **2. Formeller Verfahrensablauf.** Die Verweisung vor den Güterichter erfolgt durch Beschluss, der zuvor rechtliches Gehör erfordert,[81] aber ohne mündliche Verhandlung ergehen kann, § 128 Abs. 4 ZPO.[82]

Formulierungsvorschlag:

Die Parteien werden für die Güteverhandlung / für einen weiteren Güteversuch an den Güterichter (beim hiesigen Gericht bzw. Name eines anderen Gerichts) verwiesen, § 278 Abs. 5 ZPO.

Der Beschluss ist den Parteien gem. § 329 Abs. 2 S. 1 ZPO formlos mitzuteilen. Eine Begründung der Verweisung ist, da der Beschluss als von Amts wegen ergehende prozessleitende Maßnahme nicht anfechtbar ist,[83] nicht zwingend geboten.[84] Es kann aber sinnvoll sein, wenn bspw. die Anwendung von Mediation oder einer anderen auf freiwilliger Teilnahme beruhenden Konfliktbeilegungsmethode durch den Güterichter in Betracht kommt, die aus Sicht des Gerichts im konkreten Streitfall für eine derartige Methode sprechenden Gründe darzustellen, so dass sich sowohl der Güterichter als auch die Parteien und ihre Prozessbevollmächtigten mit diesen auseinandersetzen und sie in ihre Erwägungen hinsichtlich einer evtl. notwendigen Einverständniserklärung einbeziehen müssen.

22 Die Gerichtsakte geht mit dessen Bestellung zum Güterichter über und nach Beendigung seiner Tätigkeit an den Streitrichter zurück. Für das zwischenzeitliche Güterichterverfahren sieht § 8a Abs. 1 AktO die Erfassung unter dem Registerzeichen AR mit dem Zusatz „G" vor.[85] Im Hinblick auf eine spätere Kenntnisnahme durch den Streitrichter oder im Wege der Akteneinsicht durch die Parteien, auch in eine zusätzlich zur Hauptakte angelegte Akte für das Güterichterverfahren, § 8a Abs. 2 AktO,[86] sollte der Güterichter jedenfalls bei Anwendung einer auf Vertraulichkeit basierenden Konfliktbeilegungsmethode Zurückhaltung hinsichtlich einer Ergänzung des Akteninhalts, bspw. durch Vermerke oder von den Parteien überreichte Unterlagen, üben.[87] Denn nach § 8a Abs. 3 S. 3 AktO ist das Schriftgut aus dem Güterichterverfahren nach dessen Abschluss grundsätzlich an das Prozessgericht zurückzugeben und bei den Akten des Herkunftsverfahrens aufzubewahren.

---

81 Greger/Weber MDR 21/2019, Sonderheft Rn. 94; Zöller/Greger ZPO § 278 Rn. 27; Musielak/Voit/Foerste ZPO § 278 Rn. 14; Windau jM 2019, 52 (54).
82 Zöller/Greger ZPO § 128 Rn. 18 und § 278 Rn. 27a; Greger/Unberath/Steffek/Greger E. Rn. 110; Wegener NZFam 2022, 621 (624).
83 Zöller/Feskorn ZPO § 567 Rn. 5; Fritz/Pielsticker MediationsG-HdB/Fritz ZPO § 278 Rn. 48; Prütting/Gehrlein/Geisler ZPO § 278 Rn. 6; BeckOK ZPO/Bacher § 278 Rn. 20.1; so auch: LSG Bayern 27.9.2013 – L 2 P 45/13 B, juris Rn. 6; 5.9.2016 – L 2 P 30/16 B, juris Rn. 8; aA OVG Lüneburg 9.1.2015 – 10 OB 109/14, NVwZ-RR 2015, 517 (517 f.).
84 Zöller/Vollkommer ZPO § 329 Rn. 25; Fritz/Pielsticker MediationsG-HdB/Fritz ZPO § 278 Rn. 48; Eidenmüller/Wagner Mediationsrecht/Steiner, Kap. 8 Rn. 106.
85 ZB 8 AR 10/23 G. Liste 3a bestimmt die weiterhin aufzunehmenden Angaben.
86 Zur früheren Rechtslage vgl.: OLG München 20.5.2009 – 9 VA 5/09, MDR 2009, 1065 (1065 f.); kritisch hierzu: Kurzweil ZZP 123 (2010), 77.
87 Vgl. Schobel ZKM 2012, 191 (193 f.).

Der Güterichter ist an die Verweisung zur Güteverhandlung, sofern kein 23
Fall offensichtlicher Willkür vorliegt, grundsätzlich gebunden.[88, 89] Anderenfalls liefe die Verweisungsbefugnis des Streitrichters leer. Er beraumt von Amts wegen den Gütetermin an, § 216 ZPO, zu dem auch die Parteien geladen werden.[90] Anwaltszwang besteht lediglich im Anwaltsprozess; § 78 Abs. 3 ZPO ist nicht anwendbar.[91, 92] Das Öffentlichkeitsgebot des § 169 S. 1 GVG gilt indes nicht.[93]

3. Inhaltlicher Ablauf der Güteverhandlung, Protokoll, Videoverhand- 24
lung. Der inhaltliche Ablauf der Güteverhandlung oder des Güteversuchs hängt in erster Linie von der anzuwendenden Konfliktbeilegungsmethode ab. Diese bestimmt der Güterichter (→ L. Rn. 42), ggf. unter Berücksichtigung eines Vorschlags des Streitrichters (→ Rn. 20) oder von Anregungen der Parteien. Im Falle einer „klassischen" Güteverhandlung (→ Rn. 12) besteht für die Parteien zwar möglicherweise mehr Raum für eigene Äußerungen als in einer Güteverhandlung vor dem Prozessgericht. Es dominiert aber die Erörterung des Sach- und Streitstandes – auch unter rechtlichen Aspekten – und die dafür erforderliche Aufklärungsarbeit des Güterichters. Als alternative Konfliktbeilegungsmöglichkeiten kommen für den Güterichter namentlich eine Vermittlung, dh Konfliktmoderation, eine – wie in § 278 Abs. 5 S. 2 ZPO ausdrücklich erwähnt – Mediation, ferner Mini-Trial, Early Neutral Evaluation und Schlichtung in Betracht (→ L. Rn. 43).[94]

---

88 AA Zöller/Greger ZPO § 278 Rn. 28; Greger/Unberath/Steffek/Greger E. Rn. 140; MüKoZPO/Prütting § 278 Rn. 37.
89 Der Güterichter kann aber, sofern für eine Konfliktbeilegungsmethode der Freiwilligkeitsgrundsatz gilt, deren Anwendung im konkreten Fall ablehnen.
90 Ahrens NJW 2012, 2465 (2470); Prütting/Gehrlein/Geisler ZPO § 278 Rn. 10.
91 OLG Frankfurt a. M. 17.12.2019 – 11 U 56/17, juris Rn. 39; Anders/Gehle/Anders ZPO § 278 Rn. 47, 58; Schmidt/Lapp/May Mediation/Schmidt § 14 Rn. 16; Saenger/Saenger ZPO § 278 Rn. 20; Haft/v. Schlieffen Mediation-HdB/Moltmann-Willisch § 51 Rn. 36; aA Greger/Unberath/Steffek/Greger E. Rn. 168; Zöller/Greger ZPO § 278 Rn. 29; Fritz/Pielsticker HdB Mediation/Fritz ZPO § 278 Rn. 63; Thole ZZP 127 (2014), 339 (353); BeckOK ZPO/Bacher § 278 Rn. 30; Eidenmüller/Wagner Mediationsrecht/Steiner Kap. 8. Rn. 120; Röthemeyer Mediation Rn. 476; Prütting/Gehrlein/Geisler ZPO § 278 Rn. 10; Prütting MDR 2016, 965 (968); MüKoZPO/Prütting § 278 Rn. 39; Wieczorek/Schütze/Assmann ZPO § 278 Rn. 81; Windau jM 2019, 52 (546); Wegener NZFam 2022, 621 (630); Musielak/Voit/Foerste ZPO § 278 Rn.15.
92 Am Güterichterverfahren beteiligte Dritte unterliegen nach allgemeinen Grundsätzen (vgl. Zöller/Vollkommer ZPO § 78 Rn. 15) nicht dem Anwaltszwang, da sie nicht Partei iSv § 78 Abs. 1 ZPO sind.
93 Röthemeyer ZKM 2012, 116 (117); Ahrens NJW 2012, 2465 (2470); Hartmann MDR 2012, 941 (942); Greger/Weber MDR 21/2019, Sonderheft Rn. 313; Fritz/Pielsticker MediationsG-HdB/Fritz ZPO § 278 Rn. 65; Saenger/Saenger ZPO § 278 Rn. 20; Musielak/Voit/Foerste ZPO § 278 Rn. 15; BeckOK ZPO/Bacher § 278 Rn. 26; Horstmeier Mediationsgesetz Rn. 430; Eidenmüller/Wagner Mediationsrecht/Steiner Kap. 8 Rn. 78; Haft/v. Schlieffen Mediation-HdB/Moltmann-Willisch § 51 Rn. 24; Prütting/Gehrlein/Geisler ZPO § 278 Rn. 10; Windau jM 2019, 52 (55); Lentz jM 2023, 97 (99).
94 Andere außergerichtliche Konfliktbeilegungsverfahren wie Schiedsverfahren, bindende Schiedsgutachten, Adjudikation oder Dispute Boards, die der Güterichter mangels eigener Entscheidungskompetenz nicht selbst durchführen kann, sind nur über § 278a ZPO zur Anwendung zu bringen (→ L. Rn. 43).

Gilt für die vom Güterichter vorgeschlagene Methode der Freiwilligkeitsgrundsatz, ist das Einverständnis der Parteien mit der Anwendung der konkreten Methode einzuholen (→ Rn. 14). Es ist daher sinnvoll, sofern dies nicht bereits durch das verweisende Prozessgericht erfolgt ist (→ Rn. 19), dass der Güterichter vorab oder zu Beginn der Güteverhandlung oder des Güteversuchs die Vorgehensweise mit den Parteien bespricht und insbesondere die **Indikation** von Mediation oder anderen interessenorientierten Konfliktbeilegungsmethoden abklärt.[95] Findet die vom Güterichter vorgeschlagene Methode nicht die Zustimmung der Parteien und kann der Güterichter auch, ggf. mediativ vorgehend, keine Einigkeit der Parteien über eine andere methodische Gestaltung der Güteverhandlung erzielen, kann er – als Alternative zu einem sofortigen Abbruch – auf eine klassische Güteverhandlung umschwenken. Ebenso kann er während des laufenden Gütegespräches, wenn sich die abgesprochene Konfliktbeilegungsmethode als nicht sachgerecht oder erfolgversprechend erweist, in Abstimmung mit den Parteien zu einer anderen Methode oder zur klassischen Güteverhandlung wechseln (→ L. Rn. 42). Eine Verpflichtung zu einem solchen Methodenwechsel besteht freilich nicht.[96]

Sinnvoll erscheint insoweit eine gerichtsinterne Absprache,[97] wie der Güterichter im Regelfall vorgehen soll und ob er im Falle einer evaluativen Erörterung des Streitfalles von eigenen *rechtlichen* Bewertungen Abstand nehmen soll oder diese einfließen lassen darf, so dass sich alle Beteiligten einschließlich des abgebenden Streitrichters entsprechend darauf einstellen können.

25 Vorgeschlagen wird, dass bereits im Geschäftsverteilungsplan eine Festlegung auf eine einzige Konfliktbeilegungsmethode, insbesondere auf Mediation, erfolgt.[98] Dies hätte zur Folge, dass der Güterichter Güteversuche nach anderen ADR-Methoden, aber auch ein evaluatives Vorgehen, eine Konfliktmoderation und ein qualifiziertes Vergleichsgespräch (→ L. Rn. 27, 43) nicht anbieten könnte. Eine solche Reduzierung der anzuwendenden Konfliktbeilegungsmethoden wäre, da die Bestimmung von Güterichtern nicht verpflichtend ist (→ Rn. 10), als Minus gegenüber einer unbeschränkten Güterichterbestellung zulässig. Erklärt sich der Güterichter hiermit einverstanden, ist auch ein Eingriff in seine richterliche Unabhängigkeit, die nach § 278 Abs. 5 S. 2 ZPO gerade auch hinsichtlich der Methodenwahl besteht (→ Rn. 20), nicht zu besorgen. Ob eine solche präventive und generelle Reduzierung des § 278 Abs. 5 S. 2 ZPO für die Praxis sinnvoll ist, mögen die jeweiligen Präsidien und Güterichter entscheiden. Dem Willen des Gesetzgebers, der sich mit dem Güterichtermodell für

---

95 Vgl. Tautphäus/Fritz/Krabbe NJW 2012, 364 (366); Ortloff NVwZ 2012, 1057 (1059); Greger/Weber MDR 21/2019, Sonderheft Rn. 113, 163; Greger/Unberath/Steffek/Greger E. Rn. 129; Fritz/Pielsticker MediationsG-HdB/Fritz ZPO § 278 Rn. 62; Greger MDR 2014, 993 (994); Fritz/Schroeder NJW 2014, 1910 (1911); MüKoZPO/Prütting § 278 Rn. 37; Wesche jM 2022, 227 (230).
96 Greger/Unberath/Steffek/Greger E. Rn. 160.
97 So zB die Güterichter an den Berliner Zivilgerichten (Klamt/Moltmann-Willisch ZKM 2013, 112; dagegen: Spangenberg ZKM 2013, 162 (163)).
98 Ortloff NVwZ 2012, 1057 (1060); dagegen: Fritz/Pielsticker MediationsG-HdB/Fritz ZPO § 278 Rn. 62 (Fn. 65); Röthemeyer Mediation Rn. 453; Greger/Weber MDR 21/2019 Sonderheft Rn. 25.

eine in der Methodik freie Konsenslösung entschieden hat (→ L. Rn. 8), entspricht eine derartige geschäftsplanmäßige Begrenzung jedenfalls nicht. Der Güterichter kann auch, anknüpfend an Erfahrungen aus der Zeit der Modellprojekte (→ L. Rn. 8 ff.), die Hinzuziehung eines Co-Mediators vorschlagen, etwa eines Kollegen oder eines außergerichtlichen Mediators. Dies kommt bspw. bei besonders komplexen Fällen oder vielen Parteien in Betracht und ermöglicht einen Rückgriff auf branchenspezifische Fachkompetenz. Sofern die Parteien hiermit einverstanden sind,[99] bestehen gegen eine derartige Co-Mediation keine dogmatischen Bedenken. Denn auch Co-Mediation ist Mediation iSv § 278 Abs. 5 S. 2 ZPO. Verantwortlich für die Verfahrensführung einschließlich der etwaigen Protokollierung eines Prozessvergleichs bleibt jedoch der geschäftsplanmäßig bestimmte Güterichter.

Ein **Protokoll** über eine Güteverhandlung oder einen weiteren Güteversuch vor dem Güterichter wird nach § 159 Abs. 2 S. 2 ZPO nur auf übereinstimmenden Parteiantrag aufgenommen.[100] Dies stellt eine Ausnahme von der grundsätzlichen Verpflichtung zur Aufnahme eines Protokolls über jede richterliche Verhandlung – auch vor dem beauftragten und ersuchten Richter – dar, § 159 Abs. 1, 2 S. 1 ZPO. Die Ausnahme vom Protokollzwang dient der Absicherung der Vertraulichkeit (hierzu: → Rn. 27) von Parteiäußerungen bspw. im Rahmen einer Mediation oder einer anderen interessenorientierten Konfliktbeilegungsmethode.[101] Gleichwohl ist vorstellbar, dass ein Bedürfnis der Parteien besteht, ein (Zwischen-)Ergebnis zu dokumentieren.[102]

26

Der Antrag der Parteien – damit ist mehr als eine bloße Anregung gemeint; auf die Zustimmung am Gütetermin evtl. teilnehmender Dritter kommt es nicht an[103] – kann zu jedem Zeitpunkt des Gütetermins gestellt werden.[104] Es empfiehlt sich, zu Beginn der Niederschrift auf den übereinstimmenden Antrag der Parteien Bezug zu nehmen.[105]

Formulierungsvorschlag:

In dem Rechtsstreit

… ./. …

nehmen an der Güteverhandlung, für die auf übereinstimmenden Antrag der Parteien gem. § 159 Abs. 2 S. 2 ZPO ein Protokoll erstellt wird, teil:

…

---

99 Hierbei muss dann auch ggf. eine Regelung für zusätzliche Kosten eines außergerichtlichen Co-Mediators gefunden werden.
100 Eine ähnliche Regelung enthielt bereits § 159 Abs. 2 S. 2 ZPO-RefE für die richterliche Mediation.
101 Empfehlung Rechtsausschuss, BT-Drs. 17/8058, 21; Plassmann AnwBl 2012, 151 (151 f.); Fritz/Pielsticker MediationsG-HdB/Fritz ZPO § 159 Rn. 5; Thomas/Putzo/Seiler ZPO § 159 Rn. 2; Zöller/Schultzky ZPO § 159 Rn. 2; Saenger/Wöstmann ZPO § 159 Rn. 4; Anders/Gehle/Anders ZPO § 278 Rn. 53.
102 Vgl. Zöller/Greger ZPO § 278 Rn. 28.
103 Fritz/Pielsticker MediationsG-HdB/Fritz ZPO § 159 Rn. 9.
104 Fritz/Pielsticker MediationsG-HdB/Fritz ZPO § 159 Rn. 10.
105 Fritz/Pielsticker MediationsG-HdB/Fritz ZPO § 159 Rn. 14.

Wünschen die Parteien abschließend die Beurkundung eines Vergleichs, vgl. § 160 Abs. 3 Nr. 1 ZPO, oder die Abgabe anderer Prozesserklärungen, liegt darin konkludent ein übereinstimmender Antrag auf Protokollierung iSv § 159 Abs. 2 S. 2 ZPO.[106]

Hinsichtlich Form und Inhalt des Protokolls über einen Güterichtertermin, §§ 160 ff. ZPO, sowie seiner materiellrechtlichen Bedeutung, zB § 127a BGB, bestehen keine Besonderheiten gegenüber § 159 Abs. 1 ZPO.

27 Der Güterichter kann gem. §§ 278 Abs. 2 S. 4, 128a Abs. 1 ZPO eine Teilnahme an der – zumindest hinsichtlich seiner Person im Gericht stattfindenden – Güteverhandlung auch im Wege der Bild- und Tonübertragung (**Videoverhandlung**) gestatten.[107] Die Anwendung von Videokonferenztechnik ist nach der durch die Pandemie beschleunigten technischen Aufrüstung der Justiz nunmehr wohl flächendeckend gewährleistet. Sofern der Güterichter dann mediative Methodik heranzieht, gelten die Regeln über Online-Mediation.

28 **4. Absicherung der Vertraulichkeit.** Darüber hinaus wird die **Vertraulichkeit** des Gütegesprächs auch dadurch geschützt, dass dem Güterichter – wie jedem Richter[108] – nach § 383 Abs. 1 Nr. 6 ZPO ein **Zeugnisverweigerungsrecht** hinsichtlich dessen Inhaltes zusteht, soweit ihm in dieser Eigenschaft Tatsachen anvertraut sind, deren Geheimhaltung durch ihre Natur oder durch gesetzliche Vorschriften geboten ist.[109] Das ist unzureichend, weil zum einen das Zeugnisverweigerungsrecht nur an die Person des Güterichters anknüpft, nicht aber die anderen am Güterichtertermin Teilnehmenden einbezieht.[110] Zum anderen unterliegt der Richter als Amtsträger gesetzlich bestimmten Anzeigepflichten, bspw. nach § 116 Abs. 1 AO oder § 6 SubvG.[111] Zudem kann sich ein Güterichter nicht auf das Zeugnisverweigerungsrecht berufen, wenn er von den Parteien von der Verpflichtung zur Verschwiegenheit entbunden wurde, § 385 Abs. 2 ZPO. Auch gilt die Verschwiegenheit nicht für den Strafprozess.[112]

---

106 Eidenmüller/Wagner Mediationsrecht/Steiner Kap. 8 Rn. 118.
107 Greger MDR 2020, 509 (513); Zwickel ZKM 2022,44, 46/47. Nach Anders (Anders/Gehle § 278 Rn. 45) gilt § 128a ZPO für den Güterichter verfahrenstechnisch nicht.
108 Zöller/Greger ZPO § 383 Rn. 19.
109 Empfehlung Rechtsausschuss, BT-Drs. 17/8058, 21; Ahrens NJW 2012, 2465 (2470); Röthemeyer ZKM 2012, 116 (118); Röthemeyer Mediation Rn. 460; Zorn FamRZ 2012, 1265 (1266); Greger/Weber MDR 21/2019, Sonderheft Rn. 388; Zöller/Greger ZPO § 278 Rn. 30; Greger/Unberath/Steffek/Greger E. Rn. 150; Fritz/Pielsticker MediationsG-HdB/Fritz § 278 ZPO Rn. 79; Musielak/Voit/Foerste ZPO § 278 Rn. 15a; BeckOK ZPO/Bacher § 278 Rn. 28; Eidenmüller/Wagner Mediationsrecht/Steiner Kap. 8 Rn. 80; MüKoZPO/Prütting § 278 Rn. 40; aA Wagner ZKM 2012, 110 (114); Schmitt Güteverhandlung S. 26.
110 So könnte sich zB der Prozessbevollmächtigte einer Partei als Zeuge für eine Äußerung der gegnerischen Partei im Gütegespräch benennen.
111 Greger/Weber MDR 21/2019, Sonderheft Rn. 256; Zöller/Greger ZPO § 278 Rn. 31; Zorn FamRZ 2012, 1265 (1266); Fritz/Pielsticker MediationsG-HdB/Fritz ZPO § 278 Rn. 79; Eidenmüller/Wagner Mediationsrecht/Steiner Kap. 8 Rn. 47.
112 Vgl. § 53 StPO, der nicht jedem zur Verschwiegenheit Verpflichteten ein Zeugnisverweigerungsrecht gewährt. Einen Praxisfall hierzu stellen dar: Moltmann-Willisch/Hammerstein ZKM 2022, 146 (147).

Auf Vortrags- und Beweisverbote hat der Gesetzgeber hingegen verzichtet, obwohl Art. 7 Abs. 2 Mediations-RL solche ausdrücklich ermöglicht. Demnach bleibt es den Parteien selbst überlassen, im Falle einer Mediation oder einer anderen interessenorientierten, also Vertraulichkeit voraussetzenden Konfliktbeilegungsmethode eine Vereinbarung zur Verschwiegenheit abzuschließen.

Formulierungsvorschlag:

Die Parteien vereinbaren, Stillschweigen über Äußerungen der anderen Partei oder des Güterichters zu bewahren und zu diesen in einem Schieds- oder Gerichtsverfahren nicht vorzutragen, es sei denn eine Tatsache hätte auch ohne den Termin beim Güterichter vorgetragen werden können, sowie auf die Benennung der Anwesenden zu Beweiszwecken zu verzichten.

Eine solche Vereinbarung bezieht sich nicht auf die im Gütegespräch erörterten Tatsachen als solche und lässt damit künftigen Vortrag zum tatsächlichen Lebenssachverhalt unberührt. Geschützt werden vielmehr Äußerungen und Erörterungen der Parteien zu den entsprechenden Tatsachen im Gütegespräch, also das Gütegespräch als solches.[113] Demnach wird keine Partei in einem anschließenden streitigen Verfahren daran gehindert, ihr günstige Tatsachen vorzutragen und damit den eigenen Rechtsstandpunkt zu stützen. Hingegen ist es den Parteien untersagt, Behauptungen, Stellungnahmen oder Zugeständnisse der Gegenseite gegen deren Willen in das Verfahren einzuführen. Gleiches gilt für Stellungnahmen und Einigungsvorschläge des Güterichters.[114]

Ein derartiger Prozessvertrag, der – etwas weitgehend – mit Einwilligung zur Mediation sogar konkludent geschlossen werden soll,[115] kann zu Nachweiszwecken vom Güterichter protokolliert werden und bei Verletzung einen Schadensersatzanspruch nach § 280 BGB begründen. Allerdings bindet er weder am Gütegespräch nicht beteiligte und damit an die Vertraulichkeitsvereinbarung nicht gebundene Dritte, noch vermag er schriftlichen oder mündlichen Vortrag zu Äußerungen der gegnerischen Partei im Rahmen des Gütegespräches während des fortgesetzten Gerichtsverfahrens faktisch auszuschließen.[116]

5. Beendigung des Güteverfahrens. Enden die Güteverhandlung oder der Güteversuch nicht in einer gütlichen Einigung, ist das Gerichtsverfahren je nach dessen gegenwärtigem Stand fortzuführen. Eines separaten Rückgabebeschlusses des Güterichters bedarf es nicht.[117]

Da nach der Legaldefinition des § 278 Abs. 5 S. 1 ZPO als Güterichter gerade ein nicht entscheidungsbefugter Richter zu bestimmen ist, ist im

---

113 Vgl. Gläßer/Schroeter Gerichtliche Mediation/Löer, S. 397 (400).
114 Vgl. Wagner ZKM 2011, 164 (166).
115 Koch NJ 2005, 97 (101).
116 Genauer zur Absicherung der Vertraulichkeit: Wagner ZKM 2011, 164 ff.; Wagner ZKM 2012, 110 (114); Gläßer/Schroeter Gerichtliche Mediation/Löer, S. 397 (399 ff.); Zöller/Greger ZPO § 278 Rn. 30a; Haft/v. Schlieffen Mediation-HdB/Hartmann § 28 Rn. 39 ff.; s. auch Formulierungsvorschläge bei Greger/Weber MDR 21/2019, Sonderheft Rn. 137; Greger/Unberath/Steffek/Greger E. Rn. 147; → MediationsG § 4 Rn. 22 ff.
117 Vgl. Fritz/Pielsticker MediationsG-HdB/Fritz ZPO § 278 Rn. 77.

Regelfall nicht zu besorgen, dass **der Güterichter im fortzuführenden Gerichtsverfahren** nochmals mitwirken oder sogar (mit-)entscheiden muss. Gänzlich ausgeschlossen ist dies jedoch nicht, bspw. infolge einer Änderung der gerichtsinternen Geschäftsverteilung, insbesondere in Verbindung mit einem Wechsel des richterlichen Dezernats bzw. von Kammer oder Senat, im Vertretungsfall oder bei einem Folgerechtsstreit zwischen denselben Parteien.

Kraft Gesetzes ausgeschlossen ist der ehemalige Güterichter in einem solchen Fall indes nicht, da § 41 Nr. 8 ZPO nur für die Mitwirkung an einem außergerichtlichen Konfliktbeilegungsverfahren gilt (str., → ZPO § 41 Rn. 6, mwN in Fn. 14). Auch kann ein dauerhaftes künftiges Entscheidungsverbot für Güterichter nicht bereits unmittelbar aus der Legaldefinition abgeleitet werden, da die Durchbrechung des Grundsatzes des gesetzlichen Richters nur nach §§ 41 ff. ZPO möglich ist und die Anwendung und Auslegung der Ausschlussbestimmungen dementsprechend restriktiv zu handhaben sind (→ ZPO § 41 Rn. 1).

In Betracht kommt aber eine (Selbst-)Ablehnung gem. §§ 42, 48 ZPO wegen Besorgnis der Befangenheit infolge Vorbefassung.[118] Wann eine solche in hinreichender Intensität gegeben ist, kann im konkreten Fall schwierig zu bestimmen sein. Soll bspw. schon eine telefonische Sondierung bzgl. der anzuwendenden Konfliktbeilegungsmethode durch den Güterichter vor Beginn des Gütetermins ausreichen, selbst wenn es zu einem solchen später vielleicht gar nicht mehr gekommen ist? Eine solche ist einerseits nur eine Vorbereitungshandlung, andererseits ist nicht auszuschließen, dass bei einem solchen Kontakt bereits den Konfliktfall betreffende Details oder Hintergrundinformationen übermittelt werden. Als ausreichend angesehen wird jedenfalls, dass für das Güterichterverfahren Vertraulichkeit vereinbart war oder vertrauliche Einzelgespräche geführt wurden, und zwar, ohne dass es des Vortrags näherer Gründe hierzu bedarf.[119]

Empfehlenswert ist eine „präventive Lösung", indem in der gerichtlichen bzw. kammer-/senatsinternen Geschäftsverteilung schon eine Zuweisung von Verfahren an einen Richter ausgeschlossen wird, in denen jener zuvor als Güterichter tätig war, dieser also gar nicht erst zum gesetzlichen Richter bestimmt wird.[120] Mit einer entsprechenden Maßgabe können auch die Mitwirkung in Kollegialorganen und die Vertretungsfolge geregelt werden.

V. Rechtspolitische Bewertung

32 Der Vorteil des Güterichtersystems liegt neben der Vereinheitlichung der gütlichen Konfliktbeilegung durch Richter in gerichtlichen Verfahren in allen Gerichtsbarkeiten und Bundesländern darin, dass es sich besser als die frühere gerichtliche Mediation in die bestehenden prozessualen Abläufe

---

118 Zöller/Greger ZPO § 278 Rn. 30; Eidenmüller/Wagner Mediationsrecht/Steiner Kap. 8 Rn. 46; Haft/v. Schlieffen Mediation-HdB/Moltmann-Willisch § 51 Rn. 39; Prütting/Gehrlein/Geisler ZPO § 278 Rn. 7.
119 Greger/Unberath/Steffek/Greger E. Rn. 135.
120 ZB können in einem Kollegialorgan dem Dezernat eines Richters bestimmte Endziffern mit der Maßgabe zugewiesen werden, „soweit er nicht zuvor in der jeweiligen Sache als Güterichter tätig war. In diesem Fall fällt die Sache in das Dezernat ...".

einfügt. Da das Gerichtsverfahren während der Güteverhandlung oder des Güteversuchs stets fortgeführt wird und der Güterichter Rechtsprechungstätigkeit ausübt (→ Rn. 7), bestehen keine Abweichungen bspw. hinsichtlich des Eintritts von Verjährung, der anfallenden Gerichts- und Rechtsanwaltskosten sowie der Haftung des Güterichters (→ L. Rn. 49 f.).

Zudem verbindet § 278 Abs. 5 ZPO – im Gegensatz zu den vorausgegangenen Versionen dieser Vorschrift (→ L. Rn. 11 ff.) – erfreulicherweise den prozessualen mit dem methodischen Ansatz, indem auch die dem Güterichter zur Verfügung stehenden Methoden angesprochen und eindeutig geregelt werden. Zugleich ist erstmals im deutschen Prozessrecht im gerichtsinternen Bereich von „Mediation" die Rede.

Außer der unglücklichen Bezeichnung „Güte"-richter (→ L. Rn. 7) vermag in gesetzessystematischer Hinsicht allerdings nicht zu überzeugen, dass mit der Möglichkeit der Verweisung an einen Güterichter eines anderen Gerichts und sogar einer anderen Gerichtsbarkeit eine neue Verbindung zwischen Gerichten und Gerichtsbarkeiten geschaffen wird, und zwar außerhalb des Gerichtsverfassungsgesetzes und losgelöst vom dafür bisher allein einschlägigen Institut der Rechtshilfe gem. §§ 156 ff. GVG.

Auch bei Verweisung an den Güterichter desselben Gerichts wird in der Praxis einige Abstimmungsarbeit erforderlich sein, da sich dessen Kompetenzbereich mit demjenigen des Streitrichters in der Güteverhandlung überschneidet. Denn beide können eine „klassische" Güteverhandlung durchführen. Es dürfte aber wenig sinnvoll und effektiv sein, dass sich in ein und demselben Rechtsstreit zwei unterschiedliche Rechtsprechungssubjekte in denselben Sachverhalt einarbeiten, ihn relationstechnisch prüfen, ggf. weiter aufklären und ihre jeweilige Bewertung möglicherweise den Parteien auch präsentieren.[121] Konsequenter wäre es gewesen, dem Streitrichter die klassische Güteverhandlung, also die Mittel des § 278 Abs. 2 S. 2, 3 ZPO, zu überlassen, während sich der Güterichter auf nicht rechtlich orientierte Konfliktbeilegungsmethoden konzentriert und auch beschränkt.

§ 278a ZPO Mediation, außergerichtliche Konfliktbeilegung

(1) Das Gericht kann den Parteien eine Mediation oder ein anderes Verfahren der außergerichtlichen Konfliktbeilegung vorschlagen.

(2) Entscheiden sich die Parteien zur Durchführung einer Mediation oder eines anderen Verfahrens der außergerichtlichen Konfliktbeilegung, ordnet das Gericht das Ruhen des Verfahrens an.

I. Regelungsgehalt, Entstehungsgeschichte	1	IV. Rechtsfolge	7
II. Normzweck	3	V. Weiterer Verfahrensablauf	12
III. Tatbestandsvoraussetzungen	4	VI. Haftung	17
		VII. Rechtspolitische Bewertung	18

---

121 So auch Klamt/Moltmann-Willisch ZKM 2015, 7 (8 f.).

I. Regelungsgehalt, Entstehungsgeschichte

1 § 278a ZPO überführt die bislang in § 278 Abs. 5 S. 2, 3 ZPO aF geregelte außergerichtliche Streitschlichtung in eine **eigenständige Vorschrift**. Auch wenn der ursprünglich sowohl für die gerichtsnahe als auch für die gerichtsinterne Mediation begründete neue Paragraf[1] nach Aufgabe der im Regierungsentwurf vorgesehenen drei Arten von Mediation[2] für die allein verbliebene gerichtsnahe Mediation nicht über den Regelungsgehalt des früheren § 278 Abs. 5 S. 2, 3 ZPO hinausgeht, bietet sich eine eigenständige Vorschrift an, weil diese Art der Konfliktbeilegung im Gegensatz zu den anderen in § 278 ZPO enthaltenen Instrumenten für eine gütliche Streitbeilegung[3] unter Einschaltung einer anderen Person als der des Streitrichters sowie außerhalb des Gerichts und des Gerichtsverfahrens stattfindet. Es handelt sich daher in der Tat um eine *„außergerichtliche"* Mediation bzw. Konfliktbeilegung.[4]

2 Es gab, zeitlich parallel zu den Projekten zur Richtermediation (→ L. Rn. 8, Fn. 35), auch einige Modellprojekte unter Mitwirkung von Rechtsanwaltskammern und örtlichen Anwaltsvereinen, die an eine Verweisung bereits rechtshängiger Verfahren in den außergerichtlichen Bereich gem. § 278 Abs. 5 S. 2 ZPO aF anknüpften.[5] Ihnen ist gemeinsam, dass sie in der Praxis nur zögerlich angenommen wurden.[6]

II. Normzweck

3 § 278a ZPO ermöglicht eine außergerichtliche Konfliktbeilegung auch für bereits rechtshängige Streitigkeiten.[7] Im Sinne des **Diversionsmodells**[8] soll eine nachträgliche Umleitung eines bereits bei Gericht anhängigen Rechtsstreits in das geeignete außergerichtliche Verfahren erfolgen können. Dies

---

1 Vgl. § 278a Abs. 1, 2 ZPO-RefE, § 278a Abs. 1 S. 1, 2 ZPO-RegE.
2 § 1 Abs. 1 S. 2 Nr. 1–3 MediationsG-RegE.
3 ZB die Güteverhandlung, § 278 Abs. 2 ZPO, und die Vergleichsfeststellung durch Beschluss, § 278 Abs. 6 ZPO.
4 Prütting AnwBl 2012, 204 (207 f.); Hartmann MDR 2012, 941 (943).
5 Dabei wurde, teilweise alternativ zur Richtermediation (AG Göttingen, LG Stade, LG Hildesheim), eine Mediation durch einen Rechtsanwalt angeboten, dessen Honorar von der Rechtsanwaltskammer (AG Göttingen, LG Hildesheim), der Industrie- und Handelskammer (LG Stade) oder einer Stiftung (AG, LG Köln, hierzu: Fischer ZKM 2011, 103) übernommen wurde (LG Bielefeld ohne Kostenübernahme); s. auch insgesamt: Greger NJW 2007, 3258 (3260). Das Pilotprojekt „Gerichtsnahe Wirtschaftsmediation in München" liefen LG, IHK und RAK München von 2012 bis 2014 gemeinsam durch (dazu Schlehe ZKM 2017, 61 (61)). Ebenso wirken beim jüngsten „Kooperationsprojekt Wirtschaftsmediation" in Nürnberg seit Mai 2023 Justiz, Rechtsanwaltskammer und IHK zusammen (https://www.justiz.bayern.de/media/images/behoerden-und-gerichte/oberlandesgerichte/nuernberg/behoerdeninformationen/flyer_wirtschaftsmediation.pdf).
Zu früheren Modellprojekten, teils noch aus der Zeit vor Inkrafttreten des § 278 Abs. 5 ZPO 2002 (zB Wittener Modell, Modellversuch AG und LG Stuttgart, Mediationsbüros des Anwaltsvereins Köln im Gerichtsgebäude und des Fairmittel e.V. beim AG Hannover, Modellversuch „Außergerichtliche Beilegung von Rechtsstreitigkeiten (a.be.r.)" im LG-Bezirk Nürnberg-Fürth) vgl. Greger ZKM 2003, 240 mwN.
6 Hess ZZP 124 (2011), 137 (152); Greger NJW 2007, 3258 (3260); Schlehe ZKM 2017, 61 (62).
7 Begründung Regierungsentwurf, BT-Drs. 17/5335, 20.
8 Hierzu Greger ZKM 2003, 240 (241).

kann sich anbieten, wenn im konkreten Rechtsstreit ein grundsätzlicher Konflikt zum Ausdruck kommt, dessen Aufarbeitung den Zeitrahmen eines Prozesses oder die Kompetenz des Richters überschreiten würde,[9] oder wenn weder ein gerichtliches Urteil noch eine im Rahmen des Gerichtsverfahrens mögliche Einigung zu einer die Parteien befriedigenden Lösung führen können.[10] Die Gesetzesbegründung führt beispielhaft für den Fall von hinter dem konkreten Streitgegenstand bestehenden, nunmehr beeinträchtigten dauerhaften persönlichen oder geschäftlichen Beziehungen der Parteien den Vorschlag einer Mediation sowie anstelle einer gutachterlichen Klärung streitentscheidender Tatsachenfragen im Bau- oder Arzthaftungsprozess die Verweisung der Parteien auf ein verbindliches Schiedsgutachten an.[11]

Geeignet für den Vorschlag einer außergerichtlichen Konfliktbeilegung sind damit in erster Linie diejenigen Streitfälle, die sich für den Güterichter gem. § 278 Abs. 5 ZPO und sein eher enges Zeitfenster als zu aufwendig erweisen, insbesondere weil erheblich mehr Streit oder Regelungsbedarf besteht als Gegenstand des Rechtsstreits ist[12] oder weil die Parteien eine Hilfestellung benötigen, die durch die fachliche oder methodische Kompetenz des Güterichters nicht abgedeckt wird.[13] Auch lassen sich nach § 278a ZPO Fälle mit gesetzlichen Klagefristen, bspw. § 558b Abs. 2 S. 2 BGB, § 4 S. 1 KSchG, die einer vorprozessualen außergerichtlichen Mediation im Wege stehen, lösen.[14]

§ 278a ZPO dient somit der verfahrensrechtlichen Absicherung und normativen Ausgestaltung eines Wechsels vom Gerichtsverfahren in ein Verfahren der außergerichtlichen Konfliktbeilegung. Er gewährleistet für die Parteien auch noch im Zeitpunkt nach Rechtshängigkeit eine passgenaue Verfahrenswahl und damit effiziente Konfliktbearbeitung, entlastet die Gerichte von nicht zwingend dort zu führenden Verfahren und stärkt auf diese Weise die Funktionsfähigkeit des Gesamtsystems gerichtlicher und außergerichtlicher Konfliktbearbeitung.[15]

III. Tatbestandsvoraussetzungen

§ 278a ZPO gilt für den Zivilprozess unmittelbar, für sozial-, verwaltungs- und finanzgerichtlichen Rechtsstreite aufgrund ausdrücklicher Verweisung

---

9 Begründung Regierungsentwurf, BT-Drs. 17/5335, 20.
10 Greger MDR 2014, 993 (996) mit beispielhaftem Hinweis auf hoch eskalierte Beziehungs- und emotional stark belastete Familienkonflikte sowie äußerst komplexe Wirtschaftsstreitigkeiten.
11 Begründung Regierungsentwurf BT-Drs. 17/5335, 20.
12 ZB könnte sich in einer miet- oder gesellschaftsrechtlichen Auseinandersetzung herausstellen, dass die gesamte Vertragsbeziehung neu geregelt werden muss. Oder die konkrete Streitfrage könnte nicht nur die Parteien des Rechtsstreits, sondern auch weitere Personen, vorstellbar zB in einer Wohnungseigentümergemeinschaft, betreffen.
13 ZB besondere fachspezifische Kenntnisse oder eine besondere Qualifikation oder Erfahrung in nicht juristischen Quellberufen etwa im psychologisch/therapeutischen Bereich (vgl. Schlehe ZKM 2017, 61).
14 Prütting AnwBl 2012, 204 (207 f.); Greger/Unberath/Steffek/Greger E. Rn. 67. Der Bundesrat (BR-Drs. 10/12, 3) führte exakt diese Fälle, allerdings als Argument für die Richtermediation, an.
15 Bushart ZPO § 278a S. 22 f.

in § 202 S. 1 SGG, § 173 S. 1 VwGO und § 155 FGO (→ SGG § 202 Rn. 13; → VwGO § 173 Rn. 17; → FGO § 155 Rn. 11).[16] Für arbeitsgerichtliche und familiengerichtliche Verfahren sowie in den Angelegenheiten der freiwilligen Gerichtsbarkeit bestehen mit § 54a ArbGG und § 36a FamFG ähnliche, aber an die spezifischen Umstände des jeweiligen Gerichtszweigs angepasste Vorschriften (→ ArbGG § 54a Rn. 21 ff.; → FamFG § 36a Rn. 1 ff.).
Ein Vorschlag gem. § 278a Abs. 1 ZPO ist auch bei vollstreckungsrechtlichen Klageverfahren möglich, mangels Rechtshängigkeit aber nicht in Prozess-/Verfahrenskostenhilfe-Prüfungsverfahren.

5 § 278a ZPO ist im **Berufungsverfahren** gem. § 525 S. 1 ZPO entsprechend anzuwenden.[17] Auch noch in diesem Verfahrensstadium kann Veranlassung und vielleicht sogar eine erhöhte Bereitschaft der Parteien, bspw. aufgrund derer in der ersten Instanz gesammelten Erfahrungen oder angesichts des sich nunmehr abzeichnenden Prozessverlaufs,[18] zu einer außergerichtlichen Konfliktbeilegung bestehen.[19]

6 Das Vorschlagsrecht des § 278a Abs. 1 ZPO steht dem **erkennenden Gericht**, also dem Einzelrichter oder dem Kollegialorgan,[20] zu.[21] Anregungen der Parteien, insbesondere gem. § 253 Abs. 3 Nr. 1 ZPO in der Klageschrift sind zweckmäßig (→ ZPO § 253 Rn. 4). Die Ausübung des Vorschlagsrechts kann in jedem Verfahrensstadium, also mit Rechtshängigkeit des Zivilprozesses gem. §§ 261 Abs. 1, 253 Abs. 1 ZPO und bis zu dessen Beendigung, sei es infolge formeller Rechtskraft nach § 705 ZPO oder anderweitiger Beendigung, bspw. nach § 91a Abs. 1 ZPO oder § 269 ZPO, erfolgen.[22] Auch nach Durchführung einer Güteverhandlung kann noch vom Vorschlagsrecht zur außergerichtlichen Konfliktbeilegung Gebrauch gemacht werden.[23]

IV. Rechtsfolge

7 Der Vorschlag des Gerichts kann *„eine Mediation oder ein anderes Verfahren der außergerichtlichen Konfliktbeilegung"* beinhalten. Die Formulierung des § 278a Abs. 1 ZPO, die derjenigen in § 253 Abs. 3 Nr. 1 ZPO entspricht, ist damit präziser als § 278 Abs. 5 S. 2 ZPO aF (*„außergerichtliche Streitschlichtung"*).[24] Erfasst werden neben Mediation iSv § 1 Abs. 1

---

16 Für Verfahren vor dem Patentgericht gelten die allgemeinen Verweisungen in die ZPO, § 99 Abs. 1 PatG, § 82 Abs. 1 S. 1 MarkenG.
17 Dasselbe gilt für das Revisionsverfahren, § 555 Abs. 1 S. 1 ZPO.
18 ZB im Falle einer beabsichtigten Aufhebung des erstinstanzlichen Urteils und Zurückverweisung des Rechtsstreits in die Ausgangsinstanz oder nach Erteilung eines rechtlichen Hinweises durch das Berufungsgericht.
19 Vgl. Anders/Gehle/Anders ZPO § 278a Rn. 13, Stichwort „Berufungsverfahren".
20 Zöller/Lückemann GVG Einl. Rn. 7.
21 Anders/Gehle/Anders ZPO § 278a Rn. 13, Stichwort „Vorsitzender"; aA Fritz/Pielsticker MediationsG-HdB/Fritz ZPO § 278a Rn. 25.
22 Vgl. Anders/Gehle/Anders ZPO § 278a Rn. 4.
23 Wieczorek/Schütze/Assmann ZPO § 278a Rn. 5.
24 „Mediation" wurde nur in der Gesetzesbegründung genannt (BT-Drs. 14/4722, 83/84; → L. Rn. 4).

sämtliche ADR-Verfahren,[25] mithin **das gesamte Spektrum der alternativen Konfliktregelung.** Die Begründung des Referentenentwurfs zählt zu diesen die in zahlreichen Landesgesetzen vorgesehenen Schlichtungs-, Schieds- und Gütestellenverfahren, neuere Schiedsverfahren wie die Adjudikation sowie die Verfahren des sog. Mini-Trial und der sog. Early Neutral Evaluation.[26] In Betracht kommen ferner als verbindlich vereinbarte Schiedsgutachten sowie Ombudsleute und Clearingstellen von berufsständischen Organisationen und Interessenverbänden der Wirtschaft.[27] Zudem kann nunmehr auch die Durchführung eines Verfahrens nach dem am 1.4.2016 in Kraft getretenen Verbraucherstreitbeilegungsgesetz angeregt werden.[28] Erfasst werden also – im Vergleich zur Mediation – auch Verfahren mit einem engeren Zeitrahmen oder Verfahren, in denen die Parteien nicht in voller Eigenverantwortung ihre Lösungen erarbeiten.[29] Ebenso sind Online- anstelle von Präsenzverfahren vorstellbar.[30] Auch eine Konfliktaufarbeitung mithilfe außergerichtlicher Spezialisten im Wege von Beratung, Coaching oder Therapie ist denkbar. Auf innergerichtliche Mediation etc ist § 278a Abs. 1 ZPO indes nicht anzuwenden.[31] Insoweit geht die speziellere Regelung des § 278 Abs. 5 ZPO vor.[32]

Der Vorschlag einer Mediation oder eines anderen Verfahrens der außergerichtlichen Konfliktbeilegung steht **im pflichtgemäßen Ermessen** des Gerichts (*„kann"*). Das geht über eine bloße Berechtigung zugunsten des Gerichts hinaus. Vielmehr ist dieses, wie aus § 278 Abs. 1 ZPO folgt, auch verpflichtet, jeden Rechtsstreit auf seine Eignung für ein außergerichtliches Konfliktbeilegungsverfahren zumindest überschlägig zu prüfen.[33] Letztendlich muss die Falleignung für die avisierte Konfliktbeilegungsmethode aber der Beurteilung des Mediators oder sonstigen zur Konfliktbeilegung herangezogenen Dritten überlassen bleiben. Das kommt auch darin zum Ausdruck, dass § 278a Abs. 1 ZPO im Gegensatz zu § 278 Abs. 5 S. 2 ZPO aF auf das Tatbestandsmerkmal *„in geeigneten Fällen"* verzichtet. Da sich Chancen und Risiken einer alternativen Konfliktbeilegungsmethode oft erst in einem ersten Gespräch oder nach (einem Teil) der Beweisaufnahme

---

25 Der Begriff ADR („Alternative Dispute Resolution") umfasst alle außergerichtlichen Streitbeilegungsmethoden, die zwar einen neutralen Dritten in die Konfliktaustragung einschalten, diesem aber im Unterschied zum Gerichtsverfahren keine oder nur eine begrenzte Entscheidungsmacht einräumen (Haft/v. Schlieffen Mediation-HdB/Risse § 35 Rn. 96).
26 Begründung Referentenentwurf (abrufbar unter http://rsw.beck.de/docs/librariesp rovider5/rsw-dokumente/RefE_Mediationsgesetz_20100803), A II, S. 13 unter Verweis auf Haft/v. Schlieffen Mediation-HdB/Risse/Wagner, 2009, § 23 Rn. 93 ff.
27 Thomas/Putzo/Seiler ZPO § 278a Rn. 4; Monßen ZKM 2011, 10 (12); Musielak/ Voit/Foerste ZPO § 278a Rn. 2; Greger MDR 2014, 993 (996); Prütting/Gehrlein/Geisler ZPO § 278a Rn. 4; Wieczorek/Schütze/Assmann ZPO § 278a Rn. 9.
28 Gössl NJW 2016, 838 (840); Greger MDR 2016, 365 (370); Zöller/Greger ZPO § 278a Rn. 2; Thomas/Putzo/Seiler ZPO § 278a Rn. 4.
29 Paul ZKM 2011, 119 (121).
30 Vgl. MüKoZPO/Ulrici § 278a Rn. 4.
31 Anders/Gehle/Anders ZPO § 278a Rn. 6.
32 Ahrens NJW 2012, 2465 (2470).
33 Fischer/Unberath Mediationsgesetz/Steffek S. 29, 37; MüKoZPO/Ulrici § 278a Rn. 4; Bushart ZPO § 278a S. 56.

9 Der Vorschlag gem. § 278a Abs. 1 ZPO richtet sich an die Parteien des Rechtsstreits, also den Kläger und den Beklagten sowie ggf. einbezogene Dritte.[35] Er bedarf keiner bestimmten Form.[36] Er kann mündlich oder schriftlich unterbreitet und auch elektronisch oder telefonisch übermittelt werden. Unterschiedliche Übermittlungsformen bei der einen und der anderen Partei sind ebenso zulässig wie verschiedene Zeitpunkte der Unterbreitung.[37] Zeitgleiche schriftliche Vorschläge haben jedoch den Vorteil, dass sie weniger leicht Zweifel an der Neutralität des Streitrichters aufgrund des Eindrucks „prozesstaktischer Kungelei" erwecken als zunächst nur an eine Seite gerichtete oder für die Gegenseite nicht transparente Vorschläge. Sie können auch für die beteiligten Rechtsanwälte im Rahmen der Erläuterung mit ihren Mandanten, quasi als Diskussionsgrundlage, hilfreich sein. Telefonisch unterbreitete Vorschläge – und telefonische Rückäußerungen der Prozessbevollmächtigten – können dagegen die zeitliche Verzögerung des Rechtsstreits, die ein Vorgehen gem. § 278a ZPO per se mit sich bringt, reduzieren. Dem gleichen Zweck dient das Setzen von Erklärungsfristen für die Parteien.

10 Die Begründung des Vorschlags liegt ebenfalls im Ermessen des Gerichts.[38] Häufig, insbesondere bei den neueren Verfahren der außergerichtlichen Konfliktbeilegung, ist es zweckmäßig, deren Grundzüge und Vorteile, bezogen auf die Beilegung des konkreten Streitfalls, zu erläutern. Denn das Gericht ist, da der Gesetzgeber ihm eine bindende Verweisung in die außergerichtliche Konfliktbeilegung gerade nicht zugestanden hat, auf die Zustimmung der Parteien und daher auf „Werbung" für seinen Vorschlag angewiesen. Dem entspricht es, auch die Motive des Gerichts für die Unterbreitung des Vorschlags offen zu legen.

11 Da § 278a Abs. 1 ZPO lediglich den Vorschlag eines Konfliktbeilegungsverfahrens vorsieht, ist die Benennung bspw. eines konkreten Mediators nach dem Wortlaut der Norm jedenfalls nicht geboten. Es erscheint auch fraglich, ob eine solche überhaupt zulässig wäre. Zwar handelt es sich bei einem Vorschlag nach § 278a Abs. 1 ZPO und damit auch bei einem namentlich benannten Vermittler nur um eine für die Parteien unverbindliche Empfehlung (→ Rn. 12). Aber auch eine bloße Empfehlung widerspricht der Neutralitätspflicht des Gerichts gegenüber den in Wettbewerb stehenden freiberuflichen Mediatoren etc. Zudem birgt sie das Risiko, dass der Vorschlag des Gerichts zur außergerichtlichen Konfliktbeilegung primär aus Gründen, die in der Person des ausgewählten Vermittlers liegen, abgelehnt wird und sich die Parteien mit dem vorgeschlagenen Verfahren nicht mehr hinreichend auseinandersetzen. Demnach sollte es – sowohl aus

---

34 Vgl. Anders/Gehle/Anders ZPO § 278a Rn. 13, Stichwort „Zeitpunkt, -raum"; Fischer/Unberath Mediation/Steffek S. 29, 38; Bushart ZPO § 278a S. 65.
35 Fritz/Pielsticker MediationsG-HdB/Fritz ZPO § 278a Rn. 4.
36 MüKoZPO/Ulrici § 278a Rn. 11; Fritz/Pielsticker MediationsG-HdB/Fritz ZPO § 278a Rn. 26; Saenger/Saenger ZPO § 278a Rn. 5; Bushart ZPO § 278a S. 64.
37 Anders/Gehle/Anders ZPO § 278a Rn. 10.
38 Anders/Gehle/Anders ZPO § 278a Rn. 11, 13, Stichwort „Vorschlagsbegründung, -erläuterung".

rechtlichen als auch aus strategischen Gründen – dabei verbleiben (vgl. zB § 2 Abs. 1 MediationsG), dass die **Auswahl des vermittelnden Dritten** den Parteien obliegt.[39] Diesen müssen sie auch selbst beauftragen[40] (→ Rn. 15 aE). Sinnvoll kann aber die beispielhafte Benennung von Organisationen sein, die bei der Auswahl des Mediators oder sonstiger bei der Konfliktbeilegung unterstützender Dritter behilflich sein können.[41]

V. Weiterer Verfahrensablauf

Anders als bei einer Güteverhandlung oder weiteren Güteversuchen gem. § 278 Abs. 2, 5 ZPO müssen sich die Parteien – nicht aber ein Streithelfer, § 67 ZPO[42] – mit dem vorgeschlagenen außergerichtlichen Verfahren **einverstanden** erklären.[43] Wird ein Vorschlag gem. § 278a Abs. 1 ZPO nicht beidseits angenommen, ist das Gerichtsverfahren je nach dessen gegenwärtigem Stand fortzuführen. Ein in Stichworten begründeter Vermerk in der Akte sollte dokumentieren, dass § 278a ZPO hinreichend beachtet wurde,[44] falls sich dieses nicht bereits anderweitig aus der Akte ergibt.[45]

Greifen die Parteien den gerichtlichen Vorschlag auf und „*entscheiden*" sich zur Durchführung einer Mediation oder eines anderen Verfahrens der außergerichtlichen Konfliktbeilegung – diese Erklärung ist als Prozesshandlung bedingungsfeindlich[46] –, regelt § 278a Abs. 2 ZPO die Folgen für den laufenden Prozess. Dabei reicht es aus, dass das Gericht einen entsprechenden Vorschlag oder zumindest eine in Richtung außergerichtliche Konfliktbeilegung weisende Anregung unterbreitet hat, auch wenn diese letztendlich von den Parteien abgeändert oder weiterentwickelt wurden.[47] Eine Entscheidung zur Mediation, die nicht vom Gericht motiviert wurde, sondern allein auf der Initiative der Parteien beruht, ist hingegen nach § 251 S. 1 ZPO zu behandeln, erfordert also entsprechende Anträge der Parteien, um das Verfahren zum Ruhen zu bringen.[48]

Die jeweilige Mitteilung der Parteien an das Gericht, sich zum Versuch einer außergerichtlichen Konfliktbeilegung entschieden zu haben, hat – zwingend und ohne Weiteres Ermessen für das Gericht – die **Anordnung des Ruhens des Verfahrens** seitens des Gerichts gem. §§ 278a Abs. 2 iVm

---

39 So auch: OLG Koblenz 21.1.2014 – 13 WF 43/14, NJW-RR 2014, 706; Thole ZZP 127 (2014), 339 (359); Fritz/Pielsticker MediationsG-HdB/Fritz ZPO § 278a Rn. 43; Anders/Gehle/Anders ZPO § 278a Rn. 13, Stichwort „Person des Mediators"; aA Greger MDR 2014, 993 (996); differenzierend: Bushart ZPO § 278a S. 67/68.
40 OLG Koblenz 21.1.2014 – 13 WF 43/14, NJW-RR 2014, 706 (707).
41 ZB Bundesverbände der Mediatoren, berufsständische Organisationen, Kammern und Interessenverbände der Wirtschaft, die Mediatorenlisten oÄ führen.
42 Greger/Unberath/Steffek/Greger E. Rn. 69; Zöller/Greger ZPO § 278a Rn. 4.
43 Ahrens NJW 2012, 2465 (2470); Hartmann MDR 2012, 941 (943); Prütting/Gehrlein/Geisler ZPO § 278a Rn. 5.
44 Vgl. Anders/Gehle/Anders ZPO § 278a Rn. 12 aE.
45 ZB durch schriftsätzliche Ablehnung eines gerichtlichen Vorschlags durch eine Partei.
46 Hartmann MDR 2012, 941 (943); Prütting/Gehrlein/Geisler ZPO § 278a Rn. 5.
47 Vgl. Musielak/Foerste ZPO § 278a Rn. 2.
48 AA MüKoZPO/Ulrici § 278a Rn. 12, 14; Fritz/Pielsticker MediationsG-HdB/Fritz ZPO § 278a Rn. 59.

251 ZPO zur Folge.[49] Es ergeht also ein zu verkündender oder formlos mitzuteilender Beschluss. Dieser hat die Wirkung einer Aussetzung gem. § 249 ZPO, nimmt also weiteren Prozesshandlungen die Wirksamkeit, § 249 Abs. 2 ZPO. Er unterbricht ferner den Lauf von Fristen, § 249 Abs. 1 ZPO, mit Ausnahme derjenigen gem. §§ 251 S. 2, 233 ZPO (Notfristen, Rechtsmittelbegründungs- und Wiedereinsetzungsfristen).[50]

Für das konkret unternommene außergerichtliche Konfliktbeilegungsverfahren trifft den Streitrichter weder eine Verantwortung noch eine Aufsichtspflicht.[51]

15 Mit Beendung der Mediation, was nach § 2 Abs. 5 MediationsG zu jedem Zeitpunkt und ohne Angabe von Gründen durch jede Partei oder den Mediator möglich ist, oder des anderen außergerichtlichen Konfliktbeilegungsverfahrens endet nicht automatisch auch das Ruhen des Gerichtsverfahrens. Hierfür bedarf es gem. § 250 ZPO der Zustellung eines bei Gericht einzureichenden, auf Fortsetzung des Verfahrens gerichteten Schriftsatzes. Sodann hat das Gericht das Verfahren weiter zu fördern.[52] Führte die Mediation etc zur Beendigung des gesamten Rechtsstreits durch eine Zurücknahme der Klage oder durch einen vom Gericht gem. § 278 Abs. 6 ZPO festzustellenden Prozessvergleich, greift die Reduzierung der Gerichtsgebühren gem. Nr. 1211 Kostenverzeichnis zum GKG, darüber hinaus ggf. nach einer gem. § 69b GKG durch die Landesregierung erlassenen Rechtsverordnung (→ GKG § 69b Rn. 1 ff.). Die Kosten der Mediation oder des anderen außergerichtlichen Konfliktbeilegungsverfahrens sind hingegen von den Parteien – zusätzlich zu den Prozesskosten – zu tragen.[53] Von einer für das streitige Verfahren gewährten Prozesskostenhilfe werden sie weder erfasst noch kann die Prozesskostenhilfe auf die Vergütung des Mediators oÄ ausgedehnt werden.[54]

16 Gegen einen gerichtlichen Vorschlag gem. § 278a Abs. 1 ZPO[55] oder gegen dessen Unterlassen ist eine sofortige Beschwerde nach § 567 Abs. 1 ZPO mangels ausdrücklicher Bestimmung nicht statthaft. Diese ist aber analog § 252 ZPO statthaft gegen die Anordnung des Ruhens des Verfahrens bzw. gegen dessen Ablehnung.[56]

---

49 Begründung Regierungsentwurf, BT-Drs. 17/5335, 21.
50 Zöller/Greger ZPO § 251 Rn. 1.
51 Thole ZZP 127 (2014), 339 (360).
52 Musielak/Voit/Foerste ZPO § 278a Rn. 3; Greger/Unberath/Steffek/Greger E. Rn. 70; Bushart ZPO § 278a S. 71.
53 Greger/Unberath/Steffek/Greger E. Rn. 80; Effer-Uhe NJW 2013, 3333 (3334); anders im Fall des OLG Koblenz (21.1.2014 – 13 WF 43/14, NJW-RR 2014, 706), in dem allerdings die außergerichtliche Mediatorin (fälschlicherweise) durch das Gericht beauftragt wurde.
54 Effer-Uhe NJW 2013, 3333 (3334); Thole ZZP 127 (2014), 339 (360); BeckOK ZPO/Bacher § 278a Rn. 5; Greger/Unberath/Steffek/Greger E. Rn. 83; aA OLG Köln 3.6.2011 – II-25 UF 24/10, MDR 2011, 1497 (1497 f.) mit ablehnender Anmerkung Spangenberg ZKM 2012, 29.
55 Denkbar zB wegen einer missfallenden Begründung oder der Auswahl einer als nicht zielführend erachteten Konfliktbeilegungsmethode.
56 Anders/Gehle/Anders ZPO § 278a Rn. 24 ff.

VI. Haftung

Ein Vorschlag nach § 278a Abs. 1 ZPO im Zivilprozess unterliegt, auch wenn er durch das erkennende Gericht erfolgt, nicht dem Spruchrichterprivileg des § 839 Abs. 2 S. 1 BGB.[57] Denn er stellt keine die Sache abschließend beurteilende richterliche Entscheidung dar.[58] Es gelten aber die allgemeinen, aus dem Verfassungsgrundsatz der richterlichen Unabhängigkeit folgenden Haftungsbeschränkungen für richterliche Tätigkeiten, nach denen ein Schuldvorwurf nur im Fall einer besonders groben Pflichtverletzung besteht, wofür grobe Fahrlässigkeit oder Vorsatz festgestellt werden müsste.[59]

17

VII. Rechtspolitische Bewertung

Die mit der ZPO-Reform 2002 eingeführte Möglichkeit der Verweisung in die außergerichtliche Streitbeilegung gem. § 278 Abs. 5 S. 2 ZPO aF hatte sich in der Praxis nicht durchgesetzt.[60] Das wirft die Frage auf, ob allein die Überführung des § 278 Abs. 5 S. 2, 3 ZPO aF in einen eigenen Paragrafen bei gleichzeitigem Verzicht auf wesentliche inhaltliche Änderungen[61] ausreicht, um konsensgeeignete Konflikte, die von den Beteiligten vorschnell zu Gericht gebracht wurden, in den außergerichtlichen Bereich zurückzubringen. Es erscheint äußerst zweifelhaft, ob lediglich die sprachliche Modernisierung der Vorschrift und die nunmehr explizite Benennung der Konfliktbeilegungsmethode Mediation – allerdings auch nur dieser Methode – im Gesetzestext die bisherigen, eingefahrenen Wege aufzubrechen vermögen. Letztlich verbleibt es bei einer nur schwachen Ausprägung des Diversionskonzeptes.[62] Den Streitrichter hierdurch zum „Case-Manager" befördert und den Weg zum „Multi-Door-Courthouse" eröffnet zu sehen,[63] erscheint doch eher visionär und durch den gegenwärtigen Wortlaut nicht abgedeckt.

18

Die vorschlagsberechtigten Streitrichter, die eine Verweisungsmöglichkeit prüfen müssen, stehen in der Praxis – jedenfalls zum gegenwärtigen Zeitpunkt – vor dem Problem, dass sie – jedenfalls in der Breite – überhaupt keinen oder zumindest keinen hinreichenden Überblick über die Vielzahl der außergerichtlichen Konfliktbeilegungsverfahren und erst recht keine hinreichend detaillierte Kenntnis von deren Einzelheiten haben, um den konkreten Konflikt inklusive der am Konflikt beteiligten Parteien dem

19

---

57 AA Anders/Gehle/Anders ZPO § 278a Rn. 13, Stichwort „Haftung des Gerichts".
58 Vgl. Grüneberg/Sprau BGB § 839 Rn. 65 mwN.
59 BGH 3.7.2003 – III ZR 326/02, BGHZ 155, 306 (309/310 mwN).
60 Greger JZ 2004, 805 (807); Greger NJW 2007, 3258 (3260) unter Berufung auf Hommerich/Prütting/Ebers/Lang/Traut, S. 84 ff.; Greger ZKM 2017, 213 (215/216); Schlehe ZKM 2017, 61 (63); vgl. auch: Gläßer/Schroeter Gerichtliche Mediation/Etscheit, S. 143; Bushart ZPO § 278a S. 23/24 (mit ausführlicher Zusammenfassung möglicher Ursachen S. 71 ff.).
61 ZB eine Anordnungsbefugnis des Gerichts, Kostenanreize/-nachteile oder gerichtsorganisatorische Maßnahmen wie die Einführung von Koordinierungsstellen (Greger, Stellungnahme im Rechtsausschuss des Bundestages (abrufbar unter http://webarchiv.bundestag.de/cgi/show.php?fileToLoad=3515&id=1223, S. 4).
62 Greger/Weber MDR 18/2012, 3.
63 So Eidenmüller/Wagner Mediationsrecht/Steiner Kap. 8 Rn. 53; etwas moderater: Bushart ZPO § 278a S. 42/43, Bushart ZKM 2021, 180 (181).

adäquaten Verfahren zuordnen[64] und jene über in Betracht kommende Vermittler und die auf sie zukommenden Konditionen guten Gewissens informieren[65] zu können.

Es ist daher zu erwarten, dass es zunächst allenfalls zur Umleitung von Gerichtsverfahren an außergerichtliche Mediatoren kommt. Und auch hierfür gibt es nach wie vor zahlreiche Hürden, bspw. die Verursachung zusätzlicher Kosten für die Parteien, das Bestehen einer gerichtsinternen Alternative, nämlich des Güterichters gem. § 278 Abs. 5 S. 1 ZPO, ferner das Interesse von Richtern – und ebenso von den Rechtsstreit begleitenden Rechtsanwälten – an einer zügigen Entscheidung, das bisweilen dasjenige an einer für die Parteien bestmöglichen Konfliktlösung überwiegen mag.[66]

20 Von den weiterreichenden Möglichkeiten, die § 278a ZPO – theoretisch – bietet, wird erst dann in größerem Umfang Gebrauch gemacht werden können, wenn **transparente und praktikable Verweisungsmodelle** bestehen,[67] die eine **institutionalisierte Zusammenarbeit** zwischen Gerichten sowie außergerichtlichen Konfliktbeilegungsstellen und zur Verfügung stehenden Personen ermöglichen.[68,69]

---

64 Vgl. Wendenburg ZKM 2013, 19 (20); Schlehe ZKM 2017, 61 (63); Greger ZKM 2017, 213 (216); Bushart ZPO § 278a S. 132 ff., 142 f., 268 (basierend auf einer empirischen Untersuchung richterlichen Verweisungsverhaltens).
65 Vgl. Gläßer/Schroeter Gerichtliche Mediation/Gläßer/Schroeter, S. 415, 419; Greger ZKM 2017, 213 (216).
66 Vgl. Gläßer/Schroeter Gerichtliche Mediation/Etscheit, S. 143, 150 ff.
67 Vgl. Gläßer/Schroeter Gerichtliche Mediation/Gläßer/Schroeter, S. 415, 419.
68 Vgl. Zöller/Greger ZPO § 278a Rn. 1.
69 So zB nun: https://rechtohnestreit.de/infothek.

Artikel 3 Änderung des Gesetzes über das Verfahren in Familiensachen und in den Angelegenheiten der freiwilligen Gerichtsbarkeit

Literatur:

Althammer, Mediation als prozessuale Last, JZ 2006, 69; *Althammer*, Zwischen Freiwilligkeit und Zwang: Kostensanktionen und Anreize zur Förderung von Mediation und gütlicher Streitbeilegung – Eine Bestandsaufnahme nach Inkrafttreten des Mediationsgesetzes, in: *Althammer*/Eisele/Ittner/Löhning (Hrsg.), 2012, S. 9–26; *Benesch*, Der Güterichter nach § 36 V FamFG – Erfahrungen und Möglichkeiten im familiengerichtlichen Verfahren, NZFam 2015, 807; *Bork/Jacoby/Schwab*, FamFG – Kommentar zum Gesetz über das Verfahren in Familiensachen und in den Angelegenheiten der freiwilligen Gerichtsbarkeit, 2. Aufl. 2013; *Breidenbach*, Mediation – Struktur, Chancen und Risiken von Vermittlung im Konflikt, 1995; *Breyer*, Kostenorientierte Steuerung des Zivilprozesses, 2005; *Bushart*, 278a ZPO als Schnittstelle zwischen Gerichtsverfahren und außergerichtlicher Mediation, 2019; *Ekert/Hederhoff*, Die Evaluierung der FGG-Reform, Berlin 2018, ZKM 2018, 109; *Engel*, Vexierbild Richtermediation, Eine Studie zur Wahrnehmung verschiedener Mediationsformen in Deutschland, ZZP 2011, 505; *Feix*, Die Verankerung einvernehmlicher Streitbeilegung im deutschen Zivilprozess, 2003; *Feskorn*, Grundsätze der Kostentragungspflicht nach dem FamG, FPR 2012, 254; *Fischer/Unberath*, Das neue MediationsG, Rechtliche Rahmenbedingungen der Mediation, 2013; *Finke*, Die Kostenentscheidung in Familiensachen nach dem FamFG im Überblick, FPR 2010, 331; *Friedrich*, Mediation in der Sozialgerichtsbarkeit, 2011; *Friedrich/Dürschke*, Das neue Güterichterverfahren, Sozialrecht aktuell 2013, 12; *Fritz/Pielsticker*, Handbuch zum Mediationsgesetz, 2. Aufl. 2020; *Gartenhof/Schmid/Normann/von Thüngen/Wolf*, Auflagen nach § 156 I FamFG im Spannungsfeld der Eltern zwischen Autonomie und Zwang, NZFam 2014, 972; *Gläßer*, Mediation und Beziehungsgewalt, Möglichkeiten, Bedingung und Grenzen des Einsatzes von Familienmediation bei Gewalt in Paarbeziehungen, 2008; *Gottwald*, Staatliche Maßnahmen zur Förderung außergerichtlicher Mediation – empfiehlt sich eine „verordnete" Mediation?, Aktuelle juristische Praxis 2007, 611; *Grabow*, Das kostenfreie Informationsgespräch nach § 135 FamFG, FPR 2011, 34; *Greger*, Autonome Konfliktlösung innerhalb und außerhalb des Prozesses, in: *Greger/Gleussner/Heineman* (Hrsg.), 2006, S. 3–22; *Greger/Weber*, Das Güterichterverfahren – Ein Leitfaden für Richter, Rechtsanwälte und Gerichtsverwaltung, MDR 2019, S1; *Greger*, Verweisung vor den Güterichter und andere Formen konsensorientierter Prozessleitung, MDR 2014, 993; *Greger/Unberath/Steffek*, Recht der alternativen Konfliktlösung, Mediationsgesetz, Verbraucherstreitbeilegungsgesetzt, Kommentar, 2. Aufl. 2016; *Greger*, Abschlussbericht zur Evaluierung des Projekts Geförderte Familienmediation in Berlin, 2020; *Heinemann*, Anordnung und Durchführung eines Informationsgesprächs nach § 135 Abs. 1 FamFG, FamRB 2010, 125; *Hoffmann-Riem*, Mediation als moderner Weg der Konfliktbewältigung, in: Brand/Brand-Strempel (Hrsg.), Soziologie des Rechts. Festschrift für Erhard Blankenburg zum 60. Geburtstag, 1998, S. 649–664; *Hopt/Steffek*, Mediation – Rechtstatsachen, Rechtsvergleich, Regelungen, 2008; *Jost*, Einvernehmliche Streitbeilegung in und außerhalb des Zivilprozesses, ad Legendum 2012, 63; *Keidel*, FamFG, Kommentar zum Gesetz über das Verfahren in Familiensachen und in den Angelegenheiten der freiwilligen Gerichtsbarkeit, 21. Aufl. 2023; *Kilian/Wielgosz*, Gerichtsnahe Mediation – Rechtsvergleichende Betrachtungen zur Einbindung alternativer Konfliktlösungsmechanismen in das Zivilverfahrensrecht, ZZPInt 2004, 355; *Kriegel*, Mediationspflicht? Über die Notwendigkeit einer Begleitung von Eltern bei Trennung und Scheidung, ZKM 2006, 52; *Lentz*, Rückläufige Statistik – wie kommt frischer Wind in das Güterichterverfahren?, jM 2023, 97; *Löer*, Erklärungsgebot zur außergerichtlichen Konfliktbeilegung in der Klageschrift, ZKM 2015, 111; *Mack*, Court Reverral to ADR; Criteria and Research, 2003; *Mattioli/Trenczek*, Mediation nach Klageerhebung – Plädoyer für ein integratives Gesamtkonzept statt justizieller Alleingänge, Betrifft Justiz 2010, 323; *McEwen/Milburn*, Explaining a Paradox of Mediation, Negotiation Journal 1993, 23; *Münchener Kommentar* zum FamFG - Gesetz über das Verfahren in Familiensachen und in den Angelegenheiten der freiwilligen Gerichtsbarkeit (FamFG) mit Internationalem und Europäischem Zivilverfahrensrecht in Familiensachen (IZVR, EuZVR), Band 1, 3. Aufl. 2018; *Nickel*, Die Kostenentscheidung nach billigem Ermessen gem. § 81 FamFG, FamFR 2013, 529; *Peschke*, Familienmediation bei Trennung / Scheidung von Eltern – Ein Kann, ein Soll, ein Muss?, 2011; *Proksch*, Reform des familienrechtlichen Verfahrens durch das FamFG – Möglichkeiten für Mediation, ZKM 2010, 39; *Prütting*, Das neue Mediationsgesetz: Konsensuale Streitbeilegung mit Überraschungen – Zwei Ziele: Berufsgesetz für Mediatoren und Güterichtermodell für alle Gerichtsbarkeiten, AnwBl 2012, 244; *Prütting*, Güterichter, Mediator und Streitmittler, MDR 2016, 965; *Prütting/Helms* (Hrsg.), FamFG Kommentar, 6. Aufl. 2023; *Rakowsky*, Obligatorische Mediation, Zulässigkeit und Zweckmäßigkeit im allgemeinen Zivilrecht sowie im elterlichen Scheidungskonflikt, 2013; *Reinken*, Hinwirken auf ein Einvernehmen der Beteiligten – Aufgaben und Handlungsmöglichkeiten des Gerichts nach dem FamFG, FPR 2010, 428; *Röhl*, Rechtssoziologie, 1986; *Röthemeyer*, Gerichtsmediation im Güterichterkonzept – Die Lösung des Vermittlungsausschusses, ZKM 2012, 116; *Röthemeyer*, Mediation – Grundlagen, Recht, Markt, 2015; *Sander/Rozdeiczer*, Matching Cases and Dispute Resolution Procedures: Detailed Analysis leading to a mediation-centered Approach, Harvard Negotiation Law Review 2006, 1; *Schmidt*, Konsensorientierte Ansätze von Familiengerichten und Jugendämtern, Überblick über die Regelungen in FamFG und SGB VIII, ZKM 2015, 114; *Schmidt/Lapp/Monßen*, Mediation in der Praxis des Anwalts, 2012; *Schobel*, Bald bayernweit: Güterichter und Mediationsbeauftragte an den Zivilgerichten, ZKM 2012, 193; *Schulte-Bunert/Weinreich* (Hrsg.), Kommentar des FamFG Mit FamGKG, 7. Aufl. 2023; *Schwarz*, Mediation – Collaborative Law – Collaborative Practice bei Trennungs- und Scheidungskonflikten, 2010; *Spindler*, Gerichtsnahe Mediation in Niedersachsen; eine juristisch-rechtsökonomische Analyse; Abschlussbericht im Auftrag des Niedersächsischen Ministeriums für Justiz und des Niedersächsischen Ministeriums für Wissenschaft und Kultur 2006; *Strecker*, Das Familiengericht und die Mediation, Überlegungen zu §§ 135 und 156 FamFG, Betrifft Justiz 2009, 179; *Unberath*, Auf dem Weg zu einer differenzierten Streitkultur – Neue gesetzliche Rahmenbedingungen für die alternative Konfliktlösung, JZ 2010, 975; *Vogel*, Diffamierung des nicht einigungsbereiten Elternteils im Kindschaftsverfahren (?), NZFam 2015, 802; *Weber*, Regelungen zur Förderung der Mediation, 2025; *Wegener*, Pflicht des Richters zum Hinwirken auf eine Einigung aus richterlicher Sicht nach § 156 FamFG – Grenzen der Einigung – Notwendigkeit einer Entscheidung, wann?, NZFam 2015, 799; *Wendland*, Mediation und Zivilprozess, 2017; *Zöller*, Zivilprozessordnung mit FamFG, 35. Aufl. 2024; *Zorn*, Gesetz zur Förderung der Mediation und anderer Verfahren der außergerichtlichen Konfliktbeilegung, Änderungen der Familiensachen betreffenden FamFG-Vorschriften, FamRZ 2012, 1265.

Vorbemerkung

1 Der Gesetzgeber hat verschiedene Regelungen etabliert, um das Bewusstsein für Mediation und andere Verfahren der außergerichtlichen Konfliktbeilegung zu stärken und diese Verfahren damit zu fördern.[1] Indem Mediation als einziges Verfahren ausdrücklich genannt ist, wurde sie in das Zentrum der Aufmerksamkeit der Förderungsbemühungen gerückt.

Schon das am 1.9.2009 in Kraft getretene „Gesetz über das Verfahren in Familiensachen und in den Angelegenheiten der freiwilligen Gerichtsbarkeit" (FamFG) vom 17.12.2008[2] hatte wichtige Impulse zur verstärkten Nutzung der Mediation sowie anderer Verfahren der außergerichtlichen Konfliktbeilegung in Familienverfahren enthalten. Damit existierten bereits vor Inkrafttreten des Mediationsgesetzes Regelungen zur Förderung der Mediation, wie beispielsweise §§ 135, 150, 155, 156 FamFG, wobei zu

---

1 *Röthemeyer*, Mediation, S. 163; Unberath JZ 2010, 977.
2 Gesetz über das Verfahren in Familiensachen und in den Angelegenheiten der freiwilligen Gerichtsbarkeit vom 17.12.2008 (BGBl. I 2586, 2587), zuletzt geändert durch Art. 2 des Gesetzes vom 11.10.2016 (BGBl. I 2222).

diesem Zeitpunkt eine Legaldefinition der Mediation noch nicht existierte. Gleichwohl wurde Mediation insbesondere im Bereich der Familienkonflikte schon seit vielen Jahren in Deutschland praktiziert.

Mit dem 2012 in Kraft getretenen „Gesetz zur Förderung der Mediation und anderer Verfahren der außergerichtlichen Konfliktbeilegung" wurde die Mediation erstmals explizit auf eine rechtliche Grundlage gestellt. Für Verfahren über Familiensachen und in den Angelegenheiten der freiwilligen Gerichtsbarkeit wurden weitere Regelungen zur Förderung der Mediation eingeführt, die gezielt im ersten Buch des FamFG (Allgemeiner Teil), nämlich in §§ 23, 28, 36, 36a und 81, angesiedelt worden sind, um zu gewährleisten, dass Mediation in sämtlichen Bereichen des Familienrechts Wirksamkeit entfalten kann. Damit wurde dem Umstand Rechnung getragen, dass die einvernehmliche Konfliktbeilegung zwar in Familiensachen praktisch besonders bedeutsam ist, aber auch in den übrigen Angelegenheiten der freiwilligen Gerichtsbarkeit durchaus Fälle auftreten können, die einer einvernehmlichen Streitbeilegung zugänglich sind. Zugleich wurden die bereits bestehenden Vorschriften zur Mediation angepasst.

Eine ausdrückliche Regelung für den Bereich der Familienstreitsachen im FamFG war daneben nicht erforderlich, da § 113 Abs. 1 S. 2 FamFG für diese Verfahren auf die Vorschriften der ZPO verweist. Diese Verweisung erfasst auch die dort eingeführten Vorschriften zur außergerichtlichen Konfliktbeilegung,[3] zB § 253 Abs. 3 Nr. 1 oder § 278a ZPO (→ ZPO § 253 Rn. 1 ff., → ZPO § 278a Rn. 1 ff.).

Die durch das „Gesetz zur Förderung der Mediation und anderer Verfahren der außergerichtlichen Konfliktbeilegung" eingefügten Neuerungen oder Änderungen sind in den nachfolgend aufgeführten Normtexten jeweils durch **Kursivdruck** hervorgehoben.

§ 23 FamFG Verfahrenseinleitender Antrag

(1) ¹Ein verfahrenseinleitender Antrag soll begründet werden. ²In dem Antrag sollen die zur Begründung dienenden Tatsachen und Beweismittel angegeben sowie die Personen benannt werden, die als Beteiligte in Betracht kommen. ³*Der Antrag soll in geeigneten Fällen die Angabe enthalten, ob der Antragstellung der Versuch einer Mediation oder eines anderen Verfahrens der außergerichtlichen Konfliktbeilegung vorausgegangen ist, sowie eine Äußerung dazu, ob einem solchen Verfahren Gründe entgegenstehen.* ⁴Urkunden, auf die Bezug genommen wird, sollen in Urschrift oder Abschrift beigefügt werden. ⁵Der Antrag soll von dem Antragsteller oder seinem Bevollmächtigten unterschrieben werden.

(2) Das Gericht soll den Antrag an die übrigen Beteiligten übermitteln.

---

3 BT-Drs. 17/5335, 22.

§ 23 Abs. 1 Satz 3
I. Normzweck; Anwendungsbereich

1 Mit dem durch Art. 2 Nr. 4 MediationsuaFöG eingeführten § 23 Abs. 1 S. 3 FamFG wird der notwendige Inhalt des verfahrenseinleitenden Antrags erweitert (zur entsprechenden Regelung in § 253 Abs. 3 Nr. 1 ZPO ausführlich → ZPO § 253 Rn. 1 ff.). Auch und insbesondere in Familiensachen sowie in den übrigen Angelegenheiten der freiwilligen Gerichtsbarkeit sollen sich die Beteiligten und deren Bevollmächtigte spätestens bei Einreichung der Antragsschrift in geeigneten Fällen damit auseinandersetzen, ob und wie sie den der beabsichtigten Antragstellung zugrunde liegenden Konflikt außergerichtlich beilegen können.[1] Dies soll dem Gericht in der Antragsschrift mitgeteilt werden (zu notarspezifischen Ausführungen → M. Rn. 67 ff.). Die Vorschrift gilt nicht für Familienstreitsachen, § 113 Abs. 1 S. 1 FamFG. Für diese Verfahren verweist § 113 Abs. 1 S. 2 FamFG auf die entsprechende Regelung in § 253 Abs. 3 Nr. 1 ZPO.

Für Ehesachen (§ 121 FamFG)[2] ordnet § 124 S. 2 FamFG die entsprechende Geltung der Vorschriften der Zivilprozessordnung über die Klageschrift an. Dass die Norm nach ihrem Wortlaut damit auch auf § 253 Abs. 3 Nr. 1 ZPO verweist, der § 23 Abs. 1 S. 3 FamFG entspricht, ist wohl ein Redaktionsversehen. Im Hinblick auf Ehescheidung, Eheaufhebung und Feststellung des (Nicht-)Bestehens einer Ehe wäre die Förderung der Mediation oder anderer Konfliktbeilegungsverfahren sachwidrig.[3] Entsprechend kann auch keine Angabe über einen Versuch eines solchen Verfahrens in der Antragsschrift verlangt werden. Dies zeigt auch die Regelung in § 113 Abs. 4 Nr. 4 FamFG, wonach in Ehesachen die Vorschriften der Zivilprozessordnung über die Güteverhandlung nicht anzuwenden sind, weil es nicht zur Disposition der Beteiligten steht, ob die Voraussetzungen einer Ehescheidung, einer Eheaufhebung oder einer Feststellung des Bestehens oder Nichtbestehens einer Ehe vorliegen.[4] § 124 S. 2 FamFG ist im Hinblick auf § 253 Abs. 3 Nr. 1 ZPO teleologisch zu reduzieren.

2 § 23 Abs. 1 S. 3 FamFG verdeutlicht die Funktion der richterlichen Streitentscheidung als ultima ratio.[5] Ziel der Regelung ist es, entsprechend den Vorgaben der EU-Mediationsrichtlinie,[6] das Bewusstsein für und die Bereitschaft zur Mediation zu fördern.[7] Der Gesetzgeber allein kann zu

---

1 Löer ZKM 2015, 112; MüKoFamFG/Ulrici § 23 Rn. 36; Althammer in Althammer/Eisele/Ittner/Löhning, S. 14.
2 Dies sind Verfahren auf Scheidung der Ehe (Scheidungssachen), § 121 Nr. 1 FamFG, auf Aufhebung der Ehe, § 121 Nr. 2 FamFG, und auf Feststellung des Bestehens oder Nichtbestehens einer Ehe, § 121 Nr. 3 FamFG.
3 Pointiert, wenngleich zu weitgehend Schulte-Bunert/Weinreich/Roßmann § 124 Rn. 6: käme „der Anordnung einer Eheberatung gleich".
4 BT-Drs. 17/8058, 22; → FamFG § 36 Rn. 2.
5 Wendland, Mediation und Zivilprozess, S. 901, 1017; Greger in Greger/Gleussner/Heineman, S. 4; Unberath JZ 2010, 976; Weber, Regelungen zur Förderung der Mediation, Teil 2 § 2 A. I.
6 Richtlinie 2008/52/EG des Europäischen Parlaments und des Rates v. 21.5.2008 über bestimmte Aspekte der Mediation in Zivil- und Handelssachen, ABl. L 136 v. 24.5.2008, 3 ff.
7 Althammer in Althammer/Eisele/Ittner/Löhning, S. 14.

einer solchen Entwicklung nur in begrenztem Umfang beitragen.[8] Dabei ist die Angabe in der Antragsschrift, ob eine Mediation oder ein anderes Verfahren der außergerichtlichen Konfliktbeilegung vorausgegangen ist, jedoch nicht zu unterschätzen. Die meisten gerichtlichen Anträge werden von Anwältinnen und Anwälten gestellt, die nunmehr aufgrund von § 23 Abs. 1 S. 3 FamFG mit ihrer Mandantschaft vor Antragstellung überlegen müssen, ob eine Mediation oder ein anderes Verfahren der außergerichtlichen Konfliktbeilegung sinnvoll sein könnte. Damit wird zweierlei erreicht: Die anwaltlich Bevollmächtigten müssen bedenken, ob wirklich alle Versuche einer außergerichtlichen Konfliktbeilegung ausgeschöpft wurden. Zusätzlich werden die Beteiligten auf diesem Wege noch einmal ausdrücklich auf die Möglichkeit einer Mediation oder anderer außergerichtlicher Konfliktbeilegungsverfahren hingewiesen. Wenn man davon ausgeht, dass Verfahren, die erst einmal bei Gericht anhängig sind, nur schwer wieder in ein außergerichtliches Konfliktbeilegungsverfahren überführt werden können,[9] dann wird deutlich, dass die Weichenstellung in die Mediation möglichst frühzeitig vor dem gerichtlichen Verfahren großen Sinn macht.[10]

Die Regelung soll die **Anwaltschaft** zum Umdenken bringen. Nach § 1 Abs. 3 BORA hat der Rechtsanwalt ua „seine Mandanten vor Rechtsverlusten zu schützen, rechtsgestaltend, konfliktvermeidend und streitschlichtend zu begleiten". Geschuldet wird eine umfassende Beratung, deren Ziel es grundsätzlich ist, der Mandantin und dem Mandanten eine eigenverantwortliche Entscheidung zu ermöglichen.[11] Die damit verbundene Aufklärungspflicht erstreckt sich auch auf Mediation und andere Verfahren der außergerichtlichen Konfliktbeilegung als Alternative zum gerichtlichen Verfahren.[12] Dem Anwalt ist die Rolle eines Verfahrensberaters zugewiesen. Eine Verletzung dieser Pflicht kann eine **Haftung des Anwalts** begründen.[13] Hierbei hat die Anwältin gegebenenfalls auch die Möglichkeit der Reduzierung der Verfahrensgebühr auf Grundlage einer Verordnung nach § 61a FamGKG zu bedenken. Zudem besteht ein Haftungsrisiko, wenn eine Zustellungsverzögerung eintritt, weil die Angabe über den Versuch einer Mediation oder eines anderen Verfahrens der außergerichtlichen Konfliktbeilegung im Antragsschriftsatz fehlt; bei einer mehr als 14-tägigen Verzögerung ist die Zustellung nämlich nicht mehr „demnächst" iSd § 113 Abs. 1 S. 2 FamFG iVm § 167 ZPO erfolgt, was die Versäumung von Verjährungs- und Ausschlussfristen nach sich ziehen kann.[14] Das Gericht hat für die Einhaltung der Angabe Sorge zu tragen und fehlende Angaben

---

8 Carl ZKM 2012, 132.
9 Vgl. Greger, Abschlussbericht zur Evaluierung des Projekts Geförderte Familienmediation in Berlin (BIGFAM), abrufbar unter https://www.reinhard-greger.de/zur-person/forschungen/ (zuletzt abgerufen am 8.9.2024).
10 Busemann ZKM 2012, 56; Paul, Protokoll der 51. Sitzung des Rechtsausschusses des Deutschen Bundestages vom 25.5.2011, S. 40; Plassmann, Protokoll der 51. Sitzung des Rechtsausschusses des Deutschen Bundestages vom 25.5.2011, S. 36.
11 BGH NJW 2009, 2949; BGH NJW-RR 2008, 1594 f.
12 Ewig ZKM 2012, 4 (5); Unberath ZKM 2012, 74 (75).
13 Ewig ZKM 2012, 4 (5).
14 Greger/Unberath/Steffek/Greger E. Rn. 39.

grundsätzlich vor Zustellung des Antragsschriftsatzes nachzufordern, damit Sinn und Zweck der Norm erreicht wird.[15]

II. Geeignete Fälle

4 Nach § 23 Abs. 1 S. 3 FamFG ist die Angabe **nur in geeigneten Fällen** vorzunehmen. Geeignet ist ein Fall iSd § 23 Abs. 1 S. 3 FamFG, in dem eine Mediation oder ein anderes Verfahren der außergerichtlichen Konfliktbeilegung überhaupt grundsätzlich in Betracht kommt.[16] Dies hat zur Folge, dass für jeden einzelnen Fall geprüft werden muss, ob er für eine Mediation geeignet ist. Es soll damit auf der einen Seite gewährleistet werden, dass in Fällen, in denen außergerichtliche Konfliktbeilegungsverfahren schon bei abstrakter Betrachtung ausscheiden, keine Obligation zur Angabe besteht. Auf der anderen Seite soll möglichst vielen Beteiligten die Chance eröffnet werden, im Rahmen einer Mediation die autonome Beilegung ihres Konfliktes zu versuchen. Im Anwendungsbereich des FamFG sind dies neben Ehewohnungs- und Haushaltssachen insbesondere bestimmte Kindschaftssachen, die die elterliche Sorge oder das Umgangsrecht zum Gegenstand haben. In Kindschaftssachen bleiben Eltern über Jahre oder Jahrzehnte miteinander verbunden. Die konsensuale Beilegung eines Streites schafft häufig die Grundlage dafür, auch künftige Konflikte einvernehmlich beizulegen. Aber auch bei einem Antrag in Familienstreitsachen muss ein verfahrenseinleitender Antrag die Angabe enthalten, ob der Antragstellung der Versuch einer Mediation oder eines anderen Verfahrens der außergerichtlichen Konfliktbeilegung vorausgegangen ist. Die entsprechende Regelung des § 253 Abs. 3 Nr. 1 ZPO gilt über § 113 Abs. 1 S. 2 FamFG auch in diesen Verfahren.[17] Im Rahmen des § 253 Abs. 3 Nr. 1 ZPO gibt es keine Beschränkung auf „geeignete Fälle". Damit werden fast alle familienrechtlichen Verfahren von dieser Verpflichtung umfasst.

III. Ausnahmen

5 Nur dann, wenn eine gerichtliche Entscheidung zwingend ist oder der Verfahrensgegenstand nicht der Dispositionsbefugnis der Beteiligten unterliegt, wie grundsätzlich beispielsweise bei Adoptions-, Abstammungs-, Betreuungs-, Unterbringungs- oder Freiheitsentziehungssachen sowie bei Scheidungen und im Erbscheinsverfahren, bedarf es grundsätzlich keiner Mitteilung, da außergerichtliche Konfliktbeilegungsverfahren nur ausnahmsweise in Betracht kommen.[18]

---

15 Greger/Unberath/Steffek/Greger E. Rn. 36.
16 Grundsätzlich geeignet sind Fälle, in denen sich potenziell widerstreitende Standpunkte, Interessen oder Werte mindestens zweier Parteien gegenüber stehen, vgl. MüKoFamFG/Ulrici § 23 Rn. 37.
17 Keidel/Sternal § 23 Rn. 40.
18 BT-Drs. 17/5335, 22; vgl. auch Zorn FamRZ 2012, 1265 (1268); MüKoFamFG/Ulrici § 23 Rn. 37. Zur Möglichkeit einer Mediation im streitigen Erbscheinsverfahren und zum Verfahren der freiwilligen Gerichtsbarkeit aus notarieller Perspektive → I. Rn. 60, 66 ff.

IV. Folgen der Nichteinhaltung

Bei § 23 Abs. 1 S. 3 FamFG handelt es sich um eine Sollvorschrift.[19] Dies folgt aus dem Wortlaut der Norm sowie aus der bereits dargelegten weiteren Voraussetzung „geeignete Fälle". Ein Fehlen der Angabe tangiert nicht die Zulässigkeit des Antrages.[20] Das Gesetz sieht somit bei einer Nichterfüllung keine unmittelbaren Sanktionen vor. Die Angabe ist aber Grundlage der Verfahrensleitung des Gerichts.[21] Fehlende Angaben sind daher grundsätzlich vor Zustellung des Antragsschriftsatzes nachzufordern.[22] Das Gericht hat die maßgeblichen Tatsachen von Amts wegen zu ermitteln (§ 26 FamFG) und die Beteiligten aufzufordern, die notwendigen Angaben zu ergänzen. Fehlen die Angaben in dem Antrag, kann dies gegebenenfalls zum Ausschluss der Möglichkeit der Reduzierung der Verfahrensgebühr auf Grundlage einer Verordnung nach § 61a FamGKG führen.[23] Ferner besteht mit Blick auf § 113 Abs. 1 S. 2 FamFG iVm § 167 ZPO ein Haftungsrisiko für den Rechtsanwalt des Antragstellers, wenn die Zustellung des Antragsschriftsatzes unterbleibt, weil dort die Angabe iSd § 23 Abs. 1 S. 3 fehlt.[24] Es steht daher zu erwarten, dass die Vorschrift künftig die Aufmerksamkeit des forensisch tätigen Rechtsanwalts für Mediation erhöhen wird.[25]

§ 28 FamFG Verfahrensleitung

(1) ¹Das Gericht hat darauf hinzuwirken, dass die Beteiligten sich rechtzeitig über alle erheblichen Tatsachen erklären und ungenügende tatsächliche Angaben ergänzen. ²Es hat die Beteiligten auf einen rechtlichen Gesichtspunkt hinzuweisen, wenn es ihn anders beurteilt als die Beteiligten und seine Entscheidung darauf stützen will.

(2) In Antragsverfahren hat das Gericht auch darauf hinzuwirken, dass Formfehler beseitigt und sachdienliche Anträge gestellt werden.

(3) Hinweise nach dieser Vorschrift hat das Gericht so früh wie möglich zu erteilen und aktenkundig zu machen.

---

19 Ebenso Fritz/Pielsticker/Fritz § 23 Rn. 13.
20 Röthemeyer, Mediation, S. 162; Löer ZKM 2015, 112.
21 Namentlich im Hinblick auf die Güteverhandlung iSd § 113 Abs. 1 S. 2 FamFG iVm § 278 Abs. 2 ZPO, die Anordnung zur Teilnahme an einem kostenfreien Informationsgespräch über Mediation nach § 135 S. 1 FamFG, § 156 Abs. 1 S. 3 FamFG, den Vorschlag einer Mediation oder eines anderen Verfahrens der außergerichtlichen Konfliktbeilegung iSd § 36a FamFG, den Verweis in das Güterichterverfahren iSd § 36 Abs. 5 FamFG oder den schriftlichen Vergleichsvorschlag des Gerichts iSd § 113 Abs. 1 S. 2 FamFG iVm § 278 Abs. 6 S. 1 Alt. 2 ZPO, vgl. Unberath JZ 2010, 979.
22 Greger/Unberath/Steffek/Greger E. Rn. 36.
23 Vgl. Fritz/Pielsticker/Fritz § 23 Rn. 13.
24 → FamFG § 23 Rn. 3: Bei einer mehr als 14tägigen Verzögerung ist die Zustellung nicht mehr als „demnächst" iSd § 113 Abs. 1 S. 2 FamFG iVm § 167 ZPO erfolgt, was die Versäumung von Verjährungs- und Ausschlussfristen nach sich ziehen kann, vgl. Greger/Unberath/Steffek/Greger E. Rn. 39.
25 Problematisch bleibt allerdings die Möglichkeit der Angabe durch Floskeln oder Textbausteine, Röthemeyer, Mediation, S. 163; Weber, Regelungen zur Förderung der Mediation, Teil 2 § 2 A. I.

(4) ¹Über Termine und persönliche Anhörungen hat das Gericht einen Vermerk zu fertigen; für die Niederschrift des Vermerks kann ein Urkundsbeamter der Geschäftsstelle hinzugezogen werden, wenn dies auf Grund des zu erwartenden Umfangs des Vermerks, in Anbetracht der Schwierigkeit der Sache oder aus einem sonstigen wichtigen Grund erforderlich ist. ²In den Vermerk sind die wesentlichen Vorgänge des Termins und der persönlichen Anhörung aufzunehmen. *³Über den Versuch einer gütlichen Einigung vor einem Güterichter nach § 36 Absatz 5 wird ein Vermerk nur angefertigt, wenn alle Beteiligten sich einverstanden erklären.* ⁴Die Herstellung durch Aufzeichnung auf Datenträger in der Form des § 14 Abs. 3 ist möglich.

§ 28 Abs. 4 Satz 3

1 Der gemäß § 28 Abs. 4 S. 1 grundsätzlich zu fertigende Vermerk über Termine und persönliche Anhörungen dient dazu, die Entscheidung vorzubereiten und nach S. 2 den wesentlichen Verfahrensablauf zu dokumentieren,[1] auch mit dem Ziel, dass im Beschwerdeverfahren nicht nochmals eine persönliche Anhörung durchgeführt werden muss (§ 68 Abs. 3 S. 2 FamFG). Ihm kommt somit eine nicht geringe Beweisfunktion zu. Die Änderung des § 28 Abs. 4 FamFG in S. 3 ist im Zusammenhang mit der bundesweiten Einführung des **Güterichters** zu sehen, der an die Stelle des im Regierungsentwurf noch vorgesehenen gerichtsinternen Mediators getreten ist (zum Güterichter → FamFG § 36 Rn. 1 ff. sowie → L. Rn. 8 ff.). § 23 Abs. 4 S. 3 FamFG sieht dabei als Ausnahme von der in Abs. 4 S. 1 festgelegten Pflicht der Anfertigung eines Vermerks ab. Bei Einverständnis der Parteien kann diese Ausnahme wiederum abbedungen werden.[2] Die Ausführungen der Beteiligten in einem Termin vor einem Güterichter nach dem neu eingeführten § 36 Abs. 5 FamFG sollen im Interesse eines offenen Gütegespräches vertraulich behandelt werden können.[3]

2 Das Einverständnis zur Fertigung eines Vermerks kann jederzeit bis zur Beendigung der Verhandlung erklärt werden. Es ist ratsam, dass in dem Vermerk die Einverständniserklärungen der Beteiligten aufgenommen werden.[4]

3 § 36 Abs. 5 S. 3 iVm § 36 Abs. 2 S. 1 FamFG bleibt unberührt. Kommt also eine Einigung im Termin vor dem Güterichter zustande, ist hierüber eine Niederschrift anzufertigen, ohne dass es auf das Einverständnis der Beteiligten ankäme.[5]

---

1 Neben dem Ergebnis einer persönlichen Anhörung gehören dazu insbesondere die Aufnahme anwesender Personen, der Ort und die Zeit des Termins sowie entscheidungserhebliche Umstände, namentlich Antragsänderungen, erteilte Hinweise, neuer erheblicher Tatsachenvortrag, Ergebnis einer Beweisaufnahme oder die mündliche Bekanntgabe eines Beschlusses, vgl. Zöller/Feskorn § 28 Rn. 9.
2 Fritz/Pielsticker/Fritz § 28 Rn. 6.
3 Vgl. BT-Drs. 17/8058, 22; Zorn FamRZ 2012, 1265 (1269).
4 Fritz/Pielsticker/Fritz § 28 Rn. 17.
5 BT-Drs. 17/8058, 22.

§ 36 FamFG Vergleich

(1) ¹Die Beteiligten können einen Vergleich schließen, soweit sie über den Gegenstand des Verfahrens verfügen können. ²Das Gericht soll außer in Gewaltschutzsachen auf eine gütliche Einigung der Beteiligten hinwirken.

(2) ¹Kommt eine Einigung im Termin zustande, ist hierüber eine Niederschrift anzufertigen. ²Die Vorschriften der Zivilprozessordnung über die Niederschrift des Vergleichs sind entsprechend anzuwenden.

(3) Ein nach Absatz 1 Satz 1 zulässiger Vergleich kann auch schriftlich entsprechend § 278 Abs. 6 der Zivilprozessordnung geschlossen werden.

(4) Unrichtigkeiten in der Niederschrift oder in dem Beschluss über den Vergleich können entsprechend § 164 der Zivilprozessordnung berichtigt werden.

(5) ¹Das Gericht kann die Beteiligten für den Versuch einer gütlichen Einigung vor einen hierfür bestimmten und nicht entscheidungsbefugten Richter (Güterichter) verweisen. ²Der Güterichter kann alle Methoden der Konfliktbeilegung einschließlich der Mediation einsetzen. ³Für das Verfahren vor dem Güterichter gelten die Absätze 1 bis 4 entsprechend.

§ 36 Abs. 5
I. Normzweck; Anwendungsbereich

Gemäß § 36 Abs. 1 S. 2 soll das Gericht in jeder Lage des Verfahrens auf eine gütliche Einigung hinwirken.[1] Die Regelung begründet eine Rechtspflicht des Gerichts zur Förderung einer gütlichen Einigung.[2] Durch die Einfügung des § 36 Abs. 5 wird im Gesetz über das Verfahren in Familiensachen und in den Angelegenheiten der freiwilligen Gerichtsbarkeit (FamFG) die Möglichkeit gesetzlich verankert, die Beteiligten für den Versuch einer gütlichen Einigung an einen hierfür bestimmten und nicht entscheidungsbefugten Richter, den Güterichter, zu verweisen (zum Güterichter → K. Rn. 8 ff.).[3] Die Beteiligten haben damit ergänzend zu der in § 36a Abs. 1 FamFG genannten gerichtsnahen Mediation und den anderen Verfahren der außergerichtlichen Konfliktbeilegung eine weitere – gerichtliche – Option, den rechtshängigen Konflikt einvernehmlich zu lösen. Die Verweisung ist in jedem Verfahrensstadium und in jeder Instanz zulässig.[4] Die Entscheidung über die Verweisung steht im Ermessen des Gerichts,[5]

---

1 Mit Ausnahme von Gewaltschutzsachen.
2 Von dieser Rechtspflicht zur Förderung des Einvernehmens kann das Gericht ausweislich des Wortlautes der Norm ("soll") nur in atypischen Sonderfällen abweichen, Prütting/Helms/Abramenko § 36 Rn. 4.
3 Prütting MDR 2016, 965 ff.
4 Prütting/Helms/Abramenko § 36 Rn. 25.
5 BT-Drs. 17/5335, 11; Prütting/Helms/Abramenko § 36 Rn. 31; trotz der besonderen Mediationseignung von Familiensachen werden die Güterichter hierfür allerdings selten in Anspruch genommen, vgl. Lentz jM 2023, 97. Im Jahr 2021 gelangten an den Familiengerichten nur knapp 0,5 % der Verfahren zum Güterichter, vgl. ZKM 2022, 200.

ebenso wie die Auswahl des Güterichters.[6] Sie erfolgt durch Beschluss des Gerichts,[7] der nach Anhörung, aber ohne mündliche Verhandlung ergeht. Die Verweisung bedarf nicht zwingend der Zustimmung der Parteien, wobei ein Fehlen der Zustimmung im Rahmen der Ermessensausübung zu würdigen ist.[8] Die Durchführung eines Güteversuches vor dem Güterichter ist aussichtsreich, wenn die Beteiligten für eine einvernehmliche Konfliktlösung offen und deshalb grundsätzlich bereit sind, sich auf ein solches Verfahren einzulassen. Eine Verweisung führt nicht zum Ruhen des Verfahrens; dieses wird lediglich für einen besonderen Abschnitt auf einen anderen Richter, den Güterichter, übertragen.[9] Zur Organisation des Güterichterverfahrens wird die Einrichtung eigener Geschäftsstellen empfohlen,[10] an die die Akten übersandt werden, die sie registrieren und dem Güterichter vorlegen.[11] Wird das Güterichterverfahren ohne oder nur mit einer Teilvereinbarung beendet, erfolgt die Zurückverweisung an das erkennende Gericht. Kommt eine den gesamten Streitgegenstand umfassende Einigung zustande, ist hierüber eine Niederschrift anzufertigen, § 36 Abs. 5 S. 3 iVm § 36 Abs. 2 S. 1. Soweit es einer Kostenentscheidung bedarf, entscheidet hierüber das erkennende Gericht.[12]

2 Eine der allgemeinen Regelung in § 36 Abs. 5 für den besonderen Bereich der Familienstreitsachen (§ 112 FamFG)[13] entsprechende Möglichkeit, Beteiligte vor einen Güterichter zu verweisen, ergibt sich durch den Verweis in § 113 Abs. 1 S. 2 FamFG auf die Vorschriften der ZPO, also auch

---

6 Möglich ist auch die Verweisung an einen Güterichter eines anderen Gerichts, was insbesondere dann in Betracht kommt, wenn es am verweisenden Gericht keinen Güterichter gibt, BT-Drs. 17/5335, 21. Zu solchen „Konzentrations- oder Pool-Lösungen" vgl. Greger/Weber MDR 2019, S1 Rn. 44.
7 MüKoFamFG/Ulrici § 36 Rn. 8; Prütting/Helms/Abramenko § 36 Rn. 29.
8 Greger MDR 2014, 995; Schmidt ZKM 2015, 115. Eine Verweisung in diesem Fall ablehnend Prütting/Helms/Abramenko § 36 Rn. 27. Ähnlich Röthemeyer ZKM 2012, 117: „Jedenfalls dann, wenn die Parteien über das Güteverfahren [...] vollständig informiert sind, dürfte das Ermessen des Spruchrichters für den Fall der Weigerung auch nur einer Partei auf „null" reduziert sein". Eine Verweisung ohne Zustimmung der Parteien steht mit Blick auf die Mediation (zum Verhältnis von Güterichterverfahren und Mediation → Rn. 3) in einem Spannungsverhältnis zum Prinzip der Freiwilligkeit (ausführlich zu obligatorischen Momenten zur Mediation und dem Prinzip der Freiwilligkeit → FamFG § 135 Rn. 5 f.; → MediationsG § 2 Rn. 9, 100).
9 MüKoFamFG/Ulrici § 36 Rn. 8; Prütting/Helms/Abramenko § 36 Rn. 32.
10 Greger/Weber MDR 2019, 1 Rn. 59; Schobel ZKM 2012, 193.
11 Aufgrund des Akteneinsichtsrechts in die Akte des Güterichterverfahrens, vgl. dazu OLG München OLGR München 2009, 521 f., wird empfohlen „keine Schriftstücke mit Informationen zum Verhandlungsgegenstand bzw. vertrauliche Mitteilungen, Unterlagen oder Aufzeichnungen" in die Akte des Güterichterverfahrens zu nehmen, Schobel ZKM 2012, 193. Entsprechendes gilt für Angelegenheiten, die dem Anwendungsbereich des FamFG unterfallen, soweit diese der Amtsermittlung unterliegen, da das erkennende Gericht nach allgemeinen Grundsätzen alle erforderlichen Ermittlungen anzustellen hat, vgl. MüKoFamFG/Ulrici § 36 Rn. 12.
12 Prütting/Helms/Abramenko § 36 Rn. 39.
13 Gem. § 112 FamFG sind folgende Familiensachen sog. Familienstreitsachen: Unterhaltssachen nach § 231 Abs. 1 FamFG und Lebenspartnerschaftssachen nach § 269 Abs. 1 Nr. 8, 9, 10 und Abs. 2 FamFG, Güterrechtssachen, sonstige Familiensachen nach § 266 Abs. 1 FamFG.

auf den angepassten § 278 Abs. 5 ZPO. In Ehesachen (§ 121 FamFG)[14] ist die Durchführung einer Güteverhandlung und damit auch ein weiterer Güteversuch nach § 113 Abs. 4 Nr. 4 FamFG ausgeschlossen. Ob die Voraussetzungen einer Ehescheidung, einer Eheaufhebung oder einer Feststellung des Bestehens oder Nichtbestehens einer Ehe vorliegen, steht nicht zur Disposition der Beteiligten.[15]

II. Mediative Techniken und Mediation im güterichterlichen Verfahren

Während der Regierungsentwurf des Gesetzes zur Förderung der Mediation und anderer Verfahren der außergerichtlichen Konfliktbeilegung die Schaffung einer gesetzlichen Grundlage für gerichtsinterne Mediation vorgesehen hatte,[16] beabsichtigte der Rechtsausschuss des Bundestages eine klare gesetzliche Abgrenzung von Mediation einerseits und richterlicher Tätigkeit zur Streitbeilegung andererseits.[17] Der Güterichter sollte darauf beschränkt werden, im Rahmen seiner güterichterlichen Tätigkeit anstelle eines vollständigen Mediationsverfahrens lediglich die **Grundsätze und Methoden der Mediation** anzuwenden.[18] Im Rahmen der Verhandlungen des Vermittlungsausschusses wurde die schließlich Gesetz gewordene Formulierung gewählt,[19] wonach der Güterichter **alle Methoden der Konfliktbeilegung einschließlich der Mediation** einsetzen kann. Damit sollte dem großen Erfahrungsschatz der in den Pilotprojekten tätig gewesenen **richterlichen Mediatorinnen und Mediatoren** Rechnung getragen werden (→ ZPO § 278 Rn. 9). Insbesondere Familiensachen zeichnen sich häufig durch eine erhebliche Komplexität und eine große Konfliktdynamik aus. Die Güterichter werden im Interesse der Beteiligten die gesamte Vielfalt der Methoden einschließlich der Mediation anwenden und können, wenn beispielsweise die (zeitlichen) Ressourcen des Güterichterverfahrens nicht ausreichend scheinen,[20] den Weg in die außergerichtliche Mediation (→ FamFG § 36a Rn. 1 ff.) weisen.

§ 36a FamFG Mediation, außergerichtliche Konfliktbeilegung

(1) ¹Das Gericht kann einzelnen oder allen Beteiligten eine Mediation oder ein anderes Verfahren der außergerichtlichen Konfliktbeilegung vorschlagen. ²In Gewaltschutzsachen sind die schutzwürdigen Belange der von Gewalt betroffenen Person zu wahren.

---

14 Dies sind Verfahren auf Scheidung der Ehe (Scheidungssachen), § 121 Nr. 1 FamFG, auf Aufhebung der Ehe, § 121 Nr. 2 FamFG, und auf Feststellung des Bestehens oder Nichtbestehens einer Ehe zwischen den Beteiligten, § 121 Nr. 3 FamFG.
15 BT-Drs. 17/8058, 22; → FamFG § 23 Rn. 2.
16 BT-Drs. 17/5335, 19. Zum Gesetzgebungsverfahren vgl. Prütting AnwBl 2012, 244; Friedrich/Dürschke, 2013, S. 12 f.
17 BT-Drs. 17/8058, 17.
18 Carl ZKM 2012, 16 (19).
19 BT-Drs. 17/10102, 2; siehe dazu → L. Rn. 1 ff.
20 Greger MDR 2014, 996; den zeitlichen Aspekt hervorhebend: Plassmann, Protokoll der 51. Sitzung des Rechtsausschusses des Deutschen Bundestages vom 25.5.2011, S. 13.

(2) Entscheiden sich die Beteiligten zur Durchführung einer Mediation oder eines anderen Verfahrens der außergerichtlichen Konfliktbeilegung, setzt das Gericht das Verfahren aus.

(3) Gerichtliche Anordnungs- und Genehmigungsvorbehalte bleiben von der Durchführung einer Mediation oder eines anderen Verfahrens der außergerichtlichen Konfliktbeilegung unberührt.

I. Normzweck; Anwendungsbereich (Abs. 1 S. 1) 1	III. Aussetzung des Verfahrens (Abs. 2) 9
II. Keine Ausnahmen für Gewaltschutzverfahren (Abs. 1 S. 2) ... 8	IV. Kein Einfluss auf Einschränkungen der Dispositionsbefugnis der Beteiligten (Abs. 3) 11

I. Normzweck; Anwendungsbereich (Abs. 1 S. 1)

1 Die mit dem „Gesetz zur Förderung der Mediation und anderer Verfahren der außergerichtlichen Konfliktbeilegung" vollständig neu eingefügte Vorschrift des § 36a Abs. 1 FamFG entspricht dem Regelungsgehalt des § 278a Abs. 1 ZPO (→ ZPO § 278a Rn. 1 f.). § 36a FamFG ist Ausprägung der Idee der Diversion von Verfahren zur Streitbeilegung.[1] Er konkretisiert und aktiviert die in § 36 Abs. 1 S. 2 FamFG begründete Rechtspflicht des Gerichts zur Förderung einer gütlichen Einigung.[2]

2 Die Vorschrift stellt zunächst klar, dass nicht notwendigerweise sämtliche Beteiligte eines Gerichtsverfahrens nach dem FamFG auch an einer Mediation oder einem anderen Verfahren der außergerichtlichen Konfliktbeilegung teilnehmen müssen. Diese Klarstellung ist erforderlich, weil der **Beteiligtenbegriff** in § 7 FamFG wesentlich weiter ist als der Parteibegriff der ZPO. Nicht in allen Fällen ist die Mitwirkung sämtlicher nach FamFG am Gerichtsverfahren Beteiligter auch an der außergerichtlichen Konfliktbeilegung sinnvoll. So dürfte eine Beteiligung des Jugendamtes, auch wenn es einen Antrag nach § 162 Abs. 2 FamFG gestellt hat, an der Konfliktbeilegung in der Mediation nur in besonderen Fällen angezeigt sein. Es liegt im Ermessen des Gerichts, welchen Beteiligten es die außergerichtliche Konfliktbeilegung vorschlägt.[3] Sollte zB die Mitwirkung des Jugendamtes sich im Einzelfall als hilfreich erweisen und sind die Eltern einverstanden, ist die Beteiligung an einem Mediationsverfahren jederzeit möglich.

3 Die Vorschrift gilt in den Angelegenheiten der freiwilligen Gerichtsbarkeit sowie in Familiensachen; in Familienstreitsachen (§ 112 FamFG) gilt nach § 113 Abs. 1 S. 2 das entsprechende Verfahren über die Anwendung des fast wortgleichen § 278a ZPO.

4 Zweck des § 36a FamFG ist es, bei Gewährleistung des Justizgewährungsanspruchs (Art. 19 Abs. 4 GG) ein Bewusstsein für und einen Weg in eine beschleunigte, die staatlichen Gerichte entlastende, einverständliche und deshalb gegenüber einer richterlichen Entscheidung grundsätzlich vorzugs-

---

[1] Greger MDR 2014, 993 f.; mit dieser Terminologie bereits in Bezug auf § 278 Abs. 5 S. 2 ZPO aF Greger NJW 2007, 3260.
[2] Zur Konkretisierung: Prütting/Helms/Prütting § 36a Rn. 1, 4. Zur Aktivierung: Unberath JZ 2010, 979. Zu dieser Rechtspflicht vgl. MüKoFamFG/Ulrici § 36 Rn. 1, 7; Prütting/Helms/Abramenko § 36 Rn. 4.
[3] BT-Drs. 17/5335, 22.

würdige[4] Konfliktlösung zu schaffen. Dazu soll die **Eigenverantwortung der Beteiligten** bei der Lösung ihres dem Gerichtsverfahren zugrunde liegenden Konflikts gestärkt und ihnen die Chance zu dessen selbstbestimmter Beilegung eingeräumt werden.[5] § 36a ist in diesem Sinne eine Tür, durch die Konflikte den Weg in ein ihnen angemesseneres Verfahren gehen können.[6]

Das Gericht kann im Rahmen seiner Amtspflicht zur Prüfung einer möglichen einvernehmlichen Verfahrenserledigung entweder aufgrund eigener Sachkunde auf einen Vergleich gemäß § 36 FamFG hinwirken oder den Beteiligten vorschlagen, einen außergerichtlichen Einigungsversuch zu unternehmen. Damit wird dem insbesondere im Familien- sowie Kinder- und Jugendhilferecht ausgeprägten Subsidiaritätsprinzip Rechnung getragen, wonach freiwillige und eigenverantwortliche Regelungen jeder gerichtlichen Entscheidung vorzuziehen sind.[7] Die Unterbreitung des Vorschlags unterliegt keiner besonderen Form.[8] Sinnvoll ist, wenn das Gericht den Parteien die Gründe seiner Entscheidung mitteilt. Ein Rechtsbehelf ist weder gegen die Unterbreitung des Vorschlages noch gegen sein Unterbleiben gegeben.[9]

Um sein Ermessen über den Vorschlag pflichtgemäß ausüben zu können, hat das Gericht die Mediationseignung des Konflikts zu klären.[10] Ein operabler Katalog von Positiv-Kriterien hierfür ist bisher nicht entwickelt.[11] Andererseits ist Mediation im Grundsatz zur Konfliktbeilegung geeignet[12]

---

4 BVerfG 14.2.2007 – 1 BvR 1351/01, NJW-RR 2007, 1073.
5 Keidel/Meyer-Holz § 36a Rn. 2.
6 Althammer in Althammer/Eisele/Ittner/Löhning, S. 20 f. In der Praxis wird von der Möglichkeit, einen Vorschlag zur einvernehmlichen außergerichtlichen Konfliktbeilegung zu unterbreiten, indes nur selten Gebrauch gemacht, diese Tür also kaum genutzt, vgl. Röthemeyer, Mediation, S. 164. Ein Grund hierfür ist der Mangel an einer engen Verzahnung von gerichtlichen Verfahren und außergerichtlichen Angeboten zur einvernehmlichen Konfliktbeilegung. Mediation ist aus rechtsvergleichender Perspektive dann erfolgreich, wenn sie institutionell in das System der Streitbeilegungsverfahren eingebunden ist, vgl. Hopt/Steffek, Mediation – Rechtstatsachen Rechtsvergleich, Regelungen, S. 79, was in Deutschland nicht der Fall ist. Zu Verweisungshürden bei § 278a Abs. 1 ZPO, der in seinem Regelungsgehalt § 36a entspricht, vgl. ausführlich Bushart, 278a ZPO als Schnittstelle zwischen Gerichtsverfahren und außergerichtlicher Mediation, Kap. 1 D.
7 BVerfG 14.2.2007 – 1 BvR 1351/01, NJW-RR 2007, 1073.
8 Prütting/Helms/Prütting § 36a Rn. 11.
9 Prütting/Helms/Prütting § 36a Rn. 8.
10 Röthemeyer, Mediation, S. 163; Prütting/Helms/Prütting § 36a Rn. 8; Unberath JZ 2010, 979; BT-Drs. 17/5335, 20.
11 Ähnlich Steffek RabelsZ 2010, 868; Mattioli/Trenczek Betrifft Justiz 2010, 329; Gottwald in: Haft/v. Schlieffen, S. 985. In diese Richtung auch High Court in Hurst v. Leeming [2003] 1 Lloyds Rep 379: „What appears to be incapable of mediation before the mediation process begins often proves capable of satisfactory resolution later". Modelle, die aus Perspektive der Partei eine systematische und rationale Entscheidung bei der Auswahl des Konfliktbeilegungsverfahrens ermöglichen sollen, vgl. dazu Hagel ZKM 2014, 109 ff., sind im vorliegenden Zusammenhang nicht operabel, da sie Informationen der Partei erfordern (insbesondere zu Verfahrensinteressen und Motivation der Partei), die dem Gericht nicht zur Verfügung stehen. Aus der Perspektive des Gerichts wird in Form von Leitfragen der Versuch unternommen, sich der Bestimmung der Mediationseignung zu nähern, vgl. Friedrich, Mediation in der Sozialgerichtsbarkeit, S. 243, 266 ff. mit dem zutreffenden einschränkenden Hinweis, dass diese „lediglich eine Orientierungshilfe" sein können.
12 Blake/Browne/Sime, The Jackson ADR Handbook 2013, S. 132; Gottwald Aktuelle juristische Praxis 2007, 614.

und umgekehrt sind Konflikte im Grundsatz mediationsgeeignet.[13] In diesem Sinne kann von einer Vermutung für die Mediationseignung gesprochen werden.[14] Das bedeutet jedoch nicht, dass jeder Konflikt mediationsgeeignet wäre.[15] Es können Ausschluss-Kriterien formuliert werden, bei deren Vorliegen die Vermutung widerlegt, also eine Ausnahme vom Grundsatz der Mediationseignung anzunehmen ist.[16]

6 Das Gericht kann eine Mediation oder ein anderes Verfahren der außergerichtlichen Konfliktbeilegung vorschlagen. Mit dem Begriff Mediation ist hier das **echte, vollständige Mediationsverfahren** gemeint, welches sowohl in den Praxen der ausgebildeten Mediatorinnen und Mediatoren als auch in den dafür besonders ausgestatteten Beratungsstellen angeboten wird. Die Grundsätze des Mediationsverfahrens bestimmen sich nach dem MediationsG.

7 **Andere Verfahren** sind in diesem Zusammenhang zB die **Vermittlung durch das Jugendamt** nach § 17 Abs. 1 SGB VIII sowie durch **Beratungsstellen** gemäß § 28 SGB VIII. Denkbar sind auch Verfahren vor **Schlichtungs- oder Gütestellen** nach dem jeweiligen Landesrecht, wenngleich diese in Familiensachen praktisch keine Bedeutung haben.

II. Keine Ausnahmen für Gewaltschutzverfahren (Abs. 1 S. 2)

8 § 36a Abs. 1 FamFG nimmt – anders als § 36 Abs. 1 S. 2 FamFG – die Gewaltschutzsachen (§ 210 FamFG)[17] nicht kategorisch aus. Die früher allgemein vertretene Auffassung, bei Beziehungsgewalt sei Mediation als

---

13 Sander/Rozdeiczer, Selecting an Appropriate Dispute Resolution Procedure – Detailed Analysis and Simplified Solution, in: Moffit/Bordone (Hrsg.) 2005, S. 404; Sander/Rozdeiczer, Harvard Negotiation Law Review 2006, 41; Mattioli/Trenczek, Betrifft Justiz 2010, 329; Wendland, Mediation und Zivilprozess, S. 900.
14 Sander/Rozdeiczer, Harvard Negotiation Law Review 2006, 32 f.: „Assume mediation […] regard mediation as a point of departure, unless there are contraindications to its use". Ähnlich Gottwald Aktuelle juristische Praxis 2007, 614: Die Vermutung für die Mediation als dem Standardverfahren zur Konfliktbehandlung kann „allenfalls im ganz konkreten Fall durch Indikatoren gegen die Mediation ausgeräumt werden"; Greger/Unberath/Steffek/Greger D. Rn. 49: Mediation als Standardverfahren zur Konfliktbehandlung; Wendland, Mediation und Zivilprozess, S. 1027.
15 Althammer JZ 2006, 72.
16 Grundlegend Weber, Regelungen zur Förderung der Mediation, Teil 3 § 2 D. III. Dazu gehören: (1) Zwingendes Recht und fehlende Dispositionsbefugnis der Parteien, → FamFG § 23 Rn. 5; Mattioli/Trenczek Betrifft Justiz 2010, 329; MüKoFamFG/Ulrici § 36a Rn. 9. (2) Vorrangige Gründe der öffentlichen Ordnung, insbesondere eine Gefährdung des Wohles eines Kindes oder eine schwerwiegende Beeinträchtigung der physischen oder psychischen Integrität einer Person. (3) Drohende Rechtsvereitelung oder Rechtserschwerung durch einen Mediationsversuch, vgl. Schmidt in: Schmidt/Lapp/Monßen, Mediation in der Praxis des Anwalts, S. 46, 48; ähnlich Court of Appeal in Halsey v. Milton Keynes General NHS Trust/Steel v. Halliday [2004] EWCA (Civ) 576), insbesondere im einstweiligen Rechtsschutz. (4) Möglichkeit strafbaren Verhaltens einer Partei im Zusammenhang mit dem Konflikt. (5) Interesse einer Partei an einem Präjudiz, wenn ein Präzedenzfall in Streit steht. Ähnlich: Sander/Rozdeiczer, Harvard Negotiation Law Review 2006, 1, 32 f.; Sander/Rozdeiczer, Selecting an Appropriate Dispute Resolution Procedure – Detailed Analysis and Simplified Solution, in Moffit/Bordone (Hrsg.) 2005, S. 404.
17 Gewaltschutzsachen sind gem. § 210 FamFG Verfahren nach den §§ 1 und 2 des Gewaltschutzgesetzes.

Konfliktlösungsmethode generell nicht anzuwenden, ist nach neueren Erkenntnissen zu modifizieren.[18] Die Sinnhaftigkeit einer Mediation muss in solchen Fällen jeweils im Einzelfall gründlich geprüft werden;[19] insbesondere ist darauf zu achten, dass die **schutzwürdigen Belange** der von Gewalt betroffenen Person gewahrt werden, so dass eine Gefährdung und Retraumatisierung des Opfers verhindert werden. Schutzwürdige Belange sind somit solche, bei denen eine allgemeine oder besondere Gefährdung und Retraumatisierung droht. So sollten, je nach Einzelfall, besondere personelle und äußere Rahmenbedingungen geschaffen werden, zB sollten sich die Parteien nicht gemeinsam in einem Wartebereich aufhalten und es muss geklärt werden, welche Bedürfnisse nach Schutzmaßnahmen bestehen. Eine **Mediation in Gewaltschutzsachen** stellt damit **hohe Anforderungen an die Mediatorin und den Mediator**. Werden diese besonderen Bedingungen beachtet, kann Mediation aber gerade bei vorliegendem Gewalthintergrund ein sinnvoller Weg sein, um zu einer Beilegung des generellen Konflikts zu gelangen.[20] Der Bundesrat hatte im Gesetzgebungsverfahren empfohlen, den Vorschlag einer Mediation in Gewaltschutzsachen entfallen zu lassen. Zur Begründung war ausgeführt worden, dass andernfalls ein Widerspruch zu der Regelung in § 36 Abs. 1 S. 2 FamFG bestehe, wonach das Gericht in Gewaltschutzsachen gerade nicht auf eine gütliche Einigung hinwirken solle. Dieser Grundsatz müsse auch für die vom Gericht angeregte außergerichtliche Konfliktbeilegung oder Mediation gelten.[21] Mit der jetzigen Regelung in § 36a Abs. 1 S. 2, wonach in Gewaltschutzsachen die schutzwürdigen Belange der von Gewalt betroffenen Person zu wahren sind, wurde der Vorschlag des Bundesrates modifiziert. Es wird auch den Familien, die von Gewalt geprägte Episoden durchmachen mussten, der Weg in die Mediation grundsätzlich offen gehalten. Damit folgt die gesetzliche Regelung der sich entwickelnden und wandelnden Konfliktbeilegungskultur im familiengerichtlichen Verfahren.

III. Aussetzung des Verfahrens (Abs. 2)

Anders als § 278a Abs. 2 ZPO sieht § 36 Abs. 2 FamFG als Rechtsfolge nicht das Ruhen des Verfahrens vor, das dem FamFG fremd ist, sondern die **Aussetzung des Verfahrens durch das Gericht** nach § 21 FamFG. Das Verfahren ist **von Amts wegen** ohne weitere Prüfung auszusetzen, wobei es unerheblich ist, ob die Beteiligten aufgrund eigener Initiative oder aufgrund wechselseitiger Übereinkunft nach einem gerichtlichen Vorschlag den Versuch einer außergerichtlichen Konfliktbeilegung unternehmen.

§ 21 Abs. 1 S. 2 FamFG iVm § 249 Abs. 1 und 2 ZPO bestimmen, dass mit der Aussetzung der Lauf einer jeden Frist aufhört und nach Beendigung

---

18 Gläßer, Mediation und Beziehungsgewalt, S. 186, 212 ff., 498; Proksch ZKM 2011, 173 (174).
19 Vgl. bereits Ziffer III. ix) der Empfehlung Nr. R (98) 1 des Ministerkomitees des Europarats an die Mitgliedstaaten über Familienmediation, abgedruckt in FamRZ 1998, 1019.
20 Vgl. Gläßer, Mediation und Beziehungsgewalt, S. 353; Trenczek/Petzold ZKJ 2011, 409 ff.
21 BR-Drs. 60/11, 13.

der Aussetzung die volle Frist von neuem zu laufen beginnt.[22] Bleibt eine Einigung aus, ist das Verfahren vom Gericht fortzuführen. Gegebenenfalls sollte das Gericht den Beteiligten eine Frist zur Vorlage einer Einigung oder aber zum Bericht über den Stand des Verfahrens setzen. In **Kindschaftssachen**, die den Aufenthalt des Kindes, das Umgangsrecht oder die Herausgabe des Kindes betreffen, ist das Verfahren gemäß § 155 Abs. 4 FamFG im Hinblick auf das Beschleunigungsgebot **in der Regel nach drei Monaten wieder aufzunehmen**, sofern keine außergerichtliche Einigung erzielt wurde.

IV. Kein Einfluss auf Einschränkungen der Dispositionsbefugnis der Beteiligten (Abs. 3)

11 Grundsätzlich besteht die Möglichkeit, das Ergebnis einer außergerichtlichen Konfliktbeilegung zB in Form einer Abschlussvereinbarung zum Gegenstand eines gerichtlichen Vergleichs gemäß § 36 FamFG zu machen. Damit kann ein vollstreckbarer Titel geschaffen werden (§ 86 Nr. 3 FamFG iVm § 794 Abs. 1 Nr. 1 ZPO). In der Regel geschieht dies durch Übermittlung der Abschlussvereinbarung an das Gericht, entweder durch die Beteiligten selbst oder durch deren Verfahrensbevollmächtigte. Zur Vermeidung eines Termins zur Protokollierung einer solchen Einigung kann der Vergleich durch Beschluss nach § 36 Abs. 3 FamFG iVm § 278 Abs. 6 ZPO geschlossen werden, indem das Gericht das Zustandekommen und den Inhalt des Vergleichs feststellt.

In diesem Zusammenhang wird durch § 36a Abs. 3 FamFG klargestellt, dass die Durchführung einer Mediation oder eines anderen Verfahrens der außergerichtlichen Konfliktbeilegung keinen Einfluss auf die gesetzlich vorgesehenen Einschränkungen der Dispositionsbefugnis der Beteiligten durch Anordnungs- und Genehmigungsvorbehalte hat. Die Regelung des § 36a Abs. 3 FamFG gilt beispielsweise für Entscheidungen des Gerichts nach § 1671 BGB oder nach § 1666 BGB bei **Gefährdung des Kindeswohls** sowie für den **Vorbehalt der gerichtlichen Billigung** nach § 156 Abs. 2 S. 2 FamFG, wenn Eltern über den Umgang mit einem Kind Einvernehmen erzielen. Bei allen Vereinbarungen, die Kinder betreffen, gilt der **Kindeswohlvorbehalt iSd § 1697a BGB**. Das Gericht hat von Amts wegen zu ermitteln (§ 26 FamFG), ob die von den Eltern in der Mediation erarbeitete Regelung dem Wohl des betroffenen Kindes ent- bzw. nicht widerspricht. Um eine gerichtliche Anordnung oder Genehmigung im Sinne von § 36a Abs. 3 FamFG zu erleichtern, können die Beteiligten der Mediatorin oder dem Mediator erlauben, dem entscheidungsbefugten Richter die Gründe für die in der Mediation getroffene Vereinbarung mitzuteilen.[23] Dies gilt auch bei einer Einigung über die von einem Elternteil mit Kindern genutzte Ehewohnung oder bei der Verteilung von Haushaltsgegenständen, soweit davon Kinder betroffen sind.

---

22 Die Verjährungshemmung gemäß § 204 Abs. 1 Nr. 1 BGB bleibt bestehen, vgl. MüKoFamFG/Ulrici § 36a Rn. 17.
23 BT-Drs. 17/5335, 22.

§ 81 FamFG Grundsatz der Kostenpflicht

(1) ¹Das Gericht kann die Kosten des Verfahrens nach billigem Ermessen den Beteiligten ganz oder zum Teil auferlegen. ²Es kann auch anordnen, dass von der Erhebung der Kosten abzusehen ist. ³In Familiensachen ist stets über die Kosten zu entscheiden.

(2) Das Gericht soll die Kosten des Verfahrens ganz oder teilweise einem Beteiligten auferlegen, wenn

1. der Beteiligte durch grobes Verschulden Anlass für das Verfahren gegeben hat;
2. der Antrag des Beteiligten von vornherein keine Aussicht auf Erfolg hatte und der Beteiligte dies erkennen musste;
3. der Beteiligte zu einer wesentlichen Tatsache schuldhaft unwahre Angaben gemacht hat;
4. der Beteiligte durch schuldhaftes Verletzen seiner Mitwirkungspflichten das Verfahren erheblich verzögert hat;
   der Beteiligte einer richterlichen Anordnung zur Teilnahme an einem kostenfreien Informationsgespräch über Mediation oder über eine sonstige Möglichkeit der außergerichtlichen Konfliktbeilegung nach § 156 Absatz 1 Satz 3 oder einer richterlichen Anordnung zur Teilnahme an einer Beratung nach § 156 Absatz 1 Satz 4 nicht nachgekommen ist, sofern der Beteiligte dies nicht genügend entschuldigt hat.

(3) Einem minderjährigen Beteiligten können Kosten in Kindschaftssachen, die seine Person betreffen, nicht auferlegt werden.

(4) Einem Dritten können Kosten des Verfahrens nur auferlegt werden, soweit die Tätigkeit des Gerichts durch ihn veranlasst wurde und ihn ein grobes Verschulden trifft.

(5) Bundesrechtliche Vorschriften, die die Kostenpflicht abweichend regeln, bleiben unberührt.

§ 81 Abs. 2 Nr. 5

I. Normzweck; Anwendungsbereich

Die kostenrechtlichen Grundnormen des FamFG eröffnen dem Gericht, anders als die der ZPO, eine Kostenentscheidung nach billigem Ermessen. Bereits mit dem am 1.9.2009 in Kraft getretenen „Gesetz über das Verfahren in Familiensachen und in den Angelegenheiten der freiwilligen Gerichtsbarkeit" (FamFG) wurde in **§ 150 Abs. 4 FamFG** eine **Regelung zu Kostensanktionen** eingeführt. Diese gilt ausschließlich für Scheidungssachen und Folgesachen. Kindschaftssachen, die die Übertragung oder Entziehung der elterlichen Sorge, das Umgangsrecht oder die Herausgabe eines gemeinschaftlichen Kindes oder das Umgangsrecht eines Elternteils mit dem Kind betreffen, sind dagegen von § 81 FamFG umfasst. Im Hinblick auf die Änderung des § 156 Abs. 1 S. 3 FamFG, wonach das Gericht auch eine Teilnahme an einem kostenfreien Informationsgespräch über Mediation oder über eine sonstige Möglichkeit der außergerichtlichen Konfliktbeilegung anordnen kann, war § 81 Abs. 2 Nr. 5 FamFG entsprechend der bereits für § 156 Abs. 1 S. 4 FamFG bestehenden Kostenregelung zu ergänzen. Aus § 81 Abs. 2 Nr. 5 Alt. 1 FamFG ergibt sich in Verbindung mit § 156 Abs. 1 S. 3 FamFG für das Familiengericht nunmehr die erweiterte Möglichkeit, zur Förderung einer konsensualen Konfliktbeilegung bestimmte Beteiligte zur Einholung von Informationen als eine besondere Form der Mitwirkung zu verpflichten. Kommen die Beteiligten einer entsprechenden Anordnung nicht nach, sollen sie mit einer Kostensanktion belegt werden[1] (→ FamFG § 150 Rn. 1 ff.).

II. Nichtteilnahme an einem angeordneten Informationsgespräch nach § 156 Abs. 1 S. 3 FamFG

2 Dem Familiengericht wird die Möglichkeit eingeräumt, die Nichtteilnahme an einem angeordneten Informationsgespräch nach § 156 Abs. 1 S. 3 FamFG, sofern sie nicht genügend entschuldigt ist, kostenrechtlich zu sanktionieren.

Dabei ist das Ermessen des Gerichts hinsichtlich des „Ob" der Auferlegung von Kosten eingeschränkt.[2] Liegen die Voraussetzungen des § 81 Abs. 2 Nr. 5 Alt. 1 FamFG vor, hat das Gericht im Regelfall dem grundsätzlichen Normbefehl zu folgen und die Kosten des Verfahrens einem Beteiligten ganz oder teilweise aufzuerlegen. In Bezug auf das „Wie", dh den Umfang der Auferlegung von Kosten, hat das Gericht einen weiten Ermessensspielraum.[3]

Die Regelung des § 81 Abs. 2 Nr. 5 FamFG steht nicht im Zusammenhang mit der Veranlassung von Mehrkosten, sondern hat echten Sanktionscharakter.[4] Die Norm liefe andernfalls praktisch leer, da das Nicht-Nachkommen der Anordnung keine Gebühren und regelmäßig auch keine anderen konkret zu beziffernden Mehrkosten verursacht.[5]

3 Mit dieser Regelung folgte der Gesetzgeber den internationalen Erfahrungen, insbesondere der sogenannten **Woolf-Reform** in England. Die Reform geht zurück auf den Rechtsstreit *Dunnet vs Railtrack*.[6] In einer bahnbrechenden Entscheidung wies der High Court die Berufung der Klägerin zwar wegen Fristversäumnis zurück, legte die Kosten des Verfahrens jedoch nicht ihr, sondern der Beklagten auf, weil diese sich einem Mediationsversuch widersetzt hatte. Das Gericht wies in der Urteilsbegründung auf die besondere Bedeutung der Mediation hin und führte dazu aus: *„A mediator may be able to provide solutions which are beyond the powers of the court to provide"*.[7] Diese Entscheidung gab den Anstoß für eine Änderung des Verfahrensrechts in England, die mit der Woolf-Reform umgesetzt wurde. Mit der Möglichkeit der Auferlegung von Verfahrenskosten trotz Obsiegens nach § 81 Abs. 2 Nr. 5 wurde auch in Deutschland ein Instrument geschaffen, das die Parteien bei der Suche nach einer außergericht-

---

1 BT-Drs. 17/5335, 23.
2 § 81 Abs. 2 FamFG sieht als Soll-Vorschrift für den Regelfall eine bestimmte Rechtsfolge vor, von der das Gericht nur in atypischen Sonderfällen abweichen kann, vgl. Finke FPR 2010, 333.
3 Finke FPR 2010, 333.
4 Finke FPR 2010, 333; MüKoFamFG/Schindler § 81 Rn. 57. AA Schulte-Bunert/Weinreich/Keske § 81 Rn. 30; Prütting/Helms/Feskorn § 81 Rn. 20.
5 Vgl. zu § 135 FamFG zutreffend: MüKoFamFG/Heiter § 135 Rn. 17.
6 Dunnet vs Railtrack plc. [2002] 1 WLR 2434 = [2002] 2 All ER 850.
7 Entscheidung besprochen bei Wagner ZKM 2004, 100 ff.

lichen einvernehmlichen Regelung motivieren soll. Eine solche Möglichkeit der Auferlegung von Kosten auch der obsiegenden Partei, wenn trotz Mediationseignung nicht vor Einleitung eines gerichtlichen Verfahrens der Versuch einer Einigung durch ein Mediationsverfahren unternommen wurde, ist zu begrüßen (→ FamFG § 150 Rn. 2 ff.).

III. Auswirkung auf das Prinzip der Freiwilligkeit

Kostenmäßige Sanktionen, mit denen kooperationsunwillige Parteien zu einem Umdenken angeregt werden können, sind seit der Entscheidung *Dunnet vs Railtrack*[8] nicht nur in England, sondern auch in Deutschland diskutiert und mit der Einführung der § 150 Abs. 4 S. 2 und § 81 Abs. 2 Nr. 5 Alt. 1 erste Schritte dahin umgesetzt worden. Auch wenn die Sorge vor den möglicherweise auferlegten Verfahrenskosten mit Blick auf den **Grundsatz der Freiwilligkeit** der Mediation teilweise auf Kritik stößt,[9] wird diese Maßnahme zur Motivierung für ein Mediationsverfahren unter dem **Gesichtspunkt der Verhältnismäßigkeit** zu Recht begrüßt (→ FamFG § 135 Rn. 5 ff. und → FamFG § 156 Rn. 6).

IV. Wirksamkeit der Kostensanktion

Die Regelung des § 81 Abs. 2 Nr. 5 Alt. 1 FamFG (Allgemeiner Teil) korrespondiert mit derjenigen des § 150 Abs. 4 S. 2 FamFG (Verfahren in Scheidungssachen und Folgesachen). Der **Einsatz eines gewissen richterlichen Druckes** hat sich in Kindschaftssachen als förderlich erwiesen, um die Beteiligten zu einer außergerichtlichen Beratung (§§ 156 Abs. 1 S. 4, § 81 Abs. 2 Nr. 5 Alt. 2 FamFG) zu bewegen. Ein nachdrücklicher richterlicher Appell an die Elternverantwortung wirkt, so dass sich die Eltern in der Folge eher an der Erarbeitung von Lösungen beteiligen. Es ist das Anliegen des Gesetzgebers, dass auch die richterlich angeordnete Information über Mediation (§§ 156 Abs. 1 S. 3, § 81 Abs. 2 Nr. 5 Alt. 1 FamFG) eine ähnliche Motivation zur Mitarbeit und letztlich Konfliktbeilegung bei den Eltern auslöst. Grundsätzlich ist eine Sanktionsdrohung geeignet, die Partei hin zum gewünschten Verhalten zu steuern.[10]

Auch wenn teilweise eingewandt wird, diese Regelung sei rechtspolitisch verfehlt und mache insbesondere bei Parteien mit Verfahrenskostenhilfe keinen Sinn,[11] darf man die **Signalwirkung** einer solchen Vorschrift nicht unterschätzen. Gerade in Kindschaftssachen können erhebliche **Zusatzkosten** durch die Einholung von Sachverständigengutachten oder durch die Bestellung von Verfahrensbeiständen entstehen. Die Auferlegung dieser zusätzlichen Kosten wegen Nichtteilnahme an einem Informationsgespräch über Mediation kann für die Betroffenen ein spürbares Sanktionsmittel

---

8 Dunnet vs Railtrack plc. [2002] 1 WLR 2434 = [2002] 2 All ER 850.
9 Vgl. Marx ZKM 2010, 132 f.; Proksch ZKM 2011, 173.
10 Zur Verhaltenssteuerung durch Kostensanktionen vgl. grundlegend Breyer, Kostenorientierte Steuerung des Zivilprozesses, S. 217, 237; Weber, Regelungen zur Förderung der Mediation, Teil 3 § 2 C II. 2. c); Feix, Die Verankerung einvernehmlicher Streitbeilegung im deutschen Zivilprozess, S. 214; Wagner AcP 2006, 363 f.; Spindler, Gerichtsnahe Mediation in Niedersachsen, S. 74; Kilian/Wielgosz ZZPInt 2004, 395; Althammer JZ 2006, 72 f.
11 Keidel/Zimmermann § 81 Rn. 44.

darstellen.[12] Es ist die Aufgabe der beteiligten Anwältinnen und Anwälte, in geeigneten Fällen auf die Anwendung dieser Kostensanktion zu dringen. Es könnte hilfreich sein, dies schriftsätzlich vorzutragen, um das Gericht auf diese Weise zur Anwendung dieser Regelung zu motivieren.

V. Genügende Entschuldigung

7 Ob die Weigerung, an einem richterlich angeordneten Informationsgespräch teilzunehmen, genügend entschuldigt ist, bedarf einer Entscheidung des Einzelfalles.[13] Gründe für eine genügende Entschuldigung können etwa Erkrankung, Unfall oder Missverstehen einer unklaren gerichtlichen Anordnung sein.[14]

§ 135 FamFG Außergerichtliche Konfliktbeilegung über Folgesachen

[1]Das Gericht kann anordnen, dass die Ehegatten einzeln oder gemeinsam an einem kostenfreien Informationsgespräch über Mediation oder eine sonstige Möglichkeit der außergerichtlichen Konfliktbeilegung anhängiger Folgesachen bei einer von dem Gericht benannten Person oder Stelle teilnehmen und eine Bestätigung hierüber vorlegen. [2]Die Anordnung ist nicht selbständig anfechtbar und nicht mit Zwangsmitteln durchsetzbar.

I. Anwendungsbereich	2	III. Prinzip der Freiwilligkeit	5
II. Anordnung der Teilnahme an einem Informationsgespräch	4	IV. Kostenfreiheit	9
		V. Ermessensentscheidung	10

1 Ein wesentlicher Grund für die unterbleibende Inanspruchnahme von Mediation ist ein Informationsdefizit in Bezug auf das Verfahren.[1] Bereits Art. 5 Abs. 1 S. 2 Med-RiLi sah daher vor, dass ein Gericht, das mit einer Klage befasst wird, die Parteien auffordern kann, an einer Informationsveranstaltung über die Nutzung der Mediation teilzunehmen, wenn solche Veranstaltungen durchgeführt werden und leicht zugänglich sind. Der Grundgedanke, diese Wissenslücke zu schließen, um bei der Wahl des Konfliktbeilegungsverfahrens eine informierte Entscheidung der Parteien zu gewährleisten, wurde mit dem Gesetz über das Verfahren in Familiensachen und in den Angelegenheiten der freiwilligen Gerichtsbarkeit in § 135

---

12 Die Bewilligung von Verfahrenskostenhilfe und die Beiordnung eines Rechtsanwalts führen zur Einschränkung der Wirkung von kostenrechtlichen Sanktionsnorm, weswegen die Etablierung einer gesonderten Gebühr entsprechend der Verzögerungsgebühr nach § 38 GKG befürwortet wird, vgl. MüKoFamFG/Heiter § 135 Rn. 18.
13 Keidel/Zimmermann § 81 Rn. 44.
14 Keidel/Zimmermann § 81 Rn. 44. Aus der Formulierung des Gesetzes folgt, dass der nicht teilnehmende Beteiligte die Darlegungs- und Beweislast für das Vorliegen eines Entschuldigungsgrunds trägt.
1 Greger SchlHA 2007, 111; Feix, Die Verankerung einvernehmlicher Streitbeilegung im deutschen Zivilprozess, S. 208 ff. Dem Befund des Defizits an fundierter Information über das Verfahren steht nicht entgegen, dass eine zunehmende Zahl an Bürgern von Mediation „gehört" hat, vgl. Engel ZZP 2011, 508.

FamFG übernommen.² Die ursprünglich als „Außergerichtliche Streitbelegung" überschriebene Regelung wurde bei ihrer Einführung kontrovers diskutiert. Kritik wird bis heute insbesondere mit Blick auf die Gesichtspunkte der **Freiwilligkeit** und der **Kostenfreiheit** geäußert.

I. Anwendungsbereich

Die Vorschrift gilt, wie sich aus ihrem Wortlaut und ihrer systematischen Stellung ergibt, ausschließlich für das Scheidungsverbundverfahren, also für die zwischen den Ehegatten **streitigen Folgesachen**;³ dies sind gemäß § 137 Abs. 2 Nr. 1 – 5 FamFG Versorgungsausgleichssachen, Unterhaltssachen, sofern sie die Unterhaltspflicht gegenüber einem gemeinschaftlichen Kind oder die durch Ehe begründete gesetzliche Unterhaltspflicht betreffen, Ehewohnungs- und Haushaltssachen und Güterrechtssachen, sofern diese Verfahren gemeinsam mit der Ehescheidung zu entscheiden sind. Für **Kindschaftssachen**, die die Übertragung oder Entziehung der elterlichen Sorge, den Aufenthalt des Kindes, das Umgangsrecht oder die Herausgabe des Kindes betreffen, gilt die korrespondierende Regelung des **§ 156 Abs. 1 S. 3 FamFG** als lex specialis. Die Beschränkung auf Folgesachen dient der Klarstellung, dass die Scheidungssache selbst, also zB die Frage einer möglichen Aussöhnung und Wiederherstellung der ehelichen Lebensgemeinschaft, von einer derartigen Anordnung nicht umfasst ist.⁴

Der Vorschrift liegt der Gedanke zugrunde, dass ein bei Gericht anhängiges Verfahren auf den Sach- und Streitstand beschränkt ist, der jeweils Gegenstand des Verfahrens ist. Konflikte, die in den Anwendungsbereich des FamFG fallen, sind jedoch typischerweise durch persönliche Beziehungen geprägt.⁵ Hinter den von den Parteien und ihren Bevollmächtigten vorgetragenen Positionen liegen häufig Interessen und Bedürfnisse, die im Sinne einer nachhaltigen Beilegung des Konfliktes bearbeitet werden sollten. Ein kontradiktorisches Gerichtsverfahren ist dafür nur eingeschränkt tauglich. Persönlich-emotionale Konflikte können durch eine streitige Sachentscheidung, die auf rechtliche Kategorien reduziert ist,⁶ oftmals nicht gelöst und nicht beendet werden.⁷ Vor diesem Hintergrund ist die ursprünglich nur in § 278 Abs. 5 S. 2 ZPO vorgesehene Möglichkeit, ein Verfahren mit dem Ziel der außergerichtlichen Konfliktbeilegung auszusetzen, mit § 135 FamFG erweitert worden. Das Anliegen, die Bemühungen um eine

---

2 BT-Drs. 16/6308, 229: „Kenntnis der spezifischen Möglichkeiten eines außergerichtlichen Streitbeilegungsverfahrens"; MüKoFamFG/Heiter § 135 Rn. 1.
3 Prütting/Helms/Helms § 135 Rn. 1; Schulte-Bunert/Weinreich/Roßmann § 135 Rn. 6; Heineman FamRB 2010, 125; Grabow FPR 2011, 34.
4 Prütting/Helms/Helms § 135 Rn. 1.
5 Prütting/Helms/Helms § 135 Rn. 2; Schulte-Bunert/Weinreich/Roßmann § 135 Rn. 2; Proksch ZKM 2010, 39.
6 Das gerichtliche Verfahren führt regelmäßig zu einer Transformation des Konflikts in eine Struktur, die mit rechtlichen Kategorien erfassbar ist, vgl. Röhl Rechtssoziologie, S. 481. Recht definiert das in seinem Sinne zur Konfliktbeendigung Relevante und lässt dabei Aspekte der Auseinandersetzung unberücksichtigt, die außerhalb seiner Relevanzdefinition liegen, vgl. Hoffmann-Riem, Mediation als moderner Weg der Konfliktbewältigung, S. 649; Jost, Einvernehmliche Streitbeilegung in und außerhalb des Zivilprozesses, ad Legendum 2012, 65.
7 Hoffmann-Riem, Mediation als moderner Weg der Konfliktbewältigung, S. 465; Proksch ZKM 2010, 39.

außergerichtliche Konfliktbeilegung trotz Einleitung eines Gerichtsverfahrens nicht einzustellen, wird in Familiensachen als besonders dringlich angesehen.[8]

II. Anordnung der Teilnahme an einem Informationsgespräch

4 Nach § 135 Abs. 1 S. 1 FamFG kann das Gericht anordnen, dass die Ehegatten einzeln oder gemeinsam an einem Informationsgespräch über Mediation oder eine sonstige Form außergerichtlicher Konfliktbeilegung teilnehmen und eine Bestätigung hierüber vorlegen. Mit der Anordnungsmöglichkeit soll gewährleistet werden, dass die Parteien Verfahren zur einvernehmlichen Streitbeilegung zur Kenntnis nehmen und hierüber fundierte Informationen erlangen.[9] Das Gericht hat die Person oder Stelle zu benennen,[10] die das Informationsgespräch durchführen soll, wobei ihm ein Auswahlermessen zusteht.[11] In Betracht kommen Mediatorinnen und Mediatoren, die nach §§ 5 Abs. 2, 6 MediationsG in Verbindung mit der ZMediatAusbV zertifiziert und die geeignet sind, eine sich an das Informationsgespräch anschließende Mediation durchzuführen.[12] Der Gesetzgeber hat sich bewusst dafür entschieden, die Informationsvermittlung nicht dem mit der Entscheidung befassten Richter, sondern den Anbietern derartiger Maßnahmen zu übertragen. Auch wenn viele Richterinnen und Richter über das Mediationsverfahren informiert sind oder diesbezüglich eine Weiterbildung absolviert haben, soll im Interesse der Rollenklarheit eine externe Information stattfinden. Durch eine Information seitens des Gerichts etwa lediglich in Form eines Merkblattes würde der Zweck der Vorschrift nicht erreicht.[13] Auch wenn Anwälte und Notarinnen teilweise davon ausgehen, dass derartige Informationen über das Mediationsverfah-

---

8 BT-Drs. 16/6308, 229.
9 BT-Drs. 16/6308, 229; MüKoFamFG/Heiter § 135 Rn. 1.
10 Nach dem Wortlaut der Regelung ist der bloße Verweis auf eine Liste des Gerichts nicht ausreichend, vgl. Heineman FamRB 2010, 127.
11 MüKoFamFG/Heiter § 135 Rn. 9; Heineman FamRB 2010, 127; Grabow FPR 2011, 35. Die Evaluierung der FGG-Reform hat ergeben, dass das Informationsgespräch in der klaren Mehrheit der Fälle nicht angeordnet wird (ca. 74 % der Richterinnen und Richter beim Amtsgericht und 90 % derjenigen beim OLG ordnen ein Informationsgespräch nie an), vgl. S. 277 des Abschlussberichts, abrufbar unter https://www.bmj.de/SharedDocs/Publikationen/DE/Fachpublikationen/2018_Evaluierung_FGG-Reform.html (zuletzt abgerufen am 15.06.2024). Diejenigen, die von der Anordnungsmöglichkeit Gebrauch machen, nutzen dies zumeist in weniger als 10 % der Fälle, vgl. Ekert/Hederhoff ZKM 2018, 109. Ein wesentlicher Grund dafür dürfte – ebenso wie im Rahmen des § 36a FamFG – die fehlende Verzahnung von gerichtlichem Verfahren und außergerichtlichen Angeboten zur einvernehmlichen Konfliktbeilegung sein. Hinzu kommt, dass es bei bedürftigen Beteiligten nicht sinnvoll erscheint, ein kostenfreies Informationsgespräch über Mediation anzuordnen, wenn es an einer Kostenhilfe für die sich potenziell anschließende Mediation fehlt.
12 Vgl. Grabow FPR 2011, 34. Die Zertifizierung gewährleistet allenfalls eine Grundqualifikation, vgl. Rafi in: Haft/v. Schlieffen, § 52 Rn. 52. Um für eine Mediation, die sich ggf. an das Informationsgespräch anschließt, ein angemessenes Qualitätsniveau zu gewährleisten, sollten daher iRd § 135 FamFG nur Mediatorinnen und Mediatoren benannt werden, die neben der Zertifizierung über feldspezifische Kenntnisse und Erfahrungen in der Familienmediation (H. Familien- und Scheidungsmediation) verfügen.
13 BT-Drs. 16/6308, 229.

ren zu ihrem Tätigkeitsbereich gehören,[14] wird man die Erörterung der Möglichkeit einer außergerichtlichen Konfliktbeilegung im Idealfall den Mediatorinnen und Mediatoren selbst überlassen. Für den **Umfang eines solchen Informationsgespräches** gibt es keine verbindlichen Richtlinien.[15] Der **Aufbau eines Vertrauensverhältnisses** ist in der Regel die Voraussetzung für die Motivation zur Mediation. Die Information im Rahmen von **Gruppenveranstaltungen** mit einer Vielzahl von Beteiligten, die nicht miteinander in Beziehung stehen, ist aus diesem Grunde **abzulehnen**; auch ein Informationsgespräch setzt eine vertrauliche Situation voraus, die nur im individuellen Setting zwischen den unmittelbar Beteiligten und dem Mediator gewährleistet ist. Zwar können Mediatorinnen auch in einer Gruppenveranstaltung die Prinzipien sowie Vor- und Nachteile eines Mediationsverfahrens darlegen. Aber nur ein persönliches Setting wird die Möglichkeit eröffnen, die subtilen Zwischentöne wahrzunehmen und darauf zu reagieren. Dies stellt den Beginn des Aufbaus eines Vertrauensverhältnisses dar; das Informationsgespräch erfährt somit den Charakter eines Modells für eine möglicherweise daran anschließende Mediation.

III. Prinzip der Freiwilligkeit

Nach § 1 Abs. 1 MediationsG ist Mediation ein Verfahren, bei dem Parteien freiwillig eine einvernehmliche Beilegung ihres Konflikts anstreben. Freiwilligkeit ist eines der konstitutiven Prinzipien der Mediation als „autonomes Selbstregulierungsverfahren" (→ MediationsG § 1 Rn. 14, → MediationsG § 2 Rn. 94 ff.).[16] Sie bedeutet, dass die Parteien grundsätzlich selbst entscheiden, ob sie eine Mediation durchführen wollen.

Gemäß Art. 5 Med-RiLi ist es mit dem Prinzip der Freiwilligkeit vereinbar, wenn die Mediation von einem Gericht vorgeschlagen, angeordnet oder gesetzlich vorgeschrieben wird.[17] Dass dies nicht in einem Widerspruch zu dem Prinzip der Freiwilligkeit steht, zeigt § 2 Abs. 5 MediationsG, wonach die Parteien berechtigt sind, die Mediation – und ebenso eine Informationsveranstaltung – jederzeit zu beenden, wenn sie zu keiner Vereinbarung gelangen können, oder wenn sie sich gegen eine Mediation bzw. eine sonstige Möglichkeit der außergerichtlichen Konfliktbeilegung entscheiden. Die Normen verdeutlichen die verschiedenen Referenzpunkte der Freiwilligkeit im Zusammenhang mit der Mediation, nämlich die Freiwilligkeit *hin zur* Mediation, die Freiwilligkeit *von der* Mediation und die Freiwilligkeit *einer Einigung* in der Mediation (→ MediationsG § 2 Rn. 9, 100).[18] Die Regelungen verbieten eine Obligation zur Durchführung einer Mediation. Sie erfordern aber keine Freiwilligkeit hin zur Mediation.[19]

---

14 Heinemann FamRB 2010, 125 (127).
15 Zu einem möglichen Ablauf vgl. Krabbe/Thomsen ZKM 2011, 111 (112).
16 Greger/Unberath/Steffek/Greger B. § 1 Rn. 32.
17 Richtlinie 2008/52/EG des Europäischen Parlaments und des Rates vom 21.5.2008 über bestimmte Aspekte der Mediation in Zivil- und Handelssachen, L 136/6; kritisch Krabbe/Thomsen ZKM 2011, 111 (112).
18 Marx ZKM 2010, 132; Friedrich, Mediation in der Sozialgerichtsbarkeit, S. 190.
19 Fischer/Unberath, Das neue MediationsG, S. 125; Greger/Unberath/Steffek/Greger B. § 1 Rn. 33; Ponschab ZKM 2014, 126; Niedostadek ZKM 2014, 57.

6   Auf den ersten Blick stehen jedoch Freiwilligkeit und obligatorische Momente im Zusammenhang mit der Mediation im Widerspruch. Bei Einführung des § 135 FamFG wurde daher diskutiert, inwieweit eine derartige Anordnung, auch **"Mandatorische Information über Mediation"** genannt, mit dem Prinzip der Freiwilligkeit der Mediation vereinbar sei.[20] Mit dem Begriff „Mandatorische Information über Mediation" wird terminologisch an die in vielen Ländern, insbesondere in einigen Staaten der USA, übliche **"Mandatorische Mediation"** angeknüpft, wonach den Beteiligten die Teilnahme an einem Mediationsversuch vorgeschrieben werden kann. Die Modelle der angeordneten und obligatorischen Mediation gehen davon aus, dass Parteien und ihre Rechtsbeistände häufig erst erfahren, welche Vorteile eine kooperative Konfliktlösung hat, wenn sie einen Mediationsversuch unternommen haben.[21] Es hat sich gezeigt, dass ein obligatorisches Moment in Form der Anordnung eines Mediationsversuchs keine erheblichen Auswirkungen auf die Erfolgswahrscheinlichkeit der Mediation und die Verfahrenszufriedenheit der Parteien hat.[22] Besteht die Möglichkeit eines jederzeitigen „opt-out", bedeutet selbst eine Obligation zum Mediationsversuch keinen Zwang zu Konsens oder Kompromiss.[23] Das Prinzip der Freiwilligkeit ist gewahrt, wenn lediglich die Freiwilligkeit hin zur Mediation eingeschränkt wird[24] und die Parteien nach einem Versuch der Mediation diese verlassen und das Gericht (wieder) anrufen können.[25] Dies gilt erst recht für die Anordnung lediglich eines Informationsgesprächs als Minus gegenüber der Anordnung eines Mediationsversuchs.

7   In der Gesetzesbegründung zu § 135 FamFG[26] hat der Gesetzgeber ausgeführt: „Die Vorschrift gibt dem Gericht keine Kompetenz, die Parteien zur Teilnahme an einem Informationsgespräch zu zwingen. Die Ehegatten sind und bleiben allerdings in der Entscheidung, ob sie nach einer Information einer Mediation näher treten wollen oder nicht, vollständig frei. Diese Entscheidung soll aber in Kenntnis der spezifischen Möglichkeiten eines au-

---

20 Zur allgemeinen Diskussion über das Prinzip der Freiwilligkeit im Vergleich zur obligatorischen Mediation s. Schwarz, Mediation – Collaborative Law, S. 76 f.
21 In diese Richtung argumentiert auch der englische High Court in Dunnet vs Railtrack plc. [2002] 1 WLR 2434 = [2002] 2 All ER 850, England, um eine kostenrechtliche Sanktion der Partei zu begründen, die sich einer direkten Mediation verschließt: „the mediation process itself can and often does bring about a more sensible and more conciliatory attitude [...]. What appears to be incapable of mediation before the mediation process begins often proves capable of satisfactory resolution later".
22 Zur angeordneten Mediation an Gerichten in Los Angeles, Dallas, Seattle, New York, Florida und San Fransisco Brett/Barsness/Goldberg, Negotiation Journal 1996, 259, 261 f.; ähnlich: McEwen/Milburn, Explaining a Paradox of Mediation, Negotiation Journal 1993, 23; Trenczek SchiedsVZ 2008, 142; Mack, Court Reverral to ADR, S. 54; Zur Familienmediation: Kriegel, Mediationspflicht?, S. 153 ff.; Kriegel ZKM 2006, 55; Bastine ZKM 2005, 11 (13).
23 Rakowsky, Obligatorische Mediation, S. 39; Grabow FPR 2011, 36.
24 Rakowsky, Obligatorische Mediation, S. 38 f., 44, 221; McEwen/Milburn, Explaining a Paradox of Mediation, Negotiation Journal 1993, 33 f.; Marx ZKM 2010, 132; Grabow FPR 2011, 36; Ponschab ZKM 2014, 126; AA Breidenbach, Mediation, S. 272.
25 Kriegel, Mediationspflicht?, S. 165 ff.; Zusammenfassende Beschreibungen von Pilotstudien hierzu s. Marx ZKM 2010, 132 (134).
26 BT-Drs. 16/6308, 229.

ßergerichtlichen Streitbeilegungsverfahrens getroffen werden." Damit wird deutlich,

- dass es nicht um eine Pflicht der Beteiligten zur Einigung geht,
- dass es auch nicht um eine Verpflichtung zur Teilnahme an einer Mediation geht, sondern
- dass es darum geht, dass die Parteien das Verfahren der Mediation kennenlernen und somit beurteilen können, ob dieses Verfahren für sie zur Regelung ihres Konfliktes in Betracht kommt.

Gemäß § 135 S. 2 FamFG ist die Anordnung weder mit Zwangsmitteln nach § 35 FamFG durchsetzbar noch als Zwischenentscheidung selbstständig anfechtbar. Kommt ein Beteiligter der Anordnung des Gerichts zur Teilnahme an einem Informationsgespräch nicht nach und legt die in S. 1 genannte Bestätigung nicht vor, kann dies jedoch gemäß § 150 Abs. 4 S. 2 FamFG kostenrechtliche Folgen nach sich ziehen (→ FamFG § 81 Rn. 4, → FamFG § 150 Rn. 6). Grundsätzlich ist eine Sanktionsdrohung geeignet, die Partei hin zum gewünschten Verhalten zu steuern.[27]

IV. Kostenfreiheit

Ebenso kontrovers wie die Frage der Freiwilligkeit wird die im Gesetz vorgesehene Kostenfreiheit diskutiert. Mangels staatlicher Finanzierung derartiger Mediationsangebote zB durch **Einführung einer Mediationskostenhilfe** (→ MediationsG § 7 Rn. 1 ff.) hat der Gesetzgeber auf die **Bereitschaft der Mediationsszene** vertraut, diese Vorschrift im Sinne der Förderung der Mediation mit kostenfreien Angeboten zu unterstützen. Und in der Tat haben sich bundesweit tätige Berufs- und Fachverbände sowie regionale Gruppen verpflichtet, Informationsgespräche zur Mediation kostenfrei anzubieten.[28] Offen bleibt die Frage, wie die anschließende Dienstleistung einer Mediation zu vergüten ist. In der Regel zahlen die Beteiligten die Kosten der Mediation selbst, sofern nicht kostenlose oder kostengünstige Modelle im Rahmen von Beratungsstellen zur Verfügung stehen.[29] Aus der Vorschrift kann ein Anspruch der Mediatoren gegen die Staatskasse auf Kostenersatz nicht abgeleitet werden.[30]

---

27 Zur Verhaltenssteuerung durch Kostensanktionen vgl. grundlegend Breyer, Kostenorientierte Steuerung des Zivilprozesses, S. 217, 237; Weber, Regelungen zur Förderung der Mediation, Teil 3 § 2 C II. 2. c); Feix, Die Verankerung einvernehmlicher Streitbeilegung im deutschen Zivilprozess, S. 214; Wagner AcP 2006, 363 f.; Spindler, Gerichtsnahe Mediation in Niedersachsen, S. 74; Kilian/Wielgosz ZZPInt 2004, 395; Althammer JZ 2006, 72 f.
28 Keidel/Weber § 135 Rn. 6.
29 Siehe exemplarisch dafür das Beratungsangebot des Vereins ZiF „Zusammenwirken im Familienkonflikt" in Berlin, abrufbar unter www.zif-online.de (zuletzt abgerufen am 8.9.2024).
30 MüKoFamFG/Heiter § 135 Rn. 12; Heineman FamRB 2010, 128; ähnlich: Prütting/Helms § 135 Rn. 3; aA Spangenberg FamRZ 2009, 834 (835). Zur Diskussion → MediationsG § 7 Rn. 14. Wird ein Mediator – obgleich es hierfür an einer gesetzlichen Grundlage fehlt – vom Gericht zur Durchführung einer Mediation beauftragt, entsteht nach Auffassung des OLG Koblenz allerdings ein Vergütungsanspruch gegen die Staatskasse aus §§ 675, 670 BGB iVm §§ 1 ff. JVEG, OLG Koblenz 21.1.2014 – 13 WF 43/14 = ZKM 2014, 71 f.

V. Ermessensentscheidung

10 Die Entscheidung,[31] ob das Gericht eine Anordnung nach § 135 S. 1 FamFG trifft, steht in seinem **freien Ermessen**.[32] Voraussetzung ist, dass die Wahrnehmung des Informationsgesprächs für die Ehegatten nicht unzumutbar ist. Bei der Beurteilung der Unzumutbarkeit kann auf die Maßstäbe des § 141 Abs. 1 S. 2 ZPO zur Anordnung des persönlichen Erscheinens sowie des § 34 Abs. 2 Alt. 1 FamFG zur Anordnung der persönlichen Anhörung zurückgegriffen werden.[33] Demnach ist von der Anordnung insbesondere im Falle großer Entfernung oder aus sonstigem wichtigen Grund abzusehen, insbesondere wenn erhebliche Nachteile für die Gesundheit der Partei zu besorgen sind.[34] Hierunter werden regelmäßig **Fälle häuslicher Gewalt** zu fassen sein, wobei der Gesetzgeber bewusst davon abgesehen hat, diese Fälle generell von der Anordnungsmöglichkeit auszunehmen. Auch nach einer Episode häuslicher Gewalt kann Mediation möglich sein, wenn bestimmte Rahmenbedingungen gewährleistet sind (→ FamFG § 36a Rn. 8). Entscheidend ist nicht die Fragestellung, ob Mediation bei Vorliegen von Beziehungsgewalt überhaupt durchgeführt werden darf, sondern unter welchen Voraussetzungen und auf welche Weise dies geschehen kann.[35] Zumutbar muss für beide Ehegatten auch die Anreise zum Informationsgespräch sein, was bei größerer Entfernung ausgeschlossen sein kann. Weiterhin muss ein – für die Beteiligten kostenfreies – Angebot für Informationsgespräche bestehen.[36] Die Anordnung setzt die Gewährung rechtlichen Gehörs voraus.[37] Die Anordnung selbst rechtfertigt keine Aussetzung des Verfahrens.[38] Entscheiden sich die Parteien im Anschluss an das Informationsgespräch zur Durchführung der Mediation, ist das Verfahren auszusetzen, § 36a Abs. 2 FamFG (→ FamFG § 36a Rn. 9 f.).

§ 150 FamFG Kosten in Scheidungssachen und Folgesachen

(1) Wird die Scheidung der Ehe ausgesprochen, sind die Kosten der Scheidungssache und der Folgesachen gegeneinander aufzuheben.

(2) ¹Wird der Scheidungsantrag abgewiesen oder zurückgenommen, trägt der Antragsteller die Kosten der Scheidungssache und der Folgesachen. ²Werden Scheidungsanträge beider Ehegatten zurückgenommen oder abge-

---

31 Streitig ist, ob die Anordnung in Form eines Beschlusses zu ergehen hat, bejahend: Prütting/Helms/Helms § 135 Rn. 3; verneinend MüKoFamFG/Heiter § 135 Rn. 15.
32 BT-Drs. 16/6308, 229; MüKoFamFG/Heiter § 135 Rn. 10; Prütting/Helms/Helms § 135 Rn. 2; Heineman FamRB 2010, 125; Grabow FPR 2011, 34.
33 Damit ist die Schwelle der Unzumutbarkeit hoch anzusetzen; allgemeine Unannehmlichkeiten, wie sie auch mit der Wahrnehmung eines Gerichtstermins einhergehen, begründen keine Unzumutbarkeit, vgl. MüKoFamFG/Heiter § 135 Rn. 9; Heineman FamRB 2010, 126.
34 Vgl. § 141 Abs. 1 S. 2 ZPO, § 34 Abs. 2 Alt. 1 Alt. 1 FamFG. Ähnlich: Heineman FamRB 2010, 126; Grabow FPR 2011, 35.
35 Gläßer, Mediation und Beziehungsgewalt, S. 353.
36 Keidel/Weber § 135 Rn. 6.
37 MüKoFamFG/Heiter § 135 Rn. 10; Prütting/Helms/Helms § 135 Rn. 3; Heineman FamRB 2010, 126.
38 Vgl. Heineman FamRB 2010, 129; MüKoFamFG/Heiter § 135 Rn. 15.

wiesen oder ist das Verfahren in der Hauptsache erledigt, sind die Kosten der Scheidungssache und der Folgesachen gegeneinander aufzuheben.
(3) Sind in einer Folgesache, die nicht nach § 140 Abs. 1 abzutrennen ist, außer den Ehegatten weitere Beteiligte vorhanden, tragen diese ihre außergerichtlichen Kosten selbst.
(4) ¹*Erscheint in den Fällen der Absätze 1 bis 3 die Kostenverteilung insbesondere im Hinblick auf eine Versöhnung der Ehegatten oder auf das Ergebnis einer als Folgesache geführten Unterhaltssache oder Güterrechtssache als unbillig, kann das Gericht die Kosten nach billigem Ermessen anderweitig verteilen.* ²*Es kann dabei auch berücksichtigen, ob ein Beteiligter einer richterlichen Anordnung zur Teilnahme an einem Informationsgespräch nach § 135 nicht nachgekommen ist, sofern der Beteiligte dies nicht genügend entschuldigt hat.* ³*Haben die Beteiligten eine Vereinbarung über die Kosten getroffen, soll das Gericht sie ganz oder teilweise der Entscheidung zugrunde legen.*
(5) ¹Die Vorschriften der Absätze 1 bis 4 gelten auch hinsichtlich der Folgesachen, über die infolge einer Abtrennung gesondert zu entscheiden ist. ²Werden Folgesachen als selbständige Familiensachen fortgeführt, sind die hierfür jeweils geltenden Kostenvorschriften anzuwenden.

§ 150 Abs. 4
I. Anwendungsbereich

Die Regelung ist bei ihrer Einführung kontrovers diskutiert worden, insbesondere unter den Gesichtspunkten der **Freiwilligkeit** der Mediation und der **Wirksamkeit** dieser Vorschrift.

§ 150 FamFG regelt ausschließlich die Kosten in Scheidungssachen und Folgesachen; Kindschaftssachen, die die Übertragung oder Entziehung der elterlichen Sorge, das Umgangsrecht oder die Herausgabe eines gemeinschaftlichen Kindes oder das Umgangsrecht eines Elternteils mit dem Kind betreffen, sind davon nicht umfasst (→ FamFG § 81 Rn. 1 ff.). In Scheidungsverfahren gilt der Grundsatz der Kostenaufhebung. Das bedeutet, dass jede Partei ihre eigenen Kosten trägt und dass die Gerichtskosten hälftig zu teilen sind. Dieses Prinzip wird auch auf Folgesachen angewandt – zunächst einmal unabhängig von deren Ausgang.

§ 150 Abs. 4 FamFG eröffnet dem Gericht die Möglichkeit einer anderweitigen Kostenverteilung nach billigem Ermessen, soweit in den Fällen der Abs. 1 bis 3 die Kostenverteilung „unbillig" erscheint. Dabei führt das Gesetz eine Reihe von Umständen auf, die bei der Ermessensentscheidung berücksichtigt werden können.

II. Nichtteilnahme an einem angeordneten Informationsgespräch gem. § 135 FamFG

Mit § 150 Abs. 4 S. 2 FamFG wird dem Familiengericht die Möglichkeit eingeräumt, auch die Nichtteilnahme an einem richterlich angeordneten Informationsgespräch nach § 135 FamFG, sofern sie nicht genügend entschuldigt ist, kostenrechtlich zu sanktionieren.

Nach dem Wortlaut der Norm steht dem Gericht sowohl hinsichtlich des „Ob" als auch hinsichtlich des „Wie" einer von § 150 Abs. 1–3 FamFG abweichenden Verteilung der Kosten ein weiter Ermessensspielraum zu. Verhält sich die Partei anordnungswidrig, ist dies aber in der Regel sanktionswürdig; das Ermessen hinsichtlich des „Ob" der Kostenauferlegung ist – ebenso wie im Rahmen des § 81 Abs. 2 Nr. 5 FamFG („soll") – zu reduzieren.[1] In Bezug auf das „Wie", dh den Umfang der Auferlegung von Kosten, hat das Gericht einen weiten Ermessensspielraum.[2]

§ 150 Abs. 4 S. 2 FamFG steht nicht im Zusammenhang mit der Veranlassung von Mehrkosten, sondern hat echten Sanktionscharakter.[3] Die Norm liefe andernfalls praktisch leer, da das Nicht-Nachkommen der Anordnung keine Gebühren und regelmäßig auch keine anderen konkret zu beziffernden Mehrkosten verursacht.[4]

5 Die Regelung folgt, ebenso wie § 81 Abs. 2 Nr. 5, der Idee, welche der sogenannten **Woolf-Reform** in England zu Grunde lag (→ FamFG § 81 Rn. 3). Mit der Möglichkeit der Auferlegung von Verfahrenskosten trotz Obsiegens nach § 150 Abs. 4 FamFG ist ein Instrument geschaffen worden, das die Parteien bei der Suche nach einer außergerichtlichen einvernehmlichen Regelung motivieren soll. Die Etablierung einer weitergehenden Möglichkeit, auch der obsiegenden Partei Kosten aufzuerlegen, wenn trotz Mediationseignung nicht vor Einleitung eines gerichtlichen Verfahrens der Versuch einer Einigung durch ein Mediationsverfahren unternommen wurde, stößt zu Recht auf Zustimmung.[5]

III. Auswirkung auf das Prinzip der Freiwilligkeit

6 Kostenmäßige Sanktionen, mit denen kooperationsunwillige Parteien zu einem Umdenken angeregt werden können, sind seit der Entscheidung *Dunnet vs Railtrack*[6] nicht nur in England, sondern auch in Deutschland diskutiert und mit der Einführung des § 150 Abs. 4 S. 2 FamFG ein erster Schritt dahin umgesetzt worden. Auch wenn die Sorge vor den möglicherweise auferlegten Verfahrenskosten mit Blick auf den Grundsatz der Freiwilligkeit teilweise auf Kritik stößt, wird diese Maßnahme zur Motivierung für ein Mediationsverfahren unter dem Gesichtspunkt der Verhältnismäßigkeit zu Recht begrüßt (→ FamFG § 135 Rn. 5 ff. und → FamFG § 81 Rn. 4).[7]

IV. Wirksamkeit der Kostensanktion

7 Die Regelung des § 150 Abs. 4 S. 2 FamFG (Verfahren in Scheidungssachen und Folgesachen) korrespondiert mit der des § 81 Abs. 2 Nr. 5 Alt. 1 FamFG (Allgemeiner Teil, → FamFG § 81 Rn. 1 ff.). Der Einsatz eines gewissen richterlichen Druckes hat sich in Kindschaftssachen als durch-

---

1 Heineman FamRB 2010, 128; Bork/Jacoby/Schwab/Löhning § 135 Rn. 6; aA Prütting/Helms/Helms § 150 Rn. 12.
2 Finke FPR 2010, 333.
3 MüKoFamFG/Henjes § 150 Rn. 19.
4 Wie hier MüKoFamFG/Heiter § 135 Rn. 17.
5 Lack-Strecker ZKJ 2010, 338; Trenczek ZKM 2009, 183 (185).
6 Dunnet vs Railtrack plc. [2002] 1 WLR 2434 = [2002] 2 All ER 850.
7 Marx ZKM 2010, 132 ff.

aus förderlich erwiesen, um die Beteiligten zu einer außergerichtlichen Beratungsmöglichkeit zu bewegen. Es ist das Anliegen des Gesetzgebers, dass § 150 Abs. 4 FamFG auch bei finanziellen Fragestellungen wie Güterrechts- und Unterhaltsfolgesachen eine ähnliche Motivation zur Mitarbeit und letztlich Konfliktbeilegung auslöst.[8] Gegenstand der Anordnung ist nur die Teilnahme an einem Informationsgespräch, nicht das Unternehmen eines Mediationsversuchs. Eine Anordnung kann erfolgen, wenn ohne nachvollziehbaren Grund keine außergerichtlichen Klärungsbemühungen unternommen wurden.[9]

Ob die Weigerung, an einem richterlich angeordneten Informationsgespräch teilzunehmen, genügend entschuldigt ist, bedarf einer Entscheidung des Einzelfalles.[10]

§ 155 FamFG Vorrang- und Beschleunigungsgebot

(1) Kindschaftssachen, die den Aufenthalt des Kindes, das Umgangsrecht oder die Herausgabe des Kindes betreffen, sowie Verfahren wegen Gefährdung des Kindeswohls sind vorrangig und beschleunigt durchzuführen.
(2) [1]Das Gericht erörtert in Verfahren nach Absatz 1 die Sache mit den Beteiligten in einem Termin. [2]Der Termin soll spätestens einen Monat nach Beginn des Verfahrens stattfinden. [3]Das Gericht hört in diesem Termin das Jugendamt an. [4]Eine Verlegung des Termins ist nur aus zwingenden Gründen zulässig. [5]Der Verlegungsgrund ist mit dem Verlegungsgesuch glaubhaft zu machen.
(3) Das Gericht soll das persönliche Erscheinen der verfahrensfähigen Beteiligten zu dem Termin anordnen.
(4) Hat das Gericht ein Verfahren nach Absatz 1 zur Durchführung einer Mediation oder eines anderen Verfahrens der außergerichtlichen Konfliktbeilegung ausgesetzt, nimmt es das Verfahren in der Regel nach drei Monaten wieder auf, wenn die Beteiligten keine einvernehmliche Regelung erzielen.

§ 155 Abs. 4

§ 155 Abs. 4 FamFG dient der Wahrung des in den Kindschaftssachen nach § 155 Abs. 1 FamFG geltenden und in der amtlichen Überschrift ausdrücklich genannten **Vorrang- und Beschleunigungsgebots**. Er stellt si-

---

8 Zur Verhaltenssteuerung durch Kostensanktionen vgl. grundlegend Breyer, Kostenorientierte Steuerung des Zivilprozesses, S. 217, 237; Weber, Regelungen zur Förderung der Mediation, Teil 3 § 2 C II. 2. c); Feix, Die Verankerung einvernehmlicher Streitbeilegung im deutschen Zivilprozess, S. 214; Wagner AcP 2006, 363 f.; Spindler, Gerichtsnahe Mediation in Niedersachsen, S. 74; Kilian/Wielgosz ZZPInt 2004, 395; Althammer JZ 2006, 72 f. Die Bedürftigkeit führt zu einer Einschränkung der Wirkung einer kostenrechtlichen Sanktionsnorm, weswegen die Etablierung einer gesonderten Gebühr entsprechend der Verzögerungsgebühr nach § 38 GKG befürwortet wird, vgl. MüKoFamFG/Heiter § 135 Rn. 18.
9 Prütting/Helms/Helms § 150 Rn. 12.
10 Keidel/Weber § 150 Rn. 8. Aus der Formulierung des Gesetzes folgt, dass der nicht teilnehmende Beteiligte die Darlegungs- und Beweislast für das Vorliegen eines Entschuldigungsgrunds trägt.

cher, dass Verfahren, die wegen einer vom Gericht vorgeschlagenen außergerichtlichen Konfliktbeilegung bzw. Mediation ausgesetzt worden sind (vgl. § 36a Abs. 2 FamFG), in der Hauptsache zeitnah weiter betrieben werden. Die Hauptsache soll unabhängig von einer gegebenenfalls nach § 156 Abs. 3 S. 2 FamFG erlassenen einstweiligen Anordnung **in der Regel nach drei Monaten wieder aufgenommen werden.**[1] Die Regelung der Wiederaufnahme des Verfahrens als Regelfall eröffnet zugleich die Möglichkeit, in einzelnen Fällen der außergerichtlichen Konfliktbeilegung mehr Zeit einzuräumen.[2] Die 3-Monats-Frist basiert auf der Erfahrung, dass man innerhalb von drei Monaten in der Regel absehen kann, ob eine Mediation erfolgreich sein wird.

§ 156 FamFG Hinwirken auf Einvernehmen

(1) [1]Das Gericht soll in Kindschaftssachen, die die elterliche Sorge bei Trennung und Scheidung, den Aufenthalt des Kindes, das Umgangsrecht oder die Herausgabe des Kindes betreffen, in jeder Lage des Verfahrens auf ein Einvernehmen der Beteiligten hinwirken, wenn dies dem Kindeswohl nicht widerspricht. [2]Es weist auf Möglichkeiten der Beratung durch die Beratungsstellen und -dienste der Träger der Kinder- und Jugendhilfe insbesondere zur Entwicklung eines einvernehmlichen Konzepts für die Wahrnehmung der elterlichen Sorge und der elterlichen Verantwortung hin. [3]*Das Gericht kann anordnen, dass die Eltern einzeln oder gemeinsam an einem kostenfreien Informationsgespräch über Mediation oder über eine sonstige Möglichkeit der außergerichtlichen Konfliktbeilegung bei einer von dem Gericht benannten Person oder Stelle teilnehmen und eine Bestätigung hierüber vorlegen.* [4]Es kann ferner anordnen, dass die Eltern an einer Beratung nach Satz 2 teilnehmen. [5]Die Anordnungen nach den Sätzen 3 und 4 sind nicht selbständig anfechtbar und nicht mit Zwangsmitteln durchsetzbar.

(2) [1]Erzielen die Beteiligten Einvernehmen über den Umgang oder die Herausgabe des Kindes, ist die einvernehmliche Regelung als Vergleich aufzunehmen, wenn das Gericht diese billigt (gerichtlich gebilligter Vergleich). [2]Das Gericht billigt die Umgangsregelung, wenn sie dem Kindeswohl nicht widerspricht.

(3) [1]Kann in Kindschaftssachen, die den Aufenthalt des Kindes, das Umgangsrecht oder die Herausgabe des Kindes betreffen, eine einvernehmliche Regelung im Termin nach § 155 Abs. 2 nicht erreicht werden, hat das Gericht mit den Beteiligten und dem Jugendamt den Erlass einer einstweiligen Anordnung zu erörtern. [2]Wird die Teilnahme an einer Beratung, an einem kostenfreien Informationsgespräch über Mediation oder sonstigen Möglichkeit der außergerichtlichen Konfliktbeilegung oder eine schriftliche Begutachtung angeordnet, soll das Gericht in Kindschaftssachen, die das

---

1 Wegener NZFam 2015, 799 (801).
2 BT-Drs. 17/5335, 23. Beispielsweise wenn die Beteiligten dies übereinstimmend wünschen, weil sie von einer zeitnahen Einigung ausgehen oder weil in hocheskalierten Kindschaftskonflikten mehr Zeit für die Erarbeitung einvernehmlicher Regelungen benötigt wird, vgl. dazu Krabbe/Thomsen ZKM 2011, 111 ff.

Umgangsrecht betreffen, den Umgang durch einstweilige Anordnung regeln oder ausschließen. ³Das Gericht soll das Kind vor dem Erlass einer einstweiligen Anordnung persönlich anhören.

§ 156 Abs. 1 Satz 3

I. Normzweck; Anwendungsbereich

Ein wesentlicher Grund für die unterbleibende Inanspruchnahme von Mediation ist ein Informationsdefizit in Bezug auf das Verfahren.[1] Bereits Art. 5 Abs. 1 S. 2 Med-RiLi sah daher vor, dass ein Gericht, das mit einer Klage befasst wird, die Parteien auffordern kann, an einer Informationsveranstaltung über die Nutzung der Mediation teilzunehmen, wenn solche Veranstaltungen durchgeführt werden und leicht zugänglich sind. Der Grundgedanke, diese Wissenslücke zu schließen, um bei der Wahl des Konfliktbeilegungsverfahrens eine informierte Entscheidung der Parteien zu gewährleisten, wurde mit dem „Gesetz zur Förderung der Mediation und anderer Verfahren der außergerichtlichen Konfliktbeilegung" in § 156 Abs. 1 S. 3 FamFG fortgeführt. Aufgrund von § 156 Abs. 1 S. 3 FamFG können die Familiengerichte nunmehr auch in Kindschaftssachen – etwa bei elterlichem Streit um das Sorge- und Umgangsrecht – anordnen, dass die Eltern einzeln oder gemeinsam an einem kostenfreien Informationsgespräch über Mediation oder über eine sonstige Möglichkeit der außergerichtlichen Konfliktbeilegung teilnehmen. Dadurch wurde die ursprünglich unterschiedliche und nicht sachgerechte Behandlung von Kindschaftssachen einerseits und Scheidungs- und Folgesachen andererseits aufgehoben. Die Regelung des **§ 156 Abs. 1 S. 3 FamFG** entspricht der für anhängige Folgesachen bereits seit 2009 geltenden Vorschrift des § 135 S. 1 FamFG (→ FamFG § 135 Rn. 1 ff.). Sie gilt ausschließlich für Kindschaftssachen, die die Übertragung oder Entziehung der elterlichen Sorge, den Aufenthalt des Kindes, das Umgangsrecht oder die Herausgabe des Kindes betreffen. § 156 Abs. 1 S. 3 FamFG ist somit lex specialis zu § 135 S. 1 FamFG.

Persönlich-emotionale Konflikte können durch eine streitige Sachentscheidung, die auf rechtliche Kategorien reduziert ist,[2] regelmäßig nicht gelöst und nicht beendet werden.[3] Vor diesem Hintergrund soll das Gericht nach § 156 Abs. 1 S. 1 FamFG in den genannten Kindschaftssachen in jeder Lage des Verfahrens auf ein Einvernehmen der Beteiligten hinwirken, wenn dies dem Kindeswohl nicht widerspricht.[4] Nach § 156 Abs. 1 S. 2 FamFG weist das Gericht auf Möglichkeiten der Beratung durch die Beratungsstel-

---

1 Greger SchlHA 2007, 111; Feix, Die Verankerung einvernehmlicher Streitbeilegung im deutschen Zivilprozess, 208 ff. Dem Befund des Defizits an fundierter Information über das Verfahren steht nicht entgegen, dass eine zunehmende Zahl an Bürgern von Mediation „gehört" hat, vgl. Engel ZZP 2011, 508 unter Bezugnahme auf Roland Rechtsreport 2010, S. 41: 57 %.
2 Recht definiert das in seinem Sinne zur Konfliktbeendigung Relevante und lässt dabei Aspekte der Auseinandersetzung unberücksichtigt, die außerhalb seiner Relevanzdefinition liegen, vgl. Hoffmann-Riem, Mediation als moderner Weg der Konfliktbewältigung, S. 649.
3 Hoffmann-Riem, Mediation als moderner Weg der Konfliktbewältigung, S. 465; Hoffmann-Riem, Modernisierung von Recht und Justiz, S. 64 f.; Proksch ZKM 2010, 39. Ähnlich: Prütting/Hammer § 156 Rn. 2.
4 Wegener NZFam 2015, 799.

len und -dienste der Träger der Kinder- und Jugendhilfe insbesondere zur Entwicklung eines einvernehmlichen Konzepts für die Wahrnehmung der elterlichen Sorge und der elterlichen Verantwortung hin. In diesem Zusammenhang sind neben § 17 Abs. 1, 2 SGB VIII auch die außergerichtlichen Möglichkeiten der Beratung nach § 18 Abs. 1, § 28 SGB VIII in Bezug genommen.[5] Nach § 156 Abs. 1 S. 3 FamFG kann das Gericht **anordnen**, dass die Eltern einzeln oder gemeinsam an einem **kostenfreien Informationsgespräch über Mediation** oder über eine sonstige Möglichkeit der außergerichtlichen Konfliktbeilegung bei einer von dem Gericht benannten Person oder Stelle teilnehmen und eine Bestätigung hierüber vorlegen. Die Familiengerichte können somit auf die örtlichen Gegebenheiten Rücksicht nehmen und sowohl private Mediationsangebote als auch Mediationsangebote freier und öffentlicher Träger berücksichtigen.

3 Das Gericht kann gemäß § 156 Abs. 1 S. 4 auch anordnen, dass die Eltern an einer Beratung nach S. 2 teilnehmen.

Die Anordnungen nach den Sätzen 3 und 4 sind als verfahrensleitende Verfügungen nicht selbstständig anfechtbar und nicht mit Zwangsmitteln durchsetzbar, § 156 Abs. 1 S. 5 FamFG.[6] Kommt ein Beteiligter der Anordnung des Gerichts zur Teilnahme an einem Informationsgespräch nicht nach und legt die Bestätigung nicht vor, kann dies jedoch gemäß § 81 Abs. 2 Nr. 5 FamFG kostenrechtliche Folgen nach sich ziehen (→ FamFG § 81 Rn. 1 ff.).[7]

II. Anordnung der Teilnahme an einem Informationsgespräch

4 Wie bereits bei § 135 Abs. 1 S. 1 FamFG kann das Gericht nun auch in Kindschaftssachen anordnen, dass die Beteiligten einzeln oder gemeinsam an einem Informationsgespräch über Mediation oder eine sonstige Form außergerichtlicher Konfliktbeilegung teilnehmen und eine Bestätigung hierüber vorlegen. Das Gericht hat die Person oder Stelle zu benennen,[8] die das Informationsgespräch durchführen soll, wobei ihm ein Auswahlermessen zusteht.[9] In Betracht kommen Mediatorinnen und Mediatoren, die nach §§ 5 Abs. 2, 6 MediationsG in Verbindung mit der ZMediatAusbV zertifiziert und die geeignet sind, eine sich an das Informationsgespräch anschließende Mediation durchzuführen.[10] Der Gesetzgeber hat sich bewusst

---

5 Prütting/Helms/Hammer § 156 Rn. 22.
6 Vgl. KG 17.6.2015 – 18 WF 109/14, 18 WF 136/14 Rn. 12.
7 Zur Verhaltenssteuerung durch Kostensanktionen vgl. grundlegend Breyer, Kostenorientierte Steuerung des Zivilprozesses, S. 217, 237; Weber, Regelungen zur Förderung der Mediation, Teil 3 § 2 C II. 2. c); Feix, Die Verankerung einvernehmlicher Streitbeilegung im deutschen Zivilprozess, S. 214; Wagner AcP 2006, 363 f.; Spindler, Gerichtsnahe Mediation in Niedersachsen, S. 74; Kilian/Wielgosz ZZPInt 2004, 395; Althammer JZ 2006, 72 f.
8 Nach dem Wortlaut der Regelung ist der bloße Verweis auf eine Liste des Gerichts nicht ausreichend, vgl. Heineman FamRB 2010, 127.
9 Vgl. zu § 135 FamFG: MüKoFamFG/Heiter § 135 Rn. 9; Heineman FamRB 2010, 127; Grabow FPR 2011, 35.
10 Vgl. zu § 135 FamFG: Grabow FPR 2011, 34. Die Zertifizierung gewährleistet allenfalls eine Grundqualifikation, vgl. Rafi in: Haft/v. Schlieffen, § 52 Rn 52. Um für eine Mediation, die sich ggf. an das Informationsgespräch anschließt, ein angemessenes Qualitätsniveau zu gewährleisten, sollten daher iRd § 156 FamFG nur Mediatorinnen und Mediatoren benannt werden, die neben der Zertifizierung

entschieden, die Information nicht dem mit der Entscheidung befassten Richter, sondern den Anbietern derartiger Maßnahmen zu übertragen. Auch wenn viele Richterinnen und Richter über das Mediationsverfahren informiert sind oder diesbezüglich eine Weiterbildung absolviert haben, soll im Interesse der Rollenklarheit eine externe Information stattfinden (→ FamFG § 135 Rn. 4).

Die Möglichkeiten des Gerichts bezüglich der Mediation sind in dem Gesetzestext zurückhaltend ausgestaltet worden: Das Gericht soll nur die Teilnahme an einem Informationsgespräch über Mediation anordnen können, nicht einen Mediationsversuch, obwohl gerade in Kindschaftssachen ein gewisser Druck seitens des Familiengerichtes mit dem Ziel einer einvernehmlichen Regelung für die Beteiligten durchaus hilfreich sein kann. Immerhin können mit der durch das „Gesetz zur Förderung der Mediation und anderer Verfahren der außergerichtlichen Konfliktbeilegung" eingeführten Neufassung des § 156 Abs. 1 S. 3 FamFG die Familiengerichte nunmehr **auch in Kindschaftssachen** anordnen, dass die Eltern einzeln oder gemeinsam an einem **kostenfreien Informationsgespräch über Mediation** oder einer sonstigen Möglichkeit der außergerichtlichen Konfliktbeilegung teilnehmen. Die zuvor gemäß § 135 S. 1 FamFG nur im Rahmen von Scheidungen für anhängige Folgesachen geltende Regelung wurde damit auf Streitigkeiten um das Sorge- und Umgangsrecht erweitert (→ Rn. 1).

III. Prinzip der Freiwilligkeit

Bereits bei Einführung des § 135 FamFG war diskutiert worden, inwieweit eine derartige Anordnung – auch **„Mandatorische Information über Mediation"** genannt – mit dem Prinzip der Freiwilligkeit der Mediation vereinbar sei.[11] Besteht die Möglichkeit eines jederzeitigen „opt-out", bedeutet selbst eine Obligation zum Mediationsversuch keinen Zwang zu Konsens oder Kompromiss.[12] Das Prinzip der Freiwilligkeit ist gewahrt, wenn lediglich die Freiwilligkeit hin zur Mediation eingeschränkt wird[13] und die Parteien nach einem Versuch der Mediation diese verlassen und das Gericht (wieder) anrufen können[14] (→ FamFG § 135 Rn. 5 ff.). Dies gilt erst recht für die Anordnung lediglich eines Informationsgesprächs als Minus gegenüber der Anordnung eines Mediationsversuchs.

Das Informationsgespräch soll die Eltern darüber informieren, was Mediation ist und welche Möglichkeiten der Konfliktlösung dieses Verfahren bietet. Aufgrund des Informationsgesprächs sollen insbesondere Eltern, deren Kinder in einen Elternstreit einbezogen sind, eine informierte Entscheidung

---

über feldspezifische Kenntnisse und Erfahrungen in der Familienmediation (H. Familien- und Scheidungsmediation) verfügen.
11 Zur allgemeinen Diskussion über das Prinzip der Freiwilligkeit im Vergleich zur obligatorischen Mediation s. Schwarz, Mediation – Collaborative Law, S. 76 f.
12 Rakowsky, Obligatorische Mediation, S. 39; Grabow FPR 2011, 36.
13 Rakowsky, Obligatorische Mediation, S. 38 f., 44, 221; McEwen/Milburn, Explaining a Paradox of Mediation, Negotiation Journal 1993, 33 f.; Marx ZKM 2010, 132; Grabow FPR 2011, 36; Ponschab ZKM 2014, 126; AA Breidenbach, Mediation, S. 272.
14 Kriegel, Mediationspflicht?, S. 165 ff.; Studien beschrieben bei Marx ZKM 2010, 132 (134).

treffen können, ob sie sich freiwillig für eine Mediation entscheiden und in diesem Verfahren eine Einigung erzielen wollen[15] (→ G. Rn. 1 ff.).

IV. Kostenfreiheit

7 Ebenso kontrovers wie die Frage der Freiwilligkeit wird die im Gesetz vorgesehene Kostenfreiheit diskutiert.[16] Mangels staatlicher Finanzierung derartiger Mediationsangebote, zB durch **Einführung einer Mediationskostenhilfe** (→ MediationsG § 7 Rn. 1 ff.), hat der Gesetzgeber auf die **Bereitschaft der Mediationsszene** vertraut, diese Vorschrift im Sinne der Förderung der Mediation mit kostenfreien Angeboten zu unterstützen (→ FamFG § 135 Rn. 9).

8 Offen bleibt die Frage, wie die anschließende Dienstleistung einer Mediation zu vergüten ist. In der Regel zahlen die Beteiligten die Kosten der Mediation selbst, sofern nicht kostenlose oder kostengünstige Modelle im Rahmen von Beratungsstellen[17] oder Pilotprojekten[18] zur Verfügung stehen. Ein Anspruch der Mediatoren gegen die Staatskasse auf Kostenersatz kann aus der Vorschrift nicht abgeleitet werden.[19]

V. Ermessensentscheidung

9 Die Entscheidung,[20] ob das Gericht eine Anordnung nach § 156 Abs. 1 S. 3 FamFG trifft, steht in seinem **freien Ermessen**.[21] Voraussetzung ist, dass die Wahrnehmung des Informationsgesprächs für die Eltern nicht unzumutbar ist (→ FamFG § 135 Rn. 4). Die Anordnung setzt die Gewährung rechtlichen Gehörs voraus.[22] Die Anordnung selbst rechtfertigt keine

---

15 Vgl. dazu: Marx ZKJ 2010, 300 (304 f. mwN); zu § 135 FamFG vgl. BT-Drs. 16/6308, 229; MüKoFamFG/Heiter § 135 Rn. 1.
16 Statt vieler Proksch ZKM 2011, 173 (176).
17 Siehe exemplarisch dafür das Beratungsangebot des Vereins ZiF „Zusammenwirken im Familienkonflikt" in Berlin, abrufbar unter www.zif-online.de (zuletzt abgerufen am 8.9.2024).
18 → MediationsG § 7 Rn. 13: „Berliner Initiative geförderte Familienmediation" (BIGFAM); Greger, Abschlussbericht zur Evaluierung des Projekts Geförderte Familienmediation in Berlin, abrufbar unter https://www.reinhard-greger.de/zur-person/forschungen/ (zuletzt abgerufen am 8.9.2024).
19 MüKoFamFG/Heiter § 135 Rn. 12; Heineman FamRB 2010, 128; ähnlich: Prütting/Helms § 135 Rn. 3; aA Spangenberg FamRZ 2009, 834 (835). Zur Diskussion → MediationsG § 7 Rn. 14. Wird ein Mediator – obgleich es hierfür an einer gesetzlichen Grundlage fehlt – vom Gericht zur Durchführung einer Mediation beauftragt, entsteht nach Auffassung des OLG Koblenz allerdings ein Vergütungsanspruch gegen die Staatskasse aus §§ 675, 670 BGB iVm §§ 1 ff. JVEG, OLG Koblenz 21.1.2014 – 13 WF 43/14 = ZKM 2014, 71 f.
20 Streitig ist, ob die Anordnung in Form eines Beschlusses zu ergehen hat, bejahend: Prütting/Helms/Hammer § 156 Rn. 38; für § 135 FamFG verneinend MüKoFamFG/Heiter § 135 Rn. 15.
21 Prütting/Helms/Hammer § 156 Rn. 39. Die Evaluierung der FGG-Reform hat ergeben, dass das Informationsgespräch in der klaren Mehrheit der Fälle nicht angeordnet wird (ca. 74 % der Richterinnen und Richter beim Amtsgericht und 90 % derjenigen beim OLG ordnen ein Informationsgespräch nie an), vgl. S. 277 des Abschlussberichts, abrufbar unter https://www.bmj.de/SharedDocs/Publikationen/DE/Fachpublikationen/2018_Evaluierung_FGG-Reform.html (zuletzt abgerufen am 15.6.2024).
22 MüKoFamFG/Heiter § 135 Rn. 10; Prütting/Helms/Helms § 135 Rn. 3.

Aussetzung des Verfahrens.²³ Entscheiden sich die Parteien im Anschluss an das Informationsgespräch zur Durchführung der Mediation, ist das Verfahren auszusetzen, § 36a Abs. 2 FamFG (→ FamFG § 36a Rn. 9 f.).²⁴ Das Gericht hat auch dann die Verzögerung zu minimieren.²⁵

---

23 MüKoFamFG/Heilmann § 155 Rn. 37. AA Prütting/Helms/Hammer § 156 Rn. 41: § 36a Abs. 2 FamFG verlange die Aussetzung. Dabei wird verkannt, dass das Gericht das Verfahren gemäß § 36a Abs. 2 FamFG nur dann aussetzt, wenn sich die Beteiligten zur Durchführung einer Mediation entscheiden, nicht aber bereits bei Anordnung eines Informationsgesprächs über Mediation, das der Mediation selbst vorgelagert ist, vgl. MüKoFamFG/Schumann § 156 Rn. 13.
24 MüKoFamFG/Schumann § 156 Rn. 13.
25 Wegener NZFam 2015, 799 (801); beispielsweise mittels Befristung der Aussetzung, vgl. MüKoFamFG/Heilmann § 155 Rn. 37.

Artikel 4 Änderung des Arbeitsgerichtsgesetzes

Literatur:

Ahrens, Mediationsgesetz und Güterichter – Neue gesetzliche Regelungen der gerichtlichen und außergerichtlichen Mediation, NJW 2012, 2465; *Dahl,* Das neue Mediationsgesetz, FA 2012, 258; *Diop/Steinbrecher,* Ein Mediationsgesetz für Deutschland: Impuls für die Wirtschaftsmediation, BB 2011, 131; *Düwell/Lipke,* Arbeitsgerichtsgesetz, 6. Aufl. 2023; *Eidenmüller/Wagner,* Mediationsrecht, 1. Aufl. 2015; *Müller-Glöge/Preis/Schmidt,* Erfurter Kommentar zum Arbeitsrecht, 23. Aufl. 2023; *Francken,* Das Gesetz zur Förderung der Mediation und das arbeitsgerichtliche Verfahren, NZA 2012, 836; *ders.*, Erforderliche Nachbesserungen im Mediationsgesetz und im Arbeitsgerichtsgesetz, NZA 2012, 249; *ders.*, Erste Praxiserfahrungen mit dem nicht entscheidungsbefugten Güterichter gemäß § 54 VI ArbGG, NZA 2015, 641; *Fritz/Pielsticker,* Mediationsgesetz, 2. Aufl. 2018; *Germelmann/Matthes/Prütting,* Arbeitsgerichtsgesetz, 10. Aufl. 2022; *Henssler/Willemsen/Kalb,* Arbeitsrecht Kommentar, 10. Aufl. 2022; *Kramer,* Mediation als Alternative zur Einigungsstelle im Arbeitsrecht?, NZA 2005, 135; *Künzel,* Das Güterichterverfahren bei den Gerichten für Arbeitssachen, MDR 2016, 952; *Lukas/Dahl,* Konfliktlösungen im Arbeitsleben, 2012; *Moll,* Münchener Anwaltshandbuch Arbeitsrecht, 6. Aufl. 2023; *Natter/Gross,* Arbeitsgerichtsgesetz, 2. Auflage 2013; *Nungesser,* Vergleichen vergleichsweise schwierig. Formale und materiell-rechtliche Hürden beim Vergleichsschluss nach § 278 Abs. VI ZPO, NZA 2005, 1027; *Pilartz,* Mediation im Arbeitsrecht: Güterichter und innerbetriebliches Konfliktmanagement, ArbRAktuell 2013, 433; *Seltmann,* Der Regierungsentwurf eines Mediationsgesetzes, NJW-Spezial 2011, 126; *Wolmerath,* Mediation und Güterichter – recht unbekannte Werkzeuge zur Streitschlichtung, ArbRAktuell 2015, 343.

§ 54 ArbGG Güteverfahren

(1) [1]Die mündliche Verhandlung beginnt mit einer Verhandlung vor dem Vorsitzenden zum Zwecke der gütlichen Einigung der Parteien (Güteverhandlung). [2]Der Vorsitzende hat zu diesem Zwecke das gesamte Streitverhältnis mit den Parteien unter freier Würdigung aller Umstände zu erörtern. [3]Zur Aufklärung des Sachverhalts kann er alle Handlungen vornehmen, die sofort erfolgen können. [4]Eidliche Vernehmungen sind jedoch ausgeschlossen. [5]Der Vorsitzende kann die Güteverhandlung mit Zustimmung der Parteien in einem weiteren Termin, der alsbald stattzufinden hat, fortsetzen.

(2) [1]Die Klage kann bis zum Stellen der Anträge ohne Einwilligung des Beklagten zurückgenommen werden. [2]In der Güteverhandlung erklärte gerichtliche Geständnisse nach § 288 der Zivilprozeßordnung haben nur dann bindende Wirkung, wenn sie zu Protokoll erklärt worden sind. [3]§ 39 Satz 1 und § 282 Abs. 3 Satz 1 der Zivilprozeßordnung sind nicht anzuwenden.

(3) Das Ergebnis der Güteverhandlung, insbesondere der Abschluß eines Vergleichs, ist in die Niederschrift aufzunehmen.

(4) Erscheint eine Partei in der Güteverhandlung nicht oder ist die Güteverhandlung erfolglos, schließt sich die weitere Verhandlung unmittelbar an oder es ist, falls der weiteren Verhandlung Hinderungsgründe entgegenstehen, Termin zur streitigen Verhandlung zu bestimmen; diese hat alsbald stattzufinden.

(5) [1]Erscheinen oder verhandeln beide Parteien in der Güteverhandlung nicht, ist das Ruhen des Verfahrens anzuordnen. [2]Auf Antrag einer Partei

ist Termin zur streitigen Verhandlung zu bestimmen. ³Dieser Antrag kann nur innerhalb von sechs Monaten nach der Güteverhandlung gestellt werden. ⁴Nach Ablauf der Frist ist § 269 Abs. 3 bis 5 der Zivilprozeßordnung entsprechend anzuwenden.

(6) ¹Der Vorsitzende kann die Parteien für die Güteverhandlung sowie deren Fortsetzung vor einen hierfür bestimmten und nicht entscheidungsbefugten Richter (Güterichter) verweisen. ²Der Güterichter kann alle Methoden der Konfliktbeilegung einschließlich der Mediation einsetzen.

§ 54a ArbGG Mediation, außergerichtliche Konfliktbeilegung

(1) Das Gericht kann den Parteien eine Mediation oder ein anderes Verfahren der außergerichtlichen Konfliktbeilegung vorschlagen.

(2) ¹Entscheiden sich die Parteien zur Durchführung einer Mediation oder eines anderen Verfahrens der außergerichtlichen Konfliktbeilegung, ordnet das Gericht das Ruhen des Verfahrens an. ²Auf Antrag einer Partei ist Termin zur mündlichen Verhandlung zu bestimmen. ³Im Übrigen nimmt das Gericht das Verfahren nach drei Monaten wieder auf, es sei denn, die Parteien legen übereinstimmend dar, dass eine Mediation oder eine außergerichtliche Konfliktbeilegung noch betrieben wird.

I. § 54 ArbGG	3	10. Anwendungspraxis seit Einführung des bundesweiten Güterichterkonzepts	20
1. Entstehungsgeschichte des § 54 Abs. 6 ArbGG	4	II. § 54a ArbGG	21
2. Das Thüringer Projekt Güterichter	7	1. Vorschlag einer Mediation durch das Gericht	21
3. Organisation und allgemeines Verfahren	8	2. Ruhen des Verfahrens während der Mediation	26
4. Einverständnis der Parteien	9	III. Güterichter und Mediation in anderen arbeitsgerichtlichen Verfahren	27
5. Zuständigkeit	12	IV. Weitere Verfahrensänderungen	29
6. Zeitpunkt des Verweises	13	1. Klage-/Antragsschrift	29
7. Verweisungsbeschluss	14	2. Verjährung	30
8. Fachliche und persönliche Kompetenzen des Güterichters	15		
9. Verhandlungsführung	16		

Die mit dem Inkrafttreten des Gesetzes zur Förderung der Mediation und anderer Verfahren der außergerichtlichen Konfliktbeilegung bewirkte Änderung des Arbeitsgerichtsgesetzes betraf im Wesentlichen die Einführung des Güterichters (§ 54 Abs. 6 ArbGG) und den Vorschlag der Mediation oder eines anderen Verfahrens der außergerichtlichen Konfliktbeilegung durch das Gericht (§ 54a ArbGG). Die übrigen Regelungen von Art. 4 des Gesetzes zur Förderung der Mediation und anderer Verfahren der außergerichtlichen Konfliktbeilegung betrafen notwendige Folgeänderungen.

Im Unterschied zu der Änderung des Sozialgerichtsgesetzes (Art. 5 des Gesetzes zur Förderung der Mediation und anderer Verfahren der außergerichtlichen Konfliktbeilegung), der Verwaltungsgerichtsordnung (Art. 6 des Gesetzes) und der Finanzgerichtsordnung (Art. 8 des Gesetzes) reicht ein Verweis auf die entsprechende Anwendung der § 278 Abs. 5 und § 278a

ZPO im Arbeitsrecht nicht aus. Denn das ArbGG enthält in § 54 eine Sondervorschrift, welche die Güteverhandlung im Arbeitsgerichtsverfahren spezialgesetzlich regelt. Gemeinsam mit § 51 Abs. 1 und § 57 Abs. 2 ArbGG verdrängt § 54 ArbGG den § 278 ZPO weitestgehend.[1] Nur für den in § 278 Abs. 6 ZPO geregelten schriftlichen Vergleichsvorschlag gibt es im ArbGG kein Pendant. Er ist auch im Arbeitsgerichtsverfahren uneingeschränkt anwendbar.[2]

I. § 54 ArbGG

§ 54 ArbGG hat durch das MediationsG einen neuen Abs. 6 erhalten, wonach der Vorsitzende die Parteien für die Güteverhandlung sowie deren Fortsetzung vor einen hierfür bestimmten und nicht entscheidungsbefugten Richter (Güterichter) verweisen kann. Der Güterichter kann alle Methoden der Konfliktbeilegung einschließlich der Mediation einsetzen. Im Übrigen ist § 54 ArbGG unverändert geblieben.

1. Entstehungsgeschichte des § 54 Abs. 6 ArbGG. Im Gesetzesentwurf[3] hatte die Bundesregierung den Güterichter zunächst noch nicht geregelt. Vielmehr wollte sie die Mediation auf „drei Säulen"[4] stellen: die unabhängig von einem Gerichtsverfahren durchgeführte Mediation (außergerichtliche Mediation), die während eines Gerichtsverfahrens außerhalb des Gerichts durchgeführte Mediation (gerichtsnahe Mediation) und die während eines Gerichtsverfahrens von einem nicht entscheidungsbefugten Richter durchgeführte Mediation (gerichtsinterne Mediation).[5] Mit der gerichtsinternen Mediation stellte die Bundesregierung auf Erfahrungen ab, die einzelne Bundesländer, teils beschränkt auf einzelne Gerichtsbarkeiten, auf der Basis einer analogen Anwendung von § 278 Abs. 5 S. 1 ZPO bereits gemacht hatten.[6] Diese Modellversuche sollten auf eine ausdrückliche gesetzliche Grundlage gestellt werden.

Die Pläne der Bundesregierung sind allerdings auf heftige Kritik der Interessenverbände außergerichtlicher Mediatoren gestoßen.[7] Ua wurde eine Wettbewerbsverzerrung befürchtet, da die Gerichte mit der gerichtsinternen Mediation eine kostenlose Dienstleistung anbieten könnten.[8] Auch sei der Zeitaufwand bei der gerichtsinternen Mediation so hoch, dass statt der durch konsensuale Streitbeilegungsverfahren gewünschten Justizentlas-

---

1 Vgl. ErfK/Koch ArbGG § 54a Rn. 1; Germelmann/Matthes/Prütting/Germelmann ArbGG § 54 Rn. 2 und Moll/Ziemann § 77 Rn. 277.
2 Vgl. Nungesser NZA 2005, 1027.
3 BT-Drs. 17/5335 und BT-Drs. 17/5496.
4 Vgl. Francken NZA 2012, 249 mwN.
5 BT-Drs. 17/5335.
6 Vgl. Francken NZA 2012, 836 mwN.
7 Vgl. Lukas/Dahl Konfliktlösung/Dahl Kap. 2 A; Diop/Steinbrecher BB 2011, 131.
8 Stellungnahme der BRAK S. 6, abrufbar unter http://www.brak.de/zur-rechtspolitik/stellungnahmen-pdf/stellungnahmen-deutschland/2010/oktober/stellungnahme-der-brak-2010-27.pdf (zuletzt aufgerufen am 12.10.2023); DAV S. 9 der Stellungnahme, abrufbar unter https://anwaltverein.de/de/newsroom/id-2010-58?page_n27=121; Stellungnahme der Centrale für Mediation, S. 8, abrufbar unter http://www.reinhard-greger.de/dateien/Stellungnahme_Centrale-fuer-Mediation.pdf; Befürworter der Deutsche Richterbund in seiner Stellungnahme, abrufbar unter https://www.drb.de/positionen/stellungnahmen/stellungnahme/news/215.

tung eine Belastung der Justiz eintrete.[9] Die Kritik, wohl vor allem aber der politische Druck der Interessenverbände, hat letztlich dazu geführt, dass der Gesetzgeber die gerichtsinterne Mediation im Laufe des Gesetzgebungsverfahrens durch das Güterichtermodell ersetzt hat.[10] Auf Vorschlag des Vermittlungsausschuss vom 27.6.2012[11] ist in § 54 Abs. 6 S. 2 ArbGG allerdings noch die Klarstellung aufgenommen worden, dass auch der Güterichter „alle Methoden der Konfliktbeilegung einschließlich der Mediation einsetzen" kann. Damit ist auch die Unterscheidung zwischen gerichtsnaher und außergerichtlicher Mediation obsolet geworden. Die bisherigen Projekte zur gerichtsinternen Mediation mussten nach dreizehn Monaten beendet werden.

Es ist zweifelhaft, ob die Kritiker der gerichtsinternen Mediation tatsächlich mit dem Kompromiss zufrieden sind. Denn bei Lichte betrachtet gibt § 54 Abs. 6 ArbGG den Gerichten sogar mehr Möglichkeiten als die schlichte gerichtsinterne Mediation. Der Güterichter kann im Gegensatz zum gerichtsinternen Mediator sogar frei wählen, welche Methode der Konfliktbeilegung er anwenden will. Die Kritik (Wettbewerbsverzerrung, Kostenbelastung) lässt sich 1:1 auf das Güterichtermodell übertragen. Zudem können die Kritiker auf die ohnehin hohe Erfolgsquote der Arbeitsgerichte bei der einvernehmlichen Konfliktbeilegung verweisen und vor diesem Hintergrund die Frage stellen, ob es eines besonderen Güterichters überhaupt bedarf. Denn die Vorsitzenden mit ihren Kammern legen nach den Statistiken der Arbeitsgerichtsbarkeit[12] seit jeher die überwiegende Anzahl der Rechtsstreitigkeiten durch eine einvernehmliche Lösung bei. Jedes Jahr werden weniger als 10 % der Klagen durch streitige Urteile abgeschlossen. Die restlichen Verfahren enden durch Vergleich oder auf andere Weise (zB Klagerücknahme). Damit wirken gerade die Arbeitsrichter seit je her meist weniger als „Entscheider" und vielmehr als „Konfliktlöser", die die Parteien bei der eigenverantwortlichen Beilegung des Rechtsstreits unterstützen.

2. Das Thüringer Projekt Güterichter. Auch beim Güterichter konnte die Praxis auf Erfahrungen aus Modellversuchen in Bayern und Thüringen zurückgreifen. Dabei hat zB das Thüringer Justizministerium auf der Basis eines Erlasses vom 27.10.2008[13] im Zeitraum von 2009–2011 positive Erfahrungen mit dem „Thüringer Projekt Güterichter" gemacht.[14] Das

---

9 Seltmann NJW-Spezial 2011, 126 und DAV S. 9 der Stellungnahme, abrufbar unter https://anwaltverein.de/de/newsroom/id-2010-58?page_n27=121.
10 Stellungnahme des Rechtsausschusses, Ausschuss-Drs. 17(6)151, BT-Drs. 17/8058.
11 BT-Drs. 17/10102.
12 2022 waren bei den Arbeitsgerichten in Deutschland insgesamt 342.624 Klagen anhängig. Von den 259.438 erledigten Klagen wurden lediglich 19.596 durch streitiges Urteil beendet. Etwa 240.000 Verfahren endeten durch Vergleich oder auf andere Weise (zum Beispiel Klagerücknahme/anderweitige Erledigung). Vergleichbare Ergebnisse zeigen auch die Statistiken der Vorjahre (Statistiken des Bundesministeriums für Arbeit und Soziales, abrufbar unter https://www.bmas.de/DE/Service/Stat istiken-Open-Data/Statistik-zur-Sozial-und-Arbeitsgerichtsbarkeit/statistik-zur-sozi al-und-arbeitsgerichtsbarkeit).
13 Az. 3010 – 2131/08; vgl. http://www.reinhard-greger.de/ikv-thueringen1.pdf.
14 Vgl. den ausführlichen Abschlussbericht unter https://justiz.thueringen.de/fileadmi n/TMMJV/Themen/konsensualekonfliktloesung/abschlussbericht_g__terichter_teil _2.pdf. und Lukas/Dahl Konfliktlösung/Engel Kap. 5 D.

Thüringer LAG wurde als Modellgericht für alle Thüringer Arbeitsgerichte ausgewählt und vier Berufungsrichter wurden nach einer Schulung in den Methoden der konsensorientierten Verhandlungsleitung zu Güterichtern bestimmt. In dem Zeitraum haben die vier Güterichter am LAG Thüringen 170 Ersuchen der Arbeitsgerichte erhalten und davon 112 mit Einigung in der Güteverhandlung beendet. Von den 29 Ersuchen der Kolleginnen und Kollegen vom LAG beendeten sie 18 mit Einigungen in der Güteverhandlung. Da der Gesetzgeber den Güterichter ob der positiven Erfahrungen ua in Thüringen nunmehr auf eine gesetzliche Grundlage gestellt hat, sehen die Geschäftsverteilungspläne der Modellgerichte auch weiterhin die Funktion des Güterichters vor.[15] Durch die ausdrückliche gesetzliche Regelung des Güterichters muss nicht mehr die Frage beantwortet werden, ob die vom Justizministerium für den Modellversuch herangezogene Rechtsgrundlage des § 278 Abs. 5 ZPO aF für das Arbeitsrecht ob die Sondervorschrift des § 54 ArbGG überhaupt anwendbar war.

3. Organisation und allgemeines Verfahren. Der erst spät als Ersatz für die gerichtsinterne Mediation aufgenommene § 54 Abs. 6 ArbGG ist in den Gesetzgebungsmaterialien kaum erläutert. Weder aus dem Gesetzeswortlaut noch aus den Gesetzgebungsmaterialien ergibt sich, inwieweit insbesondere die übrigen Absätze des § 54 ArbGG auch auf die Güteverhandlung vor dem Güterichter Anwendung finden. Da der Vorsitzende nach dem Wortlaut von Abs. 6 die Möglichkeit haben muss, die Parteien an einen Güterichter zu verweisen, haben die Länder für entsprechende Möglichkeiten an jedem Arbeitsgericht der ersten und zweiten Instanz (über die Verweisung des § 64 Abs. 7 ArbGG) jedenfalls Sorge zu tragen. Dies erfordert eine entsprechende gerichtsinterne Organisation und eine ausreichende Anzahl von Güterichtern.

Die Verweisung ist vom Gesetzgeber nicht auf bestimmte Fallkonstellationen beschränkt. Er hat sich in den Gesetzgebungsmaterialien richtigerweise auch jeder Empfehlung enthalten. Denn entscheidend ist allein der „gute Wille" der Parteien, den Streit im Rahmen eines Konsenses beizulegen. Es spielt dabei keine Rolle, ob der Rechtsstreit nur die Spitze eines tiefergelagerten Konflikts betrifft, ob emotionale Verstrickungen bestehen oder bisher zu wenig Zeit zur Kommunikation zwischen den Parteien war. Jeder Konflikt eignet sich zu einer konsensualen Lösung, wenn die Streitparteien es nur wollen.

Die Parteien sind in der Verhandlung vor dem Güterichter nicht auf den Streitgegenstand beschränkt. Mit dem Verfahren vor dem Güterichter ist gerade bezweckt eine Befriedung zu erreichen, die das gesamte Verhältnis der Parteien zueinander und eben nicht nur den Rechtsstreit betrifft.

Neben dem Berufungsverfahren (§ 64 Abs. 7 ArbGG) gelten die Vorschriften zum Güterichter auch für das Beschlussverfahren in erster und zweiter Instanz (§§ 80 Abs. 2 und 87 Abs. 2 S. 1 ArbGG). Im Revisions- und Rechtsbeschwerdeverfahren gelten sie dagegen mangels gesetzlicher Regelung nicht.

---

15 Abrufbar unter https://justiz.thueringen.de/fileadmin/TMMJV/Themen/konsensual ekonfliktloesung/abschlussbericht_g__terichter_teil_2.pdf.

4. Einverständnis der Parteien. Aus dem Wortlaut des § 54 Abs. 6 ArbGG ergibt sich nicht, ob das Einverständnis der Parteien für die Verweisung an den Güterichter erforderlich ist. Allerdings weist der Rechtsausschuss in der Begründung seiner Beschlussempfehlung zur Parallelvorschrift des § 278a ZPO zutreffend darauf hin, dass die Güteverhandlung vor dem Güterichter nur dann aussichtsreich ist, wenn die Parteien für eine einvernehmliche Konfliktlösung offen und deshalb grundsätzlich bereit sind, sich auf ein solches Verfahren einzulassen.[16] Vor diesem Hintergrund kommt der Verweis zu einem Güterichter (sinnvoller Weise) nur mit Einverständnis der Parteien in Betracht.[17] So weist auch das LAG Hamm in seiner lesenswerten Information zum Güterichterverfahren vor dem LAG und den Arbeitsgerichten ausdrücklich darauf hin, dass das Güterichterverfahren freiwillig erfolgt.[18] Gleiches gilt für die Mitteilungen des Hessischen Ministeriums der Justiz[19] und des ArbG München.[20] Das Einverständnis kann schriftsätzlich oder zu Protokoll erklärt werden.

Etwas anderes ließe sich auch nicht mit dem in § 1 Abs. 1 niedergelegten allgemeinen Verfahrensgrundsatz der Freiwilligkeit vereinbaren. Zwar stellt die Verhandlung vor dem Güterichter nicht per se eine Mediation dar. Dies wird dadurch deutlich, dass der Güterichter nach § 54 Abs. 6 S. 2 ArbG alle Methoden der Konfliktbeilegung anwenden kann und eben nicht auf die Mediation beschränkt ist. Damit ist § 1 Abs. 1 nicht zwingend auf das Verfahren vor dem Güterichter anzuwenden. Die Freiwilligkeit ist aber ein elementarer Grundsatz aller konsensualen Konfliktlösungsverfahren. Dies ergibt sich aus der zugrundeliegenden Richtlinie 2008/52EG des Europäischen Parlaments und des Rats vom 21.5.2008 über bestimmte Aspekte der Mediation in Zivil- und Handelssachen[21] sowie der Begründung des Regierungsentwurfes. Danach bleiben die Parteien während des gesamten Verfahrens für die zur Konfliktbeilegung getroffenen Maßnahmen und Absprachen verantwortlich.[22]

Die Parteien können demnach frei und ohne Nachteile befürchten zu müssen darüber entscheiden, ob sie mit einem Verweis an den Güterichter einverstanden sind. Sie können auch frei darüber entscheiden, ob sie das Verfahren vor dem Güterichter abbrechen oder zu einem Ergebnis finden. Entfällt das Einverständnis, ist das Verfahren unverzüglich wieder vom gesetzlichen Richter zu führen.

5. Zuständigkeit. Im Regierungsentwurf findet sich noch der Hinweis, dass der Güterichter zwingend demselben Gericht angehören muss wie der verweisende Richter.[23] In seiner Stellungnahme zum Regierungsentwurf

---

16 BT-Drs. 17/8058, 21.
17 So auch Francken NZA 2012, 836; LAG Baden-Württemberg 31.10.2016 – 22 Ta 30/16, aA ArbG Hannover 1.2.2013 – 2 Ca 10/13Ö.
18 Abrufbar unter http://www.lag-hamm.nrw.de/aufgaben/mediation/Informationen-zum-Gueterichterverfahren.pdf.
19 Abrufbar unter https://justizministerium.hessen.de/sites/justizministerium.hessen.de/files/2021-08/150916_gueterichter_internet.pdf.
20 Abrufbar unter https://www.arbg.bayern.de/imperia/md/content/arbg_intranet/merkblatt-guterichter_2021_09_07.pdf.
21 ABl. L 136, 13 v. 24.5.2008.
22 BT-Drs. 17/5335, 14.
23 BT-Drs. 17/5335, 20.

wies der Bundesrat allerdings darauf hin, dass ein solches Verständnis nicht mit § 362 ZPO vereinbar sei und zum Teil der Praxis der Güterichtermodelle in den Ländern widerspreche.[24] Diese Kritik aufnehmend gehen sowohl die Bundesregierung in ihrer Äußerung zur Stellungnahme des Bundesrats[25] als auch der Rechtsausschuss davon aus, dass die Güterichtermodelle sowohl gerichtsintern als auch gerichtsübergreifend organisiert sein können.[26] Damit kommen auch für erstinstanzliche Rechtsstreite – wie beim Modellversuch der Thüringer Arbeitsgerichtsbarkeit – das Rechtsmittelgericht oder sogar das Gericht einer anderen Gerichtsbarkeit für die Durchführung der Güteverhandlung in Betracht.[27] Entscheidend ist allein die Eigenschaft als Güterichter, die zu den Geschäften im Sinne des § 21e Abs. 1 S. 1 GVG gehört und damit im Geschäftsverteilungsplan zu regeln ist.[28] Im Geschäftsverteilungsplan kann und sollte auch geregelt werden, ob die Güterichter für ihre Tätigkeit eine Entlastung von ihren Streitfällen erhalten.[29] Von dieser Möglichkeit machen aber nicht alle Gerichte Gebrauch.[30]

Aus dem Wortlaut und der Gesetzesbegründung lässt sich nicht eindeutig entnehmen, ob durch die Geschäftsverteilung eine Zuweisung von Fällen nach einem bestimmten Prinzip (Nummern, Buchstaben) an einen Güterichter möglich ist oder ob die Parteien zwischen einem von mehreren Güterichtern wählen können.[31] Für eine Zuweisung spricht, dass auch der Güterichter gesetzlicher Richter im Sinne von § 16 S. 2 GVG ist.[32] Auch deutet der Wortlaut der Regelung darauf hin. Denn Abs. 6 spricht von einem „hierfür bestimmten ... Güterichter".[33] Allerdings kann sich die Bedeutung des Wortlauts auch darin erschöpfen, dass nur an einen hierzu ernannten Güterichter in Abgrenzung zu einem „normalen" Vorsitzenden Richter verwiesen werden kann. Die Person muss dabei nicht zwangsläufig (durch den Geschäftsverteilungsplan vor)bestimmt sein. Zudem ließe sich ein Wahlrecht auch besser mit dem in § 1 Abs. 1 niedergelegten allgemeinen Verfahrensgrundsatz der Freiwilligkeit vereinbaren. Auch wenn § 1 Abs. 1 nicht zwingend auf das Verfahren vor dem Güterichter anzuwenden ist, so ist doch das Freiwilligkeitsprinzip ein elementarer Grundsatz aller konsensualen Konfliktlösungsverfahren. Mit dem Freiwilligkeitsprinzip ist

---

24 BR-Drs. 60/11, 8.
25 BT-Drs. 17/5496, 2.
26 Stellungnahme des Rechtsausschusses Ausschuss-Drs. 17(6)151, BT-Drs. 17/8058, 27.
27 So auch Francken NZA 2012, 836; aA Ahrens NJW 2012, 2465; vgl. ErfK/Koch ArbGG § 54a Rn. 11.
28 Stellungnahme des Rechtsausschusses Ausschuss-Drs. 17(6)151, BT-Drs. 17/8058, 26; so auch Eidenmüller/Wagner/Steiner Kap. 8 Rn. 134.
29 Eidenmüller/Wagner/Steiner Kap. 8 Rn. 137 hält den Belastungsausgleich für notwendig.
30 Greger Rechtstatsächliche Untersuchung zur Implementierung des Güterichterverfahrens, abrufbar unter http://www.reinhard-greger.de/dateien/Evaluationsbericht-1.pdf.
31 So Fritz/Pielsticker MediatonsG-HdB/Fritz ArbGG § 54 Rn. 16 und wohl auch die Praxis der meisten Arbeitsgerichte. Hingegen können die Parteien beim LAG Hessen einen der drei Güterichter wählen.
32 So der Regierungsentwurf in BT-Drs. 17/5335, 20.
33 So Düwell/Lipke/Kloppenburg/Tautphäus ArbGG § 54 Rn. 75.

es nicht vereinbar, wenn den Parteien ein bestimmter Güterichter aufgezwungen wird. Ein von einer Seite abgelehnter Güterichter dürfte die konsensuale Lösung belasten. Konsequenterweise muss auch dem Güterichter die Möglichkeit bleiben, ein Verfahren abzulehnen.

6. Zeitpunkt des Verweises. Versteht man den in § 54 Abs. 6 ArbGG verwandten Begriff der „Güteverhandlung" so wie in den Abs. 1–5 des gleichen Paragraphen, kommt man zu dem Ergebnis, dass der Verweisungsbeschluss zur Güteverhandlung in der ersten Instanz vor Eintritt in die Kammerverhandlung erfolgen muss. Dies ergibt sich daraus, dass die Verweisung nach dem Wortlaut (nur) zur Güteverhandlung oder deren Fortsetzung erfolgt. Die Güteverhandlung ist in der ersten Instanz mit Ausnahme des einstweiligen Rechtsschutzes zwingend und liegt nur im Beschlussverfahren im Ermessen des Vorsitzenden. Erst wenn in der Güteverhandlung als erstem Verfahrensabschnitt des arbeitsgerichtlichen Verfahrens erster Instanz (§ 54 Abs. 1 S. 1 ArbGG) keine gütliche Einigung zustande kommt, wird die mündliche Verhandlung durch die Verhandlung vor der Kammer (§ 57 ArbGG) fortgesetzt. Eine Rückkehr von der Kammerverhandlung in die Güteverhandlung ist nicht möglich und im Gegensatz zu § 278 Abs. 5 ZPO bestimmt § 54 Abs. 6 S. 1 ArbGG nicht, dass der Verweis auch für weitere Güteversuche (in anderen Verfahrensstadien) erfolgen kann.[34] Da der Vorsitzende die Parteien nicht nur zur gesamten Durchführung der Güteverhandlung, sondern auch zu deren Fortsetzung an den Güterichter verweisen kann, muss ein entsprechender Beschluss aber danach nicht zwingend vor der Güteverhandlung vor dem Streitrichter erfolgen. Vielmehr ist eine Verweisung auch noch während der Güteverhandlung vor dem gesetzlichen Richter möglich. Dies entspricht auch § 54 Abs. 1 S. 5 ArbGG, wonach der Vorsitzende die Güteverhandlung mit Zustimmung der Parteien in einem weiteren Termin, der alsbald stattzufinden hat, fortsetzen kann. Da § 54 Abs. 6 ArbGG nur von „Fortsetzung" der Güteverhandlung spricht und die zulässige Zahl der Termine für die Güteverhandlung nach § 54 Abs. 1 S. 5 ArbGG nicht erweitert, muss die Güteverhandlung vor dem Güterichter dann allerdings in einer Verhandlung abgeschlossen werden. Hat vor dem gesetzlichen Richter bereits ein zweiter Termin stattgefunden, ist ein Verweis an den Güterichter danach nicht mehr möglich.

Es ist allerdings mehr als zweifelhaft, dass der Begriff der „Güteverhandlung" des § 54 Abs. 6 ArbGG identisch ist mit dem der vorherigen fünf Absätze. Denn der Güterichter kann im Gegensatz zur „regulären" Güteverhandlung mangels Entscheidungsbefugnis in „seiner" Güteverhandlung zB kein Versäumnisurteil erlassen. Die Vorschriften der §§ 46 Abs. 2 S. 1 ArbGG, 330–347 ZPO und 59 ArbGG sind auf die Verhandlung vor dem Güterichter nicht anwendbar. Im Gegensatz zur „normalen" Güteverhandlung ist bei der Güteverhandlung vor einem Güterichter gemäß §§ 46

---

34 ErfK/Koch ArbGG § 54a Rn. 11; vgl. auch Francken NZA 2012, 836, der zutreffend darauf hinweist, dass Spruchkörper nach dem Ende der Güteverhandlung die Kammer und nicht mehr der Vorsitzende allein ist. Eine Verweisung durch die Kammer an den nicht entscheidungsbefugten Güterichter sieht § 54 Abs. 6 ArbGG nF aber nicht vor. Etwas anderes sei nicht mit dem Beschleunigungsgrundsatz vereinbar.

Abs. 2 ArbGG und §§ 159 S. 2, 278 Abs. 5 ZPO ein Protokoll zudem nur auf übereinstimmenden Antrag der Parteien zu erstellen. Ist der Begriff der Güteverhandlung im gesamten § 54 ArbGG nicht einheitlich zu verstehen, so ist eine Verweisung auch noch in der Kammerverhandlung der ersten Instanz möglich. Dafür spricht auch, dass die Verweisung noch in der zweiten Instanz und damit zu einem wesentlich späteren Zeitpunkt erfolgen kann.[35] Es macht keinen Sinn, dass eine Verweisung in der zweiten Instanz noch möglich, eine sinnvolle Verweisung in der Kammerverhandlung der ersten Instanz dagegen nicht möglich sein soll. Damit spricht nach dem Sinn und Zweck der Vorschrift Vieles dafür, die Güteverhandlung vor dem Güterichter als ein eigenes, von den ersten fünf Absätzen des § 54 ArbGG abgegrenztes Verfahren zu verstehen.[36]

14 **7. Verweisungsbeschluss.** Die Verweisung erfolgt durch Beschluss der Streitkammer. Eine Rechtsmittelbelehrung ist nicht erforderlich, da es kein Rechtsmittel gegen den Beschluss gibt (die Voraussetzungen von § 78 Abs. 1 ArbGG, § 567 Abs. 1 Nr. 1 ZPO liegen nicht vor). Sollten die Parteien mit der Verweisung nicht einverstanden sein oder ihre Zustimmung zurücknehmen, wird die Verhandlung vor der Streitkammer fortgesetzt. Im Gegensatz zur Mediation ruht das streitige Verfahren für die Zeit der Verweisung an den Güterichter nicht.[37] Der Vorsitzende des Streitgerichts kann daher einen Kammertermin anberaumen, um keine Verzögerung eintreten zu lassen.

15 **8. Fachliche und persönliche Kompetenzen des Güterichters.** Weder im Gesetz noch in der Gesetzesbegründung ist geregelt, welche persönlichen und fachlichen Fähigkeiten ein Güterichter aufweisen muss und wie eine etwaige Aus- und Fortbildung erfolgen soll. Der Gesetzgeber meint schlicht, die Kompetenzen und Erfahrungen der bisherigen richterlichen Mediatoren und die entsprechenden Aus- und Fortbildungsmaßnahmen der Länder könnten in vollem Umfang auch beim Güterichter weitergenutzt werden.[38] Welche Kompetenzen, Aus- und Fortbildungsmaßnahmen dies sind, erwähnt der Gesetzgeber nicht. Es ist also Aufgabe der Länder, in eigener Regie die erforderlichen Kompetenzen der Güterichter zu bestimmen sowie die Aus- und Fortbildung zu organisieren. Dabei sollten die Inhalte nicht hinter dem zurückbleiben, was der Gesetzgeber von den außergerichtlichen zertifizierten Mediatoren erwartet (vgl. § 5 Abs. 2 MediationsG). Das tatsächlich den Richtern von den Ländern angebotene Ausbildungsangebot orientiert sich jedoch nicht zwingend daran, findet in unterschiedlicher Intensität statt und wird in der Regel von den Richtern als zu kurz empfunden.[39]

---

35 So zutreffend Germelmann/Matthes/Prütting/Künzl ArbGG § 54 Rn. 78; Düwell/Lipke/Kloppenburg/Tautphäus ArbGG § 54 Rn. 81.
36 So auch Fritz/Pielsticker MediationsG-HdB/Fritz ArbGG § 54 Rn. 10; Germelmann/Matthes/Prütting/Künzl ArbGG § 54 Rn. 78; Künzl MDR 2016, 952.
37 BT-Drs. 17/5335, 20.
38 Stellungnahme des Rechtsausschusses, Ausschuss-Drs. 17(6)151; BT-Drs. 17/8058, 20.
39 Greger Rechtstatsächliche Untersuchung zur Implementierung des Güterichterverfahrens, abrufbar unter http://www.reinhard-greger.de/dateien/Evaluationsbericht-1.pdf.

9. Verhandlungsführung. Gesetzlich nicht ausdrücklich geregelt ist auch, wie der Güterichter die Güteverhandlung zu leiten hat. § 54 Abs. 6 S. 2 ArbGG besagt lediglich, dass der Güterichter alle Methoden der Konfliktbeilegung einschließlich der Mediation einsetzen kann. Es stellt sich die Frage, welche Methoden dies sind und ob über die jeweilige Methode Einvernehmen bestehen muss.

Mit dem Grundsatz der Freiwilligkeit wäre die Bestimmung der Methode gegen den Willen der Parteien durch den Güterichter nicht vereinbar. Es ist vielmehr erforderlich, dass sich die Parteien mit dem Güterichter zu Beginn der Güteverhandlung auf die jeweilige Methode verständigen.[40] Dabei kommt nach dem Willen des Gesetzgebers neben der Mediation auch die Schlichtung in Betracht, denn er führt in der Gesetzesbegründung aus, dass der Güterichter im Gegensatz zum Mediator ua rechtliche Bewertungen vornehmen und den Parteien Lösungen für den Konflikt vorschlagen kann.[41] Der Güterichter soll nach dem Willen des Gesetzgebers unabhängig von der Methode Techniken anwenden, mit denen insbesondere der Sinn der Parteien für ihre Verantwortlichkeit und ihre Autonomie sowie der Bereitschaft, sich aufeinander einzulassen, gefördert werden sollen. Zu derartigen Techniken gehören das aktive Zuhören, die Widerspiegelung von Erklärungen und Botschaften der Parteien in deeskalierender Weise, die Umwandlung von Beschwerden in verhandelbare Themen, die Technik des offenen Fragens, die Erarbeitung von Fairnesskriterien zur Lösung des Konflikts sowie die Entwicklung von realisierbaren Probe- und Teillösungen.[42] Das Thüringer Güterichtermodell hat neben der Mediation und Schlichtung noch die Moderation und Mediation in Einzelgesprächen unterschieden.[43] Zum Teil wird unter dem Hinweis, dass der Güterichter kein Mediator ist, abgelehnt, dass der Güterichter Einzelgespräche führen darf.[44] Mehrheitlich wird jedoch in Anlehnung an § 2 Abs. 3 S. 3 das Führen von Einzelgesprächen im Einvernehmen mit den Parteien als adäquates und hilfreiches Mittel der Verhandlungsführung angesehen, was sich auch in der Praxis der Güterichter an den Arbeitsgerichten widerspiegelt.[45]

Soweit sich die Parteien auf eine Methode festgelegt haben, sollte der Güterichter darauf achten, die Methode im weiteren Verlauf auch einzuhalten und damit bei einer vereinbarten Mediation zB von eigenen Vorschlägen abzusehen, soweit die Parteien nicht ausdrücklich damit einverstanden sind.[46]

---

40 So auch Fritz/Pielsticker MediationsG-HdB/Fritz ArbGG § 54 Rn. 31, dem Grundsatz der Informiertheit folgend.
41 Stellungnahme des Rechtsausschusses, Ausschuss-Drs. 17(6)151, BT-Drs. 17/8058, 20.
42 Stellungnahme des Rechtsausschusses, Ausschuss-Drs. 17(6)151, BT-Drs. 17/8058, 20.
43 Abrufbar unter https://justiz.thueringen.de/fileadmin/TMMJV/Themen/konsensualekonfliktloesung/abschlussbericht_g__terichter_teil_1.pdf.
44 Germelmann/Matthes/Prütting/Prütting ArbGG § 54a Rn. 19.
45 Ahrens NJW 2012, 2465; Eidenmüller/Wagner/Steiner Kap. 8 Rn. 77; Francken NZA 2015, 641; Pilartz ArbRAktuell 2013, 433.
46 So auch Fritz/Pielsticker MediationsG-HdB/Fritz ArbGG § 54 Rn. 35.

Ausgehend vom Grundsatz der Freiwilligkeit ist der Termin zur Güteverhandlung auch mit den Parteien abzustimmen und kann vom Gericht nicht einseitig festgesetzt werden.[47]

Ohne gesetzliche Grundlage ist die in der Literatur vertretene Ansicht, für eine „reine" Mediation sei ein Prozessvertrag notwendig.[48] Eine entsprechende Verpflichtung sieht das Gesetz weder in den Vorschriften zur Mediation noch im Rahmen der speziellen Regelungen zum Güterichter vor. Allein der Hinweis, es gehe um Vertraulichkeit, Freiwilligkeit und Eigenverantwortlichkeit, überzeugt nicht. Im Gegenteil, es ist an den Parteien zu entscheiden, ob sie Vertraulichkeit regeln wollen. Den Güterichter können dann allenfalls – wie den außergerichtlichen Mediator auch – Hinweispflichten treffen.[49]

Umstritten ist, ob das MediationsG auf das Verfahren vor dem Güterichter anwendbar ist, wenn sich die Parteien für eine Mediation entscheiden (→ MediationsG § 4 Rn. 19; → ZPO § 278 Rn. 11). Da das Gesetz eine entsprechende Einschränkung allerdings nicht vorsieht, gibt es keine Gründe, die dafür sprechen, dass sich der außergerichtliche Mediator an die Regelungen halten muss, der Güterichter dagegen nicht.[50] Damit ist der Güterichter im Falle der Mediation an die gleichen Informations- und Sorgfaltspflichten gebunden wie der außergerichtliche Mediator.

Laut der Gesetzesbegründung kann der Güterichter auch ohne Zustimmung der Parteien in Gerichtsakten Einsicht nehmen.[51] Wie dies mit der selbst proklamierten Eigenverantwortlichkeit des Verfahrens[52] einhergeht, hat der Gesetzgeber in seiner Begründung nicht näher erläutert. Daher sind Zweifel angebracht, ob der Vorsitzende tatsächlich hinter dem Rücken der Parteien Einblick in die Gerichtsakten nehmen sollte. Insbesondere beim Einsatz mediativer Elemente bedarf es ohnehin keines vorherigen Aktenstudiums.[53]

18 Der Gesetzgeber hat in § 159 Abs. 2 ZPO einen neuen S. 2 eingefügt, wonach die Güteverhandlung vor einem Güterichter nur auf übereinstimmenden Antrag der Parteien protokolliert wird. Die Gesetzesbegründung enthält den Hinweis, dass § 159 Abs. 2 ZPO über § 46 Abs. 2 ArbGG auch auf das arbeitsrechtliche Verfahren Anwendung findet.[54]

Die Vertraulichkeit der Güteverhandlung vor dem Güterichter wird ferner dadurch geschützt, dass das Öffentlichkeitsgebot des § 52 S. 1 ArbGG nicht gilt. Denn der Güterichter gehört gerade nicht dem erkennenden Gericht an. Daher kann die Öffentlichkeit nur mit Zustimmung beider Parteien hergestellt werden. Nicht ausgeschlossen ist dagegen, dass sich eine Partei auch ohne Protokoll und Öffentlichkeit im Falle der Nichteinigung auf Inhalte der Güteverhandlung vor dem Güterichter bezieht. Für diesen

---

47 So auch Fritz/Pielsticker MediationsG-HdB/Fritz ArbGG § 54 Rn. 32.
48 Vgl. Francken NZA 2012, 836.
49 Vgl. Dahl FA 2012, 258.
50 AA Francken NZA 2012, 836.
51 Stellungnahme des Rechtsausschusses, Ausschuss-Drs. 17(6)151, BT-Drs. 17/8058, 20.
52 BT-Drs. 17/5335, 14.
53 So auch Germelmann/Matthes/Prütting/Prütting ArbGG § 54 Rn. 84.
54 BT-Drs. 17/8058, 25.

Fall können und sollten die Parteien in einem Prozessvertrag vereinbaren, dass die Erklärungen in der Güteverhandlung nicht im anschließenden streitigen Verfahren vorgetragen werden.[55] Schließlich steht dem Güterichter ebenso wie dem gesetzlichen Richter nach § 383 Abs. 1 ZPO ein Zeugnisverweigerungsrecht über den Inhalt des Gütegesprächs zu, soweit ihm in dieser Eigenschaft Tatsachen anvertraut sind, deren Geheimhaltung durch ihre Natur oder durch gesetzliche Vorschrift geboten ist.[56] Die besondere Vertraulichkeit des Mediators (§ 4) gilt nach den Gesetzgebungsmaterialien für den Güterichter nicht.[57]

Da der Güterichter nicht entscheidungsbefugt ist, kann für den Fall der Säumnis einer Partei im Gütetermin kein Versäumnisurteil ergehen. Die Vorschriften der §§ 46 Abs. 2 S. 1 ArbGG, 330–347 ZPO und 59 ArbGG sind auf die Verhandlung vor dem Güterichter nicht anwendbar. Der Güterichter kann allerdings einen Vergleich protokollieren und den Streitwert festsetzen.[58] Ein vor dem Güterichter abgeschlossener Vergleich beendet wie ein gerichtlicher Vergleich das Verfahren und ist zugleich Vollstreckungstitel (§§ 794 Abs. 1 Nr. 5, 797, 796a ZPO). Kommt keine Einigung vor dem Güterichter zustande oder widerruft eine Partei ihre Zustimmung zum Güterichterverfahren, ist der Rechtsstreit vor der zur Entscheidung berufenen Kammer fortzusetzen.[59]

10. Anwendungspraxis seit Einführung des bundesweiten Güterichterkonzepts. Die vor der bundesweiten Einführung des Güterichtermodells erfolgreich durchgeführten Modellprojekte und die engagierte Auseinandersetzung damit im Rahmen des Gesetzgebungsverfahrens ließ die Hoffnung keimen, dass das Güterichterverfahren eine große Akzeptanz und breite Zustimmung erfahren werden. Nach den ersten statistischen Erhebungen der Anzahl der Güterichterverfahren in den Jahren 2013 und 2014 zeigte sich, dass sich die Evaluierungsergebnisse der Modellprojekte zwar bestätigt haben.[60] Die bundesweite Einführung des Güterichtermodells hat aber nicht dazu beigetragen, dass es zu einer Steigerung der Anzahl der Fälle gekommen ist, die vor einem Güterichter verhandelt wurden.[61] In der Praxis bestätigten sich insbesondere die Auswertungsergebnisse der Modellprojekte, dass nämlich deutlich unter 1 % der erledigten arbeitsgerichtlichen Streitigkeiten im Rahmen von Güterichterverfahren erledigt wurden.[62] Allerdings war dabei positiv zu berücksichtigen, dass knapp 90 % der Verfahren, die vor den Güterichter verwiesen wurden, ganz oder

---

55 Vgl. Francken NZA 2012, 836 (840); → MediationsG § 4 Rn. 19, 22 ff.
56 Stellungnahme des Rechtsausschusses, Ausschuss-Drs. 17(6)151, BT-Drs. 17/8058, 25.
57 BT-Drs. 17/5335, 20.
58 BT-Drs. 17/5335, 20.
59 Henssler/Willemsen/Kalb/Ziemann ArbGG § 54 Rn. 54.
60 Vgl. Francken NZA 2015, 641.
61 Greger Rechtstatsächliche Untersuchung zur Implementierung des Güterichterverfahrens, abrufbar unter http://www.reinhard-greger.de/dateien/Evaluationsbericht-1.pdf; vgl. auch Francken NZA 2015, 641.
62 Greger Rechtstatsächliche Untersuchung zur Implementierung des Güterichterverfahrens, abrufbar unter http://www.reinhard-greger.de/dateien/Evaluationsbericht-1.pdf.

teilweise einvernehmlich beigelegt wurden.[63] Auffallend hoch war nach der ersten Evaluierungsphase die Verweisungsquote des Thüringer LAG, wobei die Ursache dafür zum einen daran liegen mochte, dass es dort gütichtererfahrene Richter und Rechtanwälte gibt, und zum anderen, dass die Güterichterverfahren der Thüringer Arbeitsgerichtsbarkeit beim Thüringer LAG konzentriert waren.[64] Dies legte zu diesem Zeitpunkt nahe, dass zumindest zum Teil die These wiederlegt sei, dass wegen der hohen Vergleichsquote in arbeitsgerichtlichen Verfahren von 60 % in der Arbeitsgerichtsbarkeit generell kaum ein Bedarf für Güterichter bestehe und daher weniger Verfahren in Güterichterverfahren münden. Dennoch hatten die ersten Evaluierungsergebnisse gezeigt, dass das Güterichterverfahren noch keinen durchschlagenden Eingang in den allgemeinen Justizbetrieb, auch nicht bei den Arbeitsgerichten, gefunden hat. Der Trend hat sich jedoch bedauerlicherweise auch nach der ersten Evaluationsphase nach der Einführung des Güterichtermodells fortgesetzt und verstetigt. Auch im Jahr 2022 liegt die Erledigungsquote bei arbeitsgerichtlichen Streitigkeiten im Rahmen von Güterichterverfahren weiterhin bei ca. 1%.[65] Auch wenn es durchaus regionale Unterschiede hinsichtlich der Erledigungsquote durch Güterichterverfahren gibt, so ergibt sich aber lediglich eine Bandbreite zwischen 0,5 und 2%.[66] Auch die Verweisungsquote an das Thüringer LAG hat sich mittlerweile an das allgemein niedrige Niveau angepasst.[67]

Um dies zu ändern, ist es wichtig, dass die Erkenntnis reift, dass das Güterichterverfahren nicht nur für komplexe und emotional aufgeladene Verfahren geeignet ist, die mit bisherigen Mitteln des Prozessrechts nicht oder zumindest nicht optimal verhandelt werden können.

II. § 54a ArbGG

21 **1. Vorschlag einer Mediation durch das Gericht.** Nach dem mit Inkrafttreten des Gesetzes zur Förderung der Mediation und anderer Verfahren der außergerichtlichen Konfliktbeilegung ins Gesetz eingefügten § 54a Abs. 1 ArbGG kann das Gericht den Parteien eine Mediation oder ein anderes Verfahren der außergerichtlichen Konfliktbeilegung vorschlagen. Die Re-

---

63 Greger Rechtstatsächliche Untersuchung zur Implementierung des Güterichterverfahrens, abrufbar unter http://www.reinhard-greger.de/dateien/Evaluationsbericht-1.pdf.
64 Das LAG Thüringen weist für das Jahr 2014 eine Verweisungsquote von über 5 % aus; vgl. auch Greger Rechtstatsächliche Untersuchung zur Implementierung des Güterichterverfahrens, abrufbar unter http://www.reinhard-greger.de/dateien/Evaluationsbericht-1.pdf.
65 Bericht des Statistischen Bundesamts für das Jahr 2022, abrufbar unter https://www.destatis.de/DE/Themen/Staat/Justiz-Rechtspflege/Publikationen/Downloads-Gerichte/statistischer-bericht-arbeitsgerichte-2100280227005.xlsx?__blob=publicationFile.
66 Bericht des Statistischen Bundesamts für das Jahr 2022, abrufbar unter https://www.destatis.de/DE/Themen/Staat/Justiz-Rechtspflege/Publikationen/Downloads-Gerichte/statistischer-bericht-arbeitsgerichte-2100280227005.xlsx?__blob=publicationFile.
67 Bericht des Statistischen Bundesamts für das Jahr 2022, abrufbar unter https://www.destatis.de/DE/Themen/Staat/Justiz-Rechtspflege/Publikationen/Downloads-Gerichte/statistischer-bericht-arbeitsgerichte-2100280227005.xlsx?__blob=publicationFile.

gelung entspricht wortgleich dem seinerzeit ebenfalls novellierten § 278a ZPO (→ ZPO § 278a Rn. 1 ff.). Im Unterschied zum Verweis der Güteverhandlung an einen Güterichter nach § 54 Abs. 6 ArbGG ist der Vorschlag nicht an den Vorsitzenden gebunden, sondern kann vom Gericht unterbreitet werden. Damit kann der Vorschlag in jedem Verfahrensabschnitt erfolgen, auch in der Kammerverhandlung.

Der Vorschlag „kann" erfolgen und steht damit im Ermessen des Gerichts. Soweit in der Literatur dafür Fallgruppen gebildet werden, geht dies zu weit.[68] Es gibt keine allgemeinen Maßstäbe dafür, wann sich ein Fall für eine konsensuale Konfliktlösung eignet. Entscheidend sind allein die Bereitschaft der Parteien und deren guter Wille. Mit Verständnis für die Situation des anderen dürften die meisten Konflikte ohne streitiges Urteil gelöst werden können.[69]

Bei dem Vorschlag sollten die Arbeitsgerichte allerdings im Auge haben, dass die Parteien vor Gericht nicht frei von taktischen Zwängen und Überlegungen sind. Andererseits sollte der Richter nicht den Eindruck erwecken, dass sich die Parteien der Autorität des Gerichts zwingend beugen müssen.[70] Allerdings werden auch andere Parteien und deren Prozessbevollmächtigte befürchten, dass sie es sich selbst bei einem neutral gehaltenen Vorschlag mit dem Gericht verscherzen könnten, wenn man den Vorschlag einer Mediation allzu leicht ablehnt. Dies, zumal die arbeitsgerichtliche Rechtsprechung bereits das eine oder andere Mal die Verweigerung der Durchführung einer Mediation oder deren erfolglose Durchführung im Rahmen einer Verhältnismäßigkeitsprüfung berücksichtigt hat. Im Falle der Interessenabwägung bei der Ausübung des Direktionsrechts nach § 315 BGB (Zuweisung einer niedrigeren Entgeltgruppe) meinte das LAG Niedersachsen zB, die Arbeitgeberin habe nach dem erfolglos abgebrochenen Mediationsverfahren davon ausgehen dürfen, dass eine gedeihliche Zusammenarbeit innerhalb des alten Teams nicht mehr zu erwarten gewesen sei.[71] Das Hessische LAG wies die Klage gegen eine Druckkündigung ab. Die Arbeitgeberin habe alles in ihrer Macht Stehende getan, um die Mitarbeiterinnen von ihren Drohungen abzubringen und ein gedeihliches Miteinander der Klägerin mit diesen herbeizuführen. Sie habe das Schlichtungsverfahren bei der Diözese eingeleitet und schließlich versucht, durch eine Mediation eine Zusammenarbeit der Erzieherinnen mit der Klägerin zu ermöglichen. Dabei dürfe nicht außer Acht gelassen werden, dass Supervisionen und Schlichtungsverfahren wegen des Verhaltens der Klägerin gescheitert seien und diese auch der Mediation gegenüber zunächst Widerstand geleistet habe.[72] Das LAG Baden-Württemberg hat die Tatsache, dass die Arbeitgeberin kein Mediationsverfahren zur Lösung eines Konflikts angeboten hat, zu ihrem Nachteil bei der Berechnung der Höhe der Abfindung im Rahmen eines Auflösungsantrags nach § 9 Abs. 1 S. 2 KSchG berücksichtigt.[73] Das LAG Schleswig-Holstein hat die Tatsa-

---

68 Fritz/Pielsticker MediationsG-HdB/Fritz ArbGG § 54a § 6 ff.
69 Lukas/Dahl Konfliktlösung/Hlawaty Kap. 1 A.
70 BAG 12.5.2010 – 2 AZR 544/08, EzA § 123 BGB 2002 Nr. 9.
71 LAG Niedersachsen 15.10.2010 – 6 Sa 282/10, zitiert nach juris.
72 HessLAG 8.12.2009 – 1 Sa 394/09, zitiert nach juris.
73 LAG Baden-Württemberg 23.3.2001 – 18 Sa 65/00, zitiert nach juris.

che, dass die Beklagte keine Mediation angeboten hat, zu ihrem Nachteil bei einer Druckkündigung gewertet.[74] Das LAG Hamm hat entschieden, dass eine betriebsbedingte Druckkündigung solange unzulässig ist, wie weitere Bemühungen um eine Konfliktlösung, deren Teil auch das Angebot eines Mediationsverfahrens sein kann, nicht aussichtslos sind.[75] Das BAG hat diese Entscheidung in dritter Instanz dahin gehend abgeändert, dass es generell nicht auszuschließen sei, dass zu den Initiativen des Arbeitgebers im Einzelfall auch das Angebot der Mediation zählen kann.[76] Allerdings sei dem Arbeitgeber vor einer Druckkündigung ein an die Konfliktparteien gerichtetes Angebot auf Durchführung einer Mediation nur dann zumutbar, wenn keine objektiven, im Konflikt selbst begründeten Hindernisse vorliegen, die einem solchen Verfahren entgegenstehen. Danach kann das Unterlassen des Angebots zur Mediation jedenfalls nicht zur Unwirksamkeit einer Druckkündigung führen, wenn der Arbeitgeber annehmen durfte, eine der Konfliktparteien würde sich der freiwilligen Teilnahme an einem Mediationsverfahren ohnehin verschließen. Das ArbG Hamburg hat schließlich in zwei Urteilen bei Kündigungen wegen des Diebstahls geringwertiger Sachen ausgeführt, dass die Störung des Vertrauens nicht seine unwiederbringliche Zerstörung indiziere. Im Alltag würden Konflikte vielmehr überwiegend informell bearbeitet. Im Vordergrund stehe die Schadenswiedergutmachung und nicht primär die Bestrafung des Täters. Mediationsverfahren und betriebsinterne Schlichtungsstellen fänden in Betrieben zunehmend Nachfrage und Anklang. Dies illustriere plastisch, dass Vertrauen kein Feststoff sei, der entweder heil dasteht oder zerbrochen ist. Vertrauen sei eine Haltung, die sich von konkreten Schritten nährt. Besonnene Arbeitgeber wüssten, dass sich Vertrauen entwickeln kann und wiederherstellbar ist.[77]

23 Hingegen führte das LAG Hamm im Falle einer Mobbingklage zutreffend aus, dass sich der Arbeitgeber nicht schon deswegen Schadensersatzansprüchen aus Mobbinghandlungen aussetzt, weil er eine Mediation von vornherein für aussichtslos hält oder ablehnt, weil sie seinen Interessen nicht dienlich sei.[78] Auch das LAG Köln wertete in einer Mobbingklage das Nichtzustandekommen einer Mediation wegen der Haltung der Arbeitgeberin, eine Mediation nur mit einem internen Mediator durchführen zu wollen, nicht zum Nachteil der Arbeitgeberin.[79] Schließlich wertete das ArbG Solingen die Aussage einer Mobbingklägerin, auf den gerichtlichen Vorschlag einer Mediation nur dann einzugehen, wenn die Beklagte auch die Mobbinghandlungen einräume, nicht gegen die Klägerin.[80]

24 Das LAG Nürnberg hat zutreffend festgestellt, dass die Teilnahme an einem Mediationsverfahren aufgrund des Freiwilligkeitsgrundsatzes (vgl. § 1 Abs. 1) nicht dem Weisungsrecht des Arbeitgebers nach § 106 S. 1

---

74 LAG Schleswig-Holstein 20.3.2012 – 2 Sa 331/11, zitiert nach juris.
75 LAG Hamm 16.10.2015 – 17 Sa 696/15, zitiert nach juris.
76 BAG 19.7.2016 – 2 AZR 637/15, zitiert nach juris.
77 ArbG Hamburg 7.12.1998 – 21 Ca 377/98 und 2.10.2000 – 21 Ca 233/00, zitiert nach juris.
78 LAG Hamm 11.2.2008 – 8 Sa 188/08, zitiert nach juris.
79 LAG Köln 21.7.2011 – 7 Sa 1570/10, zitiert nach juris.
80 ArbG Solingen 3.2.2012 – 3 Ca 1050/10, zitiert nach openJur.

u. 2 GewO unterliegt. Ordnet ein Arbeitgeber die Teilnahme an einem Mediationsverfahren für bestimmte Arbeitnehmer verpflichtend an, so ergibt sich allein aus der Gesetzeswidrigkeit einer solchen Anordnung kein Mitbestimmungsrecht des Betriebsrats. Denn bei der Teilnahme am Abschlussgespräch einer vom Arbeitgeber veranlassten Mediation wegen Unstimmigkeiten zwischen Belegschaftsmitgliedern erbringe ein Arbeitnehmer keine Arbeitsleistung iSd § 87 Abs. 1 Nr. 2 und 3 BetrVG.[81] Letzteres hat das BAG in der dritten Instanz anders beurteilt und hat dem Unterlassungsantrag des Betriebsrats stattgegeben.[82] Ein Mitbestimmungsrecht nach § 87 Abs. 1 Nr. 2 BetrVG liege vor, wenn der Arbeitgeber anordnet, dass Arbeitnehmer außerhalb der im Dienstplan festgelegten Zeiten an einem Mediationsgespräch teilzunehmen haben, wenn der Inhalt des Mediationsverfahrens die Ausübung der Arbeitsleistung betrifft. Dem Mitbestimmungsrecht des Betriebsrats stehe auch nicht entgegen, dass die Mehrheit der Arbeitnehmer mit der angeordneten Lage der Arbeitszeit einverstanden sei.

Um dem Grundsatz der Freiwilligkeit und Eigenverantwortlichkeit der Mediation (§ 1 Abs. 1) Rechnung zu tragen, sollten die Gerichte nicht nur auf eine Würdigung einer verweigerten, erfolgreich durchgeführten oder abgebrochenen Mediation verzichten. Sie sollten den Parteien im Rahmen des Vorschlags nach § 54a Abs. 1 ArbGG auch ausdrücklich darauf hinweisen, dass – egal wie sie sich zu dem Vorschlag stellen – dies keinerlei Auswirkungen auf die Entscheidung des Gerichts haben wird.

Der Vorschlag ist nicht an eine bestimmte Form gebunden und kann auch eine bestimmte Person beinhalten. Dabei sind neben den dem Gericht bekannten Mediatoren auch (Güte)Richter des Gerichts nicht ausgeschlossen.[83]

Der Vorschlag kann neben der Mediation „auch andere Verfahren der außergerichtlichen Konfliktbeilegung" beinhalten. Wie schon bei der vergleichbaren Formulierung in § 54 Abs. 6 ArbGG ist gesetzlich nicht geregelt, was darunter zu verstehen ist. In der Gesetzesbegründung sind weitere ADR-Verfahren genannt.[84] Allerdings ist dies nicht abschließend zu verstehen. Vielmehr werden sich die Konturen der Konfliktlösung im Arbeitsleben erst noch schärfen müssen. Sinnvoll wäre es daher, wenn sich der Vorschlag an der gesetzlichen Formulierung orientieren würde.

2. Ruhen des Verfahrens während der Mediation. Entscheiden sich die Parteien für die Mediation oder eine sonstige Form der außergerichtlichen Konfliktbeilegung, ordnet das Gericht gemäß § 54a Abs. 2 ArbGG das Ruhen des Verfahrens an. Im Unterschied zur Parallelregelung in § 278a ZPO stellt § 54a Abs. 2 ArbGG klar, dass auf Antrag einer Partei Termin zur mündlichen Verhandlung zu bestimmen ist. Im Übrigen nimmt das Gericht das Verfahren nach drei Monaten wieder auf, es sei denn, die Parteien legen übereinstimmend dar, dass eine Mediation noch betrieben wird. Die Entscheidung über das Ruhen trifft nach einer entsprechenden

---

81 LAG Nürnberg 27.8.2013 – 5 TaBV 22/12, zitiert nach juris; vgl. Dahl jurisPR-ArbR 3/2014 Anm. 3.
82 BAG 30.6.2015 – 1 ABR 71/13, zitiert nach juris.
83 Vgl. Wolmerath ArbRAktuell 2015, 343.
84 BT-Drs. 17/5335.

Ergänzung des § 55 Abs. 1 ArbGG der Vorsitzende allein. Mit der Sondervorschrift im Vergleich zu § 278a ZPO berücksichtigt der Gesetzgeber den im Arbeitsgerichtsverfahren geltenden Beschleunigungsgrundsatz.[85]

War die außergerichtliche Mediation erfolgreich, kann die Klage mit der entsprechenden Kostenfolge zurückgenommen werden. Alternativ kann das Gericht gebeten werden, den Parteien einen dem Mediationsergebnis entsprechenden gerichtlichen Vergleichsvorschlag zu unterbreiten, der nach § 278 ZPO Abs. 6 ZPO festgestellt werden kann.[86] Die im Gesetzesentwurf vorgesehene Möglichkeit, eine in einer Mediation abgeschlossene Vereinbarung für vollstreckbar erklären zu lassen, ist im Rechtsausschuss gestrichen worden.[87]

III. Güterichter und Mediation in anderen arbeitsgerichtlichen Verfahren

27 Die für das Urteilsverfahren des ersten Rechtszuges maßgebenden Vorschriften über das Güteverfahren gelten gemäß § 80 Abs. 2 ArbGG auch im Rahmen eines arbeitsgerichtlichen Beschlussverfahrens. Damit ist die Ansicht des ArbG Bochum aus dem Jahr 2005 überholt, die Einführung der Mediation als weiteres Konfliktlösungsverfahren in das betriebliche Geschehen sei unnötig. Sämtliche Probleme im Betrieb könnten durch die bewährten Instrumente des BetrVG und des ArbGG erfasst und gelöst werden.[88] Ein Blick in die Prospekte der Seminaranbieter für Betriebsräte zeigt, wie sehr sich die Mediation mittlerweile auch und gerade in Konflikten zwischen Betriebsrat und Arbeitgeber etabliert hat. Durch die Einigungsstelle haben gerade die Betriebsparteien bereits einschlägige Erfahrungen in konsensualer Streitbeilegung.[89]

Dementsprechend kann der Vorsitzende auch im arbeitsgerichtlichen Beschlussverfahren von der Möglichkeit des Verweises an den Güterichter nach § 54 Abs. 6 ArbGG Gebrauch machen.[90] Zudem hat der Gesetzgeber durch eine Ergänzung von § 80 Abs. 2 S. 1 ArbGG klargestellt, dass dies auch für den Vorschlag einer Mediation oder ein anderes Verfahren der außergerichtlichen Konfliktbeilegung gilt.[91]

28 Durch die Ergänzung des § 64 Abs. 7 ArbGG und § 87 Abs. 2 S. 1 ArbGG stellt der Gesetzgeber zudem sicher, dass die Verweisung an den Güterichter und der Vorschlag einer Mediation oder eines anderen Verfahrens der außergerichtlichen Konfliktbeilegung auch für das Berufungs- und Beschwerdeverfahren gilt. Für die Revision gibt es entsprechende Verweise nicht.

---

85 Vgl. zum Beschleunigungsgrundsatz EfK/Koch ArbGG § 9 Rn. 1.
86 Natter/Gross/Görg ArbGG § 54a Rn. 18.
87 Stellungnahme des Rechtsausschusses, Ausschuss-Drs. 17(6)151, BT-Drs. 17/8058.
88 ArbG Bochum 9.9.2005 – 4 BV 49/05, zitiert nach juris.
89 Vgl. Lukas/Dahl Konfliktlösung/Hlawaty Kap. 1 B.
90 Stellungnahme des Rechtsausschusses, Ausschuss-Drs. 17(6)151, BT-Drs. 17/8058, 27.
91 Zur Mediation im Betriebsverfassungsrecht vgl. Lukas/Dahl Konfliktlösung/Hlawaty Kap. 1 B und Kramer NZA 2005, 135.

IV. Weitere Verfahrensänderungen

1. Klage-/Antragsschrift. Über § 46 Abs. 2 ArbGG und § 495 ZPO findet § 253 Abs. 3 Nr. 1 ZPO auch auf das arbeitsgerichtliche Verfahren Anwendung. Danach soll die Klageschrift die Angabe enthalten, ob der Klageerhebung der Versuch einer Mediation oder eines anderen Verfahrens der außergerichtlichen Konfliktbeilegung vorausgegangen ist, sowie eine Äußerung dazu, ob einem solchen Verfahren Gründe entgegenstehen. Nach der Gesetzesbegründung diente diese Neufassung des § 253 Abs. 3 ZPO dem Ziel, die Mediation und die außergerichtliche Konfliktbeilegung stärker im Bewusstsein der Bevölkerung und in der Beratungspraxis der Rechtsanwaltschaft zu verankern.[92]

29

2. Verjährung. Die Frage der Verjährung[93] hat der Gesetzgeber nicht geregelt. Zwar verpflichtet Art. 8 der Mediationsrichtlinie die Mitgliedstaaten sicherzustellen, dass Parteien einer Mediation nicht durch Ablaufen von Verjährungsfristen während des Mediationsverfahrens daran gehindert werden, ein Gerichts- oder Schiedsverfahren hinsichtlich ihrer Ansprüche einzuleiten. Allerdings ist die Verjährung bereits nach geltendem Recht nach § 203 S. 1 BGB dann gehemmt, wenn zwischen den Parteien Verhandlungen über den Anspruch oder über den Anspruch begründende Umstände schweben. Eine Mediation stellt eine solche Verhandlung dar.[94] Die Hemmung tritt ein, wenn eine Partei eine Mediation vorschlägt und die andere Partei signalisiert, den Vorschlag zu prüfen.[95]

30

Das Gesetz zur Förderung der Mediation und anderer Verfahren der außergerichtlichen Konfliktbeilegung enthält auch keine Regelungen über eine Hemmung der im Arbeitsrecht besonders relevanten Ausschlussfristen und der Klagefrist nach § 4 KSchG. Im Gegensatz zur Verjährung gibt es hier keine Regelung über eine hemmende Wirkung der Mediation. Damit müssen die Parteien ihre Ansprüche auch dann geltend machen, wenn sie eine Mediation durchführen. Haben sie Klage eingelegt, wird das Verfahren allerdings im Falle einer außergerichtlichen Mediation zum Ruhen gebracht.

31

---

92 BT-Drs. 17/5335.
93 Vgl. hierzu auch den Beitrag von Hagel (→ BGB § 203 Rn. 1 ff.).
94 BT-Drs. 17/5335.
95 BT-Drs. 17/5335.

Artikel 5 Änderung des Sozialgerichtsgesetzes
§ 202 SGG [Entsprechende Anwendung des GVG und der ZPO]

¹Soweit dieses Gesetz keine Bestimmungen über das Verfahren enthält, sind das Gerichtsverfassungsgesetz und die Zivilprozeßordnung einschließlich § 278 Absatz 5 und § 278a entsprechend anzuwenden, wenn die grundsätzlichen Unterschiede der beiden Verfahrensarten dies nicht ausschließen. (...)

Literatur:
Ade/Gläßer, Lehrmodul 18: Das Recht in der Mediation, ZKM 2013, 57; *v. Bargen*, Gerichtsinterne Mediation – Eine Kernaufgabe der rechtsprechenden Gewalt, 2008 (zit.: v. Bargen Mediation); *Berchthold* (Hrsg.), SGG, Kommentar, 6. Aufl. 2021 (zit.: HKK-SGG); *Brändle/Schreiber*, Der Güterichter im sozialgerichtlichen Verfahren, WzS 2014 35; *Brändle/Schreiber*, Güterichterliche Mediation in Grundsicherungsstreitigkeiten, ZFSH 2015, 177; *Carl*, Vom richterlichen Mediator zum Güterichter, ZKM 2012, 16; *Dürschke*, Güterichter statt Mediator – Güteverhandlung und Mediation im sozialgerichtlichen Verfahren, NZS 2013, 41; *Fehling/Kastner/Störmer*, Verwaltungsrecht, Kommentar 5. Aufl. 2021 (zit.: HK-VerwR); *Fichte/Jüttner* (Hrsg.), SGG, Kommentar, 3. Aufl. 2020 (zit.: Fichte/Jüttner); *Friedrich/Dürschke*, Das neue Güterichterverfahren, Sozialrecht aktuell 2013, 12; *Friedrich*, Mediation in der Sozialgerichtsbarkeit, 2011 (zit.: Friedrich); *Fritz/Pielsticker*, Mediationsgesetz, 2. Aufl. 2020 (zit.: Fritz/Pielsticker MediationsG-HdB); *Gärditz*, Verwaltungsgerichtsordnung mit Nebengesetzen, Kommentar, 2013 (zit.: Gärditz); *Gläßer/Schroeter*, Gerichtliche Mediation – Grundsatzfragen, Etablierungsverfahren und Zukunftsperspektiven, 2011 (zit.: Gläßer/Schroeter); *Haft/v. Schlieffen*, Handbuch Mediation, 3. Aufl. 2016 (zit.: Haft/v. Schlieffen); *Lübbe/Karstens*, Mediation und mediative Elemente im Sozialrecht, Tagungsbericht, NZS 2012, 656; *Meyer-Ladewig/Keller/Schmidt*, Sozialgerichtsgesetz, Kommentar, 14. Aufl. 2023 (zit.: Meyer-Ladewig/Keller/Schmidt); *Nolte*, Das neue Mediationsgesetz und die Verweisungssystematik der VwGO, HFR 2012, 23; *Ortloff*, Vom Gerichtsmediator zum Güterichter im Verwaltungsprozess, NVwZ 2013, 1057; *Posser/Wolff/Decker* (Hrsg.), Beck-OK VwGO, 69. Aufl. 2024 (zit.: BeckOK VwGO); *Rixen/Zeitlmann*, Alternative Konfliktlösung durch den Güterichter in der Sozialgerichtsbarkeit, Gedächtnisschrift für Hannes Unberath, 2015, 381 (zit.: GS Unberath); *Roos/Wahrendorf/Müller* (Hrsg.), Beck-online Großkommentar SGG, Stand: 1.2.2024 (zit.: BeckOGK); *Schlegel/Voelzke* (Hrsg.), juris PraxisKommentar SGG, 2. Aufl. 2022 (zit.: jurisPK-SGG); *Schmidbauer*, Mediation am Gericht in der Schusslinie des Mediationsgesetzes, ZKM 2013, 88; *Schoch/Schneider*, VwGO, Kommentar, Bd. 2, 44. Aufl. 2023 (zit.: Schoch/Schneider); *Schreiber*, Konsensuale Streitbehandlung im sozialgerichtlichen Verfahren, 2013; *Sodann/Ziekow* (Hrsg.), Verwaltungsgerichtsordnung, Kommentar, 5. Aufl. 2018 (zit.: NK-VwGO); *Spellbrink*, Mediation im sozialgerichtlichen Verfahren – Baustein für ein irrationales Rechtssystem, DRiZ 2006, 88; *Statistisches Bundesamt*, Rechtspflege, Sozialgerichte, Fachserie 10 Reihe 2.7, 2015 und 2021; *Weitz*, Gerichtsnahe Mediation in der Verwaltungs-, Sozial- und Finanzgerichtsbarkeit, 2008 (zit.: Weitz); *Wesche*, Rechtsfrieden durch das Güterichterverfahren, jM 2022, 227; *Ziegler*, Mediation im Sozialrecht nach Inkrafttreten des Mediationsgesetzes, ASR 2012, 222.

I. Historie	1	4. Fazit	11
II. Normzweck	3	IV. Anwendung des § 278 Abs. 5 ZPO im sozialgerichtlichen Verfahren	12
III. Regelungsgehalt und Tatbestandsvoraussetzungen	4		
1. Aufnahme des zivilprozessualen Güterichtermodells	4	V. Anwendung des § 278a ZPO im sozialgerichtlichen Verfahren	13
2. Prüfungsmaßstab	5		
3. Anwendung der begleitenden Änderungen der ZPO	10	VI. Rechtspolitische Bewertung	14

I. Historie

Der **Gütegedanke** bestimmt das sozialgerichtliche Verfahren als allgemeiner Grundsatz.[1] Eine gewisse normative Anbindung findet er in den Regelungen über die Erledigung des Rechtsstreits im Vergleichswege (§ 101 SGG) und die Durchführung eines Erörterungstermins (§ 106 Abs. 3 Nr. 7 SGG).[2] Gleichwohl blieben die Mediation und der Einsatz anderer ADR-Verfahren[3] bis zum Inkrafttreten des Gesetzes zur Förderung der Mediation und anderer Verfahren der außergerichtlichen Konfliktbeilegung am 26.7.2012[4] umstritten. Die Kritiker machten geltend, es mangele an einer Rechtsgrundlage, denn das sozialgerichtliche Verfahrensrecht sehe wie § 278 Abs. 2 ZPO eine obligatorische Güteverhandlung vor.[5] Wollte man diesen Mangel überwinden, bedurfte es einer doppelten Analogie zu den Bestimmungen der ZPO.[6] In der sozialgerichtlichen Rechtsprechung war die gerichtliche Mediation als zulässig angesehen worden.[7]

Modellprojekte der Justizverwaltungen zur konsensualen Streiterledigung im sozialgerichtlichen Verfahren starteten um das Jahr 2002 (zur vergleichbaren Entwicklung in der Zivil- und Verwaltungsgerichtsbarkeit → L. Rn. 8 f.; → VwGO § 173 Rn. 2).[8] Uneingeschränkte Zustimmung fanden diese Projekte nicht. Neben die gegen den Einsatz konsensualer Streiterledigungsmethoden allgemein im verwaltungsgerichtlichen Verfahren vorgebrachten Argumente (→ VwGO § 173 Rn. 3) trat der Gedanke, dass derartige Methoden in einem System öffentlich-rechtlicher Leistungsrechte einen Fremdkörper darstellten, weil sozialrechtlich begründete Leistungsansprüche nicht verhandelbar seien.[9]

Das Mediationsgesetz (zur Historie des Gesetzgebungsverfahrens → L. Rn. 11) ergänzt mit seinem Art. 5 die in § 202 S. 1 SGG enthaltene Generalverweisung auf die Bestimmungen der ZPO um eine ausdrückliche Erwähnung der §§ 278 Abs. 5, 278a ZPO.[10] Mit Wirkung vom 1.11.2018 und 8.10.2023 erfuhr § 202 S. 1 SGG weitere Änderungen; diese beziehen sich nicht auf die Einführung konsensualer Streiterledigungsverfahren in den Sozialgerichtsprozess.[11]

II. Normzweck

Mit Art. 5 des Mediationsgesetzes will der Gesetzgeber das zivilprozessuale Güterichtermodell, so wie es in den §§ 278 Abs. 5, 278a ZPO seine

---

1 Vgl. Fritz/Pielsticker MediationsG-HdB/Fritz Teil 1 G SGG § 202 Rn. 28.
2 v. Bargen Mediation, S. 274.
3 Zum Begriff vgl. Haft/v. Schlieffen/Hehn § 2 Rn. 3 ff.; Weitz, S. 22 ff.
4 BGBl. 2012 I 1577 ff. (nachfolgend: Mediationsgesetz/MediationsG).
5 Dürschke NZS 2013, 41 (43) mwN.
6 v. Bargen Mediation, S. 275 ff.; Gläßer/Schroeter/v. Bargen, S. 40 ff.; zu denkbaren weiteren Rechtsgrundlagen vgl. Weitz, S. 375 ff.
7 HessLSG 23.5.2012 – L 4 SO 113/12 B ER, juris Rn. 42.
8 v. Bargen Mediation, S. 70 ff.; Ziegler ASR 2012, 222 (225), mwN; Lübbe/Karstens NZS 2012, 656 (658 ff.); Friedrich/Dürschke Sozialrecht aktuell 2013, 12 ff.; Friedrich, S. 219 ff.; Haft/v. Schlieffen/Kilger § 41 Rn. 20 ff.; Weitz, S. 116 ff.
9 Spellbrink DRiZ 2006, 88 ff.
10 Zur Historie des Gesetzgebungsverfahrens vgl. Carl ZKM 2012, 16 ff.; Schmidbauer ZKM 2012, 88 ff.; Friedrich/Dürschke Sozialrecht aktuell 2013, 13 ff.
11 BGBl. 2018 I 1151 (1155); BGBl. 2023 I Nr. 272 1 (34).

Ausprägung erfahren hat (→ L. Rn. 18 f.), in das sozialgerichtliche Verfahren überführen und damit der sozialgerichtlichen konsensualen Streiterledigung eine klare Rechtsgrundlage geben.[12]

III. Regelungsgehalt und Tatbestandsvoraussetzungen

4 **1. Aufnahme des zivilprozessualen Güterichtermodells.** § 202 S. 1 SGG verweist im Sinne eines Generalverweises zur Ergänzung des SGG auf die Bestimmungen des GVG sowie der ZPO. Von diesem generellen Verweis sind in Folge ihrer ausdrücklichen Benennung auch § 278 Abs. 5 ZPO – die Güteverhandlung vor einem nicht zur Entscheidung befugten Richter – und § 278a ZPO – die Möglichkeit des Anratens einer außergerichtlichen Konfliktbeilegung – umfasst. Dem Wortlaut nach steht die Verweisung unter dem Vorbehalt, dass das SGG selbst keine Bestimmungen über das betreffende Verfahren enthält. Des Weiteren dürfen die grundsätzlichen Unterschiede der beiden Verfahrensarten die Anwendung der zivilprozessualen Bestimmungen nicht ausschließen.[13] Entsprechende Regelungen finden sich in § 173 VwGO und § 155 FGO (→ VwGO § 173 Rn. 1 f.; → FGO § 155 Rn. 1 f.).

5 **2. Prüfungsmaßstab.** § 202 S. 1 SGG ist als **dynamische Generalverweisung** ausgestaltet. Das bedeutet, die Regelung setzt zu ihrer Anwendbarkeit das Fehlen einer im Wege der **Spezialität** vorgehenden Regelung und im Weiteren das Bestehen einer **Regelungslücke** voraus, die zudem nach überwiegender Ansicht auch planwidrig sein muss.[14] Diese Voraussetzungen sind für jede einzelne zivilprozessuale Bestimmung – so auch im Folgenden für die §§ 278 Abs. 5, 278a ZPO – zu prüfen.[15] Die ausdrückliche Erwähnung der §§ 278 Abs. 5, 278a ZPO ändert daran im Grundsatz nichts. Eine andere Ansicht liefe dem Wortlaut des § 202 S. 1 SGG zuwider und bräche mit der bisherigen Verweisungssystematik des SGG.[16]

6 Die Güteverhandlung vor einem nicht zur Entscheidung befugten Richter sowie die Einleitung einer außergerichtlichen Konfliktbeilegung sind verfahrensrechtlich im SGG nicht normiert.[17] Ebenso fehlt es an § 202 S. 1 SGG **verdrängenden Spezialverweisungen**[18] auf die §§ 278 Abs. 5, 278a ZPO.

Die ausdrückliche Erwähnung der §§ 278 Abs. 5, 278a ZPO in § 202 S. 1 SGG bestätigt, dass der Gesetzgeber im Grundsatz von einer entsprechenden Anwendung dieser Regelungen im sozialgerichtlichen Verfahren

---

12 BT-Drs. 17/5335, 1 (11, 25); BT-Drs. 17/8058, 1 (17, 23).
13 Fritz/Pielsticker MediationsG-HdB/Fritz Teil 1 G SGG § 202 Rn. 4, beschränkt sich auf den Vorbehalt der Verfahrensunterschiedlichkeit; ferner jurisPK-SGG/Lange § 202 Rn. 18.
14 Vgl. BeckOGK/Vogl SGG § 202 Rn. 7 f.; HK-SGG/Groß § 202 Rn. 3.
15 Meyer-Ladewig/Keller/Schmidt/Schmidt SGG § 202 Rn. 2; zur vergleichbaren Regelung des § 173 S. 1 VwGO vgl. Gärditz/Orth VwGO § 173 Rn. 3.
16 Vgl. zur entsprechenden Problematik innerhalb der Verweisungssystematik der VwGO Nolte HFR 2012, 23 (31).
17 Zum dabei anzuwendenden und vergleichbaren Verfahrensbegriff der VwGO siehe BeckOK VwGO/Wolff/Köhler § 173 Rn. 27.
18 Vgl. Meyer-Ladewig/Keller/Schmidt/Schmidt SGG § 202 Rn. 2; zur vergleichbaren Problematik im Rahmen des § 173 S. 1 VwGO vgl. NK-VwGO/Braun Binder § 173 Rn. 8; Gärditz/Orth VwGO § 173 Rn. 12.

ausgeht. Von daher bedarf es insoweit keiner Entscheidung, ob für die Anwendbarkeit des § 202 S. 1 SGG das Vorliegen einer planwidrigen Regelungslücke innerhalb des SGG erforderlich ist.[19]

Mit seinem Postulat von der Schaffung einer klaren Rechtsgrundlage für die konsensuale Konfliktbeilegung auch im Sozialprozessrecht[20] scheint der Gesetzgeber zudem deutlich zu machen, dass es für ihn keine **grundsätzlichen Verfahrensunterschiede** – Zivilprozess/sozialgerichtliches Verfahren – gibt, die der Anwendung der §§ 278 Abs. 5, 278a ZPO im sozialgerichtlichen Verfahren entgegenstehen könnten. Derartige Verfahrensunterschiede können sich primär aus der jeweils herrschenden Prozessmaxime, der Stellung der Verfahrensbeteiligten und des Gerichts, aber auch aus einer evtl. unterschiedlichen Bindung an Gesetz und Recht ergeben.[21] Hingewiesen wird deshalb im Schrifttum auf den im sozialgerichtlichen Verfahren geltenden **Untersuchungsgrundsatz** (§ 103 S. 1 SGG). Alle Vorschriften der ZPO, die mit dessen Gegenteil, dem Verhandlungs- oder Beibringungsgrundsatz zusammenhängen, sollen nicht gemäß § 202 S. 1 SGG anwendbar sein.[22] Der Untersuchungsgrundsatz gilt für den erkennenden Richter, aber wohl nicht für den nicht zur Entscheidung befugten Güterichter im Sinne des § 278 Abs. 5 ZPO (siehe zu §§ 86 Abs. 1 S. 1, 173 S. 1 VwGO → VwGO § 173 Rn. 11).[23] Von daher besteht insoweit keine Verfahrensunterschiedlichkeit. Hinsichtlich der Regelung des § 278a ZPO ist eine solche von vornherein nicht erkennbar.

Entsprechendes gilt hinsichtlich der dem Sozialgericht gegenüber dem Zivilgericht zusätzlich auferlegten Kontrolle der Gesetzmäßigkeit der Verwaltung, denn auch das sozialgerichtliche Verfahren dient primär dem Individualrechtsschutz.[24] Zudem nimmt der Güterichter eine **richterliche Aufgabe** wahr (→ ZPO § 278 Rn. 7),[25] bei der er an Gesetz und Recht gebunden ist; dh etwaige Lösungsvorschläge und Lösungsergebnisse haben sich daran zu messen. Diese Gesetzesbindung gilt unterschiedslos für das zivilgerichtliche wie das sozialgerichtliche Verfahren.[26] Im Übrigen hat sich jede Mediation im Rahmen des rechtlich Zulässigen zu bewegen.[27] Hinzu kommt, dass die Verwaltung als am sozialgerichtlichen Verfahren Beteiligte ihrerseits an Gesetz und Recht gebunden ist. Die mit der Bindung an Gesetz und Recht begründete mangelnde Verhandelbarkeit sozialrechtlicher Leistungsansprüche[28] bezieht sich nicht auf eine Verfahrensunterschiedlichkeit, sondern auf das Vorhandensein für eine einvernehmliche Streitbei-

---

19 Zur vergleichbaren Problematik im Rahmen des § 173 S. 1 VwGO vgl. NK-VwGO/Braun Binder § 173 Rn. 5.
20 BT-Drs. 17/5335, 25.
21 Vgl. zur vergleichbaren Problematik im Rahmen des § 173 S. 1 VwGO Schoch/Schneider/Meissner/Steinbeiß-Winkelmann VwGO § 173 Rn. 25 ff., 78 ff.
22 Meyer-Ladewig/Keller/Schmidt/Schmidt SGG § 202 Rn. 3.
23 Vgl. Dürschke NZS 2013, 41 (48); Friedrich, S. 229.
24 Zur entsprechenden Funktion des Verwaltungsgerichts vgl. Gärditz/Orth VwGO § 173 Rn. 25.
25 Dürschke NZS 2013, 41 (45).
26 Vgl. zum verwaltungsgerichtlichen Verfahren Nolte HFR 2012, 23 (28).
27 Ade/Gläßer ZKM 2013, 57 (58); zur Bindungswirkung des Rechts im Bereich der richterlichen Mediation vgl. Weitz, S. 294 ff.
28 Spellbrink DRiZ 2006, 88 (89).

legung geeigneter Fälle. Solche sind im Sozialrecht in großem Umfang gegeben. Exemplarisch sind Zuständigkeits- und Erstattungsstreitigkeiten zwischen Krankenkassen, Rentenversicherungsträgern und Berufsgenossenschaften, Konflikte aus dem Vertragsleistungsrecht, aber auch Streitigkeiten im Grundsicherungsrecht zu nennen.[29]

8 Für § 278a ZPO gilt: Es steht den Beteiligten eines sozialgerichtlichen Rechtsstreits – wie denjenigen des Zivilrechtsstreits – frei, eine außergerichtliche Einigung herbeizuführen und das gefundene Ergebnis sodann prozessual umzusetzen. Die Stellung des Richters und dessen Funktion werden durch das Anraten eines außergerichtlichen Konfliktbeilegungsverfahrens nicht berührt. Ebenso wenig ist dies bei der Entgegennahme einer verfahrensbeendenden Erklärung oder der Protokollierung des gefundenen Einigungsergebnisses der Fall.[30]

9 Ein wesentlicher Verfahrensunterschied ergibt sich im Hinblick auf die in § 278 Abs. 2 ZPO vorgesehene **obligatorische Güteverhandlung**. Diese ist mit den Bestimmungen des SGG über die mündliche Verhandlung (vgl. § 112 SGG) unvereinbar.[31] Die Güteverhandlung im Sinne des § 278 Abs. 5 ZPO ist aber nicht Teil der mündlichen Verhandlung, denn der nicht zur Entscheidung befugte Richter im Sinne des § 278 Abs. 5 ZPO ist kein Mitglied des Prozessgerichts.

10 **3. Anwendung der begleitenden Änderungen der ZPO.** § 202 S. 1 SGG verweist im Grundsatz auch auf die sonstigen durch Art. 2 des Mediationsgesetzes vorgenommenen Änderungen der ZPO. Vorrangige Spezialverweisungen existieren allerdings hinsichtlich der in Art. 2 Nr. 2 MediationsG vorgesehenen Erweiterung des § 41 ZPO – Ausschluss von der Ausübung des Richteramtes (→ ZPO § 41 Rn. 1 ff.) – sowie der in Art. 2 Nr. 3 MediationsG normierten Protokollierungsregelung (§ 159 Abs. 2 ZPO) in § 60 Abs. 1 bzw. § 122 SGG.[32] Umstritten ist im Anwendungsbereich des § 202 S. 1 SGG die in Art. 2 Nr. 4 MediationsG vorgesehene Ergänzung des § 253 Abs. 3 ZPO (zum Inhalt der Regelung → ZPO § 253 Rn. 1 ff.). Der Gesetzgeber sieht insoweit Besonderheiten der Verfahrensordnung[33] und damit wohl eine der Anwendbarkeit des § 253 Abs. 3 ZPO entgegenstehende Eigenständigkeit und Geschlossenheit der Regelungen der §§ 90, 92 SGG.[34] Die vom Gesetzgeber weiter befürchtete Erschwerung des Zugangs zum Gericht ist bei einer Anwendung insbesondere des § 253 Abs. 3 Ziff. 1 ZPO im sozialgerichtlichen Verfahren aber kaum ersichtlich, zumal die

---

29 Vgl. die Darstellung geeigneter Fälle bei Friedrich/Dürschke Sozialrecht aktuell 2013, 12 (16 ff.); Haft/v. Schlieffen/Kilger § 41 Rn. 57; zu einem ausführlichen Fallbeispiel aus dem Leistungsrecht des SGB II s. Friedrich, S. 85 ff.; zu den bestehenden Handlungsspielräumen und der Falleignung im Sozialrecht allgemein vgl. Weitz, S. 109 f.; zum Bereich des Grundsicherungsrechts vgl. Brändle/Schreiber ZFSH 2015, 177 (179); generell zu Falleignungskriterien dies. WzS 2014, 35 (36 f.).
30 Nolte HFR 2012, 23 (27).
31 Fritz/Pielsticker MediationsG-HdB/Fritz Teil 1 G SGG § 202 Rn. 27; ferner BeckOGK/Vogl SGG § 202 Rn. 19.
32 Fritz/Pielsticker MediationsG-HdB/Fritz Teil 1 G SGG § 202 Rn. 6 ff.,15 ff.
33 BT-Drs. 17/5335, 25.
34 Vgl. Dürschke NZS 2013, 41 (42).

Regelung als Sollvorschrift ausgestaltet ist.[35] Im Interesse der Einheitlichkeit der Verfahrensordnungen ist nicht einzusehen, warum nicht auch das Sozialgericht wie das Zivilgericht bei Klageerhebung über abgeschlossene Konfliktlösungsversuche oder die Bereitschaft oder Ablehnung solcher Versuche in Kenntnis gesetzt werden soll.[36] Nur so kann es frühzeitig eine Entscheidung im Sinne der §§ 278 Abs. 5 S. 1, 278a Abs. 1 ZPO treffen.

4. Fazit. § 278 Abs. 5 ZPO sowie § 278a ZPO sind im sozialgerichtlichen Verfahren über die Generalverweisungsnorm des § 202 S. 1 SGG uneingeschränkt anwendbar. Das SGG enthält insoweit keine entgegenstehenden Verfahrensbestimmungen. Wesentliche Unterschiede zwischen dem zivilgerichtlichen und dem sozialgerichtlichen Verfahren bestehen insoweit nicht. Dem Sozialgericht und dem sozialgerichtlichen Güterichter steht ein dem Zivilgericht bzw. dem zivilgerichtlichen Güterichter entsprechendes **Instrumentarium zur konsensualen Streitbeilegung** zur Verfügung (→ ZPO § 278 Rn. 12 f., → ZPO § 278a Rn. 7 f.). Die Güteverhandlung vor dem Prozessgericht – § 278 Abs. 2 ZPO – findet vor dem Sozialgericht nicht statt.

IV. Anwendung des § 278 Abs. 5 ZPO im sozialgerichtlichen Verfahren

Die Implementierung des Güterichtermodells im Sinne des § 278 Abs. 5 ZPO setzt eine Bestimmung des Güterichters im **Geschäftsverteilungsplan** des Gerichts voraus (→ ZPO § 278 Rn. 7);[37] wobei dies auch gegen den Willen des betroffenen Richters möglich sein soll.[38]

Die Entscheidung über die Verweisung der Parteien – im sozialgerichtlichen Verfahren gemäß § 69 SGG: der Beteiligten – vor einen Güterichter kann zu jedem Zeitpunkt des Verfahrens ergehen. Sie steht im pflichtgemäßen **Ermessen des Gerichts**. Fraglich ist, ob es vor der Ermessensausübung im Sinne eines ungeschriebenen Tatbestandsmerkmals des **Einverständnisses der Beteiligten** bedarf.[39] Der Gesetzgeber geht davon aus.[40] In jedem Falle dürfte sich eine Verweisung der Beteiligten vor den Güterichter gegen deren erklärten Willen oder ohne Anhalt für eine Einigungsbereitschaft verbieten.[41] Zu unterscheiden ist das Einverständnis zur Verweisung vor den Güterichter von dem zur Anwendung einer bestimmten Konfliktbeilegungsmethode notwendigen. Während eine Verweisung der Beteiligten vor

---

35 Vgl. Fritz/Pielsticker MediationsG-HdB/Fritz Teil 1 G SGG § 202 Rn. 22; Schreiber, S. 55.
36 Ebenso Fritz/Pielsticker MediationsG-HdB/Fritz Teil 1 G SGG § 202 Rn. 22 f.
37 Vgl. Dürschke NZS 2013, 41 (46); Fichte/Jüttner/Fock/Schreiber SGG § 202 Rn. 73; Fritz/Pielsticker MediationsG-HdB/Fritz Teil 1 G SGG § 202 Rn. 34; Rixen/Zeitlmann, S. 381, 385; Schreiber, S. 51; für das vergleichbare Verfahren vor dem Verwaltungsgericht vgl. Ortloff NVwZ 2012, 1057 (1059); BeckOGK/Vogl SGG § 202 Rn. 25 hält das für fraglich.
38 Rixen/Zeitlmann, S. 381, 386 f.
39 Bejahend: Ziegler ASR 2012, 222 (225); Dürschke NZS 2013, 41 (45 ff.); Brändle/Schreiber ZFSH 2015, 177; Schreiber, S. 52; Fichte/Jüttner/Fock/Schreiber SGG § 202 Rn. 76; im Grundsatz bejahend, aber weiter differenzierend Friedrich/Dürschke Sozialrecht aktuell 2013, 12 (17 ff.); verneinend LSG Bayern 5.9.2016 – L 2 P 30/16 B, juris Rn. 9; LSG Hessen 30.5.2014 – L 6 AS 132/14, juris Rn. 2; Rixen/Zeitlmann, S. 381, 389 f.
40 BT-Drs. 17/8058, 23 zu Art. 5 neu.
41 Nach dem HessLSG 30.5.2014 – L 6 AS 132/14, juris Rn. 2 ist die Verweisung dann ermessensfehlerhaft.

den Güterichter ohne deren Einverständnis zumindest denkbar ist, kann bspw. eine Mediation auch im Rahmen des § 278 Abs. 5 ZPO nur im Einverständnis der Beteiligten durchgeführt werden. Dieses Einverständnis mit der konkreten Konfliktbeilegungsmethode wird der sozialgerichtliche Güterichter einzuholen haben.[42]

Die Verweisungsentscheidung trifft gemäß § 278 Abs. 5 S. 1 ZPO das Gericht, dh der Spruchkörper durch **Beschluss**.[43] Außerhalb der mündlichen Verhandlung ist dies vor dem Sozialgericht der Vorsitzende, innerhalb der mündlichen Verhandlung die Kammer. Als prozessleitende Verfügung dürfte der Verweisungsbeschluss gemäß § 172 Abs. 2 SGG bzw. § 177 SGG unanfechtbar sein.[44] Das Verfahren vor dem Güterichter stellt keine eigene Angelegenheit dar; durch die Verweisung an den Güterichter wird nur ein bestimmter Verfahrensabschnitt einem anderen Richter übertragen.[45]

Der Güterichter ist in seiner **Methodenvielfalt** nicht beschränkt (zum vergleichbaren Handlungsinstrumentarium des zivilrechtlichen Güterichters → ZPO § 278 Rn. 12 f.).[46] Allein aus der namentlichen Benennung der Mediation in § 278 Abs. 5 S. 2 ZPO dürfte sich kein Vorrang dieser vor den sonstigen Konfliktbeilegungsmethoden ableiten lassen.[47]

V. Anwendung des § 278a ZPO im sozialgerichtlichen Verfahren

13   Der Vorschlag einer außergerichtlichen Konfliktbeilegung nach § 278a Abs. 1 ZPO bedarf keiner förmlichen Entscheidung des Gerichts. Er kann zu jedem Verfahrenszeitpunkt unterbreitet werden, er erfolgt außerhalb der mündlichen Verhandlung durch den Vorsitzenden (zu etwaigen Prüfungs- und Beratungspflichten dabei → ZPO § 278a Rn. 10). Neben der Geeignetheit des Konflikts an sich werden dabei auch die Geeignetheit einer bestimmten Konfliktbeilegungsmethode sowie diesbezügliche Erklärungen der Beteiligten zu bewerten sein. Aus der Praxis ist das Anraten einer außergerichtlichen Konfliktbeilegung bisher nicht in nennenswertem Umfang bekannt. Besonders Erstattungsstreitigkeiten zwischen Sozialversicherungsträgern bieten sich für eine außergerichtliche Streitbeilegung an.

Nachdem sich die Beteiligten zur Durchführung einer Mediation oder eines anderen Verfahrens der außergerichtlichen Konfliktbeilegung entschieden haben, trifft das Gericht eine förmliche **Entscheidung über das Ruhen des Verfahrens** – § 278a Abs. 2 ZPO.

---

42 Dürschke NZS 2013, 41 (46 ff.).
43 Zur Tenorierung vgl. Friedrich/Dürschke Sozialrecht aktuell 2013, 12 (18); auch eine formlose Abgabe wird als zulässig erachtet, vgl. Brändle/Schreiber ZFSH 2015, 177.
44 Fichte/Jüttner/Fock/Schreiber SGG § 202 Rn. 75; Friedrich/Dürschke Sozialrecht aktuell 2013, 12 (18); Fritz/Pielsticker MediationsG-HdB/Fritz Teil 1 G SGG § 202 Rn. 34; LSG Bayern 5.9.2016 – L 2 P 30/16 B, juris Rn. 8, und 27.9.2013 – L 2 P 45/13 B, juris Rn. 5 f.
45 HessLSG 26.10.2015 – L 2 SO 95/15 B, juris Rn. 19; Meyer-Ladewig/Keller/Schmidt/Schmidt SGG § 202 Rn. 10.
46 Zur Methodenvielfalt vgl. Friedrich/Dürschke Sozialrecht aktuell 2013, 12 (20).
47 Vor Ortloff NVwZ 2012, 1057 (1059), steht die Methode der Mediation wegen ihrer ausdrücklichen Erwähnung in § 278 Abs. 5 S. 2 ZPO im Vordergrund und sollte von jedem Güterichter beherrscht werden; Brändle/Schreiber ZFSH 2015, 177 (178) sowie WzS 2014, 35 (36) sehen in ihr das „methodische Leitbild".

VI. Rechtspolitische Bewertung

Art. 5 des Mediationsgesetzes hat die konsensuale Streiterledigung für das sozialgerichtliche Verfahren auf eine **Rechtsgrundlage** gestellt und damit den Streit um die grundsätzliche Berechtigung solcher Verfahren im Sozialprozess beendet. Die Akzeptanz des Güterichtermodells und der außergerichtlichen Streiterledigungsverfahren wird sich dadurch weiter erhöhen. Die mit den vergleichbaren Ergänzungen in § 173 VwGO und § 155 FGO geschaffene **Verfahrenseinheitlichkeit** ist begrüßenswert. Den gesetzgeberischen Willen nach der Schaffung einer klaren Rechtsgrundlage[48] erfüllt die Gesetzesänderung nicht vollständig, weil sie die Anwendung der §§ 278 Abs. 5, 278a ZPO vom Wortlaut her unter Vorbehalte stellt, auch wenn diese nach der Ansicht des Gesetzgebers und der hier vertretenen Auffassung nicht greifen. Die Regelung widerspricht zudem der bisherigen Verweisungssystematik des SGG.[49]

Die vom Gesetzgeber mit der Einführung des Güterichtermodells erhoffte **Entlastung des Prozessrichters** ist bislang nicht eingetreten.[50] Nach der „Rechtspflegestatistik" des Statistischen Bundesamtes[51] im Jahre 2015 hat bei 372.291 von den Sozialgerichten erledigten Klageverfahren in 371.891 Verfahren gerade keine Verweisung vor den Güterichter stattgefunden. An der geringen „Güterichterquote" hat sich auch im Jahre 2021 nichts geändert.[52]

---

[48] BT-Drs. 17/5335, 25.
[49] Zur vergleichbaren Regelung des § 173 S. 1 VwGO Nolte HFR 2012, 23 (28 f.); HK-VerwR/Just VwGO § 173 Rn. 3.
[50] Vgl. zur Entwicklung in den Jahren 2010–2013 Haft/v. Schlieffen/Kilger § 41 Rn. 20 ff.
[51] Statistisches Bundesamt 2015, Tabellenteil 2.7.; Brändle/Schreiber ZFSH 2015, 177 sehen eine gewisse Beliebtheit in Grundsicherungsverfahren.
[52] Statistisches Bundesamt 2021, Tabellenteil 2.8; hinsichtlich der Maßnahmen zur Stärkung des Güterichtereinsatzes vgl. Wesche jM 2022, 227 (230 f.).

Artikel 6 Änderung der Verwaltungsgerichtsordnung
§ 173 VwGO [Entsprechende Anwendung des GVG und der ZPO]

[1]Soweit dieses Gesetz keine Bestimmungen über das Verfahren enthält, sind das Gerichtsverfassungsgesetz und die Zivilprozeßordnung einschließlich § 278 Absatz 5 und § 278a entsprechend anzuwenden, wenn die grundsätzlichen Unterschiede der beiden Verfahrensarten dies nicht ausschließen. (...)

Literatur:

Ade/Gläßer, Lehrmodul 18: Das Recht in der Mediation, ZKM 2013, 57; *v. Bargen*, Gerichtsinterne Mediation – Eine Kernaufgabe der rechtsprechenden Gewalt, 2008 (zit.: v. Bargen Mediation); *Carl*, Vom richterlichen Mediator zum Güterichter, ZKM 2012, 16; *Fehling/Kastner/Störmer* (Hrsg.), Verwaltungsrecht, Kommentar, 5. Aufl. 2021 (zit.: HK-VerwR); *Fritz*, Vom mühsamen Weg der Etablierung des Güterichters in der Verwaltungsgerichtsbarkeit, BDVR Rundschreiben 2013, 4; *Fritz/Pielsticker* (Hrsg.), Mediationsgesetz, 2. Aufl. 2020 (zit.: Fritz/Piekstcker MediationsGHdB); *Gärditz*, Verwaltungsgerichtsordnung mit Nebengesetzen, Kommentar, 2013 (zit.: Gärditz); *Gläßer/Schroeter*, Gerichtliche Mediation – Grundsatzfragen, Etablierungsverfahren und Zukunftsperspektiven, 2011 (zit.: Gläßer/Schroeter); *Greger*, Mediation im Gerichtsverfahren, AnwBl. 2008, 570; *Greger*, Gerichtsinterne Mediation auf dem Prüfstand, ZKM 2013, 9; *Greger*, Der Güterichter am VG – Status quo und Perspektiven, ThürVBl. 2014, 65; *Greger/Unberath/Steffek*, Recht der alternativen Konfliktlösung, Kommentar, 2. Aufl. 2016 (zit.: Greger/Unberath/Steffek); *Greger/Weber*, Das Güterichterverfahren – Ein Leitfaden für Richter, Rechtsanwälte und Gerichtsverwaltung, MDR 2019, S1; *Groschupp*, Bericht über den Arbeitskreis 2, Dokumentation über den 14. Deutschen Verwaltungsrichtertag 2004, 74; *Haft/v. Schlieffen* (Hrsg.), Handbuch Mediation, 3. Aufl. 2016 (zit.: Haft/v. Schlieffen); *Kopp/Schenke* (Hrsg.), Verwaltungsgerichtsordnung, Kommentar, 29. Aufl. 2023 (zit.: Kopp/Schenke); *Niewitsch-Lennartz*, Mediation im Verwaltungsrecht, Dokumentation zum 14. Deutschen Verwaltungsrichtertag 2004, 51 (zit.: Niewitsch-Lennartz); *Nolte*, Das neue Mediationsgesetz und die Verweisungssystematik der VwGO, HFR 2012, 23; *Ortloff*, Der Richter als Mediator, ZKM 2002, 199; *Ortloff*, Mediation im Verwaltungsprozess: Bericht aus der Praxis, NVwZ 2006, 148; *Ortloff*, Vom Gerichtsmediator zum Güterichter im Verwaltungsprozess, NVwZ 2012, 1057; *Posser/Wolff/Decker* (Hrsg.), Beck-OK VwGO, 69. Aufl. 2024 (zit.: BeckOK VwGO); *Prütting*, Güterichter, Mediator und Streitermittler, MDR 2016, 965; *Schmidbauer*, Mediation am Gericht in der Schusslinie des Mediationsgesetzes, ZKM 2013, 88; *Schoch/Schneider* (Hrsg.), VwGO, Kommentar, Bd. 2, 44. Aufl. 2023 (zit.: Schoch/Schneider); *Seibert*, Mediation in der Verwaltungsgerichtsbarkeit – Erfahrungen und Überlegungen zu einer alternativen Streitbeilegung, NVwZ 2008, 365; *Sodan/Ziekow* (Hrsg.), Verwaltungsgerichtsordnung, Kommentar, 5. Aufl. 2018 (zit.: NK-VwGO); *Statistisches Bundesamt*, Rechtspflege, Verwaltungsgerichte, Fachserie 10 Reihe 2.4, 2021; *Stumpf*, Alternative Streitbeilegung im Verwaltungsrecht, 2006 (zit.: Stumpf); *Voß*, Mediation im öffentlichen Bau- und Planungsrecht, Dokumentation zum 14. Deutschen Verwaltungsrichtertag 2004, S. 64 (zit.: Voß); *Weitz*, Gerichtliche Mediation in der Verwaltungs-, Sozial- und Finanzgerichtsbarkeit, 2008 (zit.: Weitz); *Windau*, Das Güterichterverfahren im prozessualen Kontext – sinnvolle Ergänzung oder Fremdkörper?, jM 2019, 52; *Wysk* (Hrsg.), Verwaltungsgerichtsordnung, Kommentar, 3. Aufl. 2020 (zit.: Wysk); *Zimmerer*, Mediation in der Bayerischen Verwaltungsgerichtsbarkeit, BayVBl. 2014, 129.

I. Historie	1	3. Anwendung der begleitenden Änderungen der ZPO	12
II. Normzweck	4	4. Fazit	13
III. Regelungsgehalt und Tatbestandsvoraussetzungen	5	IV. Anwendung des § 278 Abs. 5 ZPO im verwaltungsgerichtlichen Verfahren	14
1. Aufnahme des zivilprozessualen Güterichtermodells	5		
2. Prüfungsmaßstab	6		

| V. Anwendung des § 278a ZPO im verwaltungsgerichtlichen Verfahren .... 17 | VI. Rechtspolitische Bewertung .... 18 |

I. Historie

Der **Gütegedanke** ist dem verwaltungsgerichtlichen Verfahren nicht fremd. 1
Dies belegen die in § 87 Abs. 1 S. 2 Nr. 1 VwGO eingeräumte Möglichkeit der Durchführung eines Erörterungstermins zum Zwecke der gütlichen Beilegung des Rechtsstreits und die in § 106 VwGO vorgesehene Erledigung des Rechtsstreits im Vergleichswege.[1] Den Einsatz der Mediation und anderer ADR-Verfahren (zum Begriff → ZPO § 278a Rn. 7)[2] sah die VwGO bis zum Inkrafttreten des Gesetzes zur Förderung der Mediation und anderer Verfahren der außergerichtlichen Konfliktbeilegung am 26.7.2012[3] allerdings nicht ausdrücklich vor. Die Zulässigkeit der Mediation in der Verwaltungsgerichtsbarkeit war entsprechend rechtlich umstritten. Gegen den Einsatz der Mediation und anderer ADR-Verfahren im verwaltungsgerichtlichen Prozess sprach das Fehlen einer § 278 Abs. 2 ZPO entsprechenden Regelung über die obligatorische Güteverhandlung in der VwGO, was über die Generalverweisung in § 173 S. 1 VwGO aF nicht überwunden werden können sollte.[4] Die Befürworter der (verwaltungs-)gerichtlichen Mediation sahen dagegen die erforderliche Rechtsgrundlage in einer doppelten Analogie zu den Bestimmungen der ZPO.[5]

Entsprechend der Entwicklung in der Zivilgerichtsbarkeit (→ L. Rn. 8 f.) 2
begannen auch in der Verwaltungsgerichtsbarkeit etwa seit dem Jahre 2000 von den Justizverwaltungen der Länder unterschiedlich ausgestaltete **Modellprojekte**, bis hin zum Angebot der echten richterlichen Mediation.[6] Der 14. Deutsche Verwaltungsrichtertag behandelte das Thema „Mediation im Verwaltungsrecht" im Jahre 2004 in einem eigenen Arbeitskreis.[7] Einzelne Bundesländer boten die (verwaltungs-)gerichtliche Mediation bereits ab den Jahren 2004 bzw. 2006 flächendeckend sowohl erst- als auch zweitinstanzlich an.[8]

Umstritten blieben die konsensual ausgerichteten Streiterledigungsverfah- 3
ren im Verwaltungsprozess gleichwohl. Während die Gegner geltend machten, das für Verwaltungsverfahren typische Subordinationsverhältnis zwischen Bürger und Hoheitsträger, die Kontrollfunktion der Verwaltungsgerichtsbarkeit sowie die in Art. 20 Abs. 3 GG normierte Bindung der vollziehenden Gewalt an Gesetz und Recht ließen für ein „Verhandeln" keinen Raum, führten die Befürworter an, eine Vielzahl behördlicher Entschei-

---

1 v. Bargen Mediation, S. 267 f.
2 Zum Begriff vgl. weiter Haft/v. Schlieffen/Hehn § 2 Rn. 3 ff.; Weitz, S. 22 ff.
3 BGBl. 2012 I 1577 ff. (nachfolgend: Mediationsgesetz (MediationsG)).
4 NK-VwGO/Braun Binder § 173 Rn. 19.
5 v. Bargen Mediation, S. 269 ff.; Gläßer/Schroeter/v. Bargen, S. 40 ff.; VGH Mannheim 9.10.2012 – 3 S 2964/11, NVwZ 2013, 379 (380); Ortloff ZKM 2002, 199 (200); zu denkbaren weiteren Rechtsgrundlagen vgl. Weitz, S. 375 ff.
6 v. Bargen Mediation, S. 70 ff.; Ortloff NVwZ 2006, 148, Ortloff NVwZ 2012, 1057; Greger ZKM 2013, 9; Niewitsch-Lennartz, S. 51 (53); Groschupp, S. 74; Carl ZKM 2012, 16; Weitz, S. 116 ff.
7 Niewitsch-Lennartz, S. 51 ff.
8 v. Bargen Mediation, S. 87 (Hessen); Seibert NVwZ 2008, 365 (Nordrhein-Westfalen).

dungen sei in das Ermessen der Behörde gestellt oder beruhe auf einem Beurteilungsspielraum der Verwaltung. Der dem konsensualen Streiterledigungsverfahren zugängliche Verhandlungsspielraum sei danach gegeben. Im Anwendungsbereich zwingenden Rechts sollten zumindest Verfahrensgesichtspunkte verhandelbar sein.[9] Die in den Modellprojekten ermittelte Verfahrensvielfalt bestätigt die von den Befürwortern erkannten Verhandlungsspielräume.[10] So fanden bspw. der bauordnungsrechtliche Nachbarstreit und das nachbarrechtliche Immissionsschutzverfahren ihre Lösung typischerweise nicht in der Anwendung zwingenden Rechts, sondern vielmehr in der verhandelbaren geringfügigen Änderung des Vorhabens oder der Schaffung von Ausgleichsmaßnahmen. Steht das hoheitliche Handeln im behördlichen Ermessen, gibt es regelmäßig nicht nur die eine rechtmäßige Entscheidung. Der Verhandlungsspielraum ist eröffnet.[11]

Art. 6 des Mediationsgesetzes ergänzt die in § 173 S. 1 VwGO enthaltene Generalverweisung auf die Bestimmungen der ZPO um eine ausdrückliche Erwähnung der §§ 278 Abs. 5, 278a ZPO (zur Historie des Gesetzgebungsverfahrens → L. Rn. 11).[12] Die mit Wirkung vom 1.11.2018 und 8.10.2023 vorgenommenen Änderungen des § 173 S. 1 VwGO verhalten sich nicht zur Einführung konsensualer Streiterledigungsverfahren in den Verwaltungsprozess.[13]

II. Normzweck

4 Die mit Art. 6 des Gesetzes zur Förderung der Mediation und anderer Verfahren der außergerichtlichen Konfliktbeilegung vorgenommene Ergänzung des § 173 S. 1 VwGO um die Erwähnung der §§ 278 Abs. 5 und 278a ZPO dient der **Implementierung des in der ZPO normierten Mediations- und Güterichterkonzepts** (→ L. Rn. 18 f.) im verwaltungsgerichtlichen Verfahren und damit der Schaffung einer klaren Rechtsgrundlage im Bereich der VwGO.[14] Die in der ZPO ausformulierten Verfahren sollen ihre Entsprechung im Verwaltungsprozess finden.

III. Regelungsgehalt und Tatbestandsvoraussetzungen

5 **1. Aufnahme des zivilprozessualen Güterichtermodells.** § 173 S. 1 VwGO nimmt ausdrücklich § 278 Abs. 5 ZPO – die Güteverhandlung vor einem nicht zur Entscheidung befugten Richter – sowie § 278a ZPO, nach dem das Gericht den Parteien eine Mediation oder ein anderes Verfahren der außergerichtlichen Konfliktbeilegung vorschlagen kann, in die Generalverweisung auf die Bestimmungen der ZPO auf. Die in § 278 Abs. 2 ZPO

---

9 Seibert NVwZ 2008, 365 (367); Voß, S. 68 ff.; Nolte HFR 2012, 23 (25).
10 Gläßer/Schroeter/Korte, S. 201 ff.; Ortloff NVwZ 2006, 148 ff.; zu den Verhandlungsspielräumen im Verwaltungsrecht generell Haft/v. Schlieffen/Holznagel/Ramsauer § 40 Rn. 1, 24 ff.
11 Generell zur Falleignung nach Rechtsgebieten vgl. Weitz, S. 200 ff.; Unberath/Steffek/Greger D. Rn. 439, E. Rn. 107; Fritz/Pielsticker MediationsG-HdB/Schroeder/Stegmann Teil 1 H Rn. 3 f.
12 Zur Historie des Gesetzgebungsverfahrens vgl. Carl ZKM 2012, 16 ff.; Schmidbauer ZKM 2012, 88 ff.
13 BGBl. 2018 I 1151 (1154); BGBl. 2023 I Nr. 272 1 (34).
14 BT-Drs. 17/5335, 1, 11, 25; BT-Drs.17/8058, 1, 17, 23.

enthaltene Bestimmung über die Durchführung einer **obligatorischen Güteverhandlung** vor dem Prozessgericht wird dagegen nicht erwähnt. Die Regelung ist nach dem Willen des Gesetzgebers ausgeschlossen.[15] Die Verweisung steht – § 173 S. 1 VwGO blieb insoweit unverändert – dem Wortlaut nach unter dem Vorbehalten, dass die VwGO selbst keine Bestimmungen über das betreffende Verfahren enthält und dass die grundsätzlichen Unterschiede der beiden Verfahrensarten die Anwendung der zivilprozessualen Bestimmungen nicht ausschließen.[16] Abgesehen von geringfügigen Modifikationen finden sich entsprechende Ergänzungen in § 202 SGG und § 155 FGO (→ SGG § 202 Rn. 1 ff., → FGO § 155 Rn. 1 ff.).

2. Prüfungsmaßstab. Aufgrund der Ausgestaltung des § 173 S. 1 VwGO als **dynamische Generalverweisung** bedarf es zur Klärung der entsprechenden Anwendbarkeit einer zivilprozessualen Bestimmung jeweils der Einzelfallprüfung.[17] Daran ändert die ausdrückliche Erwähnung von Normen im Rahmen eines Generalverweises im Grundsatz nichts, es sei denn, man wollte entgegen der Verweisungssystematik der VwGO eine Spezialverweisung in eine Generalverweisung aufnehmen.[18] Im Folgenden soll deshalb entsprechend dem Wortlaut des § 173 S. 1 VwGO und dessen Charakter als Generalverweisungsnorm geprüft werden, ob die tatbestandlichen Voraussetzungen für eine entsprechende Anwendung der §§ 278 Abs. 5, 278a ZPO im verwaltungsgerichtlichen Verfahren erfüllt sind.[19]

Die VwGO enthält selbst keine Bestimmungen über das Verfahren[20] der Güteverhandlung vor einem nicht zur Entscheidung befugten Richter sowie über das Verfahren der Einleitung der außergerichtlichen Mediation bzw. außergerichtlichen Konfliktbeilegung. **Spezialverweisungen**[21] auf die §§ 278 Abs. 5, 278a ZPO, die der Anwendbarkeit des § 173 S. 1 VwGO insoweit entgegenstünden, finden sich nicht.

Der Streit, ob für die Anwendbarkeit des § 173 S. 1 VwGO weiter die Planwidrigkeit einer innerhalb der VwGO erkannten **Regelungslücke** erforderlich ist,[22] ist hinsichtlich der expliziten Verweisung auf die §§ 278 Abs. 5, 278a ZPO obsolet. Die ausdrückliche Benennung dieser Normen in § 173 S. 1 VwGO lässt nur den Schluss zu, dass der Gesetzgeber von einer entsprechenden Anwendung der genannten Regelungen im Verwaltungsprozess ausgeht.

Grundsätzliche **Unterschiede der beiden Verfahrensarten** – Zivilprozess/verwaltungsgerichtliches Verfahren –, die sich ua aus der jeweils herrschenden Prozessmaxime, der Stellung der Verfahrensbeteiligten sowie des Gerichts ergeben könnten,[23] und die eine Anwendung der §§ 278 Abs. 5, 278a

---

15 OVG Bautzen 6.5.2019 – 5 A 1015/18, juris Rn. 4.
16 Deshalb soll nach Ortloff NVwZ 2012, 1057 (1059), § 173 S. 1 nicht auf §§ 278 Abs. 2, 279 ZPO verweisen.
17 Gärditz/Orth VwGO § 173 Rn. 3.
18 Vgl. dazu Nolte HFR 2012, 23 (31).
19 Generell zur Struktur des § 173 S. 1 vgl. Schoch/Schneider/Meissner/Steinbeiß-Winkelmann VwGO § 173 Rn. 21 ff.
20 Zum Verfahrensbegriff vgl. BeckOK VwGO/Wolff/Köhler § 173 Rn. 27.
21 Vgl. NK-VwGO/Braun Binder § 173 Rn. 8; Gärditz/Orth VwGO § 173 Rn. 12.
22 Vgl. NK-VwGO/Braun Binder § 173 Rn. 5 ff.
23 Vgl. dazu Schoch/Schneider/Meissner/Steinbeiß-Winkelmann VwGO § 173 Rn. 25 ff., 78 ff.

ZPO im verwaltungsgerichtlichen Verfahren ausschließen, bestehen nach Auffassung des Gesetzgebers nicht.[24] Für § 278a ZPO, die außergerichtliche Konfliktbeilegung bei gleichzeitiger Anhängigkeit eines gerichtlichen Verfahrens, liegt dies auf der Hand. Es war und ist den Beteiligten eines verwaltungsgerichtlichen Rechtsstreits zu keinem Zeitpunkt verwehrt, eine außergerichtliche Beilegung des Streits herbeizuführen und das gefundene Ergebnis sodann prozessual umzusetzen. Insoweit besteht kein Unterschied zwischen zivil- und verwaltungsgerichtlichem Verfahren. **Stellung und Funktion des Richters** werden weder durch das Anraten eines außergerichtlichen Konfliktbeilegungsverfahrens noch durch die Entgegennahme einer verfahrensbeendenden Erklärung oder die Protokollierung des gefundenen Einigungsergebnisses beeinträchtigt.[25] Hinsichtlich der Tätigkeit als Güterichter im Sinne des § 278 Abs. 5 ZPO gilt nichts Abweichendes. Nach der gesetzgeberischen Ausgestaltung nimmt der Güterichter eine **richterliche Aufgabe** wahr (→ ZPO § 278 Rn. 7), bei der er an Gesetz und Recht gebunden ist, dh etwaige Lösungsvorschläge und Lösungsergebnisse haben sich daran zu messen. Diese Gesetzesbindung gilt für das zivilgerichtliche wie das verwaltungsgerichtliche Verfahren[26] – wie im Übrigen für die Mediation generell.[27] Hinzu kommt, dass die Verwaltung als am verwaltungsgerichtlichen Verfahren Beteiligte ihrerseits an Gesetz und Recht gebunden ist.[28]

10 Zu beachten ist die fehlende Erwähnung des § 278 Abs. 2 ZPO. Insoweit ergibt sich eine der Anwendung dieser Bestimmung innerhalb der VwGO entgegenstehende Verfahrensunterschiedlichkeit zu den Regelungen der VwGO über die mündliche Verhandlung (vgl. §§ 101–106).[29] Im Unterschied zur in § 278 Abs. 2 ZPO geregelten **Güteverhandlung vor dem Prozessgericht** kann die Güteverhandlung im Sinne des § 278 Abs. 5 ZPO aber schon deshalb nicht zur mündlichen Verhandlung gehören, weil der nicht zur Entscheidung befugte Richter kein Mitglied des Prozessgerichts ist. Mit Art. 6 des Mediationsgesetzes wird folglich nicht gleichzeitig die obligatorische Güteverhandlung vor dem Prozessgericht in das verwaltungsgerichtliche Verfahren eingeführt.

11 Abweichend vom Zivilprozess ist das verwaltungsgerichtliche Verfahren vom **Untersuchungsgrundsatz** geprägt (vgl. § 86 Abs. 1 S. 1 VwGO). Dieser Gesichtspunkt führt nicht zu einer die Anwendung der §§ 278 Abs. 5, 278a ZPO ausschließenden Unterschiedlichkeit, wobei sich diese ohnehin nur mit Blick auf § 278 Abs. 5 ZPO ergeben könnte. Der in § 278 Abs. 5 S. 1 ZPO bestimmte Güterichter ist nicht zur Entscheidung befugt, so dass bereits fraglich ist, ob der Untersuchungsgrundsatz insoweit überhaupt Beachtung findet.[30] Zum anderen steht unter dem Primat des Untersuchungs-

---

24 BT-Drs. 17/5335, 25.
25 Nolte HFR 2012, 23 (27).
26 Nolte HFR 2012, 23 (28).
27 Ade/Gläßer ZKM 2013, 57 (58); zur Bindungswirkung des Rechts im Bereich der richterlichen Mediation vgl. Weitz, S. 294 ff.
28 Vgl. dazu Stumpf, S. 282 ff.
29 Ortloff NVwZ 2012, 1057 (1059).
30 Vgl. zum ersuchten Richter Greger AnwBl 2008, 570 (573).

grundsatzes wie im zivilgerichtlichen Verfahren jedenfalls die Sachverhaltsgestaltung zur Disposition der am Verwaltungsverfahren Beteiligten.[31] Die zusätzlich bestehende Funktion der Kontrolle der Gesetzmäßigkeit der Verwaltung wird dadurch relativiert, dass auch das verwaltungsgerichtliche Verfahren primär dem Individualrechtsschutz dient.[32]

3. Anwendung der begleitenden Änderungen der ZPO. Neben den ausdrücklich erwähnten §§ 278 Abs. 5, 278a ZPO verweist § 173 S. 1 VwGO unter den genannten Vorbehalten grundsätzlich auch auf die sonstigen durch Art. 2 des Mediationsgesetzes vorgenommenen Änderungen der ZPO. Hinsichtlich der in Art. 2 Nr. 2 MediationsG vorgesehenen Erweiterung des § 41 ZPO – Ausschluss von der Ausübung des Richteramtes – (→ ZPO § 41 Rn. 1 ff.) sowie der in Art. 2 Nr. 3 MediationsG normierten Protokollierungsregelung (§ 159 Abs. 2 ZPO) finden sich Spezialverweisungen in § 54 Abs. 1 bzw. § 105 VwGO.[33] Raum bleibt im Anwendungsbereich des § 173 S. 1 VwGO für die in Art. 2 Nr. 4 MediationsG vorgesehene Ergänzung des § 253 Abs. 3 ZPO (→ ZPO § 253 Rn. 1 ff.). Der Gesetzgeber geht von einer der Anwendbarkeit des § 253 Abs. 3 ZPO entgegenstehenden Eigenständigkeit und Geschlossenheit der Regelungen der §§ 81, 82 VwGO aus.[34] Das überzeugt nicht. Schon im Interesse der Einheitlichkeit der Verfahrensordnungen ist nicht einzusehen, warum nicht auch das Verwaltungsgericht bei Klageerhebung über abgeschlossene Konfliktlösungsversuche oder die Bereitschaft oder Ablehnung solcher Versuche in Kenntnis gesetzt wird, um eine Entscheidung im Sinne der §§ 278 Abs. 5 S. 1, 278a Abs. 1 ZPO frühzeitig treffen zu können. Der Zugang zum Gericht wird dadurch nicht wesentlich erschwert.

4. Fazit. Im Ergebnis steht dem Verwaltungsgericht und dem verwaltungsgerichtlichen Güterichter über die ergänzte Generalverweisungsnorm des § 173 S. 1 ein Instrumentarium zur konsensualen Streitbeilegung zur Verfügung, das mit dem des Zivilgerichts bzw. dem des zivilgerichtlichen Güterichters vergleichbar ist (→ ZPO § 278 Rn. 12 f., → ZPO § 278a Rn. 7 f.). Die in § 278 Abs. 2 ZPO vorgesehene Güteverhandlung vor dem Prozessgericht bleibt dem Verwaltungsgericht verwehrt.

IV. Anwendung des § 278 Abs. 5 ZPO im verwaltungsgerichtlichen Verfahren

Die vom Gesetzgeber gewollte Implementierung des Güterichtermodells im Sinne des § 278 Abs. 5 ZPO im verwaltungsgerichtlichen Verfahren bedarf einer dem zivilgerichtlichen Verfahren entsprechenden gerichtsverfassungsrechtlichen Umsetzung in der Form der Bestimmung des Güterichters im jeweiligen **Geschäftsverteilungsplan** des Gerichts (→ ZPO § 278 Rn. 7).[35]

---

31 Greger/Weber MDR 2019, S1 Rn. 7.
32 Gärditz/Orth VwGO § 173 Rn. 25; Weitz, S. 324.
33 Vgl. zu § 159 Abs. 2 ZPO Ortloff NVwZ 2012, 1057 (1060); Fritz BDVR Rundschreiben 2013, 4 (8); Kopp/Schenke/Schenke VwGO § 173 Rn. 4c übersieht mE die Regelung des § 105.
34 BT-Drs. 17/5335, 25; ebenso Kopp/Schenke/Schenke VwGO § 173 Rn. 5; Schoch/Schneider/Steinbeiß-Winkelmann VwGO § 173 Rn. 203.
35 Ortloff NVwZ 2012, 1057 (1059); Schoch/Schneider/Steinbeiß-Winkelmann VwGO § 173 Rn. 205, Greger MDR 2017, 1107 ff.

Die Entscheidung über die Verweisung der Parteien – im verwaltungsgerichtlichen Verfahren gemäß § 63 VwGO: der Beteiligten – vor einen Güterichter trifft gemäß § 278 Abs. 5 S. 1 ZPO das Gericht, dh der Spruchkörper, wobei eine Einzelrichterübertragung im Sinne des § 6 VwGO ebenso zu beachten ist wie die Fallgestaltungen des § 87a Abs. 2, 3 VwGO (Vorsitzenden- bzw. Berichterstatterentscheidung).[36] Sie ergeht in der **Form des Beschlusses**, welcher – weil nur eine Regelung zum Verfahren im Sinne des § 146 Abs. 2 VwGO getroffen wird – unanfechtbar sein dürfte.[37]

15 Der Verweis der Beteiligten vor den Güterichter steht im pflichtgemäßen **Ermessen des Gerichts** (→ ZPO § 278 Rn. 19).[38] Die Verweisung kann zu jedem Zeitpunkt des Verfahrens erfolgen. Umstritten ist, ob es vor der Ermessensausübung im Sinne eines ungeschriebenen Tatbestandsmerkmals des **Einverständnisses der Beteiligten** zur Verweisung bedarf. Der Gesetzgeber geht davon aus.[39] In der Praxis dürfte sich eine Verweisung der Beteiligten vor den Güterichter gegen deren erklärten Willen oder ohne Anhalt für eine Einigungsbereitschaft verbieten. In der Rspr. wird die Verweisungsentscheidung als ermessensfehlerhaft angesehen, wenn das Gericht irrtümlich von einer Zustimmung der Beteiligten ausgegangen ist.[40]

16 Dem Güterichter steht ein dem zivilgerichtlich tätigen und nach § 278 Abs. 5 ZPO bestimmten Güterichter vergleichbares **Handlungsinstrumentarium** zu (→ ZPO § 278 Rn. 12 f.). Für eine Beschränkung auf bestimmte Methoden der konsensualen Streiterledigung bieten weder das Verwaltungsprozessrecht noch das materielle Verwaltungsrecht einen Grund.[41] Vor dem Hintergrund der in der Vergangenheit gezielt auf die Mediation ausgerichteten Ausbildung der sogenannten richterlichen Mediatoren zeichnet sich faktisch die Tendenz ab, dass in der verwaltungsgerichtlichen Güteverhandlung primär zur Methode der Mediation gegriffen werden wird.[42] Umstritten bleibt die Führung von Einzelgesprächen.[43]

V. Anwendung des § 278a ZPO im verwaltungsgerichtlichen Verfahren

17 Im Unterschied zu § 278 Abs. 5 S. 1 ZPO bedarf es für den Vorschlag einer außergerichtlichen Konfliktbeilegung nach § 278a Abs. 1 ZPO keiner förmlichen Entscheidung des Gerichts. Der Vorschlag kann deshalb außerhalb der mündlichen Verhandlung durch den Vorsitzenden erfolgen. Eine Einzelrichterübertragung nach § 6 VwGO ist wie eine Berichterstat-

---

36 Vgl. Ortloff NVwZ 2012, 1057 (1060); Schoch/Schneider/Steinbeiß-Winkelmann VwGO § 173 Rn. 209; aA Kopp/Schenke/Schenke VwGO § 173 Rn. 4b; Wysk/Wysk VwGO § 173 Rn. 9a.
37 AA OVG Lüneburg 9.1.2015 – 10 OB 109/14, NVwZ-RR 2015, 517 f.
38 OVG Bautzen 6.8.2014 – 1 A 257/10, juris Rn. 1.
39 BT-Drs. 17/8058, 23 zu Art. 6 neu, aA Kopp/Schenke/Schenke VwGO § 173 Rn. 4b; BeckOK VwGO/Wolff/Köhler § 173 Rn. 15 f.; Windau jM 2019, 52 (54); OVG Bautzen 6.8.2014 – 1 A 257/10, juris Rn. 1.
40 OVG Lüneburg 9.1.2015 – 10 OB 109/14, NVwZ-RR 2015, 517 f.
41 Vgl. dazu auch Kopp/Schenke/Schenke VwGO § 173 Rn. 4d.
42 Für Ortloff NVwZ 2012, 1057 (1059), steht die Methode der Mediation wegen ihrer ausdrücklichen Erwähnung in § 278 Abs. 5 S. 2 ZPO im Vordergrund und sollte von jedem Güterichter beherrscht werden. Zu den persönlichen Anforderungen an den Güterichter vgl. Greger/Weber MDR 2019, S. 1 Rn. 70 f.
43 Prütting MDR 2016, 965 (967).

terbestellung im Sinne des § 87a Abs. 1, 3 VwGO zu beachten. Die Unterbreitung des Vorschlags steht im pflichtgemäßen **Ermessen des Gerichts**, sie kann in jedem Verfahrensstadium erfolgen (zu etwaigen Prüfungs- und Beratungspflichten dabei → ZPO § 278a Rn. 10). In der Praxis sind solche „Verweisungen" auf ein außergerichtliches Verfahren der Konfliktbeilegung bislang eher selten.[44] In Betracht kommt das Anraten einer außergerichtlichen Konfliktbeilegung sicher bei politisch umstrittenen Vorhaben oder bei Großvorhaben, die einer umfassenden auch sachverständigen Sachverhaltsaufklärung bedürfen.[45] Auch das richterliche Zeitbudget kann dabei Motivationserwägung sein.

Eine förmliche Entscheidung über das **Ruhen des Verfahrens** trifft das Gericht, nachdem sich die Beteiligten zur Durchführung einer Mediation oder eines anderen Verfahrens der außergerichtlichen Konfliktbeilegung entschieden haben.

VI. Rechtspolitische Bewertung

Art. 6 des Mediationsgesetzes beendet den Streit um die grundsätzliche Berechtigung konsensualer Streiterledigungsverfahren im Verwaltungsprozess.[46] Dies und die im Zusammenspiel mit den vergleichbaren Ergänzungen in § 202 SGG und § 155 FGO geschaffene **Einheitlichkeit der Verfahrensordnungen** sind grundsätzlich begrüßenswert. Die Anführung einzelner Normen in einem Generalverweis ist zur Umsetzung des gesetzgeberischen Willens gesetzestechnisch missglückt. Sie widerspricht der Verweisungssystematik der VwGO[47] und bleibt hinter dem Willen des Gesetzgebers nach der Schaffung einer klaren rechtlichen Grundlage insoweit zurück,[48] als dass sie die Anwendung der §§ 278 Abs. 5, 278a ZPO vom Wortlaut der Norm her unter Vorbehalte stellt, auch wenn diese nach der Ansicht des Gesetzgebers und der hier vertretenen Auffassung nicht greifen.

Wirklich angekommen ist der „Güterichter" am Verwaltungsgericht noch nicht.[49] Die Einführung des Güterrichtermodells in der Verwaltungsgerichtsbarkeit führte vielmehr selbst an zuvor „mediationsfreundlichen" Verwaltungsgerichten zu einem deutlichen „**Mediationsrückgang**".[50]

---

44 Vgl. Ortloff NVwZ 2006, 148.
45 Vgl. dazu Haft/v. Schlieffen/Holznagel/Ramsauer § 40 Rn. 57 ff.
46 Zimmerer BayVBl. 2014, 129.
47 BR-Drs. 60/1/11, 1 (16 f.); BR-Drs. 60/11, 1 (14 f.); Nolte HFR 2012, 23 (28 f.); HK-VerwR/Just VwGO § 173 Rn. 3.
48 BT-Drs. 17/5335, 25.
49 Greger ThürVBL. 2014, 65 f.; Greger MDR 2017, 1107 f.; Zimmerer BayVBl. 2014, 129 (131); Statistisches Bundesamt, Tabellenteil 1.2.7.
50 Beim Verwaltungsgericht Minden zB sank die Zahl der Verweisungen an den Güterichter im Jahr 2018 auf zwei, im Jahre 2022 erfolgten 9, im Jahre 2023 2 Verweisungen an den Güterichter In den ersten vier Jahren seiner im Jahre 2006 begonnenen Mediationstätigkeit waren am genannten Gericht noch 198 Verfahren mediiert worden; vgl. Gläßer/Schroeter/Korte, S. 201, 210.

Artikel 7 und 7a Änderung des Gesetzes über Gerichtskosten (GKG) sowie Änderung des Gesetzes über Gerichtskosten in Familiensachen (FamGKG)

Literatur:

Breyer, Kostenorientierte Steuerung des Zivilprozesses, 2005; *Engel/Müller*, Mediation und ihre Kosten – Wer zahlt die Rechnung?, ZKM 2012, 39; *Fritz/Pielsticker* (Hrsg.), Handbuch zum Mediationsgesetz, 2. Aufl. 2020; *Greger*, Mediation und Gerichtsverfahren in Sorge- und Umgangsrechtskonflikten – Pilotstudie zum Vergleich von Kosten und Folgekosten, 2010; *Ponschab/Kracht*, Die Kosten der Mediation, in: Haft/v. Schlieffen (Hrsg.), Handbuch Mediation, 3. Aufl. 2016, S. 1275; *Hennessy*, Das Gesetz zur Förderung der Mediation und anderer Verfahren der außergerichtlichen Konfliktbeilegung – Wie weit fördert es die Mediation?, Bonner Rechtsjournal Sonderausgabe 2012, 39; *Henssler/Koch/Brieske*, Mediation in der Anwaltspraxis, 2. Aufl. 2004; *Meyer*, GKG/FamGKG, Kommentar zum Gerichtskostengesetz (GKG) und zum Gesetz über Gerichtskosten in Familiensachen (FamGKG), 18. Aufl. 2022; *Roth*, Freiwilligkeit und Zwang in der Mediation, in: Althammer/Eisele/Ittner/Löhning (Hrsg.), 2013, S. 109; *Schneider*, Wegfall von Gerichtsgebühren bei Klagerücknahme wegen erfolgreicher Mediation, AGS 2019, 365–367; *Schneider/Volpert/Flösch*, Gesamtes Kostenrecht, 3. Aufl. 2021; *Spindler*, Gerichtsnahe Mediation in Niedersachsen – eine juristisch-rechtsökonomische Analyse – Abschlussbericht im Auftrag des Niedersächsischen Ministeriums für Justiz und des Niedersächsischen Ministeriums für Wissenschaft und Kultur, 2006; *Volkmann*, Mediation im Zivilprozess, 2005; *Weber*, Regelungen zur Förderung der Mediation, 2025.

§ 69b GKG Verordnungsermächtigung

[1]Die Landesregierungen werden ermächtigt, durch Rechtsverordnung zu bestimmen, dass die von den Gerichten der Länder zu erhebenden Verfahrensgebühren über die in den Nummern 1211, 1411, 5111, 5113, 5211, 5221, 6111, 6211, 7111, 7113 und 8211 des Kostenverzeichnisses bestimmte Ermäßigung hinaus weiter ermäßigt werden oder entfallen, wenn das gesamte Verfahren nach einer Mediation oder nach einem anderen Verfahren der außergerichtlichen Konfliktbeilegung durch Zurücknahme der Klage oder des Antrags beendet wird und in der Klage- oder Antragsschrift mitgeteilt worden ist, dass eine Mediation oder ein anderes Verfahren der außergerichtlichen Konfliktbeilegung unternommen wird oder beabsichtigt ist, oder wenn das Gericht den Parteien die Durchführung einer Mediation oder eines anderen Verfahrens der außergerichtlichen Konfliktbeilegung vorgeschlagen hat. [2]Satz 1 gilt entsprechend für die in den Rechtsmittelzügen von den Gerichten der Länder zu erhebenden Verfahrensgebühren; an die Stelle der Klage- oder Antragsschrift tritt der Schriftsatz, mit dem das Rechtsmittel eingelegt worden ist.

§ 61a FamGKG Verordnungsermächtigung

[1]Die Landesregierungen werden ermächtigt, durch Rechtsverordnung zu bestimmen, dass die von den Gerichten der Länder zu erhebenden Verfahrensgebühren in solchen Verfahren, die nur auf Antrag eingeleitet werden, über die im Kostenverzeichnis für den Fall der Zurücknahme des Antrags vorgesehene Ermäßigung hinaus weiter ermäßigt werden oder entfallen, wenn das gesamte Verfahren oder bei Verbundverfahren nach § 44 eine

Folgesache nach einer Mediation oder nach einem anderen Verfahren der außergerichtlichen Konfliktbeilegung durch Zurücknahme des Antrags beendet wird und in der Antragsschrift mitgeteilt worden ist, dass eine Mediation oder ein anderes Verfahren der außergerichtlichen Konfliktbeilegung unternommen wird oder beabsichtigt ist, oder wenn das Gericht den Beteiligten die Durchführung einer Mediation oder eines anderen Verfahrens der außergerichtlichen Konfliktbeilegung vorgeschlagen hat. ²Satz 1 gilt entsprechend für die im Beschwerdeverfahren von den Oberlandesgerichten zu erhebenden Verfahrensgebühren; an die Stelle der Antragsschrift tritt der Schriftsatz, mit dem die Beschwerde eingelegt worden ist.

I. Normzweck; Anwendungsbereich ... 1	c) Klageverfahren wegen Räumung eines Gewerbemietverhältnisses ... 13
II. Voraussetzungen für Kostenermäßigung oder Kostenerlass gemäß § 69b GKG ... 2	d) Verfahren vor dem Arbeitsgericht – Änderungskündigung ... 15
III. Voraussetzungen für Kostenermäßigung oder Kostenerlass gemäß § 61a FamGKG ... 5	2. Beispielsrechnung nach FamGKG ... 16
IV. Umfang und Berechnungsbeispiele ... 8	a) Antrag auf Sorge- oder Umgangsrecht ... 16
1. Beispielsrechnungen nach GKG ... 9	b) Antrag auf Kindes- und Ehegattenunterhalt ... 18
a) Klage auf Nutzungsentgelt für die alleinige Nutzung einer gemeinsamen Wohnung ... 9	c) Ehescheidung mit Folgesache elterliche Sorge ... 20
b) Antrag auf Einstweilige Verfügung – Nachbarschaftsstreit ... 11	3. Motivation durch Kostenanreize ... 22

I. Normzweck; Anwendungsbereich

Unabhängig von Verordnungen iSd § 69b GKG, § 61a FamGKG ermäßigen sich die Gerichtsgebühren nach den Kostenverzeichnissen der Kostengesetze bei Beendigung des gesamten Verfahrens beispielsweise durch Zurücknahme der Klage bzw. des Antrages, durch gerichtlichen Vergleich oder durch Erledigungserklärungen nach § 91a ZPO.[1] Entsprechendes gilt für die Beendigung durch Zurücknahme des Rechtsmittels.[2] Der Grund für die Beendigung des Verfahrens ist dabei weder Voraussetzung für das Ob noch Maßstab für den Umfang der Ermäßigung.[3]

1

Mit dem Gesetz zur Förderung der Mediation und anderer Verfahren der außergerichtlichen Konfliktbeilegung vom 21.7.2012[4] sind durch § 69b GKG und § 61a FamGKG, die erst im Vermittlungsausschuss von Bundes-

---

1 Im GKG-KV sind dies Nr. 1211, 1411, 5111, 5113, 5211, 5221, 6111, 6211, 7111, 7113 und 8211.
2 Vgl. bspw. GKG-KV Nr. 1221. Bei Rücknahme, bevor die Begründung des Rechtsmittels bei Gericht eingegangen ist, erfolgt eine weitere Ermäßigung, vgl. bspw. GKG-KV Nr. 1222.
3 Die Ermäßigungstatbestände beinhalten daher keine spezifisch die Mediation betreffenden Anreize, vgl. Volkmann, Mediation im Zivilprozess, 137.
4 BGBl. 2012 I 1577, 1581.

tag und Bundesrat eingefügt wurden,[5] **Öffnungsklauseln** für die **Länder** geschaffen, um einen Anreiz für die Durchführung von Mediation sowie anderer Verfahren der außergerichtlichen Konfliktbeilegung während eines Gerichtsverfahrens (inklusive Rechtsmittelzug) zu ermöglichen.[6] Mit den Öffnungsklauseln werden die Landesregierungen ermächtigt, durch Rechtsverordnung zu bestimmen, dass die von den Ländern zu erhebenden Verfahrensgebühren – über die im Kostenverzeichnis bereits für den Fall der Zurücknahme vorgesehene Ermäßigung hinaus – weiter ermäßigt werden bzw. sogar ganz entfallen können. Die Etablierung von Kostenanreizen erhöht die Chancen erwünschten Verhaltens der Partei[7] und Rechtsverordnungen auf Grundlage von § 69b S. 1 Alt. 2 GKG, § 61a S. 1 Alt. 2 FamGKG steigern damit die Wahrscheinlichkeit, dass ein Konflikt den Weg in die Mediation findet.[8] Ziel der beiden Regelungen ist die Stärkung der außergerichtlichen Konfliktbeilegungsverfahren.[9]

Da es den Ländern überlassen bleibt, ob sie von diesen Klauseln Gebrauch machen, entwickelt sich eine unterschiedliche Praxis der Gebührenermäßigung. Eine einheitliche bundesweite Kostenregelung war aber aus politischen Gründen nicht realisierbar. Bislang hat Niedersachsen von der Verordnungsermächtigung des § 69b GKG Gebrauch gemacht.[10]

II. Voraussetzungen für Kostenermäßigung oder Kostenerlass gemäß § 69b GKG

2 Die Möglichkeit der Kostenermäßigung oder des Kostenerlasses besteht, wenn das **gesamte Verfahren** nach einer **Mediation** oder nach einem **anderen Verfahren der außergerichtlichen Konfliktbeilegung** durch **Zurücknahme** beendet wird.

3 Weitere Voraussetzungen für das potenzielle Kostenprivileg sind (alternativ)
   a) die **Mitteilung** in der Klage- oder Antragsschrift, dass eine Mediation oder ein anderes Verfahren der außergerichtlichen Konfliktbeilegung unternommen wird oder beabsichtigt ist, § 69b S. 1 Alt. 1 GKG, oder
   b) der **Vorschlag des Gerichts** gegenüber den Beteiligten zur Durchführung einer Mediation oder eines anderen Verfahrens der außergerichtlichen Konfliktbeilegung, § 69b S. 1 Alt. 2 GKG.

---

5 BT-Drs. 17/10102, 3 ff.
6 BT-Drs. 17/10102, 4.
7 Vgl. zu Kostenanreizen und Kostensanktionen Spindler, S. 74; grundlegend zur kostenorientierten Steuerung: Breyer, 2005, und zur Förderung der Mediation durch Kostenanreize und -sanktionen: Weber, 2024.
8 Althammer/Eisele/Ittner/Löhning/Roth, S. 111; Weber, Regelungen zur Förderung der Mediation, Teil 2 § 2 A. VI. 2.
9 Schneider/Volpert/Fölsch/Volpert GKG § 69b Rn. 1, § 61a FamGKG Rn. 1.
10 Verordnung über das Entfallen von Gerichtsgebühren bei außergerichtlicher Konfliktbeilegung vom 12.6.2019 (Nds. GVBl. 148); eingehend Schneider AGS 2019, 365 ff.

§ 69b S. 1 Alt. 1 GKG knüpft also an die Sollvorschrift des § 253 Abs. 3. Nr. 1 Alt. 1 ZPO an, wobei das Merkmal der „beabsichtigten" Mediation dementsprechend nach der Intention des Klägers auszulegen ist.[11]
§ 69b S. 1 Alt. 2 GKG bezieht sich auf § 278a Abs. 1 ZPO.
Entsprechendes gilt nach § 69b S. 2 GKG für die im **Berufungs- oder Beschwerdeverfahren** zu erhebenden Verfahrensgebühren. Auch hier müssen die vorgenannten weiteren Kriterien zu a) oder b) vorliegen, wobei an die Stelle der Klage- oder Antragsschrift der Schriftsatz tritt, mit dem das Rechtsmittel eingelegt worden ist.

Die **Beschränkung der Anreizmöglichkeit** auf eine Beendigung durch Zurücknahme ist in Anbetracht der Regelungen in den Kostenverzeichnissen der Kostengesetze, die eine Ermäßigung auch bei gerichtlichem Vergleich oder Erledigungserklärungen nach § 91a ZPO vorsehen, inkonsequent und nicht sinnvoll, da gerade Vergleich und Erledigungserklärungen praxisrelevant sind und sich daher für eine Privilegierung anbieten.[12] Die Beschränkung bedingt ferner praktische Probleme, da bei Zurücknahme der Kläger grundsätzlich verpflichtet ist, die Kosten des Rechtsstreits zu tragen, § 269 Abs. 3 S. 2 ZPO.[13] Dazu gehören insbesondere auch die Kosten des Rechtsanwalts.[14] Ist diese Rechtsfolge nicht gewollt, wovon in der Regel auszugehen ist, muss eine Vereinbarung über die Verteilung der Kosten getroffen werden.[15] Ausgeschlossen ist auch eine anteilige Privilegierung für den Fall einer teilweisen Klage- oder Antragsrücknahme.[16]

III. Voraussetzungen für Kostenermäßigung oder Kostenerlass gemäß § 61a FamGKG

§ 16a FamGKG gilt nur für Verfahren, die **auf Antrag** eingeleitet werden. Sogenannte Amtsverfahren, bspw. ein auf die Entziehung der elterlichen Sorge gemäß § 1666 Abs. 3 Nr. 6 BGB gerichtetes Verfahren, sind von der Verordnungsermächtigung nicht umfasst. Der Gesetzgeber will mit der Neuregelung gemäß § 61a FamGKG einen Kostenanreiz für die antragstellende Partei schaffen. In Amtsverfahren wird das Gericht oftmals von sich aus bzw. aufgrund einer Anregung des Jugendamtes oder der Polizei tätig. In diesen Fällen sieht der Gesetzgeber keinen Handlungsbedarf für Kostenermäßigungen bei anschließender Mediation.

Die Verfahrensgebühren können – über die im Kostenverzeichnis bereits für den Fall der Zurücknahme des Antrags vorgesehene Ermäßigung hinaus – weiter ermäßigt werden bzw. sogar ganz entfallen, wenn das **gesamte Verfahren** nach einer **Mediation** oder nach einem **anderen Verfahren der außergerichtlichen Konfliktbeilegung** durch **Zurücknahme** des Antrags beendet wird.

---

11 Fritz/Pielsticker/Fritz GKG § 69b Rn. 34.
12 Darüber hinaus fehlt die Möglichkeit einer Ermäßigung in Bezug auf Verfahren vor Bundesgerichten, vgl. Fritz/Pielsticker/Fritz GKG § 69b Rn. 3.
13 Entsprechendes gilt nach § 155 Abs. 2 VwGO.
14 Zu denken ist beispielsweise auch an die Kosten Beigeladener, vgl. Fritz/Pielsticker/Fritz GKG § 69b Rn. 27.
15 Vgl. Fritz/Pielsticker/Fritz GKG § 69b Rn. 27, 39.
16 Vgl. den Wortlaut „gesamte[s] Verfahren".

6 Weitere Voraussetzungen für das potenzielle Kostenprivileg sind auch hier (alternativ)
   a) die **Mitteilung** in der Antragsschrift, dass eine Mediation oder ein anderes Verfahren der außergerichtlichen Konfliktbeilegung unternommen wird oder beabsichtigt ist, § 61a S. 1 Alt. 1 FamGKG, oder
   b) der **Vorschlag** des Gerichts gegenüber den Beteiligten zur Durchführung einer Mediation oder eines anderen Verfahrens der außergerichtlichen Konfliktbeilegung, § 61a S. 1 Alt. 2 FamGKG.

   § 61a S. 1 Alt. 1 FamGKG knüpft also an die Sollvorschrift des § 23 Abs. 1 S. 3 FamFG an, wobei auch hier das Merkmal der „beabsichtigten" Mediation nach der Intention des Antragstellers auszulegen ist.[17] § 61a S. 1 Alt. 2 FamGKG bezieht sich auf § 36a Abs. 1 FamFG.

7 Entsprechendes gilt bei einem Verbundverfahren von Scheidung und Folgesache(n) nach § 44 FamGKG iVm § 137 Abs. 2 FamFG für die Beendigung einer Folgesache und für die im Beschwerdeverfahren von den Oberlandesgerichten zu erhebenden Verfahrensgebühren. Auch hier müssen die vorgenannten weiteren Kriterien zu a) oder b) vorliegen, wobei an die Stelle der Antragsschrift der Schriftsatz tritt, mit dem die Beschwerde eingelegt worden ist.

IV. Umfang und Berechnungsbeispiele

8 Vornehmlicher Zweck der Öffnungsklausel ist es, Mediationen und andere Konfliktbeilegungsverfahren attraktiver erscheinen zu lassen sowie eine größere Inanspruchnahme zu erreichen. Die potenzielle Kostenersparnis ist allerdings sowohl bezogen auf Hauptsacheverfahren, als auch bezogen auf Verfahren im einstweiligen Rechtsschutz, ausgesprochen überschaubar, was an den folgenden Beispielen sichtbar wird.

1. Beispielsrechnungen nach GKG

a) Klage auf Nutzungsentgelt für die alleinige Nutzung einer gemeinsamen Wohnung

9 **Fallbeispiel:** Der Kläger und die Beklagte sind ehemalige Lebenspartner und je zur ideellen Hälfte im Grundbuch eingetragene Eigentümer eines Hauses. Seit der Trennung der Parteien vor ein paar Jahren bewohnt die Beklagte, die das noch bestehende gesamtschuldnerische Darlehen mit monatlich 500 EUR bedient, das Haus allein. Der Kläger begehrt von der Beklagten ein Nutzungsentgelt entsprechend der Hälfte der ortsüblichen Miete, die mit 2.000 EUR netto/kalt monatlich angenommen wird. Die Beklagte verweigert die Zahlung, da nach ihrer Ansicht eine anderweitige und abschließende Vereinbarung getroffen wurde, nach der sie sämtliche laufende Zahlungen für die Immobilie trägt, den Kläger im Innenverhältnis von etwaigen Ansprüchen Dritter freistellt und ihr im Gegenzug das alleinige Nutzungsrecht zusteht.

10 Wird die Klage zB vor dem Schluss der mündlichen Verhandlung zurückgenommen oder sie für erledigt erklärt, reduziert sich die allgemeine

---

17 Fritz/Pielsticker/Fritz GKG § 69b Rn. 34.

Verfahrensgebühr gemäß Nr. **1211 KV** auf **1,0**. Bei einem Streitwert von 9.000 EUR (hälftige Jahresmiete nach Abzug der Verbindlichkeit – 750 EUR x 12) entsteht eine Verfahrensgebühr in Höhe von **245 EUR**.

b) Antrag auf Einstweilige Verfügung – Nachbarschaftsstreit

Fallbeispiel: Das Grundstück des Antragstellers und das Nachbargrundstück der Antragsgegnerin sind mit direkt an der Straße stehenden Wohngebäuden bebaut und teilen sich einen hinter den Wohngebäuden liegenden Hof. Das Wohngebäude des Antragstellers ist erheblich sanierungsbedürftig; zu ihm besteht kein ebenerdiger Zugang, insbesondere keine Zufahrt. Eine Zufahrt für die Baufahrzeuge und Baumaschinen ist nach Auffassung des Antragstellers nur über das Grundstück der Antragsgegnerin möglich. Diese habe, noch bevor er das Wohngebäude erwarb, ihr Einverständnis für die Nutzung ihrer Zufahrt erteilt. Die Antragsgegnerin bestreitet, je ihr Einverständnis erteilt zu haben und gestattet die Nutzung ihrer Zufahrt nicht. Der Antragsteller beantragt daraufhin im Wege der einstweiligen Verfügung bei dem zuständigen Amtsgericht zu beschließen, der Antragsgegnerin aufzugeben, es zu dulden, dass der Antragsteller die Zufahrt überfahren kann. Der vorläufige Streitwert wird mit 5.000 EUR angenommen. Es wird eine mündliche Verhandlung durchgeführt.

Bei Beendigung des gesamten Verfahrens zB durch Zurücknahme des Antrages vor dem Schluss der mündlichen Verhandlung reduziert sich die Verfahrensgebühr gemäß **Nr. 1411 KV** auf **1,0**. Bei einem vorläufigen Streitwert von 5.000 EUR beträgt diese **161 EUR**.

c) Klageverfahren wegen Räumung eines Gewerbemietverhältnisses

Fallbeispiel: Die Parteien streiten über die Beeinträchtigung eines Gewerbemietvertrages bzgl. eines Bürokomplexes in bester Lage. Der Mieter mindert bereits seit geraumer Zeit die Miete wegen angeblicher Mängel der Mietsache. Der Vermieter hat dies zum Anlass einer Kündigung genommen. Nunmehr wird beim Landgericht ein Räumungsrechtsstreit geführt. Der Streitwert ist angegeben mit der Jahresmiete von 648.000 EUR zzgl. offener Mietrückstände in Höhe von 72.000 EUR.

Wird die Klage zB vor dem Schluss der mündlichen Verhandlung zurückgenommen, reduziert sich die allgemeine **Verfahrensgebühr** gemäß **Nr. 1211 KV** auf **1,0**. Bei einem Streitwert von 720.000 EUR entsteht eine Verfahrensgebühr in Höhe von **4.891 EUR**.

d) Verfahren vor dem Arbeitsgericht – Änderungskündigung.

Bei einem Verfahren vor dem Arbeitsgericht richten sich die Gebühren ebenfalls nach dem GKG, § 1 Abs. 2 Nr. 4 GKG. Gemäß **Nr. 8211 KV** reduziert sich die Verfahrensgebühr in arbeitsrechtlichen Streitigkeiten, zB bei Beendigung des gesamten Verfahrens durch Zurücknahme, bereits auf **0,4**. Grundlage für die Bemessung des Streitwertes bei Ablehnung der Änderungskündigung durch den Arbeitnehmer ist § 42 Abs. 2 GKG mit der Begrenzung auf drei Bruttomonatseinkommen (§ 42 Abs. 3 GKG). Bei einem Streitwert von zB 10.000 EUR beträgt die Verfahrensgebühr nach § 34 GKG (Wertgebühren) **106,40 EUR**.

16 **2. Beispielsrechnung nach FamGKG. a) Antrag auf Sorge- oder Umgangsrecht.** Die allgemeine Verfahrensgebühr bei Zurücknahme des Antrags in Kindschaftssachen beträgt **70 EUR** [gemäß Nr. 1310 KV eine 0,5-Gebühr nach dem Wert von 4.000 EUR (Auffangwert gemäß § 45 FamGKG)].

17 Im Beschwerdeverfahren gegen die Endentscheidung beträgt die Verfahrensgebühr bei Zurücknahme des Antrags ebenso **70 EUR** (gemäß Nr. 1315 KV eine 0,5-Gebühr nach dem Wert von 4.000 EUR).

18 **b) Antrag auf Kindes- und Ehegattenunterhalt.** Der Wert dieser selbstständigen Familienstreitsache bemisst sich nach dem Jahresunterhaltsbetrag (§ 51 FamGKG): Der Kindesunterhalt zB der 5. Einkommensgruppe und 1. Altersstufe abzüglich des hälftigen Kindergelds beträgt 400 EUR x 12 = 4.800 EUR und Ehegattenunterhalt zB 1.000 EUR x 12 = 12.000 EUR. Der Wert liegt somit insgesamt für Kindes- und Ehegattenunterhalt bei 16.800 EUR. Die Verfahrensgebühr beträgt in diesem Fall bei Beendigung des Verfahrens **353 EUR** (gemäß Nr. 1221 KV eine 1,0-Gebühr).

19 Sollte gegen die Endentscheidung betreffend den Ehegattenunterhalt Beschwerde eingelegt werden, so beträgt bei Beendigung des Verfahrens durch Zurücknahme der Beschwerde die Verfahrensgebühr **295 EUR** (gemäß Nr. 1223 KV eine 1,0-Gebühr von 12.000 EUR).

20 **c) Ehescheidung mit Folgesache elterliche Sorge.** Bei Beendigung des Verfahrens hinsichtlich der Ehesache oder einer Folgesache ist eine 0,5-Verfahrensgebühr fällig. Diese bemisst sich nach dem Wert der Ehescheidung (zB 5.000 EUR) sowie dem Wert der Folgesache elterliche Sorge (20 % von 5.000 EUR gemäß § 44 FamGKG = 1.000 EUR). Die ersparte Verfahrensgebühr für die Folgesache elterliche Sorge beliefe sich auf **29 EUR** (gemäß Nr. 1111 KV eine 0,5-Gebühr).

21 Im Beschwerdeverfahren hinsichtlich der Ehesache oder einer Folgesache (zB elterliche Sorge) entsteht eine 1,0-Gebühr (gemäß Nr. 1122 KV) bei Beendigung des Verfahrens. Die Kosten bei Zurücknahme des Antrags betragen **58 EUR** unter Zugrundelegung obigen Wertes von 1.000 EUR für das Verfahren hinsichtlich der elterlichen Sorge.

22 **3. Motivation durch Kostenanreize.** Vergleicht man die ersparten Verfahrenskosten mit den Kosten eines Mediationsverfahrens, dann wird deutlich, dass sich voraussichtlich wenige Betroffene allein wegen der Ersparnis von Gerichtskosten zur Teilnahme an einer Mediation motivieren lassen. Eine Mediation benötigt für eine nachhaltige Konfliktbeilegung in der Regel mehrere Sitzungen. Statistisch dauerte eine Familienmediation laut einer Mitgliederbefragung der Bundes-Arbeitsgemeinschaft für Familien-Mediation (BAFM) im Jahre 2007 etwa 5,6 Sitzungen,[18] im Jahr 2010 war die Zahl leicht rückläufig mit 5,3 Sitzungen.[19] Auch in anderen Bereichen, wie zB der Wirtschaftsmediation, der Mediation bei Erbauseinandersetzungen oder in WEG-Streitigkeiten, ist ein umfangreicher Zeitrahmen notwendig und üblich.

23 **Mediationshonorare** bemessen sich üblicherweise nach vereinbarten Stundensätzen, deren Höhe unter anderem von Rechtsgebiet, Schwierigkeit

---

18 Zurmühl/Kiesewetter ZKM 2008, 107 (109).
19 Zurmühl/Kiesewetter ZKJ 2012, 80.

der Mediation, Zeitaufwand, Grundberuf, Qualifikation und Reputation der Mediatorin und des Mediators sowie den wirtschaftlichen Verhältnissen der Parteien abhängen können und die sich etwa zwischen 50 EUR und 450 EUR bewegen.[20] Die Mediation dürfte also in der Regel teurer sein als die beispielhaft berechneten Verfahrensgebühren mit einem Rahmen von 29 EUR bis 353 EUR; nur in ungewöhnlichen Fällen wird eine Verfahrensgebühr wie im vorstehenden Beispielsfall zur Kündigung des Gewerbemietverhältnisses 4.891 EUR betragen.

Außerdem wurde die Möglichkeit einer Ermäßigung der Gerichtsgebühren auf **gerichtsnahe Mediation**[21] beschränkt, für direkte Mediation ohne gerichtliches Verfahren jedoch kein Anreiz geschaffen. Im Sinne einer effektiven Förderung der Mediation ist das Hauptaugenmerk der Förderung jedoch auf die **direkte Mediation** zu legen;[22] der gerichtsnahen Mediation kann lediglich eine Auffangfunktion zukommen.

Die Verordnungsermächtigungen sind daher ein erster „zögerlicher Schritt",[23] wobei auch dieser – mangels Umsetzung in der weit überwiegenden Anzahl der Länder – nicht vollendet ist. Gleichwohl sollte der positive Effekt dieser Regelungen nicht unterschätzt werden: Bund und Länder haben damit signalisiert, dass sie eine mögliche Ersparnis[24] der durch gerichtliche Verfahren dem Staat entstehenden Kosten durch Mediation zur Kenntnis genommen haben und durchaus wertschätzen.

Eine zu Recht immer wieder geforderte **Mediationskostenhilfe**[25] wurde indes bedauerlicherweise nicht eingeführt, obwohl eine solche höchstwahrscheinlich[26] zu einer vermehrten Inanspruchnahme von Mediation führen würde. Es wurde lediglich mit § 7 eine Rechtsgrundlage für die Vereinbarung wissenschaftlicher Forschungsvorhaben zu den Auswirkungen einer finanziellen Förderung der Mediation auf die finanziellen Belastungen der Länder geschaffen (→ MediationsG § 7 Rn. 1 f.). Der Grund dafür, dass lediglich § 7 und §§ 69b GKG, 61a FamGKG etabliert wurden, war die Tatsache, dass Mediationskostenhilfe als Bundesgesetz – ebenso wie Prozess- und Verfahrenskostenhilfe – der Zustimmung des Bundesrates bedürfen, weil die daraus entstehenden Ausgaben von den Ländern zu tragen wären, Art. 104a GG. Im Hinblick auf die zu erwartende Versagung der

---

20 Henssler/Koch/Brieske § 12 Rn. 94, 95; Fritz/Pielsticker/Pielsticker MediationsG § 2 Rn. 89; Haft/v. Schlieffen/Ponschab/Kracht § 56 Rn. 15 ff., 31 f.; Engel/Müller ZKM 2012, 39; BGH 21.10.2010 – IX ZR 37/10, AGS 2011, 9 ff.: 230,00 EUR (450,00 DM).
21 Das heißt außergerichtliche Mediation, die nach Anhängigkeit eines gerichtlichen Verfahrens zur Beilegung eines den Streitgegenstand dieses gerichtlichen Verfahrens (jedenfalls auch) umfassenden Konfliktes begonnen wird, während dieses gerichtliche Verfahren ruht bzw. ausgesetzt ist, vgl. Weber, Regelungen zur Förderung der Mediation, Einleitung § 3 C.
22 Sinnvoll wäre also eine Anreizsetzung zur Mediation vor Einleitung eines gerichtlichen Verfahrens, Weber, Regelungen zur Förderung der Mediation, Teil 3 § 2 A.
23 Fritz/Pielsticker/Fritz GKG § 69b Rn. 2.
24 Vgl. ausführlich: Greger, Mediation und Gerichtsverfahren in Sorge- und Umgangsrechtskonflikten – Pilotstudie zum Vergleich von Kosten und Folgekosten; Leutheuser-Schnarrenberger ZKM 2012, 72 (74).
25 Will ZKM 2016, 146 ff.; Köhler ZKM 2020, 232 ff.; Greger ZKM 2021, 18 ff.
26 Greger ZKM 2020, 90–93 zu den Lehren aus dem Modellversuch Geförderte Familienmediation in Berlin (BIGFAM).

Zustimmung des Bundesrats[27] hat der Gesetzgeber bisher davon abgesehen, diesbezüglich konkrete Regelungen zu treffen.

---

27 Vgl. zur Ablehnung der Bundesländer einer stärkeren Mediationsförderung ZKM 2022, 35.

Artikel 8 Änderung der Finanzgerichtsordnung

§ 155 FGO [Anwendung von GVG und von ZPO]

¹Soweit dieses Gesetz keine Bestimmungen über das Verfahren enthält, sind das Gerichtsverfassungsgesetz und, soweit die grundsätzlichen Unterschiede der beiden Verfahrensarten es nicht ausschließen, die Zivilprozessordnung einschließlich § 278 Absatz 5 und § 278a sinngemäß anzuwenden. (...)

Literatur:
Ade/Gläßer, Lehrmodul 18: Das Recht in der Mediation, ZKM 2013, 57; *v. Bargen*, Gerichtsinterne Mediation – Eine Kernaufgabe der rechtsprechenden Gewalt, 2008 (zit.: v. Bargen Mediation); *Boochs*, Mediation im Steuerrecht, DStR 2006, 1062; *Dürschke*, Güterichter statt Mediator – Güteverhandlung und Mediation im sozialgerichtlichen Verfahren, NZS 2013, 41; *Fehling/Kastner/Störmer* (Hrsg.), Verwaltungsrecht, Kommentar, 5. Aufl. 2021 (zit.: HK-VerwR); *Friedrich/Dürschke*, Das neue Güterichterverfahren, Sozialrecht aktuell 2013, 12; *Fritz/Pielsticker* (Hrsg.), Mediationsgesetz, 2. Aufl. 2020 (zit.: Fritz/Pielsticker MediationsG-HdB); *Gärditz* (Hrsg.), Verwaltungsgerichtsordnung mit Nebengesetzen, Kommentar, 2013 (zit.: Gärditz); *Gosch* (Hrsg.), Abgabenordnung/Finanzgerichtsordnung, 182. Lief. Mai 2024 (zit.: Gosch AO/FGO); *Gräber*, FGO, Kommentar, 9. Aufl. 2019 (zit.: Gräber); *Greger/Unberath/Steffek*, Recht der Alternativen Konfliktlösung, Kommentar, 2. Aufl. 2016 (zit.: Greger/Unberath/Steffek); *Haft/v. Schlieffen* (Hrsg.), Handbuch Mediation, 3. Aufl. 2016 (zit.: Haft/v. Schlieffen); *Hölzer*, Mediation im Steuerverfahren, ZKM 2012, 119; *Hübschmann/Hepp/Spitaler* (Hrsg.), Abgabenordnung/Finanzgerichtsordnung, Kommentar, 279. Lief. April 2024 (zit.: Hübschmann/Hepp/Spitaler); *Lippross/Seibel* (Hrsg.), Basiskommentar Steuerrecht, 141. Lief. Januar 2024 (zit.: Lippross/Seibel SteuerR); *Nolte*, Das neue Mediationsgesetz und die Verweisungssystematik der VwGO, HFR 2012, 23; *Ortloff*, Vom Gerichtsmediator zum Güterichter im Verwaltungsprozess, NVwZ 2013, 1057; *Pflaum*, Außenprüfung und Mediation, StBp 2013, 105; *Prütting*, Güterichter, Mediator und Streitmittler, MDR 2016, 965; *Schwarz/Pahlke/Keß*, AO/FGO, Kommentar, 219. Lief. März 2024 (zit.: Schwarz/Pahlke/Keß); *Sodan/Ziekow* (Hrsg.), Verwaltungsgerichtsordnung, Kommentar, 5. Aufl. 2018 (zit.: NK-VwGO); *Statistisches Bundesamt*, Rechtspflege, Finanzgerichte, Fachserie 10 Reihe 2.5, 2015 und 2021; *Steinhauff*, Der Güterichter im Finanzgerichtsprozess, SteuK 2013, 160; *Tipke/Kruse*, Abgabenordnung/Finanzgerichtsordnung, 180. Lief. März 2024 (zit.: Tipke/Kruse); *Wagner*, Das Mediationsgesetz – Ende gut, alles gut?, ZKM 2012, 110; *Weitz*, Gerichtsnahe Mediation in der Verwaltungs-, Sozial- und Finanzgerichtsbarkeit, 2008 (zit.: Weitz); *Werner*, Das neue Mediationsgesetz, StBW 2012, 715; *Westermann*, Mediation im Steuerrecht – Mediationsgeeignete Fallgruppen, Stbg 2018, 304.

I. Historie 1	4. Fazit 8
II. Normzweck 2	IV. Anwendung des § 278
III. Regelungsgehalt und Tatbe-	Abs. 5 ZPO im finanzgerichtli-
standsvoraussetzungen 3	chen Verfahren 9
1. Aufnahme des zivilprozes-	V. Anwendung des § 278a ZPO
sualen Güterichtermodells ... 3	im finanzgerichtlichen Verfah-
2. Prüfungsmaßstab 4	ren 11
3. Anwendung der begleiten-	VI. Rechtspolitische Bewertung 12
den Änderungen der ZPO .. 7	

I. Historie

Bis zum Inkrafttreten des Gesetzes zur Förderung der Mediation und anderer Verfahren der außergerichtlichen Konfliktbeilegung am 26.7.2012[1]   1

---
[1] BGBl. 2012 I 1577 ff. (nachfolgend: Mediationsgesetz/MediationsG).

fand sich in der FGO keine Bestimmung über den Einsatz der Mediation und anderer sog. ADR-Verfahren.[2] **Modellprojekte der Landesjustizverwaltungen** etwa zum Einsatz der gerichtsinternen Mediation im finanzgerichtlichen Verfahren bildeten sich abweichend zum sozial- und verwaltungsgerichtlichen Bereich (→ SGG § 202 Rn. 2, → VwGO § 173 Rn. 2) nur zögerlich heraus.[3] Grund dafür war die einhellige Auffassung von der Unvereinbarkeit öffentlich-rechtlicher Verträge über Steueransprüche mit der gebotenen **Gesetz- und Gleichmäßigkeit der Besteuerung**.[4] Das Finanzamt darf sich nicht unmittelbar über den Steueranspruch einigen.[5] Die Präsidenten der Finanzgerichte sahen für die Mediation im Jahre 2006 aber immerhin einen wenn auch geringen Anwendungsbereich.[6] Diese Zurückhaltung überrascht, denn mit dem Rechtsinstitut der „**tatsächlichen Verständigung**"[7] hatte der BFH vor Jahrzehnten[8] ein Betätigungsfeld für einvernehmliche Lösungen im Rahmen von Steuersachen aufgezeigt, welches in der Praxis zu einer Vielzahl unstreitiger Erledigungen führte.[9] Im Laufe des Gesetzgebungsverfahrens zum Mediationsgesetz war die Aufnahme konsensualer Streiterledigungsverfahren in die FGO bis zum Ende hin umstritten (zur Historie des Gesetzgebungsverfahrens → L. Rn. 11 f.).[10] Durch Art. 8 des Mediationsgesetzes nimmt der Gesetzgeber die §§ 278 Abs. 5, 278a ZPO in die in § 155 S. 1 FGO enthaltene Generalverweisung auf die Bestimmungen der ZPO auf.[11]

II. Normzweck

2 Die Ergänzung des § 155 S. 1 FGO um die Erwähnung der §§ 278 Abs. 5 und 278a ZPO verfolgt das Ziel, das **zivilprozessuale Mediations- und Güterichterkonzept** (→ L. Rn. 18 f.) in das finanzgerichtliche Verfahren[12]

---

2 Zum Begriff vgl. Haft/v. Schlieffen/Hehn § 2 Rn. 3 ff.; Weitz, S. 22 ff.
3 v. Bargen Mediation, S. 276 ff.; Hölzer ZKM 2012, 119; Weitz, S. 110 ff.
4 Vgl. dazu Broochs DStR 2006, 1062; Pflaum StBp 2013, 105 (110); zu Anwendungshindernissen generell Westermann Stbg 2018, 304 (314 f.).
5 Vgl. dazu Hölzer ZKM 2012, 119 (121).
6 Vgl. Pflaum StBp 2013, 105 (108) mwN.
7 Bei der „tatsächlichen Verständigung" einigen sich die Beteiligten nicht über den Steueranspruch selbst, sondern über eine bestimmte Sachbehandlung, die Grundlage der späteren Steuerfestsetzung ist. Vgl. dazu Broochs DStR 2006, 1062; Hölzer ZKM 2012, 119 (120); Pflaum StBp 2013, 105 (110); Westermann Stbg 2018, 304 (f.).
8 Grundlegend BFH 11.12.1984 – VIII R 131/76, DStR 1985, 283; ferner: BFH 22.8.2012 – X R 23/10, BFHE 238, 173 f.
9 Nach Hölzer ZKM 2012, 119 (120), sind im Jahre 2010 32,7 % der Klageverfahren vor den Finanzgerichten aufgrund beidseitiger Erledigungserklärungen beendet worden, wobei dies regelhaft auf eine tatsächliche Verständigung der Beteiligten zurückgehen soll.
10 Zur Historie des Gesetzgebungsverfahrens vgl. weiter Wagner ZKM 2012, 110 (113); Hölzer ZKM 2012, 119; Werner StBW 2012, 715 f.; Pflaum StBp 2013, 105 (106).
11 Mit Wirkung vom 1.11.2018 wurde § 155 S. 1 FGO um einen weiteren Halbsatz betreffend die Nichtanwendung des 6. Buches der ZPO ergänzt, vgl. BGBl. 2018 I 1151 (1154); dieser halbsatz ist mir Wirkung vom 13.10.2023 wieder entfallen, vgl. BGBl. 2023 I Nr. 272 1 (34).
12 Zum Begriff des finanzgerichtlichen Verfahrens vgl. Hübschmann/Hepp/Spitaler/Schwarz FGO § 155 Rn. 6.

[Anwendung von GVG und von ZPO] § 155 FGO

zu übertragen. Die konsensuale Streiterledigung soll auch im Finanzprozess auf eine klare Rechtsgrundlage gestellt werden.[13]

III. Regelungsgehalt und Tatbestandsvoraussetzungen

1. Aufnahme des zivilprozessualen Güterichtermodells. § 155 S. 1 FGO stellt den Bezug zur Güteverhandlung vor einem nicht zur Entscheidung befugten Richter – § 278 Abs. 5 ZPO – (→ ZPO § 278 Rn. 1 ff.) sowie zu dem in § 278a ZPO normierten Verfahren des Vorschlags einer außergerichtlichen Konfliktbeilegung (→ ZPO § 278a Rn. 1 ff.) her. Klargestellt ist damit, dass der Generalverweis auf die Bestimmungen der ZPO zumindest im Grundsatz auch die zivilprozessualen Bestimmungen über das „erweiterte Güterichtermodell" (→ L. Rn. 11 f.) umfasst.[14] Die **obligatorische Güteverhandlung** im Sinne des § 278 Abs. 2 ZPO spricht § 155 S. 1 FGO weiterhin nicht ausdrücklich an.[15] Die Verweisung auf die §§ 278 Abs. 5, 278a ZPO erfolgt dem insoweit unveränderten Wortlaut des § 155 S. 1 FGO nach nicht uneingeschränkt. Sie setzt nach diesem voraus, dass die FGO selbst keine Bestimmungen über das betreffende Verfahren enthält; zudem dürfen die grundsätzlichen Unterschiede der beiden Verfahrensarten die entsprechende Anwendung der zivilprozessualen Bestimmungen nicht ausschließen. Vergleichbare Regelungen enthalten § 202 SGG und § 173 VwGO (→ SGG § 202 Rn. 1 ff., → VwGO § 173 Rn. 1 ff.).

2. Prüfungsmaßstab. § 155 S. 1 FGO rundet das finanzgerichtliche Verfahrensrecht im Sinne einer **dynamischen Generalverweisung**[16] auf die Verfahrensbestimmungen der ZPO ab. Rechtstechnisch bedeutet dies, dass zur Beantwortung der Frage nach der die Bestimmungen der FGO ergänzenden Anwendung einer Regelung aus der ZPO in einem ersten Schritt zu prüfen ist, ob eine § 155 S. 1 FGO **verdrängende Spezialverweisung** innerhalb der FGO existiert. Sodann ist das Vorliegen einer **planwidrigen Regelungslücke** innerhalb der FGO festzustellen.[17] Schließlich dürfen **grundsätzliche Verfahrensunterschiede** – Zivilprozess/finanzgerichtliches Verfahren –, die ua aus der jeweiligen Prozessmaxime sowie der Stellung von Gericht und Beteiligten resultieren können, die sinngemäße Anwendung der zivilprozessualen Bestimmung nicht ausschließen. An dieser Prüfungsfolge ändert die Neufassung des § 155 S. 1 FGO jedenfalls dem Wortlaut nach nichts, denn dieser nimmt die ausdrücklich erwähnten §§ 278 Abs. 5, 278a ZPO nicht von den formulierten Anwendungsvorbehalten aus. Im Folgenden wird deshalb geprüft, ob die tatbestandlichen Voraussetzungen des § 155 S. 1 FGO für eine sinngemäße Anwendung der §§ 278 Abs. 5, 278a ZPO im finanzgerichtlichen Verfahren vorliegen.

---

13 BT-Drs.17/8058, 1 (17, 24); Fritz/Pielsticker MediationsG-HdB/Fritz Teil 1 K FGO § 155 Rn. 2.
14 Vgl. zur klarstellenden Funktion der Gesetzesänderung Werner StBW 2012, 715 (719).
15 Vgl. Fritz/Pielsticker MediationsG-HdB/Fritz Teil 1 K FGO § 155 Rn. 21; Tipke/Kruse/Brandis FGO § 155 Rn. 8; Gosch AO/FGO/Stiepel FGO § 155 Rn. 57; Hübschmann/Hepp/Spitaler/Schwarz FGO § 155 Rn. 40.
16 Hübschmann/Hepp/Spitaler/Schwarz FGO § 155 Rn. 7a.
17 Vgl. Gräber/Stapperfend FGO § 155 Rn. 3; Hübschmann/Hepp/Spitaler/Schwarz FGO § 155 Rn. 7; Schwarz/Pahlke/Keß/Fu FGO § 155 Rn. 1 ff.; zur vergleichbaren Regelung des § 173 S. 1 VwGO vgl. NK-VwGO/Braun Binder § 173 Rn. 5 ff.

Das Verfahren[18] der Güteverhandlung vor einem nicht zur Entscheidung befugten Richter ist in der FGO ebenso wenig geregelt wie das Verfahren der Einleitung der außergerichtlichen Mediation bzw. außergerichtlichen Konfliktbeilegung. Spezialverweisungen[19] auf die §§ 278 Abs. 5, 278a ZPO, die der Anwendbarkeit des § 155 S. 1 FGO insoweit entgegenstünden, fehlen. Ob die danach bestehende Regelungslücke innerhalb der FGO planwidrig ist, bzw. die Planwidrigkeit Tatbestandsvoraussetzung im Rahmen des § 155 S. 1 FGO ist, kann dahinstehen, denn mit der ausdrücklichen Erwähnung der §§ 278 Abs. 5, 278a ZPO gibt der Gesetzgeber in jedem Fall kund, dass er die Regelungslücke durch die angeführten zivilprozessualen Bestimmungen geschlossen wissen will.

5 Grundsätzliche Verfahrensunterschiede mit anwendungsausschließender Wirkung bestehen zwischen dem zivilgerichtlichen und dem finanzgerichtlichen Prozess nicht. Angeführt wird diesbezüglich primär der – abweichend – im finanzgerichtlichen Verfahren geltende Untersuchungsgrundsatz (§ 76 FGO).[20] Der Untersuchungsgrundsatz gilt für den erkennenden Richter, aber wohl nicht für den nicht zur Entscheidung befugten Güterichter im Sinne des § 278 Abs. 5 ZPO (vgl. zu §§ 86 Abs. 1 S. 1, 173 S. 1 VwGO → VwGO § 173 Rn. 11).[21] Im Anwendungsbereich des Rechtsinstituts der „tatsächlichen Verständigung" ist eine die Anwendung der §§ 278 Abs. 5, 278a ZPO sperrende Verfahrensunterschiedlichkeit insoweit von vornherein nicht feststellbar.

6 Entsprechendes gilt hinsichtlich des gegen den Einsatz konsensualer Konfliktlerledigungsmethoden im finanzgerichtlichen Verfahren angeführten Umstandes der **Gesetzmäßigkeit der Besteuerung**. Die tatsächliche Verständigung über die Grundlagen der Besteuerung ist von der Frage der Rechtsanwendung zu unterscheiden. Die Gesetzesbindung der Finanzverwaltung mag die Einigungsmöglichkeiten beschränken, sie führt aber nicht zu einer generellen Unzulässigkeit konsensualer Konflikterledigungsmethoden.[22] Zudem nimmt der Güterichter nach der gesetzgeberischen Ausgestaltung eine **richterliche Aufgabe** wahr (→ ZPO § 278 Rn. 7),[23] bei der er an Gesetz und Recht gebunden ist. Diese Gesetzesbindung gilt sowohl für das zivilgerichtliche als auch für das finanzgerichtliche Verfahren.[24] Auch hat sich jede einvernehmliche Konfliktbeilegung im Rahmen des rechtlich Zulässigen zu halten.[25] Gänzlich unterschiedslos betroffen sind Zivil- und Finanzrichter in ihrer Stellung und Funktion durch das Anraten eines außergerichtlichen Konfliktbeilegungsverfahrens oder die Entgegennahme

---

18 Vgl. Gräber/Stapperfend FGO § 155 Rn. 2; zum vergleichbaren Verfahrensbegriff der VwGO s. Beck-OK VwGO/Wolff § 173 Rn. 27.
19 Zur vergleichbaren Problematik im Rahmen des § 173 S. 1 VwGO vgl. NK-VwGO/Braun Binder § 173 Rn. 8; Gärditz/Orth VwGO § 173 Rn. 12.
20 Pflaum StBp 2013, 105 (110); Gräber/Stapperfend FGO § 155 Rn. 4.
21 Zur entsprechenden Problematik im sozialgerichtlichen Verfahren vgl. Dürschke NZS 2013, 41 (48).
22 Werner StBW 2012, 715 (720); Greger/Unberath/Steffek/Greger E. Rn. 107.
23 Vgl. Dürschke NZS 2013, 41 (45); Prütting MDR 2016, 965.
24 Vgl. zum verwaltungsgerichtlichen Verfahren Nolte HFR 2012, 23 (28).
25 Ade/Gläßer ZKM 2013, 57 (58); zur Bindungswirkung des Rechts im Bereich der richterlichen Mediation vgl. Weitz, S. 294 ff.

einer verfahrensbeendenden Erklärung bzw. die Protokollierung eines außerhalb des Prozesses gefundenen Ergebnisses.[26]

3. Anwendung der begleitenden Änderungen der ZPO. Auf die in Art. 2 Nr. 2 MediationsG vorgesehene Erweiterung des § 41 ZPO – Ausschluss von der Ausübung des Richteramtes (→ ZPO § 41 Rn. 1 ff.) – sowie die in Art. 2 Nr. 3 MediationsG normierte Protokollierungsregelung (§ 159 Abs. 2 ZPO) verweisen die speziellen Bestimmungen in § 51 Abs. 1 bzw. § 94 FGO.[27] Fraglich ist, inwieweit die in Art. 2 Nr. 4 MediationsG vorgesehene Ergänzung des § 253 Abs. 3 ZPO (→ ZPO § 253 Rn. 1 ff.) über § 155 S. 1 FGO zur Anwendung gebracht werden kann. Als Argument dagegen wird die Eigenständigkeit und Geschlossenheit der Regelungen der §§ 64, 65 FGO angeführt.[28] Das aber führt zu einer abzulehnenden Uneinheitlichkeit der Verfahrensordnungen. Auch das Finanzgericht sollte bereits in der Klageschrift über abgeschlossene Konfliktlösungsversuche, die Bereitschaft dazu oder die Ablehnung solcher Versuche in Kenntnis gesetzt werden. Dann kann es, was anzustreben ist, frühzeitig eine Entscheidung im Sinne der §§ 278 Abs. 5 S. 1, 278a Abs. 1 ZPO treffen.[29] Der Rechtsweg wird dadurch keine wesentliche Erschwernis finden.

4. Fazit. Das Finanzgericht und der finanzgerichtliche Güterichter sind dem Zivilgericht und dem zivilgerichtlichen Güterichter im Anwendungsbereich der §§ 278 Abs. 5, 278a ZPO über § 155 S. 1 FGO gleichgestellt. Ihnen steht ein vergleichbares Instrumentarium zur konsensualen Streitbeilegung zur Verfügung (→ ZPO § 278 Rn. 12 f., → ZPO § 278a Rn. 7 f.). Die in § 278 Abs. 2 ZPO vorgesehene Güteverhandlung vor dem Prozessgericht bleibt dem Finanzgericht verwehrt.

IV. Anwendung des § 278 Abs. 5 ZPO im finanzgerichtlichen Verfahren

Der finanzgerichtliche Güterichter im Sinne des § 278 Abs. 5 ZPO ist im **Geschäftsverteilungsplan** des Gerichts zu bestimmen (→ ZPO § 278 Rn. 7).[30] Die Entscheidung über die Verweisung der Parteien – im finanzgerichtlichen Verfahren gemäß § 57 FGO: der Beteiligten – vor einen Güterichter ergeht in der **Form des Beschlusses**.[31] Dieser ist nicht zu begründen. Zudem ist er unanfechtbar (vgl. §§ 113 Abs. 2, 128 Abs. 2 FGO).[32]

---

26 Nolte HFR 2012, 23 (27).
27 Fritz/Pielsticker MediationsG-HdB/Fritz Teil 1 K FGO § 155 Rn. 8 ff., Rn. 15 ff.; zu § 94 FGO vgl. Werner StBW 2012, 715 (719).
28 Vgl. Werner StBW 2012, 715 (719); Fritz/Pielsticker MediationsG-HdB/Fritz Teil 1 K FGO § 155 Rn. 19.
29 Ebenso Fritz/Pielsticker MediationsG-HdB/Fritz Teil 1 K FGO § 155 Rn. 19; Westermann Stbg 2018, 304 (315).
30 Fritz/Pielsticker MediationsG-HdB/Fritz Teil 1 K FGO § 155 Rn. 29; für das vergleichbare sozialgerichtliche Verfahren vgl. Dürschke NZS 2013, 41 (46); für das vergleichbare Verfahren vor dem Verwaltungsgericht vgl. Ortloff NVwZ 2012, 1057 (1059); Steinhauff SteuK 2013, 160 (161) hält eine „flexible Handhabe" für denkbar; Gräber/Stapperfend FGO § 155 Rn. 22 lehnen eine „Wahl" des Güterichters ab.
31 Zur Tenorierung vgl. Friedrich/Dürschke Sozialrecht aktuell 2013, 12 (18); Sächsisches Finanzgericht 16.6.2014 – 6 K 354/14, juris (Tenor); Schwarz/Pahlke/Keß/Fu FGO § 155 Rn. 7 befürworten auch eine förmliche Ruhensanordnung.
32 FG Sachsen 16.6.2014 – 6 K 354/14, juris Rn. 2; Fritz/Pielsticker MediationsG-HdB/Fritz Teil 1 K FGO § 155 Rn. 29.

An einen bestimmten Verfahrenszeitpunkt ist die Beschlussfassung nicht gebunden.

10 Die Entscheidung über die Verweisung steht im pflichtgemäßen **Ermessen des Gerichts** (→ ZPO § 278 Rn. 19). In seine Überlegungen wird das Gericht ua die Frage der Geeignetheit des konkreten Streitfalles einstellen. Umstritten ist, ob es vor der Ermessensausübung im Sinne eines ungeschriebenen Tatbestandsmerkmals des **Einverständnisses der Beteiligten** bedarf.[33] Der Gesetzgeber dürfte wie bei der Anwendung des § 278 Abs. 5 ZPO im sozial- und verwaltungsgerichtlichen Verfahren davon ausgehen (→ SGG § 202 Rn. 12, → VwGO § 173 Rn. 15). Auch die Rspr. geht davon aus.[34] Zu unterscheiden ist dieses Einverständnis zur Verweisung vor den Güterichter von dem Einverständnis, welches eine bestimmte Konfliktbeilegungsmethode zu ihrer Anwendung voraussetzt. So ist bspw. eine Mediation auch im Rahmen des § 278 Abs. 5 ZPO nur im Einverständnis der Beteiligten denkbar.[35] Dieses Einverständnis wird in jedem Falle einzuholen sein, allerdings wohl erst von dem mit der Sache befassten Güterichter und nicht von dem zur Verweisungsentscheidung berufenen Gericht. In der Praxis verbietet sich zumindest eine Verweisung der Beteiligten vor den Güterichter gegen deren erklärten Willen.

Gemäß § 278 Abs. 5 S. 2 ZPO kann der Güterichter alle **Methoden der Konfliktbeilegung** einsetzen (→ ZPO § 278 Rn. 12 f.). Eine Beschränkung auf bestimmte Methoden der konsensualen Streiterledigung folgt weder aus dem Prozessrecht noch aus dem materiellen Recht.[36] Allerdings ist die Mediation in § 278 Abs. 5 S. 2 ZPO ausdrücklich erwähnt. Eine Rangfolge hinsichtlich der einzusetzenden Konfliktbeilegungsmethode ist daraus aber nicht abzuleiten.[37] Umstritten bleibt die Zulässigkeit von Einzelgesprächen.[38]

V. Anwendung des § 278a ZPO im finanzgerichtlichen Verfahren

11 Zur Unterbreitung eines Vorschlags im Sinne des § 278a ZPO ist eine förmliche Beschlussfassung des Gerichts nicht erforderlich (zu etwaigen Prüfungs- und Beratungspflichten dabei → ZPO § 278a Rn. 10). Ob das Gericht eine außergerichtliche Konfliktbeilegung anregt, steht in seinem **pflichtgemäßen Ermessen**. Neben der Geeignetheit des Konflikts an sich wird das Gericht die Geeignetheit einer bestimmten Konfliktbeilegungsmethode sowie diesbezügliche Erklärungen der Beteiligten zu bewerten haben. Der Vorschlag des Gerichts kann in jedem Verfahrensstadium erfolgen.

---

33 Vgl. Hölzer ZKM 2012, 119 (122); bejahend Fritz/Pielsticker MediationsG-HdB/Fritz Teil 1 K FGO § 155 Rn. 30; Gosch AO/FGO/Stiepel FGO § 155 Rn. 58; Hübschmann/Hepp/Spitaler/Schwarz FGO § 155 Rn. 48a; Tipke/Kruse/Brandis FGO § 155 Rn. 9; Steinhauff SteuK 2013, 160 (161).
34 FG Berlin-Brandenburg 30.1.2020 – 10 K 10135/18, juris Rn. 24.
35 Dürschke NZS 2013, 41 (46 ff.).
36 Zur Methodenvielfalt vgl. Friedrich/Dürschke Sozialrecht aktuell 2013, 12 (20); Gosch AO/FGO/Stiepel FGO § 155 Rn. 62.
37 Für Ortloff NVwZ 2012, 1057 (1059), steht die Methode der Mediation wegen ihrer ausdrücklichen Erwähnung in § 278 Abs. 5 S. 2 ZPO im Vordergrund und sollte von jedem Güterichter beherrscht werden.
38 Prütting MDR 2016, 965 (967); Tipke/Kruse/Brandis FGO § 155 Rn. 9; bejahend: Schwarz/Pahlke/Keß/Fu FGO § 155 Rn. 7.

Haben sich die Beteiligten zur Durchführung einer Mediation oder eines anderen Verfahrens der außergerichtlichen Konfliktbelegung entschieden, ordnet das Gericht das Ruhen des Verfahrens förmlich an – § 278a Abs. 2 ZPO. In Betracht kommt eine außergerichtliche Konfliktbeilegung mit dem Ziel der tatsächlichen Verständigung über die Besteuerungsgrundlagen insbesondere bei der komplexen Abgrenzung von Herstellungs- und Erhaltungsaufwand oder auch der Feststellung der Nutzungsdauer eines Wirtschaftsgutes.[39]

VI. Rechtspolitische Bewertung

Art. 8 des Mediationsgesetzes gibt der konsensualen Streiterledigung erstmals auch für das finanzgerichtliche Verfahren eine **gesetzliche Grundlage**. Der Streit um die grundsätzliche Berechtigung solcher Verfahren ist damit entschieden. Die Regelung ist gleichwohl missglückt. Die Anführung einzelner Normen in einem Generalverweis widerspricht der bisherigen Verweisungssystematik der FGO.[40] Zudem setzt sie die Absicht des Gesetzgebers nach der Schaffung einer klaren Rechtsgrundlage nur unvollständig um, indem sie die Anwendung der §§ 278 Abs. 5, 278a ZPO vom Wortlaut her weiter unter Vorbehalte stellt.

Eine wirkliche Bedeutung hat die gesetzgeberische Einführung des „Güterichters" am Finanzgericht bislang nicht gewonnen.[41] Die „Rechtspflegestatistik" des Statistischen Bundesamts weist für das Jahr 2015[42] bei 37.777 von den Finanzgerichten erledigten Klageverfahren eine zu vernachlässigende Zahl von nur 19 Verfahren aus, in denen eine Verweisung an den Güterichter stattgefunden hat; bis zum Jahr 2021 ist eine signifikante Erhöhung der Verfahrenszahl nicht gegeben.[43]

---

39 Vgl. dazu auch Boochs DStR 2006, 1062 (1064); Westermann Stbg 2018, 304 f.
40 Zur vergleichbaren Regelung des § 173 S. 1 VwGO: Nolte HFR 2012, 23 (28 f.); HK-VerwR/Just VwGO § 173 Rn. 3.
41 Lippross/Seibel SteuerR/Niewerth FGO § 155 Rn. 4.
42 Statistisches Bundesamt 2015, Tabellenteil 2.4.
43 Statistisches Bundesamt 2021, Tabellenteil 2.4.

Artikel 9 Inkrafttreten

Dieses Gesetz tritt am Tag nach der Verkündung in Kraft.

1 Das Gesetz zur Förderung der Mediation und anderer Verfahren der außergerichtlichen Konfliktbeilegung wurde am 25.7.2012 im Bundesgesetzblatt verkündet[1] und trat somit am 26.7.2012 in Kraft (zur Entstehungsgeschichte → Teil 1 1. Einf. Rn. 9 ff.).

2 Der Zeitpunkt seines Inkrafttretens markiert zugleich den **Beginn weiterer Fristen**. Dies gilt zum einen für den fünfjährigen Beobachtungszeitraum, den der Gesetzgeber im Rahmen der **Evaluierung des Gesetzes** vorgegeben hat. Die Bundesregierung hat gem. § 8 S. 1 dem Deutschen Bundestag bis zum 26.7.2017 aufgegeben, auch unter Berücksichtigung der kostenrechtlichen Länderöffnungsklauseln über die Auswirkungen dieses Gesetzes auf die Entwicklung der Mediation in Deutschland und über die Situation der Aus- und Fortbildung der Mediatoren zu berichten (hierzu → MediationsG § 8 Rn. 1 ff.). Der umfangreiche Evaluationsbericht (zu den inhaltlichen Befunden → MediationsG § 8 Rn. 27 ff.) wurde fristgerecht am 19.7.2017 vom Bundeskabinett beschlossen (→ MediationsG § 8 Rn. 17 ff.).

Von Bedeutung war der Zeitpunkt des Inkrafttretens daneben auch für die Bemessung des **Übergangszeitraumes**, den der Gesetzgeber der **Fortführung der – als solcher bezeichneten – gerichtlichen Mediation** im Rahmen der Übergangsbestimmungen des § 9 eingeräumt hat. Soweit die Mediation in Zivilsachen[2] durch einen nicht entscheidungsbefugten Richter während eines Gerichtsverfahrens bereits vor dem 26.7.2012 an einem Gericht angeboten wurde, konnte und durfte dies unter der Fortführung der bisher verwendeten Bezeichnung (gerichtlicher Mediator) bis zum 1.8.2013 beibehalten werden (hierzu → MediationsG § 9 Rn. 1 ff.).

3 Bedeutung hat der Zeitpunkt des Inkrafttretens des Gesetzes schließlich auch im Rahmen der **Übergangsregelungen**, welche die ZMediatAusbV in § 7 vorsieht. § 7 Abs. 1 ZMediatAusbV eröffnet die Möglichkeit, dass sich auch als zertifizierter Mediator bezeichnen darf, wer vor dem Inkrafttreten des MediationsG am 26.7.2012 eine Ausbildung zum Mediator im Umfang von mindestens 90 Zeitstunden abgeschlossen und anschließend als Mediator oder Co-Mediator mindestens vier Mediationen durchgeführt hat. Anknüpfungspunkt für die Fristen, die die ZMediatAusbV zertifizierten Mediatoren zur Erfüllung ihrer Fortbildungspflichten aus den §§ 3 und 4 setzt, ist grundsätzlich der Zeitpunkt des Inkrafttretens der ZMediatAusbV, mithin der 1.9.2017, vgl. § 7 Abs. 3 S. 1 ZMediatAusbV (zu den Übergangsbestimmungen des § 7 ZMediatAusbV insgesamt → ZMediatAusbV § 7 Rn. 1 ff.).

---

[1] BGBl. 2012 I 35, 1577.
[2] § 9 Abs. 2 erstreckt dies daneben auf die Mediation in der Verwaltungsgerichtsbarkeit, der Sozialgerichtsbarkeit, der Finanzgerichtsbarkeit und der Arbeitsgerichtsbarkeit.

I. Verordnung über die Aus- und Fortbildung von zertifizierten Mediatoren (Zertifizierte-Mediatoren-Ausbildungsverordnung – ZMediatAusbV)

Vom 11. Juli 2023 (BGBl. I Nr. 185)
(FNA 302-7-1)

Literatur:
Siehe Literaturnachweise zu § 5 MediationsG.

§ 1 ZMediatAusbV Anwendungsbereich

Diese Verordnung regelt
1. die Ausbildung zum zertifizierten Mediator,
2. die Fortbildung des zertifizierten Mediators sowie
3. Anforderungen an die Einrichtungen zur Aus- und Fortbildung nach den Nummern 1 und 2.

Im Kern beschränkt sich die ZMediatAusbV auf die Festlegung der Inhalte für die Aus- und Fortbildung von zertifizierten Mediatoren. Daneben beschreibt sie die Anforderungen an Aus- und Fortbildungseinrichtungen. Auf diese drei Punkte ist gem. § 1 Nr. 1–3 ZMediatAusbV auch ihr **Anwendungsbereich** ausdrücklich beschränkt. Die ZMediatAusbV enthält damit weder Regelungen für ein behördliches Zulassungssystem noch für eine behördliche Kontrolle der Ausbildung. Letzteres ist darauf zurückzuführen, dass das BMJV § 6 MediationsG nicht als hinreichende Ermächtigungsgrundlage für derartige staatliche Kontroll- oder Zulassungsmechanismen ansieht.[1] Dieser Einschätzung ist zuzustimmen, weil § 6 S. 1 MediationsG schon seinem Wortlaut nach ausschließlich dazu ermächtigt, nähere Bestimmungen über die Aus- und Fortbildung des zertifizierten Mediators sowie Anforderungen an die Aus- und Fortbildungseinrichtungen zu erlassen. Eine darüber hinausgehende Auslegung ließe sich nicht mit den verfassungsrechtlichen Grundsätzen des Art. 80 Abs. 1 GG in Übereinstimmung bringen (hierzu → Rn. 7 f.). Ergänzend hierzu wurde bereits im Rahmen der Begründung des – insoweit inhaltsgleichen – § 1 RefE ZMediatAusbV darauf verwiesen, dass nach dem Willen des Gesetzgebers auch aus Kostengründen und Gründen der Entbürokratisierung im Rahmen der Zertifizierung auf keine unmittelbare oder mittelbare staatliche Stelle zurückgegriffen werden sollte.[2]

1

---

1 So schon die Begründung zum RefE ZMediatAusbV, dort S. 11.
2 Begründung zum RefE ZMediatAusbV, S. 11. Das weitere dort genannte Motiv, nämlich den interessierten Kreisen – insbesondere den maßgeblichen Mediatoren- und Berufsverbänden, den berufsständischen Kammern, den Industrie- und Handelskammern sowie andere gesellschaftliche Gruppen – die Gelegenheit einzuräumen, sich aus eigener Initiative auf ein privatrechtliches „Gütesiegel" für solche Ausbildungen zu einigen, hat sich zwischenzeitlich allerdings deutlich relativiert. Eine derartige Einigung ist bislang weder erfolgt noch ist sie absehbar → MediationsG § 6 Rn. 14.

2 Auch die durch die Zweite Verordnung zur Änderung der Zertifizierte-Mediatoren-Ausbildungsverordnung vom 11.7.2023[3] eingeführten, zum 1.3.2024 in Kraft getretenen Neuerungen der ZMediatAusbV führen weder zu einer Änderung des vorstehend beschriebenen Anwendungsbereichs noch zu einem grundlegenden neuen Zertifizierungsansatz. Die Novelle hat keine grundlegende Abkehr vom vormaligen Aus- und Fortbildungskonzept, sondern eher punktuelle Änderungen bewirkt Zu diesen Änderungen zählt die Erhöhung des Mindeststundenumfanges des Ausbildung von vormals 120 auf nunmehr 130 Stunden, die Aufnahme neuer Lehrinhalte im Bereich der Digitalkompetenz und der Kompetenz zur Durchführung von Online-Mediationen, die Regelung, welcher Teil des Ausbildungslehrgangs ausschließlich in physischer Präsenz und welcher auch in Online-Formaten durchgeführt werden darf, die Integration der bislang dem Ausbildungslehrgang nachgelagerten nunmehr fünf Praxisfälle sowie der zugehörigen Supervisionen in die Ausbildung selbst, die Öffnung der durchzuführenden Supervisionen auch für Gruppensupervisionen und die modifizierte Pflicht der Ausbildungsinstitute, die Teilnahme an einer den Anforderungen entsprechenden Ausbildung zu bescheinigen.[4]

§ 2 ZMediatAusbV Ausbildung zum zertifizierten Mediator

(1) Als zertifizierter Mediator darf sich nur bezeichnen, wer eine Ausbildung zum zertifizierten Mediator abgeschlossen hat und über die nach Absatz 6 ausgestellte Bescheinigung verfügt.

(2) Die Ausbildung zum zertifizierten Mediator setzt sich zusammen aus einem Ausbildungslehrgang und fünf supervidierten Mediationen, die der Ausbildungsteilnehmende jeweils als Mediator oder Co-Mediator durchgeführt hat.

(3) Der Ausbildungslehrgang muss die in der Anlage aufgeführten Inhalte vermitteln und auch praktische Übungen und Rollenspiele umfassen.

(4) ¹Der Umfang des Ausbildungslehrgangs beträgt mindestens 130 Präsenzzeitstunden. ²Die jeweiligen Inhalte des Ausbildungslehrgangs müssen mindestens die in Spalte III der Anlage aufgeführten Zeitstunden umfassen. ³Bis zu vierzig Prozent der Präsenzzeitstunden können in virtueller Form durchgeführt werden, sofern neben der Anwesenheitsprüfung auch die Möglichkeit der persönlichen Interaktion der Lehrkräfte mit den Ausbildungsteilnehmenden sowie der Ausbildungsteilnehmenden untereinander sichergestellt ist.

(5) ¹Ausbildungsteilnehmende müssen die fünf supervidierten Mediationen spätestens drei Jahre nach Beendigung des Ausbildungslehrgangs durchgeführt haben. ²Die Supervisionen sind vom jeweiligen Supervisor zu bestätigen.

(6) ¹Über den Abschluss der Ausbildung ist von der Ausbildungseinrichtung eine Bescheinigung auszustellen. ²Die Bescheinigung darf erst ausgestellt werden, wenn der Ausbildungslehrgang beendet ist und die fünf

---

3 BGBl. 2023 I 185 v. 18.7.2023.
4 Zur Entstehungsgeschichte dieser Novellierungen → MediationsG § 6 Rn. 14.

supervidierten Mediationen bestätigt sind. ³Die Bescheinigung muss enthalten:
1. Name, Vornamen und Geburtsdatum der Absolventin oder des Absolventen,
2. Name und Anschrift der Ausbildungseinrichtung,
3. Datum und Ort der Ausbildung,
4. gemäß Anlage vermittelte Inhalte des Ausbildungslehrgangs und die jeweils darauf verwendeten Zeitstunden,
5. Datum und Ort der durchgeführten Supervisionen,
6. Name und Anschrift des Supervisors sowie
7. anonymisierte Angaben zu in den Supervisionen besprochenen Mediationen.

Nach § 2 Abs. 1 ZMediatAusbV darf sich als zertifizierter Mediator nur bezeichnen, wer eine Ausbildung zum zertifizierten Mediator abgeschlossen hat und über die nach § 2 Abs. 6 ZMediatAusbV ausgestellte Bescheinigung verfügt. § 2 RefE ZMediatAusbV erhob demgegenüber unter der Überschrift „Grundqualifikationen" mit dem berufsqualifizierenden Abschluss einer Berufsausbildung oder eines Hochschulstudiums (§ 2 Nr. 1 RefE ZMediatAusbV) sowie einer mindestens zweijährigen praktischen beruflichen Tätigkeit (§ 2 Nr. 2 RefE ZMediatAusbV) noch zwei Merkmale zu zusätzlichen Voraussetzungen, sich als zertifizierter Mediator bezeichnen zu dürfen. Aufgrund der kritischen Reaktionen, die dieser Vorschlag hervorgerufen hat, wie auch mit Blick auf kompetenzrechtliche Erwägungen im Zusammenhang mit § 6 MediationsG hat das BMJV die im Referentenentwurf der Ausbildungsverordnung noch geforderten Grundqualifikationen in der ZMediatAusbV gestrichen.[1] Das Erfordernis des berufsqualifizierenden Abschlusses einer Berufsausbildung oder eines Hochschulstudiums bleibt als definierte Anforderung an Lehrkräfte jedoch im Rahmen von § 5 Abs. 1 Nr. 1 ZMediatAusbV relevant (→ ZMediatAusbV § 5 Rn. 1 ff.).

Das Erfordernis des Verfügens über die nach § 2 Abs. 6 ZMediatAusbV ausgestellte Bescheinigung ist in der seit dem 1.3.2024 geltenden Fassung der ZMediatAusbV als zusätzliche Voraussetzung für die Bezeichnungsbefugnis als zertifizierter Mediator neu hinzugetreten. Ausweislich der Begründung im Referentenentwurf sollte die Befugnis zur Nutzung des Titels „zertifiziert" damit einer Kontrolle unterstellt werden, indem sowohl die Teilnahme an dem Ausbildungslehrgang als auch die Absolvierung der nach § 2 Abs. 2 ZMediatAusbV nunmehr als Bestandteil der Ausbildung

---

1 Siehe Eicher ZKM 2016, 160 (163). Ob damit zugleich dem Umstand Rechnung getragen werden sollte, dass die mediative Kernkompetenz überwiegend auf Talent und Charisma und weniger auf beruflicher Bildung basiert (so Röthemeyer ZKM 2016, 196 (196)), ist allerdings zu bezweifeln. Auch und gerade im Rahmen der anspruchs- und verantwortungsvollen Tätigkeit des Mediators ist es von Nutzen, wenn dieser – neben seinen mediationsspezifischen Kenntnissen und Erfahrungen – ein gewisses Maß an allgemeiner Lebens- und Berufserfahrung einbringt. Das Abstellen auf Grundqualifikationen – wie in § 2 RefE ZMediatAusbV noch vorgesehen – wäre zur gesetzgeberisch gewünschten Differenzierung zwischen „einfachem" und zertifizierten Mediator im Ergebnis jedenfalls nicht zu beanstanden gewesen.

erforderlichen fünf supervidierten Mediationsfälle durch die Ausbildungseinrichtung zu bescheinigen ist.[2]

Die Erfordernisse an die Ausbildung, denen der zertifizierte Mediator genügen muss, beschreibt § 2 ZMediatAusbV in seinen Abs. 2–5. Dabei stellt § 2 Abs. 2 ZMediatAusbV zunächst klar, dass sich die Ausbildung aus einem Ausbildungslehrgang *und* fünf supervidierten Mediationen zusammensetzt, die der Ausbildungsteilnehmende jeweils als Mediator oder Co-Mediator durchgeführt hat. Ausbildungsteilnehmende müssen diese fünf supervidierten Mediationen gem. § 2 Abs. 5 ZMediatAusbV spätestens drei Jahre nach Beendigung des Ausbildungslehrgangs durchgeführt haben und sich die durchgeführten Supervisionen vom jeweiligen Supervisor bestätigen lassen. § 2 Abs. 3 ZMediatAusbV beschreibt unter Bezugnahme auf die **Anlage „Inhalte des Ausbildungslehrgangs"** die Pflichtinhalte der Ausbildung. Konkretisierend gibt § 2 Abs. 4 ZMediatAusbV die Mindestdauer des Ausbildungslehrganges mit 130 Präsenzzeitstunden vor und regelt die Gewichtung der Ausbildungsinhalte dahin gehend, dass diese mindestens die in Spalte III der Anlage aufgeführten Zeitstunden umfassen müssen. Darüber hinaus enthält § 2 Abs. 4 ZMediatAusbV nunmehr die Erlaubnis, dass bis zu vierzig Prozent der Präsenzzeitstunden in virtueller Form durchgeführt werden können, knüpft dies aber an die Voraussetzung, dass eine Anerkennung virtuell durchgeführter Ausbildungsstunden nur dann erfolgt, wenn neben einer Anwesenheitsprüfung auch die Möglichkeit der persönlichen Interaktion der Lehrkräfte mit den Ausbildungsteilnehmenden sowie der Ausbildungsteilnehmenden untereinander sichergestellt ist.

Im Unterschied zum RefE ZMediatAusbV, der lediglich von Zeitstunden sprach, stellte § 2 Abs. 4 ZMediatAusbV aF klar, dass die ehemals geforderten 120 Zeitstunden als *Präsenzzeitstunden* zu absolvieren sind. Damit sollte verhindert werden, dass der Ausbildungslehrgang im Selbststudium und damit unter Verzicht auf die persönliche Interaktion mit dem Ausbilder und anderen Teilnehmern des Ausbildungslehrganges durchgeführt wird.[3] Durch die am 1.3.2024 in Kraft getretene Novelle der ZMediatAusbV hat diese Regelung zwei Änderungen erfahren: Zum einen wurde die Mindestundenzahl der Ausbildung von bislang 120 auf 130 Zeitstunden erhöht. Zweitens stellt § 2 Abs. 4 S. 3 ZMediatAusbV nunmehr klar, dass bis zu 40 % der „Präsenzzeitstunden" in virtueller Form durchgeführt werden können, sofern neben der Anwesenheitsprüfung auch die Möglichkeit der persönlichen Interaktion der Lehrkräfte mit den Ausbildungsteilnehmenden sowie der Ausbildungsteilnehmenden untereinander sichergestellt ist. Ausweislich der Begründung des Referentenentwurfes der Zweiten Verordnung zur Änderung der Zertifizierte-Mediatoren-Ausbildungsverordnung sollte mit dieser Änderung Rechtsunsicherheiten beseitigt werden, die sich aus unterschiedlichen Auslegungen des Begriffes „Präsenzzeitstunde" und insbesondere aus der Frage ergaben, ob die Aus-

---

[2] Referentenentwurf zur Zweiten Verordnung zur Änderung der Zertifizierte-Mediatoren-Ausbildungs-verordnung, S. 19, abrufbar unter https://www.bmj.de/SharedDocs/Downloads/DE/Gesetzgebung/Dokumente/RefE_Mediatorenausbildung.pdf?__blob=publicationFile&v=4 (letzter Abruf am 17.3.2024).
[3] Eicher ZKM 2017, 160 (161).

bildung nur in physischer Präsenz oder auch in einem Online-Format absolviert werden kann.[4] Man mag zwar geteilter Meinung sein, ob ein gesetzgeberisches Eingreifen vor dem Hintergrund des weit verbreiteten Verständnisses der Altregelung als Forderung nach physischer Präsenz tatsächlich aus Gründen der Rechtsklarheit erforderlich oder nicht doch eher dem Umstand geschuldet war, dass diverse Ausbildungsträger und Verbände – auch und gerade während bestehender Einschränkungen in der Corona-Pandemie – Druck in Richtung einer Öffnung für virtuelle Ausbildungsformate ausgeübt haben, bis hin zu der Forderung, auch gänzlich online durchgeführte Ausbildungen anzuerkennen;[5] dennoch ist die Öffnung für online vermittelte Ausbildungsinhalte – mag man sie als Klarstellung oder als echtes Novum empfinden – im Grundsatz zu begrüßen. Virtuelle Formate haben sich mittlerweile in vielen beruflichen Bereichen, auch weit über den Mediations- und Ausbildungsbereich hinausgehend, als gängige und funktionsfähige Alternative zu Veranstaltungen in physischer Präsenz erwiesen. Ihnen im Bereich der Mediationsausbildung diese Eignung abzusprechen, wäre nicht sachgerecht. Andererseits sprechen gewichtige Gründe dafür, für den überwiegenden Teil der Ausbildung weiterhin an der Forderung physischer Präsenz festzuhalten und den Anteil virtuell vermittelter Ausbildungsinhalte prozentual zu begrenzen.[6] Der Verordnungsgeber selbst verweist zur Begründung unter anderem darauf, dass es die Aufgabe der Ausbildung sei, angehende zertifizierte Mediatorinnen und Mediatoren auf die spätere Praxis vorzubereiten, die zu ganz großen und überwiegenden Teilen von physischer Präsenz gekennzeichnet sei.[7] Dem ist zwar zuzustimmen; allerdings gibt es darüber hinausgehende Gründe für einen hohen Präsenzanteil, die unmittelbar mit der Qualität der Ausbildung zusammenhängen. Bei allen Möglichkeiten, die online durchgeführte Ausbildungsveranstaltungen bieten, vermögen diese nicht, das physische Erleben der Gesamtsituation in einer Weise abzubilden, die der „realen Welt" entspricht. Man denke beispielsweise an ein Rollenspiel über die Klärung eines Teamkonfliktes. Der auszubildende Mediator wird in einer

---

[4] Referentenentwurf zur Zweiten Verordnung zur Änderung der Zertifizierte-Mediatoren-Ausbildungs-verordnung, S. 12, abrufbar unter https://www.bmj.de/SharedDocs/Downloads/DE/Gesetzgebung/Dokumente/RefE_Mediatorenausbildung.pdf?__blob=publicationFile&v=4 (letzter Abruf am 17.3.2024).

[5] Für eine vollkommene Gleichstellung von Online- und Präsenzformaten etwa Kessen/Voskamp ZKM 2023, 102, ähnlich Stellungnahme der Fernuniversität Hagen zum Referentenentwurf zur Zweiten Verordnung zur Änderung der Zertifizierte-Mediatoren-Ausbildungs-verordnung, abrufbar unter https://www.bmj.de/SharedDocs/Gesetzgebungsverfahren/DE/2023_ZMediatAusbV.html (letzter Abruf am 17.3.2024).

[6] Seitens des BMJ wurde ursprünglich erwogen, dass nur ein Anteil von max. 20 % der Lehrinhalte online vermittelt werden darf, vgl. hierzu das am 15.11.2021 veröffentliche Diskussionspapier des BMJ, abrufbar unter https://www.centrale-fuer-mediation.de/media/2021-11-15_Diskussionsentwurf_BMJV_Mediation%202021.pdf (letzter Abruf am 17.3.2024); zu den Entwicklungslinien, die im Ergebnis zu einer Erhöhung des maximal zulässigen Anteils online vermittelter Ausbildungsinhalte auf 40% geführt haben, siehe Thole ZKM 2023, 131, 132.

[7] Referentenentwurf zur Zweiten Verordnung zur Änderung der Zertifizierte-Mediatoren-Ausbildungs-verordnung, S. 20, abrufbar unter https://www.bmj.de/SharedDocs/Downloads/DE/Gesetzgebung/Dokumente/RefE_Mediatorenausbildung.pdf?__blob=publicationFile&v=4 (letzter Abruf am 17.3.2024).

Klowait

qualitativ und didaktisch hochwertigen Ausbildung dazu angeleitet werden, nicht nur das unmittelbare Geschehen zwischen den gerade agierenden/sich äußernden Mediatoren zu verfolgen und zu gestalten, sondern sein Augenmerk darüber hinaus auf die spezielle Konfliktdynamik zu legen, die sich innerhalb der Gruppe der weiteren Mediatoren/Teammitglieder zeigt. Dabei ergeben sich oft – auch non-verbale – Hinweise auf konfliktrelevante Haltungen und Reaktionen der weiteren Mediationsbeteiligten, die sich in einem letztlich nur zweidimensionalen Online-Format schon aufgrund bestehender technischer Restriktionen (eingeschränkter Bildausschnitt etc.) nicht abbilden lassen. Zudem sind gute Ausbilder in der Lage, in kritischen Situationen solcher Rollenspiele ad hoc die Rolle des Mediators oder auch eines Medianden zu übernehmen, um mit einem solchen spontanen und zeitweisen „Einspringen" alternative Vorgehensweisen zu verdeutlichen und zur Diskussion zu stellen. Dies erfordert jedoch die physische Präsenz aller Beteiligten und das unmittelbare Erleben des Agierens des Ausbilders.[8] Zu den Ausbildungselementen, die sich qualitativ deutlich hochwertiger in einem Format mit physischer Präsenz umsetzen und vermitteln lassen, zählen insbesondere Lehrinhalte, bei denen die praxisbezogene Simulation verschiedener Mediationsphasen im Mittelpunkt steht. Auch der Verordnungsgeber sieht die Gründe dafür, dass der Kernbestand der Ausbildung im Format der physischen Präsenz vermittelt werden muss. Zu Recht wird in der Begründung zum Referentenentwurf ausgeführt, dass der Erwerb der notwendigen Kenntnisse und Fähigkeiten ganz überwiegend den persönlichen Austausch, das sich tatsächlich „In-Beziehung-begeben" und eine besondere Didaktik, die subjekt- und teilnehmerorientiert ist, voraussetzt und dass der dafür notwendige Rahmen nur bei überwiegend gleichzeitiger physischer Präsenz der Lehrenden und der Ausbildungsteilnehmenden gewährleistet werden kann.[9] Umso überraschender ist es von vielen beteiligten Kreisen empfunden worden, dass das BMJ den Anteil zulässigerweise virtuell absolvierbarer Ausbildungsinhalte von ehemals angedachten 20%[10] im Verlauf des weiteren Gesetzgebungsverfahren letztendlich auf 40% verdoppelt hat. Dies mag der zwischenzeitlichen Lobbyarbeit einzelner interessierter Ausbildungsverbände zuzuschreiben sein; unter dem Aspekt der Qualitätssicherung der Ausbildung zum zertifizierten Mediator – dem eigentlichen Kernanliegen der ZMediatAusbV – liegt hierin jedoch kein Gewinn.[11]

---

8 Abzulehnen ist deshalb die Auffassung, wonach vor dem 29.2.2024 abgeschlossene oder begonnene Ausbildungen auch dann die Voraussetzungen der ZMediatAusbV erfüllen, wenn sie umfassender oder gar vollständig online durchgeführt worden sind, so aber Röthemeyer ZKM 2024, 8, 9.
9 Referentenentwurf zur Zweiten Verordnung zur Änderung der Zertifizierte-Mediatoren-Ausbildungs-verordnung, S. 21, abrufbar unter https://www.bmj.de/SharedDocs/Downloads/DE/Gesetzgebung/Dokumente/RefE_Mediatorenausbildung.pdf?__blob=publicationFile&v=4 (letzter Abruf am 17.3.2024).
10 Diskussionspapier des BMJ, abrufbar unter https://www.centrale-fuer-mediation.de/media/2021-11-15_Diskussionsentwurf_BMJV_Mediation%202021.pdf (letzter Abruf am 17.3.2024). Insgesamt zum damaligen Planungsstand siehe auch Klowait ZKM 2022, 20 ff.
11 Auf die Gefahr von Qualitätseinbußen durch einen zu hohen Anteil online vermittelter Ausbildungsinhalte weisen auch die Stellungnahmen der BRAK (dort S. 8/9) sowie des RTMKM (dort Ziffer 2) zum Referentenentwurf der Zweiten Ver-

Das Abstellen auf den Begriff der **Präsenzzeitstunden** ist terminologisch missglückt. Während der allgemeine Sprachgebrauch Präsenz gemeinhin mit körperlicher Anwesenheit gleichsetzt, differenziert die ZMediatAusbV in etwas gekünstelt wirkender Form zwischen „echter" Präsenz (im Sinne physischer Anwesenheit)[12] und „virtueller" Präsenz, also der Teilnahme an Ausbildungsabschnitten bei körperlicher Abwesenheit unter Nutzung von Online-Medien. Klarer wäre es gewesen, wie in § 2 Abs. 4 S. 2 ZMediatAusbV unverändert geschehen („Die jeweiligen Inhalte des Ausbildungslehrganges müssen mindestens die in Spalte III der Anlagen aufgeführten Zeitstunden umfassen."), generell schlicht von Zeitstunden zu sprechen und von dieser Basis ausgehend danach zu differenzieren, wie viele dieser Zeitstunden in Präsenz (im Sinne von körperlicher Anwesenheit) zu absolvieren sind und wie hoch der zulässige Anteil nicht in Präsenz, d.h. virtuell vermittelter Ausbildungsinhalte sein darf. Wie schon nach alter Rechtslage ist die Möglichkeit, eine Ausbildung zum zertifizierten Mediator auch im Wege des **Fernstudiums** zu ermöglichen, weiterhin nicht ausgeschlossen.[13] Erforderlich ist allerdings auch in diesem Fall, dass mindestens 60% der 130 Zeitstunden in Phasen physischer Präsenz absolviert werden. Ferner müssen die Pflichtinhalte der Ausbildung zum zertifizierten Mediator, wie sie durch die Anlage zu § 2 Abs. 3 ZMediatAusbV vorgegeben sind, zeitlich in der dortigen Gewichtung berücksichtigt werden. Ein reines Fernstudium ohne jegliche Ausbildungsabschnitte in physischer Präsenz kann daher nicht als Ausbildung zum zertifizierten Mediator anerkannt werden.[14]

Mit Blick auf die Öffnung für Online-Formate ist zunächst festzuhalten, dass *keine Verpflichtung* besteht, Ausbildungsinhalte virtuell zu vermitteln. Für die ZMediatAusbV-konforme Ausbildung eröffnet sich vielmehr ein Spektrum, das von der vollkommen in physischer Präsenz vermittelten Ausbildung über eine mit weniger als 52 Zeitstunden (= 40%) virtuell durchgeführte Ausbildung bis hin zu einer Konzeption reicht, in der der höchstzulässige virtuelle Anteil von 40% ausgeschöpft wird. Lediglich die Überschreitung der vom Verordnungsgeber als Limitierung eingeführten 40%-Marke würde zu dem Verdikt führen, dass die Ausbildung die durch die Verordnung statuierten Voraussetzungen nicht erfüllt.

Soweit Ausbildungsanbieter sich dazu entschließen, Ausbildungsinhalte virtuell zu vermitteln, sind sie in der technisch-organisatorischen Ausge-

---

ordnung zur Änderung der Zertifizierte-Mediatoren-Ausbildungsverordnung hin, jeweils abrufbar unter https://www.bmj.de/SharedDocs/Gesetzgebungsverfahren/DE/2023_ZMediatAusbV.html (letzter Abruf 17.3.2024).

12 Der Verordnungsgeber sah sich aufgrund des von ihm terminologisch erweiterten Präsenzbegriffes gehalten, klarzustellen, dass er unter physischem Präsenzunterricht einen Unterricht versteht, der in einem Klassen- oder Lehrgangsverband bei gleichzeitiger Anwesenheit der Lehrkraft stattfindet und dass Präsenzlehrveranstaltungen in diesem Sinne damit die gleichzeitige Anwesenheit von Lehrenden und Lernenden und die synchrone kommunikative Wissens- und Kompetenzvermittlung voraussetzen, siehe Referentenentwurf zur Zweiten Verordnung zur Änderung der Zertifizierte-Mediatoren-Ausbildungsverordnung, S. 20, abrufbar unter https://www.bmj.de/SharedDocs/Downloads/DE/Gesetzgebung/Dokumente/RefE_Mediatorenausbildung.pdf?__blob=publicationFile&v=4 (letzter Abruf am 17.3.2024).

13 Eicher ZKM 2017, 160 (161).

14 So auch Thole ZKM 2023, 132.

staltung allerdings nicht frei. Vielmehr ist gemäß § 2 Abs. 4 S. 3 ZMediatAusbV neben einer Anwesenheitsprüfung auch die Möglichkeit der persönlichen Interaktion der Lehrkräfte mit den Ausbildungsteilnehmenden sowie der Ausbildungsteilnehmenden untereinander sicherzustellen.

Die Durchführung einer **Anwesenheitsprüfung** sieht der Verordnungsgeber mit Blick auf die Gleichbehandlung von physischer und virtueller Präsenz als zwingend erforderlich an. Bei einer Teilnahme vom heimischen Computer sei es dabei nicht ausreichend, sich einmalig einzuwählen, sofern die andauernde (virtuelle) Präsenz nicht anderweitig sichergestellt und überprüft werden könne. Ausweislich der Begründung zum Referentenentwurf kommt hierfür neben einer Videoverbindung beispielsweise eine technische Vorrichtung in Betracht, die zur Verhinderung eines automatischen Logouts bei Inaktivität in regelmäßigen Abständen eine Aktivität erfordert.[15]

Für die **Möglichkeit der persönlichen Interaktion der Lehrkräfte mit den Ausbildungsteilnehmenden** sowie **der Ausbildungsteilnehmenden untereinander** kommt es darauf an, die technischen Rahmenbedingungen so zu gestalten, dass sie kommunikative Beteiligungs- und Austauschmöglichkeiten ermöglichen, die denen bei physischer Präsenz aller in einem realen Raum entsprechen oder zumindest möglichst nahekommen. Der Verordnungsgeber hatte hierzu das Bild eines „virtuellen Klassenzimmers" vor Augen und sieht die Anforderungen der in diesem Rahmen erforderlichen Präsenz nur dann als erfüllt an, wenn hier – einem realen Unterrichtsraum mit körperlicher Anwesenheit aller vergleichbar – eine durch entsprechende Kommunikationskanäle sicherzustellende synchrone Kommunikation erfolgt.[16]

Ausgehend von diesem Leitbild eines mit einem physischen Klassen- oder Lehrgangsverband vergleichbaren Austausches zwischen den Teilnehmenden lassen sich weitere Aspekte ableiten, die bei virtuellem Unterricht relevant sind. Nicht ausreichend ist die bloße Möglichkeit der auszubildenden Mediatoren, sich schriftlich zu beteiligen. Gegenüber der mündlichen Beteiligung fehlt es hier beispielsweise an der Möglichkeit, Fragen oder Unklarheiten im direkten und sofortigen Dialog mit dem Ausbilder oder auch den weiteren Ausbildungsteilnehmern zu diskutieren, im gemeinsamen Gespräch unmittelbar über Erlebtes oder über alternative Herangehensweisen zu reflektieren und daraus unmittelbare Lernerfolge und Erkenntnisgewinne für sich, aber auch für die sich an der Diskussion beteiligenden weiteren Teilnehmer zu erzielen.[17] Ob ein bloßer Audio-Kommunikationskanal ohne Video genügen kann, ist fraglich. Zwar wird dies im Referentenentwurf dann für zulässig erachtet, wenn Audio-Unterricht durch andere digitale Interaktionsangebote, wie beispielsweise Präsentationsmöglichkeiten an

---

15 Referentenentwurf zur Zweiten Verordnung zur Änderung der Zertifizierte-Mediatoren-Ausbildungsverordnung, S. 21, abrufbar unter https://www.bmj.de/SharedDocs/Downloads/DE/Gesetzgebung/Dokumente/RefE_Mediatorenausbildung.pdf?__blob=publicationFile&v=4 (letzter Abruf am 17.3.2024).
16 Referentenentwurf zur Zweiten Verordnung zur Änderung der Zertifizierte-Mediatoren-Ausbildungsverordnung, S. 21, abrufbar unter https://www.bmj.de/SharedDocs/Downloads/DE/Gesetzgebung/Dokumente/RefE_Mediatorenausbildung.pdf?__blob=publicationFile&v=4 (letzter Abruf am 17.3.2024).
17 Thole ZKM 2023, 132 weist ebenfalls darauf hin, dass bei einer bloß schriftlichen Beteiligung keine dem physischen Präsenzunterricht vergleichbare Kommunikation ermöglicht wird.

einer virtuellen Tafel, begleitet werden;[18] haltbar erscheint dies jedoch nur bei einer Beschränkung auf einzelne Phasen des Unterrichtes. Einem durchgängig nur im Audioformat durchgeführten virtuellen Unterricht kann – auch wenn er durch visuelle Elemente ergänzt wird – schwerlich die Vergleichbarkeit mit einem Unterricht in physischer Präsenz attestiert werden. Dies gilt erst recht dann, wenn es z.B. um Rollenspiele geht, bei denen es in verstärktem Maße auch auf das Lesen und Verstehen non-verbaler Signale ankommt.[19] Auf der anderen Seite werden „klassische" Onlinesitzungen unter Nutzung der Technologie von Anbietern wie MS Teams, Zoom, WebEx etc bei gleichzeitiger Nutzung der Video- und Tonverbindung für alle Teilnehmer in der Regel eine Kommunikation ermöglichen, die mit dem Austausch in einem physischen Klassen- oder Lehrgangsverband vergleichbar ist bzw. diesem zumindest nah kommt. Ähnlich der Situation in der „realen Welt" sind Ausbildungsanbieter jedoch gehalten, Faktoren, die einen Unterricht im „virtuellen Klassenzimmer" stören oder dessen Qualität mindern können, zu unterbinden. Hierzu gehören z.B. klare Anweisungen an die Teilnehmer, die eigenen Mikrofone zur Unterbindung von Stör- oder Hintergrundgeräuschen so lange ausgeschaltet zu lassen, bis man sie für eigene Redebeiträge benötigt. Sofern innerhalb solcher Audio- und Videoformate spezielle technische Tools zum Einsatz kommen, die für den Unterricht benötigt werden (wie z.B. gemeinsam zu bearbeitende digitale Whiteboards), ist deren Funktionsweise vorab so zu erläutern, dass alle Teilnehmer sie verstehen und sie genauso selbstverständlich bedienen können wie etwa Flipcharts in einem Unterrichtsraum mit physischer Präsenz. Gleiches gilt etwa für die Erläuterung der notwendigen technischen Verfahrensschritte, um den Klassenverband in virtuelle Untergruppen aufzuteilen bzw. einer solchen Gruppe beizutreten und die anschließende Rückkehr dieser Gruppen in das Plenum zu bewerkstelligen. In besonderer Weise ist auch die technisch störungsfreie Funktion solcher Sitzungen im Blick zu behalten. Es liegt in der Natur der Sache, dass virtuelle Sitzungen insoweit wesentlich anfälliger für Störungen sind als Unterrichtseinheiten in physischer Präsenz. Nicht zuletzt mit Blick auf die seitens der Ausbildungsinstitute wahrheitsgemäß und ordnungsgemäß auszustellenden Teilnahmebescheinigungen ist eine Kontrolle dahingehend erforderlich, ob alle Teilnehmer sich störungsfrei eingewählt haben, danach durchgehend online geblieben sind und sich auch im weiteren Verlauf der Unterrichtseinheit frei von technischen Restriktionen beteiligen konnten. Schließlich lassen sich aus dem Leitbild des mit einem physischen Klassen- oder Lehrgangsverbandes vergleichbaren Austausches zwischen den Teilnehmenden auch Folgerungen für die zulässige „Klassengröße", also für die Anzahl der Teilnehmenden an virtuellen Unterrichtseinheiten, ableiten. Bei „echten"

---

18 Referentenentwurf zur Zweiten Verordnung zur Änderung der Zertifizierte-Mediatoren-Ausbildungsverordnung, S. 21, abrufbar unter https://www.bmj.de/SharedDocs/Downloads/DE/Gesetzgebung/Dokumente/RefE_Mediatorenausbildung.pdf?_blob=publicationFile&v=4 (letzter Abruf am 17.3.2024), zustimmend auch Thole ZKM 2023, 132.

19 Obwohl die ZMediatAusbV in ihrer novellierten Form auch die Durchführung von Rollenspielen in virtueller Präsenz zulässt, sollten diese nach hiesigem Qualitätsverständnis möglichst in körperlicher Präsenz stattfinden, um den bestmöglichen Lernerfolg zu gewährleisten.

Präsenzveranstaltungen wird kein verantwortungsvoller Ausbildungsträger die Anzahl der Teilnehmer über ein Maß hinaus anwachsen lassen, in dem es noch möglich ist, auf jeden Teilnehmer individuell einzugehen und damit den Lernerfolg der Gruppe insgesamt bestmöglich sicherzustellen. Auch wenn es wirtschaftlich verlockend erscheinen mag, im virtuellen Raum frei von physischen Beschränkungen (etwa der Größe des Unterrichtsraumes) wesentlich größere Teilnehmerzahlen abbilden zu können, ist unter Qualitätsaspekten bei Online-Veranstaltungen in gleicher Weise wie beim Unterricht mit physischer Präsenz darauf zu achten, dass die Teilnehmerzahl auf ein vernünftiges, am steuerbaren Lernerfolg ausgerichtetes Maß begrenzt wird.[20] Neben qualitativen Erwägungen ist dabei auch zu berücksichtigen, dass dem Ausbildungsanbieter die Kontrolle obliegt, dass sämtliche Teilnehmer durchgängig störungsfrei an allen virtuell abgehaltenen Unterrichtseinheiten teilgenommen haben. Würde die Größe des virtuellen Klassenverbandes die in der realen Welt zumeist vorzufindende (physische) Teilnehmerzahl von ca. 15–25 Teilnehmern um ein Vielfaches übersteigen, stießen auch die Möglichkeiten einer solchen Kontrolle an kaum zu überwindende Grenzen.

5   Der Umfang des Ausbildungslehrgangs beträgt nach § 2 Abs. 4 ZMediatAusbV mindestens **130 Präsenzzeitstunden**, wobei die jeweiligen Inhalte des Ausbildungslehrgangs mindestens die in Spalte III der Anlage (→ Rn. 8) aufgeführten Zeitstunden umfassen müssen. Durch § 2 Abs. 3 ZMediatAusbV ist dabei vorgegeben, dass die Vermittlung der in der Anlage aufgeführten Inhalte auch durch praktische Übungen und Rollenspiele erfolgen muss. Die Erhöhung des Ausbildungsumfanges von ehemals mindestens 120 Stunden auf nunmehr mindestens 130 Stunden geht auf die Erkenntnis des Verordnungsgebers zurück, dass es der zusätzlichen Aufnahme des Erwerbs von Digitalkompetenzen und von spezifischen Fähigkeiten und Kenntnissen für online oder hybrid durchgeführte Mediationen in den Pflichtkanon der Ausbildungsinhalte bedarf, um die Ausbildung unter Berücksichtigung der Anforderungen des technischen Wandels zeitgemäß zu gestalten[21]. Dieser Erkenntnis folgend sind die vorgenannten Inhalte unter Nr. 2. b) dd) „Online-Mediation, Digitalkompetenz" mit zehn zusätzlichen Ausbildungsstunden in die Anlage „Inhalte des Ausbildungslehrgangs" eingeflossen und haben die maßgebliche (Mindest-)Gesamtstundenzahl auf 130 Stunden erhöht.

Die Aufnahme der Vermittlung von Digitalkompetenzen in den Pflichtkanon der Ausbildungsinhalte ist uneingeschränkt zu begrüßen. Die Option, Mediationen in geeigneten Fällen auch online durchführen zu können, hat

---

20 So auch die Begründung zum Referentenentwurf, in der gefordert wird, dass eine dem physischen Präsenzunterricht annähernd vergleichbare Anzahl von Teilnehmenden an der Ausbildungsstunde und damit die zahlenmäßige Relation von Lehrenden und Lernenden nicht überschritten werden darf, um die Interaktionsformen vergleichbar mit dem physischen Präsenzunterreicht ermöglichen zu können, vgl. Referentenentwurf zur Zweiten Verordnung zur Änderung der Zertifizierte-Mediatoren-Ausbildungsverordnung, S. 21, abrufbar unter https://www.bmj.de/SharedDocs/Downloads/DE/Gesetzgebung/Dokumente/RefE_Mediatorenausbildung.pdf?__blob=publicationFile&v=4 (letzter Abruf am 17.3.2024).
21 Thole ZKM 2023, 133,134.

sich schon während der COVID-19-Pandemie als hilfreich – im Lichte von Kontaktbeschränkungen und Infektionsgefahren oft auch als einzig verbliebene Möglichkeit - gezeigt, um Mediationsverfahren durchführen oder abschließen zu können. Auch jenseits solcher gesamtgesellschaftlichen Ausnahmezustände wird die Online-Mediation ihren Platz als ergänzende Möglichkeit zur Durchführung von Mediationsverfahren behaupten (zur Online Dispute Resolution (ODR) → O. Rn. 1 ff.). Die professionelle Durchführung und Leitung solcher Verfahren verlangt dem Mediator jedoch spezielle Fähigkeiten ab, etwa die Kenntnis und sichere Beherrschung der hierzu erforderlichen „Online-Tools", aber auch das Wissen um verfahrensbezogene Unterschiede zu Präsenzmediationen und die Fähigkeit, den Konfliktlösungsprozess trotz dieser Besonderheiten in gleicher Weise strukturiert, empathisch, lösungsorientiert und effizient gestalten und führen zu können. Die ergänzende Aufnahme der Vermittlung entsprechender Kompetenzen in die Ausbildung ist aus diesen Gründen schon frühzeitig gefordert[22] und vom BMJ im Rahmen der Novelle der ZMediatAusbV letztlich mit einem zusätzlichen Ansatz von zehn Zeitstunden umgesetzt worden. Eine darüberhinausgehende Erhöhung erschien dem Verordnungsgeber in der Annahme nicht erforderlich, dass die Ausbildungsteilnehmenden, insbesondere während der COVID-19-Pandemie, sowohl im privaten als auch im beruflichen Umfeld bereits Erfahrungen und Kompetenzen im Umgang mit digitalen Konferenzformaten gesammelt haben und auf diese beim Erlernen der Spezifika für Online- und Hybridmediation aufbauen können.[23]

Mit der Erhöhung der Mindeststundenzahl der Ausbildung von 120 auf 130 wurde der seit Jahren erhobenen Forderung interessierter Kreise und Verbände – vornehmlich des sog. Qualitätsverbundes Mediation (QVM)[24] –, mindestens 200 Ausbildungsstunden als Pflichtvorgabe in der ZMediatAusbV zu verankern, erneut eine klare Absage erteilt. Da keinerlei rechtstatsächliche Anhaltspunkte dafür bestehen, dass die bundesdeutsche Mediationspraxis unter einem Qualitätsdefizit leidet, das mit der verbandsseitig geforderten Aufstockung auf mindestens 200 Ausbildungsstunden behoben werden müsste, fehlt es an einer Grundlage, eine dahingehende Vorgabe rechtssicher auszugestalten.[25] Auch weil sich im BMJ der Eindruck ergeben hat, dass weitergehende Forderungen nicht sachlich begrün-

---

22 Vgl. etwa die Stellungnahme Nr. 6/2021 der BRAK vom Januar 2021 „Empfehlungen zur Regelung der Qualitätssicherung und -kennzeichnung von Mediationsangeboten", abrufbar unter https://www.brak.de/fileadmin/05_zur_rechtspolitik/stellungnahmen-pdf/stellungnahmen-deutschland/2021/januar/stellungnahme-der-brak-2021-6.pdf (letzter Abruf 17.3.2024).
23 Referentenentwurf zur Zweiten Verordnung zur Änderung der Zertifizierte-Mediatoren-Ausbildungsverordnung, S. 20, abrufbar unter https://www.bmj.de/SharedDocs/Downloads/DE/Gesetzgebung/Dokumente/RefE_Mediatorenausbildung.pdf?__blob=publicationFile&v=4 (letzter Abruf am 17.3.2024).
24 Eckpunktepapier des Qualitätsverbunds Mediation – Diskussionsgrundlage für die Mediationskonferenz 2021 beim Bundesministerium für Justiz und Verbraucherschutz abrufbar unter https://www.famrz.de/files/Media/dokumente/pdfs/eckpunktepapier_qvm_mediation.pdf (letzter Abruf 17.3.2024) sowie Lenz ZKM 2021, 151 ff.
25 Siehe hierzu Klowait ZKM 2011, 149 (154) sowie ZKM 2022, 19 (23); ablehnend auch Plassmann ZKM 2021, 136 ff.

det, sondern zurückzuführen sind auf „*Partikularinteressen der beteiligten Ausbildungsinstitute und Stakeholder, die cum grano salis auch von zum Teil wirtschaftlichen Interessen getragen scheinen*",[26] wurde von einer weitergehenden Erhöhung der Mindeststundenzahl im Ergebnis Abstand genommen. So nachvollziehbar dies ist, desto unverständlicher ist das Versäumnis des Verordnungsgebers, sicherzustellen, dass die zusätzlichen Lehrinhalte im Bereich der Online-Mediation und der Vermittlung von Digitalkompetenzen tatsächlich mit dem gewünschten zeitlichen Umfang von 10 Zeitstunden in die Curricula der Ausbildungsinstitute Einzug halten (→ Rn. 9).

Dass der Verordnungsgeber unter Präsenzzeitstunden sowohl solche in körperlicher als auch in virtueller Präsenz versteht und zugesteht, dass und unter welchen Voraussetzungen letztere bis zu 40 % der Präsenzzeitstunden ausmachen dürfen, wurde bereits ausgeführt (→ Rn. 3). Zu der Frage, wie die Aufteilung der Pflichtinhalte in „echten" und virtuellen Präsenzunterricht erfolgen soll, äußert sich die ZMediatAusbV indessen nicht. Zwar ist erkennbar, dass dem Verordnungsgeber vorschwebte, dass insbesondere der neue Ausbildungsinhalt „Digitalkompetenz und Onlinemediation" auch vollständig online vermittelbar sein soll;[27] ungeachtet dessen, dass sich dies aus Gründen des unmittelbar erfahrungsbasierten Umgangs mit Online-Tools in der Tat anbietet, ist auch eine solche Vorgabe jedoch nicht in die ZMediatAusbV eingeflossen. Das ist insoweit konsequent, als die ZMediatAusbV auch in ihrer novellierten Fassung keinerlei Verpflichtung enthält, Ausbildungsinhalte überhaupt in virtueller Präsenz zu vermitteln. Eröffnet ist lediglich die Option, dies zu tun, wobei dann zwar die Bindung an den höchstzulässigen Umfang von 40% der Mindestausbildungsstunden (= 52 Zeitstunden)[28] besteht, dem Ausbildungsträger die Bestimmung der Inhalte, die er dem virtuellen Ausbildungsteil widmet, aber vollkommen freisteht.

Vorschläge, nicht nur die höchstzulässige Aufteilungsquote zwischen Unterricht in körperlicher und virtueller Präsenz vorzugeben, sondern darüber hinaus Inhalte zu bestimmen, die den einen oder anderen Bereich zuzuordnen sind, wenn der Ausbildungsträger sich für ein hybrides Ausbildungsmodell entscheidet,[29] sind vom Verordnungsgeber nicht aufgegriffen

---

26 Thole ZKM 2023, 131 (133).
27 Diskussionspapier zur Zertifizierte-Mediatoren-Ausbildungsverordnung vom 15.11.2021, S. 2, abrufbar unter https://www.centrale-fuer-mediation.de/media/2021-11-15_Diskussionsentwurf_BMJV_Mediation%202021.pdf (letzter Abruf am 17.3.2024).
28 Bei Ausbildungen, die mehr als 130 Stunden umfassen, kann sich die Gesamtstundenzahl virtuell vermittelter Inhalte entsprechend erhöhen, was unschädlich ist, solange die zwingenden Vorgaben der ZMediatAusbV im Übrigen eingehalten werden.
29 So die Stellungnahme der BRAK, die eine Vorgabe dahingehend forderte, Themen, die der reinen Wissensvermittlung dienen oder Hintergründe oder rechtliche Ausgangslagen beschreiben, dem optionalen Online-Teil zu widmen, um zu gewährleisten, dass die für die Ausübung der Mediatorenrolle grundlegenden weiteren Fähigkeiten im Rahmen der persönlichen Teilnahme vermittelt werden, Stellungnahme Nr. 6/2021 der BRAK vom Januar 2021 „Empfehlungen zur Regelung der Qualitätssicherung und -kennzeichnung von Mediationsangeboten", S. 9. abrufbar unter https://www.brak.de/fileadmin/05_zur_rechtspolitik/stellungnahmen-pdf/stel

worden. Unter dem Aspekt der Qualitätssicherung der Ausbildung ist das Fehlen solcher Vorgaben durchaus kritikwürdig. Es würde beispielsweise zulassen, dass auch solche Ausbildungsinhalte, bei denen der höchste Lerneffekt körperliche Präsenz voraussetzt und nur im gemeinsamen Erleben und Erarbeiten erzielbar ist (z.B. das Durchspielen einzelner Mediationsphasen im Rahmen von Rollenspielen), weitgehend oder vollständig online vermittelt werden. Hält man sich vor Augen, dass schon die Ausbildung des *nicht zertifizierten* Mediators nach § 5 Abs. 1 MediationsG nur dann als zureichend angesehen werden kann, wenn sie (mit) dazu befähigt, die Parteien in sachkundiger Weise durch die Mediation führen zu können, so wird deutlich, dass dieser Maßstab im Rahmen der Ausbildung des zertifizierten Mediators erst recht und qualitativ wie quantitativ in gesteigertem Maße gelten muss. Ein Ausbildungslehrgang, der so konzipiert ist, dass er für die praktische Befähigung des (zertifizierten) Mediators zentrale Inhalte – wie etwa Verhandlungstechnik und -kompetenz, Gesprächsführung, Kommunikations- und Interventionstechniken oder das Führen durch die Phasen der Mediation – der bloß virtuellen Vermittlung überlässt, könnte diesem Maßstab nur schwerlich gerecht werden. Das erwünschte und durch die ZMediatAusbV geforderte „Plus" der Ausbildung zum zertifizierten Mediator erfordert vielmehr, dass mindestens die für die spätere Mediationspraxis zentralen Inhalte in Veranstaltungen mit körperlicher Präsenz vermittelt werden, da nur auf diesem Wege die nötige Interaktion mit dem Ausbilder und den weiteren Teilnehmern des Ausbildungslehrganges vermittelt werden kann.[30] Anderenfalls liefe zudem auch die Vorgabe des § 2 Abs. 3 ZMediatAusbV weitgehend leer, wonach der Ausbildungslehrgang auch **praktische Übungen und Rollenspiele** umfassen muss. Das Erfordernis der Durchführung von praktischen Übungen und Rollenspielen beschreibt das „Wie" der Vermittlung der Ausbildungsinhalte, tritt also nicht etwa ergänzend zu dem beschriebenen **Pflichtinhalt der Ausbildung zum zertifizierten Mediator** hinzu. Die Pflicht zur Durchführung praktischer Übungen und Rollenspiele darf indessen nicht als inhaltsleerer Selbstzweck missverstanden werden; sie bezieht sich notwendigerweise auf solche Ausbildungsinhalte, die für die Vermittlung der späteren praktischen Befähigung des (zertifizierten) Mediators zentral sind und erfahrungsgemäß in Veranstaltungen mit körperlicher Präsenz deutlich nachhaltiger mit dem notwendigen Maß an Selbsterfahrung, Selbstreflektion und Interaktion mit dem Ausbilder und weiteren Ausbildungsteilnehmern eingeübt werden können. Verantwortungsbewusste Ausbildungsinstitutionen werden dem mit einer entsprechenden Gewichtung zwar Rechnung tragen und den Fokus bei den virtuell vermittelten Inhalten auf die Themen Digitalkompetenzen und Online-Mediation sowie auf die Vermittlung von reinen Wissensinhalten legen; dennoch hat der Verordnungsgeber bei der Novellierung der ZMediatAusbV die Chance verpasst, sachgemäße und

---

lungnahmen-deutschland/2021/januar/stellungnahme-der-brak-2021-6.pdf (letzter Abruf 17.3.2024).
30 Ähnlich für die alte Rechtslage schon Plassmann Anwaltspraxis 2017, 26 (29), der darauf hinweist, dass „die wesentlichen Tools eines seriösen Mediators nicht im Heim- oder Selbststudium, sondern in der praktischen Anwendung im Rahmen der Ausbildung zu erlernen sind."

qualitätsrelevante Inhaltsbindungen verpflichtend vorzugeben anstatt sie der Einschätzungsprärogative der Ausbildungsträger anheim zu stellen.

6 Quantitativ nicht ausreichend sind Ausbildungslehrgänge, die ihre Ausbildungsinhalte in Form von 120 „Unterrichts- oder Schulstunden", also Einheiten à 45 Minuten, vermitteln. Gefordert sind nach dem eindeutigen Wortlaut *Zeit*stunden, also jeweils volle Einheiten à 60 Minuten.[31]

7 Im Unterschied zum RefE ZMediatAusbV spricht die ZMediatAusbV nicht mehr pauschal von der „Ausbildung" zum zertifizierten Mediator, sondern verwendet den Begriff des **Ausbildungslehrgangs** (vgl. § 2 Abs. 2–5 ZMediatAusbV). Hieraus wird in der Literatur zum Teil der Schluss gezogen, dass nur eine **in sich geschlossene Ausbildung** im Sinne eines einheitlichen, alle Ausbildungsinhalte abdeckenden Ausbildungslehrganges den Anforderungen des § 2 ZMediatAusbV genüge.[32] Ob der Verordnungsgeber damit **modularisierten Ausbildungen** eine Absage erteilen und verhindern wollte, dass in Ausbildung befindliche Mediatoren Angebote verschiedener Ausbildungseinrichtungen wahrnehmen, die erst in Summe zur Abdeckung der geforderten Pflichtinhalte und Mindeststunden führen,[33] bleibt zunächst im Dunkeln, da die ZMediatAusbV ohne jegliche erläuternde Erwägungen erlassen worden ist. Gespiegelt an der Praxis der Mediationsausbildungslandschaft wird diese Frage vermutlich weitgehend akademischer Natur bleiben, da der in sich geschlossene Ausbildungslehrgang dem allgemeinen Standard entspricht. Bedeutung kann die vorstehend genannte Ausgangsfrage aber in Ausnahmekonstellationen gewinnen, so etwa dann, wenn das Absolvieren einer „in sich geschlossenen" Ausbildung aus Gründen, die beim Auszubildenden (etwa längerer krankheitsbedingter Ausfall) oder bei der Ausbildungseinrichtung liegen (zB Insolvenz), nicht möglich ist oder wenn (partielle) Nachschulungen erforderlich sind, um die zuvor nicht vollständig abgedeckten Pflichtinhalte und/oder Mindestpräsenzstunden auf das nach der ZMediatAusbV erforderliche Maß aufzustocken. Mag der Verordnungsgeber auch vom Leitbild einer in sich geschlossenen Ausbildung im Sinne eines einheitlichen Ausbildungslehrganges ausgegangen sein,[34] so sollten andererseits keine überzogenen Anforderungen an abweichende Ausbildungsverläufe gestellt werden, solange diese zweifelsfrei und nachweislich jedenfalls in Summe den Anforderungen der ZMediatAusbV entsprechen.

8 Die in der Anlage „Inhalte des Ausbildungslehrganges" niedergelegten Kriterien entsprechen auch nach der Novelle der ZMediatAusbV immer noch weitgehend den vom **Arbeitskreis „Zertifizierung für Mediatorinnen und Mediatoren"** erarbeiteten Standards, welche sich der Rechtsausschuss des Deutschen Bundestages im Rahmen des Gesetzgebungsverfahrens zum MediationsG in seiner Beschlussempfehlung vom 1. Dezember 2011 zu eigen gemacht hat (hierzu → Rn. 24 f. mwN). Die dortigen Hauptausbil-

---

31 Ebenso Röthemeyer ZKM 2017, 195 (197).
32 So Röthemeyer ZKM 2017, 195 (196), der seine Auffassung ergänzend damit begründet, dass § 2 Abs. 6 ZMediatAusbV von „einer" Bescheinigung spricht, die von „der" Ausbildungseinrichtung auszustellen sei.
33 So Röthemeyer ZKM 2017, 195 (196).
34 Was naheliegt, weil damit an die bereits praktizierte Regelform nahezu aller gängigen Mediationsausbildungen angeknüpft worden wäre.

dungsinhalte nebst ihrem jeweiligen zeitlichen Umfang wurden – nunmehr ergänzt um die unter Nr. 2 b) dd) zusätzlich aufgenommenen Themen der Online-Mediation und Digitalkompetenz – in die Nr. 1–8 des Anhangs zur ZMediatAusbV „Inhalte des Ausbildungslehrganges" wie folgt übernommen:

1. Einführung und Grundlagen der Mediation (18 Stunden)
   a) Grundlagen der Mediation
      aa) Überblick über Prinzipien, Verfahrensablauf und Phasen der Mediation
      bb) Überblick über Kommunikations- und Arbeitstechniken in der Mediation
   b) Abgrenzung der Mediation zum streitigen Verfahren und zu anderen alternativen Konfliktbeilegungsverfahren
   c) Überblick über die Anwendungsfelder der Mediation
2. Ablauf und Rahmenbedingungen der Mediation (40 Stunden)
   a) Einzelheiten zu den Phasen der Mediation
      aa) Mediationsvertrag
      bb) Stoffsammlung
      cc) Interessenerforschung
      dd) Sammlung und Bewertung von Optionen
      ee) Abschlussvereinbarung
   b) Besonderheiten unterschiedlicher Settings in der Mediation
      aa) Einzelgespräche
      bb) Co-/Teammediation, Mehrparteienmediation, Shuttle-Mediation
      cc) Einbeziehung Dritter
      dd) Online-Mediation, Digitalkompetenz
   c) Weitere Rahmenbedingungen
      aa) Vor- und Nachbereitung von Mediationsverfahren
      bb) Dokumentation/Protokollführung
3. Verhandlungstechniken und -kompetenz (12 Stunden)
   a) Grundlagen der Verhandlungsanalyse
   b) Verhandlungsführung und Verhandlungsmanagement: intuitives Verhandeln, Verhandlung nach dem Harvard-Konzept/integrative Verhandlungstechniken, distributive Verhandlungstechniken
4. Gesprächsführung, Kommunikationstechniken (18 Stunden)
   a) Grundlagen der Kommunikation
   b) Kommunikationstechniken (zB aktives Zuhören, Paraphrasieren, Fragetechniken, Verbalisieren, Reframing, verbale und nonverbale Kommunikation)
   c) Techniken zur Entwicklung und Bewertung von Lösungen (zB Brainstorming, Mindmapping, sonstige Kreativitätstechniken, Risikoanalyse)
   d) Visualisierungs- und Moderationstechniken
   e) Umgang mit schwierigen Situationen (zB Blockaden, Widerstände, Eskalationen, Machtungleichgewichte)
5. Konfliktkompetenz (12 Stunden)
   a) Konflikttheorie (Konfliktfaktoren, Konfliktdynamik und Konfliktanalyse; Eskalationsstufen; Konflikttypen)
   b) Erkennen von Konfliktdynamiken
   c) Interventionstechniken

6. Recht der Mediation (6 Stunden)
   a) Rechtliche Rahmenbedingungen: Mediatorvertrag, Berufsrecht, Verschwiegenheit, Vergütungsfragen, Haftung und Versicherung
   b) Einbettung in das Recht des jeweiligen Grundberufs
   c) Grundzüge des Rechtsdienstleistungsgesetzes
7. Recht in der Mediation (12 Stunden)
   a) Rolle des Rechts in der Mediation
   b) Abgrenzung von zulässiger rechtlicher Information und unzulässiger Rechtsberatung in der Mediation durch den Mediator
   c) Rolle des Mediators in Abgrenzung zu den Aufgaben des Parteianwalts
   d) Sensibilisierung für das Erkennen von rechtlich relevanten Sachverhalten bzw. von Situationen, in denen den Medianden die Inanspruchnahme externer rechtlicher Beratung zu empfehlen ist, um eine informierte Entscheidung zu treffen
   e) Mitwirkung externer Berater in der Mediation
   f) Rechtliche Besonderheiten der Mitwirkung des Mediators bei der Abschlussvereinbarung
   g) Rechtliche Bedeutung und Durchsetzbarkeit der Abschlussvereinbarung unter Berücksichtigung der Vollstreckbarkeit
8. Persönliche Kompetenz, Haltung und Rollenverständnis (12 Stunden)
   a) Rollendefinition, Rollenkonflikte
   b) Aufgabe und Selbstverständnis des Mediators (insbesondere Wertschätzung, Respekt und innere Haltung)
   c) Allparteilichkeit, Neutralität und professionelle Distanz zu den Medianden und zum Konflikt
   d) Macht und Fairness in der Mediation
   e) Umgang mit eigenen Gefühlen
   f) Selbstreflexion (zB Bewusstheit über die eigenen Grenzen aufgrund der beruflichen Prägung und Sozialisation)

Gesamt: 130 Stunden

Die Punkte IX. (Praxis und Supervision und Intervision in der Ausbildung) und X. (Praktische Erfahrung und Nachweis von Fällen) des vom Arbeitskreis „Zertifizierung für Mediatorinnen und Mediatoren" erarbeiteten Ausbildungscurriculums finden sich zwar nicht in der Anlage „Inhalte des Ausbildungslehrganges" wieder; sie werden aber durch § 2 Abs. 3 ZMediatAusbV („... muss ... auch praktische Übungen und Rollenspiele umfassen") sowie durch die Vorgaben zur notwendigen praktischen Erfahrung in § 2 Abs. 2 und § 2 Abs. 5 ZMediatAusbV umgesetzt. Die **Intervision**, welche § 5 Abs. 3 RefE ZMediatAusbV im Zuge des Nachweises praktischer Erfahrungen (des bereits zertifizierten Mediators) noch in Bezug genommen hatte, findet sich in der ZMediatAusbV nicht mehr wieder. Da der mit einer Intervision einhergehende kollegiale Austausch besonders wirksam zum Tragen kommt, wenn es um die wechselseitige Reflexion eigener praktischer Mediationserfahrungen geht, ist es aber dennoch zulässig – und sogar empfehlenswert –, Elemente der Intervision auch in der Ausbildung zu nutzen, zB im Rahmen eines intensivierten Teilnehmerfeedbacks nach durchgeführten Rollenspielen. Darüber hinaus sind Intervisionen auch zur kollegialen Nachbetrachtung von Fällen gewinnbringend, die *nach* Ausbildungsabschluss mediiert worden sind. Allerdings versagt die ZMediatAusbV der

Intervision im Rahmen von § 2 Abs. 2 und 5 ZMediatAusbV insoweit die Anerkennung, als dass der Nachweis der dort adressierten (begleiteten) Praxiserfahrungen jeweils eine Nachbetrachtung im Wege der Supervision erfordert.

Im Unterschied zu dem vom Arbeitskreis „Zertifizierung für Mediatorinnen und Mediatoren" erarbeiteten Ausbildungscurriculum verzichtet die Anlage „Inhalte des Ausbildungslehrganges" der ZMediatAusbV darauf, den in den Nr. 1–8 genannten Hauptausbildungsinhalten durch Zuweisung einer Prozentzahl feste Anteile an der Gesamtausbildungsdauer zuzuweisen. Für Ausbildungslehrgänge, die eine mehr als 130 Präsenzzeitstunden umfassende Ausbildung anbieten, bedeutet dies, dass die Schwerpunktbildung und Gewichtung im Übrigen flexibel gehandhabt werden kann. Jenseits der Erfüllung der Mindestvorgaben der Anlage bedarf es maW also keiner quotalen Erhöhung der Anteile der einzelnen Hauptausbildungsinhalte im Verhältnis dieser zur Mindeststundenzahl von 130 Zeitstunden. Nachzuweisen ist lediglich, dass die in der Anlage aufgeführten Pflichtinhalte jeweils mindestens im Umfang der durch die Spalte 3 der Anlage geforderten Präsenzzeitstunden absolviert wurden. Welche Inhalte in welcher Gewichtung darüberhinausgehend Bestandteil der Ausbildung sind, ist den Ausbildungsträgern in diesem Fall freigestellt.[35] Ebenfalls freigestellt ist es den Ausbildungsträgern – und zwar generell, dh sowohl im Rahmen 130-stündiger als auch länger dauernder Ausbildungen – mit welcher Gewichtung sie die den einzelnen Hauptausbildungsinhalten zugeordneten Unterpunkte abdecken. Obwohl gute Gründe für eine noch weitergehende **Flexibilisierung der Gewichtung** der einzelnen Ausbildungsinhalte sprechen (→ MediationsG § 5 Rn. 44), ist der Spielraum, der damit in Bezug auf die jeweils genannten Unterthemen der Hauptausbildungsinhalte eröffnet werden soll, im Kern zu begrüßen. Diese müssen thematisch zwar gänzlich und ausnahmslos abgedeckt werden, können zumindest aber in beschränkten (Gewichtungs-)Rahmen dem individuellen Bedarf und Vorkenntnisstand der Teilnehmer angepasst werden.[36] So begrüßenswert dies im Übrigen ist, so unverständlich ist es allerdings, dass gesetzgebungstechnisch keine Verpflichtung statuiert wurde, die sicherstellt, dass die seitens des Verordnungsgebers im Zuge der Novelle der ZMediatAusbV neu eingeführten Lehrinhalte im Bereich der Online-Mediation und der Vermittlung von Digitalkompetenzen tatsächlich mit den geforderten zusätzlichen 10 Zeitstunden zu Buche schlagen. Zur Erläuterung: Die vorgenannten Ausbildungsinhalte wurden in den Kanon der nach Nr. 2 der Anlage zu vermittelnden Themen (Ablauf und Rahmenbedingungen der Mediation) integriert. Für die dort genannten Ausbildungsinhalte besteht aber nur die Verpflichtung, dass diese *in Summe* 40 Zeitstunden ausmachen. Die Gewichtung der einzelnen Inhalte ist in diesem Rahmen dem Ausbildungsträger überlassen. Damit ist es nach dem Wortlaut der ZMediatAusbV durchaus möglich, den Themen Online-Mediation und Digitalkompetenzen weniger als die vom Gesetzgeber geforderten 10 Zeitstunden zu widmen, solange dies durch erhöhte Stundenzahlen in den weiteren dort genannten

---

35 So auch Röthemeyer ZKM 2024, 8, 9.
36 Siehe hierzu auch Begründung zum RefE ZMediatAusbV, S. 15 zu § 3.

Bereich kompensiert wird und das Erreichen der Gesamtstundenzahl von 40 Stunden sichergestellt ist.[37] Dies ist gesetzgebungstechnisch missglückt und wäre leicht anders zu regeln gewesen, indem für die Online-Mediation und die Digitalkompetenzen eine neue Nr. der Anlage geschaffen worden wäre, welche die gewünschten 10 Zeitstunden verbindlich vorgibt.

10 Der **Abgleich des Ausbildungscurriculums des Arbeitskreises „Zertifizierung für Mediatorinnen und Mediatoren" mit der Anlage „Inhalte des Ausbildungslehrganges"** der ZMediatAusbV führt im Übrigen zu dem Befund nur marginaler Änderungen mit zumeist eher redaktionellem Charakter. So fehlt im Zuge der Konkretisierung von Nr. 1 – Einführung und Grundlagen der Mediation – zwar der im Ausbildungscurriculum des Arbeitskreises unter Punkt I.1. genannte Punkt „Definitionen"; entsprechende terminologische Klarstellungen werden in der Ausbildungspraxis aber zwanglos im Rahmen der Unterthemen „Grundlagen der Mediation" bzw. „Abgrenzung der Mediation zum streitigen Verfahren und zu anderen alternativen Konfliktbeilegungsverfahren" (Ziffern 1. a) und b) der Anlage) erfolgen. Eine inhaltliche Änderung ist daneben auch nicht mit dem Weglassen der im Ausbildungscurriculum noch enthaltenen exemplarischen Aufzählung der Einbeziehung „Dritter" in Nr. 2 b) cc) der Anlage verbunden (der Entwurf des Ausbildungscurriculums des Arbeitskreises nannte hierzu unter Punkt II.2.c) beispielhaft Kinder, Steuerberater und Gutachter als Dritte). Weiter gefasst als im damaligen Entwurf des Ausbildungscurriculums wurde Nr. 7 e) der Anlage. Ursprünglich nur auf die Mitwirkung von Rechtsanwälten in der Mediation zugeschnitten (siehe Ziffer VII.5. des Ausbildungscurriculums), adressiert Nr. 7 e) der Anlage „Ausbildungsinhalte" nunmehr allgemeiner die Mitwirkung externer Berater in der Mediation. Der Abschnitt „Recht in der Mediation" beinhaltet zudem drei weitere Änderungen. Zum einen lautet die Überschrift dieses Ausbildungsabschnittes nun nicht mehr „Recht in der Mediation, Ermöglichung einer rechtlich informierten Entscheidung bei rechtlich relevanten Sachverhalten", sondern nur noch „Recht in der Mediation". Zweitens wurde die ursprüngliche Formulierung „Abgrenzung zu den Aufgaben des Parteianwalts" (Ziffer VII.3. des Ausbildungscurriculums) durch Nr. 7 c) der Anlage in „Rolle des Mediators in Abgrenzung zu den Aufgaben des Parteianwaltes" konkretisiert und drittens wurde Nr. 7 d) der Anlage gegenüber dem ursprünglichen Text der Ziffer VII.4. des Ausbildungscurriculums dahin gehend formuliert, dass nun nicht mehr von der „Sensibilisierung für die rechtliche Relevanz bestimmter Sachverhalte" die Rede ist, sondern vielmehr auf die Sensibilisierung für das **Erkennen von rechtlich relevanten Sachverhalten** abgestellt wird. Als einzige wirklich durchgreifende Änderung – nämlich im Sinne der erfolgten ersatzlosen Streichung – verbleibt nach alledem die Herausnahme des im Curriculum unter Ziffer VIII.8. noch enthaltenen Punktes der „Vernetzung".

Soweit aus den vielfachen Bezügen einzelner Unterpunkte der Ausbildungsinhalte zu rechtlichen Fragen die Annahme abgeleitet würde, der Verordnungsgeber verhielte sich in Bezug auf die zugrundeliegenden Grundberufe nicht neutral und habe primär das Bild des Mediators mit anwaltlichem

---

37 Siehe hierzu auch Röthemeyer ZKM 2024, 8, 9.

Grundberuf vor Augen, ginge dies fehl. Aus dem interdisziplinären Charakter der Mediation folgen vielfache Berührungspunkte zu Domänen unterschiedlichster Fachrichtungen wie beispielsweise der Psychologie, der Kommunikationswissenschaft und eben auch der Rechtswissenschaft. Gerade weil viele Mediationsbereiche – wie insbesondere die Wirtschafts-, Familien- oder Scheidungsmediation – enge Berührungspunkte zu rechtlich relevanten Rahmenbedingungen aufweisen, wäre es verfehlt, Mediatoren mit nicht juristischem Grundberuf im Rahmen der Ausbildung nicht für das Erkennen dieser Bezüge und Hintergründe zu sensibilisieren.[38] Dies zu unterlassen wäre genauso unverantwortlich wie umgekehrt die Nichtvermittlung psychologischer Hintergründe und Wirkmechanismen an anwaltliche Mediatoren.

Für die Befugnis, sich als zertifizierter Mediator bezeichnen zu dürfen, kommt es darauf an, *dass* eine Ausbildung absolviert wurde, die den Anforderungen der ZMediatAusbV entspricht, nicht etwa *wann* dies erfolgte. Anerkennung finden sollen auch entsprechende Ausbildungen, die vor Inkrafttreten der Rechtsverordnung absolviert wurden. Sofern diese allerdings den durch die Verordnung statuierten zeitlichen und inhaltlichen Mindestvorgaben nicht entspricht – insbesondere also weniger als 130 Präsenzzeitstunden umfasst oder die erforderlichen Ausbildungsinhalte nicht gänzlich oder nicht in der geforderten Gewichtung beinhaltet hat – bedarf es einer entsprechenden **Nachschulung**,[39] es sei denn, eine solche ist vor dem Hintergrund der Übergangsbestimmung des § 7 ZMediatAusbV entbehrlich (zu den Übergangsregelungen → § 7 ZMediatAusbV Rn. 1 ff.).

Mit Wirkung vom 1.3.2024 sind die **Anforderungen an die nachzuweisende Praxiserfahrung des zertifizierten Mediators** deutlich angehoben worden. Während nach alter Rechtslage gem. § 2 Abs. 2 iVm § 2 Abs. 5 ZMediatAusbV schon eine **Einzelsupervision**, die während des Ausbildungslehrganges oder innerhalb eines Jahres nach dessen erfolgreicher Beendigung im Anschluss an eine als Mediator oder Co-Mediator durchgeführte Mediation durchzuführen war, als ausreichend angesehen wurde, verlangt § 2 Abs. 2 iVm § 2 Abs. 5 ZMediatAusbV nun, dass Ausbildungsteilnehmende spätestens drei Jahre nach Beendigung des Ausbildungslehrgangs fünf supervidierte Mediationen jeweils als Mediator oder Co-Mediator durchgeführt haben müssen, um sich als zertifizierter Mediator bezeichnen zu dürfen. Diese fünf Supervisionen, bei denen der Verordnungsgeber im Unterschied zur alten Rechtslage nicht mehr auf einer Einzelsupervision besteht, sondern auch eine Gruppensupervisionen zulässt, müssen gem. § 2 Abs. 5 S. 2 iVm § 2 Abs. 6 ZMediatAusbV vom Supervisor bescheinigt und auch in die vom Ausbildungsinstitut auszustellende Bescheinigung über den Abschluss der Ausbildung aufgenommen werden.

Die Verschärfung der Anforderungen an die notwendige Praxiserfahrung des zertifizierten Mediators trägt der zu Recht geäußerten Kritik an der vormaligen Rechtslage Rechnung. Zwar war der zertifizierte Mediator

---

38 Teilweise wird dabei allerdings kritisiert, dass der in der ZMediatAusbV vorgesehene Anteil rechtlicher Bezüge mit insgesamt 18 Stunden zu hoch bemessen sei, so Bähner/Schwertfeger Wirtschaft + Weiterbildung 2017, Ausgabe 2, 36 (37).
39 Begründung zum RefE ZMediatAusbV, S. 15 zu § 3.

gem. § 4 ZMediatAusbV aF verpflichtet, innerhalb der zwei auf den Abschluss seiner Ausbildung nach § 2 folgenden Jahre mindestens viermal an einer Einzelsupervision, jeweils im Anschluss an eine als Mediator oder Co-Mediator durchgeführte Mediation, teilzunehmen; da diese Pflicht sich allerdings auf den *bereits zertifizierten* Mediator und dessen Fortbildungspflichten bezog, war es möglich, dass sich – bei Erfüllung aller sonstigen Voraussetzungen – auch derjenige als zertifizierter Mediator bezeichnen darf, der abgesehen von einer einzigen, als Bestandteil seiner Ausbildung vorgesehenen Mediation keinerlei weitere praktische Mediationserfahrung hat. Dies ist vielfach zu Recht kritisiert worden, wobei auch Zweifel im Hinblick auf die Vereinbarkeit mit der Rechtsprechung des BGH zur Zertifizierung geäußert wurden. Vergegenwärtigt man sich, dass der Durchschnittsverbraucher mit dem Begriff der Zertifizierung eine auch durch praktische Erfahrungen vermittelte besondere Qualifikation verbindet, so hat die auf den Nachweis nur einer einzigen Mediation beschränkte ehemalige Vorgabe des § 2 Abs. 5 ZMediatAusbV aF quasi „amtlich" zur Erweckung einer Fehlvorstellung bei potenziellen Medianden beigetragen. Dies gilt umso mehr, als dass nach § 2 Abs. 5 ZMediatAusbV aF selbst eine während des noch laufenden Ausbildungslehrganges durchgeführte (einzelsupervidierte) Mediation als ausreichend erachtet wurde. Da noch in der Ausbildung befindliche Mediatoren kaum „echte" Mediationsfälle übernehmen werden (und dies, da eben noch weitgehend unausgebildet, auch nicht tun sollten), blieb die Motivation des Verordnungsgebers an dieser Stelle rätselhaft. Möglicherweise sollten damit Fälle angesprochen werden, die im Rahmen eines Rollenspiels in der Ausbildung mediiert und durch eine Einzelsupervision begleitend analysiert worden sind – was sachlich wegen der Unterschiede zu einer realen Mediation ersichtlich verfehlt war und allenfalls einen Anreiz dazu geliefert hat, Ausbildungsanbieter dazu motivieren, einen entsprechenden „Service" anzubieten, um ihren Teilnehmern einen schnelleren Nachweis der geforderten „Praxiserfahrung" zu ermöglichen.

13 Nach § 2 Abs. 2 ZMediatAusbV setzt die Ausbildung zum zertifizierten Mediator sich zusammen aus einem Ausbildungslehrgang und fünf supervidierten Mediationen, die der Ausbildungsteilnehmende jeweils als Mediator oder Co-Mediator durchgeführt hat. Zudem stellt § 2 Abs. 6 ZMediatAusbV klar, dass die über den Abschluss der Ausbildung von der Ausbildungseinrichtung auszustellende Bescheinigung erst dann erteilt werden darf, wenn der Ausbildungslehrgang beendet ist und die fünf supervidierten Mediationen bestätigt sind. Daraus folgt, dass die durchzuführenden fünf Supervisionen neben dem Ausbildungslehrgang **konstitutiver Ausbildungsbestandteil** sind. Im Unterschied zur vormaligen Rechtslage finden supervidierte Mediationen, die noch während des Ausbildungslehrganges durchgeführt worden sind, keine Anerkennung mehr. Die Neuregelung des § 2 Abs. 5 ZMediatAusbV setzt vielmehr eine klare Zäsur dahingehend, dass sämtliche der geforderten fünf supervidierten Mediationen nach Abschluss des Ausbildungslehrganges durchgeführt werden müssen. Mit Blick auf die Unschärfen der vormaligen Regelung (→ Rn. 12) ist dies zu begrüßen.

Ausbildungsteilnehmende müssen die fünf supervidierten Mediationen gem. § 2 Abs. 5 S. 1 ZMediatAusbV spätestens drei Jahre nach Beendigung des Ausbildungslehrgangs durchgeführt haben, was mit den nach § 2 Abs. 6 S. 3 Nr. 5–7 geforderten Angaben (Datum und Ort der durchgeführten Supervisionen, Name und Anschrift des Supervisors sowie anonymisierte Angaben zu in den Supervisionen besprochenen Mediationen.) in die von der Ausbildungseinrichtung auszustellende Bescheinigung über den Abschluss der Ausbildung aufzunehmen ist. Da ohne diese Bescheinigung nicht die Befugnis besteht, sich als zertifizierter Mediator bezeichnen zu dürfen, ist eindeutig vorgegeben, dass die Zertifizierungsbezeichnungsbefugnis weder vorab noch dann besteht, wenn es dem Ausbildungsteilnehmenden nicht gelingt, innerhalb der Dreijahresfrist fünf Mediationen zu akquirieren, durchzuführen und jeweils einer Supervision zu unterziehen. Letzteres mag als besondere Härte empfunden werden – und kann, da Mediationsanfragen aufgrund immer noch bestehender Nachfragedefizite nicht „vom Himmel fallen" - im Einzelfall tatsächlich zu Härten führen; allerdings ist dabei zu berücksichtigen, dass schon nach alter Rechtslage fünf zu supervidierende Mediationen innerhalb eines vergleichbaren Zeitraumes gefordert wurden, allerdings mit dem Unterschied, dass vier dieser Mediationen Bestandteil der Fortbildung des bereits zertifizierten Mediators waren und erst innerhalb von zwei Jahren nach Ausbildungsabschluss nachgewiesen werden mussten. Während derjenige, der die entsprechende Anzahl von supervidierten Mediationen nicht fristgemäß nachweisen konnte, nach alter Rechtslage wegen Nichterfüllung seiner Fortbildungspflichten erst fortan nicht mehr berechtigt war, sich als zertifizierter Mediator bezeichnen, wird die Pflicht zum Nachweis entsprechender Mediationserfahrung nun mit der zu begrüßenden Konsequenz „vor die Klammer gezogen", dass die Zertifizierungsbezeichnungsbefugnis erst dann gegeben ist, wenn die durch fünf supervidierte Mediationen geforderte **Mindestpraxiserfahrung schon als Bestandteil der Ausbildung** nachgewiesen und bescheinigt wurde. Damit wird zu Recht verhindert, dass sich Mediatoren als zertifiziert bezeichnen dürfen, obwohl sie noch über nahezu keine praktische Erfahrung verfügen.[40] Wem der Nachweis der geforderten Praxiserfahrung innerhalb der Dreijahresfrist nicht gelingt, verliert also nicht seine Zertifizierungsbezeichnungsbefugnis, er erhält sie erst gar nicht, und zwar – abgesehen von den sehr eng gefassten Ausnahmefällen einer Fristenhemmung nach § 8 ZMediatAusbV (→ ZMediatAusbV § 8 Rn. 2) – ohne die Möglichkeit, dies zeitlich nachgelagert heilen zu können.

Die ab dem 1.3.2024 geltende Novelle der ZMediatAusbV bringt gegenüber der vormaligen Rechtslage zwei weitere Änderungen im Kontext der geforderten supervidierten Mediationen mit sich. Im Gegensatz zu § 2 Abs. 2 ZMediatAusbV aF spricht die Neufassung dieser Vorschrift nun nicht mehr von *Einzel*supervisionen, womit klargestellt werden sollte, dass nunmehr – neben weiterhin möglichen Einzelsupervisionen – auch Gruppensupervisionen zulässig sind; zudem wurde die Vorgabe gestrichen, dass

---

40 Nach alter Rechtslage reichte hierzu bereits eine einzige im Wege der Einzelsupervision supervidierte, im Anschluss an eine als Mediator oder Co-Mediator durchgeführte Mediation aus, siehe § 2 Abs. 2 ZMediatAusbV aF.

die Supervisionen jeweils **im Anschluss** an eine durchgeführte Mediation stattfinden müssen.

16 Die **Öffnung der durchzuführenden Supervisionen für Gruppensupervisionen** wurde seitens des BMJ bereits im Rahmen des im November 2021 publizierten Diskussionspapiers zur Zertifizierte-Mediatoren-Ausbildungsverordnung[41] angedeutet und mit der Neufassung von § 2 Abs. 2 und § 2 Abs. 5 ZMediatAusbV in der Folge auch umgesetzt. Unter dem Aspekt der Qualitätssicherung der Ausbildung zertifizierter Mediatoren, der für jedwede Änderung der Ausbildungsvorgaben leitend sein sollte, überzeugt die Öffnung für Gruppensupervisionen jedoch nicht. Dies zeigt auch ein Blick auf die Entstehungsgeschichte der ZMediatAusbV:

Das Erfordernis einer einzelsupervidierten Mediation wurde ursprünglich aufgenommen, um den Ausbildungsteilnehmern die Möglichkeit zu geben, das im Ausbildungslehrgang Gelernte zeitnah praktisch umzusetzen und etwaige Anfangsschwierigkeiten mit dem Einzelsupervisor besprechen zu können.[42] Um sicherzustellen, dass im Rahmen der Supervision tatsächlich eine ausschließliche Reflektion über die vom Ausbildungsteilnehmer gerade durchgeführte Mediation erfolgt, hatte sich der Verordnungsgeber seinerzeit bewusst für die *Einzel*supervision entschieden.[43] Die Begleitung einer Mediation im Rahmen einer **Gruppensupervision** fand damit keine Anerkennung.[44] Dass hierfür gute Gründe sprachen, wurde unter anderem aus der Positionierung der Bundesregierung auf eine Kleine Anfrage der FDP-Fraktion vom 20.9.2019[45] deutlich. In der diesbezüglichen Antwort[46] unterstrich die Bundesregierung das Erfordernis eines Einzelgesprächs unter Hinweis darauf, dass eine Gruppensupervision erstens nicht sicher gewährleiste, dass eine Mediation gerade des Supervisanden Gegenstand des Gesprächs sei und zweitens der Vorteil eines Einzelgesprächs der geschützte Raum und damit die Intimität der möglichen Auseinandersetzung sei. Praxiserfahrungen mit der Einzelsupervision zeigen zudem, dass die Fokussierung auf einen einzigen, vom Supervisanden vorgestellten Mediationsfall eine deutlich intensivere und tiefergehende Reflexion des Erlebten und möglicher kritischer Mediationsphasen erlaubt, als es – auch zeitlich – im Rahmen einer Gruppensupervision möglich ist. Es bleibt damit der Eindruck, dass die vorgenommene Öffnung für Gruppensupervisionen eher dem Nachgeben des Drängens interessierter Ausbildungsanbieter[47] als rei-

---

41 Diskussionspapier zur Zertifizierte-Mediatoren-Ausbildungsverordnung vom 15.11.2021, 2021-11-15_Diskussionsentwurf_BMJV_Mediation 2021.pdf (centrale-fuer-mediation.de), S. 2, abrufbar unter https://www.centrale-fuer-mediation.de/media/2021-11-15_Diskussionsentwurf_BMJV_Mediation%202021.pdf (letzter Abruf am 17.3.2024).
42 Eicher ZKM 2016, 160 (161).
43 Eicher ZKM 2016, 160 (161).
44 Kritisch hierzu Röthemeyer ZKM 2017, 195 (198).
45 BT-Drs. 19/13375: „Transparenz und Qualitätssicherung in der Mediation".
46 BT-Drs. 19/13854, s.a. Supervision bei Mediatoren: FDP-Fraktion stellt Kleine Anfrage, ZKM 2019, 237.
47 Das Diskussionspapier des BMJ stützt sich im Wesentlichen auf „Rückmeldungen aus der Praxis", die ergeben hätten, dass Gruppensupervisionen die notwendige Reflexion Betroffener ebenso gut und z.T. sogar besser erreichen könnten, ohne allerdings eine Begründung für diese Thesen zu nennen, Diskussionspapier zur Zertifizierte-Mediatoren-Ausbildungsverordnung vom 15.11.2021, 2021-11-15_Diskus-

nen Qualitätskriterien geschuldet ist. De lege ferenda sollte deshalb eine Rückkehr zu dem ursprünglich aus guten Gründen eingeführten Erfordernis einer Einzelsupervision erwogen werden[48].

Auch Gruppensupervisionen müssen sich auf Mediationen beziehen, die der Supervisand als Mediator oder Co-Mediator durchgeführt hat. Die bloße Teilnahme an einer Gruppensupervision, deren Gegenstand ausschließlich Mediationsfälle anderer Teilnehmer sind, ist daher in keinem Fall ausreichend.[49] Um im Vergleich zur Einzelsupervision nicht zu rechtfertigende Qualitätsdefizite zu unterbinden, sollte zudem sichergestellt sein, dass der durch den Supervisor angeleiteten Reflektion über den eigenen Mediationsfall ausreichend Zeit eingeräumt wird. Eine bloß oberflächliches „An-Supervidieren" der von den Gruppenteilnehmern eingebrachten Fälle würde diesem Erfordernis nicht gerecht. Die Qualität durchgeführter Gruppensupervisionen steht damit auch in direkter Beziehung zur Teilnehmerzahl und zur (Höchst-)Anzahl der in einer gemeinsamen Sitzung supervidierter Mediationen. Obwohl es naheliegend gewesen wäre, eine Höchstzahl der in einer Gruppensupervision behandelten Fälle vorzugeben (z.B. maximal drei), um auf diesem Wege eine noch ausreichend individuell gestaltete Selbstreflektion und Lernerfahrung zu ermöglichen,[50] hat der Verordnungsgeber dies ebenso offengelassen[51] wie hierauf bezogenen Angaben in der nach § 2 Abs. 6 ZMediatAusbV auszustellenden Supervisionsbescheinigung.[52] Es bleibt abzuwarten, wie die Praxis der Gruppensupervisionen sich entwickelt und ob insbesondere gewährleistet ist, dass sie sich an verantwortungsvollen Qualitätskriterien ausrichtet. Spätestens im Falle von zu beobachtenden missbräuchlichen Gestaltungsformen – etwa dem „Durchschleusen" möglichst vieler Supervisanden ohne angemessene zeitliche und fachliche Reflektionsmöglichkeiten über die von ihnen eingebrach-

---

sionsentwurf_BMJV_Mediation 2021.pdf (centrale-fuer-mediation.de), S. 2, abrufbar unter https://www.centrale-fuer-mediation.de/media/2021-11-15_Diskussionsentwurf_BMJV_Mediation%202021.pdf (letzter Abruf am 17.3.2024).

48 Hierfür spricht auch, dass das Praktikabilitätsinteresse von Ausbildungsträgern, möglichst mehrere Supervisanden in einer gemeinsamen Sitzung supervidieren zu können, dadurch an Bedeutung verloren hat, dass die durchzuführenden Supervisionen nunmehr durchgängig nach Ende des Ausbildungslehrganges stattfinden müssen und damit hinsichtlich ihrer Durchführung in deutlich stärkerem Maße für externe Supervisoren geöffnet wurden, die in keiner Beziehung zum Ausbildungsinstitut stehen müssen.

49 Klowait ZKM 2022, 20, 21.

50 Siehe hierzu ebenfalls Klowait ZKM 2022, 20, 21.

51 Das Diskussionspapier des BMJ fordert in diesem Zusammenhang lediglich, dass die „jeweiligen Einzelfälle im Rahmen der Gruppengespräche auch tatsächlich einer genaueren Analyse unterzogen werden", enthält sich – ebenso wie der Referentenentwurf der Zweiten Verordnung zur Änderung der Zertifizierte-Mediatoren-Ausbildungsverordnung – aber jeder weiteren Konkretisierung bzgl. der hierfür zu fordernden (Mindest-)Kriterien.

52 Diese Bescheinigung muss nach § 2 Abs. 6 ZMediatAusbV lediglich Angaben über Datum und Ort der durchgeführten Supervisionen, Name und Anschrift des Supervisors sowie anonymisierte Angaben zu in den Supervisionen besprochenen Mediationen enthalten. Sinnvoll wären demgegenüber ergänzende Pflichtangaben, die im Fall einer Gruppensupervision erkennen lassen, wie viele Supervisanden an der gemeinsamen Sitzung teilgenommen haben, wie viele Mediationen Gegenstand der Supervision waren und welche Zeit für die Supervision der einzelnen Mediationen jeweils zur Verfügung stand.

17 Während § 2 Abs. 2 und Abs. 5 ZMediatAusbV aF für die – seinerzeit noch einzige – im Rahmen der Ausbildung durchzuführende Supervision forderte, dass diese *im Anschluss* an eine als Mediator oder Co-Mediator durchgeführte Mediation durchgeführt wird, sehen die Abs. 2 und 5 von § 2 ZMediatAusbV eine solche einschränkende Vorgabe nicht mehr vor. In der Sache ist dies zu begrüßen. Erstreckt sich eine Mediation zeitlich über mehrere Sitzungstermine und möchte der Mediator oder Co-Mediator sich dergestalt begleiten lassen, dass eine Supervision jeweils im Anschluss an die einzelnen Mediationssitzungen stattfindet, war dies bei verständiger Würdigung des Sinnes und Zwecks der Supervisionsvorgaben bereits nach alter Rechtslage zulässig (siehe hierzu etwa die Vorauflage dieses Kommentars → § 2 ZMediatAusbV Rn. 21). Es wäre in diesem Fall lebensfremd, dem auszubildenden Mediator die Anerkennung der (in mehreren Sitzungen) durchgeführten Supervision unter Hinweis darauf zu versagen, sie habe nicht „im Anschluss" an eine durchgeführte Mediation stattgefunden. Voraussetzung hierfür ist allerdings, dass sich die Supervision insgesamt auf den kompletten Verlauf der durchgeführten Mediation bezieht und somit deren vollständige Reflexion ermöglicht. Unverändert und aus gutem Grund sprechen auch die novellierten Fassungen des § 2 Abs. 2 und Abs. 5 ZMediatAusbV von supervidierten *Mediationen* und nicht von supervidierten Teilphasen einer Mediation. Zulässigerweise kann und sollte der Schwerpunkt der Supervision dabei zwar auf retrospektiv besonders entscheidende Phasen der Mediation gelegt werden; schon deshalb, weil die Effektive des konkreten Handelns des Mediators auf den weiteren Mediationsverlauf ohne Berücksichtigung der Entwicklung in nachfolgenden Mediationsphasen nicht sinnvoll analysiert und supervidiert werden können, ist an der Forderung der ganzheitlichen Betrachtung einer vollständigen Mediation in der Supervision festzuhalten[54]. Dies vorausgesetzt vermittelt auch eine zeitlich gestaffelte, „mediationsbegleitend" durchgeführte Supervision einer (vollständig durchgeführten) Mediation den geforderten Lern- und Ausbildungseffekt.

18 Ob der auszubildende Mediator die supervidierten Mediationen allein oder als Co-Mediator durchgeführt hat, spielt für die Anerkennung der Super-

---

[53] Darüber hinaus ist kritisiert worden, dass mangels einer Festlegung, ob die zu supervidierenden Mediationen in physischer oder virtueller Präsenz durchzuführen sind, nicht ausgeschlossen werden könne, dass keine einzige der fünf Mediationen mehr in physischer Präsenz erfolgt. Der RTMKM hat dies mit der – seitens des Verordnungsgebers jedoch nicht aufgegriffenen - Anregung verbunden, dass mindestens drei der fünf Mediationen in physischer Präsenz erfolgen sollten, vgl. Stellungnahme des RTMKM (dort Ziffer 2) zum Referentenentwurf der Zweiten Verordnung zur Änderung der Zertifizierte-Mediatoren-Ausbildungsverordnung hin, abrufbar unter https://www.bmj.de/SharedDocs/Gesetzgebungsverfahren/DE/2023_ZMediatAusbV.html (letzter Abruf 17.3.2024).

[54] Das Erfordernis einer vollständigen Mediation ist dann gegeben, wenn die Mediation erfolgreich, also bis zum Abschluss einer Ergebnisvereinbarung durchgeführt wird. Allerdings darf dem Supervisanden nicht zur Last fallen, wenn eine Mediation vorzeitig endet. Auch solche Mediationen sind anerkennungsfähig, zumal auch die Reflektion über Aspekte des „Scheiterns" einer Mediation einen hohen Lerneffekt nach sich ziehen kann.

visionen keine Rolle. Dass der Verordnungsgeber Co-Mediationen nicht nur quotal anrechnet, sondern als vollwertige eigene Mediationserfahrung ansieht, ist sach- und praxisgerecht. Der Co-Mediator ist in gleicher Intensität in die Durchführung der Mediation eingebunden wie er es als Einzelmediator wäre. Aus dem bloßen Umstand einer „arbeitsteiligen" Bewältigung der Aufgaben und Herausforderungen einer Mediation (neben dem zweiten Mediator) eine Abwertung im Sinne einer nur teilweisen Anrechnung abzuleiten, wäre schon deshalb verfehlt, weil das Weniger an aktivem Tun in der Mediation zumeist durch ein Mehr an konzeptionellen Vorüberlegungen zur Rollen- und Aufgabenverteilung der Co-Mediatoren untereinander kompensiert wird. Zudem ermöglicht die Co-Mediation – insbesondere bei Mediationen mit mehreren Sitzungsterminen – ein direktes Reflektieren des bisherigen Mediationsverlaufs mit seinem Co-Mediator. Auch aus diesem Grund liegt im Vergleich zur Einzelmediation idR keinesfalls ein geringerer „Lerneffekt" vor, der eine nur teilweise Anrechnung durchgeführter Co-Mediationen rechtfertigen würde. Abzugrenzen ist die Co-Mediation allerdings von der bloßen **Hospitanz**. Werden lediglich Assistenzleistungen für einen alleinverantwortlich handelnden Mediator erbracht und beschränkt sich die (Mit-)Anwesenheit mit diesem in einem Mediationsverfahren auf die passive Beobachtung des Geschehens, ohne dass eine relevante Einbindung in die Verfahrensführung erfolgt, liegt keine nach § 2 Abs. 2 ZMediatAusbV anrechnungsfähige Co-Mediation vor.

Die Dreijahresfrist, innerhalb derer die geforderten (mindestens) fünf supervidierten (Co-)Mediationen durchzuführen sind, beginnt gem. § 2 Abs. 5 ZMediatAusbV mit dem Zeitpunkt der **Beendigung des Ausbildungslehrgangs**.[55] Aus dem Umstand, dass die durchzuführenden Supervisionen nunmehr Bestandteil der Ausbildung sind und die Ausbildungsinstitute nach § 2 Abs. 6 S. 2 ZMediatAusbV Ausbildungsbescheinigungen erst dann ausstellen dürfen, wenn der Ausbildungslehrgang beendet ist *und* die fünf supervidierten Mediationen bestätigt sind, ergibt sich, dass die Supervisanden idR über keine „verbriefte" schriftliche Bescheinigung verfügen, in welcher ihr Ausbildungsträger ihnen die Beendigung des Ausbildungslehrganges (isoliert) bestätigt. Da man dem Supervisor insoweit kaum weitergehende Nachforschungs- oder Prüfpflichten auferlegen kann, dem Zeitpunkt der Beendigung des Ausbildungslehrganges aber entscheidende Bedeutung für die Bemessung der Dreijahresfrist (und damit für die Anerkennungsfähigkeit durchgeführter Supervisionen) beizumessen ist, stellt sich die Frage, ob und welche Weise daraus resultierenden Rechtsunsicherheiten begegnet werden kann. Der praktikabelste Weg dürfte hier in der Ausstellung einer Zwischenbescheinigung des Ausbildungsinstitutes liegen, aus der einerseits das Datum der Beendigung des Ausbildungslehrganges ersichtlich ist und andererseits klargestellt wird, dass dieser Bescheinigung – mangels noch nachzuweisender Supervisionen – nicht der Charakter einer (vollständigen) Ausbildungsbescheinigung beizumessen ist. Dies wäre ein zulässiger und praktikabler, für die Ausbildungsträger mangels Vorgabe

---

55 Zum Wegfall des ehemals in § 2 Abs. 6 ZMediatAusbV vorgesehenen „Erfolgserfordernisses" der Ausbildung → Rn. 27.

einer entsprechenden „Zwischenbescheinigungs-Ausstellungspflicht" allerdings nicht verpflichtender Weg. Der Mehraufwand hielte sich in Grenzen, da Ausbildungsinstituten entsprechende Angaben im Rahmen der Bescheinigungspflicht nach § 2 Abs. 6 ZMediatAusbV ohnehin abverlangt werden und eine Ausbildungsbescheinigung nicht ausgestellt werden darf, ohne dass auch geprüft wurde, ob die erforderlichen fünf Supervisionen tatsächlich innerhalb von drei Jahren nach Beendigung des Ausbildungslehrganges durchgeführt worden sind.

20 Erforderlich ist, dass sämtliche der geforderten Mediationen vollständig innerhalb des zur Verfügung stehenden Dreijahreszeitraumes durchgeführt und ebenfalls vollständig innerhalb dieser Zeitspanne supervidiert worden sind. Anerkennungsfähig sind weder Mediationen, die noch während des Ausbildungslehrganges supervidiert wurden, sind noch solche, deren Supervision erst nach dem Dreijahreszeitraum endet. Soweit unter Hinweis darauf, dass in der Ausbildungsbescheinigung nach § 2 Abs. 6 S. 3 Nr. 5 ZMediatAusbV nur das Datum der Supervision, nicht aber das der Mediation zu bescheinigen ist, vertreten wird, es komme lediglich auf den Zeitpunkt der Supervision, nicht hingegen den der Mediation an[56], überzeugt dies nicht. Nicht nur der Wortlaut des § 2 Abs. 5 ZMediatAusbV, nach welchem fünf supervidierte *Mediationen* spätestens drei Jahre nach Beendigung des Ausbildungslehrgangs durchgeführt worden sein müssen, steht dem entgegen; vergegenwärtigt man sich, dass ein Auftreten als zertifizierter Mediator mit der klaren Erwartungshaltung von Medianden und Mediationsinteressierten verbunden ist, dass dieser über einen nachgewiesenen Erfahrungsvorsprung gegenüber nicht zertifizierten Mediatoren verfügt, begegnet eine nachgiebige Auslegung der hierzu klar statuierten Mindesterfordernisse durchgreifenden Bedenken. Der Verordnungsgeber selbst geht insoweit davon aus, dass es fünf *absolvierter* und jeweils einer Supervision unterzogener Mediationsfälle bedarf, um den berechtigten Erwartungen der Mediandinnen und Medianden und deren Vertrauen in den Titel „zertifiziert" zu entsprechen.[57] Vor diesem Hintergrund wird der Fokus der Verordnung auf die hinreichende Reflexion von durchgeführten Mediationen im Wege der Supervision gerade nicht konterkariert[58], sondern im Gegenteil bestimmungsgemäß umgesetzt, wenn Supervisionen die Anerkennung versagt wird, die sich auf Mediationen beziehen, die nicht innerhalb des Dreijahreszeitraumes abgeschlossen wurden.

21 Weitere Fragen und Kritikpunkte liegen in der **fehlenden Begriffsklarheit der Supervision** begründet. Dies ist unverändert der Fall, da der Verordnungsgeber diesem Themenkreis – obwohl er die Qualität der Ausbildung maßgeblich mitbestimmt – im Rahmen der bisherigen Novellierungen der ZMediatAusbV keine Beachtung geschenkt hat. Die ZMediatAusbV dient maßgeblich auch dem Zweck, durch eine möglichst unmissverständliche und klare Vorgabe der entsprechenden Rahmenbedingungen die geschütz-

---

56 Röthemeyer ZKM 2024, 8,10.
57 Referentenentwurf des BMJ zur Zweiten Verordnung zur Änderung der Zertifizierte-Mediatoren-Ausbildungsverordnung, S. 11, abrufbar unter https://www.bmj.de/SharedDocs/Gesetzgebungsverfahren/DE/2023_ZMediatAusbV.html (letzter Abruf: 17.3.2024).
58 So Röthemeyer ZKM 2024, 8, 10.

te Berufsbezeichnung „zertifizierter Mediator" zu definieren. Vor diesem Hintergrund ist zu kritisieren, dass dies mittelbar durch Rückgriff auf die ihrerseits weder gesetzlich geschützte noch in irgendeiner Art und Weise durch die ZMediatAusbV näher definierte Berufsbezeichnung des „Supervisors" erfolgt. Aus der Feststellung *„Trotz der umfangreichen Literatur, die heute zu diesem Thema vorzufinden ist, existiert noch keine einheitliche Definition von Supervision und auch kein einheitliches Vorgehen im Sinne einer konkreten Supervisionstechnik"*[59] lässt sich erkennen, dass der Verordnungsgeber mit dem Abstellen auf den Begriff der Supervision versucht, eine Gleichung mit einer Unbekannten durch die Hinzufügung einer weiteren zu lösen – ein Versuch, der nicht nur mathematisch Schwierigkeiten bereitet.

Um im Rahmen der Ausbildungsvorgaben einer missbräuchlich weit verstandenen Auslegung des Begriffs der Supervision vorzubeugen, bedarf es der **Konkretisierung des Supervisionsbegriffs** anhand anerkannter Definitionen und Standards. Allgemein lässt sich Supervision als die personenbezogene Beratung von Fach- und Führungskräften zu beruflichen Fragen[60] oder – etwas spezifischer – als Unterstützung in der Reflexion des eigenen professionellen Handelns und der eigenen professionellen Rolle durch einen dahin gehend beauftragten, zumeist auch speziell dafür ausgebildeten Dritten, den Supervisor,[61] beschreiben. Den Standards der Deutschen Gesellschaft für Supervision und Coaching e.V. (DGSv) für die Qualifizierung zum Supervisor liegt das Grundverständnis der Supervision als eines wissenschaftlich fundierten, praxisorientierten und ethisch gebundenen Konzepts für die personen- und organisationsbezogene Beratung in der Arbeitswelt[62] zugrunde.

Aufgabe der **Ausbildungssupervision** ist es, Berufseinsteiger auf die neuen beruflichen Herausforderungen vorzubereiten und den Theorie-Praxis-Transfer zu unterstützen.[63] Sie lässt sich definieren als die professionelle Begleitung, Anleitung und Kontrolle von Ausbildungskandidaten, einer bestimmten Therapie, Methode oder eines Beratungsverfahrens mit dem Ziel, das jeweilige Verfahren zu vermitteln, die Entwicklung der dazugehörigen Identität und Rolle zu fördern und zu unterstützen sowie die ersten Praxisfälle der Ausbildungskandidaten mit Fallsupervision zu begleiten, fachlich zu unterstützen und zu kontrollieren.[64] In der Mediationsausbildung sollte die Ausbildungssupervision folgende Elemente abdecken:

- Wissensvermittlung/Instruktion,
- Selbstreflexion/Selbsterfahrung,
- Identitäts- und Rollenklärung,

---

59 Online-Lexikon für Psychologie und Pädagogik, abrufbar unter https://lexikon.stangl.eu/2497/supervision (zuletzt abgerufen am 17.3.2024).
60 Van Kaldenkerken, S. 19.
61 Belardi, Supervision. Grundlagen, Techniken, Perspektiven, 2. Aufl. 2005.
62 Abrufbar unter https://www.dgsv.de/wp-content/uploads/2023/06/DGSv_Standards-2021.pdf (zuletzt abgerufen am 17.3.2024).
63 Van Kaldenkerken, S. 39.
64 Van Kaldenkerken, S. 36.

- Training, Übung und Vorbereitung der Umsetzung sowie
- Kontrolle.[65]

Obwohl die fünf zu supervidierenden Mediationen nunmehr durchgängig noch zur Ausbildung des zertifizierten Mediators zählen, sind die Grenzen zwischen der Ausbildungssupervision und der **berufsbegleitenden (Praxis-)Supervision** fließend. Denn der Mediator ist nach Abschluss seines Ausbildungslehrganges – wenn auch noch ohne die Befugnis, sich als zertifizierter Mediator bezeichnen zu dürfen – bereits berufspraktisch tätig. Die Aufgabe der berufsbegleitenden (Praxis-)Supervision besteht üblicherweise darin, erfahrene Fachkräfte mit Programmen und Verfahren im Zusammenhang mit den rollen-, klienten- und kooperationsbezogenen Reflexion ihrer beruflichen Tätigkeit zu unterstützen. Die reflexiven Anteile und multidimensionalen Betrachtungsmöglichkeiten spielen im Rahmen der berufsbegleitenden Supervision im Vergleich zur Ausbildungssupervision in der Regel eine deutlich größere Rolle. Hält man sich vor Augen, dass der Mediator in den drei Jahren nach Abschluss seines Ausbildungslehrganges gehalten ist, erste berufspraktische Erfahrungen zu sammeln und nachzuweisen, wird deutlich, dass er in diesem Stadium noch weit davon entfernt ist, als die „erfahrene Fachkraft" bezeichnet werden zu können, deren Begleitung die Praxissupervision üblicherweise vor Augen hat. Vor diesem Hintergrund erscheint es in der Tat sachnäher, die Supervision überwiegend an den Kriterien und Grundsätzen der Ausbildungssupervision auszurichten.

24 Zu den **Zielen der Supervision** kann in Anlehnung an anerkannte Standards[66] gezählt werden,

- die Wahrnehmungs- und Deutungsmöglichkeiten zu erweitern,
- ein vertieftes Verstehen von Erfahrungen, Ereignissen und Handlungen in ihren vielfältigen Bezügen und Wechselwirkungen zu ermöglichen,
- die persönliche, soziale und professionelle Kompetenz zu erhöhen, insbesondere zur Problemlösung in kritischen Situationen und
- ein selbstbewusstes, kompetentes Handeln zu fördern.

25 Schon aus der Komplexität der vorstehend genannten Aufgaben und Ziele folgt, dass sich aus ihrer Bewältigung hohe Anforderungen an die **Qualifikation des Supervisors** ableiten. Zu seinen zentralen Qualifikationsanforderungen zählt, dass er über Feldkompetenz verfügt, „Meister seines Faches" ist, seine jeweilige Selbsterfahrung im Beratungskontext professionell reflektiert, den Mediator mit seinen Einstellungen und der Beziehung zu den Medianden betrachtet und zur Kontextanalyse im Sinne des Erkennens möglicher wechselseitiger Wirkungen von Dynamiken aus verschiedenen Lernebenen befähigt ist (beispielsweise also erkennt, ob und inwieweit etwaige in der Ausbildung aufgekommene Spannungen oder Differenzen über mögliche Vorgehensweisen noch in die Supervision

---

65 Van Kaldenkerken, S. 40.
66 Standards für die Qualifizierung zum Supervisor der DGSv, Standards der Deutschen Gesellschaft für Supervision und Coaching e.V. (DGSv), abrufbar unter https://www.dgsv.de/wp-content/uploads/2023/06/DGSv_Standards-2021.pdf (zuletzt abgerufen am 17.3.2024).

„hineinwirken").[67] Vor diesem Hintergrund hätte es nahegelegen, dass der Verordnungsgeber jedenfalls Mindestvorgaben zur geforderten Qualifikation des Supervisors in die ZMediatAusbV aufnimmt (etwa dergestalt, dass dessen Ausbildung zum Supervisor den Standards einschlägiger Berufsverbände und -institutionen zu entsprechen hat) – was indessen nicht geschehen ist. Es bleibt somit zu hoffen, dass die Ausbildungseinrichtungen, die handelnden Supervisoren und letztlich auch die Auszubildenden eine verantwortungsvolle Haltung zu dem für eine Qualitätssicherung der Ausbildung wichtigen Institut der Supervision einnehmen.

Die Supervision muss sich auf eine **als Mediator oder Co-Mediator durchgeführte Mediation** beziehen. Die bloß passive Teilnahme an einer Mediation im Wege der **Hospitation** reicht insoweit nicht aus, da die hier eher beobachtend-lernende Rolle des Hospitanten qualitativ weit hinter dem eigenen Erfahrungslernen als verantwortlicher Mediator oder Co-Mediator zurückbleibt, auf dessen Intensivierung die Pflicht zur Durchführung einer Einzelsupervision abstellt (→ Rn. 18). Ebenso ist im Rahmen von § 2 Abs. 2 ZMediatAusbV solchen (in der Mediationspraxis allerdings äußerst selten praktizierten) Sonderformen der Co-Mediation die Anerkennung zu versagen, bei denen der Co-Mediator nur in einzelnen Phasen („**temporäre Co-Mediation**") oder gar im Wechsel mit einem anderen Mediator („**alternierende Co-Mediation**" zu diesen beiden Sonderformen → MediationsG § 1 Rn. 13) präsent ist. In beiden Fällen führt er letztlich nicht eine Mediation (vollständig) und mitverantwortlich durch. Der Terminus **Co-Mediation im Sinne von § 2 Abs. 2 ZMediatAusbV** hat vielmehr den Regelfall vor Augen, in dem Co-Mediatoren als Mediatorengespann durch das gesamte Mediationsverfahren führen („**permanente Co-Mediation**"). 26

§ 2 Abs. 6 ZMediatAusbV verpflichtet die Ausbildungseinrichtung zur Ausstellung einer **Bescheinigung über den Abschluss der Ausbildung**. Da die Ausbildung zum zertifizierten Mediator sich nach § 2 Abs. 2 ZMediatAusbV aus einem – den Anforderungen der Abs. 3 und 4 genügenden – Ausbildungslehrgang und fünf nach Beendigung des Ausbildungslehrganges durchgeführten, supervidierten Mediationen zusammensetzt, greift § 2 Abs. 6 S. 2 ZMediatAusbV diese Erfordernisse auf und regelt klarstellend, dass die Bescheinigung erst ausgestellt werden darf, wenn die vorgenannten Voraussetzungen durchgängig erfüllt sind. Die Bescheinigung muss nach § 2 Abs. 6 S. 3 ZMediatAusbV die dort unter den Nr. 1–7 genannten Angaben enthalten, also Name, Vornamen und Geburtsdatum der Absolventin oder des Absolventen (Nr. 1), Name und Anschrift der Ausbildungseinrichtung (Nr. 2), Datum und Ort der Ausbildung (Nr. 3), gemäß Anlage vermittelte Inhalte des Ausbildungslehrgangs und die jeweils darauf verwendeten Zeitstunden (Nr. 4), Datum und Ort der durchgeführten Supervisionen (Nr. 5), Name und Anschrift des Supervisors (Nr. 6) sowie anonymisierte Angaben zu in den Supervisionen besprochenen Mediationen (Nr. 7). 27

Bei den **supervisionsbezogenen Angaben der Nr. 5–7** ist zu berücksichtigen, dass es gem. § 2 Abs. 5 S. 2 ZMediatAusbV primär nicht der Ausbildungs-

---

67 Van Kaldenkerken, S. 40 f.

einrichtung, sondern dem jeweiligen Supervisor obliegt, die Durchführung der Supervisionen zu bestätigen. Da diesem ohne Spezifizierung weiterer Angaben lediglich die pauschale Pflicht zur „Bestätigung" der durchgeführten Supervisionen auferlegt wird, stellt sich die Frage, wie sicherzustellen ist, dass die vom Supervisor ausgestellte Bescheinigung tatsächlich alle nach § 2 Abs. 6 ZMediatAusbV geforderten Angaben enthält. Der Verordnungsgeber sieht dies primär als Obliegenheit des Ausbildungsteilnehmenden,[68] der demzufolge beispielsweise bei seinem Supervisor darauf zu achten und ggf. darauf zu drängen hat, dass dessen Bestätigung auch anonymisierte Angaben zu den in den Supervisionen besprochenen Mediationen enthält. In der Praxis würde dies bedeuten, dass Ausbildungsinstitute sich bei lückenhaften Angaben in der vorgelegten Bestätigung des Supervisors an den Ausbildungsteilnehmenden wenden und diesen darauf hinweisen, dass er die von seinem Supervisor ausgestellte Bestätigung von diesem präzisieren lassen muss.[69] Gesetzgebungstechnisch wären solche Unklarheiten leicht vermeidbar gewesen, wenn in die Vorgaben zur Bestätigung des Supervisors – in Anlehnung an § 4 Abs. 2 ZMediatAusbV aF[70] – Pflichtangaben analog zu den nach § 2 Abs. 6 ZMediatAusbV geforderten Angaben aufgenommen worden wären.

Mit der Vorgabe, anonymisierte Angaben zu den in den Supervisionen besprochenen Mediationen in die Bescheinigung aufzunehmen, knüpft § 2 Abs. 6 S. 3 Nr. 7 ZMediatAusbV an die Dokumentationspflichten des § 5 Abs. 2 Nr. 3 und Nr. 4 RefE ZMediatAusbV an. Die dort noch spezieller gefassten Vorgaben („anonymisierte Angaben zur Konfliktsituation, zu den Konfliktbeteiligten und den Konfliktthemen nebst anonymisierter Beschreibung des Verlaufs und Ausgangs der Mediation") sollten zur Konkretisierung der jetzt nur noch allgemein geforderten „anonymisierten Angaben" zu der in der Supervision besprochenen Mediation entsprechend herangezogen werden. Die Beschränkung auf die Angabe anonymisierter Daten trägt zu Recht der Verschwiegenheitspflicht des Mediators aus § 4 MediationsG Rechnung. Allerdings könnte die geforderte Anonymität der Angaben uU eine missbräuchliche Handhabung – etwa das Einbringen fiktiver Fälle in die Supervision zwecks „Nachweises" der geforderten Mindestfallzahlen – erleichtern.[71] Eine solche Täuschung wäre natürlich unzulässig und weder redlich noch verantwortungsbewusst. Wenngleich faktisch kaum Kontrollmechanismen existieren, sollte die Gefahr eines eventuellen Missbrauches jedenfalls tendenziell dadurch gemindert werden, dass

---

[68] Referentenentwurf des BMJ zur Zweiten Verordnung zur Änderung der Zertifizierte-Mediatoren-Ausbildungsverordnung, S. 22, abrufbar unter https://www.bmj.de/SharedDocs/Gesetzgebungsverfahren/DE/2023_ZMediatAusbV.html (letzter Abruf: 17.3.2024).

[69] Ähnlich Röthemeyer ZKM 2024, 8, 10, der es allerdings für ausreichend hält, dass das Ausbildungsinstitut die anonymisierten Angaben direkt bei den Ausbildungsteilnehmenden erfragt.

[70] Für die auszustellenden Supervisionsbescheinigung sah dieser – seinerzeit noch als Bestandteil der Fortbildung des bereits zertifizierten Mediators – vor, dass diese neben den personenbezogenen Angaben des Mediators und des Supervisors sowie Ort und Datum der durchgeführten Supervision auch anonymisierte Angaben zu der in der Supervision besprochenen Mediation enthalten muss.

[71] So auch Risse ZKM 2023, 176, 178.

verantwortungsbewusste Supervisoren ebenso wie bescheinigende Ausbildungsinstitute bestehende Zweifel zum Anlass für gezielte Nachfragen nehmen.

Während § 2 Abs. 6 S. 1 ZMediatAusbV aF noch vorgab, dass eine Bescheinigung über den *erfolgreichen* Abschluss der Ausbildung auszustellen ist, wurde das Merkmal „erfolgreich" in der geltenden Fassung gestrichen. Es ist daher auch nicht in die auszustellende Bescheinigung aufzunehmen. Entscheidend ist allein, dass der Ausbildungslehrgang tatsächlich abgeschlossen worden ist. Materiell-rechtlich liegt damit – abgesehen vom Wegfall des Merkmales „erfolgreich" – keine Änderung gegenüber der vormaligen Rechtslage vor. Da jetzt wie seinerzeit weder die Anlage „Inhalte des Ausbildungslehrganges" noch sonstige Vorgaben der ZMediatAusbV eine materielle „Erfolgskontrolle" in Bezug auf den Ausbildungslehrgang vorsehen, bedarf es insoweit unverändert auch keines durch Ausstellung der Bescheinigung oder auf sonstige Weise vermittelten „Erfolgsnachweises".[72] Der Zusatz „erfolgreich" in § 2 Abs. 6 ZMediatAusbV aF grenzte vielmehr lediglich die (vorausgesetzte) „ordnungsgemäße" Beendigung des Ausbildungslehrganges, d.h. die vollständige Teilnahme an ihm, von der Beendigung durch vorzeitigen Abbruch ab. Letzteres gilt allerdings unverändert, d.h. eine Bescheinigung über den Abschluss der Ausbildung darf nur dann ausgestellt werden, wenn der Ausbildungsteilnehmende vollständig am Ausbildungslehrgang teilgenommen hat.

Da der Zeitpunkt der Beendigung des Ausbildungslehrganges den Startpunkt für die Bemessung der Dreijahresfrist bildet, innerhalb derer der Ausbildungsteilnehmende fünf supervidierte Mediationen nachzuweisen hat, würde es zur Rechtsklarheit in Bezug auf diesem Fristenlauf beitragen, wenn Ausbildungsinstitute – wenngleich hierzu nicht durch § 2 Abs. 6 ZMediatAusbV verpflichtet – eine **Zwischenbescheinigung** ausstellen, aus der einerseits das Datum der Beendigung des Ausbildungslehrganges ersichtlich ist und andererseits klargestellt wird, dass dieser Bescheinigung – mangels noch nachzuweisender Supervisionen – nicht der Charakter einer (vollständigen) Ausbildungsbescheinigung beizumessen ist. (→ Rn. 19).

Da es der freien Entscheidung des Ausbildungsteilnehmenden überlassen bleibt, bei wem er sich supervidieren lässt,[73] wird das Ausbildungsinstitut in praxi oftmals die Erfüllung von Pflichten bescheinigen müssen, die bei Drittanbietern erbracht worden sind. Insoweit stellt sich die Frage, ob und inwieweit bei etwaigen Ungereimtheiten Kontroll- oder Nachforschungspflichten des Ausbildungsinstitutes bestehen. Zwar ist der Auffassung zuzustimmen, dass solche Pflichten nur in eingeschränktem Umfang gelten;[74] angesichts des intendierten Kontrollzweckes der Inpflichtnahme der Ausbildungsinstitute wird man diesen aber zumindest eine Plausibilitätskontrolle bezüglich der von dritten Supervisoren bescheinigten Leistungen

---

72 Zu der Möglichkeit von Ausbildungsinstituten, ungeachtet dessen Erfolgskontrollen und Prüfungen durchzuführen, siehe Röthemeyer ZKM 2024, 8, 12.
73 Soweit Lehrkräfte der Ausbildungseinrichtung den Anforderungen gerecht werden, die an die Supervision und den Supervisor zu stellen sind, kommen zwar auch diese als Supervisor in Betracht; der Ausbildungsteilnehmer kann zur Durchführung der Supervision jederzeit aber auch auf externe Supervisoren zurückgreifen.
74 Röthemeyer ZKM 2024, 8, 10.

auferlegen müssen.[75] Diese kann sich ausnahmsweise dann zu einer Erkundigungspflicht bei dem externen Supervisor entwickeln, wenn erkennbare Zweifel an der ordnungsgemäßen Durchführung der Supervision bestehen.

Bezüglich der Frage, ob die Ausbildungseinrichtungen auch wertende Aussagen zur fristgemäßen Absolvierung der fünf im Anschluss an den Ausbildungslehrgang zu absolvierenden Mediationen treffen müssen, ist zwischen Bescheinigungs- und vorgelagerten Prüfpflichten zu differenzieren: Da die Pflichtbestandteile einer Ausbildungsbescheinigung in den Nr. 1–7 des § 2 Abs. 6 S. 3 ZMediatAusbV vorgegeben sind, müssen in diese Bescheinigung lediglich die entsprechenden Daten unter Einschluss der Beendigung des Ausbildungslehrganges und den Zeitpunkten der Supervisionen eingetragen werden. Weiterer bewertender Aussagen des Ausbildungsinstitutes zur Fristeinhaltung bedarf es an dieser Stelle nicht. Vorgelagert treffen die Ausbildungsinstitute – wenn auch in geringem Umfang – allerdings sehr wohl bestimmte Prüfungspflichten. Es gehörte zu den Kernanliegen der Novelle der ZMediatAusbV, die Befugnis zur Nutzung der Bezeichnung „zertifiziert" zukünftig einer Kontrolle durch die Ausbildungsinstitute zu unterstellen, um den berechtigten Erwartungen der Mediandinnen und Medianden zu entsprechen, die im Regelfall ein gewisses Vertrauen in den Titel „zertifiziert" haben und auch eine gewisse Überprüfung desselbigen erwarten.[76] Damit ist der Bedeutungsgehalt der Ausbildungsbescheinigung gegenüber der vormaligen Rechtslage ebenso gestiegen[77] wie die Verantwortung der Ausbildungsinstitute, diese in einer Weise auszustellen, die interessierten Dritten ein klares und zutreffendes Bild darüber vermittelt, ob die geforderten Voraussetzungen erfüllt sind. Mit dieser den Ausbildungsinstituten zugewiesenen Kontrollfunktion ließe es sich nicht vereinbaren, wenn ihnen keinerlei Prüfungspflichten bezüglich der fristgemäßen Durchführung der notwendigen Supervisionen auferlegt würde. § 2 Abs. 6 S. 2 ZMediatAusbV besagt nicht, dass eine bloße Bestätigung über fünf supervidierte Mediationen erforderlich ist, sondern dass „die" fünf supervidierten Mediationen bestätigt sein müssen. Damit wird unmittelbar auf § 2 Abs. 5 ZMediatAusbV abgehoben, wonach Ausbildungsteilnehmende die fünf supervidierten Mediationen spätestens drei Jahre nach Beendigung des Ausbildungslehrgangs durchgeführt haben müssen. Daraus folgt einerseits, dass die Ausbildungsinstitute keine Ausbildungsbescheinigung ausstellen dürfen, wenn zwar Bestätigungen über fünf durchgeführte Supervisionen vorliegen, sich aber bereits aus deren Daten ergibt, dass diese nicht fristgemäß absolviert worden sind;[78] andererseits ist das bescheinigende Ausbil-

---

75 Klowait ZKM 2022. 19, 22.
76 Referentenentwurf des BMJ zur Zweiten Verordnung zur Änderung der Zertifizierte-Mediatoren-Ausbildungsverordnung, S. 11, abrufbar unter https://www.bmj.de/SharedDocs/Gesetzgebungsverfahren/DE/2023_ZMediatAusbV.html (letzter Abruf: 17.3.2024).
77 Nach § 2 Abs. 2 ZMediatAusbV darf sich nunmehr nur derjenige als zertifizierter Mediator bezeichnen, der eine Ausbildung zum zertifizierten Mediator abgeschlossen hat *und* über die nach Abs. 6 ausgestellte Bescheinigung verfügt.
78 Abzulehnen Röthemeyer ZKM 2024, 8, 10, der einen Anspruch von Absolventen auf Ausstellung der Bescheinigung auch dann für möglich hält, wenn eine Frist versäumt wurde, soweit den Daten, aus denen sich das Fristversäumnis ergibt, die Textpassage der Verordnung hinzugefügt würde. Mit Bejahung eines solchen

dungsinstitut auch zur Prüfung angehalten, ob die fünf zu absolvierenden Supervisionen durchgängig und vollständig innerhalb des Dreijahreszeitraumes absolviert worden sind.[79] Im Ergebnis bestehen damit zwar vorlaufende Prüfpflichten der Ausbildungsinstitute[80], im Unterschied zu § 3 Abs. 4 S. 2 ZMediatAusbV, der dies für auszustellenden *Fortbildungs*bescheinigungen vorsieht, nicht aber die Verpflichtung, ergänzende Aussagen zur Fristwahrung in die Ausbildungsbescheinigung mit aufzunehmen.

In ähnlicher Weise obliegt die Frage der Prüfung der Ausbildungsinstitute, ob der höchstzulässige Anteil virtuell abgehaltener Ausbildungsstunden (§ 2 Abs. 4 S. 3 ZMediatAusbV) eingehalten worden ist. Aus welchen Gründen der Verordnungsgeber davon abgesehen hat, dies in den Pflichtbestand der zu bescheinigenden Umstände nach § 2 Abs. 6 S. 3 ZMediatAusbV aufzunehmen, ist ebenso wenig ersichtlich wie verständlich. Ungeachtet dessen erfüllen Ausbildungsgänge, die mehr als 40% der verpflichtenden Ausbildungszeitstunden in virtuellen Formaten vermitteln, nicht die Voraussetzungen einer Ausbildung zum zertifizierten Mediator. Da die Kontrollpflicht der Ausbildungsinstitute ad absurdum geführt und faktisch in ihr Gegenteil verkehrt würde, wenn Ausbildungsbescheinigungen auch über solche Ausbildungsgänge ausgestellt würden, die eindeutig definierte Grundvoraussetzungen der Ausbildung zum zertifizierten Mediator nicht erfüllen, müssen Ausbildungsinstitute dies prüfen. Fällt diese Prüfung negativ aus, darf keine Ausbildungsbescheinigung ausgestellt werden. Fällt sie positiv aus, ist das Ausbildungsinstitut seiner vorgelagerten Prüfpflicht nachgekommen, muss das Ergebnis dieser Prüfung aber nicht in auszustellende Bescheinigung aufnehmen. Zwar ist im Regelfall, nämlich dann, wenn es um die vom bescheinigenden Ausbildungsinstitut selbst durchgeführte Ausbildung geht, hiermit kein echter „Prüfaufwand" verbunden; Bedeutung kann dies aber in den – wenn auch selteneren – Fällen gewinnen, in denen Ausbildungsteilnehmende ihren Ausbildungslehrgang nicht durchgängig bei einem Institut absolviert haben (zur Zuständigkeit in solchen Fällen → Rn. 29). In solchen Fällen ist das Ausbildungsinstitut zudem gehalten, zu prüfen, ob der verpflichtende Stundenkanon in den einzelnen Teil-Lehrgängen in Summe abgedeckt ist.[81]

Die Frage, welches Ausbildungsinstitut für die Ausstellung der Bescheinigung zuständig ist, beantwortet sich im „Normalfall" unkompliziert dahingehend, dass dies das Ausbildungsinstitut ist, bei dem der Ausbildungsteilnehmende seinen Ausbildungslehrgang absolviert hat. Zweifelsfragen können allenfalls dann aufkommen, wenn es zu einem zwischenzeitlichen Wechsel des Ausbildungsinstitutes gekommen ist – ein sicher seltener, aber

---

Anspruchs würde die den Ausbildungsinstituten zugewiesene Kontrollfunktion negiert. Zudem würde eine derart gestaltete Ausbildungsbescheinigung ambivalente und missverständliche Signale aussenden, die dem ebenfalls verfolgten Ziel der Vertrauensbildung von Mediandinnen und Medianden zuwiderliefen.

79 Zu Fällen der Fristenhemmung → ZMediatAusbV § 8 Rn. 1 ff.
80 Der Umstand, dass der Verordnungsgeber den Prüfaufwand für die Ausbildungsinstitute zeitlich eher gering – ggf. auch zu gering - eingeschätzt hat, ist gegenüber der klar postulierten Kontrollfunktion der Ausbildungsinstitute für eine sachgemäße und am Zweck der Verordnung ausgerichteten Interpretation nachrangig, a.A. Röthemeyer ZKM 2024, 8, 10/11 mwN.
81 Röthemeyer ZKM 2024, 8, 11.

nicht gänzlich auszuschließender Fall. In diesem Fall erscheint es sachgerecht, dem Ausbildungsinstitut die Pflicht zur Ausstellung der Bescheinigung aufzuerlegen, bei welchem der Ausbildungsteilnehmende die letzten, abschließenden Module des Ausbildungslehrganges absolviert hat – was diesem Institut allerdings zugleich die Verpflichtung auferlegt, die anderweitig absolvierten Inhalte auf Verordnungskonformität zu prüfen und mit in die auszustellende Bescheinigung aufzunehmen.[82]

Deutlich schwieriger ist die Frage zu beantworten, welche Handlungsoptionen der Ausbildungsteilnehmende hat, wenn „sein" Institut zu dem Zeitpunkt, in welchem er eine Bescheinigung begehrt – z.B. infolge zwischenzeitlicher Insolvenz oder Geschäftsaufgabe - rechtlich nicht mehr existent ist.[83] Vergegenwärtigt man sich, dass „nachlaufende Bescheinigungspflichten" Ausbildungsinstitute bis zu sieben Jahre nach Abschluss des Ausbildungslehrganges treffen – nämlich bis zu drei Jahre in Bezug auf die in Ausbildungsbescheinigung mit aufzunehmenden, anschließenden fünf Supervisionen und vier weitere Jahre für die sich anschließende, erste Fortbildungsperiode – so erscheint dieser Fall nicht so theoretisch wie es auf den ersten Blick den Anschein haben mag. Da der Verordnungsgeber Anregungen, hierfür Vorsorge zu treffen,[84] nicht gefolgt ist, wird Betroffenen nichts anderes übrigbleiben, als ein – an sich nicht zuständiges – anderes Ausbildungsinstitut zu ersuchen, die eigene Aus- und ggf. Fortbildungshistorie zu prüfen und eine mit entsprechenden Zusätzen versehene Bescheinigung auszustellen. Da jedoch weder eine entsprechende Rechtspflicht dritter Institute besteht noch diese sonderlich motiviert sein werden, sich einem solchen zusätzlichen Aufwand zu unterziehen, sollte – um unverschuldet in eine solche Notlage geratenen Betroffenen keinen unbilligen Nachteilen auszusetzen - de lege ferenda überlegt werden, eine geeignete Auffanglösung für solche Fälle zu statuieren.[85]

30 Die Bescheinigung nach § 2 Abs. 6 ZMediatAusbV ist unverändert als rein **deklaratorische Bescheinigung des Ausbildungsabschlusses** zu verstehen. Zwar benennt § 2 Abs. 1 ZMediatAusbV das Verfügen über die nach § 2 Abs. 6 ZMediatAusbV ausgestellte Bescheinigung nunmehr als Voraussetzung dafür, sich als zertifizierter Mediator bezeichnen zu dürfen; konstitutive Wirkung kommt ihr aber deshalb nicht zu, weil im aufgrund des atypischen „Zertifizierungskonzepts" der ZMediatAusbV – insbesondere des Fehlens einer neutralen Zertifizierungsinstitution sowie einer Akkreditierung der Ausbildungseinrichtungen – die zur Begründung einer konstitutiven Wirkung nötige Legitimation fehlt.[86] § 2 Abs. 6 ZMediatAusbV setzt die in § 6 S. 2 Nr. 6 MediationsG geregelte Ermächtigung

---

[82] So auch Röthemeyer ZKM 2024, 8, 11.
[83] Auszunehmen sind hier Fälle der Rechtsnachfolge, bei denen der Rechtsnachfolger in alle Verpflichtungen des Ausbildungsinstitutes eintritt.
[84] Klowait ZKM 2022, 19, 22/23.
[85] Neben der Inpflichtnahme anderer Ausbildungsinstitute käme beispielsweise die Möglichkeit in Betracht, eine entsprechende Bescheinigung über die jeweils zuständige IHK bzw – bei kammergebunden Herkunftsberufen – über die zuständige Kammer einholen zu können.
[86] So auch Röthemeyer ZKM 2017, 195 (199) sowie ZKM 2024, 8, 9; a.A. Thole ZKM 2023, 131, 133.

zum Erlass von Bestimmungen darüber um, dass und in welcher Weise eine Aus- und Fortbildungseinrichtung die Teilnahme an einer Aus- und Fortbildungsveranstaltung zu zertifizieren hat. Entgegen dem Wortlaut der zugrundeliegenden Ermächtigungsnorm handelt es sich bei der Bescheinigung nicht um ein Zertifikat im Sinne der Verleihung einer Auszeichnung, die dem Absolventen der Ausbildung auch wieder entzogen oder gar komplett versagt werden könnte. Vielmehr erfüllt jeder Mediator, der durch Vorlage einer entsprechenden Teilnahmebescheinigung nachweisen kann, dass er eine den Anforderungen des § 2 ZMediatAusbV genügende Mediationsausbildung absolviert hat, die Voraussetzungen, die ihn zur Führung der Bezeichnung zertifizierter Mediator berechtigen, ohne dass es hierzu weiterer Rechts- und/oder „Verleihungsakte" bedarf.

§ 2 Abs. 6 S. 3 ZMediatAusbV beschreibt die **Pflichtinhalte der Bescheinigung über den Abschluss der Ausbildung.** Dies schließt nicht aus, dass die Ausbildungseinrichtung sinnvolle weitere Angaben ergänzend aufnimmt. In diesem Fall ist es allerdings empfehlenswert, der Erfüllung der Pflichtinhalte einen eigenen Abschnitt zu widmen und darüber hinausgehende freiwillige Zusatzangaben gesondert abzubilden und als solche zu kennzeichnen. Auf diese Weise ist auch für Dritte, denen die Bescheinigung zum Nachweis der Bezeichnungsberechtigung als zertifizierter Mediator vorgelegt wird, hinreichend klar, welche Inhalte der Bescheinigung sich auf den Nachweis der „Zertifizierungsbezeichnungsbefugnis" beziehen. Als Zusatzangabe kommt beispielsweise in Betracht, welche und wie viele der gemäß der Anlage vermittelten Inhalte des Ausbildungslehrganges mit welchem zeitlichen Umfang in Form von virtuellen **Präsenz**zeitstunden absolviert worden sind oder – bei einer von Externen durchgeführten Supervision – dass die Ausbildungseinrichtung die Angaben gem. § 2 Abs. 6 S. 3 Nr. 5–7 ZMediatAusbV durch Kontaktaufnahme mit dem Supervisor verifiziert hat. Hält man sich vor Augen, dass der hauptsächliche Sinn der Bescheinigung nach § 2 Abs. 6 ZMediatAusbV darin besteht, Dritten gegenüber den Nachweis einer ordnungsgemäßen Ausbildung zum zertifizierten Mediator zu führen, so liegt es nahe, etwaige Überprüfungen seitens dieses Dritten dadurch zu erleichtern, dass nicht nur – wie in Nr. 2 vorgesehen – Name und Anschrift der Ausbildungseinrichtung bescheinigt wird, sondern diese mit vollständigen Kontaktdaten (Telefon, E-Mail, Homepage etc) und zuständigem Ansprechpartner/Ausbildungsleiter benannt wird. Zu unterlassen ist demgegenüber die Angabe, dass der Ausbildungsabsolvent die Ausbildung zum zertifizierten Mediator „erfolgreich" abgeschlossen hat. Die Aufnahme eines solchen Zusatzes würde den falschen Eindruck eines besonderen Gütemerkmals erwecken, welches aufgrund der Streichung dieses Merkmals in § 2 Abs. 6 ZMediatAusbV nicht nur keine Grundlage mehr hat, sondern darüber hinaus in irreführender Weise suggerieren würde, eine erfolgsbestätigende Bescheinigung sei wertvoller anzusehen als (korrekt) ausgestellte Bescheinigungen von anderen Ausbildungsabsolventen, bei denen lediglich der Abschluss der Ausbildung ohne diesen Zusatz attestiert wird.

§ 3 ZMediatAusbV Fortbildungsveranstaltung

(1) ¹Der zertifizierte Mediator hat nach Abschluss der Ausbildung regelmäßig an Fortbildungsveranstaltungen teilzunehmen. ²Der Umfang der Fortbildungsveranstaltungen beträgt alle vier Jahre mindestens 40 Zeitstunden. ³Erfüllt der zertifizierte Mediator seine Verpflichtungen nicht, so entfällt seine Berechtigung zur Führung der Bezeichnung „zertifizierter Mediator". ⁴Die Vierjahresfrist beginnt erstmals mit Ausstellung der Bescheinigung nach § 2 Absatz 6 zu laufen.

(2) Ziel der Fortbildungsveranstaltungen ist
1. eine Vertiefung und Aktualisierung einzelner in der Anlage aufgeführter Inhalte oder
2. eine Vertiefung von Kenntnissen und Fähigkeiten in besonderen Bereichen der Mediation.

(3) ¹Über die Teilnahme an einer Fortbildungsveranstaltung ist von der Fortbildungseinrichtung eine Bescheinigung auszustellen. ²Die Bescheinigung muss enthalten:
1. Name, Vornamen und Geburtsdatum der oder des Teilnehmenden,
2. Name und Anschrift der Fortbildungseinrichtung,
3. Datum und Ort der Fortbildungsveranstaltung sowie
4. vermittelte Fortbildungsinhalte und Dauer der Fortbildungsveranstaltung in Zeitstunden.

(4) ¹Der zertifizierte Mediator hat sich spätestens zum Ablauf der Frist des Absatzes 1 Satz 4 die Teilnahme an den Fortbildungsveranstaltungen von seiner Ausbildungseinrichtung bescheinigen zu lassen. ²Die Bescheinigung muss neben den Angaben nach Absatz 3 Satz 2 auch die Bestätigung enthalten, dass die Frist des Absatzes 1 Satz 4 gewahrt wurde.

1 Die Pflicht des zertifizierten Mediators, sich entsprechend den Anforderungen der nach § 6 MediationsG erlassenen ZMediatAusbV fortzubilden, folgt auf gesetzlicher Ebene aus § 5 Abs. 3 MediationsG. § 3 ZMediatAusbV beschreibt die Einzelheiten dieser **Fortbildungspflicht**. Dabei legt § 3 ZMediatAusbV in seinem Abs. 1 den Mindestumfang für die Pflicht zur regelmäßigen Fortbildung fest (40 Zeitstunden innerhalb von jeweils vier Jahren), beschreibt in den Nr. 1 und 2 seines Abs. 2 die alternativen Ziele der Fortbildung und gibt in Abs. 3 die Einzelheiten der von der Fortbildungseinrichtung auszustellenden Fortbildungsbescheinigung vor. § 4 ZMediatAusbV aF, der im Zuge der Novellierung der ZMediatAusbV aufgehoben wurde, ergänzte die Fortbildungspflichten des zertifizierten Mediators ursprünglich dahin gehend, dass er verpflichtet war, innerhalb der zwei auf den Ausbildungsabschluss folgenden Jahre mindestens vier Mediationen als Mediator oder Co-Mediator durchzuführen und diese jeweils im Anschluss einer Einzelsupervision zu unterziehen. Da der Ausbildungsteilnehmende nunmehr gem. § 2 Abs. 2 iVm Abs. 5 ZMediatAusbV verpflichtet ist, innerhalb von drei Jahren nach Beendigung seines Ausbildungslehrganges fünf supervidierte Mediationen jeweils als Mediator oder Co-Mediator durchzuführen und der Verordnungsgeber dies zum ergänzenden Bestandteil seine *Ausbildung* erklärt hat, ist die vormalige Regelung

des § 4 obsolet geworden und wurde aus diesem Grunde ersatzlos gestrichen.

Mit Wirkung ab dem 1.3.2024 wurden durch die Zweite Verordnung zur Änderung der Zertifizierte-Mediatoren-Ausbildungsverordnung[1] zwei Änderungen in § 3 Abs. 1 ZMediatAusbV eingeführt, der Zusatz „erfolgreich" in § 3 Abs. 3 S. 1 ZMediatAusbV gestrichen und der neue Absatz 4 ergänzt.§ 3 Abs. 1 S. 2 ZMediatAusbV sieht nunmehr vor, dass der Umfang der Fortbildungsveranstaltungen **alle vier Jahre mindestens 40 Zeitstunden** beträgt, während die vormalige Formulierung lautete, dass der Umfang der Fortbildungsveranstaltungen **innerhalb eines Zeitraums von vier Jahren** mindestens 40 Zeitstunden beträgt. Der neu eingefügte Satz 3 des § 3 Abs. 1 ZMediatAusbV besagt, dass der zertifizierte Mediator, der seine (Fortbildungs-)Verpflichtungen nicht erfüllt, seine Berechtigung zur Führung der Bezeichnung „zertifizierter Mediator" verliert. Beide Änderungen haben klarstellenden Charakter[2] und bewirken keine materielle Änderung gegenüber der vormals schon geltenden Rechtslage. Auch die ehemalige Vorgabe, die eine mindestens 40 Zeitstunden umfassende Fortbildung *innerhalb von vier Jahren* vorsah, verstand sich nicht als einmalige und nach vier Jahren endende Forderung, sondern als kontinuierliche, sich alle vier Jahre erneuernde Pflicht zur Durchführung entsprechender Fortbildungen (siehe hierzu die Vorauflage dieses Kommentars → § ZMediatAusbV Rn. 3). Mediatoren, die den ihnen auferlegten Fortbildungspflichten nicht nachgekommen sind, waren und sind infolgedessen unabhängig von der nunmehr in § 3 Abs. 1 S. 3 ZMediatAusbV kodifizierten Klarstellung nicht mehr zur Führung der Bezeichnung „zertifizierter Mediator" berechtigt.

In gleicher Weise bewirkt auch die Streichung des Wortes „erfolgreich" in § 3 Abs. 3 S. 1 ZMediatAusbV keine inhaltliche Änderung gegenüber der vormaligen Rechtslage. Aus den gleichen Gründen, die für die in § 2 Abs. 6 ZMediatAusbV ebenfalls vorgenommene Streichung des Zusatzes „erfolgreich" gelten (→ § 2 ZMediatAusbV. Rn. 27), bedarf es auch im Rahmen von § 3 Abs. 3 ZMediatAusbV nun keiner Bescheinigung über die **erfolgreiche Teilnahme** an einer Fortbildungsveranstaltung mehr, sondern schlicht einer Bescheinigung über die **erfolgte Teilnahme**. Ebenso wenig wie ZMediatAusbV jemals eine materielle „Erfolgskontrolle" in Bezug auf den Ausbildungslehrgang vorsah, ist dies bei den zu absolvierenden Fortbildungsveranstaltungen der Fall. Der ehemalige Zusatz „erfolgreich" grenzte hier wie dort vielmehr lediglich die (vorausgesetzte) „ordnungsgemäße" Beendigung des Ausbildungslehrganges bzw. der Fortbildungsveranstaltung, d.h. die jeweils vollständige Teilnahme, von der Beendigung durch vorzeitigen Abbruch ab. Letzteres gilt allerdings auch in Bezug auf Fortbildungsveranstaltungen unverändert, d.h. eine Bescheinigung über die Teilnahme an einer Fortbildungsveranstaltung darf nur dann ausgestellt

---

[1] BGBl. 2023 I 185 v. 18.7.2023.
[2] Referentenentwurf des BMJ zur Zweiten Verordnung zur Änderung der Zertifizierte-Mediatoren-Ausbildungsverordnung, S. 23, abrufbar unter https://www.bmj.de/SharedDocs/Gesetzgebungsverfahren/DE/2023_ZMediatAusbV.html (letzter Abruf: 17.3.2024).

werden, wenn der zertifizierte Mediator vollständig daran teilgenommen hat.

Eine echte Neuerung wurde demgegenüber durch die Ergänzung des § 3 ZMediatAusbV um dessen Absatz 4 eingeführt. Während es ehemals ausreichend war, dass der zertifizierte Mediator sich die Teilnahme an einer Fortbildungsveranstaltung gem. § 3 Abs. 3 ZMediatAusbV **von der Fortbildungseinrichtung** bestätigen ließ, sieht § 3 Abs. 4 S. 1 ZMediatAusbV nunmehr vor, dass er spätestens zum Ablauf der in § 3 Abs. 1 S. 4 genannten Vierjahresfrist ergänzend zu den bereits von seiner Fortbildungseinrichtung eingeholten Bescheinigungen eine (weitere) Bescheinigung über die Teilnahme an den Fortbildungsveranstaltungen von seiner Ausbildungseinrichtung einholen muss. Diese Bescheinigung muss gem. § 3 Abs. 4 S. 2 neben den Angaben nach Abs. 3 S. 2 auch die Bestätigung enthalten, dass die Frist des Abs. 1 S. 4 gewahrt wurde. Das Ausbildungsinstitut muss in diesem Rahmen also bestätigen – und mithin vorab prüfen –, ob die geforderte Mindeststundenzahl von 40 Zeitstunden Fortbildung vollständig innerhalb des maßgeblichen Vier-Jahres-Zeitraumes absolviert worden ist. Der Verordnungsgeber begründet diese auf den ersten Blick nicht einleuchtend erscheinende Doppelbescheinigungspflicht (einerseits durch den Fortbildungsveranstalter und andererseits durch das Ausbildungsinstitut) unter Hinweis auf Qualitätssicherungsaspekte und damit, dass nur die Ausbildungsinstitute genaue Kenntnisse über den Zeitpunkt der Beendigung der Ausbildung hätten und mithin nur sie überprüfen könnten, ob Betroffene ihre vorgeschriebenen Fortbildungspflichten fristgemäß erfüllen.[3] Aus dem Verweis auf § 3 Abs. 1 S. 4 ZMediatAusbV folgt dabei, dass eine solche ergänzende Kontrolle der Erfüllung der Fortbildungspflichten zertifizierter Mediatoren durch die Ausbildungsinstitute sich nur auf den ersten Vierjahreszeitraum nach dem Abschluss der Ausbildung bezieht.[4] Für alle folgenden vierjährigen „Fortbildungsperioden" bedarf es dann nur noch der Bescheinigungen der Fortbildungsveranstalter wie in § 3 Abs. 3 ZMediatAusbV vorgesehen.[5]

2 Das vorstehend im Überblick dargestellte Fortbildungskonzept der (novellierten) ZMediatAusbV weist einige **Änderungen gegenüber der Fortbildungspflicht nach dem ursprünglichen RefE ZMediatAusbV** auf. Deren

---

3 Referentenentwurf des BMJ zur Zweiten Verordnung zur Änderung der Zertifizierte-Mediatoren-Ausbildungsverordnung, S. 23, abrufbar unter https://www.bmj.de/SharedDocs/Gesetzgebungsverfahren/DE/2023_ZMediatAusbV.html (letzter Abruf: 17.3.2024).
4 Thole spricht insoweit von einer „Eingangskontrolle" dergestalt, dass die Ausbildungseinrichtungen die Aufgabe erhalten, einmalig nach Ablauf von vier Jahren nach dem Erhalt der Bescheinigung nach § 2 Abs. 6 die fristgerechte Erfüllung der Fortbildungsverpflichtungen zu kontrollieren und auf Antrag eine entsprechende Bescheinigung auszustellen, vgl. Thole ZKM 2023, 131, 133.
5 So auch die Begründung des Referentenentwurfes, wonach es im Übrigen in der Selbstverantwortung der zertifizierten Mediatorinnen und Mediatoren liegt, den Nachweis über die Erfüllung ihrer regelmäßigen und fortlaufenden Fortbildungspflicht gemäß der Verordnung zu führen, vgl. Referentenentwurf des BMJ zur Zweiten Verordnung zur Änderung der Zertifizierte-Mediatoren-Ausbildungsverordnung, S. 23, abrufbar unter https://www.bmj.de/SharedDocs/Gesetzgebungsverfahren/DE/2023_ZMediatAusbV.html (letzter Abruf: 17.3.2024).

wichtigste besteht darin, dass das in § 5 Abs. 1 RefE ZMediatAusbV noch vorgesehene Erfordernis des kontinuierlichen Nachweises fortlaufender praktischer Erfahrung nicht umgesetzt worden ist. Die Entwurfsfassung der ZMediatAusbV sah vor, dass der zertifizierte Mediator ohne zeitliche Begrenzung alle zwei Jahre jeweils mindestens vier Mediationen durchgeführt (und dokumentiert) haben muss. Eine solche Rechtspflicht zum fortlaufenden Nachweis praktischer Mediationserfahrung hat jedoch zu keinem Zeitpunkt Eingang in die Regelungen der ZMediatAusbV gefunden. Der Verzicht darauf wurde damit begründet, dass der Mediator von „lebenslangen Praxis- und Dokumentationspflichten" entlastet werden sollte.[6] Diesem „Minus" an geforderter quantitativer Praxiserfahrung wurde ein „Plus" in qualitativer Hinsicht insoweit gegenübergesetzt, als dass im Unterschied zum RefE ZMediatAusbV nicht mehr auf die bloße Durchführung von Mediationen abgestellt wurde, sondern diese zusätzlich jeweils im Anschluss einer Supervision unterzogen werden müssen. Hiermit sollte ursprünglich gewährleistet werden, dass der zertifizierte Mediator „zumindest in der Anfangszeit nach seiner Zertifizierung ausreichend praktische Erfahrung sammelt".[7] Weiterhin änderte die ZMediatAusbV den Betrachtungszeitraum für die Durchführung der Pflichtfortbildungsveranstaltungen. Sah der RefE ZMediatAusbV noch zwanzig innerhalb von zwei Jahren zu absolvierende Zeitstunden vor, verlangt § 3 Abs. 1 ZMediatAusbV nunmehr im Weg einer sich kontinuierlich fortschreibenden Pflicht vierzig Zeitstunden innerhalb von vier Jahren. Diese Änderung zielte darauf ab, dem zertifizierten Mediator höhere Flexibilität bzgl. der zeitlichen Aufteilung seiner Pflichtfortbildungsstunden einzuräumen.[8] Anders als im RefE ZMediatAusbV sieht die ZMediatAusbV schließlich davon ab, Bereiche vorzuschlagen und auszuschließen, auf die sich die Fortbildungsinhalte beziehen sollen.[9] Hiermit sollte dem Umstand Rechnung getragen werden, dass der Anwendungsbereich der Mediation sich immer mehr ausweitet; der zertifizierte Mediator soll infolgedessen autonom entscheiden können, in welchen Gebieten der Mediation er eine Vertiefung oder Erweiterung seiner Kenntnisse für erforderlich oder gewinnbringend hält.[10]

§ 3 Abs. 1 ZMediatAusbV verpflichtet den zertifizierten Mediator zur fortlaufenden, sich alle 4 Jahre erneuernden, **regelmäßigen Teilnahme an Fortbildungsveranstaltungen** im Umfang von (jeweils) mindestens 40 Zeitstunden, erstmals beginnend mit dem durch Ausstellung der Bescheinigung

---

6 Eicher ZKM 2016, 160 (162).
7 Eicher ZKM 2016, 160 (162), dies bezieht sich auf die vormalige Rechtslage, nach welcher der bereits zertifizierte Mediator gem. § 4 ZMediatAusbV aF als Bestandteil seiner Fortbildungsverpflichtungen innerhalb der zwei auf den Abschluss seiner Ausbildung folgenden Jahre mindestens viermal an einer Einzelsupervision, jeweils im Anschluss an eine als Mediator oder Co-Mediator durchgeführte Mediation, teilzunehmen hatte.
8 Eicher ZKM 2016, 160 (161).
9 So nannte § 4 Abs. 2 RefE ZMediatAusbV noch – wenn auch nur beispielhaft – die Vertiefung von Kenntnissen der Mediation in Familie oder Wirtschaft und gab in seinem Abs. 3 vor, dass Inhalte, die im Zusammenhang mit dem Grundberuf des Mediators stehen, möglichst nicht zum Gegenstand der Fortbildung gemacht werden sollen.
10 Eicher ZKM 2016, 160 (161 f.).

nach § 2 Abs. 6 ZMediatAusbV dokumentierten Abschluss seiner Ausbildung., Auf Grundlage des Wortlautes von § 3 Abs. 1 ZMediatAusbV bedarf es somit keiner *jährlichen* Fortbildung.[11] Dem zertifizieren Mediator steht es vielmehr frei, wie er seine Pflicht zur mindestens 40-stündigen Fortbildung in vier Jahren auf diesen Vierjahreszeitraum verteilt. Zwar mag es im Zuge der geforderten Regelmäßigkeit der Fortbildung sinnvoll sein, sein Fortbildungskontingent gleichmäßig auf jährliche Veranstaltungen zu verteilen; zwingend ist dies jedoch nicht, so dass es ebenso ausreichend wäre, eine mindestens 40-stündige Fortbildung zu Beginn oder gegen Ende des Vierjahreszeitraums in einem Block zu absolvieren.[12] Entscheidend ist aber, dass die **Fortbildung während des Vierjahreszeitraums** vollständig in Anspruch genommen wurde. Anders als in der Ausbildungsphase wird in der Fortbildung des zertifizierten Mediators nicht vorausgesetzt, dass der genannte Mindestumfang der Fortbildung in Form von *Präsenzzeitstunden* absolviert wird. Ausreichend sind vielmehr 40 **Zeitstunden** innerhalb von vier Jahren. Damit sind auch solche Zeiten anrechnungsfähig, die im Rahmen der Fortbildung nicht „vor Ort" in einer Fortbildungseinrichtung absolviert werden, sondern beispielsweise dem Heimstudium oder der (angeleiteten) Vor- und Nachbereitung von Präsenzstunden vorbehalten sind. Dieses tolerierte „Weniger" an persönlicher Interaktion mit den Lehrkräften der Fortbildung und den weiteren Fortbildungsteilnehmern erscheint hinnehmbar, da der zertifizierte Mediator bereits als solcher tätig und entsprechend praxiserfahrener ist. Zudem ist eine professionelle Reflektion seiner als Mediator oder Co-Mediator mediierten Praxisfälle durch die (noch der Ausbildungsphase zuzuordnende) Pflicht zur Durchführung von mindestens fünf supervidierten Mediationen spätestens drei Jahre nach Beendigung des Ausbildungslehrgangs sichergestellt, vgl. § 2 Abs. 2 iVm Abs. 5 ZMediatAusbV. Anders als in Bezug auf den Ausbildungslehrgang enthält § 3 ZMediatAusbV keine Vorgabe bezüglich eines höchstzulässigen Anteils an virtuell durchgeführten Fortbildungsstunden. Dem zertifizierten Mediator steht es infolgedessen frei, nach seinem Ermessen zwischen Fortbildungsveranstaltungen in körperlicher Präsenz und solchen, die ganz oder teilweise online durchgeführt werden, zu wählen. Nicht ausreichend ist indessen eine Fortbildung, die gänzlich und vollkommen autonom im Wege des Selbststudiums durchgeführt wird. Die ZMediatAusbV geht erkennbar von Fortbildungsveranstaltungen aus, die von Fortbildungseinrichtungen durchgeführt und bescheinigt werden.

4 Ziele und Inhalte der Fortbildung müssen den Anforderungen des Abs. 2 des § 3 ZMediatAusbV entsprechen. Der zertifizierte Mediator hat dabei die Wahl, entweder einzelne der in der Anlage „Inhalte des Ausbildungs-

---

[11] In der Begründung des RefE ZMediatAusbV, der insoweit noch einen anderen Ansatz vorsah, wurde demgegenüber ausgeführt wird, man habe sich bzgl. des Umfanges der Fortbildungsverpflichtung „mit zehn Zeitstunden pro Jahr" an Fortbildungsverpflichtungen in anderen Bereichen zum Erhalt einer besonderen Qualifikation orientiert, Begründung zum RefE ZMediatAusbV, S. 16 zu § 4.
[12] Siehe hierzu auch Eicher ZKM 2016, 161, die betont, der Verordnungsgeber habe die Entscheidung, in dem jetzt größeren Zeitrahmen entweder mehrere kleinere oder wenige besonders umfangreiche Fortbildungen wahrzunehmen, im Sinne der gewünschten höheren Flexibilität bewusst dem zertifizierten Mediator selbst überlassen wollen.

lehrganges" aufgeführten Inhalte zu vertiefen oder zu aktualisieren (§ 3 Abs. 2 Nr. 1 ZMediatAusbV) oder seine Kenntnisse und Fähigkeiten in besonderen Bereichen der Mediation zu vertiefen, § 3 Abs. 2 Nr. 2 ZMediatAusbV. Möglich wäre auch eine Kombination beider Fortbildungsziele, da weder der Wortlaut noch die Entstehungsgeschichte von § 3 ZMediatAusbV nahelegt, dass der gesamte zeitliche Umfang der Fortbildung exklusiv einem der beiden **Fortbildungsziele** gewidmet werden muss. Eine solche Vorgabe wäre auch nicht sachgerecht, da sie die gewünschte Flexibilität im Hinblick auf die individuellen subjektiven Fortbildungsbedürfnisse des zertifizierten Mediators ohne sachliche Notwendigkeit einschränken würde.

Für den **Beginn der Vierjahresfrist** ist nach § 3 Abs. 1 S. 4 ZMediatAusbV auf die Ausstellung der Bescheinigung nach § 2 Abs. 6 ZMediatAusbV abzustellen. Diese Bescheinigung darf nach § 2 Abs. 6 S. 2 erst ausgestellt werden, wenn der gesamte nach § 2 Abs. 3 und 4 ZMediatAusbV vorgeschriebene Ausbildungslehrgang beendet ist und die fünf supervidierten Mediationen durchgeführt und nachgewiesen worden sind, die gem. § 2 Abs. 2 iVm Abs. 5 ZMediatAusbV innerhalb von drei Jahren nach Beendigung des Ausbildungslehrgangs absolviert worden sein müssen. Fortbildungspflichten greifen infolgedessen also nicht bereits ab der Beendigung des Ausbildungslehrganges, sondern erst nach vollständiger Erfüllung der Pflicht, fünf supervidierte Mediationen innerhalb der gesetzten Dreijahresfrist durchgeführt und nachgewiesen zu haben. Ob es sachgerecht ist, im Falle der Ausschöpfung der vorgenannten Dreijahresfrist die kontinuierliche Fortbildungspflicht tatsächlich erst drei Jahre nach Beendigung des Ausbildungslehrganges greifen zu lassen, kann zwar hinterfragt werden;[13] letztlich ist dieser Ansatz aber systemkonform, da der Ausbildungsteilnehmer vor dem Nachweis der supervidierten Mediationen noch kein zertifizierter Mediator ist und als solcher dann auch (noch) nicht den gesteigerten Fortbildungspflichten für zertifizierte Mediatoren unterworfen werden muss.

In der Ausbildungspraxis wird es zumeist so sein, dass das Ausstellungsdatum der Bescheinigung mit dem Abschluss der Ausbildung (nach materiellen Kriterien) zeitlich identisch ist. Dies muss und wird aber allerdings nicht immer so sein. Führt der Ausbildungsabsolvent die vorgeschriebenen fünf Supervisionen mediierter Fälle beispielsweise so frühzeitig nach Beendigung des Ausbildungslehrganges durch, dass er die Dreijahresfrist deutlich unterschreitet, stellt sich die Frage, ob er sein Ausbildungsinstitut, um den Beginn seiner Fortbildungspflichten hinauszuzögern, bewusst erst zum Ablauf dieser Frist um Ausstellung einer Bescheinigung über den Abschluss seiner Ausbildung ersuchen kann. Fallen aus diesem oder aus einem anderen Grund das Ausstellungsdatum der Bescheinigung und der (materielle) Abschluss der Ausbildung zeitlich auseinander, ist für den Beginn der Vierjahresfrist des § 3 Abs. 1 S. 3 ZMediatAusbV alleine das in der Bescheinigung verbriefte **Datum des Ausbildungsabschlusses** entscheidend. Wird beispielsweise der Ausbildungslehrgang im März 2025 beendet, gefolgt von fünf supervidierten Mediationen, deren letzte bereits im März 2027 stattfindet (also schon innerhalb von zwei anstelle der maximal

---

13 Hierzu Klowait ZKM 2022, 19, 22.

zulässigen drei Jahre nach Beendigung des Ausbildungslehrganges), läuft die Vierjahresfrist auch dann bereits ab März 2027, wenn die Bescheinigung über den Ausbildungsabschluss erst zu einem späteren Zeitpunkt ausgestellt wird. Hierfür spricht, dass § 3 Abs. 1 S. 1 ZMediatAusbV den **Abschluss der Ausbildung** in Bezug nimmt, die sich – ohne jede konstitutive Wirkung der Ausbildungsbescheinigung (→ § 2 ZMediatAusbV Rn. 30) – gem. § 3 Abs. 2 ZMediatAusbV alleine auf den Ausbildungslehrgang und die anschließend durchzuführenden fünf Supervisionen bezieht und beschränkt. Dies schließt aus, dass man es dem Ausbildungsabsolventen überlässt, ob und wann er sich an seine Ausbildungseinrichtung wendet, um sich mit dem dann beliebig von ihm bestimmbaren Ausstellungsdatum der Bescheinigung den Startpunkt seiner Fortbildungspflichten selbst wählen zu können. In der Praxis wird das Interesse des Mediators, sich möglichst frühzeitig als zertifizierter Mediator bezeichnen zu dürfen, in aller Regel aber überwiegen und dafür sorgen, dass er sich die Bescheinigung möglichst zeitnah nach Abschluss seiner Ausbildung ausstellen lässt.

6 Einen abweichenden Beginn der Fortbildungspflichten nach den §§ 3 und 4 ZMediatAusbV sehen die **Sonderregelungen des Beginns der Fortbildungspflichten für Altfälle** vor.[14] So bestimmt § 7 Abs. 3 S. 1 ZMediatAusbV, dass die Fortbildungspflichten im Rahmen der Übergangsbestimmungen der Abs. 1 und 2 des § 7 ZMediatAusbV in zwei Fällen unabhängig von einer Ausbildungsbescheinigung am 1.9.2017 – also mit Inkrafttreten der ZMediatAusbV – zu laufen beginnen. Dies betrifft zum einen die sog „Alte Hasen-Regelung" des § 7 Abs. 1 ZMediatAusbV, also diejenigen Fälle, in denen die Bezeichnungsbefugnis als zertifizierter Mediator auch denjenigen Mediatoren zugebilligt wird, die vor dem 26.7.2012 – dem Zeitpunkt des Inkrafttretens des MediationsG – eine mindestens 90-stündige Ausbildung zum Mediator abgeschlossen und anschließend als Mediator oder Co-Mediator mindestens vier Mediationen durchgeführt haben. Ferner wird ebenfalls für solche Mediatoren der Beginn ihrer Fortbildungspflicht auf den 1.9.2017 gesetzt, die zuvor einen den Anforderungen des § 2 Abs. 3 und 4 ZMediatAusbV genügenden Ausbildungslehrgang erfolgreich beendet und bis zum 1.9.2017 auch bereits die notwendige mediationsanschließende Einzelsupervision durchgeführt haben. Haben diese Ausbildungsabsolventen die Einzelsupervision erst nach dem 1.9.2017 durchgeführt – wozu sie nach § 7 Abs. 2 S. 1 ZMediatAusbV befugt sind, soweit diese bis spätestens 1.10.2018 absolviert wurden –, beginnen die Fortbildungsfristen der §§ 3 und 4 erst mit dem Ausstellen der Bescheinigung zu laufen. Der neu eingeführte Abs. 4 des § 7 ZMediatAusbV regelt darüber hinaus, dass sich als zertifizierter Mediator auch bezeichnen darf, wer nach den §§ 2 und 4 dieser Verordnung in der bis einschließlich 29.2.2024 geltenden Fassung 1. die Ausbildung abgeschlossen und die Fortbildung absolviert hat oder 2. die Ausbildung begonnen hat und diese sowie die Fortbildung bis einschließlich 29.2.2028 abschließt, verbindet dies jedoch mit der Klarstellung, dass dies nur dann gilt, wenn der Mediator zusätzlich die Vorgaben zur regelmäßigen Fortbildungspflicht nach § 3 Abs. 1–3 in der ab 1.3.2024 geltenden Fassung erfüllt.

---

14 Zu den Übergangsbestimmungen in Gänze → § 7 ZMediatAusbV Rn. 1 ff.

Über die Teilnahme an einer Fortbildungsveranstaltung ist nach § 3 Abs. 3 ZMediatAusbV von der Fortbildungseinrichtung eine Bescheinigung mit den in § 3 Abs. 3 S. 2 Nr. 1–4 genannten Angaben auszustellen. Ebenso wie die Ausbildungsbescheinigung nach § 2 Abs. 6 ZMediatAusbV beschreibt auch § 3 Abs. 3 S. 2 in seinen Nr. 1 bis 4 lediglich die **Pflichtinhalte der Fortbildungsbescheinigung**. Neben den Daten des Fortbildungsteilnehmers und der Fortbildungseinrichtung müssen Datum und Ort der Fortbildungsveranstaltung sowie die vermittelten Fortbildungsinhalte sowie die Dauer der Fortbildungsveranstaltung in Zeitstunden angegeben werden.

§ 4 ZMediatAusbV Fortbildung durch Einzelsupervision – aufgehoben

(1) Innerhalb der zwei auf den Abschluss seiner Ausbildung nach § 2 folgenden Jahre hat der zertifizierte Mediator mindestens viermal an einer Einzelsupervision, jeweils im Anschluss an eine als Mediator oder Co-Mediator durchgeführte Mediation, teilzunehmen. Die Zweijahresfrist beginnt mit Ausstellung der Bescheinigung nach § 2 Absatz 6 zu laufen.

(2) Über jede nach Absatz 1 durchgeführte Einzelsupervision ist von dem Supervisor eine Bescheinigung auszustellen. Diese Bescheinigung muss enthalten:

1. *Name, Vornamen und Geburtsdatum des zertifizierten Mediators,*
2. *Datum und Ort der durchgeführten Einzelsupervision,*
3. *anonymisierte Angaben zur in der Einzelsupervision besprochenen Mediation sowie*
4. *Name und Anschrift des Supervisors.*

§ 4 ZMediatAusbV wurde durch die Zweite Verordnung zur Änderung der Zertifizierte-Mediatoren-Ausbildungsverordnung[1] mit Wirkung zum 1.3.2024 aufgehoben. Seine Regelungen[2] behalten im Zusammenhang mit den Übergangsbestimmungen des § 7 ZMediatAusbV aber noch eine gewisse, zeitlich befristete Nachwirkung (→ ZMediatAusbV § 7 Rn. 1 ff.).

§ 5 ZMediatAusbV Anforderungen an Aus- und Fortbildungseinrichtungen

(1) Eine Ausbildung nach § 2 oder eine Fortbildung nach § 3 darf nur durchführen, wer sicherstellt, dass die dafür eingesetzten Lehrkräfte
1. über einen berufsqualifizierenden Abschluss einer Berufsausbildung oder eines Hochschulstudiums verfügen und
2. über die jeweils erforderlichen fachlichen Kenntnisse verfügen, um die in der Anlage aufgeführten oder sonstige Inhalte der Aus- oder Fortbildung zu vermitteln.

---

1 BGBl. 2023 I 185 v. 18.7.2023.
2 Ausführlich zu § 4 ZMediatAusbV siehe die Vorauflage dieses Kommentars → ZMediatAusbV § 4 Rn. 1 ff.

(2) Sofern eine Lehrkraft nur eingesetzt wird, um bestimmte Aus- oder Fortbildungsinhalte zu vermitteln, müssen sich ihre fachlichen Kenntnisse nur darauf beziehen.

1 Nach Maßgabe von § 5 Abs. 1 ZMediatAusbV darf eine Ausbildung nach § 2 oder eine Fortbildung nach § 3 nur anbieten, wer sicherstellt, dass die für die Aus- oder Fortbildung eingesetzten **Lehrkräfte** über einen berufsqualifizierenden Abschluss einer Berufsausbildung oder eines Hochschulstudiums und über die jeweils erforderlichen fachlichen Kenntnisse verfügen, um die in der Anlage „Inhalte des Ausbildungslehrganges" aufgeführten oder sonstigen Inhalte der Aus- oder Fortbildung zu vermitteln. Bei Lehrkräften, die nur zur Vermittlung bestimmter Aus- oder Fortbildungsinhalte eingesetzt werden, müssen sich ihre fachlichen Kenntnisse nach Maßgabe von § 5 Abs. 2 ZMediatAusbV nur darauf beziehen.

2 Welches Verständnis des Verordnungsgebers den Begrifflichkeiten des **Berufsabschlusses** und des **Hochschulstudiums** zugrunde liegt, wurde bereits in der Begründung zum RefE ZMediatAusbV näher ausgeführt. Danach umfasst der Terminus **Berufsausbildung** anerkannte Ausbildungsberufe im Sinne von § 4 Abs. 1 des Berufsbildungsgesetzes, Berufsausbildungen in einem öffentlich-rechtlichen Dienstverhältnis oder in Berufen der Handwerksordnung sowie in vergleichbaren Berufsausbildungen. Unter **Hochschulstudium** wird ein Studium an Universitäten, Pädagogischen Hochschulen, Kunsthochschulen, Fachhochschulen und sonstigen Hochschulen verstanden, an denen ein staatlich anerkannter akademischer Abschluss erworben werden kann.[1]

3 § 5 ZMediatAusbV konkretisiert § 6 S. 2 Nr. 5 MediationsG, der vorsieht, dass in der Rechtsverordnung Anforderungen an die in den Aus- und Fortbildungseinrichtungen eingesetzten Lehrkräfte festgelegt werden können. Dies erfolgt allerdings in einer zurückhaltenden und nur bedingt qualitätssichernden Art und Weise. Auffallend ist zunächst, dass nicht einmal vorausgesetzt wird, dass die Lehrkraft die gleichen Anforderungen erfüllt wie die zertifizierten Mediatoren, die sie unterrichten soll. Mehr noch – sie muss nach dem Wortlaut von § 5 ZMediatAusbV weder selbst zertifizierter noch überhaupt Mediator sein und auch kein gesteigertes Maß an praktischer Erfahrung als Mediator vorweisen. Zwar mag § 5 ZMediatAusbV unausgesprochen auf der Annahme fußen, dass die eingesetzten Lehrkräfte erfahrene Mediatoren sein werden; bei einer für die Qualitätssicherung der Mediationsausbildung – und damit auch für die Qualität der weiteren Mediationspraxis der Absolventen – zentralen Bestimmung ist es jedoch unzureichend, derartige Mindestvoraussetzungen nicht explizit zu benennen und zu normieren. Faktisch bleibt es infolgedessen letztlich der Einschätzung der Aus- und Fortbildungseinrichtungen bzw. der Selbsteinschätzung der Lehrkräfte überlassen, ob und inwieweit sie „über die jeweils erforderlichen fachlichen Kenntnisse verfügen, um die in der Anlage aufgeführten oder sonstige Inhalte der Aus- und Fortbildung zu vermitteln". Dies wiegt umso schwerer, als dass **keinerlei Sanktionsmittel** gegen den Einsatz nicht hinreichend qualifizierter Lehrkräfte zur Verfügung stehen.

---

1 Begründung zum RefE ZMediatAusbV, S. 15 zu § 2.

Aus den vorstehend genannten Gründen besteht in Bezug auf die Anforderungen an die in den Aus- und Fortbildungseinrichtungen eingesetzten Lehrkräfte de lege ferenda dringender **Korrektur- und Nachbesserungsbedarf.** Im Sinne der angestrebten Qualitätssicherung sollte im Zuge künftiger Verordnungsnovellierungen darauf hingewirkt werden, dass Lehrkräfte nachweislich einen spürbaren Wissens- und Erfahrungsvorsprung vor ihren Ausbildungsteilnehmern haben. Dies schließt es jedenfalls aus, ihnen *weniger* abzuverlangen als den Ausbildungsteilnehmern. Lehrkräfte sollten daher mindestens über eine Mediationsausbildung verfügen, die sie selbst dazu berechtigt, sich als zertifizierte Mediatoren zu bezeichnen. Noch schwerer wiegt schließlich der **Verzicht auf den Nachweis praktischer Mediationserfahrung.** So bleibt es auch nach der jüngsten Novelle unverändert eine mögliche Konsequenz der ZMediatAusbV, dass (auch künftig noch) Mediatoren nach ihrer Ausbildung mangels Nachfrage nach Mediationen weitgehend praxisunerfahren ihr Glück als Ausbilder im lukrativen Mediationsausbildungsgeschäft versuchen. Da dies zu einer massiven Abwertung des Ansehens des „zertifizierten Mediators" führen könnte, wäre das Gegenteil von dem erreicht, was erreicht werden soll. Obwohl auch die Regelungen der ZMediatAusbV für Lehrkräfte sich am Maßstab der durch Art. 12 GG geschützten Berufsfreiheit messen lassen müssen,[2] sollte zukünftig durch geeignete Vorgaben sichergestellt werden, dass das zur **Qualitätssicherung** unerlässliche „Plus" an Kenntnissen und Erfahrungen der Lehrkräfte Eingang in den Verordnungstext findet.[3] Zu denken wäre hier etwa an nachgewiesene Lehr- und Praxiserfahrungen auf dem Gebiet der Mediation, die Vorgabe von Mindestzahlen durchgeführter Mediationen und zur Einholung und Auswertung regelmäßigen Feedbacks der Ausbildungsteilnehmer etc.

Nach § 5 Abs. 2 ZMediatAusbV müssen sich die fachlichen Kenntnisse von Lehrkräften, die nur zur Vermittlung bestimmter Aus- und Fortbildungsinhalte eingesetzt werden, lediglich auf diese Inhalte beziehen. Unabhängig von der allgemeinen Kritik an den deutlich zu laxen Anforderungen an Lehrkräfte ist diese Regelung für sich gesehen sinnvoll und praxisgerecht. Sie erlaubt die **Einbindung von „Spezialisten"** in die Aus- und Fortbildung zertifizierter Mediatoren, beispielsweise also von Mediatoren mit vertieften Kenntnissen und Erfahrungen im Bereich der Wirtschafts-, Familien- oder Umweltmediation, und wirkt somit unmittelbar qualitätserhöhend.

§ 6 ZMediatAusbV Gleichwertige im Ausland erworbene Qualifikation

Als zertifizierter Mediator darf sich auch bezeichnen, wer
1. im Ausland eine Ausbildung zum Mediator im Umfang von mindestens 90 Zeitstunden abgeschlossen hat und
2. anschließend als Mediator oder Co-Mediator mindestens vier Mediationen durchgeführt hat.

---
2 Siehe hierzu Fritz/Pielsticker/Fritz MediationsG § 6 Rn. 30.
3 Ebenfalls kritisch zum Fehlen jeglicher Qualitätsstandards für Ausbilder wie auch für Supervisoren Risse ZKM 2023, 176, 179.

1 § 6 ZMediatAusbV betrifft mit der dort normierten **Gleichwertigkeit ausländischer Qualifikationen** einen in § 6 MediationsG nicht explizit zur Umsetzung in der Verordnung genannten Regelungsbereich. Kompetenzrechtlich bestehen in Bezug auf die Bestimmungen zur Anerkennung ausländischer Mediationsausbildungen im Ergebnis dennoch keine Bedenken dagegen, ihre Aufnahme in die ZMediatAusbV als von der Ermächtigungsgrundlage des § 6 MediationsG gedeckt anzusehen. Mehr noch: Ein Verzicht auf derartige Anerkennungsregeln wäre mit europarechtlichen Vorgaben nicht zu vereinbaren und würde zudem der Hauptintention der Med-RiLi – deren Umsetzung das MediationsG dient –, nämlich der Förderung der grenzüberschreitenden Mediation in Zivil- und Handelssachen, zuwiderlaufen (→ MediationsG § 5 Rn. 8).

2 Gegenüber seiner „Vorläuferregelung" im RefE ZMediatAusbV (nämlich dem dortigen § 8) hat § 6 ZMediatAusbV erhebliche Änderungen erfahren. Während § 8 RefE ZMediatAusbV im Wesentlichen auf europarechtlich „gleichwertige" und durch Vorlage von behördlichen Ausbildungs- und Befähigungsnachweisen zu belegende Qualifikationen abstellte,[1] hat sich der Verordnungsgeber mit § 6 ZMediatAusbV für eine deutlich an die Übergangsbestimmung des § 7 Abs. 1 ZMediatAusbV angelehnte[2] Regelung entschieden. Als zertifizierter Mediator darf sich demnach auch bezeichnen, wer im Ausland eine Ausbildung zum Mediator im Umfang von mindestens 90 Zeitstunden abgeschlossen und anschließend als Mediator oder Co-Mediator mindestens vier Mediationen durchgeführt hat. Die Änderungen bei der **Anerkennung im Ausland erworbener Qualifikationen** haben ihre Ursache in europarechtlichen Vorgaben. Sie dienen der Umsetzung der Anforderungen der Richtlinie 2005/36/EG des Europäischen Parlaments und des Rates vom 7.9.2005 über die Anerkennung von Berufsqualifikationen,[3] die zuletzt durch die Richtlinie 2013/55/EU[4] geändert worden ist, sowie der Richtlinie 2013/55/EU des Europäischen Parlaments und des Rates vom 20.11.2013 zur Änderung der Richtlinie 2005/36/EG über die Anerkennung von Berufsqualifikationen und der Verordnung (EU) Nr. 1024/2012 über die Verwaltungszusammenarbeit mithilfe des Binnenmarkt-Informationssystems („IMI-Verordnung").[5]

3 Im Vergleich zur „Regelausbildung" für zertifizierte Mediatoren enthält § 6 ZMediatAusbV eine Reihe von **Privilegierungen für Absolventen ausländischer Mediationsausbildungen**. Gefordert ist eine Ausbildung im Umfang von mindestens 90 Zeitstunden, ergänzt durch vier anschließend als Mediator oder Co-Mediator durchgeführte Mediationen. Neben diesem „Minus" von 40 Stunden Ausbildungsumfang ist zu berücksichtigen, dass es sich – anders als im Rahmen der inländischen Ausbildung nach § 2

---

1 Vgl. § 8 RefE ZMediatAusbV sowie dessen Kommentierung in der Erstauflage dieses Kommentars, dort Rn. 83 ff. zu § 6 MediationsG.
2 Eicher ZKM 2016, 160 (162).
3 ABl. EU L 255, 22 v. 30.9.2005; ABl. EU L 271, 18 v. 16.10.2007; ABl. EU L 93, 28 v. 4.4.2008; ABl. EU L 33, 49 v. 3.2.2009; ABl. EU L 305, 115 v. 24.10.2014.
4 ABl. EU L 354, 132 v. 28.12.2013; ABl. EU L 268, 35 v. 15.10.2015; ABl. EU L 95, 20 v. 9.4.2016.
5 ABl. EU L 354, 132 v. 28.12.2013; ABl. EU L 268, 35 v. 15.10.2015; ABl. EU L 95, 20 v. 9.4.2016.

ZMediatAusbV – bei den zu absolvierenden 90 Stunden auch nicht um **Präsenzzeitstunden**, sondern lediglich um **Zeitstunden** handeln muss. Damit besteht eine erhöhte Flexibilität zur Gestaltung der Ausbildung auch im Wege des Fern- oder Selbststudiums. Anders als der ausgebildete inländische zertifizierte Mediator ist der der nach § 6 zertifizierte Mediator auch nicht verpflichtet, die von ihm durchgeführten Mediationen jeweils anschließend einer Supervision zu unterziehen. Die Kritik, die sich mit Blick auf diese Erleichterungen des § 6 ZMediatAusbV schon innerhalb kürzester Zeit nach Inkrafttreten der ZMediatAusbV ergeben hat,[6] ist durchaus nachvollziehbar, zumal sich die Diskrepanz zwischen den Anforderungen an eine im Ausland erworbene Ausbildung gegenüber den Anforderungen an eine inländische Ausbildung durch die dem 1.3.2024 in Kraft getretene Novellierung der ZMediatAusbV noch einmal deutlich vergrößert hat. Dies bezieht sich zum einen auf die Mindeststundenzahl des Ausbildungslehrganges, bei der infolge der Erhöhung der nationalen Vorgabe auf 130 Stunden nunmehr ein Minus von 40 Stunden gegenüber einer im Ausland erworbenen Ausbildung akzeptiert wird. Darüber hinaus werden vier anstelle der nach § 2 Abs. 2 und 5 ZMediatAusbV nunmehr nach deutschem Recht erforderlichen fünf Mediationen als hinreichend angesehen, wobei die geforderten vier Mediationen auch dann anerkannt werden, wenn sie weder einer Supervision unterzogen wurden noch von einer neutralen Stelle bescheinigt worden sind. Nimmt man hinzu, dass der deutsche Verordnungsgeber die überwiegende Durchführung des Ausbildungslehrganges in Formaten mit körperlicher Anwesenheit ausweislich § 2 Abs. 4 S. 3 ZMediatAusbV als wesentliches Qualitätsmerkmal definiert, während entsprechende Vorgaben für im Ausland erworbene Ausbildungen gänzlich fehlen, so kann mit guten Gründen hinterfragt werden, ob letztere tatsächlich noch als „gleichwertige" Ausbildung behandelt werden sollten. De lege ferenda sollte deshalb erwogen werden, die Anforderungen an im Ausland absolvierte Mediationsausbildungen in einem Maße zu erhöhen, das Absolventen einer solchen Ausbildung zwar weiterhin eine Anerkennung eröffnet, evidente Unterschiede hinsichtlich der Quantität und Qualität der Ausbildung aber auf ein angemessenes Maß nivelliert.

Auch der nach § 6 ZMediatAusbV zertifizierte Mediator unterliegt in vollem Umfang den **Fortbildungspflichten der ZMediatAusbV.** Soweit im Schrifttum hierzu die gegenteilige Auffassung vertreten wird,[7] überspannt dies den Sinn und Zweck der Gleichstellungsregelung des § 6 ZMediatAusbV. Europarechtlichen Vorgaben folgend bezweckt § 6 ZMediatAusbV, eine Diskriminierung im Ausland erworbener Ausbildungs- und Befähigungsnachweise dadurch zu unterbinden, dass diese in gleicher Weise den *Zugang* – nicht den Erhalt – zu der nach bundesdeutschen Regelungen zugesprochenen Zertifizierungsbezeichnungsbefugnis ermöglichen. Eine weitergehende Privilegierung durch Entbindung von den Fortbildungspflichten der ZMediatAusbV wäre weder sachlich gerechtfertigt noch sind tragfähige Hinweise dafür vorhanden, dass der Verordnungsgeber sie intendiert

---

6 Vgl. hierzu etwa Röthemeyer ZKM 2016, 195 (201), Eidenmüller/Fries AnwBl 2017, 23 (25) sowie Greger Spektrum der Mediation 2017, 49 (51).
7 Röthemeyer ZKM 2016, 195 (202); Eidenmüller NJW-aktuell 46/2016, 15.

hat. Gegenteiliges lässt sich auch nicht daraus ableiten, dass § 6 ZMediatAusbV das Ausbildungsende nicht definiert und – anders als § 7 Abs. 3 ZMediatAusbV – keinen klaren zeitlichen Bezugspunkt für den Beginn der Fortbildungspflichten nach der ZMediatAusbV definiert.[8] Dies ist zwar zutreffend und die zu konstatierende (planwidrige) Regelungslücke führt zu der Notwendigkeit der Interpretation; deren Bezugspunkt besteht allerdings darin, durch Auslegung den maßgeblichen **Beginn der Fortbildungspflichten im Rahmen von § 6 ZMediatAusbV** zu ermitteln, nicht etwa deren Existenz in Gänze in Abrede zu stellen. Im Ergebnis führt diese Auslegung dazu, dass der nach § 6 zertifizierte Mediator den Fortbildungspflichten des § 3 ZMediatAusbV mit dem Zeitpunkt des Abschlusses seiner (der Ausbildung nach § 6 Nr. 1 ZMediatAusbV nachfolgenden) vierten Mediation unterliegt, dass seine Fortbildungspflichten – hat er die vier Mediationen bereits zuvor durchgeführt – jedoch frühestens mit dem Inkrafttreten der ZMediatAusbV am 1.9.2017 beginnen.

5 Dass somit auch „Auslandsmediatoren"[9] den Fortbildungspflichten der ZMediatAusbV in gleichem Umfang unterliegen wie ihre Kolleginnen und Kollegen, die eine bundesdeutsche Mediationsausbildung absolviert haben, relativiert sowohl die im Schrifttum aus Art. 3 GG abgeleiteten verfassungsrechtlichen Bedenken[10] als auch die geäußerte Sorge einer großflächigen „Flucht ins Ausland".[11] Selbst wenn zu konstatieren bleibt, dass nach § 6 ZMediatAusbV zertifizierten Mediatoren in der Tat gewisse Erleichterungen eingeräumt werden,[12] ist ein weiterer – im Kern europarechtlicher – Gedanke in die Gesamtwertung mit einzubeziehen. Das MediationsG – und mit ihm die ZMediatAusbV – dient der Umsetzung der europäischen Mediationsrichtlinie. Deren Hauptzweck liegt in der **Förderung der grenzüberschreitenden Mediation.** Vor diesem Hintergrund erscheint es europarechtlich zulässig – wenn nicht gar geboten – im Rahmen der Anerkennung im Ausland erworbener Qualifikationen in gewissen Rahmen auch rein faktischen Unterschieden in den äußerst heterogenen Niveaus der jeweiligen nationalen Ausbildungsanforderungen[13] Rechnung zu tragen. Will man das vorrangige – in der auf nationale Belange fokussierten Diskussion oftmals ausgeblendete – Ziel der europäischen Mediationsrichtlinie wirk-

---

8 Unter anderem hierauf stellt Röthemeyer ab, vgl. Röthemeyer ZKM 2016, 195 (202).
9 § 6 ZMediatAusbV knüpft nicht an die Nationalität des Mediators, sondern ausschließlich an den Ausbildungsort an. Somit entfaltet § 6 ZMediatAusbV auch für bundesdeutsche Mediatoren Wirkung, die ihre Ausbildung im Ausland (auch im außereuropäischen Ausland) absolviert haben, vgl. hierzu auch Röthemeyer ZKM 2016, 195 (201).
10 Eidenmüller/Fries AnwBl 2017, 23 (25).
11 Röthemeyer ZKM 2016, 195 (201).
12 Wie etwa der reduzierte Umfang der geforderten Ausbildungsstunden, die fehlende Bindung an die „Stundentafel", also die (gewichteten) Ausbildungsinhalte der Anlage zur ZMediatAusbV, und die nicht vorgegebene zeitliche Nähe der durchgeführten Mediationen an den Abschluss der Ausbildung nach § 6 Nr. 1 ZMediatAusbV.
13 Einen Überblick über die gesetzlichen Regelungen zur Mediation und zur Mediationsausbildung in den europäischen Mitgliedsstaaten vermittelt die – allerdings nicht mehr durchgängig aktualisierte v. 9.4.2016 Seite https://e-justice.europa.eu/content_mediation_in_member_states-64-de.do, zuletzt abgerufen am 17.3.2024.

sam umsetzen, so ist es erforderlich, die grenzüberschreitende Mediation auch dadurch zu fördern, dass auch Mediatoren, die ihre Mediationsausbildung im (europäischen) Ausland absolviert haben,[14] ein gleichwertiger Zugang gesichert wird. Dass der Verordnungsgeber dies für den zertifizierten Mediator mit einer Vorgabe von Anforderungen umgesetzt hat, die den Kompromiss zwischen nationalen Regelungen mit weit geringeren (als bundesdeutschen) Ausbildungsanforderungen und solchen Länderregelungen herzustellen versucht, die darüber hinausgehen, ist europarechtlich grundsätzlich nicht zu beanstanden. Allerdings ist dabei im Blick zu behalten, dass es sich um einen ausgewogenen Kompromiss handeln sollte, der die Anforderungen gegenüber im Inland erworbenen Ausbildungen nicht über ein vertretbares Maß hinaus absenkt (→ Rn. 3).

§ 7 ZMediatAusbV Übergangsbestimmungen

(1) Als zertifizierter Mediator darf sich bezeichnen, wer vor dem 26. Juli 2012 eine Ausbildung zum Mediator im Umfang von mindestens 90 Zeitstunden abgeschlossen und anschließend als Mediator oder Co-Mediator mindestens vier Mediationen durchgeführt hat.

(2) [1]Als zertifizierter Mediator darf sich auch bezeichnen, wer vor dem 1. September 2017 einen den Anforderungen des § 2 Absatz 3 und 4 in der am 1. September 2017 geltenden Fassung genügenden Ausbildungslehrgang erfolgreich beendet hat und bis zum 1. Oktober 2018 an einer Einzelsupervision im Anschluss an eine als Mediator oder Co-Mediator durchgeführte Mediation teilgenommen hat. [2]Wird die Einzelsupervision erst nach dem 1. September 2017 durchgeführt, ist entsprechend § 4 Absatz 2 in der am 1. September 2017 geltenden Fassung eine Bescheinigung auszustellen.

(3) [1]In den Fällen der Absätze 1 und 2 beginnen die Fristen des § 3 Absatz 1 Satz 3 und des § 4 Absatz 1 in der am 1. September 2017 geltenden Fassung am 1. September 2017 zu laufen. [2]Im Fall des Absatzes 2 Satz 2 beginnen die Fristen abweichend von Satz 1 mit Ausstellen der Bescheinigung zu laufen.

(4) [1]Als zertifizierter Mediator darf sich ferner bezeichnen, wer nach den §§ 2 und 4 dieser Verordnung in der bis einschließlich 29. Februar 2024 geltenden Fassung
1. die Ausbildung abgeschlossen und die Fortbildung absolviert hat oder
2. die Ausbildung begonnen hat und diese sowie die Fortbildung bis einschließlich 29. Februar 2028 abschließt.

[2]Satz 1 gilt jedoch nur, wenn der Mediator zusätzlich die Vorgaben zur regelmäßigen Fortbildungspflicht nach § 3 Absatz 1 bis 3 in der ab 1. März 2024 geltenden Fassung erfüllt.

---

14 § 6 ZMediatAusbV geht über den europäischen Rahmen allerdings hinaus und stellt generell alle (auch außereuropäisch erworben) Ausbildungen gleich. Insoweit wurde § 6 ZMediatAusbV in der Tat „überschießend" – nämlich im Sinne einer globalen Gleichwertigkeitsregelung – konzipiert.

Klowait

1 Ein Überblick über die Übergangsbestimmungen des § 7 ZMediatAusbV ergibt folgendes Bild: § 7 Abs. 1 ZMediatAusbV – die sog „**Alte-Hasen-Regelung**" – gewährt die Zertifizierungsbezeichnungsbefugnis solchen Mediatoren, die vor dem Inkrafttreten des Mediationsgesetzes am 26.7.2012 eine Ausbildung zum Mediator im Umfang von mindestens 90 Zeitstunden abgeschlossen und anschließend als Mediator oder Co-Mediator mindestens vier Mediationen durchgeführt haben. Die **Frist zur Erfüllung der Fortbildungspflichten** der §§ 3 und 4 ZMediatAusbV aF begann in diesem Fall gem. § 7 mit Inkrafttreten der ZMediatAusbV, also am 1.9.2017. Einen zweiten Übergangstatbestand sieht § 7 Abs. 2 ZMediatAusbV für solche Mediatoren vor, die vor dem Inkrafttreten der ZMediatAusbV am 1.9.2017 einen Ausbildungslehrgang erfolgreich absolviert haben, der den Anforderungen des § 2 Abs. 3 und 4 ZMediatAusbV in der am 1. September 2017 geltenden Fassung bereits entsprach. Die Zertifizierungsbezeichnungsbefugnis haben Mediatoren in diesem Fall erworben, wenn sie entsprechend der Regelung, die § 2 Abs. 2 iVm Abs. 5 ZMediatAusbV in der seinerzeit geltenden Fassung vorsah, bis zum 1.10.2018 an einer Einzelsupervision im Anschluss an eine als Mediator oder Co-Mediator durchgeführte Mediation teilgenommen haben.

Bezüglich des **Fristbeginns für die Fortbildungspflichten** sieht § 7 Abs. 2 iVm Abs. 3 ZMediatAusbV vor, dass die Fortbildungsfrist in den Fällen des § 7 Abs. 2 ZMediatAusbV dann, wenn die (seinerzeit) erforderliche mediationsanschließende Einzelsupervision nach dem 1.9.2017 durchgeführt worden ist, nicht bereits ab dem 1.9.2017, sondern erst mit Ausstellung der die durchgeführte supervidierte Mediation bestätigenden Bescheinigung zu laufen beginnt. Abgesichert wurde dies mit der aus § 7 Abs. 2 S. 2 ZMediatAusbV folgenden Verpflichtung des Supervisors, entsprechend § 4 Abs. 2 ZMediatAusbV aF eine solche Bescheinigung auszustellen.

Während die am 1.3.2024 in Kraft getretene Novelle der ZMediatAusbV § 7 Abs. 1 ZMediatAusbV unverändert beließ und in die Abs. 2 und 3 lediglich klarstellend aufgenommen hat, dass die dort in Bezug genommenen Vorgaben der ZMediatAusbV sich jeweils auf deren Fassung zum 1.9.2017 beziehen,[1] ist § 7 Abs. 4 ZMediatAusbV gänzlich neu aufgenommen worden. Danach darf sich als zertifizierter Mediator auch derjenige bezeichnen, der nach den §§ 2 und 4 dieser Verordnung in der bis einschließlich 29.2.2024 geltenden Fassung 1. die Ausbildung abgeschlossen und die Fortbildung absolviert hat oder 2. die Ausbildung begonnen hat und diese sowie die Fortbildung bis einschließlich 29.2.2028 abschließt. Um keine Missverständnisse dahingehend aufkommen zu lassen, dass die Fortbildungspflicht sich auch in diesen beiden Fällen alle vier Jahre erneuert, sieht § 7 Abs. 4 S. 2 ZMediatAusbV vor, dass der Mediator zusätzlich die Vorgaben zur regelmäßigen Fortbildungspflicht nach § 3 Abs. 1–3 in der ab 1.3.2024 geltenden Fassung zu erfüllen hat.

Die Regelung des § 7 ZMediatAusbV erscheint allenfalls auf den ersten Blick klar. Bei näherer Betrachtung ist sie nicht in sich widerspruchsfrei

---

[1] Nämlich durch die dort jeweils aufgenommenen Zusätze „in der am 1. September 2017 geltenden Fassung".

und wirft – wie nachfolgend erläutert – eine Reihe von Fragen auf, die auslegungs- und interpretationsbedürftig sind.

Nach § 7 Abs. 1 ZMediatAusbV darf sich auch derjenige als zertifizierter Mediator bezeichnen, der vor dem Inkrafttreten des MediationsG am 26.7.2012 eine Ausbildung zum Mediator von mindestens 90 Zeitstunden abgeschlossen und anschließend als Mediator oder Co-Mediator durch mindestens vier Mediationen geführt hat (auch als „Alte-Hasen-Regelung" bezeichnet). § 7 Abs. 1 ZMediatAusbV statuiert somit eine **Übergangsregelung für Mediatoren, die vor dem Inkrafttreten des Mediationsgesetzes am 26.7.2012 eine Mediationsausbildung abgeschlossen haben,** die den Anforderungen des § 2 ZMediatAusbV nicht genügt. Aus welchen Gründen die zuvor abgeschlossene Mediationsausbildung nicht den Anforderungen der ZMediatAusbV genügt, ist irrelevant. Erfasst ist neben dem Fall der nicht ausreichenden Stundenzahl der Ausbildung auch eine Ausbildung, welche die durch § 2 ZMediatAusbV iVm der Anlage „Inhalte des Ausbildungslehrganges" vorgeschriebenen Inhalte der Ausbildung nicht vollständig oder nicht in der vorgesehenen Gewichtung abgedeckt hat.[2] In den Genuss der Übergangsregelung kommen Mediatoren allerdings nur dann, wenn sie an einer mindestens 90 Zeitstunden umfassenden Mediationsausbildung teilgenommen haben, diese Ausbildung vor dem Inkrafttreten des Mediationsgesetzes am 26.7.2012 vollständig abgeschlossen war und sie anschließend als Mediator oder Co-Mediator durch mindestens vier Mediationen geführt haben. Fehlt es an einer dieser Voraussetzungen, etwa weil die Mediationsausbildung per se auf weniger als 90 Zeitstunden angelegt war oder diese Mindeststundenzahl zwar umfasste, vom Teilnehmer zum Zeitpunkt des Inkrafttretens des MediationsG aber erst teilweise absolviert worden war, greift die Übergangsregelung nicht. Konsequenz ist in diesen Fällen, dass der Mediator zeitliche oder inhaltliche Lücken seiner Ausbildung durch entsprechende Nachschulungen schließen muss, um sich als zertifizierter Mediator bezeichnen zu dürfen.

Bei der Festlegung der Anzahl der durchgeführten Mediationen auf mindestens vier hat sich der Verordnungsgeber seinerzeit von der Einschätzung leiten lassen, dass die durchschnittlich für ein Mediationsverfahren aufzuwendende Zeit 7,5 Stunden beträgt, es mithin gerechtfertigt sei, diese Mindestanzahl zu fordern, um bis zu 30 fehlende Ausbildungsstunden zu kompensieren.[3] Empirische Befunde für die **Annahme einer 7,5-stündigen Durchschnittsdauer durchgeführter Mediationen** sind der Begründung jedoch nicht zu entnehmen. Aus Sicht der Praxis sind erhebliche Zweifel angebracht, ob die angenommene Durchschnittsdauer zutreffend eingeschätzt wurde. Selbst ohne Berücksichtigung der – durchaus zeitaufwendigen – Vor- und Nachbereitung durchgeführter Mediationen kann beispielsweise bei komplexen Wirtschaftsmediationen bereits eine einzige – zumeist aus mehreren Sitzungen bestehende – Mediation den gesamten Zeitrahmen der zu kompensierenden 30 Stunden übersteigen. Auch in anderen Mediationsbereichen dürfte die Durchschnittsdauer durchgeführter Mediationen

---

[2] Begründung zum RefE ZMediatAusbV, S. 18 zum (insoweit inhaltsgleichen) § 9 RefE ZMediatAusbV.
[3] Begründung zum RefE ZMediatAusbV, S. 18 zu § 10.

deutlich über den angenommenen 7,5 Stunden liegen, zumal die Phasen der Vor- und Nachbereitung selbstverständlich mit einbezogen werden sollten. Spiegelt man dies an dem vom Verordnungsgebergenannten Begründungszusammenhang, so dürften die geforderten vier Mediationen zu einer deutlichen Überkompensierung der „fehlenden" 30 Ausbildungsstunden führen.

4   Ob die durchgeführten Mediationen einer Supervision unterzogen worden sind oder nicht, ist im Rahmen von § 7 Abs. 1 ZMediatAusbV unerheblich. § 7 Abs. 1 ZMediatAusbV verlangt auch keine Dokumentation der durchgeführten Mediationen. Gleichwohl sind Mediatoren, die in den Anwendungsbereich des § 7 Abs. 1 ZMediatAusbV fallen, für den Fall des Bestreitens ihrer Zertifizierungsbezeichnungsbefugnis gut beraten, eine solche Dokumentation freiwillig vorzunehmen. Ob und wie sie dies tun, ist ihnen zwar freigestellt; empfehlenswert dürfte es jedoch sein, sich diesbezüglich an den Vorgaben zu orientieren, die § 5 Abs. 2 RefE ZMediatAusbV ursprünglich für den Nachweis der Praxiserfahrung vorgesehen hatte. Der Verordnungsentwurf sah diesbezüglich eine alle zwei Jahre nachzuweisende Praxiserfahrung in Gestalt von mindestens vier Mediationen vor, welche durch Angaben zu den persönlichen Daten des Mediators und ggf. Co-Mediators, zu Datum, Ort und Dauer der Mediationstermine (inkl. Vorgesprächen), durch anonymisierte Angaben zur Konfliktsituation, zu den Konfliktbeteiligten und Konfliktthemen sowie schließlich durch eine anonymisierte Beschreibung des Verlaufs und Ausgangs der Mediation hätte dokumentiert werden müssen.

5   Unklar ist nach dem Wortlaut des § 7 Abs. 1 ZMediatAusbV, *wann* die mindesten vier Mediationen durchgeführt worden sein müssen. Hier sind zwei Auslegungen denkbar, die im Ergebnis davon abhängen, welchen Bezugspunkt das Wort „anschließend" nach dem Willen des Verordnungsgebers haben sollte. Bezieht man es auf den Abschluss der Ausbildung, so ist es **irrelevant**, ob die **Mediationen vor oder nach dem Inkrafttreten des MediationsG** durchgeführt worden sind. Meint „anschließend" hingegen den 26.7.2012, also den Zeitpunkt des Inkrafttretens des MediationsG, wären nur solche Mediationen anerkennungsfähig, die nach diesem Zeitpunkt (und, in beiden Fällen, vor dem Inkrafttreten der ZMediatAusbV) stattgefunden haben. Anhaltspunkte für letztere Auslegung sind jedoch weder der Begründung des Verordnungsentwurfs zu entnehmen noch wäre sie sachgerecht. Entscheidendes Kriterium für den Ausgleich „fehlender" Ausbildungsstunden soll die Praxiserfahrung des Mediators sein. Wäre beabsichtigt gewesen, dieses Erfordernis zusätzlich mit der Komponente der „zeitnahen" Praxiserfahrung zu verbinden, hätte es einer insoweit eindeutigen Formulierung im Verordnungstext bedurft.[4] Im Ergebnis ist somit entscheidend, dass der Mediator mindestens vier Mediationen nach dem – vollständig vor dem 26.7.2012 erfolgten – Abschluss seiner mindestens 90 Zeitstunden umfassenden Mediationsausbildung und vor dem Inkrafttreten der ZMediatAusbV durchgeführt hat. Ob die Mediationen innerhalb dieser Zeitspanne vor oder nach dem Inkrafttreten des MediationsG, also

---

4   AA Fritz Die Mediation, Quartal I/2017, 60 (61), der davon ausgeht, dass Ausbildung *und* Praxiserwerb vor dem Stichtag des 26.7.2012 erfolgt sein müssen.

vor oder nach dem 26.7.2012, stattgefunden haben, ist ohne Belang.[5] Notwendig ist allerdings, dass die erforderlichen vier Mediationen vor dem Inkrafttreten der ZMediatAusbV *vollständig* durchgeführt worden sind.

Mediatoren, welche nicht schon vor Inkrafttreten der Verordnung *sämtliche* Voraussetzungen der Übergangsregelung nach § 7 Abs. 1 ZMediatAusbV erfüllen, fallen aus dessen Privilegierung gänzlich heraus. Sie müssen dann, um sich als zertifizierter Mediator bezeichnen zu dürfen, alle Voraussetzungen der ZMediatAusbV erfüllen, sich also beispielsweise entsprechend den Erfordernissen nach § 2 ZMediatAusbV nachschulen lassen, wenn ihre Ausbildung zum Mediator zwar vor dem 26.7.2012 abgeschlossen war, aber weniger als 90 Zeitstunden umfasste. Wenn andererseits zwar die 90 Zeitstunden umfassende Mediationsausbildung vor dem 26.7.2012 abgeschlossen war, die Durchführung der geforderten vier Mediationen aber nicht bis spätestens zum 1.9.2017 erfolgt ist, ist es auch nicht möglich, sich beispielsweise zwei Mediationen, die bereits vor Inkrafttreten der ZMediatAusbV geführt worden sind, auf die (mindestens) vier nach § 4 ZMediatAusbV geforderten (jeweils der Einzelsupervision zu unterziehenden) Mediationen anrechnen zu lassen. Auch in diesem Fall „verfallen" vorher erbrachte Teilleistungen, wenn sie nicht den kompletten Tatbestand erfüllen, an dessen Vorliegen die Privilegierung des § 7 Abs. 1 ZMediatAusbV anknüpft. Im Sinne der erforderlichen Rechtsklarheit trat nach Ablauf der Übergangsfristen des § 7 ZMediatAusbV mit anderen Worten eine echte **Zäsurwirkung** ein. Dies mag für betroffene Mediatoren zwar eine gewisse Härte bedeutet haben; diese ist – in Bezug auf etwa noch fehlende Mediationen – allerdings abgemildert worden durch die Möglichkeit, sich im Zeitraum zwischen Erlass und Inkrafttreten der ZMediatAusbV entsprechend einzurichten.

Sind sämtliche Voraussetzungen des § 7 Abs. 1 ZMediatAusbV erfüllt, verleiht § 7 Abs. 1 ZMediatAusbV dem Mediator die Befugnis, sich als zertifizierter Mediator bezeichnen zu dürfen. Diese Befugnis greift mit dem Zeitpunkt des Inkrafttretens der ZMediatAusbV, also ab dem 1.9.2017. Vor diesem Zeitpunkt war das Führen der Bezeichnung „zertifizierter Mediator" dagegen unzulässig.[6]

Auch der Mediator, der seine Befugnis zur Bezeichnung als zertifizierter Mediator aus § 7 Abs. 1 ZMediatAusbV ableitet, unterliegt den Fortbildungspflichten der ZMediatAusbV. Hierzu bestimmt § 7 Abs. 3 S. 1 ZMediatAusbV, dass die Fristen zur **Teilnahme an Fortbildungsveranstaltungen** (§ 3 Abs. 1 S. 3 ZMediatAusbV) und zu der (nach altem Recht durchzuführenden) **Fortbildung durch Einzelsupervision** (§ 4 Abs. 1 ZMediatAusbV) am 1.9.2017, dh mit Inkrafttreten der ZMediatAusbV, zu laufen beginnen. Soweit die novellierte Fassung des § 7 Abs. 3 S. 1 ZMediatAusbV besagt, dass die Fristen des § 3 Abs. 1 S. 3 und des § 4 Abs. 1 in den Fällen der Abs. 1 und 2 *in der am 1.9.2017 geltenden Fassung* am 1.9.2017 zu laufen beginnen, soll hiermit die vormalige Verordnungslage lediglich zur Bestimmung der Fristbeginns retrospektiv in Bezug genommen werden. Der Verordnungsgeber wollte klarstellen, dass

---

5 AA Fritz Die Mediation, Quartal I/2017, 60 (61).
6 Klowait ZKM 2015, 194.

sich für die angesprochenen Personengruppen insoweit keine Änderungen ergeben, da diesbezüglich weiterhin die Rechtsverordnung in ihrer Fassung vom 1.9.2017 maßgeblich bleibt.[7] Vorstehendes bezieht sich allerdings lediglich auf den Fristbeginn für die Fortbildungspflichten, nicht hingegen auf deren inhaltliche Ausgestaltung. Selbstverständlich gelten auch für die in § 7 Abs. 1 und 2 ZMediatAusbV angesprochenen Mediatoren zukünftig die mit Wirkung vom 1.3.2024 novellierten Fortbildungspflichten. Mit der Bezugnahme auf die zum 1.9.2017 geltende Rechtslage sollte diese hinsichtlich der seinerzeitigen Fortbildungsvorgaben (inkl. der ehemaligen, seit dem 1.3.2024 aber aufgehobenen Pflicht zur Fortbildung durch Einzelsupervision gem. § 4 Abs. 1 ZMediatAusbV aF) – trotz des insoweit mehrdeutigen Wortlautes – also nicht inhaltlich für die Zukunft fortgeschrieben werden.

Mit Ausnahme des auf diese Weise abweichend geregelten Fristbeginns unterliegt der nach § 7 Abs. 1 ZMediatAusbV zertifizierte Mediator den gleichen Fortbildungspflichten wie der Mediator, der seine Zertifizierungsbezeichnungsbefugnis nicht aus den Übergangsbestimmungen des § 7 ZMediatAusbV ableitet. Er hat also gem. § 3 ZMediatAusbV innerhalb eines Zeitraumes von jeweils vier Jahren fortlaufend Fortbildungsveranstaltungen im Umfang von mindestens 40 Zeitstunden zu absolvieren und musste nach § 4 ZMediatAusbV aF – einmalig – innerhalb von zwei Jahren, also bis spätestens zum 31.8.2019, mindestens viermal an einer Einzelsupervision teilnehmen, die jeweils im Anschluss an eine als Mediator oder Co-Mediator durchgeführte Mediation stattfindet. Soweit im Schrifttum vereinzelt vertreten wurde, den nach § 7 Abs. 1 ZMediatAusbV zertifizierten Mediator treffe zwar die Fortbildungspflicht nach § 3 ZMediatAusbV, nicht aber die Pflicht zur einmaligen Fortbildung durch vier Einzelsupervisionen nach § 4 ZMediatAusbV,[8] vermag dies nicht zu überzeugen. Diese Auffassung fußt im Wesentlichen auf der Annahme, es sei weder gerechtfertigt, die „Mediatoren der ersten Generation", also erfahrene, zum Teil noch von US-amerikanischen Pionieren der Mediation nach ganz unterschiedlichen Standards ausgebildete Mediatoren, die sich um die Etablierung des Mediationsgedankens in Deutschland verdient gemacht haben, in vollem Umfang den Fortbildungspflichten der ZMediatAusbV zu unterwerfen, noch komme dies für die von Ihnen – vor Inkrafttreten des MediationsG – ausgebildeten „Mediatoren der zweiten Generation" in Betracht. Sowohl die Mediatoren der ersten als auch der zweiten Generation würden regelmäßig Mediationen durchführen und verfügten über einen reichen Schatz an theoretischen Kenntnissen und praktischen Erfahrungen. Vor diesem Hintergrund erscheine eine Erstreckung der Fortbildungspflichten der nach § 7 Abs. 1 ZMediatAusbV zertifizierten Mediatoren auf das Erfordernis der Fortbildung durch Einzelsupervisionen als wenig sinnvoll.[9] Auch wenn zu konstatieren ist, dass es (Einzel-)Fälle gibt, in denen ohne

---

[7] Referentenentwurf des BMJ zur Zweiten Verordnung zur Änderung der Zertifizierte-Mediatoren-Ausbildungsverordnung, S. 24, abrufbar unter https://www.bmj.de/SharedDocs/Gesetzgebungsverfahren/DE/2023_ZMediatAusbV.html (letzter Abruf: 17.3.2024).
[8] So Fritz Die Mediation, Quartal I/2017, 60 ff.
[9] Fritz Die Mediation, Quartal I/2017, 60 (61).

Zweifel verdienstvolle, theoretisch bewanderte und äußerst praxiserfahrene „Altmediatoren" im Rahmen ihrer Fortbildungspflichten als zertifizierte Mediatoren ohne spürbaren Qualitätsgewinn durch § 4 ZMediatAusbV aF zusätzlichen Supervisionspflichten ausgesetzt wurden, verkennt eine solche, nach Sinn und Zweck vorgenommene Interpretation, dass angesichts des insoweit eindeutigen Wortlautes des § 7 Abs. 3 ZMediatAusbV kein Raum für eine Auslegung eröffnet ist. Abgesehen davon erscheint es auch bei rein faktischer Betrachtung äußerst zweifelhaft, ob die Annahme, *alle* Mediatoren der ersten und zweiten Generation würden regelmäßig Mediationen durchführen und verfügten über einen reichen Schatz an theoretischen Kenntnissen und praktischen Erfahrungen, in dieser Absolutheit zutrifft. In einzelnen Fällen mag dies so sein, in der Vielzahl der Fälle dagegen sicher nicht. Insgesamt überzeugt die Ansicht, der nach § 7 Abs. 1 ZMediatAusbV zertifizierte Mediator sei nicht zur Fortbildung gem. § 4 ZMediatAusbV verpflichtet gewesen, somit weder faktisch-argumentativ noch rechtlich.

Den zweiten Übergangstatbestand beschreibt § 7 Abs. 2 ZMediatAusbV dahin gehend, dass sich auch als zertifizierter Mediator bezeichnen darf, wer vor dem 1.9.2017 einen den Anforderungen des § 2 Abs. 3 und 4 genügenden Ausbildungslehrgang erfolgreich beendet hat und bis zum 1.10.2018 an einer Einzelsupervision im Anschluss an eine als Mediator oder Co-Mediator durchgeführte Mediation teilgenommen hat. Angesprochen sind damit Mediationsausbildungen, die nach dem Inkrafttreten des MediationsG am 26.7.2012 und vor dem Inkrafttreten der ZMediatAusbV am 1.9.2017 beendet worden sind. Dies ergibt sich aus der systematischen Stellung des § 7 Abs. 2 ZMediatAusbV, der sich in Gestalt eines eigenständigen Übergangstatbestandes an die Übergangsregelung des § 7 Abs. 1 ZMediatAusbV anschließt, welche ihrerseits als abschließende Regelung für vor dem Inkrafttreten des MediationsG absolvierte Ausbildungen konzipiert ist. Daraus folgt zugleich, dass derjenige Mediator, der bereits vor dem Inkrafttreten des MediationsG am 26.7.2012 eine (auch) den Anforderungen des § 2 Abs. 3 und 4 genügende Ausbildung erfolgreich beendet hat – insoweit also tatbestandlich die Voraussetzungen *beider* Übergangsregelungen erfüllt – nicht etwa ein Wahlrecht dahin gehend hat, ob er seine Zertifizierungsbezeichnungsbefugnis nun aus § 7 Abs. 1 oder aus § 7 Abs. 2 ZMediatAusbV ableitet.[10] Er kann *nicht* frei wählen, ob er seine Zertifizierungsbezeichnungsbefugnis nach § 7 Abs. 2 ZMediatAusbV aus dem Absolvieren einer einzelsupervidierten, ausbildungsanschließend durchgeführten Mediation ableitet oder aus den nach § 7 Abs. 1 ZMediatAusbV geforderten vier (nicht notwendigerweise supervidierten) Mediationen. Soweit er vor dem Inkrafttreten des MediationsG eine Mediationsausbildung absolviert hat, die (mindestens) den Anforderungen des § 7 Abs. 1 ZMediatAusbV entspricht, ist alleine letzteres ist für ihn maßgeblich. Ob und inwieweit er zu diesem Zeitpunkt bereits „überschießend" ausgebildet war, ist unerheblich.

Bezüglich des Beginns der Fortbildungspflichten differenziert § 7 Abs. 2 iVm Abs. 3 ZMediatAusbV danach, ob die ausbildungsanschließende Ein-

---

10 AA Röthemeyer ZKM 2016, 195 (203).

zelsupervision vor oder nach dem Inkrafttreten der ZMediatAusbV absolviert worden ist. Ist Letzteres der Fall, erklärt § 7 Abs. 2 ZMediatAusbV die in § 4 Abs. 2 ZMediatAusbV aF festgeschriebene Pflicht (des Supervisors) zur Ausstellung einer Bescheinigung über die durchgeführte Supervision für anwendbar und nach § 7 Abs. 3 S. 2 ZMediatAusbV ist sodann der Zeitpunkt des Ausstellens der Bescheinigung für den Beginn der Fortbildungspflichten maßgeblich. In diesem Fall war der zertifizierte Mediator also verpflichtet, ab dem Ausstellungszeitpunkt der Bescheinigung[11] innerhalb von vier Jahren Fortbildungsveranstaltungen im Umfang von mindestens 40 Zeitstunden zu absolvieren sowie innerhalb von zwei Jahren mindestens viermal an einer mediationsanschließenden Einzelsupervision teilzunehmen. Wer einen den Anforderungen der ZMediatAusbV entsprechenden Ausbildungslehrgang zuvor – also zwischen dem 26.7.2012 und dem 1.9.2017 – erfolgreich abgeschlossen, bis zu diesem Zeitpunkt aber noch keine mediationsanschließende Einzelsupervision durchgeführt hatte, konnte diese bis zum 1.10.2018 nachholen. Denjenigen Mediatoren, die sich – in Kenntnis der Ausbildungsinhalte des RefE ZMediatAusbV – bei der Wahl ihrer Ausbildung bereits entsprechend eingerichtet hatten, zu diesem Zeitpunkt aber noch nicht absehen konnten, dass das Erfordernis einer mediationsanschließenden Einzelsupervision hinzutreten würde, soll mit der bis zum 1.10.2018 verlängerten Frist ausreichend Zeit für deren Durchführung eingeräumt werden.[12] Anders als sonst nach § 2 Abs. 5 ZMediatAusbV erforderlich, musste derjenige, der in den Anwendungsbereich dieser Übergangsregelung fiel, diese Einzelsupervision also nicht zwingend innerhalb eines Jahres nach Abschluss des Ausbildungslehrganges absolviert haben. Die Fristen für die Fortbildungen nach den §§ 3 und 4 ZMediatAusbV liefen in diesen Fällen ungeachtet dessen jedoch mit dem Inkrafttreten der ZMediatAusbV am 1.9.2017. Wer also die Einzelsupervision, die seine Zertifizierungsbezeichnungsbefugnis erst begründete, zwischen dem 1.9.2017 und dem 1.10.2018 durchgeführt hatte, war zusätzlich verpflichtet, innerhalb des ab dem 1.9.2017 laufenden Vierjahreszeitraumes die vollen vier weiteren Einzelsupervisionen durchzuführen, die § 4 Abs. 1 ZMediatAusbV aF als Bestandteil seiner Fortbildung forderte, vgl. §§ 7 Abs. 2 iVm 7 Abs. 3 S. 1 und 4 Abs. 1 ZMediatAusbV aF. Die Gesamtanzahl der innerhalb dieses Zeitraumes durchzuführenden Einzelsupervisionen erhöhte sich damit in diesem Fall auf fünf.

11 Nach dem mit Wirkung zum 1.3.2024 eingeführten neuen Absatz 4 des § 7 ZMediatAusbV darf sich auch derjenige als zertifizierter Mediator bezeichnen, der nach den §§ 2 und 4 der ZMediatAusbV in der bis einschließlich 29.2.2024 geltenden Fassung 1. die Ausbildung abgeschlossen und die Fortbildung absolviert hat oder 2. die Ausbildung begonnen hat und diese sowie die Fortbildung bis einschließlich 29. Februar 2028 abschließt. Für beide Fälle stellt § 7 Abs. 4 S. 2 ZMediatAusbV klar, dass dies jedoch nur gilt, wenn der Mediator zusätzlich die Vorgaben zur regelmäßigen Fort-

---

11 Fällt der Zeitpunkt des Ausstellens der Bescheinigung mit dem in der Bescheinigung verbrieften Durchführungszeitpunkt der Einzelsupervision auseinander, weil die Bescheinigung erst später „ausgestellt" wird, kommt es auch hier auf den aus der Bescheinigung ersichtlichen Zeitpunkt der Durchführung an.
12 Eicher ZKM 2016, 160 (162).

bildungspflicht nach § 3 Abs. 1–3 in der ab 1.3.2024 geltenden Fassung erfüllt.

Klar und an sich nicht regelungsbedürftig ist der unter § 7 Abs. 4 S. 1 Nr. 1 ZMediatAusbV geregelte Fall. Wer vor Inkrafttreten der Novelle der Ausbildungsvorgaben alles getan hat, was nach altem Recht erforderlich war, um sich als zertifizierter Mediator bezeichnen zu dürfen, behält diese Befugnis selbstverständlich auch weiterhin. Neben dem Abschluss des Ausbildungslehrganges im (seinerzeitigen) Mindestumfang von 120 Präsenzzeitstunden muss dabei – um den Forderungen des alten Rechts Genüge zu tun – gewährleistet (und nach § 2 Abs. 6 ZMediatAusbV aF bescheinigt worden) sein, dass der Mediator während des Ausbildungslehrgangs oder innerhalb eines Jahres nach dessen erfolgreicher Beendigung an einer Einzelsupervision im Anschluss an eine als Mediator oder Co-Mediator durchgeführte Mediation teilgenommen hat, vgl. § 2 Abs. 4 und 5 ZMediatAusbV aF. Dass § 7 Abs. 4 S. 1 Nr. 1 ZMediatAusbV neben der nach altem Recht absolvierten Ausbildung auch die Fortbildung in Bezug nimmt, geht auf § 4 Abs. 1 ZMediatAusbV aF zurück. Danach hatte der zertifizierte Mediator innerhalb der zwei auf den Abschluss seiner Ausbildung folgenden Jahre mindestens viermal an einer Einzelsupervision, jeweils im Anschluss an eine als Mediator oder Co-Mediator durchgeführte Mediation, teilzunehmen. Da derjenige, der dieser Pflicht nicht oder nicht fristgerecht nachgekommen ist, seine zuvor erworbene Zertifizierungsbezeichnungsbefugnis wieder verloren hat, ist es folgerichtig, dass § 7 Abs. 4 S. 1 Nr. 1 ZMediatAusbV neben der Aus- auch auf die Fortbildung nach altem Recht Bezug nimmt. Wie alle Mediatoren, die ihre Zertifizierungsbezeichnungsbefugnis für die Zukunft „fortschreiben" möchten, ist aber auch der in § 7 Abs. 4 S. 1 Nr. 1 ZMediatAusbV bezeichnete Mediator nach § 3 Abs. 1–3 ZMediatAusbV in der ab 1.3.2024 geltenden Fassung zur regelmäßigen Fortbildung (im Umfang von 40 Zeitstunden alle vier Jahre) verpflichtet. Im Ergebnis stellt § 7 Abs. 1 S. 1 Nr. 1 iVm Abs. 1 S. 2 ZMediatAusbV damit zwei Dinge klar: Erstens wird derjenige, der nach altem Recht seine Zertifizierungsbezeichnungsbefugnis erworben und durch Teilnahme an der vorgeschriebenen Fortbildung „verteidigt" hat, insoweit geschützt, als dass ihm diese Rechtsposition nicht entzogen wird. Zweitens soll er mit Blick auf seine zukünftigen, fortlaufenden Fortbildungspflichten gegenüber anderen zertifizierten Mediatoren aber auch nicht privilegiert werden und genau wie diese den sich alle vier Jahre erneuernden Fortbildungspflichten des § 3 ZMediatAusbV unterliegen.

Nach § 7 Abs. 4 S. 1 Nr. 2 ZMediatAusbV darf sich als zertifizierter Mediator ferner bezeichnen, wer nach den §§ 2 und 4 dieser Verordnung in der bis einschließlich 29.2.2024 geltenden Fassung die Ausbildung begonnen hat und diese sowie die Fortbildung bis einschließlich 29.2.2028 abschließt. Der Verordnungsgeber wollte Mediatoren, die unter diese Regelung fallen, damit die Möglichkeit eröffnen, die Aus- und Fortbildung zum „zertifizierten Mediator" noch nach Maßgabe des alten Rechts abzuschließen – geknüpft an die Voraussetzung, dass sowohl die Ausbildung nach § 2 ZMediatAusbV aF als auch die Fortbildung nach § 4 ZMediat-

AusbV aF bis spätestens 29.2.2028 abgeschlossen sind.[13] Das Enddatum 29.2.2028 dürfte gewählt worden sein, um diejenigen, die erst kurz vor dem Inkrafttreten der Neuregelung (1.3.2024) ihre Ausbildung begonnen haben, nicht durch verkürzte Fristen zu benachteiligen. So stehen ihnen im Fall einer einjährigen Ausbildung wie nach alter Rechtslage drei Jahre zur Verfügung, um die insgesamt fünf supervidierten Mediationen (eine Ausbildungs- und vier Fortbildungssupervisionen) zu absolvieren. Faktisch werden die nach alter Rechtslage bestehenden Fortbildungsfristen in einigen Fällen durch § 7 Abs. 4 S. 1 Nr. 2 ZMediatAusbV und das gesetzte Enddatum 29.2.2028 allerdings auch verlängert. Dies betrifft zum einen die Fälle, in denen Mediatoren ihre Ausbildung zum Zeitpunkt des Inkrafttretens der Novelle zum 1.3.2024 schon nahezu, wenn auch noch nicht vollständig, abgeschlossen hatten,[14] ferner die Fälle, in denen der Ausbildungsgang deutlich weniger als ein Jahr dauert und schließlich auch die Konstellationen, in denen die Ausbildungssupervision – was § 2 Abs. 5 ZMediatAusbV aF zuließ – bereits während des laufenden Ausbildungslehrganges absolviert wurde. Die nach altem Recht maßgeblichen Fristen – beispielsweise die mit der Ausstellung der Bescheinigung nach § 2 Abs. 6 iVm § 4 Abs. 1 ZMediatAusbV beginnende Zweijahresfrist für die ausbildungsanschließend durchzuführenden vier Supervisionen – werden insoweit durch § 7 Abs. 4 S. 1 Nr. 2 ZMediatAusbV „überschrieben" – mit der (zumeist fristverlängernden) Folge, dass allein das fixierte Enddatum 29.2.2028 maßgeblich ist.[15]

§ 8 ZMediatAusbV Hemmung von Fristen

War jemand ohne sein Verschulden gehindert, eine in dieser Verordnung genannte Frist einzuhalten, so ist der Lauf dieser Frist für die Dauer des Hindernisses, höchstens jedoch für die Hälfte der jeweils einzuhaltenden Frist, gehemmt.

1 § 8 ZMediatAusbV regelte ursprünglich das Inkrafttreten der Verordnung (zum 1.9.2017). Durch die Erste Verordnung zur Änderung der Zertifizierte-Mediatoren-Ausbildungsverordnung vom 30.7.2020[1] wurde der vormalige Wortlaut von § 8 ZMediatAusbV durch jetzige Fassung ersetzt. Zugleich wurde vorgesehen, dass die neu eingeführten Regelungen zur Fristenhemmung rückwirkend zum 1.3.2020 gelten. Hintergrund für die angeordnete Rückwirkung waren die seinerzeit bestehenden Hemmnisse der COVID-19-Pandemie, die erhebliche Erschwernisse in allen Lebensbereichen nach sich gezogen und auch dazu geführt haben, dass viele Mediationen, Supervisionen und Fortbildungsveranstaltungen nicht durchgeführt werden konnten oder verschoben werden mussten. Wenngleich die durch

---

13 Referentenentwurf des BMJ zur Zweiten Verordnung zur Änderung der Zertifizierte-Mediatoren-Ausbildungsverordnung, S. 24, abrufbar unter https://www.bmj.de/SharedDocs/Gesetzgebungsverfahren/DE/2023_ZMediatAusbV.html (letzter Abruf: 17.3.2024).
14 Hierzu Röthemeyer ZKM 2024, 8, 12.
15 Im Ergebnis ebenso Röthemeyer ZKM 2024, 8, 12.
1 BGBl. I 1869.

§ 8 ZMediatAusbV eingeführte Fristenhemmung durch pandemiebedingte Erschwernisse motiviert war, ist sie auf solche nicht beschränkt. Sie erfasst vielmehr sämtliche möglichen Hindernisse, die zu einer unverschuldeten Fristüberschreitung führen.

Sofern in der ZMediatAusbV vorgesehene Fristen ohne Verschulden nicht eingehalten werden können, bewirkt die Hemmung, dass diese bis zur Beseitigung des Hindernisses „eingefroren" werden. Für den Zeitraum, während dessen der Betroffene unverschuldet daran gehindert ist, die nach der Verordnung noch ausstehenden Aus- oder Fortbildungsschritte durchzuführen, ist er also zeitlich entlastet. Der Lauf der Frist ruht entsprechend § 209 BGB so lange, bis es dem Betroffenen wieder möglich und zumutbar ist, seinen Aus- oder Fortbildungspflichten nachzukommen.

Dies gilt jedoch nicht zeitlich unbegrenzt. Die jeweilige Frist verlängert sich höchstens um die Hälfte der Ursprungsfrist. Soweit die Voraussetzungen von § 8 ZMediatAusbV vorliegen, verlängern sich mithin die Fristen für die Durchführung der nach Beendigung des Ausbildungslehrganges geforderten fünf supervidierten Mediationen um 1,5 Jahre von drei auf maximal 4,5 Jahre. Die Verlängerung der nach § 3 Abs. 1 ZMediatAusbV alle 4 Jahre nach Ausbildungsabschluss durchzuführenden Fortbildungen wird auf maximal zwei Jahre begrenzt, d.h. der für die Durchführung der geforderten Fortbildungen zur Verfügung stehende Zeitraum beträgt dann maximal sechs Jahre. Die Begrenzung der Verlängerung war dadurch motiviert, dass die Interessen der Medianden an einer guten Qualifikation der Mediatoren berücksichtigt und mit dem individuellen Interesse des Aus- oder Fortbildungspflichtigen an einer Fristverlängerung abgewogen werden sollten. Zudem hat der Verordnungsgeber sich von Aspekten der Rechtssicherheit leiten lassen. Es sollte vermieden werden, dass unter Umständen über mehrere Jahre hinweg unklar bleibt, ob jemand die Voraussetzungen der Verordnung erfüllt und berechtigt ist, sich im Rechtsverkehr als zertifizierte/r Mediator(in) zu bezeichnen.[2]

Liegen die Voraussetzungen des § 8 ZMediatAusbV vor, verschieben sich auch die Zeitpunkte auszustellender Bescheinigungen entsprechend. Ausbildungsinstitute, welche Bescheinigungen über die gem. § 2 Abs. 5 ZMediatAusbV innerhalb von drei Jahren nach Beendigung des Ausbildungslehrganges durchzuführenden fünf supervidierten Mediationen wie auch über die alle vier Jahre nach Ausbildungsabschluss zu absolvierenden Fortbildungsveranstaltungen auszustellen haben (§ 2 Abs. 6 ZMediatAusbV sowie § 3 Abs. 4 ZMediatAusbV), unterliegen dabei besonderen Anforderungen. Denn neben der Prüfung der tatsächlichen Durchführung der zu attestierenden Supervisionen und Fortbildungsteilnahmen bedarf es in der auszustellenden Bescheinigung auch der Aussage, ob diese jeweils fristgemäß durchgeführt worden sind. Ausdrücklich sieht dies zwar nur § 3 Abs. 4 ZMediatAusbV für die von der Ausbildungseinrichtung auszustellende Fortbildungsbescheinigung vor („Die Bescheinigung muss neben den Angaben nach Absatz 3 Satz 2 auch die Bestätigung enthalten, dass die Frist des Absatzes 1 Satz 4 gewahrt wurde."); sollte es dem Ausbil-

---

2 Thole ZKM 2020, 139, 140.

dungsteilnehmer aus von ihm nicht zu vertretenden Gründen jedoch nicht möglich gewesen sein, die geforderten fünf supervidierten Mediationen rechtzeitig innerhalb von drei Jahren nach Beendigung des Ausbildungslehrganges durchzuführen, so muss seitens des Ausbildungsträgers auch geprüft und bescheinigt werden, ob er berechtigt war, nach den Grundsätzen des § 8 ZMediatAusbV eine Fristverlängerung zu beanspruchen. Nur wenn dies gegeben ist, darf eine entsprechende Bescheinigung über den Ausbildungsabschluss trotz Überschreitung der Drei-Jahresfrist ausgestellt werden.

2 Der Anwendungsbereich von § 8 ZMediatAusbV ist nur dann eröffnet, wenn jemand **ohne sein Verschulden** daran gehindert war, eine in der Verordnung genannte Frist einzuhalten. Entsprechend der zivilrechtlichen Regelung des § 276 BGB (Verantwortlichkeit des Schuldners) sind Betroffene damit nicht entlastet, wenn die Überschreitung der regulär vorgegebenen Fristen der ZMediatAusbV auf Vorsatz oder Fahrlässigkeit beruht. Während eine vorsätzliche Fristverletzung, d.h. eine wissentlich und willentlich herbeigeführte Fristüberschreitung, keine Fragen aufwirft und die Bindung an die regulären Fristen der ZMediatAusbV eindeutig nicht aufhebt, kann sich in der Praxis durchaus die Frage stellen, in welchen Fällen Betroffenen eine fahrlässige Fristverletzung zum Vorwurf gemacht werden kann. Entsprechend des in § 276 BGB normierten Rechtsgedankens ist dies dann der Fall, wenn der Betroffene die im Verkehr erforderliche Sorgfalt für die Einhaltung einer bestimmten Frist nicht eingehalten hat. Ausbildungsteilnehmer, die sich zum Beispiel nach Abschluss ihres Ausbildungslehrganges geraume Zeit gar nicht um Mediationen bemühen und/oder diese nicht einer Supervision unterziehen, können sich dann nicht auf eine Fristenhemmung berufen, wenn der verbleibende Zeitraum der hierfür einschlägigen Drei-Jahres-Frist sich dann als zu kurz erweist, um die geforderten fünf supervidierten Mediationen noch nachweisen zu können. Gleiches gilt für das Versäumnis, alle vier Jahre nach Ausbildungsabschluss 40 Stunden Fortbildung zu absolvieren, wenn eine Fristüberschreitung schlicht auf mangelnder zeitlicher Planung oder auf sonstigen persönlich vorwerfbaren Umständen beruht.[3]

Eine unverschuldete Fristüberschreitung liegt dagegen dann vor, wenn der Betroffene die jeweilige Frist auch bei pflichtgemäßem Verhalten, insbesondere durch zeitgerechte Anstrengungen, nicht einhalten kann.[4] Als mögliche Ursachen hierfür hat der Verordnungsgeber zum einen Umstände genannt, die in der Person des Betroffenen selbst liegen wie etwa dessen unerwartete, nicht nur kurzzeitige Erkrankung; zum anderen wird auf externe Geschehnisse verwiesen, die zu unabwendbaren Hinderungsgründen für die fristgerechte Erfüllung von Aus- oder Fortbildungspflichten führen wie zum Beispiel Naturkatastrophen (Tsunamis, Erdbeben oder Vulkan-

---

3 Thole nennt hierzu als weiteres Beispiel, dass ein Betroffener einen planbaren medizinischen Eingriff kurz vor Ablauf der Frist vornehmen lässt und zur Rechtfertigung der Fristverletzung auf die Notwendigkeit des Eingriffs hinweist, Thole ZKM 2020, 139.
4 Referentenentwurf des BMJ zur Ersten Verordnung zur Änderung der Zertifizierte-Mediatoren-Ausbildungs-verordnung, S. 7 (nicht mehr veröffentlicht) sowie Thole ZKM 2020, 139/140.

ausbrüche) oder Pandemien. Soweit externe hindernde Umstände betroffen sind, wird zu deren näherer Eingrenzung damit weitgehend auch auf die von der Rechtsprechung entwickelten Grundsätze des Begriffs der höheren Gewalt zurückgegriffen werden können. Nach der Rechtsprechung liegt höhere Gewalt dann vor, wenn Umstände auf einem betriebsfremden, von außen durch elementare Naturkräfte oder durch Handlungen Dritter herbeigeführten Ereignis beruhen, das nach menschlicher Einsicht und Erfahrung unvorhersehbar war, mit wirtschaftlich erträglichen Mitteln auch durch äußerste Sorgfalt nicht verhütet oder unschädlich gemacht werden konnte und auch nicht wegen seiner Häufigkeit in Kauf zu nehmen ist.[5]

Aus dem abstrakt-generellen Regelungsansatz des Verordnungsgebers, der unter Verzicht auf die Benennung einzelner „fristverlängerungstauglicher" Gründe bewusst lediglich auf den pauschal formulierten Obersatz einer unverschuldeten Fristverletzung abgestellt hat,[6] folgt zweierlei: Zum einen muss die Verschuldensfrage in jedem Einzelfall individuell geprüft werden; andererseits sind Betroffene gut beraten, die Umstände, die sie zur Fristhemmung anführen, sorgfältig zu dokumentieren. Letzteres ergibt sich schon daraus, dass die bestätigungsausstellende Ausbildungseinrichtung in die Lage versetzt werden muss, die Umstände, die für eine Fristenhemmung angeführt werden, zu prüfen. Aus dem Erfordernis der individuellen Prüfung jedes Einzelfalls können sich dabei durchaus Sachlagen ergeben, deren Einordnung zu Zweifelsfragen führt. Röthemeyer nennt hierzu im Pandemiekontext etwa die Fragen, ob ausgefallene Präsenzveranstaltungen nicht durch (anderweitige) Online-Formate hätten ersetzt werden können oder ob Supervisionen samt vorausgesetzter Mediation nicht auch unter Einhaltung der jeweils geltenden Hygienebedingungen hätten durchgeführt werden können.[7] Entscheidungsmaßstab für solche und weitere Zweifelsfälle kann jeweils nur die Frage sein, ob der Betroffene die jeweilige Frist auch bei pflichtgemäßem Verhalten, insbesondere durch zeitgerechte Anstrengungen, nicht einhalten konnte. Wurden etwa während der Pandemie Präsenzformate bei Supervisionen oder Fortbildungen ohne die Möglichkeit des Ausweichens auf andere Formate vom Supervisor oder vom Fortbildungsveranstalter abgesagt, so wird dem Betroffenen daraus kein Vorwurf gemacht werden können – in diesen Fällen schon deshalb nicht, weil der Ausfall der genannten Veranstaltungen auf der autonomen Entscheidung Dritter beruhte, auf welche der Betroffene idR keinen Einfluss hat. Anders gelagert ist dagegen der – durchaus denkbare – Fall, dass es Betroffenen nach Abschluss ihres Ausbildungslehrganges nicht gelingt, innerhalb von drei Jahren fünf zu supervidierende Mediationen zu akquirieren. Der Verordnungsgeber hat dieses strikte Erfordernis, das im Einzelfall durchaus zu Härten für Betroffene führen kann, bewusst eingeführt, um zu verhindern, dass sich zukünftig jemand als zertifizierter Mediator bezeichnen und dies werbend einsetzen darf, ohne ein Mindestmaß an praktischer Mediations-

---

[5] BGH Urt. v. 12.3.1987 – VII ZR 37/86, NJW 1987, 1931, 1938 sowie Urt. v. 5.10.1989 – III ZR 66/88, NJW 1990, 1167.
[6] Hierzu Thole ZKM 2020, 139. sowie Referentenentwurf des BMJ zur Ersten Verordnung zur Änderung der Zertifizierte-Mediatoren-Ausbildungsverordnung, S. 7 (nicht mehr veröffentlicht).
[7] Röthemeyer ZKM 2020, 194.

erfahrung nachweisen zu können.[8] Das bloße Unvermögen, innerhalb von drei Jahren nach Abschluss des Ausbildungslehrganges eine entsprechende Anzahl von Mediationen zu akquirieren und einer Supervision zu unterziehen, führt deshalb nicht zur Fristenhemmung nach § 8 ZMediatAusbV.[9]

---

[8] Referentenentwurf des BMJ zur Zweiten Verordnung zur Änderung der Zertifizierte-Mediatoren-Ausbildungsverordnung, S. 11, abrufbar unter https://www.bmj.de/SharedDocs/Gesetzgebungsverfahren/DE/2023_ZMediatAusbV.html (letzter Abruf: 17.3.2024).

[9] Ausgenommen sind dabei auch hier „echte" Verhinderungsfälle wie nachgewiesene längere Krankheit oder Fälle von höherer Gewalt.

II. Gesetz über außergerichtliche Rechtsdienstleistungen (Rechtsdienstleistungsgesetz – RDG)[1]

Vom 12.12.2007 (BGBl. I S. 2840)
(FNA 303-20)
zuletzt geändert durch Art. 2 G zur Stärkung der Aufsicht bei Rechtsdienstleistungen und zur Änderung weiterer Vorschriften vom 10.3.2023 (BGBl. I 2023 Nr. 64)

Literatur:

Ade/Gläßer, Lehrmodul 18: Das Recht in der Mediation, ZKM 2013, 57; *Ahrens*, Mediation und Güterichter – Neue gesetzliche Regelungen der gerichtlichen und außergerichtlichen Mediation, NJW 2012, 2465; *Albrecht*, Rechtsberatung und Verfassungsrecht, 2011; *Bartosch-Koch*, Beschränkungen bei der Rechtsberatung durch Syndikusanwälte, AnwBl. 2010, 237; *Cremer*, Vertraulichkeit in der Mediation, 2007; *Deckenbrock*, Strafrechtlicher Parteiverrat und berufsrechtliches Verbot der Vertretung widerstreitender Interessen, 2008; *Deckenbrock/Henssler* (Hrsg.), Rechtsdienstleistungsgesetz, 5. Aufl. 2021; *Dreyer/Lamm/Müller* (Hrsg.), RDG, 2009; *Duve*, Mediation und Rechtsberatung durch Mediatoren im Spiegel der Rechtsprechung, BB 2001, 692; *Duve/Eidenmüller/Hacke/Fries*, Mediation in der Wirtschaft, 3. Aufl. 2019; *Engel/Hornuf*, Mediation als Verbraucherschutz – oder Verbraucherschutz vor Mediation?, SchiedsVZ 2012, 26; *Eversloh*, Das neue Rechtsdienstleistungsgesetz – Die große Reform der Rechtsberatung, 2008; *Feuerich/Weyland* (Hrsg.), Bundesrechtsanwaltsordnung, 10. Aufl. 2020; *Finzel*, Kommentar zum Rechtsdienstleistungsgesetz mit Ausführungsverordnungen und ergänzenden Vorschriften, 2008; *Franz*, Das neue Rechtsdienstleistungsgesetz, 2008; *Fries*, Rechtsberatung durch Inkassodienstleister: Totenglöcklein für das Anwaltsmonopol?, NJW 2020, 193; *Gaier/Wolf/Göcken* (Hrsg.), Anwaltliches Berufsrecht, 3. Aufl. 2020, insbes. S. 2191 ff.; *Grunewald/Römermann* (Hrsg.), Rechtsdienstleistungsgesetz, 2008; *Günther*, Das neue „Legal-Tech"-Gesetz – Eine Zwischenlösung für den Rechtsdienstleistungsmarkt, MMR 2021, 764; *Hafl/v. Schlieffen* (Hrsg.), Handbuch Mediation, 3. Aufl. 2016; *Hartung/Scharmer* (Hrsg.), Berufs- und Fachanwaltsordnung, 8. Aufl. 2022; *Henssler*, Mediation und Rechtsberatung, NJW 2003, 241; *Henssler/Koch*, Mediation in der Anwaltspraxis, 2. Aufl. 2004; *Henssler/Deckenbrock*, Das neue Mediationsgesetz: Mediation ist und bleibt Anwaltssache!, DB 2012, 159; *Hinrichs* (Hrsg.), Praxishandbuch Mediationsgesetz, 2014; *Horstmeier*, Umsetzung der Mediationsrichtlinie durch ein neues Mediationsgesetz, JR 2012, 1; *Kasper/Kluger*, Wirtschaftsmediation bei Gericht – Den Rechtsstreit wirtschaftlich wieder in die eigene Hand nehmen, SchiedsVZ 2021, 69; *Kilian*, Vorübergehende grenzüberschreitende Rechtsdienstleistungen, AnwBl. 2008, 394; *Kilian/Sabel/vom Stein*, Das neue Rechtsdienstleistungsrecht, 2008; *Kleine-Cosack*, Rechtsdienstleistungsgesetz, 3. Aufl. 2014; *Krenzler* (Hrsg.), Rechtsdienstleistungsgesetz, 2. Aufl. 2017; *Kunert*, Mediation nach dem Rechtsdienstleistungsgesetz, BRAK-Mitt. 2008, 53; *v. Lewinski*, Berufsrecht der Rechtsanwälte, Patentanwälte und Steuerberater, 5. Aufl. 2022, insbes. Kapitel 17 III; *Mankowski*, Mediation als Rechtsbesorgung i. S.d. Rechtsberatungsgesetzes, ZKM 2001, 293; *Mankowski*, Anmerkung zu OLG Rostock, Urteil vom 20.6.3001, MDR 2001, 1197; *v. Marcard*, Das Berufsrecht des Mediators, 2004; *Monßen*, Mediation – nur noch Anwaltssache?, AnwBl. 2001, 169; *Nelte*, Das Berufsbild des Rechtsanwalts als Auslegungshilfe für den Rechts-

---

[1] Verkündet als Art. 1 G zur Neuregelung des Rechtsberatungsrechts v. 12.12.2007 (BGBl. I 2840, geänd. durch G v. 12.6.2008, BGBl. I 1000); Inkrafttreten gem. Art. 20 S. 3 dieses G am 1.7.2008 mit Ausnahme von § 10 Abs. 1 S. 2, § 12 Abs. 5, § 13 Abs. 4, § 16 Abs. 3 S. 3, § 17 Abs. 2, § 18 Abs. 3 und § 19, die gem. Art. 20 S. 1 bereits am 18.12.2007 in Kraft getreten sind.
Das G zur Neuregelung des Rechtsberatungsrechts dient der Umsetzung der RL 2005/36/EG des Europäischen Parlaments und des Rates vom 7.9.2005 über die Anerkennung von Berufsqualifikationen (ABl. EU L 255, 22), die zuletzt durch die Richtlinie 2013/55/EU (ABl. EU L 354, 132 v. 28.12.2013; L 268, 35 v. 15.10.2015; L 95, 20 v. 9.4.2016) geändert worden ist.

besorgungsbegriff des Art. 1 § 1 Abs. 1 S. 1 RBerG und seine Positionierung im RDG-Ref.E., 2007; *Otting*, Rechtsdienstleistungen, 2008; *Parthe*, Mediation – Teil des anwaltlichen Standesrechts?, ZKM 2006, 104; *Prengel*, Die Rolle des juristischen Beraters in der Mediation, 2009; *Prütting*, Rechtsberatung zwischen Deregulierung und Verbraucherschutz, Gutachten G, 65. DJT, 2004; *Rabe/Wode*, Mediation: Grundlagen, Methoden, rechtlicher Rahmen, 2. Aufl. 2020; *Riehm/Heiß*, Alternative Streitbeilegung in der studentischen Rechtsberatung, GJLE/ZPR [German Journal of Legal Education/Zeitschrift für praktische Rechtswissenschaft] 3 (2016), 21; *Römermann*, Rechtsdienstleistungsgesetz – Die (un)heimliche Revolution in der Rechtsberatungsbranche, NJW 2006, 3025; *Samimi/Liedtke*, Auf dem Prüfstand: Das Schadensmanagement der Rechtsschutzversicherer im Verkehrsrecht, NZV 2013, 20; *Schippel/Görk*, Bundesnotarordnung, 10. Aufl. 2021; *v. Schlieffen* (Hrsg.), Professionalisierung und Mediation, 2010; *Schlosser*, Anwaltliches Verbot der Vertretung widerstreitender Interessen, NJW 2002, 1376; *Spindler*, Mediation – Alternative zur justizförmigen Streiterledigung und rechtspolitischer Handlungsbedarf, DVBl. 2008, 1016; *vom Stein*, Der neue Begriff der Rechtsdienstleistung, AnwBl. 2008, 385; *Trenczek/Bering/Lenz/Will* (Hrsg.), Mediation und Konfliktmanagement, 2. Aufl. 2017; *Trossen*, Die Zerstärkung der Mediation, SchiedsVZ 2015, 187; *Unseld/Degen*, Rechtsdienstleistungsgesetz, 2009; *Weber*, Die Ordnung der Rechtsberatung in Deutschland nach 1945: vom Rechtsberatungsmissbrauchsgesetz zum Rechtsdienstleistungsgesetz, 2010; *Wiese/Hörnig*, Das neue VSBG – Ein Überblick, ZKM 2016, 56.

Einleitung

1 **1. Vorgeschichte des RDG.** Das RDG löste zum 1.7.2008 das **Rechtsberatungsgesetz** (RBerG) ab, das aus verschiedenen Gründen rechtspolitisch in der Kritik stand und insbes. bei nicht-anwaltlichen Mediatoren für erhebliche Verunsicherung gesorgt hatte. Vor allem der von nicht-anwaltlichen Mediatoren teilweise als zynisch verstandene, in der Sache aber durchaus zutreffende Satz von *Martin Henssler* über die „Genehmigungsbedürftigkeit [der Mediation unter dem RBerG] bei fehlender Genehmigungsfähigkeit"[2] beschreibt das vormalige Problemfeld.[3] Mit dieser Sentenz war gemeint, dass der Mediatorenberuf nach damaliger Rechtslage und nach der von *Henssler* und andern vertretenen Auffassung einer Genehmigung bedurft hätte, die aber nicht erteilt werden konnte. Hierdurch wäre Mediation (abgesehen von Randbereichen) nur denjenigen Berufsgruppen erlaubt gewesen, die ohnehin vom RBerG ausgenommen waren, v. a. also Rechtsanwälten und Notaren.

2 Das RBerG stammte aus dem Jahre 1935, was ihm gelegentlich den polemischen Vorwurf eingebracht hatte, es wäre ein Nazi-Gesetz.[4] Rechtspolitisch wesentlich war die Kritik, die es für zu eng und streng hielt. Allerdings erst nachdem die (Verfassungsgerichts-)Rechtsprechung zu erkennen gegeben hatte, dass wichtige Regelungen des RBerG heutigen **verfassungsrechtlichen Anforderungen an die Berufsfreiheit** nicht mehr genügten,[5]

---

2 Henssler NJW 2003, 241 (245) (noch zum RBerG).
3 Zusammenfassend Rottleuthner/Klose, 65. DJT-Gutachten 2004, S. H36–H39.
4 Ausführlich und differenzierend Rücker Rechtsberatung, 2007.
5 Insbes. BVerfG 29.10.1997 – Az. 1 BvR 780/87, BVerfGE 97, 12 – Masterpat; Einzelheiten dazu bei Weber, S. 228 ff.; 27.9.2002 – 1 BvR 2251/01, NJW 2002, 3531 ff. – Erbensucher; 29.7.2004 – 1 BvR 737/00, NJW 2004, 2662 f. – Kramer; 16.2.2006 – 2 BvR 951/04 ua NJW 2006, 1502 f. – unentgeltliche Beratung durch Volljuristen; BGH 24.2.2005 – I ZR 128/02, NJW 2005, 2458 ff. – Fördermittelberatung. – Übersichtliche Darstellung der Fälle bei Otting Rechtsdienstleistungen, 2008, Rn. 100 ff.

entschloss sich der Gesetzgeber zu einer Reform des Rechtsdienstleistungsrechts, die 2008 in dem RDG mündete.

Im Jahr 2020 reagierte der Bundesgesetzgeber auf **Entwicklungen im Legal-Tech-Markt**,[6] uneinheitliche Rechtsprechung zum Inkassobegriff[7] und eine im Jahr 2019 ergangene BGH-Entscheidung zu „wenigermiete.de"[8]. Für diese Kommentierung sind insbesondere die durch das am 1.10.2021 in Kraft getretene Gesetz zur Förderung verbrauchergerechter Angebote im Rechtsdienstleistungsmarkt[9] vorgenommenen Änderungen an § 2 Abs. 2 S. 1 (→ § 2 Rn. 25), § 4 (→ § 4 Rn. 3) und § 5 (→ § 5 Rn. 7) relevant.

Zum 1.1.2025[10] wird außerdem § 3 (→ § 3 Rn. 14 f.) dahingehend geändert, dass die sich aus dem RDG ergebenen Ausnahmen zur grundsätzlich unzulässigen Erbringung außergerichtlicher Rechtsdienstleistungen enumerativ aufgelistet werden. Zudem wird die **Aufsicht über die Rechtsdienstleistung** beim Bundesamt für Justiz zentralisiert, um die Ausbildung einer einheitlichen Rechtspraxis zu unterstützen und einer Zersplitterung der Aufsicht entgegenzuwirken.[11] Entsprechend wird insbes. § 9 (→ § 9 Rn. 9 f.) angepasst.

2. Verhältnis des RDG zum MediationsG. Sowohl das MediationsG wie auch das RDG – soweit es sich mit Mediation befasst – haben in erster Linie Fragen des **Rechts der Mediation** zum Gegenstand, wobei das RDG, gleichsam als Vorfrage, das **Recht in der Mediation** thematisiert.[12] In der Zuspitzung der rechtspolitischen Diskussion um das RDG, aber auch schon unter der Geltung des RBerG (→ Rn. 1 f.), wurde teilweise ein Gegensatz zwischen Rechtsbesorgung bzw. Rechtsdienstleistung einerseits und Mediation andererseits ausgemacht. Tatsächlich ist es aber so, dass es sich bei den beiden Bereichen um **zwei sich lediglich teilweise und auch nicht in jedem Fall schneidende Kreise** handelt.[13] Das RBerG früher und das RDG heute regeln nicht die Mediation als solche, sondern nur soweit, wie diese Rechtsbesorgung war bzw. heute Rechtsdienstleistung iSd Gesetzes ist. Dies kommt in § 2 Abs. 3 Nr. 4 RDG (→ § 2 Rn. 32 ff.) deutlich zum Ausdruck.

RDG und MediationsG stehen deshalb **nebeneinander**. Das MediationsG enthält keine rechtsdienstleistungsrechtlichen Erlaubnistatbestände iSd § 3 RDG (→ § 3 Rn. 7, 14 f.). Das RDG wiederum enthält keine speziellen Bestimmungen für Mediatoren, sieht man von der teilweisen Ausklammerung der Mediation aus dem Begriff der Rechtsdienstleistung in § 2 Abs. 3 Nr. 4 RDG (→ § 2 Rn. 33 ff.) ab. Teilweise wird das RDG als die dritte Ebene der Regelung der Mediatorentätigkeit nach dem MediationsG und

---

6 BT-Drs. 19/27673, 1.
7 Zusammenfassend Günther MMR 2021, 764.
8 BGH 27.11.2019 – VIII ZR 285/18, NJW 2020, 208; besprochen ua von Fries NJW 2020, 193.
9 BGBl. 2021 I 3415.
10 Art. 13 des Gesetzes zur Stärkung der Aufsicht bei Rechtsdienstleistungen und zur Änderung weiterer Vorschriften vom 10.3.2023, BGBl. I 64.
11 BT-Drs. 20/3449.
12 Zu dieser Unterscheidung Trenczek/Berning/Lenz Konfliktmanagement-HdB/Trenczek Kap. 4 Rn. 1–5.
13 Vgl. Prengel, Die Rolle des juristischen Beraters in der Mediation, 2009, S. 128 f.

der Verankerung in den einzelnen Prozessordnungen (des BVerfGG, der ZPO, des FamFG, des ArbGG, der StPO, der VwGO, des SGG und der FGO) bezeichnet.[14]

7 **3. Systematik des RDG.** Gegenstand des RDG sind Rechtsdienstleistungen, die üblicherweise von einer hierfür spezialisierten Person, einem Rechtskundigen, erbracht werden. Traditionell sind dies vor allem Rechtsanwälte und Notare, in ihren jeweiligen Bereichen aber auch Patentanwälte und Steuerberater, eingeschränkt zudem Wirtschaftsprüfer. Um aber nicht alle Rechtsdienstleistungen bei diesen Berufsträgern zu monopolisieren, hat der Gesetzgeber den Rechtsdienstleistungsmarkt an einigen Stellen freigegeben (liberalisiert), an denen er nach Abwägung der Berufsfreiheit nicht-anwaltlicher Rechtsdienstleister mit dem Schutzbedürfnis der Allgemeinheit und den Interessen der Rechtspflege dies für sinnvoll und hinnehmbar erachtet hat (→ Rn. 2). Das RDG enthält also – beschränkt auf den außerprozessualen Bereich (→ § 1 Rn. 4 ff.) – **Ausnahmeregeln für bestimmte Berufsgruppen und Betätigungsfelder** außerhalb der eigentlichen rechtsberatenden Berufe.

8 **4. Für Mediatoren besonders relevante Aspekte des RDG.** Weil das RDG den Markt für erlaubte Rechtsdienstleistungen über den Bereich insbes. der Anwälte und Notare hinaus in verschiedene Richtungen erweitert, also Ausnahmen vom Regelfall der anwaltlichen usw Erbringung von Rechtsdienstleistungen statuiert, ist es kein geschlossenes systematisches Ganzes und kann deshalb auch nicht als ein solches gelesen werden. Das Gesetz kümmert sich vorwiegend um Sonderkonstellationen, nicht um den Normalfall der Rechtsdienstleistung, der vornehmlich in den Prozessordnungen sowie in der Bundesrechtsanwaltsordnung (BRAO) und der Bundesnotarordnung (BNotO) normiert ist.[15] Und es ist auch nicht aus der Perspektive der Mediation geschrieben, so dass die für Mediatoren relevanten Fragen ebenfalls nicht im Zusammenhang behandelt sind. Die **für Mediatoren wichtigsten Konstellationen** und Fragen sind die folgenden:

9 Das RDG betrifft die Tätigkeit von Mediatoren nur, soweit diese Rechtsdienstleistungen iSd Gesetzes erbringen. In § 2 Abs. 3 Nr. 4 RDG wird klargestellt, dass **Mediation an sich keine Rechtsdienstleistung ist,** „rechtliche Regelungsvorschläge" im Rahmen einer Mediation dagegen möglicherweise schon (→ § 2 Rn. 22). Eine Konfliktlösung bzw. Unterstützung hierbei ohne konkrete rechtliche Beratung über die dem Konflikt zugrundeliegenden Rechtsfragen ist stets erlaubt (→ § 2 Rn. 18). Nach den typischen methodischen Techniken der Mediation umfasst dies insbesondere auch das auf Rechtsnormen, ihre Anwendbarkeit, Tragweite und Auslegung bezogene kritische (sokratische) Nachfragen.[16]

---

14 Henssler/Deckenbrock DB 2012, 159 (160).
15 Weitere bereichsspezifische Erlaubnistatbestände sind beispielsweise für Steuerberater in § 3 StBerG, Wirtschaftsprüfer in § 2 WPO, Patentanwälte in § 3 PAO und für externe Datenschutzbeauftragte in Art. 37, 39 DS-GVO normiert. Ausführlicher Deckenbrock/Henssler/Deckenbrock RDG § 1 Rn. 30 ff.
16 Dazu mit einem Fokus auf die güterichterliche Praxis und Wirtschaftsmediation Kasper/Kluger SchiedsVZ 2021, 69 (74 f.).

Wenn Teile der Mediation als Rechtsdienstleistung einzustufen sind (insbes. durch die rechtskundige Gestaltung einer Abschlussvereinbarung oder Mitwirkung hieran), kann dies als bloße (untergeordnete) Nebentätigkeit zur Mediation als einer Haupttätigkeit gleichwohl erlaubt sein (§ 5 RDG; sog. **„Annexrechtsberatung"**; → § 5 Rn. 1 ff.). Dieser Tatbestand ist der rechtspolitisch bedeutsamste Unterschied zum RBerG und stellt innerhalb des RDG den für Mediatoren allgemein am häufigsten einschlägigen Erlaubnistatbestand dar. 10

Sofern im Rahmen der Mediation **Rechtsdienstleistungen im ausländischen Recht** erbracht werden (zu Ausnahmen, siehe § 3 RDG [→ § 3 Rn. 5] und Annexrechtsberatung nach § 5 RDG [→ § 5 Rn. 1 ff.]), muss die nötige Sachkunde nachgewiesen worden sein sowie die die Mediation durchführende Person im Rechtsdienstleistungsregister registriert sein (§ 10 Abs. 1 S. 1 Nr. 3 RDG, → § 10 Rn. 4 ff.). Dies wird nicht nur in Regionen an den deutschen Außengrenzen zunehmend relevant, sondern auch insgesamt je mehr der europäische Binnenmarkt zusammenwächst. Außerdem können in der Wirtschafts- oder Familienmediation Beratungen zum ausländischen Recht in Frage kommen. 11

Der Begriff des ausländischen Rechts ist dabei umfassend zu verstehen,[17] so dass insbesondere das Recht anderer EU-Mitgliedstaaten und als Teil dessen das **Recht der Europäischen Union** bzw. des Europäischen Wirtschaftsraums umfasst sind.[18] Als Annex zum jeweils ausländischen nationalen Recht wird auch das übrige inter- und supranationale Recht, also insbesondere das **Völkerrecht**, gewertet.[19] 12

Daneben gestattet das RDG die rechtsdienstleistende Mediation noch in einer durchaus **beachtlichen Zahl von weiteren Konstellationen**. Aufgrund der kommentarhaften Darstellungsweise nehmen im Folgenden außergewöhnliche Fallgestaltungen einen verhältnismäßig großen Raum ein. Sie stehen also nicht notwendigerweise im Verhältnis zu ihrem praktischen Vorkommen, können aber ggf. in speziellen Fällen eine Gestaltungsalternative sein. 13

Sollten Mediatoren gegen das RDG verstoßen, können sie sich einer Reihe von **Sanktionen** und Rechtsfolgen ausgesetzt sehen. Aufsichtsrechtlich kann die zuständige Behörde (→ § 9 Rn. 2, 9) die weitere Tätigkeit untersagen (→ § 9 Rn. 2 f.) und bei Verstoß gegen eine solche Anordnung auch ein Bußgeld verhängen (→ § 9 Rn. 8). Im Fall der Erbringung von Rechtsdienstleistung im ausländischen Recht (→ § 10 Rn. 1 ff.), ohne dafür registriert zu sein, kann auch unmittelbar ein **Bußgeld** nach § 20 Abs. 1 Nr. 2 RDG verhängt werden. Daraus wird deutlich, dass nicht jeder Verstoß gegen das RDG bußgeldbewehrt ist.[20] Vielmehr sollen die im Folgenden zusammengefassten zivil- und wettbewerbsrechtliche Sanktionen 14

---

17 BT-Drs. 16/3655, 65.
18 BeckOK RDG/Günther RDG § 10 Rn. 70 f.
19 HK-RDG/Schmidt RDG § 10 Rn. 92.
20 Zur Ergänzung sehr eingeschränkter Bußgeldtatbestände noch im Gesetzgebungsprozess zum RDG von 2007, siehe BT-Drs. 16/6634, 53. Diese Bußgeldtatbestände wurden insbesondere durch das Gesetz gegen unseriöse Geschäftspraktiken (BGBl. 2013 I 3714) inhaltlich erweitert.

für den Verbraucherschutz ausreichen, so dass im Regierungsentwurf kein Bußgeldtatbestand vorgesehen war.[21] Dies wird sich zum 1.1.2025 mit der Wiedereinführung eines allgemeinen Bußgeldtatbestandes in § 20 Abs. 1 Nr. 1 RDG ändern (→ § 9 Rn. 9).[22]

15 Hinsichtlich des Mediationsvertrages (sowie etwaiger Verfügungsverträge) führt ein Verstoß gegen das RDG zur **Nichtigkeit** nach § 134 BGB iVm § 3 RDG.[23] Als Folge kann das Geleistete unter den Voraussetzungen des § 812 BGB – uU modifiziert aufgrund von § 242 BGB – zurückgefordert werden (→ § 9 Rn. 6). Darüber hinaus können andere Mediatoren gestützt auf §§ 8, 3 Abs. 1, 3a UWG aus **Wettbewerbsgründen** gegen einen Mediator vorgehen, der gegen das UWG verstößt (→ § 9 Rn. 7).

16 **5. Europarechtlicher Hintergrund und europarechtliche Vorgaben.** Laut amtlicher Fußnote[24] dient das RDG (nur) der **Umsetzung der Berufsanerkennungsrichtlinie** 2005/36/EG,[25] nicht auch der Umsetzung der Mediationsrichtlinie 2008/52/EG.[26] Die Mediationsrichtlinie hat auch keinen Änderungsbedarf für das RDG mit sich gebracht, ist aber hinsichtlich der Begriffsbestimmung im Rahmen des § 2 Abs. 3 Nr. 4 RDG von Bedeutung (→ § 2 Rn. 34).

17 Darüber hinaus müssen sich die Vorgaben des RDG im Einklang mit europäischem Primärrecht und vor allem mit der **Dienstleistungsverkehrsfreiheit** (Art. 56 AEUV) befinden. In der Rspr. ist für die Erbringung von Rechtsdienstleistung grundsätzlich anerkannt, dass die Mitgliedstaaten diese Art von Dienstleistungserbringung gestützt auf zwingende Gründe des Allgemeininteresses einschränken dürfen.[27] Hierzu zählt insbesondere der Schutz der Empfänger von Rechtsdienstleistungen – insbes. Verbrauchern[28] – vor Schäden, die durch Personen verursacht werden, „die nicht die erforderliche berufliche oder persönliche Qualifikation besitzen".[29] Das RDG in seiner derzeitigen Form (→ Rn. 20) ist daher als mit der Dienstleistungsverkehrsfreiheit vereinbar zu werten.[30]

18 Im Anwendungsbereich der Berufsanerkennungsrichtlinie 2005/36/EG und mit Bezug zu Rechtsdienstleistungen ist auch von deutschen Staatsorganen die **EU-Grundrechte-Charta** mitsamt der in ihr verfassten Freiheits- (insbes. Schutz personenbezogener Daten, Art. 8, Freiheit der Wissenschaft, Art. 13 S. 2, unternehmerische Freiheit, Art. 16) und Gleichheitsrechte (insbes. Gleichheit vor dem Gesetz, Art. 20, Nichtdiskriminierung, Art. 21,

---

21 BT-Drs. 16/3655, 43 f.
22 Zur Begründung siehe BT-Drs. 20/3449, 48 ff.
23 BGH 27.11.2019 – VIII ZR 285/18, NJW 2020, 208, Rn. 57 f.
24 BGBl. 2007 I 2840 Fn. *.
25 Richtlinie 2005/36/EG des Europäischen Parlaments und des Rates vom 7.9.2005 über die Anerkennung von Berufsqualifikationen (ABl. EU L 255, 22).
26 Richtlinie 2008/52/EG des Europäischen Parlaments und des Rates v. 21.3.2008 über bestimmte Aspekte der Mediation in Zivil- und Handelssachen (ABl. EU L 136, 3).
27 St. Rspr.; EuGH Urt. v. 12.12.1996 – C-3/95, ECLI:EU:C:1996:487 Rn. 28 ff. Die rechtliche Anknüpfung findet sich nunmehr in Art. 62 iVm Art. 52 Abs. 1 AEUV.
28 EuGH Urt. v. 17.12.2015 – C-342/14, ECLI:EU:C:2015:827 Rn. 53.
29 Noch zum RBerG, wenngleich unverändert relevant nur EuGH Urt. v. 25.7.1991 – C-76/90, ECLI:EU:C:1991:331 Rn. 16.
30 Gaier/Wolf/Göcken/Wolf RDG Einleitung Rn. 14.

und Gleichheit von Frauen und Männern, Art. 23) zu beachten (Art. 51 GRCh). Hieraus ergeben sich für die Mediation derzeit jedoch keine Besonderheiten.

Zwar hatte der Europäische Gerichtshof für Menschenrecht bisher nur in einem Fall zu „Erbsuchern" die Gelegenheit, sich zu menschenrechtlichen Aspekten des alten RBerG zu äußern.[31] Gleichwohl hat er – auch vor dem Hintergrund seines eingeschränkten Prüfungsmaßstabes und des Grundsatzes des Einschätzungsspielraums des nationalen Gesetzgebers – in der Einschränkung der Rechtsdienstleistungstätigkeit zum Schutz der Allgemeinheit keinen Verstoß gegen Konventionsrechte erkannt.[32] Folglich wird auch das RDG in seiner derzeitigen Form nicht gegen die **Europäische Menschenrechtskonvention** verstoßen.

6. Internationaler Anwendungsbereich. Bis zur Novelle des RDG aufgrund des Gesetzes zur Umsetzung der Berufsanerkennungsrichtlinie und zur Änderung weiterer Vorschriften im Bereich der rechtsratenden Berufe[33] war der **internationale Anwendungsbereich** nicht explizit im RDG geregelt, so dass auf die allgemeinen Bestimmungen zum internationalen öffentlichen Recht zurückgegriffen werden musste.[34] Die Gesetzesänderung und Regelung des internationalen Anwendungsbereiches des RDG (→ § 1 Rn. 9 ff.) war durch eine Entscheidung des EuGH[35] aus dem Jahr 2015 zu einer in einem anderen EU-Mitgliedstaat ansässigen Steuerberatungsgesellschaft nötig geworden, die im Inland eine Steuererklärung für ihre Mandantschaft abgeben wollte.[36] Der EuGH wertete das deutsche Verbot, dass eine Rechtsdienstleistung nicht nur aus dem EU-Ausland heraus erbracht werden dürfe, als mit Art. 56 AEUV nicht vereinbar (Vereinbarkeit mit der Dienstleistungsverkehrsfreiheit, → Rn. 17). Als Folge wurde § 1 Abs. 2 RDG eingeführt (→ § 1 Rn. 8).

7. Rechtspolitische Tendenzen und kommende Änderungen. Rechtspolitisch wird zum 1.1.2025 die Aufsicht über die Rechtsdienstleistung beim Bundesamt für Justiz zentralisiert.[37] Im Übrigen werden derzeit **konkret keine Novellierungen** für das RDG geplant oder diskutiert. In den vergangenen Jahren wurden überwiegend kleinere Änderungen am Gesetz vorgenommen, die jeweils nur technische Folgeänderungen der Änderung anderer Gesetze waren und die materiellen Aussagen nicht geändert haben. Die letzte größere Novelle, die jedoch die Mediation nicht betraf, fokussierte sich auf nötig gewordene Änderungen zur Steigerung der Rechtssicherheit im Legal Tech-Markt.

---

31 EGMR Entsch. v. 20.4.1999 – Nr. 33099/96, NJW 2001, 1555.
32 EGMR Entsch. v. 20.4.1999 – Nr. 33099/96, NJW 2001, 1555 (1556).
33 BGBl. 2017 I 1121.
34 Siehe zum Internationalen Öffentlichen Recht allgemein nur Menzel, Internationales Öffentliches Recht, 2011, S. 3 ff. et passim.
35 EuGH 17.12.2015 – C-342/14, ECLI:EU:C:2015:827 Rn. 60.
36 S. auch Deckenbrock NJW 2017, 1425 (1429).
37 BGBl. 2023 I 64.

Teil 1 Allgemeine Vorschriften
§ 1 RDG Anwendungsbereich

(1) ¹Dieses Gesetz regelt die Befugnis, in der Bundesrepublik Deutschland außergerichtliche Rechtsdienstleistungen zu erbringen. ²Es dient dazu, die Rechtsuchenden, den Rechtsverkehr und die Rechtsordnung vor unqualifizierten Rechtsdienstleistungen zu schützen.

(2) Wird eine Rechtsdienstleistung ausschließlich aus einem anderen Staat heraus erbracht, gilt dieses Gesetz nur, wenn ihr Gegenstand deutsches Recht ist.

(3) Regelungen in anderen Gesetzen über die Befugnis, Rechtsdienstleistungen zu erbringen, bleiben unberührt.

1. Rechtsdienstleistung als geregelte Tätigkeit (Abs. 1 S. 1) 1	aa) Rechtsdienstleistungen „in der Bundesrepublik Deutschland" (Abs. 1 S. 1) 10
2. Anwendungsbereich 2	bb) Grenzüberschreitende Rechtsdienstleistungen (Abs. 2) 13
a) Begriff der Rechtsdienstleistung 3	
b) Beschränkung des Anwendungsbereichs auf außergerichtliche Rechtsdienstleistung (Abs. 1 S. 1) 4	3. Zweck des Gesetzes (Abs. 1 S. 2) 21
	4. Vorrang anderer Gesetze (Abs. 3) 25
c) Internationaler Anwendungsbereich (Abs. 2 iVm Abs. 1 S. 1) 7	

1 **1. Rechtsdienstleistung als geregelte Tätigkeit (Abs. 1 S. 1).** Abs. 1 S. 1 stellt programmatisch klar, dass Rechtsdienstleistungen (zu diesem zentralen Gesetzesbegriff → § 2 Rn. 3 ff.) gesetzlich geregelt sind. Das Gesetz ist insoweit eine **berufs- und freiheitsbeschränkende Regelung** iSd Art. 12 GG bzw. Art. 2 Abs. 1 GG[1] sowie **dienstleistungsbeschränkende Regelung** iSd Art. 56, 62 iVm Art. 52 AEUV. Rechtssystematisch ist das RDG dem Wirtschaftsrecht zuzurechnen, hat aber auch eine Nähe zu den Justizgesetzen.

2 **2. Anwendungsbereich.** Das RDG definiert einen für dieses Gesetz gültigen **Begriff der Rechtsdienstleistung** in § 2 RDG (a)), beschränkt seinen Anwendungsbereich in Abs. 1 S. 1 aber zugleich auf die *außergerichtlichen* Rechtsdienstleistungen (b)) sowie in Abs. 2 und Abs. 1 S. 1 auf solche, die in der Bundesrepublik Deutschland bzw. aus dem Ausland über deutsches Recht erbracht werden (c)).

3 **a) Begriff der Rechtsdienstleistung.** Dem RDG liegt der Begriff der „Rechtsdienstleistung" zugrunde, der in § 2 RDG näher definiert wird (→ § 2 Rn. 3 ff.). Allerdings ist damit ein Begriff gewählt, der **keine genau abgrenzbare Bedeutung** hat, weder in der Alltags- noch in der Gesetzessprache. Vielmehr werden in unterschiedlichen Zusammenhängen in jeweils unterschiedlicher Bedeutung „Rechtsberatung", „Rechtsdienstleis-

---

[1] Kritisch Albrecht Rechtsberatung und Verfassungsrecht, 2011, insbes. S. 48 ff., 173 ff. auch zu Gleichheitsaspekten.

tung", „Rechtsvertretung" und „Rechtsbesorgung" verwendet und dabei zusätzlich manchmal – wie im RDG – noch eine Unterscheidung zwischen gerichtlicher und außergerichtlicher Tätigkeit getroffen.[2] Zusätzlich inkludiert (vgl. § 2 Abs. 2 RDG; → § 2 Rn. 24) bzw. exkludiert (vgl. § 2 Abs. 3 RDG; → § 2 Rn. 25 ff.) das RDG bestimmte Aspekte, die dem Wortsinn (§ 2 Abs. 1 RDG) nach eigentlich keine bzw. gerade doch eine Rechtsdienstleistung wären.

b) Beschränkung des Anwendungsbereichs auf außergerichtliche Rechtsdienstleistung (Abs. 1 S. 1). Das RDG regelt nur die außergerichtliche Rechtsdienstleistung. Daher fallen alle (fremdnützigen) **rechtlichen Handlungen im Rahmen eines Gerichtsverfahrens** nicht unter das RDG.[3] Dass ein Konflikt später vor Gericht kommt (vorgerichtlicher Konflikt), etwa im Falle der Nichteinigung, steht einer Anwendbarkeit des RDG aber nicht entgegen. 4

Das RDG trifft wegen seiner Beschränkung auf den außergerichtlichen Bereich keine Aussage zur **gerichtlichen Mediation**, weder in positiver noch in negativer Hinsicht. Die Tätigkeit von **Güterichtern** (§ 278 Abs. 5 ZPO; → ZPO § 278 Abs. 5 Rn. 7 ff.) ist – als Teil des Gerichtsverfahrens – außerhalb des RDG geregelt (→ § 3 Rn. 9); die Tätigkeit von Mediatoren außerhalb des Gerichtsverfahrens (**außergerichtliche Mediation**; § 278a ZPO, → ZPO § 278a Rn. 1 ff.) unterfällt dagegen, wenn sie als Rechtsdienstleistung einzustufen ist, grundsätzlich dem RDG, ebenso die **Mediation durch die Verwaltung** (→ § 8 Rn. 5). 5

Doch die Tatsache, dass das RDG gerichtliche Rechtsdienstleistungen nicht regelt und deshalb auch nicht beschränkt, bedeutet nicht, dass diese ohne Weiteres erlaubt wären. Vielmehr unterliegt die **gerichtliche Rechtsvertretung** als typisch anwaltliche Tätigkeit besonders strengen Beschränkungen. Der **Anwaltszwang** ergibt sich aus den Prozessordnungen.[4] Daumenregelhaft[5] kann man sagen, dass Rechtsanwälte vor allen Gerichten auftreten dürfen, Volljuristen oder von Volljuristen überwachte Personen sowie Angestellte einer juristischen Person und insbes. Syndikusrechtsanwälte vor den unteren Gerichten, dann aber ohne Entgelt (vgl. die ähnliche Wertung des § 6 Abs. 2 RDG), und Rechtslehrer[6] dort, wo es um öffentliches Recht (einschließlich des Sozial- und Verfassungsrechts) geht. Die Strafverteidigung ist Aufgabe der Anwälte und Rechtslehrer; die Ausnahme des § 138 Abs. 2 StPO spielt in der Praxis keine Rolle. 6

Unvereinbarkeit von Rechtsvertretung und Mediationstätigkeit: Allerdings schließt die Rechts*vertretung* als dezidiert parteiliche Tätigkeit das gleichzeitige Tätigwerden als Mediator ohnehin grundsätzlich aus (→ MediationsG § 3 Rn. 24 ff.). Auch andere Formen des Auftretens vor Gericht wie

---

2 v. Lewinski Anwaltl. Berufsrecht Kap. 4 Rn. 5; vgl. Weber, S. 11.
3 Gaier/Wolf/Göcken/Wolf RDG § 1 Rn. 18.
4 §§ 78 ff. ZPO; § 67 Abs. 2 VwGO; § 138 Abs. 1 StPO, ggf. iVm § 385 AO; § 22 Abs. 1 S. 1 BVerfGG; § 73 Abs. 2 SGG; § 62 Abs. 2 FGO; § 11 Abs. 2 ArbGG; § 20 Abs. 2–4 FamFG.
5 Überblick zB bei BeckOK RDG/Römermann RDG § 1 Rn. 28–36.
6 Eingehend v. Lewinski FS Hartung, 93 ff.

die des Verteidigers und Beistands[7] widersprechen wegen ihrer parteilich-unterstützenden Funktion (vgl. § 68b S. 1 StPO) der eines Mediators.

7 c) **Internationaler Anwendungsbereich (Abs. 2 iVm Abs. 1 S. 1).** Im ursprünglichen RDG fand sich keine Bestimmung zum internationalen Anwendungsbereich, so dass rechtsdogmatisch (berufsbeschränkende Regelung, → Rn. 1; hoheitlicher Vollzug des RDG mittels Untersagungsverfügungen und Bußgelder, → Einl. Rn. 14 und → § 9 Rn. 2 ff.) auf die allgemeinen Regeln des internationalen öffentlichen Rechts zurückzugreifen war.[8] Dass der deutsche Staat nur in seiner **Souveränitäts- und damit Kompetenzsphäre** handeln darf, ist Ausfluss des Völkergewohnheitsrechts.[9] Diese Sphäre entspricht grundsätzlich dem staatlichen Territorium, kann jedoch bei geeigneten Anknüpfungspunkten auch darüber hinauswirken.[10] Da Dienstleistungen die Grenze in die Bundesrepublik Deutschland überschreiten können bzw. ins Territorium hineinwirken können, ohne dass die Dienstleistungserbringer die Grenze überschreiten, besteht auch insofern ein Anknüpfungspunkt für das deutsche Recht.[11] Der BGH hatte zum RBerG bereits eine Kasuistik, aufbauend auf seiner „Schulden Hulp"-Entscheidung[12] herausgearbeitet,[13] wie der internationale Anwendungsbereich des RBerG zu bestimmen ist, und die Grundsätze auch für das RDG anwendbar erklärt.[14]

8 Da die Auslegung des RDG es ermöglichte, dass bereits das Versenden von Schreiben aus dem EU-Ausland als unzulässige Rechtsdienstleistung zu werten war, dies möglicherweise eine unzulässige Beschränkung der Dienstleistungsverkehrsfreiheit aus Art. 56 AEUV darstellte und in Anbetracht einer EuGH-Entscheidung[15] zu einem ähnlich gelagerten Fall, der jedoch das Steuerberatungsrecht betraf (→ Einl. Rn. 20), entschied der Bundesgesetzgeber, mit § 1 Abs. 2 und § 1 Abs. 1 S. 1 RDG den **internationalen Anwendungsbereich des RDG** zu regeln.[16]

9 Nunmehr ist der **internationale Anwendungsbereich in zweierlei Form** geregelt. Zum einen beschränkt § 1 Abs. 1 S. 1 RDG den Anwendungsbereich räumlich auf die Erbringung von Rechtsdienstleistungen „in der Bundesrepublik Deutschland" (aa)). Zum anderen regelt Abs. 2 den Sonderfall, dass Rechtsdienstleistungen aus einem anderen Staat heraus erbracht werden und beschränkt diesbezüglich den gegenständlichen Anwendungsbereich

---

7 Nachw. bei BeckOK RDG/Römermann § 1 Rn. 39.
8 Zu den verschiedentlich diskutierten Ansätzen noch zum RBerG nur Budzikiewicz IPRax 2001, 218 (221 ff.) mwN. Zudem Gaier/Wolf/Göcken/Wolf RDG § 1 Rn. 27 ff.
9 BVerfG 30.1.2008 – 2 BvR 793/07, NJW 2008, 878 (879). Ergänzend Schweitzer/Dederer StaatsR III Rn. 1100.
10 Siehe auch BT-Drs. 18/9521, 202. Dazu HK-RDG/Remmertz § 1 Rn. 50 ff.
11 HK-RDG/Remmertz § 1 Rn. 51; zu den räumlichen und gegenständlichen Anknüpfungsmomenten in § 1 Abs. 2 und Abs. 1 S. 1 RDG, siehe auch Kerstges, Der räumliche Anwendungsbereich der Berufsrechtsnorm, 2023, S. 181 ff.
12 BGH 5.10.2006 – I ZR 7/04, NJW 2007, 596.
13 Dazu nur Gaier/Wolf/Göcken/Wolf RDG § 1 Rn. 26.
14 BGH 11.12.2013 – IV ZR 46/13, NJW 2014, 847 Rn. 13.
15 EuGH 17.12.2015 – C-342/14, ECLI:EU:C:2015:827.
16 BT-Drs. 18/9521, 201 ff.

des RDG auf Rechtsdienstleistungen, die ausschließlich deutsches Recht zum Gegenstand haben (bb)).

aa) Rechtsdienstleistungen „in der Bundesrepublik Deutschland" (Abs. 1 S. 1). Der Bundesgesetzgeber hat mit dieser Beschränkung, die rechtsdogmatisch eine **Kollisionsnorm** darstellt,[17] den internationalen Anwendungsbereich sachgerecht beschränkt und eine – auch unter völkerrechtlichen Gesichtspunkten – zurückhaltende Regelung geschaffen. Erst in Zusammenschau mit Abs. 2 wird jedoch deutlich, dass der Bundesgesetzgeber auch Rechtsdienstleistungen erfassen wollte, die ohne physische Präsenz (sog. **Korrespondenzdienstleistung**) des Dienstleistungserbringers in Deutschland in diese hineinwirken (Ort der Dienstleistung bzw. **Auswirkungsprinzip**[18], nicht jedoch das im Europäischen Recht sonst häufig zur Anwendung kommende Herkunftslandprinzip[19]), so dass „in der Bundesrepublik Deutschland" nicht als „auf dem Gebiet" missverstanden werden darf.[20] Wenn jedoch weder der Erbringer der – aus dem Ausland erbrachten – Rechtsdienstleistung (im deutschen Recht) noch der Empfänger in Deutschland wohnt, ansässig oder sich z.Zt. der Erbringung der Rechtsdienstleistung dort aufhält ist, ist der Anwendungsbereich des RDG ebenfalls nicht eröffnet.[21]

10

Insofern der Neuregelung unterstellt wird, sie regele den internationalen Anwendungsbereich nur unvollständig, da Art. 1 Abs. 2 RDG lediglich negativ bestimmt, in welchen Fällen das RDG nicht zur Anwendung kommen soll,[22] kann dem in einer Zusammenschau mit Art. 1 Abs. 1 S. 1 RDG nicht gefolgt werden (→ Rn. 10). Insofern stellt § 1 RDG im Ganzen eine **abschließende Regelung** des (internationalen) Anwendungsbereiches des RDG dar. Daraus folgt jedoch auch, dass sämtliche Verbraucher (iSd RDG, → Rn. 22), die sich zum Zeitpunkt der Dienstleistungserbringung auf deutschem Territorium befinden, vor unsachgemäßen Rechtsdienstleistungen geschützt werden müssen. Eine Ausnahme für Ausländer, die in Deutschland von Ausländern im ausländischen Recht beraten werden, kann daher vor dem Hintergrund eines umfassenden Schutzes durch das RDG (grundsätzliches Verbot nach § 3 RDG, → § 3 Rn. 2 f.) nicht begründet werden.[23] Dem widerspricht bereits eine Gesamtschau der § 3 RDG, § 10 Abs. 1 S. 1 Nr. 3 RDG (→ § 10 Rn. 1), § 15 RDG (dort nur Ausnahmen für bestimmte Rechtsräume anderer EU-Mitgliedstaaten, des Abkommens über den Europäischen Wirtschaftsraum und der Schweiz) und des gesetzgeberischen Willens, dass es für die Anwendbarkeit des

11

---

17 Ebenso Gaier/Wolf/Göcken/Wolf RDG § 1 Rn. 31.
18 Gaier/Wolf/Göcken/Wolf RDG § 1 Rn. 31.
19 Ebenso Deckenbrock/Henssler/Deckenbrock RDG § 1 Rn. 40a.
20 HK-RDG/Remmertz RDG § 1 Rn. 59.
21 Deckenbrock/Henssler/Deckenbrock RDG § 1 Rn. 37 lediglich mit Bezug auf „wohnt bzw. ansässig".
22 Dazu nur ohne Beispiele bzw. weitere Begründungen Gaier/Wolf/Göcken/Wolf RDG § 1 Rn. 31 mit Verweis auf Remmertz BRAK-Mitt. 2017, 219 (221).
23 AA HK-RDG/Remmertz RDG § 1 Rn. 59 und 93, der beispielhaft eine Beratung eines US-Amerikaners durch einen US-Anwalt über US-amerikanisches Recht am Frankfurter Flughafen vom Anwendungsfall des RDG ausnehmen möchte.

12 RDG nicht auf die Nationalitäten der Dienstleister, sondern auf den Ort der Dienstleistungserbringung ankommt (→ Rn. 10).[24]

12 Für Mediatoren bedeutet dies, dass sie bei der Erbringung von Rechtsdienstleistungen, die nach Deutschland hineinwirken, das RDG beachten müssen. Insbesondere kann auch keine **Umgehung** der Vorschriften und insbes. von § 3 RDG dadurch bewirkt werden, dass als Ort der Mediation beispielsweise eine Flughafen-Lounge oder ein anderer – vermeintlich – als „internationales Umfeld" begriffener Ort (zB Zolllager) gewählt wird. Auch wird eine etwaige Umgehung des RDG verhindert, die in Form von Online-Mediationen, die Rechtsdienstleistungen umfassen, ausschließlich aus dem Ausland heraus erbracht werden, jedoch ins Inland hineinwirken.[25]

13 **bb) Grenzüberschreitende Rechtsdienstleistungen (Abs. 2).** Der Gesetzgeber hat den grundsätzlich nach Abs. 1 S. 1 bestimmten Anwendungsbereich durch Abs. 2 wiederum eingeschränkt, indem er Rechtsdienstleistungen, die das Territorium der Bundesrepublik Deutschland berühren, e contrario aus dem Anwendungsbereich ausnimmt, wenn sie nicht (auch) das deutsche Recht zum Gegenstand haben. Folglich gilt es zu klären, inwiefern **Ausschließlichkeit** bestehen muss (→ Rn. 14) und welche inter- und supranationalen Rechtsnormen als zum **deutschen Recht** gehörig verstanden werden müssen (→ Rn. 17 ff.)

14 **Ausschließlichkeit** muss nach Art. 1 Abs. 2 RDG **in doppelter Hinsicht** bestehen, damit eine aus dem Ausland erbrachte Rechtsdienstleistung nicht in den Anwendungsfall des RDG fällt: Die relevante Rechtsdienstleistung muss ausschließlich aus einem anderen Staat heraus erbracht werden (→ Rn. 15) und sie muss ausschließlich ausländisches Recht betreffen (→ Rn. 16).

15 Anders als zB in § 15 RDG unterscheidet § 1 RDG nicht zwischen anderen EU-Mitgliedstaaten und Drittstaaten.[26] Vielmehr geht es allein um die Tatsache, dass die Rechtsdienstleistung nicht in die bzw. aus der Bundesrepublik Deutschland heraus erbracht wird. Hingegen muss die Rechtsdienstleistung – aus dem Ausland – nach Deutschland hineinwirken, sonst würde der Anwendungsbereich des RDG bereits nach § 1 Abs. 1 S. 1 RDG (→ Rn. 7 ff.) nicht eröffnet. Konsequent ist es folglich, eine ausschließlich im Ausland erbrachte Rechtsdienstleistung auch dann nicht dem RDG zu unterwerfen, wenn sich jemand ins Ausland begibt, dort Rechtsrat (über deutsches Recht) einholt und diesen Rechtsrat selbst im Anschluss nach Deutschland „importiert" und sodann danach handelt.[27] In derartigen Fällen ist es dem Verbraucher (iSd RDG, → Rn. 22) ersichtlich, dass er sich im Ausland befindet und sich die Erbringung des dort erhaltenen Rechtsrats ausschließlich nach dem einschlägigen ausländischen Recht beurteilt. Anderes kann nur gelten, wenn eine vom jeweiligen Verkehrskreis als

---

24 Ebenso Deckenbrock/Henssler/Deckenbrock RDG § 1 Rn. 40.
25 Mit Fokus auf etwaige Umgehungskonstellationen Remmertz BRAK-Mitt. 2017, 219 (221).
26 Deckenbrock/Henssler/Deckenbrock RDG § 1 Rn. 41; HK-RDG/Remmertz § 1 Rn. 82.
27 BT-Drs. 18/9521, 202.

gestreckt identifizierbare Rechtsdienstleistung aus dem Ausland erbracht wird und sich der Verbraucher in diesem Zeitraum auch in die Bundesrepublik Deutschland begibt. In diesem Fall würde eine **Rechtsdienstleistung** gerade nicht *ausschließlich* aus dem Ausland heraus erbracht. Ab dem 1.1.2025 und der sodann wieder geltenden allgemeinen Bußgeldbewehrung kann eine Unkenntnis des Rechtsdienstleisters darüber, dass sich der Verbraucher (vorübergehend) ins Territorium der Bundesrepublik Deutschland begibt, uU auf der Ebene des Vorsatzes (§ 10 OWiG) die (subjektive) Tatbestandsmäßigkeit entfallen lassen.

Sobald die Erbringung einer Rechtsdienstleistung auch nur **Teile des deutschen Rechtes** einschließt, ist Ausschließlichkeit im Hinblick auf die ausländische Rechtsmaterie nicht mehr gegeben. Gleichwohl kann eine untergeordnete Beratung im deutschen Recht als Annexrechtsdienstleistung wiederum erlaubt sein (→ § 5 Rn. 1 ff.),[28] wobei sodann idR eine Registrierung für die Erbringung ausländischer Rechtsdienstleistung vorliegen muss (→ § 10 Rn. 4 ff.). 16

Obwohl das **Recht der Europäischen Union** als Teil der **27 nationalen Rechtsordnungen** der EU-Mitgliedstaaten zu gelten hat (zur Dogmatik im deutschen Recht → Rn. 18),[29] besteht solange lediglich ein Zusammenhang mit dem ausländischen Recht, wenn über das Recht der Europäischen Union im individuellen Fall der Rechtsdienstleistung kein Bezug zum übrigen deutschen Recht hergestellt wird. 17

Die Bezugnahme zum deutschen Recht umfasst auch Rechtsakte, die nicht vom deutschen Gesetzgeber, sondern nach den Regeln des EUV und AEUV von der Europäischen Union erlassen worden sind.[30] Die im Wege der Zustimmungsgesetze zu den EU-Verträgen gem. Art. 24 Abs. 1, 59 Abs. 2 S. 1 GG erteilten **Rechtsanwendungsbefehle** lassen das aus diesen EU-Verträgen abgeleitete Recht der Europäischen Union zum **Teil der innerstaatlichen Rechtsordnung der Bundesrepublik Deutschland** werden.[31] Aus Sicht des Rechts der Europäischen Union bestätigt dies auch der EuGH in ständiger Rechtsprechung.[32] Im Unterschied zu anderen völkerrechtlichen Verträgen, die eines individuellen Umsetzungsrechtsakts bzw. Anwendungsbefehls bedürfen (→ Rn. 19), wurde dieser im Wege der Zustimmungsgesetze zu den EU-Verträgen pauschal für Rechtsakte der Europäischen Union erteilt. Damit gilt das Recht der Europäischen Union unmittelbar für die Bundesrepublik Deutschland und hat Anwendungsvorrang gegenüber innerstaatlichem Recht. Von der Frage dieser unmittelbaren Geltung ist hingegen die Frage der unmittelbaren Anwendbarkeit zu unterscheiden, welche sich danach richtet, ob eine Norm des Rechts der Europäischen Union „self 18

---

28 BT-Drs. 18/11468, 14.
29 Dazu nur EuGH Urt. v. 9.3.1978 – C-106/77, ECLI:EU:C:1978:49, Rn. 14/16.
30 AA ohne dogmatische Begründung Deckenbrock/Henssler/Deckenbrock RDG § 1 Rn. 43a.
31 St. Rspr. BVerfG 22.10.1986 – 2 BvR 197/83, BVerfGE 73, 339 (367 ff.). – Solange II. Dogmatisch genügt es hierbei nicht, darauf abzustellen, dass das Recht der Europäischen Union eng mit dem nationalen Recht verwoben sei, wenn dies auch zu keinem anderen Ergebnis führt. So jedoch Gaier/Wolf/Göcken/Wolf RDG § 1 Rn. 36.
32 St. Rspr. EuGH Urt. v. 9.3.1978 – C-106/77, ECLI:EU:C:1978:49, Rn. 14/16.

executing" ist.[33] Es bedarf folglich auch keiner Unterscheidung zwischen Rechtsakten, die als Verordnung (Art. 288 UAbs. 2 AEUV) oder Richtlinie (Art. 288 UAbs. 3 AEUV) erlassen worden sind, da die Frage der unmittelbaren Wirkung von Verordnungen bzw. von umsetzungsbedürftigen Richtlinien erneut keine Frage der unmittelbaren Geltung im nationalen Recht ist.[34]

19 Im Unterschied zum Recht der Europäischen Union bedürfen **völkerrechtliche Verträge** eines Umsetzungsgesetzes bzw. Rechtsanwendungsbefehls, um Teil der deutschen Rechtsordnung zu werden (Art. 59 Abs. 2 S. 1 GG). Sie gelten folglich nicht automatisch, sondern erst in Folge des Umsetzungsgesetzes als Teil des deutschen Rechts. Anderes gilt nach Art. 25 GG für allgemeine Regeln des Völkerrechts, womit sowohl Normen des universellen Völkergewohnheitsrechts[35] als auch die allgemeinen Rechtsgrundsätze[36] umfasst sind. Sie gelten in Folge des Anwendungsbefehls des Art. 25 GG unmittelbar als Teil des deutschen Rechts.

20 Für Mediation aus dem Ausland, die als Teil ihrer (Rechts)Dienstleistungen auch die Aufklärung über bzw. Behandlung von Recht der Europäischen Union mit Bezügen zum deutschen nationalen Recht einschließt, gilt daher das RDG unmittelbar. Auf Normen des Völkerrechts kann es insbesondere dann ankommen, wenn die Bundesrepublik Deutschland bzw. die Europäische Union (→ § 10 Rn. 5) die United Nations Convention on International Settlement Agreements Resulting from Mediation (**Singapur-Übereinkommen**) ratifiziert haben.[37]

21 **3. Zweck des Gesetzes (Abs. 1 S. 2).** Das RDG will den Rechtsuchenden (→ Rn. 22), den Rechtsverkehr (→ Rn. 23) und die Rechtsordnung (→ Rn. 24) vor unqualifizierter Rechtsdienstleistung schützen. Diese Zielsetzungen sind **maßgeblich für die Auslegung des gesamten Gesetzes**. Auch wenn teilweise argumentiert wird, das RDG bezwecke auch den Schutz der Anwaltschaft,[38] ist ein solcher Schutzzweck weder dem Wortlaut des Abs. 1 S. 2 zu entnehmen, noch verfassungsrechtlich geboten.[39] Maximal kann ein Schutz der Anwaltschaft als subsidiärer und mittelbarer Teil einer Gesamtschau der vorgenannten Schutzzwecke betrachtet werden.[40]

22 Wegen des Schutzes der **Rechtsuchenden** kann man das RDG, wie schon das RBerG, funktional als **besonderes Verbraucherschutzrecht** einordnen.[41] Es ist allerdings nicht auf den Verbraucher im rechtlichen Sinne (vgl. § 13 BGB) beschränkt, sondern schützt auch den rechtsuchenden Unternehmer

---

33 Dazu nur Schroeder GK EuropaR § 5. Wirkung des Unionsrechts Rn. 10 und 25 f.
34 AA HK-RDG/Remmertz § 1 Rn. 97.
35 St. Rspr.; BVerfG 8.5.2007 – 2 BvM 1/03 ua BVerfGE 118, 124 (137) – Argentinien-Anleihen.
36 BVerfG 24.10.1996 – 2 BvR 1851/94 ua BVerfGE 95, 96 (129); dazu nur BeckOK GG/Heintschel von Heinegg/Frau GG Art. 25 Rn. 19 ff.
37 Dazu umfassend Stelbrink, Das Singapur-Übereinkommen über Mediation, 2023.
38 Gaier/Wolf/Göcken/Wolf RDG § 1 Rn. 12 ff.
39 BVerfG 29.10.1997 – 1 BvR 780–87, NJW 1998, 3481 (3483); Kleine-Cosack RDG § 1 Rn. 40 ff.
40 BVerfG 29.10.1997 – 1 BvR 780–87, NJW 1998, 3481 (3483); HK-RDG/Remmertz § 1 Rn. 66; Deckenbrock/Henssler/Deckenbrock RDG § 1 Rn. 13.
41 Kritischer Überblick bei Engel/Hornuf SchiedsVZ 2012, 26 ff.; zudem EuGH Urt. v. 17.12.2015 – C-342/14, ECLI:EU:C:2015:827.

(§ 14 BGB), juristische Personen (Vereine) und nichtrechtsfähige Zusammenschlüsse (zB Bürgerinitiativen) sowie die öffentliche Hand.

Rechtsverkehr meint neben Rechtsgeschäften (Verträgen) die gerichtlichen und außergerichtlichen Verhandlungen und Auseinandersetzungen. Rechtsdienstleistungen sollen nicht zu einer Erschwerung oder Verwirrung rechtlicher Sachverhalte führen. Im Zusammenhang mit Mediation ist hier insbesondere an die Gefahr durch formal oder inhaltlich unwirksame Abschlusserklärungen zu denken. Nicht schützen will das RDG dagegen bestimmte juristische Berufe, etwa die Rechtsanwaltschaft, vor Konkurrenz.[42]

Rechtsordnung meint die Gesamtheit der national geltenden Normen. Ein Schaden der Gesetzesgesamtheit durch eine Mediation ist allerdings kaum denkbar, außer etwa durch ein Mediationsverfahren zwischen den Gesetzgebungsorganen oder anderen politischen Akteuren, wenn eine auf diesem Weg erzielte politische Einigung zulasten der Normklarheit oder zu rechtssystematischen Brüchen führt. Gemeint ist vielmehr die (geordnete) Rechtsentwicklung und Rechtsfortbildung, die sich nicht nur im Gerichtssaal, sondern auch in der Beratungs- und Kautelarpraxis vollzieht[43] und sich durch Einigungen im Mediationswege fortentwickeln kann.

4. Vorrang anderer Gesetze (Abs. 3). Das RDG und sein Regelungsvorbehalt kommen dann nicht zur Anwendung, wenn ein anderes Gesetz die Rechtsdienstleistung erlaubt (vgl. § 3 RDG [→ § 3 Rn. 6 ff.]; ab dem 1.1.2025 § 3 Nr. 2 RDG [→ § 3 Rn. 15]) oder (ausdrücklich) verbietet. Als **allgemeines Gesetz** lässt es spezielleren Rechtsdienstleistungs-, Verbraucherschutz- und Wirtschaftsgesetzen den Vorrang.

Im **Verhältnis zu § 3 RDG** ist § 1 Abs. 3 RDG weiter gefasst, weil dadurch nicht nur gestattende Spezialgesetze berücksichtigt werden, sondern auch Gesetze, die nach dem RDG eigentlich erlaubte Tätigkeiten für bestimmte Bereiche einschränken oder gar verbieten. Ein Beispiel hierfür sind die einschränkenden Regelungen des Berufsrechts etwa für Rechtsanwälte und Notare (→ § 9 Rn. 2), die deren rechtsdienstleistende Tätigkeiten an zusätzliche Voraussetzungen (zwangsweise Kammermitgliedschaft, Pflicht zum Abschluss einer Berufshaftpflichtversicherung usw.) knüpft.

§ 2 RDG Begriff der Rechtsdienstleistung

(1) Rechtsdienstleistung ist jede Tätigkeit in konkreten fremden Angelegenheiten, sobald sie eine rechtliche Prüfung des Einzelfalls erfordert.

(2) ¹Rechtsdienstleistung ist, unabhängig vom Vorliegen der Voraussetzungen des Absatzes 1, die Einziehung fremder oder zum Zweck der Einziehung auf fremde Rechnung abgetretener Forderungen, wenn die Forderungseinziehung als eigenständiges Geschäft betrieben wird, einschließlich der auf die Einziehung bezogenen rechtlichen Prüfung und Beratung (In-

---

42 Kleine-Cosack RDG § 1 Rn. 41; aA Gaier/Wolf/Göcken/Wolf RDG § 1 Rn. 12.
43 Prütting, 65. DJT-Gutachten, 2004, S. G19; BeckOK RDG/Römermann § 1 Rn. 15.

kassodienstleistung). ²Abgetretene Forderungen gelten für den bisherigen Gläubiger nicht als fremd.

(3) Rechtsdienstleistung ist nicht:
1. die Erstattung wissenschaftlicher Gutachten,
2. die Tätigkeit von Einigungs- und Schlichtungsstellen, Schiedsrichterinnen und Schiedsrichtern,
3. die Erörterung der die Beschäftigten berührenden Rechtsfragen mit ihren gewählten Interessenvertretungen, soweit ein Zusammenhang zu den Aufgaben dieser Vertretungen besteht,
4. die Mediation und jede vergleichbare Form der alternativen Streitbeilegung, sofern die Tätigkeit nicht durch rechtliche Regelungsvorschläge in die Gespräche der Beteiligten eingreift,
5. die an die Allgemeinheit gerichtete Darstellung und Erörterung von Rechtsfragen und Rechtsfällen in den Medien,
6. die Erledigung von Rechtsangelegenheiten innerhalb verbundener Unternehmen (§ 15 des Aktiengesetzes).

1. Begriff der Rechtsdienstleistung (Abs. 1) 3
   a) Konkrete Tätigkeit 5
   b) Fremde Angelegenheit .. 6
   c) Konkrete Angelegenheit 9
   d) Erforderlichkeit einer rechtlichen Einzelfallprüfung 11
      aa) Rechtliche Prüfung 12
      bb) Erforderlichkeit 16
         (1) Gesetzgeberische Einordnung der Mediation 18
         (2) Objektives Kriterium: Verkehrsanschauung ... 19
         (3) Subjektives Kriterium: Wille des Medianden .. 24
2. Gesetzliche Vermutung der Rechtsdienstleistung (Abs. 2) 25
3. Legalausnahmen (Abs. 3) .. 26
   a) Rechtsgutachten (Nr. 1) .. 27
   b) Schieds- und Schlichtertätigkeit (Nr. 2) 29
   c) Beratung durch Mitarbeitervertretungen (Nr. 3) 31
   d) Mediation (Nr. 4) 32
      aa) Grundsätzliche Herausnahme der Mediation 33
         (1) Begriff der Mediation .. 34
         (2) Vermutungswirkung ... 37
      bb) Anwendbarkeit des RDG auf „rechtliche Regelungsvorschläge" 38
   e) Rechtsberatung in den Medien (Nr. 5) 42
   f) Tätigkeit von Konzernrechtsabteilungen (Nr. 6) 43
4. Ungeschriebene Ausnahmen 45
   a) Rechtskundige und rechtsberatene Medianden 46
   b) Co-Mediation mit Rechtsdienstleistungsbefugten 47
   c) Angestellte Mediatoren 51
      aa) Anstellung 52
      bb) Anstellung bei Rechtsdienstleister 53

1 § 2 RDG definiert den Begriff der „Rechtsdienstleistung". Dabei geht es weniger um eine sprachliche Begriffsklärung (→ § 1 Rn. 3 ff.) als um die **Grenzziehung** zwischen allgemein und jedermann erlaubter Tätigkeit einerseits und dem eigentlichen Regelungsgegenstand des Gesetzes andererseits.

Das Gesetz geht dabei in **drei Schritten** vor:[1] In Abs. 1 wird eine allgemeine Definition vorgegeben (1.). In Abs. 2 werden die (für Mediatoren kaum relevanten) Inkassodienstleistungen zu Rechtsdienstleistungen erklärt, auch soweit sie nicht unter die Definition des Abs. 1 fallen (2.). Und in Abs. 3 werden umgekehrt Tätigkeiten aufgezählt, die gesetzlich nicht als Rechtsdienstleistung zählen, auch wenn sie unter die Definition des Abs. 1 fallen könnten bzw. würden (3.). Daneben gibt es noch weitere ungeschriebene Ausnahmen vom Anwendungsbereich des RDG (4.).

1. Begriff der Rechtsdienstleistung (Abs. 1). Nicht jede eine rechtliche Frage berührende Dienstleistung ist auch eine „Rechtsdienstleistung" iSd § 2 RDG und damit erlaubnispflichtig nach § 3 RDG.[2] Rechtsdienstleistung nach dem RDG sind Rechtsrat oder rechtliche Handlung (a)) in einer fremden (b)) und konkreten (c)) Angelegenheit, für die – was die entscheidende Einschränkung bedeutet – eine rechtliche Einzelfallprüfung erforderlich (d)) ist.

Diese Definition ist in zweierlei Hinsicht weiter als die des früheren Art. 1 § 1 RBerG, der noch auf die „umfassende und vollwertige Beratung auf einem Teilgebiet des Rechts" abstellte[3] und auf die Geschäftsmäßigkeit.[4] Die **Weite des RDG im Vergleich zum RBerG** wird durch erweiterte Erlaubnistatbestände ausgeglichen (→ § 3 Rn. 4 ff.).

a) Konkrete Tätigkeit. Auch anders als das RBerG wählt das RDG die konkrete Tätigkeit zum Ansatzpunkt, nicht mehr eine wertende Gesamtbetrachtung der Berufstätigkeit (Berufsbild).[5] Geregelt (und ggf. beschränkt) wird durch das RDG also nicht der Beruf des Mediators als solcher, sondern nur ein **bestimmter, nicht in jedem Fall relevanter Aspekt der Tätigkeit des Mediators** im Einzelfall. Ob die Tätigkeit entgeltlich oder unentgeltlich erbracht wird, ist für die Definition der Rechtsdienstleistung irrelevant. Hingegen kann bei unentgeltlicher Erbringung ein Erlaubnistatbestand erfüllt sein (→ § 6 Rn. 1 ff.).

b) Fremde Angelegenheit. Wie beim RBerG muss sich nach dem RDG die Rechtsdienstleistung auf eine fremde Angelegenheit beziehen. Abgegrenzt wird dies in **wirtschaftlicher Betrachtungsweise** danach, wem der mit der Rechtsdienstleistung bezweckte Erfolg zugutekommen soll.[6]

Abgesehen von der **Tätigkeit im eigenen Interesse** sind einige Tätigkeiten zwar begrifflich Rechtsdienstleistung, werden aber später wieder (rück-)ausgenommen: Wer Rechtsdienstleistungen unselbstständig, also innerhalb eines **Arbeits- oder Dienstverhältnisses** erbringt (Unternehmensjuristen, Syndikusrechtsanwälte und sonstige Beschäftigte; → Rn. 51 ff.), wird nicht unmittelbar in einer fremden Angelegenheit tätig, sondern

---

1 vom Stein AnwBl. 2008, 385.
2 Otting Rechtsdienstleistungen, 2008, Rn. 150.
3 BR-Drs. 623/06, 73 f.; Albrecht Rechtsberatung und Verfassungsrecht, 2011, S. 218; vgl. zu Art. 1 § 1 RBerG BVerfG 29.10.1997 – 1 BvR 780–87, BVerfGE 97, 12 (28 f.) – Masterpat.
4 Franz, Das neue Rechtsdienstleistungsgesetz, 2008, S. 16.
5 BT-Drs. 623/06, 73 f.; Franz, Das neue Rechtsdienstleistungsgesetz, 2008, S. 15 f.: „atomisierende" Betrachtung.
6 vom Stein AnwBl. 2008, 385 (387 f.); BGH 31.3.2016 – I ZR 88/15, NJW 2016, 3441 Rn. 26.

nur in der seines Arbeitgebers oder Dienstherrn, in dessen Person dann ggf. ein rechtsdienstleistungsrechtlicher Erlaubnistatbestand vorliegen muss (→ Rn. 51). Für Rechtsdienstleistung innerhalb **verbundener Unternehmen** nach § 15 AktG, also innerhalb von Konzernen, gilt § 2 Abs. 3 Nr. 6 RDG (→ Rn. 43 f.).

8 Mediation ist allerdings immer eine fremde Angelegenheit, da die **Mediation einer eigenen Angelegenheit** wegen der All- bzw. Überparteilichkeit (§ 1 Abs. 2 MediationsG; → MediationsG § 1 Rn. 23 ff.) begrifflich ausgeschlossen ist.

9 c) **Konkrete Angelegenheit.** Rechtsdienstleistung ist nur, was sich auf eine konkrete Angelegenheit bezieht. So fallen allgemeine Rechtsausführungen, zB **Rundschreiben** bzw. der Betrieb einer Homepage mit allgemeinen rechtlichen Ausführungen, nicht unter das RDG.[7] Rechtsinformationen an die Öffentlichkeit sind erlaubt[8] (vgl. auch § 2 Abs. 3 Nr. 5 RDG; → Rn. 42). Keine Rechtsdienstleistung ist das Bereitstellen einer Plattform für das Erbringen von Rechtsdienstleistungen. So wie demnach der Betreiber einer Anwaltshotline keine Rechtsdienstleistung erbringt,[9] ist also auch das Betreiben etwa von **Online-Plattformen für Mediation** und ADR kein Fall des RDG.

10 Mediation selbst bezieht sich immer auf einen **konkreten Fall**, so dass immer eine konkrete Angelegenheit iSd RDG vorliegt. Abstrakte Mediation gibt es nicht.

11 d) **Erforderlichkeit einer rechtlichen Einzelfallprüfung.** Während die Bestandteile der rechtlichen Prüfung (aa)) und Erforderlichkeit (bb)) einer weiteren Untersuchung bedürfen, entspricht die Bezugnahme auf einen Einzelfall der bereits beschriebenen konkreten Tätigkeit (→ Rn. 9 f.).

12 aa) **Rechtliche Prüfung.** Das Tatbestandsmerkmal der „rechtlichen Prüfung" ist grundsätzlich so weit, wie die **Verrechtlichung in der modernen Welt** geht. Und diese ist sehr weit, so dass man vielfach von einer Übernormierung und Verrechtlichungsfalle spricht.[10] Dies darf allerdings nicht zu einer Uferlosigkeit der Beschränkung von Rechtsdienstleistungen führen, weil die Rechtsprechung **im Lichte der Berufsfreiheit der nicht-juristischen Berufe** (→ Einl. Rn. 2) eine Einschränkung fordert.[11] Hierfür sind methodisch mehrere Wege denkbar:

13 Der Gesetzgeber hat seinen ursprünglichen Ansatz, nur die „vertiefte" oder „besondere" rechtliche Prüfung dem RDG unterfallen zu lassen,[12] nicht weiterverfolgt. Zwar will der Gesetzgeber nach wie vor die „**bloße Anwendung von Rechtsnormen**" nicht als Fall des RDG verstehen,[13] doch ist nach juristischer Methode eine Rechtsanwendung ohne Prüfung der

---

7 Otting Rechtsdienstleistungen, 2008, Rn. 154.
8 Römermann NJW 2006, 3025 (3026).
9 Henssler/Prütting/Prütting BRAO § 43b Rn. 42, auch zur Kritik und Gegenansicht.
10 S. nur Kloepfer VerfR I § 10 Rn. 286.
11 V. a. BVerfG 29.10.1997 – 1 BvR 780–87, NJW 1998, 3481 ff. – Masterpat; ausdrücklich Otting Rechtsdienstleistungen, 2008, Rn. 163 f.
12 Vgl. BT-Drs. 16/6634, 5, 50 f.; kritisch hierzu Römermann NJW 2006, 3025 (3026 f.).
13 BT-Drs. 16/3655, 46; vom Stein AnwBl. 2008, 385 (386).

Norm ausgeschlossen, so dass insoweit keine Einschränkung bewirkt wird. Zudem möchte der Gesetzgeber den Anwendungsbereich des RDG weit fassen und – gemeinsam mit den Prozessordnungen und den spezifischen berufsregelnden Gesetzen – den Rechtsdienstleistungsmarkt umfassend regulieren,[14] so dass keine restriktive Auslegung des § 2 RDG angezeigt ist.[15]

Zu weitgehend wäre es, die Rechtsdienstleistung gleichsam negativ **vom Berufsbild des Anwalts her zu bestimmen.**[16] Diese Sichtweise hat zwar den zutreffenden grundrechtlichen Ansatz auf ihrer Seite, dass der Gesetzgeber ein etabliertes Berufsbild zum Ansatzpunkt von den Art. 12 Abs. 1 GG beschränkenden Regelungen nehmen kann. Allerdings würde dabei die seit jeher über den engen Bereich der Rechtsberatung bzw. Rechtsdienstleistung hinausgreifende Tätigkeit der Anwälte, gerade auch im Bereich der Mediation (vgl. § 7a BORA, § 18 BORA; § 34 RVG), zur Beschränkung für nicht-anwaltliche Rechtsdienstleister führen, was ersichtlich vom RDG-Gesetzgeber nicht gewollt ist. 14

Vorzugswürdig ist deshalb eine am Wortsinn orientierte Auslegung, dass nämlich eine rechtliche Einzelfallprüfung erforderlich ist, wenn man sich über den Anwendungsbereich einer Norm, seine Auslegung oder die Rückwirkung auf andere rechtliche Aspekte Gedanken machen muss. Damit ist der **Anwendungsbereich des RDG sehr weit** und erfasst viele Mediationssachverhalte, vor allem solche, die über den emotionalen und zwischenmenschlichen technisch-organisatorischen Bereich hinausgehen. Doch auch soweit die Mediatorentätigkeit dem RDG unterfällt, ist sie damit Nicht-Anwälten usw nicht per se verschlossen. Denn dass die Tätigkeit von Mediatoren auch Rechtsdienstleistungen enthalten kann und in gewissem Umfang enthalten darf, ergibt sich aus der Möglichkeit der **Annexrechtsberatung** (→ § 5 Rn. 1 ff.) und anderen Erlaubnistatbeständen des RDG. Auch die für den Mediator berufsbildbestimmende neutrale Stellung und **Allparteilichkeit** (§ 1 Abs. 2 RDG, §§ 1 Abs. 2, 2 Abs. 3 MediationsG; → MediationsG § 1 Rn. 23, → MediationsG § 2 Rn. 105) schließt Rechtsberatung nicht aus, wie sich aus der vergleichbar neutralen Stellung von Notaren ohne Weiteres ergibt. 15

bb) Erforderlichkeit. Die **Einengung des weiten Anwendungsbereichs** (→ Rn. 4 ff.) erfolgt über das Tatbestandsmerkmal der „Erforderlichkeit". Eine verbreitete Auffassung verortet diese Beschränkung des Rechtsdienstleistungsbegriffs schon mehr oder weniger in dessen Definition,[17] was nach hier vertretener Ansicht (→ Rn. 15) methodisch angreifbar ist, inhaltlich aber zu keinen abweichenden Bewertungen führt. 16

---

14 Dafür plädierend, dass erst eine Zusammenschau von BRAO und RDG zu einem umfassenden Verbot mit Erlaubnisvorbehalt führt, Gaier/Wolf/Göcken/Wolf RDG Vor § 1 Rn. 4.
15 Stellungnahme des BR, BT-Drs. 16/3655, 103; dazu auch BGH 14.1.2016 – I ZR 107/14, NJW-RR 2016, 1056 Rn. 47 f.
16 Nelte, Das Berufsbild des Rechtsanwalts als Auslegungshilfe für den Rechtsbesorgungsbegriff des Art. 1 § 1 Abs. 1 S. 1 RBerG und seine Positionierung im RDG-Ref.E., 2007, insbes. S. 188 ff.
17 ZB vom Stein AnwBl. 2008, 385 (386); KommRDG/Finzel RDG § 2 Rn. 7; ähnlich wie hier Gaier/Wolf/Göcken/Johnigk RDG § 2 Rn. 37 u. Kleine-Cosack RDG § 2 Rn. 22 et pass.; vgl. BeckOK RDG/Römermann RDG § 2 Rn. 34 ff.

17 Die Erforderlichkeit einer rechtlichen Prüfung des Einzelfalls kann **objektiv und subjektiv** bestimmt werden. Die Gesetzesbegründung hält beide Möglichkeiten für denkbar,[18] geht dabei allerdings von einem Vorrang der objektiven Kriterien (Verkehrsanschauung) aus und weist subjektiven Momenten[19] (Erwartung des Mandanten, Mandanten-Horizont; Mediatoren-AGB) nur eine ergänzende Funktion zu.[20]

18 **(1) Gesetzgeberische Einordnung der Mediation.** Aus § 2 Abs. 3 Nr. 4 RDG muss vorab zweierlei abgeleitet werden: Zum einen kann dahinstehen, ob Mediation eine Rechtsdienstleistung ist, weil – mit Ausnahme der „rechtlichen Regelungsvorschläge" – unwiderleglich vermutet wird, dass sie keine ist (→ Rn. 33). Zum anderen können „rechtliche Regelungsvorschläge" an die Verfahrensbeteiligten dem RDG dann doch durchaus unterfallen (→ Rn. 38 ff.) und sie wird wiederum als Annexrechtsberatung erlaubnisfrei gestellt (→ § 5 Rn. 1 ff.).

19 **(2) Objektives Kriterium: Verkehrsanschauung.** Ausgangspunkt für die Prüfung der Erforderlichkeit einer rechtlichen Prüfung ist die Verkehrsanschauung, also das, was ein verständiger Mediand bzw. Verbraucher (dazu → Einl. Rn. 17) von dem Mediator erwartet. Eine Rechtsdienstleistung liegt dann nicht vor, wenn ein **verständiger Mensch in derselben Situation** eine rechtliche Prüfung im Einzelfall für nicht erforderlich halten würde.

20 Bei **Routinehandlungen** wie einem (Bar-)Kaufvertrag[21] oder der **Wiedergabe alltäglichen**[22] **Rechtswissens** (Bagatellberatungen),[23] etwa der Aushändigung von Informationsmaterial (dazu auch bereits die Ausführungen zur Öffentlichkeitsarbeit bzw. PR, → Rn. 9) über die Rechtslage oder über Berechnungsmodelle,[24] ist objektiv ebenso wenig eine rechtliche Prüfung erforderlich wie bei der allgemeinen Darstellung rechtlicher Handlungsalternativen.[25] Auch die „Übersetzung" von Rechtsbegriffen in die Alltagssprache beinhaltet keine rechtliche Prüfung eines konkreten Sachverhalts.

21 Die reine **Protokollierung der Abschlussvereinbarung** ist ebenfalls keine Rechtsdienstleistung (sondern eine reine Dokumentationstätigkeit),[26] was aber in der Praxis selten vorkommen wird;[27] in Wirtschaftsmediationen (unter Beteiligung von Rechtsanwälten, → Rn. 47) jedoch v. a. Gegenstand sein kann.[28] Jedenfalls kann der ausdrücklichen Anordnung in § 2 Abs. 6

---

18 BT-Drs. 16/3655, 46; Eversloh, S. 38.
19 Anders aber Otting Rechtsdienstleistungen, 2008, Rn. 162.
20 BT-Drs. 16/6634, 51.
21 HK-RDG/Krenzler RDG § 2 Rn. 23.
22 Dass die Beurteilung dieser Frage selbst erhebliche juristische Kenntnisse voraussetzt, bemerkt Kunert BRAK-Mitt. 2008, 53 (54 f.).
23 vom Stein AnwBl. 2008, S. 385 (386); so wohl auch BT-Drs. 16/3655, 46.
24 Dreyer/Lamm/Müller/Dreyer/Müller RDG § 2 Rn. 64, mit Bezug auf die Einschätzung der Mediationsverbände. – Der Gesetzgeber führte als Beispiel die für Unterhaltsberechnungen maßgebliche Düsseldorfer Tabelle an (BT-Drs. 17/5335, 16).
25 BT-Drs. 17/5335, 15 f.; noch zum RBerG OLG Hamburg 15.7.2004 – 16 UF 238/03, NJW 2004, 3431 (3432 f.).
26 Vgl. BT-Drs. 16/3655, 50; BT-Drs. 17/5335, 15; vgl. OLG Rostock 20.6.2001 – 2 U 58/00, NJW-RR 2002, 642 (643); vgl. zudem Rabe/Wode, Mediation, 2014, S. 228 f.
27 Kunert BRAK-Mitt. 2008, 53 (55) mit Verweis auf Henssler.
28 Duve/Eidenmüller/Hacke/Fries, Mediation in der Wirtschaft, 3. Aufl. 2019, S. 298 ff.

S. 3 MediationsG entnommen werden, dass die Abschlussvereinbarung vom Mediator dokumentiert werden darf. Die Verwendung des Wortes „dokumentieren" erweitert allerdings nicht die nach RDG erlaubten Tätigkeiten, beschränkt sie aber auch nicht.[29] In dem Maße, in dem ein Mediator rechtsdienstleistend tätig sein darf (insbes. → § 5 Rn. 1 ff.), darf er über eine reine Dokumentation hinausgehen.

Eine rechtliche Prüfung wird (objektiv) häufig erforderlich sein, wenn die Medianden (in den Phasen I bis III) ihre Interessen nicht herausarbeiten und klar formulieren können, ohne dass die Rechtslage und die rechtlichen Gestaltungsmöglichkeiten reflektiert und diskutiert werden.[30] Wie § 2 Abs. 3 Nr. 4 RDG zeigt, bedarf ein **rechtlicher Regelungsvorschlag** regelmäßig der rechtlichen Prüfung.[31] Erforderlich ist eine rechtliche Prüfung häufig ebenfalls bei der mediativen Begleitung Scheidungswilliger[32] oder bei der Ausarbeitung eines Vertrages,[33] ebenso bei auf den Einzelfall angepassten Formulierungshilfen,[34] selbst wenn sie von einem Rechtsdienstleister stammen.[35]

Allerdings führt die objektive Erforderlichkeit einer Rechtsdienstleistung nicht notwendigerweise dazu, dass ein Mediator eine solche auch selbst erbringt. Wie gerade § 2 Abs. 6 S. 1 u. 2 MediationsG zeigt, muss der Mediator nur darauf hinwirken, dass die Parteien über die rechtliche Relevanz eines Punktes informiert sind. Gerade der Hinweis in § 2 Abs. 6 S. 2 MediationsG auf „externe Berater" zeigt, dass das Gesetz – vielleicht sogar als Regelfall – von einer **Trennung der Mediation und der (Rechts-)Dienstleistung** ausgeht. Daraus ergibt sich aber auch, dass ein derartiger Hinweis objektiv nicht als rechtliche Prüfung im Einzelfall gilt.

Rechtsdienstleistungslose Mediationen: Viele Mediationen sind gar nicht auf ein rechtliches bzw. rechtlich geregeltes Ende gerichtet, etwa innerorganisatorische Mediationen wie zB **Mediationen am Arbeitsplatz oder in der Schule**.[36] Auch politisch brisante Mediationen zB über **Großprojekte** (Infrastruktur- bzw. Flughafenmediation) behandeln uU ausschließlich ökonomische, ökologische oder soziale Aspekte und sollen ggf. nicht in eine rechtlich verbindliche Einigung münden, so dass insoweit keine Rechtsdienstleistung iSd RDG vorliegt und das RDG folglich nicht einschlägig ist.[37] Viele Mediationsverfahren beinhalten schon wegen ihres Gegenstandes keine Rechtsdienstleistung, so etwa bei (reinen) **Beziehungskonflikten, Strategiekonflikten, Sachkonflikten** (über technische Fragen) und (reinen)

---

29 Ade/Gläßer ZKM 2013, 57 (58).
30 Ade/Gläßer ZKM 2013, 57 (59).
31 Auch die Mitwirkung an einer vollstreckbaren Abschlussvereinbarung, wie sie im Regierungsentwurf zum Mediationsgesetz (Art. 3 Nr. 7 des Entwurfs [BT-Drs. 17/5335]) als § 796d ZPO enthalten war, wäre Rechtsdienstleistung gewesen, die aber durch eine insoweit zum RDG spezielle Regelung erlaubt gewesen wäre (dazu Haft/Schlieffen Mediation-HdB/Hess, 2. Aufl. 2009, § 43 Rn. 42).
32 Vgl. KG 12.7.2007 – 16 U 62/06, NJW 2008, 1458 (1459).
33 Dreyer/Lamm/Müller/Dreyer/Müller RDG§ 2 Rn. 65.
34 Differenzierend Unseld/Degen § 2 Rn. 57.
35 LG Leipzig ZKM 2005, 71 (72) (vom Notar stammende Formulierungsvorschläge bzw. Muster).
36 Prütting, 65. DJT-Gutachten, 2004, S. G42.
37 Dazu Kleine-Cosack RDG § 2 Rn. 156.

Verteilungskonflikten.[38] Wenn allerdings eine Einigung auf rechtliche Verbindlichkeit hin ausgerichtet ist, mithin im rechtstechnischen Sinne einen Vertrag darstellt, wäre die Mitwirkung des Mediators an der inhaltlich-gestaltenden Abschlussvereinbarung, die über die reine Dokumentation (→ Rn. 21) hinausgeht, eine dem RDG unterfallende Rechtsdienstleistung, die in Einzelfällen dennoch als Annexberatung erlaubt sein kann (→ § 5 Rn. 1 ff.).

24 **(3) Subjektives Kriterium: Wille des Medianden.** In dem Rahmen des objektiv Plausiblen ist ergänzend nach den (erkennbaren) **Vorstellungen und Wünschen der** jeweiligen **Medianden** zu schauen. Die ausdrückliche und objektiv nachvollziehbare Entscheidung des Medianden, keine Rechtsdienstleistung vom Mediator zu wollen, führt zur Unanwendbarkeit des RDG.[39] Sein Wille kann auf jegliche Art kommuniziert werden, sogar in dem Akt des Akzeptierens von Mediationsbedingungen. Insoweit ist eine entsprechende Passage in der Mediationsvereinbarung hilfreich.

Gestaltungsmöglichkeit und Umgehungsgefahr: Das Kriterium des verobjektivierten Mandanteninteresses bedeutet weder einen Freifahrtschein für Mediator und Medianden, noch verbaut es alle Gestaltungsmöglichkeiten. Zwar kann sich der Mediator nicht alles und jedes von den Medianden ohne Aufklärung bestätigen lassen (was zudem deren Autonomie [vgl. § 1 Abs. 1 MediationsG] widersprechen würde). Deshalb sind insbes. **formularmäßige Äußerungen** von Medianden umgehungsgeneigt und mit Blick auf deren in der Mediation zu Recht in den Vordergrund gestellten Autonomie problematisch. Jedenfalls genügt nicht ein bloßes Formschreiben der Mediationsparteien, sie wünschten keine rechtliche Beratung. Entscheidend in der Praxis ist stets, den Verzicht der Medianden auf relevante Rechtsberatung plausibel zu machen. Dies fällt dann besonders leicht, wenn Mediatoren eine Leistung anbieten, die (gerade) ohne eine Rechtsdienstleistung so attraktiv ist, dass sie vernünftigerweise nachgefragt wird – ist damit also von seriös arbeitenden Mediatoren ohne Weiteres zu erfüllen.

25 **2. Gesetzliche Vermutung der Rechtsdienstleistung (Abs. 2).** Verfassungsgerichtliche Vorgaben für diesen Bereich[40] aufgreifend werden bestimmte Formen des **Inkassos** unwiderleglich als Rechtsdienstleistung vermutet. Inkasso wird aber kaum je ein Fall für eine Mediation sein, die sich schon wegen ihres **gesamthaften Konfliktlösungsansatzes** nicht auf die (Nicht-)Erfüllung einer bestimmten Forderung richten wird, sondern auf das zugrundeliegende Rechtsverhältnis, die relevanten Interessen bzw. die persönliche Beziehung insgesamt.

26 **3. Legalausnahmen (Abs. 3).** Umgekehrt zu Abs. 2 werden in Abs. 3 einige Tätigkeiten von vornherein aus dem Begriff der Rechtsdienstleistung normativ ausgeklammert („**Negativklausel**"),[41] unabhängig davon, ob es sich dabei nicht eigentlich doch um eine Rechtsdienstleistung handelt.

---

38 Duve/Eidenmüller/Hacke/Fries, Mediation in der Wirtschaft, 3. Aufl. 2019, S. 96 f.
39 Otting Rechtsdienstleistungen, 2008, Rn. 162; Kleine-Cosack DB 2006, 2797 (2799).
40 BVerfG 20.2.2002 – 1 BvR 423/99 ua NJW 2002, 1190 ff.; 14.8.2004 – 1 BvR 725/03, NJW-RR 2004, 1570 ff.
41 Franz, Das neue Rechtsdienstleistungsgesetz, 2008, S. 21.

a) **Rechtsgutachten (Nr. 1).** Gutachten sind keine Rechtsdienstleistungen. Denn idealtypischerweise enthält ein Gutachten **keinen konkreten Rat**, sondern stellt die Rechtslage mit Bezügen zum Einzelfall dar. In der Praxis wird allerdings ein Gutachten bestimmte Verhaltensweisen stets zumindest nahelegen. Tatsächlich war auch schon unter der Geltung der entsprechenden Vorgängervorschrift des Art. 1 § 2 RBerG der Rechtsberatungsmarkt für Rechtswissenschaftler und andere Experten faktisch freigegeben.

27

Allerdings kann dieses „Professorenschlupfloch" nicht auf **Rechtsausführungen innerhalb eines Mediationsverfahrens** übertragen werden.[42] Es wäre eine offensichtliche Umgehung des Rechtsdienstleistungsbegriffs, wenn ein Mediator Rechtshinweise als Gutachten „tarnen" könnte.[43]

28

b) **Schieds- und Schlichtertätigkeit (Nr. 2). Schiedsrichter** (§§ 1025 ff. ZPO) und **Schlichter** sowie **Einigungs-** (zB nach § 76 BetrVG u. § 71 BPersVG) und **Schlichtungsstellen**[44] (zB nach § 191f BRAO, § 76 Abs. 8 BetrVG) oder die **Verbraucherschlichtungsstellen** nach dem Verbraucherstreitbeilegungsgesetz (VSBG)[45] üben nach der unwiderleglichen Vermutung des Gesetzes keine Rechtsdienstleistung aus.

29

Diese Privilegierung kann aber nach der Rechtsprechung[46] und der ganz hM[47] nicht a maiore ad minus auf Mediatoren übertragen werden, zumal nunmehr als lex specialis die Nr. 4 (→ Rn. 32 ff.) ins Gesetz aufgenommen wurde.[48] Die Begründung liegt darin, dass Schiedsrichter einen **Konflikt entscheiden** bzw. Schlichter einen Kompromiss vorschlagen, was zwar rechtliche Wirkungen hat, aber nicht nach juristischen Kriterien zustande gekommen sein muss, während Mediatoren die Medianden in die Lage versetzen, ihren Konflikt autonom zu lösen. Es ist deshalb konsequent, dass die außergerichtliche Streitschlichtung durch Gütestellen (zB nach § 15a EGZPO) nicht aus dem RDG herausgenommen wurde, sondern § 8 Abs. 1 S. 1 RDG gilt (→ § 8 Rn. 4 f.).

30

c) **Beratung durch Mitarbeitervertretungen (Nr. 3).** Ebenfalls nicht als Rechtsdienstleistung angesehen wird die Beratung durch Mitarbeitervertretungen (**Betriebsrat, Personalrat, Schwerbehindertenvertretung, Gleichstellungsbeauftragte**). Dies betrifft insbes. die Sprechstunden des Betriebs- (§ 39 BetrVG) bzw. Personalrats (§ 43 BPersVG), der Schwerbehindertenvertretung (§ 95 SGB IX) sowie der Gleichstellungsbeauftragten (§ 25 Abs. 2 Nr. 3 BGleiG).

31

Mediation durch Mitarbeitervertretungen: Allerdings werden Vertreter einer Mitarbeitervertretung in arbeitsrechtlichen Konflikten zwischen Ar-

---

42 Kleine-Cosack, 1. Aufl. 2004, III RBerG Art. 1 § 5 Rn. 41 (noch zum RBerG).
43 Vgl. Germund, Außergerichtliche Streitbeilegung durch Co-Mediation, 2011, S. 45.
44 vom Stein AnwBl. 2008, 385 (388 f.).
45 Trossen SchiedsVZ 2015, 187 (191); zum VSBG generell Wiese/Hörnig ZKM 2016, 56 ff.
46 LG Rostock 11.8.2000 – 5 O 67/00, BB 2001, 698 (700); Zusammenfassung bei v. Marcard, Das Berufsrecht des Mediators 2004, 49 f.
47 ZB Mankowski ZKM 2001, 293 (294); Monßen AnwBl. 2001, 169; Prütting, 65. DJT-Gutachten, 2004, S. G41; ausführlich v. Marcard, Das Berufsrecht des Mediators 2004, 88 ff.
48 So aber Eckardt ZKM 2001, 230 (231 f.), Duve BB 2001, 692 (693) u. Duve/Tochtermann ZKM 2001, 284 (287 f.); zuletzt wieder Horstmeier JR 2012, 1 (8).

beitgeber und Arbeitnehmer kaum die für einen Mediator erforderliche Allparteilichkeit besitzen. Denkbare Tätigkeitsfelder sind aber die **Mediation zwischen Beschäftigten**, in Abteilungen und für Beschäftigte verschiedener Organisationsteile. Hier fungieren Mitglieder der Mitarbeitervertretung oft als Inhouse-Mediatoren, was dann ein Fall der nicht-fremden Rechtsangelegenheit iSd § 2 Abs. 1 RDG, mithin also keine Rechtsdienstleistung im Sinne des RDG ist (→ Rn. 51 ff.).

32 **d) Mediation (Nr. 4).** In § 2 Abs. 3 Nr. 4 RDG wird Mediation ausdrücklich angesprochen, wenn auch nicht vollumfänglich aus dem Begriff der Rechtsdienstleistung und damit nicht umfassend aus dem Anwendungsbereich des RDG herausgenommen. Die Vorschrift trägt aber insoweit zur Klarstellung oder jedenfalls **Problemabschichtung** bei (→ Rn. 18), als Mediation an sich keine Rechtsdienstleistung ist (aa)), „rechtliche Regelungsvorschläge" im Rahmen einer Mediation dagegen möglicherweise schon (bb)).

33 **aa) Grundsätzliche Herausnahme der Mediation.** Das RDG nimmt die Mediation und vergleichbare Formen alternativer Streitbeilegung vom Begriff der Rechtsdienstleistung und damit im Ergebnis vom Anwendungsbereich des Gesetzes aus. Größtenteils wird damit eine Selbstverständlichkeit nachgezeichnet; jedenfalls hat dies eine **klarstellende Wirkung**.

34 **(1) Begriff der Mediation.** Ob das RDG eine **eigenständige Definition von Mediation** enthält, ist umstritten.[49] Offensichtlich geht das Gesetz von dem Begriff der „alternativen Streitbeilegung" aus, grenzt diesen von der Schlichtung und der Tätigkeit als Schiedsrichter ab und setzt diesen über die Formulierung „und jede vergleichbare Form" zur „Mediation" in Bezug. Alternative Streitbeilegung (als Oberbegriff) muss also vergleichbar zur Mediation sein. Jedenfalls aber geht § 2 Abs. 3 Nr. 4 RDG über den Begriff der Mediation hinaus und umfasst eben auch „vergleichbare Formen der alternativen Streitbeilegung". Damit nimmt der Gesetzgeber einerseits Rücksicht auf den nach wie vor dynamischen und damit **veränderlichen Begriff der Mediation**[50] und erweitert zudem den Anwendungsbereich der Ausnahmevorschrift.[51]

35 Für das, was das deutsche Recht unter „Mediation" versteht und wodurch dann die „alternative Streitbeilegung" nach § 2 Abs. 3 Nr. 4 RDG charakterisiert ist, kann nun auf das **MediationsG** zurückgegriffen werden (→ MediationsG § 1 Rn. 5 ff.): Nach § 1 Abs. 1 MediationsG ist „Mediation […] ein vertrauliches und strukturiertes Verfahren, bei dem Parteien mithilfe eines oder mehrerer Mediatoren freiwillig und eigenverantwortlich eine einvernehmliche Beilegung ihres Konflikts anstreben". Obwohl ohne unmittelbare Rechtswirkung in Deutschland und ohne dass das RDG zu deren Umsetzung ergangen wäre (→ Einl. Rn. 16), kann für innerstaatliche Mediationen allgemein ergänzend und muss für grenzüberschreitende Mediationen in Zivil- und Handelssachen auch die Definition des Art. 3

---

49 BeckOK RDG/Römermann § 2 Rn. 129; verneinend KommRDG/Finzel § 2 Rn. 22, mit Bezug auf die Entstehungsgeschichte.
50 BT-Drs. 17/5335, 14.
51 Dreyer/Lamm/Müller/Dreyer/Müller RDG § 2 Rn. 66.

lit. a S. 1 der **Mediationsrichtlinie** 2008/52/EG herangezogen werden,[52] wonach Mediation als ein „strukturiertes Verfahren […], in dem zwei oder mehr Streitparteien mithilfe eines Mediators auf freiwilliger Basis selbst versuchen, eine Vereinbarung über die Beilegung ihrer Streitigkeiten zu erzielen", begriffen wird.

Anders als in ursprünglichen Entwürfen des RDG ist das – methodisch möglicherweise verengende – Tatbestandsmerkmal der *„gesprächsleitenden Streitbeilegung"* nicht Teil des Gesetzes geworden.[53]

(2) Vermutungswirkung. Durch die grundsätzliche Herausnahme der Mediation aus dem Anwendungsbereich des RDG ist klargestellt, dass es unerheblich ist, ob die Medianden eine rechtlich verbindliche Einigung anstreben, wie dies etwa beim strafverfahrensrechtlichem Täter-Opfer-Ausgleich entbehrlich ist.[54] Es kommt im Rahmen des § 2 Abs. 3 Nr. 4 RDG auch nicht darauf an, ob der Schwerpunkt der Mediation innerhalb oder außerhalb der Rechtsdienstleistung liegt,[55] sondern es ist abgesehen von den rechtlichen Handlungsvorschlägen unerheblich, ob eine Rechtsdienstleistung vorliegt. Entscheidend für die Anwendbarkeit des RDG ist ausschließlich, ob der Mediator zu einer Rechtsfrage selbst Stellung bezieht, etwa indem er sie **kommentiert** oder eine **eigene fachliche Einschätzung** abgibt. Die **reine Moderation** eines Rechtsgesprächs ist keine Rechtsdienstleistung.

RDG-Relevanz von Mediationsstilen: In der Praxis ist der entscheidende Stilunterschied, ob der Mediator die Darstellung der Rechtslage durch die Parteien bzw. ihre Rechtsvertreter nur moderiert oder die Rechtslage selbst kommentiert und (rechtlich) einschätzt.[56]

bb) Anwendbarkeit des RDG auf „rechtliche Regelungsvorschläge". Während für die Mediation als solche unwiderleglich vermutet wird, dass sie keine Rechtsdienstleistung ist, erstreckt sich diese Vermutungswirkung nicht auf „rechtliche Regelungsvorschläge", die in diesem Rahmen unterbreitet werden. Sie fallen in den **Anwendungsbereich des RDG**, können aber bei mangelnder Erforderlichkeit einer rechtlichen Prüfung (→ Rn. 16 ff.), bei erlaubter Annexrechtsberatung (§ 5 RDG)[57] oder dem Vorliegen eines sonstigen Erlaubnistatbestands (→ § 3 Rn. 4 ff.) trotzdem gestattet sein.

Wenn rechtliche Regelungsvorschläge unterbreitet werden und damit der Anwendungsbereich des RDG eröffnet ist, unterfällt nach dem Wortlaut „sofern" des § 2 Abs. 1 RDG die Mediation als Ganzes und nicht lediglich der Teil, der Rechtsdienstleistung darstellt, dem RDG. Von außen betrachtet stellt die Mediationserbringung eine einheitliche Dienstleistung dar. Medianden bzw. Verbraucher (→ Einl. Rn. 17) sind insoweit im ganzen

---

52 BeckOK RDG/Römermann § 2 Rn. 133.
53 KommRDG/Finzel § 2 Rn. 22.
54 Zu einseitig v. Marcard, Das Berufsrecht des Mediators 2004, 67.
55 So aber wohl Nelte, Das Berufsbild des Rechtsanwalts als Auslegungshilfe für den Rechtsbesorgungsbegriff des Art. 1 § 1 Abs. 1 S. 1 RBerG und seine Positionierung im RDG-Ref.E., 2007, S. 199.
56 S. dazu Ade/Gläßer ZKM 2013, 57 (59).
57 Vgl. Hinrichs Praxishandbuch Mediationsgesetz/Ropeter, Rn. 309.

Verfahren vor der unsachgemäßen Erbringung von Rechtsdienstleistung zu schützen.

40 § 2 Abs. 3 Nr. 4 RDG setzt das „**Eingreifen in das Gespräch**" der Medianden voraus, so dass jedes Unterbreiten als „Eingreifen" gewertet werden kann.[58] Auch erfasst ist die Konstellation, dass der Mediator keinen Regelungsvorschlag macht, obwohl dies geboten ist,[59] etwa weil die Medianden es von ihm erwarten, zB wenn er seine Rechtskompetenz in den Vordergrund gestellt hat.

41 Mit „**rechtlichen Regelungsvorschlägen**" ist die Gestaltung von Rechtsverhältnissen gemeint,[60] was grundsätzlich weit (→ Rn. 12 ff.) zu verstehen ist.[61] Wenn allerdings Regelungsvorschläge trivial sind oder (nachvollziehbarerweise) von den Medianden nicht gewünscht, also nicht erforderlich sind (→ Rn. 24), sind sie Mediatoren erlaubt. Die Konfliktlösung ohne „konkrete rechtliche Beratung über die dem Konflikt zugrundeliegenden Rechtsfragen" ist stets gestattet.[62] Wenn eine **Abschlussvereinbarung** von den Medianden autonom formuliert wird, handelt es sich um deren *eigene* Angelegenheit (→ § 3 Rn. 13), die außerhalb des RDG bleibt.

Hinweispflicht auf die Inanspruchnahme von Rechtsdienstleistungen: Gerade wenn und weil die (reine) Mediation nach Nr. 4 keine Rechtsdienstleistung enthält, ist der Mediator nach § 2 Abs. 6 S. 2 MediationsG (→ MediationsG § 2 Rn. 288 ff.) gehalten, die rechtlich nicht beratenen Parteien ggf. darauf hinzuweisen, sich rechtlich beraten zu lassen.[63]

42 e) **Rechtsberatung in den Medien (Nr. 5).** Die Rechtsdienstleistung **an die Allgemeinheit** wird als eine überkommene Dienstleistung der Medien (Ratgeberseiten und Ratgebersendungen) nicht als Rechtsdienstleistung eingeordnet.[64] Dies ist inhaltlich dadurch gerechtfertigt, dass eine Rechtsauskunft an die Allgemeinheit notwendigerweise keine konkrete Rechtsbesorgung im Einzelfall (→ Rn. 9 f.) sein kann.[65] Insoweit hat diese Regelung nur klarstellenden Charakter.[66] – Die journalistische Recherche nach Rechtsverstößen betrifft zwar konkrete Einzelfälle, eine eventuelle Veröffentlichung adressiert den Fall aber nicht juristisch im Einzelfall, so dass dies auch nicht unter das RDG fällt.[67]

Öffentliche Mediation: Diese Vorschrift kann allerdings nicht zur Erweiterung der Tätigkeitsmöglichkeiten von Mediatoren genutzt werden. Eine rechtsdienstleistende „öffentliche Mediation" in einer Ratgebersendung oder ähnlich etwa im Internet (Blog) würde als **Umgehung** gewertet, weil sie neben der (erlaubten) Erörterung im Internet auch eine (dem RDG

---

58 Germund, Außergerichtliche Streitbeilegung durch Co-Mediation, 2011, S. 46.
59 v. Schlieffen Professionalisierung und Mediation/Greger, S. 91 (95).
60 v. Schlieffen Professionalisierung und Mediation/Greger, S. 91 (95).
61 HK-RDG/Offermann-Burckart § 2 Rn. 236.
62 Vgl. BT-Drs. 17/5335, 10.
63 BT-Drs. 17/5335, 15.
64 Klärend BVerfG 13.3.2004 – 1 BvR 517/99 ua NJW 2004, 1855 ff. u. BVerfG 15.1.2004 – 1 BvR 1807/98, NJW 2004, 672 f. – Wie bitte.
65 BT-Drs. 16/6634, 51; Franz, Das neue Rechtsdienstleistungsgesetz, 2008, S. 21 f.
66 Franz, Das neue Rechtsdienstleistungsgesetz, 2008, S. 88.
67 OLG Düsseldorf Urt. v. 10.11.2022 – 20 U 68/21, GRUR-RS 2022, 34554.

unterfallende) konkrete Rechtsdienstleistung enthielte.[68] Zwar hat es die Rechtsprechung nicht als Rechtsdienstleistung (damals noch: Rechtsberatung) angesehen, wenn durch die (allgemeine) Darstellung eines konkreten Falles (sozialer) Druck auf die Beteiligten ausgeübt wird, sich zu einigen.[69] Aber schon grundsätzlich würde ein solches Vorgehen der Vertraulichkeit der Mediation (§ 4 MediationsG) widersprechen, außer die Parteien entbinden die verpflichteten Personen einvernehmlich von der Verschwiegenheitspflicht nach § 4 MediationsG (→ MediationsG § 4 Rn. 10).

f) **Tätigkeit von Konzernrechtsabteilungen (Nr. 6).** Konzerninterne Rechtsdienstleistungen, wie sie typischerweise von einer bei einer Konzerntochter oder der Konzernmutter angesiedelten **zentralen Rechtsabteilung** angeboten werden, sind vom RDG ausgenommen. Obwohl sie als Teile voneinander unabhängiger juristischer Personen rechtlich füreinander eigentlich „fremd" sind, werden sie wegen der hierarchischen Struktur von Konzernen von der Anwendung des RDG freigestellt.

43

Diese Ausnahme betrifft allerdings Mediatoren nicht unmittelbar, da sich Nr. 6 nur auf **juristische Personen und Organisationseinheiten** (Rechtsabteilungen) bezieht, Mediation aber nur von natürlichen Personen erbracht werden kann.[70] Allerdings wirkt sie mittelbar zugunsten von in Unternehmen angestellten Mediatoren, bei denen der rechtsdienstleistungsrechtliche Erlaubnistatbestand dann nicht in der eigenen Person vorliegen muss, sondern es ausreicht, dass die Tätigkeit dem Arbeitgeber zugerechnet wird und sie insoweit vom RDG ausgenommen ist (→ Rn. 7 f.).

44

4. Ungeschriebene Ausnahmen. Neben den Bereichen, die in § 2 Abs. 3 RDG ausdrücklich vom Begriff der Rechtsdienstleistung ausgenommen werden und insoweit dem Anwendungsbereich des RDG nicht unterfallen, gibt es weitere ungeschriebene Ausnahmen vom RDG, die sich aus **Richterrecht** und **systematischen Überlegungen**, teilweise auch nur aus der herrschenden Meinung (hM) im Schrifttum ergeben.

45

a) **Rechtskundige und rechtsberatene Medianden.** Dem **Schutzzweck des Gesetzes** folgend sind Rechtsdienstleistungen und damit Mediationen gegenüber rechtskundigen Personen ohne Weiteres erlaubt. Denn diese bedürfen keines Schutzes vor unqualifizierten Rechtsdienstleistungen (→ § 1 Rn. 21 ff.).[71] Insoweit sind rechtsdienstleistende Mediationen bei **Rechtsanwälten, Unternehmen und Institutionen mit Rechtsabteilungen** sowie womöglich sogar bei jedem Volljuristen, also jeder Person mit Befähigung zum Richteramt nach § 5 Abs. 1 DRiG, erlaubt.

46

b) **Co-Mediation mit Rechtsdienstleistungsbefugten.** Eine im Schrifttum schon lange diskutierte Möglichkeit[72] für Mediatoren, aus der „Rechts-

47

---

68 Vgl. Unseld/Degen § 2 Rn. 60.
69 BGH 6.12.2001 – I ZR 316/98, NJW 2002, 2877 (2877) – Bürgeranwalt.
70 Ahrens NJW 2012, 2465 (2467) m. Verweis auf § 613 S. 1 BGB.
71 Allgemein v. Lewinski Anwaltl. Berufsrecht Kap. 17 Rn. 7–8.
72 Teilweise war die Co-Mediation als einzige Möglichkeit für nicht-anwaltliche Mediatoren angesehen worden, ihren Beruf auszuüben (Haft/v. Schlieffen Mediations-HdB/Hess, 2. Aufl. 2009, § 43 Rn. 43 m. Fn. 123; Prengel, Die Rolle des juristischen Beraters in der Mediation, 2009, S. 128 ff.). Hierfür gibt es aber im Wortlaut des Gesetzes keine Anhaltspunkte; vielmehr sprechen § 2 Abs. 3 Nr. 4 RDG und Art. 6 Mediations-RL für eine isolierte Rechtsdienstleistung.

beratungsfalle", die nun ja eigentlich „Rechtsdienstleistungsfalle" heißen müsste, herauszukommen, ist das Konzept der Co-Mediation.[73] Unter Co-Mediation allgemein versteht man die **gemeinsame Mediation** durch (mindestens) zwei Personen. Hier speziell geht es um die gemeinsame Mediation durch eine zur Erbringung von Rechtsdienstleistung berechtigte Person, die nicht notwendigerweise auch ein ausgebildeter Mediator sein muss, und einen Mediator, der nicht zur Erbringung von Rechtsdienstleistungen berechtigt ist.

Mediation unter Beteiligung von Rechtsanwälten:
Für eine Mediation gemeinsam mit Rechtsdienstleistungsbefugten werden im Wesentlichen zwei **unterschiedliche Modelle** diskutiert:[74]

Dies ist zum einen das sogenannte „**Beratermodell**", auch als „Luxusmodell" bezeichnet. Es besteht darin sicherzustellen, dass die Medianden jeweils rechtlich hinreichend betreut sind. Da so für die Streitbeilegung mindestens drei Personen bezahlt werden müssen (ein Mediator und zwei Anwälte), ist diese Methode kostspielig und wird vorwiegend in der Wirtschaftsmediation gepflegt.[75] Sie ist vor allem aber keine Co-Mediation, weil hier nicht primär Mediator und Rechtsdienstleistungsberechtigter zusammenarbeiten, sondern der Anwalt den Medianden parteilich hinsichtlich rechtlicher Fragen beraten kann. Rechtssystematisch handelt es sich bei dieser Variante um die Mediierung von Rechtskundigen (→ Rn. 46; vgl. § 2 Abs. 6 S. 1 u. 2 MediationsG) und deshalb nicht um Co-Mediation.

Dagegen arbeitet beim sog. „**Tandemmodell**" ein nicht-anwaltlicher Mediator mit einem zur Rechtsdienstleistung Befugten zusammen. Dies wird allgemein als „Co-Mediation"[76] bezeichnet, und nur von dieser Konstellation soll im Folgenden gesprochen werden. Dabei stellen sich die hier diskutierten Fragen natürlich nur dann und nur insoweit, als es sich um eine – insbesondere wegen des Unterbreitens von rechtlichen Regelungsvorschlägen – dem RDG unterfallende Mediation handelt.

48 Nach einer streng begrifflichen Auslegung würde eine unter das RDG fallende Co-Mediation zusammen mit einem zur Rechtsdienstleistung berechtigten (Anwalts-)Mediator ausscheiden, da eine nicht erlaubte rechtsdienstleistende Mediation für einen Mediator nicht zu einer erlaubten wird, nur weil auch ein Anwalt beteiligt ist.[77] Allerdings muss man wertend den

---

73 Umfassend Germund, Außergerichtliche Streitbeilegung durch Co-Mediation, 2011; Duve/Eidenmüller/Hacke/Fries, Mediation in der Wirtschaft, 3. Aufl. 2019, S. 291; → MediationsG § 2 Rn. 67 ff.
74 Germund, Außergerichtliche Streitbeilegung durch Co-Mediation, 2011, S. 49 f.; Jost (Hrsg.), Die anwaltliche Vertretung in der Mediation, 2013; zu den unterschiedlichen Modellen der Rechtsberatung innerhalb von Mediationsverfahren Ade/Gläßer ZKM 2013, 57 (61).
75 Duve/Eidenmüller/Hacke/Fries, Mediation in der Wirtschaft, 3. Aufl. 2019, S. 96 f.
76 Allgemein bezeichnet der Begriff der Co-Mediation jedoch lediglich das (arbeitsteilige) Zusammenarbeiten mehrerer Mediatoren – häufig mit unterschiedlichem fachlichem Hintergrund – in demselben Mediationsverfahren (Duve/Eidenmüller/Hacke/Fries, Mediation in der Wirtschaft, 3. Aufl. 2019, S. 291 sowie mit Bezug zur gerichtsinternen Mediation Kasper/Kluger SchiedsVZ 2021, 69).
77 So insbes. Mankowski MDR 2001, 1198 (1200); Mankowski ZKM 2001, 293. – Die Auffassung wird heute mit Bezug auf Mediation nicht mehr vertreten (vgl. Germund, Außergerichtliche Streitbeilegung durch Co-Mediation, 2011, S. 51), ist

Zweck des RDG berücksichtigen, der einen **Schutz der Rechtsuchenden** vor unqualifiziertem Rechtsrat erreichen will (→ § 1 Rn. 22).[78] Wenn und soweit dies durch eine Co-Mediation erreicht werden kann, ist eine solche nach RDG auch möglich. Es kommt also darauf an, ob die Interessen des berufsrechtlich heterogen betreuten Medianden im Hinblick auf den fachlichen Standard, die Berufsaufsicht, die Verschwiegenheit und die Sicherung eines eventuellen Haftungsanspruchs unter Berücksichtigung seiner Privatautonomie gewahrt sind. Dies ist mit Inkrafttreten des MediationsG, das ausdrücklich die Festlegung eines bloßen Mindeststandards zum Ziel hat, für den Normalfall zu bejahen.

Das **MediationsG** steht einer Co-Mediation jedenfalls nicht entgegen, wie die ausdrückliche Erwähnung von „einem oder mehreren Mediatoren" in § 1 Abs. 1 S. 1 MediationsG deutlich macht.[79] Auch ist es eine Folge der Parteiautonomie (§ 2 Abs. 4 MediationsG), dass die Medianden Dritte als Berater hinzuziehen können (vgl. § 2 Abs. 6 S. 2 MediationsG).[80]

Auch das **Anwaltliche Berufsrecht** steht der Co-Mediation nicht entgegen. Eine solche Standesauffassung, die es Rechtsanwälten verbot, an einer Streitbeilegung mitzuwirken, bei der Anwälte als Beistände ausgeschlossen sind, hatte es in der Tat zu Zeiten der Weimarer Republik in Bezug auf Schiedsgerichte gegeben. So war es damals verbreitet als standeswidrig angesehen worden, sich als Unparteiischer an Schiedsgerichten zu beteiligen, wenn diese keinen anwaltlichen Beistand zuließen.[81]

Kooperationsmöglichkeiten für Mediatoren verschiedener Grundberufe: Rechtsanwälte dürfen sich nach dem reformierten § 59c BRAO[82] für ihre Berufsausübung mit Angehörigen anderer freier Berufe, insbes. mit anderen Rechtsanwälten, Notare, Patentanwälten, Steuerberater und Wirtschaftsprüfer, in Berufsausübungsgesellschaften zusammenschließen. Insofern Mediation als Freier Beruf nach § 59c Abs. 1 S. 1 Nr. 4 BRAO iVm § 1 Abs. 2 S. 1 PartGG gewertet wird, können sich Rechtsanwälte folglich auch mit Mediatoren zusammenschließen.[83] Entgegen der alten Rechtslage nach § 59a Abs. 1 S. 1 BRAO aF ist damit das **Sozietätsverbot** entfallen. Für die Zusammenarbeit mit Rechtsanwälten in einer Berufsausübungsgesellschaft sind jedoch der – wohl kaum kontrollierbare – Grundsatz der

---

in anderen rechtsdienstleistungsrechtlichen Konstellationen aber noch aktuell (s. etwa BGH 29.7.2009 – I ZR 166/06, NJW 2009, 3242 (3244)).
78 Vgl. BVerfG 27.9.2002 – 1 BvR 2251/01, NJW 2002, 3531 (3532); Prütting, 65. DJT-Gutachten, 2004, S. G42.
79 Horstmeier JR 2012, 1 (4).
80 BT-Drs. 17/5335, 15.
81 Ziff. 13 der „Richtlinien für die Ausübung des Anwaltsberufs" (sog. Vademecum), 1929 (hrsg. v. Deutschen Anwaltverein).
82 Gesetz zur Neuregelung des Berufsrechts der anwaltlichen und steuerberatenden Berufsausübungsgesellschaften sowie zur Änderung weiterer Vorschriften im Bereich der rechtsberatenden Berufe (BGBl. 2021 I 2363).
83 Kilian ZKM 2022, 84 (85 ff., insbes. 87), welcher näher auf die Voraussetzungen eingeht, die sich nunmehr aus der BRAO ergeben. Differenzierter Hartung ZKM 2021, 28 (30), der Mediation mangels besonderer Qualifikation nicht als Beruf begreift und folglich eine Einordnung als Angehöriger eines Freien Berufes von der Art der Vorbildung abhängig macht.

aktiven Mitarbeit[84] und das Fremdbesitzverbot zu beachten.[85] Zudem sind die Gesellschafter einer solchen Berufsausübungsgesellschaft denselben Berufspflichten wie Rechtsanwälte unterworfen, insbes. zur Wahrung der anwaltlichen Unabhängigkeit (§ 59d Abs. 1 S. 2 BRAO) und zur Verschwiegenheit (§ 59d Abs. 2 S. 1 BRAO). Darüber hinaus bleibt es Mediatoren unbenommen, sich mit Rechtsanwälten sowie Steuerberatern, Wirtschaftsprüfern und Patentanwälten in einem Büro zusammenschließen, um gemeinsam Mediationsmandate zu akquirieren und zu bearbeiten. Allerdings ist dies dann im Rechtssinne keine „Sozietät" oder Berufsausübungsgesellschaft,[86] wenn und weil die Anwälte usw dort nicht ihren Beruf als Anwalt usw ausüben, sondern „nur" einen Zweitberuf als Mediator.[87] Praktisch ist das allerdings auch unschädlich, weil sich wegen der Un- bzw. Allparteilichkeit eine (anwaltlich-parteiliche) Beratung der Medianden ohnehin verbietet.

51 c) **Angestellte Mediatoren.** Keine Anwendung findet das RDG auf Rechtsdienstleistungen von Mediatoren in Beschäftigungsverhältnissen. Dies betrifft **Arbeitsverhältnisse** und beamtenrechtliche **Dienstverhältnisse** ebenso wie **Freie Mitarbeit**. Zwar ist vom Begriff der Rechtsdienstleistung auch deren Erbringung in einem Beschäftigungsverhältnis erfasst (→ Rn. 7). Doch unterwirft das RDG ausweislich seines § 3 RDG nur deren „*selbstständige*" *Erbringung*" einem gesetzlichen Erlaubnisvorbehalt. Das bedeutet angesichts der grundsätzlichen Berufsfreiheit, dass angestellte Mediatoren innerhalb des Beschäftigungsverhältnisses ohne Weiteres Rechtsdienstleistungen erbringen dürfen. Entscheidend ist, dass die Tätigkeit nicht selbstständig ausgeübt wird, sondern auf Weisung des Arbeitgebers bzw. Dienstherrn (zu den Problemen mit der Unabhängigkeit des Mediators → MediationsG § 1 Rn. 22). Hinsichtlich der zu erfüllenden Voraussetzungen bzw. rechtlichen Vorgaben nach dem RDG ist zwischen der internen Rechtsdienstleistung für den Arbeitgeber bzw. Dienstherrn (aa)) und der externen Rechtsdienstleistung für Dritte (bb)) zu unterscheiden.

52 aa) **Anstellung.** Syndikusrechtsanwälte (§§ 46 ff. BRAO) und Unternehmensjuristen fallen nicht unter das RDG,[88] ebenso wenig jeder andere Angestellte, der rechtsdienstleistend für seinen Arbeitgeber tätig wird. Innerhalb ihres Beschäftigungsverhältnisses dürfen sie für den Arbeitgeber interne Rechtsdienstleistungen erbringen, weil sie für den Beschäftigten **unselbstständig** (→ § 3 Rn. 12) sind und für den Arbeitgeber **keine fremden Angelegenheiten** (§ 2 Abs. 1 RDG; → § 3 Rn. 13) sind. – Hierunter fällt etwa die Mediation am Arbeitsplatz durch angestellte Mediatoren.

53 bb) **Anstellung bei Rechtsdienstleister.** Etwas anders stellt sich die Situation bei Rechtsdienstleistungen dar, die ein angestellter Mediator für seinen Arbeitgeber gegenüber Dritten erbringt. Zwar greift dann das RDG für den Mediator selbst nicht, weil er ja die Rechtsdienstleistung nicht selbst-

---

84 BT-Drs. 19/27670, 139.
85 v. Lewinski Anwaltl. Berufsrecht Kap. 11 Rn. 4 ff.
86 Zu der im Gesetzgebungsprozess zwischenzeitlichen diskutierten Erweiterung der Sozietätsfähigkeit auf alle Berufe Pelzer, Die Sozietät im Sinne der BRAO unter besonderer Berücksichtigung der Beteiligung von Berufsfremden, 2008.
87 Dombek/Ottersbach/Schulze zur Wiesche/v. Lewinski Anwaltssozietät § 4 Rn. 10.
88 Bartosch-Koch AnwBl. 2010, 237; Römermann NJW 2006, 3025 (3026).

ständig, sondern angestellt erbringt (→ § 3 Rn. 12). In der **Person des Arbeitgebers** aber muss ein rechtsdienstleistungsrechtlicher Erlaubnistatbestand vorliegen; er muss letztverantwortlich für die Rechtsdienstleistung sein,[89] was immer auch die Möglichkeit der Haftung einschließt.

Selbstständigkeit des Außenauftritts: Mediation einschließlich einer Rechtsberatung kann also erbracht werden, wenn der Mediator eine „Hilfsperson" eines Rechtsdienstleisters, also etwa eines Rechtsanwalts, ist. Im **Innenverhältnis** und in gewissem Grade auch im **Außenauftritt** kann die Eigenschaft als „Hilfsperson" kaschiert werden. Ob es die Eigenschaft als bloße Hilfsperson ausschließt, dass man ein gemeinsames Büro betreibt und gemeinsam das damit verbundene unternehmerische Risiko trägt, ist offen. Jedenfalls kann es wegen der Stellung als Hilfsperson in Bezug auf Rechtsfragen und damit die Rechtsdienstleistung dann kein gleichberechtigtes Verhältnis auf Augenhöhe zwischen Mediator und verantwortlichem Rechtsdienstleister geben.

§ 3 RDG Befugnis zur Erbringung außergerichtlicher Rechtsdienstleistungen

Die selbständige Erbringung außergerichtlicher Rechtsdienstleistungen ist nur in dem Umfang zulässig, in dem sie durch dieses Gesetz oder durch oder aufgrund anderer Gesetze erlaubt wird.

1. Verbotsgesetz mit Erlaubnisvorbehalt 1	4. Keine Anwendung auf nicht-selbstständig erbrachte Rechtsdienstleistung 12
a) Grundsatz der Berufsfreiheit 1	5. Keine Anwendung auf Rechtsbesorgung in eigener Sache 13
b) Präventives Verbot mit Erlaubnisvorbehalt 2	6. Ergänzung für Normtext mit Wirkung ab 1.1.2025 .. 14
2. Erlaubnistatbestände innerhalb des RDG 4	
3. Erlaubnistatbestände außerhalb des RDG 6	

Ab dem 1.1.2025 wird § 3 RDG folgendermaßen lauten:[1]

Die selbständige Erbringung außergerichtlicher Rechtsdienstleistungen ist unzulässig, soweit sie nicht erlaubt wird
1. Durch § 5 Absatz 1 Satz 1, § 6 Absatz 1, § 7 Abs. 1 Satz 1, § 8 Absatz 1, § 10 Absatz 1 Satz 1 oder § 15 Absatz 1 Satz 1 oder 2 und Absatz 2 Satz 1 und 5 oder
2. Durch oder aufgrund eines anderen Gesetzes.

---

[89] Auch Volljuristen ohne eine Anwaltszulassung können von einem Anwalt angestellt werden; allerdings darf dies nicht der Umgehung des RDG dienen (OVG Hamburg 30.7.2004 – 1 Bs 159/04, NJW 2004, 3357 (3358) zum früheren RBerG).

[1] Art. 1 Nr. 2 des Gesetzes zur Stärkung der Aufsicht bei Rechtsdienstleistungen und zur Änderung weiterer Vorschriften, BGBl. 2023 I 64.

1. **Verbotsgesetz mit Erlaubnisvorbehalt. a) Grundsatz der Berufsfreiheit.** Das Grundgesetz (Art. 12 Abs. 1 GG) wie auch die freiheitliche Wirtschaftsordnung seit den Stein-Hardenberg'schen Reformen v. 1810 – ebenso wie Art. 56 AEUV und § 1 GewO – gehen von dem **Grundsatz der Gewerbe-, Berufs- und Dienstleistungsverkehrsfreiheit** aus. Die Berufs- und Wirtschaftstätigkeit fällt in die freie Entscheidung des Einzelnen. Dieser Ansatz liegt auch dem MediationsG zugrunde, das keine Zulassungs- und Erlaubnistatbestände kennt,[2] sondern nur Berufsausübungsregeln statuiert und lediglich an die Bezeichnung als „zertifizierter Mediator" bestimmte Anforderungen stellt (§ 5 Abs. 2 MediationsG; → MediationsG § 5 Rn. 36 ff.).

b) Präventives Verbot mit Erlaubnisvorbehalt. Zum Schutze von **Rechtsgütern** kann durch Gesetz allerdings die Berufs- und Wirtschaftsfreiheit eingeschränkt werden (Art. 12 Abs. 1 S. 2 GG).[3] Hierbei ist es im Rahmen der Grundrechte (und der grundrechtlichen Schutzpflichten) dem Gesetzgeber überlassen, ob und wie er Schutzgüter vor den Auswirkungen bestimmter Berufs- und Wirtschaftstätigkeiten schützen will. Bei der Ausübung dieser Regelungskompetenz ist der Gesetzgeber zudem durch Art. 56 AEUV und das auf dieser Basis erlassene europäische Sekundärrecht, insbes. die Dienstleistungsrichtlinie[4], beschränkt (→ Einl. Rn. 17).

Das RDG nutzt hinsichtlich der Rechtsdienstleistung eine **Regelungstechnik**, die im Wirtschaftsverwaltungsrecht für überwachungsbedürftige Tätigkeiten oft gewählt wird: Eine bestimmte Tätigkeit wird grundsätzlich verboten und nur bei Vorliegen bestimmter Voraussetzungen erlaubt. Die Erlaubnis zur Rechtsdienstleistung wird nach § 3 RDG bereits qua Gesetzes erteilt, wenn ein einschlägiger Erlaubnistatbestand erfüllt wird (ab dem 1.1.2025 auch explizit, → Rn. 14 f.). Damit wählt das RDG eine dem Datenschutzrecht (vgl. Art. 6 Abs. 1 Datenschutz-Grundverordnung (EU) 679/2016) verwandte Regelungstechnik, die weniger eingreifend ist als nach dem Gewerberecht (Verbot mit Anzeigenvorbehalt, § 14 GewO, bzw. präventives Verbot mit Erlaubnisvorbehalt, §§ 30 ff. GewO) oder weiten Teilen des Umweltrechts (Verbot mit Genehmigungsvorbehalt, zB § 4 Abs. 1 BImSchG), des Anwaltsrechts (Zulassungsverfahren, § 6 BRAO) oder früher des Rechtsberatungsgesetzes (Verbot mit Genehmigungsvorbehalt, Art. 1 § 1 Abs. 1 RBerG).

2. **Erlaubnistatbestände innerhalb des RDG.** Innerhalb des RDG ist die **Annexrechtsdienstleistung** (§ 5 RDG), die **altruistische Rechtsdienstleistung** (§ 6 RDG), die **Rechtsdienstleistung durch Verbände** (§ 7 RDG) und die **öffentliche bzw. öffentlich anerkannte Rechtsdienstleistung** (§ 8 RDG) ausdrücklich erlaubt.

Nach den §§ 10 ff. RDG muss man sich für bestimmte Rechtsdienstleistungen registrieren lassen. In ihren Herkunftsstaaten registrierte EU- und EWR-Ausländer können jedenfalls vorübergehend eine solche Tätigkeit in

---

2 Henssler/Deckenbrock DB 2012, 159 (163).
3 Zu der hier einschlägigen Dreistufenlehre des BVerfG statt aller Kloepfer VerfR II § 70 Rn. 65 ff.
4 Richtlinie 2006/123/EG, Abl. 2006 L 376, 36.

Deutschland ausüben (§ 15 RDG).[5] Eine Registrierung des Mediators als Rechtsdienstleister (im deutschen Recht) nach RDG scheidet jedenfalls aus, weil Mediation in § 10 RDG nicht aufgeführt ist. Man kann in Anlehnung an ein geflügeltes Wort (→ Einl. Rn. 1) insoweit von Registrierungsbedürftigkeit bei gleichzeitig fehlender Registrierungsfähigkeit sprechen (→ § 10 Rn. 3). Anderes gilt nur, wenn im Rahmen der Mediation zB auch im ausländischen Recht beraten wird. Eine solche Beratung kann insbes. die Abfassung oder Unterstützung bei der Abfassung der Abschlussvereinbarung sein.

3. Erlaubnistatbestände außerhalb des RDG. Daneben stehen weitere Erlaubnistatbestände in Gesetzen außerhalb des RDG. Die Formulierung der Norm ist allerdings **regelungstechnisch** nicht glücklich, da bereits aufgrund von § 1 Abs. 3 RDG der Vorrang anderer Gesetze bestimmt ist (→ § 1 Rn. 25 f.).

Das **MediationsG** enthält allerdings keinen rechtsdienstleistungsrechtlichen Erlaubnistatbestand, der nach § 1 Abs. 3 dem RDG vorgehen würde. Insbes. der Verweis auf die Möglichkeit, sich extern beraten zu lassen (§ 2 Abs. 6 S. 2 MediationsG), spricht gegen eine implizite Befugnis aufgrund des MediationsG, innerhalb des Mediationsverfahrens (rechts-)beratend tätig sein zu dürfen.

Wichtige Erlaubnistatbestände finden sich für die Angehörigen der jeweiligen Berufsgruppen in den Berufsordnungen der **rechts- und wirtschaftsberatenden Berufe** (§ 3 BRAO, § 3 PAO, § 25 EuRAG, §§ 3–4 StBerG, § 2 WPO, § 24 BNotO) sowie – außerhalb des Anwendungsbereiches des RDG – in den Prozessordnungen (insbes. § 78 ZPO; → § 1 Rn. 6 Fn. 4). Rechtsberatung einschließlich der Mediation wird also nicht generell für Juristen (Wirtschaftsjuristen, Diplom-Juristen) und nicht einmal für Volljuristen (aber → § 6 Rn. 9), ja auch nicht für die Rechtslehrer an den Hochschulen, freigegeben, sondern nur für sog. „Berufsträger", also Angehörige bestimmter regulierter Berufe, die neben einer entsprechenden (juristischen) Ausbildung (regelmäßig 1. und 2. Juristisches Staatsexamen) auch in der Berufsausübung qualitätssichernden Vorschriften unterliegen. In erster Linie ist hierbei an die Aufsicht durch die jeweiligen Kammern, das ausdrückliche Verbot von Interessenkollisionen (s. jetzt aber § 3 Abs. 2–4 MediationsG; → MediationsG § 3 Rn. 22 ff.) und die Pflicht zum Abschluss einer Berufshaftpflichtversicherung zu denken.

Mediation als anwaltliche oder steuerberatende Tätigkeit: Es stellt sich freilich von der Warte des Anwaltlichen Berufsrechts und des der anderen rechts- und wirtschaftsberatenden Berufe die Frage, wie weit anwaltliche Tätigkeit bzw. jede andere **parteiliche Interessenwahrnehmung zugleich Mediation** umfasst. Denn ein Anwalt, Patentanwalt oder Steuerberater kann ohne Verstoß gegen die jedem der Mediationsmandanten (Medianden) gegenüber bestehende Interessenwahrungspflicht nur tätig werden, wenn er alle rechtlichen Konstellationen eingehend mit den jeweiligen indi-

---

5 Dazu Kilian AnwBl. 2008, 394 ff.; Kilian/Sabel/vom Stein Neues RechtsdienstleistungsR Rn. 522 ff.

viduellen Vor- und Nachteilen für beide Seiten erörtert.[6] Das Berufsrecht zwingt ihn also in eine bezüglich rechtlicher Einschätzungen aktivere Rolle, als sie nach den Maßstäben der Mediation regelmäßig geboten bzw. erlaubt (→ MediationsG § 1 Rn. 23) ist. Als Lösung für den Konflikt zwischen Berufsrecht und Berufsbild des Stammberufs einerseits und den Anforderungen an den Mediator andererseits wird vorgeschlagen, das Mandat entsprechend zu begrenzen[7] oder den § 43a Abs. 4 S. 1 BRAO entsprechend einschränkend auszulegen.[8] Konsequenter allerdings wäre es, die Tätigkeit als Mediator von der des Anwalts, des Steuerberaters usw zu trennen.[9] Während dies für Steuerberater in § 15 Nr. 2 BOStB iVm § 57 Abs. 2, 3 StBerG auch in diesem Sinne ausgesprochen ist,[10] sehen dies die (nur vereinzelt vorhandene) Rspr.[11] und die hM[12] für das Anwaltliche Berufsrecht anders und führen hierfür v. a. den Wortlaut einschlägiger Gesetze an. Und tatsächlich gehen das Gesetz (§ 34 Abs. 1 S. 1 RVG; § 2 Abs. 3 Nr. 4 RDG)[13] und die Berufsordnung (insbes. § 18 BORA, vgl. § 7a BORA),[14] wenngleich mehr aufgrund der Einflussnahme der Anwaltschaft auf den Gesetz- und Satzungsgeber als aufgrund systematischer Überlegungen, davon aus, dass Mediation anwaltliche Tätigkeit sei. Dies muss inzwischen wohl als gesetzgeberisch abgestützte Entscheidung anerkannt werden,[15] jedenfalls in den Fällen, in denen die Rechtsdienstleistung (Beratung) nicht ganz in den Hintergrund tritt. Überzeugender freilich wäre es, die mediative Tätigkeit eines Anwalts als dessen Zweittätigkeit außerhalb des Anwaltsberufs zu begreifen, was dazu führen würde, dass insoweit die anwaltlichen Privilegien (zB erweiterter Beschlagnahmeschutz) nicht gelten würden.

---

6 OLG Hamm 20.10.1998 – 28 U 79/97, MDR 1999, 836; abl. Enders JurBüro 1999, 584.
7 Duve/Eidenmüller/Hacke/Fries, Mediation in der Wirtschaft, 3. Aufl. 2019, S. 97 f.
8 Prengel, Die Rolle des juristischen Beraters in der Mediation, 2009, S. 135; Henssler/Koch Mediation Anwaltspraxis/Henssler § 3 Rn. 23; Mähler/Mähler NJW 1997, 1262 (1265); Cremer, Vertraulichkeit in der Mediation, 2007, S. 35; vgl. Feuerich/Weyland/Träger BRAO § 43a Rn. 64 ff.
9 Parthe ZKM 2006, 104 (107); Deckenbrock, Strafrechtlicher Parteiverrat und berufsrechtliches Verbot der Vertretung widerstreitender Interessen, 2008, S. 76; Römermann/Praß AnwBl. 2013, 499 (501 f.); v. Lewinski Anwaltl. BerufsR Kap. 4 Rn. 50; Hartung/Scharmer/v. Lewinski BORA/FAO BORA § 7a Rn. 20. – Auch die Satzungsversammlung bei der Bundesrechtsanwaltskammer hatte dies bei der Beratung des § 18 BORA durchaus unterschiedlich und differenziert gesehen (vgl. die [nicht veröffentlichten] Protokolle der 4. Sitzung der 1. Satzungsversammlung v. 13.–15.6.1996 in Berlin, S. 2–4).
10 Vgl. Hölzer/Schnüttgen/Bornheim DStR 2010, 2538 (2542).
11 ZB BGH 1.7.2002 – AnwZ (B) 52/01, NJW 2002, 2948; OLG Stuttgart 26.1.2017 – 11 U 4/16, MDR 2017, 367 (368); OLG Nürnberg 12.11.2019 – 11 U 2013/19, ZKM 2020, 150.
12 ZB Henssler/Koch/Henssler § 3 Rn. 15 ff.; Hartung/Scharmer/Scharmer BORA § 18 Rn. 26; Feuerich/Weyland/Träger/Brüggemann BORA BORA § 18 Rn. 1; Mähler/Mähler NJW 1997, 1262 (1265); Cremer, Vertraulichkeit in der Mediation, 2007, S. 35.
13 So nun wohl auch der (Bundes-)Gesetzgeber (vgl. Begr. zu § 1, BT-Drs. 17/5355, 14) unter ausdrücklichem Bezug auf § 18 BORA.
14 Zur Verfassungswidrigkeit des § 7a BORA aus anderen Gründen, Hartung AnwBl. 2007, 752 (753).
15 Hartung/Scharmer/v. Lewinski BORA § 7a Rn. 21; kritisch auch Gaier/Wolf/Göcken/Wolf § 1 BRAO/§ 18 BORA Rn. 17.

Unproblematisch ist Mediation dagegen als Teil **notarieller Tätigkeit** (→ M. Rn. 10 ff.), auch wenn diese nicht mit „Notar und Mediator" werben dürfen, weil ihnen ein Zweitberuf untersagt ist und auch ein entsprechender Anschein vermieden werden muss.[16] Für Anwaltsnotare gilt als Zuordnungsregel § 24 Abs. 2 BNotO; danach ist für die Zuordnung zur anwaltlichen Tätigkeit darauf abzustellen, ob der Anwaltsnotar als „einseitiger Interessenvertreter" auftritt.[17]

Ohne dass es eine ausdrückliche Sonderregelung gäbe, sind **Rechtslehrer** (Jura-Professoren) in der Praxis den Rechtsanwälten sehr weitgehend angenähert,[18] was sich heute aus einer Zusammenschau der prozessrechtlichen Sonderrechtsvorschriften, der Privilegierung von Rechtsgutachten (§ 2 Abs. 3 S. 1 RDG; → § 2 Rn. 27 f.) und der Annexkompetenz (→ § 5 Rn. 1 ff.) ergibt.[19] In diesem Umfang dürfen sie auch als Mediatoren rechtsdienstleistend tätig sein.

Die **richterliche Mediation** durch Güterichter (§ 278 Abs. 5 ZPO; → ZPO § 278 Abs. 5 Rn. 1 ff.) ist vom RDG nicht erfasst, wenn und weil sie eine „gerichtsinterne Mediation" ist. Eine gerichtsnahe oder außergerichtliche Mediation (§ 278a ZPO; → ZPO § 278a Rn. 1 ff.) darf von Richtern – abgesehen von nebentätigkeitsrechtlichen Anforderungen – nur unter den Voraussetzungen erbracht werden, die für jeden anderen Volljuristen gelten. Eine einschränkende Auslegung des RDG ist – anders noch als für das RBerG – nicht geboten, da der Gesetzgeber in § 5 RDG und § 6 RDG in Kenntnis der einschlägigen Entscheidungen des BVerfG[20] eine die beruflichen Interessen von nicht-anwaltlichen Rechtsdienstleistern einerseits und deren Mandanten sowie der Öffentlichkeit und der Rechtspflege andererseits berücksichtigende Regelung geschaffen hat. Die gerichtsnahe Mediation wird also vom RDG nicht privilegiert, sondern muss den allgemeinen Anforderungen entsprechen. Begünstigend wirkt sich nur die (Gerichts)Verfahrensregel des § 278a Abs. 2 ZPO aus, wonach das Ruhen des Verfahrens anzuordnen ist.

Schließlich findet sich in vielen Fachgesetzen (zB Art. 80 DS-GVO[21], § 192 Abs. 3 VVG oder § 23 Abs. 3 AGG) die Befugnis zur Rechtsdienstleistung – von denen die meisten allerdings für Mediatoren nicht in Betracht kommen, entweder weil sie auf **parteilich-vertretende Konstellationen** ge-

---

16 BGH 11.7.2022 – NotZ(Brfg) 6/21, NJW 2022, 3159 (3159 f.).
17 BGH 14.5.1992 – IX ZR 262/91, NJW-RR 1992, 1178 (1181); auf das äußere Erscheinungsbild aus Sicht der Beteiligten abstellend Schippel/Görk/Sander BNotO § 24 Rn. 80 (mit Verweis auf BGH 21.11.1996 – IX ZR 182/95, DNotZ 1997, 221 (223); BGH 23.4.2018 – ohne Az., NotZ (Brfg) 6/17, DNotZ 2018, 930 Rn. 28).
18 v. Lewinski FS W. Hartung, 93 (108 ff.).
19 v. Lewinski Anwaltl. BerufsR Kap. 17 Rn. 52–55.
20 BVerfG 29.7.2004 – 1 BvR 737/00, NJW 2004, 2662 f. – Kramer; 16.2.2006 – 2 BvR 951/04 ua, NJW 2006, 1502 f. – unentgeltliche Beratung durch Volljuristen.
21 Auernhammer/v. Lewinski DS-GVO Art. 80 Rn. 34.

münzt[22] oder auf **Beratung** beschränkt sind[23] und eine Konfliktbeilegung nicht miteinschließen. Für die vorzivilprozessualen Einigungsversuche vor anerkannten Gütestellen (§ 15a EGZPO iVm jeweiligem Landesrecht) und den **strafprozessualen Täter-Opfer-Ausgleich** (§§ 155a f. StPO) gilt, auch soweit sie Mediation einschließen, § 8 Abs. 1 Nr. 1 RDG (→ § 8 Rn. 2).

12   4. **Keine Anwendung auf nicht-selbstständig erbrachte Rechtsdienstleistung.** Wie sich indirekt aus der alleinigen Erwähnung der „selbstständigen Erbringung" ergibt, ist die nicht-selbstständige Mediation, also die in einem **Beschäftigungsverhältnis** stattfindende, nicht vom RDG erfasst (→ § 2 Rn. 51 ff.).

13   5. **Keine Anwendung auf Rechtsbesorgung in eigener Sache.** Wie sich schon aus dem Begriff der Rechts*dienstleistung*, ausdrücklich aber jedenfalls aus der Definition in § 2 Abs. 1 RDG als „konkrete *fremde* Angelegenheit" (→ § 2 Rn. 6 ff.) ergibt, ist die Besorgung eigener Rechtsangelegenheiten nicht vom Gesetz erfasst. Sich selbst darf also jeder alles raten. Ob man sich selbst vor Gericht vertreten darf, bestimmt sich jeweils nach den Prozessordnungen (→ § 1 Rn. 6). Eine **Selbstmediation** ist allerdings jedenfalls schon begrifflich ausgeschlossen.

14   6. **Ergänzung für Normtext mit Wirkung ab 1.1.2025.** Mit Wirkung ab 1.1.2025 wird § 3 RDG durch das Gesetz zur Stärkung der Aufsicht bei Rechtsdienstleistungen und zur Änderung weiterer Vorschriften[24] neugefasst. In einer neuen Nr. 1 werden die sich aus dem RDG selbst ergebenden **Erlaubnistatbestände** abschließend aufgelistet. Vor dem Hintergrund der wieder eingeführten bußgeldbewehrten Erbringung unzulässiger Rechtsdienstleistungen in § 20 Abs. 1 Nr. 1 RDG nF (→ § 9 Rn. 9) soll die Aufzählung für Rechtsklarheit sorgen. Inhaltlich ergeben sich durch die Neufassung keine Änderungen, so dass auf die vorstehende Kommentierung verwiesen wird.[25]

15   In Nr. 2 der Neufassung wird – ebenfalls ohne inhaltliche Änderung – pauschal auf Erlaubnistatbestände „durch oder aufgrund eines anderen Gesetzes" verwiesen. Das Ziel, den Rechtanwendern Klarheit über Erlaubnistatbestände zu verschaffen und somit der umfassenden Bußgeldbewehrung entgegenzuwirken, wird jedoch dadurch konterkariert, dass die bekannten Erlaubnistatbestände außerhalb des RDG nicht enumerativ aufgeführt werden. In der Gesetzesbegründung[26] wird zwar auf die folgenden Erlaubnistatbestände mit dem Hinweis verwiesen, dass darin die „Erbringung außergerichtlicher Rechtsdienstleistungen [...] vor allem" erlaubt sei, nachdem sich das RDG jedoch insbesondere an nicht-anwaltliche Dienst-

---

22 ZB § 34e Abs. 1 S. 3 Var. 2 GewO: Versicherungsberater; § 43b Abs. 1 SGB V: Einziehung (Inkasso) der Praxisgebühr durch Kassenärzte; § 23 Abs. 2 AGG: Vertretung durch Antidiskriminierungsverbände.
23 ZB § 1908 f. Abs. 4 BGB: Vorsorgevollmacht durch Betreuungsverein; § 34d Abs. 1 S. 4 GewO: Versicherungsvermittler; § 34e Abs. 1 S. 3 Var. 1 GewO: Versicherungsvertreter; § 192 VVG: Beratung durch Krankenversicherer; § 23 Abs. 3 AGG: Beratung durch Antidiskriminierungsverbände.
24 BGBl. 2023 I 64.
25 BT-Drs. 20/3449, 43 f.
26 BT-Drs. 20/3449, 44.

leister richtet, wäre eine enumerative Aufzählung zumindest der praktisch relevantesten Erlaubnistatbestände jedoch wünschenswert:
- § 3 Abs. 1, §§ 59k, 206 und 207a BRAO,
- § 2 Abs. 1 und § 25 Abs. 1 S. 1 EuRAG,
- §§ 3, 52k Abs. 1 und 3 sowie §§ 155, 157 und 159 PAO,
- § 13 Abs. 1 S. 1 und § 20 EuPAG,
- §§ 3, 3a, 3c, 3d und 4 StBerG,
- § 1 RDGEG iVm § 209 BRAO oder § 13 RDG,
- §§ 34d und 34e GewO,
- § 192 Abs. 3 VVG,
- § 23 Abs. 3 AGG und
- § 1908f BGB.

§ 4 RDG Unvereinbarkeit mit einer anderen Leistungspflicht

¹Rechtsdienstleistungen, die unmittelbaren Einfluss auf die Erfüllung einer anderen Leistungspflicht haben können, dürfen nicht erbracht werden, wenn hierdurch die ordnungsgemäße Erbringung der Rechtsdienstleistung gefährdet wird. ²Eine solche Gefährdung ist nicht schon deshalb anzunehmen, weil aufgrund eines Vertrags mit einem Prozessfinanzierer Berichtspflichten gegenüber dem Prozessfinanzierer bestehen.

§ 4 RDG ist eine spezielle Interessenkollisionsvorschrift. Zwar ist Mediatoren wegen deren berufsbildprägender **Neutralität** (§ 1 Abs. 2 MediationsG; → MediationsG § 1 Rn. 23) grundsätzlich eine „andere Leistungspflicht" in Bezug auf die Parteien untersagt. Anders als bei Rechtsanwälten[1] können Medianden allerdings in die Tätigkeit eines in seiner Neutralität beeinträchtigten Mediators einwilligen (§ 3 Abs. 1 S. 2 MediationsG; → MediationsG § 3 Rn. 13, 18 ff.), solange und soweit dieser nicht „in derselben Sache" bereits tätig war (§ 3 Abs. 2–4 MediationsG; → MediationsG § 3 Rn. 22 ff.).

Der Hauptanwendungsfall der Norm ist die Tätigkeit von und für **Rechtsschutzversicherungen**.[2] Es soll verhindert werden, dass deren Rechtsdienstleistungen (rechtliche Beratung des Versicherungsnehmers) Rückwirkungen auf ihre Leistungspflicht als Versicherer haben. Zwar ist die Mediation zwischen einem Versicherungsnehmer und einem Dritten durch eine (Rechtsschutz-)Versicherung nach ausdrücklicher Zustimmung der Medianden (§ 3 Abs. 1 S. 2 MediationsG) möglich, wegen der jedenfalls gefährdeten Neutralität aber in vielen Konstellationen wegen der zu großen Nähe zwischen Versicherer und (angestelltem) Mediator fragwürdig. Durch das RDG jedenfalls ausgeschlossen ist eine auch Rechtsdienstleistungen enthaltende Mediation, wie sie wohl in den meisten von einer Rechtsschutzversicherung abgedeckten Konstellationen vorliegen wird. Diese Beschrän-

---

1 AnwGH München BRAK-Mitt. 2005, 195 (197); v. Lewinski Anwaltl. BerufsR Kap. 5 Rn. 19.; s. aber Schlosser NJW 2002, 1376 (1377 f.).
2 Römermann NJW 2006, 3025 (3028).

kung entspricht den anwaltsrechtlichen Beschränkungen der Vertretung widerstreitender Interessen insbes. bei sog. „Pool-Anwälten".[3]

Erlaubte Mediation im Rahmen einer Rechtsschutzversicherung: Nicht ausgeschlossen ist dagegen die **von einer Rechtsschutzversicherung bezahlte Mediation** zwischen ihrem Versicherungsnehmer und einem Dritten. Der entscheidende Unterschied ist, dass nicht die Versicherung selbst oder ein von ihr angestellter Mediator einen Konflikt mediiert, sondern ein von ihr (und den Kostenfolgen für sie) unabhängiger Mediator. Grenzfälle sind Mediatoren-Pools; entscheidend für die Einschlägigkeit des Verbots nach § 4 RDG ist, ob der Mediator der Versicherung zugerechnet werden kann oder nicht.

3 Eingefügt durch das Gesetz zur Förderung von verbrauchergerechten Angeboten im Rechtsdienstleistungsmarkt[4] soll S. 2 nunmehr Ansichten in der Literatur[5] entgegentreten, dass bereits die Beteiligung von **Prozessfinanzierern** eine Gefahr für die ordnungsgemäße Erbringung von Rechtsdienstleistungen darstellen könnte, und folglich klarstellen, dass das Bestehen von Berichtspflichten gegenüber diesem Dritten keine Gefährdung darstellt. Diese Anpassung soll insbesondere die Rechtslage für Legal-Tech-Unternehmen präzisieren.[6] Sollte ein Dritter folglich die Finanzierung eines Mediationsverfahrens bzw. eines Teils davon übernehmen und sollten sich aus dem Vertrag mit dem Dritten Berichtspflichten, jedoch keine weitergehenden Einflussmöglichkeiten, ergeben, ist nunmehr klargestellt, dass dies jedenfalls nicht dem RDG widerspricht,[7] selbst wenn die Mediation die Erbringung von Rechtsdienstleistungen umfasst. Zu beachten ist jedoch, dass der Mediator allen Parteien gleichermaßen verpflichtet ist (→ MediationsG § 2 Rn. 105 ff.) und folglich Konstellationen zu vermeiden sind, in denen das Mediationsverfahren durch attraktive Prozessfinanzierung eine Partei bevorzugt bzw. benachteiligt. Folglich mögen **Erfolgshonorare** zwar mit dem RDG idR vereinbar sein,[8] können jedoch gegen das MediationsG verstoßen, wobei an dieser Stelle nicht zu klären ist und dies im Zweifel den Parteien obliegen wird, was als „Erfolg" eines Mediationsverfahrens gilt. Inwiefern die Parteien der einseitigen Zahlung von Erfolgshonoraren zustimmen können, bestimmt sich nach § 3 MediationsG (→ MediationsG § 3 Rn. 11).

---

3 Eingehend Samimi/Liedtke NZV 2013, 20 ff.; für § 43 BRAO als Maßstab v. Lewinski Anwaltl. BerufsR Kap. 5 Rn. 8; zu versicherungsrechtlichen Beschränkungen der freien Anwaltswahl nach § 127 VVG Schilasky, Einschränkungen der freien Rechtsanwaltswahl in der Rechtsschutzversicherung, 1998.
4 BGBl. 2021 I 3415.
5 Henssler NJW 2019, 547; Greger MDR 2018, 899. Dazu BT-Drs. 19/27673, 19 f.
6 BT-Drs. 19/27673, 13 ff.
7 Günther MMR 2021, 764 (768).
8 BeckOK RDG/Grunewald RDG § 4 Rn. 31 mwN; noch zum alten Recht v. Lewinski/Kerstges ZZP 2019, 177 (191, 200 f.), die auf mögliche Interessenkonflikte in Abhängigkeit des Einflusses des Prozessfinanzierers hinweisen. Zudem soll § 4 RDG als zwingende Norm nicht privatautonom abdingbar sein, v. Lewinski/Kerstges ZZP 2019, 177 (186 ff.).

§ 5 RDG Rechtsdienstleistungen im Zusammenhang mit einer anderen Tätigkeit

(1) ¹Erlaubt sind Rechtsdienstleistungen im Zusammenhang mit einer anderen Tätigkeit, wenn sie als Nebenleistung zum Berufs- oder Tätigkeitsbild gehören. ²Ob eine Nebenleistung vorliegt, ist nach ihrem Inhalt, Umfang und sachlichen Zusammenhang mit der Haupttätigkeit unter Berücksichtigung der Rechtskenntnisse zu beurteilen, die für die Haupttätigkeit erforderlich sind. ³Andere Tätigkeit im Sinne des Satzes 1 kann auch eine andere Rechtsdienstleistung sein.

(2) Als erlaubte Nebenleistungen gelten Rechtsdienstleistungen, die im Zusammenhang mit einer der folgenden Tätigkeiten erbracht werden:
1. Testamentsvollstreckung,
2. Haus- und Wohnungsverwaltung,
3. Fördermittelberatung.

1. Sachlicher Zusammenhang mit Haupttätigkeit 3	a) Verkehrsauffassung 10
2. Bloße Nebenleistung 8	b) Rechtskenntnisse in der Haupttätigkeit 12

§ 5 RDG erlaubt die sog. „**Annexrechtsberatung**". Dieser Tatbestand ist der rechtspolitisch bedeutsamste Unterschied zum RBerG und stellt innerhalb des RDG den für Mediatoren allgemein am häufigsten einschlägigen Erlaubnistatbestand dar. Er ermöglicht es, eine Dienstleistung um eine rechtsdienstleistende Komponente zu erweitern;[1] „freischwebende" Rechtsdienstleistungen sind durch § 5 RDG allerdings nicht erlaubt.[2] 1

Entscheidend sind für § 5 RDG **zwei Kriterien**:[3] Die Rechtsdienstleistung muss mit einer (Haupt-)Leistung im sachlichen Zusammenhang stehen (1.) und darf zu dieser nur eine Nebenleistung darstellen (2.), was unter Berücksichtigung der „für die Erbringung der allgemeinen [Haupt-]Dienstleistung erforderlichen juristischen Qualifikation" zu beurteilen ist (2.a)). 2

Definitionsmacht über Erlaubtheit von rechtlichen Nebenleistungen: Die Frage, ob die Voraussetzungen des § 5 RDG vorliegen, wird vom jeweiligen Dienstleister entschieden, liegt also für Mediatoren primär in deren eigener Hand.[4] Allerdings ist die Entscheidung vollumfänglich **gerichtlich überprüfbar**. Dafür allerdings muss ein Gericht angerufen werden, was voraussetzt, dass der Mandant bzw. Mediand einen Schadensersatzprozess (→ § 9 Rn. 6) anstrengt oder ein Konkurrent (Mediator, Rechtsanwalt oder anderer Rechtsdienstleister) eine wettbewerbsrechtliche Konkurrentenklage (→ § 9 Rn. 7) erhebt. Eine Untersagungsbefugnis durch die Aufsichtsbehörden in Bezug auf § 5 RDG besteht dagegen nicht (§ 9 Abs. 1 RDG; → § 9 Rn. 2), ebenso (noch, zur Rechtslage ab 1.1.2025 → § 9 Rn. 9) keine Bußgeldbewehrung (§ 20 RDG; → § 9 Rn. 8).

---

1 Otting Rechtsdienstleistungen, 2008, Rn. 250.
2 BGH 31.1.2012 – VI ZR 143/11, NJW 2012, 1005 (1007) (Klärung der Höhe von Mietwagenkosten durch Autovermieter).
3 BT-Drs. 16/3655, 54.
4 Vgl. Kleine-Cosack RDG § 2 Rn. 152: „Arkanum der Mediation".

1. Sachlicher Zusammenhang mit Haupttätigkeit. Voraussetzung ist zunächst, dass die Rechtsdienstleistung **zur Haupttätigkeit gehört**. Dies bestimmt sich nach dem (jeweils überkommenen) Berufsbild (→ Rn. 4), ansonsten nach dem tatsächlichen Tätigkeitsbild (→ Rn. 6).

Ob es für Mediatoren bereits ein etabliertes **Berufsbild** gibt, ist sicherlich (noch) nicht eindeutig zu beantworten. Die frühere Rechtslage nach dem RBerG spricht eher dagegen, weil sie Rechtsdienstleistungen stark beschränkte, während das nunmehr geltende RDG für einen möglichen Paradigmenwechsel angeführt werden kann. Der Erlass des MediationsG ist ein starkes Argument dafür, dass sich ein eigenständiges Berufsbild entwickelt, nur nimmt das MediationsG gerade keine Stellung zur Frage, ob Rechtsdienstleistungen für Mediatoren erlaubt sind, sondern überweist diese Frage dem RDG.

Die ausdrückliche **gesetzliche Vertypung** der Berufsbilder von Testamentsvollstreckern (Nr. 1), Haus- und Wohnungsverwaltern (Nr. 2) und Fördermittelberatern (Nr. 3) nach Abs. 2 ist für Mediatoren nur in Randbereichen interessant. So ist Testamentsvollstreckern und Haus- und Wohnungsverwaltern die rechtsdienstleistende Mediation erlaubt.[5] Tätigkeitsfelder können insoweit die Mediation innerhalb von Erbengemeinschaften (→ H Rn. 43 ff.) oder bei Nachbarschaftsstreitigkeiten bilden.

Da in einer verrechtlichten Welt (→ § 2 Rn. 12) die alternative Streitbeilegung jedenfalls in Form der Mediation zwar auf rechtliche Mittel verzichtet, meist aber rechtlich etwas gestalten muss (Abschlussvereinbarung, soweit sie rechtliche Verbindlichkeit haben soll), ist es naheliegend, Rechtsdienstleistung wenn nicht zum Berufsbild, so doch zum **Tätigkeitsbild** der meisten Mediatoren zu zählen. Jedoch wird man **differenzieren** müssen: Während für die meisten Mediatoren das Hinwirken auf eine (von den Parteien gewollte) verbindliche Abschlussvereinbarung tätigkeitsprägend ist, ist die rechtliche Beratung über Einigungsmöglichkeiten und -alternativen vom jeweiligen Thema abhängig. In Familienmediationen sind Form- und Fristfragen oft sehr wesentlich, während bei einer Mediation am Arbeitsplatz oder einer Umweltmediation solche Fragen eher im Hintergrund stehen.

Mit § 5 Abs. 1 S. 3 RDG stellt der Gesetzgeber nunmehr im Umkehrschluss klar, dass die **Hauptdienstleistung** ebenfalls eine **Rechtsdienstleistung** sein kann, zu der eine andere Rechtsdienstleistung als Nebendienstleistung hinzutritt.[6] Selbstverständlich muss eine als Hauptdienstleistung erbrachte Rechtsdienstleistung ihrerseits zulässig sein, damit unter Verweis auf § 5 RDG eine Annexdienstleistung zulässigerweise erbracht werden darf.[7] In zeitlicher Hinsicht wirkt eine Haupttätigkeit solange fort, wie noch Beratungs- oder Aufklärungspflichten bestehen können.[8] In der Folge dürfen auch in demselben Zeitrahmen Annexdienstleistungen erbracht werden. Für die Mediation hat der eingefügte § 5 Abs. 1 S. 3 RDG hingegen keine

---

5 Umfassend Schmidt, Grenzen zulässiger Rechtsberatung durch den WEG-Verwalter, 2012.
6 BT-Drs. 19/27673, 20 und 40; dazu auch Günther MMR 2021, 764 (767 f.).
7 BeckOK RDG/Hirtz/Radunski § 5 Rn. 23a.
8 BeckOK RDG/Hirtz/Radunski § 5 Rn. 24.

Auswirkungen, da die Erbringung von Mediation als Hauptdienstleistungen idR keine Rechtsdienstleistung darstellt.

2. Bloße Nebenleistung. Für den **Zusammenhang mit einer nicht-rechtsdienstleistungsrechtlichen Hauptsache** kommt es, anders als früher nach Art. 1 § 5 RBerG, nicht darauf an, ob die (Haupt-)Tätigkeit ohne den rechtsdienstleistenden Anteil sinnvoll erbracht werden kann. Insoweit können selbst für die Haupt- bzw. Gesamtleistung notwendige Leistungen „Nebenleistung" iSd § 5 RDG sein.[9] Auch die zivilrechtlichen Kategorien von Haupt- und Nebenleistung sind nicht entscheidend.[10]

Ebenfalls nicht entscheidend ist der tatsächliche Umfang der Rechtsdienstleistung, sondern ob sie **prägend** ist. Der Schwerpunkt[11] muss auf der Mediation iSd § 2 Abs. 3 Nr. 4 RDG, also der Mediation ohne rechtliche Regelungsvorschläge, liegen. Dies ist regelmäßig der Fall, denn der „Regelungsvorschlag" bezieht sich ja auf eine außergerichtliche alternative Streitbeilegung. Keine Hauptleistungen sind lediglich verbrämte Mediationen, also die Rechtsberatung bei Vertragsschlüssen, die zur Umgehung des RDG mit „Mediation" überschrieben werden.

a) Verkehrsauffassung. Maßgeblich ist die Verkehrsauffassung, mithin ein objektives Kriterium.[12] Die genauen Grenzen sind in der Rechtsprechung allerdings noch nicht ausgelotet.[13] Dabei ist § 5 RDG **grundsätzlich weit auszulegen**. Obwohl nach allgemeiner juristischer Methodenlehre für Ausnahmevorschriften der Grundsatz enger Auslegung gilt,[14] ist mit Blick auf den Regelungsansatz des RDG, einen sehr weiten Anwendungsbereich gerade durch Ausnahmevorschriften zu konturieren, hier das Gegenteil geboten.[15] Auch die Berufsfreiheit (Art. 12 GG) spricht gegen eine enge

---

9 BT-Drs. 16/3655, 52; BGH 6.10.2011 – I ZR 51/10, NJW 2012, 1589 (1590); 4.11.2010 – I ZR 118/09, GRUR 2011, 539 (542); BeckOK RDG/Hirtz § 5 Rn. 46.
10 BT-Drs. 16/3655, 52.
11 BT-Drs. 16/3655, 52; BGH 6.10.2011 – I ZR 54/10, NJW 2012, 1589 (1590); so wohl auch Nelte, Das Berufsbild des Rechtsanwalts als Auslegungshilfe für den Rechtsbesorgungsbegriff des Art. 1 § 1 Abs. 1 RBerG und seine Positionierung im RDG-Ref.E., 2007, S. 199; ähnlich, aber mehr berufspolitisch Haft/Schlieffen Mediation-HdB/Mähler/Mähler § 31 Rn. 84.
12 BT-Drs. 16/3655, 52; BGH 31.3.2016 – I ZR 88/15, GRUR 2016, 1189 Rn. 32.
13 Bisherige Entscheidungen, die allerdings nicht zu Mediationssachverhalten ergangen sind, besagen, dass das Erstellen von Testamentsentwürfen keine Nebenleistung zur Nachlassplanung ist (AG Königstein 23.11.2010 – 21 C 1008/10, ZEV 2011, 206 (207)), ebenso wenig das bloße Hinwirken auf oder die bloße Mitwirkung an einem Vertragsabschluss bei eigenem wirtschaftlichem Interesse (Umschuldungsangebot einer Bank an andere Gläubiger) (OLG Karlsruhe 9.7.2008 – 6 U 51/08, BRAK-Mitt. 2008, 228 (231)) oder die Erbringung von „Pre-Merger", „Due Diligence" und „Post M&A Integration support" zusätzlich zum Management von Immobilien (LG Hamburg 8.11.2021 – 312 O 272/20, BRAK-Mitt. 2022, 45). Dagegen könne die Aussage über die Verkehrsfähigkeit von Lebensmitteln durch einen Lebensmittelchemiker eine Nebenleistung nach § 5 sein (BGH 4.11.2010 – I ZR 118/09, GRUR 2011, 539 (542)).
14 BeckOK RDG/Hirtz § 5 Rn. 12, 14; Unseld/Degen § 5 Rn. 3.
15 Franz, Das neue Rechtsdienstleistungsgesetz, 2008, S. 24; Kleine-Cosack RDG § 5 Rn. 3, 90 ff.; Weber, Die Ordnung der Rechtsdienstleistung in Deutschland nach 1945, 2010, S. 349.

Auslegung des § 5 RDG.[16] Gleiches gilt für die Dienstleistungsverkehrsfreiheit (Art. 56 AEUV) bei grenzüberschreitender Mediation.

11 Ein starkes Indiz für eine Nebenleistung ist, dass sie **nicht gesondert vergütet wird**[17] oder dass sie nicht selbstständig eingefordert werden kann.[18] Die **Komplexität der Rechtsfrage** ist für das Vorliegen einer Haupt- oder einer Nebenleistung ebenfalls wichtig: Das Einordnen eines Sachverhalts in eine vom Gesetzgeber oder der (gefestigten) Rechtsprechung anerkannte Fallgruppe wird regelmäßig als bloße Nebenleistung einzuordnen sein, während die Beurteilung von Grenz- oder Zweifelsfällen die Rechtsdienstleistung zu einer Hauptleistung macht.[19] Eine Grenze von der Nebenleistung zur Hauptleistung soll jedenfalls dann überschritten sein, wenn es für die Beurteilung einer Rechtsfrage auf eine umfassendere rechtliche Ausbildung ankommt.[20]

12 **b) Rechtskenntnisse in der Haupttätigkeit.** Nach der Begründung des Gesetzesentwurfs[21] soll für die Beurteilung in typisierter Betrachtungsweise die **für die Haupttätigkeit erforderliche Qualifikation** herangezogen werden. Abgestellt wird dabei auf ein gegebenenfalls bestehendes allgemeines Berufs- oder Tätigkeitsbild, ansonsten auf den Inhalt eines typischen – nicht jedoch des individuellen bzw. im konkreten Einzelfall geschlossenen – (Mediatoren-)Vertrags. Es kommt also darauf an, ob bei der Tätigkeit des Mediators typischerweise rechtliche Fähigkeiten erwartet werden. Als Formel kann daher gelten: „Je geringer [...] die für die nicht rechtsdienstleistende Haupttätigkeit erforderlichen Rechtskenntnisse sind, umso kleiner ist die Befugnis zur Erbringung von Rechtsdienstnebenleistungen auf diesem Gebiet".[22]

13 Abzustellen ist auf die **rechtliche Fachkenntnis**, die für die Haupttätigkeit benötigt oder bei Gelegenheit ihrer Ausübung erworben wird. Auch juristische Weiterbildungen, die sich auf die Haupttätigkeit beziehen, sind zu berücksichtigen.[23] Wer auch schon für die Haupttätigkeit rechtlich beschlagen ist, für den ist die rechtsdienstleistungsrechtliche Nebentätigkeit tatsächlich nur eine Nebentätigkeit. Allerdings kommt es nicht auf die konkreten Rechtskenntnisse des Mediators an, sondern auf eine typisierende Betrachtungsweise.[24]

Familienmediation und Familienrecht: Je mehr etwa ein Familienmediator die familienrechtlichen Rahmenbedingungen kennt, desto eher wird er auch „durch rechtliche Handlungsvorschläge" erlaubtermaßen Neben-Rechtsdienstleistung nach § 5 Abs. 1 S. 1 RDG erbringen dürfen.[25] Während also ein Mediator allgemein Rechtsdienstleistung nicht ohne Weiteres

---

16 BGH 6.10.2011 – I ZR 54/10, NJW 2012, 1589 (1590); Kleine-Cosack RDG § 5 Rn. 95 ff.
17 BGH 6.10.2011 – I ZR 54/10, NJW 2012, 1589 (1591).
18 BeckOK RDG/Hirtz § 5 Rn. 31.
19 BGH 6.10.2011 – I ZR 54/10, NJW 2012, 1589 (1591) (zu § 490 Abs. 2 BGB).
20 BT-Drs. 16/3655, 54; BeckOK RDG/Hirtz/Radunski § 5 Rn. 39.
21 BT-Drs. 16/3655, 52.
22 BGH 30.10.2012 – XI ZR 324/11, NJW 2013, 59 Rn. 30.
23 Kleine-Cosack RDG § 5 Rn. 86 ff.
24 HK-RDG/Krenzler § 5 Rn. 89.
25 Spindler DVBl. 2008, 1016 (1018); v. Lewinski Anwaltl. BerufsR Kap. 17 Rn. 32.

aufgrund des § 5 Abs. 1 S. 1 RDG erbringen darf, darf dies ein spezialisierter Mediator – etwa ein Familienmediator – auf seinem Spezialgebiet – dann zB dem Familienrecht – uU durchaus.[26]
Keine Rolle spielt allerdings, ob der Mediator im Rahmen seiner Ausbildung nach § 5 Abs. 1 S. 2 RDG „Kenntnisse über das Recht der Mediation sowie über die Rolle des Rechts in der Mediation" erworben hat. Denn § 5 RDG stellt **nicht auf berufsrechtliche Kenntnisse**, sondern auf Kenntnisse im jeweiligen Fachrecht ab. Nichts anderes gilt auch für den „Zertifizierten Mediator" nach § 5 Abs. 2 MediationsG, da die Ausbildungsanforderung nach § 6 MediationsG Fachrechtskenntnisse voraussichtlich gerade nicht voraussetzen.[27]

Teil 2 Rechtsdienstleistungen durch nicht registrierte Personen

§ 6 RDG Unentgeltliche Rechtsdienstleistungen

(1) Erlaubt sind Rechtsdienstleistungen, die nicht im Zusammenhang mit einer entgeltlichen Tätigkeit stehen (unentgeltliche Rechtsdienstleistungen).

(2) ¹Wer unentgeltliche Rechtsdienstleistungen außerhalb familiärer, nachbarschaftlicher oder ähnlich enger persönlicher Beziehungen erbringt, muss sicherstellen, dass die Rechtsdienstleistung durch eine Person, der die entgeltliche Erbringung dieser Rechtsdienstleistung erlaubt ist, durch eine Person mit Befähigung zum Richteramt oder unter Anleitung einer solchen Person erfolgt. ²Anleitung erfordert eine an Umfang und Inhalt der zu erbringenden Rechtsdienstleistungen ausgerichtete Einweisung und Fortbildung sowie eine Mitwirkung bei der Erbringung der Rechtsdienstleistung, soweit dies im Einzelfall erforderlich ist.

§ 6 RDG erlaubt in drei Konstellationen unentgeltliche (1.), „altruistische" Rechtsdienstleistungen: in persönlichen Näheverhältnissen (2.), durch einen Volljuristen (3.) und unter der Anleitung eines Volljuristen (4.). Die Vorschrift des § 6 RDG dient so – abgesehen von ihrer ersten Variante – unmittelbar Initiativen, deren Zweck das Anbieten (unentgeltlicher) Konfliktbewältigung für Dritte ist, indirekt aber auch den Mediatoren, die (unselbstständig) in einem solchen Rahmen Mediation ausüben.

Im Verhältnis zu § 7 RDG (Rechtsdienstleistung für Mitglieder) und § 8 RDG (Rechtsdienstleistung durch öffentliche oder öffentlich anerkannte Stellen) ist § 6 RDG **lex generalis**. Unentgeltliche Rechtsdienstleistung in Verbänden oder insbes. durch Sozialverbände richtet sich ausschließlich nach den dortigen Voraussetzungen, auch wenn sie unentgeltlich ist.[1]

1. Unentgeltlichkeit. Unentgeltlichkeit muss (nur) **in Bezug auf die Rechtsdienstleistung** bestehen. Allerdings wird eine damit in Zusammenhang stehende sonstige entgeltliche Leistung eine Vermutung für ein Umgehungsgeschäft begründen; auch wird dann meist eine Annexrechtsdienstleistung

---
26 Diese Konstellation greift nunmehr auch HK-RDG/Krenzler § 5 Rn. 90 auf.
27 Ausführlicher zu den Anforderungen nach der 2. ZMediatAusbV → ZMediatAusbV § 2.
1 HK-RDG/K.-M. Schmidt § 6 Rn. 4.

(→ § 5 Rn. 1 ff.) vorliegen.² Ferner bezieht sich die Unentgeltlichkeit nur auf die Medianden,³ nicht auch auf das Verhältnis von Mediator und einem Volljuristen, der ihn anleitet. Ein Mediator darf also seinen Ausbilder oder Supervisor durchaus bezahlen, solange die Kosten hierfür nicht auf den bzw. die Medianden übergewälzt werden.

4 Die Übernahme von Reisekosten bzw. **Überwälzung von Aufwendungen bzw. Sachkosten** auf den bzw. die Medianten lässt die Unentgeltlichkeit nicht entfallen, soll bürgerschaftliches Engagement durch die Aufbürdung derartiger Sachkosten nicht unmöglich gemacht werden.⁴ Anders sieht es bei Kosten bzw. Aufwendungen aus, die zum Aufrechterhalt eines stehenden Geschäftsbetriebes gehören (sog. „Sowieso-Kosten"), wie zB Personal- oder Mietkosten.⁵ Bei Geschenken zum Dank für die unentgeltliche Dienstleistungserbringung kommt es auf die Sozialüblichkeit im Einzelfall an, womit auf die Üblichkeit im jeweiligen Verkehrskreis und nicht auf bestimmte – gesetzlich ohnehin nicht definierte – Wertgrenzen abzustellen ist.⁶

5 Unentgeltlichkeit scheidet jedoch aus, wenn eine Gegenleistung – sei es in Form von Geldzahlungen, Forderungserlass bzw. Aufrechnung, in Form von Sachwerten oder in anderer Form (**wirtschaftliche Betrachtung**)⁷ – auf Veranlassung des Mediators an einen Dritten gezahlt oder der Mediator von einer anderen Person als den Medianten gezahlt würde.⁸

6 Nicht einzelfallbezogene Finanzierungen durch öffentliche bzw. private Gelder sollen die Unentgeltlichkeit ebenfalls nicht entfallen lassen, sofern keine Umgehungskonstruktion durch Spenden bzw. Mitgliedsbeiträge, die wirtschaftlich eine Gegenleistung für die angebotene Dienstleistung darstellen, gewählt wird.⁹ Wenn Mediation (als bzw. mit Rechtsdienstleistung) in Berufs- und Interessenvereinigungen bzw. Genossenschaften für ihre Mitglieder erbracht wird, ist § 7 RDG lex specialis (→ § 7 Rn. 3). Gleiches gilt für § 8 RDG, wenn öffentliche oder öffentlich anerkannte Stellen tätig werden (→ § 8 Rn. 1).

7 **2. Persönliche Näheverhältnisse.** Bei persönlichen Näheverhältnissen (Familie, Nachbarschaft, Freundeskreis, Kollegenkreis, Schulklasse, innerhalb von Vereinen) ist jede **Rechtsdienstleistung erlaubt**. Bei natürlichen Personen wird die Unentgeltlichkeit von Rechtsdienstleistungen ein solches Näheverhältnis indizieren.¹⁰ Ob bei bestehendem persönlichen Näheverhältnis eine (unentgeltliche) Mediationsdienstleistung erbracht werden kann, ohne gegen § 2 Abs. 3 S. 1 MediationsG zu verstoßen, wird im Einzelfall zu

---

2 Dies greift nunmehr auch HK-RDG/K.-M. Schmidt § 6 Rn. 13 ff. auf.
3 Wreesmann, Clinical Legal Education – Unentgeltliche Rechtsberatung durch Studenten in den USA und Deutschland, 2010, S. 216; Piekenbrock AnwBl. 2011, 848 ff.
4 HK-RDG/K.-M. Schmidt § 6 Rn. 14, 16.
5 LG Fulda 18.9.2014 – 1 S 118/14, BeckRS 2015, 13725.
6 So auch HK-RDG/K.-M. Schmidt § 6 Rn. 15; Deckenbrock/Henssler/Dux-Wenzel RDG § 6 Rn. 13 f.
7 Im Ergebnis so auch BeckOK RDG/Müller § 6 Rn. 8.
8 OLG Hamburg 30.8.2012 – 3 U 152/10, BeckRS 2013, 9280.
9 OLG Frankfurt a. M. 21.9.2010 – 6 U 74/10, BeckRS 2011, 2821.
10 Vgl. Brandner et al., Kein Jurist denkt umsonst (Schülerfestschrift für M. Kloepfer), 1993.

beurteilen sein, wenngleich eine besondere persönliche Nähe der Tätigkeit als Mediator entgegenstehen dürfte (→ MediationsG § 1 Rn. 22).

Umgehungsgefahr: Allerdings darf ein solches Näheverhältnis, etwa ein Verein, nicht zur Umgehung des RDG genutzt werden. Eine Konstellation hierfür wäre der eher theoretische Fall, dass die (prospektiven) Medianden mit dem Mediator einen **Verein gründen.** Allerdings müsste ein solcher Verein auch noch einen anderen Zweck als den der Rechtsdienstleistung für seine Mitglieder haben[11] (→ § 7 Rn. 3).

3. Mediation durch Berufsträger oder andere Volljuristen. Verfassungsgerichtliche Vorgaben[12] aufnehmend reicht es aus, dass (unentgeltliche) Rechtsdienstleistungen durch einen Volljuristen erbracht werden; eine Anwaltszulassung[13] oÄ ist nicht erforderlich. Volljurist ist man, wenn man die beiden juristischen Staatsexamina bestanden (§ 5 Abs. 1 DRiG) oder einen juristischen Lehrstuhl an einer deutschen Universität innehat (§ 7 DRiG). Aber auch die **Anstellung eines Rechtsanwalts** genügt den Anforderungen des RDG.[14] Dass weisungsabhängige Beschäftigungsverhältnisse dem von der Unabhängigkeit geprägten Anwaltsbild widersprechen,[15] ist insoweit ohne Belang, weil ein solcher angestellter Anwalt (Syndikusrechtsanwalt, §§ 46 ff. BRAO) seine Eigenschaft als Volljurist nicht verliert.

4. Mediation unter der Anleitung eines Volljuristen. Unentgeltliche Rechtsdienstleistungen können ferner unter der **Anleitung eines Volljuristen** (einschließlich der eines externen Rechtsanwalts) erbracht werden. Welche Anforderungen an die „Anleitung" zu stellen sind, ist noch nicht endgültig geklärt. § 6 Abs. 2 S. 2 RDG fordert **Einweisung, Fortbildung** und, wenn erforderlich, ein **unmittelbares Eingreifen des Volljuristen.** Eine dauernde persönliche Überwachung ist jedenfalls nicht gefordert. Je ausgefeilter eine Schulungs- und Controlling-Struktur für die „angeleiteten" Mediatoren ist, desto geringer ist der unmittelbare persönliche Aufwand.[16]

Praxiselemente während der Ausbildung: Das Modell der überwachten Praxis findet in der allgemeinen **juristischen Ausbildung** zunehmend Verbreitung (sog. Law Clinics oder Legal Clinics, in denen Studenten unter fachlicher Anleitung „echte" Fälle bearbeiten).[17] Es kann auch auf die

---

11 Vgl. KommRDG/Finzel RDG § 7 Rn. 3.
12 BVerfG 29.7.2004 – 1 BvR 737/00, NJW 2004, 2662 f. – Kramer; 16.2.2006 – 2 BvR 951/04 ua, NJW 2006, 1502 f.
13 Anwälte müssen allerdings § 49b Abs. 1 BRAO beachten, der der unentgeltlichen Anwaltstätigkeit Grenzen setzt. Allerdings ist die Tätigkeit „pro bono" heute weitgehend freigegeben, insbes. wenn soziale oder Marketingziele verfolgt werden (umfassend Dux, Die pro bono-Tätigkeit des Anwalts und der Zugang zum Recht, 2011).
14 Anders zu Umgehungskonstellationen BGH 29.7.2009 – I ZR 166/06, NJW 2009, 3242 (2345); AG Königstein 23.11.2010 – 21 C 1008/10, ZEV 2011, 206 (208). – Die Möglichkeit der anwaltlichen Subunternehmerschaft aus dem Entwurf wurde nicht übernommen (ausführliche Darstellung bei Otting Rechtsdienstleistungen, 2008, Rn. 265 ff.).
15 v. Lewinski Anwaltl. BerufsR S. 46. – Dies übersieht Kleine-Cosack RDG § 3 Rn. 56 et pass., insbes. Rn. 92 ff. mit teilweise aber beachtlichen Argumenten.
16 Vgl. Otting Rechtsdienstleistungen, 2008, Rn. 309.
17 Wreesmann, Clinical Legal Education – Unentgeltliche Rechtsberatung durch Studenten in den USA und Deutschland, 2010; Piekenbrock AnwBl. 2011, 848; v. Lewinski Anwaltl. BerufsR Kap. 17 Rn. 57–59.

Mediationsausbildung übertragen werden,[18] wenn nämlich der angehende Mediator, der sich mangels eigener fachlicher Spezialisierung und damit einhergehender rechtlicher Qualifikation (noch) nicht auf die Annexkompetenz des § 5 RDG berufen kann (→ § 5 Rn. 1 ff.), unter der Aufsicht eines Volljuristen im Rahmen einer Mediation Rechtsdienstleistungen erbringt („rechtsdienstleistungsrechtliche Supervision").[19] Die Unentgeltlichkeit muss einem professionellen Auftreten nicht widersprechen (siehe zB die von 2011–2013 existiert habenden „Student Litigators", eine als Kapitalgesellschaft organisierte bundesweite Initiative von Jurastudenten).

§ 7 RDG Berufs- und Interessenvereinigungen, Genossenschaften

(1) ¹Erlaubt sind Rechtsdienstleistungen, die
1. berufliche oder andere zur Wahrung gemeinschaftlicher Interessen gegründete Vereinigungen und deren Zusammenschlüsse,
2. Genossenschaften, genossenschaftliche Prüfungsverbände und deren Spitzenverbände sowie genossenschaftliche Treuhandstellen und ähnliche genossenschaftliche Einrichtungen

im Rahmen ihres satzungsmäßigen Aufgabenbereichs für ihre Mitglieder oder für die Mitglieder der ihnen angehörenden Vereinigungen oder Einrichtungen erbringen, soweit sie gegenüber der Erfüllung ihrer übrigen satzungsmäßigen Aufgaben nicht von übergeordneter Bedeutung sind. ²Die Rechtsdienstleistungen können durch eine im alleinigen wirtschaftlichen Eigentum der in Satz 1 genannten Vereinigungen oder Zusammenschlüsse stehende juristische Person erbracht werden.

(2) ¹Wer Rechtsdienstleistungen nach Absatz 1 erbringt, muss über die zur sachgerechten Erbringung dieser Rechtsdienstleistungen erforderliche personelle, sachliche und finanzielle Ausstattung verfügen und sicherstellen, dass die Rechtsdienstleistung durch eine Person, der die entgeltliche Erbringung dieser Rechtsdienstleistung erlaubt ist, durch eine Person mit Befähigung zum Richteramt oder unter Anleitung einer solchen Person erfolgt. ²§ 6 Abs. 2 Satz 2 gilt entsprechend.

1 Rechtsdienstleistungen können für die Mitglieder von Vereinen, sonstigen Vereinigungen und Genossenschaften im Rahmen des jeweiligen Satzungszwecks erbracht werden. Anschaulich wird die Vorschrift deshalb auch als „ADAC-Paragraf" bezeichnet.[1]

2 Der Begriff der „Vereinigung" umfasst Vereine, Dachvereine (Abs. 1 S. 1 Nr. 1), Genossenschaften und deren Zusammenschlüsse und Einrichtungen

---

18 Aus didaktischer Perspektive Riehm/Heiß GJLE/ZPR 3 (2016), 21 (32 f.).
19 Denkbar ist hier sogar eine Win-win-Kombination mit der Fachanwaltsausbildung, wenn die Anleitung über den (noch) nicht selbst rechtsdienstleistungsberechtigten Mediator durch einen Fachanwalt(sanwärter) erfolgt, der damit seine Verpflichtung nach § 5 FAO bzw. § 15 FAO erfüllen kann (hierzu im Kontext von studentischen Law Clinics v. Lewinski GJLE/ZPR 3 (2016), 54 ff.; de Barros Fritz GJLE/ZPR 3 (2016), 110 ff.).
1 Römermann NJW 2006, 3025 (3030).

(Abs. 1 S. 1 Nr. 2) sowie Tochtergesellschaften (Abs. 1 S. 2 RDG) gleichermaßen und ist von der Rechtsform unabhängig.[2]

Die Rechtsdienstleistung muss dem **Satzungszweck** entsprechen und ist gleichzeitig durch diesen beschränkt. Da die Rechtsdienstleistung nur **Nebenzweck** sein darf, können sich Verbände insoweit nicht das Satzungsziel „Rechtsdienstleistung" geben. Reine „Mediationsverbände" oder „Mediationsclubs" können sich nicht auf diese Vorschrift berufen; ausgenommen sind jedoch Mediationen zur Beilegung interner Streitigkeiten, die die Tätigkeit als Mediatoren betreffen, da die Erbringung von Mediationsdienstleistungen Hauptzweck des Vereins bzw. Clubs wäre. Die Rechtsdienstleistung muss den Mitgliedern gegenüber nicht unentgeltlich sein, sondern kann pauschal oder einzelfallbezogen in Rechnung gestellt werden. Eine Gewinnerzielungsabsicht ist, da die Rechtsdienstleistung Nebenzweck bleiben muss, allerdings ausgeschlossen.[3]

Über die Anforderungen für altruistische Rechtsdienstleistungen (→ § 6 Rn. 3) hinaus muss diese nicht nur **durch einen Volljuristen oder unter dessen Anleitung** erbracht werden (Abs. 2 S. 2), sondern der Verband muss zusätzlich eine **sachgerechte**, insbes. finanzielle, **Ausstattung** vorhalten.

Verbandsmediation: Für Verbandsmediatoren eröffnet § 7 RDG die Möglichkeit der Mediation zwischen Mitgliedern des Verbandes. Eine Mediation eines Mitglieds mit einem außenstehenden Dritten wird regelmäßig daran scheitern, dass der Mediator als Mediator eines Verbands des einen Medianden gegenüber dem Dritten seine Un- bzw. Allparteilichkeit (§ 2 Abs. 3 S. 1 MediationsG; → MediationsG § 1 Rn. 23 ff., → MediationsG § 2 Rn. 55) nicht wahren kann.

§ 8 RDG Öffentliche und öffentlich anerkannte Stellen

(1) Erlaubt sind Rechtsdienstleistungen, die
1. gerichtlich oder behördlich bestellte Personen,
2. Behörden und juristische Personen des öffentlichen Rechts einschließlich der von ihnen zur Erfüllung ihrer öffentlichen Aufgaben gebildeten Unternehmen und Zusammenschlüsse,
3. nach Landesrecht als geeignet anerkannte Personen oder Stellen im Sinn des § 305 Abs. 1 Nr. 1 der Insolvenzordnung,
4. Verbraucherzentralen und andere mit öffentlichen Mitteln geförderte Verbraucherverbände,
5. Verbände der freien Wohlfahrtspflege im Sinn des § 5 des Zwölften Buches Sozialgesetzbuch, anerkannte Träger der freien Jugendhilfe im Sinn des § 75 des Achten Buches Sozialgesetzbuch und anerkannte Verbände zur Förderung der Belange von Menschen mit Behinderungen im Sinne des § 15 Absatz 3 des Behindertengleichstellungsgesetzes

im Rahmen ihres Aufgaben- und Zuständigkeitsbereichs erbringen.

(2) Für die in Absatz 1 Nr. 4 und 5 genannten Stellen gilt § 7 Abs. 2 entsprechend.

---

2 Ausführlich HK-RDG/K.-M. Schmidt § 7 Rn. 13 ff.
3 HK-RDG/K.-M. Schmidt § 7 Rn. 45.

1 § 8 RDG enthält eine Reihe von Erlaubnistatbeständen iSd § 3 RDG, die auch für Mediatoren Bedeutung haben können. Die Regelung knüpft an Art. 1 § 3 RBerG an und stellt die in § 8 RDG genannten **öffentlichen oder sozialnützigen Institutionen** bei der Erbringung von Rechtsdienstleistung von dem Gebot der Unentgeltlichkeit des § 6 RDG und der Beschränkung auf Mitglieder der § 7 RDG frei.

2 1. Gerichtlich und behördlich bestellte Mediatoren (Nr. 1). Gerichtlich bestellte Mediatoren im Anwendungsbereich des RDG gibt es (noch) nicht. Die **Güterichter** (§ 278 Abs. 5 ZPO; → ZPO § 278 Rn. 1 ff.) sind innerhalb des gerichtlichen Verfahrens tätig,[1] fallen also nach §§ 2 Abs. 1, 1 Abs. 1 S. 1 RDG nicht unter das RDG (→ § 1 Rn. 4 ff.). Bei der **außergerichtlichen Konfliktbeilegung** (§ 278a ZPO; → ZPO § 278a Rn. 1 ff.) handelt es sich nicht um eine gerichtliche Bestellung.

3 Behördlich bestellte Rechtsdienstleister sind herkömmlicherweise Interessenwahrer (ausgenommen zB Insolvenzverwalter, § 56 Abs. 1 S. 1 InsO), haben also eine parteiliche Funktion, die mit der eines Mediators nicht kompatibel ist.[2] Eine Ausnahme sind die **Schlichtungsstellen** nach § 214 VVG; wenn hier mediative Verfahren zur Anwendung kommen, ist eine darin enthaltene Rechtsdienstleistung nach § 8 Abs. 1 Nr. 1 RDG erlaubt.

4 2. Gerichtliche und behördliche Mediatoren (Nr. 2). Der wichtige Fall der **gerichtlichen Mediation** durch Güterichter (§ 278 Abs. 5 ZPO) fällt nicht unter diese Vorschrift, weil das RDG nur auf die außergerichtliche Mediation anwendbar ist (→ § 1 Rn. 4 ff.). Außergerichtliche, auch gerichtsnahe Mediation ist dagegen ein Fall des RDG; § 278a ZPO stellt keine Befugnis zur Erbringung von Mediation (als bzw. samt Rechtsdienstleistung) dar, sondern setzt diese voraus.

5 Behörden einschließlich der Justizverwaltung dürfen im Rahmen ihrer jeweiligen Aufgaben Rechtsdienstleistungen erbringen; hierzu zählen auch **kirchliche Träger** (ausgenommen bzw. losgelöst davon sind die kirchlichen Wohlfahrtsverbände, die privatrechtlich organisiert sind und keine Behörden darstellen),[3] die insoweit nicht auf Nr. 5 (Sozialbereich) zurückgreifen müssen, und **Beliehene**. Soweit Mediation zu den hoheitlichen Aufgaben gehört (**Mediation *durch* die Verwaltung**), ist diese dann auch erlaubt.

Regelungen der Mediation durch die Verwaltung: Beispiele für Mediation durch die Verwaltung sind die (mediative) **Trennungsberatung** durch das Jugendamt (§ 17 SGB VIII), **Mediation in Schulen**[4] durch den Schulträger (Schulpsychologe als Mediator), die aber meist nicht einmal Rechtsangelegenheiten betreffen,[5] die (mediative) **Hilfe zur Teilhabe für Behinderte** (§ 55 Abs. 2 Nr. 4 u. 7 SGB IX) sowie die behördlichen Verbraucherschlichtungsstellen (§ 28 VSBG) und die Universalschlichtungsstellen (§ 29

---

1 Ahrens NJW 2012, 2465 (2469 f.).
2 Für sie gelten die Regeln der Verfahrensgesetze (§ 14 VwVfG; § 80 AO; § 13 SGB X), die teilweise auf das RDG zurückverweisen (§ 14 Abs. 5 VwVfG; § 13 Abs. 5 SGB X).
3 v. Marcard, Das Berufsrecht des Mediators 2004, 53 (noch zum RBerG).
4 Schülermediation, also die Mediation durch Schüler, fällt regelmäßig nicht in den Anwendungsbereich des RDG, weil sie unentgeltlich und im Klassen- bzw. Lernverband erfolgt (→ § 6 Rn. 7).
5 v. Marcard, Das Berufsrecht des Mediators 2004, 65 f.

VSBG), in Hamburg etwa die „Öffentliche Rechtsauskunft und Vergleichsstelle" (ÖRA). Nach § 191f BRAO besteht bei der Bundesrechtsanwaltskammer, allerdings als unabhängige Stelle, eine **„Schlichtungsstelle der Rechtsanwaltschaft"**, die hinsichtlich der Streitschlichtung die von den Rechtsanwaltskammern angebotene Vermittlung (§ 73 Abs. 2 Nr. 3 BRAO) ergänzt.

3. Mediatoren in Insolvenzberatungsstellen (Nr. 3). Wer eine Insolvenzberatungsstelle iSd § 305 Abs. 1 S. 1 InsO ist, bestimmt sich nach dem jeweiligen Landesrecht. Im Rahmen ihrer Tätigkeit sind sie zu Rechtsdienstleistungen befugt. Zwar stehen sie einerseits auf der Seite des Insolvenzschuldners, können aber im Interesse einer Bereinigung seiner Schuldensituation tatsächlich auch eine unabhängige Stellung einnehmen, in der dann auch **mediative Methoden** zur Anwendung kommen können, die dann auch Rechtsdienstleistungen beinhalten dürfen.

4. Mediatoren in Verbraucherschutzverbänden (Nr. 4). Verbraucherverbände als die „Anwälte von Otto Normalverbraucher" stehen **parteilich** auf dessen Seite und kommen für mediative Tätigkeiten nicht in Betracht. Anders ist dies aber für Verbraucherschlichtungsstellen in Trägerschaft eines Verbraucherschutzvereins (§ 2 iVm § 3 VSBG; vgl. § 9 Abs. 2 VSBG). Sodann sind § 7 Abs. 2 RDG (→ § 7 Rn. 4) und die daraus resultierenden Pflichten zu beachten, dass die Mediation nur durch eine oder unter Aufsicht einer Person erfolgen darf, die die Befähigung zum Richteramt besitzt (Volljurist) sowie dass eine sachgerechte sachliche Ausstattung gewährleistet sein muss.

5. Sozialverbände (Nr. 5). Viele Aufgaben im sozialen Bereich werden nicht von der staatlichen Verwaltung wahrgenommen, sondern auf Sozialverbände übertragen. Anders als behördliche Mediatoren (→ Rn. 4 f.) müssen Mediatoren in Sozialverbänden entweder **zur Rechtsdienstleistung befugt** oder **Volljurist** sein oder unter der **Anleitung** einer solchen Person stehen, wie der Verweis auf § 7 Abs. 2 RDG zeigt. Auch muss eine **sachgerechte Ausstattung** (→ § 7 Rn. 4) vorhanden sein.

Mediation durch Sozialverbände: Anwendungsfelder für mediative Verfahren durch Sozialverbände sind etwa die **Trennungsberatung** im Rahmen der freien Jugendhilfe (§ 17 iVm § 75 SGB VIII) sowie die **Erziehungsberatung** (§ 28 iVm § 75 SGB VIII) und die **Beratung im Rahmen der Sozialhilfe** durch freie Wohlfahrtsverbände (§ 11 iVm § 5 SGB XII).

§ 9 RDG Untersagung von Rechtsdienstleistungen

(1) [1]Die für den Wohnsitz einer Person oder den Sitz einer Vereinigung zuständige Behörde kann den in den §§ 6, 7 Abs. 1 und § 8 Abs. 1 Nr. 4 und 5 genannten Personen und Vereinigungen die weitere Erbringung von Rechtsdienstleistungen für längstens fünf Jahre untersagen, wenn begründete Tatsachen die Annahme dauerhaft unqualifizierter Rechtsdienstleistungen zum Nachteil der Rechtsuchenden oder des Rechtsverkehrs rechtfertigen. [2]Das ist insbesondere der Fall, wenn erhebliche Verstöße gegen die Pflichten nach § 6 Abs. 2, § 7 Abs. 2 oder § 8 Abs. 2 vorliegen.

(2) ¹Die bestandskräftige Untersagung ist bei der zuständigen Behörde zu registrieren und im Rechtsdienstleistungsregister nach § 16 öffentlich bekanntzumachen. ²Bei einer bestandskräftigen Untersagung gilt § 15b entsprechend.

(3) Von der Untersagung bleibt die Befugnis, unentgeltliche Rechtsdienstleistungen innerhalb familiärer, nachbarschaftlicher oder ähnlich enger persönlicher Beziehungen zu erbringen, unberührt.

1. Aufsichtsbehördliche Untersagung 2	5. Bußgeldbewehrung 8
2. Gewerberechtliche Sanktionen 5	6. Zuständigkeitsänderung und allgemeiner Bußgeldtatbestand ab 1.1.2025 9
3. Zivilrechtliche Folgen 6	
4. Wettbewerbsrechtliche Folgen 7	

Ab dem 1.1.2025 wird § 9 RDG folgendermaßen lauten:[1]

(1) ¹Das Bundesamt für Justiz kann den in den §§ 6, 7 Abs. 1 und § 8 Abs. 1 Nr. 4 und 5 genannten Personen und Vereinigungen die weitere Erbringung von Rechtsdienstleistungen für längstens fünf Jahre untersagen, wenn begründete Tatsachen die Annahme dauerhaft unqualifizierter Rechtsdienstleistungen zum Nachteil der Rechtsuchenden oder des Rechtsverkehrs rechtfertigen. ²Das ist insbesondere der Fall, wenn erhebliche Verstöße gegen die Pflichten nach § 6 Abs. 2, § 7 Abs. 2 oder § 8 Abs. 2 vorliegen.

(2) ¹Die bestandskräftige Untersagung ist beim Bundesamt für Justiz zu registrieren und im Rechtsdienstleistungsregister nach § 16 öffentlich bekanntzumachen. ²Bei einer bestandskräftigen Untersagung gilt § 15b entsprechend.

(3) Von der Untersagung bleibt die Befugnis, unentgeltliche Rechtsdienstleistungen innerhalb familiärer, nachbarschaftlicher oder ähnlich enger persönlicher Beziehungen zu erbringen, unberührt.

1 Infolge der mit dem RDG bezweckten Liberalisierung des Rechtsdienstleistungsmarkts und der Abkehr vom Regelungsmodell des Verbots mit Genehmigungsvorbehalt des RBerG durch das bloße Verbot mit Erlaubnisvorbehalt (→ § 3 Rn. 2 ff.) findet nun keine vorgängige aufsichtsbehördliche Kontrolle der Rechtsdienstleister (**Eröffnungskontrolle**) mehr statt. Auch die **nachgängige (repressive) Kontrolle** nach § 9 RDG ist auf Rechtsdienstleistungen nach §§ 6, 7 Abs. 1 und 8 Abs. 1 Nrn. 4, 5 RDG beschränkt (→ Rn. 3). Allerdings sehen sich Mediatoren auch anderen rechtlichen Konsequenzen bei Verstößen gegen das RDG gegenüber (→ Rn. 5 ff.).

2 **1. Aufsichtsbehördliche Untersagung.** Zuständig für die Überwachung der Einhaltung des RDG sind die **Justizverwaltungen der Bundesländer** (§ 19 RDG). Sie sind für das gesamte RDG zuständig, wenngleich ihre Untersa-

---
1 Art. 1 Nr. 3 des Gesetzes zur Stärkung der Aufsicht bei Rechtsdienstleistungen und zur Änderung weiterer Vorschriften, BGBl. 2023 I 64.

gungsbefugnisse auf bestimmte Erbringungsarten von Rechtsdienstleistungen beschränkt sind (→ Rn. 4). Soweit allerdings spezielle Gesetze (§ 1 Abs. 3 RDG) bestehen (insbes. für Rechtsanwälte die BRAO und für Notare die BNotO), gehen deren Regeln über die Berufsaufsicht denen des RDG vor (§ 1 Abs. 3 RDG, → § 1 Rn. 25).

Die Aufsichtsbehörden können im Falle „dauerhaft unqualifizierter Rechtsdienstleistungen" – was in der Praxis kaum je in dieser Deutlichkeit vorkommen wird[2] – eingreifen. Das von § 9 RDG allein genannte Aufsichtsmittel ist die **Untersagung der Rechtsdienstleistungserbringung.** Diese Untersagungsbefugnis ist auf die Rechtsdienstleistungen nach §§ 6, 7 Abs. 1 und 8 Abs. 1 Nrn. 4, 5 RDG beschränkt, erstreckt sich also **nicht auf die Mediation als solche** (§ 2 Abs. 3 Nr. 4 RDG) und die als **Nebenleistung zu einer Mediation** (Annexrechtsdienstleistung, → § 5 Rn. 1 ff.) erbrachte Rechtsdienstleistung.

Da es für Rechtsdienstleistungen allgemein keine Genehmigung mehr gibt (→ § 3 Rn. 3), kommt ein Widerruf einer Genehmigung (vgl. noch § 14 1. AVO RBerG) nicht in Betracht. Daneben stehen den Behörden nach § 9 RDG mangels einer Eingriffsermächtigung nur noch Aufsichtsmittel zur Verfügung, die sich für den Rechtsdienstleister nicht als Grundrechtseingriff darstellen. Hierzu kann etwa die (schriftliche) **Belehrung** oder das normerläuternde Gespräch gezählt werden.

2. Gewerberechtliche Sanktionen. Soweit ein Mediator nicht als Freiberufler, sondern als Gewerbetreibender angesehen wird – was nicht einheitlich beantwortet werden kann, sondern vom Herkunftsberuf und der Vorbildung abhängt –, kann ihm neben einer Untersagung nach § 9 RDG (→ Rn. 3) ggf. aufgrund allgemeiner gewerberechtlicher Unzuverlässigkeit iSd § 35 GewO die weitere Ausübung der **Mediatorentätigkeit untersagt** werden.[3] Eine solche Gewerbeuntersagung kann auch auf einen von der zuständigen Behörde nach § 9 RDG festgestellten Verstoß folgen. Für Mediatoren aus kammerangehörigen Berufen (insbes. Rechtsanwälten) liegt die Aufsicht bei den berufsständischen Kammern (→ Rn. 2).

3. Zivilrechtliche Folgen. Ein Verstoß gegen § 3 RDG führt zur **zivilrechtlichen Nichtigkeit** des Mediatorenvertrags (§ 134 BGB iVm § 3 RDG).[4] Wenn dies der Fall ist, besteht kein **Vergütungsanspruch** (in der Vorauflage noch „nicht durchsetzbar"); eine bereits gezahlte Vergütung durch den Medianden wäre nach § 812 BGB drei Jahre lang rückforderbar (§ 195 BGB), wobei auch § 817 BGB[5] und uU die Grenzen von Treu und Glauben (§ 242 BGB)[6] zu beachten sind. Ein **Schadenersatzanspruch** des **Medianden** kann sich aufgrund der Nichtigkeit nicht aus einer Verletzung der

---

2 Römermann NJW 2006, 3025 (3030).
3 Die Abgrenzung zwischen der rechtsdienstleistungsrechtlichen Zuständigkeit der Justizbehörden (§ 19 RDG) und der allgemeinen gewerberechtlichen Zuständigkeit (§ 155 GewO) ist allerdings noch nicht geklärt (vgl. als einen der wenigen Fälle zum Verhältnis von RDG und GewO VG Münster 9.6.2010 – 9 K 2508/09 nv).
4 BT-Drs. 16/3655, 43; BGH 30.10.2012 – XI ZR 324/11, NJW 2013, 59 Rn. 34; Deckenbrock/Henssler/Henssler RDG Einl. Rn. 81; Gaier/Wolf/Göcken/Wolf RDG § 3 Rn. 27 ff.
5 BGH 17.2.2000 – IX ZR 50/98, NJW 2000, 1560 (1562).
6 BGH 20.7.2012 – V ZR 217/11, NJW 2012, 3424 (3425).

(Sorgfalts-)Pflichten aus dem Mediatorenvertrag (anders noch Vorauflage), jedoch aus c.i.c., §§ 311 Abs. 2, 241 Abs. 2 BGB, ergeben.[7] Wenn man das RDG als Schutzgesetz begreift,[8] ist auch ein Anspruch aus § 823 Abs. 2 BGB gegeben.

7 **4. Wettbewerbsrechtliche Folgen.** Wenn Mediation eine Erwerbstätigkeit darstellt und von einem Selbstständigen oder einem Unternehmen für außerhalb desselben stehende Dritte erbracht – bzw. auch nur angeboten – wird, ist ein Verstoß gegen das RDG regelmäßig als Wettbewerbsverstoß einzuordnen (§ 3 Abs. 1 UWG), weil nach § 3a UWG ein Verstoß gegen eine gesetzliche Vorschrift, die auch dazu bestimmt ist, im Interesse der Marktteilnehmer das Marktverhalten zu regeln, als unlauterer Wettbewerb gilt.[9] Ein solcher Wettbewerbsverstoß führt zu einem Unterlassungsanspruch des Konkurrenten (§ 8 UWG) (sog. **„Abmahnung"**), im Wiederholungsfalle zu einer **Strafzahlung** (Vertragsstrafe aufgrund strafbewehrter Unterlassungserklärung) und – wenngleich nicht in jedem Fall – sogar zu **Schadenersatzansprüchen** (§ 9 UWG).

8 **5. Bußgeldbewehrung.** Erst der Verstoß gegen eine behördliche Untersagung wird als **Ordnungswidrigkeit** verfolgt (§ 20 Abs. 1 Nr. 1 RDG). Die Geldbuße kann bis zu 50.000 EUR betragen (§ 20 Abs. 3 RDG). Wird eine Rechtsdienstleistung im ausländischen Recht (→ § 10 Rn. 1 ff.) ohne vorherige Registrierung erbracht, kann auch hierfür ein Bußgeld verhängt werden.

9 **6. Zuständigkeitsänderung und allgemeiner Bußgeldtatbestand ab 1.1.2025.** Mit Wirkung zum 1.1.2025 kehrt der Bundesgesetzgeber bußgeldrechtlich zum Status des RBerG zurück und führt in einer neuen Nr. 1 des § 20 Abs. 1 RDG einen allgemeinen Bußgeldtatbestand wieder ein, der **jegliche unbefugte Rechtsberatung** (→ § 3 Rn. 14 f.) sanktionieren soll.[10] Damit sollen Wertungswidersprüche zwischen §§ 10, 15 und 20 RDG aufgehoben werden und Verbraucher umfassend geschützt werden.[11]

10 Im Zuge desselben Änderungsgesetzes[12] zentralisiert der Gesetzgeber die Aufsicht über rechtsdienstleistende Berufe beim Bundesamt für Justiz. Damit bezweckt er eine **Vereinheitlichung der Rechtsanwendungs- und Aufsichtspraxis**, die sich jedoch erst herausbilden muss. Materiellrechtliche Änderungen ergeben sich durch diese Zuständigkeitsänderung nicht, so dass insoweit die vorigen Ausführungen unverändert fortgelten.

---

7 Noch zum RBerG, wenngleich unverändert einschlägig BGH 28.7.2005 – III ZR 290/04, NJW 2005, 3208 (3209).
8 Hierfür Gaier/Wolf/Göcken/Johnigk RDG § 2 Rn. 67.
9 Bereits das Angebot einer unerlaubten Rechtsdienstleistung erfüllt den Tatbestand des § 3a UWG, LG Hamburg 8.11.2021 – 312 O 272/20, BRAK-Mitt. 2022, 45.
10 BT-Drs. 20/3449, 28 f.
11 BT-Drs. 20/3449, 29.
12 BGBl. 2023 I 64.

Teil 3 Rechtsdienstleistungen durch registrierte Personen
§ 10 RDG Rechtsdienstleistungen aufgrund besonderer Sachkunde

(1) ¹Natürliche und juristische Personen sowie Gesellschaften ohne Rechtspersönlichkeit, die bei der zuständigen Behörde registriert sind (registrierte Personen), dürfen aufgrund besonderer Sachkunde Rechtsdienstleistungen in folgenden Bereichen erbringen:
1. Inkassodienstleistungen (§ 2 Abs. 2 Satz 1),
2. Rentenberatung auf dem Gebiet der gesetzlichen Renten- und Unfallversicherung, des sozialen Entschädigungsrechts, des übrigen Sozialversicherungs- und Schwerbehindertenrechts mit Bezug zu einer gesetzlichen Rente sowie der betrieblichen und berufsständischen Versorgung,
3. Rechtsdienstleistungen in einem ausländischen Recht; ist das ausländische Recht das Recht eines Mitgliedstaates der Europäischen Union, eines anderen Vertragsstaates des Abkommens über den Europäischen Wirtschaftsraum oder der Schweiz, darf auch auf dem Gebiet des Rechts der Europäischen Union und des Rechts des Europäischen Wirtschaftsraums beraten werden.

²Die Registrierung kann auf einen Teilbereich der in Satz 1 genannten Bereiche beschränkt werden, wenn sich der Teilbereich von den anderen in den Bereich fallenden Tätigkeiten trennen lässt und der Registrierung für den Teilbereich keine zwingenden Gründe des Allgemeininteresses entgegenstehen.

(2) ¹Die Registrierung erfolgt auf Antrag. ²Soll die Registrierung nach Absatz 1 Satz 2 für einen Teilbereich erfolgen, ist dieser im Antrag zu bezeichnen.

(3) ¹Die Registrierung kann, wenn dies zum Schutz der Rechtsuchenden oder des Rechtsverkehrs erforderlich ist, von Bedingungen abhängig gemacht oder mit Auflagen verbunden werden. ²Auflagen können jederzeit angeordnet oder geändert werden. ³Ist die Registrierung auf einen Teilbereich beschränkt, muss der Umfang der beruflichen Tätigkeit den Rechtsuchenden gegenüber eindeutig angegeben werden.

1. Normzweck. Mit Fokus auf § 10 Abs. 1 S. 1 Nr. 3 RDG soll in Übereinstimmung mit der Dienstleistungsverkehrsfreiheit aus Art. 56 AEUV (→ Einl. Rn. 17) auch Personen und Gesellschaften mit Kenntnissen im ausländischen Recht die Erbringung von Rechtsdienstleistungen in Deutschland ermöglicht werden.[1] Hierbei ist in Abgrenzung zu § 15 RDG die Erbringung von Rechtsdienstleistungen gemeint, die nicht lediglich vorübergehend erbracht werden.[2] Mit dem Registrierungserfordernis soll der Schutz der Rechtssuchenden gestärkt werden.[3]

2. Registrierungsfähige Personen (Abs. 1). Registrierungsfähig sind natürliche und juristische Personen sowie Gesellschaften ohne Rechtspersönlich-

---
[1] BT-Drs. 16/3655, 65 f.
[2] BT-Drs. 16/3655, 63.
[3] BT-Drs. 16/3655, 63.

keit des Privatrechts.[4] Für juristische Personen des öffentlichen Rechts gilt § 8 RDG (→ § 8 Rn. 4 f.) bzw. eine Ermächtigung aus Spezialgesetzen (→ § 1 Rn. 25). Ausländische Unternehmen benötigen keine Niederlassung in Deutschland, um sich registrieren zu lassen.[5] Eine Registrierungsfähigkeit besteht auch für zugelassene Rechtsanwälte, die zB im ausländischen Recht beraten wollen.[6]

3. Registrierungsfähige Rechtsdienstleistungen (Abs. 1). Eine Registrierung des Mediators als Rechtsdienstleister nach RDG scheidet aus, weil Mediation in § 10 RDG nicht aufgeführt ist. Man kann insoweit von **Registrierungsbedürftigkeit bei gleichzeitig fehlender Registrierungsfähigkeit** sprechen.[7] In einzelnen Bereichen (→ § 8 Rn. 2 ff.) wie Schlichtungsverfahren (§ 15a EGZPO iVm Landesrecht), dem Täter-Opfer-Ausgleich (§ 155a StPO), der Verbraucherstreitbeilegung (VSBG; → O Rn. 60) und vor allem der gerichtlichen (§ 278 Abs. 5 ZPO) und gerichtsnahen (§ 278a ZPO) Mediation gelten uU besondere Zulassungsregeln, die dem RDG nach § 3 RDG vorgehen bzw. bereits aus dem Anwendungsbereich des RDG ausgenommen sind (→ § 1 Rn. 2 ff.).

Bedeutung für die Mediation kann hingegen einer Registrierung zur Erbringung von **Rechtsdienstleistungen im ausländischen Recht** nach § 10 Abs. 1 S. 1 Nr. 3 RDG zukommen, wenn und soweit der Mediator auf dem Markt gerade damit auftritt, auch Kenntnisse im ausländischen Recht in die Mediation einzubringen. Diese Vorschrift geht auf die Berufsqualifikationsrichtlinie[8] der Europäischen Union zurück,[9] ist jedoch nicht auf die Erbringung von Rechtsdienstleistungen im Recht anderer EU-Mitgliedstaaten beschränkt. Der Begriff des ausländischen Rechts ist dabei umfassend zu verstehen,[10] so dass insbesondere das Recht anderer EU-Mitgliedstaaten und als Teil dessen das **Recht der Europäischen Union** bzw. des Europäischen Wirtschaftsraums umfasst sind.[11] Da das Recht der Europäischen Union unmittelbar Teil der jeweiligen nationalen Rechtsordnung wird (→ § 1 Rn. 18),[12] ist eine alleinige Registrierung für Rechtsdienstleistungen im EU-Recht nicht möglich.[13]

Als Annex zum jeweils ausländischen nationalen Recht wird auch das übrige inter- und supranationale Recht, also insbesondere das **Völkerrecht** gewertet.[14] Diesbezüglich kann für Mediatoren (künftig) insbesondere die Frage der internationalen Durchsetzung bzw. Vollstreckung von Mediationsvereinbarungen und folglich eine Beratung zur 2020 in Kraft getretenen United Nations Convention on International Settlement Agreements Resulting from Mediation (**Singapur-Übereinkommen**) relevant werden.

---

4 HK-RDG/D. Schmidt § 10 Rn. 10.
5 Kleine-Cosack RDG § 10 Rn. 7.
6 OVG Berlin-Brandenburg 24.10.2013 – OVG 12 B 42.11, GRUR-Prax 2014, 24.
7 v. Lewinski Anwaltl. BerufsR Kap. 17 Rn. 34; vgl. Henssler NJW 2003, 241 (245) (noch zum RBerG).
8 ABl. EG 2005 L 255, 22.
9 BT-Drs. 18/9521, 205 f.
10 BT-Drs. 16/3655, 65.
11 BeckOK RDG/Günther § 10 Rn. 70 f.
12 EuGH Urt. v. 9.3.1978 – C-106/77, ECLI:EU:C:1978:49 Rn. 14/16.
13 Für Deutschland nur BT-Drs. 16/3655, 65.
14 HK-RDG/Schmidt § 10 Rn. 92.

Zum Zeitpunkt der Drucklegung wurde dieses Übereinkommen hingegen lediglich von 14 Staaten ratifiziert. Weder die Europäische Union noch Deutschland sind (bisher) Vertragsstaaten.[15]

Nach § 10 Abs. 1 S. 2 RDG ist auch eine Registrierung ausschließlich für einen **Teilbereich** des ausländischen Rechts möglich.

Nach § 11 Abs. 3 RDG und §§ 2 ff. RDV muss für die Registrierung ein Nachweis von **Sachkunde** im beantragten ausländischen Recht geführt werden, so dass die Befähigung zum Richteramt nach § 5 DRiG hierfür nicht genügt.[16] Ein eigenständiges Berufsrecht für registrierte Personen soll darüber hinaus nicht bestehen.[17]

§§ 11–15b RDG

[Vom Abdruck der Vorschriften wurde abgesehen.]

Teil 4 Rechtsdienstleistungsregister
§§ 16, 17 RDG

[Vom Abdruck der Vorschriften wurde abgesehen.]

Teil 5 Datenübermittlung und Zuständigkeiten, Bußgeldvorschriften
§§ 18–20 RDG

[Vom Abdruck der Vorschriften wurde abgesehen.]

---

15 Dazu nur Pfeiffer IWRZ 2021, 203.
16 HK-RDG/D. Schmidt § 10 Rn. 90.
17 BGH 27.11.2019 – VIII ZR 285/18, NJW 2020, 208 Rn. 173 (spezifisch zu Inkassodienstleistern, jedoch auch mit allgemeinem Verweis auf § 10 Abs. 1 S. 1 RDG).

III. Verjährungshemmung und Lauf von Ausschlussfristen

Literatur:
Althammer, Anmerkung zum Urteil des BGH vom 9.12.2010, Az: III ZR 56/10 (Verjährungshemmung durch unzulässige Klage des Rechtsnachfolgers, NJW 2011, 2172; *Baumbach/Lauterbach/Albers/Hartmann*, Zivilprozessordnung, 68. Aufl. 2010; *Bredow*, Schiedsspruch mit vereinbartem Wortlaut, SchiedsVZ 2010, 295; *Dendorfer*, Güteverhandlung als Mediation im Gerichtsverfahren?, Konfliktdynamik 2012, 280; *dies./Krebs*, Arbeitsrecht und Mediation, Konfliktdynamik 2012, 212; *Diop/Steinbrecher*, Cui bono? – Das Mediationsgesetz aus Unternehmenssicht, BB 2012, 3023; *Düwell*, Mediation endlich gesetzlich geregelt, BB 2012, 1921; *Duve*, Das Gesetz zur Rettung der gerichtlichen Mediation, ZKM 2012, 108; *ders./Eidenmüller/Hacke*, Mediation in der Wirtschaft, 2. Aufl. 2011; *Eidenmüller*, Die Auswirkung der Einleitung eines ADR-Verfahrens auf die Verjährung, SchiedsVZ 2003, 163; *ders./Prause*, Die europäische Mediationsrichtlinie – Perspektiven für eine gesetzliche Regelung der Mediation in Deutschland, NJW 2008, 2737; *Formularbuch Recht und Steuern*, 7. Aufl. 2011; *Fritz/Pielsticker* Handbuch zum Mediationsgesetz, 2. Aufl. 2020; *Goltermann/Hagel/Klowait/Levien*, Das neue Mediationsgesetz aus Unternehmenssicht, SchiedsVZ 2012, 299 (Teil 1) und SchiedsVZ 2013, 41 (Teil 2); *Greger/Unberath/Steffek*, Recht der alternativen Konfliktlösung, Kommentar, 2. Aufl. 2016; *Greger/von Münchhausen*, Verhandlungs- und Konfliktmanagement für Anwälte, 2010; *Gullo*, Das neue Mediationsgesetz: Anwendung in der wirtschaftsrechtlichen Praxis, GWR 2012, 385; *Hellberg/Wendt*, Mediation in der Versicherungswirtschaft, ZKM 2010, 21; *Horstmeier*, Das neue Mediationsgesetz, 2013; *Klose*, Der Lauf der Verjährung bei Mediation und sonstigen außergerichtlichen Streitlösungsmodellen, NJ 2010, 100; *Lachmann*, Handbuch für die Schiedsgerichtsbarkeit, 3. Aufl. 2008; *Löer*, Referentenentwurf eines Mediationsgesetzes, ZKM 2010, 179; *Lörcher/Lissner*, Neues Mediationsgesetz: Aufwind für die außergerichtliche Streitbeilegung im gewerblichen Rechtsschutz?, GRUR-Prax 2012, 318; *May/Moeser*, Anerkannte Gütestelle in der anwaltlichen Praxis – Verjährungshemmung und Konfliktmanagement durch Güteanträge, NJW 2015, 1637; *Meyer/Schmitz-Vornmoor*, Das neue Mediationsgesetz in der notariellen Praxis, DNotZ 2012, 895; *Münchener Kommentar zum Bürgerlichen Gesetzbuch*, 7. Aufl. 2015; *Münchener Kommentar zur Zivilprozessordnung*, 6. Aufl. 2020; *Ortloff*, Vom Gütermediator zum Güterichter im Verwaltungsprozess, NVwZ 2012, 1057; *Riehm*, Alternative Streitbeilegung und Verjährungshemmung, NJW 2017, 113; *Risse*, Wirtschaftsmediation, 2003; *ders*. Das Mediationsgesetz – eine Kommentierung, SchiedsVZ 2012, 244; *Saenger*, Zivilprozessordnung, 4. Aufl. 2011; *Sura*, Die jüngere Rechtsprechung des BAG zu Ausschluss- und Verfallfristen, NZA-RR 2021, 57; *Steffek*, Rechtsvergleichende Erfahrungen für die Regelung der Mediation, RabelsZ 2010, 841; *Unberath*, Mediationsklauseln in der Vertragsgestaltung – Prozessuale Wirkungen und Wirksamkeit, NJW 2011, 1320; *Wagner, K.-R.*, Zweifelhafte Verjährungshemmung bei Einschalten von Gütestellen, BKR 2013, 108; *Wagner, G.*, Das Mediationsgesetz – Ende gut, alles gut?, ZKM 2012, 110; *ders.*, Grundstrukturen eines deutschen Mediationsgesetzes, RabelsZ 2010, 794; *Wagner/Thole*, Die neue EU-Richtlinie zur Mediation, ZKM 2008, 36; *Wozniewski*, Die neue Mediationsrichtlinie der EU in der Praxis des Handels- und Gesellschaftsrechts, NZG 2008, 410.

§ 203 BGB Hemmung der Verjährung bei Verhandlungen

[1]Schweben zwischen dem Schuldner und dem Gläubiger Verhandlungen über den Anspruch oder die den Anspruch begründenden Umstände, so ist die Verjährung gehemmt, bis der eine oder der andere Teil die Fortsetzung der Verhandlungen verweigert. [2]Die Verjährung tritt frühestens drei Monate nach dem Ende der Hemmung ein.

§ 204 BGB Hemmung der Verjährung durch Rechtsverfolgung

(1) Die Verjährung wird gehemmt durch

4. die Veranlassung der Bekanntgabe eines Antrags, mit dem der Anspruch geltend gemacht wird, bei einer
a) staatlichen oder staatlich anerkannten Streitbeilegungsstelle oder
b) anderen Streitbeilegungsstelle, wenn das Verfahren im Einvernehmen mit dem Antragsgegner betrieben wird;
die Verjährung wird schon durch den Eingang des Antrags bei der Streitbeilegungsstelle gehemmt, wenn der Antrag demnächst bekannt gegeben wird,

8. den Beginn eines vereinbarten Begutachtungsverfahrens,

11. den Beginn des schiedsrichterlichen Verfahrens,

(2) Die Hemmung nach Absatz 1 endet sechs Monate nach der rechtskräftigen Entscheidung oder anderweitigen Beendigung des eingeleiteten Verfahrens. Gerät das Verfahren dadurch in Stillstand, dass die Parteien es nicht betreiben, so tritt an die Stelle der Beendigung des Verfahrens die letzte Verfahrenshandlung der Parteien, des Gerichts oder der sonst mit dem Verfahren befassten Stelle. Die Hemmung beginnt erneut, wenn eine der Parteien das Verfahren weiter betreibt.

I. Hemmung der Verjährung	4	1. Beginn der Verjährungshemmung	18
1. Beginn der Verjährungshemmung	4	2. Ende der Verjährungshemmung	21
2. Ende der Verjährungshemmung und Ablauffrist	10	3. Umfang der Verjährungshemmung	22
3. Zusammenfassung zum Lauf der Verjährungsfristen	12	III. Hemmung von Ausschlussfristen	23
4. Umfang der Verjährungshemmung	13		
II. Hemmung der Verjährung nach § 204 BGB	14		

Parteien, die für einen speziellen Konflikt die Durchführung eines Mediationsverfahrens vereinbart haben, wollen versuchen, den Konflikt außergerichtlich beizulegen. Selbstredend wollen sie jedoch durch die Durchführung der Mediation keinerlei Rechtsnachteile für den Fall des Scheiterns der Mediation erleiden. Insbesondere der Partei, die einen Anspruch geltend macht, ist daran gelegen, dass dieser nicht während der Mediation verjährt oder während des Mediationsverfahrens sonstige Fristen ablaufen, die entweder die Geltendmachung oder Durchsetzung des Anspruchs erschweren oder vereiteln. Aber auch der dem Anspruch ausgesetzten Partei ist daran gelegen, während des Mediationsverfahrens nicht auch noch mit einer Klage überzogen zu werden. Daher ist es im Interesse der Parteien, den Lauf von Verjährungs- und Ausschlussfristen zumindest für die Dauer des Mediationsverfahrens zu hemmen.

2 Die Med-RiLi[1] verpflichtet die Mitgliedstaaten sicher zu stellen, dass streitgegenständliche Ansprüche der Parteien während eines Mediationsverfahrens nicht verjähren können. Art. 8 Med-RiLi lautet:

Artikel 8 Med-RiLi Auswirkung der Mediation auf Verjährungsfristen

(1) Die Mitgliedstaaten stellen sicher, dass die Parteien, die eine Streitigkeit im Wege der Mediation beizulegen versucht haben, im Anschluss daran nicht durch das Ablaufen der Verjährungsfristen während des Mediationsverfahrens daran gehindert werden, ein Gerichts- oder Schiedsverfahren hinsichtlich derselben Streitigkeit einzuleiten.

(2) Bestimmungen über Verjährungsfristen in internationalen Übereinkommen, denen Mitgliedstaaten angehören, bleiben von Absatz 1 unberührt.

3 Überraschenderweise findet sich im Gesetz zur Förderung der Mediation und anderer Verfahren der außergerichtlichen Konfliktbeilegung keinerlei Regelung zur Auswirkung des Mediationsverfahrens auf den Lauf von Verjährungs- und/oder Ausschlussfristen. Der Gesetzgeber begründet dies damit, dass § 203 BGB im Hinblick auf die Verjährungshemmung ausreichend ist.[2]

I. Hemmung der Verjährung

4 **1. Beginn der Verjährungshemmung.** Anspruchsteller können es sich nicht erlauben, Gefahr zu laufen, der Einrede der Verjährung ausgesetzt zu sein. Fraglich ist, ob es den Parteien anhand § 203 BGB möglich ist, Beginn und Ende der Verjährungshemmung des Mediationsverfahrens zweifelsfrei bestimmen zu können, oder ob sie nicht unnötigerweise gezwungen sind, rechtserhaltend doch Klage erheben zu müssen.

Während des Gesetzgebungsverfahrens wurde in mehreren Stellungnahmen eine Klarstellung hinsichtlich des Beginns und Endes der Verjährungshemmung gefordert.[3] Der Gesetzgeber hat versucht, in der Gesetzesbegründung hierauf eine Antwort zu geben und ausgeführt, dass die Verjährungshemmung bereits dann zu laufen beginnt, wenn zwar noch nicht über den Anspruch an sich verhandelt wird, eine Partei aber die Durchführung eines Mediationsverfahrens vorgeschlagen und die andere Partei signalisiert hat, diesen Vorschlag zu prüfen und das Ergebnis der Prüfung mitzuteilen.[4] Zudem stellte der Gesetzgeber klar, dass die Hemmung in diesem Fall wieder endet, wenn die prüfende Partei eindeutig und klar zu erkennen gibt, eine Mediation nicht beginnen zu wollen. Letztlich lässt sich der Gesetzesbegründung entnehmen, dass selbst bei Ruhen einer Mediation die Verjährungshemmung erst endet, wenn eine Partei die Fortsetzung der Mediation klar und deutlich ablehnt.[5] Mit der Gesetzesbegründung wurde hinsichtlich einer Fallgestaltung eine Klärung geschaffen, andere Fallgestal-

---

1 ABl. L 136 v. 24.5.2008.
2 Begründung des Gesetzentwurfes BT-Drs. 17/5335, 11.
3 EUCON Stellungnahme zum Referentenentwurf vom 2.2.2009; RTMKM ZKM 2009, 147; Eidenmüller/Prause NJW 2008, 2737 (2741).
4 Begründung des Gesetzentwurfes S. 11.
5 Begründung des Gesetzentwurfes S. 11; kritisch insofern Lörcher/Lissner GRUR-Prax 2012, 318 (320), die ausführen, dass insbesondere bei emotionalen Mediationen die Verweigerung einer Partei, das Verfahren fortführen zu wollen, nicht stets ein endgültiges Scheitern darstellen muss.

tungen bleiben jedoch unberücksichtigt. Für die Parteien wäre eine klare gesetzliche Regelung als auch eine einheitliche Regelung hinsichtlich der Verjährungs- und Ausschlussfristen hilfreicher gewesen. Deshalb sollen nachfolgend einige Sachverhalte hinsichtlich der Frage der Hemmung der Verjährung durch Mediationsverfahren näher beleuchtet werden.

Dabei sind verschiedene Sachverhalte zu unterscheiden:

- Die Parteien haben die Durchführung einer Mediation bereits im der Streitigkeit zugrundeliegenden Vertrag („Hauptvertrag") durch eine Mediationsklausel vorgesehen.
- Die Parteien einigen sich im Konfliktfall, eine Mediation durchführen zu wollen.
- Eine Partei fragt die andere Partei an, die jedoch das Mediationsverfahren ablehnt.

Bei Aufnahme einer **Mediationsklausel im Hauptvertrag** können sich die Parteien auf die Durchführung eines institutionellen Mediationsverfahrens oder auf die Durchführung eines nicht administrierten Verfahrens geeinigt haben.

Sofern sich die Parteien auf ein **institutionelles Verfahren** geeinigt haben, könnte man meinen, dass sich der Beginn der Mediation und damit der Beginn der Hemmung nach § 203 BGB einfach bestimmen ließe, da die Verfahrensordnungen der Institutionen entsprechende Regelungen zum Beginn enthalten.[6] Allerdings ist der Beginn des Mediationsverfahrens in den verschiedenen Verfahrensordnungen sehr unterschiedlich geregelt und reicht vom Eingang des Mediationsantrags bei der Institution,[7] nicht vor Einzahlung der Verfahrensgebühr[8] oder einem bestimmten Zeitraum danach, über den Eingang des Einverständnisses der anderen Partei mit der Durchführung des Verfahrens[9] bis hin zum Zeitpunkt der Ernennung des Mediators. All dies zeigt, dass bereits bei institutionellen Mediationsverfahren der Beginn des Laufs der Verjährungshemmung nach § 203 BGB nicht nur uneinheitlich geregelt, sondern teilweise nur ex post bestimmbar ist, was zu erheblicher Rechtsunsicherheit führt. Eine klare gesetzliche Regelung hinsichtlich des Beginns der Mediation als Startpunkt des Laufs der Verjährungshemmung nach § 203 BGB hätte sicher geholfen, hier eine Vereinheitlichung auch der institutionellen Verfahrensordnungen zu diesem Punkt zu ermöglichen.

Bei *nicht administrierten Mediationen* gibt es üblicherweise keine Regelungen zur Verjährungshemmung in der Konfliktbeilegungsklausel im Hauptvertrag. Es greift daher allein § 203 BGB. In diesem Fall dürfte lediglich feststehen, dass die Verjährungshemmung nicht bereits mit Abschluss des Hauptvertrages zu laufen beginnt.[10] Streitig ist hingegen, ob die Verjährungshemmung bei bestehender Mediationsklausel im Hauptvertrag bereits mit Aufforderung einer Konfliktpartei an die andere zur Durchführung der

---

6 Vgl. hierzu allgemein: Horstmeier Rn. 200.
7 § 2 Abs. 4 DIS-MedO;,§ 3 EUCON Mediationsordnung.
8 § 3 Abs. 2 Mediationsordnung der IHK Darmstadt; § 2 Abs. 4 Mediationsordnung IHK München.
9 § 2 Abs. 4 Mediationsordnung med.iatori.
10 Wagner RabelsZ 2010, 794 (800).

(vereinbarten) Mediation zu laufen beginnt[11] oder erst mit Zustimmung der anderen Partei zur tatsächlichen Durchführung der Mediation.[12] Aus Sicht der Parteien handelt es sich hierbei nicht nur um eine akademische Frage, sondern um ein praktisches Dilemma. Droht der Ablauf der Verjährungsfrist und wurde im Hauptvertrag die Durchführung eines Mediationsverfahrens vor Durchführung eines Gerichts- oder Schiedsgerichtsverfahrens vereinbart, so kann aufgrund des darin begründeten dilatorischen Klageverzichts einerseits keine zulässige Klage eingereicht werden, andererseits besteht aber auch keine Rechtssicherheit, ob die Verjährung allein durch die Aufforderung zur Durchführung der vereinbarten Mediation nach § 203 BGB gehemmt wird. Dieses Dilemma kann richtlinienkonform nur so aufgelöst werden, dass bei bestehender Mediationsklausel im Hauptvertrag die Verjährungshemmung nach § 203 BGB bereits ab Aufforderung zur Durchführung einer Mediation zu laufen beginnt.[13] Andernfalls wäre der Kläger zur Fristwahrung gezwungen, eine unzulässige aber die Verjährungshemmung nach § 204 BGB dennoch auslösende Klage zu erheben, bei der das Gericht dann entweder das Ruhen des Verfahrens anordnet oder das Verfahren aussetzt. Dies ist nicht nur unökonomisch, sondern weder den Vorgaben der Med-RiLi noch dem Willen des Gesetzgebers entsprechend. Dennoch bleibt für die Partei, die den Anspruch stellt, mangels klarer gesetzlicher Regelung die Unsicherheit, ob sich ein Gericht nicht doch der im Schrifttum vertretenen anderen Ansicht anschließen wird.

8 Sofern die Parteien im Hauptvertrag keine Mediationsklausel aufgenommen haben, reicht nach § 203 BGB die einseitige Anfrage einer Konfliktpartei zur Durchführung einer Mediation nicht aus. Ein Verhandeln, und sei es auch „nur" über die Frage, mit welchem Verfahren man den Konflikt beilegen möchte, liegt zu diesem Zeitpunkt noch nicht vor. Dazu bedarf es zumindest einer nicht nur ablehnenden Reaktion der anderen Konfliktpartei,[14] die beispielsweise auch darin bestehen kann, den Vorschlag zur Durchführung einer Mediation prüfen zu wollen.[15] Sofern nach diesen Grundsätzen eine Verhandlung im Sinne von § 203 BGB schwebt, wirkt die Verjährungshemmung auf den Zeitpunkt der ersten Geltendmachung des Anspruchs durch den Gläubiger gegenüber dem Schuldner zurück.[16]

---

11 MüKoBGB/Grothe § 203 Rn. 8; Eidenmüller SchiedsVZ 2003, 163 (167); Messerschmidt/Voit/Boldt, Privates Baurecht, Kapitel T Rn. 12; Klose NJ 2010, 100 (102); Greger/Unberath/Steffek/Greger B. § 1 Rn. 193.
12 Wagner ZKM 2012, 110.
13 Ebenso Horstmeier Rn. 200.
14 Vgl. hierzu auch die Begründung des Gesetzentwurfes, S. 11; aA Eidenmüller/Prause NJW 2008, 2737 (2741), wonach allein das Führen von Gesprächen über die (mögliche) Durchführung einer Mediation nicht ausreichend ist, da vielmehr eine Einigung über die Durchführung einer Mediation vorliegen muss.
15 Hund von Hagen in: Formularbuch Recht und Steuern, A 13.02 Rn. 5; Zehle, S. 36; vgl. hierzu auch Fritz/Pielsticker/Fritz, Einführung ZPO, Rn. 5.
16 BGH NJW-RR 2005, 1044 (1046); BGH VersR 1962, 615 (616); OLG Hamburg VersR 1991, 1263; OLG Hamm NJW-RR 1998, 101 (102); MüKoBGB/Grothe § 203 Rn. 12.

Leider hat es der Gesetzgeber versäumt, hier Rechtssicherheit zu schaffen.[17] Dies hätte er tun können, indem er

- § 203 BGB erweitert hätte um die Klarstellung, dass es sich bei der Mediation um eine Verhandlung gemäß § 203 BGB handelt[18] **und** um die Klarstellung des konkreten Beginns einer Mediation im MediationsG,[19] oder
- § 204 BGB ergänzt hätte[20] **und** zugleich die Klarstellung des konkreten Beginns einer Mediation im MediationsG vorgenommen hätte.

2. Ende der Verjährungshemmung und Ablauffrist. Die Verjährungshemmung nach § 203 BGB endet, wenn entweder eine Partei die Fortsetzung der Mediation klar und deutlich ablehnt oder der Mediator die Mediation nach § 2 Abs. 5 S. 2 beendet. Dies gilt jedoch nur, wenn die Parteien nicht trotz Beendigung der Mediation weiterverhandeln,[21] denn § 203 BGB stellt allein auf die Beendigung der Verhandlung, nicht jedoch der Mediation als drittunterstütztes Verhandlungsverfahren ab. Nur wenn eine Partei eindeutig zu erkennen gibt, dass sie sich aus dem Verhandeln zurückzieht, tritt die Beendigung der Verjährungshemmung ein.[22]

Auch das Einschlafenlassen der Verhandlungen, einschließlich der Mediation, führt zum Ende der Verjährungshemmung, wenn der Anspruchsteller nicht innerhalb eines zu erwartenden Zeitraums auf die Ablehnung des Anspruchsgegners reagiert.[23] Ein Ruhen des Mediationsverfahrens hingegen ist nicht ausreichend.[24]

Die Verjährungshemmung endet auch, wenn eine Partei auf einen Vorschlag der anderen Partei, eine Mediation durchzuführen, eindeutig und klar zu erkennen gibt, eine Mediation nicht beginnen zu wollen.[25]

§ 203 S. 2 BGB gewährt zudem eine dreimonatige Ablauffrist, wonach die Verjährung frühestens drei Monate nach Ende der Mediation eintritt. Verbleibt nach Ende der Hemmung noch eine Verjährungsfrist von mehr als drei Monaten, findet S. 2 keine Anwendung. Diese dreimonatige Ablauffrist gewährt dem Gläubiger die Möglichkeit, zu überlegen, ob er nach dem Scheitern der Mediation seinen Anspruch nun im Wege der (Schiedsgerichts-)Klage geltend machen möchte.

---

17 AA Löer ZKM 2010, 179 (180), der eine Klarstellung für überflüssig hält mit dem Verweis darauf, dass Beginn und Ende der Verhandlung in § 203 BGB ebenfalls nicht geregelt sind.
18 RTMKM ZKM 2009, 147; Löer ZKM 2010, 179 (180).
19 ZB entsprechend § 1044 ZPO, der den Beginn des Schiedsgerichtsverfahrens mit dem Zugang des verfahrenseinleitenden Antrags beim Schiedsbeklagten festschreibt.
20 Eidenmüller/Prause NJW 2008, 2737 (2741); Wagner RabelsZ 2010, 794 (800); Hellberg/Wendt ZKM 2010, 21 (24); Wagner/Thole ZKM 2008, 36 (39); Steffek RabelsZ 2010, 841 (861); so auch das BMJ in ZKM 2008, 132.
21 Vgl. hierzu auch Greger/Unberath/Steffek/Greger B. § 1 Rn. 195.
22 BGH NJW 2003, 895 (897); BGH NJW 1986, 1337 (1338); Greger/Unberath/Steffek/Greger B. § 1 Rn. 195.
23 BGH NJW 2003, 895 (897); BGH NJW 1986, 1337 (1338); Greger/Unberath/Steffek/Greger B. § 1 Rn. 195; Horstmeier Rn. 202.
24 Horstmeier Rn. 202; Fritz/Pielsticker/Fritz Einführung ZPO Rn. 6.
25 Begründung des Gesetzentwurfes S. 11.

12 **3. Zusammenfassung zum Lauf der Verjährungsfristen.** Nach der hier vertretenen Auffassung lässt sich der Verlauf der Verjährungsfristen bei Mediationsverfahren wie folgt darstellen:

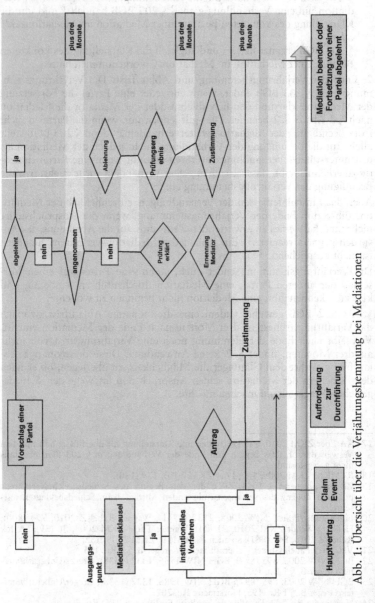

Abb. 1: Übersicht über die Verjährungshemmung bei Mediationen

In den rot gekennzeichneten Feldern läuft die Verjährungsfrist, in den grün gekennzeichneten Feldern ist sie nach § 203 BGB gehemmt, in den gelb gekennzeichneten Feldern hängt die Hemmung von den institutionellen Verfahrensvorschriften ab.

4. Umfang der Verjährungshemmung. Die von der Hemmung nach § 203 BGB erfassten Ansprüche werden durch den Gegenstand der Mediation bestimmt. Er erstreckt sich auf alle Ansprüche, die der Lebenssachverhalt, der der Mediation zugrunde liegt, hervorbringt. Ausreichend ist die Mediation über die Umstände, die einem Anspruch zugrunde liegen, so dass eine Konkretisierung[26] oder Bezifferung der Ansprüche in der Mediation nicht notwendig ist.

II. Hemmung der Verjährung nach § 204 BGB

§ 204 Abs. 1 BGB regelt in 14 Ziffern Möglichkeiten der Verjährungshemmung durch Rechtsverfolgung. Darunter in § 204 Abs. 1 Nr. 4 BGB die Verjährungshemmung durch Antrag bei einer Streitbeilegungsstelle. Die Vorschrift wurde anlässlich des VSBG neu gefasst. Dabei wurde der Begriff der Gütestelle durch den Begriff der Streitbeilegungsstelle ersetzt. Dieser umfasst sowohl die Gütestellen nach § 15 a EGZPO als auch die Verbraucherschlichtungsstellen.[27] § 204 Abs. 1 Nr. 4 BGB unterscheidet

- staatliche Streitbeilegungsstellen,
- staatlich anerkannte Streitbeilegungsstellen und
- sonstige Streitbeilegungsstellen.

§ 204 Abs. 1 Nr. 4 lit. a BGB regelt den Fall der Antragstellung bei einer staatlichen oder staatlich anerkannten Streitbeilegungsstelle. Anders als § 794 Abs. 1 Nr. 1 ZPO und § 15 a EGZPO bezieht sich § 204 Abs. 1 Nr. 4 lit. a BGB nicht auf die von einer Landesjustizverwaltung eingerichteten oder anerkannten Gütestellen, sondern auf staatliche und staatlich anerkannte Streitbeilegungsstellen. Damit wurde der Anwendungsbereich erweitert und die Verjährung des geltend gemachten Anspruchs wird auch gehemmt, wenn der Antrag bei einer anderen staatlichen oder staatlich anerkannten Stelle gestellt wird, die außergerichtliche Streitbeilegung betreibt, beispielsweise eine Verbraucherschlichtungsstelle.[28] **Staatliche Stellen**, die Streitbeilegung betreiben, sind solche, die von einer öffentlich-rechtlichen Körperschaft, Anstalt oder Stiftung eingerichtet wurden. Dazu gehören alle Stellen des Bundes, der Länder, der Gemeinden und Kammern, die außergerichtliche Streitbeilegung betreiben.[29] **Staatlich anerkannte Stellen**, die Streitbeilegung betreiben, sind insbesondere private Einrichtungen, die staatlich anerkannt oder sonst genehmigt sind. Von dieser Regelung sind auch alle anerkannten Verbraucherschlichtungsstellen nach § 2 Abs. 1 Nr. 2 VSBG[30] ebenso wie die durch die Landesjustizverwaltung anerkannten Gütestellen nach § 794 Abs. 1 Nr. 1 ZPO erfasst.

---

26 Zu Verhandlungen: BGH VersR 1985, 1141; MüKoBGB/Grothe § 203 Rn. 10.
27 BT-Drs. 18/5089, 80.
28 BT-Drs. 18/5089, 80.
29 BT-Drs. 18/5089, 80.
30 BT-Drs. 18/5089, 80.

16 § 204 Abs. 1 Nr. 4 lit. b BGB regelt die Verjährungshemmung von Anträgen bei **sonstigen Streitbeilegungsstellen**. Das sind private Stellen, die sich nicht nur einmalig, sondern dauerhaft mit Streitbeilegung befassen.[31] Darunter fallen auch Einzelpersonen. Unerheblich ist dabei, welche Methode der Streitbeilegung diese Stellen anbieten, mit Ausnahme der in § 204 Abs. 1 BGB ohnehin genannten Methoden der Begutachtung (§ 204 Abs. 1 Nr. 8 BGB) und des schiedsrichterlichen Verfahrens (§ 204 Abs. 1 Nr. 11 BGB). Insofern fallen auch Mediatoren, die dies dauerhaft betreiben, unter § 204 Abs. 1 Nr. 4 lit. b BGB, weiterhin beispielsweise Stellen, die Schlichtung, Adjudikation oder Dispute Board Verfahren anbieten.[32]

17 Allerdings hemmt ein Antrag in diesem Fall nur dann die Verjährung, wenn das Streitbeilegungsverfahren im Einvernehmen mit dem Antragsgegner durchgeführt wird. Das Einvernehmen kann explizit durch Erklärung im konkreten Konfliktfall hergestellt werden oder aber durch eine entsprechende Vertragsklausel. Vom Einvernehmen der Parteien ist auszugehen, wenn der Antrag gemeinsam gestellt wird oder wenn sich der Antragsgegner, nachdem ihm der Antrag bekanntgegeben worden ist, bereit erklärt, an dem Verfahren teilzunehmen.[33] Bei mehreren Antragsgegnern tritt die Verjährungshemmung jedoch nur hinsichtlich Ansprüchen ein, die sich gegen diejenigen Anspruchsgegner richten, die ihre Bereitschaft zur Teilnahme erklärt haben. Das Einvernehmen wird nach § 15a Abs. 3 S. 1 EGZPO unwiderleglich vermutet, wenn ein Verbraucher eine Verbraucherschlichtungsstelle, eine branchengebundene andere Gütestelle oder eine andere Gütestelle der Industrie- und Handelskammer, der Handwerkskammer oder der Innung angerufen hat.

18 **1. Beginn der Verjährungshemmung.** In beiden Fällen des § 204 Abs. 1 Nr. 4 BGB beginnt die Hemmung der Verjährung bereits mit dem Eingang des Antrages bei der Streitbeilegungsstelle, wenn der Antrag dem Antragsgegner von der Streitbeilegungsstelle demnächst bekannt gegeben wird. Maßgeblich ist die Veranlassung der Bekanntgabe durch die Streitbeilegungsstelle, also die aktenmäßig nachprüfbare Übersendung des Antrages an den Antragsgegner.[34] Auf den Zugang beim Antragsgegner kommt es hingegen nicht an.[35]

19 Die Bekanntgabe gilt auch dann noch als demnächst erfolgt, wenn sie aus Gründen, die nicht der Antragsteller zu vertreten hat, verzögert wird. Dies gilt selbst bei mehrmonatigen Verzögerungen durch den Geschäftsbetrieb der Streitbeilegungsstelle.[36] Hat allerdings der Antragsteller die Verzögerung der Bekanntgabe um mehr als 14 Tage zu vertreten, tritt der Beginn der Verjährungshemmung nicht bereits mit dem Eingang des Antrages

---

31 BT-Drs. 14/980, 7.
32 S. auch die Auflistung der Konfliktbeilegungsverfahren im RegE (BT-Drs. 17/5335, 11).
33 BT-Drs. 18/5089, 80.
34 Vgl. hierzu BT-Drs. 14/7053, 181; MüKoZPO/Gruber EGZPO § 15a Rn. 53.
35 Riehm NJW 2017, 113 (15).
36 BGH NJW 2010, 222; für Klagen auch: BGH NJW-RR 2019, 1465.

bei der Streitbeilegungsstelle ein, sondern erst mit der Veranlassung der Bekanntgabe.[37]

Für die Verjährungshemmung kommt es nicht darauf an, ob der Antrag bei der örtlich oder sachlich richtigen Streitbeilegungsstelle eingereicht wird.[38] Auch die Einreichung von Anträgen bezüglich Ansprüchen, die nicht der in § 15 a EGZPO erwähnten obligatorischen Streitbeilegung unterliegen, aber bei den dort genannten Gütestellen erfolgt, ist für die Verjährungshemmung unschädlich.[39] Die formalen Antragsanforderungen der Streitbeilegungsstelle müssen hingegen gewahrt sein.[40] Der mit dem Antrag geltend gemachte Anspruch muss zumindest hinreichend konkretisiert sein, so dass der Antragsgegner prüfen kann, ob er sich dagegen (erfolgversprechend) verteidigen kann und ob er in das Streitbeilegungsverfahren eintreten möchte.[41] Zur Individualisierung des Anspruches können auch Anspruchsschreiben oder Schriftstücke beigefügt werden.[42] Eine genaue Bezifferung ist zwar nicht unbedingt notwendig,[43] aufgrund abweichender Rechtsprechung[44] aber empfehlenswert.

2. Ende der Verjährungshemmung. Das Ende der Verjährungshemmung nach § 204 BGB regelt dessen Abs. 2. Sie endet grundsätzlich sechs Monate nach der Beendigung des eingeleiteten Streitbeilegungsverfahrens. Dies kann durch Abschluss eines Vergleiches erfolgen, durch Rücknahme des Antrages oder durch sonstige in den Verfahrensordnungen vorgesehene Verfahrensbeendigungen, bei der Mediation insbesondere auch durch Verfahrensbeendigung durch eine Partei (§ 2 Abs. 5 S. 1 MediationsG) oder den Mediator (§ 2 Abs. 5 S. 2 MediationsG). Wird das Verfahren durch die Parteien nicht weiter betrieben, so tritt an die Stelle der Beendigung des Verfahrens die letzte Verfahrenshandlung der Parteien oder der angerufenen Streitbeilegungsstelle. Die Hemmung der Verjährung beginnt jedoch erneut, wenn eine der Parteien das Verfahren weiter betreibt.

Der sechsmonatige Nachlauf der Verjährungshemmung nach § 204 Abs. 2 BGB ist bei Mediationsverfahren für den Anspruchsteller günstiger als die dreimonatige Ablauffrist nach § 203 S. 2 BGB.

3. Umfang der Verjährungshemmung. Die Verjährungshemmung nach § 204 BGB bezieht sich auf die mit dem Antrag geltend gemachten und entsprechend individualisierten Ansprüche. Wird mit dem Antrag bei der

---

37 Greger/Unberath/Steffek/Greger D. Rn. 118; beispielsweise, wenn der Prozessbevollmächtigte des Antragstellers die Streitbeilegungsstelle bewusst überlastet (OLG Celle WM 2016, 205 bei 12.000 gleichzeitigen Anträgen).
38 Greger/Unberath/Steffek/Greger D. Rn. 116; May/Moeser NJW 2015, 1637 (1638); zu den Gütestellen des § 204 aF: BGHZ 123, 337.
39 May/Moeser NJW 2015, 1637 (1638); aA Wagner BKR 2013, 108 (109).
40 BGH NJW 2008, 506.
41 Greger/Unberath/Steffek/Greger D. Rn. 116; Wagner BKR 2013, 108 (111); ausführlich zur Bestimmtheit von Güteanträgen: May/Moeser NJW 2015, 1637 (1638 f.).
42 May/Moeser NJW 2015, 1637 (1639); Greger/Unberath/Steffek/Greger D. Rn. 116.
43 Duchstein NJW 2014, 342 (344); May/Moeser NJW 2015, 1637 (1639); OLG Karlsruhe BKR 2015, 128.
44 OLG München WM 2008, 733; weitere Rechtsprechung bei: May/Moeser NJW 2015, 1637 (1639, Fn. 25).

Hagel

Streitbeilegungsstelle nur ein Teilbetrag geltend gemacht, so erfolgt keine Verjährungshemmung darüber hinausgehender nicht geltend gemachter Ansprüche.[45]

III. Hemmung von Ausschlussfristen

23 Neben der Verjährungshemmung wäre es wünschenswert gewesen, wenn der Gesetzgeber auch den Lauf von Ausschlussfristen gehemmt hätte.[46] Leider hat der europäische Gesetzgeber hier keine klaren Vorgaben gemacht, so dass der deutsche Gesetzgeber auch nicht verpflichtet war, dies zwingend zu regeln.[47] Eine frühere Fassung von Art. 8 Med-RiLi lautete noch:

„Aussetzung von Verjährungs- und Ausschlussfristen

(1) Um sicherzustellen, dass Parteien, die einen Streitfall im Wege der Mediation lösen wollen, nicht daran gehindert sind, anschließend ein Gerichtsverfahren einzuleiten, weil Verjährungs- und Ausschlussfristen abgelaufen sind, treffen die Mitgliedstaaten Vorkehrungen, damit solche Fristen nicht ablaufen zwischen

a) dem Zeitpunkt, zu dem die Parteien die Inanspruchnahme der Mediation nach der Entstehung des Streitfalls schriftlich vereinbaren, oder, wenn es keine solche schriftliche Vereinbarung gibt dem Zeitpunkt, zu dem sie an der ersten Mediationssitzung teilnehmen, oder dem Zeitpunkt, zu dem die Pflicht zur Inanspruchnahme der Mediation nach nationalem Recht entsteht, und

b) dem Zeitpunkt einer im Mediationsverfahren erzielten Vereinbarung, dem Zeitpunkt, zu dem zumindest eine der Parteien der anderen schriftlich mitteilt, dass die Mediation beendet ist, oder, wenn eine solche schriftliche Mitteilung nicht erfolgt, dem Zeitpunkt, zu dem der Mediator aus eigener Initiative oder auf Ersuchen mindestens einer der Parteien erklärt, dass die Mediation beendet ist."

https://blog.otto-schmidt.de/mediation/2019/01/11/neue-rechtsprechung-zur-hemmung-von-ausschlussfristen-auch-durch-mediation/

24 Die endgültige Fassung von Art. 8 Med-RiLi ist wesentlich kürzer und beinhaltet die Ausschlussfristen nicht mehr. Die Streichung der Ausschlussfristen aus dem Katalog der in der Med-RiLi enthaltenen Umsetzungspflicht allein hätte den deutschen Gesetzgeber aber nicht gehindert, den Lauf von Ausschlussfristen bei Mediationsverfahren dennoch zu hemmen. Von dieser Möglichkeit hat er aber keinen Gebrauch gemacht, so dass gesetzliche Ausschlussfristen[48] während Mediationsverfahren nicht gehemmt sind. Eine vertragliche Verlängerung der gesetzlichen Ausschlussfristen ist

---

45 Wagner BKR 2013, 108 (111).
46 So auch Steffek RabelsZ 2010, 841 (861); RTMKM ZKM 2009, 147; Diop/Steinbrecher BB 2011, 131 (134); Horstmeier Rn. 203; Goltermann/Hagel/Klowait/Levien SchiedsVZ 2013, 41 (48).
47 Wozniewski NZG 2008, 410 (412).
48 ZB § 4 KSchG (dreiwöchige Klagefrist des Arbeitnehmers ab Zugang der schriftlichen Kündigung), § 246 Abs. 1 AktG (einmonatige Klagefrist für die Anfechtungsklage gegen die Beschlussfassung der Hauptversammlung), § 15 Abs. 1 AGG iVm § 61b ArbGG (dreimonatige Klagefrist für Entschädigungsansprüche wegen Benachteiligung), § 23 BBiG (dreimonatige Frist für Schadensersatzansprüche bei Beendigung des Berufsausbildungsverhältnisses), § 14 Abs. 1 UmwG (einmonatige Klagefrist gegen die Wirksamkeit eines Verschmelzungsbeschlusses), § 195 Abs. 1 UmwG (einmonatige Klagefrist gegen die Wirksamkeit eines Umwandlungsbeschlusses).

den Parteien nicht möglich.⁴⁹ Damit muss die anspruchstellende Partei trotz laufender Mediation Klage erheben, wenn der Ablauf der Ausschlussfrist droht.⁵⁰ Der dilatorische Klageverzicht der Mediationsvereinbarung erstreckt sich nicht auf Klagen zur Wahrung von vertraglich nicht verlängerbaren Ausschlussfristen. Derartige Klagen sind nicht als unzulässig abzuweisen,⁵¹ vielmehr ordnet das Gericht das Ruhen des Verfahrens – bei Zivilprozessen nach § 278a Abs. 2 ZPO und bei Arbeitsgerichtsprozessen nach § 54a Abs. 2 S. 1 ArbGG – an oder setzt das Verfahren bei Familiengerichtsverfahren nach § 36a Abs. 2 FamFG aus. Dies bedeutet, dass sowohl die Parteien als auch die Gerichte unnötigerweise belastet werden und der konsensuale Ansatz der Mediation durch Einreichung der notwendigen Klage konterkariert wird. Abweichendes gilt nach der Rechtsprechung des BAG⁵² zumindest für arbeits<u>vertragliche</u> Ausschlussfristen, bei denen laufende Vergleichsverhandlungen die Frist analog § 203 S. 1 BGB hemmen, allerdings keine weitere Ablaufhemmung analog § 203 S. 2 BGB eintritt.⁵³ Dies ist auf Mediationsverfahren übertragbar.⁵⁴

Hinsichtlich der Klagefrist gegen Beschlüsse bei Personengesellschaften wurde die Hemmung bei laufenden Verhandlungen durch die Änderung von § 112 Abs. 3 HGB⁵⁵ nun gesetzlich aufgenommen und eine Ablaufhemmung von einem Monat hinzugefügt (ausführlich zu Ausschlussfristen bei Beschlussmängelstreitigkeiten → C. Rn. 62 (Mediation im Gesellschaftsrecht)).

---

49 OLG Celle WM 1975, 652 (654); Dendorfer/Krebs Konfliktdynamik 2012, 212 (215); Steffek RabelsZ 2010, 841 (862); Risse, 10. Aufl. 2010, Kapitel 9 Anm. 6; MüKoBGB/Grothe Vor §§ 194–218 Rn. 12; Greger/von Münchhausen § 3 Rn. 46; Greger/Unberath/Steffek/Greger B. § 1 Rn. 164, der aber bei Verstreichen der Frist im Vertrauen auf die Mediationsabrede die Möglichkeit des Einwands der unzulässigen Rechtsausübung nach § 242 BGB für möglich hält.
50 Dendorfer Konfliktdynamik 2012, 280 (282).
51 Unberath NJW 2011, 1320 (1323); selbst die Erhebung einer unzulässigen Klage hemmt die Verjährung: BGH NJW 2011, 2193 (2194); Althammer NJW 2011, 2172 (2174); Greger/Unberath/Steffek/Greger B. § 1 Rn. 191.
52 BAG vom 20.06.2018 – 5 AZR 262/17, NZA 2018, 1402.
53 Siehe dazu: Sura, NZA-RR 2021, 57 (65).
54 Klowait, ZKM-Blog 2019, abrufbar unter: https://blog.otto-schmidt.de/mediation/2019/01/11/neue-rechtsprechung-zur-hemmung-von-ausschlussfristen-auch-durch-mediation/ (zuletzt abgerufen am 8.4.2024).
55 § 112 HGB n.F. wurde durch Art. 51 MoPeG geändert. Seit 1. Januar 2024 lautet § 112 Abs. 3 HGB „Für die Dauer von Vergleichsverhandlungen über den Gegenstand des Beschlusses oder die ihm zugrundeliegenden Umstände zwischen dem anfechtungsbefugten Gesellschafter und der Gesellschaft wird die Klagefrist gehemmt. Die für die Verjährung geltenden §§ 203 und 209 des Bürgerlichen Gesetzbuchs sind mit der Maßgabe entsprechend anzuwenden, dass die Klagefrist frühestens einen Monat nach dem Scheitern der Vergleichsverhandlungen endet."

Teil 3
Anwendungsfelder und Schnittstellen

A. Mediation und Konfliktmanagement in Wirtschaft und Gesellschaft

Literatur:
Bauckmann/Klück, Stärkung der Mediation durch eine Mediatorenkammer, ZKM 2021, 193; B2B Arbeitskreis des Round Table Mediation & Konfliktmanagement, Die Erwartungen der Unternehmen an ihre Berater bei der Konfliktbearbeitung und -beilegung, SchiedsVZ 2012, 254; *Briem/Klowait*, Der Round Table Mediation und Konfliktmanagement der deutschen Wirtschaft – Wegweiser für einen Paradigmenwechsel im unternehmerischen Konfliktmanagement?, Konfliktdynamik 2012, 66; *Duve/Eidenmüller/Hacke*, Mediation in der Wirtschaft, 3. Aufl. 2019; *Kirchhoff*, Wirtschaftsmediation in Deutschland – Momentaufnahme und Perspektiven, ZKM 2007, 108; *ders.*, Konfliktmanagement (-systeme) 2.0 – Das Komponentenmodell in der Praxis, Konfliktdynamik 2012, 4; *ders./Klowait*, Business Mediation, ADR and Conflict Management in the German Corporate Sector – Status, Development & Outlook, TDM 6 (2014); *Klowait*, Corporate Pledges – Normierung des Konfliktverhaltens bei Business-to-Business Streitigkeiten, Konfliktdynamik 2016, 102; *PwC/Viadrina*, „Konfliktmanagement in der deutschen Wirtschaft – Entwicklungen eines Jahrzehnts", 2016; *Risse*, Wirtschaftsmediation, 2. Aufl. 2022; *Schroeter*, Innerbetriebliche Mediation: Erfolgsmodell mit Entwicklungsaufgaben, ZKM 2022, 183; *Wendenburg/Gendner/Zimdars/Hagel*, Verfahrenswahl in B2B-Konflikten, ZKM 2019, 63.

I. Relevanz des Wirtschaftskontextes für die Entwicklung der Mediation ... 1	2. Die Praxis: Pionierprogramme und der RTMKM ... 11
II. Begriffliche Verortung und Ausdifferenzierung ... 3	3. Die Umfeldanalyse: Profilbildung von Führungskräften, Beratern, Initiativen ... 13
III. Erstarken des Feldes in Wissenschaft und Praxis ... 6	IV. Fazit ... 15
1. Die Wissenschaft: Studien, Aufsätze und Forschungsinitiativen ... 7	V. Ausstrahlung der Wirtschaftsmediation auf andere Felder ... 16
	VI. Einzelübersicht über die Kommentarbeiträge ... 17

I. Relevanz des Wirtschaftskontextes für die Entwicklung der Mediation

Ein entscheidender Faktor für eine nachhaltige Verankerung der Methode Mediation – also der im Kern kooperativen und durch eine Drittpartei begleiteten Herangehensweise an Interessengegensätze – in Deutschland war die Erschließung des Feldes der Wirtschaft als einem den Lebensalltag intensiv prägenden Teilbereich unserer Gesellschaft. Eine signifikante Änderung der gesellschaftlichen Konfliktkultur ohne Einbezug der **Wirtschaftssphäre im weiten Sinne – Unternehmen, Institutionen, Strukturen, Werte und Menschen –** war und ist undenkbar. Angesichts der Weite des Feldes Wirtschaft bedarf es hier einer differenzierten Betrachtung von Stellenwert, Reputation und Entwicklungsstand der Mediation als Instrument der Streitbeilegung und Gestaltung in den jeweiligen thematischen Sektoren. 1

Nachdem die primäre „Einflugschneise" der Etablierung von Mediation im deutschsprachigen Raum bekanntlich das Feld der Familienmediation war, ist das Thema Konfliktmanagement und Mediation in den vergange- 2 nen fünfzehn Jahren in Unternehmen, Kanzleien und bei Beratern ebenso angekommen wie bei den relevanten Institutionen. Ausmaß und Ausprägung der Etablierung von Mediation und Konfliktmanagement variieren dabei allerdings ebenso sehr wie die Erscheinungsformen des Instruments sowie die zugrunde liegenden Motivationen, sich einem Überdenken etablierter Umgangsformen mit Konflikten zu öffnen. Diese Situation erfordert Präzision beim Ausleuchten des Feldes ebenso wie das Aufzeigen von Schnittmengen mit (und Unterschieden zu) jeweils angrenzenden Feldern. Wenngleich also der inhaltliche Schwerpunkt dieses Überblicks (parallel zu demjenigen der Folgebeiträge) auf der Wirtschaftsmediation liegt, ist die wichtigste Blickrichtung eine gesellschaftliche Vogelperspektive, die gerade auch die **Querbezüge zwischen der Wirtschaft im engeren Sinne und anderen Bereichen** einschließt.

II. Begriffliche Verortung und Ausdifferenzierung

3 Zunächst zur Terminologie: Wirtschaftsmediation ist – wie die im Detail durchaus unterschiedlichen begrifflichen Konturierungen der Folgebeiträge zeigen – kein mit einer selbstverständlichen Bedeutung besetzter Ausdruck. Nach Risse lässt sich jedes Mediationsverfahren im Bereich der Wirtschaftsmediation ansiedeln, in dem über einen Konflikt verhandelt wird, den ansonsten ein Zivilrichter entscheiden müsste.[1] Gerade die Frage der Zuordnung innerbetrieblicher Konflikte zur Wirtschaftsmediation wird jedoch unterschiedlich beantwortet. Faktisch reicht das **Einsatzspektrum der Mediation im Wirtschaftskontext** von innerbetrieblichen Konflikten über Konflikte zwischen Unternehmen (B2B [Business to Business]-Konflikte) bis hin zu unternehmerischen Strategie- und Gestaltungsprozessen unterschiedlichster Art. Kennzeichen dieser letzten, bisweilen wenig beachteten Kategorie ist es unter anderem, dass im Fokus der Aufmerksamkeit nicht (notwendigerweise) die Lösung von Konflikten, sondern die Herausarbeitung eines unternehmerisch sinnvollen Interessenprofils zwecks Vorbereitung einer fundierten Entscheidungsfindung steht. Zunehmend ist zudem die Notwendigkeit erkannt worden, Konflikte zwischen Unternehmen und Kunden (B2C-Konflikte) außergerichtlich zu lösen, wobei die Verbraucherstreitigkeiten eine (auch begriffliche) Sonderrolle einnehmen.

4 Die Vehemenz, mit der zum Teil die Zugehörigkeit bzw. Nichtzugehörigkeit bestimmter Konfliktarten zum Bereich der Wirtschaftsmediation vertreten wird, findet – so wünschenswert eine noch größere Trennschärfe für die Seriosität von Ausbildungen und Qualität von Dienstleistungen wäre – keine Entsprechung in der praktischen Realität, in der der **Begriff Wirtschaftsmediation** regelmäßig und unbekümmert **im umfassenden Sinne** genutzt wird.[2]

5 Da das Ziel dieses Kommentars nicht die finale begriffliche Klärung, sondern die passgenaue Verortung der Mediation und des hier kommentierten Mediationsgesetzes in den diversen praktischen Anwendungsbereichen ist, genügt diese kurze Verdeutlichung des Einsatzspektrums als Beleg, dass der Begriff „Wirtschaftsmediation" eher als **schlagwortartige Bezeichnung**

---

1 Risse, 23.
2 Kirchhoff ZKM 2007, 108.

eines heterogenen **Anwendungsfeldes** der Methode Mediation zu verstehen ist denn als eine wissenschaftlich präzise Eingrenzung. Wirtschaftsmediation wird hier folglich zunächst umfassend als Mediation im Wirtschaftskontext verstanden, Differenzierungen werden vorgenommen, wo dies erforderlich ist.

III. Erstarken des Feldes in Wissenschaft und Praxis

Konzentriert man sich auf die faktischen Entwicklungen im Bereich Wirtschaftsmediation, so erweisen sich insbesondere die letzten fünfzehn Jahre als ereignisreich und aussagekräftig: Studienserien untermauerten den (direkt aus den Unternehmen heraus artikulierten) Bedarf nach mediativer Methodik, Pionierunternehmen entwickelten ambitionierte, im besten Sinne heterogene Programme zur Optimierung ihrer unternehmerischen Konfliktbearbeitung und auf dem Feld aktive Unternehmen schlossen sich in schlagkräftigen und artikulationsfreudigen Netzwerken zusammen. Auf die Veränderungen der unternehmerischen Konfliktkultur reagiert hat mittlerweile auch das dienstleistungsorientierte Umfeld – Anwaltskanzleien, Beratungsunternehmen, Institutionen. Mit Gewinn lässt sich diese Akzentsetzung in der Betrachtung – **Wissenschaft, Praxis, Umfeld** – auch auf andere Felder übertragen, gerade deshalb soll dieser Dreiklang hier kurz exemplarisch für den Wirtschaftskontext illustriert werden.

1. Die Wissenschaft: Studien, Aufsätze und Forschungsinitiativen. Auch in der Wortwahl bemerkenswert ist die Beobachtung von Risse, dass in einem ersten Schritt die wissenschaftliche Beschäftigung mit der Mediation explodierte[3]. Im Zeitraum von 2005–2016 begleitete etwa eine umfassende **Studienserie**, von der **Europa-Universität Viadrina gemeinsam mit PricewaterhouseCoopers** durchgeführt, den Veränderungsprozess im Konfliktmanagement deutscher Unternehmen.[4] Zu Beginn der Serie lag der Forschungsakzent auf der Frage, mit welcher Nutzungshäufigkeit die unterschiedlichen Konfliktbearbeitungsverfahren Verhandlung, Mediation, Schlichtung, Schiedsgutachten, Schiedsverfahren und Gerichtsverfahren von Unternehmen in Anspruch genommen werden und wie die Unternehmen die Vorteilhaftigkeit der Verfahren im Vergleich zueinander einschätzen. Die im Ergebnis feststellbare Diskrepanz zwischen der (abstrakt: großen) Beliebtheit/Präferenz für konsensual ausgerichtete Verfahren wie der Mediation und ihrer (faktisch: geringen) Einsatzhäufigkeit bereitete den Weg für vier Folgestudien. In diesen ging es insbesondere darum, Wege für eine aus Sicht von Unternehmen und Konfliktforschung sinnvolle Verankerung des Themas Konfliktbearbeitung in den unternehmerischen Strukturen und Prozessen aufzuzeigen.

Ein maßgebliches Zwischenergebnis der Studienserie war die Entwicklung des **Viadrina-Komponentenmodells eines Konfliktmanagementsystems**, welches durch die Systematisierung zahlreicher Praxiserfahrungen von Unternehmen eine Art „Blaupause" für die Konzeption eines Kon-

---

3 Risse, 1.
4 Sämtliche Studien sind auf der Homepage des Instituts für Konfliktmanagement unter https://www.ikm.europa-uni.de/de/kernbereiche/wirtschaft/index.html verfügbar (zuletzt abgerufen am 1.4.2024).

fliktmanagement-Systems lieferte, die auch heute noch als Gerüst für entsprechende Ansätze von Unternehmen dient. Das Modell erlaubt es nicht zuletzt, gerade das Instrument der Wirtschaftsmediation präzise innerhalb der unternehmerischen Konfliktmanagementprogramme zu verorten:[5] als eine Methode (unter mehreren), die auf Basis einer vorgelagerten, systematischen Verfahrenswahl von professionellen Konfliktbearbeitern mit Mediationskompetenz (ob externe oder Inhouse-Mediatoren) im konkreten Fall eingesetzt wird.

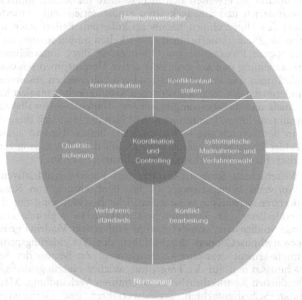

Abb. 1 – Viadrina-Komponentenmodell eines Konfliktmanagement-Systems (2013)[6]

9 Die 2013 veröffentlichte Folgestudie differenziert das Thema Konfliktmanagement unter den Perspektiven Controlling und Qualität weiter aus, verankert es in den unternehmerischen Managementstrukturen und präzisiert die ethische Dimension des Themas. Die abschließende Studie, 2016 erschienen und erneut primär quantitativ ausgerichtet, untersucht, inwiefern die offenkundigen Veränderungen während des Untersuchungszeitraums in Zahlen und Fakten (etwa Fallzahlen von Mediationen und Änderungen in Vertragsklauseln) nachweisbar sind. Ihr Fazit lautet: Die am Ende der Langzeitstudie erhobenen Daten zeigen, dass die Diskrepanz zwischen der positiven Einschätzung und der tatsächlichen Nutzung von außergerichtlichen Konfliktbearbeitungsverfahren immer noch besteht, aber deutlich

---

5 Kirchhoff Konfliktdynamik 2012, 4 ff.
6 S. Viadrina/PricewaterhouseCoopers (Hrsg.), Konfliktmanagement als Instrument wertorientierter Unternehmensführung, 18.

kleiner geworden ist. Die Kernaussagen der Studienserie sind weiterhin gültig. Insbesondere die **Mediation hat im Unternehmenskontext eine größere Relevanz bekommen.** Bei innerbetrieblichen Konflikten werden – gerade in größeren Unternehmen – mittlerweile regelmäßig Mediatoren hinzugezogen, um Streitigkeiten beizulegen. Neben dem Aspekt der Kostenreduzierung liegen die Motivationen dafür insbesondere in der Unternehmensphilosophie, der Wahrung von Vertraulichkeit und dem Interesse an der Fortsetzung von Arbeitsverhältnissen begründet. Kurzum: Die Relevanz insbesondere von Mediation wächst; gleichzeitig weist die Gesamtentwicklung des Themas Konfliktmanagement in der Wirtschaft eher die Züge einer Evolution als diejenigen einer – in den ersten Jahren der Etablierung teils erhofften und teils befürchteten – Revolution auf.

Einen anders gelagerten, aber ebenso wichtigen Beitrag für die Ausmessung des Feldes Konfliktmanagement in der Wirtschaft hat die 2009 erschienene **Konfliktkostenstudie von KPMG**[7] geleistet. Neben einer klaren Differenzierung zwischen funktionalen und dysfunktionalen Konfliktwirkungen wird in der Studie ein Konfliktkostenmodell entwickelt, das als Basis für den von zahlreichen Wirtschaftsakteuren geforderten **„business case Mediation"** dienen kann. Die Ausbreitung der Wirtschaftsmediation hat auch von diesem Beitrag wesentlich profitiert, da die Kosten von Konflikten und letztlich die Effekte von Mediation – jedenfalls in erster Näherung – analytisch aufbereitet werden können. Mittlerweile gibt es mehrere Anbieter, die eine differenzierte, technologisch gestützte Schätzung von Konfliktkosten als Teil einer vorgelagerten Konfliktanalyse vorsehen.[8]

2. Die Praxis: Pionierprogramme und der RTMKM. Die Themen Konfliktmanagement im Allgemeinen und Mediation im Besonderen sind in den vergangenen fünfzehn Jahren von zahlreichen Unternehmen aufgegriffen und in Form von Pilotprojekten, Betriebsvereinbarungen sowie neuen Rollenbeschreibungen und Funktionen (von Ombudspersonen über Konfliktlotsen bis zu Inhouse-Mediatoren) umgesetzt worden. Gerade vor diesem Hintergrund hat das MediationsG eine beachtliche Relevanz entfaltet, da es wesentliche Fragen berührt, die die Unternehmen bis zum Zeitpunkt des Inkrafttretens autonom regeln oder gänzlich ungeregelt lassen konnten. Die Programmzuschnitte und Etablierungsgeschichten zahlreicher Unternehmen lassen sich in Fachzeitschriften nachlesen.[9] Zu den **Pionierunternehmen** bei der Konzeption und Etablierung von Konfliktmanagement-Programmen im deutschsprachigen Raum zählen dabei SAP, E.ON, die Deutsche Bahn und die Deutsche Bank im Bereich der innerbetrieblichen Konflikte ebenso wie Bombardier, Siemens und Airbus im Bereich der B2B-Konflikte.

Früh hat das wachsende Bewusstsein für die Relevanz von Konfliktmanagement bei den damit befassten Unternehmensvertretern das Bedürfnis

---

[7] Abrufbar unter www.kpmg.de.
[8] Siehe etwa www.konfliktkostenrechner.de (zuletzt abgerufen am 1.4.2024).
[9] Siehe hierzu insbesondere die Rubrik „Aus den Organisationen" der ersten Jahrgänge der Zeitschrift Konfliktdynamik, die in jeder Ausgabe das Konzept und den Etablierungsweg eines Unternehmens beschreibt, sowie zahlreiche Beiträge in der ZKM.

geweckt, Kräfte zu bündeln und sich systematisch über die gesammelten Erfahrungen auszutauschen. Die Gründung des „**Round Table Mediation und Konfliktmanagement der deutschen Wirtschaft**",[10] der im Frühjahr 2008 als verbandsunabhängiges Forum etabliert wurde und sich seither mehrere Dutzend Male für jeweils anderthalb Arbeitstage getroffen hat, hat die beschriebenen Entwicklungen in der deutschen Unternehmenslandschaft geprägt und beschleunigt. Ziel des Round Table ist es, als zentrales Forum der deutschen Wirtschaft zum Thema Mediation und Konfliktmanagement einen kooperativen Austausch zwischen den Unternehmen sowie mit der Wissenschaft und der Politik zu gewährleisten.[11]

Etwas langsamer als in größeren und großen Unternehmen hat das Thema Konfliktmanagement im unternehmerischen **Mittelstand**, in KMUs und Familienunternehmen an Bedeutung gewonnen. Insbesondere im Kontext von Fusionsprozessen und Generationswechseln hat sich die Mediation aber auch in diesem Segment mittlerweile etablieren können. Auch existieren nunmehr erfolgreiche Prototypen von auf kleinere und mittlere Unternehmen zugeschnittenen Konfliktmanagement-Programmen. Konzeptionell bilden diese gerade durch ihren Fokus auf Mediation oftmals ab, dass bei Unternehmen mit geringerem Personalbestand Themen wie Fachkräftefluktuation, Wettbewerb unter den Mitarbeitenden oder die Identifikation mit dem Unternehmen (oder deren Fehlen) massive wirtschaftliche Implikationen haben können. Die mit einem Konfliktmanagement-Programm verbundene **Investition in den „Faktor Mensch"** zahlt sich daher im Kontext KMU besonders aus.

13 **3. Die Umfeldanalyse: Profilbildung von Führungskräften, Beratern, Initiativen.** Die wachsende Relevanz, Sichtbarkeit und strategische Verortung des Themas Konfliktmanagement im Wirtschaftskontext führt dazu, dass neben den Mediatoren auch zahlreiche andere Personen und Institutionen ihre Rollen, Kompetenzen und Profile auf den Prüfstand stellen (müssen), um Potentiale zu nutzen und gleichzeitig den aktuellen Kompetenz- und Qualitätsstandards zu entsprechen. Innerhalb der Unternehmen ist damit primär die **Schnittstelle zwischen Führung und Konfliktmanagement** angesprochen, da die Etablierung von Mediation im Unternehmen nur unter aktiver Einbindung der Führungskräfte gelingen kann[12] – und gleichzeitig moderne Führung ohne Kompetenzen im Bereich Konflikt nicht (mehr) vorstellbar ist. Während Qualitäten wie Durchsetzungsstärke und Charisma in den Hintergrund treten, erweisen sich die Fähigkeit zum Integrieren von Interessen, das kluge Management von Zielkonflikten und gelebte Empathie als Kernbestandteile eines neuen Führungsverständnisses, das insbesondere dem Arbeitsethos und -anspruch jüngerer Generationen entspricht.

14 Als wesentlich für die Dynamik der Wirtschaftsmediation in Deutschland hat sich die Reaktion der die Unternehmen beratenden **Kanzleien, Steuer-**

---

10 Ausführliche Informationen zu Gründung, Anspruch und Arbeitsprodukten des Round Table finden sich unter www.RTMKM.de (zuletzt abgerufen am 1.4.2024).
11 Briem/Klowait, S. 66 ff.
12 Vgl. als Grundlage dazu etwa Bruhn/Reichwald, S. 132 ff., das Fokusthema der Konfliktdynamik April 2013 „Die neue Führungskraft", die umfassenden Seminarangebote zum Thema „Mediative Führung" sowie die Ausführungen unter Teil C.4.3. in der Studie 4 und diverse Abschnitte in Studie 5 von PwC und EUV.

experten und sonstigen Akteure erwiesen. Auf Basis von frühen, bemerkenswert klaren Aussagen zum erwarteten Berater- und Beratungsprofil seitens derjenigen Unternehmen, die perspektivisch auf Wirtschaftsmediation und Konfliktmanagement setzen,[13] hat sich auch das Profil der Dienstleister zügig an die neuen bzw. geschärften Erwartungen angepasst. Die im RTMKM versammelten Unternehmen haben bereits 2016 erstmalig einen Preis ausgelobt, mit dem regelmäßig diejenigen Anwaltskanzleien ausgezeichnet werden, die auf dem Feld Mediation und Konfliktmanagement das ausgereifteste Dienstleistungsspektrum anbieten. Die Schirmherrschaft über diese wegweisende Initiative hat das Bundesjustizministerium übernommen. Wichtige Impulse, die vom Markt rasch verstanden wurden. Auch die maßgeblichen **Institutionen**, die Verfahren im Bereich Mediation/ADR administrieren, haben ihre Kräfte in diesem Bereich intensiviert. Beispiele wie die von der Deutschen Institution für Schiedsgerichtsbarkeit (DIS) propagierte Konfliktmanagement-Ordnung oder die weltweit anerkannte Mediation Competition der International Chamber of Commerce (ICC) belegen, dass das institutionelle Umfeld zunächst eher auf Entwicklungen im Bereich Mediation *re*-agiert hat, das Voranbringen des Feldes nun aber auch selbst aktiv betreibt. Sondierungen entsprechender Berufskammern über die Rolle von Mediation vervollständigen dieses Bild[14].

IV. Fazit

Im Bereich der Wirtschaft ist der ursprüngliche Fokus Einzelner Akteure auf das isolierte Thema Mediation einer **fakten- und strategieorientierten Gesamtperspektive auf das übergeordnete Thema Konfliktmanagement** gewichen. „Kompetenz im Konfliktmanagement" ist zu einem Aushängeschild geworden, das Unternehmen und Führungskräfte aktiv in das Innen- und Außenbild integrieren. Das unternehmerische Umfeld – etwa Kanzleien und Institutionen – hat diese Entwicklung aufgegriffen. Die Geschwindigkeit dieser Entwicklungen ist mit Blick auf die Fallzahlen – zur Überraschung mancher Kommentatoren – weiterhin relativ gering, wodurch allerdings die Qualität und die Nachhaltigkeit der jeweiligen Maßnahmen und Verschiebungen gestärkt werden dürfte. Die Kurzformel „Evolution statt Revolution" fasst die Dynamiken treffend zusammen.

V. Ausstrahlung der Wirtschaftsmediation auf andere Felder

Die Interdependenzen, Synergien und Querbezüge bei den gesellschaftlichen Entwicklungen im Bereich Mediation sind offenkundig. Die skizzierten Verschiebungen auf dem Feld der Wirtschaftsmediation haben Dynamik und Initiativen auch in vielen anderen Bereichen zur Folge gehabt: Initiativen wie der RTMKM dienten als Vorbild für bewusst parallel konzipierte **Netzwerke im öffentlichen Raum** (konkret: die Gründung eines parallel strukturierten RTMKÖ für den öffentlichen Bereich), das **Wechselspiel zwischen Schiedsgerichtsbarkeit und Mediation** wurde konkretisiert und das **anwaltliche Berufsbild** überdacht und angepasst. Durch den wach-

---

13 B2B Arbeitskreis des Round Table Mediation & Konfliktmanagement SchiedsVZ 2012, 254 ff.
14 Bauckmann/Klück, 121.

senden Stellenwert der Mediation im Bereich der Wirtschaftskonflikte haben sich Berührungsängste mit Blick auf konsensuale Streitbeilegung auch in vielen anderen Bereichen der Gesellschaft abgebaut. Selbst in scheinbar weit entfernt liegenden Bereichen wie der deutschen Außenpolitik hat sich die Mediation beachtlich ausdifferenziert und etabliert. Gleichzeitig bedeutete etwa die Aufwertung der Mediation im gerichtlichen Kontext auch einen positiven Schub für den Stellenwert der Mediation im Unternehmenskontext, so dass bei der Analyse der Entwicklungen von Mediation in den unterschiedlichen Kontexten der Gesellschaft eine **enge, synergetische Verknüpfung sämtlicher Bereiche** festgestellt werden kann – bei der Änderung der Konfliktkultur handelt es sich offenkundig um einen systemischen, auf komplexe Art interdependenten Vorgang.

VI. Einzelübersicht über die Kommentarbeiträge

17 Gerade vor dem Hintergrund dieser Interdependenz der unterschiedlichen Felder kann erst eine echte Zusammenschau – und als Voraussetzung dafür das detaillierte Durcharbeiten – der Folgebeiträge die ganze **Bandbreite und intensive Verknüpfung der Anwendungsfelder von Mediation** illustrieren. Die folgenden kompakten Darstellungen sollen und können diese Verflechtungen nur anreißen.

18 *Hagel* (→ B. Rn. 1 ff.) eröffnet die Beitragsfolge mit einer Untersuchung der „Mediation zwischen Unternehmen". Gerade ein Blick auf dieses traditionell vom Instrument der Schiedsgerichtsbarkeit geprägte Feld zeigt auf, dass neben der systematischen Arbeit an Methoden und Programmen auch die Organisations- und Konfliktkultur eines Unternehmens über den Einsatz von Mediation (nach Art und Häufigkeit) entscheiden wird. Insbesondere die von Hagel beschrieben Besonderheiten der B2B-Mediation – von der anwaltlichen Präsenz bis zur wichtigen Rolle von Hybridverfahren – grenzen das Feld von anderen ab.

19 Anschließend widmet sich *Hagel* (→ C. Rn. 1 ff.) dem Feld der **Mediationen im Gesellschaftsrecht**. Bereits der Existenzzweck von Gesellschaften impliziert eine Mediationsgeeignetheit vieler Konstellationen. Besonders interessant sind gerade deshalb die Erklärungsansätze des Autors, warum Mediation bislang unterproportional genutzt wird.

20 *Klowait* (→ D. Rn. 1 ff.) richtet den Fokus seines Beitrags auf den Bereich **Innerbetriebliche Mediation**. Eine umfassende Differenzierung der anzutreffenden Fallgruppen – von Teamkonflikten bis zu Auseinandersetzungen zwischen Unternehmensleitung und Betriebsrat – verdeutlicht, warum in diesem Bereich sehr spezifische Anforderungen an die Qualität von Programmen und darin tätigen Personen zu stellen sind. Den Gedanken der Vernetzung der Felder aufgreifend, seien zudem die Ausführungen zur Wirkmacht von Mediation außerhalb durchgeführter Mediationsverfahren von *Klowait* hervorgehoben.

21 Im Beitrag von *Lukas/Burmester* (→ E. Rn. 1 ff.) wird anhand klassischer Fallgruppen und konkreter Beispiele die Relevanz von **Mediation in individual- und kollektivarbeitsrechtlichen Konflikten** aufgezeigt. Die unterschiedlichen Konstellationen sind von spezifischen Konfliktdynamiken und

rechtlichen Rahmenbedingungen geprägt, von denen viele durch das MediationsG berührt werden.

Jung (→ F. Rn. 1 ff.) erläutert und untersucht die **Mediation in privaten Bausachen und der Immobilienwirtschaft.** Die besondere Konfliktanfälligkeit sowie das enorme Kapitalvernichtungs- und Eskalationspotenzial stellen hohe Ansprüche an die Mediation regelnde Strukturen in diesem Bereich. Trotz des scheinbar primär technisch geprägten Kontextes müssen gerade auf diesem Feld personelle, zeitliche, kommunikative und kulturelle Aspekte integriert werden, um Projekte von der Planung über die Vertragsgestaltung bis zur Realisierung zu begleiten.

Immer komplexere Produkte und zunehmend verkürzte Produktzyklen führen im Bereich von Marken und Patenten zu neuen Konfliktdynamiken. Gerade für das Zusammenspiel von **Intellectual Property und Mediation** führt das auch zu neuen Möglichkeiten, die in dem Beitrag von *Groß* (→ G. Rn. 1 ff.) auf den Punkt gebracht werden. Klauseln aus der Vertragspraxis von Forschungs-, Entwicklungs- und Lizenzverträgen illustrieren die Relevanz und Herausforderungen dieses Feldes.

Das Gebiet der **Familien- und Scheidungsmediation,** wie ausgeführt eine der maßgeblichen gesellschaftlichen Einflugschneisen der Mediation in Deutschland, kommentiert *Weber* (→ H. Rn. 1 ff.). Zum einen beschreibt er die Anstöße, Anpassungen und rechtlichen Implikationen, die das MediationsG für diesen Bereich bedeutet, zum anderen integriert er die Ergebnisse der für dieses Feld mittlerweile vorliegenden Evaluationsforschung. Auch die internationalen und interkulturellen Dimensionen der Familienmediation werden illustriert, inklusive der steigenden Relevanz der Mediation in Fällen internationaler Kindesentführungen.

Inhaltlich und methodisch mit dem vorherigen Beitrag verknüpft ist das Feld der **Mediation und Konfliktvorsorge in Erbangelegenheiten,** das von *Schmitz-Vornmoor* (→ I. Rn. 1 ff.) vorgestellt wird. Die Komplexität familiärer Beziehungen im Allgemeinen und die konfliktdynamischen Konsequenzen eines Vermögensübergangs durch Todesfall im Besonderen verlangen auch in diesem Bereich nach einer maßgeschneiderten Herangehensweise und der präzisen Verortung normativer wie methodischer Fragen.

Der Stellenwert von **Konfliktmanagement und Mediation in der Versicherungswirtschaft** wird von *Wendt* (→ J. Rn. 1 ff.) auskonturiert, wobei relevante Institutionen (etwa die Schlichtungsstelle Versicherungsombudsmann e.V. oder die Ombudsperson für Versicherungen) ebenso betrachtet werden wie praktisch relevante inhaltliche Detailfragen. Gerade Aspekte wie die Suche nach stimmigen Deckungskonzepten für Mediationsverfahren oder die besondere Rolle der Schlichtungsstellen im Arzthaftungsrecht illustrieren, an welchen Stellen sich eine erfolgreiche Etablierung konsensorientierter Streitbeilegung in der Praxis konkret zeigt und messen lassen muss.

Ausgangspunkt und Basis der **Mediation in der steuerberatenden Praxis,** die von *Berning* (→ K. Rn. 1 ff.) kommentiert wird, ist der frühe Kontakt, den Steuerberater in ihrer Funktion als „Ersthelfer" in vielen sensiblen Angelegenheiten mit ihren Mandanten haben, wobei die resultierenden Einsatzmöglichkeiten mediativer Techniken und Rollen naturgemäß weit darüber hinausgehen. Vom plastischen Blick in den Alltag dieses Berufs-

28 Dem weiten und gesellschaftlich immens relevanten Feld **Gerichtliche Mediation, Güterichter-Modell und Güterichter** widmet sich die Kommentierung von *Löer* (→ L. Rn. 1 ff.). Neben der auch historischen Analyse des Verhältnisses von Güterichtermodell und gerichtsinterner Mediation verdienen insbesondere die Gedanken über aktuelle Entwicklungen – von den Auswirkungen der Pandemie bis zum Erreichen langfristiger rechtspolitischer Ziele – spezielle Aufmerksamkeit.

bilds bis zu den strategischen Zukunftsfragen liefert der Beitrag zahlreiche Einblicke in das Wechselspiel von Steuerberatung und Mediation.

29 **Mediation aus der spezifisch notariellen Sicht** kommentiert *Schmitz-Vornmoor* (→ M. Rn. 1 ff.) und arbeitet dabei im Rahmen seines Beitrags präzise mit den ausgeprägten Rollenbildern (und durchaus auch -brüchen), die für dieses Feld der Mediation theoretisch und praktisch relevant werden können. Auch der praktisch wertvollen Zusammenarbeit von Mediatoren und Notaren samt berufsrechtlicher Implikationen schenkt er besondere Aufmerksamkeit.

30 Die Dynamiken und Rollenherausforderungen im Bereich der **Mediationsbegleitung durch Rechtsanwälte** untersucht *Hacke* (→ N. Rn. 1 ff.). Die seit der Jahrtausendwende merklich gestiegene Kontaktfläche mit dem Feld Mediation bricht er auf die Notwendigkeiten guter anwaltlicher Praxis herunter: Mediation funktional zu verstehen, den Rechtsrahmen zu kennen und bestimmte (auch neue) handwerkliche Fähigkeiten praktisch anzuwenden. Durch die Schilderung der einzelnen Stationen der anwaltlichen Begleitung entsteht ein dreidimensionales Bild der steigenden Relevanz der Mediation im modernen Berufsbild eines Anwalts.

31 Das Feld **Online Dispute Resolution**, das nicht zuletzt durch die Pandemie erheblich an Relevanz und Entwicklungsdynamik gewonnen hat, untersucht *Gläßer* (→ O. Rn. 1 ff.) und legt dabei Wert darauf, neben den teils komplett neu und anders gelagerten Herausforderungen auch den Wert der digitalen Konfliktbearbeitung hervorzuheben.

32 Eine Bastion der Streitbeilegung in internationalen Wirtschaftsstreitigkeiten stellt traditionell das Feld der **Schiedsgerichtsbarkeit** dar. Das zunehmend dynamische Zusammenspiel der schiedsgerichtlichen Welt mit derjenigen der Mediation wird von *Dendorfer-Ditges* (→ P. Rn. 1 ff.) illustriert. Insbesondere das Spektrum der Hybridverfahren sowie die wachsende Offenheit der Protagonisten beider Felder für das jeweils andere sind markante Aspekte des Beitrags.

33 Im letzten Beitrag wird von *Berlin* (→ Q. Rn. 1 ff.) das Themenfeld **Verbraucherschlichtung und Verbraucherstreitbeilegungsgesetz** skizziert. Trotz der für Verbraucherkonflikte charakteristischen strukturellen Asymmetrie zwischen den Akteuren scheidet in diesen Konstellationen die Mediation keineswegs aus – ganz im Gegenteil, möchte man angesichts der gerade in diesem Bereich hohen Fallzahlen sagen. Sie verlangt jedoch nach fundiertem Hintergrundwissen und dem Bewusstsein für die methodischen und rechtlichen Besonderheiten, die im Beitrag einschließlich der Erfahrungswerte aus europäischen Nachbarländern vermittelt werden.

34 Abschließend sei angemerkt: Das Format eines auf das Wesentliche konzentrierten Kommentars macht eine Fokussierung auf einige (und trotz

der stattlichen Anzahl an Beiträgen im Grunde weiterhin: wenige) Anwendungsfelder und Fragestellungen unumgänglich. Mit großem Gewinn ließen sich angesichts der **Vielschichtigkeit der Thematik** weitere Perspektiven eröffnen, Akzente setzen und Felder untersuchen, die über das hier aufgespannte Spektrum noch hinausgehen. Die Auswirkungen von Pandemie, Inflation und den zunehmenden geopolitischen Systemspannungen auf die Art und Relevanz von kooperativer Konfliktbeilegung etwa sind bislang nur zum Teil gesellschaftlich integriert. Ein derart vernetzter, über die Sphäre der Wirtschaft hinaus ins Politische gerichteter Blick lohnt. Denn die Anpassung einer gesellschaftlichen Konfliktkultur an neue Gegebenheiten, Ziele und Werte ist ein langfristiger Transformationsprozess, der nur über die Grenzen einzelner Anwendungsfelder hinweg gestaltet werden kann.

B. Mediationen zwischen Unternehmen

Literatur:

Ahrens, Mediationsgesetz und Güterichter – Neue gesetzliche Regelungen der gerichtlichen und außergerichtlichen Mediation, NJW 2012, 2465; *Aschenbrenner,* Von den Erwartungen der Unternehmen an ihre Begleitanwälte im Konfliktmanagement, SchiedsVZ 2013, 144; *Becker/Horn,* Notwendige Regelungen eines deutschen Mediationsgesetzes, SchiedsVZ 2005, 270; *Bühring-Uhle/Eidenmüller/Nelle,* Verhandlungsmanagement, 2. Aufl. 2017; *Dendorfer-Ditges,* Mediationsgesetz – Orchidee oder doch Stachelblume im Paragrafenwald?, Konfliktdynamik 2013, 86; *Dendorfer/Lack,* The Interaction Between Arbitration and Mediation: Vision vs. Reality, SchiedsVZ 2007, 195; *Diop,* Was lange währt, wird endlich gut?, RuP 2010, 236; *ders./Steinbrecher,* Cui bono? – Das Mediationsgesetz aus Unternehmenssicht, BB 2012, 3023; *dies.,* Ein neues Mediationsgesetz für Deutschland: Impuls für die Wirtschaftsmediation?, BB 2011, 131; *Duve,* Das Gesetz zur Rettung der gerichtlichen Mediation, ZKM 2012, 108; *ders./Eidenmüller/Hacke/Fries,* Mediation in der Wirtschaft, 3. Aufl. 2019; *Eidenmüller;* Caucus-Mediation und Mediationsgesetz, Beilage zu ZIP 22/2016, 18; *ders./Prause,* Die europäische Mediationsrichtlinie – Perspektiven für eine gesetzliche Regelung der Mediation in Deutschland, NJW 2008, 2737; *Gendner,* Potentiale nutzen – B2B Mediation, eine praktische Herausforderung, Dispute Resolution 2014, 36; *Goltermann/Hagel/Klowait/Levien,* Das neue Mediationsgesetz aus Unternehmenssicht, SchiedsVZ 2012, 299 (Teil 1) und SchiedsVZ 2013, 41 (Teil 2); *Greger/Unberath/Steffek,* Recht der alternativen Konfliktlösung, Kommentar, 2. Aufl., 2016; *Greger/Stubbe,* Schiedsgutachten, 2007; *Greger/von Münchhausen,* Verhandlungs- und Konfliktmanagement für Anwälte, 2010; *Hacke,* Rechtsanwälte als Parteivertreter in der Wirtschaftsmediation, SchiedsVZ 2004, 80; *Hagel,* Es geht auch anders – Alternative Beilegung von Wirtschaftskonflikten, Jahrbuch Deutscher AnwaltSpiegel 2011/2012, 127; *ders.,* Der Unternehmensjurist als Risikomanager, SchiedsVZ 2011, 65; *ders.,* Kosten und Nutzen der Mediation bei Konflikten zwischen Unternehmen in: Trenczek/Berning/Lenz (Hrsg.) Mediation und Konfliktmanagement, 2. Aufl. 2017; *ders.,* The Value Add of Legal Departments in Disputes in: *Jacob/Schindler/Strathausen (Hrsg.)* Liquid Legal, 2017; *ders.,* Effizienzgewinnung durch rationale Auswahl des Streitbeilegungsverfahrens, ZKM 2014, 108; *ders.* Die Auswahl des geeigneten Streitbeilegungsverfahrens in: Krimphove (Hrsg.), Internationale Schiedsgerichtsbarkeit, 2022; *Hagel/Steinbrecher,* Systematisches Konfliktmanagement für externe Wirtschaftskonflikte (B2B), Konfliktdynamik 2012, 24; *Hartung/Wendenburg,* Die interprofessionelle Mediationskanzlei – Zusammenarbeit von Anwaltsmediatoren und nichtanwaltlichen Mediatoren, NJW 2009, 1551; *Henssler/Koch,* Mediation in der Anwaltspraxis 2. Aufl. 2004; *Henssler/Deckenbrock,* Das neue Mediationsgesetz: Mediation ist und bleibt Anwaltssache!, DB 2012, 159; *Hobeck/Mahnken/Koebke,* Schiedsgerichtsbarkeit in internationalen Anlagenbau – Ein Auslaufmodell? SchiedsVZ 2007, 225; *Jost,* Mediation per Gesetz?, Konfliktdynamik 2012, 204; *Klowait,* Mediation aus Unternehmersicht, NJW-aktuell 2010, 12; *ders.,* ADR Corporate Pledge – Optimierung des unternehmerischen Konfliktmanagements durch freiwillige Selbstverpflichtungen, DisputeResolution 2012; *ders.,* Corporate Pledge – Unternehmens-Initiative für ein differenziertes Konfliktmanagement, ZKM 2016, 154; *Löer,* Referentenentwurf eines Mediationsgesetzes, ZKM 2010, 179; *Lörcher/Lissner,* Neues Mediationsgesetz: Aufwind für die außergerichtliche Streitbeilegung im gewerblichen Rechtsschutz?, GRUR-Prax 2012, 318; *Loos/Brewitz,* Hindert eine Mediationsvereinbarung der Klage? – Wie lange?, SchiedsVZ 2012, 305; *May,* Der Mediationsanwalt – Plädoyer für eine neue Rolle des Anwaltes als Mediationsberater, NZBau 2014, 324; *Morawietz,* Prozessrisikoanalyse in der Wirtschaftsmediation, IDR 2004, 133; *Mehrbrey,* Handbuch gesellschaftsrechtliche Streitigkeiten, 3. Aufl., 2019; *Nelle/Hacke,* Die Mediationsvereinbarung – Vertragliche Regelungen zur Vereinbarung von Mediationsverfahren, ZKM 2002, 257; *PwC/EUV (Hrsg.),* Konfliktmanagement in der deutschen Wirtschaft – Entwicklungen eines Jahrzehnts, 2016; *Rafi,* Das Mediationsgesetz – Vor- und Nachteile einer rechtlichen Regulierung, Konfliktdynamik 2012, 196; *Richter,* Die Mediation aus Sicht des Justizministeriums NRW, SchAZtg 2010, 10; *Pasetti,* Wirtschaftsmediation als Dienstleistung von Wirtschaftskanzleien, SchiedsVZ 2015, 134; *Risse,* Wirtschaftsmediation, 2. Auflage, 2022; *ders.,* Prozessrisikoanalyse, ZKM 2010, 107; *ders.,* Wirtschaftsmediation, NJW 2000, 1614; *ders.* Neue Wege der Konfliktbewältigung: Last-offer-Schiedsgerichtsverfahren, High/

Low-Arbitration und Michigan-Mediation, Beilage zu BB 16/2001, 16; *Risse/Bach*, Wie frei muss Mediation sein? – Von Politik, Ideologie, Gesetzgebern und Gerichten, SchiedsVZ 2011, 14; *Roquette/Schweiger*, Vertragsbuch Privates Baurecht, 3. Aufl. 2020; *Round Table Mediation und Konfliktmanagement der Deutschen Wirtschaft*, Positionspapier der deutschen Wirtschaft zur Umsetzung der EU-Mediationsrichtlinie, ZKM 2009, 147; *ders.*, Die Erwartung der Unternehmen an ihre Berater bei der Konfliktbearbeitung und -beilegung, SchiedsVZ 2012, 254; *Sander/Goldberg*, Fitting the Forum to the Fuss: A User-Friendly Guide to Selecting an ADR-Procedure, Negotiation Journal 1994, 49; *Servatius*, Corporate Litigation, 2. Aufl., 2021; *Sessler*, Konfliktmanagement – Erwartungen der Wirtschaft, ZKM 2014, 161; *Steffek*, Rechtsvergleichende Erfahrungen für die Regelung der Mediation, RabelsZ 2010, 841; *Trenczek/Berning/Lenz/Will*, Mediation und Konfliktmanagement, 2. Aufl., 2017; *Unberath*, Eckpunkte der rechtlichen Gestaltung des Mediationsverfahrens, ZKM 2012, 12; *ders.*, Internationale Mediation – Die Bestimmung des maßgeblichen Rechts, FS von Hoffmann, S. 500; *ders.*, Mediationsklauseln in der Vertragsgestaltung – Prozessuale Wirkungen und Wirksamkeit, NJW 2011, 1320; *Wacker*, Strafrechtliche Verantwortung von Juristen im Mediationsverfahren, AnwBl. 2000, 528; *Wagner*, Das Mediationsgesetz – Ende gut, alles gut?, ZKM 2012, 110; *ders.*, Grundstrukturen eines deutschen Mediationsgesetzes, RabelsZ 2010, 794; *Walz*, Final-Offer-Arbitration – oder: Drittentscheidung anhand verbindlicher Angebote, SchiedsVZ 2003, 119; *Wendenburg/Gendner/Zimdars/Hagel*, Der Round Table Mediation und Konfliktmanagement der deutschen Wirtschaft (RTMKM) stellt neues Tool vor, ZKM 2019, 63.

I. Vorbemerkung 1	ff) Unternehmen schätzen die Flexibilität hinsichtlich der Lösungen 15
II. Warum machen Unternehmen Mediationen? 2	b) Grenzen der Mediation 16
1. Mediation als Mittel zur Konfliktvermeidung 3	aa) Mediation nur nach Einigung der Parteien .. 17
2. Mediation als Mittel, Konflikte als Chance zur Weiterentwicklung zu nutzen .. 4	bb) Mediation bietet keine Sicherheit für einstweiligen Rechtsschutz 19
3. Mediation als Möglichkeit der effizienten Beilegung unvermeidlicher Konflikte 5	cc) Mediation hemmt gesetzliche Ausschlussfrist nicht 20
a) Mediation ist zur Beilegung von Konflikten zwischen Unternehmen geeignet 6	dd) Mediation ist ungeeignet für hoch eskalierte Konflikte 21
aa) Konflikte zwischen Unternehmen sind mediationsfähig 6	ee) Mediation kann das Bedürfnis nach Entscheidung nicht befriedigen 22
bb) Unternehmen schätzen Vertraulichkeit bei der Beilegung von Konflikten 7	ff) Mediation bietet Gefahr des Missbrauchs 24
cc) Unternehmen schätzen die kurze Dauer des Verfahrens 11	III. Besonderheiten der Mediation zwischen Unternehmen 25
	1. Mediationsvereinbarungen 26
dd) Unternehmen schätzen die geringen Kosten des Verfahrens 12	2. Verteilungskonflikte 28
	3. Einzelgespräche 30
ee) Unternehmen schätzen nachhaltige Lösungen 13	4. Teilnahme von Anwälten ... 31
	5. Hybridverfahren 32
	IV. Fazit 36

I. Vorbemerkung

1 Entgegen einzelner Befürchtungen[1] hat das MediationsG für Unternehmen keinen Trend zur Rückkehr zu traditionellen Streitbeilegungsverfahren oder anderen alternativen Konfliktbeilegungsverfahren eingeleitet. Vielmehr hat die Mediation als Konfliktbeilegungsverfahren in Wirtschaftskonflikten zwischen Unternehmen in den letzten Jahren zunehmend an Bedeutung gewonnen.[2] War 2005 die Mediation zwischen Unternehmen nach Verhandlung, Gerichtsverfahren, Schiedsgerichtsverfahren, Schiedsgutachten und Schlichtung noch das am wenigsten häufig genutzte Konfliktbeilegungsverfahren,[3] so rutschte sie 2015 nach Verhandlung und Schlichtung bereits auf den dritten Platz.

Mediationen sind bei Unternehmen auch deswegen zunehmend beliebter, weil den Parteien ein Selbstbestimmungsrecht zusteht, die Teilnahme an der Mediation freiwillig ist und das Verfahren dank seiner Flexibilität der individuellen Konfliktbeilegung angepasst werden kann. Aufgrund dieser wesentlichen Prinzipien **ist die Mediation per se regulierungsfeindlich**.[4] Insofern ist es, auch aus Unternehmenssicht, zu begrüßen, dass der Gesetzgeber mit dem MediationsG von einer zu detaillierten gesetzgeberischen Regulierung der Mediation abgesehen hat und sich im Wesentlichen auf das zur Umsetzung der Mediationsrichtlinie Nötige beschränkt hat.[5]

II. Warum machen Unternehmen Mediationen?

2 Unternehmen haben, von Ausnahmen abgesehen, den Unternehmenszweck der Gewinnerzielung. Übertragen auf Konflikte und Konfliktbeilegung bedeutet dies, dass Unternehmen daran gelegen ist,

- Konflikte zu vermeiden, wo möglich,
- Konflikte, die das Unternehmen weiterentwickeln, bewusst auszutragen und
- unvermeidliche Konflikte möglichst effizient beizulegen.

Die Mediation ist grundsätzlich geeignet, all diese Kriterien zu erfüllen. Im Einzelnen:

3 **1. Mediation als Mittel zur Konfliktvermeidung.** Es klingt zunächst paradox, ein klassisches Konfliktbeilegungsverfahren zur **Konfliktvermeidung** einzusetzen. Bei näherem Hinsehen jedoch wird schnell klar, dass immer dann, wenn verschiedene Interessen zu berücksichtigen sind, interessenorientierte Verfahren ihre Berechtigung haben, selbst dann, wenn noch gar kein Konflikt, zumindest aber noch kein Streit entstanden ist. Beispielhaft sei eine Transaktion genannt. Typischerweise haben die daran beteiligten Unternehmen unterschiedliche Interessen. Klassischerweise werden die Interessen in den Verhandlungen jedoch gar nicht geäußert, gelegentlich von

---

1 Risse/Bach SchiedsVZ 2011, 14 (19).
2 Duve/Eidenmüller/Hacke, S. 7; Hagel AnwaltSpiegel Jahrbuch 2011/2012, 127 (131); Haft/Schlieffen Mediation-HdB/Hehn § 2 Rn. 55.
3 PwC/EUV, S. 37 (Abbildung 10).
4 Risse/Bach SchiedsVZ 2011, 14 (16) weisen zudem auf den Widerspruch der Grundidee der Mediation („Staatsferne") zur gesetzlichen (=„staatlichen") Regelung der Mediation hin.
5 Im Ergebnis so auch Jost Konfliktdynamik 2012, 204 (207).

den Verhandelnden in der Verhandlung auch gar nicht wahrgenommen. Die Parteien verstecken sich vielmehr – bewusst oder unbewusst – hinter Positionen, so dass ein Verhandlungsverfahren häufig nur die Positionen behandelt, die Interessen jedoch unberücksichtigt bleiben. Im Ergebnis führt dies dazu, dass entweder eine Einigung nicht zustande kommt oder die getroffene Vereinbarung keine nachhaltige Lösung darstellt, da sich über kurz oder lang herausstellt, dass das erzielte Verhandlungsergebnis – die Vereinbarung – die eigentlichen Interessen gar nicht befriedigt. Dies sei anhand eines sehr simplen Beispiels verdeutlicht: Beim Verkauf einer Produktionsmaschine eines Mittelständlers verhandeln die Verhandlungsparteien regelmäßig nur über die Beschaffenheit der Maschine und den Preis. Tatsächlich könnte der Verkäufer aber auch ein Interesse an der Sicherstellung der Produktion eines bestimmten Bauteils haben, was allein aber den Weiterbetrieb der Maschine beim Verkäufer nicht rechtfertigt. Die Offenlegung dieses Interesses eröffnet unter Umständen die Option der Fortführung der Fertigung dieses Produktes, dann aber auf der Maschine des Käufers. Hilfreich kann hier die Drittunterstützung sein, die in strukturierter Weise den Parteien zunächst hilft, ihre auf die Transaktion bezogenen Interessen herauszuarbeiten, um die gemeinsam erarbeiteten Lösungsmöglichkeiten dann daran zu spiegeln. In dieser Weise herausgearbeitete Vereinbarungen haben die Chance, in ihrer Umsetzung weit weniger konfliktanfällig zu sein als rein positionsgetriebene. Derartige Verfahren bezeichnet man als **Deal-Mediation**.

Unternehmen setzen Mediationen zur Konfliktvermeidung zudem bei Veränderungs- und Restrukturierungsmaßnahmen ein, um die Interessen der daran Beteiligten rechtzeitig berücksichtigen zu können.[6]

2. Mediation als Mittel, Konflikte als Chance zur Weiterentwicklung zu nutzen. Konflikte sind *per se* nichts Schlechtes, auch nicht solche zwischen Unternehmen. Konflikte bieten vielmehr die Chance, kritische Punkte der Zusammenarbeit zu identifizieren und abzustellen.[7] Problematisch werden sie nur dann, wenn sie entweder nicht erkannt, emotionalisiert oder nicht gelöst werden. Häufig gehen Konflikte zwischen Unternehmen einher mit gegenseitigen Schuldzuweisungen, nicht selten zur Überdeckung (auch) eigener Unzulänglichkeiten. Mediationen helfen, Konflikte zu de-emotionalisieren und auf den eigentlichen Kern zu reduzieren, um dann interessengerechte Lösungen zu finden und zu vereinbaren. Derartige Lösungen führen regelmäßig zur Weiterentwicklung, da Schwachstellen identifiziert und analysiert werden und neue Lösungskonzepte gefunden werden. Gerade wenn es um Punkte der Zusammenarbeit geht, können die sich daraus ergebenden Konflikte zumeist nicht durch Entscheidungsverfahren gelöst werden, wohingegen die Mediation auch für nicht justiziable Konflikte geeignet ist.

3. Mediation als Möglichkeit der effizienten Beilegung unvermeidlicher Konflikte. Schon nach der Begriffsbestimmung in § 1 Abs. 1 MediationsG ist die Mediation ein Verfahren zur einvernehmlichen Beilegung von Konflikten, also auch von Konflikten zwischen Unternehmen.

---

6 Vgl. RTMKM ZKM 2009, 147 (148); → C Rn. 22 f.
7 Hagel/Steinbrecher Konfliktdynamik 2012, 24 (26).

Konfliktfelder zwischen Unternehmen sind insbesondere:
- Streitigkeiten aus (vor-)vertraglichen Leistungsbeziehungen;
- Streitigkeiten bei Kooperationsverträgen (zB Konsortium, Joint Venture, Arbeitsgemeinschaft);
- Streitigkeiten wegen Rechtsverletzungen (zB Schutzrechtsverletzungen, Wettbewerbsverstöße).

Die auftretenden Konflikte betreffen dabei nahezu alle Konflikttypen, nämlich Beziehungskonflikte, Wert- und Grundsatzkonflikte, Strategiekonflikte, Verteilungskonflikte und Sachkonflikte.

Nachfolgend soll die generelle Geeignetheit der Mediation ebenso dargestellt werden wie die Grenzen der Mediation für Streitigkeiten zwischen Unternehmen.

6 **a) Mediation ist zur Beilegung von Konflikten zwischen Unternehmen geeignet. aa) Konflikte zwischen Unternehmen sind mediationsfähig.** Wenn es um die Prüfung der Geeignetheit der Mediation zur Beilegung von Konflikten zwischen Unternehmen geht, stellt sich zunächst die Frage, ob derartige Streitigkeiten überhaupt mediationsfähig sind, dh rechtlich der Mediation zugänglich sind. Die Mediation tritt – anders als das Schiedsgerichtsverfahren – nicht an die Stelle des staatlichen Gerichtsverfahrens, da der Mediator nach § 1 Abs. 2 MediationsG ausdrücklich nicht zur Entscheidung befugt ist. Daher kann die Mediation das Entscheidungsmonopol des Staates nicht einschränken, so dass sie auch nicht gesetzlich auf einzelne Ansprüche beschränkt ist, wie dies bei Schiedsgerichtsverfahren nach § 1030 Abs. 1 S. 1 ZPO hinsichtlich vermögensrechtlicher Ansprüche der Fall ist. Mediationsfähig sind vielmehr alle Streitigkeiten zwischen Unternehmen, einschließlich nicht justiziabler Konflikte, wie beispielsweise Beziehungs-, Ziel- oder Wertekonflikte.

7 **bb) Unternehmen schätzen Vertraulichkeit bei der Beilegung von Konflikten.** Sofern Streitigkeiten zwischen Unternehmen im Zusammenhang mit zwischen ihnen geschlossenen Verträgen stehen, haben die beteiligten Unternehmen zumeist ein gemeinsames Interesse daran, dass die Vertragsinhalte oder zumindest sensible Vertragsteile, wie beispielsweise Preise, nicht an die Öffentlichkeit kommen.[8] Insofern ist den Konfliktparteien daran gelegen, diese Streitigkeiten unter Ausschluss der Öffentlichkeit auszutragen. Zudem haben die Konfliktparteien oft auch ein Interesse daran, dass andere Betriebs- und Geschäftsgeheimnisse vertraulich bleiben.[9]

Die Vertraulichkeit bezieht sich nicht nur darauf, dass die Mediation einen „geschützten Raum" bietet, bei dem keine Information aus oder über das Verfahren an Dritte gelangt (sog. **„externe Vertraulichkeit"**), sondern auch darauf, dass Konfliktparteien dem Mediator Informationen vertraulich zukommen lassen können, die dieser nicht an die andere Partei weitergeben darf (sog. **„interne Vertraulichkeit"**). Dies betrifft insbesondere vertrauliche

---
[8] Generell zum Wunsch der Unternehmen nach Vertraulichkeit: Sessler ZKM 2014, 161 (162).
[9] Haft/Schlieffen Mediation-HdB/Risse § 35 Rn. 40.

Informationen[10] aus den bei Mediationen zwischen Unternehmen so wichtigen Einzelgesprächen oder dem Vorgespräch.

Unzweifelhaft ist die Vertraulichkeit ein zentrales – wenn auch abdingbares – Merkmal der Mediation. Für Unternehmen sind mehrere Aspekte von Bedeutung. Einerseits sollen durch die Mediation keine zuvor vorhandenen Beweismittel für eventuelle Folgeverfahren verlorengehen, andererseits soll die Mediation keine neuen Beweismittel hinzufügen.[11] Was in der Mediation passiert und gesagt wird, muss umfassenden Schutz haben. Der Schutz muss sogar so weit gehen, dass nicht aufgrund der Offenheit in der Mediation mit Sanktionen außerhalb der Mediation zu rechnen ist.

Zur Sicherstellung der **Vertraulichkeit** sind nach § 4 S. 1 der Mediator und die in die Durchführung des Mediationsverfahrens eingebundenen Personen[12] zur Verschwiegenheit verpflichtet. Dies ist aber nicht ausreichend. Gerade zur Unterscheidung von Verfahren vor ordentlichen Gerichten ist es für Unternehmen besonders wichtig, dass ihnen in der Mediation die Möglichkeit des Austauschs in einem geschützten Raum gewährt wird. Dies ist aber nur dann möglich, wenn die Verschwiegenheitspflicht alle an der Mediation Beteiligten erfasst und zudem ein **Zeugnisverweigerungsrecht** und ein **Beweisverwertungsverbot** sichergestellt sind.

Zunächst ist erstaunlich, dass weder die Parteien selbst noch deren Vertreter nach dem MediationsG zur Verschwiegenheit verpflichtet sind.[13] Was nützt dem Unternehmen die Verschwiegenheit allein des Mediators, wenn in einem Folgeprozess die eigenen Mitarbeiter, die an der Mediation teilgenommen haben, von der Gegenseite als Zeugen zum Inhalt des Mediationsverfahrens benannt werden können, und schlimmer noch, aussagen müssen. Zum umfassenden Vertraulichkeitsschutz ist daher eine entsprechende Parteivereinbarung erforderlich.[14]

Ein umfassender Schutz der Vertraulichkeit setzt zudem ein **strafprozessuales Zeugnisverweigerungsrecht** des Mediators und der anderen an der Mediation Beteiligten voraus.[15] Ein solches besteht nach § 53 StPO jedoch nur für die darin gelisteten Berufsgeheimnisträger. Der Gesetzgeber hat auf eine Ausweitung des strafprozessualen Zeugnisverweigerungsrechts auf Mediatoren verzichtet, so dass sich ein solches für Mediatoren lediglich aus ihrem Grundberuf ergeben kann (→ MediationsG § 4 Rn. 12). Die-

---

10 Die Partei kann den Mediator berechtigen, einzelne oder alle Informationen der anderen Konfliktpartei zu übermitteln.
11 Wagner RabelsZ 2010, 794 (811) hat das treffend ausgedrückt: „Die Partei soll durch das gescheiterte Mediationsverfahren nichts an prozessualer Munition hinzugewinnen, doch sie behält alle Pfeile in ihrem Köcher, die sie zuvor schon hatte."
12 Hierunter fallen nach der Gesetzesbegründung nur die Hilfspersonen des Mediators, BT-Drs. 17/5335, 17; ausführlich hierzu → MediationsG § 4 Rn. 20 f.
13 Der Bundesrat hat deren Einschluss vorgeschlagen, BT-Drs. 17/5335, 29; vgl. hierzu auch Henssler/Deckenbrock DB 2012, 159 (165); Stellungnahme des Verbandes der integrierten Mediation zum Referentenentwurf, S. 5; Hausmanns in der Expertenanhörung zum Gesetzentwurf, S. 6; Steffek RabelsZ 2010, 841 (856); Wagner ZKM 2012, 110 (111); Diop/Steinbrecher BB 2012, 3023; Dendorfer-Ditges Konfliktdynamik 2013, 86 (89).
14 Wagner ZKM 2012, 110 (111).
15 Vgl. hierzu auch RTMKM ZKM 2009, 147 (151); Löer ZKM 2010, 179 (181); DRB-Stellungnahme Nr. 5.

se Lücke kann auch nicht durch Parteivereinbarung geschlossen werden, denn ein strafprozessuales Zeugnisverweigerungsrecht lässt sich individualvertraglich nicht begründen.[16]

10 Letztlich wäre aus Unternehmenssicht ein Beweisverwertungsverbot hinsichtlich der in der Mediation erstellten Beweismittel wünschenswert gewesen.[17] In der Mediation erstellte oder ausgetauschte Informationen sollten in förmlichen Gerichts- oder Schiedsgerichtsverfahren nur mittelbar oder unmittelbar eingeführt werden können, wenn die Informationen bereits außerhalb der Mediation bekannt waren oder ohne Verstoß gegen die Vertraulichkeit hätten ermittelt werden können.[18] Die gesetzliche Regelung hätte sich an Art. 20 UNCITRAL Conciliation Rules anlehnen können.[19] Nun bleibt den Parteien nur, entsprechende **Beweismittelvereinbarungen** zu schließen, die sowohl zulässig als auch vom Gericht zu beachten sind.[20]

Soweit die Parteien Vereinbarungen zur Vertraulichkeit schließen, bleibt, insbesondere hinsichtlich der Verschwiegenheit der an der Mediation Beteiligten, das Risiko, dass sich die Beteiligten daran nicht halten. Dieses Risiko kann zwar durch Vertragsstrafen minimiert (→ MediationsG § 4 Rn. 26), jedoch nicht vollständig ausgeschlossen werden. Die Parteien haben insofern im Einzelfall hinsichtlich der in der Mediation offen gelegten Informationen stets eine konkrete Risikoabschätzung vorzunehmen. Häufig überwiegt die Chance, durch interne Öffnung zum Erfolg zu kommen das Risiko, bei Scheitern später Nachteile zu erleiden.[21] Zudem haben die Konfliktparteien es selbst in der Hand, welche Informationen und Dokumente sie in die Mediation einbringen, sei es lediglich in Einzelgesprächen unter der Verschwiegenheit des Mediators, oder im Plenum.

---

16 RTMKM ZKM 2009, 147 (151) unter Anführung konkreter Beispiele; Diop/Steinbrecher BB 2012, 3023 (3024); Haft/Schlieffen Mediation-HdB/Eisele § 46 Rn. 57: „Die gesetzliche Aussagepflicht geht insoweit der vertraglichen Schweigepflicht vor."
17 RTMKM ZKM 2009, 147 (151).
18 RTMKM ZKM 2009, 147 (151); Steffek RabelsZ 2010, 841 (857); für ein umfassendes Beweisthemenverbot als dispositive Auffangregelung auch Eidenmüller/Prause NJW 2008, 2737 (2741) im Sinne des US-amerikanischen Uniform Mediation Act (Sec. 4–6); auch der Bundesrat hat in seiner Stellungnahme zum Gesetzentwurf gefordert, zu prüfen, ob die Mediation nicht durch ein dispositives Beweiserhebungs- und Vortragsverbot geschützt werden kann: BT-Drs. 60/1/11, 10; aA Richter SchAZtg 2010, 10 (13) unter Verweis auf praktische Schwierigkeiten der Abgrenzung.
19 Vgl. hierzu Wagner RabelsZ 2010, 794 (810 ff.); Art. 20 UNCITRAL Conciliation Rules 1980 lautet: The parties undertake not to rely on or introduce as evidence in arbitral or judicial proceedings, whether or not such proceedings relate to the dispute that is the subject of the conciliation proceedings;
(a) Views expressed or suggestions made by the other party in respect of a possible settlement of the dispute;
(b) Admissions made by the other party in the course of the conciliation proceedings;
(c) Proposals made by the conciliator;
(d) The fact that the other party had indicated his willingness to accept a proposal for settlement made by the conciliator.
20 Risse/Bach SchiedsVZ 2011, 14 (18).
21 Haft/Schlieffen Mediation-HdB/Risse § 35 Rn. 45.

cc) Unternehmen schätzen die kurze Dauer des Verfahrens. Konfliktparteien haben häufig ein Interesse daran, den Konflikt schnellstmöglich beizulegen.[22] Dies kann darin begründet sein, dass sie der Konflikt reputationsseitig belastet, die Geschäftsbeziehung und/oder Vertragserfüllung während des Konflikts gelähmt ist oder aber darin, dass ihnen die langwierige Austragung des Konfliktes zu ressourcenaufwändig ist. Mediationsverfahren zwischen Unternehmen sind regelmäßig sehr schnelle Verfahren. Von der Auswahl des Mediators bis zur Abschlussvereinbarung vergehen meist nur wenige Wochen, wobei die eigentlichen Mediationssitzungen in wenigen Tagen durchgeführt werden. Im Gegensatz zu Gerichts- oder Schiedsgerichtsverfahren müssen die Parteien auch keine langen Schriftsätze abfassen oder gar mehrere Schriftsatzrunden durchlaufen. Die Mediation ist vielmehr ein mündliches Verfahren, dem gelegentlich eine kurze schriftliche Konfliktbeschreibung („**Mediation Statement**")[23] vorausgeht.

Im Gegensatz dazu dauern Schiedsgerichtsverfahren, die nicht durch Vergleich beendet werden, etwa zwei Jahre, häufig sogar bis zu fünf Jahre.[24] Nicht eingerechnet ist dabei die Vorbereitungszeit für die Schiedsklage, die weitere drei bis sechs Monate in Anspruch nimmt. Streitige Verfahren in Zivilsachen bei Landgerichten dauern von Rechtshängigkeit bis zum streitigen Urteil im Durchschnitt 13,1 Monate.[25] Verfahren in der zweiten Instanz beim Oberlandesgericht dauern im Schnitt 30,7 Monate bis zum streitigen Urteil.[26] Verfahren vor dem BGH dauern weitere ein bis zwei Jahre bis zur Entscheidung durch das höchste Zivilgericht.

Selbst Verhandlungen zwischen den Konfliktparteien ohne Hinzuziehung eines Dritten dauern häufig länger als Mediationsverfahren. Dies liegt daran, dass den Verhandlungen zumeist die lösungsorientierte Struktur fehlt, bei der zunächst der Konflikt aufgearbeitet wird, die Interessen herausgearbeitet werden, um sich dann zukunftsgerichtet den Lösungsoptionen zuzuwenden. Die Konfliktparteien verstricken sich bei Verhandlungen zumeist in Schuldzuweisungen und beharren auf ihren Positionen, so dass sich die Verhandlungen „im Kreise drehen".

dd) Unternehmen schätzen die geringen Kosten des Verfahrens. Konfliktbeilegungsverfahren lösen Kosten unterschiedlicher Art aus:

1. **Verfahrenskosten** für Institutionen,[27] einschließlich der verfahrensleitenden Dritten,[28]
2. konfliktbegleitende **Beratungskosten**,[29]

---

22 Nach PwC/EUV, S. 41 (Abb. 14) ist die kürzere Dauer außergerichtlicher Konfliktbeilegungsverfahren unter den Top 5 Gründen für außergerichtliche Verfahren; vgl. auch Sessler ZKM 2014, 161 (162).
23 Trenczek/Berning/Lenz/Will/Hagel 2.18 Rn. 21.
24 Ausführlich hierzu: Trenczek/Berning/Lenz/Will/Hagel 2.18 Rn. 20; Hobeck/Mahnken/Koebke SchiedsVZ 2007, 225 (229).
25 Bericht des Statistischen Bundesamtes Fachserie 1 Ziffer 5.2 von 2021; mit einer Spanne von 8,8 Monaten in Stuttgart bis zu 17,9 Monaten in Bremen.
26 Bericht des Statistischen Bundesamtes Fachserie 10 von 2021; mit einer Spanne von 24,1 Monaten (OLG-Bezirk Stuttgart) bis zu 57,7 Monaten (OLG-Bezirk Mecklenburg-Vorpommern).
27 Gericht, Schiedsinstitution.
28 Bspw. Adjudikatoren, Mediatoren, Schiedsgutachter, Schiedsrichter, Schlichter.
29 Bspw. Rechtsberater, Steuerberater, Unternehmensberater.

3. eigene **Transaktionskosten**[30] und
4. **Opportunitätskosten**.[31]

Im Hinblick auf die einzelnen Kostenarten und damit auf die Gesamtkosten unterscheiden sich die Konfliktbeilegungsverfahren jedoch ganz erheblich.

Da Mediationsverfahren eine relativ kurze Dauer haben, fallen nur geringe Partei- und Opportunitätskosten an. Die Verfahrenskosten sind aufgrund der zeit- und nicht streitwertabhängigen Kosten des Mediators in aller Regel überschaubar. Verfahrenskosten für Institutionen fallen nur an, wenn es sich um administrierte Mediationen handelt, sind aber regelmäßig deutlich günstiger als Gericht- oder Schiedsgerichtskosten.[32] Zumeist teilen sich die Konfliktparteien die Kosten des Mediators und der Institution zu gleichen Teilen. Die eigenen Kosten einschließlich Anwalts- und Beraterkosten tragen die Konfliktparteien hingegen jeweils selbst.

Die Parteikosten bei Gerichts- und Schiedsgerichtsverfahren sind schon aufgrund der wesentlich längeren Verfahrensdauer deutlich höher, ebenso die Verfahrenskosten, die zudem streitwertabhängig steigen.

In Summe sind daher Mediationsverfahren bei Streitigkeiten zwischen Unternehmen vergleichsweise günstig. Selbst unter Berücksichtigung der Möglichkeit eines Scheiterns der Mediation mit der möglichen Folge eines sich anschließenden Gerichts- oder Schiedsgerichtsverfahrens bleibt das Mediationsverfahren im Durchschnitt deutlich kostengünstiger als Gerichts- und Schiedsgerichtsverfahren.[33]

13   ee) **Unternehmen schätzen nachhaltige Lösungen.** Um Konflikte nachhaltig beilegen zu können, muss das Konfliktbeilegungsverfahren drei Ebenen gleichermaßen berücksichtigten, nämlich die beiden Konfliktebenen (Sachebene und Beziehungsebene) und die Verfahrensebene.

Häufig sind die Konfliktparteien schon überfordert, die beiden Konfliktebenen zu erkennen und voneinander zu trennen. Selten gelingt es, auch noch die dritte Ebene zu bedienen und das Verfahren zu strukturieren und zu führen. Aus diesem Grund scheitern viele Verhandlungen und die Parteien wenden sich an Dritte, die ihnen entweder helfen sollen, den Konflikt selbst beizulegen (Einigungsverfahren) oder ihn für sie zu entscheiden (Entscheidungsverfahren).[34]

---

30 Bspw. Personal- und Reisekosten; ausführlich hierzu: Trenczek/Berning/Lenz/Will Konfliktmanagement-HdB/Hagel 2.18 Rn. 19.
31 Entgangener Nutzen, der dadurch anfällt, dass Mitarbeiter während der Konfliktbearbeitung nicht andere, gewinnbringende Aufgaben erledigen können. Ausführlich hierzu: Trenczek/Berning/Lenz/Will Konfliktmanagement-HdB/Hagel 2.18 Rn. 19 und Trenczek/Berning/Lenz Konfliktmanagement-HdB/Berning 2.17 Rn. 23 und 29.
32 Bei der DIS fallen für die Administration einer Mediation pauschal 250 EUR an, während für Schiedsgerichtsverfahren streitwertabhängig Kosten zwischen 350 EUR (bei einem Streitwert bis 17.500 EUR) und 40.000 EUR (bei einem Streitwert ab 6.900.000 EUR) anfallen.
33 Ausführlich hierzu: Trenczek/Berning/Lenz/Will Konfliktmanagement-HdB/Hagel 2.18.
34 Übersichten zu den verschiedenen Verfahren finden sich bei: → Einl. Rn. 28 ff.; MünchHdB GesR VII/Hagel § 135 Rn. 1 ff.; Haft/Schlieffen Mediation-HdB/Haaß § 7.

Die Mediation ist in besonderer Weise geeignet, alle drei Ebenen gleichzeitig und gleichermaßen zu bedienen. Der Mediator konzentriert sich auf die Verfahrensführung und strukturiert die Verhandlung der Konfliktparteien. Zudem hilft er den Parteien, die Sach- und Beziehungsebene im erforderlichen Umfang zu bearbeiten.

Die in Mediationen gefundenen Lösungen führen häufig zu einer nachhaltigen Konfliktbeilegung und die Abschlussvereinbarung hat zumeist eine hohe Ergebnisqualität, weil im Mediationsverfahren mehrere Qualitätsfilter durchlaufen werden:

1. Die Lösungen werden von den Parteien selbst erarbeitet und bewertet und nicht von Dritten vorgegeben.
2. Der Mediator hilft den Parteien, die Vollständigkeit und Realisierbarkeit der angedachten Lösungen zu überprüfen und wirkt nach § 2 Abs. 6 S. 1 MediationsG darauf hin, dass die Parteien die Vereinbarung in Kenntnis der Sachlage treffen und deren Inhalt verstehen.
3. Die Parteien haben die Möglichkeit, die beabsichtigte Lösung von externen Beratern prüfen zu lassen, worauf sie der Mediator nach § 2 Abs. 6 S. 2 MediationsG dann hinweisen muss, wenn die Parteien ohne fachliche Beratung an der Mediation teilnehmen.

Im Gegensatz zu einem „faulen Kompromiss" stößt die in der Mediation gefundene Lösung auf eine große Akzeptanz der Parteien. Nicht verwunderlich ist daher, dass Abschlussvereinbarungen regelmäßig nicht vollstreckt werden müssen, sondern freiwillig erfüllt werden. Auch wenn die **Vollstreckbarkeit**, die dem europäischen Gesetzgeber besonders wichtig war, in der Praxis eine eher untergeordnete Rolle spielt,[35] wäre es aus Unternehmenssicht gut, wenn die Abschlussvereinbarung entweder per se vollstreckbar wäre oder ein Vollstreckungstitel schnell, unkompliziert und kostengünstig zu erwerben wäre. Völlig untauglich war der zunächst vom Gesetzgeber im Referentenentwurf enthaltene Lösungsansatz, wonach die Vollstreckbarkeit der Abschlussvereinbarung auch noch von der Zustimmung des Vollstreckungsgegners abhängig gemacht wurde. Dies entsprach zwar Art. 6 Abs. 1 Med-RiLi, hätte aber zu der absurden Situation geführt, dass sich die Parteien inhaltlich zwar geeinigt hätten, eine Partei sich aber an ihr Leistungsversprechen nicht hält und dann auch noch gefragt wird, ob sie mit der Zwangsvollstreckung aus der getroffenen Vereinbarung einverstanden ist. Diese Zustimmung würde in der Praxis wohl kaum erteilt. Die Partei, die aus der Abschlussvereinbarung vorgehen möchte, müsste Klage aus der Abschlussvereinbarung erheben, um letztlich einen Vollstreckungstitel erwirken zu können.

14

Da der Gesetzgeber nun aber völlig von einer Regelung abgesehen hat, bleiben nur wenige Alternativen (→ MediationsG § 2 Rn. 413 ff.):

- Anwaltsvergleich nach §§ 796a–c ZPO;
- Vollstreckungsunterwerfung in notarieller Urkunde nach § 794 Abs. 1 Nr. 5 ZPO;

---

35 Eidenmüller/Prause NJW 2008, 2737 (2740); Risse/Bach SchiedsVZ 2011, 14 (19); Haft/Schlieffen Mediation-HdB/Ponschab/Kracht § 56 Rn. 136.

- Vergleich vor einer anerkannten Gütestelle[36] oder Prozessvergleich nach § 794 Abs. 1 Nr. 1 ZPO;
- Klage aus der Abschlussvereinbarung;[37]
- Schiedsspruch mit vereinbartem Wortlaut, falls die Mediation während eines anhängigen Schiedsgerichtsverfahrens durchgeführt wird.[38]

Sämtliche Alternativen sind eher für Dritte (Anwälte oder Notare) attraktiv, denn für wirtschaftlich denkende Unternehmen,[39] wobei zu berücksichtigen ist, dass den Kosten auch Leistungen der Anwälte und Notare gegenüberstehen, beispielsweise Beratungsleistungen und die (unbeschränkte) Haftung (näher dazu → M Rn. 54). Um die grenzüberschreitende Vollstreckung zu vereinfachen, war seit 2014 eine Arbeitsgruppe der UNCITRAL mit der Ausarbeitung einer Konvention zur gegenseitigen Anerkennung der Vollstreckbarkeit von Abschlussvereinbarungen aus Mediationen in internationalen Handelsstreitigkeiten beschäftigt[40], die am 7.8.2019 erlassen wurde und am 12.9.2020 in Kraft trat. Das Übereinkommen wurde bisher[41] von 55 Staaten unterzeichnet, allerdings bisher von keinem EU-Mitgliedsstaat. Die darin vorgesehene Gleichstellung zur Vollstreckbarkeit aus Schiedssprüchen hat den positiven Nebeneffekt, ein zwar nicht stichhaltiges, aber dennoch häufig vorgebrachtes Argument gegen die Mediation bei grenzüberschreitenden Streitigkeiten zwischen Unternehmen zu eliminieren.

15 **ff) Unternehmen schätzen die Flexibilität hinsichtlich der Lösungen.** Da privatwirtschaftliche Unternehmen mit Gewinnerzielungsabsicht handeln, ist die Wirtschaftlichkeit ihr vorrangiges Interesse. Das Recht ist dabei Mittel zum Zweck und Begrenzung zugleich. Insofern kommt es bei der Beilegung von Konflikten zwischen Unternehmen auch nicht (allein) auf rechtliche Bewertungen an. Das wirtschaftliche Ergebnis ist dem Unternehmen meist wichtiger als die Entscheidung einer Rechtsfrage[42] und die wirtschaftlichen Konsequenzen sind häufig von größerem Interesse als die

---

36 Trenczek/Berning/Lenz Konfliktmanagement-HdB/Berning/Trenczek/Lenz Kap. 4.4 Rn. 26; Haft/Schlieffen Mediation-HdB/Ponschab/Kracht § 56 Rn. 133.
37 Vgl. zur eingeschränkten Vertraulichkeit im Folgeverfahren: Unberath ZKM 2012, 12 (15).
38 Lörcher/Lissner GRUR-Prax 2012, 318 (320); die Einleitung eines Schiedsgerichtsverfahrens mit dem alleinigen Zweck der Protokollierung des in der Mediation gefundenen Vergleichs dürfte hingegen rechtsmissbräuchlich und unzulässig sein: Greger/von Münchhausen, § 17 Rn. 507; Unberath ZKM 2012, 12 (15); → MediationsG § 2 Rn. 427; dieses Problem versucht die Singapore Arb-Med-Arb Clause des Singapore International Arbitration Center (SIAC) zu lösen, wonach zunächst ein Schiedsgerichtsverfahren eingeleitet, dann aber sofort ein Mediationsverfahren durchgeführt wird und eine mögliche Abschlussvereinbarung vor dem Schiedsgericht protokolliert wird oder bei Scheitern der Mediation das Schiedsgerichtsverfahren weiter betrieben wird.
39 Vgl. hierzu auch Henssler/Deckenbrock DB 2012, 159 (167); Ahrens NJW 2012, 2465 (2468), Wagner ZKM 2012, 110 (111); zur Bedeutungslosigkeit des Anwaltsvergleichs aufgrund der hohen Kosten auch → MediationsG § 2 Rn. 420. Unter Schuldnerschutzgesichtspunkten mag die Einschaltung Dritter bei der Schaffung von Vollstreckungstiteln sinnvoll sein, wenn die Parteien in der Mediation nicht von Juristen (In-house oder extern) begleitet sind (ausführlich dazu → M Rn. 53).
40 Ausführlich Hacke DisputeResolution 2/2015, 10.
41 Stand: 8.4.2024.
42 Haft/Schlieffen Mediation-HdB/Risse § 35 Rn. 26; Sessler ZKM 2014, 161 (162).

Ursachen- und Sachverhaltsaufklärung. Hinzu kommt, dass auch bei Konflikten zwischen Unternehmen die persönliche Beziehungsebene der für die Unternehmen handelnden Personen bei der Lösungsfindung berücksichtigt werden muss.

Es ist daher nicht verwunderlich, dass allein rechtsbasierte Entscheidungsverfahren häufig nicht geeignet sind, die Konflikte zwischen Unternehmen und die für sie Handelnden nachhaltig beizulegen. Entscheidungsverfahren basieren grundsätzlich auf binären Entscheidungsstrukturen.[43] Bewertungsmaßstab für das (Schieds-)Gericht sind der zwischen den Konfliktparteien geschlossene Vertrag und das anwendbare Recht, so dass Gerichtsverfahren immer zu einem Nullsummenspiel führen.[44] Zudem ist das Gericht sowohl an seine Zuständigkeit und die im Verfahren von den Parteien gestellten Anträge gebunden als auch an die vertraglich oder gesetzlich vorgesehenen Rechtsfolgen.

In der Mediation können die Unternehmen und die für sie Handelnden ihre Interessen[45] im Hinblick auf die aufgeworfenen Themen mithilfe des Mediators ermitteln und artikulieren,[46] um dann interessengerechte Lösungen zu generieren und zu verhandeln. Dabei hilft, auch die Interessen der anderen Konfliktpartei(en) zu hören und zu verstehen. Die Mediation eröffnet zudem die Möglichkeit zukunftsorientierte Lösungsoptionen zu berücksichtigen, auch solche, die nicht justiziabel sind.[47] So können in Mediationen Lösungen gefunden werden, die keinesfalls Ergebnis einer (schieds-)gerichtlichen Entscheidung sein können, beispielsweise eine Regelung der zukünftigen Zusammenarbeit, die Verbesserung eines Prozessablaufs, die Gestaltung von Vertrags- und Zahlungsbedingungen oder auch die Vertragsbeendigung.

b) Grenzen der Mediation. Auch wenn das Mediationsverfahren für Konflikte zwischen Unternehmen viele Vorteile bietet, so kann es im Einzelfall auch Nachteile und sogar Grenzen für die Anwendung der Mediation als Konfliktbeilegungsverfahren geben.

aa) Mediation nur nach Einigung der Parteien. Eine Mediation kann nur dann durchgeführt werden, wenn sich die Parteien darauf geeinigt haben. Nur ausnahmsweise kann eine Mediation auch ohne Einigung der Parteien erfolgen, nämlich dann, wenn der Entscheidungsrichter in einem gerichtlichen Verfahren den Rechtsstreit an den Güterrichter nach § 278 Abs. 5 ZPO[48] verweist, denn dies ist auch ohne Zustimmung der Parteien möglich.[49]

---

43 Casper/Risse ZIP 2000, 437 (440); Kruse, S. 52.
44 Hanft BB 1998 Beilage 10 zu Heft 40, 15 (16).
45 Bspw. Reputationserhalt, Auslastungssicherung, Liquidität.
46 Sei es im Plenum oder nur in den Einzelgesprächen mit dem Mediator.
47 MünchHdB GesR VII/Hagel § 151 Rn. 39.
48 Die darauf verweisenden spezialgerichtlichen Normen §§ 202 SGG, 173 S. 1 VwGO, 155 FGO spielen in Streitigkeiten zwischen Unternehmen ebenso wenig eine Rolle wie die ähnlichen Verweisungsmöglichkeiten nach § 54 Abs. 6 ArbGG und § 36 Abs. 5 FamFG. Zu berücksichtigen wären allenfalls die Verweisungsnormen § 99 Abs. 1 PatG und § 82 Abs. 1 MarkenG.
49 LSG Hessen 30.5.2014 – L 6 AS 132/14, ZKM 2014, 134; OVG Bautzen 28.1.2014 – 1 A 257/10, ZKM 2014, 135; Greger/Unberath/Steffek/Greger E. Rn. 113; → ZPO § 278 Rn. 14.

Fehlt ansonsten eine vorherige allgemeine Vereinbarung zur Durchführung einer Mediation, beispielsweise aufgrund einer **Mediationsklausel** im zugrundeliegenden Vertrag, so bedarf es einer Einzelfallvereinbarung zur Durchführung eines Mediationsverfahrens im vorliegenden (Konflikt-)Fall (sog. „**Mediationsabrede**"). Auch wenn derartige Abreden jederzeit möglich sind, ist es, insbesondere in der Konfliktsituation, aufgrund verschiedener psychologischer Barrieren gelegentlich nicht einfach, den Vorschlag zur Durchführung einer Mediation zu unterbreiten oder anzunehmen.

18 Parteien, die zwar grundsätzlich mediationsgeneigt sind, zögern zuweilen, der anderen Konfliktpartei die Durchführung einer Mediation vorzuschlagen, da sie befürchten, dies würde als Zeichen der Schwäche aufgefasst (sog. „**First-Move-Barriere**").[50] Zwischenzeitlich haben jedoch außergerichtliche Konfliktbeilegungsverfahren nicht nur an Bekanntheit gewonnen, sondern auch den Ritterschlag des Gesetzgebers erfahren.[51] Zudem soll nach § 253 Abs. 3 ZPO auch die Klageschrift Angaben enthalten, ob der Klageerhebung der Versuch einer Mediation oder eines anderen Verfahrens der außergerichtlichen Konfliktbeilegung vorausgegangen ist, sowie eine Äußerung dazu, ob einem solchen Verfahren Gründe entgegenstehen. Die Angst vor einem Zeichen der Schwäche dürfte daher zunehmend unbegründet sein.

Auf der anderen Seite neigen Konfliktparteien, denen ein Vorschlag zur Durchführung eines Mediationsverfahrens gemacht wird, dazu, diesen nur deswegen abzulehnen, weil er von der anderen Konfliktpartei gemacht wurde. Diese **reaktive Abwertung**[52] basiert, insbesondere in Konfliktsituationen, auf Misstrauen. Parteien unterstellen der anderen Seite böse Absichten und vermuten daher selbst hinter einem gut gemeinten und für beide Seiten vorteilhaften Vorschlag ein Kalkül der Gegenseite zur Erlangung eines Vorteils.[53] Der Verweis auf das gesetzliche Leitbild (außergerichtliche Konfliktbeilegung vor gerichtlicher Klage) mag ebenso helfen wie der Hinweis auf die jederzeitige Möglichkeit der einseitigen Beendigung der Mediation durch die Konfliktparteien. Zudem kann die Einholung unabhängigen Rats helfen. So bietet die Deutsche Institution für Schiedsgerichtsbarkeit e.V. (DIS) eine Konfliktmanagementordnung an, bei der die Konfliktparteien gemeinsam mit einem Konfliktberater den Konfliktfall besprechen und versuchen, das geeignete Beilegungsverfahren zu finden. Die Gefahr einer reaktiven Abwertung ist dabei minimiert, da die Parteien keine Vorschläge zur Durchführung eines bestimmten Verfahrens machen, sondern das geeignete Verfahren zusammen herausarbeiten oder aber einem Vorschlag des unabhängigen Konfliktberaters folgen.[54]

---

50 Dendorfer/Krebs MittBayNot 2008, 85 (89); May NZBau 2015, 468 (469).
51 Für die Mediation: Haft/Schlieffen Mediation-HdB/Risse § 35 Rn. 1.
52 Duve/Eidenmüller/Hacke, S. 32; Bühring-Uhle/Eidenmüller/Nelle, S. 46; Haft/Schlieffen Mediation-HdB/Wagner § 34 Rn. 38.
53 Duve/Eidenmüller/Hacke, S. 32 beschreiben dies treffend wie folgt: „Wenn „die" einen Vorschlag machen, muss er gut für sie sein – sonst würden sie ihn nicht unterbreiten. Wenn er aber vorteilhaft für die anderen ist, so folgt daraus, dass er nachteilig für uns sein wird." Sa Gendner DisputeResolution 2014, 36 (38); Haft/Schlieffen Mediation-HdB/Risse § 35 Rn. 61; May NZBau 2015, 468 (471).
54 Ausführlich zur Konfliktmanagementordnung der DIS: Scherer SchiedsVZ 2010, 122 ff.; Roquette/Schweiger/Roquette PrivBauR Kap. G I. Einl. Rn. 13 ff.

Da ein Großteil der Konflikte zwischen Unternehmen aus Verträgen resultiert oder im Zusammenhang mit Verträgen steht, können Mediationsklauseln in Verträgen helfen, die Barrieren für die ad-hoc Mediationsabrede zu überwinden. Bei Vertragsschluss spielt die First-Move-Barriere keine Rolle und es gibt kein konfliktbezogenes Taktieren und damit keine reaktive Abwertung.[55] Dies gilt gleichermaßen für den Vorschlag des Gerichts zur Durchführung eines Mediationsverfahrens bei bereits rechtshängigen Streitigkeiten nach § 278a ZPO.[56]

bb) Mediation bietet keine Sicherheit für einstweiligen Rechtsschutz. Gerade bei Konflikten zwischen Unternehmen ist zuweilen sofortiger Rechtsschutz erforderlich, um Veränderungen vorzubeugen, die ansonsten kaum noch wirksam korrigiert werden können. In derartigen Situationen scheidet die Mediation als geeignetes Konfliktbeilegungsverfahren aus, da sich der Erfolg aufgrund der Freiwilligkeit und der Eigenverantwortlichkeit für das Ergebnis nicht garantieren lässt.[57]

Schlimmstenfalls könnte die Durchführung eines Mediationsverfahrens sogar dem Erfolg eines gleichzeitigen Antrags auf Erlass einer einstweiligen Verfügung im Wege stehen, da der Verfügungsgrund der besonderen Dringlichkeit versagt werden kann, wenn Zeit für eine Mediation ist.[58] Kein Problem stellt hingegen ein sequentielles Vorgehen dar mit dem einstweiligen Verfügungsverfahren als erster Stufe und dem Mediationsverfahren als zweiter Stufe.

Die zwischen den Konfliktparteien getroffene Mediationsvereinbarung steht der Möglichkeit, Rechte im einstweiligen Rechtsschutz durchzusetzen, nicht im Weg, denn der (dilatorische) Klageverzicht der Mediationsvereinbarung erstreckt sich nicht auf Maßnahmen des einstweiligen Rechtsschutzes.[59]

cc) Mediation hemmt gesetzliche Ausschlussfrist nicht. Das Mediationsverfahren hemmt zwar den Lauf von Verjährungsfristen, nicht jedoch den Lauf von gesetzlichen Ausschlussfristen (→ BGB § 203 Rn. 1 ff.). Die Unternehmen sind daher trotz laufender Mediation zur Rechtswahrung gezwungen, parallel Klage zu erheben.

In diesem Fall ordnet das Gericht das Ruhen des gerichtlichen Verfahrens an. Bei einer vom Gericht nach § 278a Abs. 1 ZPO vorgeschlagenen außergerichtlichen Streitbeilegung erfolgt dies ohne ausdrücklichen Antrag der Parteien (→ ZPO § 278a Rn. 14). Sofern die Parteien das außergerichtliche Verfahren ohne Vorschlag des Gerichts begonnen haben, ordnet das Gericht nach § 251 ZPO das Ruhen des Verfahrens hingegen nur auf Antrag beider Parteien an.

dd) Mediation ist ungeeignet für hoch eskalierte Konflikte. *Glasl* unterscheidet neun Eskalationsstufen eines Konfliktes.[60] Mediationen sind nur

---

55 Vgl. hierzu auch Dendorfer/Krebs MittBayNot 2008, 85 (90).
56 MünchHdB GesR VII/Hagel § 135 Rn. 83.
57 MünchHdB GesR VII/Hagel § 135 Rn. 76.
58 Mehrbrey/Kurzweil § 2 Rn. 186.
59 Greger/Unberath/Steffek/Greger B. § 1 Rn. 209.
60 Glasl, Konfliktmanagement, 9. Aufl. 2010, S. 14 und 233; ausführlich hierzu auch: Duve/Eidenmüller/Hacke, 34 ff.

auf den ersten sieben Eskalationsstufen aussichtsreich. Bei Konflikten, die bereits die Eskalationsstufen 8 („Zersplitterung")[61] und 9 („gemeinsam in den Abgrund")[62] erreicht haben, ist ein Machteingriff, beispielsweise in Form einer gerichtlichen Entscheidung, erforderlich.

Mediatoren verfügen über Deeskalationstechniken,[63] die den Parteien Möglichkeiten bieten, ihren Emotionen in geregelter Form Ausdruck zu verleihen und sich verstanden zu fühlen, um so zu einer konstruktiven Mitarbeit zurückkehren zu können. Mediationen bieten zudem die Möglichkeit zu Einzelgesprächen. So kann bei hocheskalierten Konflikten, bei denen die Parteien nicht mehr miteinander reden können oder wollen, eine Kommunikation (zunächst) über den Mediator in Form der Shuttle-Mediation erfolgen.[64] Aus diesen Gründen eignet sich die Mediation auch noch bei den Eskalationsstufen vier bis sieben, bei denen direkte Verhandlungen bereits nicht mehr aussichtsreich sind.

22 **ee) Mediation kann das Bedürfnis nach Entscheidung nicht befriedigen.** Nicht selten äußern Konfliktparteien in konkreten Konfliktsituationen ein Interesse an einer gerichtlichen Entscheidung des Konfliktes. Hierfür mag es verschiedene Gründe geben, beispielsweise den Wunsch nach einer Präzedenzentscheidung für andere, gleichgelagerte Fälle oder das Interesse an der Öffentlichkeit des gerichtlichen Verfahrens.[65] Das Bedürfnis nach Präzedenzwirkung kann die Mediation nicht befriedigen, da der Mediator nicht zur Entscheidung befugt ist (§ 1 Abs. 2 MediationsG). Mediationen können zwar im Einvernehmen auch öffentlich durchgeführt werden, eine Öffentlichkeitswirkung im Sinne eines reputationsgewährenden „Freispruchs erster Klasse" gibt es in der Mediation aber mangels Entscheidungsbefugnis des Mediators nicht.

Bei näherer Betrachtung ist der Wunsch nach einer (gerichtlichen) Entscheidung aber häufig nur eine Position der Konfliktpartei, nicht jedoch das Ergebnis einer interessengeleiteten, bewussten Entscheidung. So ergeben sich bei Hinterfragen dieser Position („warum ist Ihnen die Gerichtsentscheidung wichtig?") die eigentlichen, verfahrensbezogenen Interessen der Konfliktpartei. Nicht selten ist dies der Wunsch nach Klarheit, Sicherheit oder Gerechtigkeit, aber auch Vertraulichkeit, Wirtschaftlichkeit oder Schnelligkeit. Auf dieser Grundlage kann das Spektrum der Beilegungsverfahren durchgegangen werden, um das Verfahren zu finden, das den Interessen der Konfliktpartei am besten gerecht wird.[66] Konfliktparteien sind häufig nicht selbst in der Lage, ihre eigentlichen Verfahrensinteressen zu identifizieren und neigen daher dazu, vorschnelle Verfahrensentscheidungen zu treffen. Dies lässt sich durch die Einholung unabhängigen Rates zur

---

61 Auf dieser Eskalationsstufe geht es nicht mehr nur ums Gewinnen, der Gegner soll vielmehr mit Vernichtungsaktionen zerstört werden.
62 Auf dieser Eskalationsstufe wird die eigene Vernichtung einkalkuliert, um den Gegner zu vernichten.
63 ZB Ventilieren, Thematisieren, Normalisieren, Reformulieren; ausführlich hierzu: Duve/Eidenmüller/Hacke, S. 289 ff.
64 Eidenmüller Beilage zu ZIP 22/2016, 18 (19) mit einem konkreten Beispiel einer Mediation zwischen Unternehmen.
65 Haft/Schlieffen Mediation-HdB/Risse § 35 Rn. 53.
66 Vgl. zur systematischen Verfahrenswahl: Hagel ZKM 2014, 108 ff.

Klärung der Verfahrensinteressen und Beilegungsalternativen vermeiden[67] oder durch Nutzung eines Abfragetools zur Ermittlung der Verfahrensinteressen mit gleichzeitiger Angabe einer Empfehlung für das am besten geeignete Konfliktbeilegungsverfahren im vorliegenden Konflikt unter Berücksichtigung der zuvor ermittelten Verfahrensinteressen[68]

Gelegentlich steckt hinter dem Wunsch nach einem Gerichtsverfahren auch nur der Wunsch nach einer neutralen Drittsicht als Grundlage für weitere Verhandlungen.[69] Dieses Interesse kann auch anderweitig befriedigt werden, beispielsweise durch Einholung eines (unverbindlichen) unabhängigen (Rechts-)Gutachtens, isoliert oder während eines Mediationsverfahrens oder durch die vorläufige Bewertung durch den Mediator oder Güterichter. 23

Mitunter basiert der Wunsch nach einer Entscheidung durch Dritte auf der Angst, eigene Entscheidungen treffen, und noch schlimmer, im Unternehmen oder gegenüber Aufsichtsorganen rechtfertigen zu müssen. Die Flucht in ein Drittentscheidungsverfahren scheint der Ausweg aus drohender persönlicher Verantwortung oder gar Haftung. In vielen Unternehmen werden die an der Mediation teilnehmenden Unternehmensvertreter – ebenso wie bei direkten Verhandlungen – mit einem Verhandlungsmandat ausgestattet, das den Beteiligten genügend Sicherheit geben sollte, solange sie sich im Mandat bewegen. Da die Mediation jedoch häufig ungeahnte neue Aspekte hinsichtlich der (eigenen) Bewertung, aber auch hinsichtlich vorher nicht gesehener Lösungsoptionen bietet, kann es sich empfehlen, die Mediation zu unterbrechen, um den Konfliktparteien die Möglichkeit einzuräumen, erforderliche neue Mandate unternehmensintern oder mit Aufsichtsgremien abzustimmen.[70] Die Mediation bietet zudem die Möglichkeit einer Legitimation der Einigungsentscheidung, denn regelmäßig werden einerseits die Nichteinigungsalternativen (BATNA) genau herausgearbeitet und andererseits ein Abgleich der gefundenen Lösungsoptionen mit den Parteiinteressen durchgeführt.

Als weiterer Grund, ein Entscheidungsverfahren zu wünschen, kann die Angst vor dem Scheitern der Mediation gesehen werden, denn Einigungsverfahren gewähren keine Einigungssicherheit, während Entscheidungsverfahren mit einer Entscheidung enden, sofern sich die Parteien nicht zuvor geeinigt haben. Verstärkt wird diese Angst, wenn Unkenntnis über die

---

67 Round Table Mediation & Konfliktmanagement der Deutschen Wirtschaft SchiedsVZ 2012, 254 (256).
68 Der Round Table Mediation und Konfliktmanagement der Deutschen Wirtschaft (RTMKM) hat mit DiReCT (Dispute Resolution Comparison Tool) ein derartiges Tool entwickelt, das kostenfrei unter www.rtmkm.de abgerufen werden kann. Ausführlich zum DiReCT-Tool: Wendenburg/Gendner/Zimdars/Hagel ZKM 2019, 63; Hagel, Die Wahl des geeigneten Streitbeilegungsverfahrens, in Krimphove (Hrsg.) Internationale Schiedsgerichtsbarkeit.
69 Lutz Gesellschafterstreit, 3. Aufl. (2013), Rn. 577.
70 Haft/Schlieffen Mediation-HdB/Risse § 35 Rn. 54 empfiehlt daher die durchgängige Teilnahme hochrangiger, entscheidungsbefugter Unternehmensvertreter. Zumindest bei größeren Unternehmen scheint dies jedoch weder nötig noch ausreichend zu sein, denn größere ergebnisrelevante oder strategische Entscheidung bedürfen immer der vorherigen Gremienabstimmung. Hierfür ist die vorherige Mandatierung mit der Möglichkeit der Mandatsanpassung während der Mediation oder bei einer Unterbrechung der Mediation ausreichend.

Möglichkeiten der Mediation hinzukommt und sich die Konfliktpartei nach gescheiterter Verhandlung fragt, warum nun eine Verhandlung unter der Verfahrensleitung eines Mediators zu einem Ergebnis führen soll.[71] In diesen Fällen hilft nur Aufklärung und der Hinweis auf die Verfahrensalternativen, denn im Hinblick auf die alternativ zur Verfügung stehenden Beilegungsverfahren bedeutet die Mediation die Chance auf eine kurzfristige, kostengünstige und interessengerechte Lösung mit dem, gemessen an der Einigungsquote,[72] geringen Risiko, nachfolgend noch ein Entscheidungsverfahren zu benötigen.

24   ff) **Mediation bietet Gefahr des Missbrauchs.** Alle Konfliktbeilegungsverfahren können aus taktischem Kalkül missbraucht werden, auch die Mediation. Bei ihr besteht besonderes Missbrauchspotential einerseits im Hinblick auf eine Verschleppung des Verfahrens und andererseits hinsichtlich der Informationsbeschaffung[73] oder Informationspräklusion.

Die Absicht zur **Verschleppung** kann taktische und wirtschaftliche Gründe haben. Taktisch kommt die Flucht in die Verjährung oder die Ausschlussfrist in Betracht. Hierfür ist die Nutzung der Mediation aber nur bedingt geeignet. Die Flucht in die Verjährung scheitert daran, dass Verjährungsfristen während des Laufs der Mediation nach § 203 BGB gehemmt sind (ausführlich dazu → BGB § 203 Rn. 1 ff.). Dies gilt nicht für gesetzliche Ausschlussfristen, so dass die betroffene Konfliktpartei trotz laufender Mediation oder bestehender Mediationsvereinbarung fristwahrend Klage einreichen muss (→ BGB § 203 Rn. 14). Unter wirtschaftlichen Gesichtspunkten kann die Verschleppung einen Zahlungsaufschub gewähren.[74] Da Mediationsverfahren in der Regel ohnehin eine vergleichsweise kurze Dauer haben, ist der Zeitgewinn gering. Zudem kann die Mediation jederzeit durch jede Konfliktpartei (und den Mediator) beendet werden, so dass ein tatsächlicher Zeitgewinn weder gewährleistet noch kalkulierbar ist.

Unternehmen sehen in der Mediation gelegentlich die Gefahr, dass sie von einer Konfliktpartei gar nicht zur Konfliktbeilegung, sondern zur **Informationsbeschaffung** zur späteren Verwendung in einem Rechtsstreit genutzt wird. Dies lässt sich nicht vollständig ausschließen, aber durch eine Vertraulichkeitsvereinbarung mit Beweiserhebungs- und Beweisverwertungsverbot deutlich minimieren. Zudem haben es die Parteien selbst in der Hand, welche (neuen) Informationen sie im Rahmen der Mediation der anderen Konfliktpartei zukommen lassen.

Unter der „**Flucht in die Mediation**" als taktische Maßnahme wird auch die bewusste Wahl der Mediation verstanden, um eigene Informationen unter dem Deckmantel der Vertraulichkeit für ein späteres Verfahren zu

---

71 Gendner DisputeResolution 2014, 36 (37); Aschenbrenner SchiedsVZ 2013, 144; in der Studie von Taylor Wessing und dem Bucerius Center on the Legal Profession (CLP) „Dafür nehmen wir uns einen Anwalt", S. 14, wird folgende Aussage zitiert: „Wo man sich nicht einigen kann, ich glaube, da bringt auch ein Mediationsverfahren nicht wirklich viel."
72 Ca. 75 % der Mediationsverfahren enden mit einer Einigung: Trenczek/Berning/Lenz/Will Konfliktmanagement-HdB/Hagel Kap. 2.18 Rn. 26 mwN.
73 Dendorfer/Krebs MittBayNot 2008, 85 (89); Casper/Risse ZIP 2000, 437 (440).
74 Vgl. hierzu auch Gendner DisputeResolution 2014, 36 (38).

präkludieren.[75] Dies kann nur funktionieren, wenn die Parteien eine sehr weitgehende Vertraulichkeitsvereinbarung geschlossen haben, die entweder den gesamten Inhalt der Mediation unter die Vertraulichkeit und das Vortragsverbot stellt („**Tatsachengrab**")[76] oder zumindest Informationen, die in die Mediation eingeführt werden. Zur Vermeidung dieses Risikos ist es wichtig, den Umfang des Vertraulichkeitsschutzes und des Verwertungsverbotes dem Umfang nach sachgerecht zu bestimmen.[77] Es liegt also an den Parteien selbst, entsprechende vertragliche Vorsorge zu treffen, um diese Missbrauchsmöglichkeit auszuschließen.

III. Besonderheiten der Mediation zwischen Unternehmen

Mediationen zwischen Unternehmen unterscheiden sich nicht grundlegend von anderen Mediationen. Sie folgen der gleichen Grundstruktur. Dennoch gibt es einige Ausprägungen, die bei Mediationen zwischen Unternehmen besonders häufig anzutreffen sind. Dies bedeutet weder, dass es sie nur bei Mediationen zwischen Unternehmen gibt, noch, dass alle Mediationen zwischen Unternehmen sie aufweisen. 25

1. Mediationsvereinbarungen. Eine **Mediationsvereinbarung** ist nichts Besonderes. Im Gegenteil, sie ist Voraussetzung der Mediation. Bei Mediationen zwischen Unternehmen ergibt sich lediglich die Besonderheit, dass ihr häufig Streitigkeiten aus und im Zusammenhang mit zwischen ihnen geschlossenen Verträgen zugrunde liegen. Zunehmend sind die Mediationsvereinbarungen als Teil der Streitbeilegungsklausel („**Mediationsklausel**") Bestandteil dieser Verträge. Grundsätzlich kann die Streitbeilegungsklausel mehrere Stufen enthalten. Wird nur eine Stufe vereinbart, handelt es sich zumeist um die Wahl des finalen Entscheidungsverfahrens (Schiedsgericht oder staatliches Gericht). Bei **mehrstufigen Klauseln** werden dem Entscheidungsverfahren weitere Verfahrensstufen vorgeschaltet. Als erste Stufe wird häufig ein Verhandlungsverfahren vereinbart. Als weitere Stufe kann ein ADR-Verfahren folgen. Dabei kann ein bestimmtes ADR-Verfahren, beispielsweise die Mediation oder Adjudikation, vereinbart werden. Alternativ kann aber auch vorgesehen werden, dass sich die Konfliktparteien erst im Konfliktfall auf ein konkretes ADR-Verfahren zu einigen haben. Diese offene Klausel hat den Vorteil, dass die Parteien gemeinsam vereinbart haben, sich im Konfliktfall über das bestgeeignete Beilegungsverfahren zu verständigen und nicht an ein zuvor vereinbartes, aber ungeeignetes Verfahren gebunden sind. Der Nachteil ist, dass sich die Parteien in der Konfliktsituation im Zweifel nicht auf ein Beilegungsverfahren einigen können.[78] Daher ist eine offene Klausel mit Rückfalloption empfehlenswert. Danach haben die Parteien in der Konfliktsituation die Möglichkeit, sich auf ein Beilegungsverfahren zu einigen, das bestmöglich für den vorliegenden Konflikt passt. Sollte ihnen die Einigung nicht innerhalb einer bestimmten Frist gelingen, kommt ein bereits in der Streitbeilegungsklau- 26

---

75 Weigel NJOZ 2015, 41 (43).
76 Nelle/Hacke ZKM 2002, 257 (260); Greger/Unberath/Steffek/Greger B. § 4 Rn. 52.
77 Greger/Unberath/Steffek/Greger B. § 4 Rn. 52.
78 Sessler ZKM 2014, 161 (163).

sel vereinbartes Verfahren (**Rückfalloption**) zur Anwendung.[79] Die Unternehmen müssen sich bei mehrstufigen Klauseln zudem einigen, ob die ADR-Stufe zwingend durchlaufen werden muss, bevor die finale Entscheidungsstufe beschritten werden kann (verbindliche ADR-Klausel)[80] oder ob die sofortige Einleitung eines Entscheidungsverfahrens zulässig bleibt (unverbindliche ADR-Klausel).[81] Die Streitbeilegungsklauseln können zudem konkrete Formen und Fristen zum sequentiellen Ablauf der einzelnen Stufe(n), Verweise auf Verfahrensordnungen und weitere Einzelheiten enthalten (→ L Rn. 10 ff.).

27 Insbesondere bei mehrstufigen **Streitbeilegungsklauseln** (zB Verhandlung/Mediation/Schiedsgericht) besteht jedoch die Gefahr, dass eine Konfliktpartei die Mediation nur als Durchgangsstation zum Entscheidungsverfahren braucht, da andernfalls eine Klage aufgrund des in der Mediationsvereinbarung enthaltenen dilatorischen Klageverzichts unzulässig wäre.[82] Dennoch beendet diese Partei die Mediation nicht sofort, weil sie sich hofft, eventuell nützliche Informationen zu erlangen. Sollte der Konfliktpartei nachgewiesen werden können, dass sie das Mediationsverfahren lediglich nutzen wollte, um der Streitbeilegungsvereinbarung Genüge zu tun, nicht jedoch eine einvernehmliche Lösung anzustreben, so ist das von den Parteien betriebene Verfahren keine Mediation, da es an dem Begriffsmerkmal des Anstrebens einer einvernehmlichen Lösung fehlt. Dies führt dann letztlich dazu, dass die „Durchlaufpartei" sich in einem geschlossenen Kreis befindet: Eine Klage/Schiedsklage ist (noch) nicht möglich, da noch keine Mediation absolviert wurde. Es liegt aber auch keine Mediation vor, weil in diesem Fall im Rahmen des Verfahrens keine Konfliktbeilegung beabsichtigt ist, sondern eigentlich die nächste Stufe der Eskalation, das Entscheidungsverfahren, angestrebt wird. In diesem Fall greift der dilatorische Klagverzicht nach Durchlaufen des mediationsähnlichen Verfahrens nicht mehr. Die klagende Partei hat – vereinbarungsgemäß – an einem außergerichtlichen, mediativen Verfahren teilgenommen, auch wenn es aufgrund der gesetzlichen Definition kein Mediationsverfahren war.

Neben Streitbeilegungsklauseln in Einzelverträgen können Unternehmen auch generelle Konfliktbelegungsvereinbarungen für bestimmte oder alle zwischen ihnen entstehende Streitigkeiten vereinbaren.[83] Neben vertraglichen Regelungen zwischen den Parteien besteht auch die Möglichkeit einer einseitigen Selbstverpflichtungserklärung („**Corporate Pledge**") mit dem Unternehmen sich dazu bekennen, mit ihren Vertragspartnern im Streitfall

---

79 → L Rn. 13; Servatius/Gendner/Steinbrecher Rn. 1410.
80 Vgl. hinsichtlich der verbindlichen Mediationsklausel: Haft/Schlieffen Mediation-HdB/Risse § 35 Rn. 63.
81 Vgl. hinsichtlich der unverbindlichen Mediationsklausel: Haft/Schlieffen Mediation-HdB/Risse § 35 Rn. 68.
82 Vgl. zum dilatorischen Klageverzicht auch: Unberath ZKM 2012, 12 (14); Unberath FS von Hoffmann, 500 (506); Diop/Steinbrecher BB 2011, 131 (136); Loos/Brewitz SchiedsVZ 2012, 305 (308); Unberath NJW 2011, 1320 (1321); eingehend hierzu auch → N Rn. 11 f.
83 Duve/Eidenmüller/Hacke, S. 335 mit einem konkreten Beispiel.

konstruktiv zu überlegen, welche Möglichkeiten außergerichtlicher Streitbeilegung sie im konkreten Fall nutzen könnten.[84]
Selbst wenn die Unternehmen keine allgemeine Konfliktbeilegungsvereinbarung getroffen haben und der dem Streit zugrundeliegende Vertrag entweder keinerlei Streitbeilegungsklausel oder aber eine solche ohne Nennung eines Mediationsverfahrens enthält, können die Parteien die Durchführung einer Mediation im konkreten Konfliktfall auch ad-hoc vereinbaren („**Mediationsabrede**").

2. Verteilungskonflikte. Neben der konstruktiven, zukunftsorientierten Konfliktbewältigung geht es bei Wirtschaftskonflikten zuweilen auch um die reine Bewältigung der Vergangenheit bzw. die Verteilung nicht zu vermehrender Ressourcen.[85] Auch hier setzen Unternehmen die Mediation erfolgreich ein.[86] Natürlich können derartige Konflikte per Drittentscheidung, beispielsweise durch ein Gericht, Schiedsgericht oder verbindliches Schiedsgutachten beigelegt werden. Häufig effizienter[87] und zumeist auch nachhaltiger[88] ist jedoch die zwischen den Parteien freiwillig getroffene Vereinbarung. Diese kann, selbst bei reinen Verteilungskämpfen, durch Mediationen erreicht werden. Dies deswegen, weil dem Mediator Techniken zur Verfügung stehen, auf die einerseits die Parteien in den Verhandlungen selbst nicht zurückgreifen können und die andererseits von Drittentscheidern nicht eingesetzt werden können. In Verhandlungen sind folgende Phänomene zu beobachten:

1. Überoptimismus bezüglich der eigenen Position[89]
2. Angst vor unnötigen Zugeständnissen

Der Mediator kann den Parteien in Einzelgesprächen helfen, zu besseren, da realitätsnäheren Einschätzungen der Erfolgsaussichten zu gelangen, beispielsweise mithilfe der **Risikoanalyse**.[90] So kann der Mediator mit den Parteien gemeinsam durchspielen, was passieren würde, wenn sie sich in der Mediation nicht einigen können. Bei Streitigkeiten zwischen Unternehmen wird dann häufig übereinstimmend angegeben, dass bei Scheitern der Mediation ein (Schieds-)Gericht zu entscheiden habe. Mit den Parteien kann der Mediator die Knackpunkte herausarbeiten, die ein (Schieds-)Richter entscheiden muss. Dabei geht es um die Anspruchsgrundlagen einerseits („Anspruch dem Grunde nach") und den sich daraus ergebenden Folgen der Höhe nach („Quantum"). In Einzelgesprächen kann der Mediator die Parteien die jeweiligen Stärken und Schwächen in Bezug auf die einzelnen Entscheidungspunkte erarbeiten lassen und kritisch hinterfra-

---

84 Ausführlich zu Corporate Pledges: Klowait, Dispute Resolution 2016 und ZKM 2016, 154.
85 Sog. Verteilungskonflikte; vgl. hierzu: Duve/Eidenmüller/Hacke, S. 16.
86 Vgl. hierzu auch Hacke SchiedsVZ 2004, 80 (82) (Fn. 11).
87 Ausführlich hierzu: Trenczek/Berning/Lenz/Will Konfliktmanagement-HdB/Hagel Kap. 2.18 Rn. 29.
88 Vgl. hierzu: MünchHdB GesR VII/Hagel § 135 Rn. 63.
89 Dendorfer/Lack SchiedsVZ 2007, 195 (204); Bühring-Uhle/Eidenmüller/Nelle, S. 47; Diop/Steinbrecher BB 2012, 3023 (3027); Gendner Dispute Resolution 2014, 36 (37); → L Rn. 36.
90 Ausführlich zur Risikoanalyse: Hagel SchiedsVZ 2011, 65 ff.; Risse ZKM 2010, 107; Morawietz IDR 2004, 133; Duve/Eidenmüller/Hacke, S. 243.

gen. Basierend darauf können die Parteien, noch in den Einzelgesprächen, ihre Durchsetzungswahrscheinlichkeiten bei den einzelnen Knackpunkten angeben. Mit diesen Angaben kann jede Partei unter Anleitung des Mediators die Risikoanalyse anhand eines Entscheidungsbaumes durchführen und so die Werthaltigkeit des Anspruchs ermitteln. Dies könnte dann aus Sicht der Partei ein realistischer Einigungswert sein. Da die Parteien zumeist unterschiedliche, für sie jeweils positive Durchsetzungswahrscheinlichkeiten annehmen, verwundert es nicht, dass selbst nach der subjektiven Wertermittlung noch kein Einigungskorridor vorliegt.

Der Mediator kann mit den Parteien zudem die möglichen Folgen eines Scheiterns der Mediation herausarbeiten und mit konkreten Kosten versehen. Unter Berücksichtigung aller Kosten, der Kostenverteilung nach dem Grad des Obsiegens und der Erstattungsfähigkeit der verschiedenen Kostenarten im (schieds-)gerichtlichen Verfahren, können die Parteien das zu erwartende wirtschaftliche Ergebnis auf der Basis ihrer eigenen Erfolgseinschätzung errechnen.

All dies hilft den Parteien, realistischere Einigungskorridore zu erarbeiten, wodurch sich die Möglichkeit der Überlappung („ZOPA")[91] und damit der Einigungschance erhöht.[92]

30 **3. Einzelgespräche.** Auch Einzelgespräche sind eigentlich nichts Besonderes, sind sie doch gesetzlich in § 2 Abs. 3 S. 2 im allseitigen[93] Einverständnis bei allen Mediationen möglich (ausführlich zu getrennten Gesprächen → MediationsG § 2 Rn. 139 ff.). Bei Mediationen zwischen Unternehmen werden jedoch getrennte Gespräche besonders häufig geführt.

Dies liegt daran, dass zwischen Unternehmen, wie zuvor dargestellt, besonders oft reine Verteilungskonflikte auftreten und getrennte Gespräche ein geeignetes Mittel darstellen, die dabei auftretenden Verhandlungshindernisse zu überwinden. Zudem können die im Konflikt befindlichen Unternehmen im Wettbewerb stehen oder streit- bzw. lösungsbezogene Betriebs- oder Geschäftsgeheimnisse betroffen sein. In all diesen Fällen können Unternehmen mit der anderen Konfliktpartei nicht offen kommunizieren. Dem Mediator gegenüber können sie hingegen unter dessen Vertraulichkeit größere Offenheit an den Tag legen. Dies setzt voraus, dass die Einzelgespräche vertraulich geführt werden und Informationen aus den Einzelgesprächen vom Mediator nur mit ausdrücklicher Zustimmung der Konfliktpartei an die andere(n) Konfliktpartei(en) übermittelt werden dürfen.[94]

---

91 Zone of a potential Agreement (= Zone einer möglichen Einigung).
92 Ausführlich und mit konkreten Beispielen: Hagel in Jacob/Schindler/Strathausen, S. 246 ff.
93 Gemeint ist das Einverständnis der Parteien und des Mediators, nicht sonstiger Beteiligter oder Dritter: → MediationsG § 2 Rn. 144 ff.
94 Ebenso: Greger/Unberath/Steffek/Greger B. § 2 Rn. 158; Gläßer (→ MediationsG § 2 Rn. 150); Horstmeier Rn. 250; aA Eidenmüller Beilage zu ZIP 22/2016, 18 (19), wonach die Einzelgespräche des Mediators bei einer Caucus-Mediation grundsätzlich nicht vertraulich sind.

Einzelgespräche können dabei vom Mediator und den Parteien angeregt werden.[95] Der Gesetzgeber hat ausdrücklich darauf verzichtet, dass diese nur möglich sein sollen, wenn der Mediator sie für zweckmäßig hält.[96] Damit sind Einzelgespräche auch dann möglich, wenn eine der Parteien sie vorschlägt und die andere Konfliktpartei einwilligt.

4. Teilnahme von Anwälten. An Mediationen zwischen Unternehmen nehmen zumeist Juristen teil, ob In-house Juristen (häufig **Syndikusrechtsanwälte**) oder externe Rechtsanwälte.[97] 31

Dies hat zunächst rechtliche Konsequenzen hinsichtlich des Mediationsverfahrens:

- Die Einbeziehung externer Rechtsanwälte bedarf der Zustimmung aller Parteien (§ 2 Abs. 4; → MediationsG § 2 Rn. 158), die Teilnahme von In-house Juristen hingegen nicht, da diese Repräsentanten des Unternehmens und damit der Partei sind.[98]
- Die Parteien können aufgrund der fachlichen Rechtsberatung der teilnehmenden Juristen eine rechtlich informierte Entscheidung treffen. Insofern ist ein Hinweis des Mediators auf die Überprüfung der Abschlussvereinbarung durch externe Rechtsberater nach § 2 Abs. 6 S. 2 nicht erforderlich. Dies auch dann nicht, wenn ausschließlich In-house Juristen teilnehmen, da die in § 2 Abs. 6 S. 2 für den Entfall der kategorischen Hinweispflicht des Mediators (→ MediationsG § 2 Rn. 288) erforderliche fachliche Beratung der Partei nicht voraussetzt, dass diese durch externe Berater zu erfolgen hat. Bei Mediationen zwischen Unternehmen zeigt sich, dass § 2 Abs. 6 S. 2 von einem zu engen Beraterbegriff ausgeht, denn Unternehmen haben Fachabteilungen (zB Rechts-, Finanz-, Steuer-, Personalabteilung), die häufig nicht an den Mediationssitzungen teilnehmen. Insofern wäre es für Unternehmen besser, wenn der Mediator die Parteien, die in der Mediationssitzung ohne fachliche Beratung sind, auf die Möglichkeit der Überprüfung der Vereinbarung durch *interne oder externe* Berater hinweist.

Eigentlich sollte man erwarten, dass die Beratung der Unternehmen durch Juristen zu einer erhöhten Inanspruchnahme der Mediation als Konfliktbeilegungsverfahren führt. Das Gegenteil ist der Fall. Unternehmen sind nach wie vor nicht gut genug über die Möglichkeiten alternativer Kon-

---

95 AA Horstmeier Rn. 246, der ohne Begründung anführt, dass Anfragen einer Partei nach Einzelgesprächen vom Mediator direkt abzulehnen sind. Dies widerspricht der Parteiautonomie. Da Einzelgespräche ohnehin dem allseitigen Einverständnis bedürfen, ist nicht ersichtlich, weshalb Anträge der Parteien grundsätzlich abzulehnen sind.
96 Wie dies noch im RefE vorgesehen war, → MediationsG § 2 Rn. 143.
97 Illustrativ, wenn auch nicht repräsentativ: Bei etwa 40 Mediationen, an denen Bombardier Transportation beteiligt war, nahmen für Bombardier stets In-house Juristen teil und zudem bei 50 % der Verfahren auch externe Rechtsanwälte; für die andere Konfliktpartei nahmen auch stets In-house Juristen teil, aber nur in 40 % der Verfahren auch externe Anwälte; Servatius/Gendner/Steinbrecher gehen in Fn. 1867 davon aus, dass zumindest Unternehmensjuristen beratend an der Vorbereitung und Durchführung von ADR-Verfahren teilnehmen; Duve/Eidenmüller/Hacke, S. 99, gehen davon aus, dass die Parteien in der Regel anwaltlich vertreten sind, ebenso Hacke (→ L Rn. 27).
98 Vgl. zu Parteirepräsentanten: → MediationsG § 2 Rn. 159.

fliktbeilegung informiert und haben zu wenig eigene Erfahrung.[99] Dies gilt ebenso für die sie beratenden internen und externen Juristen. So überrascht es dann auch nicht, dass bei der Konfliktmanagement-Studie V immerhin 21 % der Unternehmen angegeben haben, dass die Einschaltung eines neutralen Dritten bei der Konfliktbeilegung durch die eigene begleitende oder beratende Anwaltskanzlei erschwert wird.[100] Sollte das Unternehmen selbst bereit sein, wird das Einschalten des Dritten zu 19 % von der die Gegenseite begleitenden oder beratenden Anwaltskanzlei erschwert. Um diese Wissens- und Erfahrungslücke zu schließen, bilden Unternehmen vermehrt Mitarbeiter, einschließlich der In-house Juristen, zu Mediatoren aus.[101] Juristen werden ihrem Unternehmen die Durchführung einer Mediation nur dann empfehlen, wenn sie selbst über genügend Verfahrenskenntnis verfügen. Auch bei der Wahl sie unterstützender externer Rechtsanwälte legen Unternehmen zunehmend Wert auf Mediationskompetenz.[102] Letztlich beginnen auch Anwaltskanzleien, den Beratungsmarkt bei der Konfliktbeilegung differenzierter zu sehen. In der Vergangenheit haben Rechtsanwälte aus Wirtschaftskanzleien an Mediationsausbildungen teilgenommen, um entweder selbst als (Wirtschafts-)Mediatoren tätig zu werden oder aber um dies im Kanzleiprospekt in der Practice Group Dispute Resolution angeben zu können.[103] Nun entdecken Rechtsanwälte das eigenständige Betätigungsfeld des **„Mediationsanwaltes"**.[104]

32 **5. Hybridverfahren.** Bei Streitigkeiten zwischen Unternehmen bieten sich, mehr als bei den meisten anderen Streitigkeiten, Verfahrenskombinationen aus Entscheidungs- und Einigungsverfahren, sog. **Hybrid-Verfahren** unter Einschluss der Mediation, an. Dies hat verschiedene Ursachen, beispielsweise:

- den Wunsch nach Klarheit hinsichtlich zentraler Fragestellungen, ohne deren Klärung eine Verhandlung nur schwer möglich ist;
- das Erfordernis eines nicht nur potenziellen, sondern konkreten Drucks hinsichtlich Kosten, Aufwand und drohender Entscheidung.

Um den Bedürfnissen der Konfliktparteien im Hinblick auf das Verfahren (Verfahrensinteressen) nachzukommen, gibt es eine Vielzahl von Kombinationsmöglichkeiten. Die Kombinationsform kann zeitlich unterschiedlich gestaltet werden (sequentiell oder parallel) und hinsichtlich der Einbindung des/der Dritten in die einzelnen Verfahrensmodule (personenverschieden oder personenidentisch).

33 Das **Med-Arb** Verfahren ist eine Kombination aus einer Mediation und einem Schiedsgerichtsverfahren,[105] bei dem der Dritte zunächst Mediator ist und bei Scheitern der Mediation nachfolgend entscheidungsbefugter

---

99 Aschenbrenner SchiedsVZ 2013, 144 (146); Servatius/Gendner/Steinbrecher Rn. 1382.
100 PwC/EUV, S. 45.
101 Gendner Dispute Resolution 2014, 36 (37).
102 RTMKM SchiedsVZ 2012, 254.
103 RTMKM SchiedsVZ 2012, 254; Pasetti SchiedsVZ 2015, 134 (136).
104 May NZBau 2014, 334.
105 Ausführlich zu MedArb: Fritz/Pielsticker MediationsG-HdB/Lögering Teil 6 J Rn. 85 ff.; Dendorfer/Lack SchiedsVZ 2007, 195 (200).

Schiedsrichter wird.[106] Neben der Möglichkeit der vollständigen Personenidentität gibt es auch die Möglichkeit der teilweisen Personenidentität, wobei für das Schiedsgerichtsverfahren weitere Schiedsrichter hinzugezogen werden (**MAX**)[107] oder der Mediator im Schiedsverfahren nicht weiter tätig ist, sondern ein oder mehrere neu zu bestimmende[108] Schiedsrichter. Im Hinblick auf die Ausgestaltung des Schiedsgerichtsverfahrens sind Kombinationen der Mediation mit allen Spielarten der Schiedsgerichtsbarkeit denkbar. So kann beispielsweise zunächst eine Mediation durchgeführt werden und nachfolgend, falls erforderlich, eine Last-Offer-Arbitration (**MEDALOA**).[109] Bei der Last-Offer-Arbitration kann das Schiedsgericht nicht frei entscheiden. Die Parteien unterbreiten vielmehr dem Schiedsgericht jeweils ihr letztes Angebot. Das Schiedsgericht kann eines dieser Angebote wählen und in einen verbindlichen Schiedsspruch umsetzen.[110] Ebenso ist eine Kombination aus Mediation und High/Low-Arbitration möglich, bei der die Parteien dem Schiedsgericht einen Rahmen für einen Schiedsspruch vorgeben.[111]

Eine Umkehrung der Verfahrensreihenfolge ist ebenfalls möglich. Beim **Arb-Med**-Verfahren wird zunächst ein komplettes Schiedsgerichtsverfahren durchgeführt, wobei der Schiedsspruch den Parteien aber nur dann offengelegt wird, wenn sie sich in der nachfolgenden Mediation nicht einigen können.[112]

Bei **Med-Arb-Med**-Verfahren wird während einer Mediation eine Teilfrage schiedsgerichtlich entschieden und die Mediation dann mit diesem Ergebnis fortgeführt. Anstatt eines eingeschoben Schiedsgerichtsverfahrens sind auch andere eingeschobene Entscheidungsverfahren (Schiedsgutachten, Adjudikation) möglich.[113] Bei **Arb-Med-Arb**-Verfahren wird ein Schiedsgerichtsverfahren anhängig gemacht, die Streitigkeit aber sofort in die Mediation überführt[114] und nach Beendigung der Mediation das Schiedsgerichtsverfahren fortgesetzt. Die Fortsetzung erstreckt sich bei einer erfolgreichen Mediation auf die Protokollierung der Abschlussvereinbarung (**Schiedsspruch mit vereinbartem Wortlaut**). Diese Kombination soll helfen, Abschlussvereinbarungen im Wege eines vollwertigen Schiedsspruchs mit der Möglichkeit der Vollstreckbarerklärung und grenzüberschreitenden

---

106 Vgl. zur möglichen Ablehnung des Schiedsrichters analog § 41 Nr. 8 ZPO, wonach ein staatlicher Richter von der Ausübung des Richteramtes ausgeschlossen ist, wenn er in dieser Sache zuvor als Mediator tätig war: → N Rn. 23; zum Problem der Personenidentität auch → Einl. Rn. 43.
107 MAX (mediation-arbitration-extended): Fritz/Pielsticker MediationsG-HdB/Fritz Teil 6 A Rn. 40 ff.
108 Oder zuvor bereits bestimmte Schiedsrichter („Arbitrator-in-Reserve").
109 Ausführlich hierzu: Risse Beilage zu BB 16/2001, 19; → N Rn. 13.
110 Ausführlich zur Last-Offer-Arbitration: Walz SchiedsVZ 2003, 119.
111 Ausführlich hierzu: Risse Beilage zu BB 16/2001, 20.
112 Fritz/Pielsticker MediationsG-HdB/Lögering Teil 6 J Rn. 92; Dendorfer/Lack SchiedsVZ 2007, 195 (202); → N Rn. 33.
113 Greger/Unberath/Steffek/Greger B. § 2 Rn. 202 nennt dies „evaluatives Fenster".
114 Vgl. die Singapore Arb-Med-Arb Clause des Singapore International Arbitration Center (SIAC).

Durchsetzung nach der New York Convention zu erreichen[115]. Mit dem einleitenden Schiedsgerichtsverfahren soll bewirkt werden, dass der Vergleich in Übereinstimmung mit § 1053 Abs. 1 S. 1 ZPO „während des schiedsgerichtlichen Verfahrens" geschlossen wird.[116]

Gleichartige Kombinationsmöglichkeiten sind mit Mediation und Adjudikation denkbar (**Med-Adj-Verfahren**), bei denen der Mediator und Adjudikator personenidentisch sind.[117] Scheitert die Mediation, wird der Konflikt durch den Adjudikator vorläufig bindend entschieden.

35 Bei der **gerichtsparallelen Mediation** wird während eines Gerichtsverfahrens parallel eine außergerichtliche Mediation durchgeführt (→ MediationsG § 1 Rn. 1), beim **Mediation-Window** wird die Mediation parallel zu einem bereits anhängigen Schiedsgerichtsverfahren durchgeführt (→ N → Rn. 49). Bei Schiedsverfahren können die Parteien auch gleich zu Beginn einen Mediator auswählen, der dann sofort zur Verfügung steht, wenn sich eine Möglichkeit zur einvernehmlichen Konfliktbeilegung ergibt (**Mediator-in-Reserve**).[118]

Bei der **Michigan-Mediation** wird zunächst eine Mediation durchgeführt. Kommen die Parteien nicht zu einer Einigung, unterbreitet der Mediator einen unverbindlichen Einigungsvorschlag.[119] Lehnt eine der Parteien den Einigungsvorschlag ab und erreicht im nachfolgenden (Schieds-)Gerichtsprozess kein um mehr als 10 % besseres Ergebnis, hat sie eine Strafzahlung zu leisten. Diese kann beispielsweise in der Übernahme der gesamten Gerichtskosten, unabhängig vom Verfahrensausgang, liegen.[120] Ähnlich, wenn auch ohne den Druck der Strafzahlung, sind Kombinationen aus Mediation und Schlichtung möglich, bei denen zunächst eine Mediation durchgeführt und bei Scheitern der Mediation der Mediator beauftragt wird, einen unverbindlichen Einigungsvorschlag zu unterbreiten. Dieser kann, je nach Beauftragung, rechtsbasiert sein, wie bei der Michigan-Mediation, oder interessenbasiert auf der Grundlage der von den Parteien in der Mediation geäußerten Interessen. Er kann daher auch Vorschläge zu nicht justiziablen Themen beinhalten.

Unternehmen gehen bei der Wahl des Konfliktbeilegungsverfahrens, einschließlich möglicher Kombinationen, nicht dogmatisch, sondern ergebnisorientiert vor. Sie sind daher in der Gestaltung des Verfahrens kreativ und passen das Verfahren dem Konflikt[121] und den Verfahrensinteressen an.

---

115 Nach Inkrafttreten der Singapore Convention ist dies für die Vollstreckbarkeit von Mediationsvergleichen zumindest in den Unterzeichnerstaaten (Stand 8.4.2024 55 Staaten, darunter kein EU-Mitgliedsstaat) nicht mehr erforderlich.
116 Vgl. zu den Problemen einer Abschlussvereinbarung als Schiedsspruch mit vereinbartem Wortlaut bei einem erst nach der Mediation anhängig gemachten Schiedsverfahren: → N Rn. 39 ff.
117 Fritz/Pielsticker MediationsG-HdB/Lembcke Teil 6 I Rn. 23 ff.
118 Greger/Unberath/Steffek/Greger D. Rn. 38.
119 Je nach konkreter Ausgestaltung kann dies deshalb auch eine Schlichtung oder rechtliche Fallbewertung darstellen; vgl. Risse Beilage zu BB 16/2001, 21;.
120 Ausführlich zur Michigan-Mediation: Risse Wirtschaftsmediation, § 15 Rn. 28 ff.
121 „Fitting the Forum to the Fuss"; vgl. hierzu: Sander/Goldberg Negotiation Journal 1994, 49; Hagel/Steinbrecher in Gläßer/Kirchhoff/Wendenburg (Hrsg.), S. 53 (55).

IV. Fazit

Die Mediation ist für die meisten Konflikte zwischen Unternehmen das perfekte Beilegungsverfahren, sei es separat oder in Kombination mit anderen Konfliktbeilegungsverfahren. Dies erkennen Unternehmen und auch die sie beratenden internen und externen Juristen zunehmend. Dennoch gibt es nach wie vor eine große Zurückhaltung in der Anwendung der Mediation für Konflikte zwischen Unternehmen. Dies hat vielfältige Gründe, wobei sehr häufig Unkenntnis und Unerfahrenheit die ausschlaggebende Rolle spielen.

C. Mediationen im Gesellschaftsrecht

Literatur:
Beck Online-Kommentar zum HGB, 41. Edition 2024; *Behme*, Die Eignung der Mediation zur Konfliktlösung bei M&A-Streitigkeiten, DB 2014, 881; *Casper/Risse*, Mediation von Beschlussmängelstreitigkeiten ZIP 2000, 437; *Dendorfer/Krebs*, Konfliktlösung durch Mediation bei Gesellschafterstreitigkeiten, MittBayNot 2008, 85; *Duve*, Vermeidung und Beilegung von Gesellschafterstreitigkeiten, AnwBl 2007, 389; *Elfring*, „Deadlock" beim paritätischen Equity Joint Venture, NZG 2012, 895; *Fritz/Pielsticker*, Handbuch zum Mediationsgesetz, 2. Aufl. 2020; *Greger/Unberath/Steffek*, Recht der alternativen Konfliktlösung, Kommentar, 2. Aufl., 2016; *Hagel*, Kosten und Nutzen der Mediation bei Konflikten zwischen Unternehmen in: Trenczek/Berning/Lenz (Hrsg.) Mediation und Konfliktmanagement, 2. Aufl. 2017; *Hagel/Steinbrecher*, Systematisches Konfliktmanagement für externe Wirtschaftskonflikte (B2B), Konfliktdynamik 2012, 24; *Heckschen*, Chancen und Grenzen für Mediation im Gesellschaftsrecht, NotBZ 2002, 200; *Hennsler/Strohn*, Gesellschaftsrecht, 6. Aufl. 2024; *Hobeck/Mahnken/Koebke*, Schiedsgerichtsbarkeit im internationalen Anlagenbau – Ein Auslaufmodell? SchiedsVZ 2007, 225; *Kracht/Niedostadek/Sensburg*, Praxishandbuch professionelle Mediation, 2023; *Lutz*, Der Gesellschafterstreit, 8. Aufl. 2024; *Münchener Kommentar zum Aktiengesetz*, 5. Aufl. 2021; *Münchener Kommentar zum GmbH-Gesetz*, 4. Aufl. 2023;.*Münchener Handbuch des Gesellschaftsrechts*, Bd. 7 (Corporate Litigation), 6. Aufl. 2020 und Bd. 9 (Recht der Familienunternehmen), 6. Aufl. 2021; *Mehrbrey*, Handbuch gesellschaftsrechtliche Streitigkeiten, 3. Aufl. 2020; *ders.*, Handbuch Streitigkeiten beim Unternehmenskauf: M&A Litigation, 2. Aufl. 2021; *PwC/EUV (Hrsg.)*, Konfliktmanagement in der deutschen Wirtschaft – Entwicklungen eines Jahrzehnts, 2016; *Risse*, Wirtschaftsmediation, 2. Auflage 2022; *Römermann*, Münchener Anwaltshandbuch GmbH-Recht, 5. Auflage (2023); *Servatius,* Corporate Litigation, 2. Aufl. 2021; *Sessler,* Konfliktmanagement – Erwartungen der Wirtschaft, ZKM 2014, 161; *Teerling/Harnack,* Psychologische Aspekte der Krise – Mediationsanaloge Aushandlung bei StaRUG-Restrukturierung und Insolvenz, ZRI 2023, 1044;.*Töben*, Mediationsklauseln, RNotZ 2013, 321; *Trenczek/Berning/Lenz/Will,* Mediation und Konfliktmanagement, 2. Aufl. 2017; *von Schlieffen/Wegmann*, Mediation in der notariellen Praxis, 2002; *Werner*, Einstweiliger Rechtsschutz im Gesellschafterstreit in der GmbH, NZG 2006, 761.

I. Geeignetheit und Grenzen der Mediation zur Beilegung gesellschaftsrechtlicher Konflikte 1	a) Mediation nur nach Einigung der Parteien ... 16
1. Geeignetheit 1	b) Mediation bietet keine Sicherheit für einstweiligen Rechtsschutz 19
a) Gesellschaftsrechtliche Konflikte sind mediationsfähig 2	c) Mediation hemmt gesetzliche Ausschlussfrist nicht 23
b) Gesellschafter schätzen Vertraulichkeit bei der Beilegung von Konflikten 3	d) Mediation bietet Gefahr des Missbrauchs 28
c) Gesellschafter schätzen die kurze Dauer des Verfahrens 5	**II. Mediation ausgesuchter gesellschaftsrechtlicher Konflikte** 29
	1. M&A-Streitigkeiten 29
	a) Pre-Signing-Disputes 30
d) Gesellschafter schätzen die geringen Kosten des Verfahrens 9	b) Phase zwischen Signing und Closing 33
	c) Post-Closing Disputes ... 36
e) Gesellschafter schätzen nachhaltige Lösungen ... 13	d) Post-Merger Integration 42
f) Gesellschafter schätzen die Flexibilität hinsichtlich der Lösungen 14	2. Streitigkeiten zwischen Gesellschaftern 43
	a) Gründungsphase 46
	b) Firmenführung 47
2. Grenzen 15	c) Gesellschafterrechte/-stellung 51

3. Beschlussmängelstreitigkeiten 52
  a) Konfliktanfälligkeit 52
  b) Verfahrensmöglichkeiten bei Beschlussmängelstreitigkeiten bei Personengesellschaften 55
    aa) Staatliche Gerichtsverfahren 55
    bb) Schiedsgerichtsverfahren 56
    cc) Mediationsverfahren .. 57
  c) Besonderheiten bei Beschlussmängelstreitigkeiten in Kapitalgesellschaften 58
  d) Die Verfahrensinteressen der Parteien bei Beschlussmängelstreitigkeiten 59
4. Verfahrensmöglichkeiten bei Pattsituationen (Deadlocks) 64
5. Krisensituation und Sanierungsmaßnahmen 65
6. Streitigkeiten zwischen Gesellschaft und Gesellschaftern 74
  a) Erbringung der Einlage 74
  b) Abfindungsanspruch bei Ausschließung eines Gesellschafters 76
III. Fazit 78

I. Geeignetheit und Grenzen der Mediation zur Beilegung gesellschaftsrechtlicher Konflikte

1. Geeignetheit. „Die Gesellschaft wird durch den Abschluss des Gesellschaftsvertrags errichtet, in dem sich die Gesellschafter verpflichten, die Erreichung eines gemeinsamen Zwecks in der durch den Vertrag bestimmten Weise zu fördern", so § 705 BGB. Gesellschaften sind daher geprägt vom Zusammenwirken der Gesellschafter zur Erreichung eines gemeinsam festgelegten Gesellschaftszwecks. Die Erreichung des Gesellschaftszwecks kann ein dauerhaftes oder einmaliges Ziel sein, in jedem Fall ist das gesellschaftliche Zusammenwirken der Gesellschafter von Dauer, ob bestimmt oder unbestimmt. Das Zusammenspiel von Personen, Dauerhaftigkeit, Zweckbestimmung und Förderpflichten ist per se konfliktträchtig und erfordert ein präventives und kuratives Konfliktmanagement. Ob und inwieweit die Mediation Bestandteil eines solchen Konfliktmanagements für gesellschaftsrechtliche Streitigkeiten sein kann, soll nachfolgend beschrieben werden.

a) Gesellschaftsrechtliche Konflikte sind mediationsfähig. Da der Mediator nach § 1 Abs. 2 MediationsG ausdrücklich nicht zur Entscheidung befugt ist, tritt die Mediation – anders als das Schiedsgerichtsverfahren – nicht an die Stelle des staatlichen Gerichtsverfahrens und schränkt daher das Entscheidungsmonopol des Staates nicht ein. Mediationsfähig sind nicht nur Streitigkeiten über vermögensrechtliche Ansprüche[1], sondern alle Streitigkeiten aus und im Zusammenhang mit Gesellschaften und Gesellschaftern, einschließlich nicht justiziabler Konflikte, wie beispielsweise Beziehungs-, Ziel- oder (mit Einschränkungen) Wertekonflikte.[2] In Fällen, wo Ansprüche der Disposition der Medianden entzogen sind, ist die Mediation nicht geeignet. Im Gesellschaftsrecht fallen darunter bspw.

---
1 Wie dies bspw. bei Schiedsverfahren nach § 1030 Abs. 1 S. 1 ZPO der Fall ist.
2 MHdB/Hagel GesR VII § 135 Rn. 44; insgesamt zur grundsätzlichen Mediationsfähigkeit gesellschaftsrechtlicher Streitigkeiten: Fritz/Pielsticker MediationsG-HdB/Schröder Kap. V Rn. 9; Greger/Unberath/Steffek/Greger § 1 Rn. 174f.

- Streitigkeiten zwischen Gesellschaft und Gesellschafter über den Anspruch auf Erfüllung der Bareinlage nach verdeckter Sacheinlage[3]
- Streitigkeiten zwischen Gesellschaft und Gesellschafter über die Differenzhaftung bei Überbewertung der Sacheinlage (§ 9 GmbHG)[4]
- Streitigkeiten zwischen Gesellschaft und Gesellschafter über die Ausfallhaftung für anders nicht aufzubringende Einlagen (§ 24 GmbHG).[5]

3 b) **Gesellschafter schätzen Vertraulichkeit bei der Beilegung von Konflikten.** Mit wenigen Ausnahmen ist den Beteiligten gesellschaftsrechtlicher Streitigkeiten daran gelegen, diese unter Ausschluss der Öffentlichkeit auszutragen, betreffen sie doch in aller Regel Interna der Gesellschaft oder der Beziehungen der Gesellschafter untereinander. Die Mediation ist hinsichtlich Öffentlichkeit und Vertraulichkeit völlig flexibel und es obliegt den Parteien, festzulegen, was ihren Bedürfnissen im Einzelfall entspricht. Lediglich der Mediator und die in die Durchführung des Mediationsverfahrens eingebundenen Personen sind gesetzlich zur Verschwiegenheit verpflichtet (§ 4 MediationsG). Möchten die Parteien die Vertraulichkeit auf die Konfliktparteien selbst und/oder auf Dritte, die am Verfahren teilnehmen, beispielsweise Rechtsanwälte oder Sachverständige, ausdehnen, ist dies möglich, bedarf aber einer entsprechenden vertraglichen Vertraulichkeitsvereinbarung, die zudem Beweiserhebungs- und Beweisverwertungsverbote enthalten kann.

4 Bei gesellschaftsrechtlichen Streitigkeiten können die Konfliktparteien ein Interesse daran haben, Erklärungen über das Mediationsverfahren oder dessen Ergebnis nach außen abzugeben, beispielsweise gemeinsame Presseerklärungen, Mitarbeiterinformationen oder Erklärungen an Kunden, Lieferanten und Banken. Durch vorherige Abstimmung der Erklärungen lässt sich die Medienwirksamkeit kontrollieren und lassen sich negative Wirkungen in der Öffentlichkeit vermeiden.[6]

5 c) **Gesellschafter schätzen die kurze Dauer des Verfahrens.** Gesellschaftsrechtliche Streitigkeit werden, sofern schiedsfähig, zunehmend vor Schiedsgerichten ausgetragen, sollten Verhandlungen nicht möglich oder erfolglos geblieben sein. Beide Verfahren widersprechen eigentlich dem Interesse der Konfliktparteien in vielen dieser Streitigkeiten den Konflikt möglichst zeitnah beizulegen.[7] Der Wunsch nach schneller Beilegung kann darin begründet sein, dass der Konflikt die Gesellschafter psychisch belastet, die Gesellschaft während des Konfliktes gelähmt ist oder aber darin, dass den Beteiligten die langwierige Austragung des Konfliktes zu ressourcenaufwändig ist.

6 Verhandlungen zwischen den Konfliktparteien gesellschaftsrechtlicher Streitigkeiten sind in aller Regel der erste Versuch, den oder die Konflikte beizulegen[8], auch im Vertrauen darauf, dass die Verhandlung die schnellste

---

3 Heckschen NotBZ 2002, 200 (203); Dendorfer/Krebs MittBayNot 2008, 85 (91).
4 Dendorfer/Krebs MittBayNot 2008, 85 (91).
5 Dendorfer/Krebs MittBayNot 2008, 85 (91).
6 Heckschen NotBZ 2002, 200; MHdB/Hagel GesR VII § 135 Rn. 55.
7 Nach PwC/EUV, S. 41 (Abb. 14) ist die kürzere Dauer außergerichtlicher Konfliktbeilegungsverfahren unter den Top 5 Gründen für außergerichtliche Verfahren; vgl. auch Sessler ZKM 2014, 161 (162).
8 So auch Lutz Gesellschafterstreit Rn. 570.

Beilegungsmethode ist. In der Praxis zeigt sich jedoch, dass Verhandlungen ohne Hinzuziehung eines Dritten häufig länger dauern als Mediationsverfahren. Dies deswegen, weil sich die Konfliktparteien bei Verhandlungen leicht in Schuldzuweisungen verstricken, auf ihren Positionen beharren und sich schwertun, Lösungsoptionen zu erkennen oder sie zu äußern, so dass sich die Verhandlungen „im Kreise drehen". Dies führt dazu, dass Verhandlungen deutlich länger dauern, als angenommen und zudem ein Potential der (emotionalen) Eskalation und des Scheiterns beinhalten.

Die zweite häufig gewählte Alternative der gesellschaftsrechtlichen Auseinandersetzung ist das Schiedsgerichtsverfahren. Schiedsverfahren dauern, wenn sie nicht durch Vergleich beendet werden[9], etwa zwei Jahre, häufig sogar bis zu fünf Jahre.[10] Nicht eingerechnet ist dabei die Vorbereitungszeit für die Schiedsklage, die weitere drei bis sechs Monate in Anspruch nimmt. Gerade Post-M&A-Streitigkeiten betreffen viele Einzelpunkte und eine Fülle von Dokumenten, was den Lauf der Verfahren zudem in die Länge zieht.

Mediationsverfahren hingegen sind regelmäßig recht schnelle Verfahren. Von der Auswahl des Mediators bis zur Abschlussvereinbarung vergehen meist nur wenige Wochen, wobei die eigentlichen Mediationssitzungen in wenigen Tagen durchgeführt werden. Soweit erforderlich kann die Mediation aber auch über einen längeren Zeitraum erstreckt werden, sei es, weil vielzählige Themen bearbeitet werden müssen oder weil Entwicklungs- oder Veränderungsprozesse begleitet werden sollen. Der Vorteil der Mediation im Hinblick auf die Dauer des Verfahrens ist, dass sie, anders als das Schiedsverfahren, ein mündliches Verfahren ist, bei dem keine langen Schriftsätze in mehreren Runden ausgetauscht werden müssen. Gegenüber der Verhandlung besteht der Vorteil darin, dass der Mediator dem Verfahren Struktur verleiht. Dabei werden zunächst, soweit vorhanden, emotionale Blockaden gelöst, um die Kommunikation zu fördern und die Bereitschaft für Lösungen zu ermöglichen. Der Mediator hat zudem die Möglichkeit, die Erwartungen der Parteien einem Realitätscheck zu unterziehen (→ B. Rn. 29), zumeist in Einzelgesprächen (ausführlich zu getrennten Gesprächen → MediationsG § 2 Rn. 139 ff.), und mit den Parteien deren realistische Nichteinigungsalternativen herauszuarbeiten und mit ihnen Perspektivwechsel durchzuführen. Bei der Entwicklung von Lösungsoptionen setzt der Mediator Kreativitätstechniken ein, die üblicherweise in Verhandlungen ohne Drittunterstützung nicht genutzt werden. All dies beschleunigt den Verhandlungsprozess. Allerdings ist auch zu berücksichtigen, dass Mediationen scheitern können, was zu einem Zeitverlust führen kann.[11] Dabei ist aber zu berücksichtigen, dass das Mediationsverfahren hinsichtlich der Aufarbeitung des Falles und dem Plausibilitätscheck der Argumentationslinien gleichsam der Vorbereitung eines Gerichts- oder

---

9 Siehe hierzu bei M&A-Streitigkeiten: Mehrbrey/Pörnbacher/Baur M&A-Streitigkeiten, 2. Aufl. 2022, § 2 Rn. 209.
10 Ausführlich hierzu: Trenczek/Berning/Lenz/Will Konfliktmanagement-HdB/Hagel 2.18 Rn. 20; Hobeck/Mahnken/Koebke SchiedsVZ 2007, 225 (229).
11 Mehrbrey Streitigkeiten Unternehmenskauf-HdB/Pörnbacher/Baur § 2 Rn. 208.

Schiedsgerichtsverfahrens dient und somit nicht als verloren angesehen werden kann.

9 **d) Gesellschafter schätzen die geringen Kosten des Verfahrens.** Gesellschaften sind ergebnis- und profitorientiert. Wirtschaftlichkeit und geringe Kosten spielen daher auch bei der Konfliktbeilegung eine Rolle. Dies gilt für Gesellschafter nicht minder.

10 Konfliktkosten werden überwiegend durch die Dauer des Verfahrens beeinflusst, bei Gerichts- und Schiedsgerichtsverfahren wirkt sich auch der Streitwert auf die Höhe der Verfahrenskosten aus.

11 Im Vergleich zu Schiedsrichtern sind die absoluten Kosten des oder der Mediatoren vergleichsweise gering. Kosten für Institutionen fallen nur an, wenn es sich um administrierte Mediationen handelt, wobei die Administrationskosten regelmäßig deutlich günstiger sind als Gericht- oder Schiedsgerichtskosten.[12] Die Kosten des Mediators und der Institution werden zumeist geteilt, eigene Anwaltskosten tragen die Parteien jeweils selbst, wie auch ihre eigenen Kosten. Partei- und Opportunitätskosten sind vergleichsweise gering, da Mediationsverfahren eine relativ kurze Dauer haben.

12 In Summe sind daher Mediationsverfahren bei gesellschaftsrechtlichen Streitigkeiten vergleichsweise günstig. Selbst unter Berücksichtigung der Möglichkeit eines Scheiterns der Mediation mit der möglichen Folge eines sich anschließenden Gerichts- oder Schiedsgerichtsverfahrens bleibt das Mediationsverfahren im Durchschnitt deutlich kostengünstiger als Gerichts- und Schiedsgerichtsverfahren.[13]

13 **e) Gesellschafter schätzen nachhaltige Lösungen.** Die Parteien gesellschaftsrechtlicher Streitigkeiten wollen oder müssen zumeist auch nach der Konfliktbeilegung weiter zusammenarbeiten, sei es als Gesellschafter oder Organe der Gesellschaft. Es ist daher wichtig, dass die Ergebnisse des Konfliktbeilegungsverfahrens zukunftsgerichtet sind und eine Aussicht auf Bestand haben. Drittentscheidungen hinterlassen Gewinner und Verlierer. Nur selten gelingt es Parteien nach solchen Entscheidungen weiterhin auf Augenhöhe miteinander zielgerichtet zusammenzuarbeiten. Vergleichsvereinbarungen bei Verhandlungen laufen Gefahr als „faule Kompromisse" gesehen zu werden mit Verlierern auf beiden Seiten. Die Mediation bietet hingegen vielfältige Qualitätsfilter. Der Mediator hilft den Parteien bei der Bewertung der gefundenen Lösungsoptionen diese auf Realisierbarkeit zu überprüfen. Er ist nach § 2 Abs. 6 S. 1 MediationsG gehalten, darauf hinzuwirken, dass die Parteien die Vereinbarung in Kenntnis der Sachlage treffen und ihren Inhalt verstehen. Zudem weist er die Parteien nach § 2 Abs. 6 S. 2 MediationsG darauf hin, dass sie die Möglichkeit haben, die beabsichtigte Lösung von externen Beratern prüfen zu lassen, wenn die Parteien ohne fachliche Beratung an der Mediation teilnehmen. Er prüft

---

12 Bei der DIS fallen für die Administration einer Mediation pauschal 250 EUR an, während für Schiedsgerichtsverfahren streitwertabhängig Kosten zwischen 350 EUR (bei einem Streitwert bis 17.500 EUR) und 40.000 EUR (bei einem Streitwert ab 6.900.000 EUR) anfallen.
13 Ausführlich hierzu: Trenczek/Berning/Lenz/Will Konfliktmanagement-HdB/Hagel Kap. 2.18.

auch mit den Medianden, ob aus ihrer Sicht alle von ihnen genannten Themen mit der Vereinbarung einer Lösung zugeführt wurden und ob diese Lösung die von den Medianden im Verfahren genannten Interessen befriedigt. All diese Prüfschritte führen dazu, dass die Abschlussvereinbarung eine interessengerechte Beilegung des Konfliktes darstellt und dadurch eine große Chance auf Bestand hat.

f) Gesellschafter schätzen die Flexibilität hinsichtlich der Lösungen. Parteien gesellschaftsrechtlicher Streitigkeit, insbesondere von Gesellschafterstreitigkeiten suchen Lösungen, mit denen sie die Gesellschaft fortführen können oder gemeinsam feststellen, dass das Ausscheiden eines oder mehrerer Gesellschafter oder die Auflösung der Gesellschaft die für alle Parteien bessere Lösung ist als deren jeweiligen Nichteinigungsalternativen. Dabei spielt es für sie keine Rolle, ob Teile des Konfliktes oder deren Lösung unterschiedlichen Rechtsbereichen angehören. So können beispielsweise arbeitsrechtliche, gesellschaftsrechtliche, familienrechtliche und erbrechtliche Themen in einem Verfahren gemeinsam behandelt und Lösungsbestandteil werden, was bei Gerichten aufgrund der Zuständigkeiten und bei Schiedsgerichten aufgrund fehlender Schiedsfähigkeit einzelner Themenfelder so nicht möglich ist. Zudem können gestalterische Lösungsoptionen auch außerhalb der gesetzlichen Vorgaben betrachtet und unter Beachtung rechtlicher Mindestvoraussetzungen auch vereinbart werden, beispielsweise die Übertragung eines Geschäftsanteils[14], die Änderung des Gesellschaftsvertrages, die Strategie zur Firmenfortführung oder die Aufgabenverteilung in der Geschäftsführung, mithin Lösungen, die durch gerichtliche Entscheidung nicht erreicht werden können.

2. Grenzen. Das Mediationsverfahren bietet für gesellschaftsrechtliche Konflikte viele Vorteile. Allerdings gibt es auch Grenzen des Einsatzes der Mediation in gesellschaftsrechtlichen Streitigkeiten und Nachteile, die im Einzelfall abgewogen werden müssen. Hierzu gelten zunächst dieselben Grenzen und (vermeintlichen) Nachteile, wie bei B2B-Streitigkeiten (→ B. Rn. 16–24)[15], teilweise mit den nachfolgenden gesellschaftsrechtlichen Anpassungen.

a) Mediation nur nach Einigung der Parteien. Die Durchführung einer Mediation bedarf der vorherigen Einigung der Parteien, ein solches Verfahren durchführen zu wollen. Eine Ausnahme davon besteht, wenn der Entscheidungsrichter in einem gerichtlichen Verfahren den Rechtsstreit an den Güterichter nach § 278 Abs. 5 ZPO[16] verweist, was auch ohne Zustimmung der Parteien möglich ist[17], und der Güterichter die Methode der Mediation einsetzt (§ 278 Abs. 5 S. 2 ZPO).

---

14 Casper/Risse, ZIP 200, 437 (440).
15 Zum Wunsch nach Entscheidungen: Lutz Gesellschafterstreit Rn. 577.
16 Die darauf verweisenden spezialgerichtlichen Normen §§ 202 SGG, 173 S. 1 VwGO, 155 FGO spielen bei gesellschaftsrechtlichen Streitigkeiten ebenso wenig eine Rolle wie die ähnlichen Verweisungsmöglichkeiten nach § 54 Abs. 6 ArbGG und § 36 Abs. 5 FamFG. Zu berücksichtigen wären allenfalls die Verweisungsnormen § 99 Abs. 1 PatG und § 82 Abs. 1 MarkenG.
17 LSG Hessen 30.5.2014 – L 6 AS 132/14, ZKM 2014, 134; OVG Bautzen 28.1.2014 – 1 A 257/10, ZKM 2014, 135; Greger/Unberath/Steffek/Greger E. Rn. 113; → ZPO § 278 Rn. 14.

17 Gesellschafter und Gesellschaften können eine allgemeine Vereinbarung zur Durchführung einer Mediation für den Fall (zukünftig) auftretender Konflikte treffen, beispielsweise durch Aufnahme einer **Mediationsklausel** im zugrundeliegenden (Gesellschafter-)Vertrag oder der Satzung. Sie können aber auch bei Vorliegen eines Konfliktfalls eine Einzelfallvereinbarung zur Durchführung eines Mediationsverfahrens schließen (sog. „Mediationsabrede"). In der Konfliktsituation können jedoch psychologische Barrieren bestehen, den Vorschlag zur Durchführung einer Mediation zu unterbreiten oder anzunehmen[18] (siehe Ausführungen unter → B. Rn. 17).

18 Ein Großteil der gesellschaftsrechtlichen Konflikte resultiert aus (Gesellschafts-)Verträgen oder Satzungen oder steht damit im Zusammenhang. Mediationsklauseln können helfen, die psychologischen Barrieren für die ad-hoc Mediationsabrede zu überwinden. Bei Vertragsschluss spielt die **First-Move-Barriere** keine Rolle und es gibt kein konfliktbezogenes Taktieren und damit keine **reaktive Abwertung**.[19]

19 **b) Mediation bietet keine Sicherheit für einstweiligen Rechtsschutz.** Gelegentlich ist es in gesellschaftsrechtlichen Streitigkeiten wichtig, sofortigen Rechtsschutz in Anspruch zu nehmen, um Veränderungen vorzubeugen, die ansonsten kaum noch wirksam korrigiert werden können.[20] Dies kann beispielsweise der Fall sein, wenn ein Gesellschafter einer GmbH durch Beschlussfassung aus der Gesellschaft zwangsausgeschlossen werden soll. In diesem Fall muss der betroffene Gesellschafter umgehend einstweiligen Rechtsschutz in Anspruch nehmen, um zu versuchen, die Beschlussfassung über den Zwangsausschluss zu verhindern, beispielsweise durch ein einstweiliges Abstimmungsverbot. Ohne einstweilige Maßnahmen kann der (dann ausgeschlossene) Gesellschafter nur Anfechtungsklage erheben.

20 Die Mediation ist in derartigen Situationen kein geeignetes Beilegungsverfahren, denn es kann weder ein Erfolg noch die Dauer des Verfahrens garantiert werden. Da es sich bei der Mediation um ein Konsensualverfahren handelt, bedarf die Abschlussvereinbarung der Mitwirkung der anderen Gesellschafter als Medianden. Selbst wenn die anderen Gesellschafter am Mediationsverfahren teilnehmen, können sie die Mediation nach § 2 Abs. 5 S. 1 MediationsG jederzeit ohne Angabe von Gründen beenden, bei Nichteinigungsbereitschaft aus taktischem Kalkül erst direkt vor dem Zeitpunkt der Beschlussfassung. Dann dürfte es für die Inanspruchnahme einstweiligen gerichtlichen Rechtsschutzes bereits zu spät sein.

21 Die parallele Betreibung eines einstweiligen Verfügungsverfahrens und eines Mediationsverfahrens kann sogar dazu führen, dass der Verfügungsgrund der besonderen Dringlichkeit versagt werden kann, wenn Zeit für eine Mediation ist[21], wobei dies nicht greift, wenn sich die (objektive)

---

18 „First-Move-Barriere": Glaube, ein Vorschlag zur Durchführung einer Mediation könnte als Schwäche ausgelegt werden. „Reaktive Abwertung": Parteien vermuten hinter dem Vorschlag ein Kalkül der Gegenseite zur Erlangung eines Vorteils.
19 Vgl. hierzu auch Dendorfer/Krebs MittBayNot 2008, 85 (90).
20 Vgl. zum einstweiligen Rechtsschutz im Gesellschafterstreit in der GmbH: Werner NZG 2006, 761 ff. Ausführlich zum einstweiligen Rechtsschutz im Beschlussmängelrecht: MHdb/Wiegand-Schneider GesR VIII, 6. Aufl., § 39 Rn. 196 ff.
21 Mehrbrey Corporate Litigation-HdB/Kurzweil/Handke § 2 Rn. 220.

Dringlichkeit aus dem fest- und unmittelbar bevorstehenden Termin der Gesellschafterversammlung ergibt.

Ein sequentielles Vorgehen mit dem einstweiligen Verfügungsverfahren als erster Stufe und dem Mediationsverfahren als zweiter Stufe nach Erlass des – in diesem Fall – einstweiligen Abstimmungsverbots, ist hingegen möglich und zumeist für alle Gesellschafter sinnvoll, da schnellstmöglich eine dauerhafte interessengerechte Lösung für die Konfliktsituation erforderlich ist.

c) Mediation hemmt gesetzliche Ausschlussfrist nicht. Gesetzliche Ausschlussfristen werden durch Mediationsverfahren nicht gehemmt, anders als Verjährungsfristen (→ BGB § 203 Rn. 1 ff.). Dies ist im Gesellschaftsrecht insbesondere für **Aktiengesellschaften** hinsichtlich der Monatsfrist für die Anfechtungsklage gegen die **Beschlussfassung** der Hauptversammlung nach § 246 Abs. 1 AktG von Bedeutung. Die Monatsfrist ist eine gesetzliche Ausschlussfrist und lässt sich weder durch Satzung noch Vereinbarung verlängern (§ 23 Abs. 5 AktG).[22] Um seine Rechte nicht zu verlieren, ist der Gesellschafter daher auch bei bestehender Mediationsvereinbarung gehalten, innerhalb der Monatsfrist nach § 246 Abs. 1 AktG Klage zu erheben. Nicht ausgeschlossen ist jedoch, parallel zur Klage ein Mediationsverfahren zu betreiben[23]. Auf Antrag der Parteien ordnet das Gericht das Ruhen des Verfahrens an.

Bei der **GmbH** ist zu beachten, dass § 246 Abs. 1 AktG nicht analog anwendbar ist. Es gilt daher keine gesetzliche Anfechtungsfrist. Vielmehr kann die Länge und der Beginn der Anfechtungsfrist in der Satzung geregelt werden, wobei die Monatsfrist nicht unterschritten werden darf.[24] Damit bestehen unterschiedliche Möglichkeiten, per Satzung zu ermöglichen, dass dem gegen einen Beschluss opponierenden Gesellschafter durch die Pflicht zur Mediation nicht das Anfechtungsrecht entzogen wird. So kann (1) die Anfechtungsfrist so lang gewählt werden, dass ein Mediationsverfahren vor Fristablauf durchgeführt werden kann, (2) der Beginn des Fristlaufs an den Abschluss des Mediationsverfahrens gekoppelt werden[25] und (3) die Hemmung der Anfechtungsfrist für den Lauf des Mediationsverfahrens vereinbart werden. Es kann alternativ auch geregelt werden, dass die Anfechtungsklage trotz der vereinbarten Pflichtmediation zur Fristwahrung (auch parallel) möglich ist, eventuell ergänzt um die Verpflichtung der Parteien in diesem Fall einen Antrag auf Ruhen des Verfahrens nach § 278a ZPO zu stellen. Ob die neue Regelung bei Personengesellschaften in § 112 Abs. 3 HGB auf die Hemmung der statutarischen Anfechtungsfrist der GmbH analog anzuwenden ist, ist noch nicht entschieden.[26]

Bei **Personengesellschaften** (OHG und KG) wurde durch Art. 51 MoPeG[27] § 112 HGB geändert. Die Klagefrist für die Anfechtungsklage gegen Gesellschafterbeschlüsse beträgt jetzt drei Monate (§ 112 Abs. 1 S. 1 HGB

---

22 MüKoAktG/Schäfer § 246 Rn. 38.
23 Risse Wirtschaftsmediation § 3 Rn. 39. Servatius/Gendner/Steinbrecher Corporate Litigation Teil 3 E Rn. 1345.
24 Duve AnwBl 2007, 389 (393).
25 Lutz Gesellschafterstreit Rn. 581.
26 Für eine analoge Anwendung: MüKoGmbHG/Wertenbruch Anh. § 47 Rn. 527.
27 In Kraft seit 1.1.2024; BGBl. I 3436 v. 17.8.2021.

nF). Es handelt sich dabei um eine materiell-rechtliche Ausschlussfrist[28]. Abweichende Regelungen im Gesellschaftsvertrag sind möglich, sofern die Mindestfrist von einem Monat nicht unterschritten wird (§ 112 Abs. 1 S. 2 HGB nF). Zudem ist klargestellt, dass Vergleichsverhandlungen über den Gegenstand des Beschlusses oder ihm zugrundeliegender Umstände den Fristlauf hemmen und die Klagefrist frühestens einen Monat nach dem Scheitern der Vergleichsverhandlungen endet (§ 112 Abs. 3 HGB nF). Da auch die Mediation eine Verhandlung ist, gilt die Hemmung der Anfechtungsfrist bei Personengesellschaften auch für Mediationsverfahren.

26 Bei der **GbR** gibt es keine Anfechtung von Gesellschafterbeschlüssen und damit auch keinen Lauf einer Ausschlussfrist.

27 Weitere gesetzliche Ausschlussfristen des Gesellschaftsrechts, die durch die Mediation nicht gehemmt und vertraglich nicht verlängert werden können, sind

- § 14 Abs. 1 UmwG: Monatsfrist für die Klage gegen die Wirksamkeit eines Verschmelzungsbeschlusses[29]
- § 195 Abs. 1 UmwG: Monatsfrist für die Klage gegen die Wirksamkeit eines Umwandlungsbeschlusses[30]

28 **d) Mediation bietet Gefahr des Missbrauchs.** Auch die Mediation kann, wie alle Konfliktbeilegungsverfahren, aus taktischem Kalkül missbraucht werden. Missbrauchspotential besteht insbesondere im Hinblick auf eine Verschleppung des Verfahrens (→ B. Rn. 24) und hinsichtlich der Informationsbeschaffung[31] oder Informationspräklusion (→ B. Rn. 24). Das grundsätzliche Missbrauchspotential sollte aber kein Ausschlussgrund für die Mediation sein. Hinsichtlich der Informationspräklusion liegt es an den Parteien, diese durch entsprechende Formulierungen in der Mediatorenvereinbarung auszuschließen. Die missbräuchliche Informationsbeschaffung kann vom Informationsgeber kontrolliert werden, denn in der Mediation gibt es, anders als in manchen Gerichts- und Schiedsgerichtsverfahren, keine Vorlagepflicht von Dokumenten und keine Auskunftspflichten. Verschleppungen können adressiert werden und letztlich kann jede Partei jederzeit die Mediation gemäß § 2 Abs. 5 S. 1 MediationsG ohne Zustimmung der anderen Partei (→ § 2 Rn. 195) oder des Mediators und ohne Angabe von Gründen beenden.

II. Mediation ausgesuchter gesellschaftsrechtlicher Konflikte

29 **1. M&A-Streitigkeiten.** M&A steht für Mergers & Acquisitions und umfasst somit Transaktionen, die auf dem Markt für Unternehmen, Unternehmensteile und Kapitalbeteiligungen abgewickelt werden. M&A-Streitigkeiten sind alle Streitigkeiten aus und im Zusammenhang mit den vorgenannten Transaktionen. Dabei sind alle Transaktionsphasen streitanfällig, schon vor Abschluss der eigentlichen verbindlichen Vertragsdokumentation (Pre-

---

28 BeckOK/Klimke HGB, 41. Ed., § 112 Rn. 2; RegE MoPeG BT-Drs. 19/27635, 231.
29 Vgl. zur Unabdingbarkeit: Henssler/Strohn/Junker UmwG § 14 Rn. 13.
30 Vgl. zur Unabdingbarkeit: Henssler/Strohn/Drinhausen/Keinath UmwG § 195 Rn. 4.
31 Dendorfer/Krebs MittBayNot 2008, 85 (89); Casper/Risse ZIP 2000, 437 (440); Mehrbrey Corporate Litigation-HdB/Kurzweil/Handke, 3. Aufl. 2020, § 2 Rn. 238.

Signing Disputes), nach Abschluss (Signing) aber vor dem Vollzug (Closing) der Transaktion (Pre-Closing Disputes) und nach dem Vollzug der Transaktion (Post-Closing Disputes).

a) Pre-Signing-Disputes. Bei der vorvertraglichen Phase geht es hinsichtlich möglicher Streitigkeiten um den Zeitraum ab erster Kontaktaufnahme der potenziellen Vertragspartner bis zur Transaktionsunterzeichnung. Zu denken ist insbesondere an die Geltendmachung vorvertraglicher Haftungsansprüche (culpa in contrahendo), Streitigkeiten über die Bindungswirkung eines Memorandum of Understanding (MoU) bzw. Letter of Intent (LOI) oder Verletzungen von Vertraulichkeits- oder Exklusivitätsverpflichtungen. Es kann dabei einerseits um Ansprüche nach einer gescheiterten Verhandlungsphase gehen, es kann aber auch während noch laufender Verhandlungen zu Streitigkeiten kommen und sich zumindest eine Partei die Frage stellen, ob die Fortsetzung der Verhandlung sinnvoll ist oder ob die Überwindung der Frustration und der temporären Verhandlungsblockade möglich ist.

Für alle vorgenannten Situationen ist die Mediation geeignet, selbst wenn die Parteien vom Abschluss des Transaktionsvertrages absehen[32]. Den Parteien ist in dieser Phase besonders an der Vertraulichkeit gelegen, so dass zumindest Auseinandersetzungen vor staatlichen Gerichten aufgrund des öffentlichen Verfahrens wenig geeignet sind. Schnelle Beilegungsverfahren sind ebenfalls zumeist besser geeignet als langwierige Verfahren. Auch die Auswahl kompetenter Dritter zur Führung des Verfahrens und die Flexibilität der Verfahrensführung sind von Vorteil. Insbesondere bei Blockadesituationen in der Verhandlung sind die Interessenbasiertheit und die Offenheit für nicht justiziable Sachverhalte von besonderer Bedeutung. Alle vorbeschriebenen Merkmale zeichnen die Mediation aus. Selbst bei reinen Verteilungsfragen, beispielsweise Haftungsansprüchen, ist die Mediation gut geeignet, Überoptimismus auszugleichen, BATNA-Analysen zu konkretisieren und so Einigungskorridore zu identifizieren (siehe hierzu die Ausführungen zu B2B-Streitigkeiten → B. Rn. 28f.)

In der Pre-Signing-Phase kann es auch von Vorteil sein, die Interessen der Parteien bezüglich des Verhandlungsergebnisses, also der Transaktion, herauszuarbeiten, um einerseits zu evaluieren, ob die Transaktion überhaupt interessengerecht ist und/oder wie ein Transaktionsvertrag gestaltet werden müsste, um die Interessen der Parteien bestmöglich zu reflektieren. Hierfür eignet sich eine **Deal-Mediation** (→ § 1 Rn. 18).

b) Phase zwischen Signing und Closing. Die Phase zwischen Signing und Closing ist ebenfalls streitanfällig. Dies insbesondere im Hinblick auf:

1. Art und Weise der Geschäftsführung der Zielgesellschaft zwischen Signing und Closing

---

32 AA Mehrbrey Streitigkeiten Unternehmenskauf-HdB/Pörnbacher/Baur § 2 Rn. 207 meinen, dass die Einschaltung eines Mediators in dieser Phase nur ausnahmsweise erfolgt und die Parteien bei Streitigkeiten eher „vom Abschluss eines Vertrages absehen und keine Unterstützung eines neutralen Dritten zur Beilegung ihres Konfliktes und zur Ermöglichung der Fortführung der Verhandlungen suchen." Dabei wird die Verfolgung der (Haftungs-)Ansprüche trotz Scheiterns der Verhandlungen und die Möglichkeit, diese per Mediation beizulegen, nicht berücksichtigt.

2. Erforderlichkeit von Mitwirkungshandlungen
3. Eintritt von Vollzugsbedingungen
4. Konsequenzen nicht vorhergesehener nachteiliger Auswirkungen (MAC „Material Adverse Change")

34 Wenn sich die Parteien in dieser Phase befinden, haben sie bereits (erhebliche) Investitionen getätigt. Das primäre Ziel der Beteiligten ist die „Rettung" des Deals unter Optimierung der eigenen Situation. Die Nichteinigungsalternativen sind der Verzicht auf die Geltendmachung und Verfolgung von Ansprüchen oder der Rücktritt vom Unternehmenskaufvertrag. Diese und eventuell weitere Alternativen gilt es aus Sicht der jeweiligen Partei zu bewerten und die beste Nichteinigungsalternative („BATNA"[33]) zu bestimmen. Daran gemessen zeigt sich häufig, dass die Rettung des Deals die interessengerechtere Lösung darstellt. Um dieses gemeinsame Ziel zu erreichen, bedarf es kreativer Lösungsoptionen, auch solcher, die nicht justiziabel sind.

35 Die Mediation bietet dafür ein vertrauliches, schnelles und interessenbasiertes Verfahren unter Führung eines neutralen/allparteilichen Dritten und ist damit für derartige Streitigkeiten besonders geeignet. Um dem Risiko des Scheiterns der Mediation den möglichen Zeitverlust zu nehmen, kann die Mediation auch parallel zu einer Fast-Track-Arbitration durchgeführt werden.[34]

36 c) **Post-Closing Disputes.** Nach Vollzug der Transaktion gibt es vielfältige Möglichkeiten für Konflikte. Besonders häufig geht es dabei um:
1. die Berechnung des endgültigen Kaufpreises,
2. die Verletzung von Garantien,
3. die Verletzung vorvertraglicher Aufklärungspflichten.

37 Die Phase zwischen Signing und Closing dauert regelmäßig sehr lange, zumeist auch weil die Genehmigung einer oder mehrerer Kartellbehörden erforderlich sind. In dieser Zeit entwickelt sich das Unternehmen, das Gegenstand der Transaktion ist, jedoch weiter und sein Wert verändert sich deshalb naturgemäß. Die Kaufverträge enthalten daher zumeist Kaufpreisanpassungsklauseln, wobei die Kaufpreisberechnungsmethode einerseits Variablen enthalten kann, andererseits Zielerreichungswerte. Kaufpreisanpassungsklauseln sind trotz des hohen Detaillierungsgrades streitanfällig. Der Verkäufer ist motiviert, den Kaufpreis zum Stichtag zu erhöhen, zuweilen unter Nutzung „kreativer Maßnahmen". Umgekehrt wirft der Käufer dem Verkäufer regelmäßig vor, die Erhöhung durch Nutzung der Kaufpreisanpassungsklausel bewusst herbeigeführt zu haben. Um der Kreativität vorzubeugen, wird in Unternehmenskaufverträgen vorgesehen, bei der Erstellung der Stichtagsbilanz die bisherige Bilanzierungs- und Buchhaltungspraxis beizubehalten. Konflikträchtig ist dann die Auslegung dieser Begrifflichkeit, insbesondere wenn sie sich in der Vergangenheit (mehrmals) geändert hat. Gleiches gilt für Klauseln wonach die Geschäfte bis zum Vollzug der Transaktion unter „Fortführung der bisherigen Geschäftspraxis" geführt werden sollen.

---

33 Best Alternative to a negotiated Agreement.
34 Mehrbrey Streitigkeiten Unternehmenskauf-HdB/Pörnbacher/Baur § 2 Rn. 208.

Selbst vermeintlich klare Begriffe, wie beispielsweise Working Capital, Net   38
Debt oder Net Cash führen regelmäßig zu Streitigkeiten, da sie weder im
IFRS noch im US-GAAP oder im HGB klar definiert sind. Und auch Definitionen sind interpretationsanfällig, wenn sie unbestimmte Begrifflichkeiten verwenden, wie zB „wichtige Instandhaltungsmaßnahmen", ohne diese
wiederum zu definieren.

Besonders streitanfällig sind Garantien, die der Verkäufer im Hinblick   39
auf das Unternehmen abgibt. Darin macht der Verkäufer Aussagen über
den Soll-Zustand des Unternehmens. Nach Transaktionsvollzug wird dann
über die Frage gestritten, ob das (durch eine post-closing due diligence
ermittelte) Ist-Zustand von diesem Soll-Zustand negativ abweicht und dem
Käufer daher Gewährleistungs- und/oder Schadensersatzansprüche zustehen.

Die Beteiligten haben hinsichtlich der Beilegung ihrer Meinungsverschie-   40
denheiten und geltend gemachten Ansprüche regelmäßig ein Interesse daran, die Streitigkeit vertraulich beizulegen. Dies ist einer der Gründe,
warum M&A Streitigkeiten kaum noch vor staatlichen Gerichten ausgetragen werden. Post-M&A-Streitigkeiten sind aufgrund der Vielzahl der
im Streit stehenden Sachverhaltspunkte und ihrer betriebswirtschaftlichen
und rechtlichen Interpretation komplex. Ihre Beilegung dauert daher lange und ist aufgrund der Einbindung zahlreicher Experten kostenintensiv.
Hinzukommt, dass die Parteien nach Vollzug der Transaktion kein gemeinsames Ziel mehr verbindet und die Positionen schon aus wirtschaftlicher
Sicht konträr sind. Insbesondere bei Schadensersatzansprüchen geht es um
behauptete Pflicht- oder Vertragsverletzungen und Schuldzuweisungen sind
zumeist Anspruchsvoraussetzung, gelegentlich ist zur Schlüssigkeit sogar
ein Arglistvorwurf erforderlich.

Die Mediation bietet die Möglichkeit umfassender Vertraulichkeit. Sie   41
kann die durch Schuldzuweisungen ausgelösten emotionalen Komponenten der Konflikte adressieren unter Einschränkungen bei Arglistvorwürfen,
die nicht verhandelbar sind[35]. Zudem eignen sich Mediationen gerade bei
komplexen Sachverhalten, beidseitigem Misstrauen und Überoptimismus.
Hier helfen Perspektivwechsel im Plenum und Realitäts-Checks in Einzelgesprächen.

d) Post-Merger Integration. Nach Vollzug der Transaktion geht es um   42
die Eingliederung des übernommenen Unternehmens(-teils) in das übernehmende Unternehmen (**Post Merger Integration**). Dies geht zwingend einher
mit Veränderungs- und auch Restrukturierungsprozessen, denn die zukünftige Zusammenarbeit der zu integrierenden Unternehmen/Unternehmensteile ist zu strukturieren. Die Mitarbeiter beider Unternehmen nehmen
die bevorstehende Änderung häufig als (persönliche) Bedrohung war. Zur
Begleitung des Restrukturierungsprozesses empfiehlt sich die Hinzuziehung
eines Integrationsmanagers, der die Besprechung der Problempunkte und
der jeweiligen Interessen der beteiligten Personen oder Abteilungen führen

---

35 Der Autor war selbst Mediand in einem Konflikt, bei dem (vermutlich) zur Überwindung der Verjährung ein Arglistvorwand erhoben wurde und in der Mediation
vom Anspruchsteller gefragt wurde „Was wäre Ihrem Unternehmen das Fallenlassen des Arglisteinwandes wert?"

kann. Hierbei spielen Perspektivwechsel der Betroffenen ebenso eine Rolle wie die Chance, interessengerechte Lösungen zu generieren (beispielsweise im Hinblick auf Rollenverteilungen, den Organisationsaufbau oder Sprachregelungen). Mediatoren eignen sich für diese Rolle besonders.[36]

43 **2. Streitigkeiten zwischen Gesellschaftern.** Gesellschafter gehen eine Beziehung auf Zeit ein, um einen gemeinsamen Zweck zu erreichen. Beziehungen sind selten konfliktfrei. Da Gesellschaften auf bestimmte oder unbestimmte Dauer geschlossen werden, kommt es auch bei der Konfliktbeilegung auf eine dauerhafte Lösung an. Dies setzt eine Interessenklärung der Gesellschafter in der jeweiligen Konfliktsituation ebenso voraus wie eine ergebnisoffene, zukunftsorientierte und gestaltende Lösungssuche. Diese Anforderungen können Drittentscheidungsverfahren, beispielsweise Gerichts- oder Schiedsgerichtsverfahren, in dieser Kombination nicht bieten. Die Mediation trägt diesen Umständen Rechnung und ist daher grundsätzlich besonders gut für Konflikte zwischen Gesellschaftern geeignet. Nur in wenigen Fällen scheidet ein Mediationsverfahren von vornherein aus. Es gilt im Einzelfall zunächst die Mediationsfähigkeit zu prüfen, um dann anhand der Verfahrensinteressen der Gesellschafter und sonstigen Beteiligten herauszufinden, ob die Mediation im konkreten Konfliktfall das am besten geeignete Beilegungsverfahren ist.

44 Konflikte zwischen Gesellschaftern sind *per se* nichts Schlechtes, sie bieten vielmehr die Chance, unterschiedliche Erwartungen, Sichtweisen und Interessen der Gesellschafter zu identifizieren und die zugrundeliegenden Konfliktherde abzustellen.[37] Problematisch werden Konflikte hingegen dann, wenn sie entweder nicht erkannt, emotionalisiert oder nicht gelöst werden. Können die Konflikte der Gesellschafter hingegen gelöst werden, führt dies regelmäßig zur Weiterentwicklung auch der Gesellschaft, da Schwachstellen identifiziert und analysiert werden und neue Lösungskonzepte gefunden werden, die gemeinschaftlich von den Gesellschaftern getragen werden. Konflikte der Gesellschafter sind häufig vergangenheitsbasiert, aber bezüglich der Lösung durch die gemeinsame Gesellschaft zukunftsorientiert. Sie können zumeist nicht durch Entscheidungsverfahren gelöst werden, da es um strategische Fragen, Erwartungshaltungen und Zukunftsgestaltung geht.

45 Gerade bei Personengesellschaften besteht zudem ein erhöhtes Vertraulichkeitsbedürfnis der Gesellschafter. Aufgrund der oft engen persönlichen, teilweise sogar familiären Beziehungen[38] der Gesellschafter, agieren die Beteiligten zuweilen ungehemmter und emotionaler und sind direkter im Ton.

46 **a) Gründungsphase.** In der Gründungsphase von Gesellschaften liegt das Diskussionspotential in der Ausgestaltung des Gesellschaftsvertrages, vor allem der Rechte und Pflichten der einzelnen Gesellschafter, insbesondere, wenn diese unterschiedlich ausgestaltet werden sollen. Die Auflösung dieser unterschiedlichen Meinungen zur Ausgestaltung des Gesellschafts-

---
36 Behme DB 2014, 881 (885).
37 Hagel/Steinbrecher Konfliktdynamik 2012, 24 (26).
38 Näher zu den Systemen Familie, Unternehmen und Gesellschafter und dem darin liegenden Konfliktpotential: MHdB GesR IX/Gläßer § 49 Rn. 7–18.

vertrages ist in aller Regel nicht justiziabel und damit den Gerichten und Schiedsgerichten nicht zugänglich. Dies ist jedoch ein klassischer Anwendungsbereich der **Deal-Mediation** (zur Deal-Mediation und der (eingeschränkten) Anwendbarkeit des MediationsG → MediationsG § 1 Rn. 18). Es gilt, die unterschiedlichen Interessen der Gesellschafter herauszuarbeiten, Perspektivwechsel durchzuführen um dann kreative, interessengeleitete Lösungsoptionen (zB Vertragsgestaltungen) zu finden. Hilfreich sind dabei auch die Vertraulichkeit des Verfahrens und die Verfahrensführung durch einen nicht entscheidungsbefugten Dritten. Unter Umständen kann sich in dieser Phase auch ergeben, dass die Nichteinigungsalternative, sich nicht an der Gesellschaft zu beteiligen oder gar keine Gesellschaft zu gründen, die bessere Lösungsoption für einen oder alle Gesellschafter ist. Mit der Mediation können die Gesellschafter eine reflektierte, interessenorientierte und informierte Entscheidung zum Abschluss eines Gesellschaftsvertrages im Allgemeinen und zu einzelnen Inhalten und Klauseln im Besonderen treffen. Dies beugt Konflikten nach Unterzeichnung des Gesellschaftsvertrages vor, weshalb sie auch **Präventivmediation**[39] genannt wird.

b) Firmenführung. Mediationen helfen, Konflikte zu de-emotionalisieren und auf den eigentlichen Kern zu reduzieren, um dann interessengerechte Lösungen finden zu können und zu vereinbaren.

Wenn die Gesellschaft errichtet ist und ihre Geschäftstätigkeit aufgenommen hat, können unterschiedliche Ansichten der Gesellschafter zur Firmenführung aufkommen, ob zur Strategie oder hinsichtlich des operativen Betriebes. Viele dieser Konfliktfelder sind nicht justiziabel und erfordern Vertraulichkeit. Die Mediation mit ihren gestalterischen Möglichkeiten und der Vertraulichkeit ist dafür gut geeignet, auch um die häufig vorhandenen Emotionen und daraus resultierende Schuldvorwürfe nicht zu ignorieren, sondern ihnen durch die strukturierte Verhandlungsführung eines neutralen Dritten Raum zu geben. Darauf aufbauend können die Interessen der Gesellschafter herausgearbeitet werden, um zu interessengerechten Lösungsoptionen und einer Einigung über die gemeinsam getragene, vorwärts gerichtete Firmenführung zu erlangen.

Weiteres Konfliktpotential bei der Firmenführung gibt es zur Frage der Gewinnverwendung. Hier können die Gesellschafter unterschiedliche Erwartungen und Bedürfnisse haben, sei es hinsichtlich der Ausschüttung, des Gewinnvortrags oder hinsichtlich möglicher Investitionen. Auch diese Konflikte sind nicht justiziabel und durch Dritte, ob rechtsbasiert oder unter betriebswirtschaftlichen Gesichtspunkten, zu entscheiden.

Streitigkeiten der Gesellschafter können auch die Frage betreffen, ob sich die Gesellschaft in einer Krise befindet und ob, wann und insbesondere welche Sanierungsmaßnahmen erforderlich sind.

c) Gesellschafterrechte/-stellung. Konflikte können sich auch aus Gesellschafterrechten und Gesellschafterstellungen ergeben. Zu denken ist dabei beispielsweise an die Aufnahme neuer Gesellschafter, den Ausschluss aktueller Gesellschafter oder die Nachfolgeregelungen. In allen drei Konstella-

---

[39] Hierzu ausführlich, insbesondere im Kontext von Familienunternehmen: MHdB GesR IX/Gläßer § 49 Rn. 124 ff.

tionen ist die Mediation gut, bei Fragen zur Aufnahme von Gesellschaftern oder Nachfolgeregelungen sogar besonders gut geeignet. Zunächst hilft die Mediation die Frage nach den individuellen Interessen eines jeden Gesellschafters im Hinblick auf die Erweiterung oder Verkleinerung des Gesellschafterkreises zu identifizieren („Warum ist es Ihnen wichtig, weitere Gesellschafter aufzunehmen?"; „Warum ist es Ihnen wichtig, X als neuen Gesellschafter aufzunehmen/Y aus der Gesellschaft auszuschließen?"). Beim Ausschluss von Gesellschaftern und bei Nachfolgeregelungen kann die Mediation auch durch drittgeführte Perspektivwechsel helfen. Aufnahmefragen und Nachfolgeregelungen sind gestalterisch, bedürfen Flexibilität bei der Lösungsfindung und sind kaum justiziabel. Beim Ausschluss von Gesellschaftern ermöglicht die Allparteilichkeit des Mediators eine Auseinandersetzung „auf Augenhöhe", die in direkten Verhandlungen kaum zu erreichen ist. Die kurze Verfahrensdauer und die (mögliche) Vertraulichkeit der Mediation sind in allen dieser Fallkonstellationen vorteilhaft gegenüber anderen Verfahren.

3. Beschlussmängelstreitigkeiten. a) Konfliktanfälligkeit. Entscheidungen der Gesellschafter erfolgen durch Beschlussfassung.

Beschlüsse sind nach § 109 HGB in Gesellschafterversammlungen zu fassen, die durch formlose Einladung der Gesellschafter unter Ankündigung des Zwecks der Versammlung einberufen wird, soweit im Gesellschaftervertrag nichts Abweichendes geregelt ist (§ 108 HGB).

Im Zusammenhang mit Gesellschafterbeschlüssen kann es in allen Phasen zu Konflikten kommen:

i. Vorfragen: Bereits vor Versendung der Einladung kann es Meinungsverschiedenheiten darüber geben, ob zu einem bestimmten Punkt ein Gesellschafterbeschluss erforderlich ist. Worüber Gesellschafterbeschlüsse zu fassen sind, ergibt sich aus Gesetz und dem Gesellschaftervertrag. Damit ist ein Gesellschafterbeschluss dann erforderlich, wenn das Gesetz dies zwingend vorsieht oder wenn das Gesetz dies im Grundsatz, aber dispositiv vorsieht und der Gesellschaftsvertrag keine abweichende Regelung enthält oder wenn dies per Gesellschaftsvertrag vereinbart wurde.

ii. Einladungsphase: Beschlüsse der Gesellschafter sind Leitlinien und Weisungen, die von der Geschäftsführung umgesetzt werden sollen. Teilweise sind Geschäfte und Entscheidungen der Geschäftsführung auch „zustimmungspflichtige Geschäfte"[40]. Unstimmigkeiten können sich unter den Gesellschaftern darüber ergeben, ob der Geschäftsführung eine Weisung erteilt werden soll oder sogar muss und falls ja, was konkret angewiesen werden soll. Die Gesellschafter können diesbezüglich unterschiedliche Motivationslagen und Interessen haben. Selbst wenn insoweit Einigkeit besteht, kann die konkrete Ausformulierung des Beschlusstextes für die Einladung streitig sein. Fraglich kann zudem sein, ob bei geplanten Beschlüssen eventuell Gesellschafter wegen Interessenkonflikten vom Stimmrecht auszuschließen sind.

---

40 ZB: die Errichtung und Schließung von Zweigniederlassungen; die Aufnahme neuer oder die Aufgabe bestehender Geschäftszweige; Erwerb oder Anmietung von Immobilien.

iii. **Beschlussfassungsvorgang und Inhalt des Beschlusses:** Der Beschlussfassungsvorgang ist formal:
- Form- und fristgerechte Einladung aller Gesellschafter
- Hinreichende Bezeichnung der Beschlussgegenstände in der Einladung
- Versammlungsort, Versammlungsablauf
- Feststellung der Beschlussfähigkeit, Stimmabgabe (zB durch Vertreter) und Abstimmungsergebnis (Mehrheitserfordernisse)
- Formvorschriften bei Gesellschafterbeschlüssen ohne Gesellschafterversammlung

Der Beschlussvorgang ist in all seinen Schritten **verfahrensfehleranfällig**. Zudem kann ein ergangener Beschluss **inhaltlich** fehlerhaft sein.

Probleme können sich bei der Beschlussfassung/Entscheidungsfindung auch aus strukturell angelegten hohen Wahrscheinlichkeiten von Pattsituationen ergeben. Ein Beispiel dafür sind Deadlocks bei 50/50 Joint Ventures. Die zu gleichen Teilen beteiligten JV-Partner (Gesellschafter der JV-Gesellschaft) verfolgen trotz eines gemeinsamen unternehmerischen Ziels in Teilbereichen unterschiedliche Interessen. Dies bedingt, dass die JV-Partner bei der Entscheidungsfindung in einer Pattsituation enden, was zum Stillstand im Entscheidungsprozess, dem sog. „Deadlock", führen kann.

b) Verfahrensmöglichkeiten bei Beschlussmängelstreitigkeiten bei Personengesellschaften. aa) Staatliche Gerichtsverfahren. Wie oben dargestellt gibt es vielerlei Gründe, weshalb Gesellschafter die Beschlussfassung verhindern oder durchsetzen oder die Umsetzung ergangener Beschlüsse verhindern oder bewirken möchten. Bei Personengesellschaften war bisher eine Unterscheidung zwischen nichtigen und anfechtbaren Gesellschafterbeschlüssen nicht bekannt. Sofern ein Gesellschafterbeschluss gegen formelles oder materielles Recht verstieß, war er automatisch nichtig. Die Nichtigkeit des Beschlusses war mit der einfachen Feststellungsklage nach § 256 ZPO geltend zu machen. Eine Anfechtungsklage kannte das Personengesellschaftsrecht nicht. Seit Inkrafttreten des MoPeG zum 1.1.2024 ist für Personengesellschaften in Form der OHG oder KG die Nichtigkeit nur noch für solche Beschlüsse vorgesehen, die ihrem Inhalt nach gegen zwingendes Gesetzesrecht verstoßen, auf dessen Einhaltung die Gesellschafter nicht verzichten können, oder die durch Urteil aufgrund einer Anfechtungsklage für nichtig erklärt wurden (§ 110 Abs. 2 HGB). Durch Art. 51 MoPeG wurde für die OHG und die KG nun auch die Möglichkeit der Anfechtungsklage (§ 113 HGB) und der Nichtigkeitsklage (§ 114 HGB) geschaffen. Für Personengesellschaften in Form der GbR hat sich hingegen nichts geändert.

bb) Schiedsgerichtsverfahren. Bei Personengesellschaften war fraglich, ob Beschlussmängelstreitigkeiten schiedsfähig sind und falls ja, unter welchen Voraussetzungen. Während die ersten Entscheidungen des BGH zur Schiedsfähigkeit von Beschlussmängelstreitigkeiten die GmbH betrafen[41],

---

41 Schiedsfähigkeit I (BGH – II ZR 124/95) und Schiedsfähigkeit II (BGH – II ZR 255/08).

ergingen die Entscheidungen Schiedsfähigkeit III[42] und Schiedsfähigkeit IV[43] zu Personengesellschaften. Danach sind Beschlussmängelstreitigkeiten bei Personengesellschaften nur dann schiedsfähig, wenn der Gesellschaftsvertrag vorsieht, dass Beschlussmängelstreitigkeiten nicht unter den Gesellschaftern, sondern mit der Gesellschaft auszutragen sind. Zudem sind in der Schiedsvereinbarung die Anforderungen des BGH aus der Entscheidung Schiedsfähigkeit II[44] zu berücksichtigen (die sogenannten „**Gleichwertigkeitskautelen**"[45]). Das Inkrafttreten des MoPeG[46] am 1.1.2024 hat auch Auswirkungen auf die Schiedsfähigkeit von Beschlussmängelstreitigkeiten in Personengesellschaften. Durch Art. 51 MoPeG wurde das HGB geändert und nunmehr sind Anfechtungs- und Nichtigkeitsklagen eines Gesellschafters gegen die Gesellschaft und nicht die anderen Gesellschafter zu richten (§§ 113 Abs. 2, 114 HGB). Damit ist das erste Erfordernis der BGH-Entscheidung Schiedsfähigkeit IV, wonach eine Vereinbarung vorliegen muss, nach der Beschlussmängelstreitigkeiten nicht unter den Gesellschaftern, sondern mit der Gesellschaft auszutragen sind, hinfällig, da dies nun für Personengesellschaften in Form der OHG und KG von Gesetzes wegen gilt. Für die GbR, für deren Beschlussmängelrecht das MoPeG keine Änderungen bringt, bleibt es bei der bisherigen Rechtslage, wonach der Gesellschaftsvertrag die Geltendmachung gegenüber der Gesellschaft vorsehen muss. Die Gleichwertigkeitskautelen auf der Grundlage von BGH Schiedsfähigkeit II und IV sind jedoch weiterhin und für alle Personengesellschaften zu beachten. Dies bedeutet, dass Schiedsklauseln bei Personengesellschaften, bei denen Beschlussmängelstreitigkeiten gegenüber den Mitgesellschaftern wirksam erhoben werden konnten, ohne Gleichwertigkeitskautelen nunmehr (teil)unwirksam sind.

cc) Mediationsverfahren. Beschlussmängelstreitigkeiten bei Personengesellschaften sind unter denselben Voraussetzungen wie Schiedsverfahren auch mediationsfähig.

c) Besonderheiten bei Beschlussmängelstreitigkeiten in Kapitalgesellschaften. Bei Kapitalgesellschaften gibt es bei Beschlussmängelstreitigkeiten im Vergleich zu Personengesellschaften wenige Besonderheiten:

1. Anzahl und Anonymität der Gesellschafter: Bei Kapitalgesellschaften, insbesondere der AG, kann die Anzahl der Gesellschafter sehr groß sein. Hinzu kommt, dass bei Aktiengesellschaften dem Aktionär die anderen Gesellschafter namentlich nicht bekannt sind. Verfahren un-

---

42 BGH – I ZB 32/16.
43 BGH – I ZB 13/21.
44 BGH – II ZR 255/08.
45 (1) Die Schiedsvereinbarung muss mit Zustimmung aller Gesellschafter im Gesellschaftsvertrag oder in einem gesonderten Vertrag festgeschrieben werden; (2) Alle Gesellschafter und Gesellschaftsorgane müssen über die Einleitung und den Verlauf des Schiedsverfahrens informiert und dadurch in die Lage versetzt werden, dem Verfahren zumindest als Nebenintervenient beizutreten; (3) Alle Gesellschafter müssen an der Auswahl und Bestellung der Schiedsrichter mitwirken können, sofern nicht die Auswahl durch eine neutrale Stelle erfolgt; (4) Alle denselben Streitgegenstand betreffenden Beschlussmängelstreitigkeiten müssen bei einem Schiedsgericht konzentriert werden.
46 Gesetz zur Modernisierung des Personengesellschaftsrechts vom 10.8.2021, BGBl. 2021 II 3436.

ter Einbeziehung aller Gesellschafter scheiden daher zur Konfliktbeilegung bei Aktiengesellschaften eher aus. Die Konfliktbeilegung zwischen einem Gesellschafter und der Gesellschaft als Anspruchsgegner ist hingegen möglich[47]. Nehmen bei der GmbH alle Gesellschafter an der Mediation teil, ist die Mediation eine Gesellschafterversammlung unter externer Leitung, bei der auch die Möglichkeit besteht, in der Abschlussvereinbarung Neuregelungen im Rahmen einer Vollversammlung umzusetzen (§ 51 Abs. 3 GmbHG).[48]

2. Gesetzliche Ausschlussfristen: Anfechtungsklagen gegen Hauptversammlungsbeschlüsse der AG müssen nach § 246 Abs. 1 binnen Monatsfrist erhoben werden. Hierbei handelt es sich um eine nicht verlängerbare gesetzliche Ausschlussfrist. Ein Mediationsverfahren hat keine Hemmungswirkung hinsichtlich des Laufs der Ausschlussfrist, so dass selbst bei anhängiger Mediation fristwahrend eine Anfechtungsklage eingereicht werden muss, möchte der Gesellschafter seine Anfechtungsrechte nicht verlieren.

d) Die Verfahrensinteressen der Parteien bei Beschlussmängelstreitigkeiten. aa) Vertraulichkeit: Zumeist ist den Parteien (Gesellschaft und Gesellschaftern) daran gelegen, dass Interna der Beschlussfassung nicht an die Öffentlichkeit dringen. Verfahren vor staatlichen Gerichten sind aufgrund des Öffentlichkeitsgrundsatzes ungeeignet, dieses Verfahrensbedürfnis zu befriedigen. Schiedsgerichtsverfahren bieten zumindest die Möglichkeit der Nichtöffentlichkeit und bei entsprechender Ausgestaltung der Schiedsvereinbarung oder durch Vereinbarungen während des Schiedsverfahrens sogar die Möglichkeit der Vertraulichkeit. Auch die Mediation ist ein nichtöffentliches Verfahren, bei dem die Verfahrensbeteiligten zudem die Vertraulichkeit vereinbaren können.

bb) Einstweiliger (Rechts-)Schutz: Gesellschafterbeschlüsse können in die Rechte eines Gesellschafters eingreifen. In diesen Fällen haben Gesellschafter häufig das Bedürfnis, einstweiligen Rechtsschutz gem. §§ 916 ff. ZPO in Anspruch zu nehmen, um ihren Status quo aufrechtzuerhalten. **Vor Beschlussfassung** kann ihnen daran gelegen sein, eine bevorstehende Beschlussfassung, die ihren Interessen (oder Positionen) widerspricht, zu verhindern oder ihnen wichtige Themen zur Beschlussfassung zu bringen. **Nach der Beschlussfassung** kann ihnen daran gelegen sein, die Umsetzung für sie negativer Beschlüsse zu verhindern oder für sie positive Beschlüsse durchzusetzen.

Einstweiliger Rechtsschutz kann aber nur bei Dringlichkeit erlangt werden. Nach § 935 ZPO sind einstweilige Verfügungen nur zulässig, „wenn zu besorgen ist, dass durch eine Veränderung des bestehenden Zustandes die Verwirklichung des Rechts einer Partei vereitelt oder wesentlich erschwert werden könnte." Es ist daher in der jeweiligen Situation zu fragen, ob es dem Gesellschafter zumutbar ist, den Beschluss abzuwarten und diesen dann anzufechten bzw. gegen den ergangenen Beschluss auf Grundlage des Gebots des geringstmöglichen Eingriffes gem. § 938 Abs. 1 ZPO im Wege

---

47 Vgl. Anfechtungs- und Nichtigkeitsklage (§§ 246 und 249 AktG), bei GmbHs nur wenn durch Gesellschaftsvertrag entsprechend vorgesehen.
48 MAH GmbHR/Seibt § 2 Rn. 544.

des einstweiligen Rechtsschutzes vorzugehen. Sofern die Voraussetzungen gegeben sind, gibt es zum einstweiligen staatlichen, oder ausnahmsweise schiedsgerichtlichen Rechtsschutz keine Alternative. Ein Mediationsverfahren kommt aber als parallele Maßnahme zur dauerhaften Beilegung des Konfliktes in Betracht.

62 cc) Kurze Verfahrensdauer: Gesellschafterbeschlüsse sind regelmäßig zukunftsgerichtet, ob hinsichtlich des Inhalts (zB Weisung an die Geschäftsführung) oder der Wirkung (zB Feststellung des Jahresabschlusses). Adressaten der Beschlüsse müssen sich auf deren Wirksamkeit verlassen können und brauchen bei Zweifeln daran schnellstmöglich Klarheit, was nun gelten soll. Auch für die Beteiligten ist eine zeitnahe Beilegung in aller Regel wichtig. Die Schwierigkeit andauernder Unklarheit ist auch der Grund für die (kurzen) gesetzlichen und vertraglichen Ausschlussfristen. Allerdings bewirken Ausschlussfristen nur, dass danach Beschlüsse nicht mehr angegriffen werden können und Bestandskraft haben. Sie helfen hingegen nicht, die Dauer von Klagen zu beeinflussen, die innerhalb der Ausschlussfrist erhoben wurden. Sofern den Beteiligten die kurze Verfahrensdauer zur Beilegung von Beschlussmängelstreitigkeiten wichtig ist, ist das Mediationsverfahren vorzugswürdig, bei dem eine große Wahrscheinlichkeit auf deutlich kürzere Verfahrensdauer bis zur Konfliktbeilegung, beispielsweise durch Abschlussvereinbarung, besteht mit einem geringen Risiko einer unwesentlichen Verfahrensverlängerung bei Scheitern des Mediationsverfahrens und Durchführung eines nachfolgenden Entscheidungsverfahrens.

63 dd) Beschlussmängelstreitigkeiten sind interessengetrieben: Wie dargestellt können Beschlussmängel vielfältiger Natur sein. Zu Streitigkeiten kommt es aber nur, wenn die angezeigten Mängel nicht abgestellt werden (können). Liegen beispielsweise einfache Verfahrensfehler vor (zB Nichtberücksichtigung der Einberufungsfrist der Gesellschafterversammlung aus Unachtsamkeit), werden die Beteiligten hierfür schnell eine Lösung finden, sei es durch Verzicht auf Frist- und Formvorschriften oder neuer Einberufung unter Wahrung der Einberufungsfrist. Erfolgt dies nicht, beruht dies auf bewussten Entscheidungen. Hierfür kann es verschiedene Gründe geben, beispielsweise unterschiedliche Auffassungen über die Fristberechnung oder maßgebliche Fakten (bspw. Zugang der Einladung) bis hin zu taktischem Kalkül und Schädigungsabsicht. Bei einigen Streitigkeiten geht es auch nicht mehr um die Sache, sondern um Demonstration von Macht (bspw. bei über die Gesellschafterstellung ausgetragenen Familienfehden). Wenn Emotionen der Lösungsoffenheit entgegenstehen oder wenn es im Kern der Auseinandersetzung um nicht justiziable Konflikte oder erwartete Lösungen geht, können Gerichts- und Schiedsgerichtsverfahren die Verfahrensinteressen der Partei(en) für die Beilegungsverfahren nicht bedienen. Mediationsverfahren hingegen können (emotionale) Blockadesituationen identifizieren und bearbeiten und so den Weg zur Lösung der Sachfragen ebnen. Zudem ist die Mediation ergebnisoffen und Parteien können auch nicht justiziable Themen bearbeiten und gestalterische, zukunftsorientierte Lösungen finden.

64 **4. Verfahrensmöglichkeiten bei Pattsituationen (Deadlocks).** Pattsituationen bei paritätischen JVs führen oftmals zugleich zu einem Stillstand auf

operativer Ebene, da infolge des ruhenden Entscheidungsprozesses der JV-Partner die Geschäftsleitung des JV entweder keine oder widersprüchliche Anweisungen von den JV-Partnern erhält. Diese operative Lähmung kann bei Andauern existenzbedrohend für das JV werden, so dass die JV-Partner ein Interesse an einer schnellen Auflösung der Pattsituation haben. Hierfür gibt es unterschiedliche Möglichkeiten:

a. Vorbeugend: Vertragliche Festlegung eines Letztentscheidungsrechts („Casting Vote"). Dabei kann das Letztentscheidungsrecht eines JV-Partners nach Sachgebieten dem jeweils sachkompetenteren Partner zugeordnet werden, es kann aber auch turnusmäßig zwischen den Partnern wechseln, bspw. nach Geschäftsjahren. Beide Möglichkeiten sind konfliktanfällig, sei es hinsichtlich der Auslegung bezüglich des oder der betroffenen Sachgebiete oder sei es wegen der taktischen Missbrauchsmöglichkeit, beispielsweise durch Hinauszögern von Entscheidungen, um in ein Geschäftsjahr mit Letztentscheidungsrecht zu gelangen.[49] Eine weitere präventive Möglichkeit ist die Vereinbarung von Stimmbindungsabreden, bei denen sich die JV-Partner verpflichten, bei bestimmten im Voraus festgelegten Beschlussgegenständen ihr Stimmrecht in bestimmter Weise auszuüben. Der Nachteil ist die fehlende Flexibilität und fehlende Anwendung auf zuvor nicht gesehene und festgelegte Beschlussgegenstände oder Entwicklungen.

b. Kurativ: Um Pattsituationen zu überbrücken, können Dritte in den Entscheidungsprozess einbezogen werden. Zu denken ist dabei sowohl an Verlagerung der Entscheidung auf Dritte als auch an Vermittlung durch Dritte. Erste Eskalationsstufe könnte eine Verlagerung auf eine höhere Instanz, zB ein eigens eingerichtetes fakultatives Gesellschaftsorgan in der JV-Gesellschaft (Aufsichtsrat oder Beirat) sein, oder auch eine „Elefantenrunde" (Führungskräfte der Muttergesellschaften der JV-Partner)[50]. Schiedsrichter können als Drittentscheider einbezogen werden, Mediatoren als Vermittler und Schlichter mit ausdrücklicher Vorschlagsbefugnis. Sämtliche Verfahren sind vertraulich. Das Schiedsverfahren dauert vergleichsweise lange, ist aber das einzige mit verbindlicher Drittentscheidung. Die Mediation bietet die Chance der Interessenklärung, den Abgleich mit den Nichteinigungsalternativen (siehe beispielsweise die nachfolgenden Exit-Alternativen) und die Ergebnisoffenheit[51]. Die Schlichtung mit der Möglichkeit des Entscheidungsvorschlags bietet gegenüber der Mediation den Vorteil des unverbindlichen Entscheidungsvorschlags, einhergehend mit dem Nachteil geringerer Offenheit der Parteien und Anfälligkeit für Taktieren während der Verhandlungsphase zur Beeinflussung des Entscheidungsvorschlags.

c. Auflösend: Sofern keine Einigung erzielt werden kann, bleibt die Option der Auflösung des JV. Hierfür können die JV-Partner schon im Vorfeld (im JV-Vertrag) Regelungen treffen, wie solche Auflösungs-

---

49 Elfring NZG 2012, 895 (897).
50 Nach Elfring NZG 2012, 895 (897) kann schon der Druck, die Muttergesellschaften einzuschalten helfen, intensiver nach einer eigenen Lösung zu suchen.
51 Zum Einsatz der Mediation bei Joint-Ventures auch: Elfring NZG 2012, 895 (898).

szenarien aussehen können und insbesondere welche Preisfindungsmechanismen greifen sollen, beispielsweise durch Andienungsrechte und -pflichten[52], Auktions- und Angebotsmodelle (zB **Russisch-Roulette**[53], **Texas Shoot-Out**[54], **Sizilianische Eröffnung**[55]) oder Festpreismodelle (**Deterrent Approach**)[56]. Daneben besteht immer die Möglichkeit der Liquidation. Alle diese Verfahren haben die Folge, dass das JV von den JV-Partnern nicht fortgeführt wird und haben damit einen finalen Charakter, der den Interessen der Parteien im Konfliktzeitpunkt nicht (mehr) entsprechen muss. Daher sind die Exit-Modelle als Nichteinigungsalternative im mehrstufigen Eskalationsprozess auch als letzte Stufe denkbar.

65 **5. Krisensituation und Sanierungsmaßnahmen.** Entscheidungen zu Art und Umfang von Sanierungsmaßnahmen vor Stellung eines Insolvenzantrages sind dadurch geprägt, dass sie meistens einem großen Zeitdruck unterliegen, die Einbeziehung Dritter (zB Gläubiger, des Betriebsrates) erfordern und von gesteigertem Misstrauen der Beteiligten und dem Kampf um knappe (finanzielle) Ressourcen begleitet sind.

66 Der Gesetzgeber hat für Unternehmen Rahmenbedingungen geschaffen, um sich außerhalb des Insolvenzverfahrens präventiv neu zu sortieren oder mithilfe des Insolvenzverfahrens zu sanieren. Die Zielstellung des Gesetzgebers war dabei, einerseits die Geschäftsleitungen der Unternehmen zu ermutigen, wirtschaftlich vertretbare Sanierungsentscheidungen zu treffen, und andererseits die Gesellschafter vor Verschleppung der Krisenbewältigung oder Krisenverschärfungen zu bewahren.[57]

---

52 Eine Seite ist vertraglich berechtigt, die Beteiligung der anderen Seite zu erwerben (Call-Option). Macht sie hiervon keinen Gebrauch, wird ihr das Recht eingeräumt, ihre eigene Beteiligung an die andere Seite zu veräußern (Put-Option).
53 Der ausstiegswillige Gesellschafter unterbreitet dem anderen Gesellschafter ein Angebot zum Verkauf und Abtretung seines Geschäftsanteils. Der andere Gesellschafter kann das Angebot innerhalb einer vereinbarten Frist annehmen und Alleingesellschafter werden oder er muss die von ihm gehaltenen Geschäftsanteile dem anderen Gesellschafter zu den genannten Konditionen zum Kauf anbieten. Es bleibt dem Zufall überlassen, welcher Gesellschafter zuerst ein Angebot unterbreitet und damit den anderen unter Zugzwang setzt.
54 Das Verfahren beginnt mit einem Angebot eines JV-Partners zum Kauf der Geschäftsanteile des anderen Vertragspartners. Dieser kann das Angebot annehmen oder muss seinerseits ein erhöhtes Kaufangebot für die Anteile des anderen abgeben. Dieser Prozess setzt sich wechselseitig fort, bis das Verfahren durch Annahme beendet wird.
55 Beide JV-Partner geben zeitgleich oder gegenüber einem Dritten ein Verkaufsangebot für die Geschäftsanteile des jeweils anderen ab und der Höchstbietende muss die Geschäftsanteile des anderen zum aufgerufenen Preis übernehmen.
56 Es wird anhand eine vorher festgelegte Bewertungsmethode (Wirtschaftsprüfer etc.) ein objektiver Wert der Anteile ermittelt. Sobald die Bewertung erfolgt ist, muss die Partei, die das Verfahren eingeleitet hat, entweder die Geschäftsanteile zu z. B. 125 Prozent des ermittelten Werts erwerben oder diese zu 75 Prozent des Werts an den anderen Gesellschafter verkaufen.
57 Kracht/Niedostadek/Sensburg/Teerling, Praxishandbuch professioneller Mediation, S. 721.

In Krisensituationen stehen den Unternehmen unterschiedliche Konflikt- bzw. Krisenbeilegungsmechanismen zur Verfügung:

- Kapitalmaßnahmen
- Verhandlung mit den Stakeholdern über einen Sanierungsplan
- Mediation mit den Stakeholdern über einen Sanierungsplan
- Sanierungsmoderation (96 Abs. 1 S. 1 StaRUG)
- Restrukturierungsbeauftragter (§ 75 Abs. 4 S. 2 StaRUG
- (vorläufiger) Insolvenzverwalter
- Liquidation

Nicht allen Unternehmen stehen alle Maßnahmen zur Verfügung und nicht alle Maßnahmen können in allen Krisensituationen angewandt oder eingesetzt werden.

Die Sanierungsmoderation und der Restrukturierungsbeauftragte stehen nach § 1 Abs. 1 und 2 StaRUG nur juristischen Personen[58] und rechtsfähigen Personengesellschaften im Sinne von § 15a Abs. 1 S. 3 und Abs. 2 InsO[59] zur Verfügung. Ihnen bietet seit 1.1.2021 das Gesetz über den Stabilisierungs- und Restrukturierungsrahmen für Unternehmen (StaRUG)[60] bei drohender Insolvenz die Möglichkeit, Insolvenzverfahren zu vermeiden und eine geordnete Restrukturierung des Unternehmens zu ermöglichen, indem die Unternehmen im Anwendungsbereich des Gesetzes ein Krisenmanagement auf den Weg bringen können, das im Idealfall zu einer Sanierung des Unternehmens führt.[61]

In zeitlicher Hinsicht sind in Krisensituationen (auch präventiv) Kapitalmaßnahmen, Verhandlung und Mediation möglich, bei drohender Zahlungsunfähigkeit kommen die Sanierungsmoderation, der Restrukturierungsbeauftragte und nach § 18 Abs. 1 InsO auch das Insolvenzverfahren in Betracht. Bei Zahlungsunfähigkeit (§ 17 Abs. 2 InsO) und Überschuldung (§ 18 Abs. 2 InsO) besteht Insolvenzantragspflicht, so dass nur noch das Insolvenzverfahren möglich ist, wenngleich die Möglichkeit außergerichtlicher Mediationen auch bei laufenden Insolvenzverfahren unter Beteiligung des Insolvenzverwalters besteht[62].

Die Verfahrensalternativen unterscheiden sich zudem hinsichtlich der am Verfahren Beteiligten und ihrer Rechte und Aufgaben. Kapitalmaßnahmen sind allein durch die Gesellschafter möglich, Verhandlungen erfordern die Teilnahme der für die Sanierung erforderlichen Stakeholder, beispielsweise der Gläubiger oder des Betriebsrates. Bei der Mediation kommt der verfahrensführende Mediator hinzu. Der von den Gläubigern und dem Schuldner unabhängige Sanierungsmoderator wird auf Antrag des Schuldners vom Gericht bestellt (§ 94 Abs. 1 StaRUG), steht unter der Aufsicht des Restrukturierungsgerichts (§ 96 Abs. 5 StaRUG) und erstattet diesem monatlich Bericht (§ 96 Abs. 3 StaRUG). Der Restrukturierungsbeauftragte

---

58 Im Gesellschaftsrecht: Kapitalgesellschaften AG, KGaA, SE, GmbH, eG und SCE.
59 Personengesellschaften, bei denen kein persönlich haftender Gesellschafter eine natürliche Person ist.
60 Das StaRUG ist Art. 1 des Sanierungs- und Insolvenzrechtsfortentwicklungsgesetzes (SanInsFoG), BGBl. 2020 I 3256.
61 Teerling/Harnack ZRI 2023, 1044 (1045).
62 Fritz/Pielsticker MediationsG-HdB/Schroeder/Stegmann Teil 5 G Rn. 34.

Hagel

kann auf Antrag des Schuldners bestellt werden (sog. fakultativer Restrukturierungsbeauftragte, § 77 StaRUG) oder von Amts wegen (§ 73 StaRUG). Der Insolvenzverwalter wird vom Insolvenzgericht bestellt (§ 27 Abs. 1 InsO iVm § 56 InsO).

72 Gemeinsam haben Mediator, Sanierungsmoderator, Restrukturierungsbeauftragter und Insolvenzverwalter die Unabhängigkeit von den Beteiligten und die Vermittlungsfunktion zwischen den Beteiligten unter Beachtung derer Interessen. Sanierungsmoderator, Restrukturierungsbeauftragter und Insolvenzverwalter bedienen sich deshalb auch der Mediationstechniken oder folgen gar der Phasenstruktur der Mediation[63].

73 Die Mediation ist daher in allen Phasen der Krise gut geeignet, selbst in der Insolvenz unter Beteiligung des Insolvenzverwalters. Sie ist mehrparteienfähig, bis hin zu Großgruppen, ist vertraulich, zügig und bietet ergebnisoffen Lösungsoptionen und Gestaltungsmöglichkeiten. Zugleich ist der Mediator als neutraler Dritter in der Lage mit den (vielen) Beteiligten individuell deren Nichteinigungsalternativen kritisch zu betrachten, beispielsweise in Einzelgesprächen.

74 **6. Streitigkeiten zwischen Gesellschaft und Gesellschaftern. a) Erbringung der Einlage.** In der Gründungsphase kann es zwischen der Gesellschaft und den Gesellschaftern zu Streitigkeiten über die Erbringung der im Gesellschaftsvertrag vorgesehenen Einlage der Gesellschafter kommen. Dies insbesondere dann, wenn über den Wert der Sacheinlage und die sich daraus eventuell ergebende Differenzhaftung des Gesellschafters (§ 9 GmbHG) unterschiedliche Auffassungen bestehen oder die übrigen Gesellschafter bezüglich der Ausfallhaftung für anders nicht aufzubringende Einlagen eines Gesellschafters (§ 24 GmbHG) streiten. Auch bei verdeckten Sacheinlagen zur Umgehung der Wertprüfungs- und Offenlegungsverfahren (§ 5 Abs. 4 GmbHG) kann es zu Streitigkeiten über den Umfang der durch das MoMiG[64] eingeführten Anrechnung der Sacheinlage auf die Bareinlagepflicht (§ 19 Abs. 4 GmbHG) kommen.

75 In den vorbeschriebenen Fällen ist die Mediation ungeeignet, da die (vermeintlichen) Ansprüche der Gesellschaft nicht deren Dispositionsfreiheit unterliegen, denn nach § 19 Abs. 2 GmbHG kann ein Gesellschafter von der Pflicht zur Erbringung der Einlage nicht befreit werden. Die Erbringung der (Bar-)Einlage dient dem Gläubigerschutz und ist daher nicht verhandelbar und einem Vergleich nicht zugänglich.[65]

76 **b) Abfindungsanspruch bei Ausschließung eines Gesellschafters.** Streitigkeiten können auch hinsichtlich der zu zahlenden Abfindung eines Gesellschafters bei dessen Ausschließung, beispielsweise durch Zwangseinziehung, Zwangsabtretung oder Ausschluss durch Urteil, auftreten. Da zu diesem Zeitpunkt die Interessen der Beteiligten nicht mehr gleichlaufend, sondern konträr sind, ist dies eine typische Konfliktsituation, ähnlich der eines „Rosenkriegs". Zusätzliche Konfliktträchtigkeit kann sich daraus ergeben, dass Klauseln in Gesellschaftsverträgen zu Höhe und Auszahlungs-

---

63 Teerling/Harnack ZRI 2023, 1044 (1047).
64 Gesetz zur Modernisierung des GmbH-Rechts und zur Bekämpfung von Missbräuchen, BGBl. 2008 I.2026.
65 Töben RNotZ 2013, 321 (337).

modalitäten nichtig sein können, wenn ein erhebliches Missverhältnis von Abfindung und Anteilswert besteht und stattdessen eine angemessene Abfindung zu bezahlen ist.[66]

Derartige Streitigkeiten sind mediationsgeeignet.[67] Häufig ist das Verhalten der Beteiligten emotional aufgeladen (durch den Ausschluss ventilierte Enttäuschung einerseits und Frustration, Gefühl der Herabsetzung, fehlender Wertschätzung andererseits). Hinzu kommen die wirtschaftlich abweichenden Interessen (Kapitalschonung einerseits und größtmögliche Auszahlung andererseits), meist gepaart mit dem Wunsch nach Bestrafung (geringe bis fehlende Zahlungsbereitschaft bei Fehlverhalten versus Schmerzensgeld für Ausschluss). Die Mediation ist gut geeignet, diese Themen abzuschichten (Emotionalität vor Sachthemen), den Parteien einen vertraulichen Rahmen zu geben und überoptimistische Erwartungen auf beiden Seiten einem Realitätscheck unter Beachtung der Nichteinigungsalternativen zu unterwerfen. Zudem ermöglicht die Mediation Lösungsoptionen außerhalb reiner Abfindungszahlungen (beispielsweise durch Abschluss eines Beratervertrages oder von Lizenzvereinbarungen).

III. Fazit

Die Mediation ist für den überwiegenden Teil der gesellschaftsrechtlichen Streitigkeiten nicht nur möglich, sondern aufgrund der persönlichen Beziehungen der Beteiligten, der dauerhaft angelegten Gesellschaftsstruktur, der gewünschten Vertraulichkeit und der Offenheit für kreative Lösungen auch bei nicht justiziablen Themen sogar besonders gut geeignet. Dennoch stellt sich die Frage, warum sie unterproportional eingesetzt wird und beispielsweise Post-M&A-Streitigkeiten überwiegend vor Schiedsgerichten und Beschlussmängelstreitigkeiten vor staatlichen Gerichten und Schiedsgerichten ausgetragen werden. Gestufte Streitbeilegungsklauseln in Gesellschaftsverträgen und Satzungen sind ein erster Schritt, das Mediationsverfahren in der konkreten Konfliktsituation auf den Schirm der Beteiligten zu bekommen.

---

66 Näher dazu: Töben RNotZ 2013, 321 (337).
67 Töben RNotZ 2013, 321 (337); v. Schlieffen/Wegmann/Heckschen, Mediation in der notariellen Praxis (2202), S. 213.

D. Innerbetriebliche Mediation

Literatur:

Ahrens, Dispute Boards – ADR-Verfahren im Vergleich –, Teil 7, ZKM 2013, 72; *Aschenbrenner*, Kluge Konfliktlösung in Mittelstand und Familienunternehmen. Inspiration muss her!, ZKM 2014, 164; *Auerbach*, Mediation bei Mobbingfällen in Unternehmen, ZKM 2015, 104; *Bähner*, 10 Herausforderungen auf dem Weg zur betrieblichen Mediationsstelle, Spektrum der Mediation 29/2008, 12; *Barth/Böhm* (Hrsg.), Wirtschaftsmediation – Konflikte in Unternehmen und Organisationen, 2016; *Bauer/Rapp*, Fünf Gesellschafter in einem Boot: Optimaler Kurs oder Fahrt ins Ungewisse?, ZKM 2012, 26; *Berning*, Mediation und Konfliktkultur, 2016; *Berkel*, Deal Resolution, ZKM 2015, 4; *Brandstetter* (Hrsg.), Rechtsabteilung und Unternehmenserfolg, 2. Aufl. 2011; *Briem*, Professionelles Konfliktmanagement für innerbetriebliche Konflikte – Einführung eines Konfliktmanagementsystems bei SAP AG, ZKM 2011, 146; *Briem/Klowait*, Der Round Table Mediation und Konfliktmanagement der deutschen Wirtschaft – Wegweiser für einen Paradigmenwechsel im unternehmerischen Konfliktmanagement?, Konfliktdynamik 2012, 66; *Bürger*, Möglichkeiten für den Einsatz der Mediation im Arbeitsrecht unter Einbeziehung des Mediationsgesetzes, 2014; *Calliess/von Harder*, Intra-Firm Trade Law – Contract-Enforcement & Dispute Resolution in Transnational Corporations, ZenTra Working Paper in Transnational Studies No. 1/2012, 1; *Duve/Eidenmüller/Hacke*, Mediation in der Wirtschaft, 2. Aufl. 2011; *Eyer*, Mediation im Arbeitsrecht, AuA 2019, 601 ff.; *Ferz/Salicities* (Hrsg.), Mediation in Betrieben, 2016; *Fischer/Proeller/Siegel/Drathschmidt*, Virtuelle Teams und Homeoffice. In Handbuch Digitalisierung in Staat und Verwaltung, 2022, 1 ff.; *Fritz/Pielsticker*, Mediationsgesetz, Kommentar, 2013; *Gantz-Rathmann*, Konfliktschlichtung bei der Bahn, Interview, Spektrum der Mediation 42/2011, 45; *dies.*, Ombudsstelle und Mediation bei der Deutschen Bahn AG, Konfliktdynamik 2012, 160; *Gläßer*, Konfliktmanagement – Von den Elementen zum System, ZKM 2011, 100; *dies./Kirchhoff/Wendenburg* (Hrsg.), Konfliktmanagement in der Wirtschaft – Ansätze, Modelle, Systeme, 2014; *Greger/Unberath/Steffek*, Recht der alternativen Konfliktlösung, Kommentar, 2. Aufl. 2016; *Händel*, Qualitätssicherung und -förderung im unternehmensinternen Mediatorenpool, ZKM 2017, 64; *Harnack*, Über die Ferne: Sprechen, Verhandeln und Entscheiden; ZKM 2021, 16; *Heintel/Lerchster*, Der Nachfolgeprozess als Übergangsritual, ZKM 2016, 129; *Hlawaty*, Weniger ist mehr – Teil 1, ZKM 2015, 16; *dies.*, Weniger ist mehr – Teil 2, ZKM 2015, 56; *Hunold*, Konfliktlösung im Betrieb, AuA 2015, 216; *Janssen*, Willkommen – Widerstand gegen innerbetriebliche Mediation, ZKM 2019, 49; *dies.*, Mediation und Leitungsverantwortung bei Teamkonflikten, ZKM 2018, 184; *dies.*, Konflikte während der Corona-Krise, Die Mediation, Ausgabe III 2021, 8; *Jäntges/Schwartz*, Mediation bei Fusionen – Chancen und Grenzen, ZKM 2010, 25; *Kerntke*, Mediation als Organisationsentwicklung, 2004; *Kilburg/Otto/Redlich*, Konfliktbehandlung in Arbeitsgruppen – ein Beitrag zur Teamentwicklung?, Konfliktdynamik 2012, 110; *Kirchhoff*, Wirtschaftsmediation in Deutschland – Momentaufnahme und Perspektiven, ZKM 2007, 108; *ders.*, Konfliktmanagement(-systeme) 2.0 – Das Komponentenmodell in der Praxis, Konfliktdynamik 2012, 4; *ders.*, Konfliktmanagement und werteorientierte Unternehmensführung, ZKM 2014, 92; *ders./Klowait*, „Business Mediation, ADR and Conflict Management in the German Corporate Sector – Status, Development & Outlook", TDM 6 (2014), Vol. 11, issue 6, December 2014; *Klowait*, MediationsG und ZMediatAusbV – Wege und Irrwege im Labyrinth der Qualitätssicherung, ZKM 2017, 94; *ders.*, Das Eis brechen – ADR Corporate Pledge – Optimierung des unternehmerischen Konfliktmanagements durch freiwillige Selbstverpflichtungen, Dispute Resolution Magazine 1/2016, 22; *ders.*, The Paradigm Shifts: A Guide to the Development of Dispute Resolution in Germany's Corporate Sector, Alternatives to the high costs of litigation, Vol. 33 No. 10 November 2019, 147; *ders.*, „Zertifizierter Mediator" – Empfehlenswertes Selbstmarketing oder unzulässige Irreführung?, ZKM 2015, 194; *ders.*, „Dispute-Wise Management" – Erfolgsfaktor (auch) für die Energiewirtschaft, Die Wirtschaftsmediation 2012, 38; *ders.*, Betriebsinterne Mediation – Erfahrungswerte, in: Best Practice Konflikt(kosten)-Management 2012 – Der wahre Wert der Mediation, Unternehmerschaft Düsseldorf/KPMG (Hrsg.) 2012, S. 36; *ders.*, Mediation im E.ON-Konzern, Erfahrungswerte, Stand und Perspektiven des Projektes der „Konzernmediation", ZKM 2008, 171; *ders.*, Mediation im Konzern, ZKM 2006, 172; *ders./Hill*, Corporate Pledge – Königsweg zur Implementierung von

Mediation in der Wirtschaft?, SchiedsVZ 2007, 83; *Köhn*, Mediation als Bestandteil einer Unternehmenskultur – Ein Erfahrungsbericht, ZKM 2018, 144; *KPMG AG*, Konfliktkostenstudie. Die Kosten von Reibungsverlusten in Industrieunternehmen, 2009; *Kracht*, „Angeordnete" Mediationen, ZKM 2022, 89; *Lehmann*, Mediation zur Konfliktbeilegung: Instrument für die Betriebs- und Tarifvertragsparteien?, BB 2013, 1014; *Lukas/Dahl* (Hrsg.), Konfliktlösung im Arbeitsleben, 2013; *MacLaughlin*, Arbeitsrechtliche Risiken und Probleme beim Einsatz innerbetrieblicher Mediatoren und Konfliktberater im Verhältnis zum Arbeitgeber, 2021; *Malinowski*, Alternative Streitbeilegung in der Betriebsverfassung – Integrierte Mediation im Einigungsstellenverfahren, ZKM 2018, 22; *Markowski*, Streitigkeiten im Betriebsratsgremium, AiB 2015, Nr. 3, 22; *Meller-Hannich/Nöhre /Höland*, Weniger Klagen, mehr Konfliktmanagement?, ZKM 2023, 116; *Montada/Kals*, Mediation, 2. Aufl. 2007; *Niedostadek*, Mediation bei Arbeitsplatzkonflikten und der Grundsatz der Freiwilligkeit, ZKM 2014, 55; *Patera*, Führen mit mediativem Know-how, ZKM 2008, 80; *Paul*, Unternehmensnachfolge in Familienunternehmen, ZKM 2003, 80; *PricewaterhouseCoopers/Europa-Universität Viadrina Frankfurt an der Oder*, Konfliktmanagement – Von den Elementen zum System, Studie, 2011; *dies.* „Konfliktmanagement in der deutschen Wirtschaft – Entwicklungen eines Jahrzehnts", Studie, 2016; *Proksch*, Konfliktmanagement im Unternehmen, 2. Aufl. 2013; *Reutter*, Die Achtsamkeit des Mediators, 2017; *ders.*, Der achtsame Mediator, ZKM 2017, 102; *Risse*, Wirtschaftsmediation, 2.A.,2022; *Round Table Mediation & Konfliktmanagement der Deutschen Wirtschaft*, Positionspapier der deutschen Wirtschaft zur Umsetzung der EU-Mediationsrichtlinie, ZKM 2009, 147; *Sauer-Kramer/Loth*, Internes Konfliktmanagement: Empowerment von Führungskräften im Coaching, ZKM 2015, 85; *Schmidt/Lapp/Monßen*, Mediation in der Praxis des Anwalts, 2012; *Schmitz-Vornmoor*, Notare im Prozess der Unternehmensnachfolge – Die (mögliche) Rolle und Funktion von Notaren aus konfliktdynamischer Sicht, Konfliktdynamik 2015, 182; *Schroeter*, Innerbetriebliche Mediation: Erfolgsmodell mit Entwicklungsaufgaben, ZKM 2022, 183; *Schwartz/Troja*, Lehrmodul 16: Verhandeln, ZKM 2010, 186; *Schweizer*, „Meine drei Kinder sollen mein Erbe weiterführen!" – Ein Praxisfall, ZKM 2016, 2; *Spangenberg/Spangenberg*, Der Sinn von Gesprächsregeln in der Mediation, ZKM 2016, 19; *Thiesen*, db fairness@work – von der Mobbingberatung zum Konfliktmanagement in der Deutschen Bank; *Trenczek/Berning/Lenz*, Mediation und Konfliktmanagement, 2013; *Troja*, Konfliktkosten in Unternehmen, ZKM 2006, 150; *Unternehmerschaft Düsseldorf und Umgebung e.V./KPMG* (Hrsg.), Best Practice Konflikt(kosten-)Management – Der wahre Wert der Mediation, 2012; *Wegner-Kirchhoff*, Konfliktmanagement im Unternehmen: Teure Klopfgeräusche an der Schnittstelle, ZKM 2013, 94; *Wendenburg*, Zum Umgang mit Machtungleichgewichten in der Mediation, KritV 2015, 33.

I. Einleitung 1	8. Weitere Einsatzbereiche 16
II. Überblick 2	9. Exkurs: Unternehmensnachfolgen und Konflikte zwischen Gesellschaftern ... 17
III. Definitionen 3	
IV. Fallgruppen der innerbetrieblichen Mediation 4	a) Unternehmensnachfolgen 18
1. Teamkonflikte 5	
2. Konflikte zwischen Mitarbeitern 6	b) Konflikte zwischen Gesellschaftern 20
3. Konflikte zwischen Mitarbeitern und Vorgesetzten ... 7	V. Einbeziehung von Mediatoren in die innerbetriebliche Konfliktlösung – Ausgestaltungsvarianten 22
4. Konflikte zwischen Führungskräften 8	
5. Konflikte zwischen Unternehmensleitung und Betriebsrat 11	1. Kooperation mit externen Mediatoren 23
6. Konflikte zwischen Bereichen bzw. zwischen Abteilungen 14	2. Einschaltung interner Mediatoren/Mediatorenpools 25
7. Konflikte zwischen Unternehmenseinheiten/Konzerngesellschaften 15	VI. Auswirkungen des Mediationsgesetzes auf die innerbetriebliche Mediation 27

1. Unabhängigkeit, Neutralität und Allparteilichkeit des Mediators 30
2. Vorbefassung als absolutes Tätigkeitsverbot 35
3. Vertraulichkeit/Verschwiegenheitspflicht des Mediators 38
4. Freiwilligkeit 41
VII. Vertragsfragen im Rahmen der innerbetrieblichen Mediation ... 43
VIII. Ausblick und Resümee 46

I. Einleitung

1 Konflikte und Differenzen gehören zum menschlichen Alltag – auch zum Arbeitsalltag. Sie können ignoriert, unterdrückt, aktiv angegangen oder auch hierarchisch entschieden werden – sie gänzlich zu vermeiden ist allerdings weder möglich noch erstrebenswert. Oftmals sind es gerade Konflikte und Spannungen, die Veränderungsbedarf signalisieren. Aus Betriebs- und Unternehmenssicht haben Konflikte damit eine wichtige Funktion: werden sie als „**Frühwarnsystem**" für notwendige Korrekturen verstanden und gelingt es, die Konfliktbearbeitung in konstruktive Bahnen zu lenken, verliert der Konflikt seinen Schrecken. Der **Konflikt** wird per se nicht mehr als Bedrohung, sondern **als Chance** zur notwendigen Neugestaltung und Optimierung verstanden. Gerade im betrieblichen Kontext geht es also nicht um die Frage, *ob* es zwischen Mitarbeitern, in Teams, zwischen Abteilungen oder auch zwischen Geschäftsführung und Betriebsrat Konflikte gibt; die Herausforderung besteht vielmehr darin, solche Spannungen und Dissonanzen konstruktiv und gewinnbringend zu bearbeiten und zu lösen.

II. Überblick

2 Die Erkenntnis, dass eine konstruktive Konfliktbearbeitung nicht nur für die Streitparteien selbst, sondern unmittelbar auch für das Unternehmen vorteilhaft ist, hat in den letzten Jahren zu einer signifikant größeren Offenheit deutscher Unternehmen geführt, sich im innerbetrieblichen Kontext auch der Mediation zu bedienen – sei es durch Einsatz externer Mediatoren, durch Implementierung umfassender – zumeist mediationsbasierter – Konfliktmanagementsysteme, durch die Etablierung von Ombuds- und Schlichtungsstellen oder auch durch den Aufbau interner Mediatorenpools.[1] Nach einem Blick auf die zugrundeliegenden Begrifflichkeiten werden im Folgenden zunächst typische Fallgruppen der innerbetrieblichen Mediation dargestellt und in ihren Besonderheiten erläutert. Der nachfolgenden Darstellung verschiedener Ausgestaltungsvarianten der Einbeziehung von Mediatoren in die innerbetriebliche Konfliktlösung schließen sich Hinweise zur sinnvollen Gestaltung der vertraglichen Rahmenbedingungen an. Bezüglich der Vorgaben des MediationsG wird insbesondere die Frage beleuchtet, welchen Rahmen das **MediationsG** all denjenigen Nutzungsvarianten der innerbetrieblichen Mediation setzt, die auf dem Einsatz eigener Mitarbeiter als Mediatoren basieren. Insoweit strebt die

---

[1] Zu den Motiven und Zielsetzungen dieser gestiegenen „ADR-Offenheit" vgl. Briem/Klowait Konfliktdynamik 2012, 66 (70 ff.) sowie Schroeter ZKM 2022, 183, die die innerbetriebliche Mediation zu Recht als Erfolgsmodell beschreibt.

Darstellung keine umfassende Analyse aller Erscheinungsformen und Spezifika der innerbetrieblichen Mediation an. Im Vordergrund steht vielmehr die selektive Beleuchtung einiger Fragen, die sich für diesen Einsatzbereich der Mediation aus dem MediationsG ergeben. Der Beitrag endet mit einem Ausblick, in dessen Rahmen auch die Auswirkungen einiger arbeitsgerichtlicher Rechtsprechungslinien auf die innerbetriebliche Mediation aufgezeigt werden.

III. Definitionen

Soweit nicht abweichend kenntlich gemacht, lehnen sich die hier verwandten Begrifflichkeiten an die Definitionen an, welche der Studie „Konfliktmanagement – Von den Elementen zum System"[2] zugrunde liegen und die ihrerseits stark von den beiden Round-Table-Arbeitskreisen „Konfliktmanagement-Systeme" und „Konflikte zwischen Unternehmen" beeinflusst worden sind. Dies gilt uneingeschränkt für die Termini Konflikt,[3] Konfliktmanagement,[4] Konfliktprävention[5] und Außergerichtliche Konfliktbearbeitung.[6] Abweichend vom dortigen Ansatz, welcher Konflikte im Wirtschaftsleben in folgende Kategorien einteilt

- Konflikte am Arbeitsplatz
- Konflikte zwischen Unternehmenseinheiten/Konzerngesellschaften (interne Wirtschafts-/Unternehmenskonflikte)
- Konflikte zwischen Unternehmen (externe Wirtschafts-/Unternehmenskonflikte)

werden, soweit im Folgenden von **„innerbetrieblichen Konflikten"** gesprochen wird, damit sämtliche Konflikte angesprochen, die sich innerhalb eines Unternehmens oder Unternehmensverbundes abspielen und an denen kein externer – dh nicht unternehmensangehöriger – Dritter als Konfliktpartei beteiligt ist. Damit fallen sowohl die externen Wirtschaftskonflikte („B2B" → B. Rn. 1 ff.) als auch Konflikte zwischen Unternehmen und ihren Kunden („B2C" → O. Rn. 1 ff.) nicht in den Anwendungsbereich der innerbetrieblichen Mediation. Mit dieser begrifflichen Konnotation der „innerbetrieblichen Mediation" soll nicht versucht werden, eine valide,

---

2 PricewaterhouseCoopers/Europa-Universität Viadrina Frankfurt an der Oder, Konfliktmanagement – Von den Elementen zum System, 2011; hierzu auch Gläßer ZKM 2011, 100 ff.
3 Ein **Konflikt** liegt dann vor, wenn ein Akteur (Person oder Gruppe) durch eine Handlung oder eine erkennbare Absicht die Interessen von mindestens einem anderen Akteur so berührt, dass dieser sich beeinträchtigt fühlt und die jeweils bevorzugten Handlungsoptionen nicht gleichzeitig realisierbar sind oder scheinen.
4 **Konfliktmanagement** ist der systematische und institutionalisierte Umgang mit Konflikten, durch den der Verlauf eines Konflikts gezielt beeinflusst wird. Auswahl und Gestaltung eines geeigneten Verfahrens sollen Transparenz, Steuerbarkeit und Effizienz der Konfliktbearbeitung sicherstellen.
5 **Konfliktprävention** bedeutet die gezielte Verhinderung (a) der Entstehung von Konflikten (Konfliktprävention im engeren Sinne oder Konfliktentstehungsprävention) bzw. (b) einer destruktiven Austragung oder Eskalation von Konflikten (Konfliktprävention im weiteren Sinne oder Konflikteskalationsprävention).
6 Unter **außergerichtlicher Konfliktbearbeitung** werden alle Verfahren gefasst, in denen Konflikte außerhalb der Zuständigkeit staatlicher Gerichte oder Schiedsgerichte behandelt werden. Dazu zählen insbesondere Verhandlung, Mediation, Schlichtung und Schiedsgutachten sowie Hybridformen dieser Verfahrensarten.

allgemeingültige Definition einzuführen; das hier zugrunde gelegte, weite Begriffsverständnis dient lediglich der Klarstellung und Eingrenzung des Untersuchungsgegenstandes dieses Beitrages. Insbesondere soll damit – wo sinnvoll oder erforderlich – eine weitergehende Differenzierung der innerbetrieblichen Konflikte nach „Konflikten am Arbeitsplatz" und „Konflikten zwischen Unternehmenseinheiten" nicht ausgeschlossen werden.

IV. Fallgruppen der innerbetrieblichen Mediation

Im Folgenden werden Fallgruppen aufgezeigt, die in der innerbetrieblichen Mediationspraxis besonders häufig auftreten.

1. Teamkonflikte. Konflikte innerhalb von Teams und Gruppen bilden einen deutlichen Nachfrageschwerpunkt im Rahmen der innerbetrieblichen Mediation. Gerade hier zeigen sich die Grenzen eines hierarchischen „Machtwortes". So mag der Vorgesetzte anordnen wollen, dass mit den von ihm wahrgenommenen Unstimmigkeiten innerhalb seines Teams „jetzt Schluss sei" – Erfolg wird er mit einem solchen Vorgehen nicht haben. Insoweit ist es kein Zufall, dass die Initiative zur Durchführung einer Mediation meist vom Vorgesetzten des Teams ausgeht; gelegentlich kommt sie auch aus dem Kreis der Teammitglieder selbst. In beiden Fällen ist die Rolle des Vorgesetzten im Konfliktgeschehen vorab zu klären und insbesondere der Frage nachzugehen, ob er selbst Konfliktbeteiligter ist – und damit in den Klärungsprozess einbezogen werden sollte. Thematisch steht bei Teamkonflikten häufig der Umgang miteinander, die Verbesserung der Kommunikation und/oder die Optimierung der Zusammenarbeit im Mittelpunkt.[7] Besondere Herausforderungen können sich dabei auch aus der seit der COVID-19-Pandemie verstärkt genutzten Möglichkeit der Remote-Arbeit ergeben. Entstehen hierdurch (teil-)virtuelle Teams, können die distanzschaffende Arbeit am Bildschirm und die Einbußen der persönlichen Interaktion „vor Ort" den Aufbau oder Erhalt von Vertrauensbeziehungen unter den Teammitgliedern erschweren. Eine Ende 2020 vom Institut für Konfliktforschung und präventive Beratung (RIK) durchgeführte Studie ergab, dass sich vorhandene Konflikte im Laufe der Corona-Krise bei gleichzeitig sinkender Solidarität unter Mitarbeitenden und unter Führungskräften verstärkt hatten.[8] Insbesondere Konflikte auf der emotionalen Ebene, die sonst im täglichen Miteinander auch abseits formell einberufener Besprechungen thematisiert werden können, lassen sich im Rahmen digitaler Meetings kaum bzw. nur deutlich erschwert adressieren.[9]

2. Konflikte zwischen Mitarbeitern. Belastungen des zwischenmenschlichen Verhältnisses, Streit über die Regelung der Arbeitsabläufe oder auch

---

[7] Beispielsfall siehe Janssen ZKM 2019, 49.
[8] Vgl. https://www.rfh-koeln.de/aktuelles/meldungen/2021/die_stimmung_kippt_-_konflikte_waehrend_der_corona-krise__umfrage_teil_3/index_ger.html (letzter Abruf 3.3.2024); zu den Studienergebnissen siehe auch Janssen Die Mediation, Ausgabe III 2021, 8 ff.; zu den besonderen Anforderungen, die sich im Kontext virtueller Teams und Homeoffice für Führungskräfte stellen, siehe Fischer/Proeller/Siegel/Drathschmidt, 5.
[9] Online-Meetings sind zumeist durch fehlende Interdependenz und einen hohen Grad an Linearität gekennzeichnet, siehe hierzu Harnack ZKM 2021, 16.

verschiedene Ansichten hinsichtlich der Arbeitsaufteilung[10] – derartige Fragen sind typisch für **Konflikte zwischen Mitarbeitern**. „Unbehandelt" bergen solche Spannungen nicht nur die Gefahr spürbar verschlechterter Arbeitsergebnisse;[11] darüber hinaus können sie auch negativ auf das Gesamtbetriebsklima in dem betroffenen Bereich ausstrahlen. Eine rechtzeitige Klärung beugt somit zugleich einer Konfliktausweitung vor. Gelingt dies nicht im Wege des direkten Gesprächs der Kontrahenten oder auch unter Einbeziehung des Vorgesetzten, steht der Weg zur Mediation – allseitiges Einverständnis der Beteiligten vorausgesetzt – grundsätzlich offen.

3. Konflikte zwischen Mitarbeitern und Vorgesetzten. Mediationen zwischen Mitarbeiter und Vorgesetztem stellen besondere Anforderungen an den Mediator. Schon wegen des hierarchiebedingten **Machtungleichgewichtes** der Beteiligten ist sorgfältig auf dessen Ausgleich – bei gleichzeitiger Wahrung der Allparteilichkeit – zu achten.[12] Die Herausforderung besteht darin, den Interessen des „schwächeren" Konfliktbeteiligten gleichberechtigt zur Geltung zu verhelfen, dabei zugleich aber die Rolle des Vorgesetzten als solche nicht in Frage zu stellen. Die Praxis zeigt zwar, dass Vorgesetzte, die sich „selbst" in solchen Konflikten offen für Mediation zeigen, die sie – eben aufgrund ihrer Vorgesetztenstellung – auch hierarchisch angehen könnten, tendenziell ein größeres Maß an Offenheit mitbringen. Gleichwohl sollte sich der agierende Mediator der besonderen Sensibilität derartiger Konstellationen stets bewusst sein. Er muss über das „Handwerkszeug" verfügen, das Spannungsverhältnis zwischen der „Interessenserkundung auf Augenhöhe" einerseits und der Wahrung des Rollenverhältnisses andererseits angemessen auszubalancieren.

4. Konflikte zwischen Führungskräften. Spannungen und **Dissonanzen zwischen Führungskräften** treten nicht seltener auf als Konflikte in anderen Bereichen. Sie münden allerdings – gerade bei hoch- und höchstrangigen Leitenden Angestellten – weniger häufig in einer Mediation. Über die Gründe und die stattdessen greifenden Konfliktstrategien der Beteiligten soll an dieser Stelle nicht weiter spekuliert werden. Schon dieser Befund indiziert allerdings, dass es sich hier um ein besonders sensibles Einsatzfeld der innerbetrieblichen Mediation handelt.

Strukturell betrachtet können Konflikte zwischen Führungskräften auf gleicher Hierarchieebene (zB zwischen zwei Abteilungsleitern) Parallelen zur Konstellation des Konfliktes zwischen Mitarbeitern bzw. zu Teamkonflikten (bei Beteiligung mehrerer Führungskräfte gleicher Hierarchieebene) aufweisen. Letzteres zeigte sich auch in einem vom Verfasser mediierten Fall, in dem es um Konflikte zwischen vier gleichrangigen Führungskräften ging, die von der übergeordneten Führungskraft zuvor nicht anderweitig beigelegt werden konnten. Auch in solchen Konstellationen (zu Teamkonflikten → Rn. 5) ist die Abklärung der Rolle des „Team-Vorgesetzten" – hier also des Vorgesetzten der vier unmittelbar Konfliktbeteiligten – im

---

10 Beispielsfall siehe Klowait ZKM 2008, 171 (174).
11 Siehe hierzu und zu weiteren Ursachen interner Konfliktkosten Troja ZKM 2006, 150 ff.
12 Grundlegend zum Umgang mit Machtungleichgewichten in der Mediation Wendenburg KritV 2015, 33 ff.

Vorfeld der Mediation von entscheidender Bedeutung. Nimmt er nicht selbst an der Mediation teil, sollte a priori vereinbart werden, ob und in welcher Form ihm die *Ergebnisse* der Mediation im Anschluss kommuniziert werden dürfen. Nicht selten wird hierzu von den Konfliktbeteiligten eine Art **Kommuniqué** – dh eine offizielle, rein ergebnisbezogene Sprachregelung – abgestimmt, auf deren Grundlage der Vorgesetzte informiert werden darf (→ Rn. 40). Dass diese aus Beweisgründen schriftlich abgefasst werden sollte, versteht sich von selbst. Handelt es sich bei den Medianden um Führungskräfte unterschiedlicher Hierarchieebenen, sind auch hier die Spezifika der Mediation im Über- und Unterordnungsverhältnis zu beachten.

10 Werden Konflikte unter Führungskräften über den Einsatz innerbetrieblicher Mediatoren angegangen, wird von den Medianden zumeist erwartet – oftmals auch explizit formuliert –, dass der **Mediator** möglichst ebenfalls eine **Führungskraft** sein sollte. Angesichts der für derartige Konfliktlagen typischen Themen – zu denen oftmals Aufgaben- und Kompetenzzuweisungen, aber auch das Führungsverhalten im engeren Sinne zählen –, erklärt sich diese Erwartungshaltung in der gewünschten Zuschreibung eines entsprechenden Erfahrungshintergrundes des Mediators.

11 **5. Konflikte zwischen Unternehmensleitung und Betriebsrat.** Konflikte zwischen **Geschäftsführung** bzw. Betriebsleitung einerseits **und dem Betriebsrat** andererseits sind zumeist schon hoch eskaliert, wenn sie Gegenstand einer Mediation werden. Zu den oftmals zu beobachtenden Spezifika derartiger Konfliktlagen gehört die sog. **Stellvertreter- oder Repräsentantenproblematik**. Die unmittelbar handelnden Akteure sehen sich – neben ihrer individuellen, persönlichen Beteiligung – zugleich als Repräsentanten des von Ihnen vertretenen Organs. Dies erzeugt einen besonderen Druck – sei es, weil der mit den Verhandlungen beauftragte Geschäftsführer sich im Verhältnis zu seinen (nicht an der Mediation teilnehmenden) Geschäftsführerkollegen (oder auch seinem Gesellschafter gegenüber) verpflichtet fühlt, gegenüber dem Betriebsrat nicht „klein beizugeben" oder weil andererseits der Betriebsrat eine besonders vorteilhafte Regelung für die von ihm vertretene Belegschaft zu erreichen sucht. Gelegentlich tritt zu dieser ohnehin schon komplexen Gemengelage noch eine weitere Dynamik hinzu. Die Repräsentantenproblematik zeigt sich dann in einer zusätzlichen Dimension auch unmittelbar auf Seiten der Medianden. So kann es vorkommen, dass beispielsweise der Betriebsratsvorsitzende (was umgekehrt entsprechend auch für den Verhandlungsführer der Arbeitgeberseite gelten kann) sich dem zusätzlichen Druck ausgesetzt fühlt, seine Rolle in der laufenden Mediation besonders akzentuiert, engagiert und pointiert wahrzunehmen, um seine Funktion innerhalb des Gremiums seinen anwesenden Betriebsratskollegen gegenüber zu unterstreichen.[13] Entsprechend stark sind derartige Konflikte zumeist auch emotional besetzt.

12 Konflikte zwischen Unternehmens- oder Betriebsleitung und dem Betriebsrat stellen daher besondere Anforderungen an den Mediator. Schon unverzüglich nach der Mediationsanfrage empfiehlt sich eine sorgfältige Prüfung

---

13 Zu möglichen Konfliktursachen innerhalb des Betriebsrates vgl. Markowski AiB 2015, Nr. 3, 22 ff.

dahin gehend, ob es sich überhaupt (noch) um einen **mediablen Konflikt** handelt (woran ua dann Zweifel bestehen, wenn und solange es mindestens einer Seite bewusst um Konfrontation und nicht um Kooperation geht). Die systemischen Zusammenhänge und die besondere Bedeutung der funktionalen Rolle beider Lager sollten dem Mediator in jeder Verfahrensphase bewusst sein. Nur dann ist es möglich, eine etwaige, von den Beteiligten zumeist nicht sofort offen gelegte „hidden agenda" zu erkennen und entsprechend zu agieren – wobei alleine das wertschätzende Transparent machen der beiderseitigen Rollen – inkl. einer etwaigen Repräsentantenfunktion – oft schon zu einer spürbaren Entlastung bei den Beteiligten führt.

Angesichts des ansonsten drohenden, erheblichen Schadens steht der hohen Komplexität und Schwierigkeit von Konflikten zwischen Betriebsrat und Geschäftsführung auf der anderen Seite zumeist ein sehr hoher unternehmerischer und wirtschaftlicher Nutzen einer Mediation gegenüber.[14] Als Beispiel sei hier auf einen vom Verfasser mediierten **Praxisfall** verwiesen, bei welchem sich ein Konflikt zwischen Betriebsrat und Betriebsleitung an einem Produktionsstandort über Jahre hinweg derart zugespitzt hatte, dass er vor Beginn der Mediation in der Drohung der Arbeitnehmerseite gipfelte, den „Standort lahmzulegen", Klage einzureichen und die (Boulevard-)Presse einzuschalten – was im Eintrittsfall neben einem möglichen Schaden in Millionenhöhe auch der Reputation des Unternehmens wenig förderlich gewesen wäre. Selbst in diesem schon hoch eskalierten Fall ist es den Medianden letztlich gelungen, eine Ergebnisvereinbarung zu erzielen. Über den Zeitraum der Mediation hinweg – die wegen der Komplexität, Emotionalität und Zuspitzung des Falles sechs ganztägige Mediationssitzungen erforderte und damit von deutlich überdurchschnittlicher Dauer war[15] – bildete sich nach und nach ehemals zerstörtes Vertrauen und Verständnis für die jeweilige Gegenseite wieder auf und im Lauf des Verfahrens dominierte ein Begriff immer mehr – nämlich der Terminus der **Betriebspartnerschaft**. Dies war der in diesem Fall – wie für Mediationen generell – entscheidende Schritt von der Konfrontation zur Kooperation, auf dessen Basis die Medianden sodann ihre Ergebnisvereinbarung zu den Streitpunkten ausführlich schriftlich fixierten – und ausweislich einer Monate später durchgeführten gemeinsamen Nachbetrachtung im Betriebsalltag auch einhielten.

6. Konflikte zwischen Bereichen bzw. zwischen Abteilungen. Auch ein konfliktbehaftetes Verhältnis verschiedener Abteilungen und Bereiche eines

---

14 Siehe beispielhaft „Betriebsratskonflikt" in Best Practice Konflikt(kosten-)Management 2012, Unternehmerschaft Düsseldorf und Umgebung e.V./KPMG (Hrsg.), 2012, S. 20 ff.; zur Mediation zwischen Arbeitgeber und Betriebsrat aus Sicht des Arbeitgebers Lukas/Dahl Konfliktlösung/Drosdeck Kap. 2 C S. 60 ff. sowie auch Sicht des Betriebsrates Lukas/Dahl Konfliktlösung/Woeller Kap. 2 D S. 84 ff.; allgemein zur Mediation im Kontext Betriebsverfassungs- und Tarifvertragsrecht *Bürger*, S. 181 ff.
15 In der innerbetrieblichen Mediationspraxis des Verfassers reichen in der Regel zwei bis drei Sitzungstermine aus, um zu einer Ergebnisvereinbarung zu kommen, gelegentlich gelingt den Parteien dies auch in einer einzigen Sitzung.

Unternehmens kann zu erheblichen Reibungsverlusten[16] führen. Exemplarisch sei hier auf Dissonanzen zwischen der Vertriebsabteilung eines Unternehmens und der Fachabteilung verwiesen, welcher in der Folge die „Abarbeitung" des akquirierten Auftrages obliegt. Fehlt es hier im Vorfeld an der nötigen Synchronisation beider Abteilungen, sind Spannungen vorprogrammiert – sei es, weil die Auftragserfüllung höhere Kapazitäten des Fachbereiches bindet als verfügbar, weil der zur Auftragserfüllung erforderliche Aufwand seitens des Vertriebes falsch eingeschätzt worden ist oder aus sonstigen Gründen. Liegen dem Konflikt derartige systemische Ursachen zugrunde, wird im Rahmen einer Mediation zumeist auch ein intensiver Blick auf die **Organisation der betrieblichen Abläufe** geworfen werden müssen. Dies muss indes nicht immer so sein. Als Konfliktursache sind auch hier durchaus personale Komponenten vorstellbar, etwa ein persönlicher Konflikt zwischen den agierenden Abteilungs- oder Bereichsleitern, der auf die Mitarbeiter der betroffenen Abteilungen „ausstrahlt".

15 **7. Konflikte zwischen Unternehmenseinheiten/Konzerngesellschaften.** Die bloße Zugehörigkeit verschiedener Unternehmen zu einer Unternehmensgruppe oder zu einem Konzern garantiert nicht die vollkommene Harmonie der Geschäftsbeziehungen, die zueinander unterhalten werden. Konflikte sind vielmehr auch hier an der Tagesordnung. Bei Auftraggeber-Auftragnehmer-Beziehungen innerhalb eines Konzerns kann sich ebenso wie im B2B-Bereich Streit zB daran entzünden, ob Leistungen ordnungsgemäß und mangelfrei erbracht worden sind, ob Nachtragsforderungen gerechtfertigt sind, ob ein zur Haftung führendes Fehlverhalten vorliegt oder ob außergewöhnliche Umstände zur Anpassung geschlossener Verträge berechtigen.[17] Derartige Konflikte sind aus Gesamtkonzernsicht besonders misslich, da sie in der Regel keinerlei Einfluss auf die Gesamtkonzernbilanz haben, gleichwohl aber das Potenzial in sich bergen, die gerade im Unternehmensverbund gewünschte Kooperation zwischen den Konzerngesellschaften in Mitleidenschaft zu ziehen. In der Praxis werden sie zumeist hierarchisch entschieden; gleichwohl sind auch hier Konstellationen denkbar, die sich für die Durchführung einer (konzerninternen) Mediation eignen.[18]

16 **8. Weitere Einsatzbereiche.** Da ausgebildete Mediatoren in besonderer Weise in Kommunikationstechniken und strukturierter Verfahrensleitung geschult sind, kommt ihr Einsatz auch in moderationsbedürftigen Fällen jenseits „klassischer" Konfliktlagen in Betracht. Als Beispiel sei hier auf **Veränderungsprozesse**[19] oder auch auf die moderative Begleitung von Folgeprozessen verwiesen, die im Nachgang zu Mitarbeiterbefragungen durchgeführt werden. Die vorgenannten Einsatzbereiche stehen da-

---

16 Zu den wirtschaftlichen Auswirkungen derartiger Reibungsverluste im Allgemeinen siehe: KPMG AG, Konfliktkostenstudie. Die Kosten von Reibungsverlusten in Industrieunternehmen sowie Insam, Denkfalle Konflikt – wie Unternehmen die teuersten Konfliktkosten vermeiden, in Ferz/Salicites, S. 3 ff. Ein Fallbeispiel liefert Wegner-Kirchhoff ZKM 2013, 94 ff.
17 Zum Einsatz von Mediation zur Lösung von Konflikten zwischen verbundenen Konzernunternehmen siehe Calliess/von Harder, S. 19 ff., Abstract abrufbar unter http://ssrn.com/abstract=2161314 (zuletzt abgerufen am 3.3.2024).
18 Siehe hierzu auch Klowait ZKM 2006, 172 (173 f.).
19 Zum Einsatz von Mediation bei Fusionen siehe Jäntges/Schwartz ZKM 2010, 25 ff.

bei nur exemplarisch für die Schnittstelle zwischen Konfliktlösung und **Konfliktprävention**, auf welche im Rahmen des abschließenden Ausblicks (→ Rn. 46 ff.) noch näher eingegangen wird. Zudem liegt ein erhebliches Potenzial des Einsatzes von Mediatoren in der **Verhandlungsoptimierung**[20] – sei es in deren aktiver Rolle als Verhandler oder auch in der Übernahme eines **Verhandlungscoachings** für Dritte. Last but not least bietet ein intelligenter Einsatz mediativer Elemente die Chance, gewünschte Werte und Verhaltensweisen der **Unternehmenskultur** zu stärken[21] und die **Konfliktkultur** eines Unternehmens zu beeinflussen.[22]

9. Exkurs: Unternehmensnachfolgen und Konflikte zwischen Gesellschaftern. Obwohl nicht zum innerbetrieblichen Bereich im engeren Sinne zählend (zu der hier zugrunde gelegten Begrifflichkeit → Rn. 3), wird im Folgenden ein kurzer Überblick zu Konflikten bei Unternehmensnachfolgen und zwischen Gesellschaftern gegeben (ausführlich zu Mediationen im Gesellschaftsrecht → C. Rn. 1 ff.). In beiden Fällen handelt es sich – speziell bei kleineren und mittelständischen Unternehmen – um bedeutsame und entsprechend praxisrelevante weitere Einsatzfelder der Mediation im Unternehmenskontext.

a) Unternehmensnachfolgen. Allein im Zeitraum von 2018–2022 wurden in Deutschland nach Schätzungen des Instituts für Mittelstandsforschung ca. 150.000 **Unternehmensübergaben** erwartet.[23] Bei ca. 50 % der Übergaben kommt es zu familieninternen Nachfolgeregelungen. Bereits aus diesen Zahlen lässt sich das große Potenzial ableiten, das einer mediativen Begleitung solcher Übergabeprozesse zukommt. Zugleich führt die oftmals starke Überlagerung gesellschafts-, familien- und erbrechtlicher Aspekte zu einer hohen Komplexität entsprechender Mediationsverfahren.[24] Gerade bei **Unternehmensnachfolgen von Familienbetrieben** entstehen besonders konfliktanfällige Situationen, wenn es darum geht, die Vorstellungen des Familienoberhauptes, das meistens auch der Allein- oder Haupteigentümer des Unternehmens ist, mit den Interessen der Kinder, der Ehefrau oder weiterer Familienmitgliedern so auszutarieren, dass niemand sich zurückgesetzt oder ungerecht behandelt fühlt. Umgekehrt wird oftmals unterschätzt, welche emotionale Belastung die Übergabe für den übergebenden Betriebsinhaber mit sich bringt. Das „Loslassen" des Unternehmens – dessen Führung und Entwicklung das berufliche Lebenswerk des Übergebers darstellt – kann dabei ebenso ins Gewicht fallen wie die versagte Anerkennung und Wertschätzung für das Erreichte oder die Sorge um die Zukunft des Unternehmens und seiner Belegschaft nach dem vollzogenen Ausstieg.

---

20 Hierzu Schwartz/Troja ZKM 2010, 186 ff. sowie Berkel ZKM 2015, 4 ff.
21 Klowait ZKM 2006, 172 ff. sowie Köhn ZKM 2018, 144 ff.
22 Ein Beispiel hierfür schildert Patera ZKM 2008, 80 ff.
23 Abrufbar unter https://www.ifm-bonn.org/fileadmin/data/redaktion/publikationen/daten_und_fakten/dokumente/Daten-und-Fakten-18_2018.pdf (zuletzt abgerufen am 3.3.2024).
24 Praxisfälle schildern Paul ZKM 2003, 80 ff. sowie Schweizer ZKM 2016, 62 ff. Allgemein zu den Herausforderungen und typischen Konfliktkonstellationen bei Unternehmensnachfolgen Heintel/Lerchster ZKM 2016, 129 ff., Aschenbrenner ZKM 2014, 164 ff. sowie Schmitz-Vornmoor Konfliktdynamik 2015, 182.

19 Neben diesen „weichen Faktoren" ist die große Bedeutung der Kenntnis und Berücksichtigung der relevanten **rechtlichen Rahmenbedingungen von Betriebsübergaben** nebst etwaiger Formerfordernisse zu berücksichtigen. Das Zusammenspiel von gesellschaftsrechtlichen, familien- und oftmals auch erbrechtlichen gesetzlichen Vorgaben lässt es ratsam erscheinen[25] – sofern der agierende Mediator nicht selbst über entsprechende Rechtskenntnisse verfügt –, den Medianden die Hinzuziehung oder begleitende Einholung von rechtlicher Beratung zu empfehlen. Nicht selten werden – je nach Inhalt der erzielten Einigung – zur Umsetzung der getroffenen Absprachen auch notarielle Formerfordernisse bestehen (etwa zur Übertragung von Gesellschaftsanteilen, zur Änderung von Gesellschaftsverträgen etc.).

20 **b) Konflikte zwischen Gesellschaftern.** Die möglichen Konfliktursachen zwischen Gesellschaftern sind breit gestreut. Häufig gibt es unterschiedliche Auffassungen über die strategische Ausrichtung des Unternehmens, über die Notwendigkeit und Intensität von Restrukturierungsmaßnahmen oder auch über das „richtige" Führungspersonal auf Ebene der Geschäftsführung. Speziell bei geschäftsführenden Gesellschaftern treten oftmals unterschiedliche Auffassungen über den Ressortzuschnitt, die konkrete Aufgaben- und Kompetenzzuweisung, die Mittelverwendung oder schlicht gestörte Kommunikationsabläufe und Vertrauensverluste innerhalb der Unternehmensleitung als mögliche Konfliktquelle hinzu.[26]

21 Latent vorhandene, lange unterdrückte und/oder bereits hoch eskalierte Konflikte zwischen Gesellschaftern bergen das Risiko in sich, dass eine weitere Zusammenarbeit unerträglich oder gar unmöglich wird (vgl. hierzu das Muster einer vorsorgenden Mediationsklausel in einer GmbH-Satzung Teil 1–3. Vertragsgestaltung im Kontext Mediation/ADR, Rn. 196). Die Konsequenzen gehen in diesem Fall weit über den Kreis der unmittelbar Mediationsbeteiligten hinaus. Werden bestehende Konflikte nicht möglichst rasch, interessengerecht und nachhaltig gelöst, besteht die konkrete Gefahr, dass das Unternehmen – und mit ihm seine Belegschaft – in Mitleidenschaft gezogen wird. Vor diesem Hintergrund bietet die Durchführung eines Mediationsverfahrens klare Vorteile, insbesondere gegenüber der Einleitung gerichtlicher Schritte. Dies gilt nicht nur mit Blick auf den erheblichen Zeit- und Kostenaufwand sowie das Risiko einer Verhärtung der wechselseitigen Positionen, das gerichtlichen Auseinandersetzungen ebenso immanent ist wie die oftmals nicht gewünschte Öffentlichkeitswirksamkeit; im Unterschied zu Gerichtsverfahren kann eine Mediation zwischen Gesellschaftern zudem auch nicht-justiziable Umstände, wie etwa Kommunikations- und Vertrauensdefizite, erfolgreich thematisieren und dauerhaften Lösungen zuführen (zu Mediationen im Gesellschaftsrecht allgemein → C. Rn. 1 ff.).

---

25 Auch mit Blick auf die Pflichten aus § 2 Abs. 6 S. 1 und 2 MediationsG.
26 Einen Praxisfall zu einem Gesellschafterkonflikt schildern Bauer/Rapp ZKM 2012, 26 ff.

V. Einbeziehung von Mediatoren in die innerbetriebliche Konfliktlösung – Ausgestaltungsvarianten

Grundsätzlich haben Unternehmen, die sich zur Lösung ihrer Konflikte der Mediation bedienen möchten, die Wahl zwischen der Beauftragung externer und – soweit vorhanden – interner, also unternehmensangehöriger Mediatoren.

1. Kooperation mit externen Mediatoren. Die Beauftragung externer Mediatoren ist für Unternehmen insgesamt gesehen der Normalfall. Zum einen ist die Anzahl der Unternehmen, die über eigene (Mediations-)Ressourcen verfügen, noch übersichtlich; insbesondere bei kleineren und mittelständischen Unternehmen können sich – neben der Budgetfrage – zudem auch Probleme mit Blick auf die nötige **Allparteilichkeit** und Akzeptanz **des innerbetrieblichen Mediators** ergeben. Gerade bei kleineren Unternehmen wäre ein betriebsangehöriger Mediator den Medianden oftmals zu nah, um unbefangen agieren zu können und als allparteilich wahrgenommen zu werden. Je kleiner ein Unternehmen ist, umso mehr wird sich auch unter wirtschaftlichen Gesichtspunkten die Frage stellen, ob es sich rechnet, eine nur einzelfallbezogen in Anspruch genommenen (Konfliktlösungs-)Institution dauerhaft vorzuhalten.

Unabhängig von der Größe des Unternehmens gibt es eine weitere Domäne externer Mediatoren: **B2B-Konflikte.** Auch Unternehmen und Konzerne, die interne Mediatoren vorhalten, sind bei Konflikten mit Geschäftspartnern, Kunden und Lieferanten darauf angewiesen, sich auf einen externen, von beiden Seiten als allparteilich anerkannten Mediator zu einigen.

2. Einschaltung interner Mediatoren/Mediatorenpools. Großunternehmen und Konzerne, die den Nutzen eines systematischen Umgangs mit internen Dissonanzen und Spannungen erkannt haben, bedienen sich zur Lösung innerbetrieblicher Konflikte zunehmend eigener Ressourcen in Form von unternehmensangehörigen Mediatoren.[27] Die Wege zum Aufbau eines derartigen internen **Mediatorenpools** können dabei unterschiedlich ausgestaltet sein; die Grundüberzeugung, eigene Konflikte am besten und kostengünstigsten mit eigenen Ressourcen lösen zu können, ist Unternehmen, die diesen Ansatz wählen, jedoch gemein.[28] In der Praxis schließt dies den Einsatz von externen Mediatoren zwar nicht aus; dies erfolgt zumeist jedoch als Ausnahme von der Regel oder gelegentlich auch im Wege der Co-Mediation zwischen einem internen und einem externen Mediator.

---

27 Von den Unternehmen, die im Rahmen der Studie „Konfliktmanagement in der deutschen Wirtschaft – Entwicklungen eines Jahrzehnts" befragt worden sind, setzten 39 % auf den Aufbau von Inhousemediatorenpools, vgl. PricewaterhouseCoopers/Europa-Universität Viadrina Frankfurt an der Oder, Konfliktmanagement in der deutschen Wirtschaft – Entwicklungen eines Jahrzehnts, 2016, S. 66. Siehe ferner auch den beispielhaften Überblick bei MacLaughlin, S. 10 ff.

28 Zur Motivationslage für den Aufbau des – vom Verfasser initiierten und geleiteten – Mediatorenpools im E.ON-Konzern siehe zB Klowait ZKM 2006, 172 (174 f.); allgemein zu internen Mediatorenpools Gramm, Innerbetriebliche Mediatoren und Mediatorenpools – nicht nur eine Konfliktbearbeitungsinstanz, in Gläßer/Kirchhoff/Wendenburg (Hrsg.), Konfliktmanagement in der Wirtschaft – Ansätze, Modelle, Systeme, 2014, S. 73 ff.

26 Entschließt sich ein Unternehmen dazu, einen internen Mediatorenpool aufzubauen, stehen grundsätzlich zwei Möglichkeiten zur Wahl. Entweder werden bereits extern zum Mediator ausgebildete Mitarbeiter für die zukünftige innerbetriebliche Konfliktarbeit „akquiriert"[29] oder es wird eine Inhouse-Mediationsausbildung konzipiert und durchgeführt, deren Absolventen sukzessive den Mediatorenpool bilden und vergrößern.[30]

Mit Bezug auf die Regelungen des Mediationsgesetzes ergeben sich zu beachtende Besonderheiten in erster Linie bei der innerbetrieblichen Mediation durch unternehmens- oder konzernzugehörige Mediatoren. Diese steht deshalb nachfolgend im Mittelpunkt der Betrachtung.

VI. Auswirkungen des Mediationsgesetzes auf die innerbetriebliche Mediation

27 Bevor auf mögliche Berührungspunkte der Tätigkeit von „Inhouse-Mediatoren" zum MediationsG eingegangen wird, sei ein Bereich hervorgehoben, in dem derartige Verbindungen – obwohl in der Unternehmenspraxis von großer Bedeutung – gerade *nicht* zu erwarten sind. Angesprochen ist damit der Bereich der **Konfliktprävention**. Entgegen anderslautenden Empfehlungen und Stellungnahmen[31] hat der Gesetzgeber davon Abstand genommen, die – einen bereits existenten Konflikt voraussetzende – Definition der Mediation in § 1 Abs. 1 dahin gehend zu erweitern, dass eine Mediation im Sinne des Gesetzes auch dann vorliegt, wenn das Verfahren auf die **Vermeidung** eines Konfliktes abzielt. Die „präventive Mediation" unterfällt damit nicht dem Anwendungsbereich des Mediationsgesetzes.

28 Dies wirkt sich auf innerbetriebliche Einsatzbereiche von Mediatoren unabhängig davon aus, ob es sich um unternehmensinterne oder externe Mediatoren handelt. Mit der Verengung des Anwendungsbereichs des MediationsG auf das Vorliegen eines Konflikts fallen Tätigkeiten wie zum Beispiel die sog. **Deal Mediation**[32] bei schwierigen Vertragsverhandlungen oder auch sonstige konfliktpräventive, mediativ geprägte Prozessunterstützungen durch neutrale Dritte – etwa im Zusammenhang mit Fusionen, Restrukturierungs- oder Change-Prozessen – vollständig aus dem MediationsG heraus. Wollen die Beteiligten Regelungsinhalte des MediationsG, wie zB die Verschwiegenheitspflicht des neutralen Dritten, auch hier zur Anwendung bringen, sind sie ausschließlich auf entsprechende vertragliche Regelungen angewiesen.

---

29 So zB bei SAP, siehe Briem ZKM 2011, 146 ff.
30 Diesen Weg hat neben E.ON auch die Deutsche Bahn gewählt. Zu E.ON siehe Lukas/Dahl Konfliktlösung/Klowait S. 49 ff., zur Deutschen Bahn siehe Gantz-Rathmann, Ombudsstelle und Mediation bei der Deutschen Bahn AG, Konfliktdynamik 2012, 160 sowie – unter dem Aspekt der Qualitätssicherung von internen Mediatorenpools – Händel, ZKM 2017, 64.
31 Siehe insbesondere Round Table Mediation & Konfliktmanagement der Deutschen Wirtschaft ZKM 2009, 147 (148), mit dem Vorschlag, die gesetzliche Definition der Mediation wie folgt zu erweitern: „Eine Mediation liegt auch dann vor, wenn das Verfahren auf die Vermeidung eines Konfliktes abzielt („präventive Mediation")."
32 Vgl. hierzu Berkel ZKM 2015, 4 ff.

Abgesehen von dem vorstehend genannten Fall einer Nichtanwendbarkeit des MediationsG in Gänze kann als Grundsatz indessen festgehalten werden, dass unternehmensinterne Mediatoren in gleicher Weise den gesetzlichen Regelungen zur Mediation unterliegen wie externe Mediatoren. Aus den Besonderheiten der innerbetrieblichen Mediation leiten sich für sie – also für die internen Mediatoren – dabei einige spezifische Fragen ab, die nachfolgend beleuchtet werden. 29

1. Unabhängigkeit, Neutralität und Allparteilichkeit des Mediators. Zu den begriffsbildenden Merkmalen des Mediators gehört nach § 1 Abs. 2 seine Unabhängigkeit und Neutralität. Während der Begriff der **Unabhängigkeit** nach der Gesetzesbegründung[33] personenbezogen zu verstehen ist (→ MediationsG § 1 Rn. 22), wird mit dem Merkmal der **Neutralität** die verfahrensbezogene Ebene adressiert. In Bezug auf die Unabhängigkeit des Mediators ergibt sich aus der Zusammenschau der §§ 1 Abs. 2 und 3 Abs. 1 allerdings, dass diese als dispositives Merkmal zu verstehen ist. Legt der Mediator den Parteien nämlich alle Umstände offen, die seine Unabhängigkeit beeinträchtigen können, so darf er gleichwohl als Mediator tätig werden, wenn die Parteien dem ausdrücklich zustimmen (→ MediationsG § 3 Rn. 18 ff.). 30

Nach dem Wortlaut des § 3 Abs. 1 scheint dies in gleicher Weise zwar auch für die Neutralität des Mediators zu gelten; hier ist allerdings seine kontinuierliche Verfahrenspflicht zur unparteilichen Verhandlungsführung und Gleichbehandlung der Medianden angesprochen, die durch § 2 Abs. 3 S. 1 dahin gehend konkretisiert wird, dass der Mediator „den Parteien gleichermaßen verpflichtet" ist (→ MediationsG § 2 Rn. 108). Damit wird der Unterschied zwischen der – nicht gewollten – bloß passiven Neutralität und der – gesetzlich angestrebten – „**Allparteilichkeit**"[34] des Mediators unterstrichen. Als aktives Element verpflichtet die Allparteilichkeit den Mediator zur gleichmäßigen Unterstützung aller Medianden. Sieht der Mediator sich an einer solchen Verhandlungsführung gehindert, können die Parteien ihm faktisch auch keinen Dispens hiervon erteilen. Regelmäßige Folge einer Beeinträchtigung der Neutralität/Allparteilichkeit des Mediators wird daher sein, dass dieser die Mediation beendet.[35] 31

Während externe Mediatoren in der Regel keine vorherigen Bezugs- oder Anknüpfungspunkte zu den Medianden haben, scheint die Gefahr einer Beeinträchtigung der Unabhängigkeit oder Neutralität des innerbetrieblichen Mediators auf den ersten Blick größer zu sein. Je kleiner das Unternehmen ist, desto wahrscheinlicher wird der interne Mediator sich in einer Situation befinden, die ihn zur sorgfältigen Analyse möglicher **Befangenheitsgründe** zwingt – sei es, weil er einzelne Medianden kennt, zu einzelnen von ihnen unterschiedlich eng ausgestaltete berufliche oder persönliche Beziehungen pflegt oder weil sonstige Gründe gegen seine Unabhängigkeit und Neutralität sprechen. Bei kleineren Unternehmen wird es (auch) deshalb nicht zum Regelfall werden, mit groß angelegten internen Mediatorenpools zu arbeiten; stattdessen dürfte die einzelfallbezogene Einbindung 32

---

33 RegE BT-Drs. 17/5335, 14.
34 RegE BT-Drs. 17/5335, 15; zur Allparteilichkeit siehe Montada/Kals, S. 46 ff.
35 So auch Greger/Unberath/Steffek/Greger B. § 3 Rn. 45.

externer Mediatoren den Normalfall darstellen.[36] Umgekehrt nähert sich die Situation interner Mediatoren bei Großunternehmen oder Konzernen mit mehreren Tausend oder gar Zehntausenden von Mitarbeitern in punkto Unabhängigkeit faktisch der „unbefangenen" Lage externer Mediatoren an, da hier zwar noch die gemeinsame Konzernzugehörigkeit als loses Bindeglied besteht, bei sachgerechter Organisation im Übrigen aber keinerlei Berührungspunkte zu den Medianden bestehen, aus denen sich die Besorgnis der Befangenheit des Mediators ableitet.[37]

33 Gleichwohl: selbst bei Vorliegen von Gründen, welche die Unabhängigkeit des internen Mediators beeinträchtigen können, besteht – wie ausgeführt – gesetzlich nur ein *relatives* Tätigkeitsverbot. Legt der Mediator diese Gründe offen, stimmen die Parteien seiner Tätigkeit in Kenntnis dessen zu *und* sieht der Mediator sich in der Lage, das Verfahren trotz dieser Umstände in Übereinstimmung mit seiner Pflicht zur Allparteilichkeit durchzuführen, so spricht nichts gegen die (weitere) Durchführung der Mediation. Verantwortungsbewusste Mediatoren werden in solchen Fällen nicht nur die Umstände einer denkbaren Beeinträchtigung ihrer Unabhängigkeit offenlegen, sondern in gesteigertem Maße auf ihre allparteiliche Verhandlungsführung achten und die Parteien explizit ermutigen, sie im Lauf des Verfahrens bewusst daran zu messen.

34 Angesichts der bereits in vielen Unternehmen erfolgreich praktizierten „Inhouse-Mediation" ist im Übrigen auch rein tatsächlich der Nachweis erbracht, dass diese Form der innerbetrieblichen Streitlösung ohne jegliche Interessenkollisionen oder Konflikte mit den vom Mediationsgesetz zu Recht geschützten Gütern organisiert und durchgeführt werden kann.[38] Auch in Ansehung der hohen Bedeutung, die der Allparteilichkeit uneingeschränkt ebenfalls bei der Lösung innerbetrieblicher Konflikte durch interne Mediatoren zukommt,[39] ist es ist deshalb zu begrüßen, dass der Gesetzgeber des MediationsG davon Abstand genommen hat, Einschränkungen der innerbetrieblichen Mediatorentätigkeit vorzusehen, wie sie der

---

36 Was auch bei kleineren Unternehmen indessen nicht ausschließt, eine „Anlaufstelle" für innerbetriebliche Konflikte zu schaffen, die dann beispielsweise die Administration der Einbeziehung externer Experten übernehmen oder auch die Funktion einer Ombudsperson wahrnehmen kann.
37 Siehe hierzu Klowait ZKM 2008, 171/172; auch Greger konstatiert, dass die Einschaltung eines internen Mediators bei innerbetrieblichen Konflikten selbst dann sachgerecht sein kann, wenn es sich um einen vom Unternehmen bzw. der Organisation vergüteten Mediator handelt, siehe Greger/Unberath/Steffek/Greger B. § 3 Rn. 16.
38 Dabei wird auch das natürliche „Korrektiv" der Einschätzung der Unabhängigkeit des Mediators durch die Parteien unterbewertet. Hierauf weist zu Recht auch der Round Table Mediation & Konfliktmanagement der Deutschen Wirtschaft wie folgt hin: „Die Medianden beauftragen schlicht keinen Mediator, bei dem sie diesbezüglich auch nur ansatzweise Zweifel haben – und sie sind gerade im innerbetrieblichen Kontext hierfür besonders sensibilisiert.", siehe RTMKM ZKM 2009, 147 (150).
39 Siehe hierzu auch Eyer Mediation im Arbeitsrecht, AuA 2019, 601 ff., abrufbar unter https://www.arbeit-und-arbeitsrecht.de/sites/default/files/public/data-fachartikel/AuA_2019_10_Mediation-im-Arbeitsrecht_601-603.pdf (zuletzt abgerufen am 3.3.2024).

Entwurf des – nie in Kraft getretenen – Niedersächsischen Mediations- und Gütestellengesetzes[40] (Nds. MediationsG) in § 6 Abs. 2 Nr. 6 vorsah.[41]

2. Vorbefassung als absolutes Tätigkeitsverbot. Anders als bei dem Merkmal der Unabhängigkeit darf ein Mediator selbst nach Offenlegung und Zustimmung der Parteien nicht als solcher tätig werden, wenn er vor der Mediation in derselben Sache (→ MediationsG § 3 Rn. 25) für eine Partei tätig gewesen ist, siehe § 3 Abs. 2 S. 1. Das in dieser Vorschrift statuierte Tätigkeitsverbot wirkt im Fall der **Vorbefassung** also nicht nur als relatives, sondern **als absolutes Verbot**. 35

An sich wird mit dieser – für alle Mediatoren geltenden – Restriktion kein Spezifikum der innerbetrieblichen Konfliktlösung durch interne Mediatoren adressiert, allerdings ist sie gerade auch in diesem Bereich zu beachten, beispielsweise dann, wenn ein unternehmensinterner „Anwaltsmediator", also ein Unternehmensjurist, der als ausgebildeter Mediator zugleich dem Mediatorenpool des Unternehmens oder Konzerns angehört, in derselben Sache, die Gegenstand der Mediation werden soll, zuvor rechtsberatend tätig geworden ist. Da der Terminus „**dieselbe Sache**" auf die Identität der Lebenssachverhalte abstellt,[42] ist er allerdings auch nur insoweit in seiner Tätigkeit als Mediator beschränkt. Es tritt also keinesfalls eine generelle „Sperrwirkung" ein, die ihn daran hindert, in einer anderen Sache – für welche keine Vorbefassung gegeben ist – als innerbetrieblicher Mediator tätig zu werden. 36

Umgekehrt trifft auch den internen innerbetrieblichen Mediator das in § 3 Abs. 2 S. 2 geregelte **nachwirkende Tätigkeitsverbot**, dh in der Angelegenheit, in welcher er als Mediator tätig war, darf er weder während noch nach der Mediation für eine Partei tätig werden. Bedeutung wird dieses nachwirkende Tätigkeitsverbot im Rahmen der „Inhouse-Mediation" indessen kaum erlangen, da in der Praxis bereits bei der Auswahl des Mediators darauf geachtet wird, dass keine derartige Nähebeziehung zu der zu mediierenden Angelegenheit besteht. 37

3. Vertraulichkeit/Verschwiegenheitspflicht des Mediators. Die **Vertraulichkeit der Mediation**, die in § 1 Abs. 1 bereits zur Legaldefinition des Begriffes der Mediation wie auch – dort in ihrer Ausgestaltung als Verschwiegenheitspflicht des Mediators – in § 4 in Bezug genommen wird (→ MediationsG § 1 Rn. 6 ff. und → MediationsG § 4 Rn. 14 ff.), gilt selbstverständlich ohne Einschränkung auch für den innerbetrieblichen Bereich und dort wiederum gleichermaßen für interne wie für externe Mediatoren. Ihr kommt auch unabhängig von ihrer gesetzlich geforderten Einhaltung ein eminent wichtiger Stellenwert zu, da das vertrauensvolle und offene Miteinander der Mediationsbeteiligten einen entsprechend „geschützten Raum" erfordert. Diesen Schutz bietet das MediationsG allerdings nur unvollkommen, da sich die Verschwiegenheitspflicht aus § 4 38

---

40 Nds. Landtag, Drs. 15/3708 v. 17.4.2007.
41 Diese Vorschrift hätte ein absolutes Tätigkeitsverbot für diejenigen Fälle bewirkt, in denen der Mediator Konfliktlösungen in der Gesellschaft durchführt, bei welcher er gegen Entgelt beschäftigt ist.
42 Siehe hierzu auch Greger/Unberath/Steffek/Greger B. § 3 Rn. 51.

weder auf die Parteien noch auf sonstige Dritte[43] bezieht (→ MediationsG § 4 Rn. 15 ff.). Dem ist – anknüpfend an die schon vor Inkrafttreten des MediationsG übliche Praxis – auch bei innerbetrieblichen Mediationen dergestalt Rechnung zu tragen, dass begleitende vertragliche Regelungen getroffen werden, welche die Verschwiegenheitspflichten weiterer Beteiligter – insbesondere der Medianden – in dem gewünschten Umfang fixieren.

39 Die Rechtsstellung des Mediators selbst wird durch § 4 allerdings erheblich auch zugunsten des innerbetrieblich tätigen „Inhouse-Mediators" gestärkt. Selbst unabhängig von vertraglichen Regelungen genießt er nunmehr – wie jeder andere (externe) Mediator auch – ein gesetzlich „verbrieftes" Schweigerecht. Auch unabhängig von seinem Grundberuf ist beispielsweise der interne Mediator im (im innerbetrieblichen Bereich ohnehin kaum vorstellbaren) Fall einer ihm im Rahmen eines anschließenden Gerichtsverfahrens abverlangten Zeugenaussage über die Inhalte der Mediation nach Maßgabe von § 383 Abs. Nr. 6 ZPO nunmehr befugt, die Aussage zu verweigern. Seine **gesetzliche Verschwiegenheitspflicht** aktualisiert sich allerdings nicht nur im forensischen Bereich; sie ist auch in dem (ebenfalls extrem unwahrscheinlichen)[44] Fall relevant, in dem etwa sein Arbeitgeber ihm Auskünfte über Inhalte des unter seiner Leitung durchgeführten Mediationsverfahrens abverlangt[45].

40 Allerdings kann es durchaus vorkommen, dass eine an der Mediation nicht beteiligte Person oder Unternehmensinstanz – beispielsweise der Vorgesetzte eines Teams, dessen Mitglieder ihren Konflikt (ohne Beteiligung des Vorgesetzten) in einer Mediation ausgetragen und gelöst haben – nach Abschluss der Mediation Interesse an den erarbeiteten *Ergebnissen* zeigt. In diesem Fall wird gelegentlich im Einvernehmen der Medianden und des Mediators eine Art „Kommuniqué" abgestimmt und – zumeist schriftlich – ausgearbeitet, auf dessen Grundlage rein ergebnisbezogen (also nicht auf weitere Inhalte und Details des Verfahrens ausgedehnt) berichtet werden darf. Für die Medianden selbst ist dies per se unkritisch, da es ihnen als Ausfluss ihrer Vertragsautonomie obliegt, Umfang und Reichweite der von ihnen zu beachtenden Vertraulichkeit eigenverantwortlich zu bestimmen. Auch der Mediator kann auf dieser Grundlage nur bei Einverständnis *aller* Medianden – dazu ermächtigt werden, im Rahmen des festgeschriebenen Zweckes und Umfanges Dritten Auskünfte zu erteilen. Insbesondere wegen der Vorgaben des MediationsG empfiehlt es sich allerdings dringend, dies nur auf Basis einer klaren, schriftlichen, mit allen Medianden abgestimmten und mit dem expliziten Zusatz versehenen Vereinbarung zu tun, dass er insoweit **von seiner gesetzlichen Verschwiegenheitspflicht entbunden** ist.

41 **4. Freiwilligkeit.** Nach Maßgabe von § 2 Abs. 2 hat sich der Mediator darüber zu vergewissern, dass die Parteien freiwillig an der Mediation teil-

---

43 Wie bspw. auch die Rechtsberater der Medianten, hinzugezogene technische Sachverständige etc.
44 Weder in dem dem Verfasser bekannten früheren innerbetrieblichen Mediationspraxis im E.ON-Konzern noch aus sonstiger Quelle ist ein solcher Fall bekannt.
45 Speziell zu vertrags- und arbeitsrechtlichen Fragestellungen, die sich beim Einsatz innerbetrieblicher Mediatoren und Konfliktlotsen ergeben, MacLaughlin, S. 24 ff.

nehmen (→ MediationsG § 2 Rn. 94). Auch im innerbetrieblichen Bereich können im Einzelfall Zweifel am **Grad der Freiwilligkeit** aufkommen.[46] Wenn etwa der Vorgesetzte eines Teams den einzelnen, ihm unterstellten Mitarbeitern „empfiehlt", sie mögen doch an der von ihm stark befürworteten Mediation zur Klärung eines Teamkonfliktes teilnehmen, so mag dies noch unterhalb der Schwelle einer – die Freiwilligkeit ggf. ausschließenden – arbeitsrechtlichen Weisung liegen (→ Rn. 48); trotz der gegebenen Möglichkeit, dies abzulehnen, werden die ihm unterstellten Teammitglieder jedoch einen gewissen psychischen Druck empfinden, der Empfehlung ihres Vorgesetzten Folge zu leisten.

Aus vielerlei Gründen darf das Merkmal der „Freiwilligkeit" jedoch nicht überspannt werden.[47] Zum einen folgt aus dem Umstand, dass die Freiwilligkeit als subjektives Merkmal der Medianden nur begrenzt der objektiven Überprüfung durch den Mediator zugänglich ist, dass unterhalb der Evidenzschwelle keine überzogenen Anforderungen an die „Kontrollpflicht" des Mediators gestellt werden dürfen.[48] Zum anderen darf die Lösung des hier gewählten innerbetrieblichen Beispielsfalles aber auch nicht unter Inkaufnahme von Wertungswidersprüchen zu anderen Konstellationen erfolgen, in denen die Parteien sich mindestens in vergleichbarem Maße einem „psychischen Druck" zur Teilnahme an einer Mediation ausgesetzt sehen. Beispielsweise wird auch ein gerichtlicher Vorschlag zur Durchführung einer Mediation Überlegungen der Parteien in Richtung einer vermuteten **„sozialen Erwünschtheit"** fördern. Auch im innerbetrieblichen Bereich sollten Konstellationen daher nicht zu restriktiv bewertet werden, in denen einerseits zwar gewisse Zweifel an der „Reinheit" der Freiwilligkeit zur Durchführung einer Mediation bestehen, andererseits aber für den Mediator auch nicht evident ist, dass die Teilnahme gänzlich unfreiwillig erfolgt.[49] Allerdings wird der Mediator in solchen Fällen gehalten sein, die Freiwilligkeit der Teilnahme auch während der **Durchführung** der Mediation besonders im Blick zu behalten.

42

Im Zusammenhang mit der Frage, ob und unter welchen Voraussetzungen der Arbeitgeber gehalten sein kann, vor Ausspruch einer Druckkündigung das Angebot zur Durchführung einer Mediation zu unterbreiten, äußerte sich auch das Bundesarbeitsgericht zum Freiwilligkeitsprinzip – und führte aus, dass ein an die Konfliktparteien gerichtetes Angebot auf Durchführung einer Mediation jedenfalls nicht ohne Weiteres den Grundsatz der

---

46 Zum Verhältnis der Freiwilligkeit zum Weisungsrecht des Arbeitgebers vgl. Niedostadek ZKM 2014, 55 ff. Zum Umgang mit Widerständen gegen die Durchführung innerbetrieblicher Mediationen vgl. Janssen ZKM 2019, 49.
47 IdS – wenn auch abweichend begründet zB auch Greger/Unberath/Steffek/Greger B. § 2 Rn. 11 und 121.
48 Bei konkreten Anhaltspunkten für eine Zwangssituation hat der Mediator dem jedoch nachzugehen, vgl. hierzu auch Greger/Unberath/Steffek/Greger B. § 2 Rn. 121.
49 Zum Teil wird in der (arbeitsrechtlichen) Literatur vertreten, dass die Vorbereitungsphase der Mediation per se nicht vom Freiwilligkeitsgrundsatz umfasst sei und der Arbeitgeber eingeladenen Arbeitnehmer zur Teilnahme verpflichten könne, so Hunold AuA 2015, 216/218; vgl. zudem Art. 3 der Mediationsrichtlinie, der explizit auch die Durchführung von „Zwangsmediationen" vorsieht. Zum Themenkreis „angeordneter Mediationen" siehe auch Kracht, ZKM 2022, 89.

Freiwilligkeit verletze.[50] In einer älteren, noch vor Inkrafttreten des MediationsG ergangenen Entscheidung legte auch das OLG Brandenburg beiläufig sein Begriffsverständnis zum **Grundsatz der Freiwilligkeit** dar.[51] Das OLG Brandenburg wies darauf hin, dass der Grundsatz der Freiwilligkeit neben dem Recht, das Mediationsverfahren jederzeit beenden zu können, auch den privatautonomen Entschluss der Parteien umfasse, überhaupt ein Mediationsverfahren durchführen zu wollen.

VII. Vertragsfragen im Rahmen der innerbetrieblichen Mediation

43 Soweit die Medianden nicht (ausnahmsweise) identisch mit den vertretungsberechtigten Repräsentanten oder Organen des Unternehmens sind (wie etwa selbst an der Mediation teilnehmende Geschäftsführer), sind bei Mediationen im innerbetrieblichen Bereich typischerweise zwei Vertragsebenen zu unterscheiden – und getrennt zu regeln:

Neben einen „**äußeren Mediationsvertrag**", welcher das Auftragsverhältnis zwischen Unternehmen und Mediator begründet, tritt ein „**innerer Mediationsvertrag**" zwischen Mediator und Medianden. Gegenstand des ersteren ist die Festschreibung der wechselseitigen Leistungspflichten in Rahmen der Beauftragung des Mediators durch das Unternehmen (Durchführung der Mediation durch den Mediator, Vereinbarung des Honorars und der Zahlungsmodalitäten, ggf. ergänzt um Regelungen zur Haftung und zu organisatorischen Fragen). Demgegenüber liegt der Schwerpunkt der zwischen Mediator und Medianden zu treffenden Vereinbarung zumeist in Festlegungen zur Gestaltung und Durchführung der Mediation und den insoweit zu beachtenden Gesprächs- und „Spielregeln".[52] Für diese Vereinbarung der unmittelbaren Arbeits- und Zusammenarbeitsbeziehung zwischen Mediator und Medianden hat sich im innerbetrieblichen Bereich auch der Begriff „**Arbeitsbündnis**" etabliert. Um dessen mögliche Gestaltung zu veranschaulichen, wird auf folgendes Muster verwiesen:

44 **Muster einer Mediationsvereinbarung/eines Arbeitsbündnisses**
MEDIATIONSVEREINBARUNG/ARBEITSBÜNDNIS
1. Das Mediationsverfahren findet statt zwischen den unterzeichnenden Beschäftigten der (Gesellschaft) GmbH, um gemeinschaftlich und mit Unter-

---

50 BAG Urt. v. 19.7.2016 – 2 AZR 637/15, dort Rn. 36, abrufbar unter http://www.bag-urteil.com/19-07-2016-2-azr-637-15/ (zuletzt abgerufen am 3.3.2024). Mit dem Freiwilligkeitsgrundsatz befasste sich – wenn auch nicht im innerbetrieblichen Kontext – im Jahr 2016 auch der BGH (BGH Beschl. v. 14.1.2016 – I ZR 98/15, dort Rn. 22, abrufbar unter https://openjur.de/u/876286.html, zuletzt abgerufen am 3.3.2024). Anlässlich der Frage, ob Rechtsschutzversicherungen berechtigt seien, die Übernahme der Kosten für die Beauftragung eines Rechtsanwalts für eine gerichtliche Vertretung von der vorherigen erfolglosen Durchführung eines Mediationsverfahrens abhängig zu machen, führte das BGH aus, dass eine privatautonom eingegangene Selbstbindung zugunsten der Mediation nicht dem in § 1 Abs. 1 MediationsG niedergelegten Prinzip der Freiwilligkeit widerspreche. Zur Mediation im Kontext einer Druckkündigung siehe auch ArbG Nordhausen 13.7.2022 – 2 CA 199/22.
51 OLG Brandenburg ZKM 2010, 96.
52 Grundsätzlich zum Nutzen von vereinbarten Gesprächsregeln Spangenberg/Spangenberg ZKM 2016, 19 ff.

stützung des Mediators /der Mediatorin Regelungen zu erarbeiten, die auf die Lösung bestehender Konflikte und Spannungen der Beteiligten abzielen.
2. Mediator/Mediatorin ist im Einverständnis der Beteiligten ....
3. Der Mediator/Die Mediatorin hat die Beteiligten über den Ablauf sowie die in einer Mediation geltenden Regeln und Grundsätze informiert, insbesondere über:
   - Freiwilligkeit
   - Allparteilichkeit des Mediators/der Mediatorin
   - Respekt vor der Sichtweise des Anderen im Sinne des ehrlichen Bemühens, die Perspektive des/der anderen Konfliktbeteiligten zu sehen und in die eigenen Überlegungen/Lösungsansätze einzubeziehen
   - Vertraulichkeit (insbesondere Schweigepflicht des Mediators/der Mediatorin)
4. Die Sitzungen finden in Anwesenheit aller Beteiligter und des Mediators/der Mediatorin statt. Einzelgespräche des Mediators/der Mediatorin mit einem Beteiligten sollen grundsätzlich nur im Falle der gemeinsamen Vereinbarung geführt werden. Soweit der Mediator/die Mediatorin im Vorfeld der Mediation Einzelgespräche mit den Beteiligten geführt hat, informiert er/sie die Beteiligten im Rahmen der ersten Sitzung über deren Inhalt und Zeitpunkt.
5. Ziel der Mediation ist es, Konflikte und Spannungen zwischen den Beteiligten zu klären und die Basis für eine vertrauensvolle Zusammenarbeit zu schaffen. Unter Vermittlung des Mediators/der Mediatorin und mit dessen/deren Unterstützung werden die Beteiligten hierzu zunächst die Themen festlegen, die sie bearbeiten wollen und daran anschließend eigenverantwortlich Lösungen für die offenen Fragen und strittigen Themen erarbeiten.
6. Die Beteiligten verpflichten sich, alle für die Konfliktlösung erforderlichen Informationen und Umstände umfassend und offen auszutauschen.
7. In der Mediation soll offen gesprochen werden („Klartext"). Dies geschieht in einem respektvollen Ton und Sprachgebrauch den weiteren Beteiligten gegenüber und unter Verzicht auf herabsetzende und/oder beleidigende Äußerungen.
8. Dem Mediator/Der Mediatorin obliegt die Gesprächs- und Verfahrensleitung. Er/Sie trifft weder eine Entscheidung noch unterbreitet er/sie den Beteiligten Entscheidungsvorschläge. Seine/Ihre Aufgabe ist vielmehr die Organisation und Moderation des Kommunikationsprozesses und die Unterstützung der Beteiligten bei der Lösungssuche. Er/Sie hat keine fachlich-beratende Funktion und trägt keine Verantwortung für die Inhalte des Verfahrens und der Ergebnisvereinbarung.
9. Der Mediator/Die Mediatorin ist zur Allparteilichkeit verpflichtet. Er/Sie wird keinen der Beteiligten bevorzugen oder benachteiligen. Sollten die Beteiligten zu irgendeinem Zeitpunkt des Verfahrens den Eindruck gewinnen, dass nicht ausräumbare Zweifel an der Allparteilichkeit des Mediators/der Mediatorin bestehen, sind sie jederzeit berechtigt, das Verfahren mit diesem Mediator/dieser Mediatorin zu beenden.
10. Die Teilnahme an der Mediation ist freiwillig. Jede Partei kann jederzeit den Mediationsprozess beenden und sich für eine andere Art der Auseinandersetzung entscheiden. In gleicher Weise ist der Mediator/die Mediatorin frei, das Verfahren zu beenden. Beendet der Mediator/die Mediatorin das Verfahren, soll er seine/sie ihre Entscheidung gegenüber den Beteiligten

begründen. Der Mediator/Die Mediatorin ist gehalten, das Verfahren zu beenden, wenn aus seiner/ihrer Sicht die Einhaltung der Prinzipien des Mediationsverfahrens nicht (mehr) gewährleistet ist.

Im Übrigen wird das Mediationsverfahren durch Unterzeichnung einer Ergebnisvereinbarung gemäß Ziffer 12 beendet.

11. Die Beteiligten und der Mediator/die Mediatorin vereinbaren, die Inhalte des Mediationsverfahrens Dritten gegenüber vertraulich zu behandeln. Es steht ihnen jedoch frei, gemeinsam abzusprechen, ob, wann und in welcher Art und Weise nicht an der Mediation beteiligte Dritte über die Ergebnisse der Mediation informiert werden sollen. Die Beteiligten verpflichten sich, den Mediator/die Mediatorin weder in gerichtlichen noch in außergerichtlichen Zusammenhängen als Zeugen für Umstände zu benennen, die ihnen im Verlauf der Mediation bekannt geworden sind.

12. Die Regelungen, auf welche die Beteiligten sich am Ende der Mediation zur Lösung ihres Konfliktes einigen, werden in einer schriftlichen und von den Beteiligten gegenzuzeichnenden Ergebnisvereinbarung festgehalten. Zielsetzung ist dabei, eine Einigung herbeizuführen, die verbindlich und dauerhaft ist. Sofern es in diesem Zusammenhang sinnvoll oder notwendig erscheint, Regeln zur Sicherung der Umsetzung der Ergebnisse zu vereinbaren, sind diese in die Ergebnisvereinbarung mit aufzunehmen.

Die vorstehenden Bestimmungen dieser Ziffer gelten auch für den Fall, dass zwar keine Gesamteinigung, aber eine Einigung über einzelne Bestandteile des Konfliktes erreicht werden konnte.

13. Ein gemeinsames Protokoll über die Durchführung des Mediationsverfahrens wird nicht erstellt. Auf Wunsch erhalten die Parteien ein Fotoprotokoll über die Stichpunkte, die während des Verfahrens auf Flipcharts und Pinnwänden visualisiert wurden.

14. Über die Kosten der Mediation ist bereits eine gesonderte Vereinbarung getroffen worden. Den Beteiligten selbst entstehen durch die Teilnahme an der Mediation keine Kosten.

...

Ort, Datum

...

Unterschriften der Medianden und des Mediators/der Mediatorin

45 Die frühzeitige Vereinbarung eines Arbeitsbündnisses hat in der Mediationspraxis in vielfacher Hinsicht einen hohen Nutzen. Die Festlegung des Umganges und der Umgangsformen schon zu Beginn des Mediationsverfahrens ermöglicht es dem Mediator, die Medianden an ihre Übereinkunft „zu erinnern" – und deren Einhaltung einzufordern –, wenn im Verlauf der Mediation Anlass dazu besteht. Zugleich werden mit dem Arbeitsbündnis wesentliche Prinzipien und Grundsätze der Mediation vorgestellt und vom Mediator erläutert. Da dies in schriftlicher Form erfolgt, kommt der Vereinbarung zugunsten des Mediators zugleich eine „beweissichernde" Funktion zu.[53] Die Empfehlung, ein Arbeitsbündnis schriftlich abzufassen und

---

[53] Je nach den Umständen des Einzelfalls kann es deshalb empfehlenswert sein, das vorstehende Muster eines Arbeitsbündnisses zu ergänzen und weitere Regelungen zum Pflichtenkreis des Mediators, insbesondere aus den §§ 2–4 MediationsG, aufzunehmen. Anders als im B2B-Bereich sind Regelungen zu Beweisverwertungsverboten bei innerbetrieblichen Mediationen dagegen oftmals entbehrlich, es sei denn,

von allen Mediationsbeteiligten – sozusagen ritualisiert – unterzeichnen zu lassen, führt schließlich auch zu einem psychologisch günstigen Effekt: Die Beteiligten starten in die Mediation mit einer ersten, bereits erzielten Einigung.

VIII. Ausblick und Resümee

Das überzeugendste Argument, Mediation im innerbetrieblichen Kontext als feste Größe zu etablieren, ist der **unternehmerische Nutzen**, der damit generiert werden kann. Interne und externe Konfliktkosten werden signifikant gesenkt und die Motivation und Produktivität der Mitarbeiter profitiert unmittelbar von einem individuell zugeschnittenen Konfliktlösungsangebot. Mediatives Know-how von Mitarbeitern trägt dazu bei, Verhandlungen und schwierige Gespräche – sei es mit internen „Stakeholdern" oder auch mit Kunden, Lieferanten und Geschäftspartnern – professioneller führen zu können und mit optimierten, am Unternehmensinteresse ausgerichteten Ergebnissen abzuschließen. Mediation ist darüber hinaus ein wirkungsvolles Instrument, die Konfliktkultur eines Unternehmens im Sinne eines offenen, konstruktiven und um die beste Lösung ringenden Ansatzes zu beeinflussen. Alleine das Vorhalten eines Mediationsangebotes für innerbetriebliche Konflikte drückt den Mitarbeitern gegenüber aus, dass deren Konflikte unternehmensseitig ernst genommen werden und ihnen mit Wertschätzung begegnet wird. Eine intelligente Nutzung mediativer Ressourcen kann damit unmittelbar die Mitarbeiterbindung stärken und das Commitment der Belegschaft zum Unternehmen erhöhen. Unternehmen, die sich zu einer konstruktiven, interessenorientierten Konfliktkultur bekennen, werden schließlich auch außengerichtet davon profitieren – nämlich als Beitrag zu einer erhöhten Attraktivität als Arbeitgeber.

46

Die Anzeichen für eine zwar immer noch langsam, aber konstant steigende Offenheit gegenüber der Methode der Mediation, aber auch gegenüber der Implementierung eines darüber hinausgehenden differenzierten Konfliktmanagementsystems, mehren sich auf verschiedenen Ebenen. Die stetig steigende Zahl der Unternehmen, die sich – seit seiner Gründung im Jahr 2008 – im „**Round Table Mediation & Konfliktmanagement der Deutschen Wirtschaft**"[54] engagieren, ist dabei nur ein – allerdings ein gewichtiges – Indiz. Auch die wissenschaftliche Begleitforschung bestätigt diesen Befund. So konstatiert die Studie „Konfliktmanagement in der deutschen Wirtschaft – Entwicklungen eines Jahrzehnts",[55] dass

47

- sich das unternehmerische Konfliktmanagement spürbar professionalisiert hat,
- außergerichtliche Verfahren wie die Mediation oder Schlichtung häufiger genutzt werden als zum Auftakt der Studienreihe vor zehn Jahren,
- bei Konflikten am Arbeitsplatz immer häufiger Mediatoren zum Einsatz kommen,

---

im Falle des Scheiterns der Mediation schließt sich erkennbar ein gerichtliches Verfahren an.
54 Abrufbar unter www.rtmkm.de (zuletzt abgerufen am 3.3.2024).
55 PricewaterhouseCoopers/Europa-Universität Viadrina Frankfurt an der Oder, 2016.

- bei knapp der Hälfte der befragten Unternehmen die Motivation, innerbetriebliche Konflikte mit der Unterstützung Dritter zu lösen, gestiegen sei – unter anderem, weil sich „konfliktbedrohte" Arbeitsverhältnisse bei größtmöglicher Vertraulichkeit so fortsetzen ließen,
- zahlreiche Unternehmen die Anwendung außergerichtlicher Verfahren in Betriebsvereinbarungen festgehalten oder in ihre Arbeitsverträge aufgenommen haben,
- Unternehmen über alle Konfliktbereiche hinweg in den Aufbau von Konfliktmanagement-Strukturen und in die Qualifikation von Führungskräften und Mitarbeitern investieren

48 Last but not least spiegelt sich die gestiegene Bedeutsamkeit der innerbetrieblichen Mediation zunehmend auch in der Rechtsprechung – insbesondere der Arbeitsgerichte – wider (zur Rechtsprechung im Mediationskontext insgesamt Teil 1–2. Blick auf die Rechtsprechung zum Thema Mediation, Rn. 1 ff.). Zu nennen ist hier beispielsweise ein 2015 ergangener Beschluss des Bundesarbeitsgerichts,[56] nach welchem es sich bei der Anordnung des Arbeitgebers, an einem außerhalb der üblichen Dienstzeiten anberaumten Abschlussgespräch einer Mediation teilzunehmen, um einen mitbestimmungspflichtigen Tatbestand im Sinne von § 87 Abs. 1 Nr. 2 BetrVG handelt. In einer weiteren Entscheidung befasste sich das Bundesarbeitsgericht im Jahr 2016 mit der Frage, ob und unter welchen Voraussetzungen der Arbeitgeber gehalten sein kann, vor Ausspruch einer Druckkündigung das Angebot zur Durchführung einer Mediation zu unterbreiten.[57] Zur Erforderlichkeit einer Betriebsräteschulung zum Konfliktmanagement äußerte sich das LArbG Berlin-Brandenburg in seinem Beschluss vom 17.3.2016, bejahte dabei die Erforderlichkeit der Schulung und verpflichtete den Arbeitgeber zur Tragung der Schulungskosten sowie der entstandenen Nebenkosten.[58] Die auch für durchgeführte Mediationen relevante Frage, ob außergerichtliche Vergleichsverhandlungen den Lauf einer arbeitsvertraglich vereinbarten Ausschlussfrist hemmen, war Gegenstand des Urteils des BAG vom 20.6.2018 (5 AZR 262/17). Das BAG urteilte, dass § 203 S. 1 BGB auf eine einzelvertragliche Ausschlussfrist, die zur Vermeidung des Verfalls eines Anspruchs seine gerichtliche Geltendmachung verlangt, entsprechend anwendbar ist mit der Folge, dass ihr Lauf

---

56 BAG Beschl. v. 30.6.2015 – 1 ABR 71/13.
57 BAG Urt. v. 19.7.2016 – 2 AZR 637/15, dort Rn. 36, abrufbar unter http://www.bag-urteil.com/19-07-2016-2-azr-637-15/ (zuletzt abgerufen am 1.4.2024). Danach sei es generell nicht auszuschließen, dass auch das Angebot einer Mediation zu den Bemühungen zu rechnen sei, die der Arbeitgeber im Einzelfall ergreifen muss, um ein unberechtigtes Kündigungsverlangen Dritter abzuwehren – insbesondere dann, wenn der Arbeitgeber allein durch sein Weisungsrecht eine Konfliktlösung nicht erreichen kann. Voraussetzung sei aber, dass keine objektiven, im Konflikt selbst begründeten Hindernisse vorliegen, die einer Mediation entgegenstünden. Auch dann, wenn es den Konfliktparteien erkennbar an der erforderlichen Offenheit für neue Lösungen im Rahmen einer Mediation fehle, könne ein unterlassenes Mediationsangebot nicht zur Unwirksamkeit der Druckkündigung führen. Zur Mediation im Kontext einer Druckkündigung siehe auch ArbG Nordhausen 13.7.2022 – 2 CA 199/22.
58 LArbG Bln-Bbg Beschl. v. 17.3.2016 – 26 TaBV 2215/15.

für die Dauer von Vergleichsverhandlungen über den streitigen Anspruch gehemmt ist (BAG 20.6.2018 – 5 AZR 262/17 Rn 23).[59]

Trotz ihrer unbestreitbaren Vorteile darf die Mediation in ihrer Funktion und Wirkung dabei aber auch nicht überhöht werden. Nicht jeder innerbetriebliche Konflikt ist mediabel. Vielfach wird es unternehmerisch unerlässlich – sogar effektiver – sein, über konfliktbehaftete Konstellationen hierarchisch zu entscheiden. Wenn es um die gewünschte Herstellung einer präjudiziellen Wirkung geht – beispielsweise in bestimmten arbeitsrechtlichen Kontexten – ist ein gerichtliches Verfahren immer noch das Mittel der Wahl. Bei all diesen Weichenstellungen geht es auf der abstrakten Ebene nicht um ein „Konkurrenzverhältnis" zwischen einzelnen Maßnahmen und Verfahren, sondern schlicht um die professionelle und reflektierte Beantwortung der Frage: „Welches Verfahren passt am besten zum individuell vorliegenden Konflikt?". Bestmögliche Ergebnisse werden aus Unternehmenssicht erst dann erzielt, wenn diese Frage auf Basis voller Informiertheit über die jeweiligen Verfahrensoptionen, ergebnisoffen und ohne Vorbehalte auch „neuen" Verfahren gegenüber analysiert wird. Anders ausgedrückt: Es geht nicht darum, Mediation zum Allheilmittel für alle Schattierungen betrieblicher Konfliktkonstellationen zu verklären; es wäre andererseits aber eine vergebene Chance, Mediation dort nicht einzusetzen, wo eine sachgerechte **Konflikt- und Verfahrensanalyse** ihre Nutzung nahelegt.[60]

Innerhalb dieses ermittelten Anwendungsbereiches hängt die konkrete **Ausgestaltung der Nutzbarmachung der Mediation** von den Randbedingungen und Ressourcen des jeweiligen Unternehmens ab. Der in diesem Beitrag vorwiegend beleuchtete Einsatz von unternehmensangehörigen Mediatoren wird eine Domäne von Großunternehmen und Konzernen bleiben, während kleine und mittelständische Unternehmen eher auf externe Mediatoren zurückgreifen werden. Die Vorgaben des Mediationsgesetzes gelten uneingeschränkt für beide Varianten. Die Konformität mit den gesetzlichen Rahmenbedingungen der Mediation ist dabei ohne Weiteres auch bei der Arbeit mit einem internen Mediatorenpool gewährleistet, sofern – wie in diesem Beitrag aufgezeigt – die jeweiligen Spezifika des Unternehmens bereits bei der organisatorischen Ausgestaltung berücksichtigt und im Rahmen der Durchführung beachtet werden.

Perspektivisch betrachtet bleibt den Unternehmen zu wünschen, dass mediatives Know-how zukünftig verstärkt auch jenseits klassischer Konfliktlösungskonstellationen im engeren Sinne zum Einsatz kommt. Angesprochen ist damit in erster Linie das Potenzial der Mediation zur **Konfliktprävention**. Beispielsweise gehören **Change-Prozesse** im Unternehmen zu den ersichtlich „konfliktgeneigten" Abläufen. Verdeutlicht werden kann dies an der – in der Wirtschaftspraxis oftmals problembehafteten – Fusion zweier Gesellschaften. Eine institutionalisierte mediative Begleitung derar-

---

59 Vgl. hierzu auch Klowait, https://www.arbrb.de/blog/2019/01/21/hemmung-von-ausschlussfristen-durch-mediation-zur-tragweite-des-urteils-des-bag-vom-20-06-2018/ (zuletzt abgerufen am 3.3.2024).
60 Zu den Möglichkeiten, Mediation verstärkt auch bei der Durchführung von Einigungsstellenverfahren nutzbar zu machen vgl. Malinowski ZKM 2018, 23.

tiger Veränderungsprozesse, in deren Rahmen frühzeitig die jeweiligen Interessenlagen der Betroffenen adressiert und in möglichst große Übereinstimmung gebracht werden, wäre ohne Zweifel geeignet, den gewünschten Erfolg derartiger Zusammenschlüsse und Restrukturierungen nachhaltig zu fördern und das Gesamtkonfliktpotenzial deutlich zu reduzieren. Ähnliches gilt für die Abwicklung von Großprojekten, beispielsweise im Bereich des Anlagenbaus. Die projektbegleitende Einrichtung von **Dispute Boards**[61] (hierzu auch → Einl. Rn. 67 ff.) kann hier dazu beitragen, aufkommende Konflikte bereits im niederschwelligen Bereich zu erkennen und vor ihrer Eskalation beizulegen. Aber auch dann, wenn es im Ursprung um die Lösung eines konkreten Konfliktes geht, kann sich als Folge der spezifischen Konfliktbehandlung – und der oft erst im Verlauf einer Mediation ergebenden Aufdeckung zugrundeliegender struktureller und organisatorischer Dissonanzen – die Notwendigkeit von Folgemaßnahmen ergeben. In derartigen Fällen kann der Mediation zugleich die funktionale Qualität einer Maßnahme der **Organisationsentwicklung** zukommen. Konflikte haben hier die Funktion eines Frühwarnsystems für mögliche organisatorische Fehlentwicklungen. Diesen frühzeitig begegnen zu können, ist ein weiterer unternehmerischer Nutzen, der aus der innerbetrieblichen Mediation gezogen werden kann.

52 Bemerkenswert sind in diesem Zusammenhang auch die Ergebnisse einer 2023 im Auftrag des BMJ durchgeführten Studie[62], deren Zielsetzung darin bestand, den Ursachen der stetig zurückgehenden Fallzahlen in der Ziviljustiz auf den Grund zu gehen. Zwar ließ sich nicht belegen, dass der stetige Rückgang der Fallzahlen gerichtlicher Zivilverfahren auf eine erhöhte Zahl durchgeführter Mediationen zurückzuführen ist; die Studie kam aber zu dem Ergebnis, dass speziell in der Wirtschaft verstärkte Vorkehrungen gegen das Entstehen von Streitigkeiten getroffen werden und dass das Interesse an vorbeugenden und konsensualen Konfliktlösungen spürbar gestiegen ist.[63] Vergegenwärtigt man sich, dass die Anzahl der Mediationsabsolventen, die ihre erworbenen Konfliktlösungs- und Präventionskompetenzen in unterschiedlichsten Funktionen in Unternehmen „on the job" und gänzlich unabhängig von Mediationsverfahren einbringen, bereits jetzt beträchtlich ist und – dank unverändert florierendem Ausbildungsmarkt – weiter steigen wird, kann dies durchaus als Indiz für die **Wirkmacht von Mediation außerhalb durchgeführter Mediationsverfahren** gewertet werden. Es liegt nahe – und entspricht auch der Beobachtung des Verfassers –, dass Unternehmen Zusatzqualifikationen im Bereich des Konfliktmanagements und der Mediation zunehmend begrüßen und speziell für konfliktgeneigte Tätigkeitsbereiche oftmals sogar erwarten. Mitarbeiterinnen und Mitarbeiter, die nicht nur entsprechend geschult, sondern für das Entstehen möglicher Konflikte und deren Lösung und Vermeidung sensibilisiert sind, bringen ihr Know-How selbstverständlich auch jenseits ihrer Rolle als Mediator/Mediatorin ein – und dürften damit nicht unmaß-

---

61 Ahrens ZKM 2013, 72 ff.
62 https://www.bmj.de/SharedDocs/Publikationen/DE/Fachpublikationen/2023_Rueckgang_Eingangszahlen_Zivilgerichte.pdf?__blob=publicationFile&v=1 (letzter Abruf 3.3.2024).
63 Siehe hierzu auch Meller-Hannich/Nöhre/Höland ZKM 2023, 116.

geblich zu der in der Wirtschaft festzustellenden Tendenz zu vorbeugenden und konsensualen Konfliktlösungen beitragen.

E. Mediation in individual- und kollektivarbeitsrechtlichen Konflikten

Literatur:

Andrelang, Mediation arbeitsrechtlicher Konflikte, Verfahrenskompetenzen und Mediabilitätskriterien, 2003; *Budde*, Mediation und Arbeitsrecht, 2003; *Dendorfer-Ditges/Ponschab*, Mediation und Konfliktmanagement in der Arbeitswelt, Münchener Anwaltshandbuch Arbeitsrecht, 5. Aufl., 2021; *Ehler*, Verhandlungen und Einigungsstellen optimieren, BB 2010, 702; *Ehlers*, Personalabbau in schwierigen Zeiten – Ein Plädoyer für einen Beschäftigungspakt und die Mediation, NJW 2003, 2337; *Fitting ua*, Betriebsverfassungsgesetz, 31. Aufl. 2022; *Francken*, Weitere Optimierung des arbeitsgerichtlichen Verfahrens, NJW 2007, 1792; *Hundt*, Mediation und Betriebsverfassung, 2012; *Joussen/Unberath*, Mediation im Arbeitsrecht, 2009; *Kramer*, Mediation als Alternative zur Einigungsstelle im Arbeitsrecht?, NZA 2005, 135; *Lehmann*, Mediation zur Konfliktbeilegung: Instrument für die Betriebs- und Tarifvertragsparteien?, BB 2013, 1014; *Malinowski*, Alternative Streitbeilegung in der Betriebsverfassung – Integrierte Mediation im Einigungsstellenverfahren, ZKM 2018, 22; *Pilartz*, Mediation im Arbeitsrecht- gibt es das noch?-eine Zwischenbilanz mit Ausblick, ArbRAktuell 2018, 600 f.; *Richardi*, Kommentar zum BetrVG, 17. Aufl., 2022; *Risse*, Mediation als Strategie zur Streikvermeidung, NZA 2017, 1030 f.; *Tschöpe*, Arbeitsrechtshandbuch, 13. Aufl., 2023.

I. Mediationstauglichkeit von arbeitsrechtlichen Konflikten ... 1
II. Mediation zwischen Arbeitgeber und Arbeitnehmer 11
  1. Mediation im bestehenden Arbeitsverhältnis 13
    a) Streit um vertragsangemessene Tätigkeit nach Reorganisation 13
    b) Streit um Vergütungsansprüche 15
    c) Spannungsfeld Betriebsratstätigkeit und Arbeitsleistung 16
    d) Gehaltsanpassung bei Betriebsräten 17
  2. Mediation während laufendem gerichtlichen Verfahren 19
  3. Mediation bei Beendigung des Arbeitsverhältnisses 23
    a) Mediation vor Ausspruch einer Kündigung 23
    b) Mediation während des Kündigungsschutzprozesses 24
III. Mediation zwischen Arbeitnehmern 26
IV. Mediation zwischen Arbeitgeber und Betriebsrat 29
  1. Mediation zur Verbesserung der Zusammenarbeit zwischen Arbeitgeber und Betriebsrat 29
  2. Mediation in Mitbestimmungsangelegenheiten 32
V. Mediation zwischen Betriebsräten 36
VI. Mediation zwischen Arbeitgeber und Gewerkschaften 37
VII. Fazit 38

I. Mediationstauglichkeit von arbeitsrechtlichen Konflikten

1 Auch wenn arbeitsgerichtlichen Verfahren bereits ohne Anwendung der Mediation eine „Vergleichs- und Kompromisskultur" eigen ist[1], finden sich in der Literatur manche Autoren, die sich sehr kritisch mit der Frage auseinandersetzen, welche Konflikte im Arbeitsleben mediationstauglich sind. So meint *Prütting*,[2] es gebe typische Hemmnisse, die einen Konflikt

---

1 § 57 Abs. 2 ArbGG zum Kammertermin I. Instanz; § 64 Abs. 7 ArbGG für die Berufungsinstanz; eingehend: Francken NJW 2007, 1792, 1794.
2 Joussen/Unberath/Prütting, S. 105 f.

"wohl" als ungeeignet erscheinen ließen. Dazu zählt er Streitfälle, deren Kern eine reine Rechtsfrage darstellt. Stehen Rechtsfragen mit erheblicher Ausstrahlungswirkung oder mit Rechtsfortbildungstendenz im Raum, so sei eine Mediation „offenkundig nicht hilfreich". Eine mediative Konfliktbereinigung im Einzelfall sei ein sinnloses Unterfangen, zB bei Massenentlassungen, bei Entgeltstreitigkeiten[3] oder bei Eingruppierungsstreitigkeiten. *Andrelang*[4] vertritt die Ansicht, die Mediabilität von Arbeitsplatzkonflikten ließe sich anhand der Kriterien „Rechts- oder Regelungsstreitigkeit" und anhand der materiellrechtlichen Dispositionsbefugnis ableiten. Für die Mediation wird daraus geschlussfolgert, dass sie sich deshalb für Rechtsstreitigkeiten „eher" nicht eigne.[5]

Schmidt[6] ist der Auffassung, die im Arbeitsrecht weit verbreiteten **Klage- und Ausschlussfristen** gesetzlicher, tarifvertraglicher oder arbeitsvertraglicher Art hätten zur Folge, dass für eine außergerichtliche Konfliktlösung in der Regel nur ein kurzer Zeitraum bleibe. *Prütting*[7] hält ein Mediationsverfahren „rein praktisch" für nicht durchführbar, wenn enge Klagefristen bestehen, etwa die Dreiwochenfrist in § 4 KSchG zur Erhebung einer Kündigungsschutzklage. Werde in einem einstweiligen Verfügungsverfahren gestritten, sei ein Mediationsverfahren ebenfalls „rein praktisch" ausgeschlossen. Sei ein Gerichtsverfahren eingeleitet, so *Schmidt*,[8] kämen für eine Mediation nur solche Konflikte von Arbeitsvertragsparteien in Betracht, in denen über die Einhaltung von Pflichten gestritten werde; Beendigungsstreitigkeiten sollen dagegen allenfalls begrenzt mediationstauglich sein.

Nach *Prütting*[9] scheidet eine Mediation zudem „von vorneherein wohl" aus, wenn besondere Schlichtungsformen flächendeckend und weitgehend obligatorisch vorhanden sind, etwa im Betriebsverfassungsrecht (Einigungsstelle) oder in Tarif- und Arbeitskampfrecht (Schlichtung). Er endet mit der Feststellung, gerade das Arbeitsrecht bringe eine Großzahl von Streitigkeiten hervor, die letztlich für eine Mediation nicht in Betracht kämen.[10]

Diese Einschätzungen fordern den Widerspruch geradezu heraus. Entgegen der Skepsis der zitierten Autoren ist die Mediation als alternative Methode der Konfliktbeilegung zwischenzeitlich im Arbeitsleben angekommen.[11] Zwar besteht nach wie vor eine -zu große- Diskrepanz zwischen den Erkenntnissen zu den Vorteilen des Einsatzes alternativer Streitbeilegung[12]

---

3 Ebenso Budde, S. 24 f.
4 Andrelang, S. 215 f.
5 Andrelang, S. 179.
6 Joussen/Unberath/Schmidt, S. 123.
7 Joussen/Unberath/Prütting, S. 105.
8 Joussen/Unberath/Schmidt, S. 124.
9 Joussen/Unberath/Prütting, S. 105.
10 Joussen/Unberath/Prütting, S. 106.
11 Dendorfer-Ditges/Ponschab § 82 Rn. 355.
12 EUV/PwC Studie 5, Konfliktmanagement in der deutschen Wirtschaft – Entwicklungen eines Jahrzehnts, Frankfurt (Oder), 2016, abrufbar unter https://www.ikm.europa-uni.de/de/publikationen/PwC_EUV_KMS-Studie-V_161014_final.pdf, (*alle online verfügbaren Quellen in diesem Beitrag wurden zuletzt am 4.3.2024 abgerufen).

einerseits und deren faktischer Anwendung andererseits.[13] Jedoch besteht ein weites Anwendungsfeld für die Mediation in den unterschiedlichsten (arbeitsrechtlichen) Konfliktkonstellationen. Für eine Verortung hat der Round Table Mediation und Konfliktmanagement mit dem Online-Tool „KOMPASS – Konfliktmanagement Prozessauswahl-Assistent" für das Konfliktmanagement am Arbeitsplatz einen niederschwelligen, einfach verständlichen und sehr übersichtlichen Zugang[14] geschaffen, in dem die Mediation in Abgrenzung zu anderen Konfliktbeilegungsverfahren schlüssig zugeordnet wird.[15]

5 Die tägliche Praxis bestätigt, dass jeder arbeitsrechtliche Konflikt Gegenstand einer Mediation sein kann. Alleinige Voraussetzung ist, dass die Parteien mit der Durchführung der Mediation einverstanden sind und so ihren Willen dokumentieren, eine einvernehmliche Lösung zu erzielen. Den von Prütting et al. geäußerten Einwänden ist folgendes entgegen zu halten:

6 Die Differenzierung zwischen Rechts- und Regelungsstreitigkeiten spielt bei der Frage der Mediationstauglichkeit von arbeitsrechtlichen Konflikten keine Rolle. Diese Unterscheidung ist abgeleitet aus dem betriebsverfassungsrechtlichen Einigungsstellenverfahren zu Mitarbeiterbeschwerden nach §§ 84, 85 BetrVG. Gemäß § 85 Abs. 2 BetrVG kann die Einigungsstelle über die Berechtigung der Beschwerde nicht durch Spruch entscheiden, wenn Gegenstand der Beschwerde ein Rechtsanspruch ist[16], über den in einem Rechtsstreit entschieden werden muss.[17] Diese Regelung ist erforderlich, um die Entscheidungskompetenz der Einigungsstelle klar zu umreißen. Eine solche Begrenzung braucht die Mediation gerade nicht. Hier entscheidet kein Dritter für die Konfliktparteien. Allein sie haben vielmehr die Lösung selbst in der Hand. Gerade im arbeitsrechtlichen Kontext werden in Vergleichsverhandlungen, sei es gerichtlich oder außergerichtlich, ganz selbstverständlich auch zu Rechtsfragen Kompromisslösungen gefunden.

7 Auch arbeitsrechtliche Klage- und Ausschlussfristen stehen einer Mediation nicht entgegen. Diese werden zwar durch eine Mediation **nicht gehemmt** (→ BGB § 203 Rn. 1 ff.).[18] Auch steht für eine Konfliktlösung während des Fristlaufs zudem nur eine beschränkte Zeit zur Verfügung. Weder rechtlich noch tatsächlich verhindert dies jedoch die Durchführung

---

13 Instruktiv zur Ursachenforschung: Pilartz ArbRAktuell, 2018, 600.
14 Dr. Marco Buschmann, Bundesminister der Justiz, hat das Tool im März 2023 wie folgt kommentiert: „Konflikten am Arbeitsplatz stehen Betroffene oft ratlos gegenüber. Mit dem KOMPASS-Tool schafft der Round Table Mediation und Konfliktmanagement der deutschen Wirtschaft Orientierung und Klarheit, damit Konfliktparteien wissen, wohin sie sich wenden und was sie tun können. Das Tool bringt einen echten Mehrwert und ist zudem anonym und kostenfrei"; https://www.rtmkm.de/home/kompass.
15 https://www.rtmkm.de/home/kompass.
16 Richardi BetrVG/Thüsing § 85 Rn. 5.
17 Fitting BetrVG § 85 Rn. 6; dazu: LAG Köln 6.8.2021 – 9 TaBV 26/21, BeckRS 2021, 26169.
18 Vgl. aber BAG 20.6.2018 – 5 AZR 262/17 zur hemmenden Wirkung von außergerichtlichen Vergleichsverhandlungen auf einzelvertragliche Ausschlussfrist; zur Übertragung auf die Mediation Klowait ArbRB Blog 2019, abrufbar unter https://www.arbrb.de/blog/page/33/.

einer Mediation parallel zur Klageerhebung bzw. Geltendmachung von Ansprüchen.

Gleiches gilt für die eilbedürftige Streitbeilegung durch Mediation. Nicht jede einstweilige Verfügung wird erstinstanzlich rechtskräftig entschieden. Wenn beide Parteien eine einvernehmliche Lösung wollen, können sie jederzeit in eine Mediation einsteigen. Einstweilige Verfügungen, die diesen Zeitaufwand nicht zulassen, sind – außer vielleicht im Arbeitskampf – seltene Ausnahmen.

Auch ist nicht ersichtlich, aus welchem Grund eine Mediation ausscheiden soll, wenn gesetzlich oder tariflich besondere Schlichtungsformen vorgegeben sind. Zunehmend wählen Arbeitgeber und Betriebsrat in betriebsverfassungsrechtlichen Mitbestimmungsangelegenheiten eine Mediation zur Konfliktlösung[19], gerade um das in § 76 BetrVG geregelte Einigungsstellenverfahren[20] zu vermeiden.[21] Auch für Tarifauseinandersetzungen kommt die Mediation als praktisch starke wie handwerklich überzeugende Alternative in Betracht.[22]

Nachfolgend werden – gegliedert nach den an der Mediation beteiligten Personen – Beispiele für individual- und kollektivarbeitsrechtliche Mediationen vorgestellt.

II. Mediation zwischen Arbeitgeber und Arbeitnehmer

In einem bestehenden Arbeitsverhältnis bleiben Konflikte häufig unausgesprochen und damit unterschwellig. Dies beruht zum einen auf dem Kräfteverhältnis zwischen Arbeitgeber und Arbeitnehmer. Die Arbeitnehmer werden sich oft gut überlegen, ob sie ein Thema öffentlich machen und damit gegebenenfalls Anlass dafür bieten, dass sich ein Konflikt verschärft. Zum anderen werden nicht alle Vorgesetzten ihrer **Führungsaufgabe** gerecht. Nicht selten sprechen Führungskräfte die von ihnen in einem Arbeitsverhältnis wahrgenommenen Störungen gegenüber den betroffenen Arbeitnehmern nicht offen an. Sie wollen nicht nur Streit mit ihren Mitarbeitern vermeiden; es fehlt für die Wahrnehmung ihrer Führungsaufgabe auch sowohl an Zeit als auch an ausreichender Qualifikation.[23] Erst wenn für eine der beiden Seiten der Zustand nicht länger erträglich ist, tritt der Konflikt offen zu Tage. Hier kann der Arbeitgeber eine Mediation als sein Mittel der Wahl zur Konfliktbearbeitung vorschlagen; die Rechtsprechung lehnt es allerdings überwiegend ab, ihn dazu, zB im Vorfeld einer Versetzung, zu verpflichten.[24]

---

19 Dazu grundlegend: Hundt, Mediation und Betriebsverfassung, 117 f.
20 Zur Einordnung der Einigungsstelle als „Organ der Betriebsverfassung" BAG 20.8.2014 – 7 ABR 64/12 NZA 2014, 1349.
21 Dabei wird das Modell, alternativ zum Begriff der „Mediation" auch „Einigungsstelle ohne Spruchkompetenz" bezeichnet; eingehend Kramer NZA 2005, 135 f.
22 Dazu instruktiv Risse NZA 2017, 1030 f.; Lehmann BB 2013, 1014 f.
23 Dazu grundlegend: Badura/Ducki/Schröder/Klose/Macco (Hrsg.), Fehlzeiten-Report 2011: Führung und Gesundheit, Zahlen, Daten, Analysen aus allen Branchen der Wirtschaft.
24 So LAG Berlin-Brandenburg 2.10.2019 – 20 Sa 264/19, Beck-RS 2019, 35852; anders LAG Hamm 16.10.2015 – 17 Sa, 696/15, BeckRS 2015, 73265 mit dem Leitsatz: „Eine betriebsbedingte Druckkündigung ist so lange unzulässig, wie wei-

12 Die Praxis macht insbesondere folgendes deutlich: Je früher eine Intervention durch eine Mediation stattfindet, desto größer ist die Chance, das Arbeitsverhältnis zu retten und die Fortsetzung der Zusammenarbeit zu gewährleisten. Je später eine Mediation durchgeführt wird, desto größer ist die Gefahr, dass die Störungen zwischen den Arbeitsvertragsparteien nicht mehr behoben werden können und das Arbeitsverhältnis beendet wird.

Ferner sind alle Beispiele dadurch gekennzeichnet, dass die Fähigkeit zur Kommunikation der am Konfliktgeschehen Beteiligten darüber entscheidet, ob eine Mediation zu dem **Zeitpunkt**, zu dem sie aus unterschiedlichen Gründen (zB Informiertheit der Personalabteilung über das Potential der Mediation, Bereitschaft der Medianden, Offenheit ihrer rechtlichen Berater für die Mediation[25], Verfügbarkeit von Mediator*in und Führungskraft), zustande kommt, noch erfolgreich sein kann.

1. Mediation im bestehenden Arbeitsverhältnis
a) Streit um vertragsangemessene Tätigkeit nach Reorganisation

13 **Beispiel 1:** Eine Privatbank wurde von einer größeren Bank übernommen. Nach der Integration führte die Bank eine Reorganisation durch, die auch das Firmen- und Privatkundengeschäft betraf. Die Übernahme führte dazu, dass es Doppelbesetzungen für verschiedene Marktbereiche gab. Die Bank entschied, dass jedem Kunden nur ein Ansprechpartner zugeordnet wird, um eine vertrauensvolle und verlässliche Kundenbeziehung zu gewährleisten. Sie führte in den einzelnen Geschäftsbereichen Teams ein und schuf neu die Funktion eines „Teamheads". Die Bank vereinbarte die Regularien für den entsprechenden Auswahlprozess mit dem Betriebsrat.

Von dieser Reorganisation war auch ein seit vielen Jahren in der Bank beschäftigter Senior Relationship Banker betroffen. Er war bei der Auswahl der „Teamheads" nicht berücksichtigt worden. Bisher hatte er unmittelbar an die Geschäftsleitung berichtet. Nunmehr bestand eine Berichtspflicht gegenüber seinem „Teamhead", einem früheren Kollegen, der überdies jünger und weniger lange in der Bank beschäftigt war. Des Weiteren änderte sich teilweise die Kundenzuweisung. Der betroffene Senior Relationship Banker musste umsatzstarke Kunden abgeben und erhielt neue Kunden zugewiesen, deren Potenzial noch nicht feststand. Er fühlte sich durch die hierarchische Herabstufung verletzt. Zudem befürchtete er aufgrund der geänderten Kundenzuweisungen erhebliche finanzielle Einbußen. Der von ihm zu Rate gezogene Rechtsanwalt hatte ihm bereits die Möglichkeit einer Klage vor dem Arbeitsgericht auf vertragsgemäße Beschäftigung erläutert, weil die neue hierarchische Einstufung womöglich nicht mit dem Arbeitsvertrag im Einklang stand.

In der Mediation wurde die Geschäftsleitung durch den für den Vertrieb zuständigen Vorstand vertreten – ein Umstand, der für den weiteren Verlauf der Mediation entscheidende Bedeutung hatte. Die Anwesenheit des zuständigen Vorstandsmitglieds signalisierte dem Mitarbeiter, welche Be-

---

tere Bemühungen um eine Konfliktlösung, deren Teil auch das Angebot eines Mediationsverfahrens sein kann, nicht aussichtslos sind."
25 Kritisch Pilartz ArbRAktuell 2018, 600, 602, mit instruktivem Praxisbeispiel.

deutung „sein Fall" für die Geschäftsleitung hatte. Dadurch und durch das Auftreten des Vertriebsvorstands wurde relativ schnell der bei dem Senior Relationship Banker entstandene Eindruck relativiert, seine Leistungen würden nicht wertgeschätzt. Aufgrund der fachlichen Kompetenz des Vorstandmitglieds war es in der Mediation auch möglich, ganz konkret über die Kundenzuweisung zu sprechen. Die Mediation hätte einen völlig anderen Verlauf genommen, wenn – was mitunter geschieht – die Bank durch nicht mit der Vertriebstätigkeit bestens vertraute Personen (zB Vertreter der Personal- und Rechtsabteilung) vertreten gewesen wäre, die dann zu der inhaltlichen Ausgestaltung des künftigen Arbeitsverhältnisses, insbesondere zu den Kundenbeziehungen keine verbindliche Aussage hätten treffen können.

In der Mediation konnte eine Einigung über die von der Arbeitgeberin gewünschte Reorganisation und die Eingliederung des Mitarbeiters vereinbart werden. Der Senior Relationship Banker akzeptierte, dass er künftig an seinen „Teamhead" berichtet. Die Beteiligten einigten sich auch auf die Kunden, die dem Mitarbeiter zugewiesen werden. Zudem vereinbarten sie eine temporäre finanzielle Absicherung des Senior Relationship Bankers.

Dauer der Mediation: 1 Tag

Beispiel 2: In einem ähnlich gelagerten Fall, bei dem ein Mitarbeiter einer IT-Abteilung bei der Ausschreibung der Stelle des Abteilungsleiters nicht berücksichtigt worden war, führte die Mediation trotz der Anwesenheit des früheren und des neuen Abteilungsleiters sowie des nächsthöheren Vorgesetzten nicht zu einer Einigung über die künftige Zusammenarbeit. Zwischen der Personalentscheidung und dem Entschluss zu einer Mediation waren bereits mehr als zehn Monate vergangen. Der Mitarbeiter hatte sich innerlich bereits aus dem Arbeitsverhältnis verabschiedet. In der Mediation wurde schließlich eine Vereinbarung über die Konditionen der Beendigung des Arbeitsverhältnisses getroffen.

14

Möglicherweise hätte die Chance auf Fortsetzung eines für beide Seiten gewinnbringenden Arbeitsverhältnisses bei einer früheren Intervention unmittelbar im Zusammenhang mit der Personalentscheidung bestanden.

Dauer der Mediation: 1 Tag

b) Streit um Vergütungsansprüche

Beispiel: Eine Führungskraft eines pharmazeutischen Unternehmens erhielt neben ihrem Fixgehalt Bonusansprüche. Die Höhe des Bonus wurde laut Arbeitsvertrag für ein Kalenderjahr bis zum 31. März des Folgejahres durch das Unternehmen festgesetzt. Der seit vier Jahren beschäftigte Mitarbeiter erhielt in den ersten drei Kalenderjahren 120.000 EUR, 100.000 EUR beziehungsweise 85.000 EUR als jeweiligen Bonus. Für das abgelaufene vierte Beschäftigungsjahr hatte der Vorstand ihm einen Bonus in Höhe von 20.000 EUR zugestanden. Die Führungskraft war mit diesem Bonus nicht einverstanden und der Auffassung, ihm stehe mindestens ein Bonus in Höhe der zuletzt geleisteten 85.000 EUR zu.

15

Im Rahmen der Mediation machte der Vorgesetzte der Führungskraft deutlich, dass er einen starken Leistungsabfall festgestellt habe, der im Grunde überhaupt keinen Bonus rechtfertige. Ihm sei völlig unverständlich, wie es zu diesem Leistungseinbruch gekommen sei. Die Führungskraft fiel aus allen Wolken. Bisher hatte während des gesamten Zeitraums niemand seine Arbeitsleistung kritisiert. Er hatte lediglich wahrgenommen, dass er in den vergangenen Monaten – anders als früher – nicht in Entscheidungsprozesse eingebunden worden war.

Nach eingehender Erörterung des Verlaufs der letzten Monate waren sich beide Seiten letztlich darüber einig, dass eine weitere gedeihliche Zusammenarbeit wohl nicht mehr möglich sei. In der Mediation wurde anschließend über die Frage der Beendigung des Arbeitsverhältnisses verhandelt. Der Mitarbeiter machte deutlich, dass er die durch den Bonus ausgedrückte Geringschätzung seiner Arbeitsleistung nicht hinnehmen könne. Im Rahmen einer Gesamtlösung wurde schließlich eine Vereinbarung getroffen, die neben einem angemessenen Bonus (auch für das aktuelle Beschäftigungsjahr) einen späten Austrittstermin, die Freistellung sowie eine Abfindung enthielt. Gleichzeitig erhielt der Mitarbeiter die Möglichkeit, das Arbeitsverhältnis vorzeitig zu beenden, wenn er kurzfristig ein anderes Arbeitsverhältnis antreten kann. Für diesen Fall war eine entsprechende Erhöhung der Abfindungsleistung vorgesehen.

Dauer der Mediation: 1 Tag

c) Spannungsfeld Betriebsratstätigkeit und Arbeitsleistung

16 **Beispiel:** Ein nicht freigestelltes Betriebsratsmitglied erhielt eine Abmahnung wegen Leistungsmängeln, wobei nicht klar war, ob und gegebenenfalls inwieweit die Arbeitsleistung durch die Betriebsratstätigkeit beeinflusst war. In der Mediation waren alle Beteiligten an einer starken Deeskalation interessiert. Schnell einigte man sich darauf, dass die Arbeitgeberin die Abmahnung zurücknimmt.

In den Gesprächen wurde jedoch auch deutlich, weshalb der Vorgesetzte mit der Arbeitsleistung des Betriebsratsmitglieds nicht zufrieden war. In seiner Abteilung – im IT-Bereich – fand immer donnerstags eine abteilungsinterne Besprechung statt, an der das Betriebsratsmitglied wegen Betriebsratstätigkeit häufig nicht teilnahm. Vorgesetzter und Betriebsratsmitglied einigten sich darauf, dass das Betriebsratsmitglied an den Abteilungsbesprechungen grundsätzlich teilnehmen und nur dann fernbleiben wird, wenn eine besonders dringliche Situation seine Tätigkeit als Betriebsrat erfordert. Außerdem verpflichtete sich das Betriebsratsmitglied, seinen Vorgesetzten künftig direkt zu unterrichten.

Solche scheinbar einfachen Lösungen sind im Rahmen einer Mediation nicht ungewöhnlich. Vielfach fehlt es schlicht an einer vernünftigen Kommunikation zwischen den Beteiligten. Mitunter wird in der Mediation zum ersten Mal wirklich über den Anlass der Auseinandersetzung geredet. Im konkreten Fall bestand zwischen den Beteiligten eine große Sprachlosigkeit. Dies hing damit zusammen, dass aus Sicht des Betriebsratsmitglieds der Vorgesetzte verärgert darüber war, dass ein Betriebsratsmitglied in seiner Abteilung arbeitete. Er fühlte sich in seiner Betriebsratstätigkeit gegängelt. Der Vorgesetzte unterstellte seinerseits dem Betriebsratsmitglied, er drücke sich unter Vorgabe von Betriebsratstätigkeit vor der Arbeit und der Abteilungsbesprechung.

Dauer der Mediation: 1 Tag

d) Gehaltsanpassung bei Betriebsräten. § 37 Abs. 4 BetrVG regelt, dass das Arbeitsentgelt von Mitgliedern des Betriebsrats nicht geringer bemessen werden darf als das Arbeitsentgelt vergleichbarer Arbeitnehmer mit betriebsüblicher beruflicher Entwicklung. In diesem Kontext bestehen in der Praxis derzeit erhebliche Rechtsunsicherheiten nach dem „VW-Urteil" des Bundesgerichtshofs für Strafsachen[26], dem zu Folge sich Entscheidungsträger im Unternehmen bei Gewährung überhöhter Vergütungen an Betriebsratsmitglieder wegen Untreue strafbar machen können. Dazu befindet sich, auf Basis der Empfehlungen einer vom Bundeskabinett eingesetzten Experten-Kommission, aktuell eine **Neuregelung des § 37 Abs. 4 BetrVG** im Gesetzgebungsverfahren.[27] Diese soll die relevanten Kriterien nachschärfen.[28]

17

Beispiel: Der Betriebsratsvorsitzende eines großen Unternehmens war schon viele Jahre freigestelltes Betriebsratsmitglied (§ 38 BetrVG). Er hatte sich um das Thema Gehaltsanpassung nicht gekümmert. Nun fiel jedoch auf, dass seinerzeit mit ihm eingestellte Mitarbeiter zwischenzeitlich Abteilungs- oder Bereichsleiter geworden waren. Sie verdienten mehr als der Betriebsratsvorsitzende. Er bat daraufhin bei der Arbeitgeberin um eine Gehaltsanpassung. Die internen Gespräche waren geprägt von den aktuellen Diskussionen um eine Bevorzugung von Betriebsratsmitgliedern. Die Arbeitgeberin war unsicher, ob und gegebenenfalls in welcher Höhe eine Gehaltsanpassung vertretbar sei, ohne dass sie sich dem Vorwurf der Begünstigung des Betriebsratsvorsitzenden ausgesetzt sehe.

18

Im Rahmen der Mediation waren beide Seiten, deren Zusammenarbeit viele Jahre konstruktiv und vertrauensvoll verlaufen war, dankbar, dass eine bereits im Raum stehende gerichtliche Auseinandersetzung über die zutreffende Vergütung (es handelt sich um eine reine Rechtsfrage!) vermieden werden konnte. Sie verständigten sich auf eine moderate Gehaltsanpassung.

Ein weiterer wesentlicher Erfolg der Mediation war, dass das Augenmerk von Betriebsrat (als Gremium) und Arbeitgeberin auf das Thema Gehaltsanpassung von Betriebsräten gemäß § 37 Abs. 4 BetrVG gerichtet war. Sie vereinbarten daraufhin, dass in einem zweijährigen Rhythmus mit allen Betriebsratsmitgliedern Gespräche über ihre Gehaltsentwicklung im Sinne von § 37 Abs. 4 BetrVG geführt werden. Das ist gesetzlich nicht geboten und nach unseren Erfahrungen in den meisten Betrieben auch nicht üblich. Für alle Betriebsratsmitglieder und für die Arbeitgeberin hat sich so aus der Mediation ein Mehrwert ergeben, der in einer anderen Form der Auseinandersetzung höchstwahrscheinlich nicht erzielt worden wäre.

Dauer der Mediation: 1 Tag

---

26 BGH 10.1.2023 – 6 StR 133/22 NZA 2023, 301 f.
27 Gesetzesentwurf der Bundesregierung für das Zweite Gesetz zur Änderung des Betriebsverfassungsgesetzes, BT-Drs.20/9469.
28 Dienst, Rechtsboard-Blog 2024, abrufbar unter Betriebsratsvergütung: Endlich mehr Rechtssicherheit durch neues Gesetz? (der-betrieb.de).

19 **2. Mediation während laufendem gerichtlichen Verfahren.** Mitunter wird diskutiert, dass während eines gerichtlichen Verfahrens Mediationen nicht angezeigt wären.[29] Für eine Mediation ist es allerdings nie zu spät! Sie kann auch während eines gerichtlichen Verfahrens durchgeführt werden. Viele Richterinnen und Richter regen mittlerweile sogar in Rechtsstreitigkeiten, die eine hohe Komplexität haben, die Durchführung einer Mediation an. Gegebenenfalls wird das laufende Gerichtsverfahren zum Ruhen gebracht oder terminlos gestellt (→ ZPO § 278a Rn. 1 ff.). Für arbeitsgerichtliche Urteilsverfahren sieht § 54a ArbGG (→ § 54a ArbGG) hierfür eine etwas ausführlichere Regelung vor. Sie findet gemäß § 80 Abs. 2 ArbGG (→ § 80 ArbGG) auch auf Beschlussverfahren[30], also in Streitigkeiten des kollektiven Arbeitsrechts, Anwendung. Die Durchführung hängt von der **Zustimmung der Verfahrensbeteiligten** ab. Insgesamt ist die Anzahl der Güterichter- und Mediationsverfahren auch im arbeitsrechtlichen Kontext noch deutlich ausbaufähig.[31]

20 Auch ist zu beobachten, dass die Mediation vor einem erstinstanzlichen Richterspruch nicht selten scheitert. Dies liegt im Wesentlichen daran, dass der Fokus vieler Parteien in einer solchen Situation trotz der Vereinbarung einer Mediation stark darauf ausgerichtet ist, vor Gericht Recht zu bekommen. In der Mediation erklären Medianden gelegentlich, dass sie zunächst hören wollen, wie das Arbeitsgericht die rechtliche Situation beurteilt.

21 Deshalb kann es sinnvoll sein, die Mediation – wenn sie denn von beiden Seiten wirklich gewollt ist – erst nach einem Urteil des Arbeitsgerichts durchzuführen. In den meisten Fällen ist nämlich der Konflikt durch die gerichtliche Entscheidung keineswegs abschließend gelöst.

22 **Beispiel:** Der Arbeitgeber hatte den Rechtsstreit um eine erfolgsabhängige Vergütung vor dem Arbeitsgericht gewonnen. Die Klage seines Arbeitnehmers auf Zahlung einer Provision wurde abgewiesen. Der Arbeitnehmer kündigte unmittelbar nach Verkündung des Urteils an, er werde in Berufung gehen.

Der Arbeitgeber war unsicher, ob er das Arbeitsverhältnis mit diesem „uneinsichtigen" Arbeitnehmer weiter fortführen möchte. Beiden Parteien war klar, dass die Fortsetzung des Rechtsstreits vor dem Landesarbeitsgericht das Arbeitsverhältnis belasten würde.

Sie vereinbarten eine Mediation, in der schnell deutlich wurde, dass beide Seiten ein Interesse daran hatten, das Arbeitsverhältnis fortzusetzen. Nachdem sich – in einem durchaus schwierigen Prozess – beide Seiten nochmals ihrer Wertschätzung versichert hatten, war es für sie einfach, auch das leidige Vergütungsthema einvernehmlich zu lösen. Sie einigten sich trotz des vom Arbeitgeber gewonnenen Arbeitsgerichtsprozesses auf die Zahlung einer variablen Vergütung und retteten vermutlich so das Arbeitsverhältnis.

Dauer der Mediation: 1 Tag

---

29 Joussen/Unberath/Prütting, S. 105 f.
30 § 2a ArbGG.
31 Zu den Hintergründen: Kirchhoff/Zenk ZKM 2023, 191 f.

3. Mediation bei Beendigung des Arbeitsverhältnisses
a) Mediation vor Ausspruch einer Kündigung
Beispiel: Der langjährige Mitarbeiter eines Chemieunternehmens war gebürtiger Iraner, zwischenzeitlich jedoch auch deutscher Staatsbürger. Weil der Iran seine Staatsangehörigen aus der iranischen Staatsbürgerschaft nicht entlässt, ist dies einer der Fälle, in denen nach deutschem Recht die Möglichkeit einer doppelten Staatsbürgerschaft besteht.

Der 59-jährige Mitarbeiter war seit 20 Jahren Ingenieur der deutschen Tochtergesellschaft eines US-amerikanischen Konzerns. Dieser Konzern stand in Geschäftsbeziehungen mit dem US-amerikanischen Verteidigungsministerium. Nach einem US-amerikanischen Erlass darf es jedoch keine Zusammenarbeit staatlicher Stellen mit Unternehmen geben, die Arbeitnehmer bestimmter Nationalitäten – auch der iranischen – beschäftigen. Ausdrücklich ist geregelt, dass dies auch bei doppelter Staatsangehörigkeit gilt. Die deutsche Tochtergesellschaft erhielt daraufhin die Weisung der Konzernmutter, das Arbeitsverhältnis mit dem Ingenieur zu beenden. Eine Auseinandersetzung vor einem deutschen Arbeitsgericht wäre durchaus spannend gewesen: Ist eine Kündigung aufgrund einer solchen Weisung der Konzernmutter zulässig?

In der Mediation wurde zunächst über eine Fortsetzung des Arbeitsverhältnisses verhandelt. Die deutsche Tochtergesellschaft war sich der Tragweite durchaus bewusst und hätte alles Mögliche versucht, um die Weiterarbeit des Ingenieurs zu gewährleisten. Im Raum stand sogar der Vorschlag, diesem Mitarbeiter einen eigenen Raum mit einem eigenen Zugang ohne jeglichen Kontakt zu anderen Mitarbeitern zur Verfügung zu stellen. Dies lehnte der Ingenieur aus nachvollziehbaren Gründen ab. In der Mediation wurde schließlich eine Beendigung des Arbeitsverhältnisses vereinbart. Im Ergebnis wurde der Arbeitnehmer so gestellt, als würde er bis zum 65. Lebensjahr gearbeitet haben.

Dauer der Mediation: 1 Tag

b) Mediation während des Kündigungsschutzprozesses.
Während eines arbeitsgerichtlichen Prozesses liegt das Augenmerk der Parteien häufig auf einer rechtlichen Klärung. Es gibt jedoch eine „klassische" Situation, in der beiden Seiten die Notwendigkeit und Sinnhaftigkeit einer einvernehmlichen Lösung häufig bewusst ist. Diese hat, auf Wunsch einer oder beider Parteien des Arbeitsverhältnisses, vor, bei oder nach Erklärung einer Kündigung die (finanziellen) Bedingungen des Ausscheidens zum Gegenstand.

Beispiel: Ein Arbeitnehmer klagt eine variable Vergütung ein. Kurze Zeit nach Zustellung der Klage kündigt der Arbeitgeber das Arbeitsverhältnis aus betriebsbedingten Gründen. Solche Prozesse enden häufig mit folgenden Urteilen: Der Arbeitnehmer verliert seinen Zahlungsprozess, weil er die Anspruchsvoraussetzungen für die variable Vergütung nicht darlegen kann; der Arbeitgeber verliert den Kündigungsschutzprozess, weil es ihm nicht gelingt, ausreichende Kündigungsgründe darzulegen und/oder zu beweisen.

Dieses Ergebnis der gerichtlichen Auseinandersetzung ist für beide Seiten unbefriedigend. Auf der einen Seite steht der Arbeitgeber, der einen nicht mehr erwünschten Arbeitnehmer nach verlorenem Kündigungsschutzprozess weiter beschäftigen muss, auf der anderen Seite steht ein Arbeitnehmer, der seinen Vergütungsprozess verloren hat und eigentlich bei diesem Arbeitgeber – nach Ausspruch der Kündigung – nicht mehr weiterarbeiten möchte, sondern auf eine möglichst hohe Abfindung hofft.

In der Mediation wird dann darüber verhandelt, wann das Arbeitsverhältnis zu welchen wirtschaftlichen Konditionen zu Ende geht.

Dauer der Mediation: 1 Tag

III. Mediation zwischen Arbeitnehmern

26 Sofern Konflikte zwischen Beschäftigten überhaupt offen zutage treten und die Kooperationssituation bzw. das gemeinsame Arbeitsergebnis dauerhaft und gravierend beeinträchtigen, wird in jedem Unternehmen zunächst versucht, die Probleme mit „Bordmitteln" aus dem Weg zu räumen. Erst wenn vielfältige eigene Lösungsversuche gescheitert sind, kommen Konflikte unter Arbeitnehmern in die Mediation.

27 Nach unseren Erfahrungen bestehen die in der Mediation zu bearbeitenden Differenzen in den allermeisten Fällen bereits seit geraumer Zeit – oft seit vielen Jahren. Nicht selten haben die Probleme in ihrem Verlauf beeindruckend weite Kreise gezogen. Sie können, wie im folgenden Beispiel, einen Konflikt zwischen Einzelpersonen betreffen, aber auch als Konflikte innerhalb des Teams bzw. innerhalb mehrerer Teams oder innerhalb bzw. zwischen Hierarchieebenen oder in weiteren Konstellationen auftreten und sind dann Gegenstand der innerbetrieblichen Mediation (siehe D. Innerbetriebliche Mediation).[32]

28 **Beispiel:** In einer großen, politiknahen Organisation mit sozialer Ausrichtung und Aufgabenstellung zeigten sich seit Jahren erhebliche Kooperationsstörungen zwischen zwei Beschäftigten. Ihre offensichtlichen Unstimmigkeiten haben dazu geführt, dass beide Kolleginnen nicht mehr miteinander redeten und einander stattdessen in verschiedenen Gremien gegenseitig geschickt desavouierten. Im Rahmen einer Strategiekonferenz kam es zum Eklat: Eine der beiden warf der anderen vor, „stinkend faul" und eine „Trittbrettfahrerin und üble Verschwenderin von Mitgliedsbeiträgen" zu sein. Zusätzlich fielen Tiernamen.

In der vom Arbeitgeber angeregten Mediation zeigte sich die jahrelange Geschichte zweier Menschen mit unterschiedlichen Werten und Einstellungen zu manchen Fragen des Lebens. In ihrer Zusammenarbeit ergaben sich daraus gründliche gegenseitige Ablehnung und Bekämpfung. Gleichwohl verständigten sich die Mediandinnen verhältnismäßig schnell auf einen Auftragssatz: „Unser gemeinsames Ziel in dieser Mediation ist es zu erarbeiten, wie unsere Zusammenarbeit zukünftig zufriedenstellend gestaltet werden kann." Nach diesem eigentlich vielversprechenden Beginn konzentrierten sich beide darauf, sämtliche Fehler der Gegenseite aufzuzeigen. Eine dramatische Verschlechterung des Gesprächsklimas war die Folge. Alle Zeichen standen auf Sturm. Das veranlasste mich, die Mediandinnen

---

[32] Überblick zu typischen Konflikttypen bei Dendorfer-Ditges/Ponschab § 82 Rn. 206.

aufzufordern, ihren Auftragssatz zu überdenken: „Manchmal ist im Verlauf einer gemeinsamen Geschichte auch so viel passiert, dass es einfach nicht geht."
Nach einer kurzen Schrecksekunde reichte die eine der anderen mit abweisender Miene die Hand und sagte. „Ich möchte mich entschuldigen." Die andere reagierte darauf spontan mit einer wahren Welle von Schilderungen eigener Verhaltensweisen aus der Vergangenheit, die ihr inzwischen leidtun.
Nach diesem Moment waren die weiteren Klärungsschritte ebenso leicht, wie der Weg dahin schwer und mühselig war. Beiden Frauen wurde klar, dass sie sich eigentlich außerordentlich gut kennen und im Grunde auch bereit sind, die Unterschiede zu tolerieren. Für die Zukunft entwickelten sie ein „Frühwarnsystem", mit dem sie einander aufmerksam machen wollen, sobald „Dinge schief laufen".
Dauer der Mediation: 1,5 Tage

IV. Mediation zwischen Arbeitgeber und Betriebsrat

1. Mediation zur Verbesserung der Zusammenarbeit zwischen Arbeitgeber und Betriebsrat. In der arbeitsrechtlichen Praxis spielt die Verbesserung der Zusammenarbeit zwischen Arbeitgeber und Betriebsrat eine große Rolle. Viele Konflikte zwischen Arbeitgeber und Betriebsrat beruhen nicht ausschließlich auf sachlichen Differenzen. In der überwiegenden Zahl sind zudem die **Kommunikation** und die **Zusammenarbeit zwischen den Betriebsparteien** gestört. Es herrscht gelegentlich eine gewisse Sprachlosigkeit. Entgegen dem Gebot der vertrauensvollen Zusammenarbeit nach § 2 Abs. 1 BetrVG finden die vom Betriebsverfassungsgesetz vorgesehenen Monatsgespräche nicht oder nur noch symbolhaft statt. Die Kommunikation erfolgt, wenn überhaupt, über E-Mail und nicht durch Gespräche zwischen den Betriebsparteien. Teilweise wählt der Arbeitgeber bewusst ein bestimmtes Betriebsratsmitglied als Kommunikationskanal aus, obwohl insoweit der oder die Vorsitzende des Gremiums seine Ansprechperson sind[33] oder er wendet sich per E-Mail an den gesamten Betriebsrat, um gerade die oder den Vorsitzenden des Betriebsrats zu desavouieren.

Hier kann die Mediation das geeignete Mittel sein, um die Zusammenarbeit zu verbessern und dadurch Auseinandersetzungen (auch gerichtliche) zu vermeiden[34]. **Voraussetzungen** für eine Mediation zur Verbesserung der Zusammenarbeit zwischen den Betriebsparteien sind:

An der Mediation müssen alle Personen teilnehmen, die an der Zusammenarbeit zwischen Arbeitgeber und Betriebsrat beteiligt sind, also alle Betriebsratsmitglieder sowie alle zuständigen Ansprechpartner auf Arbeitgeberseite. Dies können die Geschäftsführung, die Personalleitung, Personalreferentinnen und -referenten, aber auch Bereichs- und/oder Abteilungsleiterinnen und -leiter sein. Andernfalls besteht die Gefahr, dass ein in der

---

33 → § 26 Abs. 2 S. 2 BetrVG.
34 Zu Recht weist Francken hierauf hin, dass es sich bei den entsprechenden Beschlussverfahren häufig nur um die „Spitze des Eisbergs" der zwischen Arbeitgeber und Betriebsrat bestehenden Konfliktfelder handelt: Francken NJW 2007, 1792, 1795.

Mediation gefundenes Ergebnis im Nachhinein von nicht an der Mediation beteiligten Personen torpediert wird.

Es gilt – für alle Verhandlungen – der Satz: Alle nicht an der Verhandlung beteiligten Personen hätten es besser gemacht.

Es muss eine Verhandlungsatmosphäre und -situation hergestellt werden, die eine offene Aussprache ermöglicht. Zu diesem Zweck kann es sinnvoll sein, dass der Mediator ganz bewusst jeden Teilnehmer an der Mediation anspricht und versucht, einen Beitrag zur Diskussion zu erreichen. Auch kann es notwendig und hilfreich sein, die Mediation nicht im Betrieb, sondern an einem neutralen Ort durchzuführen. Dies vermeidet Störungen, die bei Verhandlungen innerhalb des Betriebs meist unvermeidlich sind.

Alle Beteiligten müssen bereit sein, aktiv die als ungenügend wahrgenommene bisherige Zusammenarbeit zu verbessern. Zudem ist auch hier Kreativität bei den Lösungsoptionen gefragt. Teilweise können hier schon kleine Schritte, etwa die Einführung eines neuen Gesprächsformats oder die Vereinbarung einer bestimmten Kennzeichnung von E-Mails zur besseren Nachverfolgung, die in einer Mediation vereinbart, werden, zu einer Entspannung des Klimas der Betriebsparteien beitragen können.

31 Wenn diese Voraussetzungen erfüllt sind, ist die Erfolgsquote von Mediationen zur Verbesserung der Zusammenarbeit zwischen Betriebsrat und Arbeitgeber hoch. Selbstverständlich liegt es an den Beteiligten, über den Tag der Mediation hinaus die dann vereinbarten Regeln auch wirklich einzuhalten. Hierbei kommt erschwerend hinzu, dass die Beteiligten auf Arbeitgeberseite, wie stets, der natürlichen Fluktuation, derjenigen auf Betriebsratsseite der Fluktuation infolge der regelmäßigen Betriebsratswahlen[35] unterliegen, so dass sogleich auch eine Verständigung auf die Anpassung von den Regeln der Zusammenarbeit vereinbart werden sollten.

32 **2. Mediation in Mitbestimmungsangelegenheiten.** Mitunter wird die Auffassung vertreten, dass Mediationen in Mitbestimmungsfragen nicht möglich seien, weil im Rahmen der Mitbestimmung, etwa nach § 87 Abs. 1 BetrVG in den dort aufgeführten sozialen Angelegenheiten, das Einigungsstellenverfahren gemäß § 76 BetrVG das vorgegebene Konfliktlösungsinstrument sei.

33 Nach hier vertretener Auffassung ist das Gegenteil richtig. Die Einigungsstelle kommt nach den betriebsverfassungsrechtlichen Vorschriften (zB § 87 Abs. 2 BetrVG) immer erst dann in Betracht, wenn keine Einigung zwischen den Betriebsparteien über die Mitbestimmungsangelegenheiten zustande kommt (sog. erzwingbare Mitbestimmung). Die Mediation kann jedoch gerade als Instrument zur Erzielung der Einigung **vor der Durchführung einer Einigungsstelle**, eben auch über Mitbestimmungsfragen, eingesetzt werden. Ferner kommt sie ungeachtet der Frage in Betracht, ob es sich bei dem Konflikt um den Gegenstand der erzwingbaren oder freiwilligen Mitbestimmung handelt.[36] Eine Ausschließlichkeit der Einigungsstelle zur Bearbeitung betriebsverfassungsrechtlicher Konflikte ist weder aus dem

---

35 § 13 BetrVG definiert die regelmäßigen wie die außerplanmäßigen Zeitpunkte für Betriebsratswahlen.
36 Ehler BB 2010, 702, 203.

Kontext des BetrVG abzuleiten noch entspricht sie der arbeitsrechtlichen Praxis.[37]

Mediationen in Mitbestimmungsangelegenheiten nehmen zu. Die Betriebsparteien wollen in diesem Zusammenhang die klassischen Vorteile der Mediation nutzen, indem sie zügig nach häufig schon stark eskaliertem Konflikt an „einen Tisch" kommen, die Vertraulichkeit des Verfahrens wertschätzen und die Kompetenz des Mediators oder der Mediatorin ausschöpfen. Auch **ökonomische Aspekte** haben hier ihre Berechtigung, soweit einem zeit- und kostenaufwendigen Einigungsstellenverfahren eine – erfolgreiche – Mediation vorangeht.[38] Zwar wird auch in einem Einigungsstellenverfahren um eine Einigung gerungen. Kommt diese Einigung jedoch nicht im Wege der Verhandlungen zustande, so entscheidet die Einigungsstelle durch Spruch. Bei dieser Mehrheitsentscheidung gibt am Ende die Stimme des Einigungsstellenvorsitzenden den Ausschlag. Deshalb verhandeln zunehmend Betriebsparteien gerne ohne diesen Druck eines möglichen Einigungsstellenspruchs. Dies geschieht nicht nur „spontan" und im Vorfeld der einseitigen Anrufung und ggf. gerichtlichen Einsetzung einer Einigungsstelle[39], sondern auch aufgrund von **Mediationsklauseln** (→ Einleitung Rn. 148f.), die die Betriebsparteien von vorneherein als im Vorfeld eines Einigungsstellenverfahrens in der Betriebsvereinbarung verankern.

34

Ungeachtet dessen wird im arbeitsrechtlichen Schrifttum allgemein ausgeführt und teilweise auch zu Recht gefordert, dass der oder die Vorsitzende einer Einigungsstelle zur Ausübung seiner Rolle über Kenntnisse und Erfahrungen im Einsatz von Mediationstechniken verfügen und darüber hinaus selbst als Mediator qualifiziert sein sollte.[40]

Schließlich kann auch die **Kombination eines Einigungsstellen- mit einem Mediationsverfahren** die richtige Verfahrenswahl darstellen.[41] Diese bietet sich an, wenn neben einem Sachkonflikt auch ein Konflikt der handelnden Personen besteht. Gerade im kollektiven Arbeitsrecht ist die Konstellation nicht selten, dass die „Meinungsführer" der Betriebspartner, üblicherweise also die Personalleitung und der Vorsitzende des Gremiums in herzlicher Abneigung verbunden sind und allein diese gestörte Beziehungsebene die sachgerechte Zusammenarbeit erheblich erschwert.[42] Hier mag ein tauglicher Lösungsweg darin bestehen, das Einigungsstellenverfahren zugunsten einer Mediation zu unterbrechen.[43]

---

37 Mit sorgfältiger Betrachtung des betriebsverfassungsrechtlichen Kontextes: Kramer NZA 2005, 135.
38 Darauf verweist zu Recht Hundt, Mediation und Betriebsverfassung, 111 ff.
39 § 100 ArbGG; Maschmann schlägt eine Mediation zur Abwendung eines streitigen Einsetzungsverfahrens vor, Richardi BetrVG/Maschmann § 76 Rn. 63; mit konkretem Vorschlag für Erweiterung des Gesetzeswortlauts: Francken NJW 2007, 1792, 1796.
40 Tschöpe Arbeitsrechtshandbuch Rn. 999.
41 Zu den unterschiedlichen Konstellationen: Dendorfer-Ditges/Ponschab § 82 Rn. 267f.
42 Mit typischem Beispiel: Malinowski ZKM 2018, 22, 23.
43 Zu den damit für die Mediation ergebenden Verfahrensfragen: Malinowski ZKM 2018, 22, 24.

35 In der Praxis spielt die Handhabung der Mitbestimmung bei **Betriebsänderungen**[44] eine bedeutsame Rolle[45]. Dies gilt nicht nur für die Stilllegung, Einschränkung oder Verlagerung von Betrieben bzw. Betriebsteilen, sondern auch für grundlegende Änderungen der Betriebsorganisation und berührt damit die Transformationsprojekte der Gegenwart und Zukunft. Hier sind häufiger Macht„spiele" der Betriebspartner anzutreffen, in deren Mittelpunkt die Umsetzung der Betriebsänderung ohne vorherige ausreichende Beteiligung der zuständigen Arbeitnehmervertretung steht.[46] Auch hier kann die Mediation echten Mehrwert für alle Beteiligten bieten, indem sie die inhaltlich erforderlichen Regelungen zügig und umfassend aufgreift.[47]

V. Mediation zwischen Betriebsräten

36 **Beispiel:** Ein IT-Unternehmen kaufte nach und nach IT-Abteilungen von Großunternehmen verschiedener Branchen. Dabei trafen sehr unterschiedliche Betriebsratskulturen aufeinander. In dem neuen Unternehmen bestand dadurch eine sehr heterogene Betriebsratsstruktur. Die Betriebsräte waren nach wie vor ihrem Ursprungsunternehmen verhaftet und versuchten, Vorteile für „ihre" Arbeitnehmer zu erzielen. Dies führte zu einer Blockade der Betriebsratsarbeit. Es ging so weit, dass nahezu sämtliche Wahlen zu Betriebsratsgremien bundesweit angefochten und gerichtlich überprüft wurden. Erstinstanzliche arbeitsgerichtliche Entscheidungen wurden von den unterlegenen Betriebsräten nicht akzeptiert mit der Folge, dass sehr viele Beschlussverfahren auch zweitinstanzlich anhängig waren. Auf Anregung des Arbeitgebers erklärten sich die Betriebsräte mit einer Mediation zwischen den Betriebsräten einverstanden.

Ergebnis dieses schwierigen und langwierigen Prozesses war am Ende eine Beilegung sämtlicher gerichtlicher Auseinandersetzungen und eine zwischen den Betriebsräten abgesprochene Struktur. Es gelang ihnen auch, sachliche Differenzen auf einer sachlichen Ebene zu bearbeiten. Die getroffenen Absprachen wurden einer jährlichen Revision in einer weiteren Mediationssitzung unterzogen, um einen regelmäßigen Austausch über die Zusammenarbeit zwischen den Betriebsräten sicherzustellen.

Dauer der Mediation: 1 Tag

Revision nach 12 Monaten: 1 Tag

Das Beispiel verdeutlicht eine mögliche Konfliktlinie als Folge einer Verschmelzung. Gleichfalls sind Auseinandersetzungen zwischen den auf betrieblicher Ebene agierenden Betriebsräten mit dem Gesamtbetriebsrat auf Unternehmensebene und/oder mit dem Konzernbetriebsrat auf Konzernebene häufiger anzutreffen; vordergründig wird um die **Zuständigkeit für**

---

44 § 111 BetrVG.
45 Häufige Fallkonstellationen schildert Ehlers, NJW 2003, 2337, 2338 f.
46 Typischer Sachverhalt bei LAG Düsseldorf 6.1.2021 – 4 TaBVGa 6/20, BeckRS 2021, 2240 bei einstweiliger Verfügung des Betriebsrats auf Untersagung von Entlassungen zur Sicherung seiner Beteiligungsrechte.
47 Für die Konstellation der Massenentlassung: Ehlers NJW 2003, 2337, 2342.

den Abschluss einer Betriebsvereinbarung gestritten.[48] Im Wesentlichen geht es jedoch meist um inhaltliche Kritik an dem agierenden Gremium dahingehend, dass es seine Mitbestimmungsrechte nicht genügend ausschöpfe. Auch bietet die Mediation eine gute Alternative zu den herkömmlichen Auseinandersetzungen in arbeitsgerichtlichen Beschlussverfahren.[49]

VI. Mediation zwischen Arbeitgeber und Gewerkschaften

Beispiel: Ein Konzern und mehrere Gewerkschaften wollten über eine vom Betriebsverfassungsgesetz abweichende Betriebsratsstruktur verhandeln. Der Konzern war in gewisser Weise ein „Gemischtwarenladen". In ihm waren unterschiedliche Betriebe „Rund um das Haus" enthalten. Das galt zum Beispiel für die Branchen: Gebäude- und Betriebstechnik, Gebäudemanagement, Garten- und Landschaftsbau, Gebäudereinigung und Sicherheitsleistungen. Vertreten waren die Gewerkschaften IG-Metall, IG Bauen-Agrar-Umwelt und ver.di. Die Zusammenarbeit der Betriebsräte dieser unterschiedlichen Branchen gestaltete sich schwierig. Der Konzernbetriebsrat wurde eindeutig von dem Bereich Gebäudereinigung dominiert, dem mit Abstand die höchste Zahl von Arbeitnehmern angehörte.

Im Rahmen der Mediation konnte ein Haustarifvertrag zur Konzernbetriebsratsstruktur abgeschlossen werden, der Spartenbetriebsräte vorsah. Die Mediation war auch hier nur deshalb erfolgreich, weil sie alle in den Prozess eingebundenen Parteien eingeschlossen hatte: die Geschäftsleitung, die Konzernbetriebsräte und die Vertreter der zuständigen Gewerkschaften.

Dauer der Mediation: 3–5 Tage

Aber nicht nur im Umfeld der Gestaltung der Betriebsratsstruktur[50], sondern auch in „klassischen" tarifvertraglichen Konflikten kann der Mediation zu Recht ein (noch) höheres Wertschöpfungspotential als bei anderen Konfliktarten zukommen.[51] Dies gilt ausdrücklich auch in Ergänzung bzw. als Alternative zur Schlichtung als hier etabliertem Verfahren der Konfliktbearbeitung.[52]

VII. Fazit

In den Bereichen des Individual- und das Kollektivarbeitsrechts gibt es eine Vielzahl von Konflikten, die durch Mediation für die Parteien gewinnbringend gelöst werden können.

Die gesetzliche Regelung der Mediation ist ein weiterer Schritt weg von der derzeit noch ausgeprägten Streitkultur hin zu einer Gesellschaft, in der die Einigung unter Achtung und Wertschätzung der unterschiedlichen Interessen mehr gilt als ein streitiges Urteil.

---

48 Anschauliches Beispiel bei BAG 8.3.2022 – 1 ABR 20/21 NZA 2022, 1134 zur unternehmensweiten Einführung von Microsoft Office 365.
49 Lehmann BB 2013, 1014, 1016.
50 § 3 BetrVG.
51 Darauf verweist zu Recht Risse NZA 2017, 1030, 1032.
52 Beispiele bei Dendorfer-Ditges/Ponschab § 82 Rn. 202 f.

F. Mediation in privaten Bausachen

Literatur:
Allison/Ashcraft/Cheng/Klawans/Pease, Integrierte Projektabwicklung: Ein Leitfaden für Führungskräfte, Deutsche Übersetzung 2020; *Bönker*, in: Kapellmann, Juristisches Projektmanagement, 2. Aufl. 2007; *Boldt*, Adjudication-Verfahren: Regelungen für das Verfahren vorläufigen außergerichtlichen Streitentscheidung, Jahrbuch Baurecht 2009, S. 115; *Breyer/Boldt/Haghsheno* „Alternative Vertragsmodelle zum Einheitspreisvertrag für die Vergabe von Bauleistungen durch die öffentliche Hand", 2020; *Busche*, in: Münchener Kommentar zum Bürgerlichen Gesetzbuch Band 6 §§ 631 – 707, 9. Aufl. 2023; *Diederichs*, Außergerichtliche Streitbeilegung im Bauwesen – Ein Vorzugsmodell!, NZBau 2014, 393; *Eidenmüller/Prause*, Die europäische Mediationsrichtlinie – Perspektiven für eine gesetzliche Regelung der Mediation in Deutschland, NJW 2008, 2737; *Englert/Franke/Grieger*, Streitlösung ohne Gericht, 2006; *Eschenbruch/Leupertz*, BIM und Recht, 2. Aufl. 2019; *Eschenbruch/Racky*, Partnering in der Bau- und Immobilienwirtschaft, 2008; *Flucher/Kochendörfer u.a*, Mediation im Bauwesen, 2002; *Gralla/Sundermeier*, Bedarf außergerichtlicher Streitlösungsverfahren für den deutschen Baumarkt, BauR 2007, 1961; *Haghsheno/Frantz/Budau/Väth/Schmidt/Hanau* Vertrauen und Kontrolle im Rahmen der Integrierten Projektabwicklung (IPA); Forschungsbericht 2022; *Heinzerling*; Einsatz von Mediationskonzepten und ihre Wirkung auf die Kommunikation und die Rollenbilder von Baubeteiligten, in: Jung/Renken (Hrsg.), Mediation am Bau – Wirkung und Methode, 2022, S. 55; *Huhn*, Baurecht, 2009; *Jansen*, Außergerichtliche Streitschlichtung und Streitentscheidung – Möglichkeiten und Risiken, in: Deutsches Anwaltsinstitut e. V. (Hrsg.), 11. Jahresarbeitstagung Bau- und Architektenrecht, 2016, S. 183; *Haft/v. Schlieffen*, Handbuch Mediation, 3. Aufl. 2016; *Jung*, Mediation in der Bau- und Immobilienwirtschaft, in: Jung/Renken (Hrsg.), Mediation am Bau – Wirkung und Methode, 2022, S. 29; *Jung*; Mediative Kompetenzen und Mediation in konkreten Anwendungsfeldern der Bau- und Immobilienwirtschaft, in: Jung/Renken (Hrsg.), Mediation am Bau – Wirkung und Methode, 2022, S. 105; *Jung/Lauenroth/Wagner*, Wertschöpfung im bau- und immobilienrechtlichen Streit, ZfIR 2008, 813; *Jung/Lembcke/Steinbrecher/Sundermeier*, Die Adjudikation im Baustreit, ZKM 2011, 50; *Jung/Steding*, Mediation am Bau, BB 2001 Beil. 2, 9; *Kapellmann*, Bauprozesse als unabänderliches Ärgernis?, NZBau 2016, 67; *Kardischnig*; Mit Werten zu Bau-Werten – Paradigmenwechsel zu mehr Partnerschaftlichkeit beim Bauen – 6. PM Bausymposium Tagungsband 2012; *Keders/Walter*, Langdauernde Zivilverfahren – Ursachen überlanger Verfahrensdauern und Abhilfemöglichkeiten, NJW 2013, 1697; *Kuffer/Wirth*, Bau- und Architektenrecht, 4. Aufl. 2013; *Lembcke*, Bauprozesse – Wenn der Rechtsstaat zum Problem wird, ZRP 2010, 260; *Oelsner*, Dispute Boards, 2014; *Patera & Gamm Konfliktkultur* (Hrsg.), Lehrgang Wirtschaftsmediation und mediative Kompetenzen in Führung und Beratung, Teil 1, 2015; *PwC/EUV* (Hrsg.), Konfliktmanagement in der deutschen Wirtschaft – Entwicklungen eines Jahrzehnts, Frankfurt a. M. 2016; *Schlabach*, Untersuchungen zum Transfer der australischen Projektabwicklungsform Project Alliancing auf den deutschen Hochbaumarkt, 2013; *Schröder*, Warum die alternativen Vertragsmodelle und Verfahren in Baukonflikten so wenig erfolgreich sind, in: Kaal/Schmidt/Schwartze (Hrsg.), Festschrift zu Ehren von Christian Kirchner, 2014, S. 277; *Schröder*, Die statistische Realität des Bauprozesses, NZBau 2008, 1; *Schröder/Gerdes/Teubner Oberheim*, Laienbeteiligung im Bauprozess, in: Kapellmann/Vygen (Hrsg.), Jahrbuch Baurecht 2009, 2009, S. 81; *Sundermeier*, Baumediation aus ökonomischer Sicht, Vortrag auf der Herbsttagung des Verbandes der Bau- und Immobilienmediatoren e. V. 2016; *Sundermeier/Schlenke*, Allianzverträge – Paradigmenwechsel für die Vertragsgestaltung, in: Kapellmann/Vygen (Hrsg.), Jahrbuch Baurecht 2012, 2012, 167; *Teubner Oberheim*, Baurechtliche Adjudikation – ein außergerichtliches Schnellverfahren nach englischem Vorbild, ZKM 2012, 176; *Vaas*, Schöne neue Neuro-Welt, 2008; *Wilhelm*, Die Haltung der Beteiligten als Beitrag zum Erfolg eines Projektes, in: Jung/Renken (Hrsg.), Mediation am Bau – Wirkung und Methode, 2022, S. 83; *Zerhusen*, Alternative Streitbeilegung im Bauwesen, 2005.

I. Einführung	1	1. Die Situation heute	8
II. Charakteristika der Bau- und Immobilienwirtschaft	7		

- a) Wirtschaftliche und tatsächliche Rahmenbedingungen 8
- b) Der Bauvertrag als „unvollständiger" Langzeitvertrag 14
- c) Der Projektkosmos – Psychologie des Umgangs mit Projektbeteiligten 19
- 2. Anforderungen an Lösungen 23
- III. Das Angebot der Mediation 27
  - 1. Das Lösungsangebot der außergerichtlichen Alternativen zur Mediation 29
  - 2. Das Lösungsangebot der Mediation 37
  - 3. Autonome Gestaltung versus Fremdbestimmtheit – die Wiederherstellung der Entscheidungsfähigkeit der Parteien 43
    - a) Die Identifikation der Interessen 46
    - b) Die Herausarbeitung der bestehenden Einigungsoptionen 48
    - c) Die Überwindung von den Parteien möglicherweise nicht bewussten Einigungshindernissen .. 51
- IV. Der Einsatz von Mediation bei der Vertragsgestaltung 59
  - 1. Regulative Anforderungen an die Vertragsgestaltung .. 61
    - a) Die Organisation einer Vielzahl von Beteiligten   61
    - b) Zusammenwirken der Parteien über den Vertragsabschluss hinaus – Der kooperative Bauvertrag und die integrierte Projektabwicklung 67
    - c) Agile Vertragsgestaltung – Organisation fortwährender Verbesserung und Abstimmung 75
  - 2. Mediative Kompetenzen in der Vertragsverhandlung ... 81
    - a) Die Verhandlung klassischer Bau- und Immobilienverträge 83
    - b) Die Gestaltung kooperationsfördernder Vertragswerke mithilfe mediativer Kompetenzen 87
    - c) Die Auswahl der Projektbeteiligten 92
- V. Mediation und mediative Kompetenzen während der Realisierung des Projektes 98
  - 1. Die Bedeutung mediativer Kompetenzen für den Projekterfolg 101
    - a) Mediative Kompetenzen der Projektbeteiligten ... 104
    - b) Der projektbegleitende Einsatz eines Mediators   112
  - 2. Die Fortschreibung des Vertrages mithilfe der Mediation 117
- VI. Der Einsatz von Mediation zur Konfliktbehandlung 121
  - 1. Nachtragsstreitigkeiten – Forderungsmanagement oder Konsequenz aus unsauberen Vertragsgrundlagen 125
  - 2. Claim-Gebirge und Punktesachen 141
  - 3. Machtungleichgewichte bei Konflikten in der Bau- und Immobilienwirtschaft 156
  - 4. Haltung und Zusammenarbeit in Bau- und Immobilienprojekten 161
  - 5. Der Umgang mit Einigungshindernissen 171
- VII. Der Einsatz von Mediation in Arbeitsgemeinschaften 181
- VIII. Ausblick 191

I. Einführung

Die Bau- und die Immobilienwirtschaft sind ein in besonderem Maße konfliktanfälliger Wirtschaftsbereich.[1] Spektakuläre **Kostensteigerungen** und

---

[1] Jung/Lauenroth/Wagner ZfIR 2008, 813 (817); Haft/v. Schlieffen/Wagner § 34 Rn. 6.

Zeitverzögerungen von Bauvorhaben finden in vielfacher Weise Eingang in die mediale Berichterstattung und Resonanz im gesellschaftlichen oder politischen Bereich.[2] Damit sind zeitliche Verzögerungen und qualitative Abweichungen oder Kostensteigerungen Thema nicht nur für die Vertragsparteien selbst. Die Öffentlichkeit nimmt regen Anteil an den Konsequenzen der unerwartet erscheinenden Entwicklungen des Bauens.

2 Die öffentliche Diskussion ist nicht auf die kurative Behandlung von auftretenden Konflikten verengt. Auch konfliktvermeidende Möglichkeiten der Vertragsgestaltung, der Projektvorbereitung, der Projektdurchführung und der Objektorganisation finden Beachtung. Ebenso befassen sich Auftraggeberverbände und Bauindustrie mit Instrumenten der **Konfliktbehandlung** und Lösungen für die **Konfliktprävention**.[3]

3 Zutreffend wird dabei zum einen die **Bedeutung der Projektorganisation** für die erfolgreiche Realisierung von Bau- und Immobilienprojekten erkannt. Zum anderen werden Neuerungen, wie das Building Information Modeling (BIM), zum Anlass genommen, um zu überprüfen, inwieweit technische Veränderungen eine andere Organisation der Zusammenarbeit wünschenswert, wenn nicht sogar geboten erscheinen lassen. Bei BIM handelt es sich um eine Planungsmethode, die CAD-Techniken optimiert. Diese Methode ist gekennzeichnet durch ein bauteilorientiertes Planen und die Bearbeitung von digitalen Gebäudemodellen. Sie eröffnet die Chance, dass alle am Bau Beteiligten bereits ab der Planungsphase in einem integralen Datenmodell interdisziplinär zusammenarbeiten. Gebäude und Infrastrukturprojekte können auf diesem Wege in fünf Dimensionen – einschließlich der zeitlichen und finanziellen Aspekte – geplant und Schnittstellenprobleme frühzeitig erkannt werden.[4]

4 Am 29.6.2015 hat die beim Bundesministerium für Verkehr und digitale Infrastruktur eingesetzte Reformkommission im Rahmen ihres Abschlussberichtes einen Aktionsplan mit Empfehlungen, wie Zeit- und Kostenpläne bei großen Infrastrukturprojekten besser eingehalten werden können, vorgestellt.

5 Die Bau- und Immobilienwirtschaft setzen sich demnach mit neuen Ansätzen

- für die Vertragsgestaltung und Projektvorbereitung,
- für die Projektrealisierung und Operationalisierung und
- für die Konfliktbearbeitung

auseinander. Erfreulicherweise bieten **mediative Kompetenzen** und **Mediation** für alle diese Phasen eines Immobilienprojektes **Lösungsperspektiven**, wie die Jahrestagungen, Konfliktmanagementkongresse und die Fallsammlung des früheren Verbandes der Bau- und Immobilienmediatoren e.V. und heutigen MKBauImm Mediation und Konfliktmanagement in der Bau- und Immobilienwirtschaft e.V. belegen.[5]

---

2 Kapellmann/Vygen/Sundermeier/Schlenke Jahrbuch Baurecht, 2012, S. 167 (169).
3 S. https://www.bauindustrie-nrw.de/presse/pressemitteilungen/detail/2016-01-25-hdb-und-zia-gruenden-gemeinsame-kontaktstelle-streitloesung/ (zuletzt abgerufen am 11.3.2024).
4 Eschenbruch/Leupertz/Eschenbruch BIM und Recht Kap. 2 Rn. 10 ff.
5 S. www.MKBauImm.de (zuletzt abgerufen am 11.3.2024).

Mediative Kompetenzen und **Mediationen** werden und wurden erfolgreich bei Bau- und Immobilienstreitigkeiten der Privatwirtschaft eingesetzt, haben zu nachhaltigen, von der Überzeugung der Parteien getragenen Ergebnissen geführt – und sind auch für die **öffentliche Hand** geeignet.[6]

II. Charakteristika der Bau- und Immobilienwirtschaft

Die Besonderheiten der Bau- und Immobilienwirtschaft betreffen einerseits die wirtschaftlichen und tatsächlichen Rahmenbedingungen und andererseits vertragliche und organisatorische Anforderungen an die Gestaltung des Zusammenwirkens der Projektbeteiligten.[7]

1. Die Situation heute. a) Wirtschaftliche und tatsächliche Rahmenbedingungen. Die Bau- und Immobilienwirtschaft kennzeichnen die Immobilität[8] und die besondere Langlebigkeit ihrer Wirtschaftsgüter. Besonderes Merkmal ist überdies, dass es sich bei den realisierten Projekten regelmäßig um **individuelle Einzelstücke** handelt. Selbst wenn im Bauablauf vielfach standardisierte Bauteile eingesetzt werden, ist das Endprodukt oftmals manufakturartig erstellt. Die hohe wirtschaftliche Relevanz der Bau- und Immobilienwirtschaft und die Sichtbarkeit der erstellten Immobilie führen dazu, dass Abweichungen der Realisierung von der Planung eine hohe Aufmerksamkeit genießen.

2021 betrug das Investitionsvolumen im Baubereich 11,6 % des Bruttoinlandsproduktes dieses Jahres. Das Bauhauptgewerbe erreichte in Deutschland einen Umsatz von 143,5 Mrd. EUR[9] und das Ausbaugewerbe einen Umsatz von 58 Mrd. EUR.[10] Dieser Einsatz erheblicher finanzieller Mittel[11] führt zu einer Suche nach möglichst preiswerten Anbietern von Bau- und Immobilienleistungen und ist für Auftragnehmer nicht selten mit unauskömmlichen Preisen verbunden.[12] Zusätzlich führt der hohe Investitionsbedarf zu engen Terminvorgaben der Auftraggeberseite, um die Errichtungszeit, in der den Finanzierungskosten keine Einnahmen gegenüberstehen, abzukürzen.

Oftmals ist das zu erstellende **Produkt zu Beginn einer vertraglichen Beziehung nicht abschließend definiert**. Die Dauer von Immobilienprojekten führt verschiedentlich dazu, dass sich Vorstellungen des jeweiligen Auftraggebers im Projektverlauf ändern, Anpassungen vorgenommen werden müssen und die Steuerungskraft der ursprünglichen vertraglichen Abreden nachlässt. Viele Projekte sind von vornherein dergestalt konzipiert, dass bewusste Lücken erst im Rahmen der baulichen Realisierungsphase ausgefüllt werden sollen. Oftmals stehen die potenziellen Nutzer zu Beginn der Projektrealisierung noch nicht fest oder der Bauherr möchte sich mit

---

6 Haft/v. Schlieffen/Wagner § 34 Rn. 34.
7 Oelsner Rn. 13 ff.
8 Kapellmann/Vygen/Sundermeier/Schlenke Jahrbuch Baurecht, 2012, S. 167 (169, 171).
9 S. https://de.statista.com/statistik/daten/studie/154592/umfrage/umsatz-im-bauhauptgewerbe-seit-2000/ (zuletzt abgerufen am 11.3.2024).
10 S. https://de.statista.com/themen/1379/ausbaugewerbe/ (zuletzt abgerufen am 11.3.2024).
11 Kapellmann/Vygen/Sundermeier/Schlenke Jahrbuch Baurecht, 2012, S. 167 (170).
12 Zerhusen Rn. 1 ff.

Blick auf die Zeit zwischen Projektbeginn und Nutzungsbeginn flexibel für wandelnde Anforderungen halten. In anderen Fällen muss das Objekt im Projektverlauf den in der Realisierungsphase gewonnenen Erkenntnissen angepasst werden. Ferner müssen Eingriffe des Auftraggebers umgesetzt werden, mit denen dieser geänderte oder zusätzliche Leistungen oder zeitliche und organisatorische Umstellungen des Bauablaufs verlangt. Ehrgeizige Ziele geraten im Projektverlauf nicht selten in Konflikt miteinander, wenn zeitliche, qualitative und finanzielle Vorgaben miteinander unvereinbar werden.

11 Von besonderer Bedeutung ist die erforderliche Dauer der Interaktion zwischen den Parteien. Realisierungsphasen betragen Monate, oftmals Jahre. Die typischen Beziehungen im Bau- und Immobilienbereich sind demnach **nicht auf einen punktuellen Leistungsaustausch** gerichtet, sondern jedenfalls längerfristig auf eine bestimmte Dauer angelegt, so dass die Zusammenarbeit zwischen den Parteien Beeinträchtigungen und Störungen aushalten muss, die während der Realisierung bis zum Eintritt des Projekterfolges eintreten können und eintreten.[13] Besonders signifikant verdeutlichen dies in den Jahren ab 2020 die Corona-Pandemie und ab 2022 der Angriffskrieg Russlands auf die Ukraine mit den daraus resultierenden Auswirkungen zunächst auf die Einsatzfähigkeit der für die Baurealisierung erforderlichen Arbeitskräfte, auf die Verfügbarkeit von Materialien sowie auf die Störung von Lieferketten – und daraus folgend erhebliche Preiserhöhungen für Materialien und Energie sowie zeitliche Störungen des Bauablaufs. Die Konsequenzen beider Ereignisse veranlassten Marktteilnehmer der Bau- und Immobilienwirtschaft, Juristen und Gerichte sich mit der Klärung zu befassen, ob das Institut des Wegfalls der Geschäftsgrundlage geeignete Grundlage sein könnte, die Anpassung von vor den jeweiligen Ereignissen begründete Vertragsbeziehungen in der Bau- und Immobilienwirtschaft zu verlangen und durchzusetzen.

12 Während der Realisierung eines Bau- und Immobilienprojektfolgen die Kommunikation und die Abstimmungsprozesse der Beteiligten vielfach nicht den Vertragsbeziehungen, sondern Praktikabilitätserwägungen zur Absicherung des Projekterfolges. Werden deswegen innerhalb der Vertragsbeziehung vorgesehene Formalien bei der Interaktion mit Dritten nicht eingehalten, führt die angesichts der Vielzahl der Beteiligten oftmals unübersichtliche Faktenlage zu Klärungsbedürfnissen in sachverhaltlicher, technischer, kaufmännischer und rechtlicher Hinsicht, so dass für die Festlegung weiterer Schritte verschiedentlich eine gesicherte Datenlage fehlt.[14]

13 Die Projektrealisierung im Bau- und Immobilienbereich verlangt das Zusammenwirken einer **Vielzahl von Beteiligten**.[15] Dabei erfolgt die Einbindung von öffentlichen Stellen, Nachbarn, Banken, Entwicklern und Planern, Bauunternehmen und Handwerkern sowie Gutachtern und schließlich den Nutzern typischerweise nicht in arbeitsvertraglicher Form, son-

---

13 Haft/v. Schlieffen/Wagner § 34 Rn. 9.
14 Haft/v. Schlieffen/Wagner § 34 Rn. 7.
15 Flucher/Kochendörfer/ua/Minckwitz, S. 117; Kapellmann/Vygen/Sundermeier/Schlenke Jahrbuch Baurecht, 2012, S. 167 (172); Haft/v. Schlieffen/Wagner § 34 Rn. 7.

dern in einer projektspezifisch erstellten Organisation, in der sich die Beteiligten für das jeweils einzelne Projekt neu zusammenfinden und die im Laufe des Projektes mehrfach Veränderungen unterworfen sein kann, insbesondere wenn die Bedeutung der einzelnen Projektbeteiligten in den verschiedenen Phasen der baulichen Realisierung wechselt.

b) Der Bauvertrag als „unvollständiger" Langzeitvertrag. Die Bau- und Immobilienprojekten immanente Dauer der Interaktion zwischen den Parteien bleibt nicht ohne Konsequenzen für den Charakter des Bauvertrages über die Errichtung einer Immobilie.[16] Im Gegensatz zum **Dauerschuldverhältnis**, in dessen Verlauf die Parteien immer wieder neue Erfüllungs-, Neben- und Schutzpflichten treffen, bejaht der BGH für den Bauvertrag zwar bislang noch die synallagmatische Verknüpfung der gegenseitigen Leistungspflichten, die in möglichst klarer Weise definiert letztlich auf eine einmalige Erfüllungshandlung zielen. Bereits der BGH erkennt allerdings an, dass die Leistungserbringung im Bauvertrag regelmäßig über eine längere Zeit erfolgt,[17] und ordnet den Bauvertrag deswegen als einen **„Langzeitvertrag"** ein, aufgrund dessen die Parteien zur wechselseitigen Kooperation verpflichtet sind.[18]

Noch weitergehend entwickelt sich darüber hinaus ein Verständnis, wie sehr sich der Bauvertrag von einem transaktionalen Vertrag unterscheidet, der, wie z.B. der Kaufvertrag, auf einen punktuellen Leistungsaustausch gerichtet ist. In Konsequenz dessen verstärkt sich die Auffassung, dass Bauverträge nicht perfekt sein können. **Bauverträge sind „unvollständige" Verträge**, die zwangsläufig eine unvollkommene Leistungsbeschreibung zur Grundlage haben und deshalb über den Projektverlauf wiederholt an veränderliche Projektgegebenheiten angepasst bzw. konkretisiert werden müssen.[19] Zunehmend wird der Bauvertrag daher **nicht mehr als neoklassisches Vertragsmodell** mit einer synallagmatischen Verknüpfung der gegenseitigen Leistungspflichten angesehen, sondern als **„relationaler" Vertrag**, der bei den immer bestehenden Fortschreibungserfordernissen des Vertrages auf die Kooperation der Beteiligten setzt. Entsprechend gewinnen die Organisation und die Absicherung der kooperativen Zusammenarbeit der Vertragsparteien an Bedeutung.[20]

Formale Vorgaben des Vertrages, die das Sicherheitsbedürfnis einer Seite absichern sollen, sind bezogen auf die Anforderungen des Bauablaufs oftmals nicht praktikabel. Die Vertragsebenen mit Vertragstext und Anlagen sowie Querverweisen sind transparent geregelt.[21] Bereits die Leistungsbeschreibung wirft Klärungsbedürfnisse auf, weil die technischen und rechtlichen Vorgaben eines Vertrages und seiner Anlagen nicht widerspruchsfrei sind und deren Rangfolge nicht eindeutig festgelegt oder interpretationsbedürftig ist.

---

16 Oelsner Rn. 13, 14 ff.
17 MüKoBGB/Busche § 648a Rn. 14.
18 BGH 23.5.1996 – VII ZR 245/94 NJW 1996, 2158.
19 Lembcke ZRP 2010, 260; Kapellmann/Vygen/Sundermeier/Schlenke Jahrbuch Baurecht, 2012, S. 167 (173).
20 Jung/Renken/Jung Mediation am Bau – Wirkung und Methode Rn. 166; Kapellmann/Vygen/Sundermeier/Schlenke Jahrbuch Baurecht, 2012, 167 (188).
21 Jung/Lauenroth/Wagner ZfIR 2008, 813 (818).

17 Diese Defizite resultieren daraus, dass bereits in der Planungsphase eine Vielzahl von Experten zusammenarbeiten müssen, dass unterschiedliche Informationen über die künftige Nutzung nicht allen Projektbeteiligten gemeinsam zur Verfügung gestellt werden und dass deswegen Erkenntnisse und Informationen, die in einem Papier der Projektbeschreibung zutreffend umgesetzt werden, in anderen Unterlagen fehlen.

18 Hinsichtlich der Widerspruchsfreiheit von Planungen mag das **Building Information Modeling (BIM)** künftig zwar Verbesserung schaffen.[22] Allerdings wird auch dieses Verfahren dort seine Grenzen finden, wo planerische Vorgaben nicht nur auf ihre Kompatibilität zu überprüfen sind, sondern textliche Vorgaben einfließen und deswegen eine gesonderte Schnittstellenkontrolle erforderlich bleibt. Ferner sind die Vorzüge eines Datenraumes für alle am Projekt Beteiligten mit dem Nachteil verbunden, dass ungeklärt ist, ob und wann eingestellte Unterlagen die Billigung des Bauherrn erfahren. Schließlich ermöglicht und fördert der Einsatz von BIM-Werkzeugen die Kommunikation ausschließlich auf der Ebene der „Sachinformation", während die anderen Ebenen der Kommunikation, „Appell", „Beziehung" und „Selbstkundgabe", unberücksichtigt bleiben.[23]

19 **c) Der Projektkosmos – Psychologie des Umgangs mit Projektbeteiligten.** Projekte sind dadurch gekennzeichnet, dass eine Vielzahl von Menschen und Unternehmen aus unterschiedlichen Disziplinen für eine gewisse Dauer miteinander kommunizieren müssen. Mit zunehmender Komplexität der Projekte kann die Anzahl der daran Beteiligten leicht drei- oder gar vierstellig sein. Für Projekte in der Bau- und Immobilienwirtschaft gilt grundsätzlich nichts anderes. Um den Fortschritt und das Ergebnis eines Projektes sicherzustellen, ist es daher geboten, die **Dynamik der Gruppenprozesse** zu berücksichtigen und lösungsorientiert zu gestalten. Wichtig ist es dafür, innerhalb des **Projektkosmos** die individuellen Interessen und Motive der verschiedenen Projektbeteiligten zu erkennen und Verhaltensmuster zu vermeiden, die zu projektunverträglichen Fehlentwicklungen führen können.[24]

20 **Personelle, zeitliche, räumliche, kommunikative und kulturelle Aspekte** sind dafür zu einzubeziehen.[25] Personell sind komplexe Projekte durch eine Vielzahl von Berufsgruppen, unterschiedliche Hierarchieebenen und jeweils eigene Erfahrungen der Projektbeteiligten geprägt. Zeitlich von Bedeutung ist, dass die unterschiedlichen Projektbeteiligten jeweils für die Projektdauer gebunden sind und Arbeitsverträge befristet sein können sowie dass sich die Anforderungen an die Akteure in den einzelnen Projektphasen von der Entwicklung und Kreation in Richtung Struktur und Effizienz verändern. Räumlich ist zu berücksichtigen, dass ein wesentlicher Teil der Projektbeteiligten stets vor Ort ist und direkt in die Durchführung der Bau-

---

22 Bei BIM handelt es sich um eine Planungsmethode, die CAD-Techniken optimiert. Diese Methode ist gekennzeichnet durch ein bauteilorientiertes Planen und die Bearbeitung von digitalen Gebäudemodellen. Weitere Details → Rn. 3.
23 Jung/Renken/Heinzerling Rn. 319 ff., Schulz von Thun ua, Miteinander Reden, S. 33.
24 Bönker Juristisches Projektmanagement Rn. 72.
25 Jung/Renken/Heinzerling Rn. 340 ff.; Bönker Juristisches Projektmanagement Rn. 75 ff.

maßnahmen eingebunden ist, während andere Projektbeteiligte wie etwa die Geschäftsleitung, die Projektsteuerung – und seit der Corona-bedingten Durchsetzung des mobilen Arbeitens und des Homeoffice zunehmend auch die Projektleitung und die Bauleitung –der beteiligten Unternehmen nur zeitweise präsent sind.

Ebenso bedarf das Projekt einer funktionierenden **Kommunikation**, die die zeitlichen, personellen und räumlichen Ressourcen an den Projektzielen orientiert und aufeinander bezieht. Übergeordnetes Ziel gelingender Kommunikation ist die optimale **Förderung der Leistungsfähigkeit des Projektteams.** Dies erfasst einerseits proaktive und präventive Ansätze, um Konflikte und Eskalation von vornherein zu vermeiden oder in einer lösungsorientierten Form zu gestalten. Gelingende Kommunikation trägt deswegen dazu bei, dass der Dialog zwischen den Projektbeteiligten nicht abreißt. Sie zielt darüber hinaus auf eine nachhaltige Konfliktbewältigung, indem sie Gelegenheit zum Austausch und zur Erörterung der Positionen bietet. Aufgabe ist es, beginnende Diskussionen zu begleiten und die Beteiligten dabei zu unterstützen, Lösungsansätze für einen Konsens zu finden, mit dem es ihnen gelingt, die vorhandenen Streitigkeiten zu bewältigen und Motivation für den weiteren Projektverlauf und die verbleibenden Restleistungen zu entwickeln. Dies erfordert auch an dieser Stelle insbesondere Aufmerksamkeit dahin gehend, dass die Kommunikation nicht ausschließlich auf der Ebene der „Sachinformation", stattfindet, sondern auch den weiteren Ebenen der Kommunikation, „Appell", „Beziehung" und „Selbstkundgabe", den erforderlichen Raum verleiht.[26]

21

Schließlich dürfen die Herausforderungen der **Projektkultur** nicht unberücksichtigt bleiben. Projekterfolg und Projektkultur sind bei der Realisierung von Bau- und Immobilienprojekten nicht nur durch die Kultur eines Unternehmens bestimmt. Vielmehr kommen innerhalb des Projektes ebenso viele Unternehmenskulturen zusammen, wie Unternehmen beteiligt sind. Projektkultur wird dadurch zur Führungsaufgabe. Sie muss sich der Andersartigkeit ebenso wie der Summe der verschiedenen Unternehmenskulturen – Lern- und Streitkulturen – der beteiligten Projektunternehmen stellen und damit auch den Umgang mit Risiken und auftretenden Störungen prägen.[27]

22

2. Anforderungen an Lösungen. Die Charakteristika der Bau- und Immobilienwirtschaft begründen spezifische Anforderungen an die Konfliktprävention und die Konfliktbehandlung.

23

Einerseits ist zu beachten, dass die beim Bauen eingesetzten hohen Werte eine zügige Richtschnur für das weitere Vorgehen erforderlich machen. Der ineffiziente Einsatz von Arbeitskräften oder Arbeitsmitteln bis hin zum Stillstand vernichtet Werte, die das Streitvolumen zwischen den Parteien erhöhen.[28]

24

Andererseits ist es den Baubeteiligten wichtig, dass Lösungen die beschriebenen Besonderheiten berücksichtigen, indem sie einerseits die im Vertrag

25

---

26 Jung/Renken/Heinzerling Rn. 319 ff.; Schulz von Thun ua, Miteinander Reden, S. 33.
27 Jung/Renken/Heinzerling Rn. 359 ff.
28 Haft/v. Schlieffen/Wagner § 34 Rn. 4.

vereinbarten formalen Anforderungen respektieren und andererseits das im Rahmen der Projektorganisation Umsetzbare beachten. Dabei kollidiert der Wunsch nach zügiger Klarheit oftmals mit den **komplexen Klärungsbedürfnissen** bei gleichzeitig unklarer Datenlage.

26 Schließlich macht es die **Dauer des Zusammenwirkens** während der Realisierung eines Bauvertrages erforderlich, den Parteien eine Zusammenarbeit zu ermöglichen, die nicht durch die Sorge geprägt ist, dass die eine Seite die andere Partei entweder ausnutzen kann oder rechtliche Möglichkeiten instrumentalisiert, um ganz andere Ziele zu erreichen.

III. Das Angebot der Mediation

27 Die Streitentscheidung durch die staatliche Gerichtsbarkeit ist essenzielles Gebot des Rechtsstaates und wird für die deutlich überwiegende Anzahl von Baustreitigkeiten auch genutzt.[29] Dennoch ist sie gerade in komplexen Verfahren nicht immer mit zufriedenstellenden Ergebnissen verbunden.[30] Insbesondere werden die **staatlichen Gerichte** für die Abwicklung umfangreicher Vorhaben aus dem **Anlagenbau**, der Bearbeitung von **Claim-Gebirgen** oder die Würdigung **gestörter Bauabläufe** vielfach als zumindest **kapazitativ überfordert** angesehen.[31]

28 Umgekehrt werden von fast 65.000 Bau- und Architektenstreitigkeiten im Jahre 2014 ca. **30.000 Streitigkeiten als geeignet für die außergerichtliche Konfliktbeilegung** und hiervon wieder ca. 10.000 als geeignet für konsensuale Lösungen eingeschätzt.[32] Die Angebote außergerichtlicher Konfliktlösungsmöglichkeiten für die Bau- und Immobilienwirtschaft sind entsprechend vielfältig. Manche Verfahren sind sogar explizit für Streitigkeiten um den Bau und um die Immobilie entwickelt.

29 **1. Das Lösungsangebot der außergerichtlichen Alternativen zur Mediation.** Klassisches Instrument der Konfliktbearbeitung außerhalb der staatlichen Gerichte sind zunächst die im Bau- und Immobilienbereich seit langem bekannten „**Schiedsgerichte**". Ebenso wie die staatlichen Gerichte findet dort die Konfliktbearbeitung nach klaren prozessualen Vorgaben statt. Entscheidungsmaßstab ist das Recht, wenn es dem Schiedsgericht nicht gelingt, die Parteien zu einer einvernehmlichen Lösung zu führen.[33]

30 Die Vorzüge der Schiedsgerichte gegenüber den staatlichen Gerichten sind die durch die bewusste Auswahl der Schiedsrichter mögliche, konfliktspezifische Kompetenz der eingesetzten Schiedsrichter und die Chance auf eine zügige Behandlung des Streites durch das Schiedsgericht, da sich dieses

---

29 Schröder NZBau 2008, 1.
30 Gralla/Sundermeier BauR 2007, 1961.
31 Flucher/Kochendörfer ua/ Hertel, S. 167; Oelsner Rn. 22 ff., Kapellmann/Vygen/Schröder/Gerdes/Teubner Oberheim Jahrbuch Baurecht, 2009, S. 81 (84); Lembcke ZRP 2010, 260; Keders/Walter NJW 2013, 1697; Diederichs NZBau 2014, 393 (394); Kapellmann NZBau 2016, 67 (68).
32 Sundermeier, Baumediation aus ökonomischer Sicht, Vortrag auf der Herbsttagung des Verbandes der Bau- und Immobilienmediatoren e.V. 2016.
33 Für die überblicksartige Darstellung des Verfahrensspektrums der außergerichtlichen Streitbeilegungsmöglichkeiten vergleiche Einführung Rn. 28 ff. in der Vorauflage.

konkret für den spezifischen Fall konstituiert.³⁴ Als Nachteil der Schiedsgerichte werden umgekehrt die oftmals hohen Kosten, die festzustellenden Zeitverluste durch die Auswahl des Schiedsrichtergremiums³⁵ und die erhebliche Zeit beanspruchende justizförmige Beweiserhebung angesehen.

Neben den Schiedsgerichten ist im Bau- und Immobilienbereich die „**Schlichtung**" etabliert, die durch eine besondere Flexibilität gekennzeichnet ist.³⁶ Der aufgrund seiner Fachkompetenz von den Parteien ausgewählte Schlichter würdigt unter Verzicht auf das vertiefte, zivilprozessualen Grundsätzen entsprechende Hinterfragen und Klären streitiger Tatsachen den Vortrag der Parteien unter Plausibilitätsaspekten und trifft einen Schlichtungsspruch, der je nach der Vereinbarung der Parteien entweder Verbindlichkeit besitzt oder bloßen Empfehlungscharakter hat und dementsprechend auf seine immanente Überzeugungskraft angewiesen ist. 31

Vorteile der Schlichtung sind – wie beim Schiedsgericht – die durch die bewusste Auswahl des Schlichters mögliche besondere, konfliktspezifische Kompetenz und die Chance auf eine zügige Behandlung des Streites durch den Schlichter.³⁷ Als Nachteil der Schlichtung mit verbindlichem Schlichtungsspruch werden der bewusste Verzicht auf eine abschließende sachverhaltliche Aufklärung und die damit verbundene geringere Absicherung des Wahrheitsgehaltes angesehen. Deswegen vermeiden viele Parteien diese Schlichtungsform, so dass weitaus überwiegend Schlichtungen ohne verbindlichen Schlichterspruch stattfinden. Als Nachteil der Schlichtung ohne verbindlichen Schlichtungsspruch wird umgekehrt angeführt,³⁸ dass der Spruch für die unterliegende Partei häufig genug keine Überzeugungskraft besitzt, so dass eine Einigung auf den Schlichtungsspruch nicht gelingt und beide Seiten viel Zeit und viel Geld verloren haben. 32

Neben diese klassischen Instrumente der außergerichtlichen Konfliktbehandlung tritt die „**Adjudikation**". Ähnlich einer unverbindlichen Schlichtung führt diese zu dem Vorschlag des Adjudikators, der nur Verbindlichkeit erlangt, wenn er von den Streitparteien nicht binnen einer bestimmten Frist angegriffen wird. Im Unterschied zur Schlichtung stellt ein rigides Zeitregime, das die Entscheidung des Adjudikators binnen eines Zeitraums von 6 bis 8 Wochen vorsieht, sicher, dass der Verlust an Zeit – und finanziellen Mitteln – gegenüber einem gewöhnlichen Schlichtungsverfahren reduziert bleibt.³⁹ Zusätzlich ist der Adjudikator berechtigt, eigenständige Ermittlungen durchzuführen. 33

Die Adjudikation ergänzt die Vorzüge der Schlichtung durch ein zeitlich straffes Procedere sowie eine zügige Klärung, ob und in welcher Form das Ergebnis der Adjudikation als verbindlich anzusehen ist. Als Nach- 34

---

34 Flucher/Kochendörfer ua/Hertel, S. 180.
35 Oelsner Rn. 23; Jansen, in Deutsches Anwaltsinstitut e.V., Tagungsband 11. Jahresarbeitstagung Bau- und Architektenrecht, 2016, S. 183 (199).
36 Flucher/Kochendörfer ua/Hertel, S. 186; Englert/Franke/Grieger/Grieger Streitlösung ohne Gericht Kap. 4 Rn. 124 ff.
37 Flucher/Kochendörfer ua/Hertel, S. 186.
38 Kuffer/Wirth/Grieger, Bau- und Architektenrecht, S. 1015 (1016).
39 Kapellmann/Vygen/Schröder/Gerdes/Teubner Oberheim Jahrbuch Baurecht 2009, S. 81 (93); Boldt, S. 115 (173 ff.); Teubner Oberheim ZKM 2012, 176.

teil der Adjudikation wird kritisiert, dass die straffen Fristvorgaben[40] dazu führen, dass dem Verteidiger deutlich weniger Zeit zur Aufbereitung seiner Position zur Verfügung steht als dem Angreifer. Festlegungen fehlen, welchem Entscheidungsmaßstab der Adjudikator verpflichtet ist und wie formale Vorgaben für die Begründung eines Anspruchs, wie die Prüfbarkeit der Rechnung oder der Nachtragsbegründung, vom Adjudikator zu berücksichtigen sind: Sollen anfänglich nicht prüfbare oder auch während der Adjudikation unprüfbar gebliebene Nachträge oder Bauzeitforderungen gleichwohl zugunsten des Auftragnehmers berücksichtigt werden können? Ungeklärt sind schließlich bestimmte Rechtsfolgen getroffener Entscheidungen wie z.B., welche Konsequenzen gelten sollen, wenn der Adjudikationsspruch von staatlichen Gerichten nachträglich aufgehoben wird und bis dahin bei der Partei, gegen die sich der ursprüngliche Spruch richtete, finanzielle Schäden eingetreten sind.

35 Bei allen Unterschiedlichkeiten der dargestellten Konfliktbehandlungsmethoden zeichnen sich diese durch zwei Gemeinsamkeiten aus: Sie stellen darauf ab, dass der **unabhängige Dritte** als Richter, Schlichter oder Adjudikator für die Parteien ihren **Konflikt entscheidet.** Die **Konfliktbearbeitung** erfolgt demnach **heteronom**, durch einen externen Dritten. Zudem werden alle diese alternativen Konfliktbearbeitungsformen von den Parteien der Bauwirtschaft nur selten genutzt.[41]

36 Immerhin ist der der Schlichtung und der Adjudikation innewohnende Beschleunigungsaspekt der Konfliktbearbeitung für die Akteure in der Bau- und Immobilienwirtschaft so attraktiv, dass Elemente hieraus in **hybride Verfahren** einer Kombination aus Mediationsmethoden und evaluativer Maßnahmen einfließen (→ Einl. Rn. 42 f., → MediationsG § 1 Rn. 11, → MediationsG § 2 Rn. 53, → B. Rn. 32 ff.).

37 **2. Das Lösungsangebot der Mediation.** Von den Konfliktbearbeitungsmethoden der Schiedsgerichtsbarkeit, Schlichtung und Adjudikation unterscheidet sich **Mediation** in einem ganz maßgeblichen Kriterium, nämlich der **„Autonomie" der Entscheidungsfindung** durch die Parteien – und genau diese Autonomie ist es, die Mediation zu einem für die Bau- und Immobilienwirtschaft besonders geeigneten Konfliktbehandlungsinstrument macht.

38 Zwar kann die Charakterisierung und Beschreibung der Mediation im Rahmen dieses Kommentars zum Mediationsgesetz sehr knapp gefasst bleiben. Bezogen auf die Bau- und Immobilienwirtschaft sind jedoch bestimmte Aspekte der Mediation herauszustellen, aufgrund derer die Mediation in diesem Wirtschaftsbereich von besonderem Interesse ist.

39 Der Mediator unterstützt die Parteien auf deren Weg zu einer Einigung. Die Mediation als Konfliktbearbeitungswerkzeug ist darauf gerichtet, den Parteien eine autonome Entscheidung Ihres Konfliktes unter Berücksichtigung der gemeinsam erarbeiteten Lösungsmöglichkeiten zu eröffnen.[42] Dabei ist die Mediation durch die Maxime gekennzeichnet, dass alles, was

---

40 Boldt, S. 115 (153); Teubner Oberheim ZKM 2012, 176 (178).
41 Schröder FS Kirchner, 277.
42 Eidenmüller/Prause NJW 2008, 2737; Huhn, S. 1648.

die Parteien als wesentlich für ihre Verhandlung empfinden, thematisiert werden kann und in die Lösungsfindung einfließen kann. Dies können, wie in vielen anderen Wirtschaftskonflikten, rechtlich relevante Aspekte sein. Es können jedoch auch über die rechtlichen Aspekte hinaus zusätzliche Themen einfließen, die entweder nicht oder nicht auf den ersten Blick rechtlich geprägt sind und nicht durch einen Richterspruch gelöst werden können.

Die Mediation ist ferner darauf gerichtet, die Hintergründe eines Streites darauf zu überprüfen, inwieweit die zunächst angesprochenen Forderungen und Erwartungen die maßgeblichen Gründe für den Konflikt sind oder inwieweit sie nur Phänomene tiefer gründender Ursachen sind, denen im Rahmen der Mediation nachgegangen werden kann. 40

Mit dieser **Bearbeitung der Ursachen und Hintergründe** will die **Mediation** sicherstellen, dass der von anderen Konfliktbearbeitungsmethoden nur oberflächlich bearbeitete Konflikt in einem anderen Kontext wieder aufbricht. Dies ist gerade für die oftmals auf eine langjährige Dauer angelegten Geschäftsbeziehungen im Bau- und Immobilienbereich – ob nun in der Realisierungsphase oder auch in der späteren Nutzungsphase – relevant. 41

Die Auseinandersetzung mit den Ursachen des Konfliktes ist darüber hinaus angesichts der Vielzahl von Beteiligten im Rahmen der Projektrealisierung und der Absicherung ihres Zusammenwirkens möglich und erforderlich. Unabhängig davon, ob bipolare Verträge mit einem werkvertraglichen Charakter geeignet sind, den Projekterfolg zu sichern, zu dem eine oftmals zweistellige Anzahl von Vertragsparteien beizutragen haben, kann die **Mediation** erreichen, eine **Identifikation oder Re-Identifikation der Beteiligten** mit ihrem Projekt zu ermöglichen. Sie kann ferner dazu beitragen, einen **Team-Charakter** in das Projekt zu implementieren oder zumindest ein besseres Zusammenwirken der Parteien zu ermöglichen. 42

Hagel stellt in seinem Beitrag zu „Mediationen zwischen Unternehmen" heraus, dass Mediation Unternehmen die Chancen bietet,

- Konflikte zu vermeiden, wo möglich,
- Konflikte, die das Unternehmen weiterentwickeln, bewusst auszutragen, und
- Konflikte, die unvermeidlich sind, möglichst effizient beizulegen (→ B. Rn. 2 ff.).

Diese auch für die Bau- und Immobilienwirtschaft richtigen Ausführungen lassen sich für die Konfliktprävention und die Konfliktbearbeitung in diesem Wirtschaftsbereich weiter ausdifferenzieren.

3. Autonome Gestaltung versus Fremdbestimmtheit – die Wiederherstellung der Entscheidungsfähigkeit der Parteien. Das Wesensmerkmal der autonomen Verständigung der Parteien in der Mediation verdeutlicht, dass Mediation im Unterschied zu anderen Konfliktbehandlungsinstrumenten darauf angewiesen ist, dass die Parteien sich am Ende des Prozesses vereinbaren wollen, obgleich sie sich zu Beginn ihres Dialoges oder ihrer Auseinandersetzung hierzu nicht in der Lage sehen. Möglicherweise sehen sie anfangs keine Lösungsoptionen. Möglicherweise sehen sie zwar bestimmte Lösungsoptionen – und können sich dennoch nicht verständigen. Jeden- 43 falls finden sie keinen Weg, ohne Beteiligung eines Dritten ihren Konflikt zu beenden.

44 Hier bietet Mediation ein Verfahren, das die Parteien aus einem Stadium fehlender Einigungsbereitschaft zu einer **Einigungsbereitschaft** führt und mithilfe der Stärkung der Autonomie die Chance bietet, dass die Parteien ihre eigenständige **Entscheidungsfähigkeit** bezogen auf die konkrete Situation entweder erstmalig oder erneut gewinnen.

45 Mediation ist demnach das Verfahren zur **Wiederherstellung der Entscheidungsfähigkeit der Parteien**. Über die Identifikation der Interessen und die Überwindung von Einigungshindernissen führt sie zur Herausarbeitung alternativer Einigungsoptionen und ermöglicht so die Einigung.

46 a) **Die Identifikation der Interessen.** Alles Tun von Menschen und Organisationen dient der **Bedürfnisbefriedigung**.[43] Dazu werden Strategien eingesetzt, die sich in der Vergangenheit als erfolgreich erwiesen haben – und die erneute Positionierung mithilfe einmal erfolgreicher Strategien ist naheliegend, wenn es zu vergleichbaren Situationen kommt. In diesem Sinne sind **Positionen erstarrte Strategien zur Befriedigung der Interessen in Form situationsspezifisch konkretisierter Bedürfnisse**.[44]

47 Das Denken in Positionen lässt allerdings unberücksichtigt, dass die Befriedigung der Interessen auch auf einem anderen Wege gelingen kann und dass die Identifizierung der Interessen dazu beitragen kann, die Bedürfnisse auf einem anderen Wege als dem zunächst angedachten zu befriedigen. So führt die in der Mediation erfolgende Auseinandersetzung mit den Interessen anstelle der Positionen über bisherige Strategien der Bedürfnisbefriedigung hinaus und weitet den Blick auf mögliche andere Strategien, die zunächst nicht als naheliegend gesehen worden sind.

48 b) **Die Herausarbeitung der bestehenden Einigungsoptionen.** Ein Konflikt mag den Beteiligten nicht lösbar erscheinen, weil die von beiden Seiten formulierten Lösungsoptionen der jeweils anderen Seite nicht attraktiv erscheinen. Dabei sind sowohl die von den Parteien vertretenen Positionen wie auch die von ihnen aufgezeigten Lösungsoptionen Ausformungen und Ergebnisse des Bildes, das die jeweilige Partei sich von der Realität konstruiert hat. Positionen und Lösungsoptionen sind subjektiv eingefärbt.[45]

49 Mediation kann diese **subjektive Betrachtung eines Konfliktes** hinterfragen und auflösen. Sie kann einerseits dafür sorgen, dass die subjektive Sichtweise einer Partei der subjektiven Sichtweise der anderen Partei gegenübergestellt wird und bei dieser Gelegenheit auf ihren Realitätsgehalt überprüft wird. Sie kann andererseits über das Bejahen oder Verneinen einer Position hinaus die Gründe, Motive und im weiteren Verlauf sogar Interessen beleuchten, die dazu geführt haben, dass die Parteien ihre ursprüngliche Position eingenommen haben.

50 Mediation wird diese **Interessenklärung** nutzen, um mit den Parteien gemeinsam zu hinterfragen, was die Parteien mit den zunächst von Ihnen präferierten Lösungen erreichen können, wie realistisch dies ist und ob

---

43 Vaas, S. 92; Kuffer/Wirth/Grieger, Bau- und Architektenrecht, S. 994.
44 Patera & Gamm Konfliktkultur, S. 45.
45 Kuffer/Wirth/Grieger, Bau- und Architektenrecht, S. 993.

das jeweils Erreichbare tatsächlich zur Befriedigung der Bedürfnisse der Beteiligten führen kann. Diese „**best alternative to a negotiated agreement**" (BATNA)[46] wird zum Maßstab für die Bewertung der bestehenden Verhandlungsoptionen und für die Suche nach weiteren Einigungsoptionen, die dann nicht mehr an den subjektiven Vorstellungen beider Seiten gemessen werden müssen, sondern an dem, was außerhalb einer Verständigung erreichbar wäre. So kann der Austausch über das ohne Verständigung Erreichbare dazu führen, dass die von beiden Seiten gemeinsam geschaffenen Einigungsoptionen eine neue Attraktivität gewinnen.

c) Die Überwindung von den Parteien möglicherweise nicht bewussten Einigungshindernissen. Konflikte im Bau- und Immobilienbereich finden typischerweise innerhalb vertraglicher Beziehungen statt. Am Beginn der jeweiligen Arbeitsbeziehung steht ein Vertrag als Ausdruck der Fähigkeit und Bereitschaft der Parteien, miteinander eine Vereinbarung zu treffen. Die auf beiden Seiten Beteiligten schätzen jeweils für sich die durch den Vertragsschluss mögliche Zusammenarbeit als vorzugswürdig gegenüber dem Verzicht auf eine Einigung ein. 51

Dabei sehen sich beide Seiten bei der Verhandlung des Vertrages bis zu seinem Abschluss dazu in der Lage, das Ihnen vorliegende Datenmaterial in einer Form auszuwerten, wonach Ihnen die Unwägbarkeiten und Risiken der künftigen Entwicklung bewältigbar erscheinen. 52

Nach Vertragsabschluss werden diese **Unwägbarkeiten** und **Risiken** durch die konkreten Ereignisse im Projekt nur in dem Umfang Realität, wie sie tatsächlich eintreten. Jede Entscheidung und jede Entwicklung innerhalb des Projektverlaufs reduzieren Unsicherheiten. Was entschieden oder geschehen ist, ist nicht mehr ungewiss. Ausgehend von diesem Grundverständnis ist es bemerkenswert, dass die Parteien im Projektverlauf die Fähigkeit oder die Bereitschaft zu verlieren scheinen, trotz Reduzierung der Ungewissheiten gegenüber dem Projektbeginn das Ihnen vorliegende Datenmaterial so auszuwerten, dass sie gestützt darauf zu rationalen Entscheidungen und Einigungen gelangen. 53

Die fehlende Einigungsfähigkeit kann zum einen daraus resultieren, dass auf mindestens einer Seite unzutreffende Vorstellungen über die Chancen und Risiken der eigenen Situation bestehen. Einerseits mögen relevante Informationen fehlen oder deren Fehlen nicht gesehen werden. Andererseits mögen aus den vorliegenden Informationen unzutreffende Prognosen (und) Einschätzungen abgeleitet werden. Um in derartigen Situationen eine Entscheidungsfindung und Einigung zu ermöglichen, wird es also darum gehen, eine sachverhaltliche Bearbeitung vorzunehmen, aus welchen Gründen und auf Grundlage welches Datenmaterials die Parteien zu einer unterschiedlichen Bewertung ihrer Situation und des aus der Situation heraus künftig Erreichbaren gelangen. 54

Die fehlende Einigungsfähigkeit kann zum anderen jedoch auch daraus resultieren, dass mindestens eine Seite nicht sieht, wie ihre Fähigkeit zu rationalem Verhalten durch Aspekte überlagert wird, die im Irrationalen liegen. 55

---

46 Kuffer/Wirth/Grieger, Bau- und Architektenrecht, S. 999, unter Verweis auf das Harvard-Konzept nach Fisher/Ury/Patton.

Appelle an die Vernunft und rationales Verhalten mögen in Verhandlungssituationen und bei der Suche nach Lösungen immer wieder naheliegen und von einer Seite an die andere Seite adressiert werden (→ B. Rn. 4). Berücksichtigt man jedoch die **Erkenntnisse der Hirnforschung**, sind es gerade die Appelle an die Vernunft, die vernünftiges Vorgehen oftmals erschweren. Emotionen wie verschiedentlich sogar primäre Instinkte sind geeignet, die Fähigkeit zu rationalem Verhalten zu überlagern.[47]

56 Dies gilt insbesondere in Situationen, in denen die beteiligten Akteure aus dem Projektverlauf oder ihrer bisherigen Herangehensweise an vergleichbare Situationen Erfahrungen gesammelt haben, die eben nicht nur rational sind. Handlungen, die als Vertrauensbruch verstanden oder als undankbar, verletzend oder unkooperativ empfunden worden sind, können dazu führen, dass rein rationale Einigungsgespräche nicht möglich sind, weil erst die **Auseinandersetzung mit den irrationalen Aspekten des Konfliktes** die Bereitschaft erzeugen mag, den entscheidenden Schritt aufeinander zu zugehen.[48]

57 Die Methode der Mediation eignet sich für sowohl die Identifikation der rationalen als auch für die Identifikation der irrationalen Einigungshindernisse. Darüber hinaus hält sie Werkzeuge bereit, um gemeinsam mit den Parteien situationsbezogen zu klären, welche Maßnahmen und Mittel erforderlich sind, um Einigungshindernisse auszuräumen.

58 Hierzu zählt etwa, die Bereitschaft zum Ausräumen der Einigungshindernisse selbst zu thematisieren und zu hinterfragen, um in diesem Kontext bestehende Klärungsbedürfnisse zu identifizieren.

IV. Der Einsatz von Mediation bei der Vertragsgestaltung

59 Bei der Vertragsgestaltung nutzen die Beteiligten ihre Erfahrungen, welche Regelungen und Strategien sie in der Vergangenheit eingesetzt haben. Standardisierte Klauseln oder individuelle Vorgaben für die Interaktion der Parteien während der Realisierung des Projektes dienen den Beteiligten als Maßstab für die konkrete Situation und Ausgestaltung des Vertrages. Der **Erfahrungsschatz der Parteien** mit bisherigen Verträgen, den damit realisierten Chancen und Problemen und der Funktionsfähigkeit der angedachten Klauseln haben Einfluss darauf, wie die Parteien sich der Herausforderung einer neuen Vertragsgestaltung stellen, um im Rahmen der Vertragsgestaltung eine für sie attraktive Regelung zu erreichen.[49]

60 Im Rahmen der Vertragsgestaltung eignet sich die Mediation in besonderem Maße, um spätere Störgefühle der vertraglichen Realisierung zu antizipieren und zu vermeiden.[50]

61 **1. Regulative Anforderungen an die Vertragsgestaltung. a) Die Organisation einer Vielzahl von Beteiligten.** Bei der Realisierung erfolgreicher Projekte in der Bau- und Immobilienwirtschaft wirkt eine Vielzahl von Beteiligten zusammen. Dies allein ist noch keine Besonderheit dieser Branche.

---

47 Patera & Gamm Konfliktkultur, S. 25.
48 Kuffer/Wirth/Grieger, Bau- und Architektenrecht, S. 992.
49 Flucher/Kochendörfer/ua/Minckwitz, S. 131; Kapellmann/Vygen/Sundermeier/Schlenke Jahrbuch Baurecht, 2012, S. 167 (187).
50 Jung/Steding BB 2001 Beil. 2, 9 (10); Zerhusen Rn. 25 ff.; → B. Rn. 3.

Auch andere Bereiche des Wirtschaftslebens sind auf eine Verzahnung unterschiedlicher Mitwirkungsprozesse angewiesen. Der Vergleich der Lösungsangebote in der **Bau- und Immobilienwirtschaft** mit anderen Branchen zeigt jedoch signifikante Unterschiede:

Die Fertigungsprozesse in der Industrie, die sich anders als das Bauen nicht auf die Herstellung eines Einzelstückes richten, kennzeichnen standardisierte Abläufe für eine Massenproduktion. Der Einfluss externer Ereignisse wird im Rahmen der Standardisierung aufgefangen und durch Ersatzkräfte abgefedert. Dies ist angesichts der großen **Individualität des Bauens** im Immobilienbereich nicht in vergleichbarem Maße möglich. 62

Im **Anlagenbau**, der hinsichtlich seiner Individualität den Bau- und Immobilienprojekten durchaus vergleichbar ist, ist den Beteiligten die Erforderlichkeit eines länger andauernden, sorgfältigen Planungsprozesses bewusst. Die Differenziertheit der planerischen und logistischen Anforderungen führt zu differenzierten Regelungen eines Änderungsmanagements. Darüber hinaus bestehen konkretisierte **Regelungen des Risikomanagements**, die in einer Vielzahl von Konstellationen davon absehen, einer von beiden Seiten das vollumfängliche Risiko zu übertragen. 63

Auch die **Entwicklung von Softwareprogrammen und IT-Lösungen** ist grundsätzlich werkvertraglich organisiert. Dennoch ist allen Beteiligten im Rahmen dieser Prozesse bewusst, dass ausreichende Entwicklungszeiten zur Verfügung stehen müssen und dass innerhalb der komplexen IT-Anforderungen **Fehler unvermeidbar sind, die Updates erfordern.** 64

In **Teams** wie Sportmannschaften, Orchestern oder Tanzkompanien streben die Beteiligten **gemeinsame Höchstleistungen** an. Wesentliches Element des Trainierens und Probens ist dabei nicht nur die Perfektion des jeweiligen Könnens. Ebenso wichtig sind der Umgang mit Fehlern und die Möglichkeit der Beteiligten, diese aufzufangen und den gemeinsamen Erfolg abzusichern. 65

Erfolgreiche Teams kennen eine **Fehlerkultur**, die der bisherigen Fehlerbehandlung in der Bau- und Immobilienwirtschaft unvergleichbar ist.[51] Sanktionssysteme stehen nicht im Vordergrund. Ballverluste, falsch angespielte Töne oder fehlerhafte Schrittabfolgen führen nicht dazu, dass sich alle Beteiligten auf die Sanktionierung der Person konzentrieren, die einen Fehler gemacht hat. Nicht die Detailtiefe eines Vertrages, sondern erst die Motivation der Beteiligten erzeugt die Bereitschaft zu Höchstleistungen. Aufgabe des Trainers, des Dirigenten oder des Choreographen ist es deswegen, die verschiedenen Akteure zu einer Gemeinschaft zu verbinden, die das gesteckte Ziel aus eigenem Antrieb verfolgt. 66

b) Zusammenwirken der Parteien über den Vertragsabschluss hinaus – Der kooperative Bauvertrag und die integrierte Projektabwicklung. Die Charakteristika von Bau- und Immobilienprojekten werfen die Frage auf, ob die bislang gebräuchlichen Vertragswerke überhaupt in der Lage sind, die Beziehungen der Parteien konfliktvermeidend zu organisieren.[52] Sind 67

---

51 Oelsner Rn. 12 ff.
52 Kapellmann/Vygen/Sundermeier/Schlenke Jahrbuch Baurecht, 2012, S. 167 (182 ff.); Haft/v. Schlieffen/Wagner § 34 Rn. 8.

die üblichen Elemente eines Bauvertrages eine geeignete Antwort auf die Herausforderungen aus der Vielzahl von Beteiligten, der Anfertigung eines Einzelstückes, der Interaktion der Akteure außerhalb der Vertragsbeziehungen sowie der Ansprüche an Qualität, Zeit und Finanzen?

68 Möglicherweise ist gerade die fehlende Adäquanz der gebräuchlichen Vertragswerke in der Immobilienwirtschaft Grund dafür, dass Konflikte nur deswegen entstehen, weil die Parteien versuchen, die für das Projekt unpassenden Vorgaben in situationsgerechte Lösungen zu überführen.

69 Dies erklärt, warum der **Bauvertrag nicht mehr als neoklassisches Vertragsmodell** mit synallagmatischer Verknüpfung der gegenseitigen Leistungspflichten angesehen wird, sondern als „**relationaler**" Vertrag, der auf die Kooperation der Beteiligten setzt, wenn Entwicklungen und Ereignisse während der Vertragsdurchführung dazu führen, dass Ziele, Leistungsinhalte oder Abläufe neu zu organisieren und oder zu regeln sind.[53]

70 Ein Lösungsansatz mag sein, die Arbeitsbeziehung der Parteien partnerschaftlich zu organisieren, alle Beteiligten zu einem kooperativen Umgang mit Fehlern zu verpflichten und die Interessen der Beteiligten an einem gemeinsamen Projekterfolg bis zum Projektende so parallel zu gestalten wie möglich. Hierbei können einseitige Haftungsüberwälzungen darauf zu überprüfen sein, ob eine quotal geregelte, gemeinsame Haftung für das Zusammenwirken der Parteien und eine gemeinsame Lösungssuche nicht förderlicher ist als die Alleinzuständigkeit einer Seite.

71 Deswegen werden **Partnering-Ansätze** und die **Möglichkeiten der vertraglichen Ausgestaltung** in Form der Vereinbarung eines garantierten Maximalpreises und/oder der Organisation der Zusammenarbeit in Form des **Construction Management**, des **Bauteams** oder der Abfolge von **Design & Build** umfassend diskutiert.[54] Hierzu besteht umso mehr Anlass, weil Arbeitsprozesse gerade mit Blick auf die Entwicklung von BIM insgesamt neu gedacht werden müssen.

Die allen Ansätzen gemeinsame **frühzeitige Einbindung** des für die Bauausführung vorgesehenen Unternehmens soll neben dem Werkerfolg der Funktionalität des Bauwerkes störungsfreie und reibungslose Abläufe bereits während der Errichtung absichern. Durch die gemeinsame Klärung der Bauaufgabe werden unterschiedliche Interpretationen der übertragenen Leistungsinhalte und damit Auslöser möglicher Konflikte vermieden. Darüber hinaus trägt die frühzeitige Beteiligung des Bauausführenden dazu bei, sein Wissen um Materialien, Produkte, Abläufe und deren Kosten bereits im Rahmen des Gestaltungs- und Planungsprozesses einzubeziehen und so das vereinbarte Budget einzuhalten. Der Gefahr, dass die frühzeitige Zusammenarbeit der Parteien die Möglichkeit des Bauherrn für einen Preiswettbewerb oder des Bauausführenden für eine Kompensation der Einbringung seiner Kompetenzen untergräbt, begegnen die Parteien bereits im Rahmen der Vertragsgestaltung durch Regelungen darüber, ob und unter welchen Voraussetzungen der Auftragnehmer im Anschluss an den

---

53 Kapellmann/Vygen/Sundermeier/Schlenke Jahrbuch Baurecht, 2012, S. 167 (188).
54 Eschenbruch/Racky/Leicht Rn. 844 ff.

gemeinsamen Entwicklungsprozess die Realisierung des Bauwerkes übernimmt. Wesentliche Grundgedanken der Partnering-Überlegungen sind im Modell des australischen **Alliance-Contracts** bereits umgesetzt und insbesondere in der Praxis des Infrastrukturbaus bewährt.[55] Die Anwendung dieses Vertragsmodells hat regelmäßig dazu geführt, dass die ursprünglich prognostizierten Projektkosten maßgeblich unterschritten werden konnten. Projektbezogene Daten sind rar. Für das in Anlehnung an das australische Vertragsmodell gestaltete finnische Projekt des „Rantatunnels" ergab sich jedoch z.B. für die ausführenden Unternehmen bei einer Projektgröße von 195,9 Mio. EUR ein Bonus iHv 4,68 Mio. EUR.[56] Auftraggeber, Planer und Generalübernehmer sind in diesem Vertragsmodell nicht mehr durch Werkverträge nur zwischen zwei Parteien, sondern durch einen gemeinsamen Vertrag aller von ihnen als relevant identifizierten Projektbeteiligten verbunden. Der Vertrag formuliert die Vertragsziele, die Regeln der Zusammenarbeit, den Zeitplan, die Vergütung, das Risikomanagement, die Regeln der Streitvermeidung sowie ein Frühwarnsystem hinsichtlich potenziell drohender Konflikte[57] und ist durch folgende Prinzipien gekennzeichnet: Die **Parallelität der wirtschaftlichen Interessen** durch die Integration aller als relevant identifizierten Projektbeteiligten; die **integrative Zusammenarbeit innerhalb des Projektes** und die gemeinsame Entwicklung des Baus durch die Vertragsparteien; die **gemeinsame Risikoverantwortung** der Allianz-Partner und schließlich die **interne und zeitnahe Bewältigung** aller Probleme und Konflikte.[58]

72

Auch in Deutschland stoßen diese Regelungsgedanken auf Interesse und werden unter dem Stichwort des **Mehrparteienvertrages** und **der integrierten Projektabwicklung (IPA)** diskutiert.[59] Dabei sind die deutschen Lösungsansätze denen in Australien – und zwischenzeitlich auch in den Vereinigten Staaten von Amerika sowie verschiedenen Ländern der Europäischen Union – sehr ähnlich: Jeweils zweiseitige Verträge nur zwischen Auftraggeber und Auftragnehmer werden durch mehrseitige Vertragsgestaltungen ersetzt und die wesentlichen Beteiligten eines Projektes – regelmäßig der Bauherr, der Generalplaner und der Generalunternehmer, oftmals jedoch auch für die besonderen Herausforderung des Projektes wie Fassade oder Gebäudeausrüstung eingesetzte Teil-Generalunternehmer – in einem gemeinsamen Vertrag zusammengeführt. Charakteristisch ist,

73

---

55 Kapellmann/Vygen/Sundermeier/Schlenke Jahrbuch Baurecht, 2012, S. 167 (215).
56 Breyer/Boldt/Haghsheno „Alternative Vertragsmodelle zum Einheitspreisvertrag für die Vergabe von Bauleistungen durch die öffentliche Hand", S. 142.
57 Haghsheno „Motivation und Charakteristika von Modellen integrierter Projektabwicklung", Vortrag auf der Konferenz „Integrierte Projektabwicklung mit Mehrparteienverträgen" am 26.6.2019, abrufbar unter https://www.glci.de/static/9ed19c8d7e6bfbf605153de73c125ad2/20190626_GLCI_1_IPA_Konferenz_1_Haghsheno.S.pdf (zuletzt abgerufen am 11.3.2024).
58 Kapellmann/Vygen/Sundermeier/Schlenke Jahrbuch Baurecht, 2012, S. 167 (193).
59 Haghsheno „Motivation und Charakteristika von Modellen integrierter Projektabwicklung", Vortrag auf der Konferenz „Integrierte Projektabwicklung mit Mehrparteienverträgen" am 26.6.2019, abrufbar unter https://www.glci.de/static/9ed19c8d7e6bfbf605153de73c125ad2/20190626_GLCI_1_IPA_Konferenz_1_Haghsheno.S.pdf (zuletzt abgerufen am 11.3.2024).

dass die Parteien die mit einem Projekt verbundenen Risiken bereits in der Projektvorbereitung einer ausreichenden Klärung zuführen und dafür einen Budgetansatz bereitstellen, der zwischen ihnen aufgeteilt wird, soweit er im Projektverlauf nicht aufgezehrt wird. Zudem schließen sie zumindest für die Planungsphase eine wechselseitige Haftung für Fehler oder Mängel aus, die nicht vorsätzlich oder grob fahrlässig verursacht werden. Diese **Haftungsbegrenzung** soll dazu beitragen, dass die Vertragspartner ihre größtmögliche Expertise und **Innovationsbereitschaft** einbringen und nicht in Gefahr geraten, für ihren Beitrag den anderen gegenüber zu haften.[60] Mehrparteienverträge sind damit weniger Regelwerke in Form der synallagmatischen Verknüpfung von Rechten und Pflichten. Sie enthalten vielmehr Vorgaben – wie Gebrauchsanweisungen oder Aufbauanleitungen – für die unterschiedlichen Situationen, die im Projektverlauf auftreten können. Dadurch schaffen sie den Rahmen für das Zusammenwirken der Vertragsparteien über den Vertragsabschluss hinaus, für die Organisation der Zusammenarbeit der vielfältigen Projektbeteiligten und für die Flexibilisierung der Projektabläufe.

74 Dabei sollen diese Ansätze nicht etwa eine Verteuerung des Bauens begründen. Die bisherigen Erfahrungen zeigen vielmehr, dass ein „**kooperativ**" **erzielter Vertragspreis** und die **Kosten der Kooperation** im Ergebnis zu einem geringeren Aufwand führen als die Summe aus einem „konventionellen" Vertragspreis, den Zusatzaufwendungen für ursprünglich nicht hinreichend berücksichtigte Leistungen und den Konfliktkosten des Streites darüber. Grundlegend ist, dass **Kosten, die im Projektverlauf „sowieso" entstehen** und in den klassischen Vertragsmodellen oftmals ausgeblendet werden, von den Parteien einer ausreichenden Klärung der damit verbundenen Risiken und wünschenswerter Weise einem **Budgetansatz** zugeführt werden. So werden Überraschungen und der Streit über die von den Parteien unberücksichtigten Aufwendungen vermieden.

75 **c) Agile Vertragsgestaltung – Organisation fortwährender Verbesserung und Abstimmung.** Externe Einflüsse und Störungen und Defizite zeichnen nicht nur Projekte der Bau- und Immobilienwirtschaft aus. Sie treten ebenso im Verlauf der **Softwareentwicklung** auf – und die Gestaltung der Verträge über die Entwicklung von Software hat sich diesen Herausforderungen in besonderem Maße gestellt und Lösungsansätze in Form **agiler Vertragsmodelle** entwickelt.[61]

76 Ursprünglich war das anfängliche Verständnis der Regelungsbedürfnisse in Verträgen über die Softwareentwicklung dem für Bauverträge durchaus ähnlich: Eine präzise beschriebene Aufgabenstellung sollte die Voraussetzungen dafür schaffen, dass die Anbieter von Softwarelösungen die zur Erfüllung der Aufgabe erforderlichen Leistungen identifizieren, den Aufwand

---

60 Degen, „Der Mehrparteienvertrag – Wie Großprojekte ohne Konflikte termin- und kostentreu realisiert werden können. Der erste Mehrparteienvertrag in Deutschland ist Realität.", abrufbar unter https://www.iww.de/pbp/quellenmaterial/id/214045 (zuletzt abgerufen am 11.3.2024).
61 Jung/Renken/Jung Rn. 184, 185.

dafür ermitteln und einen Preis kalkulieren können.⁶² Die kaskadenartige Abfolge von Definition der Leistung, Definition des Preises und Erbringung der Leistung wird anschaulich als „**Wasserfallmodell**" bezeichnet.⁶³ Diese Form der Vertragsgestaltung wurde für viele Softwareentwicklungen allerdings als unzureichend empfunden.

Als Erstes erschien es im Projektablauf wünschenswert, die für die Erfüllung der oftmals funktional definierten Aufgabe jeweils erforderlichen Arbeitsschritte kontinuierlich zu überprüfen, den jeweils erreichten Leistungsstand differenziert zu ermitteln, mithilfe der hierbei gewonnenen Erkenntnisse zu untersuchen, welche Erkenntnisse sich hieraus für das übergeordnete Leistungsprogramm ergeben, und aufbauend darauf die jeweils nächsten Arbeitsschritte flexibel festzulegen. Unter Verwendung der Fachterminologie ergab sich so eine Interdependenz zwischen Arbeitspaketen (Tasks und Increments), Sprints und den Anforderungen aus dem Leistungsprogramm (Requirements of Product Backlog). Das englische Wort für Gedränge, „**Scrum**" beschreibt dieses Vorgehensmodell des **Lean Management**, umfassende Projekte und Projektziele in kleinteilig überprüfbare und der Flexibilisierung zugängliche Arbeitsschritte zu überführen.

Als Zweites stellte sich heraus, dass die für dieses Vorgehen erforderliche Flexibilität bei der Veränderung der einzelnen Arbeitsschritte und der Zwischenziele die gewünschte kontinuierliche Verbesserung des Projektablaufs nur unter Einbeziehung des Auftraggebers gelingen kann. Dieser muss bereit sein, Veränderungen ursprünglich vorgesehener Arbeitsschritte und Zwischenziele als Ergebnis der gemeinsamen Entwicklung und Gestaltung anzuerkennen. Der Auftraggeber muss darüber hinaus akzeptieren, dass er die jeweils definierten Arbeitspakete während des Sprints nicht durch neue Wünsche verändern darf, um die Fertigstellung und die Möglichkeit der Beurteilung des Erreichten nicht zu gefährden.

Als Drittes ergab sich aus der Neugestaltung der Zusammenarbeit auch eine neue Sicht auf die Vergütung: Sind auftretende Schwierigkeiten oder gar Fehler eine vergütungsfreie Mangelbeseitigung – oder sind sie ausgehend von der Vorstellung eines gemeinsamen Entwicklungsprozesses in der vertraglich jeweils definierten Rolle richtigerweise eine übliche Begleiterscheinung der Softwareentwicklung, und deren Bewältigung ist deswegen gesondert vergütungspflichtig? Verständigen sich die Parteien während der Verhandlung ihres Vertrages auf das zuletzt beschriebene Verständnis, tritt an die Stelle einer Vergütung nach Festpreis die Bezahlung pro Sprint und / oder orientiert an dem jeweils erreichten Teilergebnis.⁶⁴

---

62 S. https://www.heise.de/developer/artikel/Agile-Vertraege-Vertragsgestaltung-bei-agiler-Entwicklung-fuer-Projektverantwortliche-3714427.html (zuletzt abgerufen am 11.3.2024).
63 S. https://www.heise.de/developer/artikel/Agile-Vertraege-Vertragsgestaltung-bei-agiler-Entwicklung-fuer-Projektverantwortliche-3714427.html (zuletzt abgerufen am 11.3.2024).
64 S. https://www.heise.de/developer/artikel/Agile-Vertraege-Vertragsgestaltung-bei-agiler-Entwicklung-fuer-Projektverantwortliche-3714427.html (zuletzt abgerufen am 11.3.2024).

80 Diesen Anforderungen folgend haben sich Modelle agiler Softwareentwicklung und agiler Vertragsgestaltung entwickelt, die das „**agile Manifest**" und einen darin formulierten vierfachen Vorrang konkretisieren:[65]

- Individuen und Interaktionen haben Vorrang vor Prozessen und Werkzeugen.
- Funktionsfähige Produkte haben Vorrang vor ausgedehnter Dokumentation.
- Zusammenarbeit mit dem Kunden hat Vorrang vor der Verhandlung von Vertragsdetails.
- Das Eingehen auf Änderungen hat Vorrang vor strikter Planverfolgung.

81 **2. Mediative Kompetenzen in der Vertragsverhandlung.** Die vorstehend beschriebenen Anforderungen einer konfliktvermeidenden Vertragsgestaltung werden in den herkömmlichen Bauverträgen nicht hinreichend abgebildet.

82 Dabei ist es sowohl für an den bekannten bau- und immobilienrechtlichen Vergaben orientierte Verhandlungen als auch für ganz neue Lösungsansätze von Bedeutung, dass sich die potenziellen Vertragspartner mit der Frage auseinandersetzen, ob die in der Vergangenheit erlebten Konfliktsituationen nicht möglicherweise aus einer Vertragsgestaltung resultieren, die spätere Konflikte provoziert hat, weil die althergebrachten Regelungen der Realität von Bau- und Immobilienprojekten nicht angemessen sind.[66] **Konfliktprävention tritt in den Vordergrund** und wird in der Wirtschaft als zukunftsweisend angesehen.[67]

83 **a) Die Verhandlung klassischer Bau- und Immobilienverträge.** Vielfach werden selbst Vertragsverhandlungen positionsorientiert geführt. Der Auftraggeber sieht zur Absicherung seiner finanziellen und zeitlichen Planungen ein sehr differenziertes Hinweissystem des Auftragnehmers vor, das dieser erfüllen muss, um seinerseits keinen Anspruchsverlust zu erleiden. Der Auftragnehmer wehrt sich gegen diesen Ansatz, selbst wenn er die Zielsetzung des Auftraggebers nachvollziehen kann, weil er sich nicht in der Lage sieht, dieses differenzierte Hinweissystem operativ auch umzusetzen.

84 In einer Situation, in der beide Seiten nur ihre Positionen austauschen, wird der Vertrag entweder an diesem Konflikt scheitern, oder beide Parteien arbeiten an einem Kompromiss zwischen ihren anfänglichen Ausgangspunkten.

85 Die Parteien können die **Vertragsverhandlungen** jedoch auch **interessenorientiert** führen, wenn sie dazu in der Lage sind. Ein Interesse des Auftragnehmers, der sich gegen das vom Auftraggeber geforderte differenzierte Hinweissystem wehrt, kann sein, dass er für dessen Umsetzung und Erfüllung auf seine Nachunternehmer angewiesen ist. Nur wenn diese ihm gegenüber rechtzeitig die erforderlichen Informationen benennen, kann auch er seinerseits den zu übernehmenden Pflichten gegenüber dem Auftraggeber nachkommen – und deswegen ist er darauf angewiesen, dass er

---

65 S. https://scrum-master.de/Scrum-Glossar/Agiles_Manifest (zuletzt abgerufen am 11.3.2024).
66 Eschenbruch/Racky/Leicht Rn. 805 ff.
67 PwC/EUV, S. 86.

nur Pflichten übernimmt, die er in Form von Allgemeinen Geschäftsbedingungen an seine Nachunternehmer weitergeben kann. Der Widerstand des Auftragnehmers entspringt demnach seiner **Verantwortung für die Umsetzbarkeit der vertraglich übernommenen Pflichten**.

Mediative Kompetenzen tragen in vergleichbaren Fällen also dazu bei, die bekannten Lösungsstrategien der Vertragsverhandlungen auf die Interessen der Parteien zu fokussieren und zu überprüfen, inwieweit andere Optionen bestehen, die zur Befriedigung der Interessen beider Seiten vorzugswürdig sind. 86

b) Die Gestaltung kooperationsfördernder Vertragswerke mithilfe mediativer Kompetenzen. Für die interessenorientierte Gestaltung eines Vertrages bietet sich der **Einsatz mediativer Kompetenzen** an. Der Begriff beschreibt ein Bündel von Haltungen, Fähigkeiten, Methoden und Theorien, die zur Prävention, zur Deeskalation, zur Bearbeitung von Konfliktpotenzialen und zur Konfliktlösung eingesetzt werden und bezogen auf die Verhandlung von Bauverträgen dazu beitragen, die als konfliktfördernd erkannten Mechanismen der bisherigen Vertragswerke zu vermeiden und das Projekt in kooperativer Form auszugestalten.[68] Mediative Kompetenzen ermöglichen es den jeweils Handelnden, Ereignisse, Problemstellungen, Situationen und Entwicklungen aus mehreren Perspektiven und orientiert an der Zukunft zu betrachten und zu hinterfragen. Hieraus ergeben sich Ansätze und Fähigkeiten, um die Interessen und Ressourcen der Beteiligten herauszuarbeiten und die Akteure zu befähigen, ihre Ressourcen vertrauensvoll einzusetzen.[69] Sie unterstützen die Handelnden, Konfliktgespräche zu führen, in Teams zu moderieren und fördern so für Führungskräfte ebenso wie für Berater die Arbeit an nachhaltigen Beziehungen. 87

Mediative Kompetenzen sind gekennzeichnet durch aktives Zuhören, die Gesprächsführung insbesondere orientiert am **Harvard Modell** und die Orientierung an den Interessen der Parteien. So unterstützen sie das Verständnis von zwischenmenschlichen Prozessen, die Fähigkeit zur Lösung von Konflikten und die gestaltende Begleitung des Gesprächs und der Situation zu einer für die jeweils Beteiligten insgesamt vorteilhaften Lösung.[70] Grundlegend ist die Annahme, dass die Ermöglichung des Zusammenwirkens unterschiedlicher Beteiligter auf der Basis ihrer jeweiligen Interessen und Bedürfnisse zu einer in besonderem Maße nachhaltigen Gestaltung der Beziehungen führen kann und führen wird.[71] 88

Anlass und Wirkungsweise sind wissenschaftlich belegt. Mediative Kompetenzen führen die Forschungsergebnisse der **Neurobiologie** und der **Therapiewissenschaften** zusammen. Sie nutzen die Ressourcen des Unbewussten, verbinden das emotionale Erfahrungsgedächtnis mit den Funktionen rationalen Denkens, gestalten so komplexe Entscheidungsprozesse[72] und lassen 89

---

68 Jung/Renken/Jung Rn. 520.
69 S. https://www.personalmanagement.info/angebote/ch/training/top-trainer/detail/mediative-kompetenzen/ (zuletzt abgerufen am 11.3.2024).
70 S. https://www.personalmanagement.info/angebote/ch/training/top-trainer/detail/mediative-kompetenzen (zuletzt abgerufen am 11.3.2024).
71 Jung/Renken/Jung Rn. 207.
72 S. https://konfliktkultur.com/ansaetze/mediative-kompetenzen-medcom/ (zuletzt abgerufen am 11.3.2024).

sich durch sechs Kernelemente charakterisieren, nämlich die Integration der Erkenntnisse der Neurobiologie, die Aufmerksamkeit für Sprache, die Verbindung von Kognition, Emotion und Körper, die Gestaltung interessenbasierte Kommunikation, die Ausrichtung auf gelingende Beziehungen und schließlich die Aufmerksamkeitslenkung für Lebensqualität.

90 Dabei ist es denkbar, im Rahmen der Interessenklärung unterschiedliche Stadien der Verhandlung zu berücksichtigen. In der **ersten Phase** kann ein **Wettbewerb der Beteiligten** dazu führen, dass einerseits kein unauskömmlicher Preis zustande kommt und andererseits Effizienz und Wirtschaftlichkeit sichergestellt werden. In **späteren Phasen** soll die Behandlung von für das Projekt **vorhersehbaren Risiken** dazu führen, dass diese sowohl für die Vertragsanbahnung als auch für die Vertragsdurchführung minimiert werden können und in dem verbleibenden Umfang bewusst verteilt werden. So kann die Schaffung von **Budgets für Unwägbarkeiten und typische Risikolagen** dazu beitragen, dass **Sowiesokosten** von Anfang an Berücksichtigung finden und nicht im Nachhinein zu Konflikten führen. Schließlich ist eine **Parallelität der Interessen** auch während der Vertragsrealisierung abzusichern, indem Anreize für Wertschöpfung geschaffen werden, eine Risikopoolbildung betrieben wird und Prämienregelungen getroffen oder sonstige Anreize gesetzt werden.

91 Kann interessenorientiertes Verhandeln bereits bei der Gestaltung der hergebrachten Vertragsmodelle konfliktvermeidend wirken, ist es erst recht von Bedeutung, wenn Regelungsansätze bereits geschlossener Verträge neu zu denken sind.

92 **c) Die Auswahl der Projektbeteiligten.** Die Anforderungen an eine konfliktvermeidende Vertragsgestaltung lassen sich nicht auf die Klauselgestaltung und die interessenorientierte Führung der Vertragsverhandlungen reduzieren. Entscheidend dafür, dass die Ausrichtung der Gestaltung des Vertrages auf die Kooperation und Konfliktprävention Wirkung entfaltet, ist die **Auswahl der Projektpartner**. Erforderlich ist, dass sich diese auch noch nach Vertragsabschluss dem gemeinsamen Projekterfolg verpflichtet fühlen, sich der Tätigkeit im Projekt als **Gestaltungsaufgabe** stellen und bei auftretenden Schwierigkeiten kooperieren, um hieraus für die Beteiligten angemessen und im Sinne des Projekts zukunftsorientierte Lösungen zu finden. Die Auswahl der Vertragspartner bedarf demnach ebenso großer Sorgfalt wie die Entscheidung für die Ausgestaltung des Projektes und der Verträge. Sie kann sich nicht im Sinne von „hard skills" in der Abfrage von Ressourcen, wirtschaftlichen Daten, fachlichen Kompetenzen und Referenzen erschöpfen. Mindestens ebenso entscheidend sind die **Haltung** des möglichen Vertragspartners und dessen Fähigkeiten, Bereitschaft und Willen zur **Kooperation** und **Kollaboration**.

93 Haben die potenziellen Vertragspartner bereits gemeinsam Geschäftsbeziehungen gestaltet und ist diese Zusammenarbeit möglicherweise sogar erfolgreich verlaufen, können sie diese Erfahrungen als Bezugspunkt auch für das künftige, neue Projekt verwenden. Selbst in dieser Konstellation bleibt jedoch ungeklärt, ob der Erfolg der Vergangenheit dem Projekt an sich oder den Kompetenzen und der Haltung der Beteiligten zu verdanken ist. Erst recht stellt sich die Frage nach Kompetenzen und Haltung der Be-

teiligten, wenn aus der Vergangenheit nur wenige gemeinsame Erfahrungen bestehen oder eine erste Zusammenarbeit angedacht wird, und wenn zu entscheiden ist, ob für die Beurteilung dieser Kriterien auf das Unternehmen an sich, die Geschäftsführung oder die für das Projekt vorgesehenen Personen abzustellen ist.

Sollen diese Ungewissheiten im Ergebnis nicht dazu führen, dass sich die Parteien nicht doch wieder „präventiv" für den Abschluss eines klassischen „transaktionalen" Bauvertrages mit dem Fokus auf Rechten und Pflichten im synallagmatischen Verhältnis entscheiden, bedarf es ihrer Zuversicht, dass der potenzielle Vertragspartner das Vertrauen verdient, auf sein Zusammenwirken, auf seine Kooperation und auf sein partnerschaftliches Verhalten am Bau zu setzen. Die Parteien benötigen Anhaltspunkte, mithilfe derer sie sich zur Entscheidung befähigt fühlen, ob sich ihr **Vertrauen** in die andere Seite lohnt und ob es deren Haltung rechtfertigt, den Fokus auf die Kooperation zu richten.

Ein Ansatz ist es daher, die Fähigkeit und die Bereitschaft zu partnerschaftlichem Verhalten am Bau zu zertifizieren, wenn mess- und überprüfbare Kriterien dafür sprechen, dass das jeweilige Unternehmen oder das jeweilige Team partnerschaftliches Verhalten und Kooperation bereits gelebt haben und zu erwarten ist, dass diese Haltung auch in künftigen Projekten gelebt werden wird. Als Kriterien hierfür kommen in Betracht, ob es dem Unternehmen oder dem Team z.B. in zurückliegender Zeit gelungen ist, mit wichtigen Vertragspartnern wiederholt Verträge abzuschließen, ob es in einer Anzahl deutlich unterhalb des Branchendurchschnittes Partei in Gerichtsverfahren gewesen ist und ob es die eigenen Mitarbeiter in Kommunikation, Deeskalation und Konfliktprävention schult. Diese und weitere Kriterien können begründen, dass das **Vertrauen** in die kooperative Haltung dieses Unternehmens oder Teams gerechtfertigt ist und dass die werbend herausgestellte Kooperation auch tatsächlich eingelöst werden wird.

Ein weiterer Ansatz ist es, die Auswahl der Projektpartner durch auf die Kooperation und partnerschaftliche Haltung verpflichtete Assessment-Center zu unterstützen. Wegen des damit verbundenen Aufwandes in zeitlicher und finanzieller Hinsicht beschränkt sich dieser Lösungsansatz bislang auf Projekte, die für die integrierte Projektabwicklung und den Abschluss eines **Mehrparteienvertrages** vorgesehen sind. Hintergrund ist, dass die Teilnahme an einem Projekt der **integrierten Projektabwicklung** in Ergänzung der Fachkompetenz und Leistungsfähigkeit auch besondere persönliche Fähigkeiten der Teammitglieder voraussetzt. Diese sind erforderlich, um eine gute Basis für die Zusammenarbeit zu schaffen, die Bereitschaft und den Willen hierzu zu erhalten und Innovationskraft zu ermöglichen. Deswegen müssen diese Fähigkeiten ein Auswahlkriterium sein und ist es sinnvoll, den **Auswahlprozess** vertrauensbildend zu gestalten, transparente Strukturen und Rollenklarheit der Beteiligten bei der Auswahl zu schaffen und erforderlichenfalls sogar die Bewerber zu unterstützen.[73]

---

[73] Zusammenfassend: Haghsheno/Frantz/Budau/Väth/Schmidt/Hanau, S. 61 f.; Allison/Ashcraft/Cheng/Klawans/Pease, S. 30 ff.; Schlabach, S. 104.

97 Unabhängig von der integrierten Projektabwicklung bietet sich ein projektspezifisches Vorgehen der Auswahl der Vertragsparteien auch überall dort an, wo die vorhandenen Vertragspartner den mit der sorgfältigen Auswahl der Projektbeteiligten verbundenen Aufwand als geringer einschätzen als die Risiken einer fehlerhaften Auswahl.

V. Mediation und mediative Kompetenzen während der Realisierung des Projektes

98 Im Rahmen der Projektbegleitung eröffnen sich insbesondere zwei Anwendungsbereiche für die Mediation: Einerseits können **mediative Kompetenzen** den Projektbeteiligten selbst zu einer **streitvermeidenden, teamorientierten Projektrealisierung** verhelfen. Andererseits kann die Mediation auch für eine **zukunftsgerichtete Fortentwicklung bestehender Projektstrukturen** eingesetzt werden.

99 Bereits während der Projektdurchführung bieten Vertragsunklarheiten, Nachträge, Terminänderungen und Qualitätsabweichungen Anlass für **Zielkonflikte oder Interessenwidersprüche**.[74] Deswegen soll die projektbegleitende Konfliktklärung einerseits Eskalationen vermeiden und andererseits Streitigkeiten bereits bei ihrer Entstehung und Entwicklung begleiten. Dies hat zum ersten den Vorteil, dass die beteiligten Personen auf eigene Erkenntnisquellen zurückgreifen können und nicht auf eine Ex-Post-Betrachtung angewiesen sind.[75] Es bietet zum zweiten den Vorteil, dass im Projektverlauf vieles, was den Konflikt verursacht, noch beeinflussbar ist und demnach selbst vermeintlich harte Faktoren wie Recht, Kosten und Qualität aktiv gestaltet werden können. Zum Dritten werden Know-how-Verluste vermieden, solange die Wissensträger noch in das Projekt eingebunden sind.[76]

100 Angesichts dieser Zielsetzungen ist die Funktion des **Kooperationsmanagers**, vergleichbar eines Trainers oder eines Dirigenten für das Bauprojekt, entstanden. Der Kooperationsmanager trägt die Prozessverantwortung dafür, optimale Rahmenbedingungen für die Projektarbeit zu schaffen. Ihm ist die Aufgabe zugewiesen, bezogen auf einen definierten Personenkreis innerhalb des Bauprojektes die Informationsflüsse zu erfassen und zu steuern, die Teammotivation zu fördern, der Projektkultur Aufmerksamkeit zu schenken und erforderlichenfalls als Coach zu wirken und dazu beizutragen, dass sich die Beteiligten den auftretenden Risiken, Störungen und Konflikten während des Bauablaufs lösungsorientiert stellen.[77]

101 **1. Die Bedeutung mediativer Kompetenzen für den Projekterfolg.** Wie bereits dargestellt sind Bau- und Immobilienverträge **unvollständige Verträge**, die eine **unvollkommene Leistungsbeschreibung** zur Grundlage haben und deshalb über den Projektverlauf wiederholt an veränderliche Projektgege-

---

74 Flucher/Kochendörfer/ua/Minckwitz, S. 122.
75 Oelsner Rn. 32, 34 ff.
76 Jung/Steding BB 2001 Beil. 2, 9 (11).
77 Jung/Renken/Heinzerling Rn. 370; Kardischnig, Mit Werten zu Bau-Werten – Paradigmenwechsel zu mehr Partnerschaftlichkeit beim Bauen – 6. PM Bausymposium Tagungsband 2012.

benheiten angepasst bzw. konkretisiert werden müssen.⁷⁸ Neue, im Rahmen der Vertragsgestaltung nicht vorhergesehene Situationen werden von den getroffenen Regelungen möglicherweise nicht adäquat erfasst.

Deswegen finden sich in einer Vielzahl von Vertragswerken für Bau- und Immobilienprojekte zwischenzeitlich Regelungsvorschläge dafür, wie Konflikte im Verlauf des Projektes vermieden oder in einer Form gestaltet werden können, dass Eskalationen nach Möglichkeit nicht stattfinden. Vorgeschlagen werden regelmäßige Sitzungen der unmittelbar Projektbeteiligten, die frühzeitige Einbindung von Vorgesetzten, um drohende Konflikte zu erkennen und auszuräumen, die Einrichtung interner Gremien, die für die Bearbeitung von Konflikten zuständig sind, oder aber die projektbegleitende Einbeziehung externer Dritter.⁷⁹ Einerseits wird dabei der Fokus auf die Zügigkeit einer Entscheidung gerichtet und deswegen die Adjudikation favorisiert. Andererseits wird ein **gestuftes Konfliktmanagementsystem der Deeskalation und partnerschaftlichen Zusammenarbeit** vorgesehen.

Dennoch wird auch unter der Ägide solcher Regelungen betont, dass die **Adäquanz und Akzeptanz der für die konkrete Situation gefundenen Lösung** entscheidend sind, um das reibungslose Zusammenwirken der Parteien und den weiteren Projekterfolg zu sichern. Erneut bieten sich hierfür **mediative Kompetenzen und Mediation** als Mittel erster Wahl.

a) Mediative Kompetenzen der Projektbeteiligten. Die in der Mediation eingesetzten Methoden und Werkzeuge ermöglichen es, die von den Beteiligten in einer bestimmten Situation eingenommenen Positionen als aus der Vergangenheit verhärtete Lösungsstrategien darauf zu hinterfragen, welche Interessen als situationsspezifisch konkretisierte Bedürfnisse mit der jeweiligen Forderung überhaupt verbunden sind. Sie schaffen Bewusstsein dafür, dass die Beteiligten eines Projektes zwar jeweils projektspezifisch zusammengeführt werden, dass ihr Eintritt in das Projekt aber nicht losgelöst von bisherigen Erfahrungen und gleichsam als unbeschriebenes Blatt erfolgt⁸⁰ und dass im Konfliktfall erkennbares Verhalten eine Wiederholung des in der Vergangenheit als vermeintlich erfolgreich Erlernten sein mag.⁸¹

Diese Überlegungen können genutzt werden, wenn die Parteien bereits ihre Positionen eingenommen und gegeneinander gerichtet haben. Sie können ebenso jedoch auch präventiv eingesetzt werden, bevor der Konflikt überhaupt greifbar erscheint oder sich eine Eskalation abzeichnet.

Mithilfe mediativer Kompetenzen kann es gelingen, die Vergangenheit und die vermeintlichen Muster der Vergangenheit zu thematisieren und zu untersuchen, ob die Annahmen der Parteien für das neue Projekt und den neuen Konflikt tatsächlich zutreffend sind oder ob Misstrauen und Missverständnisse nicht nur auf früheren Annahmen über die dem Verhalten einer Partei zugrunde liegenden Motive resultieren. Der Einsatz mediativer

---

78 Kapellmann/Vygen/Sundermeier/Schlenke Jahrbuch Baurecht, 2012, S. 167 (173).
79 Oelsner Rn. 79 ff.
80 Patera/Gamm, Konfliktkultur, Lehrgang Wirtschaftsmediation und mediative Kompetenzen in Führung und Beratung Teil 1 2015, 45; Schulz von Thun ua, Miteinander Reden, 41.
81 Patera/Gamm, Konfliktkultur, Lehrgang Wirtschaftsmediation und mediative Kompetenzen in Führung und Beratung Teil 1 2015, 25.

Kompetenzen ist dabei nicht notwendig auf die Beteiligung externer Dritter beschränkt. Hilfreich ist es vielmehr, wenn die Akteure innerhalb des jeweiligen Projektes eigenständig in der Lage sind, **mediative Methoden** einzusetzen. Die Überlegung, ob und welche **Einigungshindernisse** bestehen und wie diese Einigungshindernisse auszuräumen sind, können von den unmittelbar Projektbeteiligten in besonderem Maße präventiv eingesetzt werden. Gleiches gilt für die Bereitschaft, im Zusammenwirken mit der anderen Seite nach für beide Seiten adäquaten Lösungen zu suchen. Sensibilität für sich abzeichnende Risiken für den Projekterfolg wie für die Erfordernisse des Projektes kann dazu führen, dass zu einem besonders frühen Zeitpunkt gemeinsame Lösungen erarbeitet werden können. **Kompetenz und Vertrauen statt Haftung, Teamarbeit statt Lagerdenken** und **Projekterfolg statt Einzelerfolg** müssen und können in den Vordergrund treten.[82]

106 Ein solch wünschenswerter, effizienter und präventiver Einsatz von Ressourcen erfordert zum ersten das Wissen um mediative Kompetenzen – und zum zweiten die Bereitschaft zu deren Einsatz. Hieraus folgt die Erforderlichkeit von **Schulungen und Maßnahmen der Personalentwicklung** über mediative Kompetenzen. So lernen die Beteiligten, Mechanismen der Konfliktentstehung zu erkennen, ihren eigenständigen Beitrag zum Projekterfolg zu leisten und mögliche Angebote der anderen Seite zu erkennen, die Auseinandersetzung nicht positionsbezogen, sondern interessengeleitet zu führen. Die **Kommunikations- und Konfliktkompetenzen von Führungskräften** gelten als entscheidend für die Produktivität und die Organisationskultur von Unternehmen wie Projekten.[83]

107 Die Bereitschaft zur eigenständigen Gestaltung von Konflikten und zur Lösungsfindung wird durch die Auseinandersetzung mit den sonst bestehenden Optionen der Konfliktbearbeitung gefördert.

108 Die **rechtlichen Maßstäben verpflichtete Entscheidung** ist insbesondere für die abschließende Regelung eines Klärungsbedürfnisses geeignet. Sie zielt hingegen **nicht** auf die **Kreation neuer Lösungsansätze**, auf die Gestaltung künftiger Beziehungen oder auf die Entwicklung neuer Handlungsoptionen innerhalb einer Vertragsbeziehung.

109 Demgegenüber enthalten Konflikte im Bau- und Immobilienbereich eine **Gestaltungsaufgabe für die Beteiligten**. Ähnlich anderen Bereichen des Wirtschaftslebens, wie beim Zusammenwirken unterschiedlicher Beteiligter in Dienst- und Arbeitsverträgen, im Gesellschafterkreis sowie in Projektteams, sind Konflikte nicht zuerst und ausschließlich unter rechtlichen Maßstäben wahrzunehmen und zu behandeln.[84] Für die künftige Zusammenarbeit wird regelmäßig eine an den Interessen orientierte Konfliktbehandlung zielführender sein. Es stellt einen **Paradigmenwechsel** dar, die **Projekttätigkeit** vor allem als einen **Entwicklungsprozess** (→ B. Rn. 4) anzusehen, in dessen Rahmen es entscheidend ist, auftretende Schwierigkeiten für die Zukunft verbindlich zu organisieren.

---

82 Eschenbruch/Racky/Leicht Rn. 848.
83 PwC/EUV, S. 87.
84 Jung/Steding BB 2001 Beil. 2, 9.

Dialogbereitschaft und Lösungskompetenz setzen insoweit die Überzeugung voraus, dass auch die andere Seite bereit ist, konstruktiv an adäquaten Lösungen für das Projekt zu arbeiten. Entscheidend ist, dass die Beteiligten die aufgetretene Störung zum Anlass nehmen wollen, um eine situativ angemessene, projektverträgliche Lösung zu finden. Diese Annahme setzt **Vertrauen** voraus: 110

- Vertrauen dahin, dass die Konfliktsituation nicht gezielt erzeugt wurde.
- Vertrauen darauf, dass die Konfliktsituation nicht ausgenutzt wird.
- Vertrauen dazu, dass beide Seiten im Respekt vor dem Dialog gemeinsam und auch in künftigen Fällen an einer Lösung arbeiten werden.

Letztlich geht es um **Vertrauen**[85] in die **Haltung** des anderen – und hier gilt es, Lippenbekenntnisse von den verifizierbaren Grundlagen und Annahmen eines kooperativ-konstruktiven Vorgehens zu trennen. Die Parteien müssen sich hinreichend sicher fühlen, dass die Einforderung von Kooperation nicht bloßen Appellcharakter hat, sondern im Geben und Nehmen auch von der jeweils anderen Seite gelebt wird. 111

b) Der projektbegleitende Einsatz eines Mediators. In der aktuellen Realität der Bau- und Immobilienwirtschaft sind noch wenige der Akteure in mediativen Kompetenzen geschult. Selbst diejenigen, die in den Genuss derartiger Personalentwicklungsmaßnahmen gekommen sind, finden es, sobald sie sich selbst als Partei eines Konfliktes erfahren, möglicherweise schwer, diese Kenntnisse situationsadäquat oder in der erforderlichen Allparteilichkeit einzusetzen. 112

Damit bietet sich der **projektbegleitende Einsatz eines Mediators** an. Dazu können die Vertragsparteien bereits im Vertrag projektbegleitende Mediatoren vorsehen. Die Vertragsparteien können sich jedoch auch im Verlaufe der Vertragsdurchführung auf den Einsatz eines Mediators verständigen. Dem dergestalt eingesetzten Mediator kommt zugute, dass das Recht während des Bauvorhabens keine abschließende, befriedigende Lösung bietet. Umgekehrt können viele Aspekte, wie die Baukosten, die Bauzeit und die Bauqualität aktiv beeinflusst werden. Damit haben die Baubeteiligten die Chance, während des Bauverlaufes relevante Entscheidungsfaktoren positiv zu beeinflussen.[86] 113

Der externe Einsatz eines Mediators bietet den weiteren Vorteil, dass der Mediator, selbst nicht Teil des Konfliktes und des Projektes, von den Parteien als neutrale Instanz wahrgenommen wird. In diesem Sinne bietet der externe Mediator ein zusätzliches Argument dafür, weswegen seine Beiträge zur Gestaltung und Steuerung des Verfahrens bei den unmittelbar Projektbeteiligten Gehör finden dürften. 114

Der **Einsatz des externen Mediators** kann entweder **auf Abruf** erfolgen, wenn den Parteien der drohende Konflikt oder der aktuelle Konflikt bewusst geworden sind. Der Einsatz des Mediators kann jedoch ebenso **im Rahmen bestimmter Regeltermine** erfolgen und insoweit sogar präventiv oder deeskalierend wirken. In beiden Fällen ist der Mediator berufen, Eini- 115

---

85 Eschenbruch/Racky/Leicht Rn. 848.
86 Jung/Steding BB 2001 Beil. 2, 9 (13).

116 gungshindernisse zu überwinden und an der Identifizierung von Interessen und der Herausarbeitung von Optionen mitzuwirken.

116 So trägt der Einsatz des Mediators dazu bei, die Haltung der Parteien frühzeitig darauf zu überprüfen, ob und in welchem Umfange Einigungsbereitschaft besteht und welche Aspekte dieser Einigungsbereitschaft möglicherweise im Wege stehen können. Erneut gilt: Kompetenz und Vertrauen statt Haftung, Teamarbeit statt Lagerdenken und Projekterfolg statt Einzelerfolg werden eingefordert.[87]

117 **2. Die Fortschreibung des Vertrages mithilfe der Mediation.** Die Überlegung, ob und in welchem Umfange Verträge die gesamte Zukunft regeln können und ob und in welchem Umfange die bislang in der Bau- und Immobilienwirtschaft eingesetzten Verträge auch in der Lage sind, die Zukunft zu gestalten, ist nicht nur für die Erstverhandlung eines Vertrages relevant. Gerade wenn es im Projektverlauf zu unerwarteten oder von den Regelungen des Vertrages nicht eindeutig erfassten Entwicklungen kommt oder bestimmte vertragliche Regelungen konfliktfördernd scheinen, kann es erforderlich werden, die vertraglichen Regelungen fortzuschreiben und eine für die Zukunft adäquate Lösung zu finden.[88] Dies gilt erst recht, wenn sich das Verständnis des Bauvertrages als relationaler Vertrag durchsetzt, der für die immer bestehenden **Fortschreibungserfordernisse** die **Kooperation der Beteiligten** verlangt.[89]

118 Ob die Parteien nun feststellen, dass sie regelmäßig über die Frage der Vorrangigkeit von Vertragsklauseln streiten – Beispiel hierfür kann die Diskussion darüber sein, wie das Spannungsfeld zwischen Komplettheitsklauseln und Detailvorgaben aufzulösen ist – oder ob die Parteien feststellen, dass eingetretene Störungen des Projektablaufes eine Anpassung der Terminplanung für die Zukunft erfordern – sie werden sich darüber zu verständigen haben, in welcher Form die Weiterentwicklung für beide Seiten akzeptabel ist:

119 Soll ein Dritter die Entscheidung für die Parteien treffen – oder wollen sie zumindest versuchen, gemeinsam eine Lösung zu erarbeiten und dafür eigenständige Maßstäbe der Konfliktbearbeitung zu entwickeln? Soll die **Konfliktbearbeitung** den ursprünglich eingenommenen Positionen und rechtlichen Maßstäben verhaftet sein oder wird sie als **Gestaltungsaufgabe** verstanden, für deren Erfüllung Interessen zu identifizieren und Lösungsoptionen zu erarbeiten sind?

120 Bei der Beantwortung dieser Fragen wird eine Rolle spielen, weswegen die Parteien im Projektverlauf – anders als zu Projektbeginn, als sie trotz aller Unwägbarkeiten und Risiken künftiger Entwicklungen einen Vertrag geschlossen haben – auf die Entscheidung eines Dritten setzen sollten. Immerhin haben sich die anfangs möglichen Unwägbarkeiten und Risiken zwischenzeitlich verringert und konkretisiert. Die erforderliche Einbindung eines Dritten zur Streitentscheidung erscheint daher aus rationaler Sicht nicht fassbar – und verdeutlicht, dass und in welcher Form Einigungshin-

---

87 Eschenbruch/Racky/Leicht Rn. 848.
88 Flucher/Kochendörfer/ua/Minckwitz, S. 137.
89 Kapellmann/Vygen/Sundermeier/Schlenke Jahrbuch Baurecht, 2012, S. 167 (188).

dernisse bestehen dürften, die – wie bereits in → Rn. 46 ff. dargestellt – mithilfe mediativer Kompetenzen oder mithilfe eines Mediators ausgeräumt werden können.

VI. Der Einsatz von Mediation zur Konfliktbehandlung

Für die Bau- und Immobilienwirtschaft lassen sich **Kompensationskonflikte** und **Wertschöpfungskonflikte** unterscheiden.[90] Kompensationskonflikte richten sich im Wesentlichen auf eine Aufteilung umkämpfter Ressourcen. Wertschöpfungskonflikte zielen auf die Gestaltung von Lösungen für die Projektrealisierung, die Entwicklung ökonomischer Potenziale, die Anpassung vertraglicher Vorgaben und die Organisation weiterhin gegebener Abhängigkeiten.

Wertschöpfungskonflikte sind auch nach Fertigstellung des Bauvorhabens möglich. Zwar ist die dynamische Projektphase in der Regel mit der Abnahme abgeschlossen. Sachverhalte können nicht mehr geändert, sondern nur noch aufgeklärt werden. Dennoch können Ungewissheiten über abgeschlossene Themen, die Vermeidung der Entstehung weiterer Kosten, Know-how-Verluste und Perspektiven einer etwa weiterhin erforderlichen Zusammenarbeit handlungsbestimmend für die Beteiligten sein.[91]

Bei den gerichtlich ausgetragenen Auseinandersetzungen im Bau- und Immobilienbereich stehen komplexe Themen von hoher wirtschaftlicher Bedeutung wie der Streit über die Auslegung des Vertrages oder Behinderungen und Bauablaufstörungen im Vordergrund.[92]

Diese Konfliktsituationen in der Bau- und Immobilienwirtschaft eröffnen weitere Einsatzgebiete für die Mediation und mediative Kompetenzen.

1. Nachtragsstreitigkeiten – Forderungsmanagement oder Konsequenz aus unsauberen Vertragsgrundlagen. Nachtragsstreitigkeiten können daraus resultieren, dass beide Seiten die vertraglichen Vorgaben in unterschiedlicher Weise interpretieren. Der Streit kann ebenso dadurch motiviert sein, dass eine Seite zwar die Interpretation der anderen Seite als zutreffend akzeptiert, die damit verbundenen Rechtsfolgen in der konkreten Situation allerdings nicht als angemessen empfindet und deswegen nach Hebeln sucht, um eine Justierung oder Neuverhandlung der vertraglichen Regelungen anzustoßen.[93]

Geprägt sind Streitigkeiten insbesondere von einem unterschiedlichen Verständnis darüber, ob und welche Leistungen von der vertraglich vereinbarten Vergütung bereits abgedeckt sein sollen. Der Auftragnehmer nimmt eine bestimmte, von ihm auszuführende Bauleistung zum Anlass, diese als nicht von den vertraglichen Absprachen abgedeckt anzusehen.

Ein derartiges Vorgehen kommt für den Auftraggeber häufig nicht unerwartet. Es ist vielmehr Bestätigung seiner Erwartung,[94] dass der Auftragnehmer sowieso versuchen wird, den Vertragspreis nachträglich aufzu-

---

90 Sundermeier, Baumediation aus ökonomischer Sicht, Vortrag auf der Herbsttagung des Verbandes der Bau- und Immobilienmediatoren e.V. 2016.
91 Jung/Steding BB 2001 Beil. 2, S. 9 (14 f.).
92 Kapellmann/Vygen/Sundermeier/Schlenke Jahrbuch Baurecht, 2012, S. 167 (176).
93 Kapellmann/Vygen/Sundermeier/Schlenke Jahrbuch Baurecht, 2012, S. 167 (174).
94 Patera & Gamm Konfliktkultur, S. 25.

bessern. Diesem Vorwurf an den Auftragnehmer korreliert dessen umgekehrter Vorwurf an den Auftraggeber, dieser habe es im Rahmen seiner Vertragsgestaltung und der für den Vertrag aufbereiteten Unterlagen und Vertragsanlagen mindestens billigend in Kauf genommen, dass dem Auftragnehmer bestimmte **Lücken und Unvollständigkeiten** verborgen bleiben und er auf diese Art und Weise die kalkulative Erfassung dieser Leistungen unterlässt.

128 Der in beiden Sichtweisen enthaltene Vorwurf an die jeweils andere Seite führt dazu, dass **Nachtragsstreitigkeiten** einen **eskalativen und emotionalen Charakter** aufweisen können (→ B. Rn. 4). Dennoch lohnt eine Auseinandersetzung mit den Ursachen des Streites und dabei insbesondere dem Umstand, dass der jeweilige Vertrag beiden Seiten Ansatzpunkte für die eigene Auffassung und das eigene Verständnis gibt:

129 Wäre der Vertrag eindeutig und würde er nicht unterschiedliche Interpretationen der geschuldeten Leistung ermöglichen, könnten die Parteien nicht streiten. **Streit** kann nur dann entstehen, **wenn beide Seiten Anhaltspunkte und/oder Substanz** für die von ihnen vertretene Argumentation **im Vertrag finden**, weil in den vertraglichen Grundlagen Aussagen enthalten sind, die für unterschiedliche Leistungsprogramme sprechen, und es an einer eindeutigen oder eindeutig interpretierbaren Rangfolgenregelung für diese unterschiedlichen Vorgaben fehlt.

130 Jeder **Bausoll-Streit** erfordert demnach als **objektive Voraussetzungen** einerseits unterschiedliche oder unterschiedlich interpretierbare Bausoll-Vorgaben im Vertrag und andererseits eine Rangfolgenregelung, die die Interpretation der Rangfolgenvorgabe in unterschiedlicher Weise zulässt.

131 Jeder **Bausoll-Streit** ist zusätzlich durch **subjektive Voraussetzungen** gekennzeichnet, nämlich eine unterschiedliche Interpretation des Bausolls aufgrund der vertraglichen Vorgaben und der Rangfolgenregelung im Vertrag, die entweder aus Überzeugung oder vorgeschoben erfolgt.

132 Demnach ist der zwischen den Parteien im Rahmen der Vertragsdurchführung entstehende **Streit** bereits **im ursprünglichen Vertrag angelegt**. Streit der Parteien kann nur entstehen, wenn der Vertrag beiden Seiten Ansatzpunkte für ihre Auffassung gibt. Entweder ist der Vertrag mangelhaft – oder aber es hat sich bezogen auf die konkrete Situation das Risiko jedes Bauvertrages realisiert, dass der Vertrag nicht perfekt formuliert sein kann und deswegen nicht alle potenziellen Störungen für die Zukunft ausschließen kann.

133 Ist bereits dieser Gedanke geeignet, die Eskalationsspirale gegenseitiger Vorwürfe eines von vornherein intendierten **Claim-Managements** der einen wie der anderen Seite zu durchbrechen, kommt hinzu, dass die Ursachen für die Unsauberkeit des Vertrages mannigfaltig sein können. Sie können aus der **Sphäre des Auftraggebers** oder aus der **Sphäre des Auftragnehmers** stammen. Sie können einer oder beiden Vertragsparteien bewusst wie unbewusst gewesen sein. So kann die eine Seite bewusst darauf gesetzt haben, dass die andere Seite das Defizit nicht erkennt. Ebenso können die Anlässe der Diskussion darin bestehen, dass die weitere Planung des Projektes in der Angebotsphase weiterbetrieben wurde und zum Vertragsgegenstand plötzlich Unterlagen erhoben werden, die in ihrer Gesamtheit noch nicht

vollständig überprüft werden konnten, oder dass die Parteien im Rahmen des Verhandelns die Rangfolge der Vertragsunterlagen verändern und dadurch zunächst noch unwichtigere Leistungsvorgaben eine größere Bedeutung erlangen.

Das Bewusstsein hiervon kann dazu beitragen, dass jedenfalls das **Element des Vorwurfs** aus dem Streit herausgehalten werden kann. Die Erkenntnis, durch eigene Aktionen möglicherweise selbst Auslöser des aktuell geführten Streites gewesen zu sein, kann zu einer Sichtweise verhelfen, wonach das Verständnis der jeweils anderen Seite immerhin vorstellbar erscheint und die rechtliche Behandlung des Konfliktes, die typischerweise durch eine Bejahung oder Verneinung des konkreten Nachtrages oder des konkreten Bauzeitanspruchs nach dem „**Alles oder Nichts-Prinzip**"[95] geprägt ist, nicht mehr angemessen erscheint. 134

Recht ist typisierend, formalisierend, konturierend, statisch, unvollständig und instrumentalisierend. Damit **wird es der Mannigfaltigkeit der Lebenswirklichkeit und der Vielfältigkeit von Ursachen, Kausalitäten und Verknüpfungen nicht gerecht.** Die Bejahung oder Verneinung von rechtlichen Anspruchsgrundlagen ermöglicht keine fließenden Übergänge. Dynamik und Veränderungen laufender Prozesse können oftmals nicht deutlich abgebildet werden. Viel angemessener als die Bejahung oder Verneinung eines erhobenen Anspruches kann es daher sein, wenn die Parteien bei der Suche nach einer Verständigung nicht diesem Schema folgen. Sie eröffnen sich so die Möglichkeit, situativ angemessenere Lösungen zu finden, als es die Typisierungen eines noch so fein ziselierten Gesetzes leisten können. 135

Mediation bietet den Parteien die besondere Chance eines anderen Zugangs zu ihrem **Bausoll-Streit**. Dieser muss nicht von vornherein von einer von beiden Seiten angestrebt worden sein. Er kann vielmehr daraus resultieren, dass es beide Parteien bei der Vertragsgestaltung gemeinsam versäumt haben, unmissverständliche Regelungen zu finden. 136

Insoweit ist der Umgang der Mediation mit der in der Bausoll-Diskussion erkennbaren Andersartigkeit der Bewertungen des Sachverhaltes ein anderer als bei Gericht oder in der Adjudikation. 137

Die Parteien verabschieden sich davon, einen Dritten entscheiden zu lassen, welche ihrer unterschiedlichen Sichtweisen „richtig" ist. Der Mediator führt die Parteien vielmehr zu der Frage, warum es ihnen **nicht gelingt, ihre unterschiedlichen Sichtweisen desselben Konfliktes in eine Einigung** zu überführen. Er lädt sie zu einer Überprüfung ihres Konfliktes auf Einigungshindernisse ein, die Ursache dafür sind, dass ihnen eine Verständigung über die unterschiedlichen Lösungsansätze nicht möglich ist. 138

Dabei sind die vorstellbaren **Einigungshindernisse vielfältig:**[96] Bei ihrer Prognose über das mögliche Ergebnis des Konfliktes schätzen beide Seiten die Chancen eines Erfolges höher ein als das Risiko eines Misserfolges. Emotionale Faktoren können unerkannt wichtig sein. Einerseits können die rein rationale Bewertung des Sachverhaltes und ein adäquater Umgang mit den Risiken einer Streitentscheidung durch Dritte von Aspekten über- 139

---

95 Flucher/Kochendörfer ua/Flucher/Kochendörfer/von Minckwitz/Viering, S. 5.
96 Jung/Renken/Jung Rn. 230; Jung/Steding BB 2001 Beil. 2, 9 (10).

Jung

lagert werden, die eben nicht ausschließlich rational zu erfassen sind oder sich nicht in eine mathematische Risikobewertung überführen lassen. Andererseits kommen auch Elemente der Rache oder einer spielerischen Lust am Gewinn in Betracht. Schließlich kann die Bedeutung der Angelegenheit als so grundsätzlich empfunden werden, dass das Votum eines Dritten die beste Lösung zu sein scheint.

140 Diesen Einigungshindernissen kann sich die Mediation annehmen und sie bearbeiten. Den Kampf ums Geld bei Einzelnachträgen kann auch die Mediation gestalten.[97]

141 **2. Claim-Gebirge und Punktesachen.** Der Streit um Nachträge ist oftmals nicht auf eine Forderung begrenzt. Streitigkeiten, die die Parteien der **Bau- und Immobilienwirtschaft** vermeintlich nicht ohne fremde Hilfe lösen können, zeichnen sich vielmehr durch eine **Vielzahl einzelner Themen** aus. Während die Parteien durchaus in der Lage wären, einen Streit über ein konkretes Thema zu bewältigen und zu entscheiden, ob eine Auseinandersetzung unter Beteiligung Dritter lohnt, sehen sie sich hierzu außerstande, wenn eine Vielzahl von Streitigkeiten über die Berechtigung von Nachtragsvergütungsansprüchen, Zeitansprüchen, Minderleistungen und Mangelthemen aufgekommen ist.

142 Ausschlaggebend hierfür kann die bloße Anzahl der zu bearbeitenden Einzelthemen sein. Ebenso relevant ist jedoch oftmals die wirtschaftliche Bedeutung, wenn sich die vielen Einzelthemen auf einen beträchtlichen wirtschaftlichen Wert summieren.

143 Verschärft wird die Situation dadurch, dass Auftraggeber und Auftragnehmer nicht etwa nur uneins darüber sein müssen, ob dem Auftragnehmer weitere Ansprüche zustehen. Nicht selten ist der Auftraggeber vielmehr der Auffassung, dass der Auftragnehmer überzahlt ist, und fordert geleistete Zahlungen zurück. Hierzu kommt es insbesondere dann, wenn die gegenseitigen Ansprüche sich wechselseitig ausschließen, wie etwa bei einem Streit über die Berechtigung einer Kündigung aus wichtigem Grund oder aber bei Verzögerungen des Bauablaufs, die dem Auftragnehmer Anlass geben, Bauzeitforderungen zu verfolgen, während der Auftraggeber Vertragsstrafe und Schadensersatz geltend macht.

144 Gerichte oder Schiedsgerichte müssten sich mit diesen Einzelthemen auseinandersetzen und entweder zügig eine Einigung herbeiführen oder aber klären, ob und in welchem Umfange weitere prozessuale Schritte, wie etwa Beweisaufnahmen, geboten sind.[98]

145 Mediation kann die Parteien bei ihrer Streitbearbeitung auf einem ähnlichen Weg unterstützen: Jeder einzelne Streitpunkt könnte in der Form geklärt werden, dass die Parteien ein gemeinsames Verständnis des sachverhaltlichen Hergangs erreichen und überprüfen, ob und in welchem Umfange sie aufgrund dieser Klärung unterschiedliche Würdigungen in technischer, rechtlicher oder wirtschaftlicher Hinsicht vornehmen. Beide Seiten könnten in derartigen Konstellationen, lässt sich keine Einigkeit herstellen, ihre Erfolgsaussichten und den dafür erforderlichen Aufwand

---

97 Jung/Steding BB 2001 Beil. 2, 9 (10).
98 Jung/Lembcke/Steinbrecher/Sundermeier ZKM 2011, 50 (51).

bewerten und dann zu einer anhand wirtschaftlicher Maßstäbe orientierten Entscheidung gelangen.

Der Mediator wird die Parteien auf diesem Weg jedoch nicht begleiten, ohne geklärt zu haben, ob die Parteien diese Detailerörterungen überhaupt benötigen, um ihren Konflikt zu beenden:

Geht es um das Bedürfnis nach größerer sachverhaltlicher Klarheit? Geht es um das Bedürfnis nach technischer oder rechtlicher Klärung bestimmter Detailaspekte? Was sind die Einigungshindernisse im konkreten Fall, weswegen die Parteien nicht zu einer rationalen Entscheidung des von ihnen bis zu einem bestimmten Detaillierungsgrad aufbereiteten Sachverhaltes gelangen?

Der Mediator wird die Parteien also zu einem besseren Verständnis davon führen, ob die sachverhaltlichen, technischen oder rechtlichen Differenzen tatsächlich Ausdruck eines Klärungsbedürfnisses sind – oder ob die **Unklarheiten und Meinungsverschiedenheiten nur eingesetzt** werden, **um ganz andere Interessen zu befriedigen**. So kann es in der Mediation geschehen, dass die Parteien erkennen, dass sie sich unter Risikoaspekten sogar sehr nahe wären und eine Einigung erzielen könnten. Gerade dadurch wird Ihnen bewusst, dass sie dazu nicht bereit sind, weil bislang nicht formulierte Vorwürfe im Raum stehen: Möglicherweise verdächtigen sie die andere Seite, dass es diese von vornherein auf die jetzige Situation angelegt hat und dass die andere Seite im Falle des eigenen Nachgebens auch noch für die fehlende Fairness belohnt würde. Möglicherweise hat eine von beiden Seiten im Projekt bereits einen Nachteil erlitten und will nicht erneut den Kürzeren ziehen. Möglicherweise sind es auch Aspekte außerhalb des konkreten Projektes, weswegen eine von beiden Seiten sich nicht in der Lage sieht, eine Verständigung zu treffen, die sich an Risikoaspekten orientiert.

Damit sind es gerade die **Möglichkeiten und Methoden der Mediation**, die den Parteien eine Fokussierung weg von der vermeintlich sachlichen Auseinandersetzung hin zu den Hintergründen hinter ihrem Verhalten eröffnen können und ihnen zu der Erkenntnis verhelfen, was erforderlich ist, um eben doch eine Entscheidung zu ermöglichen.

Die Mediation bietet darüber hinaus noch weitere Optionen der Streitbehandlung für Streitigkeiten in der Bau- und Immobilienwirtschaft:

Selbst wenn es den Parteien nicht wichtig ist, bei ihrer Konfliktbearbeitung Interessen und Bedürfnisse zu berücksichtigen, mag ihre fehlende Einigungsfähigkeit daraus resultieren, dass sie vor der Vielzahl der Einzelpunkte kapitulieren und für sich keinen geeigneten Weg finden, um die Themen in einer für sie bearbeitbaren Form zu strukturieren. Hier kann der **Mediator** den Parteien Angebote für eine **Strukturierung und Clusterbildung** der einzelnen Themen eröffnen, damit diese in ihrem Sachzusammenhang abgearbeitet werden können.[99]

Dabei ist es in der Mediation nicht einmal ausgeschlossen, dass die Parteien für die von ihnen identifizierten Fallgruppen unterschiedliche Formen der Konfliktbehandlung wählen. Bei einzelnen Themen werden sie möglicherweise erkennen, dass sie ganz bewusst eine Entscheidung durch einen

---

[99] Jung/Lembcke/Steinbrecher/Sundermeier ZKM 2011, 50 (52).

Dritten wünschen, weil das Thema eine derart grundlegende Frage betrifft, dass eine Klärung dieses Streitpunktes auch übergreifende Bedeutung haben kann. Bei anderen Themen werden sie sich möglicherweise für deren Bewertung im Rahmen einer **Risikoanalyse** entscheiden und auf diesem Wege doch wieder rationale Herangehensweisen versuchen (→ B. Rn. 29).

153 Schließlich können sich die Parteien im Rahmen der Mediation sogar dafür entscheiden, den Weg von Einzelgesprächen jeweils nur einer Seite mit dem Mediator zu wählen. Diese **Einzelgespräche** können im Sinne einer Caucus-Mediation insbesondere drei unterschiedlichen Zielen dienen: Zum ersten können die Parteien in diesem geschützten Raum Aspekte und Überlegungen offenbaren, die sie der anderen Seite nicht mitteilen wollen. Sie eröffnen dem Mediator auf diese Weise die Chance, den eventuell spürbaren Stillstand der Konfliktbeilegung darauf zu überprüfen, inwieweit ihm bislang noch ungenutzte mediative Werkzeuge und Kompetenzen zur Verfügung stehen, um den Entwicklungsprozess zu fördern. Zum zweiten können die Parteien mit dem Mediator eine Verständigung darüber herbeiführen, dass der Mediator ihnen seine Überlegungen zu ihren Erfolgsaussichten vorträgt und ihnen durch die Auseinandersetzung hiermit die Möglichkeit eröffnet, die bisherige Einschätzung ihrer Chancen zu überprüfen (→ B. Rn. 29). Zum dritten können Einzelgespräche auch dann in Betracht kommen, wenn die Terminfindung zusätzlich durch die bei großen räumlichen Distanzen der Konfliktparteien sonst erforderlichen Reisezeiten erschwert wird.[100]

154 Mediation ist damit in der Lage, den Streit der Parteien darauf zu untersuchen, was die tatsächlichen Gründe dafür sind, dass eine Einigung bislang nicht gelungen ist. Der Mediator führt die Parteien zu den Aspekten, die sie für sich als die nächsten wichtigen Klärungsschritte identifizieren. Dabei sind gerade die **Strukturierung, Clusterbildung und Abarbeitung einzelner Themen** in Kombination mit der Überprüfung, welche weiteren Interessen und Bedürfnisse bestehen, geeignet, um Streitthemen aufzulösen, wenn die Parteien erkennen, welche **Einigungshindernisse** bestanden, und nach Auflösung dieser Einigungshindernisse bereit und in der Lage sind, anders aufeinander zu zugehen, als dies zuvor der Fall gewesen ist.

155 Selbst dem Recht sind vergleichbare Überlegungen im Übrigen nicht unbekannt. Bei einer dem Recht verpflichteten Lösung müssen vermeintlich „irrationale" Aspekte nicht unbeachtet bleiben. Auch in rechtlichen Argumentationen finden sich Wertungsdifferenzen und Unwägbarkeiten. Auch im Recht gibt es **atypische Lösungsansätze**, wenn **Mitverschulden, Treu und Glauben** zu berücksichtigen sind oder aber rechtliche Mittel bemüht werden, die nicht für das konkrete Ziel wichtig sind, sondern nur strategisch genutzt werden, um andere Ziele zu erreichen.

156 **3. Machtungleichgewichte bei Konflikten in der Bau- und Immobilienwirtschaft.** Viele der Konflikte in der Bau- und Immobilienwirtschaft sind von finanziellen Themen geprägt. Der Auftragnehmer meint, zusätzliche Vergütung oder zusätzliche Zahlungen beanspruchen zu können. Der Auftraggeber ist der Auffassung, dass der Auftragnehmer nicht die von ihm verlangte

---

100 Flucher/Kochendörfer ua/Riemann, S. 214.

Vergütung verdient hat oder dass Leistungsverweigerungsrechte, Zurückbehaltungsrechte oder Gegenforderungen bestehen. Dieser finanziellen Prägung wegen wird die Eignung der Mediation für die Konflikte in der Bau- und Immobilienwirtschaft hinterfragt: Wie soll Mediation einen Konflikt lösen, der insbesondere durch den **Kampf ums Geld** geprägt ist?[101]

Die Fokussierung auf die finanziellen Aspekte eines Konfliktes lässt zum ersten unberücksichtigt, dass Streit nur möglich ist, wo beide Seiten Nahrung für die eigene Argumentation finden. Er lässt zum zweiten unberücksichtigt, dass beide Seiten ihre Auffassung auf das Bild stützen, das sie sich von der Situation gemacht haben, und dass in diesem Sinne ein besseres Verständnis für die Haltung der anderen Seite dazu führen kann, dass ein **Perspektivwechsel** eintritt oder zumindest eine Nachvollziehbarkeit für die Haltung der anderen Seite entsteht. Die Betonung finanzieller Themen führt zum dritten insbesondere dann in die Irre, wenn hieraus abgeleitet wird, dass derjenige, der Forderungen geltend machen möchte, immer in der schwächeren Position und der anderen Seite unterlegen ist.[102]

In der Tat ist für den Erfolg der Mediation zwar entscheidend, dass eine Verhandlungssituation entsteht, in der beide Seiten auf Augenhöhe miteinander agieren können und die eine Seite nicht bis zum Ende der Mediation in der Rolle der Schutzbedürftigeren verbleibt. Dennoch verleiht die vermeintliche Rolle des Gläubigers nicht unabänderlich eine Position, in der die andere Seite zwingend unterlegen ist.

Hinter dem Kampf ums Geld stehen regelmäßig bestimmte **Interessen**, die weit **über die finanziellen Aspekte hinaus**gehen. Dies gilt bei der Vertragsgestaltung, im Projektverlauf, aber auch nach Fertigstellung des Bauwerkes.[103] Jenseits finanzieller Aspekte zeichnen sich Bauprojekte in der Projektierungsphase, in der Realisierungsphase und selbst noch in der Nutzungsphase durch gegenseitige Abhängigkeiten aus. Deswegen ist die Parteibeziehung nicht auf finanzielle Themen reduziert und in diesem Sinne kann auch der Gläubiger auf den Fordernden angewiesen sein.

Mediation hilft, in derartigen Konstellationen zu klären, ob und in welchem Umfange tatsächlich ein **Machtungleichgewicht** besteht und ob selbst ein bestehendes Machtungleichgewicht einer Einigung zwingend im Wege stehen muss. Insbesondere kann Mediation durch die Thematisierung der chronologischen Perspektive und der gegenseitigen Abhängigkeiten der Parteien im Projektverlauf dazu beitragen, dass ein Bewusstsein dafür entsteht, wann die Parteien möglicherweise doch wieder aufeinander angewiesen sind, und deswegen an einer Lösung für die konkrete Situation arbeiten sollten.

4. Haltung und Zusammenarbeit in Bau- und Immobilienprojekten. Bau- und Immobilienprojekte zeichnen sich durch eine **oftmals lange Dauer** aus. Der Leistungsaustausch ist nicht punktuell. Vielmehr sind die unterschiedlichen Projektbeteiligten darauf angewiesen, für eine gewisse Zeit mitein-

---

101 Jung/Steding BB 2001 Beil. 2, 9 (15).
102 Jung/Steding BB 2001 Beil. 2, 9 (10).
103 Jung/Lauenroth/Wagner ZfIR 2008, 813 (818); Jung/Steding BB 2001 Beil. 2, 9 (15).

ander zusammenzuarbeiten und einen „modus vivendi" zu finden, der den Projektverlauf sicherstellt.

162 **Aufkommende Konflikte** können in einem derartigen Projektverlauf als **Bestätigung früherer Annahmen** über das typischerweise zu erwartende Verhalten der anderen Seite angesehen werden:[104] **Auftraggeberseitig** können jede Behinderungsanzeige oder jede Nachtragsforderung des Auftragnehmers als Bestätigung dafür dienen, dass die andere Seite das Projekt von vornherein für ein Claim-Management nutzen möchte. **Auftragnehmerseitig** kann jede Zurückweisung vorsorglich vorgebrachter Hinweise, dass ein Verhalten des Auftraggebers geeignet sein könnte, zusätzliche Vergütungsansprüche auszulösen oder zu zeitlichen Konsequenzen zu führen, als Beleg dafür angesehen werden, dass der Auftraggeber Kooperation und partnerschaftliche Zusammenarbeit nicht wünscht.

163 Ist auf Seiten der Projektbeteiligten eine derartige Stimmung entstanden, werden die Parteien sich durch jedes weitere Vorgehen der anderen Seite in ihrer ursprünglichen Annahme bestätigt sehen. Die einmal gefasste Ansicht über die jeweils andere Seite wird immer wieder von Neuem bestätigt.

164 Auch hier kann Mediation ansetzen – und geht damit über das hinaus, was die anderen Formen der Konfliktbehandlung leisten können. Streitigkeiten können in der Mediation nicht nur dergestalt behandelt werden, dass der konkrete Streit entschieden wird. Vielmehr können – und dies ist bezogen auf dieses Konfliktbearbeitungsmodell in der Tat einzigartig – die Einzelkonflikte und die Hintergründe der Einzelkonflikte genutzt werden, um den Projektbeteiligten wieder zu einem anderen Verständnis und einer anderen Sichtweise voneinander zu verhelfen.

165 Die Bearbeitung von **Claim-Gebirgen**, die Behandlung vermeintlicher Machtungleichgewichte oder aber die **Überwindung eines Schwarz-Weiß-Denkens** kann über den konkreten Anlass hinaus in ein übergeordnetes Konfliktmodell eingeordnet werden: Der einzelne Konflikt ist deswegen entstanden, weil man sich in der Sache uneinig war. Er nährt jedoch die vorgefassten Annahmen übereinander und Haltungen voneinander, und deswegen ist es wichtig, nicht nur den einzelnen Streit zu bearbeiten, sondern auch die Ursachen dafür zu überwinden.

166 Anders als der Schiedsrichter, Schlichter oder Adjudikator wird der Mediator darauf achten, über die Bearbeitung des Einzelstreites hinaus die Zukunftsfähigkeit und Nachhaltigkeit der geschaffenen Grundlagen abzusichern. Er wird die Parteien immer wieder dazu einladen, die Sachverhaltsermittlung und Datensammlung auch für die Klärung ihrer damit verbundenen Interessen und Bedürfnisse zu nutzen:

167 Was bedeutet eine etwaige Erkenntnis bezogen auf diesen einzelnen Sachverhalt für den Umgang der Parteien im Projekt miteinander? Inwieweit haben bestimmte Annahmen über die dem Verhalten einer Partei zugrunde liegenden Motive in der Vergangenheit dazu beigetragen, dass die Parteien sich immer weniger verstanden haben? Inwieweit können die Erkenntnisse aus der konkreten Auseinandersetzung im Detail genutzt werden, um für das Projekt neue Entwicklungen einzuleiten?

---

104 Patera & Gamm Konfliktkultur, S. 25.

Mit der Ausrichtung der Kommunikation auf die Annahmen, Interessen und Bedürfnisse wird das **Mentale Modell** der Beteiligten zum Gegenstand der Überlegungen und der Lösungsansätze. Mentale Modelle speisen sich aus drei Erfahrungssituationen, nämlich zunächst der **familiären, persönlichen Sozialisation**, dann dem **Ausbildungsweg und der beruflichen Entwicklung** und schließlich der **aktuellen Einbettung in die jeweilige, betriebliche Organisation**. Aus diesen Prägungen, die fortlaufend durch die Erfahrungen und Prägungen im eigenen Leben entwickelt oder fortentwickelt werden können, entsteht ein individuelles Raster der Wahrnehmung, der Verarbeitung und der Interpretation von Informationen und darauf aufbauend individuellen Bewertungen, die ihrerseits Grundlage des Handelns sind. In jedem Menschen entwickelt sich deswegen ein eigenes mentales Modell, mithilfe dessen er sich in den jeweiligen Situationen, seinem sozialen Umfeld und der Umwelt insgesamt bewegt und orientiert.[105] Entsprechend wirkt sich auch die länger andauernde Tätigkeit in der Rolle des Auftraggebers, des Auftragnehmers oder des Kontrolleurs auf die Wahrnehmung eines Sachverhaltes oder die Aktionen anderer Beteiligter in einem Bau- und Immobilienprojekt aus.

Damit schafft das Wechselspiel aus einerseits den rationalen und wirtschaftlichen Erwägungen und andererseits den überlagernden Bedürfnissen und Interessen die Voraussetzung dafür, dass die Parteien ein neues Verständnis voneinander gewinnen, und ein **Perspektivwechsel** möglich wird.

Dementsprechend bietet der konkrete Streit einerseits die Chance, im Projekt eine tragfähige Grundlage für die künftige Zusammenarbeit zu schaffen. Anderseits eröffnet er die Perspektive, vertragliche Regelungen neu zu verhandeln, die den Parteien für Ihren konkreten Umgang situativ angemessener erscheinen als die bisherigen Vertragsklauseln.

Diese Effekte sind nicht zwingend an die nachträgliche Einbindung eines externen Mediators geknüpft. Die **Haltung der Beteiligten im Projekt** kann auch von vornherein und von innen der Kooperation und dem gemeinsamen Projekterfolg verpflichtet werden, wenn die Projektpartner gezielt danach ausgewählt werden, ob und wie sie die Einhaltung dieser Ziele sicherstellen können.

5. Der Umgang mit Einigungshindernissen. Zusammengefasst kann gerade die Konfliktmediation den Parteien auf mehreren Wegen zu einer für sie adäquaten Konfliktbearbeitung verhelfen:

Die Mediation kann die Parteien dazu veranlassen, sich einer nicht nur am Recht und den vermeintlich unbestechlichen Daten orientierten Konfliktbearbeitung zu öffnen, sondern die Identifikation und Klärung der Bedeutung von anfänglichen Annahmen und der für die Parteien mit dem Konflikt verbundenen Interessen und Bedürfnisse als Element für eine Lösungsfindung zu akzeptieren.

Damit sind es gerade die Methoden der Mediation, die die Parteien von der vermeintlich sachlichen Auseinandersetzung auf die Hintergründe hinter ihrem Verhalten verweisen und den Parteien die Chance eröffnen, zu

---

105 Jung/Renken/Wilhelm Rn. 394 ff.

klären, was erforderlich ist, um ihnen eben doch eine Entscheidung zu ermöglichen.

174 Die Mediation eignet sich für die Konfliktbearbeitung allerdings selbst dann, wenn die Parteien sich auf die Fakten und Daten konzentrieren wollen.

175 Die Mediation kann eine Reduzierung der Komplexität dadurch erreichen, dass sie die Streitthemen priorisiert, sie in Gruppen zusammenführt, diese Gruppen anhand außerhalb des konkreten Einzelfalls regelmäßig zu erwartender Bewertungen typisiert, auf dieser Grundlage notwendige Anpassungen des individuellen Einzelfalls anhand der sachverhaltlichen, technischen und rechtlichen Unsicherheiten und Besonderheiten überprüft und die **Transaktionskosten** betrachtet.

176 Die Mediation kann die Bereitschaft der Parteien schaffen, sich einer Risikoanalyse zu stellen und die Erkenntnisse aus dieser **Risikoanalyse** den eigenen Entscheidungen zugrunde zu legen.[106] Nach einer Verständigung über relevante Themen als ersten Schritt, etwa hinsichtlich der Ansprüche, hinsichtlich der Transaktionskosten und hinsichtlich der Rechtsverfolgungskosten, lässt sich deren Bedeutung – und hierbei sowohl der Streitthemen als auch der offenen Themen – für die Konfliktlösung berücksichtigen. Hieran schließt sich die Strukturierung und tatbestandsmerkmalartige Aufbereitung an, so dass Intuition durch rationale Betrachtung ersetzt wird.

177 Sogar in vorrangig finanziell geprägten Konflikten sind „Win-win-Situationen" möglich: Die Einbeziehung weiterer Beteiligter in die Konfliktlösung, Kompensationsmaßnahmen, die Abtretung von Gewährleistungsansprüchen oder die Schaffung terminlicher Sicherheit können ebenso wie verlängerte Gewährleistungszeiten, Risikofreistellungen oder Best-Friend-Konditionen Wertschöpfung in der Konfliktbearbeitung ermöglichen.

178 Schließlich ist Mediation auch das Konfliktbearbeitungswerkzeug, das eine weitgehende **Verfahrensvielfalt** eröffnet (→ B. Rn. 32 ff.):

179 Im Rahmen der Auseinandersetzung über den Streitgegenstand und die von den Parteien verfolgten Ziele und Interessen kann es zu einer Phase kommen, in der bestimmte, gemeinsam definierte Themen mit wieder anderen Konfliktbearbeitungsmethoden weiterverfolgt werden. Hierbei können rechtliche Fragen einem Schiedsgericht zugewiesen werden, gutachterliche Fragen dem Schiedsgutachten und eilbedürftige Themen der Adjudikation. Wieder andere Themen können mediativ weiterbearbeitet werden, um dann die erreichten Einzelergebnisse im Rahmen einer Mediation zu einer von den Parteien getragenen Gesamtlösung zu überführen.

180 Dabei sind die Parteien nicht nur darauf beschränkt, innerhalb der Mediation einzelne Themen mit jeweils unterschiedlichen Konfliktbearbeitungswerkzeugen zu behandeln. Sie können sich ebenso entschließen, den Konflikt insgesamt oder einzelne Teile des Konfliktes mit Mischformen der einzelnen Werkzeuge, sogenannten „**hybriden**" **Verfahren** zu gestalten. In der Bau- und Immobilienwirtschaft sind hierbei von Bedeutung insbesondere die „Evaluative Mediation" bis hin zu Mischformen zwischen Me-

---

106 Jung/Lauenroth/Wagner ZfIR 2008, 813 (818); → B. Rn. 29.

diation und Schlichtung. Grund hierfür ist, dass die methodische Vielfalt der Mediation in Kombination mit den Bewertungsansätzen der anderen Verfahren dem Bedürfnis der Parteien nach einer zügigen Konfliktlösung entgegenkommen soll (→ Einl. Rn. 42 f., → MediationsG § 1 Rn. 11, → MediationsG § 2 Rn. 53, → B. Rn. 32 ff.).

VII. Der Einsatz von Mediation in Arbeitsgemeinschaften

Die Rechtsbeziehungen im Bau- und Immobilienbereich sind nicht nur durch werkvertragliche Beziehungen zwischen Auftraggebern und Auftragnehmern geprägt. Unabhängig davon, ob es um Bau- oder Planungsleistungen geht, findet ein Teil der Leistungserbringung und des Leistungsaustausches auch in **Arbeitsgemeinschaften** statt, in deren Rahmen sich mehrere Unternehmen als Arge-Partner zur Verfolgung einer gemeinsamen Bauaufgabe zusammenschließen.

Einerseits sind die Rechtsbeziehungen dieser Arbeitsgemeinschaften in zwei Richtungen werkvertraglicher Natur, nämlich als Auftragnehmer gegenüber ihrem Auftraggeber und als Auftraggeber gegenüber ihren Subunternehmern.

Andererseits regeln sie ihre **Beziehungen innerhalb der Arbeitsgemeinschaft in gesellschaftsrechtlicher Form** – und hier bedarf es neben weiteren Regelungsbedürfnissen insbesondere Regelungen über die Zuweisung von Haftung und Verantwortung sowie über die Beteiligung am wirtschaftlichen Ergebnis der jeweiligen Gesellschaft.

Innerhalb der Arbeitsgemeinschaften stellen sich ähnliche Aufgaben wie in den Beziehungen der Arbeitsgemeinschaften zu ihren Auftraggebern und Auftragnehmern. Ebenso, wie es im Verhältnis gegenüber Auftraggebern und Auftragnehmern Abweichungen zwischen den Vorgaben für die Bauausführung und der tatsächlichen Realisierung geben kann, die die Qualität der Leistung, den Leistungszeitpunkt und die damit verbundenen Kosten betreffen, müssen diese Entwicklungen und Veränderungen auch innerhalb von Arbeitsgemeinschaften aufgefangen werden.

In der Wirklichkeit der Bau- und Immobilienwirtschaft ist hierbei zunächst bemerkenswert, dass **Rechtsstreitigkeiten zwischen Gesellschaftern von Arbeitsgemeinschaften** nur äußerst selten gerichtlich ausgetragen werden und selbst die Durchführung von Schiedsgerichten in der Rechtsberatung eine seltene Erscheinung ist. Obwohl Arbeitsgemeinschaften wie auch andere Beteiligte in der Bau- und Immobilienwirtschaft den Konditionen dieser Branche ausgesetzt sind, sehen sie im Innenverhältnis nur in seltenen Fällen Diskussionsbedarf von einer solchen Qualität, dass sie ihn nur unter Einbindung externer Dritter für auflösbar halten.

Bereits diese Feststellung kann eine Untersuchung lohnenswert erscheinen lassen, ob die **gesellschaftsrechtliche Organisation von Bauprojekten** dazu beitragen kann, eine effiziente, streitvermeidende und kostensenkende Durchführung von Baumaßnahmen zu ermöglichen.

Grundlegend hierfür könnte die **Überlagerung von bau- und immobilienwirtschaftlichen Themensetzungen durch die gesellschaftsrechtliche Komponente** sein, wodurch der auf eine gewisse Dauer angelegte Bau- und Planungsvertrag durch die ebenso auf eine gewisse Dauer angelegte Organisationsform der Gesellschaft unterstützt und verstärkt wird: Die Mitglieder einer Arbeitsgemeinschaft finden sich als Angehörige einer Organisation, die die Auseinandersetzung mit dem jeweils anderen Vertragspartner zu suchen hätte, wenn nicht eine Klärung der diskussionsbedürftigen Fragen vor einer weitergehenden Eskalation gelingt.

188 Ausgehend hiervon scheinen bereits die strukturellen Besonderheiten dieser Art, Bau- und Immobilienprojekte zu organisieren, dazu zu führen, dass eine Vielzahl von Streitigkeiten vermieden werden können.

189 Unabhängig davon bietet jedoch gerade die dargestellte **Schnittstelle zwischen zwei auf eine gute Zusammenarbeit angelegten Rechtsgebieten** die Möglichkeit, interessenorientierte Ansätze der Konfliktbearbeitung in den Vordergrund zu rücken und sich dabei bewusst zu sein, dass mediative Kompetenzen und Mediation geeignet sind, um losgelöst von ausschließlich rechtlichen Überlegungen den Konflikt als Entwicklungschance entweder für Veränderungen der Organisation und der Vertragsbeziehungen oder für eine Neugestaltung der künftigen Zusammenarbeit anzusehen.

190 In diesem Sinne kann die **gesellschaftsrechtliche Organisation von Arbeitsprozessen** bereits als **Mittel der Konfliktprävention** eingesetzt werden und während der Projektdurchführung Konflikte durch eine weitreichende **Parallelität der Interessen** vermeiden helfen. Darüber hinaus eröffnet sie jedoch auch der Mediation und den mediativen Kompetenzen ein Anwendungsfeld, wenn die Arge-Partner nicht eigenständig eine Lösung für ihre Auseinandersetzung finden.

VIII. Ausblick

191 **Mediative Kompetenzen** und Mediation bieten sich in der Bau- und der Immobilienwirtschaft als **Mittel der Konfliktprävention, der Projektbegleitung und der Konfliktbehandlung** an. Beide Branchen werden sich mehr und mehr für diese interessenorientierte Konfliktlösungsmethode öffnen, wenn ihnen deren Leistungsvermögen bewusster wird.

192 Dabei kann diese Entwicklung noch dadurch unterstützt werden, dass die vertragliche Gestaltung der Rechtsbeziehungen als besonderer Auslöser der Konflikte in der Bau- und Immobilienwirtschaft berücksichtigt wird und Ansätze geschaffen werden, um die vertraglichen Regelungen nicht nur situativ im Konfliktfall auf für beide Seiten akzeptable Lösungen zu untersuchen, sondern bereits im Vorfeld zu überprüfen, inwieweit eine **der Lebenswirklichkeit** dieser Branchen stärker **entsprechende Vertragsgestaltung** von vornherein konfliktvermeidend wirken kann.

193 Wenn die daraus resultierenden Anforderungen an die künftige Gestaltung der Beziehungen in der Bau- und Immobilienwirtschaft auch komplex und hoch zu sein scheinen, geschieht dabei doch nichts anderes, als abzusichern, dass wirtschaftlich relevante Aspekte bereits von Anfang an berücksichtigt werden. Auf diesem Wege kann vermieden werden, dass anfangs nicht ausreichend gewürdigte **Risiken** im Nachhinein zwischen den Beteiligten aufgeteilt werden müssen, **ohne** dass dafür **Budgetansätze** vorhanden sind **oder finanzielle Ressourcen** bestehen.

G. Intellectual Property und Mediation

Literatur:

Brose, Das Güteverfahren in Patentstreitsachen, GRUR 2016, 146; *Budge/Wang*, Introduction To Arbitration And Mediation Procedures Of The PRC. Les Nouvelles, Journal of the Licensing Executives Society International, Vol. XLII, No.1, March 2007, 328; *Carl*, Vom richterlichen Mediator zum Güterichter, ZKM 2012, 16; *Chrocziel/von Samson-Himmelstjerna*, Mediation im Gewerblichen Rechtsschutz, in: Haft/v. Schlieffen (Hrsg.), Handbuch Mediation, 3. Aufl. 2016, S. 899; *de Castro/Schallnau/Blaya*, Technology Transactions: Managing Risks Arising from Disputes. WIPO Magazine, September 2011; *de Castro/Theurich*, WIPO Arbitration and Mediation Center. World Arbitration Reporter, JurisNet LLC, Prof. Loukas Mistelis and Laurence Shore (eds.), Second Edition, 2010, Vol. 3, Chapter 10; *de Castro/Theurich*, Efficient Alternative Dispute Resolution (ADR) for Intellectual Property Disputes. Handbook of European Intellectual Property Management, Kogan Page, 2009, 479; *Drouault-Gardrat/Barbier*, Mediation in France. Les Nouvelles, Journal of the Licensing Executives Society International, Vol. XLII, No. 1, March 2007, 335; *French*, Mediation And Arbitration in England. Les Nouvelles, Journal of the Licensing Executives Society International, Vol. XLII, No. 1, March 2007, 333; *Fritz/Pielsticker*, Mediationsgesetz, 3. Aufl.2024; *Goldberg/Sandler/Rogers/Cole*, Dispute resolution: negotiation, mediation, arbitration, and other processes, sixth edition 2012; *Goldstein/Shea*, Scientific Collaborations and Inventorship Disputes. IP Litigator, November/December 2006, pp. 18–22; *Groß*, Der Lizenzvertrag, 12. Aufl. 2020; *Groß*, Handbuch Technologietransfer, 2010; *Groß*, WIPO-Conference on Dispute in International Science and Technology Collaboration, Journal of International Dispute Resolution, No. 3, 2005, p. 139; *Groß*, Intellectual Property Rights and Mediation – A New Challenge or „Nice to Have"? Journal of International Dispute Resolution, No. 4, 2005, p. 147; *Groß*, Konfliktlösung mit Verstand, Mediation – Experten helfen, WIRTSCHAFT, Das IHK-Magazin für München und Oberbayern, 10/2006, 8 (Interview von Dr. Michael Groß durch Reinhard Müller); *Groß*, MEDIATION, Streiten – mal anders, WIRTSCHAFT, Das IHK Magazin für München und Oberbayern, 06/2004, 50 (Interview von Dr. Michael Groß durch Nilda Höhlein); *Groß*, Tagungsbericht: WIPO-Conference on Dispute Resolution in International Science and Technology Collaboration, (Genf, 25./26.4.2005), IDR 3/2005, 139; *Groß*, IP-/IT-Mediation, 3. Aufl. 2018; *Groß/Strunk*, Lizenzgebühren, 5. Aufl. 2021; Mediation – Zum Glück gezwungen, Wirtschaft – Das IHK-Magazin für München und Oberbayern – 06/2015 (Interview von Dr. Michael Groß durch Dr. Gabriele Lüke); *Groß*, Der Mediatorvertrag, HMV 109, 2. Aufl. 2016; *Hallscheidt*, Sicherung von Property Rights bei komplexer Leistungserstellung, 2005; ; *Hoffmann*, Alternative dispute resolution dot com – Neue Fakten zu den Schieds- und Schlichtungsverfahren bei Domainkonflikten als Alternative zur gerichtlichen Streitbeilegung, Mitt. 2002, 261; *Isaac*, Mediation for Intellectual Property Disputes, IPLIN Intern – Faculty of Law, University of Windsor, August 12, 2008; *Japan Intellectual Property Association*, Study of Japanese Perspective on IP/ADR (Mediation and Arbitration), Intellectual Property Management, Vol. 53, No. 6, 2003, 913; *Joppich*, Alternative Dispute Resolution under WIPO Rules for TV Format Protection Right Issues. The original article was published in German with the title „Fernsehformatstreitigkeiten und alternative Streitbeilegung", GRUR-Prax 2010, 213; *Kaden*, Mehr als gewinnen – Mit Wirtschaftsmediation Kosten sparen und Mehrwert erzielen, Mitt. 2008, 23; *Konishi*, Mediation/Arbitration Under Japanese Law. Les Nouvelles, Journal of the Licensing Executives Society International, Vol. XLII, No. 1, March 2007, 337; *Kortian*, Mediation And Arbitration Of Intellectual Property Disputes in Australia. Les Nouvelles, Journal of the Licensing Executives Society International, Vol. XLII, No. 1, March 2007, 315; *Lee/Villarreal*, Keep a Lid on Costs in IP Disputes. Texas Lawyer, January 26, 2009; *Mannhart*, Mediation im System der außergerichtlichen Streitbeilegung, dargestellt anhand von Patentstreitigkeiten, 2004; *Ponschab/Kracht*, Die Kosten der Mediation, in: Haft/v. Schlieffen (Hrsg.), Handbuch Mediation, 3. Aufl. 2016, S. 1275; *Reinders*, Vergleich von institutionellen ADR-Regeln im Hinblick auf gewerbliche Schutzrechte, 2010; *Schallnau*, Alternative Dispute Resolution in Research & Development collaborations – the WIPO Arbitration and Mediation Center, IPR Helpdesk Bulletin No. 41, January–March 2009; *Schallnau*, Efficient Dispute Resolution – Multiple Parties and Contracts in R&D and Related Commercial Transactions, IPR Helpdesk Bulletin No. 5, April–June 2012; *Schallnau*,

Efficient Resolution of Disputes in Research & Development Collaborations and Related Commercial Agreements, IPR Helpdesk Bulletin No. 4, January–March 2012; *Schallnau*, Mediation in Research & Development Projects – the WIPO Arbitration and Mediation Center, IPR Helpdesk Bulletin No. 42, June 2009; *Schallnau/Feldges*, WIPO Mediation und Schiedsgerichtsbarkeit für den Grünen Bereich, GRUR Int. 2017, 21; *Stürmann*, Mediation und Gemeinschaftsmarken – Mehr Trend oder mehr Wert? – Teil 2, MarkenR 2012, 191; *Volpert*, Mediation – eine Alternative zum streitigen Verfahren auch im Gewerblichen Rechtsschutz?, Seminararbeit zur Erlangung des Zertifikats Wirtschaftsmediator (IHK), 2007; *Wichard*, WIPO Arbitration and Mediation Center, Course on Dispute Settlement in International Trade, Investment, and Intellectual Property (UNCTAD), 2003; *WIPO Arbitration and Mediation Center*, Dispute Resolution for the 21st Century, WIPO Publ. No. 779, 2003; *WIPO Arbitration and Mediation Center*, Why Mediate/Arbitrate Intellectual Property Disputes, Les Nouvelles, Journal of the Licensing Executives Society International, Vol. XLII, No. 1, March 2007, 301; *WIPO Arbitration and Mediation Center*, World Intellectual Property Organization, 1992–2007. Part III, 93, WIPO Publ. No. 1007, 2007; *WIPO Arbitration and Mediation Center*, Update on the WIPO Arbitration and Mediation Center's Experience in the Resolution of Intellectual Property Disputes, Les Nouvelles, Journal of the Licensing Executives Society International, March 2009, 49; *WIPO Arbitration and Mediation Center*, Intellectual Property Dispute Resolution: WIPO Arbitration and Mediation Center's Experiences, Japanese National Group, A.I.P.P.I, Vol. 54 No. 6, June 2009, pp. 2; *WIPO Arbitration and Mediation Center*, WIPO ADR Highlights 2023, January 18, 2024.

I. Einleitung 1	III. Praxisfälle 11
II. Regelungen des deutschen Gesetzgebers 4	IV. Klauseln aus der Vertragspraxis 20

I. Einleitung

1 In einem 2005 verfassten Editorial beschrieb der Verfasser die Vor- und Nachteile von Schiedsverfahren, staatlichen Gerichtsverfahren und der Mediation.[1] Außerdem wurde in diesem Editorial über eine Konferenz der WIPO am 25./26.4.2005 in Genf berichtet. Die dortigen Referenten (ca. 40 inkl. Verfasser) erklärten im Wesentlichen, dass in etlichen Unternehmen – auch aus Europa (zB Akzo Nobel, PSA Peugeot Citroen, Serono, Solvay Pharmaceuticals) – Vorstandsbeschlüsse bzgl. **IP-/IT-Streitigkeiten** Folgendes beinhalten:

- Wenn Verhandlungen zwischen (Vertrags-)Parteien gescheitert sind, wird vorzugsweise die Mediation vor Schiedsgerichts- und staatlichen Gerichtsverfahren als Konfliktbeilegungsmethode eingesetzt.
- Es werden von diesen Firmen nur die Anwaltskanzleien beauftragt, die in allen Arten der Konfliktbeilegung (zB Verhandeln, staatliche Gerichtsverfahren, Schiedsverfahren, Mediation, Schiedsgutachten) beraten können, und zwar bei der Erfassung des relevanten Sachverhalts und der damit zusammenhängenden Rechtsfragen, bei der Auswahl des „richtigen" Konfliktbeilegungsverfahrens, bei der Auswahl des „richtigen" Dritten (zB Schiedsrichter, technischer/rechtlicher Berater, Mediator), der das Konfliktbeilegungsverfahren durchführt, und auch

---

[1] Intellectual Property Rights and Mediation – A new challenge or „Nice to have?", IDR, No. 4, 2005, p. 141; s. a. IDR, No. 3, 2005, p. 139.

bei der Auswahl des „richtigen" Beraters, der eine Partei während des Konfliktbeilegungsverfahrens betreut.

Bereits in den Jahren vor und zunehmend nach dieser Veranstaltung, aber erst recht in den letzten Jahren hat sich dieser Trend verstärkt. In der Industrie, und zwar nicht nur bei DAX-Unternehmen, sondern auch immer mehr bei kleinen und mittleren Unternehmen (KMU), lässt sich erkennen, dass ein stark steigender Bedarf für zeit- und kostensparende Konfliktvermeidung und -lösung besteht. Es ist erkennbar, dass sich nicht nur, aber gerade auch bei IP- und IT-Streitigkeiten dieser Trend verstärkt hat. Dies liegt unter anderem an folgenden Faktoren:

- Der Wettbewerbsdruck steigt generell. Immer mehr Firmen müssen sich weltweit die gleichen Märkte teilen. Die Margen werden folglich immer kleiner.
- Es werden von den Firmen zur besseren Marktpositionierung immer häufiger auch IP-Portfolios (zB Marken- oder Patentportfolios) aufgebaut und mit erheblichem personellem und finanziellem Einsatz durchgesetzt und verteidigt.
- Der Markt verlangt immer komplexere Produkte und die Vielfalt der Ausgestaltung der einzelnen Produktvarianten wird immer größer.
- Die Produktzyklen werden immer kürzer.
- Diese Produkte können immer öfter nicht mehr von einem einzigen Unternehmen angeboten werden. Dies liegt auch daran, dass immer weniger Firmen allein über das notwendige Know-how, dh über entsprechend qualifiziertes Personal gerade auch im Forschungs- und Entwicklungsbereich und in der Produktion, verfügen und auch häufig aus finanziellen Gründen überfordert sind, das Know-how, das Personal und die entsprechenden Maschinen alleine vorzuhalten. Es sind daher immer mehr Kooperationen mit anderen Firmen und/oder Forschungseinrichtungen notwendig.
- Es gibt häufiger Streitigkeiten zwischen den Firmen.
- Die Etats der Firmen sinken bzw. werden nicht erhöht, obwohl die Anzahl der Streitigkeiten steigt.

Angesichts dieser nur beispielhaft aufgezählten Faktoren müssen zwangsläufig auch die Streitigkeiten schnell und kostengünstig bearbeitet oder – besser noch – vermieden werden. Aufgrund der aufgezeigten Gründe ist jedoch eher das Gegenteil der Fall. Diese Situation führte zu einem zunehmenden Interesse der Unternehmen an der Differenzierung bei der Auswahl und Umsetzung des geeigneten „Instruments" (Verfahrens) bei der Konfliktvermeidung und -beilegung oder sogar – zumindest bei größeren Firmen – zur Implementierung von Konfliktmanagementsystemen. Unterstützt wird dies durch geeignete digitale Hilfsmittel wie zB DiReCT (Dispute Resolution Comparison Tool) des RTMKM. Auch beim WIPO Arbitration and Mediation Center gibt es sprunghaft steigende Fallzahlen. In 2023 gab es im Vergleich zu 2022 679 Mediation, Arbitration and Expert Determination Cases. Dies ist eine Steigerung von 24% im Vergleich zu 2022 und von 280% in den letzten 5 Jahren.[2] Diese erfreuliche

---

[2] S. hierzu zB www.RTMKM.de (zuletzt abgerufen am 21.5.2024) mwN, WIPO Arbitration and Mediation Center WIPO ADR Highlights 2023, January 18, 2024, ab-

Entwicklung wird in den nächsten Jahren auch sukzessiv bei kleineren und mittleren Unternehmen (KMU) vermehrt eintreten.

II. Regelungen des deutschen Gesetzgebers

4 Der Referentenentwurf des Bundesministeriums der Justiz vom 4.8.2010 enthielt in Art. 11 des Entwurfs des MediationsG in Ergänzung des § 99 Abs. 1 PatG den Satz: „Das Patentgericht kann den Parteien entsprechend § 278a der Zivilprozessordnung eine außergerichtliche Konfliktbeilegung oder eine richterliche Mediation vorschlagen."[3] Die Begründung dieses Referentenentwurfs zu Art. 11 MediationsG lautete: „Durch die Änderung werden die Mediation und andere Verfahren der außergerichtlichen Konfliktbeilegung sowie die richterliche Mediation auch in den dafür geeigneten Verfahren des Bundespatentgerichts ausdrücklich ermöglicht. Ob und gegebenenfalls in welchem Umfang das Bundespatentgericht Mediation einsetzen kann, wird von den Besonderheiten der verschiedenen Verfahren bestimmt."

5 Der Referentenentwurf sah in Art. 12 des Entwurfs des MediationsG einen im Vergleich zu dem gerade genannten neuen Satz in § 99 Abs. 1 PatG identischen neuen zusätzlichen S. 2 des § 82 Abs. 1 S. 1 MarkenG vor. Die Begründung des Referentenentwurfs zu Art. 12 MediationsG entspricht fast wörtlich der Begründung des Referentenentwurfs zu Art. 11 MediationsG:[4] „Die Änderung ermöglicht die Mediation und andere Verfahren der außergerichtlichen Konfliktbeilegung sowie die richterliche Mediation auch in den markenrechtlichen Verfahren vor dem Bundespatentgericht."

6 Der Gesetzentwurf der Bundesregierung vom 4.2.2011 entsprach den vorgenannten Regelungen des Referentenentwurfs vom 4.8.2010 nahezu inhaltsgleich: Aus Art. 11 wurde Art. 10 und aus Art. 12 wurde Art. 11 MediationsG.[5] Aus der „**richterlichen**" wurde jeweils im Gesetzestext und in der Begründung die „**gerichtsinterne**" Mediation als notwendige Konsequenz der entsprechenden Änderung des Art. 1 § 1 Abs. 1 Nr. 3 MediationsG.

7 Der deutsche Gesetzgeber hatte noch in seinem Gesetzentwurf vom 1.4.2011 die vorgenannten Änderungen übernommen bzw. beibehalten.[6]

8 Aufgrund der Beschlussempfehlung und des Berichts des Rechtsausschusses (6. Ausschuss) vom 1.12.2011[7] wurden dann (für viele Interessierte etwas überraschend) aufgrund der Streichung der „**gerichtsinternen**" Mediation und der dafür vorgeschlagenen Überführung der **gerichtsinternen Mediation** in ein erheblich erweitertes Institut des Güterichters und der Ausdehnung dieses Instituts auch auf die Verfahrensordnungen der Arbeits-, Sozial-, Verwaltungs-, Patent-, Marken- sowie Finanzgerichte die bisher vorgeschlagenen Art. 10 und 11 ersatzlos gestrichen und als Begründung ausge-

---

rufbar unter https://www.wipo.int/amc/en/news/ (zuletzt abgerufen am 21.5.2024) sowie → ZPO § 278 Rn. 1 ff., → ZPO § 278a Rn. 1 ff.
3 RefE BMJ v. 4.8.2010, 10.
4 RefE BMJ v. 4.8.2010, 31.
5 BT-Drs. 60/11, 11, 39 f.
6 BT-Drs. 17/5335, 9, 25 f.
7 BT-Drs. 17/8058, 15.

führt: „Von einer zunächst erwogenen Einführung von Gebühren für die gerichtsinterne Mediation hat der Rechtsausschuss wieder Abstand genommen, da hiermit ein nicht unerheblicher bürokratischer Aufwand für die Gebührenerhebung verbunden gewesen wäre und die Förderung der nicht-richterlichen Mediation nur in unzureichendem Umfang zu erwarten gewesen wäre. Deshalb schlägt der Rechtsausschuss vor, die bisher praktizierten unterschiedlichen Modelle der gerichtsinternen Mediation in ein erheblich erweitertes Institut des Güterichters zu überführen und dieses Institut auch auf die Verfahrensordnungen der Arbeits-, Sozial-, Verwaltungs-, Patent-, Marken- und Finanzgerichte auszudehnen. Mit dieser Regelung werden die Möglichkeiten für die Entwicklung der außergerichtlichen Mediation und anderer Formen der außergerichtlichen Konfliktbeilegung erweitert."[8] Es wurde also mit einem bürokratischen Aufwand für die Gebührenerhebung und einer unzureichenden Förderung der nicht-richterlichen Mediation argumentiert, wobei offenbleibt, ob diese beiden Gründe unabhängig voneinander oder kumulativ gelten sollen. Der letzte Satz der zitierten Begründung spricht für eine Kumulation.

Die Streichung der geplanten Art. 10 – Änderung des Patentgesetzes – und Art. 11 – Änderung des Markengesetzes – wurde wie folgt begründet: „Der Aufnahme einer Verweisung im Patentgesetz und im Markengesetz auf die neuen Regelungen gemäß § 278 Abs. 5 und § 278a der Zivilprozessordnung in die generell verweisende Norm des § 99 Abs. 1 des Patentgesetzes bzw. § 82 Abs. 1 des Markengesetzes bedarf es nicht. Im Verfahren vor dem Patentgericht sind die Vorschriften der Zivilprozessordnung gemäß § 99 Abs. 1 des Patentgesetzes bzw. § 82 Abs. 1 des Markengesetzes ohnehin immer anwendbar, soweit die Besonderheiten des patentgerichtlichen Verfahrens dies nicht ausschließen. Dass diese Besonderheiten der Anwendung von Vorschriften über den Güterichter und über die Möglichkeiten außergerichtlicher Konfliktbeilegung entgegenstehen könnten, ist nicht ersichtlich. Das Verfahren vor dem **Patentgericht** wird überwiegend, ähnlich dem Verfahren vor den Zivilgerichten, als Verfahren zwischen zwei Parteien geführt. Es ist daher offen für Institute der gütlichen Konfliktbeilegung vor dem **Güterichter** oder in außergerichtlicher Weise. Auch wird für das patentgerichtliche Verfahren – anders als beim Verwaltungsgerichtsverfahren – in Wissenschaft und Lehre nicht in Zweifel gezogen, dass in diesem Verfahren eine alternative Konfliktbewältigung möglich ist." Dieser Einschätzung ist auch aus praktischer Sicht zuzustimmen. Berücksichtigt man zudem, dass der Güterichter einen erheblich größeren Spielraum bei der Ausgestaltung des Güteverfahrens hat als der ursprünglich vorgesehene Richtermediator[9] so ist dies gerade auch für Patent- und Markenstreitigkeiten zu begrüßen. Die Praxis zeigt, dass inzwischen nicht nur eine Akzeptanz der Güterichterverfahren in diesem Spezialbereich, sondern auch eine sehr hohe Vergleichsquote besteht. So führten beispielsweise von 19 Patent-, Marken- und Arbeitnehmererfindervergütungsstreitigkeiten, die im März 2016 beim Landgericht München anhängig waren, 16 Güterichter-

---

[8] BT-Drs. 17/8058, 17.
[9] Carl ZKM 2012, 16 (20); s. a. Brose GRUR 2016, 146 zu Güteverfahren in Patentstreitsachen.

verfahren zu einvernehmlichen Regelungen, spätestens beim Streitrichter nach erfolgten Güterichterverhandlungen. In drei Verfahren gab es eine Co-Mediation. In diesen Fällen arbeiteten die Güterichter des LG München I mit einem Güterichter des Bundespatentgerichts, München, zusammen.[10]

10 Unabhängig von der Güterichterthematik ist dem Gesetzgeber beizupflichten, wenn er davon ausgeht, dass § 99 Abs. 1 PatG und § 82 Abs. 1 MarkenG anwendbar sind, soweit die Besonderheiten dieser Verfahren die Anwendung der Zivilprozessordnung nicht ausschließen. Dies ergibt sich schon aus dem Wortlaut der beiden spezialgesetzlichen Vorschriften.

III. Praxisfälle

11 In der Praxis finden sich immer häufiger Fälle, die folgende Bereiche bzw. Streitigkeiten betreffen:
- Verletzungs-, Nichtigkeits-, Löschungsverfahren bei Schutzrechtsstreitigkeiten,
- Arbeitnehmererfinder(vergütungs)streitigkeiten,
- Forschungs- und Entwicklungs- sowie Lizenzverträge (zB Lizenzen an Patenten, Marken, Softwareurheberrechten, Know-how), wobei es insoweit häufig um Streitigkeiten über Sach- und/oder Rechtsmängel, den Umfang der geschuldeten Tätigkeit und – wie auch bei den in den ersten beiden Spiegelstrichen genannten Bereichen/Streitigkeiten – nicht zuletzt um die Höhe von Forderungen (vertraglich zugesagte und/oder Schadensersatzzahlungen) geht.

12 Es werden im Folgenden einige Praxisfälle geschildert, ergänzt um die Darstellung des sog. IBM/FUJITSU-Falles, der wegen seiner grundsätzlichen Bedeutung mit aufgenommen wurde.

13 ▪ Patentlizenzvertrag

Bei den Parteien handelt es sich ursprünglich um einen deutschen Erfinder, der Inhaber eines Herzkatheter-Patents war und einen sehr großen US-amerikanischen Pharmakonzern. Der deutsche Erfinder lizenzierte das v. g. Patent an die US-Firma. Der Patentlizenzvertrag stammt aus dem Jahre 1986 und wurde drei Mal geändert. Anwendbares Recht war deutsches Recht. Der Vertrag enthielt keine Streitschlichtungsklausel. Einige Jahre später hatte der Erfinder die Vermutung, dass an ihn zu wenig Lizenzgebühren gezahlt wurden. Nach Auffassung des Erfinders summierten sich die zu wenig gezahlten Lizenzgebühren auf einen Betrag von insgesamt 16 Mio. US $. Im Jahr 2001 wurde seitens des Erfinders trotz fehlender Streitschlichtungsklausel eine Mediation gegenüber seinem Lizenznehmer vorgeschlagen, um den Konflikt über die Höhe der gezahlten Lizenzgebühren zu klären. Die Mediation wurde dann 2001 in Minneapolis, USA, mit einem pensionierten staatlichen Richter als Mediator durchgeführt. Die Mediation begann um 10:00 Uhr und endete am Folgetag um 1:00 Uhr morgens. Der Erfinder und Lizenzgeber erhielt unter bestimmten Randbedingungen, die letztlich alle erfüllt wurden, eine einmalige Zahlung in Höhe von 80 Mio. US $, um nicht nur die ausstehenden 16 Mio. US $

---

10 Brose GRUR 2016, 146 und Vortrag Brose GRUR Süd 1.10.2015, München.

Lizenzgebühren, sondern um durch den Kauf auch die Restlaufzeit des Patents abzugelten. Gleichzeitig verkaufte der Erfinder und Lizenzgeber sein Patent an den Wettbewerber des Lizenznehmers, der dem Wettbewerber die Produktionsstätten für den Herzkatheter in der Schweiz zum Preis von 2,1 Mrd. $ schon drei Jahre zuvor verkauft hatte.

Es waren also letztlich drei Parteien an dieser Mediation mit ihren firmeninternen und externen Anwälten beteiligt: Der deutsche Erfinder und Lizenzgeber, der US-Lizenznehmer sowie der Wettbewerber des US-Lizenznehmers, der letztlich Käufer des Patents des deutschen Erfinders wurde. Die Mediation verlief sehr sachlich und zielorientiert und konnte auf finanzieller Basis zum Erfolg geführt werden.

- Entwicklung einer Software (Hotelbuchung)   14

Die Mediation wurde zwischen zwei Medianden durchgeführt. Es handelte sich um den Münchner Hotelverbund (Auftraggeber) und die Firma Web Creatives GbR (Auftragnehmer). Gegenstand des Streits war die Erfüllung der Software-Erstellung. Die Streitdauer betrug bis zum Beginn der Mediation neun Monate. Die Vorbereitung der einzigen Mediationssitzung selbst benötigte sieben Wochen einschl. dreier Schriftsätze der Parteien. Die Verhandlungszeit am 3.10.2003 betrug zwei Stunden und 20 Minuten. Zwischen den Parteien wurde folgender Vergleich geschlossen: Der Auftragnehmer zahlt an den Auftraggeber einen bestimmten Betrag zur Abgeltung aller Forderungen. Der Auftraggeber zahlt fünf und der Auftragnehmer zahlt sechs Stunden von elf Stunden Zeitaufwand des Mediators. Jede Partei trägt 50 % der Kosten der IHK München (MediationsZentrum München).[11]

- Patent- und Know-how-Lizenzvertrag   15

Bei den Medianden handelt es sich um zwei deutsche Firmen, die im Textilmaschinenbau tätig sind. Streitgegenstand waren der Fortbestand und die Rechte/Pflichten aus einem Patent-/Know-how-Lizenzvertrag, der von beiden Seiten gekündigt wurde.

Die Streitdauer bis zum Beginn der Mediation betrug ca. eineinhalb Jahre. Die Dauer der Vorbereitung der einzigen Mediationssitzung betrug ca. sieben Wochen. Die Schiedsklage wurde Ende 2005 eingereicht. Zwischen den Parteien wurde dann jedoch einvernehmlich statt des Schiedsverfahrens die Durchführung eines Mediationsverfahrens für Anfang 2006 vereinbart. Bei einem gemeinsamen Abendessen wurde vor dem eigentlichen Mediationstermin innerhalb von fünf Stunden ein möglicher Vergleich nicht nur diskutiert, sondern nahezu abgeschlossen. Da eine Partei selbst an dem Abendessen nicht teilnehmen konnte, vielmehr „nur" durch ihren Rechtsbeistand vertreten wurde (die andere Partei war mit der gesamten Geschäftsführung und dem Rechtsbeistand bei dem Abendessen anwesend), konnte der Vergleich lediglich diskutiert und nicht abgeschlossen werden. Im Rahmen der Mediationssitzung wurde dann in Anwesenheit aller Beteiligten innerhalb von sieben Stunden ein Vergleich geschlossen. Der Lizenzvertrag wurde einvernehmlich aufgehoben, die geleistete Einstands-

---

11 Der Fall wurde veröffentlicht in: WIRTSCHAFT, Das IHK-Magazin für München und Oberbayern 06/2004, 50 ff.

zahlung blieb bei dem (ehemaligen) Lizenzgeber und das lizenzierte Knowhow wurde weiterhin geheim gehalten. Der (ehemalige) Lizenzgeber erhielt ein Kontrollrecht bzgl. der Auslieferung der lizenzierten Maschinenbauteile durch den (ehemaligen) Lizenznehmer. Dieses Kontrollrecht wurde letztlich deshalb eingeräumt, weil während der Mediationssitzung – wohl erstmalig – offen angesprochen wurde, dass der eine Geschäftsführer des Lizenznehmers sich vor Beginn seines Arbeitsvertrages (beim Lizenznehmer) beim Lizenzgeber bereits die streitgegenständliche Maschine zusammen mit dem Geschäftsführer des Lizenzgebers angesehen hatte. Die ihm dabei vom Lizenznehmer offenbarten erfinderischen Ideen brachte er bei seinem neuen Arbeitgeber ein, der auch eine Patentanmeldung vornahm, um diese erfinderischen Ideen des Lizenzgebers zu schützen. Dies war der eigentliche Kern des Konfliktes. Die Medianden hatten jedoch diesen Streitanlass nur unzureichend kommuniziert, woraufhin der Streit eskalierte. Im Rahmen des Vergleichs übernahm der ehemalige Lizenznehmer die Kosten des Schiedsverfahrens und der Mediation (32 Stunden). Jede Partei trug im Übrigen ihre eigenen Kosten einschl. der eigenen Anwaltskosten.[12]

16 In allen drei geschilderten Fällen wurden auf Bitten der jeweiligen Medianden seitens des Mediators rechtliche Hinweise in einer sehr neutralen Form gegeben. In allen drei Fällen wurde im Einverständnis der Medianden die „Shuttle-Diplomatie" seitens des Mediators durchgeführt (→ MediationsG § 2 Rn. 139 ff.). Der Mediator führte also Gespräche mit jedem Medianden und den entsprechenden Rechtsbeiständen und gab in einem von dem jeweiligen Medianden bestimmten Umfang Informationen an den anderen Medianden und dessen Rechtsbeistände weiter.

17 In den drei Fällen machte diese Vorgehensweise sehr viel Sinn, da die Parteien – nicht deren jeweilige Rechtsbeistände – die Gespräche mit sehr viel Emotionen „belasteten" und es daher auch nach eigener Einschätzung der Parteien und ihrer jeweiligen Rechtsbeistände durchgängig sinnvoller war, die Mediation grundsätzlich in getrennten Räumlichkeiten durchzuführen. In bestimmten Zeitabständen, die sehr individuell waren, wurden dann jeweils gemeinschaftliche Gespräche in Anwesenheit aller Beteiligten geführt.

18 Als Beispiel für eine langjährige Entwicklung des Einsatzes differenzierter Konfliktmanagementverfahren wird der **IBM/FUJITSU-Fall** dargestellt.[13]

19 Der IBM/FUJITSU-Fall war vermutlich einer der ersten großen Fälle, die bereits Ende der 70er Jahre des 20. Jahrhunderts im IP-/IT-Bereich mittels eines differenzierten Konfliktbeilegungsverfahrens stattfanden. IBM hatte FUJITSU vorgeworfen, dass deren Betriebssystem die Urheberrechte der IBM verletzen würde. Soweit bekannt, wurden in diesem Konflikt folgende Verfahren eingesetzt:
- strukturierte Verhandlungen,
- Mini-Trial,
- Mediation,

---

12 Der Fall wurde in WIRTSCHAFT, Das IHK-Magazin für München und Oberbayern 10/2006, 8 ff. veröffentlicht.
13 Vgl. zB Groß, IP/IT-Mediation, Rn. 98 mwN und Goldberg/Sandler/Rogers/Cole, S. 483 f.

- Schiedsgerichtsverfahren incl. Final-Offer-Arbitration,[14]
- fortlaufende Streitschlichtung durch ein ständiges Gremium von zwei Schiedsrichtern mit der Option, einen dritten Schiedsrichter ad hoc zu integrieren,
- komplexe Beziehung zwischen Verhandeln und Adjudication über die gesamte Dauer des Streits (ca. 12 Jahre).

Der Durchbruch der Verhandlungen kam dadurch zustande, dass zwei der drei Schiedsrichter die Option hatten, sich zum Teil als Mediatoren zu betätigen und so die Vereinbarung ermöglichten, die für alle folgenden Regelungen die Grundlage schufen. Dies war einmal die Entscheidung, alle Streitigkeiten bzgl. der existierenden Softwareprogramme durch Zahlung einer einmaligen Lizenzgebühr zu beenden. Der zweite wesentliche Teil der Vereinbarung bestand darin zu entscheiden, ein „sicheres System" für den kontrollierten Austausch zukünftiger Softwaredaten zu erstellen.

Weitere Praxisfälle können der Literatur entnommen werden.[15]

IV. Klauseln aus der Vertragspraxis

In den letzten Jahren werden immer häufiger – dies gilt inzwischen sogar für Allgemeine Geschäftsbedingungen zB in Einkaufs- und Lieferverträgen – Streitbeilegungsklauseln von den Parteien in IP-/IT-relevanten Verträgen, zB in Forschungs-, Entwicklungs- sowie in Lizenzverträgen (Patente, Marken, Know-how, Softwareurheberrechte) nicht nur vorgeschlagen, sondern auch akzeptiert. Dies hat ua folgende Gründe:

- Immer mehr Firmen gerade in technischen Sparten sind daran interessiert, ihr Wissen entweder geheim zu halten oder – selbst wenn dieses Wissen durch offengelegte Schutzrechtsanmeldungen oder durch die Erteilung von Schutzrechten und damit parallel erfolgende Veröffentlichungen des Wissens (zB Veröffentlichung von Patenterteilung und Patentschrift gem. § 58 PatG) jedermann zugänglich wird – das geheime Wissen nur teilweise durch Schutzrechte zu veröffentlichen.
- Gerade bei Verträgen, die höhere Summen (ab ca. 100.000 EUR) beinhalten, werden zur Vermeidung von hohen Anwalts- und Gerichtskosten Verfahren mit anerkannt kürzerer Verfahrensdauer (zB Gutachten, Mediation) gewählt, und zwar unabhängig von einem Interesse der Parteien, einen Streit geheim zu halten. Dies gilt erst recht dann, wenn die Streitigkeiten zwischen Parteien geführt werden, die ihren Sitz in zwei verschiedenen Ländern haben. Die Akzeptanz dieser schnelleren und preiswerteren Verfahren steigt sogar mit der örtlichen Distanz

---

14 Final-Offer-Arbitration wird seit 1966 als Konfliktbeilegungsverfahren in Fällen eingesetzt, wenn es zwischen den Parteien nur noch darum geht, eine bestimmte Höhe eines Geldbetrags festzulegen. Beide Parteien geben ihr letztes Angebot (Final Offer), und zwar ohne Kenntnis der anderen Partei nur gegenüber dem Schiedsrichter oder auch für die andere Partei einsichtig ab. Der Schiedsrichter entscheidet dann, welches Angebot seiner Meinung nach „gerecht" ist und erklärt dieses Angebot für verbindlich. Siehe zB Mannhart, S. 86 ff. und Groß, IP/-IT-Mediation, Rn. 93.
15 Siehe zB Groß, IP-/IT-Mediation, C., S. 173 ff., und www.wipo.int/amc; www.muenchen.ihk.de (zuletzt abgerufen am 21.5.2024).

(zB Streit einer deutschen mit einer amerikanischen oder chinesischen Firma).[16]

- Ein weiterer Grund liegt in der Unkenntnis fremder Rechtssysteme bzw. in der Angst vor fremden Rechtssystemen und den damit verbundenen oder zumindest vermuteten Schwierigkeiten, ein erstrittenes Urteil auch vollstrecken zu können. Diese Vorbehalte finden sich – verbunden mit der Sorge um sehr hohe Kosten eines gerichtlichen Verfahrens – bei kontinentaleuropäischen Firmen zB im Hinblick auf Prozesse in England, USA und in Asien, zB in China, Südkorea, Japan und Indien.

21 Im Folgenden wird ein Praxisbeispiel einer gestuften Klausel vorgestellt:[17]

1. Applicable Law

This Agreement shall be construed, governed, interpreted and applied in accordance with the material laws of the Federal Republic of Germany excluding its conflict of laws provisions and the UN Convention on Contracts for the International Sales of Goods.

The institution of any proceeding shall not relieve LICENSEE of its obligation to make payments which accrue hereunder during the continuance of such proceeding.

2. Dispute Settlement

2.1 With the exception of disputes concerning payment claims any dispute, controversy or claim arising under, out of or relating to this Agreement and any subsequent amendments of this Agreement, including, without limitation, its formation, validity, binding effect, interpretation, performance, breach or termination, as well as non-contractual claims, shall be submitted to mediation in accordance with the WIPO Mediation Rules (http://arbiter.wipo.int). The place of mediation shall be Munich. The language to be used in the mediation shall be English. The dispute, controversy or claim referred to mediation shall be governed by the laws (but not by the conflict-of-laws rules) of the Federal Republic of Germany excluding its conflict of laws provisions and the UN Convention Contracts for the International Sales of Goods.

2.2 If, and to the extent that, any such dispute, controversy or claim has not been settled pursuant to the mediation within 60 (sixty) days of the commencement of the mediation, it shall, upon the filing of a Request for Arbitration by either PARTY, be referred to and finally determined by arbitration in accordance with the WIPO Expedited Arbitration Rules. Alternatively, if, before the expiration of the said period of 60 (sixty) days, either PARTY fails to participate or to continue to participate in the mediation, the dispute, controversy or claim shall, upon the filing of a Request for Arbitration by the other PARTY, be referred to and finally determined by arbitration in accordance with the WIPO Expedited

---

[16] → Einl. Rn. 10; Groß, IP-/IT-Mediation, S. 145 ff.; Haft/Schlieffen Mediation-HdB/Ponschab/Kracht § 56, S. 1275 ff.

[17] Weitere Klauseln abrufbar unter www.cedr.com, www.disarb.org, www.iccwbo.org, www.wipo.int/amc/en/ (zuletzt abgerufen am 21.5.2024); → Einl. Rn. 127 ff. passim, 146 ff., 159 ff., 174., 216 ff., 248 ff.

Arbitration Rules. The arbitral tribunal shall consist of a sole arbitrator. The place of arbitration shall be Munich. The language to be used in the arbitral proceedings shall be English. The dispute, controversy or claim referred to arbitration shall be decided in accordance with the laws of the Federal Republic of Germany excluding its conflict of laws provisions and the UN Convention Contracts for the International Sales of Goods.

H. Familien- und Scheidungsmediation (inkl. grenzüberschreitender Aspekte)

Literatur:
Ade/Gläßer, Lehrmodul 18: Das Recht der Mediation, ZKM 2013, 57; *von Ballestrem/Schmid/Loebel*, Mediation und grenzüberschreitende Mediation, NZFam 2015, 811; *Bernhardt*, Die Stimme des Kindes in der Trennungs- und Scheidungsmediation, ZKM 2015, 68; *Bernhardt/Winograd*, Interdisziplinäre Co-Mediation: Zur Zusammenarbeit von Rechtsanwälten und Psychologen, in: Haft/von Schlieffen (Hrsg.), Handbuch Mediation, 3. Aufl. 2016, S. 667; *Carl/Ivantis*, Beteiligung von Kindern in der Mediation – Teil 1, ZKM 2020, 124; *dies*, Beteiligung von Kindern in der Mediation – Teil 2, ZKM 2020, 181; *Dietrich*, Gerichtsnahe Familienmediation in Berlin, Gerichtliche und außergerichtliche Vernetzung in der Praxis, ZKM 2015, 19; *Dietrich/Fichtner/Halatcheva/Sandner*, Arbeit mit hochkonflikthaften Trennungs- und Scheidungsfamilien: Eine Handreichung für die Praxis, 2010; *Farzin/Joran*, Lexikon Soziologie und Sozialtheorie, Hundert Grundbegriffe, 2008; *Fritz/Pielsticker*, Handbuch zum Mediationsgesetz, 2. Aufl. 2020; *Gadlin*, Conflict Resolution, Cultural Differences, and the Culture of Racism, Negotiation Journal 1994, 33; *Geimer*, Internationales Zivilprozessrecht, 8. Aufl. 2020; *Gläßer*, Mediation und Beziehungsgewalt, Möglichkeiten, Bedingung und Grenzen des Einsatzes von Familienmediation bei Gewalt in Paarbeziehungen, 2008; *Gläßer*, Die Haftung des Mediators – Damoklesschwert oder Chimäre? ZKM 2018, 81; *Greger*, Mediation in Kindschaftssachen – Kosten, Akzeptanz, Nachhaltigkeit, FPR 2001, 115; *Greger*, Mediation und Gerichtsverfahren in Sorge- und Umgangsrechtskonflikten – Pilotstudie zum Vergleich von Kosten und Folgekosten, 2010; *Greger/Unberath/Steffek*, Recht der alternativen Konfliktlösung, Mediationsgesetz, Verbraucherstreitbeilegungsgesetz – Kommentar, 2. Aufl. 2016; *Greger*, Abschlussbericht zur Evaluierung des Projekts Geförderte Familienmediation in Berlin, 2020; *Greger*, Wege zur Förderung der Familienmediation ZKM 2021, 18; *Gruber/Salzgeber*, Mediation als Intervention im Rahmen der familienpsychologischen Sachverständigentätigkeit, ZKJ 2011, 404; *Hohmann/Morawe*, Praxis der Familienmediation: Typische Probleme mit Fallbeispielen und Formularen bei Trennung und Scheidung, 2. Aufl. 2013; *Hubner*, Mediation beim Generationenwechsel in Familienunternehmen, in: Trenczek/Berning/Lenz/Will (Hrsg.), Mediation und Konfliktmanagement, 2. Aufl. 2017, S. 538–542; *Kriegel*, Mediationspflicht? Über die Notwendigkeit einer Begleitung von Eltern bei Trennung und Scheidung, 2006; *Kiesewetter*, Mediation bei internationalen Familienkonflikten, in: Trenczek/Berning/Lenz/Will (Hrsg.), Mediation und Konfliktmanagement, 2. Aufl. 2017, S. 529; *Krabbe/Thomsen*, Werkstattbericht Familienmediation, ZKM 2011, 111; *Krabbe*, Mediation in hoch eskalierten Partnerkonflikten/häusliche Gewalt, in: Trenczek/Berning/Lenz/Will (Hrsg.), Mediation und Konfliktmanagement, 2. Aufl. 2017, S. 533; *Kriegel/Schmidt*, Interkulturalität in der Paarbeziehung – Probleme und Lösungsansätze, ZKJ 2008, 303; *Lenz*, Braucht es für die Qualität der Mediation (weiterer) Regulierung?, ZKM 2021, 151; *Lochmann*, Mediation mit binationalen Familien, Spektrum der Mediation 24/2006, 36; *Love/Stulberg*, Practice guidelines for co-mediation: Making certain that „two heads are better than one", Mediation Quarterly, 1996/179; *Mähler/Mähler*, Familienmediation, in: Haft/v. Schlieffen (Hrsg.), Handbuch Mediation, 3. Aufl. 2015, S. 667; *Marx*, Obligatorische Sorgerechtsmediation?, Überlegungen nach kritischer Analyse des kalifornischen Modells, ZKJ 2010, 300; *Montada*, Nachhaltige Beilegung von Familienkonflikten durch Mediation, FPR 2004, 182; *Montada/Kals*, Mediation. Psychologische Grundlagen und Perspektiven, 3. Aufl. 2013; *Paul/Kiesewetter* (Hrsg.), Mediation bei internationalen Kindschaftskonflikten, 2009; *Peschke*, Familienmediation bei Trennung/Scheidung von Eltern: ein Kann, ein Soll, ein Muss?, 2012; *Proksch*, Förderung der Familienmediation durch das Mediationsgesetz, ZKM 2011, 173; *Rafi*, Mediation und Zertifizierung, in: Haft/v. Schlieffen (Hrsg.), Handbuch Mediation, 3. Aufl. 2016, S. 1215; *Röthemeyer*, Unter'm Strich: Früchte der Mediationskonferenz, ZKM 2021, 155; *Stallard*, Joining the culture club: examining cultural context when implementing international dispute resolution, Ohio State Journal on Dispute Resolution 2002, 463; *Ting-Tooney*, Toward a Theory of Conflict and Culture, in: Gudykunst, W.B. (ed.) Communication, Culture and Organizational Processes, 1985, S. 71; *Troja*, Co-Mediation, in: Trenczek/Berning/Lenz/Will (Hrsg.), Mediation und Konfliktmanagement, 2. Aufl. 2017, S. 385.

Familien- und Scheidungsmediation (inkl. grenzüberschreitender Aspekte)

I. Allgemeine Grundsätze zur Familienmediation 2
1. Entwicklung der Familienmediation in Deutschland .. 2
2. Anwendungsfelder der Familienmediation 7
3. Regelungen durch das Mediationsgesetz 8
4. Kosten der Mediation 10
5. Regelungen zur Mediation im Gesetz über das Verfahren in Familiensachen und in den Angelegenheiten der freiwilligen Gerichtsbarkeit (FamFG) 12
   a) Regelungen im FamFG 2009 12
   b) Neuregelungen im FamFG durch das Gesetz zur Förderung der Mediation und anderer Verfahren der außergerichtlichen Konfliktbeilegung 14
II. Praxis der Familienmediation; Aus- und Fortbildung in der Familienmediation 21
1. Besonderheiten des Verfahrens 21
   a) Das Recht in der Familienmediation 22
      aa) Recht als Rahmen 22
      bb) Recht als bereicherndes und begrenzendes Moment in der Mediation 23
      cc) Rechtsdienstleistung ... 24
      dd) Rechtsberatung 25
      ee) Rechtsanwälte in der Mediation 26
      ff) Besondere rechtliche Aspekte der Familienmediation 28
         (1) Vermögensverteilung .. 28
         (2) Formerfordernisse 29
         (3) Vollstreckbarkeit 30
         (4) Verzug 31
         (5) Ordre Public 32
   b) Co-Mediation 33
      aa) Argumente für Co-Mediation 35
      bb) Mögliche Nachteile der Co-Mediation 37
   c) Familienmediation und Kindeswohl 39
      aa) Reaktionen und Bedürfnisse des Kindes im Trennungskonflikt der Eltern 40
      bb) Die Einbeziehung des Kindes in die Mediation 41
   d) Mediation in hocheskalierten Familienkonflikten 43
2. Qualitätssicherung und Professionalisierung 45

Die Familien- und Scheidungsmediation hat durch das Mediationsgesetz 1 viele, bedeutsame Reformierungen erfahren. Einige Neuerungen besitzen lediglich klarstellende Funktion. Sämtliche Veränderungen sollen jedoch Anreize zur Nutzung von Mediation geben. Außerdem enthält das „Gesetz zur Förderung der Mediation und anderer Verfahren der außergerichtlichen Konfliktbeilegung" wesentliche Änderungen des „Gesetzes über das Verfahren in Familiensachen und in den Angelegenheiten der freiwilligen Gerichtsbarkeit (FamFG)" sowie eine Vielzahl von Neuerungen für die Ausbildung und Praxis der Familienmediation.

I. Allgemeine Grundsätze zur Familienmediation

1. Entwicklung der Familienmediation in Deutschland. Familienmediation 2 entwickelte sich in Deutschland als eines der ersten Betätigungsfelder für Mediation bereits Ende der 80er Jahre des 20. Jahrhunderts. Es ist kein Zufall, dass sich Mediationsverfahren gerade im Bereich der familiären Konflikte etablierten. Konflikte in Familie und Partnerschaft zeichnen sich typischerweise durch eine längere Konflikthistorie und eine anhaltende Verbundenheit der Konfliktbeteiligten aus. Oft sind es nicht die justiziablen Normverletzungen, welche die Konflikte prägen.[1] Diese Aspekte lassen Mediation als geeignetes Verfahren zur Klärung solcher Konflikte erscheinen, da sie die Berücksichtigung einer besonderen Konfliktdynamik ermöglicht und mit hoher Wahrscheinlichkeit zu einer einvernehmlichen und nachhaltigen Streitbeilegung führt.[2] Konflikte in Familie und Partnerschaft werden daher oft als besonders mediationsgeeignet betrachtet.[3]

Familie ist soziologisch betrachtet eine durch Partnerschaft, Ehe oder Abstammung begründete Lebensgemeinschaft.[4] Nach der Rechtsprechung des BVerfG ist eine durch Art. 6 Abs. 1 GG geschützte Familie auch die sozial-familiäre Gemeinschaft, die ebenfalls aus eingetragenen Lebenspartnern und dem leiblichen oder angenommenen Kind eines Lebenspartners bestehen kann und bei der der Grundrechtschutz den Bestand rechtlicher Verwandtschaft nicht voraussetzt.[5] Familie geht in der Regel mit Kindern einher; **alles, was um Kinder kreist, ist Familie.** Weitere Akteure sind Eltern bzw. Sorgeberechtigte und Verwandte. Die eigenverantwortliche und einverständliche Regelung von Konflikten innerhalb der Familie ist das „Leitbild" der Familie und des damit verbundenen Familienrechts.[6] Die Förderung einverständlicher Regelungen von Familienkonflikten war zentrales Anliegen der Kindschaftsrechtsreform von 1998 (KindRG)[7] sowie des „Gesetzes über das Verfahren in Familiensachen und in den Angelegenheiten der freiwilligen Gerichtsbarkeit" (FamFG) vom 17.12.2008.[8]

3 Verschiedene regionale Initiativen führten 1992 zur Gründung der „Bundes-Arbeitsgemeinschaft für Familien-Mediation" (BAFM).[9] Etwa zeitgleich wurde der „Bundesverband Mediation" (BM)[10] gegründet. Unter Einbeziehung der sich parallel entwickelnden Praxis wurden Richtlinien für Mediation in Familienkonflikten, und korrespondierend Ausbildungsordnungen entwickelt.[11]

4 Die **Besonderheit der Familienmediation** im Verhältnis zu anderen Anwendungsfeldern von Mediation[12] liegt ua darin begründet, dass die Familienmediation der Bereich ist, für den im deutschsprachigen Raum zuerst Eva-

---

1 Montada FPR 2004, 182 (183 f.).
2 Im Rahmen der „Berliner Initiative geförderte Familienmediation" (BIGFAM), die lediglich bereits bei Gericht rechtshängige und damit überdurchschnittlich eskalierte Konflikte umfasste, kam es in über 50 % der als mediationsgeeignet durchgeführten Verfahren zu einer Einigung, vgl. Greger in Geförderte Familienmediation in Berlin – Abschlussbericht zur Evaluierung des Projekts, S. 13, abrufbar unter https://www.reinhard-greger.de/zur-person/forschungen/ (zuletzt abgerufen am 8.9.2024).
3 Fritz/Pielsticker/Schroeder/Stegmann Teil 5 G. IV Rn. 59 ff.
4 Farzin/Jordan, S. 65.
5 BVerfG 19.2.2013 – 1 BvL 1/11, 1 BvR 3247/09 Rn. 3a, zit. nach juris.
6 Proksch ZKM 2011, 173.
7 BT-Drs. 13/8511, 64; Proksch ZKM 2010, 39.
8 BGBl. I 2586, 2587.
9 Abrufbar unter www.bafm-mediation.de (zuletzt abgerufen am 8.9.2024).
10 Abrufbar unter www.bmev.de (zuletzt abgerufen am 8.9.2024).
11 Für die BAFM abrufbar unter https://www.bafm-mediation.de/verband/richtlinien-der-bafm-fur-die-mediation-in-familienkonflikten/ sowie unter https://www.bafm-mediation.de/ausbildung/ausbildungsrichtlinien/ausbildungsordnung-der-bafm-fur-familien-mediation/ (zuletzt abgerufen am 8.9.2024).
12 Ein Überblick zu anderen Anwendungsbereichen findet sich bei Damerau/Zemmrich JA 2007, 203.

luationsforschung vorgelegt wurde.[13] Die Forschung belegt die hohe Zufriedenheit der Betroffenen mit Mediation und ihre entlastende Wirkung; Streitigkeiten werden signifikant reduziert, Kommunikation und Kooperation deutlich verbessert.[14]

Familienmediation hat sich europa- und weltweit in besonderem Maße etabliert. Das Ministerkomitee des Europarates sieht die Motivation hierfür in seiner Entschließung Nr. 98 (1) vom 5.2.1998[15] zentriert in den „Forschungsergebnissen über Mediation und die diesbezüglichen Erfahrungen in verschiedenen Ländern, die zeigen, dass Familienmediation geeignet ist, die Kommunikation zwischen den Familienmitgliedern zu verbessern, Konflikte zwischen den Streitparteien zu verringern, gütliche Regelungen herbeizuführen, die Fortsetzung persönlicher Kontakte zwischen Eltern und Kindern zu gewährleisten, die sozialen und wirtschaftlichen Kosten einer Trennung oder Scheidung für die Parteien selbst und für den Staat zu senken sowie den Zeitraum, der sonst zur Beilegung eines Konfliktes benötigt wird, zu verkürzen."[16]

Hat ein Konflikt ein grenzüberschreitendes Element, zB weil die Beteiligten unterschiedlicher Staatsangehörigkeit sind, ihren gewöhnlichen Aufenthalt in verschiedenen Staaten oder nicht in ihrem Herkunftsland haben, stellen sich im Hinblick auf eine Mediation besondere Fragen und Herausforderungen. Beispielsweise die geographische Distanz der Beteiligten, damit einhergehende Reisekosten sowie, insbesondere in Kindschaftskonflikten, der Faktor Zeit. Die *rechtlichen Rahmenbedingungen* eines grenzüberschreitenden Konflikts sind komplexer im Hinblick auf die internationale Zuständigkeit von Gerichten, die Relevanz verschiedener nationaler Rechtssysteme und internationaler Abkommen oder Fragen der Anerkennung und Vollstreckbarkeit von Vereinbarungen (→ Rn. 27).

Grenzüberschreitende Konflikte sind häufig auch *interkulturelle Konflikte*. Kultur betrifft die Werte, Normen, Glaubenssätze und Annahmen des Menschen und beeinflusst damit sein Verhalten.[17] Werden kulturelle Aspekte eines Konflikts nicht erkannt oder ignoriert, kann eine Konfliktbeilegung, welche die Anliegen und Bedürfnisse der Beteiligten optimal berücksichtigt, praktisch nicht gelingen. Andererseits kann Kultur nicht per se als Erklärung für individuelles Verhalten dienen. Verhalten darf daher nicht vorschnell einer kulturellen Ursache zugeschrieben werden („Kulturalisie-

---

13 Greger, Mediation und Gerichtsverfahren in Sorge- und Umgangsrechtskonflikten – Pilotstudie zum Vergleich von Kosten und Folgekosten; Greger Abschlussbericht zur Evaluierung des Projekts Geförderte Familienmediation in Berlin, abrufbar unter https://www.reinhard-greger.de/zur-person/forschungen/ (zuletzt abgerufen am 8.9.2024).
14 Bastine KON:SENS 1999, 287 ff.; Proksch ZKM 2000, 211 ff.; Proksch ZKM 2011, 173 ff.; Greger, Mediation und Gerichtsverfahren in Sorge- und Umgangsrechtskonflikten – Pilotstudie zum Vergleich von Kosten und Folgekosten; Greger, Abschlussbericht zur Evaluierung des Projekts Geförderte Familienmediation in Berlin, abrufbar unter https://www.reinhard-greger.de/zur-person/forschungen/ (zuletzt abgerufen am 8.9.2024).
15 Abgedruckt in FamRZ 1998, 1018 ff.
16 FamRZ 1998, 1019.
17 Ting-Tooney, S. 71, 86.

rung"). Es besteht sonst das Risiko, dass wirkliche Hintergründe nicht erkannt werden[18] und die Konfliktbeilegung dadurch blockiert wird.

Mediatorinnen und Mediatoren müssen daher ein kritisches Bewusstsein über die Existenz von Stereotypen, eigenen kulturellen Prägungen und Vorannahmen haben[19] und sie beiseitelassen können. Sie müssen zugleich die kulturellen Besonderheiten kommunikativer Stile kennen, um Missverständnisse zu vermeiden.[20] Im Falle der Co-Mediation (zur Co-Mediation → Rn. 33 ff.), die in bi-nationalen Konflikten sinnvoll ist (zu Co-Mediation in bi-nationalen Konflikten → Rn. 38), gilt dies für das Mediations-Team auch in Bezug auf gegebenenfalls unterschiedliche Arbeitsstile oder gar abweichendes Methodenverständnis.[21] Eine Herangehensweise in der Mediation, die Erklärungen für Verhalten mit Blick auf Kultur erlaubt und zugleich Unterschiede akzeptiert, erweitert das Verständnis und ermöglicht eine Streitbeilegung, in der kulturelle Aspekte des Konflikts angemessen berücksichtigt werden.[22]

In bi-nationalen Beziehungen wird die Problematik von Kindern im Trennungsprozess ihrer Eltern häufig verschärft: Kulturelle Unterschiede, die große räumliche Entfernung und die wechselseitige Sorge beider Eltern, die Kinder möglicherweise auf Dauer zu verlieren sowie die Vielfalt rechtlicher Rahmenbedingungen führen oft zu einer Verhärtung der Situation. Gleichzeitig nimmt die Erkenntnis zu, dass die daraus resultierenden Konflikte nicht immer vor den Gerichten befriedigend gelöst werden können. Die Fokussierung der Gerichte auf den Sach- und Streitstand, insbesondere in **Kindesentführungsfällen**, macht eine umfassende Regelung sämtlicher die Kinder betreffender Fragen oft schwierig bis unmöglich. In Anbetracht dieser besonderen Problematik und Dynamik werden Netzwerke für grenzüberschreitende Mediationen geschaffen.[23] Auch in rechtlicher Hinsicht wächst auf europäischer Ebene die Bedeutung der Mediation in internationalen Kindschaftskonflikten kontinuierlich. Deutlicher Ausdruck hiervon ist die Verordnung (EU) 2019/1111 des Rates vom 25.6.2019 über die Zuständigkeit, die Anerkennung und Vollstreckung von Entscheidungen in Ehesachen und in Verfahren betreffend die elterliche Verantwortung und über internationale Kindesentführungen („Brüssel IIb Verordnung"),[24] die mit Wirkung vom 1.8.2022 der sog. Brüssel IIa Verordnung[25] nachfolgte.[26] Richterinnen und Richter sowie die Zentralen Behörden der Mitgliedstaaten sollen nach der Brüssel IIb Verordnung auf eine Mediation oder ein

---

18 Kriegel/Schmidt, S. 303.
19 Lochmann, S. 37.
20 Kriegel/Schmidt, S. 307.
21 Auch Methoden sind in die Lebenswelt eingebunden und können daher kulturell bedingt sein, vgl. Kriegel/Schmidt, S. 307.
22 Stallard, Joining the culture club, S. 463 ff.
23 Für Deutschland vgl. www.mikk-ev.de (zuletzt abgerufen am 8.9.2024).
24 Verordnung (EU) 2019/1111, ABl. L 178 v. 2.7.2019, 1.
25 Verordnung (EG) Nr. 2201/2003 des Rates vom 27.11.2003 über die Zuständigkeit und die Anerkennung und Vollstreckung von Entscheidungen in Ehesachen und in Verfahren betreffend die elterliche Verantwortung und zur Aufhebung der Verordnung (EG) Nr. 1347/2000, ABl. L 338, 1–29 v. 23/12/2003.
26 Vgl. ErwGr. 35 der Verordnung (EU) 2019/1111: „zunehmende Bedeutung der Mediation und anderer Arten der alternativen Streitbeilegung".

anderes alternatives Streitbeilegungsverfahren hinwirken. Es gehört gemäß Art. 75g) zu den besonderen Aufgaben der ersuchten Zentralen Behörden, durch Mediation oder andere Mittel der alternativen Streitbeilegung eine gütliche Einigung zwischen den Trägern der elterlichen Verantwortung zu erleichtern und hierzu die grenzüberschreitende Zusammenarbeit zu fördern. Nach Art. 25 der Brüssel IIb Verordnung haben die Gerichte die Parteien zum frühestmöglichen Zeitpunkt und in jeder Lage des Verfahrens entweder direkt oder gegebenenfalls mithilfe der Zentralen Behörden aufzufordern, zu prüfen, ob sie gewillt sind, eine Mediation oder andere alternative Streitbeilegungsverfahren in Anspruch zu nehmen. Ausgenommen sind lediglich Fälle, in denen dies dem Kindeswohl widerspräche, im Einzelfall nicht angebracht wäre oder das Verfahren hierdurch über Gebühr verzögert würde. Nach der Entschließung des Europäischen Parlaments vom 5.4.2022 zum Schutz der Rechte des Kindes in zivil-, verwaltungs- und familienrechtlichen Verfahren[27] soll Mediation in internationalen Kindschaftskonflikten künftig eine noch wichtigere Rolle zukommen.[28]

2. Anwendungsfelder der Familienmediation. Zu Beginn der 1990er Jahre lag die Praxis der Familienmediation noch fast ausschließlich im Bereich von **Trennung und Scheidung**. Themen der Trennungs- und Scheidungsmediation sind typischerweise die Regelung von Ehegattenunterhalt, Vermögensauseinandersetzung, Ausgleich der Versorgungsanwartschaften, Nutzung der Ehewohnung, Verteilung der Haushaltsgegenstände. Haben die Konfliktbeteiligten Kinder, werden oft Regelungen hierzu erforderlich, insbesondere zum Kindesunterhalt, zum Umgangsrecht und zu Fragen der elterlichen Sorge.[29]

Mit der Zeit hat sich der Rahmen der Familienmediation erweitert[30] auf **Patchwork-Konstellationen**, unverheiratete Paare, Adoptiv- und Stieffamilien, gleichgeschlechtliche Lebenspartnerschaften, Generationenkonflikte, familiäre Konflikte im Verhältnis zu Schule und zu Behörden, **Erbschaftsauseinandersetzungen** sowie **Unternehmensnachfolge** bei Familienunternehmen. Auch wenn die Trennungs- und Scheidungsmediation nach wie vor den Schwerpunkt der Familienmediation bildet, gewinnen wegen demografischer Veränderungen und aufgrund eines sich ändernden Konfliktverhaltens weitere Themen an Bedeutung. Hierzu gehören beispielsweise **biografische Umbrüche** innerhalb von Partnerschaften wie das Aus-dem-Hause-Gehen der Kinder oder der bevorstehende Ruhestand und das

---

27 (2021/2060(INI)) vom 5.4.2022, ABl. C 434/11 v. 15.11.2022, 11–18.
28 Das Europäische Parlament fordert die Kommission bzw. die Mitgliedstaaten beispielsweise auf, einen neuen Vorschlag für eine Mediations-Verordnung vorzulegen, mit der ua Anforderungen für die Einführung eines europäischen Zertifikats für Mediatoren zur Sicherstellung hochwertigen Fachwissens und gemeinsame Normen für grenzüberschreitende Mediationsverträge festgelegt werden sollten (Nr. 31) und Eltern mit begrenzten finanziellen Mitteln den Zugang zu Prozesskostenhilfe zwecks Mediation in Fällen grenzüberschreitender familienrechtlicher Streitigkeiten zu erleichtern (Nr. 36) sowie Regelungen vorzusehen, um Mediationsvereinbarungen zwischen Eltern rechtsverbindlich und durchsetzbar zu machen (Nr. 39).
29 Haft/v. Schlieffen/Mähler/Mähler § 31 Rn. 9, 29.
30 Zum „Strukturwandel" im Bereich Ehe und Familie vgl. Fritz/Pielsticker/Krabbe Teil 5 C. V Rn. 39 ff.

dazu erforderliche Erarbeiten von Entscheidungen, neue Lieben und Verbindungen, die Einbeziehung von Kindern neuer Partnerinnen und Partner, oder das Aushandeln von Vereinbarungen zu Beginn einer Partnerschaft oder Ehe, sogenannte pränuptiale Mediation, die zunehmend Gegenstand von Familienmediationen sind. Auch wenn alte Eltern oder kranke Familienangehörige betreut werden müssen, treten immer wieder Konflikte auf, die einer Regelung innerhalb einer Mediation zugänglich sind; die sogenannte Elder Mediation greift diese Entwicklung auf.[31]

8 **3. Regelungen durch das Mediationsgesetz.** Obwohl die Familienmediation in Deutschland seit über 30 Jahren praktiziert wird, gibt es immer noch eine Vielzahl von Gründen, die ihre Akzeptanz erschweren.[32] Betroffene denken bei Trennung und Scheidung häufig eher an Anwälte und ein Gerichtsverfahren als an Mediation. Mit dem „Gesetz zur Förderung der Mediation und anderer Verfahren der außergerichtlichen Konfliktbeilegung" sollte sich dies ändern. Eine Vielzahl von Neuregelungen und Änderungen wurden vorgenommen, die dazu dienen sollen, die Nutzung der Mediation zu stärken. Erklärtes Ziel des Gesetzes ist es, die außergerichtliche Konfliktbeilegung und insbesondere die **Mediation im Bewusstsein der Bevölkerung und der in der Rechtspflege tätigen Berufsgruppen stärker zu verankern.**[33] Das Gesetz bietet dazu verschiedene Optionen, wobei das zentrale Anliegen, nämlich die Kodifizierung der Mediation, eine eigene Kraft entfaltet hat. Wer im Rahmen eines Familienkonfliktes Mediation in Anspruch nehmen will, kann sich mit einem Blick in das Gesetz von den Rahmenbedingungen und den Grundsätzen für die Praxis überzeugen. Dies ist nicht nur für die sich im Trennungsprozess befindlichen Eltern, sondern auch für Richterinnen und Richter, Mitarbeiter der Jugendämter, Anwältinnen etc von großer Bedeutung: Die in Familien(streit)sachen mögliche Empfehlung des Verfahrens der Mediation folgt – endlich – gesetzlichen Rahmenbedingungen und die in diesem Bereich Tätigen unterliegen Qualitätskriterien, die zwar zurückhaltend formuliert, aber allgemein zugänglich sind.

9 Weil sich die Familienmediation in vielen Bereichen, insbesondere in mit Trennung und Scheidung befassten Familienberatungsstellen, bereits faktisch etabliert hat, sind **strenge Reglementierungen durch das Gesetz bewusst vermieden** worden. Mediation ist ein im Vergleich zu anderen Berufsbildern junger und sich ständig weiter entwickelnder Bereich, der auch zukünftig seine Dynamik entfalten können soll, ohne zu großen Reglementierungen unterworfen zu sein. Daher hat sich der Gesetzgeber im Wesentlichen auf diejenigen Bereiche beschränkt, zu denen er nach der EU-Mediationsrichtlinie (Richtlinie 2008/52/EG des Europäischen Parlaments und des Rates vom 21.5.2008 über bestimmte Aspekte der Mediation in Zivil-

---

31 Schadow, Elder Mediation. Ein Konzept zur Erhöhung der Lebensqualität und Selbstbestimmung im Alter, 2016; Wendenburg ZKM 2016, 115; Krabbe/Thomsen ZKM 2011, 115; Zurmühl ZKJ 2012, 159; siehe generell zu diesem Thema das Heft Nr. 4/2011 der Zeitschrift „perspektive mediation".
32 Greger ZKM 2021, 18.
33 BT-Drs. 17/5335, 16.

und Handelssachen) verpflichtet war[34] bzw. die der Qualitätssicherung dienen, insbesondere die Vertraulichkeit der Mediation.

4. Kosten der Mediation. Die finanzielle Unterstützung der Mediation hat deutlich Einfluss auf die Akzeptanz bzw. Förderung der Mediation in der Praxis. Eine im Vorfeld der Verabschiedung des Gesetzes immer wieder geforderte **Einführung einer Mediationskostenhilfe**[35] würde zweifelsohne zur verstärkten Nutzung der Mediation beitragen. Mediationskostenhilfe als Bundesgesetz bedürfte jedoch, wie Prozess- und Verfahrenskostenhilfe, der Zustimmung des Bundesrates, weil die daraus entstehenden Ausgaben von den Ländern zu tragen wären, Art. 104a GG Im Hinblick auf die erwartete Versagung der Zustimmung des Bundesrats hat der Gesetzgeber davon abgesehen,[36] unmittelbar eine konkrete Regelung der Mediationskostenhilfe zu treffen. Stattdessen wurde mit § 7 eine Rechtsgrundlage für die Vereinbarung **wissenschaftlicher Forschungsvorhaben zu den Auswirkungen einer finanziellen Förderung der Mediation** auf die finanziellen Belastungen der Länder geschaffen (→ MediationsG § 7 Rn. 1 ff.). Die ursprünglich noch vorgesehene Begrenzung dieser Forschungsvorhaben auf Mediationen in Familiensachen wurde im Gesetzgebungsverfahren gestrichen.[37]

Der Vermittlungsausschuss hat zudem im Interesse der Förderung der Mediation sowie anderer Verfahren der außergerichtlichen Konfliktbeilegung eine Öffnungsklausel in § 61a FamGKG (Gesetz über Gerichtskosten in Familiensachen) eingefügt, die es den Ländern erlaubt, eigene Kostenregelungen zu treffen, um Gebühren beim einvernehmlichen Abschluss eines Gerichtsverfahrens zu ermäßigen oder zu erlassen, wenn sich die Parteien nach erhobener Klage im Rahmen einer außergerichtlichen Mediation auf eine einvernehmliche Streitbeilegung verständigen[38] (→ GKG § 69b Rn. 5 ff.).

5. Regelungen zur Mediation im Gesetz über das Verfahren in Familiensachen und in den Angelegenheiten der freiwilligen Gerichtsbarkeit (FamFG). a) Regelungen im FamFG 2009. Das am 1.9.2009 in Kraft getretene „Gesetz über das Verfahren in Familiensachen und in den Angelegenheiten der freiwilligen Gerichtsbarkeit" (FamFG) vom 17.12.2008[39] enthielt bereits einige Impulse zur Nutzung der Mediation sowie anderer Verfahren der außergerichtlichen Konfliktbeilegung.

Neben den ausdrücklichen Verweisen auf die Mediation sind in diesem Zusammenhang zwei eher beiläufige Reglungen zu sehen: In **§ 158b Abs. 2 FamFG** ist geregelt, dass das Gericht, soweit erforderlich, dem **Verfahrens-**

---

34 Allerdings hat der Gesetzgeber im MediationsG sachgerechterweise keine Beschränkung auf Konflikte mit grenzüberschreitendem Element vorgenommen und ist insoweit über den Regelungsgegenstand der Richtlinie hinausgegangen.
35 Carl ZKM 2012, 132; Greger, Protokoll der 51. Sitzung des Rechtsausschusses des Deutschen Bundestages, S. 4; Paul, Protokoll der 51. Sitzung des Rechtsausschusses des Deutschen Bundestages, S. 17; Proksch ZKM 2010, 39 (42).
36 Die überwältigende Mehrheit der Bundesländer (nämlich 13 von 16 Ländern) lehnt die Etablierung einer Kostenhilfe für Mediation auch weiterhin ab, wie eine Länderbefragung des Bundesministeriums der Justiz und für Verbraucherschutz im Jahr 2021 ergab, vgl. ZKM 2022, 35.
37 BT-Drs. 17/8058, 20.
38 BT-Drs. 17/10102, 4 f.
39 BGBl. I 2586.

beistand die zusätzliche Aufgabe übertragen kann, Gespräche mit den Eltern und weiteren Bezugspersonen des Kindes zu führen sowie am Zustandekommen einer einvernehmlichen Regelung über den Verfahrensgegenstand mitzuwirken, wobei er eine parteiliche Rolle als „Anwalt des Kindes" hat.[40] Diese zusätzliche Aufgabe wird gemäß § 158c Abs. 1 S. 2 FamFG gesondert vergütet. **§ 163 Abs. 2 FamFG** ermächtigt das Gericht in Verfahren, die die Person des Kindes betreffen, anzuordnen, dass der **Sachverständige** bei der Erstellung des Gutachtens auch auf die Herstellung des Einvernehmens zwischen den Beteiligten hinwirken soll. Diese Regelungen setzen auf die Verhandlungskompetenz des Verfahrensbeistandes sowie des Sachverständigen, die nach Aufbau einer Arbeitsbeziehung mit den betroffenen Eltern die Herbeiführung einer einvernehmlichen Regelung unterstützen sollen.

13 Mit den §§ 23 Abs. 1 S. 2, 36a, 81 Abs. 2 Nr. 5, 135, 150 Abs. 4 S. 3, 155 Abs. 4, 156 Abs. 1 S. 3 FamFG wurden – abgesehen von der Nennung in § 2 Abs. 3 Nr. 4 Rechtsdienstleistungsgesetz – erstmals konkrete Regelungen zur Mediation als Alternative zum gerichtlichen Verfahren kodifiziert.

14 **b) Neuregelungen im FamFG durch das Gesetz zur Förderung der Mediation und anderer Verfahren der außergerichtlichen Konfliktbeilegung.** Durch das „Gesetz zur Förderung der Mediation und anderer Verfahren der außergerichtlichen Konfliktbeilegung" erfuhr das FamFG umfangreiche Änderungen. Für die Familienmediation bildete Art. 4 des Gesetzentwurfes[41] bzw. Art. 3 der Beschlussempfehlung des Rechtsausschusses[42] das **Kernstück der Neuregelungen zur Implementierung der Familienmediation.**

15 Wesentliches Anliegen bei der Schaffung des Mediationsgesetzes war neben der Stärkung des Mediationsverfahrens das Setzen von Impulsen zur Nutzung der Mediation: Der Automatismus, mit dem Paare in Trennung und Scheidung an Gerichte und Anwälte denken, sollte durchbrochen werden. Von Anfang an soll der Blick auf die Alternativen einer außergerichtlichen Konfliktbeilegung gerichtet werden. Das Gesetz hat dazu verschiedene Optionen bereitgestellt, nämlich

§ 23 FamFG Verfahrenseinleitender Antrag

(1) (...) ³Der Antrag soll in geeigneten Fällen die Angabe enthalten, ob der Antragstellung der Versuch einer Mediation oder eines anderen Verfahrens der außergerichtlichen Konfliktbeilegung vorausgegangen ist, sowie eine Äußerung dazu, ob einem solchen Verfahren Gründe entgegenstehen. (...)

16 Bereits **bei Antragstellung** an das Familiengericht sollen die Beteiligten angeben, ob der Versuch einer Mediation oder eines anderen Verfahrens der außergerichtlichen Konfliktbelegung unternommen wurde sowie sich dazu äußern, ob einem solchen Verfahren Gründe entgegenstehen (→ FamFG § 23 Rn. 3 ff.; → ZPO § 253 Rn. 1 ff.).

---

40 Vgl. Paul/Kiesewetter/Carl/Erb-Klünemann, S. 60; Paul/Pape ZKJ 2012, 464 (465).
41 BT-Drs. 17/5335, 7.
42 BT-Drs. 17/8058, 10.

§ 36a FamFG Mediation, außergerichtliche Konfliktbeilegung
(1) ¹Das Gericht kann einzelnen oder allen Beteiligten eine Mediation oder ein anderes Verfahren der außergerichtlichen Konfliktbeilegung vorschlagen. ²In Gewaltschutzsachen sind die schutzwürdigen Belange der von Gewalt betroffenen Person zu wahren.
(2) Entscheiden sich die Beteiligten zur Durchführung einer Mediation oder eines anderen Verfahrens der außergerichtlichen Konfliktbeilegung, setzt das Gericht das Verfahren aus.
(3) Gerichtliche Anordnungs- und Genehmigungsvorbehalte bleiben von der Durchführung einer Mediation oder eines anderen Verfahrens der außergerichtlichen Konfliktbeilegung unberührt.

Das Familiengericht kann – wie auch das Zivilgericht gemäß § 278a ZPO – den Beteiligten eine Mediation oder ein anderes Verfahren der außergerichtlichen Konfliktbeilegung vorschlagen. Ergänzend sind verfahrensrechtliche Regelungen sowie Einschränkungen bei Gewaltschutzsachen vorgesehen (→ FamFG § 36a Rn. 1 ff.).

§ 81 FamFG Grundsatz der Kostenpflicht
(1) (...)
(2) Das Gericht soll die Kosten des Verfahrens ganz oder teilweise einem Beteiligten auferlegen, wenn
1.-4. (...)
5. der Beteiligte einer richterlichen Anordnung zur Teilnahme an einem kostenfreien Informationsgespräch über Mediation oder über eine sonstige Möglichkeit der außergerichtlichen Konfliktbeilegung nach § 156 Absatz 1 Satz 3 oder einer richterlichen Anordnung zur Teilnahme an einer Beratung nach § 156 Absatz 1 Satz 4 nicht nachgekommen ist, sofern der Beteiligte dies nicht genügend entschuldigt hat.
(3)–(5) (...)

Für den Fall, dass ein Beteiligter unentschuldigt einer richterlichen Anordnung zur Teilnahme an einem kostenfreien Informationsgespräch über Mediation oder über sonstige Möglichkeiten der außergerichtlichen Konfliktbeilegung oder einer Anordnung zur Teilnahme an einer Beratung nicht nachgekommen ist, kann das Gericht dies **bei der Kostenentscheidung berücksichtigen** (→ FamFG § 81 Rn. 1 ff.).

§ 135 FamFG Außergerichtliche Konfliktbeilegung über Folgesachen
¹Das Gericht kann anordnen, dass die Ehegatten einzeln oder gemeinsam an einem kostenfreien Informationsgespräch über Mediation oder eine sonstige Möglichkeit der außergerichtlichen Konfliktbeilegung anhängiger Folgesachen bei einer von dem Gericht benannten Person oder Stelle teilnehmen und eine Bestätigung hierüber vorlegen. ²Die (...)

§ 150 FamFG Kosten in Scheidungssachen und Folgesachen
(1)–(3) (...)
(4) Erscheint in den Fällen der Absätze 1 bis 3 die Kostenverteilung (...) unbillig, kann das Gericht die Kosten nach billigem Ermessen anderweitig verteilen. ²Es kann dabei auch berücksichtigen, ob ein Beteiligter einer richterlichen Anordnung zur Teilnahme an einem Informationsgespräch nach § 135 nicht nachgekommen ist, sofern der Beteiligte dies nicht genügend entschuldigt hat.
(5) (...)

Für den Fall, dass ein Beteiligter unentschuldigt einer richterlichen Anordnung zur Teilnahme an einem Informationsgespräch über Mediation oder eine sonstige Möglichkeit der außergerichtlichen Konfliktbeilegung nicht nachgekommen ist, kann das Gericht dies **bei der Kostenentscheidung berücksichtigen** (→ FamFG § 150 Rn. 1 ff.).

§ 155 FamFG Vorrang- und Beschleunigungsgebot

(1)–(3) (...)

(4) Hat das Gericht ein Verfahren nach Absatz 1 zur Durchführung einer Mediation oder eines anderen Verfahrens der außergerichtlichen Konfliktbeilegung ausgesetzt, nimmt es das Verfahren in der Regel nach drei Monaten wieder auf, wenn die Beteiligten keine einvernehmliche Regelung erzielen.

19 Den Beteiligten werden bei Inanspruchnahme von Mediation vom Gericht in der Regel drei Monate Zeit gegeben, binnen derer **das Gerichtsverfahren ruht** und sie eine einvernehmliche Regelung erzielen können (→ FamFG § 155 Rn. 1).

§ 156 FamFG Hinwirken auf Einvernehmen

(1) (...) ³Das Gericht kann anordnen, dass die Eltern einzeln oder gemeinsam an einem kostenfreien Informationsgespräch über Mediation oder über eine sonstige Möglichkeit der außergerichtlichen Konfliktbeilegung bei einer von dem Gericht benannten Person oder Stelle teilnehmen und eine Bestätigung hierüber vorlegen. (...)

(2)–(3) (...)

20 Mit dieser Regelung können die Familiengerichte **auch in Kindschaftssachen** anordnen, dass die Eltern einzeln oder gemeinsam an einem **kostenfreien Informationsgespräch über Mediation** oder eine sonstige Möglichkeit der außergerichtlichen Konfliktbeilegung teilnehmen. Die zuvor gemäß § 135 FamFG nur im Rahmen von Scheidungen für Folgesachen geltende Regelung wurde damit um sorge- und umgangsrechtliche Streitigkeiten erweitert (→ FamFG § 156 Rn. 1 ff.).

II. Praxis der Familienmediation; Aus- und Fortbildung in der Familienmediation

21 **1. Besonderheiten des Verfahrens.** Die Familienmediation zeichnet sich im Verhältnis zu den sonstigen Anwendungsbereichen der Mediation[43] durch einige Besonderheiten aus. Familienmediation ist regelmäßig von einem emotionalen Nähe-Verhältnis der Konfliktbeteiligten geprägt; häufig besteht eine **besondere Nähe auch zu gesetzlichen Rahmenbedingungen** sowie zu gerichtlichen Verfahren. Dies hat im Hinblick auf § 2 Abs. 3 Nr. 4 Rechtsdienstleistungsgesetz eine enge Kooperation mit den beratenden Anwälten zur Folge (→ RDG § 2 Rn. 31 ff.). Um der Psychodynamik von Paaren im Trennungsprozess und der besonderen Situation der betroffenen Kinder besser gerecht werden zu können, wird im Rahmen von Familienmediationen besonders häufig die sogenannte **Co-Mediation** praktiziert.[44]

---

43 Zu weiteren Anwendungsfeldern → Teil 3 A.–Q.; vgl. Damerau/Zemmrich JA 2007, 203 ff.
44 Paul/Kiesewetter, S. 37; Paul/Pape ZKJ 2012, 464 (469); → RDG § 2 Rn. 45 ff.

a) **Das Recht in der Familienmediation. aa) Recht als Rahmen.** Bei familiären Konflikten insbesondere im Rahmen von Trennung und Scheidung sind die Schnittstellen zwischen dem gerichtlichen Verfahren und der Mediation evident: Eine Ehe kann nur durch richterliche Entscheidung geschieden werden, § 1564 S. 1 BGB. Die typischerweise in einer Familienmediation klärungsbedürftigen Themen[45] haben rechtliche Implikationen. Die in der Mediation erarbeitete Regelung ersetzt entweder eine gerichtliche Entscheidung oder sie gilt als Grundlage für die im Gericht anstehenden nächsten Schritte. Mediation ist somit eine Alternative oder Ergänzung zum gerichtlichen Verfahren. Dabei bildet das Recht den Rahmen für das Mediationsverfahren und für das Mediationsergebnis. 22

Ein tragendes Prinzip des bürgerlichen Rechts ist die Privatautonomie als Ausfluss des allgemeinen Selbstbestimmungsrechts, Art. 2 Abs. 1 GG.[46] Haupterscheinungsform der Privatautonomie ist die Vertragsfreiheit, dh die Freiheit des Einzelnen, seine Lebensverhältnisse durch Verträge eigenverantwortlich zu gestalten.[47] Mediation als Verfahren, das sich auf die Eigenverantwortlichkeit der Beteiligten gründet, ist in besonderer Weise geeignet, dem Grundsatz der Privatautonomie in Gestalt der Vertragsfreiheit Geltung zu verschaffen.[48]

Diese Freiheit Vereinbarungen zu treffen, endet dort, wo rechtliche Grenzen gezogen sind, insbesondere durch gesetzliche Wirksamkeitsvoraussetzungen und den Grundsatz von Treu und Glauben.[49] Eine familienrechtliche Vereinbarung, die gegen ein gesetzliches Verbot verstößt, ist, ebenso wie jedes andere Rechtsgeschäft, nach § 134 BGB grundsätzlich nichtig. Für eheyertragliche Vereinbarungen steht die Prüfung der Sittenwidrigkeit im Sinne des § 138 BGB im Zentrum der Wirksamkeitskontrolle. Eine evident einseitige Verteilung von Lasten und Vorteilen zum Zeitpunkt des Vertragsschlusses, die Ergebnis einer unterlegenen Verhandlungsposition des Benachteiligten ist, ist sittenwidrig.[50] Entsprechendes gilt, wenn die Vereinbarung zulasten Dritter ginge, beispielsweise des Sozialhilfeträgers[51] oder eines Kindes. Im Wege der richterlichen Ausübungskontrolle kommt ein Eingriff in die Vertragsfreiheit trotz Wirksamkeit einer Vereinbarung in Betracht, wenn die Ausübung der durch die Vereinbarung eingeräumten Rechtsmacht missbräuchlich wäre und die Berufung auf die Vereinbarung

---

45 Ehegattenunterhalt, Vermögensauseinandersetzung, Ausgleich der Versorgungsanwartschaften, Nutzung der Ehewohnung, Verteilung der Haushaltsgegenstände, Kindesunterhalt, Umgangsrecht, elterliche Sorge.
46 Staudinger/Sack/Fischinger BGB § 138 Rn. 53; MüKoBGB/Busche Vor § 145 Rn. 2 f.
47 MüKoBGB/Busche Vor § 145 Rn. 6.
48 Zum zunehmenden Bewusstsein der Disponibilität der Normen und der (Familien-)Mediation als Methode zur Betonung der Selbstverantwortung vgl. Haft/v. Schlieffen/Mähler/Mähler § 31 Rn. 6 f.
49 Im Zusammenhang mit Vereinbarungen betreffend ein Kind zieht § 1666 BGB die Grenze dort, wo das Kindeswohl gefährdet ist, das dem staatlichen Wächteramt unterstellt ist, Art. 6 Abs. 2 GG.
50 BVerfG 6.2.2001 – 1 BvR 12/92, BVerfGE 103, 89–111 = FamRZ 2001, 343; BGH 11.2.2004 – XII ZR 265/02, BGHZ 158, 81–110 = FamRZ 2004, 601 ff.; vgl. im Überblick Grüneberg/Brudermüller BGB § 1408 Rn. 8–15.
51 BGH 5.11.2008 – XII ZR 157/06, BGHZ 178, 322–338 = FamRZ 2009, 198.

daher gegen Treu und Glauben verstieße.[52] Beispiele hierfür sind wiederum Fälle einer evident einseitigen Lastenverteilung,[53] die sich insbesondere daraus ergeben kann, dass die tatsächliche Gestaltung der ehelichen Lebensverhältnisse von der ursprünglich dem Vertrag zugrunde liegenden Lebensplanung abweicht,[54] oder Fälle einer Belastung Dritter.[55]

Aus rechtsgestaltender Perspektive ist es daher wichtig, die Rahmendaten der Vertragsparteien, insbesondere ihre berufliche und wirtschaftliche Situation bei Vertragsschluss, in den Vereinbarungstext aufzunehmen. Kautelarjuristisch wurden, ausgehend von verschiedenen Lebensmodellen, typische Vertragsgestaltungen entwickelt und haben Eingang in die Literatur gefunden.[56] Diese können für die Erstellung der Abschlussvereinbarung, in der die in der Mediation erarbeiteten Lösungen in vertragliche Form gegossen werden, hilfreich sein.

23 **bb) Recht als bereicherndes und begrenzendes Moment in der Mediation.** Neben der Festlegung von Zulässigkeitsgrenzen und der Konstituierung der Voraussetzungen für die Durchsetzbarkeit von Vereinbarungen, hat das Recht in der Mediation weitere Funktionen. Es dient der Vollständigkeitsprüfung von Themen. Darüber hinaus hält das Recht einen Fundus an Lösungsoptionen bereit, der im Rahmen der Mediation fruchtbar gemacht werden kann.[57] Schließlich ermöglicht Rechtskenntnis es den Beteiligten, eine Mediationslösung zur gesetzlichen Lösung ins Verhältnis zu setzen und damit ein Bewusstsein dafür zu erlangen, wer mit einer Vereinbarung worüber disponiert und was die beste Alternative zu einer einvernehmlichen Lösung darstellen würde.[58] Damit stärkt das Recht die Eigenverantwortlichkeit der Beteiligten und fördert die Nachhaltigkeit einer Konfliktlösung.

Recht kann jedoch auch begrenzende Wirkung in der Mediation haben. Rechtlichen Lösungen wird im Rechtsstaat per definitionem ein hohes Maß an Plausibilität, Überzeugungskraft und Befriedungswirkung zugeschrieben. Die Lösung des Gesetzes kann daher den Blick auf besondere Umstände des konkreten Falles verstellen und das Bewusstsein für individuelle Bedürfnisse der Beteiligten erschweren. Beides kann die Lösungsoffenheit, die Kompromissbereitschaft und die Kreativität bei der Entwicklung von Optionen einschränken. Ferner kann Recht die Perspektive auf eine vorläufige Mediationslösung ändern und eine bis dahin scheinbar stimmige Gesamtlösung ins Wanken bringen. Es kann eine Störung im Mediationsprozess sein, wenn es Angst bei derjenigen auslöst, der nach der rechtlichen Lösung weniger zustünde, und/oder Enttäuschung bei demjeni-

---

52 BGH 11.2.2004 – XII ZR 265/02, BGHZ 158,81–110 = FamRZ 2004, 601 ff.
53 BGH 11.2.2004 – XII ZR 265/02, BGHZ 158,81–110 = FamRZ 2004, 601 ff.
54 BGH 11.2.2004 – XII ZR 265/02, BGHZ 158,81–110 = FamRZ 2004, 601 ff.; BGH 6.10.2004 – XII ZB 57/03, FamRZ 2005, 185–188.
55 Vgl. dazu BGH 9.7.1992 – XII ZR 57/91, FamRZ 1992, 1403–1403.
56 Limmer/Hertel/Frenz/Mayer WürzNotar-HdB Teil 3 Kap. 1 Ehevertrag und Scheidungsfolgenvereinbarung; Kersten/Bühling FormB Freiwillige Gerichtsbarkeit § 85 Ehevertrag: Regelungstypen, § 90 Vereinbarungen anlässlich der Ehescheidung.
57 Haft/v. Schlieffen/Mähler/Mähler § 31 Rn. 64.
58 „Best alternative to a negotiated agreement"; Haft/v. Schlieffen/Mähler/Mähler § 31 Rn. 64.

gen, dem nach der rechtlichen Lösung mehr zustünde, als er nach einer vorläufigen Mediationsvereinbarung erhalten soll.
Es ist hilfreich, die Beteiligten auf diese potenziellen Szenarien hinzuweisen, bevor sie Rechtsrat einholen. Ihnen sollte Sicherheit dahin gehend vermittelt werden, dass gerade die Möglichkeit, eine solche veränderte Wahrnehmung bei der Erarbeitung der Abschlussvereinbarung zu berücksichtigen, ihrer Nachhaltigkeit zuträglich ist.

cc) Rechtsdienstleistung. In § 2 Abs. 3 Nr. 4 RDG ist geregelt, dass Mediation und jede vergleichbare Form der alternativen Streitbeilegung **keine Rechtsdienstleistung** darstellt, sofern die Tätigkeit nicht durch rechtliche Regelungsvorschläge in die Gespräche der Beteiligten eingreift.[59] In der Gesetzesbegründung zum Rechtsdienstleistungsgesetz wird die kommunikative Handlung des Mediators mit dem Ziel der Herstellung von Verständigungsprozessen und dem Schwerpunkt der Gesprächsleitung betont.[60] Klarstellend heißt es, dass Mediation zwar Rechtsinformationen enthalten und sich auf Rechtsverhältnisse beziehen sowie Regelungsmöglichkeiten zur Diskussion stellen kann – die Gestaltung ihrer Rechtsverhältnisse bleibt den Konfliktbeteiligten aber eigenverantwortlich überlassen.
Bewegt sich die Tätigkeit einer Mediatorin in diesem Rahmen, so liegt keine Rechtsdienstleistung vor. Greift der Mediator hingegen durch rechtliche Regelungsvorschläge gestaltend in die Gespräche der Beteiligten ein, dann können diese Regelungsvorschläge Rechtsdienstleistungen im Sinn des Rechtsdienstleistungsgesetzes sein.[61] Es handelt sich in diesen Fällen nicht mehr um eine (reine) Mediation, sondern um eine Streitlösung mit (auch) rechtlichen Mitteln, bei der die Zusammenarbeit mit einer Rechtsanwältin oder einem Rechtsanwalt geboten ist. Rechtsberatung, die nicht allgemeine Rechtsinformation ist, ist also Anwaltssache.[62]

dd) Rechtsberatung. Unter Berücksichtigung dieser Wirkungen des Rechts in der und für die Mediation ist die Inanspruchnahme von Rechtsrat während der Mediation empfehlenswert. In **§ 2 Abs. 6** ist der **Grundsatz der externen Rechtsberatung** kodifiziert (→ MediationsG § 2 Rn. 243, 261 f., 288 ff.). Danach wirkt der Mediator im Falle einer Einigung darauf hin, dass die Parteien die Vereinbarung in Kenntnis der Sachlage treffen und ihren Inhalt verstehen. Er hat die Parteien, die ohne fachliche Beratung an der Mediation teilnehmen, auf die Möglichkeit hinzuweisen, die Vereinbarung bei Bedarf durch externe Berater überprüfen zu lassen. Diese Regelung soll nicht nur den Parteien, sondern auch den beratenden Anwälten und ebenso den Steuerberatern die Sicherheit geben, dass die für die Mediation notwendige Informiertheit der Parteien gewährleistet wird. Der Wortlaut von § 2 Abs. 6 („im Falle einer Einigung") weist auf den in der Regel geeigneten Zeitpunkt für die Inanspruchnahme von Rechtsrat hin: Nach Erstellung des Memorandums und vor der Abschlussvereinbarung. Sinnvoll ist es, wenn sich die Beteiligten bereits im Mediationsvertrag

---

59 → RDG § 2 Rn. 37 ff.; Ade/Gläßer ZKM 2013, 59.
60 BT-Drs. 16/3655, 50 li. Sp.
61 BT-Drs. 16/6634, 51; vgl. BGH 21.9.2017 – Az. IX ZR 34/17; differenzierend zur Frage der Haftung des Mediators Gläßer ZKM 2018, 81.
62 Vgl. hierzu Paul/Lack-Strecker ZKJ 2008, 389 (390).

verpflichten, jeweils eine Rechtsanwältin oder einen Rechtsanwalt aufzusuchen, um einseitig parteiische Rechtsberatung zu erhalten.

26 **ee) Rechtsanwälte in der Mediation.** Der Rechtsanwalt hat als unabhängiger Berater und Vertreter in allen Rechtsangelegenheiten seinen Mandanten unter anderem vor Rechtsverlusten zu schützen sowie rechtsgestaltend, konfliktvermeidend und streitschlichtend zu begleiten, § 1 Abs. 3 BORA. Ausgehend davon ist es geboten und angemessen, Rechtsanwältinnen und Rechtsanwälte wertschätzend und respektvoll in das Verfahren einzubeziehen, wenn die Beteiligten deren Anwesenheit wünschen.

In der Familienmediation ist die Anwesenheit von Rechtsanwältinnen und Rechtsanwälten jedoch die Ausnahme.[63] Anders als im gerichtlichen Verfahren stehen hier die Beteiligten im Vordergrund. Wird die Anwesenheit von Anwältinnen und Anwälten in den Mediationsgesprächen gewünscht, sollten im Grundsatz die beider Beteiligter anwesend sein, um einem Machtungleichgewicht vorzubeugen. Bei der Einbeziehung in die Mediationsgespräche (zur anwaltlichen Begleitung im Mediationsverfahren → L. Rn. 37 ff.)[64] kann es hilfreich sein, die verfahrensstrukturellen Besonderheiten der Mediation zu verdeutlichen[65] und entsprechende Kommunikationsregeln zu etablieren.[66] Notwendig dafür ist das Einverständnis der Beteiligten, was voraussetzt, dass auch die Rechtsanwältinnen und Rechtsanwälte diese Verfahrensgestaltung als sinnvoll erachten.[67]

27 In **grenzüberschreitenden und internationalen Familienmediationen** sind die Mitwirkung von Anwältinnen und Anwälten und die externe Rechtsberatung in noch stärkerem Maße bedeutsam. Die rechtlichen Rahmenbedingungen eines grenzüberschreitenden Konflikts sind komplexer als diejenigen von Konflikten ohne grenzüberschreitendes Element (→ Rn. 6). Dies betrifft zB die internationale Zuständigkeit von Gerichten, die für den Fall des Scheiterns der Mediation zu klären ist oder sich als Vorfrage stellte, bevor die Beteiligten sich für einen Mediationsversuch entschieden haben.

Bei mehreren in Betracht kommenden Foren für ein gerichtliches Verfahren kann ein Gerichtsstand für einen der Beteiligten aus taktischer, wirtschaftlicher oder rechtlicher Perspektive Vorteile haben. Findet das Prioritätsprinzip Anwendung, besteht das Problem des „forum shoppings",[68] was zur raschen Einleitung eines oder mehrerer gerichtlicher Verfahren bewegen kann.

Häufig sind mehrere nationale Rechtsordnungen betroffen, die sich überschneiden und widersprechen können. Es ist dann klärungsbedürftig, welches Verfahrensrecht und welches materielle Recht anzuwenden ist bzw. ob vorrangige internationale Abkommen zu berücksichtigen sind. Dabei füh-

---

63 Haft/v. Schlieffen/Bernhardt/Winograd § 19 Rn. 16.
64 Jost/Fritz/Gläßer, S. 15 ff.: Die Rolle(n) von Rechtsanwälten in der Mediation.
65 Bspw. durch Anordnung der Sitzplätze dergestalt, dass die Beteiligten näher zum Mediator sitzen.
66 Bspw. durch eine Vereinbarung dahin gehend, dass die Anwälte zwar jederzeit die Möglichkeit haben, das Verfahren zu unterbrechen und ihren Mandanten zu beraten, aber sich jedenfalls in Phase 3 der Mediation nicht selbst äußern.
67 Ggf. ist die Rolle der Rechtsanwälte in der Mediation als erstes Thema der Mediation zu klären.
68 Geimer Kap. 7 Forum Shopping.

ren die Kollisionsregeln des jeweiligen internationalen Privatrechts nicht immer zu kohärenten Ergebnissen. Auch dann, wenn das anwendbare Recht bestimmbar ist, besteht ein erhöhtes Risiko von Fehlern bei Anwendung durch ein Gericht eines anderen Staates. Zum Teil laufen Klage- und Notfristen, die durch einen Mediationsversuch nicht gehemmt werden oder es wird einstweiliger Rechtsschutz benötigt. Wenn aufgrund des Zeitablaufs, den ein Mediationsversuch bedingen würde, eine Rechtsvereitelung droht, ist ein Konflikt nicht mediationsgeeignet, so dass dann zu klären ist, mit welchen (gerichtlichen) Maßnahmen eine Rechtsvereitelung verhindert werden kann und ob dann die Voraussetzungen für einen Mediationsversuch gegeben sind.[69] Die in Deutschland tätigen Mediatorinnen und Mediatoren können vielleicht das hier geltende Recht einschätzen, in der Regel aber nicht das Recht des Herkunftslandes des anderen Elternteiles. Die Mitwirkung von Anwältinnen und Anwälten und deren Rechtsrat, von dem das Ergebnis der Mediation abhängig sein kann, sind in diesen Fällen unerlässlich.[70] Dies gilt umso mehr, als Vereinbarungen, die in grenzüberschreitenden Konflikten getroffen werden, in der Regel nicht unmittelbar nach allen betroffenen Rechtssystemen bindend und vollstreckbar sind. Zu klären ist daher auch, ob bzw. unter welchen Voraussetzungen die Anerkennung und Vollstreckbarkeit in den betroffenen Staaten herbeigeführt werden kann.[71]

ff) Besondere rechtliche Aspekte der Familienmediation. (1) Vermögensverteilung. Besondere Aufmerksamkeit ist mit Blick auf deutsches Familienrecht im Zusammenhang mit Vereinbarungen über die Vermögensverteilung geboten: Leben Ehegatten im gesetzlichen Güterstand der Zugewinngemeinschaft, wird der Zugewinn (erst) bei Beendigung des Güterstandes ausgeglichen, § 1372 BGB. Zugewinn ist der Betrag, um den das Endvermögen eines Ehegatten das Anfangsvermögen übersteigt, § 1373 BGB. Als Endvermögen wird das Vermögen definiert, das einem Ehegatten bei der Beendigung des Güterstands gehört, § 1375 Abs. 1 BGB.[72] Wird der Güterstand nicht beendet bzw. der Zugewinnausgleich nicht ausgeschlossen, können nach Abschluss der Mediation Veränderungen im Vermögen des einen – mittelbar über einen späteren Zugewinnausgleich – Auswirkungen auf das Vermögen des anderen haben. Dies wollen die Beteiligten in der Regel nicht, wenn mit der Mediation eine endgültige Vermögensverteilung geregelt werden soll. Entwickeln sich die Vermögensverhältnisse der Beteiligten nach Abschluss der Mediation unterschiedlich und kann später ein Zugewinnausgleich beansprucht werden, ist die Mediationslösung nicht mehr ausgewogen und Folgekonflikte sind die wahrscheinliche Konsequenz.

---

69 Greger/Unberath/Steffek/Greger B. § 2 Rn. 129.
70 Paul/Kiesewetter, S. 45; Guide to Good Practice on Mediation under the 1980 Hague Convention, abrufbar unter https://www.hcch.net/en/publications-and-studies/details4/?pid=6561 (zuletzt abgerufen am 8.9.2024).
71 von Ballestrem/Schmid/Loebel NZFam 2015, 811 (813).
72 Wird die Ehe geschieden, so tritt für die Berechnung des Zugewinns und für die Höhe der Ausgleichsforderung an die Stelle der Beendigung des Güterstandes der Zeitpunkt der Rechtshängigkeit des Scheidungsantrags, § 1984 BGB.

Werden in der Mediation Vereinbarungen getroffen und Veränderungen am Vermögensstand vorgenommen, ohne dass der Güterstand in der nach § 1408 BGB erforderlichen notariellen Form beendet bzw. Verzicht auf künftigen Zugewinn vereinbart wurde, besteht mithin das Risiko, dass – trotz des Mediationsergebnisses – bei Beendigung des Güterstandes zu einem späteren Zeitpunkt Zugewinnausgleichsansprüche geltend gemacht werden.

29 **(2) Formerfordernisse.** Weitere Formerfordernisse, die im Familienkonflikt typischerweise relevant werden, betreffen Vereinbarungen über den Versorgungsausgleich und den nachehelichen Unterhalt, die vor der Rechtskraft der Scheidung geschlossen werden.[73]

30 **(3) Vollstreckbarkeit.** Die Überlegung, einen speziellen Mechanismus zu etablieren, um in der Mediation getroffene Vereinbarungen für vollstreckbar erklären zu können,[74] wurde nicht Gesetz.[75] Die Vollstreckbarkeit einer Abschlussvereinbarung kann daher nach den allgemeinen Regeln durch notarielle Beurkundung oder in Form eines Anwaltsvergleiches gewährleistet werden (→ MediationsG § 2 Rn. 312).

Ist ein gerichtliches Verfahren über den Gegenstand rechtshängig, über den in der Mediation eine einvernehmliche Regelung getroffen wurde, kann diese in Form eines vollstreckbaren gerichtlichen Vergleichs geschlossen werden, beispielsweise in der Form des § 113 Abs. 1 S. 2 FamFG iVm § 278 Abs. 6 ZPO.

Kindesunterhalt kann kostenfrei durch eine Jugendamtsurkunde tituliert werden.

31 **(4) Verzug.** Mediation ist ein Verfahren, das die beste Lösung für die Beteiligten ermöglichen soll. Dies erfordert, dass Mediation kein Forum ist, das Rechtsverluste von Beteiligten begünstigt. Daraus folgt insbesondere, dass unumkehrbare Verhältnisse zum Nachteil eines Beteiligten zu vermeiden sind. Für den Fall, dass Unterhaltsfragen Gegenstand des Mediationsverfahrens sind, sollte der Mediationsvertrag daher vorsehen, dass dieser – für den Fall, dass die Mediation nicht durch eine Abschlussvereinbarung beendet wird, die die Unterhaltsfragen regelt – als Unterhaltsverlangen des Berechtigten gegenüber dem Verpflichteten gilt, so dass eine Differenz zwischen gezahltem und gesetzlich geschuldetem Unterhalt dann rückwirkend ab der dann mit dem Mediationsvertrag gewährleisteten Inverzugsetzung verlangt werden kann.

32 **(5) Ordre Public.** Mediation ist grundsätzlich vertraulich. Der Mediator und die in die Durchführung des Mediationsverfahrens eingebundenen Personen sind zur Verschwiegenheit verpflichtet, § 4 S. 1. Vertraulichkeit und Verschwiegenheitspflicht werden gemäß § 4 S. 3 durchbrochen, wenn die Offenlegung aus vorrangigen Gründen der öffentlichen Ordnung (ordre public) geboten ist, wenn also die Verschwiegenheit Konsequenzen hätte,

---

73 Zur Zusammenarbeit von Mediatoren und Notaren → M. Rn. 36 f.
74 BT-Drs. 17/5335, 10.
75 Auf europäischer Ebene wurden die Mitgliedstaaten aufgefordert, Regelungen vorzusehen, um Mediationsvereinbarungen in Kindschaftssachen rechtsverbindlich und durchsetzbar zu machen, vgl. Ziff. 39 der Entschließung des Europäischen Parlaments (2021/2060(INI)) vom 5.4.2022, ABl. C 434/11, 11–18 v. 15.11.2022.

die mit den Grundwerten der deutschen Rechtsordnung nicht zu vereinbaren wären (→ MediationsG § 4 Rn. 38 ff.). Zwei der Fallgruppen, die § 4 S. 3 ausdrücklich nennt, nämlich eine erhebliche Gefährdung des Wohles eines Kindes und eine schwerwiegende Beeinträchtigung der physischen oder psychischen Integrität einer Person,[76] sind im Kontext der Familienmediation von besonderer Bedeutung.

Neben der Gesetzeskenntnis über die damit gezogene Grenze der Vertraulichkeit benötigt die Mediatorin auch die Kompetenz, eine solche Gefährdung des Kindeswohls bzw. eine Beeinträchtigung der Integrität einer Person zu erkennen.[77]

b) Co-Mediation. Eine weitere Besonderheit der Familienmediation liegt in der häufig üblichen Co-Mediation: Zwei in der Regel gleichberechtigte Mediierende[78] mit unterschiedlichen Grundberufen und unterschiedlichen Geschlechtern unterstützen die Paare oder Eltern bei der Beilegung ihres Familienkonfliktes. Mediatorinnen und Mediatoren mit einem psychologischen oder sozialpädagogischen Grundberuf, auch **psychosoziale Mediatoren** genannt, verfügen häufig über größere Erfahrungen im Umgang mit der psychodynamischen Dimension von Konflikten sich trennender Paare; Mediatorinnen und Mediatoren mit einem juristischen Grundberuf, auch **juristische Mediatoren** genannt, sind eher mit den juristischen Rahmenbedingungen vertraut, die in der Familienmediation regelmäßig eine große Rolle spielen.

Ein Hindernis für die Arbeit in Co-Mediation waren lange Zeit die für unterschiedliche Berufsgruppen unterschiedlichen Regelungen zur **Verschwiegenheitspflicht** und zum **Zeugnisverweigerungsrecht**. Mediatorinnen mit dem Grundberuf der Anwältin unterliegen umfassenden berufsrechtlichen Pflichten und genießen entsprechenden Schutz, der anderen Berufsträgern nicht zuteil wird. Hier schafft § 4 eine Klarstellung und dadurch Erleichterung für die Co-Mediation: Alle Mediatorinnen und Mediatoren sind nunmehr zur Verschwiegenheit verpflichtet (→ MediationsG § 4 Rn. 1 ff.). Im Zivilprozess sind sie zur Zeugnisverweigerung berechtigt, § 383 Abs. 1 Nr. 6 ZPO.[79] Aber nicht alle Bereiche sind geschützt: Das Zeugnisverweigerungsrecht in Strafverfahren wurde im Rahmen des Mediationsgesetzes nicht geregelt.[80]

Co-Mediation wird in Relation zur erwarteten Komplexität eines Konflikts befürwortet: Je komplexer ein Konflikt erscheint, desto eher wird für

---

76 Eine Gefährdung in diesem Sinne ist anzunehmen, wenn sich bei weiterer Entwicklung des objektiv zu erwartenden Geschehens mit ziemlicher Sicherheit eine erhebliche Schädigung voraussehen lässt (BVerfG Beschl. v. 19.11.2014 – 1 BvR 1178/14 = BVerfG FamRZ 2015, 113). Typische Fälle von Verletzungsverhalten sind körperliche Misshandlung, sexueller Missbrauch und Vernachlässigung.
77 Für eine ausführliche Darstellung möglicher Screening-Vorgehensweisen vgl. Gläßer, S. 358 ff.
78 Zu Möglichkeiten der Arbeitsteilung im Mediatorenteam vgl. Haft/v. Schlieffen/Gläßer § 15 Rn. 64; Haft/v. Schlieffen/Bernhardt/Winograd § 19 Rn. 21; Trenczek/Berning/Lenz/Will Konfliktmanagement-HdB/Troja 3.11.3 Rn. 22 ff.
79 Entsprechendes gilt gemäß § 98 VwGO, § 118 Abs. 1 SGG im Verwaltungs- und Sozialgerichtsprozess.
80 Zum Umfang des Zeugnisverweigerungsrechts im Strafprozess vgl. § 53 Abs. 1 Nr. 3 StPO.

Co-Mediation eingetreten. Dabei bezieht sich die Frage der Komplexität auf sämtliche Aspekte des Konflikts, namentlich die Anzahl der Konfliktbeteiligten, das Maß der Konflikteskalation, die emotionale Überforderung eines Beteiligten und die fachspezifische Schwierigkeit des Konfliktgegenstandes (→ MediationsG § 2 Rn. 67 ff.).[81]

Wenngleich bislang noch kaum empirische Forschungsergebnisse zu Co-Mediation im Familienkonflikt vorliegen, sind bestimmte Annahmen über Vor- und Nachteile plausibel:

35 **aa) Argumente für Co-Mediation.** In der Co-Mediation steht der Mediatorin, die das Gespräch gerade nicht führt, Zeit zur Verfügung, um Dinge wahrzunehmen, die für die Konfliktbeilegung wichtig sein können.[82] So kann sie beispielsweise über inhaltliche Aspekte zu den Streitthemen, über die Konfliktdynamik zwischen den Beteiligten, über nonverbale Signale eines Beteiligten[83] oder über weitere Verfahrensschritte nachdenken, während der andere Mediator das Gespräch führt.

Co-Mediation ermöglicht eine gemeinsame Vor- und Nachbereitung der Mediationsgespräche und damit die gemeinsame systematische Auswertung der geleisteten Arbeit und die strategische Planung des weiteren Verfahrens. Die Vor- und Nachbereitung dient dem Austausch des Co-Teams über die Konfliktbeteiligten und den Verlauf und Stand des Verfahrens.[84] Sie bietet ein Forum für konstruktive Kritik untereinander, für Lob und Selbstvergewisserung sowie für die Reflexion der eigenen Rolle.[85] Professionelle Vor- und Nachbereitung kann die Mediatorinnen und Mediatoren damit entlasten und erhöht zugleich die Qualität des Mediationsprozesses.[86]

In der Regel haben Mediatorin und Mediator Grundberufe, die im Modell der interdisziplinären Co-Mediation unterschiedlich sind. Damit ist der professionelle Hintergrund des Co-Teams breiter als dies in der Einzelmediation der Fall ist.[87] Dies ermöglicht ein umfangreicheres fachspezifisches Verständnis der Streitpunkte[88] und der Konfliktdynamik. Entsprechendes wird bei gemischtgeschlechtlichen Co-Teams im Hinblick auf ein spezifisches Verständnis des (sozialen) Geschlechts angenommen.[89] Beides kann

---

81 IdS Haft/v. Schlieffen/Bernhardt/Winograd § 19 Rn. 13 f.
82 Trenczek/Berning/Lenz/Will Konfliktmanagement-HdB/Troja 3.11.3.1 Rn. 26.
83 ZB im Hinblick darauf, ob der Beteiligte, der nicht unmittelbar das Gespräch führt, die Äußerungen des anderen über Positionen oder Bedürfnisse tolerieren kann, vgl. Haft/v. Schlieffen/Bernhardt/Winograd § 19 Rn. 21.
84 Daten, Fakten, individuelle und (potenziell) gemeinsame Interessen der Beteiligten, Befürchtungen und Ängste.
85 Vgl. Haft/v. Schlieffen/Gläßer § 15 Rn. 64: kollegiales Feedback.
86 Vgl. Trenczek/Berning/Lenz/Will Konfliktmanagement-HdB/Troja 3.11.3.3 Rn. 31; Haft/v. Schlieffen/Bernhardt/Winograd § 19 Rn. 29.
87 Vgl. Trenczek/Berning/Lenz/Will Konfliktmanagement-HdB/Troja 3.11.3 Rn. 7 f.
88 Bspw., ob beiden Beteiligten alle Informationen zur Verfügung stehen, die sie jeweils für eine Entscheidung brauchen, vgl. Trenczek/Berning/Lenz/Will Konfliktmanagement-HdB/Troja 3.11.1.3 Rn. 7.
89 Trenczek/Berning/Lenz/Will Konfliktmanagement-HdB/Troja 3.11.1.4 Rn. 11, der zugleich darauf verweist, dass Genderaspekte in der Mediation auch durch einen entsprechend geschulten Mediator erkannt und berücksichtigt werden können.

den Beteiligten und dem Co-Team Sicherheit geben und damit die Mediation in positiver Weise beeinflussen.

Ist eine Co-Mediation gewünscht, wird mit einem gemischtgeschlechtlichen Co-Team eine „Schieflage des Settings" vermieden, die bei einem gleichgeschlechtlichen Team auf Kritik stoßen kann, wenn die Konfliktbeteiligten verschiedenen Geschlechtern angehören.[90]

Die Co-Mediatorinnen und -Mediatoren haben verschiedene Persönlichkeiten und pflegen, auch bei gleichem Mediationsverständnis,[91] eigene Arbeitsstile.[92] Die verschiedenen Persönlichkeiten können in einzelnen Situationen bei den Konfliktbeteiligten unterschiedliche Gefühle hervorrufen.[93] Co-Mediation kann es damit erleichtern, dass die Beteiligten zumindest mit einem der Mediierenden in Rapport[94] kommen, dh sich emotional abgeholt und aufgehoben fühlen und Vertrauen entwickeln.[95] Unterschiedliche Methoden und Techniken können sich ergänzen und verschiedene Präferenzen der Beteiligten bedienen oder differierende verfahrensbezogene Bedürfnisse erfüllen.

Ist eines der Team-Mitglieder bei einem Thema aufgrund persönlicher Erfahrungen „vorbefasst" und fühlt sich deshalb in seiner Neutralität oder Allparteilichkeit gegenüber den Beteiligten oder seiner Unvoreingenommenheit in Bezug auf Lösungsmöglichkeiten eingeschränkt, kann die oder der Co einen Ausgleich schaffen oder während des entsprechenden Verfahrensabschnitts die Arbeit im Vordergrund übernehmen.[96]

Manche Methoden können nur angewendet werden, wenn zwei Mediierende tätig sind, beispielsweise die Intervention des „reflecting team".[97] Dabei wenden sich die Co-Mediatoren einander zu, um Gedanken auszutauschen, Fragen zu stellen, Eindrücke mitzuteilen oder Hypothesen zu formulieren. Die Konfrontation hiermit bietet den Konfliktbeteiligten eine Außenperspektive und ist ein Instrument, den eigenen Konflikt zu transzendieren bzw. einen Perspektivwechsel zu induzieren und damit das Verständnis für den jeweils anderen zu fördern.

Schließlich hat das Co-Team eine Vorbildfunktion für gute Kommunikation und kooperativen Umgang. Die Konfliktbeteiligten erleben im Optimalfall in der Arbeit der Mediatorin und des Mediators eine empathische und offene Grundhaltung, einen zurückhaltenden Umgang mit der eigenen Meinung ohne Bewertung des anderen, Geduld füreinander, wechselseitiges Ausreden lassen, Achtung, Respekt und Wertschätzung sowie die Akzeptanz und die Berücksichtigung ihrer Bedürfnisse.

---

90 Vgl. Haft/v. Schlieffen/Bernhardt/Winograd § 19 Rn. 25, 27.
91 Was wohl notwendige Bedingung für eine zielführende Co-Mediation ist, vgl. Trenczek/Berning/Lenz/Will Konfliktmanagement-HdB/Troja 3.11.2.1 Rn. 17 f.
92 Zur Korrelation von professionellem Hintergrund und Mediationsstil des Mediators vgl. Haft/v. Schlieffen/Bernhardt/Winograd § 19 Rn. 23 mwN.
93 ZB Sympathie.
94 Zum Begriff vgl. Haft/v. Schlieffen/Schweitzer § 5 Rn. 69.
95 Haft/v. Schlieffen/Mähler/Mähler § 31 Rn. 34 f.
96 Vgl. Haft/v. Schlieffen/Bernhardt/Winograd § 19 Rn. 22.
97 Haft/v. Schlieffen/Gläßer § 15 Rn. 65; Trenczek/Berning/Lenz/Will Konfliktmanagement-HdB/Troja 3.11.3.2 Rn. 27 f.

37 **bb) Mögliche Nachteile der Co-Mediation.** Ein potenzieller Nachteil der Co-Mediation sind die Kosten für das Honorar des Co-Teams, das pro Zeiteinheit regelmäßig höher ist als das Honorar nur einer Mediatorin oder eines Mediators.[98] Ein weiterer möglicher Nachteil ist der mit dem weiteren Akteur verbundene erhöhte Abstimmungsaufwand für Mediationstermine und Zeitverlust, wenn ein Team-Mitglied erst einen späteren Termin einrichten kann als das andere und die Beteiligten.[99]

Co-Mediation kann Störungen hervorrufen, beispielsweise wenn eine Intervention des einen Mediators zu einem Bruch der Gesprächsführung der anderen Mediatorin führt oder wenn sie über den weiteren Verlauf des Verfahrens uneins sind. Die Bearbeitung solcher Störungen und die notwendige Abstimmung verbrauchen Ressourcen, sowohl auf Seiten der Mediierenden als auch auf Seiten der Beteiligten.[100] Im Falle einer Unstimmigkeit zwischen den Mediierenden sollte eine Pause gemacht werden, um Raum für eine Besprechung und Abstimmung innerhalb des Co-Teams zu ermöglichen. Eine Offenlegung oder Erläuterung der Gründe für das eigene Verhalten durch die Mediierenden in Anwesenheit der Beteiligten sollte nicht erfolgen.

Ein weiteres Risiko stellt die Möglichkeit der Abwälzung von Verantwortung der Mediatoren auf den jeweils anderen dar, was in Bezug auf die Verfahrensführung ein Verantwortungsvakuum auslösen und damit zu Strukturschwächen im Verfahren führen kann.

Die Auswahl der oder des Co bedarf daher besonderer Aufmerksamkeit, um das notwendige gemeinsame Mediationsverständnis und Teamfähigkeit zu gewährleisten[101] und um dem Mediationserfolg abträgliches Konkurrenzverhalten unter den Mediierenden zu vermeiden.

38 In grenzüberschreitenden Mediationen werden die Kriterien für die bi-professionelle Co-Mediation noch erweitert. Erfahrungen haben gezeigt, dass internationale Mediationen eher erfolgreich sind, wenn das Co-Team die Interkulturalität der Beteiligten reflektiert,[102] optimalerweise dergestalt, dass die Muttersprachen der Beteiligten repräsentiert sind, weil damit die Perzeption der Allparteilichkeit gefördert wird.[103] Die dafür geltenden Grundsätze wurden in der sogenannten **Breslauer Erklärung** definiert.[104]

39 **c) Familienmediation und Kindeswohl.** Bei Mediation im Familienkontext bedarf das Wohl von Kindern, die vom Konflikt der Medianden betrof-

---

98 Darüber, ob sich diese Kosten amortisieren, bspw. weil eine Co-Mediation eine höhere Erfolgswahrscheinlichkeit hat, durchschnittlich weniger Zeit in Anspruch nimmt, qualitativ bessere Ergebnisse oder eine nachhaltigere Konfliktbeilegung ermöglicht, liegen keine wissenschaftlichen Erkenntnisse vor. Bezogen lediglich auf die Kosten ist die Rede von „vorläufigen und vagen Hinweisen", dass die Kosten einer Co-Mediation um durchschnittlich ca. 30 % höher als die einer Einzelmediation seien, vgl. Haft/v. Schlieffen/Bernhardt/Winograd § 19 Rn. 17 Fn. 15, Rn. 31.
99 IdS Haft/v. Schlieffen/Bernhardt/Winograd § 19 Rn. 1.
100 Vgl. Trenczek/Berning/Lenz/Will Konfliktmanagement-HdB/Troja 3.11.2.1 Rn. 18.
101 Haft/v. Schlieffen/Bernhardt/Winograd § 19 Rn. 22.
102 Haft/v. Schlieffen/Bernhardt/Winograd § 19 Rn. 28; Kriegel/Schmidt, S. 307.
103 Lochmann, S. 37.
104 Abrufbar unter https://www.europarl.europa.eu/pdf/agora/20071008_breslau_de.pdf (zuletzt abgerufen am 8.9.2024).

fen sein können, besonderer Beachtung. Das Kindeswohl ist überragendes (Rechts-)Gut unserer Gesellschaft und der Schutz des Kindeswohls verfassungsrechtlicher Auftrag, Art. 6 Abs. 2 S. 2 GG. Das Kindeswohl ist nicht disponibel; ein Kind ist keine Verhandlungsmasse. Die Bedürfnisse von Kindern als schutzbedürftigen Dritten sind damit immer „mit am Tisch".[105] Im Hinblick auf das Kindeswohl können und müssen Mediatorinnen und Mediatoren das Prinzip der Neutralität einschränken.[106]

aa) Reaktionen und Bedürfnisse des Kindes im Trennungskonflikt der Eltern. Kinder reagieren auf Elternkonflikte, wobei die typischen Reaktionen je nach Alter des Kindes unterschiedlich sind.[107] Intensität und Dauer der Symptome sowie die Wahrscheinlichkeit, mit der längerfristige oder dauerhafte negative Folgen für ein Kind drohen, hängen wesentlich vom Konfliktverhalten der Eltern ab.[108]

Aus Kindeswohlperspektive ist eine Konfliktdeeskalation zwischen den Eltern anzustreben und die Bindungssicherheit des Kindes zu beiden Elternteilen zu erhalten. Dem Kindeswohl dienen Verlässlichkeit und Stabilität in der Gestaltung des Alltags, der Erhalt guter Geschwisterbeziehungen und der Erhalt des Kontaktes zu anderen Vertrauenspersonen, beispielsweise zu Großeltern. Hierfür ist ein respektvoller Umgang der Eltern miteinander sowie Kooperation und Kommunikation zwischen ihnen hilfreich; Loyalitätskonflikte des Kindes sind zu vermeiden.[109] Mediation kann die Konfliktbeteiligten dabei unterstützen, die Paar- von der Elternebene zu trennen und so die Bedürfnisse des Kindes im Auge zu behalten.[110]

bb) Die Einbeziehung des Kindes in die Mediation. Aufgrund ihres Konflikts auf Paarebene besteht das Risiko, dass die Beteiligten die Anliegen und Bedürfnisse ihres Kindes nicht im gebotenen Maße im Blick haben. Im Rahmen der Klärung von Konfliktthemen wie der Gestaltung des Umgangs oder der Betreuung kann es sich daher anbieten, das Kind symbolisiert, indirekt oder direkt in die Mediation einzubeziehen.[111]

Eine *symbolisierte Form* der Einbeziehung des Kindes kann beispielsweise durch einen leeren Stuhl zwischen den Eltern ermöglicht werden, der für den Platz des Kindes steht. Die Eltern setzen sich nacheinander auf diesen Stuhl, um als Kind in der ich-Form Antworten auf die Frage zu geben: *„Was brauche ich?"*. Damit formulieren die Eltern aus der auf diese Weise symbolisierten Sichtweise des Kindes dessen Anliegen und Bedürfnisse.

---

105 Zu den besonderen Belastungen von Kindern, Jugendlichen und Eltern in der Corona-Pandemie vgl. die Bevölkerungsstudie des Bundesinstitut für Bevölkerungsforschung 2021, S. 23 f.
106 Zur Durchbrechung von Vertraulichkeit und Verschwiegenheitspflicht, wenn die Offenlegung aus vorrangigen Gründen der öffentlichen Ordnung (ordre public) bei erheblicher Gefährdung des Wohles eines Kindes geboten ist, vgl. § 4 S. 3 (→ Rn. 32).
107 Fritz/Pielsticker/Krabbe Teil 5 C. V Rn. 58 ff.
108 Haft/v. Schlieffen/Mähler/Mähler § 31 Rn. 52; Dietrich/Fichtner/Halatcheva/Sandner, S. 30 f.
109 Haft/v. Schlieffen/Mähler/Mähler § 31 Rn. 55.
110 Haft/v. Schlieffen/Mähler/Mähler § 31 Rn. 52.
111 Carl/Ivanits ZKM 2020, 124; Carl/Ivanits ZKM 2020, 181.

Eine *indirekte Einbeziehung* kann durch einen Experten[112] erfolgen, der aus Einzelgesprächen mit dem Kind die Bedürfnisse und Anliegen des Kindes in die Mediation als Sprachrohr des Kindes einbringt.[113]

42 Ob bzw. in welcher Form ein Kind direkt in die Mediation einbezogen werden kann und soll, hängt vom Konfliktverhalten der Eltern[114] und von der Reife des Kindes ab.[115] Bei einer *direkten Einbeziehung* des Kindes muss sichergestellt sein, dass das Kind frei reden kann. Loyalitätskonflikte durch seine Äußerungen und Parentifizierung durch ein Verantwortungsgefühl des Kindes für die Regelung der Eltern müssen ausgeschlossen werden können. Es muss also sichergestellt sein, dass das Kind versteht und darauf vertraut, dass es (lediglich) angehört wird, dass die Eltern keine Äußerung übelnehmen werden und dass das Kind weder eine Entscheidung treffen, noch Verantwortung für eine Entscheidung der Eltern tragen wird (→ MediationsG § 2 Rn. 184). Ist dies gewährleistet, ist die Einbeziehung eine Chance für das Kind, aus Passivität und einem Gefühl von Ohnmacht zu gelangen.[116]

Ein *geeigneter Zeitpunkt*, um durch eine Einbeziehung bei der Erarbeitung von Lösungen die Bedürfnisse eines Kindes vor Augen zu haben,[117] ist zwischen der Phase 3 und der Phase 4 der Mediation, dh nach der Klärung der Interessen der Eltern und vor der Entwicklung von Lösungsoptionen.[118] Eine Einbeziehung vor der Phase 3 ist die Ausnahme. Im Regelfall ist das Kind zunächst lediglich darüber zu informieren, dass die Eltern gemeinsam Mediationsgespräche führen, um dort einvernehmliche Lösungen zu erarbeiten. Möglich, wenngleich keine Einbeziehung des Kindes im eigentlichen Sinne, ist die Vorstellung der erarbeiteten Regelungen der Eltern für das Kind am Ende der Mediation. Vertreten die Eltern gemeinsame Lösungen überzeugt und überzeugend, fällt es dem Kind leichter, die Entscheidung der Eltern zu akzeptieren.

Soll eine einvernehmliche Regelung, die in einer gerichtsnahen Mediation[119] erzielt wurde, als gerichtlicher Vergleich aufgenommen werden, muss das Gericht die Regelung billigen, § 156 Abs. 2 FamFG. Hierfür muss das

---

112 Vgl. Bernhardt ZKM 2015, 68; bspw. durch einen Kinderpsychologen oder Therapeuten oder, in der gerichtsnahen Mediation, durch den Verfahrensbeistand iSd § 158 FamFG.
113 Haft/v. Schlieffen/Mähler/Mähler § 31 Rn. 57.
114 Es muss ua gewährleistet sein, dass das Kind in der Mediation kein konflikthaftes Verhalten der Eltern erlebt.
115 → MediationsG § 2 Rn. 184; Haft/v. Schlieffen/Mähler/Mähler § 31 Rn. 56. Bei einem Kind im Vorschulalter kommt eine direkte Einbeziehung in der Regel nicht in Betracht. Ein Kind im Grundschulalter kann oft partiell persönlich einbezogen und Jugendlichen kann regelmäßig eine echte Mitsprache bei der Entwicklung von Optionen eingeräumt werden.
116 Carl/Clauß/Karle, S. 39.
117 Zu diesem positiven Aspekt der Einbeziehung des Kindes Ivantis ZKJ 2012, 98 (100).
118 Vgl. zum fünf-phasigen Mediationsmodell: → MediationsG § 2 Rn. 82; Montada/Kals, S. 247 ff.; Besemer, S. 76.
119 Das heißt außergerichtliche Mediation, die von Anhängigkeit eines gerichtlichen Verfahrens zur Beilegung eines den Streitgegenstand dieses gerichtlichen Verfahrens (jedenfalls auch) umfassenden Konfliktes begonnen wird, während dieses gerichtliche Verfahren ausgesetzt ist.

Gericht das Kind auch dann persönlich anhören, wenn das Kind zuvor in die Mediation einbezogen wurde.[120]

d) Mediation in hocheskalierten Familienkonflikten. Als Eigenschafts- und Verhaltensmerkmale für hocheskalierte Konfliktpartner wurden die reduzierte Offenheit für neue Erfahrungen, eine als gering erlebte Selbstwirksamkeit, unflexible Denkstrukturen, Wahrnehmungsverzerrungen und eingeschränkte Emotionsregulation festgestellt.[121]

Kennzeichnend für den Zustand der Beteiligten hocheskalierter Familienkonflikte sind eine hohe Ambivalenz und das Gefühl von Ohnmacht. Letztere betrifft zum einen eine verfahrensmäßige Ohnmacht, also das Gefühl, keinen Einfluss auf das Verfahren bei Gericht, in der Beratung, in der Therapie etc nehmen zu können. Es betrifft zum anderen eine innerpsychische Ohnmacht, die sich unter anderem darin manifestieren kann, dass die Beteiligten immer wieder in für ihren Konflikt typische Streitmuster verfallen, aus denen sie sich nicht alleine lösen können.[122] Solche Muster gilt es für die Mediatorin und den Mediator zu erkennen und zu benennen. Die Benennung ermöglicht den Beteiligten die Selbsterkenntnis, dass sie sich in einem Muster bewegen. Die Benennung dokumentiert den Beteiligten ferner, dass sie verstanden werden. Beides kann das Gefühl der Ohnmacht lindern. Haben die Beteiligten das Muster als solches erkannt, können sie eine Entscheidung darüber treffen, ob sie versuchen wollen, den Weg aus dem Muster zu suchen. Bejahen sie dies, können die Mediierenden anbieten, diesen – schwierigen – Weg mit den Beteiligten zu gehen. Die Entscheidung der Beteiligten, einen solchen Versuch zu unternehmen, bedeutet, dass sie ein Stück Verantwortung für das Verfahren übernehmen. Das ist im hocheskalierten Familienkonflikt Grundvoraussetzung dafür, dass eine Mediation begonnen werden kann.

In hocheskalierten Konflikten gibt es damit eine Art Vorphase der Mediation.[123] Zeigt diese keine Wirkung, ist dies eine Indikation gegen Mediation. Dann können (familien-)therapeutische Maßnahmen und ein systematisches Konfliktmanagement mit weiteren Elementen[124] angezeigt sein. Ein Ansatz in der Mediation hocheskalierter Konflikte ist der gesteigerte Fokus auf die Emotionen, die dem Konflikt zu Grunde liegen,[125] mit dem Ziel der emotionalen Entflechtung der Beteiligten.[126] Es werden Einzelsitzungen eher für sinnvoll erachtet als in anderen Konflikten. Wenn Einzelsitzungen erfolgen, sind sie nach Möglichkeit jeweils mit beiden Beteiligten durchzuführen, jedenfalls beiden anzubieten.[127]

---

120 Carl/Clauß/Karle, S. 39.
121 Dietrich/Fichtner/Halatcheva/Sandner, S. 13 f.; vgl. Trenczek/Berning/Lenz/Will Konfliktmanagement-HdB/Krabbe 5.4.2, Rn. 3.
122 Vgl. Trenczek/Berning/Lenz/Will Konfliktmanagement-HdB/Krabbe 5.4.3.3, Rn. 12: „Konflikterhaltungsmechanismen".
123 Trenczek/Berning/Lenz/Will Konfliktmanagement-HdB/Krabbe 5.4.5.1, Rn. 27.
124 Gewaltschutz, Kinderschutz, Psychoedukation von Eltern (zB durch Kurse wie „Kind im Blick" der Erziehungs- und Familienberatungsstellen).
125 Dietrich/Fichtner/Halatcheva/Sandner, S. 43.
126 Trenczek/Berning/Lenz/Will Konfliktmanagement-HdB/Krabbe 5.4.4, Rn. 14.
127 Trenczek/Berning/Lenz/Will Konfliktmanagement-HdB/Krabbe 5.4.4, Rn. 16.

Oft ist in Hochkonfliktfällen ein Vorgehen (lediglich) in kleinen Schritten möglich. Sind umfangreichere Themen zunächst zu schwierig, um sie anzugehen, können kleinere Themen bearbeitet werden. Wenn zu diesen konkrete Absprachen getroffen und mit Erfolg umgesetzt werden, kann dies den langsamen und schrittweisen Aufbau von Vertrauen der Beteiligten dahin gehend fördern, dass auch die oder der andere überhaupt Lösungen will. Es ist ein wesentliches Erfolgserlebnis, wenn das Gefühl eines gegenseitigen Verständnisses zurückerworben wird. Die Beteiligten erfahren außerdem, dass sie auf ihre Lebensgestaltung konstruktiven Einfluss nehmen können.[128] Dabei werden auch zwischenzeitliche Entlastungen, die für sich keine dauerhafte Konfliktlösung darstellen, als hilfreich erlebt.

Von besonderer Bedeutung im hocheskalierten Familienkonflikt ist der Blick auf das Kindeswohl. Es bedarf einer regelmäßigen Abklärung der Belastungssituation des Kindes. Hilfreich zur Entlastung und Stabilisierung sind Unterstützungsmaßnahmen für das Kind selbst, auch unabhängig von der Mediation der Eltern.[129] Vereinbarungen in der Mediation, die kindliche Belastungen nicht hinreichend berücksichtigen, haben Mediatorin und Mediator zu verhindern. Insoweit kann und muss das Prinzip der Neutralität eingeschränkt werden.

45 **2. Qualitätssicherung und Professionalisierung.** Mediation soll es den Konfliktbeteiligten ermöglichen, einvernehmliche Regelungen zu erarbeiten, die ihren persönlichen und wirtschaftlichen Interessen und Bedürfnissen optimal entsprechen. Grundlage dafür ist eine qualifiziert und sachkundig geführte Mediation, die die persönliche und fachliche Eignung der Mediatorin und des Mediators voraussetzt. Diese Eignung ist insbesondere durch qualitativ hochwertige Aus- und Fortbildung zu vermitteln und auszubauen. Entscheidend sind dabei die Inhalte der Ausbildung, die Verbindlichkeit von Standards, und die Kontrolle ihrer Einhaltung.

In diesem Sinne haben die Bundesarbeitsgemeinschaft für Familienmediation (BAFM) und der Bundesverband Mediation (BM) seit 1992 **Standards für die Ausbildung** entwickelt, die den besonderen Anforderungen an die Tätigkeit im Rahmen der Familienmediation Rechnung tragen. Neben einer Ausbildung im Umfang von mindestens 200 Stunden entsprechend ihren Standards und Ausbildungsrichtlinien sind dies die Dokumentation von durchgeführten Mediationen nebst Supervision und regelmäßig zu absolvierende Fortbildungen. Die geschützten Titel **Mediator*in (BAFM)** oder **Mediator*in (BM)** geben eine Richtschnur für die Qualität der Mediation. Daneben bieten andere Fachverbände und Ausbildungsinstitutionen sowie semi-öffentliche Ausbildungsstätten (private Einrichtungen mit öffentlicher Förderung), aber auch universitäre Bildungseinrichtungen (zB Europa-Universität Viadrina Frankfurt (Oder), Universität Bielefeld, Universität Heidelberg, FernUni Hagen, Universität Potsdam) Mediationsausbildungen an, die teilweise bis zu Abschlüssen mit Master-Titeln reichen.

46 Mediatorinnen und Mediatoren stellen mit ihrer Verfahrensexpertise den Rahmen für die Verhandlungen der Beteiligten zur Verfügung, im Grund-

---

128 Trenczek/Berning/Lenz/Will Konfliktmanagement-HdB/Krabbe 5.4.5.2 Rn. 30 f.
129 Dietrich/Fichtner/Halatcheva/Sandner, S. 27.

satz unabhängig vom inhaltlichen Gegenstand des Konflikts. Die unterschiedlichen Konfliktbereiche, in denen Mediation durchgeführt wird, weisen jedoch Besonderheiten auf.[130] Erst die Kenntnis der Feldspezifika,[131] die über Grundkenntnisse und -fähigkeiten hinausgehen, ermöglicht es der Mediatorin und dem Mediator, den sich im jeweiligen Mediationsbereich stellenden Anforderungen umfänglich gerecht zu werden. Im Sinne der Qualitätssicherung wurden dementsprechend parallel zur Ausbildung **Standards für die Praxis** entwickelt, so zB die Richtlinie für Mediation in Familienkonflikten.[132] Des Weiteren wurden Netzwerke für die in Familienverfahren tätigen Berufsgruppen und für die in Deutschland tätigen Familienberatungsverbände aufgebaut.[133]

Für **grenzüberschreitende Familienmediationen** wurden unter Einbeziehung von qualifizierten Familienmediatoren und Mediationstrainerinnen aus allen EU-Staaten im Rahmen eines EU-Projektes Ausbildungs- und Qualitätsstandards entwickelt, die den Anforderungen dieser Mediationen mit ihrer besonderen Konfliktdynamik und mit der Vielfalt rechtlicher Rahmenbedingungen gerecht werden.[134] Das Ziel ist der Aufbau eines europaweiten Netzwerkes besonders qualifizierter Familienmediatorinnen und -mediatoren. 47

Das Bundesministerium der Justiz und für Verbraucherschutz hat aufgrund von § 6 die **Verordnung über die Aus- und Fortbildung von zertifizierten Mediatoren** (Zertifizierte-Mediatoren-Ausbildungsverordnung – ZMediatAusbV) vom 21.8.2016 erlassen, die am 1.9.2017 in Kraft getreten ist (im Einzelnen → MediationsG § 6 Rn. 1 ff.; Teil 2 → ZMediatAusbV).[135] Die in der Verordnung geregelten Aus- und Fortbildungsinhalte entsprechen dem, was die Fach- und Berufsverbände der Mediatorinnen und Mediatoren im Vorfeld der Verabschiedung des MediationsG im Rahmen einer Arbeitsgruppe im Bundesministerium der Justiz unter Beteiligung der verfassten Anwaltschaft entwickeln konnten.[136] Umfang und Inhalte des Ausbildungslehrganges nach § 2 Abs. 4 S. 1 ZMediatAusbV bleiben deutlich hinter den Standards der Verbände und dem, was aus professioneller Sicht geboten ist, zurück.[137] Die Verordnung definiert dementsprechend allen- 48

---

130 Zu den Spezifika der einzelnen Anwendungsfelder → Teil 3 A.–O.
131 Im Familienkonflikt sind dies beispielsweise (1) die Notwendigkeit der Berücksichtigung von Interessen nicht unmittelbar an der Mediation beteiligter Kinder, (2) die Kenntnis familienspezifischer konfliktprägender Austauschverhältnisse, (3) die Kompetenz, eine drohende erhebliche Gefährdung des Wohles eines Kindes zu erkennen, vgl. § 4 S. 3 Nr. 2, oder (4) das Bewusstsein über drohenden Rechtsverlust in Bezug auf Unterhalt, wenn es an einer Inverzugsetzung fehlt.
132 Abrufbar unter https://www.bafm-mediation.de/ausbildung/ausbildungsrichtlinien/ausbildungsordnung-der-bafm-fur-familien-mediation/ (zuletzt abgerufen am 8.9.2024).
133 Abrufbar unter https://www.bafm-mediation.de/verband/organisation/verbandskonferenz/ (zuletzt abgerufen am 8.9.2024).
134 Abrufbar unter http://www.mikk-ev.de/deutsch/eu-trainingsprojekt-tim/ (zuletzt abgerufen am 8.9.2024).
135 BGBl. I 1994, geändert durch Artikel 1 der Verordnung vom 30.7.2020 (BGBl. I 1869).
136 Carl ZKM 2012, 132 (133).
137 In der Verordnung fehlen wichtige Ausbildungsinhalte, die die Mediationspraxis prägen, beispielsweise die Vermittlung verschiedener Mediationsstile oder

falls eine Grundqualifikation,[138] ohne eine fachspezifische Differenzierung der Aus- und Fortbildung vorzusehen. Schon die Gesetzesbegründung hatte daher ausdrücklich vorgesehen, dass die Ausbildung durch eine weitere Vertiefung in Spezialgebieten – wie zum Beispiel der Mediation im Familienkonflikt – sinnvollerweise zu ergänzen ist.[139] Dadurch wird nicht zuletzt der besonderen Stellung der Familienmediation Rechnung getragen.

---

die Lehre über die Arbeit in unterschiedlichen Settings (Shuttle-Mediation, Co-Mediation, Team-Mediation, Mehrparteien-Mediation oder Kurzzeit-Mediation); vgl. Lenz ZKM 2021, 151 ff. Im Sinne der Qualitätssicherung wahren die Mediationsverbände daher ihre über die Anforderungen der ZMediatAusbV hinausgehenden Ausbildungsstandards (BM) bzw. haben solche Standards gemeinsam etabliert, vgl. https://qv-mediation.de/, zuletzt abgerufen am 8.9.2024.

138 Vgl. Rafi in Haft/v. Schlieffen, § 52 Rn. 52. Daran wird auch die Zweite Verordnung zur Änderung der Zertifizierte-Mediatoren-Ausbildungsverordnung nichts ändern (siehe dazu ausführlich MediationsG § 6): Inhaltlich sollen mit der Änderung lediglich der in der COVID-19-Pandemie deutlich gewordene Bedarf an Digitalkompetenz und Kompetenz zur Durchführung von Online-Mediationen als weitere Lerninhalte ergänzt werden. Weitere Anpassungen betreffen die Integration der bislang dem Ausbildungslehrgang nachgelagerten vier supervidierten Praxisfälle in die Ausbildung, die Qualifizierung auch der Gruppensupervision als Supervision iSd ZMediatAusbV und die ausdrückliche Regelung, dass (nur) 40 % des Ausbildungslehrgangs in Online-Formaten durchgeführt werden dürfen. Prädestiniert für die Zuständigkeit für die Zertifizierung wäre das Bundesamt für Justiz, das dieser Aufgabe bereits im Zusammenhang mit dem Verbraucherstreitbeilegungsgesetz nachkommt, alternativ eine (dann durch private Akteure zu schaffende) entsprechend beliehene Institution. Nach dem Referentenentwurf soll diese Aufgabe indes „Ausbildungsinstituten" übertragen werden. Die für eine Zertifizierung gebotene Transparenz, Objektivität und Einheitlichkeit würde damit nicht erreicht. Auch wären Anschlussfragen zu beantworten, beispielsweise nach den (qualitativen) Anforderungen an die Institute, vgl. dazu Röthemeyer ZKM 2021, 155: „Gewähr für eine qualitative und interessenfriktionsfreie Aufgabenwahrnehmung", oder nach den Folgen, wenn ein Ausbildungsinstitut nicht mehr existiert, wenn drei Jahre nach Abschluss des theoretischen Teils des Lehrgangs der Nachweis der fünf Mediationen erbracht werden soll.

139 BT-Drs. 17/8058, 18.

I. Mediation und Konfliktvorsorge in Erbangelegenheiten

Literatur:
Becker/Horn, Erbrechtsmediation, ZEV 2006, 248; *Brandt,* Mediation in der Erbauseinandersetzung – eine Falldarstellung, ZEV 2010, 133; *Bile,* Mediation im Erbrecht. Verfahrensablauf, Konfliktfelder und Mediationsklauseln, NWB-EV 2019, 303; *Fries/Deutlmoser,* Mediation im Erbrecht, 2022; *Fries/Lenz-Brendel/Roglmeier,* Mediation in Erbstreitigkeiten, Zerb 2018, 53; *Frieser* (Hrsg.), Formularbuch des Fachanwalts Erbrecht, 4. Aufl. 2021; *Frieser/Sarres/Stückermann/Tschichoflos,* Handbuch des Fachanwalts Erbrecht, 7. Aufl. 2019; *Fritz/Pielsticker* (Hrsg.), Handbuch zum Mediationsgesetz, 2. Aufl. 2018; *Greger/Unberath/Steffek,* Recht der alternativen Konfliktlösung, 2. Aufl. 2016; *Haft/v. Schlieffen,* Handbuch Mediation, 3. Aufl. 2016; *Hohmann,* Erbstreitigkeiten und Mediation, ZKM 2013, 181; *Holzer,* Das Verfahren zur Auseinandersetzung des Nachlasses nach dem FamFG, ZEV 2013, 656; *Ihrig,* Vermittlung der Auseinandersetzung des Nachlasses durch den Notar, MittBayNot 2012, 353; *Risse,* Beilegung von Erbstreitigkeiten durch Mediationsverfahren, ZEV 1999, 205; *Schiffer/Schürmann,* Die Anordnung von Schiedsgericht und Mediation in der Verfügung von Todes wegen, in: Muscheler (Hrsg.), Hereditare – Jahrbuch für Erbrecht und Schenkungsrecht, Band 4, 2014, 39, Schmidt/Lapp/May, Mediation in der Praxis des Anwalts, 2. Aufl. 2022, *Schmitz-Vornmoor,* Notare im Prozess der Unternehmensnachfolge – Die (mögliche) Rolle und Funktion von Notaren aus konfliktdynamischer Sicht, Konfliktdynamik 2015, 182; *ders.,* Mediations- und Verhandlungspraxis im Notariat am Beispiel von typischen erbrechtlichen Konflikten, ZKM 2012, 51; *Siegel,* Mediation in Erbstreitigkeiten, 2009; *Töben,* Mediationsklauseln, RNotZ 2013, 321; *ders./Schmitz-Vornmoor,* Konfliktvorsorge bei der Nachlassplanung, ZKM 2014, 15; *dies.,* Möglichkeiten der Konfliktvorsorge in der erbrechtlichen Beratungs- und Gestaltungspraxis – insbesondere durch Mediationsklauseln, RNotZ 2014, 527; *Trenczek/Berning/Lenz,* Mediation und Konfliktmanagement, 2012; *Walz* (Hrsg.), Das ADR-Formularbuch, 2. Aufl. 2017; *Wegner-Kirchoff/Kellner, Mediation mit Erben,* Werner, Das Schiedsverfahren als Instrument zur Lösung erbrechtlicher Streitigkeiten, ZEV 2011, 506; Wolfer, Schieds- und Mediationsklauseln in Verfügungen von Todes wegen; *Zimmermann,* Die Vermittlung der Erbauseinandersetzung durch den Notar, NotBZ 2013, 335.

I. Einführung	1	bb) Testamentsvollstreckung	23
II. Konfliktvorsorge und -bearbeitung vor Eintritt des Erbfalls	6	cc) Schiedsgutachterklausel	26
1. Typische Fallgestaltungen	8	dd) Rechtlich unverbindliche Verfahrenshinweise	27
2. Optionen für die vorsorgende Nachlassplanung	9		
a) Professionelle Beratung	9		
b) Einbeziehung aller betroffenen Personen	13	ee) Verpflichtende Mediationsklausel	33
c) Konfliktbearbeitung als Beratungsoption	16	(1) Verpflichtung zur Mediation	34
d) Vorweggenommene Erbfolge neben oder statt letztwilliger Verfügung	18	(2) Beachtung der Mediationsklausel	36
		(3) Pflichtteilsberechtigte	39
e) Vorsorgevollmachten als Ergänzung einer vorsorgenden Nachlassplanung	20	ff) Schiedsgerichtsklauseln	41
		3. Schlussfolgerungen im Hinblick auf die Mediation	42
f) Konfliktvermeidende und -steuernde Gestaltung letztwilliger Verfügungen	22	III. Konfliktbearbeitung nach Eintritt des Erbfalls	43
		1. Typische Fallgestaltungen	43
aa) Klare und möglichst einfache Regelungen	22	2. Die außergerichtliche Bearbeitung von Erbkonflikten	47

a) Steuerungsfunktion von Institutionen und Beratern ... 47
b) Mediationsverfahren 53
3. Erbkonflikte vor Gericht ... 54
a) Verfahren der freiwilligen Gerichtsbarkeit (FamFG) ... 57
b) Vermittlung der Nachlassauseinandersetzung durch den Notar ... 62
c) Verfahren der streitigen Gerichtsbarkeit (ZPO) .. 63
d) Güterichter und außergerichtliches Verfahren im Vergleich ... 64
e) Verfahren vor Schiedsgerichten ... 68
IV. Zusammenfassung ... 69

I. Einführung

1 Konflikte rund um das Thema Erben und Vererben haben ihre Wurzeln häufig in der Familiengeschichte. Eine rein juristische Betrachtung von Erbkonflikten blendet diesen Beziehungsaspekt aus und führt daher oft zu unbefriedigenden Ergebnissen. Was nützt ein gewonnener Prozess, wenn die Familienbeziehungen zerstört sind?[1] Alternative Wege der Konfliktbearbeitung wie die Mediation sind daher regelmäßig besser in der Lage, das familiäre Beziehungsgeflecht und die Familienhistorie mit in den Blick zu nehmen.[2]

2 Kristallisationspunkt eines Erbkonflikts ist der Erbfall, also der Tod eines Menschen (der sog. Erblasser). Die dazu im BGB getroffene Aussage ist kurz und klar und steht seit dem Jahr 1900 unverändert in § 1922 Abs. 1: „Mit dem Tode einer Person (Erbfall) geht deren Vermögen (Erbschaft) als Ganzes auf eine oder mehrere andere Personen (Erben) über."

3 Dieser „Universalsukzession" genannte Vermögensübergang[3] hat es aus konfliktdynamischer Sicht in sich.[4] Vermögen wird neu zugeordnet, möglicherweise auch mehreren Personen, die dann Erbengemeinschaft genannt werden. Wer sind diese Personen und welches Vermögen ist überhaupt vorhanden? Was geschieht mit den Schulden des Erblassers? Wie sind Vorabschenkungen an einzelne Familienmitglieder zu behandeln? Gibt es letztwillige Verfügungen? Sind diese klar und eindeutig formuliert? Oder gilt die gesetzliche Erbfolge? Wer ist für was zuständig? Welche Behörden und/oder Gerichte sind einzuschalten? Fallen Erbschaftsteuern an?

4 Gleichzeitig mit diesen das Vermögen betreffenden Fragen muss sich die Familie neu organisieren. Welche Rolle hatte die verstorbene Person im Familiensystem? Was bedeutet deren Wegfall für die Familie? Welche Aufgaben sind innerfamiliär neu zu verteilen? Wer übernimmt welche Aufgaben? Alle diese Fragen werden verhandelt vor **dem Hintergrund der gemeinsamen Familiengeschichte** und ggf. auch eingefahrener innerfamiliärer Kom-

---

[1] Zur besonderen Konfliktdynamik in Erbfällen: Schmidt/Lapp/May § 10 Rn. 124 ff.
[2] So auch schon Risse ZEV 1999, 205 ff.; dort auch mit einem Beispielsfall; ebenfalls ausführliche Falldarstellungen bei Brandt ZEV 2010, 133, Hohmann ZKM 2013, 181, und Töben/Schmitz-Vornmoor RNotZ 2014, 527 (531 ff.); ausführlich zum Nutzen der Mediation im Erbrecht auch Fries/Deutlemoser, S. 75 ff.
[3] Vgl. dazu auch Haft/v. Schlieffen/Beisel § 32 Rn. 1 ff.
[4] Zu typischen Komplexitäten und Konflikttypen im erbrechtlichen Streitfall vgl. Fries Deutlemoser, S. 23 ff.

munikations- und Konfliktmuster. Der Erbfall bietet dann oft die Gelegenheit, offene Fragen aus der Vergangenheit erneut zu thematisieren. Bereits die Normalfamilie mit Eltern und erwachsenen gemeinsamen Kindern steht im Erbfall deshalb vor einer großen Herausforderung. Deutlich komplexer und häufig auch konfliktträchtiger sind Fallgestaltungen in sogenannten Patchworkfamilien.

Vor diesem Hintergrund sollte ein Erbfall das Familiensystem idealerweise nicht unvorbereitet treffen.[5] Es kommt daher darauf an, bereits vor dem Erbfall die Weichen richtig zu stellen. Wie diese Weichenstellung aussehen kann und wie auch die Mediation und andere Formen der außergerichtlichen Konfliktbearbeitung im Rahmen der **vorsorgenden Nachlassplanung** eine prominente Rolle spielen können, wird nachfolgend unter Abschnitt II. (→ Rn. 6 ff.) erörtert. Anschließend geht es in Abschnitt III. (→ Rn. 43 ff.) um Erbkonflikte und deren Bearbeitung **nach Eintritt des Erbfalls**.[6] Der Beitrag schließt in Abschnitt IV (→ Rn. 69) mit allgemeinen **Hinweisen für Berater** in Erbangelegenheiten. 5

II. Konfliktvorsorge und -bearbeitung vor Eintritt des Erbfalls

Niemand wird gezwungen, seine Erbfolge aktiv durch letztwillige Verfügung zu gestalten, denn das BGB regelt in den §§ 1922 ff. die gesetzliche Erbfolge und sorgt damit für Rechtsklarheit im Todesfall. Aber was nützt Rechtsklarheit, wenn die allgemeine gesetzliche Regelung zur konkreten Situation des Erblassers nicht passt? Es ist daher sinnvoll, zu Lebzeiten zu prüfen, ob nicht eine **maßgeschneiderte Erbregelung** gewählt werden sollte[7], denn die gesetzliche Auffangregelung ist dispositiv und kommt nur zur Anwendung, wenn der Erblasser keine abweichenden Verfügungen von Todes wegen getroffen hat. 6

Dieser Abschnitt befasst sich daher mit den Möglichkeiten vorsorgender Nachlassplanung speziell unter dem Gesichtspunkt der Konfliktvermeidung bzw. Konfliktsteuerung.[8] Zunächst werden einige **typische Fallgestaltungen** geschildert (1., → Rn. 8). Vor diesem Hintergrund werden sodann **Optionen für die vorsorgende Nachlassplanung** und den Einsatz des Mediationsverfahrens herausgearbeitet (2., → Rn. 9 ff.). 7

1. Typische Fallgestaltungen. Die Fälle, in denen die gesetzliche Erbregelung typischerweise zu unerwünschten oder überraschenden und damit häufig auch konfliktträchtigen Ergebnissen führt, sind mannigfaltig. Hier einige Beispiele:[9] 8

---

5 Zur vorsorgenden Gestaltungsmediation Haft/v. Schlieffen/Beisel § 32 Rn. 50 ff., wobei sich der Beitrag allerdings ausschließlich mit der Mediation beschäftigt und andere Möglichkeiten der Konfliktvorsorge nicht behandelt.
6 In Konflikte vor und nach dem Erbfall unterscheiden auch Fritz/Pielsticker MediationsG-HdB/Schröder V. Rn. 20 ff.
7 Fries/Deutlmoser nennen das „mediationsanaloge Nachfolgeplanung, S. 101 ff. und schildern auch ausführlich eine Nachfolgeplanung im Familienunternehmen, S. 153 ff.
8 Dazu ausführlich auch Töben/Schmitz-Vornmoor RNotZ 2014, 527 und ZKM 2014, 15.
9 Eine ausführliche Darstellung möglicher Konfliktfelder findet sich auch bei Haft/v. Schlieffen/Beisel § 32 Rn. 28 ff.

- Verstirbt eine verheiratete Person, ohne Abkömmlinge zu haben, erbt nach der gesetzlichen Regelung nicht der Ehepartner allein, sondern daneben auch Eltern und/oder Geschwister des Erblassers.
- Bei nicht verheirateten Personen ist der Partner nach der gesetzlichen Erbfolge überhaupt nicht erbberechtigt.
- In sogenannten Patchwork-Konstellationen führt die gesetzliche Erbfolge zu zufälligen Ergebnissen, je nachdem, welcher der Partner zuerst verstirbt.
- Es besteht ein Auslandsbezug, etwa vermittelt durch die Staatsangehörigkeit oder einen gewöhnlichen Aufenthalt des Erblassers oder durch wesentliche sich im Ausland befindliche Vermögensgegenstände.[10]
- Bei jungen Paaren mit gemeinsamen Kindern beruft die gesetzliche Erbfolge auch die minderjährigen Kinder zu Erben und schränkt damit die Handlungsfähigkeit des überlebenden Partners stark ein.
- Bei Familienunternehmen besteht meistens der Wunsch, die Erbfolge innerfamiliär zu steuern; auch stellen viele Gesellschaftsverträge Anforderungen an eine passgenaue Erbregelung.[11]
- Bestehen bereits Konflikte im Familienkreis, dann nimmt die gesetzliche Erbfolge darauf keine Rücksicht, sondern beruft die Erben alleine nach deren Abstammung.
- Ebenfalls zu häufig unerwünschten Ergebnissen führt die gesetzliche Erbfolge, wenn Erben überschuldet, auf Sozialleistungen angewiesen oder nicht handlungsfähig[12] sind.
- Bei größeren Vermögen können auch steuerliche Gründe dafür sprechen, eine vorsorgende Nachlassplanung zu betreiben.

9 **2. Optionen für die vorsorgende Nachlassplanung. a) Professionelle Beratung.** Wer sich vorsorgend um seine Nachlassregelung kümmern möchte, sollte professionelle rechtliche Beratung durch **Rechtsanwälte** oder **Notare**[13] in Anspruch nehmen. Die Erfahrung zeigt, dass die meisten Personen mit der eigenen Gestaltung letztwilliger Verfügungen überfordert sind.[14] Gut gemeinte Erbregelungen können dann schnell zum Bumerang werden und genau die Konflikte heraufbeschwören, die sie vermeiden sollen. Außerdem können die vielfältigen Gestaltungsmöglichkeiten, die das Erbrecht

---

10 Die seit dem 15.8.2015 geltende Europäische Erbrechtsverordnung sorgt hier innerhalb der meisten EU-Länder für erhöhte Rechtssicherheit durch eine einheitliche Anknüpfung des anwendbaren Rechts am gewöhnlichen Aufenthalt und die Einführung des Europäischen Nachlasszeugnisses, eines europaweit zu akzeptierenden Erbnachweises.
11 Dazu auch Haft/v. Schlieffen/Beisel § 32 Rn. 64 ff. und Schmitz-Vornmoor Konfliktdynamik 2015, 182 ff., speziell zur Rolle von Notaren bei Unternehmensnachfolgen.
12 Die Besonderheiten bei behinderten Beteiligten erörtert Haft/v. Schlieffen/Beisel § 32 Rn. 57 ff. unter dem Stichwort „Behindertentestament".
13 Es gibt auch andere Personen/Institutionen, die erbrechtliche Beratungen anbieten, zB Banken. Insbesondere, wenn eine solche Beratung scheinbar „kostenlos" angeboten wird, sollte man sich des dabei entstehenden „Prinzipal-Agent-Problems" bewusst sein und nach den Eigeninteressen der beratenden Bank fragen.
14 Die meisten gerichtlichen Erbstreitigkeiten beruhen auf eigenhändigen Testamenten. Auch Fries/Deutlmoser, S. 27 f. erkennen die Testamentsauslegung als Quelle von Konflikten.

bietet,[15] nur im Rahmen einer rechtlichen Beratung überhaupt zum Einsatz kommen.[16]

Eine konfliktvorsorgende rechtliche Beratung zeichnet sich neben der juristischen Expertise vor allem dadurch aus, dass die Beratung **interessenorientiert** erfolgt.[17] Aus den Wünschen und Vorstellungen der Mandanten lassen sich dahinter stehende Interessen (zB Gleichbehandlung der Kinder, ausreichende Versorgung des überlebenden Ehegatten, Vermeidung späterer Konflikte, Sicherung der Handlungsfähigkeit der Familie etc) ermitteln, die dann als Bewertungskriterien für die gewählte Gestaltung dienen können. Eine sorgfältige erbrechtliche Beratung enthält mit der Ermittlung der Interessen daher regelmäßig auch **mediative Elemente**. Das MediationsG ist im Rahmen einer Beratung nicht einschlägig.

Die notarielle vorsorgende Beratung hat gegenüber der anwaltlichen Beratung den Vorteil, dass Notare die Ergebnisse der Beratung in notariellen Testamenten und Erbverträgen festhalten können (allgemein zur Rolle des Notars → M. Rn. 1 ff.). Diese notariellen Urkunden werden beim Notar oder Nachlassgericht verwahrt, im Zentralen Testamentsregister[18] registriert, erhöhen damit die Rechtssicherheit[19] und wirken zudem im Erbfall in der Regel als Erbnachweis[20] und können daher die Nachlassabwicklung beschleunigen und auch deren Kosten erheblich senken.

Im Rahmen des Beratungsgesprächs ist es häufig sinnvoll, den Mandanten **die gesetzliche Erbfolge aufzuzeigen**.[21] Da diese auch für etwaige Pflichtteilsrechte relevant ist, werden die Informationen ohnehin benötigt. Vor dieser Folie (Was wäre, wenn wir nichts unternähmen?) können die – möglicherweise abweichenden – Wünsche und Ziele der Mandanten besprochen und auch die Notwendigkeit einer eigenen Erbregelung verdeutlicht werden.

b) Einbeziehung aller betroffenen Personen. Jede vorsorgende Nachlassplanung sollte das **gesamte Familiensystem** in die Überlegungen mit einbeziehen. Die beste Konfliktvorsorge besteht darin, alle betroffenen Familienmitglieder an der Nachlassplanung zu beteiligen. Dies gilt insbesondere dann, wenn es bereits Konflikte gibt oder diese absehbar sind.[22]

---

15 Vgl. die umfangreichen Formularbücher zum Erbrecht, zB Dorsel (Hrsg.), Kölner Formularbuch Erbrecht, 2. Aufl. 2015.
16 Haft/v. Schlieffen/Beisel § 32 Rn. 1 ff. stellt zutreffend dar, dass sich das gestalterische Potential des Erbrechts ohne Beratung kaum erschließt.
17 So auch Fries/Deutlmoser, S. 110 ff.
18 Das Zentrale Testamentsregister wird nach § 78 BNotO von der Bundesnotarkammer geführt, vgl. dazu auch www.testamentsregister.de. Teilweise gibt es auch bereits Vernetzungen mit elektronisch geführten Testamentsregistern in anderen europäischen Staaten.
19 So hat der beurkundende Notar zB seine Feststellungen zur Geschäfts- und Testierfähigkeit in der Urkunde zu vermerken.
20 Eine Grundbuchberichtigung zB kann daher meist ohne Erbschein vorgenommen werden, vgl. § 35 GBO.
21 Hier bietet sich die Verwendung von Visualisierungstechniken an. So kann zB die Familienkonstellation auf einer Flipchart für alle sichtbar dargestellt werden. Der Verfasser arbeitet hier auch mit Holzfiguren, die entsprechend der Familienkonstellation aufgestellt werden können.
22 So auch Fries/Deutlmoser, S. 105 ff.

14 Die Art und Weise der Beteiligung sollte im Einzelfall besprochen werden. Denkbar sind zB
- gemeinsame Gespräche mit allen Familienmitgliedern im Familienkreis oder unter Anleitung des Beraters;
- die Übersendung von Entwürfen und eine damit verbundene schriftliche Abstimmung;
- eine telefonische Abstimmung, evtl. auch per Videokonferenz/Skype.

15 Gibt es Familienmitglieder, die nicht einbezogen werden können[23] oder sollen, so macht es dennoch Sinn, sich über deren Interessen Gedanken zu machen. Die Technik des „leeren Stuhls"[24] oder zirkuläres Fragen („Was denken Sie, warum sich Ihre Tochter so verhält?")[25] können dabei helfen.

16 **c) Konfliktbearbeitung als Beratungsoption.** Bestehen familiäre Konflikte, so kann in der vorsorgenden Nachlassplanung auf zwei Weisen mit diesen Konflikten umgegangen werden. Eine – häufig gewählte – Möglichkeit besteht darin, diese Konflikte als feststehendes Faktum hinzunehmen. Die Nachlassplanung erfolgt sodann gleichsam symptombezogen. Ein typisches Beispiel wäre hier der Versuch, den Pflichtteilsanspruch eines „schwarzen Schafes" in der Familie möglichst weitgehend zu beschränken. Denkbar wäre aber auch, den familiären **Konflikt als wandelbar zu verstehen** und eine vorsorgende Konfliktbearbeitung in Erwägung zu ziehen. Häufig besteht bei (fast) allen Familienmitgliedern der Wunsch, die familiäre Situation zu verbessern. Es fehlen aber innerfamiliär Mittel und Wege, diesen Wunsch umzusetzen, so dass die Familie resigniert im Status quo verharrt.

17 Die Bearbeitung und (möglichst) Auflösung bestehender Konflikte sollte vor diesem Hintergrund immer zum möglichen Portfolio einer vorsorgenden Nachlassplanung und -beratung gehören.[26] Wer sich als Berater vor allem auf die **juristische Symptombehandlung** versteht, sollte mit seinen Mandanten auch **die Bearbeitungsoption** besprechen und ggf. geeignete Personen, wie zB Mediatoren, zur Unterstützung empfehlen. Wenn der Berater dagegen über eine entsprechende Qualifikation verfügt, kann er auch selbst eine Mediation anbieten und durchführen, etwa als Anwalts- oder Notarmediator. Notarmediatoren haben den zusätzlichen Vorteil, dass sie das Ergebnis der Mediation selbst als Notar in eine notarielle Urkunde (zB eine Erbregelung) umsetzen können (ausführlich dazu → M. Rn. 31).

Symptombehandlung und Konfliktbearbeitung schließen sich dabei nicht wechselseitig aus, sondern können auch parallel verfolgt werden. Sollte

---

23 Vgl. Fries/Deutlmoser, S. 107, zu Minderjährigen.
24 Haft/v. Schlieffen/Gläßer § 15 Rn. 74 beschreibt den Stuhlwechsel zwischen zwei Beteiligten. Beim „leeren" Stuhl geht es darum, dass sich die Beteiligten am Mediationsverfahren in die Rolle des durch den leeren Stuhl symbolisierten Nichtbeteiligten hineinversetzen („Was meinen Sie, würde Ihre Schwester zu einer solchen Regelung sagen, wenn Sie jetzt hier säße?").
25 Zu Fragetechniken Haft/v. Schlieffen/Gläßer § 15 Rn. 34 ff. oder Trenczek/Berning/Lenz Konfliktmanagement-HdB/Geier Kap. 3.7, und Trenczek/Berning/Lenz Konfliktmanagement-HdB/Kessen Kap. 3.8.
26 Töben/Schmitz-Vornmoor RNotZ 2014, 527 (530). Leider fehlt den ansonsten oft phantasievoll und gestalterisch tätigen Beratern der Blick für Konfliktbearbeitung als Beratungsoption, vgl. auch Risse ZEV 1999, 205.

die Konfliktbearbeitung scheitern, so ist auch das ein wertvolles Ergebnis, welches die Erblasser bei der Nachlassplanung unterstützen kann.

d) Vorweggenommene Erbfolge neben oder statt letztwilliger Verfügung. Eine Alternative und Ergänzung zu letztwilligen Verfügungen können Regelungen zur **vorweggenommenen Erbfolge** darstellen. Hier übertragen Erblasser bereits zu Lebzeiten wesentliche Vermögensgegenstände auf die nächste Generation. Gründe für eine solche vorweggenommene Erbfolge können zB sein: 18

- Regelung der Unternehmensnachfolge zu Lebzeiten (→ D. Rn. 17 ff.);[27]
- steuerliche Motive (die Ausschöpfung von Steuerfreibeträgen nach dem Erbschaft- und Schenkungsteuergesetz ist alle zehn Jahre neu möglich);
- Unterstützung der Kinder oder auch Enkel bei der Existenzgründung, beim Hausbau etc;
- Ermöglichung/Unterstützung von Investitionen der Kinder in Vermögensgegenstände der Eltern (Kind übernimmt Immobilie, in der die Eltern weiter leben und investiert in diese);
- sozialrechtliche Motive (Verhinderung des Zugriffs des Sozialhilfeträgers auf das Vermögen im Pflegefall).

Regelungen zur vorweggenommenen Erbfolge greifen noch zu Lebzeiten der Erblasser in die bestehende Familienkonstellation ein. Mögliche typische Konflikte sollten daher mitbedacht und geregelt werden. Dabei handelt es sich zB um folgende Fragestellungen: 19

- Ist der vorab zugewandte Vermögenswert auf einen späteren Pflicht- und/oder Erbteil anzurechnen? Soll ein Pflichtteilsverzicht nach dem erstversterbenden Elternteil vereinbart werden?[28]
- Sollen etwaige Geschwister gleichgestellt werden und ggf. auf welche Weise? Muss mit Pflichtteilsergänzungsansprüchen (§ 2325 BGB) gerechnet werden, wenn keine Gleichstellung erfolgt?
- Was gilt bei etwaigen Vertragsstörungen? Wie ist die Übergebergeneration abgesichert?

e) Vorsorgevollmachten als Ergänzung einer vorsorgenden Nachlassplanung. Selbst wer eine Erbregelung errichtet hat, kann bereits vor dem Erbfall aus gesundheitlichen Gründen seine Entscheidungs- und Handlungsfähigkeit einbüßen. Demenzerkrankungen sind hier ein typisches Beispiel, aber auch Unfälle und überraschende und plötzliche Erkrankungen können dazu führen. Mit **Vorsorgevollmachten** kann in solchen Fällen zumindest die Handlungsfähigkeit der nahen Angehörigen sichergestellt werden. Liegen ausreichende Vollmachten[29] vor, wird damit die Bestellung eines gesetzlichen Betreuers vermieden. 20

---

27 Dazu auch Haft/v. Schlieffen/Beisel § 32 Rn. 64 ff., Fries/Deutlmoser, S. 153 ff. und Schmitz-Vornmoor Konfliktdynamik 2015, 182 ff., speziell zur Rolle von Notaren bei Unternehmensnachfolgen.
28 Haft/v. Schlieffen/Beisel § 32 Rn. 54.
29 Soll die Vollmacht auch zu Immobilienverfügungen und gesellschaftsrechtlichen Transaktionen berechtigen, sollte sie in notarieller Form errichtet werden. Die notarielle Form bietet zudem zusätzliche Rechtssicherheit im Hinblick auf die vom Notar vorzunehmende Identitätsprüfung sowie dessen Feststellungen zur Geschäftsfähigkeit. Zudem wird die Urschrift der notariell beurkundeten Vollmacht

21 Die Erteilung von Vorsorgevollmachten sollte im Familienkreis abgestimmt werden. Sind mehrere Kinder vorhanden, sollte die Vollmacht – ein entsprechendes Vertrauensverhältnis vorausgesetzt – möglichst allen Kindern[30] erteilt werden. Erfahrungsgemäß kann gerade die Beschränkung auf einzelne Kinder („Mein Sohn wohnt vor Ort ..." oder „Meine Tochter ist Ärztin und kennt sich gut aus ...") und die damit verbundene Ungleichbehandlung familiäre Konflikte hervorbringen, sofern sie nicht ausdrücklich mit allen Beteiligten abgesprochen wurde.

22 **f) Konfliktvermeidende und -steuernde Gestaltung letztwilliger Verfügungen. aa) Klare und möglichst einfache Regelungen.** Klare und in juristischer Fachsprache formulierte Verfügungen von Todes wegen wirken bereits aus sich heraus streitvermeidend.[31] Sodann sollten möglichst einfache und später auch praktikabel umsetzbare Regelungen formuliert werden. Manche juristisch komplexe Gestaltung[32] überfordert die Beteiligten und kann entgegen der Absicht der Erblasser später zur Ursache von Streitigkeiten werden. Gerade auch von der zur Vermeidung von Streit häufig empfohlenen **Teilungsanordnung** zur Auseinandersetzung des Nachlasses zwischen mehreren Erben[33] sollte nur sparsam Gebrauch gemacht werden, damit nicht gerade die Teilungsanordnung später zum Problem wird.[34] Gegenstandsbezogene Teilungsanordnungen bieten sich vor allem an, wenn

- die Aufteilung auch mit den Erben besprochen und auf deren Interessenlage abgestimmt ist;
- zwischen der Errichtung der letztwilligen Verfügung und dem Erbfall voraussichtlich keine langen Zeiträume liegen;
- ein konkretes und begründetes Interesse einzelner Erben/Vermächtnisnehmer an einzelnen Nachlassgegenständen (zB einem Unternehmen; einer Immobilie, die von einem Erben bewohnt wird, etc) besteht.[35]

---

vom Notar verwahrt, so dass im Falle des Verlustes Ersatz (eine weitere Ausfertigung) beschafft werden kann.
30 Die Kinder sollten im Regelfall jeweils einzeln zur Vertretung befugt sein.
31 Töben/Schmitz-Vornmoor ZKM 2014, 15 (16).
32 Die Gestaltungsmittel des Erbrechts stellen geradezu eine Spielwiese des Kautelarjuristen dar; aber nicht alles, was das Juristenherz höherschlagen lässt, ist auch praktikabel für die Beteiligten.
33 Vgl. Haft/v. Schlieffen/Beisel § 32 Rn. 33, der Teilungsanordnungen gern häufiger sehen würde.
34 Die Probleme einer konkreten gegenstandsbezogenen Aufteilung ergeben sich häufig aus dem Zeitablauf zwischen Errichtung der letztwilligen Verfügung und dem Todesfall. Sowohl die Interessenlagen aller Beteiligten als auch die Zusammensetzung des Nachlassvermögens können sich erheblich verändern. Sinnvoller und konfliktvermeidender als eine gegenstandsbezogene Teilung dürften daher in vielen Fällen Verfahrensregelungen zur Erbauseinandersetzung sein etwa die Anordnung einer Testamentsvollstreckung oder das Einfügen von Mediations- oder anderen ADR-Klauseln.
35 Um flexibler auf zeitliche Veränderungen reagieren zu können, kann einzelnen Personen per Vermächtnis auch nur ein Recht auf Übernahme einzelner Nachlassgegenstände (gegen Abfindung der übrigen Erben) eingeräumt werden. Dann kann die betroffene Person nach dem Erbfall in Abhängigkeit von ihrer persönlichen und finanziellen Situation entscheiden, ob sie das Recht ausübt oder nicht.

Außerdem sollten entsprechende Teilungsanordnungen im Zeitablauf regelmäßig überprüft werden.[36]

bb) Testamentsvollstreckung. Ein in der Gestaltungspraxis häufig verwendetes Mittel der Konfliktvorsorge stellt die Anordnung einer Testamentsvollstreckung (§§ 2197 ff. BGB) dar.[37] Mit dem Testamentsvollstrecker wird eine entscheidungs- und verfügungsbefugte Person festgelegt, die nach den Anordnungen des Erblassers den Nachlass zu verteilen und/oder zu verwalten hat.

Durch den Testamentsvollstrecker bleibt der Nachlass auch bei größeren Erbengemeinschaften handlungsfähig. Außerdem steht den Erben mit dem **Testamentsvollstrecker** ein **einheitlicher Ansprechpartner** zur Verfügung, der auch eine **moderierende oder mediative Funktion** übernehmen kann. Erwartet der Erblasser spätere Konflikte, kann er bewusst auch eine Person mit Mediationsausbildung zum Testamentsvollstrecker bestimmen.

Formulierungsvorschlag:

„Ich ordne Testamentsvollstreckung an. Zum Testamentsvollstrecker ernenne ich den Mediator Herrn ***/die Mediatorin Frau ***. (alternativ:) Zum Testamentsvollstrecker soll das Nachlassgericht eine geeignete Person benennen, die als (gemäß dem Mediationsgesetz zertifizierter) Mediator tätig ist. (...)"

cc) Schiedsgutachterklausel. Insbesondere, wenn im Erbfall Werte ermittelt werden müssen, bietet sich zur Konfliktvorsorge eine in der Gestaltungspraxis ebenfalls häufig verwendete[38] Schiedsgutachterklausel an (→ Einl. Rn. 187).

dd) Rechtlich unverbindliche Verfahrenshinweise. Erblasser können in letztwilligen Verfügungen auch Wünsche und Hinweise für den von der Erbregelung betroffenen Personenkreis formulieren. Auch wenn diese keine unmittelbare rechtliche Wirkung entfalten, können sie den Erben doch gleichsam als Wegweiser für die Zeit nach dem Erbfall dienen und Vorschläge für das einzuschlagende Verfahren machen (allgemein zu solchen Verfahrenshinweisen → Einl. Rn. 133 ff.). Auch die Möglichkeit einer Mediation kann durch eine entsprechende Formulierung[39] bereits angedeutet werden.

Formulierungsvorschlag:

Ich habe den rechtlich unverbindlichen Wunsch, dass möglichst eine einvernehmliche und kostengünstige Regelung mit Blick auf den Nachlass gefunden wird. Dazu rege ich an, dass sich die Erben gemeinsam bei einem gesetzlich zur Un-

---

36 Eine Überprüfung und Änderung scheidet jedoch aus, wenn der Erblasser testierunfähig wird (zB wegen einer Demenz). Auch das spricht gegen allzu konkrete Festlegungen in einem Testament.
37 Vielfältige Formulierungsvorschläge finden sich in allen gängigen Formularbüchern zum Erbrecht, zB Dorsel (Hrsg.), Kölner Formularbuch Erbrecht, 2. Aufl. 2015; von Dickhuth-Harrach, Handbuch der Erbfolge-Gestaltung, 2010; Langenfeld/Fröhler, Testamentsgestaltung, 5. Aufl. 2015; Brambring/Mutter (Hrsg.), Beck'sches Formularbuch Erbrecht, 3. Aufl. 2014; Frieser (Hrsg.), Formularbuch des Fachanwalts Erbrecht, 4. Aufl. 2021.
38 Vgl. zu Mustern wiederum die in Fn. 36 genannten Formularbücher.
39 Ein weiterer Formulierungsvorschlag findet sich bei Frieser/Deutlmoser, S. 149.

parteilichkeit verpflichteten Notar[40] beraten lassen. Sollten sich die Erben nicht einigen können, rege ich an, eine Mediation durchzuführen.

29 Auch wenn einzelne Personen enterbt und auf ihren Pflichtteil beschränkt werden sollen, sind spätere Konflikte nicht selten. Die übliche Kautelarpraxis beschränkt sich in diesen Fällen meist darauf, die Erbfolge positiv zu regeln. Die nicht bedachten **Pflichtteilsberechtigten** tauchen dann in der letztwilligen Verfügung überhaupt nicht auf, was das spätere Eskalationspotential beträchtlich erhöht. Denkbar wäre deshalb zum Beispiel folgender Verfahrenshinweis.

30 **Formulierungsvorschlag:**
Mein Sohn soll den ihm zustehenden gesetzlichen Pflichtteil erhalten. Ich bitte meine Erben (ggf. unter Einbeziehung meines Steuerberaters), alle dazu erforderlichen Auskünfte zu erteilen. Außerdem habe ich den rechtlich unverbindlichen Wunsch, dass möglichst eine kostengünstige und einvernehmliche Einigung über die Pflichtteilsansprüche gefunden wird. Dazu rege ich an, dass sich mein Sohn gemeinsam mit den Erben bei einem gesetzlich zur Unparteilichkeit verpflichteten Notar beraten lassen. Sollte eine Einigung nicht erzielt werden, rege ich an, eine Mediation durchzuführen.

31 Der unverbindliche Verfahrenshinweis kann auch vorschlagen, sich zum geeigneten Konfliktlösungsverfahren von einem Konfliktmanager[41] beraten zu lassen (→ Einl. Rn. 177). Dies bietet sich vor allem dann an, wenn vor Ort geeignete Personen oder Institutionen zur Verfügung stehen, die benannt werden können.

32 **Formulierungsvorschlag:**
Ich habe den Wunsch, dass möglichst eine einvernehmliche und kostengünstige Regelung über den Nachlass gefunden wird. Sollte eine solche Einigung nicht erzielt werden können, rege ich an, dass sich die am Nachlass beteiligten Personen von Herrn/Frau ***/Institution über mögliche außergerichtliche Konfliktlösungsverfahren beraten lassen.

33 **ee) Verpflichtende Mediationsklausel.** Insbesondere bei zu Lebzeiten nicht lösbaren Familienkonflikten sollte ergänzend über die Aufnahme einer verpflichtenden Mediationsklausel in die Erbregelung nachgedacht werden.[42] Hier soll die Mediationsklausel kraft einseitiger Anordnung in der letztwil-

---

40 Wenn Immobilien und/oder Unternehmen auseinanderzusetzen sind, ist die Auseinandersetzung ohnehin notariell zu beurkunden. Der beurkundende Notar sollte sich hier allerdings vor dem Hintergrund von §§ 7, 27 BeurkG nicht in der von ihm errichteten Urkunde selbst als Anlaufstelle einsetzen.
41 So bietet die Deutsche Institution für Schiedsgerichtsbarkeit (DIS) etwa ein eigenes Konfliktmanagementverfahren an, in dem über die im Einzelfall angemessene Konfliktlösungsmethode entschieden wird. Die DIS hat jedoch ihren Schwerpunkt in unternehmensrechtlichen Streitigkeiten.
42 Töben RNotZ 2013, 321 (333 f.); Töben/Schmitz-Vornmoor ZKM 2014, 15 (17 ff.); verschiedene Klauseltypen finden sich bei Frieser/Deutlmoser, S. 128 ff.; allgemein kritisch zur Möglichkeit verbindlicher Mediationsklauseln in letztwilligen Verfügungen Haft/v. Schlieffen/Beisel § 35 Rn. 60 ff.: „grundsätzlich nur eine Bitte des Erblassers", Muscheler/Schiffer/Schürmann, Hereditare, Bd. 4, 2014, 39 (44) und neuerdings Wolfer, S. 338 ff., die auf die mangelnde schuldrechtliche Bestimmbarkeit einer „verbindlichen" Kooperationspflicht vor dem Hintergrund der gesetzlich verankerten Freiwilligkeit der Mediation hinweist.

ligen Verfügung die am Nachlass Beteiligten binden. Bei der Formulierung von Mediationsklauseln in letztwilligen Verfügungen sind drei Fragen zu unterscheiden, nämlich erstens, ob eine **Verpflichtung zur Mediation** wirksam begründet werden kann, zweitens, wie mit erbrechtlichen Gestaltungsmitteln die **Beachtung der Mediationsklausel** gesichert werden kann, und drittens, ob auch **Pflichtteilsberechtigte** in den Anwendungsbereich einer Mediationsklausel mit einbezogen werden können.

(1) Verpflichtung zur Mediation. Die Verpflichtung, eine Mediation zu versuchen, könnte den im Testament Bedachten (Erben und/oder Vermächtnisnehmern) zunächst im Wege einer **Auflage** gemäß § 1940 BGB auferlegt werden.[43] Außerdem käme in Betracht, den Bedachten wechselseitig im Wege eines **Vermächtnisses** nach § 1939 BGB das Recht zuzuwenden, von den anderen Bedachten den Versuch einer Mediation zu verlangen.[44]

Über diese gewöhnlichen erbrechtlichen Gestaltungsmittel[45] hinaus wird weiter diskutiert, ob auch aus § 1066 ZPO im Wege eines argumentum a maiore ad minus abgeleitet werden kann, dass die Verpflichtung zur Durchführung einer Mediation vom Erblasser einseitig im Wege einer Verfügung von Todes wegen auferlegt werden kann. Wenn Erbstreitigkeiten durch letztwillige Verfügung sogar einem Schiedsgericht zugewiesen werden können, so solle dies erst recht für die in ihren Auswirkungen viel schwächere Mediationsabrede gelten.[46] Dagegen spricht, dass es im Mediationsgesetz keine § 1066 ZPO vergleichbare Vorschrift gibt. Außerdem gilt im Erbrecht ein Typenzwang. Das heißt, der Gesetzgeber beschränkt die Regelungsmöglichkeiten auf den im Gesetz festgeschriebenen Numerus clausus an möglichen Verfügungen.[47] Vor diesem Hintergrund ist es aus vertragsgestaltender Perspektive zumindest nicht sicher, ob eine analoge Anwendung des § 1066 ZPO auf Mediationsklauseln tatsächlich möglich ist.[48] Umgekehrt kommt der Frage, ob eine „Pflicht zum Versuch einer Mediation" besteht und woraus sich diese dogmatisch herleiten lässt, praktisch keine große Bedeutung zu, denn angesichts des Prinzips der Freiwilligkeit werden kaum jemals Leistungsklagen auf Teilnahme an einem Mediationsverfahren zu erwarten sein.[49]

---

43 Walz/Bülow, Muster 6.3; Töben/Schmitz-Vornmoor RNotZ 2014, 527 (536); Walz/Bülow, Muster 6.3, Anmerkung A5 sieht davon ab, die Rechtsnatur der Anordnung näher festzulegen.
44 Töben/Schmitz-Vornmoor RNotZ 2014, 527 (536).
45 Aufl. und Vermächtnis können in gemeinschaftlichen Ehegattentestamenten und in Erbverträgen zwischen den Verfügenden mit erbrechtlicher Bindungswirkung vereinbart werden (§§ 2270, 2278 BGB), so dass zB der überlebende Ehegatte die Klausel nicht mehr einseitig ändern kann.
46 Greger/Unberath/Steffek/Greger B. § 1 Rn. 226; ebenfalls so Eidenmüller/Wagner MediationsR/Wagner Kap. 2 Rn. 72 und Fries/Deutlmoser, S. 134 ff.; offen gelassen bei Walz/Bülow, Muster 6.3, Anmerkung A5.
47 Vgl. dazu zB Nieder/Kössinger Testamentsgestaltung-HdB, 4. Aufl. 2011, § 3 Rn. 34 ff.; auch der BGH Beschl. v. 17.05.2017 – IV ZB 25/16, Tz. 12, stellt fest, dass § 1066 die Zulässigkeit testamentarisch angeordneter Schiedsgerichte voraussetze, diese aber nicht begründe.
48 Töben/Schmitz-Vornmoor ZKM 2014, 15 (18).
49 So auch Töben/Schmitz-Vornmoor RNotZ 2014, 527 (536); Wolfer, S. 315 ff., kommt sogar zu dem Ergebnis, dass Mediationsklauseln in letztwilligen Verfügun-

36 **(2) Beachtung der Mediationsklausel.** Wichtiger als die unmittelbare Erzwingbarkeit der Teilnahme an einer Mediation ist es, in der Mediationsklausel gewisse positive und/oder negative Anreize zu setzen, die die Teilnahme an einem einvernehmlichen Lösungsversuch im Wege der Mediation attraktiv machen. Hier kommt zunächst in Betracht, die Beschreitung des Rechtsweges bis zur Durchführung eines Mediationsversuchs zu blockieren. In der normalen Mediationsklausel ist eine solche **Beschränkung der Klagbarkeit** als vertragliche Vereinbarung zulässig (zur rechtlichen Einordnung → Einl. Rn. 148 ff.). Auch durch Mediationsklauseln in letztwilligen Verfügungen soll die zeitweilige Klagebeschränkung wirksam begründet werden können, die dogmatische Grundlage ist jedoch nicht geklärt.[50] Über die Klagebeschränkung hinaus sollte deshalb über weitere Anreize nachgedacht werden, um ein Mediationsverfahren in Gang zu bringen. So kann die Aufteilung durch den benannten **Testamentsvollstrecker** von einem vorherigen Mediationsversuch abhängig gemacht werden.[51]

37 Formulierungsvorschlag:
Im Wege einer Verwaltungsanordnung nach § 2216 Abs. 2 BGB wird bestimmt, dass im Falle von Konflikten zwischen den Bedachten dieses Testaments über die Verteilung des Nachlasses eine Erbteilung durch den Testamentsvollstrecker erst dann vorgenommen werden soll, nachdem versucht wurde, eine gütliche Einigung der Bedachten im Wege einer Mediation herbeizuführen. Der Testamentsvollstrecker ist an der Mediation zu beteiligen. Das in einer Mediation erzielte Verhandlungsergebnis soll vom Testamentsvollstrecker umgesetzt werden. Scheitert die Mediation, soll der Testamentsvollstrecker die Erbauseinandersetzung nach billigem Ermessen vornehmen.

38 Wenn die **Kosten** eines Mediationsverfahrens vom Nachlass getragen werden, kann dies den Mediationsversuch ebenfalls fördern. Zudem kommen **Strafvermächtnisse**[52] in Betracht, um den fehlenden Kooperationswillen zu sanktionieren. Bedingte letztwillige Verfügungen zur Förderung der Mediationswilligkeit, wie zB **auflösend bedingte Erbeinsetzungen oder bedingte Vermächtnisse**, sollten dagegen vermieden werden, denn sie kommen in Konflikt mit der die Mediation prägenden Freiwilligkeit und sind von ihren Auswirkungen her nur schwer steuerbar.[53]

39 **(3) Pflichtteilsberechtigte.** Umstritten ist, ob pflichtteilsberechtigte Personen oder zB Erbprätendenten durch Mediationsklauseln in letztwilligen

---

gen mangels Bestimmbarkeit der Kooperationsleistung überhaupt keine rechtliche Bindungswirkung entfalten können.
50 Greger/Unberath/Steffek/Greger B. § 1 Rn. 226 verweisen dazu wieder auf § 1066 ZPO. Töben RNotZ 2013, 321 (333 f.) argumentiert mit einem Erst-Recht-Schluss: Wenn der Erblasser von jeder Beschränkung befreite (und einklagbare) Zuwendungen anordnen könne, dann müsse er auch das Mindere, nämlich eine Zuwendung mit dem vorübergehenden Makel einer eingeschränkten Einklagbarkeit, begründen können. S. außerdem Töben/Schmitz-Vornmoor RNotZ 2014, 527 (536) mwN.
51 Klauselvorschlag bei Töben/Schmitz-Vornmoor RNotZ 2014, 527 (540).
52 Klauselvorschlag bei Töben/Schmitz-Vornmoor RNotZ 2014, 527 (538); ebenfalls eine nachteilige Kostensanktion findet sich im Klauselvorschlag von Greger/Unberath/Steffek/Greger B. § 1 Rn. 229.
53 Vgl. auch Töben RNotZ 2013, 321 (333), und Muscheler/Schiffer/Schürmann, Heriditare, Bd. 4, 2014, 39 (43 f.).

Verfügungen wirksam eingebunden werden können.⁵⁴ Dies wird in der Literatur, erneut unter Hinweis auf § 1066 ZPO, teilweise bejaht (zur Argumentation über § 1066 ZPO → Rn. 35).⁵⁵ Andere Stimmen sind deutlich kritischer und verweisen auf die zwingende gesetzliche Ausgestaltung des Pflichtteilsrechts.⁵⁶ Auch nach den Vorschriften der §§ 2306 und 2307 können sich Pflichtteilsberechtigte zB von erbrechtlichen Beschränkungen in der Regel durch Ausschlagung befreien. Unabhängig von dieser umstrittenen Frage lassen sich jedoch mit erbrechtlichen Gestaltungsmitteln wiederum Anreize für pflichtteilsberechtigte Personen setzen, an einem Mediationsverfahren teilzunehmen. So kann zB dem Pflichtteilsberechtigten ein pflichtteilsübersteigendes Vermächtnis⁵⁷ zugewendet werden, das dann wiederum mit der Pflicht zum Versuch einer Mediation verbunden wird. Auch Kostenanreize (Kosten des Mediationsverfahrens trägt der Nachlass) und die Aussicht, möglicherweise schnell zu einer Lösung zu kommen, können ein Mediationsverfahren auch für pflichtteilsberechtigte Personen attraktiv machen.

Es folgt eine als Auflage formulierte Mediationsklausel in einem einseitigen Testament.⁵⁸

40

Formulierungsvorschlag:

Ich verpflichte die Bedachten per Auflage, Streitigkeiten aus oder im Zusammenhang mit dieser Erbregelung versuchsweise durch eine Mediation beizulegen. Das Mediationsverfahren wird eingeleitet durch Zugang eines schriftlichen Mediationsantrages eines Bedachten bei den anderen Bedachten. Im Antrag soll ein Mediator vorgeschlagen werden. Können sich die Beteiligten auf einen Mediator nicht einigen, so soll dieser auf Antrag eines Bedachten von ***(Institution) benannt werden. Verjährungsfristen sind ab Zugang des Mediationsantrages gehemmt. Gerichtsverfahren sind erst zulässig, wenn nach Zugang des Mediationsantrages drei Monate vergangen sind und entweder eine Mediationssitzung nicht zustande gekommen ist oder aber ein Bedachter oder der Mediator das Mediationsverfahren nach Durchführung einer Mediationssitzung für gescheitert erklärt hat. Eil- und selbstständige Beweisverfahren bleiben jederzeit möglich. Die

---

54 Vgl. dazu auch Fries/Deutlmoser, S. 136 ff.
55 Greger/Unberath/Steffek/Greger B. § 1 Rn. 226 ff. unter Hinweis auf die Ausführungen von Zöller/Geimer, 31. Aufl., ZPO § 1066 Rn. 18; ausführlich zur Schiedsfähigkeit von Pflichtteilsansprüchen auch Muscheler/Schiffer/Schürmann, Heriditare, Bd. 4, 2014, 39 (48 ff.).
56 Walz/Bandel Kap. 25 Rn. 17 f.; Töben RNotZ 2013, 321 (334); Töben/Schmitz-Vornmoor RNotZ 2014, 527 (539).
57 Vgl. Töben/Schmitz-Vornmoor ZKM 2014, 15 (29), mit einem entsprechenden Formulierungsvorschlag.
58 Ein weiteres Muster bei Walz/Bülow, Muster 6.3; Töben/Schmitz-Vornmoor RNotZ 2014, 527 (536) und ZKM 2014, 15 (17 f.); ein Muster, das nicht ausdrücklich die Klagbarkeit einschränkt, sondern einen Kostenanreiz zur Mitwirkung setzt, findet sich bei Greger/Unberath/Steffek/Greger B. § 1 Rn. 229; ebenfalls Muster finden sich bei Risse ZEV 1999, 205 (209), und bei Haft/v. Schlieffen/Beisel § 32 Rn. 60: Das dort dem beurkundenden Notar jeweils eingeräumte Recht, den Mediator zu bestimmen, dürfte jedoch beurkundungsrechtlich nach § 7 und 27 BeurkG unzulässig sein, vgl. etwa Töben RNotZ 2013, 321 (326) mwN. Ebenfalls beurkundungsrechtlich unzulässig ist es, wenn sich der Notar in seinem eigenen Urkunde selbst zum Mediator einsetzt, vgl. OLG Bremen DNotI-Report 2014, 151–152 zur Parallelproblematik der Ernennung des Urkundsnotars zum Testamentsvollstrecker.

Kosten des Mediators trägt der Nachlass. Anwaltskosten und Auslagen trägt jeder Beteiligte selbst.

41 **ff) Schiedsgerichtsklauseln.** Vor allem für besonders werthaltige Nachlässe kann als Alternative zur staatlichen Gerichtsbarkeit vom Erblasser auch ein Schiedsgerichtsverfahren vorgeschrieben werden.[59] § 1066 ZPO hält eine solche einseitig angeordnete und die Betroffenen **bindende Schiedsklausel** ohne Verstoß gegen den erbrechtlichen Typenzwang[60] offenbar für möglich, auch wenn die Vorschrift selbst nach der Rechtsprechung des BGH keine Ermächtigungsgrundlage darstellt.[61] Eine Schiedsklausel bietet sich vor allem dann an, wenn dem Erblasser an einem nichtöffentlichen Verfahren gelegen ist, das zudem in der Regel schneller beendet werden kann und nur eine Instanz umfasst.[62] Außerdem können möglicherweise auch pflichtteilsberechtigte Personen in eine Schiedsgerichtsklausel mit eingebunden werden.[63]

42 **3. Schlussfolgerungen im Hinblick auf die Mediation.** Betrachtet man zusammenfassend die vorsorgende Nachlassplanung, ergeben sich folgende Bezüge zur Mediation und zum MediationsG:

- Mediative Methoden, insbesondere die Interessenermittlung, gehören zu einer sachgerechten Nachlassplanung und -beratung.
- Bestehende Konflikte können vorsorgend in einem Mediationsverfahren zur Nachlassplanung bearbeitet werden. Berater mit einer entsprechenden Ausbildung können das Mediationsverfahren nach dem MediationsG selbst durchführen.
- Nachlassregelungen (Testamente, Erbverträge, Regelungen zur vorweggenommenen Erbfolge) können durch entsprechende Klauseln im Konfliktfall den Weg in ein Mediationsverfahren nach dem MediationsG weisen.

III. Konfliktbearbeitung nach Eintritt des Erbfalls

43 **1. Typische Fallgestaltungen.** Zu Konflikten nach Eintritt des Erbfalls kann es auch trotz einer vorsorgenden Nachlassplanung und -regelung kommen. Viel häufiger sind allerdings diejenigen Fälle, in denen Konflikte vor allem deswegen entstehen, weil vorsorgende Regelungen versäumt oder nicht sachgerecht gestaltet wurden. Typische Konstellationen sind zB:

---

59 Vgl. zu solchen Schiedsklauseln bzw. Schiedsverfügungen Werner ZEV 2011, 506 und Fries/Deutlmoser, S. 130 ff.
60 Eine Einordnung als Aufl. sei daher nicht erforderlich, vgl. Zöller/Geimer ZPO § 1066 Rn. 16a.
61 BGH Beschl. v. 17.5.2017 – IV ZB 25/16, Tz. 12; Wolfer, S. 234, sieht die Schiedsverfügung ebenfalls nicht als Verstoß gegen den Typenzwang, sondern lediglich als inhaltliche Modifizierung („Nebenbestimmung") der erbrechtlichen Rechtsinstitute.
62 Weitere Nachweise zu Literatur und Rechtsprechung sowie Musterformulierungen nebst Fundstellen für weitere Muster bietet Walz/Bandel § 24.
63 Zöller/Geimer ZPO § 1066 Rn. 18; Muscheler/Schiffer/Schürmann, Heriditare, Bd. 4, 2014, 39 (48 ff.); kritisch Walz/Bandel Kap. 25 Rn. 17 f. mwN.

- Der Erblasser hat ein eigenhändiges Testament verfasst. Es gibt Streitigkeiten über die Auslegung der Erbregelung.[64]
- Es gibt Streit über die Testierfähigkeit des Erblassers zum Zeitpunkt der Errichtung des Testaments.[65]
- Einzelne Erben haben bereits vorab Zuwendungen erhalten. Es wurde nicht oder nur unzureichend besprochen und geregelt, wie sich dies im Erbfall auswirken soll.[66]
- Pflichtteilsberechtigte Personen sind enterbt worden. Sie machen jetzt ihren Pflichtteil geltend.
- Mehrere Personen haben geerbt. Es gibt Streitigkeiten über die Auseinandersetzung der Erbengemeinschaft.
- Es kommt zu Streitigkeiten zwischen einem eingesetzten Testamentsvollstrecker und dem oder den Erben.[67]

Als besonders problemträchtig erweisen sich diejenigen Fälle, in denen das Thema Erben und Vererben im Familienkreis bis zum Todesfall nie oder kaum thematisiert worden ist, denn jetzt – wo es darauf ankommt – steht die verstorbene Person für eine proaktive Konfliktklärung und -bearbeitung, die Klärung von Auslegungsfragen oder auch einvernehmliche Korrekturen nicht mehr zur Verfügung.

Die erbrechtlichen Konfliktfälle zeichnen sich zudem vielfach dadurch aus, dass **die Beteiligten durch den Erbfall „in einem Boot" sitzen** und Lösungen von der Mitwirkung aller Beteiligten abhängen.[68] So können mehrere in einer Erbengemeinschaft verbundene Miterben nur gemeinschaftlich, dh einvernehmlich über Nachlassgegenstände verfügen.[69] Das dadurch entstehende Blockadepotential kann im Streitfall zur Vernichtung erheblicher wirtschaftlicher Werte führen („das Boot geht unter"). Umgekehrt kann der bestehende Einigungsdruck auch für konstruktive Lösungen genutzt

---

64 Tatsächlich betreffen viele erbrechtliche Gerichtsverfahren Auslegungsstreitigkeiten bei privatschriftlich von Nichtjuristen verfassten Testamenten. Ein Sonderproblem bei eigenhändig geschriebenen gemeinschaftlichen Ehegattentestamenten ist zudem die im Zweifel (§ 2270 Abs. 2 BGB) bestehende Bindungswirkung, die den überlebenden Ehegatten für die Zukunft in seinen Gestaltungsmöglichkeiten erheblich einschränkt.
65 Notarielle Verfügungen von Todes wegen bieten diesbezüglich mehr Rechtssicherheit, weil sich der beurkundende Notar nach § 28 BeurkG ausdrücklich zur Geschäftsfähigkeit äußern muss und etwaige Zweifel daran in der Urkunde zu vermerken hat (§ 11 BeurkG).
66 Dies passiert vor allem bei – auch größeren – Geldschenkungen, deren aufgrund fehlender Beurkundung zunächst bestehende Nichtigkeit durch den Vollzug der Schenkung geheilt wird (§ 518 BGB). Nach der gesetzlichen Regelung (§ 2315 BGB) erfolgt – entgegen der Intuition und Erwartung der Beteiligten – keine automatische Anrechnung auf den Pflichtteil. Vielmehr muss die Anrechnungsbestimmung durch den Erblasser zeitgleich mit der Zuwendung erfolgen und kann auch später nicht einseitig nachgeholt werden. Bei Immobilienschenkungen, die notariell beurkundet werden müssen, ist umgekehrt aufgrund der notariellen Beratung fast immer eine Regelung zur pflichtteilsrechtlichen Auswirkung der Schenkung enthalten. Außerdem können Vorabschenkungen zu Pflichtteilsergänzungsansprüchen von anderen Pflichtteilsberechtigten führen, § 2325 BGB.
67 Dazu auch Haft/v. Schlieffen/Beisel § 32 Rn. 72 ff.
68 Zur Abwicklung und Verwaltung der Erbengemeinschaft als Konfliktursache auch Haft/v. Schlieffen/Beisel § 32 Rn. 33 ff.
69 Funktioniert das nicht, steht mit der Teilungsversteigerung auch noch eine zwangsweise Möglichkeit der Auseinandersetzung zur Verfügung.

werden („man rudert gemeinsam bis zum Ufer und anschließend kann wieder jeder seiner Wege gehen").

46 Erbrechtliche Konflikte können außergerichtlich (2., → Rn. 47 ff.) oder gerichtlich (3., → Rn. 54 ff.) bearbeitet werden. Angesichts der für Gerichtsverfahren typischen Verengung des Konfliktes auf die Positionen der Parteien werden nachstehend die Möglichkeiten aufgezeigt, aus dem Gerichtsverfahren heraus zu einer Mediation zu gelangen.

47 **2. Die außergerichtliche Bearbeitung von Erbkonflikten. a) Steuerungsfunktion von Institutionen und Beratern.** Kommt es nach Eintritt des Erbfalls zu einem Konflikt, sollten vorrangig außergerichtliche Verhandlungslösungen angestrebt werden. Angesichts der sich stellenden komplexen rechtlichen und ggf. auch steuerlichen Fragen, kommen die Beteiligten fast automatisch in Kontakt mit verschiedenen **Institutionen und Beratern**[70], die damit eine **Steuerungsfunktion** im Sinne einer konstruktiven, interessen- und verhandlungsorientierten Konfliktbearbeitung übernehmen könnten.

48 Die **Nachlassgerichte**, die für die **Eröffnung von letztwilligen Verfügungen** zuständig sind, übernehmen eine solche Rolle leider nicht. Vielmehr unterbleibt eine Ladung der am Nachlass beteiligten Personen meist als „untunlich",[71] so dass der Eröffnungstermin nicht als Starttermin für eine konstruktive Nachlassauseinandersetzung genutzt werden kann.[72]

49 Ist ein **Erbschein** oder ein **Europäisches Nachlasszeugnis** als Erbnachweis erforderlich, sind wiederum die **Nachlassgerichte** beteiligt, die für die Erteilung zuständig sind. Die Aufgabe des Nachlassgerichtes ist hier vor allem auf die rechtlichen Fragen der Erbfolge beschränkt.

50 Der **Erbscheinsantrag** ist entweder beim **Nachlassgericht** oder bei einem **Notar** zu stellen. Wird der Antrag über einen Notar gestellt, steht dieser den Beteiligten in der Regel auch für weitergehende Fragen zur Nachlassabwicklung[73] zur Verfügung. Häufig wird der Notar dabei auch auf beste-

---

70 Zu den Mitgliedern des „Systems Erbrechtskonflikt" s. auch Fries/Deutlmoser, S. 33 ff.
71 § 348 Abs. 2 FamFG stellt die Ladung in das Ermessen des Gerichts. Die Gerichte haben allerdings keinerlei Anreize, tatsächlich zu einem zeitintensiven Termin zu laden und versenden daher die schriftlichen Eröffnungsprotokolle. Lediglich die (staatlichen) Notariate in Baden-Württemberg, die bis Ende 2017 noch die Funktion als Nachlassgericht wahrnehmen, haben in der Vergangenheit meist zur Testamentseröffnung geladen. Hier stimmen die Anreizstrukturen, denn die Notariate konnten über die Testamentseröffnung hinaus auch Beurkundungsaufgaben bei der Nachlassabwicklung (Nachlassauseinandersetzung, Einigung über Pflichtteilsansprüche etc) übernehmen. Der Gesetzgeber sollte generell darüber nachdenken, die Testamentseröffnung – wie in Film und Fernsehen aus dramaturgischen Gründen weithin üblich – den Notaren zuzuweisen. Als „Clearingstelle" könnten die Notare mit den Beteiligten das weitere Vorgehen besprechen und gerade auch in Konfliktfällen geeignete Ansprechpartner oder mögliche Konfliktbearbeitungsverfahren wie die Mediation ins Spiel bringen.
72 Die Gerichte könnten aber darüber nachdenken, mit dem Eröffnungsprotokoll schriftliche Informationen über Konfliktbearbeitungsmethoden wie die Mediation zur Verfügung zu stellen.
73 Befinden sich Immobilien oder Gesellschaftsbeteiligungen im Nachlass, wird der Notar in der Regel auch für die Verteilung des Nachlasses (Nachlassauseinandersetzung) benötigt.

hende Konflikte angesprochen und kann eine Steuerungs- oder Wegweiserfunktion übernehmen bzw. in vielen Fällen auch seine eigene Expertise[74] anbieten.[75]

Fast immer an Erbfällen beteiligt sind die **Banken** des Erblassers, die wegen der erforderlichen Umschreibung der Konten vom Erbfall Kenntnis erlangen. Erfahren die Banken von Konflikten, könnten sie den Beteiligten die Durchführung einer Mediation empfehlen. Gleiches gilt für den **Steuerberater** des Verstorbenen, der von den Erben kontaktiert wird und auf eine einvernehmliche und konstruktive Bearbeitung von Konflikten hinwirken könnte (zum Steuerberater als Wegbereiter einer Mediation → I Rn. 17 ff.).

Rechtsanwälte werden nach Erbfällen meist entweder zum Zweck der Informationsbeschaffung (Wie ist die Rechtslage? Welche Ansprüche habe ich eigentlich?) oder aber auch zur Durchsetzung von Ansprüchen gegen andere Nachlassbeteiligte eingeschaltet. Hier können Anwälte durch ihre **Haltung** und ihr **Verhalten** das weitere Vorgehen entscheidend mitprägen (→ L. Rn. 14 ff.). So gibt es Anwälte, die zunächst interessenbasierte Verhandlungslösungen präferieren und das Gespräch mit den anderen Beteiligten suchen.[76] Auch von Anwaltsseite können in diesem Zusammenhang Mediationsverfahren oder auch andere Konfliktbearbeitungsmethoden[77] angeregt und begleitet werden. Andere Anwälte tragen durch ihr konflikt- und positionsorientiertes Vorgehen eher zur Verschärfung der Familienkonflikte bei und übersehen dabei den möglichen Mehrwert eines Interessenausgleiches im Verhandlungsweg.[78]

b) Mediationsverfahren. Kommt es in einem Erbkonflikt zu einem Mediationsverfahren, so gelten für dieses in der Regel keine aus dem Erbrecht folgenden Besonderheiten.[79] Bei einer Vielzahl von am Nachlass beteiligten

---

74 Etwa zu Möglichkeiten der Nachlassauseinandersetzung, zum Umgang mit mehrdeutigen eigenhändigen Testamenten oder zu Möglichkeiten der Regelung von Pflichtteilsansprüchen. Ist der Notar auch Mediator, kann er in geeigneten Fällen auch eine Mediation anbieten.
75 Fries/Deutlmoser, S. 36, sehen die Notare lediglich im (praktisch nicht nachgefragten) förmlichen Verfahren der Nachlassauseinandersetzung nach § 363 FamFG involviert (→ Rn. 62) und übersehen damit die regelmäßige Beteiligung im Nachlassverfahren und bei der einvernehmlichen Nachlassregelung.
76 Zu einer derartigen Haltung von Anwälten vgl. auch Mähler/Mähler Cooperative Praxis – Collaborative practice/collaborative law, ZKM 2009, 1; Engel, Collaborative Law, 2010; Fritz/Pielsticker MediationsG-HdB/Fritz III. (Kooperatives Anwaltsverfahren).
77 In vielen Erbfällen geht es zum Beispiel um Wertermittlungen. Daher macht es Sinn, sich außergerichtlich auf einen Gutachter zu einigen, der die Wertfrage verbindlich für alle Beteiligten entscheidet.
78 Wie Anwälte mit ihrem unterschiedlichen Beratungsstil den Weg mitbestimmen, den ein Konflikt geht, zeigen Fries/Deutlmoser, S. 34 f.; Schmidt/Lapp/May § 10 Rn. 148, fordern Anwälte im Erbrecht ausdrücklich auf, eine Mediation mit in Erwägung zu ziehen.
79 Die zur Mediation im Erbrecht erschienenen Beiträge stellen so auch vor allem die Mediationsgeeignetheit von Erbkonflikten dar, zB Haft/v. Schlieffen/Beisel § 32. Speziell den Erbkonflikt betreffende methodische Besonderheiten werden nicht erörtert. Falldarstellungen finden sich zB bei Brandt ZEV 2010, 133 und Schmitz-Vornmoor/Vornmoor ZKM 2012, 51; bei Frieser/Sättler Kap. 7 Rn. 221 und 223 finden sich Muster für eine erbrechtsspezifische Formulierung zur Verjährungshemmung bzw. zum Klageverzicht. Ein Muster für einen Mediationsrahmenvertrag

Personen kann es sich anbieten, die Mediation als Co-Mediation durchzuführen.[80] Besondere organisatorische Schwierigkeiten können sich daraus ergeben, dass die Erben weit voneinander entfernt wohnen[81] oder nicht alle zur Teilnahme an der Mediation bereit sind.[82] Sind die Parteien bereits anwaltlich vertreten, so können und sollten die Rechtsanwälte das Mediationsverfahren konstruktiv begleiten (→ N. Rn. 14 ff.). Die Abschlussvereinbarung (zur Gestaltung der Abschlussvereinbarung → Einl. Rn. 248 ff.) in einem Erbstreit ist häufig – insbesondere, wenn sich Immobilien oder Unternehmen im Nachlass befinden – notariell zu beurkunden. War der Notar als Mediator tätig, darf er auch die nachfolgende Beurkundung vornehmen (→ M. Rn. 31). Die notarielle Urkunde kann auch vollstreckbar ausgestaltet werden, § 794 Abs. 1 Nr. 1 ZPO (→ M. Rn. 52 ff. und → MediationsG § 2 Rn. 310 ff.).

54 **3. Erbkonflikte vor Gericht.** Immer wieder gelangen Erbkonflikte auch vor Gericht. Da Erbkonflikte fast immer vor dem Hintergrund einer Familiengeschichte und den damit verbundenen familiären Beziehungen ausgetragen werden, bieten sich diese Konflikte ganz besonders für interessenbasierte Verfahren der Streitbeilegung an. Während im gerichtlichen Verfahren lediglich antrags- bzw. streitgegenstandsbezogen verhandelt und entschieden wird, können interessenbasierte Konfliktbearbeitungsmethoden das gesamte Konfliktpanorama einschließlich der familiären Beziehungen in den Blick nehmen.

55 Als **Arbeitshypothese** dürfen und sollten die Gerichte daher davon ausgehen, dass sie mit dem positionsorientierten Erbstreit lediglich einen Ausschnitt des Konfliktes vorgelegt bekommen und dass mit einer **Streitentscheidung** in der Regel **keine umfassende und für die Beteiligten befriedigende Lösung** des familiären Konflikts erreicht werden kann.

56 Nachfolgend werden nun die Möglichkeiten der Gerichte dargestellt, den Konfliktparteien zu einer Verhandlungslösung zu verhelfen, einmal im Verfahren der freiwilligen Gerichtsbarkeit (a), → Rn. 57 ff.), wozu auch die Vermittlung der Nachlassauseinandersetzung durch einen Notar gehört (b), → Rn. 62), und weiter im Verfahren der ordentlichen (streitigen) Gerichtsbarkeit (c), → Rn. 63). Anschließend werden Verfahren vor dem Güterrichter und außergerichtliche Verfahren verglichen (d), → Rn 64 ff.). Zuletzt können erbrechtliche Streitigkeiten auch durch schiedsgerichtliche Verfahren entschieden werden (e), → Rn. 68).

57 **a) Verfahren der freiwilligen Gerichtsbarkeit (FamFG).** Folgende Nachlassverfahren gehören vor allem zum Bereich der freiwilligen Gerichtsbarkeit:
- Verwahrungen von Verfügungen von Todes wegen (§§ 346–347 FamFG);
- Eröffnung von Verfügungen von Todes wegen (§§ 348–351 FamFG);
- Erteilung eines Erbscheins (§§ 352–355 FamFG);
- Erteilung eines Europäischen Nachlasszeugnisses

---

in einer erbrechtlichen Sache findet sich bei Frieser/Sarres/Stückermann/Tschichoflos Kap. 1 G Rn. 1005.
80 Muster bei Frieser/Sättler Kap. 7 Rn. 200.
81 Vgl. zum möglichen Online-Verfahren → O. Rn. 1 ff.
82 Vgl. Frieser/Sättler Kap. 7 Rn. 203 ff.

(§§ 33–44 IntErbRVG);[83]
- Erteilung eines Testamentsvollstreckerzeugnisses (§§ 352–355 FamFG).

Sodann hat das Nachlassgericht auch noch Zuständigkeiten in Verfahren auf Errichtung eines Nachlassinventars sowie bei der Bestellung von Nachlassverwaltern und Nachlasspflegern. Nach §§ 363 ff. FamFG sind die Notare zuständig für die Vermittlung von Nachlassauseinandersetzungen (→ Rn. 62).

In Parallelkonstruktion zu § 253 Abs. 3 Nr. 1 ZPO bestimmt § 23 Abs. 1 S. 3 FamFG, dass „der Antrag in geeigneten Fällen die Angabe enthalten soll, ob der Antragstellung der Versuch einer Mediation oder eines anderen Verfahrens der außergerichtlichen Konfliktbeilegung vorausgegangen ist, sowie eine Äußerung dazu, ob einem solchen Verfahren Gründe entgegenstehen."

Was bedeutet dies im Zusammenhang mit den vorstehenden Verfahren? In der überwiegenden Anzahl von Verfahren dürfte es sich nicht um „geeignete Fälle" im Sinne des § 23 Abs. 1 S. 3 FamFG handeln, denn in aller Regel liegen keine sich widersprechenden Anträge vor, sondern die Nachlassbeteiligten sind sich einig. Die Einschaltung des Gerichts dient in diesen Fällen auch nicht der Streitentscheidung, sondern insbesondere der Schaffung von Rechtssicherheit, etwa durch Erteilung eines im Rechtsverkehr mit Gutglaubenswirkung ausgestatteten Erbscheins (§ 2366 BGB).

Insbesondere in Erbscheinsverfahren bzw. den Verfahren auf Erteilung eines Testamentsvollstreckerzeugnisses kann es jedoch zum Streit zwischen den Nachlassbeteiligten kommen.[84] Hauptursache sind unklare eigenhändig verfasste Testamente,[85] um deren Auslegung die Nachlassbeteiligten streiten. Diese Fälle sind geeignet im Sinne von § 23 Abs. 1 S. 3 FamFG. Zwar untersteht die Auslegung der letztwilligen Verfügung nicht der Dispositionsbefugnis der Beteiligten, dennoch können die in einem Mediationsverfahren erzielten Ergebnisse positiv auf das zunächst streitige Nachlassverfahren zurückwirken, denn

- die Verfahrensbeteiligten können nach einem Mediationsverfahren einheitliche Anträge stellen, sich auf einen gemeinsamen Tatsachenvortrag verständigen und damit die Chancen für eine antragsgemäße Gerichtsentscheidung wesentlich erhöhen und

---

83 Das Internationale Erbrechtsverfahrensgesetz verweist ergänzend auf das FamFG und dient dazu, einen nationalen Verfahrensrahmen für die Europäische Erbrechtsverordnung zur Verfügung zu stellen.
84 Vgl. dazu auch § 352e Abs. 2 FamFG, wonach das Gericht bei sich widersprechenden Anträgen den Erbschein zunächst nicht erteilt, damit der Beschluss über die Erteilung des Erbscheins angefochten werden kann, ohne dass der Erbschein bereits seine materiellrechtlichen Rechtswirkungen (öffentlicher Glaube nach § 2366 BGB) entfalten kann.
85 Immer wieder Gegenstand von gerichtlichen Verfahren ist auch die Reichweite der Bindungswirkung des überlebenden Ehegatten bei eigenhändig verfassten gemeinschaftlichen Ehegattentestamenten. Bei notariell beurkundeten gemeinschaftlichen Testamenten und Erbverträgen wird die Frage der Bindungswirkung dagegen ausdrücklich thematisiert und fixiert.

- sie können sich in einem Mediationsverfahren über die Verteilung des Nachlassvermögens verständigen, sogar unabhängig von der Auslegung der letztwilligen Verfügung durch das Gericht.

61 Hält das Gericht selbst ein Nachlassverfahren geeignet für den Versuch einer einvernehmlichen Lösung, kann es das Verfahren nach § 36 Abs. 5 FamFG entweder an einen Güterichter verweisen (→ K. Rn. 1 ff.) oder aber nach § 36a FamFG eine außergerichtliche Mediation oder ein anderes Verfahren der außergerichtlichen Konfliktbeilegung vorschlagen. Soweit dem Verfasser bekannt ist, werden diese Möglichkeiten in der Praxis jedoch nur äußerst selten genutzt (zur Parallelnorm in der ZPO → ZPO § 278a Rn. 18 ff.).

62 **b) Vermittlung der Nachlassauseinandersetzung durch den Notar.** Nach § 363 Abs. 1 FamFG können einzelne Erben die Vermittlung der Nachlassauseinandersetzung durch einen Notar verlangen. Dabei handelt es sich um ein Verfahren der freiwilligen Gerichtsbarkeit, in der der Notar funktionell als Nachlassgericht fungiert (→ M. Rn. 20).[86] Es handelt sich von seiner Struktur her um ein **Schlichtungsverfahren sui generis**,[87] bei der der Notar anders als ein Mediator auch Lösungsvorschläge in Form eines Auseinandersetzungsplans (§ 368 FamFG) unterbreiten kann. Erzwingen kann der Notar Lösungen aber nicht, da Streitpunkte der Entscheidung durch die Prozessgerichte vorbehalten sind (§ 370 FamFG). Die Ansiedlung der Nachlassauseinandersetzung beim Notar statt beim Nachlassgericht ist jedoch im Hinblick auf die im Notariat vorhandene Expertise sinnvoll.[88] Notare entwerfen und beurkunden regelmäßig Erbauseinandersetzungsverträge und verfügen daher über die Erfahrung im Umgang mit entsprechenden Mandaten und die vertragsgestaltenden Kenntnisse, die Nachlassbeteiligten bei der Auseinandersetzung zu unterstützen. Auch kann der Notar eine erzielte Einigung beurkunden und damit rechtsicher und verbindlich umsetzen. Verfügt der für die Nachlassauseinandersetzung zuständige Notar zusätzlich noch über eine Ausbildung als Mediator, so lässt das flexible und auf eine Einigung hin angelegte Verfahren nach § 363 Abs. 1 FamFG ohne Weiteres zu, dass der Notar-Mediator mediative Methoden in die Verfahrensführung mit einbringt und den Auseinandersetzungsplan interessenorientiert gestaltet. Nach § 370 S. 2 FamFG ist auch eine Abschichtung unstreitiger Punkte im Verfahren möglich. Im Ergebnis ist daher dem Verfahren nach § 363 ff. FamFG zu wünschen, dass es in der Erbrechtspraxis eine größere Verbreitung findet als bisher und auch von beratenden Anwälten als Alternative zu einer streitigen Auseinandersetzung erkannt wird.

63 **c) Verfahren der streitigen Gerichtsbarkeit (ZPO).** Die ordentlichen Gerichte werden ebenfalls regelmäßig mit streitigen Erbangelegenheiten be-

---

86 Holzer ZEV 2013, 656, mit ausführlichen Mustern für das Verfahren; Ihrig MittBayNot 2012, 353; Zimmermann NotBZ 2013, 335, Haft/v. Schlieffen/Beisel § 32 Rn. 17 ff. und Frieser/Sarres/Stückermann/Tschichoflos Kap. 1 G Rn. 985 ff.
87 So auch Haft/v. Schlieffen/Beisel § 32 Rn. 27.
88 Die ausschließliche Zuständigkeit der Notare gibt es erst seit dem 1.9.2013. Vorher waren grundsätzlich die Nachlassgerichte zuständig, sofern nicht nach einzelnen Landesrechten eine notarielle Zuständigkeit bestand.

fasst. Hier kann es etwa um eine Erbenfeststellungsklage[89] gehen oder um Pflichtteilsstreitigkeiten. Auch Ansprüche wegen des lebzeitigen Verstoßes gegen erbrechtlich bindende Verfügungen von Todes wegen (§§ 2287, 2288 BGB) können gerichtlich geltend gemacht werden. Auch hier kann an einen Güterichter[90] verwiesen (§ 278 ZPO) oder eine außergerichtliche Konfliktbearbeitung vorgeschlagen werden (§ 278a ZPO).

d) Güterichter und außergerichtliches Verfahren im Vergleich. Sowohl das Verfahren vor dem Güterichter als auch ein außergerichtliches Verfahren sind im Gesetzeswortlaut **methodisch offen** gehalten. Nach § 278 Abs. 5 S. 2 ZPO bzw. § 36 Abs. 5 S. 2 FamFG kann auch der Güterichter „alle Methoden der Konfliktbeilegung einschließlich der Mediation einsetzen." 64

Ein maßgeblicher **Vorteil** des güterichterlichen Verfahrens ist dessen **Kostenneutralität** für die Beteiligten. Das Verfahren vor dem Güterichter ist Bestandteil des normalen gerichtlichen Verfahrens und löst damit regelmäßig keine Zusatzkosten aus (→ ZPO § 278 Rn. 31). Bei außergerichtlichen Konfliktbearbeitungsverfahren ist dagegen im Einzelfall zu prüfen, welche Kosten entstehen oder wegfallen[91] und ob Kosten möglicherweise durch eine Rechtsschutzversicherung (zur Behandlung der Mediation in der Rechtsschutzversicherung → J. Rn. 12 ff.) übernommen werden können.[92] 65

Weiter steht die Verweisung an den Güterichter im Ermessen des entscheidenden Gerichts, während die Durchführung einer außergerichtlicher Streitbeilegung nur vorgeschlagen werden kann (§ 278a ZPO und § 36a FamFG) und daher des Einverständnisses der Parteien bedarf. 66

Die Justizstatistiken[93] zeigen, dass es kaum zu außergerichtlichen Konfliktbearbeitungen aufgrund eines richterlichen Vorschlags (→ ZPO § 278a Rn. 18 ff.) kommt. Dabei bietet das außergerichtliche Verfahren durchaus erhebliche Vorteile, gerade auch in Erbkonflikten, denn 67

- durch das Setting außerhalb des Gerichts erhöht sich die Chance, den Blick der Beteiligten über den konkret beim Gericht verhandelten Gegenstand hinaus zu weiten und damit „den Kuchen zu vergrößern";

---

89 Anders als das Ergebnis eines Erbscheinverfahrens (der unrichtige Erbschein kann später eingezogen werden) erwächst die Feststellungsentscheidung in formelle und materielle Rechtskraft.
90 Zum Güterichter vgl. Fries/Deutlmoser, S. 37 und S. 51 ff.
91 § 69b GKG ermächtigt die Länder, von den Gerichtskosten abzusehen, wenn sich die Parteien im Wege einer außergerichtlichen Mediation einigen. Von dieser Ermächtigung haben die Länder im Bereich der ordentlichen Gerichtsbarkeit bisher keinen Gebrauch gemacht, vgl. auch Frieser/Deutlmoser, S. 52.
92 Trotz der möglichen Ausschlüsse von Familien- und Erbsachen in Rechtsschutzversicherungen (vgl. Ziffer 3.2.10. der vom Gesamtverband der Versicherungswirtschaft (GDV) herausgegebenen Musterbedingungen mit Stand vom August 2022, abrufbar auf der Homepage des GDV www.gdv.de) enthalten viele Policen einen Deckungsschutz für Mediation in Erbangelegenheiten. Daher wohl zu pessimistisch, was die Versicherungsdeckung angeht: Haft/v. Schlieffen/Beisel § 32 Rn. 11 ff.
93 Die Güterichterverweisungen werden in der Justizstatistik für die Zivilgerichte erfasst, einsehbar etwa unter www.gueterichter-forum.de. Die bundesweite Quote liegt seit mehreren Jahren rund um 1 %. Wieviel im Erbrecht von der Verweisung an den Güterichter Gebrauch gemacht wird, wird leider nicht gesondert ausgewiesen.

vor dem Güterichter besteht dagegen die Gefahr, dass der Blick aller Beteiligten auf den Streitgegenstand fixiert bleibt;
- das außergerichtliche Verfahren dürfte zeitlich flexibler und damit offener für eine Gesamtbearbeitung des Familien-(erb-)konflikts sein;
- die in manchen Fällen wünschenswerte Beteiligung weiterer (am Gerichtsverfahren noch nicht beteiligter) Personen ist leichter umsetzbar;
- durch die Auswahl der Mediatoren kann besondere Expertise[94] an den Verhandlungstisch geholt werden;
- der Gesichtspunkt der Nachlassauseinandersetzung und damit verbundene vertragsgestaltende Aufgaben[95] können leichter integriert werden.

68 **e) Verfahren vor Schiedsgerichten.** In Erbstreitigkeiten können Schiedsgerichte entweder durch eine entsprechende letztwillige Verfügung nach § 1066 ZPO (→ Rn. 42) oder durch eine ad-hoc-Abrede der Konfliktbeteiligten zuständig werden. Obwohl diese Verfahren auf eine Streitentscheidung durch den Schiedsrichter ausgelegt sind, bieten sie doch in der Regel auch Chancen für eine einvernehmliche Einigung.[96]

IV. Zusammenfassung

69 Erbkonflikte sind besonders mediationsgeeignet. Dies gilt sowohl vor als auch nach dem Erbfall. Vorsorgende Mediationen können familiäre Entscheidungsprozesse in Gang setzen und in schwierigen Situationen eine interessengerechte Nachlassplanung ermöglichen. Kommt es nach dem Erbfall zum Konflikt, stellt die Mediation eine besonders geeignete Alternative zur gerichtlichen Auseinandersetzung dar.

70 Mit Erbangelegenheiten befasste Berater sollten sich von folgenden Grundsätzen leiten lassen:
- Vorsorge ist besser als Nachsorge.
- Alle Beteiligte gehören an einen Tisch.
- Es geht nicht nur um Vermögensfragen.
- Jede Familie hat ihre eigenen Werte und Fairnessvorstellungen.
- Die mediative Ermittlung der Interessen sollte Grundlage der Beratung sein.
- Die vorsorgende Konfliktbearbeitung ist eine mögliche Option.
- Direkte mündliche Gespräche und Verhandlungen sind Schriftsätzen vorzuziehen.
- Die psychologische Wirkung juristischer Schritte ist zu bedenken.
- Wer nicht alles selbst kann, benötigt geeignete Netzwerke.[97]

---

94 Etwa erbrechtliche, psychologische oder auch vertragsgestaltende Expertise.
95 Der Blick des Güterichters ist zunächst, auch wenn er mediative Methoden anwendet, der Blick des Richters. Richter sind – außerhalb des engen Anwendungsbereichs des gerichtlichen Vergleichs – keine Vertragsgestalter und kennen sich auch nicht im Detail mit den Möglichkeiten der Kautelarjurisprudenz aus. Außergerichtliche Mediatoren (etwa Anwälte und Notare) können diese Perspektive in der Regel besser in einen Mediationsprozess einbringen.
96 Vgl. etwa Werner ZEV 2011, 506.
97 Eine Übersicht über mögliche Netzwerke liefert Röthemeyer Mediation, Grundlagen Recht Markt, 2015, Rn. 618 ff.

Speziell für die juristischen Berufsgruppen gilt: 71

Notare beschäftigen sich aufgrund ihrer gesetzlichen Zuständigkeiten regelmäßig mit dem Erbrecht. Das Thema „Konfliktbearbeitung" gehört dabei mit zur vorsorgenden Nachlassplanung. Notare sind darin geschult, interessenbezogen zu beraten. Die Beratung mündet in beweissichere und im Erbfall mit Kostenvorteilen verbundene notarielle Urkunden. Wenn Notare von Erbkonflikten erfahren, sollten sie häufiger als bisher die Durchführung einer Mediation anregen. Notarmediatoren können das Ergebnis der Mediation auch selbst beurkunden.

Anwälte können ihre spezifische Expertise sowohl in der vorsorgenden Nachlassplanung als auch bei der Bewältigung von Konflikten nach dem Erbfall einbringen. Dazu ist erforderlich, dass sie interessenorientiert beraten und die Mediation als Konfliktbearbeitungsoption erkennen und aktiv anbieten.

Die **Gerichte** werden in aller Regel erst nach dem Erbfall involviert. Die betroffenen Richter sollten in viel stärkerem Maße verfahrensrechtlich auf den Einsatz von Güterichtern oder außergerichtlichen Mediatoren hinwirken.

J. Konfliktmanagement und Mediation in der Versicherungswirtschaft

Literatur:
Armbrüster, Privatversicherungsrecht, 2. Aufl. 2019; *Basedow*, Der Versicherungsombudsmann und die Durchsetzung der Verbraucherrechte in Deutschland, VersR 2008, 750; *Bercher/Engel*, Kostenanreize für eine Streitbeilegung durch Mediation, ZRP 2010, 126; *Borowski/Röthemeyer/Steike*, Verbraucherstreitbeilegungsgesetz, 2. Aufl. 2021; *Böhm/Fries*, Streitbeilegungstarife in der Rechtsschutzversicherung, VersR 2016, 1092; *Brömmelmeyer*, Der Ombudsmann im Finanzsektor, WM 2012, 337; *v. Bühren/Plote*, ARB-Kommentar, 3. Aufl. 2013; *Cornelius-Winkler*, Schadenfreiheitsrabatte und „aktives Schadenmanagement" – Paradigmenwechsel in der Rechtsschutzversicherung?, NJW 2014, 588; *Dommer*, Lotsen im Rechtsschutzfall, AnwBl 2012, 245; *Eberhardt*, Rechtsschutzversicherung und außergerichtliche Konfliktlösung, ZKM 2014, 83; *ders.*, Rechtsschutzversicherung im Wandel – Mit der Anwaltschaft gemeinsam in schwierigem Gelände –, VersR 2013, 802; *Eitel*, Die Rechtsschutzversicherung im Familienrecht, FF 2009, 64; *Engel*, Außergerichtliche Streitbeilegung in Verbraucherangelegenheiten – Mehr Zugang zu weniger Recht, NJW 2015, 1633; *Ewig*, Mediationsgesetz 2012: Aufgabe und Rolle des beratenden Anwalts, ZKM 2012, 4; *Greger*, Das neue Verbraucherstreitbeilegungsgesetz, MDR 2016, 365; *ders.*, Alternative Streitschlichtung: Die Umsetzung der ADR-Richtlinie in Deutschland, VuR 2015, 216; *Greger/Unberath*, Die Zukunft der Mediation in Deutschland, 2008; *Greger/Unberath/Steffek*, Recht der alternativen Konfliktlösung, 2. Aufl. 2016; *Harbauer*, ARB-Kommentar, 9. Aufl. 2018; *Hellberg/Wendt*, Die Mediation in der Versicherungspraxis, VW 2009, 1336; *dies.*, Mediation in der Versicherungswirtschaft, ZKM 2010, 21; *Hirsch*, Außergerichtliche Beilegung von Verbraucherstreitigkeiten – ein alternativer Zugang zum Recht entsteht, NJW 2013, 2088; *ders.*, The German Insurance Ombudsman, ZVersWiss 2011, 561; *ders.*, Streit um die außergerichtliche Streitbeilegung: neuer Zugang zum Recht oder Schlichterfalle, in: Festschrift für E. Lorenz, 2014, S. 159; *Joussen/Unberath*, Mediation in der Arbeitsrecht, 2009; *Kaulbach/Bähr/Pohlmann*, VAG, Kommentar, 6. Aufl. 2019; *Langheid/Rixecker*, VVG, Kommentar, 7. Aufl. 2022; *Lauda*, Anmerkung zu LG Frankfurt a. M. Urt. v. 7.5.2014 (2–06 O 271/139), NJW 2015, 2208; *Lensing*, Anmerkung zu BGH, Beschl. v. 14.1.2016 (I ZR 98/15), VuR 2016, 228; *Looschelders*, Aktuelle Probleme der Rechtsschutzversicherung im deutschen und österreichischen Recht, VersR 2017, 1237; *ders./Paffenholz*, ARB – Allgemeine Bedingungen für die Rechtsschutzversicherung, Kommentar, 2. Aufl. 2019; *ders./Pohlmann*, VVG – Versicherungsvertragsgesetz, Kommentar, 4. Aufl. 2023; *E. Lorenz*, Der Versicherungsombudsmann – eine neue Institution im deutschen Versicherungswesen, VersR 2004, 541; *Meckling-Geis*, Außergerichtliche Streitbeilegung in der Schadenregulierung des Haftpflichtversicherers, VersR 2016, 79; *Meckling-Geis/Wendt*, Adjudikationsverfahren und Berufshaftpflichtversicherung von Architekten und Ingenieuren, VersR 2011, 577; *Neu*, Das Verfahren der Norddeutschen Schlichtungsstelle, Herz-Thorax-Gefäßchir 2009/23, 93; *Prölss/Martin*, Versicherungsvertragsgesetz, 31. Aufl. 2021; *Römer*, Der Ombudsmann für private Versicherungen, NJW 2005, 1251; *Röthemeyer*, Anmerkung zu LG Frankfurt a. M. Urt. v. 7.5.2014 (2–06 O 271/139), ZKM 2014, 203; *Schwintowski/Brömmelmeyer/Ebers*, Praxiskommentar zum Versicherungsvertragsrecht, 4. Aufl. 2021; *Staudinger/Halm/Wendt*, Versicherungsrecht Kommentar, 3. Aufl. 2023; *Tögel/Rohlff*, Die Umsetzung der EU-Mediationsrichtlinie – Anforderungen an die Ausbildung von Mediatoren, ZKM 2010, 86; *Wendt*, Anmerkung zu BGH, Beschl. v. 14.1.2016 (I ZR 98/15), ZKM 2016, 108; *ders.*, Leistungspflichten des Rechtsschutzversicherers nach § 125 VVG – Mit Anmerkungen zur alternativen Streitbeilegung, VersR 2014, 420; *ders.*, Kollektiver Rechtsschutz in Europa – Kompetenzen, Alternativen und Safeguards, EuZW 2011, 616.

I. Vorbemerkung 1	2. Schlichtungsstellen im Bereich Arzthaftpflicht 7
II. Alternative Streitbeilegung in der Versicherungswirtschaft 2	III. Mediation in der Versicherungswirtschaft 8
1. Versicherungsombudsmann e.V. 3	1. Rechtsschutzversicherung .. 9
	a) Verfahren 10

b) „Mediationsklauseln" in Rechtsschutzversicherungsverträgen 12
aa) Unverbindliche Musterklauseln des Gesamtverbandes der Deutschen Versicherungswirtschaft e.V. (GDV) 12
bb) Bewertung 26
(1) Leistungspflichten des Rechtsschutzversicherers gem. § 125 VVG .. 26
(2) Wahrnehmung rechtlicher Interessen 27
(3) Gestaltungsfreiheit 28
(4) Einschränkungen 29
(5) Solvency II-Richtlinie .. 30
(6) Motive des nationalen Gesetzgebers 31
(7) Mediationsleistung als Leistung iSd § 125 VVG 35
(8) Vermittlung des Mediators 36
c) Spezielle Mediationsklausel 39
aa) Regelung und Verfahrensgang 39
bb) Rechtsprechung 40
cc) Bewertung 43
2. Mediation und Haftpflichtversicherung 47
IV. Resümee 54

I. Vorbemerkung

Die alternative Streitbeilegung spielt bereits seit vielen Jahren in der Versicherungswirtschaft eine gewichtige Rolle. Prominenter Beleg hierfür ist etwa die Einrichtung des Versicherungsombudsmann e.V., eine unabhängige und für den Verbraucher kostenfrei arbeitende Schlichtungsstelle (→ Rn. 3).[1] Mit Erlass der Richtlinie 2008/52/EG des Europäischen Parlaments und des Rates vom 21.5.2008 über bestimmte Aspekte der Mediation in Zivil- und Handelssachen (sog. Mediationsrichtlinie) hat sich die Branche auch dem Thema Mediation zugewandt (→ Rn. 8 ff.); dies gilt insbesondere für die Rechtsschutzversicherungen. Gemessen an Marktanteilen[2] haben bereits im Jahr 2011 etwa 75 Prozent der deutschen Rechtsschutzversicherer Verträge angeboten, die Leistungen vorsehen, falls Versicherungsnehmer sich für die Durchführung eines Mediationsverfahrens entscheiden.[3] Heute sind Deckungskonzepte für Mediationsverfahren oder andere Verfahren der konsensualen Konfliktlösung in Rechtsschutzversicherungsverträgen die Regel. Auch in der Sparte Haftpflichtversicherung werden Verfahren der alternativen Streitbeilegung in der Schadenabwicklung genutzt (→ Rn. 47).[4]

---

[1] Vgl. hierzu E. Lorenz VersR 2004, 541 ff.; Römer NJW 2005, 1251 ff.; Basedow VersR 2008, 750 ff.; Hirsch ZVersWiss 2011, 561 ff.; Brömmelmeyer WM 2012, 337 ff.; vgl. zudem Hirsch NJW 2013, 2088 ff., in Bezug auf den Versicherungsombudsmann e.V. und die Richtlinie 2013/11/EU des Europäischen Parlaments und des Rates vom 21.5.2013 über die alternative Beilegung verbraucherrechtlicher Streitigkeiten und zur Änderung der Verordnung (EG) Nr. 2006/2004 und der Richtlinie 2009/22/EG (Richtlinie über alternative Streitbeilegung in Verbraucherangelegenheiten).
[2] Gemeint sind die Bruttobeitragseinnahmen.
[3] Pressemitteilung des GDV „Drei Viertel aller Rechtsschutzversicherer setzen auf Mediation", vom 14.4.2011; vgl. auch Bercher/Engel ZRP 2010, 126 (128 f.).
[4] Angesichts dessen, dass 2008/2009 erste Überlegungen zur Implementierung der Mediation in den Leistungskatalog der Rechtsschutzversicherer angestellt wurden, war dies eine rasante Entwicklung.

II. Alternative Streitbeilegung in der Versicherungswirtschaft

2 Die Erkenntnis, dass Verfahren der alternativen Streitbeilegung in bestimmten Konfliktfällen überzeugende Vorteile gegenüber der Rechtsdurchsetzung vor Gerichten bieten können, hat sich in der Versicherungswirtschaft bereits vor Erlass der Mediationsrichtlinie durchgesetzt. Dies zeigen zumindest zwei Entwicklungen in der Branche, auf die an dieser Stelle kurz eingegangen werden soll: die Einrichtung des Versicherungsombudsmann e.V., der seit August 2016 anerkannte Verbraucherschlichtungsstelle nach dem Verbraucherstreitbeilegungsgesetz (VSBG) ist,[5] und die Unterstützung von Schlichtungsstellen im Bereich Arzthaftpflicht.

3 **1. Versicherungsombudsmann e.V.** Der Versicherungsombudsmann e.v. ist eine unabhängige und für den Verbraucher kostenfrei arbeitende, als eingetragener Verein organisierte Schlichtungsstelle.[6] Sie hat im Jahr 2001 ihre Tätigkeit aufgenommen und wird ausschließlich von der Versicherungswirtschaft finanziert. Mitglieder des Versicherungsombudsmann e.V. sind die angeschlossenen Versicherungsunternehmen und der Gesamtverband der Deutschen Versicherungswirtschaft; über 95 % des Marktes im Privatkundengeschäft werden durch die Mitglieder repräsentiert.[7]

Ombudsmann für Versicherungen war in der Zeit vom 1.4.2008 bis ins Jahr 2019 Professor Dr. *Günther Hirsch* und bis Mai 2024 Dr. h. c. *Wilhelm Schluckebier*. Seit Mai 2024 ist die erste Ombudsfrau im Amt, Frau Dr. *Sibylle Kessal-Wulf*. Die Ombudsfrau wird von derzeit über 45 Mitarbeitern unterstützt. Nach Angaben des Versicherungsombudsmann e. V.[8] zählen hierzu mehr als 14 Versicherungskaufleute, die mit der Annahme und der Aufbereitung der Beschwerden befasst sind. Zudem arbeiten in der juristischen Abteilung mehr als 20 Volljuristen, die den Ombudsmann bei der rechtlichen Beurteilung der Beschwerden unterstützen.

An den Versicherungsombudsmann e.V. können sich die Versicherungsnehmer der angeschlossenen Unternehmen im Falle von versicherungsvertragsrechtlichen Streitigkeiten wenden. Das Beschwerdeverfahren ist in der Verfahrensordnung des Versicherungsombudsmanns (VomVO) geregelt.[9] Hiernach behandelt der Ombudsmann Fälle, in denen ein Beschwerdeführer vertragliche Ansprüche gegen sein Versicherungsunternehmen geltend macht. Beschwerden, bei denen ein Verfahren vor Gericht oder bei der Bundesanstalt für Finanzdienstleistungsaufsicht (BaFin) anhängig ist, behandelt der Ombudsmann nicht; gleichzeitige Verfahren und widersprüchliche Ergebnisse sollen vermieden werden.

Das Verfahren beginnt mit dem Eingang (telefonisch, postalisch, via Internet oder Fax) der Beschwerde beim Ombudsmann.[10] In der Regel wird eine Stellungnahme des Versicherers eingeholt. Dieser erhält hierdurch Ge-

---

5 Vgl. § 33 Abs. 1 VSGB.
6 Hirsch ZVersWiss 2011, 561 ff.; Brömmelmeyer WM 2012, 337 ff.
7 Vgl. etwa Wendt EuZW 2011, 616 (620).
8 S. www.versicherungsombudsmann.de.
9 Stand: 23.11.2016; abrufbar unter https://www.versicherungsombudsmann.de/wp-content/uploads/2017/05/verfahrensordnung.pdf.
10 Vgl. hierzu und zum Folgenden unter https://www.versicherungsombudsmann.de/das-schlichtungsverfahren/.

legenheit, die eigene Entscheidung zu überprüfen. Der Ombudsmann gibt die Stellungnahme an den Beschwerdeführer weiter, sofern darin inhaltlich ein neuer und bedeutsamer Vortrag enthalten ist. Anschließend wird geprüft, ob die Beschwerde berechtigt ist. Maßstab sind Recht und Gesetz. Das Ergebnis hängt davon ab, ob sich der Anspruch des Beschwerdeführers rechtlich begründen lässt.[11] Anders als vor Zivilgerichten ermittelt der Ombudsmann den Sachverhalt von Amts wegen; sind Ausführungen in einem wichtigen Punkt nicht vollständig, weist der Ombudsmann darauf hin und fordert Ergänzungen ein. Der Ombudsmann kann für das am Verfahren beteiligte Unternehmen verbindliche Entscheidungen bis zu einem Beschwerdewert in Höhe von 10.000 EUR aussprechen. Für den Verbraucher ist die Entscheidung nie bindend; ihm steht der Rechtsweg immer offen. Bis zu einem Beschwerdewert in Höhe von 100.000 EUR kann der Versicherungsombudsmann eine für beide Seiten unverbindliche Empfehlung aussprechen. Die breite Akzeptanz dieser Schlichtungsstelle auf Verbraucherseite[12] bestätigt ihren hohen Nutzen.

Der Versicherungsombudsmann ist Mitglied im grenzüberschreitenden Netz zur Behandlung von Beschwerden im Bereich der Finanzdienstleistungen (FIN-NET) der Europäischen Union.[13] Das FIN-NET ist ein auf Initiative der Europäischen Kommission 2001 geschaffenes Netz nationaler Stellen für die außergerichtliche Beilegung von Finanzstreitigkeiten in den Ländern des Europäischen Wirtschaftsraums (dh in den Mitgliedstaaten der Europäischen Union sowie in Island, Liechtenstein und Norwegen). Die Stellen sind für Streitfälle zwischen Verbrauchern und Finanzdienstleistern wie Banken, Versicherungen oder Wertpapierfirmen zuständig. Unter dem Dach von FIN-NET erhalten Verbraucher Zugang zu außergerichtlichen Schlichtungsstellen in grenzüberschreitenden Streitfällen. Ist ein Verbraucher in einem Land in Streitigkeiten mit einem Finanzdienstleister in einem anderen Land verwickelt, stellen die FIN-NET-Mitglieder für ihn den Kontakt zur zuständigen außergerichtlichen Schlichtungsstelle her und geben ihm die erforderlichen Informationen.

Der Versicherungsombudsmann e.V. ist seit dem Jahr 2005 zudem für Beschwerden zuständig, die Fälle betreffen, in denen ein Versicherungsvertrag zwischen einem angeschlossenen Versicherungsunternehmen und einem Verbraucher im Wege des Fernabsatzes zustande gekommen ist. Des Weiteren ist der Versicherungsombudsmann e.V. für Beschwerden gegen Versicherungsvermittler zuständig (vgl. auch § 214 VVG).[14] Insoweit gilt die Verfahrensordnung für Beschwerden im Zusammenhang mit der Vermittlung von Versicherungsverträgen (VermVO).[15]

Für den Bereich der Privaten Kranken- und Pflegeversicherung existiert eine eigenständige Ombudsmann-Einrichtung, die bei Beschwerden gegen Krankenversicherungsunternehmen zuständig ist, der Ombudsmann Priva-

---

11 https://www.versicherungsombudsmann.de/das-schlichtungsverfahren/.
12 Vgl. Jahresbericht des Versicherungsombudsmann e.V. 2023, abrufbar unter https://www.versicherungsombudsmann.de/wp-content/uploads/Jahresbericht-2023.pdf.
13 Vgl. hierzu auch Wendt EuZW 2011, 616 (620).
14 Hierzu NK-VersR/Krahe § 214 Rn. 1 ff.
15 Stand: 23.11.2016; abrufbar unter https://www.versicherungsombudsmann.de/wp-content/uploads/2017/05/VermVO.pdf.

te Kranken- und Pflegeversicherung.[16] Die Einrichtung ist als Schlichtungsstelle zur außergerichtlichen Beilegung von Streitigkeiten bei Versicherungsverträgen mit Verbrauchern iSd § 13 BGB sowie zwischen Versicherungsvermittlern oder Versicherungsberatern und Versicherungsnehmern im Zusammenhang mit der Vermittlung von Versicherungsverträgen anerkannt. Sie ist zudem anerkannte Verbraucherschlichtungsstelle iSd § 33 Abs. 1 VSGB.

7 **2. Schlichtungsstellen im Bereich Arzthaftpflicht.** Die Versicherungswirtschaft arbeitet seit einigen Jahrzehnten zudem mit Gutachterkommissionen und Schlichtungsstellen im Bereich Arzthaftpflicht zusammen.[17] Diese bei den Landesärztekammern angesiedelten Einrichtungen verstehen sich als qualifizierte Dienstleistungsinstitutionen für die außergerichtliche Klärung von zivilrechtlichen Arzthaftungsstreitigkeiten[18] Das Bestreben dieser Schlichtungsstellen richtet sich auf eine objektive, kompetente, am aktuellen ärztlichen Standard und der jeweils neuesten Arzthaftungsrechtsprechung orientierte Streitbeilegung. Ziel ist es, zur Vermeidung von Gerichtsprozessen eine höhere Akzeptanz bei den beteiligten Parteien – Patienten, Ärzten und Haftpflichtversicherern – zu erreichen.[19]

III. Mediation in der Versicherungswirtschaft

8 Seit Erlass der Mediationsrichtlinie gibt es in der Versicherungswirtschaft Bestrebungen, Verfahren der alternativen Streitbeilegung und insbesondere die Mediationsleistung in die Versicherungspraxis zu integrieren. Entwicklungen lassen sich insbesondere im Bereich der Rechtsschutzversicherung nachzeichnen. Hier haben sich entsprechende Angebote am deutschen Markt etabliert (→ Rn. 1). Auch im Bereich der Haftpflichtversicherung wird bereits seit Längerem geprüft, ob und inwieweit die Mediationsleistung nützlich sein kann.

9 **1. Rechtsschutzversicherung.** Grund für die Aufnahme der Mediationsleistung in den Leistungskatalog der Rechtsschutzversicherer ist zum einen der Wandel dieser Versicherer vom reinen Kostenerstatter zum Servicedienstleister. Damit einher ging die Befassung mit Leistungen, die für den Versicherungsnehmer attraktiv sind und neben der Erstattung von anfallenden Anwalts- und Gerichtskosten im Versicherungsvertrag angeboten werden können. Hierzu zählen auch Leistungen in Bezug auf Verfahren der alternativen Streitbeilegung.[20] Vertreter der Rechtsschutzversicherung sehen in der Einbeziehung der alternativen Streitbeilegung in den Leistungskatalog eine konsequente und sinnvolle Ergänzung. So wird von bemerkenswerten Fallabschluss- und Zufriedenheitsquoten bei den Versicherungskunden be-

---
16 Vgl. hierzu http://www.pkv-ombudsmann.de/.
17 Vgl. ausführlich Meckling-Geis VersR 2016, 79 (81 f.).
18 Vgl. etwa https://www.aerztekammern-schlichten.de/.
19 Vgl. hierzu ausführlich Neu Herz-Thorax-Gefäßchir 2009/23, 93 ff.; vgl. zum Verfahrensablauf https://www.aerztekammern-schlichten.de/verfahren.
20 Vgl. auch Joussen/Unberath/Tögel, S. 23; Greger/Unberath/Tögel, S. 31; Eberhardt VersR 2013, 802 (811); Wendt VersR 2014, 420 (425 ff.); vgl. auch Dommer AnwBl 2012, 251 (252).

richtet.[21] Zum anderen lassen sich durch konsensuale Konfliktlösungen mitunter Kosten sparen. Weil der Schadenaufwand eines Versicherers unmittelbaren Einfluss auf dessen Prämienkalkulation hat, führen Kostenersparnisse zumindest zu einer Stabilisierung der Prämienkalkulation.[22] Ein den Verfahren der alternativen Streitbeilegung zugewandter Versicherungsnehmer kann damit durch mehr adressatenorientierte Leistungen bei geringeren oder gleichbleibenden Prämien doppelt profitieren. Diese Vorteile sind jedoch stets im Lichte etwaiger Nachteile zu sehen und nur dann unbedenklich, wenn sie unter Einhaltung der gesetzlichen Vorgaben erzielt werden (hierzu ausführlich → Rn. 40 ff.).[23]

a) **Verfahren.** Bereits 2009 wurde berichtet,[24] dass Rechtsschutzversicherer erfolgreich mit Dienstleistern zusammenarbeiten, die einen Mediatorenpool unterhalten.[25] In diesem Fall erhält der Versicherungsnehmer bei Deckungsanfrage bei seinem Rechtsschutzversicherer zweierlei: Zum einen die Deckungszusage, soweit dies die Police vorsieht, und zum anderen ggf. Informationen darüber, dass im konkreten Fall ein Mediationsverfahren zielführend sein könnte. Hat der Versicherungsnehmer hieran Interesse, kontaktiert ihn kurzfristig ein Mitarbeiter des den Mediatorenpool unterhaltenden Dienstleisters. Der Versicherungsnehmer wird dann über die konkreten Rahmenbedingungen des Mediationsverfahrens informiert. Ist der Versicherungsnehmer anschließend mit der Durchführung des Verfahrens einverstanden, setzt sich der Dienstleister auch mit der Gegenpartei in Verbindung. Ist auch die Gegenpartei mit dem Verfahren einverstanden, wird ein Mediator aus dem Mediatorenpool kontaktiert und ein zeitnaher Mediationstermin vereinbart. Zu einem großen Teil führen bereits die erste telefonische Kontaktaufnahme und der Hinweis auf die konkrete Problemlage bei einer erheblichen Anzahl von Streitigkeiten zu einer Beilegung des Konflikts.[26] Für dieses teilweise mediative, teilweise konfliktberatende Verfahren hat sich der Begriff Shuttle-Mediation etabliert.[27] Teilweise wird bezweifelt, dass auf dieses Verfahren die Vorschriften des Mediationsgesetzes Anwendung finden.[28] Jedenfalls sei das Verfahren keine Mediation im klassischen Sinne, weil der Konfliktvermittler ein zu großes Eigeninteresse am Zustandekommen einer Einigung habe, etwa weil hieran sein Erfolg bemessen würde.[29] Dem lässt sich entgegenhalten, dass dieses behauptete Eigeninteresse selbst einer klassischen Mediation dann nicht entgegensteht, wenn der Mediator pflichtgemäß nach § 3 Abs. 1 MediationsG alle Um-

---

21 Vgl. Eberhardt VersR 2013, 802 (811) mwN, der sich hierbei auch auf die Vermittlung einer anwaltlichen telefonischen Erstorientierung bezieht; kritisch dagegen Cornelius-Winkler SVR 2013, 201 (203 ff.).
22 So bereits Eberhardt VersR 2013, 802 (811).
23 Vgl. hierzu insbes. BGH ZKM 2016 (107); OLG Frankfurt a. M. r+s 2015, 351.
24 Vgl. Joussen/Unberath, Mediation im Arbeitsrecht, 2009; vgl. auch zur Vorjahresveranstaltung Greger/Unberath, Die Zukunft der Mediation in Deutschland, 2008.
25 Vgl. Joussen/Unberath/Appelkamp, S. 87 ff.
26 Hellberg/Wendt VW 2009, 1336 (1337 f.); Hellberg/Wendt ZKM 2010, 21 (22).
27 Vgl. Hellberg/Wendt VW 2009, 1336 (1337 f.).
28 Böhm/Fries VersR 2016, 1092 (1094); siehe aber BGH ZKM 2016, 107; OLG Frankfurt a. M. r+s 2015, 351.
29 So Böhm/Fries VersR 2016, 1092 (1094), die von „Telefonmediation" sprechen, unter Hinweis auf Risch zfs 2014, 61, Eidenmüller/Wagner, MediationsR/Engel Kap. 10 Rn. 55 und Greger ZKM 2015, 172 (173).

stände offenlegt, die seine Unabhängigkeit und Neutralität beeinträchtigen können, und die Parteien sich in Kenntnis dieser Umstände dennoch auf den Mediator einigen. Anzumerken ist in diesem Zusammenhang jedoch, dass die Vorbefassung iSv § 3 Abs. 1 MediationsG ein rein formaler Umstand sein kann; ein inhaltliches Eigeninteresse des Mediators an einer (bestimmten) Einigung muss nicht bestehen. Würde man das MediationsG nicht auf das Verfahren anwenden,[30] wäre zudem der durch § 3 Abs. 1 MediationsG beabsichtigte Schutz der Parteien (→ MediationsG § 2 Rn. 2 ff.) nicht mehr gewährleistet. Dass im Fall des Verstoßes gegen Pflichten aus § 3 Abs. 1 MediationsG nicht der Mediator, sondern der Rechtsschutzversicherer für den Schaden haften soll, der dadurch entsteht, dass der Versicherungsnehmer „im Vertrauen auf die Neutralität und Unabhängigkeit des Konfliktvermittlers einen Vergleichsvertrag schließt, der hinter seinen tatsächlichen materiellen Rechten zurückbleibt",[31] findet in den gängigen Mediationsklauseln (→ Rn. 12 ff.) keinen Rückhalt und dürfte auch nicht im Einklang mit dem Verantwortlichkeitsprinzip des Haftungsrechts stehen.

11 Einige Rechtsschutzversicherer haben auch eigene Mediatoren ausgebildet und ihre Mitarbeiter dahin gehend geschult, die Versicherungsnehmer bei der Verfahrenswahl beraten zu können. Der anfragende Versicherungsnehmer soll bereits bei Deckungsanfrage durch besonders sensibilisierte Schadenbearbeiter in geeignet erscheinenden Fällen auf das Mediationsverfahren hingewiesen werden.[32] Zeigt sich der Versicherungsnehmer interessiert, wird der Fall an einen hauseigenen Mediator weitergeleitet. Hier erhält der Versicherungsnehmer dann ausführliche Informationen zum Mediationsverfahren an sich. Auf Wunsch des Versicherungsnehmers wird anschließend die Gegenpartei kontaktiert. Besteht auch hier Interesse an einer Mediation, wird ein Termin mit einem externen oder hausinternen Mediator vereinbart.

12 b) „Mediationsklauseln" in Rechtsschutzversicherungsverträgen. aa) Unverbindliche Musterklauseln des Gesamtverbandes der Deutschen Versicherungswirtschaft e.V. (GDV). Der Gesamtverband der Deutschen Versicherungswirtschaft e.V. (GDV) hat über die Potenziale der Mediation diskutiert und diese bejaht.[33] Im Frühsommer 2009 hat der GDV in den Allgemeinen Bedingungen für die Rechtsschutzversicherung (ARB) 2009 erstmals eine Musterklausel zum Einschluss des außergerichtlichen Mediationsverfahrens – kurz „Mediationsklausel" – bekanntgegeben.[34] Mit der Einbeziehung des außergerichtlichen Mediationsverfahrens in den Leistungskatalog der Rechtsschutzversicherung sollte dem stetig steigenden Wunsch von Versicherungsnehmern Rechnung getragen werden, Konflikte konsensual und außergerichtlich zu lösen.[35] Die Rechtsschutzversiche-

---

30 So aber BGH ZKM 2016, 107; OLG Frankfurt a. M. r+s 2015, 351.
31 Böhm/Fries VersR 2016, 1092 (1094) mwN.
32 Vgl. Joussen/Unberath/Tögel, S. 23.
33 Vgl. hierzu und zum Folgenden auch Joussen/Unberath/Hellberg, S. 49 ff.
34 Ausführlich hierzu Hellberg/Wendt VW 2009, 1336 ff.; Wendt VersR 2014, 420 (426 f.).
35 Harbauer/Obarowski ARB § 5a Rn. 1; van Bühren/Plote/Wendt ARB § 5a Rn. 1; Hellberg/Wendt VW 2009, 1336 (1337); Wendt VersR 2014, 420 (426 f.).

rungsunternehmen sind an die Musterbedingungen des GDV nicht gebunden. Sie können unternehmensindividuell, je nach gewähltem Leistungsumfang, ergänzte oder anders gestaltete Bedingungen verwenden oder auch hiervon absehen.

Die vollständige „Mediationsklausel" der ARB 2009 lautet wie folgt:

Einbeziehung des außergerichtlichen Mediationsverfahrens

§ 5a Einbeziehung des außergerichtlichen Mediationsverfahrens

(1) Mediation ist ein Verfahren zur freiwilligen, außergerichtlichen Streitbeilegung, bei dem die Parteien mithilfe der Moderation eines neutralen Dritten, des Mediators, eine eigenverantwortliche Problemlösung erarbeiten. Der Versicherer vermittelt dem Versicherungsnehmer einen Mediator zur Durchführung des Mediationsverfahrens in Deutschland und trägt dessen Kosten im Rahmen von Abs. 3.

(2) Der Rechtsschutz für Mediation erstreckt sich auf ... (Aufzählung der unter die Mediation fallenden Leistungsarten)

(3) Der Versicherer trägt den auf den Versicherungsnehmer entfallenden Anteil an den Kosten des vom Versicherer vermittelten Mediators bis zu ... EUR je Mediation. Sind am Mediationsverfahren auch nicht versicherte Personen beteiligt, übernimmt der Versicherer die Kosten anteilig im Verhältnis versicherter zu nicht versicherten Personen.

(4) Für die Tätigkeit des Mediators ist der Versicherer nicht verantwortlich. Soweit vorstehend nicht ausdrücklich etwas anderes vereinbart ist, gelten die Bestimmungen der §§ 1, 3, 4, 7 bis 14, 16, 17 und 20 ARB 2009 entsprechend.

Notwendige Ergänzung zu § 5 Abs. 1 d) bei Verwendung des § 5a:

„die Gebühren eines Schieds- oder Schlichtungsverfahrens bis zur Höhe der Gebühren, die im Falle der Anrufung eines zuständigen Gerichts erster Instanz entstehen;"

Ergänzung:

„die Kosten für Mediationsverfahren richten sich hingegen ausschließlich nach der Klausel ..."

Nach der Bekanntgabe im Jahr 2009 wurde die Mediationsklausel fester Bestandteil der Musterbedingungen. Sie wurde auch in die unverbindlichen ARB 2010 überführt. Weil bei Bekanntgabe der Mediationsklausel noch keine nationalgesetzliche[36] Vorgabe vorlag, definiert § 5a Abs. 1 S. 1 ARB 2010 das Mediationsverfahren,[37] das vom Versicherungsvertrag erfasst werden soll.

Nach § 5a Abs. 1 S. 2 ARB 2010 vermittelt der Versicherer dem Versicherungsnehmer einen Mediator. Die Regelung der Musterbedingungen trägt dem Anliegen Rechnung, unabhängig von möglichen gesetzlichen Vorgaben zum Berufsbild des Mediators eine qualitativ hochwertige Me-

---

36 Vgl. aber Art. 3 der Richtlinie 2008/52/EG.
37 Harbauer/Obarowski ARB 2010 § 5a Rn. 4; Schwintowski/Brömmelmeyer/Ebers/Hillmer-Möbius § 125 Rn. 24; van Bühren/Plote/Wendt ARB 2010 § 5a Rn. 4.

diationsleistung sicherzustellen.[38] Ist der Mediator zugleich Rechtsanwalt (sog. Anwaltsmediator), hat dies nicht zur Folge, dass die Regelung des § 5a Abs. 1 S. 2 ARB 2010 gegen § 127 Abs. 1 VVG (freie Anwaltswahl) verstößt, weil der Rechtsschutzversicherer den (Anwalts-)Mediator vermittelt (→ Rn. 36).[39] § 127 Abs. 1 VVG regelt die freie Anwaltswahl nach dessen eindeutigem Gesetzeswortlaut nur in Bezug auf Rechtsanwälte, die den Versicherungsnehmer in Gerichts- und Verwaltungsverfahren vertreten und dessen Interessen wahrnehmen.[40] (Anwalts-)Mediatoren nehmen ihre Aufgabe jedoch allparteilich und damit nicht im Interesse einer bestimmten Partei wahr.[41] Steht der vermittelte Mediator in einem Abhängigkeitsverhältnis zum Versicherer, ist dies gem. § 3 Abs. 1 offenzulegen; zudem ist die ausdrückliche Zustimmung der anderen Partei herbeizuführen.[42]

16 Nach § 5a Abs. 1 S. 2 ARB 2010 deckt der Versicherungsschutz Mediationsverfahren in Deutschland; § 6 ARB 2010 ist daher nicht entsprechend anzuwenden (vgl. § 5a Abs. 4 ARB 2010). Gemäß § 5a Abs. 1 S. 2 ARB 2010 trägt der Versicherer die Kosten des Mediators in dem in § 5a Abs. 3 ARB 2010 festgelegten Rahmen.

17 Die Regelung § 5a Abs. 2 ARB 2010 lässt Raum für unternehmensindividuelle Ausgestaltungen des Leistungsumfangs. Auch regelmäßig nicht vom Leistungsumfang gedeckte Bereiche[43] können so im Rahmen der Mediationsleistung erfasst werden.

18 Nach § 5a Abs. 3 ARB 2010 trägt der Versicherer den auf den Versicherungsnehmer entfallenden Anteil an den Kosten des vom Versicherer vermittelten Mediators bis zu einem bestimmten, unternehmensindividuell festgesetzten Höchstbetrag je Mediation. Die Regelung stellt klar, dass ausschließlich Kosten für einen vom Versicherer vermittelten Mediator übernommen werden.[44] Der Versicherer trägt insoweit den auf seinen Versicherungsnehmer entfallenden Anteil der Kosten; dies ist bei Konflikten mit einer Gegenpartei regelmäßig die Hälfte der Gesamtkosten.[45] Für den Fall, dass an einem Mediationsverfahren auch nicht bei dem spezifischen Rechtsschutzversicherer versicherte Personen beteiligt sind, übernimmt der Versicherer nach § 5a Abs. 3 S. 2 ARB 2010 die Kosten anteilig im Verhältnis versicherter zu nicht versicherten Personen.

---

38 Harbauer/Obarowski ARB 2010 § 5a Rn. 5; Schwintowski/Brömmelmeyer/Ebers/Hillmer-Möbius § 125 Rn. 24; van Bühren/Plote/Wendt ARB 2010 § 5a Rn. 5; vgl. zu Qualitätsanforderungen Tögel/Rohlff ZKM 2010, 86 (87 f.); vgl. auch Eberhardt VersR 2013, 802 (812).
39 Greger/Unberath/Steffek//Greger D. Rn. 289.
40 Harbauer/Obarowski ARB 2010 § 5a Rn. 5; van Bühren/Plote/Wendt § 5a Rn. 6.
41 Harbauer/Obarowski ARB 2010 § 5a Rn. 5; § 125 Rn. 24; van Bühren/Plote/Wendt ARB 2010 § 5a Rn. 6; vgl. auch Eberhardt VersR 2013, 802 (812).
42 Greger/Unberath/Steffek/Greger D. Rn. 289.
43 Etwa Familienrecht und Arbeitsrecht; zum Stand im Jahre 2010 vgl. Bercher/Engel ZRP 2010, 126 (128 f.); vgl. ferner Eitel FF 2009, 64 ff.
44 Harbauer/Obarowski ARB 2010 § 5a Rn. 10; van Bühren/Plote/Wendt ARB 2010 § 5a Rn. 7; Prölss/Martin/Piontek Anh. ARB 2010 § 5 a Rn. 1; zur Pflicht des Anwalts, zu klären, in welchem Umfang der Rechtsschutzversicherer die Kosten für die Mediation übernimmt, vgl. Ewig ZKM 2012, 4 (6 f.).
45 Harbauer/Obarowski ARB 2010 § 5a Rn. 9 f.; van Bühren/Plote/Wendt ARB 2010 § 5a Rn. 7.

Nach § 5a Abs. 4 S. 1 ARB 2010 ist der Versicherer für die Tätigkeit des 19
Mediators nicht verantwortlich. Der Versicherungsnehmer hat einen im
Zusammenhang mit dem Mediationsverfahren entstandenen Anspruch auf
Schadenersatz daher gegen den Mediator geltend zu machen.[46] Nach § 5a
Abs. 4 S. 2 ARB 2010 sind die Bestimmungen der §§ 1, 3, 4, 7–14, 16,
17 und 20 ARB 2009 (gemeint sind auch die ARB 2010) entsprechend
anzuwenden. Alle übrigen Klauseln (§§ 2, 5, 6, 15, 18 ARB 2010) gelten
damit im Umkehrschluss nicht.

Die ARB 2010 sehen vor, dass bei Verwendung des § 5a ARB 2010 die Be- 20
stimmung des § 5 Abs. 1 d) ARB 2010 zu ergänzen ist. Hiernach trägt der
Versicherer die Gebühren eines Schieds- oder Schlichtungsverfahrens bis
zur Höhe der Gebühren, die im Falle der Anrufung eines zuständigen Gerichts erster Instanz entstehen. Nach verbreiteter Ansicht sind zu Schieds-
und Schlichtungsverfahren auch Mediationsverfahren zu zählen.[47] Dem
ließe sich entgegenhalten, dass die Aufgabe des Mediators weder die eines
Schiedsrichters noch die eines Schlichters ist. Beiden Funktionen liegen
Inhaltsverantwortung und Entscheidungsbefugnisse inne, die der Mediator
gerade nicht hat.[48] Jedenfalls bei Verwendung der spezielleren Regelungen
des § 5a ARB 2010 kann nicht gefolgert werden, dass § 5 Abs. 1 d ARB
2010 auch die Mediation erfasst.[49] Unabhängig davon stellt die Ergänzung
„die Kosten für Mediationsverfahren richten sich hingegen ausschließlich
nach der Klausel…" ausreichend klar, dass für das Mediationsverfahren die
in § 5a ARB 2010 aufgeführten Regelungen maßgeblich sind.

Die ARB 2012 folgen einem Bausteinprinzip. Sie sind unter sprachwissen- 21
schaftlichen Gesichtspunkten eingehend überarbeitet worden, um eine höhere Transparenz für den Versicherungsnehmer zu erreichen.[50] Die ARB
2012 enthalten auch einen Baustein zur Mediationsleistung. In der Fassung
der ARB 2012 aus Oktober 2012 lautete dieser wie folgt:

---

46 Vgl. auch Harbauer/Obarowski ARB 2010 § 5a Rn. 11; van Bühren/Plote/Wendt ARB 2010 § 5a Rn. 8.
47 Harbauer/Schmitt ARB 2010 § 5 Rn. 122 mwN; vgl. hierzu auch van Bühren/Plote/Wendt ARB 2010 § 5a Rn. 9.
48 Vgl. § 1 Abs. 2.
49 van Bühren/Plote/Wendt ARB 2010 § 5a Rn. 9.
50 van Bühren/Plote/Hillmer-Möbius Erläuterungen zu den ARB 2012 Rn. 1.

2.3.1.1	Um Ihnen eine einvernehmliche Konfliktbeilegung zu ermöglichen, tragen wir die Kosten bis zu … EUR je Mediation für den von uns vermittelten Mediator *(Mediation ist ein vertrauliches und strukturiertes Verfahren, bei dem Parteien mithilfe eines Mediators freiwillig und eigenverantwortlich eine einvernehmliche Beilegung ihres Konflikts anstreben).* Sind am Mediationsverfahren auch nicht versicherte Personen beteiligt, übernehmen wir anteilig die Kosten für Sie und die versicherten Personen. Diese Kosten übernehmen wir in folgenden Leistungsarten: ▪ … ▪ … Für die Tätigkeit des Mediators sind wir **nicht verantwortlich**.

22 Die Klausel ist gegenüber der vorherigen Fassung insbesondere sprachlich überarbeitet worden. Der Versicherungsnehmer wird direkt angesprochen. Die Klausel ist zudem kürzer, was ua auf ihre Umstrukturierung zurückzuführen ist. Die Bestimmung aus § 5a Abs. 3 S. 1 ARB 2010 zur Kostenhöhe findet sich nun zu Beginn der Regelung. Der Begriff Mediation wird hieran anschließend erläutert.[51] Es folgt die vormals in § 5a Abs. 3 S. 2 ARB 2010 enthaltene Bestimmung zu nichtversicherten Personen. Hieran schließt die Regelung zu eingeschlossenen Leistungsarten (vgl. § 5a Abs. 2 ARB 2010) an. Den Schluss bildet wie zuvor (vgl. § 5a ARB. 2010) die Regelung zur Verantwortlichkeit des Mediators.

23 Die ARB 2012 aus Juni 2017 enthalten eine inhaltlich überarbeitete Klausel.

---

51 van Bühren/Plote/Hillmer-Möbius Erläuterungen zu den ARB 2012 Rn. 39.

2.3.1.1	Um Ihnen eine einvernehmliche Konfliktbeilegung zu ermöglichen, tragen wir die Kosten bis zu ... EUR je Mediation für einen von uns vorgeschlagenen Mediator.
	Ausnahme: Sie und die andere Partei haben sich bereits auf einen anderen Mediator geeinigt. Dann tragen wir dessen Kosten bis zu ... EUR je Mediation.
	Die Mediation kann in Anwesenheit der Beteiligten, telefonisch oder auch online erfolgen.
	Die Kosten für den Mediator übernehmen wir in folgenden Leistungsarten:
	▪ ... ▪ ...
	Nehmen an der Mediation nicht versicherte Personen teil, übernehmen wir anteilig die Kosten, die auf Sie und mitversicherte Personen entfallen (*Beispiel: Sie und Ihr Ehepartner haben einen Konflikt mit einem Dritten. Die Kosten des Mediators werden hälftig zwischen den Parteien geteilt. Die Kosten, die auf Sie und Ihren Ehepartner entfallen, tragen wir. Der Dritte muss seinen Kostenanteil, also 50 %, selbst bezahlen*).
	Für die Tätigkeit des Mediators sind wir nicht verantwortlich.

Entgegen der früheren Fassung sieht die Musterklausel nunmehr im Sinne einer Grundsatz-Ausnahme-Regelung zwei Leistungsalternativen vor. Der Grundsatz entspricht im Wesentlichen der früheren Fassung, wonach der Versicherer die Kosten bis zu einem in der Klausel festgelegten Betrag je Mediation übernimmt, wenn in diesem Mediationsverfahren ein vom Versicherer vorgeschlagener Mediator tätig wird. Die neue Fassung spricht anstelle vom „vermittelten" Mediator vom „vorgeschlagenen" Mediator. Damit wird klargestellt, dass die Entscheidung über die Wahl des Mediators beim Versicherungsnehmer liegt. Haben sich der Versicherungsnehmer und die andere Partei bereits auf einen anderen Mediator geeinigt, dann übernimmt der Versicherer dessen Kosten bis zu einem anderen in der Klausel festgelegten Betrag je Mediation (Ausnahme). Die Regelung ermöglicht damit auch eine Incentivierung der Auswahl des Mediators durch den Versicherer, beispielsweise durch Festlegung eines höheren Betrags im Grundsatzfall. Derlei Incentivierungen sind nach höchstrichterlicher Rechtsprechung jedenfalls in Bezug auf Anwaltsempfehlungen möglich,[52] Weil die gesetzlichen Bestimmungen zur freien Anwaltswahl in §§ 127, 129 VVG und § 3 Abs. 3 BRAO erheblich strenger sind als die Vorgaben des § 2 Abs. 1 iVm § 3 Abs. 1, sind die vom EuGH und BGH herausgearbeiteten Grundsätze erst Recht auf die Incentivierung der Auswahl des Mediators durch den Versicherer anwendbar. Danach ist eine mit finanziellen Anreizen verbundene Empfehlung des Versicherers möglich, wenn die eigentliche Entscheidung über die Auswahl beim Versicherungsnehmer bleibt und kein unzulässiger psychischer Druck ausgeübt wird. Anreizsysteme des Versicherers in Bezug auf die Auswahl des Mediators

---

52 EuGH 7.11.2013 – C-442/12; BGH 4.12.2013 – IV ZR 215/12.

25 sind daher grundsätzlich möglich. Der Versicherungsnehmer muss daher bei der Wahl seines Versicherungsschutzes entscheiden, welche Leistungen ihm besonders wichtig erscheinen.

25 Die Regelung stellt zudem klar, dass die Mediation in Anwesenheit der Beteiligten, telefonisch oder auch online erfolgen kann. Damit wird der iSd § 1 Abs. 1 möglichen Vielgestaltigkeit des Mediationsverfahrens Rechnung getragen.[53] Die Regelung zur Teilnahme am Verfahren von nicht versicherten Personen wird nunmehr durch ein konkretes Beispiel ergänzt. Durch die Ergänzung wird klargestellt, dass mit anteiliger Übernahme der Kosten regelmäßig die Hälfte der durch die Mediation entstehenden Gesamtkosten gemeint ist. Im Falle von Mediationen mit mehr als zwei Parteien ist die anteilige Übernahme der Kosten im Verhältnis zur Anzahl der Parteien zu reduzieren (3 Parteien = 1/3 der Kosten, 4 Parteien = 1/4 der Kosten).

25a Die ARB 2019 und ARB 2021 halten an der voranstehend dargestellten Regelung fest. In den aktuellen ARB 2021 findet sich in Ziffer 2.3.1.1 Abs. 1 der Klammerzusatz „(Mediation ist ein vertrauliches und strukturiertes Verfahren. Angestrebt wird eine einvernehmliche Beilegung des Konflikts durch die Parteien. Diese erhalten hierzu die Hilfe eines Mediators. Eine Mediation erfolgt freiwillig und eigenverantwortlich.)", der im Wesentlichen den Bestimmungen des § 1 Abs. 1 MediationsG entspricht.

26 **bb) Bewertung. (1) Leistungspflichten des Rechtsschutzversicherers gem. § 125 VVG.** Vertragliche Leistungen des Rechtsschutzversicherers, die sich auf Verfahren der alternativen Streitbeilegung beziehen, sind grundsätzlich von § 125 VVG umfasst. Die vom Gesetzgeber sehr weit gefasste Formulierung zur Umschreibung der typischen Leistungspflichten des Rechtsschutzversicherers lässt insoweit ausreichend Raum. § 125 VVG enthält eine wirtschaftliche Leistungsbeschreibung der Rechtsschutzversicherung.[54] Die einzelnen Leistungspflichten ergeben sich aus dem Versicherungsvertrag, weil § 125 VVG am vereinbarten Umfang ansetzt.[55]

27 **(2) Wahrnehmung rechtlicher Interessen.** Ob Verfahren der alternativen Streitbeilegung und speziell die Mediation auch der „Wahrnehmungen rechtlicher Interessen" des Versicherungsnehmers iSd § 125 VVG dienen, ist umstritten.[56] Darauf, dass eine Mediation nach § 2 Abs. 3 Nr. 4 RDG keine Rechtsdienstleistung ist und der Mediator nach § 2 Abs. 3 Nr. 4 RDG iVm § 3 RDG nicht rechtsberatend tätig werden darf, kommt es nicht an, denn § 125 VVG ist weit auszulegen. Zwar wurde zum Teil vertreten, dass mit der Wahrnehmung rechtlicher Interessen allein die Besorgung fremder Rechtsangelegenheiten iSd § 2 RDG gemeint sei.[57] Für diese Ansicht lässt sich ins Feld führen, dass die Judikatur bei einer entsprechenden vertraglichen Regelung unter der Formulierung „Wahrnehmung rechtlicher Interessen" die Verfolgung oder Abwehr von Ansprüchen

---

53 Vgl. hierzu auch Greger ZKM 2014, 140 (141 f.).
54 Vgl. BGH ZKM 2016, 107; Wendt VersR 2014, 420 (423), vgl. auch Harbauer/Schmitt VVG § 125 Rn. 3: Regelung umreißt den „wirtschaftlichen Zweck"; NK-VersR/Brünger VVG § 125 Rn. 1.
55 BGH ZKM 2016, 107; Wendt VersR 2014, 420 (423).
56 Dies bejahend Wendt VersR 2014, 420 (423); ablehnend OLG Frankfurt a. M. r+s 2015, 351, allerdings ohne Begründung.
57 Vgl. früher Harbauer/Bauer, 8. Aufl., ARB 2000 § 1 Rn. 6 f.

verstanden hat.[58] Gegen ein solch enges Verständnis von „Wahrnehmung rechtlicher Interessen" im Rahmen des § 125 VVG spricht jedoch bereits, dass die Abgrenzung zwischen rechtlichen und anderen Interessen nur selten gelingen kann. Die Verfolgung allein „rechtlicher Interessen" ist kaum vorstellbar, weil nahezu jegliche rechtliche Interessenvertretung zugleich wirtschaftlichen oder anderer Interessen dient.[59] Auch die Rechtsprechung hat im Fall einer entsprechenden vertraglichen Regelung in dem Begriff „rechtliche Interessen" keine sinnvolle Einschränkung der Versicherungsleistung gesehen.[60] Es ist daher anerkannt, dass der vertraglich vereinbarte Schutz für die Verfolgung rechtlicher Interessen auch dann besteht, wenn im Schwerpunkt wirtschaftliche Zwecke verwirklicht werden sollen.[61]

(3) **Gestaltungsfreiheit.** Zudem trägt nur ein entsprechend weites Verständnis den Vorstellungen des europäischen und nationalen Gesetzgebers ausreichend Rechnung. Der europäische Gesetzgeber hat Bestimmungen auf dem Gebiet der Rechtsschutzversicherung mit der Rechtsschutzversicherungs-Richtlinie koordiniert.[62] Ziel dieser Richtlinie ist der umfassende Schutz der Versicherteninteressen.[63] Nach Art. 1 der Rechtsschutzversicherungs-Richtlinie sollen die Vorgaben Interessenkollisionen vermeiden, die daraus erwachsen können, dass ein Versicherer neben der Rechtsschutzversicherung andere Versicherungszweige betreibt.[64] Die deutsche Versicherungsaufsicht hatte dem bis dahin bekanntlich durch das sog. Spartentrennungsgebot Rechnung getragen.[65] Dies untersagte einem Versicherer, zugleich die Rechtsschutzversicherung und eine andere Versicherungssparte zu betreiben.[66] Solch strenge nationale Vorgaben waren nach Art. 8 der Rechtsschutzversicherungs-Richtlinie jedoch nicht länger möglich. Sie standen dem weiteren Zweck der Rechtsschutzversicherungs-Richtlinie entgegen, nämlich der Erleichterung der Niederlassungsfreiheit.[67] Die europarechtliche Lösung bestand insbesondere in den Art. 3–7 der Rechtsschutzversicherungs-Richtlinie. Aussagen dazu, welche Leistungen aus Sicht des Unionsgesetzgebers Rechtsschutzversicherungen charakterisieren, finden

---

58 Vgl. BGH 5.2.1992 – IV ZR 94/91, NJW 1992, 1511, zu den ARB; Harbauer/Bauer, 8. Aufl., ARB 2000 § 1 Rn. 6.
59 Vgl. MüKoVVG/Obarowski § 125 Rn. 11; Harbauer/Schmitt VVG § 125 Rn. 8 und ARB 2010 Rn. 11; Wendt VersR 2014, 420 (423).
60 Vgl. BGH 22.5.1991 – IV ZR 183/90, NJW 1991, 2644.
61 BGH 22.5.1991 – IV ZR 183/90, NJW 1991, 2644; OLG Frankfurt a. M. 18.11.2009 – 7 U 52/09, VersR 2010, 1310; MüKoVVG/Obarowski § 125 Rn. 11; NK-VersR/Brünger VVG § 125 Rn. 13; Wendt VersR 2014, 420 (421 ff.).
62 So bereits vorgesehen in Art. 7 Abs. 2 lit. c der Ersten Richtlinie 73/239/EWG des Rates vom 24.7.1973 zur Koordinierung der Rechts- und Verwaltungsvorschriften betreffend die Aufnahme und Ausübung der Tätigkeit der Direktversicherung (mit Ausnahme der Lebensversicherung); die Richtlinie bezweckt keine vollständige Harmonisierung der Rechtsschutzversicherungsverträge der Mitgliedstaaten, vgl. auch EuGH NJW 2010, 355.
63 EuGH VersR 2013, 1530 (1532); vgl. auch EuGH NJW 2011, 3077; EuGH NJW 2010, 355.
64 Vgl. hierzu auch Kaulbach/Bähr/Pohlmann/Goertz VAG § 164 Rn. 1, unter Bezugnahme auf Art. 200 Solvency II-RL.
65 Vgl. hierzu etwa NK-VersR/Brünger VVG § 126 Rn. 6.
66 Hierzu ausführlicher Harbauer/Schmitt VVG § 126 Rn. 1; van Bühren/Plote/Wendt VVG § 126 Rn. 3.
67 Vgl. hierzu etwa EuGH NJW 2010, 355.

sich in Art. 2 Abs. 1 der Rechtsschutzversicherungs-Richtlinie.[68] Der europäische Gesetzgeber spannt den Rahmen möglicher Rechtsschutzversicherungsleistungen sehr weit. Neben der Erstattung der Kosten des Gerichtsverfahrens sind „andere sich aus dem Versicherungsvertrag ergebende Leistungen" angesprochen. Diese erkennt der Unionsgesetzgeber beispielhaft im Ersatz des auf außergerichtlichem Weg oder durch ein Zivil- oder Strafverfahren dem Versicherungsnehmer entstehenden Schadens sowie darin, den Versicherten in Gerichts- oder anderen Verfahren oder im Fall einer gegen ihn gerichteten Forderung zu verteidigen oder zu vertreten. Das „insbesondere" legt fest, dass die Aufzählung keinesfalls abschließend ist. Maßgeblich ist danach bereits nach den Vorstellungen des europäischen Gesetzgebers, welche Leistung im Rechtsschutzversicherungsvertrag festgelegt wird. Bei der Ausgestaltung des konkreten Vertrags sind die Parteien im Grundsatz frei.[69]

29 **(4) Einschränkungen.** Eine Einschränkung erfährt die in Art. 2 Abs. 1 statuierte Gestaltungsfreiheit durch Art. 4 Abs. 1 lit. a) der Rechtsschutzversicherungs-Richtlinie. Diese Regelung ist bekanntlich Grundlage der sog. „freien Anwaltswahl",[70] die für vertragliche Leistungen zu Verfahren alternativer Streitbeilegung jedoch regelmäßig keine Bedeutung hat (→ Rn. 43).[71] Bemerkenswert ist allerdings die Entscheidung des EuGH vom 14.5.2020 (C-667/18).[72] Hierin hatte der EuGH festgestellt, dass der in Art. 4 Abs. 1 lit. a Rechtsschutzversicherungs-Richtlinie und in Art. 201 Abs. 1 lit. a Solvency II-Richtlinie verwendete Begriff Gerichtsverfahren sowohl gerichtliche als auch außergerichtliche Vermittlungsverfahren erfasst, an dem ein Gericht beteiligt ist oder werden kann, sei es bei der Einleitung oder nach Abschluss des Verfahrens. Diese sehr weite Auslegung überrascht zumindest insoweit, als dass es in erster Linie Aufgabe des Gesetzgebers ist, Rahmenbedingungen für außergerichtliche Verfahren festzulegen, was auf EU-Ebene u.a. in der Mediations-RL, der ADR-RL und der ODR-Verordnung erfolgt ist.

---

68 Art. 2 Abs. 2 der Rechtsschutzversicherungs-Richtlinie benennt Ausnahmetatbestände, in denen die Richtlinienvorgaben nicht gelten sollen; auf sie muss hier nicht eingegangen werden.
69 EuGH NJW 2010, 355: „die Richtlinie 87/344 [bezweckt] keine vollständige Harmonierung der Rechtsschutzversicherungsverträge der Mitgliedstaaten"; vgl. ferner EuGH VersR 2013, 1530; EuGH NJW 2011, 3077.
70 Vgl. in der Rechtsprechung EuGH VersR 2013, 1530; EuGH NJW 2011, 3077; EuGH NJW 2010, 355; BGH VersR 2014, 98; BGH NJW 1990, 578; OLG Bamberg NJW 2012, 2282; vgl. in der Literatur etwa Harbauer/Schmitt VVG § 127 Rn. 1 ff.; MüKoVVG/Richter § 127 Rn. 1 ff.; Schwintowski/Brömmelmeyer/Ebers/Hillmer-Möbius VVG § 127 Rn. 1 ff.; Looschelders/Pohlmann/Paffenholz VVG § 127 Rn. 1 ff.; Langheid/Rixecker/Rixecker VVG § 127 Rn. 1 ff.; Looschelders/Paffenholz/Paffenholz VVG § 127 Rn. 1 ff.; Prölss/Martin/Piontek VVG § 127 Rn. 1 ff.; van Bühren/Plote/Wendt VVG § 127 Rn. 1 ff.; NK-VersR/Brünger VVG § 127 Rn. 1 ff.; Armbrüster PrivVersR § 34 Rn. 1784; Armbrüster VersR 2011, 1518 ff.; Armbrüster EuZW 2013, 686 (691); Lensing NJW 2012, 2285 ff.; Cornelius-Winkler r+s 2012, 389 ff.; Eberhardt VersR 2013, 802 (813 f.); Looschelders VersR 2017, 1237 (1238 f.).
71 BGH ZKM 2016, 107; Wendt VersR 2014, 420 (423).
72 EuGH AnwBl 2020, 488.

(5) Solvency II-Richtlinie. Die Vorgaben des Art. 2 Abs. 1 der Rechts- 30
schutzversicherungs-Richtlinie gehen in Art. 198 Abs. 1 der Richtlinie
2009/138/EG des Europäischen Parlaments und des Rates vom 25.11.2009
betreffend die Aufnahme und Ausübung der Versicherungs- und Rückversicherungstätigkeit – Solvabilität II[73] (sog. Solvency II-Richtlinie) – auf.
Die Regelungen sind inhaltsgleich. Der Unionsgesetzgeber hat seine einst
getroffenen Aussagen damit noch einmal verstetigt. Die europarechtlichen
Vorgaben räumen Rechtsschutzversicherern damit auch weiterhin grundsätzlich weitgehende Gestaltungsfreiheiten bei der Zusammenstellung des
konkreten vertraglichen Leistungsangebots ein. Dem Willen des europäischen Gesetzgebers zufolge können Leistungen des Rechtsschutzversicherers sowohl gerichtliche als auch außergerichtliche Verfahren[74] und sogar
die unmittelbare Vertretung des Versicherten[75] umfassen.

(6) Motive des nationalen Gesetzgebers. Eine einschränkende Leseweise 31
widerspräche auch den Motiven des nationalen Gesetzgebers. Im Jahr
1991 hat der nationale Gesetzgeber die Vorgaben der Rechtsschutzversicherungs-Richtlinie mit dem Gesetz zur Durchführung versicherungsrechtlicher Richtlinien des Rates der Europäischen Gemeinschaften[76] in den
§§ 158l–o VVG aF umgesetzt. In der Begründung zum Gesetzentwurf
greift der Gesetzgeber ausdrücklich den Zweck der Richtlinienvorgaben
auf;[77] zudem heißt es im Entwurf wörtlich: „Dabei beschränkt sich der
Entwurf darauf, nur die das materielle Versicherungsvertragsrecht betreffenden Richtlinienbestimmungen in deutsches Recht umzusetzen, ohne die
Rechtsschutzversicherung umfassend zu regeln."

An dieser Einschätzung hat der nationale Gesetzgeber im Laufe des Gesetzgebungsverfahrens festgehalten. Er ist damit stringent den europäischen
Zielvorgaben gefolgt. Die Regelungen in den §§ 158l–o VVG aF dienten der Vermeidung der Interessenkollisionen, die aufgrund des Wegfalls
des Spartentrennungsgebots möglich wurden.[78] Die aufgrund Art. 4 der
Rechtsschutzversicherungs-Richtlinie erforderliche Einschränkung ist in
§ 158m VVG aF iVm § 158o VVG aF geregelt worden. Bedeutsam ist
die Feststellung, die Rechtsschutzversicherung nicht umfassend regeln zu
wollen. Hierin zeigt sich der gesetzgeberische Wille, die konkrete Ausgestaltung von Rechtsschutzversicherungsverträgen weitestgehend der Privatautonomie zu unterstellen.

Diesem Ansatz folgte auch die VVG-Reformkommission. In ihrem Ab- 32
schlussbericht[79] hat sie ua festgestellt: „Die Rechtsschutzversicherung hat
sich mit einer Vielzahl von Vertragstypen und Deckungsformen als eine
der dynamischsten Sparten entwickelt. Angesichts der Vielfalt der vorhandenen und vor allem künftigen Lebenssachverhalte und der zunehmenden
Bereitschaft der Verbraucher, sich vor der immer komplizierter werdenden

---

73 ABl. L 335, 1 v. 17.12.2009.
74 Art. 2 Abs. 1 1. Spiegelstr. der Rechtsschutzversicherungs-Richtlinie.
75 Art. 2 Abs. 1 2. Spiegelstr. der Rechtsschutzversicherungs-Richtlinie.
76 Zweites Durchführungsgesetz/EWG zum VAG v. 28.6.1990, BGBl. I 32, 1249.
77 BT-Drs. 11/6341, 36; zur Begründung des eingefügten § 8a VAG vgl. auch BT-Drs. 11/6341, 22; auch zum Folgenden.
78 BT-Drs. 11/6341, 36, ferner auch 22.
79 Vgl. Abschlussbericht der VVG-Expertenkommission, S. 83 ff.

Rechtswelt mit einer Rechtsschutzversicherung zu schützen, empfiehlt es sich nicht, im Gesetz eine bestimmte Definition der Rechtsschutzversicherung festzuschreiben; denn dies würde die Produktentwicklung hemmen."
Die VVG Reformkommission hat sich auch dagegen ausgesprochen, eine Definition des Versicherungsfalls in der Rechtsschutzversicherung in das Gesetz aufzunehmen.[80] Regelungsbedarf erkannte sie lediglich im wie folgt beschriebenen Sinne:[81] „Zum leichteren Verständnis des Verbrauchers empfiehlt es sich gleichwohl, den mit einer Rechtsschutzversicherung verfolgten wirtschaftlichen Zweck im Gesetz grob zu umreißen."

33 Die schließlich vorgeschlagene Regelung (§ 126 VVG-E) gleicht dem aktuellen § 125 VVG und entspricht weitgehend dem § 1 der Musterbedingungen ARB 2000.[82] § 1 ARB 2000 sieht allerdings vor, dass der Versicherer dafür „sorgt", dass der Versicherungsnehmer seine rechtlichen Interessen wahrnehmen kann und die für die Interessenwahrnehmung erforderlichen Kosten trägt.[83] Der Gesetzgeber folgt er der VVG-Reformkommission in der Begründung; so heißt es wörtlich:[84] „Die Vorschrift ist neu. Sie beschreibt in Anlehnung an Formulierungen gängiger AVB den hauptsächlich mit einer Rechtsschutzversicherung verfolgten wirtschaftlichen Zweck; hierbei wird zur Klarstellung auch der Fall der Versicherung für fremde Rechnung (§ 43 VVG-E) ausdrücklich erfasst. Um die künftige Produktentwicklung nicht zu hemmen, enthält die Vorschrift keine gesetzliche Definition der Rechtsschutzversicherung. Auch wird aus diesem Grund darauf verzichtet, den Versicherungsfall bei der Rechtsschutzversicherung gesetzlich zu regeln. Neue Versicherungs- und Leistungsformen bleiben möglich (vgl. § 129 VVG-E)."

34 Mit § 125 VVG ist damit eine Regelung in das Versicherungsvertragsrecht eingeführt worden, die den wirtschaftlichen Zweck der Rechtsschutzversicherung beschreiben soll und zugleich weitgehende Freiheiten bei der Produktgestaltung einräumt.[85] Diesen Befund bestätigt auch § 129 VVG, der die §§ 126–128 VVG als halbzwingend festschreibt, für § 125 VVG jedoch gerade keine Regelung trifft.

35 **(7) Mediationsleistung als Leistung iSd § 125 VVG.** Selbst wenn man dem hier vertretenen weiten Verständnis der in § 125 VVG genutzten Formulierung „Wahrnehmung rechtlicher Interessen" nicht folgen wollte, wäre eine Mediationsleistung dennoch von § 125 VVG erfasst. Gem. § 2 Abs. 6 MediationsG kann die erzielte Einigung mit Zustimmung der Parteien stets in einer Abschlussvereinbarung dokumentiert werden. Die Abschlussver-

---

80 Vgl. Abschlussbericht der VVG-Expertenkommission, S. 84 f. unter Ziff. 1.3.1.2.2 Versicherungsfall: „Wegen dieser heute schon bestehenden Vielzahl von Versicherungsfallarten, die nicht in einem einheitlichen Begriff zusammengefasst werden können, empfiehlt es sich nicht, den Versicherungsfall der Rechtsschutzversicherung im Gesetz zu regeln."
81 Vgl. Abschlussbericht der VVG-Expertenkommission, S. 84 unter Ziff. 1.3.1.2.1 Gesetzliches Leitbild.
82 Ausführungen zu ARB beziehen sich auf Musterbedingungen des GDV.
83 Zur Verwendung des Wortes „sorgen" vgl. etwa van Bühren/Plote/van BührenARB 2010 § 1 Rn. 2 f.; NK-VersR/Brünger ARB 2010 § 1 Rn. 3.
84 BT-Drs. 16/3945, 91.
85 Vgl. Wendt VersR 2014, 420 (426).

einbarung ist als Vergleich iSd § 779 BGB zu qualifizieren und kann gem. §§ 794 Abs. 1 Nr. 1, 796a bis c ZPO tituliert und für vollstreckbar erklärt werden.[86] Damit ist das in einem Mediationsverfahren erzielte Ergebnis in seiner Wirkung einer gerichtlichen Entscheidung vollständig gleichgestellt. Das Mediationsverfahren dient jedenfalls in diesen Fällen mithin auch der Wahrnehmung rechtlicher Interessen. Von einem möglichen Verzicht auf die Vollstreckbarkeitserklärung kann aber nicht abhängen, ob die Mediation eine Leistung iSd § 125 VVG wird oder nicht. Vielmehr muss es darauf ankommen, dass die Mediation stets das Angebot in sich trägt, den Parteien zu einem vollstreckbaren Ergebnis zu verhelfen. Daher ist die Mediationsleistung immer auch als Wahrnehmung rechtlicher Interessen iSd § 125 VVG zu verstehen.

(8) Vermittlung des Mediators. Es verstößt nicht gegen § 127 VVG, dass der Rechtsschutzversicherer gem. § 5a Abs. 1 S. 2 ARB 2010 bzw. Ziff. 2.3.1.1 S. 1 ARB 2012/ARB 2019/ARB 2021 dem Versicherungsnehmer einen Mediator vermittelt bzw. vorschlägt (→ Rn. 24).[87] § 127 VVG garantiert die freie Wahl des Anwalts und beschränkt sie zugleich auf Rechtsanwälte, die den Versicherungsnehmer in Gerichts- und Verwaltungsverfahren vertreten und dessen Interessen wahrnehmen.[88] Sie gilt nicht für Anwälte, die im konkreten Verfahren als Mediatoren tätig werden (sog. Anwaltsmediatoren). Diese nehmen ihre Aufgabe allparteilich und nicht im Interesse einer bestimmten Partei wahr.[89] Auch kann der Rechtsschutzversicherer die Leistungserbringung unter den Vorbehalt stellen, dass er den Mediator vermittelt.[90] Liegen bei dem vermittelten Mediator Umstände vor, die dessen Unabhängigkeit und Neutralität beeinträchtigen können, darf er als Mediator tätig werden, wenn er zuvor gem. § 3 Abs. 1 die Umstände offengelegt hat und die Parteien ausdrücklich zustimmen. Ein Abhängigkeitsverhältnis zum Versicherer schadet daher nicht.[91] Wünscht der Versicherungsnehmer die freie Wahl des Mediators, muss er dies bei der Auswahl des Rechtsschutzversicherungsvertrags bedenken.

Es verstößt auch nicht gegen § 4 RDG, wenn der Rechtsschutzversicherer seinem Versicherungsnehmer empfiehlt, den Konflikt nicht in einem Gerichtsverfahren, sondern in einem Verfahren der alternativen Streitbeilegung beizulegen.[92] Nach § 4 RDG dürfen Rechtsdienstleistungen, die unmittelbaren Einfluss auf die Erfüllung einer anderen Leistungspflicht haben können, nicht erbracht werden, wenn hierdurch die ordnungsgemäße Erbringung der Rechtsdienstleistung gefährdet wird. Nach § 2 Abs. 1 RDG ist eine Rechtsdienstleistung jede Tätigkeit in konkreten fremden

---

86 Arg. ex § 4 S. 3 Nr. 1 MediationsG; vgl. auch Greger/Unberath/Steffek/Greger B. § 2 Rn. 330; Fritz/Pielsticker MediationsG-HdB/Fritz MediationsG § 1 Rn. 29; Fritz/Pielsticker MediationsG-HdB/Pielsticker MediationsG § 2 Rn. 153.
87 Unklar Cornelius-Winkler SVR 2013, 201 (204).
88 Harbauer/Obarowski ARB 2010 § 5a Rn. 5; van Bühren/Plote/Wendt ARB 2010 § 5a Rn. 6; so wohl auch Cornelius-Winkler SVR 2013, 201 (204).
89 Harbauer/Obarowski ARB 2010 § 5a Rn. 5; Schwintowski/Brömmelmeyer/Ebers/Hillmer-Möbius VVG § 125 Rn. 24; van Bühren/Plote/Wendt ARB 2010 § 5a Rn. 6.
90 Greger/Unberath/Steffek/Greger D. Rn. 289.
91 Greger/Unberath/Steffek/Greger D. Rn. 289.
92 So offenbar aber Cornelius-Winkler SVR 2013, 201 (204).

Angelegenheiten, sobald sie eine rechtliche Prüfung des Einzelfalls erfordert. Die Empfehlung, einen Konflikt nicht in einem Gerichtsverfahren, sondern in einem Verfahren der alternativen Streitbeilegung beizulegen, erfordert regelmäßig aber gerade keine rechtliche Prüfung des Einzelfalls. Vielmehr orientiert sich die Betrachtung des Konflikts an der jeweiligen Interessenlage.[93] Aus dem gleichen Grund kann auch die Vermittlung eines Mediators gem. § 5a Abs. 1 S. 2 ARB 2010 bzw. Ziff. 2.3.1.1 S. 1 ARB 2012/2019/2021 nicht gegen § 4 RDG verstoßen.

38 Es widerspricht nicht § 2 Abs. 1, dass der Rechtsschutzversicherer gem. § 5a Abs. 1 S. 2 ARB 2010 bzw. Ziff. 2.3.1.1 S. 1 ARB 2012/2019/2021 dem Versicherungsnehmer einen Mediator vermitteln bzw. vorschlagen kann.[94] Nach § 2 Abs. 1 MediationsG wählen die Parteien den Mediator aus. Daran ändert eine Vermittlung des Mediators durch den Rechtsschutzversicherer nichts. Es bleibt dem Versicherungsnehmer unbenommen, den vermittelten Mediator abzulehnen und damit seinem in § 2 Abs. 1 MediationsG niedergelegten Selbstbestimmungsrecht nachzukommen.[95] Eine dem § 127 VVG entsprechende „freie Mediatorenwahl" bei gleichzeitiger Leistungspflicht des Rechtsschutzversicherers hat der Gesetzgeber im MediationsG gerade nicht vorgesehen.

39 **c) Spezielle Mediationsklausel. aa) Regelung und Verfahrensgang.** Die Musterbedingungen des GDV sind unverbindlich. Versicherer können daher in ihren Allgemeinen Versicherungsbedingungen (AVB) davon abweichen. Einige Rechtsschutzversicherer sind in ihren Vertragswerken von den beschriebenen Mediationsklauseln des GDV abgewichen. Ein Versicherer hatte in seine Allgemeinen Rechtsschutzversicherungsbedingungen ARB eine Regelung aufgenommen, nach der die Übernahme anwaltlicher Beratungskosten von der vorherigen Durchführung eines Mediationsversuchs abhängig ist („M-Aktiv"). Zudem hatte sich der Versicherer die Auswahl des Mediators vorbehalten. Der Tarif mit diesen Bestimmungen war günstiger als der herkömmliche Rechtsschutzversicherungsvertrag des Versicherers. Eine Rechtsanwaltskammer hat in diesen Regelungen eine Verletzung der gesetzlichen Vorgaben erkannt, den Versicherer zunächst abgemahnt und anschließend in einem Musterverfahren nach den Vorschriften des UKlaG bzw. UWG auf Unterlassung in Anspruch genommen. Nach den vorinstanzlichen Entscheidungen des LG Frankfurt a. M.[96] und OLG Frankfurt a. M.[97] hat schließlich der erste Zivilsenat des BGH[98] (in einem Beschluss zur Zurückweisung der Beschwerde gegen die Nichtzulassung der Revision durch die Rechtsanwaltskammer) die Klausel bewertet.

40 **bb) Rechtsprechung.** Das LG Frankfurt a. M. erkannte in der angegriffenen Klausel eine unangemessene Benachteiligung des Versicherungsnehmers, weil die Auswahl des Mediators durch den Versicherer mit wesentlichen Grundgedanken von § 127 VVG bzw. § 2 Abs. 1 unvereinbar sei und

---

93 Vgl. Fritz/Pielsticker MediationsG-HdB/Fritz MediationsG § 1 Rn. 15.
94 So aber Cornelius-Winkler SVR 2013, 201 (204).
95 Vgl. auch Fritz/Pielsticker Mediations-HdB/Pielsticker MediationsG § 2 Rn. 7 ff.
96 LG Frankfurt a. M. ZKM 2014, 173 = NJW 2014, 2204, mAnm Lauda; vgl. hierzu auch Röthemeyer ZKM 2014, 203.
97 OLG Frankfurt a. M. ZKM 2015, 95 = r+s 2015, 351.
98 BGH ZKM 2016, 107 mAnm Wendt.

die Regelung daher gegen die Vorgaben des § 307 Abs. 1 Nr. 1 BGB verstoße. Klauseln, die die Erstattung von gerichtlichen Kosten davon abhängig machen, dass zuvor obligatorisch ein Mediationsverfahren durchgeführt wird, würden den Grundsätzen der freien Wahl des Mediators und der Freiwilligkeit des Mediationsverfahrens nicht ausreichend Rechnung tragen.[99] In der Bezeichnung des Verfahrens als „Mediationsverfahren" bzw. der handelnden Person als „Mediator" liege ebenfalls eine unangemessene Benachteiligung des Versicherungsnehmers.[100] Beides widerstreite dem gesetzlichen Grundgedanken des MediationsG, demzufolge die Parteien grundsätzlich freiwillig und durch einen von ihnen (selbst) ausgewählten Mediator am Mediationsverfahren teilnehmen würden. Der Versicherer dürfe insofern allenfalls vermittelnd tätig werden. Die Bezeichnung des Produkts als „Rechtsschutzversicherung" hielt das LG Frankfurt a. M. dagegen nicht für irreführend.[101]

Auch nach dem mit der Berufung befassten OLG Frankfurt a. M. benachteilige die Klausel den Versicherungsnehmer unangemessen.[102] Der Entscheidung des Berufungsgerichts liegen jedoch andere Erwägungen zu Grunde. So könne dahingestellt bleiben, ob die angegriffenen Klauseln den Versicherungsnehmer deshalb unangemessen benachteiligen, weil – wie das LG Frankfurt a. M. meinte – die Auswahl des Mediators durch den Versicherer mit wesentlichen Grundgedanken in § 127 VVG bzw. § 2 Abs. 1 unvereinbar sei. Vielmehr sah das OLG Frankfurt a. M. eine unangemessene Benachteiligung iSd § 307 Abs. 1 BGB darin gegeben, dass die Übernahme von Kosten für die gerichtliche Interessenwahrnehmung von der vorherigen Durchführung eines Mediationsversuchs abhängig sei und dies einem der Inanspruchnahme anwaltlicher Beratung vorgeschalteten „Zwangsmediationsversuch" entspreche.[103] Weil der Tarif mit der streitgegenständlichen Klausel durch günstige Versicherungsprämien auch Vorteile für den Versicherungsnehmer mit sich bringe, liege darin aber nicht von vornherein eine unangemessene Benachteiligung. Entscheidend sei, ob die mit dem „Zwangsmediationsversuch" verbundenen Einschränkungen für den Versicherungsnehmer Nachteile bringen, die durch die günstigeren Beiträge nicht aufgewogen werden. Das OLG Frankfurt a. M. urteilte, dass ein Mediationsversuch ohne vorherige oder begleitende rechtliche Beratung für den Versicherungsnehmer mit erheblichen Risiken und Gefahren verbunden sei, die für einen durchschnittlich informierten, verständigen Verbraucher nicht ohne Weiteres erkennbar sind. Es bestehe daher die „greifbare Gefahr, dass er – nur um der einvernehmlichen Regelung willen – möglicherweise auf Ansprüche oder Positionen verzichtet, die ihm nach der insoweit klaren Rechtslage zustehen."[104] Das OLG Frankfurt a. M. stellte jedoch auch fest, dass es die freie Anwaltswahl im Rahmen einer Rechtsschutzversicherung nicht beeinträchtigt, wenn der Versicherer sich

---

99 LG Frankfurt a. M. NJW 2014, 2204.
100 Vgl. LG Frankfurt a. M. NJW 2014, 2204.
101 LG Frankfurt a. M. NJW 2014, 2204.
102 OLG Frankfurt a. M. ZKM 2015, 95 = r+s 2015, 351.
103 OLG Frankfurt a. M. ZKM 2015, 95 = r+s 2015, 351.
104 OLG Frankfurt a. M. ZKM 2015, 95 = r+s 2015, 351.

die Auswahl des Mediators vorbehält.[105] Bei der freien Anwaltswahl ginge es vielmehr darum, unter welchen Voraussetzungen der Versicherungsnehmer überhaupt einen Anwalt (dann aber den seiner Wahl) beauftragen darf. Die streitgegenständliche Klausel berühre die Anwaltswahl auch dann nicht, wenn der Mediator zugleich Rechtsanwalt ist, weil der „Anwalts-Mediator" gerade nicht zur Wahrnehmung der rechtlichen Interessen des Versicherungsnehmers tätig werde. Das OLG Frankfurt entschied ferner, dass der Begriff „Rechtsschutzversicherung" nicht per se irreführend iSd § 5 UWG sei, wenn er im Zusammenhang mit og Versicherungsvertragsmodell verwendet werde und zugleich klar und unmissverständlich auf die Besonderheit hingewiesen wird, dass vor Inanspruchnahme anwaltlicher Beratung ein Mediationsversuch unternommen werden muss und damit verbundene Gefahren und Risiken deutlich gemacht werden, zum Beispiel durch einen „Sternchen-Hinweis".[106] Im Übrigen liege auch kein Verstoß gegen § 4 Nr. 11 UWG iVm MediationsG vor. Die Bezeichnungen „Mediator", „Mediation" und „Mediationsverfahren" dürften verwendet werden. Das Freiwilligkeitsprinzip aus § 1 Abs. 1 werde nicht unterlaufen, weil der Versicherungsnehmer dem Mediationsversuch bereits mit Abschluss des Versicherungsvertrags zustimmt. Zudem bestimme § 2 Abs. 1 nicht, dass jedem Mediationswilligen ein Anspruch auf einen Mediator seiner Wahl zustehe.[107] Die Regelung setze nur eine Einigung über die Person des Mediators voraus. Dem werde auch dann entsprochen, wenn Mediationsparteien sich auf einen von einem Dritten vorgeschlagenen Mediator einigen.

42 Aus Sicht des schließlich mit der Sache betrauten BGH können Rechtsschutzversicherer den Versicherungsschutz von einer erfolglos durchgeführten Mediation abhängig machen und sich die Auswahl des Mediators vorbehalten. Entsprechende Regelungen in den Versicherungsbedingungen sind vom Grundsatz der Vertragsfreiheit gedeckt. Sie verstoßen nicht gegen die gesetzlichen Bestimmungen des VVG und des MediationsG. Der BGH hat seinen Beschluss in weiten Teilen mit dem Grundsatz der Vertragsfreiheit begründet. In diesem Zusammenhang hat er zunächst Stimmen im Schrifttum bestätigt, die in § 125 VVG in erster Linie eine wirtschaftliche Leistungsbeschreibung der Rechtsschutzversicherung erkennen. Das Ausmaß der Leistungspflicht des Rechtsschutzversicherers ist daher nach den vertraglichen Absprachen mit dem Versicherungsnehmer zu bestimmen. Bei der inhaltlichen Ausgestaltung des Rechtsschutzvertrags gilt grundsätzlich Vertragsfreiheit. Sie wird durch die Ausnahmeregelungen der §§ 126–129 VVG eingeschränkt. Der BGH stellt klar, dass diese Ausnahmeregelungen keiner vertraglichen Vereinbarung entgegenstehen, die den Versicherungsschutz an eine zuvor erfolglos durchgeführte Mediation knüpft. Dies gilt auch dann, wenn sich der Rechtsschutzversicherer die Auswahl des Mediators vorbehält. Weil der Mediator seine Aufgabe allparteilich wahrzunehmen hat, kann nicht entscheidend sein, ob der Mediator auch Rechtsanwalt ist. Der BGH erkennt auch keinen Verstoß gegen das für

---

105 OLG Frankfurt a. M. ZKM 2015, 95 = r+s 2015, 351.
106 OLG Frankfurt a. M. ZKM 2015, 95 = r+s 2015, 351.
107 OLG Frankfurt a. M. ZKM 2015, 95 = r+s 2015, 351.

die Mediation wesentliche Prinzip der Freiwilligkeit. Eine privatautonom eingegangene Selbstbindung zugunsten der Mediation steht hierzu nicht im Widerspruch – zumal es dem Versicherungsnehmer aus Sicht des BGH im vorliegenden Fall nach der vertraglichen Regelung freistand, den vorgeschlagenen Mediator abzulehnen und vom Mediationsverfahren Abstand zu nehmen. Der BGH betont zudem, dass die Unabhängigkeit des Mediators zwar ein wichtiges Gebot des Mediationsrechts, jedoch nicht zwingend sei. Die Vertragsfreiheit schränkt es daher nicht ein. Den Vorwurf der Irreführung des Versicherungsnehmers durch die Bezeichnung „Rechtsschutzversicherung" weist der BGH ebenfalls zurück. Er stellt hierzu unter anderem fest, dass der Durchschnittsverbraucher wisse, dass ihm nicht ohne Weiteres eine umfassende Rechtsschutzversicherung angeboten werde und er sich deshalb über deren Umfang informieren müsse.

cc) Bewertung. Der umfassend begründete Beschluss des BGH schafft in vielerlei Hinsicht Klarheit in Bezug auf Mediationsklauseln in Rechtsschutzversicherungsverträgen. Der BGH hat zu Recht festgestellt, dass diese regelmäßig vom Grundsatz der Vertragsfreiheit gedeckt sind und nicht gegen das für die Mediation geltende Prinzip der Freiwilligkeit verstoßen.[108] Dies gilt sogar dann, wenn in den ARB der Versicherungsschutz von einer erfolglos durchgeführten Mediation abhängig gemacht wird und der Versicherer sich die Auswahl des Mediators vorbehält.[109] Sie führen den Versicherungsnehmer grds. auch dann nicht in die Irre, wenn der die Mediationsleistung umfassende Vertrag als „Rechtsschutzversicherung" bezeichnet wird.[110] Unter Berücksichtigung der Wertung des OLG Frankfurt a. M. ist dies jedenfalls dann der Fall, wenn klar und unmissverständlich auf die Besonderheit hingewiesen wird, dass vor Inanspruchnahme anwaltlicher Beratung ein Mediationsversuch unternommen werden muss und damit verbundene Gefahren und Risiken deutlich gemacht werden.

Zum Teil ist die Entscheidung des BGH in der Literatur auf Kritik gestoßen. Der Tarif „M-Aktiv" ließe keinen Raum für eine freie Wahl des außergerichtlichen anwaltlichen Vertreters und verstoße daher gegen § 127 Abs. 1 S. 2 VVG.[111] Diese Sichtweise lässt allerdings außer Betracht, dass § 127 VVG die freie Wahl des Anwalts nach seinem eindeutigen Wortlaut auf Rechtsanwälte beschränkt, die den Versicherungsnehmer in Gerichts- und Verwaltungsverfahren vertreten und dessen Interessen wahrnehmen.[112] Sie gilt damit jedenfalls nicht für Rechtsanwälte, die im konkreten Verfahren als Mediator tätig werden. Diese nehmen ihre Aufgabe allparteilich und damit nicht im Interesse einer bestimmten Partei wahr.[113]

---

108 BGH ZKM 2016, 107.
109 BGH ZKM 2016, 107.
110 BGH ZKM 2016, 107.
111 Lensing VuR 2016, 228 (229).
112 Harbauer/Obarowski ARB 2010 § 5a Rn. 19; van Bühren/Plote/Wendt ARB 2010 § 5a Rn. 6; so wohl auch Cornelius-Winkler SVR 2013, 201 (204).
113 Harbauer/Obarowski ARB 2010 § 5a Rn. 19; Schwintowski/Brömmelmeyer/Ebers/Hillmer-Möbius VVG § 125 Rn. 27; van Bühren/Plote/Wendt ARB 2010 § 5a Rn. 6; Wendt VersR 2014, 420 (427); vgl. auch Looschelders VersR 2017, 1237 (1242).

Der Rechtsschutzversicherer kann daher die Leistungserbringung unter den Vorbehalt stellen, dass er den Mediator vermittelt oder vorschlägt.[114]

45 Der an anderer Stelle zu findende Hinweis, dass es für die Rechtmäßigkeit einer Mediationsklausel entscheidend sei, ob die durch eine vorgeschaltete Mediation verursachten Nachteile für den Versicherungsnehmer vorab transparent sind und durch tarifliche Vergünstigungen aufgewogen werden,[115] entspricht der Auffassung OLG Frankfurt a. M.[116] Die Feststellung, dass „Streitbeilegungstarife" nur noch dann rechtssicher angeboten werden könnten, wenn „Kunden im Konfliktfall eine rechtliche Beratung vor der Einschaltung eines Telefonvermittlers" erhalten,[117] dürfte indes über die von der Judikatur formulierten Anforderungen hinausgegen. Wie dargestellt, ist es nach Auffassung des OLG Frankfurt a. M.[118] zur Vermeidung der Irreführung eines Versicherungsnehmers bereits ausreichend, wenn im Vertrag darauf hingewiesen wird, dass vor Inanspruchnahme anwaltlicher Beratung ein Mediationsversuch unternommen werden muss und damit Gefahren und Risiken verbunden sein können. Würde man insgesamt höhere Anforderungen an die Informationspflichten stellen oder sogar Beratungspflichten konstatieren, erscheint der vom OLG Frankfurt a. M. geforderte Hinweis im Vertrag kaum mehr von Nutzen. Es dürfte daher ausreichen, wenn der Versicherungsnehmer über die vom OLG Frankfurt a. M. gesehenen Nachteile durch entsprechende Hinweise im Vertrag bei Vertragsschluss informiert wird. Unklarheiten können dann auf Initiative des Versicherungsnehmers rechtzeitig geklärt werden. Dieses Verständnis dürfte auch der Wertung des BGH entsprechen, nach der ein Durchschnittsverbraucher wisse, dass er sich über den Umfang einer Rechtsschutzversicherung informieren müsse. In jedem Fall stärkt es die Bedeutung der Selbstverantwortung des mündigen Verbrauchers.

46 Nach § 309 Nr. 14 BGB kann der Versuch einer außergerichtlichen Konfliktbeilegung nicht formularmäßig als notwendiges Vorverfahren einer Klage gegen den Verwender vereinbart werden kann.[119] Ausgeschlossen ist es daher erst recht, in Verbraucherverträgen zulasten von Verbrauchern eine Teilnahmepflicht unter Ausschluss der gerichtlichen Streitbeilegung zu vereinbaren. Unter Ansehung der höchstrichterlichen Rechtsprechung zu Mediationsklauseln erscheint es dagegen möglich, dass Rechtsschutzversicherungen (in besonderen Tarifen) die Gewährung von Versicherungsschutz daran binden, dass vor einer gerichtlichen Auseinandersetzung zunächst eine Verbraucherstreitbeilegungsstelle angerufen wird.[120]

47 **2. Mediation und Haftpflichtversicherung.** Auch Haftpflichtversicherer setzen sich seit geraumer Zeit mit Verfahren der alternativen Streitbeilegung auseinander. Dabei gilt es, besonderes Augenmerk darauf zu legen, ob diese Verfahren eine effektive, interessengerechte und nachhaltige Scha-

---

114 MüKoVVG/Richter VVG § 127 Rn. 16.
115 Böhm/Fries VersR 2016, 1092 (1094).
116 OLG Frankfurt a. M. r+s 2015, 351.
117 So Böhm/Fries VersR 2016, 1092 (1094).
118 OLG Frankfurt a. M. r+s 2015, 351.
119 Hierzu etwa MüKoBGB/Wurmnest § 309 Abs. 14 Rn. 1.
120 Vgl. hierzu HK-VSBG/Steike/Röthemeyer BGB § 309 Nr. 14, Rn. 15.

denregulierung ermöglichen.[121] Es ist aber schon früh darauf hingewiesen worden, dass sich Mediationsverfahren in Haftpflichtstreitigkeiten nur eingeschränkt eignen könnten.[122] Grund hierfür ist, dass in der Haftpflichtversicherung nach dem gesetzlichen Leitbild der Versicherungsschutz regelmäßig die Prüfung der Haftungsfrage, die Abwehr unberechtigter Schadensersatzansprüche und die Freistellung des Versicherungsnehmers von berechtigen Schadensersatzverpflichtungen umfasst (vgl. § 100 VVG).[123] Für eine auf dem Willen der Parteien beruhende Einigung bleibt in Haftpflichtstreitigkeiten daher nur bedingt Raum. Es wird festgestellt, dass Haftpflichtversicherer sich aufgrund der zum Teil sehr komplexen Sachverhalte und Rechtsfragen nur in Abhängigkeit vom Einzelfall auf das Mediationsverfahren einlassen.[124] Im Bereich Arzthaftpflicht sowie Architekten- und Ingenieurhaftpflicht werden solche Fälle für mediationsgeeignet befunden, in denen mit zumindest hoher Wahrscheinlichkeit eine Haftung dem Grunde nach gegeben ist.[125]

In der Literatur sind zumindest fünf Mindestvoraussetzungen herausgearbeitet worden, unter denen ein Einsatz außergerichtlicher Streitbeilegung in der Schadenregulierung sinnvoll sein kann.[126]

Als wichtigste Voraussetzung wird die Sicherstellung der gesamthaften Klärung aller dem Streitfall zugrunde liegenden Ansprüche identifiziert.[127] Hieraus folge, dass alle infrage kommenden Schädiger in das Verfahren einzubeziehen seien. Andernfalls verlagere sich der Konflikt nach der Beilegung des Streits mit dem Geschädigten auf die Ebene des Innenausgleichs zwischen den Schädigern, was in der Tat wiederum erheblichen Zeit- und Kostenaufwand verursachen kann. Auch seien alle Anspruchsinhaber in das Verfahren einzubeziehen – damit auch solche, die Ansprüche aus übergegangenem Recht geltend machen können.[128] Im Fall von Personenschäden sind dies etwa Kranken- und Rentenversicherer sowie Sozialleistungsträger (vgl. § 116 SGB X).

Zudem wird festgestellt, dass aufgrund der teils hohen Komplexität von Haftpflichtstreitigkeiten bestimmte Anforderungen an Qualität und Sachkunde der Verfahrensleitung zu stellen sind.[129] Hierbei wird als bedeutsam angesehen, dass die Verfahrensleitung in der Lage ist, die Motivlage und die Verfahrensrisiken zu erfassen.[130] In diesem Zusammenhang sind insbesondere vertiefte Kenntnisse zu den haftungs- und versicherungsrechtlichen Anforderungen von großer Bedeutung.

Weitere Voraussetzung für die Aufnahme eines Verfahrens der alternativen Streitbeilegung in Haftpflichtfällen sei es, dass eine Klärung der Ansprüche

---

121 Meckling-Geis VersR 2016, 79.
122 Vgl. etwa Hellberg/Wendt VW 2009, 1366 (1368).
123 Zu ähnlichen Erwägungen im Bereich der Adjudikation vgl. Meckling-Geis/Wendt VersR 2011, 577 ff.; Meckling-Geis VersR 2016, 79 f.
124 Vgl. hierzu Meckling-Geis VersR 2016, 79 (82).
125 S. Meckling-Geis VersR 2016, 79 (82).
126 Auch zum Folgenden Meckling-Geis VersR 2016, 79 (80).
127 Meckling-Geis VersR 2016, 79 (80).
128 Meckling-Geis VersR 2016, 79 (80).
129 Meckling-Geis VersR 2016, 79 (80).
130 Vgl. Meckling-Geis VersR 2016, 79 (80).

zumindest möglich oder aussichtsreich erscheine; andernfalls drohten unnötige Kosten.[131] Hierfür sei wesentliche Bedingung, dass die Konfliktparteien grundsätzlich einigungsbereit sind.[132] Dieser Gesichtspunkt ist dem Grunde nach verständlich. Gleichwohl scheint erwägenswert, dieser Voraussetzung nicht zu große Bedeutung zukommen zu lassen. Zum einen ist je nach Verfahrenstypus eine Einigungsbereitschaft nicht immer zwingend. Zum anderen kommt es bei Verfahren, die eine Einigung der Parteien bezwecken, nicht selten erst im Laufe des Verfahrens zu einer Einigungsbereitschaft.

52 Des Weiteren müssten die Voraussetzungen für eine abschließende Vereinbarung gegeben sein.[133] Dies setze voraus, dass die Haftung des Versicherungsnehmers zumindest wahrscheinlich erscheine. Hierfür ist erforderlich, dass der Sachverhalt bereits vor Verfahrensbeginn soweit aufgeklärt ist, dass eine summarische Prüfung möglicher Haftpflichtansprüche und Prozessrisiken möglich ist. Insbesondere bei komplexen Haftpflichtfragen, die nur unter Beteiligung von Sachverständigen beantwortet werden können, kann dies erst spät der Fall sein.

53 Zuletzt wird darauf hingewiesen, dass die Bereitschaft des Haftpflichtversicherers, einem außergerichtlichen Verfahren zuzustimmen, oft davon abhängt, ob die Beurteilung des Anspruchs der Höhe nach ohne seine vorherige Zustimmung möglich ist oder nicht.[134] In den Fällen, in denen ein Verfahren mit einer Entscheidung endet, würde der Haftpflichtversicherer sich ganz überwiegend eine Festlegung zur Anspruchshöhe vorbehalten.[135] Im Ergebnis sei zu beachten: „je abschließender die zu erwartende Entscheidung, desto höher werden die Anforderungen an die Voraussetzungen für die Verfahrenseröffnung sein."[136]

IV. Resümee

54 Leistungen im Zusammenhang mit mediativen Konfliktlösungsmethoden spielen bei der Gestaltung von Versicherungsverträgen weiterhin eine wichtige Rolle. Die Entwicklungen im Bereich der Rechtsschutzversicherung sind hier weit fortgeschritten und haben durch die höchstrichterliche Rechtsprechung eine wichtige Klärung erfahren. Die Sparte Haftpflichtversicherung schlägt eine andere Gangart an. Nachvollziehbarer Grund liegt in dem in § 100 VVG verankerten gesetzlichen Leitbild der Haftpflichtversicherung, nach dem der Versicherungsschutz regelmäßig die Prüfung der Haftungsfrage, die Abwehr unberechtigter Schadensersatzansprüche und die Freistellung des Versicherungsnehmers von berechtigten Schadensersatzverpflichtungen umfasst. Für eine auf dem Willen der Parteien beruhende Einigung bleibt in Haftpflichtstreitigkeiten daher nur bedingt Raum. Dagegen sind vertragliche Leistungen des Rechtsschutzversicherers, die sich auf

---

131 Meckling-Geis VersR 2016, 79 (80).
132 Meckling-Geis VersR 2016, 79 (80).
133 So Meckling-Geis VersR 2016, 79 (80).
134 Vgl. Meckling-Geis VersR 2016, 79 (80).
135 So Meckling-Geis VersR 2016, 79 (80).
136 Meckling-Geis VersR 2016, 79 (80).

Verfahren der alternativen Streitbeilegung beziehen, grundsätzlich von der maßgeblichen gesetzlichen Vorgabe in § 125 VVG umfasst.

K. Mediation in der steuerberatenden Praxis

Literatur:
Berner, Konfliktkosten: Der ökonomische Preis von Grabenkriegen und Harmoniesucht, abrufbar unter http://www.umsetzungsberatung.de/konflikte/konfliktkosten.php (zuletzt abgerufen am 3.4.2024); *Berning*, Mediation und Konfliktkultur – Wie Top-Manager Konflikte lösen, 2016; *ders.*, 2.6 Konfliktprophylaxe und Konfliktbearbeitungsmechanismen, in: Trenczek/Berning/Lenz (Hrsg.), Mediation und Konfliktmanagement, 2017, S. 167 ff.; *ders.*, 4.2 Berufsrecht für Mediatoren, in: Trenczek/Berning/Lenz (Hrsg.), Mediation und Konfliktmanagement, 2017, S. 452; *ders./Novak*, Unternehmensnachfolge – Beziehungen, Strukturen und Prozesse gestalten, 2014; *ders./Schwamberger*, Wirtschaftsmediation für Steuerberater, 2008; *Bundessteuerberaterkammer* (Hrsg.), Steuerberatung 2020. Veränderungsnotwendigkeit, Veränderungsmöglichkeiten und Handlungsfelder, 2014, abrufbar unter https://www.bstbk.de/de/presse/pressemitteilungen/2014/20140804_pressemitteilung_013_bstbk/index.html (zuletzt abgerufen am 3.4.2024); *Greger/Unberath/Steffek*, Recht der alternativen Konfliktlösung, 2. Aufl. 2016; Kilian, Matthias, Die Neuregelung der interprofessionellen Berufsausübung für Rechtsanwälte, Steuerberater und Patentanwälte, NJW 2022, 2577 ff.; *Koslowski/Gehre*, Steuerberatungsgesetz – Kommentar zum StBerG mit Durchführungsverordnungen, 8. Aufl. 2022; *KPMG*, Konfliktkostenstudie. Die Kosten von Reibungsverlusten in Industrieunternehmen, 2009, abrufbar unter http://seventools.at/wp-content/uploads/2014/12/KPMG_Konfliktkostenstudie.pdf (zuletzt abgerufen am 3.4.2024); *KPMG*, Konfliktkostenstudie II. Best Practice Konflikt(kosten)-Management. Der wahre Wert von Mediation, 2012, nicht mehr direkt abrufbar; *PwC/EUV* (Hrsg.), Konfliktmanagement in der deutschen Wirtschaft – Entwicklungen eines Jahrzehnts, 2016 abrufbar unter https://store.pwc.de/de/publications/konfliktmanagement-in-der-deutschen-wirtschaft-entwicklungen-eines-jahrzehnts (zuletzt abgerufen am 3.4.2024).

I. Einleitung 1	bb) Der Steuerberater als Wegbereiter in die Mediation 17
1. Enge Verbindung zwischen Steuerberater und Mandant 2	2. Steuerberater als Vorbild seiner Mandanten zum Thema CSR (mittelbare Dienstleistung) 20
2. Die unterschiedlichen Rollen des Steuerberaters 7	3. Mediation in der Kanzlei des Steuerberaters (Führungsaufgabe) 22
II. Steuerberater und Mediation ... 8	
1. Mediation bei Konflikten der Mandanten (Dienstleistung) 9	III. Steuerberater – ein Berufsstand unter Existenzdruck; Hinwendung zu Mediation? 23
a) Tätigkeit des Rechtsanwalts und Mediation 10	1. Agenda 2020 24
b) Mediation als Tätigkeit für Steuerberater – berufsrechtliche Aspekte 11	2. Ausbildungsangebote und ihre Nutzung 27
c) Konkrete Einsatzfelder des Steuerberaters als Mediator 13	IV. Fazit: Der Steuerberater als Mediator? 29
aa) Der Steuerberater als Mediator 15	

I. Einleitung

1 Die Relevanz des Themas Mediation für Steuerberater ergibt sich aus dem Bild des Steuerberaters als „Ersthelfer in allen Angelegenheiten" (→ Rn. 26) seiner Mandanten. Anders als Notare werden Steuerberater allerdings in der Regel nicht als „geborene Mediatoren" (→ M. → Rn. 1) gesehen.

1. Enge Verbindung zwischen Steuerberater und Mandant. Das Vertragsverhältnis des Steuerberaters zu seinem Mandanten zeichnet sich durch Dauerhaftigkeit aus. Die vertraglichen Verbindungen bestehen oft über Jahrzehnte. Insbesondere bei „guten" Mandanten (das sind nach üblicher Betrachtung die ertragsstarken) pflegt der Berater die Beziehung. So entwickeln sich sehr persönliche Verhältnisse, die äußerlich oft daran erkennbar sind, dass sich Berater und Mandant duzen. „Ersthelfer" zu sein bedeutet, dass der Steuerberater im fachlich-beratenden Bereich derjenige ist, der zumeist sehr früh in schwierige Situationen eingebunden wird, indem der Mandant ihn informiert und ersten Rat einholt. Dabei geht es meistens nicht um einen Rechtsrat; der Mandant nutzt den Steuerberater eher als Gesprächspartner oder als Coach. Die Situationen, um die es hierbei geht, haben häufig mit Konflikten zu tun.

Beispiele:

- Die betriebswirtschaftliche Auswertung weist eine deutliche Verschlechterung der wirtschaftlichen Lage aus. Bei der Ursachenforschung berichtet der Mandant dem Steuerberater von Reibungsverlusten im Betriebsablauf, die auf Konflikte zurückzuführen sind. Der Steuerberater macht den Handlungsbedarf des Mandanten deutlich und unterstützt ihn in der Auswahl der möglichen Vorgehensweisen.
- Der Unternehmer-Mandant benötigt dringend einen Bankkredit. In die Verhandlungen mit den Banken ist der Steuerberater als Lieferant der Zahlen ohnehin eingebunden. Die Banken verlangen vom Unternehmer, dass dieser die Unternehmensnachfolge regelt. Hierzu gibt es aber einen Konflikt zwischen Vater und Tochter, die als Nachfolgerin bereitsteht, vom Unternehmer-Vater aber Klarheit über Zeitpunkt und Bedingungen haben möchte.
- In einer Mitunternehmerschaft entstehen Schwierigkeiten zwischen den Gesellschaftern. Der Steuerberater sieht dies an der Entwicklung der Betriebsergebnisse und erfährt so früh vom Konflikt. Auf diesem Weg werden Steuerberater bei Gesellschafterkonflikten oft auch in die Entwicklung von Lösungsoptionen eingebunden (Beispiel → Rn. 6).
- Auch bei persönlichen Konflikten ist es häufig der Steuerberater, den die Mandanten als ersten Außenstehenden ansprechen. Das mag die kriselnde Ehe sein oder der Tod eines Familienmitglieds mit den daraus erwachsenden Nachlasskonflikten.
- Aktuell geworden ist in den letzten Jahren das Thema Unternehmensnachfolge. Die Entwicklung des Prozesses hin zum aktiv werden ist konflikthaft und für den Steuerberater bei angedachten Nachfolgen in der Familie nah mitzuerleben.[1]

Dieses besondere Verhältnis hat also seine guten Gründe:

- Steuerberater und Mandant sehen sich regelmäßig und arbeiten über viele Jahre zusammen.

---

[1] Z.B. Unternehmerforum „ZEPTER.WECHSEL! 2023" am 7.9.2023 in Berlin und am 14.9.2023 in Leipzig – von StB initiiert – https://www.difu.org/zepter-wechsel-2023/ – zuletzt abgerufen am 3.4.2024.

- Der Steuerberater kennt auch kleinste Unternehmensdetails sowie die Einzelheiten, die sich zB aus der Einkommensteuererklärung ergeben.
- Dem Steuerberater sind selbst intime Details (Familienverhältnisse wie Ehe und Kinder mit deren Einzelheiten, das Vermögen etc) bekannt.
- Er kennt die Beteiligten mit ihren Stärken und Schwächen und alle wissen das.
- Der Steuerberater wird so nicht selten Teil der Unternehmens- und Familiengeschichte.

5 Das alles begründet Vertrauen; Vertrauen in dem Sinne, dass die Mandanten sich mit ihrem Steuerberater gut und sicher fühlen und davon ausgehen, dass der Steuerberater sie in eine sicherere Zukunft steuern wird. Begründet ist dieses Vertrauen nicht allein durch die Sachkompetenz in der steuerlichen Beratung (wie zB beim Notar das zivilrechtliche Wissen), sondern auch durch jahrelange Erfahrung im persönlichen Umgang miteinander. Damit ist der Steuerberater oft der einzige Berater, der seinen Mandanten alles sagen darf, dessen Kritik Gehör findet und dessen Anregungen ernst genommen werden. Er ist allerdings in der Regel nicht derjenige, der gezielt bei Konflikten angesprochen wird. Sobald Rechtspositionen eine Rolle spielen, wird zumeist ein Anwalt konsultiert bzw. verweisen dann Steuerberater auch an Rechtsanwälte.[2] Ausgenommen sind Gesellschafterkonflikte und Konflikte auf der Geschäftsführungsebene, bei denen es (zunächst) nicht primär um Rechtspositionen geht (vgl. das Beispiel in → Rn. 6). Der gut im Kontakt stehende Steuerberater erfährt allerdings von den meisten Konflikten,[3] auch von denen, die anderweitig beraten und betreut werden. So könnte der Steuerberater eine entscheidende Schnittstelle zur Mediation darstellen, denn seine (Verfahrens-)Empfehlungen werden die Mandanten hören und ernst nehmen.

6 Wie die vorstehenden Beispiele (→ Rn. 3) zeigen, ist der Zugang des Steuerberaters zu Konfliktlagen des Mandanten sehr unterschiedlich: In den meisten Fällen erkennt der mit theoretischem Wissen über Konflikte ausgestatte Berater das Konflikthafte der Situation, die der Mandant so gar nicht realisiert hat. Dann passt es oft auch nicht in die Situation, dass der Steuerberater Mediation ins Gespräch bringt, weil der Mandant weit davon entfernt ist, einen Konflikt zu sehen, und auch nicht gewillt ist, diesen zu sehen. Nur der Mediator-Steuerberater wird in diesen Fällen den richtigen Ansatz kommunizieren können, wie der Mandant am besten verfährt (→ Rn. 17). Davon unterscheiden sich die Fälle, in denen der Steuerberater gezielt als Vermittler im Konflikt angesprochen wird. Dazu ein weiteres Beispiel:

Die Gesellschafter einer mehrgliedrigen GmbH streiten sich über die Unternehmensstrategie. Hintergrund sind gegenseitige Vorwürfe, die als Geschäftsführer des Unternehmens tätigen Gesellschafter setzten sich nicht effizient, ja sogar schädlich, für das Unternehmen ein. Der Streit eskaliert und wird offen vor den Mitarbeitern ausgetragen. Die Unhaltbarkeit der

---

2 Unter anderem aus diesem Grund haben sich viele Sozietäten zwischen Steuerberatern und Anwälten gebildet.
3 So weiß der Steuerberater über die Buchhaltungsdaten von sämtlichen Anwalts- und Prozesskosten.

Situation wird den Gesellschaftern deutlich, als wichtige Mitarbeiter unter Hinweis auf die Unerträglichkeit der Stimmung kündigen. Beide Seiten, die sich gegeneinander positioniert haben, verfolgen Strategien, die weiter in die Konfrontation führen. In dieser Lage wird der Steuerberater gebeten, bei einer Lösung behilflich zu sein.

Die Mandanten wenden sich an ihren Steuerberater als unbeteiligtem Dritten. Ihm trauen sie zu, dass er den Konflikt lösen helfen kann. Bewusst wird in diesem Stadium des Konflikts kein Rechtsanwalt hinzugezogen (selbst wenn alle Parteien anwaltlich beraten sind). Der Steuerberater genießt das Vertrauen aller; alle wissen, dass seine Unterstützung nicht parteilich ausfällt, weil er das Unternehmen und dessen Wohl im Blick hat. Die Kompetenz als professioneller Konfliktschlichter (zB Mediator) hat keine Bedeutung.

2. Die unterschiedlichen Rollen des Steuerberaters. Neben seiner Rolle als Berater seiner Mandanten ist der Steuerberater mit seiner Kanzlei auch Unternehmer. In dieser Rolle zB als Alleinunternehmer, Partner einer Partnerschaft und als Führungskraft begegnet er persönlich vielen Konflikten, die zu bearbeiten seine Aufgabe sind. Als Berater der Mandanten betätigt sich der Steuerberater traditionell auch als Unternehmensberater. Das Thema soll deshalb wie folgt weiter gegliedert sein:

- Mediation bei Konflikten der Mandanten (Dienstleistung) (II. 1.)
- Mediation und unternehmensberatende Tätigkeit (II. 2.)
- Mediation in der eigenen Kanzlei des Steuerberaters (Führungsaufgabe) (II. 3.)

II. Steuerberater und Mediation

Mediation als Dienstleistung scheint auf den ersten Blick eher in den Arbeitsbereich von Rechtsanwälten zu passen. Dort gehört es heute schon fast zum „guten Ton", dass jede Kanzlei einen Rechtsanwalt vorweisen kann, der auch Mediator ist. Das hat ua damit zu tun, dass inzwischen verschiedene zivil- und verfahrensrechtliche Vorschriften auf die Mediation verweisen (→ L. Rn. 14, → Rn. 10); so ist insbesondere der Hinweis auf Mediation vor Klageerhebung zur Soll-Pflicht geworden (§ 253 Abs. 3 Nr. 1 ZPO). Leider wird die Praxis dieser gesetzlichen Sollvorschrift wenig gerecht.

1. Mediation bei Konflikten der Mandanten (Dienstleistung). Das Profil des steuerberatenden Berufs soll in Abgrenzung zum Rechtsanwalt dargestellt werden, um einen Eindruck davon zu vermitteln, wie Mediation überhaupt zum steuerberatenden Beruf passen kann.

a) Tätigkeit des Rechtsanwalts und Mediation. Die Mediation wird für die anwaltliche Tätigkeit durch § 18 BORA zur berufstypischen Tätigkeit. Die forensische Tätigkeit des Rechtsanwalts hat immer einen Konflikt zum Gegenstand. Seine Aufgabe ist es, für den Mandanten dessen Rechtsposition durchzusetzen. In diesen Aufgabenbereich des Rechtsanwalts greifen Art. 2 ff. des Gesetzes zur Förderung der Mediation und anderer Verfahren der außergerichtlichen Konfliktbeilegung mit den Folgeregelungen in der ZPO unmittelbar ein (§§ 253, 278a ZPO, die neuen Regelungen im

FamFG sowie die dem § 253 ZPO entsprechenden Vorschriften im Arbeits-, Sozial-, Verwaltungs- und finanzgerichtlichen Verfahren).

11 **b) Mediation als Tätigkeit für Steuerberater – berufsrechtliche Aspekte.** Früher war strittig, ob Mediation Rechtsberatung ist und damit den Rechtsanwälten vorbehalten bleibt.[4] Diese Vorfrage ist mit § 2 Abs. 3 Ziff. 4 RDG[5] in dem Sinne beantwortet, dass – jedenfalls die moderierende – Mediation keine Rechtsberatung ist (→ RDG Einl. Rn. 7), die einem Steuerberater nicht gestattet wäre. Der Steuerberater ist zur „geschäftsmäßigen Hilfeleistung in Steuersachen"[6] befugt. Das darf der Rechtsanwalt ebenso (§ 2 StBerG). So gibt es etliche Rechtsanwaltsbüros, deren Schwerpunkt in der steuerlichen Beratung liegt. Die typischen Berufsbilder der sog. „rechtsberatenden Berufe"[7] liegen also nahe beieinander,[8] unterscheiden sich aber vor dem Hintergrund des thematischen Fokus Mediation deutlich voneinander. Der Kern der beruflichen Tätigkeit des Steuerberaters ist von den sog. Vorbehaltsaufgaben bestimmt. Dieses sind die Steuerdeklaration, die Steuergestaltungs- und die Durchsetzungsberatung.[9] In § 57 StBerG sind die allgemeinen Berufspflichten der Steuerberater geregelt, die Kataloge von erlaubten und nicht erlaubten Tätigkeiten enthalten. Der Text lautet auszugsweise:

§ 57 Allgemeine Berufspflichten

(3) Mit dem Beruf eines Steuerberaters oder eines Steuerbevollmächtigten sind insbesondere vereinbar

1. die Tätigkeit als Wirtschaftsprüfer, Rechtsanwalt, niedergelassener europäischer Rechtsanwalt oder vereidigter Buchprüfer;
2. eine freiberufliche Tätigkeit, die die Wahrnehmung fremder Interessen einschließlich der Beratung zum Gegenstand hat;
3. eine wirtschaftsberatende, gutachtliche oder treuhänderische Tätigkeit sowie die Erteilung von Bescheinigungen über die Beachtung steuerrechtlicher Vorschriften in Vermögensübersichten und Erfolgsrechnungen; (...)

Die mediatorische Tätigkeit ist hier nicht erwähnt, wird aber (weil keine gewerbliche Tätigkeit) als zulässig angesehen.[10,11] In § 15 Abs. 1 Nr. 2 der BOStB ist für den Steuerberater die Mediation als zulässige Tätigkeit

---

4 So noch LG Hamburg zum alten RBerG: LG Hamburg 29.2.2000 – 312 O 323/99, MD 2000, 677.
5 „Rechtsdienstleistung ist nicht (...) die Mediation und jede vergleichbare Form der alternativen Streitbeilegung, sofern die Tätigkeit nicht durch rechtliche Regelungsvorschläge in die Gespräche der Beteiligten eingreift."
6 § 2 StBerG.
7 Lt. RDG sind das insbesondere die Rechtsanwälte, Notare Rechtsbeistände, Steuerberater und Patentanwälte.
8 Deshalb regelt das RDG, welche rechtliche Beratung Steuerberater erbringen dürfen – und welche nicht.
9 Koslowski/Gehre StBerG § 2 Rn. 3 und § 1 Rn. 13.
10 Die Kommentierung von Koslowski/Gehre zum Steuerberatungsgesetz erwähnt Mediation nur in der Kommentierung zu § 33 (Rn. 14), der sich mit den gem. § 2 RDG zulässigen Tätigkeiten befasst und Mediation nennt.
11 Die Kommentierung von Koslowski/Gehre zum Steuerberatungsgesetz erwähnt Mediation nur in der Kommentierung zu § 33 (Rn 14), der sich mit den gem. § 2 RechtsdienstleistungsG zulässigen Tätigkeiten befasst und Mediation erwähnt.

angeführt[12]. Im berufsrechtlichen Handbuch[13] sind unter 5.1.9 Hinweise der Bundessteuerberaterkammer für die Tätigkeit des Steuerberaters als Mediator/zertifizierter Mediator veröffentlicht. Hier zeigt sich die Überlappung von der anwaltlichen Tätigkeit in das Gebiet des Steuerberaters – aber nicht umgekehrt; der Steuerberater darf grundsätzlich keine Rechtsberatung betreiben (ausgenommen einige wenige Bereiche).

Die Berufsordnung der Steuerberater (BOStB) gleicht in ihren allgemeinen Regelungen (insbesondere den §§ 1–9) den entsprechenden Regelungen in der Berufsordnung der Rechtsanwälte (§§ 1–10 der BORA). Wie die Selbstorganisation der Anwälte haben auch Kammer und Verbände der Steuerberater auf den Bedarf des Marktes reagiert und Spezialisierungen zugelassen. In Bezug auf Mediation gibt es derzeit berufsrechtlich keinen Fachberater; es gibt ihn nur als Fachberater/-in für Mediation (DStV e.V.), kurz Fachberater DStV.[14] Bei den Rechtsanwälten gibt es ebenfalls keinen Fachanwalt Mediation[15] und auch keine Fachgebietsbezeichnung. In § 18 BORA ist die Tätigkeit als Mediator aber ausdrücklich als dem anwaltlichen Berufsrecht[16] unterliegend festgeschrieben. Insofern bedarf es auch keines „Fachberaters Mediation" in der Anwaltschaft. Es wird als in der Verantwortung des Rechtsanwalts liegend gesehen, die Befriedung eines Konflikts zB durch Mediation in Betracht zu ziehen (→ L. Rn. 5 ff.). Anders als bei den Rechtsanwälten fehlt es im StBerG an einer Vorschrift, nach der für Steuerberater-Mediatoren das Berufsrecht der Steuerberater direkt gilt.[17] Sowohl die Kammern und Verbände der Steuerberater[18] als auch die der Rechtsanwälte[19] fördern eine Ausbildung zum Mediator, die die Anforderungen des MediationsG erfüllt – wenn auch mit unterschiedlichem Nachdruck (→ Rn. 27). Nach Ausbildung zum Mediator darf dann allerdings der Steuerberater aufgrund der berufsrechtlichen Vorschriften die Berufsbezeichnung „Mediator" im Gegensatz zu Anwälten nicht ohne Weiteres führen, da ihm die Kundgabe seiner Qualifikation als Mediator in unmittelbarer Nähe zur Steuerberaterqualifikation nicht gestattet ist.[20] Es bleibt abzuwarten, ob sich das mit der Einführung des zertifizierten Mediators ab September 2017 ändern wird, weil mit dem zertifizierten

---

12 Greger/Unberath/Steffek § 1 Rn. 119.
13 Stand Januar 2023.
14 Fachberater/-in für Mediation (DStV e.V.), s. dazu http://www.dstv.de/fuer-die-praxis/fachberater (zuletzt abgerufen am 3.4.2024).
15 S. den Überblick über die Fachanwaltschaften gem. § 1 FAO auf der Seite der Bundesrechtsanwaltskammer: http://www.brak.de/fuer-verbraucher/anwaltssuche/fachanwaelte/ (zuletzt abgerufen am 1.3.2017). Der Deutsche Steuerberaterverband (DStV) vertritt als Spitzenorganisation seit 1975 die Angehörigen der steuerberatenden Berufe in der Bundesrepublik Deutschland, s. http://www.dstv.de/ueber-uns/kurzportrait/ (zuletzt abgerufen am 1.3.2017).
16 S. ausführlich Trenczek/Berning/Lenz/Berning 4.2 Rn. 1 ff.
17 Im Standardkommentar zum Steuerberatungsgesetz von Koslowski/Gehre wird Mediation als Tätigkeitsfeld des Steuerberaters gar nicht erwähnt.
18 ZB der DStV aber auch die DATEV. Der Deutsche Steuerberaterverband (DStV) vertritt als Spitzenorganisation seit 1975 die Angehörigen der steuerberatenden Berufe in der Bundesrepublik Deutschland, s. http://www.dstv.de/ueber-uns/kurzportrait/ (zuletzt abgerufen am 1.3.2017).
19 ZB die Deutsche AnwaltAkademie.
20 Vgl. Trenczek/Berning/Lenz/Berning 4.2 Rn. 27 mwN.

Mediator eine gesetzlich geschützte Tätigkeitsbezeichnung mit einer definierten Qualität existiert.

13 c) **Konkrete Einsatzfelder des Steuerberaters als Mediator.** Der Steuerberater unterliegt in vielen Fällen dem **Tätigkeitsverbot** des § 3 Abs. 2 MediationsG,[21] das auch nicht nach Abs. 4 von den Streitparteien einvernehmlich ausgesetzt werden kann (→ MediationsG § 3 Rn. 23 ff.) Denn der Berater wird häufig „in derselben Sache für eine Partei tätig gewesen" sein, weil er mit den den Konflikt tragenden Lebenssachverhalten[22] durch eine Konfliktpartei vertraut gemacht wurde und in den Beistand gegangen ist. Dieses ist typisch für den Steuerberater als langjährigem und engem Vertrauten seines Mandanten. So wird gerade Beratern, denen Mediation am Herzen liegt, empfohlen, ein **Netzwerk** zu unterhalten, in dem solche potenzielle Mediationen an Kollegen weitergeben werden können. Ein bereits praktiziertes Modell liefern die Rechtsanwälte, die solche Aufträge an Kollegen in der eigenen Sozietät weiterreichen. Denn das dann einschlägige Tätigkeitsverbot gem. § 3 Abs. 3 MediationsG ist bei Einverständnis der Streitparteien abdingbar (→ MediationsG § 3 Rn. 30). Dieser Weg steht auch Steuerberatern offen, sofern sie in ihrer Sozietät einen Mediator aufweisen.

14 Die möglichen Einsatzfelder des Mediator-Steuerberaters sind vielfältig. Systematisiert lassen sich die Fälle unterscheiden, in denen der Steuerberater als Mediator tätig werden kann, und solche, in denen er selbst nicht Mediator sein darf, aber den Weg in die Mediation ebnet.

15 aa) **Der Steuerberater als Mediator.** Der Steuerberater hat berufsbedingt den Zugriff auf eine große Zahl von typischen Konfliktlagen. Er ist aufgrund seiner Informiertheit in der Lage, solche zu erkennen (Beispiele → Rn. 3, 6 und 17). Der Steuerberater wird nicht unbedingt mit der Durchführung einer Mediation beauftragt; solche Aufträge erhält er eher aus seinem Mediatorennetzwerk. Dass aber Aufträge, Konflikte lösen zu helfen, zum Alltag des Steuerberaters zählen, zeigt das Beispiel unter → Rn. 6. Als Mediator kann er Konflikte als solche (im Sinne bewussten Handelns) einordnen und abwägen, welches Tool zur Bearbeitung in der konkreten Situation richtig, angemessen und möglich ist. Häufig wird er dann zur mediativen Moderation greifen, bei der er seine Kenntnisse und Fähigkeiten als Mediator einbringen kann. In diesem Sinne entsteht ein erweitertes Tätigkeitsfeld:

- Mediation bei Konflikten, die Berufskollegen/Sozietätspartner ihm zuführen (ggf. mit Befreiung nach § 3 Abs. 4)
- Mediation von Gesellschafter- und anderen Organkonflikten (mit Befreiung nach § 3 Abs. 4)
- Konfliktmoderation zwischen Mandant und Finanzamt
- Moderation Kreditverhandlungen zwischen Mandant und Bank
- Moderation von Konfliktlagen in der Betriebsprüfung zwischen Vertreter Finanzamt und Mandant

---

21 Greger/Unberath/Steffek/Greger B. § 3 Rn. 46.
22 Greger/Unberath/Steffek/Greger B. § 3 Rn. 51.

- Moderation von Konflikten zwischen Mandant und Finanzbehörden in Steuerstrafverfahren
- Moderation von Konfliktlagen in Insolvenzverfahren
- Moderation bei Konflikten des Mandanten mit der Finanzverwaltung bei Vollstreckungsmaßnahmen, bei Steuerrechtsstreitigkeiten und Sachverhaltsklärungen[23]
- Moderation von Konfliktlagen zwischen Mandant und Businesspartner (ggf. mit Befreiung nach § 3 Abs. 4)
- Konfliktprophylaxe mit Mediation bei Unternehmensnachfolge[24]
- Konfliktprophylaxe bei Existenzgründern (Partnerschaften)

Neben Mediation und mediativer Moderation ist die Konfliktprophylaxe ein Betätigungsfeld, das sich stark ausweiten könnte (→ Rn. 19).

Dem Mediationsgesetz unterliegen außergerichtliche (→ MediationsG § 1 Rn. 1) Konfliktbearbeitungen unter Mithilfe eines Mediators im Sinne des Gesetzes. Mediator ist der Steuerberater nur, wenn er Mediation im Sinne des Gesetzes macht (→ MediationsG § 1 Rn. 4). Mediation im Sinne von § 1 Abs. 1 MedG liegt aber nur vor, wenn der Steuerberater als neutraler Dritter die Konfliktparteien darin unterstützt, dass diese ihren Konflikt eigenverantwortlich lösen (→ MediationsG § 1 Rn. 5, 15). Das wird immer dann der Fall sein, wenn der als Mediator ausgebildete Steuerberater in seiner Eigenschaft als Mediator beauftragt tätig wird. In der Praxis kommt dieser Fall eher selten vor. Das zeigen auch die vorstehenden Situationsbeispiele, bei denen in nur zwei Fällen Mediation genannt ist. Vorherrschend ist mediative Moderation, die ebenso wenig Mediation im Sinne des Gesetzes ist wie Konfliktprophylaxe (→ MediationsG § 1 Rn. 18).

bb) Der Steuerberater als Wegbereiter in die Mediation. Wie früher ausgeführt (→ Rn. 2 f., 6) spricht der Mandant den Steuerberater an, wenn er ein Anliegen hat, das nicht unbedingt mit einem Konflikt zu tun hat. Bei den Anwälten ist das anders, weil Menschen diese fast immer wegen einer Konfliktsituation aufsuchen. Ein Steuerberater, der als Mediator weiß, was ein Konflikt ist, kann seinem Mandanten kompetent zur Seite stehen, wenn er Konfliktwissen hat. Dazu ein Beispiel:

Der Steuerberater eines Hoteliers trifft sich mit seinem Mandanten im Hotel. In der Lobby bekommt er eine lautstarke Auseinandersetzung des Personals mit. Als er mit seinem Mandanten zusammenkommt, berichtet der Steuerberater diesem von seiner Beobachtung. Diese Information kann geprägt sein vom „schlechten Eindruck" oder durch einen beratenden Ansatz unter dem Gesichtspunkt, dass sich ein Konflikt gezeigt hat, der zur Verbesserung genutzt werden kann.

---

23 Hier kann der Steuerberater kompetent die vorhandenen Unterschiede zwischen Gesetzeswortlaut, Rechtsprechung, Verwaltungsmeinung und wirtschaftlich sinnvoller Auslegung/wirtschaftlichem Verständnis vermitteln und Spielräume in der Beurteilung bei hoher Verhandlungskompetenz aufzeigen und ggf. durchsetzen. Die Ausbildung zum Mediator ist die Grundlage, den für eine gute Verhandlung notwendigen Perspektivwechsel vornehmen zu können.
24 So zB mit dem Modell „ZWEI x FÜNF = EINS Leitung übergeben – Führung übernehmen" des Autors, abrufbar unter http://www.2mal5gleich1.de/ (zuletzt abgerufen am 1.3.2017).

Der Mediator wird auf den Konflikt und dessen Bearbeitungsnotwendigkeit hinweisen; er kann dem Mandanten auch konkret sagen, was er unternehmen kann. Der nicht in Konfliktbearbeitung geschulte Steuerberater wird höchstens den ungünstigen Eindruck wiedergeben können. Eine lösungsorientierte Unterstützung bietet er nicht; dabei bliebe die Chance, die in der mediativen Konfliktbearbeitung zur Verbesserung der Arbeits- und Leistungsbedingungen im Unternehmen liegt, ungenutzt.

18 In vielen Fällen kann der Steuerberater wegen § 3 Abs. 2 MediationsG nicht selbst als Mediator agieren (→ Rn. 13 ff.). Aufgrund der früher beschriebenen Nähe zu den Konflikten seiner Mandanten eignet er sich allerdings hervorragend als Fallmanager und Promotor für Mediation (→ Rn. 17).

19 In der letzten Studie von PwC und der Europa-Universität Viadrina zum Thema Konfliktmanagement deutscher Unternehmen[25] wird die Rolle der Rechtsanwälte als Promotoren von Mediation kritisch gewürdigt: Während Unternehmensleitungen und Rechtsabteilungen durchaus für Mediation votieren, sind es häufig die Rechtsanwälte, die diesen Weg erschweren. Diese Beobachtung gilt bis heute. Dies ist gerade für mittelständische Unternehmen von Bedeutung, die über keine eigene Rechtsabteilung verfügen. Wenn der Steuerberater sich für Mediation einsetzt, setzt er sich ganz offensichtlich für einen Weg ein, der im eigentlichen Interesse des Unternehmens liegt und wonach sich die Entscheider ggf. gegen ihre Anwälte durchsetzen müssten.

20 **2. Steuerberater als Vorbild seiner Mandanten zum Thema CSR (mittelbare Dienstleistung).** Ergänzend soll ein weiteres Tätigkeitsfeld des Steuerberaters in den Blick gerückt werden, das sich inzwischen entwickelt hat und in dem der Steuerberater auf einem Umweg das Thema Mediation (als Teil des Konfliktmanagements) in den Blick der vorzugsweise mittelständischen Wirtschaft lenken kann. Die Kanzlei des Steuerberaters zählt in diesem Sinne ebenfalls zum Mittelstand und kann in Sachen CSR Vorbildfunktion einnehmen.

Die CSR[26]-Berichterstattung – in Deutschland häufig auch als Nachhaltigkeitsberichterstattung bezeichnet – ist mittlerweile ein gängiger Bestandteil der Unternehmenskommunikation geworden. Es existieren bereits Berichtspflichten im Lagebericht (nach dem seit 2013 anzuwendenden deutschen Rechnungslegungsstandard DRS 20). Mit der neuen Corporate Sustainability Reporting Directive (CSRD)[27] verpflichtet die EU zukünftig weitaus mehr Unternehmen als bisher zur Nachhaltigkeitsberichterstattung im Lagebericht. Die Berichtsinhalte werden zudem mittels verbindlicher EU-Nachhaltigkeitsberichtsstandards standardisiert. Berichtspflichten sind inzwischen ua auch in § 289 Abs. 4 HGB zu finden. Damit ist CSR für viele Steuerberater ein Arbeitsgebiet, in dem sie ihre Mandanten zu unterstützen berufen sind, weil größere mittelständische Unternehmen berichts-

---

25 PwC/EUV, Konfliktmanagement in der deutschen Wirtschaft – Entwicklungen eines Jahrzehnts, 2016, S. 44 f.
26 Abkürzung für „Corporate Social Responsibility".
27 Veröffentlicht am 31.7.2023 http://data.europa.eu/eli/dir/2022/2464/oj (letzter Abruf am 3.4.2024).

pflichtig sind und kleinere, nicht berichtspflichtige Unternehmen sich der Berichterstattung öffnen. Durch die Corona-Krise hatten sich allerdings die Schwerpunkte unternehmerischer Aktivitäten wieder mehr dem Geschäft als solchem zugewandt.[28]

Mediation kann in diesem Sinne eine Wirkung für die Gesellschaft haben: 21
- Unternehmer/Leitungen und Mitarbeiter lernen, mit Konflikten konstruktiv umzugehen. Das setzt sich über den praxisinternen Rahmen hinaus fort und führt in Familie und anderen sozialen Bezügen zu positiven Veränderungen.
- Die Zufriedenheit von Leitung und Mitarbeitern nimmt zu und damit nehmen Krankheitsrisiken ab bzw. positiv ausgedrückt: Die Gesundheit stabilisiert sich mit den entsprechenden Folgen für das Sozialsystem.
- Die vielleicht bedeutsamste Wirkung aus Sicht des Unternehmers dürfte sich bei den Kunden zeigen, die im Kontakt mit dem Unternehmen eine ganz neue Kommunikationskompetenz antreffen. Die Empathiefähigkeit der Leitung wird sich über kurz oder lang auf die Mitarbeiter übertragen.

Ist der Steuerberater Mediator, kann er seine Kompetenz gezielt auch für ein solches CSR-Projekt mit dem Thema „Konfliktmanagement/Mediation" einsetzen. Er sammelt zusätzlich interessante Erfahrungen für das CSR-Engagement seiner mittelständischen Klientel, wenn er in seiner Kanzlei in gleicher Weise aktiv wird.

3. Mediation in der Kanzlei des Steuerberaters (Führungsaufgabe). Ein 22 Steuerberater mit Mediationsausbildung wird mit dem Konfliktwissen sein Unternehmen ganz anders führen als ohne diese Qualifikation. Gute Unternehmensführung ist aktuell ein großes Thema aller berufsständischen Einrichtungen der freien Berufe.

Indirekt ist das Thema der kanzleiinternen Führung im Maßnahmenkatalog der „Steuerberatung 2020"[29] erkennbar und hier vor allem im Punkt „Wirkungsvolle Führung":[30] Hinter so gut wie allen Handlungsempfehlungen der Agenda 2020 (mehr dazu → Rn. 24) ist die Erfahrung mit schädlichen Konflikten erkennbar. Diese belasten das Klima und beeinträchtigen die Arbeitsqualität. „Offene Kommunikation" kann es nur geben, wenn andere Meinungen ihre Berechtigung haben dürfen. Damit könnte dem Steuerberater die mediative Kompetenz helfen. Wer **konfliktkompetent** ist, führt besser – und das allein deshalb, weil er **anders kommuniziert**, ein benanntes Anliegen zur Verbesserung der Situation in der steuerberatenden Kanzlei.

---

28 Die wesentlichen Ergebnisse des IHK-Unternehmensbarometers zur Bundestagswahl 2021, DIHK im September 2021, abrufbar unter https://www.dihk.de/resource/blob/58972/075b35aadf65998d78890b015171f54f/ihk-unternehmensbarometer-btw-2021-data.pdf (letzter Abruf 28.2.2023).
29 Bundessteuerberaterkammer, S. 1 ff.
30 Bundessteuerberaterkammer, S. 93 (Anhang Anlage 3).

III. Steuerberater – ein Berufsstand unter Existenzdruck; Hinwendung zu Mediation?

23 Die Notwendigkeit für Steuerberatungskanzleien sich zu verändern, wird durch die Einschätzung über künftige Marktentwicklungen im Umfeld von Steuerberatern und deren Auswirkungen auf die Branche belegt.[31] Darauf hat die berufsständische Vertretung reagiert: Die Bundeskammerversammlung der Steuerberater verabschiedete im März 2012 in Münster die „Sieben Thesen zur Zukunft des Berufsstands" („Münsteraner Thesen").[32] Damit definierte der Berufsstand Themenfelder, die die Zukunft der Steuerberaterkanzleien in den nächsten Jahren maßgeblich bestimmen werden. Die Ziele sind nachfolgend zusammengefasst.

24 **1. Agenda 2020.** Die Ziele des Projektes Steuerberatung 2020 (künftig auch kurz „Agenda 2020") sind:

- die Kanzleien dabei zu unterstützen, sich für die Zukunft aufzustellen und Zukunftsszenarien für den Beruf und die Tätigkeit der Steuerberater zu entwickeln;
- die Steuerberater vor dem Hintergrund des demografischen Wandels dabei zu unterstützen, attraktive Arbeitgeber zu werden, um so im „Wettbewerb um die besten Köpfe" zu bestehen;
- die Freiberuflichkeit, aber auch die Unabhängigkeit in der Berufsausübung im Interesse der Mandanten gegen drohende Einschränkungen zu schützen und zu erhalten.

25 Entwickelt wurde im Zuge der Diskussion ein Leitbild des steuerberatenden Berufs:[33]

- „Als Steuerberater und Steuerberaterinnen sind wir Angehörige eines freien Berufs und Organ der Steuerrechtspflege. Durch die gesetzlich geschützte berufliche Verschwiegenheit und die detaillierte Kenntnis der wirtschaftlichen und persönlichen Verhältnisse unserer Mandanten tragen wir ein hohes Maß an Verantwortung und haben eine besondere Vertrauensstellung.
- Wir begleiten unsere Mandanten als unabhängige und kompetente Ratgeber bei allen steuerlichen und wirtschaftlichen Fragestellungen mit dem Ziel, deren Interessen als Unternehmer, Institutionen oder Privatpersonen optimal zu vertreten sowie deren wirtschaftlichen Erfolg zu fördern und zu sichern.
- [...]
- Wir üben unseren Beruf unabhängig, eigenverantwortlich und gewissenhaft aus. Durch hohe Qualifikation verbunden mit konsequenter Fortbildung, effizienter Kanzleiführung und Qualitätsmanagement schaffen wir die Grundlage, um auch zukünftigen Anforderungen flexibel begegnen zu können."

26 Die Agenda 2020 betont, dass sich das Beratungsangebot der Steuerberater erweitern und spezialisieren müsse.[34] Diese Ziele sind für die steuerbera-

---

31 Bundessteuerberaterkammer, S. 20.
32 Abrufbar unter http://public.od.cm4allbusiness.de/public/BEODP0AVBJMB-32089 b3c1240f9ea65565ada1302607d02d9/Sieben%20Thesen_Kernaussagen.pdf.
33 Abrufbar unter https://www.bstbk.de/de/bstbk/leitbild/.
34 So ua Bundessteuerberaterkammer, S. 36 ff.

tenden Kanzleien unverändert bedeutungsvoll. Durch die Corona-Krise hat sich allerdings das Personalproblem in den Kanzleien signifikant verschärft und engt damit die formulierten Entwicklungspotentiale ein. Mediation wird als Geschäftsfeld zwar nicht erwähnt. Auf den Wert kommunikativer Fähigkeiten wird in der Anlage 4[35] allerdings Bezug genommen, wo es heißt:

„*Wir positionieren den Steuerberater als „Allrounder" („Hausarzt") mit speziellen Verbindungen im Bedarfsfall und liefern so Beratung aus einer Hand. Wir stehen den Mandanten in allen Krisensituationen zur Seite.*"

Dazu passt die Einladung, eine Mediationsausbildung als Steuerberater zu absolvieren. Der DStV bietet den Fachberater Mediation (DStV e.V.) an. Der Werbeflyer[36] beschreibt den Ausbildungsgang zum Wirtschaftsmediator. Die DATEV[37] bietet ebenfalls eine Mediationsausbildung an und bewirbt diese:

„*Nach Ihrer Ausbildung zum Mediator lösen Sie Konflikte so, dass die Beteiligten auch zukünftig miteinander auskommen – im Mandantenkreis, kanzleiintern oder privat. Sie unterstützen die Parteien, selbst tragfähige Lösungen zu entwickeln, die dauerhaft von Bestand sind. In Anbetracht der oft engen Beziehung zu Ihren Mandanten ist der Umgang mit Konflikten, zB im eigenen und in anderen Unternehmen, zwischen Geschäftspartnern, Gesellschaftern, Mitarbeitern oder auch im Bereich der Nachfolge, eine Schlüsselqualifikation für Sie als Steuerberater. Die nervenaufreibende, gerichtliche Klärung von Konflikten kostet zudem viel Zeit und Geld.*"[38]

Die DATEV öffnet den Blick auf andere interessante Tätigkeitsfelder des Steuerberaters wie die Unternehmensnachfolge. *Schwamberger*, Steuerberater und Wirtschaftsprüfer, schrieb schon 2004 als früheres Vorstandsmitglied der Steuerberaterkammer Niedersachsen zum Potential:[39]

„*Sicher haben Sie in der Presse schon häufig gelesen, dass die „Mediation" als neues Tätigkeitsfeld für Steuerberater völlig neue Perspektiven eröffnet. Und in der Tat, dieses Geschäftsfeld sollten Sie sich nicht entgehen lassen. Die Mediation ist eine Möglichkeit, Konflikte zu lösen. Kenntnisse über Methoden des professionellen Konfliktmanagements sind eine Schlüsselqualifikation für alle beratenden Berufe im Wirtschaftsleben – und sie sind die Eintrittskarte für einen attraktiven Dienstleistungsbereich. Gerade Steuerberater sollten nicht zögern, sich diese zusätzliche Einnahmequelle angesichts wegbrechender Einnahmen aus der konventionellen Steuerberatung zu erschließen.*"

2. Ausbildungsangebote und ihre Nutzung. Bis heute hat Mediation bei den Steuerberatern eine vergleichsweise geringe Bedeutung – ganz im Gegensatz zur Situation in der Anwaltschaft. Wie dargelegt bieten der DStV

---

35 Bundessteuerberaterkammer, S. 95: Gestaltungsoptionen „Attraktiver Problemlöser" – Ergebnisse des 2. Chancen-Workshops am 10.6.2013.
36 Abrufbar unter http://www.dstv.de/fuer-die-praxis/fachberater.
37 Vgl. Fn. 18.
38 Abrufbar unter https://www.datev.de/web/de/datev-shop/wissensvermittlung/praesenzseminare/wirtschaftsmediation-fuer-steuerberater/.
39 Abrufbar unter http://www.iww.de/kp/archiv/mediation-mediation-fuer-steuerberater-ein-neues-geschaeftsfeld-mit-honorarpotenzial-f43408.

und die DATEV Ausbildungen zum Wirtschaftsmediator an. Mehrgliedrige Kanzleien[40] präsentieren sich allerdings nicht mit dem Angebot Mediation – ganz anders als die Anwälte. Woran das liegt, ist bislang nicht bekannt, jedenfalls nicht publiziert. Wenn Steuerberater ihre heutige Marktposition festigen oder ausbauen wollen, dann müssen sie sich dem Wandel stellen und sich auf die zukünftigen Herausforderungen vorbereiten.[41] Es heißt dazu von der Bundessteuerberaterkammer:

„*Vereinbare Tätigkeiten gewinnen an Relevanz ...*"[42]

Die berufsständischen Einrichtungen wie Bundesssteuerberaterkammer inkl. Länderkammern sowie der DStV werben sehr für Qualifizierungen, die den Kernbereich der steuerberatenden Tätigkeit ergänzen sollen. Sie bietet der DStV folgende Fortbildungsangeboten an:

- Fachberater für Unternehmensnachfolge (DStV e.V.)
- Fachberater für Sanierung und Insolvenzverwaltung (DStV e.V.)
- Fachberater für Testamentsvollstreckung und Nachlassverwaltung (DStV e.V.)
- Fachberater für Controlling und Finanzwirtschaft (DStV e.V.)
- Fachberater für Vermögens- und Finanzplanung (DStV e.V.)
- Fachberater für das Gesundheitswesen (DStV e.V.)
- Fachberater für Rating (DStV e.V.)
- Fachberater für Mediation (DStV e.V.)

Die Steuerberaterkammer will darin unterstützen, dass folgende neue Handlungsfelder erschlossen werden:[43]

- Professionalisierung der betriebswirtschaftlichen Beratung
- Erschließung des Geschäftsfelds Unternehmensberatung
- Vorsorge- und Vermögensberatung

28 Die Zertifizierte-Mediatoren-Ausbildungsverordnung (ZMediatAusbV)[44] wird von Anwälten begrüßt. Für die Steuerberater hat der geschützte Rechtsbegriff „zertifizierter Mediator" keine Änderung in Hinsicht auf die Nennung im unmittelbaren Zusammenhang mit der Berufsbezeichnung „Steuerberater" (→ Rn. 10) zur Folge gehabt[45]. Dieses trägt sicherlich nicht dazu bei, die Attraktivität, Mediator zu werden, zu erhöhen.

IV. Fazit: Der Steuerberater als Mediator?

29 Mediation in der steuerberatenden Praxis hat derzeit immernoch eine vergleichsweise geringe Bedeutung. Der Markt für die Steuerberater ändert sich allerdings rasant, so dass die berufsständischen Vertretungen dringend zur Erschließung neuer Arbeitsfelder raten. Mediation wird dabei bislang allenfalls am Rande erwähnt; in der Agenda 2020 taucht der Begriff Mediation nicht auf und ein neues Entwicklungskonzept existiert

---

40 Das sind Kanzleien mit mehreren Berufsträgern (Steuerberatern/Wirtschaftsprüfern), häufig auch ergänzt um Rechtsanwälte.
41 Bundessteuerberaterkammer, S. 18.
42 Bundessteuerberaterkammer, S. 68 Ziff. 6.
43 Bundessteuerberaterkammer, S. 14 mit Details auf den S. 68 ff.
44 Bundesgesetzblatt 2016 Teil I Nr. 42.
45 BGH Beschl. v. 11.7.2022, zitiert in ZKM 2022, 200.

(noch) nicht. Dabei könnte insbesondere das Fallmanagement bei Konflikten (→ Rn. 17 f.) für Steuerberater ein interessantes und lukratives Betätigungsfeld werden. Wie die Studie von PwC und Europa-Universität Viadrina (→ Rn. 19) gezeigt hat, nehmen Anwälte diese Aufgabe eher nicht wahr. Damit ergibt sich hier eine gewisse Konkurrenzlosigkeit, weil Steuerberater ein sehr persönliches und vertrauensvolles Verhältnis zu ihren Mandanten pflegen. Vorteilhaft ist auch die Feldkompetenz,[46] die Steuerberater im Blick auf Unternehmenszusammenhänge aufweisen. Das kann zu einer großen Akzeptanz bei allen führen, die in Organisationen tätig sind und Wirtschaftsmediation benötigen.

---

46 So zB Faller in „Unternehmen und ihre Führungskräfte in der Mediation – Innerbetriebliche Konfliktbearbeitung als Co-Produktion von Führung und Mediation" in Mediation aktuell, abrufbar unter https://www.mediationaktuell.de/news/unternehmen-und-ihre-fuehrungskraefte-in-mediation.

L. Gerichtliche Mediation, Güterichter-Modell und Güterichter

Literatur:

Ahrens, Mediationsgesetz und Güterichter – Neue gesetzliche Regelungen der gerichtlichen und außergerichtlichen Mediation, NJW 2012, 2465; *Assmann*, Der Güterichter als Mediator?, MDR 2016, 1303; *v. Bargen*, Gerichtsinterne Mediation – Eine Kernaufgabe der rechtsprechenden Gewalt, 2008; *v. Bargen*, Gesetzliche Grundlagen der gerichtsinternen Meditation, in: Gläßer/Schroeter (Hrsg.), Gerichtliche Mediation – Grundsatzfragen, Etablierungserfahrungen und Zukunftsperspektiven, 2011, S. 29; *Bercher/Engel*, Richtungsentscheidungen für die Mediation in Deutschland, JZ 2010, 226; *Bischof*, Kosten der Inanspruchnahme der außergerichtlichen und der gerichtsinternen Mediation, FRP 2012, 258; *Böttger/Hupfeld*, Mediatoren im Dienste der Justiz – Begleitforschung zum Modellprojekt „Schlichten statt richten", ZKM 2004, 155; *Buschmann*, Ein Jahr Mediationsgesetz – Kaum Neues für Baurechtsanwälte, AnwBl 2012, 508; *Busemann*, Das Mediationsgesetz in der Warteschleife – ein Zwischenruf, ZKM 2012, 55; *Bushart*, § 278a ZPO als Schnittstelle zwischen Gerichtsverfahren und außergerichtlicher Mediation, 2019; *Carl*, Vom richterlichen Mediator zum Güterichter, ZKM 2012, 16; *Duve*, Das Gesetz zur Rettung der gerichtlichen Mediation, ZKM 2012, 108; *Elzer/Häublein/Hoßfeld*, Projektgruppe „Mediation bei den Berliner Zivilgerichten", ZKM 2006, 80; *Engel/Hornuf*, Vexierbild Richtermediation, ZZP 124 (2011), 505; *Ewer*, Wenn nur der Konsens zählt – was bleibt für das Gerichtsverfahren?, AnwBl 2012, 18; *Fries*, Regulierung der Mediation: Cui bono?, ZKM 2021, 44; *Fritz*, Anmerkung zu VGH Mannheim v. 9.10.2012, NVwZ 2013, 380; *Fritz*, Rechtliche Einschätzungen und Lösungsvorschläge des Güterichters – gesetzliches Gebot oder Regelverstoß?, ZKM 2015, 10; *Fritz/Pielsticker* (Hrsg.), Handbuch zum Mediationsgesetz, 2. Aufl., 2020; *Fritz/Schroeder*, Der Güterichter als Konfliktmanager im staatlichen Gerichtssystem – Aufgabenbereich und Methoden des Güterichters nach § 278 ZPO – Eine erste Bilanz, NJW 2014, 1910; *Gläßer*, Auf dem Prüfstand: Kosten, Nutzen, Mehrwert Gerichtlicher Mediation, in: Gläßer/Schroeter (Hrsg.), Gerichtliche Mediation – Grundsatzfragen, Etablierungserfahrungen und Zukunftsperspektiven, 2011, S. 169; *Gläßer/Schroeter*, Zukunftsfragen der Gerichtlichen Mediation, in: Gläßer/Schroeter (Hrsg.), Gerichtliche Mediation – Grundsatzfragen, Etablierungserfahrungen und Zukunftsperspektiven, 2011, S. 415; *Gläßer*, Mediation in der Midlife-Crisis? – eine Zwischenbilanz, ZKM 2022, 174; *Görres-Ohde*, Ein Jahr gerichtliche Mediation in Schleswig-Holstein – zu Stand und Perspektiven eines neuen Projekts, SchlHA 2007, 142; *Götz von Olenhusen*, Mediation durch Richter – ein Projekt mit Zukunft, DRiZ 2003, 396; *Götz von Olenhusen*, Gerichtsmediation – Richterliche Konfliktvermittlung im Wandel, ZKM 2004, 104; *Götz von Olenhusen*, Im Interesse der Parteien, DRiZ 2009, 360; *Götz von Olenhusen*, Mediation beim Güterichter – Gedanken zur Erweiterung des richterlichen Methodenspektrums, in: Habersack/Huber/Spindler (Hrsg.), Festschrift für Eberhard Stilz zum 65. Geburtstag, 2014, S. 171; *Gottwald*, Gerichtsnahe Mediation – Erfahrungen und Lehren aus dem Modellprojekt in Niedersachsen, in: Haft/v. Schlieffen (Hrsg.), Handbuch Mediation, 2. Aufl. 2009, § 39; *Gottwald/Greger*, Alternative Konfliktbehandlung im Zivilprozess – Ausgangsidee, Umsetzung, Ergebnis und Ausblick, ZKM 2016, 84; *Greger*, Die Verzahnung von Mediation und Gerichtsverfahren in Deutschland, ZKM 2003, 240; *Greger*, Die ZPO-Reform – 1000 Tage danach, JZ 2004, 805; *Greger*, Autonome Konfliktlösung innerhalb und außerhalb des Prozesses, in: Greger/Gleussner/Heinemann (Hrsg.), Festgabe für Vollkommer, 2006, S. 291; *Greger*, Erste Erfahrungen mit dem bayerischen Güterichterprojekt, ZKM 2006, 68; *Greger*, Güterichter, ein Erfolgsmodell, ZRP 2006, 229; *Greger*, Anmerkung zu BVerfG v. 14.2.2007, ZKM 2007, 130; *Greger*, Abschlussbericht zum Modellversuch Güterichter, ZKM 2007, 180; *Greger*, Justiz und Mediation – Entwicklungslinien nach Abschluss der Modellprojekte, NJW 2007, 3258; *Greger*, Der Thüringer Modellversuch Güterichter: Bisherige Erfahrungen und Ausblick, ThürVBl. 2010, 6; *Greger*, Die Reglementierung der Selbstregulierung, ZRP 2010, 209; *Greger*, Veränderungen im Prozessverständnis, in Gläßer/Schroeter (Hrsg.), Gerichtliche Mediation – Grundsatzfragen, Etablierungserfahrungen und Zukunftsperspektiven, 2011, S. 357; *Greger/Weber*, Das neue Güterichterverfahren – Arbeitshilfen für Richter, Rechtsanwälte und Gerichtsverwaltung, MDR 18/2012, Sonderheft; *Greger*, Gerichtsinterne Mediation auf dem Prüfstand, ZKM 2013, 9; *Greger*, Das Güterichtermodell – ein Lehrstück für alternative Konfliktlösungen, AnwBl 2013, 504; *Greger*, Verweisung vor den Güterichter und andere Formen konsensorientierter Prozessleitung, MDR 2014, 993; *Greger*, Zur Vereinbarkeit von Mediation und Richteramt, in: Arnold/Lorenz (Hrsg.), Gedächtnisschrift für Hannes Unberath, 2015, S. 111; *Greger/Unberath/Steffek*, Recht der alternativen Konfliktlösung – Mediationsgesetz, VSBG – Kommentar, 2. Auflage 2016; *Greger*, 5 Jahre MediationsG: Justiz und Mediation – eine immer noch schwierige Beziehung, ZKM 2017, 4; *Greger*, Das Güterichterverfahren – Große Chancen, zu wenig genutzt – Empfehlungen für Geschäftsverteilung und Zuweisungspraxis, MDR 2017, 1107; *Greger*, Gesetzgeberische Optionen zur Integration der autonomen Konfliktlösung in das deutsche Rechtssystem, ZKM 2017, 213; *Greger/Weber*, Das Güterichterverfahren – Ein Leitfaden für Richter, Rechtsanwälte und Gerichtsverwaltung, MDR 21/2019, Sonderheft; *Greger*, Mediation wahrnehmbar machen, ZKM 2021, 147; *Hartmann*, Kostengesetze, 43. Aufl. 2013; *Haaß*, Mediation in Abgrenzung zu anderen Verfahren außergerichtlicher Konfliktbewältigung, in: Haft/v. Schlieffen (Hrsg.), Handbuch Mediation, 3. Aufl. 2016, § 7; *Henssler/Deckenbrock*, Das neue Mediationsgesetz: Mediation ist und bleibt Anwaltssache!, DB 2012, 159; *Hess*, Das neue Mediationsgesetz, in: Fischer/Unberath (Hrsg.), Das neue Mediationsgesetz – Rechtliche Rahmenbedingungen der Mediation, 2013, S. 17; *Hess*, Perspektiven der gerichtsinternen Mediation in Deutschland, ZZP 124 (2011), 137; *Hommerich/Prütting/Ebers/Lang/Traut*, Rechtstatsächliche Untersuchung zu den Auswirkungen der Reform des Zivilprozessrechts auf die gerichtliche Praxis, 2006; *Horstmeier*, Das neue Mediationsgesetz, 2013; *Hückstädt*, Gerichtliche Mediation beim Landgericht Rostock – ein Erfahrungsbericht, NJ 2005, 289; *Jost/Neumann*, Etablierung der Mediation durch die Anwaltschaft, ZKM 2009, 164; *Juergens*, Die gerichtliche Mediation bei dem Landgericht Rostock aus der Sicht der beteiligten Rechtsanwälte, Mitteilungsblatt der Arbeitsgemeinschaft Mediation im DAV 1/06, 6; *Jung*, Unter Zeitdruck: Die Kurzzeitmediation – was spart sie ein, was spart sie aus?, ZKM 2013, 63; *Kirchhoff/Zenk*, 20 Jahre Gerichtsmediation – Blick zurück nach vorn, ZKM 2022, 190; *Klamt/Moltmann-Willisch*, Der Güterichter als Konfliktmanager – Projektion und Wirklichkeit, ZKM 2015, 7; *Korte/Löer*, Der Rechtsanwalt in der richterlichen Mediation – Förderer oder Störer? in: Jost (Hrsg.), Die anwaltliche Vertretung in der Mediation, 2013, S. 33; *Kotzian-Marggraf*, Güterichter in der Thüringer Arbeitsgerichtsbarkeit, ZKM 2012, 123; *Krabbe*, Kurz-Mediation – Die Kunst der Gesamt-Mediation in einer Sitzung, ZKM 2004, 72; *Krabbe/Fritz*, Die Kurz-Zeit-Mediation – und ihre Verwendung in der gerichtsinternen Praxis, ZKM 2009, 136 und 176; *Krabbe/Fritz*, Werkstattbericht Kurz-Zeit-Mediation, ZKM 2013, 76; *Krabbe/Steinwender/Fürst*, Kurz-Zeit-Mediation in einem Anlegerverfahren – ein Praxisfall, ZKM 2015, 60; *Krabbe*, KurzZeitMediation, in: Haft/v. Schlieffen (Hrsg.), Handbuch Mediation, 3. Aufl. 2016, § 22; *Krüger/Rauscher* (Hrsg.), Münchener Kommentar zur Zivilprozessordnung, Band 1 §§ 1–354, 6. Aufl. 2020; *Kurzweil*, Mediation bei Gericht – auch in der Pandemie?, ZKM 2022, 33; *Lentz*, Rückläufige Statistik – wie kommt frischer Wind in das Güterichterverfahren?, jM 2023, 97; *Leutheusser-Schnarrenberger*, Die Mediationsrichtlinie und deren Implementierung, ZKM 2012, 72; *Löer*, Einbindung von Mediation in den Zivilprozess – Teil 1, ZKM 2005, 182, 183; *Löer*, Richterliche Mediation, ZZP 119 (2006), 199; *Löer*, Referentenentwurf eines Mediationsgesetzes, ZKM 2010, 179; *Löer*, Das künftige Mediationsgesetz – zum bisherigen Gesetzgebungsverfahren aus Sicht der zivilgerichtlichen Mediationspraxis, in: Gläßer/Schroeter (Hrsg.), Gerichtliche Mediation – Grundsatzfragen, Etablierungserfahrungen und Zukunftsperspektiven, 2011, S. 397; *Löer*, Umsetzung des Güterichtermodells in der Praxis – Erste Erkenntnisse aus einer Umfrage, ZKM 2014, 41; *Matthies*, Die Göttinger Mediationslandschaft, SchlHA 2007, 130; *Moltmann-Willisch/Kraus/von Hammerstein*, Konfrontation oder Kooperation?, ZKM 2011, 26; *Moltmann-Willisch/Kraus/von Hammerstein*, Richterliche Mediation als Verfahrensmethode – was spricht dagegen?, ZKM 2012, 64; *Moltmann-Willisch*, Der Richter als Mediator – das erweiterte Güterichtermodell in der Zivilgerichtsbarkeit, in: Haft/v. Schlieffen (Hrsg.), Handbuch Mediation, 3. Aufl. 2016, § 51; *Monßen*, Anwaltsmediation und Richtermediation – ein ungleicher Wettbewerb, ZKM 2006, 83; *Natter/Wesche*, Die Implementation des Güterichterverfahrens, DRiZ 2018, 388; *Odrig*, Konfliktanlaufstellen als Verfassungsgebot, ZKM 2019, 28; *Ortloff*, Der Richter als Mediator?, ZKM 2002, 199; *Ortloff*, Mediation im Verwaltungsprozess: Bericht aus der Praxis, NVwZ 2006, 148; *Ortloff*, Vom Gerichtsmediator zum Güterichter im Verwaltungsprozess, NVwZ 2012, 1057; *Pitschas*, Alternative Konfliktlösung im öffentlich-rechtlichen Bereich, ZKM 2014, 146; *Plassmann*, Mediationsgesetz: Keine Bevorzugung der Gerichtsmediation, AnwBl 2011, 123; *Plassmann*, Bekenntnis zur Justiz: Abschied von der Gerichtsmediation, AnwBl 2012, 151; *Pörnbacher*, Hybride Verfahren – Erfahrungen aus der Praxis; ZKM 2017, 154; *Probst*, Gerichtliche Mediation in Schleswig-Holstein – zum Start eines neuen Projekts, SchlHA 2005, 317; *Probst*, Zehn Jahre Mediation in der Schleswig-Holsteinischen Justiz – einige Beobachtungen, SchlHA 2, 2016; *Prütting*, Richterliche Gestaltungsspielräume für alternative Streitbehandlung, AnwBl 2000, 273; *Prütting*, Mediation und Gerichtsbarkeit, ZKM 2006, 100; *Prütting*, Ein Plädoyer gegen Gerichtsmediation, ZZP 124 2011, 163; *Prütting*, Das neue Mediationsgesetz: Konsensuale Streitbeilegung mit Überraschungen – Zwei Ziele: Berufsgesetz für Mediatoren und Güterichtermodell für alle Gerichtsbarkeiten, AnwBl 2012, 204; *Prütting*, Güterichter, Mediator und Streitmittler, MDR 2016, 965; *Reitz*, Ohne Beziehung kein Rechtsstreit? – Ergebnisse zum Modellprojekt Gerichtsnahe Mediation an hessischen Verwaltungsgerichten, ZKM 2008, 45; *Risse*, Zur Zukunft der Wirtschaftsmediation – Überlegungen in elf Aphorismen, ZKM 2022, 179; *Röthemeyer*, Gerichtsmediation im Güterichterkonzept – Die Lösung des Vermittlungsausschusses, ZKM 2012, 116; *Röthemeyer/Trümper*, Ergebnis- und Verfahrenszufriedenheit im Langzeitvergleich – Befunde einer Studie zur Gerichtlichen Mediation, in: Gläßer/Schroeter (Hrsg.), Gerichtliche Mediation – Grundsatzfragen, Etablierungserfahrungen und Zukunftsperspektiven, 2011, S. 343; *Röthemeyer*, Mediation – Grundlagen, Recht, Markt, 2015; *Rüssel*, Mediation im übrigen Europa, in Haft/v. Schlieffen (Hrsg.), Handbuch Mediation, 2. Aufl. 2009, § 54; *Saenger* (Hrsg.), Zivilprozessordnung – Familienverfahren/Gerichtsverfassung, Europäisches Verfahrensrecht – Handkommentar, 10. Aufl. 2023; *Schmidt/Lapp/May*, Mediation in der Praxis des Anwalts, (1. Aufl. 2014) 2. Aufl. 2022; *Schmidt*, Zur Einbeziehung der Mediation in die anwaltliche Beratungspraxis – Überlegungen zur Verfahrenswahl und Fallgruppen mit besonderer Mediationseignung, MDR 2023, 1017; *Schmidbauer*, Mediation am Gericht in der Schusslinie des Mediationsgesetzes, ZKM 2012, 88; *Schobel*, Bald bayernweit: Güterichter und Mediationsbeauftragte an den Zivilgerichten, ZKM 2012, 191; *Schreiber*, Das „erweiterte Güterichtermodell", BJ 2012, 337; *von Seltmann*, Der Regierungsentwurf eines Mediationsgesetzes, NJW-Spezial, 4/2011, S. 126; *Sensburg*, Mediationsgesetz – Rechtsausschuss schafft Interessenausgleich, NJW-aktuell 52/2011, 14; *Spindler/Apel/Spalckhaver*, Rechtsökonomische Grundlagen der gerichtsnahen Mediation, ZKM 2003, 192; *Sporré*, Ist die gerichtsinterne Mediation zu erfolgreich?, DRiZ 2011, 222; *Steiner*, Das Güterichterverfahren, in: Eidenmüller/Wagner (Hrsg.), Mediationsrecht, 2015, Kap. 8; *Tautphäus/Fritz/Krabbe*, Fristlose Kündigung wegen Vertrauensbruchs – neue Methoden der Konfliktbeilegung, NJW 2012, 364; *Thole*, Das neue Mediationsgesetz – Mediation im und an der Schnittstelle zum Zivilprozess, ZZP 127 2014, 339; *Trossen*, Mediation ist DIE – oder KEINE Alternative!, ZKM 2012, 29; *Walther*, Mediation durch Verwaltungsgerichte, ZKM 2005, 53; *Walther*, Richter als Mediatoren – Ein Modellprojekt in der hessischen Verwaltungsgerichtsbarkeit, DRiZ 2005, 127; *Wagner*, Das Mediationsgesetz – Ende gut, alles gut?, ZKM 2012, 110, 113; *Wegener*, 10 Jahre Güterichterverfahren: Weiter so!, NZFam 2022, 621; *Wendland*, Mediation und Zivilprozess, 2017; *Wesche*, Rechtsfrieden durch das Güterichterverfahren, jM 2022, 227; *Zenk/Strobl/Böttger*, Sozialwissenschaftliche Aspekte der gerichtsnahen Mediation, ZKM 2006, 43; *Zöller*, Das Güterichterverfahren im Zivilprozess als paradoxe Intervention, ZKM 2023, 64; *Zöller* (Hrsg.), Zivilprozessordnung, 35. Aufl. 2024.

I. Der Gütegedanke im deutschen (Zivil-)Prozessrecht 2	II. Das Verhältnis von Güterichtermodell und gerichtsinterner Mediation 25
1. Die Entwicklung der konsensualen Konfliktbeilegung 2	1. Abgrenzung 25
2. Die Modellprojekte zur Einbindung von Mediation in das Gerichtsverfahren ... 8	2. Vor- und Nachteile des Güterichtermodells 27
3. Das Mediationsgesetz 11	3. Bewertung 34
	III. Der Güterichter (seit 2012) 41
	IV. Weitere Entwicklung, Fazit 52

Auch wenn es die gut zehnjährige Phase der gerichtlichen Mediation – entgegen der vielfachen Forderung nach deren gesetzlicher Implementierung[1] – beendet, indem es Mediation als Bezeichnung für ein eigenständiges Konfliktbeilegungsverfahren und im Zusammenhang mit den an einem solchen Verfahren Beteiligten aus dem gerichtsinternen Bereich verdrängt und nunmehr ausschließlich der außergerichtlichen Konfliktbeilegung vorbehält, enthält das *„Gesetz zur Förderung der Mediation und anderer Verfahren der außergerichtlichen Konfliktbeilegung"* v. 21.7.2012[2] auch Regelungen, die unmittelbar die Gerichtsverfahren betreffen.[3] Es führt nämlich, und zwar in allen Gerichtsbarkeiten, einen **Güterichter** ein, der im Rahmen einer ihm übertragenen Güteverhandlung ua interessenorientiert und unter Anwendung moderner Konfliktlösungstechniken, insbesondere auch der **Methode der Mediation** arbeiten kann.

Dabei unterlag der Gesetzgebungsprozess – vom Referentenentwurf über den Regierungsentwurf und die diesbezügliche Stellungnahme des Bundesrates bis hin zu dem auf der Empfehlung des Rechtsausschusses des Bundestages basierenden Gesetz, das nach Anrufung des Vermittlungsausschusses seitens des Bundesrates nochmals modifiziert wurde[4] – hinsichtlich des Verhältnisses von Mediation und Justiz erheblichen Schwankungen und Veränderungen. Um diese nachvollziehen und einordnen zu können, bedarf es zunächst eines Blicks auf die Entwicklung der konsensualen Konfliktbeilegung im deutschen (Zivil-)Prozessrecht (I 1) und auf die unterschiedlichen Ansätze zur Einbindung von Mediation in das Gerichtsverfahren in den Modellprojekten (I 2), die sich sodann in den verschiedenen Entwürfen bis hin zum Mediationsgesetz selbst spiegeln (I 3). Zudem sollen der nunmehr installierte Güterichter dem bisher im Rahmen der gerichtlichen Mediation tätigen Richtermediator gegenübergestellt (→ Rn. 2 ff.) und Vor- und Nachteile des Güterichtermodells aufgezeigt werden (→ Rn. 8 ff.), bevor der Güterichter selbst und die Umsetzung des Güterichtermodells in der Praxis näher betrachtet werden (→ Rn. 11 ff.).

---

1 Sowohl in der Literatur (zB von Bargen Gerichtsinterne Mediation, S. 277 ff.; Hess ZZP 124 (2011), 137 (153 f., 162); aA Prütting ZZP 124 (2011), 163 (172)) als auch von Verbänden und Vereinigungen aus dem gerichtlichen und außergerichtlichen Bereich (zB Deutscher Richterbund, Stellungnahme Nr. 35/10, abrufbar unter https://www.drb.de/positionen/stellungnahmen/stellungnahme/news/3510; Mahnschreiben der Tenos AG vom 25.11.2011 an den Vorsitzenden und die Mitglieder des Rechtsausschusses des Deutschen Bundestages, unterzeichnet von zwölf Wissenschaftlern und Praktikern; Resolution der Teilnehmer des 6. bundesweiten Kongresses der richterlichen Mediatoren vom 12.11.2011 an den Rechtsausschuss des Deutschen Bundestages sowie die Landes- und Bundesjustizminister; aA BRAK, Stellungnahme Nr. 27/2010, S. 5 ff., abrufbar unter https://www.brak.de/interessenv ertretung/stellungnahmen-der-brak/stellungnahmen-pdf/stellungnahmen-deutschlan d/2010/?tx_wwt3list_filelist%5Baction%5D=index&tx_wwt3list_filelist%5Bcontr oller%5D=Filelist&tx_wwt3list_filelist%5Bpage%5D=3&cHash=cf9b4eb694bd4 ba196eb235571cea50d#c1293; DAV, Stellungnahme Nr. 58/2010, S. 9 ff., abrufbar unter https://anwaltverein.de/de/newsroom/id-2010-58).
2 BGBl. 2012 I 1577 ff.
3 Vgl. Art. 2–6 und Art. 8 MediationsG.
4 Zu den genauen Daten der Entwürfe und Beschlüsse sowie deren Fundstellen s. die Übersicht zum Gesetzgebungsverfahren auf S. 27 ff. dieses Buches.

I. Der Gütegedanke im deutschen (Zivil-)Prozessrecht

1. Die Entwicklung der konsensualen Konfliktbeilegung. a) Der durch den Güterichter gem. § 278 Abs. 5 S. 1 ZPO nF erneut und noch stärker in den Fokus gerückte **Gütegedanke** ist der Zivilprozessordnung nicht fremd. Ganz im Gegenteil enthielt bereits die CPO von 1877 eine Befugnis des Richters zur gütlichen Beilegung des Rechtsstreits,[5] wenngleich die damit ermöglichte Streitvermittlung durch den Richter noch als Ausnahme vom Normalfall der streitigen Entscheidung aufgefasst wurde.[6] Von 1924–1950 war sogar ein obligatorisches Güteverfahren für Zivilprozesse vor dem Amtsgericht vorgesehen. Auch in der Folgezeit wurde das Gebot zur Hinwirkung auf eine gütliche Einigung in unterschiedlichen Ausgestaltungen[7] aufrechterhalten.[8]

b) Zuletzt führte der Gesetzgeber mit dem ZPO-Reformgesetz[9] ab 2002 eine der mündlichen Verhandlung vorgeschaltete, obligatorische **Güteverhandlung** zumindest für den Regelfall wieder ein,[10] in der die Parteien persönlich gehört werden sollen, § 278 Abs. 2 S. 3 ZPO. Ausweislich der Gesetzesbegründung diente der im arbeitsgerichtlichen Verfahren bewährte Gütetermin (§ 54 ArbGG) mit den in diesem erzielten hohen Vergleichsquoten als Vorbild und Anreiz,[11] um die als unbefriedigend empfundenen erstinstanzlichen Vergleichsquoten der Amts- und Landgerichte positiv zu beeinflussen. Der Gesetzgeber beabsichtigte aber auch, den Gütegedanken durch die Einführung einer Güteverhandlung im Zivilprozess institutionell stärker zu verankern, weil eine gütliche Einigung zwischen den Parteien dem Rechtsfrieden nachhaltiger diene als eine Streitentscheidung durch Urteil.[12] Damit wurde erstmals der **Vorrang der konsensualen Konfliktbeilegung vor der Streitentscheidung** – innerhalb des gerichtlichen Verfahrens – ausdrücklich gesetzlich geregelt.[13] Dieser wurde vom Bundesverfassungsgericht[14] bestätigt und weiterentwickelt, indem dieses sich generell zu

---

5 § 268 Abs. 1 CPO 1877: „Das Gericht kann in jeder Lage des Rechtsstreits die gütliche Beilegung desselben oder einzelner Streitpunkte versuchen oder die Parteien zum Zwecke des Sühneversuchs vor einen beauftragten oder ersuchten Richter verweisen."
6 Greger FG Vollkommer, 2006, 291 (294).
7 ZB § 279 Abs. 1 S. 1 ZPO 1976: „Das Gericht soll in jeder Lage des Verfahrens auf eine gütliche Beilegung des Rechtsstreits oder einzelner Streitpunkte bedacht sein."
8 Genauer: Prütting AnwBl 2000, 273 (273 f.); Greger FG Vollkommer, 2006, 291 (294 f.); auch zur Zeit vor der CPO von 1877: Greger GS Unberath, 2015, 111 ff.
9 Gesetz zur Reform des Zivilprozesses vom 27.7.2001 (BGBl. I 1887).
10 § 278 Abs. 2 S. 1 ZPO 2002: „Der mündlichen Verhandlung geht zum Zwecke der gütlichen Beilegung des Rechtsstreits eine Güteverhandlung voraus, es sei denn, […] die Güteverhandlung erscheint erkennbar aussichtslos."
11 Obwohl durchaus strukturelle Unterschiede bestehen, insbesondere fallen im Arbeitsgerichtsprozess die allein vor dem Vorsitzenden stattfindende Güteverhandlung und die mit ehrenamtlichen Richtern durchgeführte streitige Verhandlung regelmäßig zeitlich auseinander (MüKoZPO/Prütting § 278 Rn. 51).
12 BT-Drs. 14/4722, 62.
13 Von Bargen Gerichtsinterne Mediation, S. 234.
14 BVerfG 14.2.2007 – 1 BvR 1351/01, ZKM 2007, 128 = NJW-RR 2007, 1073 Rn. 35: „Eine zunächst streitige Problemlage durch eine einverständliche Lösung zu bewältigen, ist auch in einem Rechtsstaat grundsätzlich vorzugswürdig gegenüber einer richterlichen Streitentscheidung."

einem pluralistischen Rechtsschutzsystem mit Nachrang der kontradiktorischen Verfahren bekannte.[15]

Nach der – teils noch aktuellen – Gesetzeslage vor Erlass des Mediationsgesetzes ermöglichte der Gesetzgeber den Ländern zudem die Einrichtung einer außergerichtlichen obligatorischen Streitschlichtung durch Gütestellen gem. § 15a EGZPO. Er öffnete den Weg vom Gerichtsverfahren zurück in die außergerichtliche Streitschlichtung (§ 278 Abs. 5 S. 2, 3 ZPO aF). In familiengerichtlichen Verfahren und in Angelegenheiten der freiwilligen Gerichtsbarkeit wurden aufgrund der Änderungen sowohl die gütliche Einigung betont (§ 36 FamFG aF, §§ 163 Abs. 2, 165 FamFG) als auch der Bezug zur Mediation und zu der sonstigen außergerichtlichen Streitbeilegung hergestellt (§§ 135 Abs. 1, 2, 156 Abs. 1 S. 3 FamFG aF). Auch in öffentlich-rechtlichen Verfahren bestanden Möglichkeiten zur gütlichen Streitbeilegung (zB § 87 Abs. 1 S. 2 Nr. 1 VwGO, § 73 Abs. 6 VwVfG).[16]

Dabei ordnete der Gesetzgeber „Mediation" allerdings, wie die Begründungen zu § 278 Abs. 5 S. 2 ZPO aF[17] sowie § 135 Abs. 1 und § 156 Abs. 1 S. 3 FamFG zeigen, bisher ausschließlich der außergerichtlichen Streitbeilegung zu. Elemente der „konsensualen Konfliktbeilegung" nach unserem heutigen Verständnis, also ein Rückgriff auf die Erkenntnisse des Harvard-Konzepts oder eine Einbeziehung alternativer Konfliktlösungsverfahren, waren weder in der ZPO noch in den anderen Prozessordnungen zu finden.[18]

c) Zwar war die Güteverhandlung durch die ZPO-Reform 2002 in § 278 Abs. 2 ZPO prozessual institutionalisiert worden. Wie sie sich **inhaltlich oder methodisch** von der mündlichen Verhandlung iSv § 279 ZPO unterscheidet, erläuterte der Gesetzgeber aber nicht näher. Die in § 278 Abs. 2 S. 2, 3 ZPO angeführte Erörterung des Sach- und Streitstandes mit den Parteien, das Stellen von Fragen und die persönliche Anhörung der Parteien, die ausweislich der Gesetzesbegründung eine umfassende Aufklärung des Sachverhalts und dadurch ein solides Fundament für einen begründeten Vergleichsvorschlag schaffen sollten,[19] konnten bereits nach der früheren Rechtslage in der mündlichen Verhandlung praktiziert werden und stellten per se keine Neuerungen dar. Daher wurde den Richtern für die Ausgestaltung der Güteverhandlung ein großer Freiraum zugebilligt.[20] Wie dieser genutzt werden konnte, wurde mangels gezielter Vorbereitung der Richter- und Anwaltschaft[21] indes nicht aufgezeigt. Es kann daher nicht überraschen, wenn in der Praxis die sich eröffnenden Möglichkeiten wie die Durchführung eines separaten Gütetermins, dh ohne einen sich im Falle der Erfolglosigkeit der Güteverhandlung unmittelbar anschließenden

---

15 Greger ZKM 2007, 130.
16 Vgl. Prütting ZKM 2006, 100.
17 BT-Drs. 14/4722, 83/84.
18 Vgl. Gläßer/Schroeter Gerichtliche Mediation/Greger, S. 357.
19 BT-Drs. 14/4722, 62.
20 von Bargen Gerichtsinterne Mediation, S. 234/235; vgl. auch: MüKoZPO/Prütting § 278 Rn. 26 f.
21 Greger JZ 2004, 805 (806, 816).

Haupttermin,[22] oder der Einsatz mediativer Elemente und insbesondere Kommunikationstechniken[23] nur unzulänglich genutzt wurden. Nach der Evaluation der ZPO-Reform 2002 wurde sogar in rund 40 % der Prozesse überhaupt keine Güteverhandlung durchgeführt, wobei, soweit aus den Akten erkennbar, ausschließlich auf die fehlende Erfolgsaussicht verwiesen werde.[24] In 98 % der land- und 94 % der amtsgerichtlichen Verfahren schloss sich der Verhandlungstermin unmittelbar an die gescheiterte Güteverhandlung an.[25]

6 Die Ursachen für die **zurückhaltende Ausschöpfung des gesetzlichen Rahmens in der Praxis** scheinen vielfältig. Richter neigen zum Verzicht auf die Güteverhandlung, um eine Flucht von Anwälten in die Säumnis nach einer in die Güteverhandlung, also vor die Stellung der Anträge, vorgezogene Darlegung der Rechtsauffassung des Gerichts zu vermeiden. Anwälte akzeptieren regelmäßig den für sie zeitsparenden Verzicht auf eine nicht besonders vergütete Güteverhandlung.[26] Justizverwaltungen haben den bloßen Durchlaufcharakter der Güteverhandlung gefördert, indem sie in amtlichen Ladungsvordrucken die gleichzeitige Anberaumung von Güte- und mündlicher Verhandlung ohne Alternative vorgegeben haben.[27] Auch in der heutigen Gerichtspraxis dürfte die obligatorische Güteverhandlung durch den Streitrichter zumindest im Regelfall nicht über die klassische Vergleichsverhandlung in der mündlichen Verhandlung hinausgehen.[28]

Gleichwohl nahm die Anzahl der Vergleiche zu,[29] wenn auch sicherlich nicht in dem vom Gesetzgeber erhofften Ausmaß.[30] Dies dürfte neben anderen, ua durch die ZPO-Reform 2002 neu eingeführten Verfahrensinstrumenten[31] insbesondere auf die durch § 278 Abs. 3 S. 1 ZPO zum Regelfall erhobene Anordnung des persönlichen Erscheinens der Parteien zurückzuführen sein,[32] da die unmittelbare Kommunikation des Richters

---

22 Vgl. Zöller/Greger ZPO § 278 Rn. 10, der es zudem aus atmosphärischen Gründen als vorteilhaft erachtet, anstatt im Sitzungssaal im Besprechungs- oder Richterzimmer zu verhandeln und das Tragen der Amtstracht flexibel zu handhaben.
23 Von Bargen Gerichtsinterne Mediation, S. 235; Greger JZ 2004, 805 (806).
24 Hommerich/Prütting/Ebers/Lang/Traut Rechtstatsächliche Untersuchung, S. 58 ff., die die Einschätzung von Greger für das Jahr 2004 (JZ 2004, 805 (806)) bestätigen.
25 Hommerich/Prütting/Ebers/Lang/Traut Rechtstatsächliche Untersuchung, S. 68 f.
26 Vgl. Greger FG Vollkommer, 2006, 291 (296).
27 Greger JZ 2004, 805 (806) (wohl zum Stand vor Einführung PC-unterstützter Ladungen).
28 Gläßer/Schroeter Gerichtliche Mediation/Greger, S. 357 (360).
29 Nach Gläßer/Schroeter Gerichtliche Mediation/Greger, S. 357 (358) standen 100 streitigen Urteilen in der ersten Instanz bei den Landgerichten in Deutschland im Jahr 1995 nur 56, in 2005 bereits 93 Vergleiche gegenüber.
30 Greger FG Vollkommer, 2006, 291 (296); vgl. auch: Greger JZ 2004, 805 (808); Hommerich/Prütting/Ebers/Lang/Traut Rechtstatsächliche Untersuchung, S. 48.
31 ZB § 278 Abs. 6 ZPO, der ein Zustandekommen von Prozessvergleichen iSv § 794 Abs. 1 Nr. 1 ZPO nunmehr auch durch schriftliche Erklärungen der Parteien und Feststellung des Gerichts ermöglicht. In diese Zeit fällt aber auch die Aufhebung der Lokalisierung im Anwaltsprozess vor dem Landgericht ab 1.1.2000, die sich auf den Abschluss von Vergleichen sicherlich ebenfalls förderlich ausgewirkt hat.
32 Nach der Evaluierung der ZPO-Reform 2002 wurde in 82 % der land- und 76 % der amtsgerichtlichen Verfahren ein persönliches Erscheinen zumindest einer der Parteien angeordnet (Hommerich/Prütting/Ebers/Lang/Traut Rechtstatsächliche Untersuchung, S. 62).

mit und zwischen den Beteiligten die größte Chance auf eine Beilegung des Konflikts bietet.³³

d) Die im Mediationsgesetz gewählte Bezeichnung „**Güte**"-**richter** knüpft damit an eine alte ZPO-Terminologie an. In der heutigen Zeit klingt sie recht herablassend gegenüber den Parteien, fast schon arrogant. Sie erinnert eher an ein gütiges Schulterklopfen als an eine Kommunikation auf Augenhöhe. Dies mag bei der Güteverhandlung noch akzeptabel sein, weil in dieser ja die Parteien gütlich miteinander reden und verhandeln sollen. Beim Güterichter wandelt sich der Begriff aber klanglich mehr in einen „gütigen Richter".³⁴ Mit modernem Konfliktmanagement, das sich an einer konkreten Konfliktbeilegungsmethode – und nicht an Wohlwollen und Nachsicht eines Dritten – orientiert, ist dies nur schwer zu vereinbaren. Damit hat der Gesetzgeber – nach der ZPO-Reform 2002 erneut – die Chance verpasst, schon durch einen neuen Namen einen sichtbaren Neubeginn zu unternehmen.

2. Die Modellprojekte zur Einbindung von Mediation in das Gerichtsverfahren. Zeitlich parallel zu den legislatorischen Bemühungen zur Institutionalisierung des Gütegedankens im Zivilprozess erprobten Richter, zunächst als Einzelne, dann im Rahmen von seitens der Justizverwaltungen gestützten Modellprojekten,³⁵, ³⁶ die Einbindung der Konfliktbeilegungsmethode Mediation in anhängige Prozesse.³⁷ Dabei wurde den Parteien eines Rechtsstreits, bevor es zur Durchführung der mündlichen Verhandlung durch den gesetzlichen Richter kam, eine Mediation angeboten. Erklärten sie sich einverstanden, führte nicht der zuständige Streitrichter die Vermittlung durch, sondern ein Mediator, der zwar ebenfalls Richter, gemäß Geschäftsverteilung aber nicht zur Entscheidung des konkreten Rechtsstreits berufen war. Er konnte zugleich in der Rolle eines vom zuständigen Streitrichter ersuchten Richters einen Prozessvergleich proto-

---

33 Greger JZ 2004, 805 (807).
34 Fritz/Pielsticker MediationsG-HdB/Fritz ZPO § 278 Rn. 18.
35 Ausgangspunkte waren die Verwaltungsgerichte in Freiburg und Berlin (seit 2000) sowie ein dreijähriger Modellversuch in Niedersachsen (ab 2002), an dem sechs Gerichte unterschiedlicher Gerichtsbarkeiten teilgenommen haben. Das dabei am Landgericht Göttingen entwickelte System wurde bundesweit von vielen Gerichten für zivil- und verwaltungsgerichtliche Verfahren aufgegriffen (Ortlofff ZKM 2002, 199 (200); Löer ZZP 119 (2006), 199 (Fn. 1)). Eine umfassende und systematische Darstellung der verschiedenen Modellprojekte in den einzelnen Bundesländern und Gerichtszweigen, Stand Frühjahr 2008, ist zu finden bei: von Bargen Gerichtsinterne Mediation, S. 70 ff. Die jüngeren Modellprojekte sind aufgeführt bei: Gläßer/Schroeter Gerichtliche Mediation/von Bargen S. 29 (Fn. 2). Einen primär auf Zivilgerichte bezogenen Überblick bietet: Hess ZZP 124 (2011), 137 (141 ff.).
36 Die Konferenz der Justizministerinnen und -minister v. 29./30.6.2005 (Beschluss 2.2, Ziff. 8 und 9, veröffentlicht zB in DRiZ 2005, 213 (215)) verlangte eine weitere Öffnung des justiziellen Verfahrens für Formen alternativer Konfliktbeilegung. Sie sah in der gerichtsinternen Mediation, wenn auch nur als Übergangslösung, einen lohnenden Weg, um die konsensuale Streitbeilegung zu fördern. Zur Einfügung der Modellprojekte in der ADR, insbesondere in die Idee des „multi-door-courthouse" s. Gottwald/Greger ZKM 2016, 84 (84 f.).
37 Gläßer/Schroeter Gerichtliche Mediation/Greger S. 357 (358 f.); Eidenmüller/Wagner Mediationsrecht/Steiner Kap. 8 Rn. 4 ff.

kollieren. Dogmatisch wurde diese „**Richtermediation**"[38] entweder in der etwas modifizierten Gestalt des Güterichters nach § 278 Abs. 5 S. 1 ZPO im Verfahrensrecht verankert[39] oder – überwiegend – auf eine Analogie zu § 278 Abs. 5 S. 1 ZPO gestützt.[40] Während das **Richtermediatorenmodell** sich primär an der anzuwendenden Konfliktlösungsmethode Mediation orientierte (**methodischer Ansatz**), beabsichtigt das **Güterichtermodell**, prozessuale Strukturen zu schaffen, die eine im Einzelfall angemessene, in der Methodik freie Konsenslösung fördern (**prozessualer Ansatz**),[41] ohne dass dieser dogmatische Unterschied zwischen den verschiedenen Ansätzen sich wesentlich auf die tägliche Praxis auswirkte.[42]

9 Die Zahl der Projektgerichte nahm stetig zu. Unmittelbar vor Inkrafttreten des Mediationsgesetzes wurden in nahezu allen Bundesländern und Gerichtsbarkeiten Mediationsangebote während des laufenden Gerichtsverfahrens unterbreitet. Erfahrungs- und Projektberichte[43] beschreiben Einigungsquoten von 70 % und mehr, über den Streitgegenstand hinausgehende Konfliktlösungen, eine schnellere Beendigung des Rechtsstreits sowie eine hohe Akzeptanz und Zufriedenheit bei den Beteiligten.[44] Bemerkenswert ist, dass die Richtermediation in der Wahrnehmung der Parteien hinsichtlich der empfundenen Verfahrensgerechtigkeit im Vergleich zum ge-

---

38 Im Gegensatz zur „Anwaltmediation" (Monßen ZKM 2006, 83). Die Bezeichnungen variierten je nach Ansatz und konkreter Ausgestaltung, zB Gerichtsmediation, gerichtsinterne, gerichtsnahe, gerichtsverbundene, richterliche oder gerichtliche Mediation.
39 So der Ansatz in den Modellprojekten der bayerischen und thüringischen Zivilgerichtsbarkeit (Gläßer/Schroeter Gerichtliche Mediation/Greger S. 357 (359)) sowie der Verwaltungs- und Arbeitsgerichtsbarkeit in Thüringen (Greger ThürVBl. 2010, 6 f.) – übrigens im Gegensatz zur bayerischen Verwaltungs- und Sozialgerichtsbarkeit, die dem Richtermediatorenmodell folgten (von Bargen Gerichtsinterne Mediation, S. 77 ff.).
40 von Bargen Gerichtsinterne Mediation, S. 242 ff. mwN (S. 250, Fn. 89).
41 Ausführlicher zur Unterscheidung zwischen Richtermediator und Güterichter → Rn. 25.
42 Gläßer/Schroeter Gerichtliche Mediation/Löer S. 397 (408 f.) mwN; Schmidt/Lapp/Monßen Mediation/Schmidt 1. Aufl. Rn. 1254. Auch Hess (ZZP 124 (2011), 137 (161)) sieht „keine funktionalen Unterschiede zwischen beiden Formen der richterlichen Mediation". Vgl. auch Greger ThürVBl. 2010, 6 (7).
43 Götz von Olenhusen DRiZ 2003, 396; Götz von Olenhusen ZKM 2004, 104; Spindler/Apel/Spalckhaver ZKM 2003, 192; Böttger/Hupfeld ZKM 2004, 155; Hückstädt NJ 2005, 289; Walther ZKM 2005, 53; Walther DRiZ 2005, 127; Ortloff NVwZ 2006, 148; Probst SchlHA 2005, 317; Zenk/Strobl/Böttger ZKM 2006, 43; Greger ZKM 2006, 68; Greger ZRP 2006, 229; Greger ZKM 2007, 180; Elzer/Häublein/Hoßfeld ZKM 2006, 80; Juergens Mitteilungsblatt der Arbeitsgemeinschaft Mediation im DAV 1/06, 6; Matthies SchlHA 2007, 130; Görres-Ohde SchlHA 2007, 142; Reitz ZKM 2008, 45; Haft/Schlieffen MediationHdB/Gottwald § 39 Rn. 16 ff.; Greger ThürVBl. 2010, 6; Kotzian-Marggraf ZKM 2012, 123; Greger ZKM 2013, 9; vgl. auch: Eidenmüller/Wagner Mediationsrecht/Steiner Kap. 8 Rn. 16 ff.
44 Gläßer/Schroeter Gerichtliche Mediation/Greger S. 357 (359).

richtlichen Verfahren besser abschnitt.[45] Die empirische Begleitforschung[46] hat die überaus positiven Bewertungen bestätigt.

Was war die **Ursache für den Erfolg der Richtermediation?** Ein wesentlicher Grund könnte darin liegen, dass die Richtermediation eine Lücke sowohl im Rechtsprechungssystem als auch im System der außergerichtlichen Konfliktbeilegung ausfüllte,[47] indem sie moderne Kommunikations- und Konfliktbearbeitungsmethodik mit einem neutralen Forum verband.[48] Einerseits dürfte der Zivilprozess in seiner damaligen (und vielfach auch noch heutigen) Form – zumindest von Teilen der rechtsuchenden Bürger – hinsichtlich Methodik und Kommunikation als nicht mehr zeitgemäß empfunden worden sein. Eine Anpassung erfolgte weder rechtzeitig noch in hinreichendem Umfang. Insbesondere die Einführung der Güteverhandlung im Rahmen der ZPO-Reform 2002 hat inhaltliche und methodische Anregungen oder Vorgaben vermissen lassen (→ Rn. 5). Insofern hat richterliche Mediation dazu beigetragen, die Methoden innerhalb des gerichtlichen Systems zu erweitern und zeitgemäßer zu gestalten,[49] durchaus auch unter

---

45 Haft/Schlieffen Mediation-HdB/Gottwald § 39 Rn. 39 ff. unter Berufung auf Zenk/Strobel/Hupfeld/Böttger Gerichtsnahe Mediation in Niedersachsen – Die Evaluation eines Modellversuchs, 2007; Gläßer/Schroeter Gerichtliche Mediation/Röthemeyer/Trümper S. 343 (347, 350); Wendland Mediation S. 256.

46 **Bayern:** Becker/Friedrich, Mediation in der Sozialgerichtsbarkeit – Ergebnisse eines Modellprojekts (http://www.lsg.bayern.de/imperia/md/content/baylsg/media tionindersozialgerichtsbarkeit_ergebnisseeinesmodellprojekts.pdf); Greger, Evaluation des Modellversuchs Güterichter (http://www.reinhard-greger.de/dateie n/gueterichter-abschlussbericht.pdf); Greger, Mediation in der bayerischen Verwaltungsgerichtsbarkeit (http://www.reinhard-greger.de/abschlussberichtvwg.pdf); **Berlin:** Greger, Evaluation der Gerichtsmediation im Land Berlin (http://www.rein hard-greger.de/abschlussberichtberlin.pdf); **Brandenburg:** Gläßer/Becker/Ittner, Begleitforschung zur Pilotierungsphase der Gerichtlichen Mediation in Brandenburg (https://www.ikm.europa-uni.de/de/publikationen/Abschlussbericht_Evaluat ion-Ger_Med_Bbg_.pdf); **Hessen:** Walther, Mediation in der Verwaltungsgerichtsbarkeit, Speyerer Arbeitsheft Nr. 173, 2005; **Mecklenburg-Vorpommern:** Bierbrauer/Klinger, Gerichtliche Mediation in Mecklenburg-Vorpommern, Ergebnisse der sozialwissenschaftlichen Begleitforschung, Osnabrück 2008; **Niedersachsen:** Spindler, Gerichtsnahe Mediation in Niedersachsen – Eine juristisch-rechtsökonomische Analyse, Göttingen 2006 (http://webdoc.sub.gwdg.de/univerlag/2006/mediati on.pdf); Zenk/Strobel/Hupfeld/Böttger, Gerichtsnahe Mediation in Niedersachsen – Die Evaluation eines Modellversuchs, Baden-Baden 2007; **Rheinland-Pfalz:** Neuert, Evaluation des Justizprojektes „Integrierte Mediation in Familiensachen im Bezirk des OLG Koblenz (http://in-mediation.eu/evaluation-integrierte-me diation); **Schleswig-Holstein:** Kaiser/Gabler, Strukturqualität und Ergebnisqualität in der Mediation – Ergebnisse aus der Kieler Longitudinalstudie (SchlHA 2015, 4; ZKM 2014, 180; s. auch ZKM 2023.4); **Thüringen:** Greger/Unberath, Thüringer Projekt Güterichter, Teil I: Empirische Daten (http://www.reinhard-greger.de/ikv-th ueringen1.pdf), Teil II: Bewertungen und Schlussfolgerungen (http://www.reinhard -greger.de/ikv-thueringen2.pdf).

47 Auf dem 8. Konfliktmanagement-Kongresses am 24.9.2011 in Hannover präsentierte Wolfgang Scheibel die These: „Die Marktlücke im Rechtssystem ist die Ursache für den Erfolg der richterlichen Mediation."

48 Greger (in Gläßer/Schroeter Gerichtliche Mediation, S. 357 (361)) spricht von einer geradezu idealen Synthese von Akzeptanz des Verfahrens und Vertrauen in seinen Leiter.

49 Nach Hess (ZZP 124 (2011), 137 (153)) geht es im Kern um den Einsatz moderner Konfliktlösungsmethoden im Rahmen anhängiger Verfahren und um eine Stärkung privatautonomer Konfliktlösung im Zivilprozess.

Berücksichtigung der Erkenntnisse anderer Disziplinen wie etwa der Sozialpsychologie über erfolgreiches Verhandeln.[50] Zudem hat die Mediation – und damit auch die gerichtsinterne Mediation – gegenüber dem Gerichtsverfahren erhebliche Vorteile im Hinblick auf Eigenverantwortlichkeit der Konfliktbeteiligten, Zeitdauer, Mitwirkung sämtlicher Konfliktbeteiligter, Selbstbestimmung auf der Verfahrensebene, etc und kann den Konfliktbeteiligten und ihrem Wunsch nach Artikulation und Wertschätzung auf diese Weise einen deutlich größeren Raum geben als das Erkenntnisverfahren.[51]

Andererseits blieb in der gerichtsinternen Mediation ein großer Vorteil des Gerichtsverfahrens erhalten: die Gewährung eines neutralen – und auch weithin als neutral akzeptierten – Forums. Dies galt zum einen in rein räumlicher Hinsicht, nämlich ein Ort, an dem die Parteien „auf neutralem Boden" zusammentreffen und über den Konflikt reden konnten, zum anderen hinsichtlich der Moderation der Gesprächsführung durch eine neutrale Person, nämlich den Richter in Form des Richtermediators bzw. Güterichters. Eine derartige, allseits als neutral anerkannte Person oder Instanz scheint im außergerichtlichen Bereich bisweilen zu fehlen.

Die Modellversuche zur Richtermediation zeigten aber auch, dass die Richterschaft, wie *Burkhard Hess* lobend feststellt, Offenheit für die Bedürfnisse der Streitparteien entwickelt und versucht hat, für die Justiz ein modernes und ausdifferenziertes Leitbild der Konfliktbehandlung zu entwickeln, das über die herkömmliche Alternative zwischen Prozessvergleich und streitigem Endurteil hinausgeht.[52] Damit ist gerichtsinterne Mediation in den letzten Jahren, so die Feststellung des Bundesrates, zu einem festen Bestandteil einer modernen und bürgernahen Justiz[53] und damit Bestandteil moderner Justizgewährleistung[54] geworden.

11 **3. Das Mediationsgesetz.** Das *„Gesetz zur Förderung der Mediation und anderer Verfahren der außergerichtlichen Konfliktbeilegung"* (s. o., Fn. 2) bestimmt ua das Verhältnis von Justiz und Mediation neu. Jenes war während des Gesetzgebungsverfahrens einer der größten Streitpunkte.[55] Die in diesem Punkt sehr unterschiedlichen Gesetzentwürfe bzw. die Endfassung des Gesetzes spiegeln die schon in der Phase der Modellprojekte divergierenden Ansätze und ihre jeweilige Verknüpfung mit dem Gütegedanken der ZPO.

12 a) Den Anstoß für das Mediationsgesetz lieferte die **Richtlinie 2008/52/EG des Europäischen Parlaments und des Rates vom 21.5.2008 über bestimmte Aspekte der Mediation in Zivil- und Handelssachen,**[56] die nach Art. 1 Abs. 2 Med-RiLi allerdings nur in eben diesen Rechtsgebieten und nur für grenzüberschreitende Streitigkeiten unmittelbar gilt. Die in ihr enthaltene Definition von Mediation schließt *„die Mediation durch einen Richter*

---

50 Ortloff NVwZ 2012, 1057.
51 Götz von Olenhusen DRiZ 2009, 360.
52 Hess ZZP 124 (2011), 137 (138).
53 BR-Drs. 10/12, 2.
54 Hess ZZP 124 (2011), 137 (154).
55 Vgl. Fritz ZKM 2015, 10 (10); Thole ZZP 127 (2014), 339 (340 u. 343 ff.).
56 ABl. L 136, 3 ff. (nachfolgend: Med-RiLi).

ein, der nicht für ein Gerichtsverfahren in der betreffenden Streitsache zuständig ist", im Gegensatz zu ausdrücklich ausgegrenzten *„Bemühungen zur Streitbeilegung des angerufenen Gerichts oder Richters während des Gerichtsverfahrens über die betreffende Streitsache"*, Art. 3 lit. a Abs. 2 Med-RiLi. Nach dieser Begriffsbestimmung unterlag gerichtliche Mediation nach dem Richtermediatorenmodell der Mediationsrichtlinie, während die obligatorische Güteverhandlung nach § 278 Abs. 2 ZPO gerade nicht darunter fällt. Auch das bisherige, auf der Figur des ersuchten Richters gem. § 278 Abs. 5 S. 1 ZPO aF basierende Güterichtermodell fiel nicht unter die Mediationsrichtlinie. Hierbei handelte es sich vielmehr ebenfalls um innerprozessuale Vermittlungsbemühungen.[57]

Einer Verbindung von Mediation und Zivilprozess steht die Mediationsrichtlinie damit jedenfalls nicht nur nicht im Wege; sie ermöglicht eine solche sogar explizit.

b) Sowohl der **Referenten-**[58] als auch der **Regierungsentwurf**[59] zum Mediationsgesetz sowie die **Stellungnahme des Bundesrates**[60] bezogen die Erfahrungen aus der Phase der Modellprojekte ein, indem sie bereits in der Begriffsbestimmung des § 1 Abs. 1 die richterliche bzw. gerichtsinterne Mediation als eine Form von Mediation neben der außergerichtlichen und der gerichtsnahen Mediation anerkannten. Sie verfolgten damit, wie bereits in der Bezeichnung als richterliche bzw. gerichtsinterne „Mediation" zum Ausdruck kommt, den methodischen Ansatz (→ Rn. 8). Konsequenterweise sollten auch für Richtermediatoren die in §§ 2 ff. geregelten Aufgaben, Offenbarungspflichten und Tätigkeitsbeschränkungen, insbesondere aber auch die Verschwiegenheitspflicht sowie die Aus- und Fortbildungsverpflichtung gelten.[61]

Der Referentenentwurf und die Stellungnahme des Bundesrates gestalteten das Verfahren der richterlichen Mediation in § 278a Abs. 2 ZPO-RefE bzw. § 278a Abs. 1a ZPO-BR-E recht detailliert aus und ermöglichten eine reibungslose Eingliederung in den Ablauf des Zivilprozesses.[62] Der Regierungsentwurf hielt den methodischen Ansatz zwar noch aufrecht, beschnitt die gerichtsinterne Mediation aber in mehrfacher Hinsicht.[63] Zum einen setzte er die gerichtsinterne Mediation gegenüber der gerichtsnahen Mediation zurück, indem er diese auf geeignete Fälle beschränkte und dem Richtermediator die im Referentenentwurf noch ausdrücklich zugestandene Befugnis zur Protokollierung von Prozessvergleichen, § 278a Abs. 2 S. 5 ZPO-RefE, fallen ließ, § 278a Abs. 1 S. 2 ZPO-RegE. Die in der

---

57 Greger NJW 2007, 3258 (3262).
58 Referentenentwurf des Bundesministeriums der Justiz vom 4.8.2010, http://rsw.beck.de/docs/librariesprovider5/rsw-dokumente/RefE_Mediationsgesetz_20100803, nachfolgend: Referentenentwurf/RefE).
59 Gesetzentwurf der Bundesregierung vom 12.1.2011, BT-Drs. 17/5335 (nachfolgend: Regierungsentwurf/RegE).
60 Stellungnahme des Bundesrates vom 18.3.2011, BR-Drs. 60/11 (nachfolgend: Stellungnahme Bundesrat/BR-E).
61 Begründung RefE, S. 24; Begründung RegE, BT-Drs. 17/5335, 21.
62 Vgl. Löer ZKM 2010, 179 (181 f.); Gläßer/Schroeter Gerichtliche Mediation/Löer S. 397 (403).
63 Hess (in Fischer/Unberath Mediationsgesetz, S. 17 (23)) spricht sogar von einer „Diskriminierung der gerichtsinternen Mediation".

Begründung[64] als Alternative genannte Vollstreckbarerklärung der Mediationsvereinbarung durch das Amtsgericht gem. § 796d ZPO-RegE hätte indes zu Zeitverzögerung und Mehrkosten[65] geführt. Damit behandelte der Regierungsentwurf den Richtermediator nicht wie einen Richter, sondern setzte ihn einem juristischen Laien gleich.[66] Zum anderen führte der Regierungsentwurf das – im Referentenentwurf noch nicht ausdrücklich enthaltene und explizit so bezeichnete – Institut des Güterichters in § 278 Abs. 5 ZPO-RefE ein,[67] um klarzustellen, dass das Güterichtermodell von der nunmehr ausdrücklichen gesetzlichen Regelung der gerichtsinternen Mediation unberührt bleiben soll.[68] Damit verfolgte er – parallel zum methodischen Ansatz – auch den prozessualen Ansatz (→ Rn. 8). Dadurch begründete der Regierungsentwurf aber zugleich ein Konkurrenzverhältnis zwischen Richtermediatoren und Güterichtern, weil der Güterichter auch Prozessvergleiche protokollieren durfte[69] und zudem nicht – wie die gerichtsinterne Mediation – von einem Umsetzungsakt der Landesregierung abhängig war, § 15 S. 1 GVG-RegE.[70]

15 c) Das vom Bundestag auf entsprechende **Empfehlung des Rechtsausschusses**[71] am 15.12.2011 beschlossene **Mediationsgesetz** verzichtet auf die drei in den Entwürfen noch definierten Formen von Mediation, nämlich außergerichtliche, gerichtsnahe und richterliche bzw. gerichtsinterne Mediation,[72] und schaffte Mediation innerhalb des Gerichts, jedenfalls unter diesem Begriff und in institutionalisierter Form, ab.[73] Damit gab es seinem Wortlaut nach den methodischen Ansatz gänzlich auf und verfolgte ausschließlich den prozessualen Ansatz (→ Rn. 8) weiter, nämlich ein „**erweitertes Güterichterkonzept**".[74, 75]

In dieses sollten nach der Begründung des Rechtsausschusses freilich die bisher praktizierten unterschiedlichen Modelle der gerichtsinternen Mediation „*überführt*" werden. Zudem sollten, so ein weiteres Anliegen des Rechtsausschusses, die Kompetenzen und Erfahrungen der bisherigen richterlichen Mediatoren und die entsprechenden Aus- und Fortbildungsmaßnahmen der Länder in vollem Umfang weiter genutzt und fortentwickelt

---

64 Begründung RegE, BT-Drs. 17/5335, 21.
65 Eine Vollstreckbarerklärung gem. § 796d ZPO-RegE sollte nach Nr. 2118 Anlage 1 GKG-RegE eine Gebühr in Höhe von 50 EUR auslösen.
66 Fischer/Unberath Mediationsgesetz/Hess, S. 17 (24).
67 Erstmals zu finden ist der „Güterichter" im Gesetzesantrag des Freistaates Bayern an den Bundesrat vom 1.10.2004 (BR-Drs. 747/04).
68 So ausdrücklich: Begründung RegE, BT-Drs. 17/5335, 20.
69 Begründung RegE, BT-Drs. 17/5335, 20.
70 Gläßer/Schroeter Gerichtliche Mediation/Löer, S. 397 (409).
71 Beschlussempfehlung und Bericht des Rechtsausschusses vom 30.11.2011, BT-Drs. 17/8058 (nachfolgend: Empfehlung Rechtsausschuss).
72 § 1 Abs. 1 S. 2 Nr. 1–3 MediationsG-RefE und -RegE.
73 Dies wurde in der Literatur teilweise als Abschied von der Richtermediation (Plassmann AnwBl 2012, 151) oder sogar als deren künftiges generelles Verbot (Prütting AnwBl 2012, 204 (206); Henssler/Deckenbrock DB 2012, 159 (161)) verstanden (Röthemeyer ZKM 2012, 116).
74 „Erweitert" auch deswegen, weil das Güterichterkonzept auf die Verfahrensordnungen der Arbeits-, Sozial-, Verwaltungs-, Patent-, Marken- sowie Finanzgerichte ausgedehnt wurde (Empfehlung Rechtsausschuss, BT-Drs. 17/8058, 1 und 17).
75 Fritz/Pielsticker MediationsG-HdB/Fritz ZPO § 278 Rn. 24 ff.

werden.[76] Auch wenn ein Güterichter kein Mediator sei, könne er in einer Güteverhandlung zahlreiche Methoden und Techniken der Mediation einsetzen. Als solche zählt die Begründung beispielhaft auf: das sogenannte aktive Zuhören, die Widerspiegelung von Erklärungen und Botschaften der Parteien in deeskalierender Weise, die Umwandlung von Beschwerden in verhandelbare Themen, die Technik des offenen Fragens, die Erarbeitung von Fairnesskriterien zur Lösung des Konflikts sowie die Entwicklung von realisierbaren Probe- und Teillösungen.[77] Dem Güterichter sollte es demnach, auch wenn er nicht Mediator ist und keine Mediation durchführt, erlaubt sein, auch Methoden und Techniken der Mediation anzuwenden,[78] also mediativ zu arbeiten.[79]

Dies kam in den Stellungnahmen der Fraktionen während des Beratungsverlaufs noch deutlicher zum Ausdruck, wenn beispielsweise das Güterichtermodell als Konzept beschrieben wurde, *„das sowohl der Mediation im Gericht als auch der außerhalb des Gerichts gerecht werde"*, von *„Mediation in Gestalt des Güterichtermodells"* gesprochen wurde und das Modell des erweiterten Güterichters, *„das die mediativen Elemente der bisherigen gerichtlichen Mediation zum großen Teil übernehme"*, dazu dienen soll, es der Richterschaft zu ermöglichen, *„ihre in den vergangenen Jahren unter der Bezeichnung Mediation erfolgreich betriebenen Aktivitäten fortsetzen"* zu können.[80]

16

Ähnlich äußerten sich auch nahezu sämtliche Redner in der 2. und 3. Lesung im Bundestag.[81] *MdB Ahrendt*, Berichterstatter der FDP im Rechtsausschuss, führte noch weitergehend aus, dass es weiterhin eine gerichtliche Mediation gebe, *„quasi in ein Güterichtermodell eingekleidet"*. Dieses Bild fortführend stellte er fest: *„Sie [die gerichtliche Mediation] wird nicht abgeschafft, sondern in ein neues Kleid gesteckt."*[82] Es bestand im Bundestag damit parteiübergreifend Konsens, dass die bisherige richterliche Mediationstätigkeit im Güterichterkonzept fortgeführt werden sollte.

Betrachtet man das Ergebnis und den Weg dessen Zustandekommens in der parlamentarischen Arbeit, ergibt sich bei diesem ersten Bundestagsbeschluss eine **Diskrepanz zwischen „Beschlossenem" und „Gewolltem"**. Der Wortlaut des Mediationsgesetzes beschränkt sich in dieser Fassung, ganz

17

---

76 Empfehlung Rechtsausschuss, BT-Drs. 17/8058, 1 und 17; ebenso: Leutheusser-Schnarrenberger ZKM 2012, 72 (73).
77 Empfehlung Rechtsausschuss, BT-Drs. 17/8058, 17/18.
78 Dies war bereits in den vorausgehenden Modellprojekten zum Güterichter der Fall (vgl. Greger ZRP 2006, 229; Greger ZKM 2006, 68; Greger ZKM 2007, 180 (181); Greger ThürVBl. 2010, 6).
79 Spitzfindig betrachtet wirft diese Begründung die Frage auf, wie sich – dem Güterichter nach der Gesetzesfassung erlaubtes – Mediieren, also die Anwendung der Konfliktlösungsmethode Mediation, von der – ihm untersagten – Mediation, also der Durchführung des formalen Konfliktbeilegungsverfahrens, abgrenzt (vgl. Trossen ZKM 2012, 29).
80 Empfehlung Rechtsausschuss, S. 16. Nach dem Berichterstatter der CDU/CSU-Fraktion, MdB Prof. Dr. Sensburg, sollten im Rahmen des Güterichtermodells „beinahe alle mediativen Methoden angewandt werden" können (NJW-aktuell 52/2011, 14).
81 Stenografischer Bericht der 149. Sitzung vom 15.12.2011, S. 17759, 17837 ff., http://dipbt.bundestag.de/dip21/btp/17/17149.pdf.
82 Stenografischer Bericht der 149. Sitzung vom 15.12.2011, S. 17838 (B).

der gesetzgeberischen Tradition seit 1877 in diesem Punkte folgend, auf eine rein prozessuale Einbindung des neu geschaffenen Güterichters, ohne aber dessen Kompetenzen und die von ihm anzuwendenden Methoden explizit zu regeln,[83] obwohl durchaus intendiert ist und in der Empfehlung des Rechtsausschusses auch explizit zum Ausdruck gebracht wird, dass der Güterichter jedenfalls auch interessenorientiert (→ MediationsG § 2 Rn. 82) und unter Anwendung moderner Konfliktlösungstechniken arbeiten kann.

Damit stand zu diesem Zeitpunkt des Gesetzgebungsverfahrens fest, dass zwar innerhalb des Gerichtsprozesses kein Raum für ein institutionalisiertes Mediationsverfahren, im Werkzeugkasten des Güterichters aber Platz sein sollte sowohl für die Verhandlungsmethode Mediation[84] als auch für andere Methoden der außergerichtlichen Konfliktbeilegung.[85]

18 d) Gegen das vom Bundestag beschlossene Mediationsgesetz legte der **Bundesrat Einspruch** ein, und zwar mit dem einzigen Ziel, die richterliche Mediation in den Prozessordnungen ausdrücklich zu verankern.[86] Die im **Vermittlungsausschuss** erzielte,[87] sodann vom Bundestag beschlossene[88] und vom Bundesrat akzeptierte[89] Fassung des Mediationsgesetzes behält das **erweiterte Güterichtersystem** einschließlich der **Abschaffung der gerichtsinternen Mediation** und damit den prozessualen Ansatz (→ Rn. 8) bei. Sie ergänzt diesen aber **um ein methodisches Element**, indem § 278 Abs. 5 S. 2 ZPO ausdrücklich festschreibt, dass der Güterichter „*alle Methoden der Konfliktbeilegung einschließlich der Mediation*" einsetzen kann. Hiermit korrespondiert die nunmehr in § 278 Abs. 5 S. 1 ZPO enthaltene Legaldefinition des Güterichters als ua nicht entscheidungsbefugtem Richter. Damit verfolgt das Mediationsgesetz in seiner endgültigen Fassung hinsichtlich des Verhältnisses von Mediation und Streitentscheidung primär den prozessualen Ansatz, allerdings mit methodischer Ergänzung.

19 Dem zur Folge verbleibt es dabei, dass der Begriff der „gerichtsinternen Mediation" zugunsten des (erweiterten) Güterichtermodells aufgegeben

---

83 Vgl. Hess ZZP 124 (2011), 137 (159), der bereits zu § 278 Abs. 5 ZPO-RegE ausführt, dass diese rudimentäre Regelung lediglich festhalte, dass es „Güterichter" geben könne und dass diese wohl keine Richtermediatoren seien.
84 IE ebenso Tautphäus/Fritz/Krabbe NJW 2012, 364 (365). Busemann (ZKM 2012, 55 (56)) spricht insoweit von „Mediation im materiellen Sinne". Henssler/Deckenbrock (DB 2012, 159 (161)) unterscheiden zwischen der künftig untersagten „echten" gerichtsinternen Mediation und vom Güterichter anwendbaren Mediationstechniken und Methoden. Auch nach Prütting (AnwBl 2012, 204 (207)) kann der Güterichter zwar alle ihm zu Gebot stehenden mediativen Mittel einsetzen, ist aber nicht echter Mediator.
85 Der niedersächsische Justizminister Busemann brachte es im Bundesrat auf die Formel: „Es steht zwar nicht Mediation drauf, es ist aber Mediation drin." (Stenografischer Bericht der 892. Sitzung vom 10.2.2012, S. 58 (B); http://www.bundesrat.de/SharedDocs/downloads/DE/plenarprotokolle/2012/Plenarprotokoll-892.pdf?_blob=publicationFile&v.=3).
86 Anrufung des Vermittlungsausschusses durch den Bundesrat vom 10.2.2012, BR-Drs. 10/12.
87 Beschlussempfehlung des Vermittlungsausschusses vom 27.6.2012, BT-Drs. 17/10102.
88 Beschluss vom 28.6.2012, BT-PlPr 17/187.
89 Beschluss vom 29.6.2012, BR-Drs. 377/12.

wurde und ein institutionalisiertes Mediationsverfahren mit einem Richter als Mediator nicht in einen Gerichtsprozess integriert werden darf. Die Bezeichnung „Mediator" bleibt vielmehr – nach Ablauf der Übergangsfrist des § 9 MediationsG – der außergerichtlichen Mediation vorbehalten.[90] Gleichwohl dürfen die Gerichte, und zwar durch den Güterichter, uneingeschränkt die Methode der Mediation und andere interessenorientierte Konfliktbeilegungsmethoden anwenden.[91]

e) Warum verzichtet der Gesetzgeber aber, nachdem die beiden Entwürfe und die Stellungnahme des Bundesrates der gerichtlichen Mediation noch eine rechtliche Grundlage verschaffen wollten[92] und obwohl jene nach der EU-Mediationsrichtlinie ausdrücklich vorgesehen sowie mit positiven Erfahrungen in den Modellprojekten erprobt war, letztendlich doch auf gerichtsinterne Mediation und zwischenzeitlich sogar auch auf inhaltliche oder methodische Vorgaben für den Güterichter im Gesetzeswortlaut?

Der wesentliche Grund für den Verzicht auf gerichtliche Mediation als eigenständigem Institut liegt nach der vehementen Kritik im Laufe des Gesetzgebungsverfahrens,[93] die geradezu in einen Positionenkampf[94] ausartete,[95] auf der Hand, nämlich schlichtes **Wettbewerbs- und Konkurrenzdenken**.[96] Dieses entzündete sich – bereits in der Phase der Modellprojekte – in erster Linie an der (angeblichen) Kostenfreiheit der Richtermediation und fand während des Gesetzgebungsverfahrens weitere Nahrung durch die Versagung einer Mediationskostenhilfe und weitreichender Kosten- und Gebührenanreize zugunsten der außergerichtlichen Mediation.[97] Dem trägt

---

90 So auch die Pressemitteilung des Bundesrates vom 29.6.2012, http://www.bundesr at.de/SharedDocs/pm/2012/097-2012.html?nn=4374836. Ebenso: Ortloff NVwZ 2012, 1057 (1058); Röthemeyer ZKM 2012, 116 (117); Wagner ZKM 2012, 110 (113); Ahrens NJW 2012, 2465 (2467).
91 Heribert Prantl kommentierte in der Süddeutschen Zeitung vom 2.7.2012 den vom Vermittlungsausschuss gelösten Streit in der Frage, ob eine Mediation auch an Gerichten stattfinden darf, treffend: „Sie darf dort nur nicht so heißen. Bei Gericht heißt der Mediator „Güterichter".
92 Begründung RefE (Fn. 57), S. 1; Begründung RegE, BT-Drs. 17/5335, 1; Stellungnahme Bundesrat, BR-Drs. 60/11, Begründung zu Ziff. 1.
93 Insbesondere seitens der Bundesrechtsanwaltskammer (Stellungnahme Nr. 27/2010, S. 5 ff., https://www.brak.de/interessenvertretung/stellungnahme n-der-brak/stellungnahmen-pdf/stellungnahmen-deutschland/2010/?tx_wwt3list_f ilelist%5Baction%5D=index&tx_wwt3list_filelist%5Bcontroller%5D=Filelist&t x_wwt3list_filelist%5Bpage%5D=3&cHash=cf9b4eb694bd4ba196eb235571cea5 0d#c1293; Presseerklärung Nr. 1 vom 14.1.2011, https://www.brak.de/presse/press eerklaerungen/presseerklaerungen-archiv/2011/presseerklaerung-1-2011/) und des Deutschen Anwaltsvereins (Stellungnahme Nr. 58/2010, S. 9 ff., https://anwaltverei n.de/de/newsroom/id-2010-58).
94 Vor allem hinsichtlich der Befugnis von Richtermediatoren zur Protokollierung von Prozessvergleichen und der Frage der Kostenfreiheit des richterlichen Mediationsangebotes.
95 Vgl. Gläßer ZKM-Editorial 1/2011; Moltmann-Willisch/Kraus/von Hammerstein ZKM 2011, 26 (27).
96 Röthemeyer ZKM 2012, 116 (117); Sporré DRiZ 2011, 222 und 224; Henssler/ Deckenbrock DB 2012, 159 (161); Ortloff NVwZ 2012, 1057 (1059).
97 Vgl. zB: Plassmann AnwBl 2011, 123 (124); Ewer AnwBl 2012, 18 (20); ferner: Engel/Hornuf ZZP 124 (2011), 505 (514) auf der Basis einer empirischen Studie; und immer noch: Duve ZKM 2012, 108; Jung ZKM 2013, 63 (65); Buschmann AnwBl 2013, 508 (509); aA Busemann ZKM 2012, 55 (56).

auch die Beschlussempfehlung des Rechtsausschusses Rechnung, wenn dieser – als Alternative zur Einführung von Gebühren für die gerichtsinterne Mediation – eine klare gesetzliche Abgrenzung der richterlichen Streitschlichtung von der Mediation als Begründung für das erweiterte Güterichterkonzept angibt und mit diesem die Möglichkeiten für die Entwicklung der außergerichtlichen Mediation und anderer Formen der außergerichtlichen Konfliktbeilegung erweitern will.[98] Der (rechts-)politische Kompromiss ist auch daran erkennbar, dass in der Begründung zum Regierungsentwurf noch acht Punkte angeführt wurden, in denen sich das Güterichtermodell grundlegend von der Mediation unterscheidet,[99] nach der ersten Gesetzesfassung des Bundestages aber richterliche Mediationstätigkeit im erweiterten Güterichterkonzept fortgeführt werden sollte, ohne dass der Gesetzeswortlaut insoweit geändert wurde.[100]

Auch der zwischenzeitliche Verzicht auf inhaltliche und methodische Vorgaben für den Güterichter im Gesetzeswortlaut leuchtet nicht ohne Weiteres ein. Ganz im Gegenteil macht eine Verlagerung der Güteverhandlung gem. § 278 Abs. 2 ZPO vom Streitrichter auf den Güterichter nur dann Sinn, wenn dieser eine andere und auch methodisch über § 278 Abs. 2 S. 2, 3 ZPO (Erörterung des Sach- und Streitstandes, Stellen von Fragen, persönliche Anhörung der Parteien) hinausgehende Vorgehensweise praktizieren kann. Es wäre hilfreich gewesen, wenn der Gesetzgeber von vorneherein diese und die dafür in Betracht kommenden Methoden und Techniken nicht nur in der Begründung der Beschlussempfehlung des Rechtsausschusses beispielhaft aufgeführt und in der Bundestagsdebatte auf die beabsichtigte Beibehaltung der bisherigen Praxis hingewiesen hätte, sondern die weitergehenden inhaltlichen und methodischen Kompetenzen des Güterichters auch ausdrücklich im Gesetzestext angesprochen hätte. Dies wurde erst im Vermittlungsausschuss durch § 278 Abs. 5 S. 2 ZPO nachgeholt.

21 f) Das Mediationsgesetz hat für die Justiz auf der einen Seite zur Folge, dass es für gerichtliche Mediation, die auch als solche bezeichnet und institutionalisiert wird, keine rechtliche Grundlage mehr gibt. Insbesondere kann nach der bewussten Entscheidung des Gesetzgebers gegen gerichtsinterne Mediation in Ermangelung einer planwidrigen Regelungslücke nicht mehr auf die in den Modellprojekten zugrunde gelegte Analogie zurückgegriffen werden.[101] Vielmehr ist „Mediation" als förmliches Verfahren aus dem gerichtsinternen Bereich künftig gleichsam verbannt.[102] Damit **entfällt**

---

98 Empfehlung Rechtsausschuss, BT-Drs. 17/8058, 1 und 17.
99 Siehe Begründung RegE, BT-Drs. 17/5335, 20.
100 § 278 Abs. 5 S. 1 ZPO gem. Bundestagsbeschluss vom 15.12.2011 wurde gegenüber dem RegE lediglich um die Wörter „sowie für weitere Güteversuche" erweitert. Dies vermag, wie der nordrhein-westfälische Justizminister Kutschaty im Bundesrat zu Recht festgestellt hat (Stenografischer Bericht der 892. Sitzung vom 10.2.2012, S. 30/31; http://www.bundesrat.de/SharedDocs/downloads/DE/plenarprotokolle/2012/Plenarprotokoll-892.pdf?__blob=publicationFile&v.=3), den Bedeutungswandel des Güterichtermodells nicht zu erklären.
101 Vgl. Löer ZKM 2010, 179 (181); Schmidbauer ZKM 2012, 88 (90).
102 Dies entspricht durchaus dem Beschluss der Konferenz der Justizministerinnen und -minister v. 29./30.6.2005 (Ziff. 2.2 Nr. 9, veröffentlicht zB in DRiZ 2005, 213 (215)), die gerichtsinterne Mediation „als Übergangslösung" ansah. Jedoch

ein **Schlüsselbegriff** („Mediationsverfahren"), sowohl für die Bürger, an die sich dieses Angebot der Justiz richtet und die sich aufgrund des Freiwilligkeitsgrundsatzes positiv zu diesem bekennen müssen, als auch für die Richtermediatoren in deren täglichen Rechtfertigungsbemühungen gegenüber kritischen Richterkollegen, Rechtsanwälten und Justizverwaltungen.

Auf der anderen Seite eröffnet die Figur des Güterichters die Möglichkeit, den Parteien auch künftig noch nach Klageerhebung, also während des laufenden Gerichtsverfahrens, innerhalb des Gerichts und unter dem Eindruck einer Richterpersönlichkeit eine eigenverantwortliche Streitbeilegung anzubieten.[103] Auch wird eine Aufhebung der personellen Identität zwischen Güterichter und Streitrichter ermöglicht, die für eine interessenorientierte Konfliktbearbeitung unabdingbar ist.[104]

22

Glücklicherweise hat sich der Gesetzgeber zu der Formulierung von § 278 Abs. 5 S. 2 ZPO durchgerungen (→ Rn. 18), so dass keine Zweifel bestehen, dass Güterichter auch interessenorientiert sowie unter Anwendung moderner Konfliktlösungstechniken, insbesondere Mediation,[105] arbeiten können. Dies stellt einen deutlichen Fortschritt gegenüber der ZPO-Reform 2002 dar, in der für die neu geschaffene Güteverhandlung inhaltliche und methodische Impulse unterblieben (→ Rn. 5).

23

Schließlich hat der Güterichter durch die Legaldefinition in § 278 Abs. 5 S. 1 ZPO eine eigenständige Stellung gerade auch in Abgrenzung zum beauftragten und ersuchten Richter (→ ZPO § 278 Abs. 5 Rn. 8 f.) erhalten. Dies war in der ersten Fassung des vom Bundestag beschlossenen Mediationsgesetzes noch unzureichend.[106]

24

II. Das Verhältnis von Güterichtermodell und gerichtsinterner Mediation

1. Abgrenzung. Eigentlich schon seit Beginn der Modellprojekte zum Güterichter,[107] spätestens aber mit Einführung des Instituts des Güterichters in § 278 Abs. 5 ZPO nF durch den Regierungsentwurf,[108] parallel zur gerichtsinternen Mediation gem. § 1 Abs. 1 S. 2 Nr. 3 MediationsG-RegE iVm § 15 GVG-RegE, § 278a Abs. 1 S. 2 ZPO-RegE, steht die Frage im Raum, wie sich die unterschiedlichen dogmatischen Ansätze – methodischer bzw. prozessualer Ansatz (→ Rn. 8) – auf deren organisatorische

25

---

sprachen sich die Justizministerinnen und -minister am 9.11.2011 für eine gesetzliche Verankerung der richterlichen Mediation aus (TOP I.10 http://www.bundesrat.de/SharedDocs/downloads/DE/plenarprotokolle/2012/Plenarprotokoll-892.pdf?__blob=publicationFile&v.=3).
103 Ähnlich: Greger AnwBl 2013, 504 (504).
104 Dies war der Ansatz für die Modellprojekte zur gerichtlichen Mediation (vgl. Löer ZKM 2005, 182 (183 f.); Löer ZZP 119 (2005), 199 (203 f.)).
105 Auch eine Co-Mediation, sei es unter Hinzuziehung eines weiteren Güterichters oder eines außergerichtlichen Mediators, ist möglich (→ ZPO § 278 Rn. 25).
106 Vgl. Röthemeyer ZKM 2012, 116.
107 Erstmals wurde das Güterichtermodell in Bayern praktiziert. Das Justizministerium initiierte 2005 das Projekt „Güterichter" an acht bayerischer Landgerichten (von Bargen Gerichtsinterne Mediation, S. 74; vgl. auch Fn. 39).
108 Der Referentenentwurf sah einen „Güterichter" noch nicht explizit vor (vgl. § 278 Abs. 5 ZPO-RefE).

Umsetzung und auf die inhaltliche Tätigkeit von Richtermediatoren und Güterichtern auswirken.

Der Gesetzgeber brachte seine Vorstellungen hinsichtlich der Abgrenzung von Güterichter und richterlichem Mediator nur unzureichend zum Ausdruck. Zwar führte die Begründung des Regierungsentwurfs einige Punkte an, in denen sich Güterichter und Richtermediator unterscheiden.[109] Bei dem nachfolgenden Wechsel zum sog. erweiterten Güterichterkonzept durch den Rechtsausschuss (→ Rn. 15) standen aber neben der Erläuterung der Erweiterungen die dem Güterichter im Gegensatz zum Streitrichter obliegenden Kompetenzen – und nicht die Abgrenzung zum nunmehr aufgegebenen Richtermediator – im Vordergrund.[110] Für die Modifikation durch den Vermittlungsausschuss fehlt es überhaupt an einer amtlichen Begründung. Ein einheitliches Bild der **Vorstellungen des Gesetzgebers** hinsichtlich der Abgrenzung von Güterichter und Richtermediator ist in den Gesetzesmaterialien somit nicht zu finden. Ein solches versucht die nachfolgende Tabelle zu vermitteln.[111] Sie geht in der Spalte „Güterichter" von der endgültigen Gesetzesfassung aus. Um die Entwicklung im Laufe des Gesetzgebungsverfahrens kenntlich zu machen, sind Abweichungen in früheren Gesetzesstadien ebenfalls aufgeführt.

Tabelle: Güterichter – Richtermediator

	Güterichter gem. § 278 Abs. 5 ZPO nF erstmals: § 278 Abs. 5 ZPO-RegE	richterlicher Mediator iSv § 1 Abs. 1 S. 2 Nr. 3 MediationsG-RegE
Initiative	Gesetzesfassung: ■ Verweisung im Ermessen des Gerichts, § 278 Abs. 5 S. 1 ZPO („kann")[112] Regierungsentwurf: ■ Verweisung allein im Ermessen des Gerichts Empfehlung Rechtsausschuss: ■ Verweisung nur mit Einverständnis der Parteien	Durchführung nur mit Zustimmung der Parteien

---

109 S. Begründung RegE, BT-Drs. 17/5335, insbes. S. 20, zudem S. 13, 15, 17, 21.
110 Vgl. Empfehlung Rechtsausschuss, BT-Drs. 17/8058, insbes. S. 17 f., 21.
111 Vgl. auch die Tabelle bei: Carl ZKM 2012, 16 (19) (bis Stand erster Bundestagsbeschluss).
112 Ein Einverständnis der Parteien ist lediglich mit der Anwendung einer auf dem Freiwilligkeitsgrundsatz basierenden Konfliktbeilegungsmethode erforderlich (→ ZPO § 278 Rn. 14).

Auswirkung auf das Gerichtsverfahren	Regierungsentwurf: ■ Fortführung des Verfahrens	Anordnung des Ruhens des Verfahrens, § 278a Abs. 2 ZPO-RegE, § 251 ZPO
Status	—[113] Regierungsentwurf: ■ gesetzlicher Richter iSv § 16 S. 2 GVG Empfehlung Rechtsausschuss: ■ zu regeln im Geschäftsverteilungsplan Regierungsentwurf: ■ gehört zwingend demselben Gericht an wie der verweisende Richter Empfehlung Rechtsausschuss: ■ kann auch einem anderen Gericht derselben oder einer anderen Gerichtsbarkeit angehören[114]	von den Parteien frei wählbar kann auch einem anderen Gericht angehören
Aus-, Fortbildung	—[115]	Anforderungen des § 5 MediationsG-RegE gelten
Recht zur Akteneinsicht	Regierungsentwurf: ■ freie Einsicht in die Prozessakte	Einsicht nur mit Zustimmung der Parteien
Freiwilligkeit	Regierungsentwurf: ■ bestimmt den Termin zur Güteverhandlung, §§ 272, 216 ZPO	spricht den Termin ab und lädt zu diesem ein

---

113 Die endgültige Gesetzesfassung geht wohl davon aus, dass der Güterichter nicht gesetzlicher Richter ist (→ ZPO § 278 Fn. 7).
114 Eine Beschränkung des Güterichtereinsatzes auf gerichtsinterne Lösungen, die im RegE in Abgrenzung zur gerichtsinternen Mediation noch enthalten war, ist nach deren Wegfall, so die Empfehlung des Rechtsausschusses (S. 21), nicht mehr sachdienlich.
115 Für Güterichter sind besondere Anforderungen an die Aus- und Fortbildung nicht ausdrücklich normiert (vgl. Sensburg NJW-aktuell 52/2011, 14 bzgl. § 5 MediationsG). Allerdings wird § 5 MediationsG für analog anwendbar gehalten (so Ortloff NVwZ 2012, 1057 (1060); hierzu → ZPO § 278 Rn. 11, 15).

Vertraulichkeit	Empfehlung Rechtsausschuss: ■ es gilt das jedem Richter gem. § 383 Abs. 1 Nr. 6 ZPO zustehende Zeugnisverweigerungsrecht Regierungsentwurf: ■ nicht gesetzlich geschützt Empfehlung Rechtsausschuss: ■ Ausschluss der Öffentlichkeit Gesetzesfassung: ■ Protokollaufnahme bei Güterichter nur auf übereinstimmenden Antrag, § 159 Abs. 2 S. 2 ZPO nF Empfehlung Rechtsausschuss: ■ Protokollaufnahme bei ersuchtem Richter nur auf übereinstimmen-den Antrag	in den Grenzen von § 4 MediationsG-RegE geschützt: Zeugnisverweigerungsrecht gem. § 383 Abs. 1 Nr. 6 ZPO –[116]

Methodisches Vorgehen	Gesetzesfassung:
	■ alle Methoden der Konfliktbeilegung einschließlich der Mediation
	Empfehlung Rechtsausschuss:
	■ grundsätzlich frei, aber auch:
	  – Einsatz von zahlreichen Methoden und Techniken der Mediation, zB aktives Zuhören
	  – Wiederspiegelung von Erklärungen und Botschaften
		Mediation

---

[116] Nicht ausdrücklich in der Begründung des Regierungsentwurfs bzw. der Empfehlung des Rechtsausschusses angesprochen, in der Praxis aber idR ebenso gehandhabt.

	der Parteien in deeskalierender Weise – Umwandlung von Beschwerden in verhandelbare Themen – Technik des offenen Fragens – Erarbeitung von Fairnesskriterien zur Lösung des Konflikts – Entwicklung von realisierbaren Probe- und Teillösungen ■ rechtliche Bewertung, Lösungsvorschläge zulässig _[117]	keine rechtliche Bewertung, keine Lösungsvorschläge Einzelgespräche möglich, § 2 Abs. 3 S. 3 MediationsG-RegE
Einbeziehung Dritter	_[118]	mit Zustimmung aller Parteien möglich, § 2 Abs. 4 MediationsG-RegE
Abschluss des Verfahrens	Regierungsentwurf: ■ Protokollierung eines Prozessvergleichs möglich Gesetzesfassung: ■ keine Festsetzung des Streitwerts[119] Regierungsentwurf: ■ Festsetzung des Streitwerts	nur privatschriftliche Dokumentation einer Abschlussvereinbarung; diese kann gem. § 796d ZPO-RegE für vollstreckbar erklärt werden Unterbreiten von Vorschlägen für die Bemessung des Streitwerts

Trotz dieser Unterschiede, die sich während der Phase der Modellprojekte in der täglichen Praxis, teils auch aufgrund kompensierender Maßnah- **26**

---

117 Nicht ausdrücklich in der Begründung des Regierungsentwurfs bzw. der Empfehlung des Rechtsausschusses angesprochen, in der Praxis aber idR ebenso gehandhabt.
118 Nicht ausdrücklich in der Begründung des Regierungsentwurfs bzw. der Empfehlung des Rechtsausschusses angesprochen, in der Praxis aber idR ebenso gehandhabt.
119 Str., → ZPO § 278 Rn. 18 mwN.

men,[120] nicht wesentlich auswirkten (→ Rn. 8), ist beiden dogmatischen Ansätzen **gemeinsam**, dass die **personelle Identität** zwischen einerseits dem zuständigen **Streitrichter** und andererseits dem **Vermittler**, also dem Richtermediator bzw. dem Güterichter **aufgehoben** wird. Dies ist eine wesentliche Voraussetzung für die Anwendung von interessenorientierten und damit auf der Offenheit der Parteien basierenden Konfliktbeilegungsmethoden.[121] Denn wer befürchten muss, dass ein in Anwesenheit des ggf. auch zur Streitentscheidung berufenen Richters geführtes Einigungsgespräch scheitern könnte mit der Folge, dass der Rechtsstreit von jenem Richter autoritativ und in Kenntnis der im Einigungsgespräch erlangten Informationen zu entscheiden wäre, der wird sicherlich weniger offen und ehrlich seine wirklichen Interessen darlegen. Vielmehr wird er häufig schon aus Vorsicht darum bemüht sein, keine Angriffsfläche zu bieten, und daher eher kontradiktorisch als konsensual mit der Gegenseite verhandeln.

27 **2. Vor- und Nachteile des Güterichtermodells.** a) Das Güterichtermodell gewährleistet eine **flexiblere Verfahrensgestaltung** als das Richtermediatorenmodell. Da es den Güterichter nicht auf die Konfliktbeilegungsmethode Mediation festlegt, sondern eine im Einzelfall angemessene, in der Methodik freie Konsenslösung fördern und prozessual ermöglichen will (→ Rn. 8), eröffnet es Raum sowohl für ein evaluatives Vorgehen, eine Konfliktmoderation, ein qualifiziertes Vergleichsgespräch, eine Schlichtung des Streits etc als auch für die Anwendung sämtlicher ADR-Methoden einschließlich Mediation oder einzelner ihrer Techniken (→ ZPO § 278 Rn. 13). Insofern sieht sich das Güterichtermodell – im Gegensatz zur Richter-„mediation" – nicht dem Vorwurf ausgesetzt, etwas zu versprechen, das in der täglichen Praxis zumindest nicht zu 100 % umgesetzt wird.

28 Zudem betont das „Güterichter"-modell, wie bereits der Begriff durch den Bezug zu der nur von einem Richter durchzuführenden Güteverhandlung gem. § 278 Abs. 2 ZPO zum Ausdruck bringt, zweifelsfrei die **Richtereigenschaft** des Güterichters (→ ZPO § 278 Rn. 7); dies war für die Richtermediation, die oftmals durchgeführt wurde, während das Gerichtsverfahren ruhte,[122] höchst streitig.[123] Damit bestehen keine Besonderheiten bezüglich der dem Güterichter zustehenden Kompetenzen, wie beispielsweise dem Recht zur Akteneinsicht, der Beurkundungsfunktion, der für ihn

---

120 Bspw. durch das Heranziehen der Figur des ersuchten Richters zum Zwecke der Vergleichsprotokollierung im Wege einer Analogie zu § 278 Abs. 5 S. 1 ZPO (→ Rn. 8).
121 Die Aufhebung der personellen Identität zwischen Streitrichter und Vermittler war sicherlich ein weiterer Grund für den Erfolg der Richtermediation (→ Rn. 10).
122 Vgl. von Bargen, S. 328 f.
123 Zum Streitstand, ob die gütliche Beilegung des Rechtsstreits durch Richtermediation als Rechtsprechung iSv Art. 92 GG, § 1 DRiG oder als Aufgabe der Justizverwaltung gem. § 4 Abs. 2 Nr. 1 DRiG zu qualifizieren ist, vgl. Hess (ZZP 124 (2011), 137 (149), mwN Fn. 82, 84) und von Bargen (S. 227 f., mwN Fn. 110).

geltenden Haftungsbeschränkungen und auch der für das Verfahren vor dem Güterichter anfallenden Kosten[124] (→ ZPO § 278 Rn. 16 f., 32).

Ein zwar eher rechtspolitischer, aber als solcher, wie der Ablauf des Gesetzgebungsverfahrens deutlich aufgezeigt hat (→ Rn. 20), keinesfalls zu unterschätzender Vorteil des Güterichtermodells liegt darin, dass es durch den Verzicht auf eine Wortverbindung mit „Mediation" schon begrifflich eine – vermeintliche – Konkurrenz zur außergerichtlichen Mediation vermeidet.[125]

Ferner kommt das Güterichtermodell, da es unmittelbar in der ZPO und den Prozessordnungen der Fachgerichtsbarkeiten geregelt ist, **bundesweit und in allen Gerichtsbarkeiten** zur Anwendung.[126] Dies war im Laufe des Gesetzgebungsverfahrens für die Richtermediation nicht mehr der Fall. Der Regierungsentwurf machte die gerichtsinterne Mediation vielmehr von einem Umsetzungsakt der Landesregierungen abhängig, § 15 S. 1 GVG-RegE, um deren unterschiedlichen Ausprägungen in den Ländern Rechnung zu tragen.[127] Diese Öffnungsklausel hätte zu einer bundesweit uneinheitlichen Ausbreitung der gerichtsinternen Mediation geführt.

b) Während die von der EU-Mediationsrichtlinie explizit eingeschlossene (→ Rn. 12) Richtermediation auch in anderen Ländern bekannt ist,[128] ist der **Begriff „Güterichter" international nicht übersetzbar**.[129] Der bundesdeutsche Gesetzgeber beabsichtigte bei der Umsetzung der Mediationsrichtlinie hinsichtlich des gerichtsinternen Bereichs offensichtlich, einen eigenen Weg zu beschreiten.

Da die Güterichter nicht den Aus- und Fortbildungsanforderungen der außergerichtlichen Mediatoren gem. §§ 5, 6 unterliegen (→ ZPO § 278 Rn. 11), besteht das **Risiko, dass der Qualifizierungsstandard** auf Dauer **absinkt**.[130] Dies gilt um so mehr, weil den Justizverwaltungen nicht ausdrücklich auferlegt wird, für eine gezielte Aus- und Fortbildung der Güterichter Sorge zu tragen. Das bedeutet freilich nicht, dass diese hierfür nicht zu sorgen haben[131] und sich nicht auch, teils sogar recht intensiv, darum kümmern.[132] Zwar mag dieses Risiko als lediglich sekundäre Folge des Güterichtermodells eingeordnet werden. Es kann aber aus der Perspektive der betroffenen Richter mit Blick auf deren Qualifizierung und Fortbildung sowie die dafür erforderlichen Mittel gleichwohl einschneidende

---

124 Dies war bspw. problematisch in einem dem Beschluss des VGH Mannheim (9.10.2012 – 3 S 2964/11, NVwZ 2013, 379 mit Anm. Fritz NVwZ 2013, 380) zugrunde liegenden Fall.
125 Carl ZKM 2012, 16 (18).
126 Gleichwohl sieht Horstmeier (Mediationsgesetz Rn. 439 f.) in der Praxis der Gerichte wegen unterschiedlicher Handhabungen, Ausstattungen und Qualitäten die Gefahr einer Rechtszersplitterung.
127 Begründung RegE, S. 19.
128 ZB in Norwegen, Dänemark, Finnland, Slowenien, Litauen, aber auch in Japan (genauer: von Bargen Gerichtliche Mediation S. 115 ff.; Haft/Schlieffen Mediation-HdB/Rüssel § 54).
129 Ähnlich: Haft/Schlieffen Mediation-HdB/Moltmann-Willisch § 51 Rn. 5.
130 Ähnlich: Schreiber BJ 2012, 337 (339).
131 Vgl. Greger/Unberath/Steffek/Greger E. Rn. 119 aE.
132 Vgl. Schobel ZKM 2012, 191 (194); skeptisch hingegen: Horstmeier Mediationsgesetz Rn. 441, 568.

Auswirkungen haben, insbesondere auch auf Motivation und Engagement. Verstärkt wird die damit einhergehende Gefahr eines geringer werdenden justizinternen Stellenwerts der Arbeit der Güterichter dadurch, dass Schlüsselbegriffe wie „gerichtsinterne Mediation" oder „Richtermediator" aufgegeben wurden, ohne dass eine prägnante, aussagekräftige Alternativbezeichnung für deren Tätigkeit gefunden wurde (→ Rn. 7).

33 Insgesamt besteht die Gefahr, dass das an den Gerichten bisher vorgehaltene Mediationsangebot durch die Überführung in das – begrifflich wenig aussagekräftige und inhaltlich-konzeptionell unspezifische – Güterichtermodell so weit **verwässert** wird, dass es – wie die Güteverhandlung nach deren Einführung 2002 – den ihm zugedachten, eigenständigen Status vielleicht sogar schon mittelfristig, zumindest aber dauerhaft nicht aufrecht erhalten kann.[133]

34 **3. Bewertung.** a) Es ist zu konstatieren, dass die **Phase der gerichtlichen Mediation** im deutschen Prozessrecht durch das Mediationsgesetz **beendet** wird. Zwar mag der Zeitpunkt, nur gut zehn Jahren nach den Anfängen der Richtermediation an einzelnen Gerichten, trotz – oder vielleicht gerade wegen – ihrer rasanten faktischen Verbreitung in den Folgejahren[134] und trotz ihrer zwischenzeitlichen Einbeziehung in die EU-Mediationsrichtlinie (→ Rn. 12), überraschen. Letztendlich kommt die Reaktion des Gesetzgebers aber nicht gänzlich unerwartet. Bereits die Justizministerkonferenz im Frühjahr 2005 hatte in der gerichtsinternen Mediation ursprünglich nur eine „*Übergangslösung*" zur Förderung der konsensualen Streitbeilegung gesehen.[135]

35 Auch wird in Frage gestellt, ob die gerichtliche Mediation die ihr zugedachte Aufgabe, die **Türöffnerfunktion** für die außergerichtliche Mediation, erfüllt hat.[136] Denn der seinerzeit erhoffte Zuwachs an außergerichtlichen Mediationsfällen blieb zumindest in der unmittelbaren Folgezeit wohl aus. Jedenfalls ist eine spürbare Nachfragesteigerung im außergerichtlichen Bereich, die auf die gerichtliche Mediation zurückzuführen ist, nicht empirisch belegt. Ganz im Gegenteil weisen die bisherigen Studien eher auf eine Bevorzugung des Richtermediators anstelle außergerichtlicher Mediatoren hin.[137] Gleichwohl hat die in ihrer Breite – über Instanzen und Gerichtsbarkeiten hinweg – in der deutschen Justizgeschichte wohl einmalige Initia-

---

133 Vgl. Moltmann-Willisch/Kraus/von Hammerstein ZKM 2012, 64 (65).
134 Vgl. Gläßer/Schroeter Gerichtliche Mediation/Gläßer S. 169, 170.
135 Ziff. 2.2 Nr. 9 des Beschlusses v. 29./30.6.2005, DRiZ 2005, 213 (215). Allerdings sprachen sich die Justizministerinnen und -minister während des Gesetzgebungsverfahrens für eine gesetzliche Verankerung der richterlichen Mediation aus (TOP I.10 des Beschlusses v. 9.11.2011, https://mj.sachsen-anhalt.de/fileadmin/Bibliothek/Politik_und_Verwaltung/MJ/MJ/jumiko/hk_I_10_mediationspakt.pdf).
136 Von Seltmann NJW-Spezial, 4/2011, 126; Bercher/Engel JZ 2010, 226 (227); Engel/Hornuf ZZP 124 (2011), 505; Plassmann AnwBl 2012, 151 (152); aA Greger/Weber MDR 18/2012, Sonderheft S. 4; Pitschas ZKM 2014, 146 (148) (bzgl. der öffentlichen Verwaltung).
137 Gläßer/Schroeter Gerichtliche Mediation/Gläßer, S. 169 (181); Gläßer/Schroeter Gerichtliche Mediation/Greger S. 357 (362); Gläßer/Schroeter Gerichtliche Mediation/Röthemeyer/Trümper, S. 343 (353 f.); kritisch: Gläßer/Schroeter Gerichtliche Mediation/Gläßer/Schroeter, S. 415 (416 ff.) unter Hinweis auf oft unbewusste psychologische Mechanismen wie die sog. Wiedererkennungsheuristik und das sog. Modell-Lernen.

tive der Richterschaft[138] eine intensive Diskussion sowohl inner- als auch außerhalb der Justiz ausgelöst und allein dadurch die außergerichtliche Mediation stärker in den Fokus gerückt.[139] Im Übrigen verengt die Diskussion über den Türöffnereffekt den Blickwinkel. Sie betrifft in erster Linie die sicherlich auch wichtige, aber wohl nicht allein maßgebliche wirtschaftliche Ebene. Dabei wird übersehen, dass von der gerichtlichen Mediation durchaus Impulse für die Weiterentwicklung der Mediation ausgegangen und im außergerichtlichen Bereich auch aufgenommen worden sind, beispielsweise die Fortentwicklung der Kurzzeitmediation.[140] Zudem kann die gerichtliche Mediation für sich in Anspruch nehmen, die Einführung mediativer Methoden und Techniken in das geltende Prozessrecht deutlich vorangetrieben und damit zu einer Ausweitung und Qualitätsverbesserung des Leistungsangebots der Justiz für den Bürger beigetragen zu haben.

b) Der entscheidende Gewinn für die Justiz liegt darin, dass das Mediationsgesetz das **System der gerichtsinternen Konfliktbehandlung** nach der ZPO-Reform 2002 noch **weiter verfeinert**. Es führt neben der mündlichen Verhandlung (§§ 272 Abs. 1, 279 ZPO) und der Güteverhandlung (§ 278 Abs. 2 ZPO) einerseits sowie der gerichtsnahen Mediation (§ 278 Abs. 5 S. 2 ZPO aF, § 278a Abs. 1 ZPO nF) andererseits mit dem Güterichter (§ 278 Abs. 5 ZPO nF) eine weitere „Instanz" innerhalb des Gerichts ein, die mit dem Streitrichter nicht personenidentisch (→ Rn. 26) und auch mit anderen Techniken und Methoden zur Konfliktbearbeitung ausgestattet (→ Rn. 18, 43) ist. Damit wird dem Streitrichter eine noch differenziertere Konfliktbehandlung ermöglicht.[141] Zugleich bedeutet das einen weiteren Schritt auf dem Weg zu einem differenzierten und durchlässigen staatlichen Konfliktlösungssystem. 36

Auch aus der Sicht des rechtsschutzsuchenden Bürgers ist dieses zur streitigen Entscheidung **zusätzliche Justizangebot** – trotz seiner unglücklichen und eher verwirrenden Bezeichnung (→ Rn. 7), die es den Anwälten nicht gerade erleichtern dürfte, ihren Mandanten seine Zielrichtung nahezubringen – vorteilhaft, da es dem häufig anzutreffenden Wunsch der Konfliktparteien nach Artikulation und Wertschätzung deutlich mehr Raum geben kann als das Erkenntnisverfahren.[142] 37

---

138 Vgl. Gläßer/Schroeter Gerichtliche Mediation/Greger, S. 357 (365). Auch Plassmann (AnwBl 2012, 151 (152)) räumt – trotz Bestreitens der Türöffnerfunktion der gerichtsinternen für die außergerichtliche Mediation – ein, dass die Richterschaft in den letzten Jahren für die Verbreitung der Mediation deutlich mehr getan haben dürfte als die Anwaltschaft.
139 Der Bundesrat sieht einen zugunsten der außergerichtlichen Mediation wirkenden Fördereffekt darin, dass die Richterschaft die Mediation auch begrifflich positiv besetzt und ihr Seriosität verliehen hat (Beschluss v. 10.2.2012, BR-Drs. 10/12, 3).
140 Hierzu: Krabbe ZKM 2004, 72; Krabbe/Fritz ZKM 2009, 136 und 176; Haft/Schlieffen Mediation-HdB/Krabbe § 22; kritisch hierzu: Jung ZKM 2013, 63; dagegen Krabbe/Fritz ZKM 2013, 76. Vgl. auch das Praxisbeispiel für Kurzzeitmediation bei Krabbe/Steinwender/Fürst ZKM 2015, 60.
141 Vgl. Gläßer/Schroeter Gerichtliche Mediation/Löer, S. 397 (410); Henssler/Deckenbrock DB 2012, 159 (162); Ortloff NVwZ 2012, 1057 (1060 f.).
142 Vgl. Götz von Olenhusen (DRiZ 2009, 360) in Bezug auf gerichtliche Mediation; Haft/Schlieffen Mediation-HdB/Moltmann-Willisch § 51 Rn. 2.

38 Das Mediationsgesetz muss aber auch als **verpasste Chance für eine umfassende Implementierung von Mediation im Gerichtsverfahren** und damit für die Legitimierung einer Weiterentwicklung des Mediationsansatzes in einem neuen Umfeld gesehen werden. Denn innerhalb des Gerichtsverfahrens ist künftig kein Raum für ein institutionalisiertes Mediationsverfahren (→ Rn. 21). Verpasst wurden zudem eine frühzeitigere Weichenstellung hinsichtlich des anzuwendenden, bestgeeigneten Konfliktlösungsverfahrens, beispielsweise durch Hinweis- und Beratungspflichten für Rechtsanwälte,[143] die Einrichtung einer Koordinierungsstelle bei Gericht als Schnittstelle zur außergerichtlichen Mediation[144] und die Schaffung wirksamer Kostenanreize,[145, 146] oder -sanktionen.

39 Für die Richter, die sich in der gerichtlichen Mediation engagiert haben, und deren mit viel Eifer und persönlichem Einsatz geschaffene Projekte, die zumindest in der bestehenden Form und unter dem gegenwärtigen Namen nicht mehr fortgeführt werden können, waren der Verlauf des Gesetzgebungsverfahrens und insbesondere der Beschluss des Bundestages vom 15.12.2011 naturgemäß enttäuschend.[147] Dies wird verstärkt dadurch, dass die Richtermediatoren die gewünschte Rechtsgrundlage für die gerichtliche Mediation zwischenzeitlich, nämlich mit dem Referentenentwurf, schon gleichsam in den Händen gehalten hatten. Für deren künftige Arbeit als Güterichter war der weitere Verlauf des Gesetzgebungsverfahrens, insbesondere die sukzessive Aufgabe der bereits greifbar nahen Rechtsgrundlage, wohl nicht gerade motivierend, wenngleich der durch den Vermittlungsausschuss eingeführte § 278 Abs. 5 S. 2 ZPO letztlich zumindest im Ergebnis das Schlimmste verhindert hat.

40 Viel schwerer wiegt aber, dass mit der Abwendung vom Referentenentwurf und der damit eingeleiteten „Rolle rückwärts" des Gesetzgebers, die in der Reduzierung des Schlüsselbegriffs „Mediation" für den gerichtsinternen Bereich allein auf eine Methode endete (→ Rn. 21), ein **falsches Signal an die Justiz** gesandt wurde. Gerichtliche Mediation war weder in den Richterkollegien noch innerhalb der Justizverwaltungen unumstritten. Deren Beendigung und der zwischenzeitliche Verzicht auf eine ausdrückliche Aufnahme der vom Güterichter anzuwendenden Methoden in den Gesetzeswortlaut sind bzw. waren somit nicht nur Wasser auf die Mühlen der

---

143 Vgl. Greger ZRP 2010, 209 (212); Horstmeier Mediationsgesetz Rn. 522.
144 Horstmeier Mediationsgesetz Rn. 451.
145 So bereits Ziff. 2.2 Nr. 10 des Beschlusses der Justizministerkonferenz v. 29./30.6.2005 (DRiZ 2005, 213 (215)), ausdrücklich im Hinblick auf eine Förderung der außergerichtlichen Streitschlichtung; vgl. auch: Jost/Neumann ZKM 2009, 164 (167).
146 Die erst durch den Vermittlungsausschuss eingeführte Verordnungsermächtigung für die Länder zur Einführung kostenrechtlicher Erleichterungen bei Beendigung eines anhängigen Rechtsstreits bzw. Verfahrens im Wege der außergerichtlichen Konfliktbeilegung gem. § 69b GKG und § 61a FamGKG stellt allenfalls einen ersten, zaghaften Ansatz dar (vgl. Wagner ZKM 2012, 110 (115)). Bisher hat von dieser Öffnungsklausel nur das Land Niedersachsen Gebrauch gemacht (Nds. GVBl. 2019, 148).
147 Laut Hess (ZZP 124 (2011), 137 (158)) – bevor der Bundestag das Mediationsgesetz beschlossen hatte noch im Irrealis formulierend – würde die Abschaffung der gerichtsinternen Mediation das Engagement hunderter Richter konterkarieren.

gerichts- und justizinternen Gegner, sondern dürften auch die Abgabefreude der Streitrichter nicht gerade angeheizt haben[148] und könnten damit das Güterichtersystem von Anfang an belastet haben. Es erscheint fraglich, ob § 278 Abs. 5 S. 2 ZPO nF eine hinreichende Kompensation darstellt.

III. Der Güterichter (seit 2012)

Ungeachtet seines wechselvollen und rechtspolitisch umkämpften Entstehungsablaufs führt das *„Gesetz zur Förderung der Mediation und anderer Verfahren der außergerichtlichen Konfliktbeilegung"* v. 21.7.2012 (Fn. 2) nunmehr neben dem beauftragten und dem ersuchten Richter (zur Abgrenzung → ZPO § 278 Rn. 8 f.) einen weiteren kommissarischen Richtertypus ein: den Güterichter. Schon nach dem Wortlaut des § 278 Abs. 1 S. 1 ZPO besitzt dieser den **Status eines Richters**. Als solcher ist er bereits aufgrund seines Amtes zur Neutralität verpflichtet. Zudem ist auch der Güterichter Recht und Gesetz unterworfen, Art. 20 Abs. 3, 97 Abs. 1 GG, und unterliegt dem DRiG.[149] Das kann bspw. Anzeigepflichten beim Verdacht von Straftaten zur Folge haben (→ ZPO § 278 Rn. 28). Zwar trägt der Güterichter nicht die Verantwortung für die von den Parteien ausgehandelte Lösung, insbesondere wenn diese in einem interessenorientierten Konfliktbeilegungsverfahren erreicht wurde. Die richterliche Fürsorgepflicht und die Grundsätze des fairen Verfahrens können aber Hinweise oder Warnungen zum Beispiel bei Verkennung gravierender rechtlicher Folgen oder ein Einschreiten bei groben Machtungleichgewichten rechtfertigen.[150] Aufgrund seines Richterstatus genießt der Güterichter daher bei den Parteien – verglichen mit einem außergerichtlichen Konfliktmittler – einen erheblichen Vertrauensvorschuss.[151]

Freilich besitzt der Güterichter nach der gesetzlichen Definition gerade **keine Entscheidungsmacht**, und zwar weder materiellrechtlich noch prozessual. Er darf daher weder in der Sache entscheiden noch über einzelne Schritte des Gerichtsverfahrens bestimmen. Das Verfahren verbleibt vielmehr beim Streitrichter; lediglich die Parteien werden nach dem Gesetzeswortlauf vor den Güterichter verwiesen. Somit hat der Streitrichter beispielsweise über Fristverlängerungen, Gewährung von Prozesskostenhilfe und die Kosten des Verfahrens zu entscheiden, während der Güterichter entsprechende Erklärungen und Prozesshandlungen der Parteien lediglich entgegennehmen darf (→ ZPO § 278 Rn. 16 f.). Im Spektrum der richterlichen Aufgaben hat der Güterichter daher im Bereich der konsensualen Beilegung des Rechtsstreits seinen Platz.

---

148 Unzureichende begriffliche Aussagekraft und inhaltlich-konzeptionelle Spezifizierung des Güterichtermodells (→ Rn. 7, 33) wirken sich nicht nur auf die Parteien und deren Prozessbevollmächtigte aus, sondern auch auf den zuständigen Streitrichter, der in der Praxis letztlich über eine Verweisung der Parteien für die Güteverhandlung an den Güterichter entscheidet. Dabei wird er zudem durch den justizinternen Stellenwert, der dem Güterichter zugebilligt wird, beeinflusst.
149 Eidenmüller/Wagner Mediationsrecht/Steiner Kap. 8 Rn. 40, 44, 47; Prütting MDR 2016, 965 (966). Zur Anwendbarkeit des Mediationsgesetzes auf den Güterichter → ZPO § 278 Rn. 11.
150 Vgl. Eidenmüller/Wagner Mediationsrecht/Steiner Kap. 8 Rn. 48 ff.; Prütting MDR 2016, 965 (966).
151 Vgl. Greger MDR 2014, 993 (994).

42 Wie aber kann der Güterichter seine Aufgabe, auf eine „gütliche" Einigung der Parteien hinzuwirken und diese bei einer einvernehmlichen Streitlösung zu unterstützen, erfüllen, ohne dabei selbst als autoritativer Entscheider aufzutreten? § 278 Abs. 5 S. 2 ZPO ermächtigt den Güterichter ausdrücklich, *„alle Methoden der Konfliktbeilegung einschließlich der Mediation"* einzusetzen. Damit steht ihm kraft Gesetzes zunächst einmal das gesamte Spektrum der Konfliktbeilegungsmethoden zur Verfügung.[152] Diese dem Güterichter zugestandene **Methodenvielfalt**[153] begründet zugleich die Freiheit zur **Methodenauswahl**.[154] Je nach den Gegebenheiten des konkreten Falles und den Bedürfnissen der Parteien hat der Güterichter nach entsprechender Konfliktanalyse die am besten geeignete Verhandlungsmethode zu bestimmen[155] und, sofern die in Aussicht genommene Konfliktbeilegungsmethode auf dem Grundsatz der Freiwilligkeit basiert, das Einverständnis der Parteien zu dieser einzuholen (→ ZPO § 278 Rn. 14). Das wiederum setzt unter den Gesichtspunkten Transparenz und Informiertheit voraus, dass die Parteien die wesentlichen Inhalte der in Aussicht genommenen Methode, die Verfahrensregeln und die Rolle der Beteiligten kennen.[156]

Die Methodenvielfalt und Auswahlbefugnis des Güterichters ermöglicht zudem, wenn sich die zunächst angewendete Methode als nicht erfolgreich erweist und ggf. in Abstimmung mit den Parteien, einen Wechsel der Konfliktbeilegungsmethode im Laufe der Güteverhandlung.[157] Das soll freilich nicht bedeuten, dass der Güterichter nunmehr die – anders als beim früheren Richtermediatorenmodell – nicht mehr vom System vorgegebene, sondern sich selbst aufzuerlegende Disziplin bezüglich der für alle Beteiligten anstrengenden und zeitaufwändigen Interessenerarbeitung und der in besonderer Weise von der Motivation des Vermittlers lebenden Lösungskreativität ohne Weiteres aufgeben und durch – im Güterichtersystem ja durchaus legitime – ausführlichere Vergleichsgespräche mit richterlichem Lösungsvorschlag (→ ZPO § 278 Rn. 12) ersetzen kann. Solche „Verkürzungen" des Lösungswegs würden für die Parteien wieder Fremdbestimmung statt Eigenverantwortlichkeit bedeuten und damit zu dem Verlust der Besonderheiten etwa des Mediationsverfahrens, insbesondere der Nachhaltigkeit der Ergebnisfindung durch den interessenbasierten Ansatz, und so letztlich auch zum Verlust der Qualitätsverbesserung des Justizangebots führen. Im Hinblick auf die gebotene **Methodenklarheit**[158] ist daher ein (wiederholter) Wechsel zwischen unterschiedlichen Konflikt-

---

152 Greger GS Unberath, 2015, 111 (116); Zöller/Greger ZPO § 278 Rn. 28a; Fritz/Schroeder NJW 2014, 1910 (1911 u. 1913).
153 So auch: Thole ZZP 127 (2014), 339 (356); Haft/Schlieffen Mediation-HdB/Moltmann-Willisch § 51 Rn. 28; Assmann MDR 2016, 1303 (1304).
154 Ähnlich: Fritz/Pielsticker MediationsG-HdB/Fritz ZPO § 278 Rn. 46; Thole ZZP 127 (2014), 339 (343); Eidenmüller/Wagner Mediationsrecht/Steiner Kap. 8 Rn. 43; Prütting MDR 2016, 965 (965); Assmann MDR 2016, 1303 (1306).
155 Zöller/Greger ZPO § 278 Rn. 28a; Greger GS Unberath, 2015, 111 (116 f.); Fritz/Schroeder NJW 2014, 1910 (1911); Wegener NZFam 2022, 621 (624).
156 Fritz/Schroeder NJW 2014, 1910 (1911).
157 Greger AnwBl 2013, 504 (505), Greger MDR 2014, 993 (994 f.); MüKoPO/Prütting § 278 Rn. 37; Wegener NZFam 2022, 621 (625).
158 Fritz/Schroeder NJW 2014, 1910 (1914); Greger/Weber MDR 21/2019, Sonderheft Rn. 26, 162 f.; vgl. auch: Haft/Schlieffen Mediation-HdB/Moltmann-Willisch § 51 Rn. 28; Eidenmüller/Wagner Mediationsrecht/Steiner Kap. 8 Rn. 43.

beilegungsverfahren ohne transparente Information und Zustimmung der Parteien oder eine Vermischung von Elementen der einzelnen Methoden – selbst wenn diese aus rechtlichen Gründen nicht zu beanstanden sind – zu vermeiden.[159]

Angesichts des weiten Spektrums von Konfliktbeilegungsmethoden und -verfahren[160] stellt sich die Frage, welche dieser Methoden und Verfahren – trotz der vom Gesetz suggerierten umfassenden Methodenfreiheit („*alle Methoden*") – für den Güterichter überhaupt in Betracht kommen. Klassische Entscheidungsverfahren wie Schiedsverfahren[161] und bindende Schiedsgutachten[162], auch solche in delegierter Form (Adjudikation[163], Dispute Boards[164]) und Hybridverfahren (Med-Arb[165], Med-Adj) scheiden für den Güterichter schon mangels eigener Entscheidungskompetenz aus. Stellt sich allerdings im Laufe der Güteverhandlung heraus, dass ein solches Verfahren vorzugswürdig ist, kann über § 278a ZPO der Weg in den außergerichtlichen Bereich beschritten werden[166] oder das Gerichtsverfahren kann zugunsten des in Aussicht genommenen außergerichtlichen Verfahrens einvernehmlich und abschließend beendet werden.[167] Somit kommen in erster Linie eigenverantwortliche Beilegungsverfahren wie die **Moderation** beispielsweise von Vergleichsverhandlungen oder Aufteilungsverfahren[168] (zB Divide and Choose, Shoot Out, Marktprozedur), die ausdrücklich im Gesetz angesprochene **Mediation**[169], auch in Form der Co-Mediation (→ ZPO § 278 Rn. 25), **Mini-Trial**[170], und **Early Neutral Evaluation**[171] in Betracht. Ferner kann der Güterichter im Wege der **Schlichtung** einen unverbindlichen Lösungsvorschlag unterbreiten.[172] Daneben kann er im Rahmen einer klassischen Güteverhandlung (→ ZPO § 278 Rn. 12) im Sinne einer **Evaluation** eine unverbindliche

43

---

159 Fritz/Schroeder NJW 2014, 1910 (1914); Haft/Schlieffen Mediation-HdB/Moltmann-Willisch § 51 Rn. 28; Wegener NZFam 2022, 621 (625).
160 Einen Überblick vermitteln: Klowait/Gläßer (→ Einl. Rn. 28 ff.); Haft/Schlieffen Mediation-HdB/Haaß § 7 Rn. 13 ff.; Greger/Unberath/Steffek alternative Konfliktlösung/Greger D.
161 Fritz/Schroeder NJW 2014, 1910 (1912); Klamt/Moltmann-Willisch ZKM 2015, 7 (8); vgl. auch: Röthemeyer Mediation Rn. 383.
162 Klamt/Moltmann-Willisch ZKM 2015, 7 (8); Röthemeyer Mediation Rn. 384.
163 Röthemeyer Mediation Rn. 403.
164 AA Fritz/Schroeder NJW 2014, 1910 (1913).
165 Röthemeyer Mediation Rn. 416.
166 Vgl. Eidenmüller/Wagner Mediationsrecht/Steiner Kap. 8 Rn. 102.
167 Vgl. Fritz/Schroeder NJW 2014, 1910 (1912), der insoweit von einer Streitbeilegungsvereinbarung spricht.
168 Greger MDR 2014, 993 (994).
169 Ob die in § 278 Abs. 5 S. 2 ZPO angesprochene „Mediation" als Methode oder als Verfahren zu verstehen ist (vgl. Greger GS Unberath, 2015, 111 (115); Assmann MDR 2016, 1303 (1304 f.)), ist für die Praxis nicht unmittelbar relevant.
170 Röthemeyer Mediation Rn. 404; Probst SchlHA 2016, 3 (7).
171 Röthemeyer Mediation Rn. 405; Fritz/Schroeder NJW 2014, 1910 (1913); Probst SchlHA 2016, 3 (7).
172 Fritz/Schroeder NJW 2014, 1910 (1911); Greger AnwBl 2013, 504 (505); Greger MDR 2014, 993 (994); Röthemeyer Mediation Rn. 412 ff.; Prütting MDR 2016, 965 (965); Wegener NZFam 2022, 621 (628); aA Klamt/Moltmann-Willisch ZKM 2015, 7 (8); dagegen: Fritz ZKM 2015, 10 (12); Zöller/Greger ZPO § 278 Rn. 28a.

Bewertung der Prozessaussichten vornehmen.[173] Die Anwendung einzelner Tools (zB Prozessrisikoanalyse[174], kooperatives Verhandeln) oder besonderer Kommunikationstechniken wie Neurolinguistisches Programmieren (NLP)[175] steht dem Güterichter ebenso frei wie die Verwendung von Videotechnik (→ ZPO § 278 Rn. 27). Diese stellen aber keine separate Konfliktbeilegungsmethoden dar, sondern können im Rahmen aller vorgenannten Methoden und Verfahren eingesetzt werden.

44 Es wird festgestellt, dass in der Praxis der Güterichter von der kraft Gesetzes eingeräumten Methodenvielfalt eher zurückhaltend Gebrauch gemacht wird.[176] Internetauftritte von Gerichten[177] und erste Umfragen unter Güterichtern[178] belegen, dass primär Mediation angeboten wird. Das ist nicht verwunderlich: War es doch in der Phase der Pilotprojekte vor Inkrafttreten des Mediationsgesetzes (→ Rn. 8 ff.) der Schlüsselbegriff „Mediation", der das Beschreiten neuer Wege rechtfertigte. Dem entsprechend war auch die Qualifizierung der Richterkollegen gerade auf Mediation ausgerichtet. Es leuchtet daher ein, dass nunmehr im Güterichtermodell in erster Linie die bisherige gerichtliche Mediation fortgeführt wird.[179] Offenbar müssen sowohl die Güterichter als auch die die Parteien begleitenden Anwälte erst in die neue Methodenfreiheit hineinwachsen.

Es dürfte allerdings auch gegenwärtig – und sicherlich nicht gerade selten – vorkommen, dass Güterichter neben Mediation auch andere Methoden anwenden, ohne dass dies „methodentechnisch" überhaupt bewusst wahrgenommen wird, und zwar vor allem Formen von Moderation und Schlichtung.[180] Auch wenn im Ausgangspunkt ein mediativer Ansatz gewählt, im Laufe des Verfahrens aber in Absprache mit den Parteien ein Wechsel auf Schlichtung (oder ein anderes Verfahren) vorbehalten wird,[181] ist eine solche Hybridform von Mediation und Schlichtung methodisch nicht zu beanstanden.[182]

Hingegen ist es mit der gesetzlich verankerten Methodenvielfalt und der Auswahlkompetenz des Güterichters (→ Rn. 42) nicht vereinbar und auch nicht durch den Zweck, eine klare Abgrenzung zwischen Güterichterverfahren und Güteverhandlung vor dem Streitrichter zu erreichen, gerechtfertigt, dem Güterichter ein evaluatives Vorgehen zu untersagen, ihm je-

---

173 Greger MDR 2014, 993 (994); Wegener NZFam 2022, 621 (628); vgl. auch: Röthemeyer Mediation Rn. 387 ff.
174 S. Eidenmüller, Prozessrisikoanalyse ZZP 113 (2000) S. 5 ff.; Risse, Prozessrisikoanalyse – Rationales Bewerten von Prozessrisiken ZKM 2010, 107 ff.
175 S. Spangenberg/Spangenberg, NLP – ein Werkzeug für die Mediation?, Teil I–III ZKM 2004, 57 ff., 113 ff., 213 ff.; Pfab, NLP in der Mediation – Eine Auswahl an Formulierungen, ZKM 2015, 119 ff.
176 Fritz/Schroeder NJW 2014, 1910 (1912); Löer ZKM 2014, 41 (43); Klamt/Moltmann-Willisch ZKM 2015, 7 (7); Gottwald/Greger ZKM 2016, 84 (87 f.).
177 Fritz/Schroeder NJW 2014, 1910 (1912) mit Beispielen.
178 ZB Löer ZKM 2014, 41 (43).
179 Kritisch: Gottwald/Greger ZKM 2016, 84 (87), die insoweit von „Beharrungstendenzen" sprechen.
180 Vergleichsweise eher selten dürften die Verfahren Mini-Trial und Early Neutral Evaluation eingesetzt werden.
181 Vgl. Löer ZKM 2014, 41 (43).
182 Fritz/Schroeder (NJW 2014, 1910 (1914)) und Fritz (ZKM 2015, 10 (12)) sprechen hierbei von Med-Con (Mediation und Schlichtung/Conciliation).

de Schlichtungskompetenz abzusprechen und allein Mediation zuzugestehen.[183] Vielmehr gibt es nach dem Gesetz weder einen Vor- noch einen Nachrang von Mediation.[184]

Eine Verweisung der Parteien vor den Güterichter macht immer dann Sinn, wenn dieser vorhandenes Einigungspotential besser zur Entfaltung bringen kann als der Streitrichter im kontradiktorischen Verfahren.[185] Diesbezüglich hat der Streitrichter in jedem Rechtsstreit und in jedem Stadium des Verfahrens eine Ermessensentscheidung zu treffen (→ ZPO § 278 Rn. 19). Dabei kann er allerdings nicht etwa auf fest umrissene, gerichtsbarkeitsspezifische Kataloge von grundsätzlich güterichtergeeigneten Materien oder Fallkonstellationen zurückgreifen. Natürlich gibt es generelle Kriterien, die ein Güterichterverfahren erfolgreich erscheinen lassen,[186] beispielsweise Störungen auf der Beziehungsebene, insbesondere bei dauerhaften Beziehungsgeflechten zB verwandtschaftlicher, beruflicher oder geschäftlicher Art,[187] weitere Konflikte oder weiteres Konfliktpotential neben bzw. hinter dem Klagegegenstand,[188] erheblicher Aufwand der Sachverhaltsaufklärung und/oder der rechtlichen Aufarbeitung und damit eine geringe Attraktivität der Nichteinigungsalternative Rechtsstreit im Hinblick auf dessen Dauer, Umfang, Komplexität oder Eskalationsgrad.[189] Viel wichtiger ist aber die Bereitschaft der Parteien und ggf. derer Rechtsanwälte, sich auf das Verfahren und die Methode des Güterichters einzulassen.[190] Jeder Güterichter hat es sicherlich schon erlebt, dass er nach erster Lektüre der vom Streitrichter abgegebenen Akte die gegebene Konstellation für eine Güterverhandlung zunächst als gänzlich ungeeignet erachtete, im Termin aber durch Engagement, Kreativität und Lösungswillen der Parteien eines Besseren belehrt wurde.

Die organisatorische Umsetzung des nunmehr bundesweit und in allen Gerichtsbarkeiten gesetzlich verankerten Güterichtermodells (→ Rn. 30) ist in der Praxis der deutschen Gerichte zwar im Detail bei Weitem nicht einheitlich, stimmt aber zumindest hinsichtlich der wesentlichen Schritte im **formellen Verfahrensablauf** überein.[191] Ausgangspunkt ist der Zuweisungsbeschluss des Streitrichters, wenn sich dieser zur Verweisung der Parteien vor den Güterichter entschlossen hat. Anknüpfend an eine verbreitete Praxis aus der Zeit vor Inkrafttreten des Mediationsgesetzes holt bei einigen Gerichten der Streitrichter zuvor die Zustimmung der Parteien hierzu ein,

---

183 So aber: Klamt/Moltmann-Willisch ZKM 2015, 7 (8 ff.); nicht ganz so weitgehend: Probst SchlHA 2016, 3 (7).
184 Vgl. Fritz ZKM 2015, 10 (12). „Einschließlich der Mediation" in § 278 Abs. 5 S. 2 ZPO dient lediglich der Klarstellung und ist dem wechselvollen Gesetzgebungsverlauf (→ Rn. 11 ff.) geschuldet (Greger GS Unberath, 2015, 111 (115 f.)).
185 Vgl. Greger MDR 2014, 993 (995).
186 Haft/Schlieffen Mediation-HdB/Moltmann-Willisch § 51 Rn. 16; Röthemeyer Mediation Rn. 445; Lentz jM 2023, 97 (101).
187 Zöller/Greger ZPO § 278 Rn. 25a.
188 Greger MDR 2014, 993 (995); Zöller/Greger ZPO § 278 Rn. 25a.
189 Zöller/Greger ZPO § 278 Rn. 25a; Greger MDR 2014, 993 (995).
190 Vgl. Röthemeyer Mediation Rn. 445.
191 Vgl. Haft/Schlieffen Mediation-HdB/Moltmann-Willisch § 51 Rn. 4. An dieser Stelle werden lediglich die wesentlichen Grundzüge dargestellt. Hinsichtlich der Details → ZPO § 278 Rn. 19 ff.

während bei anderen Gerichten die Kontaktaufnahme zu den Parteien erst nach erfolgter Zuweisung durch den Güterichter erfolgt.[192] Hier wäre eine weitere Vereinheitlichung durch mehr dogmatische Stringenz zu erreichen: Vor Erlass des Verweisungsbeschlusses bedarf es nicht einer Zustimmung der Parteien, sondern aus Gründen des rechtlichen Gehörs lediglich derer Anhörung. Nur dann, wenn für die vom Güterichter avisierte Konfliktbeilegungsmethode der Grundsatz der Freiwilligkeit gilt, müssen die Parteien sich mit dieser einverstanden erklären (→ ZPO § 278 Rn. 14, 24 mwN in Fn. 47 f., 95). Das Zustimmungserfordernis resultiert also nicht aus der Verweisung vor den Güterichter, sondern aus der von diesem vorgeschlagenen Konfliktbeilegungsmethode.[193]

Die Zuweisung an den jeweiligen Güterichter erfolgt entweder bereits im Geschäftsverteilungsplan, also im Zusammenhang mit der Bestellung der Güterichter, oder obliegt entsprechend einem mit mehreren Richtern besetzen Spruchkörper, bei dem nach § 21g Abs. 1 S. 1 GVG die Geschäfte auch in eigener Regie auf die einzelnen Mitglieder verteilt werden, der Selbstorganisation der Güterichter.[194] Dabei wird häufig ein Turnussystem praktiziert, das an die alphabetische Reihenfolge der Namen der Güterichter oder an Endziffern des Aktenzeichens des Güterichterverfahrens anknüpft. Zuweisungskriterien können aber auch, da der Grundsatz des gesetzlichen Richters für den Güterichter nicht gilt, der Wunsch der Parteien, besondere Fachkenntnisse oder die aktuelle Belastung sein (→ ZPO § 278 Rn. 7 mwN in Fn. 16, 19). Auch werden bisweilen Koordinatoren im Rahmen der Verfahrenszuweisung eingeschaltet.[195]

Mit der Zuweisung des Verfahrens erhält der Güterichter die Prozessakte (→ ZPO § 278 Rn. 22). Deren Inhalt nimmt er mit besonderem Augenmerk auf Umfang, Hintergründe und Intensität der Eskalation des Konflikts wahr, bestimmt, erforderlichenfalls in Abstimmung mit den Parteien bzw. deren Prozessbevollmächtigten (→ Rn. 42), die im konkreten Fall geeignete Konfliktbeilegungsmethode und stimmt einen, um eine Verzögerung des Rechtsstreits insgesamt zu vermeiden, zeitnahen Termin ab. Häufig geschieht dies – für die Justiz recht unbürokratisch – auf telefonischem oder elektronischem Wege. Das bietet den Vorteil, dass zugleich weitere Modalitäten wie die voraussichtliche Dauer, die Beteiligung Dritter, ggf. vorzulegende Unterlagen oder methodenspezifische Gestaltungsspielräume (zB Vertraulichkeitsabrede, Einzelgespräche) erörtert werden können.[196] Sodann ergeht ein im Vergleich zur herkömmlichen Terminsladung in der Regel deutlich weniger förmlich gehaltenes Einladungsschreiben. Ebenso findet das Gütegespräch, anknüpfend an positive Erfahrungen aus der Pha-

---

192 Löer ZKM 2014, 41 (43); Haft/Schlieffen Mediation-HdB/Moltmann-Willisch § 51 Rn. 14; Lentz jM 2023, 97 (98).
193 Löer ZKM 2014, 41 (43).
194 Löer ZKM 2014, 41 (42).
195 Löer ZKM 2014, 41 (43); vgl. auch: Röthemeyer Mediation Rn. 432 und Haft/Schlieffen Mediation-HdB/Moltmann-Willisch § 51 Rn. 10, je anknüpfend an die Empfehlung des Rechtsausschusses, BT-Drs. 17/8058, 17.
196 Vgl. Zöller/Greger ZPO § 278 Rn. 28; Eidenmüller/Wagner Mediationsrecht/Steiner Kap. 8 Rn. 107; Haft/Schlieffen Mediation-HdB/Moltmann-Willisch § 51 Rn. 20.

se der Modellprojekte, meistens nicht in einem klassischen Gerichtssaal statt, sondern in formloser Atmosphäre (ohne Roben) an einem („runden") Tisch. Das erleichtert die Herstellung einer vertrauensvollen Beziehung zum Güterichter und ein offenes Gespräch zwischen den Parteien.[197] Das Güteverfahren endet mit der Rückgabe der Verfahrensakte an den Streitrichter, sei es zur Fortsetzung des streitigen Verfahrens, sei es zur abschließenden Streitwertfestsetzung (→ ZPO § 278 Rn. 29, 18).

Der Güterichter kommt im weiteren Verlauf des Gerichtsverfahrens, da er ja gerade nicht entscheidungsbefugt ist, regelmäßig mit diesem nicht mehr in Berührung. Sollte dies aufgrund personeller Umbesetzung oder in einem Folgerechtsstreit der Fall sein, ist er zwar nicht kraft Gesetzes gem. § 41 Nr. 8 ZPO ausgeschlossen (str., → ZPO § 41 Rn. 6, mwN Fn. 14). In Betracht kommt aber eine (Selbst-)Ablehnung infolge Vorbefassung gem. §§ 42 Abs. 2, 48 ZPO (→ ZPO § 278 Rn. 30).

Im **Berufungsverfahren** (→ ZPO § 278 Rn. 4) gibt es hinsichtlich des Verfahrensablaufes keine Besonderheiten. Allerdings findet der Güterichter einen weiter eskalierten Konflikt vor, zumindest im Hinblick auf die von den Parteien aufgewandte Zeit und die investierten Kosten.[198] Gleiches gilt für den Beschwerderechtszug. Gleichwohl wird hier oft besonders deutlich, dass der eigentliche Konflikt weit über die jeweiligen Verfahrensanträge hinaus geht und insbesondere das Rechtsmittel für diesen instrumentalisiert wird.[199]

Hinsichtlich seiner **Haftung** kann der Güterichter für sich nicht das Spruchrichterprivileg des § 839 Abs. 2 S. 1 BGB in Anspruch nehmen.[200] Es gelten aber die allgemeinen Haftungsbeschränkungen für richterliche Tätigkeiten, nach denen eine schuldhafte Amtspflichtverletzung nur im Falle einer besonders groben Pflichtverletzung besteht. Insoweit muss für eine Haftung grobe Fahrlässigkeit oder Vorsatz festgestellt werden.[201] Auch gilt zugunsten des Güterichters das Verweisungsprivileg nach § 839 Abs. 1 S. 2 BGB.[202]

---

197 Haft/Schlieffen Mediation-HdB/Moltmann-Willisch § 51 Rn. 22; Greger MDR 2014, 993 (995); Wesche jM 2022, 227 (231).
198 Vgl. Eidenmüller/Wagner Mediationsrecht/Steiner Kap. 8 Rn. 85; vgl. auch Zöller ZKM 2023, 64.
199 So können zB hinter einer sofortigen Beschwerde in einem von einem Miterben betriebenen Teilungsversteigerungsverfahren ein Streit über die Auseinandersetzung des gesamten Nachlasses stehen oder noch tiefer gehende Interessen liegen. Bei einer Beschwerde gegen die Bestellung eines Kontrollbetreuers kann ein Konflikt zwischen zwei Nachkommen des Betroffenen zugrunde liegen, der mit dem Betreuungsverfahren als solchem eigentlich nichts zu tun hat. Weitere Beispielsfälle bei Weber/Grau/Brose, Mediation in großen Wirtschaftskonflikten, ZKM 2021, 168.
200 Ahrens NJW 2012, 2465 (2470); Saenger/Saenger ZPO § 278 Rn. 20; Röthemeyer Mediation Rn. 474; Haft/Schlieffen Mediation-HdB/Moltmann-Willisch § 51 Rn. 40; Eidenmüller/Wagner Mediationsrecht/Steiner Kap. 8 Rn. 89; MüKoZPO/Prütting § 278 Rn. 35.
201 BGH 3.7.2003 – III ZR 326/02, BGHZ 155, 306 (309/310 mwN).
202 Greger/Weber MDR 21/2019, Sonderheft Rn. 383; Greger/Unberath/Steffek/Greger E. Rn. 138; Haft/Schlieffen Mediation-HdB/Moltmann-Willisch § 51 Rn. 40; Röthemeyer Mediation Rn. 474; Eidenmüller/Wagner Mediationsrecht/Steiner Kap. 8 Rn. 89.

50 Die Einrichtung des Güterichterverfahrens wirkt sich auch auf die Tätigkeit der **Rechtsanwälte** (→ L Rn. 7 ff.) aus. Seit Inkrafttreten des Mediationsgesetzes müssen sie sich aufgrund des Erklärungsgebotes des § 253 Abs. 3 Nr. 1 ZPO (zur Anwendbarkeit dieser Vorschrift in den Fachgerichtsbarkeiten → ArbGG § 54 Rn. 29; → SGG § 202 Rn. 10; → VwGO § 173 Rn. 12; → FGO § 155 Rn. 7) bzw. des § 23 Abs. 1 S. 3 FamFG mit alternativen Konfliktbeilegungsverfahren schon im Vorfeld der Klageerhebung befassen. Auch wenn dieses primär auf außergerichtliche Alternativen zur Klageerhebung gerichtet ist, ergeben sich aus den diesbezüglichen Angaben in der Klage- bzw. Antragsschrift häufig Anhaltspunkte für die Ermessensausübung des Streitrichters hinsichtlich der Verweisung der Parteien vor den Güterichter (→ ZPO § 253 Rn. 3; → ZPO § 278 Rn. 19).

Ergeht der Verweisungsbeschluss, hat der Anwalt seinen Mandanten entsprechend zu informieren und zu beraten, insbesondere wenn die vorgeschlagene Konfliktbeilegungsmethode der Zustimmung der Partei bedarf (→ Rn. 42).

Während des Güterichtertermins ist der Rechtsanwalt nicht nur, wie in der klassischen Vergleichsverhandlung im Rahmen der mündlichen Verhandlung, als primär rechtlicher Berater gefordert. Er muss seinen Mandanten darüber hinaus, sofern eine interessenorientierte Konfliktbeilegungsmethode zur Anwendung kommt, bei der Herausarbeitung der Interessen sowie zukunftsweisender und kooperativer Lösungsansätze unterstützen und den persönlichen oder unternehmerischen Entscheidungsprozess begleiten.[203]

Für die Güteverhandlung fällt in erster Instanz die Terminsgebühr nach § 13 Abs. 1 RVG iVm Vorbemerkung 3 Abs. 3 iVm Nr. 3104 Vergütungsverzeichnis an,[204] im Falle einer Vergleichsprotokollierung zudem die Einigungsgebühr gem. § 13 Abs. 1 RVG iVm Nr. 1000, 1003 Vergütungsverzeichnis, teilweise bei gleichzeitiger Reduzierung der Gerichtskosten, § 3 Abs. 2 GKG iVm zB Nr. 1211 Ziff. 3, Nr. 5111 Ziff. 3 oder Nr. 7111 Ziff. 3 Kostenverzeichnis. Eine zusätzliche Gebühr für die Teilnahme der Prozessbevollmächtigten an der Güterichterverhandlung entsteht nicht.[205]

51 Um ein in der Praxis funktionierendes Güterichterverfahren einzurichten, bedarf es des Zusammenwirkens verschiedener Stellen im Justizapparat: Den Präsidien der Gerichte obliegt gem. § 21e Abs. 1 S. 1 GVG die Bestimmung der Güterichter im gerichtlichen Geschäftsverteilungsplan (→ ZPO § 278 Rn. 7, 10). Das setzt das Vorhandensein geeigneter, dh insbesondere hinsichtlich der in Frage kommenden Konfliktbeilegungsmethoden (→ Rn. 43) kundiger Richterkollegen voraus. Für deren Qualifizierung hat, selbst wenn § 5 Abs. 1 MediationsG auf den Güterichter keine Anwendung findet (→ ZPO § 278 Rn. 11), die Justizverwaltung Sorge zu tragen, ebenso für Qualitätssicherung durch Fortbildung, Supervision,

---

203 Ausführlicher hierzu: Eidenmüller/Wagner Mediationsrecht/Steiner Kap. 8 Rn. 122 ff.; Jost anwaltliche Vertretung/Korte/Löer, S. 33 ff.; vgl. auch Schmidt MDR 2023, 1017 (mit Praxisbeispielen).
204 Hartmann Nr. 3104 Vergütungsverzeichnis Rn. 6; Bischof FPR 2012, 258 (260).
205 Greger/Unberath/Steffek/Greger E. Rn. 203; Schmidt/Lapp/May Mediation/Schmidt § 14 Rn. 41.

etc.[206] Ferner obliegt es den Gerichtsverwaltungen, eine zentrale Geschäftsstelle für Güterichterverfahren einzurichten, den Aktenlauf zu organisieren und einen adäquaten Konferenz- oder Besprechungsraum (→ Rn. 46) inklusive Moderationsmitteln wie Flipcharts, Metaplanwänden usw bereit zu stellen.[207] Schließlich müssen die Rechtsanwälte über das konkrete Güterichterangebot des jeweiligen Gerichts hinreichend informiert sein, damit sie wiederum ihre Mandanten entsprechend auf den Gütetermin vorbereiten können.

Damit es letztendlich zu einer erfolgreichen Güteverhandlung kommt, bedarf es vor allem des besonderen Augenmerks des Streitrichters für geeignete Verfahren, der Kompetenz und des Engagements des Güterichters sowie der Offenheit der Parteien und der sie begleitenden Rechtsanwälte für die angewandte Konfliktbeilegungsmethode.

IV. Weitere Entwicklung, Fazit

Während der Gütegedanke im deutschen Prozessrecht in der durch das Mediationsgesetz geschaffenen Person des Güterichters die bisher intensivste Ausgestaltung in der legislatorischen Entwicklung erlebt, ist auch nach über zehn Jahren eine flächendeckende Etablierung des Güterichterverfahrens in der gerichtlichen Praxis (noch) nicht festzustellen.[208] Der aufgrund § 8 Abs. 1 MediationsG vorgelegte Bericht der Bundesregierung vom 20.7.2017 stellte auf der Basis der Erhebungen des Statistischen Bundesamtes für die Jahre 2014 und 2015 fest, dass die Fallzahlen der Güterichterverfahren auf einem relativ niedrigen Niveau stagnieren.[209] Besonders geeignet für eine Verweisung vor den Güterichter schienen erstinstanzliche Zivilsachen am Landgericht und Familiensachen. Die hinsichtlich der Verweisungsquote festgestellten großen Unterschiede zwischen den einzelnen Gerichtstypen, Gerichtsbezirken und Bundesländern[210] wiesen darauf hin, dass zumindest die Gesamtzahl der Güterichterverfahren in Deutschland noch Steigerungspotential aufweise. Jedoch bestehe auch eine Grenze für den Einsatz des Güterichterverfahrens, nach (damaliger) Datenlage etwa bei 2 % bis maximal 5 % der Fälle im Bereich Familien- und Zivilgerichte.

In den nachfolgenden Jahren hat sich der statistische Befund nicht wesentlich verändert. Die im ersten Pandemiejahr 2020 stark zurückgegangenen Fallzahlen haben sich in Zivil- und Familiensachen im Folgejahr wieder etwas erholt, wobei nach wie vor und selbst auf Landesebene große Abweichungen festzustellen sind. Bei den Fachgerichten unterliegen die eher geringen Zahlen deutlichen Schwankungen und haben – mit Ausnahme

52

---

206 Haft/Schlieffen Mediation-HdB/Moltmann-Willisch § 51 Rn. 11, 46; Eidenmüller/Wagner Mediationsrecht/Steiner Kap. 8 Rn. 142 ff.; Fritz/Schroeder NJW 2014, 1910 (1915); Probst SchlHA 2016, 3 (7); Greger ZKM 2017, 4 (6); Wesche jM 2022, 227 (231, 232).
207 Ausführlicher hierzu: Eidenmüller/Wagner Mediationsrecht/Steiner Kap. 8 Rn. 138 ff.
208 Vgl. Greger ZKM 2017, 4 (5).
209 BT-Drs. 18/13178, 46 ff.
210 ZB 9,1 % im OLG-Bezirk Braunschweig, 0,1 % in den OLG-Bezirken Koblenz und Zweibrücken. Auch die Erledigungsquote differiert auf OLG-Bezirksebene erheblich (30,4 % bis 87,1 %).

der Arbeitsgerichtsbarkeit, die seit 2021 eine deutlich zunehmende Verweisungsquote zeigt – das Niveau vor der Pandemie noch nicht wieder erreicht.[211]

Auch wenn die Modellprojekte zur gerichtsinternen Mediation seinerzeit unter dem neuen Label Güterichter wieder stärker in das Prozessrecht eingebunden wurden und eine derartige richterliche Tätigkeit zu einer gewöhnlichen Richteraufgabe erklärt wurde,[212] konnte anscheinend die Euphorie der oft eher lokalen Projekte nur schwer in die Alltagsarbeit der Gerichte mitgenommen und in die Fläche ausgedehnt werden.[213] Die insbesondere regionalen Unterschiede in der Verweisungsquote mögen darauf zurückzuführen sein, dass das Güterichterangebot an einem Gericht unterschiedlich lebendig und intensiv gelebt werden kann, also in der Kollegenschaft zB mehr Güterichter ausgebildet, demnach geeignete Verfahren besser und öfter erkannt und verwiesen sowie den Parteien überzeugender nahegebracht werden. Damit steigt zugleich die Anzahl der Rechtsanwälte, die gute Erfahrungen gemacht haben und beim nächsten Mal dem Güterrichterverfahren offener gegenüber stehen oder es sogar von sich aus nachfragen.[214] Gleichwohl ist es verwunderlich, dass über zehn Jahren nach der gesetzlichen Einführung des Güterichters derart großen Nutzungsdefizite und Divergenzen bestehen.[215] Auch eine Schwankungsbreite bei der Verweisungsquote zwischen unter 0,1 % und deutlich über 10 % ist ein im Hinblick auf die bundesweit einheitlich geltende ZPO durchaus problematischer Befund.[216] Wenn in bestimmten Gerichten bisweilen so gut wie kein Verfahren verwiesen wird, bedeutet dies aus Sicht der einzelnen Partei eine sehr ungleiche Zugangsmöglichkeit zum Güterichter.[217] Aus der Makroperspektive auf die Justiz insgesamt bedeutet es aber eine bedauerliche Unterlassung, vielen Parteien ein aussichtsreiches Werkzeug zur Konfliktbeilegung nahezubringen – was wiederum heißt, dass die Justiz ihre Verpflichtung zur Herstellung von Rechtsfrieden nicht ausschöpft.[218]

Auch sind die aktuellen realen Nutzungszahlen, die die Erwartungen des Gesetzgebers bei der Einführung des Güterichters sicherlich nicht erfüllen, nicht in Einklang zu bringen zum einen mit den positiven Bewertungen der empirischen Begleitforschung in der Projektphase (→ Rn. 9, Fn. 46), zum anderen mit der offenbar zunehmenden kritischeren Haltung in der Bevölkerung gegenüber der Arbeit der Gerichte insgesamt, insbesondere hinsichtlich zu langer Prozessdauer, unzureichender Chancengleichheit und

---

211 Vgl. www.gueterichter-forum.de, dort „Aktuelles" v. 2.9.2022 und 22.8.2023; Lentz jM 2023, 97 (99).
212 Vgl. Thole ZZP 127 (2014), 339 (370).
213 Vgl. Götz von Olenhusen FS Stilz, 2014, 171 (178); Greger ZKM 2017, 4 (5).
214 Kurzweil ZKM 2022, 33 (34). Der Bericht der Bundesregierung vom 20.7.2017 stellt – hierzu im Umkehrschluss – fest, dass die Nutzung des Güterichterverfahrens an den Gerichten kein „Selbstläufer" sei (BT-Drs. 18/13178, 50).
215 So Greger (MDR 2017, 1107 (1110)) bereits für fünf Jahre nach der Einführung.
216 Zu berechnen anhand der Daten des Statistischen Bundesamtes, Fachserie 10 Reihe 2.1 (2021).
217 Vgl. Kirchhoff/Zenk ZKM 2022, 190.
218 Wesche jM 2022, 227 (229).

Uneinheitlichkeit der Rechtsprechung.[219] Jeder Befund für sich genommen spräche gerade und auch noch nach Einleitung eines Gerichtsverfahrens für eine Wahrnehmung des auf eine zeitnahe, eigenverantwortliche Konfliktbeilegung ausgelegten und auch noch kostenneutralen Güterichterangebots.

Den Nutzungsdefiziten steht aber gegenüber, dass die mit dem Mediationsgesetz vorgenommenen Änderungen in den unterschiedlichen Prozessordnungen einem weiteren Zweck dienen, nämlich einer **besseren prozessualen Verzahnung**[220] unseres auf die streitige Rechtsdurchsetzung vor Gericht ausgerichteten Rechtssystems, in dem die Verfahrensordnungen die Klärung privater Rechtsbeziehungen durch die staatliche Justiz absichern,[221] mit der neben diesem stehenden autonomen Konfliktbehandlung, die sich nicht rechteorientierter Methoden bedient. In dieser Hinsicht wurde eine bisher nicht gegebene **Differenzierung** und **Durchlässigkeit** zwischen gerichtlicher und außergerichtlicher Konfliktbelegung erreicht (→ Rn. 36). So ist es Konfliktparteien nunmehr nicht nur möglich, selbst wenn sie zur Konfliktlösung den Weg zB in die außergerichtliche Mediation – aus welchen Gründen auch immer – nicht eingeschlagen haben, auch noch nach Beschreiten des Gerichtsweges über § 278a ZPO[222] in das geeignete außergerichtliche Konfliktbeilegungsverfahren zu wechseln (→ ZPO § 278a Rn. 3). Vielmehr können die Parteien des Rechtsstreits über das Institut des Güterichters auch außergerichtliche Methodik quasi in das Gerichtsverfahren hineinholen, um eine eigenverantwortliche Konfliktbeilegung zu erreichen, ohne dessen formalen Rahmen verlassen zu müssen (→ Rn. 22).

Eine jede Vorgehensvariante mag im konkreten Fall und bedingt durch die Konflikthistorie ihre Berechtigung haben. Natürlich gibt es Unterschiede hinsichtlich der Intensität, in der außergerichtliche Methodik beim Güterichter zur Anwendung gelangt, allein schon durch den zur Verfügung stehenden Zeitrahmen.[223] Der besondere Wert der aktuellen gesetzlichen Situation liegt aber darin, dass für die Parteien auch noch nach Beschreiten des Rechtswegs die Möglichkeit besteht, eine eigenverantwortliche Konfliktbeilegung herbeizuführen, sei es vor dem Güterichter, sei es bei einem außergerichtlichen Mediator. Diese Durchlässigkeit ist nunmehr, selbst wenn sie in der Praxis (noch) nicht regelmäßig zur Anwendung kommt, jedenfalls normativ abgesichert.

Dabei regelt die ZPO kein Rangverhältnis, weder zwischen den Wegen des § 278 Abs. 5 und des § 278a ZPO noch im Sinne eines generellen

---

219 Roland-Rechtsreport 2022, 16 (www.roland-rechtsschutz.de/media/roland-rechtsschutz/pdf-rr/042-presse-pressemitteilungen/pressemitteilungen/dateien-in-artikel/20220222-rechtsreport_2022.pdf), bestätigt von Roland-Rechtsprechungsreport 2023, 17 (www.roland-rechtsschutz.de/media/roland-rechtsschutz/pdf-rr/042-presse-pressemitteilungen/roland-rechtsreport/roland_rechtsreport_2023.pdf).
220 Zum Begriff vgl. Greger ZKM 2003, 240.
221 Vgl. Greger ZKM 2021, 147,148.
222 Dies war auch schon vor dem Inkrafttreten des Mediationsgesetzes möglich, s. § 278 Abs. 5 S. 2, 3 ZPO aF.
223 Assmann (MDR 2016, 1303 (1307)) sieht hierin ein Differenzierungskriterium für eine Konfliktbeilegung im Wege des § 278 Abs. 5 bzw. über § 278a ZPO. Hier stehen aber allein die vom Gesetzgeber eingeräumten prozessualen Möglichkeiten im Vordergrund.

Vorranges der Mediation gegenüber dem Zivilprozess.[224] Es wird aber eine **Reevaluation der Verfahrenswahl**, die idealerweise bereits bei Auftreten des Konfliktes und vor Klageerhebung hätte erfolgen sollen und die von § 253 Abs. 3 Nr. 1 ZPO auch angemahnt wird (→ ZPO § 253 Rn. 2 f.), dahin gehend ermöglicht, ob und ggf. in welcher Intensität den Anforderungen der Parteien und des Konfliktes eher eine rechte- oder eine interessenorientierte Lösung dienlich ist.[225] Auf diese Weise ist sowohl die Nachholung einer vor Klageerhebung schlichtweg unterbliebenen Abwägung möglich als auch eine korrigierende Reaktion auf eine sich im Verlauf des Gerichtsverfahrens ergebene Änderung abwägungsrelevanter Gesichtspunkte. Unerheblich ist dabei, wer der Impulsgeber für die Neubewertung ist – die Konfliktpartei selbst, ein Rechtsanwalt oder der Streitrichter. Der Streitrichter ist freilich weder primär Experte für alternative Konfliktbeilegungsverfahren noch kann er in jedem Fall ohne Weiteres die für die Verfahrenswahl relevanten Umstände bereits aus der Akte ersehen oder ermitteln. Insoweit ist ihm der Rechtsanwalt sowohl in zeitlicher Hinsicht als auch aufgrund seines direkten Zugriffs auf den Mandanten voraus. Hingegen kann der Richter als von der Dynamik des Konflikts unbeeinflusste, unabhängige und neutrale Instanz gerade diese Dynamik, vielleicht auch kraft seiner Amtsautorität, eher durchbrechen.[226]

Beiden, den Prozessbevollmächtigten wie den Streitrichtern, gemeinsam ist allerdings, dass – in der Breite betrachtet – die Mehrzahl der heutigen Praktiker in ihrer Ausbildung nur das rechtsförmliche Verfahren des Zivilprozesses kennengelernt haben und daher eher Zurückhaltung gegenüber alternativen Modellen wie Mediation zeigen.[227, 228] Dem ist nur mit unablässiger Information und andauerndem Engagement entgegen zu treten.[229]

54 Der besondere Wert speziell des (zwar entgegen des Gesetzeswortlauts nicht mit allen, aber doch) mit verschiedenen Methoden der Konfliktbeilegung (→ Rn. 43) ausgestatteten Güterichters liegt darin, dass er das zum Konflikt und zu den Parteien passende Verfahren gemeinsam mit diesen bestimmen und gestalten kann.[230] Damit trägt er nicht nur zur Verfeinerung des Systems der gerichtsinternen Konfliktbehandlung bei (→ Rn. 36), sondern ermöglicht zugunsten der Parteien auch eine Konfliktbehandlung auf einer qualitativ anderen Ebene als sie der Streitrichter im Regelfall bieten kann. Um die hierfür in Frage kommenden Verfahren aus der Mas-

---

224 Bushart (§ 278a ZPO S. 39) entgegen Wendland (Mediation S. 901 ff.), der ein Primat der Mediation annimmt.
225 Bushart § 278a ZPO S. 43 ff.
226 Vgl. Bushart § 278a ZPO S. 47 ff., 266.
227 Risse ZKM 2022, 179 (180); ähnlich: Greger ZKM 2017, 213; Fries ZKM 2021, 44 (45).
228 Dies wird sich langsam aber stetig ändern, zum einen durch die verstärkte Aufnahme von Mediation als Schlüsselqualifikation ins Studium, zum anderen durch einschlägige Fortbildungsangebote der Justizverwaltungen im Referendariat und auch im ersten Stadium der Richterlaufbahn (s. dazu zB Gläßer, Mediation als Gegenstand der Juristenausbildung – Perspektiven und didaktisches Potential, in Krüper (Hrsg.), Rechtswissenschaft lehren – Handbuch der juristischen Fachdidaktik, 2022, S. 872).
229 Vgl. Natter/Wesche DRiZ 2018, 388 (389); Odrig ZKM 2019, 28.
230 Vgl. Greger GS Unberath, 2015, 111 (120).

se der anhängigen Gerichtsverfahren noch besser herauszufiltern, bedarf es einer intensivierten Mitwirkung und eines wachen Blickes sowohl der Streitrichter[231] als auch der Rechtsanwälte, insbesondere hinsichtlich des Erkennens und der Analyse des hinter dem Rechtsstreit stehenden Konfliktes.[232] Mit der Bereitschaft, die ausgetretenen Wege des norm- und vergangenheitsorientierten Gerichtsverfahrens einmal zu verlassen und sich auf eine andere Konfliktbeilegungsmethode einzulassen, kann im konkreten Fall meist nur wenig vergeben, aber möglicherweise viel gewonnen werden.

Deshalb wäre es auch nicht angemessen, den Erfolg von Güterichterverfahren ausschließlich anhand des Parameters einer vollständigen Erledigung des konkreten Rechtsstreits zu messen. Allein die Tatsache, dass die Prozessparteien sich auf diese Weise gemeinsam um eine Konfliktbeilegung bemüht haben, ist positiv zu bewerten und trägt nicht selten in einem späteren Verfahrensstadium vor dem Streitrichter noch zu einem Vergleichsabschluss bei.[233]

Gleichwohl sind eine weitere Verbesserung der praktischen Umsetzung[234] und die Schaffung eines flächendeckenden Güterichterangebotes (nicht nur auf dem Papier) zwingend erforderlich. Denn letztendlich vermag nur ein gut eingeführtes Güterichterwesen mit nennenswerten Fallzahlen bei allen Beteiligten die Verfahrenszufriedenheit zu erhöhen und sie vor dem langwierigen und oft auch mühseligen Weg durch die Instanzen zu bewahren,[235] ohne diesen für diejenigen zu versperren, die hierauf angewiesen sind oder für die gerade dieser Weg einen besonderen Wert darstellt. In Zeiten, in denen an künstliche Intelligenz in der Konfliktlösung[236] und konkret auch über automatisierte gerichtliche Vergleichsvorschläge im Zivilprozess[237] nachgedacht wird, muss auch noch Raum für persönlichen Kontakt vorbehalten bleiben. Dazu kann das Güterichtersystem, das durchaus auch offen ist für neue Formate wie Videoverhandlung und Online-Mediation (→ ZPO § 278 Rn. 27) einen Beitrag leisten.

Offenbar sind in Deutschland **viele kleine Schritte** für die Implementierung von Mediation und anderen Methoden der Konfliktbeilegung im Gerichtssystem erforderlich. Nach wie vor bleibt zu hoffen, dass die außergerichtli-

55

---

231 Vgl. Gottwald/Greger ZKM 2016, 84 (88).
232 Vgl. Greger GS Unberath, 2015, 111 (119).
233 Pörnbacher ZKM 2017, 154 (155). Auch der Bericht der Bundesregierung vom 20.7.2017 zeigt – in Zusammenhang mit der Bewertung der Erfolgsaussichten für die Gewährung von Prozesskostenhilfe – unterschiedliche Möglichkeiten auf, den „Erfolg" einer Mediation zu bestimmen. So könne von einem Erfolg bspw. bereits dann gesprochen werden, wenn sich die Atmosphäre zwischen den Konfliktparteien verbessere (BT-Drs. 18/13178, 177).
234 S. Fn. 239. Auch der Bericht der Bundesregierung vom 20.7.2017 nennt verschiedene Förderungsmöglichkeiten (BT-Drs. 18/13178, 50).
235 Wesche jM 2022, 227 (232).
236 Bull/Steffek, Die Entschlüsselung rechtlicher Konflikte – Der Einsatz künstlicher Intelligenz zur Ermittlung von Entscheidungsfaktoren der Konfliktlösung ZKM 2018, 165; Steffek, Die Veränderung der Konfliktlösung durch künstliche Intelligenz – Teil 1, ZKM 2022, 212, Teil 2, ZKM 2023, 121; Mohnert, Überlegungen zur Akzeptanz KI-generierter Vergleichsvorschläge aus psychologischer Sicht, ZKM 2023, 199.
237 Rollberg, Automatisierte gerichtliche Vergleichsvorschläge im Zivilprozess ZKM 2020, 208.

che Mediation nun einen deutlichen Sprung nach vorne macht, nachdem der Gesetzgeber sich dem Argument einer – vermeintlichen – Konkurrenz (→ Rn. 20, 29) recht weitgehend gebeugt hat. Für das deutsche Prozessrecht erweist sich der zweite Versuch einer prozessualen Regelung, nach der Güteverhandlung in 2002 nunmehr der Güterichter in 2012, vielleicht nicht als der größtmögliche Wurf. Er bringt aber immerhin mit der Aufhebung der personellen Identität von Streitrichter und Vermittler (→ Rn. 26) für die Justiz erneut einen kleinen Fortschritt, der Raum zur Entfaltung und auch für künftige Weiterentwicklung gewährt. Die Verbindung moderner Kommunikations- und Konfliktbearbeitungsmethodik mit einem neutralen Forum, die in der Phase der Modellprojekte maßgeblich den Erfolg der gerichtlichen Mediation begründete (→ Rn. 10), kann im erweiterten Güterichtersystem fortgeführt werden. Diese gilt es ebenso prägnant und transparent nach außen darzustellen.

Für die Erreichung des **langfristigen rechtspolitischen Ziels**, nämlich eines Rechtsschutzsystems, in dem mediatives Vorgehen einen Normalfall darstellt, in dem erst über den Weg der Konfliktlösung entschieden und sodann dieser beschritten wird,[238] sind gewiss noch weitere Nachbesserungen des Gesetzgebers erforderlich.[239] So wird sich die Mediation inner- wie außerhalb des Gerichts weiterentwickeln. Denn Mediation ist dadurch gekennzeichnet, dass sie sich gerade keiner festen Form verschreibt, sondern ein sich im Rahmen ihrer Verfahrensprinzipien ständig fortentwickelndes und den konkreten Umständen sowie dem Zeitgeist anpassendes Konfliktlösungssystem darstellt.[240]

---

238 Bercher/Engel JZ 2010, 226 (231).
239 Sowohl im gerichtsinternen Bereich (vgl. zB die Vorschläge von Greger ZKM 2017, 4 (6/7); ZKM 2017, 213 (213 ff.)) als auch im außergerichtlichen Bereich (s. Greger ZKM 2021, 147 (148)). Es seien insoweit nur die Stichworte finanzielle Anreize, Kostensanktionen oder der „rechtspolitische Dauerbrenner" Mediationskostenhilfe erwähnt.
240 Zu den Zukunftsperspektiven der Mediation: Gläßer ZKM 2022, 174 (178).

M. Mediation aus notarieller Sicht

Literatur:
Arndt/Lerch/Sandkühler, Bundesnotarordnung, 8. Aufl. 2016; *Bensmann/Meyer/Schmitz-Vornmoor/Sorge/Talke*, Verhandlungs- Kommunikationstechniken im notariellen Beurkundungsverfahren, notar 2010, 48; BNotK, Schlichtung durch Notare – Güteordnung mit Erläuterungen, DNotZ 2000, 1; *Bremkamp/Kindler/Winnen*, BeurkG, 1. Aufl. 2022; *Dendorfer/Krebs*, Konfliktlösung durch Mediation bei Gesellschafterstreitigkeiten, MittBayNot 2002, 85; *Diehn* (Hrsg.) BNotO – Bundesnotarordnung, 2. Aufl. 2019; *Frenz/Miermeister*, Bundesnotarordnung Beurkundungsgesetz, 5. Aufl. 2020; *Frieser/Sarres/Stückemann/Tschichoflos* (Hrsg.), Handbuch des Fachanwalts Erbrecht, 7. Aufl. 2019; *Greger/Unberath/Steffek*, Recht der alternativen Konfliktlösung, 2. Aufl. 2016; *Grüner/Schmitz-Vornmoor*, Die Schnittstelle zwischen Mediation und Beurkundung, notar 2012, 147; *Grziwotz*, Erfolgreiche Verhandlungsführung und Konfliktmanagement durch Notare, 2001; *Heinemann*, Aufgabenübertragung auf Notare, FGPrax 2013, 139; *Hornung*, Rechtliche Rahmenbedingungen für die Tätigkeit freier Mediatoren, 2006; *Horstmeier*, Das neue Mediationsgesetz, 2013; *Hupka*, Handbuch Schlichtungs- und Schiedsgerichtshof Deutscher Notare, 1. Aufl. 2017; *Kersten/Bühling*, Formularbuch und Praxis der Freiwilligen Gerichtsbarkeit, 27. Aufl. 2023; *Kilian/Sandkühler/vom Stein* (Hrsg.), Praxishandbuch Notarrecht, 3. Aufl. 2018; *Meyer/Schmitz-Vornmoor*, Das neue Mediationsgesetz in der notariellen Praxis, DNotZ 2012, 895; *MittBayNot*, Schlichtung und Mediation, Sonderheft zu Ausgabe 4/2000; *Schippel/Eschwey*, Bundesnotarordnung, 11. Aufl. 2023; *Schlieffen/Wegmann* (Hrsg.), Mediation in der notariellen Praxis, 2002; *Schmitz-Vornmoor*, Notare im Prozess der Unternehmensnachfolge – Die (mögliche) Rolle und Funktion von Notaren aus konfliktdynamischer Sicht, Konfliktdynamik 2015, 182; *ders.*, Verhandlungs- und Kommunikationsmethoden im Beurkundungsverfahren – Störungen haben Vorrang, notar 2015, 260; *ders./Töben*, Möglichkeiten der Konfliktvorsorge in der erbrechtlichen Beratungs- und Gestaltungspraxis – insbesondere durch Mediationsklauseln, RNotZ 2014, 527; *ders./Vornmoor*, Verhandlungs- und Kommunikationsmethoden im Beurkundungsverfahren – Der richtige Einstieg in das Beratungsgespräch, notar 2011, 387; *ders./Vornmoor*, Mediations- und Verhandlungspraxis im Notariat, ZKM 2012, 51; *Schröder* (Hrsg.), Mediation und Notariat, Potentiale und Chancen, 2010; *Schwarz*, Verhandlung und Mediation mit vielen Beteiligten, MittBayNot 2001, 294; *Stückemann*, Notar-Mediation, neue Chancen für Notare, ZnotP 2015, 367; *Töben*, Mediationsklauseln, RNotZ 2013, 321; *Töben/Schmitz-Vornmoor*, Konfliktvorsorge bei der Nachlassplanung, ZKM 2014, 15; *Walz*, Vertraulichkeit in der Mediation, MittBayNot 2001, 53; *Walz* (Hrsg.), Das ADR-Formularbuch, 2. Aufl. 2017; *Walz*, Der Notar als Mediator, in: *Haft/v. Schlieffen*, Handbuch der Mediation, 3. Aufl. 2016; *Walz*, Vertraulichkeit in der Mediation, MittBayNot 2001, 53; *Zimmermann*, Die Vermittlung der Erbauseinandersetzung durch den Notar, NotBZ 2013, 335; *Zwickel*, Einvernehmliche Streitbeilegung im digitalen Zivilprozess der Zukunft, ZKM 2022, 44.

I. Einleitung 1	c) Schlichtungs- und Schiedsgerichtshof Deutscher Notare (SGH) 17
II. Notar und Mediator; Beurkundungs- und Mediationsverfahren 3	d) Vermittlung von Vermögensauseinandersetzungen in Nachlasssachen oder bei Gütergemeinschaften 20
1. Vergleich Notar-Mediator .. 4	
2. Abgrenzung der Mediation vom notariellen Beurkundungsverfahren 8	
III. Notare als Mediatoren 10	2. Notarielles Berufsrecht und Mediation 21
1. Einsatzfelder 10	
a) Typische Rechtsgebiete .. 11	a) Verschiedene Notariatsformen in Deutschland .. 21
b) Notare als Gütestellen, obligatorische Streitschlichtung nach § 15a EGZPO 14	b) Einordnung der Mediation durch das notarielle Berufsrecht 23

c) Das Mediationsgesetz im Zusammenspiel mit dem Berufsrecht 24	IV. Mediative Methoden im notariellen Beurkundungsverfahren .. 44
aa) Verhältnis des Mediationsgesetzes zum notariellen Berufsrecht 24	V. Zusammenarbeit zwischen Mediatoren und Notaren 48
	1. Vom Mediator zum Notar 48
bb) Verfahren; Aufgaben des Mediators (§ 2) 25	a) Gesetzlich verpflichtende Einschaltung des Notars 48
cc) Offenbarungspflichten; Tätigkeitsbeschränkungen (§ 3) 28	b) Freiwillige Einschaltung des Notars, Vollstreckbarkeit der Einigung 51
dd) Verschwiegenheitspflicht (§ 4) 33	2. Vom Notar zum Mediator 55
	VI. Vertragsgestaltung und Mediation 57
d) Vergütung/Gebühren 35	
e) Werbung und Außendarstellung 39	VII. Notare und gerichtsnahe Mediation 59
f) Örtliche Beschränkungen 41	VIII. Mediation im FamFG-Verfahren 65
g) Aus- und Fortbildung, Zertifizierter Mediator .. 42	IX. Digitalisierung, Mediation und Notariat 69
h) Co-Mediationen 43	X. Zusammenfassung 70

I. Einleitung

1 Die Notare haben sich in der Vergangenheit bereits als „geborene Mediatoren" bezeichnet.[1] Damit wird zutreffend zum Ausdruck gebracht, dass sich die Rollenbilder von Notaren und Mediatoren vielfach ähneln.[2] Ein Wechsel aus der Notarrolle in die Mediatorenrolle und umgekehrt ist ohne größere Brüche möglich. Soweit die Formel vom „geborenen Mediator" jedoch besondere Kenntnisse und Fähigkeiten auf dem Gebiet der Kommunikations- und Verhandlungslehre suggerieren sollte, war damit stets ein großer Teil Selbstüberschätzung verbunden.[3] Wie andere juristische Berufsgruppen auch haben Notare in der Vergangenheit ihre Kommunikationspraxis zu wenig reflektiert. Im Vordergrund der notariellen Aus- und Fortbildung standen und stehen bis heute ganz vorrangig juristische Fragestellungen.[4] Gleichwohl gibt es **vielfältige Berührungspunkte zwischen**

---

1 So etwa Kilian/Sandkühler/vom Stein/Meyer § 19 Rn. 13.
2 Haft/v. Schlieffen/Walz, § 49 Rn. 1 bemerkt zutreffend, dass Notare als einzige juristische Berufsgruppe regelmäßig als unabhängige und unparteiliche Berater tätig werden.
3 Haft/v. Schlieffen/Walz, § 49 verweist auf die durch die Beurkundungspraxis gewonnenen Erfahrungen der Notare als Moderatoren bzw. Vermittler. Dieser Erfahrungsschatz kann allerdings eine theoretische Reflexion des eigenen Handelns und die damit verbundene Erweiterung des methodischen Werkzeugkastens nicht ersetzen. Etwas zu optimistisch auch Schippel/Görk/Sanders § 24 Rn. 6, der meint, bereits die generelle Pflicht zur Unabhängigkeit und Unparteilichkeit sei der Notar „in idealtypischer Weise" als Mediator geeignet.
4 Bensmann/Meyer/Schmitz-Vornmoor/Sorge/Talke notar 2010, 48 ff. Aufschlussreich ist das Fortbildungsprogramm des Fachinstituts Notare im Deutschen Anwaltsinstitut (DAI), abrufbar unter www.anwaltsinstitut.de. Auch nach der Verordnung über die notarielle Fachprüfung (NotFV) vom 7.5.2010 werden in der notariellen Fachprüfung, die jeder zukünftige Anwaltsnotar ablegen muss, ausschließlich juristische Stoffe geprüft. Die Ausbildungsverordnungen für Notarassessoren sind dagegen allgemeiner gehalten und lassen durchaus Raum, um Verhandlungs- und Kommuni-

Mediation und Notariat, die nachfolgend vor dem Hintergrund des Mediationsgesetzes erörtert werden.

Vorab soll in einem kurzen Vergleich die klassische **Rolle des beurkundenden Notars** der **Rolle des Mediators** gegenübergestellt werden. Ebenfalls verglichen wird das Mediationsverfahren mit dem Beurkundungsverfahren (→ Rn. 3 ff.). Auf dieser Grundlage geht es sodann um **die Fallgestaltungen,** in denen Notare selbst als Mediatoren tätig werden (→ Rn. 10 ff.). Auch wenn Notare nicht als Mediatoren agieren, können sie trotzdem mediative Kommunikations- und Verhandlungsmethoden im normalen notariellen Beurkundungsverfahren verwenden und damit ganz allgemein ihre Beratungspraxis verbessern (→ Rn. 44 ff.). Ein weiterer Abschnitt widmet sich der **Zusammenarbeit von Mediatoren und Notaren** (→ Rn. 48 ff.). Sodann wird untersucht, wie die außergerichtliche Konfliktbearbeitung, insbesondere die Mediation, in die **notarielle Vertragsgestaltung** integriert werden kann (→ Rn. 57 f.). Anschließend wird erörtert, in welchen Fällen bei Gericht anhängige Verfahren für die **notarielle Mediation** geeignet sein könnten (→ Rn. 59 ff.). Da Notare regelmäßig mit dem Verfahren der freiwilligen Gerichtsbarkeit in Berührung kommen, wird die Rolle der **Mediation** auch **im FamFG-Verfahren** dargestellt (→ Rn. 65 ff.). Es folgen Ausführungen zu **Auswirkungen der Digitalisierung** (→ Rn. 69), bevor der Beitrag mit einer **Zusammenfassung** schließt (→ Rn. 70).

II. Notar und Mediator; Beurkundungs- und Mediationsverfahren

Die dem Notar gesetzlich zugewiesene Rolle im Beurkundungsverfahren weist viele Übereinstimmungen mit derjenigen des Mediators auf (→ Rn. 4 ff.). Für den mediationsausgebildeten Notar stellt sich daher die Frage, in welchen Fällen er als Notar und in welchen Fällen er als Mediator agieren soll (→ Rn. 8 f.).

1. Vergleich Notar-Mediator. Rolle und Aufgaben des Notars sind gesetzlich durch die Bundesnotarordnung (BNotO) und das Beurkundungsgesetz (BeurkG) vorgeprägt. Der Notar oder die Notarin

- ist unabhängig (§ 1 BNotO),
- ist unparteiischer Betreuer aller Beteiligten (§ 14 BNotO),
- leitet das (Beurkundungs-)Verfahren,
- ist nicht für die Inhalte der Parteivereinbarungen zuständig, sondern lediglich für die juristisch korrekte Umsetzung des Parteiwillens (§ 17 BeurkG),[5]
- ist zur Verschwiegenheit und Vertraulichkeit verpflichtet (§ 18 BNotO),

---

kationstechniken in die Ausbildung zu integrieren. So formuliert etwa § 2 S. 1 der nordrhein-westfälischen Verordnung über die Ausbildung von Notarassessorinnen und Notarassessoren vom 18.10.1999, zuletzt geändert am 20.10.2016 (GV.NRW. 2016, 840): „Die Notarassessorinnen und Notarassessoren sind während der Ausbildung mit den Aufgaben und der Stellung der Notarinnen und Notare vertraut zu machen und so zu beschäftigen, dass sie Erfahrungen in allen Bereichen der Amtstätigkeit gewinnen."

[5] Unmittelbar in den Vertragsinhalt eingreifen muss der Notar jedoch, wenn die Grenzen der Vertragsgestaltung (zB §§ 134, 138 BGB) überschritten und unzulässige oder unwirksame Regelungen getroffen werden sollen. Mittelbar inhaltliche Verantwortung übernimmt der Notar weiter durch die Formulierung des Parteiwillens.

- ist Experte für interessenorientierte und zukunftsgerichtete Vertragsgestaltung.[6]

5 Die vorgenannte Aufzählung macht deutlich, dass der Notar – anders als in der Regel als parteilich agierend wahrgenommene Rechtsanwälte – Mediationen durchführen kann, ohne sein normales und in der Bevölkerung bekanntes Rollenmodell verlassen zu müssen.[7] Die ihm als Notar zur Verfügung stehenden Ressourcen kann er auch in Mediationen nutzen.

6 Wird der Notar im Rahmen einer Beurkundung tätig, gibt es aber auch Unterschiede im Hinblick auf Rolle und Aufgaben.[8] Besonders augenfällig ist dabei die **Verpflichtung des Notars zur rechtlichen Beratung und Belehrung** der Parteien. Rechtlich unzulässige Geschäfte darf er nicht beurkunden (§ 4 BeurkG, § 14 Abs. 2 BNotO) und bei einseitigen oder möglicherweise unfairen Gestaltungen muss er entsprechende Hinweise geben (§ 17 BeurkG). In den meisten Fällen wird diese rechtliche Funktion noch dadurch verstärkt, dass der Notar auch den Entwurf des zu beurkundenden Rechtsgeschäftes anfertigt. Anders als ein Mediator, der rechtliche Fragen auch an dritte Personen außerhalb des Mediationsverfahrens (etwa Anwälte oder Notare) delegieren kann, ist der Notar daher im Beurkundungsverfahren nach seinem Berufs- und Verfahrensrecht immer auch als rechtlicher Berater und Gestalter involviert.[9]

7 Ein weiterer Unterschied zwischen Beurkundungs- und Mediationsverfahren[10] besteht darin, dass ersteres durch den Gesetzgeber für den Notar und die Beteiligten im Beurkundungsgesetz verbindlich ausgestaltet worden ist.[11] Das MediationsG lässt dagegen dem Mediator – in Absprache mit den Konfliktbeteiligten – einen deutlich weiteren Spielraum bei der Verfahrensgestaltung.

8 **2. Abgrenzung der Mediation vom notariellen Beurkundungsverfahren.** Wollen Notare als Mediatoren tätig werden, stellt sich die Frage nach

---

6 Zur Interessenorientierung vgl. etwa die Darstellung bei Grüner/Schmitz-Vornmoor notar 2012, 147 mit mehreren Beispielen. Inhaltlich ist der Notar nach § 17 BeurkG für die klare und unzweideutige Formulierung des Parteiwillens und damit als Vertragsgestalter verantwortlich.
7 Auch Greger/Unberath/Steffek/Greger B. § 1 Rn. 112, Kilian/Sandkühler/vom Stein/Meyer § 17 Rn. 11 ff. und Frenz/Miermeister/Frenz § 1 Rn. 17 betonen die Rollenverwandtschaft zwischen Notar und Mediator.
8 Zur Abgrenzung von Mediations- und Beurkundungsverfahren vgl. auch Meyer/Schmitz-Vornmoor DNotZ 2012, 895 (901) und Kilian/Sandkühler/vom Stein/Meyer § 17 Rn. 11.
9 An dieser Stelle sei klargestellt, dass der Notar im Rahmen eines Beurkundungsverfahrens in der Regel keine rechtlichen Streitfragen entscheidet, sondern seine rechtliche Expertise im Hinblick auf die zukunftsgerichtete Vertragsgestaltung einbringt. Während etwa ein Richter das Recht als Entscheidungsmaßstab in Konflikten verwendet, benutzt ein Notar das Recht eher als Werkzeugkasten für seine vertragsgestaltende Tätigkeit.
10 Ein ausführlicher Vergleich von Beurkundungs- und Mediationsverfahren, der Unterschiede und Gemeinsamkeiten herausarbeitet, findet sich bei Grüner/Schmitz-Vornmoor notar 2012, 147.
11 „Produkt" dieses verbindlichen Verfahrens unter der Leitung des Notars ist sodann die notarielle (öffentliche) Urkunde, die im Rechtsverkehr aufgrund ihrer Beweiswirkung (§ 415 ZPO) und ihrer potenziellen Vollstreckbarkeit (§ 794 Abs. 1 Nr. 5 ZPO) eine privilegierte Rolle spielt. Im Erbrecht kann die notarielle Verfügung von Todes wegen auch den sonst zum Erbnachweis erforderlichen Erbschein ersetzen.

der Abgrenzung des Mediationsverfahrens vom normalen Beurkundungsverfahren. In welchen Situationen bietet der Notar sinnvollerweise eine Mediation an, in welchen eine Beurkundung? Die Antwort ergibt sich aus dem notariellen Berufs- und Beurkundungsrecht.[12] Die Einleitung eines Beurkundungsverfahrens beginnt mit **einem konkreten Beurkundungsauftrag** und setzt damit prinzipiell eine schon bestehende Einigkeit zwischen den Beteiligten voraus. Gibt es einen solchen Beurkundungsauftrag, ist der Notar berufsrechtlich zur Gewährung seiner Tätigkeit (Beurkundung) nach § 15 BNotO verpflichtet.[13] Ein Mediator wird dagegen nur dann benötigt, wenn die für das notarielle Beurkundungsverfahren konstitutive Einigkeit der Parteien gerade noch nicht besteht. Die typischen Beteiligten eines Mediationsverfahrens wären daher nicht in der Lage, beim Notar einen Antrag auf Beurkundung zu stellen. Fehlt ein solcher konkreter Antrag, ist der Notar auch nicht zur Tätigkeit verpflichtet.[14] Das Angebot einer Mediation gehört damit nicht zum (einklagbaren) Pflichtenprogramm des Notars, sondern stellt eine nach § 24 BNotO zu beurteilende freiwillige[15] Betreuungsleistung auf dem Gebiet der vorsorgenden Rechtspflege dar.[16]

Damit wird klar: Das Mediationsverfahren ist dem notariellen Beurkundungsverfahren zeitlich und strukturell vorgelagert. Ziel des Mediationsverfahrens ist die Herstellung von Einigkeit zwischen den Parteien. Diese Einigkeit kann später Ausgangspunkt eines notariellen Beurkundungsverfahrens sein.[17] Hat sich ein Notar entschieden, als Mediator tätig zu werden, stellt sich die Frage nach möglichen Anwendungsfeldern für die notarielle Mediation. Damit beschäftigt sich der nachfolgende Abschnitt.

III. Notare als Mediatoren

1. Einsatzfelder. Notare werden als Mediatoren tätig (a)) und sind darüber hinaus auch noch auf verwandten Feldern als Schlichter und Schiedsrichter aktiv (b), c) und d)).

a) Typische Rechtsgebiete. Notare sind vor allem in den Feldern als Mediatoren tätig, die sie auch in ihrer Rolle als Notar bearbeiten.[18] Zu den **Kerngebieten notarieller Tätigkeit** gehören das

- Immobilienrecht,
- Gesellschaftsrecht,

---

12 Schröder/Schmitz-Vornmoor, S. 32.
13 Der staatlich gegenüber dem Bürger ausgeübte Zwang, bestimmte Rechtsgeschäfte beurkunden zu lassen, korrespondiert mit der Pflicht des Staates, die Beurkundungsfunktion über die von ihm bestellten Amtsträger dem Bürger zur Verfügung zu stellen (sog. Urkundsgewährungspflicht).
14 Frenz/Miermeister/Limmer BNotO § 20 Rn. 55.
15 Kilian/Sandkühler/vom Stein/Meyer § 17 Rn. 27 weist darauf hin, dass die der Urkundsgewährungspflicht unterliegenden Geschäfte des Notars der freiwilligen Mediation vorgehen.
16 Frenz/Miermeister/Limmer BNotO § 20 Rn. 54 ff. und Frenz/Miermeister/Hertel BNotO § 24 Rn. 46, jeweils mwN; Greger/Unberath/Steffek/Greger B. § 1 Rn. 115.
17 Frenz/Miermeister/Limmer BNotO § 20 Rn. 64; ausführlich zur Gestaltung dieser Schnittstelle zwischen Mediations- und Beurkundungsverfahren: Grüner/Schmitz-Vornmoor notar 2012, 147.
18 Konkrete Beispielsfälle aus den genannten Rechtsgebieten werden bei Meyer/Schmitz-Vornmoor DNotZ 2012, 895 (902) dargestellt.

- Familienrecht,
- Erbrecht.

12 In allen genannten Rechtsgebieten gibt es für die Beteiligten verbindlich zu beachtende[19] notarielle Beurkundungszuständigkeiten. Die Übergänge zwischen den Rechtsgebieten sind zum Teil fließend. So spielen Immobilien vielfach im Familienrecht (Scheidungsfolgenvereinbarung) und im Erbrecht (Gestaltung einer vorweggenommenen Erbfolge, Gestaltung letztwilliger Verfügungen) eine Rolle. Betreuen Notare Familienunternehmen, sind zB bei einer Unternehmensnachfolge sowohl familien- und erbrechtliche als auch gesellschaftsrechtliche Aspekte zu beachten;[20] gehört zum Unternehmen eine Immobilie, spielt auch dieses Rechtsgebiet eine Rolle.

13 Die von Notaren betreuten Rechtsgebiete zeichnen sich dadurch aus, dass **Vertragsbeziehungen über längere Zeiträume** hinweg gestaltet werden müssen.[21] Zudem sind die Beteiligten oft **auch familiär oder gesellschaftsrechtlich miteinander verbunden**, so dass deren Beziehungen über einen einmaligen rechtsgeschäftlichen Kontakt hinausgehen. Die von Notaren bearbeiteten Rechtsgebiete sind daher durchweg als **besonders mediationsgeeignet** anerkannt.

14 **b) Notare als Gütestellen, obligatorische Streitschlichtung nach § 15a EGZPO.** Notare können sich zudem von der zuständigen Landesjustizverwaltung als Gütestelle im Sinne des § 794 Abs. 1 Nr. 1 ZPO anerkennen lassen.[22] Diese Gütestellen werden entweder freiwillig angerufen oder aber das Verfahren vor einer anerkannten Gütestelle ist als sogenannte obligatorische Streitschlichtung (vgl. § 15a EGZPO mit den entsprechenden Umsetzungsbestimmungen der Länder) Voraussetzung der Klageerhebung.[23]

15 Die Bundesnotarkammer hat für die Verfahren vor einer solchen notariellen Gütestelle bereits im Jahr 1999 eine mit Erläuterungen versehene Güteordnung entwickelt.[24] Die Güteordnung schreibt dabei nicht die Durchführung eines Mediationsverfahrens vor, sondern ist methodisch offen, insbesondere Vergleichsvorschläge des Schlichters sind nach der Güteordnung zulässig.

16 Die Güteordnung kann nach Abschnitt I Ziffer 3 auch kraft vertraglicher Abrede für Streitbeilegungsversuche zu Grunde gelegt werden und steht damit auch für Mediationsverfahren zur Verfügung. Notarmediatoren wer-

---

19 Bei Nichtbeachtung der Formvorschriften droht die Rechtsfolge des § 125 BGB: Nichtigkeit des Rechtsgeschäfts.
20 Allgemein zur (möglichen) Rolle des Notars bei Unternehmensnachfolgen aus konfliktdynamischer Perspektive Schmitz-Vornmoor Konfliktdynamik 2015, 182.
21 Selbst im Immobilienrecht vergeht vom Vertragsschluss bis zur Eigentumsumschreibung im Grundbuch mindestens ein Zeitraum von zwei bis drei Monaten. Bei Bauträgerverträgen ist die Bauzeit hinzuzurechnen.
22 In Bayern sind nach Art. 5 Abs. 1 BaySchlG alle Notare – ohne dass es einer individuellen Anerkennung bedarf – Gütestellen iSv § 794 Abs. 1 Nr. 1 ZPO.
23 Ausführlich zur Thematik und mit Hinweisen zu den länderspezifischen Regelungen: Schippel/Görk/Sanders § 24 Rn. 56 ff. Aus den landesrechtlichen Vorschriften kann sich auch ergeben, wie Notare als Gütestellen abrechnen; ansonsten gilt § 126 GNotKG, vgl. auch Greger/Unberath/Steffek/Greger B. § 1 Rn. 117.
24 Güteordnung für Notare DNotZ 2000, 1 ff. Teilweise haben Landesnotarkammern eigene Güteordnungen, vgl. Schippel/Görk/Sanders § 24 Rn. 59a.

den aber vorzugsweise eine umfassende Mediations-Rahmenvereinbarung (→ Einl. Rn. 198 ff.) schließen, da die Güteordnung aus dem Jahr 1999 nicht auf die Vorschriften des neuen Mediationsgesetzes abgestimmt ist.[25] Generell sollte die Bundesnotarkammer die Güteordnung deshalb überprüfen und im Hinblick auf Mediationsverfahren nach dem MediationsG behutsam anpassen.[26]

c) Schlichtungs- und Schiedsgerichtshof Deutscher Notare (SGH). Der Deutsche Notarverein hat im Jahr 1999 über seine Tochtergesellschaft DNotV GmbH mit dem Schlichtungs- und Schiedsgerichtshof Deutscher Notare (SGH) ein **institutionelles Schiedsgericht** ins Leben gerufen, das versucht, die notariellen Kernkompetenzen auch auf dem Gebiet der Schiedsgerichtsbarkeit fruchtbar zu machen.[27] Als Besonderheit sieht die Verfahrensordnung des SGH vor, dass jedem Schiedsgerichtsverfahren eine **Schlichtungsphase** unter Leitung des Vorsitzenden Richters vorzuschalten ist.

Allerdings bietet der SGH nicht nur Schiedsgerichtsverfahren, sondern seit einer Reform im Jahr 2019 auch verstärkt **selbstständige Schlichtungsverfahren** an. Der Antrag auf Durchführung eines Schlichtungsverfahrens kann niedrigschwellig per Mail an den SGH gerichtet werden. Die Verfahrensordnung (vgl. §§ 19 und 20 des Statuts) gibt dem vom SGH zu benennenden Schlichter maximale Freiheit bei der Gestaltung des Schlichtungsverfahrens[28] Das Verfahren kann auch digital per Videokonferenz geführt werden (§ 19 Abs. 4 S. 2 des Statuts). Als Schiedsrichter bzw. Schlichter fungieren jeweils entsprechend fortgebildete Notare. Der Deutsche Notarverein wirbt aktuell in Fortbildungsveranstaltungen dafür, Schlichtungsklauseln verstärkt in notariellen Verträgen zu verwenden.[29]

Die schiedsrichterliche oder schlichtende Tätigkeit eines Notars vermittelt über den SGH ist keine dem notariellen Berufsrecht unterfallende Tätigkeit und gehört nach § 8 Abs. 4 BNotO zu den genehmigungsfreien Nebentätigkeiten.[30]

---

25 So weicht die Formulierung zur Vertraulichkeit in Abschnitt VII. der Güteordnung etwa von der Regelung in § 4 MediationsG ab. In eine eigene Mediationseingangsvereinbarung kann der Notarmediator allerdings Elemente der Güteordnung (etwa zur Einleitung des Verfahrens oder zur Beteiligung von Beiständen und Vertretern) mit aufnehmen. Eine eigene Mediationseingangsvereinbarung bietet gegenüber dem bloßen Verweis auf die Güteordnung den Vorteil, dass der Notar darin die Erfüllung seiner Informations- und Hinweispflichten nach dem MediationsG dokumentieren kann.
26 Abschnitt I Ziffer 3. der Güteordnung stellt jedoch auch in der bisherigen Fassung bereits klar, dass die Güteordnung nur gilt, soweit „gesetzliche Vorschriften zur Durchführung des Versuchs einer Streitbeilegung nicht entgegenstehen".
27 Weitere Informationen zum SGH finden sich auf der Homepage https://sgh.dnotv.de, zuletzt abgerufen am 13.3.2023; ausführlich zum SGH auch Hupka, Handbuch Schlichtungs- und Schiedsgerichtshof Deutscher Notare, 2017.
28 § 19 Abs. 4 S. 3 des Statuts lautet: „Der Schlichter kann alle Methoden der Konfliktbeilegung einschließlich der Mediation einsetzen."
29 Vgl. die Musterklauseln auf der Homepage: https://sgh.dnotv.de/der-sgh/musterklauseln.
30 Zur Abgrenzung vgl. auch Schippel/Eschwey/Sander § 24 Rn. 63 ff.; die Einordnung als Nebentätigkeit hat zur Folge, dass hier – anders als bei Mediationen – auch privatrechtliche Honorarvereinbarungen zulässig sind. Für die SGH-Schlich-

20 **d) Vermittlung von Vermögensauseinandersetzungen in Nachlasssachen oder bei Gütergemeinschaften.** Nach dem am 1.9.2013 in Kraft getretenen Gesetz zur Übertragung von Aufgaben im Bereich der freiwilligen Gerichtsbarkeit auf Notare (BGBl. 2013 I 1800) sind Notare ausschließlich zuständig für die Vermittlung von Vermögensauseinandersetzungen in Nachlasssachen oder bei Gütergemeinschaften (§ 20 Abs. 1 S. 2 BnotO). Bis August 2013 bestand hier lediglich nach manchen Landesrechten eine notarielle Zuständigkeit. Aufgrund der Neuregelung kann nun bundesweit bei dem örtlich (§ 344 Abs. 4a FamFG) zuständigen Notar die Vermittlung der Nachlassauseinandersetzung beantragt werden.[31] Das Verfahren richtet sich nach den §§ 362 ff. FamFG. Der Notar hat in diesem Verfahren (zu anderen Alternativen in Erbstreitigkeiten → H. Rn. 1 ff.) eine **Zwitterstellung zwischen Vermittler und Richter** inne, denn einerseits soll er auf eine einvernehmliche Auseinandersetzung hinwirken und diese ggf. beurkunden (§ 366 FamFG), andererseits ist er im Falle fehlender Einigkeit berechtigt, selbst einen Auseinandersetzungsplan anzufertigen (§ 368 FamFG). Leider wird das in der Bevölkerung und auch der Anwaltschaft kaum bekannte Nachlassvermittlungsverfahren bisher als Alternative zur streitigen Erbauseinandersetzung fast nicht genutzt.[32] Das Verfahren findet nach § 373 FamFG bei der Auseinandersetzung von Gütergemeinschaften entsprechende Anwendung.[33]

21 **2. Notarielles Berufsrecht und Mediation. a) Verschiedene Notariatsformen in Deutschland.** In Deutschland gibt es zwei unterschiedliche Notariatsformen.[34] Während der Notar im hauptberuflichen Notariat ausschließlich als Notar tätig ist, üben Anwaltsnotare sowohl den Beruf des Rechtsanwaltes als auch den Beruf des Notars aus.

22 Die nachfolgenden Ausführungen gelten zunächst für alle hauptberuflichen Notare. Anwaltsnotare können dagegen wählen, ob sie Mediationen als Anwaltsmediatoren oder als Notarmediatoren durchführen möchten (§ 24 Abs. 2 BNotO).[35] Je nach Wahl unterliegen sie sodann dem anwaltlichen oder notariellen Berufsrecht. Soweit § 18 BORA die mediative Tätigkeit eines Rechtsanwaltes zwingend als anwaltliche Tätigkeit einordnet, soll dies ein Ausweichen des Anwaltes auf weniger strenge Berufsregeln verhindern. Diese Gefahr besteht beim Anwaltsnotar im Hinblick auf das strengere notarielle Berufsrecht nicht, so dass § 18 BORA vor dem Hintergrund des § 24 Abs. 2 BNotO der Wahlfreiheit des Anwaltsnotars nicht entge-

---

tung ordnet dessen Kostenordnung allerdings entsprechende Anwendung des § 126 Abs. 1 GNotKG an.
31 Zu dieser notariellen Aufgabe vgl. Heinemann FGPrax 2013, 139; Zimmermann NotBZ 2013, 335; Holzer, Das Verfahren zur Auseinandersetzung des Nachlasses nach dem FamFG, ZEV 2013, 656 mit Musterformulierungen und Greger/Unberath/Steffek/Greger D. Rn. 329.
32 Zu dem notariellen Verfahren vgl. auch Walz/Beisel § 32 Rn. 17–27.
33 Der Güterstand der Gütergemeinschaft spielt allerdings in der deutschen Rechtswirklichkeit praktisch keine Rolle.
34 Eine Übersichtskarte sowie weitere Informationen sind erhältlich auf der Homepage der Bundesnotarkammer www.bnotk.de.
35 Schippel/Eschwey/Sander § 24 Rn. 69; Greger/Unberath/Steffek/Greger B. § 1 Rn. 112.

gensteht.[36] Um Missverständnisse zu vermeiden,[37] sollte der Anwaltsnotar deshalb gegenüber den Parteien seine Rolle als Notar- oder Anwaltsmediator ggf. ausdrücklich klarstellen.[38] Wegen der **größeren Rollenklarheit** bietet sich in der Regel an, die **Mediation als Notar** durchzuführen.[39] Vor allem wenn die Abschlussvereinbarung voraussichtlich notariell beurkundet werden muss, kann nur ein Notarmediator die Beurkundung anschließend vornehmen (→ Rn. 31).[40] Eine Haftungsbeschränkung ist dagegen nur als Anwaltsmediator möglich.[41]

b) Einordnung der Mediation durch das notarielle Berufsrecht. Wird ein Notar als Mediator tätig, wird dies berufsrechtlich als **notarielle Amtstätigkeit** nach § 24 BNotO auf dem Gebiet der vorsorgenden Rechtspflege eingeordnet.[42] Entsprechend muss sich der Notar als Mediator im Rahmen des notariellen Berufsrechts bewegen, benötigt umgekehrt aber auch keine Nebentätigkeitsgenehmigung nach § 8 BNotO.[43] Für das Verhältnis zwischen den Medianden und dem Notarmediator folgt daraus, dass der Notar nicht aufgrund eines zivilrechtlichen Vertrages tätig wird, sondern **öffentlich-rechtlich einzuordnende Rechtsbeziehungen** zwischen den Konfliktbeteiligten und dem Amtsträger Notar entstehen.[44] Dieses öffentlich-rechtliche Rechtsverhältnis ist zunächst durch die sich aus dem Berufsrecht ergebenden Amtspflichten des Notars geprägt (mit einer entsprechenden unbeschränkten persönlichen Haftung nach § 19 BNotO bei Amtspflichtverletzungen). Soweit der Notarmediator mit den Medianden darüber hinausgehende Vereinbarungen – insbesondere zur konkreten Ausgestaltung des Mediationsverfahrens – trifft, handelt es sich dabei um einen öffent-

23

---

36 So auch Kilian/Sandkühler/vom Stein/Meyer § 19 Fn. 22.
37 Die Auslegungsregel des § 24 Abs. 2 S. 1 BNotO ordnet die Mediatorentätigkeit dem notariellen Bereich zu, wenn das Mediationsverfahren der Vorbereitung einer Beurkundung dient, also in eine Beurkundung des Mediationsergebnisses münden soll. Ansonsten gilt die Tätigkeit nach § 24 Abs. 2 S. 1 BNotO „im Zweifel" als anwaltliche Tätigkeit. Soweit Kilian/Sandkühler/vom Stein/Meyer § 17 Rn. 30 dem § 24 „zwingende" Regelungen entnehmen möchte, verkennt dieser den Charakter der Vorschrift als Auslegungsregel. Vorrangig kommt es auf die Zuordnung durch den Anwaltsnotar an. So auch Meyer/Schmitz-Vornmoor DNotZ 2012, 895 (904).
38 Wird eine Mediationsvereinbarung geschlossen, ergibt sich die Zuordnung vor allem daraus, ob eine privatrechtliche (= anwaltliche) oder öffentlich-rechtliche (= notarielle, § 126 GNotKG) Gebührenvereinbarung getroffen wird.
39 Zur größeren Rollenklarheit des Notars auch Frieser/Sarres/Stückemann/Tschichoflos/Stückemann Kap. 1 G Rn. 1015 ff.
40 Das Muster einer Mediationsvereinbarung, das diesen Aspekt (folgende Beurkundung durch den Notar-Mediator) mitregelt, findet sich bei Frieser/Sarres/Stückemann/Tschichoflos/Stückemann Kap. 1 G Rn. 1021.
41 Greger/Unberath/Steffek/Greger B. § 2 Rn. 67.
42 Frenz/Miermeister/Hertel BNotO § 24 Rn. 46 ff.; Kilian/Sandkühler/vom Stein/Meyer § 19 Fn. 21; Meyer/Schmitz-Vornmoor DNotZ 2012, 895 (903); Greger/Unberath/Greger B. § 1 Rn. 100, aA und offenbar von einer generellen Skepsis der Mediation gegenüber getragen lediglich Arndt/Lerch/Sandkühler/Lerch § 1 Rn. 14, im gleichen Kommentar wiederum anders Arndt/Lerch/Sandkühler/Sandkühler § 24 Rn. 24, der die Mediation zu den sonstigen Betreuungstätigkeiten des Notars rechnet.
43 Anders § 8 Abs. 4 BNotO zur Tätigkeit als Schiedsrichter (→ Rn. 18).
44 So ausdrücklich Eylmann/Vaasen/Hertel Rn. 48 iVm Fn. 91.

lich-rechtlichen Vertrag.[45] Vereinbarungen zwischen den Medianden sind dagegen stets privatrechtlicher Natur (→ Einl. Rn. 200 und → MediationsG § 2 Rn. 19). Die typische zu Beginn einer Mediation geschlossene Mediations-Rahmenvereinbarung (→ Einl. Rn. 196 ff.) hat daher im Falle der notariellen Mediation eine Doppelnatur, da sie sowohl öffentlich-rechtlichen als auch privatrechtlichen Charakter haben kann.[46]

24 c) **Das Mediationsgesetz im Zusammenspiel mit dem Berufsrecht. aa) Verhältnis des Mediationsgesetzes zum notariellen Berufsrecht.** Ausweislich der Gesetzesbegründung[47] soll das MediationsG das Berufsrecht des Grundberufes nicht verdrängen. Da die Mediation von der BNotO als notarielle Tätigkeit eingeordnet wird, ist das notarielle Berufsrecht deshalb neben dem MediationsG anwendbar.[48] Dies ist auch sachgerecht, denn wer im Rahmen seines notariellen Grundberufes als Mediator tätig wird und die aus dem Grundberuf ableitbaren Privilegien – zB die Erlaubnis zur Rechtsberatung oder einen berufsbildbedingten Vertrauensvorschuss – in Anspruch nimmt, muss sich auch an das entsprechende Berufsrecht halten. Grundsätzlich ist das notarielle Berufsrecht daher auch dann zu beachten, wenn es in seinen Anforderungen über das MediationsG hinausgeht. Lediglich im Falle eines direkten Widerspruchs[49] zwischen Berufsrecht und MediationsG würde das MediationsG nach allgemeinen Grundsätzen als lex specialis und lex posterior dem notariellen Berufsrecht vorgehen.

25 **bb) Verfahren; Aufgaben des Mediators (§ 2).** Nach § 2 Abs. 2 MediationsG[50] hat der Notarmediator sicherzustellen, dass die Parteien die Grundsätze und den Ablauf des Mediationsverfahrens verstanden haben und freiwillig an der Mediation teilnehmen. Die Erfüllung dieser Belehrungspflicht wird üblicherweise durch Abschluss der Mediations-Rahmenvereinbarung (Muster → Einl. Rn. 219) dokumentiert. Soweit der Notarmediator nach § 3 Abs. 3 allen Parteien gleichermaßen verpflichtet ist, deckt sich diese Pflicht mit dem notariellen Berufsrecht. Nach § 2 Abs. 4 hat auch der Notarmediator zu beachten, dass Dritte, wozu ausweislich der Gesetzesbegründung auch beratende Rechtsanwälte gehören,[51] nur mit Zustimmung aller Beteiligten an den Mediationssitzungen teilnehmen können.[52]

26 § 2 Abs. 6 ergibt sich auch bereits aus den notariellen Berufspflichten.[53] **Der Notarmediator** kann im Gegensatz zu nichtjuristischen Mediatoren

---

45 So auch der Gesetzgeber im seit August 2013 geltenden neuen Kostenrecht (§ 126 GNotKG).
46 Unzutreffend daher das mit „Öffentlich rechtlicher Vertrag" überschriebene Muster einer auch Abreden zwischen den Konfliktparteien enthaltenden notariellen Mediationsvereinbarung bei Frieser/Sarres/Stückemann/Tschichoflos/Stückemann Kap. 1 G Rn. 1021.
47 BR-Drs. 60/11, 19.
48 Bertolino, Der Mediationsvertrag, 2020, S. 53.
49 So auch die Gesetzesbegründung des Regierungsentwurfs BR-Drs. 60/11, 23.
50 Alle nicht anderweitig bezeichneten Paragrafen sind solche des Mediationsgesetzes.
51 BR-Drs. 60/11, 21; zu Recht kritisch zur Einordnung von Rechtsanwälten als „Dritte" Duve ZKM 2012, 108, vgl. auch Greger/Unberath/Steffek/Greger B. § 2 Rn. 30.
52 Die Güteordnung der Bundesnotarkammer (→ Rn. 15), soweit diese vertraglich vereinbart wird, lässt die Mitwirkung von Anwälten und sonstigen Beiständen ausdrücklich zu.
53 Frenz/Miermeister/Limmer § 20 Rn. 62.

die **rechtliche Beratung ohne Verstoß** gegen das Rechtsdienstleistungsgesetz auch selbst vornehmen. Übernimmt der Notarmediator über die Mediation hinaus auch die Beurkundung des Mediationsergebnisses, ist er zur rechtlichen Beratung und Belehrung nach § 17 BeurkG sogar verpflichtet. Die rechtliche Beratung und Belehrung durch den Notar ist dabei keine streitentscheidende, sondern eine vertragsgestaltende. Der Notar hat zu prüfen, dass die von den Parteien gefundene Lösung rechtliche Grenzen nicht überschreitet (zB die §§ 134, 138 BGB oder andere zwingende Normen). Er ist zudem verpflichtet, auf Risiken hinzuweisen, die mit bestimmten Gestaltungen verbunden sind. So muss er etwa auf ungesicherte Vorleistungen hinweisen und alternative für die Beteiligten sichere Gestaltungsmöglichkeiten aufzeigen. Die rechtliche Beratung des Notars setzt daher nicht bei den Positionen der Parteien an, sondern unterstützt lediglich in den Phasen vier und fünf der Mediation bei der Lösungssuche und bei der Formulierung des gefundenen Ergebnisses. Der Gesetzgeber des Beurkundungsgesetzes hält diese rechtsberatende Funktion des Notars ohne Weiteres für vereinbar mit dessen Verpflichtung zur Unparteilichkeit. Diese Einschätzung gilt auch für das Mediationsverfahren. Der Notar muss allerdings ggf. im Sinne einer Rollenklärung deutlich machen, worauf sich seine rechtliche Beratung bezieht. Keinesfalls sollte der Notarmediator streitentscheidend Stellung nehmen (Besteht ein Anspruch? Ist eine Position rechtlich durchsetzbar?). Eine derartige rechtliche Prüfung und Beratung ist mit einer Mediatorentätigkeit nicht vereinbar.

Ist der Notarmediator ausschließlich als Mediator tätig und verzichtet er auf eine eigene rechtliche Beratung, muss er nach § 2 Abs. 6 auf **die Möglichkeit der Prüfung durch externe Berater** hinweisen. Nach der Gesetzesbegründung[54] umfasst der Begriff der „fachlichen Beratung" über die Rechtsberatung hinaus auch die Einbeziehung sonstiger Expertise (zB durch Bausachverständige oder Steuerberater).

cc) Offenbarungspflichten; Tätigkeitsbeschränkungen (§ 3). § 3 Abs. 1 bezieht sich auf die Unabhängigkeit und Neutralität des Mediators und entspricht inhaltlich § 28 BNotO, konkretisiert diesen aber dahin gehend, dass der Notar alle entsprechenden Umstände (nach der Gesetzesbegründung zB persönliche oder geschäftliche Beziehungen zu einer Mediationspartei)[55] gegenüber den Mediationsparteien offenlegen muss. Wie § 28 BNotO geht auch § 3 Abs. 1 über die ausdrücklich normierten Mitwirkungsverbote hinaus und soll jeden Anschein von Parteilichkeit vermeiden. Liegen Umstände vor, die Zweifel an der Unabhängigkeit oder Neutralität des Notars wecken könnten, so darf der Notarmediator nur tätig werden, wenn die Parteien ausdrücklich zustimmen (§ 3 Abs. 1 S. 2). Es empfiehlt sich ggf. eine Dokumentation dieser Zustimmung.

Die in § 3 Abs. 2 und 3 geregelten Mitwirkungsverbote sind erkennbar vom anwaltlichen Berufsrecht inspiriert und dehnen dieses auf andere Quellberufe aus. Das MediationsG will hier Mindeststandards bei der Durchführung von Mediationen etablieren, unabhängig vom Grundberuf des Mediators. Der Notarmediator ist darüber hinaus an die noch strenge-

---

54 BR-Drs. 60/11, 21.
55 BR-Drs. 60/11, 22, 23.

ren Anforderungen der §§ 28, 16 Abs. 1 BNotO iVm § 3 BeurkG gebunden. Für Anwaltsnotare, soweit diese als Notarmediatoren tätig werden, ist insbesondere das Mitwirkungsverbot des § 3 Abs. 1 Nr. 7 BeurkG zu beachten, das vor allem in Sozietätsfällen von Bedeutung ist.

30 § 3 Abs. 2 verbietet, in derselben Sache als Parteivertreter („für eine Partei") und Mediator tätig zu werden. § 3 Abs. 2 ist daher nicht anwendbar, sofern der Notarmediator vor oder nach der Mediation in seiner amtlichen Eigenschaft als Notar tätig wird (→ MediationsG § 3 Rn. 25). Sowohl eine vorausgehende Beurkundung (zB des Gesellschaftsvertrages oder einer Erbregelung) als auch eine der Mediation nachfolgende Beurkundung des Mediationsergebnisses stellen daher keinen Fall des § 3 Abs. 2 dar.[56] Handelt der Notar als Notar, ist er nach gesetzlicher Definition nie Parteivertreter (§ 14 Abs. 1 BNotO).[57] Allerdings wird im Fall einer vorausgegangenen Beurkundung (Beispiel: die Parteien streiten über die Auseinandersetzung einer durch notarielle Erbregelung entstandenen Erbengemeinschaft) regelmäßig ein Fall des § 3 Abs. 1 vorliegen, da es wahrscheinlich im Rahmen der Konfliktbearbeitung auch um die Auslegung der vom Notar/Mediator beurkundeten Erbregelung gehen wird.[58]

31 Die **Befreiungsmöglichkeit** nach § 3 Abs. 4 gilt im Bereich des § 3 Abs. 1 Nr. 7 BeurkG (Vorbefassung von Anwaltsmediatoren) **nicht**, da das MediationsG berufsrechtliche Anforderungen nicht verdrängen, sondern lediglich Mindeststandards etablieren möchte. Bei der Notarmediation stehen einer Befreiungsmöglichkeit außerdem „Belange der Rechtspflege" nach § 3 Abs. 4 letzter Halbsatz entgegen. Denn die mit wesentlichen Aufgaben der vorsorgenden Rechtspflege betraute Amtsperson des Notars soll vor jedem Anschein der Parteilichkeit geschützt werden, unabhängig von der Zustimmung der Parteien. Anwaltsnotare können in den entsprechenden Fällen jedoch auch als Anwaltsmediatoren handeln und sich damit dem weniger strengen anwaltlichen Berufsrecht unterwerfen.[59]

32 Auf Verlangen ist der Notarmediator verpflichtet, über seinen fachlichen Hintergrund, seine Ausbildung und seine Erfahrungen auf dem Gebiet der Mediation zu informieren. Nach einem Rundschreiben der Bundesnotarkammer[60] sind entsprechende Informationen zum Beispiel auf der Homepage eines Notars zulässig.

---

56 Schippel/Eschwey/Sander § 24 Rn. 65; Greger/Unberath/Greger B. § 1 Rn. 113.
57 Das Mitwirkungsverbot des § 3 Abs. 1 Nr. 7 BeurkG stellt daher zu Recht auf eine Vorbefassung „außerhalb der Amtstätigkeit" ab.
58 So auch § 3 Abs. 2 der Güteordnung für Notare, Fn. 16; auch Kilian/Sandkühler/vom Stein/Meyer § 17 Rn. 34 empfiehlt eine Prüfung der Befangenheit in dieser Fallgestaltung. Diskutiert wird auch, ob der Notar in einer von ihm beurkundeten letztwilligen Verfügung selbst als Testamentsvollstrecker (verboten, § 27 BeurkG), Schiedsrichter (umstritten) oder Mediator (wohl zulässig) benannt werden darf, vgl. Bremkamp/Kindler/Winnen § 27 Rn. 41 ff. Selbst ohne rechtliches Verbot, sollte davon abgesehen werden, da es im späteren Streit oft auch um die Auslegung der notariellen Erbregelung gehen wird.
59 Zum anwaltlichen Berufsrecht → MediationsG § 4 Rn. 40.
60 Rundschreiben Nr. 22/2000 zur Mediation in der beruflichen Außendarstellung.

dd) Verschwiegenheitspflicht (§ 4)

§ 4 soll nach der ausdrücklichen Gesetzesbegründung[61] als lex specialis dem jeweils anwendbaren Berufsrecht vorgehen. Im Bereich der notariellen Mediation dürften sich § 4 und § 18 BNotO aber weitestgehend entsprechen. Die Verfahrensvorschrift des § 18 Abs. 3 BNotO (Entscheidung der Aufsichtsbehörde über die Reichweite der Verschwiegenheitspflicht) wird allerdings durch die Regelung des § 4 nicht verdrängt, denn § 18 Abs. 3 BNotO soll dem Notar in Zweifelsfällen eine Haftungsfreistellung ermöglichen. Diese Regelung ist auch im Bereich des § 4 sinnvoll und korrespondiert mit der notariellen Urkundsgewährungspflicht (§ 15 BNotO), die lediglich den Notar als Mediator treffen kann, nicht aber andere Mediatoren.

Gesetzlich geregelte notarielle Mitteilungspflichten etwa nach den Steuergesetzen oder dem Geldwäschegesetz werden gemäß § 4 S. 1 und 2 nicht verdrängt. Der Notarmediator sollte die Belehrung über seine Verschwiegenheitspflicht nach Möglichkeit dokumentieren.

d) Vergütung/Gebühren

Da Mediation eine notarielle Amtstätigkeit darstellt (vergleiche oben unter 2. und 3.), hat der Notar für seine Amtstätigkeit die **gesetzlich vorgeschriebenen Gebühren** zu erheben (§ 17 BNotO). Nach § 126 Gerichts- und Notarkostengesetz (GNotKG)[62] kann der Notar bei notariellen Mediationsverfahren eine Vergütungsvereinbarung durch öffentlich-rechtlichen Vertrag schließen.[63] Dass es sich um einen öffentlich-rechtlichen Vertrag handelt, entspricht der Einordnung der Mediation als Amtstätigkeit der Notare (→ Rn. 24). Anders als nach der bis 2013 geltenden Kostenordnung ist dem Notar damit auch eine Abrechnung nach Stundensätzen möglich.[64] Es folgt ein Formulierungsvorschlag für eine solche Vergütungsvereinbarung (zum Gesamtmuster eines Mediations-Rahmenvertrages → Einl. Rn. 217),[65] der auch bereits auf etwaige Zusatzkosten für den Entwurf bzw. die Beurkundung der Abschlussvereinbarung hinweist.

Formulierungsvorschlag:

Die Medianden treffen mit dem Mediator im Wege eines öffentlich-rechtlichen Vertrages nach § 126 GNotKG folgende Gebührenvereinbarung: Der Mediator erhält für die Durchführung des Mediationsverfahrens eine Gebühr in Höhe von

---

61 BR-Drs. 60/11, 24, so auch Greger/Unberath/Steffek/Greger B. § 1 Rn. 114 und § 4 Rn. 6.
62 § 126 Abs. 1 GNotKG hat folgenden Wortlaut: „Für die Tätigkeit des Notars als Mediator oder Schlichter ist durch öffentlich-rechtlichen Vertrag eine Gegenleistung in Geld zu vereinbaren. (...) Die Gegenleistung muss unter Berücksichtigung aller Umstände des Geschäfts, insbesondere von Umfang und Schwierigkeit angemessen sein (...)".
63 Zu § 126 GNotKG vgl. zB die Kommentierung von Bormann/Diehn/Sommerfeldt/Bormann GNotKG, 2. Aufl., § 126 mwN.
64 Vgl. zu den positiven Auswirkungen der Änderung im notariellen Kostenrecht auch Stückemann ZNotP 2015, 367.
65 Ein Gesamtmuster einer Mediations-Rahmenvertrages mit einem Notarmediator findet sich bei Frieser/Sarres/Stückemann/Tschichoflos/Stückemann Kap. 1 G Rn. 1021; das Muster ist irreführend als „Öffentlich rechtlicher Vertrag" überschrieben, obwohl es auch privatrechtliche Vereinbarungen zwischen den Parteien enthält.

EUR ***/Stunde⁶⁶ zuzüglich der gesetzlichen Umsatzsteuer sowie der nach dem Gerichts- und Notarkostengesetz (GNotKG) zu erhebenden Auslagen. Für den Entwurf und/oder die Beurkundung einer etwaigen Abschlussvereinbarung fallen zusätzlich die nach dem GNotKG zu ermittelnden Gebühren an. Die Medianden haften im Verhältnis zum Mediator als Gesamtschuldner.[67]

37 Für die **Abgrenzung der Mediation von einer nachfolgenden Beurkundungstätigkeit** ist kostenrechtlich auf § 15 BNotO abzustellen. Sind sich die Beteiligten grundsätzlich einig und erteilen sie einen konkreten Beurkundungsauftrag,[68] greift der Urkundsgewährungsanspruch. Raum für eine Gebührenvereinbarung oder ein (freiwilliges) Mediationsverfahren besteht nicht. Fehlt es dagegen an der für einen konkreten Beurkundungsauftrag erforderlichen Einigkeit[69] und wird der Notar zunächst ausdrücklich als Mediator tätig, könnte dagegen eine Gebührenvereinbarung getroffen werden.[70] Kommt es nach einer Mediation zu einer Beurkundung, wäre die Mediation bis zur einvernehmlichen Konfliktlösung per Gebührenvereinbarung abzurechnen. Das anschließende Erstellen des Entwurfs der Vereinbarung und deren Beurkundung würden dagegen (zusätzlich) die normalen Beurkundungsgebühren auslösen.[71]

---

66 Notare beschäftigen in der Regel viele Mitarbeiter und haben einen entsprechend hohen Fixkostenapparat; gleichzeitig kann die zeitaufwändige Mediationsleistung nur höchstpersönlich erbracht werden. Um Mediationen, die keine notarielle Pflichtaufgabe sind, wirtschaftlich durchführen zu können, werden daher ähnliche Stundensätze wie bei Wirtschaftskanzleien erforderlich sein, also in Höhe von ca. EUR 300 bis 500; Frieser/Sarres/Stückemann/Tschichoflos/Stückemann Kap. 1 G Rn. 1017 f. wollen von einem Regelstundensatz von EUR 300 ausgehen; skeptisch für einfache Sachen Greger/Unberath/Steffek/Greger B. § 1 Rn. 177; zu den Schwierigkeiten, die sich aus der besonderen Struktur vor allem hauptberuflicher Notariate für die Tätigkeit als Mediator ergeben vgl. Kilian/Sandkühler/vom Stein/Meyer § 17 Rn. 26 f.
67 Ein weiterer Formulierungsvorschlag findet sich bei Frieser/Sarres/Stückemann/Tschichoflos/Stückemann Kap. 1 G Rn. 1022. Dort fehlt allerdings die Abgrenzung zu einem etwa nachfolgenden Beurkundungsverfahren. Die dort nach dem GNotKG zwingend vorgeschriebene abweichende und zusätzliche Gebührenberechnung sollte bereits in Phase 1 der Mediation und damit im Mediationsvertrag angesprochen werden. Die im vorgenannten Muster enthaltene Rechtsbehelfsbelehrung (Kostenbeschwerdemöglichkeit zum Landgericht) ist kein zwingender Bestandteil des Mediationsvertrages, sondern ist lediglich der Kostenrechnung beizufügen (§ 7a GNotKG).
68 Die Parteien möchten zum Beispiel einen Kaufvertrag oder einen Gesellschaftsvertrag schließen oder eine Erbregelung errichten. Das Regelungsziel und die darüber bestehende Einigkeit ist klar, auch wenn vielleicht noch nicht alle Details ausverhandelt worden sind und der Notar punktuell mediative Methoden einsetzen muss, vgl. dazu auch unten IV.
69 In diesem Fall wenden sich die Parteien nicht mit einem konkreten Regelungsziel, sondern mit ihrem Konflikt an den Notar/Mediator.
70 Die Abgrenzung kann nicht vollständig trennscharf sein. Im Einzelfall kann sich auch ein scheinbar klarer Beurkundungsauftrag zum Mediationsfall entwickeln und umgekehrt. Ggf. muss der Notar seinen Auftrag und damit auch den Abrechnungsmodus aktiv klären.
71 Dabei ist zu beachten, dass die Erstellung des Entwurfs in der Beurkundungsgebühr mit enthalten ist und daher beim Notar keine Zusatzkosten auslöst. Der Entwurf der Abschlussvereinbarung sollte daher nicht mehr als Mediation abgerechnet werden.

Während die ausdrückliche Mediationstätigkeit nach § 126 GNotKG abzurechnen ist, gibt es in der Notarpraxis regelmäßig auch „**ausgleichende Beratungsgespräche**", die mediative Elemente enthalten können.[72] Solche Beratungen können als Beratung gem. Nr. 24200 ff. KV GNotKG mit einer vom Geschäftswert abhängigen Wertgebühr abgerechnet werden.[73] Für echte Mediationsverfahren, deren Aufwand und Verfahrensdauer sich regelmäßig nicht abschätzen lässt, ist indes die Vereinbarung eines Stundensatzes hingegen besser geeignet.

e) Werbung und Außendarstellung. Die für Notare nach § 29 BNotO geltenden **Einschränkungen bei der Werbung** für ihre Tätigkeit gelten auch für die Tätigkeit als Notarmediator, da diese als Amtstätigkeit qualifiziert wird.[74] In seiner ganzen Strenge findet § 29 BNotO allerdings lediglich auf hauptberufliche Notare Anwendung. Anwaltsnotare – sofern sie die Mediationstätigkeit anwaltlich ausüben – müssen sich nach § 29 Abs. 2 BNotO lediglich an das anwaltliche Berufsrecht halten. Die nach § 29 BNotO bestehenden Werbebeschränkungen folgen aus der besonderen Stellung des Notars als Träger eines öffentlichen Amtes und sind die Kehrseite der mit der Amtsstellung ansonsten verbundenen Vorteile.

Der hauptberufliche Notar darf nach § 8 Abs. 2 Hs. 1 BNotO keinen anderen Beruf ausüben. Hinweise auf die Tätigkeit als Notarmediator dürfen daher nicht den Anschein erwecken, als übe der Notar neben seinem Notarberuf auch noch den Beruf als Mediator aus.[75] Die Bezeichnung als „Notar und Mediator" auf Briefbögen oder Kanzleischildern scheidet daher zumindest für hauptberufliche Notare aus.[76] Zulässig und zur Information der rechtsuchenden Bevölkerung wünschenswert ist allerdings der (bloße) Hinweis auf die berufliche Zusatzqualifikation als (zertifizierter) Mediator und die Angabe, dass der Notar als Notar auch Mediationen durchführt. Entsprechende Informationen etwa auf Faltblättern und insbesondere auf der Homepage eines Notars verstoßen daher nicht gegen § 29 BNotO.[77] Auch die (schlichte) Aufnahme in Mediatorenverzeichnisse – etwa von Mediationsverbänden – wird durch § 29 BNotO nicht beschränkt. Soweit Notarkammern in ihren Richtlinien die Angabe von Tätigkeits- oder Interessenschwerpunkten zulassen, soll eine entsprechende Darstellung ebenfalls erlaubt sein.[78]

f) Örtliche Beschränkungen. Die für die notarielle Beurkundungstätigkeit nach §§ 10a und 11 BNotO geltenden örtlichen Beschränkungen finden auf die nach § 24 BNotO einzuordnende Mediation keine Anwendung. Notare können damit auch außerhalb ihres Amtsbereichs bzw. Amtsbe-

---

72 Frenz/Miermeister/Hertel BNotO § 24 Rn. 48.
73 So etwa Schippel/Görk/Sanders § 24 Rn. 56, 69.
74 Zu den Anforderungen des § 29 BNotO im Detail vgl. etwa Schippel/Eschwey/Frisch § 29; speziell zum Auftreten als Mediator Kilian/Sandkühler/vom Stein/Meyer § 17 Rn. 35 ff.
75 BNotK-Rundschreiben Nr. 22/2000; BGH 16.9.2022 – NotZ(Brfg) 6/21; kritisch dazu Kilian ZKM 2022, 235 ff.
76 Greger/Unberath/Steffek/Greger B. § 1 Rn. 116.
77 Soweit nicht der Eindruck eines gleichwertigen Zweitberufes erweckt wird etwa durch die Bezeichnung „Notar und Mediator", vgl. BGH 16.9.2022 – NotZ(Brfg) 6/21.
78 BNotK-Rundschreiben Nr. 22/2000.

zirks als Notarmediatoren agieren.[79] Soll dagegen das Mediationsergebnis vom meditierenden Notar auch beurkundet werden, gelten für die Beurkundungsverhandlung die §§ 10a und 11 BNotO wieder uneingeschränkt. Die vorangehende Mediation stellt dabei in der Regel kein zur Überschreitung des Amtsbereichs berechtigendes besonderes Interesse der Rechtssuchenden dar, da die örtlichen Verhältnisse bereits zu Beginn der Mediation bekannt sind.

42 **g) Aus- und Fortbildung, Zertifizierter Mediator.** Zum Thema Aus- und Fortbildung wird auf die Kommentierung zu §§ 5 und 6 MediationsG (→ MediationsG § 5 Rn. 1 ff., → MediationsG § 6 Rn. 1 ff.) sowie auf die Kommentierung der ZMediatAusV verwiesen. Eigene notarspezifische Aus- und Fortbildungen zum zertifizierten Mediator gibt es bisher in Deutschland nicht.

43 **h) Co-Mediationen.** Aus § 1 Abs. 1 ergibt sich, dass Co-Mediationen grundsätzlich zulässig sind. Mediiert der Notarmediator gemeinsam mit einem weiteren Notarmediator oder gemeinsam mit einem Notariatsmitarbeiter, ergeben sich berufsrechtlich keine Besonderheiten. Auch die Co-Mediation mit einem Nichtnotar ist nach § 1 Abs. 1 zulässig. In diesem Fall sind die jeweiligen Berufsrechte kumulativ anzuwenden.[80]

IV. Mediative Methoden im notariellen Beurkundungsverfahren

44 Auch Notare, die nicht selber als Mediatoren tätig werden möchten, können **mediative Methoden** in ihrer täglichen Beurkundungspraxis gewinnbringend einsetzen.[81] Da sich der Notar auch im Beurkundungsverfahren in einer moderierenden, verfahrensleitenden und unparteiischen Rolle befindet (→ Rn. 4 ff.), bedarf es dazu auch keiner vorherigen Rollenklärung.[82] Das gesamte vom Beurkundungsgesetz vorgegebene „Setting"[83] begünstigt eine **vermittelnde Tätigkeit des Notars**. Der Notar ist daher bereits aufgrund seiner normalen notariellen Rolle ermächtigt, das Verfahren durch die Anwendung mediativer Methoden zu steuern.[84] Die Beschäf-

---

79 Kilian/Sandkühler/vom Stein/Meyer § 17 Rn. 31.
80 Ausführlicher dazu Meyer/Schmitz-Vornmoor DNotZ 2012, 895 (912).
81 Diese mediative Tätigkeit im Rahmen des normalen Beurkundungsverfahrens unterfällt nicht dem Mediationsgesetz, vgl. Greger/Unberath/Steffek/Greger B. § 1 Rn. 28.
82 Damit kann der Notar in Konfliktfällen meist ohne eine vorangestellte Phase 1 mediativ vorgehen. Auch das Ausarbeiten und Formulieren von gefundenen Lösungen (Phase 5) gehört zum Rollenmodell des Notars und muss nicht eigens thematisiert werden. Der Notar kann sich daher bei „Minimediationen" zur Beilegung kleinerer Konflikte ganz auf die Phasen 2–4 einer Mediation konzentrieren und insbesondere versuchen, interessenbasierte Lösungen zu ermöglichen.
83 Haft/v. Schlieffen/Walz § 49 Rn. 22 ff. beschreibt ausführlich dieses Setting und damit die im Notariat unzweifelhaft vorhandenen Ressourcen im Hinblick auf eine mediative Konfliktbearbeitung. So ist etwa das in der Verhandlungslehre bekannte und auch ökonomisch sinnvolle „Ein-Text-Verfahren" das seit jeher im Notariat verwendete Standardverfahren bei der Verhandlung über Vertragsinhalte.
84 Walz § 49 Rn. 8 ff. verwendet für diese notarielle Tätigkeit den Begriff der „Vertragsmediation". Damit wird richtig zum Ausdruck gebracht, dass Notare schon immer im Rahmen ihrer Beurkundungspraxis je nach Erforderlichkeit vermittelnd gewirkt haben. Im Rahmen des Beurkundungsverfahrens wird der Notar sein Handeln meist jedoch nicht als Mediation bezeichnen, sondern einfach aus seiner Notarrolle heraus mediative Methoden verwenden. Walz grenzt die so verstandene

tigung mit Kommunikations- und Verhandlungsmethoden in Theorie und Praxis kann daher zur Professionalisierung der Beurkundungspraxis beitragen.[85]

Die nachfolgenden Situationsbeschreibungen und Fragestellungen[86] zeigen, dass sich für Notarinnen und Notare eine Reflektion der eigenen Kommunikationspraxis lohnt:

- Bei der Besprechung einer Scheidungsfolgenvereinbarung schweigt sich die aus Sicht des Notars ohnehin schwächere Partei weitgehend aus. Wie ist damit umzugehen?
- In einer Beurkundungssituation wird eine der Parteien plötzlich ausfallend und greift die andere Seite in beleidigender Form persönlich an. Wie soll sich der Notar verhalten?
- Der Notar hat möglicherweise schlecht beraten oder keinen optimalen Service erbracht. Wie geht der Notar kommunikativ am besten mit eigenen Fehlern um?
- Eine Partei ist dem Notar wesentlich sympathischer als die andere. Was bedeutet dies für dessen Neutralität?
- In der Beurkundungsverhandlung kommt es zu spontanen und umfassenden Änderungswünschen der Beteiligten. Der nächste Termin wartet bereits. Wie soll sich der Notar verhalten?
- Im Rahmen einer Beurkundungsverhandlung geraten die Parteien über eine Vertragsklausel in Streit. Sie vertreten diametral entgegengesetzte Positionen. Wie kann der Notar diese Auseinandersetzung möglichst konstruktiv moderieren?
- Offenbar hat ein Beteiligter am Beurkundungsverfahren vom Gesetz abweichende Vorstellungen von der notariellen Rolle. Wie soll der Notar damit umgehen?
- Im Rahmen einer Scheidungsfolgenvereinbarung beharrt eine Seite auf bestimmten Positionen. Wie kann der Notar die hinter den Positionen stehenden Interessen, die auch für seine Vertragsgestaltung relevant sind, ermitteln?

In allen beschriebenen Situationen werden kommunikativ geschulte Notare ihr eigenes Verhalten reflektieren und angemessen auf die jeweilige Situation reagieren können. Dabei geht es nicht nur um atmosphärische Verbesserungen, sondern auch um die inhaltliche Optimierung des Beurkundungsergebnisses. Nur wenn der Notar eine funktionierende Kommunikation gewährleistet, werden die Beteiligten in die Lage versetzt, die ihnen wichtigen Inhalte in das Beurkundungsverfahren einzubringen.

---

notarielle Vertragsmediation von der notariellen „Konfliktmediation" ab. Letztere ist dadurch gekennzeichnet, dass der Notar ausdrücklich in einem Konflikt als Mediator eingeschaltet und beauftragt wird.

85 Grundlegend dazu Bensmann/Meyer/Schmitz-Vornmoor/Sorge/Talke notar 2010, 48 ff.; zu Einzelaspekten Schmitz-Vornmoor/Vornmoor notar 2011, 387 und Schmitz-Vornmoor notar 2015, 260. Die notarielle Literatur zur notariellen Mediation neigt dazu, diesen kommunikativen Aspekt zu vernachlässigen.

86 Typische Beispiele aus dem Erbrecht werden dargestellt von Schmitz-Vornmoor/Vornmoor ZKM 2012, 51.

47 Die notariellen Berufsverbände haben dies zwischenzeitlich erkannt und bieten auch Fort- und Weiterbildungen zu Verhandlungs- und Kommunikationsmethoden im notariellen Beurkundungsverfahren an.[87]

V. Zusammenarbeit zwischen Mediatoren und Notaren

48 **1. Vom Mediator zum Notar. a) Gesetzlich verpflichtende Einschaltung des Notars.** Eine Zusammenarbeit zwischen Mediatoren und Notaren ist immer dann zwingend erforderlich, wenn die in der Mediation erzielte Einigung beurkundungsbedürftige Regelungsgegenstände umfasst. Einen Klassiker stellt hier die Scheidungsfolgenvereinbarung dar, die aus unterschiedlichen Gründen beurkundungspflichtig sein kann.[88] Aber auch gesellschaftsrechtliche oder erbrechtliche Auseinandersetzungen machen in der Regel die Einschaltung eines Notars erforderlich.[89]

49 Wie die Zusammenarbeit vom Verfahren her möglichst optimal gestaltet werden kann, haben *Grüner/Schmitz-Vornmoor* in einem Aufsatz ausführlich beschrieben.[90] Entscheidend ist dabei, dass die im Rahmen der Mediation geleisteten und auch in der notariellen Beurkundungsverhandlung bedeutsamen Vorarbeiten (Sachverhaltsangaben, Interessenprofile, Einigung in Stichworten) dem Notar auch tatsächlich zur Kenntnis gelangen (→ Einl. Rn. 262 f.). Dazu wird eine gemeinsame Besprechung zwischen Mediator, Notar und Mediationsparteien auf der Grundlage der erarbeiteten **Interessenprofile**[91] regelmäßig besonders geeignet sein.[92] Ein entsprechender Gesprächsleitfaden findet sich in dem vorgenannten Beitrag.

50 Soll eine im Mediationsverfahren erzielte Einigung notariell beurkundet werden, ist es in der Regel zweckmäßig, sachdienlich und kostengünstig, dem Notar die **Ausformulierung des Vertrages** zu überlassen. Da der Notar

---

87 Vgl. etwa Bensmann/Meyer/Schmitz-Vornmoor/Sorge/Talke notar 2010, 48 (51 ff.).
88 Vgl. etwa die §§ 1410 und 1585c BGB oder § 7 VersAusglG. Soll eine Immobilie übertragen werden, ergibt sich die Beurkundungsbedürftigkeit auch aus § 311b BGB.
89 Vgl. dazu auch Eidenmüller/Wagner MediationsR/Hacke Kap. 6 Rn. 34 ff.
90 Vgl. Fn. 6.
91 Die Interessenprofile der Beteiligten sind das entscheidende Bindeglied zwischen Mediations- und Beurkundungsverfahren. Notare sind es gewohnt, auf der Basis von Interessenprofilen Verträge zu gestalten. Es ist daher sinnvoll und notwendig, dem beurkundenden Notar die erarbeiteten Interessenprofile offenzulegen, damit dieser den Inhalt der Einigung und die dahinter stehenden Fairnesskriterien der Parteien nachvollziehen kann.
92 Eine etwas seltsame Vorstellung von einem reservierten, „stand by" stehenden Notar, der das notariell beurkundungsbedürftige Ergebnis gleichsam auf Zuruf protokollieren soll, findet sich bei Eidenmüller/Wagner MediationsR/Hacke Kap. 6 Rn. 38. Angesichts der notariellen rechtlichen Prüfungspflichten und auch der umfassenden notariellen Haftung (§ 19 BNotO) verbietet sich ein solches Verfahren in aller Regel. Zudem hat es noch keinem Verhandlungsergebnis geschadet, wenn die Beteiligten (und deren Anwälte) zumindest ein paar Nächte darüber schlafen und auch der Notar Gelegenheit zur Prüfung erhalten hat, bevor es beurkundet wird. Und wer befürchtet, die nicht noch am Verhandlungstag dingfest gemachte Einigung würde einige Tage später vielleicht wieder in Frage gestellt, hat vielleicht noch gar keine tragfähige und belastbare Einigung gefunden. Nunmehr selbst kritisch zu solch einem „Event-Denken" bei der Wirtschaftsmediation: Hacke, Ein neues Modell der Wirtschaftsmediation ZKM 2016, 168.

gesetzlich ohnehin zur rechtlichen Prüfung der Einigung verpflichtet ist, können auf diese Weise Doppelarbeiten und/oder Konflikte über vermeintlich bereits endgültige Formulierungen vermieden werden. Die Anfertigung des zu beurkundenden Vertragsentwurfs ist zudem von den Beurkundungsgebühren bereits mit umfasst und löst deshalb keine Zusatzkosten aus. Umgekehrt führt die Anfertigung des Vertragsentwurfs durch andere Berater (zB Rechtsanwälte) zu keiner Ersparnis von Notarkosten. Hat ohnehin eine Beurkundung zu erfolgen, können sich die Vertragsparteien im Hinblick auf die darin geregelten Ansprüche auch jeweils der Zwangsvollstreckung unterwerfen. Für die Vollstreckungsunterwerfung nach § 794 Abs. 1 Nr. 5 ZPO fallen dabei keine Mehrkosten an.

b) Freiwillige Einschaltung des Notars, Vollstreckbarkeit der Einigung. Über die gesetzlich geregelten Fälle einer Beurkundungspflicht hinaus können Notare aber auch in anderen Fällen mit der Beurkundung einer Abschlussvereinbarung betraut werden. Auf diese Art und Weise erhalten die Beteiligten im Ergebnis eine im Rechtsverkehr besonders beweiskräftige[93] öffentliche Urkunde. Inbegriffen ist jeweils die juristisch korrekte Formulierung und Prüfung der Vereinbarung sowie die notarielle Beratung und Belehrung über den rechtlichen Inhalt der Vereinbarung. Gerade in denjenigen Fällen, in denen die Parteien im Mediationsverfahren anwaltlich nicht beraten waren, kann über **die Einschaltung eines Notars** die rechtliche Beratung der Parteien und die Formulierung des Mediationsergebnisses **besonders kostengünstig** gewährleistet werden.

Im Einzelfall kann es sinnvoll sein, eine Mediationsabschlussvereinbarung **vollstreckbar** auszugestalten.[94] Dies ist vor allem dann der Fall, wenn die in der Mediation erzielte Einigung über einen längeren Zeitraum hinweg abgewickelt werden muss, zB weil eine Ratenzahlung vereinbart wurde oder weil andere Vertragspflichten erst in der Zukunft erfüllt werden sollen. Im Falle von Vertragsstörungen kann dann ohne vorherige Klageerhebung unmittelbar aus dem Vollstreckungstitel vorgegangen werden.

Eine Vollstreckung aus rein privaten Vereinbarungen ist unzulässig. Das findet seine Rechtfertigung im Gewaltmonopol des Staates. Die staatlichen Vollstreckungsorgane dürfen nur aufgrund eines Titels in Anspruch genommen werden, der unter Beteiligung einer staatlichen Stelle errichtet worden ist. Dies ist Ausdruck des Rechtsstaates und dient vor allem dem Schutz des Vollstreckungsgegners, der im Vollstreckungsfall der geballten Staatsmacht mit ihren Zwangsbefugnissen (Pfändung und Verwertung von beweglichen Sachen und Immobilien; Überweisung und Einziehung von Geldforderungen, Sperrung von Konten etc) gegenübersteht. Dies kann durchaus existenzbedrohende Züge annehmen, daher ist ein präventiver Schutz bereits bei der Errichtung von Titeln sinnvoll und erforderlich.

Notare sind als Träger eines öffentlichen Amtes zur Errichtung von Vollstreckungstiteln befugt (§ 794 Abs. 1 Nr. 5 ZPO). Gleiches gilt für die

---

93 § 415 ZPO.
94 Die Frage der Vollstreckbarkeit ist im Gesetzgebungsverfahren meist überbewertet worden. Bei den meisten Mediationsabschlussvereinbarungen, die auf eine zeitnahe Umsetzung gerichtet sind, ist eine Vollstreckbarkeit in der Regel nicht erforderlich, so auch Hagel (→ B. Rn. 14).

staatlich anerkannten Gütestellen (§ 794 Abs. 1 Nr. 1 ZPO). Der vollstreckbare Anwaltsvergleich oder auch der Schiedsspruch eines privaten Schiedsgerichts bedürfen dagegen jeweils noch einer Vollstreckbarerklärung (§ 794 Abs. 1 Nr. 4a und §§ 796a ff. ZPO). Schiedssprüche mit vereinbartem Wortlaut sind ebenfalls durch ein Gericht oder einen Notar (§ 1053 Abs. 4 ZPO) für vollstreckbar zu erklären.[95]

Sowohl bei der Errichtung eines notariellen Vollstreckungstitels[96] als auch beim vollstreckbaren Anwaltsvergleich ist es erforderlich, dass sich der Schuldner darin der „sofortigen Zwangsvollstreckung unterworfen hat". In der Mediationsabschlussvereinbarung können das auch mehre Schuldner sein. § 794 Abs. 1 Nr. 5 ZPO formuliert für den notariellen Vollstreckungstitel ausdrücklich, dass die Unterwerfungserklärung anspruchsbezogen („wegen des zu bezeichnenden Anspruchs") erfolgen muss. Rein pauschale Unterwerfungserklärungen („wegen aller in diesem Vertrag enthaltenen Ansprüche ...") sind unzulässig. Eine entsprechende Formulierung findet sich beim Anwaltsvergleich in § 796a ZPO nicht, aber auch im Anwaltsvergleich ist eine genaue Bezeichnung derjenigen Ansprüche, die vollstreckbar sein sollen, dringend anzuraten. Je genauer nämlich die Arbeitsaufträge für die Vollstreckungsorgane formuliert werden, desto weniger Schwierigkeiten und unliebsame Überraschungen wird es im späteren Vollstreckungsverfahren geben.[97] Im Gerichtsurteil stellt der Urteilstenor den Arbeitsauftrag für die Vollstreckungsorgane dar. **Die Vollstreckungsunterwerfungen** in notariellen Urkunden und Anwaltsvergleichen **sind daher wie tenorierte Ansprüche zu formulieren.**

53 In der Praxis gehören notarielle Vollstreckungstitel zum Alltag und sind regelmäßig Bestandteil notarieller Urkunden. Vollstreckbare Anwaltsvergleiche haben dagegen nahezu keine praktische Bedeutung.[98] Der Grund dafür ist, dass die Errichtung eines notariellen Titels für die Vertragsbeteiligten sowohl einfacher, flexibler als auch kostengünstiger ist. Im Einzelnen gilt:

---

95 Ausführlich dazu mit Musterformulierungen Kersten/Bühling FormB Freiwillige Gerichtsbarkeit/Wolfsteiner § 19 Rn. 229.
96 Ausführlich zum notariellen Vollstreckungstitel Kersten/Bühling FormB Freiwillige Gerichtsbarkeit/Wolfsteiner § 19.
97 Deswegen war auch der im ursprünglichen Gesetzentwurf vorgesehene für vollstreckbar zu erklärende Mediationsvergleich untauglich. Schon Juristen fällt es nicht immer leicht, vollstreckbare Ansprüche zu formulieren. Von Nichtjuristen formulierte Mediationsabschlussvereinbarungen hätten daher in den meisten Fällen im Rahmen der Vollstreckbarerklärung von den zuständigen Gerichten/Notaren umformuliert und damit neu verhandelt werden müssen. Der Rückgriff des Gesetzgebers auf die im deutschen Recht bewährten Vollstreckungstitel führt dagegen zu einer juristischen Beteiligung bereits bei der Formulierung der Abschlussvereinbarung/des Vollstreckungstitels und erspart den Parteien überraschende Korrekturen und Neuverhandlungen. Es ist daher nicht nachvollziehbar, wenn Horstmeier (Rn. 229) schreibt, die zwingende Einschaltung von Anwälten oder Notaren für die vollstreckbare Ausgestaltung von Mediationsabschlussvereinbarungen führe für Mediatoren zu „unwürdigen" Situationen.
98 Vgl. Kersten/Bühling FormB Freiwillige Gerichtsbarkeit/Wolfsteiner § 19 Rn. 211. Der Verfasser errichtet täglich vollstreckbare notarielle Urkunden, hat jedoch in seiner gesamten Berufspraxis als Notar noch keinen einzigen Antrag auf Vollstreckbarerklärung eines Anwaltsvergleichs bearbeitet.

- Ist die Abschlussvereinbarung ohnehin beurkundungspflichtig, können Ansprüche nach dem Willen der Beteiligten und den Erfordernissen des Einzelfalls vollstreckbar ausgestaltet werden. Mehrkosten entstehen den Medianden dadurch keine, da die Vollstreckungsunterwerfung regelmäßig lediglich der Sicherung bzw. Verstärkung der ohnehin vereinbarten Ansprüche gilt und deshalb den für die Gebühren zu Grunde zu legenden Geschäftswert wegen Gegenstandsgleichheit nicht erhöht (§ 109 Abs. 1 S. 4 Nr. 4 GNotKG).
- Ist die Abschlussvereinbarung nicht beurkundungspflichtig, kann diese freiwillig beurkundet werden. Dabei können sich die Vertragsparteien wegen einzelner Ansprüche der Zwangsvollstreckung unterwerfen. Die Gebühren richten sich in diesem Fall nach dem gesamten Geschäftswert der Abschlussvereinbarung, der nach dem GNotKG zu ermitteln ist. Meist wird es sich um eine 2,0-Gebühr nach Nr. 21100 des Kostenverzeichnisses zum GNotKG handeln. Bei einem Geschäftswert von 10.000 EUR beträgt die Gebühr 150,00 EUR (netto), bei einem Wert von 100.000 EUR sind es 546 EUR und bei einem Wert von 1.000.000 EUR fallen 3.470,00 EUR an.[99]
- Alternativ zu einer Beurkundung der gesamten Abschlussvereinbarung können sich die Medianden auch darauf verständigen, sich lediglich wegen einzelner Ansprüche aus der Abschlussvereinbarung der Zwangsvollstreckung zu unterwerfen (Muster → Rn. 55). Für die Notargebühren ist dann lediglich der Wert dieser Ansprüche und nicht der Wert der Gesamtvereinbarung maßgeblich. Als einseitige Erklärung wird es sich zudem meist um eine 1,0-Gebühr nach 21200 des Kostenverzeichnisses zum GNotKG handeln. Bei einem Geschäftswert von 10.000 EUR beträgt diese Gebühr 75 EUR (netto), bei einem Wert von 100.000 EUR beläuft sich die Gebühr auf 173 EUR und bei einem Wert von 1.000.000 EUR sind es 1.735 EUR.[100]

Die Verpflichtung, sich wegen einzelner Ansprüche in einer notariellen Urkunde der Zwangsvollstreckung zu unterwerfen, könnte in der Mediationsabschlussvereinbarung wie folgt formuliert werden:

Formulierungsvorschlag:

Einzelne Ansprüche dieser Mediationsabschlussvereinbarung sollen vollstreckbar ausgestaltet werden. Die Medianden verpflichten daher wechselseitig, sich bis spätestens zum *** in gesonderter notarieller Urkunde wegen folgender Ansprüche der sofortigen Zwangsvollstreckung zu unterwerfen: *** [genaue Bezeichnung des Anspruchs/der Ansprüche].[101]

---

99 Darin ist dann neben der Vollstreckbarkeit aber auch – falls gewünscht – die Formulierung und Prüfung der gesamten Vereinbarung nebst unbeschränkter Haftung des Notars enthalten.
100 In diesem Fall erstreckt sich die Prüfungspflicht des Notars und die damit verbundene unbeschränkte Haftung jedoch nur auf die Formulierung des Vollstreckungstitels.
101 Ergänzt werden können noch Sanktionen für den Fall der Nichterfüllung dieser Verpflichtung. Im Falle der Beurkundung der gesamten Mediationsabschlussvereinbarung gibt es dagegen keine zeitliche Lücke zwischen Verpflichtung und Erfüllung.

In der notariellen Urkunde kann sodann auf die privatschriftliche Mediationsabschlussvereinbarung Bezug genommen werden:

Formulierungsvorschlag:
Nach Maßgabe der privatschriftlichen Mediationsabschlussvereinbarung vom *** habe ich mich gegenüber *** [genaue Bezeichnung des Gläubigers] zur Zahlung eines Betrages in Höhe von 100.000 EUR verpflichtet [genaue Bezeichnung des Anspruchs/der Ansprüche]. Die Zahlung ist fällig am ***. Wegen dieser Verpflichtung unterwerfe ich mich der sofortigen Zwangsvollstreckung aus dieser Urkunde in mein gesamtes Vermögen. Dem Gläubiger soll sofort [oder] nach Ablauf des Fälligkeitstermins auf dessen Antrag eine vollstreckbare Ausfertigung dieser Urkunde erteilt werden. [Er erhält zunächst eine beglaubigte Abschrift.][102]

55 **2. Vom Notar zum Mediator.** Aufgrund ihrer Beurkundungszuständigkeiten im Familien- und Erbrecht erhalten Notare häufig vertrauliche Einblicke in schwierige Familienverhältnisse und bestehende innerfamiliäre Konfliktlagen. Auch im Gesellschaftsrecht – einem Rechtsgebiet, in dem Notare Unternehmen und Unternehmer sowie deren Familien häufig über viele Jahre hinweg begleiten – werden von den Mandanten immer wieder konflikthafte Situationen geschildert.

56 Auch wenn Notare in diesen Fällen eine Mediation nicht selbst anbieten möchten, sollten sie über die Möglichkeit und die Chancen eines Mediationsverfahrens informieren können. Kennt der Notar geeignete Mediatoren, kann er auch unmittelbar ein Informationsgespräch anregen. Notare können insofern als Clearingstelle ihre Mandanten dabei unterstützen, für ihren Konflikt das richtige Konfliktlösungsverfahren zu finden. Gerade in erbrechtlichen Fällen, in denen lediglich diffus „schwierige Familienverhältnisse" geschildert werden und ein offener rechtlicher Konflikt vielfach noch gar nicht vorliegt – jedoch im Erbfall droht –, könnte der Notar die Bearbeitung des (potenziellen) Konflikts in einer Mediation anregen.

VI. Vertragsgestaltung und Mediation

57 Wie bereits oben dargestellt bearbeiten Notare mit dem Erb-, Familien- und Gesellschaftsrecht besonders mediationsgeeignete Rechtsgebiete. In allen drei Rechtsgebieten sind bei der Vertragsgestaltung vorausschauend lange Zeiträume und mögliche Konfliktszenarien zu betrachten.

- Ein Notar soll den Ehevertrag für ein Paar erarbeiten. Dieser Vertrag soll Vorsorge für mögliche spätere Konfliktsituationen, insbesondere für den Fall einer Trennung und/oder Scheidung treffen.
- Ein Notar soll eine Erbregelung beurkunden. Es ist erhebliches Vermögen vorhanden, das am Ende unter den drei Kindern gerecht verteilt werden soll. Bereits jetzt ist erkennbar, dass Streit unter den Kindern entstehen könnte.
- Ein Notar soll den Gesellschaftsvertrag einer GmbH mit drei Gesellschaftern beurkunden. Der Gesellschaftsvertrag soll auch mögliche spätere Konflikte berücksichtigen.

---

102 Zu Identifizierungs- bzw. Dokumentationszwecken kann der notariellen Urkunde die Mediationsabschlussvereinbarung auch als – in der Regel nicht zu verlesende – Anlage beigefügt werden.

Vorsorge gegen spätere Konflikte trifft der Notar traditionell vor allem durch die Beratung und Belehrung der Parteien vor der Beurkundung der beabsichtigten Regelungen und durch eine möglichst eindeutige Formulierung des Parteiwillens in juristischer Fachsprache.

Darüber hinausgehend kann der Notar im Wege der Vertragsgestaltung aber auch das spätere Konfliktlösungsverfahren vorgeben und Alternativen zu einer etwaigen gerichtlichen Entscheidung anbieten. In der notariellen Praxis sehr weit verbreitet sind in diesem Zusammenhang sogenannte Schiedsgutachtenklauseln.[103] Auch Schiedsgerichtsklauseln werden immer wieder beurkundet. Ebenfalls eine Art Verfahrenssteuerung stellt die in Erbregelungen häufige Einsetzung eines Testamentsvollstreckers dar, der für – möglicherweise zerstrittene oder uneinige – Erben die Erbauseinandersetzung bewirkt.[104] In GmbH-Gesellschaftsverträgen können zudem freiwillige/fakultative Aufsichtsräte oder Beiräte mit einer moderierenden Funktion eingesetzt werden.[105] Weniger verbreitet in notariellen Verträgen sind dagegen bisher echte Mediationsklauseln (→ Einl. Rn. 148 ff.).[106] Dabei könnten gerade Mediationsklauseln eine deeskalierende Wirkung entfalten, indem sie den Parteien im Konfliktfall in Erinnerung rufen, dass es zwischen der zunächst gescheiterten Verhandlungslösung und der Konfliktdelegation an das Gericht noch einen Mittelweg gibt, nämlich die Einschaltung eines unabhängigen Mediators. Notare können daher durch den Einbau von Mediationsklauseln in ihre Verträge die außergerichtliche Mediation erheblich fördern.

VII. Notare und gerichtsnahe Mediation

Gerichte könnten nach § 278a ZPO[107] den Parteien in anhängigen Verfahren eine außergerichtliche Mediation vorschlagen (→ ZPO § 278a Rn. 1 ff.)[108] Auch wenn Notare in der Regel kaum Berührungspunkte mit der streitigen Gerichtsbarkeit haben,[109] kann die Einschaltung bzw. Empfehlung eines Notarmediators in bestimmten Fallgestaltungen sowohl aus sachlichen als auch aus wirtschaftlichen Gründen sinnvoll sein. Besonders

---

103 Etwa zur Bewertung einer Immobilie oder zur Bewertung eines Gesellschaftsanteils.
104 Weitere Beispiele finden sich bei Schmitz-Vornmoor/Vornmoor ZKM 2012, 50 (54); Klauselvorschläge finden sich bei Töben/Schmitz-Vornmoor ZKM 2014, 15.
105 Dauner-Lieb/Winnen FS Brambring, 45; die Autoren verkennen in ihrem Beitrag jedoch die besonderen Chancen einer Mediation.
106 Mit Mediationsklauseln in notariellen Verträgen beschäftigt sich intensiv Töben RNotZ 2013, 321; der Beitrag enthält auch viele je nach Fallgestaltung verwendbare Textbausteine. Musterformulierungen finden sich auch bei Walz/Bülow Kap. 3 § 6 Rn. 71 ff.; Klauselvorschläge speziell für Nachlassregelungen werden von Töben/Schmitz-Vornmoor ZKM 2014, 15 unterbreitet.
107 Ähnliche Vorschriften existieren auch in anderen Prozessordnungen. Aufgrund des zivilrechtlichen Tätigkeitsschwerpunktes von Notaren beschränken sich die nachfolgenden Ausführungen auf die ordentliche Gerichtsbarkeit.
108 Zur praktischen Relevanz dieser Vorschrift vgl. Bushart § 278a ZPO als Schnittstelle zwischen Gerichtsverfahren und außergerichtlicher Mediation, 2019.
109 Sehr intensiv ist hingegen die Zusammenarbeit zwischen Notaren und freiwilliger Gerichtsbarkeit (Grundbuchamt, Handelsregister, Nachlassgericht, Familiengericht, Betreuungsgericht); dort werden aber in der Regel keine streitigen Sachen behandelt, so dass sich die Frage des Verweises an einen Mediator meist nicht stellt, vgl. auch unten VIII.

geeignet ist der Notarmediator in gerichtlich anhängigen Streitigkeiten, wenn

- ein typisches notarielles Rechtsgebiet betroffen ist, also insbesondere das Erb-, Familien-, Gesellschafts- oder Immobilienrecht,
- die mögliche Einigung voraussichtlich notariell beurkundungsbedürftig sein wird und
- bereits erkennbar ist, dass bei der kreativen Konfliktlösung voraussichtlich vertragsgestaltende Expertise gefragt sein wird.

60 In den vorgenannten Rechtsgebieten verfügen Notare sowohl über eine **besondere rechtliche Qualifikation** als auch über vielfältige berufliche Erfahrungen. Da sie mit der Materie vertraut sind, müssen sie sich nicht erst intensiv einarbeiten, sondern können den Konflikt fachlich auf hohem Niveau begleiten.

61 Ist eine mögliche Einigung notariell beurkundungsbedürftig, wird die Einschaltung eines Notars ohnehin erforderlich sein. Agiert der Notar bereits als Mediator, kann er die Einigung unmittelbar beurkunden. Die weitere Schnittstelle „Mediator-Notar" (→ Rn. 49) entfällt dann. Grundsätzlich kann zwar auch der gerichtlich protokollierte Vergleich die notarielle Form ersetzen; dieser stellt aber bei komplexeren Vertragswerken keine gleichwertige Alternative dar.

62 Denn viele Streitigkeiten erfordern in die Zukunft gerichtete vertragsgestaltende Lösungen. Notare bringen die entsprechende Qualifikation mit und sind gewohnt, nach den Interessen der Beteiligten zu forschen und mögliche Lösungen an diesen Interessen zu messen. Die meisten Richter – auch der Güterichter – dürften dagegen mangels entsprechender Praxis mit der Errichtung von komplexen Vertragswerken überfordert sein. Der klassische gerichtliche Vergleich gestaltet daher auch nur selten die Zukunft der Streitparteien, sondern beschränkt sich auf die kompromisshafte Regelung des konkreten Streitgegenstandes. In einer außergerichtlichen Notarmediation besteht dagegen die Chance, mit einer Lösung über den konkreten Streitgegenstand hinauszugehen, tatsächlich in die Zukunft gerichtete Verträge zu schließen und damit echte Win-win-Situationen zu schaffen. Notare können daher mit ihrer spezifisch vertragsgestaltenden Expertise einen **Mehrwert** in die Auseinandersetzung einbringen.[110]

63 Schließlich spricht auch noch ein **psychologisches Argument** für die gerichtsnahe Notarmediation. Zumindest in den Gebieten des hauptberuflichen Notariats muss keiner der am Gerichtsverfahren beteiligten Anwälte einen potenziellen Anwaltskonkurrenten zum Mediator bestellen. Der Prozessanwalt muss so nicht befürchten, seinen Mandanten zukünftig an den vielleicht erfolgreichen Mediatorenkollegen zu verlieren.

---

110 Die vertragsgestaltende Erfahrung der Notare kann auch dabei helfen, die Zahl der zur Verfügung stehenden Lösungsoptionen zu vergrößern. Vielfach sind den Konfliktbeteiligten die vom Recht eingeräumten Gestaltungsmöglichkeiten nicht bekannt. Notare können diese Optionen (zB Absicherungsmöglichkeiten im Grundbuch oder gesellschaftsrechtliche oder erbrechtliche Gestaltungsmöglichkeiten) in die Auseinandersetzungen einbringen und damit den Verhandlungsspielraum der Beteiligten vergrößern.

Es dürfte eine Aufgabe der zuständigen Notarkammern sein, die notariellen Vermittlungskompetenzen auch bei der streitigen Gerichtsbarkeit in Erinnerung zu rufen und entsprechend ausgebildete Notare den Gerichten oder den Konfliktparteien als potenzielle Mediatoren zu benennen (zur Frage, ob und inwieweit die Gerichte Vorschläge zur Person des Mediators unterbreiten dürfen, → ZPO § 278a Rn. 11). 64

VIII. Mediation im FamFG-Verfahren

Anträge im Verfahren der freiwilligen Gerichtsbarkeit sollen nach § 23 Abs. 1 S. 3 FamFG „in geeigneten Fällen" (→ FamFG § 23 Rn. 4 f.) die Angabe enthalten, ob der Antragstellung der Versuch einer Mediation oder eines anderen Verfahrens der außergerichtlichen Konfliktbeilegung vorausgegangen ist nebst einer Äußerung dazu, ob einem solchen Verfahren Gründe entgegenstehen. Das Verfahren der freiwilligen Gerichtsbarkeit ist meist kein kontradiktorisches Verfahren. Ungeeignet im Sinne des § 23 Abs. 1 S. 3 FamFG sind daher auf notariellem Tätigkeitsgebiet sämtliche Anträge, bei denen es lediglich um die Umsetzung nicht umstrittener Anliegen der Beteiligten geht. Dies dürfte etwa im typischen Handelsregisterverfahren der Fall sein.[111] 65

Angaben nach § 23 Abs. 1 S. 3 FamFG sollte der Notar dagegen in seinen Antrag mit aufnehmen, sofern er von Konfliktlagen im Zusammenhang mit der Antragstellung Kenntnis hat. Denkbar ist dies etwa im Erbscheinsverfahren. Bestehen tatsächlich Konflikte, sollte sich der Notar in seinem Antrag auch nicht auf formelhafte Ausführungen beschränken, sondern gemeinsam mit seinen Mandanten überlegen, ob nicht eine Mediation zur Konfliktlösung beitragen könnte. 66

Das Gericht hat in Konfliktlagen nunmehr auch die Möglichkeit, nach § 36 Abs. 5 FamFG den Versuch einer gütlichen Einigung vor einem nicht entscheidungsbefugten Güterrichter anzuordnen oder aber nach § 36a FamFG einzelnen oder allen Beteiligten[112] die Durchführung einer Mediation vorzuschlagen (→ FamFG § 36a Rn. 1 ff.). Im Falle der Durchführung eines Mediationsverfahrens setzt das Gericht das Verfahren aus (§ 36a Abs. 2 FamFG). 67

Die vorstehend beschriebenen Möglichkeiten bestehen auch in den Fällen (→ FamFG § 23 Rn. 5), in denen der Antragsgegenstand prinzipiell nicht der Dispositionsbefugnis der Beteiligten unterliegt, wie etwa im **Erbscheins- oder Adoptionsverfahren**. Vergleichsweise Regelungen im Hinblick auf den eigentlichen Antragsgegenstand scheiden hier zwar nach § 36 Abs. 1 FamFG aus (→ FamFG § 36 Rn. 11), allerdings kann das Mediationsverfahren dazu führen, dass die Beteiligten nach der Durchführung der Mediation einheitliche Anträge stellen oder aber einvernehmlich und in der Sache gleichlautend zur Sachverhaltsaufklärung beitragen. Im Erbscheinsverfahren kennen Notare insofern vergleichsweise Regelungen zur 68

---

111 Anders als im Handelsregisterverfahren, auf das das FamFG Anwendung findet, hat der Gesetzgeber auf eine entsprechende Regelung im Grundbuchverfahren von vornherein verzichtet.
112 Die Differenzierung zwischen einzelnen und allen Beteiligten ist dem amorphen Beteiligtenbegriff nach § 7 FamFG geschuldet.

einvernehmlichen Auslegung einer letztwilligen Verfügung, die zwar das Nachlassgericht bei der Erbscheinserteilung nicht binden, allerdings eine starke Indizwirkung haben.[113]

IX. Digitalisierung, Mediation und Notariat

69 Die Digitalisierung verändert auch die notarielle Tätigkeit rasant. Mit dem Handelsregister wird seit 2008 ausschließlich elektronisch kommuniziert, der Austausch mit den Grundbuchämtern ist ebenfalls bereits teilweise digitalisiert. In vielen Verfahren der freiwilligen Gerichtsbarkeit (Erbscheinsanträge, Einholung gerichtlicher Genehmigungen) reichen die Notare ihre ebenfalls elektronischen Anträge elektronisch ein. Seit 2022 gibt es zudem ein bei der Bundesnotarkammer geführtes elektronisches Urkundenarchiv.[114] Ebenfalls von der Bundesnotarkammer werden das Zentrale Vorsorgeregister[115] und das Zentrale Testamentsregister[116] betrieben. Die seit August 2022 mögliche Online-Beurkundung im Gesellschaftsrecht[117], etwa bei GmbH-Gründungen, transferiert sogar erstmalig das bisher lediglich analog mögliche Beurkundungsverfahren in den virtuellen Raum. Die Bundesnotarkammer hat eigens dafür ein besonders rechtssicheres und datenschutzkonformes Videokonferenzsystem entwickelt, das von den Notaren für Online-Beurkundungen genutzt wird.[118] Dieses sichere Videokonferenzsystem bietet auch Raum für Online-Mediationen oder zumindest für die Anwendung mediativer Methoden (→ Rn. 45) im normalen Beurkundungsverfahren oder im Rahmen von Vorbesprechungen.[119]

X. Zusammenfassung

70 Die Ausführungen haben deutlich werden lassen, dass Notarinnen und Notare wesentliche Beiträge auf dem Gebiet der außergerichtlichen Konfliktbearbeitung leisten können. Das vom Gesetzgeber vorgegebene und in der Bevölkerung verankerte Rollenmodell sowie die hauptsächlichen Arbeitsfelder der Notare bieten dafür einen hervorragenden Ausgangspunkt. Werden Notare als Mediatoren tätig, handeln sie – wie auch sonst – öffentlich-rechtlich und im Rahmen ihrer Amtstätigkeit. Es handelt sich allerdings um eine freiwillige Tätigkeit, zu der nicht jeder Notar verpflichtet ist. Auch Notare, die nicht ausdrücklich als Mediatoren tätig werden, können im Rahmen des normalen Beurkundungsverfahrens ohne Rollenkonflikte mediative Methoden anwenden. Schließlich kann der Notar als wichtiger Ansprechpartner im Familien-, Erb- und Gesellschaftsrecht eine

---

113 Zum sogenannten „Auslegungsvertrag" vgl. Palandt/Weidlich BGB § 2084 Rn. 1. Auch steuerlich kann ein solcher Erbvergleich anerkannt werden, vgl. etwa Kölner FormB ErbR/Ihle, 2. Aufl., Kap. 20 Rn. 278.
114 Gesetz zur Inbetriebnahme der elektronischen Urkundensammlung vom 21.12.2021, BGBl. II 1282.
115 S. www.vorsorgeregister.de.
116 S. www.testamentsregister.de.
117 Gesetz zur Umsetzung der Digitalisierungsrichtlinie (DiRUG) vom 5.7.2021, BGBl. I 3338, noch erweitert durch das Gesetz zur Ergänzung der Regelung zur Umsetzung der Digitalisierungsrichtlinie (DiREG) vom 8.7.2022, BGBl. I 1146.
118 S. https://online-verfahren.notar.de/.
119 Zur parallelen Entwicklung im „digitalen" Zivilprozess vgl. Zwickel ZKM 2022, 44 ff.

Lotsenfunktion übernehmen und geeignete Verfahren für bereits reale oder potenzielle Konflikte empfehlen bzw. vertragsgestaltend vorsehen.

N. Mediationsbegleitung durch Rechtsanwälte

Literatur:
Ahrens, Mediationsgesetz und Güterichter – Neue gesetzliche Regelungen der gerichtlichen und außergerichtlichen Mediation, NJW 2012, 2465; *Beckmann*, Wirtschaftsmediation in der anwaltlichen Beratung, DStR 2007, 583; *Cooley*, Mediation Advocacy, 2. Aufl. 2002; *Diop/Steinbrecher*, Ein Mediationsgesetz für Deutschland: Impuls für die Wirtschaftsmediation?, BB 2011, 131; *Ditler/Engel*, Leitfaden zur Mediation für Rechtsanwälte, ZAP 2012, 917 (Fach 23, 957); *Duve/Eidenmüller/Hacke*, Mediation in der Wirtschaft, 3. Aufl. 2019; *Duve/Sattler*, Der Kampf ums Recht im Jahr 2030, AnwBl 2012, 3; *Eidenmüller*, Prozessrisikoanalyse, ZZP 2000, 5; *ders.*, Vertrags- und Verfahrensrecht der Wirtschaftsmediation, 2001; *ders.*, Hybride ADR-Verfahren bei internationalen Wirtschaftskonflikten, RIW 2002, 1; *ders.*, Die Auswirkung der Einleitung eines ADR-Verfahrens auf die Verjährung, SchiedsVZ 2003, 163; *ders.*, Die Rolle von Verhandlungsmanagement und Mediation in der Juristenausbildung in: Hof/Götz von Olenhusen, Rechtsgestaltung – Rechtskritik – Konkurrenz von Rechtsordnungen... Neue Akzente für die Juristenausbildung, 2012; *ders./Prause*, Die europäische Mediationsrichtlinie – Perspektiven für eine gesetzliche Regelung der Mediation in Deutschland, NJW 2008, 2737; *Engel*, Transatlantische Impulse für die Beilegung von Rechtsstreitigkeiten, AnwBl 2012, 13; *Ewig*, Mediationsgesetz 2012: Aufgabe und Rolle des beratenden Anwalts, ZKM 2012, 4; *Greger/Unberath/Steffek*, Recht der Alternativen Konfliktlösung, 2. Aufl. 2016; *Hacke*, Rechtsanwälte als Parteivertreter in der Wirtschaftsmediation, SchiedsVZ 2004, 80; *ders.*, Der ADR-Vertrag, 2001; *Hacke/Nelle*, Die Mediationsvereinbarung – Vertragliche Regelungen zur Vereinbarung von Mediationsverfahren, ZKM 2002, 257; *Hammacher*, Rechtsanwälte: Widerstand gegen Mediation abbauen, SchiedsVZ 2008, 30; *Henssler/Koch* (Hrsg.), Mediation in der Anwaltspraxis, 2. Aufl. 2004; *Horstmeier*, Umsetzung der Mediationsrichtlinie durch ein neues Mediationsgesetz – der große Wurf für die Mediation?, JR 2012, 1; *Hopt/Steffek*, Mediation: Rechtstatsachen, Rechtsvergleich, Regelungen, 2008; *Meier*, Der Rechtsanwalt in der Wirtschaftsmediation – Erfolgreiche Parteivertretung auf ungewohntem Terrain, SchiedsVZ 2011, 97; *Nebe*, Das neue Mediationsgesetz – Ein Überblick über wesentliche Aspekte des Regierungsentwurfs, NWB 2011, 384; *Neuenhahn/Neuenhahn*, Die Begleitung des Mandanten durch den Rechtsanwalt in der Mediation – Eine neue Dienstleistung des Anwalts, NJW 2005, 1244; *Prütting*, Das neue Mediationsgesetz: Konsensuale Streitbeilegung mit Überraschungen, AnwBl 2012, 204; *Riskin*, Understanding mediators' orientations, strategies and techniques: a grid for the perplexed, 1 Harv. Negotiation L. Rev. 1996, 7; *Risse*, Wirtschaftsmediation, 2. Aufl. 2022; *Schäfer*, Der Prozessanwalt im Mediationsverfahren, ZErb 2011, 312; *Sternlight*, Lawyers' Representation of Clients in Mediation: Using Economics and Psychology to Structure Advocacy in a Nonadversarial Setting, Ohio State Journal on Dispute Resolution 1999, S. 269; *Unberath*, Mediationsklauseln in der Vertragsgestaltung – Prozessuale Wirkungen und Wirksamkeit, NJW 2011, 1320; *ders.*, Eckpunkte der rechtlichen Gestaltung des Mediationsverfahrens, ZKM 2012, 12; *Victor*, The Proper Use of Decision Analysis to Assist Litigation Strategy, 40 Business Lawyer 1985, 617; *Wagner*, Prozeßverträge, 1998.

I. Mediation und Mediationsgesetz – Herausforderung und Chance für Rechtsanwälte 1	c) Im Konflikt bei Gericht: Güterichtertätigkeit und gerichtsnahe Mediation 17
II. Stationen anwaltlicher Begleitung von Mediationsverfahren 7	2. Anwaltliche Gestaltung von Mediationsverfahren 23
1. Anwaltliche Beratung zu Mediation 8	a) Auswahl des Mediators 24
	b) Auswahl der Teilnehmer 27
a) Anwaltliche Beratung vor dem Konflikt: Mediationsklauseln 10	c) Bestimmung des Verfahrensablaufs 28
b) Anwaltliche Beratung im Konflikt: außergerichtliche Mediation 14	d) Verhältnis zu laufenden Verfahren 33
	3. Anwaltliche Vorbereitung der Mediation 34

a) Verfahrensbezogene Vorbereitung	35	a) Funktionale Ebene	38
b) Inhaltliche Vorbereitung	36	b) Rechtliche Ebene	39
4. Anwaltliche Begleitung im Mediationsverfahren	37	5. Abschluss des Mediationsverfahrens	40
		III. Fazit	41

I. Mediation und Mediationsgesetz – Herausforderung und Chance für Rechtsanwälte

Wer um die Jahrtausendwende eine beliebig zusammengesetzte Gruppe deutscher Rechtsanwälte[1] um Handzeichen dazu bat, wer von ihnen schon einmal ein Mediationsverfahren „am eigenen Leib" miterlebt habe, sah nur vereinzelt erhobene Hände. Seitdem hat sich viel getan: Es gibt praktisch keinen Rechtsanwalt in Deutschland, der von Mediation noch nie gehört hätte. Viele Anwälte haben eigene Erfahrungen mit der Begleitung von Mediationsverfahren gesammelt, sei es in der außergerichtlichen Mediation oder in den verschiedenen Modellprojekten zur bisherigen „gerichtsinternen Mediation" (heute: Güterichterverfahren).

Auch in Zukunft wird sich die Rechtsanwaltschaft weiterhin und vermutlich verstärkt mit Mediation und verwandten Verfahren außergerichtlicher Konfliktbeilegung befassen (müssen), und das in allen Bereichen: vom Einzelanwalt bis zum Partner der internationalen Großkanzlei und quer durch fast alle Rechtsgebiete. Nicht zuletzt die zunehmende Nutzung auch hybrider Verfahren wie in Fällen der Integration von Mediationsverfahren in bereits begonnene Schieds- oder Gerichtsverfahren stützt diese Annahme.

Hierzu tragen vier Impulse wesentlich bei:

Einen ersten Impuls setzt die **Ausbildung** der heutigen und zukünftigen Juristen.

Nach § 5a Abs. 3 DRiG haben die Inhalte des rechtswissenschaftlichen Studiums die „rechtsprechende, verwaltende und rechtsberatende Praxis einschließlich der hierfür erforderlichen Schlüsselqualifikationen wie Verhandlungsmanagement, Gesprächsführung, Rhetorik, Streitschlichtung, Mediation, Vernehmungslehre und Kommunikationsfähigkeit" zu berücksichtigen. An zahlreichen Universitäten und in der Referendarausbildung vieler Länder hat die Mediation seit Jahren einen festen Platz.[2] Ältere Rechtsanwälte werden also zunehmend von jüngeren Kollegen abgelöst bzw. begegnen diesen im Wettbewerb, die schon aus ihrer Ausbildung mit der Mediation vertraut sind.

Ein zweiter Impuls entspringt der zunehmenden **Internationalisierung** und damit einhergehend dem steigenden Einfluss anderer Rechtsordnungen und Rechtskulturen. Während zum einen heimische Mandanten, die grenzüberschreitend tätig sind, nach verlässlichen und kostengünstigen Methoden der Beilegung möglicher Konflikte suchen und hierzu ihre Anwälte um

---

[1] Personenbezogene Bezeichnungen wie „Rechtsanwalt" oder „Mediator" werden hier geschlechtsneutral verwendet und schließen stets auch die weibliche Form mit ein.

[2] S. zur Mediation in der Juristenausbildung ausführlich Hof/Götz von Olenhusen/Eidenmüller.

Rat bitten, bringen zum anderen ihre ausländischen Geschäftspartner (vor allem aus dem angelsächsischen Raum, mittlerweile aber zum Beispiel auch aus Österreich[3] oder anderen europäischen Staaten)[4] mit einiger Selbstverständlichkeit und nicht selten auch eigener praktischer Erfahrung die Mediation und verwandte Verfahren[5] als mögliche Instrumente der Wahl ins Spiel.

4 Einen dritten Impuls setzen **ökonomische Zwänge** und damit verbunden eine zunehmende **Eigendynamik** in der Nutzung der Mediation.[6] Mandanten sind heute sehr viel sensibler für die Kosten (und den Nutzen!) anwaltlicher Beratung und ihrer Folgen als das in früheren Zeiten der Fall war.[7] Nicht zuletzt aufgrund der im letzten Vierteljahrhundert exponentiell gestiegenen Informationstransparenz sind sie zugleich viel aufgeklärter über die verschiedenen denkbaren Verfahren zur Lösung von Konflikten, einschließlich der Mediation.[8] Sie sind zu Recht nicht ohne Weiteres bereit, dem Rat ihres Anwalts in einen womöglich langen und teuren Gerichtsprozess zu folgen, dessen Unbilden und Gefahren vermeintlich nur noch mit der Fahrt auf hoher See vergleichbar sind und dessen Ausgang daher allenfalls höhere Mächte vorhersagen können („Vor Gericht ... in Gottes Hand"). Stattdessen wollen sie von ihrem Anwalt vor einem solch unsicheren Abenteuer wissen, wieso der Gerichtsprozess oder ein kostspieliges Schiedsverfahren hier das Forum der Wahl sein solle und wieso nicht andere Verfahren wie insbesondere die Mediation zuvor versucht werden sollten.[9]

Zugleich ist auch in Deutschland eine verstärkte praktische Anwendung der Mediation zu beobachten, die auf einsetzende Multiplikatoreneffekte zurückzuführen ist. Viele Anwälte haben mittlerweile Informations-, oder Ausbildungsangebote zur Mediation wahrgenommen. Sie wissen – gelegentlich sogar aus eigener Erfahrung – vom großen Nutzen dieses Verfahrens für ihre Mandanten. Mögliche Mediatoren und Mediationsinstitutionen sind ihnen ein Begriff. Diese Anwälte sprechen in streitigen Auseinandersetzungen ihre noch nicht so mediationsgeneigten Kollegen auf der

---

3 In Österreich ist bereits seit dem Jahr 2004 das Bundesgesetz über Mediation in Zivilrechtssachen (Kraft/ZivMediatG), Österreichisches BGBl. I Nr. 29/2003 gültig.
4 Einen umfassenden Überblick über die rechtlichen Rahmenbedingungen der Mediation in verschieden Rechtsordnungen (mit Stand 2008) geben Hopt/Steffek.
5 Zu Trends außergerichtlicher Verfahren der Konfliktbeilegung in den USA s. Engel AnwBl 2012, 13 (14).
6 Vgl. Duve/Sattler AnwBl 2012, 2 (8).
7 So gibt es beispielsweise in US-amerikanischen Unternehmen die Praxis, die Vergütung ihrer Rechtsanwälte in der Vorbereitung streitiger Verfahren daran zu knüpfen, dass diese eine frühzeitige Einschätzung dazu abgeben, welche Methoden der Streitbeilegung sie empfehlen und wieso keine Mediation oder andere alternative Form der Streitbeilegung in Betracht kommt. Näher hierzu Duve/Eidenmüller/Hacke, S. 337.
8 S. die Studie PwC/EUV (Hrsg.), Konfliktmanagement in der deutschen Wirtschaft – Entwicklungen eines Jahrzehnts, 2016.
9 So empfehlen deutsche Unternehmensjuristen mitunter, dass Unternehmen „vor der Entscheidung über die Mandatierung [...] die in der engere Auswahl gezogenen Rechtsanwälte ausdrücklich nach der Expertise und der Erfahrung auf dem Gebiet der außergerichtlichen Konfliktbeilegung fragen und entsprechende Nachweise erbeten" sollten: Diop/Steinbrecher BB 2011, 131 (137).

Gegenseite auf die Möglichkeit der Mediation an. Zahlreiche Verträge aus den letzten Jahren enthalten Mediationsklauseln. Entsteht aus diesen Verträgen Streit, ist die Einleitung eines Mediationsverfahrens vorgegeben.[10] Auch diese Fälle häufen sich.

So entsteht sowohl aus der Mandantschaft als auch aus der Anwaltschaft selbst heraus eine sich selbst verstärkende Dynamik hin zu einer vermehrten Nutzung der Mediation. Verbunden ist dies mit einer gesteigerten Flexibilisierung der Mediation: Das Verfahren wird zunehmend flexibel den Gegebenheiten des jeweiligen Einzelfalls angepasst. „Dogmatische" Einordnungen treten hinter Praktikabilitätserwägungen zurück. Auch dadurch werden der Nutzen und die Attraktivität der Mediation und verwandter Verfahren mit mediativen Elementen weiter gesteigert.[11]

Einen vierten Impuls setzt schließlich der sich laufend wandelnde **rechtliche Rahmen** anwaltlicher Tätigkeit und damit namentlich auch das am 26.7.2012 in Kraft getretene „Gesetz zur Förderung der Mediation und anderer Verfahren der außergerichtlichen Konfliktbeilegung" mit dem in dessen Artikel 1 enthaltenen Mediationsgesetz.[12]

Dieses hat unmittelbaren und mittelbaren Einfluss auf die pflichtgemäße Tätigkeit aller Rechtsanwälte: Es enthält Regelungen des Mediationsverfahrens und der Tätigkeit von Mediatoren. Das Gesetz schafft so neue Bezugspunkte für die anwaltliche Kontrolle von Mediation („Wurde das Mediationsverfahren rechtlich einwandfrei geführt?"/„Durfte der Mediator das?" usw). Es schafft zudem neue Schnittstellen zwischen Gerichtsverfahren und Mediation. Diese sind bei der anwaltlichen Vorbereitung und Durchführung von Gerichtsverfahren und in der Beratung des Mandanten zu solchen Verfahren zwingend zu beachten.

Die genannten vier Impulse fordern die Anwaltschaft dazu heraus, ihr Wissen und ihre Methoden um den Baustein der Mediation zu erweitern. Wer sich dieser Herausforderung nicht stellt, wird im Wettbewerb zurückfallen und wird sich spätestens seit Einführung des Mediationsgesetzes auch immer eher dem Vorwurf eines nicht (mehr) pflichtgemäßen Verhaltens aussetzen.

Wie jede Herausforderung bietet aber auch diese zugleich eine nicht zu unterschätzende Chance: Die Mediation trifft mit ihrem Angebot einer risikoarmen, schnellen, kostengünstigen, vertraulichen und selbstbestimmten Konfliktbeilegung „ins Schwarze" der typischen Mandanteninteressen. Versteht sich der Anwalt als der Vertreter eben dieser Mandanteninteressen (was selbstverständlich sein sollte), wird er in der Mediation daher ein ideales Mittel hierfür finden. Fühlt er sich hier „zu Hause", wird er zudem nicht mit Sorge, sondern mit Freude einer Mandantschaft entgegentreten, die zukünftig immer öfter von sich aus anwaltliche Leistungen in Bezug auf Mediationsverfahren aktiv einfordern wird.[13]

---

10 Vgl. Neuenhahn/Neuenhahn NJW 2005, 1244 (1245).
11 S. Hacke ZKM 2016, 168.
12 BGBl. 2012 I 1577.
13 Vgl. Neuenhahn/Neuenhahn NJW 2005, 1244 ff.

Für den Erfolg heutiger und erst recht zukünftiger anwaltlicher Tätigkeit ist es daher unerlässlich, Mediation **funktional zu verstehen**, ihre **rechtlichen Rahmenbedingungen** zu kennen und drittens zu wissen, was es in der anwaltlichen Beratung zu und in der Begleitung von Mandanten in Mediationsverfahren „**handwerklich**" zu tun gilt.

Das beleuchtet dieser Beitrag entlang der Chronologie eines Mediationsverfahrens von der Beratung hierzu bis zu seinem Abschluss. Er berücksichtigt dabei insbesondere die Anforderungen durch das Mediationsgesetz und die begleitend in Kraft getretenen Änderungen der verschiedenen Gerichtsverfahrensgesetze sowie ihren Einfluss auf die allgemeine Prozessführung auch ohne Mediation.

II. Stationen anwaltlicher Begleitung von Mediationsverfahren

7 Anwaltliche Tätigkeit und Mediation berühren sich in nahezu allen Phasen der anwaltlichen Begleitung von Mandanten: von der Erstberatung zu Verträgen oder Konflikten bis zur endgültigen Beilegung streitiger Auseinandersetzungen außerhalb und innerhalb von Gerichtsverfahren.

8 **1. Anwaltliche Beratung zu Mediation.** Am Anfang jeder pflichtgemäßen anwaltlichen Tätigkeit steht die Beratung des Mandanten. Nach § 3 Abs. 1 BRAO ist der Rechtsanwalt der „berufene unabhängige **Berater und Vertreter** in allen Rechtsangelegenheiten". Gemäß § 1 Abs. 3 BORA hat der Rechtsanwalt unter anderem „seine Mandanten vor Rechtsverlusten zu schützen [und] rechtsgestaltend, konfliktvermeidend und streitschlichtend zu begleiten [...]".

Mit den Worten von *Hammacher*: Der Anwalt ist Berater, nicht Beretta.[14]

Dabei ist der Rechtsanwalt bekanntermaßen verpflichtet, den für seinen Mandanten „relativ sichersten Weg" anzuraten, jedenfalls aber den Mandanten hierüber aufzuklären. Neben der Beratung zum materiellen Recht umschließt das auch die Beratung zum relativ sichersten und für den Mandanten besten Verfahren.[15] Auf welchem Verfahrensweg sind die wirtschaftlichen, persönlichen oder sonstigen **Interessen** meines Mandanten am sichersten, am schnellsten und am kostengünstigsten zu erreichen? Diese Frage hat sich der beratende Anwalt laufend zu stellen und begründet zu beantworten. Der Anwalt ist für seinen insoweit in der Regel weniger informierten Mandanten stets auch Weichensteller[16] und Türöffner[17] für das weitere Verfahren. Damit einher geht die Verantwortung des Anwalts, das jeweils richtige Gleis zu wählen und die jeweils richtige Tür zu öffnen. Der Mandant erwartet diese Hilfestellung von seinem Anwalt. Sie ist selbstverständlicher Teil seines Auftrags.

9 Hier kommen nun die Mediation und verwandte Verfahren der außergerichtlichen und gerichtsnahen Konfliktbeilegung ins Spiel. Diese sind zwischen den klassischen Formen anwaltlicher Vertretung, nämlich der

---

14 Die „Beretta" bezeichnet Schusswaffen des gleichnamigen italienischen Waffenherstellers, vgl. Hammacher SchiedsVZ 2008, 30 (31).
15 Ewig ZKM 2012, 4 (5) mwN; Beckmann DStR 2007, 583.
16 Beckmann DStR 2007, 583.
17 Hacke SchiedsVZ 2003, 80; Duve/Eidenmüller/Hacke, S. 322; Neuenhahn/Neuenhahn NJW 2005, 1244 (1244 f.).

Verhandlung mit der Gegenseite einerseits und dem Prozess vor Gericht andererseits, angesiedelt. Der Rechtsanwalt wird sich daher immer dann, wenn zweiseitige Verhandlungen erfolglos geblieben sind oder von vorneherein aussichtslos erscheinen, in der weiteren Begleitung des Falls immer wieder erneut die Frage stellen und beantworten müssen, ob und ggf. wann ein Mediationsverfahren oder ein anderes konsensuales Streitbeilegungsverfahren angezeigt ist. Das gilt umso mehr mit Blick auf die enormen Vorteile solcher Verfahren gegenüber der sofortigen Einleitung eines Gerichtsverfahrens: Wenn es richtig ist, dass Mediationsverfahren mit hoher Wahrscheinlichkeit schnell, verhältnismäßig kostengünstig und in vertraulicher Form zu einer interessengerechten selbst kontrollierten Lösung von Konflikten führen und dass sie nur wenige Risiken mit sich bringen und schließlich den späteren Gang zu Gericht nicht verschließen, dann ist die Erkenntnis nicht weit, dass sie in einer Vielzahl streitiger Auseinandersetzungen als „relativ sicherster Weg" der sofortigen Einleitung gerichtlicher Maßnahmen vorzuziehen sein dürften.[18] Gleichermaßen kann die Mediation auch nach Einleitung eines Gerichts- oder Schiedsverfahrens zum Mittel der Wahl werden, wenn sich zum Beispiel nach ersten Schriftsatzrunden zeigt, dass sich die Interessen des Mandanten eher in einer vermittelten einvernehmlichen Lösung als in einer Entscheidung des zunächst angerufenen Spruchkörpers verwirklichen lassen.

Dabei soll nochmals betont werden, dass Mediation nicht zwingend eine Alternative im Wortsinn zu Gerichtsverfahren darstellt, sondern vielmehr ein mögliches Vorschaltverfahren. Sie ist ein Filter, durch den der Fall notfalls immer noch zu Gericht gelangen (oder dort weitergeführt werden) kann, wenn in ihm keine Einigung gefunden wird. Das wird oft übersehen: Wenn Anwälte gelegentlich vor dem Rat zu einer Mediation scheuen vor der Furcht, damit „Schwäche" zu signalisieren, so liegt dem ein Fehlverständnis zu Grunde. Es bleibt dem Mandanten in jeder Lage eines Mediationsverfahrens unbenommen, Härte zu zeigen und am Ende auch dauerhaft „Nein" zu einer einvernehmlichen Lösung zu sagen, wenn diese hinter den erwarteten Prozessaussichten oder sonstigen verfügbaren Alternativen zurückbleibt. Umgekehrt können die vorhandenen Einigungspotenziale zwischen Konfliktparteien in der Mediation sehr viel umfassender als in zweiseitigen Verhandlungen ausgelotet und aufgedeckt werden. Die Entscheidung, den Fall mangels solcher Potenziale zu Gericht zu tragen, steht nach Durchführung einer Mediation somit auf einer viel solideren Grundlage als ohne. Dass die für die Mediation zusätzlich aufgewandte Zeit und die zusätzlichen Kosten wegen der zugleich sehr großen Wahrscheinlichkeit einer Einigung kein überzeugendes Argument gegen ein Mediationsverfahren sind, wurde an anderer Stelle bereits beschrieben.[19]

So sieht auch die Bundesrechtsanwaltskammer (BRAK) die Rechtsanwälte verpflichtet, „ihre Mandanten in geeigneten Fällen rechtzeitig über die

---

18 Vgl. Neuenhahn/Neuenhahn NJW 2005, 1244 (1246).
19 Eidenmüller RIW 2002, 1 (2); Duve/Eidenmüller/Hacke, S. 275 ff.

Mediation als eine Möglichkeit der Streitbeilegung zu informieren und das Für und Wider einer Mediation [...] zu erörtern."[20]

10 a) **Anwaltliche Beratung vor dem Konflikt: Mediationsklauseln**[21] „Rechtzeitig" im Sinne der vorgenannten BRAK-Empfehlung ist die Befassung mit Mediation vor allem dann, wenn noch gar kein Konflikt entstanden ist. Denn dann sind die Chancen am größten, sich mit der späteren möglichen Konfliktpartei auf die Durchführung eines Konfliktbeilegungsverfahrens wie der Mediation vorab zu verständigen. Ist der Konflikt erst einmal entstanden, fällt das – wie jede andere Verständigung im Konflikt auch – deutlich schwerer.

Angesprochen ist damit vor allem die kautelarjuristische Beratung zu sogenannten **Mediationsklauseln** in Verträgen, mit denen Streitigkeiten aus diesen Verträgen zunächst einem Mediationsverfahren oder einem anderen konsensualen Streitbeilegungsverfahren zugewiesen werden.[22] Die Gestaltung solcher Klauseln ist wie die Vertragsgestaltung allgemein genuin anwaltliche Tätigkeit und zudem durch die §§ 2 und 3 RDG auch Rechtsanwälten vorbehalten.[23] Die Bedeutung von Streitbeilegungsklauseln (wie zum Beispiel Mediationsklauseln) ist immens und steht in einem gewissen Widerspruch zu ihrem üblichen Platz am Ende von Verträgen. Der praktische Test von Vertragsbestimmungen erfolgt oftmals erst im Konflikt. Dann muss sich beweisen, ob der Vertrag „hält". Und somit rückt fast immer dann, wenn es auf den Vertrag ankommt, das gewählte Streitbeilegungsverfahren in den Blick: Wo und wie würde der Streit über diese oder jene streitig gewordene vertragliche Bestimmung denn ausgetragen? Was heißt das für meinen Mandanten? Welche taktischen Anreize setzt das für mich als Anwalt in der weiteren Beratung in diesem Konflikt?

Aufgrund dieser erheblichen Bedeutung für das Schicksal des gesamten Vertrags ist bei der Abfassung von Streitbeilegungsklauseln daher höchste Sorgfalt geboten. Mit Blick auf eine mögliche Mediationsklausel sollte sich der Anwalt zunächst fragen, ob deren Aufnahme in den Vertrag überhaupt angezeigt ist. Dazu hilft es, sich mögliche Streitigkeiten aus dem Vertrag und die am ehesten zu erwartende Rolle des Mandanten und seine wahrscheinlichsten Interessen in diesen Streitigkeiten vorzustellen. Wird es ihm nur um Geld und damit verbunden möglicherweise um einen schnellen Vollstreckungstitel gehen? Hat er dann gleichwohl praktische Vollstreckungshindernisse wie zum Beispiel die Vollstreckung im Ausland zu befürchten? Wird er ein Interesse an einer zügigen und kostengünstigen und womöglich an einer vertraulichen Konfliktbeilegung haben? Wird ihm trotz des einzelnen Konflikts am Erhalt von Primäransprüchen oder am Erhalt einer geschäftlichen oder sonstigen Beziehung gelegen sein?

Dabei sollte der beratende Anwalt sich stets bewusst sein, dass eine Mediationsklausel anders als eine Schiedsklausel keine „entweder / oder"-Entscheidung, sondern eine (zumindest potenzielle) „sowohl als auch"-Ent-

---

20 Diskussionspapier des BRAK-Präsidiums zur Berufsethik deutscher Rechtsanwältinnen und Rechtsanwälte BRAK-Mitt. 2/2011, 61.
21 → Einl. Rn. 127 ff.
22 Vgl. Unberath NJW 2011, 1320 ff.
23 Vgl. schon zum früheren Rechtsberatungsgesetz BGH NJW 1978, 322 ff.

scheidung über das Konfliktbeilegungsverfahren trifft: Während das mit der Schiedsklausel gewählte Schiedsverfahren ein staatliches Gerichtsverfahren endgültig ausschließt (§ 1032 ZPO), lässt die Mediationsklausel dieses (oder ein anschließendes Schieds- oder sonstiges Verfahren) nach Scheitern der Mediation ohne Weiteres zu. Es geht also bei der Aufnahme einer Mediationsklausel darum, dem Mandanten ein „Mehr" an außergerichtlichen Versuchen einer Einigung zu ermöglichen und nicht um ein „Weniger" an Möglichkeiten der Rechtsdurchsetzung.

Soll eine Mediationsklausel in einen Vertrag aufgenommen werden, sollte sie zumindest die folgenden Fragen beantworten:[24]

- Wann und wie wird das Verfahren ausgelöst?
- Wie ist das Verhältnis zu anderen Verfahren, insbesondere zu Gerichtsverfahren?
- Welchen Einfluss soll das Verfahren auf Fristen haben?
- Wer soll Mediator sein oder wie soll dieser bestimmt werden?
- Wer soll an der Mediation teilnehmen? Wer nicht?
- Wer trägt die Kosten?
- Wie kann das Verfahren beendet werden?

Häufig verweisen Mediationsklauseln auf Verfahrensordnungen bestimmter Institutionen wie namentlich der Deutschen Institution für Schiedsgerichtsbarkeit e.V., Bonn (DIS), der Internationalen Handelskammer, Paris (ICC) oder verschiedener nationaler Industrie- und Handelskammern. Hier hat der Anwalt sorgfältig zu prüfen, ob diese Verfahrensordnungen ein für den Mandanten (potenziell) geeignetes Verfahren vorsehen, ob die damit verbundenen administrativen Kosten den Nutzen der Einschaltung der jeweiligen Mediationsinstitution rechtfertigen und ob diese (noch) im Einklang mit den Bestimmungen des Mediationsgesetzes stehen. Ansonsten sind vertragliche Anpassungen in der Mediationsklausel nötig.

Auch determinieren diese Verfahrensordnungen oftmals die Auswahl des Mediators, jedenfalls in Ermangelung einer Einigung der Parteien auf eine Person. Auch hier sollte der Anwalt prüfen, ob die bei der jeweiligen Institution gelisteten Mediatoren für seinen Mandanten und die aus dem betroffenen Vertragsverhältnis zu erwartenden Konflikte geeignet sind. Andernfalls sollte er in der Klausel einen anderen Mechanismus zur Bestimmung des Mediators (zB durch Festlegung bestimmter Eignungskriterien, durch Ranglisten- und Punkteverfahren,[25] durch das Bestimmungsrecht

---

24 Vgl. Eidenmüller, Vertrags- und Verfahrensrecht der Wirtschaftsmediation, 2001; Hacke, Der ADR-Vertrag, 2001; Duve/Eidenmüller/Hacke, S. 309 ff.; Henssler/Koch Mediation Anwaltspraxis/Koch § 8.
25 Praktisch ist die Variante, dass eine Partei zB fünf Personen vorschlagen kann, aus denen die andere Partei den Mediator zu wählen hat. Gepaart mit vorab definierten Eignungskriterien, denen alle fünf Benannten entsprechen müssen, ist das Risiko gering, dass aus den Vorschlägen der einen Partei der zweiten Partei niemand geeignet erscheint. Komplizierter aber noch risikoärmer ist die vorherige gemeinsame Erstellung einer Liste mehrerer geeigneter Mediatoren. Im Konfliktfall gibt jede Partei ihre Präferenzen durch Verteilung einer fixen Zahl von Punkten auf die Kandidaten vertraulich an einen neutralen Dritten. Dieser legt den Parteien nach Erhalt die wechselseitigen Angaben zeitgleich offen. Zum Mediator benannt ist die Person aus der Liste, die kumuliert die meisten Punkte auf sich vereint.

eines Dritten) oder gar eine vorherige ausdrückliche Bestimmung des oder der Mediatoren einschließlich geeigneter Ersatzpersonen vorsehen.

13 Zumeist lässt sich nicht vorab absehen, welche Konflikte aus einem Vertrag entstehen werden. Gleichzeitig gibt es nicht *das eine Verfahren*, welches *generell* zur Lösung aller denkbarer Konflikte geeignet sein wird. Es kann sich daher empfehlen, in der Streitbeilegungsklausel nicht von vorneherein ein und dasselbe Verfahren für alle Arten von Konflikten anzuordnen, sondern ein vorgeschaltetes Verfahren zur Analyse des Konflikts durch einen neutralen Konfliktberater und zur erst anschließenden Vereinbarung des weiteren Verfahrens (ggf. mit der Vereinbarung eines bestimmten Verfahrens wie der Mediation als „Rückfallposition") zu vereinbaren. Ein solches Verfahren sieht beispielsweise die Konfliktmanagementordnung der DIS[26] vor.[27]

14 **b) Anwaltliche Beratung im Konflikt: außergerichtliche Mediation.** Die Pflicht zur anwaltlichen Information und Beratung über Mediation gilt naturgemäß auch (und erst recht) nach Auftreten von Konflikten, mit denen der Mandant seinen Anwalt aufsucht. Diese Pflicht wird durch das Mediationsgesetz und die mit ihm geänderten Bestimmungen der verschiedenen Gerichtsverfahrensgesetze konkretisiert und verschärft.

Gemäß dem dadurch neu gefassten § 253 Abs. 3 Nr. 1 ZPO soll die **Klageschrift** im Zivilprozess die Angabe enthalten, „ob der Klageerhebung der Versuch einer Mediation oder eines anderen Verfahrens der außergerichtlichen Konfliktbeilegung vorausgegangen ist, sowie eine Äußerung dazu, ob einem solchen Verfahren Gründe entgegenstehen".

Auch wenn diese Soll-Bestimmung seit ihrer Einführung soweit ersichtlich lediglich zur Entstehung eines weiteren Standard-Textbausteins in Klageschriftsätzen geführt, bleibt doch festzuhalten, dass es spätestens damit gewiss zu den Pflichten eines Rechtsanwalts zählt, den Mandanten vor Klageeinreichung über die Möglichkeit der Mediation zu beraten und aufzuklären.[28]

15 Dabei sollte der Anwalt dem Mandanten zumindest die Charakteristika eines Mediationsverfahrens, dessen Vorteile und Risiken sowie die wesentlichen gesetzlichen Bestimmungen des Mediationsgesetzes erläutern und daraus abgeleitet mit dem Mandanten die Eignung für den gegebenen Fall besprechen. Folgende Punkte sollten im Beratungsgespräch erörtert werden:

- In der Mediation streben die Parteien (und damit der Mandant) „**eigenverantwortlich** eine einvernehmliche Beilegung ihres Konflikts" an (§ 1 Abs. 1). Sie sind also selbst gefordert.
- Der Mediator wird den Fall **nicht entscheiden**. Er wird lediglich die Verhandlungen der Parteien strukturieren und die Kommunikation fördern (§ 1 Abs. 1, 2, § 2 Abs. 3 S. 2).

---

26 S. dazu unter https://www.disarb.org/schiedsgerichtsbarkeit/konfliktmanagement (zuletzt abgerufen am 26.6.2024).
27 Vgl. Diop/Steinbrecher BB 2011, 131 (138); zum Erfordernis einer frühzeitigen vertieften Analyse des Konflikts zur Gestaltung eines dazu passenden ADR-Verfahrens s. Hacke ZKM 2016, 168.
28 Vgl. Diop/Steinbrecher BB 2011, 131 (134).

- Die Mediation ist **freiwillig**. Sie kann jederzeit freiwillig beendet werden (§§ 1 Abs. 1, 2 Abs. 5). Somit kann auch jederzeit von der Mediation in ein anderes Verfahren, wie beispielsweise ein Gerichtsverfahren übergegangen werden. Dieses ist gerade nicht ausgeschlossen.
- Der Mediator muss **unabhängig und neutral** sein und ist zur Verschwiegenheit verpflichtet, §§ 3, 4. Die Verschwiegenheit anderer Beteiligter und damit der Vertraulichkeitsschutz des Verfahrens insgesamt sind im Gesetz nicht geregelt und müssen daher vertraglich sichergestellt werden.
- Der Mediator kann **Einzelgespräche** führen, wenn alle Parteien dem zustimmen (§ 2 Abs. 3 S. 3; → MediationsG § 2 Rn. 139 ff.).[29]
- Die **Kosten** der Mediation selbst hängen von der privat zu vereinbarenden Vergütung des Mediators sowie der ebenfalls zu vereinbarenden Vergütung der anwaltlichen Begleitung ab. Für die Begleitung des Anwalts fallen bei dessen Vergütung nur nach dem RVG im Vergleich zu einer möglichen Einigung bei Gericht keine zusätzlichen Anwaltsgebühren an. (Diese sind aber auch nicht geringer, so dass sich auch aus rein anwaltlicher Sicht eine Mediation mit Aussicht auf eine rasche Erledigung der Sache finanziell lohnen kann).[30] Bei einer zeitabhängigen Vergütung ist diese nur dann höher, wenn die Mediation ohne Einigung endet oder wenn prospektiv ein Gerichtsverfahren weniger Zeit in Anspruch nehmen würde. Beides ist in aller Regel unwahrscheinlich: Bei Einleitung liegt die Wahrscheinlichkeit einer Einigung erfahrungsgemäß bei ca. 75 %. Mediationsverfahren werden üblicherweise in wenigen Wochen nach Einleitung abgeschlossen.
- Nach den neueren Allgemeinen Bedingungen für die Rechtsschutzversicherung (ARB) tragen **Rechtsschutzversicherungen** in aller Regel die Kosten eines „Mediationsverfahrens bis zu einer bestimmten Höhe". Einzelheiten ergeben sich aus den jeweiligen ARB (→ J Rn. 9 ff.).[31]
- Die außergerichtliche Mediation führt wie jede andere Verhandlung auch zur Hemmung der **Verjährung** der in ihr verhandelten Ansprüche (§ 203 BGB; → BGB § 203 Rn. 1 ff.). Gleichwohl ist hier in doppelter Hinsicht Vorsicht geboten: Zum einen ist unklar, ab wann Verhandlungen im Sinne von § 203 BGB „schweben".[32] Erst dann tritt die Hemmungswirkung ein. Ob und in welchen Fällen davon die Phase der Anbahnung einer Mediation bereits erfasst ist, ist unklar.[33] Droht in dieser Phase Verjährung und weigert sich die Gegenseite, einen vorläufigen Verjährungsverzicht zu erklären, muss die Verjährung anders gehemmt werden, zum Beispiel durch Klageeinreichung. Dabei kann die Klageschrift den Hinweis gemäß § 253 Abs. 3 Nr. 1 ZPO enthalten, dass ein Mediationsverfahren parallel versucht wird. Zugleich kann

---

29 Zu Einzelgesprächen im Lichte des Mediationsgesetzes s. Eidenmüller ZIP 2016, Beilage zu Heft 22, 18.
30 Ditler/Engel ZAP 2012, 917 (920).
31 Zu früheren Fassungen der ARB s. Hammacher SchiedsVZ 2008, 30 (33); Ewig ZKM 2012, 4 (6); Beckmann DStR 2007, 583 (586).
32 Vgl. hierzu Risse § 3, Eidenmüller SchiedsVZ 2003, 163 ff. sowie Hacke, S. 128 ff.
33 Eidenmüller/Prause NJW 2008, 2737 (2741); Horstmeier JR 2012, 1 (3).

die Anordnung des Ruhens des mit der Klage eingeleiteten Verfahrens gemäß § 278a Abs. 2 ZPO beantragt werden.
- Zum anderen erweitert die Mediation in aller Regel den Streitgegenstand. Dieser wird in der Mediation oftmals um zahlreichere weitere Gegenstände ergänzt, um so neue Wertschöpfungspotenziale für eine Einigung zu erschließen. Diese weiteren Gegenstände können auch Rechtsansprüche umfassen, die einer früher eintretenden Verjährung unterliegen als der ursprünglich im Zentrum der Aufmerksamkeit stehende Anspruch. Der Anwalt hat also vor Einleitung einer Mediation sorgfältig zu prüfen, ob solche Ansprüche betroffen sind und zu früheren verjährungshemmenden Maßnahmen zwingen, um sie als „Verhandlungsmasse" in einer Mediation nutzen und notfalls auch später noch gerichtlich durchsetzen zu können.
- Die außergerichtliche Mediation führt nicht zur Hemmung laufender materiellrechtlicher **Ausschlussfristen** wie beispielsweise der Anfechtungsfrist nach § 121 BGB, der Kündigungsfrist gemäß § 626 Abs. 2 BGB oder der Erlöschensfrist für Produkthaftungsansprüche gemäß § 13 ProdHaftG. Sie führt ebenso wenig zur Hemmung laufender prozessualer Ausschlussfristen wie beispielsweise der Frist für eine Kündigungsschutzklage nach § 4 KSchG oder einer Berufungsbegründungs- oder sonstigen Rechtsmittelfrist.[34] Stehen solche Fristen im Raum, muss der Anwalt die zu deren Wahrung erforderlichen Maßnahmen ergreifen.

16 Der Anwalt wird dann mit dem Mandanten zu erörtern haben, ob sich der konkrete Fall für den Versuch einer Mediation eignet. Es gibt nur wenige Konflikte, in denen eine Mediation als von vorneherein ungeeignet ausscheidet. Die in der Praxis häufig genannten Einwände, der Fall sei zu komplex und die Parteien (jedenfalls die Gegenseite) zu stur und uneinsichtig, sind eher Indikatoren für als gegen eine Mediation. Gerade in komplexen Streitigkeiten und gerade im Umgang mit „schwierigen" Personen oder Personenkonstellationen kann die Unterstützung und Leitung der Gespräche durch einen neutralen Dritten helfen. Besonders geeignet sind Konflikte, in denen die Parteien ein gesteigertes Interesse am Erhalt der Primärleistungen haben, die bei langwierigen Auseinandersetzungen in Sekundäransprüche wie den Anspruch auf Schadensersatz umgewandelt werden müssten (zB in Bausachen oder bei sonstigen eiligen Lieferungen von Waren oder Dienstleistungen). Ebenso eignen sich besonders Konflikte, in denen eine persönliche oder geschäftliche Beziehung eine Rolle spielt, für den Versuch einer Mediation. Der häufig anzutreffende Umkehrschluss, dass Konflikte ohne ein Interesse an der Bewahrung solcher Beziehungen für die Mediation nicht geeignet seien, ist dagegen falsch. Tatsächlich finden viele Mediationen erfolgreich in Konflikten statt, bei denen es ausschließlich um die möglichst zügige und kostengünstige Beendigung von Beziehungen geht (so häufig in gesellschaftsrechtlichen Auseinandersetzungen oder auch in Post-M&A-Streitigkeiten). Ein Interesse des Mandanten an einer vertraulichen Behandlung der Angelegenheit kann ebenfalls für die Mediation

---

34 BGH NJW 2009, 1149; Horstmeier JR 2012, 1 (3); Prütting AnwBl 2012, 204 (208); Diop/Steinbrecher BB 2011, 131 (134).

sprechen. Gleiches gilt für ein Interesse an einer besonders zügigen Streiterledigung. Sind Vollstreckungshindernisse zu überwinden, so beispielsweise oft in internationalen Konflikten, sollte vor der Einleitung einer Mediation geprüft werden, ob und wie ein möglicher Mediationsvergleich im Wege der Zwangsvollstreckung notfalls auch zwangsweise durchgesetzt werden kann.[35]

Möglicherweise können oder sollten auch nur bestimmte Teilaspekte eines Konflikts in einer Mediation geklärt werden, wie beispielsweise die angemessene Schadenshöhe nach verbindlicher Klärung der Verpflichtung zum Schadensersatz dem Grunde nach. Auch eine solche mögliche Aufspaltung von Konflikten in Teilkonflikte mit jeweils unterschiedlichen Konfliktlösungsverfahren sollte der Anwalt prüfen.

Gelegentlich ist die Einleitung eines Mediationsverfahrens auch bloß aus **taktischen Erwägungen** ratsam, zum Beispiel um eigene Argumente zu testen und Gegenargumente der Gegenseite besser kennen und verstehen zu lernen. Selbstverständlich kann ein Mediationsverfahren auch zur Verzögerung einer Auseinandersetzung eingesetzt werden. Auch das gehört zum anwaltlichen Kalkül. Umgekehrt mag gegen eine Mediation der Wunsch nach einer Präzedenzentscheidung oder Klärung einer rechtlichen Grundsatzfrage sprechen. Stets gilt es aber zu bedenken, dass eine zunächst durchgeführte Mediation ein späteres Gerichtsverfahren keineswegs ausschließt. In der Praxis sind daher eine weitaus größere Zahl von Fällen mediationsgeeignet als gemeinhin angenommen.

c) Im Konflikt bei Gericht: Güterichtertätigkeit und gerichtsnahe Mediation. Nach § 278 Abs. 5 ZPO kann das Gericht zudem die Parteien eines Zivilprozesses „für eine Güteverhandlung sowie für weitere Güteversuche vor einen hierfür bestimmten und nicht entscheidungsbefugten Richter (Güterichter) verweisen". Nach der Gesetzesbegründung soll eine solche Verweisung allerdings nur mit Einverständnis der Parteien in Betracht kommen.[36] Nach der bisherigen Rechtsprechung hierzu setzt die Verweisung keine vorherige Zustimmung der Parteien voraus.[37] Der Güterichter kann „alle Methoden der Konfliktbeilegung einschließlich der Mediation einsetzen."

Mit einer solchen Verweisung muss der Rechtsanwalt also rechnen, und zwar auch dann, wenn bereits ein Einigungsversuch vor einer außergerichtlichen Gütestelle stattgefunden oder die Güteverhandlung (vor dem erkennenden Gericht [§ 278 Abs. 2 ZPO]) erkennbar aussichtslos erscheint. Denn das Gesetz sieht neben der Verweisung für die Zwecke der Güteverhandlung ausdrücklich die Möglichkeit der Verweisung für die Zwecke „weiterer Güteversuche" vor.

17

---

35 S. dazu insbesondere auch die Möglichkeiten der Zwangsvollstreckung von Mediationsvergleichen aus internationalen Mediationsverfahren im Rahmen der Singapore Convention on Mediation, https://www.singaporeconvention.org/. Deutschland bzw. die EU sind bis jetzt allerdings nicht Vertragsstaat der Singapore Convention (anders als zum Beispiel die USA, China oder das Vereinigte Königreich).
36 Beschlussempfehlung und Bericht des Rechtsausschusses des Deutschen Bundestags vom 1.12.2011, BT-Drs. 17/8058, 21.
37 ArbG Hannover ZKM 2013, 130 f., LSG Hessen ZKM 2014, 134; OVG Bautzen ZKM 2014, 135.

Der Prozessanwalt muss die Möglichkeit einer solchen Verweisung und die Bedeutung des sich daran anschließenden Güterichterverfahrens daher mit seinem Mandanten vor Einreichung der Klage erörtern und den Mandanten auch hierzu beraten.[38]

Dabei sind vor allem die folgenden Aspekte des Güterichterverfahrens für den Mandanten und damit für den beratenden Anwalt von Bedeutung:[39]

- Auch der Güterichter ist nicht zur Entscheidung des Falls befugt (§ 278 Abs. 5 S. 1 ZPO). Er darf daher auch nicht dem erkennenden Gericht (Spruchkörper) angehören. Er muss aber demselben Gericht im Sinne des Justizverwaltungskörpers angehören. Die Geschäftsverteilungspläne des zuständigen Gerichts bestimmen den jeweils zuständigen Güterichter.[40]
- Die Ablehnung des Güterichters richtet sich nach §§ 41 ff. ZPO unter Berücksichtigung der Besonderheiten des Güterichterverfahrens.
- Der Güterichter kann nach dem Gesetzeswortlaut „alle Methoden der Konfliktbeilegung einschließlich der Mediation" einsetzen (§ 278 Abs. 5 S. 2 ZPO). Diese Formulierung ist missglückt. Der Güterichter wird lediglich aus allen Methoden der *einvernehmlichen* Konfliktbeilegung wählen dürfen, denn ansonsten würde er die gesetzliche Anordnung unterlaufen, zur Entscheidung gerade nicht befugt zu sein. Damit ist aber zum Beispiel eine Schlichtung, die – anders als die Mediation – unverbindliche Vorschläge des Dritten zur Konfliktlösung beinhaltet, nicht ausgeschlossen. Umgekehrt ist die Mediation ausdrücklich nur eine der zur Wahl stehenden Methoden. Aus anwaltlicher Sicht gilt es also im Falle einer Verweisung an den Güterichter mit diesem zu klären, *welche* Methode der Konfliktbeilegung er anzuwenden gedenkt und wie er hierbei im Einzelnen vorgehen wird, hierauf womöglich sodann Einfluss zu nehmen und sich und den Mandanten entsprechend vorzubereiten.[41]
- Ob Bestimmungen des Mediationsgesetzes auf den Güterichter Anwendung finden, ist unklar. Es wird hierzu vertreten, dass dies nicht so sei, da die Parteien anders als in § 2 Abs. 1 den Mediator im Güterichterverfahren nicht auswählten.[42] Das überzeugt nicht. Denkbar bliebe, dass jedenfalls dann, wenn der Güterichter seine Verfahrenswahl zugunsten einer Mediation ausübt (§ 278 Abs. 5 S. 2 ZPO), die auf das Verfahren bezogenen Bestimmungen des Mediationsgesetzes Anwendung finden. Auch ist es nicht richtig, dass die Anwendung des Mediationsgesetzes auf die Güterichtertätigkeit durch § 9 Abs. 1 ausgeschlossen würde.[43] Diese Bestimmung besagt lediglich, dass die gerichtsinterne Mediation nur noch bis zum 31.8.2013 unter der Bezeichnung „gerichtlicher Mediator" angeboten werden darf. Sie beantwortet nicht die Frage, ob das Mediationsgesetz auf den Güterichter,

---

38 Ahrens NJW 2012, 2465 (2469) unter Hinweis auf Ewig ZKM 2012, 4 (5).
39 Zur Rolle des Prozessanwalts im Mediationsverfahren vgl. auch Schäfer ZErB 2011, 312 ff.
40 Ahrens NJW 2012, 2465 (2469).
41 Ahrens NJW 2012, 2465 (2469).
42 Ahrens NJW 2012, 2465 (2469).
43 So aber Ditler/Engel ZAP 2012, 917 (921).

der für den Güteversuch die Methode der Mediation wählt, Anwendung findet.
Die Begründung des ursprünglichen Gesetzesentwurfs, der allerdings eine Beibehaltung der gerichtsinternen Mediatoren auch unter dieser Bezeichnung vorsah, bejahte die Frage für *diese* lapidar,[44] verneinte sie jedoch für die daneben auch im Entwurf vorgesehene Tätigkeit des Güterichters.[45] *Dieser* Güterichter sollte nach dem Gesetzesentwurf allerdings als „beauftragter oder ersuchter" Richter im Sinne der §§ 361, 362 ZPO tätig werden. Im Gegensatz dazu spricht die Gesetz gewordene Formulierung in § 278 Abs. 5 ZPO nicht mehr von einem „beauftragten oder ersuchten" sondern von einem „hierfür bestimmten" Richter. Die Anwendung des Mediationsgesetzes auf die Tätigkeit *dieses* Güterichters, der Mediation als seine Methode wählt, bleibt also unklar (→ MediationsG § 1 Rn. 4, → MediationsG § 3 Rn. 5).
Es gehört somit zum anwaltlichen Beratungs- und Vertretungsauftrag, diese Unklarheiten des Güterichterverfahrens (beispielsweise zur Möglichkeit der Teilnahme Dritter, § 2 Abs. 4) zu erkennen und daraus folgende Risiken für den Mandanten mit diesem zu besprechen. Bestehen Risiken, die nicht durch Verfahrensvereinbarung mit der Gegenpartei oder Vereinbarung mit dem Güterichter beseitigt werden können, sollte der Anwalt dem Mandanten raten, das Güterichterverfahren nicht aktiv oder nur mit entsprechender Vorsicht zu unterstützen oder Gericht und Gegner auf dessen Aussichtslosigkeit hinzuweisen.

- Das eigentliche Verfahren ruht während des Güterichterverfahrens nicht. Dieses ist vielmehr Teil des eigentlichen Verfahrens. Laufen Fristen, so sind diese ggf. zu verlängern. Ist das nicht möglich, sind die erforderlichen fristwahrenden Maßnahmen zu ergreifen.
- Ob Termine im Güterichterverfahren solche im Sinne der §§ 214 ff. ZPO sind, zu denen die Parteien daher zu laden sind, ist jedenfalls für die „sonstigen Güteversuche" unklar.[46] § 78 ZPO findet Anwendung.
- Das Güterichterverfahren ist nicht öffentlich, da es nicht vor dem „erkennenden Gericht" im Sinne von § 169 GVG geführt wird.
- Dem Güterichter steht ein Zeugnisverweigerungsrecht nach § 383 Abs. 1 Nr. 6 ZPO zu. Ob er aber auch zur Verschwiegenheit verpflichtet ist und somit sein Zeugnisverweigerungsrecht zu einer Zeugnisverweigerungspflicht erstarkt, ist unklar. § 4 dürfte zumindest nicht unmittelbar anwendbar sein, da diese Bestimmung an „den Mediator" anknüpft, der der Güterichter (auch wenn er die Methode der Mediation anwendet) nach dem Willen des Gesetzgebers gerade nicht ist.

---

44 Begründung des Gesetzesentwurfs der Bundesregierung, BT-Drs. 17/5335, 11 (1313) („Die Vorschriften des Mediationsgesetzes [...] gelten für alle Mediatorinnen und Mediatoren, auch für die richterlichen Mediatorinnen und Mediatoren").
45 BT-Drs. 17/5335, 20, dort zur Nichtanwendbarkeit der Verschwiegenheitspflichten aus § 4 auf den (damaligen) Güterichter.
46 So ohne Differenzierung zwischen dem Güteverfahren zum Zwecke der Güteverhandlung und dem Güteverfahren zum Zwecke „sonstiger Güteversuche" Ahrens NJW 2012, 2465 (2470), allerdings unter Bezug auf das in der ursprünglichen Gesetzesbegründung vorgesehene und nicht Gesetz gewordene Modell des Güterichters als „ersuchtem oder beauftragtem" Richter im Sinne der §§ 361, 362 ZPO; BT-Drs. 17/5335, 20.

Hierin besteht ein wesentliches Risiko und damit eine Schwäche des Güterichterverfahrens. Im Einzelfall ist daher aus anwaltlicher Sicht zu prüfen, ob Beweisverträge mit der Gegenpartei geboten sind, die die Benennung des Güterichters als Zeugen im weiteren Verlauf des eigentlichen Verfahrens untersagen.[47]

- Ein Protokoll über das Güterichterverfahren wird nur auf übereinstimmenden Antrag der Parteien aufgenommen, § 159 Abs. 2 S. 2 ZPO.
- Ein als Ergebnis des Güterichterverfahrens erzielter Vergleich kann (nur) bei Zustimmung der Parteien vor dem Güterichter als vollstreckbarer Vergleich aufgenommen werden, §§ 794 Abs. 1 Nr. 1, 160 Abs. 3 Nr. 1 ZPO.

Hält der Anwalt die Durchführung eines Güterichterverfahrens schon zu Beginn eines Gerichtsverfahrens für zweckdienlich, sollte er hierauf in der Klage- oder Antragsschrift bzw. der Erwiderung hinweisen und eine Verweisung an den Güterichter beantragen.

18 Weiter regelt § 278a ZPO in Anlehnung an § 278 Abs. 5 S. 2 ZPO aF, dass das Gericht den Parteien eine Mediation oder ein anderes Verfahren der **außergerichtlichen Konfliktbeilegung** vorschlagen kann und das Ruhen des Verfahrens anordnet, wenn die Parteien sich hierfür entscheiden (→ ZPO § 278a Rn. 1 ff.). Auch über diese Möglichkeit hat der Anwalt seinen Mandanten vor Klageeinreichung zu informieren und zu beraten.

19 Gleichlautende Regelungen für den Verweis an einen Güterichter oder den Vorschlag einer außergerichtlichen Mediation gelten in Verfahren in **Familiensachen** und in den **Angelegenheiten der freiwilligen Gerichtsbarkeit** (§§ 23 Abs. 1 S. 2, 36 Abs. 5, 36a FamFG), in **Arbeitsrechtsstreitigkeiten** (§§ 54 Abs. 6, 54a ArbGG), in Verfahren vor den **Sozialgerichten** (§ 202 S. 1 SGG), in **Verwaltungsgerichtsverfahren** (§ 173 S. 1 VwGO) sowie in **Verfahren nach der Finanzgerichtsordnung** (§ 155 S. 1 FGO).

20 Zudem werden durch den im Zuge des Mediationsgesetzes neu gefassten § 69b GKG die Landesregierungen ermächtigt, die von den Gerichten der Länder zu erhebenden Verfahrensgebühren über die in den Nr. 1211, 1411, 5111, 5113, 5211, 5221, 6111, 6211, 7111, 7113 und 8211 des Kostenverzeichnisses bestimmte Kostenermäßigung hinaus weiter zu ermäßigen oder sogar ganz entfallen zu lassen, wenn das Verfahren nach einer Mediation oder einem anderen Verfahren der außergerichtlichen Konfliktbeilegung durch Zurücknahme der Klage oder des Antrags beendet wird **und in der Klage- oder Antragsschrift mitgeteilt worden ist**, dass eine Mediation oder ein anderes Verfahren der außergerichtlichen Konfliktbeilegung unternommen wird oder beabsichtigt ist, oder wenn das Gericht den Parteien die Durchführung eines solchen Verfahrens vorgeschlagen hat. Gleiches gilt für die Verfahrensgebühren in Familiensachen (§ 61a FamGKG). Aus der anwaltlichen Pflicht, das für seinen Mandanten jeweils kostengünstigste Verfahren zu wählen, folgt somit die Pflicht, sorgfältig zu prüfen, ob die Aufnahme der genannten Mitteilung in der Klage- oder Antragsschrift geboten ist, um die Möglichkeit der Gebührenersparnis für den Mandanten zu wahren.

---

47 Vgl. zu solchen Verträgen grundlegend Wagner, Prozeßverträge, 1998.

Umgekehrt droht dem Mandanten in Verfahren in **Familiensachen** und in den **Angelegenheiten der freiwilligen Gerichtsbarkeit** nach dem FamFG eine mögliche Kostensanktion im Zusammenhang mit der Mediation. So bestimmt § 81 Abs. 2 Nr. 5 FamFG, dass das Gericht die Kosten des Verfahrens ganz oder teilweise einem Beteiligten auferlegen soll, wenn dieser „einer richterlichen Anordnung zur Teilnahme an einem kostenfreien Informationsgespräch über Mediation oder über eine sonstige Möglichkeit der außergerichtlichen Konfliktbeilegung" nach dem ebenfalls neu gefassten § 156 Abs. 1 S. 3 FamFG nicht nachgekommen ist, sofern der Beteiligte dies nicht genügend entschuldigt hat. Der Anwalt in Familiensachen hat somit auch diese Bestimmung zu beachten, wenn er im Zusammenhang mit einer solchen richterlichen Anordnung zur Teilnahme an einem solchen Informationsgespräch berät und Kostenrisiken des Mandanten vermeiden will.

In allen hier angesprochenen Beratungssituationen ist dem Anwalt zu empfehlen, den Inhalt seiner dem Mandanten erteilten Belehrungen umfassend schriftlich zu dokumentieren, um so einen späteren Vorwurf nicht vollständiger oder nicht sachgerechter Beratung zur Mediation entkräften zu können.

2. Anwaltliche Gestaltung von Mediationsverfahren. Die Mediation ist seit jeher und bleibt auch nach Inkrafttreten des Mediationsgesetzes ein in weiten Teilen privatautonom zu gestaltendes Verfahren.[48] Für den Rechtsanwalt folgt daraus die Verantwortung und Pflicht, die Freiräume und Grenzen der Verfahrensgestaltung zu erkennen und für seinen Mandanten bestmöglich zu nutzen.

Das erfolgt in erster Linie durch die Vereinbarung zweier Verträge, der sogenannten **Mediationsvereinbarung** zwischen dem Mandanten und der Gegenseite und dem **Mediatorvertrag** zwischen diesen und dem Mediator. In der Praxis sind diese häufig in einem dreiseitigen Dokument zusammengefasst. Dieser wird meist als **Mediationsvertrag** bezeichnet.[49]

Der Abschluss dieser Verträge ist trotz der teilweisen Regelung der Mediation im Mediationsgesetz weiter unentbehrlich, und zwar sowohl in *ad hoc* vereinbarten Mediationsverfahren als auch bei Einleitung eines Mediationsverfahrens nach einer Mediationsordnung einer Institution als auch in Fällen gerichtsnaher Mediation (§ 278a ZPO und der entsprechenden Bestimmungen der anderen Gerichtsverfahrensgesetze) und schließlich auch – mit Abstrichen – im gerichtsinternen Güterichterverfahren (§ 278 Abs. 5 ZPO und der entsprechenden Bestimmungen der anderen Gerichtsverfahrensgesetze).

Die Gestaltung des Verfahrens ist Aufgabe des den Mandanten begleitenden Anwalts. Sie umfasst vor allem die folgenden Regelungsbereiche:

a) Auswahl des Mediators. Sofern die Person des Mediators nicht bereits durch eine Mediationsklausel oder durch eine (ggf. durch eine solche Klau-

---

48 Ahrens NJW 2012, 2465 (2467); Horstmeier JR 2012, 1 (6).
49 S. Hacke, Der ADR-Vertrag, 2001; Eidenmüller, Vertrags- und Verfahrensrecht der Wirtschaftsmediation, 2001; Hacke/Nelle ZKM 2002, 257 sowie Greger/Unberath/Steffek/Greger B. § 1 Rn. 134.

sel in Bezug genommene) Verfahrensordnung einer Mediationsinstitution bestimmt ist, ist zu Beginn eines jeden Mediationsverfahrens die Person des Mediators mit der anderen Konfliktpartei auszuwählen.

§ 2 Abs. 1 bestimmt hierzu lediglich: „Die Parteien wählen den Mediator aus". Dabei sind die Eignungs- und Ausschlusskriterien aus § 3 zu beachten. Nach § 3 Abs. 2 S. 1 darf als Mediator nicht tätig werden, wer vor der Mediation in derselben Sache für eine Partei tätig geworden ist (→ MediationsG § 3 Rn. 22 ff.). Mit „derselben Sache" ist ausweislich der Gesetzesbegründung der „gleiche Lebenssachverhalt" gemeint. Überschneidungen zwischen dem Sachverhalt der Parteivertretung und demjenigen der Mediation genügen, damit das Verbot eingreift.[50] Ein Fehler des Gesetzes ist es, dieses Tätigkeitsverbot der Parteidisposition zu entziehen. Selbst wenn die Parteien mit der Mediation durch einen vorbefassten Mediator einverstanden sind, darf er nicht tätig werden.[51] Das steht in krassem Widerspruch zum Postulat der Parteiautonomie, welches die Mediation eigentlich prägt. Es ist auch von der angeblichen *Ratio* des Verbots sachlich nicht getragen. Danach soll entscheidend sein, dass der Mediator „von den Mediationsparteien als neutral wahrgenommen wird".[52] Wieso das ausschließt, dass Parteien in Kenntnis einer Vorbefassung diese im Einzelfall bewusst dulden, weil sie den Mediator gleichwohl als (hinreichend) neutral wahrnehmen, ist unerklärlich. Gleichwohl ist *de lege lata* das Tätigkeitsverbot absolut und als solches bei der Auswahl des Mediators als Ausschlusskriterium zu berücksichtigen.

Nach § 3 Abs. 3 darf als Mediator auch nicht tätig werden, wenn eine mit ihm in derselben Berufsausübungs- oder Bürogemeinschaft verbundene andere Person in derselben Sache für eine Partei tätig war (→ MediationsG § 3 Rn. 30 ff.). In diesen Fällen können die Parteien allerdings nach § 3 Abs. 4 auf das Tätigkeitsverbot verzichten und sich mit der Tätigkeit des Mediators „nach umfassender Information" einverstanden erklären, solange Belange der Rechtspflege dem nicht entgegenstehen.

Die Auswahl des *richtigen* Mediators ist von erheblicher Bedeutung für das Gelingen des Verfahrens. Dabei ist die **Mediationskompetenz** um ein Vielfaches wichtiger als bestimmte **Sachkompetenz**.[53] Gute Mediatoren können in praktisch allen Sachen helfen. Ob Spezialisten bestimmter Fachgebiete die nötige Mediationskompetenz besitzen und somit *überhaupt* als Mediator helfen können, ist dagegen nicht gesagt.

Mediationskompetenz leitet sich dabei vor allem aus **Erfahrung** ab. Mediation ist in erster Linie ein von einer bestimmten Haltung getragenes Handwerk, welches sich nicht allein durch Lesen von Fachbüchern oder den Besuch von Vorträgen, sondern letztlich nur durch die praktische Anwendung erlernen lässt.

Eine fundierte **Ausbildung** des Mediators in Mediation ist zumindest ein Indiz für Mediationskompetenz. § 5 gibt einen Anhaltspunkt dafür, welche

---

50 BT-Drs. 17/5335, 16.
51 BT-Drs. 17/5335, 16.
52 BT-Drs. 17/5335, 16.
53 Diop/Steinbrecher BB 2011, 131 (138); vgl. auch Hammacher SchiedsVZ 2008, 30 (32).

Inhalte eine Mediationsausbildung vermitteln sollte. Wer zudem die besonderen Ausbildungsanforderungen der nach § 5 Abs. 2, 3, § 6 der Verordnung über die Aus- und Fortbildung von zertifizierten Mediatoren erfüllt, wird sich zudem sodann als „zertifizierter Mediator" bezeichnen dürfen.[54] Auch dieses „Gütesiegel" ist alleine aber kein Nachweis ausreichender Mediationskompetenz. Sein Fehlen sollte bei der Auswahl des Mediators jedenfalls nicht als Ausschlusskriterium entscheidend sein.

Der Anwalt, der seinen Mandanten bei der Auswahl des Mediators berät, sollte daher vor allem darauf achten, die praktischen Erfahrungen möglicher Mediatoren zu ermitteln und wenn möglich hierzu Referenzen und Empfehlungen einholen. Zudem sollte nach solchen Mediatoren Ausschau gehalten werden, die zumindest prospektiv auch als Persönlichkeit zu den Konfliktparteien und ihrem Konflikt „passen". Hierzu mögen Faktoren wie fachlicher und beruflicher Hintergrund, Alter, Sprachkenntnisse, Ort oder Geschlecht beitragen. Entscheidend aber bleibt die Mediationskompetenz.

Hinzu kommt, dass jeder einzelne Mediator seinen eigenen Stil pflegt und daher kaum eine Mediation einer anderen gleicht. Es sollte somit auch darauf geachtet werden, dass der Mediationsstil des Kandidaten (zB eher bewertend oder eher rein moderierend) zu den Interessen des Mandanten bezüglich der Ausgestaltung des Verfahrens passt.

Scheitert die einvernehmliche Auswahl des Mediators, können die oben bereits im Zusammenhang mit Mediationsklauseln erwähnten Auswahlverfahren eingesetzt werden, ggf. unter Einschaltung einer Mediationsinstitution.

Im Güterichterverfahren nach § 278 Abs. 5 ZPO und den entsprechenden Bestimmungen der anderen Gerichtsverfahrensgesetze sieht das Gesetz kein Recht der Parteien zur Auswahl des Güterichters vor. Diese folgt vielmehr aus dem Geschäftsverteilungsplan. Das ist rechtspolitisch zu kritisieren und beschneidet unnötig die Privatautonomie.[55] Es spräche nichts dagegen, dass Parteien ihren Güterichter aus dem jeweiligen *Pool* der Güterichter an einem Gericht wählen dürfen. Das ist jedoch *de lege lata* nicht zulässig.

b) Auswahl der Teilnehmer. Neben dem Mediator sind auch die Teilnehmer an der Mediation zu bestimmen. Nach § 2 Abs. 4 können **Dritte nur mit Zustimmung aller Parteien** in die Mediation einbezogen werden (→ MediationsG § 2 Rn. 158 ff.). Der Mandant kann daher seine Zustimmung zur Teilnahme nicht genehmer Dritter verweigern und deren Teilnahme somit verhindern.

---

54 Zertifizierte-Mediatoren-Ausbildungsverordnung (ZMediatAusbV) vom 21.8.2016, diese trat am 1.9.2017 in Kraft und wurde zuletzt durch Art. 1 der Verordnung vom 11.7.2023 (BGBl. 2023 I 185) geändert, s. unter https://www.gesetze-im-internet.de/zmediatausbv/BJNR199400016.html (zuletzt abgerufen am 26.6.2024); → ZMediatAusbV Rn. 1 ff., → MediationsG § 5 Rn. 36 ff., → MediationsG § 6 Rn. 1 ff.
55 So auch Diop/Steinbrecher BB 2011, 131 (132).

Dabei umschließt der Begriff der Dritten auch die Rechtsanwälte der Parteien.[56]

Der Anwalt hat seinen Mandanten daher vorab dazu zu beraten, ob Rechtsanwälte oder weitere Personen an der Mediation teilnehmen sollten oder welche Personen (auf der eigenen Seite oder bei der Gegenpartei) von einer Teilnahme ausgeschlossen werden sollten.[57] Er hat dann sicherzustellen, dass alle Parteien diesem Teilnehmerkreis vorab zustimmen.

Die **Teilnahme von Rechtsanwälten** an der Mediation ist jedenfalls in der Wirtschaftsmediation üblich.[58] Sie empfiehlt sich aber mit ganz wenigen Ausnahmen von Konflikten ohne jeden rechtlichen Bezug auch darüber hinaus. Jedenfalls ist sicherzustellen, dass der Mandant in der Mediation auch mit Blick auf seine Rechte aufgeklärt entscheidet. Hierauf sollte der beratende Anwalt hinwirken, sei es durch Vereinbarung der Teilnahme der Rechtsanwälte zwischen den Parteien, sei es durch Beratung im Vorfeld und/oder aus dem Hintergrund während Pausen der Mediation, zum Beispiel telefonisch oder in einem separaten Raum in der Nähe der Mediationsverhandlung.

Daneben sollte der Teilnehmerkreis all diejenigen Personen umfassen, deren Teilnahme für eine endgültige und abschließende Konfliktlösung erforderlich ist. Bei juristischen Personen ist daher darauf zu achten, dass hinreichend **vertretungsbefugte Vertreter** wie insbesondere die Mitglieder des Vertretungsorgans teilnehmen. Weiter kann es geboten sein, bestimmte Wissensträger teilnehmen zu lassen, zum Beispiel, wenn nur diese den Sachverhalt aufklären können. Die Erfahrung zeigt allerdings, dass zu große Gruppen den Gesprächsfortschritt in der Mediation hemmen. Zeichnet sich eine Überfrachtung mit Teilnehmern ab, sollte der Anwalt mit der Gegenseite klären, welche Teilnehmer zwingend sind und auf wessen Teilnahme vielleicht (noch) verzichtet werden kann.

28 **c) Bestimmung des Verfahrensablaufs.** Der Begriff der Mediation ist auch nach Inkrafttreten des Mediationsgesetzes nach wie vor offen für **unterschiedliche Ausgestaltungen des Verfahrens**. So heißt es in § 1 Abs. 1, Mediation sei „ein vertrauliches und strukturiertes Verfahren, bei dem Parteien mithilfe eines oder mehrerer Mediatoren freiwillig und eigenverantwortlich eine einvernehmliche Beilegung ihres Konflikts anstreben". § 1 Abs. 2 bestimmt, dass ein Mediator eine „unabhängige und neutrale Person ohne Entscheidungsbefugnis" sei, die „die Parteien durch die Mediation führt". Nach § 2 Abs. 3 S. 2 „fördert [der Mediator] die Kommunikation der Parteien [...]". Gemäß § 2 Abs. 3 S. 3 kann der Mediator „im allseitigen Einverständnis getrennte Gespräche mit den Parteien führen".

Unabhängig von der Frage, welche dieser Bestimmungen des Mediationsgesetzes überhaupt zwingend sind und welche davon der Parteidisposition unterliegen, geben diese jedenfalls die inhaltliche Ausgestaltung des Verfahrens nur rudimentär vor.

---

56 So ausdrücklich die Gesetzesbegründung BT-Drs. 17/5335, 15, Greger/Unberath/Steffek/Greger B. § 1 Rn. 65 und § 2 Rn. 142.
57 Vgl. Meier SchiedsVZ 2011, 97 (98).
58 Diop/Steinbrecher BB 2011, 131 (133).

Nach welchem **Maßstab** der Mediator seine Tätigkeit ausrichten soll (beispielsweise allein nach den Interessen der Parteien oder [auch] nach rechtlichen Aspekten oder nach bestimmtem Sachverstand) und in welchem Maß er sich in die inhaltliche Lösungsfindung einbringen soll (von einer rein moderierenden Funktion ohne jeden Einfluss auf die Inhalte bis hin zu einer bewertenden oder gar schlichtenden Funktion durch unverbindliche Vorschläge zu Einzelfragen oder gar zur gesamten Konfliktlösung), ist nicht geregelt. Das Verfahren nimmt aber je nachdem, wo sich in diesem Koordinatenfeld die Tätigkeit des Mediators ansiedelt, einen völlig unterschiedlichen Verlauf.[59] Es ist daher Aufgabe des begleitenden Anwalts, mit dem Mandanten die im Einzelfall gewünschte inhaltliche Ausrichtung der Mediation abzustimmen und sodann mit der anderen Konfliktpartei und – sofern das nicht bereits bei der Auswahl des Mediators berücksichtigt wurde – mit diesem zu vereinbaren. Ansonsten droht, dass sich der Mandant in einem völlig anderen „Mediationsverfahren" wiederfindet als gewünscht.

In **Güterichterverfahren** nach § 278 Abs. 5 ZPO (bzw. den entsprechenden Bestimmungen der anderen Gerichtsverfahrensgesetze), genießt der Güterichter nach dem Gesetz die Freiheit, „alle Methoden der Konfliktbeilegung einschließlich der Mediation" einsetzen zu können. Für den beratenden und begleitenden Anwalt folgt hieraus der Auftrag, mit dem Güterichter zu klären, **welche Methode** er anzuwenden plant, zu prüfen, ob diese den Mandanteninteressen entspricht und davon abhängig mit dem Güterichter und der anderen Konfliktpartei die anzuwendende Methode abzustimmen.[60] Auch wenn in der Praxis wohl nicht zu erwarten ist, dass Güterichter sich vertraglich in einem „Güterichtervertrag" gegenüber den Parteien verpflichten werden, spricht auch im Güterichterverfahren nichts gegen entsprechende vertragliche Vereinbarungen mit der anderen Konfliktpartei (beispielsweise, dass sie gemeinsam eine bestimmte Ausgestaltung des Verfahrens wünschen oder umgekehrt bestimmte Verfahrensformen nicht wünschen). Der Güterichter wird sich solchen Wünschen der Parteien in der Regel nicht verschließen.

Mit Blick auf die inhaltliche Ausgestaltung des außergerichtlichen Mediations- oder des gerichtlichen Güterichterverfahrens sind weiterhin vor allem Regelungen zur **Vertraulichkeit** des Verfahrens erforderlich.[61] § 4 regelt nur die Verschwiegenheitspflicht des Mediators und seiner Hilfspersonen (→ MediationsG § 4 Rn. 14 ff.). Nicht geregelt ist, in welchem Maße das Verfahren und seine Inhalte auch für die übrigen Beteiligten vertraulich sind. Das muss vertraglich sichergestellt werden, sofern die Vertraulichkeit von Interesse für den Mandanten ist.[62]

§ 4 findet zudem auf den Güterichter wohl keine Anwendung, auch dann nicht, wenn dieser die Methode der Mediation wählt. Denn der Gesetzgeber hat entschieden, die Tätigkeit von außergerichtlichen Mediatoren von

---

59 Vgl. Riskin, 1 Harv. Negotiation L. Rev. 1996, 7 (8) und Hacke, S. 179 ff.
60 Vgl. Ahrens NJW 2012, 2465 (2469).
61 Ahrens NJW 2012, 2465 (2468); Unberath ZKM 2012, 12 (13).
62 Vgl. die Gesetzesbegründung zu § 4, BT-Drs. 17/5335, 17 sowie Nebe NWB 2011, 384 (387).

derjenigen der Güterichter klar zu trennen und daher ab dem 2.8.2013 den dann als Güterichter Tätigen die Bezeichnung „gerichtlicher Mediator" zu untersagen.[63] Damit sind sie eben nicht „Mediatoren" im Sinne von § 4, sondern wenden als Güterichter allenfalls die Methode der Mediation an. Auch wenn mit Blick darauf, dass Mediation auch methodisch ohne Vertraulichkeit kaum denkbar ist (Verfahren mit zwingend öffentlicher Beteiligung wie Plan- und Genehmigungsverfahren einmal ausgenommen), diese gesetzgeberische Entscheidung jedenfalls gesetzessystematisch widersprüchlich und daher missglückt ist („...macht Mediation, ist aber kein Mediator"), ist sie als gegeben hinzunehmen. Aus anwaltlicher Sicht ist der Mandant daher darauf hinzuweisen, dass der Vertraulichkeitsschutz im Güterichterverfahren mindestens unklar und wohl in der Praxis auch vertraglichen Regelungen mit dem Güterichter nicht oder nur schwer zugänglich ist.

31 Auch ist weder für den Mediator oder den Güterichter noch für die Parteien gesetzlich geregelt, ob **Beweisantritte** über Inhalte der Mediation oder des Güterichterverfahrens, namentlich durch Benennung von Beteiligten einschließlich des Mediators als Zeugen in einem nachfolgenden Gerichtsverfahren, ausgeschlossen sind. Zwar stehen dem Mediator und dem Güterichter ein Zeugnisverweigerungsrecht nach § 383 Abs. 1 Nr. 6 ZPO zu. Dieses würde aber nur bei Annahme einer Verschwiegenheitspflicht zu einer Zeugnisverweigerungspflicht erstarken. Den Parteien und den sie begleitenden Anwälten steht nicht einmal dieses Zeugnisverweigerungsrecht zu.

Somit sollte zum Schutz der Vertraulichkeit jedenfalls zwischen den Parteien und in außergerichtlichen Mediationsverfahren auch mit dem Mediator prozessvertraglich durch entsprechende **Beweismittelverbote** geregelt werden, dass der Beweis über Tatsachen, die ausschließlich durch die Mediation bekannt wurden, ausgeschlossen ist.[64] Entsprechende Beweisantritte sind damit unzulässig.[65] Die genaue Reichweite solcher Verbote ist in jedem Einzelfall auch unter der taktischen Erwägung eines möglicherweise noch nötig werdenden Rechtsstreits sorgfältig vertraglich zu justieren.

32 Weiter ist mit dem Mandanten zu erörtern und mit den übrigen Verfahrensbeteiligten zu vereinbaren, ob und in welcher Ausgestaltung und zu welchen Zeitpunkten der Mediation (zum Beispiel auch schon vorbereitend vor der eigentlichen gemeinsamen Mediationssitzung) **Einzelgespräche** zwischen dem Mediator und nur einer der Konfliktparteien zulässig sein sollen.[66] § 2 Abs. 3 S. 3 setzt hierfür das „allseitige Einverständnis" voraus (→ MediationsG § 2 Rn. 144). Einzelgespräche sind oft ein wirksames Mediationswerkzeug auf dem Weg zu einer Einigung. Geregelt werden sollte aber insbesondere, ob der Mediator die ihm im Einzelgespräch mitgeteilten Informationen grundsätzlich oder nur nach besonderem Hinweis

---

63 Die ursprüngliche Gesetzesbegründung zum damals noch geplanten Güterichter als „ersuchtem oder beauftragtem" Richter verneinte das, BT-Drs. 17/5335, 20. Zur Anwendung des MediationsG und insbesondere von § 4 auf den nun im Gesetz vorgesehen Güterichter als „bestimmtem" Richter schweigen die Materialien.
64 Vgl. Diop/Steinbrecher BB 2011, 131 (133).
65 Vgl. Wagner, S. 621 ff., 640 ff. und 683 ff.
66 Diop/Steinbrecher BB 2011, 131 (132).

auch gegenüber der anderen Partei **vertraulich** behandeln soll. Letzteres ist der praktikablere Weg. Er erlaubt dem Mediator, die nicht ausdrücklich als vertraulich benannten Informationen aus einem Einzelgespräch gegenüber der anderen Partei zum Zwecke der Lösungsfindung zu nutzen. Das ist oftmals auch im Interesse der Parteien. Durch die Möglichkeit, bestimmte Informationen ausdrücklich durch Benennung hiervon auszunehmen und auch gegenüber der anderen Partei vertraulich zu belassen, bleibt der Mandant hinreichend geschützt.

d) Verhältnis zu laufenden Verfahren. Sind bereits Gerichtsverfahren oder gar Vollstreckungsmaßnahmen zwischen den Parteien betreffend denselben Lebenssachverhalt in Gang, ist im Rahmen der Mediationsvereinbarung auch deren Schicksal zu regeln. So sollte in laufenden Gerichtsverfahren ein gemeinsamer Antrag gestellt werden, das Verfahren während der Mediation ruhend zu stellen, § 278a Abs. 2 ZPO. Vollstreckungs- oder Sicherungsmaßnahmen sollten ebenfalls einvernehmlich ausgesetzt werden.[67]

3. Anwaltliche Vorbereitung der Mediation. Stehen die Person des Mediators, der Teilnehmerkreis und der inhaltliche Verfahrensablauf fest, gilt es, die eigentliche Mediationsverhandlung vorzubereiten. Auch diese Phase bringt besondere Aufgaben für den begleitenden Rechtsanwalt mit sich. Die Vorbereitung des Rechtsanwalts sollte *mediationsspezifisch* erfolgen. Das bedeutet, dass ihr Gegenstand vor allem der zu erwartende Verfahrensablauf und das Zusammenspiel zwischen Anwalt und Mandant einerseits und diesen und dem Mediator andererseits in diesem Ablauf sowie einige organisatorische Aspekte sein sollten. Die inhaltlichen Fragen des Falls sollten ebenfalls spezifisch für die Zwecke der Mediation vorbereitet werden.

a) Verfahrensbezogene Vorbereitung. Der Anwalt sollte seinem Mandanten in der Vorbereitung die Charakteristika und den typischen bzw. den jeweils vereinbarten Ablauf der Mediation erläutern (zB nach der häufig anzutreffenden Einteilung des Verfahrens in die folgenden Phasen: 1. Eröffnungsstatement des Mediators, 2. Bestandsaufname / Sachverhaltsklärung, 3. Ermittlung und Gewichtung von Interessen, 4. Entwicklung, Bewertung und Verhandlung von Lösungsmöglichkeiten und 5. Abschluss des Verfahrens) und die Bedeutung der jeweiligen Phase für das Verfahren erklären. Daraus abgeleitet sollten Anwalt und Mandant ihre **Rollen** vorab besprechen. Es sollte dem Mandanten dabei klar werden, dass der Anwalt in der Mediation tendenziell weniger sein Fürsprecher als vielmehr sein Coach im Hintergrund sein wird und dass der Mandant selbst sehr viel stärker als in anderen Verfahren zu Wort kommen und gefordert sein wird.[68] Ebenso wie das gesamte Verfahren ist auch die Rolle des Anwalts in der Mediation stärker auf Kooperation statt auf Konfrontation angelegt. Es geht darum, den Mandanten bei dessen eigener, autonomer Interessenvertretung ideal zu unterstützen. Das setzt auf Seiten des Anwalts ein anderes Rollenverständnis und auf Seiten des Mandanten eine andere Rollenerwartung als

---

67 Vgl. Hammacher SchiedsVZ 2008, 30 (33).
68 Vgl. Beckmann DStR 2007, 583 (585).

in der gewohnten anwaltlichen Vertretung vor Gericht oder in zweiseitig geführten streitigen Verhandlungen voraus.

Der Anwalt spielt üblicherweise eine aktive Rolle vor allem zu Beginn einer Mediation, wenn er im Rahmen der Bestandsaufnahme Beiträge seines Mandanten ergänzt oder seine rechtliche Einschätzung beisteuert, und zum Schluss, wenn es um die Entwicklung und Bewertung von Lösungsmöglichkeiten und die rechtlich wirksame und den Interessen des Mandanten entsprechende Vereinbarung einer Abschlussvereinbarung oder des weiteren Vorgehens nach Abschluss der Mediation geht.[69] Letztlich ist die Rollenaufteilung in der Mediation zwischen Mandant und Anwalt aber situations- und interessenabhängig und daher je nach Mandant und Konfliktkonstellation im Einzelfall in der Vorbereitung zu vereinbaren.[70]

Weiter sollte der Anwalt den Mandanten auf die zu erwartenden **Techniken des Mediators** vorbereiten, namentlich Fragetechniken, Visualisierungstechniken (v. a. mittels Flipcharts oder bei online durchgeführten Mediationen entsprechenden digitalen Visualisierungswerkzeugen) und ggf. Einzelgespräche. So sollte dem Mandanten erläutert werden, dass und zu welchem Zweck der Mediator möglicherweise auch Einzelgespräche zwischen dem Mediator und den Parteien oder auch Teilgruppengespräche zwischen dem Mediator und nur dem Mandanten oder nur dem Mandanten und der anderen Partei (ohne die Anwälte) oder umgekehrt nur mit den Anwälten (oder einzelnen davon) anregen wird und dass der Mandant umgekehrt diese nach Bedarf (und unter der Voraussetzung der Zustimmung der anderen Partei und des Mediators) auch einfordern kann. Je weniger der Mandant vom Einsatz dieser für viele ungewohnten Techniken überrascht wird, umso sicherer und besser beraten wird er sich in der Mediation fühlen. Dabei hilft es auch, dem Mandanten immer wieder deutlich zu machen, dass seine Teilnahme an der Mediation freiwillig ist und bleibt und er diese jederzeit abbrechen kann (vgl. §§ 1 Abs. 1 und 2 Abs. 5 S. 1).

In organisatorischer Hinsicht sollten mit dem Mandanten mindestens der gewünschte **Ort** und der verfügbare **Zeitrahmen** für die Mediation besprochen und mit der Gegenseite und dem Mediator abgestimmt werden. Es gilt zu vermeiden, dass die Beteiligten mit unterschiedlichen Vorstellungen zum Zeitrahmen in eine Mediationssitzung kommen und eine Seite plötzlich unerwartet und unverrichteter Dinge die Mediation verlässt, weil ihr „Flug geht" oder andere Termine anstehen. Dabei ist es nicht unüblich, dass Mediationstage lange dauern und sich auch in die Abendstunden hinziehen. Auch darauf sollte der Mandant von seinem Anwalt vorbereitet werden.

Findet ein Güterichterverfahren nach § 278 Abs. 5 ZPO (bzw. den entsprechenden Bestimmungen der anderen Verfahrensordnungen) statt, sollte der Anwalt in der Vorbereitung dem Mandanten dessen Besonderheiten erläutern. Hierzu zählen insbesondere die bereits erwähnte freie Wahl des Güterichters aus „allen Methoden der Konfliktbeilegung einschließlich der Mediation". Das kann Überraschungen bedeuten. Zum anderen gehört dazu

---

69 Neuenhahn/Neuenhahn NJW 2005, 1244 (1246); Schäfer ZErb 2011, 321 (325).
70 Hacke SchiedsVZ 2003, 80 (85); Meier SchiedsVZ 2011, 97 (98); Cooley Kap. 4.2–4.4.

die aus den bisherigen Modellprojekten zur gerichtsinternen Mediation gewonnene Erkenntnis, dass die heutigen Richtermediatoren und zukünftigen Güterichter nicht immer klassische Mediation anbieten, sondern oftmals eher ähnlich wie in herkömmlichen Gerichtsverhandlungen die Parteien durch mehr oder weniger deutliche eigene Einschätzungen zu den rechtlichen Chancen und Risiken zu einem Vergleich zu bewegen versuchen.

b) Inhaltliche Vorbereitung. Dass der Anwalt vor einer Mediation wie vor anderen Verfahren auch den Fall seines Mandanten in tatsächlicher und juristischer Sicht durchdrungen haben sollte, versteht sich von selbst. Die Vorbereitung eines Mediationsverfahrens bringt aber auch in inhaltlicher Hinsicht einige Besonderheiten mit sich.

So empfiehlt es sich, dass der Anwalt mit seinem Mandanten die inhaltliche Vorbereitung an den Phasen der Mediation ausrichtet:

- Welche Sachverhaltsangaben und welche Angaben zu den persönlichen und emotionalen Aspekten des Konflikts sollten im Rahmen der Bestandsaufnahme thematisiert werden?[71] Was soll davon für eventuelle Einzelgespräche aufgespart oder bewusst gar nicht offenbart werden?
- Welche Interessen im Sinne der hinter den Verhandlungspositionen stehenden Motive verfolgt der Mandant, die in der Phase der Interessenerforschung und -gewichtung zum Ausdruck gebracht werden müssen? Wie sind diese gewichtet? Wann und wie sollen diese in das Verfahren eingeführt werden?
- Welche Lösungsoptionen, die in der Phase der Lösungsfindung vorgeschlagen werden könnten, sind schon jetzt aus Sicht des Mandanten auf Basis seiner Interessen denkbar, welche nicht? Welche Zugeständnisse könnte oder müsste der Mandant und könnte oder müsste die Gegenseite gegebenenfalls machen, um zu einem für beide Seiten akzeptablen Ergebnis zu kommen? Was davon soll in welcher Phase der Mediation geäußert werden? In diesem Zusammenhang spielt die anwaltliche Einschätzung der rechtlichen Chancen und Risiken des Mandanten eine erhebliche Rolle. Auch in Mediationsverhandlungen erzielte Einigungen sind nur gute Einigungen, wenn sie in Summe die Interessen des Mandanten besser befriedigen als die beste ihm rechtlich zur Verfügung stehende Nichteinigungsalternative. Es ist naturgemäß Aufgabe des Anwalts, den Mandanten über den Wert seiner Rechte und ihrer Durchsetzung als einer seiner Nichteinigungsalternativen aufzuklären und auch im Laufe einer Mediation aufgeklärt zu halten. Dazu zählen neben der materiellen Rechtslage auch die praktischen Aspekte der Rechtsdurchsetzung wie der hierfür erforderliche Kosten- und Zeitaufwand und mögliche Vollstreckungs- oder Insolvenzrisiken. Nicht selten geht es hier auch darum, den Überoptimismus des Mandanten (bisweilen auch den eigenen) auf ein realistisches Maß zu reduzieren und insoweit „Erwartungsmanagement" zu betreiben.

Auch der Mediator wird den Wert der jeweiligen Rechtspositionen der Parteien kritisch hinterfragen, um so einen nüchterneren Blick auf entwickelte Lösungsvorschläge und damit womöglich die Zustimmung der Parteien zu

---

[71] Vgl. Meier SchiedsVZ 2011, 97 (98).

diesen zu motivieren. Auch darauf sollte der Anwalt seinen Mandanten vorbereiten.[72] Mediatoren nutzen hierzu gelegentlich das Werkzeug der **Prozessrisikoanalyse**. Dieses versucht den sogenannten Erwartungswert eines gedachten Rechtsstreits über den Konflikt durch Abbildung der streitentscheidenden Fragen in einem „Entscheidungsbaum" unter Einfügung von Eintrittswahrscheinlichkeiten der einzelnen Äste des Baums auszudrücken.[73]

Ob mit dem Einsatz dieses Werkzeugs zu rechnen ist, sollte der begleitende Rechtsanwalt vorab mit dem Mediator klären. Er sollte sodann mit dem Mandanten abstimmen, ob der Einsatz dieses Instruments wünschenswert ist und anderenfalls versuchen, entsprechend Einfluss auf den Mediator und die andere Konfliktpartei zu nehmen.

Schließlich sollte der Rechtsanwalt im Gespräch mit dem Mandanten vorbesprechen, welche Inhalte eine mögliche Einigung haben könnte oder aus Sicht des Mandanten haben sollte. Folgen daraus besondere rechtliche Anforderungen an die Wirksamkeit oder Vorbereitung eines entsprechenden Vergleichs oder auch einer über einen bloßen Vergleich hinausgehenden Abschlussvereinbarung zwischen den Parteien, muss der Anwalt diesen genüge tragen. Ist zum Beispiel denkbar, dass Inhalt der Einigung ein Grundstücksgeschäft oder die Veräußerung eines GmbH-Anteils ist, sollte der Anwalt daran denken, für den Mediationstermin einen Notar für die erforderliche **notarielle Beurkundung** zu reservieren, am besten in Abstimmung mit der anderen Partei. Ist abzusehen, dass für eine denkbare Einigung noch Vorfragen geklärt werden müssten (zB eine steuerliche, kaufmännische oder technische Überprüfung oder die Einholung der Zustimmung Dritter), sollte der Anwalt auch das anstoßen. Anderenfalls wird er mindestens mit dem kritischen Blick seines Mandanten (wenn nicht mit Haftungsrisiken) zu rechnen haben, wenn dieser nach der mühsamen Verhandlung einer Einigung nach vielen Stunden Mediation erfährt, dass diese Einigung leider jetzt nicht rechtswirksam festgehalten werden kann.

Beantworten sich Anwalt und Mandant in der Vorbereitung gemeinsam diese Fragen, so entsteht daraus idealerweise ihr „**Drehbuch**" für die Mediation. Dabei soll nicht verschwiegen werden, dass Mediationsverhandlungen wie alle anderen Verhandlungen auch dynamische Prozesse sind, zu deren Verlauf auch die andere Partei maßgeblich beitragen wird. Der genaue Ablauf wird sich daher nie vollständig vorab planen lassen. Gleichwohl ist es ratsam, einen eigenen Plan für den gewünschten Ablauf vorbereitet zu haben.

Der Anwalt sollte sodann mit seinem Mandanten besprechen und mit den anderen Verfahrensbeteiligten klären, ob und ggf. in welcher Form **schriftliche Stellungnahmen** für die Mediation vorbereitet und dem Mediator und der anderen Seite im Vorfeld zugeleitet werden sollen. Manche Mediatoren wünschen solche Stellungnahmen, andere fordern diese nicht aktiv ein oder wünschen diese sogar explizit nicht. Ganz unabhängig davon empfiehlt es sich aus Anwaltssicht, eine solche Stellungnahme zu verfassen. Darin

---

72 Vgl. Meier SchiedsVZ 2011, 97 (99).
73 Vgl. zu Prozessrisikoanalysen grundlegend Victor, S. 617 ff. sowie Eidenmüller ZZP 2000, 5 ff. und Duve/Eidenmüller/Hacke, S. 227 ff.

kann der Anwalt die Erwartungen seines Mandanten an die Mediation artikulieren und auch inhaltlich bereits Themen und Akzente setzen.[74] So kann er beispielsweise durch eine überzeugende Darlegung der Höhe eines Schadens, dessen Ersatz verlangt wird, oder durch das Aufzeigen bestimmter Austauschmöglichkeiten zwischen den Parteien schon einmal eine für den Mandanten günstige Ausgangslage in den Mediationsverhandlungen schaffen.[75]

Der Anwalt sollte diese Stellungnahme kurz fassen und nur auf die wesentlichsten Dokumente als Anlagen verweisen. Ob für andere Verfahren bereits vorbereitete Schriftsätze (außergerichtliche Korrespondenz, gerichtliche Schriftsätze etc) beigefügt werden sollten, hat der Anwalt im Einzelfall nach deren Nutzen für die Mediation zu entscheiden. Dabei sollte er im Blick haben, dass die in den Schriftsätzen zumeist aufgearbeitete Vergangenheit und deren rechtliche Bewertung für den Erfolg der Mediation eine viel geringere Bedeutung haben als für den Erfolg vor Gericht. Denn in der Mediation geht es vorrangig um die Gestaltung der Zukunft der Parteien. Hierzu leisten vorhandene Schriftsätze oft keinen sinnvollen Beitrag. Dann sollte der Anwalt sie weglassen.

4. Anwaltliche Begleitung im Mediationsverfahren. Die Aufgaben des Rechtsanwalts, der seinen Mandanten sodann in die eigentliche Mediationssitzung begleitet, sind auf zwei Ebenen angesiedelt:

- Auf einer ersten, der **funktionalen Ebene**, muss der Anwalt sicherstellen, dass das Mediationsverfahren seinen Zweck erfüllen kann. Er hat dabei einerseits als Vertreter seines Mandanten darauf zu achten, dass der jeweils abgestimmte Verfahrensablauf eingehalten und abgearbeitet wird. Andererseits hat er zu akzeptieren und sein eigenes Auftreten darauf abzustimmen, dass nicht er, sondern der Mediator das Verfahren leitet und dass die Parteien sehr viel mehr als gewohnt selbst zu Wort kommen. Er sollte also eine zurückhaltende, zugleich aber wache und aufmerksame Haltung einnehmen. Das Maß, den Zeitpunkt und den Inhalt seiner eigenen Beiträge sollte er an den Besonderheiten der einzelnen Phasen der Mediation und den Bedürfnissen seines Mandanten ausrichten. Schafft der Anwalt das nicht und verfällt er in die Gewohnheit, das Heft des Mandanten stets selbst und alleine in der Hand zu halten, kann die Mediation nicht den mit ihr verfolgten Zweck einer eigenverantwortlichen, interessenbasierten und von den Konfliktparteien selbst gestalteten Konfliktlösung erfüllen.
- Auf einer zweiten, der **rechtlichen Ebene**, hat der Anwalt sowohl die Tätigkeit des Mediators auf ihre Rechtmäßigkeit zu überprüfen und zu überwachen als auch eine rechtlich wirksame und sinnvolle Umsetzung der in der Mediation gefundenen Ergebnisse sicherzustellen.

Gute anwaltliche Begleitung in der Mediation erfordert dabei sowohl in funktionaler wie in rechtlicher Hinsicht einen Balanceakt zwischen Zurückhaltung und Einflussnahme.

---

74 Vgl. Schäfer ZErb 2011, 321 (325).
75 So auch Meier SchiedsVZ 2011, 97 (99).

38 **a) Funktionale Ebene.** Auf der funktionalen Ebene sollte der Anwalt seine Beiträge so einsetzen, dass diese die Ziele der Mediation bestmöglich fördern. Dazu gehört es sicherzustellen, dass jede der einzelnen Phasen der Mediation vollständig abgearbeitet wird, bevor der Mediator in die nächste Phase übergeht. Hierzu können die folgenden Fragen helfen, die der Anwalt sich in jeder der Phasen stellen kann:

- Phase der Bestandsaufnahme: Ist der **Sachverhalt** vollständig erfasst? Sind alle für eine Konfliktlösung zu regelnden Komplexe thematisiert und alle zu lösenden Themen im Sinne einer Agenda benannt? Welche zum Verständnis des Konflikts oder zu seiner Lösung wichtigen Angaben fehlen noch? Wie und durch wen sollten diese ergänzt werden? Welche Fragen sollte die Gegenseite noch beantworten?
- Phase der Interessenerforschung: Sind die **Interessen** meines Mandanten umfassend herausgearbeitet und richtig gewichtet? Ist der Mandant insoweit hinreichend in der Lage, seinen Präferenzen Ausdruck zu verleihen oder sind – zum Beispiel aus Erkenntnissen aus der Vorberatung mit dem Mandanten – Korrekturen an dessen zunächst geäußerter Einschätzung geboten? Sind die Interessen der Gegenseite und deren Priorisierung hinreichend klar geworden?
- Phase der Entwicklung von Lösungsvorschlägen: Welche denkbaren **Lösungsvorschläge** sind von den Parteien bislang noch nicht artikuliert worden? Welche neuen Ideen würden vielleicht weiterführen? Was könnte der Mandant, was die Gegenseite noch anbieten? Hier ist das Fingerspitzengefühl des Anwalts gefragt. Einerseits sollte er den Mandanten und die andere Partei zunächst längst möglich eigene Ideen entwickeln lassen. Schließlich ist es Zweck der Mediation, dass die Parteien eigenverantwortlich eine Konfliktlösung erarbeiten und dass dadurch die Identifikation mit dem Ergebnis und damit dessen Haltbarkeit steigen (vgl. § 1 Abs. 1). Andererseits wird der Anwalt oftmals auch gute eigene Ideen und Vorschläge haben, und es spricht letztlich auch nichts dagegen, diese zu äußern. Das gilt jedenfalls, solange die Mediation gleichwohl das Verfahren der Parteien bleibt. Wie immer in der anwaltlichen Begleitung in der Mediation ist auch hier alles eine Frage des richtigen Timings und der richtigen Dosierung.
- Phase der Bewertung von Lösungsvorschlägen und Übergang zu einer möglichen Einigung und zum Abschluss des Verfahrens: Welche Lösungsvorschläge sind aus rechtlicher Sicht sinnvoll oder geboten? Welche Gestaltungen einer angedachten Lösung sind dem Mandanten rechtlich anzuraten, welche zu meiden?

In methodischer Hinsicht können dem Anwalt die folgenden zusätzlichen Fragen helfen:

- Empfiehlt es sich, ein **Einzelgespräch** mit dem Mediator anzuberaumen, um diesem weitere Informationen des Mandanten mitzuteilen, die zumindest derzeit nicht in Anwesenheit der Gegenseite erörtert werden sollen? Was sollte dem Mediator auch in diesem Einzelgespräch vielleicht (noch) nicht offenbart werden? Welche Informationen aus einem Einzelgespräch soll der Mediator sodann gegenüber der anderen Partei

vertraulich behandeln, welche darf oder soll er gar transportieren? Ist ein Teilgruppengespräch zwischen dem Mediator und nur den Kaufleuten oder auch nur den Anwälten beider Parteien sinnvoll?
- Lassen Aussagen des Mediators nach Einzelgesprächen mit der Gegenseite auf mögliche Zugeständnisse oder sonst auf Einigungspotenziale schließen? Was ist diesbezüglich den bisherigen Aussagen der Vertreter der Gegenseite zu entnehmen?
- Wendet der Mediator nach einem Einzelgespräch mit der anderen Seite die Technik sogenannter kontingenter Vorschläge an („Wenn die andere Seite xyz mitmachen würde, was könnten Sie im Gegenzug anbieten?"), spricht vieles dafür, dass die andere Seite eben jenes „xyz" gegenüber dem Mediator bereits als mögliches Entgegenkommen angedeutet hat. Hier sollte der Anwalt seinen Mandanten vor zu großen eigenen Zugeständnissen im Gegenzug bewahren. Diese sind möglicherweise zur Durchsetzung von „xyz" nicht mehr erforderlich.
- Ist eine Pause oder eine Vertagung angezeigt, um Zwischenberatungen mit dem Mandanten führen zu können?

Der Anwalt, der in dieser Form das Mediationsverfahren aufmerksam und mitdenkend begleitet und allfällige Ergänzungen in den Gesprächsverlauf einbringt, wird dem Mandanten eine enorme Hilfe sein. Denn für diesen bedeutet die eigene andauernde Verhandlung seiner Sache in der Mediation nicht selten eine erhebliche Belastung.

b) Rechtliche Ebene. Auf der rechtlichen Ebene hat der begleitende Rechtsanwalt zunächst die Tätigkeit des Mediators und die Einhaltung der rechtlichen Vorgaben des Verfahrens zu überwachen.[76] Diese entspringen einerseits dem Mediationsgesetz und andererseits ergänzend dem Mediationsvertrag. Hieraus sind folgende Fragen hervorzuheben, die der Anwalt sich beantworten sollte:

- Liegt die erforderliche Zustimmung aller Parteien für die Teilnahme Dritter an der Mediation, einschließlich der Rechtsanwälte der Parteien vor (§ 2 Abs. 4)?
- Wahrt der Mediator seine Unabhängigkeit, Neutralität und Allparteilichkeit und erfüllt er seine Pflicht, alle Umstände, die hieran Zweifel wecken könnten, zu offenbaren (§§ 1 Abs. 2, 2 Abs. 3 S. 1 und 2)? Sind aus solchen Umständen folgende Tätigkeitsverbote beachtet (§ 3 Abs. 2, 3, 4)?
- Hat der Mediator die Parteien auf deren Verlangen hinreichend über seinen fachlichen Hintergrund, seine Ausbildung und seine Erfahrung auf dem Gebiet der Mediation informiert (§ 3 Abs. 5)?
- Hat sich der Mediator vergewissert, dass die Parteien die Grundsätze und den Ablauf des Mediationsverfahrens verstanden haben und freiwillig teilnehmen (§§ 1 Abs. 1, 2 Abs. 2, 5)?
- Erfüllt der Mediator seine Pflicht zur Führung der Parteien durch die Mediation entlang einer klaren Struktur und zur Förderung ihrer Kommunikation und gewährleistet er die Einbindung der Parteien in die

---

76 Vgl. Ewig ZKM 2012, 4 (5).

Mediation in angemessener und fairer Weise (§ 1 Abs. 1, 2, 2 Abs. 3 S. 2, 3)?
- Macht der Mediator hinreichend deutlich, dass er nicht entscheidungsbefugt ist (§ 1 Abs. 2)? Hält er sich im Rahmen des vertraglich vereinbarten Umfangs eigener Einschätzungen und Vorschläge zur Sache (Mediatorvertrag)?
- Liegt die erforderliche Zustimmung aller Parteien für die Durchführung von Einzelgesprächen vor bzw. achtet der Mediator darauf, keine Einzelgespräche ohne diese Zustimmung durchzuführen (§ 2 Abs. 3 S. 3)?
- Hat der Mediator die Parteien über den Umfang seiner Verschwiegenheitspflicht informiert (§ 4 Abs. 5)? Ist darüber hinaus sichergestellt, dass die **Vertraulichkeit** des Verfahrens gewahrt wird (beispielsweise durch Unterbinden von Ton- oder Videomitschnitten und eine Regelung dazu, in welcher Form und welchem Maß Parteien mitschreiben dürfen)[77]? Hält sich der Mediator an die für Einzelgespräche vereinbarten Vertraulichkeitsregeln (§§ 1 Abs. 1, 4 für den Mediator sowie ergänzend für diesen und für die Parteien und ihre Begleiter durch die Regelungen aus dem Mediationsvertrag)?
- Wirkt der Mediator im Fall einer Einigung daraufhin, dass die Parteien diese „in Kenntnis der Sachlage treffen und ihren Inhalt verstehen", macht er deren Dokumentation in einer Abschlussvereinbarung von der erforderlichen Zustimmung der Parteien abhängig und weist er nicht anwaltlich oder anders „fachlich" beratene Parteien auf die Möglichkeit hin, die Vereinbarung bei Bedarf durch externe Berater überprüfen zu lassen (§ 2 Abs. 6)?
- Ist im Güterichterverfahren nach § 278 Abs. 5 ZPO (bzw. nach den entsprechenden Bestimmungen der anderen Gerichtsverfahrensgesetze), für das die Verschwiegenheitspflicht des § 4 wohl nicht gilt, wenigstens sichergestellt, dass die Verhandlung nicht öffentlich stattfindet?
- Beachtet der Güterichter im Verfahren nach § 278 Abs. 5 ZPO (bzw. nach den entsprechenden Bestimmungen der anderen Gerichtsverfahrensgesetze) die Voraussetzung der Zustimmung aller Parteien zu einer Protokollierung der Ergebnisse oder gar eines vollstreckbaren Vergleichs (§§ 159 Ab. 2, 160 Abs. 3 Nr. 1, 160 Abs. 4, 794 Abs. 1 Nr. 1 ZPO)?

Bemerkt der begleitende Rechtsanwalt Verletzungen dieser oder sonstiger rechtlicher Bestimmungen aus dem Gesetz oder dem Mediationsvertrag durch den Mediator oder Güterichter oder durch die andere Partei, hat er seinen Mandanten darauf hinzuweisen und mit diesem die daraus zu ziehenden Konsequenzen zu besprechen. Diese können von einem bloßen

---

[77] In der Praxis ist jedenfalls in der Wirtschaftsmediation zunehmend zu beobachten, dass Parteien und ihre Anwälte dem Verfahren hinter angeschalteten Laptops oder Tablets beiwohnen und darauf Eingaben machen. Die Frage, ob und inwieweit Mitschriften des Geschehens in dieser Form geduldet werden sollten, berührt einen Graubereich zwischen erforderlicher Arbeitserleichterung und sich wandelnder Üblichkeiten einerseits und für die Mediation schädlichen Gefährdungen der Vertraulichkeit andererseits. Sie ist daher in jedem Einzelfall anhand der jeweiligen Besonderheiten und am besten im offenen Gespräch mit den Beteiligten zu beantworten.

Hinweis an den Mediator oder Güterichter oder die andere Partei über den Abbruch der Mediation oder des Güterichterverfahrens bis hin zur Erhebung von Unterlassungs- oder Schadensersatzansprüchen reichen.

5. Abschluss des Mediationsverfahrens. Haben die Parteien in der Mediation oder dem Güterichterverfahren eine Einigung erzielt, ist diese in eine rechtlich wirksame und für den Mandanten interessengerechte Form zu bringen. Spätestens jetzt kann der Anwalt die Berechtigung seiner Begleitung des Mandanten in die Mediation unter Beweis stellen. Schließlich ist die rechtssichere Formulierung des **Mediationsvergleichs** oder der sonstigen **Abschlussvereinbarung** eine klassische anwaltliche Aufgabe.[78]

Dabei ist eine solche schriftliche Fixierung des Ergebnisses nach dem Mediationsgesetz nicht zwingend. § 2 Abs. 6 S. 3 bestimmt lediglich, dass die erzielte Einigung mit Zustimmung der Parteien in einer Abschlussvereinbarung dokumentiert werden *kann* (→ MediationsG § 2 Rn. 297 ff.). Dem Rechtsanwalt ist zu empfehlen, auf eine solche Dokumentation zu drängen und sich hier aktiv mit (für seinen Mandanten vorteilhaften) Formulierungsvorschlägen einzubringen. Wie bei jedem anderen Vertrag kommt es auch hier auf (fast) jede Silbe an und kann der Vergleich am Ende für den Mandanten mehr oder weniger günstig formuliert sein.

Gelegentlich – insbesondere in sehr komplexen Mediationen – scheidet eine *ad hoc*-Protokollierung einer vollständigen Abschlussvereinbarung aus, sei es, weil noch Dritte zustimmen müssen, weil Teilfragen zur gefundenen Einigung noch geklärt werden müssen oder aus sonstigen praktischen oder rechtlichen Gründen. Dann sollten die Parteien wenigstens in möglichst eindeutigen **Eckpunkten** die Ergebnisse der Mediation und die verabredete Umsetzung in einen rechtswirksamen Vergleich festhalten und vor Ort als **Absichtserklärung** oder gar als **Vorvertrag** unterzeichnen. Hier hat der Anwalt das Risiko des Mandanten, dass nachträglich neuer Streit über die Umsetzung der Eckpunkte entsteht, möglichst gering zu halten. Dazu zählt, diese so präzise und vollständig wie möglich zu fassen und einen klaren Zeitplan für die weiteren Schritte zu vereinbaren. Auch empfiehlt es sich, die Mediationsvereinbarung und den Mediatorvertrag als weiter gültig zu bekräftigen und eine Fortsetzung der Mediation in selber Besetzung zur Überwindung möglicher neuer Konflikte bei der Umsetzung zu vereinbaren.

Weiter hat der Anwalt sicherzustellen, dass die Abschlussvereinbarung möglicherweise einzuhaltenden **Formvorschriften** und sonstigen **Wirksamkeitsvoraussetzungen** genügt. Hier ist beispielsweise an die schon erwähnte notarielle Beurkundung oder auch an gesellschaftsrechtliche Zustimmungsvorbehalte zu denken.

Auch ist zu entscheiden, ob und in welchem Umfang die Vertraulichkeit der Mediation auf die Inhalte der Abschlussvereinbarung erstreckt werden soll, beispielsweise um Dritten keinen „Präzedenzfall" an die Hand zu geben (ohne abweichende vertragliche Regelung folgt eine Vertraulichkeitsverpflichtung des Mediators und seiner Hilfspersonen [nicht aber der Par-

---

[78] S. zum Mediationsvergleich als eine denkbare Form der Abschlussvereinbarung ausführlich Risse, S. 429 ff. und Greger/Unberath/Steffek/Greger B. § 2 Rn. 279 ff.

teien] auch hinsichtlich der Inhalte der Abschlussvereinbarung aus § 4 S. 2 und 3). Gelegentlich ist umgekehrt gerade gewünscht oder erforderlich, die gefundene Einigung in irgendeiner Form zu verlautbaren, beispielsweise, um gesetzlichen Publizitätspflichten zu genügen (zB nach § 26 WpHG). Auch das sollte dann bereits in der Abschlussvereinbarung geregelt werden.

Schließlich sollte der Anwalt prüfen, ob die direkte Umsetzung der Vereinbarung in einen Vollstreckungstitel angezeigt ist. Zwar werden Mediationsergebnisse zumeist freiwillig umgesetzt. Ob der beratende Anwalt sich allerdings darauf verlassen sollte, steht auf einem anderen Blatt. Jedenfalls muss er den Mandanten über die Möglichkeiten der Vollstreckbarerklärung der Abschlussvereinbarung und auf die mit einem Verzicht hierauf verbundenen Risiken aufklären.

Die originäre Möglichkeit der Vollstreckbarerklärung von Mediationsvergleichen, die noch im Regierungsentwurf durch einen neuen § 796d ZPO geplant war, ist nicht Gesetz geworden.[79] Die Vollstreckbarkeit ist daher erforderlichenfalls durch einen der in den §§ 794 ff. ZPO vorgesehenen Vollstreckungstitel sicherzustellen. Naheliegend sind insofern die Protokollierung bei Gericht (und damit auch durch einen Güterichter [§ 159 Abs. 2 S. 2 ZPO]) oder die Beurkundung bei einem Notar (§§ 794 Abs. 1 Nr. 5 iVm § 797 ZPO) sowie der Anwaltsvergleich (§ 796a ZPO).[80]

Einigen sich die Parteien in der Mediation oder dem Güteverfahren nicht, muss der Anwalt seinen Mandanten über die gleichwohl bestehenden weiteren Möglichkeiten der einvernehmlichen Konfliktbeilegung beraten. In Betracht kommen hier zum Beispiel die Vereinbarung einer Stillhaltephase zur Würdigung der Ergebnisse der Mediation (ggf. unter Fortsetzung der Mediation zu einem späteren Zeitpunkt), eines Schlichtungsverfahrens zur Einholung eines unverbindlichen Einigungsvorschlags eines Dritten oder eines Schiedsgutachter- oder Schiedsgerichtsverfahrens zur verbindlichen Klärung von Tat- oder Rechtsfragen. Erscheinen solche Verfahren angezeigt, sollte der Anwalt versuchen, sie mit der anderen Partei zu vereinbaren. Abermals sind hierbei die mögliche Verjährung von Ansprüchen und des Ablaufs von Ausschlussfristen zu prüfen.

Die anwaltliche Begleitung des Mandanten endet nicht mit Ende der Mediationssitzung. Oftmals sind auch nach Abschluss einer Abschlussvereinbarung anwaltliche Maßnahmen zu deren Umsetzung zu ergreifen oder ist die Einhaltung der Verpflichtungen der anderen Partei aus der Vereinbarung zu überwachen und notfalls durchzusetzen. Auch das sind Aufgaben des begleitenden Rechtsanwalts.

Vor dem Mediationsverfahren bereits eingeleitete und unterbrochene Gerichtsverfahren oder Vollstreckungs- oder Sicherungsmaßnahmen sind in einer dem Mediationsergebnis gerecht werdenden Weise zu beenden oder fortzuführen. Bei Fortführung sind die mit dem Mandanten in der Mediation gewonnenen Erkenntnisse angemessen und unter Berücksichtigung der

---

79 Vgl. BT-Drs. 17/5335, 21 und BT-Drs. 17/8058, 21.
80 Ahrens NJW 2012, 2465 (2468); s. zu den denkbaren Vollstreckungstiteln auch Eidenmüller/Prause NJW 2008, 2737 (2742); Hacke, S. 276 ff.; Risse, S. 478 ff., 562.

hierfür in der Mediationsvereinbarung vereinbarten Vertraulichkeits- und Beweisregeln zu würdigen.

III. Fazit

Anwälte leisten einen wichtigen Beitrag zum Gelingen von Mediations- oder Güterichterverfahren. Spätestens seit dem Inkrafttreten des Mediationsgesetzes, aber auch infolge der Impulse der heutigen Juristenausbildung, der Internationalisierung zahlreicher Lebenssachverhalte sowie einer sich stetig verstärkenden Eigendynamik in der Nutzung von und in der Nachfrage nach modernen und effizienten Formen der Konfliktbeilegung können Anwälte es sich nicht leisten, sich *nicht* mit der Mediation zu beschäftigen und ihre Mandanten *nicht* hierzu zu beraten. Eine womöglich aus mangelnden Kenntnissen von der Mediation gespeiste Scheu vor diesem Verfahren werden sie durch den Aufbau entsprechenden Know-hows überwinden müssen.

Daraus wird zwangsläufig folgen, dass Anwälte auch immer öfter die Begleitung ihrer Mandanten in Mediationsverfahren zu ihren Aufgaben zählen werden.

Rechtsanwälte können und sollten das als Chance und nicht als Risiko oder gar Bedrohung wahrnehmen. Die Anreicherung der eigenen Kenntnisse und Fähigkeiten um den Bereich der Mediation sowie die Beratung von Mandanten hierzu und ihre Begleitung in Mediationsverfahren bieten eine oft besonders spannende und befriedigende Möglichkeit, den Interessen des Mandanten in kurzer Zeit und effektiv zu ihrer Geltung zu verhelfen und so den anwaltlichen Auftrag in besonderer Weise zu erfüllen.

O. Online Dispute Resolution (ODR)

Literatur:[1]
Adrian, The New Normal: Online Dispute Resolution and Online Mediation, in: Gläßer/Adrian/Alexander, mediation moves, 2022, S. 175; *Alexander/Kang*, Das neue ODR-Rahmenwerk der APEC als Wegbegleiter für internationale Online-Streitbeilegung, ZKM 2022, 208; *Anzinger*, 10 Jahre Modria: KMS und Online-Mediation auf dem Weg zur Digitalisierung der Justiz, Teil 1, ZKM 2021, 53; *ders.*, 10 Jahre Modria: KMS und Online- Mediation auf dem Weg zur Digitalisierung der Justiz, Teil 2, ZKM 2021, 84; *Arnold/Schön*, Ausbildungsprozesse digital gestalten und begleiten, ZKM 2021, 48; *Barnett/Treleaven*, Algorithmic Dispute Resolution, The Computer Journal 2018, 399; *Biard*, Consumer ADR/ODR in Europe, EuCML, 2022, 181; *Bielecke*, Moderative Kompetenz und digitale Unerschrockenheit – Konfliktmanagement in Hybridformaten, ZKM 2022, 9; *Bond*, Neue Verfahrensalternativen: Online-Mediation und Online-Mediationsausbildungen, perspektive mediation 2021, 249; *Braun/Burr/Klinder*, Digitalisierung in der Verbraucherstreitbeilegung, in: Riehm/Dörr (Hrsg.), Digitalisierung und Zivilverfahren, 2023, S. 564; *Carrel/Ebner*, Digital Toolbox Pedagogy: Teaching Students to Utilize Technology in Mediation, Journal of Dispute Resolution 2019, 24; *Condlin*, Online Dispute Resolution: Stinky, Repugnant, or Drab, Cardozo Journal of Conflict Resolution 2017, 717; *Dendorfer-Ditges*, Auf Distanz. Online Mediation in Zeiten von Lock Down und „New Normal", Konfliktdynamik 2020, 139; *Ebner/Greenberg*, Strengthening Online Dispute Resolution Justice, Washington University Journal of Law and Policy 2020, 65; *Ehrnsperger*, Vertraulichkeit und Datenschutz bei der Online-Mediation über Videokonferenzen, 2021; *Eidenmüller/McLaughlin/Eidenmüller*, Gestaltung effizienter gerichtlicher Streitbeilegungssysteme in einer digitalen Welt – eine empirische Untersuchung, ZIP 2024, 340; *Exon*, Ethics and Online Dispute Resolution: From Evolution to Revolution, Ohio State Journal on Dispute Resolution 2017, 609; *Ferz/Sonnleitner*, Von Überlegungen, Initiativen und Boostern, perspektive mediation 2021, 224; *Gielen/Wahnschaffe*, Die virtuelle Verhandlung im Schiedsverfahren, SchiedsVZ 2020, 257; *Gläßer*, Mediation und Digitalisierung, in: Riehm/Dörr (Hrsg.), Digitalisierung und Zivilverfahren, 2023, S. 529; *dies./Kublik*, Einzelgespräche in der Mediation, ZKM 2011, 89; *dies.*, Online-Mediation, Teil 2. Chancen, Herausforderungen, Perspektiven, ZKM 2020, 133; *dies./Wenkel*, Digitale Tools zur Unterstützung der Verfahrenswahl, ZKM 2023, 149; *dies./Sinemillioglu/Wendenburg*, Online Mediation, Teil 1. Technische Möglichkeiten und praktische Verfahrensgestaltung der Mediation im virtuellen Raum, ZKM 2020, 80; *Greger*, Der Zivilprozess auf dem Weg in die digitale Sackgasse, NJW 2019, 3429; *Griffin/Margolis/Webb*, A New Tool for Resolving Litigation: The Benefits and Pitfalls of Virtual Mediations, The Mississippi Lawyer Winter 2021, 29; *Harnack*, Über die Ferne: Sprechen, Verhandeln und Entscheiden, ZKM 2021, 97; *Heetkamp/Piroutek*, ChatGPT in Mediation und Schlichtung, ZKM 2023, 80; *Katsh/Rifkin*, Online Dispute Resolution: Resolving Conflicts in Cyberspace, 2001; *Lapp*, § 23 Online-Mediation, in: Haft/Schlieffen, Handbuch Mediation, 3. Aufl. 2016; *Lederer*, Meine Reise in eine neue Welt … von der klassischen zur Online-Mediation, perspektive mediation 2020, 233; *Lenz*, Virtual Mediation – The New Modus? 7 Yearbook on International Arbitration, 2021, 159; *Lenz/Schluttenhofer*, E-Mediation und Online-Mediation, in: Trenczek/Berning/Lenz, Mediation und Konfliktmanagement, 1. Aufl. 2013, S. 423; *Liebig*, Außergerichtliche private Streitbeilegung durch digitale Plattformen, 2024; *Martinez*, Designing Online Dispute Resolution, Journal of Dispute Resolution 2020, 135; *Masood*, Alternative Dispute Resolution during the COVID-19 crisis and beyond, King's Law Journal 2021, 147; *McQuiston/Sturges*, Online Dispute Resolution: A Digital Door to Justice or Pandora's Box? (Part 1), Colorado Lawyer 2/2020, 26; *dies.*, Online Dispute Resolution: A Digital Door to Justice or Pandora's Box? (Part 2), Colorado Lawyer 3/2020, 32; *Melamed*, Establishing Ethical Standards for Online Family Mediation, Family Court Review 2021, 244; *Meller-Hannich/Höland/Krausbeck*, „ADR" und „ODR" – Kreationen der europäischen Rechtspolitik. Eine kritische Würdigung, ZEuP 2014,8; *Pierce*, Mediation in the Time of a Pandemic: Preparing for the 'New Normal' of Online Mediations, The Oklahoma Bar Journal 6/2020, 24; *Proksch*, Ein Praxisleitfaden für Online-Mediation, perspektive mediation 2021, 244; *Rainey/Katsh/*

---

[1] Alle Online-Quellen dieses Beitrags wurden zuletzt überprüft am 16.9.2024.

Wahab, Online Dispute Resolution: Theory and Practice. A Treatise on Technology and Dispute Resolution, 2. Aufl. 2021; *Rickert*, Online Mediation, 2023; *Riehm/Dörr* (Hrsg.), Digitalisierung und Zivilverfahren, 2023; *Scherer/Jensen*, Die Digitalisierung der Schiedsgerichtsbarkeit, in: Riehm/Dörr (Hrsg.), Digitalisierung und Zivilverfahren, 2023, S. 591 ff., *dies.*, Towards a Harmonized Theory of the Law Governing the Arbitration Agreement, Indian Journal of Arbitration Law 2021,1; *Steffek*, Die Veränderung der Konfliktlösung durch künstliche Intelligenz – Teil 1, ZKM 2022, 212; *ders.*, Die Veränderung der Konfliktlösung durch künstliche Intelligenz – Teil 2, ZKM 2023, 121; *Sternlight*, Pouring a Little Psychological Cold Water on Online Dispute Resolution, Journal of Dispute Resolution 2020, 1; *Suleyman/Bhaskar*, The Coming Wave. Technology, Power, and the Twenty-First Century's Greatest Dilemma, 2023; *Thevis*, Die ODR-Plattform und ihre offene Zukunft, ZKM 2023, 19; *Timmers*, Online-Mediation – oder über die Frage nach der Dreidimensionalität, Konfliktdynamik 2023, 297; *Vincente/Oliveira/Almeida*, Online Dispute Resolution – New Challenges, 2022; *Wasser*, Design Challenges in Applying Online Dispute Resolution to Divorce, Family Court Review 2021, 268; *Wing*, Ethical Principles for Online Dispute Resolution, International Journal of Online Dispute Resolution 1/2016, 12; *Winters*, Confessions of an Online Mediation Sceptic, The St. Louis Bar Journal Spring 2021, 16; *Zeleznikow*, Using Artificial Intelligence to Provide Intelligent Dispute Resolution Support, Group Decision and Negotiation, 2021, 789; *Zukowski*, Online Mediation Goes Mainstream, Arizona Attorney 6/2020, 38

I. Einführung: Terminologie, Ansätze und Entwicklungslinien von ODR	1
II. Herausforderungen und Chancen der digitalen Konfliktbearbeitung	8
1. Herausforderungen	9
2. Chancen	13
3. Ambivalente Aspekte	18
III. Technische und organisatorische Aspekte	20
1. Technische Infrastruktur . . .	21
2. Datenschutzvorkehrungen . .	23
3. Organisatorische Rahmenbedingungen	25
4. Vor- und Nachbereitung von Online-Verfahren	30
5. Besonderheiten der hybriden Verfahrensgestaltung . .	36
IV. Online-Mediation	45
1. Spezifika	46
2. Digitales Arbeiten im Phasenmodell	49
3. Aus- und Fortbildung zu Online-Kompetenzen	55
V. Online-Schlichtung	58
VI. Online-Schiedsgerichtsverfahren	62
VII. Ausblick: Zukunftsfragen von ODR	67
1. Zugänglichkeit und Barrierefreiheit	68
2. Digitale Unterstützung der Verfahrenswahl bzw. des Konfliktmanagements	71
3. Qualitätssicherung und Erforschung von Online-Verfahren	78
4. Einsatz von künstlicher Intelligenz	82
VIII. Fazit	90

I. Einführung: Terminologie, Ansätze und Entwicklungslinien von ODR

Mit digitaler Streitbeilegung bzw. Online Dispute Resolution (ODR) wird ein **breites Spektrum von digital unterstützten oder vollständig virtuellen Formen der Konfliktbearbeitung** bezeichnet – unabhängig von der konkret eingesetzten Verfahrensform.[2]

---

[2] So United Nations Commission on International Trade Law (UNCITRAL), Technical Notes on Online Dispute Resolution. Commission of International Trade Law, para. 24, 2017, abrufbar unter: https://uncitral.un.org/sites/uncitral.un.org/files/media-documents/uncitral/en/v1700382_english_technical_notes_on_odr.pdf; ähnlich bei Rainey/Katsh/Wahab, Online Dispute Resolution, sowie Anzinger ZKM 2021, 53 (54 ff.).

Noch findet sich keine Legaldefinition von ODR. Die folgende **Begriffsbestimmung** gibt die in der Literatur gängigen Charakteristika von ODR wieder:

Online Dispute Resolution (oft auch übersetzt als Online-Streitbeilegung (OS)) ist ein öffentlich zugänglicher, technologiegestützter, ausschließlich online zugänglicher digitaler Raum, in dem Parteien zusammenkommen können, um mit der Unterstützung von Dritten bzw. der eingesetzten Technologie ihre Streitigkeit zu bearbeiten und (im Idealfall) beizulegen.[3] Teilweise werden unter ODR auch nur Verfahren gefasst, die auf den grundlegenden Merkmalen der alternativen Streitbeilegung (Alternative Dispute Resolution, ADR) aufbauen.[4]

Neben reiner ODR, die ausschließlich im digitalen Raum stattfindet, stehen die sogenannten hybriden Verfahren, in denen physische Präsenz und digitale Begegnung entweder sukzessive oder zeitgleich kombiniert wird (Näheres dazu unter → Rn. 36).

2 Der **Ursprung von ODR** liegt in den 1990er-Jahren, als erste Online-Plattformen zur Konfliktbeilegung im Bereich des Internethandels entwickelt wurden.[5] Diese Plattformen sollten die Möglichkeit bieten, Konflikte, die im digitalen Raum entstehen, auch online zu lösen; diese Online-Streitbeilegungsangebote existieren auch heute noch.[6] In den Folgejahren wurden Online-Verfahren aber auch zur Beilegung „analog" entstandener Konflikte angeboten.[7] Dabei waren die Entwickler[8] der frühen ODR-Mechanismen zunächst darauf fokussiert, im außergerichtlichen Bereich die Funktionsweise der traditionellen ADR-Verfahren möglichst ähnlich in der Online-Welt nachzubilden.[9]

Das erste Buch zu Online Dispute Resolution erschien 2001[10]; ab den 2010er-Jahren nahm die Diskussion um die Möglichkeiten, die die digitale Welt für die Gestaltung von Streitbeilegungsverfahren bietet, Fahrt auf.[11]

---

3 In Anlehnung an die Definition des National Center for State Courts, https://www.ncsc.org/odr/guidance-and-tools.
4 So ebenda; siehe hierzu auch Rickert, Online-Mediation, S. 2, sowie den kritischen Beitrag von Meller-Hannich/Höland/Krausbeck ZEuP 2014, 8.
5 Etwa durch eBay, vgl. Exon Ohio State Journal on Dispute Resolution 2017, 609 (614 f.).
6 Siehe dazu Liebig, Außergerichtliche private Streitbeilegung durch digitale Plattformen, 2024.
7 Ein kurzer Überblick über die Geschichte von ODR findet sich bei Rickert, Online-Mediation, S. 3 ff.
8 Wegen verlagsseitiger Vorgaben wird in diesem Text auf korrektes Gendern verzichtet; grammatikalisch rein männliche Sprachformen sollen deshalb auch alle anderen Geschlechter erfassen.
9 Katsh/Rabinovich-Einy, Digital Justice: Technology and the Internet of Disputes, SSRN 2017, S. 33.
10 Katsh/Rifkin, Online dispute resolution.
11 Siehe dazu exemplarisch Vicente/Oliveira/Almeida, Online Dispute Resolution – New Challenges; Rainey/Katsh/Abdel Wahab, Online Dispute Resolution; Katsh/Rabinovich-Einy, Digital Justice: Technology and the Internet of Disputes, SSRN 2017; Carrel/Ebner Journal of Dispute Resolution, 2019, 1; Albers/Katsivelas Recht & Netz, 2018; Herrmann, Online Dispute Resolution – Konfliktbehandlung im Internet, 2010 – jeweils mit weiteren Nachweisen (im Folgenden: mwN) sowie die auf Mediation fokussierten Handbuch-Beiträge von Haft/Schlieffen Mediation-

Grundlegend lassen sich **synchrone** (gleichzeitige Anwesenheit der Beteiligten in Telefon- und Video-Konferenzen bzw. Chats)[12] und **asynchrone** (ungleichzeitige Kommunikation über E-Mail, Chat, Online-Plattformen[13] oder spezielle ODR-Software[14]) **ODR-Formate** unterscheiden.[15] In diesen Kategorien bleibt ODR noch beschränkt auf eine digitale Spielart der analogen Streitbeilegungsformen in Gesprächen oder im Schriftwechsel. Das deutlich darüber hinausgehende revolutionäre Potential der digitalen Technik, das insbesondere durch die Nutzung eigenständiger digitaler Formate[16] und künstlicher Intelligenz[17] in der Streitbeilegung entsteht, wird erst schrittweise realisiert.[18] (→ Rn. 82 f.)

Die nachfolgende **Klassifizierung**[19] fokussiert auf den Grad des Einflusses der eingesetzten Technologie auf das jeweilige Konfliktbearbeitungsverfahren.

HdB/Lapp, S. 505 ff. und Trenczek/Berning/Lenz/Will Konfliktmanagement-HdB/Lenz/Schluttenhofer S. 423 ff.
12 Vgl. Exon Ohio State Journal on Dispute Resolution 2017, 609 (611).
13 Z.B. das (weiterverweisende) EU-Portal für Verbraucherstreitigkeiten www.ec.europa.eu/consumers/odr, die niederländische Plattform rechtwijzer.nl für zivil-, strafrechtliche und administrative Angelegenheiten, vgl. auch van Zeeland, Online mediation: a square peg in a round hole?, ZKM 2019, 128 oder youstice.com für Konflikte zwischen Verbrauchern und Handel.
14 Z.B. smartsettle.com oder cybersettle.com.
15 Lapp unterscheidet für die Online-Mediation entsprechend zwischen text-basierten und audio-/video-basierten Systemen, Haft/Schlieffen Mediation-HdB/Lapp Rn. 13 ff.
16 Siehe dazu Exon Ohio State Journal on Dispute Resolution 2017, 609 (613 ff.) und Katsh/Rabinovich-Einy, Digital Justice: Technology and the Internet of Disputes, SSRN 2017, S. 25 ff.
17 Siehe dazu den kompakten Überblick bei Steffek ZKM 2022, 212.
18 Siehe Exon Ohio State Journal on Dispute Resolution 2017, 609 (610), sowie Martinez Journal of Dispute Resolution 2020, 135 (136).
19 Siehe dazu Gläßer/Adrian/Alexander, mediation moves/Adrian, S. 175 ff.

Was ist ODR?

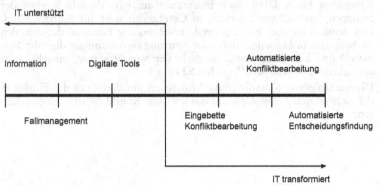

Abb. 1: Das ODR-Spektrum[20]

An dem einen Ende des Spektrums befinden sich Formen von ODR, bei denen Technologie als reine Unterstützung von analoger Konfliktbeilegung auf den Ebenen von Informationsmanagement und Kommunikation zum Einsatz kommt, etwa ein E-Mail-Austausch zur Vorbereitung einer Präsenzmediation; am anderen Ende des Spektrums stehen Formate, bei denen der Einsatz von Technologie, insbesondere von künstlicher Intelligenz, zur Entstehung völlig neuer Formen der Konfliktbearbeitung führt.[21]

5   Die Faszination von ODR blieb zunächst auf einer theoretischen, eher programmatisch-visionären Ebene. Die Praxis der gerichtlichen wie außergerichtlichen Konfliktbearbeitung in Deutschland fand weiterhin ganz überwiegend in realen Räumen unter körperlicher Anwesenheit aller Beteiligten statt. Insbesondere Mediatoren standen Online-Formaten überwiegend skeptisch oder gar ablehnend gegenüber.[22] Denn mit Blick auf das spezifische konflikttransformative Potential des Mediationsverfahrens, welches auf der Förderung von ganzheitlichem zwischenmenschlichem Kontakt, Empathie und Perspektivwechsel gründet[23], schien die gemeinsame physi-

---

20 Die Abbildung beruht auf der entsprechenden englischsprachigen Grafik bei Gläßer/Adrian/Alexander/Adrian, mediation moves, S. 175 (178).
21 Siehe exemplarisch Sela, The Effect of Online Technologies on Dispute Resolution System Design: Antecedents, Current Trends and Future Directions, Lewis & Clark Law Review 2017, 634 (660 ff.); Barnett/Treleaven The Computer Journal 2018, 399; Anzinger ZKM 2021, 53 (54 ff.) mit vielen Beispielen und weiteren Nachweisen.
22 Siehe exemplarisch Lederer perspektive mediation 2020, 233 (233 f.) sowie Winters The St. Louis Bar Journal Spring 2021, 16 (16).
23 Siehe dazu exemplarisch Bush/Folger, The Promise of Mediation oder auch Duss-von Werdt, Einführung in die Mediation, 2. Aufl. 2011.

sche Präsenz der Beteiligten vielen Mediatoren geradezu zwingend – und eine virtuelle Verfahrensweise entsprechend fernliegend.[24]

Diese Situation änderte sich schlagartig mit dem Einsetzen der **COVID-19-Pandemie** im Frühjahr 2020. Den Geboten von Lockdown und Infektionsprävention folgend wurden unterschiedlichste Dienstleistungen zwangsläufig in die Online-Welt verlegt – so auch die Konfliktbearbeitung. Nicht nur Richter, sondern auch Schiedsrichter, Schlichter und Mediatoren sahen sich unvermittelt mit neuartigen Fragestellungen und technischen wie methodischen Herausforderungen der Verfahrensführung im virtuellen Raum konfrontiert.

Die pandemisch erzwungene verstärkte Nutzung von ODR hat zu einer breiten, konstruktiven Reflexion und zu dem systematischen Ausbau der digitalen Streitbeilegung geführt. Mit dem Zuwachs an Erfahrung und technisch-methodischer Versiertheit wurden anfängliche Berührungsängste abgebaut; die Experimentierfreude der Verfahrensanbieter und -beteiligten nahm zu.[25] All dies führte nicht nur zu exponentiellem Wachstum der einschlägigen Literatur[26], sondern auch zu einem erheblichen praktischen Entwicklungsschub. So hat sich insbesondere die Online-Mediation binnen kurzer Zeit von einer Notlösung zur „neuen Normalität"[27] entwickelt.[28] Online-Streitbeilegungsverfahren werden auch nach dem Ende der Pandemie weiter nachgefragt – und sind entsprechend zum festen Bestandteil des Angebotsportfolios von Verfahrensdienstleister geworden.[29]

Dieser Beitrag[30] zeigt zunächst die grundsätzlichen Herausforderungen und Chancen digitaler Formate der Konfliktbearbeitung auf (→ Rn. 9 f.).

---

24 Siehe exemplarisch Harnack ZKM 2021, 97 (97); Rainey/Katsh/Wahab, Online Dispute Resolution/Ebner, S. 73 ff.
25 Siehe dazu exemplarisch den subjektiven, in die Metapher einer Reise eingekleideten Bericht von Lederer, perspektive mediation 2020, 233, sowie Zukowski Arizona Attorney 6/2020, 38 (38).
26 Siehe dazu unter https://odr.info/publications/ die dynamisch wachsende, internationale Publikationsliste, die das US-basierte *National Center for Technology and Dispute Resolution* regelmäßig aktualisiert; allerdings enthält diese Listung ganz überwiegend englischsprachige Literatur. Eine kommentierende Sichtung deutschsprachiger ODR-Publikationen findet sich bei Ferz/Sonnleitner perspektive mediation, 224.
27 Siehe dazu Adrian, The New Normal: Online Dispute Resolution and Online Mediation, in: Gläßer/Adrian/Alexander (Hrsg.), mediation moves, 2022, S. 175 ff.; Dendorfer-Ditges, Konfliktdynamik 2020, 139 (139); Pierce The Oklahoma Bar Journal 6/2020, 24 und (mit Fokus auf internationale Mediationen) Alexander, International Mediation and COVID-19: The New normal?, abrufbar unter: https://ink.library.smu.edu.sg/sol_research/3308/.
28 So Zukowski, Arizona Attorney 6/2020, 38 (40): „Online mediation is mainstream and here to stay." Siehe dazu auch Rickert, Online-Mediation, S. 8 f. mwN.
29 So exemplarisch Griffin/Margolis/Webb, The Mississippi Lawyer Winter 2021, 29 (31); Blanchard The Gavel Winter 2021, 8 (8).
30 Der vorliegende Text ist eine überarbeitete und aktualisierte Fassung meines Buchbeitrags Gläßer, Mediation und Digitalisierung, in Riehm/Dörr (Hrsg.), Digitalisierung und Zivilverfahren, 2023, S. 529 ff.; er beruht inhaltlich zudem auf dem zweiteiligen Artikel von Gläßer/Sinemillioglu/Wendenburg ZKM 2020, 80 und Gläßer/Sinemillioglu/Wendenburg ZKM 2020, 133. Ich danke meinen Kollegen für die Möglichkeit, mit dem zu Beginn der Pandemie gemeinsam erstellten Material weiterzuarbeiten. Des Weiteren danke ich Ellen Birkhahn und Laura Noethe für die Unterstützung bei der Arbeit an diesem Text.

Dem folgt ein kurzer Überblick über relevante technisch-infrastrukturelle und organisatorische Aspekte von Online- und hybriden Verfahren (→ Rn. 36 ff.), die für alle ADR-Verfahren relevant sind. Auf dieser Basis werden Spezifika der digitalen Gestaltung der Verfahrensarten Mediation (→ Rn. 45 ff.), Schlichtung (→ Rn. 58 ff.) und Schiedsgerichtsbarkeit (→ Rn. 62 ff.) separat erörtert. Der Schwerpunkt liegt dabei auf Fragen der Verfahrensführung und Interventionsgestaltung im synchronen Online-Format der Mediation, bei der alle Beteiligten zeitgleich virtuell anwesend und per Audio und Video miteinander verbunden sind. Abschließend werden Zukunftsfragen von ODR, insbesondere mit Blick auf mögliche Einsatzformen Künstlicher Intelligenz, in den Blick genommen (→ Rn. 67 ff.). Am Ende steht ein kurzes Fazit (→ Rn. 90 ff.).

II. Herausforderungen und Chancen der digitalen Konfliktbearbeitung

8 Im Folgenden werden spezifische Herausforderungen (→ Rn. 9 ff.) wie auch Vorteile und Chancen (→ Rn. 13) vorgestellt, die digitale Formate von Konfliktbearbeitung mit sich bringen. Einige Aspekte sind in ihrer Wirkung auch ambivalent (→ Rn. 18 f.).

9 **1. Herausforderungen.** Die Durchführung von digitalen Verfahren ist nur unter Nutzung von entsprechender Software möglich. Hier stellen sich zahlreiche **datenschutzrechtliche Fragen**, die erhöhte Brisanz erlangen, wenn Verfahren dem Vertraulichkeitsprinzip unterliegen.[31] So werden viele Meeting-Tools von außereuropäischen Unternehmen angeboten[32] und in ihrer Funktionsweise kontinuierlich verändert und optimiert. Dies führt dazu, dass die Frage nach der DS-GVO-Konformität und der Erfüllung bestimmter weiterer Datenschutzkriterien immer neu gestellt werden muss. Zu prüfen sind hierbei insbesondere Form und Umfang der Datenspeicherung, Transparenz und Auswahlmöglichkeit von Serverstandorten bzw. die alternative Möglichkeit der Installation der Software auf eigenen Servern, die eingesetzte Verschlüsselungs- und Kommunikationstechnik und ggf. auch die Möglichkeit der individuellen Konfiguration von weiteren datenschutzrechtlichen Vorkehrungen.

10 Konfliktparteien, die mit digitalen Medien und Kommunikationsformen wenig erfahren sind, fühlen sich im Online-Setting tendenziell unsicher – und dadurch ggf. in einer unterlegenen Ausgangsposition.[33] Auch unterschiedliche technische Ausrüstung kann dazu führen, dass einer Partei der Zugang zu digitalen Arbeitsformen erschwert wird oder dass das Verfahren von **technischen Problemen** überschattet ist. Letzteres kann zu Groll gegen die nicht funktionierende Technik führen, die mitunter auch als vier-

---

31 Siehe dazu Ehrnsperger, Online-Mediation, Datenschutz und die Wahl eines geeigneten Videodienstes, ZKM 2021, 175, sowie umfassend Ehrnsperger 2021 (online zum kostenfreien Download verfügbar unter www.vfst.de/fachliteratur/produkte/vertraulichkeit-und-datenschutz-online-mediation-ueber-videokonferenzen).
32 Zur Anwendbarkeit der DS-GVO auf Plattform-Anbieter außerhalb des europäischen Wirtschaftsraums siehe Dendorfer-Ditges, Konfliktdynamik 2020, 139 (144).
33 Bei Mediationen, an denen jüngere Kinder oder ältere Menschen, die ansonsten kaum in Berührung mit Formen der Online-Kommunikation kommen, beteiligt werden sollen, steht die Online-Eignung insgesamt infrage.

te Partei bezeichnet wird[34] – was wiederum die Gesamtatmosphäre negativ beeinflussen kann.[35]

Inzwischen ist es wissenschaftlich nachgewiesen, dass viele Menschen in Online-Formaten eine **verkürzte Aufmerksamkeitsspanne** und deutlich **schnellere Ermüdung** (sog. „zoom fatigue") erleben als in Besprechungen in physischer Präsenz.[36] Gründe hierfür sind der eintönige Fokus auf den Bildschirm, eingeschränkte ganzkörperliche Bewegung, die Notwendigkeit erhöhter Konzentration zur Wahrnehmung von Zwischentönen, Mimik und Gestik, fehlender direkter Augenkontakt oder schlicht mangelnde Routine mit Online-Meetings und Handhabung der Technik. Zudem besteht zusätzliches **Ablenkungspotential** durch weitere geöffnete Programme, paralleles Bearbeiten von E-Mails etc.

Zusätzlich zu den genannten Konzentrationsproblemen erschweren noch weitere Faktoren den **Kontaktaufbau** und die Herstellung eines authentischen Nähegefühls zwischen den Verfahrensbeteiligten[37]: In der Online-Kommunikation fehlt der für die menschliche Interaktion extrem wichtige direkte Blickkontakt[38]; Augenkontakt kann nur durch Fokussierung der Kamera simuliert werden. Auch können die Konfliktparteien einander nicht ganzkörperlich und mit allen Sinnen wahrnehmen. Nicht selten vermindern suboptimale Lichtverhältnisse oder Körperhaltungen die Lesbarkeit der Mimik auf den Bildkacheln; auch werden online nicht alle Nuancen der menschlichen Stimme übertragen.[39] Bei schlechter Internetverbindung können durch verzögerte Bildübertragung und die dadurch eine fehlende Synchronizität zwischen Bild und Ton zusätzliche Verwerfungen entstehen. Nicht zuletzt fehlen im digitalen Raum auch informelle und zufällige Begegnungsmöglichkeiten jenseits der eigentlichen Verfahrenszeit, wie sie im realen Raum vor und nach Sitzungen oder in Pausen möglich sind.[40] All dies – wie auch die relativ einfache Abbruchmöglichkeit – kann sich negativ auf das Engagement der Konfliktparteien und ihr Vertrauen in die Verbindlichkeit der Gegenseite auswirken.[41]

2. Chancen. Augenfällig sind die **logistischen und finanziellen** Vorteile von reinen Online-Verfahren:[42] Beim Arbeiten im digitalen Raum entfallen die Festlegung bzw. Anmietung eines für alle Parteien akzeptablen Sitzungsortes, Zeit- und Kostenaufwand für Anreise sowie etwaige Übernachtungen

---

34 So Choi/Katsh (Hrsg.), Online Dispute Resolution (ODR): Technology as the „Fourth Party". Papers and Proceedings of the 2003 UN Forum of ODR, 2003, III. J. S. 5 ff. (zitiert nach Anzinger ZKM 2021, 53 (55), Fn. 45).
35 So auch Proksch perspektive mediation 2021, 244 (247).
36 Siehe dazu Rickert, Online-Mediation, S. 17 ff. nwN; Sklar, ‚Zoom fatigue' is taxing the brain, 2020, abrufbar unter www.nationalgeographic.com/science/20 20/04/coronavirus-zoom-fatigue-is-taxing-the-brain-here-is-why-that-happens; Rewa/Hunter, Leading Groups Online. A down-and-dirty guide to leading online courses, meetings, trainings, and events during the coronavirus pandemic, 2020, abrufbar unter http://www.leadinggroupsonline.org/ebooks/Leading%20Groups% 20Online.pdf, S. 8.
37 Dazu auch Rickert, Online-Mediation, S. 14 ff.
38 Dazu mwN Harnack ZKM 2021, 97 (98).
39 Harnack ZKM 2021, 97 (98).
40 Winters The St. Louis Bar Journal Spring 2021, 16 (17).
41 Griffin/Margolis/Webb The Mississippi Lawyer Winter 2021, 29 (31).
42 So auch Griffin/Margolis/Webb The Mississippi Lawyer Winter 2021, 29 (29 f.).

und Bewirtung der Verfahrensbeteiligten. Derartige Ressourcenersparnis kann auch vorteilhaft im Sinne von **Ökologie und Nachhaltigkeit** sein; dabei darf allerdings in der ökologischen Gesamtbilanz der Energieverbrauch durch Streaming nicht vernachlässigt werden.[43]

14 Aufgrund des Online-Formates gestaltet sich auch die **Terminfindung** – auch über unterschiedliche Zeitzonen hinweg – in der Regel leichter und flexibler.[44] Anstrengende Ganztagessitzungen, die oft nur durchgeführt werden, um den Reiseaufwand lohnenswert zu machen, können auf mehrere kürzere Online-Termine aufgeteilt werden.

15 Das digitale Format führt auch zu einer **Vereinfachung der Herstellung von unterschiedlichen Gesprächskonstellationen**. So können Unterbrechungen zur internen Besprechung innerhalb einer Beteiligtenseite, mit dem anwaltlichen Beistand oder anderen Beratern effizient per Mausklick organisiert werden. Wenn in Mediationen sukzessive Einzelgespräche geführt werden[45], ist das Online-Format effizienter und schneller, da kein realer Raumwechsel mit Wegezeiten nötig ist.[46] Auch Gutachter, Behördenvertreter und andere relevante Dritte können mit minimalem logistischen Aufwand punktuell oder wiederholt in das Verfahren zugeschaltet werden.[47]

16 Die Reduzierung des logistischen Aufwandes führt insgesamt zu einer **niedrigschwelligeren Zugänglichkeit** von Online-Verfahren.[48] In Fallkonstellationen, in denen eine Präsenz-Konfliktbearbeitung logistisch zu aufwändig oder gar unmöglich erscheint, ermöglicht die digitale Arbeitsweise unter Umständen überhaupt erst das Stattfinden von strukturierten Streitbeilegungsverfahren. Hier ist insbesondere an grenzüberschreitende Konfliktkonstellationen oder Streitparteien zu denken, die an weit voneinander entfernten Orten oder in schwer zugänglichen ländlichen Räumen leben[49]. Auch in hocheskalierten und/oder gewaltbelasteten Konflikten, etwa zwischen (ehemaligen) Beziehungspartnern oder verfeindeten ethnischen Gruppen, die sich aus Sicherheitsgründen physisch nicht an einen Tisch setzen würden, kann die Option des virtuellen Raumes überhaupt erst eine Verhandlungsbereitschaft ermöglichen. Ähnliches gilt für die Bearbeitung von Konflikten, bei denen einzelne Beteiligte aufgrund einer Behinderung nur eingeschränkt mobil, in Haft oder in Quarantäne sind. Auch für Personen, die aufgrund ihrer besonderen physischen oder psychischen Disposition die reale Begegnung scheuen, ist die Online-Bearbeitung ihrer Konflikte möglicherweise vorzugswürdig.[50]

17 Einige Konfliktparteien empfinden **mehr Sicherheit, Autonomie und Selbstbestimmung** durch den Umstand, dass sie den Ort, an dem sie an einem Online-Verfahren teilnehmen, frei wählen können.[51] Ein verstärktes Gefühl

---

43 So auch Bond perspektive mediation 2021, 249 (252).
44 So auch Griffin/Margolis/Webb The Mississippi Lawyer Winter 2021, 29 (30).
45 Dazu grundlegend Gläßer/Kublik ZKM 2011, 89.
46 Winters The St. Louis Bar Journal Spring 2021, 16 (19).
47 So auch Majzoub Michigan Bar Journal 9/2020, 42 (44); Griffin/Margolis/Webb The Mississippi Lawyer Winter 2021, 29 (30).
48 So auch Bond perspektive mediation 2021, 249 (251).
49 So McQuiston/Sturges Colorado Lawyer 2/2020, 30 (31).
50 Condlin Cardozo Journal of Conflict Resolution 2017, 717.
51 Griffin/Margolis/Webb The Mississippi Lawyer Winter 2021, 29 (30).

von Kontrolle kann sich auch durch die Möglichkeit ergeben, dass alle Beteiligten ihre Audio- und Videoübertragungen an- und ausschalten sowie ihre grundsätzliche Teilnahme an der Videokonferenz per einfachem Mausklick beenden können.

Auch die verfahrensleitenden Personen haben online aufgrund der technischen Möglichkeiten in gewisser Hinsicht **mehr Kontrolle über das Kommunikationsgeschehen**.[52] Denn zumeist ermöglicht es die Konferenz-Software den Hosts, Teilnehmer stumm zu schalten, in gesonderte Räume zu transferieren oder sogar vollständig aus dem Online-Meeting zu entfernen. Eine Vereinbarung zur Anmeldung von Wortbeiträgen über die Meldefunktion oder den Chat ermöglicht es allen Beteiligten, in einem disziplinierten und fairen Nacheinander von Redebeiträgen zu Wort zu kommen. Dies wiederum entschleunigt die Kommunikation und trägt zur Deeskalation bei.

3. Ambivalente Aspekte. Neben diesen recht klaren Vor- und Nachteilen gibt es auch **ambivalente Aspekte** der Online-Verfahrensführung:[53]

Die bisherigen Erfahrungen zeigen, dass das Online-Setting deutliche Auswirkungen auf die **Emotionalität** der Beteiligten hat[54]: Da nur ein Teil der Mimik und Gestik über den Bildausschnitt zu erkennen ist und die nonverbale Kommunikation damit nur reduziert und teilweise zusätzlich auch verzögert wahrgenommen wird, ist die persönliche Ausdrucksfähigkeit in der Online-Kommunikation eingeschränkt. Dadurch sind Emotionen zum einen weniger klar erkenn- und lesbar.[55] Zum anderen beeinträchtigt auch der Umstand, dass aufgrund der technischen Übertragung verbaler und nonverbaler Ausdruck nicht vollständig synchron sind, die emotionale Resonanz in der Online-Kommunikation.[56]

Parteien haben es deshalb leichter, sich im Online-Raum vom Konflikt(bearbeitungs)geschehen zu distanzieren und Emotionen zurückzuhalten. Ein Setting mit gedämpften Emotionen erscheint bei sehr impulsiven Streitparteien oder in hocheskalierten Konflikten als klarer Vorteil. Angesichts dessen, dass die Offenlegung und das gemeinsame Durchleben von Emotionen für eine nachhaltige Klärung von Konflikten aber in bestimmten Fallkonstellationen unerlässlich sein kann[57], können Online-Verfahren zugleich Gefahr laufen, den Konflikt nur oberflächlich zu behandeln.

In manchen Konfliktkonstellationen öffnen sich Parteien online aber auch stärker emotional, als sie dies in physischer Präsenz tun würden – gerade weil sie sich auf Distanz und somit in sicherer Umgebung befinden (→ Rn. 16 f.).

---

52 So auch Bond perspektive mediation 2021, 249 (253).
53 Dazu ausführlicher für die Mediation Gläßer/Sinemillioglu/Wendenburg ZKM 2020, 133 (134 f.).
54 So Tait, Evaluation of the Distance Family Mediation Project, 2013, S. 2, 28, 36.
55 Dazu auch Rickert, Online-Kommunikation, S. 33 ff. mwN.
56 Siehe dazu anschaulich https://www.nationalgeographic.com/science/2020/04/coronavirus-zoom-fatigue-is-taxing-the-brain-here-is-why-that-happens/ und https://www.nytimes.com/2020/04/29/sunday-review/zoom-video-conference.html.
57 So insbes. die Vertreter der Klärungshilfe, siehe exemplarisch Thomann, Klärungshilfe 2, 3. Aufl. 2008.

19 Hinzu kommt, dass Momente der **Stille**, in denen sich emotionale Regungen oder Perspektivwechsel entwickeln können[58], im Online-Setting oft schwerer auszuhalten sind. Denn bei Stille drängt sich unwillkürlich der Eindruck eines technischen oder sonstigen kommunikativen Problems auf, das es möglichst schnell zu beheben gilt.

III. Technische und organisatorische Aspekte

20 In der Vorbereitung und bei der Gestaltung von Online-Streitbeilegungsverfahren müssen eine Reihe von technischen und organisatorischen Aspekten berücksichtigt werden.[59]

21 **1. Technische Infrastruktur.** Grundsätzlich ist für eine Online-Durchführung von Streitbeilegungsverfahren jede Software verwendbar, die Audio-Video-Verbindungen ermöglicht. Grundvoraussetzung dafür, dass die Software stabil läuft, ist eine ausreichend **schnelle und stabile Internetverbindung**. Auch **Kamera und Mikrofon** sind Teil der notwendigen Grundausstattung.

Die Anbieter von **Meeting-Software** bieten unterschiedliche technische Optionen für die Meeting-Gestaltung.[60] Die Entscheidung für eine bestimmte Software bzw. Plattform hängt davon ab, ob auf Seiten von verfahrensbeteiligten Behörden, Unternehmen oder anderen Organisationen Vorgaben bestehen, welche Software genutzt werden darf und welche nicht. Auch jenseits von strikten Regularien sind Gewohnheit und Vertrautheit auf Seiten der Verfahrensbeteiligten zu berücksichtigen – insbesondere bei Verfahren innerhalb von Organisationen mit einer bereits etablierten Online-Kultur.

22 Besteht eine gewisse Wahlfreiheit bezüglich der nutzbaren Software, ist für die **Software-Auswahl** auch die Verfügbarkeit der insbesondere von der verfahrensleitenden Person gewünschten **Funktionen** entscheidend.

Essentiell für die Online-Vermittlung ist die Funktion, den **Bildschirm teilen** zu können (Screensharing), um gemeinsam auf die Tagesordnung bzw. Themenliste, eine entstehende Mitschrift oder auf bereits fertige Dokumente blicken zu können. Die kontinuierliche Visualisierung von Arbeitsschritten kann über einfache Worddokumente, integrierte Whiteboards, separate Visualisierungsprogramme[61] oder auch schlicht über handschriftliche Notizen auf Papier oder einer echten Flipchart, welche über eine zweite Kamera eingeblendet werden, erfolgen. Die Möglichkeit, Dateien und Links über den Chat direkt einzuspeisen und so ohne zusätzlichen Emailverkehr unmittelbar mit allen Teilnehmern eines Meetings zu teilen, ist eine hilfreiche Ergänzung.

---

58 Zur wichtigen Rolle von Schweigen als Interventionsform in der Mediation, siehe Ben Larbi/Gläßer, Warum nichts manchmal mehr ist. Schweigen in der Mediation, in Knapp (Hrsg.), Konfliktlösungs-Tools II, 2013, S. 265 ff.
59 Dazu auch Rickert, Online-Mediation, S. 55 ff.
60 Neben kommerziellen Anbietern wie Adobe Connect, BlueJeans, MS Teams, WebEx oder Zoom gibt es auch frei nutzbare Open Source-Software wie zB Jitsi, BigBlueButton, fairmeeting oder Nextcloud Talk; eine Übersicht über Open Source-Meetingsoftware findet sich zB hier: https://www.heise.de/tipps-tricks/Die-besten-Videokonferenz-Tools-im-Ueberblick-4688243.
61 Siehe dazu die Übersicht bei Bielecke ZKM 2022, 9 (10) mwN.

Die Software sollte es auch ermöglichen, unkompliziert **virtuelle Nebenräume** (breakout rooms) einzurichten, damit bei Bedarf Einzelgespräche mit Parteien, kurze Beratungen zwischen Parteien und ihren begleitenden Rechtsanwälten oder auch Abstimmungen zwischen Co-Mediatoren in vertraulichem Rahmen stattfinden können.

Nehmen mehr als sechs Personen an einem Online-Termin teil, ist es für eine geordnete Gestaltung der Kommunikation sehr hilfreich, wenn die Meeting-Software Funktionen hat, über die **Wortmeldungen** wie auch Reaktionen auf Statements durch **visuelle Symbole** angezeigt werden können.

Vielen Verfahrensbeteiligten ist es wichtig, dass der Hintergrund des eigenen Videobildes durch einen **virtuellen Hintergrund** ersetzt oder mindestens weichgezeichnet werden kann, um unliebsame Einblicke in die eigene Arbeits- oder Privatsphäre zu vermeiden.

2. Datenschutzvorkehrungen. Die Verfahrensdienstleister sollen hinsichtlich der – von ihnen selbst oder von den Konfliktparteien vorgeschlagenen – Software über ausreichende Informationen über die Art des **Datenflusses** (zB Verschlüsselungsformen, Serverstandorte) und **Speicherung von Daten** durch die genutzte Software verfügen und diese mit den Konfliktparteien vorab teilen, damit diese eine unter Datenschutzgesichtspunkten informierte Entscheidung über die Wahl der Software treffen können.[62]

Bei Bedarf können auch vor Beginn der eigentlichen Konfliktbearbeitung spezielle Abreden zum datenschutzkonformen Umgang mit Meeting-Tools und im Verfahren ausgetauschten Informationen in eine initiale Rahmenvereinbarung aufgenommen werden (→ Rn. 50 f./unten Mediation Phase 1).

3. Organisatorische Rahmenbedingungen. Eine wesentliche Voraussetzung für das Gelingen eines Online-Verfahrens ist ein technisch wie räumlich **funktionsfähiges Setting** – sowohl auf Seiten der neutralen Dritten als auch auf Seiten der Konfliktparteien. Hierfür sind einige grundlegende organisatorische Rahmenbedingungen herzustellen, die auch für andere Videokonferenz-Situationen relevant sind: So sollten sich alle Verfahrensbeteiligten in einem ruhigen, gut ausgeleuchteten Raum befinden, in dem sie für die Dauer der Online-Sitzung ungestört bleiben können.

Meeting-Software ist in der Regel über verschiedene **digitale Endgeräte** (Computer bzw. Notebook, Tablet und Mobiltelefon) nutzbar. Für Online-Verfahren empfiehlt sich die Nutzung eines Desk- oder Laptops, da zum einen die Funktionalität der Meeting-Software über mobile Endgeräte oft nur eingeschränkt oder schlechter bedienbar ist. Zum anderen bleibt das Videobild so ruhiger und stabiler.

Die **Einstellung der Kamera** auf Augenhöhe und ein frontaler Blickwinkel zur Kamera fördern den Eindruck, dass sich die Beteiligten direkt gegenseitig ansehen.[63] Durch die **Nutzung eines zweiten Bildschirms** können Visualisierungsergebnisse und verfahrensrelevante Dokumente vor Augen stehen, ohne dass die Videobilder der beteiligten Personen verkleinert bzw. ausgeblendet werden.

---

62 Dazu recht detailliert Dendorfer-Ditges Konfliktdynamik 2020, 139 (144).
63 Dazu auch Rickert, Online-Mediation, S. 46 f.

28 Um **transparente Kommunikation** zu fördern, sollten alle Chatbeiträge für alle Sitzungsteilnehmer gleichermaßen sichtbar sein. Wenn möglich, sollte die private Chatfunktion daher abgestellt werden. Allerdings gibt Szenarien, in denen eine private Kommunikation bestimmter Verfahrensbeteiligter sinnvoll oder gar notwendig ist; dies gilt insbes. für Einzelgespräche und für den Austausch zwischen Co-Mediatoren oder innerhalb von aus mehreren Personen bestehenden Parteien sowie zwischen Parteien und ihren Rechtsbeiständen oder anderweitigen Beratern. Aus Gründen der Transparenz und der Fokussierung sollten für derartige separate Gespräche klare Pausen im gemeinsamen Verfahrensverlauf eingelegt werden. Die Kommunikation in den separaten Konstellationen kann dann entweder in virtuellen Nebenräumen des gemeinsamen Software-Tools oder über andere Kommunikationskanäle (Telefon, E-Mail, etc) stattfinden.

Um Befangenheiten und mögliche Vertraulichkeitsverletzungen zu vermeiden, sollten Online-Sitzungen nicht aufgezeichnet werden.[64]

29 Angesichts dessen, dass die technische Handhabung der digitalen Infrastruktur zusätzliche Aufmerksamkeit verlangt und auch fehleranfällig ist, ist es bei Online-Verfahren sehr entlastend, in einer **Co-Konstellation** zu arbeiten.[65] So kann eine Person den technischen Support, die Beobachtung von parallelen Mitteilungen im Chat, die Moderation von Wortmeldungen und Visualisierungen übernehmen. Nicht zuletzt kann eine Co-Person nahtlos die Verfahrensleitung übernehmen, wenn der bis dahin primär agierende Kollege erschöpft ist oder aus technischen Gründen aus der Online-Sitzung „fällt".

Alternativ besteht die Möglichkeit, den technischen Support auf zusätzliche Unterstützungspersonen oder kommerzielle **externe Dienstleister** auszulagern. Da letzteres die Verfahrenskosten deutlich erhöht, wird dies v. a. bei großen Online-Schiedsverhandlungen so praktiziert (→ Rn. 64). Alle Hilfspersonen, die zur Unterstützung in die Durchführung eines Mediationsverfahrens eingebunden sind, sind von der Verschwiegenheitspflicht des § 4 MediationsG erfasst (→ § 4 Rn. 20 ff.).

30 **4. Vor- und Nachbereitung von Online-Verfahren.** Die Rahmenbedingungen und der Verlauf eines Online-Verfahrens sollten vorab – in Präsenz oder in einem gemeinsamen vorbereitenden Online-Termin – besprochen werden.[66] Zusätzlich zu den üblichen vorbereitenden Klärungen sind dabei für Online-Verfahren **spezifische Vorab-Informationen und Vereinbarungen** nötig. So sollten die Parteien Erläuterungen zu den oben genannten technischen und räumlichen Voraussetzungen sowie zu den datenschutzrechtlichen Implikationen der verwendeten Programme erhalten (→ Rn. 23 f.).

31 Insbesondere bei wenig technikaffinen Beteiligten ist es ratsam, einen auch technikfokussierten **Online-Vorbereitungstermin** zu vereinbaren.[67] So haben die Beteiligten die Möglichkeit, sich frühzeitig mit den einzelnen Funk-

---

64 So auch Zukowski Arizona Attorney 6/2020, 38 (40) und Dendorfer-Ditges Konfliktdynamik 2020, 139 (143).
65 Grds. zur Co-Mediation Troja, Lehrmodul 3: Co-Mediation, ZKM 2005, 161.
66 So auch Dendorfer-Ditges Konfliktdynamik 2020, 139 (140 f.) mit der Empfehlung einer vorbereitenden Verfahrenskonferenz.
67 So auch Rickert, Online-Mediation, S. 59 f.

tionen der verwendeten Software vertraut zu machen. Dies kann auch einem aus ungleicher „*technical literacy*" entstehenden Unterlegenheitsgefühl auf Seiten einer Partei[68] vorbeugen.

Die Meetingsoftware, Kamera und Mikrofon sollten von allen Beteiligten vor dem eigentlichen Verfahrensbeginn auf ihre Funktionsfähigkeit getestet werden. Die Beteiligten können sich auch vorab darüber verständigen, ob sie einheitlich ihren realen Raumhintergrund zeigen oder einen virtuellen Hintergrund nutzen wollen. Jedenfalls sollte einvernehmlich geklärt werden, wie im Rahmen von Online-Sitzungen ein etwaiger Dokumentenaustausch gehandhabt werden soll.[69]

Für den Fall von **technischen Problemen** sollten vorab Lösungsstrategien in Form einer alternativen Vorgehensweise abgesprochen werden.[70] Denkbar sind zB vorsorgliche Absprachen über den Einsatz alternativer Endgeräte, die Nutzung einer alternativen Meeting-Software, eine rein telefonische Fortsetzung oder eine Verschiebung des Termins. In jedem Fall sollte für die Dauer jeder Online-Sitzung eine alternative Erreichbarkeit aller Beteiligten sichergestellt werden.

Eine weitere Vorbereitungsebene betrifft die **Zeitplanung**. Da Online-Meetings schneller ermüden als Präsenztreffen, sollten Online-Verfahren möglichst in kürzere Zeiteinheiten unterteilt und adäquate Pausen eingeplant werden.[71]

Hilfreich kann darüber hinaus der Hinweis an die Konfliktparteien sein, vor und nach einem digitalen Verfahrenstermin einen Zeitpuffer einzuplanen. Da An- und Abreisen entfallen, fehlen sonst Übergangszeiten für die innere Vor- und Nachbereitung und Reflexion. Gerade letztere können aber sehr nötig sein, um insbesondere nach einer emotional aufgeladenen Online-Sitzung, die mit einem simplen Mausklick endet, wieder aus dem Konfliktgeschehen „herauszufinden".

In diesem Zusammenhang sollte auch ein Hinweis zur bewussten **Wahl des Ortes** für die Teilnahme an einem Online-Verfahren erfolgen: Die Konfliktparteien sollten darauf aufmerksam gemacht werden, dass sie sich den Konflikt im Online-Format ggf. buchstäblich ins eigene Arbeits- oder Wohnzimmer holen – was Vorteile (Vertrautheit/Geborgenheit/Sicherheit), aber auch Nachteile (mangelnde Distanzierungsmöglichkeit) haben kann.

Zur **Nachbereitung** eines Online-Verfahrens bzw. einzelner Online-Sitzungen gehört die Versendung der entstandenen Visualisierungen und (Abschluss-)Dokumente. Eine systematische technische Evaluation, die insbesondere den Umgang mit technischen Problemen, aber auch den gut gelungenen Einsatz digitaler Mittel reflektiert, fördert ein lernendes System.

5. Besonderheiten der hybriden Verfahrensgestaltung. Streitbeilegungsverfahren, in denen digitale Elemente mit physischer Präsenz gemischt werden, bezeichnet man als **hybride Verfahren**.[72] Diese Begriffswahl ist zu

---

68 Siehe dazu C.II.1.
69 Dendorfer-Ditges Konfliktdynamik 2020, 139 (141).
70 So auch Zukowski Arizona Attorney 6/2020, 38 (40).
71 So auch Bond perspective mediation 2021, 249 (254).
72 So auch Bielecke ZKM 2022, 9 (9).

37 unterscheiden von den sog. Hybridverfahren, in denen einzelne klassische Verfahrenstypen des ADR-Spektrums zu eigenen Mischformen kombiniert werden (→ Einführung Rn. 42 ff.); im letzteren Bedeutungszusammenhang besonders bekannt und in der Praxis gebräuchlich sind die Med-Arb- und Arb-Med-Verfahren, die Mediation und Schiedsgerichtsbarkeit gestuft zusammenfügen.[73]

37 Bezüglich der **Mischung von Präsenz- und Online-Durchführung** von Verfahren sind zwei grundsätzlich unterschiedliche Kombinationsformen zu unterscheiden: das konsekutive Hintereinanderschalten von Verfahrenselementen, die Online bzw. in physischer Präsenz stattfinden (**konsekutive hybride Verfahren**), und die zeitgleiche Anwesenheit von Verfahrensbeteiligten teilweise in physischer Präsenz und teilweise über digitale Kanäle (**parallele hybride Verfahren**).[74] In der Praxis kommen mittlerweile alle denkbaren Kombinationen von physischer und digitaler Beteiligung vor.

Bei der konsekutiven Abwechslung von digital und in Präsenz durchgeführten Verfahrensabschnitten gelten für die Online-Abschnitte des Verfahrens im Wesentlichen die Ausführungen zu digitaler Verfahrensgestaltung. Dagegen stellen parallele Hybridkonstellationen, in denen sich ein Teil der Verfahrensbeteiligten gemeinsam in einem physischen Raum befindet, während andere digital dazu geschaltet sind, alle Beteiligte aufgrund ihrer erhöhten Komplexität vor spezifische Herausforderungen[75] und bedürfen spezifischer Ausgestaltung.

38 Je nach Form der Beteiligung ergeben sich **verschiedene Spielarten von parallelen Hybridverfahren**[76]:

- Das Verfahren findet grundsätzlich in gemeinsamer physischer Präsenz statt, aber einzelne Beteiligte sind online zugeschaltet;
- die Konfliktparteien sitzen – ggf. jeweils mit ihrer anwaltlichen Begleitung – physisch zusammen in einem Raum, während mindestens eine verfahrensleitende Person online zugeschaltet wird;
- das Setting ist heterogen gemischt, einige der Beteiligten sind mit der verfahrensleitenden Person gemeinsam in einem physischen Raum, während andere Beteiligte an einem anderen Ort gemeinsam in einem Raum sind und online zugeschaltet werden etc.

In all diesen Varianten ist es die zentrale Aufgabe der verfahrensleitenden Personen, alle Konfliktparteien gleichmäßig am Verfahren zu beteiligen und guten Kontakt zu allen Verfahrensbeteiligten zu halten – unabhängig davon, in welchem Medium sie an dem Verfahren teilnehmen.

39 In hybriden Settings müssen die verfahrensleitenden Personen dafür verstärkt **Multitasking-Leistungen** erbringen, da sie sowohl die Online-Technik als auch die physisch-räumlichen Gegebenheiten navigieren und dabei die Beteiligten im Raum und auf dem Bildschirm gleichermaßen im Auge behalten müssen. Soweit die verfahrensleitenden Personen im physischen Raum arbeiten, erleben sie zudem einen eingeschränkten Bewegungsspiel-

---

[73] Siehe dazu Kück, Hybride ADR-Verfahren, in Kracht/Niedostadek/Sensburg (Hrsg.), Praxishandbuch Professionelle Mediation, 2023.
[74] Siehe dazu www.hybridmediation.de.
[75] So auch Bielecke ZKM 2022, 9 (9).
[76] Ähnlich auch Bielecke ZKM 2022, 9 (12 f.).

raum, da sie darauf achten müssen, im Fokus der Kamera und in der Reichweite des Mikrofons zu agieren, um auch für die Online-Teilnehmer durchgängig präsent zu bleiben. Auch muss eine Visualisierungsform gewählt werden, die für alle Verfahrensbeteiligten gleichermaßen gut sichtbar ist.

Schwierigkeiten können dadurch entstehen, dass sich die Verfahrensbeteiligten nicht gleichmäßig sehen und hören können. Denn die Beteiligten, die in einem physischen Raum versammelt sind, sitzen zumeist unterschiedlich weit entfernt von einer zentral platzierten Kamera und dem Mikrofon. Dies kann zu Verständigungsproblemen führen. Die Online-Teilnehmer des Verfahrens sind dagegen zwar in der Regel gut hör- und sichtbar, letzteres aber eben nur mit einem körperlichen Teilausschnitt. So ist Mimik und Körpersprache der Verfahrensbeteiligten nicht für alle gleichmäßig lesbar. Alle Beteiligten stehen vor der Herausforderung, unterschiedliche Blick- und Sprechrichtungen – zu den Beteiligten im Raum und Kamera/Mikrofon – berücksichtigen zu müssen. 40

All dies erhöht die Anspannung und vermindert das Empfinden von Präsenz und Kontakt, was sich negativ auf die Kommunikations- und Konfliktdynamik auswirken kann. Zudem können die Ungleichmäßigkeiten in der Kommunikationssituation dazu führen, dass einzelne Teilnehmer übersehen werden[77] oder dass die Konfliktparteien – ggf. auch unbewusst – ein ungleiches Nähe-Distanz-Verhältnis zwischen den verfahrensleitenden Personen und einzelnen Beteiligten interpretieren. Letzteres kann wiederum dazu führen, dass Einzelne die Allparteilichkeit der verfahrensleitenden Personen in Frage stellen.

In der Gesamtschau stellt eine hybride Verfahrensgestaltung mit paralleler Online- und physischer Präsenz sehr **hohe Anforderungen** sowohl an die verfahrensleitenden Personen als auch an die Verfahrensvorbereitung und technische Ausstattung.[78] Das Arbeiten in einem reinen Online-Format oder in physischer Präsenz mit allen Beteiligten ist dagegen deutlich einfacher – und erfahrungsgemäß auch befriedigender für die Konfliktparteien. Insofern sollte immer sorgfältig überprüft werden, ob ein paralleles Hybridformat wirklich erforderlich oder vermeidbar ist.[79] 41

Unter bestimmten (Ausnahme-)Umständen kann es gute Gründe dafür geben, dass eine Verfahrenssitzung in hybrider Konstellation stattfinden soll. Insbesondere bei kurzfristiger Erkrankung oder auch Reiseschwierigkeiten ist ein digitales Zuschalten einzelner Beteiligter manchmal der einzige Weg, einen Termin nicht gänzlich ausfallen zu lassen. Umgekehrt kann es für digital averse, besonders sicherheits-, abstimmungs- oder anderweitig unterstützungsbedürftige Konfliktparteien eine „conditio sine qua non" sein, in physischer Präsenz mit der verfahrensleitenden Person, der eigenen peer

---

77 Ähnlich auch Bielecke ZKM 2022, 9 (12).
78 So auch Bielecke ZKM 2022, 9 (9).
79 Während in diesem Beitrag eher zur Vorsicht mit dem Einsatz hybrider Arbeitsformen gemahnt wird, ermutigen andere ausdrücklich zu hybriden Formaten, da diese „das Beste aus beiden Welten zusammenführen", so Bielecke ZKM 2022, 9 (9 und 14), und sehen hybride Verfahren als das Modell der Zukunft, so Majzoub Michigan Bar Journal 9/2020, 42 (44).

42 In parallel-hybriden Verfahren müssen Elemente der Online- und der physischen Präsenzmediation kombiniert werden. Insofern gilt alles, was zur technischen und methodischen Verfahrensgestaltung ausgeführt wurde (→ Rn. 20 ff.), auch für diese Verfahrensvariante. Dazu tritt die Herausforderung, aktiv und sorgsam mit den soeben dargestellten Herausforderungen umzugehen.

Ein Teil der geschilderten Probleme lässt sich durch den gezielten **Einsatz von Technik** zwar nicht vollständig lösen, aber doch erheblich eindämmen. So sollten, insbesondere bei einer höheren Zahl von Verfahrensbeteiligten und entsprechend größeren Räumen, mehrere Kameras (idealerweise mit Zoomfunktion) und hochwertige Mikrofone im Raum verteilt werden, um alle physisch Teilnehmenden für die Online-Teilnehmer gut sicht- und hörbar zu machen. Umgekehrt müssen Bildschirm oder Leinwand, auf die die Online-Teilnehmer projiziert werden, in einem Blickwinkel platziert werden, der für alle im Raum Anwesenden günstig ist. Eine allseitig sichtbare Visualisierung kann entweder über eine zusätzliche, auf die Flipchart gerichtete Kamera oder über eine digitale Visualisierung, die direkt projiziert wird, hergestellt werden. In der **Vorbereitung** einer hybriden Mediationssitzung sind Sitzordnung, Visualisierungs-Infrastruktur, Kamera- und Mikrofoneinstellungen und Projektionsflächen sorgsam aufeinander abzustimmen.[80]

43 Die Phasen des Ankommens und Verabschiedens sollten sehr bewusst unter persönlicher Ansprache der Verfahrensteilnehmer gestaltet werden, um allen Beteiligten den Eindruck gleichmäßig verteilter Aufmerksamkeit zu geben.[81] Um vorzubeugen, dass stillere Teilnehmer im digitalen Raum übersehen werden, können physisch anwesende Personen im Sinne einer individuell zugeordneten „Patenschaft" besonders darauf achten, dass die digital zugeschalteten Personen adäquat wahrgenommen und in den Prozess eingebunden werden.[82] Gezielte Ansprache der im physischen Raum und online Beteiligten sowie regelmäßige Rückkopplung sollte in hybriden Formaten noch häufiger stattfinden als dies ohnehin empfehlenswert ist.[83]

44 Die erhöhte **kommunikationsdynamische Komplexität** und die zusätzlichen technischen Aufgaben der hybriden Verfahrensführung legen es nahe, dass in derartigen Settings **mindestens zwei verfahrensverantwortliche Personen** arbeitsteilig zusammenarbeiten sollten, um eine möglichst reibungsfreie professionelle Verfahrensdienstleistung zu gewährleisten. Eine mögliche Variante ist es dabei, dass eine Person im physischen Raum und eine Person online arbeitet. Für die Navigation der Technik (insbes. das Ansteuern verschiedener Kameras etc) ist es empfehlenswert, weitere Unterstützungspersonen hinzuzuziehen. Über die dadurch entstehenden erhöhten Kosten eines parallel-hybriden Verfahrens muss vorab eine Verständigung mit den Konfliktparteien herbeigeführt werden.

---

80 Ähnlich auch Bielecke ZKM 2022, 9 (10).
81 Bielecke ZKM 2022, 9 (11 und 14).
82 Bielecke ZKM 2022, 9 (12).
83 Siehe dazu auch Bielecke ZKM 2022, 9 (13).

IV. Online-Mediation

Online-Mediation ist mittlerweile Teil des Angebots-Portfolios der meisten Mediatoren.[84] Allerdings ist der Begriffsgebrauch nach wie vor nicht einheitlich. So werden für diese Verfahrensform auch die Begriffe e-Mediation, virtuelle Mediation oder „remote mediation" verwendet;[85] unter „cyber mediation" wird dagegen (überwiegend) ein voll automatisiertes System verstanden, das softwarebasiert einen Einigungsspielraum für die Konfliktparteien berechnet (→ dazu auch Rn. 84 ff.).[86] Mediation in physischer Präsenz wird demgegenüber als face to face-, in person- oder Präsenzmediation bezeichnet. Zu Recht kritisieren einige die zugrundeliegenden Annahmen und die damit einhergehende unzutreffende Polarisierung, die diese Begriffswahl mit sich bringt.[87] Denn auch eine Begegnung im digitalen Raum kann sich sehr präsent, real, „face to face" und persönlich nah anfühlen.[88]

Im Folgenden werden Spezifika der Online-Mediation benannt (→ Rn. 46 ff.) und Besonderheiten der digitalen Verfahrensführung entlang der Phasen eines Mediationsverfahrens erörtert (→ Rn. 49 ff.). Zur Abrundung erfolgt ein Blick auf die Anforderungen an die Aus- und Fortbildung bezüglich digitaler Vermittlungskompetenzen (→ Rn. 55 ff.).

1. Spezifika. Die digitalen Technologien beeinflussen die Kommunikation, die Verhaltensweisen und das Erleben aller Verfahrensbeteiligten[89]; damit muss seitens der Mediatoren bewusst und proaktiv umgegangen werden.[90]

Die vielfältigen Experimente mit Online-Mediation während der Pandemie haben gezeigt, dass die Einschränkungen und Herausforderungen der Online-Mediation mit sorgfältiger Verfahrensgestaltung weitgehend ausgeglichen werden können. Mit methodischer Kreativität lassen sich sogar ihrer Anlage nach „dreidimensionale" Interventionstechniken wie zB das Doppeln in den virtuellen Raum übertragen.[91]

---

84 Rickert, Online-Mediation, S. 8 f.
85 Siehe dazu auch Rickert, Live-Online-Mediation – ein Zukunftstrend?, Konfliktdynamik 2019, 64. Dieser Begriffsgebrauch ist allerdings nicht durchgängig einheitlich; einige deutschsprachige Autoren bezeichnen online durchgeführte Mediation mit Unterstützung synchron anwesender Mediatoren als „E-Mediation", während sie unter „Online-Mediation" asynchrone, automatisierte Prozessabläufe verstehen, so Lenz/Schluttenhofer in: Trenczek/Berning/Lenz/Will (Hrsg.), Mediation und Konfliktmanagement, 2. Aufl. 2017, S. 423 ff. Eine differenzierte Betrachtung des divergierenden Begriffsverständnisses bieten Ferz/Sonnleitner perspektive mediation 2021, 224 (225 f.).
86 Siehe Pierce The Oklahoma Bar Journal 6/2020, 24 (24); ähnlich auch Zukowski Arizona Attorney 6/2020, 38 (38).
87 So sehr deutlich Bond perspektive mediation 2021, 249 (250): „Aber was sind die Annahmen, die diese Begriffe – meist unbewusst – transportieren? [...] Dass die Online-Arbeit nicht ‚präsent' ist, sondern ‚abwesend'? Dass die Online-Arbeit ‚außer Person' ist, also ohne persönlichen Kontakt? Und dass die Online-Arbeit gesichtslos ist? Und nicht ‚reell'?"; ähnlich auch Zukowski Arizona Attorney 6/2020, 38 (39): „There is still the ability to have face-to-face communication in an online mediation – it just does not occur with the participants in the same physical room."
88 Ähnlich auch Blanchard The Gavel Winter 2021, 8 (9) und Winters The St. Louis Bar Journal Spring 2021, 16 (17): „Online mediations are very real."
89 Dazu grundlegend für jegliche Art der (Fern-)Kommunikation Harnack ZKM 2021, 14.
90 So auch Arnold/Schön ZKM 2021, 48 (52).
91 Dazu Timmers Konfliktdynamik 2023, 297 ff.

Gläßer

Dafür ist auf Seiten der Mediatoren hohe Sensibilität, Präzision und zugleich **Flexibilität bei der Verfahrensgestaltung und dem Einsatz der mediativen Interventionsmethoden** erforderlich. Es braucht erhöhte Aufmerksamkeit für die unterschiedlichen verbalen und nonverbalen Signale der Konfliktparteien und einen konsequenten Einsatz der kommunikativen Grundtechniken (aktives Zuhören, passgenaues Nachfragen, Zusammenfassen und Strukturieren von Redebeiträgen). Insbesondere müssen Mediatoren in Online-Mediationen mehr Anstrengungen aufbringen, um Gefühle und Interessen der Konfliktparteien wahrzunehmen, klar herauszuarbeiten und zu modulieren. Dazu tritt das Erfordernis nach souveräner Spontaneität und Improvisation im Umgang mit unerwarteten technischen und kommunikativen Störungen.

47 Soweit in einer synchronen Online-Mediation in bestimmten Phasen **Einzelgespräche** stattfinden sollen[92], ist dies auch im Online-Raum technisch möglich. Viele Online-Plattformen stellen separate digitale „Breakout-Räume" zur Verfügung, die per einfachem Mausklick angesteuert werden können; alternativ können Einzelgespräche auch über separate Links oder Telefonate arrangiert werden.[93] Dabei sollte – noch mehr als in physischer Präsenz – darauf geachtet werden, die anderen Beteiligten nicht zu lange unbeschäftigt warten zu lassen, da sich dies negativ auf die Konfliktdynamik auswirken kann. Gegebenenfalls können den Parteien, die gerade nicht im Einzelgespräch sind, für die Wartezeit inhaltliche Vorbereitungs- oder Reflexionsaufgaben gestellt werden, die dem Fortgang des Mediationsverlaufs dienen können.

48 Letztlich hängt Gestaltung und Gelingen einer Online-Mediation entscheidend von der **Haltung der verfahrensverantwortlichen Mediatoren** ab[94]: Wenn diese in empathischem Kontakt zu den Mediationsbeteiligten stehen, wenn sie authentisch daran interessiert sind und verstehen wollen, was die jeweiligen Konfliktparteien bewegt, wie es ihnen geht und was sie brauchen, dann stellen auch technische Schwierigkeiten keine unüberwindlichen Hürden dar.[95]

49 **2. Digitales Arbeiten im Phasenmodell.** Grundsätzlich verläuft eine Online-Mediation in dem hier beschriebenen synchronen Format in der gleichen **Phasenstruktur**[96] und unter Anwendung der gleichen **Kommunikati-**

---

92 Zu grundsätzlichen Chancen, v. a. aber auch zu Risiken des Einzelgesprächsformats vgl. Gläßer/Kublik ZKM 2011, 89.
93 Dendorfer-Ditges Konfliktdynamik 2020, 139 (143).
94 So auch Bond perspektive mediation, 249 (249 u. 254).
95 Bond perspektive mediation, 249 (249 u. 254).
96 Die Struktur eines Mediationsverfahrens besteht aus einer Reihe von Verfahrensschritten (sog. Mediationsphasen), die systematisch aufeinander aufbauen. Auch wenn die genaue Anzahl der Mediationsphasen zwischen den verschiedenen Mediationsmodellen variiert, bleiben die Reihenfolge, der wesentliche Inhalt und die als Zwischenschritte angestrebten Ergebnisse dieser Phasen gleich:
Phase 1: Eröffnung des Verfahrens: Arbeitsbündnis und Rahmenvereinbarung
Phase 2: Bestandsaufnahme: Informations- und Themensammlung
Phase 3: Bearbeitung der Konfliktfelder: Interessenprofile
Phase 4: Lösungsfindung: Sammlung und Bewertung von Lösungsoptionen
Phase 5: Abschluss des Verfahrens: Abschlussvereinbarung.

onsmethodik wie eine Präsenzmediation[97]. Die **Vorschriften des MediationsG** sind gleichermaßen anwendbar.[98] Allerdings ist aufgrund der zusätzlichen technischen Komponente besondere Sorgfalt auf die Gestaltung der Rahmenbedingungen sowie auf die Vorbereitung des gesamten Verfahrens und der einzelnen Sitzungen zu verwenden (siehe dazu oben). Auch für die Arbeit im Phasenmodell ergeben sich aus dem Online-Format einige **Besonderheiten**, die im Folgenden dargestellt werden;[99] Bezugspunkt ist dabei das gängige Fünf-Phasen-Modell der Mediation[100].

Teil der **ersten Phase** eines Mediationsverfahrens ist bereits die Vorbereitung der ersten Sitzung; hierfür gilt das unter „Technische und organisatorische Aspekte" für alle Online-Verfahren Ausgeführte (→ Rn. 20 ff.). 50

Wenn zu Beginn der eigentlichen Mediation erstmalig alle im digitalen Raum versammelt sind, sollten nach der gegenseitigen Begrüßung Verfahrensvereinbarungen insbesondere auch zur online-spezifischen Kommunikation getroffen werden (siehe dazu auch → Rn. 17).[101] Wenn mehrere Beteiligte auf einer Seite stehen oder die Konfliktparteien anwaltlich vertreten sind, sollte dabei insbesondere besprochen werden, dass und wie Abstimmungs- oder Beratungsbedarf während des laufenden Online-Termins berücksichtigt werden kann.

Ebenso wie im physischen Präsenzsetting ist es denkbar, dass Parteien das Mediationsgeschehen nebenbei zB mittels Diktierprogramm aufzeichnen.[102] Da dies in der Online-Mediation vollkommen unsichtbar geschehen kann, muss eine solche Vorgehensweise als Risiko angesprochen werden; ein heimlicher Mitschnitt sollte im Rahmen der **Vertraulichkeitsvereinbarung** ausgeschlossen werden. Auch die datenschutzrechtlichen Rahmenbedingungen der genutzten Software sollten den Konfliktparteien gegenüber transparent gemacht und in der Mediations-Rahmenvereinbarung festgehalten werden.[103]

Die Mediationsrahmenvereinbarung kann per E-Mail oder Textdokument abgeschlossen und bei Bedarf auch ad hoc mit digitalen Unterschriften versehen werden.

Die **zweite Phase** einer Online-Mediation verläuft sehr ähnlich wie in 51 physischer Präsenz. Vorab sollten Mediatoren sich überlegen, wie sie die Visualisierung der Konfliktsituation und der zwischen den Parteien regelungsbedürftigen Aspekte handhaben wollen. Hierfür kommen alle un-

---

97 Siehe dazu Haft/Schlieffen Mediation-HdB/Gläßer S. 357 ff.
98 Siehe dazu die detaillierten Ausführungen und Praxishinweise bei Dendorfer-Ditges Konfliktdynamik 2020, 139.
99 Dazu auch Rickert, Online-Mediation, S. 65 ff.
100 Siehe dazu Ade/Alexander, Mediation und Recht, 3. Aufl. 2017, S. 39 ff. Auch andere Phasenmodelle mit mehr oder weniger Phasen folgen letztlich einer vergleichbaren Ablauflogik, so dass ein Transfer unschwer möglich sein sollte, siehe Haft/Schlieffen Mediaton-HdB/Kessen/Troja S. 329 ff.
101 Siehe dazu auch Rickert, Wie gelingt Onlinemediation?, Konfliktdynamik 2020, 217 (222).
102 So Bertolino, Datenschutz im Mediationsbüro, ZKM 2019, 58.
103 Ein Formulierungsbeispiel findet sich bei Dendorfer-Ditges Konfliktdynamik 2020, 139 (140).

ter „Technische und organisatorische Aspekte" beschriebenen technischen Möglichkeiten in Betracht (→ Rn. 20 ff.).

52 Die **dritte Phase** der Mediation ist der vertieften Bearbeitung von Konfliktfeldern, der Förderung von gegenseitigem Verständnis und Kooperationsbereitschaft zwischen den Konfliktparteien und der Herausarbeitung von hochauflösenden **Interessenprofilen** gewidmet.[104] Hier wird nun besonders spürbar, dass im Online-Setting ein echter Blickkontakt und die ganzkörperliche Wahrnehmung aller Teilnehmenden fehlen. Insgesamt ist es in dieser Phase deshalb von hoher Wichtigkeit, dass die Mediatoren die Konfliktparteien beim Ausdrücken von **Emotionen**, Interessen und Bedürfnissen durch aktives Zuhören und (Re-)Formulieren auch von Zwischentönen oder **Körpersprache** konsequent unterstützen und die jeweils im Fokus stehende Mediationspartei immer wieder mit ihrem Namen ansprechen.[105]

Damit Perspektivwechsel und gegenseitiges Verständnis entstehen kann, müssen die Mediatoren auch immer wieder darauf hinwirken, die Aufmerksamkeit der nicht aktiv am Gesprächsgeschehen beteiligten Partei(en) zu erhalten. Hierfür kommen zB kurze Kreuzcheck-Schleifen („*Welche Elemente des von der anderen Partei Gesagten sind aus Ihrer Sicht gut nachvollziehbar, welche werfen Fragen auf?*") in Betracht. Zum anderen werden Passagen von nachdenklichem Schweigen online leichter möglich, wenn der Mediator den Sinn und Wert einer solchen konstruktiven Sprechpause explizit hervorhebt.

53 Die digitale Sammlung und Bewertung von Lösungsoptionen in der **vierten Phase** einer Mediation setzt nicht nur Kooperationswillen bei den Konfliktparteien voraus, sondern auch geeignete Visualisierungs-Tools für das rasche Zusammentragen, Evaluieren, Modifizieren und Weiterentwickeln von Ideen.[106] Hierfür können Mediatoren Rückgriff auf eine Online-Kollaborationsplattform[107] nehmen, die virtuelle Alternative zu physischen Moderationskarten, Post-its und Pinnwände bietet. Alternativ ist es natürlich auch denkbar, dass Lösungsvorschläge in den Chat gestellt[108] oder per E-Mail zugesandt werden, um diese anschließend in (re)arrangierter Form für alle strukturiert sicht- und diskutierbar zu machen.

54 In der abschließenden **fünften Phase** gilt es, die Abschlussvereinbarung auszuarbeiten und zu finalisieren. Dabei stellt sich auch die Frage, wie sich der Abschluss der Mediation, der in physischer Präsenz mit einer Vertragsunterzeichnung und (zumindest) einem Händedruck ein auch zeremonielles Element enthält, gut in das Online-Format übertragen lässt.[109] Hier die Phantasie aller Beteiligten gefragt, um gemeinsam Ideen zu entwickeln, wie in dem konkreten Mediationsverfahren ein stimmiger und wür-

---

104 Dazu ausführlich Gläßer/Kirchhoff, Interessenermittlung – Spannungsfeld zwischen Präzision und Emotion, ZKM 2005, 130.
105 So auch Proksch perspektive mediation 2021, 244 (246) und Bond perspektive mediation 2021, 249 (254).
106 Grundlegend zur Optionensammlung und -bewertung Gläßer/Kirchhoff, Lehrmodul 7: Lösungsfindung – Teil 1, ZKM 2007, 88 und Teil 2 ZKM, 157.
107 In Betracht kommen hier u. a. die Plattformen mural.co, miro.com und caiworld.com.
108 Siehe das besondere Format des „Chat Storm" bei Bielecke ZKM 2022, 9 (13).
109 Rickert, Online-Mediation, S. 141 f.

diger Schlusspunkt gesetzt werden kann. (Für bestimmte Vereinbarungen ist die notarielle Beurkundung eine Wirksamkeitsvoraussetzung; dies setzt persönliche Anwesenheit voraus und ermöglicht damit einen Verfahrensabschluss in gemeinsamer physischer Präsenz.)

Am Ende eines Mediationsverfahrens – wie auch am Ende jeder einzelnen Online-Sitzung – sollte den Beteiligten die Gelegenheit zur Reflexion des Erlebten nicht nur in inhaltlicher, sondern auch in technischer Hinsicht gegeben werden.[110] Hier sollten insbesondere Momente der Verunsicherung, Irritation und Unzufriedenheit proaktiv angesprochen werden, um daraus für nachfolgende Termine bzw. Verfahren zu lernen.

3. Aus- und Fortbildung zu Online-Kompetenzen. Die gestiegene Nachfrage nach Online-Mediation hat auch Auswirkungen auf die Aus- und Fortbildung von zukünftigen Mediatoren. Denn das Vermittlungssetting im digitalen Raum stellt, wie erörtert, spezifische Anforderungen an die technischen Kompetenzen wie auch an die Wahrnehmungsfähigkeit, Kommunikationsgestaltung und mediative Methodik von Mediatoren. Entsprechend erklärte die BRAK in einer Stellungnahme vom Januar 2021: *„Hier reicht es nicht, Online-Mediation im Angebot zu haben, sondern wichtig ist, sie auch zu beherrschen und abwägen zu können, ob dieses Format im konkreten Konfliktfall das geeignete Verfahren der Wahl ist."*[111]

Um die **Professionalität der digitalen Dienstleistung Online-Mediation** in Deutschland nachhaltig abzusichern, bedarf es einer **Anpassung der Curricula** für die Aus- und Fortbildung von Mediatoren.[112] Die Gestaltung von Online-Mediation sollte naturgemäß auch online unterrichtet werden; für eine digitale Ausbildungsgestaltung bedarf es einer gesonderten Qualitätssicherung.[113]

Den durch die COVID-19-Pandemie ausgelösten Veränderungen im Konfliktbearbeitungsmarkt wurde deshalb im Rahmen einer **Novelle der Verordnung über die Aus- und Fortbildung von zertifizierten Mediatoren** (Zertifizierte-Mediatoren-Ausbildungsverordnung – ZMediatAusbV) Rechnung getragen (→ ZMediatAusbV). Um hierfür die Erfahrungen der bereits praktisch im digitalen Raum tätigen Mediatoren auszuwerten und einzubeziehen, hatte das BMJV zwischen Juni 2020 und November 2021 Praktiker und Ausbilder zu mehreren Online-Austauschtreffen eingeladen.[114]

---

110 Grundlegend zum Stellenwert von Feedback in der und für die Mediation, siehe Ade/Gläßer, Feedback in der Mediation, ZKM 2009, 60.
111 BRAK Stellungnahme Nr. 6/2021, S. 8.
112 So Lenz, Virtual Mediation, S. 159 (165 f.) mit einem Überblick über entsprechende Interimsregelungen von Mediationsverbänden während der Pandemie.
113 Für Qualitätsstandards für Online-Trainings plädiert Bond perspektive mediation 2021, 249 (251); ähnlich auch Schubert-Panecka/Weigel/Winhart, Mediation Training Online, perspective mediation 2021, 256 mit vielen Spezifika, die es für die Online-Mediationsausbildung zu beachten gilt. Grundsätzlich zu Gestaltungsbedingungen und -möglichkeiten digitaler (Mediations-)Ausbildungen Arnold/SchönZKM 2021, 48 sowie Thole/Arnold, Nachgefragt – Zur Nachhaltigkeit einer (auch) virtuellen Mediatorenausbildung, ZKM 2021, 100.
114 Vgl.: https://mediation-deutschland.de/blog/2020/11/17/bmjv-2-web-erfahrungsaustausch-am-17-november-2020; Bundesregierung zu Mediation unter Pandemie-Bedingungen ZKM 2020, 237; ZKM-Report 6/2021, 3 f.

Die am 1.3.2024 in Kraft getretene Neufassung der Ausbildungsverordnung enthält mit Blick auf Online-Mediation die folgenden Änderungen (→ ZMediatAusbV): § 2 Abs. 3 ZMediatAusbV erweitert den Ausbildungskatalog um die Ausbildungsinhalte „Online-Mediation und Digitalkompetenz" (vgl. Anlage zu § 2 Abs. 3 ZMediatAusbV) und erhöht hierfür die geforderten Ausbildungsstunden von 120 auf 130 Zeitstunden.[115]

Angeregt durch die wachsende Nutzung von Online-Formaten ist es nunmehr auch möglich, bis zu 40 % der Ausbildungsstunden online zu absolvieren. Voraussetzung dafür ist es allerdings, dass eine persönliche Interaktion zwischen Lehrenden und Lernenden sowie eine Kontrolle der Anwesenheit der Ausbildungsteilnehmer sichergestellt wird.

57 Unabhängig von der gesetzlichen Regelung von Ausbildungsvorgaben sollten sich auch bereits ausgebildete Mediatoren systematisch in **Fortbildungen** mit den Besonderheiten der Online-Mediation auseinandersetzen und die für eine Online-Vermittlung zusätzlich erforderlichen Kompetenzen erwerben, um zukunftsfähig zu werden.

Angesichts dessen, dass sich die Erscheinungsformen der Online Dispute Resolution mit den technischen Möglichkeiten und Rahmenbedingungen stetig weiter entwickeln werden, sei Mediatoren hier ergänzend der systematische Austausch zu praktischen Erfahrungen mit der Online-Mediation im Rahmen von Diskussionsforen[116] und **kollegialer Beratung**[117] sehr empfohlen. Denn dies ermöglicht das Lernen aus der Praxis von Kollegen und den fortlaufenden Kompetenzausbau.

V. Online-Schlichtung

58 Wie Mediationen können grundsätzlich auch **Schlichtungsverfahren online** statt in Präsenz durchgeführt werden. Hierbei ist auf etwaige Vorgaben in den einschlägigen rechtlichen Rahmenbedingungen bzw. Schlichtungsordnungen zu achten; gesetzliche Grundlagen für Schlichtungsverfahren finden sich in den Landesschlichtungsgesetzen[118] sowie – je nach Lebens- bzw. Konfliktbereich – in einer Vielzahl von Fachgesetzen[119]. Die meisten rechtlichen Grundlagen für Schlichtung enthalten allerdings noch keine spezifischen Vorschriften für Online-Verfahren.

59 Online-Schlichtung kann **in synchroner, asynchroner und hybrider Form** stattfinden. Schlichtungsverfahren verlaufen zumeist deutlich rechtsbasier-

---

115 Röthemeyer, Die neue ZMediatAusbV – Erörterung von Zweifelsfragen, ZKM 2024, 8; Thole, Neue Vorgaben für die Ausbildung zertifizierter Mediatoren, ZKM 2023, 131.
116 Siehe die Fachgruppe „Online-Mediation" des Bundesverbandes Mediation, https://fg-online-mediation.bmev.de/.
117 Grundlegend zu kollegialer Beratung Tietze, Kollegiale Beratung. Problemlösungen gemeinsam entwickeln. 10. Aufl. 2020; Tietze, https://kollegiale-beratung.de (Website mit kurzem Überblick über die Methode, Qualifizierungsangeboten und weiterführender Literatur); zu kollegialer Beratung im Feld der Mediation siehe Mahlstedt/Berlin/Bond, Kollegiale Beratung – Ein Erfahrungsbericht, ZKM 2016, 67.
118 Siehe dazu den Überblick bei May/May/Goltermann, Schlichtung in der wirtschaftsrechtlichen Praxis, 2018, S. 25 f.
119 Dazu May/May/Goltermann, Schlichtung in der wirtschaftsrechtlichen Praxis, 2018, S. 24, insbes. Fn. 44.

ter als Mediationsverfahren (→ Einführung Rn. 37 ff.); dabei spielt der schriftliche Austausch von argumentativ untermauerten Positionen und rechtlichen Begründungen eine deutlich größere Rolle. Für diese Arbeitsweise erscheinen asynchrone digitale Formate unproblematischer und naheliegender als bei Mediationsverfahren, die eher auf unmittelbarer Interaktion basieren. Gut denkbar ist es auch, asynchrone und synchrone Schlichtungsphasen nacheinander zu schalten, so dass sich an einen ersten, orientierenden schriftlichen Austausch von Dokumenten, Positionen und Argumenten eine interaktive Verhandlungsphase in gleichzeitiger digitaler Präsenz der Parteien und des Schlichters anschließt[120], die zu einem Vergleichsangebot oder einem Schlichtungsvorschlag führen kann.

Eine große praktische Rolle spielen digital basierte Arbeitsformen vor allem in der **Verbraucherschlichtung** (Q.).[121] Hier findet bereits ein großer Teil der Schlichtungsverfahren online statt. So werden die Schlichtungsanträge und Dokumente zum Streitfall in der Regel online – über Eingabemasken, Online-Formulare oder per E-Mail – eingereicht[122] und nachfolgend auch schriftlich weiterbearbeitet, wobei die Antragsteller allerdings auch per E-Mail oder Telefon in direkten Kontakt mit den Fallbearbeitern treten können. Einige Schlichtungsstellen machen auch den Fortschritt eines Schlichtungsverfahrens für die Beteiligten über digitale Tools transparent und/oder ermöglichen dabei eine vollständig digitalisierte Verfahrensführung inklusive der Ablage von Dokumenten etc.[123] Der Übergang von der Verbraucherschlichtung zur Online-Verbraucherschlichtung ist damit wohl als fließend anzusehen.[124]

Eine besondere Rolle spielen digitale Bearbeitungsformen bei (Verbraucher-)Streitigkeiten, die im Rahmen von **Online-Handelsaktivitäten** entstehen (mangelhafte Leistungen, Zahlungsverzug etc). Bereits seit langem betreiben die meisten großen e-commerce-Plattformen eigene digitale Streitbeilegungssysteme, die ein enormes Fallaufkommen mit bereits überwiegend automatisierten und KI-basierten schlichtungsähnlichen Bearbeitungsformen bewältigen.[125]

Als staatlich subventionierte neutrale Online-Schlichtungsstelle für rechtliche Streitigkeiten im Bereich des elektronischen Geschäftsverkehrs (E-Commerce) fungierte von 2009–2019 das beim Zentrum für Europäischen Verbraucherschutz e. V. in Kehl angesiedelte Pilotprojekt „Online-Schlichter". Bei grenzüberschreitenden Online-Käufen bietet die Europäische Plattform für Online-Streitbeilegung (sog. ODR-Plattform) Hilfestel-

---

120 Zu den Möglichkeiten einer derartigen, quasi „mediativen" Gestaltung von (Präsenz-)Schlichtung siehe May/May/Goltermann, Schlichtung in der wirtschaftsrechtlichen Praxis, 2018, S. 97 ff.
121 Siehe dazu Braun/Burr/Klinder, Digitalisierung in der Verbraucherstreitbeilegung, in: Riehm/Dörr, Digitalisierung und Zivilverfahren, S. 564 ff.
122 Siehe dazu exemplarisch https://soep-online.de/ihre-beschwerde, www.versicherungsombudsmann.de/das-schlichtungsverfahren oder https://support.universalschlichtungsstelle.de/fall-zur-schlichtung-einreichen.
123 Siehe dazu Braun/Burr/Klinder, Digitalisierung in der Verbraucherstreitbeilegung, in: Riehm/Dörr, Digitalisierung und Zivilverfahren, S. 564 ff., insbes. Rn. 21 ff.
124 Siehe dazu auch BiardEuCML 2022, 181.
125 Siehe dazu Suleyman/Bhaskar, The Coming Wave, S. 188 f. mwN, sowie Liebig, Außergerichtliche private Streitbeilegung durch digitale Plattformen, 2024.

VI. Online-Schiedsgerichtsverfahren

62 Auch die digitale Durchführung von **Schiedsgerichtsverfahren** ist grundsätzlich möglich – und wird seit der COVID-19-Pandemie insbesondere in grenzüberschreitenden Wirtschaftsstreitigkeiten von den Konfliktparteien zunehmend präferiert, um Kosten und Reisezeiten einzusparen.[127] Viele private Schiedsinstitutionen haben daher bereits spezifische Möglichkeiten und Vorgaben für digitale Verfahren in ihre Ordnungen aufgenommen.[128]

63 Da die Schiedsgerichtsbarkeit allerdings deutlich stärker rechtlich überformt sind als Mediation und Schlichtung, ist bei der Online-Durchführung von Schiedsgerichtsverfahren in besonderem Maße auch auf **Konformität mit dem jeweils geltenden nationalen Schiedsrecht** zu achten.[129]

Nach dem international anerkannten Territorialprinzip wird das anwendbare Schiedsrecht durch den Schiedsort bestimmt, welcher wiederum üblicherweise durch die Parteien in der Schiedsvereinbarung festgelegt wird.[130] Allerdings ist es anerkannt, dass der so festgelegte (rechtliche) Ort eines Schiedsverfahrens rein fiktiv ist und dass er nicht mit dem tatsächlichen (Tagungs-)Ort der Durchführung von Schiedsverhandlungen zusammenfallen muss. Insofern ist der gewählte rechtliche Schiedsort auch dann rechtswahlbestimmend, wenn das Schiedsverfahren vollständig virtuell durchgeführt wird.[131]

Fehlt es an einer Bestimmung des Schiedsortes durch die Parteien, hat das Schiedsgericht den Schiedsort zu bestimmten; bei online durchgeführten Verfahren ist dabei eine Orientierung an dem Serverstandort oder dem den Sitz des Anbieters des Videokonferenzdienstes oder an der Niederlassung des Schiedsrichters denkbar.[132] Allerdings sollte hier nicht pauschal nach abstrakten Kriterien vorgegangen, sondern alle Umstände eines Einzelfalles berücksichtigt werden.[133]

64 Hinsichtlich der nach deutschen Schiedsrecht zwingenden **Verfahrensgrundsätze** ist insbesondere auf die Wahrung des rechtlichen Gehörs (§ 1042 Abs. 1 S. 2 ZPO) sowie Einhaltung des Gleichbehandlungsgebots (§ 1042 Abs. 1 S. 1 ZPO) zu achten.

---

126 Dazu Thevis ZKM 2023, 19.
127 Siehe dazu Scherer/Jensen, Die Digitalisierung der Schiedsgerichtsbarkeit, in: Riehm/Dörr, Digitalisierung und Zivilverfahren, S. 591 ff., Amro, Online Arbitration in Theory and in Practice. A Comparative Study of Cross-Border Commercial Transactions in Common Law and Civil Law Countries, 2021, sowie Scherer/Bassiri/Wahab, International Arbitration and the COVID-19 Revolution, 2020.
128 So hat zB der London Court of International Arbitration bereits zum 1.10.2020 sein Regelwerk auf Online-Schiedsverfahren angepasst abrufbar unter https://lcia.org/.
129 Dazu eingehend für das deutsche Schiedsrecht Gielen/Wahnschaffe SchiedsVZ 2020, 257.
130 Gielen/Wahnschaffe SchiedsVZ 2020, S. 258 mwN .
131 So auch Gielen/Wahnschaffe SchiedsVZ 2020, S. 258.
132 Gielen/Wahnschaffe SchiedsVZ 2020, S. 258.
133 Gielen/Wahnschaffe SchiedsVZ 2020, S. 258.

Die Wahrung des **Anspruchs auf rechtliches Gehör** kann – bei sachgemäßer und technisch reibungsloser Durchführung – auch im Rahmen einer Videokonferenz gewährleistet werden.[134] Ein Verstoß käme v. a. beim Auftreten technischer (Übertragungs-)Probleme in Betracht, wenn diese dazu führen, dass es eine Partei ihre Äußerungen zur Sache nicht vorbringen kann oder an der Kenntnisnahme des gegnerischen Vortrags gehindert wäre.[135] Hier müssten ggf. entsprechende Passagen des Verfahrens wiederholt werden. Die möglichst vollständige Wahrnehmbarkeit von Zeugenaussagen sollte durch die Verwendung von entsprechend guter Technik unterstützt werden; Kameras mit „Raumblick" können dazu beitragen, einer – im virtuellen Raum sonst eher schwer wahrnehmbaren – Beeinflussung von Zeugen vorzubeugen.[136]

Ist eine Partei bei virtueller Verfahrensführung durch technische Probleme daran gehindert, ihre Angriffs- oder Verteidigungsmittel gleichberechtigt vorzubringen, kann darin auch ein Verstoß gegen das Gleichbehandlungsgebot liegen. Insbesondere, wenn bei einer der Parteien die Videoübertragung abbricht, muss das Schiedsgericht die Verhandlung unverzüglich aussetzen, um Kommunikation mit nur einer Partei zu verhindern. Stehen den Parteien dagegen nur unterschiedliche Level von digitalem Know-how, technischen Ressourcen oder professioneller technischer Beratung bzw. Unterstützung zur Verfügung, führen derartige ungleiche Rahmenbedingungen nicht automatisch zu einem Verstoß gegen das Gleichbehandlungsverbot. Denn dieses Gebot verlangt nur prozessuale Gleichbehandlung, keine Vergleichbarkeit der im Hintergrund des Verfahrensgeschehens verfügbaren Ressourcen.[137] Allerdings ist es sehr empfehlenswert, dass das Schiedsgericht in Vorbereitung der mündlichen Verhandlungen auf möglichst weitgehende „technische Augenhöhe" der Parteien hinwirkt, um einen reibungslosen Verfahrensverlauf und möglichst weitgehende Verfahrenszufriedenheit der Parteien zu fördern. In größeren Schiedsverfahren werden oft professionelle Anbieter von Online-Meetingtechnik beauftragt, das Verfahren mit Blick auf die virtuelle Infrastruktur zu administrieren – was allerdings die Verfahrenskosten erhöht.

Unterhalb der zwingenden Vorgaben des nationalen Schiedsverfahrensrechts können die Parteien das Schiedsverfahren bezüglich aller **dispositiven Regelungen** privatautonom ausgestalten (§ 1042 Abs. 3 ZPO); dies gilt selbstverständlich auch für die Gestaltung virtueller oder hybrider Verhandlungen.[138] Besonderes Augenmerk sollte bei virtueller Verfahrensführung dabei auf die Ausgestaltung und Einhaltung von Vertraulichkeitsvereinbarungen gelegt werden.[139]

65

---

134 Scherer/Jensen, Die Digitalisierung der Schiedsgerichtsbarkeit, in Riehm/Dörr, Digitalisierung und Zivilverfahren, S. 591 ff., Rn. 42 ff.
135 Siehe hierzu Snijders, Blick ins Ausland: Enforcement of foreign award (in online arbitration) ex officio refused because of violation of the defendant's right to be heard, IPRax 2022, 533 ff.
136 Gielen/Wahnschaffe SchiedsVZ 2020, 258.
137 Gielen/Wahnschaffe SchiedsVZ 2020, S. 259 f.
138 Gielen/Wahnschaffe SchiedsVZ 2020, S. 260.
139 Dazu eingehend Gielen/Wahnschaffe SchiedsVZ 2020, 260 ff.

66 In der Zukunft werden rein virtuelle Schiedsverfahren insbesondere für die Beilegung von internationalen Handelsstreitigkeiten eine immer wichtiger werdende Rolle spielen. Dies zeigt auch die Einbindung von Schiedsverfahren in spezielle Rahmenwerke für internationale Online-Streitbeilegung wie zB das *Online Dispute Resolution Collaborative Framework* des *Asia Pacific Economic Council (APEC)* (→ Rn. 77).[140]

VII. Ausblick: Zukunftsfragen von ODR

67 Der seit 2020 zu verzeichnende erhebliche Entwicklungsschub für Online Dispute Resolution hat nicht nur die technischen Möglichkeiten der digitalen Verfahrensführung in den Blick gerückt; er wirft auch **rechtspolitische und ethische Fragen** auf, die – gerade angesichts der dynamischen Entwicklung der Möglichkeiten digitaler Streitbeilegung – der andauernden kritischen Diskussion und weiteren wissenschaftlichen Erforschung bedürfen.

68 **1. Zugänglichkeit und Barrierefreiheit.** Ähnlich wie im anlässlich der COVID-19-Pandemie vieldiskutierten Bereich des E-Schooling/-Learning besteht auch im Feld der Streitbeilegung der **Bedarf nach flächendeckender digitaler Inklusion**. Die Schere des offenkundig eher bildungs- und einkommens- als altersabhängigen „digital divide" öffnet sich immer weiter. Fehlende Hardwareausstattung, mangelnde „digital literacy" und nicht zuletzt der ungleichmäßige Netzausbau führen schon innerhalb von Deutschland zu ungleichen Zugangsmöglichkeiten zu digitalen Kommunikationsformen – und damit auch zu Ungerechtigkeiten im „Access to Justice". Das gilt in noch deutlich gravierender im globalen Vergleich.

69 Daher müssen auch in Zukunft **barrierefreie Zugänge zu (digitalen) Streitbeilegungsformaten** ermöglicht werden. Insbesondere institutionell angebotene ADR-Verfahren (zB mediative Güterichterverfahren, Verbraucherschlichtung[141] oder behördliche Familienmediationen) werden nur dann bürgernah bleiben, wenn sie weiterhin auch die Möglichkeit einer nichtdigitalen Verfahrensweise offenhalten und/oder Möglichkeiten einer technischen Assistenz bereitstellen.[142]

70 Auch gilt es, die **Kommunikationsgestaltung für Menschen mit besonderen Bedarfslagen** – Konfliktparteien ohne gemeinsame Sprachebene, aber auch Gehörlose, Blinde, etc – in Online-Verfahren zu optimieren. Erste Ansätze hierfür bieten automatisierte Vorlese- bzw. Übersetzungs-Software oder die Untertitelfunktionen vieler Meeting-Tools.

71 **2. Digitale Unterstützung der Verfahrenswahl bzw. des Konfliktmanagements.** Die zunehmenden Wahlmöglichkeiten aus einem immer breiter werdenden Spektrum von ADR/ODR-Verfahren erfordern auch erweiterte

---

140 Dazu ausführlich Alexander/Kang ZKM 2022, 208.
141 Zur Verbraucherschlichtung siehe Braun/Burr/Klinder, Digitalisierung der Verbraucherstreitbeilegung, in: Riehm/Dörr, Digitalisierung und Zivilverfahren, S. 564 ff.
142 Dies gilt auch für die Zugänglichkeit von außergerichtlichen Beschwerdemechanismen entlang von Lieferketten gem. § 8 LkSG; siehe dazu Gläßer/Pfeiffer/Schmitz/Bond, Außergerichtliche Beschwerdemechanismen entlang globaler Lieferketten. Empfehlungen für die Institutionalisierung, Implementierung und Verfahrensausgestaltung. Forschungsbericht, 2021.

Ansätze von Konfliktmanagement und Konfliktmanagement-Systemen[143]. Eine zentrale Aufgabe des Konfliktmanagements ist es, durch die systematische Auswahl bzw. Gestaltung eines für den konkreten Konfliktfall geeigneten Verfahrens **Transparenz, Steuerbarkeit und Effizienz der Konfliktbearbeitung** sicherzustellen.[144]

Der Optimierung von so verstandenem Konfliktmanagement sollen **digitale Tools und Online-Plattformen** dienen, die Konfliktparteien und deren Berater bei der Suche nach dem für ihren konkreten Konflikt bestgeeigneten Verfahren unterstützen.[145]

Für Konflikte zwischen Unternehmen bietet das vom *Round Table für Mediation und Konfliktmanagement der deutschen Wirtschaft (RTMKM)*[146] entwickelte *Dispute Resolution Comparison Tool DiReCT* eine differenzierte Entscheidungshilfe.[147] Dieses digitale Instrument klärt Verfahrensinteressen und -präferenzen, indem es die Nutzer durch eine Kaskade von Fragen leitet und am Ende priorisierte, begründete Empfehlungen für passende Verfahrensarten auswirft.[148]

Mit ähnlicher Funktionalität wurde vom RTMKM in Kooperation mit dem Institut für Konfliktmanagement an der Europa-Universität Viadrina und dem Bundesverband Mediation ein weiteres Tool für unternehmensinterne Konflikte ausgearbeitet: Der *Konfliktmanagement Prozessauswahl-Assistent KOMPASS* soll das Konfliktmanagement am Arbeitsplatz verbessern.[149]

Auch der sogenannte *Konfliktnavigator*, den die IHK online zur Verfügung stellt, führt durch eine Reihe von Fragen und bietet für unterschiedliche Konflikttypen Hinweise auf – allerdings zumeist IHK-administrierte – Verfahrensmöglichkeiten.[150]

Der im Rahmen des Forschungsprojekts „Recht ohne Streit", das die Förderung der autonomen Konfliktlösung zum Ziel hat, entwickelte „Konfliktlotse"[151] ist seit Januar 2023 als öffentliche Testversion verfügbar. Das Tool richtet sich sowohl an Privatpersonen als auch an unternehmerisch bzw. freiberuflich Tätige und erfasst ein breites Spektrum an Konflikten, das von Familien-, Erb- und Nachbarschaftsstreitigkeiten über unterschiedliche Arten beruflicher/geschäftlicher Konflikte bis zu Streitigkeiten um

---

143 Grundlegend zum Verständnis von Konfliktmanagement-Systemen EUV/PwC, Konfliktmanagement – Von den Elementen zum System, 2011, online abrufbar unter www.ikm.europa-uni.de/de/kernbereiche/wirtschaft/projekte/km_im_unternehmen/Studie_KMS_III/index.html.
144 EUV/PwC, Konfliktmanagement – Von den Elementen zum System, 2011, S. 17.
145 Siehe dazu den Überblick bei Gläßer/Wenkel ZKM 2023, 157.
146 Siehe www.rtmkm.de.
147 www.rtmkm.de/home/direct-2.
148 Wendenburg/Gendner/Hagel/Hennemann/Zimdars in Gläßer/Adrian/Alexander (Hrsg.), mediation moves, 2022, S. 195 ff.; Wendenburg/Gendner/Zimdars/Hagel, Verfahrenswahl in B2B-Konflikten: Der Round Table Mediation und Konfliktmanagement der deutschen Wirtschaft (RTMKM) stellt ein neues Tool vor ZKM 2019, 63.
149 Siehe www.rtmkm.de/home/kompass; Wendenburg, KOMPASS - ein Tool zur Verfahrenswahl bei Konflikten am Arbeitsplatz, Konfliktdynamik 4/2022, 293.
150 www.ihk.de/themen/recht-und-steuern/konfliktnavigator/ihk-konfliktnavigator.
151 https://rechtohnestreit.de.

Rechte an Grundstücken im Gebiet der ehemaligen DDR reicht. Der Konfliktlotse verweist auf eine entsprechend große Vielfalt an Verfahren, darunter die kooperative Praxis, Mediation, Klärungshilfe, notarielle Vermittlungsverfahren, Adjudication, das Schieds- und das staatliche Gerichtsverfahren.

Bislang unterscheiden diese digitalen Tools nur zwischen unterschiedlichen Kategorien von Streitbeilegungsverfahren (insbesondere Mediation, Schlichtung, Schiedsgerichtsbarkeit und staatliches Gerichtsverfahren). Die toolbasierten Empfehlungen könnten durch zusätzliche Hilfestellung für die Entscheidung zwischen Online-, Hybrid- und Präsenzverfahren ergänzt werden.

73 Nicht das Auffinden des richtigen Verfahrens, sondern des zuständigen Verfahrensanbieters steht bei der **Europäischen Plattform für Online-Streitbeilegung**[152] im Vordergrund. Diese Plattform, die – etwas missverständlich verkürzt – ODR-Plattform genannt wird, bietet nicht etwa Streitbeilegung durch Online Dispute Resolution an, sondern dient primär der Wegweisung zu der zuständigen Verbraucherschlichtungsstelle insbesondere bei grenzüberschreitenden Online-Käufen im erweiterten EU-Raum. Die Einrichtung der ODR-Plattform basiert auf der sog. **ODR-Verordnung,** die wiederum als Ergänzung zu der sog. ADR-Richtlinie erlassen wurde; Ziel dieser EU-Gesetzgebung war dabei die flächendeckende Etablierung und Förderung der Verbraucherschlichtung.[153] Die ODR-Plattform stellt bei eingehenden Verbraucherbeschwerden über vollautomatisierte Funktionen den Kontakt zwischen Verbrauchern und (Online-)Händlern her, bietet dabei (seit 2020) auch die Möglichkeit der bilateralen Aufarbeitung von Beschwerden über sog. „direct talks" an – und leitet Fälle bei Bedarf an die zuständigen Schlichtungsstellen weiter.[154] In Ergänzung dieser Angebote der Plattform wurde in jedem Land des Europäischen Wirtschaftsraums eine sog. OS-Kontaktstelle etabliert; diese Kontaktstellen sind mit fachkundigen Juristen besetzt und bieten weitere Unterstützungsleistungen für Verbraucher an.[155]

Leider führt die Arbeitsweise der Plattform nicht in dem erhofften Maße zu einer Steigerung der tatsächlich durchgeführten Verbraucherschlichtungsverfahren.[156] Dazu tragen eine Reihe von Schwachstellen in der Konzeption der ODR-Plattform bei, darunter die Freiwilligkeit der Verfahrensteilnahme für Unternehmen, die 30-Tage-Frist bis zur Schließung eines unbeantworteten Beschwerdefalls und die Überregulierung der Funktionen der Plattform durch die ODR-Verordnung.[157]

Aufgrund dessen steht derzeit zur Diskussion, die ODR-Plattform gänzlich abzuschaffen.[158] Diese Pläne der EU-Kommission stoßen wiederum auf

---

152 https://ec.europa.eu/consumers/odr/main/index.cfm?event=main.home2.show&lng=DE.
153 Thevis ZKM 2023, 19 (19).
154 Thevis ZKM 2023, 19 (20).
155 Thevis ZKM 2023, 19 (20).
156 Thevis ZKM 2023, 19 (21).
157 Thevis ZKM 2023, 19 (21).
158 Siehe den Vorschlag der EU-Kommission vom 17.10.2023 „Proposal for a Regulation repealing Regulation (EU) No 524/2013 and amending Regulations (EU)

Kritik, die fordert, das grundsätzlich hohe Potential der Plattform durch geeignete Reformen zu realisieren.[159] Inwieweit diese Vorschläge aufgegriffen werden und ob dies auch zu einer Etablierung direkter ODR-Angebote über die ODR-Plattform führen wird, bleibt abzuwarten.

Systematisches Konfliktmanagement im Sinne der passgenauen Verfahrenswahl ist ein essentieller Bestandteil von umfassenderen, **digital basierten Konfliktmanagement-Systemen**, die nicht nur Verfahrensempfehlungen generieren, sondern auch direkt die internetgestützte Bearbeitung von Konfliktfällen in unterschiedlichen Verfahrenstypen und -stufen anbieten.[160] Mittlerweile sind über einhundert verschiedene private Unternehmen mit derartigen ODR-Plattformen auf dem internationalen Markt.[161] Online-Mediation ist häufig ein Bestandteil dieser digitalen Systeme – teilweise in der hier beschriebenen synchronen Form, teilweise in asynchronen Vermittlungsformaten mit oder ohne menschliche Mediatorin.[162] Es erscheint allerdings fraglich, ob die bislang existierenden automatisierten Vermittlungsformen mit dem Begriff Mediation bezeichnet werden sollten, denn es handelt sich dabei eher um digitale Formen der Moderation von mono-dimensionalen Kompromiss-Verhandlungen (siehe dazu auch die Kritik unter → Rn. 88). 74

Ein Beispiel eines mehrschichtigen Rahmenwerkes, das zur Beilegung von Business-to-Business-Streitigkeiten ein gestaffeltes Angebot von Online-Verhandlung, -Mediation und -Schiedsverfahren vorsieht, ist das *Online Dispute Resolution Collaborative Framework* durch den *Asia Pacific Economic Council (APEC)* (im Folgenden: **APEC ODR Rahmenwerk**).[163] Das Rahmenwerk stellt für Fälle, in denen sich Wirtschaftsunternehmen im Falle einer Streitigkeit auf den Einsatz von ODR geeinigt haben, Verfahrensregeln und qualitätsgesicherte ODR-Anbieter zur Verfügung. Die Anbieter müssen im Wege der Selbstzertifizierung versichern, eine Reihe von Qualitätskriterien[164] zu erfüllen, und nach den Verfahrensregeln arbeiten, die wiederum auf den technischen Anmerkungen der UNCITRAL zu ODR sowie auf der generellen UNCITRAL Schiedsverfahrensordnung basieren. Dadurch soll der Einsatz von ODR insbesondere in grenzüberschreitenden Wirtschaftskonflikten gefördert und die Attraktivität des asiatischen Raums, insbesondere von Singapur, als Streitbeilegungsstandort gestärkt werden.[165] 75

2017/2394 and (EU) 2018/1724 with regards to the discontinuation of the European ODR Platform", https://commission.europa.eu/document/4ea8deca-67f2-45d3-80d8-cde06fa23337_en?prefLang=de.

159 Dazu Greger ZKM 2022, 125; Thevis ZKM 2023, 19, sowie weiterführend Brönneke, Kommissionsvorschläge zur Reform der Verbraucherstreitbeilegung – Eine kritische Betrachtung, ZKM 2024, 13.
160 Ausführlich dazu, mit einem Fokus auf die Optimierung der Schnittstelle zwischen gerichtlicher und außergerichtlicher digitaler Konfliktbearbeitung und zahlreichen Beispielen auch aus anderen Ländern, Anzinger ZKM 2021, 53 und Anzinger ZKM 2021, 84.
161 Siehe dazu die Übersicht unter https://odr.info/provider-list/.
162 Dazu AnzingerZKM 2021, 53 (57).
163 Alexander/Kang ZKM 2022, 208.
164 Alexander/Kang ZKM 2022, 208 (208).
165 Alexander/Kang ZKM 2022, 208 (211 f.).

76 Weiterführende Überlegungen und praktische Initiativen betreffen auch die Frage, wie unter Nutzung digitaler Technologien die **Verzahnung zwischen staatlicher Gerichtsbarkeit und gerichtsverbundenen wie außergerichtlichen ADR-/ODR-Angeboten** optimiert werden kann.[166]

77 In all diesen Szenarien sind es zukunftsrelevante Fragen für den Einsatz von ODR-Verfahren, nach welchen Kriterien die **Entscheidung über das bestpassende Konfliktbearbeitungsverfahren** für den jeweiligen Fall vorgenommen bzw. programmiert wird[167] – und wie ODR-Systeme so gestaltet werden können, dass sie zugängliche, transparente und faire Konfliktlösung auch in Konfliktbereichen bieten, die von strukturell bedingten Machtasymmetrien geprägt sind[168]. Insofern muss die Entwicklung der ODR-Plattformen an der Schnittstelle von technologischen Möglichkeiten, Verantwortungsverteilung und ethischen Grundsatzfragen dauerhaft mit wachem, kritischem Blick begleitet werden[169], denn *„[l]ike every other technology, ODR technology is Janus-faced. Just like a stethoscope can be used to hear a beating heart in crisis or to crack a safe, ODR platforms can be used to good and bad, or true and fake, justice."*[170]

78 **3. Qualitätssicherung und Erforschung von Online-Verfahren.** Mit Blick auf die im digitalen Format veränderten Formen von Kontakt und Kommunikation entstehen eine Reihe von Fragen, die das Erleben und die Bewertung von Online-Verfahren, deren (Konflikt-)Dynamik und Resultaten durch die Verfahrensbeteiligten betreffen. Zur **Absicherung der Verfahrens- und Ergebnisqualität** von Online Dispute Resolution sollten zum einen qualitätssichernde Maßnahmen – insbesondere die systematische Einholung des Feedbacks der Konfliktparteien – selbstverständlich sein. Zum anderen sollten die unterschiedlichen Wirkebenen der Online-Arbeitsweise wie auch die Nachhaltigkeit der online erzielten Verfahrensergebnisse weiter **wissenschaftlich erforscht** werden.[171]

79 In Deutschland gibt es zu ODR noch keine größer angelegten empirischen Studien; auch der Roland Rechtsreport 2024[172] enthält, trotz der wachsenden praktischen Bedeutung, keine Angaben zu ODR.

---

166 Dazu Zwickel, Das beschleunigte Online-Verfahren: Chancen und Risiken für die einvernehmliche und die streitige Konfliktlösung, Konfliktdynamik 2021, 169, sowie mit etlichen internationalen Beispielen Anzinger ZKM 2021, 84 (85 ff.); für den englischen Rechtsraum Masood King's Law Journal 2021, 147 und für US-amerikanische gerichtsverbundene ODR-Programme Ebner/Greenberg Washington University Journal of Law & Policy 2020, 65.
167 Siehe Anzinger ZKM 2021, 53 (56).
168 Speziell für den Umgang mit Scheidungsfällen siehe Wasser Family Court Review 2021, 268.
169 Dazu grundsätzlich kritisch Sternlight Journal of Dispute Resolution 2020, 1, sowie mit einem Set von Analysekriterien und einer darauf rekurrierenden Übersicht über Beispiele von ODR Systems Design, Martinez Journal of Dispute Resolution 2020, 135.
170 Morek, The Regulatory Framework for Online Dispute Resolution: A Critical View, 38 University of Toledo Law Review 2006, 163 (178 f.).
171 Zu praxisrelevanten Forschungsfragen, zB zur systematischen Erhellung der Auswirkungen, die Online-Mediation aufwirft, siehe Gläßer/Sinemillioglu/Wendenburg ZKM 2020, 133 (136 f.).
172 www.roland-rechtsschutz.de/media/roland-rechtsschutz/pdf-rr/042-presse-pressemitteilungen/roland-rechtsreport/roland_rechtsreport_2024.pdf.

Im Rahmen einer länger angelegten Studie könnten durch die Nachbefragung aller Verfahrensbeteiligten – also der verfahrensverantwortlichen Personen, der Konfliktparteien und deren anwaltliche Begleitung – differenzierte Daten dazu zu gewonnen werden, wie Online- bzw. hybride Verfahren mit Blick auf verschiedene Aspekte der Verfahrensgestaltung erlebt wurden, wie zufrieden die Beteiligten auf der Verfahrens- und auf der Ergebnisebene sind, ob der Konflikt nachhaltig beigelegt und inwieweit die Verfahrensergebnisse umgesetzt wurden.[173] Hieraus ließen sich wiederum wertvolle Erkenntnisse für die Optimierung der digitalen Verfahrensgestaltung sowie für Qualitäts- und ethische Standards[174] für ODR gewinnen.

Insbesondere sollte die Hypothese, dass das Online-Format tendenziell zu einer Versachlichung der Kommunikation und damit zu einer effizienteren Lösungsfindung beiträgt[175], mit Methoden der empirischen Sozialforschung überprüft werden.

Auch die grundsätzliche Erforschung der Frage, inwieweit die zentralen „menschlichen Komponenten" der Kommunikation „im digitalen Raum noch vorhanden sind, sich transformiert haben oder ob sie gänzlich verschwunden sind"[176], erscheint sehr relevant für die Konfliktbearbeitung. Hierbei ist besonders interessant, dass das Verschwinden des gemeinsamen physischen Raums nicht nur „eine Verschiebung in ein neues Medium und eine veränderte Wahrnehmung", sondern auch „eine Veränderung im Denken der beteiligten Personen" mit sich bringt.[177] So muss menschliche Kognition nach dem psychologischen Modell der „Grounded Cognition" als Interaktion zwischen Gehirn, Körper und Umwelt verstanden werden; damit wird der umgebende Raum zum zentralen Bestandteil menschlichen Denkens und darauf basierenden Handelns.[178] Die Effekte der Verlagerung von Konfliktbearbeitung vom physischen in den virtuellen Raum sollten wissenschaftlich ausgeleuchtet werden.

Weiterführende Erkenntnisse zu Qualitätsanforderungen an komplexere ODR-Plattformen erbringt die im Januar 2023 veröffentlichte Studie des APEC Economic Committee[179] zu Best Practices für die Gestaltung von ODR-Plattformen mit einem nutzerorientierten Ansatz. Diese Studie thematisiert auch Grundprinzipien in Bezug auf ODR-Anbieter und verfahrensverantwortliche neutrale Dritte sowie Überlegungen zur Ausweitung der Nutzung von ODR in Verbraucherangelegenheiten und zur Nutzung von ODR bei Gerichten.

---

173 Ähnlich auch Harnack ZKM 2021, 97 (99).
174 Für die Online-Familienmediation: Melamed Family Court Review 2021, 244.
175 Siehe dazu Harnack ZKM 2021, 97 (98) mwN, Bond perspektiv mediation 2021, 249 (253) sowie Winters, The St. Louis Bar Journal Spring 2021, 16 (17 u. 20).
176 Harnack ZKM 2021, 97 (97).
177 Harnack ZKM 2021, 97 (97).
178 Harnack ZKM 2021, 97 (97) mwN.
179 https://www.apec.org/docs/default-source/publications/2023/1/study-on-best-practices-in-using-odr/223_ec_study-on-best-practices-in-using-odr.pdf?sfvrsn=1bb06f15_2.

82 **4. Einsatz von künstlicher Intelligenz.** Die naheliegende Kombination von ODR mit **Legal-Tech-Ansätzen**[180] und den wachsenden Möglichkeiten des Einsatzes von **künstlicher Intelligenz**[181] eröffnet neue Entwicklungsperspektiven[182] – und wirft zugleich **grundlegende rechtspolitische wie ethische Fragen** nach der Rolle und Funktion von Konfliktbearbeitung in der Gesellschaft auf[183].

83 Die Nutzungsmöglichkeiten Künstlicher Intelligenz (KI) in der Konfliktbearbeitung lassen sich nach **vier funktionalen Kategorien** unterscheiden: Informationsaufbereitung, Analyse von Datenmengen, Kommunikation und Entscheidung.[184] All diese Funktionen können grundsätzlich einen Mehrwert für die Konfliktbearbeitung ergeben.[185] So kann KI die für einen Konfliktfall anwendbaren Rechtsnormen suchen und Schriftsätze auswerten, um eine bessere Informationsgrundlage herzustellen. Im Rahmen der Analyse von Daten können Verträge auf Rechtskonformität überprüft werden oder Vorhersagen über Ausgang, Dauer und Kosten von Streitbeilegungsverfahren getroffen werden. KI kann auch Entscheidungen über den Umgang mit Streitfällen vorschlagen, überprüfen oder – ganz oder teilweise – autonom übernehmen. Auch zur Kommunikation mit Konfliktparteien kann KI eingesetzt werden.

84 Der direkte Einsatz von KI in der Konfliktlösung wurde bislang vertieft vor allem für die **Vorhersage rechtlicher Entscheidungen** untersucht.[186] Unter Nutzung von KI können aber auch **neue ODR-Formate** entstehen[187], in denen Algorithmen eine Moderations- bzw. Vermittlerfunktion (oder zumindest Teile derselben) übernehmen.[188] Im außergerichtlichen Bereich wird KI in der Verhandlung[189], der Argumentations- und Entscheidungs-

---

180 Siehe dazu grds. Breidenbach/Glatz (Hrsg.), Rechtshandbuch Legal Tech, 2. Aufl. 2021, sowie Hartung/Bues/Halbleib, Legal Tech. Die Digitalisierung des Rechtsmarkts, 2017.
181 Dazu exemplarisch Steffek ZKM 2022, 212; Steffek ZKM 2023, 121.
182 McQuiston/Sturges Colorado Lawyer 3/2020, 32.
183 Steffek ZKM 2023, 121.
184 Steffek ZKM 2022, 212 (213 f.).
185 Dazu und im Folgenden Steffek ZKM 2022, 214 mwN.
186 Steffek/Bull, Die Entschlüsselung rechtlicher Konflikte – Der Einsatz von Künstlicher Intelligenz in der Konfliktlösung ZKM 2018, 165; Anzinger in Hey (Hrsg.), Digitalisierung im Steuerrecht, 2019, S. 15 (34 ff.).
187 Parent, AI: A Tool To Augment Online Dispute Resolution, New Hampshire Bar News, 2023.
188 Dazu exemplarisch Barnett/Treleaven, The Computer Journal 2018, 399.
189 Vgl. die Systeme SmartSettle (https://www.smartsettle.com/) und Family Winner, Zeleznikow/Bellucci in: Bourcier (Hrsg.), Legal Knowledge and Information Systems, 2003, S. 21 ff.

unterstützung im Rahmen der Schiedsgerichtsbarkeit[190] und auch in der Mediation[191] eingesetzt.[192]

Mit Blick auf Mediation sind – entsprechend der oben genannten Funktionsebenen von KI – vielfältige Einsatzmöglichkeiten von KI vorstellbar, die von der Übersetzung von Texten über das Informationsmanagement bis hin zur Kundenkommunikation, PR und Fortbildung reichen.[193]

Angesichts der zentralen Rolle von Sprache in der Mediation erscheinen von besonderem Interesse die sog. **Large Language Models (LLMs)**, weitreichende künstliche neuronale Netze, die mit sehr großen Datensets trainiert werden – und die, soweit sie zur Gruppe der generativen KI gehören, in Reaktion auf Anfragen (sog. prompts) Antworten in Form von Texten, Bildern und anderen medialen Ausgabeformen erzeugen können. Hier werden insbesondere Einsatzmöglichkeiten von ChatGPT diskutiert.[194] Kritische Experimente mit der (jedenfalls aktuell noch) beschränkten tatsächlichen Leistungsfähigkeit von ChatGPT in komplexer sozialer Interaktion zeigen hier aber auch Grenzen auf.[195]

So faszinierend, vielversprechend oder auch schlicht effizient all dies erscheinen mag, so grundsätzlich sind die **methodischen** und **ethischen**[196] **Fragen**, die diese Entwicklungsrichtung aufwirft. Denn je tragender die Rolle von Software in der Streitbeilegung ist, desto größer wird der Einfluss und die Macht der Algorithmen, ihrer Programmierer, der Softwareanbieter und Plattformbetreiber. Die Erweiterung des klassischen Dreiecks der Streitbeilegung (zwei Streitparteien und eine neutrale dritte Vermittlerin oder Entscheiderin) um diese – zumeist ja unsichtbaren und nicht unmittelbar greifbaren – zusätzlichen Akteure führt zu ganz neuen Herausforderungen mit Blick auf (mangelnde) **Transparenz, Kontrolle und Verantwortungszurechnung**. Denn gerade bei komplexen Formen des maschinel-

---

190 Siehe dazu Scherer/Jensen, Die Digitalisierung der Schiedsgerichtsbarkeit, in: Riehm/Dörr, Digitalisierung und Zivilverfahren, S. 591 ff., Rn. 55 ff. und Scherer/Jensen Indian Journal of Arbitration Law 2021, 1, Dimiškovska, (Dia)logical Reconstruction of Legal Justification, Revus. Journal for Constitutional Theory and Philosophy of Law / Revija za ustavno teorijo in filozofijo prava 2013, 155, sowie grundlegend das spielerisch angelegte DiaLaw von Arno Lodder: Lodder, DiaLaw. On Legal Justification and Dialogical Models of Argumentation, 1999.; siehe auch.
191 Vgl. die Systeme: IMMEDIATION (https://www.immediation.com/) und MODRON (https://www.modron.com/).
192 Alexander, Ten Trends in International Mediation, The Singapore Academy of Law Journal 2019, Singapore Management University School of Law Research Paper No. 13/2020, 405 (436 f.); Zeleznikow Group Decision and Negotiation 2021, 789.
193 Siehe dazu Weigel/Termer, Spektrum der Mediation 1/2024, 15.
194 Heetkamp/Piroutek ZKM 2023, 80.
195 Sehr instruktiv und zugleich unterhaltsam hierzu Schroeter, "I'm sorry", said ChatGPT without a self and without remorse – a useful resource for conflict resolution practitioners nonetheless? A case study on reflecting the nature and dynamics of apologies in mediation, https://papers.ssrn.com/sol3/papers.cfm?abstract_id=4961929 (finale Version erscheint in Conflict Resolution Quarterly 2024/25).
196 Dazu Steffek ZKM 2023, 121 (126) sowie Exon Ohio State Journal on Dispute Resolution 2017, 609 (624); Wing International Journal of Online Dispute Resolution 1/2016, 12 und McQuiston/Sturges Colorado Lawyer 4/2020, 26.

len Lernens wird es immer schwerer nachzuvollziehen, welche Faktoren Algorithmen in welcher Gewichtung bei der Erzeugung von Ergebnissen berücksichtigen (sog. Black-Box-Problem).[197] Dazu treten erhebliche methodische Herausforderungen auf den Ebenen der Richtigkeit des Umgangs der KI mit Daten[198] – und natürlich auch Probleme des Datenschutzes.

Hier sollte die Wissenschaft eine kritische Wächterrolle übernehmen – insbesondere durch die empirische Überprüfung von Annahmen, Hoffnungen und Befürchtungen.[199]

87 Konfliktparteien scheinen bislang jedenfalls – bei aller denkbaren Effizienz von vollautomatisierter Streitbeilegung – zumeist noch eine klare Präferenz für eine Verfahrensführung durch reale Menschen zu haben. Dies zeigte auch die auf Handelskonflikte (b2b-Konflikte) fokussierte empirische Studie zur effizienten Gestaltung von gerichtlichen Streitbeilegungssystemen von *Eidenmüller, MacLaughlin* und *Eidenmüller*[200], in der die Autoren resümieren: *„[...] Streitparteien wollen nicht von Maschinen beurteilt werden. Vielmehr erwarten sie kompetente und spezialisierte menschliche Entscheidungsträger."*[201]

88 Für eine Verfahrensführung durch Menschen spricht auch die menschliche Fähigkeit, die Komplexität von Konflikten situativ flexibel und orientiert an den individuellen Verfahrensinteressen der Konfliktparteien zu verarbeiten. Streitbeilegungssoftware ist dagegen bislang ganz überwiegend im „positional bargaining"[202]-Modus programmiert.[203] Das mag für rein monetäre Konflikte die ökonomisch effizienteste Lösung sein. Methodisch gesehen ist dieser eindimensionale Modus der Konfliktbearbeitung mit seiner Fokussierung nur auf die Sachebene und auf reine Verteilungslösungen aber als Rückfall in die Zeit vor dem Harvard-Konzept[204] zu sehen, denn es werden weder die Beziehungsebene berücksichtigt noch differenzierte

---

197 Steffek ZKM 2022, 212 (216).
198 Dazu differenziert Steffek ZKM 2022, 212 (215).
199 So auch Wasser Family Court Review 2021, 268 (275) und Sternlight Journal of Dispute Resolution 2020, 1 (29).
200 Eidenmüller K./McLaughlin/Eidenmüller H., Gestaltung effizienter gerichtlicher Streitbeilegungssysteme in einer digitalen Welt – eine empirische Untersuchung, ZIP 2024, 340.
201 Eidenmüller K./McLaughlin/Eidenmüller H., Gestaltung effizienter gerichtlicher Streitbeilegungssysteme in einer digitalen Welt – eine empirische Untersuchung, ZIP 2024, 340 (341).
202 „Positional bargainining" beschreibt einen Verhandlungsansatz, bei dem es (primär) um die möglichst weitgehende Durchsetzung von Positionen (statt um die gemeinsame Schaffung von Mehrwert, den Erhalt von Beziehungen oder die Transformation von Konflikten) geht; er wird auch als kontradiktorisches Nullsummenspiel bezeichnet. Nimmt beispielsweise eine Partei eine hohe Ausgangsposition ein und die andere eine entsprechend niedrige Gegenposition, wird entweder keine Einigung oder im Wege von (meist gegenseitigen) Zugeständnissen eine Einigung im Sinne eines klassischen „win-lose"-Kompromisses erzielt, der zwischen den Ausgangspositionen liegt.
203 Siehe dazu die Beispiele bei Anzinger ZKM 2021, 53 (55) mwN.
204 Zum Harvard Konzept siehe den Klassiker Fischer/Ury, Getting to Yes: Negotiating Agreement without Giving In, englische Erstauflage 1981; deutschsprachige Auflage: Fischer/Ury/Patton, Das Harvard-Konzept: Die unschlagbare Methode für beste Verhandlungsergebnisse, 6. Aufl. 2018.

Interessenprofile herausgearbeitet und auf dieser Basis Win-win-Lösungen generiert.

Hier bleibt zu hoffen, dass die Präsenzmediation und die diese nachbildende synchrone Online-Mediation ihren spezifischen Platz im Spektrum der Streitbeilegungsformen behalten wird, auch wenn sie im Gegensatz zu vollautomatisierten bzw. KI-gestützten ODR-Plattformen zunehmend „old school" wirken mögen. Denn das vielbeschworene „Versprechen der Mediation"[205] liegt gerade in der Komplexität der Konfliktwahrnehmung und -bearbeitung, der intensiven Auseinandersetzung mit Emotionen, Interessen und Bedürfnissen und dem damit einhergehenden Kreativitäts- und Transformationspotential einer ganzheitlichen Interaktion. Diese **vielschichtige Leistungsfähigkeit von Mediation** wird den Transport in den digitalen Raum und die Integration in ODR-Systeme nur dann überleben und weiter zum Wohl von Konfliktparteien wirken, wenn das Mediationsgeschehen auch in der Online-Vermittlung als komplexe soziale Interaktion verstanden und die mediationstypische Verantwortungsverteilung zwischen (menschlichen) Mediatoren und Konfliktparteien beibehalten wird.[206]

VIII. Fazit

Die Digitalisierung der Streitbeilegung hat erheblich an Fahrt aufgenommen. Dies gilt insbesondere für den außergerichtlichen Bereich, da hier unbeeinträchtigt von behördlichen Logiken und institutionellen Trägheitseffekten freieres Experimentieren und schnellere Entwicklungsschritte möglich sind. So können sich außergerichtliche Verfahrensformen leichtgängiger und flexibler an die rasanten Veränderungen der Möglichkeiten und Anforderungen der digitalen Welt anpassen. In dieser „digitalen Wendigkeit", die vor allem das äußerst flexible Mediationsverfahren auszeichnet, liegt ein klarer **Wettbewerbsvorteil** gegenüber dem Gerichtsverfahren[207] – auch wenn die Pandemie im Justizsektor einen deutlichen Entwicklungsschub in Richtung Digitalisierung bewirkt hat[208].

Für viele Verfahrensdienstleister ist sowohl die rein digitale als auch die hybride Verfahrensgestaltung fester Bestandteil des **Angebotsportfolios** geworden. In einigen Konfliktfeldern – so zB bei grenzüberschreitenden Wirtschaftskonflikten[209] oder in der Verbraucherschlichtung – werden sich digitale Formate wahrscheinlich zur präferierten Vermittlungsform entwickeln.

---

205 Siehe den Klassiker „The Promise of Mediation" von Bush/Folger, rev. Aufl. 2009.
206 Ähnlich Johnson, Designing Online Mediation: Does „Just Add Tech" Undermine Mediation's Ownmost Aim?, Direito GV Law Review 1/2020, 1 (13 f.).
207 Siehe Greger NJW 2019, 3429.
208 Siehe dazu umfassend Riehm/Dörr (Hrsg.), Digitalisierung und Zivilverfahren, 2023, sowie bereits kurz nach Beginn der Pandemie den Bericht von Krans/Nylund u. a. zu den Effekten der COVID-19-Pandemie auf die Ziviljustiz in 15 Ländern (April 2020), https://doi.org/10.7557/sr.2020.5 und den internationalen Vergleich mit Blick auf Online-Gerichte in Roberts, Digital Justice, Washington Lawyer 5/2020, 19.
209 Dazu auch Eidenmüller K./McLaughlin/Eidenmüller H., Gestaltung effizienter gerichtlicher Streitbeilegungssysteme in einer digitalen Welt – eine empirische Untersuchung, ZIP 2024, 340 (341).

92 Professionelle digitale Mediationsangebote können die Etablierung der Mediation insgesamt deutlich voranbringen – vorausgesetzt, die Konfliktbeteiligten machen dabei zufriedenstellende Erfahrungen. Zufriedenheit mit Blick auf Konfliktbearbeitung entsteht aber nicht nur durch das Zustandekommen einer Einigung, sondern durch das Erleben eines fairen Verfahrens, eines verbesserten Kontaktes zu den anderen Konfliktparteien und einer Verständnissicherung, die der tatsächlichen Komplexität eines Konflikts gerecht wird. Hier liegt das besondere Potential der Mediation, das auch in digitalen Formaten verwirklich werden kann und sollte.

P. Mediation und Schiedsgerichtsbarkeit

Literatur:

Alexander, UN-Übereinkommen zur internationalen Durchsetzung von Mediationsvergleichen, ZKM – Zeitschrift für Konfliktmanagement 2019, 160; *Armar/Fraser*, The Guaranteed Resolution on Effective and Adapted Terms (The GREAT Process): A New Hybrid Dispute Resolution Process for Guaranteeing a Solution and Resolving Disputes Efficiently, 23 Cardozo J. of Conflict Resolution 333 (2022); *Arntz*, Die missglückte Eskalationsklausel, SchiedsVZ 2014, 237; *Anders/Gehle*, Zivilprozessordnung, 82. Aufl. 2024; *Berger*, Das neue Schiedsverfahrensrecht in der Praxis – Analyse und aktuelle Entwicklungen, RIW 2001, 7; *Bredow*, Schiedsspruch mit vereinbartem Wortlaut, SchiedsVZ 2010, 295; *Bühring-Uhle*, Working Paper Series 90–12, Program on Negotiation at Harvard Law School, März 1990; *Dendorfer*, Aktives Vergleichsmanagement – Best Practice oder Faux pas schiedsrichterlicher Tätigkeit?, SchiedsVZ 2009, 276; *Dendorfer/Lack*, The Interaction Between Arbitration and Mediation: Vision vs. Reality, SchiedsVZ 2007, 195; *Dendorfer-Ditges*, Doping – Foul – Rote Karte: Das Wort des Schiedsrichters gilt? Streitbeilegung im Sportbereich – ein Überblick, KonfliktDynamik 2020, 308; *Duve/Eidenmüller/Hacke/Fries*, Mediation in der Wirtschaft, 3. Aufl. 2019; *Eidenmüller*, Vertrags- und Verfahrensrecht der Wirtschaftsmediation 2001; *Eidenmüller*, Hybride ADR-Verfahren bei internationalen Wirtschaftskonflikten, RIW 2002, 1; *Eidenmüller/Wagner* (Hrsg.), Mediationsrecht, 2015; *Gaier*, Schlichtung, Schiedsgericht, staatliche Justiz – Drei Akteure in einem System institutioneller Rechtsverwirklichung, NJW 2016, 1367; *Gebele/Scholz*, Beck'sches Formularbuch Bürgerliches, Handels- und Wirtschaftsrecht, 14. Aufl. 2022 (zit.: Beck-FormB BHW); *Goldberg/Sanders/Rogers/Cole*, Dispute Resolution – Negotiation, Mediation, and Other Processes, 5. Aufl. 2007; *Greger/Unberath/Steffek*, Recht der alternativen Konfliktlösung, Kommentar, 2. Aufl. 2016; *Grill*, Internationaler Investitionsschutz: Mediation ist Trumpf, KonfliktDynamik 2021, 151; *Grill*, Internationaler Investitionsschutz: Die neuen ICSID Mediation Rules, KonfliktDynamik 2021, 221; *Grüneberg*, Bürgerliches Gesetzbuch, 83. Aufl. 2024; *Grziwotz*, Mediationsvergleich – „Nachgeformter" Schiedsvergleich?, MDR 2001, 305; *Hacke*, Der ADR-Vertrag, 2001; *Haft/Schlieffen*, Handbuch Mediation, 3. Aufl. 2016 (zit.: Mediation-HdB); *Hamm*, Beck'sches Rechtsanwalts-Handbuch, 12. Aufl. 2022 (zit.: BeckRA-HdB); *Heetkamp*, Singapur-Übereinkommen in Kraft getreten, ZKM – Zeitschrift für Konfliktmanagement 2020, 168; *Horvath*, Schiedsgerichtsbarkeit und Mediation – Ein glückliches Paar?, SchiedsVZ 2005, 292; *Jung/Weber-Stecher*, Mediationskomponenten in kombinierten Streitbeilegungsverfahren, KonfliktDynamik 2021, 323; *Krimphove*, Internationale Schiedsgerichtsbarkeit – Perspektiven für die Wirtschaft, 2022; *Kröll*, Die Entwicklung des Rechts der Schiedsgerichtsbarkeit 2003 und 2004, NJW 2005, 194; *Krück*, UN-Übereinkommen über die internationale Durchsetzung von Mediationsvergleichen – Beginn einer neuen Ära?, KonfliktDynamik 2019, 309; *Krüger/Rauscher* (Hrsg.), Münchener Kommentar zur Zivilprozessordnung, 6. Aufl. 2020 (zit.: MüKoZPO); *Lachmann*, Handbuch für die Schiedsgerichtsbarkeit, 3. Aufl. 2007; *Lörcher*, Mediation: Rechtskraft über Schiedsspruch mit vereinbartem Wortlaut?, DB 1999, 789; *Loos/Brewitz*, Hindert eine Mediationsvereinbarung an der Klage? – Wie lange?, SchiedsVZ 2012, 305; *Papier*, Schiedsverfahren, Mediation, Adjudikation und andere ADR-Verfahren, IWRZ 2016, 14; *Pörnbacher*, Mediation in Wirtschaftsstreitigkeiten – Anmerkungen aus der anwaltlichen Praxis, KonfliktDynamik 2020, 85; *Risse*, Wirtschaftsmediation, 2. Aufl. 2022; *Rüssel*, Schlichtungs-, Schieds- und andere Verfahren außergerichtlicher Streitbeilegung – Versuch einer begrifflichen Klarstellung, JuS 2003, 380; *Saenger*, Zivilprozessordnung, 10. Aufl. 2023 (zit.: Hk-ZPO); *Salger/Trittmann*, Internationale Schiedsverfahren – Praxishandbuch, 2019; *Schiffer* (Hrsg.), Schiedsverfahren und Mediation, 2. Aufl. 2005; *Schmidt*, Der Schiedsspruch, SchiedsVZ 2013, 32; *Schroeter*, Der Schiedsspruch mit vereinbartem Wortlaut als Formäquivalent zur notariellen Beurkundung, SchiedsVZ 2006, 298; *Schütze/Thümmel*, Schiedsgericht und Schiedsverfahren, 7. Aufl. 2021; *Schwab/Walter*, Schiedsgerichtsbarkeit, 7. Aufl. 2005; *Stipanowich*, Arbitration, Mediation, and Mixed Modes: Seeking Workable Solutions and Common Ground on Med-Arb, Arb-Med, and Settlement-Oriented Activities by Arbitrators, 26 Harvard Negotiation Law Review 265 (2021); *Sussman*, The Mediation Window: An Arbitration Process Measure to Facilitate Settlement, 13 New York Dispute Resolution Lawyer, 20 (2020); *Tochtermann*, Alternative Dispute Resolution

– Einführung in die alternative Streitbeilegung, JuS 2005, 131; *Trenczek*, ADR – Mediation: Faire Konfliktlösung ohne Gericht, DS 2009, 66; *Unberath*, Eckpunkte der rechtlichen Gestaltung des Mediationsverfahrens, ZKM 2012, 12; *Unberath*, Mediationsklauseln in der Vertragsgestaltung – Prozessuale Wirkungen und Wirksamkeit, NJW 2011, 1320; *Walz*, Das ADR-Formularbuch, 2. Aufl. 2017; *Zöller*, Zivilprozessordnung, 34. Aufl. 2022.

I. Kombinationsmöglichkeiten von Schiedsverfahren und Mediation 4	1. Einsatz eines Mediators nachfolgend als Schiedsrichter (MedArb-Verfahren) 38
1. MedArb: Mediationsverfahren gefolgt von einem Schiedsverfahren 5	2. Paralleler Einsatz eines Schiedsrichters als Mediator 45
2. ArbMed: Schiedsverfahren gefolgt von einem Mediationsverfahren 7	3. Einsatz eines berufsverbundenen Mediators im Mediation Window 50
3. Mediation Window 9	
4. Shadow Mediation oder Standby Mediation 12	4. Einsatz eines Schiedsrichters nachfolgend als Mediator (ArbMed-Verfahren) ... 52
5. MEDALOA 13	
II. Anwendungsbereiche 15	VII. Einbeziehung anwaltlicher Vertreter in Schiedsverfahren und Mediation 53
III. Strukturelle Klarstellung: Drittentscheidung im Schiedsverfahren, Parteientscheidung in der Mediation 19	VIII. Abschlussvereinbarung und Schiedsspruch mit vereinbartem Wortlaut 59
IV. Mediationsklausel als Verfahrenshindernis für Schiedsverfahren 24	IX. Verschwiegenheitspflicht und Zeugnisverweigerungsrecht im Schiedsverfahren 72
V. Angaben über Mediationsversuch in Schiedsantrag oder Schiedsklageschrift 32	
VI. Unparteilichkeit, Neutralität und Unabhängigkeit von Mediator und Schiedsrichter ... 37	

1 Schiedsverfahren und Mediation – beide Verfahren sind außerhalb der staatlichen Gerichtsbarkeit verortet und stehen dennoch im Spannungsverhältnis unterschiedlicher Methodik und Struktur. Gemeinsam ist beiden Verfahren, dass es sich um solche der **privatautonomen Konfliktbeilegung** handelt.[1] Uneinigkeit besteht jedoch bereits bei der Frage, ob beide Verfahren dem Bereich der Alternativen Streitbeilegung – oder mit der gemeinhin bekannten Terminologie gesprochen: der Alternative Dispute Resolution (ADR) – zuzuordnen sind.[2] Abgesehen von dieser eher theoretischen Frage-

---

[1] Vgl. zu grundsätzlichen Fragen der Verortung und den Auswirkungen von Mediation, Schlichtung und Schiedsgerichtsbarkeit im Rechtssystem: Gaier NJW 2016, 1367 (1368 ff.); Papier IWRZ 2016, 14 ff.
[2] Für die Einbeziehung von Schiedsverfahren in den Bereich der ADR: Trenczek DS 2009, 66 f.; Rüssel JuS 2003, 380 (382 ff.); zur Ausgrenzung von Schiedsverfahren aus dem Bereich der ADR: Tochtermann JuS 2005, 131; Risse, S. 637 f. Rn. 90; unklar bleibt die Zuordnung auch nach der Gesetzesbegründung zum Entwurf eines Gesetzes zur Förderung der Mediation und anderer Verfahren der außergerichtlichen Konfliktbeilegung, BT-Drs. 17/5335, 11, wobei der gesetzgeberische Fokus eindeutig auf Verfahren der einverständlichen Streitbeilegung liegt.

stellung zeigt sich national und international eine zunehmende Öffnung der Schiedsrichter und Schiedsorganisationen hin zur Mediation.[3]

Während sich das Schiedsverfahren traditionell in einem prozessrechtlich festgelegten Rahmen bewegt,[4] welcher für institutionalisierte Schiedsverfahren ergänzt wird durch eine jeweils einschlägige Verfahrensordnung der parteigewählten oder durch Verbandsregeln festgelegten Schiedsorganisation,[5] war die Mediation in Deutschland lange Zeit frei von rechtlicher Festlegung.

Mit dem Mediationsgesetz (MediationsG)[6] und korrespondierend mit dem Verbraucherstreitbeilegungsgesetz (VSBG)[7] erfolgte eine **Verrechtlichung des Mediationsverfahrens**,[8] welche in Bezug zum Schiedsverfahren verschiedene Rechtsfragen aufwerfen kann. So können **rechtliche Kollisionen zwischen Schiedsverfahren und Mediation** insbesondere dann auftreten, wenn

- dem **Schiedsverfahren ein unabhängiges Mediationsverfahren vorausgegangen** ist, so beispielsweise bei Vorliegen von sog. **Eskalationsklauseln**[9] in dem streitgegenständlichen Vertrag, womit primär die Pflicht zu bilateralen Verhandlungen, für den Fall des Scheiterns eine Mediation, und als letzte Stufe das Schiedsverfahren vereinbart werden;[10]
- Mediation und Schiedsverfahren von den Parteien gewollt zu einem **„Mixed Mode"-Streitbeilegungsverfahren** kombiniert werden, insbesondere um die regelmäßig im Wirtschaftsbereich geforderte Verfah-

---

3 Grill, KonfliktDynamik 2021, 151 ff. zur Aufnahme von Mediation in Investor-State Dispute Settlement, ISDS; Grill, KonfliktDynamik 2021, 221 ff.; DIS-Mediationsordnung, abrufbar unter https://www.disarb.org/fileadmin/user_upload/Werkzeuge_und_Tools/DIS-Mediationsordnung_V.pdf (zuletzt abgerufen am 11.6.2024).
4 Für Deutschland geregelt in den §§ 1025 ff. ZPO; vgl. dazu auch die UNCITRAL Arbitration Rules 2021, abrufbar unter https://uncitral.un.org/sites/uncitral.un.org/files/media-documents/uncitral/en/21-07996_expedited-arbitration-e-ebook.pdf (zuletzt abgerufen am 11.6.2024) sowie die Convention on the Recognition and Enforcement of Foreign Arbitral Awards vom 7.6.1959, abrufbar unter http://www.uncitral.org, dort unter UNCITRAL Texts and Statutes – Conventions (zuletzt abgerufen am 11.6.2024) (New York Convention).
5 Vgl. dazu die Schiedsgerichtsordnung der DIS – Deutsche Institution für Schiedsgerichtsbarkeit e. V. (DIS-SchO), abrufbar unter www.disarb.org, dort unter Werkzeuge & Regeln (zuletzt abgerufen am 11.6.2024) oder die 2021 Arbitration Rules der ICC – International Chamber of Commerce, abrufbar unter https://iccwbo.org/dispute-resolution/dispute-resolution-services/arbitration/rules-procedure/2021-arbitration-rules/ (zuletzt abgerufen am 11.6.2024); für den Sportbereich die Verbandsschiedsgerichte der jeweiligen Sportverbände, vgl. Dendorfer-Ditges KonfliktDynamik 2020, 308 (310 ff.).
6 Gesetz zur Förderung der Mediation und anderer Verfahren der außergerichtlichen Konfliktbeilegung vom 21.7.2012, BGBl. I 1577, in Kraft mWv 26.7.2012. idF vom 31.8.2025.
7 Gesetz über die alternative Beilegung in Verbrauchersachen vom 19.2.2016, BGBl. I 254, 1039, in Kraft mWv 1.4.2016 bzw. 1.2.2017.
8 Vgl. dazu auch die UNCITRAL Mediation Rules (2021), abrufbar unter https://uncitral.un.org/sites/uncitral.un.org/files/media-documents/uncitral/en/22-01369_mediation_rules_ebook_1.pdf (zuletzt abgerufen am 11.6.2024).
9 Vgl. das Beispiel bei Risse, S. 125 f. Rn. 69.
10 Greger/Unberath/Steffek MediationsG § 1 Rn. 153.

renseffizienz zu steigern,[11] so zB zu einem **MedArb-Verfahren** oder umgekehrt zu einem **ArbMed-Verfahren**;[12]
- Mediation im Verlauf eines Schiedsverfahrens eingesetzt wird, insbesondere als sog. **Mediation Window**,[13] entweder für alle oder für einzelne Streitgegenstände des Schiedsverfahrens;[14]
- die in einer Mediation gefundenen Ergebnisse zu einem **Schiedsspruch mit vereinbartem Wortlaut**[15] entweder im Rahmen eines laufenden oder eines dafür gesondert einzuleitenden Schiedsverfahrens führen sollen.

I. Kombinationsmöglichkeiten von Schiedsverfahren und Mediation

4   Zunächst werden die **Kombinationsmöglichkeiten von Schieds- und Mediationsverfahren** im Überblick dargestellt, die damit verbundenen rechtlichen Besonderheiten und Probleme finden anschließend gesonderte Betrachtung. Für die Praxis von Bedeutung sind insbesondere die „MedArb"- oder „ArbMed"-Verfahren, bei denen Mediations- und Schiedsverfahren entweder zusammengefasst oder als getrennte Verfahren durchgeführt werden.[16]

Die Anwendungsbereitschaft zu „Mixed Modes" variiert von faktisch und rechtlich akzeptiert in den USA,[17] Australien,[18] Hongkong[19] und Singapur,[20] über traditionell angewandt in China,[21] hin zu einem weitgehenden Verbot in Brasilien.[22]

5   **1. MedArb: Mediationsverfahren gefolgt von einem Schiedsverfahren.** In der MedArb-Kombination handelt der **neutrale Dritte** zunächst als Mediator, um die Parteien dabei zu unterstützen, ein beidseitig interessengerechtes Ergebnis zu erzielen. Für den Fall des Scheiterns des Mediationsverfahrens soll dieselbe oder eine andere neutrale Person im Rahmen eines nachfolgenden Schiedsverfahrens als Schiedsrichter eine bindende Entscheidung fällen. Insoweit ist die **Freiwilligkeit der Parteien** eingeschränkt: Sofern das nachfolgende Schiedsverfahren verbindlich vereinbart ist, können die Parteien sich diesem einseitig nicht entziehen.

6   Ein MedArb-Verfahren lässt zunächst die Kontrolle über das Verfahren und die Entscheidungsfindung bei den Parteien, jedoch verbunden mit der

---

11 Amar/Fraser 23 Cardozo J. of Conflict Resolution 333 ff. (2022); Pörnbacher KonfliktDynamik 2020, 85 (87).
12 Vgl. dazu Dendorfer/Lack SchiedsVZ 2007, 195 (199 ff.); Risse, S. 618 ff. Rn. 36 ff.; Goldberg/Sanders/Rogers/Cole, S. 307 f.
13 Dazu: Dendorfer/Lack SchiedsVZ 2007, 195 (202); Risse, S. 619 Rn. 37.
14 Vgl. dazu Horvath SchiedsVZ 2005, 292 (296 f.).
15 So geregelt in § 1053 Abs. 1 ZPO; dazu auch § 32.2 DIS-SchO oder Art. 32 ICC Rules of Arbitration.
16 Vgl. zu „Mixed Modes" ausführlich: Stipanowich 26 Harvard Negotiation Law Review 265, 276 ff. (2021); Jung/Weber-Stecher KonfliktDynamik 2021, 323 (325 f.); Krimphove/Hagel Kap. III Rn. 79 ff.
17 Stipanowich 26 Harvard Negotiation Law Review 298, 303 ff. (2021).
18 Stipanowich 26 Harvard Negotiation Law Review 323 ff. (2021).
19 Stipanowich 26 Harvard Negotiation Law Review 321 ff. (2021).
20 Stipanowich 26 Harvard Negotiation Law Review 320 f. (2021).
21 Stipanowich 26 Harvard Negotiation Law Review 308 ff. (2021); CIETAC Arbitration Rules Art. 47 (2015), abrufbar unter https://www.cietac-eu.org/rules/ (zuletzt abgerufen am 11.6.2024).
22 Stipanowich 26 Harvard Negotiation Law Review 317 ff. (2021).

Sicherheit einer **verbindlichen Streitentscheidung**. Dabei kann die drohende Schiedsentscheidung die Parteien noch im Mediationsteil zur Einigung veranlassen („**Mediation with muscle**").[23] Als Zielsetzung von MedArb-Verfahren wird häufig die Möglichkeit angeführt, damit die Vollstreckbarkeit einer im Mediationsverfahren getroffenen Einigung zu erreichen.[24]

2. ArbMed: Schiedsverfahren gefolgt von einem Mediationsverfahren. Das ArbMed-Verfahren beginnt mit dem **Schiedsverfahren bis hin zum Schiedsspruch**. Um die kooperative Verhandlung nicht zu blockieren, wird der Schiedsspruch häufig erst nach Abschluss der Mediation bekannt gegeben. Sofern sich die Parteien einigen, wird der Schiedsspruch nicht verkündet und entfaltet damit auch keine rechtliche Wirkung.

Der Vorteil des ArbMed-Verfahrens ist wiederum die **Ergebnisgarantie**. Auch haben die Parteien Gelegenheit, das Ergebnis durch eine einvernehmliche Einigung zu beeinflussen. Andererseits ist dieses Verfahren zeitintensiver als ein MedArb-Verfahren, denn der Aufwand für die Einleitung und zunächst auch Durchführung eines Schiedsverfahrens ist erheblich.

3. Mediation Window. Eine weitere Möglichkeit der Einbindung von Mediation in ein laufendes Schiedsverfahren ist die Schaffung eines sog. „**Mediation Window**", also einer Phase im Rahmen des Schiedsverfahrens, in welcher dieses ruhend in den Hintergrund tritt und Gelegenheit zur Durchführung einer Mediation – vorzugsweise mit einem am Verfahren unbeteiligten Mediator – gegeben wird.[25] Der Einsatz eines Mediation Window setzt voraus, dass das Schiedsgericht zum einen die Möglichkeiten der Mediation kennt,[26] zum anderen bereit ist, das Verfahren zum Zwecke einer vergleichsweisen Regelung zeitweise „aus der Hand zu geben".

Die Einbindung eines Mediation Window in das Schiedsverfahren kann das **soziale Lernen der Parteien** fördern. Sie sind in diesem Rahmen angehalten über Interessen – eigene und diejenigen der anderen Partei – sowie über kooperative Verhandlungsstrategien und kreative Lösungen nachzudenken.

Nachteil des Mediation Window ist die Durchführung der Mediation im Kontext des Schiedsverfahrens. Damit entfallen nicht nur die für gerade für die Wirtschaftsmediation maßgebliche Zeit- und Kostenersparnis, sondern es können sich aufgrund des „drohenden" Schiedsspruchs **kognitive Grenzen für die kreative Lösungsfindung** ergeben.

4. Shadow Mediation oder Standby Mediation. Als weniger praxisrelevant ist die **Shadow Mediation** einzustufen. Dabei werden getrennte Mediations- und Schiedsverfahren zeitgleich durchgeführt, was in komplexen Fällen mit mehreren beteiligten Parteien sinnvoll sein kann.[27] Es sind dann mehrere Mediatoren und Schiedsrichter gleichzeitig im Einsatz, um durch die simultane Erledigung von Teilkonflikten die Erledigung der gesamten

---

23 Bühring-Uhle, 1990, S. 3.
24 Eidenmüller RIW 2002, 1 (5).
25 Eidenmüller RIW 2002, 1 (3); Sussman, 13 New York Dispute Resolution Lawyer, 20 ff. (2020).
26 Vgl. Pörnbacher KonfliktDynamik 2020, 85 (87).
27 Jung/Weber-Stecher KonfliktDynamik 2021, 323, 327 f.

Streitigkeit zügig voranzubringen. Bei diesem **Verfahrenshybrid** verfolgt der Mediator das Schiedsverfahren häufig zunächst „auf Abruf".[28]

13 **5. MEDALOA.** Der exotische Begriff MEDALOA beschreibt eine Kombination aus **Mediation gefolgt von „Last-Offer Arbitration".**[29] Bei der Last-Offer Arbitration reduzieren die Parteien die Beschlussbefugnis des Schiedsrichters, denn dieser kann sich nur im Rahmen der jeweiligen Vorschläge/Angebote der Parteien bewegen. Die fehlende Befugnis des Schiedsrichters, ein Angebot abzuändern, soll einen psychologischen Druck auf die Parteien erzeugen, das zu unterbreitende Angebot so zu gestalten, wie es der Schiedsrichter vermutlich akzeptieren wird.[30]

14 MEDALOA wirft aus der schiedsgerichtlichen Perspektive die Frage eines **unwirksamen Schiedsspruchs** auf, da der Schiedsrichter keine wirkliche Befugnis zur Entscheidung erhält. Aus der Sicht der Mediation ist zudem die **Rollenverquickung** ein Problem, aber auch das Fehlen von notwendiger Transparenz.

II. Anwendungsbereiche

15 Der **räumliche Anwendungsbereich** des Mediationsgesetzes erstreckt sich auf nationale und internationale Mediationsverfahren, deren Durchführungsort in Deutschland liegt. In **sachlicher Hinsicht** erstreckt sich der Anwendungsbereich des Mediationsgesetzes nicht nur auf Zivil- und Handelssachen, wie von Art. 1 Abs. 2 Med-RiLi[31] vorgegeben, sondern auch auf die Bereiche des Arbeits-, Familien-, Sozial-, Verwaltungs- und sogar des Steuerrechts.[32] Zudem gilt das Mediationsgesetz für Mediationsverfahren sowohl zwischen Verbrauchern, ebenso zwischen Unternehmen und Verbrauchern[33] (B2C) als auch im Wirtschaftsleben zwischen Unternehmen oder deren Organen (B2B).

16 Als Entsprechung sind für die private Schiedsgerichtsbarkeit die für Deutschland maßgeblichen Regelungen des **10. Buches der Zivilprozessordnung** zu betrachten. Diese sind zwingend anzuwenden, wenn der Ort des schiedsrichterlichen Verfahrens in Deutschland liegt, § 1025 Abs. 1 ZPO.[34]

17 Jeder vermögensrechtliche Anspruch kann Gegenstand eines Schiedsverfahrens sein – nichtvermögensrechtliche Ansprüche nur dann, wenn die Parteien berechtigt sind, über den Gegenstand des Streits einen Vergleich zu schließen (**objektive Schiedsfähigkeit**, § 1030 Abs. 1 ZPO). Nicht schiedsfähig sind Streitigkeiten über inländische Wohnraum-Mietverhältnisse (§ 1030 Abs. 2 ZPO), individualarbeitsrechtliche Streitigkeiten (§ 101 ArbGG), bestimmte Bereiche familienrechtlicher Streitigkeiten (Scheidung, Lebenspartnerschaften), aber auch grundsätzlich Angelegenheiten der frei-

---

28 Engel in Walz, S. 419.
29 Vgl. Stipanowich 26 Harvard Negotiation Law Review 265, 279 f. (2021).
30 Eidenmüller RIW 2002, 1 (9).
31 Richtlinie 2008/52/EG des Europäischen Parlaments und des Rates vom 21.5.2008 über bestimmte Aspekte der Mediation in Zivil- und Handelssachen.
32 Vgl. Art. 3 bis 8 des Gesetzes zur Förderung der Mediation und anderer Verfahren der außergerichtlichen Konfliktbeilegung vom 21.7.2012.
33 Vgl. die Definition in § 13 BGB.
34 Zöller/Geimer ZPO § 1025 Rn. 3, 7.

willigen Gerichtsbarkeit.[35] Allerdings kann auch ein Verbraucher Partei eines Schiedsverfahrens sein, wobei für Schiedsabreden mit Verbrauchern die strengere Formvorschrift des § 1031 Abs. 5 ZPO zu beachten ist.[36]

Der **rechtliche Wirkungsbereich des Mediationsgesetzes** geht somit über denjenigen der schiedsverfahrensrechtlichen Regelungen hinaus. Dies hat zur Konsequenz, dass Vergleichsergebnisse eines Mediationsverfahrens daraufhin zu überprüfen sind, ob diese einem nachfolgenden Schiedsverfahren, insbesondere einem Schiedsspruch mit vereinbartem Wortlaut,[37] zugänglich sind. Es werden in der Praxis jedoch vornehmlich – vermögensrechtlich geprägte – Ergebnisse aus Wirtschaftsmediationsverfahren für nachfolgende Schiedsverfahren in Betracht kommen,[38] so dass in der Realität insoweit Probleme nur selten auftreten dürften.

III. Strukturelle Klarstellung: Drittentscheidung im Schiedsverfahren, Parteientscheidung in der Mediation

Nach § 1029 Abs. 1 ZPO sind alle oder einzelne Streitigkeiten, die zwischen den Parteien in Bezug auf ein bestimmtes Rechtsverhältnis vertraglicher oder nichtvertraglicher Art entstanden sind oder künftig entstehen, der **Entscheidung durch ein Schiedsgericht** unterworfen. Demgegenüber regelt § 1 Abs. 1 MediationsG, dass bei der Mediation die Parteien mithilfe eines oder mehrerer Mediatoren eigenverantwortlich eine **einvernehmliche Beilegung** ihres Konflikts anstreben. Der Mediator ist – anders als der Schiedsrichter – ohne Entscheidungsbefugnis, § 1 Abs. 2 MediationsG.

Die unterschiedlichen **Rollen des neutralen Dritten** – Mediator einerseits, Schiedsrichter andererseits – sind signifikant und bedürfen insbesondere bei Anwendung von *„Mixed Mode"*-Verfahren der Transparenz und der Klarstellung gegenüber den Parteien.[39] Auch sind erfahrene und kompetente Mediatoren nicht zwingend als Schiedsrichter geeignet und umgekehrt fehlt es erfahrenen Schiedsrichtern nicht selten die Fähigkeit zu ausgleichender sowie interessengerechter Verhandlung.[40]

Damit ist die **strukturelle Unterschiedlichkeit** von Mediationsverfahren einerseits und Schiedsverfahren andererseits in den Blick zu nehmen: Bei ersterem handelt es sich um eine Verhandlung zwischen den Parteien, die von dem Mediator als einem nicht entscheidungsbefugten Dritten geführt wird;[41] das **Schiedsverfahren** ist hingegen ein solches der **materiellen Rechtsprechung**.[42] Mit dem Schiedsverfahren werden die Organe der Justizhoheit durch frei gewählte Privatpersonen in der Funktion der Schiedsrichter ersetzt,[43] wohingegen im **Mediationsverfahren** ein derartiger Ersatz

---

35 Zöller/Geimer ZPO § 1030 Rn. 6 mwN.
36 OLG Köln BeckRS 1998, 2368 (Streitigkeit eines Arztes wegen der Vermittlung von Warentermingeschäften); OLG Frankfurt a. M. BeckRS 2013, 22044 (Streitigkeit des Vorstandes einer AG im Rahmen eines Management Buy-Outs).
37 Vgl. die Ausführung zu Punkt VII.
38 Vgl. die praktischen Hinweise bei Lachmann, S. 29 ff. Rn. 93 ff.
39 Vgl. dazu Stipanowich 26 Harvard Negotiation Law Review 341, 343 ff. (2021).
40 Vgl. dazu Stipanowich 26 Harvard Negotiation Law Review 265, 289 f. (2021).
41 Vgl. dazu auch Greger/Unberath/Steffek MediationsG § 1 Rn. 38 f.
42 BGH NJW 1986, 3077 (3078) mwN; Lachmann, S. 58 Rn. 199 mwN.
43 Lachmann, S. 58 Rn. 199 mwN.

nicht stattfindet, sondern die Mediation vielmehr eine **Ausprägung der (Privat-)Autonomie der Parteien** darstellt.[44]

22 Der **Streitgegenstand** und die damit verbundenen – objektiv gleichen – Fakten erfahren in beiden Verfahren eine unterschiedliche Betrachtung, nämlich zum einen den **Fokus auf den Interessen** in der Mediation, zum anderen diejenigen auf **Positionen und Ansprüche** im Schiedsverfahren. Dabei ist nicht ausgeschlossen, dass Schiedsrichter den Anstoß oder die Moderation von **Vergleichsgesprächen** im Rahmen des Schiedsverfahrens vornehmen.[45] Während dies in kontinentaleuropäischen Schiedsverfahren akzeptiert ist, von Parteien sogar häufig erwartet wird,[46] stößt eine solche Vorgehensweise international – insbesondere in Ländern des Common Law – auf Vorbehalte bis hin zur Ablehnung jeglicher Vergleichsinitiative durch die Schiedsrichter.[47]

23 Sollten die Parteien Mediation und Schiedsverfahren kombinieren (insbesondere zu den bereits erwähnten MedArb-Verfahren oder ArbMed-Verfahren), so gelten bis zur Beendigung des Mediationsverfahrens die Regelungen des MediationsG, mit Beginn des Schiedsverfahrens die dafür jeweils maßgeblichen gesetzlichen Regelungen, in Deutschland vornehmlich diejenigen der §§ 1025 ff. ZPO.[48]

IV. Mediationsklausel als Verfahrenshindernis für Schiedsverfahren

24 Mit einer vertraglich vereinbarten oder in verbandsbezogenen Regelwerken enthaltenen **Mediationsklausel oder Mediationsabrede** verpflichten sich die Parteien, im Falle einer Konfliktsituation eine Mediation einzuleiten. In der Vereinbarung zur Durchführung einer Mediation iS von § 1 Abs. 1 MediationsG wird regelmäßig ein **vorläufiger (dilatorischer) Klageverzicht** gesehen.[49] Für Streitigkeiten unter Beteiligung eines Verbrauchers ist jedoch inzwischen für Mediationsklauseln in Allgemeinen Geschäftsbedingungen das **Klauselverbot** (ohne Wertungsmöglichkeit) des § 309 Nr. 14 BGB zu berücksichtigen.

---

44 Greger/Unberath/Steffek MediationsG § 1 Rn. 30.
45 Vgl. Art. 26 DIS-SchO 2018, abrufbar unter https://www.disarb.org/fileadmin//user_upload/Werkzeuge_und_Tools/2018_DIS-Schiedsgerichtsordnung_072021.pdf (zuletzt abgerufen am 11.6.2024); Salger/Trittmann/Reeg, § 18 Rn. 16 ff.
46 Salger/Trittmann/Reeg, § 18 Rn. 6.
47 Vgl. Salger/Trittmann/Reeg, § 18 Rn. 6, 9 ff.; Stipanowich 26 Harvard Negotiation Law Review 327 ff. (2021); CEDR, Commission on Settlement in International Arbitration, Final Report, November 2009, abrufbar unter https://www.cedr.com/wp-content/uploads/2021/04/Arbitration-Commission-Document-April-2021.pdf (zuletzt abgerufen am 11.6.2024); Rules on the Efficient Conduct of Proceedings in International Arbitration (2018; Prague Rules), abrufbar unter https://praguerules.com/upload/medialibrary/9dc/9dc31ba7799e26473d92961d926948c9.pdf (zuletzt abgerufen am 11.6.2024).
48 Ebenso: Greger/Unberath/Steffek MediationsG § 1 Rn. 49.
49 BGH BeckRS 2023, 7740; KG Berlin BeckRS 2023, 12027 Rn. 60; OLG Bamberg BeckRS 2022, 32644; OLG Düsseldorf BeckRS 2019, 30818; dazu eingehend: Loos/Brewitz SchiedsVZ 2012, 305 (308 ff.); Greger/Unberath/Steffek MediationsG § 1 Rn. 199 f.; Unberath NJW 2011, 1320 (1321 f.); offenbar aA OLG Frankfurt am Main NJW-RR 2010, 788 f.; LG Heilbronn 10.9.2010 – 4 O 259/09, IBRRS 76939.

Die Vorschaltung eines Mediationsverfahrens vor der Durchführung eines Schiedsverfahrens wird häufig in kombinierten Mediations- und Schiedsklauseln (**Eskalationsklauseln**) vereinbart.[50] 25

Eine **sorgfältige, unmissverständliche und klare Formulierung** der Voraussetzungen und Grenzen der Eskalationsklauseln ist von besonderer Bedeutung.[51] Rechtssicherheit hinsichtlich des vereinbarten Verfahrensablaufs muss dabei ebenso Zielsetzung sein, wie sicherzustellen ist, dass nach Einleitung des Verfahrens den Parteien keine Verjährungsrisiken oder sonstige rechtliche Nachteile drohen. 26

Häufig wird eine **zeitliche Begrenzung** des Mediationsverfahrens angeraten und in Eskalationsklauseln vorgesehen. Die Fristbestimmung zum Eintritt in die nächste Verfahrensstufe sollte – insbesondere im Hinblick auf die rechtlichen Vorgaben zu Beginn eines Schiedsverfahrens – so konkret wie möglich ausgestaltet sein.[52] Damit muss eine realistische Einschätzung des für die Organisation und Durchführung von Mediationsverfahren notwendigen Zeitraums einhergehen. Zu kurze Fristen für die Einleitung bzw. Beendigung einer Verfahrensstufe können zu deren faktischer und – als **Ausschlussfristen** auch zu deren rechtlicher – Ausgrenzung führen.[53] Dies gilt insbesondere, wenn innerhalb der festgesetzten Fristen institutionelle Verfahrensschritte zu beachten sind. 27

In der staatlichen Gerichtsbarkeit ist eine unter **Missachtung einer Mediationsabrede** erhobene Klage auf **Einrede des Beklagten** hin als unzulässig abzuweisen.[54] Auch einer Schiedsklage kann das Verfahrenshindernis einer missachteten Mediationsabrede entgegengehalten werden, so dass die **Zulässigkeit der Anrufung eines Schiedsgerichts** in diesem Fall von einer (erfolglosen) Durchführung des – vereinbarungsgemäß – vorgeschalteten Mediationsverfahrens abhängig sein wird.[55] 28

In der Praxis ist die Situation denkbar, dass eine Partei die **Mediationsabrede ignoriert** und sogleich einen Schiedsantrag nach § 1044 S. 1 ZPO stellt, sei es durch direkte Zustellung an die andere Partei oder durch Einleitung eines Schiedsverfahrens über eine in der Schiedsklausel gewählte Schiedsorganisation. Die Schiedsbeklagte kann sich der **Konstituierung des Schiedsgerichts** zu diesem Zeitpunkt nicht mit dem Einwand des (Schieds-)Klageverzichts aufgrund bestehender Mediationsabrede entziehen, da selbst bei einseitiger Verweigerung einer Schiedsrichterbestellung diese entweder über die mit der Schiedsklausel gewählte Schiedsorganisation erfolgen kann, oder nach § 1035 Abs. 4, 5 ZPO durch das zuständige staatliche Gericht. 29

---

50 Muster einer Eskalationsklausel bei BeckFormB BHW/Risse 11. Eskalationsklausel.
51 Arntz SchiedsVZ 2014, 237 (242).
52 BeckRA-HdB Teil A: Prozesse und Verfahren 1. Abschnitt. Zivilprozess § 7. Wahl zwischen ordentlichem Gerichtsverfahren und Schiedsverfahren Rn. 57; Berger Arb. Int. 2006, 1, 10 ff.
53 BGH BeckRS 2018, 20309 Rn. 10 ff.; BGH BeckRS 2023, 7740 Rn. 25.
54 BGH NJW 1999, 647 ff.; BGH NJW-RR 2009, 637 zu einer Schlichtungsklausel; BGH NJW-RR 2017, 229 (231); BGH BeckRS 2018, 20309; BGH BeckRS 2023, 7740; KG Berlin BeckRS 2023, 12027 Rn. 60; Unberath NJW 2011, 1320 (1321 f.).
55 BGH BeckRS 2016, 15081; zu dem Umfang der Durchführung einer Mediation als Prozessvoraussetzung: Unberath NJW 2011, 1320 (1322).

30 Die **Einrede des (Schieds-)Klageverzichts aufgrund bestehender Mediationsabrede** betrifft nach Konstituierung des Schiedsgerichts dessen Zuständigkeit zur Entscheidung über den Rechtsstreit, zumindest solange die zwischen den Parteien – vertraglich – vereinbarte Mediation nicht versucht wurde. Darüber hat das Schiedsgericht auf der Grundlage von § 1040 Abs. 1, 3 ZPO zu entscheiden.[56]

31 Im Hinblick auf den durch Einleitung des Schiedsverfahrens bereits entstandenen Aufwand wird sich in einer solchen Situation als **pragmatische Lösung** das – zeitweise – **Ruhen des Schiedsverfahrens** für die Durchführung des vorgeschalteten Mediationsverfahrens anbieten.[57]

V. Angaben über Mediationsversuch in Schiedsantrag oder Schiedsklageschrift

32 Durch das Gesetz zur Förderung der Mediation und anderer Verfahren der außergerichtlichen Konfliktbeilegung[58] wurde § 253 Abs. 3 Nr. 1 ZPO eingefügt. Danach soll der Kläger bzw. Antragsteller eines Gerichtsverfahrens in dem **verfahrenseinleitenden Schriftsatz** zur Frage einer außergerichtlichen Streitbeilegung Stellung nehmen.

33 Für das Schiedsverfahren finden sich in den §§ 1044, 1046 ZPO zur Erhebung der Schiedsklage **Sonderregelungen:** So wird das Schiedsverfahren durch den **Schiedsantrag** des § 1044 ZPO eingeleitet. Dieses Schriftstück muss die Bezeichnung der Parteien, die Angabe des Streitgegenstandes und einen Hinweis auf die Schiedsvereinbarung enthalten und ist an den Schiedsbeklagten zu richten.[59] Die *„Klageschrift"* des § 1046 Abs. 1 ZPO ist die **Klagebegründung.** Ihr Gegenstück im Gerichtsverfahren ist § 253 Abs. 4 iVm § 130 Nr. 3–5 ZPO. Dessen Angaben gehören zur Begründetheit und müssen das Klagebegehren – rechtlich wie tatsächlich – verifizieren.

34 § 253 Abs. 3 Nr. 1 ZPO dient dem Ziel, die Mediation und die außergerichtliche Konfliktbeilegung stärker im Bewusstsein der Bevölkerung und v. a. auch der Beratungspraxis der Rechtsanwaltschaft zu verankern.[60] Für die richterliche Verfahrensleitung und eine effiziente sowie interessengerechte Verfahrensgestaltung bieten die Angaben nach § 253 Abs. 3 Nr. 1 ZPO die notwendige Grundlage: Beginnend von einem frühen ersten Termin mit Güteverhandlung (§§ 275, 278 Abs. 2 ZPO) über die Verweisung an den Güterichter (§ 278 Abs. 5 ZPO) bis hin zu dem Vorschlag einer Mediation oder eines anderen Verfahrens der außergerichtlichen Konfliktbeilegung (§ 278a ZPO) hat der staatliche Richter mannigfache **Möglichkeiten eines differenzierten Konfliktmanagements.**

35 Es stellt sich die Frage, ob § 253 Abs. 3 Nr. 1 ZPO auch im schiedsgerichtlichen Verfahren zu beachten ist. Abgesehen davon, dass das Schiedsgericht nach Eingang des Schiedsantrags erst gebildet werden muss, es somit an

---

56 Vgl. zum Verfahren: Anders/Gehle ZPO § 1040 Rn. 6 ff.
57 Das Ruhen des Schiedsverfahrens ist nach §§ 1042 Abs. 3 und 4, 251 ZPO möglich; vgl. Anders/Gehle ZPO § 1042 Rn. 14, Stichwort Aussetzung/Unterbrechung.
58 Vgl. Fn. 5.
59 Schütze, S. 106 Rn. 414 ff. mwN.
60 BR-Drs. 60/11, 29.

einer mit dem staatlichen Richter vergleichbaren frühen Verfahrensleitung fehlt, steht im Schiedsverfahren die **Parteimaxime** an erster Stelle, gefolgt von einer **Festsetzung des Verfahrens durch das Schiedsgericht** (§ 1042 Abs. 4 ZPO). Ein **Rückgriff auf § 253 Abs. 3 Nr. 1 ZPO** kommt somit für das Schiedsverfahren **nicht in Betracht**, da es zum einen an den für eine gütliche Streitbeilegung im Gerichtsverfahren verfügbaren rechtlichen Mechanismen, wie zB Güteverhandlung oder Verweisung an den Güterichter, fehlt. Zum anderen steht es dem Schiedsgericht jederzeit frei, gegenüber den Parteien Vergleichsgespräche oder auch die Durchführung eines parallelen Mediationsverfahrens zur vollständigen oder teilweisen Beilegung des Konflikts anzuregen,[61] so dass es einer ausdrücklichen Information in dem verfahrenseinleitenden Schriftsatz nicht bedarf.

Eine **Information über ein vorgeschaltetes Mediationsverfahren** wird jedoch dann **geboten** sein, wenn dem Schiedsgericht im Rahmen des Schiedsantrags nach § 1044 ZPO eine **Eskalationsklausel** vorgelegt wird (vgl. dazu die Ausführungen in → Rn. 26 zu Punkt IV.). Insoweit muss das Schiedsgericht – nicht nur auf Einrede einer der Parteien – prüfen, ob nicht dessen – zeitweise – Unzuständigkeit gegeben ist. 36

VI. Unparteilichkeit, Neutralität und Unabhängigkeit von Mediator und Schiedsrichter

Ein zentraler Grundsatz des Schiedsverfahrens ist die **Unparteilichkeit** und **Unabhängigkeit der Schiedsrichter**, § 1036 Abs. 1 ZPO.[62] Gleiches ist nunmehr mit der Unparteilichkeit und Neutralität gesetzlich für den Mediator festgeschrieben, § 3 Abs. 1 MediationsG. Daraus ergeben sich Kollisionsfragen für den Fall der Kombination von Schiedsverfahren und Mediation. 37

1. Einsatz eines Mediators nachfolgend als Schiedsrichter (MedArb-Verfahren). Sofern der Schiedsrichter zuvor als Mediator in demselben Konflikt eingesetzt war, stellt sich für das nachfolgende Schiedsverfahren die Frage einer möglichen Ablehnung. Das Schiedsverfahrensrecht knüpft die Ablehnung an Umstände, die **berechtigte Zweifel** an der **Unparteilichkeit oder Unabhängigkeit des Schiedsrichters** aufkommen lassen, oder daran, dass der Schiedsrichter die zwischen den Parteien vereinbarten Voraussetzungen nicht erfüllt, § 1036 Abs. 2 S. 1 ZPO. 38

Es muss für die Ablehnung **kein konkreter Verstoß des Schiedsrichters** gegen das Neutralitätsgebot vorliegen bzw. ein solcher muss auch nicht dargelegt werden, vielmehr reichen berechtigte Zweifel aus.[63] Entscheidend ist somit das Vorliegen **objektiver Ablehnungsgründe** aus der Sicht der betroffenen Partei.[64] Für die Bestimmung derjenigen Gründe, die berechtigte Zweifel iS von § 1036 Abs. 2 S. 1 ZPO aufkommen lassen, wird auf die gesetzlich für die Ablehnung eines staatlichen Richters vorgegebenen Gründe zurückgegriffen.[65] Allerdings sind die für den Ausschluss und die 39

---

61 Dendorfer SchiedsVZ 2009, 276 (277 ff.).
62 BGH NJW 1969, 750.
63 OLG Dresden SchiedsVZ 2005, 159 (161).
64 OLG Frankfurt a. M. SchiedsVZ 2008, 96 (99); Hk-ZPO/Saenger § 1036 Rn. 8 mwN.
65 OLG München SchiedsVZ 2013, 291 (294); Lachmann, S. 256 Rn. 968.

Ablehnung von staatlichen Richtern maßgeblichen Vorschriften der §§ 41, 42 ZPO auf das Schiedsverfahren nicht unmittelbar anwendbar.[66] Jedoch begründen ihre Tatbestände in der Regel Zweifel iS von § 1036 Abs. 2 S. 1 ZPO.[67] Die für staatliche Richter geltenden Ausschlussgründe des § 41 ZPO stellen im Schiedsverfahren lediglich Ablehnungsgründe dar.[68]

40 In diesem Zusammenhang wird die **Regelung des § 41 Nr. 8 ZPO** relevant.[69] Nach dieser Vorschrift ist ein staatlicher Richter von der Ausübung des Richteramtes kraft Gesetzes ausgeschlossen in Sachen, in denen er an einem Mediationsverfahren oder einem anderen Verfahren der außergerichtlichen Konfliktbeilegung mitgewirkt hat. Übertragen auf den Einsatz eines Mediators in einem nachfolgenden Schiedsverfahren bedeutet dies, dass die **vormalige Mediatorentätigkeit** in der Regel berechtigte Zweifel an der Unparteilichkeit und Unabhängigkeit des Schiedsrichters gemäß § 1036 Abs. 2 S. 1 ZPO begründen kann.[70]

41 Allerdings können die Parteien durch Vereinbarung die **Ablehnungsgründe** erweitern, aber auch **einschränken**.[71] Zudem kann auf die **Geltendmachung von Ablehnungsgründen verzichtet** werden, nachdem der Ablehnungsgrund bekannt ist, es sei denn, dass Sittenwidrigkeit zu bejahen ist.[72]

42 Aber auch im Falle der Parteidisposition über den Ablehnungsgrund verbleibt es bei dem Grundsatz, dass die Unabhängigkeit und Unparteilichkeit des Schiedsgerichts stets gewahrt sein muss.[73] Insoweit verbleibt das Risiko einer wirksamen **Einschränkung oder Verzichtserklärung zur Ablehnung eines Schiedsrichters wegen vorangegangener Mediatorentätigkeit**. Insbesondere für diejenigen Fälle, in denen im Rahmen des Mediationsverfahrens **Einzelgespräche** iS von § 2 Abs. 3 MediationsG durch den Mediator und späteren Schiedsrichter geführt wurden, die dann – besonders bei der Besetzung als Einzelschiedsrichter – (ersichtlich) in das spätere Schiedsverfahren einfließen, wird eine Einschränkungs- oder Verzichtserklärung die Ablehnungsmöglichkeit des Schiedsrichters nach § 1036 Abs. 2 S. 1 ZPO iVm § 41 Nr. 8 ZPO analog nicht ausschließen. Dieser Ablehnungsgrund ist von Amts wegen zu berücksichtigen.[74] Eine Parteierklärung zum Verzicht auf ein entsprechendes Anfechtungsrecht, zB im Mediatoren-/Schiedsrichtervertrag, wäre daher unwirksam.

43 Das **Mediationsgesetz** stellt hingegen **kein Hindernis für die Personenidentität** von (zuerst) Mediator und (nachfolgend) Schiedsrichter auf, denn § 3 Abs. 2 MediationsG enthält kein Verbot des Mediators, in derselben Sache nach Abschluss der Mediation noch als Schiedsrichter tätig zu werden.

44 Für den **internationalen Bereich** ist es beispielsweise nach Art. 4 lit. d der *Guidelines on Conflicts of Interest in International Arbitration* der *Inter-*

---

66 OLG Frankfurt SchiedsVZ 2006, 329 (331).
67 OLG München BeckRS 2006, 08109; Hk-ZPO/Saenger § 1036 Rn. 9 mwN.
68 Hk-ZPO/Saenger § 1036 Rn. 9.
69 Fassung aufgrund des Gesetzes zur Förderung der Mediation und anderer Verfahren der außergerichtlichen Konfliktbeilegung vom 21.7.2012, BGBl. I 1577.
70 Im Ergebnis ebenso: Jung/Weber-Stecher KonfliktDynamik 2021, 323 (328 f.).
71 Hk-ZPO/Saenger § 1036 Rn. 10; Schwab/Walter Kap. 14 Rn. 2 mwN.
72 Schwab/Walter Kap. 14 Rn. 2 mwN.
73 BGH NJW 1985, 1904 (1905).
74 MüKoZPO/Münch § 1059 Rn. 53.

national Bar Association (IBA Guidelines 2014)[75] sowie nach Art. 9 Abs. 2 Prague Rules (2018)[76] einem Schiedsrichter gestattet, während des Schiedsverfahrens auch als Mediator tätig zu sein, wenn die Parteien dem vorher ausdrücklich und schriftlich zustimmen. Gemäß *IBA Guidelines* sind die Parteien bei Scheitern der Mediation weiterhin an ihre ursprüngliche Einverständniserklärung gebunden und der vorübergehende Mediator wird wieder zum Schiedsrichter. Art. 9 Abs. 3 Prague Rules sieht hingegen vor, dass der Mediator im Anschluss daran wieder als Schiedsrichter tätig werden darf, wenn die Parteien dem erneut schriftlich zustimmen (Arb-Med-Arb-Opt-Out). Ohne diese zweite Zustimmung muss der Schiedsrichter nach einer gescheiterten Mediation das Mandat niederlegen.[77] Gemäß den *SIAC-SIMC Arb-Med-Arb Protocol*[78] sowie den *CPR Rules for Administered Arbitration of International Disputes* (2019)[79] werden Schiedsrichter einerseits und Mediatoren andererseits getrennt tätig.

2. Paralleler Einsatz eines Schiedsrichters als Mediator. Wenn parallel zu einem Schiedsverfahren für alle oder einzelne Streitgegenstände ein Mediationsverfahren eingeleitet wird (so zB in einem *Mediation Window*), ist zu klären, ob einer oder mehrere **Schiedsrichter des laufenden Schiedsverfahrens als Mediator(en)** in diesem Mediationsverfahren tätig werden können.[80]

Aus **schiedsverfahrensrechtlicher Sicht** kann der parallele Einsatz eines Schiedsrichters als Mediator in derselben Sache wiederum zu einem **Ablehnungsgrund** nach § 1036 Abs. 2 ZPO führen. Insoweit geltend die vorstehenden Ausführungen entsprechend.

Aus **Sicht des Mediationsverfahrens** wird die parallele Tätigkeit als Schiedsrichter und Mediator zu einer – in der Praxis eines solchen kombinierten Verfahrens jedoch überflüssigen – **Offenlegung** nach § 3 Abs. 1 S. 1 MediationsG verpflichten. Demzufolge kann ein Schiedsrichter nur dann parallel als Mediator tätig werden, wenn die Parteien dem ausdrücklich nach § 3 Abs. 1 S. 2 MediationsG zustimmen. Auch wenn praktisch eine Mediation im Rahmen eines bereits laufenden Schiedsverfahrens nur mit der **Zustimmung aller Parteien** denkbar ist, so empfiehlt es sich dennoch,

---

75 Siehe https://www.ibanet.org/MediaHandler?id=e2fe5e72-eb14-4bba-b10d-d33daf ee8918 (zuletzt abgerufen am 11.6.2024).
76 Rules on the Efficient Conduct of Proceedings in International Arbitration, abrufbar unter https://praguerules.com/upload/medialibrary/9dc/9dc31ba7799e26473d9 2961d926948c9.pdf (zuletzt abgerufen am 11.6.2024).
77 Weitere Beispiele bei Jung/Weber-Stecher KonfliktDynamik 2021, 323 (330).
78 Das Singapore International Mediation Centre (SIMC) hat in Kooperation mit dem Singapore International Arbitration Centre (SIAC) das Arbitration-Mediation-Arbitration (Arb-Med-Arb) Protocol (the AMA Protocol) erarbeitet, abrufbar unter https://simc.com.sg/insights/singapore-international-mediation-centre-and-ne w-ama-procedure-finally-what-users-have (zuletzt abgerufen am 11.6.2024).
79 CPR – International Institute for Conflict Prevention and Resolution, abrufbar unter https://static.cpradr.org/docs/2019%20Administered%20Arbitration%20Ru les%20International_.pdf (zuletzt abgerufen am 11.6.2024).
80 Vgl. dazu das Verfahren IBM v. Fujitsu, in dem die Schiedsrichter als Mediatoren eingesetzt waren, geschildert bei Horvath SchiedsVZ 2005, 292 (296 f.); davon zu unterscheiden sind Vergleichsverhandlungen im Schiedsverfahren unter Einsatz mediativer Techniken, dazu: Dendorfer SchiedsVZ 2009, 276 (282).

die Zustimmung der Parteien in einer solchen Konstellation zu dokumentieren.

48 Nach dem Gesetzeswortlaut nicht relevant wird im Falle einer parallelen Schiedsrichtertätigkeit die Verbotsvorschrift des § 3 Abs. 2 MediationsG. Schiedsrichter sind nach Konstituierung des Schiedsgerichts **nicht für eine Schiedspartei tätig**, sondern beiden Parteien gleichermaßen verpflichtet.[81] Die Schiedsrichtertätigkeit begründet insbesondere **kein Abhängigkeitsverhältnis zu einer Partei**, auch ist ein bestellter Schiedsrichter nicht einseitig abberufbar und somit auch nicht auf das Wohlwollen einer Partei angewiesen.[82]

49 Damit wird ein Schiedsrichter im Falle eines parallel zum Schiedsverfahren durchgeführten Mediationsverfahrens nicht für eine Partei in derselben Sache iS von § 3 Abs. 2 MediationsG tätig. Dies gilt auch dann, wenn bei Einsatz eines Drei-Personen-Schiedsgerichts die parteiernannten Schiedsrichter im Rahmen eines *Mediation Window* als Mediator(en) eingesetzt werden.

50 **3. Einsatz eines berufsverbundenen Mediators im Mediation Window.** Denkbar ist die Situation, dass in einem Schiedsverfahren ein Schiedsrichter als Mitglied einer **Berufsausübungs- oder Bürogemeinschaft**, insbesondere einer Rechtsanwaltskanzlei, eingesetzt ist, aus der für ein paralleles Mediationsverfahren (*Mediation Window*) ein Mediator ausgewählt wird. Nach § 3 Abs. 3 S. 1 und 2 MediationsG darf eine Person als Mediator nicht tätig werden, wenn eine mit ihr in derselben Berufsausübungs- oder Bürogemeinschaft verbundene andere Person während der Mediation in derselben Sache für eine Partei tätig ist.

51 Abgesehen davon, dass nach § 3 Abs. 4 MediationsG die Beschränkungen des Abs. 3 nicht gelten, wenn sich die betroffenen Parteien im Einzelfall nach umfassender Information damit einverstanden erklärt haben, wird auch in dieser Konstellation der eingesetzte Schiedsrichter als solcher nicht für eine Partei tätig, so dass der Übernahme einer Mediatorentätigkeit durch eine Person derselben Berufsausübungs- und Bürogemeinschaft § 3 Abs. 3 S. 1 und 2 MediationsG nicht entgegensteht.

52 **4. Einsatz eines Schiedsrichters nachfolgend als Mediator (ArbMed-Verfahren).** Für die Konstellation der Beendigung eines Schiedsverfahrens und der Einleitung eines nachfolgenden Mediationsverfahrens (ArbMed-Verfahren) unter Leitung derselben Person(en) scheidet die Anwendung von § 3 Abs. 2 MediationsG ebenfalls aus. Auch hierfür gelten die vorstehenden Ausführungen, insbesondere die Feststellung, dass ein Schiedsrichter nicht für eine Partei im Rahmen eines Schiedsverfahrens tätig wird.

VII. Einbeziehung anwaltlicher Vertreter in Schiedsverfahren und Mediation

53 Nach § 1042 Abs. 2 ZPO dürfen **Rechtsanwälte** als Bevollmächtigte im **Schiedsverfahren nicht ausgeschlossen** werden. Eine abweichende Parteiver-

---

81 Lachmann, S. 264 Rn. 997.
82 Lachmann, S. 264 Rn. 997.

einbarung ist **unwirksam**.[83] Ein Verstoß gegen diese Vorschrift stellt einen Aufhebungsgrund nach § 1059 Abs. 2 Nr. 1b, d ZPO dar.

Nach § 2 Abs. 4 MediationsG können in das Mediationsverfahren Dritte hingegen nur mit Zustimmung aller Parteien einbezogen werden. Dritte iS dieser Vorschrift können auch Rechtsanwälte oder andere Beistände der Parteien sein, so dass eine **anwaltliche Begleitung in der Mediation** nur mit **Zustimmung sämtlicher Parteien** möglich ist.[84]

Auch bei enger Auslegung von § 2 Abs. 4 MediationsG, nur bezogen auf die Mediationssitzung, wird sich im Falle der Kombination von Schieds- und Mediationsverfahren konkret die Frage anwaltlicher Begleitung im gesamten Verfahren stellen, sofern man nicht die Aufhebung eines späteren Schiedsspruchs nach § 1059 Abs. 2 ZPO riskieren will.[85]

Abgesehen davon, dass der Ausschluss vorab am Schiedsverfahren beteiligter Rechtsanwälte in einem parallel eingeleiteten Mediationsverfahren – insbesondere bei Wirtschaftsstreitigkeiten – „wirklichkeitsfremd"[86] sein dürfte, kann in dem widerspruchslosen **Wechsel von Schiedsgerichts- zu Mediationsverfahren** eine **konkludente Zustimmung** zu der **Teilnahme anwaltlicher Berater** auch am Mediationsverfahren liegen.[87]

Von den rechtlichen Fragen der Einbeziehung der Rechtsanwälte unabhängig ist die Unterschiedlichkeit der **anwaltlichen Rolle** in beiden Verfahren: Während dem Rechtsanwalt im Mediationsverfahren eine unterstützende und streitschlichtende Funktion zukommt,[88] ist im Schiedsverfahren der um Position, Anspruch und Recht kämpfende Anwalt gefordert.

Zur Vermeidung jeglicher Risiken für die Wirksamkeit eines dem Mediationsverfahren nachfolgenden Schiedsspruchs ist zu empfehlen, zum einen das Mediationsverfahren zeitlich, organisatorisch und hinsichtlich der Besetzung des Mediators von dem Schiedsverfahren **deutlich abzugrenzen**, und zum anderen auf die **ausdrückliche Zustimmung der Parteien** zur Teilnahme anwaltlicher Berater auch während des Mediationsverfahrens hinzuwirken.

VIII. Abschlussvereinbarung und Schiedsspruch mit vereinbartem Wortlaut

Vergleichen sich die Parteien während des schiedsrichterlichen Verfahrens über die Streitigkeit, so kann auf Antrag der Parteien der so gefundene Vergleich in der Form eines **Schiedsspruchs mit vereinbartem Wortlaut**

---

83 Zöller/Geimer ZPO § 1042 Rn. 19.
84 So ausdrücklich BT-Drs. 17/5335, 15.
85 Diese Vorschrift gilt auch für einen Schiedsspruch mit vereinbartem Wortlaut nach § 1053 ZPO; dazu: BGH NJW 2001, 373 f.; Zöller/Geimer ZPO § 1059 Rn. 1.
86 Vgl. die Beschlussempfehlung des Bundesrats, BR-Drs. 60/1/11, 4 für die während eines Gerichtsverfahrens stattfindende Mediation.
87 Vgl. zur schlüssigen Zustimmung: Grüneberg/Ellenberger § 182 Rn. 3 mwN.
88 Vgl. dazu § 1 Abs. 3 BORA: Als unabhängiger Berater und Vertreter in allen Rechtsangelegenheiten hat der Rechtsanwalt seine Mandanten vor Rechtsverlusten zu schützen, rechtsgestaltend, konfliktvermeidend und streitschlichtend zu begleiten, vor Fehlentscheidungen durch Gerichte und Behörden zu bewahren und gegen verfassungswidrige Beeinträchtigung und staatliche Machtüberschreitung zu sichern.

festgehalten werden, sofern der Inhalt des Vergleichs nicht gegen die öffentliche Ordnung (*ordre public*) verstößt, § 1053 Abs. 1 S. 1 und 2 ZPO.[89] Er ist in der gesetzlich vorgeschriebenen Form zu erlassen, § 1054 Abs. 1 und 2 ZPO,[90] wobei die Begründung gemäß § 1054 Abs. 2 ZPO entfallen kann.

60 Ein Schiedsspruch mit vereinbartem Wortlaut ist ein **vollwertiger Schiedsspruch** und hat demzufolge dieselbe Wirkung wie jeder andere Schiedsspruch zur Sache, § 1053 Abs. 2 S. 2 ZPO.[91] Er hat daher unter den Parteien die Wirkung eines rechtskräftigen Urteils, § 1055 ZPO. Er beendet das schiedsrichterliche Verfahren, § 1056 Abs. 1 ZPO und unterliegt dem Aufhebungsverfahren nach § 1059 ZPO.[92] Er braucht eine **Vollstreckbarerklärung** durch das zuständige Oberlandesgericht, §§ 1060, 1061 ZPO. Dabei hängt die Vollstreckbarerklärung nicht davon ab, dass der Schiedsspruch einen vollstreckungsfähigen Inhalt hat. Denn die Vollstreckbarerklärung soll den Schiedsspruch auch gegen die Geltendmachung von Aufhebungsgründen sichern.[93]

61 Nach Erteilung der Vollstreckbarerklärung liegt mit dem Schiedsspruch mit vereinbartem Wortlaut ein – weltweit[94] – **vollstreckbarer Titel** vor, für Deutschland geregelt in § 794 Abs. 1 Nr. 4a ZPO.

62 Grundsätzlich ist es Ziel einer Mediation, den Streit einvernehmlich beizulegen; die – schriftliche – **Abschlussvereinbarung** ist dazu lediglich ein Mittel.[95] Rechtlich gesehen wird es sich bei der Abschlussvereinbarung vornehmlich um einen **Vergleichsvertrag** nach § 779 BGB handeln, aber auch Erlassverträge nach § 397 BGB, Novation, oder Schuldanerkenntnisse nach §§ 780 ff. BGB sind denkbar. Unabhängig von der konkreten rechtlichen Qualifizierung der Abschlussvereinbarung ist diese – wie jeder Schuldvertrag – materiellrechtlich zwar bindend, die darin enthaltenen Rechte müssen jedoch nachfolgend in einem zivilprozessualen Erkenntnisverfahren durchgesetzt werden.

63 Um die Austragung eines solchen Streits vor den staatlichen Gerichten zu vermeiden, bieten sich verschiedene Möglichkeiten der **Vollstreckbarerklärung der Abschlussvereinbarung** eines Mediationsverfahrens an,[96] unter anderem wird auch die Möglichkeit diskutiert, die Abschlussvereinbarung eines Mediationsverfahren in einen Schiedsspruch mit vereinbartem Wortlaut überzuführen. In diesem Zusammenhang wird die Möglichkeit von sogenannten „*Mediationsschiedssprüchen*" ebenso diskutiert,[97] wie vorgeschlagen wird, der Mediator selbst könne bei inländischem Schiedsort die

---

[89] Haft/Schlieffen Mediation-HdB/Lörcher/Lörcher § 30 Rn. 27 ff.
[90] OLG Frankfurt a. M. SchiedsVZ 2003, 288.
[91] Bredow SchiedsVZ 2010, 295 (296) mwN.
[92] Bredow SchiedsVZ 2010, 295 (300 f.).
[93] OLG München SchiedsVZ 2009, 127 (128).
[94] Vgl. dazu die Regelungen der UN Convention on the Recognition and Enforcement of Foreign Arbitral Awards (New York Convention) vom 10.6.1958, abrufbar unter https://www.newyorkconvention.org/ (zuletzt abgerufen am 12.6.2024).
[95] Greger/Unberath/Steffek MediationsG § 2 Rn. 279.
[96] Greger/Unberath/Steffek MediationsG § 2 Rn. 330 ff.
[97] Dazu Schmidt SchiedsVZ 2013, 32 (34 mwN).

Abschlussvereinbarung ohne Veränderung in der Sache in einen Schiedsspruch mit vereinbartem Wortlaut nach § 1053 ZPO überleiten.[98]

Dabei ist jedoch zu beachten, dass nach dem eindeutigen Gesetzeswortlaut der **Vergleich** über die Streitigkeit „**während des schiedsrichterlichen Verfahrens**" erfolgen muss, nur dann kann dieser Vergleich ein Schiedsverfahren nach § 1053 Abs. 1 Satz 1 ZPO beenden.[99] Das bedeutet in formaler Hinsicht, dass die Parteien nach Abschluss des Mediationsverfahrens ein Schiedsverfahren unter Erfüllung aller dafür maßgeblichen Vorgaben einleiten müssen, um überhaupt die Voraussetzungen des § 1053 Abs. 1 ZPO zu schaffen. 64

Dem steht jedoch entgegen, dass zum **Zeitpunkt des Eintritts in das Schiedsverfahren** zwischen den Parteien bei vergleichsweisem Abschluss des Mediationsverfahrens **kein Konflikt** mehr besteht, vielmehr eine Einigung über den vormals vorhandenen Streit vorliegt.[100] Es **fehlt** daher an der elementaren **Voraussetzung einer Streitigkeit**.[101] Dabei ist zu berücksichtigen, dass dem Grundverständnis nach das Schiedsgericht durch den Schiedsspruch über das Bestehen oder Nichtbestehen eines im Schiedsverfahren geltend gemachten Anspruchs entscheidet.[102] Der Schiedsspruch mit vereinbartem Wortlaut ist dazu die Ausnahme. 65

Die Überführung eines Mediationsvergleiches in einen Schiedsspruch mit vereinbartem Wortlaut birgt somit nach deutschem Prozessrecht, insbesondere aber auch nach internationalen Regelungswerken[103] sowohl die Gefahr des **Rechts- und Formenmissbrauchs**, welcher im Rahmen der **Aufhebungsprüfung des** *ordre public* gemäß § 1059 Abs. 2 Nr. 2 b) ZPO von Amts wegen zu beachten ist,[104] als auch damit einhergehend maßgebliche **Haftungsrisiken** für die beteiligten Rechtsanwälte.[105] 66

Aber auch im notwendigerweise durchzuführenden **Anerkennungs- und Vollstreckbarerklärungsverfahren** kann sich das Risiko von Rechts- und 67

---

98 Lörcher DB 1999, 789; Eidenmüller, S. 48 f. mit der zweifelhafter Argumentation, wonach eine flexible Auslegung des Wortlauts von § 1053 Abs. 1 ZPO geboten und im Übrigen in der „vorläufigen" Verständigung der Parteien am Ende eines Mediationsverfahrens noch keinen rechtlich bindenden Vergleich zu sehen sei; Hacke, S. 289 ff. der vorschlägt, einen Nichteinigungsbereich zwischen den Parteien am Ende des Mediationsverfahrens offen zu halten, der dann während des schiedsrichterlichen Verfahrens verglichen werden könne; Duve/Eidenmüller/Hacke, S. 267 mit dem Hinweis, dass in dem „kurzen" Schiedsverfahren dessen unverzichtbare Verfahrensgrundsätze, insbesondere diejenigen der Gewährung rechtlichen Gehörs und der Gleichbehandlung der Parteien, eingehalten werden müssen; kritisch: Greger/Unberath/Steffek MediationsG § 2 Rn. 351 mwN; Bredow SchiedsVZ 2010, 295 (297).
99 Haft/Schlieffen Mediation-HdB/Lörcher/Lörcher § 30 Rn. 30 ff.; Krück Konflikt-Dynamik 2019, 309 (310).
100 Lachmann, S. 419 Rn. 1699; Bredow SchiedsVZ 2010, 295 (297 mwN).
101 Lachmann, S. 419 Rn. 1699; dazu ausführlich zum Diskussions- und Streitstand: Schmidt SchiedsVZ 2013, 32 (33 f.).
102 Schmidt SchiedsVZ 2013, 32 (35).
103 Haft/Schlieffen Mediation-HdB/Lörcher/Lörcher § 30 Rn. 34 ff.
104 OLG München GmbHR 2005, 1568 ff. für den Fall eines Schiedsspruchs mit vereinbartem Wortlaut zur Umgehung von Beurkundungsvorschriften; Schröter SchiedsVZ 2006, 298 ff.; Unberath ZKM 2012, 12 (15).
105 Lachmann, S. 420 Rn. 1702 mwN; Berger RIW 2001, 7 (16 f.); Grziwotz MDR 2001, 305 (306).

Dendorfer-Ditges

Formmissbrauch verwirklichen. Denn auch die Anerkennung und Vollstreckbarerklärung des Schiedsspruchs mit vereinbartem Wortlaut gemäß §§ 1060, 1061 ZPO setzt einen Schiedsspruch voraus, der allen Anforderungen des § 1054 ZPO genügen muss,[106] wobei ein Schiedsspruch mit vereinbartem Wortlaut grundsätzlich ausreichend ist.[107] Das zuständige Oberlandesgericht prüft im Rahmen des Anerkennungs- und Vollstreckungsverfahrens nicht nur das Bestehen einer wirksamen Schiedsvereinbarung tatsächlich wie rechtlich umfassend,[108] sondern auch die **Ordnungsmäßigkeit des Schiedsspruchs**.[109] Auch sind seitens des Gerichts die Aufhebungsgründe nach §§ 1060 Abs. 2 S. 1, 1059 Abs. 2 ZPO zu prüfen, die Aufhebungsgründe des § 1059 Abs. 2 Nr. 2 ZPO wiederum von Amts wegen.

68 Denkbar ist somit der Schiedsspruch mit vereinbartem Wortlaut allenfalls für solche Situationen, in denen das **Mediationsverfahren zu keinem einverständlichen Ergebnis** geführt hat, also tatsächlich noch Punkte strittig geblieben sind.[110] In diesem Fall ist jedoch davor zu warnen, zum Schein einige Streitpunkte im Mediationsverfahren offen zu lassen, denn auch eine solche Vorgehensweise stellt eine rechtsmissbräuchliche Umgehung der Voraussetzungen des § 1053 Abs. 2 ZPO dar.[111]

69 Möglich ist der Schiedsspruch mit vereinbartem Wortlaut insbesondere dann, wenn während des bereits laufenden Schiedsverfahrens im Rahmen eines *Mediation Window*[112] die Streitpunkte des Schiedsverfahrens besprochen und vergleichsweise beigelegt werden. In dieser Konstellation wird der **Vergleich während des Schiedsverfahrens geschlossen**, zu dessen Beginn auch ein **Streit über ein Rechtsverhältnis** bestand. Selbst wenn der im Mediationsverfahren erarbeitete Vergleich Regelungsgegenstände umfasst, die außerhalb des im Schiedsverfahren anhängigen Rechtsstreits liegen, so hindert dies den Schiedsspruch mit vereinbartem Wortlaut nicht. Insoweit wird die Kompetenz des Schiedsgerichts durch einen von allen Parteien zu stellenden Antrag auf Erlass eines Schiedsspruchs mit vereinbartem Wortlaut begründet.[113]

70 Im Übrigen stellt die New York Convention[114] ebenfalls auf das Schiedsverfahren und den Schiedsspruch als dessen Ergebnis ab.[115] Nur dieses Verfahren und nicht jede Form der Streitbeilegung wird im Rahmen dieses Abkommens vollstreckungsrechtlich privilegiert; die charakteristischen Verfahrensvoraussetzungen stehen nicht zur Disposition der Parteien.[116]

---

106 Kröll NJW 2005, 194 (197).
107 BGH NJW-RR 2007, 1366; Anders/Gehle ZPO § 1060 Rn. 6 mwN.
108 OLG Rostock IPRax 2002, 401.
109 Anders/Gehle ZPO § 1060 Rn. 6 ff.
110 Haft/Schlieffen Mediation-HdB/Lörcher/Lörcher § 30 Rn. 31 mit dem Hinweis, dass ein verbleibender Streit über Höhe oder Aufteilung der Kosten ausreichen dürfte.
111 Lachmann, S. 420 Rn. 1703.
112 Vgl. die vorstehenden Ausführungen zu → Rn. 9–11.
113 Bredow SchiedsVZ 2010, 295 (297 mwN).
114 Siehe Fn. 94.
115 Vgl. insbesondere Art. 1–3 New York Convention.
116 Lachmann, S. 420 Rn. 1701.

Das nunmehr in Kraft getretene, jedoch bislang weder von Deutschland noch von einem anderen Mitgliedstaat der Europäischen Union, noch von der Europäischen Union selbst unterzeichnete UN-Übereinkommen über die internationale Durchsetzung von Mediationsvergleichen (Convention on International Settlement Agreements Resulting from Mediation, kurz: **Singapore-Convention**)[117] ist im Falle eines Schiedsspruches mit vereinbartem Wortlaut nicht einschlägig. Die Regelungen der *Singapore-Convention* könnten nur dann relevant werden, wenn parallel zum Schiedsverfahren ein Mediationsvergleich geschlossen wird, ohne dass dieser in das Schiedsverfahren und damit in den Schiedsspruch übertragen wird.

IX. Verschwiegenheitspflicht und Zeugnisverweigerungsrecht im Schiedsverfahren

Der Mediator und die in die Durchführung des Mediationsverfahrens eingebundenen Personen sind zur Verschwiegenheit verpflichtet, soweit gesetzlich nichts anderes geregelt ist, § 4 S. 1 MediationsG. Daraus folgt in Verbindung mit § 383 Abs. 1 Nr. 6 ZPO ein **Zeugnisverweigerungsrecht** bzw. eine **Zeugnisverweigerungspflicht des Mediators** und der zur Durchführung des Mediationsverfahrens eingebundenen Personen im Zivilprozess.

Für ein der Mediation nachfolgendes Schiedsverfahren stellt sich die Frage, ob und in welchem Umfang das Zeugnisverweigerungsrecht aus § 4 S. 1 iVm § 383 Abs. 1 Nr. 6 ZPO greift.

Grundsätzlich ist ein Schiedsgericht befugt, Zeugen zu laden; in der Praxis werden die Zeugen jedoch zumeist von der beweisbelasteten Partei gestellt.[118] Kein Zeuge ist verpflichtet, vor einem Schiedsgericht auszusagen.[119] Daraus folgt, dass der **Zeuge in einem Schiedsverfahren** – anders als im staatlichen Gerichtsverfahren aufgrund der dort vorhandenen Zeugniserzwingung gemäß § 390 ZPO - **kein gesondertes Zeugnisverweigerungsrecht** benötigt. Vielmehr erstreckt sich die allgemeine Möglichkeit zur **Aussageverweigerung** auch auf die vom Zeugnisverweigerungsrecht (§§ 383 ff. ZPO) umfassten Konstellationen.[120] Damit können sowohl der Mediator als auch die zur Durchführung des Mediationsverfahrens eingesetzten Personen die Zeugenaussage in einem nachfolgenden Schiedsverfahren verweigern.

Sollte im Schiedsverfahren allerdings die Situation eintreten, dass ein Schiedsgericht die **Zeugenaussage eines Mediators mit Unterstützung eines staatlichen Gerichts** gemäß § 1050 S. 1 ZPO „erzwingen" will, so gelten für dieses „Aushilfeverfahren" die Regeln der Zeugenvernehmung im staatlichen Gerichtsverfahren.[121] Der Mediator oder die von diesem zur Unterstützung des Mediationsverfahrens eingesetzten Personen können

---

117 Abrufbar unter https://www.singaporeconvention.org/ (zuletzt abgerufen am 12.6.2024); Krück KonfliktDynamik 2019, 309 ff.; Alexander ZKM – Zeitschrift für Konfliktmanagement 2019, 160 ff.; Heetkamp ZKM – Zeitschrift für Konfliktmanagement 2020, 168 ff.
118 Schütze, S. 113 Rn. 451.
119 Schütze, S. 113 Rn. 450.
120 Lachmann, S. 369 Rn. 1493 mwN; MüKoZPO/Münch § 1049 Rn. 51 mwN.
121 Lachmann, S. 370 Rn. 1496 mwN.

sich dann auf das **Zeugnisverweigerungsrecht** nach § 4 Satz 1 iVm § 383 Abs. 1 Nr. 6 ZPO berufen.[122] Im Hinblick auf die in § 4 S. 1 MediationsG normierte Verschwiegenheitspflicht sind Mediatoren zur Inanspruchnahme des Zeugnisverweigerungsrechts auch im Schiedsverfahren verpflichtet, es sei denn, sie wurden durch die Parteien davon entbunden.[123] Eine Offenlegung kann dann erfolgen, wenn einer der Ausnahmetatbestände des § 4 S. 3 Nr. 1–3 im Schiedsverfahren vorliegen sollte.

---

122 Schütze, S. 113 Rn. 453.
123 Greger/Unberath/Steffek MediationsG § 4 Rn. 31, 33.

Q. Verbraucherschlichtung und Verbraucherstreitbeilegungsgesetz (VSBG)

Literatur:
Alleweldt ua, Cross-Border Alternative Dispute Resolution in the European Union, Berlin 2011; *ders. ua*, Study on the use of Alternative Dispute Resolution in the European Union, Berlin 2009; *Althammer*, Verbraucherstreitbeilegung: Aktuelle Perspektiven für die Umsetzung der ADR – Richtlinie, Frankfurt a. M. 2015; *ders./Meller-Hannich* (Hrsg.), VSBG – Verbraucherstreitbeilegungsgesetz, 2. Auflage, Frankfurt a. M. 2021; *Bach-Heuker*, Das Ombudsmannverfahren der privaten Banken und Wirtschaftsmediation in der Bankwirtschaft, ZKM 2001, 212; *Berlin*, Alternative Streitbeilegung in Verbraucherangelegenheiten – Freiwilligkeit der Teilnahme und Verbindlichkeit des Ergebnisses im Lichte der AS-Richtlinie, ZKM 2013, 108; *ders.*, Alternative Streitbeilegung in Verbraucherkonflikten, Qualitätskriterien, Interessen, Best Practice, Baden-Baden 2014; *ders.*, Referentenentwurf zur Verbraucherschlichtung – Ergänzungen aus der Praxis, ZKM 2015, 26; *ders.*, Schlichtung im Luftverkehr als Alternative Streitbeilegung, RRa 2014, 210; *ders.*, Transparenz und Vertraulichkeit im Schlichtungsverfahren – Zur Frage der Veröffentlichung von Verfahrensergebnissen, VuR Sonderheft VSBG 2016, 35; *ders.*, Schlichtungspotential am Beispiel Luftverkehr, RRa 2019, 50; *ders./Braun*, Impulse für Verbraucher-ADR aus der Praxis, ZKM 2014, 149; *Bollweg*, Schlichtung im Luftverkehr, NZV 2015, 361; *Borowski/Röthemeyer/Streike*, Handkommentar Verbraucherstreitbeilegungsgesetz (VSBG), 2. Auflage, Baden-Baden, 2020; *Braun/Greger*, Reformbedarf bei der Verbraucherschlichtung, ZKM 2022, 66; *Braun/Oppelt*, Die Bedeutung von ODR für die Verbraucherschlichtung, VuR 2016, 33; *Brönneke*, Kommissionsvorschläge zur Reform der Verbraucherstreitbeilegung – eine kritische Betrachtung, ZKM 2024, 13; *Eidenmüller/Engel*, Die Schlichtungsfalle: Verbraucherrechtsdurchsetzung nach der ADR-Richtlinie und der ODR-Verordnung der EU, ZIP 2013, 1704; *Fries*, Verbraucherrechtsdurchsetzung, Mohr Siebeck, 2016; *Gläßer*, Verbraucher-ADR und Mediation, in: Althammer (Hrsg.), Verbraucherstreitbeilegung: Aktuelle Perspektiven für die Umsetzung der ADR-Richtlinie, 2015, S. 85; *Gläßer/Seubert*, Die Schlichtungsstelle der Ärzte- und Rechtsanwaltskammern im Vergleich, ZKM 2024, 18; *Greger*, Alternative Streitschlichtung: Die Umsetzung der ADR-Richtlinie in Deutschland (Tagungsbericht), VuR 2015, 216; *ders.* Verbraucherstreitbeilegung – Wie die Attraktivität steigern?, ZKM 2022, 125; *Hayungs*, ADR-Richtlinie und ODR-Verordnung, ZKM 2013, 86;; *Hess*, Prozessuale Mindestgarantien in der Verbraucherschlichtung, JZ 2015, 548; *Hidding*, Zugang zum Recht für Verbraucher, Berlin 2020; *von Hippel*, Der Ombudsmann im Bank- und Versicherungswesen, Tübingen 2000; *Hirsch*, Die Praxis des Versicherungsombudsmanns, VuR 2016, 298; *Hodges*, Consumer ADR in Europe, ZKM 2012, 195; *ders./Benöhr/Creutzfeldt-Banda*, Consumer ADR in Europe, Oxford 2012; *Hörl/Weiser*, Mediation in der Verbraucherstreitbeilegung – Erfahrungen aus Österreich und Deutschland, ZKM 2019, 231; *Isermann*, Das neue Gesetz zur Schlichtung im Luftverkehr, RRa 2013, 158; *ders.*, söp-Schlichtung: Wie funktioniert das?, RRa 2016, 106; *ders.*, Rechtsgrundsätzliches und Schlichtung, VuR 2018, 283; *ders./Berlin*, Außergerichtliche Streitbeilegung in Verbraucherangelegenheiten – Bestandsaufnahme und Maßnahmenpaket der EU für 2014/2015, VuR 2012, 47; *ders./Berlin*, Gemeinsam Lösungen finden – vom Mehrwert der Verbraucherschlichtung, VuR 2022, 292; *Janzen*, Die neuen Regelungen zur Streitbeilegung in Verbrauchersachen – vom Entwurf zum Gesetz, VuR Sonderheft VSBG 2016, 4; *Klowait*, „Zertifizierter Mediator" – Empfehlenswertes Selbstmarketing oder unzulässige Irreführung?, ZKM 2015, 194; *Kardos*, Alternative Dispute Resolution für Verbraucherstreitigkeiten, Tübingen, 2023; *Kotzur*, Der Referentenentwurf zur Umsetzung der Richtlinie über die alternative Beilegung verbraucherrechtlicher Streitigkeiten – Fortschritt oder Rückschritt, VuR 2015, 243; *ders.*, Die außergerichtliche Realisierung grenzüberschreitender Verbraucherforderungen, Tübingen, 2018; *Lemmel*, Der Referentenentwurf des BMJV zur Umsetzung der ADR-Richtlinie, ZKM 2015, 22; *Lohr*, Verbraucherstreitbeilegung und Verbraucherschutz, Tübingen, 2021; *Meier/Marschner*, Beispiel söp: Digitalisierung in der Verbraucherschlichtung, ZKM 2021, 245; *Meller-Hannich/Höland/Krausbeck*, „ADR" und „ODR": Kreationen der europäischen Rechtspolitik. Eine kritische Würdigung, ZEuP 2014, 8; *Niewisch-Lennartz*, ADR-Richtlinie und Verbraucherstreitbeilegungsgesetz – alternative Therapie ohne Dia-

gnose?, ZKM 2015, 136; *Nürnberg*, Verbraucherschlichtung, Frankfurt, 2016; *ders.*, Die Durchsetzung von Verbraucherrechten, Baden-Baden, 2020; *Pirker-Hörmann/Gabriel* (Hrsg.), Option Schlichtung – Eine neue Kultur der Konfliktlösung, Verlag Österreich, Wien 2014; *Roder/Röthemeyer/Braun*, Verbraucherstreitbeilegungsgesetz (VSBG), München 2017;*Riehm*, Die Rolle des materiellen Verbraucherrechts in der neuen Verbraucherstreitbeilegung, JZ 2016, 866; *Roth*, Bedeutungsverluste der Zivilgerichtsbarkeit durch Verbrauchermediation, JZ 2013, 637; *Scherpe*, Außergerichtliche Streitbeilegung in Verbrauchersachen, Tübingen 2002; *Schmitt*, Branchenschlichtungsverfahren (Ombudsmann der öff. Banken) – (k)eine Alternative: keine Verbesserung durch ADR-Richtlinie Richtlinie 2013/11/EU, VuR 2015, 134; *Steffek/Greger*, Verbraucherstreitbeilegungsreform, ZRP 2022, 202; *Stürner/Inchausti/Caponi*, The Role of Consumer ADR in the Administration of Justice, New Trends in Access to Justice under EU Directive 2013/11, München 2015; *Stuyck ua*, An analysis and evaluation of alternative means of consumer redress other than redress through ordinary judicial proceedings, Leuven 2007; *Süß*, Streitbeilegungsmechanismen im Verbraucherrecht, 2011; *Tamm/Tonner/Brönneke*, Verbraucherrecht Beratungshandbuch, Baden-Baden 2020, 3. Auflage; *Thevis*, Die ODR-Plattform und ihre offene Zukunft, ZKM 2023, 19; Thole, Die Neujustierung der Verbraucherschlichtungsarchitektur in Deutschland, ZKM 2020, 4; *Tonner*, Der RegE des VSBG aus verbraucherrechtlicher und -politischer Sicht, ZKM 2015, 132; *Wagner*, Die Richtlinie über Alternative Streitbeilegung – Law Enforcement statt mediativer Konfliktlösung, ZKM 2013, 104; Wiese/Hörnig, Das neue VSBG – Ein Überblick, ZKM 2016, 56.

I. Überblick 1	d) Anforderungen an die Streitmittler 63
II. Bestehende Praxis 6	aa) Qualifikationen 65
1. Erfahrungen in europäischen Nachbarländern 7	bb) Unabhängigkeit und Unparteilichkeit 69
a) Niederlande 8	e) Freiwilligkeit der Teilnahme 78
b) Schweden 10	f) Bedeutung des Rechts 80
c) Großbritannien 12	g) Verfahrensdauer 82
2. Neuere Entwicklung in Deutschland 14	h) Weitere Verfahrensvorschriften 83
a) Versicherungen 22	i) Ablehnungsgründe 91
b) Banken und Kapitalanlage 24	j) Finanzierung 96
c) Personenverkehr 26	k) Informationspflichten 98
d) Energie 29	aa) Informationspflichten der Verbraucherschlichtungsstelle 99
e) Telekommunikation und Post 30	bb) Informationspflichten der Unternehmen 101
f) Online-Handel 31	l) Private und behördliche Verbraucherschlichtungsstellen 105
g) Freie Berufe 32	
h) Ergänzende Zuständigkeit 34	
III. Gemeinschaftsrechtliche Vorgaben 36	m) Auffangschlichtung als Aufgabe des Bundes ... 107
1. ADR-Richtlinie 38	n) Verordnungsermächtigung 108
a) Entstehungsgeschichte .. 38	
b) Anwendungsbereich 40	o) Zentrale Anlaufstelle .. 109
c) Regelungsinhalt 41	2. Branchenspezifische Regelungen 110
2. ODR-Verordnung 44	
IV. Nationale Umsetzung 50	V. Verbraucher-ADR und Mediation 112
1. Verbraucherstreitbeilegungsgesetz (VSBG) 53	
a) Anwendungsbereich des VSBG 54	1. Rechtliches Verhältnis 113
b) Zuständigkeit der Verbraucherschlichtungsstelle 56	a) Regelungen im Mediationsrecht zu Verbraucherkonflikten 114
c) Verfahrensart 59	aa) Mediations-Richtlinie 115

bb) Umsetzungsgesetz zur
   Mediations-Richtlinie 116
b) Regelungen im Verbrau-
   cherstreitbeilegungsrecht
   zu Mediation 120
   aa) ADR-Richtlinie 121
   bb) Umsetzungsgesetz zur
       ADR-Richtlinie 124
2. Verhältnis in der Praxis 125
   a) Unterschiede 126
b) Schnittmengen........... 128
   aa) Mediation in Verbrau-
       cherkonflikten 129
   bb) Mediative Elemente bei
       Verbraucherschlich-
       tung 132
       (1) Aktives Zuhören 133
       (2) Interessenorientierung 134
VI. Ausblick........................ 135

I. Überblick

Gegenstand dieses Beitrags ist die alternative Streitbeilegung in Verbraucherkonflikten („**Verbraucher-ADR**"), deren Schwerpunkt in der deutschen Praxis (→ Rn. 6 ff.) auf Vorschlagsverfahren („**Verbraucherschlichtung**") liegt. Die rechtliche Ausgestaltung ist durch gemeinschaftsrechtliche Vorgaben (→ Rn. 36 ff.) geprägt, insbesondere die „ADR-Richtlinie" 2013/11/EU[1], deren deutsche Umsetzung v.a. durch das 2016 in Kraft getretene Verbraucherstreitbeilegungsgesetz (**VSBG**)[2] mit Fokus auf dem juristisch fundierten Schlichtungsverfahren (→ Rn. 50 ff.). Gleichwohl schließen sich **Verbraucher-ADR und Mediation** nicht aus – vielmehr gibt es Bezugspunkte sowohl rechtlich als auch in der Verfahrenspraxis (→ Rn. 112 ff.). 1

Unter „**Verbraucherkonflikt**" wird im Folgenden eine Streitigkeit aufgrund der Beschwerde eines Verbrauchers gegen ein Unternehmen verstanden. Ausgenommen sind somit Konflikte in „umgekehrter Richtung", bei denen Unternehmen eine Forderung gegenüber einem Verbraucher geltend machen. Der Grund für den Fokus auf vom Verbraucher ausgehende Verfahren ist, dass insbesondere größere Unternehmen häufig eigene Instrumentarien wie zB eine Rechtsabteilung oder standardisierte Mahn-/Inkassoverfahren nutzen und insofern für die Durchsetzung ihrer Forderungen keine Notwendigkeit für alternative Verfahren sehen. Charakteristisch für Verbraucherkonflikte ist auch darüber hinausgehend die **strukturelle Asymmetrie** zwischen den Beteiligten aufgrund typischerweise unterschiedlicher Ressourcen wie zB Hintergrundinformationen, Fachwissen oder Rechtskenntnisse zum Streitgegenstand sowie hinsichtlich der Möglichkeiten und Erfahrungen zur (prozessualen) Geltendmachung von Forderungen.[3] Bei der dem Verbraucherkonflikt zugrunde liegenden Geschäftsbeziehung handelt es sich aus Unternehmensperspektive oft um ein standardisiertes Massengeschäft. Der Streitwert ist bei Verbraucherkonflikten zumeist gering. Typische **Beispiele** für Verbraucherkonflikte sind Streitigkeiten anlässlich 2

---

1 Richtlinie 2013/11/EU des Europäischen Parlaments und des Rates vom 21.5.2013 über die alternative Beilegung verbraucherrechtlicher Streitigkeiten und zur Änderung der Verordnung (EG) Nr. 2006/2004 und der Richtlinie 2009/22/EG (Richtlinie über alternative Streitbeilegung in Verbraucherangelegenheiten), ABl. L 165, 63 v. 18.6.2013.
2 Gesetz über die alternative Streitbeilegung in Verbrauchersachen (Verbraucherstreitbeilegungsgesetz – VSBG) vom 19.2.2016, BGBl. I 254, 1039.
3 S. ausführlich zum „Verbraucherschutz als Unterlegenenschutz" HdB-VerbraucherR/*Tamm* § 1 Rn. 3 ff. mwN.

unklarer Vertragsbedingungen oder nicht zufriedenstellender Dienstleistungen/Produkte.

3 Als **Vorteile** von Verbraucher-ADR werden die Ermöglichung eines einfachen, effizienten, schnellen und kostengünstigen Zugangs zur Konfliktbeilegung genannt,[4] häufig erleichtert durch eine niedrigschwellige Antragstellung, den Einsatz von Fernkommunikationsmitteln (Online-Formulare, E-Mail, Telefon), die vergleichsweise hohe Digitalisierung (Gläßer → O. Rn. 13 ff.)[5], den Verzicht auf eine umfassende Beweiserhebung[6] sowie die Spezialisierung auf einzelne Wirtschaftsbereiche[7]. Dies trägt dazu bei, dass binnen kurzer Zeiträume hohe Fallzahlen von teilweise mehreren tausend Fällen pro Monat bewältigt werden können.[8]

4 Mitunter wird für die alternative Streitbeilegung in Verbraucherkonflikten das englische Akronym „CDR" für Consumer (Alternative) Dispute Resolution vorgeschlagen. Damit soll – ähnlich wie bei dem Akronym ODR[9] – zum Ausdruck gebracht werden, dass es sich bei der alternativen Streitbeilegung in Verbraucherkonflikten um eine „eigene Welt"[10] handelt, welche in der Praxis weitaus mehr als nur eine „Alternative" zum Bezugspunkt der gerichtlichen Geltendmachung darstellt.[11]

5 Die **Forschung zu Verbraucher-ADR** hat erst seit den 2010er-Jahren an Fahrt aufgenommen. Zunächst erschienen lediglich europäische Übersichtsstudien[12] und rechtsvergleichende Arbeiten zu einzelnen ADR-Stellen.[13] Seit Umsetzung der ADR-Richtlinie und insbesondere nach Inkrafttreten des VSBG stößt das Thema jedoch auf ein wachsendes wissenschaftliches Interesse in Deutschland.[14] Aus prozessrechtlicher Perspektive wurde anfangs das Verhältnis von Verbraucher-ADR und Justiz kontrovers disku-

---

4 ADR-Richtlinie, Erwg. Nr. 4.
5 S. beispielhaft für die Schlichtungsstelle für den öffentlichen Personenverkehr: Meier/Marschner ZKM 6/2021, 245 ff.
6 Zur Unverhältnismäßigkeit der Kosten einer umfassenden Beweiserhebung s. Riehm JZ 2016, 868.
7 Bspw. arbeiten bei der Schlichtungsstelle Reise & Verkehr rund 25 Volljuristen, die sich auf Passagier- und Reiserechte spezialisiert haben (Stand 2023). Eine entsprechende Expertise ist in vergleichbarem Umfang bei den Instanzgerichten mit ihren breiten Allgemeinzuständigkeiten nicht anzutreffen.
8 Bspw. gingen bei der Schlichtungsstelle Reise & Verkehr im Jahr 2023 39.806 Schlichtungsanträge ein, s. Jahresbericht 2023, abrufbar unter https://soep-online.de/soep_jahresberichte/.
9 Online Dispute Resolution, s. ausführlich zur Bedeutung von ODR für die Verbraucherschlichtung Braun/Oppelt VuR 2016, 33 ff. Zur (Zukunft der) EU-ODR-Plattform s. Thevis ZKM 2023, 19 ff.
10 S. Hodges ZKM 2012, 195 ff.
11 Hodges/Benöhr/Creutzfeldt-Banda, S. 389. Von der Verwendung dieses Akronyms in diesem Beitrag wurde – anders als noch bei der Erstauflage dieses Handkommentars– abgesehen, da sich die Bezeichnung nach Umsetzung der ADR-Richtlinie nicht durchgesetzt hat.
12 Alleweldt ua 2009; Alleweldt ua 2011; Hodges/Benöhr/Creutzfeldt-Banda, 2012; Stuyck ua 2007.
13 Ua Scherpe 2002; Süß 2011; von Hippel 2000.
14 So erschienen in den vergangenen Jahren neben zahlreichen Zeitschriftenbeiträgen und VSBG-Kommentaren auch weitere Monografien zu Verbraucherschlichtung: u.a. Berlin 2014; Fries 2016; Nürnberg 2016, 2020; Hidding 2020; Lohr 2021; Kardos 2023.

tiert.[15] Weitere Diskussionsbeiträge spiegeln die Perspektive des Staates[16] und der ADR-Praxis.[17] Zudem war die Richtlinien-Umsetzung Gegenstand wissenschaftlicher Tagungen.[18] Nach Inkrafttreten des VSBG sind entsprechende Gesetzeskommentare erschienen.[19]

II. Bestehende Praxis

Bereits im Vorfeld entsprechender Regulierung hatten sich aus einem praktischen Bedürfnis heraus Einrichtungen für Verbraucher-ADR etabliert. Hinsichtlich der konkreten Ausgestaltungen bestehen in Europa **verschiedene Modelle** nebeneinander, wobei die deutsche Praxis vor allem durch privatrechtlich organisierte und auf einzelne Wirtschaftssektoren spezialisierte Branchen-Schlichtungsstellen geprägt ist. Die längsten Erfahrungen gibt es in den Niederlanden und in Skandinavien, gefolgt von Großbritannien (→ Rn. 7 ff.). Aber auch in Deutschland wurden in den vergangenen 20 Jahren in mehreren verbraucherrelevanten Branchen sukzessive neue Stellen eingerichtet (→ Rn. 14 ff.).

1. Erfahrungen in europäischen Nachbarländern. Besonders erfolgreiche Beispiele für Verbraucher-ADR gibt es in den Niederlanden, in Schweden und in Großbritannien.

a) Niederlande. In den Niederlanden werden die alternative Streitbeilegung und das Gerichtswesen als gleichwertig und sich gegenseitig ergänzend betrachtet.[20] Entsprechend sind pragmatische, einvernehmliche **Konfliktlösungsverfahren außerhalb der Gerichte stark verbreitet** und kulturell fest verankert.[21] Obwohl der Zugang zu den Gerichten grundsätzlich als niedrigschwellig gilt, wird die gerichtliche Klärung nur als *ultima ratio* nach Ausschöpfung anderer Möglichkeiten angesehen.[22]

Die niederländische „ADR-Landschaft" wird primär von der zentralen, für die meisten Verbraucherangelegenheiten zuständigen „Stiftung der Konfliktkommissionen für Verbraucherangelegenheiten" (*Stichting Geschillencommissies voor Consumentenzaken*, SGC)[23] bestimmt. Im Jahr 1970

---

15 S. ua Eidenmüller/Engel ZIP 2013, 1704; Roth JZ 2013, 637 ff.; Wagner ZKM 2013, 104 f.
16 Hayungs ZKM 2013, 86 ff.; Lemmel ZKM 2015, 22 ff.; Niewisch-Lennartz ZKM 2015, 136 ff.; Janzen VuR 2016, 4 ff.; Röthemeyer VuR 2016, 9 ff.
17 S. ua zum Versicherungsombudsmann: Hirsch VuR 2016, 298; zur Schlichtungsstelle für den öffentlichen Personenverkehr: Isermann RRa 2016, 206 ff.; Berlin RRa 2019, 50 ff.; zu den Ombudsstellen der privaten Banken: Bach-Heuker ZKM 2001, 212 ff.
18 S. ua Althammer (Hrsg.) 2015 zum Kolloquium „Verbraucher-ADR" in Freiburg; Pirker-Hörmann/Gabriel (Hrsg.) 2014, zur Tagung „Option Schlichtung – Eine neue Kultur der Konfliktbeilegung" in Wien; Stürner/Inchausti/Caponi 2015 zum Symposium „The Role of Consumer ADR in the Administration of Justice" in Madrid.
19 Borowski/Röthemeyer/Steike, erstmals 2016 und dann in 2. Aufl. 2020; Althammer/Meller-Hannich (Hrsg.), erstmals 2017 und dann in 2. Aufl. 2021; Roder/Röthemeyer/Braun, 2017.
20 S. Hodges/Benöhr/Creutzfeldt-Banda/Weber/Hodges, 2012, S. 131 (133). S. auch rechtsvergleichend Kotzur 2018.
21 S. Weber/Hodges, S. 130 (164).
22 S. Weber/Hodges, S. 130 mwN.
23 S. dazu auch Fallstudie in Berlin 2014, S. 194 ff.

wurde die SGC als Dachorganisation für branchenspezifische ADR-Stellen durch den nationalen Verbraucherschutzverband und einige Unternehmensverbände gegründet. Die spezifischen Regeln der einzelnen Kommissionen werden gemeinsam von Vertretern der Verbraucherschutzorganisationen und der jeweiligen Wirtschaftsverbände ausgehandelt, zumeist bevor eine neue Kommission die Arbeit aufnimmt.[24] In sachlicher Hinsicht sind die Kommissionen für die meisten großen Wirtschaftszweige zuständig. Dabei werden die Parteien zunächst ermutigt, selbst eine Einigung zu finden (*schikking*). Andernfalls ergeht ein Vorschlag durch die Konfliktkommission. Wird auch dieser von den Parteien nicht angenommen, so wird – für Verbraucher-ADR eher ungewöhnlich – eine mündliche Verhandlung (*zitting*) anberaumt und anschließend ergeht eine verbindliche Entscheidung, gegen die dann ein gerichtliches Vorgehen nur im Falle der Verletzung grundlegender Verfahrensrechte möglich ist.

10 b) **Schweden.** Auch in Schweden gibt es – ähnlich wie in den übrigen nordischen Ländern – Verbraucher-ADR in institutionalisierter Form bereits seit mehr als 50 Jahren und dementsprechend ein **etabliertes ADR-System**.[25] Auch wenn der Zugang zu den Gerichten vergleichsweise einfach und niedrigschwellig ist, erfolgt aufgrund der attraktiven und für die Parteien kostenlosen ADR-Angebote eine gerichtliche Klärung von Verbraucherkonflikten nur selten.

11 Wichtigste und größte ADR-Stelle ist das öffentliche „nationale Verbraucherbeschwerdeamt" (*Allmänna reklamationsnämnden, ARN*), dessen Zuständigkeit sich auf nahezu alle verbraucherrelevanten Wirtschaftsbereiche erstreckt.[26] Das Verfahren ist in zwei Stufen unterteilt. Zunächst erhält der Unternehmer die (erneute) Möglichkeit zu einer direkten Einigung mit dem Verbraucher. Scheitert diese, so ergeht ein unverbindlicher Schlichtungsvorschlag, welcher – nicht zuletzt durch den „sanften Druck" der in einer Verbraucherzeitschrift veröffentlichten „schwarzen Liste" über nicht kooperative Unternehmen[27] – mehrheitlich angenommen wird. Sind die Parteien mit dem Vorschlag des ARN nicht einverstanden, so können sie die Angelegenheit gerichtlich klären lassen.

12 c) **Großbritannien.** In Großbritannien gilt der Zugang zu Gerichtsverfahren in Verbraucherangelegenheit als vergleichsweise schwierig.[28] Ein Grund dafür sind die **hohen und unvorhersehbaren Kosten für Gerichtsverfahren**. Hinzu kommen zumindest in England und Wales hohe Anwaltshonorare nach Stundensatz, welche insbesondere für geringe Streitwerte bei Verbraucherkonflikten abschreckend wirken. Die staatliche Prozesskosten-

---

24 Die nationale Verbraucherorganisation Consumentenbond ist stets beteiligt, je nach Branche kommen weitere spezifische Verbraucherorganisationen hinzu.
25 S. für diese und die nachfolgenden Aussagen Hodges/Benöhr/Creutzfeldt-Banda/Weber/Hodges/Creutzfeldt-Banda, 2012, 229 ff. S. auch rechtsvergleichend Kotzur 2018.
26 S. dazu auch Fallstudie in Berlin 2014, S. 179 ff.
27 Schwarze Liste auf Grundlage der ARN-Statistik, s. https://www.radron.se/svarta-listan/om-svarta-listan/.
28 S. dazu und zu den nachfolgenden Ausführungen Hodges/Benöhr/Creutzfeldt-Banda/Creutzfeldt-Banda/Hodges/Benöhr, 2012, S. 253 ff. S. auch Kardos 2023, S. 25 ff.

hilfe wurde zudem stark eingeschränkt. Insgesamt findet daher die gerichtliche Durchsetzung in Verbraucherkonflikten faktisch kaum statt.[29] Seit den 1990er Jahren wird stattdessen die alternative Streitbeilegung durch private ADR-Stellen von der Politik gefördert, was dem liberalen britischen Ansatz der unternehmerischen Selbstregulierung entspricht.[30]

Die größte Stelle Großbritanniens (und auch Europas) ist der Ombudsmann-Service für finanzielle Dienstleistungen (*Financial Ombudsman Service, FOS*).[31] Der FOS ist zwar formal-rechtlich als private Gesellschaftsform organisiert, unterliegt jedoch einer umfangreichen öffentlichen Regulierung. Das eigentliche Verfahren ist in drei Stufen gegliedert: Zunächst wird eine informelle Einigung zwischen den Parteien versucht; falls diese scheitert, erfolgt ein unverbindlicher Vorschlag. Sind die Parteien mit dem Vorschlag nicht einverstanden, so können sowohl der Verbraucher als auch das Unternehmen eine „Berufung" (*appeal*) einlegen und damit eine weitere, stärker an einen formalen Gerichtsprozess angelehnte Verfahrensstufe mit verbindlicher Entscheidung auslösen. Verbraucher können ihre Streitigkeit im Anschluss an ein Verfahren beim FOS auch gerichtlich klären lassen, wenn sie mit der Entscheidung des FOS nicht einverstanden sind.

2. Neuere Entwicklung in Deutschland. Im Vergleich zu den vorgenannten europäischen Nachbarländern ist die Verbraucherschlichtung in Deutschland noch immer ein **junges Phänomen**[32] Die hierzulande spätere Entwicklung von ADR wird damit begründet, dass es in Deutschland insgesamt ein relativ gut funktionierendes, effizientes und kostengünstiges Gerichtswesen in Zivilsachen gibt.[33]

Dies bedeutet jedoch nicht, dass es in Verbraucherstreitigkeiten keinen Bedarf für Alternativen zum Gerichtsverfahren gibt. In der Praxis ist die gerichtliche Geltendmachung in Verbraucherkonflikten häufig keine echte Option, da viele Verbraucher eine individuelle[34] gerichtliche Streitbeilegung aufgrund des ungünstigen Kosten-Nutzen-Verhältnisses sowie aufgrund weiterer sozialer und psychologischer Barrieren nicht in Erwägung ziehen (sog. „**rationales Desinteresse**").[35] So sind nach einer Erhebung der Roland-Rechtsschutzversicherung bei einer mittleren Schadenssumme von 600 EUR nur vier von zehn Bürgerinnen und Bürgern gewillt, vor Gericht zu ziehen.[36] Als Hauptgrund für den Klageverzicht wurde der un-

---

29 S. Hodges/Benöhr/Creutzfeldt-Banda/Creutzfeldt-Banda/Hodges/Benöhr, 2012, S. 254.
30 S. Hodges/Benöhr/Creutzfeldt-Banda/Creutzfeldt-Banda/Hodges/Benöhr, 2012, S. 255; Kardos 2023, S. 25 ff.
31 S. dazu auch Fallstudie in Berlin, 2014, S. 212 ff. Mit 162.263 neuen Beschwerden im Geschäftsjahr 2021/22 ist der FOS europaweit die größte Einrichtung für Verbraucher-ADR, s. https://www.financial-ombudsman.org.uk/data-insight/annual-complaints-data/annual-complaints-data-insight-2021-22.
32 S. Länderberichte über ADR in Deutschland: Hodges/Benöhr/Creutzfeldt-Banda/Creutzfeldt-Banda/Hodges/Benöhr, 2012, S. 73 ff.; Alleweldt ua 2007, S. 74 ff.
33 S. Benöhr/Hodges/Creutzfeldt, S. 73.
34 Zu den Möglichkeiten des kollektiven Rechtsschutzes in Verbraucherkonflikten s. ausführlich HdB-VerbraucherR/Tamm § 24b.
35 S. Scherpe 2002, S. 7 ff. mwN; Berlin, 2014, S. 53 ff. mwN.
36 S. Roland Rechtsreport 2023, S. 24; abrufbar unter https://www.roland-rechtsschutz.de/media/roland-rechtsschutz/pdf-rr/042-presse-pressemitteilungen/roland-rechtsreport/roland_rechtsreport_2023.pdf.

16 verhältnismäßig große Aufwand angegeben.[37] Unter Berücksichtigung des in Verbraucherstreitigkeiten regelmäßig (weit) unter 600 EUR liegenden Streitwertes erscheint die gerichtliche Durchsetzung sogar noch unattraktiver.

16 Die **Anzahl der staatlich anerkannten ADR-Stellen in der EU** ist je nach Mitgliedsstaat sehr unterschiedlich – während sich beispielsweise Österreich auf eine gesetzlich geregelte, abschließende Anzahl von acht Stellen festgelegt hat, gibt es in Frankreich über 90 verschiedene Stellen. Deutschland nimmt mit 28 Stellen einen Platz im Mittelfeld ein. Neben den von der Bundesregierung anerkannten Verbraucherschlichtungsstellen iSd VSBG gibt es noch eine Vielzahl von Güte- oder Schiedsstellen, welche bei Kommunen oder den örtlichen Industrie- und Handelskammern angesiedelt sind und keine besondere Spezialisierung auf Verbraucherkonflikte aufweisen.

17 **In den vergangenen Jahrzehnten** haben sich aus einem praktischen Bedürfnis heraus Angebote für Schlichtung und andere Formen der alternativen Streitbeilegung für zahlreiche verbraucherrelevante Wirtschaftssektoren etabliert, **zunächst ohne nähere regulatorische Vorgaben** und ohne zentrale Koordinierung. Dies **änderte sich 2016** durch das Inkrafttreten des Verbraucherstreitbelegungsgesetzes (VSBG), welches seitdem einen einheitlichen Rahmen für von der Bundesregierung anerkannte „Verbraucherschlichtungsstellen" darstellt (→ Rn. 55). Die dazu vom Bundesamt für Justiz geführte offizielle Liste umfasste im März 2023 insgesamt 28 Verbraucherschlichtungsstellen.[38] Trotz der einheitlichen Anerkennung nach dem VSBG sind die einzelnen Verbraucherschlichtungsstellen in ihrer Ausgestaltung von Architektur und Verfahren **vielfältig**.

18 Unterschiede gibt es beispielsweise hinsichtlich der **Organisationsform und Finanzierung**: Zahlreiche Stellen sind privatrechtlich organisiert und werden von Unternehmen bzw. Unternehmensverbänden finanziert.[39] Andere private Stellen erhalten öffentliche Zuschüsse.[40] Daneben gibt es auch einige behördliche Schlichtungsstellen.[41]

19 Das **Prinzip der Freiwilligkeit** gilt überwiegend sowohl für die Beteiligung am Schlichtungsverfahren als auch hinsichtlich der Unverbindlichkeit der Ergebnisse.[42] Nur ausnahmsweise ist die Teilnahme für Unternehmen ver-

---

37 S. Roland Rechtsreport 2023, S. 24; abrufbar unter https://www.roland-rechtsschutz.de/media/roland-rechtsschutz/pdf-rr/042-presse-pressemitteilungen/roland-rechtsreport/roland_rechtsreport_2023.pdf.
38 Liste abrufbar unter https://www.bundesjustizamt.de/DE/Themen/Verbraucherrechte/Verbraucherstreitbeilegung/ListeVerbraucherschlichtungsstellen/ListeVerbraucherschlichtungsstellen_node.html.
39 So etwa die privaten Schlichtungsstellen im Banken- und Versicherungssektor, die Schlichtungsstelle Reise & Verkehr oder die Schlichtungsstelle Energie.
40 Bspw. die Schlichtungsstelle Nahverkehr SNUB oder die Universalschlichtungsstelle des Bundes.
41 Unter anderem die Schlichtungsstelle Luftverkehr beim Bundesamt für Justiz, die Schlichtungsstelle Telekommunikation bei der Bundesnetzagentur oder die Schlichtungsstelle bei der Bundesbank.
42 Zur Freiwilligkeit der Teilnahme und Unverbindlichkeit der Ergebnisse im Schlichtungsverfahren s. grundlegend Berlin ZKM 2013, 108 ff.

pflichtend[43] oder sind die Ergebnisse aufgrund von vorheriger Selbstverpflichtung verbindlich.[44]

Auch hinsichtlich des **Fallvolumens** gibt es Unterschiede; die größten Stellen haben mehrere zehntausend Fälle pro Jahr.[45]

Aus dem Spektrum der deutschen ADR-Stellen soll nachfolgend nun ein **Überblick** zu ausgewählten Einrichtungen gegeben werden. Eine detaillierte Übersicht aller anerkannten Verbraucherschlichtungsstellen findet sich auf der vom Bundesamt für Justiz geführten Liste.[46]

a) **Versicherungen.** Zu den bekanntesten ADR-Stellen zählt der **Ombudsmann für Versicherungen**,[47] daneben gibt es den **Ombudsmann Private Kranken- und Pflegeversicherung**.[48]

Beide sind nach § 214 Abs. 2 VVG von der Bundesregierung als privatrechtliche Schlichtungsstellen für Streitigkeiten zwischen Verbrauchern sowohl mit Versicherungen als auch mit Versicherungsvermittlern/-beratern anerkannt. Die Schlichtungsstellen arbeiten wie alle Verbraucherschlichtungsstellen unparteilich und unabhängig, sind organisatorisch jedoch mit den jeweiligen Versicherungsverbänden verbunden. Die Teilnahme am Verfahren ist jeweils **freiwillig**.

b) **Banken und Kapitalanlage.** Für Banken gibt es eine Vielzahl an Schlichtungsstellen. Eine gesetzliche Regelung enthält § 14 UKlaG, Einzelheiten regelt die Finanzschlichtungsstellenverordnung (**FinSV**). Die Teilnahme an den Verfahren ist stets **freiwillig**. Entsprechend der in § 14 Abs. 3 UKlaG enthaltenen Ermächtigung hat die Bundesregierung **mehrere private Stellen** anerkannt: Die Kundenbeschwerdestelle beim Bundesverband der Deutschen Volksbanken und Raiffeisenbanken, der Ombudsmann der Privaten Banken, die Schlichtungsstelle Bausparen, die Schlichtungsstelle beim Deutschen Sparkassen- und Giroverband und die regionale Sparkassen-Schlichtungsstelle Baden-Württemberg. Die Ausgestaltung des Verfahrens erfolgt häufig in zwei Schritten – zunächst wird das Anliegen in der jeweiligen Geschäftsstelle geprüft und eine Einigung mit dem jeweiligen Geldinstitut sondiert. Ist dies nicht möglich, kann der Fall anschließend einer (häufig externen) Ombudsperson zur rechtlichen Prüfung vorgelegt werden. Ergänzend gibt es eine **behördliche Stelle** bei der Bundesbank.

Für **Streitigkeiten zu speziellen Kapitalanlagen** gibt es gesonderte Schlichtungsstellen: die private **Ombudsstelle für Investmentfonds** beim Bundes-

---

43 So etwa bei der Schlichtungsstelle Energie.
44 Dies gilt beim Ombudsmann für Versicherungen und beim Ombudsmann für private Banken bei Streitwerten bis 10.000 EUR. Bei der Schlichtungsstelle Reise & Verkehr haben sich einige große Fluggesellschaften freiwillig dazu bereit erklärt, die Schlichtungsempfehlungen als für sie verbindlich anzuerkennen.
45 Das höchste Fallvolumen im Jahr 2023 entfiel auf die Schlichtungsstelle Reise & Verkehr (rund 39.000 Eingänge), gefolgt von der Schlichtungsstelle Energie (rund 25.000 Eingänge) und dem Ombudsmann für Versicherungen (rund 18.000 Eingänge), s. die jeweiligen Jahresberichte auf den Websites der einzelnen Verbraucherschlichtungsstellen.
46 Abrufbar unter https://www.bundesjustizamt.de/DE/Themen/Verbraucherrechte/Verbraucherstreitbeilegung/ListeVerbraucherschlichtungsstellen/ListeVerbraucherschlichtungsstellen_node.html.
47 Abrufbar unter https://www.versicherungsombudsmann.de.
48 Abrufbar unter https://www.pkv-ombudsmann.de.

verband Investment und Asset Management (BVI),[49] die private **Ombudsstelle Sachwert- und Investmentvermögen**[50] und die **behördliche Auffangschlichtungsstelle** bei der Bundesanstalt für Finanzdienstleistungsaufsicht (BaFin).[51]

26 c) **Personenverkehr.** Im Bereich der Personenbeförderung entstanden **zunächst ohne nähere gesetzliche Regelungen** mehrere Angebote. Die Teilnahme ist grundsätzlich für beide Parteien freiwillig.

27 Eine Besonderheit ist seit 2013 die **Schlichtung im Luftverkehr**, wo gemäß §§ 57 ff. LuftVG die in Deutschland operierenden Fluggesellschaften zur Teilnahme am Schlichtungsverfahren **verpflichtet** sind.[52] Einzelheiten regelt die Luftverkehrsschlichtungsverordnung (LuftSchlichtV).

28 Die größte Einrichtung ist die bundesweit und für alle Verkehrsträger (Bahn, Bus, Flug, Schiff) zuständige, **privatrechtlich organisierte Schlichtungsstelle für den öffentlichen Personenverkehr (söp)**, deren Name seit 2024 **Schlichtungsstelle Reise & Verkehr** lautet.[53] Daneben gibt es Stellen mit eingeschränkter Zuständigkeit wie die nur für die nicht für die söp angeschlossenen Fluggesellschaften ergänzend zuständige **behördliche Schlichtungsstelle Luftverkehr** beim Bundesamt für Justiz[54] oder die nur für das Bundesland Nordrhein-Westfalen zuständige **regionale SNUB Schlichtungsstelle Nahverkehr.**[55]

29 d) **Energie.** Die **Schlichtungsstelle Energie**[56] wird getragen von den Verbänden der Energiewirtschaft und dem Verbraucherzentrale Bundesverband. Sie ist von der Bundesregierung als Schlichtungsstelle iSd § 111b EnWG anerkannt. Die Teilnahme ist für Verbraucher stets **freiwillig**, für Unternehmen hingegen **verpflichtend** (§ 111a EnWG).

30 e) **Telekommunikation und Post.** Die **Schlichtungsstelle Telekommunikation** für Streitfällen über die Verletzung von Verpflichtungen des Telekommunikationsanbieters gegenüber dem Endkunden aus dem Telekommunikationsvertrag ist bei der Bundesnetzagentur angesiedelt.[57] Ebenfalls bei der Bundesnetzagentur ist die **Schlichtungsstelle Post** eingerichtet, die für Postdienste und elektronische Kommunikation zuständig ist. Das Verfahren ist durch eine Schlichtungsordnung geregelt und für beide Seiten **freiwillig** sowie **kostenfrei**.

31 f) **Online-Handel.** Bis 2019 gab es die Schlichtungsstelle „Online-Schlichter" für Streitfälle, denen ein im Internet zwischen Verbrauchern und Unternehmen geschlossener Vertrag zugrunde liegt, war das Zentrum für

---

49 Abrufbar unter https://www.ombudsstelle-investmentfonds.de/start/.
50 Abrufbar unter https://www.ombudsstelle.com/.
51 Abrufbar unter https://www.bafin.de/DE/Verbraucher/BeschwerdenStreitschlichtung/StreitschlichtungBaFin/StreitschlichtungBaFin_node.html.
52 S. Berlin RRa 2014, 210 ff.; Berlin RRa 2019, 50 ff.; Bollweg NZV 2015, 361 ff.; Isermann RRa 2013, 158 ff.
53 https://soep-online.de/.
54 https://www.bundesjustizamt.de/DE/Themen/Buergerdienste/Luftverkehr/Schlichtungsstelle_node.html.
55 https://www.schlichtungsstelle-nahverkehr.de.
56 https://www.schlichtungsstelle-energie.de/.
57 https://www.bundesnetzagentur.de/DE/Vportal/Schlichtung/Schlichtung_TK/start.html.

Europäischen Verbraucherschutz e.V. Die Teilnahme war für beide Seiten freiwillig. Die Finanzierung erfolgte durch die Länder Baden-Württemberg, Bayern, Berlin, Hessen, Rheinland-Pfalz und Schleswig-Holstein sowie private Partner aus der Wirtschaft (Trusted Shops, DEVK-Versicherungen, Bundesverband Direktvertrieb Deutschland). Die staatliche Förderung endete 2019, seit 2020 fallen entsprechende Streitigkeit unter die Zuständigkeit der Universalschlichtungsstelle des Bundes.

g) Freie Berufe. Anerkannte Verbraucherschlichtungsstellen für freiberufliche Dienstleistungen gibt es bei Rechtsanwälten (**Schlichtungsstelle der Rechtsanwaltschaft nach § 191 BRAO**[58]) und Architekten (**Schlichtungsstelle für Architekten und Ingenieurleistungen**[59] sowie **Verbraucherschlichtungsstelle der Architektenkammer Niedersachsen**[60]). 32

Neben der **Schlichtungsstelle für Arzthaftpflichtfragen der norddeutschen Ärztekammern** gibt es auch noch kleinere regionale Stellen. Diese von den Ärztekammern getragenen Schlichtungsstellen sind jedoch nicht von der Bundesregierung nach dem VSBG anerkannt. 33

h) Ergänzende Zuständigkeit. Seit dem 1.1.2020 besteht die **Universalschlichtungsstelle des Bundes (§§ 29 ff. VSBG).**[61] Sie ist im Auftrag des Bundes für Verbraucherstreitigkeiten zuständig, wenn es für den spezifischen Fall keine branchenspezifische Verbraucherschlichtungsstelle gibt. Damit erfüllt der Bund seinen „staatlichen Gewährleistungsanspruch" aus der ADR-Richtlinie (→ Rn. 41) für alle Branchen ein Schlichtungsangebot zu gewährleisten. Darüber hinaus ist die Universalschlichtungsstelle auch befugt, Streitigkeiten zwischen einem Unternehmen und Verbrauchern zu schlichten, zu deren Gunsten ein Musterfeststellungsurteil oder -vergleich vorliegt. Träger der privatrechtlich organisierten Universalschlichtungsstelle des Bundes ist das Zentrum für Schlichtung e.V. in Kehl. Die Teilnahme am Streitbeilegungsverfahren ist für beide Parteien **freiwillig**. 34

Daneben gibt es noch eine weitere, privatrechtlich organisierte **Allgemeine Verbraucherschlichtungsstelle (§ 4 Abs. 2 VSBG)**, deren Zuständigkeit nicht auf bestimmte Vertragstypen oder bestimmte Wirtschaftsbereiche beschränkt ist.[62] 35

III. Gemeinschaftsrechtliche Vorgaben

Seit den 1990er Jahren wird die alternative Streitbeilegung in Verbraucherkonflikten auf europäischer Ebene gezielt gefördert.[63] Nach dem **Grünbuch der Kommission** vom 16.11.1993 und dem **Aktionsplan der Kommission** vom 14.2.1996 enthielten die beiden **Empfehlungen 98/257/EG und 2001/310/EG** erstmals konkrete, wenn auch nur unverbindliche Anforderungen an Verbraucher-ADR. In den Folgejahren wurden ADR-Bestimmungen vermehrt in **sektorenspezifische Richtlinien** aufgenommen: 36

---

58 https://www.schlichtungsstelle-der-rechtsanwaltschaft.de/, s. auch vergleichend mit der Schlichtungsstelle der Ärzteschaft: Gläßer/Seubert ZKM 2024, 18.
59 https://www.ghv-guetestelle.de/verbraucherschlichtungsstelle/.
60 https://www.aknds.de/bauherren/schlichtung.
61 https://www.verbraucher-schlichter.de/.
62 https://www.streibeilegungsstelle.org.
63 Meller-Hannich/Höland/Krausbeck ZEuP 2014, 12 ff.; Roth JZ 2013, 638.

Eine Regelung zur „Förderung" von ADR-Verfahren beinhaltet die Richtlinie über den elektronischen Geschäftsverkehr 2000/31/EG, die Finanzinstrumente-Fernabsatz-Richtlinie 2002/65/EG, die Versicherungsvermittlungs-Richtlinie 2002/92/EG, die Richtlinie über Märkte für Finanzinstrumente 2004/39/EG, die Richtlinie für die Postdienste 2008/6/EG sowie die Timesharing-Richtlinie 2008/122/EG. Eine darüber hinausgehende „Verpflichtung" der Mitgliedstaaten, für die Verfügbarkeit entsprechender Verfahren Sorge zu tragen, findet sich unter anderem in der Zahlungsdienste-Richtlinie 2007/64/EG, in der Verbraucherkredit-Richtlinie 2008/48/EG, in den Energie-Richtlinie 2009/72/EG und 2009/73/EG sowie in der Telekommunikations-Richtlinie 2009/136/EG.

37 Die **umfassendsten Regelungen** enthält das Regelungspaket aus dem Jahr 2013 mit der ADR-Richtlinie 2013/11/EU (→ Rn. 38 ff.) und der ODR-VO (EU) Nr. 524/2013 (→ Rn. 44 ff.). Im Oktober 2023 hat die Europäische Kommission ein neues Regelungspaket mit Änderungen der ADR-Richtlinie[64] und einer Nachfolge für die ODR-Plattform vorgeschlagen[65]; der Gesetzgebungsprozess für beide Vorhaben dauerte bei Redaktionsschluss dieses Kommentars noch an.

38 **1. ADR-Richtlinie. a) Entstehungsgeschichte.** Im April 2011 stellte die Europäische Kommission die **„Binnenmarktakte I"** vor, in welcher der Ausbau von „alternativen Streitbeilegungsverfahren und außergerichtlicher Rechtsbehelfen" zur Stärkung des „Vertrauens der Verbraucher in den Binnenmarkt" als einer von zwölf „Hebeln" zur „Neubelebung des Binnenmarkts" gefordert wurde. Ende November 2011 präsentierte die Europäische Kommission dann schließlich ein **„Maßnahmenpaket"**, das insbesondere den Entwurf für eine Richtlinie über alternative Formen der Beilegung verbraucherrechtlicher Streitigkeiten sowie den Entwurf einer Verordnung über die Online-Beilegung verbraucherrechtlicher Streitigkeiten enthielt.[66] Der Richtlinien-Entwurf wurde in vergleichsweise kurzer Zeit im Dezember 2012 zwischen dem Europäischen Parlament, dem Rat und der Kommission im Rahmen eines „informellen Trilogs" verhandelt.[67]

39 Die **ADR-Richtlinie** trat **am 9.7.2013 in Kraft** und hätte innerhalb einer Frist von 24 Monaten von den Mitgliedstaaten in nationales Recht umgesetzt werden müssen. Als Rahmenrichtlinie enthält sie nur Mindeststandards im Sinne einer Minimalharmonisierungsmaßnahme, so dass die Mitgliedstaaten darüber hinausgehend Maßnahmen zur Gewährleistung eines höheren Verbraucherschutzniveaus treffen können (Art. 2 Abs. 3, Art. 20 Abs. 1 ADR-Richtlinie).

---

64 Vorschlag für eine Richtlinie des Europäischen Parlaments und des Rates zur Änderung der Richtlinie 2013/11/EU über die alternative Beilegung verbraucherrechtlicher Streitigkeiten sowie der Richtlinien (EU) 2015/2302, (EU) 2019/2161 und (EU) 2020/1828; COM(2023) 649 final; kritisch dazu Brönneke ZKM 2024, 13.
65 Vorschlag für eine Verordnung des Europäischen Parlaments und des Rates zur Aufhebung der Verordnung (EU) Nr. 524/2013 und zur Änderung der Verordnungen (EU) 2017/2394 und (EU) 2018/1724 im Hinblick auf die Einstellung der Europäischen OS-Plattform; COM(2023) 647 final.
66 S. Isermann/Berlin VuR 2012, 50 ff.
67 Hayungs ZKM 2013, 86.

b) Anwendungsbereich. Anders als die oben genannten sektorenspezifischen Richtlinien sind **grundsätzlich Kauf- und Dienstleistungsverträge aller verbraucherrelevanten Wirtschaftsbereiche** vom Anwendungsbereich der ADR-Richtlinie erfasst. Ausnahmen bestehen nur vereinzelt für nichtwirtschaftliche Dienstleistungen von allgemeinem Interesse (Art. 2 Abs. 2 c)), Gesundheitsdienstleistungen (Art. 2 Abs. 2 h)) sowie öffentliche Anbieter von Weiter- und Hochschulbildung (2 Abs. 2 i)). Der persönliche Anwendungsbereich ist auf Verbraucherkonflikte beschränkt, dh auf die **von einem Verbraucher gegen ein Unternehmen ausgehende Beschwerde**. Hingegen sind die von einem Unternehmer gegen einen Verbraucher eingeleiteten Verfahren sowie die Streitigkeiten zwischen Unternehmern explizit vom Anwendungsbereich der Richtlinie ausgenommen (Art. 2 Abs. 2 d), g)). Hinsichtlich der Verfahren ist die ADR-Richtlinie bewusst weit formuliert und umfasst gleichermaßen Einigungs-, Vorschlags- und Entscheidungsverfahren (Art. 2 Abs. 1): Verfahren, durch welche die Parteien mit Ziel einer gütlichen Einigung zusammengebracht werden (Einigungsverfahren), bei denen eine Lösung vorgeschlagen wird (Vorschlagsverfahren) oder bei denen eine Lösung auferlegt wird (Entscheidungsverfahren). 40

c) Regelungsinhalt. Der Kern der Richtlinie ist die Verpflichtung der Mitgliedstaaten, dafür Sorge zu tragen, dass Verbraucherkonflikte einer ADR-Stelle vorgelegt werden können, welche den Anforderungen der Richtlinie genügt (Art. 5 Abs. 1) und deren einfache Zugänglichkeit für Verbraucher gewährleistet ist (Art. 5 Abs. 2). Dies wird auch als „**staatlicher Gewährleistungsanspruch**" für die alternative Streitbeilegung bezeichnet,[68] um zu unterstreichen, dass die Mitgliedstaaten nur die Verfügbarkeit von ADR-Verfahren gewährleisten müssen, nicht jedoch die tatsächliche Teilnahme der Parteien an den entsprechenden Verfahren. Im Falle eines lückenhaften ADR-Angebots **müssen die Mitgliedstaaten für ein ergänzendes ADR-Angebot sorgen. Sie** können dabei ggf. auch auf ADR-Angebote mit Sitz in einem anderen Mitgliedstaat oder regionale, länderübergreifende oder europaweite ADR-Stellen verweisen (Art. 5 Abs. 3). 41

Der inhaltliche Schwerpunkt der ADR-Richtlinie ist die verbindliche Definition von **Qualitätskriterien im Sinne von Mindeststandards**. Diese beziehen sich insbesondere auf Unabhängigkeit, Unparteilichkeit, Fachwissen, Transparenz, Effektivität, Fairness, Handlungsfreiheit, Rechtmäßigkeit und Verjährung.[69] 42

Darüber hinaus enthält die Richtlinie zahlreiche **Informationspflichten**, insbesondere zur Information der Verbraucher durch die Unternehmen (Art. 13), zur Unterstützung für Verbraucher bei der Suche nach einem geeigneten ADR-Verfahren (Art. 14) und zur allgemeinen Information über anerkannte ADR-Stellen (Art. 15). Die ADR-Stellen sollen zu einer **Kooperation und einem Erfahrungsaustausch** mit anderen ADR-Stellen (Art. 16) sowie mit den nationalen Durchsetzungsstellen für Unionsrechtsakte (Art. 17) bewegt werden. Schließlich soll in jedem Mitgliedstaat eine zuständige Behörde **Informationen von den ADR-Stellen erheben**, systema- 43

---

68 Hayungs ZKM 2013, 86 f.
69 Ausführlich zu den Qualitätskriterien: Berlin, 2014, S. 99 ff.

tisch aufbereiten und der Europäischen Kommission übermitteln (Art. 18–20).

44 **2. ODR-Verordnung.** Die ADR-Richtlinie wird ergänzt durch die ODR-VO, welche **am 9.1.2016 in Kraft** getreten ist. Das Akronym ODR für Online Dispute Resolution wurde in der offiziellen Übersetzung der Verordnung mit „OS" für „Online-Streitbeilegung" übersetzt, allerdings hat sich das deutsche Akronym bislang ebenso wenig durchsetzen können wie „AS" für „Alternative Streitbeilegung". Die ODR-Verordnung gilt für die außergerichtliche Beilegung von **Streitigkeiten über vertragliche Verpflichtungen aus online abgeschlossen Kauf- oder Dienstleistungsverträgen** zwischen einem in der Union wohnhaften Verbraucher und einem in der Union niedergelassenen Unternehmen (Art. 2 Abs. 1 ODR-VO).

45 Der Schwerpunkt ist die Einrichtung einer **interaktiven „ODR-Plattform"** im Internet durch die Europäische Kommission als zentrale Anlaufstelle mit **„Lotsenfunktion"**. Wenn Verbraucher Informationen zu ihrem Konflikt über ein in allen EU-Amtssprachen verfügbares elektronisches Beschwerdeformular (Art. 5 Abs. 4 a) ODR-VO) auf der Plattform eingeben, sollen maßgeschneidert die für diesen Fall in Betracht kommenden ADR-Stellen angezeigt werden (Art. 5 Abs. 4 c) ODR-VO). Diese Funktion soll insbesondere das Auffinden der zuständigen Stellen in grenzüberschreitenden Fällen erleichtern (Eg 6 ODR-VO). Darüber hinaus ist sie auch bei Streitigkeiten ohne grenzüberschreitendem Element nutzbar (Eg 11 ODR-VO). Seit ihrer Entstehung wurde die ODR-Plattform mehrfach überarbeitet. Allerdings wurde die Plattform fortwährend als zu wenig nutzerfreundlich kritisiert, so dass die EU-Kommission im Oktober 2023 aufgrund zu geringer Nutzung angesichts der hohen Kosten eine Abschaffung vorschlug.[70]

46 Auch wenn die Übermittlung der über die ODR-Plattform eingegebenen Beschwerde an die ADR-Stelle online erfolgt, findet entgegen der insofern missverständlichen Bezeichnung als „Online-Streitbeilegung" die **eigentliche Streitbeilegung nicht zwangsläufig online** statt. Vielmehr wird sie entsprechend dem Verfahrensablauf bei der jeweils ausgewählten ADR-Stelle durchgeführt. Gleichwohl nutzen **viele ADR-Stellen bereits eigene Online-Tools.**[71] Zudem können ADR-Stellen fakultativ ein elektronisches Fallbearbeitungsinstrument der ODR-Plattform nutzen (Art. 5 Abs. 4 d) ODR-VO), insbesondere wenn sie über kein eigenes Online-Fallbearbeitungsinstrument verfügen.

47 Unabhängig von der Nutzung dieses Fallbearbeitungsinstrumentes müssen ADR-Stellen, denen eine Streitigkeit über die ODR-Plattform zugeleitet wurde, **Angaben zum Verlauf des ADR-Verfahrens** (Eingangsdatum, Streitgegenstand, Ergebnis des ADR-Verfahrens, Abschlussdatum) unverzüglich

---

70 S. Vorschlag für eine Verordnung des Europäischen Parlaments und des Rates zur Aufhebung der Verordnung (EU) Nr. 524/2013 und zur Änderung der Verordnungen (EU) 2017/2394 und (EU) 2018/1724 im Hinblick auf die Einstellung der Europäischen OS-Plattform; COM(2023) 647 final; kritisch dazu bereits Thevis ZKM 2023, 19 ff.
71 S. am Beispiel der Schlichtungsstelle für den öffentlichen Personenverkehr: Meier/Marschner ZKM 2021, 245 ff; s. für weitere ADR-Stellen Berlin, 2014, S. 303 ff. mwN.

an die ODR-Plattform übermitteln (Art. 10 ODR-VO), was für die ADR-Stellen einen nicht unerheblichen Verwaltungsaufwand bedeutet.

Eine weitere Funktion der ODR-Plattform ist ein **sprachlicher Übersetzungsdienst** (Art. 5 Abs. 4 e) ODR-VO). Dieser kann bei grenzüberschreitenden Streitigkeiten die Kommunikation nicht nur zwischen den Parteien, sondern auch mit der ADR-Stelle erleichtern.

Aus der ODR-VO erwachsen weiterhin **Informationspflichten** sowohl für Unternehmen (Art. 14 Abs. 1–3 ODR-VO) als auch für ADR-Stellen (Art. 14 Abs. 5 ODR-VO).

IV. Nationale Umsetzung

Im November 2014 präsentierte das damalige Bundesministerium der Justiz und für Verbraucherschutz (BMJV) den **Referentenentwurf** für ein Gesetz zur Umsetzung der Richtlinie über alternative Streitbeilegung in Verbrauchersachen und zur Durchführung der Verordnung über Online-Streitbeilegung in Verbraucherangelegenheiten.[72] Nach Beteiligung der anderen Bundesministerien, der Länder und Verbände folgte ein **Regierungsentwurf**[73] und eine Sachverständigenanhörung im Bundestag Schließlich wurde ein nochmals **überarbeiteter Entwurf des Rechtsausschusses** verabschiedet und das Gesetz trat am 1.4.2016 in Kraft. Eine weitere **Novellierung erfolgte zum 1.1.2020**.[74] Aktuell gibt es neue Vorschläge zur Überarbeitung des VSBG, der entsprechende Referentenentwurf ist noch nicht veröffentlicht und befindet sich noch in Abstimmung innerhalb der Bundesregierung.[75]

Die deutsche Umsetzung der ADR-Richtlinie erfolgte – ebenfalls ähnlich wie bei der Mediations-Richtlinie (→ Einl. Rn. 3) – in Form eines **Artikelgesetzes**. Wichtigste Regelung ist in Artikel 1 das neue „**Gesetz über die alternative Streitbeilegung in Verbrauchersachen (Verbraucherstreitbeilegungsgesetz – VSBG)**". Die Art. 2–22 enthalten inhaltliche Änderungen und sprachliche Anpassungen bestehender Gesetze. Zentrale Bestimmungen sind die **Änderungen im BGB** durch Art. 6, insbesondere die Verjährungshemmung durch die Stellung eines Schlichtungsantrags bei einer ADR-Stelle in § 204 Abs. 1 Nr. 4 BGB, und das Verbot von AGB-Klauseln über eine obligatorische Schlichtung vor Anrufung der Gerichte in § 309 Nr. 14 BGB. Die abschließenden Art. 23 und 24 enthalten Bestimmungen zur Überleitung sowie zum In- bzw. Außerkrafttreten.

Das VSBG schafft **erstmals eine branchen- und verfahrensübergreifende Regelung der Verbraucherschlichtung** und ergänzt damit die bereits bestehenden branchen- und verfahrensspezifischen Regelungen.

---

72 Zusammenfassend s. Lemmel ZKM 2015, 22 ff.; kritisch s. Kotzur VuR 2015, 243 ff.; Greger VuR 2015, 216 ff.; Berlin ZKM 2015, 26 ff.; Schmitt VuR 2015, 138 ff.; Hess JZ 2015, 548 ff.
73 BT-Drs. 18/5295; kritisch s. Tonner ZKM 2015, 132 ff.; ferner auch Niewisch-Lennartz ZKM 2015, 138 f.
74 Gesetz zur Änderung von Vorschriften über die außergerichtliche Streitbeilegung in Verbrauchersachen v. 30.11.2019 (BGBl. 2019 I 1942). Für einen Überblick und eine Einordnung der Änderungen s. Thole ZKM 2020, 4 ff.
75 S. Steffek/Greger ZRP 2022, 202 ff; Braun/Greger ZKM 2022, 66 ff; Greger ZKM 2022, 125 ff.

53 **1. Verbraucherstreitbeilegungsgesetz (VSBG).** Die nachfolgende Darstellung beschränkt sich auf das VSBG[76], welches die **branchenunabhängig geltenden allgemeinen Mindeststandards** enthält. Die Regelungen des VSBG entsprechen im Wesentlichen den Mindestvorgaben der ADR-Richtlinie und sollen zudem der Schlichtungspraxis in Deutschland Rechnung tragen.[77]

54 **a) Anwendungsbereich des VSBG.** Das VSBG regelt die außergerichtliche Streitbeilegung durch eine anerkannte **private oder behördliche Verbraucherschlichtungsstellen** (§ 1 Abs. 1 S. 1 VSBG). Damit finden die Regelungen weder Anwendung auf „Bemühungen von Richtern um die gütliche Beilegung eines Rechtsstreits im Rahmen eines Gerichtsverfahrens" (vgl. Art. 2 Abs. 2 f. ADR-Richtlinie) noch auf Verfahren von unternehmensbetriebenen Beschwerdestellen (§ 1 Abs. 2 VSBG).

55 Der zentrale Begriff Verbraucherschlichtungsstelle ist in § 2 Abs. 1 VSBG definiert: „Verbraucherschlichtungsstelle ist eine Einrichtung, die 1. Verfahren zur außergerichtlichen Beilegung zivilrechtlicher Streitigkeiten durchführt, an denen Verbraucher oder Unternehmer als Antragssteller oder Antragsgegner beteiligt sind, und 2. nach diesem Gesetz oder aufgrund anderer Rechtsvorschriften als Verbraucherschlichtungsstelle anerkannt, beauftragt oder eingerichtet worden ist." Der Begriff „Verbraucherschlichtungsstelle" ist **geschützt** (§ 2 Abs. 2 VSBG) und die **missbräuchliche Bezeichnung ist mit einem Bußgeld von bis zu 50.000 EUR bewährt** (§ 41 VSBG).

56 **b) Zuständigkeit der Verbraucherschlichtungsstelle.** Die persönliche Zuständigkeit ist zunächst auf die Konstellation beschränkt, bei denen der Antrag von einem Verbraucher gegen ein Unternehmen gerichtet ist. Diese Vorgabe ergibt sich aus Art. 2 ADR-Richtlinie, welche Streitigkeiten zwischen Unternehmern (Art. 2 Abs. 2 d)) sowie von Unternehmern gegen Verbraucher eingeleitete Verfahren (Art. 2 Abs. 2 g)) ausdrücklich von ihrem Geltungsbereich ausschließt. Nach dem VSBG ist es jedoch den Verbraucherschlichtungsstellen überlassen, ihre Zuständigkeit darüber hinausgehend auch auf Anträge von einem Unternehmer gegen einen Verbraucher sowie auf Anträge bei Streitigkeiten zwischen Unternehmern oder zwischen Verbrauchern zu erweitern (siehe Gesetzesbegründung BT-Drs. 18/5089, 50 f.). Die Begriffsbestimmungen „Verbraucher" und „Unternehmer" ergeben sich aus den §§ 13, 14 BGB.[78]

57 Die **sachliche Zuständigkeit** einer Verbraucherschlichtungsstelle umfasst Streitigkeiten aus einem **Verbrauchervertrag nach § 310 Abs. 3 BGB oder über das Bestehen eines solchen Vertragsverhältnisses**; arbeitsvertragliche Streitigkeiten sind ausgenommen (§ 4 Abs. 1 VSBG). Die Verbraucherschlichtungsstelle kann ihre Tätigkeit zusätzlich auf sonstige zivilrechtliche Streitigkeiten erweitern (§ 4 Abs. 3 VSBG). Entsprechend der bestehenden Praxis ist eine Zuständigkeitsbeschränkung auf bestimmte Wirtschaftsbereiche, Vertragstypen oder Unternehmer möglich (§ 4 Abs. 2 S. 1 VSBG).

---

76 S. für einen Überblick zum VSBG von 2016 Wiese/Hörnig ZKM 2016, 56.
77 S. Gesetzesbegründung, BT-Drs. 18/5089, 39.
78 S. zu den Begriffen ausführlich HdB-VerbraucherR/Tamm § 2 Rn. 2 ff.

Die **räumliche Zuständigkeit** der Verbraucherschlichtungsstelle ist **grund-** 58
**sätzlich unabhängig vom Wohnort des Verbrauchers und dem Sitz des
Unternehmens**. Damit geht das VSBG über den Geltungsbereich der ADR-
Richtlinie (Art. 2 Abs. 1) hinaus und trägt der entsprechenden bestehenden
Praxis in Deutschland Rechnung. Jedoch können die Verbraucherschlich-
tungsstellen selbst ihre Zuständigkeit beschränken – zum einen auf in
einem bestimmten Bundesland (§ 4 Abs. 2 S. 3 VSBG) oder in Deutsch-
land (§ 4 Abs. 4 VSBG) niedergelassene Unternehmer, zum anderen auf
Verbraucher mit Wohnsitz oder gewöhnlichem Aufenthalt in einem EU-
Mitgliedstaat oder einem anderen EWR-Vertragsstaat (§ 4 Abs. 4 VSBG).

c) **Verfahrensart.** Die ADR-Richtlinie ist bewusst verfahrensoffen formu- 59
liert und bezieht sich gleichermaßen auf Einigungs-, Vorschlags- und Entscheidungsverfahren (→ Rn. 40). Dadurch soll die Richtlinie der unterschiedlichen Bedeutung und Praxis von alternativer Streitbeilegung in den
jeweiligen EU-Mitgliedstaaten Rechnung tragen (Eg 21).

Auch der Anwendungsbereich des VSBG ist **formal „unabhängig von** 60
dem angewendeten Konfliktbeilegungsverfahren" (§ 1 Abs. 1 S. 1 VSBG).
Gleichwohl berücksichtigt das VSBG die bestehende Praxis in Deutschland, wo sich **insbesondere die Schlichtung im engeren Sinne** (Vorschlagsverfahren) nicht ohne Grund bewährt hat:[79] Vorschlagsverfahren haben im
Spektrum von Verbraucher-ADR eine besondere Bedeutung und sind ein
Verfahren sui generis. Während auf der einen Seite die Einigungsverfahren
ohne (stärkere) Intervention eines unabhängigen Dritten noch eine große
Nähe zur Konfliktbearbeitung im Rahmen des vorgeschalteten, unterneh-
menseigenen Beschwerdemanagements aufweisen und auf der anderen Seite die Entscheidungsverfahren – insbesondere im Falle einer starken Formalisierung mit mündlicher Verhandlung – große Ähnlichkeit mit einem
Gerichtsverfahren zeigen, nehmen die Vorschlagsverfahren eine besondere
Zwischenposition ein. Vorschlagsverfahren bilden insofern einen dritten
Weg und stellen am ehesten eine echte Verfahrensalternative sowohl zum
unternehmensinternen Beschwerdemanagement als auch zum Gerichtsverfahren dar.

Die **Möglichkeit einer Mediation** (Einigungsverfahren) wird in § 18 VS- 61
BG nur kurz mit der Klarstellung erwähnt, dass im Falle einer Mediation ergänzend die Vorschriften des Mediationsgesetzes anzuwenden sind.
Dies entspricht den Vorgaben der ADR-Richtlinie, wonach die Media-
tions-Richtlinie 2008/52/EG durch die „horizontal für alle Arten von
AS-Verfahren" geltende ADR-Richtlinie (Eg 19 ADR-Richtlinie) „nicht
berührt" wird (Art. 3 Abs. 2 ADR-Richtlinie). Im VSBG befinden sich daher keine näheren Bestimmungen zu Mediationsverfahren. Dies trägt auch
dem Umstand Rechnung, dass „klassische" Mediationsverfahren in der
Praxis der Verbraucherstreitbeilegung **bislang wenig Bedeutung** haben.[80]
Allerdings bieten einige Schlichtungsstellen auch eine dem (juristischen)
Vorschlagsverfahren vorgelagerte Verfahrensstufe an, bei dem die Parteien
selbst Lösungsvorschläge einbringen können und die Möglichkeit einer

---

79 Ausführlich dazu Berlin, 2014, S. 91 ff.; Berlin ZKM 2015, 28.
80 S. Gesetzesbegründung BT-Drs. 18/5089, 37.

frühen, parteiautonomen Einigung („**early settlement**") ausgelotet werden (→ Rn. 134).[81]

62 Hinsichtlich Entscheidungsverfahren wie etwa dem **Schiedsverfahren** wird in § 5 Abs. 2 VSBG klargestellt, dass die Verfahrensordnung der Verbraucherschlichtungsstelle zumindest **keine für den Verbraucher „verbindliche Lösung auferlegen"** darf.

63 **d) Anforderungen an die Streitmittler.** „Die Verbraucherschlichtungsstelle ist mit mindestens einer Person zu besetzen, die mit der außergerichtlichen Streitbeilegung betraut und für die unparteiische und faire Verfahrensführung verantwortlich ist (Streitmittler)" (§ 6 Abs. 1 S. 1 VSBG). Falls nur ein Streitmittler bestellt ist, muss er einen Vertreter haben (§ 6 Abs. 1 S. 2 VSBG). Der Begriff Streitmittler ist dabei als **verfahrensunabhängiger Oberbegriff für Schlichter, Ombudspersonen, Mediatoren**, etc gemeint und bezieht sich auf diejenigen Mitarbeiter einer Verbraucherschlichtungsstelle, die für das konkrete Verfahren gegenüber den Parteien „verantwortlich" sind.[82]

64 Für die Qualität, die Akzeptanz und damit auch die tatsächliche Nutzung der Schlichtung ist die **Integrität und Kompetenz des Streitmittlers von entscheidender Bedeutung.** In erster Linie geht es dabei um die fachliche Qualifikation sowie um die Unabhängigkeit bzw. Unparteilichkeit.

65 **aa) Qualifikationen.** In juristischer Hinsicht müssen alle Streitmittler gemäß § 6 Abs. 2 S. 1 VSBG zunächst über „**Rechtskenntnisse, insbesondere im Verbraucherrecht**" verfügen. Als weitere Zusatzqualifikation muss der Streitmittler nach § 6 Abs. 2 S. 2 VSBG entweder die „**Befähigung zum Richteramt besitzen oder zertifizierter Mediator sein**".

66 Damit geht das VSBG über die Vorgaben des Art. 6 Abs. 1 a) ADR-Richtlinie hinaus, wo lediglich „ein allgemeines Rechtsverständnis" vorausgesetzt wird. In der bisherigen deutschen Schlichtungspraxis hat sich die **Beschäftigung von Volljuristen bewährt**, wo die „Befähigung zum Richteramt" eine unabhängige und präzise Rechtsprüfung fördert sowie die fachliche Akzeptanz der Schlichtungsempfehlung bei den Parteien erhöht.[83] Entsprechende Vorgaben finden sich in den branchenspezifischen Rechtsverordnungen[84] und in den Statuten einzelner Schlichtungsstellen.[85] Während im Regie-

---

81 Bspw. bietet die Schlichtungsstelle Reise & Verkehr seit 2023 in allen Bereichen ein dem „Vorschlagsverfahren" vorgelagertes „Einigungsverfahren" an, bei dem sich die Beteiligten auf Grundlage der Verbraucher-Forderung („sofortiges Anerkenntnis", § 9 Abs. 3 söp-Verfahrensordnung) oder eines erstmals im Schlichtungsverfahren unterbreiteten Unternehmer-Angebotes („Moderation", § 9 Abs. 4 söp-Verfahrensordnung) einigen können. Rund 50% aller Fälle können auf diese Weise frühzeitig und einvernehmlich beigelegt werden.
82 S. Gesetzesbegründung BT-Drs. 18/5089, 55; kritisch zum Begriff „Streitmittler" und zur Abgrenzung des Streitmittlers gegenüber den anderen (juristischen) Mitarbeitern: Röthemeyer VSBG 2020 § 6 Rn. 2 ff.).
83 IdS auch Tonner ZKM 2015, 133 f.; Kotzur VuR 2014, 250; Hess JZ 2015, 553; Berlin/Braun ZKM 2014, 150.
84 S. zB § 4 Abs. 3 S. 1 LuftSchlichtV.
85 S. zB § 13 Abs. 1 S. 1 Satzung Schlichtungsstelle Reise & Verkehr für „Leiter der Schlichtungsstelle und seine Vertreter"; § 14 Abs. 1 S. 2 Satzung Versicherungsombudsmann für „Ombudsmann"; § 14 Abs. 1 S. 2 Satzung Schlichtungsstelle Energie für „Ombudsperson".

rungsentwurf noch auf eine entsprechende Festschreibung mit Verweis auf die unterschiedliche rechtliche Prägung von Streitbeilegungsverfahren verzichtet wurde,[86] forderte der Rechtsausschuss von der Bundesregierung „zu gewährleisten, dass Streitmittler die Befähigung zum Richteramt besitzen und über die kommunikativen Fähigkeiten verfügen, die gerade bei außergerichtlichen und auf eine einvernehmliche Streitbeilegung zielenden Verfahren von zentraler Bedeutung sind".[87] Dies führte schließlich zu der ergänzenden Formulierung in § 6 Abs. 2 S. 2 VSBG, die nun **neben dem allgemeinen Rechtsverständnis und Fachwissen obligatorisch eine weitere Zusatzqualifikation** entweder als Volljurist oder als zertifizierter Mediator vorschreibt. Offen bleibt jedoch, in welchen Fällen bzw. für welche Verfahren die jeweilige Zusatzqualifikation erforderlich ist.[88]

In sonstiger Hinsicht werden zudem „Fachwissen und die Fähigkeiten, die für die Beilegung von Streitigkeiten in der Zuständigkeit der Verbraucherschlichtungsstelle erforderlich sind" verlangt (§ 6 Abs. 2 S. 1 VSBG aE). Diese Formulierung erscheint vage und wird auch in der Gesetzesbegründung nicht näher erläutert. In der Praxis hat sich gezeigt, dass für die außergerichtliche und einvernehmliche Streitbeilegung insbesondere kommunikative Fähigkeiten der Streitmittler wichtig sind, wie sie etwa in Mediationsausbildungen vermittelt werden.[89] Der Bedeutung mediativer Fähigkeiten hat der Gesetzgeber durch die zuletzt aufgenommene **Zusatzqualifikation „zertifizierter Mediator"** Rechnung getragen. Zur Begründung wurde ausgeführt, Schlichtung sei „auch darauf ausgerichtet, dass Verbraucherinnen und Verbraucher sich verstanden und ernst genommen fühlen und die vorgeschlagene Lösung nachvollziehen und verstehen können [,weshalb] SchlichterInnen zusätzlich zu dem juristischen Fachwissen insbesondere auch über **kommunikative Fähigkeiten** [wie etwa] aktives Zuhören, eine empathische und zugewandte Kommunikation sowie die Formulierung der relevanten Fakten und möglichen Lösungen in einer für Verbraucher verständlichen und zugänglichen Weise" verfügen sollten.[90]

67

Kritisch anzumerken ist jedoch, dass zum Zeitpunkt der Verabschiedung des Gesetzes im Dezember 2015 noch unklar war, was genau unter einem „zertifizierten Mediator" zu verstehen ist, dessen Anforderungen gemäß § 6 MediationsG durch die damals noch ausstehende **Zertifizierungsverordnung** (→ ZMediatAusbV § 1 Rn. 1 ff.) geregelt werden sollten.[91] Im Gegensatz zu den hohen rechtlichen Standards der etablierten Stellen ist somit auch eine Schlichtung durch nicht-juristische Streitmittler möglich. Angesichts der für alle Streitmittler geltenden „Basisqualifikation" in § 6 Abs. 2 S. 1 VSBG soll ein „allgemeines Rechtsverständnis" zwar in jedem Fall gesichert sein. Um eine hohe juristische Qualität von Verbraucherschlichtung und eine „informierte Autonomie" der Parteien (→ Rn. 81) zu gewährleisten, erscheint es sinnvoll, jedenfalls für die Erarbeitung von

68

---

86 S. BT-Drs. 18/5089, 56.
87 S. BT-Drs. 18/6904, 77.
88 Kritisch dazu Röthemeyer VSBG 2020 § 6 Rn. 22.
89 Berlin, 2014, S. 289 f.
90 S. Gesetzesbegründung BT-Drs. 18/6904, 78.
91 S. dazu Klowait ZKM 2015, 194 ff., kritisch auch Röthemeyer VSBG 2020 § 6 Rn. 36 f.

Schlichtungsvorschlägen in rechtlich geprägten Konflikten primär Volljuristen einzusetzen.

69 **bb) Unabhängigkeit und Unparteilichkeit.** Das VSBG übernimmt hinsichtlich der Unabhängigkeit und Unparteilichkeit der Streitmittler im Wesentlichen die Vorgaben der Richtlinie.

70 Der Streitmittler darf in den letzten drei Jahren vor seiner Bestellung **weder auf Unternehmer- noch auf Verbraucherseite tätig gewesen sein** (§ 6 Abs. 3 VSBG), wobei die vorherige Tätigkeit als Streitmittler für einen solchen Verband einer Bestellung nicht entgegensteht (§ 6 Abs. 3 VSBG aE). Während seiner Tätigkeit für eine Verbraucherschlichtungsstelle darf die Beschäftigung und **Vergütung des Streitmittlers "nicht nur von einem Unternehmer** oder von nur mit einem Unternehmer verbundenen Unternehmen" erfolgen (§ 7 Abs. 2 S. 1 VSBG). Die Regelung soll zum Ausdruck bringen, dass unternehmenseigene Beschwerdestellen keine Verbraucherschlichtungsstellen sein können und der deutsche Gesetzgeber von der entsprechenden Öffnungsklausel in Art. 2 Abs. 2 a) ADR-Richtlinie keinen Gebrauch macht. Die in Deutschland verbreitete Finanzierung über einen „Trägerverein", in welchem sich die am Verfahren der jeweiligen Schlichtungsstelle teilnehmenden Unternehmer zusammengeschlossen haben, ist mit dieser Vorgabe vereinbar. Entsprechend der Vorgabe nach Art. 6 Abs. 1 d) ADR-Richtlinie darf die **Vergütung nicht im Zusammenhang mit dem konkreten Ergebnis** von Streitbeilegungsverfahren stehen (§ 7 Abs. 2 S. 2 VSBG).

71 Die Streitmittler sollen gemäß § 7 Abs. 1 VSBG „unabhängig und an Weisungen nicht gebunden" sein. Diese **Weisungsunabhängigkeit** bezieht sich laut Gesetzesbegründung sowohl auf die Stellung des Streitmittlers bei der Verfahrensdurchführung als auch auf seinen Einfluss auf das Verfahrensergebnis.[92] Sie ist weitergehend formuliert als die entsprechende Vorgabe in Art. 6 Abs. 1 c) ADR-Richtlinie, welche sich ausdrücklich nur auf „Weisungen einer Partei oder ihrer Vertreter" bezieht.

72 In Umsetzung von Art. 6 Abs. 1 e) ADR-Richtlinie sieht das VSBG eine **Pflicht zur Offenlegung von Umständen** vor, welche die Unabhängigkeit oder Unparteilichkeit gefährden könnten. Diese Pflicht gilt nicht nur gegenüber dem Träger der Verbraucherschlichtungsstelle (§ 7 Abs. 3 VSBG), sondern – insofern über die Richtlinienanforderung hinausgehend – auch gegenüber den Parteien (§ 7 Abs. 4 S. 1 VSBG). Die Parteien können – analog der Regelung in § 3 Abs. 4 MediationsG (→ MediationsG § 3 Rn. 30 ff.) – nach Offenlegung der Umstände die Fortsetzung des Verfahrens gestatten (§ 7 Abs. 4 S. 2 VSBG).

73 Schließlich soll für den Fall eines **mehrköpfigen Streitschlichter-Gremiums eine paritätische Besetzung** von Verbraucher- und Unternehmerseite erfolgen (Abs. 7 Abs. 5 VSBG). Die entsprechende Vorgabe in Art. 6 Abs. 5 ADR-Richtlinie bezieht sich auf die Praxis in europäischen Nachbarlän-

---

92 S. Gesetzesbegründung BT-Drs. 18/5089, 56.

dern wie etwa in den Niederlanden[93] oder Schweden[94] und ist nach bisheriger Praxis in Deutschland weniger relevant.

Die **Bestellung des Streitmittlers** muss für eine „angemessene Dauer" erfolgen, welche **drei Jahre nicht unterschreiten** „soll" (§ 8 Abs. 1). Eine zwischenzeitliche Abberufung ist nur in explizit benannten Ausnahmefällen (§ 8 Abs. 2) möglich. Diese Vorgaben sind damit konkreter als die entsprechenden Vorgaben in Art. 6 Abs. 1 b) ADR-Richtlinie, wonach der „Zeitraum (…) ausreichend lang sein [muss], um die Unabhängigkeit ihres Handels zu gewährleisten" und keine Amtsenthebung „ohne triftigen Grund" erfolgen darf.

Schließlich wird der **Unabhängigkeit auch auf institutioneller Ebene** Rechnung getragen, wenn der Träger einer Verbraucherschlichtungsstelle ein Verbraucher- bzw. Unternehmensverband ist. Dann bedürfen gemäß § 9 VSBG „die Festlegung und Änderung der Zuständigkeit der Verbraucherschlichtungsstelle, die Verfahrensordnung und die Bestellung oder Abberufung eines Streitmittlers" der **Beteiligung eines Verbandes der jeweils anderen Seite.**

Maßgeblicher Faktor für die Unabhängigkeit ist in der Praxis zudem die **Fachkompetenz** der Streitmittler zur **eigenständigen Beurteilung der Sach- und Rechtslage**, damit sie weniger Gefahr laufen, das Vorbringen der Parteien und insbesondere selektiv zitierte Rechtsprechung unkritisch zu übernehmen (→ Rn. 66 ff.). Durch ein hohes Maß an tatsächlichem und rechtlichem Wissen kann das Vorbringen der Parteien richtig eingeordnet bzw. relativiert werden.

Ein weiterer, in der Praxis nicht zu unterschätzender Faktor ist eine **auskömmliche Finanzierung** der Verbraucherschlichtungsstelle. Entsprechende Ressourcen sind zur Gewährleistung der hohen Qualitätsanforderungen wie etwa der genannten Fachkompetenz oder eines zügigen Verfahrens notwendig. Insbesondere bei unternehmensfinanzierten Stellen muss vermieden werden, dass die Unternehmen durch übermäßigen Kostendruck auf die unabhängige Verfahrensgestaltung der Streitmittler einwirken.

e) Freiwilligkeit der Teilnahme. Als Mindestvorgabe **setzt die ADR-Richtlinie auf eine freiwillige Teilnahme** und überlässt die Etablierung einer Teilnahmepflicht den Mitgliedstaaten (Art. 1 ADR-Richtlinie). Somit müssen die Mitgliedstaaten nur die Existenz entsprechender Streitbeilegungsstellen sicherstellen („Gewährleistungsanspruch") und damit insbesondere nicht die tatsächliche Teilnahme der Unternehmer. Dadurch besteht jedoch die **Gefahr,** dass der Zugang zur alternativen Streitbeilegung nur auf dem Papier besteht und in der Praxis **bei fehlender Beteiligung** des Unternehmers leer läuft. Dieses Problem wurde vom europäischen Gesetzgeber erkannt, die Konsequenz jedoch sehr vage formuliert. Für einen effektiven Zugang der Verbraucher zur alternativen Streitbeilegung „sollten Unternehmer so weit wie möglich ermutigt werden", an entsprechenden Verfahren teilzunehmen (Eg 49 S. 2 ADR-Richtlinie).

---

93 S. Berlin, 2014, S. 194 ff.
94 S. Berlin, 2014, S. 179 ff.

79 Die **deutsche Umsetzung** der Richtlinie regelt **ebenfalls nur eine freiwillige Teilnahme** und macht von der Möglichkeit zusätzlicher Regelungen über eine verbindliche Teilnahme von Unternehmern keinen Gebrauch. Der Antragsteller (idR Verbraucher) kann seinen Antrag zurücknehmen oder der weiteren Durchführung des Verfahrens widersprechen (§ 15 Abs. 1 VSBG). Der Antragsgegner (idR Unternehmer) kann erklären, „an dem Streitbeilegungsverfahren nicht teilnehmen oder es nicht fortsetzen zu wollen, (…) es sei denn, Rechtsvorschriften, Satzungen oder vertragliche Abreden bestimmen etwas anderes" (§ 15 Abs. 2 VSBG). Zur Begründung werden die **Parteiautonomie und die höhere Akzeptanz des Verfahrens** bei einer freiwilligen Teilnahme betont; dies trage auch der bestehenden Praxis in Deutschland Rechnung, welche „auf Zustimmung der Parteien zum Verfahren gründet".[95] Gleichwohl werden in der Gesetzesbegründung **weitere sektorenspezifische Verpflichtungen durch Spezialgesetze** wie zB § 111b EnWG nicht ausgeschlossen, „soweit in einem Wirtschaftsbereich aufgrund der Besonderheiten der Branche (…) als sinnvoll angesehen".[96]

80 **f) Bedeutung des Rechts.** Während die ADR-Richtlinie nur im Falle einer verbindlichen Entscheidung die Einhaltung zwingender Verbraucherschutzvorschriften vorschreibt (Art. 11 ADR-Richtlinie), so muss gemäß § 19 Abs. 1 S. 1 VSBG auch ein unverbindlicher **Schlichtungsvorschlag „am geltenden Recht ausgerichtet** sein und soll insbesondere die **zwingenden Verbraucherschutzgesetze beachten".** Aus dieser relativ „weichen" Formulierung ergibt sich, dass ein Schlichtungsvorschlag nicht in gleicher Weise wie ein Gerichtsurteil der Rechtsbindung unterliegt, da es sich nur um einen unverbindlichen Vorschlag handelt, welcher auch an der Sach- und Rechtslage orientierte Vergleiche beinhalten kann.[97]

81 Um den Parteien eine „informierte Entscheidung" (→ MediationsG § 2 Rn. 273 ff.) bzw. eine „informierte Autonomie"[98] bezüglich der Annahme oder Ablehnung des Schlichtungsvorschlags zu ermöglichen, kommt der nach § 19 Abs. 1 S. 3, Abs. 2 VSBG gebotenen schriftlichen Begründung mit einer nachvollziehbaren Darstellung der **Sach- und Rechtslage als „Kernelement des Schlichtungsvorschlags"**[99] entscheidende Bedeutung zu.[100] Diesem Zweck dient auch die Umsetzung des Art. 9 Abs. 2 ADR-Richtlinie durch § 19 Abs. 3 VSBG, wonach die Verbraucherschlichtungsstelle auf „die rechtlichen Folgen einer Annahme des Vorschlags und darüber, dass der Vorschlag **von dem Ergebnis eines gerichtlichen Verfahrens abweichen** kann" (S. 1) sowie auf die Möglichkeit der Ablehnung des Vorschlags und des offen stehenden Rechtswegs (S. 2) hinweisen muss. Zudem muss die Verbraucherschlichtungsstelle eine angemessene Frist zur Annahme des Vorschlags setzen (S. 3). Die Pflicht zur Unterrichtung nach § 19 Abs. 3 VSBG gilt nicht gegenüber einem Unternehmer, der sich vorab verpflichtet hat, den Schlichtungsvorschlag zu befolgen (§ 19 Abs. 4

---

95 S. Gesetzesbegründung BT-Drs. 18/5089, 40.
96 S. Gesetzesbegründung BT-Drs. 18/5089, 40.
97 S. Gesetzesbegründung BT-Drs. 18/5089, 63; s. auch Riehm JZ 18/2016, 866.
98 Niewisch-Lennartz ZKM 2015, 139.
99 Röthemeyer VSBG 2020 § 19 Rn. 45.
100 S. dazu auch Tonner ZKM 2015, 135.

VSBG), wie es etwa nach § 10 Abs. 3 S. 2 iVm § 11 Abs. 1 S. 1 VSBG der Verfahrensordnung des Versicherungsombudsmanns möglich ist.[101]

g) Verfahrensdauer. Ein zentraler Vorteil der außergerichtlichen Streitbeilegung ist deren schnelle Erledigung. Der Schlichtungsvorschlag bzw. sonstige Verfahrensabschluss muss von der Verbraucherschlichtungsstelle „**innerhalb von 90 Tagen nach Eingang der vollständigen Beschwerdeakte**" übermittelt werden (§ 20 Abs. 2 VSBG), „bei besonders schwierigen Streitigkeiten oder mit Zustimmung der Parteien" ist eine Fristverlängerung möglich (§ 20 Abs. 3 VSBG). Diese Regelung entspricht Art. 8 e) ADR-Richtlinie. In der Praxis ist die Regelung jedoch wenig praktikabel, da der Eingang der vollständigen Beschwerdeakte objektiv schwierig zu beurteilen ist. Die in § 20 Abs. 1 S. 1 VSBG vorgesehene Benachrichtigung der Parteien über den Eingang der vollständigen Beschwerdeakte bedeutet zusätzliche Bürokratie und widerspricht der gebotenen Effizienz. Zudem stellt sich häufig erst bei der rechtlichen Prüfung durch den zuständigen Streitmittler heraus, dass noch weitere Unterlagen oder Informationen bei den Parteien angefordert werden müssen. Auch die Fiktion des Eingangs der vollständigen Beschwerdeakte (§ 20 Abs. 1 S. 2 VSBG) durch die Gelegenheit zur Stellungnahme der Parteien (§ 17 Abs. 1) erscheint praxisfern. Da die tatsächliche **Akzeptanz der Verfahren maßgeblich von einer zügigen Erledigung abhängt**, sollten die Verbraucherschlichtungsstellen auch im eigenen Interesse für eine kurze Verfahrensdauer sorgen, indem sie zum Beispiel mit den teilnehmenden Unternehmen eine beschleunigte Bearbeitung mit kurzen Fristen für Stellungnahmen und Rückmeldungen zu Schlichtungsvorschlägen vereinbaren.

h) Weitere Verfahrensvorschriften. Die für jede Verbraucherschlichtungsstelle **spezifisch geltenden Einzelheiten zum Verfahren** ergeben sich aus ihrer jeweiligen **Verfahrensordnung** (§ 5 Abs. 1 VSBG). Die nachfolgenden weiteren Vorschriften sind daher nicht abschließend, sondern geben nur die gesetzlich geregelten allgemeinen **Mindestanforderungen** wieder.

Gemäß § 11 VSBG müssen „der **Antrag** auf Durchführung eines Streitbeilegungsverfahrens, Stellungnahmen, Belege und sonstige Mitteilungen" **(auch) in Textform** übermittelt werden können. Damit soll in Umsetzung von Art. 5 Abs. 2 c), d) ADR-Richtlinie sichergestellt werden, dass trotz der Vorteile elektronischer Kommunikation und dem von nahezu allen Schlichtungsstellen angebotenen **Online-Formular** die Teilnahme am Verfahren auch offline möglich ist und insofern dazu beiträgt, potenzielle **Zugangsbarrieren zu vermeiden**.

Die **Verfahrenssprache ist grundsätzlich Deutsch**, weitere Sprachen können durch entsprechende Bestimmungen in der Verfahrensordnung oder durch Individualabrede[102] bestimmt werden (§ 12 VSBG).

---

101 Alternativ wird dieses Mischverfahren beim Versicherungsombudsmann als einseitiges „Entscheidungsverfahren" klassifiziert, s. Tonner ZKM 2015, 135; Berlin, 2014, S. 231.
102 Bspw. führt die Schlichtungsstelle Reise & Verkehr auch Schlichtungsverfahren auf Englisch durch.

86 Den Parteien steht es in Umsetzung von Art. 8 b) ADR-Richtlinie frei, sich durch einen **Rechtsanwalt** oder sonstige zur Erbringung außergerichtlicher Rechtsdienstleistungen befugte Personen **vertreten zu lassen** (§ 13 VSBG).

87 Die Verbraucherschlichtungsstelle ist gemäß § 16 VSGB und in Umsetzung des Art. 7 ADR-Richtlinie nach Eröffnung des Verfahrens zu einer **umfassenden Unterrichtung der Parteien über die wichtigsten Informationen zum Verfahren** verpflichtet, insbesondere über die Verfahrensordnung, das Verhältnis zum Gerichtsverfahren, die Möglichkeit einer Vertretung, die Kosten und die Freiwilligkeit.

88 Die Parteien erhalten im Einklang mit Art. 9 Abs. 1 a) ADR-Richtlinie **rechtliches Gehör** und können Tatsachen und Bewertungen vorbringen, die Verbraucherschlichtungsstelle kann dazu ggf. Fristen setzen (§ 17 Abs. 1 VSBG). Eine **mündliche Erörterung** ist möglich (§ 17 Abs. 2 VSBG), wobei dazu regelmäßig **keine räumliche Anwesenheit** der Parteien erforderlich sein dürfte. Nach den Erfahrungen der bisherigen Schlichtungspraxis dürften mündliche Erörterungen aufgrund der räumlichen Distanz und der angestrebten Effizienz des Verfahrens **primär telefonisch** stattfinden.

89 Die **Mitteilung über den Abschluss des Verfahrens** muss in Umsetzung des Art. 9 Abs. 1 c) ADR-Richtlinie schriftlich und mit den erforderlichen Erläuterungen erfolgen (§ 21 Abs. 1 VSBG). Die Mitteilung dient im Falle einer gescheiterten Einigung zudem als Bescheinigung iSd § 15a Abs. 3 S. 3 EGZPO und ist als solche zu bezeichnen (§ 21 Abs. 2 VSBG).

90 Gemäß § 22 VSBG sind die Streitmittler und „die weiteren in die Durchführung des Streitbeilegungsverfahrens eingebundenen Personen" bezüglich der ihnen in Ausübung ihrer Tätigkeit bekannt gewordenen Informationen zu **Verschwiegenheit** verpflichtet, „soweit durch Rechtsvorschrift nichts anderes geregelt ist"; die Ausnahmen nach § 4 Abs. 3 MediationsG gelten entsprechend. Damit geht die nationale Umsetzung über die ADR-Richtlinie hinaus, wo entsprechende Vorgaben zur Vertraulichkeit fehlen. Der Gesetzgeber begründet dies damit, dass „ohne eine solche Verschwiegenheitspflicht (...) sich Parteien häufig gar nicht auf ein alternatives Konfliktbeilegungsverfahren einlassen" würden, und verweist auf **entsprechende Regelungen für die Mediation in § 4 MediationsG** (→ MediationsG § 4 Rn. 1 ff.) sowie für Schlichtungsverfahren in § 2 Abs. 4 SchlichtVerV, § 2 Abs. 5 KASchlichtV und § 4 Abs. 5 LuftSchlichtV.[103]

91 i) **Ablehnungsgründe.** Die Richtlinie definiert in Art. 5 Abs. 4 ADR-Richtlinie einen **abschließenden Katalog an möglichen Ablehnungsgründen**, welche die Mitgliedsstaaten nach eigenem Ermessen umsetzen können, solange diese den Zugang zur alternativen Streitbeilegung „nicht erheblich beeinträchtigen". Die deutsche Umsetzung übernimmt diesen abschließenden Katalog an möglichen Ablehnungsgründen weitgehend und **überlässt den Schlichtungsstellen die nähere Ausgestaltung** in ihren Verfahrensordnungen. Allein die in Art. 5 Abs. 4 e) ADR-Richtlinie genannte Antragsfrist ab Zeitpunkt der Beschwerde beim Unternehmer wurde nicht übernommen, so dass ein Schlichtungsantrag zeitlich unbefristet zulässig ist und ggf. dann auf der Ebene der Begründetheit (Verjährung) scheitert.

---

103 BT-Drs. 18/5089, 64.

Das VSBG definiert zunächst (**Standard-**)**Ablehnungsgründe** (§ 14 Abs. 1 VSBG), wonach die Durchführung eines Streitbeilegungsverfahrens abgelehnt wird bei Streitigkeiten außerhalb der Zuständigkeit einer Verbraucherschlichtungsstelle (Nr. 1), fehlender vorheriger Geltendmachung des Anspruchs gegenüber dem Anspruchsgegner (Nr. 2) oder offensichtlicher Erfolglosigkeit oder Mutwilligkeit des Antrags, insbesondere weil der Anspruch bereits verjährt, die Streitigkeit bereits beigelegt oder ein Antrag auf Prozesskostenhilfe aus entsprechenden Gründen abgelehnt wurde (Nr. 3; vgl. Art. 5 Abs. 4 b) ADR-Richtlinie). Diese Ablehnungsgründe sind trotz der insofern etwas missverständlichen Formulierung jedoch nicht als zwingend, sondern vielmehr als eine Art Standardfall für Ablehnungen zu verstehen. Offenbar wollte der Gesetzgeber den Schlichtungsstellen in diesen Fällen die Ablehnung erleichtern. Ein ausnahmsloses Verbot wäre hingegen nicht interessengerecht. Denn es würde der Parteiautonomie widersprechen, wenn beide Parteien ein Schlichtungsverfahren wünschen, die Schlichtungsstelle diesen Wunsch dann aber ohne eigenes Ermessen ablehnen müsste.

Daneben gibt es **zahlreiche weitere Ablehnungsgründe**, welche eine Verbraucherschlichtungsstelle in ihrer Verfahrensordnung vorsehen kann: Gemäß § 11 Abs. 2 VSBG können folgende Ablehnungsgründe festgelegt werden: Die Angelegenheit ist bei einer anderen Verbraucherschlichtungsstelle anhängig oder wurde mit einem Verfahren zur Streitbeilegung abgeschlossen (Nr. 1; vgl. Art. 5 Abs. 4 c) ADR-Richtlinie); die Angelegenheit ist bei einem Gericht anhängig – es sei denn, es wurde nach § 278a ZPO das Ruhen des Verfahrens angeordnet – oder wurde mit einer Sachentscheidung abgeschlossen (Nr. 2; vgl. Art. 5 Abs. 4 c) ADR-Richtlinie); der Streitwert unter- oder überschreitet eine bestimmte Höhe (Nr. 3; Art. 5 Abs. 4 d) ADR-Richtlinie); die Behandlung der Streitigkeit beeinträchtigt den effektiven Betrieb der Verbraucherschlichtungsstelle „ernsthaft", insbesondere weil die Klärung einen unangemessen hohen Aufwand bedeutet oder eine entscheidungserhebliche, nicht geklärte grundsätzliche Rechtsfrage betrifft (Nr. 4; vgl. Art. 5 Abs. 4 f.) ADR-Richtlinie).

Noch im Regierungsentwurf war als weiterer Ablehnungsgrund die fehlende Beantwortung einer Beschwerde innerhalb von zwei Monaten bzw. nach Vorgabe der jeweiligen Verfahrensordnung auch innerhalb einer kürzeren Frist vorgesehen (vgl. Art. 5 Abs. 4 a) ADR-Richtlinie). Der Rechtsausschuss wies auf das Risiko einer zwischenzeitlichen Verjährung während der Wartefrist von zwei Monaten hin (BT-Drs. 18/6904, 81). Daraufhin wurde die **fehlende Beantwortung durch das Unternehmen** nunmehr nicht als Ablehnungsgrund, sondern vielmehr als Grund für die „Aussetzung" des Verfahrens formuliert, um dem Unternehmer die Möglichkeit einer vollständigen Anerkennung des Anspruchs zu geben und gleichwohl die Verjährung während dieses Zeitraums zu hemmen (Abs. 5).

Die **Ablehnung muss schriftlich mit Nennung des Ablehnungsgrundes** innerhalb von drei Wochen nach Eingang des Antrags erfolgen (Abs. 3) bzw. ggf. nach Eintritt oder Bekanntwerden des Ablehnungsgrundes während des Verfahrens (Abs. 4).

96 **j) Finanzierung.** Das Verfahren muss für Verbraucher gemäß Art. 8 c) ADR-Richtlinie „kostenlos" oder allenfalls gegen eine nicht näher festgelegte „Schutzgebühr" zugänglich sein. Die deutsche Umsetzung in § 23 Abs. 1 Hs. 1 VSGB sieht **grundsätzlich keine Kosten für Verbraucher** vor. Dies entspricht der bisherigen Praxis bei den großen Schlichtungsstellen. Bei „missbräuchlichen" Anträgen kann jedoch ein Entgelt von bis zu 30 EUR erhoben werden, § 23 Abs. 1 Hs. 2 VSBG. In den Verfahrensordnungen der bestehenden Schlichtungsstellen ist nur vereinzelt eine Missbrauchsgebühr vorgesehen (zB § 11 Abs. 2 Verfahrensordnung der Schlichtungsstelle Energie). Wann genau von einem Missbrauch auszugehen ist, lässt das VSGB offen. Die Gefahr eines Missbrauchs dürfte jedoch eher eine theoretische Befürchtung von Unternehmen ohne Schlichtungserfahrung sein, denn missbräuchliche Anträge spielen in der Praxis keine nennenswerte Rolle. Gleichwohl war dieser Punkt im Rahmen des Gesetzgebungsverfahrens sehr umstritten – Wirtschaftsvertreter wollten sich durch eine solche Gebühr schützen, Verbrauchervertreter befürchteten eine Verunsicherung und nicht gerechtfertigte Abschreckung.

97 Die Finanzierung muss somit **primär von Seiten der Unternehmen oder vom Staat** erfolgen. Die Verbraucherschlichtungsstelle kann ein „angemessenes Entgelt" vom Unternehmer verlangen (§ 23 Abs. 2 VSBG). Dies entspricht der Praxis in Deutschland, wonach die meisten Schlichtungsstellen ausschließlich von der Wirtschaft finanziert werden: So werden beispielsweise der Versicherungsombudsmann, die Schlichtungsstelle Energie und die Schlichtungsstelle Reise & Verkehr von deren Mitgliedsunternehmen finanziert; eine gemeinsame Finanzierung durch Staat und Unternehmer gibt es etwa bei der Universalschlichtungsstelle des Bundes (→ Rn. 34).

98 **k) Informationspflichten.** Damit die Schlichtungsangebote auch tatsächlich genutzt werden können, ist die **Kenntnis über entsprechende Angebote zentrale Voraussetzung** für deren Nutzung. Dies gilt umso mehr vor dem Hintergrund, dass die Europäische Kommission das fehlende Bewusstsein von Verbrauchern über bestehende Angebote als eine Hauptursache für die vielerorts geringe Inanspruchnahme ausgemacht hat (Eg 5 ADR-Richtlinie). Daneben dient die Veröffentlichung von Informationen aber auch der Transparenz.

99 **aa) Informationspflichten der Verbraucherschlichtungsstelle.** Gemäß § 10 VSGB muss die Verbraucherschlichtungsstelle eine **Website** unterhalten mit Verfahrensordnung, Angaben zur Erreichbarkeit und Zuständigkeit, zu den Streitmittlern, zur Anerkennung als Verbraucherschlichtungsstelle, zum Verfahrensablauf und zu den Kosten (Abs. 1). Auf Anfrage müssen diese Informationen auch schriftlich übermittelt werden (Abs. 2). Diese Vorgaben erfolgten in Umsetzung von Art. 5 Abs. 2 a) und Art. 7 Abs. 1 ADR-Richtlinie.

100 Zudem muss die Verbraucherschlichtungsstelle einen **jährlichen „Tätigkeitsbericht"** erstellen und diesen auf ihrer Webseite sowie auf Anfrage in Textform veröffentlichen (§ 34 Abs. 1 VSBG). Zusätzlich muss die **Verbraucherschlichtungsstelle alle zwei Jahre einen umfassenden „Evaluationsbericht"** für die Aufsichtsbehörde erstellen (§ 34 Abs. 2 VSBG), in welchem ua auch „auffällig häufig" auftretende Beschwerdeanlässe genannt werden

sollen (§ 34 Abs. 3 VSBG). Mit diesen Berichtsanforderungen wird Art. 7 Abs. 2 ADR-Richtlinie Rechnung getragen.[104] Hinsichtlich des Umfangs ist die Verschwiegenheitspflicht nach § 22 VSBG zu beachten, nach der zB die Auswertungen anonymisiert darzustellen sind.

bb) Informationspflichten der Unternehmen. Entsprechend der Differenzierung in Art. 13 ADR-Richtlinie werden auch im deutschen Umsetzungsgesetz **je nach Zeitpunkt unterschiedliche Anforderungen** an die Informationspflichten der Unternehmer gestellt: 101

Gemäß der „allgemeinen Informationspflicht" in § 36 VSBG muss ein Unternehmer „leicht zugänglich, klar und verständlich" auf seiner Webseite und in seinen AGB auf zwei Dinge hinweisen. Nach Abs. 1 Nr. 1 „inwieweit er bereit ist oder verpflichtet ist, an Streitbeilegungsverfahren vor einer Verbraucherschlichtungsstelle teilzunehmen". Eine Ausnahme ist lediglich für kleine Unternehmer mit maximal zehn Beschäftigten vorgesehen (Abs. 3). Diese Regelung geht über die Vorgaben in Art. 13 Abs. 1 ADR-Richtlinie hinaus, wo eine entsprechende Informationspflicht nur für die teilnehmenden Unternehmer besteht. Diese weitergehende Informationspflicht dient dem Zweck, dass künftige Vertragspartner frühzeitig von der Teilnahmeverweigerung eines Unternehmers erfahren.[105] Gemäß Abs. 1 Nr. 2 müssen die tatsächlich teilnehmenden Unternehmer darüber hinausgehend auch die **Anschrift und Webseite der für sie zuständigen Verbraucherschlichtungsstelle** mitteilen. 102

Zusätzlich besteht eine **Informationspflicht nach Entstehen der Streitigkeit.** In Umsetzung von Art. 13 Abs. 3 ADR-Richtlinie muss der Unternehmer bei Beantwortung einer Verbraucherbeschwerde gemäß § 37 VSBG in Textform auf die zuständige Verbraucherschlichtungsstelle unter **Nennung von deren Anschrift und Website sowie unter Nennung seiner Teilnahmebereitschaft** hinweisen. 103

Beide **Informationspflichten sind in der Praxis von großer Bedeutung.** Zum einen ermöglichen sie dem Verbraucher die Kenntnis über das **noch vergleichsweise unbekannte Verfahren** der Schlichtung und über die für seinen Konflikt zuständige Stelle. Zum anderen könnte die Informationspflicht über die fehlende Teilnahme eines Unternehmens dem Verbraucher bereits vor Vertragsschluss bei der Wahl seines Vertragspartners helfen und insofern für Unternehmen aus Gründen der **Reputation** einen Anreiz zur Teilnahme an einem Schlichtungsverfahren darstellen. Eine im Jahr 2022 veröffentlichte Studie[106] zur Einhaltung der Informationspflichten nach §§ 36, 37 VSBG zeigte allerdings erhebliche Defizite in der Umsetzung auf. Bei der andauernden Überarbeitung des VSBG sollten diese Erkenntnisse einfließen. 104

l) Private und behördliche Verbraucherschlichtungsstellen. Der **Schwerpunkt** des VSBG liegt entsprechend der bisherigen Praxis in Deutschland 105

---

104 Weitergehend wird die Veröffentlichung von Verfahrensergebnissen gefordert, s. Tonner ZKM 2015, 134.
105 S. Gesetzesbegründung BT-Drs. 18/5089, 75.
106 Abrufbar unter https://www.bmj.de/SharedDocs/Downloads/DE/Fachinformationen/Abschlussbericht_Einhaltung_der_Informationspflichten.pdf;jsessionid=1CF9D87E4FBFCEA1992CAC7F588A863F.2_cid297?__blob=publicationFile&v=2.

auf privaten Verbraucherschlichtungsstellen (§ 3 ff. VSBG). Das Bundesamt für Justiz kann als zuständige Behörde auf Antrag private Verbraucherschlichtungsstellen anerkennen, wenn diese die gesetzlichen Voraussetzungen nach dem VSBG erfüllen (§§ 24–27 VSBG).

106 Behördliche Verbraucherschlichtungsstellen (§ 28 VSBG) sind subsidiär gegenüber bestehenden privaten Stellen,[107] was ebenfalls der bestehenden Architektur in einzelnen Wirtschaftsbereichen entspricht (→ Rn. 27).

107 m) **Auffangschlichtung als Aufgabe des Bundes.** Im Rahmen des ursprünglichen Gesetzgebungsverfahrens war ein **zentraler Streitpunkt zwischen Bund und Ländern**, ob die Auffangschlichtung und damit auch deren ergänzende Finanzierung zentral auf Bundesebene oder dezentral auf Länderebene erfolgen sollte. Vorübergehend wurde eine Auffangschlichtungsstelle vom Bund als „Forschungsprojekt" finanziert. Seit 2020 hat der Bund dauerhaft die Trägerschaft der Auffangschlichtung durch Gründung der Universalschlichtungsstelle des Bundes übernommen.

108 n) **Verordnungsermächtigung.** Die Bundesregierung kann ergänzende Regelungen mit Zustimmung des Bundesrates im Rahmen einer Rechtsverordnung treffen (§ 42 VSBG).

109 o) **Zentrale Anlaufstelle.** Das **Bundesamt für Justiz** ist die zentrale Anlaufstelle für Verbraucherschlichtung (§ 32 Abs. 1 VSBG), welche die o.g. Liste über die Verbraucherschlichtungsstellen in Deutschland führt (→ Rn. 28) und an die Europäische Kommission für deren ODR-Plattform (→ Rn. 44) weiterleitet (§ 33 Abs. 1 VSBG). Die zentrale Anlaufstelle verfasste erstmals zum 9.7.2018 und danach alle vier Jahre einen **Bericht über die Tätigkeit der deutschen Verbraucherschlichtungsstellen** und übermittelt diesen „Verbraucherschlichtungsbericht" an die Europäische Kommission (§ 35 VSBG).[108]

110 2. **Branchenspezifische Regelungen.** Neben branchenunabhängigen **Regelungen** zur alternativen Streitbeilegung wie dem Güteverfahren nach § 15a EGZPO oder der Mediation nach dem Mediationsgesetz sind die **bestehenden praxisrelevanten Bestimmungen vor allem branchenspezifisch** für einzelne Wirtschaftsbereiche.[109]

111 Die branchenspezifischen Regelungen (→ Rn. 21 ff.) bestehen mehrheitlich aus **nur einem einzigen Paragrafen**, der typischerweise mit der Bezeichnung „Schlichtungsstelle" überschrieben ist. Sie regeln **ausschließlich Verhandlungs- und Vorschlagsverfahren**, also nicht Entscheidungsverfahren. Das Hinwirken auf eine gütliche Einigung ohne Entscheidungsbefugnis (Einigungs- und Vorschlagsverfahren) ist für einige Sektoren explizit geregelt (zB § 47 TKG), andere Vorschriften lassen die genaue Ausgestaltung des Verfahrens offen. Während die Teilnahme am Schlichtungsverfahren für **Verbraucher stets freiwillig** ist, ist je nach Sektor die Beteiligung für Unternehmer teilweise verpflichtend. Eine **verpflichtende Teilnahme für Unternehmer** besteht insbesondere im Bereich Energie (§ 111b EnWG) und –

---

107 S. Gesetzesbegründung BT-Drs. 18/5089, 67.
108 Verbraucherschlichtungsberichte abrufbar unter https://www.bundesjustizamt.de/DE/Themen/Verbraucherrechte/Verbraucherstreitbeilegung/Verbraucherschlichtungsberichte/Verbraucherschlichtungsberichte_node.html.
109 S. ausführlich auch Berlin, 2014, S. 78 ff.

durch die behördliche Auffangstelle beim Bundesamt für Justiz (→ Rn. 28) – auch im Luftverkehr (§§ 57, 57a LuftVG).

V. Verbraucher-ADR und Mediation

Mediation und Verbraucher-ADR sind auf europäischer und nationaler Ebene die **dynamischsten Bereiche im Spektrum der Alternativen Streitbeilegung**. Die Wesensmerkmale und Einsatzfelder sind dabei unterschiedlich: Mediation bezeichnet ein bestimmtes ADR-Verfahren ohne Einschränkung auf bestimmte Konflikte. Verbraucher-ADR bezeichnet als Oberbegriff grundsätzlich alle ADR-Verfahren mit der Einschränkung auf Verbraucherkonflikte. Zwischen den beiden Ebenen gibt es **mehrere Berührungspunkte**: Die einschlägigen Rechtsvorschriften nehmen jeweils Bezug aufeinander (→ Rn. 113 ff.) und auch in der Praxis gibt es Schnittmengen (→ Rn. 125 ff.) 112

1. Rechtliches Verhältnis. Die Regelungen im Mediationsrechts enthalten Bestimmungen zu Verbraucherkonflikten und die Regelungen zu Verbraucher-ADR betreffen punktuell auch Mediationsverfahren. 113

a) Regelungen im Mediationsrecht zu Verbraucherkonflikten. Die Mediations-Richtlinie nimmt auf Verbraucherkonflikte explizit Bezug. Zudem ergeben sich aus dem nationalen Umsetzungsgesetz Auswirkungen auf Verbraucher-ADR. 114

aa) Mediations-Richtlinie. In der Mediations-Richtlinie wird innerhalb der **Erwägungsgründe** an zwei Stellen Bezug auf Verbraucherstreitigkeiten genommen: Gemäß Erwägungsgrund Nr. 11 soll die Mediations-Richtlinie ausdrücklich keine Geltung für „schiedsrichterliche Verfahren, wie beispielsweise [...] Verbraucherbeschwerdeverfahren" haben. Eine grundsätzliche Nichtanwendung der Richtlinie auf das gesamte Spektrum der Verfahren von Verbraucher-ADR (→ Rn. 41, 60) lässt sich daraus jedoch nicht entnehmen. Vielmehr ergibt sich aus Erwägungsgrund Nr. 18, dass Mediation auch „im Bereich des Verbraucherschutzes" erfolgen kann und die Mediatoren dann zusätzlich zu den Vorgaben der Mediations-Richtlinie die Verfahrensgrundsätze nach der Empfehlung 2001/310/EG (→ Rn. 36) beachten sollen. 115

bb) Umsetzungsgesetz zur Mediations-Richtlinie. Bereits der **Name des deutschen Umsetzungsgesetzes** „zur Förderung der Mediation und anderer Verfahren der außergerichtlichen Konfliktbeilegung"[110] bringt zum Ausdruck, dass **neben Mediation auch andere Verfahren erfasst** sind. Relevanz für Verbraucher-ADR haben daher neben dem MediationsG auch die weiteren, durch das Umsetzungsgesetz eingeführten Regelungen: 116

- Wird Verbraucher-ADR als Mediation iSd **MediationsG** durchgeführt, so gelten die dort genannten Anforderungen kumulativ zu den Anforderungen zu den für Verbraucher-ADR spezifischen Anforderungen (→ Rn. 36 ff.). Bedeutung erlangt in diesem Zusammenhang insbesondere die **Verschwiegenheitspflicht** in § 4 MediationsG, welche die besondere Vertraulichkeit der Mediation betont und als Gegenpol zu dem 117

---

[110] Gesetz v. 21.7.2012 (BGBl. 2012 I 1577), nachfolgend zitiert als „Umsetzungsgesetz".

in der ADR-Richtlinie verankerten und im VSBG entsprechend umgesetzten Transparenzgrundsatz (→ Rn. 43, 98 ff.) erscheinen mag.[111] Gleichwohl dürften die Transparenzerfordernisse nach der ADR-Richtlinie wie zB die in Art. 7 Abs. 2 geforderten jährlichen Tätigkeitsberichte mit Nennung von Anzahl, Problemstellungen und Ausgang der Verfahren mit der Verschwiegenheitspflicht nach § 4 MediationsG vereinbar sein, da die Tätigkeitsberichte eher statistischen Charakter haben und nicht namentlich Bezug auf einzelne Verfahren nehmen müssen. Zudem ist nun auch unter expliziter Bezugnahme auf das MediationsG in § 22 VSBG das Erfordernis von Verschwiegenheit in der Verbraucherstreitbeilegung geregelt (→ Rn. 90).

118 ▪ Außerhalb des MediationsG lässt vor allem die Änderung der Zivilprozessordnung in **Art. 2 des Umsetzungsgesetzes** stärkere Relevanz für Verbraucher-ADR erwarten. Insbesondere die Ausführungen zu den Anforderungen der Klageschrift über den vorherigen Versuch der Streitbeilegung im Rahmen „eines anderen Verfahrens der außergerichtlichen Konfliktbeilegung" iSd **§ 253 Abs. 3 ZPO** (→ ZPO § 253 Rn. 1 ff.) könnten bereits **vor** Klageerhebung die Auseinandersetzung mit der „Option" Verbraucher-ADR fördern. Abzuwarten bleibt hingegen für die Zeit **nach** Klageerhebung, welche Relevanz die Möglichkeit des Vorschlags zur Durchführung einer außergerichtlichen Konfliktbeilegung nach **§ 278a ZPO** (→ ZPO § 278a Rn. 1 ff.) für Verbraucher-ADR haben wird. Dies wird maßgeblich davon abhängig sein, inwieweit die Gerichte die ADR-Stellen als eine sinnvolle Ergänzung und Entlastung verstehen, welche mit ihren jeweiligen Branchenspezialisierungen ggf. schnellere, sach- und interessengerechtere Lösungen vermitteln können als es den an die aufwändigeren prozessrechtlichen Vorgaben gebundenen Gerichten mit ihren breiten Allgemeinzuständigkeiten möglich ist.

119 ▪ Von den übrigen Änderungen des Umsetzungsgesetzes, insbesondere in den **sonstigen Gesetzen**, sind aus heutiger Sicht keine wesentlichen Auswirkungen für Verbraucher-ADR zu erwarten.

120 b) **Regelungen im Verbraucherstreitbeilegungsrecht zu Mediation.** Während die ADR-Richtlinie noch stärker die Verfahrensoffenheit betonte (→ Rn. 41, 60), liegt der Schwerpunkt der deutschen Umsetzung auf der Verbraucherschlichtung iSv Vorschlagsverfahren (→ Rn. 60). Gleichwohl gibt es sowohl in der Richtlinie als auch im VSBG Bezugnahmen auf die Mediation (→ Rn. 61).

121 aa) **ADR-Richtlinie.** Die ADR-Richtlinie bezieht sich auf alle Arten von ADR-Verfahren, einschließlich der Mediations-Verfahren nach der Mediations-Richtlinie. Ähnlich wie in der Mediations-Richtlinie[112] ist die jeweilige Bezeichnung des Verfahrens unerheblich. Vielmehr erfolgt in Art. 2 Nr. 1 der ADR-Richtlinie eine rein **funktionale Bestimmung.** Demnach sind von der ADR-Richtlinie alle Verfahren umfasst, bei denen der/die Dritte

---

111 Ausführlich zum Spannungsverhältnis: Berlin VuR 2016, 35.
112 Art. 3 lit. a Med-RiLi, in der Mediation „unabhängig von seiner Bezeichnung" definiert wird.

„eine Lösung vorschlägt oder auferlegt oder die Parteien mit dem Ziel zusammenbringt, sie zu einer gütlichen Einigung zu veranlassen". Unter der letztgenannten, dritten Variante könnten nach dem hier verwendeten Verständnis[113] insbesondere Mediationsverfahren subsumiert werden.

Die **ADR-Richtlinie** bestimmt in Art. 3 Abs. 2 und ergänzend in Erwägungsgrund Nr. 19, dass die ADR-Richtlinie bei Kollisionen mit bestehenden Rechtsakten zwar grundsätzlich Vorrang haben soll, wobei jedoch die **Mediations-Richtlinie „nicht berührt"** werde. 122

Die ADR-Richtlinie beschränkt also nicht die Möglichkeit zur Durchführung eines Mediationsverfahrens in Verbraucherkonflikten. 123

bb) Umsetzungsgesetz zur ADR-Richtlinie. Im Vergleich zur ADR-Richtlinie ist das **VSBG weniger verfahrensneutral**. Explizit ausgeschlossen sind jedoch nur für Verbraucher verbindliche Entscheidungsverfahren, § 5 Abs. 2 VSBG (→ Rn. 62), während Mediationsverfahren gemäß § 18 VSBG ausdrücklich möglich sind (→ Rn. 61). Gleichwohl liegt der **Schwerpunkt des VSBG nicht auf der Mediation**, sondern klar auf dem Schlichtungsverfahren, zB durch den zentralen Begriff der Verbraucherschlichtungsstelle (§§ 2 ff. VSBG) und den umfassenden Regelungen zum Schlichtungsvorschlag (§ 19 VSBG). Vor diesem Hintergrund etwas überraschend ist die erst am Ende des Gesetzgebungsverfahrens eingeführte Variante in § 6 Abs. 2 VSBG für die Qualifikation des Streitmittlers als „zertifizierter Mediator" (→ Rn. 65 ff.). 124

2. Verhältnis in der Praxis. In der Praxis zeigen sich zwischen den typischen Verfahren von Verbraucher-ADR und Mediation **zunächst erhebliche Unterschiede**. Auf den zweiten Blick lassen sich **jedoch auch Schnittmengen** und ein Potential für den Einsatz mediativer Elemente identifizieren. 125

a) Unterschiede. „Klassische" Mediationsverfahren, bei denen die Parteien räumlich mit dem Mediator zusammenkommen und in mehreren Sitzungen die verschiedenen „Phasen"[114] mit dem Ziel einer von den Parteien erarbeiteten Konfliktlösung durchlaufen, dürften im Kontext von Verbraucher-ADR **vergleichsweise selten** sein.[115] Zwar werden in einigen EU-Nachbarländern ADR-Verfahren in Verbraucherkonflikten als „Mediation" bezeichnet.[116] Dabei ergeht jedoch häufig ein Lösungsvorschlag durch die ADR-Stelle, so dass es sich bei funktionaler Betrachtung nach dem hier zugrunde gelegten Verständnis von Mediation (→ MediationsG § 1 Rn. 11) weniger um ein Mediationsverfahren als vielmehr um ein Schlichtungsverfahren handelt. Die insgesamt eher **geringe Relevanz von Mediation im Bereich Verbraucher-ADR** dürfte an den jeweils verschiedenen Ausrichtungen von Mediation und Verbraucher-ADR liegen. Geht es bei Verbraucher-ADR üblicherweise um eine effiziente, kostengünstige und schnelle Streitbeilegung, bei der es im Rahmen der standardisierten Verfahrensabläufe 126

---

113 S. für das Verständnis von Mediation und deren zu Grunde liegenden Prinzipien den Beitrag von Gläßer (→ MediationsG § 2 Rn. 6 ff).
114 S. zum Phasenmodell den Beitrag von Hagel (→ MediationsG § 1 Rn. 10).
115 Zum Einsatz der Mediation in der Verbrauchersschlichtung s. rechtsvergleichend mit Erfahrungen in Österreich und Deutschland, Hörl/Weiser ZKM 2019, 231.
116 So jedenfalls bei direkter Übersetzung der Begriffe, zB französisch „médiation" und englisch „mediation".

häufig nicht zu einem direkten Gespräch zwischen den Parteien kommt, setzt Mediation gerade auf einen intensiven direkten Kommunikationsprozess zwischen den Parteien und beansprucht vergleichsweise viel Zeit zur individuellen Lösungsfindung.

127 Die **Unterschiede typischer Verfahrenscharakteristika** von Mediation und Verbraucher-ADR sind in der nachfolgenden Tabelle vereinfacht und **typisierend zusammengefasst**. Dabei wird unter „Mediation" eine nicht evaluative, interessenorientierte Mediation verstanden und unter „Verbraucher-ADR" die in Deutschland verbreitete branchenspezifische Verbraucherschlichtung.

		Mediation	Verbraucher-ADR
Konflikt		Es geht eher um viel (Beziehung, Geld, etc).	Es geht zumeist um geringwertige Streitigkeiten.
		Konflikt oft auch auf der Beziehungsebene	Konflikt zumeist auf der Sachebene
Parteien		auf Augenhöhe	Machtasymmetrie
Verfahren		Tiefergehende Konfliktbearbeitung: ggf. höherer Einsatz von Geld und Zeit für Verfahren	Effizienz: geringer Einsatz von Geld und Zeit für Verfahren
		mündliches Gespräch, persönlich mit allen Parteien	primär schriftliche, asynchrone Fernkommunikation
		Fokus: Interessenorientierung	Fokus: Rechtsorientierung
		maßgeschneidertes Individualverfahren	standardisiertes Massenverfahren
		Vertrauen v. a. in Person des Mediators	Vertrauen v. a. in Institution der Schlichtungsstelle
Streitmittler		idR freiberufliche Einzel- oder Co-Mediatoren	idR bei Schlichtungsstellen angestellte Juristen
		Expertise in Kommunikation, Psychologie und Verhandlungsführung (ggf. zusätzl. Fachkompetenz)	Expertise in (branchenspezifischen) Sach- und Rechtsfragen

128 **b) Schnittmengen.** Die Schnittmengen zu Verbraucher-ADR sind bezüglich klassischer Mediationsverfahren möglich, häufiger jedoch bezüglich des Einsatzes mediativer Elemente.

129 **aa) Mediation in Verbraucherkonflikten.** Klassische Mediationsverfahren iSd MediationsG nach dem Phasenmodell sind bei Verbraucherstreitigkei-

ten denkbar, wo es „um viel" geht – typischerweise bei Konflikten mit hoher wirtschaftlicher Bedeutung oder engen persönlichen Beziehungen.
In Österreich bietet beispielsweise die **Ombudsstelle Fertighaus** bei Streitigkeiten zwischen **Bauherren und Bauunternehmern** ein mündliches Mediationsverfahren nach dem österreichischen Zivilrechtsmediationsgesetz an.[117] 130
Denkbar wären Mediationsverfahren auch in anderen Verbraucherkonflikten, so etwa bei langfristig angelegte **Dauerschuldverhältnissen mit persönlichem Bezug** (zB Probleme mit Vermieter einer Einliegerwohnung). 131

bb) Mediative Elemente bei Verbraucherschlichtung. Daneben lassen sich einzelne Elemente und Verfahrensgrundsätze der Mediation gut in Verfahren der Verbraucher-ADR integrieren, zB Freiwilligkeit, Eigenverantwortlichkeit und Einvernehmlichkeit iSd § 1 Abs. 2 MediationsG (→ MediationsG § 1 Rn. 14 ff.), auch mediative Kommunikationstechniken oder die Interessenorientierung bei der Lösungssuche.[118] 132

(1) Aktives Zuhören. Ähnlich wie bei der Mediation kann auch bei Verbraucher-ADR der Klärung des Sachverhalts eine zentrale Bedeutung zukommen. Hier können mediative Techniken wie zB die **Verständnissicherung** durch aktives Zuhören (sowohl mündlich bei telefonischen Rückfragen als auch schriftlich durch eine sorgfältige Sachverhaltsdarlegung) dazu führen, dass Anliegen und Sachverhalt klar erfasst werden und dass unabhängig vom Ergebnis des ADR-Verfahrens bereits die Sachverhaltsklärung eine Genugtuung für Verbraucher herbeiführt, die sich nach vorheriger, häufig standardisiert abgefasster Beantwortung ihrer Beschwerde durch das Unternehmen erstmals im ADR-Verfahren ernstgenommen und verstanden fühlen.[119] In der Praxis kommt dies zB zum Ausdruck, wenn sich Verbraucher bei ADR-Stellen überschwänglich allein für die nachvollziehbare und sorgfältige Aufbereitung des Sachverhalts bedanken, auch wenn sie im Rahmen des ADR-Verfahrens ihre ursprüngliche Forderung nicht durchsetzen konnten.[120] 133

(2) Interessenorientierung. Eine weitere Chance für den Einsatz mediativer Elemente bei Verbraucher-ADR ist die **Einbeziehung der dem Verbraucherkonflikt zugrundeliegenden Interessen** der Konfliktparteien. Während bei Gerichtsverfahren primär nur das (Nicht-)Bestehen von Rechtsansprüchen geprüft wird und die Gerichtsurteile den gesetzlich angeordneten Rechtsfolgen entsprechen müssen, können ADR-Verfahren (ggf.) im Anschluss an eine formal juristische Prüfung auch Emotionen und die betroffenen nichtjustiziablen Interessen beleuchten (zB einerseits Wunsch nach Stärkung/Erhalt der Kundenbeziehung und Vermeidung von „Präzedenzfällen" aus Unternehmensperspektive, andererseits Wunsch nach schneller, pragmatischer 134

---

117 S. http://www.ombudsstelle-fertighaus.
118 IdS auch die Forderung des Rechtsausschusses im Deutschen Bundestag an die Bundesregierung, BT-Drs. 18/6904, 77.
119 S. Creutzfeldts empirische Untersuchung „Trusting the middle man" zur Zufriedenheit von Verbrauchern nach Abschluss eines ADR-Verfahrens, s. https://www.law.ox.ac.uk/trusting-middle-man-impact-and-legitimacy-ombudsmen-europe/project-reports.
120 S. für das Schlichtungsstelle Reise & Verkehr u.a. Ausführungen in deren Jahresbericht 2011, S. 15 f.; abrufbar unter https://soep-online.de/wp-content/uploads/2023/03/soep_Jahresbericht_2011.pdf.

Abhilfe des Beschwerdeanlasses und Wertschätzung als treuer Kunde aus Verbrauchersicht) und sie im Rahmen der Konfliktlösung berücksichtigen (zB ein Kulanz-Gutschein oder ein persönliches Entschuldigungsschreiben neben/anstelle einer Geldzahlung). Eine solche Interessenorientierung trägt zu einer flexibleren und individuelleren Konfliktbeilegung bei, die hinsichtlich möglicher Win-Win-Lösungen Mehrwert schafft und zu **stärkerer Zufriedenheit** der Parteien führen kann.

Am Beispiel der Schlichtungsstelle Reise & Verkehr (→ Rn. 28) lassen sich mehrere Anleihen aus der Mediation in der Schlichtungspraxis illustrieren. Die Schlichtungsstelle Reise & Verkehr versteht **Verbraucherschlichtung als Dreiklang** – der neben **Präzision** und **Effizienz** auch **Empathie** beinhaltet.[121] In Kooperation mit dem Master-Studiengang Mediation und Konfliktmanagement der Europa-Universität Viadrina Frankfurt (Oder) wurden für alle Mitarbeitenden wiederholt mehrtägige Kommunikationstrainings durchgeführt, bei denen sie u.a. in interessenorientierten Verhandlungs- und Kommunikationstechniken wie dem aktiven Zuhören geschult wurden. Dieses „Zuhören" erfolgt bei der Schlichtungsstelle Reise & Verkehr nicht nur im telefonischen Kontakt, sondern auch in der schriftlichen Kommunikation; auch in den Schlichtungsempfehlungen sollen sich die Beteiligten umfassend „gehört" und verstanden fühlen. Dabei werden nicht nur die rechtlich relevanten Fakten thematisiert, sondern auch nicht-justiziable Aspekte einschließlich der mit der Streitigkeit verbundenen Emotionen. All dies spielt auch eine Rolle im Verfahren der Schlichtungsstelle Reise & Verkehr („**early settlement**"), in welchem die Parteien selbst Vorschläge einbringen können (→ Rn. 61).

VI. Ausblick

135 Die **Diskurse** zu Mediation und Verbraucher-ADR wurden – wenn auch zeitversetzt – erstaunlich „parallel" und ohne gegenseitige Bezugnahme geführt.[122] Die traditionell stärker am Gerichtsprozess orientierten Akteure von Verbraucher-ADR und die klassische „Mediationsszene" schienen kaum Schnittpunkte miteinander zu haben. Das dürfte sich insbesondere mit wachsender Relevanz und Bekanntheit von Verbraucher-ADR ändern. Die Sorge vor gegenseitiger Konkurrenz in der **Praxis** erscheint aufgrund der dargestellten Unterschiede fernliegend. Vielmehr besteht auch in Wissenschaft und Praxis die **Chance zu beidseitigen Synergien und Erkenntnisgewinnen.**

136 Das **Potential für Verbraucher-ADR ist beträchtlich.** Schon heute dürfte es sich um das zahlenmäßig bedeutendste ADR-Verfahren in Deutschland handeln (→ Rn. 20). Wenn durch niedrigschwellige (kostenlose) Verbraucherschlichtung erstmals **große Bevölkerungsteile positive Erfahrungen mit alternativer Streitbeilegung** machen. würden sie bei anderen Konflikten dann vielleicht auch andere Verfahren der alternativen Streitbeilegung wie

---

121 Ausführlich zum Schlichtungsdreiklang Präzision-Empathie-Effizienz s. Isermann/Berlin VuR 2022, 293 ff.
122 S. dazu den Aufruf zur Verknüpfung rechtspolitischer Diskurse von Gläßer, Verbraucher-ADR und Mediation, in: Althammer, 2015, S. 85.

zB eine **Mediation eher in Erwägung ziehen.** Dies könnte zu einer weiteren Stärkung von ADR insgesamt führen.

Anhang

EUROPÄISCHER VERHALTENSKODEX FÜR MEDIATOREN

Der vorliegende Verhaltenskodex stellt Grundsätze auf, zu deren Einhaltung einzelne Mediatoren sich freiwillig und eigenverantwortlich verpflichten können. Der Kodex kann von Mediatoren in den verschiedenen Arten der Mediation in Zivil- und Handelssachen benutzt werden.

Organisationen, die Mediationsdienste erbringen, können sich ebenfalls zur Einhaltung verpflichten, indem sie die in ihrem Namen tätigen Mediatoren zur Befolgung des Verhaltenskodexes auffordern. Organisationen können Informationen über die Maßnahmen, die sie zur Förderung der Einhaltung des Kodexes durch einzelne Mediatoren ergreifen, zum Beispiel Schulung, Bewertung und Überwachung, zur Verfügung stellen.

Für die Zwecke des Verhaltenskodexes bezeichnet Mediation ein strukturiertes Verfahren unabhängig von seiner Bezeichnung, in dem zwei oder mehr Streitparteien mit Hilfe eines Dritten (nachstehend „Mediator") auf freiwilliger Basis selbst versuchen, eine Vereinbarung über die Beilegung ihrer Streitigkeiten zu erzielen.

Die Einhaltung des Verhaltenskodexes lässt die einschlägigen nationalen Rechtsvorschriften oder Bestimmungen zur Regelung einzelner Berufe unberührt.

Organisationen, die Mediationsdienste erbringen, möchten möglicherweise detailliertere Kodexe entwickeln, die auf ihr spezielles Umfeld, die Art der von ihnen angebotenen Mediationsdienste oder auf besondere Bereiche (z. B. Mediation in Familiensachen oder Verbraucherfragen) ausgerichtet sind.

1. FACHLICHE EIGNUNG, ERNENNUNG UND VERGÜTUNG VON MEDIATOREN SOWIE WERBUNG FÜR IHRE DIENSTE

1.1. Fachliche Eignung

Mediatoren müssen in Mediationsverfahren sachkundig und kenntnisreich sein. Sie müssen eine einschlägige Ausbildung und kontinuierliche Fortbildung sowie Erfahrung in der Anwendung von Mediationstechniken auf der Grundlage einschlägiger Standards oder Zulassungsregelungen vorweisen.

1.2. Ernennung

Die Mediatoren müssen mit den Parteien die Termine für das Mediationsverfahren vereinbaren. Mediatoren müssen sich hinreichend vergewissern, dass sie einen geeigneten Hintergrund für die Mediationsaufgabe mitbringen und dass ihre Sachkunde in einem bestimmten Fall dafür angemessen ist, bevor sie die Ernennung annehmen, und müssen den Parteien auf ihren Antrag Informationen zu ihrem Hintergrund und ihrer Erfahrung zur Verfügung stellen.

1.3. Vergütung

Soweit nicht bereits verfügbar, müssen die Mediatoren den Parteien stets vollständige Auskünfte über die Vergütungsregelung, die sie anzuwenden gedenken, erteilen. Sie dürfen kein Mediationsverfahren annehmen, bevor nicht die Grundsätze ihrer Vergütung von allen Parteien akzeptiert wurden.

1.4. Werbung für Mediationsdienste

Mediatoren dürfen für ihre Tätigkeit werben, sofern sie dies auf professionelle, ehrliche und redliche Art und Weise tun.

2. UNABHÄNGIGKEIT UND UNPARTEILICHKEIT

2.1. Unabhängigkeit

Gibt es Umstände, die die Unabhängigkeit eines Mediators beeinträchtigen oder zu einem Interessenkonflikt führen könnten oder den Anschein erwecken, dass sie seine Unabhängigkeit beeinträchtigen oder zu einem Interessenkonflikt führen, muss der Mediator diese Umstände offenlegen bevor er seine Tätigkeit wahrnimmt oder bevor er diese fortsetzt, wenn er sie bereits aufgenommen hat.

Zu diesen Umständen gehören

– eine persönliche oder geschäftliche Verbindung zu einer oder mehreren Parteien,

– ein finanzielles oder sonstiges direktes oder indirektes Interesse am Ergebnis der Mediation,

- eine anderweitige Tätigkeit des Mediators oder eines Mitarbeiters seines Unternehmens für eine oder mehrere der Parteien.

In solchen Fällen darf der Mediator die Mediationstätigkeit nur wahrnehmen bzw. fortsetzen, wenn er sicher ist, dass er die Aufgabe vollkommen unabhängig durchführen kann, sodass vollkommene Unparteilichkeit gewährleistet ist, und wenn die Parteien ausdrücklich zustimmen.

Die Offenlegungspflicht besteht während des gesamten Mediationsverfahrens.

2.2. Unparteilichkeit

Die Mediatoren haben in ihrem Handeln den Parteien gegenüber stets unparteiisch zu sein und sich darum zu bemühen, in ihrem Handeln als unparteiisch wahrgenommen zu werden, und sind verpflichtet, im Mediationsverfahren allen Parteien gleichermaßen zu dienen.

3. MEDIATIONSVEREINBARUNG, VERLAUF UND ENDE DES VERFAHRENS

3.1. Verfahren

Der Mediator muss sich vergewissern, dass die Parteien des Mediationsverfahrens das Verfahren und die Aufgaben des Mediators und der beteiligten Parteien verstanden haben.

Der Mediator muss insbesondere gewährleisten, dass die Parteien vor Beginn des Mediationsverfahrens die Voraussetzungen und Bedingungen der Mediationsvereinbarung, darunter insbesondere die einschlägigen Regelungen über die Verpflichtung des Mediators und der Parteien zur Vertraulichkeit, verstanden und sich ausdrücklich damit einverstanden erklärt haben.

Die Mediationsvereinbarung kann auf Antrag der Parteien schriftlich abgefasst werden.

Der Mediator muss das Verfahren in angemessener Weise leiten und b die jeweiligen Umstände des Falls berücksichtigen, einschließlich einer möglichen ungleichen Kräfteverteilung und eventueller Wünsche der Parteien, sowie des Rechtsstaatsprinzips, und der Notwendigkeit einer raschen Streitbeilegung. Die Parteien können unter Bezugnahme auf vorhandene Regeln oder anderweitig mit dem Mediator das Verfahren vereinbaren, nach dem die Mediation vorgenommen werden soll.

Der Mediator kann die Parteien getrennt anhören, wenn er dies für zweckmäßig erachtet.

3.2. Faires Verfahren

Der Mediator muss sicherstellen, dass alle Parteien in angemessener Weise in das Verfahren eingebunden sind.

Der Mediator muss die Parteien davon in Kenntnis setzen und kann das Mediationsverfahren beenden, wenn

- er aufgrund der Umstände und seiner einschlägigen Urteilsfähigkeit die vereinbarte Regelung für nicht durchsetzbar oder für rechtswidrig hält oder
- er der Meinung ist, dass eine Fortsetzung des Mediationsverfahrens aller Voraussicht nach nicht zu einer Regelung führen wird.

3.3. Ende des Verfahrens

Der Mediator muss alle erforderlichen Maßnahmen ergreifen, um sicherzustellen, dass eine Vereinbarung der Parteien in voller Kenntnis der Sachlage einvernehmlich erzielt wird und dass alle Parteien den Inhalt der Vereinbarung verstehen.

Die Parteien können sich jederzeit aus dem Mediationsverfahren zurückziehen, ohne dies begründen zu müssen.

Der Mediator muss auf Antrag der Parteien im Rahmen seiner Sachkunde die Parteien darüber informieren, wie sie die Vereinbarung formalisieren können und welche Möglichkeiten bestehen, sie durchsetzbar zu machen.

4. VERTRAULICHKEIT

Der Mediator muss die Vertraulichkeit aller Informationen aus dem Mediationsverfahren und im Zusammenhang damit wahren, einschließlich des Umstands, dass die Mediation stattfinden soll oder stattgefunden hat, es sei denn, er ist gesetzlich oder aus Gründen der öffentlichen Ordnung (ordre public) zur Offenlegung verpflichtet. Informationen, die eine der Parteien dem Mediator im Vertrauen mitgeteilt hat, dürfen nicht ohne Zustimmung an die anderen Parteien weitergegeben werden, es sei denn, es besteht eine gesetzliche Pflicht zur Weitergabe.

Stichwortverzeichnis

Die mageren Ziffern verweisen auf die Teile, die fetten Zahlen auf die Paragrafen der in Bezug genommenen Gesetze (bei Teil 2), die fetten Buchstaben auf die Einzelbeiträge (bei Teil 3). Die kursiven Zahlen beziehen sich auf die Randnummern. Bei Verweisen auf Teil 1 werden lediglich die Randnummern angegeben.

Abbruch der Mediation
 2 2 MediationsG *136*
Abbruch des Mediationsverfahrens
 2 2 MediationsG *102, 135* f., *189* f.
Abfindung 3 E *15, 25*
Ablauf des Mediationsverfahrens
 2 2 MediationsG *81* f.
Ablauffrist 2 **203** BGB *12*
Ablehnungsrecht
 2 2 MediationsG *63* ff.
Abmahnung 2 Einl. RDG *15*,
 9 **RDG** *7*
Abrechnung
– notarielle Mediation 3 M *35* ff.
Abschluss der Ausbildung des zertifizierten Mediators
– Praxiserfahrung als Bestandteil der Ausbildung 2 6 MediationsG *28*
Abschluss der Mediation
 2 2 MediationsG *243* ff.; 3 N *40*
– Einigung 2 2 MediationsG *244*
– informelle Absprachen
 2 2 MediationsG *246*
– Mediationsvergleich 3 N *40*
– Rechtsanwalt 3 N *40*
Abschlussvereinbarung
 2 2 MediationsG *15, 244, 258, 295* ff., 2 **RDG** *21, 38, 41*, 5 **RDG** *6*;
 3 J *35*, N *40*
– Anfechtung 2 2 MediationsG *281*
– Anforderungen an die Vollstreckungsfähigkeit 1 *272*
– Anlagen 1 *276*
– Beendigung anhängiger Verfahren
 1 *275*
– Beteiligte der rechtlichen Prüfung
 1 *260*
– Dokumentation
 2 2 MediationsG *296* ff.
– Durchsetzung 2 1 **RDG** *20*,
 10 **RDG** *5*
– Einbeziehung des Mediators
 2 2 MediationsG *252* f.

– Einbeziehung Dritter
 2 2 MediationsG *252* f.
– Einbeziehung von Rechtsanwälten
 2 2 MediationsG *252* f.
– Entwurf durch Anwalt 1 *262*
– Entwurf durch externe Rechtsberater
 1 *262*
– Entwurf durch Mediator 1 *261*
– Entwurf durch Notar 1 *262*
– Entwurfserstellung 1 *260*
– Erfolgsaussichten streitige Lösung
 1 *259*
– externe Beratung
 2 2 MediationsG *293* f.
– Fairnesskontrolle 1 *254*
– Formerfordernisse
 2 2 MediationsG *302* ff.
– Formulierung durch Anwalt eines Medianden 1 *263*
– Formulierungshilfe 2 2 **RDG** *22*
– Formulierungsvorschlag (Gesamtmuster) 1 *277* f.
– Gliederung nach Themen 1 *271*
– Gliederung nach verpflichteten Personen 1 *271*
– Grad der Verrechtlichung 1 *251*
– Grenzen der Vertragsgestaltung
 1 *259*
– Haftungsfragen
 2 2 MediationsG *320*
– Hinweise zu präzisen Formulierungen 1 *272*
– Interessenprofile als Prüfungsmaßstab 1 *255*
– materielle Wirksamkeitsvoraussetzungen 2 2 MediationsG *306* ff.
– Nachhaltigkeit
 2 2 MediationsG *264*
– notarielle Beurkundung
 2 2 MediationsG *304*
– Phasen 4 und 5 1 *250* ff.
– Präambel 1 *269*
– Praktikabilität und Umsetzbarkeit
 1 *256*
– Protokollierung 2 2 **RDG** *21*
– Prüfung der BATNA 1 *257*

- Prüfung durch Anwälte 1 261
- Prüfungskriterien 1 252 ff.
- Prüfungsmaßstab 1 255
- rechtliche Expertise 1 251
- rechtliche Prüfung 1 258 ff.
- rechtlicher Prüfungsmaßstab 1 258 ff.
- Rechtsdienstleistung 2 2 MediationsG 258
- Rechtsfolgen von Pflichtverletzungen 1 273
- Regelungsteil 1 270 ff.
- Rubrum 1 268
- Schlussbestimmungen 1 276
- Schnittstelle zwischen Mediation und externer rechtlicher Prüfung 1 264 f.
- Sekundärpflichten 1 273
- Sprachstil 1 266 f.
- Themenliste als Prüfungsmaßstab 1 255
- Umgang mit tatsächlichen Veränderungen 1 274
- Umgang mit Vertragsstörungen 1 273
- Unwirksamkeit 2 1 RDG 23, 2 MediationsG 307 ff.
- vertragsgestaltende Expertise 1 251
- vertragsgestaltende Ideen 1 259
- Vertragsgestaltung 1 250 ff.
- Vollständigkeitskontrolle 1 253
- Vollstreckbarkeit 2 2 MediationsG 300, 310 ff.; 3 H 30, N 40
- Vollstreckung 2 1 RDG 20
- Vorbemerkung 1 269
- Wirksamkeit 2 2 MediationsG 264, 273
- Zustimmung der Parteien 2 2 MediationsG 301

Absolutes Tätigkeitsverbot 2 3 MediationsG 23 ff.

Adjudikation 3 F 33 f., 37, 102, 179
- ADR-Klausel 1 187 f.
- Final-Offer-Arbitration 3 G 19
- Formulierungsvorschlag 1 188

Adjudikator 3 F 166

ADR
- Richtlinie 2 6 MediationsG 16

ADR-Klausel 1 176 ff.
- Adjudikation 1 187 f.
- Besonderheiten bei einzelnen Anwendungsfeldern 1 193 ff.

- Eskalationsklausel 1 183 f.
- Konfliktklärungsklausel 1 179 ff.
- Leistungsbestimmungsrecht (§ 317 BGB) 1 191 f.
- Schiedsgutachten 1 189 f.
- Schlichtung 1 185 f.
- Verhandlungsklausel 1 177 f.
- vorsorgende 1 131 ff.

ADR-Richtlinie 3 Q 1, 38 ff.
- Anwendungsbereich 3 Q 40
- Begriff 3 Q 121 ff.
- Binnenmarktakte 3 Q 38
- Entstehungsgeschichte 3 Q 38 f.
- funktionale Bestimmung 3 Q 121
- Informationspflichten 3 Q 43
- Inkrafttreten 3 Q 39
- Maßnahmenpaket 3 Q 38
- Mediation 3 Q 121 ff.
- Qualitätskriterien 3 Q 42
- Regelungsinhalt 3 Q 41
- Verhältnis zur Mediationsrichtlinie 3 Q 122 f.

AGB-Kontrolle
- Mediationsklausel 1 156 f.

„Agenda 2020" 3 K 24 ff.

Agiles Manifest 3 F 80

Akteneinsicht 1 110 f.

Aktives Zuhören 2 2 MediationsG 126; 3 Q 133

Algorithmen 3 O 86

Allgemeine Bedingungen für die Rechtsschutzversicherung (ARB) 3 J 12
- 2009 3 J 12 ff.
- 2012, Mediationsklausel 3 J 12 ff.

Allgemeine Geschäftsbedingungen (AGB) 2 2 RDG 17, 24; 3 F 85, G 20

Allgemeine Rechtsgrundsätze
- deutsches Recht 2 1 RDG 19

Alliance-Contract 3 F 72

Allianz-Partner 3 F 72

Allparteilichkeit 2 2 MediationsG 12, 105 ff., 267, 271, 2 RDG 8, 15, 31, 50, 4 RDG 1, 7 RDG 4, 8 RDG 3
- Adressaten 2 2 MediationsG 109 f.
- Begriff 2 2 MediationsG 108
- Begriffsfeld 2 2 MediationsG 105
- Haftung 2 2 MediationsG 118 f.
- Haltung 2 2 MediationsG 112
- innerbetrieblicher Mediator 3 D 23, 31 ff.

- Komponenten
  2 2 MediationsG *111* ff.
- Mediator   2 1 MediationsG *23*
- Rolle des Rechts
  2 2 MediationsG *267, 271*
- Umgang mit Allparteilichkeitsgefährdungen   2 2 MediationsG *115* ff.
- Unabhängigkeit des Mediators
  2 2 MediationsG *106*
- Verhaltensebene
  2 2 MediationsG *113*
- Verhältnis zu Empowerment
  2 2 MediationsG *138*
- Verlust   2 2 MediationsG *230* ff.
- Wahrnehmungsebene
  2 2 MediationsG *114*

Allparteilichkeitsgrundsatz, Verstoß gegen
- Haftung   2 2 MediationsG *118* f.

Alte-Hasen-Regelung
2 7 ZMediatAusbV *1*

Altruismus   2 6 RDG *1* ff.

Amtstätigkeit
- notarielle Mediation   3 M *23* ff.

Amtsverfahren   2 61a FamGKG *5*

Änderungen der ZMediatAusbV
- Erste Verordnung zur Änderung der Zertifizierte-Mediatoren-Ausbildungsverordnung
  2 6 MediationsG *1*
- Zweite Verordnung zur Änderung der Zertifizierte-Mediatoren-Ausbildungsverordnung
  2 6 MediationsG *1*

Anerkennungsmodell
2 5 MediationsG *4*
- europarechtliche Grenzen
  2 6 MediationsG *12*

Anfängliche Unmöglichkeit
2 2 MediationsG *30*

Anfechtung der Abschlussvereinbarung
2 2 MediationsG *281*

Anforderungen an den nicht zertifizierten Mediator   2 5 MediationsG *21*

Anforderungen an den zertifizierten Mediator   2 6 MediationsG *26* ff.

Anforderungen an Lehrkräfte
2 6 MediationsG *33* f.

Angestellter Mediator   2 2 RDG *51*

Anhörung   3 H *42*

Anlagenbau   3 F *63*

Annexrechtsberatung   2 5 RDG *1* ff.

Annexrechtsdienstleistung
2 1 RDG *16*, 5 RDG *1* ff.
- Hauptleistung   2 5 RDG *3* ff.
- Nebenleistung   2 5 RDG *8* ff.

Anordnung
- Informationsgespräch   3 H *19*

Anspruchsgrundlagen bei Pflichtverletzung   2 2 MediationsG *28* ff.

Antrag
- außergerichtliche Streitbeilegung
  2 23 FamFG *2*
- verfahrensleitender   3 H *15*

Antragstellung   3 H *16*

Antragsverfahren   2 61a FamGKG *5*

Anwalt
- Abschlussvereinbarung, rechtliche Prüfung   1 *260*
- Entwurf der Abschlussvereinbarung
  1 *262*
- Mediations-Rahmenvertrag
  1 *220* f.

Anwaltliche Beratung
- außergerichtliche Mediation
  3 N *14* ff.

Anwaltsmediation   2 2 RDG *46*

Anwaltsmediator   2 2 RDG *14, 50*;
3 J *15, 36*
- Haftung   2 2 MediationsG *33a*
- Rechtsberatung
  2 2 MediationsG *171*

Anwaltsnotar   3 M *21, 31*
- Wahlrecht im Hinblick auf Mediation   3 M *22*

Anwaltsvergleich   3 H *30*
- Vollstreckbarkeit
  2 2 MediationsG *313*

Anwaltsvergütung   1 *122* f.

Anwaltszwang   2 1 RDG *6*

Anwendbares Recht
- Mediationsklausel   1 *154*

Anwendungsbereich
- Auswirkungsprinzip   2 1 RDG *10*
- Rechtsdienstleistungsgesetz
  2 5 RDG *10*

Anwendungsbereich des RDG
2 1 RDG *2* ff.

Anwendungsfelder
- Besonderheiten für ADR-Klauseln
  1 *193* ff.

1081

- Besonderheiten für Mediationsklauseln 1 *193* ff.
Anwendungsvorrang 2 1 RDG *18*
APEC ODR Rahmenwerk 3 O *75*
ARB s. Allgemeine Bedingungen für die Rechtsschutzversicherung (ARB)
- 2012 3 J *21* f.
Arbeit
- Arbeitsverhältnis 3 E *22* ff.
Arbeitgeber 2 2 RDG *44*
Arbeitsbündnis
- Mediations-Rahmenvereinbarung 1 *198*
- Muster 3 D *44*
Arbeitsentgelt 3 E *17*
Arbeitsgemeinschaft 3 F *181* ff.
Arbeitsgericht 3 E *13, 20, 22*
- Beschlussverfahren 3 E *19*
- Güterichterverfahren und Mediation 3 E *19*
- Urteilsverfahren 3 E *19*
Arbeitsgerichtliche Rechtsprechung 1 *77*
Arbeitsgerichtsgesetz
- Änderung 2 54a ArbGG *1* ff.
- außergerichtliche Konfliktbeilegung 2 54a ArbGG *21* ff.
- Güteverfahren 2 54a ArbGG *3* ff.
- Mediation 2 54a ArbGG *21* ff.
Arbeitskampf 2 2 RDG *31*; 3 E *8*
Arbeitsleistung 3 E *15* f.
Arbeitsplatzkonflikt 3 A *3, 20* f.
Arbeitsrechtlicher Konflikt 3 E *1* ff., *12, 27*
- Abfindung 3 E *15, 25*
- Arbeitsentgelt 3 E *17*
- Arbeitsgericht 3 E *13, 20, 22*
- Arbeitskampf 3 E *8*
- Arbeitsleistung 3 E *15* f.
- Arbeitsverhältnis 3 E *11* f., *14* f., *22* f., *25*
- Aussprache, offene 3 E *30*
- Beschlussverfahren 3 E *36*
- Betriebsänderung 3 E *35*
- Betriebsparteien 3 E *29* f.
- Betriebsrat 3 E *16, 18, 36*
- Betriebsratskulturen, heterogene 3 E *36*
- Betriebsratsmitglied 3 E *17*
- Bonusanspruch 3 E *15*
- Eingliederung 3 E *13* f.

- Eingruppierung 3 E *13* f.
- Einigungsstelle 3 E *3, 6, 33* f.
- Einigungsstelle Unterbrechung Einigungsstelle zugunsten Mediation 3 E *34*
- Einsetzung der Einigungsstelle 3 E *34*
- einstweilige Verfügung 3 E *8*
- Erfolgsquote 3 E *30*
- Gehaltsanpassung 3 E *18*
- Gericht 3 E *13, 21* f., *25, 39*
- gerichtliche Auseinandersetzung 3 E *18*
- gerichtliche Entscheidung 3 E *21*
- Geringschätzung 3 E *15*
- Klage 3 E *13, 22, 25*
- Kommunikation 3 E *16, 29*
- Konflikte zwischen Betriebsratsgremien auf verschiedenen Ebenen 3 E *36*
- Konfliktmanagement 3 E *4*
- Konzernbetriebsratsstruktur 3 E *37*
- Kündigung 3 E *23, 25*
- Leistungsabfall 3 E *15*
- Lösungen 3 E *34*
- Mediationsklausel in Betriebsvereinbarung 3 E *34*
- Mehrheitsentscheidung 3 E *18*
- Mehrwert 3 E *18*
- Mitbestimmungsangelegenheiten 3 E *9, 32* ff.
- Qualifikation des Einigungsstellenvorsitzes 3 E *34*
- Rechtsstreit 3 E *22*
- Schlichtung 3 E *3*
- Spartenbetriebsrat 3 E *37*
- Sprachlosigkeit 3 E *16, 29*
- Strategiekonferenz 3 E *28*
- Streitkultur 3 E *39*
- Tarifkonflikt 3 E *37*
- Teilnehmer 3 E *30*
- Transformation 3 E *35*
- Urteil 3 E *21, 39*
- Verbesserung der Zusammenarbeit 3 E *28* ff.
- Verfahrenswahl 3 E *4*
- Vergütung 3 E *22*
- Vergütungsanspruch 3 E *15*
- Verhandlungsatmosphäre 3 E *30*
- Wertschätzung 3 E *22, 39*
- Zeitpunkt der Mediation 3 E *26*
Arbeitsschritte des Mediationsverfahrens 2 2 MediationsG *81* f.
Arbeitsverhältnis 3 E *11* f., *14* f.

Stichwortverzeichnis

Arbitration   3 G *19*
Arge-Partner   3 F *181*
Artificial Intelligence   3 O *82* ff.
Arzthaftpflicht   3 J *7*
- Schlichtungsstelle   3 J *7*
Auffangschlichtung   3 Q *107*
Aufklärung
- Aufklärungspflicht
  2 2 **MediationsG** *13, 23, 87*
- der Parteien   2 2 **MediationsG** *90* f., *266*
Aufsicht   2 2 **RDG** *48*, 9 **RDG** *2* ff., *9* f.
Aufteilung des Honorars
  2 2 **MediationsG** *109*
Ausbildung
- Feldspezifika   2 7 **MediationsG** *16*; 3 H *46*
- Mediatoren   2 8 **MediationsG** *35* ff.
Ausbildung des Mediators
  2 5 **MediationsG** *1* ff.
Ausbildung des zertifizierten Mediators
- Gewichtung der Ausbildungsinhalte
  2 2 **ZMediatAusbV** *9*
- Pflichtinhalte der Ausbildung
  2 2 **ZMediatAusbV** *9*
Ausbildungscurriculum
- Abgleich mit der Anlage „Inhalte des Ausbildungslehrganges"
  2 2 **ZMediatAusbV** *10*
- des Arbeitskreises Zertifizierung für Mediatorinnen und Mediatoren
  2 2 **ZMediatAusbV** *10*
Ausbildungslehrgang zum zertifizierten Mediator
- Bescheinigung über den Abschluss der Ausbildung
  2 2 **ZMediatAusbV** *27*
- Erfordernis einer in sich geschlossenen Ausbildung
  2 2 **ZMediatAusbV** *7*
- Inhalte des Ausbildungslehrganges
  2 2 **ZMediatAusbV** *8*
- Zeitstunden als volle 60 Minuten
  2 2 **ZMediatAusbV** *6*
Ausbildungsstandards   3 H *45*
Ausbildungssupervision
  2 5 **MediationsG** *22*

Ausbildung zum zertifizierten Mediator
  2 2 **ZMediatAusbV** *5*
- Abschluss der Ausbildung
  2 6 **MediationsG** *38*
- Abschlussprüfung
  2 6 **MediationsG** *38*
- Bescheinigung nach § 2 Abs. 6 ZMediatAusbV
  2 2 **ZMediatAusbV** *2*
- Erfordernis von Nachschulungen
  2 2 **ZMediatAusbV** *11*
- Mindeststundenvorgabe und Aufteilung in Präsenz- und virtuelle Formate   2 2 **ZMediatAusbV** *5*
- Präsenzzeitstunden versus virtuelle Zeitstunden   2 2 **ZMediatAusbV** *3*
- Regelungen zum Abschluss der Ausbildung   2 6 **MediationsG** *38*
- Übergangsregelungen
  2 2 **ZMediatAusbV** *11*
- Verzicht auf das Erfordernis einer „Grundqualifikation"
  2 2 **ZMediatAusbV** *1*
- Voraussetzungen für die Anerkennung virtuell vermittelter Ausbildungsinhalte   2 2 **ZMediatAusbV** *4*
- Zeitpunkt der Ausbildung
  2 2 **ZMediatAusbV** *11*
Ausländisches Recht
  2 **Einl. RDG** *11* f.
- Europarecht   2 **Einl. RDG** *11* f.
- Völkerrecht   2 **Einl. RDG** *11* f.
Auslandsberührung
- Mediationsklausel   1 *175*
Auslandsqualifikation des zertifizierten Mediators   2 6 **ZMediatAusbV** *5*
- Änderungen der ZMediatAusbV gegenüber dem Referentenentwurf der ZMediatAusbV
  2 6 **ZMediatAusbV** *2*
- Fortbildungspflichten des zertifizierten Mediators mit im Ausland erworbener Ausbildung
  2 6 **ZMediatAusbV** *4*
- Gleichwertigkeit ausländischer Qualifikationen   2 6 **ZMediatAusbV** *1*
- Kompetenzrechtliche Grundlage zur Regelung der Gleichwertigkeit
  2 6 **ZMediatAusbV** *1*
- Privilegierungen gegenüber im Inland erworbener Qualifikation
  2 6 **ZMediatAusbV** *3*
Auslegung
- des Mediationsvergleichs   1 *105* ff.

– Rechtsdienstleistungsgesetz
2 1 RDG *21*
Ausschließlichkeit   2 1 RDG *13* ff.
Ausschlussfrist   2 203 BGB *24*,
54a ArbGG *31*; 3 C *23*, N *15*
– Hemmung   2 203 BGB *24*
– Mediationsklausel   1 *160, 171* f.
Ausschluss vom Richteramt
2 41 ZPO *1* ff.
– Folgen   2 41 ZPO *7*
– Güterichter   2 41 ZPO *6*
– Voraussetzungen   2 41 ZPO *4* f.
– Zweck   2 41 ZPO *2* f.
Außenauftritt   2 2 RDG *53*
Äußere Freiwilligkeit
2 2 MediationsG *100*
Außergerichtliche Konfliktbeilegung
– Arbeitsgerichtsgesetz
2 54a ArbGG *21* ff.
Außergerichtliche Mediation
2 1 RDG *5*
– anwaltliche Beratung   3 N *14* ff.
Außergerichtliche Streitbeilegung
2 278a ZPO *1* ff.
– Antrag   2 23 FamFG *2*
– Ausnahmen   2 23 FamFG *3*
– geeignete Fälle   2 23 FamFG *4*
– Haftung des Anwalts
2 23 FamFG *3*
Äußerung des Mediators zur Rechtslage
2 2 MediationsG *254* ff.
Aussetzung   3 H *16*
Aussprache, offene   3 E *30*
Ausstattung
– sächliche   2 7 RDG *4*, 8 RDG *8*
Ausübungskontrolle   3 H *22*
Aus- und Fortbildung
2 2 MediationsG *40*; 3 O *55* ff.
– Anforderungen an den nicht zertifizierten Mediator
2 5 MediationsG *21*
– Ausbildungssupervision
2 5 MediationsG *22*
– Curriculum für eine Ausbildung zum zertifizierten Mediator
2 6 MediationsG *25*
– des Mediators   3 N *24*
– Eigenverantwortung
2 5 MediationsG *25* f.
– geeignete Ausbildung iSv § 5 Abs. 1
2 5 MediationsG *18* ff.

– Gütesiegelmodell
2 5 MediationsG *16*
– Informationspflicht
2 5 MediationsG *28*
– Konsequenzen bei Verstoß gegen die Ausbildungspflicht
2 5 MediationsG *26* f.
– mediative Grundhaltung
2 5 MediationsG *20*
– Mindeststundenumfang
2 5 MediationsG *23*
– nicht zertifizierter Mediator
2 5 MediationsG *17* ff.
– Notar   3 M *42*
– Pflichtinhalte nach § 6
2 6 MediationsG *20*
– unzureichende Ausbildung im Rahmen von § 5 Abs. 1
2 5 MediationsG *24*
– zertifizierter Mediator
2 5 RDG *14* ff.,
6 MediationsG *19* ff.
– Ziel der Ausbildung
2 5 MediationsG *24*,
6 MediationsG *22*
Aus- und Fortbildung des zertifizierten Mediators
– Anforderungen an Lehrkräfte
2 6 MediationsG *33* f.
– Praxiserfahrung der Lehrkräfte
2 6 MediationsG *34*
Aus- und Fortbildungseinrichtungen
– Anforderungen an die Lehrkräfte im Rahmen der Ausbildung des zertifizierten Mediators
2 5 ZMediatAusbV *1*
– Anforderungen an eingesetzte Lehrkräfte   2 5 ZMediatAusbV *3*
– Begrifflichkeit   2 6 MediationsG *8*
– Berufsabschluss oder Hochschulstudium der eingesetzten Lehrkräfte
2 5 ZMediatAusbV *2*
– fachliche Kenntnisse eingesetzter Lehrkräfte   2 5 ZMediatAusbV *5*
– fehlende Sanktionsmittel bei unzureichender Qualifikation der Lehrkräfte
2 5 ZMediatAusbV *3*
– Kritik an unzureichenden Vorgaben für Lehrkräfte im Rahmen der Ausbildung zum zertifizierten Mediator
2 5 ZMediatAusbV *4*
– Zertifizierung
2 6 MediationsG *4* ff.

Stichwortverzeichnis

Aus- und Fortbildungsverordnung 1 55, 61; 2 5 **MediationsG** 43 ff.
- Anerkennung ausländischer Abschlüsse 2 6 **MediationsG** 40
- Inkrafttreten
  2 6 **MediationsG** 14 ff.
- Regelungen für Mediatoren aus dem europäischen Ausland
  2 6 **MediationsG** 40

Auswahl
- der Vertragspartner 3 F 92
- des Mediators 3 N 12, 24

Auswahlprozess 3 F 96

Award RTMKM 3 A 14

B2B-Konflikt 3 A 3, 11, 18, D 24

B2C-Konflikt 3 A 3

Bagatellberatung 2 2 **RDG** 20

Bank
- Steuerungsfunktion in Erbangelegenheiten 3 I 51

BATNA 2 2 **MediationsG** 171, 264, 277; 3 C 34
- „best alternative to a negotiated agreement" 3 F 50

Bau
- Kosten 3 F 113
- Qualität 3 F 113
- Zeit 3 F 113

Bauablauf, gestörter 3 F 27

Baumediation 3 F 1 ff., 27, 41, 171
- Adjudikation 3 F 33 f., 37, 102, 179
- Adjudikator 3 F 166
- allgemeine Geschäftsbedingungen 3 F 85
- Alliance-Contract 3 F 72
- Allianz-Partner 3 F 72
- Anlagenbau 3 F 63
- Arbeitsgemeinschaft 3 F 181 ff.
- Arge-Partner 3 F 181
- autonome Konfliktbearbeitung 3 F 37, 43 f.
- Baukosten 3 F 113
- Bauqualität 3 F 113
- Bausoll 3 F 130 ff., 137
- Bau- und Architektenstreitigkeit 3 F 28
- Bau- und Immobilienvertrag 3 F 101
- Bau- und Immobilienwirtschaft 3 F 109
- Bauvertrag 3 F 15, 188
- Bauzeit 3 F 113, 134, 143
- Bauzeitforderung 3 F 34
- Bedürfnisbefriedigung 3 F 46
- „best alternative to a negotiated agreement" (BATNA) 3 F 50
- Bestandsaufnahme 3 F 7
- BIM 3 F 71
- Budget 3 F 90
- Building Information Modeling (BIM) 3 F 3, 18
- Caucus-Mediation 3 F 153
- Charakteristika der Bau- und Immobilienwirtschaft 3 F 7, 23
- Claim-Gebirge 3 F 27, 141, 165
- Claim-Management 3 F 125, 162
- Einigungsfähigkeit 3 F 54 ff.
- Einigungshindernis 3 F 51 ff., 57 f., 115, 120, 139, 171 ff.
- Einigungsoptionen 3 F 48
- Einzelgespräch 3 F 153
- Emotion 3 F 128, 139
- Entscheidungsfähigkeit 3 F 44 f.
- Entwicklungsprozess 3 F 109
- Fertigungsprozess in der Industrie 3 F 62
- geänderte Leistung 3 F 10
- Gesellschaftsrecht 3 F 188
- Gesellschaftsvertrag 3 F 183 f.
- Gestaltungsaufgabe 3 F 109, 119
- gestörter Bauablauf 3 F 27
- Haltung 3 F 111, 161 ff., 165
- heteronome Konfliktbearbeitung 3 F 35
- hybrides Verfahren 3 F 36, 180
- Interesse 3 F 46 ff.
- interessenorientierte Vertragsverhandlung 3 F 85
- Kampf ums Geld 3 F 156, 159
- Know-how-Verluste 3 F 99, 122
- Kompensationskonflikt 3 F 121
- Konflikt als Entwicklungschance 3 F 189
- Konfliktbearbeitung 3 F 5, 42
- Konfliktmanagementsystem 3 F 102
- Konfliktmediation 3 F 171
- Konfliktprävention 3 F 2, 42, 82 ff., 190
- kooperativer Bauvertrag 3 F 67 ff., 74
- Kündigung aus wichtigem Grund 3 F 143
- kurative Behandlung 3 F 2
- Leistungsaustausch 3 F 11, 161

1085

- Machtungleichgewicht 3 F *156* ff., *160*, *165*
- Mediation 3 F *37* ff.
- Mediation bei der Projektbegleitung 3 F *98* ff.
- mediative Kompetenz 3 F *6*, *81* ff., *86*, *98* ff., *104*, *189*
- mediatives Werkzeug 3 F *153*
- Methoden der Mediation 3 F *149*
- Mitverschulden 3 F *155*
- Nachtrag 3 F *34*, *125*, *134*, *162*
- Nachtragsstreitigkeiten 3 F *125*
- neoklassischer Vertrag 3 F *69*
- Operationalisierung 3 F *5*
- organisatorische Umstellung 3 F *10*
- Parallelität der Interessen 3 F *72*, *90*, *190*
- Partnering 3 F *71*
- partnerschaftliches Verhalten am Bau 3 F *111*
- partnerschaftliche Zusammenarbeit 3 F *102*
- Personalentwicklung 3 F *106*
- Perspektivwechsel 3 F *157*, *169*
- Planungsvertrag 3 F *188*
- positionsorientierte Vertragsverhandlung 3 F *84*
- Projekt 3 F *5*
- Projektbegleitung 3 F *98*
- Projekttätigkeit 3 F *109*
- Projektteam 3 F *109*
- Punktesachen 3 F *141*
- Rangfolgenregelung 3 F *129*
- Recht 3 F *135*
- Rechtsfrage 3 F *39*
- Rechtsstaat 3 F *27*
- Reduzierung der Komplexität 3 F *175*
- Risikoanalyse 3 F *152*, *176*
- Risikomanagement 3 F *63*
- Schiedsgericht 3 F *29* f., *179*
- Schiedsgerichtsbarkeit 3 F *37*
- Schiedsgutachten 3 F *179*
- Schiedsrichter 3 F *166*
- Schlichter 3 F *166*
- Schlichtung 3 F *31* f., *37*
- Schlichtung, unverbindliche 3 F *32*
- Schlichtung, verbindliche 3 F *32*
- Schulungen 3 F *106*
- Software 3 F *64*
- Sowiesokosten 3 F *90*
- staatliche Gerichtsbarkeit 3 F *27*
- Strategie 3 F *46*
- subjektive Sichtweise 3 F *49*

- Team-Charakter 3 F *42*
- Transaktionskosten 3 F *175* f.
- Treu und Glauben 3 F *155*
- unvollkommene Leistungsbeschreibung 3 F *101*
- unvollständiger Vertrag 3 F *101*
- Verband der Bau- und Immobilienmediatoren e.V. 3 F *5*
- Verfahrensvielfalt 3 F *178*
- Vertrag 3 F *15*
- Vertrag, Fortschreibung 3 F *117* ff.
- Vertragsgestaltung 3 F *5*, *59* ff.
- Vertragsverhandlung 3 F *81* ff.
- Vertrauen 3 F *111*
- Verzögerung des Bauablaufs 3 F *143*
- Vielzahl von Beteiligten 3 F *12* ff., *42*, *61* ff.
- Wertschöpfungskonflikt 3 F *121* ff.
- Win-win-Situation 3 F *177*
- zeitliche Umstellung 3 F *10*
- Zusammenarbeit 3 F *161*
- Zusammenwirken der Projektbeteiligten 3 F *7*
- zusätzliche Leistung 3 F *10*

Bausoll 3 F *130* ff., *137*
- Streit 3 F *130*
- Vorgaben 3 F *130*

Bau- und Architektenstreitigkeit 3 F *28*

Bau- und Immobilienvertrag 3 F *101*

Bau- und Immobilienwirtschaft 3 F *1* ff., *109*
- Fehlerkultur 3 F *65*

Bauvertrag 3 F *15*, *188*
- kooperativer 3 F *67* ff., *74*

Bauzeit 3 F *113*, *134*, *143*

Bauzeitforderung 3 F *34*

Bedeutung des Rechts
- informierte Autonomie 3 Q *81*
- informierte Entscheidung 3 Q *81*

Bedingtes Tätigkeitsverbot 2 3 **MediationsG** *18* ff.

Bedürfnisbefriedigung
- Baumediation 3 F *46*

Bedürftigkeit 2 7 **MediationsG** *12*, *14*

Beendigung der Mediation durch den Mediator 2 2 **MediationsG** *206* ff.
- Art und Weise 2 2 **MediationsG** *235* ff.
- Beendigungsgründe auf Seiten der Parteien 2 2 **MediationsG** *209* ff.

- Beendigungsgründe auf Seiten des Auftraggebers
  2 2 MediationsG 221 ff.
- Beendigungsgründe auf Seiten des Mediators   2 2 MediationsG 225 ff.
- Beendigungspflicht
  2 2 MediationsG 213
- Begründung   2 2 MediationsG 235
- Gründe auf Seiten des Auftraggebers
  2 2 MediationsG 221
- Haftungsfragen
  2 2 MediationsG 238
- keine eigenverantwortliche Kommunikation   2 2 MediationsG 210 ff.
- keine Einigung zu erwarten
  2 2 MediationsG 214 ff.
- mangelnde Akzeptanz
  2 2 MediationsG 234
- Mediationsziel nicht erreichbar
  2 2 MediationsG 217
- Modalitäten   2 2 MediationsG 237
- Prinzipienverletzung
  2 2 MediationsG 218 f.
- Stilinkompatibilität
  2 2 MediationsG 225
- Überschreitung persönlicher Grenzen
  2 2 MediationsG 226 ff.
- ultima ratio   2 2 MediationsG 236
- Verfahrensmissbrauch
  2 2 MediationsG 220
- Verlust der Allparteilichkeit
  2 2 MediationsG 230 ff.
- Voraussetzungen
  2 2 MediationsG 207

Beendigung der Mediation durch die Parteien   2 2 MediationsG 193 ff.
- Beendigungsrecht jeder Partei
  2 2 MediationsG 195
- Begründungserfordernis
  2 2 MediationsG 197 ff.
- Haftungsfragen
  2 2 MediationsG 204 f.
- Modalitäten der Beendigung
  2 2 MediationsG 201 ff.
- Zeitpunkt   2 2 MediationsG 196

Beendigung des Mediationsverfahrens
  2 2 MediationsG 102, 135 f., 187 ff.
- Gründe auf Seiten der Parteien
  2 2 MediationsG 209 ff.
- Gründe auf Seiten des Auftraggebers
  2 2 MediationsG 221 ff.
- Gründe auf Seiten des Mediators
  2 2 MediationsG 225 ff.

Beendigungspflicht
  2 2 MediationsG 213
Befangenheitsgründe des internen Mediators   3 D 32
Begleitung durch Mediation   3 D 16
Belange der Rechtspflege
- Tätigkeitsverbot
  2 3 MediationsG 23
Belehrung   2 9 RDG 4
Beratung
- Rechtsanwalt   3 N 8 ff.
- zur außergerichtlichen Mediation
  3 N 14 ff.
Berliner Initiative
  2 7 MediationsG 18
Berufsanerkennungsrichtlinie
  2 Einl. RDG 16
Berufsaufsicht   2 9 RDG 2, 5
Berufsbezeichnung
- gesetzlicher Schutz
  2 5 MediationsG 22
Berufsbild   2 2 RDG 5, 14
- Mediator   2 5 RDG 4 ff., 12
Berufsfreiheit   2 Einl. RDG 2,
  1 RDG 1, 2 RDG 12, 3 RDG 1 f.,
  5 RDG 10
Berufshaftpflichtversicherung
  2 3 RDG 8
Berufshaftung   2 9 RDG 6
Berufsordnung der Steuerberater (BOStB)   3 K 12
Berufsrecht   1 80 ff.; 2 5 RDG 14
- Einordnung der notariellen Mediation   3 M 23
- Haftung   1 86 ff.
- Haftungstatbestände   1 88 ff.
- Mediation und Rechtsberatung
  1 81
- Mindestausbildungsstandard   1 83
- Qualitätssicherung   1 82 ff.
- Sozietätsbildung   1 85
Berufungsbegründungsfrist   1 116 ff.
Berufungsverfahren   2 278 ZPO 4,
  61a FamGKG 4
Bescheinigung über den Abschluss der Ausbildung zum zertifizierten Mediator
- deklaratorische Wirkung
  2 2 ZMediatAusbV 30

- fakultative Inhalte der Bescheinigung
  2 2 ZMediatAusbV *31*
- Prüf- und Kontrollpflichten des Ausbildungsinstitutes
  2 2 ZMediatAusbV *28*
- zuständiges Ausbildungsinstitut
  2 2 ZMediatAusbV *29*

Bescheinigung über die Fortbildung des zertifizierten Mediators
- Pflichtinhalte der Bescheinigung
  2 3 ZMediatAusbV *7*

Beschleunigungsgebot **3 H** *18*

Beschlussverfahren **3 E** *36*

Beschwerdeverfahren
2 61a FamGKG *4, 7*

Besondere Tätigkeitsverbote
2 3 MediationsG *22 ff.*

„best alternative to a negotiated agreement" (BATNA) **3 F** *50*

Bestandteile des Mediationsverfahrens
2 2 MediationsG *4*

Besteuerung **2 155 FGO** *6*

Betriebspartnerschaft **3 D** *13*

Betriebsrat **2 2 RDG** *31*
- Betriebsratsarbeit **3 E** *36*
- Betriebsratsgremien **3 E** *36*
- Betriebsratskulturen, heterogene
  3 E *36*
- Betriebsratsmitglied **3 E** *18*
- Bevorzugung von Mitgliedern
  3 E *18*
- freigestelltes Mitglied **3 E** *16, 18*
- Mitglied **3 E** *16 ff.*

Betriebsratsmitglied
- Gehaltsentwicklung **3 E** *17*

Betriebsvereinbarung
2 1 MediationsG *14*

Beurkundung **3 H** *30*

Beurkundungs- und Mediationsverfahren **3 M** *3 ff.*

Beurkundungsverfahren
- Abgrenzung vom Mediationsverfahren **3 M** *8*
- Mediationsverfahren, zeitliche Abfolge **3 M** *9*
- verbindliche Ausgestaltung **3 M** *7*
- Vergleich mit Mediationsverfahren **3 M** *7*

Beweismittelbeschränkung
- Beweiserhebung von Amts wegen
  2 4 MediationsG *31*

Beweismittelverbot
- Güterichter **3 N** *31*
- Mediation **3 N** *31*

Beweismittelvereinbarung **3 B** *10*

Beweisverwertungsverbot **3 B** *10*

Bewilligung
- Aufhebung **2 7 MediationsG** *14*
- Rechtsbehelf **2 7 MediationsG** *13*
- Verfahren **2 7 MediationsG** *13*

Beziehungskonflikt **2 2 RDG** *23*

BIGFAM **2 7 MediationsG** *18*

Billigung
- gerichtliche **3 H** *42*

BIM **3 F** *3, 18, 71*

Bi-national **3 H** *6*

Bonusanspruch **3 E** *15*

Breslauer Erklärung **3 H** *38*
- Familienmediation **3 H** *38*

Brüssel IIb Verordnung **3 H** *6*

Budget
- Risikolagen **3 F** *90*
- Unwägbarkeiten **3 F** *90*

Bundesnotarkammer
- Güteordnung **3 M** *15*

Bundespatentgericht **3 G** *4 f.*

Bundesrat **2 7 MediationsG** *7*

Bundestag **2 7 MediationsG** *17*

Business Case Mediation **3 A** *10*

Buße **2 9 RDG** *8 f.*

Bußgeld **2 Einl. RDG** *14*

Caucus
- Mediations-Rahmenvertrag
  1 *234 f.*

Caucus-Mediation **3 F** *153*

CDR
- Akronym **3 Q** *4 f.*
- Begriff **3 Q** *4*

CDR-Richtlinie **2 6 MediationsG** *16*

Charakteristika der Bau- und Immobilienwirtschaft **3 F** *7*
- Vertragswerke, gebräuchliche
  3 F *67*

ChatGPT **3 O** *85*

Claim-Gebirge **3 F** *27, 141, 165*

Claim-Management **3 F** *125*
- Baumediation **3 F** *162*

Cluster **3 F** *151, 154*

Coaching 1 *48*

Stichwortverzeichnis

Co-Mediation 2 1 MediationsG *13*,
2 MediationsG *3*, *67* ff.,
2 RDG *47* ff.; 3 M *43*
- alternierende 2 1 MediationsG *13*
- Begriff 2 2 RDG *47*
- bi-professionelle 3 H *35*
- Einzelgespräch
  2 2 MediationsG *155*
- Familienmediation 3 H *33* ff.
- gemischtgeschlechtliche 3 H *36*
- hybride Verfahren 3 O *44*
- interdisziplinäre 3 H *35*
- Kriterien 2 2 MediationsG *69* f.
- Nachteile 3 H *37*
- Notar 3 M *43*
- Online Dispute Resolution 3 O *29*
- permanente 2 1 MediationsG *13*
- permanente Co-Mediation
  2 2 ZMediatAusbV *26*
- temporäre 2 1 MediationsG *13*
- Verlust der Allparteilichkeit
  2 2 MediationsG *233*
- Vorteile 3 H *35* f.
- Wahl der Co-Mediatoren
  2 2 MediationsG *67* ff.
- Zusammenstellung des Teams
  2 2 MediationsG *68*
Co-Mediator 2 2 MediationsG *67* ff.
- Zusammenstellung
  2 2 MediationsG *68*
Controlling 3 A *9*
Corporate Pledge 1 *56*;
2 1 MediationsG *14*
- Selbstverpflichtungserklärung
  1 *147*
Corporate Social Responsibility (CSR)
3 K *20* ff.
- im Mittelstand 3 K *21*
Datenschutz 3 O *23* f.
Dauerschuldverhältnis 3 F *15*
Deal Mediation 3 C *32*, *46*, B *3*
- als Mittel der Konfliktprävention
  3 D *28*
Deckungsanfrage
- Rechtsschutzversicherung 3 J *10*
Deckungszusage
- Rechtsschutzversicherung 3 J *10*
Deeskalation 3 H *40*
Deliktische Haftung
  2 2 MediationsG *36*

Deutsches Recht
- allgemeine Rechtsgrundsätze
  2 1 RDG *19*
- Europarecht 2 1 RDG *13* ff.
- Völkergewohnheitsrecht
  2 1 RDG *19*
- Völkerrecht 2 1 RDG *13* ff., *18* ff.
Dilatorischer Klageverzicht
- Auslegung 1 *152*
- Mediationsklausel 1 *151* f.
DIS 3 A *14*
Dispositionsbefugnis
- Mediationsklausel 1 *158*
Dispositives Recht
- Mediations-Rahmenvertrag
  1 *201* ff.
Dispositives Tätigkeitsverbot
  2 3 MediationsG *30* ff.
DL-InfoV 2 3 MediationsG *46*
Dokumentation
- Abschlussvereinbarung
  2 2 RDG *21*
Dolmetscher 2 2 MediationsG *181*
Dritte 2 2 MediationsG *158* ff.
- Begriff 2 2 MediationsG *3*, *158* f.
- Dolmetscher 2 2 MediationsG *181*
- Einbeziehung in das Verfahren
  2 2 MediationsG *158* ff.
- Einbeziehung in die Abschlussvereinbarung 2 2 MediationsG *252* f.
- Familienmitglieder
  2 2 MediationsG *185*
- Gutachter 2 2 MediationsG *182*
- Kinder 2 2 MediationsG *184*
- Konfliktbetroffene
  2 2 MediationsG *183* ff.
- Mediations-Rahmenvertrag
  1 *220* ff.
- Mitarbeiter 2 2 MediationsG *186*
- Möglichkeiten der Einbeziehung
  2 2 MediationsG *160*
- Sachverständige
  2 2 MediationsG *182*
- sonstige Berater
  2 2 MediationsG *179*
- Unterstützungs- und Begleitpersonen
  2 2 MediationsG *180*
- vertragliche Einbindung
  2 2 MediationsG *164*
- Zustimmung zur Einbeziehung
  2 2 MediationsG *161* ff.

Drittseitige Beauftragung
- Mediatorvertrag
  2 2 MediationsG 75
Durchschnittsverbraucher 3 J 42, 45
Dynamik der Gruppenprozesse 3 F 19
Ehevertrag
- Verfahrenshinweis 1 140 f.
Eigene Angelegenheit 2 3 RDG 13
Eigenverantwortlichkeit 3 H 22 f.
Eigenverantwortung
  2 1 MediationsG 15 ff.
- Abschlussvereinbarung
  2 1 MediationsG 15
- als Prinzip der Aus- und Fortbildung des nicht zertifizierten Mediators
  2 5 MediationsG 25 f., 32 f.
- Einzelgespräch
  2 1 MediationsG 15
Eignung des Mediators/für Mediation 3 N 3, 15 ff.
Einbeziehung Dritter, Möglichkeiten
  2 2 MediationsG 160
Einbeziehung Familie
- Art und Weise 3 I 14 f.
Einbindung, frühzeitige 3 F 71
Einbindung der Parteien
  2 2 MediationsG 131 ff.
- Angemessenheit
  2 2 MediationsG 132
- Fairness 2 2 MediationsG 133 ff.
- Gewährleistung
  2 2 MediationsG 136
- Haftung 2 2 MediationsG 137
Eingeschränkte Wahlfreiheit
  2 2 MediationsG 63 ff.
Eingliederung 3 E 13 f.
Eingruppierung 3 E 13 f.
Einigungsentwurf
  2 2 MediationsG 246
Einigungsfähigkeit
- Baumediation 3 F 54 ff.
Einigungshindernis 3 F 51 ff., 147
- Baumediation 3 F 57 f., 115, 120, 139, 171 ff.
Einigungsoptionen 3 F 48
Einigungsstelle 2 2 RDG 29; 3 E 3, 6, 33 f.
Einstweiliger Rechtsschutz 3 C 19, B 19
- Mediationsklausel 1 171 f.

Einstweilige Verfügung 3 E 8
Einverständnis
- Verweisung 2 155 FGO 10, 173 VwGO 15, 202 SGG 12
Einzelgespräch
  2 2 MediationsG 139 ff., 292; 3 B 29 f., F 153, H 44, N 15, 39
- allseitiges Einverständnis
  2 2 MediationsG 144 ff.
- Beteiligung des Rechtsanwalts
  2 2 MediationsG 152 f.; 3 N 29, 39
- Co-Mediation
  2 2 MediationsG 155
- Eigenverantwortlichkeit
  2 1 MediationsG 15
- Einsatzzeitpunkt
  2 2 MediationsG 148
- Gestaltungsvarianten
  2 2 MediationsG 140
- Informationstransfer
  2 2 MediationsG 156
- Interventionsgestaltung
  2 2 MediationsG 154 ff.
- Mediations-Rahmenvertrag
  1 234 f.
- Mediations-Rahmenvertrag, Formulierungsvorschlag 1 235
- Nutzen 2 2 MediationsG 150
- Regelungshintergrund
  2 2 MediationsG 142 f.
- Risiken 2 2 MediationsG 151
- Shuttle-Verfahren
  2 2 MediationsG 140
Einzelgespräche
- Online-Mediation 3 O 47
Einzelsitzung 3 H 44
Elder Mediation
  2 2 MediationsG 185
Emotion 3 O 18, 52
- Baumediation 3 F 128, 139
- Entflechtung 3 H 44
Emotionsregulation 3 H 43
Empfehlung
- Mediation in der Versicherungswirtschaft 3 J 37
Empowerment 2 2 MediationsG 124
- Verhältnis zur Allparteilichkeit
  2 2 MediationsG 138
Endvermögen 3 H 28
Entgeltlichkeit 2 7 RDG 3
Entscheidungsabstinenz des Mediators
  2 2 MediationsG 13

Stichwortverzeichnis

Entscheidungsbefugnis
- Güterichter 2 1 MediationsG 25
- Lösungsvorschlag
  2 1 MediationsG 25
- Mediator 2 1 MediationsG 25

Entscheidungsfähigkeit 3 F 44 f.

Entschleunigung
  2 2 MediationsG 126

Entwicklungen im Bereich Konfliktmanagement 1 56

Entwurf
- Abschlussvereinbarung 1 260

Erbangelegenheiten 3 I 1 ff., A 25
- Anreize zur Beachtung der Mediationsklausel 3 I 36 ff.
- Arbeitshypothese der Gerichte
  3 I 55
- außergerichtliche Bearbeitung von Erbkonflikten 3 I 47 ff.
- Beispiele für typische Konflikte
  3 I 8
- Beratung durch Konfliktmanager
  3 I 31 f.
- Besonderheiten im Mediationsverfahren 3 I 53
- Erbschein 3 I 49 f.
- Eröffnung von letztwilligen Verfügungen 3 I 48
- europäisches Nachlasszeugnis
  3 I 49
- FamFG-Verfahren 3 I 57 ff.
- Familienbeziehungen 3 I 1
- freiwillige Gerichtsbarkeit 3 I 57 ff.
- gerichtsnahe Mediation 3 I 56 ff.
- Gerichtsverfahren 3 I 54 ff.
- Konfliktdynamik 3 I 3 f.
- Konfliktvorsorge 3 I 6 ff.
- Konfliktvorsorge durch Einbeziehung aller betroffenen Personen
  3 I 13 ff.
- Konfliktvorsorge durch interessenorientierte Beratung 3 I 10
- Konfliktvorsorge durch klare und einfache Regelungen 3 I 22
- Konfliktvorsorge durch Konfliktbearbeitung vor dem Erbfall 3 I 16 f.
- Konfliktvorsorge durch lebzeitige Regelungen 3 I 18 f.
- Konfliktvorsorge durch professionelle Beratung 3 I 9
- Konfliktvorsorge durch Schiedsgutachterklausel 3 I 26 f.
- Konfliktvorsorge durch Testamentsvollstreckung 3 I 23 ff.
- Konfliktvorsorge durch Vorsorgevollmacht 3 I 20 f.
- letztwillige Verfügung und Mediationsklauseln 3 I 33 ff.
- Mediation 3 I 69
- Mediationseignung 3 I 1
- Mediationsklausel 3 I 33 ff.
- Mediationsklausel, Formulierungsvorschlag 3 I 40
- Nachlassauseinandersetzung durch Notar 3 I 62
- Notar 3 I 50, 62
- Patchworkfamilie 3 I 4
- Pflichtteilsstreit, Verfahrenshinweis
  3 I 29 f.
- rechtlich unverbindliche Verfahrenshinweise 3 I 27 ff.
- Rechtsanwälte im Mediationsverfahren 3 I 53
- Rolle von Rechtsanwälten 3 I 52
- Schiedsgutachterklausel 3 I 26 f.
- Schiedsklausel 3 I 41
- Steuerungsfunktion von Banken
  3 I 51
- Steuerungsfunktion von Beratern
  3 I 47
- Steuerungsfunktion von Institutionen
  3 I 47
- Testamentsvollstreckung 3 I 23
- typische Fallgestaltung 3 I 8
- typischer Konflikt nach Eintritt des Erbfalls 3 I 43 ff.
- Verfahren der streitigen Gerichtsbarkeit 3 I 63
- Verfahrenshinweis, Formulierungsvorschläge 3 I 28 ff.
- Verfahren vor Schiedsgericht 3 I 68
- Vermittlung Nachlassauseinandersetzung durch Notar 3 I 62
- Versäumnis vorsorgender Gestaltung
  3 I 44
- Verweis an Güterichter 3 I 61
- Verweis aus dem Gericht 3 I 56 ff.
- Verweis durch Nachlassgericht
  3 I 61
- vorsorgende Beratung durch Anwälte
  3 I 11
- vorsorgende Beratung durch Notare
  3 I 11
- vorsorgende Beratung vor dem Hintergrund der gesetzlichen Erbfolge
  3 I 12

- Vorsorgevollmacht 3 I 20 f.
- vorweggenommene Erbfolge
  3 I 18 f.
- ZPO-Verfahren 3 I 63
- zusammenfassende Hinweise 3 I 70

Erbenmediation 2 5 RDG 5

Erbfall
- Fragestellungen 3 I 3
- Universalsukzession 3 I 2 f.

Erbrecht
- Notar als Mediator 3 M 11 ff.

Erbschaft 3 I 1

Erbschaftsauseinandersetzung 3 H 7

Erbschein 3 I 49 f.

Erbstreitigkeiten
- Vermittlung von Vermögensauseinandersetzungen durch Notare
  3 M 20

Erfolg des Mediationsverfahrens
2 2 MediationsG 239 ff.

Erfolgsaussicht 2 7 MediationsG 12

Erfolgshonorar 2 4 RDG 3

Erfolgsquote 3 E 30

Erfüllungsanspruch
- Mediatorvertrag
  2 2 MediationsG 31

Erledigung 2 61a FamGKG 4, 10

Ermessen des Mediators
2 2 MediationsG 121

Eröffnungskontrolle 2 9 RDG 1

Eröffnung von letztwilligen Verfügungen 3 I 48

Ersatz für vergebliche Aufwendungen
2 2 MediationsG 35

Eskalation 2 2 MediationsG 265

Eskalationsklausel
- ADR-Klausel 1 183 f.
- Formulierungsvorschlag 1 184

Europäischer Verhaltenskodex für Mediatoren 1 4; 2 2 MediationsG 5

Europäisches Nachlasszeugnis 3 I 49

Europarat 3 H 5

Europarecht 2 Einl. RDG 16,
1 RDG 7, 10 RDG 4
- Dienstleistungsverkehrsfreiheit
  2 Einl. RDG 17, 20, 1 RDG 1, 8
- Einschätzungsspielraum
  2 Einl. RDG 19

- EU-Grundrechte-Charta
  2 Einl. RDG 18
- Europäische Menschenrechtskonvention 2 Einl. RDG 19
- Rechtsanwendungsbefehl
  2 1 RDG 18
- Teil der deutschen Rechtsordnung
  2 1 RDG 13 ff.
- Zustimmungsgesetz 2 1 RDG 18

European Code of Conduct for Mediators 2 2 MediationsG 5

EU-Verträge 2 1 RDG 18

Evaluation 2 7 MediationsG 18
- Deutschland und Europa
  2 8 MediationsG 48 ff.
- (Selbst-)Evaluation
  2 2 MediationsG 41

Evaluationsbericht (D)
2 8 MediationsG 16 ff.
- Dokumentenanalyse
  2 8 MediationsG 28
- Empfehlungen
  2 8 MediationsG 43 ff.
- empirische Basis
  2 8 MediationsG 25 f.
- empirische Befunde
  2 8 MediationsG 29 ff.
- Ergebnisse 2 8 MediationsG 27 ff.
- finanzielle Anreize
  2 8 MediationsG 44
- Form 2 8 MediationsG 16
- Frist 2 8 MediationsG 17
- gesetzliche Vorgaben
  2 8 MediationsG 16
- Kriterien 2 8 MediationsG 21 ff.
- Methodik 2 8 MediationsG 25 f.
- Schlussfolgerungen
  2 8 MediationsG 43 ff.
- Verantwortliche und Beteiligte
  2 8 MediationsG 19 f.
- Vollstreckbarkeit
  2 8 MediationsG 45
- Vorgehen 2 8 MediationsG 18 ff.
- ZMediatAusbV
  2 8 MediationsG 46

Evaluationsbericht (EU)
2 8 MediationsG 8 ff.
- Frist 2 8 MediationsG 9
- Grundlagen 2 8 MediationsG 10 ff.
- Inhalte 2 8 MediationsG 10 ff.
- Mediationsrichtlinie 1 8a;
  2 8 MediationsG 8 f.

Evaluationsbericht (MediationsG)
  1 20b; 2 Art. 9 2
Evaluationsergebnisse
- Vergleich   2 8 MediationsG 48 ff.
Evaluationsforschung   3 H 4
Evaluationsfrist   2 Art. 9 2
Evaluationskriterien
- Evaluationsbericht (D)
  2 8 MediationsG 21 ff.
Evaluationsmethodik
- Evaluationsbericht (D)
  2 8 MediationsG 25 f.
Evaluativer Mediationsstil
  2 1 MediationsG 11
Evaluierung   1 55;
  2 8 MediationsG 1 ff.
- Art. 11 Med-RiLi
  2 8 MediationsG 3
- Ausblick   2 8 MediationsG 51
- Begriff   2 8 MediationsG 6
- Entstehung der Vorschrift
  2 8 MediationsG 2
- Fortsetzung   2 8 MediationsG 52
- Gesetzesevaluation
  2 8 MediationsG 4
- Herausforderungen
  2 8 MediationsG 55
- Kompatibilität
  2 8 MediationsG 54 f.
- kostenrechtliche Länderöffnungs-
  klausel   2 8 MediationsG 34
- Mediationsgesetz   1 20b
- Mediationsrichtlinie
  2 8 MediationsG 8 ff.
- Methodik   2 8 MediationsG 7
- Pflichten des Gesetzgebers
  2 8 MediationsG 4 f.
- Qualitätssicherung
  2 8 MediationsG 24
- Verbraucherstreitbeilegungsgesetz
  2 8 MediationsG 1
- Ziele   2 8 MediationsG 1
Evaluierung (EU-Ebene)
- Kommissionsbericht
  2 8 MediationsG 13 f.
- Kommissions-Studie
  2 8 MediationsG 12
- „Rebooting-"Studie
  2 8 MediationsG 11
Evaluierungsklausel
  2 7 MediationsG 2, 8,
  8 MediationsG 1 ff.

Externe Berater   2 2 RDG 23
Externe Vertraulichkeit   1 102 ff.;
  3 B 7
Fairness   2 2 MediationsG 134 f.
Fairness, mangelnde
- Haftung   2 2 MediationsG 137
Fairnesskontrolle
  2 2 MediationsG 264
- Abschlussvereinbarung   1 254
- Interessenprofil   1 254
Faktenbasis   2 2 MediationsG 275
Falldokumentation
  2 2 MediationsG 42
FamFG   2 Vor FamFG 1 ff.; 3 H 12 ff.
- Antrag nach § 23 Abs. 1 S. 3 FamFG
  3 I 58 ff.
- außergerichtliche Konfliktbeilegung
  über Folgesachen
  2 135 FamFG 1 ff.
- außergerichtliche Streitbeilegung
  2 36a FamFG 1 ff.
- Grundsatz der Kostenpflicht
  2 81 FamFG 1 ff.
- Hinwirken auf Einvernehmen
  2 156 FamFG 1 ff.
- Kosten in Folgesachen
  2 150 FamFG 1 ff.
- Kosten in Scheidungssachen
  2 150 FamFG 1
- Mediation   3 M 65 ff.
- verfahrenseinleitender Antrag
  2 23 FamFG 1 ff.
- Verfahrensleitung   2 28 FamFG 1 ff.
- Vergleich   2 36 FamFG 1 ff.
- Verweis an Güterrichter   3 I 61
- Vorrang- und Beschleunigungsgebot
  2 155 FamFG 1 ff.
Familie   2 6 RDG 7
- sozial-familiär   3 H 2
Familienkonflikt   3 H 21
- hocheskalierter   3 H 44
Familienmediation   2 2 RDG 22,
  5 RDG 6, 13, 8 RDG 8; 3 A 24,
  H 1 ff.
- Anwendungsfelder   3 H 1 ff.
- besondere rechtliche Aspekte
  3 H 28 ff.
- Breslauer Erklärung   3 H 38
- Co-Mediation   3 H 33 ff.
- Entwicklung   3 H 1 ff.
- Formerfordernisse   3 H 29 ff.
- grenzüberschreitende   3 H 27, 47

- grenzüberschreitende interkulturelle Ziele 3 H 6
- hocheskalierter Familienkonflikt 3 H 43 f.
- internationale 3 H 27
- Kindeswohl 3 H 39 ff.
- ordre public 3 H 32
- Praxis 3 H 21 ff.
- Recht 3 H 22
- Rechtsanwalt 3 H 26
- Rechtsberatung 3 H 25
- Vermögensverteilung 3 H 28
- Verzug 3 H 31
- Vollstreckbarkeit 3 H 30

Familienrecht 2 5 RDG 13
- Notar als Mediator 3 M 11 ff.

Familienunternehmen 3 A 12

Feedback 2 2 MediationsG 41, 136; 3 O 54, 78

Fehlerkultur
- Bau- und Immobilienwirtschaft 3 F 65
- Team 3 F 65

Feldkompetenz
- Steuerberater 3 K 29

Feldspezifika 2 7 MediationsG 16; 3 H 46

Fertigungsprozess in der Industrie 3 F 62

Financial Ombudsman Service (FOS) 3 Q 13

Finanzgericht 2 155 FGO 1 ff.
- Prozessmaxime 2 155 FGO 4

Finanzgerichtsordnung 2 155 FGO 1 ff.

Finanzielle Förderung der Mediation 2 7 MediationsG 1 ff.

FIN-NET 3 J 4

First-Move-Barriere 3 C 18, B 18

Flughafenmediation 2 2 RDG 23

Folgesachen 2 61a FamGKG 7
- außergerichtliche Konfliktbeilegung 2 135 FamFG 1 ff.
- Kosten 2 150 FamFG 1

Fördermittelberater 2 5 RDG 5

Förderung 2 23 FamFG 3 f., 7 MediationsG 18
- Art 2 23 FamFG 3 f.
- finanzielle 2 23 FamFG 3 f.; 3 H 10

Form
- Mediationsklausel 1 154

Formerfordernis 3 H 29 ff.
- Abschlussvereinbarung 2 2 MediationsG 302 ff.

Formulierungsvorschlag
- Abschlussvereinbarung durch Mediator 1 247
- Abschlussvereinbarung (Gesamtmuster) 1 277 f.
- Adjudikation 1 188
- Bestimmung des Mediators 1 166
- Einzelgespräch, Mediations-Rahmenvertrag 1 235
- Eskalationsklausel 1 184
- Konfliktklärungsklausel 1 180
- Kostenvorschuss Mediationsvertrag 1 229
- Leistungsbestimmungsrecht 1 192
- Mediationsklausel 3 I 40
- Mediationsklausel, Beginn und Ende des Verfahrens 1 170
- Mediationsklausel, Mediationsverfahren 1 168
- Mediationsklausel (Gesamtmuster) 1 161 f.
- Mediationsklausel Gesellschaftsvertrag 1 196
- Mediationsklausel Vergütung 1 173 f.
- Mediations-Rahmenvereinbarung (Gesamtmuster) 1 219
- Mediations-Rahmenvertrag, Beteiligung Anwalt 1 221
- Mediations-Rahmenvertrag, rechtliche Prüfung 1 244 ff.
- Mediations-Rahmenvertrag, Vertretungsfragen 1 237 ff.
- Mediations-Rahmenvertrag, Verweis auf Berufsrecht des Mediators 1 249
- Mediations-Rahmenvertrag Vergütung 1 231
- Meditationsvertrag, Beteiligung Dritter 1 223
- Protokollführung, Mediations-Rahmenvertrag 1 227
- Qualifikation des Mediators 1 166
- rechtliche Prüfung Mediationsergebnis 1 244 ff.
- Schiedsgutachten 1 190
- Schlichtung 1 186
- Verfahrenshinweis 3 I 28 ff.
- Verhandlungsklausel 1 178

- Verweis auf Verfahrensordnung
  1 225
Forschung
- Verbraucher-ADR   3 Q 5
Forschungsbedarf   3 O 78 ff.
Forschungsvorhaben
  2 23 FamFG 3 f., 7 MediationsG 2,
  17
- Familiensachen   2 23 FamFG 5
- Hochschule   2 7 MediationsG 6
- Umfang   2 23 FamFG 5 ff.
- wissenschaftliche   3 H 10
Fortbildung   2 5 MediationsG 1 ff.,
  5 RDG 13, 6 RDG 9,
  7 MediationsG 16
- des nicht zertifizierten Mediators
  nach § 5 Abs. 1
  2 5 MediationsG 31 ff.
- des zertifizierten Mediators
  2 6 MediationsG 30 ff.
- Eigenverantwortung
  2 5 MediationsG 32 f.
- Konsequenzen bei Verletzung der
  Fortbildungspflicht
  2 5 MediationsG 35,
  6 MediationsG 32
Fortbildungspflicht des zertifizierten
  Mediators   2 3 ZMediatAusbV 1
- Änderungen gegenüber dem RefE
  ZMediatAusbV
  2 3 ZMediatAusbV 2
- Beginn der Fortbildungspflicht
  2 3 ZMediatAusbV 5
- Flexibilität hinsichtlich der Fortbildungsziele   2 3 ZMediatAusbV 4
- keine Pflicht zum kontinuierlichen
  Nachweis von Praxiserfahrungen
  2 3 ZMediatAusbV 2
- Mindestumfang und Turnus durchzuführender Fortbildungsveranstaltungen   2 3 ZMediatAusbV 3
- Sonderregelungen für den Beginn der
  Fortbildungspflicht im Rahmen der
  Übergangsbestimmungen
  2 3 ZMediatAusbV 6
Fortbildungsverpflichtung
  2 5 MediationsG 45 f.
- des zertifizierten Mediators
  2 5 MediationsG 45 f.
Forum Shopping   3 H 27
Fragetechniken   2 2 MediationsG 127
Freiberuflichkeit   2 9 RDG 5

Freie Anwaltswahl   3 J 15, 29, 36, 44
Freie Mediatorenwahl   3 J 38, 40, 44
Freiwilligkeit   1 76;
  2 1 MediationsG 14 ff.,
  2 MediationsG 9, 11, 94 ff., 194
- Allgemeine Versicherungsbedingungen   2 2 MediationsG 97
- Aufgebot   2 1 MediationsG 14
- Aufnahme in die Rahmenvereinbarung   2 2 MediationsG 103
- äußere   2 2 MediationsG 100
- Betriebsvereinbarung
  2 1 MediationsG 14
- Corporate Pledge
  2 1 MediationsG 14
- Einschränkung
  2 2 MediationsG 97
- fehlendes Verfahrensverständnis
  2 2 MediationsG 104
- Haftung (des Mediators)
  2 2 MediationsG 104
- innere   2 2 MediationsG 100
- Konsequenz fehlender Freiwilligkeit
  2 2 MediationsG 101 f.
- letztwillige Verfügung
  2 1 MediationsG 14
- Mediation im innerbetrieblichen Bereich   3 D 41 ff.
- Mediation im Spannungsverhältnis
  zwischen Autonomie und sozialer Erwünschtheit   3 D 42
- Mediation in der Versicherungswirtschaft   3 J 40
- Mediationsklausel
  2 1 MediationsG 14,
  2 MediationsG 97
- Umgang mit eingeschränkter Freiwilligkeit   2 2 MediationsG 99 f.
- Unternehmensrichtlinie
  2 1 MediationsG 14
- Vereinssatzung
  2 1 MediationsG 14
- vergewissern
  2 2 MediationsG 95 ff.
- Vorverlagerung
  2 2 MediationsG 97
- Weisungsrecht   2 1 MediationsG 14
Freiwilligkeit, Verstoß gegen
- Haftung   2 2 MediationsG 104
Fristen   2 2 MediationsG 192, 254
- Rolle des Rechts
  2 2 MediationsG 254
- Verjährungsfristen
  2 2 MediationsG 191

Fristen, prozessuale 1 *113* ff.
- Berufungsbegründungsfrist
  1 *116* ff.
- Klageerwiderungsfrist 1 *114* f.
- Ruhendstellung des Verfahrens
  1 *114*

Fristen für durchzuführende Supervisionen und für die Fortbildung zertifizierter Mediatoren
- Hemmung von Fristen
  2 8 ZMediatAusbV *1*
- Verschuldensmaßstab bei Fristüberschreitung 2 8 ZMediatAusbV *2*

Führung 3 A *13*

Führungskraft 1 *56*

Gehaltsanpassung
- Gehaltsentwicklung 3 E *18*

Geldbuße 2 9 RDG *8* f.

Gemeinschaftsrecht
- Aktionsplan der Kommission
  3 Q *36*
- Empfehlungen 98/257/EG und 2001/310/EG 3 Q *36*
- Grünbuch der Kommission 3 Q *36*
- sektorenspezifische Richtlinien
  3 Q *36*

Genehmigungsfähigkeit von Mediation, fehlende 2 1 RDG *1*, 3 RDG *4* f.

Generalverweisung
- Finanzgerichtsordnung
  2 155 FGO *3*
- Sozialgerichtsgesetz 2 202 SGG *4*
- Verwaltungsgerichtsordnung
  2 173 VwGO *5*

Genossenschaft 2 7 RDG *1* ff.

Gericht 3 G *8* ff.
- Arbeitshypothese in Erbangelegenheiten 3 I *55*
- gerichtliche Entscheidung 3 E *21*
- Klage 3 E *13, 22, 25*
- Nachlasssachen 3 I *54* ff.
- Urteil 3 E *21, 39*

Gerichtliche Mediation 3 L *1* ff.
- Abgrenzung Güterichter und gerichtsinterne Mediation 3 L *25* f.
- gerichtsinterne Mediation 3 L *8* ff.
- Gütegedanke 3 L *2*
- Güterichter 3 L *7, 25* f., *41* ff.
- Güterichtermodell 3 L *27* ff.
- Güteverhandlung 3 L *3, 5*
- Mediationsgesetz 3 L *11* ff., *18, 21* ff.
- Mediationsrichtlinie 3 L *12*
- Modellprojekt 3 L *8*
- Rechtsauschuss 3 L *15* ff.
- Regierungsentwurf 3 L *13* f.
- Türöffnereffekt 3 L *35*
- Übergangsbestimmungen 2 **Art.** 9 *3*
- Vermittlungsausschuss 3 L *18*

Gerichtsbarkeit, staatliche
- Baumediation 3 F *27*

Gerichtsinterne Mediation
  2 1 RDG *5*, 3 RDG *10*; 3 G *6* ff., *10*, L *8* ff.
- Erfolg 3 L *9* f.
- Modellprojekt 3 L *8* f.
- Türöffnereffekt 3 L *35*

Gerichtskosten 1 *121*;
  2 61a FamGKG *1* ff.
- Berechnungsbeispiele
  2 61a FamGKG *8*
- Gesetz über Gerichtskosten (GKG)
  2 61a FamGKG *1* ff.
- Gesetz über Gerichtskosten in Familiensachen (FamGKG)
  2 61a FamGKG *1* ff.
- Kostenerlass 2 61a FamGKG *2* ff.
- Kostenermäßigung
  2 61a FamGKG *2* ff.

Gerichtskostengesetz 3 H *11* ff.

Gerichtsnahe Mediation
  2 278a ZPO *1* ff.
- Anwendungsbereich
  2 278a ZPO *4* f.
- Auswahl des Vermittlers
  2 278a ZPO *11*
- Ermessen 2 278a ZPO *8*
- Haftung 2 278a ZPO *17*
- Modellprojekt 2 278a ZPO *2*
- mögliche Konfliktbeilegungsverfahren 2 278a ZPO *7*
- Notar 3 M *59* ff.
- Rechtsbehelfe 2 278a ZPO *16*
- rechtspolitische Bewertung
  2 278a ZPO *18* ff.
- Ruhen des Verfahrens
  2 278a ZPO *13* ff.
- Vorbereitung durch Rechtsanwalt
  3 N *18*
- Vorschlag, Begründung
  2 278a ZPO *10*
- Vorschlag – Form, Zeitpunkt
  2 278a ZPO *9*

Gerichtsparallele Mediation 3 B *35*

Gerichtsverfahren 2 1 RDG *6*

Geringschätzung 3 E *15*
Geschäftsbeziehung
- Baumediation 3 F *41*
Geschäftsverteilungsplan
- Finanzgericht 2 155 FGO *9*
- Sozialgericht 2 202 SGG *12*
- Verwaltungsgericht
  2 173 VwGO *14*
Gesellschaftsrecht 3 A *19*, F *188*
- Notar als Mediator 3 M *11* ff.
Gesellschaftsrechtliche Streitigkeiten
- Mediationsfähigkeit 3 C *2*
Gesellschaftsvertrag 3 F *183* f.
- Mediationsklausel 1 *196*
- Verfahrenshinweis 1 *142* f.
Gesetzesbindung 2 173 VwGO *3, 9*
- Besteuerung 2 155 FGO *6*
- Sozialrecht 2 202 SGG *7*
Gesetzesevaluation 2 Art. 9 *2*
- Gegenstand 2 8 MediationsG *6*
- Zielsetzung 2 8 MediationsG *6*
Gesetzesfolgenabschätzung
  2 8 MediationsG *4* f.
- Ansätze 2 8 MediationsG *5*
- Ziele 2 8 MediationsG *1*
Gesetz über das Verfahren in Familiensachen und in den Angelegenheiten der freiwilligen Gerichtsbarkeit (FamFG) 2 Vor FamFG *1* ff.
Gesetz über Gerichtskosten (GKG)
  2 61a FamGKG *1* ff.
Gesetz über Gerichtskosten in Familiensachen (FamGKG)
  2 61a FamGKG *1* ff.
Gesetz zur Förderung der Mediation und anderer Verfahren der außergerichtlichen Streitbeilegung 1 *1*
- Artikelgesetz 1 *23*
- Inhalte 1 *23* ff.
- Konfliktbeilegungsverfahren 1 *28*
Gesprächsregeln
  2 2 MediationsG *135*
Gestaltung des Mediationsverfahrens
  2 2 MediationsG *4*
Gestaltung des Verfahrensablaufs
  3 N *28*
Gestaltungsaufgabe 3 F *92, 109*
- Baumediation 3 F *119*
Gewalt 2 2 MediationsG *180, 211* ff.

Gewerbefreiheit 2 1 RDG *1*,
  3 RDG *1* f.
Gewerbeordnung 2 9 RDG *5*
- Unzuverlässigkeit 2 9 RDG *5*
Gleichheitsgrundsatz 2 28 FamFG *2* f.
- obligatorische Mediation
  2 7 MediationsG *19*
- Rechtswahrnehmungsgleichheit
  2 7 MediationsG *19*
Gleichstellungsbeauftragte
  2 2 RDG *31*
Grenzen der Mediation
- Mediation zwischen Unternehmen
  3 B *16* ff.
Grenzüberschreitende Familienmediation 3 H *27*
Grenzüberschreitende Mediationen
- Vollstreckbarkeit
  2 2 MediationsG *319*
Grünbuch über alternative Verfahren zur Streitbeilegung im Zivil- und Handelsrecht 1 *3*
Grundberuf 3 H *33*
Gründe für zeit- und kostensparende Konfliktvermeidung 3 G *2*
Grundqualifikation 3 H *48*
Grundsatz der Kostenpflicht
- FamFG 2 81 FamFG *1* ff.
Grundsatz der Vertragsfreiheit
  3 J *42* f.
Grundsätze des Mediationsverfahrens
  2 2 MediationsG *80*
Gruppendynamik 3 F *19*
Gruppensupervision durchgeführter Mediationen
- Zulässigkeit und Anforderungen
  2 2 ZMediatAusbV *16*
Gutachten 2 2 RDG *27* f.
Gutachter 2 2 MediationsG *182*
Gütegedanke 3 L *2*
Güteordnung
- Bundesnotarkammer 3 M *15*
Güterichter 2 1 MediationsG *1*,
  1 RDG *5*, 278 ZPO *1* ff., 3 RDG *10*,
  8 RDG *2, 4*; 3 G *8* ff., L *1* ff., *41* ff.,
  45
- Abgrenzung 2 278 ZPO *7* ff.;
  3 L *25* f.
- Anwendungspraxis
  2 54a ArbGG *20*

1097

Stichwortverzeichnis

- Aufgabe 2 278 ZPO 7
- Aus- und Fortbildung
  2 54a ArbGG 15
- Auswahl 3 N 26
- Begriff 3 L 7
- Berufungsverfahren 2 278 ZPO 4;
  3 L 48
- Beweismittelverbote 3 N 31
- Einbindung in den Verfahrensablauf
  2 278 ZPO 21 ff.
- Einverständnis der Parteien
  2 54a ArbGG 9 ff.
- Entscheidungsbefugnis
  2 1 MediationsG 25
- formaler Verfahrensablauf 3 L 46
- Freiwilligkeit 2 54a ArbGG 9, 17
- geeignete Verfahren 3 L 45
- gesetzlicher Richter 2 278 ZPO 7
- Güterichtermodell 2 54a ArbGG 5
- Gütetermin 3 L 50
- Haftung 3 L 49
- Handlungsinstrumentarium
  2 173 VwGO 16, 202 SGG 12
- Kompetenz 2 278 ZPO 16 ff.,
  54a ArbGG 15
- Konzept 3 L 15
- Koordinatoren 2 278 ZPO 19 f.
- Legaldefinition 2 3 MediationsG 7
- Mediator 2 3 MediationsG 5,
  4 MediationsG 19
- Methoden 3 L 42 ff.
- Mitwirkung im weiteren Verfahren
  2 278 ZPO 31
- Öffentlichkeit 2 54a ArbGG 18
- Organisation und allgemeines Verfahren 2 54a ArbGG 8
- Protokoll 2 54a ArbGG 18
- Status 2 278 ZPO 7; 3 L 41
- Tätigkeiten 2 278 ZPO 12 ff.
- Untersuchungsgrundsatz
  2 155 FGO 5
- Verfahrensablauf Berufungsverfahren
  3 L 46
- Verfahrenswahl 3 N 29
- Verfahrenszuweisung
  2 278 ZPO 19 f.
- Vergleich 2 54a ArbGG 19
- Vergleich mit außergerichtlicher
  Konfliktlösung 3 I 64 ff.
- Verhältnis zum Mediationsgesetz
  2 278 ZPO 11
- Verhandlungsführung
  2 54a ArbGG 16 ff.
- Versäumnisurteil 2 54a ArbGG 19
- Verschwiegenheit 3 N 29
- Verschwiegenheitspflicht
  2 4 MediationsG 19
- Vertraulichkeit 2 54a ArbGG 18;
  3 N 30
- Verweis nach FamFG 3 I 61
- Verweisungsbeschluss
  2 54a ArbGG 14
- Videoverhandlung 2 278 ZPO 27
- Vorbereitung durch Rechtsanwälte
  3 N 17
- Zeitpunkt des Verweises
  2 54a ArbGG 13
- Zeugnisverweigerungsrecht
  2 278 ZPO 28
- Zuständigkeit 2 54a ArbGG 12

Güterichtermodell 1 17 f.; 3 A 28,
L 1 ff.
- Finanzgericht 2 155 FGO 3
- Nachteile 3 L 31 ff.
- Sozialgericht 2 202 SGG 4
- Verwaltungsgericht
  2 173 VwGO 5 ff.
- Vorteile 3 L 27 ff.

Güterichterverfahren
- Einsatzhäufigkeit
  2 8 MediationsG 33

Güterstand 3 H 28

Gütesiegelmodell 2 5 MediationsG 5,
16, 6 MediationsG 2

Gütestelle 2 2 MediationsG 315,
2 RDG 30
- Notar 3 M 14 ff.

Gütestellenvergleich
- Vollstreckbarkeit
  2 2 MediationsG 315

Gütetermin
- Rolle des Rechtsanwalts 3 L 50

Güteverfahren
- Arbeitsgerichtsgesetz
  2 54a ArbGG 3 ff.

Güteverhandlung 2 278 ZPO 1 ff.,
24, 3 RDG 11, 54a ArbGG 16 ff.;
3 L 3
- inhaltlicher Ablauf 2 278 ZPO 24
- Methodik 3 L 5
- Protokoll 2 278 ZPO 26
- Vertraulichkeit 2 278 ZPO 28 f.

Gütliche Streitbeilegung
2 278 ZPO 1 ff.

Haftpflichtversicherer 3 J 47

Haftpflichtversicherung
2 2 MediationsG 38; 3 J 1, 47 ff.
Haftung   1 86 ff.; 2 Einl. RDG 14 f.,
   2 MediationsG 26 ff., 2 RDG 48, 53,
   9 RDG 6
– Abschlussvereinbarung
   2 2 MediationsG 320
– Anspruchsgrundlagen
   2 2 MediationsG 28
– Anwaltsmediator
   2 2 MediationsG 33a
– Beendigung der Mediation durch den
   Mediator   2 2 MediationsG 238
– Beendigung der Mediation durch die
   Parteien   2 2 MediationsG 204 f.
– deliktische   2 2 MediationsG 28, 36
– des Mediators
   2 2 MediationsG 26 ff., 104, 122,
   230 f.
– fehlendes Verfahrensverständnis
   2 2 MediationsG 104
– Haftpflichtversicherung
   2 2 MediationsG 38
– Haftungsbeschränkung
   2 2 MediationsG 38
– mangelnde Fairness
   2 2 MediationsG 137
– Mediator   2 2 MediationsG 33a
– Pflichtverletzung
   2 2 MediationsG 28
– Rechtsdienstleistung
   2 2 MediationsG 261 f.
– Rechtsprechung
   2 2 MediationsG 33a
– Schadensersatzanspruch
   2 2 MediationsG 26
– Schutzgesetz   2 2 MediationsG 36
– Umgang mit Haftungsrisiken
   2 2 MediationsG 38
– Verstoß gegen Allparteilichkeits-
   grundsatz   2 2 MediationsG 118 f.
– Verstoß gegen die Freiwilligkeit
   2 2 MediationsG 104
– vertragliche   2 2 MediationsG 28 ff.
Haftung des Rechtsanwalts
– außergerichtliche Streitbeilegung
   2 23 FamFG 3
Haftungsbegrenzung   3 F 73
Haftungsbeschränkung
   2 2 MediationsG 38
Haftungsfragen bei der Beendigung der
   Mediation   2 2 MediationsG 238
Haftungsgründe   2 2 MediationsG 27

Haftungstatbestände   1 88 ff.
Haftungsvoraussetzungen
   2 2 MediationsG 26
Haltung   3 F 92 f.
– Baumediation   3 F 111, 161 ff.
Harvard Modell   3 F 88
Hauptberuflicher Notar   3 M 21
Hauptleistungspflichten
   2 2 MediationsG 22
Hausverwalter   2 5 RDG 5
Hemmung der Ausschlussfrist
   2 203 BGB 24
Hinweispflicht   2 2 RDG 41
– auf Überprüfungsmöglichkeiten
   2 2 MediationsG 288 ff.
Hinwirken auf Einvernehmen
– FamFG   2 156 FamFG 1 ff.
Hinwirken des Mediators
   2 2 MediationsG 282 ff.
Hocheskaliert
– Kindeswohl   3 H 44
Hocheskalierter Familienkonflikt
   3 H 43 f.
Honorar
– Aufteilung   2 2 MediationsG 109
– Begrenzung   2 7 MediationsG 15
– Minderung   2 2 MediationsG 35
– Rahmenvereinbarung
   2 2 MediationsG 74
– Stundenhonorar
   2 7 MediationsG 15
– Stundensatz   2 61a FamGKG 23
– Wegfall des Honoraranspruchs
   2 2 MediationsG 35
– Zeitaufwand   2 7 MediationsG 15
– Zeitbudget   2 7 MediationsG 15
Hotline   2 2 RDG 9
Hybride Verfahren (Präsenz und online)
   3 F 36, 180, O 36 ff.
– Anforderungen   3 O 41
– Co-Mediation   3 O 44
– Infrastruktur   3 O 42
– Kommunikation   3 O 43 f.
– konsekutive hybride Verfahren
   3 O 37
– Multitasking   3 O 39
– parallele hybride Verfahren
   3 O 37 f.
– Schwierigkeiten   3 O 40
– Varianten   3 O 38
– Vorbereitung   3 O 42

Hybridverfahren 1 *42* ff.; 3 B *32* ff.
IBM/FUJITSU-Fall 3 G *12*, *18* f.
ICC 3 A *14*
Immobilienmediation 3 F *1* ff., *27*
Immobilienrecht
– Notar als Mediator 3 M *11* ff.
Immobilienwirtschaft 3 A *22*
Implementierungsvereinbarungen
  2 2 **MediationsG** *248*
Informationsbeschaffung
  2 2 **MediationsG** *275*
– Haftung des Mediators
  2 2 **MediationsG** *283*
– Verpflichtung
  2 2 **MediationsG** *283*
Informationsgespräch
– Anordnung 3 H *19*
– kostenfreies 3 H *18* ff.
Informationsmaterial 2 2 **RDG** *20*
Informationspflicht
  2 2 **MediationsG** *13*, *23*
– Ausbildung 2 3 **MediationsG** *43*
– Ausbildung des Mediators nach § 3 Abs. 5 2 5 **MediationsG** *28*
– DL-InfoV 2 3 **MediationsG** *46*
– Erfahrungen 2 3 **MediationsG** *44*
– fachlicher Hintergrund
  2 3 **MediationsG** *42*
– Qualifikation
  2 3 **MediationsG** *41* ff.
– Tätigkeitsverbot
  2 3 **MediationsG** *38*
– Unternehmen 3 Q *101* ff.
– Verbraucherschlichtungsstelle
  3 Q *99* f.
– Verschwiegenheit
  2 4 **MediationsG** *45*
Informelle Absprachen
  2 2 **MediationsG** *246*
Informiertheit 2 2 **MediationsG** *10* f., *79* ff., *243*, *273*
– Ablauf des Verfahrens
  2 2 **MediationsG** *81* ff.
– Aufklärung durch den Mediator
  2 2 **MediationsG** *90*
– Aufklärung durch Dritte
  2 2 **MediationsG** *91*
– Aufklärungspflicht des Mediators
  2 2 **MediationsG** *87*
– Grundsätze des Mediationsverfahrens 2 2 **MediationsG** *79* f.

– Mediationsstil 2 2 **MediationsG** *86*
– Verfahrensalternativen
  2 2 **MediationsG** *85*
– vergewissern
  2 2 **MediationsG** *89* ff.
Inhouse-Juristen 3 B *31*
Inhouse-Mediation
– Organisationsform innerbetrieblicher Mediation 3 D *34*
Inkasso 2 2 **RDG** *25*
Inkrafttreten 2 **Art.** 9 *1*
Innerbetriebliche Konfliktlösung
– Einbeziehung von Mediatoren
  3 D *21* ff.
Innerbetriebliche Mediation 3 D *1* ff.
– arbeitsgerichtliche Rechtsprechung
  3 D *48*
– Ausblick 3 D *46* ff.
– Fallgruppen 3 D *4*
– Konfliktprävention bei Change-Prozessen 3 D *51*
– Konflikt- und Verfahrensanalyse
  3 D *49*
– Konflikt zwischen Abteilungen und Bereichen eines Unternehmens
  3 D *14*
– Konflikt zwischen Geschäftsführung und Betriebsrat 3 D *11* ff.
– Konflikt zwischen Gesellschaftern
  3 D *20*
– Konflikt zwischen Konzerngesellschaften 3 D *15*
– Konflikt zwischen Mitarbeitern
  3 D *6*
– Konflikt zwischen Mitarbeitern und Vorgesetztem 3 D *7*
– Kooperation mit externen Mediatoren 3 D *23* f.
– Mediations-Rahmenvertrag 1 *242*
– Mediation zwischen Führungskräften
  3 D *8* ff.
– Round Table Mediation & Konfliktmanagement der Deutschen Wirtschaft 3 D *47*
– Teamkonflikt 3 D *5*
– Unternehmensnachfolgen 3 D *18*
– Vertragsfragen 3 D *43*
– Wirkmacht von Mediation außerhalb durchgeführter Mediationsverfahren
  3 D *52*
Innerbetrieblicher Konflikt 3 D *1* ff.
– Definition 3 D *3*

Innere Freiwilligkeit
 2 2 **MediationsG** *100*
Innere Unabhängigkeit des Mediators
 2 2 **MediationsG** *106*
Innovationsbereitschaft 3 F *73*
Insolvenzberatungsstelle 2 8 **RDG** *6*
Institutionelle Anbieter
– Verfahrensordnungen 1 *205*
Institutionelles Verfahren
– Verfahrensordnungen 2 203 BGB *7*
– Verjährungshemmung
 2 203 BGB *7*
Integrierte Projektabwicklung 3 F *73, 96*
Integrität
– psychische 3 H *32*
Intellectual Property 3 A *23*, G *1* ff.
– Adjudication 3 G *19*
– Allgemeine Geschäftsbedingungen
 3 G *20*
– Arbitration 3 G *19*
– Bundespatentgericht 3 G *4* f.
– Final-Offer-Arbitration 3 G *19*
– Gericht 3 G *8* ff.
– gerichtsinterne Mediation 3 G *6* ff.
– Gründe für zeit- und kostensparende Konfliktvermeidung 3 G *2*
– IBM/FUJITSU-Fall 3 G *12*, *18* f.
– Klauseln aus der Vertragspraxis
 3 G *20* f.
– Konfliktmanagementsystem 3 G *3*
– Konfliktvermeidung und -beilegung
 3 G *3*
– Markengesetz 3 G *9*
– Mediation 3 G *10*
– Mini-Trial 3 G *19*
– Patentgericht 3 G *8* f.
– Patentgesetz 3 G *9*
– Patentlizenzvertrag 3 G *13*
– Patent- und Know-how-Lizenzvertrag 3 G *15*
– Praxisfälle IP- und IT-Streitigkeiten
 3 G *11* ff.
– Referentenentwurf Mediationsgesetz
 3 G *4* ff.
– richterliche Mediation 3 G *4*
– Schiedsgericht 3 G *19*
– Shuttle-Diplomatie 3 G *16* f.
– Softwareentwicklung 3 G *14*
– Softwarestreitigkeit 3 G *14*
– strukturierte Verhandlungen
 3 G *19*

Interdependenz 3 A *16*
Interesse(n) 3 O *52*
– Baumediation 3 F *46* ff.
– Fairnesskontrolle 1 *254*
– Mediation 2 2 **MediationsG** *266*
Interessenbasierte Mediationsansätze
 2 2 **MediationsG** *52*
Interessenkollision
 2 3 **MediationsG** *7, 9*, 4 **RDG** *1* f.
Interessenvertretung
– Tätigkeitsverbot
 2 3 **MediationsG** *22* ff.
Internationale Familienmediation
 3 H *27*
Internationaler Anwendungsbereich
– abschließende Regelung
 2 1 **RDG** *11*
Internationales öffentliches Recht
 2 1 **RDG** *7*
Internationalisierung 3 N *3*
Internet 2 2 **RDG** *9*
Interne Vertraulichkeit 1 *110* f.; 3 B *7*
Interventionsmethodik
– Einzelgespräche
 2 2 **MediationsG** *154* ff.
– Entschleunigung
 2 2 **MediationsG** *126*
– Fairness 2 2 **MediationsG** *134*
– Kreativität 2 2 **MediationsG** *130*
– Methodik 2 2 **MediationsG** *283*
– Pausen 2 2 **MediationsG** *129*
– Schweigen 2 2 **MediationsG** *129*
– systemische Methoden
 2 2 **MediationsG** *130*
– Szenariotest 2 2 **MediationsG** *283*
– Verständnissicherung
 2 2 **MediationsG** *126*
Intervision 2 2 **MediationsG** *44*
Inverzugsetzung
– Mediationsvertrag 3 H *31*
IP- und IT-Streitigkeiten 3 G *1* ff.
– Klauseln aus der Vertragspraxis
 3 G *20* f.
Irrationales Einigungshindernis
– Baumediation 3 F *57*
Irreführung 3 J *45*

Jugendamt 2 8 **RDG** *5*
Jugendamtsurkunde 3 H *30*
Jura-Professor 2 3 **RDG** *9*
Juristenausbildung 3 N *2*

Stichwortverzeichnis

Juristische Person
 2 1 MediationsG 12
Justiziabilität 3 H 2
Kampf ums Geld
– Baumediation 3 F 156, 159
Kenntnis der Rechtslage
 2 2 MediationsG 279, 285
Kenntnis der Sachlage
 2 2 MediationsG 273 ff.
Kind 2 2 MediationsG 184
– Einbeziehung 3 H 41 f.
Kindesentführung 3 H 6
Kindeswohl 3 H 40
– Familienmediation 3 H 39 ff.
– Gefährdung 3 H 32
– Neutralität 3 H 39
– Stabilität 3 H 40
Kindeswohlgefährdung 3 H 32
– Verschwiegenheitspflicht
 2 4 MediationsG 39
Kindschaftssache 3 H 20
Kirche 2 8 RDG 5
Klage 3 E 13, 22, 25
Klage-/Antragsschrift
 2 54a ArbGG 29
Klageerwiderungsfrist 1 114 f.
Klageschrift 2 253 ZPO 1 ff.
– Angaben 3 N 14
– rechtspolitische Bewertung
 2 253 ZPO 6 ff.
Klageverzicht
– Mediationsklausel 1 150
Klärung der Bauaufgabe 3 F 71
Klauseln aus der Vertragspraxis
– Allgemeine Geschäftsbedingungen
 3 G 20
– IP- und IT-Streitigkeiten 3 G 20 f.
KMUs 3 A 12
Know-how-Verluste 3 F 122
– Baumediation 3 F 99
Kollaboration 3 F 92
Kollegiale Beratung
 2 2 MediationsG 44, 229, 233;
 3 O 57
Kollisionsnorm 2 1 RDG 10
Kommunikation 3 E 16, 29

Kommunikationsförderung
 2 2 MediationsG 120 ff.
– Dreischritt der Verständnissicherung
 2 2 MediationsG 126
– Empowerment
 2 2 MediationsG 124
– Fairness 2 2 MediationsG 135
– Fragetechniken
 2 2 MediationsG 127
– Loop of Understanding
 2 2 MediationsG 126
– Recognition 2 2 MediationsG 124
– Techniken 2 2 MediationsG 125 ff.
– Visualisierung
 2 2 MediationsG 128
– Ziele 2 2 MediationsG 123 ff.
Kommunikationsmethoden
 2 2 MediationsG 125 ff.
– Dreischritt der Verständnissicherung
 2 2 MediationsG 126
– Empowerment
 2 2 MediationsG 124
– Fairness 2 2 MediationsG 135
– Fragetechniken
 2 2 MediationsG 127
– Loop of Understanding
 2 2 MediationsG 126
– notarielles Beurkundungsverfahren
 3 M 44 ff.
– Recognition 2 2 MediationsG 124
– Rückformulieren
 2 2 MediationsG 126
– Techniken 2 2 MediationsG 125
– Visualisierung
 2 2 MediationsG 128
– Ziele 2 2 MediationsG 123
Kompensationskonflikte 3 F 121
Kompetenz
– mediative 3 F 6, 81 ff., 86 ff.,
 98 ff., 104, 189
Komplexität 3 O 88
– Reduzierung 3 F 175
Konflikt
– als Frühwarnsystem 3 D 1
– arbeitsrechtlicher 3 E 1 ff.
– B2B 3 D 24
– betriebliche Funktion als Chance
 3 D 1
– im Team 3 D 5
– mediationstauglicher 3 E 1 f.
– Prüfung der Mediabilität 3 D 12
– unausgesprochener 3 E 11
– unterschwelliger 3 E 11

- Vorschlag für Mediation durch Arbeitgeber 3 E *11*
- zwischen Abteilungen und Bereichen eines Unternehmens 3 D *14*
- zwischen Führungskräften 3 D *8* ff.
- zwischen Geschäftsführung und Betriebsrat 3 D *11* ff.
- zwischen Konzerngesellschaften 3 D *15*
- zwischen Mitarbeitern 3 D *5* f.
- zwischen Mitarbeitern und Vorgesetztem 3 D *7*

Konflikt als Entwicklungschance 3 F *189*

Konfliktbearbeitung 3 F *5, 42*
- autonome 3 F *37, 43* f.
- heteronome 3 F *35*
- Zeitpunkt 3 E *12*

Konfliktbeilegung
- außergerichtliche 2 278a ZPO *1* ff.

Konfliktbeilegungsverfahren
- Adjudikation 1 *41*
- Arb-Med-Arb-Verfahren 1 *45*
- Arb-Med-Verfahren 1 *44*
- Dispute Boards 1 *40*
- hierarchische Entscheidung 1 *46*
- hybride ADR-Verfahren 1 *42* ff.
- innerbetriebliche Verfahrensformen 1 *46* ff.
- Med-Arb-Med-Verfahren 1 *45*
- Med-Arb-Verfahren 1 *43*
- Mediation 1 *43, 49*
- (private) Schiedsgerichtsbarkeit 1 *30* f.
- Schiedsgerichtsverfahren 1 *43*
- Schiedsgutachten 1 *32* ff.
- Schiedsgutachten mit mehreren Gutachtern 1 *35*
- Schiedsgutachten mit unverbindlichem Charakter 1 *34*
- Schiedsgutachten mit verbindlicher Wirkung 1 *33*
- Schlichtung 1 *37* ff.
- Schlichtung, individuell vereinbart 1 *38*
- Schlichtung, institutionell 1 *39*
- Schlichtung, obligatorisch 1 *38*
- Spektrum der Verfahrensarten 1 *29* ff.
- Verhandlung 1 *29*

Konfliktbetroffene Dritte 2 2 **MediationsG** *183* ff.

Konfliktdynamik 3 H *2*

Konfliktklärungsklausel
- ADR-Klausel 1 *179* ff.
- Formulierungsvorschlag 1 *180*

Konfliktkompetenz 1 *56*

Konfliktkosten 3 C *9*, A *10*
- Beratungskosten 3 B *12*
- Opportunitätskosten 3 B *12*
- Transaktionskosten 3 B *12*
- Verfahrenskosten 3 B *12*

Konfliktkultur
- Beeinflussung durch Mediation 3 D *16*

Konfliktmanagement 1 *51* ff.; 3 O *71* ff.
- Begriff 1 *51*
- digital basierte Rahmenwerke 3 O *75*
- digitale Systeme 3 O *74*
- Mediation 1 *54*
- Verfahrenswahl 1 *51*

Konfliktmanagement in der Wirtschaft 1 *56*

Konfliktmanagementkomponenten 1 *52* ff.
- Innen- und Außendarstellung/Kommunikation 1 *52*
- Konfliktanlaufstelle 1 *52*
- Konfliktbearbeiter 1 *52*
- Koordination und Controlling 1 *53*
- Qualitätssicherung 1 *52*
- systematische Maßnahmen- und Verfahrenswahl 1 *52*
- Verfahrensstandards 1 *52*

Konfliktmanagementordnung 3 N *13*

Konfliktmanagementprogramm 1 *52*

Konfliktmanagementsystem 1 *53*; 3 A *8*, F *102*, G *3*
- Viadrina-Komponentenmodell 1 *53*

Konfliktmanager
- Erbangelegenheiten 3 I *31* f.

Konfliktmediation 3 F *171*

Konfliktprävention 3 F *2, 42, 82* ff., *190*
- Deal Mediation 3 D *28*
- durch Mediation 3 D *16*
- Nichtanwendbarkeit des MediationsG 3 D *27*
- Vermittlungsverfahren 1 *75*

Konfliktvermeidung und -beilegung 3 G *3*

Konfliktvorsorge
- Erbangelegenheiten 3 I 1 ff.
Konflikt zwischen Gesellschaftern
3 D 20
Konkurrentenschutz 2 1 RDG 23
Konzern 2 2 RDG 7, 43 f.
Konzernbetriebsratsstruktur 3 E 37
Kooperation 2 2 RDG 53; 3 F 69, 92
- Rechtsanwalt 2 2 RDG 50
Kooperationsmanager 3 F 100
Kooperativer Bauvertrag 3 F 67 ff.
Köpersprache 3 O 52
Korrespondenzdienstleistung
2 1 RDG 10
Kosten 1 121 ff.;
2 2 MediationsG 250
- Abrechnung als Notar 3 M 35 ff.
- Anwaltsvergütung 1 122 f.
- Ermäßigung 3 N 20
- Ersatz für vergebliche Aufwendungen 2 2 MediationsG 35
- Förderung, finanzielle
2 23 FamFG 1 ff., 28 FamFG 1
- Gerichtskosten 1 121
- Hilfe, finanzielle 2 23 FamFG 1 f.
- Konfliktkosten 3 F 74
- Mediation 2 23 FamFG 1 f.;
3 N 15
- Mediationsklausel 1 173 f.
- Mediationskostenhilfe
2 23 FamFG 1 ff.
- Mediations-Rahmenvertrag
1 228 ff.
- Mediationsverfahren
2 7 MediationsG 7
- Prozessführungskosten
2 23 FamFG 3
- Prozesskostenhilfe 1 125 ff.;
2 23 FamFG 3 f., 28 FamFG 2 f.
- Rechtsstreit 3 N 4
- Sanktion 3 N 22
- Sowiesokosten 3 F 74
- Umfang 2 7 MediationsG 3 ff.
- Verfahrenskostenhilfe
2 23 FamFG 3 f., 28 FamFG 2 f.
Kostenanreiz 2 61a FamGKG 22
Kostenauferlegung 3 H 18
Kostenerlass 2 61a FamGKG 2 ff.
Kostenermäßigung
2 61a FamGKG 2 ff.
Kostenersparnis 2 61a FamGKG 8

Kosten-Nutzen-Abwägung
2 2 MediationsG 277
Kostenrecht
- Abrechnung einer notariellen Mediation 3 M 35 ff.
Kostenrechtliche Länderöffnungsklauseln 1 19; 2 8 MediationsG 34
Kostensanktion 3 H 18
Kostentragung, Regelung
2 2 MediationsG 250
Kostenübernahme
2 7 MediationsG 15
Kostenvorschuss
- Formulierungsvorschlag, Mediations-Rahmenvertrag 1 229
Kreativität 2 2 MediationsG 130
Kulturalisierung 3 H 6
Kundenbeziehung 3 Q 134
Kündigung 3 E 23, 25
- aus wichtigem Grund 3 F 143
- Kündigungsrecht
2 2 MediationsG 35
- Mediatorvertrag
2 2 MediationsG 35, 201 ff.
Kündigungsschutzklage 3 N 15
Künstliche Intelligenz 3 A 31, O 82 ff.
- Algorithmen 3 O 86
- Einsatzmöglichkeiten in der Konfliktbearbeitung 3 O 83 ff.
- ethische Fragen 3 O 86
- funktionale Kategorien 3 O 83
- Large Language Models 3 O 85
- Mediation 3 O 85
- rechtspolitische und ethische Fragen
3 O 82 ff.
Kurative Behandlung 3 F 2
Kurzzeitmediation
2 2 MediationsG 52

Länderöffnungsklausel
2 7 MediationsG 2, 8
Langzeitvertrag 3 F 15
Lastenverteilung 3 H 22
Law Clinic 2 6 RDG 9
Lean Management 3 F 77
Legal Clinic 2 6 RDG 9
Legal Tech 2 Einl. RDG 3, 21,
2 RDG 9, 4 RDG 3; 3 O 82 ff.

Lehrkraft
- Anforderungen
  2 6 **MediationsG** 33 f.
Leistungsabfall 3 E 15
Leistungsaustausch 3 F 11, 161
Leistungsbeschreibung
- unvollkommene 3 F 101
Leistungsbestimmungsrecht (§ 317 BGB)
- ADR-Klausel 1 191 f.
- Formulierungsvorschlag 1 192
Leistungskondiktion 2 9 **RDG** 6
Leistungsverwaltung
  2 7 **MediationsG** 10
Leistungsverzug 2 2 **MediationsG** 32
- Schadensersatz
  2 2 **MediationsG** 32
Lernende Gesetzgebung 1 55
Letztwillige Verfügung
  2 1 **MediationsG** 14
- Verfahrenshinweis 1 146
Loop of Understanding
  2 2 **MediationsG** 126
Lösungsfokussierte Mediationsansätze
  2 2 **MediationsG** 52
Loyalitätskonflikt 3 H 40
M&A Streitigkeit 3 C 29 f.
- Post-Closing Dispute 3 C 29
- Pre-Closing Dispute 3 C 29
- Pre-Signing Dispute 3 C 29
Machtungleichgewicht
  2 2 **MediationsG** 96, 151, 180, 211;
  3 F 156 ff., 160, 165, H 26
- Ausgleich 3 D 6
M-Aktiv
- Mediation in der Versicherungswirtschaft 3 J 39
Management
- Lean 3 F 77
Manifest
- Agiles 3 F 80
Markengesetz 3 G 9
Marktmodell 2 5 **MediationsG** 6
Med-Adj-Verfahren 3 B 34
Med-Arb-Med-Verfahren 3 B 34
Med-Arb-Verfahren 3 B 33
Mediand
- Mediandeninteresse 2 2 **RDG** 24

- Pflichten im Mediations-Rahmenvertrag 1 212 ff.
Mediation 3 G 10, H 7, 12, 45
- Abgrenzung zum Beurkundungsverfahren 3 M 4 ff.
- abstrakte Mediation 2 2 **RDG** 10
- am Arbeitsplatz 2 2 **RDG** 52
- Anreizsysteme 2 8 **MediationsG** 50
- Antrag, verfahrenseinleitender
  2 23 **FamFG** 1 ff.
- Arbeitsgerichtsgesetz
  2 54a **ArbGG** 21 ff.
- Ausbildungsstandards 3 H 45
- aus dem Ausland 2 1 **RDG** 12
- aus notarieller Sicht 3 A 29
- außergerichtliche
  2 1 **MediationsG** 1, 1 **RDG** 5,
  23 **FamFG** 4 ff., 54a **ArbGG** 26 ff.;
  3 N 14 ff.
- Beendigung (Art und Weise)
  2 2 **MediationsG** 235 ff.
- Beendigung durch den Mediator
  2 2 **MediationsG** 206 ff.
- Beendigung durch die Parteien
  2 2 **MediationsG** 193 ff.
- Begriff 1 49; 2 1 **MediationsG** 5 ff.,
  2 **RDG** 34 ff.
- bei der Projektbegleitung 3 F 98 ff.
- betriebliche 1 25
- Beweismittelverbote 3 N 31
- bi-professionelle 3 H 38
- Caucus-Mediation 3 F 153
- Co-Mediation 2 1 **MediationsG** 13
- Eignung 3 N 6, 15 ff.
- Einsatzfelder 2 8 **MediationsG** 31
- Einsatzhäufigkeit
  2 8 **MediationsG** 31
- Elder 3 H 7
- Empfehlung 2 2 **MediationsG** 97
- Entscheidungsfindung 1 50
- Erbangelegenheiten 3 I 1 ff.
- Etablierung 3 A 2
- evaluative 3 F 180
- FamFG-Verfahren 3 M 65 ff.
- Familienverfahren 2 36 **FamFG** 2
- finanzielle Förderung
  2 7 **MediationsG** 1 ff.
- Fortentwicklung 1 71
- Freiwilligkeit 3 N 15
- Fremdkörper 1 70
- Gegenstand 1 50
- gerichtliche 2 1 **RDG** 5; 3 L 1 ff.

- gerichtsinterne 1 *14* ff.;
  2 1 **MediationsG** *1*, 54a **ArbGG** *4* ff.;
  3 G *6*, *8*, L *8* ff.
- gerichtsnahe 2 1 **MediationsG** *1*,
  54a **ArbGG** *4*; 3 N *18*
- Gesellschaftsrecht 3 C *1* ff.
- grenzüberschreitende 3 H *38*
- Honorar 2 7 **MediationsG** *7*
- Immobilienmediation 3 F *1* ff., *27*
- in der steuerberatenden Praxis
  3 K *1*
- Informationsgespräch 3 H *18* ff.
- innerorganisatorische 1 *25*
- Institutionen 3 N *12*
- Intellectual Property 3 G *1* ff.
- Interessenorientierung 1 *49*
- in Wirtschaft und Gesellschaft
  3 A *1* ff.
- IP- und IT-Streitigkeiten 3 G *1* ff.
- Komplexität 3 O *89*
- Konfliktmediation 3 F *171*
- Kosten 3 N *15*
- Künstliche Intelligenz 3 O *85*
- Leistungsfähigkeit 3 O *89*
- Mediationsverständnis 1 *50*
- (Meta-)Ziele 2 2 **MediationsG** *51*
- Methoden der Mediation 3 F *149*
- Missbrauchsgefahr 3 C *28*, B *24*
- Modelle 2 2 **MediationsG** *52*
- notarielle 3 M *10* ff.
- öffentlicher Bereich 1 *26*
- Ort 3 N *35*
- Phasenstruktur 1 *49*
- pränuptiale 3 H *7*
- Praxisfälle IP- und IT-Streitigkeiten
  3 G *11* ff.
- Praxisstandards 3 H *46*
- private Bausachen 3 F *1* ff.
- Professionalisierung 3 H *45*
- Prozessvertrag 2 54a **ArbGG** *18*
- Qualitätssicherung
  2 8 **MediationsG** *49*; 3 H *45*
- rechtliche Beratung durch Notar
  3 M *26*, *50*
- rechtliche Regelungen zum Verhältnis gegenüber Verbraucher-ADR
  3 Q *114* ff.
- Rechtsanwalt 2 2 **RDG** *46*
- Rechtsberatung 1 *81*
- Rechtsdienstleistung 1 *213*
- richterliche Mediation 3 G *4*
- Singapur-Übereinkommen
  2 1 **RDG** *20*
- Steuerberater 3 K *1* ff.
- Struktur 2 1 **MediationsG** *10* ff.
- Teilnehmer 3 N *27*
- Übersicht über Anwendungsfelder
  3 A *17* ff.
- Verantwortungsverteilung
  2 2 **MediationsG** *80*
- verbandsinterne 2 6 **RDG** *7*
- Verbot 2 2 **RDG** *50*
- Vergleich mit anderen ADR-Verfahren 1 *176*
- Vergleich mit Beurkundungsverfahren 3 M *4* ff.
- Verhältnis zu Verbraucher-ADR
  3 Q *112* ff.
- Verortung innerhalb des Konfliktmanagements 1 *54*
- Verschleppung 3 C *28*, B *24*
- Versicherungswirtschaft 3 J *1* ff.
- Verständnis 2 2 **MediationsG** *50* f.
- Vertragsgestaltung 1 *129* ff.;
  3 M *57* ff.
- Vertraulichkeit
  2 1 **MediationsG** *6* ff.
- Vorbereitung durch Rechtsanwälte
  3 N *34* ff.
- Vorphase 3 H *44*
- Vorurteile 2 2 **MediationsG** *78*
- Zeitrahmen 3 N *35*
- Ziele 2 2 **MediationsG** *51*, *217*, *239*
- zwischen Unternehmen 3 B *1* ff.

Mediation aus notarieller Sicht
  3 M *1* ff.

Mediation im Gesellschaftsrecht
  3 C *1* ff., *5*
- Ausschlussfrist 3 C *23*
- Deal-Mediation 3 C *32*, *46*
- einstweiliger Rechtsschutz 3 C *19*
- First-Move-Barriere 3 C *18*
- Geeignetheit 3 C *1*
- M&A Streitigkeiten 3 C *30*
- Mediationsabrede 3 C *16*
- Mediationsklausel 3 C *16*
- Missbrauchsgefahr 3 C *28*
- Post-Closing Disputes 3 C *36*
- Post-Merger Integration 3 C *42*
- Pre-Signing Disputes 3 C *30*
- reaktive Abwertung 3 C *18*
- Verschleppung 3 C *28*
- Vertraulichkeit 3 C *3*

Mediation in der Versicherungswirtschaft 3 J *1* ff.
- Abschlussvereinbarung 3 J *35*

Stichwortverzeichnis

- Allgemeine Bedingungen für die Rechtsschutzversicherung (ARB) 3 J 12
- Anwaltsmediator 3 J 15, 36
- ARB 2012 3 J 21 f.
- Arzthaftpflicht 3 J 7
- Deckungsanfrage 3 J 10
- Deckungszusage 3 J 10
- Durchschnittsverbraucher 3 J 42 ff.
- Empfehlung 3 J 37
- FIN-NET 3 J 4
- freie Anwaltswahl 3 J 15, 29, 36, 44
- freie Mediatorenwahl 3 J 38, 40, 44
- Freiwilligkeit 3 J 40
- Grundsatz der Vertragsfreiheit 3 J 42 f.
- Haftpflichtversicherer 3 J 47
- Haftpflichtversicherung 3 J 1, 8, 47 ff.
- Irreführung 3 J 45
- M-Aktiv 3 J 39
- Mediatorenpool 3 J 10
- mündiger Verbraucher 3 J 45
- Ombudsmann Private Kranken- und Pflegeversicherung 3 J 6
- Prämienkalkulation 3 J 9
- Prinzip der Freiwilligkeit 3 J 42
- Prozessrisiko 3 J 52
- Rechtsdienstleistung 3 J 27
- Rechtsschutzversicherung 3 J 1, 8 ff., 26 ff.
- Rechtsschutzversicherungs-Richtlinie 3 J 28 ff.
- Rechtsschutzversicherungsvertrag 3 J 12 ff.
- Schadensregulierung 3 J 47 f.
- Schlichtungsstelle 3 J 7
- Shuttle-Mediation 3 J 10
- Solvency II-Richtlinie 3 J 30
- unangemessene Benachteiligung 3 J 40 f.
- Unternehmensbeschwerde 3 J 3
- Verbraucherschlichtungsstelle 3 J 2, 6
- Verbraucherstreitbeilegungsgesetz 3 J 2
- Verbraucherstreitbeilegungsverfahren 3 J 46
- Verfahrensordnung des Versicherungsombudsmanns (VomVO) 3 J 3
- Vermittlerbeschwerde 3 J 5
- Vermittlung des Mediators 3 J 38
- Versicherungsombudsmann 3 J 1 ff.
- Vollstreckbarkeitserklärung 3 J 35
- VVG-Reform 3 J 32
- Wahrnehmung rechtlicher Interessen 3 J 35
- Zwangsmediationsversuch 3 J 41

Mediationsabrede
 2 2 **MediationsG** 249; 3 C 16, B 17, 27

Mediationsabschlussvereinbarung
- Muster Vollstreckungstitel 3 M 54

Mediationsakte 1 110 f.

Mediationsanaloge Supervision
 2 2 **MediationsG** 43

Mediationsansätze
 2 2 **MediationsG** 52
- interessenbasierte
 2 2 **MediationsG** 52
- lösungsfokussierte
 2 2 **MediationsG** 52
- narrative 2 2 **MediationsG** 52
- therapeutische 2 2 **MediationsG** 52
- transformative 2 2 **MediationsG** 52

Mediationsanwalt 3 B 31

Mediationsausbildung
- Ausbildungsverordnung
 2 8 **MediationsG** 42
- empirische Befunde
 2 8 **MediationsG** 35 ff.
- Qualitätskriterien
 2 8 **MediationsG** 38
- Regelungsbedarf
 2 8 **MediationsG** 39 ff.
- Vergleich 2 8 **MediationsG** 37

Mediationsbegleitung
- Rechtsanwalt 3 A 30, N 1 ff., 37 ff.

Mediationsclub 2 7 **RDG** 3

Mediationseignung
 2 7 **MediationsG** 12

Mediationsergebnis
 2 2 **MediationsG** 243 f.
- abgestimmte Sprachregelung zur Information Dritter 3 D 9
- Teilklärung 2 2 **MediationsG** 240

Mediationsgesetz 3 H 6, 15, L 21 ff., Q 132
- Anwendbarkeit auf unternehmensinterne Mediatoren 3 D 29
- Anwendungsbereich 1 6, 22

1107

- Beschlussempfehlung des Rechtsausschusses 1 17
- Beschlussempfehlung des Vermittlungsausschusses 1 18
- Entstehung 1 2 ff.; 3 L 11 ff.
- europarechtliche Fragestellungen 1 27, 55
- Evaluationsbericht 1 20b
- Evaluierung 1 20b
- Gesetzgebungsverfahren 1 9 ff.
- Grundhaltung des Gesetzgebers 1 21
- Hauptstreitpunkte im Gesetzgebungsverfahren 1 9, 12 ff.
- Inkrafttreten 1 20
- lernende Gesetzgebung 2 8 MediationsG 53
- Neuregelungen 3 H 5 ff.
- Positionspapier 2 5 MediationsG 8
- Rahmensetzung für innerbetriebliche Mediation 3 D 2
- Rechtsausschuss 3 L 15 ff.
- Referentenentwurf 1 11 f.; 3 L 13 f.
- Regierungsentwurf 3 L 13 f.
- Reichweite 1 21
- Spezialgesetz 2 4 MediationsG 11
- Stellungnahme des Bundesrats 1 15
- Steuerberater 3 K 16
- Verhältnis zum RDG 2 Einl. RDG 5 f.
- Verhältnis zu Verbraucher-ADR 3 Q 117
- Vermittlungsausschuss 3 L 18
- Verschwiegenheitspflicht 3 Q 117
- Vorarbeiten 1 10

Mediationsklausel 1 148 ff.; 2 1 MediationsG 14; 3 C 16, B 17, 26, N 10 ff.
- § 1066 ZPO analog 3 I 34 ff.
- AGB-Kontrolle (kein Verbrauchervertrag) 1 157
- AGB-Kontrolle (Verbrauchervertrag) 1 156
- Anreize zur Teilnahme an Mediation 3 I 36 f.
- anwendbares Recht 1 154
- Arbeitsvertrag 2 1 MediationsG 14
- Aufl. 3 I 34 ff.
- Auslandsberührung 1 175
- Auslegung, Klageverzicht 1 152
- Ausschlussfrist 1 160, 171 f.
- Beginn und Ende des Verfahrens 1 169 f.
- Besonderheiten bei einzelnen Anwendungsfeldern 1 193 ff.
- Bestimmung des Mediators 1 164 ff.
- dilatorischer Klageverzicht 1 151 f.
- Dispositionsbefugnis 1 158
- einstweiliger Rechtsschutz 1 171 f.
- Erbangelegenheiten 3 I 33 ff.
- Form 1 154
- Formulierungsvorschlag 3 I 40
- Formulierungsvorschlag (Gesamtmuster) 1 161 f.
- Formulierungsvorschlag (Kurzklausel) 1 162 f.
- Formulierungsvorschlag Vergütung 1 173 f.
- Freiwilligkeit 2 1 MediationsG 14
- Generator von Fällen 1 132
- Gesellschaftsvertrag (GmbH) 1 196
- Gestaltungsinstrument in Erbangelegenheiten 3 I 34 ff.
- Inhalte 3 N 11
- Klageverzicht 1 150
- kraft einseitiger Anordnung 3 I 33 ff.
- letztwillige Verfügung 3 I 33 ff.
- Pflichtteilsberechtigte 3 I 39
- Qualifikation des Mediators 1 165
- Regelungen zum Verfahren 1 167 f.
- Testamentsvollstreckung 3 I 36 f.
- Unwirksamkeit des Hauptvertrages 1 155
- Verbreitung in der Praxis 1 133 f.
- Verfahrenshinweis 1 135 ff.
- Vergleich mit Schiedsklausel 1 149
- Vergütung 1 173 f.
- Verjährung 1 160
- Verjährungshemmung 2 203 BGB 5, 8
- Vermächtnis 3 I 34 ff.
- Vertragsstrafe 1 153
- Vertraulichkeit 1 159
- vorsorgende 1 131 ff.

Mediationskompetenz 3 N 24
Mediationskostenhilfe 2 61a FamGKG 23, 7 MediationsG 1, 8, 19, 8 MediationsG 44; 3 H 10
- Erfolgsaussicht Mediation 2 23 FamFG 6 f.
- Voraussetzungen 2 23 FamFG 6 f.

Mediationsparteien
- Erwartungen 2 2 MediationsG 239

Mediationsprinzipien
  2 2 MediationsG 25, 80
- Entscheidungsabstinenz des Mediators   2 2 MediationsG 13
- Prinzipienverletzung
  2 2 MediationsG 218 f.
- Transparenz   2 2 MediationsG 13
Mediations-Rahmenvertrag   1 198 ff.;
  2 2 MediationsG 14, 16 f., 21, 72 ff.
- Absprachen zur rechtlichen Prüfung des Ergebnisses   1 243 f.
- AGB   2 2 MediationsG 73
- Analyse der Konfliktlandschaft
  1 240
- Arbeitsbündnis   1 198
- Art der Regelungen   1 199
- Auftraggeber ist keine Konfliktpartei
  1 242
- Ausführlichkeit   1 206
- Auslegung   2 2 MediationsG 21
- beteiligte Dritte   1 222 f.
- beteiligte Personen   1 199
- dispositives Recht   1 201 ff.
- drittseitige Beauftragung
  2 2 MediationsG 75
- Einzelgespräch   1 234 f.
- enthaltene Regelungen   1 200
- Form   1 207
- Formulierungsvorschlag (Beteiligung Anwälte)   1 221
- Gesamtmuster   1 218 f.
- Gesellschaften   1 236 ff.
- größere Gruppen   1 236 ff.
- Honorar   2 2 MediationsG 74
- Inhalte   2 2 MediationsG 103
- innerbetriebliche Mediation   1 242
- juristische Personen   1 236 ff.
- Klarstellung zu Rechtsdienstleistung
  1 213
- Konkretisierung des Teilnehmerkreises   1 241
- Kosten   1 228 ff.
- Mediatorvertrag   1 200;
  2 2 MediationsG 16 ff.
- öffentliches Recht   1 240
- Partei-Rahmenvereinbarung
  2 2 MediationsG 16 ff.
- Pflichten der Medianden untereinander   1 210 f.
- Pflichten zwischen Mediator und Medianden   1 212 ff.
- Phase 1 der Mediation   1 198
- Protokollierung der Mediation
  1 226 f.
- rechtliche Einordnung   1 202 f.
- Rechtsanwalt   2 2 MediationsG 17
- Rechtsdienstleistung   1 245
- Regelungsgegenstände
  2 2 MediationsG 74
- Regelungsinhalte
  2 2 MediationsG 21
- Regelungstiefe und -intensität
  1 206
- Repräsentation größerer Gruppen
  1 240
- Rubrum   1 208
- Schlecht- oder Nichtleistung   1 215
- Schlussbestimmungen   1 217
- Vereinbarungen mit Anwälten oder Dritten   1 220 f.
- Vereinbarungen zum Verfahren
  1 216
- Verfahrensgegenstand   1 209
- Vergütung   1 214, 228 ff.
- Vergütung, Vor- und Nachbereitungszeiten   1 230 ff.
- Verhältnis zu gesetzlichen Regelungen   2 2 MediationsG 21
- Vertrag zwischen Konfliktparteien und Mediator   1 203
- Vertrag zwischen Medianden   1 202
- Vertraulichkeitsvereinbarung zwischen Medianden   1 211
- Vertretungsfragen   1 236 ff.
- Verweis auf Berufsrecht des Mediators   1 248
- Verweis auf Verfahrensordnung
  1 224 f.
- Wohnungseigentümergemeinschaft
  1 241
Mediationsrichtlinie   1 5 ff.;
  2 Einl. RDG 16, 2 RDG 35,
  4 MediationsG 1 ff.; 3 H 9, L 12
- Evaluationsbericht   1 8a
- Förderung der grenzüberschreitenden Mediation   1 27
- Studien   1 8a
- Subsidiaritätsprinzip   1 5
- Umsetzung   1 8 f.;
  2 2 MediationsG 5
- Umsetzungsfrist   1 8
- Verhältnis zu Verbraucher-ADR
  3 Q 115
- Vorgaben   1 7
Mediationsstil   2 2 MediationsG 25, 53 f., 86, 2 RDG 37
- evaluativer   2 1 MediationsG 11
- moderierender   2 1 MediationsG 11

- strategischer   2 1 MediationsG 11
- transformativer
  2 1 MediationsG 11

Mediation Statement   3 B 11
Mediationsverbände   3 H 3
Mediationsvereinbarung   3 B 26
- Abschlussvereinbarung durch Mediator   1 247
- Einbindung rechtlicher Berater   1 246 f.
- Muster   3 D 44
- Rechtsanwalt   3 N 23 ff.
- Schnittstelle zur rechtlichen Prüfung   1 246 f.
- Vollstreckbarkeit   2 8 MediationsG 45

Mediationsverfahren
- Abbruch   2 2 MediationsG 102, 135 f., 189 f.
- Abgrenzung vom Beurkundungsverfahren   3 M 8
- Ablauf   2 2 MediationsG 81 f.
- Abschlussvereinbarung   1 250 ff.
- Arbeitsschritte   2 2 MediationsG 81 f.
- Beendigung   2 2 MediationsG 102, 135 f., 187 ff.
- Bestandteile   2 2 MediationsG 4
- Beurkundungsverfahren, zeitliche Abfolge   3 M 9
- Erfolg   2 2 MediationsG 239 ff.
- Gestaltung   2 2 MediationsG 4; 3 N 23, 28
- Grundsätze   2 2 MediationsG 80
- Kosten   2 7 MediationsG 7
- Mediatorwechsel   2 2 MediationsG 191
- Parallelverfahren   3 N 33
- Phasen 4 und 5   1 250 ff.
- Phasenmodell   2 2 MediationsG 81 ff.
- rechtliche Erörterungen   2 2 MediationsG 268 ff.
- Scheitern   2 2 MediationsG 239 ff.
- Unterbrechung   2 2 MediationsG 190
- Vereinbarungen im Mediations-Rahmenvertrag   1 216

Mediationsvergleich   3 N 40
- Auslegung   1 105 ff.
- Rechtsanwalt   3 N 40
- Urkundsbeweis   1 106
- Vollstreckbarkeit   3 N 40

Mediationsversuch
- Angabe   3 H 16

Mediationsvertrag   3 H 31
- Rechtsanwalt   3 N 23 ff., 39
- Verweis auf Verfahrensordnungen   1 205

Mediationsvorschlag   3 H 16 f.
Mediation-Window   3 B 35
Mediation zwischen Unternehmen   3 B 1 ff.
- Besonderheiten   3 B 25 ff.
- Beweismittelvereinbarung   3 B 10
- Beweisverwertungsverbot   3 B 10
- Deal Mediation   3 B 3
- einstweiliger Rechtsschutz   3 B 19
- Einzelgespräch   3 B 29 f.
- externe Vertraulichkeit   3 B 7
- First-Move-Barriere   3 B 18
- gerichtsnahe Mediation   3 B 35
- Grenzen   3 B 16 ff.
- Hybridverfahren   3 B 32 ff.
- Inhouse-Juristen   3 B 31
- interne Vertraulichkeit   3 B 7
- Konfliktkosten   3 B 12
- Med-Adj-Verfahren   3 B 34
- Med-Arb-Med-Verfahren   3 B 34
- Med-Arb-Verfahren   3 B 33
- Mediationsabrede   3 B 17, 27
- Mediationsanwalt   3 B 31
- Mediationsklausel   3 B 17, 26
- Mediation Statement   3 B 11
- Mediationsvereinbarung   3 B 26
- Mediation-Window   3 B 35
- Mediator-in-Reserve   3 B 35
- Michigan-Mediation   3 B 35
- Missbrauchsgefahr   3 B 24
- New York Convention II   3 B 14
- reaktive Abwertung   3 B 18
- Rechtsanwalt   3 B 31
- Risikoanalyse   3 B 29
- Streitbeilegungsklausel   3 B 27
- Syndikusrechtsanwalt   3 B 31
- Tatsachengrab   3 B 24
- Verfahrensinteressen   3 B 22
- Verschleppung   3 B 24
- Verteilungskonflikt   3 B 28
- Vertraulichkeit   3 B 7 f.
- Vollstreckbarkeit   3 B 14
- Zeugnisverweigerungsrecht   3 B 8
- ZOPA   3 B 29

Mediative Grundhaltung
- als Ausbildungsinhalt des Mediators 2 5 MediationsG 20, 6 MediationsG 23

Mediative Interventionen 1 50a

Mediative Kompetenz 3 F 6, 81 ff., 86 ff., 98 ff., 104, 189

Mediative Prinzipien 3 Q 132 ff.
- Interessenorientierung 3 Q 134
- Sachverhaltsklärung 3 Q 133

Mediatives Handeln 1 50a

Mediator 2 2 MediationsG 3
- Allparteilichkeit 2 1 MediationsG 23
- Angestellter 2 2 RDG 51
- Aufsicht 2 2 RDG 48
- Ausbildung 2 5 MediationsG 1 ff., 6 RDG 9; 3 N 24
- Äußerung zur Rechtslage 2 2 MediationsG 254 ff.
- Aus- und Fortbildung 1 13, 15 f.; 2 2 MediationsG 40
- Auswahl 2 2 MediationsG 46, 55, 57 ff.; 3 N 12
- Auswahl durch Koordinationspersonen 2 2 MediationsG 61
- Beauftragung 2 2 MediationsG 46, 72 ff.
- Beauftragung durch höhere Hierarchieebene 2 2 MediationsG 60
- Begriff 2 1 MediationsG 20 ff.
- Berufsbild 2 5 RDG 4 ff.
- Berufshaftung 2 9 RDG 6
- Eignung 3 N 12, 24
- Einbeziehung in die Abschlussvereinbarung 2 2 MediationsG 252 f.
- eingeschränkte Wahlfreiheit 2 2 MediationsG 63 ff.
- Entscheidungsbefugnis 2 1 MediationsG 25
- Ermessen 2 2 MediationsG 25
- ethisch-moralische Grenzen 2 2 MediationsG 228
- Fortbildung 2 5 MediationsG 1 ff.
- Freiberuflichkeit 2 9 RDG 5
- Führungserfahrung 3 D 10
- Geeignetheit 2 2 MediationsG 47 ff.
- Güterichter 2 3 MediationsG 5, 4 MediationsG 19
- Haftung 2 2 MediationsG 33a, 2 RDG 48
- Honorar 2 2 MediationsG 56
- juristisch 3 H 33
- Legaldefinition 2 3 MediationsG 7
- Mediationskompetenz 3 N 24
- Mediationsstil 2 2 MediationsG 86, 225
- Mediatorenliste 2 2 MediationsG 58
- Mediatorenvertrag 2 2 MediationsG 20
- Neutralität 2 1 MediationsG 21
- persönliche Passung 2 2 MediationsG 55
- Pflichten 2 2 MediationsG 23
- Pflichten im Mediations-Rahmenvertrag 1 212 ff.
- Pflichtverletzung 2 2 MediationsG 33a
- Prozessverantwortung 2 1 MediationsG 26
- psychologische Grenzen 2 2 MediationsG 227
- psychosozial 3 H 33
- Qualifikation 2 2 MediationsG 48
- Qualitätssicherung 2 5 MediationsG 1 ff.
- Registrierung 2 10 RDG 3
- Rollenvergleich mit Notar 3 M 1 ff.
- Sachkompetenz 3 N 24
- Tätigkeitsverbot 3 N 24, 39
- Unabhängigkeit 2 1 MediationsG 21 f., 2 RDG 51
- Verfahrensführung 2 2 MediationsG 25 f.
- Verfahrensverantwortung 2 2 MediationsG 7, 80
- Vergleich mit Notar 3 M 4 ff.
- Verschwiegenheit 2 2 RDG 48
- Verschwiegenheitspflicht 2 4 MediationsG 14 ff.
- Vorab-Bindung durch Mediationsklauseln 2 2 MediationsG 58
- Vorschlag Dritter 2 2 MediationsG 59
- Wahl 2 2 MediationsG 45 ff.
- zertifizierter 2 5 MediationsG 1 ff., 36 ff.; 3 N 24
- Zulassung 2 10 RDG 3
- Zusammenarbeit mit Notar 3 M 48 ff.

Mediatoren-Pool 2 4 RDG 2
- Ausgestaltungsvarianten 3 D 25

- Motivation zum Aufbau im Rahmen des innerbetrieblichen Konfliktmanagements 3 D 25
- Rechtsschutzversicherung 3 J 10

Mediatorenvertrag
- Nichtigkeit 2 Einl. RDG 15

Mediator-in-Reserve 3 B 35

Mediator Style Grid
2 2 MediationsG 53

Mediatorvertrag
2 2 MediationsG 4 ff., 16,
5 RDG 12; 3 N 23 ff.
- drittseitige Beauftragung
  2 2 MediationsG 75
- Erfüllungsanspruch
  2 2 MediationsG 31
- Kündigung 2 2 MediationsG 35, 201 ff.
- Mediations-Rahmenvertrag 1 200
- Minderungsrecht
  2 2 MediationsG 35
- Nichtigkeit 2 9 RDG 6
- Rechtsnatur 2 2 MediationsG 20
- Sorgfaltspflicht 2 9 RDG 6

Mediatorwahl 2 2 MediationsG 57 ff.
- Ablehnungsrecht
  2 2 MediationsG 63 ff.
- Co-Mediatoren
  2 2 MediationsG 67 ff.
- Rechtsschutzversicherung
  2 2 MediationsG 59, 61
- Vorab-Bindung
  2 2 MediationsG 62

Mediatorwechsel
2 2 MediationsG 191, 237

Medien
- Rechtsdienstleistung 2 2 RDG 42

Mehrheitsentscheidung 3 E 18

Mehrparteienvertrag 3 F 73, 96

Mehrwert 3 E 18

Mentales Modell 3 F 168

Meta-Kommunikation
2 2 MediationsG 136

Methoden der Mediation 3 F 149

Methodik
- rechtliche Erörterungen
  2 2 MediationsG 268 ff.
- Szenariotest 2 2 MediationsG 283

Methodische Hinweise
2 2 MediationsG 268 ff.

Michigan-Mediation 3 B 35

Minderung des Honorars
2 2 MediationsG 35

Minderungsrecht
- Mediatorvertrag
  2 2 MediationsG 35

Mindestausbildungsstandard 1 83

Mindeststundenumfang
- der Ausbildung des nicht zertifizierten Mediators 2 5 MediationsG 23
- der Ausbildung des zertifizierten Mediators 2 6 MediationsG 29 ff.

Mini-Trial 3 G 19

Missbrauchsgefahr
- Mediation im Gesellschaftsrecht
  3 C 28
- Mediation zwischen Unternehmen
  3 B 24

Mitarbeitervertretung 2 2 RDG 31

Mitbestimmungsangelegenheiten
3 E 9, 32 ff.

Mitteilung
- Antragsschrift 2 61a FamGKG 6
- Klageschrift 2 61a FamGKG 3

Mitverschulden
- Baumediation 3 F 155

Modell
- mentales 3 F 168

Modellprojekt 2 278a ZPO 2; 3 L 8 f.
- Finanzgericht 2 155 FGO 1
- Sozialgericht 2 202 SGG 2
- Verwaltungsgericht 2 173 VwGO 2

Moderation 1 47
- Rechtsgespräch 2 2 RDG 37

Moderierender Mediationsstil
2 1 MediationsG 11

Mündiger Verbraucher 3 J 45

Muster
- Arbeitsbündnis 3 D 44
- Mediationsvereinbarung 3 D 44
- notarieller Vollstreckungstitel
  3 M 54

Mutwilligkeit 2 7 MediationsG 12

Nachbarschaftsmediation 2 5 RDG 5

Nachbereitung einer Mediation
2 2 MediationsG 237
- Abschlussvereinbarung
  2 2 MediationsG 252

Nachhaltigkeit
- Steuerberater 3 K 20 ff.

Nachlassauseinandersetzung
- Vermittlung durch Notar 3 I 62

Nachlassgericht
- Zuständigkeit für Erbschein und Europäisches Nachlasszeugnis 3 I 49

Nachrang zu anderen Gesetzen
- Rechtsdienstleistungsgesetz 2 1 RDG 25

Nachtrag 3 F 34
- Baumediation 3 F 125, 134, 141, 162

Nachträgliche Unmöglichkeit 2 2 MediationsG 30

Nachtragsstreitigkeiten
- Baumediation 3 F 125

Nachunternehmer 3 F 85

Näheverhältnis, persönliches 2 6 RDG 7

Narrative Mediationsansätze 2 2 MediationsG 52

Natürliche Person 2 1 MediationsG 12

Nebendienstleistung 2 5 RDG 9

Nebenleistung 2 5 RDG 8 ff.

Nebenpflichten 2 2 MediationsG 23

Nebenzweck 2 7 RDG 3

Neoklassischer Vertrag 3 F 69

Netzwerk 3 H 46
- Europa 3 H 47

Neurobiologie 3 F 89

Neutralität 2 2 MediationsG 107, 4 RDG 1 f.; 3 H 39
- Abgrenzung 2 3 MediationsG 9 ff.
- Allparteilichkeit 2 1 MediationsG 23
- andere Leistungspflicht 2 4 RDG 1
- Bedeutung 2 3 MediationsG 6
- Begriff 2 3 MediationsG 12
- des Mediators 3 D 30
- Mediator 2 1 MediationsG 21
- Offenbarungspflicht 2 3 MediationsG 8 ff.
- Sicherung 2 3 MediationsG 3
- Unparteilichkeit 2 1 MediationsG 23

New York Convention II 3 B 14

Nichtleistung
- Pflichtverletzung 2 2 MediationsG 29 ff.

Notar 2 1 RDG 26, 2 RDG 15, 50, 3 RDG 8; 3 A 29
- Abgrenzung zur anwaltlichen Tätigkeit 3 M 5
- Abschlussvereinbarung, rechtliche Prüfung 1 260
- als Gütestelle 3 M 14 ff.
- als Mediator 3 M 10 ff.
- Anwaltsnotar 3 M 21 f., 31
- Auswirkungen des Mediationsgesetzes 3 M 24 f.
- Belehrungspflichten nach dem MediationsG 3 M 25, 27
- Berufsaufsicht 2 9 RDG 2, 5
- Beurkundungs- und Mediationsverfahren 3 M 3 ff.
- Beurkundungszuständigkeiten 3 M 12
- Co-Mediation 3 M 43
- Einsatzfelder als Mediatoren 3 M 10 ff.
- Entwurf der Abschlussvereinbarung 1 262
- Erbrecht 3 M 11 ff.
- Erbscheinsantrag 3 I 50
- Familienrecht 3 M 11 ff.
- Gebührenvereinbarung, Formulierungsvorschlag 3 M 36
- gerichtsnahe Mediation 3 M 59 ff.
- Gesellschaftsrecht 3 M 11 ff.
- hauptberuflicher 3 M 21
- Immobilienrecht 3 M 11 ff.
- im Staatsdienst 3 M 21
- keine Pflicht zur Mediation 3 M 8
- Kostenerhebung 3 M 35 ff.
- Mitwirkungsverbote als Anwaltsnotar 3 M 28 ff.
- Mitwirkungsverbote als Notarmediator 3 M 28 ff.
- obligatorische Streitschlichtung 3 M 14 ff.
- Reflexion der eigenen Kommunikationspraxis 3 M 45
- Rollenbild 3 M 1 ff.
- Rollenvergleich mit Mediator 3 M 1 ff.
- Schiedsrichter 3 M 18
- Schiedsrichter als genehmigungsfreie Nebentätigkeit 3 M 19
- Schlichtungs- und Schiedsgerichtshof Deutscher Notare (SGH) 3 M 17 f.
- Steuerungsfunktion in Erbangelegenheiten 3 I 50
- typische Rechtsgebiete 3 M 11 ff.

- Unternehmensnachfolge 3 M 11 ff.
- Vergleich mit Mediator 3 M 4 ff.
- Vermittlung von Vermögensauseinandersetzungen in Erbstreitigkeiten 3 M 20
- Verschwiegenheitspflicht nach dem MediationsG 3 M 33 f.
- Vertragsgestaltung 3 M 57 ff.
- Vollstreckungstitel 3 M 51
- vorsorgende Beratung in Erbangelegenheiten 3 I 11
- Werbung und Außendarstellung als Mediator 3 M 39 ff.
- Zertifizierung 3 M 42
- Zusammenarbeit mit Mediator 3 M 48 ff.

Notariatsformen 3 M 21 f.

Notarielle Beurkundung
- Abgrenzung zur Mediation 3 M 4 ff.
- Aufgaben des Notars 3 M 4 ff.
- Beurkundungsgesetz 3 M 4 ff.
- der Abschlussvereinbarung 2 2 MediationsG 304
- Kostenerhebung 3 M 35 ff.
- mediative Methoden 3 M 44 ff.
- Pflicht zur rechtlichen Beratung und Belehrung 3 M 6, 50
- Rechtsgebiete 3 M 12
- Schnittstelle zur Mediation 3 M 48 ff.
- Urkundengewährungspflicht 3 M 37
- Vergleich mit Mediationsverfahren 3 M 4 ff.
- Vollstreckungstitel von Kosten mit umfasst 3 M 50

Notarielle Mediation
- Abrechnung 3 M 35 ff.
- Amtstätigkeit 3 M 23 ff.
- öffentlich-rechtlicher Vertrag 3 M 23

Notarielles Berufsrecht 3 M 21 ff.
- Aus- und Fortbildung 3 M 42
- Einordnung der Mediation als Amtstätigkeit 3 M 23
- örtliche Beschränkungen 3 M 41
- Werbung und Außendarstellung 3 M 39 ff.

Notarielles Kostenrecht
- Abrechnung einer Mediation 3 M 35 ff.

Notarielle Urkunde
- Vollstreckungstitel 3 M 53

Notarielle Vertragsgestaltung
- Mediationsklauseln 3 M 57 ff.
- Türöffner für Mediation 3 M 57 ff.

Notar im Staatsdienst 3 M 21

Nutzung
- Entgelt 2 61a FamGKG 9
- Entschädigung 2 61a FamGKG 9

Nutzung von Mediation
- Anreizsysteme 2 8 MediationsG 50

Obligatorische Streitschlichtung
- Notare 3 M 14 ff.

ODR 3 Q 4, 44; siehe Online Dispute Resolution

ODR-Verordnung 2 6 MediationsG 16; 3 O 73, Q 44 ff.
- ODR-Plattform 3 Q 45 ff.

Offenbarungspflicht 2 2 MediationsG 48, 3 MediationsG 1 ff., 8 ff.
- Umfang 2 3 MediationsG 14 ff.
- Unabhängigkeit 2 3 MediationsG 15 ff.

Öffentliche Hand 3 F 6

Öffentlichkeit 2 1 MediationsG 9

Öffentlich-rechtlicher Vertrag
- notarielle Mediation 3 M 23

Öffnungsklausel 2 61a FamGKG 1

Ohnmacht 3 H 43

Ombudsmann Private Kranken- und Pflegeversicherung 3 J 6
- Verbraucherschlichtungsstelle 3 J 6

Online Dispute Resolution 1 57; 3 A 31, O 1 ff., Q 44
- Ambivalenzen 3 O 18 f.
- asynchrone Formate 3 O 3
- Barrierefreiheit 3 O 68 ff.
- Begriffsbestimmung 3 O 1
- Chancen 3 O 13 ff.
- Co-Mediation 3 O 29
- COVID-19-Pandemie 3 O 6
- Datenschutz 3 O 9, 23 f.
- Deeskalation 3 O 16 f.
- digitale Tools zur Unterstützung der Verfahrenswahl 3 O 71 ff.
- DS-GVO 3 O 9
- e-commerce 3 O 61
- Emotionen 3 O 18
- Entwicklung 3 O 2, 6

- Ermüdung 3 O 11
- ethische Fragen 3 O 82 ff.
- externe Dienstleister 3 O 29
- Forschungsbedarf 3 O 78 ff.
- Forschungsfragen 3 O 80
- Gesprächskonstellationen 3 O 15
- Herausforderungen 3 O 9 ff.
- Hilfspersonen 3 O 29
- hybride Verfahrensgestaltung
  3 O 36 ff.
- Infrastruktur 3 O 21 f.
- Klassifizierung 3 O 4
- Kommunikation 3 O 28
- Komplexität 3 O 88 f.
- Kontaktaufbau 3 O 12
- Kontrolle 3 O 17
- Künstliche Intelligenz 3 O 82 ff.
- Legal Tech 3 O 82 ff.
- logistische Vorteile 3 O 13 f.
- Meeting-Software 3 O 21 f.
- Nachbereitung 3 O 35
- Nachhaltigkeit 3 O 13
- ODR-Verordnung 3 O 73
- Online-Mediation 3 O 45 ff.
- Online-Schiedsgerichtsverfahren
  3 O 62 ff.
- Online-Schlichtung 3 O 58 ff.
- organisatorische Aspekte 3 O 20 ff.
- Ortswahl 3 O 34
- Phasenmodell der Mediation
  3 O 49 ff.
- Potential 3 O 13 ff.
- Präferenzen 3 O 87
- Qualitätsanforderungen 3 O 81
- Qualitätssicherung 3 O 78 ff.
- Rahmenvereinbarung 3 O 30
- rechtspolitische Fragen 3 O 82 ff.
- Schweigen 3 O 19
- Selbstbestimmung 3 O 17
- Setting 3 O 25 ff.
- Sicherheit 3 O 16 f.
- synchrone Formate 3 O 3
- technische Aspekte 3 O 20 ff.
- technische Probleme 3 O 10, 32
- Transparenz 3 O 28
- Verfahrensspektrum 3 O 1, 4
- Verfahrenszufriedenheit 3 O 92
- Verschwiegenheitspflicht 3 O 29
- Vorbereitung 3 O 30 ff.
- Vorteile 3 O 13 ff.
- Wettbewerbsvorteil 3 O 90
- Zeitplanung 3 O 33
- Zoom Fatigue 3 O 11
- Zugänglichkeit 3 O 16, 68 ff.
- Zukunftsfragen 3 O 67 ff.

Online-Mediation
  2 1 MediationsG 11, 1 RDG 12,
  2 RDG 9; 3 O 1 ff., 45 ff.
- Abschluss 3 O 54
- Arbeiten im Phasenmodell
  3 O 49 ff.
- Aus- und Fortbildung 3 O 55 ff.
- Einzelgespräche 3 O 47
- Emotionen 3 O 52
- Feedback 3 O 54
- Haltung der Mediatoren 3 O 48
- Interessen 3 O 52
- kollegiale Beratung 3 O 57
- Kommunikationsmethodik
  3 O 49 ff.
- Körpersprache 3 O 52
- Mediationsgesetz 3 O 49
- Qualitätssicherung 3 O 55
- Rahmenvereinbarung 3 O 50
- Spezifika 3 O 46 ff.
- Verordnung über die Aus- und Fortbildung von zertifizierten Mediatoren 3 O 56
- Visualisierung 3 O 53
- ZMediatAusbV 3 O 56

Online-Schiedsgerichtsverfahren
  3 O 62 ff.
- Anspruch auf rechtliches Gehör
  3 O 64
- APEC-Framework 3 O 66
- dispositives Recht 3 O 65
- Schiedsort 3 O 63
- Schiedsrecht 3 O 63 ff.
- Verfahrensgrundsätze 3 O 64

Online-Schlichtung 3 O 58 ff.
- mögliche Formate 3 O 59
- Online-Handel 3 O 61
- Verbraucherschlichtung 3 O 60

Online Streitbeilegung 3 A 31

Operationalisierung 3 F 5

Ordnungswidrigkeit 2 Einl. RDG 14, 9 RDG 8

Ordre public 2 4 MediationsG 38 ff.
- Familienmediation 3 H 32

Organisation
- gesellschaftsrechtlich 3 F 186

Organisation betrieblicher Abläufe
- als Untersuchungsgröße in der innerbetrieblichen Mediation 3 D 14

Ort der Mediation 3 N 35

Pandemie 3 A 34

Parallelität der Interessen 3 F *190*
- Baumediation 3 F *72, 90*

Parentifizierung 3 H *42*

Partei
- Begriff 2 2 MediationsG *3*
- Eigenverantwortlichkeit
  2 2 MediationsG *6, 8*
- juristische Person
  2 1 MediationsG *12*
- Kündigungsrecht
  2 2 MediationsG *35*
- natürliche Person
  2 1 MediationsG *12*
- Privatautonomie
  2 2 MediationsG *6*
- Selbstbestimmung
  2 2 MediationsG 6 ff., *45, 77*
- Selbstverantwortung
  2 2 MediationsG *6, 10*
- Verfahrensverständnis
  2 2 MediationsG *78, 92* f.
- Verschwiegenheitspflicht
  2 4 MediationsG *20*

Parteiautonomie
2 2 MediationsG 6 ff., 2 RDG *49*

Partei-Rahmenvereinbarung
2 2 MediationsG *16*
- Rechtsnatur 2 2 MediationsG *19*

Parteivertreter
- Tätigkeitsverbot
  2 3 MediationsG *24, 28, 31, 36*

Partnering 3 F *71*

Partnerschaftliches Verhalten am Bau
3 F *111*

Partnerschaftliche Zusammenarbeit
3 F *102*

Patchwork 3 H *7*

Patchworkfamilie 3 I *4*

Patentanwalt 2 2 RDG *50*

Patentgericht 3 G *8* f.

Patentgesetz 3 G *9*

Patentlizenzvertrag 3 G *13*

Patent- und Know-how-Lizenzvertrag
3 G *15*

Pausen 2 2 MediationsG *129*

Personalrat 2 2 RDG *31*

Perspektivwechsel
- Baumediation 3 F *157, 169*

Pflichten des Mediators
2 2 MediationsG 22 ff., *33a*
- Hauptleistungspflichten
  2 2 MediationsG *22*
- Minimalanforderungen
  2 2 MediationsG *27*
- Nebenpflichten
  2 2 MediationsG *23*
- vor- und nachvertragliche Pflichten
  2 2 MediationsG *24*

Pflichtteilsberechtigte
- Einbeziehung in Mediationsklausel
  3 I *39*

Pflichtteilsstreit
- Verfahrenshinweis in letztwilliger
  Verfügung 3 I *29* f.

Pflichtverletzung 2 2 MediationsG *28*
- Anspruchsgrundlagen
  2 2 MediationsG 28 ff.
- Beweislast 2 2 MediationsG *28, 33*
- des Mediators
  2 2 MediationsG 28 ff., *33a*
- Kategorien 2 2 MediationsG *28*
- Nichtleistung
  2 2 MediationsG 29 ff.
- Schadensersatz
  2 2 MediationsG *34*
- Schlechtleistung
  2 2 MediationsG *33* ff.

Phasenmodell der Mediation
2 2 MediationsG *81* f.
- Flexibilität 2 2 MediationsG *82*
- Phasenprodukte
  2 2 MediationsG *82*

Pilotprojekt 2 7 MediationsG *18*

Pilotstudie 2 7 MediationsG *4*

Pionierunternehmen 3 A *11*

Planungsvertrag 3 F *188*

Positionspapier zum MediationsG
2 5 MediationsG *8*

Präsenz-Mediation
2 1 MediationsG *11*

Prävarikationsverbot 1 *91* ff.

Praxiserfahrung
- Anforderungen an den nicht zertifizierten Mediator
  2 5 MediationsG *21*
- Anforderungen an den zertifizierten
  Mediator 2 6 MediationsG 26 ff.
- begleitet durch Supervision, Intervision und Covision
  2 6 MediationsG *27*

- des zertifizierten Mediators
  2 6 **MediationsG** 27

Praxiserfahrung des zertifizierten Mediators
- Frist für die durchzuführenden fünf Mediationen
  2 2 ZMediatAusbV 14
- supervidierte Mediationen als konstitutiver Ausbildungsbestandteil
  2 2 ZMediatAusbV 13
- Supervision der fünf nachzuweisenden Mediationen
  2 2 ZMediatAusbV 15

Praxisfall
- zur Mediation zwischen Geschäftsführung und Betriebsrat 3 D 13

Praxisfälle IP- und IT-Streitigkeiten
- Mediation 3 G 11 ff.

Praxisstandards 3 H 46

Praxis Verbraucher-ADR 3 Q 6 ff., 25, 30
- § 111a EnWG 3 Q 29
- § 111b EnWG 3 Q 29
- § 14 UklaG; 3 Q 24
- § 191f BRAO 3 Q 32
- § 214 Abs. 2 VVG 3 Q 23
- § 29 ff VSBG 3 Q 34
- §§ 57 ff. LuftVG; LuftSchlichtV 3 Q 27
- Allgemeine Verbraucherschlichtungsstelle (§ 4 Abs. 2 VSBG) 3 Q 35
- Allmänna reklamationsnämnden (ARN) 3 Q 11
- Auffangstelle 3 Q 34
- Banken 3 Q 24 f.
- behördliche Stelle 3 Q 24 f.
- Deutschland 3 Q 7, 14 ff.
- Energie 3 Q 29
- Fallvolumen 3 Q 20
- Financial Ombudsman Service (FOS) 3 Q 13
- Finanzierung 3 Q 18
- FinSV 3 Q 24
- freie Berufe 3 Q 32 f.
- Freiwilligkeit 3 Q 19
- Großbritannien 3 Q 7, 12
- Kapitalanlage 3 Q 24
- Luftverkehr 3 Q 27
- Niederlande 3 Q 7 f.
- Notifizierung 3 Q 16
- Ombudsmann für Versicherungen 3 Q 22
- Ombudsmann Private Kranken- und Pflegeversicherung 3 Q 22
- Ombudsstelle für Investmentfonds 3 Q 25
- Ombudsstelle Sachwert- und Investmentvermögen 3 Q 25
- Online-Handel 3 Q 31
- Online-Schlichter 3 Q 31
- Organisationsform 3 Q 18
- Personenverkehr 3 Q 26 ff.
- Post 3 Q 30
- private Stelle 3 Q 24
- rationales Desinteresse 3 Q 15
- Schlichtungsstelle der Rechtsanwaltschaft 3 Q 32
- Schlichtungsstelle Energie 3 Q 29
- Schlichtungsstelle für Architekten und Ingenieurleistungen 3 Q 32
- Schlichtungsstelle für Arzthaftpflichtfragen der norddeutschen Ärztekammern 3 Q 33
- Schlichtungsstelle für den öffentlichen Personenverkehr (söp) 3 Q 28
- Schlichtungsstelle Luftverkehr 3 Q 28
- Schlichtungsstelle Nahverkehr 3 Q 28
- Schlichtungsstelle Post 3 Q 30
- Schlichtungsstelle Reise & Verkehr 3 Q 28
- Schlichtungsstelle Telekommunikation 3 Q 30
- Schweden 3 Q 7, 10
- Stichting Geschillencommissies voor Consumentenzaken (SGC) 3 Q 9
- Telekommunikation 3 Q 30
- Überblick 3 Q 21 ff.
- Universalschlichtungsstelle des Bundes 3 Q 34 f.
- Verbraucherschlichtungsstelle der Architektenkammer Niedersachsen 3 Q 32
- verschiedene Modelle 3 Q 6
- Versicherungen 3 Q 22 f.

Pre-Court Consideration
  2 7 **MediationsG** 3

Prinzip der Freiwilligkeit 3 J 42 f.

Prinzip der informierten Einigung
  2 2 **MediationsG** 273 ff.

Prioritätsgrundsatz 3 H 27

Privatautonomie 2 2 **MediationsG** 6;
  3 H 22
- Vertragsgestaltung 1 129 ff.

1117

Private Bausachen 3 A 22
Privat-rechtliche Zertifizierungsstelle
  2 6 MediationsG 7 f., *41* ff.
- Ausschluss von Interessenkollisionen
  2 6 MediationsG 42
- mögliche Rechtsformen
  2 6 MediationsG 42
Professionalisierung 3 H *45*
Projekt
- Begleitung 3 F *98*
- Realisierung 3 F *5*
- Vorbereitung 3 F *5*
Projektabwicklung
- integrierte 3 F *73*
Projektentwicklungsmaßnahmen
  3 F *106*
Projektkosmos 3 F *19*
Projektkultur 3 F *21* f.
Projektpartner 3 F *92*
Projekttätigkeit
- Entwicklungsprozess 3 F *109*
Projektteam 3 F *19, 109*
- Leistungsfähigkeit 3 F *21*
Promise of Mediation 3 O *89*
Protokoll
- Formulierungsvorschlag, Mediations-Rahmenvertrag 1 *227*
- Mediations-Rahmenvertrag
  1 *226* f.
Protokollierung
- Abschlussvereinbarung
  2 2 RDG *21*
Prozessfinanzierer 2 4 RDG 3
Prozesskostenhilfe 1 *125* ff.;
  2 7 MediationsG 4; 3 H 10
- Beiordnung 2 7 MediationsG 19
- Gleichheitsgrundsatz
  2 28 FamFG 2 f.
- Sozialstaatsprinzip
  2 28 FamFG 2 f.
Prozessmaxime
- Finanzgericht 2 *155* FGO 4
- Sozialgericht 2 *202* SGG 7
- Verwaltungsgericht 2 *173* VwGO 9
Prozessordnung 2 3 RDG 8
Prozessrisiko 3 J *52*
Prozessrisikoanalyse
- Rechtsanwälte 3 N *36*

Prozessuale Fristen 1 *113* ff.
- Berufungsbegründungsfrist
  1 *116* ff.
- Klageerwiderungsfrist 1 *114* f.
- Ruhendstellen des Verfahrens
  1 *114*
Prozessvergleich
- Vollstreckbarkeit
  2 2 MediationsG *316*
Punktesachen
- Baumediation 3 F *141*
Qualifikation
- Informationspflicht
  2 3 MediationsG *41* ff.
Qualitätsdefinition
- Mediation 2 8 MediationsG 24
Qualitätssicherung 1 *82* ff.;
  2 2 MediationsG *39* ff.,
  3 MediationsG 4; 3 H *45*, O *78* ff.
- Anerkennungsmodell
  2 5 MediationsG 4
- Aus- und Fortbildung 1 *13*, *15* f.;
  2 2 MediationsG 40
- europarechtliche Rahmenbedingungen 2 6 MediationsG 9 ff.
- Falldokumentation
  2 2 MediationsG 42
- Feedback 2 2 MediationsG *41*, 242
- Gesetzesevaluation
  2 8 MediationsG *1* ff.
- Gestaltungsvarianten
  2 5 MediationsG 2 ff.
- Gütesiegelmodell
  2 5 MediationsG 5
- individuelle Maßnahmen
  2 2 MediationsG *39* ff.
- innerbetriebliche Mediation
  2 5 MediationsG 30
- Intervision 2 2 MediationsG 44
- kollegiale Beratung
  2 2 MediationsG 44
- Marktmodell 2 5 MediationsG 6
- Mediation 2 5 MediationsG *1* ff.,
  8 MediationsG 24
- (Selbst-)Evaluation
  2 2 MediationsG *41*
- Selbstreflexion 2 2 MediationsG 42
- Stellungnahmen von Verbänden und Institutionen 2 5 MediationsG 7 ff.
- Supervision 2 2 MediationsG 43
- Umsetzung im Gesetzgebungsverfahren 2 5 MediationsG 15

- Zulassungsmodell
  2 5 MediationsG 3
Qualitätssicherung des zertifizierten Mediators
- Drei-Stufen-Modell
  2 6 MediationsG 5, 41
Rahmenbedingungen
- gesetzliche 3 H 21
- rechtliche 3 H 21
Rahmenvereinbarung 3 O 24, 50
Rangfolgenregelung 3 F 129 ff.
Rationales Einigungshindernis
- Baumediation 3 F 57
Räumung 2 61a FamGKG 13
RDG 2 Einl. RDG 1 ff.
Reaktive Abwertung 3 C 18, B 18
„Rebooting"-Studie
  2 8 MediationsG 11
Recht
- instrumentalisierendes 3 F 135
- statisches 3 F 135
- typisierendes 3 F 135
Rechtdienstleistungsgesetz
- Internationaler Anwendungsbereich
  2 1 RDG 10 ff.
Recht in der Mediation
- Abschlussvereinbarung
  2 2 MediationsG 258
- Allparteilichkeit
  2 2 MediationsG 267, 271
- Aufklärung der Parteien
  2 2 MediationsG 266
- Äußerung des Mediators zur Rechtslage 2 2 MediationsG 254 ff.
- Fristen 2 2 MediationsG 254
- Kenntnis der Rechtslage
  2 2 MediationsG 279, 285
- methodische Hinweise
  2 2 MediationsG 268 ff.
- Positionen 2 2 MediationsG 265
- Rechtsberatung durch den Mediator
  2 2 MediationsG 285 ff.
- Rechtsdienstleistung
  2 2 MediationsG 255 ff.
- Risiken der Einbeziehung
  2 2 MediationsG 265
- Rolle im Konfliktbearbeitungsprozess 2 2 MediationsG 263 ff.
- Vorteile der Einbeziehung
  2 2 MediationsG 264

Rechtliche Erörterungen
  2 2 MediationsG 268 ff.
Rechtliche Prüfung 2 2 RDG 12 ff.
- Abschlussvereinbarung 1 259
- Erforderlichkeit 2 2 RDG 16 ff.
- Formulierungsvorschlag, Mediations-Rahmenvertrag 1 244 ff.
- Regelungen im Mediations-Rahmenvertrag 1 243 f.
- Ziele 1 259
Rechtsabteilung 2 2 RDG 43 f.
Rechtsanwalt 2 Einl. RDG 1,
  1 RDG 26, 2 MediationsG 165 ff.,
  2 RDG 46, 50, 3 RDG 8; 3 A 30,
  B 31
- Abgrenzung zum Steuerberater
  3 K 8 f.
- Abschlussvereinbarung
  2 2 MediationsG 252 f.; 3 N 40
- Beratung zu Mediation 3 N 8 ff.
- Beratung zur außergerichtlichen Mediation 3 N 14 ff.
- Berufsaufsicht 2 9 RDG 2, 5
- Berufsbild 2 2 RDG 14
- Einbeziehung 3 H 26
- Einzelgespräch 3 N 32, 39
- Fallkonstellationen
  2 2 MediationsG 165 ff.
- Gestaltung von Mediationsverfahren
  3 N 23
- Güterichter, Vorbereitung 3 N 17
- in der Mediation
  2 2 MediationsG 165 ff., 288 ff.
- kooperative Haltung in Erbangelegenheiten 3 I 52
- Mediationsbegleitung 3 N 1 ff.,
  37 ff.
- Mediationsklauseln, Gestaltung von
  3 N 10 ff.
- Mediationsverbot 2 2 RDG 50
- Mediationsvereinbarung
  3 N 23 ff., 39
- Mediationsvergleich 3 N 40
- Mediationsvertrag 3 N 23 ff., 39
- Mediator 3 K 10
- Nutzen und Risiken der Einbindung in die Mediation
  2 2 MediationsG 171 ff.
- Optionen der Einbindung
  2 2 MediationsG 176 ff.
- Prozessrisikoanalyse 3 N 36
- Rolle in Erbangelegenheiten 3 I 52
- Unabhängigkeit 2 6 RDG 8

- vertragliche Einbindung
  2 2 **MediationsG** *17*
- Vorbereitung der Mediation 3 **N** *5*, *34* ff.
- vorsorgende Beratung in Erbangelegenheiten 3 **I** *11*

Rechtsanwaltskammer 2 1 **RDG** *26*, 9 **RDG** *2*, *5*

Rechtsanwendungsbefehl
- Europarecht 2 1 **RDG** *18*

Rechtsauschuss 3 **L** *15* ff.

Rechtsbehelf 2 7 **MediationsG** *14*

Rechtsberatung 1 *81*;
2 2 **MediationsG** *171*, *285* ff., *290* ff.
- Anwaltsmediator
  2 2 **MediationsG** *171*, *287*
- Begriff 2 1 **RDG** *3*
- durch den Mediator
  2 2 **MediationsG** *254* ff., *285* ff.
- externe 3 **H** *25*
- Haftungsrisiko
  2 2 **MediationsG** *287*
- Mediations-Rahmenvereinbarung
  2 2 **MediationsG** *287*
- vertragliche Vereinbarung
  2 2 **MediationsG** *287*

Rechtsberatungsgesetz
2 **Einl. RDG** *1* f., 2 **RDG** *4*
- rechtspolitische Kritik
  2 **Einl. RDG** *2* f.

Rechtsbesorgung
- Begriff 2 1 **RDG** *3*

Rechtsdienstleistung
2 **Einl. RDG** *1* ff.,
2 **MediationsG** *256* f.; 3 **H** *24*, **J** *27*
- Abschlussvereinbarung
  2 2 **MediationsG** *258*
- Annexrechtsberatung
  2 5 **RDG** *1* ff.
- Aufsicht 2 **Einl. RDG** *4*,
  9 **RDG** *9* f.
- ausländisches Recht
  2 **Einl. RDG** *11* f., 10 **RDG** *1* ff.
- außergerichtliche 2 1 **RDG** *4* ff.
- Bagatellberatung 2 2 **RDG** *20*
- Begriff 2 1 **RDG** *3*, 2 **RDG** *1* ff., *32* ff.
- Definition 2 2 **RDG** *1* ff., *32* ff.
- deutsches Recht 2 1 **RDG** *13*
- eigene Angelegenheit 2 3 **RDG** *13*
- Erlaubnistatbestände
  2 3 **RDG** *14* ff.
- Europarecht 2 **Einl. RDG** *11* f.

- Haftung 2 2 **MediationsG** *261* f.
- Mediation 3 **J** *27*
- Mediations-Rahmenvertrag 1 *245*
- Nebenzweck 2 7 **RDG** *3*
- Registrierungsfähigkeit
  2 10 **RDG** *2* ff.
- Reisekosten 2 6 **RDG** *4*
- Sachkosten 2 6 **RDG** *4*
- Selbstständigkeit 2 3 **RDG** *12*
- Unentgeltlichkeit 2 6 **RDG** *3* ff.
- Verhältnis zur Mediation
  2 **Einl. RDG** *5* f.
- Völkerrecht 2 **Einl. RDG** *11* f.
- Zulässigkeit
  2 2 **MediationsG** *259* f.

Rechtsdienstleistungsgesetz
2 **Einl. RDG** *1* ff.,
2 **MediationsG** *255* ff.; 3 **H** *13*
- als Teil des Wirtschaftsrechts
  2 1 **RDG** *2*
- als Verbraucherschutzrecht
  2 1 **RDG** *22*
- Annexrechtsdienstleistung
  2 5 **RDG** *1* ff.
- Anwendungsbereich
  2 **Einl. RDG** *20*, 1 **RDG** *2* ff., *7*,
  2 **RDG** *15*, *38* ff., 5 **RDG** *10*
- Auslegung 2 1 **RDG** *21*,
  2 **RDG** *15*, *48*, 3 **RDG** *10*,
  5 **RDG** *10*
- Bedeutung für Mediatoren
  2 **Einl. RDG** *8* ff.
- Entstehungsgeschichte
  2 **Einl. RDG** *1* ff.
- Erlaubnistatbestand 2 3 **RDG** *4* ff.,
  8 **RDG** *1* ff.
- europarechtlicher Hintergrund
  2 **Einl. RDG** *16*
- europarechtliche Vorgaben
  2 **Einl. RDG** *17* ff.
- internationaler Anwendungsbereich
  2 **Einl. RDG** *20*, 1 **RDG** *7* ff.
- Konkurrentenschutz 2 1 **RDG** *23*
- Nachrang zu anderen Gesetzen
  2 1 **RDG** *25*
- Rechtsgutachten 2 2 **RDG** *27* f.
- Reformen 2 **Einl. RDG** *21* f.
- Regelungstechnik 2 3 **RDG** *3*
- Schutzzweck 2 1 **RDG** *21* ff.,
  2 **RDG** *45*, *48*
- Systematik 2 **Einl. RDG** *7*
- Umgehung 2 2 **RDG** *24*, *28*, *42*,
  53, 5 **RDG** *9*, 6 **RDG** *7*

- Verbot mit Erlaubnisvorbehalt
  2 3 **RDG** 3, 6
- Verbotsgesetz   2 3 **RDG** 1
- Verhältnis zum MediationsG
  2 **Einl. RDG** 5 f.
- Ziel   2 1 **RDG** 21 ff.
- Zweck   2 1 **RDG** 21 ff.

Rechtsfrage
- Baumediation   3 F 39

Rechtsgutachten   2 2 **RDG** 27 f.,
3 **RDG** 9

Rechtsinformationen   3 H 24

Rechtskenntnis   2 5 **RDG** 13

Rechtskundiger   2 2 **RDG** 46

Rechtslehrer   2 1 **RDG** 6,
2 **RDG** 27 f., 3 **RDG** 8 f., 6 **RDG** 8

Rechtsmittelfristen   3 N 15

Rechtsnatur
- Mediatorvertrag
  2 2 **MediationsG** 20

Rechtsprechung zu Mediation   1 67 ff.
- Anwaltsvergütung   1 122 f.
- Auslegung des Mediationsvergleichs
  1 105 ff.
- Berufsrecht   1 80 ff.
- Berufungsbegründungsfrist
  1 116 ff.
- externe Vertraulichkeit   1 102 ff.
- Fortentwicklung   1 71
- Freiwilligkeit   1 76
- Fremdkörper   1 70
- Fristen   1 113 ff.
- Gerichtskosten   1 121
- Grundzüge   1 67 ff.
- Haftung   1 86 ff.
- Haftungstatbestände   1 88 ff.
- interne Vertraulichkeit   1 110 f.
- Klageerwiderungsfrist   1 114 f.
- Konfliktprävention   1 75
- Kosten   1 121 ff.
- Mediationsvergleich   1 105 ff.
- Mindestausbildungsstandard   1 83
- Prävarikationsverbot   1 91 ff.
- Prozesskostenhilfe   1 125 ff.
- Qualitätssicherung   1 82 ff.
- Rechtsberatung   1 81
- Richtermediatoren   1 107 f.
- Ruhendstellen des Verfahrens
  1 114
- Sozietätsbildung   1 85
- Tätigkeitsbeschränkungen   1 91 ff.
- Urkundsbeweis   1 106

- Verfahrensgrundsätze   1 75
- Vermittlungsverfahren   1 75
- Verschwiegenheitspflicht   1 107 f.
- Verschwiegenheitspflicht des beteiligten Rechtsanwalts   1 103 ff.
- Vertraulichkeit der Mediation
  1 101 ff.

Rechtsrat   3 H 23

Rechtsschutzversicherung   2 4 **RDG** 2;
3 J 1, 9 ff., 32, N 15
- Allgemeine Bedingungen für die Rechtsschutzversicherung (ARB)
  3 J 12
- Deckungsanfrage   3 J 10
- Deckungszusage   3 J 10
- freie Anwaltswahl   3 J 15
- Kostenersparnisse   3 J 9
- Leistungen   3 J 26
- Leistungspflichten   3 J 26
- Mediatorenpool   3 J 10
- Prämienkalkulation   3 J 9
- Shuttle-Mediation   3 J 10
- Vertrag   3 J 9
- Wahrnehmung rechtlicher Interessen
  3 J 27

Rechtsschutzversicherungs-Richtlinie
3 J 28 ff.
- freie Anwaltswahl   3 J 29

Rechtsschutzversicherungsvertrag
- Mediationsklausel   3 J 12 ff.

Rechtsstaat
- Baumediation   3 F 27

Rechtsstaatsprinzip
2 7 **MediationsG** 19

Rechtsstreit   3 E 22

Rechtsverlust   3 H 31

Rechtsverordnung nach § 6
- inhaltliche Grundzüge
  2 6 **MediationsG** 17 ff.
- Inkrafttreten
  2 6 **MediationsG** 14 ff.

Recognition   2 2 **MediationsG** 124

Referentenentwurf Mediationsgesetz
3 G 4 ff., L 13 f.

Regelungsvorschlag   2 2 **RDG** 38 ff.,
5 **RDG** 9; 3 H 24

Regierungsentwurf   3 L 13 f.

Registrierung
- fehlende Registrierungsfähigkeit
  2 10 **RDG** 3
- Mediator   2 10 **RDG** 3

- Teilbereich 2 10 RDG 6
Reisekosten 2 6 RDG 4
Relationaler Vertrag 3 F 69
Repräsentantenproblematik 3 D 11 ff.
Richter 2 3 RDG 10, 8 RDG 2
Richterliche Mediation 3 G 4 f.
Risiken der Einbeziehung
 2 2 MediationsG 265
Risikoanalyse 3 B 29, F 152, 176
Risikomanagement 3 F 63
Rolle im Konfliktbearbeitungsprozess
 2 2 MediationsG 263 ff.
Round Table Mediation und Konflikt-
 management 3 A 12
- Positionspapier zum MediationsG
 2 5 MediationsG 8
RTMKÖ 3 A 16
Rubrum
- Abschlussvereinbarung 1 268
Rücknahme 2 61a FamGKG 10, 12, 14
Ruhen des Verfahrens
 2 278a ZPO 13 ff.
Ruhendstellen des Verfahrens 1 114

Sachkompetenz 3 N 24
Sachkonflikt 2 2 RDG 23
Sachkosten 2 6 RDG 4
Sachkundenachweis 2 10 RDG 7
Sachliche Unabhängigkeit des Media-
 tors 2 2 MediationsG 106
Sachverhaltsaufklärung
 2 2 MediationsG 275
Sachverhaltsidentität
- Tätigkeitsverbot
 2 3 MediationsG 25
Sachverständige 2 2 MediationsG 182
- Verschwiegenheitspflicht
 2 4 MediationsG 20
Sachverständige Dritte
 2 2 MediationsG 182
Sachverständiger 3 H 12 ff.
Sanktion 2 Einl. RDG 14 f.,
 9 RDG 5 ff.
Schaden
- Art und Umfang
 2 2 MediationsG 37
- Ermittlung 2 2 MediationsG 37
- Kausalität 2 2 MediationsG 37

- Nachweis 2 2 MediationsG 37
Schadenregulierung 3 J 47 f.
Schadensersatz
- Pflichtverletzung
 2 2 MediationsG 34
- Wettbewerbsrecht 2 9 RDG 7
Schadensersatzanspruch 2 9 RDG 6
- deliktischer 2 2 MediationsG 36
- Differenzhypothese
 2 2 MediationsG 37
- Haftung 2 2 MediationsG 26
- Nichtleistung
 2 2 MediationsG 29 ff.
- Schaden 2 2 MediationsG 37
- Schlechtleistung
 2 2 MediationsG 33 ff.
- Tatbestandsvoraussetzungen
 2 2 MediationsG 26
- vertraglicher
 2 2 MediationsG 29 ff.
Scheidungsmediation 3 A 24, H 1 ff., 7
Scheidungssachen
- Kosten 2 150 FamFG 1
Scheitern des Mediationsverfahrens
 2 2 MediationsG 239 ff.
Schiedsgericht 3 F 179, G 19
- Baumediation 3 F 29 f.
- Verfahren 3 I 68
Schiedsgerichtsbarkeit 3 A 7, 32, F 37
Schiedsgerichtsverfahren
- Online-Schiedsgerichtsverfahren
 3 O 62 ff.
Schiedsgutachten 3 F 179
- ADR-Klausel 1 189 f.
- Formulierungsvorschlag 1 190
Schiedsgutachterklausel
- Erbangelegenheiten 3 I 26 f.
Schiedsklausel
- Erbangelegenheiten 3 I 41
- Vergleich mit Mediationsklausel
 1 149
Schiedsrichter 2 2 RDG 29 f., 50;
 3 F 166
Schiedsspruch mit vereinbartem Wort-
 laut
- Vollstreckbarkeit
 2 2 MediationsG 317
Schlechtleistung
- Pflichtverletzung
 2 2 MediationsG 33 ff.

Schlichter 2 2 RDG 29 f.; 3 F 166
Schlichtung 2 10 RDG 3,
  2 MediationsG 315; 3 E 3, F 37
- ADR-Klausel 1 185 f.
- Baumediation 3 F 31 f.
- Formulierungsvorschlag 1 186
- unverbindliche 3 F 32
- verbindliche 3 F 32
Schlichtungsstelle 1 39; 2 2 RDG 29,
  8 RDG 3, 5
Schlichtungsstelle der Rechtsanwaltschaft 2 8 RDG 5
Schlichtungs- und Schiedsgerichtshof Deutscher Notare (SGH)
- Schlichtungsverfahren 3 M 17 f.
Schuldnerverzug 2 2 MediationsG 32
- Schadensersatz
  2 2 MediationsG 32
Schule 2 6 RDG 7, 8 RDG 5
Schülermediation 2 6 RDG 7,
  8 RDG 5
Schulmediation 2 2 RDG 23
Schulung 2 6 RDG 9
Schulungsmaßnahmen 3 F 106
Schutzgesetz
- Haftung 2 2 MediationsG 36
Schutzzweck
- Rechtsdienstleistungsgesetz
  2 1 RDG 21 ff., 2 RDG 45, 48
Schweigen 2 2 MediationsG 129
Schwerbehindertenvertretung
  2 2 RDG 31
Screening 2 2 MediationsG 212
Scrum 3 F 77
Selbstbestimmung
  2 2 MediationsG 6 ff., 45, 77, 236
Selbstmediation 2 3 RDG 13
Selbstreflexion 2 2 MediationsG 42,
  106, 229
Selbstständigkeit 2 3 RDG 12
Selbstverantwortung
  2 2 MediationsG 6, 8, 11, 266
Selbstverpflichtungserklärung
- corporate pledge 1 147
Selbstwirksamkeit 3 H 43
Setting 3 O 25 ff.
SGH
- isoliertes Schlichtungsverfahren
  3 M 18

- Schlichtung 3 M 18
Shuttle-Diplomatie 3 G 16 f.
Shuttle-Mediation
  2 1 MediationsG 11,
  2 MediationsG 140; 3 J 10
Singapur Übereinkommen
  2 1 RDG 20, 10 RDG 5
Sittenwidrigkeit 3 H 22
Software 3 F 64
Softwareentwicklung 3 F 75, G 14
Softwarestreitigkeit 3 G 14
Sollinhalte der Ausbildung nach § 5 Abs. 1 S. 2
- Digitalkompetenzen
  2 5 MediationsG 19
Solvency II-Richtlinie 3 J 30
Sorgfaltspflicht 2 9 RDG 6
Souveränität 2 1 RDG 7
Sowiesokosten
- Baumediation 3 F 90
Sozialgericht 2 202 SGG 1 ff.
- Güterichtermodell 2 202 SGG 4
- Modellprojekt 2 202 SGG 2
- Prozessmaxime 2 202 SGG 7
- Untersuchungsgrundsatz
  2 202 SGG 7
Sozialgerichtsgesetz 2 202 SGG 1 ff.
- Änderung 2 202 SGG 1 ff.
- Generalverweisung 2 202 SGG 4
Sozialhilfe 2 7 MediationsG 10
Sozialstaatsprinzip
  2 7 MediationsG 19
Sozialverband 2 8 RDG 8
Sozietät
- interprofessionelle 2 2 RDG 50
Sozietätsbildung 1 85
Sozietätsverbot 2 2 RDG 50
Spartenbetriebsrat 3 E 37
Sprachlosigkeit 3 E 16, 29
Spurenansatz 2 4 MediationsG 29
Staatliche Gerichtsbarkeit
- Baumediation 3 F 27
Staatliche Zertifizierungsstelle
  2 6 MediationsG 7 f., 44
Stellungnahme zum MediationsG
- der Bundesrechtsanwaltskammer
  2 5 MediationsG 11
- der Mediationsverbände
  2 5 MediationsG 13

- des Deutschen Anwaltsvereins
  2 5 **MediationsG** *9*
- des Deutschen Notarvereins
  2 5 **MediationsG** *10*
- des Gesamtverbandes der Deutschen Versicherungswirtschaft
  2 5 **MediationsG** *12*
- zur Qualitätssicherung der Mediation   2 5 **MediationsG** *7 ff.*

Stellvertreterproblematik   3 D *11 ff.*
Steuerberatende Praxis   3 A *27*
Steuerberater   2 2 **RDG** *50,* 3 **RDG** *8;* 3 K *1 ff.*
- Abgrenzung zum Rechtsanwalt 3 K *8 f.*
- „Agenda 2020"   3 K *24 ff.*
- allgemeine Berufspflichten   3 K *11*
- Alltag   3 K *6, 22 f.*
- als Mediator   3 K *15*
- Anwendbarkeit des MediationsG 3 K *16*
- Aufgabenbereich   3 K *7*
- Beispiele für Tätigkeit   3 K *3*
- Berufsordnung (BOStB)   3 K *12*
- Corporate Social Responsibility (CSR)   3 K *20 ff.*
- CSR in der Steuerberaterpraxis 3 K *20*
- Dienstleistung   3 K *9 ff.*
- Einsatzbereiche von Mediation 3 K *13 f.*
- Erfolgsfaktoren von üblicher Konfliktschlichtung   3 K *23*
- Existenzdruck   3 K *23 ff.*
- Feldkompetenz für Wirtschaftsmediation   3 K *29*
- Führungsaufgabe   3 K *22 f.*
- Konflikt   3 K *15*
- Konflikte der Mandanten (Dienstleistung)   3 K *9 ff.*
- Konflikte in der Kanzlei (Führungsaufgabe)   3 K *22 f.*
- Nachhaltigkeit   3 K *20 ff.*
- Netzwerk   3 K *13*
- Promotoren von Mediation   3 K *17*
- Schlichter   3 K *6*
- Skepsis zu Mediation   3 K *27*
- Steuerberatung 2020   3 K *24 ff.*
- Tätigkeitsverbot   3 K *13*
- Verhältnis zum Mandanten   3 K *4 f.*
- Vertrauter des Mandanten   3 K *2*
- Vorbehaltsaufgaben   3 K *11*
- Wegbereiter in Mediation   3 K *16*
- zertifizierter Mediator   3 K *29*

Steuerberatertätigkeit
- Beispiele   3 K *3*
Steuerberater und Mediation   3 K *1*
Steuerberatung 2020
- Leitbild   3 K *25*
- Ziele des Projekts   3 K *24 ff.*
Stichting Geschillencommissies voor Consumentenzaken (SGC)   3 Q *9*
Stilvielfalt   2 2 **MediationsG** *121*
Strafverteidigung   2 1 **RDG** *6*
Strategie
- Baumediation   3 F *46*
Strategiekonferenz   3 E *28*
Strategiekonflikt   2 2 **RDG** *23*
Strategischer Mediationsstil
  2 1 **MediationsG** *11*
Streit
- Muster   3 H *43*
Streitbeilegung
- außergerichtliche   2 **278a ZPO** *1 ff.*
- gesprächsleitende   2 2 **RDG** *36*
Streitbeilegung, digitale
- Verzahnung   3 O *76*
Streitbeilegungsklausel
  2 1 **MediationsG** *16;* 3 B *27,* N *10*
Streitkultur   2 8 **MediationsG** *18, 23;* 3 E *39*
Streitmuster   3 H *43*
Streitvermeidung   3 F *186*
Struktur der Mediation
  2 1 **MediationsG** *10 ff.*
Studienserie EUV/PwC   3 A *6 f.*
Subordinationsverhältnis
  2 **173 VwGO** *3*
Supervision   2 2 **MediationsG** *43, 229, 233*
- Ausbildungssupervision
  2 2 **ZMediatAusbV** *23,*
  5 **MediationsG** *22*
- Beginn der Dreijahresfrist für die zu supervidierenden Mediationen des zertifizierten Mediators
  2 2 **ZMediatAusbV** *19*
- Durchführungszeitpunkt der supervidierten Mediationen
  2 2 **ZMediatAusbV** *20*
- fehlende Begriffsklarheit des Terminus Supervision
  2 2 **ZMediatAusbV** *21*

- Konkretisierung des Supervisionsbegriffs 2 2 ZMediatAusbV 22
- mediationsanaloge Supervision 2 2 MediationsG 43
- Nachweis hinreichender Praxiserfahrung durch fünf supervidierte Mediationen 2 2 ZMediatAusbV 12
- Qualifikation des Supervisors 2 2 ZMediatAusbV 25
- rechtsdienstleistungsrechtliche 2 6 RDG 9
- Ziele 2 2 ZMediatAusbV 24

Supervision durchgeführter Mediationen
- Anerkennung von supervidierten Co-Mediationen/Abgrenzung zur Hospitanz 2 2 ZMediatAusbV 18
- Wegfall des Erfordernisses „im Anschluss an eine durchgeführte Mediation" durchzuführender Supervisionen 2 2 ZMediatAusbV 17

Supervisor 2 6 RDG 9
Syndikusrechtsanwalt 2 1 RDG 6, 2 RDG 43 f., 52, 6 RDG 8; 3 B 31
Systemische Methoden 2 2 MediationsG 130
Szenariotest 2 2 MediationsG 283

Tarifkonflikt
- Mediation alternativ zur Schlichtung 3 E 37

Täter-Opfer-Ausgleich 2 10 RDG 3, 2 RDG 37, 3 RDG 11
Tätigkeitsbeschränkung 2 2 MediationsG 48, 3 MediationsG 1 ff., 18 ff.
- Prävarikationsverbot 1 91 ff.

Tätigkeitsverbot
- absolutes 2 3 MediationsG 23 ff.
- als Parteivertreter 2 3 MediationsG 24 ff.
- bedingtes 2 3 MediationsG 18 ff.
- Belange der Rechtspflege 2 3 MediationsG 40
- Berufsausübungsgemeinschaft 2 3 MediationsG 31 ff.
- besonderes 2 3 MediationsG 22 ff.
- Bürogemeinschaft 2 3 MediationsG 31 ff.
- dispositives 2 3 MediationsG 18 ff., 30 ff., 37
- Einverständnis der Parteien 2 3 MediationsG 39
- Interessenvertretung 2 3 MediationsG 23 ff.
- Mediator 3 N 24, 39
- Nachwirkung 3 D 37
- Offenbarungspflicht 2 3 MediationsG 14 ff.
- Parteivertreter 2 3 MediationsG 24
- relatives 3 D 33
- Sachverhaltsidentität 2 3 MediationsG 25
- Steuerberater 3 K 13
- Vorbefassung 2 3 MediationsG 24 f., 31
- Zustimmung der Parteien 2 3 MediationsG 19 ff.

Tatsachengrab 3 B 24
Team
- Fehlerkultur 3 F 65
Team-Charakter 3 F 42
Teamkonflikt 3 D 5
Teilnahmebescheinigung
- für die Ausbildung des zertifizierten Mediators 2 6 MediationsG 35 ff.
- Pflicht zur Ausstellung 2 6 MediationsG 37
Teilnehmer 3 E 30
- an der Mediation 3 N 27
Territorialitätsprinzip 2 1 RDG 7
Testamentsvollstrecker 2 5 RDG 5
Testamentsvollstreckung
- Formulierungsvorschlag 3 I 25
- Konfliktvorsorge 3 I 23 ff.
- Mediationsklausel 3 I 36 f.
Therapiewissenschaften 3 F 89
Thüringer Projekt Güterichter 2 54a ArbGG 7
Titulierung 3 H 30
Transaktionskosten 3 F 175 f.
Transformativer Mediationsstil 2 1 MediationsG 11
Transparenz 2 2 MediationsG 13, 154, 236
Trennungsmediation 3 H 7
Treu und Glauben
- Baummediation 3 F 155
Türöffnereffekt 3 L 35

Übergangsbestimmung 2 9 MediationsG 1 ff., Art. 9 3
- begünstigte Gerichte 2 9 MediationsG 3

- Dauer 2 9 MediationsG 4
- im Rahmen von Ausbildungspflichten 2 6 MediationsG 39 ff.
- Zweck 2 9 MediationsG 2

Übergangsbestimmungen der ZMediatAusbV
- Alte-Hasen-Regelung,
  § 7 Abs. 1 ZMediatAusbV
  2 7 ZMediatAusbV 2
- Beginn der Fortbildungspflichten 2 7 ZMediatAusbV 10
- Dokumentation durchgeführter Mediationen 2 7 ZMediatAusbV 4
- Durchführungszeitpunkt der nach § 7 Abs. 1 ZMediatAusbV geforderten Mediationen 2 7 ZMediatAusbV 5
- Fortbildungspflicht von „Altmediatoren" 2 7 ZMediatAusbV 8
- Motivation des Verordnungsgebers 2 7 ZMediatAusbV 3
- Nachschulungsbedarf bei Nichterfüllung der Vorgaben aus § 7 Abs. 1 ZMediatAusbV 2 7 ZMediatAusbV 6
- Neuregelung des § 7 Abs. 4 ZMediatAusbV 2 7 ZMediatAusbV 11
- Überblick 2 7 ZMediatAusbV 1
- Zeitpunkt der Berechtigung des Führens der Bezeichnung zertifizierter Mediator 2 7 ZMediatAusbV 7
- Zertifizierungsbezeichnungsbefugnis nach § 7 Abs. 2 ZMediatAusbV 2 7 ZMediatAusbV 9

Umgang mit eingeschränkter Freiwilligkeit 2 2 MediationsG 99 f.

Umgang mit Haftungsrisiken 2 2 MediationsG 38

Umgehung
- Rechtsdienstleistungsgesetz 2 1 RDG 12

Umsetzungsgesetz
- § 253 ZPO 3 Q 118
- § 278a ZPO 3 Q 118
- Verhältnis zu Verbraucher-ADR 3 Q 116 ff.
- Zivilprozessordung 3 Q 118

Umweltmediation 2 5 RDG 6

Unabhängigkeit 2 6 RDG 8
- Abgrenzung 2 3 MediationsG 10, 13
- Bedeutung 2 3 MediationsG 6

- Befangenheitsgründe des internen Mediators 3 D 32
- Begriff 2 3 MediationsG 9
- des Mediators
  2 2 MediationsG 106, 2 RDG 51;
  3 D 30
- innere 2 2 MediationsG 106
- Mediator 2 1 MediationsG 21
- Offenbarungspflicht
  2 3 MediationsG 8 ff.
- personenbezogene
  2 3 MediationsG 11
- Rechtsanwalt 2 6 RDG 8
- sachliche 2 2 MediationsG 106
- Sicherung 2 3 MediationsG 3
- verfahrensbezogene
  2 3 MediationsG 11
- Verfahrensgegenstand
  2 1 MediationsG 22

Unabhängigkeit des Streitmittlers 3 Q 69
- auskömmliche Finanzierung 3 Q 77
- Bestellung des Streitmittlers 3 Q 74
- Fachkompetenz 3 Q 76
- institutionelle Ebene 3 Q 75
- mehrköpfiges Gremium 3 Q 73
- paritätisch 3 Q 73
- Pflicht zur Offenlegung von Umständen 3 Q 72
- Vergütung 3 Q 70
- vorherige Tätigkeit 3 Q 70
- Weisungsunabhängigkeit 3 Q 71

Unangemessene Benachteiligung 3 J 40 f.

Unentgeltlichkeit 2 6 RDG 3 ff., 7 RDG 3
- wirtschaftliche Betrachtung 2 6 RDG 5

Universalschlichtungsstelle 2 8 RDG 5

Unmöglichkeit 2 2 MediationsG 30
- anfängliche 2 2 MediationsG 30
- nachträgliche 2 2 MediationsG 30

Unparteilichkeit 2 1 MediationsG 23, 1 RDG 6, 2 MediationsG 107, 3 RDG 8
- des Streitmittlers 3 Q 69

Unterbrechung des Mediationsverfahrens 2 2 MediationsG 190

Unterhalt
- nachehelicher 3 H 29
- Verzug 3 H 31

Unterlassungsanspruch 2 9 RDG 7
Unternehmen
- Organisationskultur 3 F 106
Unternehmensjurist 2 2 RDG 52
Unternehmenskultur
- Stärkung durch Mediation 3 D 16
Unternehmensnachfolge 3 D 18, H 7
- Notar als Mediator 3 M 11 ff.
Unternehmensphilosophie 3 A 9
Unternehmensrichtlinie
2 1 MediationsG 14
Unterrichtung 2 7 MediationsG 17
Untersagung
- Mediatorentätigkeit
2 Einl. RDG 14 f., 9 RDG 2 ff.
Untersuchungsgrundsatz
- Finanzgericht 2 155 FGO 5
- Güterichter 2 173 VwGO 11
- Sozialgericht 2 202 SGG 7
Unvollständiger Vertrag
- Baumediation 3 F 14 f., 101
Unwirksamkeit
- Abschlussvereinbarung
2 1 RDG 23
Unzuverlässigkeit 2 9 RDG 5
Urkundsbeweis
- Mediationsvergleich 1 106
Urteil 3 E 21, 39

Veränderungsprozesse
- Begleitung durch Mediation 3 D 16
Verband der Bau- und Immobilienmediatoren e.V. 3 F 5
Verbandsinterne Mediation
2 6 RDG 7
Verbandsmediation 2 7 RDG 1 ff.
Verbotsgesetz 3 H 22
- Rechtsdienstleistungsgesetz
2 3 RDG 1
Verbraucher 2 2 RDG 46
Verbraucher-ADR 3 Q 1 ff.
- Dauerschuldverhältnisse mit persönlichem Bezug 3 Q 131
- Forschung 3 Q 5
- klassisches Mediationsverfahren
3 Q 126 ff.
- Ombudsstelle Fertighaus (Österreich)
3 Q 130
- Praxis 3 Q 125
- Regelungen zu Mediation 3 Q 120

- Schnittmengen 3 Q 125
- Tabelle 3 Q 127
- Unterschiede 3 Q 125 ff.
- Verhältnis zu Mediation
3 Q 112 ff., 125 ff.
- Vorteile 3 Q 3 f.
Verbraucher-ADR und Mediation
3 Q 1
Verbraucherkonflikt 3 Q 2
- Beispiele 3 Q 2
- strukturelle Asymmetrie 3 Q 2
Verbraucherschlichtung 1 39;
2 2 RDG 29, 8 RDG 5; 3 O 60,
Q 1 ff.
Verbraucherschlichtungsstelle 1 39;
2 2 RDG 29, 8 RDG 5, 7
- Informationspflichten 3 Q 99 f.
- Ombudsmann Private Kranken- und
Pflegeversicherung 3 J 6
- Versicherungsombudsmann 3 J 2
Verbraucherschutz 1 39; 2 1 RDG 22
Verbraucherschutzverband
2 8 RDG 7
Verbraucherstreitbeilegung
2 10 RDG 3, 2 RDG 29, 8 RDG 7
Verbraucherstreitbeilegungsgesetz
1 39; 3 A 33, Q 50
- Verbraucherschlichtungsstelle 3 J 2
- Versicherungsombudsmann 3 J 2
Verbraucherstreitbeilegungsverfahren
3 J 46
Verbundverfahren 2 61a FamGKG 7
Verein 2 7 RDG 1 ff.
Vereinbarung
2 2 MediationsG 244 ff.
- Äußerung des Mediators zur Rechtslage 2 2 MediationsG 254 ff.
- Beteiligte 2 2 MediationsG 251 ff.
- der Mediation 3 N 23 ff., 39
- Hinweispflicht auf Überprüfungsmöglichkeiten
2 2 MediationsG 288 ff.
- Hinwirken des Mediators
2 2 MediationsG 282 ff.
- Kenntnis der Rechtslage
2 2 MediationsG 279, 285
- Kenntnis der Sachlage
2 2 MediationsG 273 ff.
- mögliche Vereinbarungsinhalte
2 2 MediationsG 247 ff.
- Prinzip der informierten Einigung
2 2 MediationsG 273 ff.

- Rechtsberatung durch den Mediator
  2 2 MediationsG 285 ff.
- Regelung der Kostentragung
  2 2 MediationsG 250
- Regelungen   2 2 MediationsG 246
- Überprüfung durch externe Berater
  2 2 MediationsG 288 ff.
- Verständnis des Einigungsinhalts
  2 2 MediationsG 280
- Zweck und Charakter
  2 2 MediationsG 246

Vereinbarungsinhalte, mögliche
  2 2 MediationsG 247 ff.

Vereinssatzung   2 1 MediationsG 14

Verfahren
- Aussetzung   3 H 16

Verfahren, hybrides   3 F 36, 180

Verfahrensalternativen
  2 2 MediationsG 200

Verfahrensanpassungen
  2 2 MediationsG 236

Verfahrensarten
- Abgrenzung   2 2 MediationsG 78, 85

Verfahrensbeistand   3 H 12 ff.

Verfahrensdesign
  2 2 MediationsG 120

Verfahrenseinleitender Antrag
- FamFG   2 23 FamFG 1 ff.

Verfahrensführung
  2 2 MediationsG 105 ff.
- Flexibilität   2 2 MediationsG 25
- Mediationsstile
  2 2 MediationsG 25

Verfahrensgestaltung
- Einbeziehung von Rechtsanwälten
  2 2 MediationsG 165 ff.
- Ermessen des Mediators
  2 2 MediationsG 121
- Makroebene   2 2 MediationsG 120
- mediative   1 50a
- Mikroebene   2 2 MediationsG 120
- Stilvielfalt   2 2 MediationsG 121

Verfahrensgrundsätze   1 75 ff.
- Freiwilligkeit   1 76

Verfahrenshinweis
- Ehevertrag   1 140 f.
- Erbangelegenheit   3 I 27 ff.
- Formulierungsvorschlag   1 138 ff.; 3 I 28 ff.
- Gesellschaftsvertrag   1 142 f.
- letztwillige Verfügung   1 146
- Mediationsklausel   1 135 ff.
- rechtliche Berater   1 139
- rechtlich unverbindlicher   1 135 ff.; 3 I 27 ff.
- Vorteile einer Verhandlungslösung
  1 144 f.
- Vor- und Nachteile   1 135 ff.

Verfahrenskosten   2 7 MediationsG 7

Verfahrenskostenhilfe
  2 7 MediationsG 4, 19; 3 H 10
- Gleichheitsgrundsatz
  2 28 FamFG 2 f.
- Sozialstaatsprinzip
  2 28 FamFG 2 f.

Verfahrensleitung
- FamFG   2 28 FamFG 1 ff.

Verfahrensmissbrauch
  2 2 MediationsG 220

Verfahrensordnung
  2 4 MediationsG 25
- institutioneller Anbieter   1 205

Verfahrensordnung des Versicherungsombudsmanns (VomVO)
  3 J 3

Verfahrensregel   2 2 MediationsG 135

Verfahrensverantwortung
  2 2 MediationsG 7

Verfahrensvereinbarung
  2 2 MediationsG 249

Verfahrensverständnis
  2 2 MediationsG 78, 92 f.

Verfahrensvielfalt
- Baumediation   3 F 178

Verfahrenswahl
- digitale Tools   3 O 71 ff.
- Dispute Resolution Comparison Tool (DiReCT)   3 O 72
- eigenverantwortliche Entscheidung
  2 2 MediationsG 84
- Entscheidungskriterien   3 O 77
- Europäische Plattform für Online-Streitbeilegung   3 O 73
- Konfliktlotse – Recht ohne Streit
  3 O 72
- Konfliktmanagement Prozesswahl-Assistent (KOMPASS)   3 O 72
- Online-Plattformen   3 O 71 ff.
- Verfahrensalternativen
  2 2 MediationsG 85

Verfahrenszufriedenheit   3 O 92

Verfügung
- einstweilige 2 **61a FamGKG** *11*

Vergewissern 2 **2 MediationsG** *95* ff.

Vergleich 2 **2 MediationsG** *273, 308*, **61a FamGKG** *4*; 3 **N** *40*
- FamFG 2 **36 FamFG** *1* ff.
- gerichtlicher 3 **H** *30*

Vergütung 2 **Einl. RDG** *15*, 5 **RDG** *11*
- Entfallen 2 **9 RDG** *6*
- Formulierungsvorschlag, Mediations-Rahmenvertrag 1 *229*
- Formulierungsvorschlag, Vor- und Nachbereitungszeiten 1 *231*
- Kosten der anwaltlichen Beratung 1 *233*
- Leistungskondiktion 2 **9 RDG** *6*
- Mediationsklausel 1 *173* f.
- Mediations-Rahmenvertrag, Vor- und Nachbereitungszeiten 1 *230* ff.
- Mediationsvertrag, Übernahme durch dritte Person 1 *233*
- Reise- und Übernachtungskosten 1 *233*
- Vergütung 3 **E** *22*

Vergütungsanspruch 3 **E** *15*

Verhältnis zum MediationsG
- Rechtsdienstleistungsgesetz 2 **Einl. RDG** *5* f.

Verhältnis zur Mediation 2 **Einl. RDG** *5* f.

Verhandeln
- strukturierte Verhandlungen 3 **G** *19*

Verhandlung 3 **A** *7*
- Einschlafenlassen 2 **203 BGB** *11*
- Verjährungshemmung 2 **203 BGB** *3*

Verhandlungsatmosphäre 3 **E** *30*

Verhandlungsführung
- Güterichter 2 **54a ArbGG** *16* ff.

Verhandlungsklausel
- ADR-Klausel 1 *177* f.
- Formulierungsvorschlag 1 *178*

Verhandlungsmethoden
- im notariellen Beurkundungsverfahren 3 **M** *44* ff.

Verhandlungsspielraum
- Verwaltungsrecht 2 *173* **VwGO** *3*

Verjährung 2 **2 MediationsG** *76*, **54a ArbGG** *30* f.; 3 **N** *15*
- Mediationsklausel 1 *160*
- Schadenersatzanspruch 2 **9 RDG** *6*

Verjährungshemmung 2 **2 MediationsG** *76*, **203 BGB** *2* ff.
- Beginn 2 **203 BGB** *5* ff.
- Ende 2 **203 BGB** *11* ff.
- institutionelles Verfahren 2 **203 BGB** *7*
- Mediationsklausel 2 **203 BGB** *5, 8*
- nicht administriertes Verfahren 2 **203 BGB** *8*
- Umfang 2 **203 BGB** *14*
- Verhandlung 2 **203 BGB** *3, 11*

Vermittlung des Mediators 3 **J** *38*

Vermittlung Nachlassauseinandersetzung
- Notar 3 **I** *62*

Vermittlungsausschuss 3 **L** *18*

Vermögensauseinandersetzungen
- Vermittlung von 3 **M** *20*

Verordnung über die Aus- und Fortbildung von zertifizierten Mediatoren
- Änderungen mit Wirkung ab dem 1.3.2024 2 **1 ZMediatAusbV** *2*
- Referentenentwurf 1 *20a*
- Regelungsinhalte im Überblick 2 **1 ZMediatAusbV** *1*

Verschleppung
- Mediation im Gesellschaftsrecht 3 **C** *28*
- Mediation zwischen Unternehmen 3 **B** *24*

Verschwiegenheit 2 **2 RDG** *42*; 3 **H** *32, 34*, **N** *29*
- Güterichter 3 **N** *29*

Verschwiegenheitspflicht 2 **4 MediationsG** *14* ff.
- Abgrenzung zu § 18 BnotO 3 **M** *33* f.
- als Notarmediator 3 **M** *33* f.
- Anzeigepflicht 2 **4 MediationsG** *30*
- Auskunftspflicht 2 **4 MediationsG** *30*
- Ausnahmen 2 **4 MediationsG** *37* ff.
- bedeutungslose 2 **4 MediationsG** *43*
- Beistand 2 **4 MediationsG** *20*
- berechtigte Interessenwahrnehmung 2 **4 MediationsG** *34*

- des beteiligten Rechtsanwalts
  1 *103* ff.; 2 4 MediationsG *21*
- des innerbetrieblichen Mediators
  3 D *39*
- Dritte   2 4 MediationsG *21, 23*
- eingebundene Person
  2 4 MediationsG *20* ff.
- Entbindung   2 4 MediationsG *38,
  44*; 3 D *40*
- Familienangehörige
  2 1 MediationsG *8*,
  4 MediationsG *20*
- Grenzen   2 4 MediationsG *33* f.,
  36, 38 f.
- Gutachter   2 1 MediationsG *8*
- Güterichter   2 4 MediationsG *19* f.
- Hilfsperson   2 4 MediationsG *20*
- Informationspflicht
  2 4 MediationsG *38, 45*
- Kindeswohlgefährdung
  2 4 MediationsG *39*
- Mediator   2 1 MediationsG *8*,
  4 MediationsG *16* ff.
- Offenkundigkeit
  2 4 MediationsG *42*
- öffentliche Ordnung
  2 4 MediationsG *38* ff.
- ordre public
  2 4 MediationsG *38* ff.
- Partei   2 1 MediationsG *8*,
  4 MediationsG *20*
- Parteivertreter
  2 4 MediationsG *21, 23*
- rechtfertigender Notstand
  2 4 MediationsG *34*
- Richtermediator   1 *107* f.
- Sachverständiger
  2 1 MediationsG *8*,
  4 MediationsG *20*
- Umfang   2 4 MediationsG *35* ff.
- Vollstreckung   2 4 MediationsG *37*
Versicherung
- Rechtsschutz   3 N *15*
Versicherungsombudsmann   3 J *1, 3*
- Beschwerde   3 J *3*
- FIN-NET   3 J *4*
- Unternehmensbeschwerde   3 J *3*
- Verbraucherschlichtungsstelle   3 J *2*
- Verfahrensordnung – Unternehmen
  (VomVO)   3 J *3*
- Verfahrensordnung – Vermittler
  (VermVO)   3 J *5*
- Vermittlerbeschwerde   3 J *5*

Versicherungswirtschaft   3 A *26*, J *8*
- Haftpflichtversicherung   3 J *8*
- Konfliktmanagement und Mediation
  3 J *1* ff.
- Rechtsschutzversicherung   3 J *8*
Versorgungsausgleich   3 H *29*
Verständigung, tatsächliche
  2 *155* FGO *1*
Verständnis des Einigungsinhalts
  2 2 MediationsG *280*
Verständnissicherung   3 Q *133*
Verteilungskonflikt   2 2 RDG *23*;
  3 B *28*
Vertrag   3 F *75*, N *23* ff., *39*
- Baumediation   3 F *15*
- Fortschreibung   3 F *117* ff.
- neoklassischer   3 F *15, 69*
- relationaler   3 F *15, 69, 117*
- transaktionaler   3 F *94*
- unvollständiger   3 F *14* f., *101*
Verträge, agile   3 F *75*
Vertragliche Haftung
  2 2 MediationsG *29* ff.
Vertragliche Regelungen
  2 2 MediationsG *14*
Vertragsfreiheit   3 H *22*
Vertragsgestaltung   3 F *5*
- Abschlussvereinbarung   1 *250* ff.
- ADR-Klausel   1 *131* ff., *176* ff.
- Baumediation   3 F *59* ff.
- Besonderheiten bei einzelnen Anwendungsfeldern   1 *193* ff.
- dispositives Recht   1 *201* ff.
- Generator von Fällen   1 *132*
- Mediation   1 *129* ff.
- Mediationsklausel   1 *131* ff., *148* ff.
- Mediations-Rahmenvereinbarung
  1 *198* ff.
- Mediations-Rahmenvertrag   1 *198*
- Privatautonomie   1 *129* ff.
- Verfahrenshinweis   1 *135* ff.
- Zeitpunkte in der Mediation   1 *130*
Vertragsmodell
- agil   3 F *75*
Vertragspreis
- konventioneller   3 F *74*
- kooperativer   3 F *74*
Vertragsstrafe   2 4 MediationsG *26*
- Mediationsklausel   1 *153*
Vertragsverhandlung   3 F *81* ff.
- interessenorientierte   3 F *85*

- positionsorientierte 3 F *84*
Vertrauen 3 F *94* f., *111*
Vertraulichkeit 3 C *3*, H *32*
Vertraulichkeit der Mediation
 1 *101* ff.; 2 1 MediationsG *6* ff.,
 2 MediationsG *13*, *24*, *150*, *223*,
 2 RDG *42*, 4 MediationsG *2* ff.;
 3 B *7* f., N *39*
- Akteneinsicht 1 *110* f.
- Bedeutung 2 4 MediationsG *2* ff.
- externe 1 *102* ff.;
 2 4 MediationsG *2*; 3 B *7*
- Güterichter 3 N *29* f.
- Güteverhandlung 2 278 ZPO *28* f.
- in der innerbetrieblichen Mediation
 3 D *38*
- interne 1 *110* f.;
 2 4 MediationsG *2*; 3 B *7*
- Mediationsakte 1 *110* f.
- Mediationsklausel 1 *159*
- Mediationsrichtlinie
 2 4 MediationsG *5* ff.
- Öffentlichkeit 2 1 MediationsG *7*,
 9
- Tatsachengrab 3 B *24*
- Verschwiegenheitspflicht
 2 1 MediationsG *8*,
 4 MediationsG *7*, *14*, *35* ff.
- Verschwiegenheitspflicht des beteiligten Rechtsanwalts 1 *103* ff.
- Verschwiegenheitspflicht des Richtermediators 1 *107* f.;
 2 4 MediationsG *19*
- Zeugnisverweigerungsrecht
 2 4 MediationsG *9* ff.
Vertraulichkeitsvereinbarung
- Auskunftsanspruch
 2 4 MediationsG *30*
- Dispositionsbefugnis der Partei
 2 4 MediationsG *32*
- Grenzen 2 4 MediationsG *27* ff.
- Inhalt 2 4 MediationsG *23* ff.
- Spurenansatz 2 4 MediationsG *29*
- Verfahrensordnung
 2 4 MediationsG *25*
- Vertragsstrafe 2 4 MediationsG *26*
- Vortrags- und Beweismittelbeschränkung 2 4 MediationsG *24*
Verwaltungsgericht
 2 173 VwGO *1* ff.
Verwaltungsgerichtliche Rechtsprechung 1 *78*

Verwaltungsgerichtsordnung
 2 173 VwGO *1* ff.
- Generalverweisung 2 173 VwGO *5*
Verweisungsbeschluss
- Güterichter 2 54a ArbGG *14*
Verzögerung des Bauablaufs 3 F *143*
Verzug
- Familienmediation 3 H *31*
Viadrina-Komponentenmodell 3 A *8*
Virtuelle Teams
- Konflikte bei Remote-Arbeit 3 D *5*
Visualisierung 2 2 MediationsG *128*
Völkergewohnheitsrecht
- deutsches Recht 2 1 RDG *19*
Völkerrecht 2 10 RDG *5*
- Teil der deutschen Rechtsordnung
 2 1 RDG *13* ff.
Volljurist 2 1 RDG *6*, 3 RDG *8*,
 6 RDG *8* f., 7 RDG *4*, 8 RDG *8*
Vollständigkeitskontrolle
- Abschlussvereinbarung 1 *253*
- Themenliste (Phase 2) 1 *253*
Vollstreckbare notarielle Urkunde
 2 2 MediationsG *314*
Vollstreckbare Urkunde 3 M *52*
Vollstreckbarkeit 3 B *14*, H *23*, *27*,
 30
- Abschlussvereinbarung
 2 2 MediationsG *300*, *310* ff.;
 3 N *40*
- Anwaltsvergleich
 2 2 MediationsG *313*
- grenzüberschreitende Mediation
 2 2 MediationsG *319*
- Gütestellenvergleich
 2 2 MediationsG *315*
- Mediationsvereinbarung
 2 8 MediationsG *45*
- Mediationsvergleich 3 N *40*
- Möglichkeit der Vollstreckbarmachung 2 2 MediationsG *312*
- Muster 3 M *54*
- notarielle Urkunde 3 M *53*
- Prozessvergleich
 2 2 MediationsG *316*
- Schiedsspruch mit vereinbartem Wortlaut 2 2 MediationsG *317*
- vollstreckbare notarielle Urkunde
 2 2 MediationsG *314*
- vollstreckungsfähige Formulierung
 2 2 MediationsG *318*

Vollstreckbarkeitserklärung 3 J 35
Vollstreckbarmachung, Möglichkeiten
  2 2 MediationsG 312
Vollstreckung
– Anwaltsvergleich 3 M 52
– notarielle Beurkundung 3 M 50
– notarieller Vollstreckungstitel
  3 M 51
– notarielle Urkunde 3 M 52
Vollstreckungsfähige Formulierung
  2 2 MediationsG 318
Vollstreckungstitel 3 M 53
– Muster 3 M 54
Vollstreckungsunterwerfung 3 M 52
Vorab-Bindung 2 2 MediationsG 58, 62
Vorbefassung
– des Mediators als absolutes Tätigkeitsverbot 3 D 35 ff.
– „dieselbe Sache" als Bezugspunkt
  3 D 36
Vorbereitung
– der Mediation durch Rechtsanwälte
  3 N 34 ff.
Vorgespräch 2 2 MediationsG 141
Vorrang 3 H 18
Vorrang- und Beschleunigungsgebot
– FamFG 2 155 FamFG 1 ff.
Vorschlag 3 H 17
Vorschlag des Gerichts
  2 61a FamGKG 6
– Antragsschrift 2 61a FamGKG 3
Vorschlag durch das Gericht
– Beschlussverfahren
  2 54a ArbGG 8 ff., 21 ff.
– Ruhen des Verfahrens
  2 54a ArbGG 26
Vorsorgende Mediationsklausel
  1 131 ff.
– Generator von Fällen 1 132
Vorsorgevollmacht 3 I 20 f.
Vorteile der Einbeziehung
  2 2 MediationsG 264
Vortrags- und Beweismittelbeschränkung 2 4 MediationsG 24
Vor- und nachvertragliche Pflicht
  2 2 MediationsG 24
Vorweggenommene Erbfolge 3 I 18 f.
VSBG 1 39; 3 Q 1, 52 ff.
– 90 Tage 3 Q 82

– Ablehnungsgrund 3 Q 91 ff.
– Antrag 3 Q 84
– Anwendungsbereich 3 Q 54 ff.
– Bedeutung 3 Q 64
– Bedeutung des Rechts 3 Q 80 f.
– Befähigung zum Richteramt
  3 Q 65
– Begriff 3 Q 63
– behördliche Verbraucherschlichtungsstelle 3 Q 106
– branchenspezifische Regelungen
  3 Q 110 f.
– Finanzierung 3 Q 96 ff.
– Freiwilligkeit der Teilnahme
  3 Q 78 ff.
– Gesetzgebungsverfahren 3 Q 50
– Informationspflicht 3 Q 98
– juristische Qualifikation der Streitmittler 3 Q 65 f.
– kommunikative Fähigkeit 3 Q 67
– Mediation, mediative Elemente, early settlement 3 Q 61
– Mitteilung über Verfahrensabschluss
  3 Q 89
– Online-Formular 3 Q 84
– persönliche Zuständigkeit 3 Q 56
– private Verbraucherschlichtungsstelle
  3 Q 105
– räumliche Zuständigkeit 3 Q 58
– rechtliches Gehör 3 Q 88
– sachliche Zuständigkeit 3 Q 57
– Schiedsverfahren 3 Q 62
– sonstige Qualifikation der Streitmittler 3 Q 67
– Streitmittler 3 Q 63 ff.
– Textform 3 Q 84
– Unabhängigkeit 3 Q 69 ff.
– Unparteilichkeit des Streitmittlers
  3 Q 69 ff.
– Unterrichtung der Parteien 3 Q 87
– Verbraucherschlichtungsstelle
  3 Q 56 ff.
– Verfahrensart 3 Q 59 ff.
– Verfahrensdauer 3 Q 82
– Verfahrensordnung der Verbraucherschlichtungsstelle 3 Q 83
– Verfahrenssprache 3 Q 85
– Verhältnis zu Mediation 3 Q 124
– Verordnungsermächtigung 3 Q 108
– Verschwiegenheit 3 Q 90
– Vertretung 3 Q 86
– Volljurist 3 Q 66
– zentrale Anlaufstelle 3 Q 109

- zertifizierter Mediator   3 Q 65, 67 f.
- Zertifizierungsverordnung   3 Q 68
- zügige Erledigung   3 Q 82
- Zusatzqualifikation   3 Q 66
- zwingendes Verbraucherrecht   3 Q 80

VVG-Reform   3 J 32

VVG-Reformkommission   3 J 32

Wahrnehmung rechtlicher Interessen   3 J 35

Wasserfallmodell   3 F 76

Wegfall des Honoraranspruchs   2 2 MediationsG 35

Weisungsgebundenheit
- Mediator   2 1 MediationsG 22

Weisungsrecht   2 1 MediationsG 14
- Freiwilligkeit   2 1 MediationsG 14

Weiterbildung   2 5 RDG 13

Weiterverweisung   2 2 MediationsG 237

Werbung   2 2 RDG 53

Werkzeug
- mediatives   3 F 153

Wertschätzung   2 2 MediationsG 122; 3 E 22, 39, Q 134

Wertschöpfungskonflikt   3 F 121 f.

Wettbewerbsrecht   2 Einl. RDG 15, 9 RDG 7
- Abmahnung   2 9 RDG 7
- Unterlassungsanspruch   2 9 RDG 7

Win-win-Situation
- Baumediation   3 F 177

Wirksamkeitskontrolle   3 H 22

Wirtschaftsmediation   3 A 1 ff.
- Arbeitsplatzkonflikt   3 A 3, 20 f.
- B2B-Konflikt   3 A 3, 11, 18
- B2C-Konflikt   3 A 3
- Erbangelegenheit   3 A 25
- Familienmediation   3 A 24
- Güterichtermodell   3 A 28
- Immobilienwirtschaft   3 A 22
- Intellectual Property   3 A 23
- Konfliktmanagementsystem   3 A 8
- Mediation aus notarieller Sicht   3 A 29
- Mediationsbegleitung durch Rechtsanwalt   3 A 30
- Notar   3 A 29
- private Bausachen   3 A 22

- Rechtsanwalt   3 A 30
- RTMKM   3 A 12
- Scheidungsmediation   3 A 24
- Schiedsgerichtsbarkeit   3 A 7, 32
- steuerberatende Praxis   3 A 27
- Studienserie EUV/PwC   3 A 7
- Verbraucherstreitbeilegungsgesetz   3 A 33
- Versicherungswirtschaft   3 A 26
- Viadrina-Komponentenmodell   3 A 8

Wirtschaftsprüfer   2 2 RDG 50, 3 RDG 8

Wirtschaftssphäre   3 A 1

Wissenschaftliche Forschungsvorhaben   2 7 MediationsG 1 ff.

Wohnungsverwalter   2 5 RDG 5

Zeitrahmen
- Mediation   3 N 35

Zentrale Behörden   3 H 6

Zertifizierter Mediator   2 5 MediationsG 1 ff., 36 ff., 5 RDG 14; 3 N 24
- Anforderungen   2 6 MediationsG 26 ff.
- Ausbildungsverordnung   2 5 MediationsG 43 ff., 6 MediationsG 14 ff.
- Fortbildungsverpflichtung   2 5 MediationsG 45 f.
- Konsequenzen bei unbefugter Führung der Bezeichnung   2 5 MediationsG 37 f.
- Rechtsverordnung nach § 6   2 5 MediationsG 43 ff.
- Recht zur Bezeichnung als zertifizierter Mediator   2 5 MediationsG 37 ff.
- Schutz der Berufsbezeichnung   2 5 MediationsG 36
- Steuerberater   3 K 29

Zertifizierung   3 H 48
- als untechnischer Begriff   2 6 MediationsG 3
- des Mediators, rechtliche Einordnung   2 6 MediationsG 1 ff.
- Notar   3 M 42

Zertifizierungsstelle
- mögliche Ausgestaltung   2 6 MediationsG 44
- privat-rechtliche   2 6 MediationsG 7 f., 41 ff.

1133

- Qualitätsverbund Mediation (QVM) 2 6 MediationsG 7
- staatliche 2 6 MediationsG 7 f., 44

Zertifizierungsverordnung 3 H 48

Zeugnisverweigerung 3 H 34

Zeugnisverweigerungsrecht 3 B 8, H 34
- Entbindung 2 4 MediationsG 10, 13
- Güterichter 2 278 ZPO 28
- Hilfsperson 2 4 MediationsG 9
- Strafprozess 2 4 MediationsG 12; 3 B 9
- Verwaltungsprozess 2 4 MediationsG 11

Ziel der Ausbildung 2 5 MediationsG 24, 6 MediationsG 22

Zivilprozess
- Einigungsversuch 2 3 RDG 11
- Einigungsversuch, vorprozessualer 2 3 RDG 11

ZMediatAusbV 2 7 MediationsG 16, 8 MediationsG 42, 46; 3 H 48
- Erfordernis der Evaluierung 2 6 MediationsG 15
- Evaluationsbericht (D) 2 8 MediationsG 46

- Qualitätssicherung 2 8 MediationsG 42
- Stellungnahme 2 8 MediationsG 47
- Übergangsbestimmungen 2 Art. 9 3
- zusammenfassende Wertung 2 6 MediationsG 47

ZOPA 3 B 29

Zugangsbarriere 2 7 MediationsG 18

Zugewinn 3 H 28

Zugewinngemeinschaft 3 H 28

Zulassungsmodell 2 5 MediationsG 3
- Erfordernis zwingender Gründe des Allgemeininteresses 2 6 MediationsG 11
- europarechtliche Grenzen 2 6 MediationsG 10

Zurücknahme 2 61a FamGKG 2

Zusammenarbeit 3 F 161
- Notar und Mediator 3 M 48 ff.
- partnerschaftliche 3 F 102
- Verbesserung 3 E 28 ff.

Zustimmungsgesetz
- Europarecht 2 1 RDG 18

Zwangsmediationsversuch 3 J 41

Zweck und Charakter der Vereinbarung 2 2 MediationsG 246

Zweitberuf 2 2 RDG 50